소득

1인당 GNI(World Bank Atlas method, 2011)

- 저소득국가(1,025달러 미만)
- 중하위소득국가(1,026~4,035달러)
- 중상위소득국가(4,036~12,475달러)
- 고소득국가(12,476달러 이상)
- 데이터 없음

중동과 북아프리카
7,097달러

남미와 카리브 해
8,645달러

브라질
10,720달러

출처 : Atlas of Global Development, 4th ed., pp. 16-17: World Bank and Collins, 2013. ATLAS OF GLOBAL DEVELOPMENT: A VISUAL GUIDE TO THE WORLD'S GREATEST CHALLENGES, FOURTH EDITION. Washington, DC and Glasgow: World Bank and Collins. doi: 10.1596/978-0-8213-9757-2. License: Creative Commons Attribution CC BY 3.0

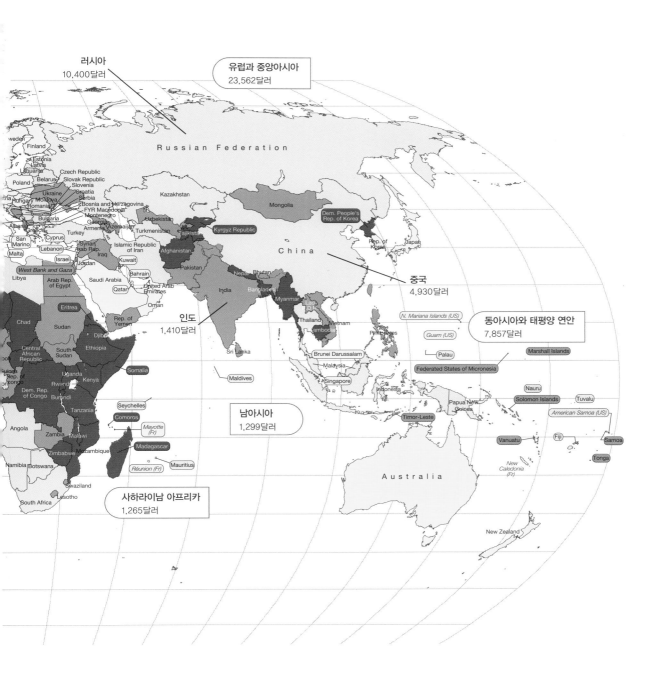

경제발전론 _{제12판}

Michael P. Todaro, Stephen C. Smith 지음

김중렬, 송치웅, 신범철, 윤미경 옮김

경제발전론 제12판

Michael P. Todaro, Stephen C. Smith 지음

김중렬, 송치웅, 신범철, 윤미경 옮김

Σ시그마프레스

경제발전론 제12판

발행일 | 2016년 2월 29일 1쇄 발행
          2020년 8월 3일 2쇄 발행

저 자 | Michael P. Todaro, Stephen C. Smith
역 자 | 김중렬, 송치웅, 신범철, 윤미경
발행인 | 강학경
발행처 | (주)시그마프레스
디자인 | 김정하
편 집 | 문수진

등록번호 | 제10-2642호
주소 | 서울특별시 영등포구 양평로 22길 21 선유도코오롱디지털타워 A401~402호
전자우편 | sigma@spress.co.kr
홈페이지 | http://www.sigmapress.co.kr
전화 | (02)323-4845, (02)2062-5184~8
팩스 | (02)323-4197

ISBN | 978-89-6866-665-0

Economic Development, 12th edition

* 책값은 책 뒤표지에 있습니다.

* 이 도서의 국립중앙도서관 출판예정도서목록(CIP)은 서지정보유통지원시스템 홈페이지
  (http://seoji.nl.go.kr)와 국가자료공동목록시스템(http://www.nl.go.kr/kolisnet)에
  서 이용하실 수 있습니다.(CIP제어번호 : 2016004839)

역자 서문

역자들은 짧지 않은 세월 동안 학부와 대학원에서 경제발전론을 강의해 오면서 국내외에서 간행된 여러 교재를 때로는 교재로, 때로는 참고도서로 활용해 왔다. 그러던 중 이 책이 특히 역자들의 눈길을 끈 것은, 저자들도 제시하고 있는 바와 같이 경제학 기본이론에 대한 충분한 사전지식이 없는 독자라도 그 내용을 쉽게 이해할 수 있도록 쓰인 교재라는 점이었다. 더욱이 이러한 이론을 응용하는 사례들을 풍부히 검토함으로써 이론을 현실에 살아 있는 것으로 이해할 수 있게 한다는 점 또한 이 책의 장점이다.

이 책이 특히 경제발전의 문제를 경제적 요인뿐만 아니라 비경제적 요인까지 충분히 설명하고 있는 것 또한 역자들의 눈길을 끈 대목이었다. 왜냐하면 역자들이 접해 본 미국 교재들은 경제적 요인을 주로 분석의 대상으로 삼아 그 시야가 매우 제한되어 있었는데, 이 책은 그러한 제한을 충분히 극복하고 있어서 개발도상국의 경제발전 문제를 제대로 이해할 수 있게 해주고 있기 때문이다. 오늘날처럼 지구촌화되어 있는 세계경제에서 어느 나라의 경제발전 문제든 경제적인 요인만의 맥락에서는 제대로 이해하기 어렵거니와 해결되기는 더욱 어려운 것이 현실이다.

이 책은 토다로(Michael P. Todaro) 교수에 의해 처음 출간된 이후 중간에 스미스(Stephen C. Smith) 교수가 가세하여 개정을 거듭한 끝에 이번 제12판에 이르기까지 점점 더 독자들의 호평을 받고 있다. 역자들은 4년 전에 이 책의 제11판을 처음으로 번역해 출간하였고 4년 만에 제11판의 번역을 쇄신하여 제12판을 출간하였다. 제12판의 내용을 검토해보면 우선 각 장의 데이터가 철저하게 업데이트되었다. 특히 인터넷의 사용이 일상화됨에 따라 웹사이트를 통한 업데이트가 대폭 눈에 띈다. 제11판에 처음으로 소개되었던 최근의 글로벌 경제 위기와 무력분쟁 관련 내용들이 알차게 보강되었을 뿐만 아니라, 기업 수준 국제무역, '지속적 개발 목표', 기업의 사회적 책임 등의 새로운 주제들이 짧게나마 소개되었다. 아울러 3개간 비교 사례연구와 정책 쟁점 등 박스에 실린 예문들이 크게 보강된 것도 이번 판의 특징이다.

이렇게 새로워진 모습을 갖춘 제12판을 우리말로 옮겨 놓은 이 책이 개발도상국의 경제발전 문제를 제대로 이해하고 해결하여 보다 나은 세계를 건설하는 데 다소라도 도움이 될 수 있다면 역자들로서는 그 이상의 기쁨이 없겠다.

번역은 반역이라는 말이 있다. 이 책을 우리말로 옮기면서 역자들은 특히 원문의 의미가 문자 그대로 충실히 전달되도록 하는 데 주안점을 두었으나 역자들의 부족함으로 인해 번역이 저자들의 의미에 반역이 되지 않았기를 바란다.

이 책의 번역에는 많은 분들의 아낌없는 조언과 격려와 도움이 있었다. 특히 이 책을 교재로 사용해 온 여러 교수님들과 개발도상국의 발전 문제에 관심을 두고 이 책을 접한 여러 독자들 모두에게 진심으로 감사드린다. 아울러 이 책을 출간하는 데 전문성을 제공해 준 (주)시그마프레스의 강학경 사장님과 편집부에 진심으로 감사드린다.

2016년
김중렬 · 송치웅 · 신범철 · 윤미경

저자 서문

이 책은 선진국과 개발도상국 진영 모두에서 매우 호의적으로 인정을 받은 경제발전에 대한 최신의 사고를 명백하고 포괄적인 접근법으로 소개한다.

경제발전의 속도와 범위는 신속하고, 균일하지 않으며, 때로는 예기치 않은 진전이 계속 진행된다. 이 책은 앞으로 수년 동안 다루어야 할 엄청난 문제와 난제에 전적으로 직면하며, 개발도상국 진영에서 이루어진 유례없는 진보를 설명한다. 이 책은 개발도상국 전역의 폭넓은 다양성과 글로벌 경제에서 개발도상국이 유지하고 있는 상이한 입장을 보여준다. 경제발전론의 원리는 어떻게 우리가 현재 위치에 도달했고, 최근 수년 동안 어떻게 엄청난 진보가 이루어졌는지, 그리고 많은 발전 문제들을 해결하기가 왜 그렇게 어려운지를 이해하는 데 핵심이 된다. 경제발전론의 원리는 미래를 내다보는 성공적인 경제발전 정책과 프로그램을 설계하는 데 또한 핵심이 된다.

경제발전론 분야는 용도가 넓고 이러한 상이한 시나리오에 관하여 기여할 많은 것을 갖고 있다. 따라서 이 책은 또한 경제발전론 연구의 통찰력을 사용하여 대다수 개발도상국들이 드러내 보인 공통 특징을 강조한다. 한국과 같은 본질적으로 선진국이 되기 위한 변환을 완료한 소수의 나라도 이를 따르게 될 다른 개발도상국들의 잠재적 모형으로서 또한 고찰된다.

경제발전론의 이론과 실증 분석 모두에서 상당한 진전이 이루어졌는데, 제12판은 이러한 아이디어와 조사 결과를 학생들에게 전달한다. 정당한 논쟁은 경제발전론에서 활발하게 토론되는데, 따라서 이 책은 세 가지 목표를 갖고 대립되는 이론 및 증거 해석을 소개한다. 첫째 목표는 학생들이 개발도상국 진영의 실질적인 상태와 제도를 확실히 이해하도록 하는 것이다. 둘째는 학생들이 이 분야의 넓은 범위에 대한 자신의 시각을 넓히면서 분석기술을 개발하도록 돕는 것이다. 셋째는 학생들에게 자신이 발전 문제, 때로는 발전의 모호한 증거, 그리고 현실세계 발전정책의 선택에 직면할 때 독립적인 결론을 내릴 수 있도록 할, 궁극적으로 경제발전과 극단적인 빈곤의 종식을 위한 투쟁에서 정보에 근거한 역할을 할 수 있도록 할 자원을 제공하는 것이다.

제12판에 추가된 내용

- **글로벌 위기** 이번 판은 위기의 원인이 되었던 조건, 그 여파, 그리고 개발도상국 및 지역에 나타날 수 있는 광범위한 시사점과 큰 차이점을 검토하면서 최근의 글로벌 금융위기가 경제발전에 미치는 영향 및 잠재적인 장기적 시사점을 다루기 위해 새롭게 추가된 절을 대폭 업데이트하고 확대한다.

- **제1장의 서곡** 제1장은 개발도상국 진영의 대다수 국가에서 그리고 국제 경제 및 정치적 관계에서 몇몇 개발도상국의 더 커진 자주적인 지도력이 지난 20년에 걸쳐 얼마나 많은 변화가 발생했는지를 학생들에게 설명하는 새로운 소개의 내용을 담은 절로 시작한다. 제1장은 오늘날의 상황을 여러 측면에서 중요한 기간이었고, 또한 많은 학생들이 태어났던 시기와 가까운 1992년에 나타났던 상황과 비교한다.

- **무력분쟁** 제11판은 무력분쟁의 원인과 결과, 분쟁 후의 회복과 발전, 그리고 주요 원인에 대한 이해의 증진을 통한 분쟁의 방지에 관한 완전히 새로운 주요 절들을 제공했다. 제12판은 최근의 발전을 포함하면서 이 절을 더 완전하게 전개하고 확대한다.

- **연구결과 예문** 제11판은 또한 광범위한 범위의 방법 및 주제를 가진 분야에서의 실증연구 결과를 보고하는 예문을 포함시킨 것을 교재의 새로운 특징으로 소개하였다. 새로운 연구결과 예문은 오래 지속되는 식민지 제도의 영향(페루), 마을 사람들에 의한 협조와 감시가 건강상의 더 나은 결과를 유도하는 방법(우간다), 사회규범이 출산력(fertility)의 변화유형을 활성화하거나 제한하는 방법(방글라데시), 그리고 가난한 사람에게로의 조건부 대 무조건부 현금이전의 영향 비교(말라위) 같은 주제를 다룬다. 다른 예문들은 국가 사이의 충족되지 않은 피임 수요 같은 글로벌 연구결과를 검토한다. 제12판에서 연구결과 예문의 수는 거의 2배가 되었다. 연구결과 예문은 또한 학생들을 위해 직관에 의존하는 초보 단계 수준에서 서베이 데이터의 공들인 디자인, 실행, 탄탄한 분석, 성장 진단(growth diagnostics), 그리고 체계적으로 응용된 정성적 연구는 물론 도구변수(instrument)의 사용, 무작위 대조 상황(randomized control trials), 회귀적-불연속 분석(regression discontinuity), 그리고 고정효과(fixed effects) 같은 실험방법을 설명한다. 제12판의 연구결과 예문 목록은 목차에 실려 있다.

- **정책관련 예문** 다른 예문들은 정책 이슈를 다룬다. 새로운 정책관련 예문은 이미 자국에 영향을 미치고 있는 기후변화에 적응하며, 알 수 없는 미래의 기후변화에 대한 탄성을 구축하려는 세계에서 가장 가난한 나라 중 하나인 니제르의 노력과 아프리카 대륙 북동부(Horn of Africa)의 2011~2012년 기근으로부터의 교훈 같은 주제를 검토한다. 또 다른 새로운 정책관련 예문은 개발도상국에서의 피임법 사용 범위와 여전히 충족되지 않은 피임 수요의 크기, 그리고 금세기까지 인구가 증가한다는 국제연합의 예기치 않은 새로운 예상 같은 글로벌 연구결과를 다룬다. 제12판의 정책관련 예문 목록은 목차에 실려 있다.

- **코스타리카, 과테말라, 온두라스에 대한 장문의 3자간 신규 비교 사례연구** 각 장의 맨 끝에 수록된

장문의 비교 사례연구는 오랫동안 이 교재의 가장 인기 있는 특징의 하나였다. 제12판의 경우 코스타리카, 과테말라, 온두라스에 대한 전적으로 새로운 3자간 비교 사례연구가 물리적 충돌, 해외투자, 송금, 해외원조의 주제를 다룬 제14장의 맨 끝에 소개된다. 사례연구는 또한 가나와 코트디부아르, 그리고 아이티와 도미니카공화국을 비교하는 사례연구 같은 기존 및 업데이트된 몇몇 사례연구에서 다루어졌던 매우 장기적인 비교발전의 테마를 다룬다. 사례연구 각각은 또한 인간개발, 빈곤, 환경, 구조변환 같은 특별한 주제를 취급한다.

- **새로운 주제** 제12판에 간략하게 소개된 기타 새로운 주제는 새로운 기업 수준 국제무역에 대한 연구와 개발도상국, 밀레니엄개발목표(MDG)의 계승자로서의 '지속적인 개발목표(Sustainable Development Goals)'의 등장, 기업의 사회적 책임, 그리고 식량가격의 추세에 관한 짧은 절을 포함한다.

- **새로운 측정치** 측정은 경제발전론의 영역에서 항상 등장하는 이슈이다. 유엔개발계획(UNDP)은 2010년 8월에 다차원빈곤지수(Multidimensional Poverty Index, MPI), 2010년 11월에 신인간개발지수(NHDI)를 각각 공개했다. 이 교재는 지수의 공식을 고찰하고, 이전의 지수와 어떻게 다른지를 설명하며, 조사 결과를 보고하고, 이러한 측정치들에 관한 활발한 논쟁을 둘러싼 쟁점들을 검토한다. 각 지수는 제12판에서 다루어지는 것처럼 그 최초의 공개 이래 업데이트되었다. 주의 : 설문조사로부터 많은 강의 담당자들이 여전히 전통적인 인간개발지수(Human Development Index, HDI)를 사용하고 있다는 것을 알게 되었는데, HDI가 다뤄지는 문제에 관한 대다수 문헌에 사용되고 있기 때문에 이는 타당하다고 할 수 있다. 따라서 이제는 제2장의 새로운 부록 2.1에 전통적인 HDI에 관한 꽤 상당한 분량의 상세한 절을 유지할 것이다. 부록 2.1은 이전 판에서와 같이 많은 국가에의 적용 및 확장을 담고 있다. 이후 여러 장에서의 맥락을 놓침이 없이 HDI와 NHDI 지수 중 어느 하나 또는 둘 모두를 가르칠 수 있다.

- **최신 통계** 개발도상국 진영에서 변화는 매우 빨리 계속 나타난다. 교재 전체에 걸쳐 전형적으로 2011년 또는 2012년 그리고 때로는 2013년인 제12판을 수정할 당시의 가장 최근의 이용 가능한 정보를 반영하기 위해 데이터와 통계가 갱신되었다.

- **추가 업데이트** 추가된 업데이트에는 새로운 디자인, 잠재적 혜택, 현재까지의 성공, 그리고 몇몇 한계점을 포함하는 미소금융(microfinance)에 관한 확대된 절은 물론 더 늘어난 중국에 대한 소개, 그리고 개발도상국들이 직면하고 있는 환경 문제의 확대에 대한 범위를 넓힌 추가적인 분석에 관한 절이 포함되어 있다.

교재 이용방법 추천

- **융통성** 이 책은 유럽과 중동의 개발도상국은 물론, 아프리카, 아시아, 그리고 남미 경제에 초점을 맞추는 경제학과 기타 사회과학의 강의에 사용되도록 고안되었다. 이 책은 경제학의 기본 훈련을 약간 받은 학생들과 공식적인 경제학 배경이 없는 학생들을 위해 마련되었

다. 발전 문제의 이해와 관련된 경제학의 필수개념은 책의 맨 뒤 자세한 용어해설에 함께 수록됨은 물론, 굵은 글씨체로 표시되고 교재 전체에 걸쳐 페이지의 여백에 그 용어가 정의되는 등 적절한 곳에서 설명된다. 따라서 이 책은 다양한 전공의 학생들이 수강해야 하는 학부 경제발전론 강의에 특별한 가치를 갖는다. 그러나 책에 실린 내용들은 그 시야에 있어 충분히 광범위하고 적용 범위는 철저하여, 발전론 영역의 모든 학부 경제학과 일부 대학원 경제학의 요구조건들을 모두 만족시키고 있다. 이 책은 경제발전론의 연구에 상대적으로 정성적인 그리고 보다 정량적인 접근법을 취하는 강의와 인간개발을 포함하는 다양한 주제를 강조하는 강의 모두에 널리 사용되고 있다.

- 이 책은 15주 한 학기에 잘 맞춰서 포괄적인 강의에 사용하기 편리하게 15개 장으로 구성되어 있는데, 두 학기 연속 강의를 위한 기초를 쉽게 형성할 수 있을 만큼 풍부한 내용을 담고 있다. 각 장은 목적에 맞는 방식으로 교재를 쉽게 사용할 수 있도록 세부 절로 나뉘어 있다. 한 가지 예를 든다면 몇몇 강의 담당자들은 물리적 충돌에 관한 절(14.5절) 및 비공식금융과 미소금융에 관한 절(15.4절)을 빈곤에 관한 제5장과 짝을 지어 강의를 하고 있다.

- 정성적 초점의 강의 소수의 경제 모형만을 사용하고 제도적 초점과 함께 정성적 성향의 강의를 위해, 다루는 주제에 따라 제1, 2, 5, 6, 8, 9장에 제7장과 제10장의 일부분, 그리고 기타 주요 절들을 더한 내용을 주로 강조하면서 하나 또는 그 이상의 장 또는 절이 생략될 수 있다. 이 책은 모형의 배경이 되는 통찰력을 자세히 설명하면서 그 장에 실린 제한된 수의 그래프 모형이 내용의 손실 없이 생략될 수 있도록 구성되었다.

- 분석 및 방법론 초점의 강의 이 강의 과정은 제3장의 성장 및 발전 이론(부록 3.3 내생적 성장에 관한 내용 포함)과 제4장에 좀 더 초점을 맞추게 되며, 제5장의 빈곤 및 불균등의 측정법과 분석, 제6장의 출산의 미시경제학과 인구증가와 경제성장 사이의 관계, 제7장의 이주 모형, 제8장의 미성년 노동 모형과 경험적 의미를 포함하는 인적자본 이론, 제9장의 소작 모형, 제10장의 환경경제학 모형, 제11장의 정치경제학 분석과 함께 순현재가치 분석 및 다부문모형 같은 도구, 그리고 제12장의 무역 모형을 포함하는 교재의 몇몇 핵심 모형을 강조하고 개발하게 된다. 방법론에 관하여 이 강의 과정은 또한 일부 연구결과 예문과 도구변수, 무작위 배정, 회귀적-불연속 분석, 그리고 상대적 발전의 기원을 포함하는 성장의 경험적 의미의 사용과 (제2장에서 검토된) 수렴의 분석과 같은 방법론의 더 자세한 처리를 위한 일부 세부 절에서 소개된 자료들에 관해 부연 설명할 수 있다. 미주와 참고문헌은 택해야 할 가능한 방향을 제시한다. 이 책은 학생들이 그 중요성을 음미하는 데 도움이 되는 모형에 수반되는 제도적 배경에 관한 상세한 읽을거리를 강조한다.

- 인간개발과 빈곤경감을 강조하는 강의 제12판은 인간개발에 초점을 맞춘 강의 과정을 위해 사용될 수 있다. 이는 전형적으로 제1장의 센(Amartya Sen)의 역량 접근법과 밀레니엄개발목표에 관한 절, 제14장의 물리적 충돌에 관한 새로운 절, 제15장의 미소금융기관에 대한 논의, 그리고 제2장과 제5장의 면밀한 심층 검토를 포함하게 된다. 제6장의 인구정책, 제8장의 빈곤이라는 질병과 문맹, 낮은 학교교육, 미성년 노동의 문제, 제9장의 전통농업

에서 사람들이 직면하는 문제, 제10장의 빈곤과 환경훼손 사이의 관계, 그리고 제11장의 비정부기구(NGO)의 역할에 관한 절들은 이 강의 과정의 가장 중요한 부분일 것이다.

- **거시 및 국제적 주제를 강조하는 강의** 경제발전의 국제 및 거시적 측면은 수렴 및 장기성장과 상대적 발전의 원천에 관한 2.6절과 2.7절, 성장이론에 관한 제3장(이 장의 상세한 3개의 부록 포함), 성장과 다중균형 모형에 관한 제4장, 그리고 국제무역, 국제금융, 부채와 금융위기, 해외직접투자, 원조, 중앙은행제도, 국내금융에 관한 제12장부터 제15장까지를 강조할 수 있다. 이 책은 또한 금융위기에 관한 새로운 절(13.6절), 빠른 속도의 세계화와 중국의 부상으로부터의 시사점(제12장과 제1장의 브라질 및 제4장의 중국 같은 사례연구), 사하라이남 아프리카에서의 더 나은 발전을 위한 지속적인 몸부림, 그리고 채무 면제와 해외원조에 관한 논쟁을 포함하는 발전론의 국제적 맥락에서의 다른 측면들을 다룬다.

- **추가 읽을거리를 사용하는 광범위한 두 학기에 걸친 강의** 이 책은 또한 1년 동안의 강의 과정 또는 다학점 강의에 적합하도록, 그 장의 주제가 심도 있게 다루어질 때를 위해 많은 장들은 여러 수업시간을 위한 충분한 자료를 담고 있다. 미주와 참고문헌은 그러한 심층학습의 많은 출발점을 제공한다.

접근법 및 구성 안내

이 책의 접근법을 안내하면 아래와 같다.

1. 교재는 정부실패와 시장실패라는 쌍둥이 난제와 함께 빈곤, 불균등, 인구증가, 매우 빠른 도시화와 인구 100만 명 이상 도시 확대의 영향, 지속적인 공중보건 난제, 환경쇠퇴, 그리고 농촌 정체를 경험하는 지역 같은 일련의 주요 문제의 맥락 내에서 경제발전을 가르친다. 공식적 모형과 개념이 이러한 문제들과 별개로 제시되는 것이 아니라 실질세계의 발전 문제를 명료하게 하기 위해 사용된다.

2. 경제발전론 강의의 중요한 목적이 개발도상국의 현대적 경제 문제를 이해하고 그 가능한 해결책에 대한 독립적이고 정보에 근거한 판단과 정책 결론에 도달하는 학생들의 능력을 증진하는 것이기 때문에 교재는 문제 및 정책 지향적 접근법을 채택한다.

3. 교재는 개발도상국의 공통 문제를 설명하기 위해 적절한 이론적 도구는 물론 아프리카, 아시아, 남미, 그리고 유럽과 중동의 개발도상국으로부터의 이용 가능한 최고의 데이터를 동시에 사용한다. 이러한 문제들은 인도, 파키스탄, 방글라데시, 중국, 필리핀, 케냐, 보츠와나, 나이지리아, 가나, 코트디부아르, 아르헨티나, 브라질, 칠레, 멕시코, 아이티, 도미니카공화국 같은 다양한 나라를 다룰 때 그 발생률, 범위, 크기, 중요성이 다르다. 아직도 대다수는 그중 몇 가지를 열거한다면 지속적인 빈곤과 소득 및 자산의 엄청난 불균등, 인구 압력, 낮은 수준의 교육 및 건강, 불충분한 금융시장, 국제무역과 불안정성의 반복되는 난제라는 몇몇 비슷한 발전 문제들에 직면하고 있다.

4. 교재는 독립 주권국가로뿐만 아니라 세계화되는 경제에서 부유한 나라와의 그 상호작용

은 물론 서로의 관계 확대에 있어 넓은 범위의 개발도상국에 초점을 맞춘다.

5. 이와 관련하여, 이 책은 식량, 에너지, 천연자원, 기술, 정보, 그리고 금융흐름과 같은 분야에서의 세계 경제의 상호 의존성 증가를 강조하면서 발전을 국내 및 국제적 차원으로 간주한다.

6. 이 책은 발전 문제를 받아들인 일반적인 경제원리, 이론, 정책의 적절한 수정과 함께 시장의 관점은 물론 제도적·구조적 관점으로부터 다룰 필요성을 인식한다. 따라서 이 책은 관련 이론을 현실적인 제도적 분석과 결합시키려 시도한다. 최근 몇 년 동안 이 제12판에 반영된 경제발전론의 이러한 측면에 대한 연구에 엄청난 진보가 이루어졌다.

7. 이 책에서는 저개발의 경제적, 사회적, 제도적 문제들은 서로 밀접히 관련되어 있고 그 해결은 지역, 국가, 국제적인 수준에서 서로 협조적인 접근법을 필요로 한다고 생각한다.

8. 이 책은 총 3부로 구성되어 있다. 제1부는 발전과 저개발의 성격 및 의미와 개발도상국에서의 그 여러 징후에 초점을 맞춘다. 선진국의 역사적 성장 경험과 개발도상국의 장기 경험을 고찰한 후에 기본적인 경제성장이론을 소개하면서 네 가지 고전적 및 현대적 경제발전이론을 검토한다. 제2부는 주요 국내 발전 문제와 정책에 초점을 맞추며, 제3부는 국제적, 거시적, 금융 영역에서의 발전 문제와 정책에 초점을 맞춘다. 분석 주제는 경제성장, 빈곤과 소득분배, 인구, 이주, 도시화, 기술, 농업 및 농촌 발전, 교육, 건강, 환경, 국제무역과 국제금융, 부채, 금융위기, 국내 금융시장, 해외직접투자, 해외원조, 무력분쟁, 그리고 경제발전에 있어서의 시장, 국가, 비정부기구의 역할을 포함한다. 이 책의 세 부 모두 어떤 종류의 발전이 가장 바람직하며, 개발도상국은 어떻게 그 경제적·사회적 목적을 가장 잘 달성할 수 있는지를 포함하는 근본적인 문제를 제기한다.

9. 포괄적인 접근법의 일환으로 이 책은 성장 진단, 산업화전략, 빈곤감소를 위한 혁신적 정책, 복지에 대한 역량접근법, 여성의 중심적인 역할, 아동노동, 건강의 결정적으로 중요한 역할, 도시의 역할에 대한 새로운 생각, 경제발전에 있어서의 비정부기구의 경제적 성격과 비교우위, 환경과 발전에 나타나는 쟁점, 금융위기, 무력분쟁, 미소금융을 포함하는 다른 경제발전론 교재에서는 발견할 수 없는 몇몇 주제를 다룬다.

10. 이 책의 유일무이한 특징은 각 장의 맨 뒤에 실린 심층 사례연구 및 비교 사례연구이다. 각 장의 사례연구는 그 장에서 분석된 특별한 쟁점을 반영하고 설명한다. 각 장의 예문은 짧은 사례를 제공한다.

요약 차례

PART 1 **원리와 개념**

1 경제발전의 소개 : 세계적인 관점에서 2

2 상대적 경제발전 40

3 경제성장과 경제발전의 고전적 이론 118

4 경제발전에 관한 현대이론 164

PART 2 **문제와 정책 : 국내**

5 빈곤, 불균등, 그리고 발전 218

6 인구증가와 경제발전 : 원인, 결과, 그리고 논쟁점 290

7 도시화와 이촌향도 이주 : 이론과 정책 332

8 인적자본 : 교육, 보건, 그리고 경제발전 382

9 농업의 변화와 농촌개발 436

10 환경과 개발 490

11 개발정책 입안과 시장, 국가, 그리고 시민사회의 역할 542

PART 3 **문제와 정책 : 국제 및 거시**

12 국제무역이론과 발전전략 602

13 국제수지, 부채, 금융위기, 그리고 안정화정책 680

14 해외금융, 투자, 원조, 그리고 물리적 충돌 : 논쟁과 기회 734

15 발전을 위한 금융 및 재정 정책 784

차례

PART 1 원리와 개념

1 경제발전의 소개 : 세계적인 관점에서 2

서곡 : 지극히 이상한 순간 2

1.1 나머지는 어떻게 살고 있는가 4

1.2 경제학과 경제발전론 9

경제발전론의 성격 9

왜 경제발전론을 연구하는가? 몇 가지 중요한 질문 11

경제발전론에서 가치의 중요한 역할 14

사회체제로서의 경제 : 단순한 경제학을 넘어서야 할 필요성 15

1.3 발전의 의미 16

전통적인 경제적 척도 16

발전의 새로운 경제적 견해 16

센의 '역량' 접근법 18

발전과 행복 20

발전의 세 가지 핵심 가치 22

여성의 중심적인 역할 23

발전의 세 가지 목표 24

1.4 밀레니엄개발목표 24

1.5 결론 27

■ 사례연구 1 보다 의미 있는 발전을 위한 투쟁의 진전 : 브라질 30

2 상대적 경제발전 40

2.1 개발도상국의 정의 41

2.2 발전의 기본 지표 : 실질소득, 건강, 교육 45

구매력등가 45

건강 및 교육 지표 48

2.3 생활수준과 역량의 포괄적 척도 51

새로운 인간개발지수 51

2.4 개발도상국의 특성 : 공통성 가운데의 다양성 55

낮은 생활수준과 생산성 57

낮은 수준의 인적자본 59

높은 수준의 불균등과 절대빈곤 61

높은 인구증가율 63

높은 수준의 사회분절 64

많은 농촌인구와 급속한 이촌향도 이주 65

낮은 수준의 산업화와 제조업상품 수출 66

불리한 지리적 여건 67

저개발 상태의 시장 69

식민지 유산의 잔재와 불균등한 국제관계 70

2.5 오늘날의 저소득 국가는 발전 초기 단계의 선진국과 어떻게 다른가 73

물적 · 인적 자원의 부존 73

1인당 소득과 GDP의 상대적 수준 74

기후의 차이 74

인구의 규모, 분포, 증가 75

국제이주의 역사적 역할 75

국제무역으로부터의 성장을 위한 자극 77

기초과학과 기술의 연구개발 역량 78

국내 제도의 효력 79

2.6 개발도상국과 선진국의 생활수준은 수렴하는가 79

2.7 상대적 발전의 장기적 원인 85

2.8 최종 견해 93

■ 사례연구 2 상대적 경제발전 : 파키스탄과 방글라데시 95

부록 2.1 **전통적 인간개발지수 111**

3 **경제성장과 경제발전의 고전적 이론 118**

3.1 경제발전의 고전적 이론 : 네 가지 접근법 118

3.2 성장으로서의 발전과 선형 단계설 119

로스토의 성장단계 120

해로드-도마 성장 모형 120

장애물과 제약 122

필요조건 대 충분조건 : 단계 모형에 대한 몇 가지 비판 123

3.3 구조변화 모형 124

루이스의 발전이론 124

구조 변화와 발전 유형 129

결론 및 시사점 130

3.4 종속이론 131

신식민지 종속 모형 131

거짓 패러다임 모형 132

이중구조-발전 이론 133

결론 및 시사점 134

3.5 신고전학파의 반혁명 : 시장근본주의 135

국가통제 모형에 대한 도전 : 자유시장, 공공선택, 시장친화적
접근법 135

전통적 신고전학파 성장이론 137

결론 및 시사점 138

3.6 고전적 발전이론 : 차이점 절충 139

■ 사례연구 3 학설사의 실제 사용 사례 : 한국과 아르헨티나 141

부록 3.1 **경제성장의 구성요인 148**

부록 3.2 **솔로 신고전학파 성장 모형 154**

부록 3.3 **내생적 성장이론 159**

4 **경제발전에 관한 현대이론 164**

4.1 조정실패로서의 저개발 165

4.2 다중균형 : 도표 분석 168

4.3 경제발전의 시동 : 빅 푸시 174

빅 푸시 : 도표 모형 175

빅 푸시가 필요할 수 있는 또 다른 경우들 180

대기업가에 의해 문제가 해소될 수 없는 이유 182

4.4 다중균형의 추가적인 문제들 183

선임자 장점의 비효율성 183

행동과 규범 183

연계 184

불균등, 다중균형, 성장 185

4.5 크레머의 오링 이론 187

오링 모형 187

오링 이론의 시사점 190

4.6 자아발견으로서의 경제발전 192

4.7 하우스만-로드릭-벨라스코 성장진단 프레임워크 193

4.8 결론 197

■ 사례연구 4 경제발전 기적의 이해 : 중국 200

PART 2 문제와 정책 : 국내

5 빈곤, 불균등, 그리고 발전 218

5.1 불균등의 측정 220
  계층별 분배 220
  로렌츠곡선 221
  지니계수와 불균등의 총체적 척도 223
  기능별 분배 226
  알루와리아-체너리 후생지수 227

5.2 절대빈곤의 측정 228
  소득빈곤 228

5.3 빈곤, 불균등, 사회후생 233
  극단적인 불균등에 대해 무엇이 그렇게 나쁜가 233
  이중적 발전과 로렌츠곡선의 이동 : 몇몇 정형화된 유형
    분류 235
  쿠즈네츠의 역U자 가설 238
  성장과 불균등 242

5.4 절대빈곤 : 범위와 규모 243
  다차원적 빈곤지수 245
  성장과 빈곤 251

5.5 고도빈곤집단의 경제적 특성 253
  농촌의 빈곤 254
  여성과 빈곤 255
  소수민족, 토착인구, 빈곤 258

5.6 소득불균등과 빈곤에 대한 정책대안 : 몇 가지 기본적
    고려사항 259
  개입 영역 259
  요소상대가격을 통한 기능별 소득분배의 변경 260
  가난한 사람의 자산증가를 통한 계층별 분배의 수정 262
  누진적 소득세 및 부에 대한 세금 263
  직접적 이전지출과 재화와 서비스에 대한 공공공급 264

5.7 요약과 결론 : 정책 패키지의 필요성 266

■ 사례연구 5 제도, 불균등, 그리고 소득 : 가나와
    코트디부아르 268

부록 5.1 적정기술과 고용창출 : 가격유인 모형 278
부록 5.2 알루와리아-체너리 후생지수 281

6 인구증가와 경제발전 : 원인, 결과, 그리고 논쟁점 290

6.1 기본 논점 : 인구증가와 삶의 질 290

6.2 인구증가 : 과거, 현재, 미래 291
  세계 인구증가의 역사 291
  세계 인구의 구조 293
  인구증가의 잠재적 탄력 297

6.3 인구변천 299

6.4 개발도상국 고출산율의 원인 : 맬서스 학파의 모형과
    가계 모형 302
  맬서스 학파의 인구함정 302
  맬서스 모형에 대한 비판 306
  출산의 미시경제 가계이론 308
  개발도상국의 자녀들에 대한 수요 310
  경제발전과 출산에 대한 시사점 311

6.5 고출산의 결과 : 주요 논점 312
  이는 진정한 문제가 아니다 312
  이것은 의도적으로 고안된 거짓 이슈이다 314
  이것은 바람직한 현상이다 314
  이것은 진짜 문제이다 315
  목적 및 목표 : 합의를 향해 318

6.6 일단의 정책적 접근 319
  개발도상국이 할 수 있는 일 319
  선진국이 할 수 있는 일 322
  선진국이 개발도상국의 인구관련 프로그램을 도와줄 수 있는
    방법 323

■ 사례연구 6 인구, 빈곤, 그리고 발전 : 중국과 인도 324

7 **도시화와 이촌향도 이주 : 이론과 정책 332**

7.1 도시화 : 경향과 전망 333

7.2 도시의 역할 340

산업지구 340

효율적인 도시 규모 344

7.3 도시 거대화 문제 346

제1도시 편향 347

도시 거대화의 원인 347

7.4 도시의 비정규부문 350

도시 비정규부문을 위한 정책 352

비공식부문의 여성 355

7.5 이주와 발전 357

7.6 이촌향도 이주의 경제이론을 향해 358

토다로 모형에 관한 구술 359

도식화된 설명 361

다섯 가지 정책적 함의 363

7.7 요약과 결론 : 종합적 이주 및 고용전략 366

■ 사례연구 7 개발도상국에서의 이촌향도 이주와 도시화 : 인도와
보츠와나 369

부록 7.1 **토다로 이주 모형의 수학공식 375**

8 **인적자본 : 교육, 보건, 그리고 경제발전 382**

8.1 교육과 보건의 핵심적 역할 382

발전을 위한 공동투자로서의 교육 및 보건 384

교육과 보건의 개선 : 왜 소득 증가는 불충분한가? 385

8.2 교육 및 보건에 대한 투자 : 인적자본 접근 388

8.3 유소년 노동 391

8.4 성별 격차 : 교육과 보건의 차별 397

교육과 성 397

보건과 성 398

보건과 교육에 있어서 성적 편견의 결과 399

8.5 교육 시스템과 발전 401

교육의 공급과 수요의 정치경제학 : 고용기회와 교육 수요의
관계 401

사적 대 사회적 편익과 비용 403

교육의 분배 405

8.6 보건의 측정과 질병 부담 408

HIV/AIDS 412

말라리아 415

기생충과 다른 '소외 열대 질병' 418

8.7 보건, 생산성, 그리고 정책 420

생산성 420

보건정책 422

■ 사례연구 8 빈곤으로부터 탈출 : 멕시코의 Progresa/
Oportunidades 424

9 **농업의 변화와 농촌개발 436**

9.1 농업적 진보의 긴요함과 농촌개발 436

9.2 농업 성장 : 과거의 발전 및 현재의 과제 439

농업생산성의 추세 439

시장실패와 정부 정책의 필요성 446

9.3 개발도상국의 영농체제 447

농업의 세 가지 체제 447

남미, 아시아, 아프리카의 영세농업 449

남미의 농업 패턴 : 진전과 미해결 빈곤 과제들 451

변모하는 경제 : 아시아 영세농경지의 분절과 세분화 문제 453

아프리카의 자급농업과 조방재배(대규모 농경) 455

9.4 여성의 중요한 역할 458

9.5 농부 행위의 미시경제학과 농업개발 461

영세 자급농업에서 특화된 상업영농으로의 이행 461

자급농업 : 위험회피, 불확실성, 생존 462

소작 및 연동된 요소시장의 경제학 465

혼합 또는 다각화된 영농으로의 이행 468

다각화에서 특화로 : 현대 상업 영농 469

9.6 농업 및 농촌개발전략의 핵심 요건 471

　소규모 농업의 향상 471

　제도 및 가격정책 : 필요한 경제적 동기의 부여 472

　농촌개발의 조건들 474

■ 사례연구 9 여성 농부를 위한 영농지도를 개선할 필요성 :
　케냐 477

10　환경과 개발 490

10.1 환경과 개발 : 기본적 쟁점 490

　경제학과 환경 490

　지속 가능한 개발과 환경회계 492

　인구, 빈곤, 경제성장에 대한 환경의 관계 493

　환경과 농촌 및 도시발전 495

　지구 환경과 경제 496

　빈곤탈출의 경로로서 천연자원 기반의 생계 : 기대와 한계 497

　국내 요인에 의한 환경훼손의 범주 498

　농촌개발과 환경 : 두 마을의 이야기 500

　마을의 환경 악화 501

10.2 지구온난화와 기후변화 : 범위, 완화, 그리고 적응 502

　문제의 범위 502

　완화 505

　적응 506

10.3 환경 문제에 대한 경제학적 모형 511

　사적소유 자원 511

　공유재산자원 513

　공공재와 공공비재화 : 지역의 환경훼손과 무임승차자
　문제 516

　공공재 분석틀의 한계 517

10.4 도시개발과 환경 518

　도시 빈민가의 환경 문제 518

　산업화와 도시의 대기오염 519

　혼잡함과 수질오염 그리고 비위생의 문제 522

10.5 강우림 파괴의 지역 및 글로벌 비용 523

10.6 개발도상국과 선진국의 정책 선택권 526

　개발도상국들이 할 수 있는 것 526

　선진국들이 개발도상국을 도울 수 있는 방법 528

　선진국들이 지구 환경을 위해 할 수 있는 것 529

■ 사례연구 10 한 섬에 존재하는 대조적인 세계 : 아이티와
　도미니카공화국 532

11　개발정책 입안과 시장, 국가, 그리고 시민사회의 역할 542

11.1 균형의 문제 542

11.2 개발계획 : 개념과 정당성 543

　계획에 대한 환상 543

　개발계획의 성격 544

　혼합경제 개발도상국에서의 계획 544

　개발계획의 정당성 545

11.3 개발계획 과정 : 몇몇 기본 모형 547

　계획의 3단계 547

　총성장 모형 : 거시변수들에 대한 예측 548

　다부문 모형과 부문별 예측 550

11.4 정부실패 및 계획 너머 시장에 대한 선호 555

　계획실행 및 계획실패의 문제 555

　자유시장을 향한 1980년대의 정책이동 557

11.5 시장경제 559

　사회문화적 전제조건과 경제적 필요조건 559

11.6 발전과 그다음의 진전에 있어서 국가의 역할에 관한 워싱턴
　컨센서스 560

　신컨센서스를 향하여 561

11.7 발전의 정치경제 : 정책 수립과 개혁 이론 563

11.8 NGO의 개발 역할과 더 광범위한 시민부문 570

11.9 거버넌스와 개혁의 추세 577

　분권화 579

　발전에의 참여 581

■ 사례연구 11 개발 NGO들의 역할 : BRAC과 그라민은행 584

PART 3 문제와 정책 : 국제 및 거시

12 국제무역이론과 발전전략 602

12.1 경제적 세계화 : 서론 602

12.2 국제무역 : 몇몇 핵심 이슈 606

무역과 발전에 관한 다섯 가지 기본적인 질문 608

서로 다른 여러 개발도상국에 대한 수출의 중요성 610

수요탄력성과 수출소득의 불안정성 612

교역조건과 프레비사-싱어 가설 613

12.3 국제무역에 관한 전통 이론 615

비교우위 615

상대적 요소부존과 국제적 특화 : 신고전학파 모형 616

무역이론과 발전 : 전통적 주장 621

12.4 개발도상국 경험의 맥락에서 전통적 자유무역이론에 대한 비판 621

고정된 자원, 완전고용, 그리고 자본과 숙련노동의 국제적 비이동성 622

내부적 요소이동성, 완전경쟁, 그리고 불확실성 : 수확체증, 불완전경쟁, 그리고 특화의 쟁점 626

무역관계에 있어서 중앙정부의 부재 627

균형무역과 국제 가격조정 629

국민들에게 귀속되는 무역이득 629

무역이론과 경제발전전략에 대한 몇 가지 결론 630

12.5 발전을 위한 전통적 무역전략과 정책기구 : 수출진흥 대 수입대체 632

수출진흥 : 외부를 바라보니 무역장벽이 보임 634

공산품 수출 확대 636

수입대체 : 대내지향적이지만 여전히 외부에 관심을 기울임 638

관세, 유치산업, 그리고 보호이론 638

IS 산업화전략과 결과 641

환율, 외환통제, 그리고 평가절하 결정 645

무역낙관론자와 무역비관론자 : 전통적 논쟁의 요약 650

12.6 수출정책에의 산업화전략 접근법 652

수출지향적 산업화전략 652

기업 수준 국제무역에 대한 새로운 연구와 개발도상국 656

12.7 남남무역과 경제통합 657

경제통합 : 이론과 실제 657

지역무역블록, 무역의 세계화, 그리고 남남협력의 전망 659

12.8 선진국의 무역정책 : 개혁의 필요성과 신보호주의 압력에 대한 저항 661

■ 사례연구 12 무역을 통한 성공적인 발전의 선구자 : 대만 665

13 국제수지, 부채, 금융위기, 그리고 안정화정책 680

13.1 국제금융과 투자 : 개발도상국의 핵심 이슈 680

13.2 국제수지계정 681

일반적 고려사항 681

가상적 실례 : 적자와 부채 683

13.3 국제수지적자 관련 이슈 687

몇 가지 초기 정책 이슈 687

국제수지 추세 691

13.4 부채 축적과 1980년대의 부채위기 발생 693

배경과 분석 693

1980년대 부채위기의 기원 695

13.5 부채경감의 시도 : 거시경제 불안정, 고전적 IMF 안정화 정책, 그리고 그에 대한 비판 697

IMF 안정화 프로그램 697

외채경감 전술 699

13.6 글로벌 금융위기와 개발도상국 708

위기의 원인과 지속적 회복에의 도전 709

개발도상국에 대한 경제적 영향 712

개발도상국 지역 간 상이한 영향 및 지속적인 도전 717

회복과 안정에 대한 전망 720

위험은 물론 기회? 721

■ 사례연구 13 무역, 자본흐름, 그리고 발전전략 : 한국 723

| 14 | 해외금융, 투자, 원조, 그리고 물리적 충돌 : 논쟁과 기회 734 |

14.1 금융자원의 국제적 흐름 734

14.2 민간해외직접투자와 다국적기업 735
　　민간해외투자 : 발전에 대한 찬반 의견 739
　　민간포트폴리오투자 : 편익과 위험 746

14.3 송금의 역할과 성장 747

14.4 해외원조 : 개발원조에 관한 논쟁 749
　　개념 및 측정 문제 749
　　금액과 배분 : 공적원조 751
　　원조 제공 이유 753
　　원조수혜국이 원조를 받는 이유 756
　　원조에 있어 비정부기구의 역할 757
　　원조의 효과 758

14.5 물리적 충돌과 발전 760
　　폭력적 충돌과 충돌위험의 범위 760
　　무력분쟁의 결과 760
　　무력분쟁의 원인과 분쟁의 위험요소 764
　　무력분쟁의 해결책과 방지책 765

■ 사례연구 14 코스타리카, 과테말라, 그리고 온두라스 : 수렴에 대한 비교와 전망 770

| 15 | 발전을 위한 금융 및 재정 정책 784 |

15.1 경제발전에 있어서 금융제도의 역할 785
　　선진국과 개발도상국 금융제도의 차이 787

15.2 중앙은행의 역할과 그 대안제도 790
　　자격을 제대로 갖춘 중앙은행의 기능 790
　　개발은행의 역할 793

15.3 비공식금융과 미소금융의 부상 794
　　전통적 비공식금융 794
　　미소금융기관 : 운용방법 795
　　미소금융기관 : 현재의 세 가지 정책논쟁 799
　　발전전략으로서 미소금융의 잠재적 한계 801

15.4 공식금융제도와 개혁 803
　　금융자유화, 실질이자율, 저축, 그리고 투자 803
　　금융정책과 국가의 역할 804
　　주식시장의 역할에 대한 논쟁 806

15.5 발전을 위한 재정정책 808
　　거시경제 안정과 자원 동원 808
　　과세 : 직접세와 간접세 808

15.6 국유기업과 민영화 813
　　국유기업의 성과 개선 814
　　민영화 : 이론과 경험 815

15.7 행정 : 가장 희소한 자원 818

■ 사례연구 15 아프리카의 위험 속에서의 성공 이야기 : 보츠와나 820

용어해설 830
찾아보기 843

사례연구와 예문

사례연구

1 보다 의미 있는 발전을 위한 투쟁의 진전 : 브라질   30

2 상대적 경제발전 : 파키스탄과 방글라데시   95

3 학설사의 실제 사용 사례 : 한국과 아르헨티나   141

4 경제발전 기적의 이해 : 중국   200

5 제도, 불균등, 그리고 소득 : 가나와 코트디부아르   268

6 인구, 빈곤, 그리고 발전 : 중국과 인도   324

7 개발도상국에서의 이촌향도 이주와 도시화 : 인도와 보츠와나   369

8 빈곤으로부터 탈출 : 멕시코의 Progresa/Oportunidades   424

9 여성 농부를 위한 영농지도를 개선할 필요성 : 케냐   477

10 한 섬에 존재하는 대조적인 세계 : 아이티와 도미니카공화국   532

11 개발 NGO들의 역할 : BRAC과 그라민은행   584

12 무역을 통한 성공적인 발전의 선구자 : 대만   665

13 무역, 자본흐름, 그리고 발전전략 : 한국   723

14 코스타리카, 과테말라, 그리고 온두라스 : 수렴에 대한 비교와 전망   770

15 아프리카의 위험 속에서의 성공 이야기 : 보츠와나   820

예문

1.1 빈곤의 경험 : 가난한 사람의 목소리   8

2.1 NHDI 계산 : 가나의 경우   53

2.2 새로운 인간개발지수   56

2.3 연구결과 : 식민지 시대의 강제노동이 빈곤과 발전에 미치는 효과   71

2.4 연구결과 : 상대적 발전의 이론을 테스트하기 위한 수단변수 불균등   90

2.5 연구결과 : 식민지 토지제도의 유산   91

4.1 기대의 동기화 : 남미 시간의 재조정   171

4.2 연구결과 : 개선된 보건 상태를 위한 마을 내 협력 및 감독   172

4.3　연구결과 : 성장진단을 적용한 세 국가 사례연구　196

5.1　남미 효과　241

5.2　개발도상국의 성과 관련된 문제 : 가난한 사람의 목소리　257

6.1　연구결과 : 2012년 수정 유엔 인구 전망　296

6.2　연구결과 : 방글라데시의 사회규범과 출산력 변화 유형　305

6.3　연구결과 : 2003~2012년 개발도상국에서의 피임의 수요 및 이용 현황　321

7.1　연구결과 : 중국에서의 산업지구 또는 클러스터의 등장　343

8.1　보건과 교육 : 가난한 사람의 목소리　384

8.2　보건과 교육 투자의 관계　385

8.3　연구결과 : 자녀 보건 향상에 있어서 어머니의 보건 지식은 결정적이다　386

8.4　연구결과 : 저비용 건강개입의 학교 효과　387

8.5　연구결과 : 현금 또는 조건? 말라위로부터의 증거　395

8.6　연구결과 : 개인 교습과 컴퓨터 지원 학습 프로그램　407

8.7　개발도상국이 직면하고 있는 보건 도전　410

8.8　AIDS : 우간다의 위기와 대응　416

9.1　발전정책 이슈 : 아프리카 북동부('뿔') 지역의 기근　443

9.2　연구결과 : 영농에 관한 학습—가나에 확산된 파인애플 재배　470

10.1　기후변화에 대한 아프리카 농부들의 자율적 적응　507

10.2　세계 가장 빈곤한 국가의 기후변화 대응노력 : 니제르　508

10.3　지속 가능한 자원 관리를 위한 오랜 제도들에 대한 연구로부터 도출된 오스트롬의 설계원칙　515

11.1　워싱턴 컨센서스와 동아시아　561

11.2　신컨센서스　562

11.3　연구결과 : NGO 학교에서 교사의 결근 줄이기　577

12.1　연구결과 : 프레비시-싱어 가설에 관한 400년간의 증거　614

13.1　IMF의 역사와 역할　684

13.2　세계은행의 역사와 역할　688

13.3　멕시코 위기, 부채감소, 그리고 성장의 재현을 위한 악전고투　702

13.4　'혐오부채'와 그 방지책　706

14.1　개발도상국에서 다국적기업의 역할과 영향에 관한 7개의 핵심 쟁점　743

15.1　연구결과 : 빈곤층의 금융생활　796

15.2　연구결과 : 미소금융과 훈련의 결합　801

15.3　칠레와 폴란드의 민영화 — 무엇을, 언제, 그리고 누구를 위해?　817

제1부
원리와 개념

1

경제발전의 소개 : 세계적인 관점에서

발전은 사람들이 즐기는 실질자유를 확대하는 과정 … 으로 간주될 수 있다.

— 아마르티아 센(Amartya Sen), 노벨경제학상 수상자

우리의 비전과 책임은 지속가능한 발전과 관련하여 어떤 형태이든, 극단적인 빈곤을 종결시키는 것이며 지속적 번영의 건축물을 적소에 배치하는 것이다.

— 포스트2012 발전아젠다에 대한 저명인사의 고위 패널의 보고서

따라서 생활필수품이란 자연뿐만 아니라 확립된 사회의 일반적인 규칙이 최하층민들에게도 필요하도록 만드는 물품이라고 이해해야 한다.

— 아담 스미스(Adam Smith), *The Wealth of Nations*

우리는 지난 수십 년 동안 성공과 점차 나아진 경제적 전망을 결합하여 한 세대 내에서 최초로 극단적인 빈곤을 종료시킬 수 있고, 강한 불평등에 의해서가 아니라 높아진 기회로 정의되는, 아이들을 위한 세계를 창조할 수 있는 가능성을 개발도상국가에게 줄 수 있는 행운의 역사적 순간에 있다. 가계가 청정에너지에 접근 가능한 지속 가능한 세계. 모든 사람이 충분히 먹을 수 있는 세계. 어느 누구도 예방 가능한 질병으로 죽지 않는 세계. 빈곤으로부터 자유로운 세계.

— 김용, 세계은행 총재

서곡 : 지극히 이상한 순간

개발도상국에 대한 2개의 그림이 대중의 관심을 끌기 위해 언론매체에 의해 경쟁적으로 보도되고 있다. 첫 번째 그림은 아프리카 농촌지역과 같은 곳이나 동남아시아의 몹시 혼잡하고 비위생적인 도심슬럼가의 참혹한 모습이다. 두 번째 그림은 중국 해안지역의 다이내믹한 모습이다. 이 두 그림 모두 발전 드라마의 중요한 부분을 전달한다. 모두는 아니지만 대부분의 지역에서, 때로는 천천히 그리고 고르지 않더라도 삶의 조건들이 의미 있게 개선되고 있다. 누

적 효과는 전례 없이 경제발전이 세계 변환을 유도해 오고 있다는 것이다.

부유한 선진국과 저소득 개발도상국 간의 격차가 겉으로 확대되었던 시기인 1992년 세계를 생각해보자. 부유한 국가들은 가난한 국가들보다 빨리 성장해 왔다. 세계 질서에서 고소득 국가들의 지배가 뚜렷하다. 1991년 마지막 날 소련의 붕괴와 함께 미국은 냉전에서 승리하였다. 냉전의 종말은 역시 EU를 영향력을 행사할 수 있는 위치에 놓았고 이목을 끄는 '유럽 92' 단일 시장 프로젝트에 대한 신뢰감을 충만하게 하였다. 일본의 오랜 고성장 후 장기적인 스태그플레이션에 대해 어느 누구도 예측하지 못한 채, 일본의 부동산시장과 주식시장의 버블이 꺼져 가기 시작하였다.

그러나 1992년 브라질, 러시아, 인도, 중국, 남아프리카공화국(이제는 언론매체에서 가끔 BRICS로 명명함) 등 많은 개발도상국가들이 대규모의 위기는 아니지만 매우 위태로운 조건에 있음을 발견하였다. 대부분의 라틴 국가들처럼 브라질은 여전히 1980년 국가부채위기로부터 탈출하고자 안간힘을 쓰고 있었다. 러시아는 소련 붕괴 후 경기가 하강하고 있었다. 인도는 독립 이후 최악의 경제위기로부터 회복되기 시작하였다. 중국은 매우 급속한 성장기간이 시작되었으나 1989년 천안문 대학살이 생생한 기억으로 남아 있고, 중국의 개혁과 성장을 위한 미래의 전망이 불확실하였다. 다른 한편 남아프리카공화국에서는 인종차별주의의 종결에 대해 여전히 협의 중이었고, 그 반면 전체 아프리카 대륙에서는 두 번째로 이어진 10년의 저성장이 시작되었으며 비관주의가 만연하였다. 긴급한 발전의 필요성에도 불구하고 냉전의 종결과 함께 부유한 국가들이 발전 지원에 관심을 잃고 있다는 우려가 팽배하였다. 1992년 세계 정상회담에서 지구온난화로 인한 기후변화를 인식하고 억제하고자 시도하는 최초의 잠정적인 조처를 취하였으나 그 어느 누구도 20년 후 중국과 인도가 세계 3위의 온실가스 배출국이 될 것이라고 상상하지 못하였다.

그러나 1992년 이래 중심부 부국과 후퇴하는 글로벌 남부 국가 간의 극명한 이중주의로부터 좀 더 다이내믹하고 복잡한 관계로 이전하였다. 아시아 국가들은 평균 서구 고소득국가 성장률의 3배로 성장하였고 글로벌 수렴 시대의 가능성을 예고하면서 성장은 남아프리카 국가들로 전환되었다.[1] 전환 규모는 대단하였다.

아동 사망률의 극적인 하락과 함께 건강은 크게 개선되어 왔다. 보편적인 초등교육의 목적이 보이기 시작하였다. 1992년 세계 인구의 약 2/5가 극단적 빈곤 속에서 살았지만 그 비율이 약 1/5로 하락하였다. 중국에서 극단적 빈곤(1일 1.25달러 미만) 속에 살아가는 사람들의 수는 1992년 약 7억 4,300만 명에서 2009년 1억 5,700만 명으로 감소하였다. 브라질 볼사 파밀리아(Bolsa Familia)와 같은 사회 프로그램은 한때 해결하기 어려웠던 브라질 빈곤을 축소시켰다. 휴대전화와 같은 막대한 기술혁신과 소기업을 위한 신용 이용 가능성이 새로운 낙관주의를 유리하게 유도하였고 부채질하였다.

동시에 경제발전과 빈곤 축소의 미래는 결코 확신할 수 없다. 가난에서 벗어난 많은 사람이 여전히 취약하고, 자연환경은 악화되고 있으며, 국가경제성장은 여전히 불확실한 채로 남아 있다. 경제발전은 몇 년 동안의 과정이 아니라 수십 년 동안의 과정이다. 2011년 'BRICS'의 경제성장에 대한 언론들의 찬사 후, 나머지는 여전히 경제발전이 고르지 못하고 불확실한 채였다. 브라질의 경제성장은 2010년 7.5%의 정점에서 2012년 1% 이하로 하락하였다. 인도의 성장은 2010년 최초로 10% 이상이었으나 2012년에는 1/3 수준으로 하락하였다. 중국의 성장은 2010년 10% 이상에서 항구적으로 더 낮은 7% 성장률의 예상과 함께 2012년 8% 이하로 하락하였다. 2012년 남아프리카공화국의 성장률은 약 3%에 지나지 않았다. 인구의 계속적인 증가로 1인당 성장은 둔화되었다. 2013년 여름 동안 금융시장이 해결되지 않았으며 많은 투자자들이 이러한 또 다른 개발도상국들로부터 투자금을 회수하기 시작하였다.

한편으로, 아프리카 빈곤 생활자 수가 아직 하락해야 하고 빈곤자로 남아 있는 사람들의 평균소득은 장기적인 수준인 1일 70센트 이상으로 여전히 상승하지 못하고 있다는 2013년 보고서는 많은 발전공동체를 크게 실망시키고 있다. 그리고 1992년 시작되었던 기후변화 회담역시 온실가스 배출이 기록적인 수준에 도달하였고 기후변화의 영향이 저소득국가에서 분명하며 아프리카뿐만 아니라 남아프리카 발전을 역행시킬 수 있는 위협에도 답보 상태이다.

다른 국가들이 중국의 역사적인 성장률을 따라갈 수 있다는 낙관론이 약화되고 있으나 그럼에도 불구하고 여전히 극적인 따라잡기(catch-up)의 가능성이 그 어느 때보다 밝아 보인다. 2013년 여름 만연했던 언론매체의 비관주의가 바로 2년 전 맹목적인 낙관주의만큼이나 더 이상 보장되지 않았다. 벅찬 도전과 신나는 기회 모두에 대한 현실주의가 필요하다. 많은 개발도상국이 선진국과, 특히 건강과 교육의 격차, 그리고 가끔은 소득의 격차를 끊임없이 좁혀오면서 향후 몇 년간의 전망, 특히 중위소득국가의 전망을 매우 강하게 하였다. 그러나 성장의 높은 변동성은 광범위한 발전 도전에 대한 단지 하나의 암시일 뿐이고 이 책 내내 검토할 것이다.

이 책은 헤드라인 숫자 뒤에 무엇이 있는지, 그리고 필요한 분석적 도구와 가장 최근 그리고 가난부터 국제금융에 걸친 도전에 대한 신뢰할 만한 자료를 제시하여 발전 패턴을 둘러볼 것이다. 처음부터, 오늘조차 세계의 많은 가난한 사람들이 새로운 세계의 번영으로부터, 있다 하더라도 거의 혜택을 받지 못하고 있다.

1.1 나머지는 어떻게 살고 있는가

세계 전역에서 사람들은 매우 상이한 환경에서 새로운 날을 맞이하기 위해 매일 아침 눈을 뜬다. 일부 사람들은 충분한 먹을 것과 입을 옷을 갖고 방이 많은 안락한 집에서 건강하게 살고 있으며, 상당한 금전적 안정을 확보하고 있다. 거의 70억 명에 달하는 지구의 나머지 사람들은 식량 및 주거가 불충분한데, 최하위에 해당되는 가난한 사람들의 경우는 특히 심하다. 그들은 건강하지 않고, 어떻게 읽고 쓰는지를 모르며, 일자리가 없을 뿐만 아니라 더 나은 삶을 살 가능성도 확실하지 않다. 세계 인구의 40%가 넘는 사람들이 **절대빈곤**(absolute poverty)이라는 조건의 일부분인 하루 2달러 미만으로 산다. 이러한 생활수준의 세계적 차이를 살펴보면 흥미로운 사실이 드러난다.

절대빈곤
소득, 식량, 의류, 건강관리, 주거와 기타 필수품의 최소 수준을 충족시킬 수 없는 상태

예를 들어 우선 북미의 평균적인 가정을 살펴보면, 아마도 연소득이 50,000달러가 넘는 4명으로 구성된 '핵'가족을 발견하게 될 것이다. 그들은 조그만 정원과 2대의 승용차를 가진 안

락한 교외의 주택에 살고 있으며, 주택에는 2명의 자녀 각각이 별도의 침실을 포함하는 많은 쾌적한 특징이 있을 것이다. 주택은 다양한 소비재, 전자제품, 전기용품으로 채워져 있는데, 그중 많은 것들은 북미가 아닌, 한국과 중국 같은 멀리 떨어진 나라에서 제조된 것이다. 말레이시아에서 만들어진 컴퓨터 하드디스크, 태국에서 제조된 DVD 플레이어, 방글라데시에서 단순 가공된 의복, 중국에서 만들어진 산악자전거 등이 그 대표적인 예다. 항상 하루 세 끼의 식사가 이루어지고 가공 처리된 스낵식품이 넘쳐나는데, 많은 식품이 또한 외국으로부터 수입된 것이다(브라질, 케냐, 콜롬비아의 커피, 페루와 호주에서 들어온 통조림 생선과 과일, 중앙아메리카산 바나나와 기타 열대과일). 2명의 자녀 모두 건강하게 학교에 다니고 있는데, 그들은 고등학교를 마치고 아마도 대학에 진학한 후 다양한 직업 중에서 자신이 원하는 직종을 선택하여 평균적으로 78세까지 살 것을 기대할 수 있을 것이다.

많은 부유한 나라의 전형적인 가족이라 할 수 있는 이러한 가족은 상당히 훌륭한 삶을 살 수 있는 것처럼 보인다. 부모는 필요한 교육 또는 훈련을 받고 정규직 일자리를 가질 기회를 갖고 있어, 자신의 자녀에게 의식주를 제공하고 교육을 시키며, 말년을 위해 약간의 돈을 저축할 수 있다. 물론 이러한 '경제적' 혜택에는 항상 '비경제적' 비용이 뒤따른다. 금융적으로 '성공하기' 위한 경쟁압력이 매우 강하고, 인플레이션 또는 경기침체의 기간 동안 사회가 바람직한 것으로 간주하는 수준을 가족에게 제공하기 위한 정신적인 긴장과 육체적 압박이 부모 모두의 건강을 해칠 수 있다. 긴장을 풀고, 국내 이곳저곳을 여행하는 단순한 즐거움을 만끽하며, 맑은 공기를 마시고 깨끗한 물을 먹는, 그리고 붉은 석양을 바라보는 그들의 능력은 경제발전에의 매진과 환경의 쇠퇴로 인해 끊임없이 위기에 처하게 된다. 그러나 평균적으로 볼 때 세계 전역에 살고 있는 수백만 명의 복 받지 못한 사람들이 열망하는 것처럼 보이는 경제적 지위와 삶이 이곳에는 존재한다.

이제 남아시아 가난한 농촌지역의 전형적인 '대'가족을 살펴보기로 하자. 가계는 부모, 여러 자녀, 2명의 조부모, 약간의 이모 및 삼촌을 포함하는 8명 이상으로 구성될 가능성이 큰데, 그들은 모두 1인당 연간 300달러의 현금 및 '현물'(자신들이 재배하는 식량의 일부분을 스스로 소비한다는 의미에서)이 결합된 실질소득을 갖는다. 그들은 가까운 도시에 거주하는 부재지주 소유의 대규모 농토에서 소작농으로 엉성하게 지어진 침실이 하나 또는 둘인 주택에 함께 살고 있다. 아버지, 어머니, 삼촌, 그리고 나이가 든 자녀들은 하루 종일 농지에서 일해야 하는데, 성인들은 읽거나 쓸 수 없으며, 어린 자녀들은 비정규적으로 학교에 다닐 뿐만 아니라 기본적인 초등교육을 넘어 진학하리라 기대할 수도 없다. 그들이 학교에 갈 때 교사가 결근하는 것은 너무나 자주 있는 일이다. 그들은 흔히 하루 한 끼 또는 두 끼 매번 똑같은 음식을 먹는데, 음식은 허기에 따른 어린이들의 계속되는 고통을 줄이기에는 충분하지 않다. 주택에는 전기, 하수도, 상수도가 존재하지 않으며, 환자가 자주 발생하지만 자격 있는 의사와 개업 약사는 부유한 가족의 필요에 부응하기 위해 멀리 떨어진 도시에서나 찾을 수 있을 뿐이다. 일은 고되고, 햇볕은 뜨거우며, 더 나은 삶에 대한 열망은 계속 사라져 버린다. 이 지역에서는 신체적 생존을 위한 일상적인 싸움으로부터의 유일한 위안을 사람들의 정신적 전통에서 찾는다.

세계의 다른 지역으로 이동하여 남미 해안을 따라 위치한 대도시를 방문한다고 가정하자. 여러분은 이 불규칙하게 뻗친 대도시의 한 구역과 다른 구역 간 생활조건의 극명한 차이에 의해 즉각적으로 충격을 받게 된다. 반짝거리는 백색 모래사장의 가장자리를 따라 현대적인 높은 빌딩이 길게 늘어서고 넓은 가로수길이 쭉 뻗어 있는 반면, 단지 수백 미터 뒤의 가파른 언덕에는 더러운 판잣집들이 위태롭게 옹기종기 몰려 있기 때문이다.

두 대표적인 가족—부유하고 관계가 좋은 한 가족과 소작농의 배경을 가졌거나 빈민가에서 태어난 다른 가족—을 살펴보면 여러분은 의심할 바 없이 그들의 개별 생활조건의 극심한 차이에 의해 또한 충격을 받게 된다. 부유한 가족은 바다가 내려다보이는 현대적 빌딩의 꼭대기층에 위치한, 침실이 여러 개 딸린 곳에 거주하는 반면, 소작농 가족은 해안 빌딩의 배후에 있는 언덕에 위치한 판자촌 또는 빈민지역(favela, 불법거주자의 슬럼)의 조그만 가건물에 빽빽하게 가둬져 있을 것이다.

설명을 위해, 지금이 가족이 저녁 준비를 해야 하는 전형적인 토요일 저녁시간이라고 가정하자. 부유한 가족의 펜트하우스 아파트에서는 도우미가 값비싼 수입도자기, 품질 좋은 은제품, 감촉 좋은 리넨으로 식탁을 차리고 있다. 러시아산 캐비어, 프랑스식 오르되브르, 이탈리아 와인이 여러 코스 중 앞부분의 순서를 구성하고 있을 것이다. 가족의 장남은 북미 대학 재학 중에 집에 왔고, 다른 두 자녀는 프랑스와 스위스의 기숙학교에 재학 중에 휴가를 위해 집에 머무는 중이다. 아버지는 미국에서 훈련을 받은 유명한 외과의사로, 그의 환자는 부유한 내국인 및 외국인 고위관리와 사업가들이다. 의료행위 이외에도 그는 교외에 상당한 양의 토지를 소유하고 있다. 연중 해외여행, 호화로운 수입자동차, 그리고 최고의 식품과 의류는 펜트하우스 아파트에 거주하는 이런 행운을 타고난 가족의 아주 흔한 쾌적함이다.

그러면 언덕 비탈의 진흙 바닥 판잣집에 살고 있는 가난한 가족은 어떨까? 그들도 바다를 내려다볼 수는 있지만, 어쩐지 경치가 좋다거나 여유가 있는 것처럼 보이지는 않는다. 덮개가 없는 하수구의 악취가 그러한 즐거움을 꽤 먼 곳에 있는 것처럼 만들고 있다. 차려진 저녁식사가 없는 바, 실제로 먹을 것이 거의 없는 것이 보통이다. 4명의 자녀 대부분은 구걸하거나, 구두를 닦거나, 때로는 심지어 넓은 가로수길을 따라 산책하는 수상히 여기지 않는 사람의 지갑을 소매치기하며 길거리에서 시간을 보내고 있다. 아버지는 시골에서 도시로 이주하였으며, 나머지 가족도 최근 아버지를 따라 이주하였다. 그는 여러 해 동안 파트타임 일자리를 갖고 있지만 영구적인 일자리를 가진 적은 없다. 정부의 보조가 최근 이 가족으로 하여금 자녀들을 더 오래 학교에 보내도록 도왔다. 그러나 폭력적인 마약 갱이 지배하는 거리에서 학습한 내용이 더 깊은 감명을 주는 것처럼 보인다.

누구나 이 두 가지 삶의 방식 사이의 현격한 차이 때문에 쉽게 혼란에 빠질 수 있다. 그러나 남미, 아시아, 아프리카의 거의 모든 주요 도시를 살펴보면, (불균등의 정도는 덜할 수 있을지 모르지만) 너무나 똑같은 차이가 있음을 알게 될 것이다.

이제 자그마한 오두막집이 많은 소규모 공동체가 건조하고 메마른 토지에 늘어서 있는 아프리카 동부의 먼 시골지역에 여러분이 서 있다고 상상하자. 각 공동체는 모두 일을 분담하는 대가족 그룹을 수용하고 있다. 대부분의 의식주와 세속적인 재화가 사람들 스스로에 의해 만들어지고 소비되기 때문에 이곳에는 화폐소득이 거의 존재하지 않는다. 즉 그들의 경제는 **생계경제**(subsistence economy)이다. 통행할 수 있는 도로가 거의 없고, 학교가 거의 없으며, 병원, 전깃줄, 상수도도 존재하지 않는다. 많은 측면에서, 이곳에서의 생존은 바다 건너 남미 빈민지역에 사는 사람들만큼 삭막하고 힘겹다. 그러나 매우 가난한 사람의 상대적 박탈감을 두드러지게 할 해변의 호화 펜트하우스가 없기 때문에 아마도 심리적으로는 괴로움이 덜할 수 있다. 인구증가와 점점 더 불안해지는 환경 문제를 예외로 하면 이곳에서의 삶은 거의 영구히 변치 않을 것처럼 보이지만 더 이상 길게 갈 수는 없을 것이다.

이 마을 근처를 통과할 새로운 도로가 건설 중인데, 이 도로가 향상된 건강관리를 통해 삶을 연장시킬 수단을 가져오리라는 것은 의심할 여지가 없다. 이 도로는 현대문명의 이기와 함께 외부세계에 대한 더 많은 정보 또한 가져올 것이다. '더 나은' 삶의 가능성이 조장되고 그러한 삶의 기회가 가능해질 것이다. 그러한 삶에 대한 열망이 커지면 사람들이 자신의 몇몇 박탈감의 깊이를 보다 명백히 이해하게 됨에 따라 좌절 또한 커질 것이다. 한 마디로 **발전**(development, 개발)과정에 시동이 걸리게 된다.

오래지 않아 수출하기 위한 과일과 채소가 아마도 이 지역에서 재배될 것이다. 과일과 채소는 결국 해변 펜트하우스에 살고 있는 부유한 남미 가족의 저녁식탁에 놓일지도 모른다. 한편, 동남아시아에서 만들어진 트랜지스터 라디오와 북부 유럽에서 녹음된 주악이 이 아프리카 마을에서 소중한 소유물이 되었다. 멀리 떨어지지 않은 마을에서는 모바일폰의 사용이 시작되었다. 전 세계적으로 이 마을과 같이 멀리 떨어진 영세자급마을은 점점 더 많은 방식으로 현대문명과 연결되고 있다. 앞으로 몇 년 동안 현재 잘 진행 중인 그 과정은 더욱더 강도가 심해질 것이다.

마지막으로, 여러분이 호황을 누리는 동아시아에 있다고 상상하자. 설명을 위해 인구가 많은 중앙 쓰촨 성(Sichuan Province)의 잘 알려지지 않은 농촌지역에서 태어나 1960년대에 성장하여 6년 동안 학교에 다니고 자신의 부모처럼 쌀농사를 짓는 농부가 된 어떤 부부를 상상하기로 하자. 쌀농사는 잘 되지만 기근의 기억은 문화혁명(Cultural Revolution)의 기간 동안 삶이 또한 고달팠던 그 공동체에게 아직도 생생하다. 샤오링(Xiaoling)이라 불리는 부부의 딸은 10년 동안 학교에 다녔다. 부부와 그들의 공동체가 재배한 많은 쌀은 충분히 높다고 생각되지 않는 가격으로 국가에 귀속되었다. 1980년 이후 농부들에게 재배한 쌀을 보유하거나 판매할 권한이 부여되었다. 기회가 생기자 그들은 정부의 할당량을 충족하기에 충분한 양을 재배하였으며, 그중 일부를 판매하였다. 많은 농부들은 또한 강을 따라 100킬로미터 위에 위치한 급속히 발전하는 도시와 기타 마을에 판매하기 위해 채소를 재배하였다. 생활수준이 향상됨에 따라 비록 그 뒤 소득이 여러 해 동안 정체되었기는 하였지만 그들은 빈곤선 약간 위로 이동하였다. 그러나 그들은 처음에는 남부의 도시로 그리고 최근에는 도시 가까이 이동하여 공장근로자가 되면서 더 많은 돈을 벌고 있는 소작농에 대한 소식을 듣게 되었다. 딸이 17세가 되었을 때, 어머니가 성장했던 마을의 농부들은 자신의 땅으로부터 쫓겨나게 되었는데 이는 그 땅이 어마어마한 댐 프로젝트에 의해 만들어진 호수 가까이에 있었기 때문이었다. 일부는 재정착하였으나, 다른 사람들은 선전(Shenzhen), 광저우(Guangzhou), 또는 충칭

생계경제
생산이 주로 개인 소비를 위해 이루어지고 생활수준이 삶의 기본적인 필수품—의식주—에 준하는 경제

발전
사람들의 생활수준, 자부심, 자유를 증진시킴으로써 모든 인간의 삶과 역량의 질을 향상시키는 과정

예문 1.1 빈곤의 경험 : 가난한 사람의 목소리

가난할 때 사람은 대중 앞에서 말을 하지 않으며 열등감을 느낀다. 가난한 사람은 식량이 없어 집에서 굶주리며, 의복도 없고 가족의 희망도 없다.

－우간다의 가난한 여성

가난한 사람의 경우 병, 창피함, 수치심 등 모든 것이 끔찍하다. 우리는 불구자이고, 우리는 모든 것을 두려워하며, 우리는 모든 사람에게 의존한다. 아무도 우리를 필요로 하지 않는다. 우리는 모든 사람들이 없애기를 원하는 쓰레기와 다름없다.

－몰도바 티라스폴의 시각장애 여성

지역에서의 삶이 너무 불안정하여 젊은이와 모든 능력 있는 사람은 이곳에서 확대되는 굶주림의 위험을 모면하기 위해 도회지로 이주하거나 입대하여 전장으로 향해야만 했다.

－에티오피아 농촌의 토의그룹 참가자

식량이 풍부했을 때는 친척들이 식량을 나누곤 했다. 그러나 요즘 이런 배고픔에는 친척들조차도 약간의 식량을 제공함으로써 도우려 하지 않는다.

－잠비아 니치미쉬(Nichimishi)의 젊은 남자

물을 뜰 차례를 기다리기 위해 우리는 몇 시간 동안 줄을 서야만 한다.

－말라위 망고치 무부와드주루 마을(Mbwadzulu Village) 토의그룹 참가자

[빈곤은] … 낮은 급여와 일자리의 부족이다. 그리고 빈곤은 또한 의약품, 식량, 의복을 갖지 못하는 것이다.

－브라질의 토의그룹 참가자

빈곤을 내 집 밖에서 만났다면 빈곤이 무엇인지 나에게 묻지 마라. 내 집을 바라보고 몇 개의 구멍이 있는지를 세어보라. 부엌 세간과 내가 입고 있는 옷을 바라보라. 모든 것을 살펴보고 당신이 본 것을 글로 써보라. 당신이 본 것이 바로 빈곤이다.

－케냐의 가난한 남자

(Chongqing)으로 갔다. 샤오링은 자신도 더 많은 돈을 벌기 위해 당분간 그곳으로 이동하고 싶다고 가족들과 의논을 하였다. 그녀는 이미 수백만 명이 모인 도시에서 신속히 공장의 일자리를 찾았다. 그녀는 여건이 좋지 않은 기숙사에 살지만, 집으로 약간의 돈을 보내고 더 나은 삶을 향해 저축을 할 수 있었다. 그녀는 도시가 지역을 넓히고 1,500만 명 이상으로 사람들을 추가하는 등 두 자리 숫자의 비율로 성장하여 개발도상국의 새로운 100만 명 이상의 도시 중 하나가 되는 것을 목격하였다. 몇 년 후 그녀는 매일 시골로부터 도시로 이동하는 수천 명의 여성들에게 화장품과 인조보석을 판매하는 아담한 가게를 열었다. 그녀는 자신이 자랐던 마을 근처 총각들의 부모들로부터 선물, 심지어는 큰 집을 제공하겠다는 약속과 함께 다섯 건의 결혼 제의를 받았다. 그녀는 많은 사람들이 여전히 심각한 빈곤 속에서 살고 있다는 것을 알고 있으며 도시의 깜짝 놀랄 불균등을 발견한다. 현재 그녀는 자신이 자란 마을에서는 상상할 수 없었던 자신의 비즈니스와 삶의 기회가 보이는 이곳에 머물 계획이다.

　가난한 사람이 자신의 언어로 빈곤이 어떠하다고 설명하는 것을 듣는 것은 빈곤에 대한 서술을 읽는 것보다 더 실감난다. 〈예문 1.1〉에서 빈곤의 경험에 대한 가난한 사람의 증언 몇 가지를 듣기로 하자.[2] 〈예문 5.1〉과 〈예문 8.1〉에 실린 가난한 사람의 목소리와 함께 이로부터 빈곤하게 살고 있는 사람들이 필요로 하고 원하는 것은 소득 증가를 넘어 건강, 교육, 그리고 특히 여성의 경우에는 권한을 부여하는 것으로 확장되고 있음이 분명하다. 이는 모두 이 장의 뒷부분에서 소개될 향상된 역량과 밀레니엄개발목표의 달성에 상응하는 것이다.

이렇게 첫 번째로 우리가 살고 있는 지구 여러 지역의 삶에 대해 잠깐 살펴보는 것만으로도 많은 문제를 제기하는 데 충분하다. 상이한 대륙뿐만 아니라 같은 국가 내, 심지어는 같은 도시 내에서 풍요가 대단히 심각한 빈곤과 공존하는 이유는 무엇인가? 전통적, 저생산성, 생계형 사회는 현대적, 고생산성, 고소득 국가로 전환될 수 있는가? 가난한 나라의 발전을 위한 열망은 부유한 나라의 경제활동에 의해 어느 정도까지 도움 또는 방해를 받는가? 나이지리아, 브라질, 필리핀의 오지에 있는 자급농업 농민은 어떤 과정에 의해 그리고 어떤 조건하에 성공적인 상업농민으로 전환되는가? 세계 각 지역의 삶에 대한 이렇게 매우 피상적인 살펴봄을 기초로 해도 건강 및 영양, 교육, 고용, 환경의 지속 가능성, 인구증가, 그리고 기대수명을 포함하는 분야에서 생활수준의 국제 및 국내 차이에 관한 이러한 그리고 다른 많은 질문들이 제기될 수 있다.

이 책은 낮은 생활수준이 삶의 현실인 세계인구 과반수 이상의 곤경에 특히 초점을 맞춤으로써 경제발전의 주요 문제와 그 전망에 대해 학생들이 더 쉽게 이해하는 데 도움을 주기 위해 마련되었다. 그러나 곧 알게 되겠지만 그러한 발전을 직접 또는 간접적으로 촉진하거나 방해하는 데 있어서 경제선진국의 역할을 또한 고려함 없이 **개발도상국**(developing countries)에서의 과정은 현실감 있게 분석될 수 없다. 선진국 학생들에게 아마도 더욱 중요한 것은 현대적인 교통 및 통신의 보급과 함께 지구가 좁아짐에 따라 이렇게 작은 지구에 살고 있는 **모든** 사람의 미래가 점점 더 상호 의존적이 되고 있다는 사실일 것이다. 아시아, 아프리카, 중동, 또는 남미의 개발도상국에 살고 있는 가난한 농촌 사람과 기타 많은 사람들의 건강 및 경제복지에 나타난 현상은 어떤 형태로든 직간접적으로 유럽과 북미 사람들의 건강 및 경제복지에 영향을 미치며, 또 그 반대도 성립한다. 열대림의 꾸준한 손실은 지구온난화를 유발하고, 사람의 이동이 활발해진 덕분에 새로운 질병은 훨씬 빨리 전파되며, 경제적인 상호 의존도는 꾸준히 증가하고 있다. 21세기에 급속히 좁아지고 있는 세계에 살고 있는 모든 인류의 공통된 미래라는 관점에서 우리는 이제 경제발전론에 대한 공부를 시작하려 한다.

개발도상국
현재 낮은 생활수준과 기타 발전의 결핍이라는 특성을 가진 아시아, 아프리카, 중동, 남미, 동유럽, 그리고 구소련의 여러 나라로. 발전론의 문헌에서 저개발 국가와 동의어로 사용됨

1.2 경제학과 경제발전론

경제발전론의 연구는 경제학과 정치경제학이라는 광범위한 학문의 가장 새롭고 매우 흥미로우며 매우 도전할 만한 분야 중 하나이다. 애덤 스미스가 '경제발전론의 최초의 경제학자'이며 1776년에 발간된 그의 『국부론(*Wealth of Nations*)』이 경제발전론의 최초의 학술서라고 주장할 수도 있지만, 아프리카, 아시아, 남미의 경제발전에 있어서의 문제와 과정에 대한 체계적인 연구는 불과 과거 50여 년에 걸쳐 나타났다. 종종 경제학의 다른 분야로부터 관련 원리와 개념을 그대로 또는 수정된 형태로 빌려오기도 하지만, 경제발전론은 대부분 그 스스로의 독특한 분석적, 방법론적 독자성을 급속하게 발전시키고 있는 하나의 연구 영역이다.[3]

경제발전론의 성격

전통적인 경제학(traditional economics)은 희소한 생산자원의 효율적, 최소비용 배분과 엄청

전통적인 경제학
효용, 이윤극대화, 시장의 효율성, 그리고 균형의 결정을 강조하는 경제학의 접근법

나게 확대된 여러 재화와 서비스를 생산하기 위한 시간이 경과함에 따른 이러한 자원의 최적 증가에 주로 관심을 갖는다. 전통적인 신고전학파 경제학은 완전경쟁시장, 소비자주권, 가격의 자동조정, 한계, 사적 이윤, 그리고 효용 계산에 근거하여 이루어진 의사결정, 그리고 모든 생산물 및 요소시장의 균형이라는 결과와 관련이 있는 자본주의 선진세계를 다룬다. 또한 경제적 의사결정을 향한 경제적 '합리성'과 순수하게 물질적, 개별적, 이기적인 성향을 가정한다.

정치경제학

경제활동을 그 정치적인 맥락에서 살펴보기 위해 경제 분석을 실제 정치와 어우러지게 하려는 시도

정치경제학(political economy)은 전통적인 경제학의 범위를 뛰어넘어 다른 내용들과 함께 어떤 경제 및 정치 엘리트 그룹들이 자신들만의 배타적인 편익을 위해 또는 대다수 인구의 편익을 위해 현재와 미래에 희소한 생산자원의 배분에 영향을 미치는 사회적, 제도적 과정을 연구한다. 따라서 정치경제학은 경제적 의사결정에 있어서의 권력의 역할을 특히 강조하면서 정치학과 경제학의 관계에 관심을 갖는다.

경제발전론

경제가 정체로부터 성장으로 그리고 저소득으로부터 고소득 상태로 어떻게 전환되며, 절대빈곤의 문제를 어떻게 극복하는지에 대한 연구

경제발전론(development economics)은 더더욱 넓은 범위를 갖고 있다. 기존의(또는 사용되지 않은) 희소한 생산자원의 효율적 배분과 시간이 흐름에 따른 지속적인 증가에 관심을 갖는 것 이외에도, 경제발전론은 아프리카, 아시아, 남미, 그리고 이전 사회주의 이행기 경제 사람들의 (적어도 역사적인 기준으로) 급속하고도 대규모적인 생활수준 향상을 불러일으키는 데 필요한 공공부문과 민간부문 모두의 경제적, 사회적, 정치적, 제도적 메커니즘을 또한 다루어야 한다. **선진국**(more developed country)과 달리, **저개발국가**(less developed country)에서는 상품 및 요소시장 대부분이 매우 불완전하고, 소비자와 생산자가 제한된 정보를 갖고 있으며, 사회 및 경제의 주요 구조적 변화가 발생하고 있고, 단일균형이 아닌 다중균형의 잠재성이 보다 일반적이며, (가격이 공급과 수요를 일치시키지 않는) 불균형의 상황이 종종 나타난다. 많은 경우 국가의 통일, 외국인 조언자의 국내 의사결정자로의 대체, 부족 또는 종족 갈등의 해결, 또는 종교적 및 문화적 전통의 보존 같은 정치 및 사회적 우선사항이 경제적 계산을 우선한다. 개인적인 수준에서는 가족, 씨족, 종교적, 또는 부족 고려사항이 사적, 이기적 효용 또는 이윤극대화 계산보다 우위에 있을 수 있다.

선진국

현재 경제적으로 앞선 서유럽 및 북미의 자본주의 국가와 호주, 뉴질랜드, 일본

저개발국가

개발도상국의 동의어

따라서 경제발전론은 전통적인 신고전학파 경제학 또는 심지어 정치경제학보다는 상당한 정도의 경제적 진보의 과실을 가장 광범위한 인구에서 매우 효율적으로 되돌아가도록 하는 방식으로 전체 사회의 급속한 구조적 및 제도적 변환에 영향을 미치는 경제적, 문화적, 정치적 필요조건에 관심을 기울여야만 한다. 경제발전론은 가족, 지역, 그리고 심지어는 전체 국가를 빈곤함정에 가두고, 과거의 빈곤이 미래의 빈곤을 유발하는 메커니즘과 이러한 함정을 부수는 가장 효과적인 전략에 초점을 맞추어야 한다. 결과적으로, 경제를 변환토록 하는 더 큰 정부의 역할과 상당한 정도로 공동작용할 수 있는 경제적 의사결정이 보통 경제발전론의 필수적인 구성요인으로 간주된다. 개발도상국에서 정부와 시장 모두 전형적으로 덜 기능한다는 사실에도 불구하고 이는 어떻게든 달성되어야 한다. 최근 몇 년 동안 국내 및 국제적 비정부기구의 활동이 급속하게 증가했으며 또한 점점 더 많은 주목을 받고 있다(제11장 참조).

개발도상국의 이질성과 발전 과정의 복잡성 때문에, 경제발전론은 전통적 경제 분석으로부터의 관련 개념과 이론을 새로운 모형 및 아프리카, 아시아, 그리고 남미의 역사적 및 현대

적 발전 경험에 대한 연구로부터의 더 광범위한 다학문적 접근법에 결합하는 것을 시도하는 등 절충적이어야 한다. 경제발전론은 이론과 새로운 데이터가 끊임없이 나타나며 긴급뉴스의 물결을 탄 분야다. 이러한 이론과 통계는 세계를 바라보는 전통적인 방식을 때로는 확인하며 또 때로는 도전한다. 그러나 세계 인구 대다수의 물질적 삶을 향상시키는 데 도움이 되기 위해 개발도상국 경제를 이해하는 것을 돕는다는 경제발전론의 궁극적인 목적은 변하지 않은 채로 남아 있다.

왜 경제발전론을 연구하는가? 몇 가지 중요한 질문

경제발전론의 기초 과정은 학생들이 개발도상국 경제에 대한 많은 중요한 문제를 더 잘 이해할 수 있도록 도움을 주어야 한다. 아래에서는 문제가 논의될 장을 괄호 안에 표시하여 30개의 질문을 나열하고 있다. 아래의 목록은 거의 모든 개발도상국과 실제로 모든 경제발전론학자들이 직면하고 있는 많은 종류의 쟁점을 보여준다.

1. 발전의 진정한 의미는 무엇인가? (제1장)
2. 현재 선진국의 경제발전에 대한 역사적 기록으로부터 무엇을 배울 수 있는가? 현대 개발도상국의 최초 조건은 선진국이 그 산업화 전야에 직면했던 것과 비슷한가 아니면 다른가? (제2장)
3. 경제적 제도란 무엇인가, 그리고 경제적 제도는 저개발의 문제를 어떻게 성공적 발전에 대한 기대로 구체화하는가? (제2장)
4. 부자와 가난한 사람 사이의 극단은 어떻게 그렇게 클 수 있는가? 〈그림 1.1〉은 그러한 차이를 보여준다. (제2, 3, 4, 5장)
5. 국가와 국제적 경제성장의 원천은 무엇인가? 누가 그러한 성장으로부터 혜택을 받으며 그 이유는 무엇인가? (제3, 5장)
6. 왜 일부 국가는 발전을 향해 급속한 진전을 달성하는 반면, 다른 많은 국가들은 가난한 채로 남아 있는가? (제2, 3, 4장)
7. 가장 영향력 있는 발전이론은 무엇이고 이 이론들이 비교될 수 있는가? 저개발은 내부적으로(국내적으로) 아니면 외부적으로(국제적으로) 유도된 현상인가? (제2, 3, 4장)
8. 어떤 제약조건들이 국내조건에 따라 가속화된 성장을 가장 방해하는가? (제4장)
9. 여성의 역할과 지위의 개선은 어떻게 발전전망에 특히 유익한 영향을 미치는가? (제5, 6, 7, 8, 9, 10장)
10. 극단적 빈곤의 원인은 무엇이며, 무슨 정책이 가장 가난한 사람의 삶을 향상시키는 데 가장 효과적인가? (제5, 6, 7, 8, 9, 10, 11장)
11. 세계 인구가 70억 명에서 21세기 중반까지 예상인구가 90억 명으로 증가됨에 따라 급속한 인구증가는 개발도상국의 경제 진보를 위협하고 있는가? 대가족은 광범위한 빈곤과 금융 불안정이라는 환경에서 경제적 의미를 갖는가? (제6장)
12. 왜 많은 실업과 저고용이 개발도상국, 특히 도시에 존재하며, 관습적인 일자리를 찾을

그림 1.1 세계 소득분배

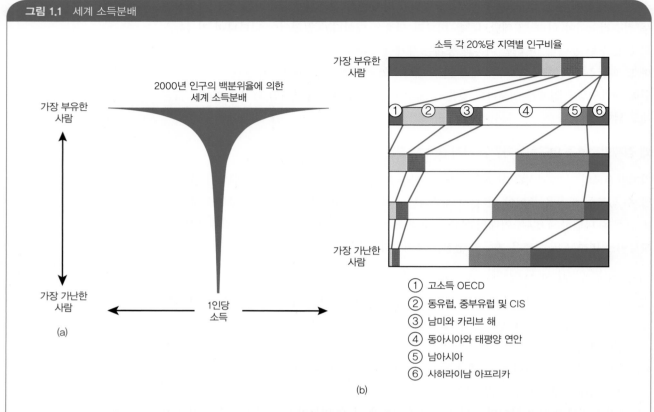

그림 (a)는 백분위율에 의한 세계 소득분배를 보여준다. 상위 1%에 의해 통제되는 엄청난 비율이 그래프를 '샴페인 유리잔 형태'로 만들고 있다. 그림 (b)는 세계 소득의 지역별 비율을 보여준다. 예를 들어 세계 소득분배 상위 20%에 속하는 사람 대다수는 부유한 나라에 거주한다. 하위 60%에 속하는 사람 대부분은 사하라이남 아프리카와 아시아에 거주한다. OECD는 경제협력개발기구(Organization for Economic Cooperation and Development)이며 CIS는 독립국가연합(Commonwealth of the Independent States)이다.

출처 : *Human development Report*, 2005, p. 37. 유엔개발프로그램(United Nations Development Programme)의 허락하에 게재.

확률이 매우 낮을 때조차도 왜 사람들은 계속해서 농촌지역에서 도시로 이주하는가? (제7장)

13. 도시가 어떤 조건에서 경제적 변환의 엔진으로 작동할 수 있는가?(제7장)

14. 영양과 건강관리를 개선할 더 많은 자원을 갖고 있기 때문에 부유한 사회는 또한 건강한 사회이다. 그러나 더 나은 건강은 또한 성공적인 발전을 자극하는 데 도움이 되는가? (제8장)

15. 빈약한 공중보건이 발전전망에 미치는 영향은 무엇이며, 이러한 문제를 다루기 위해 무엇이 필요한가? (제8장)

16. 개발도상국의 교육제도는 진정으로 경제발전을 촉진시키는가, 아니면 어떤 선택된 그룹 또는 계층의 사람들로 하여금 기존의 부, 권력, 그리고 영향력을 유지하도록 하는 단순한 메커니즘인가? (제8장)

17. 개발도상국 인구 과반수 이상이 여전히 농촌지역에 거주하는 단계에서는 농업 및 농촌

발전이 어떻게 최선으로 촉진될 수 있는가? 농산품 가격의 인상은 식량생산을 자극시키는 데 충분한가, 아니면 농촌의 제도적 변화(토지 재분배, 도로, 운송, 교육, 신용 등) 또한 필요한가? (제9장)

18. '환경적으로 지속 가능한 발전'이란 무엇을 의미하는가? 단순한 산출량 증가와는 대조적으로 지속 가능한 발전을 추구하는 데 심각한 경제적 비용이 존재하는가, 그리고 부유한 북(North) 또는 가난한 남(South) 중 누가 지구 환경 손상의 주책임을 져야 하는가? (제10장)

19. 자유시장과 경제적 민영화는 발전 문제에 대한 대답이 될 수 있는가, 아니면 개발도상국 정부가 여전히 그 경제에서 담당해야 할 주요 역할이 있는가? (제11장)

20. 왜 그렇게 많은 개발도상국들이 그와 같은 형편없는 발전정책을 선택하는가, 그리고 이러한 선택을 개선하기 위해 무엇이 이루어질 수 있는가? (제11장)

21. 가난한 나라의 발전이라는 관점에서 볼 때 국제무역의 확대는 바람직한가? 누가 무역으로부터 이득을 보며 그 이점은 국가 간에 어떻게 분배되는가? (제12장)

22. 언제 그리고 만약 필요하다면 어떤 조건하에 개발도상국 정부는 스스로의 산업화를 촉진하거나 만성적인 국제수지 문제를 개선하기 위해 외환통제정책을 채택하고, 관세를 인상하거나 어떤 '필수적이 아닌' 재화의 수입에 대한 쿼터를 설정해야 하는가?(제12장)

23. 국제통화기금(IMF)의 '안정화 프로그램'과 세계은행(World Bank)의 '구조조정' 대출이 채무가 매우 많은 개발도상국의 국제수지와 성장전망에 미친 영향은 무엇이었는가? (제12, 13장)

24. **세계화**(globalization)란 무엇을 의미하며, 개발도상국에 어떤 영향을 미치고 있는가? (제12, 13, 14장)

세계화
확대되는 국제시장으로의 점증적인 통합

25. 농산품과 같은 1차 생산물의 수출은 촉진되어야 하는가, 아니면 모든 개발도상국은 스스로 제조업을 가능한 빨리 발전시킴으로써 산업화를 시도해야 하는가? (제13장)

26. 어떻게 그렇게 많은 개발도상국들이 심각한 외채 문제에 빠져들게 되었으며, 채무 문제가 경제발전에 주는 시사점은 무엇인가? 금융위기는 발전에 어떤 영향을 미치는가? (제13장)

27. 부유한 나라로부터의 해외경제원조의 영향은 무엇인가? 개발도상국은 계속 그러한 원조를 찾아야 하는가, 만약 그렇다면 어떤 조건하에 어떤 목적으로? 선진국은 계속 그러한 원조를 제공해야 하는가, 만약 그렇다면 어떤 조건하에 어떤 목적으로? (제14장)

28. 다국적기업의 가난한 나라 경제에의 투자는 권장되어야 하는가, 만약 그렇다면 어떤 조건하에? '세계 공장화(global factory)'의 출현과 무역 및 금융의 세계화는 국제경제관계에 어떤 영향을 미쳤는가? (제14장)

29. 발전을 촉진하는 데 금융 및 재정 정책의 역할은 무엇인가? 대규모 군비지출은 경제성장을 자극하는가, 아니면 방해하는가? (제15장)

30. 미소금융이란 무엇이며, 빈곤을 줄이고 풀뿌리 개발(grassroots development)에 박차를 가하는 데 있어서의 미소금융의 잠재력과 한계점은 무엇인가? (제15장)

다음의 여러 장들은 이러한 그리고 많은 관련 문제들이 분석되고 조사된다. 여기에 대한 대답은 종종 생각보다 더 복잡하다. 경제발전론을 포함한 경제학의 무슨 과목이든 그 궁극적인 목표는 학생들이 경제 문제와 쟁점에 대해 체계적으로 생각하고 관련된 분석원리와 신뢰할 만한 통계정보에 근거하여 판단 및 결론을 명확하게 하도록 돕는 것임을 기억하라. 발전이라는 문제들은 현대 세계에서는 많은 경우 유일무이하고 종종 전통 경제이론을 사용하여 쉽게 이해되지 않기 때문에 때로는 전통적인 경제 문제인 것처럼 보이는 것에 색다른 접근법이 필요할 수도 있다. 전통적인 경제원리가 발전 문제에 대한 이해를 증대시키는 데 유용한 역할을 할 수 있지만, 그것이 개발도상국 지역조건의 실제를 가리도록 해서는 안 된다.

경제발전론에서 가치의 중요한 역할

경제학은 사회과학이다. 경제학은 인간과 인간이 자신의 기본적인 물질적 필요(예 : 의식주)와 비물질적 욕구(예 : 교육, 지식, 정신적 성취)를 만족시키기 위한 활동을 조직하는 사회체제에 관심을 갖는다. 무엇이 바람직하고 무엇이 바람직하지 않은지에 대한 윤리적 또는 규범적 가치전제(value premises)가 일반적인 경제학 분야, 특히 경제발전론의 중심적인 특징이라는 것을 처음부터 인식할 필요가 있다. 경제발전과 현대화라는 개념 그 자체는 간디(Mahatma Gandhi)가 언젠가 '인간 잠재력의 실현'이라 불렀던 것의 달성이라는 바람직한 목표에 대한 명시적은 물론 암묵적 가치전제를 나타낸다. 경제 및 사회적 균등, 빈곤의 퇴치, 보편적 교육, 생활수준의 향상, 국가의 독립, 제도의 현대화, 법의 지배와 정당한 절차, 기회에의 접근, 정치 및 경제적 참여, 풀뿌리 민주주의, 자립, 그리고 개인적 성취 같은 개념 또는 목표는 모두 무엇이 옳고 바람직하며 무엇이 그렇지 않은지에 대한 주관적인 가치판단으로부터 도출된다. 그 점에 있어서는 다른 가치들, 예를 들어 어떻게 취득되었건 사유재산의 신성함, 무제한적인 개인의 부를 축적하기 위한 개인의 권리, 전통적 계급에 따른 사회제도와 경직적이고 불평등한 계층구조의 보존, 가부장의 최종 권위, 일부는 이끌고 나머지는 따르는 소위 '자연권(natural right)'도 마찬가지다.

제2부에서 빈곤, 불평등, 인구증가, 농촌정체, 환경쇠퇴 같은 발전의 주요 쟁점을 다룰 때 이러한 주제들을 문제점으로 단순히 인지한다는 것은 이를 개선 또는 제거하는 것이 바람직하며 따라서 옳은 것이라는 가치판단을 뜻한다. 이러한 것들이 바람직한 목표라는 것에 대해 정치가, 학자, 그리고 일반시민 등 많은 상이한 그룹의 사람들 사이에 광범위한 합의가 이루어졌다는 것이 그것들이 무엇인가(what is)의 객관적인 경험에 의한 또는 실증적인 분석에 대한 반응으로부터뿐만 아니라 궁극적으로 그것들이 어떠해야만 하는가(what should be)에 관한 주관적 또는 규범적 가치판단으로부터 제기되었다는 사실을 바꾸지는 않는다.

따라서 아무리 주의 깊게 숨기려 해도 가치전제가 경제 분석과 경제정책 모두에 본질적인 구성요인이라는 결과가 나타나게 된다. 경제학은 말하자면 물리학 또는 화학과 똑같은 의미에서 몰가치적일 수는 없다. 따라서 경제 분석의 타당성과 경제처방의 정확성은 항상 기본 가정 또는 가치전제에 비추어 평가되어야 한다. 일단 이러한 주관적인 가치가 국가에 의해 또는 보다 구체적으로 국가의 의사결정에 책임이 있는 사람들에 의해 합의가 되면, '객관적인'

이론 및 수량 분석에 기초한 구체적인 발전목표(예 : 소득균등의 개선)와 이에 따른 공공정책 (예 : 고소득에 고율의 과세)이 추구될 수 있다. 그러나 의사결정자 사이에 심각한 가치의 갈등과 의견다툼이 존재하는 곳에서는 바람직한 목표 또는 적절한 정책에 대한 합의의 가능성이 상당히 줄어든다. 어떤 경우든, 특히 경제발전론 분야에서 가치전제는 항상 분명히 이루어지는 것이 필수적이다.[4]

사회체제로서의 경제 : 단순한 경제학을 넘어서야 할 필요성

특히 개발도상국에서 경제학과 경제체제는 전통적인 경제학에서 상정한 것보다는 보다 넓은 관점에서 고찰되어야 한다. 경제학과 경제체제는 국가의 전체적 **사회체제**(social system)라는 차원에서 분석되어야 하며 실제로는 국제적 · 세계적 맥락에서도 분석되어야 한다. '사회체제'란 경제요소와 비경제요소 사이의 상호 의존관계를 뜻한다. 비경제요소는 삶, 근로, 그리고 권위에 대한 태도, 공공 및 민간의 관료주의적, 법적, 그리고 행정상의 조직, 혈연 및 종교 유형, 문화전통, 토지소유제도, 정부기관의 권위 및 존엄성, 발전에 대한 의사결정 및 활동에 있어서의 일반인의 참여 정도, 경제 및 사회계층의 유동성 또는 경직성을 포함한다. 분명히 이러한 요소들은 지역에 따라 그리고 문화 및 사회 환경에 따라 크게 다르다. 국제적 수준에서는 세계 경제가 어떻게 형성되었고, 누가 그것을 통제하며, 그것으로부터 누가 가장 이득을 얻고 있는지 등 세계 경제의 조직과 행위규칙도 또한 고려되어야 한다. 이는 오늘날 시장경제의 파급 및 무역, 금융, 기업의 범위, 기술, 지적재산권, 노동이동의 급속한 세계화가 이루어짐에 따라 특히 사실이 되었다.

발전을 달성하기 위한 문제 해결은 복잡한 일이다. 국민생산의 증가, 생활수준의 향상, 그리고 광범위한 고용기회의 촉진은 모두 저축, 투자, 생산물 및 요소가격, 환율과 같은 전략적 경제변수를 잘 관리한 직접적 결과라는 사실 못지않게 국가의 역사, 기대, 가치, 인센티브, 태도 및 신념, 그리고 국내 및 세계 사회의 제도적 권력구조의 함수이기도 하다. 도쿄에 있는 유엔대학교의 총장을 역임했던 인도네시아 지성인 수드자트모코(Soedjatmoko)는 이를 아래와 같이 적절히 설명하였다.

> 최근 몇 년을 돌이켜보면, 성장 및 그 단계와 자본 및 기술의 공급에 몰두하여 발전론 이론가들이 발전 과정에 있어서의 제도 및 구조적 문제와 역사적, 문화적, 종교적 힘에 충분히 관심을 기울이지 못했다는 것이 이제는 분명하다.[5]

일부 사회과학자들이 자신의 이론을 보편적인 진리로 혼동하는 실수를 가끔 저지르는 것과 마찬가지로, 또한 때때로 잘못하여 이러한 비경제적 변수를 '수량화할 수 없는', 따라서 중요성이 의심스러운 것으로 묵살한다. 그러나 이러한 변수들은 종종 발전 노력의 성공 또는 실패에 결정적으로 중요한 역할을 한다.

제2부와 제3부에서 살펴볼 것이지만, 발전정책의 많은 실패는 바로 이러한 비경제적 변수 (예 : 자원을 배분하고 소득을 분배하는 데 있어서의 전통적 재산권의 역할 또는 현대화와 가족계획에 대한 태도에 미치는 종교의 영향력)가 분석에서 제외되었기 때문에 발생하였다.

사회체제

가치, 태도, 권력구조, 전통 등을 포함한 사회의 조직 및 제도적 구조이 책의 주요 초점은 경제발전론과 가난한 나라의 경제 및 사회 발전이라는 문제를 이해하는 데 있어서의 그 유용성이지만, 전반적인 발전 과정에서 **가치**(value), **태도**(attitude), **제도**(institution)가 국내 및 국제적으로 담당하는 결정적으로 중요한 역할도 항상 주의 깊게 살펴볼 것이다.

1.3 발전의 의미

발전이라는 용어는 사람에 따라 상이한 것을 의미할 수 있기 때문에, 그 의미에 어떤 작업적 정의 또는 핵심 관점을 갖는 것이 중요하다. 그러한 관점과 어떤 합의된 측정기준이 없다면, 어떤 나라가 실제로 발전하였으며 어떤 나라가 그렇지 못했는지를 결정할 수 없게 된다. 이는 이 장의 나머지 부분과 이 장의 맨 뒤에 실린 첫 번째 국가사례연구인 브라질에서 다루게 될 내용이다.

전통적인 경제적 척도

엄격한 경제용어로, 발전은 전통적으로 국가가 그 인구증가율보다 더 **빠른** 속도로 산출량을 증가시킬 수 있도록 하는 지속적인 **1인당 소득**(income per capita) 증가율의 달성을 의미했다. 그 뒤 (1인당 GNI의 명목증가율에서 인플레이션율을 뺀) '실질' 1인당 **국민총소득**(gross national income, GNI)의 수준과 증가율이 인구의 전반적인 경제복지, 즉 평균적인 시민에게 소비와 투자를 위해 얼마만큼의 실질적인 재화와 서비스가 이용 가능한지를 측정하기 위해 사용되었다.

과거의 경제발전은 또한 전형적으로 생산 및 고용에서 농업이 차지하는 비중이 모두 감소하고 제조업과 서비스업의 비중이 증가토록 하는 생산 및 고용 구조의 의도적인 변화로 간주되었다. 따라서 발전전략은 종종 농업 및 농촌 발전을 대가로 보통 급속한 공업화에 초점을 맞추어 왔다.

1970년대의 발전정책 계통에서와 같이, 거의 예외 없이 발전은 최근까지도 거의 항상 GNI의 총액 및 1인당 GNI 증가의 급속한 이득이 일자리와 기타 경제기회의 형태로 대다수에게 '낙수효과(trickle down)'로 나타나거나 성장의 경제적 및 사회적 혜택이 고르게 분배되기 위한 필요조건을 창출하는 경제현상으로 간주되었다. 빈곤, 차별, 실업, 그리고 소득분배 문제는 '성장이라는 과업의 완수'에 대해 2차적인 중요성만을 가졌다. 실제로, **국내총생산**(gross domestic product, GDP)으로 측정되는 산출량의 증가가 종종 강조되었다.

발전의 새로운 경제적 견해

많은 개발도상국들이 경제성장목표에 도달했지만 대다수 국민들의 생활수준은 대부분 변화하지 않은 채로 있었던 1950년대와 1960년대, 1970년대 초의 경험은 이러한 발전에 대한 협의의 정의가 무엇인가 매우 잘못되었음을 알려주었다. 점점 더 많은 경제학자와 정책 입안자들이 광범위한 절대빈곤, 점점 더 불공평해지는 소득분배, 그리고 실업의 증가를 좀 더 직접적으로 다룰 것을 요구하였다. 요약하면, 1970년대에 경제발전은 성장하는 경제의 맥락 내에

가치
사회 또는 그룹이 그 내부에서 가치가 있는 또는 바람직한 것으로 고려하는 원리, 기준, 또는 질

태도
물질적 이득, 힘든 일, 미래를 위한 저축, 그리고 부의 나눔 같은 쟁점에 관한 개인, 그룹, 또는 사회의 마음 또는 느낌의 상태

제도
규범, 행위규칙, 그리고 일반적으로 받아들여지는 행동 방식. 경제제도는 널리 사용되는 노스(Douglass North) 체계에서의 경제적 삶의 비공식 및 공식적 '게임의 법칙'을 포함하는 인간의 상호작용을 구체화하는 인간이 고안한 제약조건

1인당 소득
국가의 국민총소득을 총인구수로 나눈 것

국민총소득
국가의 거주자에 의해 권리가 주장되는 총 국내 및 해외 산출량. 국내총생산(GDP)에 해외거주자들에게 귀속되는 요소소득을 더하고 국내경제에서 획득되어 외국인에게 돌아가는 소득을 뺀 수치임

국내총생산
국내와 해외 권리주장 사이의 그 배분과 관계없이 국민경제에 의해 국가의 영토 내에서 거주자와 일시 체류자에 의해 생산된 '재화'와 '서비스'의 총최종생산량

서 빈곤, 불균등, 실업의 감소 또는 제거의 차원으로 다시 정의되었다. '성장으로부터의 재분배(redistribution from growth)'가 공통 슬로건이 되었다. 시어즈(Dudley Seers)는 아래와 같이 주장하면서 발전의 의미에 대한 기본적인 질문을 간결하게 제기하였다.

> 따라서 국가의 발전에 대해 제기될 질문은 다음과 같다―빈곤이 어떻게 변했는가? 실업이 어떻게 변화했는가? 불평등이 어떻게 변했는가? 만약 이 세 가지가 모두 높은 수준으로부터 감소했다면 의심할 바 없이 관련 국가는 발전의 시기를 거친 것이다. 만약 이러한 주요 문제 중 하나 또는 두 가지가 점점 악화되었다면, 특히 세 가지 모두 악화되었다면 1인당 소득이 2배가 되었더라도 결과를 '발전'이라 부르는 것은 이상한 일이다.[6]

이러한 주장은 한가한 추측이거나 가상적인 상황에 대한 설명이 아니었다. 많은 개발도상국들이 1960년대와 1970년대에 1인당 소득의 상대적으로 높은 증가율을 경험했지만, 하위 40% 인구의 고용, 균등, 실질소득은 개선되지 않았거나 오히려 실제로 악화되었다. 앞서의 성장에 대한 정의에 의하면 이러한 나라들은 발전되었다고 하겠지만, 새로운 빈곤, 균등, 고용기준에 의하면 전혀 그렇지 않다. 많은 개발도상국의 GNI 증가율이 부(−)로 변하고 외채 문제 부상에 직면한 정부가 이미 제한된 사회 및 경제 프로그램을 축소하도록 강요당함에 따라 1980년대와 1990년대의 상황은 더욱 악화되었다.

그러나 발전이라는 현상 또는 만성적인 저개발 상태의 존재는 단순히 경제학의 하나의 문제 또는 심지어 소득, 고용, 그리고 불균등의 수량적 척도 중 하나의 문제만은 아니다. 굴레(Denis Goulet)는 이를 아래와 같이 격렬하게 표현하였다.

> 저개발은 불결함, 질병, 불필요한 죽음, 그리고 절망이 전부인 충격적인 상황이다! … 가장 공감할 수 있는 목격자도 개인적으로 또는 대리로 '저개발의 충격'을 겪은 후에야 저개발에 대해 객관적으로 말할 수 있다. 이러한 유일무이한 문화충격은 '빈곤의 문화'에 만연된 정서에 처음으로 접하게 됨에 따라 사람에게 나타나게 된다. 자신의 삶이 인간적이지도 않고 불가피한 것도 아니라는 것을 새롭게 스스로 이해하게 될 때 빈곤하게 살고 있는 사람들에게 반대의 충격이 느껴진다. … 널리 퍼져 있는 저개발의 정서는 질병과 죽음 앞에서의 개인적, 사회적인 무기력, 변화를 겨우 이해하게 됨에 따른 혼란과 무지, 그 의사결정이 일련의 사태를 지배하는 사람들을 향한 굴욕, 기근과 자연재해 앞에서의 절망의 느낌이다. 만성적인 빈곤은 잔인하고 끔찍한 종류의 지옥이며, 빈곤을 대상으로 단순히 지켜보는 것으로서는 그 지옥이 얼마나 끔찍한지 이해할 수 없다.[7]

따라서 발전은 경제성장의 가속화, 불평등의 감소, 빈곤의 근절은 물론 사회구조, 대중의 태도, 그리고 국가제도의 주요 변화를 수반하는 다차원적인 과정으로 생각되어야 한다. 발전은 본질적으로 전체 사회체제가 그 체제 내에서 다양한 기본적 욕구와 개인 및 사회그룹의 진전된 열망과 조화를 이루어 널리 불만족스러운 것으로 여겨지는 삶의 조건으로부터 물질 및 정신적으로 더 나은 것으로 간주되는 삶의 상태 또는 조건으로 이동하는 온갖 변화를 대표함에 틀림없다. 어느 누구도 아마도 발전의 의미에 대한 주요 사상가인 센(Amartya Sen)만큼 경제발전이라는 인류의 목표를 인식하지 못했을 것이다.

센의 '역량' 접근법

소득과 부는 그 자체가 목적이 아니라 다른 목적을 위한 수단이라는 견해는 적어도 아리스토텔레스까지 거슬러 올라간다. 1998년 노벨경제학상 수상자인 센은 가난한 사람 또는 가난하지 않은 사람의 상태로서 진정으로 중요한 것은 '기능하기 위한 역량(capability to function)'이라고 주장한다. 센의 표현대로, "상품 생산의 확대는 궁극적으로 자신을 위한 것이 아니라 인류의 복지와 자유를 위한 수단이다."[8]

실제로 센은 전통적으로 이해되는 것 같이 빈곤은 소득 또는 심지어 효용에 의해서도 적절히 측정될 수 없다고 주장한다. 근본적으로 중요한 것은 개인이 갖고 있는 것들 또는 이러한 것들이 제공하는 느낌이 아니라 개인이 누구인지, 또는 누구일 수 있는지, 그리고 무엇을 하는지, 또는 무엇을 할 수 있는지라는 것이다. 복지에 중요한 것은 효용접근법에서와 같이 단지 소비되는 상품의 특성이 아니라 소비자가 어떤 용도로 상품을 사용할 수 있고 사용하는지다. 예를 들어 책은 문맹자에게는 거의 가치가 없다(아마도 요리연료 또는 지위에 대한 상징을 예외로 하고). 또는 센이 지적하는 바와 같이, 기생충을 보유한 사람은 기생충이 없는 사람에 비해 주어진 양의 식품으로부터 영양분을 덜 뽑아낼 수 있을 것이다.

일반적으로 인간 복지, 그리고 특히 빈곤 개념을 조금이라도 이해하기 위해서는 상품의 이용 가능성을 넘어 그 사용처를 고려할 필요가 있다. 센이 **기능성**(functionings)이라고 부르는 것을 언급할 필요가 있다는 것이다. 즉 자신이 소유하거나 통제하게 된 주어진 특성의 상품으로 개인이 무엇을 하는가(또는 할 수 있는가)라는 기능성에 대해 언급할 필요가 있다. 선택의 자유, 또는 자기 자신의 삶에 대한 통제는 그 자체가 복지를 잘 이해하는 데 있어서의 중심적인 측면이다. 기능성은 가치 있는 존재와 행위이며, 그리고 센의 견해로, 가치 있는 '기능성'은 건강함과 충분히 영양을 섭취함, 잘 입고 지냄에서부터 움직일 수 있음과 자존심을 가짐, 공동체의 삶에 참여할 수 있음에 이르기까지 다양할 수 있다.[9]

센은 (측정된) 실질소득과 실제 혜택 사이에 불일치가 발생하도록 하는 다섯 가지 원천을 밝혔다.[10]—(1) 첫째, 불구, 병, 연령, 또는 성과 관련된 것들과 같은 개인적인 이질성, (2) 둘째, 추운 곳에서의 난방과 의복의 필요함, 열대지방에서의 전염병, 또는 오염의 영향과 같은 환경적인 다양성, (3) 범죄와 폭력의 만연과 '사회자본' 같은 사회적 풍토의 다양함, (4) 가족 내에서의 분배—그것이 소비를 공유하는 기본 단위이기 때문에 경제통계는 가족이 받은 소득을 측정하지만, 딸은 아들에 비해 진료 또는 교육을 덜 받는 것처럼 가족의 자원은 불균등하게 배분될 수 있다. (5) 일부 상품의 필요는 (그 지역의 관례와 관습 때문에) 본질적임을 의미하는 관계적 관점의 차이. 스미스의 표현대로, 예를 들어 '부끄럼 없이 대중 앞에 나타날' 수 있기 위한 필수품에 가난한 사회보다는 부유한 사회에서 높은 수준의 의류가 포함된다.

부유한 사회에서 전화, TV, 승용차 같은 어떤 상품 없이 공동체의 삶에 참여할 능력을 갖기는 극히 어렵다. 이메일 주소 없이 싱가포르 또는 한국 사회에서 사회적으로 기능하기는 어렵다.

따라서 실질소득수준 또는 심지어 특정 상품의 소비 수준을 살펴보는 것은 복지의 측정치로서 충분할 수 없다. 많은 상품을 갖고 있더라도 그것이 소비자들이 원하는 것이 아니라면(구소련에서와 같이) 가치가 거의 없을 것이다. 소득이 있더라도 영양분이 있는 식품 같은 복

기능성
사람들이 소유하거나 통제하게 된 주어진 특성의 상품을 갖고 사람들이 하거나 또는 할 수 있는 것

지에 필수적인 어떤 상품은 이용 가능하지 않을 수 있다. 동일한 칼로리를 제공할 때조차도 한 나라의 이용 가능한 주식(카사바, 빵, 쌀, 옥수수 가루, 감자 등)은 다른 나라의 주식과 영양성분이 다를 것이다. 더욱이 예를 들어 심지어 쌀의 일부 변종은 다른 것들에 비해 훨씬 더 영양분이 있다. 마지막으로, 절대적으로 동일한 상품을 비교할 때조차도 사람은 개인적이고 사회적인 맥락에서 자신의 소비 틀을 짜야 한다. 센은 빵과 같이 매우 기초적인 상품의 훌륭한 예를 제시하였다. 빵은 단백질과 같은 영양분과 맛이라는 상품의 특성을 갖고 있다. 또한 빵은 식사를 함께한다는 의미에서 사회적 교환의 관행을 맞추는 데 도움을 준다. 그러나 이러한 많은 혜택은 활동 수준이나 신진대사, 몸무게, 임신 혹은 출산 여부, 영양에 대한 지식, 기생충 감염 여부와 병원에의 접근성 여부 등과 같이 개인과 그 주변 환경에 의존한다. 센의 계속적인 설명에 의하면 기능성은 역시 (1) 개인이 살고 있는 그 사회에 효력 있는 사회적 관행, (2) 가족과 사회에서 개인의 위치, (3) 결혼식, 계절적 축제, 그리고 장례식과 같은 다른 행사와 같은 축제의 존재 혹은 부재, (4) 친구와 친족의 고향으로부터의 물적 거리 등에 의존한다.[11]

부분적으로 그러한 요소들은 영양과 같은 매우 기본적인 문제에 관한 것조차도 개인에 따라 크게 다를 수 있기 때문에 개인의 복지를 획득된 재화와 서비스의 소비 수준에 의해 측정하는 것은 상품을 목적에 대한 수단이 아니라 그 자체의 목적으로 간주함으로써 그 역할을 혼동시킨다. 영양의 경우, 목적은 개인적인 즐거움과 사회적 기능성은 물론 건강과 좋은 건강으로 할 수 있는 것이다. 실제로, 가치 있는 사회적 관계를 유지하고 서로 연락을 취하는 능력은 포스터와 핸디(James Foster and Christopher Handy)가 외적 역량(external capabilities)이라고 부른 '다른 사람과의 직접적인 관련 또는 관계에 의해 주어진 기능하기 위한 능력'으로 이어진다. 그러나 그 어떤 표준적 정의의 경우에도 효용이라는 개념을 사용하여 복지를 측정하는 것이 발전의 의미를 포착하기 위해 소비를 측정하는 것보다 충분히 개선된 것은 아니다.[12]

센이 강조한 바와 같이, 어떤 종류의 삶이 가치 있는 것인지에 대한 개인 스스로의 평가는 그 사람에게 기쁨을 주는 것과 필연적으로 동일하지는 않다. 만약 효용을 특정한 방식의 행복으로 인식한다면, 매우 가난한 사람도 매우 높은 효용을 가질 수 있다. 때로는 영양실조의 사람조차도 자신을 꽤 행복하다고 느끼도록 하는 기질을 갖거나 또는 매우 더운 날의 산들바람 같은 자신이 삶에서 발견할 수 있는 어떤 작은 편안함에도 크게 감사하고, 손에 넣을 수 있는 것처럼 보이는 것만을 얻으려 애씀으로써 실망을 피하는 것을 알게 되었을 것이다. (실제로 가질 수 없는 것을 원하지 않는다고 스스로에게 말하는 것은 비할 바 없이 인간적인 것이다.) 어떤 사람의 박탈에 대해 진정으로 아무 조치도 취해지지 않는다면 주관적으로 행복을 느끼는 이러한 태도는 정신적인 의미에서는 의심할 바 없는 장점을 가졌겠지만 박탈이라는 객관적 현실을 변화시키지는 못한다. 특히 그러한 태도는 만족은 하고 있지만 집이 없는 가난한 사람이 기생충으로부터 자유롭게 되거나 기본적인 주거를 제공받게 될 기회를 크게 가치가 있는 것으로 평가하지 못하도록 방해한다. 개인의 기능성은 성취(achievement)이다. 센은 자전거 타기의 예를 제시하는데, 자전거 타기는 자전거를 소유하는 것과 구별되어야 한다. 자전거 타기는 또한 [자전거 타기]에 의해 발생하는 행복과도 구분되어야 한다. 따라서 기능성은

(1) 사후적으로 재화(그리고 상응하는 특성)를 소유하는 것, 그리고 (2) 중요한 방식으로 사전적인 (그 기능성으로부터 비롯되는 행복의 형태로) 효용을 갖는 것과 서로 상이하다.[13]

이 점을 분명하게 하기 위해, 센은 찬사를 받은 2009년 자신의 저서 『정의의 개념(*The Idea of Justice*)』에서 주관적인 복지는 건강과 존엄 같은 다른 기능성과 함께 추구될 수 있는 기능성인 존재의 심리적 상태의 한 종류라고 제안하였다. 다음 절에서는 전통적인 효용과 구분될 수 있다는 의미에서 발전의 결과물로서의 행복의 의미로 되돌아갈 것이다.

역량
사람들이 자신들의 개인적 특징과 자신들의 상품에 대한 통제가 주어진 경우 갖고 있는 자유

센은 그 뒤 **역량**(capability)을 '개인적 특징(특성의 기능성으로의 전환)과 상품에 대한 통제가 주어진 경우 기능성의 선택이라는 면에서 개인이 갖고 있는 자유'로 정의하였다. 센의 시각은 경제발전론의 경제학자들이 건강과 교육 그리고 보다 최근에는 사회통합(social inclusion)과 권한부여(empowerment)를 왜 그렇게 강조했고, 높은 소득수준을 가졌지만 빈약한 건강과 교육기준을 가진 나라들을 '발전 없는 성장(growth without development)'의 사례로 왜 지칭했는지를 설명하는 데 도움이 된다.[14a] 실질소득은 필수적이지만 대부분의 중요한 경우에 상품의 특성을 기능성으로 전환하기 위해서는 소득은 물론 건강과 교육이 분명히 필요하다. 건강과 교육의 역할은 어떤 기생충 없이 살 때 가능한 영양상의 이점과 더 커진 개인 에너지 같은 기본적인 무엇인가로부터 광범위하고 심화된 교육과 함께 오는 인간 삶의 풍요함을 감상할 확대된 능력에 이르기까지의 범위를 갖는다. 빈곤하게 살고 있는 사람들은 종종 그리고 때로는 고의적으로 실질적인 선택을 하고 소중한 행동을 하기 위한 역량을 박탈당하는데, 종종 가난한 사람의 행태는 그런 것에 비추어 이해될 수 있다.

센에게는 건강하고, 영양을 잘 섭취하며, 옷을 잘 입고, 글을 읽을 줄 알며, 오래 살고, 그리고 보다 넓게는 공동체의 삶에 참가할 수 있으며, 움직임이 자유롭고, 무엇이 될 수 있고 무엇을 할 수 있는지에서 선택의 자유를 갖는다는 기본적인 의미에서 인간 '복지'는 잘되는 것(being well)이다.

발전과 행복

분명히 행복은 인간 복지의 일부분이며, 더 큰 행복은 그 자체로 개인의 기능하기 위한 역량을 증대시킬 수 있다. 센이 주장한 바와 같이, 개인이 행복을 복지를 위한 중요한 기능성으로 간주하는 것은 당연하다.[15] 최근 몇 년 동안 경제학자들은 주관적으로 보고되는 만족 및 행복과 소득 같은 요소들 사이의 국가 간 및 시간이 흐름에 따른 실증관계를 조사하였다. 조사 결과 중 하나는 행복 또는 만족의 평균 수준은 국가의 평균소득과 함께 증가한다는 것이다. 예를 들어 탄자니아, 방글라데시, 인도, 아제르바이잔에서는 미국과 스웨덴에 비해 약 4배의 인구비율이 자신들이 행복하지 않거나 만족하지 않는다는 답을 하였다. 그러나 그 관계는 〈그림 1.2〉에 보이는 바와 같이 오로지 1인당 대체로 10,000∼20,000달러까지의 평균소득까지만 나타난다.[16] 일단 소득이 이 수준까지 증가하면 대부분의 시민들은 보통 극단적인 빈곤으로부터 벗어난다. 이 수준에서 국가 간에 상당한 변동이 있긴 하지만 만약 불균등이 극단적이 아니라면 시민의 대다수는 보통 상대적으로 영양분을 잘 섭취하고, 건강하며, 교육을 잘 받는다. '행복 과학'의 조사 결과들은 고소득국의 목표로서의 경제성장의 중요성에 의문을 제기

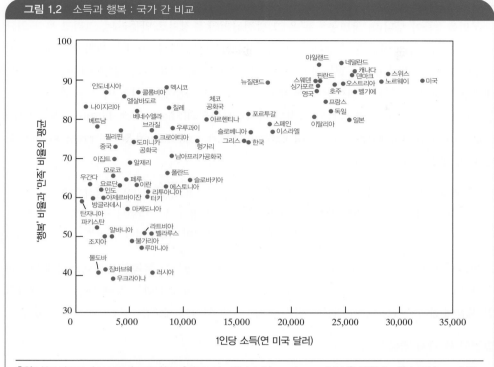

그림 1.2 소득과 행복 : 국가 간 비교

하고 있다. 그러나 그러한 조사 결과들은 또한 목적이 단지 행복이든지 또는 보다 포괄적이고 설득력 있게 확대된 인간 역량이든 관계없이 개발도상국에서의 경제발전의 중요성을 재확인하고 있다.

놀랄 것 없이 연구들은 재정적인 안정감이 행복에 영향을 미치는 단지 하나의 요소임을 보여준다. 레이어드(Richard Layard)는 가족관계, 재정상태, 근로, 공동체 및 친구, 건강, 개인의 자유, 그리고 개인가치라는 일곱 가지가 설문조사가 보여주는 국가행복의 평균 수준에 영향을 미치는 요소임을 확인하였다. 특히, 가난하지 않다는 것을 제외하면 사람들은 민주적인 자유와 함께 질 높은 정부를 즐기고 종교적인 신념을 갖는 것은 물론, 자신이 실업상태에 있지 않고, 이혼하거나 별거하지 않으며, 사회에서 다른 사람들의 높은 신뢰를 받을 때 더 행복하다는 것을 증거는 보여준다. 이러한 요소들의 중요성은 자신이 행복하거나 만족하지 않는다고 답한 사람들 비율이 비슷한 소득을 갖는 개발도상국 사이에도 크게 차이가 나는 이유를 해명할 수 있다. 예를 들어 연구가 이루어졌던 당시 짐바브웨의 소득이 약간 높은데도 불구하고 평균적으로 행복하거나 만족하지 않는다는 인구비율은 짐바브웨가 인도네시아보다 4.5배나 높으며, 터키의 소득이 약간 높은데도 불구하고 그 비율은 터키가 콜롬비아보다 3배 이상이 된다. 개발도상국의 많은 오피니언 리더들은 자신들의 사회가 도덕적 가치와 다른 사람들에 대한 신뢰 같은 때때로 **사회자본**이라 불리는 전통적인 강점을 상실함 없이 발전의 혜택을 누릴 수 있기를 희망한다.

국민총소득이 아니라 '국민총행복'을 그 발전진척의 측정치로 만들려는, 그리고 보다 최근에 그것을 수량화하려는 부탄 정부의 시도는 상당한 관심을 끌고 있다.[17] 센의 연구에 고무되어 그 지표들은 행복이라는 전통적인 관념을 넘어서 건강, 교육, 자유 같은 역량을 포함하는 데까지 넓혀지고 있다. 행복이 주요한 주관적인 복지의 유일한 차원은 아니다. 스티글리츠-센-피투시('사르코지') 경제성과의 측정과 사회진보위원회[Stiglitz-Sen-Fitoussi ('Sarkozy') Commission on the Measurement of Economic Performance and Social Progress]는 아래와 같이 설명한다.

> 주관적인 복지는 여러 측면(사람의 삶, 행복, 만족, 기쁨과 자부심 같은 긍정적 감정, 그리고 고통, 걱정 같은 부정적 감정에 대한 인식력이 있는 평가)을 포함한다—각 측면은 사람들 삶에 대한 보다 종합적인 감상을 도출하기 위해 분리되어 측정되어야 한다.[18]

센을 좇아 비록 가치 있는 기능성 중 단지 하나로서 자신들을 행복하고 만족스럽게 만드는 것이라고 사람들이 말하는 것이 기껏해야 사람들이 삶에서 존중하는 것에 대한 그저 개략적인 지침에 불과하더라도, 이 연구는 발전의 다차원적 의미에 새로운 시각을 추가하고 있다.

발전의 세 가지 핵심 가치

그렇다면 발전에 대해 이야기할 때 '더 나은' 또는 '더 인간적인' 삶을 향한 전체 사회와 사회체제의 지속적인 승격으로 의미하는 것을 정의하거나 또는 광범위하게 개념화하는 것이 가능한가? 무엇이 훌륭한 삶을 구성하는지는 세계 사회의 변화하는 환경에서 정기적으로 새롭게 재평가되고 응답해야 하는 철학만큼 오래된 질문이다. 오늘날의 개발도상국을 위한 적절한 응답은 이전 수십 년 동안의 응답과 필연적으로 동일하지는 않다. 그러나 적어도 세 가지 기본적인 구성요인 또는 핵심 가치는 발전의 내면적 의미를 이해하기 위한 개념적인 기초와 실천적인 가이드라인이 된다. 이러한 핵심 가치—**생계**(sustenance), **자부심**(self-esteem), **자유**(freedom)—는 모든 개인과 사회가 추구하는 공통목표를 나타낸다.[19] 그것들은 모든 시기에 거의 모든 사회와 문화에서 그 표현을 찾아내는 근본적인 인간의 욕구와 관련이 있다. 따라서 이를 하나하나 차례로 살펴보기로 하자.

생계 : 기본 욕구를 충족시키는 능력   모든 사람은 그것 없이는 삶이 불가능한 어떤 기본 욕구를 갖고 있다. 이러한 삶을 유지시키는 인간의 기본 욕구에는 의식주와 보호가 포함된다.[20] 이러한 것 중 어느 하나라도 없거나 또는 결정적으로 공급부족일 때 '절대적 저개발(absolute underdevelopment)'의 조건이 존재한다. 따라서 모든 경제활동의 기본적인 기능은 가능한 한 많은 사람들에게 의식주와 보호의 부족으로부터 발생하는 절망과 고통을 극복하기 위한 수단을 제공하는 것이다. 이러한 점에서 경제발전은 발전이라 할 수 있는 삶의 질적 개선의 필요조건이라고 주장할 수 있다. 사회적 수준은 물론 개인적 수준에서의 지속적이고도 계속적인 경제발전 없이는 인간 잠재력의 실현은 가능하지 않다. 사람은 분명히 '더 나아지기 위해 더 충분히 가져야' 한다.[21] 따라서 1인당 소득의 증가, 절대빈곤의 제거, 고용기회의 확대,

생계

겨우 최저 생활수준으로 평균적인 인간을 유지시키는 데 필요한 의식주같은 기본적인 재화와 서비스

자부심

그 사회, 정치, 경제적 체제와 제도가 존경, 품위, 진실성, 그리고 자결권 같은 인간의 가치를 촉진시킬 때 사회가 즐기게 되는 가치가 있다는 느낌

자유

사회가 그 뜻대로 처리할 수 있고 그 원하는 것을 만족시키기 위한 다양한 대안을 갖고, 개인들은 자신들의 선호에 따라 실질적인 선택을 즐기는 상태

그리고 소득불균등의 완화는 발전의 **충분조건**이 아니라 **필요조건**이 된다.[22]

자부심 : 인간답게 되는 것　훌륭한 삶의 두 번째 보편적인 구성요인은 가치와 자존심, 다른 사람들의 목적을 위해 그들에 의해 도구로서 사용되지 않음의 느낌인 자부심이다. 모든 사람들과 사회는 비록 그것을 진정성, 동질감, 품위, 존중, 명예, 인식이라고 부를 수 있을지 모르지만 자부심의 어떤 기본적인 형태를 찾는다. 이러한 자부심의 성격과 형태는 사회와 문화에 따라 다를 수 있다. 그러나 선진국의 '현대화된 가치'가 퍼짐에 따라 자기 자신의 가치에 대해 심오한 의미를 간직하였던 개발도상국의 많은 사회는 경제적 및 기술적 선진사회와 접촉하게 될 때 심각한 문화적 혼란으로 인해 고통을 받는다. 이는 국가번영이 가치의 거의 보편적인 측정치가 되었기 때문이다. 선진국의 물질적인 가치에 부여된 중요성 때문에 오늘날 훌륭함과 존경은 경제적 부와 기술적 힘을 보유한 '발전한' 나라에만 점점 주어지고 있다.

굴레가 표현한 바와 같이, "발전은 존경을 얻는 중요하고 아마도 심지어 없어서는 안 되는 방식이기 때문에 목표로서 합법화된다."[23]

노예상태로부터의 자유 : 선택할 수 있어야 함　발전의 의미를 구성해야 한다고 제안하는 세 번째 그리고 마지막 보편적 가치는 인간의 자유라는 개념이다. 여기서의 자유란 삶의 물질적 조건을 소원하게 하는 것과 자연, 다른 사람, 비참함, 억압적인 제도, 그리고 특히 빈곤이 숙명이라는 독단적인 믿음에 대한 사회적 노예상태로부터의 해방(freedom from servitude)이라는 의미로 이해되어야 한다. 자유는 발전이라 부르는 어떤 사회적 목표를 추구하는 데 있어서의 외부의 제약을 최소화하는 것과 함께 사회와 그 구성원들을 위한 선택 범위의 확대를 수반한다. 센은 '자유로서의 발전'이라고 썼다. 루이스(W. Arthur Lewis)는 자신이 "경제성장의 이점은 부가 행복을 증가시키는 것이 아니라 인간 선택의 범위를 증가시키는 것이다"라고 결론을 내리면서 경제성장과 노예상태로부터의 자유 사이의 관계를 강조하였다.[24] 부는 사람들로 하여금 그들이 가난한 채로 남아 있었더라면 가졌을 것보다 더 큰 자연과 물질적 환경에 대한 통제력(예를 들면 의식주의 생산을 통해)을 갖도록 할 수 있다. 부는 또한 사람들에게 더 많은 여가를 선택하고 더 많은 재화와 서비스를 가지거나 또는 이러한 물질적 욕구의 중요성을 거부하고 정신적 사색의 삶을 살기를 선택하는 자유를 준다. 인간의 자유라는 개념은 또한 개인의 안전, 법의 지배, 표현의 자유, 정치적 참여, 그리고 기회균등을 포함하는 정치적 자유의 여러 구성요인을 포괄한다.[25] 비록 자유지수로 나라의 순위를 매기려는 시도가 논란이 많은 것으로 판명되었지만,[26] 연구 결과들은 중국, 말레이시아, 사우디아라비아, 싱가포르 같은 높은 경제성장률 또는 높은 소득을 달성한 몇몇 나라는 인간자유 기준에서는 그만큼 달성하지 못하였음을 밝히고 있다.

여성의 중심적인 역할

지금까지 제시된 정보에 비추어볼 때, 경제발전론 학자들이 일반적으로 여성을 발전 드라마에서 중심적인 역할을 하는 것으로 바라보는 것은 전혀 놀랍지 않다. 세계적으로 여성은 남성에 비해 가난한 경향이 있다. 여성은 또한 건강과 교육 그리고 모든 형태의 자유를 더 박탈당하고 있다. 더욱이 여성은 자녀양육에 1차적인 책임을 지며, 여성이 이 일에 동원할 수 있는 자원은 대대로 이어진 빈곤의 대물림 순환이 깨질 것인지를 결정할 것이다. 자녀는 더 나은 건강과 교육을 필요로 하며, 개발도상국 주변으로부터의 연구들은 어머니가 아버지보다 자녀의 혜택을 위해 자신의 통제하에 있는 상당히 더 높은 비율의 소득을 지출하는 경향이 있음을 확인하고 있다. 여성들은 또한 가치를 다음 세대로 전달한다. 그렇다면 발전에 가장 큰 영향을 미치기 위해 사회는 여성들에게 권한을 부여하고 투자해야 한다. 제5장부터 제9장까지 그리고 제15장에서 이 주제를 보다 깊게 다시 살펴볼 것이다.

발전의 세 가지 목표

발전이란 사회적, 경제적, 제도적 과정의 몇몇 조합을 통해 사회가 더 나은 삶을 얻도록 할 수단을 확보했던 물질적 현실임과 동시에 마음의 상태라고 결론을 내릴 수 있다. 이 더 나은 삶의 구체적인 구성요인이 무엇이든지 모든 사회의 발전은 적어도 다음의 세 가지 목표를 가져야 한다.

1. 의식주와 보호 같은 **삶을 지속시키는 기본적인 재화의 이용 가능성 증가와 그 확대**
2. 모두가 더 높아진 소득 이외에도 더 많은 일자리, 더 나은 교육의 제공, 문화 및 인간적인 가치에 대한 더 큰 관심 등을 포함하는 물질적인 복지를 증진시킬 뿐만 아니라 개인 및 국가의 더 큰 자부심을 발생시키도록 하는 **생활수준의 향상**
3. 다른 사람들과 국가뿐만 아니라 무지와 인간 비참함의 요인들과 관련해서 노예상태와 종속으로부터 그들을 자유롭게 함으로써 개인과 국가가 이용 가능한 **경제 및 사회적 선택 범위 확대**

1.4 밀레니엄개발목표

밀레니엄개발목표(MDGs)
절대적 빈곤과 기아를 근절하기 위해 유엔이 2000년 채택한 일련의 8개 목표—보편적 초등교육 이수, 양성평등과 여성의 권한 부여, 아동 사망률 감축, 모성건강 개선, HIV 및 AIDS, 말라리아, 다른 질병과의 전쟁, 환경의 지속성 확보, 개발을 위한 세계 협력 발전. 이 목표들은 2015년까지 달성하기 위해 세부목표가 설정되었다.

2000년 9월, 그 당시 유엔(United Nations)의 189개 회원국들은 2015년까지 빈곤을 박멸하고 기타 인간개발을 달성하도록 하는 상당한 진전을 이룰 것을 스스로 약속하면서 여덟 가지 **밀레니엄개발목표(Millennium Development Goals, MDGs)**를 채택하였다. 밀레니엄개발목표는 이제까지 이루어진 세계적인 빈곤을 종식시키고자 하는 국제적인 약속으로는 가장 강력한 선언으로, 빈곤종식은 단지 가난한 사람의 소득을 증가시키는 것 이상의 것을 필요로 한다는 발전과 빈곤감소의 다차원적인 성격을 인정한다. 밀레니엄개발목표는 이전에 있었던 어떤 것과도 달리 발전공동체에 통일된 초점을 제시하였다.[27]

여덟 가지 목표는 의욕적인 바, 극단적인 빈곤과 기아의 박멸, 보편적 초등교육의 달성, 성별 균등의 촉진과 여성에게의 권한부여, 어린이 사망률 감소, 산모의 건강개선, 인간면역결핍바이러스/후천성면역결핍증후군(HIV/AIDS), 말라리아, 그리고 기타 질병 퇴치, 환경의 지속 가능성 보장, 발전을 위한 세계 동반자 관계의 개발이 그것이다. 그 뒤 과거의 국제적인 발전 달성속도에 기초하여 2015년까지 달성될 것으로 생각되는 구체적인 세부목표(target)가 설정되었다. 목표와 세부목표는 〈표 1.1〉에서 볼 수 있다.

표 1.1 2015년의 밀레니엄개발목표와 세부목표	
목표	**세부목표**
1. 극단적인 빈곤과 기아를 근절하라.	• 하루 1달러 미만으로 사는 사람의 비율을 절반으로 감소시켜라. • 기아로 고통 받는 사람의 비율을 절반으로 감소시켜라.
2. 보편적 초등교육을 달성하라.	• 모든 소년과 소녀가 초등교육의 전 과정을 마치는 것을 보장하라.
3. 성별 균등을 촉진하고 여성에게 권한을 부여하라.	• 2005년까지 초등 및 중등교육에서, 2015년까지는 모든 수준에서의 성별 차이를 제거하라.
4. 아동 사망률을 감소시켜라.	• 5세 미만 아동의 사망률을 2/3만큼 감소시켜라.
5. 산모의 건강을 개선하라.	• 산모의 사망률을 3/4만큼 감소시켜라.
6. HIV/AIDS, 말라리아, 기타 질병을 퇴치하라.	• HIV/AIDS의 확산을 중지시켜 반전을 시작하라. • 말라리아와 기타 주요 질병의 발생을 중지시켜 반전을 시작하라.
7. 환경의 지속 가능성을 보장하라.	• 지속 가능한 발전의 원칙을 국가정책 및 프로그램에 통합하라. 환경자원의 손실을 반전시켜라. • 안전한 음료수에 지속적으로 접근하지 못하는 사람의 비율을 절반으로 감소시켜라. • 2020년까지 적어도 1억 명의 슬럼거주자 삶의 상당한 개선을 달성하라.
8. 발전을 위한 세계 동반자 관계를 개발하라.	• 개방되고, 규정을 기본으로 하며, 예측 가능하고, 차별하지 않는 무역 및 금융제도를 더욱 개발하라. 훌륭한 국정운영, 발전, 그리고 빈곤감소의 공약을 국내 및 국제적으로 모두 포함시켜라. • 최빈국의 특별한 필요에 역점을 두어라. 최빈국의 수출을 위해 관세와 수입할당 없는 접근, 과다채무빈국(heavily indebted poor countries, HIPCs)을 위해 향상된 채무감면 프로그램과 공적쌍무채무(official bilateral debt)의 무효화, 그리고 빈곤감소를 공약한 나라를 위해 보다 관대한 공적개발원조(official development assistance, ODA)를 포함시켜라. • 내륙국인 개발도상국과 조그만 섬나라인 개발도상국을 위해 특별한 필요에 역점을 두어라. • 채무가 장기적으로 지속 가능하도록 하기 위해 국내 및 국제적 조치를 통해 개발도상국 부채 문제를 포괄적으로 협상하라. • 개발도상국과 협력하여 괜찮고 생산적인 젊은이의 일자리를 위한 전략을 개발하고 실행하라. • 제약회사와 협력하여 개발도상국에서 값이 알맞은 필수약품에 대한 접근을 가능하도록 하라. • 민간부문과 협력하여 특히 정보 및 통신 신기술의 편익을 이용 가능하도록 하라.

출처 : "Millennium Development Goals"(www.undp.org). 유엔개발프로그램의 허락하에 게재.

적절히, 첫 번째 밀레니엄개발목표는 극단적인 빈곤과 기아 문제를 다루고 있다. 이 목표를 위한 두 가지 세부목표는 그리 대단하지 않은데, 하루 1달러 미만으로 사는 사람들과 기아로 고통 받는 사람들의 비율을 각각 절반으로 줄이는 것이다. '빈곤의 반감'이 밀레니엄개발목표 전체의 기준으로 사용되게 되었다. 이러한 세부목표의 달성은 다른 목표에도 당연히 진전이 이루어지는 것을 요구한다.

유엔개발 프로그램(United Nations Development Program, UNDP)은 만약 현재의 추세가 계속된다면 모든 세부목표가 달성되지는 않을 것이며, 동아시아가 사하라이남 아프리카보다 훨씬 더 나은 실적을 보임에 따라 세계 평균이 보고될 때 지역적인 차이는 가려질 것이라고 보고한 바 있다.[28] 충격적이지만 풍요의 세계에서 2015년까지 만성적으로 배고픈 사람의 비율을 절반으로 삭감하는 세부목표는 달성될 가능성이 매우 낮다. 2008년의 식량가격 인상과 그 이후 세계적 경제위기의 결과로 몇몇 조건은 심지어 악화되었다. 그리고 UNDP는 만약 세계적인 추세가 2015년까지 계속된다면 5세 미만 사망률의 감소는 감소라는 세부목표에 훨씬 못미치는 약 1/4에 달할 것임을 강조하고 있다. 이는 세부목표가 2015년에 440만 명의 회피할 수 있는 사망자 수를 놓칠 것임을 의미한다. 보편적으로 초등학교 취학은 사하라이남 아프리카에서 더 빠른 진전이 이루어지지 않는 한 달성되지 못할 것이다. 현재의 추세대로 예측해보면, 2015년에 4,700만 명의 어린이가 여전히 학교에 다니지 않을 것이다. 그리고 UNDP는 현재의 추세와 빈곤의 반감이라는 세부목표 사이의 갭은 2015년에 3억 8,000만 명의 추가인원이 여전히 하루 1달러 미만으로 살고 있음을 나타낸다고 보고하고 있다.

환경의 지속 가능성 보장의 목표는 빈곤으로부터의 탈출을 확고히 하는 데 필수적이다. 이는 안전한 음료수에 접근하지 못하는 사람의 비율을 절반으로 감소시키고 적어도 1억 명의 슬럼거주자 삶의 상당한 개선을 달성한다는 두 가지 세부목표를 봄으로써 즉시 알 수 있다. 그러나 보다 일반적으로 가난한 사람의 환경을 보호함 없이는 그들의 빈곤으로부터의 탈출이 영구적일 수 있는 가능성이 거의 없다. 마지막으로, 부유한 나라의 정부와 시민들은 '발전을 위한 세계 동반자 관계'라는 목표의 추구에 자신들의 역할을 할 필요가 있다.

밀레니엄개발목표는 개발도상국이 자신의 매우 절실한 문제들을 다루는 것을 보장하기 위해 개발도상국들과의 협의를 통해 개발되었다. 이 외에도 유엔, 세계은행, 국제통화기금(IMF), 경제협력개발기구(OECD), 세계무역기구(WTO)를 포함하는 핵심적인 국제기구들이 모두 밀레니엄선언(Millennium Declaration)의 개발을 도왔고 따라서 빈곤을 직접적으로 퇴치할 종합적인 정책을 공약하였다. 밀레니엄개발목표는 원조 증대, 무역 및 투자장벽 제거, 그리고 가장 가난한 나라들의 지속 가능하지 않은 채무의 탕감을 포함하는 구체적인 의무를 부유한 나라들에 할당하였다.[29]

그러나 밀레니엄개발목표에도 또한 몇몇 비판이 생겨났다.[30] 예를 들어 몇몇 관찰자들은 과거의 개선속도를 15년 후 미래에 투영하는 것 이외에 앞으로 나아가지 않는 등 밀레니엄개발목표 세부목표가 충분히 의욕적이지 않다고 믿고 있다. 게다가 목표의 순서가 매겨지지 않았다. 예를 들어 기아의 감소는 다른 건강과 교육 세부목표의 많은 것을 달성하는 지렛대가 될 수 있다. 동시에 개발목적의 상호 관련이 밀레니엄개발목표의 공식화에 암묵적으로 들어 있음에도 불구하고 목표들은 독립적인 목적으로 보고서에 나타나고 다루어진다. 현실적으로 목표들은 서로 대체관계가 아니고 건강과 교육 사이의 밀접한 관계와 같은 보완관계이다. 나아가 세부목표의 종료날짜로 2015년을 설정한 것은 만약 세부목표가 충족되지 않는다면 더 이상의 개발 원조를 장려하기보다는 방해할 수 있다. 더욱이, 밀레니엄개발목표는 빈곤을 하루 1달러 빈곤선 미만의 인구비율로 측정하는데 이는 임의적일 뿐만 아니라 빈곤의 강도를 설명하지 못한다. 즉 1인당 소득이 말하자면 하루 70센트인 가족에게 주어지는 일정 금액의 추가소득은 하루 90센트의 가족소득에 동일 금액이 주어질 경우보다 빈곤에 더 큰 영향을 미친다(제5장 참조). 다른 비판자들은 하루 1달러는 너무 낮은 빈곤선이라고 불평을 하며, 부유한 나라의 농업보조금 감소, 가난한 사람의 법적 권리와 인권의 개선, 지구온난화(아프리카와 남아시아에 가장 큰 피해를 줄 것으로 예측됨)의 순연, 성별 형평성의 확대, 그리고 민간**부문**(sector) 기여의 레버리징 등에 관한 목표 결여에 대해 한탄하고 있다. 이러한 비판 중 일부의 합리성은 의심스러울 수 있지만 밀레니엄개발목표가 몇몇 본질적인 한계점을 갖고 있다는

부문
경제발전에 사용되는 네 가지 경제 일부(부분)—기술(현대 및 전통적 부분), 활동(산업 혹은 생산 부문), 무역(수출부문), 그리고 영역(사적 혹은 공적 부문)

것이 인정되어야만 할 것이다.

밀레니엄개발목표의 종료가 다가옴에 따라 발전아젠다에 대한 유명인 고위 패널(High-Level Panel of Eminent Persons on Development Agenda)의 2013년 5월 아젠다보고서에 의해 밀레니엄개발목표의 후속수단으로서 '지속가능발전목표(sustainable development goals, SDG)'를 시작하기 위한 세계적 노력에 유엔이 협력하였다. 세계 모든 지역의 정치지도자들로 구성된 다양한 패널은 포스트 2015 SDG의 궁극적인 모양에 영향을 줄 수 있는 대담한 접근에 합의하였다.[31] 이 패널은 5대 변형의 전환에 의해 유도되는 선진국뿐만 아니라 개발도상국과 또한 예외 없이 모든 국가들을 위한 보편적인 아젠다를 반복적으로 강조하였다. 이 보편적인 전환은 다음과 같다.

1. 어떤 형태로든 어느 누구도 내버려 두지 않기, 특히 '배제된 집단에 중점을 두는 목적을 설계하여 극단적 빈곤의 축소에서 종결로 전환'하기
2. '지속 가능성의 사회적, 경제적, 환경적 차원의 통합'으로 지속 가능 발전을 핵심에 두기
3. 근로와 삶의 지속 가능한 패턴으로 이동하면서 일자리와 포괄적인 성장을 위한 경제로의 변환
4. '법의 통치와 재산권, 언론의 자유, 공개 정치적 선택, 정의의 접근, 책임 있는 정부와 공공기구 등을 촉진'하기 위해 평화를 구축하고 효과적이고 공개적인, 책임 있는 기관을 구축하기
5. 각각의 우선사항에 정부를 포함하고 가난한 사람들, 시민사회, 토착지역사회, 다국적 기관, 재계 및 학계, 자선활동 등이 포함된 새로운 세계 협력관계가 진전되도록 하기

고위 패널은 또한 2030년까지 빈곤, 기아, 그리고 미성년 결혼, 방지해야 될 5세 이하 사망의 명백한 목표, 그리고 깜짝 놀랄 사회적 보호의 범위, 여성의 사망 등의 특정 목표를 포함하여 체계적이고 분명히 보여주는 보편적 목적과 SDG를 위한 국가적 목표에 합의하였다. 이 논쟁은 2014년과 2015년 내내 활발할 것이다.

1.5 결론

경제발전론은 전통적인 경제학과 정치경제학과 별도의 분야지만 이 두 분야의 매우 중요한 연장선 위에 있다. 효율적 자원배분과 시간의 흐름에 따른 총산출량의 꾸준한 증가에도 필연적으로 관심을 갖는 반면, 경제발전론은 개발도상국에 있는 대다수 가난한 사람의 생활수준을 급속히 대규모로 개선하는 데 필요한 경제적, 사회적, 제도적 메커니즘에 일차적으로 초점을 맞춘다. 결과적으로, 경제발전론은 매우 짧은 시간에 전체 사회의 주요 경제적, 제도적, 사회적 전환에 영향을 미치기 위해 고안된 적절한 공공정책의 형성에 관심을 가져야 한다.

사회과학으로서 경제학은 사람들과 사람들이 자신의 완전한 인간 잠재력을 실현하는 것을 돕기 위해 그들에게 물질적 수단을 어떻게 최선으로 제공할 수 있는지에 관심을 갖는다. 그러나 무엇이 훌륭한 삶을 구성하는지는 영구적인 의문이며, 따라서 경제학은 필연적으로 가치

와 가치판단을 포함한다. 발전의 촉진에 매우 관심을 갖는다는 것은 선(발전)과 악(저개발)에 대한 내재적인 가치판단을 나타낸다. 그러나 발전은 사람마다 다른 것을 의미할 수 있다. 따라서 발전의 성격과 특성 및 발전에 부여된 의미는 주의 깊게 구분되어야 한다. 이는 1.3절에서 이미 행해졌고, 이 책 전체에 걸쳐 이러한 정의는 계속 탐구될 것이다.

모든 사회의 중심적인 경제 문제에는 무엇을, 어디에서, 어떻게, 얼마만큼, 누구를 위해 재화와 서비스가 생산되어야 하는가와 같은 전통적인 질문들이 포함된다. 그러나 그것들에는 또한 누가 실제로 경제의사결정을 내리거나 또는 영향을 미치고, 누구의 주된 편익을 위해 이러한 의사결정이 내려지는지에 대한 국가 수준에서의 근본적인 질문들도 포함된다. 마지막으로, 국제 수준에서는 어떤 나라와 국가 내의 어떤 강력한 그룹들이 기술, 정보, 금융의 통제, 전달, 그리고 사용에 관해 가장 큰 영향력을 행사하는지에 대한 질문을 고려하는 것이 필요하다. 더욱이, 그들은 이러한 권한을 누구를 위해 행사할 것인가?

발전 문제에 대한 어떠한 현실적인 분석에서도 소득, 가격, 저축률 같이 순수한 경제변수들에 토지제도 정리의 성격, 사회와 계급 계층화의 영향, 신용, 교육 그리고 보건제도의 구조, 정부 관료체제의 조직과 동기부여, 행정기구, 근로, 여가, 그리고 자기개선에 대한 국민의식의 성격 그리고 정치 및 경제 엘리트의 가치, 역할 및 태도를 포함하는 똑같이 관련이 있는 제도적 비경제요소를 보충하는 것이 필연적이다. 경제학자들과 기타 정책조언자들이 경제를 경제 및 비경제적 요인이 때로는 스스로를 강제시키고 또 어떤 때에는 서로 모순되는 방식으로 계속해서 상호작용을 하는 상호 의존적인 사회체제로 간주하는 것을 소홀히 했기 때문에 농업 산출량을 증가시키고 고용을 창출하며, 빈곤을 박멸하려는 경제발전전략은 과거에 종종 실패하였다. 곧 알게 되겠지만, 저개발이 많은 개별적인 시장실패를 반영하지만, 이러한 실패는 종종 개별적인 합보다 더 크게 더해져 나라를 빈곤함정에 계속 빠뜨리도록 결합된다. 정부는 경제를 더 나은 균형으로 이동시키는 데 있어 핵심적인 역할을 할 수 있으며, 특히 동아시아의 많은 국가에서 정부는 그와 같은 역할을 했던 바 있다. 그러나 너무나 빈번하게 정부 그 자체는 나쁜 균형의 한 부분 또는 한 무리가 된다.

밀레니엄개발목표를 달성하는 것은 지속 가능하고 정의로운 발전으로의 긴 여행에 중요한 이정표일 것이다. 비록 상당한 진전이 있었으나 많은 잠정적인 세부목표는 스케줄에 따라 달성될 가능성이 없으며, 또한 세부목표에 모든 발전의 결정적으로 중요한 목적이 포함되지도 않는다. 2015년 이후 밀레니엄개발목표의 차세대 계획으로 부각되는 지속 가능한 발전 목표(SDG)는 극단적 빈곤의 완전 퇴치를 포함하면서 더욱 야심 찬 계획이 될 것이다.

몇몇 나라는 크고 나머지 나라는 작으며, 몇몇 나라는 자원이 풍부하고 나머지 나라는 자원이 빈약하며, 몇몇 나라는 생계경제이고 나머지 나라는 현대적 제조 업재화의 수출국이며, 몇몇 나라는 민간부문 지향적이고, 나머지 나라는 상당 부분 정부에 의해 운영되는 등 개발도상국의 엄청난 다양성에도 불구하고, 대부분의 나라들은 자신의 저개발을 정의하는 공통 문제들을 공유한다. 이러한 개발도상국의 다양한 구조와 공통특성은 제2장에서 논의될 것이다.

1970년대의 석유가격 충격, 1980년대의 외채위기, 그리고 경제의 세계화, 경제불균형과 금융위기, 지구온난화, 그리고 국제테러리즘에 관한 21세기의 우려 등은 국제사회체제의 모든 나라와 모든 사람들의 상호 의존성이 커짐을 강조하고 있다. 카라카스, 카라치, 카이로, 콜카타에서의 삶에 발생한 일은 어떤 형태로든 뉴욕, 런던, 도쿄의 삶에 중요한 시사점을 가진다. 언젠가 '미국이 재채기를 하면, 세계는 폐렴에 걸린다'는 말이 있었다. 21세기에 보다 어울리는 표현은 아마도 '세계는 인체와 같다. 만약 한 부분이 아프면, 나머지 부분이 이를 느낄 것이다. 만약 많은 부분이 아프면, 전체가 고통을 겪을 것이다'일 것이다.

개발도상국들은 세계유기체의 이러한 '많은 부분'을 구성한다. 따라서 그 미래 발전의 성격과 특성은 정치적, 이념적, 또는 경제적 성향과 관계없이 모든 나라의 주요 관심사이다. 하나는 소수의 부자를 위한, 그리고 다른 하나는 바로 많은 가난한 사람을 위한, 두 종류의 미래는 더 이상 존재할 수 없다. 시인의 말을 빌리자면, "오로지 하나의 미래가 있거나, 아니면 미래는 전혀 없을 것이다."

보다 의미 있는 발전을 위한
투쟁의 진전 : 브라질

브라질은 발전의 양면성을 갖고 있다. 세계적으로 경쟁력을 갖고 있는 산업이 정체되고 보호를 받는 부문과 공존하는가 하면, 현대적 농업이 저생산성 전통적 관행과 공존한다. 그러나 브라질은 불균등과 채워지지 않는 잠재력과 종종 동의어로 간주되는 나라의 영구적인 변환을 예고할지도 모르는 경제발전 분출의 한가운데에 있다. 경제성장이 복귀하였고, 건강과 교육이 눈에 띄게 개선되었으며, 국가의 민주화가 내구력이 있고 세계에서 가장 높은 수준의 불균등이 오랜 기간 끝에 드디어 감소하기 시작했다. 그러나 브라질에서 진정한 발전의 달성은 아직도 갈 길이 멀다.

많은 브라질 사람들이 발전의 균등치 못한 속도에 좌절해 왔으며, '브라질은 미래의 나라이다. 그리고 항상 미래의 나라일 것이다'와 같은 자기비하 농담을 하는 것으로 알려져 있다. 브라질은 심지어 '발전 없는 성장'을 경험했던 나라의 예로 인용되어 왔다. 그러나 엄청난 불균등에도 불구하고 브라질은 경제 및 사회적 진보를 이루었다. 극단적으로 높은 수준의 경제적 불균등과 사회분열(social division)은 브라질에서의 더 이상의 발전에 심각한 위협을 주고 있다. 그러나 브라질이 그 불균등의 유산을 극복하고 그 결과 선진국 대열에 합류할 수 있을 것이라고 희망하는 이유가 늘어나고 있다.

국영기업이 더 큰 역할을 하고, 훨씬 낮은 수준의 교육 및 기타 사회적 지출을 하며, 훨씬 높은 수준의 인플레이션을 갖고 있음에도 불구하고, 부분적으로 1960년대부터 1980년대 초까지의 그 성장 성과가 적어도 동아시아의 수출정책을 통해 성과를 보인 몇몇 필적할 만한 나라에 견줄 만큼 남미에서 최고였기 때문에 브라질은 특별한 관심을 끈다.

남미에서 가장 크고 가장 인구가 많은 나라이기 때문에 브라질의 성과는 개발도상국에서 광범위한 관심의 대상이 되고 있다. 약 2억 명의 인구가 있는 브라질은 세계에서 면적과 인구 모두 다섯 번째로 큰 나라이다. 브라질은 남미와 카리브 해 지역의 선두 국가로서 그 역할을 굳건히 하고 있는 바, 금융위기 이후를 다루며 세계 경제를 이끄는 G20의 핵심 회원국이며, 좀 더 공정한 국제무역규칙을 요구하는 개발도상국 그룹 중 한 나라이다. 브라질은 신흥시장(emerging markets)의 금융 분석가에 의해 'BRICs'(브라질, 러시아, 인도, 중국)로 지칭되는 영향력 있는 네 국가 중 한 나라이기도 하다.

20년이 넘는 군부지배가 1985년 브라질에서 종료되었지만, 진행 중인 채무위기, 수년간의 정체된 소득, 그리고 극단적으로 높은 인플레이션이 뒤를 이었다. 브라질은 인플레이션을 줄이기 위한 강력한 정책을 채택하였으며, 그 후 소득은 계속하여 정체되었다. 1980년대와 1990년대는 발전의 '잃어버린 10년'이라고 서술되었다. 따라서 특히 약 2004년 이래 매우 뚜렷한 진보의 최근 조짐은 많은 브라질 사람들에게 안도와 함께 열광적인 환영을 받고 있다. 나라가 정치적으로 중도 좌파와 중도 우파로 나뉘어 있지만, 적극적인 빈곤감소 프로그램으로부터 상대적으로 정통 금융정책에 이르는 다양한 범위에서 공평하고 지속적인 성장에 필요하다고 합의된 정책에 관해 놀라울 정도의 수렴이 이

루어졌다. 부분적으로는 콩(soybean)과 철강을 포함한 중국으로의 상품 수출 덕분에 경제는 호황을 누리고 있다. 한 가지 끊임없이 제기되는 우려는 만약 최근 몇 년 동안 훨씬 높아진 상품가격이 그 최장기 추세로 되돌아가 하락하더라도 경제가 계속해서 급속히 성장할 수 있는지 여부이다(제12장 참조).

그러나 생각보다 빠른 현재의 회복된 성장에도 불구하고, 브라질 발전의 기타 지표들은 뒤처지고 있으며 궁극적으로는 성장전망을 어둡게 하고 있다. 중앙아메리카 국가들보다 훨씬 높은 소득과 내전에 의한 파괴를 모면함으로써 얻는 혜택으로 인해, 브라질은 극단적인 빈곤과 싸우고 경제적 형평성과 사회지표를 개선할 훨씬 유리한 입장에 놓여 있었던 것처럼 보인다. 그 대신 중상위소득국에서 기대되는 것보다 훨씬 높은 비율의 인구가 빈곤에 처해 있음을 계속하여 목격하고 있고, 최근 약간의 개선에도 불구하고 브라질은 세계에서 불균등 수준이 가장 높은 나라 중 하나로 남아 있다. 그렇다면 브라질의 발전 성과는 어떻게 평가되어야 하며 미래의 우선사항은 어떻게 선택되어야 할까?

소득과 성장

성장은 비록 충분하지는 않지만 발전의 달성에 일반적으로 필요하다. 2011년 브라질의 1인당 소득은 11,000달러였다. 미국 평균소득의 약 1/4 수준이지만 아이티 평균소득의 9배에 달한다(세계은행 자료).

성장은 불규칙적이었던 바, 시간이 흐름에 따라 상당한 상하변동이 있었다. 1인당 국내총생산(GDP) 데이터는 1965~1990년 기간 동안의 증가율이 1.4%였으며, 1990~2000년 기간 동안의 증가율은 1.5%였음을 나타내는데, 이는 상당한 안정성을 시사하는 것처럼 보인다. 그러나 전자의 수치는 1967년부터 1980년까지의 호황기간과 브라질의 '발전의 잃어버린 10년'인 1980년대를 합한 것이다. 그럼에도 불구하고, 이 기간까지의 성과는 대부분의 다른 남미국가들보다 여전히 더 괜찮았다. 그리고 2000~2011년 기간 동안 1인당 연간증가율은 2.8%로 상승하였다(세계은

행 자료). 그러나 2010년 7%의 정점에서 2012년 말까지 거의 정체 수준까지 둔화되고 큰 변동이 지속되었다.

브라질은 초기 형성 단계의 대만, 한국과 여러 면에서 필적할 만한 국내산업을 보호하고 제조업 수출을 위한 인센티브를 강조하는 수출정책을 갖고 있었다(제12장 참조). 1980년대의 잃어버린 10년 동안 크게 감소했지만, 브라질의 총수출에서 제조업 수출이 차지하는 비율은 눈부시게 증가하여 1980년에 57%에 도달하였다. 수출비율은 다시 증가하여 2000년에 58%로 새로운 정점에 이르렀지만 이후 2008년 45%로 지속적으로 하락하였으며 2011년까지 이 수치는 34%로 하락하였다(세계은행 자료). 이 감소의 일부는 상품가격의 상승이 반영된 결과지만 브라질 경제의 취약성(제12장 참조)을 증가시키는 뚜렷한 반전이었다. 브라질은 높은 상품가격의 행운을 행동의 자극제로 반응할 것인지 아니면 안주의 구실로 반응할 것인지 결정해야 할 것이다.

과다채무국(제13장 참조)으로서의 브라질의 오래된 지위는 인프라와 지속적인 문제를 발생시킴으로써 성장 성과에 상당한 걸림돌이었다. 그러나 최근 산업기술무역정책(Industrial, Technological and Foreign Trade Policy, PITCE)이 브라질 산업의 질과 경쟁력을 승격하기 위해 활발히 작용하고 있다.

높은 수준, 높은 증가율의 세금 또한 공식부문의 고용증가를 둔화시켰을 수 있다. 전반적인 세금부담은 1993년부터 2004년까지의 10년 동안 국민총소득의 약 25%로부터 거의 40%로 증가하였다. 급여세도 높은 수준인데, 현재 브라질 경제활동인구의 거의 절반이 세금을 회피할 수 있는(그리고 노동권과 규제가 회피되는) 비공식부문에서 일하고 있다.

그러나 하우스만, 로드릭, 벨라스코(Ricardo Hausmann, Dani Rodrik, Andrés Velasco)는 브라질은 생산적인 투자 아이디어가 부족하지 않으며, 투자를 방해하는 요소인 정부의 행태에 대한 우려도 없다고 주장한다. 경제성장을 가장 속박하는 제약조건들을 확인하기 위한 자신들의 의사결

정분지도체계(decision tree framework)를 사용하여(제4장 참조), 하우스만, 로드릭, 벨라스코는 브라질은 투자에 대한 높은 수익을 갖고 있으며, 합리적인 이자율로 그 생산적인 기회에 자금을 융통하기 위한 저축의 부족에 의해 매우 제한을 받고 있다고 주장한다. 국내저축을 증가시키는 데 있어서, 하우스만은 '과다차용, 과다세금부과, 또는 과소투자하지 않는 금융적으로 실행 가능한 상태 창출'의 중요성을 강조하였다.

기술이전은 급속한 경제성장에 결정적으로 중요한데, 국제적으로 경쟁하고 선진국을 추격하기 시작하도록 한다. 브라질은 주목할 만한 진전을 이루었다. 이 나라는 농업연구와 감귤(citrus), 콩(soybean) 같은 상업적으로 성공한 수출작물의 확대에 앞선 것으로 간주된다. 1980년대에 컴퓨터산업을 보호하려는 재난을 가져온 시도를 포기한 이후, 브라질은 인도에서도 보이는 바와 같이 소프트웨어산업의 확대에 눈을 돌리기 시작하였다. 그러나 브라질은 동아시아 국가들이 가진 정도까지 기술을 흡수하지 못하고 있다.

사회지표

브라질의 인간개발 통계는 선진공업국은 제외하더라도 코스타리카 같은 많은 다른 중위소득국가와 꽤 소수의 저소득국가와 바람직하지 못하게 비교된다. 2007년 현재 브라질은 유엔개발프로그램의 2013년 인간개발지수(제2장에서 설명됨)에 그 소득에 의해 예측되는 것보다 여덟 자리 낮은 85번째 순위를 보이고 있다.

브라질의 2011년 출생 시 기대수명은 73세로, 81세인 한국과 비교된다. 브라질의 5세 미만 사망률은 1,000명의 출생자당 16명인데, 1,000명당 36명이었던 2010년에 비해 상당히 개선된 것이지만 비슷한 소득수준인 코스타리카의 10명과 한국의 단지 5명과 비교된다(세계은행 자료). 그러나 브라질에서는 5세 미만 모든 어린이의 약 7%가 여전히 영양실조로 고통을 받고 있다(세계은행 자료).

브라질은 세계은행 연구와 국제노동기구(ILO)의 보고서가 강조한 바와 같이 그 소득수준에 비추어볼 때 어린이 노동이 높은 발생률을 보이고 있다. 국가가 공식적으로 어린이 노동의 박멸을 우선순위에 올렸음에도 불구하고, 브라질에서는 많게는 700만 명의 어린이들이 아직도 일하고 있다. (어린이 노동 문제와 적절한 어린이 노동정책에 관한 분석은 제8장을 참조하라.) 교육 영역에서는 브라질의 공식적으로 보고된 성인 문자해독률은 현재 90%로 증가한 반면(독립적인 관찰자들은 브라질의 유효한 성인 문자해독률이 50% 미만이라고 결론을 내렸다), 비슷한 소득수준인 코스타리카의 해당 수치는 96%이다. 코스타리카에서는 6년의 학교출석이 의무이며, 99%의 출석률이 보고되고 있다는 사실이 이러한 차이를 설명하는 데 도움이 된다.

UNDP는 아래와 같이 결론을 내렸다.

> 사회적 지출의 불균등한 배분이 의심할 바 없이 불균등과 따라서 빈곤이 유지되는 데 있어서의 주요 요소이다. … 상당한 혜택이 중간계층과 부유층에게 돌아간다. 가장 가난한 첫 번째 오분위에 속하는 인구의 1/3 가까운 사람들이 초등학교에 다니지 않는다. 그러나 가장 첨예한 차이는 중등 및 고등 교육에서 나타난다. 가장 가난한 첫 번째와 두 번째 오분위에 속하는 인구의 90% 이상이 중·고등학교에 다니지 않으며, 사실상 아무도 대학에 진학하지 않는다. 오직 초등학교만 결국 상대적으로 가난한 사람을 대상으로 하고 있는데, 이는 정부가 목표에 자원을 투입하는 데 성공하기 때문이 아니라 부유한 가계는 자신의 자녀를 사립학교에 보내기 때문이다. 중·고등학교와 대학교에 대한 공공지출은 전혀 가난한 사람을 대상으로 하고 있지 않다. 대학원생에게 주로 주어지는 장학금의 경우, 돈의 4/5는 인구의 가장 부유한 오분위에게 돌아간다.

실제로, 대학원생은 물론 대부분이 고소득자인 대학생에게 등록금 면제를 제공하는 공립대학교의 경우 그 왜곡은 더욱 심하다. 게다가 부패와 낭비가 정부지출의 효력을 제한한다. 그리고 가난한 지역 초등학교의 질은 낮은 채로 남아 있다.

따라서 브라질에서 빈곤의 지속은 의심할 바 없이 부분

적으로는 동아시아 또는 브라질의 잠재력과 비교하여 썩 좋지 않은 성장 때문이지만, 가장 중요한 설명은 불공평한 사회적 지출에 의해 악화된 매우 집중된 소득분배이다.

발전은 건강하고, 기술이 있으며, 안정적인 노동력에 좌우된다. 궁극적으로, 건강, 교육, 그리고 공동체 발전의 더딘 향상은 낮은 성장률로 되돌아올 수 있는 바, 이는 브라질의 발전을 괴롭혔던 과정이다. 희망적인 조짐은 현재 브라질에서 자유언론, 강력해진 기본권, 매우 활동적이지만 평화로운 정치적 경쟁이 담당하는 역할이다. 이러한 요인들은 센의 분석에서 확대된 역량의 전조가 될 수 있다.

빈곤

아마도 가장 중요한 사회지표는 국민들의 극단적 빈곤의 정도이다. 빈곤은 중상위소득국가에 비추어볼 때 브라질의 경우 매우 높은 수준이다. 진전이 이루어졌던 바, 세계은행의 연구는 브라질의 1인당 평균소득은 1960년부터 1980년까지의 고성장 기간 동안 220% 증가하였으며, 같은 기간 동안 인구에서 가난한 사람이 차지하는 비중은 34% 감소했음을 밝혔다. 반면에, 비슷한 크기의 인도네시아는 1971년부터 1987년까지 108% 증가하였으며, 빈곤발생은 42% 감소하였다. 그런데 빈곤에 관해 득을 본 근거의 일부가 뒤이은 1980년대와 1990년대에 브라질에서 상실되었다. 세계은행의 추정치에 따르면, 2009년 브라질 인구의 약 10.8%가 하루 2달러 미만으로 살고 있다. 그리고 6.1%는 실제로 하루 1달러 미만의 소득으로 스리랑카 같은 일부 저소득국가보다도 못한 극단적인 빈곤 속에 살고 있다(World Bank, *2013 World Development Indicators*). 그러나 이는 실제로 과소추정치일 수 있다. 유엔개발프로그램에 의해 인용된 브라질 정부연구소에 따르면, 브라질 사람의 더욱더 충격적인 15%가 하루 1달러 미만의 소득을 벌고 있다는 것이다. 그러나 빈곤은 현재 감소하고 있으며, 최근의 가족수당(볼사 파밀리아) 정부 프로그램은 가난한 가계가 어린이에게 예방접종을 하고 어린이를 학교에 보낸다면 그들에게 그 자원의 '조건부 현금지급'을 통해 빈곤 문제를 다룬다는 점

에서 높은 평가를 받고 있다. 이는 제8장의 사례연구 주제인 멕시코의 사회보조 프로그램(Progresa/Oportunidades)과 비슷한 프로그램이다. 폭력적인 갱이 광범위하게 영향을 미치고 있다는 점에서 물질적 안전이 브라질에서 긴급한 문제로 남아 있다는 것이 또한 언급되어야 한다. 이 문제는 빈곤하게 살고 있는 사람들에게 가장 심각한 부정적인 영향을 미칠 수 있다.

불균등

수십 년 동안 브라질의 소득(토지와 기타 자산은 물론)불균등은 세계에서 제일 나쁜 것으로 순위가 매겨졌다. 높은 불균등은 제5장에서 자세히 검토된 바와 같이 사회적 긴장을 발생시킬 뿐만 아니라 궁극적으로 성장을 방해할 수 있다. 브라질의 소득불균등 정도는 다음의 브라질 소득분배 데이터(*2013 World Development Indicators*에 보고된 2009년 설문조사 데이터)에서 보이는 바와 같이 낮은 비중의 소득이 하위 60%에게, 그리고 높은 비중이 인구의 상위 10%에 귀속되는 것에 반영된다.

인구비율	인분배율(%)
하위 10%	0.8
하위 20%	2.9
두 번째 20%(오분위)	7.1
세 번째 20%(오분위)	12.4
네 번째 20%(오분위)	19.0
상위 20%	58.6
상위 10%	42.9

이 수치들이 보여주는 바와 같이 상위 10%의 소득수령자들이 국민소득의 약 43%를 받는 반면, 하위 40%는 단지 10%만을 받는다. 최근 몇 년 동안 브라질의 불균등은 완화되었지만 이러한 수치들은 여전히 브라질의 불균등을 세계에서 가장 높은 수준으로 만들고 있다. UNDP는 높은 불균등이 높은 수준의 극단적인 빈곤과 매우 늦은 빈곤감소 속도의 이유라고 결론을 내리고 있다. 자산의 불균등 또한 높은 수준이다. 브라질의 분석가들은 일반적으로 최저임금의

최근 인상(그리고 강제시행)이 또한 불균등을 감소시켰다고 결론을 내리고 있다. 이는 많은 지방정부 근로자들이 최저임금을 받음에 따라 광범위한 영향을 미쳤다.

토지개혁

브라질에서 토지는 매우 불균등하게 분배되어 있으며, 토지개혁은 효율성과 사회적 형평성 모두의 사례이다(제9장에서 논의될 주제임). 그러나 토지개혁은 대규모 플랜테이션 소유자(fazenderos)의 정치적 힘에 의해 반복적으로 차단되었다. 이에 대응하여 '무토지운동(landless movement)' 또는 MST의 가난한 농부들은 종종 경작할 수 있으나 사용되지 않는 대규모 플랜테이션 내의 토지를 점점 더 확보하고 있는 바, 수천 세대의 가족들이 참여하고 있다. 농부들은 자신들이 농업적으로 보다 적당한 그리고 생태학적으로 덜 민감한 토지를 얻을 수 없음을 알게 되자 척박한 다우림 지역에도 또한 정착을 하였다. 이에 대응하여 정부는 토지개혁 프로그램을 시작하였지만, 현재까지의 결과는 문제의 범위와 비교하여 그리 신통치 않다.

발전의 지속 가능성

제10장에서 설명한 바와 같이, 자연환경의 가치를 떨어뜨리는 것에 의존하는 성장은 미래 소득과 사람들의 건강이 절대로 중요하게 의존하는 생태 환경을 보존하는 지속 가능한 발전과 대비가 된다. 그러나 정치적 성향과 무관하게 브라질 사람들은 단호히 삼림의 파괴를 진정한 또는 긴급한 문제로 인정하지 않는 것처럼 보인다. 브라질 아마존 지역 열대우림의 삼림벌채는 단기와 장기 발전목표 사이의 대립을 보여주며, 부자들을 위한 엄청난 불균등과 정부개입의 결과이다. 그 파괴성에도 불구하고 아마존지역에서의 경제활동은 지금은 삭감되었지만 과거에는 잘못 계획된 보조금으로부터 종종 이익을 얻었다. 보조금이 주어지는 광물채굴, 석탄을 사용하는 산업, 그리고 소 목축 같은 거창하기만 한 전시용 개발 프로젝트와 기구는 대규모로 실행되었다.

열대우림에의 정착을 장려하는 것은 정치적으로 그리 힘들지 않은 토지개혁의 대안인 것처럼 보였다. 결국은 최고의 토지가 대규모의 강력한 농부의 수중에 집중되게 되었다. 몇몇 소름 끼치는 잔혹행위가 정착민들에 의해 저질러지면서 원주민들의 권리는 무자비하게 더럽혀졌다. 생계가 위협을 받았던 고무수액 채취자 중 환경운동가와 행동주의자는 공격을 받았고 때때로 살해당했다. 그러는 사이 상태가 나쁜 많은 토지는 돌이킬 수 없을 정도로 질이 저하되었다. 많은 보조금이 현재는 취소되었으며 적어도 약간의 보호가 이루어지고 '보존지역(extractive reserves)'도 적소에 마련되었지만, 열대우림의 파괴는 반전시키기가 어렵다. 다른 열대우림에서의 삼림경영은 생태관광과 매우 높은 수준의 이윤이 발생하는 지속 가능한 과일의 수확을 유도하였다. 심각한 환경파괴 없이도 수확될 수 있는 생산물에는 섬유(fibers), 라텍스(latex), 수지(resins), 고무진(gums), 약물(medicines), 사냥감(game)이 포함된다. 그러나 이러한 생산물이 위험에 처한 토지를 대규모로 보호할 수 없음은 분명하다. 나머지 세계가 지구온난화 방지, 환경정화, 그리고 미래의 항생제 및 기타 의약품과 재화에 필요한 그 무엇으로도 대체할 수 없는 생물의 다양성을 통해 브라질의 열대우림으로부터 이익을 얻기 때문에, 국제공동체는 삼림에 거주하는 사람들에게 천연자원을 보호하고 보존하기 위해 대가를 지불하는 것 같은 그 지속을 보장하기 위해 무엇인가를 지불할 준비가 있어야만 한다. 민감한 지역 밖에서의 토지개혁을 위한 금융지원이 명백한 한 가지 방향이다.

사회통합의 문제

브라질의 빈곤에 대한 논의는 인종에 거의 관심을 기울이지 않고 있다. 그러나 브라질 인구의 약 절반이 아프리카 또는 물라토(mulatto) 유산이다. 결과적으로, 브라질은 때때로 세계에서 나이지리아 다음으로 큰 흑인국가라고 지적을 받는다. 그리고 가난한 사람의 대부분은 흑인 또는 물라토이다. 브라질에서 인종차별은 범죄지만, 지금까지 인

종차별로 인해 감옥에 간 사람은 없다. 한 추정치에 따르면, 평균적인 흑인근로자는 평균적인 백인근로자 급여의 단지 41%만을 받는다. 최악의 빈민지역(favela) 또는 판자촌 슬럼에 살고 있는 수백만 명의 브라질 사람 대부분이 흑인이다. 수십 년 동안 남동부의 개발기준에 뒤처졌던 북동부 특유의 극단적인 빈곤은 원주민과 물라토 인구를 괴롭히고 있다. 북동부는 브라질 인구의 단지 약 30%만을 갖고 있지만, 극단적으로 가난한 사람의 62%가 이 지역에 거주한다. 백인이 아닌 사람이 인구의 대다수를 구성하고 있는 주들에서조차도 정부에 참여하고 있는 흑인들은 놀랄 정도로 드물다. 대학교의 위치도 백인들의 압도적인 요구에 의해 정해진다. 약간의 진전이 이루어졌지만, 브라질은 미국의 1960년대 평등권 투쟁에 견줄 만한 더 강력한 운동을 필요로 한다. 그러나 공공연한 흑인차별법(Jim Crow laws)이 없어서 때로는 적절한 대상을 인지하기가 어렵다. 어떤 형태의 의미 있는 차별철폐조처가 문제를 극복하기 시작하는 유일한 방법일 수 있다.

결론

소수의 중동국가와 파키스탄, 가봉, 그리고 적도기니 같은 몇몇 저소득국에 더 잘 적용되는 표현인 '발전 없는 성장'이라고 덮어 감출 것이 아니라, 브라질은 동일한 크기의 사회발전 없이 약간의 경제성장을 경험했다고 말하는 것이 가장 정확할 수 있다. 그러나 지속되는 인종 간 차이, 원주민에 대한 부당한 대우, 가난한 사람의 비옥한 토지에의 접근 결여, 그 소득수준에 비추어볼 때 극단적으로 높은 불균등과 놀랄 만한 수준의 빈곤, 그리고 성장이 생태적으로 지속 가능하지 않을 것으로 판명될 것이라는 위험 등 모든 상황은 브라질이 진정한 다차원적 발전을 달성하는 것은 차치하고라도 급속한 경제성장을 재개하려 한다면 최우선사항인 환경적 지속 가능성은 물론 사회통합과 인간개발을 이루기 위한 최근의 노력을 계속해야만 할 것임을 의미한다.

브라질의 소득 측면에서의 높은 빈곤율과 빈약한 사회지표는 1980년대 초 이래 만연했던 상대적인 성장둔화로 부분적인 설명이 가능하다. 그러나 건강, 교육, 연금, 실업급여, 그리고 기타 이전지출에 대한 정부의 사회적 지출이 종종 소득분배의 상위 20%를 차지하는 부유한 사람에게 이루어졌다는 것이 그 주된 설명이라 할 수 있다. 정부정책은 종종 불균등을 완화하는 것이 아니라 악화시키는 효과를 미쳤다. 가족수당(볼사 파밀리아) 프로그램이 브라질에 상당한 영향을 미친 최근의 중요한 예외이다. 볼사 파밀리아 프로그램은 그 자녀가 학교에 다니는 것을 조건으로 가계에 소득을 이전하는데, 따라서 만성적인 빈곤에 빠진 가족에게 미래의 잠재적 높은 소득은 물론 현재의 소비를 제공한다.

2002년 11월에 보편적으로 룰라(Lula)로 알려진 좌파 노조지도자 룰라 다 실바(Luiz Inacio Lula da Silva)가 형평성 증대를 약속하는 강령을 갖고 브라질의 대통령으로 당선되었다. 이는 사회통합에 대한 희망의 부활과 함께 국가에 많은 활력을 가져왔다. 이러한 흥분이 결과를 가져올 것인지에는 의문의 여지가 남아 있다. 즉 그의 첫 번째 임기에 이를테면 빈민지역에서 약간의 개선이 이루어지고 농촌의 영양상태가 나아지는 등 성장이 약간 회복되었고 공공정책의 초점이 더욱 빈곤에 맞추어졌지만, 사회통합에 관한 진전속도는 많은 브라질 사람들에게는 실망스러울 정도로 더뎠다. 룰라는 2006년 재선되었고, 일반적인 견해는 다음 4년 동안이 성공적일 것이라는 것이었으며, 군부집권 기간 동안 투옥되어 고문을 받았던 룰라의 노동당 후계자인 호세프(Dilma Rousseff)가 2010년 대통령 선거에서 승리하여 브라질을 이끌 최초의 여성이 되었다. 그러나 2013년 상당한 소요가 발생하였고, 많은 의문이 남는다. 많은 브라질 사람들은 빈민 이웃들과 의심스러운 발전 우선사항들이었던 신경 거슬리는 빛나는 새로운 스포츠시설 간의 대비되는 모습을 발견한다. 인종분할, 물질적 안전, 환경쇠퇴, 빈곤, 불균등, 높은 대출비용, 수출의 다변화 필요성, 그리고 고수준-저효율 정부지출 등에 꾸준한 진전이 이루어질 수 있을까? 만약 그렇다면 브라질의 앞날은 밝다. ■

참고문헌

Anderson, Anthony B. "Smokestacks in the rainforest: Industrial development and deforestation in the Amazon basin." *World Development* 18 (1990): 1191–1205.

Anderson, Anthony B., ed. *Alternatives to Deforestation*. New York: Columbia University Press, 1990.

Assunção, Juliano, "Land reform and landholdings in Brazil," UNU-WIDER Research Paper No. 2006/137, November 2006.

Baer, Werner. *The Brazilian Economy: Growth and Development*. Boulder, Colo.: Rienner, 2008.

Bank Information Center. *Funding Ecological and Social Destruction: The World Bank and the IMF*. Washington, D.C.: Bank Information Center, 1990.

Bauman, Renato, and Helson C. Braga. "Export financing in the LDCs: The role of subsidies for export performance in Brazil." *World Development* 16 (1988): 821–833.

Binswanger, Hans P. "Brazilian policies that encourage deforestation in the Amazon." *World Development* 19 (1991): 821–829.

Dinsmoor, James. *Brazil: Responses to the Debt Crisis*. Washington, D.C.: Inter-American Development Bank, 1990.

Downing, Theodore E., Susanna B. Hecht, and Henry A. Pearson, eds. *Development or Destruction? The Conversion of Tropical Forest to Pasture in Latin America*. Boulder, Colo: Westview Press, 1992.

The Economist, Special Report on Brazil (November 14, 2009): http://www.economist.com/specialreports/displayStory.cfm?story_id=E1_TQRNJQRV.

Erber, Fabio Stefano. "The development of the electronics complex and government policies in Brazil." *World Development* 13 (1985): 293–310.

Fields, Gary. *Poverty Inequality and Development*. New York: Cambridge University Press, 1980.

Hausmann, Ricardo, Dani Rodrik, and Andrés Velasco. "Growth diagnostics." In *One Economics, Many Recipes: Globalization, Institutions, and Economic Growth*, by Dani Rodrik. Princeton, N.J.: Princeton University Press, 2007.

Hausmann Ricardo. "In search of the chains that hold Brazil back." October 31, 2008. http://papers.ssrn.com/sol3/papers.cfm?abstract_id=1338262.

INCRA (Brazilian agency for land reform), http://www.incra.gov.br.

Sercovich, Francisco Colman. "Brazil." *World Development* 12 (1984): 575–600.

Siddiqi, Faraaz, and Harry Anthony Patrinos. *Child Labor: Issues, Causes, and Interventions*. World Bank, n.d. http://www.worldbank.org.

United Nations Development Programme. *Human Poverty Report, 2000–2009* (annual). New York: United Nations, 2000–2009.

World Bank. *Eradicating Child Labor in Brazil*. Washington, D.C.: World Bank, 2001.

———. *Global Monitoring Report, 2007*. Washington, D.C.: World Bank, 2007. (See in particular Table A.1, p. 226.)

———. *World Development Indicators, 2010*. Washington, D.C.: World Bank, 2010.

Yusuf, Shahid. *Globalization and the Challenge for Developing Countries*. Washington, D.C.: World Bank, 2001.

주 : 브라질 지리 및 통계 협회(Instituto Brasileiro de Geografia e Estatísca, IBGE)는 세계개발지표(World Development Indicators)와 기타 국제적 출처에서 찾을 수 있는 내용을 보충하는 브라질에 관한 데이터를 제공한다. www.ibge.gov.br/english를 참조하라. 이 사례연구는 진행 중인 정책과 조건에 관한 브라질 공무원들과의 연례 상호 대화를 통해 크게 도움을 받았다.

주요 용어

가치(values)

개발도상국(developing countries)

경제발전론(development economics)

국내총생산(gross domestic product, GDP)

국민총소득(gross national income, GNI)

기능성(functionings)

밀레니엄개발목표(millennium development goals, MDGs)

발전(development)

사회체제(social system)

생계(sustenance)

생계경제(subsistence economy)

선진국(more developed countries, MDCs)

세계화(globalization)

역량(capability)

1인당 소득(income per capita)

자부심(self-esteem)

자유(freedom)

전통적인 경제학(traditional economics)

절대빈곤(absolute poverty)

정치경제학(political economy)

제도(iinstitutions)

태도(attitudes)

후진국(less developed countries)

복습문제

1. 왜 경제학은 발전 문제의 이해에서 중심에 있는가?

2. 개발도상국이라는 개념은 유용한가? 그렇다면 그 이유는, 그렇지 않다면 그 이유는 무엇인가?

3. 여러분은 경제발전론 강의로부터 무엇을 얻기를 희망하는가?

4. 이 책에 나와 있는 발전이라는 용어의 여러 정의를 간략히 서술하라. 각 접근법의 강점과 약점은 무엇인가? 여러분은 이 책에서 언급되지 않은 발전의 다른 차원이 존재한다고 생각하는가? 만약 그렇다면 그것을 서술하라. 만약 그렇지 않다면 왜 이 책의 발전에 대한 설명이 충분하다고 믿는가?

5. 왜 발전에 대한 이해가 개발도상국의 정책 공식화에 결정적으로 중요한가? 여러분은 국가가 발전의 개략적인 정의에 동의하면서 전략을 그에 맞게 바르게 세우는 것이 가능하다고 생각하는가?

6. 왜 발전의 엄밀한 경제적 정의가 부적절한가? 여러분이 이

해하기에 경제발전은 무엇을 의미하는가? 여러분은 한 나라가 경제적으로 발전하면서 여전히 저개발에 머무를 수 있는 상황의 가상의 또는 실질 사례를 제시할 수 있는가?

7. '기능하기 위한 역량(capabilities to function)'이라는 개념은 발전목표와 목표달성에 대한 통찰력을 얻는 데 어떻게 도움이 되는가? 돈이면 충분한가? 그렇다면 그 이유는, 그렇지 않다면 그 이유는 무엇인가?

8. 국제경제관계에서 밀레니엄개발목표에 그렇게 높은 관심이 주어지는 데 있어 어떤 요인들이 작용하고 있는가?

9. 브라질이 직면하고 있는 발전 문제와 그 전망의 고찰로부터 어떤 결정적으로 중요한 쟁점들이 제기되는가?

10. 극단적인 빈곤의 종식과 진정한 발전의 달성은 가능하지만 불가피하지는 않으며, 이는 경제발전론의 연구에 그 도덕 및 지적 절박함을 부여한다고 일컬어지고 있다. 이는 무엇을 의미하는가? 비평하고 평가하라.

미주

1. United Nations Delopment Programme, "The Rise of the South: Human Progress in a Diverse World," *Human Development Report 2013*. New York: United Nations Development Programme, 2003. 빈곤 그림은 세계은행에서 발췌했다.

2. 이 책 전체에 걸쳐 수록된 '가난한 사람의 목소리'란 예문의 인용문들은 대부분이 세계은행 '가난한 사람의 목소리' 웹사이트인 http://www.worldbank.org/poverty/voices/overview.htm 으로부터 발췌되었다. 목소리 프로젝트는 *Attacking Poverty*

라는 세계개발보고서(World Development Report)의 배경을 위해 착수되었고, 그 결과물은 나라얀(Deepa Narayan)이 *Can Anyone Hear Us?, Crying Out for Change, From Many Lands*라는 3권의 총서로 편집하여 세계은행을 위해 Oxford University Press에 의해 출판되었다.

3. Paul Krugman, "Toward a counter-counter-revolution in development theory," *Proceedings of the World Bank Annual Conference on Development Economics, 1992* (Washington, D.C.: World Bank, 1993), p. 15를 참조하라. 또한 Syed Nawab Haider Naqvi, "The significance of development economics," *World Development* 24 (1996): 975-987을 참조하라.

4. 경제발전론에서의 가치의 역할에 관한 고전적인 주장은 Gunnar Myrdal, *The Challenge of World Poverty* (New York: Pantheon, 1970), 제1장을 참조하라. 경제학은 '몰가치적'일 수 있다는 아이디어에 대한 보다 일반적인 비판은 Robert Heilbroner의 "Economics as a 'value-free' science," *Social Research* 40 (1973): 129-143과 *Behind the Veil of Economics* (New York: Norton, 1988)에서 찾을 수 있다. 또한 Barbara Ingham, "The meaning of development: Interactions between 'new' and 'old' ideas," *World Development* 21 (1993): 1816-1818; Paul P. Streeten, *Strategies for Human Development* (Copenhagen: Handelshøjskolens Forlag, 1994), pt. 1; Selo Soemardjan and Kenneth W. Thompson, eds., *Culture, Development, and Democracy* (New York: United Nations University Press, 1994); Mozaffar Qizilbash, "Ethical development," *World Development* 24 (1996): 1209-1221을 참조하라.

5. Soedjatmoko and Anne Elizabeth Murase, *The Primacy of Freedom in Development* (Lanham, Md.: University Press of America, 1985), p. 11.

6. Dudley Seers, "The meaning of development," paper presented at the Eleventh World Conference of the Society for International Development, New Delhi (1969), p. 3. 또한 Richard Brinkman, "Economic growth versus economic development: Toward a conceptual clarification," *Journal of Economic Issues* 29 (1995): 1171-1188; P. Jegadish Gandhi, "The concept of development: Its dialectics and dynamics," *Indian Journal of Applied Economics* 5 (1996): 283-311을 참조하라.

7. Denis Goulet, *The Cruel Choice: A New Concept in the Theory of Development* (New York: Atheneum, 1971), p. 23. 굴레 부인(Ana Maria Goulet)으로부터의 허락하에 게재되었다.

8. Amartya Sen, "Development Thinking at the Beginning of the 21st Century, " In *Economic and Social Development in the XXI Century*, Emmerij, Luis (Ed.) Inter-American Development Bank and Johns Hopkins University Press, Washington D.C. [런던경제학과 working paper로 이용 가능, Copyright Amartya Sen, http://eprints.lse.ac.uk/6711/.] 또한 Sen, *Commodities and Capabilities* (Amsterdam: Elsevier, 1985)를 참조하라. 그의 최근 저서 *The Idea of Justice*에 반영된 아이디어를 포함한 센 교수의 역량접근법에 관한 최근 생각을 반영하기 위한 이 책 제12판의 이 절을 갱신하는 데 유용한 제안을 한 알카이어와 포스터(Sabina Alkire and James Foster)에게 감사한다.

9. Amartya Sen, *Commodities and Capabilities*, p. 12.

10. Amartya Sen, *Commodities and Capabilities*, pp. 25-26; *Development as Freedom*, pp. 70-71.

11. Sen, *Commodities and Capabilities*, pp. 25-26. *Commodities and Capabilities* by Amartya Sen. Copyright © 1999 Amartya Sen. 허락하에 게재.

12. Ibid., p. 21. 센은 효용을 '욕구실현(desire fulfillment)'과 동일시한다면 '물질적 조건 무시(physical-condition neglect)'와 '가치평가 무시(valuation neglect)'라는 두 가지 결점으로 여전히 고민하게 될 것임을 지적하였다. 그는 '가치를 매기는 것이 바라는 것과 동일한 것은 아니다'라고 지적하였다. 사람이 객관적으로 도출한 물질적 조건을 단지 사람이 이를 주관적으로 중요하지 않다고 생각한다는 이유 때문에 무시하는 것은 명백히 결함이 있는 복지의 측정치를 생겨나게 한다. 포스터와 핸디(Foster and Handy)의 논문 "External Capabilities"는 *Arguments for a Better World: Essays in Honor of Amartya Sen*, eds., Kaushik Basu and Ravi Kanbur(Oxford: Oxford University Press, 2008)에 실려 있다.

13. Ibid., pp. 10-11. *Commodities and Capabilities* by Amartya Sen. Copyright © 1999 Amartya Sen. 허락하에 게재.

14. Sen, *Commodities and Capabilities*, p. 13.

14a 예를 들어 William Easterly, "The political economy of growth without development: A case study of Pakistan," in *In Search of Prosperity: Analytic Narratives on Economic Growth*, ed. Dani Rodrik (Princeton, N.J.: Princeton University Press, 2003)을 참조하라.

15. Amartya Sen, *Commodities and Capabilities*, p. 52.

16. Richard Layard, *Happiness: Lessons from a New Science* (New York: Penguin, 2005), esp. pp. 32-35와 62-70을 참조하라. 행복과 만족에 관한 데이터는 두 종류 응답의 평균을 기초로 한다. 기초가 되는 데이터와 분석에 대한 추가정보는 http://cep.lse.ac.uk/layard/ annex.pdf를 참조하라. 이 연구에 대한 몇 가지 측면의 비판은 Martin Wolf, "Why progressive taxation is not the route to happiness," *Financial Times*, June 6, 2007, p. 12를 참조하라. 데이터와 그 해석을 유용한 시각으로 정리

한 2010년까지의 문헌에 대한 우수한 논평은 Carol Graham, *Happiness around the World: The Paradox of Happy Peasants and Miserable Millionaires*, (New York: Oxford University Press, 2010)을 참조하라.

17. 부탄에서 고려되고 있는 수정된 행복지수 공식은 http://www. grossnationalhappiness.com/gnhIndex/introductionGNH. aspx를 참조하라. 공식은 제5장에서 소개되는 알카이어-포스터 다차원빈곤지수(Alkire-Foster Multidimensional Poverty Index)와 밀접하게 관련된다. 앞서의 배경은 Andrew C. Revkin, "A new measure of well-being from a happy little kingdom," *New York Times*, October 4, 2005, http://www. nytimes.com/2005/10/04/science/04happ.html을 참조하라.

18. Commission on the Measurement of Economic Performance and Social Progress, p. 16, http://www.stiglitz-sen-fitoussi.fr/ documents/rapport_anglais.pdf assessed November 12, 2010.

19. Goulet, *Cruel Choice*, pp. 87-94를 참조하라.

20. '기본욕구' 접근법에 대한 설명은 Pradip K. Ghosh, ed., *Third World Development: A Basic Needs Approach* (Westport, Conn.: Greenwood Press, 1984)를 참조하라.

21. Goulet, *Cruel Choice*, p. 124.

22. 기본욕구의 개념을 구체화하고 수량화하려는 초기의 시도는 International Labor Organization, *Employment, Growth, and Basic Needs* (Geneva: International Labor Organization, 1976) 을 참조하라. 초점을 자격과 역량이라는 관념에 맞춘 비슷한 견해는 Amartya Sen, "Development: Which way now?" *Economic Journal* 93 (1983): 754-757에 실려 있다. 또한 United Nations Development Programme, *Human Development Report, 1994* (New York: Oxford University Press, 1994)를 참조하라.

23. Goulet, *Cruel Choice*, p. 90. 남미 발전 맥락에서의 개인적 자부심과 존중의 의미에 대한 더욱더 도발적인 논의는 Paulo Freire, *Pedagogy of the Oppressed* (New York: Continuum, 1990)을 참조하라.

24. W. Arthur Lewis, "Is economic growth desirable?" in *The Theory of Economic Growth* (London: Allen & Unwin, 1963), p. 420. 탁월한 개발도상국 지식인에 의한 발전에 있어서의 자유의 중요성에 대한 뛰어나고 사려 깊은 분석은 Soedjatmoko, *Primacy of Freedom*을 참조하라. 또한 Sen, Development as Freedom을 참조하라.

25. '정치자유지수'는 United Nations Development Programme, *Human Development Report, 1992* (New York: Oxford University Press, 1992), PP. 20, 26−33을 참조하라. 헤리티지재단과 월스트리트저널은 매년 '경제자유지수(Index of Economic Freedom)'를 발표하였다. '자유로움'으로부터 '억압됨'까지의 2014년 165개국 순위는 http://www.heritage.org/ index를 참조하라.

26. 자유지수가 중단된 이유에 대한 UNDP의 해설은 United Nations Development Programme, *Human Development Report, 2000*, pp. 90-93, esp. box 5.2, at http://hdr.undp. org/docs/statistics/understanding/resources/HDR2000_ 5_2_freedom_indices.pdf를 참조하라.

27. United Nations Development Programme, *Human Development Report, 2003—Millennium Development Goals: A Compact among Nations to End Human Poverty* (New York: Oxford University Press, 2003), 또한 http://hdr. undp.org/reports/global/2003에서 이용 가능하다.

28. 유엔은 밀레니엄개발목표의 달성을 향한 성과와 난제에 대한 연차보고서를 발행하였다. 이 절에서 많이 발췌한 2006년과 2009년 보고서는 http://mdgs.un.org에서도 볼 수 있다. 세계은행도 밀레니엄개발목표에 관한 세계모니터링보고서(Global Monitoring Report)를 발행하였다. 2010년 보고서는 세계 경제위기가 빈곤 감소, 기아, 어린이 및 산모 건강, 깨끗한 물에의 접근, 질병 통제의 진전을 둔화시켰고, 2015년 넘어서도 영향을 미칠 것으로 예상된다고 밝혔다. http://web.worldbank.org의 *Global Monitoring Report 2010: The MDGs after the Crisis*, January 1, 2010을 참조하라. Report of the Secretary-General, *Keeping the Promise: A Forward-Looking Review to Promote an Agreed Action Agenda to Achieve the Millennium Development Goals by 2015*, February 12, 2010 http://www.un.org/ga/search/ view_doc.asp?symbol=A/64/665를 참조하라.

29. 몇몇 지역에서의 여러 세부목표의 더딘 달성속도에 대한 일부 실망에도 불구하고, 밀레니엄개발목표에 관한 진전을 검토하기 위한 2010년 10월 유엔정상회의는 세계의 관심을 모으는 장소와 개발성공의 측정자로서의 그 역할을 강조하였다.

30. Jan Vandemoortele, "Can the MDGs foster a new partnership for pro-poor policies?" in *NGOs and the Millennium Development Goals: Citizen Action to Reduce Poverty*, eds. Jennifer Brinkerhoff, Stephen C. Smith, and Hildy Teegen (New York: Palgrave Macmillan, 2007)을 참조하라. Sabina Alkire with James Foster, "The MDGs: Multidimensionality and Interconnection," at www.ophi.org.uk/wp-content/uploads/ OPHI-RP-8a.pdf.

31. High-Level Panel of Eminent Persons on the Post-2015 Development Agenda, *A New Global Patnership: Eradicate Poverty and Transform Economies Through Sustainable Development: The Report of the High-Level Panel of Eminent Persons on the Post-2015 Development Agenda*, May 30, 2013, http://www.post2015hlp.org/featured/high-level-panel-release- recommendations-for-worlds-next-development-agenda.

2

상대적 경제발전

유럽의 열강들에 의해 과거 500년 동안 식민지가 되었던 나라 중에서 1500년에 상대적으로 부유했던 나라들은 현재 상대적으로 가난하다. … 이러한 반전은 유럽의 식민주의로부터 비롯된 제도의 변화를 반영한다.

— 대런 애서모글루(Daron Acemoglu), 사이먼 존슨(Simon Johnson),
제임스 로빈슨(James A. Robinson)의 논문, 2002년

개발도상국의 부상하는 힘은 이미 혁신적 사회 및 경제정책의 원천이며, 주된 무역과 투자, 그리고 점증적으로 다른 개발도상국을 위한 발전의 협력 당사자가 되었다.

— 헬렌 클라크(Helen Clark), 2012 발전프로그램 행정관

발전세계는 최근 상당한 경제발전의 진전을 이루었다. 그러나 세계 경제의 가장 현저한 특징은 극단적인 대비이다. 미국의 근로자 1인당 산출량은 인도보다 약 10배나 높으며 콩고민주공화국보다는 50배 이상 높다.[1] 2011년 현재 미국의 1인당 실질소득은 48,820달러이고, 인도는 3,640달러이며, 콩고민주공화국은 340달러이다.[2] 만약 세계가 한 나라라면, 그 소득은 나미비아를 제외한 모든 나라보다 더 불균등하게 분배될 것이다.[3] 복지의 측정치에도 또한 엄청난 갭이 존재한다. 기대수명은 미국이 79세이고 인도가 65세이며 콩고민주공화국은 단지 48세이다. 영양실조의 만연은 미국에서는 3% 미만이지만, 인도에서는 43%이고 콩고민주공화국에서는 24%이다. 미국에서는 거의 모든 여성이 문자를 읽을 줄 아는 반면, 인도에서는 단지 51%, 콩고민주공화국에서는 57%가 문자를 읽을 수 있다.[4] 어떻게 이렇게 큰 차이가 발생하였는가? 오늘날의 세계에서 너무나 많은 지식과 함께 사람, 정보, 그리고 재화와 서비스의 이동이 너무 빠르고 상대적으로 비싸지 않은 상황에서 어떻게 그렇게 큰 갭이 지속되고 심지어 확대되었는가? 왜 일부 개발도상국은 이러한 갭을 줄이는 데 매우 큰 진전을 이룬 반면, 다른 개발도상국들은 거의 진전을 이루지 못했는가?

이 장에서는 상대적 경제발전에 대한 연구를 소개한다. 국가 간의 정량적인 비교가 가능하도록 개발도상국을 정의하고 발전이 어떻게 측정되는지를 설명함으로써 시작하기로 한다. 평균소득은 국가의 경제발전 수준을 정의하는 단지 하나의 요소일 뿐이다. 이는 제1장의 발전의 의미에 대한 논의에 비추어 볼 때 예상되었던 것이다.

다음에 선진국과 비교하여 개발도상국이 평균적으로 갖고 있는 경향이 있는 열 가지 중요한 공통특징을 고려하기로 한다. 각각의 경우, 개발도상국의 평균 뒤에는 이러한 모든 차원에서 개발정책에 음미하고 고려해야 하는 매우 큰 차이가 있다는 것을 또한 발견하게 된다. 이러한 분야는 다음과 같다.

1. 낮은 생활수준과 생산성
2. 낮은 수준의 인적자본
3. 높은 수준의 불균등과 절대빈곤
4. 높은 인구증가율
5. 높은 수준의 사회분절(social fractionalization)
6. 많은 농촌인구와 급속한 이촌향도 이주
7. 낮은 수준의 산업화
8. 불리한 지리적 여건
9. 저개발 상태의 금융 및 기타 시장
10. 빈약한 제도와 종종 대외종속 같은 오래 남아 있는 식민지 영향

이러한 난제들의 조합과 심각성이 대체로 개발도상국의 발전에 대한 제약과 정책의 우선순위를 설정한다.

개발도상국들의 이러한 공통성과 차이를 검토한 후, 더욱 나아가 오늘날 개발도상국의 여건과 현재 선진국의 발전 초기 단계의 여건 사이의 핵심적인 차이를 고려할 것이며, 개발도상국과 선진국이 현재 그 발전 수준에 있어 수렴하고 있는지에 대한 논쟁을 살펴보기로 한다.

그 뒤 그러한 불균등한 세계가 어떻게 나타났으며 어떻게 그렇게 지속적으로 불균등하게 남아 있는지를 더욱 분명하게 하기 위해 상대적 경제발전에 관한 최근의 학문을 인용하며, 최근 개발도상국 상당한 부분에서의 급속한 발전을 뒷받침하는 긍정적인 요소들에 약간 초점을 맞출 것이다. 식민주의가 경제발전의 기회를 제한하거나 활성화할 수 있는 '경제게임의 규칙'을 설정하는 제도의 형체를 이루는 데 주요한 역할을 했음이 꽤 분명해졌다. 국가의 불균등 수준 같은 상대적인 발전에 있어서의 다른 요소들도 고찰할 것이다. 그렇게 많은 개발도상국들이 경제발전을 달성하는 데 있어서 그러한 어려움을 갖게 되는 이유를 알아볼 것이며 또한 심지어 오늘날의 최빈국들조차도 장애물을 극복하고 급속한 발전을 조장하기 위해 무엇이 이루어질 수 있는지에 대한 일부 윤곽을 살펴보기 시작할 것이다.

이 장은 방글라데시와 파키스탄의 비교사례 연구로 마친다.

2.1 개발도상국의 정의

개발도상국을 정의하는 가장 일반적인 방법은 1인당 소득에 의한 것이다. 경제협력개발기구(OECD)와 유엔(UN)을 포함하는 여러 국제기구들이 그 경제 상태에 의해 개발도상국을 분류하지만, 가장 잘 알려진 분류체계는 보다 일반적으로 **세계은행**(World Bank, 〈예문 13.2〉에

세계은행
개발도상국에게 이자가 붙는 대출금, 보조금, 기술원조의 형태로 개발기금을 제공하는 '국제금융기관'으로 알려진 기구

서 상세히 검토된다)이라 알려진 국제부흥개발은행(International Bank for Reconstruction and Development, IBRD)의 분류체계다. 세계은행의 분류체계에서는 적어도 3만 명 이상의 인구를 가진 210개국을 1인당 국민총소득(GNI)의 수준에 의해 순위를 매긴다. 이 나라들은 그 뒤 **저소득국가**(low-income countries, LIC), **중하위소득국가**(lower-middle-income countries, LMC), 중상위소득국가(upper-middle-income countries, UMC), 고소득 OECD 국가(high-income OECD countries), 기타 고소득국가로 분류된다[흔히 중하위소득국가와 중상위소득국가가 비공식적으로 **중위소득국가**(middle-income countries)로 묶인다].

몇 가지 중요한 예외가 있지만, 개발도상국은 저소득, 중하위소득, 또는 중상위소득을 가진 나라들이다. 이 나라들이 〈표 2.1〉에 지리적 인접성에 의해 그룹으로 묶여 있으며, 이를 보다 쉽게 확인하기 위해 〈그림 2.1〉의 지도에 표시되어 있다. 이러한 집단화의 가장 일반적인 구분기준은 세계은행이 사용하는 기준에 의한 것이다. 즉 저소득국가는 2011년에 1,025달러 이하의 1인당 국민총소득을 가진 나라로 정의된다. 중하위소득국가는 1,026~4,035달러 사이의 소득을 갖고 있다. 중상위소득국가는 4,036~12,475달러 사이의 소득을 갖고 있다. 그리고 고소득국가는 12,476달러 이상의 소득을 갖고 있다. 여러 나라들의 소득 비교는 〈그림 2.2〉에 그려져 있다.

〈표 2.1〉에서 '기타 고소득국가'로 묶인 몇몇 나라는 이것이 자국 정부의 공식적인 입장일 경우 때때로 개발도상국으로 분류된다. 더욱이, 1~2개의 매우 발전된 수출부문을 갖고 있지만, 인구의 상당 부분이 나라의 소득수준에 비해 상대적으로 교육을 받지 못했거나 건강이 불량한 상태에 있는 고소득국가는 여전히 개발도상국으로 간주될 수 있다. 예를 들면 사우디아라비아, 아랍에미리트 같은 석유수출국이 포함될 수 있다. 중상소득국가에도 발전 문제들이 남아 있는 몇몇 관광에 의존하는 섬나라들이 포함되어 있다. 특히 포르투갈과 그리스 같은 고소득 OECD 국가의 일부조차도 적어도 최근까지 개발도상국으로 간주되었다. 그럴더라도 개발도상국을 사하라이남 아프리카, 북아프리카와 중동, (일본과 보다 최근에 한국, 그리고 아마도 둘 또는 세 고소득국가를 제외한) 아시아, 남미와 카리브 해, 그리고 구소련을 포함하는 동유럽과 중앙아시아의 체재이행국가로 특징 짓는 것은 유용한 일반화이다. 이와는 대조적으로, 고소득 OECD의 핵심을 포함하는 선진국은 서유럽, 북미, 일본, 호주, 뉴질랜드로 구성된다.

때때로 중상위소득국가 또는 거의 고소득국가 중 상대적으로 발전된 제조업부문을 보유한 일부 나라들을 지정하기 위해 **신흥공업국**(newly industrializing countries, NIC)이라는 특별한 구분이 이루어지기도 한다. 개발도상국을 분류하는 또 다른 방법은 국제채무액에 의한 것이다. 즉 세계은행은 국가를 고채무(severely indebted), 중채무(moderately indebted), 저채무(less indebted)로 분류한다. 유엔개발프로그램(UNDP)은 건강 및 교육 수준을 포함하는 인간개발 수준에 따라 국가를 저(low), 중(medium), 고(high), 초고(very high)로 분류한다. UNDP의 전통적 및 새로운 인간개발지수(Human Development Index, HDI)는 이 장의 후반부에서 자세히 고려될 것이다.

또 다른 널리 사용되는 분류는 **최빈국**(least developed countries)으로, 유엔은 2012년 현재 아프리카의 34개국, 아시아의 9개국, 태평양군도 5개국과 아이티를 더한 49개국을 최빈국

저소득국가
세계은행의 분류에서 2011년 기준 1인당 국민총소득이 1,025달러 미만인 나라

중위소득국가
세계은행의 분류에서 2011년 기준 1인당 GNI가 1,025~12,475달러 사이에 있는 나라

신흥공업국
상당한 동태적 공업부문을 보유하고 국제 무역, 금융, 그리고 투자제도와 밀접한 관계를 가진 상대적으로 발전된 경제발전 수준을 유지하는 나라

최빈국
저소득, 저인적자본, 그리고 높은 경제적 취약성을 가진 나라들에 대한 유엔의 지칭

표 2.1 2013년 지역 및 소득에 의한 국가 분류

국가	코드	분류	국가	코드	분류	국가	코드	분류
동아시아와 태평양 연안			**남미와 카리브 해**			부탄*†	BTN	LMC
아메리칸 사모아†	ASM	UMC	앤티가 바부다	ATG	UMC	인도	IND	LMC
캄보디아*	KHM	LIC	아르헨티나	ARG	UMC	몰디브*†	MDV	UMC
중국	CHN	UMC	벨리즈†	BLZ	LMC	네팔*†	NPL	LIC
피지†	FJI	UMC	볼리비아†	BOL	LMC	파키스탄	PAK	LMC
인도네시아	IDN	LMC	브라질	BRA	UMC	스리랑카	LKA	LMC
키리바시*†	KIR	LMC	칠레	CHL	UMC			
북한	PRK	LIC	콜롬비아	COL	UMC	**사하라이남 아프리카**		
라오스*†	LAO	LMC	코스타리카	CRI	UMC	앙골라*	AGO	UMC
말레이시아	MYS	UMC	쿠바†	CUB	UMC	베냉*	BEN	LIC
마셜제도†	MHL	LMC	도미니카†	DMA	UMC	보츠와나†	BWA	UMC
미크로네시아연방†	FSM	LMC	도미니카공화국†	DOM	UMC	부르키나파소*†	BFA	LIC
몽고†	MNG	LMC	에콰도르	ECU	UMC	부룬디*†	BDI	LIC
미얀마*	MMR	LIC	엘살바도르	SLV	LMC	카메룬	CMR	LMC
팔라우†	PLW	UMC	그레나다†	GRD	UMC	카보베르데†	CPV	LMC
파푸아뉴기니†	PNG	LMC	과테말라	GTM	LMC	중앙아프리카공화국*†	CAF	LIC
필리핀	PHL	LMC	가이아나†	GUY	LMC	차드*†	TCD	LIC
사모아*†	WSM	LMC	아이티*†	HTI	LIC	코모로*†	COM	LIC
솔로몬제도*†	SLB	LMC	온두라스	HND	LMC	콩고민주공화국*	COD	LIC
태국	THA	UMC	자메이카†	JAM	UMC	콩고공화국	COG	LMC
동티모르*†	TLS	LMC	멕시코	MEX	UMC	코트디부아르	CIV	LMC
통가†	TON	LMC	니카라과	NIC	LMC	에리트레아*	ERI	LIC
투발루	VUT	LMC	파나마	PAN	UMC	에티오피아*†	ETH	LIC
바누아투*†	TUV	LMC	파라과이†	PRY	LMC	가봉	GAB	UMC
베트남	VNM	LMC	페루	PER	UMC	감비아*	GMB	LIC
			세인트키츠 네비스†	KNA		가나	GHA	LIC
유럽과 중앙아시아			세인트루시아†	LCA		기니*	GIN	LIC
알바니아	ALB	LMC	세인트빈센트 그레나딘†	VCT		기니비사우*†	GNB	LIC
아르메니아†	ARM	LMC	수리남†	SUR		케냐	KEN	LIC
아제르바이잔†	AZE	LMC	우루과이	URY		레소토*†	LSO	LMC
벨라루스	BLR	UMC	베네수엘라	VEN		라이베리아*	LBR	LIC
보스니아 헤르체고비나	BIH	UMC				마다가스카르*	MDG	LIC
불가리아	BGR	UMC	**중동 및 북아프리카**			말라위*†	MWI	LIC
조지아	GEO	LMC	알제리	DZA	UMC	말리*†	MLI	LIC
카자흐스탄†	KAZ	UMC	지부티*	DJI	LMC	모리타니*	MRT	LIC
코소보	KSV	LMC	이집트	EGY	LMC	모리셔스†	MUS	UMC
키르기스공화국†	KGZ	LIC	이란	IRN	UMC	마요트	MYT	UMC
라트비아	LVA	UMC	이라크	IRQ	LMC	모잠비크*	MOZ	LIC
리투아니아	LTU	UMC	요르단	JOR	LMC	나미비아	NAM	UMC
마케도니아†	MKD	UMC	레바논	LBN	UMC	니제르*†	NER	LIC
몰도바†	MDA	LMC	리비아	LBY	UMC	나이지리아	NGA	LMC
몬테네그로	MNE	UMC	모로코	MAR	LMC	르완다*†	RWA	LIC
루마니아	ROU	UMC	시리아	SYR	LMC	상투메프린시페*†	STP	LMC
러시아	RUS	UMC	튀니지	TUN	LMC	세네갈*	SEN	LMC
세르비아	SRB	UMC	웨스트 뱅크와 가자	WBG	LMC	세이셸†	SYC	UMC
타지키스탄†	TJK	LIC	예멘*	YEM	LMC	시에라리온*	SLE	LIC
터키	TUR	UMC				소말리아*	SOM	LIC
투르크메니스탄†	TKM	UMC	**남아시아**			남아프리카공화국	ZAF	UMC
우크라이나	UKR	LMC	아프가니스탄*†	AFG	LIC	남수단	SSD	LIC
우즈베키스탄†	LMC	LMC	방글라데시*	BGD	LIC	수단*	SDN	LMC

표 2.1	2013년 지역 및 소득에 의한 국가 분류(계속)								
국가	코드	분류	국가	코드	분류	국가	코드	분류
스와질란드 †	SWZ	LMC	뉴질랜드	NZL		프랑스령 폴리네시아 ‡	PYF	
탄자니아*	TZA	LIC	노르웨이	NOR		그린란드	GRL	
토고*	TGO	LIC	포르투갈	PRT		괌 ‡	GUM	
우간다* †	UGA	LIC	슬로바키아공화국	SVK		홍콩	HKG	
잠비아* †	ZMB	LMC	스페인	ESP		맨섬	IMN	
짐바브웨 †	ZWE	LIC	스웨덴	SWE		이스라엘	ISR	
			스위스	CHE		쿠웨이트	KWT	
고소득 OECD 국가			영국	GBR		리히텐슈타인	LIE	
호주	AUS		미국	USA		마카오	MAC	
오스트리아	AUT					몰타	MLT	
벨기에	BEL		기타 고소득국가			모나코	MCO	
캐나다	CAN		안도라	AND		네덜란드령 앤틸리스제도 ‡	ANT	
체코공화국	CZE		앤티가바부다 ‡	ATG		뉴칼레도니아 ‡	NCL	
덴마크	DNK		아루바 ‡	ABW		북마리아나제도 ‡	MNP	
핀란드	FIN		바하마 ‡	BHS		오만	OMN	
프랑스	FRA		바레인 ‡	BHR		폴란드	POL	
독일	DEU		바베이도스 ‡	BRB		푸에르토리코 ‡	PRI	
그리스	GRC		버뮤다	BMU		카타르	QAT	
헝가리	HUN		브루나이	BRN		산마리노	SMR	
아이슬란드	ISL		케이맨제도	CYM		사우디아라비아	SAU	
아일랜드	IRL		채널제도	CHI		싱가포르	SGP	
이탈리아	ITA		크로아티아	HRV		슬로베니아	SVN	
일본	JPN		키프로스	CYP		대만	TWN	
한국	KOR		에스토니아	EST		트리니다드토바고 ‡	TTO	
룩셈부르크	LUX		적도기니*	GNQ		아랍에미리트	ARE	
네덜란드	NLD		페로스제도	FRO				

* 최빈국
† 내륙개발도상국
‡ 소규모 도서개발도상국

출처 : World Bank, *World Development Indicators*, 2013 (Washington, D.C.: World Bank, 2013) and WDI online; United Nations; and http://www.iso.org.

이라 지정하였다. 여기에 포함되기 위해서 각 나라는 저소득, 저**인적자본**(human capital), 그리고 높은 경제적 취약성(vulnerability)이라는 세 가지 기준을 충족해야 한다. 기타 특별한 유엔의 분류에는 내륙개발도상국(아프리카의 15개국을 포함하여 30개국)과 소규모 도서개발도상국(38개국)이 포함된다.[5]

마지막으로, **신흥시장**(emerging market)이라는 용어가 국제금융공사(International Finance Corporation, IFC)에 의해 [투자자들이 정체와 관련이 있는 것처럼 여기는 제3세계(Third World)라는 당시의 표준용어를 회피하고] 발전이 이루어지고 있음을 암시하기 위해 소개되었다. 신흥시장이라는 용어는 흥미롭기는 하지만 세 가지 이유로 인해 이 책에서는 사용되지 않는다. 첫째, 신흥시장은 활발한 주식 및 채권 시장이 존재한다는 것을 알리기 위해 금융관련 언론에서 널리 사용되는 바, 금융심화(financial deepening)가 중요하지만 그것은 경제발전의 단지 한 측면일 뿐이다. 둘째, 국가를 시장으로 지칭하는 것은 발전의 일부 비시장 우선사항을 간과하는 것으로 이어질 수 있다. 셋째, 사용법이 다양하며, 어떤 시장을 신흥시장으로 명명해야 하는지, 그리고 어떤 시장이 신흥시장이 아닌지에 대한 일반적으로 받아들여지는 확고한 기준이 없다.

세계를 단순히 선진국과 개발도상국으로 나누는 것은 분석의 목적상 때로는 유용하다. 많은 발전모형이 광범위한 범위의 개발도상국 소득수준에 적용되고 있다. 그러나 개발도상국의 광범위한 소득 범위는 과도한 일반화가 이루어지지 않도록 하는 조기경고로서 기능하고 있다. 실제로, 사하라이남 아프리카와 남아시아의 저소득국가와 동아시아와 남미의 중상위소득국가 사이의 경제적 차이는 고소득 OECD 국가와 중상소득 개발도상국 사이보다 더욱더 클 수 있다.

2.2 발전의 기본 지표 : 실질소득, 건강, 교육

이 절에서는 구매력이 조정된 1인당 실질소득, 기대수명, 영양실조, 아동 사망률로 측정된 건강, 그리고 문자해독과 학교교육으로 측정된 교육수준이라는 발전의 세 가지 측면의 기본지표를 살펴본다.

구매력등가

세계은행의 소득을 기초로 한 국가분류체계에 의하면, 경제활동의 전반적 수준의 가장 공통적인 측정치인 1인당 **국민총소득**(gross national income, GNI)이 흔히 여러 나라 국민의 상대적인 경제복지의 요약지표로 사용되고 있다. 이 지표는 국내 **자본스톡**(capital stock)의 **감가상각**(depreciation, 또는 마모)을 공제함이 없이 국가의 거주자들에 의해 청구되는 국내 및 해외 **총부가가치**(value added)로 계산된다. **국내총생산**(gross domestic product, GDP)은 거주자와 일시 체류자에 의해 국민경제에서 생산되어 최종 소비된 산출량의 총가치를 측정한다. 따라서 GNI는 GDP에 요소 서비스(노동과 자본)를 제공하는 대가로 거주자가 해외로부터 받은 소득으로부터 국내경제에 기여한 일시 체류자에게 주어진 지급액을 뺀 차이를 더한 값이다. (외국회사와 같은) 국내경제에 주요한 역할을 하는 많은 일시체류 인구가 존재하는 곳에서는 이러한 차이가 상당할 수 있다(제12장 참조). 2011년 현재 세계 모든 국가의 총국민소득은 66조 달러를 넘는 수준인데, 이 중 47조 달러 이상은 경제적으로 발전된 고소득 지역으로부터 비롯되었으며, 세계 인구의 약 5/6를 차지하고 있음에도 불구하고 19조 달러 미만이 개발도상국에서 창출되었다. 2011년 현재 노르웨이는 에티오피아 1인당 소득의 240배, 인도 1인당 소득의 63배인 소득수준을 유지하고 있다.

그러나 〈그림 2.2〉에 보이는 것과 같은 선진국과 개발도상국 사이의 1인당 GNI 비교는 개발도상국의 화폐수치를 미국 달러로 환산하기 위해 공식 환율을 이용함으로써 과장된다. 이러한 환산은 각국 화폐의 상대적인 국내구매력을 측정하지 못한다. 이 문제를 고치기 위해 연구자들은 환율 대신에 **구매력등가**(purchasing power parity, PPP)를 전환계수(conversion factor)로 사용하여 상대적 GNI와 GDP를 비교하려 하였다. PPP는 모든 재화와 서비스에 공통된 일련의 국제 가격을 사용하여 계산된다. 단순히 설명하면, **구매력등가**는 1달러로 미국

국민총소득
국가의 거주자에 의해 청구되는 국내 및 해외 총산출량으로 국내총생산(GDP)에 해외거주자가 번 요소소득을 더하고 국내경제에서 일시 체류자가 번 소득을 뺀 값

자본스톡
다른 재화와 서비스의 생산에 사용되기 위해 생산되어 특정 시간에 존재하는 물적 재화의 총량

(자본스톡의) 감가상각
자본스톡의 가치 중 장부에서 삭제하는 것으로 반영되는 장비, 빌딩, 인프라, 그리고 기타 형태 자본의 마모분

부가가치
생산물의 최종가치 중 생산의 각 단계에서 추가된 부분

국내총생산
국내와 해외로부터의 청구 사이의 배분과 관계없이 거주자와 일시 체류자에 의해 그 국가의 영토 내에서 국가경제에 의해 생산된 재화와 서비스의 최종 총산출량

구매력등가
생활수준의 보다 정확한 비교를 위해 모든 재화와 서비스에 공통된 일련의 국제 가격을 사용한 GNI 계산

그림 2.1 1인당 GNI에 의해 분류된 세계의 국가들

소득

1인당 GNI(World Bank Atlas method, 2011)

- 저소득국가(1,025달러 미만)
- 중하위소득국가(1,026~4,035달러)
- 중상위소득국가(4,036~12,475달러)
- 고소득국가(12,476달러 이상)
- 데이터 없음

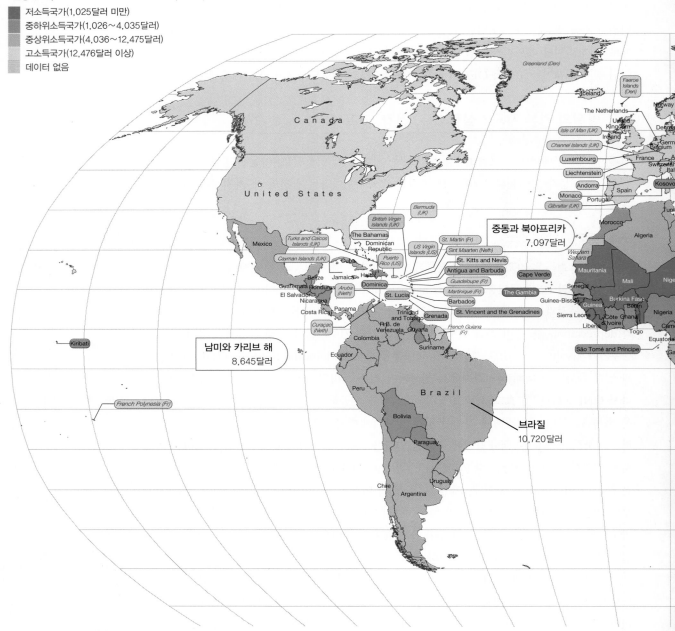

출처 : *Atlas of Global Development*, 4th ed., pp. 16-17: World Bank and Collins. 2013. *ATLAS OF GLOBAL DEVELOPMENT: A VISUAL GUIDE TO THE WORLD'S GREATEST CHALLENGES, FOURTH EDITION*. Washington, DC and Glasgow: World Bank and Collins. doi: 10.1596/978-0-8213-9757-2. License: Creative Commons Attribution CC BY 3.0

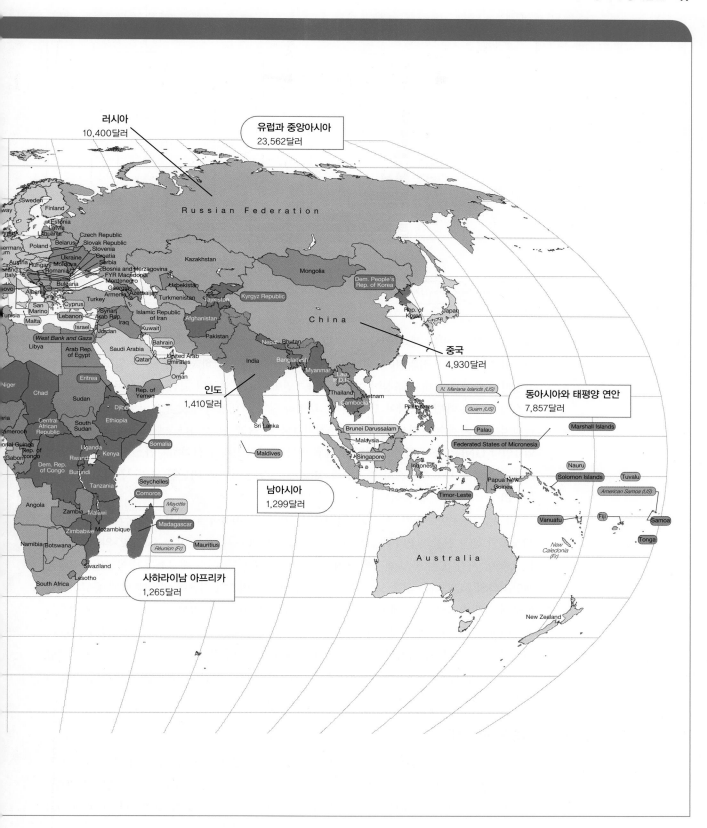

러시아
10,400달러

유럽과 중앙아시아
23,562달러

중국
4,930달러

인도
1,410달러

동아시아와 태평양 연안
7,857달러

남아시아
1,299달러

사하라이남 아프리카
1,265달러

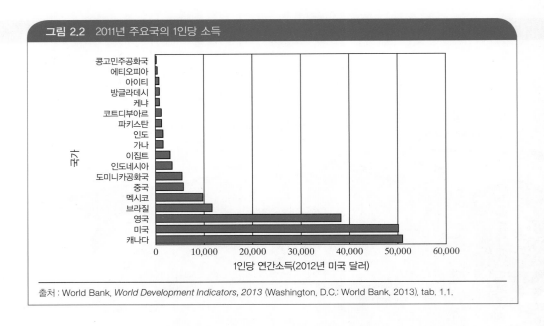

그림 2.2   2011년 주요국의 1인당 소득

국가 (세로축, 위에서 아래로):
콩고민주공화국, 에티오피아, 아이티, 방글라데시, 케냐, 코트디부아르, 파키스탄, 인도, 가나, 이집트, 인도네시아, 도미니카공화국, 중국, 멕시코, 브라질, 영국, 미국, 캐나다

1인당 연간소득(2012년 미국 달러): 0, 10,000, 20,000, 30,000, 40,000, 50,000, 60,000

출처 : World Bank, *World Development Indicators, 2013* (Washington, D.C.: World Bank, 2013), tab. 1.1.

에서 구입할 수 있는 재화와 서비스의 똑같은 수량을 개발도상국 국내시장에서 구입하는 데 필요한 외화단위로 정의된다. 실제로, 생활수준이 보다 정확하게 측정될 수 있도록 국가 간 상이한 상대가격에 대해 조정이 이루어진다.[6] 일반적으로 임금이 훨씬 낮기 때문에 비교역 서비스의 가격은 개발도상국이 훨씬 낮다. 분명히 만약 국내가격이 낮다면, 1인당 GNI의 PPP 측정치는 전환계수로 환율을 사용한 추정치보다 더 높게 될 것이다. 예를 들어 2011년 중국의 1인당 GNI는 공식 환율로 전환할 경우 미국의 단지 10%에 불과하지만, PPP 전환 방법에 의해 추정하면 17% 수준으로 증가한다. 따라서 부유한 나라와 가난한 나라 사이의 소득격차는 PPP가 사용될 경우 줄어드는 경향이 있다.

〈표 2.2〉에는 아프리카, 아시아, 남미로부터의 각각 10개국에 캐나다, 영국과 미국을 더한 30개국의 공식 환율과 PPP에 의한 1인당 GNI의 비교가 나타나 있다. 〈표 2.2〉의 첫째 행에는 소득이 시장 또는 공식 환율에 의해 측정되어 있으며, 미국의 개인소득이 콩고민주공화국 개인소득의 242배라는 것을 보여준다. 그러나 많은 서비스의 비용이 미국에 비해 콩고민주공화국에서 훨씬 작기 때문에 이를 문자 그대로 믿기는 어렵다. PPP 측정치가 미국 가격으로 평가하여 구입할 수 있는 재화와 서비스의 의미 있는 수량을 알려주며, 미국의 실질소득은 여전히 상상하기 어려운 불균등한 수준이긴 하지만 콩고민주공화국 실질소득의 135배에 가깝다는 것을 제시한다. 전반적으로 고소득국가의 1인당 평균 실질소득은 저소득국가의 28배 이상이며, 중위소득국가의 5배만큼 높다.

건강 및 교육 지표

평균소득 이외에도 핵심 역량을 반영하는 국가의 평균 건강 및 교육수준을 평가하는 것이 필요하다. 〈표 2.3〉은 소득, 건강(기대수명, 영양실조율, 1990년과 2011년 5세 미만 사망률), 그리고 교육(1991년과 2011년 초등교육 졸업률)의 몇몇 기본 지표를 보여준다(각 국가 지역

표 2.2	공식 환율과 구매력등가 전환에 의한 주요 개발도상국, 영국, 미국의 1인당 GNI 비교(2011년)	
	1인당 GNI(미국 달러)	
국가	**환율**	**구매력등가**
방글라데시	770	1,910
볼리비아	2,020	4890
보츠와나	7,070	15,550
브라질	10,700	11,410
캄보디아	800	2,180
캐나다	46,730	41,390
칠레	12,270	19,820
중국	4,940	8,390
콜롬비아	6,090	9,600
콩고민주공화국	200	360
코스타리카	7,660	11,910
코트디부아르	1,140	1,780
도미니카공화국	5,190	9,350
이집트	2,760	6,440
가나	1,420	1,830
과테말라	2,870	4,760
아이티	700	1,190
인도	1,450	3,680
인도네시아	2,930	4,480
케냐	810	1,690
대한민국	20,870	29,860
멕시코	8,970	15,930
니제르	330	600
나이지리아	1,260	2,270
파키스탄	1,120	2,880
페루	5,120	9,390
필리핀	2,200	4,120
세네갈	1,070	1,940
태국	4,620	8,710
우간다	470	1,230
영국	37,840	35,950
미국	48,550	48,820
베트남	1,270	3,250
저소득	554	1,310
중소득	3,923	6,802
고소득	36,390	36,472

출처 : World Bank, *World Development Indicators, 2013* (Washington, D.C.: World Bank, 2010), tab. 1.1.

과 소득의 그룹화는 〈표 2.1〉에서 찾을 수 있다). 기대수명은 새로 태어난 아이가 태어날 때 자신과 동시에 출생한 집단에 적용되는 사망위험의 조건하에서 살 수 있으리라 기대하는 평균 연수이다. 영양실조란 식량을 너무 적게 소비하여 정상적인 활동 수준을 유지하지 못한다는 것을 의미한다. 즉 이는 종종 굶주림의 문제라 불린다. 높은 출생률은 저개발의 원인이자 결과가 될 수 있으며, 따라서 출생률은 또 다른 기본 지표로 보고된다. 문자해독률은 읽고 쓰는 기본 능력을 가졌다고 보고되거나 추정되는 성인 남성 및 여성의 비율이다. 즉 기능적인

국가	5세 미만 아동의 영양실조율 2005~2011년	초등교육 졸업률 1991년	초등교육 졸업률 2011년	출생자 1,000명당 5세 미만 사망률 1990년	출생자 1,000명당 5세 미만 사망률 2011년	기대수명
방글라데시	41.3	46	..	139	46	69
볼리비아	4.5	71	95	120	51	67
보츠와나	11.2	89	97	53	26	53
브라질	2.2	92	..	58	16	73
캄보디아	29	38	90	117	43	63
중앙아프리카공화국	28	28	43	169	164	48
칠레	0.5	..	95	19	9	79
중국	3.4	109	..	49	15	73
콜롬비아	3.4	73	112	34	18	74
콩고민주공화국	28.2	49	61	181	168	48
코스타리카	1.1	80	99	17	10	79
코트디부아르	29.4	43	59	151	115	55
쿠바	1.3	94	99	13	6	79
도미니카공화국	3.4	63	92	58	25	73
이집트	6.8	..	98	86	21	73
에티오피아	29.2	23	58	198	77	59
가나	14.3	65	94	121	78	64
과테말라	13	..	86	78	30	71
인도	43.5	63	97	114	61	65
인도네시아	18.6	89	108	82	32	69
멕시코	3.4	88	104	49	16	77
모잠비크	18.3	27	56	226	103	50
니제르	39.9	18	46	314	125	55
나이지리아	26.7	..	74	214	124	52
파키스탄	30.9	..	67	122	72	65
페루	4.5	..	97	75	18	74
필리핀	20.7	89	92	57	25	69
세네갈	19.2	41	63	136	65	59
우간다	16.4	..	55	178	90	54
베트남	20.2	..	104	50	22	75
저소득	22.6	46	67	164	95	59
중소득	16	83	94	82	46	69
고소득	1.7	97	101	12	6	79
동아시아 & 태평양 연안	5.5	84	..	..	21	72
남미 & 카리브 해	3.1	84	102	53	19	74
동아시아 & 북아프리카	6.3	77	91	70	32	72
남아시아	33.2	63	88	119	62	66
사하라이남 아프리카	21.4	52	69	178	109	55

표 2.3 공통성과 다양성 : 몇몇 기본 지표

주 : 〈표 2.3〉에 열거된 일부 특정 국가는 최근 주제별 비교 데이터의 가용성 정도가 다르기 때문에 〈표 2.2〉에 열거된 국가와 다르다―예컨대 아이티의 초등교육 졸업률 자료가 이용 가능하지 않으며 쿠바의 소득자료도 이용 가능하지 않다.

출처 : World Bank, *World Development Indicators, 2013* and World Bank WDI online, accessed 1 August 2013.

문자해독률은 일반적으로 보고된 수치보다 낮다.

　〈표 2.3〉은 이러한 데이터를 저소득, 중하소득, 중상소득, 고소득 국가그룹으로 나누어 보여준다. 표는 또한 5개 개발도상국 지역(동아시아와 태평양 연안, 남미와 카리브 해, 중동과

북아프리카, 남아시아, 그리고 사하라이남 아프리카), 그리고 〈표 2.2〉와 유사한 발전지역을 균형 있게 30개 국가의 예를 보여주고 있다.

이러한 소득그룹 간의 큰 차이 이외에도 저소득국가들은 그 자체로 매우 상이한 발전 난제들을 가진 매우 다양한 그룹임을 주목하라.

예를 들면, 실질소득이 방글라데시가 콩고보다 5배 이상이다. 5세 이하 영양실조(체중미달)는 방글라데시가 41.3%로 콩고민주공화국(여전히 28.2%로 매우 높다)보다 높다. 5세 이하 사망률은 방글라데시가 46명인 반면 콩고민주공화국은 4배가 높은 수치인 168명이다. 기대수명이 69세인 방글라데시와 비교해 콩고민주공화국은 단지 48세이다. 인도와 방글라데시는 전체적으로 콩고민주공화국과 같은 국가들보다 분명히 성과가 더 나아 보이지만, 저소득국가와 중하위소득국가들은 보츠와나, 페루 혹은 태국의 통계와 비교해볼 때 여전히 엄청난 발전의 난제에 직면하고 있다.

2.3 생활수준과 역량의 포괄적 척도

새로운 인간개발지수

가장 널리 사용되는 사회경제적 상대적 발전 상태의 측정치는 자신의 연간 시리즈인 인간개발보고서(Human Development Reports)에 유엔개발 프로그램(UNDP)에 의해 제시되었다. 1990년에 시작되었던 이 보고서의 가장 중요한 사항은 유익한 **인간개발지수**(Human Development Index, HDI)를 구축하고 세련되게 하는 것이다. 이 절은 새로운 인간개발지수를 검토할 것이다(1990~2009년 기간 동안 UNDP의 핵심 사항이었고 잘 알려진 전통적 인간개발지수는 부록 2.1에 자세히 검토할 것이다). 〈예문 2.2〉는 새로운 인간개발지수의 새로운 점이 무엇인지 요약하고 있다.

새로운 인간개발지수는 전통적인 인간개발지수와 같이, 출생 시의 기대수명으로 측정된 **장수**, 성인의 학교교육 연수와 취학 아동의 학교교육 연수의 조합으로 측정된 **지식**, 그리고 생계비를 반영하기 위해 각국 통화의 상이한 구매력등가와 소득의 **한계효용체감**(diminishing marginal utility)의 가정으로 조정한 1인당 실질국내총생산으로 측정된 **생활수준** 등 발전의 세 가지 목표 또는 최종산출요소를 기초로 하여 0(가장 낮은 인간개발)에서 1(가장 높은 인간개발)까지 모든 나라들의 순위를 매긴다.

새로운 인간개발지수를 산출하는 방법은 2단계로 되어 있다—우선 세 가지 차원지수를 만들고, 둘째로 산출된 지수를 통합하여 전체적인 새로운 인간개발지수(NHDI)를 계산하다.

관련된 최댓값과 최솟값을 정의하고(혹은 상한치와 하한목표치), 각각의 차원지수는 기본적으로 국가가 얻을 수 있는 최솟값 이상에서 최대 수준까지의 거리에 대한 백분율에 의해 주어진 비율로 계산된다.

인간개발지수
교육, 건강, 그리고 조정된 1인당 실질소득 측정치의 결합을 기초로 하여 국가의 경제사회 발전을 측정하는 지수

한계효용체감
총소비가 커짐에 따라 추가소비의 주관적인 가치가 줄어든다는 개념

$$\text{차원지수} = \frac{\text{실제값} - \text{최솟값}}{\text{최댓값} - \text{최솟값}}$$

(2.1)

새로운 인간개발지수의 건강 차원(혹은 장수와 건강한 삶)은 출생 시 최솟값이 20년이고 최댓값이 83.57(어떤 국가의 관측된 최댓값)인 기대수명으로 계산된다. 예를 들면 가봉의 경우 다음과 같다.

$$\text{기대수명지수} = (64.6 - 20)/(83.6 - 20) = 0.701 \tag{2.2}$$

인간개발지수의 교육(지식)구성요소는 25세 이상 성인의 평균 학교교육 기간과 취학아동의 평균 예상 학교교육 기간을 혼합하여 계산한다. UNDP의 설명과 같이, 이러한 지표들은 최솟값 0으로 표준화하였고 최댓값은 1980~2012년 시계열 기간 동안 해당 국가에서 평균 학교교육 연수의 관측된 최댓값으로 설정된다. 2010년 미국의 추정치는 13.3년이다. 가나의 경우 성인의 평균 학교교육 기간은 7년이므로 학교 부지수(subindex)는 다음과 같이 계산된다.

$$(7.0 - 0)/(13.3 - 0) = 0.527 \tag{2.3}$$

이는 가나가 세계의 표준 평균교육의 약 53%라고 말하는 것으로 생각할 수 있다.

예상 미래교육을 고려할 때 가장 높은 값(상한목표치)은 18년으로 주어진다(이는 대략 석사학위에 부응하는 기간으로 볼 수 있다).

가나의 경우 지금 취학학생의 예상 교육기간이 11.4년으로 추정된다. 그렇다면 학교교육 부지수는 다음과 같이 계산된다.

$$(11.4 - 0)/(18.0 - 0) = 0.634 \tag{2.4}$$

그런 다음 교육지수는 2개의 부지수의 기하평균 버전으로 계산된다.[7]

생활(소득)구성요소의 표준은 구매력등가를 조정한 총국민소득을 사용하여 계산된다. 그렇다면 가나의 경우 소득지수는 다음과 같다(ln은 자연대수를 나타낸다).

$$\text{소득지수} = [\ln(1,684) - \ln(100)]/[\ln(87,478) - \ln(100)] = 0.417 \tag{2.5}$$

발전의 이러한 세 가지 측정치를 사용하고 공식을 이용 가능한 모든 187개국의 데이터에 적용하여, 인간개발지수는 국가를 저인간개발(0.0~0.535), 중인간개발(0.536~0.711), 고인간개발(0.712~0.797), 그리고 초고인간개발(0.80~1.0)의 네 그룹으로 순위를 매긴다.

NHDI의 구성요인지수는 식 (2.2)의 기대수명의 경우에 보이는 바와 같이(그리고 NHDI의 중국의 경우인 〈예문 2.1〉의 첫 번째 식에서와 같이) 인간개발지수와 똑같은 방법으로 계산된다. 국가의 실제 달성치와 최저목표치 사이의 차이를 구하고 그 뒤 그 결과를 전반적 최대목표치와 최저목표치 사이의 차로 나눈다. 그러나 전체 지수를 계산하는 데 있어서 산술평균 대신 세 지수의 기하평균이 사용된다(기하평균은 또한 그 두 구성요인으로부터 전체 교육지수를 구축하는 데도 사용된다).

이 변화가 왜 중요한지 그리고 계산이 어떻게 이루어지는지 살펴보자.

예문 2.1 NHDI 계산 : 가나의 경우

예 : 가나	
지표수치	
출생 시 기대수명(년)	64.6
평균 학교교육 연수(년)	7.0
예상 학교교육 연수(년)	11.4
1인당 GNI(PPP 미국 달러)	1,684
지수	

주 : 수치는 반올림됨.

기대수명지수 $= \dfrac{64.6 - 20}{83.6 - 20} = 0.701$

평균 학교교육 연수지수 $= \dfrac{7.0 - 0}{13.3 - 0} = 0.527$

예상 학교교육 연수지수 $= \dfrac{11.4 - 0}{18.0 - 0} = 0.634$

교육지수 $= \dfrac{\sqrt{0.527 \times 0.634} - 0}{0.971 - 0} = 0.596$

소득지수 $= \dfrac{\ln(1,684) - \ln(100)}{\ln(87,478) - \ln(100)} = 0.417$

인간개발지수 $= \sqrt[3]{0.701 \times 0.558 \times 0.417} = 0.596$

유엔의 소득추정치는 세계은행의 추정치와 다소 다를 수 있음.

출처 : UNDP, *Human Development Report, 2013*, Technical Notes (online): http://hdr.undp.org/en/media/HDR%202013%20technical%20notes%20EN.pdf.

NHDI 계산   NHDI 계산에 기하평균의 사용은 매우 중요하다. 인간개발지수에서 산술평균을 사용할 때(구성요인지수를 더하고 3으로 나눔) 그 효과는 소득, 건강, 교육 사이에 완전대체성을 가정하는 것이다. 예를 들어 높은 수치의 교육지수는 건강지수의 낮은 수치를 1 대 1로 보충할 수 있었다. 이와는 대조적으로, 기하평균의 사용은 어떤 차원이든 보잘것없는 성과는 직접적으로 전체 지수에 영향을 미친다는 것을 의미한다. 따라서 불완전대체성을 허용하는 것이 이득이 되는 변화지만 기하평균의 사용이 이를 이룩하기 위한 가장 적절한 방법인지에 대해 활발한 논쟁이 진행 중이다.[8]

따라서 UNDP가 지적한 바와 같이, 새로운 계산은 "국가의 성과가 얼마나 세 차원에 걸쳐 잘 완성되는지를 포착한다." 더욱이 UNDP는 '복지의 이러한 상이한 차원을 비교하기가 어려우며, 그들 중 어떠한 변화라도 간과되도록 내버려두어서는 안 된다'라고 주장한다.

따라서 NHDI는 건강, 교육, 소득지수를 더하고 3으로 나누는 대신, 기하평균으로 다음과 같이 계산된다.

$$\text{NHDI} = \text{H}^{1/3}\text{E}^{1/3}\text{I}^{1/3} \tag{2.6}$$

표 2.4 주요국의 2013년 새로운 인간개발지수와 구성요소

국가	NHDI 순위	출생 시 기대수명	평균 학교교육 연수(성인)	예상 학교교육 연수(아동)	1인당 GNI	NHDI 가치	1인당 GNI 순위– HDI 순위
미국	3	78.7	13.3	16.8	43,480	0.937	6
캐나다	11	81.1	12.3	15.1	35,369	0.911	5
대한민국	12	80.7	11.6	17.2	28,231	0.909	15
영국	26	80.3	9.4	16.4	32,538	0.875	5
칠레	40	79.3	9.7	14.7	14,987	0.819	13
아랍에미리트	41	76.7	8.9	12	42,716	0.818	−31
러시아	55	69.1	11.7	14.3	14,461	0.788	0
쿠바	59	79.3	10.2	16.2	5,539	0.78	44
멕시코	61	77.1	8.5	13.7	12,947	0.775	4
코스타리카	62	79.4	8.4	13.7	10,863	0.773	12
브라질	85	73.8	7.2	14.2	10,152	0.73	−8
터키	90	74.2	6.5	12.9	13,710	0.722	−32
스리랑카	92	75.1	9.3	12.7	5,170	0.715	18
중국	101	73.7	7.5	11.7	7,945	0.699	−11
가봉	106	63.1	7.5	13	12,521	0.683	−40
이집트	112	73.5	6.4	12.1	5,401	0.662	−6
보츠와나	119	53	8.9	11.8	13,102	0.634	−55
남아프리카	121	53.4	6.7	10.6	9,594	0.629	−42
과테말라	133	71.4	4.1	10.7	4,235	0.581	−14
가나	135	64.6	7	11.4	1,684	0.558	22
적도기니	136	51.4	5.4	7.9	21,715	0.554	−97
인도	136	65.8	4.4	10.7	3,285	0.554	−3
케냐	145	57.7	7	11.1	1,541	0.519	15
방글라데시	146	69.2	4.8	8.1	1,785	0.515	9
파키스탄	146	65.7	4.9	7.3	2,566	0.515	−9
마다가스카르	151	66.9	5.2	10.4	828	0.483	28
파푸아뉴기니	156	63.1	3.9	5.8	2,386	0.466	−15
코트디부아르	168	56	4.2	6.5	1,593	0.432	−9
부르키나파소	183	55.9	1.3	6.9	1,202	0.343	−18
차드	184	49.9	1.5	7.4	1,258	0.34	−20
니제르	186	55.1	1.4	4.9	701	0.304	−4

출처 : 2013 Human Development Report 2013, Table 1, pages 144-147 (New York: United Nations Development Programme, 2013)

여기서 H는 건강지수를 뜻하고, E는 교육지수를 뜻하며, I는 소득지수를 뜻한다. 이는 이 세지수를 곱한 값의 세제곱근을 취하는 것과 동일하다. NHDI의 계산은 〈예문 2.1〉에 중국의 경우가 설명되어 있다.

〈표 2.4〉는 31개국의 2013년 NHDI 수치를 보여준다. 한국이 캐나다와 영국 사이의 순위로 완전한 선진국의 지위를 달성하였다. 아랍에미리트, 터키, 과테말라, 가봉, 코트디부아르, 파키스탄, 남아프리카공화국 같은 나라들은 그 소득수준으로부터 기대되는 것보다 NHDI에서 더 빈약한 성과를 보인 반면 한국, 칠레, 방글라데시, 쿠바, 마다가스카르, 가나는 그 역이 성립한다. 러시아, 멕시코, 인도, 니제르 같은 국가들의 인간개발지수 성과는 소득수준으로 예측한 것과 거의 유사하다.

소득은 교육과 건강, 특히 NHDI에서 국가가 어떻게 성과를 보이는지에 비해 약하게 예측한다. 예를 들어 쿠바와 이집트는 1인당 실질소득이 거의 비슷한 수준이지만 쿠바는 NHDI가 59위이고(소득수준에 의해 예측된 것보다 44위 높다) 이집트는 112위를 차지하고 있다(소득수준에 의해 예측된 것보다 6순위 아래이다). 멕시코와 가봉은 비슷한 소득수준이지만 멕시코는 소득에 의해 예측된 것보다 4순위 우위에 있고 가봉은 40순위 아래에 있다. 방글라데시와 파키스탄은 NHDI 순위가 동일하지만 파키스탄이 훨씬 높은 수준의 소득을 갖고 있으며 방글라데시는 예상된 것보다 9순위 높은 반면 파키스탄은 9순위 아래이다. 이 두 국가의 발전 격차에 대한 자세한 설명은 이 장의 사례연구를 참조하라.

UNDP는 현재 제5장에서 자세히 검토될 중요한 획기적 방법인 다차원빈곤지수(Multi-dimensional Poverty Index, MPI)는 물론, 사람 사이의 불균등이 커짐에 따라 증가하는 인간개발지수에 벌칙이 부과되는 불균등조정 인간개발지수(Inequality-Adjusted Human Development Index, IHDI), 그리고 성별불균등지수(Gender Inequality Index, GII)도 제공하고 있다.

명백히, 인간개발지수는 무엇이 발전을 구성하는지, 어떤 나라들이 성공하는지(시간이 흐름에 따라 그 인간개발지수의 상승에 반영되는 것과 같이), 그리고 국가 내의 상이한 그룹과 지역이 어떻게 대접을 받는지에 대한 이해의 증진에 크게 기여했다. 사회 및 경제 데이터를 결합함으로써, 인간개발지수는 각국이 상대적으로 그리고 절대적으로 모두 자신의 발전 성과에 대한 광범위한 측정치를 갖도록 했다.

일부 타당한 비판이 있지만, 발전의 전통적인 경제적 척도와 더불어 사용될 때 새로운 지수와 부록 2.1에서 살펴볼 구 버전의 인간개발지수는 어떤 나라들이 발전을 경험하고, 어떤 나라들이 그렇지 않은지에 대한 이해를 크게 증가시킨다는 사실은 확고하게 남아 있을 것이다. 그리고 최근의 인간개발보고서에 게재된 바와 같이 소득분배, 성별, 지역별, 부족별 차이를 반영하기 위해 국가 전체의 인간개발지수를 수정함으로써 이제는 국가가 발전하고 있는지뿐만 아니라 그 국가 내의 여러 의미 있는 그룹이 그 발전에 참여하고 있는지를 식별할 수 있다.[9]

2.4 개발도상국의 특성 : 공통성 가운데의 다양성

앞에서 지적한 바와 같이, 개발도상국 사이에는 중요한 역사적, 경제적 공통성이 존재하는 바, 이는 경제발전론에서 공통적인 분석틀 내에서 연구될 개발도상국의 경제발전 문제로 연결되었다. 이러한 널리 공유되는 문제들이 쟁점별로 아래에서 자세히 검토된다. 그러나 동시에 개발도상국 전체에 걸쳐, 심지어는 광범위한 공통성의 이러한 분야 내에서도 엄청난 다양성이 존재한다는 것을 마음에 새기는 것은 중요하다. 이미 검토한 넓은 범위의 소득, 건강, 교육, 인간개발지수 지표는 때때로 '발전의 사다리(ladder of development)'라 불린다.[11] 상이한 발전 문제는 상이한 구체적 정책대응과 일반적 발전전략을 필요로 한다. 이 절은 개발도상국 '공통성 가운데의 다양성'의 열 가지 주요 분야를 검토한다.

예문 2.2   새로운 인간개발지수

2010년 11월, UNDP는 새로운 인간개발지수(New Human Development Index, NHDI)를 소개하였다. 이 지수는 각각 강점을 가졌지만 또한 약간의 잠재적 결점을 지닌 여덟 가지 주목할 만한 변화를 보이고 있다.

1. 1인당 국민총소득(GNI)이 1인당 국내총생산(GDP)을 대체하였다. 이는 확실한 개선임에 틀림없다. 즉 국민총소득은 시민이 자신이 받는 소득으로 무엇을 할 수 있는지를 반영하는 반면, 국가 밖의 누군가에 돌아가는 국가에서 생산된 재화와 서비스의 부가가치는 이에 해당되지 않으며, 외국에서 번 소득은 여전히 시민의 일부에게 혜택을 준다. 무역과 송금 흐름이 급속히 확대되고, 원조가 이전에 비해 적절하게 최저소득국가를 대상으로 함에 따라 이러한 차이는 점점 더 중요하게 되었다.

2. 교육지수는 완전히 개편되었다. 전체 인구의 실제 평균 교육수준과 오늘날 어린이들의 예상수준이라는 두 가지 새로운 구성요인이 추가되었다. 지수에 대한 이러한 변화 각각은 시사점을 갖고 있다. 지표로서 평균 학교교육 연수라는 실제 수준의 사용은 확실한 개선이다. 추정치들은 정규적으로 갱신되며, 통계치들은 국가 간에 양적으로 쉽게 비교된다. 그리고 평균적으로 말리에서의 1년 동안의 학교교육은 노르웨이에서의 1년 동안의 학교교육보다 학생들에게 훨씬 적은 것을 제공한다는 것은 기껏해야 실제로 무엇을 배웠는지에 대한 매우 개략적인 지침이지만 신뢰할 만하고 비교할 만한 질의 보다 상세한 데이터가 단순히 이용 가능하지 않기 때문에 이는 현재 가질 수 있는 최선의 측정치이다.

3. 다른 새로운 구성요인인 예상 교육수준은 성취한 것이 아니라 유엔의 예측치라는 점에서 다소 애매모호하다. 역사는 많은 것들이 개발계획을 틀어지게 하도록 잘못될 수 있음을 보여준다. 그렇지만 몇몇 나라에서의 교육수준의 급속한 향상 같은 많은 발전의 괜찮은 측면의 의외가 또한 있었다. 낮은 기대가 실망스러운 것으로 판명될 위험 또한 존재한다. 건강지표로 남아 있는 기대수명도 또한 현재의 유력한 조건을 기초로 한 예상이라는 것에 주목하라.

4. 교육지수의 이전 두 가지 구성요인인 문자해독률과 취학률은 이에 따라 탈락하였다. 기대 수준과 비교해서 문자해독률은 분명히 성취한 것이며, 취학률 역시 적어도 상당한 성취이다. 그러나 문자해독률은 항상 서투르게 그리고 너무 드물게 측정되었으며, 개발도상국에서 불가피하게 좀 적당히 정의되었다. 그리고 취학률은 학년이 수료된다거나 또는 그러한 이유 때문에 무엇인가 학습된다거나 또는 학생(또는 교사)이 심지어 출석한다는 것을 보장하지 않는다.

5. 각 차원에서의 상한목표(최대치)는 사전에 정의된 차단점이 아니라 관찰된 최대치로 증가되었다. 여러 가지 점에서 이는 매우 낮은 수준에서 시작하는 국가의 작은 증가를 충분히 인식하지 못한다고 비판을 받았던 그 원래 설계로 지수가 돌아가는 것이다.

6. 소득의 하한목표는 감소하였다. 이는 모든 국가의 기록된 소득 중에서 역사적으로 가장 낮은 소득의 최신 추정치를 기초로 한 것이다.[10]

7. 다른 소소한 차이는 소득의 한계혜택체감을 반영하기 위해 일반대수(log)를 사용하는 것이 아니라 NHDI는 이제 〈예문 2.1〉의 다섯 번째 식에 사용된 바와 같이 자연대수(natural logarithm, ln)를 사용한다는 것이다. 이는 보다 일반적인 지수의 구축을 반영한다.

8. 아마도 결과적으로 가장 중대한 변화는 NHDI가 이전에 살펴본 바와 같이 단순히 산술평균이 아니라 기하평균으로 계산된다는 것이다.

낮은 생활수준과 생산성

이 장의 서두에서 지적한 바와 같이, 미국 같은 선진국과 인도와 콩고민주공화국을 포함하는 개발도상국 사이, 그리고 이러한 넓은 범위의 나라들과 기타 개발도상국 사이에는 생산성의 엄청난 격차가 존재한다. 그리고 살펴본 바와 같이 고소득으로 정의된 것 미만의 평균을 가진 모든 나라들은 대부분의 분류법에서 개발도상국으로 고려된다(그리고 세계은행에 의해 정의된 바와 같은 고소득 범위의 일부는 여전히 개발도상국으로 고려된다). 평균은 낮지만 그 범위가 넓은 개발도상국의 소득은 〈표 2.3〉에 나타난다. 구매력등가가 조정되었을 때조차도, 그리고 중국과 인도의 이례적인 최근 성장에도 불구하고 세계 인구의 5/6 이상(84%)을 가진 저소득 및 중소득 개발도상국은 〈그림 2.3a〉에 보이는 바와 같이 2011년 세계 소득의 46%를 약간 넘는 소득을 점유하고 있다.[12]

실제로, 매우 낮은 소득수준에서는 낮은 소득이 플랜트, 설비, 인프라는 물론 교육과 건강에의 낮은 투자로 이어지며, 이는 다시 낮은 생산성과 경제정체로 이어지는 악순환이 시작될 수 있다. 이는 빈곤함정 또는 노벨상 수상자인 뮈르달(Gunnar Myrdal)이 부른 '순환적·누적적 인과관계(circular and cumulative causation)'로 알려져 있다.[13] 그러나 이 책의 전체에 걸쳐 알게 되는 바와 같이 저소득으로부터 빠져나올 수 있는 방안들이 있다는 것을 강조하는 것은 중요하다. 나아가 저소득국가들은 그 자체가 매우 상이한 발전의 난제들을 가진 매우 다양한 그룹이다.[14]

한국과 대만 같은 현재 고소득국가들 중 몇몇 놀라운 성과를 보인 나라들은 한때는 세계에서 가장 가난한 나라 중 하나였다. 일부 중위소득국가 또한 상대적으로 정체를 보이고 있지만 다른 나라들은 급속히 성장하는 바, 제4장 맨 뒤의 사례연구에서 검토되는 바와 같이 중국이 가장 극적으로 성장하고 있다. 실제로 소득증가율은 여러 개발도상국 지역과 개발도상국 사이에 상당한 차이가 나는 바, 동아시아가 가장 급속한 증가율을 보이고 사하라이남 아프리카가 낮은 또는 심지어 0의 증가율을 보이며, 기타 지역은 그 중간 수준의 성장률을 보이고 있다. 경제성장을 점화시키고 그 뒤 지속시키는 문제는 제3장과 제4장에서 자세히 검토된다.

한 가지 공통된 잘못된 인식은 저소득이 국가가 자립하기에 너무 작거나 또는 경제적 타성을 극복하기에는 너무 큰 결과라는 것이다. 그러나 국가의 인구 규모 또는 면적과 경제발전 사이에 필연적인 상관관계는 존재하지 않는다(부분적으로 각각 상쇄될 수 있는 여러 장점과 결점을 갖고 있기 때문에).[15]

가장 인구가 많은 12개국은 저소득, 중하소득, 중상소득, 고소득 국가라는 네 부류 모두의 대표들을 포함한다(〈표 2.5〉 참조). 목록에 있는 가장 인구가 적은 12개국은 비록 12번째로 인구가 적은 국가인 상투메프린시페가 단지 1,030달러의 1인당 소득을 갖고 있지만 주로 중하소득과 중상소득 국가들을 포함한다. 그리고 유엔 회원국인 매우 작지만 고소득 국가인 유럽 4개국(안도라, 모나코, 리히텐슈타인, 산마리노)은 만약 비교 가능한 세계은행 소득 데이터가 이용 가능하다면 목록에 나타나게 된다.

그림 2.3 (A) 2008 세계소득비중 (B) 1인당 생산량으로 측정된 생산성에서 개발도상국이 선진국에 비해 느린 정도

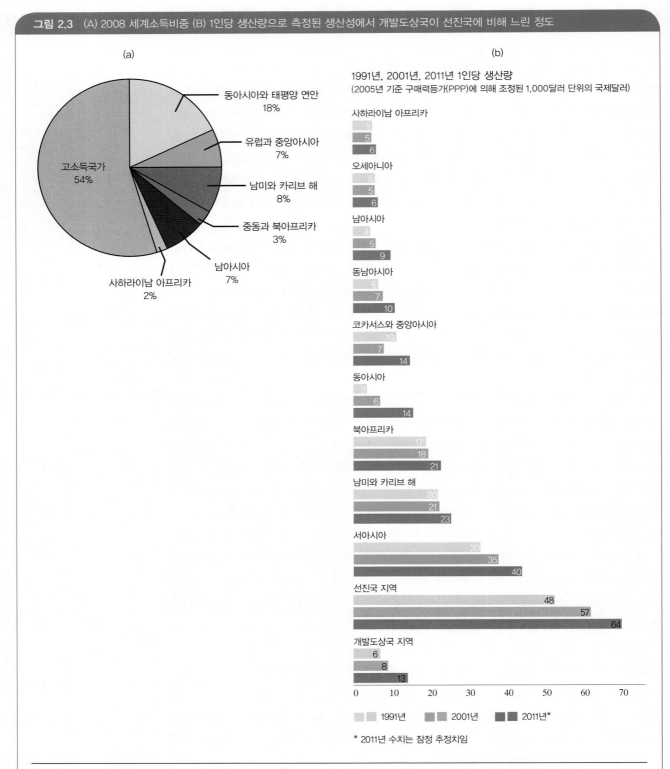

(a)

동아시아와 태평양 연안
18%

유럽과 중앙아시아
7%

고소득국가
54%

남미와 카리브 해
8%

중동과 북아프리카
3%

남아시아
7%

사하라이남 아프리카
2%

(b)

1991년, 2001년, 2011년 1인당 생산량
(2005년 기준 구매력등가(PPP)에 의해 조정된 1,000달러 단위의 국제달러)

사하라이남 아프리카
5
5
6

오세아니아
5
5
6

남아시아
4
5
9

동남아시아
6
7
10

코카서스와 중앙아시아
10
7
14

동아시아
3
6
14

북아프리카
17
18
21

남미와 카리브 해
20
21
23

서아시아
30
35
40

선진국 지역
48
57
64

개발도상국 지역
6
8
13

0 10 20 30 40 50 60 70

█ 1991년 █ 2001년 █ 2011년*

* 2011년 수치는 잠정 추정치임

출처 : Figure 2.3a, Data from World Bank, *World Development Indicators 2013* (Washington, D. C.: World Bank, 2013), p. 24. Figure 2.3b, United Nations, *Millenium Development Goals Report 2012*, p. 9.

표 2.5	2008년 인구가 가장 많고 적은 12개국과 그 1인당 소득				
가장 인구가 많은 나라	인구(백만 명)	1인당 GNI (미국 달러)	가장 인구가 적은 나라ᵃ	인구 (천 명)	1인당 GNI (미국 달러)
1. 중국	1,325	2,940	1. 팔라우	20	8,630
2. 인도	1,140	1,040	2. 세인트키츠 네비스	49	10,870
3. 미국	304	47,930	3. 마셜제도	60	3,270
4. 인도네시아	227	1,880	4. 도미니카	73	4,750
5. 브라질	192	7,300	5. 앤티가바부다	87	13,200
6. 파키스탄	166	950	6. 세이셸	87	10,220
7. 방글라데시	160	520	7. 키리바시	97	2,040
8. 나이지리아	151	1,170	8. 통가	104	2,690
9. 러시아	142	9,660	9. 그레나다	104	5,880
10. 일본	128	38,130	10. 세인트빈센트 그레나딘	109	5,050
11. 멕시코	106	9,990	11. 미크로네시아	110	2,460
12. 필리핀	90	1,890	12. 상투메프린시페	160	1,030

a 가장 인구가 적은 순위에 포함되는 기준 : 〈표 1.6〉에 비교가 가능한 2008년 인구와 1인당 GNI 데이터를 보유한 2010년 중반 현재 유엔 회원국.

출처 : The World Bank, *World Development Indicators, 2010* (Washington, D.C.: World Bank, 2010), tabs. 1.1 and 1.6.

낮은 수준의 인적자본

건강, 교육, 숙련도라는 인적자본은 경제성장과 인간개발에 절대로 필요하다. 인간개발지수를 논의하면서 세계적으로 인적자본이 매우 불균등하게 분포되었음을 이미 지적하였다. 〈표 2.3〉에 보이는 바와 같이, 선진국과 비교할 때 많은 개발도상국들은 영양, 건강(예를 들어 기대수명 또는 영양실조로 측정되는 바와 같이), 교육(문자해독률로 측정되는)의 평균수준에서 뒤떨어져 있다. 〈그림 2.4〉에 그래프로 보이는 바와 같이, 5세 미만 사망률은 1990년 이래 진전이 이루어지기는 했지만, 저소득국이 고소득국가에 비해 17배 높다.

〈표 2.6〉은 네 종류 소득그룹 국가와 다섯 종류 주요 개발도상국 지역의 초등학교 취학률(학교에 취학한 초등학교 연령 학생들의 비율)과 초등학교 학생-교사 비율을 보여준다. 최근

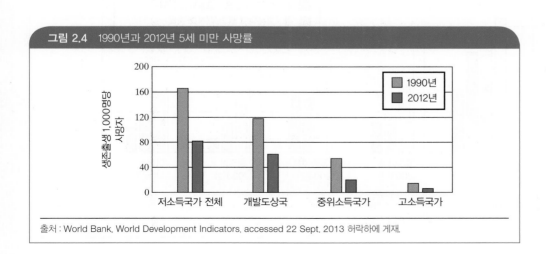

그림 2.4 1990년과 2012년 5세 미만 사망률

출처 : World Bank, World Development Indicators, accessed 22 Sept. 2013 허락하에 게재.

지역 또는 그룹	순초등학교 취학률(%)	초등학교 학생–교사 비율
소득그룹		
저소득	80	45
중하소득	87	23[a]
중상소득	94	22
고소득	95	15
지역		
동아시아와 태평양 연안	93[a]	19
남미와 카리브 해	94	25
중동과 북아프리카	91	24
남아시아	86	40[a]
사하라이남 아프리카	73	49
유럽과 중앙아시아	92	16

표 2.6 초등학교 취학률과 학생–교사 비율, 2010년

출처 : World Bank, *World Development Indicators, 2010* (Washington, D.C.: World Bank, 2010), tabs 2.11 and 2.12.

a 2009년 데이터임.

몇 년 동안 취학률은 크게 높아졌으나 기능적 해독률(functional literacy) 같은 기본적인 숙련도의 습득과 함께 학생들의 출석과 졸업은 문제로 남아 있다. 실제로, 교사의 업무태만은 남아시아와 사하라이남 아프리카에서 심각한 문제로 남아 있다.[16]

더욱이 건강과 교육의 진전 사이에는 강력한 시너지(상호보완성)가 존재한다(제8장에서 매

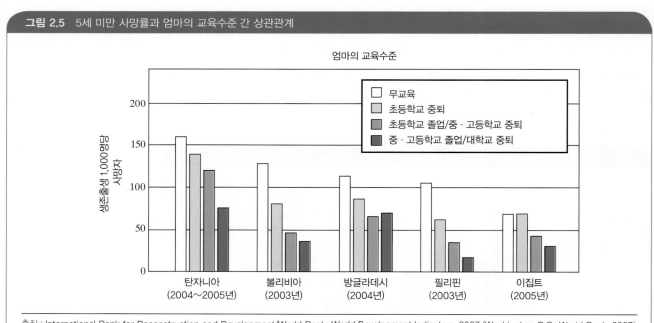

그림 2.5 5세 미만 사망률과 엄마의 교육수준 간 상관관계

출처 : International Bank for Reconstruction and Development/World Bank, *World Development Indicators, 2007* (Washington, D.C.: World Bank, 2007), p. 119. 허락하에 게재.

우 상세하게 검토됨). 예를 들어 〈그림 2.5〉의 국가사례에서 보이는 바와 같이 5세 미만 사망률은 엄마의 교육수준이 향상됨에 따라 상승한다.

성과가 좋은 개발도상국들은 건강과 교육기준에 있어 가장 소득이 낮은 국가들보다 선진국에 훨씬 근접해 있다.[17] 동아시아의 건강상태는 상대적으로 좋지만, 사하라이남 아프리카는 영양실조, 말라리아, 결핵, 후천성면역결핍증후군(AIDS), 그리고 기생충 감염의 문제 때문에 계속 고통을 받고 있다. 진전이 이루어지기는 하였지만 남아시아는 계속하여 높은 문맹률, 낮은 학교교육 수준, 영양결핍에 시달리고 있다. 초등학교 졸업 같은 분야에 여전히 저소득국들이 또한 상당한 진전을 이루고 있다. 예를 들어 인도의 취학률은 1990년대 초의 68%에서 2008년에는 94%로 높아졌음이 보고되고 있다.

높은 수준의 불균등과 절대빈곤

세계적으로 가장 가난한 20%의 인구는 세계 소득의 단지 1.5%만을 받고 있다. 현재 이 20%의 인구는 대체로 1일 PPP 1.25달러 미만으로 극단적 빈곤 속에 살고 있는 약 12억 명의 사람들이다.[18] 1일 1.25달러 미만으로 살고 있는 사람들의 소득을 이러한 최저 빈곤선까지 끌어올려놓기 위해서는 세계적으로 가장 부유한 10% 인구의 소득 2% 미만이 필요하다.[19] 따라서 세계 불균등의 크기는 엄청나다.

그러나 부유한 나라와 가난한 나라 사이의 1인당 소득의 어마어마한 갭이 엄청난 세계적 경제력 차이의 유일한 표현은 아니다. 개발도상국 궁핍의 넓이와 깊이를 이해하기 위해서는 개별 개발도상국 내의 부유한 사람과 가난한 사람 사이의 격차를 살펴보는 것이 또한 필요하다. 매우 높은 수준의 불균등, 즉 고소득과 저소득 시민의 상대적 소득의 극단적 상태가 많은 중위소득국가에서 발견되는 바, 이는 부분적으로 남미 국가들이 역사적으로 중소득과 동시에 매우 불균등한 소득분배의 경향을 갖기 때문이다. 시에라리온, 레소토, 남아프리카공화국을 포함하는 여러 아프리카 국가들도 세계에서 가장 높은 수준의 불균등을 갖고 있다.[20] 불균등은 특히 중동과 사하라이남 아프리카의 많은 자원이 풍부한 개발도상국에서 현저하게 높다. 실제로, 이러한 많은 경우 불균등은 (불균등이 많은 경우 증가하고 있는) 대부분의 선진국에 비해 상당히 더 심각하다. 그러나 불균등은 개발도상국 사이에서도 크게 상이한 바, 일반적으로 아시아의 불균등이 훨씬 낮은 수준이다. 결과적으로, 평균에만 관심을 한정할 수는 없다. 즉 경제발전으로부터 누가 이득을 보았으며 그 이유가 무엇인지를 묻기 위해서는 국가 내에서 소득이 어떻게 분배되는지를 살펴보아야 한다.

그 낮은 평균소득수준에 따라 극단적으로 가난한 사람들의 대다수는 사하라이남 아프리카와 남아시아의 저소득 개발도상국에 살고 있다. 극단적인 빈곤은 부분적으로 낮은 수준의 인적자본 때문이지만 또한 사회 및 정치적 배제와 기타 박탈 때문이기도 하다. 1일 1.25달러 미만으로 살고 있는 개발도상국 인구의 비율을 감소시키고 여전히 그 수준 아래에 있는 사람들의 소득을 증가시키는 데 상당한 진전이 이미 있었지만, 제5장에서 자세히 검토되는 바와 같이 아직도 많은 것들이 해결되어야 할 채로 남아 있다.

발전경제학자들은 지속적인 삶을 보장하기 위해 의식주의 물질적 기본적 욕구를 만족시키

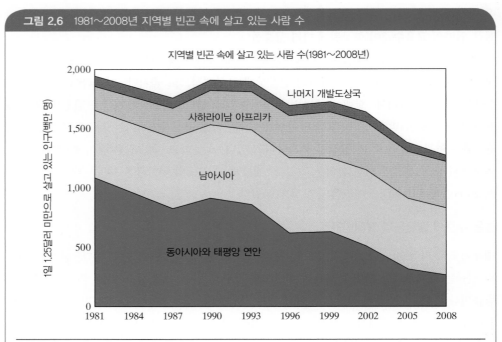

그림 2.6 1981~2008년 지역별 빈곤 속에 살고 있는 사람 수

지역별 빈곤 속에 살고 있는 사람 수(1981~2008년)

출처 : World Bank, "World Bank sees progress against extreme poverty, but flags vulnerability," April 2012, http://web.worldbank.org/WBSITE/EXTERNAL/EXTDEC/EXTRESEARCH/EXTPROGRAMS/EXTPOVRES/EXTPOVCALNET/0,,contentMDK: 22716987~pagePK:64168435~theSitePK:5280443~isCURL:Y,00.html.

절대빈곤
의식주와 기본적 건강관리라는 생계를 위한 필수요소를 충족시키지 못하거나 간신히 충족시키는 상황

는 데 요구되는 구체적 최저소득수준을 나타내기 위해 **절대빈곤(absolute poverty)**이라는 개념을 사용한다. 그러나 사회적·경제적 요건은 물론 상이한 심리적 요건을 반영하여 이러한 최소생계수준이 나라와 지역에 따라 다를 것임을 인식할 때 문제가 발생한다. 따라서 경제학자들은 의도하지 않은 문제의 과장을 피하기 위해 세계 빈곤을 보수적으로 추정하는 경향이 있다.

극단적 빈곤의 발생은 개발도상국에 따라 크게 다르다. 세계은행은 1일 1.25달러 미만으로 생활하는 인구비율이 동아시아와 태평양 연안 9.1%, 남미와 카리브해 8.6%, 중동과 북아프리카 1.5%, 남아시아 31.7%, 그리고 사하라이남 아프리카 41.1%임을 추정하고 있다.[22] 이러한 수준 미만으로 살고 있는 세계 인구의 비율은 2010년에 21%로 추정되는 수준으로 고무적으로 하락하였지만, 세계 경제위기가 빈곤 감소를 둔화시켰고 몇몇 국가에서는 빈곤이 실제로 악화되었다는 징후가 있다.[22] 그러나 〈그림 2.6〉에 보이는 바와 같이 1일 1.25달러 미만으로 살고 있는 사람 수는 1981년 약 19억 명으로부터 2008년 약 12억 명으로 감소하였던 바, 이는 세계 인구가 59% 이상 증가함에도 불구하고 나타난 수치이다.

극단적 빈곤은 엄청난 인간의 비극을 나타내며 따라서 그 시정은 국제적인 발전의 최우선 사항이다. 발전경제학자들은 또한 점점 더 빈곤과 불균등이 성장둔화로 이어질 수 있는 방법에 초점을 맞추고 있다. 즉 빈곤과 불균등은 왜곡된 성장으로부터의 결과일 뿐만 아니라 또한 왜곡된 성장의 원인이 될 수 있다는 것이다. 불균등과 빈곤의 측정과 이러한 문제들을 다룰

전략과 함께 이러한 관계는 제5장에서 자세히 검토된다. 발전의 그 핵심적인 중요성 때문에 빈곤감소 전략은 이 책 전체에 걸쳐 검토된다.

높은 인구증가율

세계 인구는 산업화시대의 시작 이래 크게 증가하였던 바, 1800년 단지 10억 명 미만으로부터 1900년 16억 5,000만 명을 거쳐 2000년에는 60억 명 이상이 되었다. 2012년까지 세계인구는 70억 명 이상이 되었다. 급속한 인구증가는 유럽과 기타 현재의 선진국에서 시작되었다. 그러나 최근 수십 년 동안 대부분의 인구증가는 개발도상국에 집중되었다. 흔히 대체 수준에 근접하거나 또는 그 미만의 출생률(인구증가율 0)을 보이는 선진국과 비교할 때 저소득 개발도상국들은 매우 높은 출생률을 갖고 있다. 오늘날 세계 인구의 5/6 이상이 개발도상국에 살고 있다. 2012년 약 99%의 인구증가율(출생률 - 사망률)이 개발도상국에서 발생하였다.

그러나 인구동학은 개발도상국 사이에도 크게 다르다. 일부 개발도상국, 특히 아프리카의 인구는 지속적으로 급속하게 증가한다. 1990년부터 2008년까지 저소득국가의 인구는 연 2.2% 증가한 반면, 중위소득국가의 인구는 1.3% 증가하였다(고소득국가는 출생과 외국으로부터의 이주를 모두 반영하여 연 0.7% 증가했다).[23]

중소득 개발도상국은 다양한 차이를 보여주는 바, 몇몇 국가들은 부유한 나라에서 나타나는 수준에 근접하는 낮은 출생률을 달성하였다. 저소득국가의 출생률은 고소득국가보다 약 3배 높은 수준이다. 사하라이남 아프리카의 연간출생률은 1,000명당 39명인 바, 이는 고소득국가 출생률의 4배 수준이다. 그 중간이지만 아직도 상대적으로 높은 출생률은 남아시아(24명), 중동과 북아프리카(24명), 그리고 남미와 카리브 해(19명)에서 발견된다. 동아시아와 태평양 연안은 부분적으로 중국의 인구제한정책으로 인해 1,000명당 14명이라는 적당한 수준의 출생률을 갖고 있다. 세계적으로 매우 넓은 범위의 **조출생률**(crude birth rate)은 〈표 2.7〉에 설명되어 있다. 2010년 현재 개발도상국의 평균인구증가율은 약 1.4%이다.

높은 출생률의 주요 시사점은 경제활동인구가 선진국에서보다 비례적으로 거의 2배 많은

조출생률
1,000명의 인구당 매년 생존하여 태어나는 아이 수

표 2.7	2012년 세계의 조출생률
45 이상	차드, 콩고민주공화국, 말리, 니제르, 우간다, 잠비아
40~44	아프가니스탄, 앙골라, 베냉, 부르키나파소, 라이베리아, 말라위, 모잠비크, 나이지리아, 소말리아, 남수단, 탄자니아
35~39	중앙아프리카공화국, 코트디부아르, 에리트레아, 이라크, 요르단, 케냐, 마다가스카르, 세네갈, 시에라리온, 예멘
30~34	에티오피아, 가나, 파푸아뉴기니, 수단, 동티모르, 짐바브웨, 바누아투
25~29	알제리, 볼리비아, 캄보디아, 이집트, 과테말라, 아이티, 온두라스, 키르기스스탄, 파키스탄, 필리핀, 통가, 사모아, 통가
20~24	도미니카공화국, 엘살바도르, 인도, 리비아, 멕시코, 페루, 남아프리카, 베네수엘라, 사우디아라비아
15~19	아르헨티나, 브라질, 콜롬비아, 코스타리카, 인도네시아, 자메이카, 스리랑카, 터키, 베트남
10~14	호주, 캐나다, 중국, 프랑스, 러시아, 영국, 미국
10 미만	오스트리아, 크로아티아, 독일, 헝가리, 이탈리아, 일본, 대한민국, 세르비아, 포르투갈, 대만

출처 : Population Reference Bureau, *Population Data Sheet, 2012.*

어린이들을 부양해야 한다는 것이다. 이와는 대조적으로, 65세 이상의 노인들이 전체 인구에서 차지하는 비중은 선진국이 훨씬 크다. 국가의 (보통 15~64세 사이의 시민으로 정의되는) 경제활동인구에 의해 재정적으로 지원을 받아야 한다는 의미에서 나이 든 사람과 어린이 모두 종종 경제적 **부양부담**(dependency burden)으로 지칭된다. 저소득국가에는 매 100명의 근로연령 성인(15~65세)당 66명의 15세 미만 어린이가 있는 반면, 중위소득국가에는 41명, 고소득국가에는 단지 26명의 어린이가 있다. 이와는 대조적으로, 저소득국가는 100명의 근로연령 성인당 단지 6명의 65세를 넘는 노인이 있는 바, 이는 10명인 중위소득국가와 23명인 고소득국가와 비교된다. 따라서 총 부양부담률은 저소득국가에서 100명당 72명이고 고소득국가에서 100명당 49명이다.[24] 그러나 부유한 나라에서는 나이 든 시민들은 자신의 평생저축과 공공 및 민간 연금에 의해 지원을 받는다. 이와는 대조적으로, 개발도상국에서는 어린이를 위한 공공지원이 매우 제한적이다. 따라서 부양은 개발도상국에서 더욱 확대된 영향을 미친다.

따라서 저소득과 중소득 개발도상국 사이에는 큰 격차가 있지만 개발도상국은 높은 인구증가율이라는 특징이 있을 뿐만 아니라 또한 부유한 나라에 비해 더 큰 부양부담과 싸워야만 한다고 결론을 내릴 수 있다. 인구증가가 경제발전의 방해물이 되는 환경과 조건은 결정적으로 중요한 쟁점이기에 제6장에서 검토된다.

높은 수준의 사회분절

저소득국가들은 때때로 **분절**(fractionalization)이라 알려진 종족, 언어, 그리고 기타 형태의 사회적 분리(social division)에 처해 있다. 이는 때때로 상당한 에너지를 민족의 통합이 아니라 정치적 공존의 작동에 전환하도록 개발도상국 사회를 인도할 수 있는 사회적 갈등 그리고 심지어 무력분쟁과 관련이 있다. 이는 많은 개발도상국들이 직면하는 통치와 관련된 다양한 난제 중 하나이다. 낮은 수준의 학교교육, 정치적 불안정, 저개발 상태의 금융제도, 불충분한 인프라 같은 사하라이남 아프리카에서의 보잘것없는 경제성장 성과와 관련된 많은 요소들이 심각한 종족분절에 의해 통계적으로 설명될 수 있다는 약간의 증거가 있다.[25]

국가의 종족, 언어, 종교적 다양성이 크면 클수록 내부투쟁과 정치적 불안정이 존재할 가능성이 더 크다. 한국, 대만, 싱가포르, 홍콩의 가장 성공적인 발전 경험 중 일부는 문화적으로 동질적인 사회에서 발생한 것이다.

그러나 오늘날 전 세계 국가의 40% 이상이 다섯 종류 이상의 주요 종족으로 구성되어 있다. 대부분의 경우 이 그룹 중 하나 또는 그 이상이 차별, 사회적 배제, 또는 기타 체계적인 불이익이라는 심각한 문제에 직면하고 있다. 전 세계 개발도상국의 절반 이상이 어떤 형태든 종족 간의 갈등을 경험하였다. 아프가니스탄, 르완다, 모잠비크, 과테말라, 멕시코, 스리랑카, 이라크, 인도, 키르기스스탄, 아제르바이잔, 소말리아, 에티오피아, 라이베리아, 시에라리온, 앙골라, 미얀마, 수단, 구유고슬라비아, 인도네시아, 콩고민주공화국 같은 다양한 나라에서 대규모 사망과 파괴로 이어진 종족과 종교적 갈등이 발생하였다.

2002년 이래 코트디부아르에서처럼(제14장과 제5장의 사례연구 참조), 갈등은 그렇지 않았더라면 상대적으로 긍정적인 발전에 진전이 있었을 계획을 틀어지게 할 수 있다. 그러나

1990년대 후반 이래 보다 성공적인 갈등의 해결과 새로운 갈등이 발생하지 않는 방향으로의 고무적인 추세가 나타나고 있다. 만약 발전이 삶을 향상시키고 모든 사람들에게 더 넓어진 선택 범위를 제공하는 것에 대한 것이라면 인종, 부족, 카스트, 또는 종교적 차별은 치명적인 것이다. 예를 들어 남미 전역에 걸쳐서 원주민은 거의 모든 경제 및 사회 진보의 측정치에 있어 다른 그룹보다 크게 뒤처져 있다. 볼리비아, 브라질, 페루, 멕시코, 과테말라, 베네수엘라와 관계없이 원주민 그룹은 전반적인 경제성장으로부터 거의 이득을 얻지 못했다. 원주민이라는 사실은 개인이 다른 시민들보다 교육을 덜 받고, 좋지 못한 건강상태에 있으며, 더 낮은 사회경제적 계층에 있을 가능성을 훨씬 크게 만든다.[26] 이는 특히 원주민 여성의 경우에 사실과 어긋나지 않는다. 더욱이, 강압적으로 서반구에 끌려온 아프리카 노예의 후손들은 브라질 같은 나라에서 계속해서 차별로 인해 고통을 받고 있다.

   종족과 종교의 다양성이 필연적으로 불균등, 혼란, 또는 불안정으로 이어질 필요는 없으며, 그 영향력에 대해 자격을 갖추지 못한 서술이 이루어질 수는 없다. 말레이시아와 모리셔스 같은 다양한 나라에서 소수민족 또는 원주민이 성공적으로 경제 및 사회 통합을 이룬 많은 사례가 있다. 그리고 미국에서는 다양성이 종종 창의력과 혁신의 원천으로 인용된다. 초점을 좀 더 넓히면 개발도상국의 종족과 종교적 구성 그리고 그러한 다양성이 갈등 또는 협력으로 이어질지 여부는 발전노력의 성공 또는 실패의 중요한 결정요인일 수 있다.[27]

많은 농촌인구와 급속한 이촌향도 이주

경제발전의 전형적인 특징 중 하나는 농업으로부터 제조업과 서비스업으로의 이동이다. 〈표 2.8〉에 보이는 바와 같이, 개발도상국에서는 훨씬 높은 비율의 인구가 농촌지역에 산다. 많은 지역의 현대화에도 불구하고, 농촌지역은 가난하고 시장의 부재, 제한된 정보, 그리고 사회적 분단(social stratification)으로 고통을 받는 경향이 있다. 수억 명의 사람들이 농촌으로부터 도시지역으로 이동함에 따라 그 자체에 수반된 문제와 함께 급속한 도시화를 부추기는 대

표 2.8 선진국과 개발도상국의 도시인구

지역	인구(2009년, 백만 명)	도시비중(%)
세계 전체	6,810	50
선진국	1,232	75
개발도상국	5,578	44
사하라이남 아프리카	836	35
북아프리카	205	50
남미와 카리브 해	580	77
서아시아	231	64
남-중앙아시아	1,726	31
동남아시아	597	43
동아시아	1,564	51
동유럽	295	69

출처 : Population Reference Bureau, *2009 World Data Sheet.*

규모 인구이동이 또한 진행 중이다. 전체적으로 세계는 50%의 문턱을 막 넘어섰다. 즉 역사상 처음으로 더 많은 사람들이 농촌지역보다 도시에 살고 있다. 그러나 사하라이남 아프리카와 대부분의 아시아는 농촌에 절대적으로 더 많은 사람이 사는 채로 남아 있다. 이주와 농업의 쟁점들은 제7장과 제9장에서 검토된다.

낮은 수준의 산업화와 제조업상품 수출

원래의 7개 선진국모임(Group of Seven, G7) 국가[28]와 좀 더 작은 유럽 국가와 호주 같은 기타 선진국을 위해 가장 널리 사용되는 용어 중 하나는 '공업국(industrial countries)'이다. 산업화(industrialization)는 높은 생산성과 소득과 관련되며 현대화와 국가경제력의 상징이었다. 대부분의 개발도상국 정부가 아시아의 많은 유명한 성공사례와 함께 산업화에 국가의 높은 우선순위를 부여해 온 것은 우연이 아니다.

〈표 2.9〉는 2004년부터 2008년까지 농업, 공업, 서비스부문의 고용 및 부가가치 간 관계를 보여준다. 선진국에서 농업은 비록 생산성이 비례적으로 낮지는 않지만 캐나다와 미국 및 영국의 약 1~2%와 같이 고용과 산출량의 매우 작은 비중을 차지하고 있다. 흔히 제시되지만 논쟁의 여지가 있는 '발전의 유형'은 선진국 상태에 도달한 이후에 공업의 고용 비중은 천천히 감소하기 시작한다는 것이다(그리고 서비스부문은 계속하여 확대된다는)(제3장 참조). 개발도상국 사이에도 부문별 활동에 커다란 차이가 있다. 그러나 대부분의 아프리카와 아시아 국가에서 농업은 여전히 고용의 상당한 비중을 차지하고 있으며, 일부 경우에는 심지어 대부분을 차지하고 있다. 남미에서는 농업고용의 비중이 더 작지만 여전히 상당한 수준을 보이고 있다.

〈표 2.10〉은 개발도상국에서 발생해 온 고용의 구조적 변화를 나타내고 있다. 자료가 이용될 때 이 표는 1990~1992년과 2008~2011년 두 기간 동안 고용 비중을 보여준다. 비교자료가 이용될 수 있는 대부분의 개발도상국의 농업부문 고용 비중이 이 두 기간 동안 상당히 감소해 왔다. 예를 들면 인도네시아에서 농업부문 남성 종사자 비중은 54%에서 37%로 감소하였고 여성 비중은 57%에서 35%로 감소하였다. 여성의 농업부문 고용 비중이 대체로 남성 비중 하락만큼 증가하였던 파키스탄과 온두라스는 부분적인 예외에 해당한다.

동시에 다수 개발도상국의 산업고용 비중은 선진국에서 산업부문에서 서비스부문으로 전환되는 추세가 장기적으로 지속되는 것과 같이, 현재 특히 여성 중에서 일부 개발도상국보다 낮다. 그러나 많은 선진국에서 산업 일자리는 고숙련도가 요구되고 높은 임금을 지불한다.

상대적으로 소수 국가들이 이 기간 중에 제조 비중의 증가를 간신히 이루었다. 인도네시아, 터키, 멕시코 등은 특히 남성의 비중이 약간의 증가를 보였다(다른 증거는 글로벌 제조부문 일자리 비중이 이 기간 중 하나의 국가, 즉 중국에서 크게 증가하였다. 비교를 위해 이용 가능한 중국의 자료가 없다). 아프리카 산업 비중은 대부분의 국가에서 여성과 남성 모두 여전히 낮은 상태로 남아 있다.

낮은 수준의 산업화와 더불어, 개발도상국들은 1차 상품 수출에 크게 의존하는 경향이 있어 왔다. 대부분의 개발도상국들은 어느 정도 농업 및 광물 수출로부터 벗어나 다변화를 해왔다. 중위소득국가들은 이러한 재화가 전형적으로 그 숙련도와 기술 내용에서 덜 발전하고

표 2.9	2004~2008년 주요국 농업 및 공업, 서비스부문에 고용된 인구비중(%)								
	농업			공업			서비스		
	남성	여성	GDP 비중 (2008년)	남성	여성	GDP 비중 (2008년)	남성	여성	GDP 비중 (2008년)
아프리카									
이집트	28	43	13	26	6	38	46	51	49
에티오피아	12	6	44	27	17	13	61	77	42
마다가스카르	82	83	25	5	2	17	13	16	57
모리셔스	10	8	4	36	26	29	54	66	67
남아프리카공화국	11	7	3	35	14	34	54	80	63
아시아									
방글라데시	42	68	19	15	13	29	43	19	52
인도네시아	41	41	14	21	15	48	38	44	37
말레이시아	18	10	10	32	23	48	51	67	42
파키스탄	36	72	20	23	13	27	41	15	53
필리핀	44	24	15	18	11	32	39	65	53
한국	7	8	3	33	16	37	60	74	60
태국	43	40	12	22	19	44	35	41	44
베트남	56	60	22	21	14	40	23	26	38
남미									
콜롬비아	27	6	9	22	16	36	51	78	55
코스타리카	18	5	7	28	13	29	54	82	64
멕시코	19	4	4	31	18	37	50	77	59
니카라과	42	8	19	20	18	30	38	73	51
선진국									
영국	2	1	1	32	9	24	66	90	76
미국	2	1	1	30	9	22	68	90	77

주 : 에티오피아 농업고용은 제한된 범위를 반영함.

출처 : World Bank, *World Development Indicators, 2010* (Washington, D.C.: World Bank, 2010), tabs. 2.3 and 4.2.

있지만 그 수출에서 제조업 재화가 차지하는 비중에 있어서는 급속히 선진국을 추격하고 있다. 그러나 저소득국가, 특히 아프리카의 저소득국가들은 상대적으로 소수의 농산품과 광물의 수출에 크게 의존한 채로 남아 있다. 아프리카는 그 수출을 다변화하기 위한 노력을 계속할 필요가 있을 것이다. 이는 제12장에서 고찰된다.

불리한 지리적 여건

많은 분석가들은 지리가 농업, 공중보건, 그리고 보다 일반적으로 상대적 저개발의 문제에 어떤 역할을 담당하고 있다고 주장한다. 아프리카에서는 일상적인 내륙국은 종종 해안국보다 더 낮은 소득을 갖고 있다.[29] 이 책의 표지 안쪽 지도에서 관찰될 수 있는 바와 같이, 개발도상국들은 주로 열대 또는 아열대에 위치하며, 이는 그들이 열대 역병과 기생 동식물, 말라리아, 수자원 제한, 극단적인 열기 같은 풍토병으로 고통 받고 있음을 의미했다. 지구온난화가 아프리카와 남아시아에 가장 큰 부정적인 영향을 미칠 것으로 예측된다는 것이 앞으로의 큰 우려를 낳고 있다(제10장 참조).[30]

표 2.10 1990~1992년, 2008~2011년 주요국 농업 및 공업, 서비스부문에 고용된 인구비중(%)

	농업				공업				서비스				지역
	남성		여성		남성		여성		남성		여성		
	1990~1992년	2008~2011년	1990~1992년	2008~2011년	1990~1992년	2008~2011년	1990~1992년	2008~2011년	1990~1992년	2008~2011년	1990~1992년	2008~2011년	지역
카메룬	..	49	..	58	..	13	..	12	..	38	..	30	아프리카
이집트	35	28	52	46	25	27	10	6	41	44	37	49	아프리카
라이베리아	..	50	..	48	..	14	..	5	..	37	..	47	아프리카
모리셔스	15	9	13	7	36	32	48	21	48	59	39	73	아프리카
나미비아	45	23	52	8	21	24	8	9	34	53	40	83	아프리카
인도네시아	54	37	57	35	15	24	13	15	31	40	31	50	아시아
말레이시아	23	16	20	9	31	31	32	21	46	53	48	71	아시아
파키스탄	45	37	69	75	20	22	15	12	35	41	16	13	아시아
필리핀	53	41	32	23	17	18	14	10	29	41	55	68	아시아
태국	60	41	62	37	18	23	13	18	22	37	25	45	아시아
터키	33	18	72	39	26	31	11	15	41	51	17	45	아시아
칠레	24	14	6	5	32	31	15	10	45	55	79	85	남미
코스타리카	32	20	5	4	27	25	25	11	41	55	69	84	남미
도미니카공화국	26	19	3	2	23	21	21	7	52	47	76	60	남미
온두라스	53	50	6	12	18	19	25	21	29	31	69	67	남미
멕시코	34	19	11	4	25	30	19	18	41	51	70	78	남미
캐나다	6	3	2	1	31	32	11	10	64	65	87	89	선진국
일본	6	4	7	4	40	33	27	15	54	62	65	80	선진국
영국	3	2	1	1	41	29	16	8	55	69	82	91	선진국
미국	4	2	1	1	34	25	14	7	62	72	85	92	선진국

주 : 국가 선택은 자료기간 동안 제한된 숫자만을 반영하였다. 해당 기간이 자료가 없다면 최근 자료를 나타낸다.

출처 : World Bank, *World Development Indicators, 2013* (Washington, D.C.: World Bank, 2013), tabs. 2.3.

물적 **자원부존**(resource endowment)의 극단적으로 바람직한 사례는 석유가 풍부한 페르시아 만 국가들이다. 정반대는 원재료와 광물의 부존, 심지어 비옥한 토지도 상대적으로 미미한 차드, 예멘, 아이티, 방글라데시 같은 국가들이다. 그러나 콩고민주공화국의 사례가 생생히 보여주는 바와 같이, 높은 수준의 광물부존이 성공적인 발전을 보장하는 것은 아니다. 이러한 산업으로부터의 이윤을 둘러싼 갈등이 흔히 그 창출보다는 부의 분배에 초점을 맞추도록 하여 소위 '천연자원의 저주(curse of natural resources)'라 불리는 사회적 투쟁, 비민주적 지배구조, 심각한 불균등, 그리고 심지어는 무장분쟁으로 이어지도록 했다.

분명히, 지리적 여건은 운명은 아니다. 즉 고소득 싱가포르는 거의 적도 위에 위치하며, 인도 남부의 일부는 최근 몇 년 동안 엄청난 경제적 활력을 나타냈다. 그러나 온대지역 국가들과 비교하여 종종 불리한 지리적 공통특성이 존재한다는 것은 열대와 아열대 개발도상국을 함께 연구하는 것이 몇 가지 목적상 유용하다는 것을 의미한다. 녹색혁명과 열대질병 통제의 혜택을 사하라이남 아프리카로 확대시키기 위한 배전의 노력이 현재 진행 중에 있다. 이 장의 2.7절에서 상대적인 발전에 있어서 지리적 여건의 가능한 간접적 역할에 관한 더 나아가서의 전망이 추가된다.

저개발 상태의 시장

개발도상국에는 불완전시장과 불완전정보가 훨씬 크게 만연해 있어 제4장과 제11장, 제15장에서 검토한 바와 같이 특히 금융시장 그러나 금융시장만이 아닌 국내시장이 비효율적으로 기능하는 결과가 나타난다. 많은 개발도상국에서 시장의 법적·제도적 기초가 극히 빈약하다.

시장 저개발의 몇몇 측면은 시장이 흔히 (1) 계약을 강제하고 재산권을 유효하게 하는 법제도, (2) 안정적이고 신뢰할 수 있는 통화, (3) 지역 간의 거래를 활성화하기 위해 낮은 교통과 통신비용이라는 결과를 가져오는 도로 및 공익사업 등 **인프라**(infrastructure), (4) 상대적인 경제적 이윤 가능성을 기초로 하여 프로젝트를 선발하고 대부자금을 배분하며 상환규정을 강제하는 공식신용시장과 함께 광범위하게 접근이 가능한 잘 발달되고 효율적으로 규제되는 은행 및 보험제도, (5) 잠재적 대출자의 신용도는 물론 생산물과 요소의 가격, 수량, 품질에 대한 소비자와 생산자를 위한 상당한 시장정보, 그리고 (6) 성공적인 장기 사업관계를 활성화하는 사회규범(social norm)들을 갖추지 못하고 있다는 것이다. 경제 주요 부문에 규모의 경제 존재, 제한된 수요와 판매자 부재로 인한 많은 생산물의 보장겄없는 시장, 생산과 소비에 있어서의 광범위한 외부효과(생산 또는 소비를 하지 않는 기업 또는 개인에게 귀속되는 비용 또는 편익), 그리고 엉성하게 규제되는 공유재산자원(예 : 어장, 방목지, 물웅덩이)과 함께 이 여섯 가지 요소는 시장이 흔히 매우 불완전하다는 것을 의미한다. 더욱이, 정보가 제한되어 있으며 그 획득비용이 많이 듦으로써 종종 재화, 금융, 자원이 잘못 배분되도록 한다. 그리고 작은 외부효과가 더해져서 경제에 매우 큰 왜곡이 생기는 방식으로 상호작용하여 저개발 함정의 실질적인 가능성을 만든다는 것을 이해하게 되었다(제4장 참조). 이러한 **불완전시장**(imperfect market)과 **불완전정보**(incomplete information) 체계가 정부의 보다 적극적인 역할을 정당화하는 정도(이는 또한 비슷한 불완전한 정보 문제의 제약을 받음)는 뒤의 여러

자원부존
광상, 원재료, 그리고 노동을 포함하는 사용할 수 있는 생산요소의 국가공급임.

인프라
교통, 통신과 분배 네트워크, 공익사업, 상수도, 하수도, 에너지 공급체계 같은 경제활동과 시장을 가능케 하는 시설

불완전시장
완전경쟁의 이론적 가정이 예를 들어 소수의 구매자와 판매자, 진입장벽, 그리고 불완전정보에 의해 위반된 시장

불완전정보
기량을 발휘하지 못하는 시장이라는 결과를 가져오는 생산자와 소비자가 효율적 의사결정을 내리는 데 필요한 정보의 부재

장에서 다루게 될 쟁점이다. 그러나 불완전한 시장과 불완전한 정보체계의 존재는 많은 개발도상국의 공통된 특성으로 그 저개발 상태에 기여하는 중요한 요소로 남아 있다.[31]

식민지 유산의 잔재와 불균등한 국제관계

식민지 유산 대부분의 개발도상국들은 과거 유럽의 식민지였거나 유럽 또는 외국의 지배를 받았으며, 식민지 기간 동안에 창출된 제도는 많은 경우 오늘날까지 지속되어 발전에 부정적인 영향을 종종 미치고 있다. 수반되어 생긴 것으로 판명된 중요한 차이에도 불구하고, 식민지 시기의 제도는 흔히 부의 창출자보다는 유출자에 유리하였던 바, 과거와 현재의 발전에 해를 끼치고 있다. 대내외적으로 개발도상국은 선진국에 혜택을 주었던 형태의 제도와 공식적 기구를 종종 갖고 있지 않다. 즉 대내적으로 평균적으로 볼 때 **재산권**(property rights)이 확립되어 있지 못하고, 엘리트들에 대한 제약이 약하며, 사회의 작은 부분만이 경제적 기회를 활용할 수 있었다.[32] 기량이 발휘되지 않는 시장은 물론 지배구조와 행정의 문제(제11장 참조)도 흔히 보잘것없는 제도로부터 비롯된다.

재산권
판매 혹은 처분으로 소유, 사용 및 파생되는 소득을 포함하는 유형(예: 토지) 혹은 무형(예: 지적재산권)의 실체로 인정된 사용권 및 수익권

탈식민지화가 제2차 세계대전 이후 시기의 역사적, 지정학적으로 가장 중요한 사안 중 하나였다. 이전에 유럽의 식민지였던 80개 이상의 국가가 유엔에 가입하였다. 그러나 독립 후 수십 년이 지나도 식민지 시대의 영향은 많은 개발도상국, 특히 최빈국에 잔재되어 있다.

식민지 역사는 강탈된 자원뿐만 아니라 또는 심지어 주로 강탈된 자원 때문에 그 식민지의 법과 기타 제도가 광범위한 인구들에 의한(그리고 대한) 투자를 장려하게 되는지 또는 그 대신 식민지 엘리트의 이익을 위해 인적 및 기타 자원의 착취를 활성화하고 극단적인 불균등을 창출하거나 강화하는지를 식민지 세력이 결정했기 때문에 문제가 된다. 발전을 활성화하는 또는 발전을 방해하는 제도는 매우 오랫동안 영향을 미치는 경향이 있다. 예를 들어 정복된 식민지 토지에 자원이 많았을 때 강탈할 것이 더 많았다. 이러한 경우 식민지 세력은 생산적인 노력을 장려했던 제도를 희생하여 추출에 도움이 되는(또는 '부패한') 제도를 선호하였다. 영구히 거주하기 위해 많은 수의 정착민들이 유입되었을 때 소득은 궁극적으로 상대적으로 높았지만, 원주민들은 질병 또는 갈등에 의해 대체로 절멸되었고, 살아남은 그 후손들은 착취당하거나 발전으로부터 배제되었다(〈예문 2.3〉 참조).

매우 중요한 관련된 요점은 유럽의 식민지 건설이 종종 민족성과 상관관계를 가진 그리고 또한 수 세기에 걸쳐 상당히 안정적인 것으로 판명된 상이한 등급의 불균등을 종종 창출하거나 강화했다는 것이다. 어떤 측면에서 많은 개발도상국의 식민지 이후의 엘리트들은 이전에 식민지 세력에 의해 행해졌던 착취의 역할을 대체로 물려받았다. 사탕수수 같은 작물에 있어서의 비교우위가 노예를 이용한 플랜테이션에서 이윤을 발생시킬 수 있었던 지역에서는 노예제의 결과 심한 불균등이 때때로 나타났다. 이러한 불균등은 대규모 정착원주민들이 강제로 노동으로 투입될 수 있었던 곳에서도 또한 나타났다. 이러한 역사는 특히 남미에서 장기적인 결과를 가져왔다.[33] 불균등이 극심했던 곳에서는 민주적 제도로 이행하지 않고, 공공재에 대한 투자가 이루어지지 않았으며, 인적자본(교육, 숙련도, 건강)에 대한 광범위한 투자가 이루어지지 않은 결과가 나타났다. 이는 극단적인 불균등이 발전에 해가 되고 또한 상대적 발전의

예문 2.3 연구결과 : 식민지 시대의 강제노동이 빈곤과 발전에 미치는 효과

2010년 연구에서 델(Melissa Dell)은 지역 수준의 역사적 자료를 사용하여 페루와 볼리비아의 강제노동 제도인 미타(mita)의 장기적 효과를 검증하였다. 이 제도는 200개 이상의 토착지역에서 남성의 1/7을 강제로 이주시켜 1573~1812년 사이에 포토시(Potosi)의 은광산과 후안카벨리카(Huancavelica) 지역의 수은광산에서 강제노동을 시켰다. 이 강제노동은 심각하게 해당 지역에 해를 끼쳤다. 그러나 델은 2세기가 지난 오늘날조차 미타에 의해 포함된 지역의 가계 소비가 낮고 아동발육 부진 확률이 높다는 사실을 밝혔다.

발전론학자들은 2세기 전에 종료된 식민지 시대의 제도가 영향을 주었던 지역의 나쁜 성과의 원인이 될 수 있다는 결론에 확실히 도달할 수 있는가? 원리상 그러한 상관관계는 미타 이외에서 관측되었거나 아니면 관측되지 않은 요인에 의해 비롯될 수 있다. 예컨대 미타지역의 가계들이 처음부터 잘살지 못하였을 수도 있다. 이를 설명하기 위해 델은 그 인과관계를 규명하는 데 발전론학자들이 사용하는 이른바 절단회귀설계(regression discontinuity design, RDD) 방법을 사용하였다.

RDD 방법은 발전 프로그램 평가뿐만 아니라 많은 것에 사용된다. 프로그램 평가 시 개개인은 배치변수와 관계를 갖고 '치료'는 단절 수준 z_0보다 낮거나 동일한 z 값을 갖는 개인에 배치된다면 치료가 결과변수에 미치는 영향 y는 한계점(threshold) z_0 바로 아래에서 시작하였던 사람들의 관측치와 한계점 이상에서 시작하였던 사람들의 관측치를 비교하여 식별될 수 있다. 이 그룹에서 절단의 양측에 위치한 사람들 사이의 결과변수 차이가 치료에 의해 유도된 것이다. 배치변수 z는 소득, 출생일, 시험점수, 지리적 경계 등 다양한 유형의 한계점 변수를 나타낸다. '치료' 이외의 모든 관련된 영향이 한계점을 중심으로 부드럽게 변화한다면 어떤 요인이든지 한계점의 한쪽에 있는 사람들에게만 영향을 미치게 되어 매우 광범위한 영향이 치료로 간주될 수 있다고 판

명된다. 경제학자들은 RDD 추정치가 일정한 환경에서 이러한 연구들이 '임의화된 시도' 방법만큼 유익한, 통계적으로 신뢰할 수 있는 성격을 갖고 있다는 것을 알게 되었다.

RDD의 기초적 가정의 하나는 절단점 바로 위 혹은 바로 아래에 있는 개인은 유사하고 치료 없이는 잠재적 결과가 동일하다는 것이다. 이 가정은 개인 스스로 자신을 절단점 아래에(혹은 절단점 위에) 있도록 분류할 수 없다는 의미이다. 예를 들면 사람들이 빈곤 프로그램에 들어가기 위해 가난한 척할 수 없다는 것이다. 그렇지 않다면 추정효과는 자신을 분류하여 대응하는 사람들(즉 높은 인지기술을 갖고 있는 사람들)의 속성과 혼동될 수 있다.

델의 RDD 전략은 경도와 위도 혹은 단순히 광산까지의 거리를 미타 포괄 범위를 예측하는 데 배치변수로 사용한 것이다. 미타 범위에 가까운 지역 중에서 미타 제도가 있는 경우와 없는 경우를 비교하여 추정될 수 있다. 실제로 미타 제도 이전의 과세율, 지형의 경사, 종족의 분포 등과 같은 요인들이 그녀가 연구한 경계를 넘어 유사하였다는 것을 발견하였다. 이런 전략을 사용하여 델은 미타효과가 가계소비를 대략 25%만큼 축소하고 아동발육을 약 6% 부진하게 하였다고 결론 짓고 있다. 미타경계선이 어떤 법적 의미를 지닌 이래로 2세기가 지났는데, 정말로 놀라운 연구 결과이다.

그런 다음 델은 "왜 미타가 폐지된 지 거의 200년이 지났음에도 불구하고 경제적 번영에 영향을 미치는가?"라고 질문하였다. 많은 잠재적 경로가 있는 반면 미타의 토지 보유권과 공공재 제공에 대한 영향을 통해 미타가 지속적인 영향을 미쳐 왔다고 델은 제시한다. 미타지역 경계 밖에서는 스페인의 하시엔다(hacienda) 제도가 부상하였다. 이는 노동이 자유로운 시장이 아닌 봉건제도였다. 안전한 자치권을 갖는 소작농과 비교하였다면 그럴듯한 미타의 추정된 효과가 훨씬 더 나쁠 수 있다.

델은 이 지역의 실제 역사적인 2개의 경험을 비교하였다. 일부 약탈적인 조건은 토지 불평등보다 훨씬 더 심각하다. 미타가 종결된 이후조차도 미타지역의 토지 소유제도가 강제적으로 소작농 권한의 제도가 없는 미타지역과 비교할 때 더욱더 안정적이었다고 델은 지적한다. 예를 들면 소작농의 토지가 유기되었다는 잘못된 주장으로 소작농의 토지를 탈취하기 위해 미타지역에서 사용된 법적 절차를 델은 인용하고 있다. 대규모 토지소유자(대농)들 역시 자신들의 지역에 더 많은 도로를 낼 수 있는 이윤동기와 정치적 영향력을 갖고 있었다. 페루의 이러한 지역에서 대농들은 대중들의 경제적 번영을 목적으로 하지 않았음에도 매우 채굴적인 국가에 의한 착취로부터 개인들을 보호하고 공공재를 확보하였다고 델은 주장하였다.

출처 : Melissa Dell, "The Persistent Effects of Peru's Mining Mita," *Econometrica* 78(2010): 1863–1903.

중요한 장기적 결정요인이 된 경로다. 이 장의 후반부에서 이 주제를 다시 다룰 것이다.

유럽의 식민지 세력은 또한 사유재산, 개인에 대한 과세, 그리고 세금은 현물이 아니라 화폐로 납부되어야 한다는 세 가지의 강력하고도 전통을 깨뜨리는 아이디어를 소개함으로써 아프리카와 아시아 식민지의 경제와 정치적·제도적 구조에 극적이고도 오랜 기간 동안 영향을 미쳤다. 이러한 혁신은 광범위한 기회가 아니라 엘리트 지배를 활성화하는 방식으로 소개되었다. 특히 앞의 노예무역을 또 고려한다면 식민지화의 최악의 영향력은 아마도 아프리카에서 느껴졌을 것이다. 인도 같은 이전의 식민지에서는 식민지 사람이 식민지 지배에 역할을 했던 반면, 아프리카에서는 대부분의 지배가 국외거주자에 의해 집행되었다.[34]

남미에서는 정치적 독립의 오랜 역사와 보다 공통적인 식민지 유산(스페인과 포르투갈)이라는 사실이 지리 및 인구통계학적 다양성에도 불구하고 원주민과 노예의 후손들이 특별한 어려움에 처해 있기는 하지만 국가들이 상대적으로 비슷한 경제적, 사회적, 문화적 제도를 보유하고 비슷한 문제들에 직면하고 있음을 의미한다. 남미 국가들은 오랫동안 중소득을 유지하였지만 좀처럼 고소득 상태로 전진하지 못했는데, 이는 현재 '중소득 함정(middle-income trap)'이라 알려진 상황을 반영하는 것이다. 아시아에서는 상이한 식민지 유산과 사람들의 다양한 문화적 전통이 결합되어 인도(영국), 필리핀(스페인과 미국), 베트남(프랑스), 인도네시아(네덜란드), 한국(일본), 중국(공식적으로 식민지화되지는 않았지만 여러 외국 세력에 의해 지배됨) 같은 나라들에서 상이한 제도적·사회적 유형을 창출하였다.[35] 그 정도가 크게 차이가 나지만 신생독립국들은 계속하여 이전 식민지 세력과 미국에 의한, 특히 냉전기간 동안에는 많은 나라에서 소련에 의한 외국의 지배를 계속하여 경험하고 있다. 식민지 경험의 다양성은 오늘날의 세계에서 발전 결과의 넓은 범위를 설명하는 데 도움이 되는 중요한 요소 중 하나이다.

대외종속 관련된 이야기지만, 개발도상국들은 또한 국제관계에 있어서도 조직화되어 있지 않아 영향력을 발휘하지 못하는 바, 때로는 발전에 부정적인 결과를 가져온다. 예를 들어 세계무역기구(WTO)와 그 이전 기구 내에서 개발도상국 농부에 해가 되는 부유한 나라의 농업 보조금과 지적재산권에 대한 일방적인 규제 같은 문제들에 관련된 협정은 종종 개발도상국에 상대적으로 불리하게 체결되었다(제12장 참조). 1980년대와 1990년대의 외채위기 기간 동안 국제은행의 이해관계가 절실한 채무국의 이해관계에 우선하였다(제13장에서 논의되는 바와 같이). 보다 일반적으로 이야기하면, 개발도상국들은 국제경제관계에서 선진국보다 협상력이 떨어진다. 개발도상국들은 또한 뉴스와 연예부터 기업관행, 삶의 유형, 그리고 사회적 가치에 이르기까지 여러 형태의 문화적 종속에 관해 종종 큰 우려를 표시한다. 이러한 우려의 잠재적 중요성은 광범위한 의미에서의 발전에 관한 그 직접적인 효과 또는 국가발전의 속도 또는 성격에 관한 간접적인 효과라는 점에서 과소평가되어서는 안 된다.

개발도상국들은 지속 가능한 발전에 대한 희망을 좌우하는 환경보존을 또한 선진국에 의존하고 있다. 지구온난화가 선진국보다는 개발도상국에 더 해가 될 것으로 예상되지만, 개발도상국의 탈산림화와 중국과 인도와 같은 중하위소득국가들의 점증되는 배출가스에도 불구하고, 축적되고 현재의 온실가스 배출은 여전히 고소득국가로부터 주로 비롯된다는 것이 가장 큰 걱정거리다. 따라서 개발도상국들은 가정에서의 완화와 개발도상국에서의 원조를 포함하여 문제가 악화되는 것을 방지하고 해결책을 개발하기 위해 선진국에 의존해야 하는 소위 **환경종속(environmental dependence)**을 참고 견뎌야 한다. 이 주제는 제10장에서 더 자세하게 검토될 것이다.

2.5 오늘날의 저소득 국가는 발전 초기 단계의 선진국과 어떻게 다른가

오늘날의 개발도상국 입장은 많은 중요한 방식에서 현재 선진국이 그들의 현대적 경제성장의 시대를 시작했을 때의 입장과 상당히 다르다. 성장전망과 현대적 경제발전의 필요조건에 대한 특별한 분석에 요구되는 최초 조건에 있어서 여덟 가지 상당한 차이점을 인식할 수 있다.

1. 물적 · 인적 자원의 부존
2. 나머지 세계와 비교한 1인당 소득과 GDP 수준
3. 기후
4. 인구의 규모, 분포, 증가
5. 국제이주의 역사적 역할
6. 국제무역으로부터의 이득
7. 기초과학과 기술의 연구개발 역량
8. 국내 제도의 효력

이러한 조건 각각을 개발도상국에서 경제성장의 발생과 지속을 위한 필요조건과 우선순위를 만들어낼 목적으로 논의할 것이다.

물적 · 인적 자원의 부존

현대의 개발도상국들은 현재의 선진국들이 현대적 성장을 시작할 때에 비해 종종 천연자원을 덜 보유하고 있다. 몇몇 개발도상국들은 세계 수요가 증가하고 있는 석유, 광물, 원재료를 풍부하게 공급할 수 있을 정도로 축복을 받았지만, 대부분의 개발도상국, 특히 세계 인구의 절반 이상이 살고 있는 아시아의 개발도상국들은 천연자원을 빈약하게 보유하고 있다. 더욱이, 천연자원이 매우 풍부하고 지질학자들이 아직 발견되지 않은 훨씬 많은 자원이 존재한다고 예상하는 아프리카의 일부분에서는 이를 활용하기 위해서 대규모 자본투자가 필요한 바, 이는 매우 최근까지 국내 갈등과 아마도 서구의 태도에 의해 강력하게 방해를 받았다. 비록 비판자들이 그 과정에 대해 우려를 제기하고 있지만, 중국과 기타 '전통적이지 않은 투자자'로부터의 새로운 투자열풍은 상황을 바꾸기 시작했다.

숙련된 인적자원 부존에 있어서의 차이는 더욱 현저하다. 그 천연자원을 이용하고 장기 경제성장을 시작하고 지속하는 국가의 능력은 다른 어떤 것보다도 그 국민들의 재능과 경영 및 기술적 숙련도, 그리고 최소의 비용으로 결정적으로 중요한 시장과 생산물 정보에의 접근에 좌우된다.[36] 오늘날 저소득 개발도상국 국민들은 종종 서구의 경제성장 초기 단계의 그들의 상대에 비해 종종 교육을 덜 받고, 정보가 부족하며, 경험이 적고, 숙련도가 낮은 수준에 있다. 로머(Paul Romer)는 오늘날의 개발도상국은 '그 국민들이 경제적 가치를 발생시키기 위해 공업국에서 사용된 아이디어에 접근하지 못하기 때문에 가난하다'고 주장한다.[37] 로머에 의하면, 부유한 나라와 가난한 나라 사이의 기술 갭은 공장, 도로, 현대적 기계류와 관련된 물질적 객체 갭(physical object gap)과 마케팅, 분배, 재고관리, 거래처리, 근로자 동기부여에 대한 지식을 포함하는 아이디어 갭이라는 두 구성요인으로 나눌 수 있다. 부유한 나라와 가난한 나라 사이의 이 아이디어 갭, 그리고 호머-딕슨(Thomas Homer-Dixon)이 재능 갭(ingenuity gap, 실제적인 사회 및 기술적 문제들을 풀기 위해 혁신적 아이디어를 적용하는 능력)이라고 부른 것이 개발격차의 핵심에 놓여 있다. 현재 선진국의 산업화 전날에 그러한 인적자원 갭은 존재하지 않았다.

1인당 소득과 GDP의 상대적 수준

저소득국가에 살고 있는 사람들은 평균적으로 그 선진국 상대자들이 19세기에 가졌던 것보다 더 낮은 수준의 1인당 실질소득을 갖고 있다. 우선, 개발도상국 인구의 거의 40%가 겨우 최소 수준으로 간신히 살아가려 하고 있다. 명백히 말하자면, 19세기 초 잉글랜드의 평균생활수준은 샘내거나 자랑할 것은 아니었지만 현재 종종 '바닥 10억 명'으로 지칭되는 40여 개 최빈국 국민 상당수의 오늘날 생활수준만큼 경제적으로 허약하거나 불안정하지는 않았다.

둘째, 현대적 성장시기의 초기에 오늘날의 선진국들은 세계 나머지 국가들에 비해 경제적으로 우위에 있었다. 따라서 그들은 소득괴리(income divergence)의 오랜 기간 동안에 자신들의 상대적으로 강력한 금융상의 위치를 활용하여 자신들과 덜 행운이 따랐던 나라들 사이의 소득격차를 넓혔다. 이와는 대조적으로, 오늘날의 개발도상국들은 국제적 1인당 소득분포의 최저 수준에서 성장 과정을 시작했다.

기후의 차이

거의 모든 개발도상국들은 열대 또는 아열대 기후지역에 위치하고 있다. 경제적으로 가장 성공적인 나라들은 온대지역에 위치하는 것이 관찰되어 왔다. 사회적 불균등과 제도적 요소들이 더 큰 중요성을 갖는다고 널리 알려졌지만 이러한 양분은 우연의 일치는 아니다. 식민지 개척자들은 자신들이 정착하기에 불편한 곳에서는 명백히 도움이 되지 않는 '추출'기구를 만들었다. 그러나 또한 대부분의 가난한 나라에서 극단적인 열과 습기는 토지의 질 악화와 많은 천연재화의 급속한 마모를 유발한다. 극단적인 열과 습기는 또한 어떤 작물의 생산성을 낮추고, 숲의 재생성장을 약하게 만들며, 동물의 건강에 해를 끼친다. 극단적인 열과 습기는 근로자들에게 불편함을 끼칠 뿐만 아니라 그들의 건강을 해치고, 격렬한 육체적 노동에 종사할 그들의 의욕을 감소시키며, 일반적으로 그들의 생산성과 효율성 수준을 낮출 수 있다. 제8장에서 알게 되는 바와 같이, 말라리아와 기타 심각한 기생병은 흔히 열대지역에 집중되어 있다. 열대의 지리여건은 경제발전에 심각한 문제를 노정시키기 때문에 말라리아백신을 개발하기 위한 국제적 공동노력과 같은 개발원조 시 이 문제들에 대해 특별한 주의가 주어져야 한다는 증거가 있다.[38]

인구의 규모, 분포, 증가

제6장에서 급속한 인구증가와 관련된 발전 문제와 쟁점 중 일부를 자세히 검토할 것이다. 이 시점에서는 인구 규모, 밀도, 증가가 개발도상국과 선진국 사이의 또 다른 중요한 차이를 구성한다는 것을 지적하는 것으로 충분하다. 초기 성장 기간 이전과 성장 기간 동안 서구국가들은 인구증가의 매우 늦은 상승을 경험했다. 산업화가 진행됨에 따라 주로 사망률의 하락과 출생률의 더딘 증가의 결과 인구증가율이 상승하였다. 그러나 유럽과 북미 국가들이 1년에 2%를 초과하는 인구의 자연증가율을 가졌던 때는 없었으며, 일반적으로 그들은 훨씬 낮은 평균치를 보였다.

이와는 대조적으로, 많은 개발도상국들의 인구는 최근 수십 년 동안 2.5%를 초과하는 연간 증가율로 증가하였으며, 오늘날 몇몇 나라의 인구는 여전히 그렇게 빨리 증가하고 있다. 더욱이, 이렇게 대규모로 증가하는 인구가 소수의 지역에 집중되었다는 것은 많은 개발도상국들이 유럽 국가들의 성장 초기 기간에 비해 상당히 높은 인구-토지 비율을 갖고 있음을 의미한다. 마지막으로, 절대적 숫자로 비교할 때 구소련을 제외하고 장기적 경제성장 기간을 시작한 어떤 나라도 오늘날 인도, 이집트, 파키스탄, 인도네시아, 나이지리아, 브라질의 인구규모에 접근한 적이 없었다. 인구의 자연증가율로 볼 때 오늘날의 케냐, 필리핀, 방글라데시, 말라위, 과테말라 같은 경우는 없었다. 실제로 많은 관찰자들은 선진국의 인구가 급속히 증가하였더라면 현대 선진국들의 산업혁명과 높은 장기 성장률이 그렇게 빨리 그리고 결점과 혼란이 거의 없이 달성되거나 진행되었을지에 대한 의문을 갖고 있다.

국제이주의 역사적 역할

19세기와 20세기 초에 광범위하게 대규모로 이루어진 초과농촌인구의 주요한 출구는 국제이주였다. 세계 인구가 평균적으로 현재 수준의 1/4 미만인 시기였던 1850~1914년 사이에 6,000만 명 이상이 미주로 이주하였다. 이탈리아, 독일, 아일랜드 같은 나라에서는 기근의 기간 또는 토지에의 압력이 종종 도시산업의 제한적 경제기회와 결합되어 미숙련 농촌근로자들을 노동이 희소한 북미 국가와 호주로 이주하도록 하였다. 토머스(Brinley Thomas)의 유명한 설명에서, "1847~1855년 사이 1,187,000명의 아일랜드인과 919,000명의 독일인, 1880~1885년 사이 418,000명의 스칸디나비아인과 1,045,000명의 독일인, 그리고 1898~1907년 사이 1,754,000명의 이탈리아인이라는 세 가지 두드러진 유럽 노동의 미국 경제에의 기여는 피난의 성격을 가진 것이었다."[39]

제1차 세계대전까지의 국제이주의 주요 흐름은 원거리이고 영구적이었던 반면, 제2차 세계대전 이래의 기간에는 본질적으로 단거리에 걸친 그리고 상당 정도 일시적인 유럽 내에서의 국제이주가 재개되었다. 그러나 이러한 이주를 발생시킨 경제적 요인은 기본적으로 동일한 것이었다. 1960년대 남부 이탈리아, 그리스, 터키로부터 잉여농촌근로자들이 노동력이 부족한 지역, 특히 서부 독일과 스위스로 이주하였다. 비슷한 추세가 유럽연합의 확대를 따라 관찰되었다. 잉여노동지역인 남부와 남동부 유럽으로부터의 이러한 후기 이주가 원래 영구적·비영구적 성격을 띠었다는 사실은 이 미숙련 근로자들이 출발하였던 상대적으로 가난한 지역에 두 가지 귀중한 혜택을 제공하였다. 떠나보내는 정부는 100% 실업자로 남아 있게 될 사람들에게 지급될 비용을 절약할 수 있었으며, 해외로 이주한 근로자 임금소득의 상당한 비율이 본국으로 송금되었기 때문에 이 정부들은 귀중하고 상당한 양의 외환을 받았다.[40]

역사적으로, 적어도 아프리카의 경우에는 국가 내 또는 국가 사이의 이주노동이 꽤 일반적이며, 침체된 지역경제에 약간이나마 도움을 주었다. 최근까지 부르키나파소의 미숙련 근로자 수천 명이 이웃 코트디부아르에서 임시 일자리를 얻을 수 있었다는 사실에 의해 상당한 이득이 누적되었고 많은 잠재적 문제들을 피할 수 있었다. 쿠웨이트와 사우디아라비아의 이집트인, 파키스탄인, 인도인, 남부 유럽의 튀니지인, 모로코인, 알제리인, 베네수엘라의 콜롬비아인, 도미니카공화국의 아이티인의 경우도 비슷한 상황이다. 그러나 오늘날에는 대규모 국제이주 유출을 통해 개발도상국의 인구증가 압력을 줄일 가능성이 거의 없다. 이유는 다른 나라에서의 기회에 대한 개발도상국의 지식이 없어서가 아니라 거리와 그리고 무엇보다 중요한 것은 현대 선진국 이민법의 매우 제약적인 성격의 결합된 효과와 관련이 있다.

이러한 제약에도 불구하고, 1960년 이래 개발도상국으로부터 5,000만 명이 훨씬 넘는 사람들이 그럭저럭 선진국으로 이주하였다. 개발도상국으로부터 선진국, 특히 미국, 캐나다, 호주로의 이주속도는 1980년대 중반 이래 매년 200~300만 명 사이에 이를 정도로 급등하였다. 그리고 1980년 이후 증명서를 가지지 않은 또는 불법 이주자들의 수도 크게 증가하였다. 이주자를 받아들이는 선진국의 일부 사람들은 이러한 이주자들이 가난하고 미숙련인 내국인 근로자들의 일자리를 빼앗고 있다고 느끼고 있다. 더욱이, 불법이주자들과 그 가족들이 보건, 교육, 사회 서비스를 불공정하게 무료로 얻음으로써 이 서비스를 지원하기 위한 조세에 대한 증가 압박을 야기한다고 믿고 있다.[41] 결과적으로 미국과 유럽에서 불법이주자들에 대한 대처방안에 대해 주요 논쟁이 현재 진행 중에 있다. 많은 시민들은 선진국에 입국하거나 거주하도록 허용될 이주자들의 수에 대한 엄격한 제약을 원하고 있다.[42] 2010년 미국 애리조나 주에서 통과된 반이주법은 멕시코─미국 국경에 세워진 담장의 제지효과를 강화하였으며 또한 많은 합법적인 이주자들을 불안하게 만들었다. 유럽에서는 2010년 네덜란드, 스웨덴에서와 같이 이주반대를 표방한 정당들이 주요한 의석증가의 성과를 올렸다.

그러나 오늘날 국제이주의 역설적인 점은 이 잉여노동을 위한 전통적인 출구가 효과적으로 차단되었다는 것뿐만 아니라 가난한 나라로부터 부자 나라로 이주한 많은 사람들이 개발도상국이 가장 이주를 허용하지 않으려는 교육을 많이 받은 사람과 숙련도가 있는 사람들이라는 것이다. 이러한 이주자의 거의 대다수는 영구적으로 이동하기 때문에 이러한 잘못된 **두뇌유출**(brain drain)은 귀중한 인적자원의 손실을 나타낼 뿐만 아니라 개발도상국의 미래 경제발전에 관한 심각한 제약으로 판명될 수 있다는 것이다. 예를 들어 1960~1990년 사이에 100만 명 이상의 고위 전문직·기술직 근로자들이 개발도상국으로부터 미국, 캐나다, 영국으로 이주했다. 1980년대 말까지 아프리카는 숙련근로자들의 거의 1/3을 상실하였던 바, 1985~1990년 사이에는 60,000명에 달하는 중급·고급 관리자들(managers)이 유럽 및 북미로 이주하였다. 예를 들어 수단은 의사와 치과의사의 17%, 대학교사의 20%, 엔지니어의 30%, 그리고 서베이어의 45%를 잃었다. 필리핀은 전문근로자의 12%를 미국으로 빼앗겼고, 가나 의사의 60%가 해외에서 개업하였다.[43] 2000년대 초 인도는 미국, 캐나다, 영국으로의 자국민 이주가 현재의 추세로 계속된다면 그 성장하는 최첨단 단지에서의 정보기술 근로자들에 대한 급증하는 필요량을 충족시키지 못했을지도 모른다는 것을 우려하였다.[44] 전 세계적으로 비합법적·합법적 이주자로부터의 송금은 21세기 들어 연 1억 달러를 넘어서고 있으며, 2006년에는 2,000억 달러에 근접하였다.[45] 이주는 허용될 때 이주자와 그 가족의 빈곤을 감소시키며, 이주가 이주자의 본국에 남아 있는 사람들의 빈곤을 감소시키는 혜택의 대부분은 송금을 통해 이루어진다.[46] 이는 극단적으로 중요한 자원이다(제14장 참조).

역설적으로, 잠재적인 혜택은 단지 숙련기술자의 이주 가능성이 크다는 사실이 궁극적으로 이주할 수 있는 근로자보다 더 많은 근로자들로 하여금 정보기술 또는 기타 숙련도를 획득하도록 장려함으로써 노동력의 숙련도 순증가로 이어질 수 있다는 것이다. 적어도 이론적으로, 결과는 실제로 '두뇌유입(brain gain)'이 될 수도 있다는 것이다.[47] 그러나 근본적인 초점인 19세기와 20세기 초의 국제이주와 비례적인 규모로의 미숙련 근로자의 국제이주가 아프리카, 아시아, 남미의 현대의 인구를 위한 동일한 안전판을 제공할 가능성은 더 이상 존재하지 않는다는 사실은 그대로 남아 있다.

국제무역으로부터의 성장을 위한 자극

국제 **자유무역**(free trade)은 19세기와 20세기 초 기간 동안 오늘날의 경제선진국들의 발전을 추진했던 '성장의 원동력(engine of growth)'으로 불렸다. 급속한 수출시장의 확대는 대규모 제조업의 확립으로 이어진 국내수요의 증가에 추가적인 자극을 제공하였다. 상대적으로 안정적인 정치구조와 유연한 사회제도와 함께 이러한 증가된 수출소득은 19세기 개발도상국들로 하여금 매우 낮은 이자율로 국제자본시장에서 자금을 빌리도록 만들었다. 이 자본축적은 이어 생산을 더욱 증가시키고, 수입의 증가가 가능하도록 하였으며, 보다 다양한 산업구조를 유도했다. 19세기에 유럽과 북미 국가들은 상대적으로 자유무역, 자유로운 자본이동, 그리고

두뇌유출
개발도상국으로부터 선진국으로의 교육을 많이 받은 숙련 전문직과 기술자의 이주

자유무역
재화가 관세, 쿼터, 또는 기타 제약 형태로의 어떠한 장애물이 없이 수입되고 수출될 수 있는 무역

제한받지 않는 미숙련 잉여노동의 국제이주를 주로 기반으로 하여 이러한 국제교환의 동태적 성장에 참여할 수 있었다.

20세기에 많은 개발도상국들의 상황은 매우 상이하였다. 동아시아의 성공적인 몇 나라를 제외하고, 비석유수출(그리고 심지어 일부 석유수출) 개발도상국은 세계무역을 기초로 급속한 경제성장을 하려는 데 어마어마한 어려움에 직면하였다. 제1차 세계대전 이후의 수십 년 동안 많은 개발도상국들은 무역에서의 입장 악화를 경험하였다. 그 수출은 확대되었지만 보통 선진국들의 수출만큼 빨리 증가하지 않았다. 그들의 **교역조건**(terms of trade, TOT)(자신이 수입에 대해 지급해야만 하는 가격에 대한 자신들의 수출에 대해 받는 가격)은 수십 년 동안 하락하였다. 따라서 단지 이전 몇 년과 동일한 외화액을 벌기 위해서 수출량은 더욱 빨리 증가해야만 했다. 더욱이, 중국의 눈부신 성장에 의해 촉발된 21세기 초의 상품가격 상승이 유지될 수 있는지도 불분명하다.

개발도상국들이 선진국과의 경쟁상품을 더 낮은 비용으로 생산하게 되는 경우(예 : 직물, 의류, 신발, 일부 경공업제품) 선진국들은 흔히 '자발적' 수입쿼터, 과도한 위생요건, 지적재산 청구, 반덤핑 '조사', 그리고 특별 라이선싱 계약을 포함하는 여러 형태의 무역에 대한 관세 및 비관세 장벽에 의지했다. 그러나 최근 몇 년 동안 점점 많은 수의 개발도상국, 특히 중국과 동아시아 및 동남아시아의 기타 국가들은 선진국으로의 확대된 제조업 수출로부터 이득을 얻었다. 발전 맥락에서의 국제무역과 국제금융의 경제학은 제3부에서 자세히 논의될 것이다.

기초과학과 기술의 연구개발 역량

기초과학 연구와 기술개발은 현대 선진국들의 현대적 경제성장의 경험에 있어 결정적으로 중요한 역할을 하였다. 선진국들의 높은 성장률은 과학지식 축적량의 급속한 진전을 기초로 한 많은 새로운 기술혁신의 대량응용과 증가된 잉여 부에 의해 가능해진 지식 축적량에 대한 추가 축적 사이의 상호작용에 의해 지속되었다. 그리고 심지어 오늘날에도 기초연구로부터 제품개발까지의 그 모든 단계에 있어 과학과 기술발전 과정은 다국적기업의 **연구개발**(research and development, R&D) 활동을 위한 최종목적지로서 중국과 인도의 출현에도 불구하고 부유한 나라에 집중되어 있다. 더욱이, 연구자금은 그들 자신의 경제적 우선순위와 자원부존에 따라 부유한 나라의 관심사인 경제적·기술적 문제를 해결하는 데 사용된다. 부유한 나라들은 정교한 상품, 대규모 시장, 상대적으로 희소한 노동의 공급과 원재료를 절약하면서 많은 자본의 투입과 높은 숙련도 및 경영관리 수준을 사용하는 기술적으로 진일보한 생산방법의 개발에 주로 관심이 있다. 이와는 대조적으로, 가난한 나라들은 단순상품, 단순디자인, 자본절약, 풍부한 노동의 사용, 더 작은 시장을 위한 생산에 훨씬 더 관심이 있다. 그러나 그들은 자신들의 장기적인 경제적 이해에 최선인 R&D를 수행할 금융자원과 과학기술 노하우 모두 갖고 있지 않다.[48]

과학기술 연구의 중요한 분야에서 특히 저소득 개발도상국은 선진국과 비교하여 극도로 불리한 위치에 있다. 그에 반해서 선진국들이 그 초기 성장 과정을 시작하였을 때 그들은 과학기술적으로 나머지 세계보다 크게 앞서 있었다. 그들은 결과적으로 자신들의 장기 경제성장 필요조건에 의해 지시된 속도로 신기술을 디자인하고 개발함으로써 앞선 지위를 유지하는 데 초점을 맞출 수 있었다.

국내 제도의 효력

자신들의 경제발전 초기 단계 당시의 대부분의 개발도상국과 선진국 사이의 또 다른 차이는 국내의 경제적, 정치적, 사회적 제도의 효력에 있다. 초기 산업화의 시기에 많은 선진국, 특히 영국, 미국, 캐나다는 기업가적 의욕을 가진 개개인들을 위한 기회에 상대적으로 광범위한 접근을 제공하였던 경제규칙을 적소에 갖고 있었다. 이 장의 앞부분에서 생산성을 위한 인센티브를 제공하기보다는 추출을 활성화하는 심각한 불균등과 보잘것없는 제도가 종종 식민지 지배세력에 의해 확립되었음을 지적하였다. 오늘날 그러한 추출은 외국의 이해관계는 물론 국내의 강력한 이해관계에 의해 이루어질 수 있다. 그러나 제도를 급속히 바꾸기는 매우 어렵다. 노스(Douglass North)가 강조한 바와 같이, 공식적인 규칙은 "하룻밤에 변할 수 있을지 몰라도 비공식적인 규칙은 보통 아주 점진적으로만 변한다."[49] 이 장의 후반부에서 경제제도에 관한 의문을 다시 다룰 것이다.

선진국들은 또한 융통성에의 광범위한 접근과 함께 상대적으로 강력한 정치적 안정과 보다 유연한 사회제도를 전형적으로 즐겼다. 국가는 오랜 기간에 걸쳐 선진 지역에서보다 유기적으로 출현하였으며, 국민국가로서의 통합은 일반적으로 산업화 시기 이전에 발생하였다. 이와는 대조적으로, 특히 아프리카에서는 국경이 식민지 세력에 의해 보다 자의적으로 정해졌다. '실패한 국가' 그리고 그렇게 될 위험에 처한 국가는 제국주의와 식민지 관행에 뿌리를 둔 식민지로부터의 독립 이후의 현상이다. 많은 개발도상국들이 고대문명의 뿌리를 갖고 있지만 자율적인 체제 사이에 오랜 단절이 종종 존재했다.

2.6 개발도상국과 선진국의 생활수준은 수렴하는가

산업화 시기의 초기에 가장 부유한 나라의 평균적인 실질생활수준은 가장 가난한 나라의 3배를 넘지는 않았다. 오늘날 그 비율은 100 대 1에 근접하고 있다. 따라서 프리쳇(Lant Pritchett)에 의해 지적된 바와 같이, 오늘날의 선진국들이 오늘날의 개발도상국들에 비해 두 세기 넘게 평균적으로 훨씬 높은 경제성장률, 즉 1인당 소득수준의 **괴리**(divergence)라 알려진 과정을 즐겼음은 의심할 여지가 없다. 경제성장이론은 제3장에서 논의된다. 그러나 개발도상국 사이와 선진국과 개발도상국 사이의 발전 성과를 비교하는 데 있어 개발도상국 전체에 걸쳐 이루어진 정력적인 경제발전 노력과 함께 개발도상국과 선진국의 생활수준이 **수렴**(convergence) 현상을 보이는지 고려하는 것은 적절한 일이다.

개발도상국과 선진국의 성장 경험이 유사하다면, 개발도상국들이 평균적으로 선진국들보다 더 빨리 성장함으로써 선진국을 '추격하게' 된다고 기대할 두 가지 중요한 이유가 있다. 첫 번째 이유는 기술이전 때문이다. 오늘날의 개발도상국들은 '바퀴를 재발명'할 필요가 없다. 예를 들어 반도체를 사용할 수 있기 전에 진공관을 사용해야 할 필요가 없다. 로열티가 지

괴리
(산업혁명이 시작된 이후 2세기 동안 보였던 바와 같이) 1인당 소득(또는 산출량)이 저소득국가보다 고소득국가에서 더 빨리 증가해서 시간이 흐름에 따라 국가 간 소득 격차가 확대되는 경향

수렴
1인당 소득(또는 산출량)이 고소득국가보다 저소득국가에서 더 빨리 증가해서 저소득국가가 시간이 흐름에 따라 '추격하는' 경향. 국가들이 모든 경우가 아니라 다른 조건이 일정할 때(특히 저축률, 노동력 증가, 생산기술) 수렴한다고 가정될 때 조건부 수렴이라는 용어가 사용됨

불되어야 하더라도 R&D를 최초로 착수하는 것보다 기술을 모방하는 것이 더 저렴할 수 있는 바, 이는 부분적으로 R&D 도중의 실수와 막다른 골목에 대해 지불할 필요가 없기 때문이다. 이는 개발도상국으로 하여금 기술개발의 초기 단계 중 일부를 '건너뛰고' 즉시 고생산성 생산기술로 이동하도록 만든다. 결과적으로, 개발도상국들은 오늘날의 선진국들이 현재 성장하는 것보다 또는 그들이 활동을 하면서 혁신의 역사적 단계를 통해 단계별로 진행함에 따라 기술을 발명해야 했었던 과거에 성장할 수 있었던 것보다 훨씬 빠르게 성장할 수 있을 것임에 틀림없다. [이는 경제사학자 거셴크론(Alexander Gerschenkron)에 의해 만들어진 용어인 '후진성의 이점'으로 알려져 있다.] 실제로, 관심을 성공적인 발전사례에 한정시킨다면 국가가 그 현대적 경제성장을 늦게 시작하면 할수록 1인당 산출량을 2배로 만드는 데 필요한 시간은 더 짧아진다. 예를 들어 영국은 그 산업발전의 처음 60년에 1인당 산출량을 2배로 만들었으며, 미국은 45년만에 그렇게 했다. 한국은 12년에 못 미쳐서 1인당 산출량을 2배로 만들었으며, 중국은 9년 미만에 그렇게 했다.

조건이 비슷하다면, 수렴을 예상할 두 번째 이유는 요소축적을 기초로 한다. 오늘날의 선진국들은 높은 수준의 물적·인적 자본을 갖고 있다. 생산함수 분석에서 이는 그들의 높은 수준의 1인당 산출량을 설명한다. 그러나 전통 신고전학파 분석에서는 수확체감의 법칙이 적용된다면 자본집약도가 더 높은 선진국에서 자본의 한계생산과 투자의 이윤획득 가능성은 낮아진다. 즉 추가적인 자본이 산출량에 미치는 영향은 자본이 희소한 개발도상국에서보다 이미 그 노동력 규모에 비해 많은 자본을 갖고 있는 선진국에서 더 작을 것으로 기대된다. 결과적으로, 국내저축을 통하거나 또는 해외투자 유치를 통해(제14장 참조) 개발도상국에서의 더 높은 투자율을 기대하게 된다. 더 높은 투자율 때문에 거의 동일한 수준의 자본과 (다른 조건이 동일하다면) 1인당 산출량이 달성될 때까지 자본은 개발도상국에서 더 빨리 증가하게 된다.[50]

기술이전과 보다 빠른 자본축적이라는 이 두 가지 조건 중 하나 또는 둘 모두를 고려해볼 때 더 빨리 성장하는 개발도상국이 더 늦게 성장하는 선진국을 추격하게 됨에 따라 소득은 장기적으로 수렴의 경향을 보이게 된다. 소득이 궁극적으로 동일한 것으로 판명되지는 않더라도 인구증가율과 저축률 같은 핵심 변수들을 조건부로(즉 핵심 변수들의 어떤 체계적인 차이라도 또한 고려한 이후) 소득은 적어도 균등화되는 경향을 나타내게 될 것이다(이 주장은 제3장에서 검토될 신고전학파 성장모형에서 공식화된다). 국가 사이의 자본과 기술에 있어서의 엄청난 차이를 고려해볼 때, 성장조건이 비슷하다면 데이터의 수렴 경향을 볼 수 있음에 틀림없다.

현재 세계 경제에 수렴현상이 존재하는지 여부는 질문이 어떻게 틀이 잡히는가의 두 가지 수준에 좌우되는 바, 국가평균소득의 수렴인지 또는 개인소득의 수렴인지(세계가 하나의 나라인 것처럼 생각하면서), 그리고 상대적인 갭 또는 절대적인 갭에 초점을 맞추는지가 바로 그것이다.

상대적인 국가 간의 수렴 가장 널리 사용되는 접근법은 가난한 나라들이 부유한 나라들보다 더 빨리 성장하는지를 단순히 검토하는 것이다. 이러한 일이 발생하는 한, 가난한 나라들

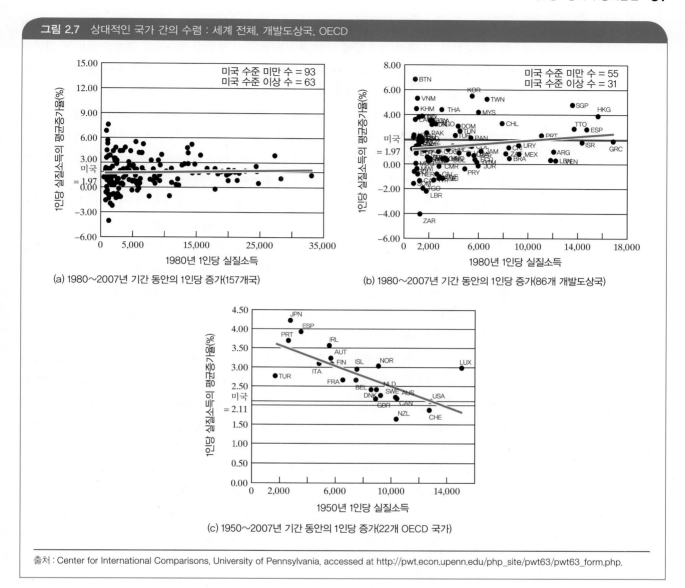

그림 2.7 상대적인 국가 간의 수렴 : 세계 전체, 개발도상국, OECD

(a) 1980~2007년 기간 동안의 1인당 증가(157개국)

(b) 1980~2007년 기간 동안의 1인당 증가(86개 개발도상국)

(c) 1950~2007년 기간 동안의 1인당 증가(22개 OECD 국가)

출처 : Center for International Comparisons, University of Pennsylvania, accessed at http://pwt.econ.upenn.edu/php_site/pwt63/pwt63_form.php.

은 궁극적으로 부유한 나라의 소득수준까지 '추격하는' 경로 위에 있게 된다. 당분간은 부유한 나라 소득이 가난한 나라 소득의 더 작은 배수가 됨에 따라(또는 다른 관점에서 본다면, 가난한 나라 소득이 부유한 나라 소득의 점점 더 큰 비율이 된다) 소득의 상대적인 갭은 줄어들게 된다. 이는 국가별로 살펴볼 수 있다. 중국의 평균소득은 1980년에 미국의 단 3%였지만, 2007년에는 미국 소득의 14%에 도달했다고 추정된다. 그러나 동일한 기간에 콩고민주공화국의 소득은 미국 수준의 약 5%로부터 1%로 하락했다. 그러나 세계적으로 볼 때 상대적인 수렴의 증가는 가장 최근의 수십 년 동안조차도 빈약할 뿐이다.

〈그림 2.7a〉는 이러한 문헌의 전형적인 조사 결과를 설명한다. 가로축에는 소득 데이터가 최초 연도인 1980년부터 표시되어 있는 한편, 세로축에는 1인당 실질소득의 평균증가율이 최

초 연도 이후 27년에 걸쳐 2007년까지 나타나 있다. 무조건적인 수렴이 존재한다면, 최초에 저소득국가가 더 빨리 성장함에 따라 표시된 점들이 명백한 부(−)의 관계를 보이는 경향이 있게 된다. 그러나 〈그림 2.7a〉에 보이는 바와 같이, 국가 간의 수렴을 향한 명백한 경향은 존재하지 않는다. 실제로, 심지어 이 최근의 기간 동안조차도 약 60%의 국가가 미국보다 더 천천히 성장하였다. 〈그림 2.7b〉에서와 같이, 단지 개발도상국만 본다면 괴리가 발생하고 있음이 명백하다. 즉 중위소득국가가 저소득국가보다 더 빨리 성장하고 있으며, 따라서 개발도상국 사이에 갭이 증가하고 있다. 많은 나라들, 특히 49개 최빈국은 상대적 정체에 그대로 머물러 있다. 가난한 개발도상국은 전체적으로 추격하지 못했다.[51]

　〈그림 2.7c〉에 고소득 OECD 국가들의 1950~2007년 기간 동안의 성장이 나타나 있다. 이 그림은 수렴 중 하나를 보여주는 바 이를 주의 깊게 해석할 필요가 있다. 한 가지 설명은 이 나라 모두가 상대적으로 일찍 현대적 경제성장을 시작했다는 것을 포함한 비슷한 특징을 갖고 있다는 것이다. 이는 이들 나라들로 하여금 서로 무역과 투자를 하도록 했음은 물론 기술을 보다 쉽게 빌릴 수 있도록 만들었다. 만약 개발도상국들이 OECD 국가들의 제도와 정책을 밀접하게 좇는다면, 그들은 당연히 수렴할 수 있을 것이라고 결론을 내릴 수 있다. 그러나 앞에서 지적한 바와 같이, 오늘날 저소득국가와 고소득국가 사이에는 그 일부는 변화시키기가 매우 어려울 수 있는 많은 제도와 기타 차이들이 존재하는 바, 이를 다음 절에서 더 살펴보기로 한다. 더욱이, 가난한 나라는 그 무역장벽을 낮추도록 부유한 나라를 강요할 수 없다. 어떤 경우에도 **선택편의**(selection bias) 때문에 결과로부터 매우 주의 깊게 결론을 도출해야 한다. 즉 오늘날의 부유한 나라들 중 일부는 과거에 상대적으로 부유하였으며 일부는 상대적으로 가난했으므로, 오늘날 그들이 모두 부유하기 위해서는 단순한 논리상 가난한 나라들이 부유한 나라들에 비해 더 빨리 성장했어야만 했다. 따라서 관심을 단지 부유한 나라들에만 한정하는 것은 선택편의라는 통계적 오류를 범하도록 한다.[52] 그럼에도 불구하고, 세계 전체의 경우 장기적인 수렴에 대한 설득력 있는 증거를 발견할 수 없다는 것과 함께 OECD 국가 사이의 수렴에 대한 강력한 증거, 특히 최빈국 경우의 괴리는 현재 선진국과 개발도상국 사이에 성장조건의 차이가 존재한다는 것을 반영하는 한 가지 증거일 가능성이 있다.

절대적인 국가 간의 수렴　중국에서의 최근의 급속한 성장과 남아시아에서의 성장의 가속화로 이 지역들은 현재 상대적인 국가 간의 수렴 경로에 있다. 예를 들어 1990~2003년 기간 동안 고소득 OECD 국가의 소득은 24% 증가한 반면, 남아시아는 56%, 중국은 196% 증가하였다. 그러나 상대적으로 낮은 초기 소득수준 때문에 높은 성장률에도 불구하고 〈그림 2.8〉에 나타난 바와 같이 소득증가는 절대액으로 OECD보다 여전히 더 적다. 즉 개발도상국의 평균소득이 선진국 평균소득의 더 큰 비율이 되었을 때조차도 소득의 차이는 궁극적으로 줄어들기 시작하기 이전의 일정 기간 동안 여전히 계속해서 커질 수 있다. 절대적인 국가 간의 수렴 과정은 상대적인 국가 간의 수렴 과정보다 강력한 (그리고 오로지 시차가 있어야만 나타나는) 기준이다.[53]

인구가중치를 사용한 상대적인 국가 간의 수렴　중국과 인도의 높은 성장률은 세계 인구의 1/3

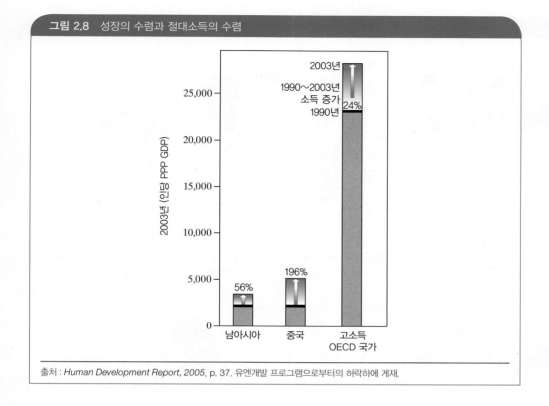

그림 2.8 성장의 수렴과 절대소득의 수렴

출처 : *Human Development Report, 2005*, p. 37. 유엔개발 프로그램으로부터의 허락하에 게재.

이상이 이 두 나라에 살고 있기 때문에 특히 중요하다. 이러한 접근법은 국가의 인구 규모에 그 1인당 소득증가율의 중요성이라는 가중치를 비례적으로 부여하기 위한 질문의 틀을 짜도록 한다. 이러한 형태의 전형적인 연구가 〈그림 2.9a~d〉에 그려져 있다. 각국의 데이터를 나타내는 점들 대신에 각국 인구의 상대적 규모를 나타내기 위해 방울 모양이 사용되었다. 소수의 다른 나라와 함께 중국과 인도에서의 성장의 가속화가 그림을 어떻게 변화시켰는지에 대한 감을 잡기 위해 데이터가 4개의 기간으로 나뉘었다. 〈그림 2.9a〉와 〈그림 2.9b〉는 1950년부터 1976년까지 1인당 소득의 상대적인 괴리가 존재했다는 것을 반영하지만, 〈그림 2.9d〉는 1989년 이래(그리고 덜 확실하지만 그럴듯한 1977년부터 1989년까지도, 〈그림 2.9c〉 참조) 1인당 소득의 상대적인 수렴이 있었음을 반영하고 있다. 현재의 추세가 지속된다면(이들 성장률의 둔화에 대한 광범위한 예측의 대전제), 중국, 인도, 브라질이 1950년 세계 생산의 약 10%였던 것이 2050년까지 거의 40%를 차지할 것이다.[54] 많은 최빈국에서 여건이 정체인 채로 남아 있거나 또는 심지어 악화되었다는 것이 사실임에도 불구하고, 인구가중치를 사용한 접근법에서는 그 작은 인구 규모 때문에 이러한 괴리효과는 많은 인구를 가진 나라의 성장에 의해 상당히 상쇄되었다. 모든 그러한 추세는 변할 수도 있다는 것을 주목하라. 예를 들어 49개 최빈국과 기타 저소득국가의 인구증가율은 중위소득국가와 고소득국가에 비해 훨씬 높다. 따라서 그들의 인구가중치는 시간이 흐름에 따라 증가하고 있다. 아프리카 국가들은 세계적 수렴이라는 새로운 추세를 확대시키는 더 급속한 성장이라는 그들의 최근 추세가 진전되는 것을 볼 수 있을지도 모른다. 아니면 그들과 다른 개발도상국들은 성장의 둔

그림 2.9 국가 규모, 최초 소득수준, 그리고 경제성장

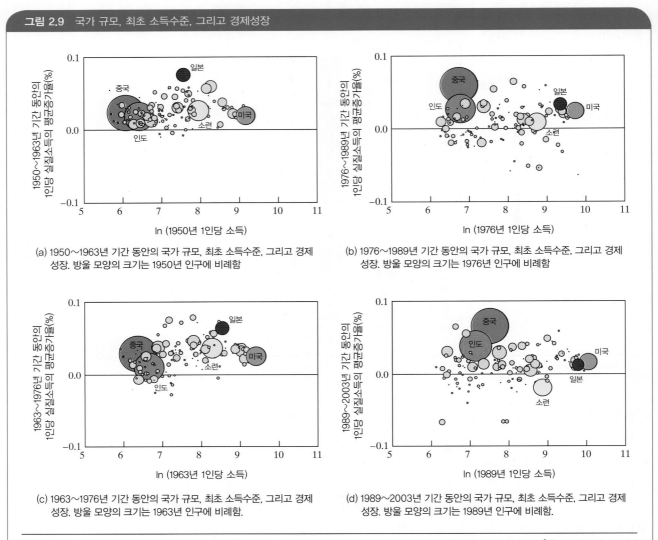

(a) 1950~1963년 기간 동안의 국가 규모, 최초 소득수준, 그리고 경제
성장. 방울 모양의 크기는 1950년 인구에 비례함

(b) 1976~1989년 기간 동안의 국가 규모, 최초 소득수준, 그리고 경제
성장. 방울 모양의 크기는 1976년 인구에 비례함

(c) 1963~1976년 기간 동안의 국가 규모, 최초 소득수준, 그리고 경제
성장. 방울 모양의 크기는 1963년 인구에 비례함.

(d) 1989~2003년 기간 동안의 국가 규모, 최초 소득수준, 그리고 경제
성장. 방울 모양의 크기는 1989년 인구에 비례함.

출처 : Steven Brakmana and Charles van Marrewijk, "It's a big world after all: On the economic impact of location and distance," *Cambridge Journal of Regions, Economy and Society* 1 (2008): 411 – 437. Oxford University Press의 허락하에 게재.

화를 경험하게 될 것이며, 세계 경제는 괴리의 기간으로 되돌아갈 수 있다. 이러한 추세들은
면밀히 관찰될 것이다.

세계를 한 국가로 가정할 때의 수렴 수렴 연구의 마지막 그리고 매우 상이한 접근법은 세
계를 마치 한 국가인 것처럼 생각하는 것이다. 그러한 첫 번째 연구에서 밀로노빅(Branko
Milonovic)은 세계 전역으로부터의 가계 데이터 세트를 함께 묶어 세계 불균등이 1988년부터
1993년까지의 기간 동안 증가하였다고 결론을 내렸다.[55] 이러한 종류의 연구들은 수행하기가
어렵다. 인구가중치를 사용한 국가 간의 수렴과 다른 가장 중요한 차이점은 세계를 한 국가로
가정할 때의 수렴 연구는 국가 간은 물론 국가 내의 불균등 변화도 고려할 수 있다는 것이다.

특히 중국의 농촌소득과 도시소득 차이의 격차 확대는 이러한 방법을 사용한 세계 괴리의 조사 결과에 주요한 효과를 미쳤다. 그러나 대부분의 학자들과 정책 입안자들은 발전을 국가 수준에서 발생하는 과정으로 틀을 꾸미는 바, 국가 간의 수렴 연구가 표준으로 되어 있다.

부문수렴 경제가 무조건적으로 수렴하지 않는다는 증거에도 불구하고 산업부문의 국가 간 수렴이 발생할 수 있으며 이는 미래 수렴 가능성을 시사한다. 로드릭은 제조업 부문의 수렴에 대한 증거를 발견하였으며 국가 간 전체 경제 수렴에 증거를 찾지 못한 것은 저소득국가에서 제조업의 고용 비중이 낮고 저성장으로 비롯된 것임을 시사한다.[56]

2.7 상대적 발전의 장기적 원인

무엇이 개발도상국과 선진국 사이의 오늘날까지의 개발업적의 극심한 차이를 설명하는가? 다음 두 장은 경제성장과 발전 과정의 이론들과 정책도전을 검토한다. 여기서는 상대적 발전의 주요 장기적 원인[57]을 음미하기 위한 가장 영향력 있는 최근의 몇몇 연구문헌[58]에서 주장되었던 경로로 체계(schematic framework)를 제시한다. (이렇게 중요한 주제에 관한 연구가 아직도 상대적으로 초기 단계에 있다는 것을 명심하라. 즉 학자들은 강조할 것과 중요한 것에 대해 있을 수 있는 의견의 불일치를 갖고 있는 바, 새로운 조사 결과들은 정규적으로 보고된다.)

첫째, 초장기적으로 볼 때 기후를 포함하는 물질적인 지리적 여건이 경제사에 중요한 영향력을 미쳤다는 것을 의심하는 경제학자들은 거의 없을 것이다. 비록 인간 활동이 현재 그것을 더 좋게 또는 더 나쁘게 바꿀 수 있지만 지리적 여건은 일단 진정으로 외생적인 것이다. 그러나 열대기후 같은 지리적 여건의 경제적 역할은 오늘날 분명하지 않다. 몇몇 연구는 특히 불균등과 제도 같은 다른 요소들이 고려될 때 물질적인 지리적 여건은 현재의 발전 수준을 이해하는 데 거의 도움이 되지 않음을 암시한다. 그러나 몇몇 증거는 상반된 내용을 보여준다. 예를 들어 말라리아가 독립적으로 미치는 영향과 내륙국이라는 상태가 몇몇 경우 경제성장에 방해가 될 수 있다는 정보에 대해 몇 가지 증거가 있다. 실제로 일부 경제학자들은 직접적인 연결을 주장하는 바,[59] 따라서 이러한 가능한 효과는 〈그림 2.10〉의 왼쪽 편에 지리적 여건을 소득과 인간개발에 연결시키는 **화살표 1**로 반영된다.[60]

상대적 발전에 중요한 역할을 하는 **경제제도**(economic institutions)는 노벨상 수상자인 노스(Douglass North)에 의해 경제적 삶의 '게임규칙'으로 정의되었다. 그 자체로 제도는 재산권과 계약시행의 규칙을 확립하고, 조정을 개선하며,[61] 광범위한 인구를 위한 기회에의 접근을 제공함으로써 강압적이고, 사기를 치는, 그리고 반경쟁적인 행태를 제약하고, 엘리트의 권한을 제한하며, 갈등을 보다 일반적으로 관리함으로써 시장경제의 토대를 제공한다. 더욱이 제도는 (또한 시장경쟁을 정당화하도록 기능하는) 사회보험과 예측할 수 있는 거시경제의 안정성 조항을 포함한다.[62] 고소득국가는 더 나은 제도를 받아들일 여유가 있으며, 따라서 제도가 소득에 미치는 영향을 확인하는 것은 도전해볼 만한 일이다. 그러나 최근에 발전경제학자들은 이러한 연구목표를 달성하는 데 영향을 미치는 기여를 했다.

경제제도

헌법, 법, 계약, 그리고 시장규제에 체화된 공식적인 규칙에 행태 및 행동 규범, 가치, 관습, 일반적으로 받아들여지는 행동 방식에 반영된 비공식적인 규칙을 더한 것을 포함하는 경제의 상호작용(또는 '게임규칙')을 구체화하는 '인간이 고안한' 제약

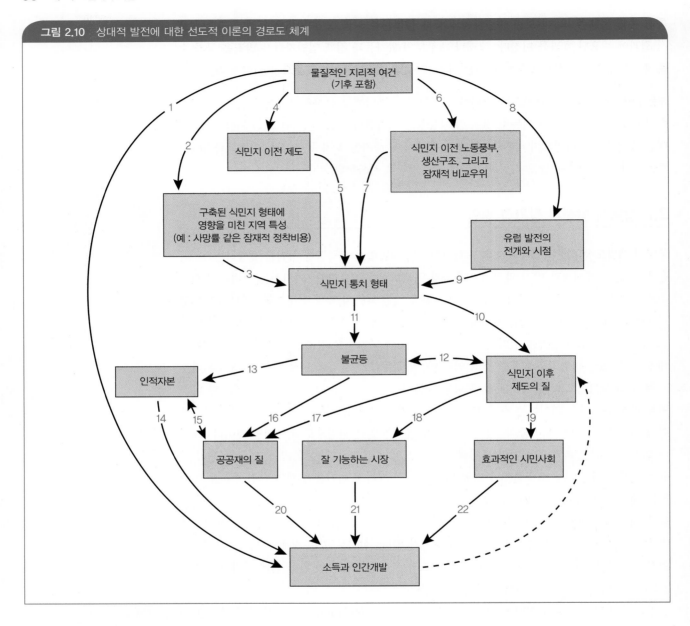

그림 2.10 상대적 발전에 대한 선도적 이론의 경로도 체계

앞에서 지적한 바와 같이, 대부분의 개발도상국은 한때 식민지였다. 지리적 여건이 확립된 식민지 형태에 영향을 미쳤던 바(**화살표 2**), 현재 가장 잘 알려진 지리적 특징 중 하나는 그 영향력[63]이 애서모글루, 존슨, 로빈슨(Daron Acemoglu, Simon Johnson, James Robinson)의 논문에서 검토된 정착민의 사망률이다. 이 주장에서 잠재적 정착민들이 높은 사망률(또는 아마도 다른 높은 비용)에 직면했을 때 그들은 흔히 팔을 뻗으면 닿을 정도의 거리에서 다스렸으며 대규모의 장기적 정착을 회피하였다. 그들의 이해관계는 '빨리 강탈하고 빠져나가자' 또는 '내국인으로 하여금 너를 위해 강탈하도록 하라'로 요약될 수 있다. 따라서 생산 인센티브에 앞서 추출을 선호하는 비우호적인 제도가 확립되었다. 그러나 사망률이 낮고, 인구가 밀

집되지 않으며, 자원의 착취가 상당한 식민지 주민의 노력을 필요로 했던 곳에서는 투자, 특히 관리들에 대한 제한 그리고 몰수로부터의 보호를 광범위하게 장려하는 제도가 확립되었다 (때로는 더 나은 대우를 요구하는 협상력을 가졌던 정착민들의 선동 결과로). 이러한 효과는 **화살표 3**에 반영되고 있다. 애서모글루와 동료들은 제도적 차이를 고려한 후 지리적 여건 변수(예 : 적도와의 근접성)는 오늘날 소득에 거의 영향을 미치지 못한다는 증거를 제시하고 있다.[64] 그들의 통계적 추정치들은 1인당 소득에 대한 제도의 큰 효과를 암시한다.

지리적 여건이 식민지 이전 제도에 미치는 영향은 **화살표 4**에 포착된다. 확립된 식민지 통치 형태에 영향을 미쳤던 범위에서 식민지 이전 제도 또한 문제가 된다. 이 가능한 효과는 **화살표 5**에 반영되고 있다.

식민지 이전 비교우위와 서서히 전개된 미국에서의 **노동풍부** 그리고 확립된 제도와의 관계는 엥거만과 소코로프(Stanley Engerman, Kenneth Sokoloff)의 선구자적인 논문에서 검토되었다.[65] 기후가 플랜테이션농업(특히 초기 역사에 있어서의 사탕수수)의 특징을 갖는 생산구조에 적당할 때 노예제와 원주민 노동에 대한 다른 형태의 대량착취가 시작되었다. 다른 지역에서는 접촉 후 충분한 숫자의 원주민들이 살아남았고 광물자원이 이용 가능할 경우 노동에 대한 청구권을 포함했던 어마어마한 토지양도가 (스페인에 의해) 이루어졌다. (사탕수수와 광물이라는) 상이한 비교우위로부터 비롯되었지만, 발전에 오랫동안 부정적인 효과를 미쳤던 경제 및 정치적 불균등은 이러한 모든 나라에서 (심지어 자유인 사이에도) 높은 수준이었으며 여전히 그대로 남아 있다. 이러한 연결은 **화살표 6**과 **화살표 7**에 반영된다. 초기의 불균등은 비엘리트 인구의 노동시장은 물론 토지, 교육, 금융, 재산보호, 투표권에의 접근제한과 함께 영속되었다. 이는 상업 활동에 광범위하게 참여해서 높은 사회적 수익을 얻었던 시기인 19세기에 산업화가 발생했을 때 그것을 활용할 기회를 방해하였다.

북미의 잠재적 **생산구조**와의 비교는 인상적이다. 당시에 미국의 다른 곳에서 볼 수 있는 열대농업과 광물추출의 규모의 경제가 곡물에서의 비교우위에서는 나타나지 않았다. 풍부한 토지에 노동이 희소했기 때문에 (식민지 개척자의 노력에도 불구하고) 권력집중이 이루어지지 않았다. 더 많은 정착민들을 유치하고 그들로 하여금 식민지 경제에 종사하도록 장려할 필요성이 북미의 식민지에서 보다 평등주의적인 제도가 전개되도록 유도하였다. 북미 사람들은 다른 곳에서는 꽤 제약적이었던 모든 생산요소에의 접근에 있어 더 큰 평등주의를 누렸다. 이러한 환경은 광범위한 기반을 가진 혁신, 기업가정신, 투자를 활성화시켰으며, 훨씬 가난한 사회로 시작했음에도 불구하고 미국과 캐나다에 결정적인 이점을 제공하였던 바, 이는 그들로 하여금 그 인구가 대부분 문맹이고, 권리를 박탈당했으며, 담보를 결여한 사회를 경제적으로 능가하도록 했다.[66] (엥거만과 소코로프 분석의 추가적인 측면은 곧 검토될 것이다.)

지역인구가 대규모이고 밀도가 높으며 사회적 기구가 더 발전된 상태일 때, 식민지 개척자들이 공물을 얻기 위한 기존의 사회구조를 접수하기가 더 용이했다. 그런 경우, 결과적으로 나타나는 제도는 새로운 부의 창출보다는 기존 부의 추출 메커니즘을 선호하게 되는 경향이 있었으며, 이는 종종 그 지역의 상대적 재산의 감소로 이어졌다. 이는 애서모글루, 존슨, 로빈슨에 의해 강조되었는데, 이들의 이러한 역사적인 '행운의 역전(reversal of fortune)'[67]에 관한 영향력 있는 연구는 또한 **화살표 5**에 반영되고 있다. 저자들은 만약 지리적 여건이 발전 가능성에 절대적으로 중요하다면 식민지화 이전에 가장 번영했던 지역들이 오늘날에도 계속해서 상대적으로 번영해야만 한다는 것을 강조한다. 그러나 가장 번영했던 이전 식민지 지역들이 오늘날 가장 덜 번영하는 경향이 과거에 나타났었다. 과거 소득과 정(+)의 상관관계가 있는 과거 인구밀도와 과거 도시화가 현재 소득과 부(−)의 상관관계가 있음을 이들 저자들은 보여주고 있다.[68] 유럽 사람들은 번영했던 지역에 보다 추출적인 **제도**(식민지화된 인구로부터 보다 많은 잉여를 추출하려 고안된 제도)를 마련했으며, 이러한 제도가 종종 현대의 기간까지 영속화되었다는 증거가 존재한다.[69]

지리적 여건은 의심할 바 없이 유럽의 초기 역사에 영향을 미쳤다.[70] 이는 유럽 발전의 전개와 시점으로 이어지는 **화살표 8**에 반영되고 있다. 유럽의 초기 발전은 대부분의 다른 지역에 비해 유럽에 장점을 제공했던 바, 이 장점은 세계의 많은 지역을 식민지화하는 데 사용되었다. 그러나 실행에 옮겨진 식민지 통치 형태는 식민지화된 세계의 여러 지역에서 그리고 식민지 개척자의 본국 내에서의 식민지화 시점의 조건에 따라 상당히 달랐다. **화살표 9**에 반영된 것처럼 유럽 발전의 시점은 확립된 식민지 통치 형태에 영향을 미쳤다. 예를 들어 비록 둘 모두 원주민을 희생하여 발생했지만 여러 이유 때문에 초기 식민지화는 후기 식민지화에 비해 일반적으로 더 많은 약탈과 덜 적극적인 생산을 수반했다고 주장된다.[71]

식민지 이전 비교우위도 또한 나중에 식민지화된 온대지역의 정착민들이 보다 많은 지식과 보다 발전된 기술을 갖고 도착하였다는 의미에서 제도에 영향을 미치는 데 있어 유럽 발전의 시점과 상호작용했을 수 있다. 특히 유럽인들은 북미와 같은 나중에 정착한 지역에 더 나은 농업기술을 가져왔다. 필딩과 토레스(David Fielding, Sebastian Torres)에 의해 지적된 바와 같이, 19세기까지 유럽의 인구증가와 기술변화는 밀, 낙농과 같은 생산물의 온대지역 농업기술과 함께 사람들을 대규모로 공급하였다. 그들은 이러한 기술을 사용하여 온대지역 식민지와 이전 식민지(소위 신유럽)에서 높은 소득을 획득할 수 있었다.[72] 따라서 식민지 이전 (잠재적인) 비교우위 또한 중요하다. 이 연결은 **화살표 6**과 **화살표 7**을 통한 흐름에 반영된다. 구체적 기술이 담당했을 가능한 역할은 또한 발전을 위한 인적자본투자의 중요성을 지적하는 바, 이는 **화살표 14**에 반영되고 있다.

따라서 확립된 식민지 통치 형태는 항상 식민지 개척자들의 이득을 위해 고안되면서 국내 및 유럽의 공급과 수요 요소에 의해 영향을 받았다. 통치 형태는 **화살표 10**에 반영된 식민지 이후 제도의 질에 엄청난 영향을 미쳤다. 예를 들어 콩고(오늘날의 콩고민주공화국)에 대한 벨기에 왕 레오폴드 2세의 도덕적으로 타락한 지배는 거의 틀림없이 독립 이후 포악한 모부투(Mobutu) 통치의 궁극적인 원인이었다. 물론 식민지주의의 모든 영향이 필연적으로 나쁜 것은 아니다. 노예화, 정복, 착취, 문화유산의 상실, 억압과 함께 식민지 개척자들은 또한 의료와 농업 같은 분야에 현대적인 과학적 방법을 가져왔다. 이러한 발전은 일본과 같이 사회가 식민지화가 되지 않고도 달성될 수 있었기 때문에 이러한 것이 식민지주의의 변명이 될 수 없음을 주목하라. 식민지로 오랜 시간을 보냈던 나라 또는 영토(적어도 섬의 경우)가 아직도 짧은 식민지 기간을 경험했던 곳보다 더 높은 소득을 갖고 있는 몇몇 증거가 있는 바, (아마도 초기 식민지 활동이 후기보다 더 치명적인 효과를 가졌기 때문에) 이 효과는 나중에 식민지화된 곳에서 더 크다. 그렇다 치더라도 이러한 발견에는 강력한 단서가 필요하다.[73]

구체적 제도를 창출하는 것 이외에도, 유럽의 식민지화는 상이한 정도의 **불균등**(종종 민족성과 상관관계가 있음)을 창출하거나 심화시켰고, 이는 궁극적으로 특히 남미와 카리브 해에서 성장과 발전 가능성의 감소로 이어졌다. 이는 **화살표 11**에 반영되고 있다. 높은 불균등은 흔히 작물이 노예 플랜테이션에서 '효율적으로' 생산될 수 있는 지역에서의 노예제의 결과로 나타난다. 높은 불균등은 또한 대규모의 정착원주민이 강제로 노동이 될 수 있었던 곳에서 나타난다. 그러한 역사는 특히 남미에서 장기적인 결과를 가져왔다. 엥거만과 소코로프가 주장하는 바와 같이, 불균등 정도 자체가 구체적인 정책은 물론 제도의 전개를 구체화할 수 있다. 불균등이 극단적인 곳에서는 **인적자본**(**화살표 13**)과 기타 공공재(**화살표 16**)에 대한 투자가 적었고, 양방향 **화살표 12**에 의해 반영되는 바와 같이, (또한 다른 건설적인 제도로의 이동을 활성화할 수 있었던) 민주적 제도로의 이동이 덜 나타나는 경향이 있었다.[74]

따라서 극단적인 불균등은 상대적 발전을 설명하는 데 있어 장기적 요소일 가능성이 크다. 이는 북미 국가와 중남미 국가 사이의 현저한 역사적 대조에서 제기되었다. 비록 남부 식민지에서의 미국 원주민과 노예에 대한 비인간적인 대우가 영국 정착민들이 스페인에 비해 선천적으로 '더 훌륭한 주인'이기 때문이 아니라는 사실을 반영하지만, 북미에는 더 큰 평등주의가 있었다. 여전히 북미의 경험은 중남미와 카리브 해의 극단적인 불균등과 크게 대조된다.[75] 엥거만과 소코로프는 남미의 높은 불균등은 또다시 북미와 대조적으로 낮은 **인적자본투자**로 이어졌다고 주장하고 있는 바,[76] 이 메커니즘은 다시 **화살표 13**에 반영되고 있다. 남미의 엘리트들은 그 뒤 오로지 증가된 해외로부터의 이주에 대한, 따라서 해외로부터의 이주자들을 위한 보다 매력적인 조건의 창출에 대한 자신들의 수익이 높을 때만 자신들의 통제를 느슨하게 했다. 그렇다면 특수한 제도를 창출하는 것 이외에도 유럽의 식민지화는 흔히 민족성과 상관관계를 가진 상이한 정도의 불균등을 창출하거나 심화시켰다. 이러한 역사는 특히 남미에서 장기적인 결과를 가져왔다. 불균등으로부터 식민지 이후 제도의 질로의 **화살표 12**는 무엇이 제도의 사회갈등이론이라는 용어가 있도록 했는지를 반영한다. 〈예문 2.4〉는 엥거만과 소코로프가 예측한 방법으로 불균등이 1인당 소득에 상당히 영향을 미친다는 연구결과를 제시하고 있다.

비록 이 절에서 조사된 경제적 요소와 비교할 때 문화의 정확한 역할이 분명히 확립되지 않았지만, 따라서 도표에 포함되지 않았지만 문화적 요소 또한 교육, 식민지 이후 제도의 질, 그리고 시민사회의 효력에 관해 중점을 두는 정도에 영향을 미칠 수 있다. 이 외에도 제도의 질은 불균등이 중간에 위치함으로써 나타나는 영향력을 통해 교육 및 건강에의 투자의 양과 질에 영향을 미친다. 높은 교육수준을 가진 나라에서는 엘리트들에 대한 더 많은 제한과 함께 제도가 보다 민주적인 경향이 있다. 교육과 제도 사이의 인과관계는 어느 쪽 방향으로든 흐를 수 있거나, 둘 모두 여전히 다른 요소들에 의해 함께 발생할 수 있다. 몇몇 학자들은 독재자에 의해 운영되는 나쁜 제도를 가진 몇몇 국가들이 교육투자를 포함하는 훌륭한 정책을 실행에 옮겼으며 결과적으로 성장으로 편익을 회수한 후 그 나라들은 자신의 제도를 바꿨다고 주장한다.[77] 그들은 인적자본은 적어도 제도만큼 장기적 발전의 근본적 원천이라고 주장한다. 도

예문 2.4 연구 결과 : 상대적 발전의 이론을 테스트하기 위한 수단변수 불균등

2007년의 연구에서 이스털리(William Easterly)는 엥거만과 소코로프(Engerman and Sokoloff) 가설을 조사하기 위해 국가 간 데이터를 사용하였다. 그의 연구는 '농업의 부존이 불균등을 예측하고 불균등이 발전을 예측한다'는 것을 확인하였다. 구체적으로, 이스털리는 불균등은 1인당 소득에 부정적인 영향을 미치고, 또한 '높은 불균등이 1인당 소득을 낮추는 메커니즘'인 제도의 질과 학교교육에도 부정적인 영향을 미친다는 것을 발견하였다. 소득과 불균등 사이의 부(−)의 관계가 데이터에 나타난다는 것은 분명하지만, 측정오차와 저개발 자체가 불균등의 원인이 될 수 있는 연결 같은 많은 혼동되는 요소가 나타날 때 발전경제학자들은 예측과 인과관계 부여를 위해 어떠한 단계를 밟을까?

때때로 발전경제학자들은 현장실험을 하지만, 분명히 어떤 일이 발생하는지를 알기 위해 임의로 국가에 여러 수준의 불균등을 부여할 수는 없다! 현장실험이 불가능한 많은 경우에 발전경제학자들은 흔히 수단변수(instrumental variable)(또는 '수단')를 탐색함으로써 인과관계를 이해하려 시도한다. 실제로, 경제발전론의 많은 연구자들은 이 탐색에 많은 시간을 투자한다. 이는 계량경제학 강의에서 다루는 주제이다. 그러나 기본적인 아이디어는 (불균등 같은) 잠재적 인과관계변수 c가 (소득 또는 교육수준 같은) 발전의 결과변수 d에 미치는 효과를 확인하기 위해 오직 e가 c에 미치는 효과를 통해서만 d에 영향을 미치는 파악하기 어려운 수단변수 e에 탐색의 초점을 맞춘다는 것이다. 따라서 수단변수

는 해당 결과변수에 독립적인 효과를 갖지 않는다. 앞에서 애서모글루, 존슨, 로빈슨(Acemoglu, Johnson, and Robinson)이 정착민 사망률을 초기 제도의 수단변수로 사용했음을 살펴보았다. 이스털리는 '사탕수수 재배에 적당한 토지와 비교하여 밀 재배에 적당한 토지의 풍부함'을 불균등의 수단변수로 사용하고 있다. 이 전략을 사용하여 이스털리는 엥거만과 소코로프의 다양한 높은 수준의 불균등이 독립적으로 '번영, 좋은 질의 제도, 높은 수준의 학교교육에 통계적으로 유의한 큰 장애물'이라고 결론을 내리고 있다. 학교교육과 제도의 질은 엥거만과 소코로프에 의해 높은 수준의 불균등이 낮은 소득으로 이어지도록 하는 바로 그 메커니즘이다. 훌륭한 수단변수는 찾기가 어렵지만, 찾는다면 아일랜드의 전설적인 작은 요정 레프리컨(leprechaun) 같이 연구자에게 금덩어리와 동일한 것을 줄 수 있다. 비록 불균등과 발전에 관한 활발한 논쟁이 계속되고 있지만, 주의 깊은 제도적 분석, 엥거만과 소코로프의 경제사 학문, 이스털리에 의해 사용된 것과 같은 대규모의 데이터 세트를 가진 인과관계 연구의 상호작용은 경제발전론 분야가 어떻게 계속하여 발전하는지에 대한 창을 제공한다.

출처 : William Easterly, "Inequality does cause underdevelopment," *Journal of Development Economics* 84 (2007): 755−776; Joshua D. Angrist and Jorn-Steffen Pischke, *Mostly Harmless Econometrics: An Empiricist's Companion* (Princeton, N.J: Princeton University Press, 2008). 경제발전론 연구에서 수단변수[그리고 또한 무작위 배정(randomization)]의 사용과 해석에 대한 중요한 비판은 Angus Deaton, "Instruments, randomization, and learning about development," *Journal of Economic Literature*, 48, no. 2 (2010): 424−455를 참조하라.

표에서 이는 인적자본으로부터 식민지 이후 제도의 질로 뒤돌아가는 화살표를 추가해야 함을 제안하게 된다. 이러한 연결이 보다 완전히 확립되기 위해서는 추가적인 증거가 필요할 것이지만 이는 직관적으로 그럴듯한 일이다.[78] 그러나 분명히 몇 가지의 경우에서 착취적 식민제도가 독립 후 수십 년 동안 열악한 보건과 교육을 초래한다는 유산을 남겼다. 〈예문 2.5〉에서 검토된 인도의 사례를 보라.

예문 2.5 연구결과 : 식민지 토지제도의 유산

제도의 중요성에 관한 상당한 증거가 인도의 영국령 라지(British Raj of India)에 의해 확립된 토지수입제도의 영향에 관한 배너지와 아이어(Abhijit Banerjee and Lakshmi Iyer)의 연구에서 제공되었다. 영국이 토지수입 수금을 (그 이전이나 이후가 아닌) 1820년과 1856년 사이에 양도받은 지역은 비지주제도(non-landlord system)를 가졌을 가능성이 훨씬 컸기 때문에 저자들은 이 기간 동안에 정복되었음을 비지주제도를 가졌던 것의 수단변수로 사용하였다. 그들은 또한 결과가 강하게 나타났던 다른 통계 테스트를 사용하여 재산권 제도의 역사적 차이가 경제적 결과의 지속적인 차이로 이어졌음을 보이고 있다. 토지에 대한 재산권이 지주에게 주어졌던 지역에서는 재산권이 경작자에게 주어졌던 지역에 비해 독립 후의 기간 동안에 상당히 낮은 수준의 농업투자와 생산성이 나타났다. 저자들은 제도의 역사적 차이가 상이한 정책선택으로 이어졌기 때문에 괴리가 발생했다고 결론을 내리고 있다. 재미있게 말하면, 지주가 소유권을 받았던 지역에서는 또한 식민지 이후의 기간 동안 건강과 교육에 상당히 낮은 투자가 이루어졌다.

아이어는 후속연구에서 다른 도구변수 전략을 허용하고 높은 질의 토지를 통합하여 피상적인 식민지 선호를 통제함으로써 직접적 대 간접적인 영국의 통치를 경험한 인도지역의 경제적 결과를 비교하였다. 그녀는 식민지 통치의 특성이 독립된 후의 경제적 성과에 지속적인 효과를 유인하였다는 증거를 찾아냈다. 영국의 직접 통치에 있었던 지역은 보다 높은 수준의 빈곤과 유아 사망률과 함께 학교, 보건소, 독립 후 기간 동안 도로 등에 유의하게 더 적은 접근 기회를 가졌다.

출처 : Abhijit Banerjee and Lakshmi Iyer, "History, institutions, and economic performance: The legacy of colonial land tenure systems in India," *American Economic Review* 95 (2005): 1190–1213; Lakshmi Iyer, "Direct vsrsus indirect colonial rule in India: Long-term consequences," *Review of Economics and statistics* 92 (2012): 693-713. 예문 준비를 위해 도움을 받은 아이어의 원고는 "The long-run consequences of colonial institutions," draft, Harvard Business School, 2013이다.

태국 같은 식민지가 된 적이 없는 상대적으로 소수 개발도상국의 경우, 도표의 식민지 통치 형태는 발전의 초기 단계의 제도의 질(또는 보이지 않는 문화적 영향)로 재해석될 수 있다. 그러나 이러한 경우 인과관계 유형의 증거가 설득력이 있지 않음을 주목하라. 그러나 식민지가 된 적이 없었던 나라들의 발전 경험의 다양성은 식민지 개척자의 선택을 너무 강조하지 않도록 조심시킨다. 즉 이전에 존재하였던 사회적 자본이 적어도 똑같은 만큼 중요하다는 것이다.[79] 식민지가 된 적이 없었던 나라들도 또한 천차만별한 범위의 성과를 보이고 있다. 즉 에티오피아와 아프가니스탄은 매우 가난한 채로 남아 있고, 태국은 중하소득국의 범위에 있으며, 터키는 중상위소득국가, 그리고 일본은 매우 부유한 나라 중 하나이다. 30년 전에 가장 가난한 나라 중 하나로 시작한 중국은 현재 급속히 소득표의 높은 자리로 올라가고 있는 중이다. 제도의 질(그리고 불균등)은 의심할 바 없이 비식민지화의 사회에서 중요했다. 즉 그 반대가 아니라 제도가 소득으로 이어진다고 결론을 내리기가 단지 더 어렵다는 것이다.

분명히 **화살표 14**에 반영된 바와 같이, 인적자본은 소득에 직접적인 영향을 미치고 인간개발에는 보다 광범위한 영향을 미친다. **화살표 15**에 반영된 것과 같이, 인구의 교육의 깊이와 넓이는 발전을 위한 활력으로서의 정부의 효력을 결정하는 데 도움이 될 것이다. 이는 질이 높은 공무원 조직의 덕택일 뿐만 아니라 시민들이 불충분한 정부의 성과와 더 나은 결과와 수용 능력을 얻기 위해 어떻게 해야만 하는지의 지식을 이해하기 때문이다.[80] 물론 교육이 또한 독립적으로 시장 그 자체의 조직과 기능력에 영향을 미칠 수 있지만(화살표 생략), 지금까지의 문헌은 **화살표 14**에 반영되는 것과 같이 인적자본이 시장 결과에 미치는 생산적인 영향력을 직접적인 것으로 주로 간주하고 있다. 이 영향력은 제8장에서 더 살펴보게 된다.

많은 세계은행 보고서에서 세계에의 통합(특히 무역)의 형태와 질이 장기적인 성장과 발전에 요긴한 것으로 강조되어 왔다. 무역은 여러 종류의 기술에의 접근을 제공한다는 의미에서 도움이 될 수 있다.[81] 그리고 일부 경제학자들은 무역에의 더 큰 개방이 뒤이은 제도의 발전에 좋은 영향을 준다고 주장한다. 반면에, 비판자들은 잘못된 종류의 통합 또는 적절한 정책으로의 통합에 대한 보완 실패는 발전에 해가 될 수 있다고 주장한다. 실제로 증거는 일단 제도가 고려된다면 무역 그 자체는 거의 설명을 하지 못한다고 제시하고 있으며, 따라서 단순화를 위해 통합은 도표에서 제외되었다.[82]

식민지 이후 제도의 질은 민간, 공공, 그리고 시민(또는 시민사회)부문의 효력에 강력한 영향을 미친다. **화살표 17**에 반영되는 바와 같이 민주적 통치, 법의 지배, 그리고 엘리트에 대한 제한은 더 많고 더 나은 질의 공공재를 장려할 것이다. 일반 시민들을 위한 더 나은 재산권 보호와 계약의 강제이행과 경제기회의 광범위한 접근은 **화살표 18**에 반영되는 바와 같이 민간투자를 자극할 것이다. 그리고 **화살표 19**에 반영된 것과 같이, 제도는 국가와 시장의 독립적인 요인으로서 효과적으로 조직하고 행동하는 시민사회의 능력에 영향을 미칠 것이다. 분명히 **화살표 20, 21, 22**에 의해 각각 반영되는 바와 같이, 세 부분의 활동은 각기 생산성 및 소득, 그리고 보다 일반적으로 인간개발에 영향력을 가질 것이다.[83] 이러한 요소들은 제11장에서 더 살펴보게 된다.

어느 경제제도가 발전을 활성화하는 데 가장 중요한지와 한 제도의 강점이 다른 제도의 약점을 보충할 수 있는 정도는 아직도 충분히 분명하지는 않다.[84] 분명히, 경제발전에 여러 경로가 존재한다(예를 들어 제4장 끝부분의 중국 사례연구 참조). 그러나 최근 연구의 핵심적인 조사 결과는 보다 광범위한 인구가 발전을 위한 기회에 접근하는 것을 제한하는 방식으로 소수의 엘리트들을 보호하는 요인들이 성공적인 경제발전의 장애물이라는 것이다. 제도가 개혁 시도에 크게 저항한다면, 이는 발전이 왜 그렇게 난제가 되는지의 이유를 명확히 밝히는 데 도움이 된다.

그럼에도 불구하고, 보잘것없는 제도를 갖고 있는 대부분의 나라에서 인간 복지를 개선하고 더 나은 제도의 개발을 장려하기 위해 아직도 많은 할 수 있는 일들이 있다. 실제로, 투표 규칙 같은 정치제도가 때로는 권력의 실질적인 분포를 바꾸지 않거나 또는 경제제도의 진정한 개혁으로 이어짐이 없이 변화하더라도 경제제도는 시간이 흐름에 따라 변한다. 비록 민주주의가 단기와 중기적으로 성장에 미치는 영향력의 증거가 강력하지는 않지만(제11장 참조), 장기적으로 민주적인 통치와 진정한 발전은 어깨를 나란히 하고 나아가며, 개발도상국에서의 보다 진정한 민주적인 제도의 구준한 파급은 매우 고무적인 조짐이다.[85] 로드릭(Dani Rodrik)이 지적한 바와 같이, "참여 방식의 분권화된 정치제도는 우리가 가진 지역의 지식을 처리하고 모으는 데 가장 효과적이다. 우리는 민주주의를 다른 훌륭한 제도를 구축하는 광범위한 제도(meta-institution)로 생각할 수 있다."[86] 이 외에도 더 큰 인적자본으로 인도하는, 신기술에의 접근을 향상시키는, 더 나은 질의 공공재를 생산하는, 시장 기능을 향상시키는, 뿌리 깊은 빈곤 문제를 다루는, 금융에의 접근을 향상시키는, 환경훼손을 방지하는, 그리고 활기 찬 시민사회를 조성하는 발전전략은 모두 발전을 촉진한다.

2.8 최종 견해

역사가 중요하다. 우리는 유럽의 식민지주의가 시작되었을 때 개발도상국에 만연해 있던 조건들은 19세기 후반 산업혁명이 도달한 이후 현대적 경제발전에의 참여를 활성화시키거나 방해하는 방식으로 국가의 불균등과 제도적 발전의 뒤이은 역사에 큰 영향을 미쳤음을 살펴보았다. 그리고 빈약한 제도는 개혁을 위한 노력에 매우 저항적이라는 것이 일반적으로 판명되었다. 그러나 새로운 시각에 의하면 발전이 불가능하지는 않다! 그 대신 새로운 시각은 많은 개발도상국들이 직면하고 있는 큰 난제들의 성격을 명료하게 하는 데 도움이 된다. 저개발의 현상은 국가와 국제적 모두의 맥락에서 최선으로 보일 수 있다. 빈곤, 불균등, 저생산성, 인구증가, 실업, 1차 상품 수출에의 의존, 그리고 국제적 취약성의 문제점들은 모두 국내 및 세계적인 기원과 잠재적 해결책을 갖고 있다.

이 책 전체에 걸쳐 그려진 많은 개발도상국에서의 삶의 그림이 냉혹한 것처럼 보일 수 있지만, 대부분의 개발도상국들은 소득을 상당히 증가시키는 데 성공했음을 기억해야 한다. 그리고 대부분의 개발도상국들은 유아 사망률을 낮추고, 교육에의 접근을 향상시키며, 성차별을 좁히는 데도 괄목할 만한 성과를 올렸다.[87] 국내 및 국제적으로 적절한 경제 및 사회 정책을 추구함으로써 그리고 선진국으로부터의 효과적인 원조를 통해 가난한 나라들은 실제로 자신의 발전에 대한 열망을 실현할 수단을 갖고 있다. 제2부와 제3부에서는 이러한 희망과 목적이 달성될 수 있는 방법을 논의할 것이다.

그러나 장기적인 경제성장이 실현되려면 동시적이고 보완적인 인적자본, 기술적·사회적·제도적 변화가 발생해야 한다. 그러한 변환은 개별 개발도상국 내에서뿐만 아니라 국제경제에서도 당연히 발생해야 한다. 다시 말하면, 개별 개발도상국, 특히 최빈국들의 높아진 열망을 수용하고 탁월한 성과를 보상하는 세계 경제의 어떤 주요 구조적, 사고방식의, 그리고 제도적 개혁이 없다면, 개발도상국 내에서의 내적인 경제적·사회적 변화는 불충분할 수 있다.[88]

바퀴를 재발명하는 것이 아니라 기존의 증명된 기술을 사용하고 심지어는 선진국이 비밀로 하고 있는 오래된 기술표준을 뛰어넘는 능력 같은 발전의 몇몇 '후진성의 이점'이 존재할 수 있다. 또한 세계 전역의 여러 나라에서 시도되었던 경제정책으로부터 귀중한 교훈을 배울 수도 있다. 예를 들어 대만, 한국, 중국, 그리고 소수의 다른 사례에서처럼 경제가 진행 중인 지속되는 현대적 경제성장을 성공적으로 관리할 수 있다면 이러한 이점들은 특히 유용할 것이다. 그러나 대부분의 매우 가난한 나라들의 경우 후진성은 식민지주의, 노예제, 냉전시대 독재의 유산에 의해 혼합되어 커지는 많은 심각한 결점과 함께 나타난다. 어떤 경우든 각국은 일반적으로 오늘날의 선진국들이 그 발전의 초기 단계에 따랐던 정책을 단순히 모방하는 것 이상의 무엇인가를 해야만 할 것이다.

명백한 다양성에도 불구하고, 대부분의 개발도상국들은 일련의 공통된 그리고 잘 정의된 목표를 공유하고 있다. 이것에는 빈곤, 불균등, 실업의 감소, 기본적인 교육, 건강, 주택, 식량의 모든 시민에게의 제공, 경제적·사회적 기회의 확대, 화합하는 국민국가의 구축 등이 포함된다. 이러한 경제적·사회적·정치적 목표와 관련하여 대부분의 개발도상국들이 그 정도는 다르지만 공유하는 공통 문제들이 있다. 만성적인 절대빈곤, 높은 수준의 실업과 저고용, 소득분배의 큰 차이, 낮은 수준의 농업생산성, 도시와 농촌의 생활수준과 경제적 기회의 상당한 불균형, 인구 중 경제성장으로부터 혜택을 받지 못한 일부의 불만, 심각한 환경쇠퇴의 악화, 한물간 부적절한 교육 및 건강 제도, 외국 기술, 제도, 그리고 가치체계에의 상당한 의존 등이 그것이다. 따라서 또한 결정적으로 중요한 발전 문제의 비슷한 점을 이야기하고 이러한 문제들을 개발도상국의 광범위한 관점에서 분석하는 것은 가능하고 또 유용할 것이다.

경제 및 사회 발전은 종종 토지제도, 통치 형태, 교육구조, 노동시장 관계, 재산권, 계약법, 시민의 자유, 실물 및 금융 자산의 배분과 통제, 조세 및 상속법, 신용의 공급과 같은 국가의 사회적·정치적·법적·경제적 제도의 상응하는 변화 없이는 불가능할 것이다. 그러나 근본적으로 모든 개발도상국들은 실행 가능한 정책선택과 기타 특수한 환경에 관한 그 스스로의 제한에 직면하고 있는 바, 각 나라는 효과적인 경제 및 사회 제도로의 그 스스로의 경로를 찾아야만 할 것이다. 다른 개발도상국은 물론 선진국의 초기 경험과 현재의 제도에 의해 제공되는 사례는 정책 형성에 중요한 통찰력을 제공한다. 모든 나라가 추가적인 제도혁신을 위한 여지를 갖고 있지만, 유럽과 북미의 경제제도는 대부분의 경우 많은 개발도상국에 비해 최적에 가깝다. 그러나 개발도상국이 추가적인 조사 없이 선진국의 정책과 제도를 모방하는 것이 항상 성공적인 경제발전으로의 가장 빠른 통로를 제공할 것이라고 가정할 수는 없다. 즉 과도기적 제도 역시 최소한 일부 개발도상국의 급속한 경제성장에 가장 효과적인 경로일 것이다(제4장 끝부분에서 중국의 사례연구 참조).

요약하면, 이 장에서는 선진국의 현대적 그리고 역사적 특성과 비교하여 대부분의 개발도상국 사이의 몇몇 중요한 유사점을 지적했다. 이 장은 또한 개발도상국들이 많은 결정적으로 중요한 측면에서 상이하고 매우 이질적이라는 것을 보여주었다. 소득과 인간개발 수준의 뿌리 깊은 원인을 설명하는 데 있어 크게 나타나는 것은 높은 수준의 불균등, 허약한 제도, 그리고 낮은 수준의 교육 및 건강이다. 그러나 이러한 허약함으로 시작할 때조차도 경제 및 사회 발전을 위해 적절한 정책과 전략으로 개발도상국들이 착수할 수 있는 많은 것들이 존재한다.

실제로, 과거 50년의 경험은 발전은 불가피하지 않으며 빈곤함정은 꽤 실질적인 반면에 빈곤으로부터 도피하여 지속 가능한 발전에 시동을 거는 것은 가능함을 보여준다. 그렇게 하려는 구체적인 정책을 검토하기 전에 다음의 몇 개 장에서는 발전과 저개발의 중요한 이론과 모형을 검토함으로써 배경을 더 설정할 것이다. 제3장에서는 많은 측면에서 영향력이 있고 유용한 채로 남아 있는 고전적 이론을 검토할 것이며, 제4장에서는 조정실패 모형과 그로부터 벗어나기 위한 기타 제약과 개념적 전략을 고려한다.

상대적 경제발전 :
파키스탄과 방글라데시

1971년, 방글라데시는 파키스탄으로부터 독립을 선언했다. 이전에는 방글라데시가 동파키스탄으로 알려졌으며, 현재 파키스탄은 서파키스탄으로 불렸다. 1,000마일 이상 떨어졌지만, 두 나라는 경제 및 정치적 권한이 서파키스탄에 집중되었던 단일국가의 일부분이었다. 한때는 동일한 나라였기 때문에 두 나라는 그로부터 균등하게 이익을 얻지는 못했지만, 동일한 국가정책을 공유했다는 점에서 파키스탄과 방글라데시는 상대적 발전에 있어 흥미로운 실습을 가능케 한다. 파키스탄과 방글라데시는 2012년 현재 대체로 같은 수의 인구를 갖고 있다(파키스탄 1억 8,000만 명, 방글라데시 1억 5,300만 명). 그들은 남아시아 지역에 위치하고, 이슬람교가 압도적이며, 한때는 식민지 인도의 영국령 라지(British Raj of India)의 일부분이었다. 방글라데시는 1943년의 벵골(Bengal) 기아로부터 해리슨(George Harrison), 클랩튼(Eric Clapton), 딜런(Bob Dylan)이 출연한 1971년의 방글라데시를 위한 음악회까지, 그리고 1974년 독립 이후 기근의 공포까지 오랫동안 세계적인 고통의 상징이었다.

그러나 이스털리(William Easterly) 같은 분석가들은 파키스탄을 그 소득과 성장에 비추어볼 때 낮은 사회지표를 가진 '발전 없는 성장'의 대표적인 예로 선언하였다. 반면에, 아직도 매우 가난하고 파키스탄에서 발견되는 많은 사회 문제로 괴로움을 당하고 있지만 방글라데시는 기아의 상징으로부터 희망의 상징으로 스스로 전환하고 있는 중이다.

독립을 쟁취했을 때, 방글라데시는 극복할 수 없을 정도로 파키스탄에 뒤처지는 것으로 간주되었다. 실제로 서파키스탄과 비교할 때의 그 보잘것없는 사회경제발전은 방글라데시에서 서파키스탄에 혜택을 주기 위해 조세수입을 다 써버린다는 불평으로 이어졌으며, 이는 독립운동의 배경이 된 주요 자극제가 되었다. 독립전쟁 자체와 방글라데시 산업에 유유히 나타난 경제적 파괴는 더욱 심한 격차를 남긴 반면, 학대는 심각한 상처를 남겼고 극심한 기근이 뒤따랐다. 한 미국 정치가는 외교적 수사를 무시하고 방글라데시를 '국제적으로 경제가 마비된 국가(international basket case)'라고 별명을 붙였다. 다른 사람들은 다소 약삭빠르게 방글라데시를 '발전을 위한 테스트 사례'로 불렀던 바, 이는 방글라데시가 발전할 수 있다면 어느 곳이나 발전할 수 있다는 것을 의미하였다. 40년 후, 방글라데시는 회의론자들을 당황시켰다. 실제로 방글라데시는 이 테스트를 통과한 것처럼 보인다. UNDP 추정치에 의하면 파키스탄이 여전히 방글라데시보다 소득이 44% 높지만 그럼에도 불구하고 두 국가의 2013년 NHDI는 동일한 순위를 받았다. 즉 방글라데시는 소득수준으로 예측된 것보다 NHDI는 9순위가 높으며 파키스탄은 소득수준만으로 예측된 것에 비해 9순위 아래이다.

방글라데시는 파키스탄을 크게 능가하지는 않았다. 방글라데시는 이웃 인도 같은 나라들과 비교해서조차도 계속하여 심각한 발전 문제들을 갖고 있다. 오히려 방글라데시는 독립 당시의 불리한 입장과 계속해서 일이 나쁘게 꼬일 것이라는 기대에도 불구하고 특히 사회발전지표에 있어서 파키스탄보다 상대적으로 나은 진전을 이루어 왔다. 방글라데시는 훨씬 낮은 수준의 사회발전으로부터 시작했으며, 아

직도 더 낮은 소득을 갖고 있다. 그러나 사회발전에 관한 보다 많은 진전을 달성하는 데 있어, 특히 계속되는 통치 문제가 극복될 수 있다면 방글라데시는 앞으로의 수년 동안 경제성장을 가속화시킬 조건을 또한 갖고 있다.

성장

PPP가 조정된 소득 추정치는 다르지만 파키스탄이 방글라데시보다 더 높은 채로 남아 있음을 보이고 있다(세계은행의 추정치에 의하면 2011년 파키스탄은 2,880달러, 방글라데시는 1,910달러). 파키스탄에서 1인당 소득은 1950년부터 2000년까지의 반세기 동안 매년 약 2.2% 증가했다. 결과적으로, 1인당 소득은 3배가 되었다. 그러나 인도를 포함한 다른 나라에서조차 증가율이 상승할 때 그 증가율은 매 10년마다 감소했다. 증가율의 감소는 사회지표에 관한 보잘것없는 성과의 결과일 수 있다. 2000년부터 2011년까지 파키스탄의 성장은 평균 4.9%였고(세계은행), 인구증가율이 1.8%이며 1인당 GDP 증가율이 3.1%이다. 파키스탄의 적절한 성장실적이 지속 가능할지는 지켜볼 일이다. 방글라데시와 비교하여 파키스탄은 훨씬 덜 가난에 도움이 되는 성장을 경험했다는 징후가 있다.

방글라데시의 GDP 증가율은 2000년부터 2011년까지 평균 6%(세계은행)이다. 이 기간 동안 인구증가율이 1.3%였고 1인당 GDP 증가율은 약 4.7%였으며 상당히 파키스탄을 능가하였다. 방글라데시에서는 농장의 수확이 극적으로 증가했다. 다자간섬유협정(Multifiber Arrangement)의 국제직물쿼터제도가 2005년에 끝났을 때 방글라데시 일자리 창출의 주요 원천인 의류공장 일자리는 위험에 처했었다. 반응의 속도와 기민함은 방글라데시 경제탄력성의 주요 테스트였다. 지금까지의 결과는 많은 사람들이 예측했던 것보다 더 나으며, 세계 위기의 영향력은 비교적 크지 않다. 그러나 소유주의 처참한 부주의로 사망자가 발생한 공장 사망 사고는 결과적으로 세계적인 공적관계의 재앙 때문만이라고 한다면 이 부문의 미래 성장이 위험에 처하게 될 것이다.

빈곤

세계은행의 2013년 세계발전지표(WDI)는 현재 방글라데시의 51%(비록 2005년 자료에만 근거함에도 불구하고)와 비교할 때 파키스탄에서는 인구의 23%가 1일 1.25달러 빈곤선 아래에 살고 있다고 보고한다. 그러나 한때 '경제가 마비되었던' 방글라데시에서 빈곤의 개선은 인상적인 바, 가장 가난한 사람들의 소득은 증가하고 있다. 조기에 급속히 보급된 녹색혁명, 농촌지역에서 빈곤과 싸우는 토착 비정부조직(NGO)의 인상적인 역할, 수출산업에서 여성의 고용기회, 해외에서 일하는 친척들로부터의 송금을 포함하는 많은 요소들이 이 나라의 극단적 빈곤의 상대적으로 급속한 감소에 기여하였다. 방글라데시는 상당히 가난한 나라에 머물러 있어 인구의 80%가 1일 2달러 미만으로 살고 있는 반면, 파키스탄의 해당 수치도 61%로 여전히 매우 높은 수준이다. 그러나 두 나라는 UNDP의 새로운 다차원빈곤지수에서 꽤 비슷한 점수를 받았다(제5장에서 논의됨). 소득보다 광범위한 빈곤의 측면이 고려될 때 방글라데시는 0.291의 점수로 73번째 순위를 받은 반면, 파키스탄은 단지 조금 덜 가난하여 0.275의 점수로 70번째 순위를 부여받았다.

교육과 문자해독

유네스코에 의하면 2011년 파키스탄에서 15세 이상의 여성 문자해독률은 단지 40%(남성은 69%)에 불과하였다. 일부 지역, 특히 발루치스탄과 북서 국경지역에서는 이보다 훨씬 낮다. 방글라데시의 여성 문자해독률도 높지는 않지만 절대적 및 상대적 기준(양성 등가)에 의하면 파키스탄보다 분명히 낮다는 것이다. 2011년 방글라데시에 대한 유네스코 추정치는 15세 이상 모든 여성의 문자해독률이 53%이다(남성은 62%). 30배 만큼이나 많은 공공교육비가 초등학교 교육이 아닌 대학교육을 위해 학생 1인당 지출되고 있다. 초등학교에 대한 지출은 극도로 불균등한 바, 자금의 대다수는 궁극적으로 대학에 진학할 소수의 학생들을 더 빈번히 훈련시키는 학교에 배정된다. 많은 교사들이 전문적인 경쟁력이 아니라 정치적인 이유로 채용되며, '교사의 태만'

은 심각한 문제이다. 이스털리와 후세인(William Easterly, Ishrat Husain)과 같은 분석자들은 파키스탄의 교육과 문자해독률에 관한 보잘것없는 성과는 가난한 사람으로 하여금 너무 많은 교육을 받지 못하도록 하려는 엘리트들의 인센티브로부터 비롯되는 결과일 수 있다고 믿고 있다.

미래를 살펴보면 방글라데시가 취학률에서 명백한 우위를 보이고 있다. 예를 들어 2011년 파키스탄의 중등학교 취학률은 35%(2013 세계은행 WDI, 표 2.11)에 불과한 데 비해 방글라데시는 52%이다. 두 국가의 학교 문제에도 불구하고, 이러한 질적 차이는 앞으로의 수년 동안 방글라데시의 더 높은 문자해독률과 일반적 지식의 우위로 해석될 것이다. 방글라데시에서 단지 30년 전만 하더라도 학교에 다닌다는 것은 대부분의 가난한 사람에게는 상상할 수 없는 사치였다. 1990년에 단지 학생의 절반만이 초등학교를 끝마쳤던 반면, 오늘날에는 2/3 이상이 그렇게 한다. 그리고 오늘날의 방글라데시는 실제로 1.07 대 1의 초등학교와 중학교 여성 대 남성 취학률을 갖고 있는 반면, 파키스탄에서의 해당 수치는 단지 0.83이다. 그렇다면 미래를 내다볼 때 방글라데시에서 남성과 여성의 문자해독률은 훨씬 더 같아질 것으로 또한 기대할 수 있다. 주로 방글라데시 농촌진흥위원회(Bangladesh Rural Advancement Committee, BRAC) 같은 NGO의 비공식 교육 프로그램이 이러한 진전에 기여하고 있다(제11장의 사례연구 참조). 그러나 현재 두 나라 모두 실질적인 진전을 이루고 있음은 틀림없는 사실이다.

건강

지금은 파키스탄의 기대수명이 65세인 데 비해 방글라데시의 기대수명은 66세(2012 Population Reference Bureau)이다. 그러나 1970년에는 파키스탄의 기대수명이 54세인 데 비해 방글라데시는 단지 44세였다. 1990년 이래 방글라데시에서의 어린이 영양실조 비율은 2/3로부터 1/2 미만으로 하락하였다. 방글라데시의 영양상태는 성공적인 녹색혁명으로부터 혜택을 입었다. 그러나 어린이 영양실조는 파키스탄에서는 약 38%로 낮은 수준에 머물러 있다.

방글라데시의 5세 미만 사망률은 크게 하락했다. 1970년의 독립 하루 전날 방글라데시의 5세 미만 사망률은 1,000명의 생존출생자당 239명이었으며, 파키스탄의 해당 수치는 1,000명당 180명이었다. 2011년까지 두 나라 모두 확고한 진전을 달성하였지만, 그 순위는 역전되어 방글라데시의 5세 미만 사망률은 1,000명당 46명인 반면, 파키스탄의 해당 수치는 1,000명당 72명이었다(2013 WDI, 표 1.2). 따라서 두 나라 모두 건강에 대한 진전을 이루었지만 그 우위는 방글라데시가 더 강하다.

인구

방글라데시는 출생률을 줄이는 데 있어 파키스탄보다 훨씬 큰 진전을 이루었다. 1971년 독립 직후, 두 나라 모두 여성 1인당 6명 이상 출생이라는 극도로 높은 수준의 출생률을 보였다. 방글라데시의 출생률은 2011년까지 2.2명으로 감소한 반면, 파키스탄의 출생률은 단지 3.3명으로 하락하였다(2013 WDI 데이터). 이러한 변화는 원인과 결과 모두를 반영한다. 출생률은 사회경제발전이 진전됨에 따라 하락하는 경향이 있다. 여성들은 더 나은 경제기회를 인식하고, 안정감을 위해 여러 자녀에의 의존을 덜 필요로 한다. 그러나 출생률이 낮아지면 가족과 정부 및 NGO에 의해 각 아동의 건강과 교육에 더 많은 것이 투자될 수 있다. 따라서 다음 세대의 생산성은 더 높아진다. 국가가 그 인구통계학적 이행(제6장 참조)을 통과함에 따라 악순환은 멈춰질 수 있다. 달리 살펴보면, 인구증가와 1인당 소득증가 사이의 부(−)의 관계(제6장 참조)에 비추어볼 때 (파키스탄에서도 출생률이 하락하고 있음에도 불구하고) 지속적으로 높은 출생률은 미래에 상대적으로 파키스탄이 불리해질 것을 예견하고 있다. 방글라데시와 파키스탄은 서로 다른 성장경로를 따르고 있는데, 방글라데시의 더 많은 인적자본투자 때문에 방글라데시는 파키스탄에게 단순히 수렴하는 것이 아니라 실제로 파키스탄을 앞서가는 추세선 위에 있다. 효과적인 가족계획전략을 조기에 강력히 강조한 것이 방글라

데시 발전의 중요한 요소였다.

괴리에 대한 이해

방글라데시와 비교해서조차도 사회적 발전과 최근의 성장에 있어서의 예상치 못한 파키스탄의 빈약한 성과를 무엇으로 설명하며, 이를 개선하기 위해서 무엇이 수행되어야 하는가? '발전 없는 성장'을 보여주는 나라로 가장 많이 인용되는 예는 중동의 석유수출 페르시아 만 연안국가들이다. 엘리트들이 천연자원의 관리를 다투고, 경제의 다른 부문과의 강력한 연관이 상대적으로 거의 없는 비지(飛地)경제가 발전하며, 사회적인 지출은 1990년 이라크의 일시적인 쿠웨이트 점령의 예에서와 같이 외부공격을 막고 적어도 암묵적으로 또한 내국인들을 통제하기 위한 국방지출에 밀어내지고 있다. 이와는 달리, 파키스탄은 최소한의 석유매장량을 갖고 있어, 그 원유필요량의 약 4/5를 수입해야만 하며, 천연가스를 수입하기 시작해야 할지 모른다.

파키스탄에서 사회발전이 전혀 이루어지지 않았던 것이 아니라는 것을 지적하는 것은 중요하다. 오히려 많은 다른 나라에 비해, 심지어는 훨씬 천천히 성장하거나 부(−)의 성장을 경험하였던 나라들에 비해서도 진전이 덜 이루어졌다는 것이 우려할 일이다. 왜 파키스탄에서는 그렇게 느린 진전이 이루어진 것일까?

지리적 여건

지리적 여건이 성공적인 발전을 제한하는 한, 방글라데시는 상당한 불리한 위치에 있는 것처럼 보인다. 방글라데시 같은 열대국가들은 다른 조건이 일정하다고 가정할 때 세계적으로 아주 보잘것없는 성과를 보인 바 있다. 몇 가지 지리적으로 불리한 점에 직면해 있지만, 파키스탄은 여기에서는 우위를 점한 것처럼 보인다. 더욱이 도시국가인 싱가포르를 예외로 하고, 방글라데시는 세계에서 인구밀도가 가장 높은 나라이다. 인구밀도로 유명한 네덜란드는 1km²당 495명의 인구밀도를 갖고 있다. 그러나 방글라데시는 1km²당 1,174명이라는 거의 2배의 인구밀도를 갖고 있다.

방글라데시는 미국 인구 절반 이상의 인구를 갖고 있는데, 그 인구가 위스콘신 주 넓이보다 좁은 지역에 빽빽하게 모여 있다. (부분적으로 예를 들면 사람들과 경제활동을 연결하고 분업의 편익을 활성화하기가 훨씬 용이하다는 이점이 있기는 하다).

이스털리와 레빈(William Easterly and Ross Levine)은 다수의 사회적 분업, 인종그룹, 언어를 가진 나라들은 체제가 민주적이면 그 결과가 대체로 완화되지만 낮은 수준의 사회적 발전과 성장률을 갖는 경향이 있다고 주장한다. 그러나 여기에 확고한 규칙은 없다. 모리셔스는 매우 다양하지만 성공적인 발전을 경험했고, 인도는 다양하지만 파키스탄 또는 방글라데시보다 더 나은 성과를 보였다. 방글라데시는 상당히 동질적인 바, 인구의 98%가 벵갈족(Bangali)으로 간주되며 벵골어(Bangla)를 사용한다. 파키스탄은 매우 높은 수준의 종족 및 언어의 다양성을 갖고 있다. 심지어 그 국명도 펀자브(Punjab), 아프가니스탄(Afghanistan), 카슈미르(Kashmir), 발루치스탄(Baluchistan)의 혼합으로부터 도출되었다. 공식적인 언어는 우르두어(Urdu)지만 이는 첫 번째 언어로 인구의 단지 7%가 사용한다[최대 언어는 인구의 48%가 사용하는 펀자브어(Punjabi)임]. 가장 큰 종족그룹 중 하나인 벵갈족을 위해 수입과 서비스의 공정한 배분을 제공하지 못하고 다른 쟁점들을 해결하지 못한 것이 첫 번째로 파키스탄으로부터의 방글라데시의 분리로 이어졌다. 이스털리는 파키스탄 '파벌의 부분적인 원인은 민족언어학적 분절에 놓여 있다'라고 결론을 내리며, '파키스탄은 계층, 성, 종족 그룹에 의해 양극화된 사회는 공공 서비스의 공급이 보잘것없다는 가설을 위한 전형적인 나라이다'라고 주장한다.

양성 평등

2013년 사회워치보고서(Social Watch Report, 2013)에 따르면, 양성평등지수가 파키스탄은 단지 0.29인 데 비해 방글라데시는 0.55로 훨씬 높은 순위를 받았다. 파키스탄에서 2008년 현재 오직 남성의 60%만큼의 여성만이 문자를

해독하며, 이 수치는 15~24세 연령그룹의 경우 약간 더 높다. 15~24세 연령그룹은 학교에서 문자를 해독할 완전한 기회를 갖기에 충분한 그러나 나이 든 그룹의 문맹을 영속화하는 경향이 있는 과거의 관행에 의해 불리한 경우를 당하지 않는 연령을 대표하기 때문에 핵심적인 연령그룹으로 고려되어야 한다. 방글라데시에서는 2008년 남성의 83%라는 상당히 높은 여성의 문자해독률 비율이 조사되었다. 이미 살펴본 바와 같이, 오늘날 방글라데시에서 소년보다 더 많은 소녀들이 초등교육에 취학하는 반면, 파키스탄에서는 소녀의 취학 수준이 소년의 3/4 수준 미만이다. 그러나 두 나라 모두 남성 대 여성 비율은 성 불균등의 지표인 1.05이다(더 높은 소녀의 사망률).

가정 밖, 특히 의류봉제공장에서의 근로기회의 이용 가능성이 아마도 여성의 자율성을 증가시켰을 것이다. 안전의 개선이 가장 시급한 우선사항인 바, 여건은 서구 기준에 비추어볼 때 혹독하고, 많은 근로자들이 공식적인 최저임금 미만을 지급받는다. 동시에, 소득은 여전히 가사노동과 같은 대안보다 여러 배 더 높은 바, 이러한 공장일자리가 수천, 수만 명의 이전에 굶주렸던 방글라데시 여성들에게 탈출구를 제공하였다. 2012년 11월 112명이 사망한 공장화재 사건과 역사적으로 가장 사망자가 많은 봉제공장의 재앙은 1,127명이 사망한 2013년 4월의 건물 붕괴 사건으로 여성 공장 근로자가 직면하고 있는 위험이 대중의 관심 속에 있다. 사망자의 절반 이상이 여성이고 일부 아동이 공장 안에서 사망하였다. 알려진 바에 의하면 공장소유자는 봉제공장 근로자가 위험한 공장조건에서 있게 했다는 죄로 처벌될 것이다. 불필요하게 다른 사망자가 발생하기 이전에 반드시 안전의 제도화가 보장될 수 있도록 정부, 노동조합, 시민사회 등의 지속적인 행동이 필요할 것이다. 다행이 이 사건을 단순히 공공관련 재앙으로 취급하고 다른 국가들이 계약을 바꾸기보다, 2013년 유럽의 핵심 소매업체 그룹이 '어코드(Accord)' 협약을 설정하고 북미 소매업자 단체가 계약 주문 생산의 기준과 작업장 감독을 위해 '이니셔티브'라는 단체를 결성하였다. 많은 시민사회와 노동조합

관련자들은 이 두 프로그램 중 유럽의 '어코드'가 법적 구속력이 더 강하다고 보고 있다. 따라서 '어코드'가 더 효과적이다(미국 소매업들은 자신들이 소송에 직면할 수 있다는 위험 때문에 '이니셔티브'를 주장하고 있다). 어떤 경우든, 방글라데시 근로자들은 이 두 단체들 간의 제고된 협력과 조정으로 혜택을 받을 수 있을 것이다.

한편 그러한 조건들이 파키스탄보다는 나을 수 있지만 크게 기대할 수 있을 것 같지는 않다. 예를 들면 대중의 보다 적은 관심을 받았던 사건으로, 2012년 9월 파키스탄의 봉제공장 근로자 300명 이상이 사망하였다.

원조

파키스탄은 엄청난 원조를 받았다. 1947년 독립한 이래 파키스탄은 인도와 이집트의 뒤를 이어 원조를 받는 상위 3개 국가 중 하나였다. 2001년 9월 11일 미국에 대한 테러리스트의 공격 여파에 파키스탄은 테러리즘과의 투쟁에서 미국의 전략적 동맹으로 큰 중요성을 부여 받았다. 제재는 취소되었으며 여러 형태의 원조가 크게 증가하였다. 이는 파키스탄이 발전에 박차를 가할 기회였음에 틀림없으며, 명백히 부분적으로는 그 결과 2003년 이래 성장이 가속화되었지만, 역사는 신중할 것을 시사한다. 파키스탄은 냉전 당시 미국의 주요 동맹국이었지만, 가난한 사람은 그러한 관계로부터 혜택을 거의 받지 못했던 것처럼 보인다. 방글라데시 또한 원조로부터 상당한 혜택을 받았다. 원조 사용의 유효성, 특히 방글라데시에서는 효과적인 NGO의 적극적인 관여가 중요할 수 있다. 주요 토착 NGO와 비슷한 그룹들이 방글라데시에서 여성의 권한을 핵심적으로 강조하고 있으며, 그 영향력이 매우 강력했던 것으로 일반적으로 간주되고 있다.

통치와 군부의 역할

군부는 파키스탄에서 항상 두드러진 역할을 담당했으며, 1999년부터 2008년까지 이 나라는 군부지배자인 무샤라프 장군(General Pervez Musharraf)에 의해 통치되었다. 파키

스탄에서는 인도와의 오랜 경쟁의식과 1947년 이래 인도와의 카슈미르를 둘러싼 영토분쟁이 군부의 영향력을 강화시키는 한편, 정부의 관심은 물론 자원을 사회적 우선사항으로부터 딴 곳으로 돌리도록 했다.

북서부 파키스탄과 인근 아프가니스탄에서의 갈등 또한 군부의 역할을 강화시켰다. 다른 한편, 민주주의가 더 견고히 뿌리를 내릴 수 있다는 고무적인 신호로서 2013년 5월 선거가 공정하다고 폭넓게 인식되고 있다. 민주적으로 선출된 정부가 성공적으로 그 임무가 완결된 후 권력의 시민이양을 파키스탄 국민들이 최초로 목격한 순간으로 보여진다.

이와는 대조적으로, 1971년 독립 이후 거의 20년 동안 방글라데시 정치에서 군부가 매우 적극적인 역할을 했지만, 1990년 이후 정치와 정부로부터의 군부의 퇴장이 아마도 이 나라의 뒤이은 발전의 요소가 되었다. 2007년 및 2008년의 방글라데시 관리정부의 후원자로서의 군부의 관여는 상대적으로 긍정적인 것으로 간주되었던 바, 방글라데시는 2009년에 선거에 의한 민간인의 통치로 복귀하였지만 정치적 극단화와 폭력이 2013년 말과 2014년 초에 위험한 수준으로 증폭되었다. 방글라데시와 파키스탄 모두 특별히 민주적이거나 투명하거나 부패로부터 자유롭지 않았다. 실제로 2012년 부패인식지수(Corruption Perception Index)에서 국제투명성기구는 파키스탄에 27점, 방글라데시에 26점이라는 좋지 않은 점수를 부여했다.

시민사회

정부와 민간부문이 허약하다면 비정부, 비영리, 또는 시민부문 등 여러 가지로 지칭되는 제3의 부문을 살펴보아야 한다. 여기서의 차이는 극적이다. 방글라데시에는 아시아에서 가장 발전된, 그리고 세계적으로도 가장 활기찬 NGO 부문 중 하나가 있다. 이는 제11장 맨 끝의 BRAC에 대한 사례연구에서는 물론 빈곤 활동과 미소금융 프로그램 같은 중요한 분야에 대한 NGO의 여러 접근법을 살펴보는 제5장의 사례연구에서 보다 상세히 탐구될 것이다. 만약 파키스탄에 광범위한 NGO 부문이 발달되어 있다면, 아마도 영

국, 미국, 캐나다에 살고 있는 교육을 받은 파키스탄 사람에 이끌려 비슷한 촉매제의 역할을 담당할지도 모른다.

후세인은 파키스탄은 '엘리트 성장모형'을 경험했다고 제안한 바, 그는 '엘리트 성장모형'을 견제와 균형 없이 운영하는 강력한 지도자 또는 지도자들의 계승자, 지도자의 바람을 무조건적으로 실행에 옮기는 관료주의 계급을 수동적으로 굴종하는 인구와 결합시키는 것과 동일시하고 있다. 그는 '인구의 대다수를 제외시키고 사적 그리고 가족의 이해를 증진시키려는 좁은 기반을 가진 엘리트들에 의한 정치적 권력과 국가기구의 통치 및 시종일관된 지배의 실패가 문제의 근본에 놓여 있다'고 주장한다. 후세인은 파키스탄이 독립 이래 이러한 특성을 나타냈음을 보이고 '강력한 독재적인 지도자, 순종적인 관료, 그리고 굴종적인 인구의 이러한 결합이 성장의 혜택이 불균등하게 배분되고 집중되는 것을 가능하도록 만들었다'고 지적하고 있다. 그는 '지배 엘리트들은 낮은 문자해독률이 영속화되는 것이 편리하다는 것을 알게 되었다. 문자해독이 가능한 인구비율이 낮으면 낮을수록 지배 엘리트들이 교체될 수 있는 확률이 더 낮다'고 결론을 내리고 있다. 한 가지 이유는 소녀의 교육이 전체적으로 발전에 도움이 되는 반면, 현재 특히 국내 또는 지역의 유력한 위치에 있는 일부 엘리트의 경제적·정치적 이해관계에는 반드시 도움이 되지 않을 수 있기 때문이다. 소작인에 대한 대규모 지주들의 사회적·정치적·경제적 영역에서의 지배는 파키스탄의 시골에서는 너무나도 뚜렷하다. 몇몇 지주들과 회사 운영자들이 잘 아는 바와 같이, 교육을 받게 되면 근로자, 특히 여성들은 자신들을 보호하는 법이 적소에서 강제로 시행되도록 최종적으로 요구할 수 있다. 이러한 일이 발생하지 않도록 하는 것이 때로는 소유자의 이해관계이다.

맺는 말

방글라데시와 파키스탄에서의 사회발전 차이는 지속적인 시민들 간의 갈등에도 불구하고 그 낮은 소득수준에 비추어볼 때 괜찮은 인간개발 통계량을 가졌던 스리랑카와의

비교에서 발견되는 것만큼 압도적이지 않거나, 또는 심지어 상대적으로 높은 수준의 인간개발이 이루어진 케랄라 (Kerala) 주와 낮은 인간개발의 비하르(Bihar) 주와 같은 인도의 저소득 주 사이에서 발견된 것만큼 극적이지도 않다. 그러나 파키스탄의 성장은 훨씬 더 큰 사회적 발전을 달성하였던 바, 이용 가능한 원조로 훨씬 나은 성과를 보였던 많은 나라들보다 더 높은 수준이었다. 파키스탄의 경험을 달리 해석하면, 경제성장은 심지어 건강과 교육에의 큰 투자 없이도 어쨌든 가능하다는 것이다. 그러나 장기적인 추세가 파키스탄의 둔화된 성장, 방글라데시의 더 높은 수준의 성장이라는 사실은 이러한 해석이 옳지 않다는 것을 간단히 보여준다. 이스털리는 아래와 같이 추측하였다.

> 어느 정도의 발전과 성장은 숙련 관리직 엘리트와 미숙련 근로자로 얻을 수 있었지만, 시간이 흐름에 따라 이러한 전략은 인적자본이 다른 요소와 똑같은 비율로 증가하지 못했음에 따라 수확체감으로 진입하였던 것 같다. 이는 1980년대 중반부터 현재까지의 성장의 둔화와 일관성을 갖는다. … 농업의 성장 역시 오로지 미숙련 농업근로자들을 사용하여 관개망과 녹색혁명의 막대한 잠재력을 활용하는 엘리트 지주로 가능했을 수 있다. 그러나 농업의 성장도 관개된 토지와 인적자본이 다른 생산요소와 똑같은 비율로 증가하지 못했음에 따라 수확체감에 진입하였을 수 있다.

현재 이 두 나라의 발전수준은 심하게 다르지는 않다. 그러나 1971년 국가가 분리되었을 때의 큰 차이에 비추어볼 때 이것 자체가 극적인 발견이다.

참고문헌

Alderman, Harold, and Marito Garcia. "Food security and health security: Explaining the levels of nutrition in Pakistan." World Bank Working Paper PRE 865. Washington, D.C.: World Bank, 1992.

Easterly, William. "The political economy of growth without development: A case study of Pakistan." In *In Search of Prosperity: Analytic Narratives on Economic Growth*, ed. Dani Rodrik. Princeton, N.J.: Princeton University Press, 2003.

Easterly, William, and Ross Levine. "Africa's growth tragedy: Policies and ethnic divisions." *Quarterly Journal of Economics* 112 (1997): 1203–1250.

Heston, Alan, Robert Summers, and Bettina Aten. *Penn World Table*, version 6.3, August 2009. http://pwt.econ.upenn.edu/php_site/pwt63/pwt63_form.php.

Husain, Ishrat. *Pakistan: The Economy of an Elitist State*. New York: Oxford University Press, 1999.

Hussain, Neelam. "Women and literacy development in Pakistan." Working paper.

Instituto del Tercer Mundo. *Social Watch Report*, 2004. Montevideo, Uruguay: Instituto del Tercer Mundo, 2004.

Population Reference Bureau, *World Population Datasheet, 2012*, and earlier years.

Razzaque, Muhammad Abdur. "Vision 2021: Bangladesh charts a path toward food security." *IFPRI 2012 Global Food Policy Report*, pp. 80–82.

Sen, Amartya. *Development as Freedom*. New York: Knopf, 1999.

Smith, Stephen C. "The miracle of Bangladesh: From basket case to case in point." *World Ark*, May/June 2009, pp. 13–21.

Summers, Lawrence H. "Investing in all the people." World Bank Working Paper PRE 905. Washington D.C.: World Bank, 1992.

UNICEF. *State of the World's Children, 2010*. New York: UNICEF, 2010.

United Nations. *Human Development Report*, various years. New York: Oxford University Press.

World Bank. *World Development Indicators*, various years. Washington, D.C.: World Bank.

——— *World Development Report*, various years. New York: Oxford University Press. ■

주요 용어

(자본보유량의) 감가상각
   (Depreciation)
경제제도(Economic institutions)
괴리(Divergence)
교역조건(Terms of trade)
구매력등가(Purchasing power parity,
   PPP)
국내총생산(Gross domestic product,
   GNP)
국민총소득(Gross national income,
   GNI)
두뇌유출(Brain drain)
부가가치(Value added)
부양부담(Dependency burden)

분절(Fractionalization)
불완전시장(Imperfect market)
불완전정보(Incomplete information)
세계은행(World Bank)
수렴(Convergence)
신흥공업국(Newly industrializing
   countries, NICs)
연구개발(Research and development,
   R&D)
인간개발지수(Human Development
   Index, HDI)
인적자본(Human capital)
인프라(Infrastructure)
자본스톡(Capital stock)

자원부존(Resource endowment)
자유무역(Free trade)
저소득국가(Low-income countries,
   LICs)
절대빈곤(Absolute poverty)
재산권(Property right)
중위소득국가(Middle-income
   countries, MICs)
조출생률(Crude birth rate)
최빈국(Least developed counties)
한계효용체감(Diminishing marginal
   utility)

복습문제

1. 그 모든 다양성에도 불구하고, 많은 개발도상국들은 일련의 공통 문제들로 연관되어 있다. 그 문제들은 무엇인가? 어떤 문제가 가장 중요하다고 생각하는가? 그 이유는 무엇인가?

2. 낮은 생활수준과 낮은 1인당 소득 사이의 차이를 설명하라. 낮은 생활수준이 높은 수준의 1인당 소득과 동시에 존재할 수 있는가? 이에 대해 설명하고 몇 가지 예를 제시하라.

3. 여러분은 이 책에서 언급되지 않은 개발도상국의 기타 공통된(필연적으로 보편적일 필요는 없고 널리 파급된) 특성을 생각할 수 있는가? 네 가지 또는 다섯 가지를 열거할 수 있는지를 살펴보고 간략히 그것들을 정당화하라.

4. 여러분은 건강, 노동생산성, 소득수준 사이에 강력한 관계가 존재한다고 생각하는가? 여러분의 답을 설명하라.

5. 많은 개발도상국이 그 부유한 나라들과의 관계에서 '지배, 종속, 취약성'에 제약을 받고 있다는 서술은 무엇을 의미하는가? 여러분은 몇 가지 예를 제시할 수 있는가?

6. 개발도상국들이 그 경제적·사회적·정치적 구조에서 다

를 수 있는 많은 점들을 설명하라.

7. 인간 복지의 상대적 측정치로서 인간개발지수의 몇 가지 추가적인 강점과 약점은 무엇인가? 여러분이 인간개발지수를 고안하였다면, 무엇을 다르게 했을 수 있으며, 그 이유는 무엇인가?

8. "사회 및 제도적 혁신은 기술 및 과학적 발명과 혁신만큼 경제성장에 중요하다." 이 서술은 무엇을 의미하는가? 여러분의 답을 설명하라.

9. 왜 많은 경제학자들은 선진국과 개발도상국 사이의 소득수렴을 기대하며, 왜 소득수렴이 지금까지 오직 제한된 수의 나라에서 그리고 그와 같이 제한된 정도로 발생했는지에 대한 설명을 위해 여러분들은 어떤 요소를 살펴볼 것인가?

10. 무엇이 좋은 경제제도이고, 왜 그렇게 많은 개발도상국들에 그것이 결여되어 있으며, 개발도상국들은 그것들을 얻기 위해 무엇을 할 수 있는가? 여러분의 답을 정당화하라.

11. 환율로 계산된 GNI 또는 구매력등가로 계산된 GNI 중

어느 측정치가 세계 전체 국가들보다 더 높은 균등을 보이는가?

12. "남아시아는 사하라이남 아프리카보다 더 낮은 1인당 소득을 갖고 있다." 이 서술의 타당성에 대해 논평하라.

13. '식민지 유산'의 의미가 무엇인가? 그 단점과 장점을 논하라.

14. 개발도상국의 다섯 가지 특성을 서술하라. 선진국과 관련하여 이 특성들에 관한 개발도상국 내에서의 다양성을 논하라.

15. '새로운' NHDI 공식과 관련하여 전통적 인간개발지수의 차이를 논하라. 어떤 점에서 둘 중 하나가 인간개발의 더 나은 측정치라고 생각하는가?

16. 미타제도에 대한 델(Melissa Dell)의 연구의 중심된 결과는 무엇이고 경제발전 연구에서 그 결과의 중요성은 무엇인가?

미주

1. Alan Heston, Robert Summers, and Bettina Aten, *Penn World Table*, version 6.3, Center for International Comparisons of Production, Income and Prices, University of Pennsylvania, August 2009, http://pwt.econ.upenn.edu/php_site/pwt63/pwt63_form.php. 2007년 데이터.

2. World Bank, *World Development Indicators, 2013*. (Washington, D.C.: World Bank, 2010), tab. 1.1. 2011년 데이터. 이 실질측정치는 구매력등가(이 장의 후반부에서 설명됨)를 반영하고 있다.

3. United Nations Development Program(UNDP), *Human Development Report, 2005*(New York: Oxford University Press, 2005), p. 38. 세계 전체의 지니계수는 0.67로 보고되었다(이 불균등 측정치에 관한 자세한 내용은 제5장 참조).

4. World Bank, *World Development Indicators, 2010*, various tables. 이러한 대비 중 일부가 이 책의 〈표 2.3〉에 요약되어 있다.

5. 국가분류체계와 기타 핵심적인 비교 데이터에 관한 정보는 세계은행 웹사이트 http://www.worldbank.org/data, OECD 웹사이트 http://www.oecd.org/oecd, 그리고 UNDP 웹사이트 http://www.undp.org를 방문하라. http://www.unohrlls.org/en/home/과 http://www.unohrlls.org/en/ldc/related/59를 참조하라. 적도기니 같은 몇몇 최빈국은 '종료인정(identified for graduation)' 명단에 있지만, 적도기니는 인적자산 또는 경제적 취약성에 관한 '종료기준'을 충족하지 못하고 있다.

6. 그렇지 않다면 결과적으로 나타나는 PPP 측정치가 미국에서의 상대가격[즉 가치척도 통화(numeraire currency)]이 또한 다른 곳에서도 나타난다고(이는 결과적으로 나타나는 총소득이 '기준국가의 경우 불변'이 아니라는 것을 의미하는데, 즉 예를 들어 전환이 영국의 파운드에 의해 이루어진다면 결과적으로 나타나는 총소득은 달라짐) 본질적으로 가정하게 되는 것이기 때문에 조정이 이루어진다. 상대가격의 차이를 고려한다는 것은 사람들이 시장바구니에서 더 낮은 가격의 재화로 대체한다는 것을 인식하는 것이며, 따라서 생활수준의 더 정확한 비교가 가능하도록 한다. PPP 소득의 계산에 관한 자세한 내용은 2011 International Comparison Program 사이트 http://siteresources.worldbank.org/ICPEXT/Resources/ICP_2011.html, UN Statistics Division http://unstats.un.org/unsd/methods/icp/ipc7_htm.htm, *Penn World Table* site http://pwt.econ.upenn.edu/about-pwt2.html을 참조하라. 이러한 수치들은 해외에서 달러로 재화와 서비스를 구입하는 국가의 능력에 대한 유용한 지표를 제공하지만, 국내에서 구입하는 능력에 관해서는 판단을 그르치게 한다.

경제 성과와 복지의 척도로서 GNI(그리고 PPP) 계산에는 또한 다른 한계가 있다. 예를 들어 GNI는 천연자원의 고갈 또는 훼손을 고려하지 않고, 자연재해(예 : 지진, 허리케인, 홍수)로부터 비롯된 지출, 오염시키는 활동, 그리고 환경정화 비용에 정(+)의 가치를 부여한다(제10장 참조). GNI는 흔히 비화폐거래, 대가가 지급되지 않는 가계노동, 그리고 생계소비를 무시한다(제9장 참조). 빈곤하게 살고 있는 사람들에 의해 소비된 생산물과 그들이 그 생산물에 지급한 가격은 가난하지 않은 사람의 경우와 다르다. 마지막으로, GNI 수치는 소득분배(제5장) 또는 소득이 아닌 역량을 고려하지 않는다.

7. 이는 특별한 방식으로 수행될 수 있다. 첫째, 식 (2.1)은 식 (2.3), 식 (2.4)와 같이 2개의 부차적 구성요소 중 각각에 대해 적용될 수 있다. 그런 다음 UNDP의 설명과 같이 결과의 지수에 대한 기하평균을 산출하고 최종적으로 식 (2.1)이 최솟값을 0으로 사용한 지수들의 기하평균과 고려되는 일정 기간 동안 최댓값으로 사용하여 결과값을 기하평균한 최곳값에 적용된다. 이는 2개의 부차적 구성요들에 대한 기하평균을 식 (2.1)에

직접 적용하는 것과 동일하다. 자세한 것은 http://hdr.undp/en/media/HDR%202013%20technical%20notes20EN.pdf를 참조하라.

8. NHDI의 세 가지 구성요인 간에 여전히 대체성이 존재하지만, 인간개발지수와 같은 완전대체성은 아니다. 〈예문 2.1〉의 마지막 식 계산에 관해, 세 변수의 경우 기하평균은 (지수의 특성에 의해) 곱의 세제곱근과 동일하다는 것을 상기해야 한다. 〈예문 2.1〉의 네 번째 식에서 그 두 구성요인으로부터 전체 교육지수를 구축하기 위해 기하평균이 어떻게 사용되는지를 볼 수 있다. 또한 불완전대체성을 허용하는 다른 함수 형태가 아니라 기하평균을 사용하는 것에 대한 흥미로운 비판은 Martin Ravallion, "Troubling Tradeoffs in the Human Development Index," World Bank Policy Research Working Paper No. 5484, 2010을 참조하라.

9. 새로운 UNDP 측정치는 http://hdr.undp.org에서 볼 수 있다.

10. 낮은 소득이 (광범위하게 정의된) 저축을 활용함으로써 보충되는 것이 가능한데, 이는 그러한 저소득의 지속 가능하지 않은 성격을 반영하고 있다.

11. 예를 들면 Jeffrey D. Sachs, *The End of Poverty: Economic Possibilities for Our Time* (New York: Penguin, 2005)을 참조하라.

12. World Bank, *World Development Indicators, 2013*.

13. Gunnar Myrdal, *Asian Drama* (New York: Pantheon, 1968), app. 2.

14. 국가 빈곤함정의 발생과 그 원인에 관한 최근의 논쟁은 제4장에서 검토된다. 사하라이남 아프리카 대부분에서의 적어도 최근까지의 만성적인 정체와 함께 역사적으로 유례를 찾아볼 수 없는 동아시아의 성장에서와 같이 경제성장은 물론 개발도상국에서 큰 차이를 보이는 또 다른 분야이다. 경제성장은 다음 장의 주요 주제이다.

15. 국가 규모의 상대적 편익과 비용에 대한 논의는 Alberto Alesina and Enrico Spolaore, "On the number and size of nations," *Quarterly Journal of Economics* 112 (1997): 1027-1056을 참조하라.

16. 인도의 상황에서 이 문제에 대한 흥미로운 검토는 Kaushik Basu, "Teacher truancy in India: The role of culture, norms and economic incentives," January 2006. http://ssrn.com/abstract=956057을 참조하라. 이 주제는 제8장과 제11장에서 다시 다룰 것이다.

17. 〈표 2.3〉의 3, 4, 5열을 참조하라. 또한 World Bank, *World Develop-ment Indicators, 2007*, tabs. 2.14~2.20과 World Health Organization, *World Health Report, 2006*, http://www.who.int/whr/2006/en/index.html을 참조하라.

18. 이러한 널리 사용되는 기준은 1일 1달러 수준으로부터의 갱신된 수치이다. 1.25달러라는 기준이 제5장에서 설명된 이유 때문에 점점 더 사용되고 있다. 12억이라는 숫자는 세계 인구의 21%에 해당하며, 세계은행의 2013년 4월 현재 최근 빈곤 숫자를 기초로 한 것이다. 이 자료는 2013년 7월 10일 다운로드 하였다.

19. UNDP, *Human Development Report, 2006*, p. 269.

20. World Bank, *World Development Indicators, 2007*, tab. 2.7.

21. World Bank, *Global Monitoring Report, 2007* (Washington, D.C.: World Bank, 2007), tab. A.1. 최근의 증거는 Shaohua Chen and Martin Ravallion, "The Developing World Is Poorer than We Thought, but No Less Successful Against Poverty." Policy Research Working Paper 4703, World Bank, August 2008을 참조하라.

22. Ibid. 그리고 pp. 40-41; World Bank, *World Development Report, 2000/2001* (New York: Oxford University Press, 2000); *World Development Indicators, 2007, tab. 2.1; Population Reference Bureau, 2006 World Data Sheet*, http://www.prb.org/pdf06/06WorldDataSheet.pdf를 참조하라. 몇몇 경제학자들은 이러한 수치들이 빈곤발생을 적게 계상한다고 주장하지만 적어도 2006년까지 그 추세는 분명히 바람직했다. 그 이후 세계은행은 식량가격의 상당한 상승과 세계 경제위기의 기타 결과가 빈곤감소의 속도를 크게 둔화시켰다고 보고하고 있다.

23. Population Reference Bureau, *World Population Trends 2012; World Bank, World Development Indicators, 2010*, tab. 2.1; Population Reference Bureau, *2009 World Data Sheet*, http://www.prb.org/pdf10/10WorldDataSheet.pdf. 인구예측은 United Nations, Population Division, "World Population Prospects: The 2008 Revision," June 2009, http://www.un.org/esa/population/publications/popnews/Newsltr_87.pdf를 참조하라.

24. Population Reference Bureau, *2010 World Data Sheet*.

25. William Easterly and Ross Levine, "Africa's growth tragedy: Policies and ethnic divisions," *Quarterly Journal of Economics* 112 (1997): 1203-1250, and Alberto Alesina et al., "Fractionalization," *Journal of Economic Growth* 8 (2003): 155-194를 참조하라.

26. 이러한 쟁점에 대한 논의와 필요한 데이터를 산출하기 위한 신중한 시도에 대해서는 Gillette Hall and Harry Anthony Patrinos, eds., *Indigenous Peoples, Poverty and Human Development in Latin America: 1994-2004* (New York: Palgrave Macmillan, 2006); Haeduck Lee, *The Ethnic Dimension of Poverty and Income Distribution in Latin America* (Washington, D.C.: World Bank, 1993); and

Paul Collier, "The political economy of ethnicity," *Annual World Bank Conference on Development Economics, 1998* (Washington, D.C.: World Bank, 1999)를 참조하라.

27. 종족, 종교, 그리고 언어 분절의 가능한 영향력을 가려내는 데 있어서의 복잡한 통계적 쟁점에 대한 검토는 Alesina et al., "Fractionalization"을 참조하라. 보다 포괄적이지 못한 측정치를 사용하여 다소 상이한 결론을 내린 앞서의 논문은 Easterly and Levine, "Africa's growth tragedy"이다.

28. 미국, 영국, 일본, 독일, 프랑스, 이탈리아, 캐나다는 세계의 선도적인 공업국으로 세계 경제정책을 심의하기 위해 매년 개최되는 원래의 7개 선진국모임(G7)을 구성하였다. 이 모임은 후에 러시아를 포함시켜 8개국 그룹(Group of Eight, G8)으로 확대되었다.

29. David Landes, *The Wealth and Poverty of Nations: Why Some Are So Rich and Some So Poor* (New York: Norton, 1998); Jared Diamond, *Guns, Germs, and Steel: The Fates of Human Societies* (New York: Norton, 1997); John Luke Gallup, Jeffrey D. Sachs, and Andrew D. Mellinger, "Geography and economic development," *Annual World Bank Conference on Development Economics, 1998* (Washington, D.C.: World Bank, 1999), pp. 127−128; 그리고 '나쁜 이웃 국가'와 내륙국의 조합을 강조하는 Paul Collier, *The Bottom Billion*(Oxford University Press, 2007)을 참조하라.

30. 예를 들어 Intergovernmental Panel on Climate Change, "Fourth assessment report: Climate change 2007," http://www.mnp.nl/ipcc/pages_media/AR4-chapters.html을 참조하라. 기후변화에 관한 정부 간 패널(IPCC)은 '기후변화, 그 잠재적 영향, 그리고 적응과 완화를 위한 선택권에 대한 이해와 관련된 이용 가능한 과학적, 기술적, 사회경제적 정보를 평가'하기 위해 세계기상기구(WMO)와 유엔환경계획(UNEP)에 의해 설립되었다. 이 그룹은 2007년 노벨평화상을 수상하였다. 보다 자세한 내용은 제10장을 참조하라.

31. 정보 취득, 많은 개발도상국에서의 그 부재, 그리고 이에 따른 제한된 시장의 맥락에서 지식과 정보를 촉진하는 데 있어서의 정부의 역할 등의 중요성에 대한 자세한 분석은 World Bank, *World Development Report, 1998/99: Knowledge for Development*, (New York: Oxford University Press, 1998), pp. 1−15를 참조하라.

32. 이 세 가지 요소는 애서모글루와 로빈슨(Daron Acemoglu and James A. Robinson)의 연구에서 결정적으로 중요한 것으로 확인되었다. 그들의 *Economic Origins of Dictatorship and Democracy* (New York: Cambridge University Press, 2005)를 참조하라. 또한 미주 58번을 참조하라. 로드릭이 지적한 대로 일반적으로 유리하다고 간주되는 제도가 상호 상관관계를 갖게 된다는 주의점이 있다. 즉 이러한 제도들 중 어떤 것이 가장 중요한지 혹은 이러한 제도들이 주된 기능을 어떤 형태로 수행되어야 하는지는 분명하지 않다.

33. Kenneth L. Sokoloff and Stanley L. Engerman, "Factor endowments, institutions, and differential paths of growth among New World economies: A view from economic historians of the United States," in *How Latin America Fell Behind: Essays on the Economic Histories of Brazil and Mexico* ed. Stephen Haber, (Stanford, Calif.: Stanford University Press, 1997)을 참조하라. 또한 미주 58번에 인용된 이 저자들의 추가 논문을 참조하라.

34. Nathan Nunn and Leonard Wantchekon, "The slave trade and the origins of mistrust in Africa," *American Economic Review*, 101, No. 7(December 2011): 3221-3252를 참조하라.

35. 공식적인 식민지화를 피했다는 것이 성공적인 발전을 보장하는 것은 아니다. 아프가니스탄과 에티오피아가 자주 인용되는 예이다. 그러나 성공적인 식민지화가 이루어지지는 않았지만 아프가니스탄은 19세기 초부터 20세기 초까지 영국과 러시아의 침공으로 (그리고 후에는 현재 진행 중인 결과를 가져온 소련군에 의해) 광범위한 간접적 통제에 시달렸으며, 에티오피아는 이탈리아와 영국에 의한 침공과 음모에 시달렸음을 또한 주목해야 한다. (다른 자주 인용되는 예인 라이베리아도 역시 선진국으로부터의 주요 영향에 시달렸다.)

36. 장기 경제성장에 있어서의 '아이디어'와 '재능'의 결정적으로 중요한 역할에 대한 흥미롭고 도발적인 분석은 Paul M. Romer, "Idea gaps and object gaps in economic development," *Journal of Monetary Economics* 32 (1993): 543−573, and Thomas Homer-Dixon, "The ingenuity gap: Can poor countries adapt to resource scarcity?" *Population and Development Review* 21 (1995): 587−612를 참조하라.

37. Romer, "Idea gaps," 543.

38. 예를 들어 Gallup, Sachs, and Mellinger, "Geography and economic development," pp. 127−178; Desmond McCarthy, Holger Wolf, and Yi Wu, "The growth costs of malaria," NBER Working Paper No. W7541, February 2000; and John Luke Gallup and Jeffrey D. Sachs, "The economic burden of malaria," Harvard University CID Working Paper No. 52, July 2000을 참조하라. 또한 p. 85를 참조하라.

39. Brinley Thomas, *Migration and Economic Growth* (London: Cambridge University Press, 1954), p. viii.

40. 지중해 지역으로부터 서부 유럽으로의 국제이주의 절차와 시사점에 대한 흥미로운 동시적인 설명은 W. R. Böhnung, "Some thoughts on emigration from the Mediterranean basin,"

International Labour Review 14 (1975): 251－277을 참조하라.

41. Congressional Budget Office 연구, June 18, 2013, http://www.cbo.gov/publicaion/44225.

42. 이 쟁점에 관한 분석은 Douglas Massey, "The new immigration and ethnicity in the United States," *Population and Development Review* 21 (1995): 631－652를 참조하라.

43. UNDP, *Human Development Report, 1992* (New York: Oxford University Press, 1992), p. 57.

44. 인도 정보기술근로자들의 해외로의 이주에 관해서는 "India's plan to plug the brain drain," *Financial Times*, April 24, 2000, p. 17을 참조하라.

45. World Bank, "Migration and development briefs," http://go.worldbank.org/R88ONI2MQ0.

46. 이 쟁점들에 관한 훌륭한 개관은 UNDP, *Human Development Report, 2009*, http://hdr.undp.org/en을 참조하라.

47. 논의를 위해 Simon Commander, Mari Kangasniemi, and L. Alan Winters, "The brain drain: Curse of boon? A survey of the literature," in *Challenges to Globalization: Analyzing the Economics* (Chicago: University of Chicago Press, 2004), pp. 235－272를 참조하라. 또한 C. Simon Fan and Oded Stark, "International migration and 'educated unemployment,'" *Journal of Development Economics* 83 (2007): 76－87을 참조하라.

48. 역사적인 성장과 그 현대 개발도상국과의 관련성에 관한 문헌에의 이론적 기여는 Marvin Goodfriend and John McDermott, "Early development," *American Economic Review* 85 (1995): 116－133에서 찾을 수 있다. 굿프렌드와 맥더모트는 장기 경제발전은 특화에 대한 보수 증가의 활용, 가계생산으로부터 시장생산으로의 이행, 지식과 인적자본의 축적, 그리고 산업화라는 네 가지 근본적인 과정을 수반한다고 주장하고 있다. 개발도상국에 관해서 그들은 '상대적으로 현대적 기술과 함께 원시적 생산 과정의 광범위한 사용이 계속되는 것이 개발도상국의 가장 현저한 특성이다'라고 주장한다(p. 129).

49. Douglass C. North, "Economic performance through time," *American Economic Review* 84 (1994): 359－368, and Douglass C. North, *Institutions, Institutional Change and Economic Performance* (New York: Cambridge University Press, 1990). 경제이론과 500년 동안의 세계 역사 기록으로부터 도출한 민주화와 인권 및 법적 권리의 확대를 포함하는 경제발전과 정치발전 사이의 역사적 연계에 관한 도발적인 분석은 Acemoglu and Robinson, *Economic Origins of Dictatorship and Democracy*와 Acemoglu and Robinson,

Why Nations Fail, 2012를 참조하라.

50. 제3장과 제4장에서는 그러한 수확체감이 총성장 경험에 적용될 수 있는지에 대한 대립되는 견해를 포함하여 경제성장을 보다 면밀히 검토하고 있다. 이러한 두 가지 효과에 대한 직관에 호소하는 논의는 Eli Berman, "Does factor-biased technological change stifle international convergence? Evidence from manufacturing," NBER Working Paper, rev. September 2000을 참조하라. 그러나 이 장의 후반부와 제3장과 제4장에서 알게 되는 바와 같이 1인당 소득을 설명하는 데 제도적 질과 같은 다른 요소들이 적어도 1인당 자본만큼 중요할 수 있다는 것을 주목해야 한다. 선진국과 개발도상국 사이의 장기적인 수렴에 관해서는 Pritchett, "Divergence, big time"을 참조하라.

51. 산업화 시대의 시작 이래 불균등이 증가하는 '대규모 괴리(divergence big time)'효과로 인해 초기의 오랜 기간 동안 괴리가 더 많이 보이는 경향이 있었음을 주목해야 한다. 또한 2001년부터 2007년까지의 기간 동안(이 문헌에서 살펴보았던 것보다는 짧은 기간이지만 면밀히 주시해야 할 고무적이고 흥미를 자아내는 단기적 추세) 수렴이 발생했다는 증거가 있다는 것도 주목해야 한다. 즉 금융위기 이후 이러한 것들이 계속되었는지 아니면 심지어 확대되었는지를 결정하기 위한 데이터가 대기 중이다. 〈그림 2.8〉의 도표를 위한 표본선정기준은 다음과 같다. 모든 데이터는 (그래프가 2010년 그려졌을 때 2007년까지 연장되었던) PPP 수치를 사용하여 Penn World Table(PWT)로부터 구축되었다. 도표에 포함되기 위해 국가는 표본기간 동안에 PWT 데이터베이스에 이용가능한 데이터를 갖고 있어야 했으며, 1980년부터 시작함으로써 상대적으로 소수의 국가만 탈락되었다. 세계 전체 도표에는 기준연도인 1980년에 석유가격의 일시적인 상승으로 매우 높은 소득수준을 보였던 6개국(브루나이, 카타르, 아랍에미리트, 리비아, 사우디 아라비아, 쿠웨이트)이 제외되었다. 세계은행의 1980년 *World Development Report*(WDR)에 저소득국가 또는 중위소득국가로 분류된 나라만 기준연도인 1980년에 개발도상국으로 포함되었다. (기준연도인) 1980년의 분류기준을 사용함으로써, 27년간 충분히 빨리 성장해서 고소득국가가 된 나라들을 제외할 때 발생하는 편의(bias)를 피했다. 그러나 이러한 기준의 문제는 중앙계획경제와 석유수출국이 제외되었다는 것이다. 즉 이 두 그룹은 1980년 WDR에 소득수준을 기초로 하지 않는 별도의 분류 범위를 갖고 있었던 바, 일관성을 위해 중국은 중앙계획경제로서의 이 그룹에서 제외되었다. 단 하나의 데이터 점이기 때문에, 이러한 제외는 이 기간 동안 국가 간의 수렴을 찾는 데 실패한 것에 영향을 미치지 않는다. [그러나 1989년 이래 인구가중치를 사용한 수렴에서의 조사 결과는 중국이 포함된 곳에서 중국의 1인당 소득의 급속한 증가에 의해 크게 영

향을 받고 있다. 중국이 〈그림 2.8a〉의 세계 표본에 또한 포함됨을 주목해야 한다]. OECD 국가 수렴도표의 경우 포함기준은 모든 최초 회원국에 그 창립 이후부터 1973년 이전까지 가입한 4개국인 일본, 핀란드, 호주, 뉴질랜드를 더한 것이었으며(1973년까지 4개국이 가입한 후 1994년에 멕시코가 가입할 때까지 어떤 나라도 가입하지 않음), 서독은 1990년 동독과의 통일로 인한 통계적 문제로 인해 제외되었다.

52. 자세한 논의는 J. Bradford De Long, "Productivity growth, convergence, and welfare: Comment," *American Economic Review* 78 (1988): 1138−1154를 참조하라.

53. *Human Development Report*, 2005, ch. 1로부터의 그림이다. 미국과 비교한 중국의 상대적 대 절대적 소득수렴을 보여주는 그래프는 Stephen C. Smith, www.gwu.edu/~iiep/G2/를 참조하라. (그러한 절대적 불균등 측정치는 수렴 또는 괴리에 대한 다른 종류의 질문을 위해 사용될 수 있지만 거의 행해지지 않고 있다. 예를 들어 그것은 국가 또는 심지어 국제 규모의 계층별 소득분배에서 사용될 수 있었다. 그러나 불균등 측정치의 보통 선호되는 특성은 상대적인 소득비교를 가능하게 하는 것이다. 자세한 내용은 제5장에서 논의된다.)

54. UNDP, *Human Development Report, 2013*, p.13.

55. Branko Milanovic, "True world income distribution, 1988 and 1993: First calculation based on household surveys alone," *Economic Journal*, 112 (2002): 51−92.

56. Dani Rodrik, "Unconditional convergence in manufacturing," *Quarterly Journal of Economics* 128, No. 1 (2012): 165−204를 참조하라.

57. 이 절에 관한 유용한 논평에 대해 애서모글루(Daron Acemoglu), 엠란(Shahe Emran), 엥거만(Stanley Engerman), 호프(Karla Hoff)에게 감사한다. 여기서 설명한 모든 인과관계의 연결이 똑같은 형태의 증거에 의해 지지되는 것은 아니다. (보편적은 아니더라도) 일부는 널리 받아들여지는 통계적(계량경제학적) 증거에 의해 지지된다. 다른 인과관계의 연결은 역사적인 연구로부터 나타난다. 논의되는 모든 연결은 경제발전론 문헌에서 서로 다른 발전 결과를 유도하는 기본 요소로 주장되고 있다. 논의는 간결한 표시를 위해 배열된 〈그림 2.11〉의 화살표 번호를 따르고 있다.

58. 이 연구에 대한 매우 읽기 쉬운 소개는 Daron Acemoglu, Simon Johnson, and James A. Robinson, "Understanding prosperity and poverty: Geography, institutions, and the reversal of fortune," in *Understanding Poverty*, ed. Abhijit Banerjee, Roland Benabou, and Dilip Mookherjee (New York: Oxford University Press, 2006), pp. 19−36과 Stanley L. Engerman and Kenneth L. Sokoloff, "Colonialism, inequality, and long-run paths of development," in *Understanding Poverty*, pp. 37−62를 참조하라. 또한 Daron Acemoglu, Simon Johnson, and James A. Robinson, "The colonial origins of comparative development: An empirical investigation," *American Economic Review* 91 (2001): 1369−1401과 Kenneth L. Sokoloff and Stanley L. Engerman, "History lessons: Institutions, factor endowments, and paths of development in the New World," *Journal of Economic Perspectives* 14 (2000): 217−232를 참조하라. 이 저자들의 작업에 대한 훌륭한 검토는 Karla Hoff, "Paths of institutional development: A view from economic history," *World Bank Research Observer* 18 (2003): 205−226을 참조하라. 또한 Dani Rodrik, Arvind Subramanian, and Francesco Trebbi, "Institutions rule: The primacy of institutions over geography and integration in economic development," *Journal of Economic Growth 9* (2004): 135−165, and Dani Rodrik and Arvind Subramanian, "The primacy of institutions, and what this does and does not mean," *Finance and Development* (June 2003), http://www.imf.org/external/pubs/ft/fandd/ 2003/06/pdf/rodrik.pdf를 참조하라.

59. 지리적 여건의 역할에 관해서는 Diamond, *Guns, Germs, and Steel*; Gallup, Sachs, and Mellinger, "Geography and economic development"; Jeffrey D. Sachs, "Institutions don't rule: Direct effects of geography on per capital income," NBER Working Paper No. 9490, 2003; and Jeffrey D. Sachs, "Institutions matter, but not for everything," *Finance and development* (June 2003), http://www.imf.org/external/pubs/ft/fandd/2003/06/pdf/sachs.pdf를 참조하라. 또한 Douglas A. Hibbs and Ola Olsson, "Geography, biogeography and why some countries are rich and others poor," *Proceedings of the National Academy of Sciences* (2004): 3715−3740을 참조하라. 내륙국이라는 상태가 가난한 아프리카 경제에 미치는 영향에 관한 논의는 Paul Collier, *The Bottom Billion: Why the Poorest Countries Are Failing and What Can Be Done about It* (Oxford University Press, 2007), pp. 53−63, 165−166, 179−180을 참조하라.

60. Quamrul Ashraf and Oded Galor, "The 'Out of Africa' hypothesis, human generic diversity, and comparative economic development," *American Economic Review* 103 (2013): 1-46을 참조하라. 어떤 의미 있는 정책 시사점이 있을 수 있는지 의심스럽다.

61. 조정실패와 그것을 고치기 위한 메커니즘의 중요성 문제에 대한 분석은 제4장을 참조하라.

62. 이해하기 쉬운 논의는 North, *Institutions, Institutional Change*

and Economic Performance; Justin Lin and Jeffrey Nugent, "Institutions and economic development," *Handbook of Economic Development,* Vol. 3A (Amsterdam: North Holland, 1995); Dani Rodrik, "Institutions for high-quality growth: What they are and how to acquire them," *Studies in Comparative International Development* 35, No. 3 (September 2000): 3−31과 Acemoglu, Johnson, and Robinson, "Understanding prosperity and poverty"를 참조하라. 이 책의 이 단락에서 설명된 많은 제도의 질이 상관관계가 있다는 것, 그리고 성장에 박차를 가하는 데 어떤 것이 가장 문제가 되며 그들이 서로 대체되는 정도에 대해 논쟁이 있다는 것을 주목해야 한다.

63. 확립된 제도 형태의 수단으로서(학자들이 이 수단에 대해 광범위하게 논쟁했음을 주목해야 함) 몇몇 단서를 담은 논의는 Rodrik, Subramanian, and Trebbi, "Institutions rule"을 참조하라.

64. 이는 최초 정착민 사망위험의 외생성을 이용함으로써 소득과 제도 사이의 동시성(simultaneity) 문제를 통제한 이후이다[상이한 데이터를 사용한 다른 접근법은 여전히 지리적 여건의 어떤 역할을 발견하고 있다. 미주 56번의 삭스(Jeffrey Sachs) 논문을 참조하라]. Acemoglu, Johnson, and Robinson, "Colonial origins of comparative development"를 참조하라. 그들의 논문 1370쪽의 도해는 이 책 〈그림 2.11〉의 3-10-18-21 또는 3-10-19-22에 대응된다. 또한 Daron Acemoglu, Simon Johnson, James A. Robinson, and Yunyong Thaicharoen, "Institutional causes, macroeconomic symptoms: Volatility, cries and growth," *Journal of Monetary Economics* 50 (2003): 49−123을 참조하라. 요약은 Daron Acemoglu, "Root causes: A historical approach to assessing the role of institutions in economic development," *Finance and Development* (June 2003), http://www.imf.org/external/pubs/ft/fandd/2003/06/pdf/Acemoglu.pdf를 참조하라. 그러나 초기 식민지 기간 동안 남미와 카리브 해로(그리고 아마도 나중에는 몇몇 다른 식민지로) 이주하기를 원했던 잠재적 정착민들이 이주규칙에 의해 때때로 제약을 받았음은 지적할 가치가 있다. Stanley L. Engerman and Kenneth L. Sokoloff, "Factor endowments, inequality, and paths of development among New World economies," *Journal of LACEA Economia* 3, No. 1 (Fall) (2002): 41−109를 참조하라. 또한 앞서의 (그러나 이용 가능하지 않은) 사망률과 다를 가능성이 있는 주로 18세기 사망률 데이터의 사용에 대한 몇몇 의문점이 존재한다. 이러한 점들은 사망률 데이터를 기초로 하는 연구에 있을 수 있는 어떤 한계점을 제시하고 있다. 이 논쟁으로 다음을 참조하라—David Y.

Albouy, "The colonial origins of comparative development: An empirical investigation: Comment." *American Economic Review,* 102, No. 6 (2012): 3059−3076, and Acemoglu, Johnson, and Robinson, "The colonial origins of comparative development: An empirical investigation: Reply." *American Economic Review,* 102, No. 6 (2012): 3077−3110. 또한 Rodrik et al., "Institutions rule," and Pranab Bardhan, "Institutions matter, but which ones?" *Economics of Transition* 13 (2005): 499−532를 참조하라.

65. Sokoloff and Engerman, "History lessons"; Engerman and Sokoloff, "Colonialism, inequality, and long-run paths of development."

66. Engerman and Sokoloff, "Colonialism, inequality, and long-run paths of development." 북미 제도발전에 있어서의 노동희소성의 역할에 관해서는 David Galenson, "The settlement and growth of the colonies: Population, labor and economic development," in *The Cambridge Economic History of the United States,* vol. 1, ed. Stanley L. Engerman and Robert Gallman (New York: Cambridge University Press, 1996)을 참조하라.

67. Daron Acemoglu, Simon Johnson, and James A. Robinson, "Reversal of fortune: Geography and institutions in the making of the modern world income distribution," *Quarterly Journal of Economics* 118 (2002): 1231−1294를 참조하라. 역전이 현재 이 논문과 관련이 있지만 비슷한 역사적 관찰이 제3장에서 설명되는 '종속이론' 문헌의 주제였다.

68. 실제로 애서모글루-존슨-로빈슨(Acemoglu-Johnson-Robinson) 이론은 종속이론으로 근본적으로 바뀔 수 있다고 일컬어진다. 신마르크스(neo-Marxist) 종속이론(제3장 참조)은 발전이 외국인들로부터 비롯되는 것에 의해 제한받는다는 견해를 갖고 있지만, 애서모글루-존슨-로빈슨 이론에서는 발전 문제의 근본은 추출자가 내국인 또는 외국인인지에 관계없이 추출적인 제도의 존재이며, 이를 바로잡는 것은 누가 그것을 이행하든지 투자를 장려하는 제도이다. 선호되는 제도는 사유재산권에 대한 광범위한 존중 같은 분명히 비마르크스적인 일부를 포함한다. 그들 주장의 시사점은 그러한 변화가 가능하다고 가정하면 비록 이전 식민지 세력이 더 나은 국내제도로의 변화비용을 지급하도록 요청받는 것이 타당할지라도 오늘날의 부유한 나라들로 하여금 자신들의 현재 행태를 개발도상국을 향해 바꾸도록 하는 것은 기껏해야 국내제도의 개혁을 달성하는 것만큼 중요하지 않다는 것이다. 불균등이 개혁을 달성하기 어렵게 만든다.

69. 이 증거는 Acemoglu, Johnson, and Robinson, "Reversal of fortune"에 나타난다. 증거는 현대 제도의 측정치들이 실제

로 지속성이 아니라 변동성을 보여주며, 성장을 유도하는 것이 아니라 뒤쫓을지 모른다는 이유로 일부 경제학자들에 의해 비판을 받았다. 예를 들어 인적자본이 보다 근본적인 요소라고 주장하는 Edward L. Glaeser, Rafael La Porta, Florencio Lopez de Silanes, and Andrei Shleifer, "Do institutions cause growth?" *Journal of Economic Growth* 91 (2004): 271–303을 참조하라. 그러나 특수정치제도의 변화가 어떻게 경제제도의 안정성과 일관성이 있는지에 대한 이론적 분석은 Daron Acemoglu and James A. Robinson, "De facto political power and institutional persistence," *American Economic Review* 96 (2006): 326–330을 참조하라. 교육은 실제로 시간이 흐름에 따라 국가 내에서 민주주의로 이어지지 않는다는 증거를 제공하는 분석은 Daron Acemoglu, Simon Johnson, James A. Robinson, and Pierre Yared, "From education to democracy?" *American Economic Review* 95 (2005): 44–49를 참조하라. 기타 비판적인 논평은 Pranab K. Bardhan, "Institutions matter, but which ones?" *Economics of Transition* 13 (2005): 499–532에 실려 있다.

70. 이것의 주요 증거는 역사적인 것이다. Landes, *Wealth and Poverty of Nations*를 참조하라. 예를 들어 산악, 해로, 강으로 나뉜 대륙의 분열은 제도적 발전을 부추긴 정치적 경쟁을 활성화시켰다. 또한 Diamond, *Guns, Germs, and Steel*을 참조하라.

71. David Fielding and Sebastian Torres, "Cows and conquistadors: A contribution on the colonial origins of comparative development," *Journal of Development Studies* 44 (2008): 1081–1099, and James Feyrer as Bruce Sacerdote, "Colonialism and modern income: Islands as natural experiments," *Review of Economics and Statistics* 91 (2009): 245–262를 참조하라. 두 논문 모두 애서모글루, 존슨, 로빈슨의 선구자적인 연구를 기초로 하여 집필되었다.

72. Fielding and Torres, "Cows and conquistadors." 신유럽은 주로 미국, 캐나다, 호주, 뉴질랜드이다.

73. Feyrer and Sacerdote, "Colonialism and modern income"을 참조하라. 저자들은 바람의 방향과 속도를 섬의 식민지 경험의 길이와 형태의 수단변수로 사용하였다. 그들은 식민지화의 길이와 소득 및 어린이 생존율 모두 사이에 정(+)의 관계를 확인하였다. 그들은 또한 '1700년 이후 식민지로서 지낸 시간이 1700년 이전의 기간에 비해 현대 소득에 더 도움이 되는 바, 이는 시간이 흐름에 따른 식민지 관계의 성격 변화와 일관성을 갖는다'라고 주장하기 위해 자신들의 증거를 사용하였다. 그러나 이 연구에 포함된 몇몇 섬은 많은 유럽 인구를 보유한 프랑스의 해외 현 같은 여전히 식민지였고, 높은 소득을 갖는 다른 독립적인 이전 식민지에서는 원래의 거주자들이 대체로 사

라졌던 바, 이는 식민지화되었던 사람들의 관점에서 보면 더 오랜 식민지화가 이득이 된다는 사례를 약화시키는 사실이라는 것을 주목해야 한다. 그러나 긍정적인 역사적 주석에서 엥거만(Stanley Engerman)은 후기 식민지 기간 동안에 유럽인들이 종종 아프리카의 노예제도를 종식시키는 책임을 겼음을 지적하였다(저자들과의 개인적인 대화).

74. Engerman and Sokoloff, "Colonialism, inequality, and long-run paths of development." 엥거만과 소코로프 가설에 의해 고무된 식별전략을 사용한 불균등의 부정적인 효과에 관한 계량경제학적 증거의 지지는 〈예문 2.2〉를 참조하라. 또한 William Easterly and Ross Levine, "Tropics, germs, and crops: The role of endowments in economic development," *Journal of Monetary Economics* 50 (2003): 3–39를 참조하라. 상이한 주장은 Edward L. Glaeser, Giacomo Ponzetto, and Andrei Shleifer, "Why does democracy need education?" NBER Working Paper No. 12128, March 2006을 참조하라. 또한 Acemoglu et al., "From education to democracy?"를 참조하라. 다른 관점에 대해서는 Acemoglu and Robinson, *Economic Origins of Dictatorship and Democracy*를 참조하라. 정치가들이 자신들의 권력이 확고할 때 종종 부를 축적하기 때문에 경제적 또는 정치적 불균등이 더 근본적인지는 불분명하다. 정치적 불균등의 중요함을 제시하는 흥미로운 연구는 Daron Acemoglu, Maria Angelica Bautista, Pablo Querubin, and James A. Robinson, "Economic and political inequality in development: The case of Cundinamarca, Colombia," June 2007, http://econ-www.mit.edu/faculty/download_pdf.php?id= 1510을 참조하라.

75. 비록 금세기 지금까지 불균등이 북미에서 증가하고 일부 남미 국가에서 다소 하락했지만 그 현격한 차이는 극단적인 채로 남아 있다. 최근 추세에 관한 일련의 훌륭한 분석은 Luis F. López-Calva and Nora Lustig, eds. *Declining Inequality in Latin America: A Decade of Progress?* (Washington, D.C.: Brookings Institution, 2010)을 참조하라.

76. Engerman and Sokoloff, "Colonialism, inequality, and long-run paths of development." 또한 Edward L. Glaeser, "Inequality," in *The Oxford Handbook of Political Economy*, eds. Barry R. Weingast and Donald Wittman (New York: Oxford University Press, 2006), pp. 624–641을 참조하라.

77. Glaeser et al., "Do institutions cause growth?"를 참조하라.

78. Acemoglu et al., "From education to democracy?" esp. pp. 47–48. 영국에 의해 정착된 '신유럽'으로의 이주자들이 더 나은 제도뿐만 아니라 더 높은 인적자본을 일체화하고 있었다

는 직관적인 아이디어에 대한 증거는 잘 확립되어 있지 않다. Acemoglu, Johnson, and Robinson, "Colonial origins of comparative development"를 참조하라. 제도의 효과는 이러한 나라들을 제외할 때조차도 성립한다. 최근 클라크(Gregory Clark)에 의해 소개된 다른 가능한 경로는 제도가 선호에 영향을 미치고 선호는 다시 직접적 또는 간접적으로 노동력의 질에 영향을 미친다는 것이다. 그의 도발적이고 논란이 많은 평가는 *A Farewell to Alms: A Brief Economic History of the World* (Princeton, N.J.: Princeton University Press, 2007)을 참조하라.

79. 예를 들어 Bardhan, "Institutions matter"를 참조하라. 이 논문은 또한 애서모글루와 그의 동료들의 실증 방법의 몇몇 한계를 주장하고 있다.

80. Glaeser et al., "Do institutions cause growth?"

81. Jeffrey Frankel and David Romer, "Does trade cause growth?" *American Economic Review* 89 (1999): 379–399를 참조하라.

82. 놀랄 것도 없이 무역효과는 복잡하다. 지리적 여건이 무역의 유형과 수량에 영향을 미칠 수 있다. 그리고 국가가 발전하고 소득이 증가함에 따라 국가는 더 많은 수량과 더 넓은 범위의 재화를 교역하고 있다. Rodrik, Subramanian and Trebbi, "Institutions rule"을 참조하라. 그들은 그림 1에서 이 단락에서 간략히 설명한 효과의 도표를 제공했다.

83. 물론 각 부문의 효력은 또한 다른 부문들의 효력에 영향을 미칠 수 있다. 이는 도표에 나타나지 않는다.

84. Bardhan, "Institutions matter"; Rodrik, "Getting institutions right." 경제이론과 500년 동안의 세계의 역사적 기록으로부터 도출한 민주화와 인권 및 법적 권리의 확대를 포함하는 경제발전과 정치발전 사이의 역사적 연결에 관한 도발적인 분석은 Daron Acemoglu and James A. Robinson, *Economic Origins of Dictatorship and Democracy*를 참조하라. 여러 발전경로에 대한 통찰력 있는 분석은 Kenneth L. Sokoloff and Stanley L. Engerman, "History lessons: Institutions, factor endowments, and paths of development in the New World," *Journal of Economic Perspectives* 14 (2000): 217–232를 참조하라.

85. 예를 들어 UNDP, *Human Development Report, 2005*를 참조하라.

86. Dani Rodrik, "Institutions for high-quality growth: What they are and how to acquire them," *Studies in Comparative International Development* 35, No. 3 (2000), 3–31, DOI: 10.1007/BF02699764, p. 5.

87. 이 점에 관한 역작은 제8장과 또한 Lawrence H. Summers and Vinod Thomas, "Recent lessons of development," *World Bank Research Observer* 8 (1993): 241–254; Pam Woodall, "The global economy," *Economist*, October 1, 1994, pp. 3–38; World Bank, *World Development Indicators*, 1998 (Washington, D.C.: World Bank, 1998), pp. 3–11; UNDP, *Human Development Report*, 2003을 참조하라.

88. 비슷한 결론은 Irma Adelman and Cynthia Taft Morris, "Development history and its implications for development theory," *World Development* 25 (1997): 831–840에서 찾아볼 수 있다.

부록 2.1

전통적 인간개발지수

새로운 인간개발지수와 같이 전통적인 인간개발지수는 0(가장 낮은 인간개발)에서 1(가장 높은 인간개발)까지 모든 나라들의 순위를 매긴다. 2010년까지 유엔개발 프로그램(UNDP)의 핵심 항목인 전통적 인간개발지수는 가장 널리 인용되었고 이 부록은 이에 대해 계산 및 비교 예제를 통해 자세히 설명할 것이다. 전통적인 인간개발지수는 발전의 세 가지 목표 또는 최종 산출요소인 출생 시의 기대수명으로 측정된 장수(longevity), 총취학률(1/3)의 가중평균으로 측정된 지식(knowledge), 그리고 생계비를 반영하기 위해 각국 통화의 상이한 구매력등가와 소득의 한계효용체감의 가정을 조정한 1인당 실질국내총생산으로 측정된 생활수준 등을 기초하고 있다. 발전의 이러한 세 가지 측정치를 사용하고 공식을 177개국의 데이터에 적용하여, 인간개발지수는 국가를 저인간개발(0.0에서 0.499까지), 중인간개발(0.50에서 0.799까지), 고인간개발(0.80에서 0.90까지), 그리고 초고인간개발(0.90에서 1.0까지)의 네 그룹으로 순위를 매긴다.

현재 소득에 단순히 대수(logarithm)를 취함으로써 조정된 소득이 구해진다. 그 뒤 소득지수를 구하기 위해 1인당 실질소득은 100 PPP달러 미만이 도저히 될 수 없다는 가정하에 현재 소득에 대수를 취한 값으로부터 100에 대수를 취한 값을 뺀다.[1] 그 차이는 국가가 이러한 '낮은 목표치'를 초과한 액수를 보여준다. 이러한 과정을 균형 있게 설명하기 위해서 그 차이를 개발도상국이 다음 세대에 걸쳐 합리적으로 갈망할 수 있는 최대치와 비교하여 고려하기로 하자. UNDP는 이를 40,000 PPP달러로 정했다. 따라서 그 뒤 국가의 상대적 소득 달성 수준을 알기 위해 40,000달러에 대수를 취한 값과 100달러에 대수를 취한 값 사이의 차이로 이를 나눈다. 이는 각국에 0과 1 사이의 범위를 가지는 지수 수치를 부여한다. 예를 들어 2007년 PPP 1인당 GDP가 UNDP에 의해 1,241달러로 추정되었던 방글라데시의 경우 소득지수는 다음과 같이 계산된다.

$$\text{소득지수} = \frac{[\log(1{,}241) - \log(100)]}{[\log(40{,}000) - \log(100)]} = 0.420 \qquad (A2.1)$$

한계효용체감의 효과는 분명하다. 40,000달러라는 최대목표치의 단지 3%인 1,241달러라는 소득은 지수가 취할 수 있는 최대 수치의 2/5 이상에 도달하기에 이미 충분한 액수이다. 소수의 나라가 40,000 PPP달러 목표를 이미 초과하였음을 주목하라. 그러한 경우 UNDP는 40,000 PPP달러 소득이라는 최대치를 부여하였으며, 따라서 그 나라는 최대소득지수 1을 얻게 된다.

기대수명지수(건강 수준의 대용치)를 구하기 위해, UNDP는 우선 국가의 현재 출생 시 기대수명에서 25년을 뺀다. 25년은 이전 세대에서 어떤 국가든지 나타날 수 있었던 기대수명의 가장 낮은 하한 목표치이다. 그 뒤 UNDP는 그 결과를 이전과 다음 세대에 걸쳐 기대되는 기대수명의 범위를 나타내는 85년에서 25년을 뺀 60년으로 나눈다. 즉 85년은 국가가 앞으로의 세대에 걸쳐 달성하려 노력하는 합리적인 최대 기대수명으로 예상된다. 예를 들어 그 인구의 2007년 기대수명이 65.7년인 방글라데시의 경우 기대수명지수는 다음과 같이 계산된다.

$$기대수명지수 = \frac{65.7 - 25}{85 - 25} = 0.678 \tag{A2.2}$$

수명에 대한 한계효용체감이 가정되지 않았음을 유의하라. 똑같은 논리가 교육지수의 경우에도 적용된다. 교육지수는 2/3의 가중치가 문자해독에, 1/3의 가중치는 취학에 주어지는 두 부분으로 구성된다. 총취학률이 100%를 초과할 수 있기 때문에(학교로 돌아가는 나이 든 학생 때문에), 이 지수 또한 100%로 상한이 주어진다. 방글라데시의 경우 성인 문자해독률은 (꽤 불확실하지만) 53.5%로 추정되며, 따라서

$$성인 \ 문자해독지수 = \frac{53.5 - 0}{100 - 0} = 0.535 \tag{A2.3}$$

이다. 총취학지수의 경우, 방글라데시는 그 초등, 중등, 고등 연령인구의 52.1%가 학교에 취학하였다고 추정되었으며, 따라서

$$총취학지수 = \frac{52.1 - 0}{100 - 0} = 0.521 \tag{A2.4}$$

이 된다. 그 뒤 전체 교육지수를 얻기 위해서 성인 문자해독지수에는 2/3를, 총취학지수에는 1/3을 각각 곱한다. 이러한 선택은 문자해독이 교육을 받은 사람의 근본적인 특성이라는 견해를 반영한다. 방글라데시의 경우 이는 다음과 같이 표시된다.

$$\begin{aligned} 교육지수 &= \frac{2}{3}(성인 \ 문자해독지수) + \frac{1}{3}(총취학지수) \\ &= \frac{2}{3}(0.535) + \frac{1}{3}(0.521) = 0.530 \end{aligned} \tag{A2.5}$$

최종지수를 위해, 세 부분 각각은 동일한 1/3의 가중치를 부여받는다. 따라서

$$인간개발지수 = \frac{1}{3}(소득지수) + \frac{1}{3}(기대수명지수) + \frac{1}{3}(교육지수) \tag{A2.6}$$

이며, 방글라데시의 경우

$$HDI = \frac{1}{3}(0.420) + \frac{1}{3}(0.678) + \frac{1}{3}(0.530) = 0.543 \tag{A2.7}$$

이 된다.

인간개발지수의 한 가지 주요한 장점은 어떤 나라가 그 낮은 소득수준에서 기대될 수 있는 것보다 훨씬 더 성과를 이룰 수 있으며, 상당한 소득의 증가도 여전히 인간개발에서는 상대적

으로 거의 아무것도 달성할 수 없다는 것을 인간개발지수가 나타낸다는 것이다.

더욱이 인간개발지수는 발전이란 단지 높은 소득이 아니라 광범위한 인간개발을 분명히 의미한다는 것을 상기시킨다. 일부 고소득의 석유산유국 같은 많은 나라들은 '발전 없는 성장 (growth without development)'을 경험해 왔다고 일컬어지고 있다. 건강과 교육은 국가생산함수에의 투입요소로 사람에 체화된 생산적인 투자라는 의미를 지닌 인적자본의 구성요인으로서 그 역할을 한다. 건강과 교육의 개선은 그 자체로 또한 중요한 발전목표이다(제8장 참조). 교육을 잘 받지 못하고 자신을 전 세계 다른 사람들에 비해 훨씬 짧게 살도록 하는 상당한 건강 문제로 고통을 받는 높은 소득을 가진 사람들의 나라가 높은 기대수명과 광범위한 문자해독률을 가진 저소득국가보다 더 높은 수준의 발전을 달성했다고 쉽게 주장할 수는 없다. 발전 차이와 순위의 더 나은 지표는 단순히 소득수준을 보는 것보다는 가중된 복지의 측정치에 건강과 교육변수를 포함시킴으로써 발견될 수 있으며, 인간개발지수는 이를 위한 매우 유용한 한 가지 방법을 제공한다.

인간개발지수에 대한 비판과 결점도 존재한다. 그 하나는 많은 나라에서 초등학교를 다니기 시작한 학생이 어떤 단계에 중도탈락했는지 고려함 없이 취학자로 계산되기 때문에 많은 경우 총취학률이 학교교육의 기간을 과대평가한다는 것이다. 세 가지 구성요인 각각에 동일한(1/3) 가중치를 부여하는 바, 이는 분명히 그 뒤에 무엇인지를 결정하기 어려운 어떤 가치판단을 전제로 하는 것이다. 변수들이 매우 상이한 형태의 단위로 측정되기 때문에 동일한 가중치가 정확히 무엇을 뜻하는지를 말하기조차 어렵다는 것을 주목하라. 마지막으로, 질의 역할에 대해 주의를 기울이지 않는다. 예를 들어 건강하고 잘 기능하는 개인으로서의 추가 1년의 삶과 (침대에 누워 있어야만 하는 것 같은) 크게 제한된 범위의 역량을 가진 추가 1년 사이에는 큰 차이가 있다. 게다가 단지 취학연수가 아닌 학교교육의 질이 참작되어야 한다. 마지막으로, 건강과 교육을 위한 더 나은 대용치를 생각할 수 있는 반면, 이러한 변수들의 측정치는 부분적으로 가능한 한 많은 나라를 포함시킬 정도로 충분한 데이터가 이용 가능한지의 기준에 의해 선택되었다는 것도 주목되어야 한다.

〈표 A2.1.1〉은 그 각자의 1인당 실질 GDP(제4열)와 1인당 실질 GDP 순위와 인간개발지수 순위 사이의 차이(제5열)와 함께 낮은 수준의 인간개발부터 매우 높은 수준의 인간개발로 순위를 매긴(제3열) 24개 선진국과 개발도상국 표본의 (2007년 데이터를 사용한) 2009년 인간개발지수를 보여준다. 정(+)의 수치는 1인당 GDP 대신 인간개발지수가 사용될 때 국가의 상대적 순위가 얼마만큼 상승하는지를 보여주며, 부(-)의 수치는 그 반대를 보여준다. 명백히 이는 인간개발지수의 결정적으로 중요한 쟁점 중 하나이다. 1인당 GDP 대신 인간개발지수가 사용될 때 국가의 순위가 크게 변하지 않는다면 1인당 GDP는 사회경제적 발전의 신뢰할 만한 대용치로 쓸모가 있으며, 건강 및 교육 지표 같은 것들에 대해 걱정할 필요가 없다. 〈표 2.4〉로부터 2007년의 가장 낮은 인간개발지수(0.340) 국가는 니제르이며 가장 높은 인간개발지수(0.971) 국가는 노르웨이였음을 알 수 있다.

부유한 나라가 건강과 교육에 더 많은 투자를 할 수 있으며 이렇게 부가된 인적자본이 생산성을 높임에 따라 인간개발지수는 1인당 소득과 함께 증가하는 강한 경향이 있다는 것을

표 A2.1.1 주요국의 2009년 인간개발지수(2007년 데이터)				
국가	상대적 순위	HDI	1인당 GDP (PPP 미국 달러)	GDP 순위– HDI 순위
저인간개발				
니제르	182	0.340	627	−6
아프가니스탄	181	0.352	1,054	−17
콩고민주공화국	176	0.389	298	5
에티오피아	171	0.414	779	0
르완다	167	0.460	866	1
코트디부아르	163	0.484	1,690	−17
말라위	160	0.493	761	12
중인간개발				
방글라데시	146	0.543	1,241	9
파키스탄	141	0.572	2,496	−9
인도	134	0.612	2,753	−6
남아프리카공화국	129	0.683	9,757	−51
니카라과	124	0.699	2,570	6
가봉	103	0.755	15,167	−49
중국	92	0.772	5,383	10
이란	88	0.782	10,955	−17
태국	87	0.783	8,135	−5
고인간개발				
사우디아라비아	59	0.843	22,935	−19
코스타리카	54	0.854	10,842	19
쿠바	51	0.863	6,876	44
칠레	44	0.878	13,880	15
초고인간개발				
영국	21	0.947	35,130	−1
미국	13	0.956	45,592	−4
캐나다	4	0.966	35,812	14
노르웨이	1	0.971	53,433	4

출처 : United Nations Development Programme, *Human Development Report, 2009*, tab. 1.

강조해야 한다. 그러나 크게 놀라운 것은 이러한 예상 유형에도 불구하고 〈표 A2.1.1〉과 〈표 A2.1.2〉에서 보이는 바와 같이 소득과 보다 넓은 복지의 측정치 사이에 여전히 그렇게 큰 차이가 존재한다는 것이다. 예를 들어 세네갈의 실질소득이 92% 더 높다는 사실에도 불구하고 세네갈과 르완다는 본질적으로 똑같은 평균 인간개발지수를 갖고 있다. 그리고 사우디아라비아의 1인당 실질소득이 코스타리카의 2배 이상이라는 사실에도 불구하고 코스타리카는 사우디아라비아보다 더 높은 인간개발지수를 갖고 있다. 많은 나라들이 자신의 소득에 의해 예측되는 것과 상당히 다른 인간개발지수를 갖고 있다. 남아프리카공화국은 0.683의 인간개발지수를 갖고 있지만, 그 순위는 단지 129위인 바, 이는 중소득 순위로부터 기대되는 것보다 51이나 낮은 순위이다. 그러나 비슷한 순위를 가진 상투메프린시페(131위)는 그 소득수준으로부터 기대되는 것보다 17이나 더 높은 순위를 보이고 있다.

국가	1인당 GDP (미국 달러)	인간개발지수	인간개발지수 순위	기대수명(년)	문자해독률(%)	결합 총취학률
표 A2.1.2 비슷한 소득을 가진 나라들의 2009년 인간개발지수 차이(2007년 데이터)						
PPP 1,000달러 가까운 1인당 GDP						
마다가스카르	932	0.543	145	59.9	70.7	61.3
아이티	1,140	0.532	149	61.0	62.1	52.1
르완다	866	0.460	167	49.7	64.9	52.2
말리	1,083	0.371	178	48.1	26.2	46.9
아프가니스탄	1,054	0.352	181	43.6	28.0	50.1
PPP 1,500달러 가까운 1인당 GDP						
케냐	1,542	0.541	147	53.6	73.6	59.6
가나	1,334	0.526	152	56.5	65.0	56.5
코트디부아르	1,690	0.484	163	56.8	48.7	37.5
세네갈	1,666	0.464	166	55.4	41.9	41.2
차드	1,477	0.392	175	48.6	31.8	36.5
PPP 2,000달러 가까운 1인당 GDP						
키르기스스탄	2,006	0.710	120	67.6	99.3	77.3
라오스	2,165	0.619	133	64.6	72.7	59.6
캄보디아	1,802	0.593	137	60.6	76.3	58.5
수단	2,086	0.531	150	57.9	60.9	39.9
카메룬	2,128	0.523	153	50.9	67.9	52.3
모리타니	1,927	0.520	154	56.6	55.8	50.6
나이지리아	1,969	0.511	158	47.7	72.0	53.0
PPP 4,000달러 가까운 1인당 GDP						
통가	3,748	0.768	99	71.7	99.2	78.0
스리랑카	4,243	0.759	102	74.0	90.8	68.7
온두라스	3,796	0.732	112	72.0	83.6	74.8
볼리비아	4,206	0.729	113	65.4	90.7	86.0
과테말라	4,562	0.704	122	70.1	73.2	70.5
모로코	4,108	0.654	130	71.0	55.6	61.0

출처 : United Nations Development Programme, *Human Development Report, 2009*, tab. 1.

〈표 A2.1.2〉에 1,000달러 가까운 1인당 GDP를 가진 것으로 기재된 나라의 경우 인간개발지수는 0.371로부터 0.543까지 매우 큰 범위를 보인다. 이에 상응하여 문자해독률은 단지 26%로부터 71%까지의 범위를 나타낸다. 기대수명은 단지 44세부터 61세까지의 범위를 보인다. 1,500달러에 가까운 1인당 GDP를 가진 나라들의 경우 문자해독은 32%로부터 74%, 취학은 37%로부터 60%의 범위를 가지며 이에 상응하는 인간개발지수의 차이가 나타난다. 2,000달러 가까운 1인당 GDP를 가진 〈표 A2.1.1〉의 나라들은 0.511로부터 0.710까지의 인간개발지수 범위를 갖고 있다. 기대수명은 48세부터 68세까지의 범위를 보인다. 문자해독률은 56%로부터 99%까지의 범위를 보인다. 4,000달러 가까운 1인당 GDP를 가진 것으로 〈표 A2.1.1〉에 기재된 나라의 경우 인간개발지수는 0.654로부터 0.768까지의 범위를 보인다. 기대수명은 65세로부터 74세까지의 범위를 보이며, 문자해독률은 놀랍게도 56%의 모로코로부터 본질적으로 문자해독이 보편적인 통가까지의 범위를 나타낸다. 이러한 현격한 차이

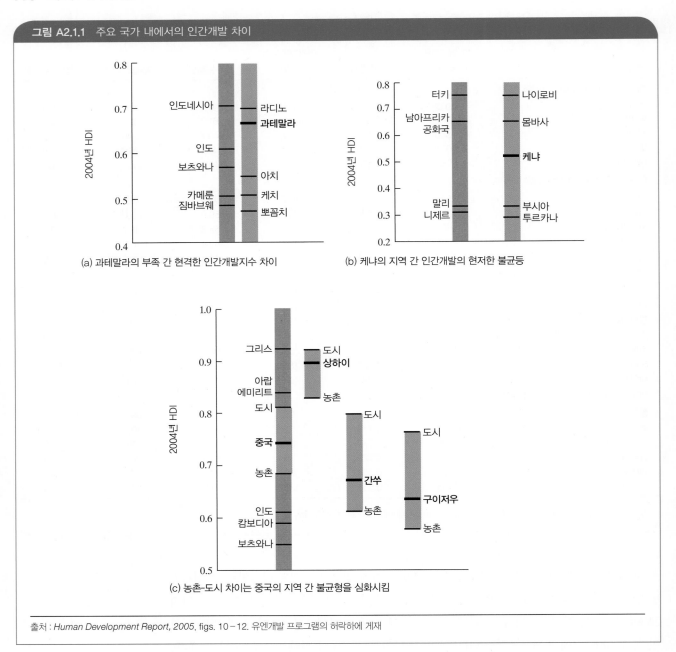

그림 A2.1.1   주요 국가 내에서의 인간개발 차이

(a) 과테말라의 부족 간 현격한 인간개발지수 차이

(b) 케냐의 지역 간 인간개발의 현저한 불균등

(c) 농촌-도시 차이는 중국의 지역 간 불균형을 심화시킴

출처 : *Human Development Report, 2005*, figs. 10 – 12. 유엔개발 프로그램의 허락하에 게재

는 인간개발지수 프로젝트가 가치가 있음을 보여준다. 단지 소득에 의한 국가의 순위 또는 마찬가지로 단지 건강 또는 교육에 의한 순위는 국가 발전 수준에 있어서의 중요한 차이를 간과하도록 만든다.

평균소득이 중요하지만 때로는 심지어 중위소득국가에서도 많은 사람들이 빈곤 속에 산다. 여러 나라들의 총인간개발지수가 소득분배를 위해 조정되었을 때 많은 개발도상국의 상대적 순위도 크게 변했다.[2] 예를 들어 브라질은 꽤 심한 불균등한 분배를 갖고 있어 그 순위가 떨어진 반면, 스리랑카는 보다 균등한 분배 때문에 인간개발지수 순위가 상승하였다.

인간개발지수는 또한 국가 내의 그룹 간에도 크게 다르다. 〈그림 A2.1.1a〉에 보이는 바와 같이, 케치(Q'eqchi) 부족이 카메룬과 비슷한 인간개발지수 순위를 갖고 있고 뽀꼼치(Poqomchi) 부족이 짐바브웨보다 더 낮은 순위를 갖고 있는 과테말라에서 사회적 배제(social exclusion)의 영향을 생생하게 볼 수 있다. 〈그림 2.3b〉에서 보이는 바와 같이, 수도인 나이로비 지역의 인간개발지수는 터키만큼 높은 순위지만 투르카나(Turkana) 지역의 인간개발지수는 어떤 나라의 평균보다도 낮은 순위인 케냐에서의 지역에 따른 차이를 볼 수 있다. 〈그림 A2.1.1c〉가 보여주는 바와 같이, 상하이 도시지역의 인간개발지수는 거의 그리스만큼 높은 반면, 간쑤(Gansu) 농촌지역은 인도와 같은 수준의 인간개발지수를 갖고 있고, 구이저우(Guizhou) 농촌지역의 인간개발지수는 캄보디아보다도 낮은 수준인 중국의 경우에서는 농촌-도시 간 차이가 보인다. 앞서의 유엔에 의한 연구는 남아프리카공화국의 백인은 높은 인간개발지수 수준을 즐기는 반면, 흑인의 인간개발지수는 훨씬 낮았다는 것을 비슷하게 밝힌 바 있다.[3]

다른 어느 것보다 전통적인 인간개발지수는 포괄적 방식으로 발전의 개념화 촉진과 발전지표로서 건강과 교육이 소득만큼이나 같은 순위로 상승하는 데 가장 큰 영향을 주었다. 규칙적으로 계산되고 보고되고 있는 여러 유형의 개별 및 복합적인 척도를 확대하는 데 큰 영향을 주었다.

미주

1. 사실 가용한 국가 자료와 최소 영양소의 비용을 생각할 때 1인당 소득으로 250달러가 좀 더 현실적인 하한값이라고 프리쳇은 설득력 있게 주장한다. 다음을 참조하라—"Divergence, big time," *Journal of Economic Perspectives* 11, No. 3 (1997): 3–17. 전통적인 인간개발지수 산출 공식에 사용된 로그는 자연로그보다는 10을 밑으로 하는 상용로그이다.

2. UNDP, *Human Development Report*, 1994 (New York: Oxford University Press, 1994).

3. 남아프리카를 제외한 모든 자료는 2006년 *Human Development Report*(New York: Oxford University Press, 2006)에서 추출하였다. 이전의 보고서는 남아프리카가 백인이 0.876, 흑인이 0.462, 전체적으로 0.666 순위였음을 제시하고 있다.

3 경제성장과 경제발전의 고전적 이론

모든 것에 대한 경제이론은 존재하지 않는다.
— 로버트 솔로우(*Robert Solow*), 노벨경제학상 수상자

현대적 경제성장에서 … 경제의 구조변환 속도는 엄청나다.
— 사이먼 쿠즈네츠(*Simon Kuznets*), 노벨경제학상 수상자

모든 나라는 발전을 위해 노력한다. 경제 진보는 필수적인 구성요인이지만 유일한 구성요인은 아니다. 제1장에서 지적한 바와 같이, 발전은 순수하게 경제적 현상은 아니다. 궁극적인 의미에서, 발전은 인간의 자유를 확대하기 위해 삶의 물질적 및 금전적 측면 이상의 것을 포함해야만 한다. 따라서 발전은 전체 경제 및 사회체제의 재조직 및 방향 전환을 수반하는 다차원적 과정으로 인식되어야 한다. 소득과 산출량의 향상 이외에도, 발전은 전형적으로 대중의 태도와 심지어는 습관과 신념은 물론 제도, 사회, 그리고 행정구조의 근본적인 변화를 수반한다. 마지막으로, 발전은 보통 국가 차원에서 정의되지만, 발전의 보다 광범위한 실현은 국제적인 경제 및 사회체제의 수정도 필요로 할 수 있다.

이 장에서는 어떻게 그리고 왜 발전이 발생했는지 또는 발생하지 않았는지에 대한 석학들의 사고의 역사적인 그리고 지적인 전개에 대해 탐구한다. 네 가지 주요 그리고 종종 경쟁적인 발전이론을 검토함으로써 탐구가 이루어질 것이다. 각 이론이 발전 과정의 성격에 관한 귀중한 통찰력과 유용한 시각을 제공한다는 것을 알게 될 것이다. 몇몇 보다 새로운 발전과 저개발 모형은 고전적 이론으로부터 절충적으로 얻어지며 이는 제4장에서 고려된다.

경제성장 분석에 대한 접근법은 여러 발전이론에 대한 이러한 검토를 거쳐 소개되며, 그 뒤 제3장의 부록에서 부연해서 설명한다.

3.1 경제발전의 고전적 이론 : 네 가지 접근법

경제발전에 관한 제2차 세계대전 이후 고전적 문헌은 (1) 선형 성장단계설 모형(linear-stages-of-growth model), (2) 구조 변화의 이론과 유형, (3) 종속이론(international-dependence revolution), (4) 신고전학파이론(neoclassical, free-market counterrevolution)이라는 네 가지 주요한 그리고 때로는 경쟁적인 사고의 가닥이 우위를 차지하고 있다. 최근 몇 년 동안 이 고전적 이론 모두로부터 절충적으로 얻어지는 접근법이 출현하였다.

1950년대와 1960년대의 이론가들은 발전 과정을 모든 국가들이 반드시 거쳐야 하는 경제성장의 일련의 연속적인 단계로 간주하였다. 저축, 투자, 해외원조의 적절한 수량 및 결합이 개발도상국으로 하여금 선진국이 역사적으로 답습했던 경제성장의 경로를 따라 전진하도록 하는 데 필요한 모든 것이라는 것이 주로 경제발전이론이었다. 그래서 발전은 급속한 총경제성장과 동의어가 되었다.

이러한 선형 단계 접근법은 1970년대에 두 종류의 대립되는 학설에 의해 대체로 대체되었다. 구조 변화의 이론과 유형에 초점을 맞추었던 첫 번째는 '전형적인' 개발도상국이 급속한 경제성장을 발생시키고 지속시키는 데 성공하기 위해 겪어야 할 구조 변화의 내부 과정을 설명하려는 시도하에 현대적 경제이론과 통계분석을 사용하였다. 두 번째인 종속이론은 보다 급진적이며 정치적이다. 종속이론은 저개발을 국제 · 국내의 권력관계, 제도적 · 구조적 경제의 경직성, 그리고 그에 따른 국가 내부와 국가 간 이중경제와 이중사회의 확산으로 간주한다. 이 이론은 경제발전에 관한 외부 및 내부의 제도적 · 정치적 제약을 강조하는 경향이 있었다. 빈곤을 퇴치하고, 보다 다양한 고용기회를 제공하며, 소득불균등 감소를 위한 주요한 새로운 정책의 필요성이 강조되었다. 이러한 그리고 그 외 평등주의적인 목적은 경제성장의 맥락 내에서 달성될 것이지만, 경제성장만으로는 선형 단계설과 구조 변화 모형은 경제성장과 조화를 이룬다고 주장되는 찬양할 만한 상태를 제시하지 못하였다.

1980년대의 대부분과 1990년대에는 네 번째 접근법이 유행하였다. 이 경제학사에 있어서의 신고전학파[때로는 신자유주의(neoliberal)라 불림]의 반혁명은 자유시장, 개방경제, 비효율적 공기업 사유화의 바람직한 역할을 강조하였다. 이 이론에 따르면, 발전의 실패는 종속이론가들이 설명하는 것처럼 착취적인 외부 및 내부 요인 때문이 아니다. 오히려 발전의 실패는 주로 경제에 대한 과도한 정부의 간섭과 규제의 결과라는 것이다. 오늘날의 절충적인 접근법을 이러한 모든 관점에서 유도하고, 각각의 강점과 약점을 살펴보기로 하자.

3.2 성장으로서의 발전과 선형 단계설

제2차 세계대전 이후 가난한 나라들에 대한 관심이 실제로 실체화되기 시작했을 때, 선진국의 경제학자들은 아무런 생각을 하지 못했다. 그들은 현대적 경제구조가 결여된 대체로 농업사회에서의 경제성장 과정을 분석할 쉽게 이용할 수 있는 가능한 개념적 도구를 갖지 못했다. 그러나 그들은 막대한 금액의 미국의 금융 및 기술 원조가 전쟁으로 피폐해진 유럽으로 하여금 수년 내에 경제를 재건하고 현대화하도록 한 마셜 플랜(Marshall Plan)이라는 최근의 경험을 갖고 있었다. 더욱이 모든 현대적 선진국들이 한때는 미개발 농업사회였던 것이 사실이 아니었던가? 확실히 가난한 자급농업사회로부터 현대적 공업국가로 경제를 변환시키는 데 있어서의 그들의 역사적 경험은 아시아, 아프리카, 남미의 '후진적' 국가들을 위한 중요한 교훈이었다. 막대한 자본투입의 효용과 현재 선진국의 역사적 경험이라는 두 가닥의 사고 논리와 단순성은 너무 매력적이어서 개발도상국의 사람들과 삶의 방식을 유엔통계 또는 인류학 서적의 산재된 여러 장에서나 종종 접할 수 있었던 부유한 나라의 학자, 정치가, 행정관리에 의해 거부될 수는 없었다. 자본축적 가속화의 핵심적인 역할을 강조했기 때문에 이 접근법은 종종 '자본근본주의(capital fundamentalism)'라 불린다.

로스토의 성장단계

성장단계 발전 모형
국가가 발전을 달성하는 데 있어서 거쳐야 하는 연속되는 단계가 있다는 미국 경제사학자 로스토와 관련이 있는 경제발전이론

성장단계 발전 모형(stages-of-growth model of development)의 가장 영향력 있고 거리낌없는 옹호자는 미국의 경제사학자 로스토(Walt W. Rostow)였다. 로스토에 따르면, 저개발로부터 발전으로의 이행은 모든 나라가 거쳐야만 하는 일련의 단계로 서술할 수 있다. 로스토가 『경제성장단계(*The Stages of Economic Growth*)』의 첫 장에서 쓴 바와 같이

> 이 책은 경제사학자가 현대 역사의 진전을 일반화하는 방식을 제시한다. … 모든 사회를 그 경제적 차원에서 전통사회(traditional society), 예비단계(pre-conditions for take-off into self-sustaining growth), 도약단계(take-off into self-sustaining growth), 성숙단계(drive to maturity), 그리고 대량소비사회(age of high mass consumption)라는 다섯 범주 중 한 가지 내에 놓여 있는 것으로 생각할 수 있다. 이러한 단계들은 단지 서술적인 것은 아니다. 그것들은 단지 현대사회의 발전순서에 대한 어떤 사실에 입각한 관찰을 일반화하는 방식이 아니다. 그것들은 내적 논리성과 연속성을 갖고 있다. … 그것들은 궁극적으로 경제성장에 대한 이론과 여전히 매우 부분적이더라도 현대 역사 전체에 대해 보다 일반적인 이론 모두를 구성한다.[1]

선진국들은 모두 '도약'단계를 거쳐 스스로 지속되는 성장에 진입하였으며, 아직 전통사회에 있거나 또는 '예비'단계에 있는 저개발국가들은 자신의 차례가 되어 스스로 지속 가능한 경제성장으로 도약하기 위해서 오로지 어떤 일련의 발전규칙을 따라야 한다.

어떤 도약의 경우에도 필요한 주요 발전전략 중 하나는 경제성장을 가속화하기 위한 충분한 투자를 발생시키기 위해 국내 및 해외 저축을 동원하는 것이었다. 투자의 증가가 더 큰 성장으로 이어지는 경제 메커니즘은 그 모형이 자본스톡 K에 흔히 A라고 표기되는 상수를 곱한 값이 산출량이 되는 선형생산함수를 기초로 하기 때문에 오늘날에는 흔히 AK 모형이라고 지칭되는 **해로드-도마 성장 모형**(Harrod-Domar growth model)[2]으로 서술될 수 있다. 어떤 형태든 이 모형은 제14장에서 검토된 투갭 모형(two-gap model) 같이 개발도상국들이 직면하는 정책 사안에 자주 응용되고 있다.

해로드-도마 성장 모형

해로드-도마 성장 모형
국내총생산 증가율(g)이 국민순저축률(s)에 직접적으로 그리고 자본산출비율(c)에 역으로 의존한다는 경제적 함수관계

사용해서 낡은 또는 손상된 자본재(빌딩, 설비, 재료)를 대체하기를 원한다면, 모든 경제는 그 국민소득의 어떤 부분을 저축해야 한다. 그러나 성장하기 위해서는 자본스톡에 대한 순증가를 나타내는 새로운 투자가 필요하다. 총자본스톡의 규모 K와 총 GDP Y 사이에 어떤 직접적인 경제적 관계가 존재한다고 가정하면, 예를 들어 연간 1달러의 GDP 흐름을 생산하기

위해 3달러의 자본이 항상 필요하다면, 당연히 새로운 투자 형태로의 자본의 순증가가 이에 상응하는 국민산출량 GDP 흐름의 증가를 유발할 것이다.

경제학에서 **자본-산출 비율**(capital-output ratio)로 알려진 이 관계가 대체로 3 대 1이라고 하자. 자본-산출 비율을 k로 정의하고 국민 **순저축률**(net savings ratio) s는 국민생산의 고정된 부분(예 : 6%)이며 총신투자는 총저축수준에 의해 결정된다고 가정한다면 아래와 같은 단순한 경제성장 모형을 구축할 수 있다.

자본-산출 비율
주어진 기간에 걸쳐 1단위의 산출량을 생산하기 위해 요구되는 자본 단위를 나타내는 비율

순저축률
어떤 기간에 걸쳐 가처분소득의 비율로 표시된 저축

1. 순저축(S)은 국민소득(Y)의 일정 비율(s)이어서 단순한 식으로 나타낼 수 있다.

$$S = sY \qquad (3.1)$$

2. 순투자(I)는 자본스톡 K의 변화로 정의되며, 아래와 같이 ΔK로 나타낼 수 있다.

$$I = \Delta K \qquad (3.2)$$

그러나 자본-산출 비율 c로 표시되는 바와 같이,[3] 총자본스톡 K가 총국민소득 또는 총국민생산 Y에 직접적인 관계를 갖기 때문에 당연히 아래의 식이 성립한다.

$$\frac{K}{Y} = c$$

또는

$$\frac{\Delta K}{\Delta Y} = c$$

또는, 최종적으로

$$\Delta K = c\Delta Y \qquad (3.3)$$

$1/c$은 자본 사용의 효율성 척도이다.

3. 마지막으로, 순국민저축 S는 순투자 I와 일치해야 하기 때문에 이 등식을 다음과 같이 쓸 수 있다.

$$S = I \qquad (3.4)$$

그러나 식 (3.1)로부터 $S = sY$라는 것을 알 수 있으며, 식 (3.2)와 (3.3)으로부터 다음과 같은 관계를 알 수 있다.

$$I = \Delta K = c\Delta Y$$

따라서 당연히 식 (3.4)에 의해 보여주는 저축과 투자가 일치한다는 '항등식'을 다음과 같이 쓸 수 있다.

$$S = sY = c\Delta Y = \Delta K = I \qquad (3.5)$$

또는 단순히

$$sY = c\Delta Y \tag{3.6}$$

식 (3.6)의 양변을 먼저 Y로 그리고 그 뒤 c로 나누면 다음과 같은 관계를 얻을 수 있다.

$$\frac{\Delta Y}{Y} = \frac{s}{c} \tag{3.7}$$

식 (3.7)의 좌변 $\Delta Y/Y$는 GDP의 변화율 또는 성장률을 나타낸다는 것에 주목하라.

해로드-도마 경제성장이론의 유명한 식을 단순화시킨 변형인 식 (3.7)은 단순히 GDP 성장률($\Delta Y/Y$)은 순국민저축률 s와 국가의 자본-산출 비율 c에 의해 공동으로 결정된다는 것을 진술한다. 보다 구체적으로, 식은 정부가 없을 경우 국민소득의 증가율은 저축률과 직접적 또는 정(+)의 관계를(즉 경제가 주어진 GDP로부터 더 많이 저축 그리고 투자를 할 수 있으면 있는 만큼 그 GDP의 증가는 더 커질 것임), 경제의 자본-산출 비율과 역 또는 부(−)의 관계를(즉 c가 크면 클수록 GDP 성장률은 더 낮아질 것) 갖고 있음을 알려준다. 식 (3.7)은 또한 총저축 s^G로 종종 표시되는데, 이 경우 성장률은 다음과 같이 주어진다.

$$\frac{\Delta Y}{Y} = \frac{s^G}{c} - \delta \tag{3.7$'$}$$

여기서 δ는 자본의 감가상각률이다.[4]

식 (3.7)과 (3.7$'$)의 경제적 논리는 매우 단순하다. 성장하기 위해 경제는 그 GDP의 일정 부분을 저축하고 투자해야 한다. 더 많이 저축하고 투자할수록 경제는 더 급속히 성장할 수 있다. 그러나 어떤 수준의 저축과 투자의 경우에도 실제성장률, 즉 투자의 추가단위로부터 얼마만큼의 추가산출량을 얻을 수 있는지는 그 역수, 즉 $1/c$은 단순히 산출-자본 비율 또는 산출-투자 비율이기 때문에 자본-산출 비율 c의 역수로 측정될 수 있다. 당연히 신투자율 $s = I/Y$에 그 생산성 $1/c$을 곱한 값은 국민소득 또는 GDP가 증가할 비율이 될 것이다.

투자 이외에 다른 두 가지 경제성장의 구성요인은 노동력 증가와 기술진보이다. 이러한 세 가지 구성요인의 역할과 기능은 부록 3.1에서 자세히 검토된다. 해로드-도마 모형의 맥락에서, 노동력 증가는 명시적으로 서술되지 않았다. 이는 노동이 개발도상국 차원에서 풍부하여 자본투자에 비례하여 필요한 만큼 채용될 수 있다고 가정되기 때문이다(이 가정은 항상 타당하지는 않다). 일반적으로 기술진보는 해로드-도마 모형에서 식 (3.7) 또는 (3.7$'$)에서와 같이 주어진 투자 수준에서 더 높은 성장을 유도하는 필요한 자본-산출 비율의 감소로 표시될 수 있다. 이는 장기적으로 이 비율이 고정되지 않고 시간이 흐름에 따라 금융시장의 기능과 정책 환경에 반응하여 변할 수 있다는 것을 깨달을 때 명백해진다. 그러나 초점은 자본투자의 역할에 주어져 있다.

장애물과 제약

성장단계설로 돌아가서, 단순한 해로드-도마 성장 모형의 식 (3.7)을 사용하면 경제성장의 가장 근본적인 전략 중 하나는 단순히 국민소득 중 저축되는(즉 소비되지 않는) 비율을 증가시키는 것임을 알 수 있다. 식 (3.7)의 s를 증가시킬 수 있으면 GDP 증가율 $\Delta Y/Y$를 증가시킬 수 있다. 예를 들어 몇몇 개발도상국에서 국가의 자본-산출 비율이 말하자면 3이고 전체 순저축률이 GDP의 6%라고 가정한다면, 당연히 식 (3.7)로부터 이 나라는 연 2%의 비율로 성장할 수 있는 바, 이는 아래 식이 성립하기 때문이다.

$$\frac{\Delta Y}{Y} = \frac{s}{c} = \frac{6\%}{3} = 2\% \qquad (3.8)$$

이제 국민순저축률이 조세증가, 해외원조, 그리고 일반적인 소비희생의 어떤 결합을 통해 6%로부터 말하자면 15%로 다소 증가할 수 있다면, GDP 성장은 2%로부터 5%로 증가할 수 있는 바, 이는 아래 식이 성립하기 때문이다.

$$\frac{\Delta Y}{Y} = \frac{s}{c} = \frac{15\%}{3} = 5\% \qquad (3.9)$$

실제로, 로스토와 다른 사람들은 도약단계를 이렇게 정확히 정의하였다. GDP의 15~20%를 저축할 수 있었던 나라들은 더 적게 저축한 나라들에 비해 훨씬 빠른 비율로 성장('발전')할 수 있었다. 더욱이, 이러한 성장은 그 뒤 자동적으로 지속된다. 따라서 경제성장과 발전의 메커니즘은 단순히 국민저축과 투자를 증가시키는 문제이다.

이 이론에 따르면, 발전에 대한 주요 장애물 또는 제약은 대부분의 가난한 나라에서 신규 자본 형성이 상대적으로 낮은 수준이라는 사실이다. 그러나 어떤 나라가 말하자면 연 7%의 비율로 성장하기를 원한다면, 그리고 국민소득의 21% 비율로 저축과 투자를 할 수 없지만 오로지 15%만을 가까스로 저축할 수 있다면(최종 총자본-산출 비율 c는 3이라고 가정하면서), 그 나라는 해외원조 또는 해외민간투자를 통해 이 '저축갭(savings gap)'을 메우는 방법을 찾을 수 있을 것이다.

따라서 성장과 발전에 대한 '자본제약' 단계 접근법은 선진국으로부터 개발도상국으로의 자본과 기술 원조의 막대한 이전을 정당화하는 이유와 (냉전의 정치학 관점에서 볼 때) 기회주의적인 수단이 되었다. 그것은 또다시 시작하는 마셜 플랜이 되었지만, 이번에는 개발도상국을 위해서였다.

필요조건 대 충분조건 : 단계 모형에 대한 몇 가지 비판

불행히도, 성장단계설로 구현된 발전 메커니즘이 항상 작동하지는 않았다. 그리고 작동하지 않았던 기본적인 이유는 더 많은 저축과 투자가 급속한 경제성장률의 **필요조건**(necessary condition)이기는 하지만 **충분조건**(sufficient condition)이 아니었기 때문이었다. 원조를 받은 유럽 국가들이 신규 자본을 높은 수준의 산출량으로 효과적으로 전환하는 데 필요한 구조적·제도적, 그리고 사고방식의 조건(예 : 잘 통합된 상품 및 화폐시장, 잘 발달된 운송시설, 잘 훈련되고 교육을 받은 노동력, 성공하기 위한 동기부여, 효율적인 정부관료)을 보유하고 있었기 때문에 마셜 플랜은 작동하였다. 로스토와 해로드-도마 모형은 저개발국가에서의 이러한 동일한 태도와 제도의 존재를 암묵적으로 가정하였다. 그러나 많은 경우 관리상의 경쟁

필요조건
하나의 사건이 발생하기 위해 그 자체가 충분해야 할 필요는 없지만 나타나야만 하는 조건. 예를 들어 자본형성은 지속적인 경제성장을 위한 필요조건일 수 있다(산출량의 증가가 발생할 수 있기 이전에 그것을 생산할 도구가 있어야 함). 그러나 이러한 성장이 계속되기 위해서는 사회적·제도적, 그리고 사고방식의 변화가 발생해야 한다.

충분조건
존재할 때 하나의 사건이 발생할 또는 발생할 수 있을 것을 일으키거나 또는 보장하는 조건. 경제 모형에서, 다른 가정이 주어질 때 어떤 서술이 반드시 사실이도록(또는 어떤 결과가 반드시 성립하도록) 논리적으로 요구하는 조건

력, 숙련노동, 개발 프로젝트의 광범위한 여러 가지를 계획하고 관리하는 능력 같은 보완적 요소로서의 그러한 것들이 결여되었다. 또한 식 (3.7)로부터 명백한 성장 촉진의 또 다른 전략, 예를 들면 투자가 추가산출량을 발생시키는 효율성의 증가를 수반하는 자본-산출 비율 c의 감소에 초점이 불충분하게 맞추어졌는데, 이 주제는 후에 다루게 된다.

3.3 구조변화 모형

구조변화이론

'저개발'은 그 기원을 국내 및 국제 '이중구조(dualism)'에 두고 있는 구조적 또는 제도적 요소들로부터 발생하는 '자원'의 과소이용 때문이라는 가설. 따라서 '발전'은 단지 '자본'형성의 가속화 이상의 것을 필요로 한다.

구조변화

제조업부문에 의한 국민소득에의 기여가 궁극적으로 농업부문에 의한 기여를 뛰어넘는 방식으로의 경제의 변환 과정. 보다 일반적으로, 어떤 경제의 산업 구성의 주요 변화

루이스 2부문 모형

전통적 농업부문으로부터의 잉여노동이 현대적 공업부문으로 이전하고, 그 현대적 공업부문의 성장은 잉여노동을 흡수하고 산업화를 촉진하며 지속적인 발전을 자극한다는 발전이론

잉여노동

자유시장 현행 임금에서의 수요량을 초과하는 노동의 과도한 공급. 루이스의 경제발전 2부문 모형에서 '잉여노동'은 그 한계생산성이 0 또는 부(−)인 일부 농촌노동을 지칭한다.

구조변화이론(structural-change theory)은 저개발경제가 그 국내 경제구조를 전통적 생계농업에 대한 과중한 의존으로부터 보다 현대적이고, 보다 도시화된, 그리고 보다 산업적으로 다양한 제조업 및 서비스 경제로 변환시키는 메커니즘에 초점을 맞춘다. 이러한 변환 과정이 어떻게 발생하는지를 서술하기 위해, 이 이론은 신고전학파의 가격 및 자원배분이론과 현대 계량경제학의 도구들을 사용한다. 구조 변화 접근법의 두 가지 잘 알려진 대표적인 예는 루이스(W. Arthur Lewis)의 이론적인 '2부문 잉여노동' 모형과 체너리(Hollis B. Chenery) 및 그의 공동저자의 '발전 유형'의 실증분석이다.

루이스의 발전이론

기본 모형 주로 생계경제의 **구조변화**(structural transformation)에 초점을 맞추었던 가장 잘 알려진 발전에 대한 초기 이론적 모형 중 하나는 1950년대 중반에 노벨상 수상자 루이스에 의해 수식화되었으며, 후에 페이와 레니스(John Fei and Gustav Ranis)에 의해 수정되고 공식화되어 확대되었다.[5] **루이스 2부문 모형**(Lewis two-sector model)은 1960년대의 대부분과 1970년대 초 잉여노동 개발도상국의 발전 과정에 대한 일반이론이 되었으며, 특히 중국에서의 최근의 성장 경험과 기타 개발도상국의 노동시장을 연구하기 위해 아직도 때때로 응용된다.[6]

루이스 모형에서 저개발경제는 전통적인 인구과잉 농촌생계부문과 고생산성의 현대적 공업부문이라는 2부문으로 구성되어 있다. 전통적인 인구과잉 농촌생계부문은 노동의 한계생산성이 0이라는 특성을 갖는데, 노동의 한계생산성이 0이라는 것은 전통적 농업부문으로부터 산출량의 손실 없이 노동이동이 가능하다는 의미에서 루이스가 이를 **잉여노동**(surplus labor)으로 분류하도록 허용한 상황을 나타낸다. 한편, 고생산성의 현대적 공업부문은 노동이 생계부문으로부터 점차로 이전하게 되는 부문을 나타낸다. 모형의 주요 초점은 노동이전의 과정과 현대부문의 생산 및 고용의 증가에 맞추어진다(현대부문은 현대적 농업을 포함할 수 있지만, 이 부문을 약칭으로 '공업'으로 부를 것이다). 노동이전과 현대부문 고용증가 모두 그 부문에서의 산출량 확대에 의해 이루어진다. 이러한 확대가 발생하는 속도는 현대부문에서의 공업투자와 자본축적률에 의해 결정된다. 그러한 투자는 자본가들이 모든 자신들의 이윤을 재투자한다는 가정하에 임금을 지급하고 남게 되는 현대부문 이윤에 의해 가능하게 된다. 마지막으로, 루이스는 도시공업부문의 임금 수준은 일정하며, 전통적 농업부문의 고정된 평균 생계임금 수준에 일정 크기의 프리미엄이 붙은 수준으로 결정된다고 가정하였다. 불변인 도시임금 수준에서 현대부문에 대한 농촌노동의 공급곡선은 완전탄력적이라고 간주된다.

2부문 경제에서의 현대부문 성장의 루이스 모형은 〈그림 3.1〉을 사용하여 설명할 수 있다. 우선 〈그림 3.1b〉의 오른쪽 도표에 그려진 2개의 전통적 농업부문을 고려하자. 위의 도표는 생계식량 생산이 노동투입의 증가에 따라 어떻게 변하는지를 보여준다. 이는 식량의 총산출량 또는 총생산(TP_A)이 주어진 고정된 자본량 $\overline{K}_A$와 변하지 않는 전통기술 $\overline{t}_A$하에서 유일한 가변투입요소인 노동투입량(L_A)의 변화에 의해 결정되는 전형적인 농업 **생산함수**(production function)이다. 오른쪽 아래 도표에는 바로 위에 보이는 총생산곡선으로부터 도출된 노동의 **평균생산**(average product) 및 **한계생산**(marginal product) 곡선 AP_{LA}, MP_{LA} 곡선이 그려져 있다. 루이스가 많은 인구가 농촌지역에서 거주하며 일하는 저개발경제를 서술함에 따라, 이용 가능한 농업 노동량(Q_{LA})은 두 가로축에서 동일하며, 100만 명의 근로자로 표시되어 있다.

루이스는 전통부문에 대해 두 가지 가정을 채택하였다. 첫째, MP_{LA}가 0이라는 의미에서 잉여노동이 존재하며, 둘째, 모든 농촌근로자들은 총산출량을 균등하게 나누며, 그 결과 농

생산함수

생산되는 재화의 수량과 이를 생산하기 위해 필요한 투입요소 수량 사이의 기술적 또는 공학적 관계

평균생산

총산출출량 또는 총생산을 총요소투입량으로 나눈 값(예 : 노동의 평균생산은 총산출출량을 그 산출량을 생산하기 위해 사용된 총노동량으로 나눈 것과 같다)

한계생산

(노동 또는 자본과 같은) 생산의 가변요소 추가 1단위의 사용으로부터 나타나는 총산출출량의 증가. 루이스 2부문 모형에서 잉여노동은 그 한계생산이 0인 근로자들로 정의된다.

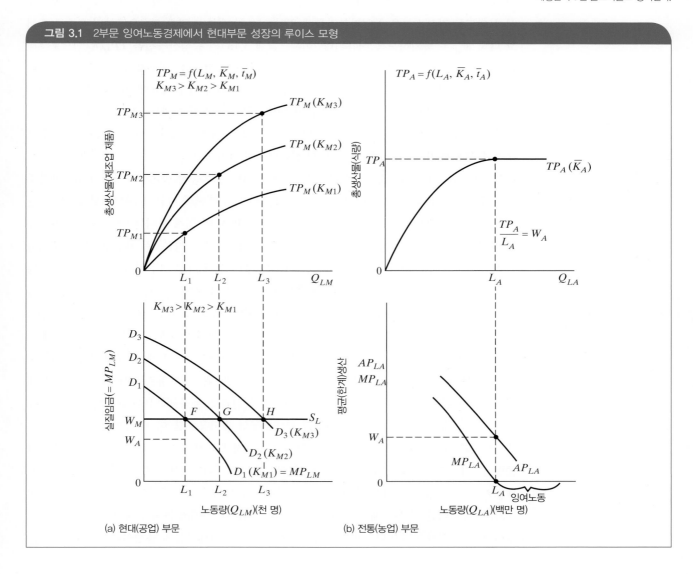

그림 3.1 2부문 잉여노동경제에서 현대부문 성장의 루이스 모형

(a) 현대(공업) 부문

(b) 전통(농업) 부문

촌의 실질임금은 (현대부문의 경우에서와 같이) 노동의 한계생산이 아닌 평균생산에 의해 결정된다. 비유하자면, 이는 저녁식사에서 각 식구가 똑같은 몫을 가져가는(기본적인 아이디어가 성립하기 위해 이는 문자 그대로의 똑같은 몫일 필요는 없다) 밥그릇을 가족에게 돌리는 것으로 생각될 수 있다. 1인당 W_A의 식량(이는 TP_A/L_A와 같은 평균생산이다)으로 균등하게 나누어질 TP_A만큼의 식량을 생산하는 L_A만큼의 농촌근로자들이 있다고 가정하자. 〈그림 3.1b〉의 아래 도표에서 보이는 바와 같이, L_A 근로자들의 한계생산은 0이다. 따라서 잉여노동 가정은 L_A를 초과하는 모든 근로자에게 적용된다(오른쪽 위 도표에서 L_A 근로자들을 초과할 경우의 수평 TP_A 곡선을 주목하라).

〈그림 3.1a〉의 왼쪽 위 도표는 현대공업부문의 총생산(생산함수)곡선을 그리고 있다. 다시 한 번 반복하면, 제조업 재화의 산출량(TP_M)은 자본스톡 $\bar{K}_M$과 기술 $\bar{t}_M$이 주어질 때 가변노동투입량 L_M의 함수이다. 가로축에는 TP_{M1}의 산출량을 생산하기 위해 고용된 노동량이 자본스톡 K_{M1}과 함께 1,000명 단위의 도시노동자 L_1으로 표시되어 있다. 루이스 모형에서 현대부문 자본스톡은 공업자본가들에 의한 이윤의 재투자 결과 K_{M1}으로부터 K_{M2}로 그리고 다시 K_{M3}로 증가하도록 허용된다. 이는 〈그림 3.1a〉의 총생산곡선을 $TP_M(K_{M1})$으로부터 $TP_M(K_{M2})$로 그리고 다시 $TP_M(K_{M3})$로 오른쪽으로 이동시킨다. 재투자와 성장을 위한 이러한 자본가의 이윤을 발생시키는 과정은 〈그림 3.1a〉의 왼쪽 아래 도표에 설명되고 있다. 여기에는 위 도표의 TP_M 곡선으로부터 도출된 현대부문 노동의 한계생산곡선이 그려져 있다. 현대부문의 완전경쟁 노동시장의 가정 아래, 이러한 노동의 한계생산곡선은 실제로 노동의 수요곡선이다. 여기서 성장 과정이 어떻게 진행되는지 살펴보자.

〈그림 3.1a〉와 〈그림 3.1b〉의 아래 도표들에서 W_A는 전통적 농촌부문에서의 실질생계소득의 평균수준을 나타낸다. 따라서 〈그림 3.1a〉의 W_M은 현대 자본가부문의 실질임금이다. 이 임금에서 농촌노동의 공급은 수평노동공급곡선 W_MS_L에 의해 보이는 바와 같이 무제한이거나 완전탄력적으로 가정된다. 달리 표현하면, 루이스는 농촌임금소득 W_A보다 높은 도시임금 W_M에서 현대부문의 사용자들은 임금 상승의 우려 없이 자신들이 원하는 만큼의 농촌 잉여노동자를 채용할 수 있다. (농촌부문에서의 노동량은 100만 명 단위로 표시된 반면〈그림 3.1b〉, 현대적 도시부문에서는 노동단위가 1,000명으로 표시되어 있음을 다시 한 번 주목하라〈그림 3.1a〉.) 현대부문 성장의 초기 단계에서 자본의 공급이 K_{M1}으로 고정되었을 때 노동수요곡선은 감소하는 노동의 한계생산에 의해 결정되는 바, 왼쪽 아래 도표에서 우하향하는 곡선 $D_1(K_{M1})$으로 나타난다. 이윤극대화를 달성하기 위해, 현대부문 사용자들은 그 한계실물생산이 실질임금과 일치하는 점(즉 노동수요곡선과 노동공급곡선이 교차하는 F점)까지 근로자들을 채용한다고 가정되기 때문에 현대부문의 총고용은 L_1이 될 것이다. 현대부문 총생산량 TP_{M1}은 점 $0D_1FL_1$으로 경계가 정해지는 면적에 의해 주어지게 된다. 따라서 이 총산출량 중 임금의 형태로 근로자들에게 지급되는 몫은 직사각형 $0W_MFL_1$의 면적과 같게 된다. W_MD_1F 면적으로 나타나는 총산출량의 나머지는 자본가들에게 돌아가는 총이윤이다. 루이스가 모든 이러한 이윤은 재투자된다고 가정했기 때문에, 현대부문의 총자본스톡은 K_{M1}으로부터 K_{M2}로 증가할 것이다. 이러한 자본스톡의 증가는 현대부문의 총생산곡선을 $TP_M(K_{M2})$

로 이동시키며, 이는 다시 노동의 한계생산곡선을 오른쪽으로 이동시킨다. 이러한 오른쪽으로의 노동수요곡선의 이동은 〈그림 3.1a〉의 아래 도표에서 $D_2(K_{M2})$ 곡선으로 나타난다. 현대부문의 새로운 균형고용 수준은 점 G에서 결정될 것이며, 이때 L_2 근로자들이 고용된다. 총산출량은 TP_{M2} 또는 $0D_2GL_2$로 증가하고 총임금과 총이윤도 $0W_MGL_2$와 W_MD_2G로 각각 증가한다. 이렇게 증가한 총이윤(W_MD_2G)은 또다시 재투자되어 총자본스톡을 K_{M3}로 증가시키고, 총생산곡선과 노동수요곡선을 $TP_M(K_{M3})$와 $D_3(K_{M3})$로 각각 이동시키며, 현대부문 고용 수준을 L_3로 증가시킨다.

이와 같은 현대부문의 **자립성장**(self-sustaining growth)과 고용 확대의 과정은 농촌의 모든 잉여노동이 새로운 공업부문에 흡수될 때까지 계속된다고 가정된다. 그 이후 추가 근로자들은 식량생산의 감소라는 높은 비용을 치러야만 농업부문으로부터 유입될 수 있는데 이는 노동-토지 비율의 감소가 농촌노동의 한계생산이 더 이상 0이 아니라는 것을 의미하기 때문이다. 이는 '루이스의 전환점(Lewis turning point)'으로 알려져 있다. 따라서 현대부문의 임금과 고용이 계속 증가함에 따라 노동공급곡선은 우상향하게 된다. 경제활동의 균형이 농촌의 전통적 농업으로부터 도시의 현대적 공업으로 이동함과 함께 경제의 구조 변환이 발생할 것이다.

루이스 모형에 대한 비판 루이스의 2부문 발전 모형은 단순하고 서구 경제성장의 역사적 경험을 대체로 반영하지만, 네 가지 핵심 가정은 대부분의 현대 개발도상국의 제도적 · 경제적 현실에 적합하지 않다.

첫째, 루이스 모형은 현대부문에서의 노동이동률과 고용창출률이 현대부문 자본축적률에 비례하는 것으로 암묵적으로 가정하고 있다. 자본축적률이 빠르면 빠를수록 현대부문의 성장률이 더 높아지고 신규 일자리창출이 더 빨라진다. 그러나 자본가의 이윤이 루이스 모형에서 암묵적으로 가정된 것과 같이, 단지 기존의 자본과 같은 것을 만드는 것이 아니라 보다 정교한 노동절약적 자본설비에 재투자된다면 어떻게 될까? [물론 여기서 자본가의 이윤이 실제로 국내경제에 재투자되고 서구 은행의 예금에 더해지게 될 '자본도피(capital flight)'의 형태로 해외로 보내지지 않는다는 논쟁의 여지가 있는 가정을 받아들이고 있다.] 〈그림 3.2〉는 〈그림 3.1a〉의 현대부문 아래쪽 도표를 다시 그린 것인데 단지 이번에는 노동수요곡선이 균일하게 오른쪽으로 이동하는 것이 아니라 실제로 교차한다. 수요곡선 $D_2(K_{M2})$는 자본스톡에 대한 추가가 노동절약적 기술진보를 체화하고 있다는 사실을 반영하기 위해 $D_2(K_{M1})$보다 기울기가 가파르다. 즉 K_{M2} 기술은 K_{M1} 기술보다 산출량 1단위당 훨씬 작은 노동을 필요로 한다.

총산출량은 크게 증가했지만(즉 $0D_2EL_1$은 $0D_1EL_1$보다 상당히 크다), 총임금($0W_MEL_1$)과 고용(L_1)은 불변인 채로 남아 있다. 모든 추가산출량은 이윤의 형태로 자본가에게 귀속된다. 따라서 〈그림 3.2〉는 모든 추가 소득과 산출량 증가가 소수의 자본소유자들에게 배분되는 반면, 다수 근로자들의 소득과 고용 수준은 대체로 변하지 않는 소위 '반발전적(antidevelopmental)' 경제성장이라 불리는 상황을 설명한다. 총GDP는 증가하지만 소득과

자립성장
저축, 투자, 그리고 상호 보완적인 민간과 공공활동에 기초하여 오랜 기간에 걸쳐 계속되는 경제성장

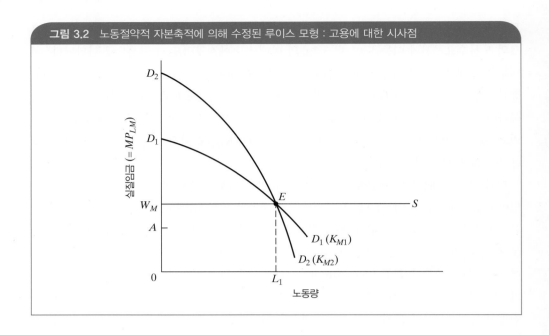

그림 3.2 노동절약적 자본축적에 의해 수정된 루이스 모형 : 고용에 대한 시사점

고용의 보다 광범위한 분배상의 이득이라는 측면에서 총사회복지의 개선은 거의 나타나지 않는다.

루이스 모형의 두 번째로 문제가 되는 가정은 잉여노동이 농촌지역에 존재하는 반면, 도시지역에는 완전고용이 성립한다는 관념이다. 많은 현대의 연구들은 농촌지역에 잉여노동이 거의 없다는 것을 밝히고 있다. 물론 이 규칙에는 계절적 및 지리적 예외가 있지만(예 : 적어도 최근까지 중국과 아시아 대륙, 몇몇 카리브 해의 섬, 그리고 토지소유권이 매우 불균등한 남미의 고립된 지역의 일부에서), 대체로 오늘날의 발전경제학자들은 농촌잉여노동이라는 루이스의 가정은 일반적으로 타당하지 않다는 것에 동의하고 있다.

세 번째 의심스러운 가정은 농촌잉여노동의 공급이 고갈되는 점까지 불변의 실질도시임금의 계속적인 존재를 보장하는 경쟁적 현대부문 노동시장이라는 관념이다. 1980년대 이전까지 거의 모든 개발도상국의 도시노동시장과 임금 결정의 현저한 특징은 심지어 현대부문 공개실업 수준의 상승과 농업의 낮은 또는 0의 한계생산성의 존재에도 불구하고 이러한 임금이 절대적으로 그리고 농촌 평균임금에 비해서 상대적으로 시간이 지남에 따라 크게 증가하는 경향이었다. 노동조합의 협상력, 공무원의 임금 수준, 다국적기업의 채용관행 같은 제도적 요소들이 개발도상국 현대부문 노동시장의 경쟁적인 요인들을 약화시키는 경향이 있다.

루이스 모형에 대한 마지막 우려는 현대적 공업부문에서의 수확체감의 가정이다. 현대부문에 수확체증이 성립하여 발전을 위한 정책 입안을 특별한 문제들로 괴롭힌다는 많은 증거가 있다. 이는 제4장에서 검토하게 될 것이다.

많은 발전 전문가들이 발전에 대해 명시적 또는 암묵적으로 이런 방식으로 생각하는 것과 같이 그것이 학생들이 논쟁에 참여하는 데 도움이 되기 때문에 루이스 모형을 연구하게 된다. 더욱이, 모형은 노동이 농경으로부터 제조업으로 꾸준히 흡수된 중국과 비슷한 성장 유형을 가진 소수의 다른 나라들의 최근의 경험과 관련이 있다고 널리 인정된다. 제조업의 임금이 상승하기 시작하는 루이스의 전환점은 2010년 중국의 임금 인상과 상당히 일치하였다.

그러나 현대적 기술이전 대부분의 노동절약적 편향, 상당한 자본도피의 존재, 농촌잉여노동의 광범위한 비존재, 도시잉여노동의 만연 확대, 그리고 상당한 공개실업이 존재하는 곳에서조차 도시부문 임금이 급속히 증가하는 경향 등을 고려할 때 비록 부문 간 상호작용과 구조변화의 발전 과정에 대한 초기의 개념적 묘사로서, 그리고 중국과 같은 몇몇 최근의 경험을 포함하는 몇 가지 역사적 경험의 서술로서 귀중하지만 루이스의 2부문 모형이 대부분의 현대 개발도상국의 현실에 어울리도록 하기 위해 가정과 분석에 상당한 수정이 필요하다는 것을 인정해야 한다.

구조 변화와 발전 유형

초기 루이스 모형과 같이 구조 변화의 **발전 유형 분석**(patterns-of development analysis)은 시간이 흐름에 따라 경제성장의 원동력으로서 새로운 산업이 전통농업을 대체할 수 있도록 저개발경제의 경제적·산업적·제도적 구조가 변환되는 연속적 과정에 초점을 맞춘다. 그러나 루이스 모형과 원래의 발전단계설과 대조적으로 저축과 투자의 증가는 발전 유형 분석가들에 의해 경제성장의 필요조건일 수는 있지만 충분조건은 아니라고 인식된다. 물적·인적 자본 축적 이외에도 전통적 경제체제로부터 현대적 체제로 이행하기 위해서는 국가 경제구조에 있어서의 일련의 상호 관련된 변화가 요구된다. 이러한 구조 변화는 도시화와 국가인구의 증가 및 분배와 같은 사회경제적 요소의 변화는 물론 생산의 변환, 소비수요, 국제무역, 그리고 자원 사용의 구성에 있어서의 변화를 포함하는 거의 모든 경제기능을 수반한다.

구조 변화의 실증분석가들은 발전에 관한 국내 및 국제적 제약을 강조한다. 국내적 제약에는 정부정책과 목표와 같은 제도적 제약은 물론 국가의 자원부존과 그 물리적 규모 및 인구규모와 같은 경제적 제약이 포함된다. 발전에 관한 국제적 제약은 외부 자본, 기술, 그리고 국제무역에 대한 접근을 포함한다. 개발도상국 간 발전 수준의 차이는 대체로 이러한 국내 및 국제적 제약에 기인한다. 그러나 현재 개발도상국의 이행을 현재 선진국의 이행과 다르게 만드는 것은 국제적 제약이다. 개발도상국들이 수출시장은 물론 자본, 기술, 그리고 제조업 제품 수입의 원천으로서의 선진국들에 의해 제시된 기회에 접근하는 한, 개발도상국들은 선진국들이 경제발전 초기의 기간 동안 달성했던 것보다 심지어 더 빨리 이행하게 된다. 따라서 앞서의 발전단계 모형과 달리, 구조 변화 모형은 개발도상국들이 자신들의 발전을 (방해하는 것은 물론) 촉진할 수 있는 통합된 국제체제의 일부라는 사실을 인식하고 있다.

가장 잘 알려진 구조 변화 모형은 대체로 전후의 기간 동안 여러 개발도상국들의 발전 유형을 검토했던 하버드대학교 경제학자 체너리(Hollis B. Chenery)와 그의 동료들의 실증작업을 기초로 한 구조 변화 모형이다. [이 접근법은 또한 선진국의 현대적 경제성장에 관한 노벨상 수상자 쿠즈네츠(Simon Kuznets)의 연구를 기반으로도 이루어졌다.][7] 그들의 1인당 소득 수준이 상이한 여러 나라들에 대한 횡단면(주어진 일정 시점에 여러 나라들 사이의) 및 시계열(오랜 기간 동안에 걸쳐) 실증연구는 발전 과정의 여러 특징적 세부특징의 확인으로 이어졌다. 이것들에는 농업생산으로부터 공업생산으로의 이동, 물적·인적 자본의 꾸준한 축적, 식량과 기본필수재에 관한 강조로부터 다양한 제조업 재화와 서비스에 대한 욕구로의 소비수요의 변화, 사람들이 농장과 소도시로부터 이주함에 따른 도시와 도시산업의 확대, 그리고 어린이들이 자신의 경제적 가치를 잃어버리고 부모들은 전통적으로 자녀의 양이라고 명칭을 붙였던 것을 질(교육)로 대체함에 따라(제6장 참조), 발전 과정에 인구증가율이 처음에는 증가하다가 그 뒤 감소하는 가족 규모와 전체적인 인구증가의 감소 등이 포함된다. 이러한 학파의 옹호자들은 종종 발전 전문가들에게 성장단계와 같은 이론의 난해함에 빠지지 말고 '더 긴 설명이 없도록 하자(let the facts speak for themselves)'라고 요청한다. 이는 무의미한 이론화에 대한 귀중한 균형 맞추기지만 이 또한 그 스스로의 한계를 가진다.

결론 및 시사점

서술한 구조 변화란 시계열과 횡단면 분석에서 체너리와 그의 동료들이 여러 나라에서 관찰한 발전의 '평균적인' 유형이다. 구조 변화 모형의 주요 가설은 발전은 모든 국가에서 그 특징이 비슷한 성장과 변화의 인지할 수 있는 과정이라는 것이다. 그러나 앞에서 언급한 바와 같이, 모형은 그 특별한 일련의 환경에 따라 국가 간에 발전의 속도와 유형에 차이가 발생할 수 있다는 것을 인식하고 있다. 발전 과정에 영향을 미치는 요소들에는 국가의 자원부존과 규모, 정부의 정책과 목표, 외부 자본과 기술의 이용 가능성, 그리고 국제무역환경 등이 포함된다.

명심해야 할 한 가지 한계점은 이론보다는 유형을 강조함으로써 이 접근법은 선두의 전문가로 하여금 인과관계에 대해 잘못된 결론을 내리도록 할, 실제로 '일의 순서를 뒤바꿔서 할(put the cart before the horse)' 위험을 안고 있다는 것이다. 시간이 흐름에 따라 노동력이 농업에서 차지하는 비중이 하락하는 것 같은 선진국의 유형을 관찰한 후, 많은 개발도상국의 정책 입안자들은 그렇게 지극히 중요한 부문을 무시하려는 경향을 보였다. 그러나 제9장에서 살펴보게 되는 바와 같이, 이는 도출해야 하는 것과는 정확히 정반대의 결론이다. 선진국에서 고등교육의 중요한 역할을 관찰한 후, 정책 입안자들은 심지어 대다수 인구가 기본적인 문자해독을 하기도 전에 고급 대학제도의 발전을 강조하는 경향이 있는데, 이러한 정책은 탄자니아와 같은 적어도 명목적으로 평등주의적인 결과를 약속했던 나라에서조차도 총체적인 불균등으로 인도하였다.

구조 변화의 과정에 관한 실증연구는 발전의 속도와 유형은 개별 개발도상국의 통제 밖에 있는 많은 국내 및 국제적 요소에 따라 다를 수 있다는 결론을 유도하였다. 그러나 이러한 차이에도 불구하고 구조 변화 경제학자들은 발전 과정 동안 거의 모든 나라에서 발생하는 어떤 유형을 인지할 수 있다고 주장한다. 그리고 이러한 유형은 선진국의 국제무역 및 해외원조 정책은 물론 개발도상국 정부에 의해 추구되는 발전정책의 선택에 의해 영향을 받을 수 있다고 그들은 주장한다. 여기에서 구조 변화 분석가들은 '올바른' 경제정책의 혼합은 자립 지속성장의 이로운 유형을 발생시킬 것이라는 데 기본적으로 낙관적이다. 우리가 이제 살펴볼 종속이론은 이와는 대조적으로 훨씬 덜 낙관적이며 많은 경우 철저히 비관적이다.

3.4 종속이론

1970년대에 발전단계설과 구조 변화 모형에 대한 각성이 증가한 결과, 종속이론 모형이 특히 개발도상국 지식인들 사이에서 지지를 얻게 되었다. 이 이론은 1980년대와 1990년대에 상당 부분 설득력을 잃었으나, 비록 수정된 형태지만 그 견해의 일부가 반세계화운동 이론가와 지도자에 의해 채택됨에 따라 그 변형이론이 21세기에 재기되었다.[8] 본질적으로, 종속이론 모형은 개발도상국들을 국내 및 국제적으로 제도적 · 정치적 · 경제적 경직성에 포위되어 부유한 나라와 **종속**(dependence) 및 **지배**(dominance) 관계에 휘말려 있다고 간주한다. 이러한 일반적인 접근법 내에 신식민지 종속 모형, 거짓 패러다임 모형, 그리고 이중구조-발전 이론이라는 세 가지 주요 사고의 흐름이 있다.

신식민지 종속 모형

신식민지 종속 모형(neocolonial dependence model)이라 부르는 첫 번째 주요 흐름은 마르크스(Marx) 사고의 간접적 결과이다. 이 모형은 **저개발**(underdevelopment)의 존재와 지속을 주로 부국-빈국 관계의 매우 불균등한 국제자본주의체제의 역사적 전개 탓으로 돌린다. 부유한 나라가 의도적으로 착취적이기 때문에 아니면 고의적 의도 없이 무관심하기 때문에 **중심부**(center, 선진국)와 **주변부**(periphery, 개발도상국) 사이의 그러한 불평등한 권력관계에 의해 지배되는 국제체제에의 부유한 나라와 가난한 나라의 공존은 자립 및 독립을 이루려는 가난한 나라들의 시도를 어렵게, 심지어 때로는 불가능하게 만든다.[9] 고소득, 사회적 지위, 정치적 권력을 즐기는 개발도상국의 어떤 그룹(지주, 기업가, 군부 지도자, 상인, 급여를 받는 공무원, 노동조합 지도자들을 포함하는)들은 그 주요 관심사가 고의든 고의가 아니든 자신들에게 이익이 돌아가는 불균등과 순응의 국제자본주의체제의 영속화에 있는 소수의 엘리트 지배계층을 구성한다. 이들은 직간접적으로 다국적기업, 국가의 양자 간 원조기관, 그리고 부유한 자본주의국가에 대한 충성 또는 자금제공에 의해 연계된 세계은행 또는 국제통화기금(IMF) 같은 다자간 원조기구를 포함하는 국제적 특수이해 권력집단에 협력하고(의해 지배되고) 또 보상을 받는다(에게 종속된다). 엘리트들의 활동과 견해는 종종 대다수 사람들에게 이익이 되는 어떤 진정한 개혁노력에도 방해가 되며, 몇몇 경우에는 실제로 더욱 낮은 생활 수준과 저개발의 영속화를 초래한다. 요약하면, 저개발에 대한 신마르크스, 신식민주의 견해는 개발도상국의 지속적인 빈곤 중 많은 부분을 북반구 선진 자본주의국가들의 존재 및 정책과 개발도상국에서 소수 엘리트 권력층 또는 **매판그룹**(comprador group)의 확대 탓으로 돌린다.[10] 따라서 불충분한 저축과 투자 또는 교육과 숙련도의 결여 같은 단계설과 구조 변화 이론이 강조하는 내부적 제약과 비교해볼 때 저개발은 외부적으로 유도된 현상으로 보인다. 따라서 종속된 개발도상국들이 선진국과 국내 지배자들의 직간접적인 경제통제로부터 해방되기 위해서는 혁명적 투쟁 또는 적어도 세계 자본주의체제의 주요 재구조화가 요구된다.

종속이론학파의 가장 단호한 서술 중 하나는 산토스(Theotonio Dos Santos)에 의해 만들어졌다.

종속

자신 스스로의 경제성장을 자극하기 위한 개발도상국의 선진국 경제정책에의 의지. 종속은 또한 개발도상국이 선진국의 교육제도, 기술, 경제 및 정치제도, 태도, 소비유형, 의복 등을 채택하는 것을 의미할 수 있다.

지배

국제적인 일에서, 선진국이 세계시장에서의 농업상품과 원재료가격 같은 중요한 국제적인 경제 문제에 영향을 미치는 의사결정에서 개발도상국보다 훨씬 큰 권한을 갖는 상황

신식민지 종속 모형

이전 식민지 지배자의 개발도상국을 향한 지속적으로 착취적인 경제적 · 정치적 · 문화적 정책 때문에 개발도상국에 저개발이 존재한다는 것이 주요 명제인 모형

저개발

절대빈곤, 낮은 1인당 소득, 낮은 경제성장률, 낮은 소비 수준, 빈약한 건강 서비스, 높은 사망률, 높은 출생률, 외국경제에 대한 종속, 그리고 인간 욕구를 만족시키는 활동을 선택하는 데 있어서의 제한된 자유와 함께 영속적인 낮은 생활 수준이라는 특성을 갖는 경제 상황

중심부

종속이론에서 경제적 선진국

주변부

종속이론에서 개발도상국

매판그룹

종속이론에서 외국투자자들을 위해 전면에서 활동하는 국내 엘리트

저개발은 자본주의 이전의 후진성 상태의 구성요소가 되는 것이 전혀 아니라 오히려 결과이며 종속자본주의라 알려진 자본주의 발전의 결과이며 또 다른 특별한 형태이다. … 종속은 한 그룹의 국가경제가 다른 그룹들의 발전과 확대에 의해 조건이 설정되는 상태이다. 둘 또는 그 이상 경제 사이 또는 그러한 경제와 세계 무역제도 사이의 상호 의존관계는 몇몇 국가는 자신의 추진력을 통해 확대할 수 있는 반면, 다른 국가들은 종속적인 입장 때문에 자신들의 즉각적인 발전에 정(+)의 또는 부(−)의 효과를 미칠 수도 있는 지배하는 국가의 확대에 대한 반영으로서만 확대할 수 있을 때 종속관계가 된다. 둘 중 어떤 경우든 종속의 기본적인 상태는 이러한 국가들을 뒤처지고 착취당하도록 한다. 지배하는 국가들은 종속되는 국가들보다 기술 및 상업 자본과 그 형태가 특별한 역사적 순간에 따라 달라지는 사회정치적인 우위를 타고났으며, 따라서 그들을 착취하고 국내에서 생산된 잉여의 일부를 추출할 수 있다. 그렇다면 종속은 일부 국가에서 산업발전이 발생하도록 허용한 국제분업을 근거로 하고 있는 반면, 그 성장이 세계 권력 중심에 의해 조건이 설정되거나 시달리는 다른 국가에서는 그것을 제약한다.[11]

비슷한 그러나 명백히 마르크스의 반대시각이 교황 요한 바오로 2세에 의해 그의 널리 인용되는 1988년 (교황 가르침의 공식적으로 공들인 표현인) 회칙서신, **교회의 사회적 관심사**(Sollicitudo rei socialis, The Social Concerns of the Church)에서 자세히 설명되었다. 회칙서신에서 교황은 아래와 같이 선언하였다.

비록 그것들이 사람들에 의해 조종되지만, 흔히 거의 자동적으로 기능하여 따라서 일부 사람들에게는 부의 상황을 그리고 나머지에게는 빈곤을 두드러지게 하는 경제, 금융, 그리고 사회 메커니즘의 존재를 비난해야만 한다. 선진국들에 의해, 바로 그들의 작용에 의해 직접적 또는 간접적으로 유도된 이러한 메커니즘들은 그것들을 조종하는 사람들의 이해관계에 호의를 보인다. 그러나 결국 그것들은 개발도상국 경제를 질식시키거나 또는 개발도상국 경제의 조건을 설정한다.

거짓 패러다임 모형

거짓 패러다임 모형
(보통 서구 경제학자들에 의해 개발도상국에게 주어진) 발전전략이 예를 들어 필요한 사회적·제도적 변화에 대한 합당한 고려 없이 자본축적 또는 시장자유화를 과도하게 강조했던 것과 같은 부정확한 발전 모형을 기초로 했기 때문에 개발도상국들이 발전에 실패했다는 명제

거짓 패러다임 모형(false paradigm model)이라 부를 수 있는 두 번째 그리고 덜 급진적인 발전에 대한 국제 종속 접근법은 저개발을 의미가 있는 그러나 알지 못해 편향되고 자민족 중심적인 선진국 원조기관과 다자간 원조기구로부터의 국제적 '전문' 자문가에 의해 제공된 잘못되고 부적절한 조언의 탓으로 돌린다. 이러한 전문가들은 종종 부적절하거나 부정확한 정책으로 이어지는 복잡하지만 궁극적으로 호도하는 발전 모형을 제공하다고 일컬어진다. 전통적 사회구조(종족, 카스트, 계급 등)의 중요하고 놀랄 만하게 탄성이 있는 역할, 토지와 기타 재산권의 매우 불균등한 소유권, 국내외 금융자산에 대한 국내 엘리트들의 불균형적인 통제, 그리고 신용에 대한 매우 불균등한 접근 같은 제도적 요소 때문에 흔히 그러는 것처럼 주류의 신고전학파(또는 아마도 루이스류 잉여노동 또는 체너리류 구조 변화) 모형을 기초로 한 이러한 정책들은 많은 경우 단순히 국내외 기존 권력그룹의 기득권에 봉사하게 된다.

이 외에도 이 주장에 따르면 선구적인 대학교의 지식인, 노동조합주의자, 정부의 고위 경

제학자, 그리고 기타 공무원들 모두 건전하지 못한 이상한 개념과 우아하지만 적용이 어려운 이론적 모형들을 무의식적으로 제공받게 되는 선진국 기관에서 훈련을 받는다. 자신들로 하여금 실질적인 발전 문제를 효과적인 방식으로 이해하도록 할 진정으로 유용한 지식은 거의 갖고 있지 못하기 때문에 그들은 흔히 엘리트주의 정책과 제도적 구조의 기존 체제에 대한 자신도 모르는 또는 마지못한 옹호자가 되는 경향이 있다. 예를 들어 대학 경제학 강의에서 이는 전형적으로 '관계가 없는' 많은 서구 개념과 모형들에 대한 가르침의 영속화를 수반하는 한편, 정부정책에 대한 논의에서는 자본-산출 비율을 측정하고, 저축률과 투자율을 증가시키며, 경제를 민영화하고 규제를 철폐하거나, 또는 GDP 증가율을 극대화하려는 시도를 너무 과도하게 강조하게 된다. 결과적으로, 많은 부분이 논의된 바가 있는 바람직한 제도 및 구조 개혁은 무시되거나 단지 피상적인 관심만이 주어질 뿐이라고 주창자들이 주장한다.

이중구조-발전 이론

구조 변화 이론에서 내재적이고 종속이론에서 명시적인 것은 부유한 나라와 가난한 나라라는 이중사회의 세계, 개발도상국에서 넓은 빈곤지역 내에서 고립된 부유한 지역이라는 이중사회의 세계라는 관념이다. **이중구조**(dualism)는 부유한 나라와 가난한 나라, 그리고 부유한 사람과 가난한 사람 사이에 여러 차원에서 상당한 수준과 심지어 그 크기가 점증하는 괴리의 존재와 영속화로 나타낸다. 구체적으로 연구는 계속되고 있지만, 이중구조의 전통적인 개념은 네 가지 핵심적인 주장을 포함한다.[12]

> **이중구조**
> 사회의 상이한 그룹들에게의 상호 배타적인(하나는 바람직하고 다른 것은 그렇지 못한) 두 상태 또는 현상의 공존—예를 들어 극단적 빈곤과 풍요, 현대적 그리고 전통적 경제부문들, 성장과 정체, 대규모 문맹에 둘러싸인 소수에게의 고등교육

1. 일부는 '우월하고' 나머지는 '열등한' 일련의 상이한 조건들이 특성 공간에 공존할 수 있다. 이중구조의 이러한 요인의 예로서 도시부문과 농촌부문에의 현대적 및 전통적 생산방법의 공존이라는 루이스의 생각, 부유하고 교육을 많이 받은 엘리트와 문맹이며 가난한 다수 사람들과의 공존, 그리고 국제경제에 강력하고 부유한 공업국들이 허약하고 빈곤한 농업사회와 공존한다는 종속의 견해 등을 들 수 있다.

2. 이러한 공존은 일시적인 것이 아니라 만성적이다. 이는 시간이 우월한 요인과 열등한 요인 사이의 차이를 제거할 수 있는 일시적인 현상이 아니기 때문이다. 다시 말하면, 부와 빈곤의 국제적 공존은 단순히 때를 맞춰 교정될 수 있는 역사적 현상이 아니다. 성장단계설과 구조 변화 모형 모두 암묵적으로 이를 가정하였지만 이중구조-발전 이론의 옹호자들에게는 국제적 불평등이 증가한다는 사실이 이를 반박하는 것처럼 보인다.

3. 우월성 또는 열등성의 정도가 감소되는 어떤 징후도 보이지 않을 뿐만 아니라 심지어는 증가하는 본질적인 경향을 가진다. 예를 들어 선진국 근로자들과 선진국과 대부분 개발도상국의 그 상대자 사이의 생산성 격차는 매년 확대되는 것처럼 보인다.

4. 우월요소과 열등요소 사이의 상호관계는 우월요소가 '낙수(trickle down)'되기는커녕 우월요소의 존재가 열등요소를 끌어올리는 것과는 아무 관계가 없는 그러한 관계이다. 사실 우월요소의 존재가 실제로 열등요소를 아래로 밀어 내리는 데 기여할 수 있어, '저개발을 진전시킨다'.

결론 및 시사점

그들의 이념적 차이가 무엇이든지 신식민지 종속 모형, 거짓 패러다임 모형, 이중구조 모형의 옹호자들은 발전의 주요 지수로서 GDP 증가를 가속화하기 위해 고안된 전통적 신고전학파 경제이론에 관한 전적인 강조를 거부한다. 의심스러운 가정과 최근의 개발도상국 역사에 비추어 현대화와 산업화에 관한 루이스류 2부문 모형의 타당성에 의문을 제기한다. 이 모형들은 나아가 대부분의 가난한 국가에 의해 추구되어야 할 잘 정의된 발전의 실증적 유형이 존재한다는 체너리와 동료들의 주장을 거부한다. 그 대신 종속, 거짓 패러다임과 이중구조 이론가들은 국제적 힘의 불균형과 국내외 근본적인 경제적 · 정치적 · 제도적 개혁의 필요성을 강조한다. 극단적인 경우, 공공자산의 소유권과 통제가 절대빈곤을 퇴치하고, 고용기회를 확대하며, 소득불균등을 완화하고, 다수의 생활수준(건강, 교육, 문화적 풍요를 포함하는)을 향상시키는 데 도움이 되는 보다 효과적인 수단이 될 것이라는 기대하에 사유재산의 즉각적인 몰수를 요구한다. 소수의 급진적인 신마르크스주의자들은 심지어 경제성장과 구조 변화가 중요한 것이 아니라고 말할 정도까지 나가지만, 이러한 다양한 사회적 문제에 대처하는 가장 효과적인 방법은 신중한 공공 및 민간 경제활동의 조합으로 동반되는 국내외 개혁을 통해 경제성장의 속도를 가속화하는 것으로 대다수의 사려 깊은 관찰자들은 인식하고 있다.

종속이론은 두 가지 주요 약점을 갖고 있다. 첫째, 종속이론은 많은 가난한 나라들이 저개발 상태에 머물러 있는 이유를 설득력 있게 설명하지만, 이들이 발전을 추진하고 지속시키는 방법에 대해서는 통찰력을 주지 못한다. 둘째, 그리고 아마도 더욱 중요한 것은 산업의 국유화와 국가관리 생산 같은 혁명적 캠페인을 추구했던 개발도상국들의 실제 경제 경험이 대체로 부정적이었다는 것이다.

종속이론을 액면 그대로 받아들이면, 개발도상국의 최선의 진로는 가능한 한 선진국과의 관계를 끊고 그 대신 **자급자족**(autarky) 또는 내부지향적 발전정책을 추구하거나 기껏해야 다른 개발도상국들과만 무역을 하는 것이라는 결론을 내리게 된다. 그러나 중국과 상당한 정도 인도 같은 자급자족정책을 시작한 대규모 국가들은 정체된 성장을 경험하였으며, 궁극적으로 자신의 경제를 개방하기로 결정하였던 바, 중국은 이러한 과정을 1978년 이후에, 인도는 1990년 이후에 각각 시작하였다. 정반대에서는 선진국으로의 수출을 매우 강조하였던 대만과 한국, 그리고 보다 최근의 중국 같은 나라가 매우 빨리 성장하였다. 많은 경우 식민지 시대의 중심국과의 밀접한 관련은 스페인하의 페루, 벨기에하의 콩고, 영국하의 인도, 프랑스하의 서아프리카에서와 같이 명백히 손실의 결과를 발생시켰지만, 식민지 이후 기간 동안의 대다수 경우 이러한 관계는 크게 변한 것처럼 보인다. 그러나 분명히 2009년 12월 코펜하겐 기후정상회의에서 중앙무대를 차지하였던 그리고 최근의 세계무역기구(WTO)와 G20 정상회의에서 역할을 담당한 것 같은 선진국과 개발도상국 사이의 이해관계에 대한 갈등은 진짜이며 무시될 수 없다.

다음에는 발전의 핵심이 자유시장에서 발견된다는 견해에 대해 고려하기로 한다. 관점을 보면, 후반의 여러 장에서 지적되는 바와 같이 정부는 시장과 마찬가지로 성공할 수도 또는 실패할 수도 있다는 것이다. 즉 성공적인 발전 성과의 핵심은 정부가 성공적으로 이룰 수 있

자급자족
완전히 자립을 시도하는 폐쇄경제

는 것, 민간시장체제가 이룰 수 있는 것, 그리고 양자가 최선으로 함께 작용할 수 있는 것 사이의 신중한 균형을 달성하는 것이다.

발전이론에 있어서의 종속이론이 많은 서구 및 개발도상국 학자들의 상상력을 사로잡고 있었던 반면, 그 반작용은 신고전학파 자유시장 반혁명의 형태로 1970년대 말과 1980년대 초에 나타났다. 이 매우 상이한 접근법은 1980년대와 1990년대 초의 기간 동안 궁극적으로 서구(그리고 정도는 덜하지만 개발도상국까지) 경제발전의 이론을 지배했다.

3.5 신고전학파의 반혁명 : 시장근본주의

국가통제 모형에 대한 도전 : 자유시장, 공공선택, 시장친화적 접근법

1980년대에 미국, 캐나다, 영국, 서독에 보수적 정부의 정치적 우세가 경제이론과 정책에 있어서의 **신고전학파 역혁명**(neoclassical counterrevolution)과 함께 나타났다. 선진국에서는 이러한 역혁명이 공급중시 거시경제정책, 합리적 기대이론, 그리고 공기업의 민영화를 두둔하였다. 개발도상국에서는 역혁명이 자유시장과 공공소유권, 국가통제계획, 경제활동에 대한 정부규제의 폐기를 요구하였다. 신고전주의자들은 세계에서 가장 막강한 두 국제금융기관인 세계은행과 국제통화기금 회의를 좌지우지할 투표권을 확보하였다. 개발도상국 대표자들의 견해를 보다 충실히 대표하던 국제노동기구(ILO), 유엔개발 프로그램(UNDP), 그리고 유엔무역개발협의회(UNCTAD) 같은 기구의 영향력이 동시에 쇠퇴함과 함께 종속이론가들의 개입주의 주장에 대한 신보수주의 자유시장의 도전이 힘을 얻게 된 것은 불가피한 일이었다.

신고전학파 역혁명의 중요한 주장은 저개발은 부정확한 가격정책과 과도하게 적극적인 개발도상국 정부에 의한 과도한 국가개입으로 인한 보잘것없는 자원배분의 결과라는 것이다. 오히려 바우어(Lord Peter Bauer), 랄(Deepak Lal), 리틀(Ian Little), 존슨(Harry Johnson), 발라사(Bela Balassa), 바그와티(Jagdish Bhagwati), 크루거(Anne Krueger)를 포함하는 역혁명학파의 선두 저자들은 경제성장의 속도를 둔화시키는 것은 경제활동에 있어서의 바로 이 국가 개입이라고 주장하였다. 신자유주의자들은 경쟁적인 **자유시장**(free market)이 번영하도록 허용하고, 국영기업을 민영화하며, 자유무역과 수출 확대를 촉진하고, 선진국으로부터의 투자자들을 유치하며, 과도한 정부 규제와 요소, 생산물, 금융시장의 가격왜곡을 해소함으로써 경제적 효율성과 경제성장 모두가 촉진될 것이라고 주장한다. 종속이론가들의 주장과는 반대로, 신고전학파 역혁명가들은 개발도상국들은 선진국과 선진국이 통제하는 국제기관의 약탈적 활동 때문이 아니라 오히려 국가의 과도한 개입과 개발도상국 경제에 침투한 부패, 비효율성, 경제적 인센티브의 결여 때문에 저개발 상태에 있다고 주장한다. 따라서 필요한 것은 국제경제체제의 개혁, 개발도상국 이중구조경제의 재구조화, 해외원조의 증가, 인구증가 억제 시도, 또는 보다 효과적인 개발계획체제가 아니다. 오히려 필요한 것은 자원배분을 인도하고 경제발전을 자극하기 위해 '시장의 마법'과 시장가격의 '보이지 않는 손'을 허용하는 관대한 정부의 맥락 내에서 자유시장과 자유방임 경제학을 단순히 촉진시키는 일이다. 그들은 한

신고전학파 역혁명
1970년대의 개입주의 종속이론 혁명에 반대하는 발전 문제와 정책들을 향한 1980년대 신고전학파 자유시장 성향의 재기

자유시장
상품 또는 서비스에 대한 구매자의 수요가 증가하거나 감소할 때, 또는 판매자의 공급이 감소하거나 증가할 때 그 가격이 자유롭게 상승하거나 하락하는 체제

국, 대만, 싱가포르 같은 경제의 성공을 '자유시장'의 예(비록 나중에 살펴보게 되겠지만, 이 아시아의 호랑이들은 자유방임 신보수주의 표본과는 거리가 멀다)로 아프리카와 남미의 공공 개입 경제를 실패의 예로 지적한다.[13]

신고전학파 역혁명은 자유시장 접근법, 공공선택(또는 '신정치경제') 접근법, 그리고 '시 장친화적' 접근법이라는 세 가지 접근법으로 구분될 수 있다. **자유시장 분석**(free-market approach)은 시장은 그 자체로 효율적이라고 주장한다. 즉 생산물시장은 신규활동에의 투자 를 위한 최선의 신호를 제공하고, 노동시장은 이러한 신산업에 적절한 방식으로 반응하며, 생산자는 무엇을 어떻게 효율적으로 생산할 것인지를 잘 알고, 생산물과 요소가격은 현재와 미래의 재화와 자원의 희소가치를 정확히 반영한다는 것이다. 경쟁은 완전하지는 않더라도 효과적이다. 즉 기술은 자유롭게 이용 가능하고 흡수하는 데 거의 비용이 들지 않으며, 정보 도 완전하고 획득하는 데 거의 비용이 들지 않는다. 이러한 환경하에서 국민경제에 어떠한 정 부의 개입도 정의에 의하면 왜곡을 유발하고 비생산적일 수밖에 없다. 자유시장을 옹호하는 발전경제학자들은 개발도상국 시장은 효율적이며 어떤 불완전성이 존재하더라도 큰 문제가 없다고 가정하는 경향이 있다.

또한 **신정치경제학적 접근법**(new political economy approach)으로 알려진 **공공선택이론** (public-choice theory)은 심지어 더 나아가 정부는 올바른 일을 (거의) 할 수 없다고 주장한 다. 이는 공공선택이론이 정치가, 관료, 시민, 국가는 자신의 권한과 정부의 권위를 스스로의 이기적인 목적을 위해 사용하여 전적으로 이기적인 관점에서 행동한다고 가정하기 때문이다. 시민들은 중요한 자원에의 접근을 제약하는 정부정책(예 : 수입허가 또는 외환배급)으로부터 ('지대'라 불리는) 특별한 혜택을 얻기 위해 정치적 영향력을 사용한다. 정치가들은 권력 및 권위를 공고히 하고 유지하기 위해 정부의 자원을 사용한다. 관료와 공무원은 지대를 추구하 는 시민들로부터 뇌물을 받고 부업으로 보호받는 회사를 운영하기 위해 자신의 위치를 사용 한다. 마지막으로, 국가는 개인들로부터 사유재산을 몰수하기 위해 권한을 사용한다. 순결과 는 자원의 비효율적인 배분뿐만 아니라 개인 자유의 일반적인 축소이다. 따라서 결론은 최소 의 정부가 최선의 정부라는 것이다.[14]

시장친화적 접근법(market friendly approach)은 1980년대 자유시장과 공공정책 진영에 더 가담했던 많은 세계은행과 그 경제학자들의 1990년대 저술과 기본적으로 관련이 있는 신고전 학파 역혁명의 변형물이다.[15] 이 접근법은 개발도상국의 생산물 및 요소 시장에 많은 불완전 성이 존재하고, 정부는 '무차별적인(non-selective)' (시장친화적) 개입을 통해, 예를 들어 물 리적 및 사회적 인프라, 건강관리시설, 교육제도에 투자함으로써 그리고 민간기업을 위한 적 합한 환경을 제공함으로써 시장의 운용을 활성화하는 데 핵심적인 역할을 담당한다는 것을 인식한다. 시장친화적 접근법은 또한 투자조정과 환경 결과 같은 영역에 개발도상국에서 **시 장실패**(market failure)(제4장과 제11장 참조)가 보다 널리 퍼져 있다는 관념을 받아들임으로 써 자유시장 및 공공선택 학파와 차이를 보인다. 더욱이, 잃어버린 또는 불완전한 정보, 숙련 도 창출과 학습에 있어서의 외부효과, 생산에 있어 규모의 경제 같은 현상들이 또한 개발도상 국 시장에 만성적으로 나타난다. 실제로, 이러한 마지막 세 가지 현상에 대한 인식은 이 장의

자유시장 분석
흔히 규제받지 않는 시장이 정부 규제에 의한 시장보다 더 낫게 작 동한다는 가정하에 자유시장으로 운용되는 경제체제의 특성에 대한 이론적 분석

공공선택이론(신정치경제학적 접 근법)
이기심이 모든 개인의 행태를 인 도하며, 사람들이 자신 스스로의 의도를 추구하기 위해 정부를 사 용하기 때문에 정부가 비효율적이 라는 이론

시장친화적 접근법
성공적인 발전정책은 정부가 시장 이 효율적으로 운용될 수 있는 환 경을 만들고 시장이 비효율적인 영역에만 오로지 경제에 선별적으 로 개입할 것을 요구한다는 역사 적으로 세계은행에 의해 널리 알 려진 관념

시장실패
독점력, 요소 유동성 결여, 상당한 외부효과, 또는 지식의 결여 같은 시장 불완전성의 존재 때문에 그 이론적 편익을 전달하지 못하는 시 장의 무능력. 시장실패는 종종 자 유시장의 작용을 변경시키기 위한 정부 개입에 정당성을 제공한다.

맨 뒤 부록 3.3에서 다루게 될 내생적 성장 접근법(endogenous growth approach)과 제4장에서 논의되는 조정실패 접근법(coordination failure approach)이라는 발전이론의 새로운 학파를 대두시켰다.

전통적 신고전학파 성장이론

신고전학파 자유시장 주장의 또 다른 초석은 국가시장의 자유화(개방)는 국내외 투자를 유발하며, 따라서 자본축적률을 증가시킨다는 주장이다. GDP 증가로 말하면, 이는 국내저축률 증가와 동일한 것으로서 자본이 부족한 개발도상국의 **자본-노동 비율**(capital-labor ratio)과 1인당 소득을 향상시킨다.

> **자본-노동 비율**
> 노동 1단위당 자본단위의 숫자

특히 **솔로 신고전학파 성장 모형**(solow neoclassical growth model)은 신고전학파 성장이론에 지대한 기여를 하였으며, 후일 솔로(Robert Solow)가 노벨경제학상을 받도록 하였다.[16] 솔로 모형은 성장식에 두 번째 요소인 노동을 추가시키고 세 번째 독립변수인 기술을 도입함으로써 해로드-도마 모형과 달랐다. 해로드-도마 모형의 고정계수, 규모에 대한 보수불변의 가정과 달리, 솔로 신고전학파 성장 모형은 노동과 자본 각각에는 수확체감의 법칙을, 두 요소 공동에는 규모에 대한 보수불변을 나타냈다. 기술진보가 장기 성장을 설명하는 잔여요소(residual factor)가 되었으며 그 수준은 솔로 및 기타 신고전학파 성장이론가들에 의해 외생적으로, 즉 모형의 다른 모든 요소들과 독립적으로 결정되는 것으로 가정되었다.

> **솔로 신고전학파 성장 모형**
> 생산요소 각각에 수확체감이 성립하지만 규모에 대한 보수불변인 성장 모형. 외생적 기술변화가 장기 경제성장을 발생시킴

보다 수리적으로 솔로 신고전학파 성장 모형의 표준표현은 아래와 같은 총생산함수를 사용한다.

$$Y = K^\alpha (AL)^{1-\alpha} \qquad (3.10)$$

여기서 Y는 국내총생산, K는 (물적자본은 물론 인적자본을 포함할 수 있는) 자본스톡, L은 노동, 그리고 A는 외생적으로 주어진 비율로 증가하는 노동생산성이다. 선진국의 경우 이 비율은 매년 약 2%로 추정되었다. 개발도상국의 경우는 경제가 정체하는지, 또는 선진국을 추격하는지에 따라 더 작거나 클 수 있다. 기술진보율이 외생적으로 (말하자면, 매년 2%로) 주어지기 때문에 솔로 신고전학파 모형은 (부록 3.3에서 논의된) 내생적 성장 접근법과 대비해서 때때로 '외생적' 성장 모형이라 불린다. 식 (3.10)에서 α는 자본의 산출량 탄력성(elasticity of output with respect to capital, 인적 및 물적 자본 1% 증가로 인한 GDP의 증가율)을 나타낸다. 외부경제가 존재하지 않도록 α가 1보다 작다고 가정되고, 민간자본에는 그 한계생산이 지급된다고 가정되기 때문에 신고전학파 성장이론의 이러한 공식화는 자본과 노동 각각에 수확체감이 나타나도록 한다.

솔로 신고전학파 성장 모형은 다른 조건, 특히 저축률, 감가상각, 노동력 증가율과 생산성과 같은 조건이 일정할 때라는 조건하에 경제가 동일한 수준의 근로자 1인당 소득에 접근할 것임을 시사한다. 솔로 신고전학파 성장 모형은 부록 3.2에서 자세히 검토된다.

전통적 신고전학파 성장이론에 따르면, 산출량 증가는 (인구증가와 교육을 통한) 노동의 양과 질의 증가, (저축과 투자를 통한) 자본의 증가, 그리고 기술향상(부록 3.1 참조)이라는

세 가지 요소 중 하나 또는 둘 이상의 결과이다. 저축률이 낮은 (외부활동이 없는) **폐쇄경제** (closed economy)는 (다른 조건이 일정하다면) 저축률이 높은 경우보다 단기적으로 보다 천천히 성장하며, 낮은 수준의 1인당 소득으로 수렴하는 경향이 있다. 그러나 (무역, 해외투자 등이 이루어지는) **개방경제**(open economy)는 부유한 나라들로부터 자본-노동 비율이 낮고 따라서 투자수익이 높은 가난한 나라들로 자본이 흐름에 따라 높은 수준으로의 소득수렴을 경험한다. 결과적으로, 신고전학파 성장이론에 따르면 해외투자의 유입을 방해함으로써 많은 개발도상국 정부의 강압성은 개발도상국 경제의 성장을 방해할 것이다. 이 외에도 개방은 기술진보율을 증가시킬 수 있는 해외의 생산 아이디어에의 접근을 장려한다고 일컬어진다.

결론 및 시사점

1970년대의 종속혁명과 마찬가지로, 1980년대의 신고전학파 역혁명은 개발도상국과 그 문제들의 경제학과 이념이 합쳐진 견해에 그 기원을 두고 있다. (전부는 아니지만 많은 사람이 개발도상국 경제학자인) 종속이론가들은 저개발을 외부로부터 유발된 현상으로 파악하는 반면, (전부는 아니지만 대부분이 서구 경제학자인) 신고전학파 수정주의자들은 문제를 과도한 정부 간섭과 잘못된 경제정책에 의해 야기된 내부로부터 유발된 개발도상국 현상으로 파악한다. 그러한 양측에 대한 서로의 고발은 부유한 나라와 가난한 나라를 나눈 것과 같은 논쟁적인 쟁점에서는 드문 일은 아니다.

그러나 자유시장과 정부 개입의 축소가 발전의 기본적인 구성요소라는 신고전학파 역혁명의 주장은 어떤가? 엄격히 (형평성과 반대로서의) 효율성의 기준에 관해서는, 시장가격에 의한 배분이 보통 정부 간섭보다 더 우수하다는 것에 대해서는 의심할 여지가 거의 없다. 문제는 많은 개발도상국 경제가 구조와 조직 면에서 서구 경제와 너무 상이하기 때문에 전통적 신고전학파 이론의 행태가정과 정책수칙이 때로는 의심스럽고 종종 부정확하다는 것이다. 경쟁적인 자유시장이 일반적으로 존재하지 않으며, 주어진 많은 개발도상국의 제도적, 문화적, 역사적인 맥락에서 경쟁적인 자유시장이 장기적인 경제·사회적인 관점에서 필연적으로 바람직하지도 않다(제11장 참조). 어떤 재화와 서비스가 얼마만큼, 누구를 위해 생산되어야 하는지에 대해 소비자 전체는 거의 주권을 갖지 못한다. 저소득국가에서 정보는 제한되고 시장은 분단되어 있으며, 경제의 많은 부분이 아직 비화폐부문이다.[17] 생산의 비연속성과 기술의 불가분성(즉 규모의 경제)은 물론 생산과 소비에 광범위한 외부효과가 존재한다. 민간 또는 공공 생산자는 시장가격과 판매수량을 결정하는 데 있어 큰 권한을 갖고 있다. 경쟁이라는 것은 전형적으로 단지 이상일 뿐이며, 실체 없는 이상이 현실인 것이다. 자원 구입과 생산물 판매에 있어서의 독점은 개발도상국에 흔하지만, 전통적 신고전학파 독점이론은 또한 공기업과 민간기업의 일상적인 활동에 통찰력을 제공하지 못한다. 의사결정규칙이 사회적 환경에 따라 크게 달라질 수 있으며, 그 결과 특히 국영기업의 경우에는 이윤극대화가 말하자면 일자리 창출 또는 외국인 관리자의 내국인으로의 교체에 비해 낮은 우선순위의 목적일 수 있다. 마지막으로, 보이지 않는 손은 엄청난 대다수의 상향 이동을 위한 기회를 제공하지 못하면서 종종 일반적인 복지를 촉진하지 않고 오히려 이미 풍요한 사람들을 고양시키려 작용한다.

효율적인 생산 및 자원배분을 위한 '올바른' 생산물, 요소, 그리고 외환가격에 도달하는 데 있어서의 기초적인 수요-공급 분석의 중요성에 대해 신고전학파 이론으로부터 많은 것을 배울 수 있다. 그러나 개화된 정부도 또한 사회적으로 최적인 자원배분에 영향을 미치기 위해 가격을 신호와 인센티브로 효과적으로 사용할 수 있다. 실제로, 이 책 후반부의 인구증가, 농업의 침체, 실업과 저고용, 유아노동, 교육수요, 환경, 수출촉진 대 수입대체, 평가절하, 프로젝트 기획, 금융정책, 경제민영화 같은 문제 분석에서 신고전학파 이론의 여러 분석도구가 종종 유용하다는 것을 증명할 수 있을 것이다. 그러나 그들의 상이한 가치체제와 이념을 언급하지 않더라도 많은 개발도상국 경제의 제도적 · 정치적 구조의 현실은 흔히 시장 또는 교화를 위한 공공개입에 기초한 적절한 경제정책의 수립을 매우 어려운 일로 만들고 있다. 광범위한 제도적 경직성과 심각한 사회경제적 불균등의 환경에서는 시장과 정부 모두 전형적으로 실패할 것이다. 이는 단순히 이념적 성향에 기초하여 둘 중 하나를 택해야 하는 문제가 아니라 오히려 각 개별국가의 상황을 사례별로 평가하는 문제인 것이다. 개발도상국들은 각각의 제한에 대응하여 제각기 해결책을 채택할 필요가 있다.[18] 따라서 발전경제학자들은 교과서 신고전학파이론과 현대 개발도상국들의 제도적 · 정치적 현실을 구별할 수 있어야 한다.[19] 그 뒤 그들은 발전의 쟁점과 딜레마를 가장 잘 설명할 수 있는 신고전학파 개념과 모형들을 선택하고 그렇지 못한 것들을 무시할 수 있다. 이는 이 책 제2부와 제3부의 과제가 될 것이다.

3.6 고전적 발전이론 : 차이점 절충

이 장에서 경제발전론의 연구에 대한 일련의 경쟁적 이론과 접근법을 검토했다. 각 접근법은 강점과 약점을 갖고 있다. 그러한 이념적 · 이론적 · 실증적인 논쟁이 존재한다는 사실은 경제발전론 연구를 도전적이고 흥미롭게 만들고 있다. 심지어 경제학의 다른 분야와 달리, 경제발전론은 보편적으로 받아들여지는 원리 또는 패러다임을 갖고 있지 않다. 그 대신 함께 아프리카, 아시아, 남미에 있는 다양한 나라들의 현대적 발전 가능성을 살펴보기 위한 기반을 제공하는 통찰력과 이해의 유형들이 지속적으로 전개되고 있다.

그렇게 많은 의견의 불일치로부터 어떻게 합의가 이루어질 수 있는지를 의아하게 여길 수도 있다. 그렇게 날카롭게 대립하는 가치와 이념이 만연된 상황에서 그러한 합의가 오늘날 존재한다거나 언젠가는 나타날 것이라는 것을 여기서 암시하지는 않지만, 설명된 네 가지 접근법 각각으로부터 무엇인가 상당한 것을 찾을 수 있음을 시사할 수 있다. 예를 들어 성장단계 모형은 지속 가능한 장기 성장을 추진하는 데 있어서의 저축과 투자의 결정적으로 중요한 역할을 강조한다. 루이스의 2부문 구조 변화 모형은 전통농업과 현대공업 사이의 많은 연관을 분석하려 시도하고 중국의 성장과 같은 최근의 성장 경험을 해명하면서, 경제발전 과정에서의 저생산성으로부터 고생산성 활동으로의 자원이전의 중요성을 뒷받침한다. 체너리와 그의 동료들의 실증연구는 그 과정에 수반되는 핵심 경제 파라미터의 수치를 확인하면서 경제가 어떻게 구조 변화를 겪게 되는지를 정확히 기록하려 하였다. 종속이론가들의 사고는 세계경제와 선진국에서 이루어진 의사결정이 개발도상국 수백만 명의 삶에 영향을 미칠 수 있는 많은 방식의 구조와 작용의 중요성에 조심하도록 충고한다. 이러한 활동이 개발도상국을 종속의 상태에 머무르도록 고의적으로 디자인되었는지는 종종 논의의 초점이 아니다. (국제통화기금과 세계은행에 의해 이루어진 것들은 언급하지 않더라도) 북미, 서부 유럽, 또는 일본의 중심지에서 이루어진 핵심적인 경제적 의사결정에 대한 그들의 종속과 취약성이라는 바로 그 사실이 종속이론학파의 일부 통찰력의 중요성을 인식하도록 강요한다. 똑같은 논리가 개발도상국 국내경제에서의 이중구조와 지배 엘리트의 역할에 대한 주장에도 적용된다.

관습적인 신고전학파 경제이론의 많은 부분이 개발도상국의 유일무이한 사회적 · 제도적 · 구조적 환경에 적합하도록 수정되어야 하지만, 적절히 기능하는 가격기구를 통해 효율적 생산과 배분을 촉진하는 것이 어떤 성공적인 발전 과정의 경우에도 빠뜨릴 수 없는 일부분이라는 것은 의심할 여지가 없다. 특히 국영기업의 비효율성 및 개발기획의 실패(제11장 참조) 그리고 정부가 유발한 국내외 가격왜곡의 해로운 효과(제7장, 제12장, 제15장 참조)와 관련된 신고전학파 역혁명론자들의 많은 주장은 종속이론과 구조주의자 학파에서도 언급된 바 있다. 이와는 대조적으로, 개발도상국에서 형평과 함께 성장을 촉진하는 데 있어서의 공공부문 지도력에 대한 보편적인 비방과 함께 자유시장과 개방경제에 대한 무조건적인 찬양 등은 심각한 도전을 받고 있다. 제2부와 제3부의 여러 장들에서 밝히는 바와 같이, 성공적인 발전은 규제되지 않은 시장요인들이 바람직하지 않은 경제적 · 사회적 결과를 가져오는 영역에서는 형평을 지향하는 현명한 정부의 개입과 함께 시장이 존재하고 효율적으로 운용될 수 있는 곳에서는 시장에 의한 가격 설정과 판매촉진의 기술적이고 사리 분별이 있는 균형을 필요로 한다. 제4장에서 설명되는 바와 같이, 잘 공식화된 정부정책이 어떻게 시장의 발전과 나눔의 성장을 활성화하는지의 논리를 명확히 하는 데 있어서 현대적 경제발전론의 분석에 엄청난 진전이 이루어졌다.

요약하면, 발전의 이해에 대한 접근법 각각은 무엇인가를 제공한다. 그 각각의 기여는 빈곤, 인구증가, 실업, 농촌발전, 국제무역, 환경과 같은 광범위한 범위의 문제들의 기원과 가능한 해결책을 자세히 조사할 때 이 책의 후반부에서 분명해질 것이다. 그것들은 또한 다음 장에서 발전과 저개발의 현대적 모형을 알려줄 것이다.

학설사의 실제 사용 사례 :
한국과 아르헨티나

두 나라에 대한 면밀한 검토는 성장단계, 발전의 구조적 유형, 종속, 그리고 신고전학파라는 발전에 대한 처음의 네 가지 광범위한 접근법 각각이 발전 과정과 정책에 대한 중요한 통찰력을 제공한다는 결론을 확인하고 있다. 한국과 아르헨티나는 그러한 비교에 상당히 잘 들어맞는다. 예를 들어 두 나라 모두 인구가 중간 규모(2011년 아르헨티나 4,100만 명, 한국 5,000만 명)이고, 오랫동안 중위소득국가로 분류되었다. 그러나 현재 세계은행에 의해 고소득국가로 지정된 한국은 2008년 약 31,000 PPP달러의 1인당 소득으로 같은 해 약 17,000 PPP달러의 아르헨티나에 비해 2배에 달하는 1인당 소득을 보여주고 있는 반면, 30년 전에는 그 반대가 사실이었다. 발전에 대한 네 가지 고전적 접근법은 이러한 반전을 설명할 수 있을까?

한국

성장단계 한국은 제한적인 면에서 일부 선형 단계 견해를 확인해준다. 최근 몇 년 동안 국민소득에서 차지하는 투자의 비중은 세계 최고 중 하나였으며, 이것이 국가의 급속한 상승을 설명하는 결정적인 부분이다. 이러한 상승이 도대체 얼마나 빨리 이루어졌는지를 이해하기 위해 이 나라는 책이 출판된 1960년에는 로스토의 경제성장단계의 언급을 평가할 수조차 없었으며, '도약을 위한 예비단계'의 거의 아무것도 그 자리에 없었다는 것을 고려하자. 그 뒤 투자는 매우 높은 수준이었지만, GNI에서 차지하는 비중으로서의 투자율 15%는 1965년에 도약 수준보다는 여전히 낮았다. 그러나 투자율은 1990년까지 GNI의 37%로 극적으로 증가

했으며, 2000~2007년의 기간에도 40% 가까운 수준에 머물러 있었다. 아직도 한국은 '성숙단계'의 한가운데에서 로스토의 경제에 관한 관념을 전형적으로 보여주고 있는 것처럼 보이며, 현재 이용 가능한 일련의 기술을 숙달하는 방향으로 잘 나아가서, '대량소비사회의 시대'로 진입하고 있는 것처럼 보인다.

로스토는 성숙은 도약이 시작된 이후 약 60년 후에 얻어진다고 주장했지만, 그는 각국의 유일무이한 경험을 결코 부정하지 않았던 바, 이는 당연히 전통적 기술과 선진기술의 갭이 발전의 후반 단계에 실제로 보다 빨리 서로 엇갈릴 수 있다는 것이다. 국가 간 생산성 격차가 크면 클수록, 일단 도약이 달성되면 소득은 더 빨리 증가할 수 있다. 한국은 확실히 새로운 형태의 수출과 수입을 통해 세계 경제에 통합된다는 '성숙'의 기준을 충족하고 있다. 비록 한국이 아니라 인도가 로스토에 의해 도약을 위해 선정되었다는 사실은 단계이론 예측력의 한계를 보여주지만, 그럼에도 불구하고 한국의 예는 단계이론의 가치를 일부 확인해준다.

구조적 유형 한국은 또한 부분적으로 발전 유형 구조변화 모형을 확인해준다. 특히 과거 세대에 걸친 한국의 부상은 급속히 증가하는 농업생산성, 농업으로부터 공업으로의 노동이동, 자본스톡과 교육 및 숙련도의 꾸준한 증가, 고출산률로부터 저출산률로의 인구통계학적 이행이라는 특성을 갖고 있다. 이러한 변화는 한국의 1인당 소득이 1965~1990년의 전 기간 동안 연간 7% 이상 증가하면서 발생했다. 심지어 1990~2002년의 기간 동안에는 보

다 성숙한 경제로서 그리고 1997~1998년의 아시아 금융위기에도 아랑곳없이 경제가 5.8%의 비율로 성장하였다. 2002~2011년 기간 동안 한국은 평균 4% 이하로 성장하였으나 여전히 대부분의 다른 소득국가보다 상당히 높은 성장률이다. 1940년대 후반과 1950년대에 한국은 철저한 토지개혁을 실행에 옮겼고 따라서 농업은 무시되지 않았다. 그러나 그렇지 않다면 공업에서 노동력이 차지하는 비율의 급속한 확대를 통해 한국의 성장은 루이스의 발전 모형에 광범위하게 순응한다. 약 1970년 이후 부분적으로는 성공적인 통합 농촌개발 프로그램 덕택에 농업생산성 향상 또한 급속히 진행되었다.

종속혁명 그러나 한국은 종속이론 모형에는 심각한 이의를 제기한다. 여기에 국제경제와 관계를 맺게 된 가난한 나라가 있다. 이 나라는 국제관계에서 크게 종속적이었던 바, 1945년까지는 일본의 식민지였고 그 이후는 북한 침입에 대한 방위를 위해 미국과의 우호관계 유지에 전적으로 의존하였다. 한국은 1950년대에 미국의 원조 형태로 국가예산의 상당 부분을 받았으며 선진국, 특히 미국과 일본에 엄청난 양을 수출하고 또 수입하였다. 따라서 국가발전의 모습은 대부분 선진국으로의 수출기회에 의해 '조건이 설정되었던' 바, 종속이론은 지체된 발전기회라는 결과가 나타나야만 한다는 것을 예측하게 된다. 그러나 오늘날 한국은 OECD 회원국이며 선진국 지위의 후보자로 널리 고려되고 있다(한국의 소득은 그리스 및 포르투갈의 소득에 필적한다). 물론 종속이론가들은 한국이 받았던 원조의 크기 때문에 그리고 공산주의에 대한 보루로서의 역할로 인해 한국의 완전하고 성공적인 발전을 모색하려는 선진국의 이해관계 때문에 한국은 예외라고 주장할 수 있으며 또 주장하고 있다. 그리고 한국 정부는 종속이론 학파가 대체로 칭찬하는 몇 가지 특별한 정책을 추구하였는데, 매우 적극적인 산업개선정책의 실행, 다국적기업의 역할 대폭 제한, 그 대안으로서 토종산업의 의도적 확립, 이례적인 수준의 투자를 자금지원하기 위한 해외직접증권투자가 아닌 채무의 사용 등이 그것이다. 한국은 또한 이례적인 중요성을 가진

두 가지 정책을 시행하였는데, 하나는 개발도상국에서 가장 의욕적인 토지개혁 프로그램 중 하나를 실행에 옮겼던 것이고, 또 하나는 대학교육이 아닌 초등교육을 크게 강조하였던 것이었다. 그러나 이는 한국이 어떻게 우선적으로 종속을 깨기 위한 그러한 정책들을 채택할 수 있었는지를 설명하지는 않는다.

신고전학파 역혁명 한국은 신고전학파 역혁명 모형에도 마찬가지로 강력한 이의를 제기한다. 한국은 본국과 국제무역에서 매우 개입주의자였다. 개발계획을 광범위하게 사용하면서 정부가 기업으로 하여금 정부의 지시와 간섭을 따르도록 유발하기 위해 넓은 범위의 세금우대조치와 인센티브를 사용하고, 개별기업의 수출목표를 설정하며, 평균기술수준을 높이기 위한 여러 산업에서의 노력을 조직화하고, 외국기술의 허가협정을 조정하며, 경쟁 다국적기업으로부터의 최선의 협상결과를 얻기 위해 독점력을 사용하고, 기업으로 하여금 (동태적인) 비교우위의 사다리를 신속히 올라가도록(제12장 참조) 전체적으로 유도하였다. 이러한 정책들은 실질기술과 숙련도를 개선하는 발전의 시장실패 문제를 다루었던 바, 적어도 한국이 그로부터 신속히 회복된 1997년 아시아 통화위기 이전에 매우 소수의 명백한 정부실패가 이러한 경험에서 지적될 수 있다. 물론 그것은 기업들이 경제적 인센티브에 반응한다는 것을 확인한다. 그러나 또한 제4장에서 검토되고 제12장 마지막 부문의 사례 연구에서 한국에 적용된 바와 같이 한국이 조정실패 극복에 있어서 정부의 역할에 대한 객관적인 교훈을 제공한다고 적어도 동일하게 주장될 수도 있다.

아르헨티나

위와는 대조적으로, 아르헨티나의 경우 단계와 유형 이론들은 경제역사를 상대적으로 거의 설명하지 못하는 반면, 종속혁명과 신고전학파 역혁명 이론들이 함께 중요한 통찰력을 제공한다. 아르헨티나의 성장은 불규칙적이고 외환보유고는 하락하고 그리고 정치적 불안정성이 되살아나면서 이제 아르헨티나는 2002년 국가채무불이행 이후 새로운 성장

의 에피소드를 다시 시작할 수 있는지 여전히 불투명하다.

성장단계　아르헨티나의 역사는 선형단계 접근법에 강력한 이의를 제기한다. 로스토는 도약을 '꾸준한 성장에 대한 오래된 장애와 저항이 마지막으로 극복된 간격. … 성장이 그 정상적인 조건이 된다'로 정의하였다. 1870년, 아르헨티나는 1인당 소득이 (서독에 앞서) 세계에서 11번째 순위였지만 오늘날에는 심지어 상위 50위 안에도 들지 못한다. 로스토는 국가의 단계를 결정하는 데 있어 거주자 1인당 소득이 아니라 기술습득이 중요한 것이라고 말했지만, '남미에서 두 주요한 경우(멕시코와 아르헨티나) 도약이 완성되었다'라고 결론을 지으면서, 그는 아르헨티나의 도약을 위한 예비단계를 1914년 이전의 연장된 기간으로 날짜를 정하고, '어떤 의미에서의' 도약은 제1차 세계대전에 시작되었지만, '1930년대 중반에 … 현재[1960년] 대체로 성공적이었다고 판단할 수 있는 지속적인 도약이 시작되었다'라고 결론을 내렸다. 로스토는 예비단계가 도약 이전 일정 기간 동안 거기에 있었던 사실이 국내저축의 증가 없이 너무나 오랜 기간에 걸쳐 외국자본이 과도하게 수입되었기 때문이라고 생각하였다. (그러나 한국도 또한 최근까지 해외로부터의 엄청난 차입국이었다.) 아르헨티나는 확실히 급속한 속도로 제조업부문을 발전시킨다는 로스토의 기준을 충족하였다.

그러나 이제 로스토가 이 나라를 예로 천거한 이래 아르헨티나에 무슨 일이 발생했는지를 살펴보자. 세계은행 데이터에 따르면, 아르헨티나는 1965~1990년에 걸쳐 부(−)의 성장률을 기록했고, 1980년대에는 국내투자가 로스토의 도약의 한계점 투자 수준보다 훨씬 낮은 −8.3%의 비율로 하락했다. 비록 1990~2001년 동안 아르헨티나는 3.6% 성장했지만, 2002년 채무불이행 상태가 되었고 약간의 회복에 이어 경제는 11% 위축되었다. 2000년부터 2007년까지의 아르헨티나의 GDP에서 투자가 차지하는 비중은 17%였는데 이는 한국의 절반에도 훨씬 못 미치는 수준이다. 1970년대와 1980년대의 다른 많은 남미와 아프리카 국가들처럼 아르헨티나는 발전의 진행이 불가역적으로 될 수 없으

며 지속적인 성장은 끝날 수도 있다는 것을 증명했다. 아르헨티나의 성장은 불규칙적이고 외환보유고는 하락하고 그리고 정치적 불안정성이 되살아나면서 이제 아르헨티나는 2002년 국가채무불이행 이후 새로운 성장의 에피소드를 다시 시작할 수 있는지 여전히 불투명하다.

구조적 유형　농업생산성이 향상되었고, 산업고용이 (비록 속도는 느리지만) 증가하였으며, 도시화가 발생하였고, 출생률이 감소하였던 것 등에 따라 아르헨티나는 많은 발전의 보통의 구조적 유형을 보여주었다. 그러나 국가의 생활수준이 심지어 정체되었음에도 발전의 많은 구조적 규칙성이 관찰되었다는 사실은 어떻게 부분들이 함께 합쳐지는지에 관해 지침을 주는 이론의 도움 없이 선정된 데이터에 너무 의존할 때의 결점 중 일부를 보여준다.

종속혁명　한국과는 대조적으로, 아르헨티나의 사례는 이 나라가 상당한 정도 1차 상품 수출에 의존했고, 이러한 재화의 실질가격들이 수입과 비교하여 하락했다는 점에서 종속이론에 부분적으로 정당성을 제공한다. 다국적기업들이 큰 역할을 하였고, 아르헨티나는 그 스스로 성장할 수 있는 제조업 수출산업을 창출할 수 없었던 바, 궁극적으로 긴박한 구조조정 프로그램을 감수할 수밖에 없어 국영산업을 외국회사에 매각해야만 했다. 종속이론가들은 부분적으로 정당성을 갖고 아르헨티나의 조건부 발전은 선진국, 특히 영국과 미국 회사들의 경제적 이해에 희생물이 되었다고 주장할 수 있다.

신고전학파 역혁명　그러나 아르헨티나는 또한 결점이 많은 개입주의적인 제약, 비효율적인 국영기업, 수출을 위한 생산에 어긋난 편향, 불필요한 관공서의 요식행위(red tape)가 산업과 기업가정신을 다치게 하며 끝이 났다는 점에서 신고전학파 역혁명에도 일부 정당성을 제공한다. 정부정책은 일관되게 발전의 광범위한 목표보다는 특권적인 이해를 지지하는 것처럼 보였고, 정부실패는 보통 이 나라에서 시장실패보다 더 나빴다. 1990년대 중반, 대규모 자유화 및 민영화 프로그램이 아르헨티나의 성장을 다시 소생시키기 시작하는 것처럼 보였다. 불행히도, 2002년 부분적

으로 페소의 강력한 미국 달러와의 연계에 의해 야기된 내부의 재정적자와 외부의 무역적자 증가라는 부담하에 경제가 붕괴함에 따라 4년 동안의 경기침체가 경제의 파열이라는 정점에 이르게 되었다. 종속이론가들은 정당성을 주장하였다. 아르헨티나의 채무불이행에도 불구하고, 2004년부터 회복과 상대적으로 빠른 성장은 발전의 성공과 실패에 대한 단일한 설명이 결코 충분하지 않다는 것을 보여주었다. 그러나 아르헨티나의 경제회복은 여전히 취약하다. 성장이 2010년과 2011년 약 9%에서 2012년 2% 이하로 하락하였고 정치적 제도는 여전히 해결되지 않은 채 남아 있다.

요약

한국이 많은 점에서 정반대 입장인 종속이론과 신고전학파 이론에 이의를 제기하기 때문에 아르헨티나가 이 두 이론을 위한 정당성으로 간주될 수 있다는 것은 흥미로운 일이다. 그리고 한국이 성장의 선형 단계와 발전의 구조적 유형에 대한 결론을 보다 확인하는 역할을 하는 반면, 아르헨티나는 이 이론들의 보편적인 중요성에 이의를 제기한다. 그러나 이 네 가지 접근법 각각은 단지 이 두 나라에서의 발전 경험과 전망의 이해에 결정적으로 중요한 무엇인가를 추가하였다. 한국은 또한 조정실패 극복에 있어서의 정부의 역할을 설명하는 반면, 아르헨티나는 다음 장에서 자세히 살펴볼 주제인 어떻게 정부가 나쁜 균형의 일부가 될 수 있는지를 보여준다. ■

참고문헌

Fishlow, Albert, et al. *Miracle or Design? Lessons from the East Asian Experience*. Washington, D.C.: Overseas Development Council, 1994.

Heston, Alan, Robert Summers, and Bettina Aten. *Penn World Table*, version 6.3. Center for International Comparisons of Production, Income and Prices, University of Pennsylvania, August 2009, http://pwt.econ.upenn.edu/php_site/pwt63/pwt63_form.php.

Porter, Michael. *Competitive Advantage of Nations*. New York: Free Press, 1990.

Rodrik, Dani. "Coordination failures and government policy: A model with applications to East Asia and Eastern Europe." *Journal of International Economics* 40 (1996): 1–22.

Rostow, Walt W. *The Stages of Economic Growth: A Non-Communist Manifesto*. London: Cambridge University Press, 1960.

Smith, Stephen C. *Industrial Policy in Developing Countries: Reconsidering the Real Sources of Expert-Led Growth*. Washington, D.C.: Economic Policy Institute, 1991.

Thurow, Lester. *Head to Head*. New York: Morrow, 1992.

World Bank. *Korea: Managing the Industrial Transition*. Washington, D.C.: World Bank, 1987.

World Bank, *World Development Indicators*, various years.

World Bank, *World Development Reports*, various years.

주요 용어

개방경제(Open economy)

거짓 패러다임 모형(False-paradigm model)

공공선택이론(Public-choice theory)

구조 변화 이론(Structural-change theory)

구조 변환(structural transformation)

루이스 2부문 모형(Lewis two-sector model)

매판그룹(Comprador groups)

발전 유형 분석(Patterns-of development analysis)

발전의 성장단계 모형(Stages-of-growth model of development)

생산함수(Production function)

솔로 신고전학파 성장 모형(Solow neoclassical growth model)

순저축률(Net savings ratio)

시장실패(Market failure)

시장친화적 접근법(Market-friendly approach)

신식민지 종속 모형(Neocolonial dependence model)

신고전학파 역혁명(Neoclassical counterrevolution)

신정치경제학 접근법(New political economy approach)

이중구조(Dualism)

잉여노동(Surplus labor)

자급자족(Autarky)

자립성장(Self-sustaining growth)

자본-노동 비율(Capital-labor ratio)

자본-산출 비율(Capital-output ratio)

자유시장(Free market)

자유시장 분석(Free-market analysis)

저개발(Underdevelopment)

종속(Dependence)

주변부(Periphery)

중심부(Center)

지배(Dominance)

충분조건(sufficient condition)

평균생산(Average product)

폐쇄경제(Closed economy)

필요조건(Necessary condition)

한계생산(Marginal product)

해로드-도마 성장 모형(Harrod-Domar grow model)

복습문제

1. 발전의 성장단계설, 루이스와 체너리의 구조 변화 모형, 그리고 신마르크스주의와 거짓 패러다임 개념화의 종속이론 사이의 본질적인 차이를 설명하라. 어느 모형이 개발도상국 대부분의 상태에 대해 최선의 설명을 제공한다고 생각하는가? 여러분의 답을 설명하라.

2. **이중구조**와 **이중사회**의 의미를 설명하라. 이중구조의 개념이 개발도상국 대부분의 발전그림을 충분히 설명한다고 생각하는가? 여러분의 답을 설명하라.

3. 몇몇 사람은 국제 이중구조와 국내 이중구조는 똑같은 현상의 단순히 다른 표현이라고 주장한다. 이것이 무엇을 의미하며, 또한 타당한 개념화라고 생각하는가? 여러분의 답을 설명하라.

4. **신고전학파 역혁명**이라는 용어는 무엇을 의미하는가? 무엇이 그 주요 주장이며, 그것이 어떻게 타당하다고 생각하는가? 여러분의 답을 설명하라.

5. 개발도상국의 다양성이 주어질 때, 일찍이 단 하나의 통일된 발전이론이 존재할 수 있다고 생각하는가? 여러분의 답을 설명하라.

6. 신고전학파 자유시장이론은 필연적으로 종속이론과 양립할 수 없는가? 이 두 접근법은 어떻게 함께 작용할 수 있는가?

7. 개발도상국가들이 어떤 면에서 의존하고 있는가? 그 반대는 어떠한 점에서 사실인가?

미주

1. *The Stages of Economic Growth: A Non-Communist Manifesto*, 3rd Edition by W. W. Rostow. Copyright © 1960, 1971, 1990 Cambridge University Press. 허락하에 게재.

2. 이 모형은 1950년대 초에 별도로 그러나 동시에 모형의 변형을 개발했던 영국의 해로드 경(Sir Roy Harrod)과 미국의 도마(Evesey Domar) 교수라는 2명의 경제학자들의 이름을 따서 명명되었다.

3. 이 책을 포함하는 전통적인 수식에서는 자본-산출 비율로 여기에서 사용된 부호 c가 아니라 부호 k가 사용되었다. 그러나 이 장의 후반부에서 논의된 솔로 성장 모형(Solow growth model)에서의 (거기에서는 자본-노동 비율을 의미함) 부호 k의 (또한 전통적인) 사용과 혼동되지 않기 위해 부호 c를 사용한다. 또한 실제로 개발도상국은 자본을 비효율적으로, 즉 공학의 관점에서 엄격히 요구되는 것보다 더 많이 사용할지도 모른다는 것을 주목해야 한다.

4. 이를 단순히 살펴보기 위해 $Y = K/c$, 따라서 $\Delta Y = (1/c)\Delta K$임을 주목하라. 그러나 정의에 의하면 ΔK는 총투자 I^G에서 감가상각률에 자본스톡을 곱한 값 δK로 주어지는 감가상각을 위한 공제액을 뺀 순투자 I^N이다. 즉 $\Delta K = I^G - \delta K$이다. 그러나 총투자는 총저축 S^G와 항등적으로 일치한다. 따라서 $\Delta Y = (1/c)[S^G - \delta K]$이다. (총저축률 s^G는 s^G/Y로 주어진다는 것을 주목하라.) 양변을 Y로 나누어 정리하면 $\Delta Y/Y = s^G/c - \delta$가 주어진다.

5. W. Arthur Lewis, "Economic development with unlimited supplies of labour," *Manchester School* 22 (1954): 139–191; John C. H. Fei and Gustav Ranis, *Development of the Labor Surplus Economy: Theory and Policy* (Homewood, Ill.: Irwin, 1964). 또한 Ragnar Nurkse, *Problems of Capital Formation in Underdeveloped Countries* (New York: Oxford University Press, 1953)를 참조하라.

6. 중국의 최근 성장 경험에 대한 흥미로운 응용은 Nazrul Islam and Kazuhiko Yokota, "Lewis growth model and China's industrialization," *Asian Economic Journal* 22 (2008): 359–396; Xiaobo Zhang, Jin Yang, and Shenglin Wang, "China has reached the Lewis turning point," IFPRI discussion paper No. 977 (Washington, D.C.: International Food Policy Research Institute, 2010); Cai Fang, "A turning point for China and challenges for further development and reform," *Zhongguo shehui kexue (Social Sciences in China)*, 3 (2007): 4–12; and Huang Yiping and Jiang Tingsong, *What Does the Lewis Turning Point Mean for China? A Computable General Equilibrium Analysis*, China Center for Economic Research Working Paper 2010-03, March 2010을 참조하라. 또한 Gary Fields, "Dualism in the labor market: A perspective on the Lewis model after half a century," *Manchester School* 72 (2004): 724–735를 참조하라. 구조 변화 모형에 관한 연구는 계속되고 있다. 흥미로운 논문은 Douglas Gollin, Stephen L. Parente, and Richard Rogerson, "The food problem and the evolution of international income levels," *Journal of Monetary Economics* 54 (2007): 1230–1255를 참조하라.

7. Hollis B. Chenery, *Structural Change and Development Policy* (Baltimore: Johns Hopkins University Press, 1979); Hollis B. Chenery and Moshe Syrquin, *Patterns of Development, 1950–70* (London: Oxford University Press, 1975); Moshe Syrquin, "Patterns of structural change," in *Handbook of Development Economics*, ed. Hollis B. Chenery and T. N. Srinivasan (Amsterdam: Elsevier, 1989), vol. 1, pp. 205–273; Hollis B. Chenery, Sherman Robinson, and Moshe Syrquin *Industrialization and Growth: A Comparative Study*, (New York: Oxford University Press, 1986)를 참조하라. 쿠즈네츠(Simon Kuznets)에 의한 연구의 간명한 요약은 "Modern Economic Growth, Findings and Reflections," *American Economic Review* 63 (1973): 247–258을 참조하라.

8. 예를 들어 Sarah Anderson, John Cavanagh, Thea Lee, and the Institute for Policy Studies, *Field Guide to the Global Economy* (New York: New Press, 2000); Robin Broad, ed., *Global Backlash: Citizen Initiatives for a Just World Economy* (Lanham, Md.: Rowman & Littlefield, 2002); John Gray, *False Dawn: The Delusions of Global Capitalism* (New York: New Press, 2000)을 참조하라.

9. Paul Baran, *The Political Economy of Neo-Colonialism* (London: Heinemann, 1975)을 참조하라. 걸출한 문헌검토는 Keith Griffin and John Gurley, "Radical analysis of imperialism, the Third World, and the transition to socialism: A survey article," *Journal of Economic Literature* 23 (1985): 1089–1143에 실려 있다. 또한 Ted C. Lewellen, *Dependency and Development: An Introduction to the Third World* (Westport, Conn.: Bergin & Garvey, 1995)를 참조하라.

10. 도발적이고 문서에 의해 충분히 입증된 이 주장의 케냐 사례에의 응용은 Colin Leys, *Underdevelopment in Kenya: The Political Economy of Neo-Colonialism* (London: Heinemann, 1975)에서 찾아볼 수 있다.

11. Theotonio Dos Santos, "The crisis of development theory and the problem of dependence in Latin America," in *Underdevelopment and Development*, ed. Henry Bernstein (Harmondsworth, England: Penguin, 1973), pp. 57–80. 또한 Benjamin J. Cohen, *The Question of Imperialism: The Political Economy of Dominance and Dependence* (New York: Basic Books, 1973)를 참조하라.

12. Hans W. Singer, "Dualism revisited: A new approach to the problems of dual societies in developing countries," *Journal of Development Studies* 7 (1970): 60–61. 국내 이중구조 모형들이 계속 개발되고 있다. 예를 들어 Arup Banerji and Sanjay Jain, "Quality dualism," *Journal of Development Economics* 84 (2007): 234–250을 참조하라.

흥미로운 실증연구는 Niels-Hugo Blunch and Dorte Verner, "Shared sectoral growth versus the dual economy model: Evidence from Côte d'Ivoire, Ghana, and Zimbabwe," *African Development Review* 18, no. 3 (2006): 283–308; Jonathan Temple and Ludger Woessmann, "Dualism and cross-country growth regressions," *Journal of Economic Growth*, 11, no. 3 (2006): 187–228을 참조하라.

13. 신고전학파 역혁명 문헌의 예는 Peter T. Bauer, *Reality and Rhetoric: Studies in the Economics of Development* (London: Weidenfield & Nicholson, 1984); Deepak Lal, *The Poverty of Development Economics* (Cambridge, Mass.: Harvard University Press, 1985); Ian Little, *Economic Development: Theories, Policies, and International Relations* (New York: Basic Books, 1982); and any mid-1980s issue of the World Bank's *World Development Report* and the International Monetary Fund's *Annual World Economy Outlook*을 참조하라. 이러한 문헌에 대한 탁월한 비판은 John Toye, *Dilemmas of Development: Reflections on the Counter-Revolution in Development Theory and Policy* (Oxford: Blackwell, 1987)를 참조하라. 또한 Ziya Onis, "The limits of neoliberalism: Toward a reformulation of development theory," *Journal of Economic Issues* 29 (1995): 97–119; Lance Taylor, "The revival of the liberal creed: The IMF and the World Bank in a globalized economy," *World Development* 25 (1997): 145–152; Alexandro Portes, "Neoliberalism and the sociology of development: Emerging trends and unanticipated facts," *Population and Development Review* 23 (1997): 229–259를 참조하라.

14. 공공선택이론의 취지에 대한 훌륭한 해설은 Merilee S. Grindle and John W. Thomas, *Public Choices and Public Policy Change: The Political Economy of Reform in Developing Countries* (Baltimore: Johns Hopkins University Press, 1991)를 참조하라. 노벨상 수상자에 의한 이 분야의 고전적 논문은 James M. Buchanan, "Social choice, democracy and free markets," *Journal of Political Economy* 62 (1954): 114–123이다. 비판은 Paul P. Streeten, "Markets and states: Against minimalism," *World Development* 21 (1993): 1281–1298, and Amartya Sen, "Rationality and social choice," *American Economic Review* 85 (1995): 1–24를 참조하라.

15. 1990년대의 모든 *World Development Reports*를 참조하라. 이 접근법에 대한 비판은 Ajit Singh, "State intervention and 'market-friendly' approach to development: A critical analysis of the World Bank theses," in *The States, Markets and Development*, eds. Amitava K. Dutt, Kwan S. Kim, and Ajit Singh (London: Elgar, 1994)를 참조하라. 세계은행은 그 이후 예를 들어 제4장의 끝에 서술된 '성장 진단'을 장려함으로써 이 접근법에 미묘한 차이를 덧붙였다.

16. 솔로 모형은 Robert Solow, "A contribution to the theory of economic growth," *Quarterly Journal of Economics* 70 (1956): 65–94에서 출발하였다.

17. 이러한 그리고 관련된 쟁점들에 대한 논의는 Heinz W. Arndt, "'Market failure' and underdevelopment," *World Development* 16 (1988): 210–229를 참조하라.

18. 국내 제한의 인식과 취급에 관해서는 Ricardo Hausmann, Dani Rodrik, and Andrés Velasco, "Growth diagnostics," *One Economics, Many Recipes: Globalization, Institutions, and Economic Growth*, by Dani Rodrik(Princeton, N.J.: Princeton University Press, 2007)을 참조하라. 보다 상세한 내용은 제4장을 참조하라.

19. 제2장에서 검토된 추가되는 접근법은 신제도주의(new institutionalism)이다. 이 접근법은 달리는 신고전학파 역혁명의 구성요인으로 또는 신고전학파 이후의 주류 경제발전론의 구성요인으로 간주되고 있다. 제도에는 재산권, 가격 및 시장구조, 화폐와 금융기관, 기업과 산업조직, 정부와 시장 사이의 관계가 포함된다. 신제도주의의 기본적인 메시지는 심지어 신고전학파의 세계에서조차도 발전노력의 성공 또는 실패는 국가의 근본적 제도의 성격, 존재, 그리고 올바른 기능에 좌우될 것이라는 것이다. 신제도주의의 기원은 노벨상 수상자 코스(Ronald H. Coase)에 의해 개척된 제도이론에서 찾을 수 있다. Ronald H. Coase, "The institutional structure of production," *American Economic Review* 82 (1992): 713–719; Oliver E. Williamson, "The institutions and governance of economic development and reform," in *Proceedings of the World Bank Annual Conference on Development Economics*, 1994 (Washington, D.C.: World Bank, 1995); and Jean-Jacques Laffont, "Competition, confrontation and development," *Annual World Bank Conference on Development Economics, 1998* (Washington, D.C.: World Bank, 1999)을 참조하라. 노벨상 수상자인 노스(Douglass North)의 저술, 특히 *Institutions, Institutional Change, and Economic Performance* (New York: Cambridge University Press, 1990)는 영향력이 있다.

부록 3.1

경제성장의 구성요인

경제성장의 세 가지 구성요인이 일차적인 중요성을 갖고 있다.

1. 토지, 물적설비, 그리고 건강, 교육, 일자리 숙련도의 개선을 통한 인적자원에 대한 모든 신투자를 포함하는 자본축적
2. 인구의 증가와 이에 따른 노동력의 궁극적인 증가
3. 새로운 방식의 업무 완수를 의미하는 기술진보

이 부록에서 이들 각각에 대해 간략히 살펴보기로 한다.

자본축적

자본축적(capital accumulation)은 미래의 산출량과 소득을 증가시키기 위해 현재 소득의 일정 부분이 저축되고 투자될 때의 결과이다. 신규 공장, 기계류, 설비, 원재료는 국가의 물적 **자본스톡**(capital stock)(모든 물질적으로 생산적인 자본재의 총순실질가치)을 증가시키고 산출량 수준의 확대가 달성되도록 한다. 이러한 직접적으로 생산적인 투자는 경제활동을 활성화하고 통합하는 도로, 전기, 상하수도, 통신 등의 사회 및 **경제 인프라**(economic infrastructure)로 알려진 투자에 의해 보완된다. 예를 들어 농부의 새로운 트랙터에의 투자는 그가 생산할 수 있는 곡물의 총산출량을 증가시킬지 모르지만, 이 추가적인 생산물을 지역의 상업시장으로 운반하기 위한 충분한 수송설비가 없다면 그의 투자는 국가 식량생산에 아무것도 추가할 수 없다.

국가의 자원에 투자하는 덜 직접적인 방식이 있다. 관개수로의 설치는 헥타르당 생산성을 증가시킴으로써 국가 농토의 질을 향상시킬 수 있다. 100헥타르의 관개된 토지가 똑같은 기타 투입요소를 사용하여 200헥타르의 관개되지 않은 토지와 동일한 산출량을 생산한다면, 그러한 관개조직의 설치는 관개되지 않은 토지 수량을 2배로 늘리는 것과 동일하다. 화학비료의 사용과 살충제로 벌레를 통제하는 것도 기존 농경지의 생산성을 높이는 것과 동일한 이로운 효과를 가질 수 있다. 모든 이러한 투자 형태는 기존 토지자원의 질을 향상시키는 방법이다. 생산적 토지의 총보유량을 늘리는 데 있어서의 그 효과는 모든 실용적인 목적상 그때까지 사용하지 않던 경작이 가능한 토지를 단순히 개간하는 것과 구분이 되지 않는다.

마찬가지로, 인적자원에 대한 투자는 그 질을 향상시키고 그럼으로써 인간 숫자를 늘리는 것과 똑같은 또는 심지어 더 강력한 효과를 생산에 미친다. 공식 학교교육, 직업 및 현장훈련 프로그램, 성인 및 기타 형태의 비공식교육은 모두 빌딩, 설비, 원재료[예 : 책, 필름 프로젝터, 개인 컴퓨터, 과학 장비, 작업도구, 라스(lath)와 그라인더 같은 기계류]에 대한 직접적인 투자의 결과, 인간 숙련도의 제고를 보다 효과적으로 이루어지도록 할 수 있다. 훌륭한 경제학 교재는 물론 교사들의 진보적이고도 타당한 훈련은 주어진 노동력의 질, 지도력, 생산성에

자본축적

국가의 물적자본(고정자산에의 신투자) 보유량의 증가. 자본재의 생산 증가는 소비재의 생산 감소를 필요로 한다.

자본스톡

어떤 특정 시간에 존재하는 다른 재화와 서비스의 생산에 사용되기 위해 생산된 물적 재화의 총수량

경제 인프라

도로, 철도, 수로, 항로, 기타 수송 및 통신에 물 공급 같은 기타 설비, 금융기관, 전기, 건강 및 교육 같은 공공 서비스를 더한 것에 체화된 물적자본 및 금융자본의 총액

엄청난 차이를 가져올 수 있다. 향상된 건강 또한 생산성을 상당히 증대시킬 수 있다. 따라서 인적자원에의 투자라는 개념과 **인적자본**(human capital)의 창출은 전략적 투자를 통해 기존 토지자원의 질, 따라서 생산성을 향상시킨다는 개념과 동의어이다.

모든 이러한 현상과 많은 다른 것들은 자본축적을 가져오는 투자의 형태이다. 자본축적은 신규자원을 추가하거나(예 : 사용하지 않던 토지의 개간) 또는 기존자원의 질을 개량할 수 있지만(예 : 관개), 그 본질적인 특징은 현재와 미래 소비 사이의 상충관계(trade-off)를 수반한다는 것이다. 즉 학교에 다니기 위해 현재소득을 포기하는 것과 같이, 나중에 더 많이 가질 수 있도록 하기 위해 현재 조금만 포기한다는 것이다.

인구 및 노동력의 증가

인구증가, 그리고 이와 관련된 궁극적인 노동력의 증가는 전통적으로 경제성장을 자극하는 데 있어 긍정적인 요소로 고려되었다. 더 큰 노동력은 보다 생산적인 근로자를 의미하며, 더 큰 전체 인구는 국내시장의 잠재적 크기를 증가시킨다. 그러나 잉여노동을 가진 개발도상국에서 근로자 공급의 급속한 증가가 경제 진보에 정(+) 또는 부(−)의 영향력을 미치는지는 의심스러운 일이다(경제발전을 위한 인구증가의 찬반양론에 관한 심층적인 논의는 제6장을 참조하라). 명백히 그것은 이렇게 추가되는 근로자들을 흡수하여 생산적으로 고용하는, 즉 주로 자본축적의 속도 및 유형과 관련된 능력과 경영 및 관리 기술 같은 관련 요소의 이용 가능성 등 경제체제의 능력에 좌우될 것이다.

이러한 경제성장의 처음 두 가지 근본적인 구성요인에 대한 최초의 이해가 이루어지고 당분간 세 번째(기술)를 무시한 상황에서, 사회에 있는 모든 재화의 잠재적 총산출량을 확대하기 위해 그것들이 어떻게 상호작용하고 있는지를 **생산가능곡선**(production possibility curve)을 통해 살펴보기로 하자. 기술수준이 주어지고 물적·인적 자원의 양이 주어진 경우, 생산가능곡선은 모든 자원이 효율적으로 완전히 고용되었을 때 최대한 달성 가능한 어떤 두 상품, 말하자면 쌀과 라디오의 산출량 조합을 나타낸다. 〈그림 A3.1.1〉은 쌀과 라디오의 두 생산가능곡선을 보여준다.

쌀과 라디오의 최초의 생산 가능성은 곡선 PP에 의해 나타난다. 이제 기술의 어떠한 변화도 없이 기존 자원의 질을 향상시키는 투자 또는 신규자원인 토지, 자본, 그리고 대규모 가족일 경우 노동에 대한 투자의 결과 물적 및 인적 자원의 양이 2배가 되었다고 가정하자. 〈그림 A3.1.1〉은 이러한 총자원의 2배 증가는 전체 생산가능곡선을 PP로부터 $P'P'$까지 밖으로 균일하게 이동시킬 것임을 보여준다. 더 많은 라디오와 더 많은 쌀이 이제 생산될 수 있다.

쌀과 라디오가 이 경제에 의해 생산되는 단지 두 재화라고 가정되었기 때문에 국내총생산(생산되는 모든 재화와 서비스의 총가치)은 이전에 비해 증가할 것이다. 다시 말하면, 경제성장 과정이 진행 중이다.

문제의 국가가 〈그림 A3.1.1〉의 점 X와 같이 물적 및 인적 자원을 완전히 사용하지 않고 운용되더라도, 생산적인 자원의 증가는 비록 여전히 광범위한 실업 및 사용되지 않는 또는 유휴의 자본과 토지가 존재하더라도 점 X'과 같은 더 많은 산출량 조합이라는 결과를 가져올

인적자본

숙련도, 위치, 건강을 포함하는 인간 개인에 체화된 생산적 투자

생산가능곡선

모든 이용 가능한 생산요소가 효율적으로 고용될 때 생산될 수 있는 두 종류의 상품 또는 두 상품 범주(예 : 농업 제품과 제조업 제품)의 여러 조합을 나타내는 그래프 위의 곡선. 이용 가능한 자원과 기술이 주어지면, 곡선은 얻을 수 있는 것과 획득할 수 없는 것 사이의 경계를 설정한다.

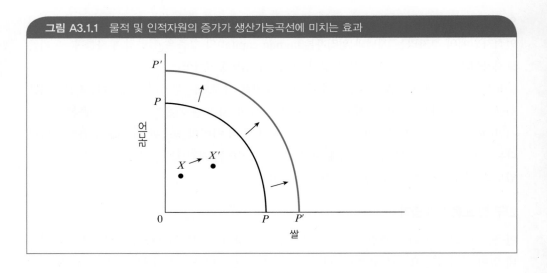

그림 A3.1.1 물적 및 인적자원의 증가가 생산가능곡선에 미치는 효과

수 있음을 주목하라. 그러나 더 높은 산출량 증가로 이어지는 자원증가에 대한 확정적인 것은 아무것도 없음을 또한 주목하라. 이는 많은 현대 개발도상국의 보잘것없는 성장기록에 의해 증명되는 것 같은 경제법칙은 아니다. 또한 기존 유휴자원의 더 나은 이용이 〈그림 A3.1.1〉의 X로부터 X'까지의 이동으로 나타나는 바와 같이 산출량 수준을 상당히 증가시킬 수 있기 때문에 자원증가가 단기적인 경제성장을 위한 심지어 필요조건도 아니다. 그럼에도 불구하고, 장기적으로 기존 자원의 질 향상 및 개량과 이 자원들의 양을 확대하기 위해 고안된 신투자는 국민산출량의 증가를 가속화하는 주요 수단이다.

이제 모든 생산요소의 비례적인 증가를 가정하는 대신, 오직 자본 또는 토지만이 질과 양에서 증가한다고 가정하자. 〈그림 A3.1.2〉는 라디오 제조업이 상대적으로 자본설비를 더 많이 사용하고 쌀 생산이 상대적으로 토지집약적인 과정이라면, 사회 생산가능곡선의 이동은 자본이 급속히 증가할 때 라디오를 위한 이동(〈그림 A3.1.2a〉), 그리고 증가가 토지의 양 또는 질에 나타날 때 쌀을 위한 이동이 더 현저할 것(〈그림 A3.1.2b〉)이라는 것을 보여준다. 그러나 정상적인 조건하에서 두 생산물 모두 비록 상이한 조합이긴 하지만 생산적인 투입요소로서 두 요소 모두의 사용을 필요로 할 것이기 때문에, 생산가능곡선은 오직 자본만이 증가할 때 〈그림 A3.1.2a〉의 쌀 축을 따라서도 여전히 약간 밖으로 이동하고, 오직 토지자원의 양 또는 질만이 확대될 때에도 〈그림 A3.1.2b〉의 라디오 축을 따라서도 여전히 약간 밖으로 이동한다.

기술진보

기술진보
물적 및 인적 자본 모두와 관련하여 발명과 혁신의 형태로의 새로운 과학지식 응용의 증가

이제는 세 번째 그리고 많은 경제학자들에게 가장 중요한 경제성장의 원천인 **기술진보**(technological progress)를 고려할 차례다. 그 가장 단순한 형태에서 기술진보는 곡물재배, 의류제조, 또는 주택건축 같은 전통적인 업무를 완성하는 새로운 또는 향상된 방식으로부터의 결과이다. 기술진보에는 중립적, 노동절약적, 자본절약적이라는 세 가지 기본적인 분류법이 있다.

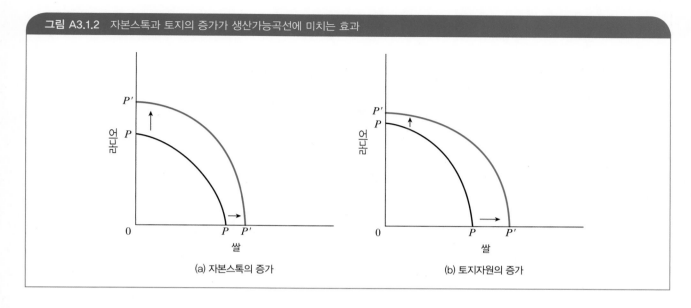

그림 A3.1.2 자본스톡과 토지의 증가가 생산가능곡선에 미치는 효과

(a) 자본스톡의 증가　　　　(b) 토지자원의 증가

중립적 기술진보(neutral technological progress)는 더 높은 수준의 산출량이 요소투입요소의 똑같은 양과 결합비율로 달성될 때 발생한다. 분업으로부터 발생하는 것과 같은 단순한 혁신은 모든 개인들에게 더 높은 수준의 총산출량과 더 큰 소비라는 결과를 가져올 수 있다. 생산 가능 분석으로 보면, 총산출량을 2배로 증가시키는 중립적 기술 변화는 모든 생산적인 투입요소를 2배로 증가시키는 것과 개념적으로 동일하다. 따라서 〈그림 A3.1.1〉의 생산가능곡선의 밖으로의 이동은 또한 중립적 기술진보의 도표적인 표현이다.

이와는 대조적으로, 기술진보는 노동 또는 자본의 절약이라는 결과를 가져올 수 있다(즉더 높은 수준의 산출량이 노동 또는 자본투입요소의 똑같은 양으로 달성될 수 있다). 컴퓨터, 인터넷, 자동직기, 고속전기착암기, 트랙터, 기계식 쟁기 등 이러한 그리고 많은 다른 종류의 현대적 기계류와 설비는 **노동절약적 기술진보**(laborsaving technological progress)의 생산물로 분류될 수 있다. 19세기 말 이래의 기술진보는 대체로 콩으로부터 자전거 그리고 교량까지의 모든 것을 생산하는 데 있어 노동절약적 기술의 급속한 진전으로 구성되었다.

자본절약적 기술진보(capitalsaving technological progress)는 훨씬 드문 현상이다. 그러나이는 거의 모든 세계의 과학 및 기술연구가 그 임무가 자본이 아니라 노동의 절약인 선진국에서 주로 수행되었기 때문이다. 그러나 노동이 풍부한 (자본이 희소한) 개발도상국에서는 자본절약적 기술진보가 매우 필요한 것이다. 그러한 진보는 예를 들어 소규모 농업을 위한 수동또는 회전 동력 제초기와 탈곡기, 발로 구동되는 벨로우즈 펌프, 그리고 어깨에 메는 기계식분무기 같은 보다 효율적인(낮은 비용의) 노동집약적 생산 방법이라는 결과를 가져온다. 토착적인 저비용, 고효율, 노동집약적(자본절약적) 생산기술의 개발은 어떤 고용지향적인 장기발전전략에서도 필수적인 구성요소 중 하나이다(부록 5.1 참조).

기술진보는 또한 노동확대적 또는 자본확대적일 수 있다. **노동확대적 기술진보**(labor-augmenting technological progress)는 예를 들어 교실수업을 위한 비디오테이프, 텔레비전,

중립적 기술진보
더 높은 수준의 산출량이 모든 투입요소의 똑같은 양 또는 결합 비율로 달성됨

노동절약적 기술진보
몇몇 발명(예 : 컴퓨터) 또는 혁신(조립라인 생산 같은)의 결과 동일한 노동투입량을 사용하여 더 높은 수준의 산출량 달성

자본절약적 기술진보
동일한 자본투입량을 사용하여 더 높은 수준의 산출량 달성을 활성화시키는 몇몇 발명 또는 혁신의 결과인 기술진보

노동확대적 기술진보
일반적인 교육, 현장훈련 프로그램 등에 의해 기존 노동량의 생산성을 향상시키는 기술진보

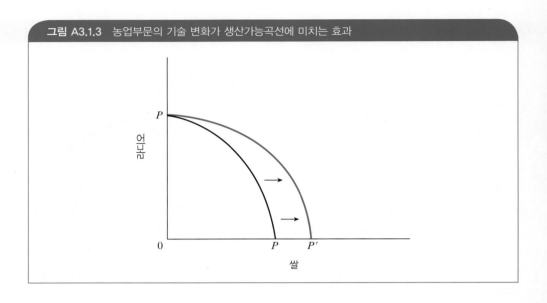

그림 A3.1.3 농업부문의 기술 변화가 생산가능곡선에 미치는 효과

자본확대적 기술진보

혁신과 발명에 의해 자본의 생산성을 향상시키는 기술진보

기타 전자통신 매체의 사용에 의해 노동력의 질 또는 숙련도가 향상될 때 발생한다. 마찬가지로, **자본확대적 기술진보**(capital-augmenting technological progress)는 예를 들어 농업 생산에서 목재 쟁기의 철제로의 대체 같이 기존 자본재의 보다 생산적인 사용이라는 결과를 가져온다.

기술진보가 개발도상국에서의 산출량 증가와 관련이 있기 때문에 2개의 매우 구체적인 기술진보의 사례를 검토하기 위해 쌀과 라디오의 생산가능곡선을 사용할 수 있다. 1960년대에 필리핀 국제벼농사연구소(International Rice Research Institute, IRRI)의 농업과학자들은 IR-8 또는 '기적의 볍씨'라 알려진 신종의 매우 생산적인 잡종 볍씨를 개발하였다. 이러한 신품종 볍씨는 이후 더욱 과학적인 개량을 거쳐 남아시아와 동남아시아 일부의 몇몇 쌀 경작자들로 하여금 단지 몇 년 만에 그 수확을 2배 또는 3배가 되도록 하였다. 사실상 이러한 기술진보는 (비록 더 많은 비료와 살충제가 추천되었지만) 본질적으로 똑같은 보완적 투입요소로 더 높은 수준의 산출량을 허용하였던 신품종 볍씨에 '체화'되었다(또한 그것은 '토지보강적'이라고도 말할 수 있었다). 생산 가능성 분석으로 보면, 고수확 잡종 볍씨의 품종들은 〈그림 A3.1.3〉에서와 같이 라디오 축의 절편은 기본적으로 불변인 채로 남겨두고(즉 신품종 볍씨는 라디오 생산을 증가시키기 위해 직접적으로 사용되지는 않음) 쌀 축을 따라서 곡선의 밖으로의 이동에 의해 표시될 수 있다.

라디오 생산기술로 보면, 트랜지스터의 발명은 아마도 증기엔진의 개발이 수송에 미쳤던 것만큼의 상당한 영향을 통신에 미쳤다. 아프리카, 아시아, 남미의 먼 지역에서조차도 트랜지스터 라디오는 소중한 소유품이 되었다. 트랜지스터의 소개는 복잡하고 다루기가 불편하며 부서지기 쉬운 진공관의 필요성을 없앰으로써 라디오 생산의 엄청난 증가를 가져왔다. 생산과정은 덜 복잡해졌으며, 근로자들은 자신들의 총생산성을 크게 증가시킬 수 있었다. 〈그림 A3.1.4〉는 고수확 볍씨의 사례에서와 같이 트랜지스터 기술이 생산가능곡선을 수직축을 따

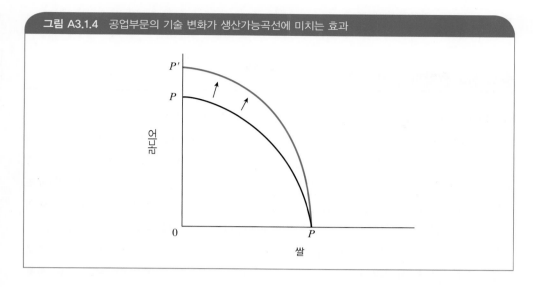

그림 A3.1.4 공업부문의 기술 변화가 생산가능곡선에 미치는 효과

라 밖으로 회전시켰다고 말할 수 있음을 보여준다. 대개 쌀 축의 절편은 불변인 채로 머물러 있다(아마도 일하면서 자신의 트랜지스터 라디오로 음악을 듣는 논에서 일하는 근로자들의 능력이 그들을 보다 생산적으로 만들었을지 모르지만!).

결론

경제 진보의 원천은 여러 가지 요소로 추적될 수 있지만, 대체로 기존 물적 및 인적 자원의 질을 향상시키고, 이러한 동일한 생산적 자원의 양을 증가시키며, 발명, 혁신, 기술진보를 통해 모든 또는 특수한 자원의 생산성을 향상시키는 투자가 어떤 사회에서도 경제성장을 자극하는 일차적인 요소였으며 또 계속하여 일차적인 요소가 될 것이다. 생산가능곡선 체계는 경제의 생산 방법 선택을 편리하게 분석하도록 하고, 유휴 또는 완전히 사용되지 않는 자원의 산출량과 기회비용의 시사점을 편리하게 이해하도록 하며, 자원공급의 증가와 생산기술의 향상이 경제성장에 미치는 효과를 편리하게 나타내도록 한다.

부록 3.2

솔로 신고전학파 성장 모형

MIT의 솔로(Robert Solow)가 노벨상을 수상하도록 한 솔로 신고전학파 성장 모형은 아마도 가장 잘 알려진 경제성장 모형일 것이다.[1] 어떤 측면에서는 개발도상국보다는 선진국 경제를 더 잘 설명하지만, 솔로 모형은 성장과 발전에 관한 문헌의 기본적인 기준이 되고 있다. 솔로 모형은 경제가 똑같은 저축률, 감가상각률, 노동력 증가율, 생산성 증가율을 갖는다면 조건부로 똑같은 수준의 소득으로 수렴할 것임을 의미한다. 따라서 솔로 모형은 국가 간 수렴의 연구를 위한 기본적인 틀이다(제2장 참조). 이 부록에서는 이 모형을 더 자세히 살펴본다.

이 장에서 고려된 해로드-도마 또는 AK 성장 모형으로부터의 핵심적인 수정사항은 솔로 모형은 자본과 노동 사이의 대체를 허용한다는 것이다. 과정에서, 모형은 이 투입요소의 사용에 대해 수확체감이 존재한다고 가정한다.

총생산함수 $Y = F(K, L)$은 규모에 대한 보수불변의 특성을 갖는다고 가정된다. 예를 들어 콥-더글러스 생산함수(Cobb-Douglas production function)라 알려진 특수한 경우, 어떤 t시점일 때 아래 식이 성립한다.

$$Y(t) = K(t)^{\alpha}(A(t)L(t))^{1-\alpha} \tag{A3.2.1}$$

단, Y는 국내총생산이고, K는 (물적자본은 물론 인적자본을 포함할 수 있는) 자본스톡이며, L은 노동이고, $A(t)$는 시간이 흐름에 따라 외생적 비율로 증가하는 노동생산성을 나타낸다.

규모에 대한 보수불변 때문에, 만일 모든 투입요소가 똑같은 크기, 말하자면 10%만큼 증가한다면 산출량은 똑같은 크기만큼(이 경우 10%) 증가할 것이다. 보다 일반적으로

$$\gamma Y = F(\gamma K, \gamma L)$$

이다. 여기서 γ는 어떤 정(+)의 수치이다(10% 증가의 경우 1.1).

γ가 어떤 정(+)의 실수일 수 있기 때문에, 모형의 함축성을 분석하는 데 있어서의 유용한 수학적 기교는 $\gamma = 1/L$로 설정하여 다음과 같은 식이 성립하게 하는 것이다.

$$Y/L = f(K/L, 1) \quad \text{또는} \quad y = f(k) \tag{A3.2.2}$$

소문자로 표시된 변수들은 이 식에서는 근로자 1인당의 조건으로 표현되고 있다. $f(k)$의 오목 형태, 즉 감소하는 비율로 증가한다는 것은 〈그림 A3.2.1〉과 같이 근로자 1인당 자본에 대한 수확체감을 반영한다.[2] 해로드-도마 모형에서 이는 그 대신 우상향하는 직선이 된다.

이러한 단순화는 생산함수에서 단지 하나의 독립변수만을 다루도록 허용한다. 예를 들어 식 (A3.2.1)에서 소개된 콥-더글러스의 경우

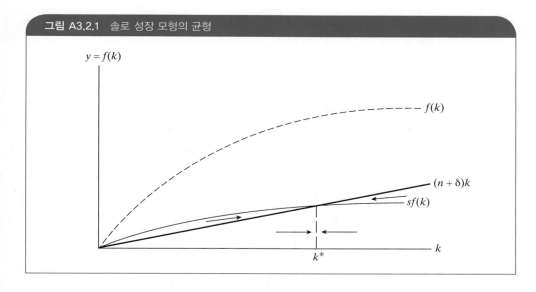

그림 A3.2.1 솔로 성장 모형의 균형

$$y = Ak^{\alpha} \tag{A3.2.3}$$

이는 모든 것이 근로자 1인당 수량으로 측정되는 생산함수를 생각하는 다른 방식을 나타낸다. 식 (A3.2.3)은 근로자 1인당 산출량은 근로자 1인당 자본량에 의존하는 함수임을 진술한다. 각 근로자가 함께 일해야 하는 자본이 많으면 많을수록 근로자가 생산할 수 있는 산출량은 더 많아진다. 노동력은 말하자면 매년 일정률 n으로 증가하며, 생산함수의 A 수치의 증가율인 노동생산성 증가는 매년 일정률 λ로 발생한다. 저축이 감가상각보다 더 클 때 총자본스톡은 증가하지만, 또한 기존 근로자들이 보유한 것과 똑같은 양의 자본을 신규 근로자들이 갖추도록 하는 데 필요한 것보다 저축이 더 클 때 근로자 1인당 자본이 증가한다.

솔로방정식[식 (A3.2.4)]은 [자본심화(capital deepening)로 알려진] 자본-노동 비율 k의 증가를 나타내며, k의 증가는 감가상각을 상쇄하기 위해 필요한 자본량 δk를 공제하고, 자본확대(capital widening), 즉 기존의 근로자 1인당 자본량을 노동력에 합류한 순신규 근로자들에게 공급하기 위한 nk를 공제한 이후의 저축 $sf(k)$에 의존한다는 것을 보여준다. 즉

$$\Delta k = sf(k) - (\delta + n)k \tag{A3.2.4}$$

가 된다. 솔로방정식의 변형은 또한 해로드-도마 모형 같은 다른 성장 모형에도 성립된다.

단순화를 위해 현재 A가 불변인 채로 남아 있다고 가정하자. 이 경우 정상 상태(steady state)로 알려진 근로자 1인당 산출량과 근로자 1인당 자본량이 더 이상 변하지 않는 상태가 존재할 것이다. [만일 A가 증가한다면, 이에 상응하는 상태는 효율적인 근로자(effective labor) 1인당 자본량이 더 이상 변하지 않는 상태일 것이다. 그 경우 A가 증가함에 따라 효율적인 근로자의 수가 증가하는 바, 이는 근로자들이 더 높은 생산성을 보유하면 추가 근로자들이 일자리에 있는 것과 마찬가지기 때문이다.] 이러한 정상 상태를 찾기 위해 $\Delta k = 0$으로 설정하자.

$$sf(k^*) = (\delta + n)k^* \qquad\qquad\qquad (A3.2.5)$$

k^*라는 부호는 경제가 그 정상 상태에 있을 때 근로자 1인당 자본 수준을 나타낸다. 이 균형이 안정적이라는 것은 〈그림 A3.2.1〉로부터 알 수 있다.[3]

근로자 1인당 자본 k^*는 정상 상태를 나타낸다. 만약 k가 k^*보다 크거나 작다면, 경제는 k^* 상태로 되돌아갈 것이다. 즉 k^*는 안정적 균형이다. 이러한 안정성은 k^*의 왼쪽에서 $k < k^*$라는 것을 주목함으로써 도표에서 볼 수 있다. 도표를 보면, 이 경우 $(\delta + n)k < sf(k)$ 이다. 그러나 이제 솔로방정식[식 (A3.2.4)]를 보면, $(\delta + n)k < sf(k)$일 때 $\Delta k > 0$라는 것을 알 수 있다. 결과적으로, 경제의 k가 균형점 k^*를 향해 증가하고 있다. 비슷한 논리에 의해 k^*의 오른쪽에서, $(\delta + n)k > sf(k)$, 그리고 결과적으로 $\Delta k < 0$ [다시 식 (A3.2.4)를 참조하라], 그리고 근로자 1인당 자본은 실제로 균형 k^*를 향해 감소하고 있다.[4] 해로드-도마 모형에서 $sf(k)$는 직선이며, 이 직선이 $(\delta + n)k$ 선보다 위에 있다면 근로자 1인당 자본, 그리고 근로자 1인당 산출량의 증가는 무한대로 계속된다는 것을 주목하라.

식 (A3.2.5)는 근로자 1인당 저축 $sf(k^*)$가 감가상각되는 자본의 대체에 필용한 (근로자 1인당) 자본량 δk^*와 인구(노동력)성장으로 인해 추가될 필요가 있는 자본량 nk^*의 합과 정확하게 일치한다.

솔로 모형은 위의 식 (A3.2.5)에서 주어진 대로 (단 1개의) 근로자 1인당 균형소득을 갖는다. 반대로 해로드-도마 균형은 (일정한 균형) 성장률이다—근로자 1인당 균형소득은 존재하지 않는다. 본질적으로 이는 $f(k)$—따라서 $sf(k)$—수익체감 현상을 보이지 않고 오히려 직선이 된다. 다시 말해, $sf(k)$ 선이 $(\delta + n)k$ 선 위에 머물러 있는 한 성장은 지속된다.

저축률 s가 증가한다면 솔로 신고전학파 성장 모형에 무슨 일이 발생하는지를 살펴보는 것은 도움이 되는 일이다. 저축률을 증가시킴으로써 k를 증가시킴에 따라 산출량 증가율의 일시

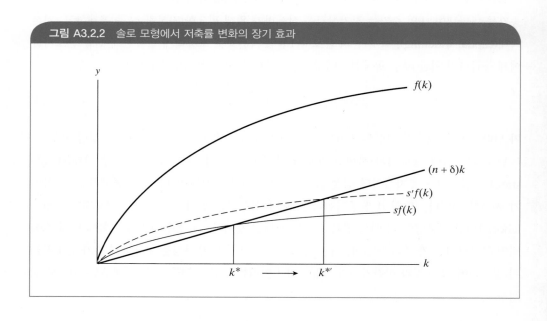

그림 A3.2.2 솔로 모형에서 저축률 변화의 장기 효과

적인 증가가 실현된다. 이후에는 매년 높은 수준의 근로자 1인당 산출량이긴 하지만 다시 원래의 정상 상태 성장률로 복귀한다. 핵심적인 시사점은 해로드-도마(AK) 분석에서와는 달리 솔로 모형에서는 s의 증가는 장기적으로 성장률을 증가시키지 못하고 균형 k^*만을 증가시킬 뿐이라는 것이다. 즉 경제가 조정의 시간을 가진 이후에 자본-노동 비율이 증가하고 따라서 산출-노동 비율도 증가하지만 성장률은 증가하지 않는다. 이 효과는 저축률이 s'으로 증가한 〈그림 A3.2.2〉에 나타난다. 이와는 대조적으로, 해로드-도마 모형에서 s의 증가는 성장률을 증가시킨다. [이는 해로드-도마 모형에서 $sf(k)$가 $(\delta + n)k$를 교차하지 않는 원점으로부터의 직선이 되기 때문인 바, 따라서 $sf(k)$가 $(\delta + n)k$ 위에 놓인다고 가정하기 때문에 성장은 예를 들어 식 (3.8)과 (3.9)의 비교에서 나타났던 결과인 현재의 더 높은 해로드-도마 비율로 계속된다.]

신고전학파 성장 모형[식 (A3.2.5)와 〈그림 A3.2.1〉]은 동일 수준의 1인당 소득에 (조건부로) 수렴하는 반면 무조건적으로 수렴하지 않는다는 것을 시사함에 주목하라. 〈그림 A3.2.2〉에서 이를 분명히 이해할 수 있다. 그림에서 우리는 2개의 서로 다른 국가에서 지배적인 저축률에 상응하는 2개의 저축률(s와 s')을 해석할 수 있다. 즉 더 높은 저축률의 국가가 더 높은 1인당 균형소득에 수렴한다는 것이다.

솔로 모형에서 s의 증가는 균형에서의 1인당 산출량을 증가시키는데, 이는 확실히 발전에 가치 있는 기여를 하는 것이지만 균형에서의 성장률을 증가시키지 않는다는 것을 주의 깊게 주목하라. 그리고 성장률은 경제가 근로자 1인당 자본량이 더 높은 수준의 균형으로 옮겨 감에 따라 일시적으로 증가한다. 더욱이, 여러 국가의 데이터를 기초로 한 시뮬레이션은 s가 증가하더라도 경제는 수십 년 동안 그 정상 상태의 절반조차까지에도 복귀하지 못할 수 있다는 것을 시사하고 있다.[5] 즉 개발도상국의 정책 입안이라는 실천적 목적의 경우, 솔로 모형이 경제를 정확하게 묘사할지라도, 저축의 증가는 앞으로의 수십 년 동안 성장률을 상당히 증가시킬 수 있다. (이론 및 실증적으로 저축률과 성장률 사이의 관계는 논쟁이 지속 중인 채로 머물러 있다.)

마지막으로, 저축률(그리고 따라서 투자)이 기술진보율과 정(+)의 관계를 가져서 그 결과 A의 증가가 s에 의존하는 것이 가능하다. 이는 만약 투자가 새롭게 생산된 자본을 사용하여 보다 생산적이 되고, 만약 투자가 기업이 직면한 문제들을 해결한다는 점에서 혁신을 대표하며, 만약 다른 기업들은 투자를 한 기업이 무엇을 했는지를 보고 이를 모방하여['관찰학습(learning by watching)'] 외부효과를 발생시킨다면 나타나게 되는 경우일 수 있다. 이러한 경우는 표준 솔로 모형과 부록 3.3에서 검토한 것과 같은 내생적 성장 모형 사이의 모형에 해당될 것이다.

1. Robert M. Solow, "A Contribution to the theory of economic growth," *Quarterly Journal of Economics* 70 (1956): 65–94.

2. 부호 k는 (이 책의 이전 판을 포함한) *AK* 또는 해로드-도마 모형의 많은 설명에서 사용되는 바와 같이 K/Y가 아니라 K/L로 사용된다는 것을 유의해야 한다.

3. 보다 상급의 수학훈련을 받은 독자들은 〈그림 A3.2.1〉이 k가 0으로 접근함에 따라 k의 한계생산은 무한대가 되고 k가 무한대로 접근함에 따라 k의 한계생산은 0이 된다[이는 자본과 노동 투입요소에 분리되어 가정된 이나다 조건을 따름]는 이나다 조건이 성립한다는 전제하에 적용되는 상태도(phase diagram)라는 것을 주목하라. 이 한계수확체감이라는 특징이 솔로 모형의 결과를 성립시킨다.

4. 기술진보가 있는, 즉 A가 증가하는 솔로 모형에서 자본-노동 비율은 시간이 흐름에 따라 생산성 증가에 의해 보강된 노동력인 효율적인 노동력과 보조를 맞추기 위해 증가한다.

5. N. Gregory Mankiw, David Romer, and David N. Weil, "A contribution to the empirics of economic growth," *Quarterly Journal of Economics* 107 (1992): 407–437을 참조하라. 이 논문은 물적자본은 물론 인적자본이 고려될 때 솔로 모형은 국가 간 소득과 성장을 꽤 잘 설명한다는 것을 보여준다. 비판적인 견해는 William Easterly and Ross Levine, "It's not factor accumulation: Stylized facts and growth models," *World Bank Economic Review* 15 (2001): 177–219, with the reply by Robert M. Solow, "Applying growth theory across countries," *World Bank Economic Review* 15 (2001): 283–288을 참조하라. 솔로 모형이 심지어는 한국의 사례까지도 잘 설명한다는 시계열 증거는 Edward Feasel, Yongbeom Kim, and Stephen C. Smith, "Investment, exports, and output in South Korea: A VAR approach to growth empirics," *Review of Development Economics* 5 (2001): 421–432를 참조하라.

부록 3.3

내생적 성장이론

내생적 성장이론에 대한 동기부여

장기 경제성장의 원천을 설명하는 데 있어서 신고전학파 이론의 들쭉날쭉한 성과는 전통 성장이론에 대한 불만족으로 이어졌다. 실제로 전통이론에 따르면, 오랜 기간에 걸쳐 경제가 성장하도록 하는 경제의 본질적인 특성은 존재하지 않는다. 문헌은 그 대신 자본-노동 비율이 장기 균형 수준으로 접근해 가는 동태적인 과정에 관심을 기울였다. 신고전학파 모형에서 설명되지 않는 외부적인 '충격' 또는 기술 변화가 없는 경우, 모든 경제는 성장률 0으로 수렴할 것이다. 따라서 1인당 GNI의 증가는 기술 변화로부터 또는 경제가 그 장기 균형으로 접근해 가는 단기적으로 균형을 찾는 과정으로부터의 결과인 일시적인 현상으로 간주된다.

노동 또는 자본 보유량의 단기적인 조정 탓으로 돌릴 수 없는 GNI의 어떤 증가도 보통 **솔로 잔차**(solow residual)라 지칭되는 제3의 범주에 기인하는 것으로 돌려졌다. 이 잔차는 선진공업국의 역사적 성장의 약 50%를 설명한다.[1] 꽤 주먹구구식으로 신고전학파 이론은 경제성장의 대부분을 기술진보라는 외생적 또는 완전히 독립적인 과정에 그 원인을 돌리고 있다. 직관적으로 그럴듯하지만, 이 접근법은 해결될 수 없는 적어도 두 가지 결점을 갖고 있다. 첫째, 기술진보가 경제주체들의 의사결정과는 완전히 독립적이기 때문에 신고전학파 체계를 사용하여 기술진보의 결정요인을 분석하는 것은 불가능하다. 그리고 둘째, 신고전학파 이론은 비슷한 기술을 가진 나라들 사이에 나타나는 잔차의 큰 차이를 설명하지 못한다.

신고전학파 이론에 따르면, 개발도상국의 낮은 자본-노동 비율은 이례적으로 높은 투자수익률을 약속한다. 따라서 세계은행과 국제통화기금에 의해 채무가 많은 개발도상국에 감명을 준 자유시장 개혁은 높은 투자, 증가된 생산성, 향상된 생활수준을 유발시켰어야 했다. 그러나 처방에 의해 무역과 국내시장의 자유화가 이루어진 이후에도 많은 개발도상국들은 성장을 거의 경험하지 못했고 새로운 해외투자의 유치 또는 국내자본 도피의 중단에 실패했다. 빈번하게 발생하는 (가난한 나라에서 부유한 나라로의) 개발도상국 자본흐름의 비정상적인 행태는 **내생적 성장이론**(endogenous growth theory), 또는 보다 단순하게 **신성장이론**(new growth theory)이라는 개념의 발전에 추진력을 제공했다.

신성장이론은 체제 밖의 요인에 의해서보다는 생산 과정을 지배하는 체제에 의해 결정되는 지속적인 GNI의 증가라는 내생적 성장을 분석하는 이론적 체계를 제공한다. 전통 신고전학파 이론과는 대조적으로, 이 모형들은 GNI의 증가를 장기 균형의 자연스러운 결과로 생각한다. 신성장이론의 주요 동기부여는 국가 간 성장률 차이와 관찰되는 성장의 상당한 부분을 설명하려는 것이다. 보다 간결하게 이야기하면, 내생적 성장이론가들은 솔로 신고전학파 성장방정식에서 외생적으로 결정되어 설명되지 않은 채로 남아 있는 GDP 성장률(즉 솔로 잔차)인 λ의 크기를 결정하는 요인들을 설명하려고 했다.

솔로 잔차
노동 또는 자본의 증가에 의해 설명되지 않는, 따라서 주로 외생적 기술 변화에 할당되는 장기 경제성장의 부분

내생적 성장이론(신성장이론)
성장 모형의 일부분으로 연구되는 생산 과정 내의 요소(예 : 수확체증 또는 유발된 기술 변화)에 의해 발생하는 경제성장

내생적 성장 모형들은 신고전학파 모형들과 구조적으로 몇몇 유사점을 갖고 있지만, 그 기저에 깔린 가정들과 도출되는 결론은 상당히 다르다. 가장 현저한 이론적 차이는 자본투자의 한계생산체감이라는 가정을 무시함으로써 총생산에 있어서의 규모에 대한 보수증가를 허용하고, 자본투자수익률을 결정하는 데 있어서의 외부효과의 역할에 종종 초점을 맞추는 것으로부터 기인한다.[2] 인적자본에 대한 공공 및 민간 투자가 수확체감의 자연적인 경향을 상쇄하는 외부경제와 생산성 향상을 창출한다고 가정함으로써 내생적 성장이론은 규모에 대한 보수증가의 존재와 국가 간의 장기 성장 유형의 괴리를 설명하려 하였다. 그리고 이러한 모형에서는 기술이 여전히 중요한 역할을 담당하지만, 기술의 외생적인 변화가 장기 성장을 설명하는 데 더 이상 필요하지 않다.

신(내생적)성장이론을 전통 신고전학파 이론과 비교하기 위한 유용한 방법은 많은 내생적 성장이론들이 해로드-도마 모형에서처럼 $Y = AK$라는 단순한 방정식에 의해 표현될 수 있음을 인식하는 것이다. 이 공식에서 A는 기술에 영향을 미치는 모든 요소를 나타내며, K는 또 다시 물적 및 인적 자본을 포함한다. 그러나 이 공식에는 자본에 대한 수확체감은 존재하지 않으며, 물적 및 인적 자본에 대한 투자가 수확체감을 상쇄하는 데 충분한 크기만큼 민간부문의 이득을 초과하는 외부경제와 생산성 향상을 창출할 수 있는 가능성이 존재한다. 순결과는 전통 신고전학파 성장이론에서는 금지되었던 결과인 지속적인 장기 성장이다. 따라서 급속한 성장을 달성하는 데 있어서의 저축과 인적자본투자의 중요성을 다시 강조하지만, 신성장이론은 전통적 이론과 직접적으로 대비되는 여러 성장에 대한 시사점들로 인도한다. 첫째, 폐쇄경제들 사이의 성장률을 균등화하는 요인은 존재하지 않는다. 즉 국가의 성장률은 국민저축률과 기술 수준에 따라 불변인 채로 남아 있으며 국가에 따라 상이하다. 나아가서, 자본이 빈약한 나라의 1인당 소득수준이 비슷한 저축률과 인구증가율을 가진 부유한 나라들을 추격하는 경향이 존재하지 않는다. 이러한 사실의 심각한 결과는 한 나라의 일시적 또는 장기적 경기후퇴가 그 나라와 부유한 나라들 사이의 소득 갭의 영구적인 증가로 이어질 수 있다는 것이다.

그러나 내생적 성장이론의 아마도 가장 흥미로운 측면은 이 이론이 선진국과 개발도상국 사이의 부의 불균등을 악화시키는 비정상적인 자본의 국제흐름을 설명하는 데 도움이 된다는 것이다. 자본-노동 비율이 낮은 개발도상국의 잠재적으로 높은 투자수익률은 인적자본(교육), 인프라, 또는 연구개발(R&D)에의 낮은 수준의 **보완투자**(complementary investment)에 의해 크게 훼손된다.[3] 이는 가난한 나라들이 이러한 여러 형태의 자본지출 각각과 관련된 광범위한 사회적 이득으로부터 혜택을 덜 보도록 한다.[4] 개개인이 자신 스스로의 투자에 의해 창출되는 정(+)의 외부효과로부터 개인적인 이득을 얻지 못하기 때문에, 자유시장은 최적수준에 못 미치는 보완적 자본의 축적으로 인도한다. (이들 문제는 제4장에서 더 검토된다.)

보완투자가 사적 편익은 물론 사회적 편익을 발생시키는 곳에서는 정부가 자원배분의 효율성을 향상시킬 수 있다. 정부는 공공재(하부구조)를 공급하거나 또는 인적자본이 축적되고 뒤이어 규모에 대한 보수 증가가 발생할 수 있는 지식집약적 산업에 대한 민간투자를 장려함으로써 이렇게 할 수 있다. 솔로 모형과 달리, 신성장이론 모형들은 기술 변화를 인적자본과 지식집약적 산업에 대한 공공 및 민간 투자의 내생적 결과로 설명한다. 따라서 부록 A3.2에

보완투자
다른 생산요소들을 보완하고 활성화하는 투자

서 검토한 신고전학파 역혁명 이론들과 대조적으로, 내생적 성장 모형들은 인적자본 형성에의 직간접 투자와 컴퓨터 소프트웨어와 전기통신과 같은 지식집약적 산업에의 해외민간투자의 장려를 통해 경제발전을 촉진시키는 데 있어서의 공공정책의 적극적인 역할을 제안한다.

로머 모형

내생적 성장 접근법을 설명하기 위해 **로머 내생적 성장 모형**(Romer endogenous growth model)을 자세히 검토하는데, 이는 이 모형이 산업화 과정에서 나타날 수 있는 기술의 스필오버(spillovers, 한 기업 또는 산업의 생산성 향상이 다른 기업 또는 산업의 생산성 향상으로 이어지는 것)를 다루기 때문이다. 따라서 이 모형은 내생적 성장의 중요한 모형일 뿐만 아니라 개발도상국에 특히 관련되는 모형이다. 기술의 스필오버를 모형화하는 데 있어 저축의 결정과 기타 일반균형 문제 등 불필요하게 자세한 부분을 제시하지 않고 그의 주요한 혁신을 유지하는 단순화된 로머 모형을 사용한다.

모형은 성장 과정이 기업 또는 산업 수준으로부터 도출된다고 가정함으로써 시작한다. 각 산업은 개별적으로 규모에 대한 보수불변으로 생산을 하며, 따라서 모형은 완전경쟁과 일치하는데, 이 점까지는 솔로 모형의 가정과 대등하다. 그러나 로머는 경제 전체의 자본스톡 $\overline{K}$ 가 산업 수준에서 산출량에 정(+)의 영향을 미치며, 그 결과 경제 전체 수준에서 규모에 대한 보수 증가가 존재할 수 있다고 가정함으로써 솔로로부터 이탈하였다.

각 기업의 자본스톡에는 그 지식(knowledge)이 포함된다고 간주하는 것은 가치 있는 일이다. 기업의 자본스톡 중 지식 부분은 본질적으로 솔로 모형의 A와 같이 국민경제의 다른 기업들로 순간적으로 스필오버되고 있는 **공공재**(public good)이다. 결과적으로, 이 모형은 경험학습(learning by doing)을 '투자에 의한 학습(learning by investing)'으로 취급한다. 로머 모형은 (해로드-도마 모형에서와 같이) 성장이 투자율에 좌우될 수 있는 이유를 내생화함으로써 상세히 설명하는 것으로 생각할 수 있다. 이러한 단순화에서 산업화에 관한 쟁점들에 집중하기 위해 원래의 모형에서 중요한 특징인 가계부문을 생략한다.[5] 공식적으로

$$Y_i = AK_i^{\alpha}L_i^{1-\alpha}\overline{K}^{\beta} \tag{A3.3.1}$$

단순화를 위해 산업 사이의 대칭성을 가정하면, 각 산업은 똑같은 수준의 자본과 노동을 사용할 것이다. 그렇다면 아래와 같은 총생산함수를 갖게 된다.

$$Y = AK^{\alpha+\beta}L^{1-\alpha} \tag{A3.3.2}$$

내생적 성장을 명확히 하기 위해, A가 시간이 흐름에 따라 증가하는 것이 아니라 불변이라고 가정한다. 즉 현재는 기술진보가 없다고 가정한다. 약간의 미분을 통해,[6] 결과적으로 나타나는 경제의 1인당 소득 증가율을 다음과 같이 보일 수 있다.

$$g - n = \frac{\beta n}{1 - \alpha - \beta} \tag{A3.3.3}$$

단, g는 산출량 증가율이고 n은 인구증가율이다. 규모에 대한 보수불변인 솔로 모형에서와 같이, 스필오버가 없다면 $\beta = 0$이 되고, 따라서 1인당 소득 증가율은 0이 된다(기술진보 없이).[7]

그러나 자본이 정(+)의 외부효과를 발생시킨다는 로머의 가정($\beta > 0$)하에서, $g - n > 0$이고 Y/L은 증가한다. 이제 생산성 향상에 의해 외생적으로 유발되지 않은 내생적 성장을 갖게된다. 만약 기술진보 또한 허용하여 솔로 모형의 λ가 0보다 크다면, 성장은 그만큼 증가하게된다.[8]

내생적 성장이론에 대한 비판

신성장이론의 중요한 결점은 이 이론이 개발도상국 경제에 종종 적절하지 않은 전통 신고전학파의 많은 가정들에 의존한 채로 남아 있다는 것이다. 예를 들어 이 이론은 단 하나의 생산부문만 존재한다고 가정하거나 또는 모든 부문이 대칭적이라고 가정한다. 이는 구조 변화의 과정 동안 전환되는 부문 간의 결정적으로 중요하게 성장을 발생시키는 노동과 자본의 재분배를 허용하지 않는다.[9] 더욱이, 개발도상국의 경제성장은 흔히 빈약한 인프라, 불충분한 제도적 구조, 불완전한 자본 및 생산물 시장으로부터 비롯되는 비효율성에 의해 방해를 받는다. 내생적 성장이론이 이러한 매우 영향력 있는 요소들을 간과하였기 때문에 특히 나라와 나라 사이의 비교가 수반될 때 경제발전론 연구를 위한 그 응용 가능성은 제한된다. 예를 들어 기존 이론은 자본이 희소한 저소득국가에서의 공장의 낮은 설비가동률을 설명하지 못한다. 실제로 보잘것없는 인센티브 유인구조가 낮은 저축률과 인적자본 축적률만큼 둔화된 GNI 증가에 책임이 있을지도 모른다. 전통적 시장으로부터 상업적 시장으로 이행 중인 경제에 배분상의 비효율은 일상적이다. 그러나 신이론이 장기 성장률의 결정요인들을 강조하기 때문에 이러한 비효율이 단기 및 중기 성장에 미치는 영향이 무시되고 있다. 마지막으로, 내생적 성장이론들의 예측치에 대한 실증연구들은 현재까지 단지 제한적인 지지만을 제공하였다.[10]

미주

1. Oliver J. Blanchard and Stanley Fischer, *Lectures on Macroeconomics* (Cambridge, Mass.: MIT Press, 1989).

2. 성장의 이론적인 모형 전개의 간략한 역사는 Nicholas Stern, "The determinants of growth," *Economic Journal* 101 (1991): 122–134를 참조하라. 내생적 성장 모형에 대한 보다 자세하지만 기술적인 논의는 Robert Barro and Xavier Sala-i-Martin, *Economic Growth*, 2nd ed. (Cambridge, Mass.: MIT Press, 2003), Elhanan Helpman, "Endogenous macroeconomic growth theory," *European Economic Review* 36 (1992): 237–268을 참조하라.

3. Paul M. Romer, "Increasing returns and long-run growth,"

Journal of Political Economy 94 (1986): 1002–1037; Robert B. Lucas, "On the mechanics of economic development," *Journal of Monetary Economics* 22 (1988): 3–42; Robert Barro, "Government spending in a simple model of endogenous growth," *Journal of Political Economy* 98 (1990): 5103–5125를 참조하라.

4. 보완적 투입요소로서 인적자본의 중요성에 대한 간결한 기술적 논의는 Robert B. Lucas, "Why doesn't capital flow from rich to poor countries?" *AEA Papers and Proceedings* 80 (1990): 92–96을 참조하라.

5. 콥-더글러스 생산함수라 알려진 식 (A3.3.1)의 특수한 함수

형태가 단순화를 위해 가정될 것이다.

$$\dot{Y} = \frac{dY}{dt} = \frac{\partial Y}{\partial K}\frac{\partial K}{\partial t} + \frac{\partial Y}{\partial L}\frac{\partial L}{\partial t}$$

6. 연쇄법칙(chain rule)에 의해

$$\frac{\partial Y}{\partial K} = A(\alpha + \beta)K^{\alpha+\beta-1}L^{1-\alpha}$$

지수법칙(exponent rule)에 의해

$$\frac{\partial Y}{\partial K} = A(\alpha + \beta)K^{\alpha+\beta-1}L^{1-\alpha}$$

$$\frac{\partial Y}{\partial L} = AK^{\alpha+\beta}(1 - \alpha)L^{1-\alpha-1}$$

이고, 위의 세 식을 합하면 다음 식이 된다.

$$\dot{Y} = dY/dt = \left[AK^{\alpha+\beta}L^{1-\alpha}\right]\left[(\alpha + \beta)\frac{\dot{K}}{K} + (1 - \alpha)\frac{\dot{L}}{L}\right]$$

위 식에서 괄호의 첫 번째 항은 물론 산출량 Y이다. 정상 상태의 경우 $\dot{K}/K$, $\dot{L}/L$, 그리고 $\dot{Y}/Y$는 모두 상수이다. 해로드-도마와 솔로 모형의 앞에서의 논의로부터 다음과 같은 식이 성립한다.

$$\dot{K} = I - \delta K = sY - \delta K$$

단, δ는 감가상각률을 의미한다.

위의 식을 K로 나누면, 다음과 같은 식이 도출된다.

$$\frac{\dot{K}}{K} = \frac{sY}{K} - \delta$$

위의 식에서 $\dot{K}/K$가 상수이므로 Y/K도 상수여야만 한다. 만약 이 비율이 상수이면,

$$\frac{\dot{K}}{K} = \frac{\dot{Y}}{Y} = g, \quad \text{상수인 성장률이다.}$$

따라서 위의 dY/dt 식, 또한 상수인 $\dot{L}/L = n$과 함께 총생산

함수의 식으로부터 다음과 같은 식이 성립한다.

$$\frac{\dot{Y}}{Y} = (\alpha + \beta)\frac{\dot{K}}{K} + (1 - \alpha)\frac{\dot{L}}{L} \to g$$
$$= (\alpha + \beta)g + (1 - \alpha)n \to g - n$$
$$= \left[\frac{(1 - \alpha) + (\alpha + \beta) - 1}{1 - (\alpha + \beta)}\right]n$$

위의 식은 바로 식 (A3.3.3)이다. 이는 또한 다음과 같이 정리될 수 있다.

$$g = \frac{n(1 - \alpha)}{1 - \alpha - \beta}$$

7. 기술진보가 존재하지 않아 솔로 모형의 λ가 0임을 상기해야 한다.

8. 보다 복잡한 모형에서, 연구개발 투자와 같은 요소에 대한 의사결정과 그 효과는 명시적으로 모형화될 수 있다. 기업은 일반투자와 R&D 투자에 관한 의사결정을 한다. 후자가 전반적인 산출량에 미치는 효과는 식 (A3.3.1)의 $\overline{K}$와 비슷한 방식으로 식에 포함된다. 논의와 참고문헌은 Gene M. Grossman and Elhanan Helpman, "Endogenous innovation in the theory of growth" in the symposium on new growth theory in the *Journal of Economic Perspectives* 8 (1994): 3−72를 참조하라.

9. Syed Nawab Haider Naqvi, "The significance of development economics," *World Development* 24 (1996): 977.

10. 신성장이론에 대한 훌륭한 검토와 실증적 비판은 Howard Pack, "Endogenous growth theory: Intellectual appeal and empirical shortcomings," *Journal of Economic Perspectives* 8 (1994): 55−72를 참조하라. 또한 같은 논문집에 실린 로머(Paul M. Romer)와 솔로(Robert M. Solow)의 논문을 참조하라. 내생적 이론이 국가 간 성장률 차이를 잘 설명한다는 주장은 Barro and Sala-i-Martin, *Economic Growth*를 참조하라. 이러한 주장을 반박하고 부유한 나라와 가난한 나라 사이의 확대된 갭을 지적하는 성장에 대한 수량적 연구의 훌륭한 개관은 Jonathan Temple, "The new growth evidence," *Journal of Economic Literature* 37 (1999): 112−156에서 찾을 수 있다.

4 경제발전에 관한 현대이론

개인이 반드시 올바른 선택을 하는 것은 아니다. 과거에는 이러한 개인적 선택이 유발하는 경제적 왜곡은 아주 적을 것으로 생각했다. 그러나 사소한 왜곡된 행동들이 상호작용하여 매우 커다란 왜곡을 초래할 수 있다는 것을 이제는 이해한다. 결과는 다중균형이 존재할 수 있고 그 각각의 균형은 비효율적일 수 있다는 것이다.

— 칼라 호프(*Karla Hoff*)와 조셉 스티글리츠(*Joseph E. Stiglitz*), *Frontiers in Development Economics*, 2002

너무나 많은 일을 하려고 노력할 경우 정부는 오히려 기업가 활동을 방해할 수 있다. 그러나 노력을 거의 하지 않는 경우에도 기업가 활동을 저해할 수 있다.

— 대니 로드릭(*Dani Rodrik*), *One Economics, Many Recipes*, 2007

지난 반세기 동안 현대적인 발전을 추구해 온 경험으로부터, 우리는 발전이 가능하지만 또한 성취하기 매우 어렵다는 것을 배워 왔다. 따라서 발전의 저해요인과 기폭제에 대한 이해의 증진이 가장 중요하다. 1980년대 이후 경제발전과 저개발 문제의 분석에 대해서 의미 있는 진전이 이루어져 왔다. 어떤 경우에는 전통적 이론의 아이디어들이 수학적으로 증명되고, 그 과정에서 전통적인 이론의 논리구조와 정책에 대한 중요성이 규명되고 개선되었다. 이와 동시에, 이러한 과정은 어떠한 요인들이 발전을 그토록 어렵게 만들기도 하고(사하라이남 아프리카 사례) 가능하게 만들기도(동아시아 사례) 하는지에 대한 완전히 새로운 통찰력을 제공하기도 한다. 그렇기 때문에 경제발전에 대한 연구가 매우 중요하다고 볼 수 있다. 다만, 경제발전은 저절로 이루어지지 않으며 체계적인 노력을 요구한다. 그러나 발전은 결코 희망 없는 대의명분이 아니며, 우리는 이를 성취할 수 있다는 것을 알고 있다. 이론은 인류에게 최우선으로 중요한 목표인 발전의 성취를 위해 우리가 어떤 노력을 경주해야 하는지에 대해 도움을 준다.

이 장에서는 가장 영향력 있는 최신 경제발전 모형에 대해 살펴본다. 이러한 모형들은 발전의 성취가 매우 어려우며, 과거에 인식했던 것보다 더 많은 장애요인이 존재한다는 것을 보여준다. 그러나 더욱 깊은 이해를 통해 발전전략의 향상을 추진할 수 있으며, 새로운 모형은 이미 발전정책과 국제원조 방식에 영향을 주고 있다. 이 장은 개발도상국이 선진국과의 격차를 더욱 줄일 수 있는 역량을 제한하는 해당 국가의 **구속적 제약조건**(binding constraint)을 살펴볼 수 있는 이론체계를 소개하는 것으로 마무리한다.

새로운 연구는 개도국 맥락에서 시장경제를 모형화할 수 있는 지평을 상당히 넓혀 주었다. 그 중요한 주제 중 하나는 기업이나 노동자 등과 같은 **경제주체**(economic agent) 간 조정 문제를 이론화하는 것이다. 다른 주요 주제로는 이러한 조정 문제와 때로 관련이 있는 것으로(항상 그렇지는 않지만), 규모에 대한 보수 증가, 노동분업의 세분화, 새로운 경제적 아이디어 및 지식의 생성, 행동에 의한 학습, 정보의 외부효과, 그리고 독점적 경쟁 또는 완전경쟁과는 다른 형태의 산업구조 등이 지배적인 상황에 대한 이론적 분석 등이 포함된다. 새로운 시각은 노벨상 수상자인 노스(Douglass C. North)와 같은 학자의 이론과 제2장에서 소개한 '신제도학파'의 이론 및 시사점과 연관되어 있기도 하다. 이와 같은 모든 접근법들은 전통 신고전학파 경제학과 일정 부분 거리를 두고 있는데, 특히 신고전학파 경제학이 가정하고 있는 완전정보, 외부효과의 비중요성, 그리고 균형의 유일성과 최적성의 측면에서 차이점이 나타난다.[1]

4.1 조정실패로서의 저개발

1990년대와 21세기 초반에 많은 영향을 끼쳤던 최신 경제발전 이론들은 성공적인 발전에 필요한 여러 가지 조건 사이의 **상호 보완성**(complementarity)을 강조하고 있다. 이들 이론들은 지속적인 발전이 진행되기 위해 여러 가지 요인이 동시에 성공적으로 작동해야 한다고 강조하고 있다. 그들은 또한 다수의 주체에 의해 투자가 이루어져야 어느 한 주체라도 이익을 볼 수 있다고 주장한다. 일반적으로, 상호 보완성이 존재하는 상황에서는 한 기업, 노동자, 또는 조직의 행동이 다른 주체들로 하여금 유사한 행동을 취하도록 만드는 동기가 된다.

상호 보완성을 강조하는 발전 모형은 내생적 성장이론(부록 3.3에서 설명됨)에서 활용된 일부 모형들과 연계되어 있으나, **조정실패**(coordination failure) 접근법은 다른 이론들에 비해 독립적으로 발전해 왔으며 차별화된 통찰력을 제공한다.[2] 간단히 말해서, 조정실패란 경제주체들이 자신들의 행동(선택)을 조정하지 못함으로써 모든 경제주체가 다른 상황에 비해 손해를 보게 되는 결과(균형)를 의미한다. 이는 모든 경제주체가 선호되는 다른 균형에 대한 완전한 정보를 제공받는 경우에도 발생할 수 있다. 경제주체들은 조정의 어려움으로 인해 균형에 다다를 수 없는데, 이는 사람들이 서로 다른 기대를 갖고 있거나 누군가가 먼저 행동하기를 기다리는 것이 더 유리하기 때문이다. 간단한 모형과 사례를 통해 이와 같은 접근법이 지니는 의미와 시사점을 알아보자.

상호 보완성이 존재할 때 한 기업, 노동자, 조직, 또는 정부의 행동은 다른 경제주체들이 유사한 행동을 취하게 만드는 동기가 된다. 특히 이러한 상호 보완성은 특정 투자의 수익성이 다른 투자에 의존하는 경우와 관련되어 있다. 경제발전론에서는 이와 같은 네트워크 효과의 분석이 일반적인데, 이 장에서는 현대부문 기업의 생산결정이 상호 보강되는 **빅 푸시**(big push) 모형과 기술숙련도 또는 수준 향상의 가치가 다른 경제주체들의 유사한 개선에 의존하는 **오링 모형**(O-ring model) 등 주요 사례를 살펴볼 것이다. 흥미롭게도, 이러한 효과는 선진국의 첨

구속적 제약조건
성장을 제약하는 요소 중 구속적인 것으로서, 그 제약이 완화되면 성장이 가속화될 수 있는(또는 목표로 하는 특정 결과를 더 많이 달성할 수 있게 하는) 사안

경제주체
목적을 극대화하기 위해 행동을 선택하는 경제행위자로 기업, 노동자, 소비자, 또는 정부관료 등을 일컫는다.

상호 보완성
하나의 기업, 노동자 또는 기업이 취하는 행동으로, 다른 경제주체가 유사한 행동을 취할 인센티브를 증가시킨다.

조정실패
경제주체가 자신의 행동을 조정할 수 없는 상태로서, 균형 상태인 다른 대안적 상황과 비교할 때 모든 경제주체가 손해를 보게 된다.

빅 푸시
통상적으로 공공정책에 의해 주도되며 경제 전반에 걸친, 광범위한 영역의 신산업 또는 기술을 포괄하는 경제발전에 착수하거나 그러한 경제발전을 촉진하기 위한 합심의 노력

오링 모형
생산함수에서 투입요소 간 강력한 상호보완성이 존재하며, 경제발전 달성의 장애요인에 대한 광범위한 시사점을 제공하는 경제 모형

단기술 분석에서도 흔히 나타난다. 특히 운영체제, 문서작성 프로그램, 스프레드시트 프로그램, 인스턴트 메시지, 그리고 소프트웨어 또는 제품표준 사용의 가치가 얼마나 많은 사용자들이 활용하고 있는지에 의존하는 정보통신기술의 경우 흔히 볼 수 있다. 이 모든 경우에서 정궤환의 순환적 인과성이 일반적으로 적용된다.[3] 이 이론체계는 또한 **중진국 함정**(middle income trap)의 분석에 사용되기도 하는데, 여기서 중진국 함정이란 특정 국가들이 일정 수준까지는 발전하지만 혁신역량의 부족 등으로 인해 선진국으로 진입하지 못하는 상황을 의미한다.

상호 보완성의 중요한 사례는 특화된 기술을 사용하는 기업의 존재와 이와 같은 기술을 습득한 노동자의 유용성이다. 기업은 자사가 원하는 기술을 노동자들이 보유하지 않는 한 시장에 진입하거나 특정 지역에 위치하지 않을 것이며, 노동자들 역시 자신들을 고용할 기업이 없다면 그 기술을 습득하지 않을 것이다. 이러한 조정 문제는 경제를 열악한 균형에 직면하게 만들 수 있으며, 낮은 평균 및 성장률과 함께 다수의 시민들이 극심한 빈곤에 빠지게 될 수 있다. 만약 노동자들이 기술을 습득하고 기업이 투자를 하게 되면 모든 경제주체의 이익이 향상될 수 있으나, 정부의 지원이 없다면 이와 같은 균형에 도달하기는 쉽지 않을 것이다. 앞으로 살펴보게 되는 바와 같이, 이러한 조정 문제는 초기 산업화 과정과 숙련도 및 기술의 향상에서도 보편적으로 나타나게 되며, 사람들의 생활양식을 현대적으로 변화시킬 수 있는 광범위한 이슈와 연계된다. 이와 같은 문제는 특히 자본시장에 영향을 미치는 또 다른 종류의 시장실패에 의해 더욱 심화된다.[4]

또 다른 사례는 농촌지역 개발에서 전형적으로 나타나는 농업의 상업화이다. 스미스(Adam Smith)가 이미 이해했듯이, 특화는 생산성 향상의 주요한 원천이다. 사실 특화와 정교한 분업은 선진 경제의 특징이다. 그러나 특화는 우리가 필요로 하는 재화와 서비스를 교역할 수 있어야만 가능하다. 생산자는 어떤 방식으로든 생산물을 시장에 공급하는 동시에 멀리 있는 구매자에게 품질에 관한 신뢰를 제공해야 한다. 엠란과 쉴피(Shahe Emran and Forhad Shilpi)가 강조한 바와 같이, 농업시장이 발전하는 데는 중간 상인이 판매상품의 품질을 효과적으로 증명함으로써 중요한 역할을 수행하게 된다. 이는 중간 상인들이 거래 대상인 농부와 생산물에 대해 잘 알기 때문에 가능하다. 다양한 생산물의 품질에 대해 전문가가 되는 것은 어렵기 때문에, 중간 상인들이 효과적으로 거래할 수 있는 특화된 생산자들이 충분히 존재해야만 특화된 농촌시장이 출현할 수 있다. 그러나 만약 농부가 거래할 수 있는 중간 상인이 존재하지 않는다면, 농부는 처음부터 특화를 추진할 인센티브를 갖지 못하게 되며 주로 자신의 주곡을 생산하거나 개인적 소비 또는 마을 내 거래를 위한 생산을 지속하는 것을 선호할 것이다.[5] 그 결과는 한 지역이 자급농업에 봉착하는 **저개발 함정**(underdevelopment trap)일 수 있다.

많은 경우, 상호 보완성의 존재는 전형적인 '닭과 달걀' 문제를 만들어낸다. 무엇이 먼저인가? 기술인가 또는 기술에 대한 수요인가? 통상적인 답변은 조정을 통해 상호 보완적인 투자가 이루어져야 한다는 것이다. 투자의 시행과 투자에 대한 수익실현 간에 시차가 존재하는 경우라면 더욱 그렇다.[6] 이와 같은 경우, 어떤 이유에서든 모든 경제주체가 보다 나은 균형으로 변화될 것을 예상함에도 불구하고 투자자들은 여전히 다른 투자자들이 투자할 때까지 기다리는 경향이 있다. 따라서 상호 보완적 투자의 조정을 위해서는 정부정책이 중요한 역할을 수행

중진국 함정
한 경제가 발전을 시작하여 중소득 지위에 도달하지만 만성적으로 고소득 지위에는 도달하지 못하는 상황. 흔히 독창적인 혁신이나 선진기술을 습득할 수 있는 역량이 낮은 것에 기인하며 높은 불균등에 의해 심화될 수 있다.

저개발 함정
저개발 자체가 장기간 지속되는 지역 또는 국가 차원의 빈곤함정

할 수 있다. 즉 고용주가 사용할 수 있는 기술을 원하는 노동자와 노동자가 사용할 수 있는 장비를 원하는 고용주 간의 투자조정을 할 수 있다. 양자 모두가 첫 단계의 움직임을 취할 상황에 놓여 있지 않으며, 이에 따라 양자 모두 다른 경제주체가 먼저 투자하기를 기다림으로써 이익을 볼 수 있다.

또 다른 사례로서, 신기술을 사용하는 현대적인 신규기업은 정작 자사가 흡수하지 못한 편익을 다른 기업들에 제공할 수 있다. 만약 충분한 수의 다른 기업들이 투자하지 않는다면, 각각의 기업은 새로운 기술에 대해 과소투자하게 된다. 이러한 이익 중에는 철강과 같은 핵심 산업생산물에 대한 수요 증가, 철도 및 컨테이너항과 같은 필수 인프라의 고정비용지불 지원, 다른 기업의 경험에 대한 학습 등이 포함된다.

새로운 연구는 정부 개입이 가치가 있을 수 있는 범위를 더 넓게 보지만, 정부 개입이 반드시 성공할 것이라고 보지는 않는다. 오히려 현대 발전 모형에서 정부는 점차 문제 해결에 기여할 뿐 아니라 동시에 발전 과정에서 문제를 유발하는 가장 중요한 주체로서 분석되고 있다. 정부정책은 부분적으로는 저개발된 경제의 특성에 의해 결정된다고 이해할 수 있다. 즉 내생적 변수인 것이다(제11장 참조). 예를 들어 콩고민주공화국의 지배자였던 세세 세코(Mobutu Sese Seko)는 경제가 발전할수록 자신이 권력을 잃을 확률이 높아진다는 사실을 잘 알고 있었기 때문에 자신의 국가가 저개발된 상태로 남아 있기를 원했을 수 있다. 그러나 (극단적인 신자유주의이론에서와 같이) 정부가 발전을 독려하기보다는 저개발을 악화시킨다고 결론 내리기 앞서, 많은 전문가들은 정부가 불완전함에도 불구하고 경제를 보다 나은, 스스로 지속가능한 균형으로 끌어올림으로써 발전을 지원할 수 있는 정부정책의 사례를 찾고 있다. 이러한 **심층개입**(deep intervention)은 한 경제를 보다 바람직한 균형 내지는 영구히 더 높은 성장률의 단계로 움직일 수 있다. 이러한 경우 정부는 개입을 지속할 필요가 없다. 왜냐하면 보다 나은 균형은 자동적으로 유지될 것이기 때문이다. 그렇다면 정부는 보건 문제 해결과 같이 정부가 고유한 역할을 수행하는 다른 중요한 문제들에 노력을 집중할 수 있다. 일부 다중균형 문제들의 일회 수정 특성은 특히 주목할 필요가 있는데, 이 경우 정부정책이 경제발전의 문제를 훨씬 더 잘 해결할 수 있기 때문이다. 그렇지만 현재의 잘못된 정책이 한 경제를 수년 동안 열악한 균형에 빠뜨릴 수 있기 때문에 정책의 선택이 더욱 중요해진다.

경제에서 이러한 상호 보완성이 존재하는 것은 드문 일이다. 예를 들어 시장이 경쟁적이라면 초과수요가 존재하면 가격이 상승하여 다시 균형을 맞추게 된다. **혼잡**(congestion)한 상황이 되면 이에 대응하는 강력한 반작용이 생겨난다. 더 많은 사람들이 한 호수에서 낚시를 할수록 더 많은 낚싯꾼들이 덜 붐비는 다른 호수로 이동하고자 노력하게 되고, 더 많은 사람들이 한 도로를 이용할수록 더 많은 통근자들이 대안을 찾고자 노력한다. 그러나 경제발전 과정에서는 연쇄적인 외부효과가 일반적이다. 저개발은 저개발을 부르는 반면, 지속적인 발전 과정이 한 차례 이루어지고 나면 발전이 더욱 촉진된다.

조정 문제는 **약속장소의 딜레마**(where-to-meet dilemma)로 설명된다. 일단의 친구들이 특정한 시점에 부에노스아이레스에 모이게 될 것이라는 것을 알지만 도시 내 어디에서 만날지 특정하는 것을 잊어버렸다고 하자. 이제 그들은 서로 소통할 수 없으며 단지 우연에 의하거

심층개입

경제를 원하는 균형 또는 더 높고 영속적인 성장률로 이행시켜 자립화시키기 위한 정부정책. 이와 같은 상태가 되면 추가적인 개입 없이도 더 나은 균형이 성립할 것이기 때문에 정책 지속의 필요성이 없게 된다.

혼잡

상호 보완성의 반대. 한 경제주체의 행동으로 인해 다른 경제주체가 동일한 행동을 취할 인센티브가 사라지는 것

약속장소의 딜레마

모든 당사자가 경쟁보다는 협력에 의해 유리해지나 어떻게 협력해야 하는지에 대한 정보가 부족한 상황. 협력이 이루어질 수 있다면 차후 포기하거나 속여야 할 인센티브는 없다.

죄수의 딜레마
모든 당사자가 경쟁보다는 협력에 의해 유리해지나 일단 협력이 이루어지면 각 당사자는 다른 당사자가 협력약속을 지킨다는 전제하에 협력을 깨면 더 큰 이득을 얻을 수 있는 상황. 따라서 약속은 항상 깨지게 된다.

나 매우 현명한 추리에 의해서만 만남의 장소에 도착할 수 있다. 그들은 만나기를 원하며, 만약 그들이 만날 수 있다면 이익이 될 것이라고 생각한다. 따라서 그들에게는 거짓말을 해야 할 인센티브가 없다. 따라서 이 문제는 **죄수의 딜레마**(prisoners' dilemma)와는 다르다.[7] 그러나 조정으로부터 모두가 이익을 얻게 된다는 사실이 약속장소의 딜레마를 해결하는 것을 쉽게 만들지는 못한다. 부에노스아이레스에는 유명한 장소가 많다. 5월 광장도 있고, 성당도 있고, 화려한 까미니또 동네며 카페 토르토니와 레꼴레따 공동묘지가 있는가 하면, 카지노까지 있다. 단지 행운에 의해서만 친구들은 동일한 추리를 하고 같은 장소에서 만나게 된다. 만약 서로 다른 지점들을 찾아다니면서 서로 엇갈리게 된다면, 친구들은 결코 만나지 못하게 된다. 한 지역의 농부들이 무엇을 특화해야 하는지 알지 못하는 경우 동일한 문제가 발생하게 된다. 선택 가능한 훌륭한 농산물이 다양하게 존재할 수 있으나, 결정적 문제는 모든 농부들이 하나를 선택함으로써 중간 상인들이 그 지역의 생산물을 시장에서 판매하여 수익을 올릴 수 있도록 하는 것이다.

이 문제는 문자메시지, 휴대전화 및 이메일의 시대에는 덜 심각할 수 있다. 예를 들어 친구들이 서로의 연락처를 알고 있는 한, 그들은 어디에서 만날 것인지를 정할 수 있다. 조정의 복잡한 문제로 보이는 것이 사실은 단순한 의사소통의 문제일 때가 가끔 있다. 그러나 공식적인 책임자 없이 대규모의 참가자를 대상으로 전화 또는 이메일로 회의시간을 정하고자 노력해본 사람은 이것이 느리고 번거로운 과정이라는 것을 안다. 명확한 책임자가 없고 일정 규모 이상의 참가자가 존재한다면 촉박한 통보로는 기한 내에 만남의 장소를 정할 수 없을 것이다. 그리고 현실의 경제 문제에서 투자조정을 위해 만나고자 하는 사람들은 다른 핵심 경제주체들의 신원조차 알지 못한다.[8] 그러나 여기에서 제시된 사례들은 현대적인 컴퓨터 및 통신기술의 도래로 인해 경제발전의 전망이 향상될 가능성을 지적하고 있다. 물론 소작농들의 경우 휴대전화나 이메일을 사용할 수 없을지도 모른다(제11장의 사례연구 참조).

4.2 다중균형 : 도표 분석

다중균형
하나 이상의 균형이 존재하는 상황. 이들 균형들은 흔히 서열화될 수 있다. 즉 특정한 균형이 다른 균형에 비해 선호된다. 그러나 도움을 받지 않는 시장은 경제를 보다 바람직한 결과로 이끌 수 없다.

조정실패의 가능성에 기반을 둔 **다중균형**(multiple equilibria) 상태를 나타내는 전형적인 도표는 〈그림 4.1〉과 같다. 이 도표는 단일균형 분석에서 흔히 나타나는 수요-공급곡선('마셜의 가위') 도표만큼이나 다중균형 논의에서 대표적이다.[9]

〈그림 4.1〉의 S자 곡선에 반영된 기본적인 아이디어는 한 경제주체가 특정한 행동으로부터 얻게 되는 이익은 얼마나 많은 다른 경제주체들이 동일한 행동을 할 것으로 예상되는지 또는 그러한 행동의 정도에 의존한다는 것이다. 예를 들어 한 농부가 자신의 생산물에 대해 받고자 하는 가격은 지역에서 활동하고 있는 중간 상인의 수에 의존하며, 이는 다시 동일한 생산물에 특화한 다른 농부들의 수에 의존하게 된다.

이와 같은 유형의 문제에서 우리는 어떻게 균형을 찾을 것인가? 마셜의 수요-공급곡선에서 균형은 수요곡선과 공급곡선이 교차하는 곳에서 결정된다. 다중균형의 경우 '개인의 합리적 결정함수(privately-rational decision function)'(〈그림 4.1〉의 S자 곡선)가 45도 선을 교

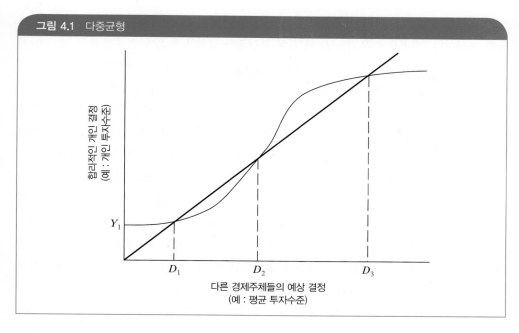

그림 4.1 다중균형

차하는 곳에서 균형이 결정된다. 이 지점들은 경제주체들이 자신들이 목격할 것으로 예상했던 것을 목격하는 상황이기 때문이다. 기업들은 다른 기업들이 투자하지 않을 것으로 예상하지만 일부 기업들이 어쨌든 투자한다고 가정하자(이는 도표에서 y절편이 존재함을 시사한다). 일단의 기업들이 투자하는 것을 본다면 계속 투자가 없다고 예상하는 것은 합리적이지 않을 것이다! 기업들은 자신들의 예상치를 재구성해야 할 것이며, 실제로 목격하게 되는 투자수준으로 자신들의 예상치를 상향 조정하게 된다. 그러나 만약 기업들이 이렇게 더 높은 투자수준을 예상하였다면, 기업들은 더욱 많이 투자하기를 원하게 될 것이다. 예상치의 조정 과정은 실제 투자수준이 투자의 예상치와 일치할 때까지 계속될 것이다―그 수준에서 기업들은 예상치를 조정해야 할 이유가 없다. 따라서 그와 같은 경우에 균형의 일반적 개념은 모든 참가자가 다른 사람들이 무엇을 할 것인지에 대한 예상에 바탕을 두고 최선을 추구하고 있으며, 이는 결국 다른 사람들이 실제로 하고 있는 행동과 부합한다는 것이다. S자 곡선이 45도 선과 교차하는 지점에서 이와 같은 결과들이 발생하게 된다. 교차점에서 x축과 y축의 값이 동일하며, 기대된 투자수준이 모든 경제주체가 최선으로 상정한 수준과 같다(이익 극대화 수준).

그림에서, S자 곡선은 45도 선과 세 번 교차한다. 이들 교차점 모두 균형일 수 있다. 이것이 다중균형의 가능성을 의미하는 것이다. 셋 중에서 D_1과 D_3는 '안정적' 균형이다. 왜냐하면 예상과는 달리 투자가 균형 수준에서 조금 올라가거나 내려가면 기업들은 자신들의 행동을 조정하여(투자수준을 증가하거나 감소) 원래의 균형으로 돌아가기 때문이다. 안정적 균형점에서는 S자 곡선이 45도 선을 위로부터 교차한다는 사실에 주목하라―이는 안정적 균형점의 전형적인 특징이다.

D_2의 중간균형점에서, S자 곡선은 45도 선을 아래로부터 교차하며 따라서 불안정하다. 우리의 사례에서는 투자가 약간 적을 것으로 기대되면 균형은 D_1이 될 것이고, 약간 많을 것으

로 기대되면 균형은 D_3으로 이동하게 될 것이기 때문이다. D_2는 따라서 우연에 의해서만 가능한 균형이다. 그러므로 우리는 D_2와 같은 불안정한 균형은 높은 안정균형 또는 낮은 안정균형 중 어느 쪽이 지배적인가에 관해 예상의 범위를 나누는 방법으로 생각할 수 있다.

통상적으로, S자인 '개인의 합리적 결정함수'는 그림에서와 같이 처음에는 증가율이 증가하다 나중에는 감소한다. 이 곡선은 상호 보완성의 전형적 특성을 반영한다. 보통은 경제 내의 다른 주체들이 행동을 취하지 않는 경우에도 일단의 경제주체들이 (투자와 같은) 보완적 행동을 취할 수 있는데, 수출 등을 통해 외국의 경제주체들과의 상호작용이 기대되는 경우에 특히 그렇다. 만약 단지 소수의 경제주체들만이 행동한다면, 각각의 경제주체들은 다른 이들로부터 고립되며 여파는 크지 않을 것이다. 따라서 더 많은 경제주체가 행동하더라도 곡선은 처음에는 빠르게 상승하지 않을 것이다. 그러나 충분한 투자가 이루어지고 나면 눈덩이(snowball) 효과가 나타날 것이며, 많은 경제주체들이 인접한 사람들에게 영향을 미치기 시작하고 곡선은 더욱 빠른 속도로 증가하게 된다. 마침내 대부분의 잠재적 투자자들이 영향을 받고 가장 중요한 이득이 실현되고 나면, 증가율은 둔화되기 시작한다.

많은 경우, 〈그림 4.1〉의 곡선은 물론 다른 모양을 하고 있을 수 있다. 예를 들어 매우 '불안정한' 곡선이 45도 선을 여러 차례 교차할 수 있다. 행동의 가치가 네트워크 내 다른 사람들의 수에 따라 꾸준히 증가하는 통신 서비스, 이메일 및 메시지 서비스, 팩스 구입과 같은 경우에는 함수는 (이차함수 또는 지수함수처럼) 오로지 체증하여 증가할 것이다. 함수의 기울기와 45도 선과의 교차 여부에 따라 아무도 새로운 기술을 채택하지 않거나 거의 모든 사람이 채택하는 경우를 포함하여 단일균형이 있을 수도 있고 다중균형이 있을 수도 있다. 일반적으로, 다양한 균형(이 경우 2개)의 가치(효용)는 동일하지 않다. 예를 들면 더 많은 사람들이 네트워크를 사용하는 균형에서 모든 사람의 상황이 더 나아질 가능성이 있다. 이러한 경우 각 균형이 '파레토-순위'로 매겨진다고 한다. 즉 모든 사람에게 더 높은 효용을 주는 균형에 더 높은 순위가 매겨진다. 이 균형으로의 이동은 보다 소수의 사람들이 네트워크를 사용하는 균형에 비해 **파레토 향상**(Pareto improvement)을 나타낸다.

파레토 향상
하나 또는 그 이상의 사람이 다른 사람들에게 손해를 주지 않고 이익을 얻을 수 있는 상황

경제발전론에서 이 문제의 전형적 사례는 한 투자의 가치가 다른 투자들의 존재 및 정도에 의존하는 경우에 필요한 투자결정 조정에 관한 것이다. 모두가 더 많은 투자자와 더 높은 투자율로 이익을 얻지만, 특정한 정부정책의 영향력 없이는 시장이 이와 같은 지점을 유도하지 못할 수 있다(만약 우리가 잘못된 종류의 정부정책을 갖고 있다면, 그 경우에도 우리는 선호하는 해법에 도달할 수 없다는 점에 주의하라). 투자 조정의 어려움들로 인해 산업화를 위한 다양한 정부주도 전략들이 필요하게 되는데, 이에 대해 이 장 그리고 이 책의 후반부에서 다루고 있다(특히 제12장 참조).

부록 3.3에 서술된 로머 모형과 같이, 투자 조정의 관점은 기술의 파급효과가 나타날 때 제기되는 문제의 본질과 정도를 명확히 파악하도록 도와준다.[10] 투자와 성장 간의 관계에 대해 내생적 성장이론을 통해 학습한 바와 같이, 투자율이 낮을 것이라는 기대만으로 한 국가경제가 저성장에 빠지는 것을 볼 수 있다. 예문 4.1과 예문 4.2의 사례에서 보는 바와 같이 덜 생산적인 것으로부터 더 생산적인 상호 보완적 기대조합으로의 변화를 조정하기 위한 전략에는

예문 4.1 기대의 동기화 : 남미 시간의 재조정

바수와 바이불(Kaushik Basu and Jorgen Weibull)에 의하면, 문화의 중요성은 부인할 수 없으나 문화가 선천적인 것이라고 볼 수는 없다. 그들이 제시한 모형에 의하면, 정확함이란 '타인의 행동에 대한 개인의 반응에 따른 균형'에 불과하다. 동일한 사회가 '시간 엄수 균형'으로부터 이익을 얻게 될 수도 있고 '지각' 균형에 빠지게 될 수도 있다는 것이다.

일부 평가에 의하면, 에콰도르의 경우 심각한 지각 현상(lateness)으로 발생하는 GDP 손실 규모가 4~10%에 이른다. 한 전문가의 의하면, "느림은 스스로 증식하고 마냐나 마냐나(언젠가 언젠가)라는 지각의 악순환을 창조한다." 최근 에콰도르는 잃어버린 시간을 만회하기 위해 노력해 왔다. '남미 시간'에 신물이 난 일단의 젊은 세대들의 주도하에, 정부와 민간이 합동으로 민간부문 재원을 조성하고 예정된 약속시간을 지키는 운동을 추진하고 있다. 또한 에콰도르는 시민참여단에 의해 조정되는 국민적 '반(反)지각 운동'을 시작하였다. 이 운동의 결과는 한 사회가 기대치를 바꿈으로써 의식적으로 열악한 균형 상태를 보다 바람직한 균형으로 바꿀 수 있는지를 시험하게 될 것이다.

이 운동은 매우 시의적절한 것이다. 한 신문에서는 공적인 행사에 지각하는 공직자들의 명단을 매일 보도하고 있다. 지각 현상을 질병에 비유한 한 유명한 포스터에서는 "처방 : 매일 아침 책임, 존중 및 규율이라는 주

사를 맞는다. 권고 : 자신의 행동을 계획에 맞춰 조직화하는 한편 시계를 고쳐라"라고 독려하고 있다. 수백 개의 공공 및 민간 단체들이 시간을 엄수할 것을 약속했다. 호텔에서 사용하는 투의 "방해하지 마시오!"와 같은 표지판이 전국으로 퍼져 나갔다. 한쪽 면에는 "정시에 도착했습니다. 들어오세요"라고 적혀 있었다. 회의가 정해진 시간에 시작되면 "회의가 정시에 시작되었으니 들어오지 마시오"라고 적힌 반대편 문구가 걸리게 되었다.

페루에서도 유사한 캠페인이 진행되고 있다. 만약 지각 현상에 대한 캠페인이 성공적으로 진행된다면, 이는 단순히 시간에 대한 문제가 아닐 것이다. 정확함과 관련된 기대치 변화를 추구한 사회운동이 성공적으로 이루어진다면, 전 세계적으로 유사한 사회운동이 공직사회의 부패 등과 같이 더욱 치명적인 문제들을 해결하기 위해 추진될 수 있을 것이다.

출처 : Kaushik Basu and Jorgen Weibull, "Punctuality: A cultural trait as equilibrium," in *Economics for an Imperfect World: Essays in Honor of Joseph Stiglitz*, ed. Richard Arnott et al. (Cambridge, Mass.: MIT Press, 2003); Scott Wilson, "In Ecuador, a timeout for tardiness drive promotes punctuality," *Washington Post Foreign Service*, November 4, 2003, p. A22; "The price of lateness," *Economist*, November 22, 2003, p. 67; "Punctuality pays," *New Yorker*, April 5, 2004, p. 31. For an interesting critique see Andrew M. Horowitz, "The punctuality prisoners' dilemma: Can current punctuality initiatives in low-income countries succeed?" Paper presented at the Northeast Universities Development Consortium Conference, Harvard University, October 2007.

여러 가지가 있을 수 있다. 그러나 '선도적으로' 투자하는 것보다 다른 기업들이 투자하는 것을 기다리는 것이 더 이익이 된다면, 예상을 변화시키는 것만으로는 충분하지 않을 것이다. 그러한 경우 예상변화에 더해 정부의 정책이 필요하다. 이는 왜 잠재적인 다중균형의 존재에 대해 주목해야 하는지를 설명한다. 시장원리는 일반적으로 우리를 여러 균형 중 하나에 도달하게 하지만, 최선의 균형이 달성되었는지를 담보하기에는 충분하지 않으며 열악한 균형에서 빠져나와 보다 나은 균형으로 이동할 수 있는 기제를 제공하지 않는다.

유사한 다중균형 상황은 제6장 맬서스의 인구함정(population trap) 분석에서도 만날 수 있다. 인구함정에 따르면, 출산에 관한 결정은 여러 가구 사이에 효과적으로 조정될 필요가

예문 4.2 연구결과 : 개선된 보건 상태를 위한 마을 내 협력 및 감독

제4장은 발전이 진척을 이루기 위해서는 정보, 기대 공유, 주체 간 조절(coordination)이 중요한 역할을 한다는 점을 설명하고 있다. 가계 간 조절은 낮은 출산율을 유도하도록 사회적 규범을 바꾸거나 위해한 관습을 중단한다거나 청렴하고 효율적인 공공 서비스를 제공하도록 강제하여 결과를 개선할 수 있는 잠재력이 있다. 비요크만과 스벤슨(Martina Björkman and Jakob Svensson)의 최근 연구는 무작위 배정 실험 결과를 통해 이러한 기제가 어떻게 작용하는지를 밝히고 있다. 연구자들은 마을 사람들이 처음에는 외부의 기준에 비교한 마을 보건 문제의 범위나 정부 보건 요원들로부터 무엇을 합리적으로 기대할 수 있는지에 대한 정보가 별로 없다는 것을 발견하였다. 연구자들의 실험은 마을 사람들에게 개인적으로 그리고 공동체 조직을 통하여 보건 요원들을 감독할 수 있는 지식과 자원을 제공하였다. 이는 공동체의 매우 중요한 활동이라 할 수 있는데, 정보 수집 및 감독은 모두 공공재의 성격을 가지고 있기 때문이다. 실험 결과는 이러한 프로그램이 매우 저렴한 비용으로 보건 요원의 행동을 개선해 건강 상태를 상당히 향상시킬 수 있음을 제시하고 있다.

이 연구에서 답하고자 한 것은 공동체의 감독 활동 프로그램이 보건 서비스의 양과 질을 증가시키고, 이로 인해 건강 상태가 개선되었는지 여부다. 연구자들은 '책무사슬(accountability chain)' 가정에 따라 실험에 참여한 공동체가 보건 요원을 감독하는 데 더 깊이 관여하게 되었는지 여부와 그 영향을 분석하고자 하였다. 프로그램의 초기 단계는 마을 사람들 모임, 보건 요원 모임, 두 그룹 모두를 포함하는 모임 등 3개 부문으로 구성되었다. 이후 행동계획과 감독 활동이 마을 사람들에 의해 조직되었다.

첫째로 해당 지역 보건시설의 성과를 다른 지역 보건시설의 성과와 비교하는 '성적표'가 만들어졌다. 그리고는 도우미들과 지역공동체 지도자들 및 공동체 조직들이 함께 마을 공청회를 열어 보건시설의 성과에 대해 논의하고 행동계획을 세웠다. (이는 아프리카 및 그 외 지역에서 공동체에 기반을 두고 진행되는 많은 발전 활동 과정과 유사하다.) 오후에 이루어진 이러한 두 번의 공청회는 엘리트의 주도를 지양하고 다양한 사람들의 참여를 포함하기 위해 신중하게 기획된 것이다. 도우미들은 '공동체 구성원들이 어떻게 하면 서비스를 개선하고 보건 요원들을 감독할 수 있을지에 대한 공통의 시각을 형성하도록 장려'하였으며, 이러한 공통의 시각은 '행동계획으로 요약'되었다. 이러한 모임에서 연구자들은 높은 결근율, 긴 대기시간, 성의 없는 근무태도, 차별적 대우 등과 같은 공통의 우려가 존재함을 발견하였다.

보건시설에서 가진 한 번의 모임은 보건 요원 전원이 참석한 상태에서 활동가들이 해당 기관에서 제공하는 서비스에 대한 자체 정보와 가계 설문조사 결과를 비교해본 행사였다. 최종적으로 공동체 모임에서 선정된 공동체 대표와 보건 요원이 함께 참여하는 '연계모임'이 개최되어 권리, 책임, 개선을 위한 의견 등이 논의되었다. 그 결과 '누가, 언제, 어떻게, 무엇을 해야 할 필요가 있는지에 대한 행동계획을 공유'하게 되었다. 초기 모임 이후에는 '공동체 자체가 보건시설을 감독하기 위한 방법을 설정하는 책임을 맡게' 되었다.

이 프로그램은 예전에 비해 유아 몸무게가 증가하고, 5세 이하 아동 사망률이 감소하며, 보건시설 활용률은 증가하는 것을 포함하여 주민의 건강 상태가 향상된 것과 관련이 있었으며 실제로 그러한 결과를 가져온 것으로 보인다. 프로그램 결과의 일환으로 치료 방식 또한 의료 서비스의 양과 질을 개선했다는 증거가 있으며 이러한 개선은 행동 변화에 기인한 것이었다. 특히 체온계와 같은 기구가 더 자주 사용되었으며 대기시간도 줄어들었다. 병원도 더욱 청결해졌으며 환자들에게 보다 좋은 정보가 제공되었고 아이들에게 적절한 강장제와 백신이 더 자주 보급되었다. 보건 요원의 결근도 줄어들었

다. 이 프로그램은 매우 영향력이 높은 의료시험에 버금가는 정도로 건강 상태를 개선한 것으로 추정되었다. 의료시험에서는 의료체제가 양호하게 작동한다는 전제하에 오로지 개선된 절차와 약물로부터만 이득이 발생하는 반면, 이 프로그램에서는 보건 요원이 본디 해야 하는 일을 하도록 만드는 데 초점을 둔 것이다.

이 프로그램의 효과가 다른 경로보다는 공동체의 참여를 통해 발생하였을 가능성이 높은 것으로 확인되었지만, 공동체에 의한 압력보다 보건 요원이 환자 권리에 대해 알게 되고 이에 반응한 것과 같은 다른 경로가 어느 정도 역할을 하였을 가능성도 배제할 수 없다. 따라서 우리는 아직 이 프로그램이 어떻게 작동하였는지 확신할 수는 없다. 이러한 질문은 매우 중요하다. 프로그램의 작동기제를 이해하는 것은 다른 프로그램들을 효과적으로 기획하는 데 도움이 되기 때문이다.

전반적으로 연구자들은 '적절한 정보와 보건 서비스에 대한 합리적 요구에 대한 합의나 기대의 조절 부재가 개인 또는 그룹 차원에서 보건 서비스를 감독하거나 압력을 가하는 행동을 저지하였다'고 결론 내렸다. 저자들은 '프로그램을 확대하기 이전에 비용-편익 분석을 해보는 것이 매우 중요하다. … 5세 이하 아동 사망 한 건을 예방하는 데 드는 비용은 어림잡아 약 300달러인 것으로 추정된다'고 경고한다. 만약 이러한 추정치가 보다 체계적인 분석에서도 타당한 것이라면, 이러한 감독활동은 보기 드물게 비용 효과적인 프로그램일 것이다. 저자들은 '향후 연구에서는 장기 효과에 대해 탐색하고 (이러한 효과를 발생시키는) 여러 중요한 기제 및 기제의 조합을 규명하며 (이런 프로그램이) 다른 부문에 어느 정도 보편적으로 적용 가능한지에 대해 연구해야 한다'는 지적으로 결론을 맺고 있다.

다른 질문들도 남아 있다. 암시된 바와 같이 이러한 개선이 시간에 지나도 지속되는지는—적어도 주기적인 외부의 도움 없이—불명확하다. 예를 들어 만약 참여자들의 초기 관심이 그저 외국인이 후원하는 프로그램에 참여코자 한 것이었다면, 이러한 동기가 잦아든 이후 또는 무임승차나 포획 현상과 같이 장기적으로 단체 조직을 위협하는 요소들이 나타나는 경우에도 지속될 수 있을지 말이다. 즉 실험에 참여한 마을의 상태를 몇 년 후에 다시 추적해보는 것은 매우 가치 있는 일일 것이다. 다른 지역에서 이러한 프로그램이 얼마나 비용 효과적일지—외부 타당도 문제—에 대해서도 아직 확실하지 않다. 이러한 프로그램이 생각한 대로 정말 역량강화를 통해 작동한다고 해도, 그러한 프로그램이 권력자의 물질적 이해를 위협한다면 실제 권력을 쥐게 되는 이들이 그러한 결과를 허용하지 않을 수도 있다. 더욱이, 연구자들이 지적하는 대로 이 프로그램에서와 같이 보건 당국의 위로부터의 감독이 공동체의 밑에서의 감독과 결합하면 더욱 강력한 긍정적 효과가 나타날 수도 있다. 마지막으로, 공동체 조직과 사람들의 시간은 제한되어 있으므로 보건체계 감독 활동에 시간을 할애하도록 유도하는 것은 귀중한 다른 공동체 활동에 투입되는 시간을 감소시키는 요인이 될 수도 있다.

어쨌든, 이 프로그램은 공동체 기반 발전 프로그램의 모범적인 기획 및 영향 평가로서 저소득 농촌 마을사람들의 건강 개선과 역량강화를 위해 무엇이 가능한지에 대한 상당한 증거를 제시해준다.

자료 : Martina Björkman and Jakob Svensson, "Power to the People: Evidence from a Randomized Field Experiment on Community-Based Monitoring in Uganda," *Quarterly Journal of Economics*, 124(2), pp 735-769, May 2009; and supplementary appendix.

있다. 평균출산율이 하락한다면 모두가 이익을 볼 수 있지만, 어느 한 가정은 더 적은 자녀를 보유하는 유일한 가정이 됨으로써 손해를 볼 수 있다. 우리는 또한 도시화 과정과 경제발전의 다른 핵심 요소와 관련해서도 조정실패를 발견할 수 있다.

일반적으로 상호 유익한 투자가 조정 없이 이루어진다면 동일한 자원과 기술을 보유하면서도 동일한 개인이 유리한 상황에 처할 수도 또는 불리한 상황에 처하게 될 수도 있는 다중균형이 존재할 수 있다. 많은 경제발전론자들의 시각에 의하면, 사하라이남 아프리카 국가들을 비롯한 많은 개발도상국들이 본질적으로 이와 같은 상황에 빠져 있다고 볼 수 있다. 물론 다른 문제들 또한 존재한다. 예를 들면 현대화 과정에서 잠재적으로 손해를 보게 될 계층의 정치적 압력 또한 보다 나은 균형으로의 이행을 방해할 수 있다. 또한 현대기술이 아직까지 해당 국가에 존재하지 않을 수도 있다. 기술이전 문제 역시 경제발전에 있어 또 하나의 주요 관심사이다. 사실 〈그림 4.1〉의 도표가 보여주는 또 다른 문제는 개발도상국의 각 기업들이 기술이전 비율을 높이기 위해 투입하는 노력의 크기가 다른 기업들에 의해 투입되는 노력에 의존한다는 것이다. 해외로부터 현대 기술을 수입하는 것은 다른 기업들에게 파급효과를 가져오기 때문이다. 그러나 다중균형의 가능성은 더 나은 기술을 들여오는 것은 필요조건이기는 하지만 발전목표의 달성을 위한 충분조건은 아님을 보여준다.

4.3 경제발전의 시동 : 빅 푸시

한 경제가 일정 기간 동안 지속적으로 성장했는지 아니면 정체되었는지에 따라서 그 이후의 경제발전에는 커다란 차이가 발생할 수 있다. 만약 성장이 한 세대 또는 그 이상의 일정 기간 동안 지속될 수 있다면, 경제발전이 그 궤도에서 오랫동안 이탈하기는 쉽지 않을 것이다. (경제가 일시적인 충격에 영향을 받기 때문에 경기순환상에서의 일시적 후퇴는 있을 수 있다.) 물론 로스토가 주장한 바와 같이 경제발전이 한 번 시작되면 결코 멈출 수 없다고 가정하기에는 너무 많은 실망스러운 경험들이 존재한다. 제3장의 사례연구에서 지적한 바와 같이, 한 세기 전에는 아르헨티나가 세계 경제의 신흥강국으로 예상되었으나 이후 아르헨티나는 반세기 이상 상대적 정체를 경험하고 있다. 그러나 기록을 살펴보면, 적어도 첫 단계에서 현대적인 경제성장을 시작하는 것이 매우 어렵지, 일단 실적이 축적되면 성장을 유지하는 것은 훨씬 더 쉽다는 로스토의 견해에는 동의할 수 있다.

그렇다면 현실적으로 현대적인 경제성장을 시작하는 것이 왜 그토록 어려운가? 루이스 이론과 같이 초기에 영향을 주었던 다수의 발전이론들은 공업부문에서의 완전경쟁을 가정하고 있다. 완전경쟁하에서는, 최소한 인적자본이 발달하고, 기술이전 문제가 적절하게 해소되고, 정부가 필수적인 서비스들을 제공한다고 했을 때, 발전의 시작이 왜 그토록 어려운지가 명확하지 않다. 보다 우수한 기술들이 가용하다 하더라도 발전을 본격적으로 시작하는 것은 어려워 보인다. 이러한 좋은 기술들이 사장되는 경우가 허다하기 때문이다. 분명한 것은 사람들이 신기술을 작업에 적용할 인센티브를 갖고 있지 않다는 것이다. 더 나아가 규모에 대한 보수 증가의 상황에서는 완전경쟁이 성립하지 않는다. 그런데 산업혁명의 역사를 돌이켜보면 규모에 대한 보수 증가의 장점을 취하는 것이 핵심이었다. 다수의 경제발전론자들은 여러 가지 시장실패가 경제발전의 출발을 어렵게 만든다고 보고 있으며 특히 비용 및 수익에 파급효과를 주는 **금전적 외부성**(pecuniary externality)이 중요하다고 결론 내리고 있다.

금전적 외부성
경제주체의 비용 또는 수익에 대한 긍정적/부정적 파급효과 경제발전론 연구에서 가장 유명한 조정실패 모형은 '빅 푸시' 이론일 것이다. 이는 기본적인 조정 이슈를 제기했던 로젠슈타인-로단(Paul Rosenstein-Rodan)이 처음으로 주장한 이론이다.[11] 그는 제1장에서 소개된 유형의 생계경제에서 산업화의 착수와 관련된 여러 가지 문제를 지적했다. 이를 가장 쉽게 이해하기 위해서는 우선 수출이 없는 폐쇄경제를 가정할 필요가 있다. 이 경우 문제는 첫 번째 기업이 생산한 재화를 누가 구매할 것인지가 될 것이다. 생계경제의 초기 단계에서는 어떤 노동자도 재화를 구매할 자금이 없다. 첫 공장은 자신들이 생산한 재화 일부를 공장의 노동자에게 판매할 수 있으나, 어느 노동자도 모든 소득을 하나의 재화만을 구입하는 데 사용하지는 않을 것이다. 하나의 기업이 공장을 열 때마다 노동자들은 임금 일부를 다른 제품의 구매를 위해 사용할 것이다. 그러므로 한 공장의 수익은 다른 공장의 개업 여부에 의존하며 이는 다시 그 공장의 잠재적 수익성에 의존하게 되고, 이 역시 또 다른 공장의 잠재적 수익성에 의존하게 된다. 이와 같은 순환적 인과관계는 조정실패 문제와 관련하여 이제는 익숙해진 패턴일 것이다. 더군다나, 첫 번째 공장은 최저 생활 방식에 젖어 있는 노동자들을 훈련시켜야 한다. 훈련비용은 공장이 임금을 지불하고 나서도 여전히 이윤을 남길 수 있는 최고 임금의 한계를 정해준다. 그러나 일단 첫 번째 기업이 노동자들을 훈련시키고 나면, 훈련비용을 회수할 필요가 없는 다른 기업들이 약간의 임금 인상을 통해 훈련된 노동자들을 자신들의 새 공장으로 유인할 수 있다. 이와 같은 가능성을 예측할 수 있는 첫 번째 기업은 애초에 훈련비용을 지불하지 않게 된다. 아무도 훈련받지 않으며 산업화는 결코 시작되지 않는다.

빅 푸시 모형에 의하면, 시장실패의 존재로 인해 장기적인 경제발전의 착수 또는 가속화를 위한 경제 전반에 걸친 협동과 공공정책 주도의 노력이 필요하게 된다. 다르게 말하면, 조정실패 문제는 성공적인 산업화를 방해하는 방향으로 작용하며 경제발전 추진을 저항하는 힘이라 할 수 있다. 빅 푸시가 언제나 필요한 것은 아닐 수 있지만, 그러한 상황을 특징지을 수 있는 방법을 찾아보는 일은 유익할 수 있다.

로젠슈타인-로단의 주장은 1950년대와 1960년대의 경제발전 문제에 대한 경제발전론자들 인식의 주요한 일부가 되었으며, 경제발전론 교과 과정에서 지속적으로 강의되어 왔다. 그러나 1989년에 머피, 슐라이퍼, 비쉬니(Kevin Murphy, Andrei Shleifer, and Robert Vishny)의 논문이 발표되면서 이 접근은 다시 한 번 커다란 호응을 받게 되는데, 이 논문은 오랜 기간 동안 회자되어 온 빅 푸시 모형의 직관적 측면을 처음으로 보다 명확한 수학적 논리로 설명하였다.[12] 최근에는 한국을 중심으로 한 동아시아 경제성장의 기적, 특히 한국의 사례를 잘 설명함으로써 각광을 받고 있다. 수리 모형의 활용을 통해 조정의 필요성이 언제 심각한 문제를 유발할 가능성이 높은지를 보다 명확하게 알 수 있다. 이와 같은 이들의 접근법은 1995년 발표된 크루그먼(Paul Krugman)의 논문 *Development, Geography, and Economic Theory*에서 단순화되고 대중화되었고, 1990년대의 조정실패에 관한 새로운 경제발전으로의 전형적 모형이 되었다.[13]

빅 푸시 : 도표 모형

가정 어떤 모형에서도(사실, 주의 깊은 사고를 하는 그 어떠한 경우에도) 우리의 이해를 증진하기 위해서는 가정(때로는 대규모의)이 필요하다. 빅 푸시 모형 역시 이 법칙에서 예외는 아니다. 빅 푸시 분석을 위해 우리가 사용할 가정은 다소 완화될 수 있으나 이는 보다 수학적인 기법을 요구할 것이다. 다만 완전경쟁과 같이 보다 단순한 미시경제학 문제를 다루는 경우와 같은 정도로 우리의 가정을 완화할 수는 없다. 규모에 대한 보수 불변과 자연독점 또는 적어도 독점적 경쟁이 지배하는 현대부문에서는 완전경쟁을 가정할 수 없다. 크루그먼의 말을 빌리자면, 만약 경제발전이 규모에 대한 보수 불변과 중요하게 연관되어 있다면 우리는 이를 다루기 위해 일반성을 어느 정도는 포기해야 한다. 여기서 우리는 여섯 종류의 가정을 제안한다.

1. **요소** 생산요소는 노동 하나로 가정하며 노동 총공급은 L로 고정되어 있다.

2. **요소지불** 노동시장은 두 부문으로 구성된다. 전통부문의 노동자는 '1'의 임금을 받는 것으로 가정한다. (만약 일당이 19페소라면, 이것을 '1'이라고 보는 것이다. 전통부문 노동자 임금을 '1'이라고 가정하는 것은 〈그림 4.2〉의 기하학적 분석을 좀더 쉽게 하기 위함이다). 현대부문의 노동자는 1보다 큰($W > 1$) 임금을 받는다.

   정형화된 사실로서, 이러한 임금격차는 모든 개발도상국에서 발견되는데, 임금격차는 현대적 공장에서 노동자가 겪어야 하는 비효용에 대한 보상 때문일 것이다(제7장 참조). 만약 그렇다면 (균형 상태에서) 산업화 과정에서 노동자는 부문을 바꾸는 것으로부터 순효용 증대효과를 얻을 수 없다. 그러나 만약 경제적 이익이 창출된다면 이는 파레토 향상을 나타낼 것이며(투자자들은 이익을 얻는 대신 아무도 손해를 보지 않음), 평균소득은 증가할 것이다(또한 소득이 재분배된다면 아무도 손해를 보지 않을 뿐 아니라 모든 사람이 이익을 얻을 수 있다). 게다가 경제 내에 잉여 노동력이 존재하거나 여러 가지 이유로 현대부문의 임금이 노동의 기회비용보다 높다고 한다면,[14] 산업화의 사회적 편익은 더욱 커지게 될 것이다.[15] 마지막으로, 우리는 저개발 함정의 원동력이 현대부문에서 지급되어야 하는 상대적으로 높은 임금인 모형의 한 사례를 살펴보게 될 것이다. 이는 이 접근법이 도표로 설명하기 쉽고 많은 주목을 받았기 때문이다. 그러나 나중에 설명하는 바와 같이, 현대부문의 높은 임금은 조정 문제가 존재하게 되는 하나의 조건에 불과하다. 사실상 우리는 현대부문 임금이 전통부문 임금보다 높지 않아도 조정실패 문제가 발생할 수 있다는 것을 살펴볼 것이다.

3. **기술** N 종류의 제품이 존재하는 것으로 가정하며, 여기서 N은 큰 수를 말한다.[16] 전통부문의 각 제품에 있어서, 한 노동자는 한 단위의 생산량을 생산한다(이 가정은 보기보다 덜 엄격하다. 왜냐하면 우리는 측정치의 단위를 자유롭게 정할 수 있기 때문이다. 만약 노동자가 하루에 세 켤레의 구두를 만든다면, 우리는 이 수량을 한 단위로 상정한다). 이는 규모에 대한 보수 불변 생산의 간단한 사례이다. 현대부문에는 규모에 대한 보수 증가가 존재한다. 우리는 규모에 대한 보수 증가를 매우 단순하게 소개하고자 한다. 만약 최소한의 노동자(예를 들면 F명)가 고용되지 않는다면 어떠한 제품도 생산되지 않는다고 가정하자. 이는 고정비용이 된다. 핵심 이슈의 분석을 활성화하기 위해 모든 것들을 단순화하기 때문에 우리는 모형에서 자본을 명시적으로 다루지는 않는다. 따라서 고정비용을

그림 4.2 빅 푸시

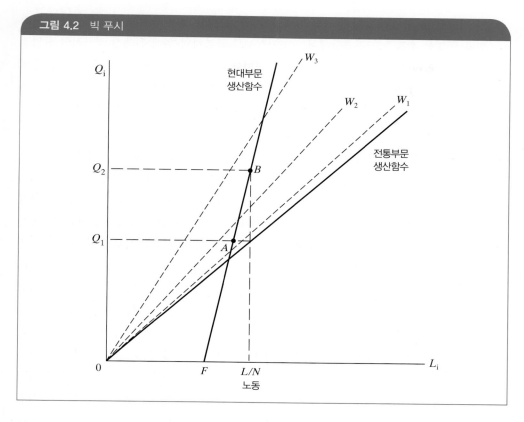

도입할 유일한 방법은 최소한의 노동자 수를 요구하는 것이다. 다음으로, 선형의 생산함수와 노동자들이 전통부문에서보다 더 생산적이라는 가정을 한다. 그러므로 현대부문에서 특정 제품을 생산하기 위해서 필요한 노동자는 $L = F + cQ$로 나타낼 수 있다. 여기서 한 단위의 추가생산에 필요한 한계노동력 c는 1보다 작다($c < 1$). 현대부문 노동자들은 생산성이 높지만 이는 상당한 비용이 선지불되는 경우에만 해당된다. 산출량의 증가에 따라 고정비용이 분할상환되면 평균비용은 하락하는데 이는 규모에 대한 보수 증가의 효과이다. 우리는 대칭적인 상황을 가정한다—현대부문에서는 어떤 제품을 생산하는지에 관계없이 동일한 생산함수가 적용된다.

4. **국내수요** 각 재화는 국민소득에서 일정하고 동일한 소비지분을 차지하는 것으로 가정한다. 이 모형에는 한 시기만 존재하며 자산은 없다. 따라서 전통적인 의미의 저축 역시 없다. 그 결과 소비자들은 동일한 소득을 각각의 재화에 사용하게 된다. 만약 국민소득이 Y라면, 각각의 재화에 대해 Y/N를 지출하게 되는 것이다.[17]

5. **국제 공급 및 수요** 우리는 분석의 편의를 위해 폐쇄경제를 가정하고 있다. 만약 국내시장의 보유로 인한 장점이 존재한다면, 교역이 허용되더라도 중요한 결론은 바뀌지 않는다. 미지의 해외 고객을 위해 생산하기 이전에, 국내시장에 공급하는 데 따르는 장점으로 초기 규모의 경제, 충분한 품질을 달성하기 위한 학습, 적절한 제품 특성, 보다 나은 고객 지원 등이 있다. 이들은 매우 현실적인 고려다. 한국 등의 수출주도 경제들도 초기 판매

가 겨냥할 수 있었던 상당한 규모의 내수시장이 존재한 것이 큰 이득이 되었다는 증거가 있다.[18] 또한 수출주도 경제들에서는 조정실패를 극복하기 위해 취해진 적극적인 산업정책도 유익하였다(제12장 참조). 특정한 형태의 서비스와 같이, 교환할 수 없는 필수 투입요소가 있는 경우에도 핵심적인 논점은 유지된다. 완전하게 개방된 세계경제를 가정하는 경우에도 인프라에 대한 투자에 초점을 맞추는 대안적인 모형들은 빅 푸시가 필요함을 시사한다.[19]

6. **시장구조** 전통부문(가내공업)에서는 진입이 자유롭고 경제적 이윤이 존재하지 않는 완전경쟁을 가정한다. 따라서 각 재화의 가격은 노동(유일한 투입요소)의 한계비용인 '1'이 될 것이다. 우리는 또한 최대 하나의 현대부문 기업이 각 시장에 진입할 수 있다고 가정한다. 이 제한은 규모에 대한 보수 증가의 결과이다. 기호에 관한 가정을 전제할 때, 독점기업은 단위탄력적 수요에 직면하며, 만약 이 독점기업이 가격을 '1'보다 높일 수 있다면 이는 수익성이 있을 것이다.[20] 그러나 가격이 '1'보다 높아지면 전통부문 생산자들로부터의 경쟁으로 인해 현대부문 기업은 모든 사업기회를 잃게 될 것이다. 그러므로 독점기업역시 시장에 진입하게 될 경우 가격을 '1'로 유지할 것이다.[21] 동일한 가격을 부과함으로써 독점기업은 진입한 특정 시장을 독점화할 것이며 전통적인 생산자들이 생산했던 것과 동일한 양을 생산할 것이다. 이 기업이 현대적인 기술을 사용하는 유일한 기업이고 다른 모든 제품의 생산에 있어서 노동자들이 받는 임금은 '1'이기 때문에 국민소득은 본질적으로 동일할 것이다. 따라서 추가적인 산출량은 판매될 수 없다.[22] 우리는 또한 독점기업이 생산을 결정하는 시점에서 최소한 전통부문의 생산자들만큼 생산하는 것이 가능하다고 가정한다. 그렇지 않다면, 전통적 기술로부터 전환하는 것이 의미가 없을 것이다.

다중균형의 조건 이와 같은 여섯 가지 가정하에 우리는 빅 푸시를 필요로 하는 경우를 특정할 수 있다. 먼저 현대제품이 전혀 존재하지 않는 전통경제를 가정하자. 현대적인 기술(즉 위에서 설명한 고정비용과 규모에 대한 보수 증가)을 보유한 잠재적 생산자는 시장에 진입하는 것이 수익성이 있을 것인지를 생각하게 된다. 고정비용의 규모가 주어졌을 때, 그 결정은 다음의 두 가지 고려사항에 따라 달라진다─(1) 전통부문보다 현대부문이 얼마나 더 효율적인가? (2) 전통부문보다 현대부문에서 얼마나 더 임금이 높을 것인가?

〈그림 4.2〉에서 생산함수들은 어느 산업의 경우에도 두 가지 유형의 기업을 대표한다.[23] 전통적인 생산자들은 기울기 '1'의 선형 기술(linear technology)을 활용하고, 개별 노동자들은 한 단위의 산출량을 생산한다. 현대적인 기업은 생산을 위해서 F명의 노동자가 필요하며, 이 조건이 충족되면 $1/c > 1$ 기울기의 선형기술을 갖는다. 가격은 '1'이며 매출 PQ는 Q축에서 바로 읽어낼 수 있다. 전통적 기업의 경우, 임금선은 생산선과 일치한다(모두 원점에서 출발하고 1의 기울기를 보유). 현대적 기업의 경우, 임금선은 $W > 1$의 기울기를 갖는다. 만약 경제의 다른 부문에서 활동하는 전통적 기업들이 존재한다면, A점은 현대적 기업이 이 시장에 진입하여 생산하는 경우의 산출량을 나타낸다. 현대적 기업의 진입 여부는 물론 수익성에 달려 있다.

〈그림 4.2〉를 이용하여, 먼저 W_1과 같은 임금선이 A점 밑을 지나간다고 생각하자. 상대적

으로 낮은 현대부문 임금으로 인해 수익이 비용을 능가하면, 현대적 기업은 고정비용 F를 지불하고 시장에 진입할 것이다. 일반적으로, 낮은 임금에 더해 더 낮은 고정비용 및 한계노동요건을 갖는 경우 이와 같은 결과는 더욱 실현 가능성이 높게 된다. 가정에 의하면, 생산함수는 각각의 재화에 대해 동일하다. 따라서 만약 현대적 기업이 단일재화의 생산을 통해 이익을 얻을 수 있다고 판단하면 모든 재화의 생산에 대해 동일한 인센티브가 주어지며 시장원리만으로 경제 전체의 산업화가 이루어질 것이다. 이제 수요가 충분하게 높아지면서 우리는 각 제품에 대해 B점에 도달하게 되는데, 이는 조정실패가 반드시 발생할 필요는 없음을 보여준다. 조정실패의 발생 여부는 경제에서 지배적인 기술과 가격(임금 포함)에 의존한다.

만약 A와 B 사이를 지나는 W_2와 같은 임금선이 유지된다면, 현대적 기업은 진입하지 않을 것이다. 왜냐하면 이 기업이 경제 내에 존재하는 단 하나의 현대적 기업이라면 손실이 발생하기 때문이다. 그러나 만약 현대적 기업들이 각 시장에 진입하게 된다면, 모든 시장에서 임금이 현대부문 수준으로 상승할 것이며 소득이 확대된다. 우리는 산업화 이후에도 가격이 '1'에 머물러 있다고 가정할 수 있다. 전통적인 기술이 아직도 존재하며 '1'보다 높은 가격에서 이익을 볼 수 있다는 것에 주목하자. 따라서 전통적 기업의 진입을 차단하기 위해 현대적 기업은 가격을 '1'보다 높일 수 없다.[24] 이제 현대적 기업은 모든 가용한 노동(L/N)을 활용하여 생산한 추가 제품들을 모두 판매할 수 있다(B점에서). 왜냐하면 산업화된 다른 제품부문의 노동자 및 기업가들로부터의 충분한 수요가 존재하기 때문이다. 〈그림 4.2〉에서 볼 수 있듯이, 산업화 이후 W_2 임금 수준에서는 B점에서 수익을 얻을 수 있다. 이는 B점이 W_2보다 높은 곳에 놓여 있기 때문이다. 노동자들은 임금 상승에 비례하여 재화를 추가적으로 더 구입할 수 있으며,[25] 자유롭게 부문 간 이전을 한 것이기 때문에 노동자 후생은 적어도 전통부문에서 일했을 때와 같다. 모든 국민소득은 생산된 재화에 사용되기 때문에 모든 생산물들은 구매된다. 여기서 국민소득은 임금과 이윤의 합계 그리고 각 제품의 산출량과 제품의 수(N)를 곱한 값과 동일하다.[26]

따라서 W_2와 같은 임금 수준에서는 두 가지 균형이 존재한다. 하나의 균형에서는 현대적 기술을 지닌 생산자들이 모든 시장에 진입하고 이윤, 임금, 산출량이 전보다 더 높다. 그리고 다른 하나의 균형에서는 현대부문의 생산자들이 진입하지 않으며 임금과 산출량이 더 적다. 더 많은 산출량의 균형이 분명 바람직하지만 일반적으로 시장은 스스로 그와 같은 균형에 도달하지 않을 것이다.

마지막 가능성은 B점의 위를 지나는 W_3와 같은 임금 수준이다. 이 경우, 현대부문 생산자들이 모든 시장에 진입하더라도 이 모든 기업들은 손실을 보게 된다. 따라서 다시 전통적 기술이 지속적으로 사용될 것이다. 일반적으로, 임금선이 A점 밑으로 지나가는 경우에는 시장이 경제를 현대화로 이끌 것이며, 임금선이 A점 위를 지나가는 경우에는 그렇지 못할 것이다. 현대부문의 생산기술이 더욱 효율적일수록(기울기가 가파를수록) 또는 고정비용이 더 낮을수록, 임금선이 대응하는 A점 아래로 지나갈 가능성이 높다. 만약 임금선이 B점 위로 지나가면, 사업화를 해야 할 의미가 전혀 없다. 그러나 만약 임금선이 A와 B 사이를 지나가면, 산업화를 하는 것이 효율적이지만 시장은 스스로 이를 성취하지 못할 것이다. 이들은 특정한 경제에서 특정한 시점에 존재하는 조건에 따라 존재할 수 있는 서로 다른 세 가지 임금이라는 것을 명심해야 한다. 즉 연속적으로 발생하는 세 가지 임금이 아니라는 것이다.

다시 말해서, 문제의 경우는 임금선이 A와 B 사이를 지나면서 2개의 가능한 균형을 만들어낼 때이다. 하나는 산업화가 존재하고 사회가 더 좋아지는 경우이고(B점) 다른 하나는 산업화가 나타나지 않는 것이다(A점). 그러나 조정실패로 인해 시장은 우리를 A에서 B로 이행시키지 못할 것이다.[27] 이 경우, 경제발전에 시동을 걸기 위해서는 정책의 역할이 중요하다. 모잠비크와 같은 전통적 경제가 이와 같은 상황 중 어디에 속하는지를 결정하는 것은 쉬운 일이 아니다. 그렇지만 최소한 우리는 기술이 가용함에도 불구하고 왜 자주 발전이 진행되지 않는지 이해하기 시작할 수 있을 것이다.

일반적으로 일부 산업에 시동을 걸기에 충분한 동력을 얻기 위해 모든 생산부문이 다 산업화될 필요는 없다는 것을 상기해야 한다. 산업화가 최소한의 수익성이 있으려면 단지 충분한 국민소득을 창출(산업화된 제품부문으로부터의 높은 임금 및 이윤을 통해)해낼 수 있는 일정한 규모의 산업화가 필요할 뿐이다. 각 기업이 자사의 투자가 다른 기업의 제품에 대한 수요에 미치는 영향을 고려하지 못하는 것은 개별적으로는 아주 작은 왜곡에 불과하다. 그러나 모든 산업부문의 왜곡이 다 더해지면 이는 산업화의 실패라는 매우 큰 왜곡으로 귀결된다.

또한 서로 다른 제품부문별로 편익 또는 비용이 각기 다르거나 기업별로 각기 다른 종류의 파급효과가 발생하는 준산업화의 경우도 가능할 수 있다. 예를 들면 더 많은 제품부문이 산업화될수록 필요한 고정비용의 규모가 감소하는 경우 준산업화가 될 개연성이 높다. 이렇게 되면 더 많은 사례로부터 배울 수 있는 가치가 있기 때문이다.[28] 이와 같은 유형의 외부효과가 있을 때는 다중균형이 발생하는데 임금 프리미엄이 필요하지는 않다. 만약 둘 또는 그 이상의 기업들로 구성된 클러스터가 있어서 서로의 고정비용 F에는 커다란 영향을 주지만 클러스터 외부의 기업들에게는 영향을 주지 않는다면, 이 클러스터의 산업들만이 현대적 기술로 전환하는 것이 균형이 되는 결과가 나타날 수 있다. 그러므로 이러한 조건에서는 셋 또는 그 이상의 균형이 나타날 수 있다. 또한 우리는 하나의 현대부문이 다른 제품부문에서는 전통적인 가내공업들과 나란히 존재하고 있는 엔클레이브 경제(enclave economy)를 만날 수 있다.[29]

다른 기업들의 생산 방법을 '보고 배우거나' 다른 유사한 효과를 통해 앞선 기업 하나의 존재가 다른 기업에 파급효과를 일으켜 그들의 생산성을 높이고 비용을 낮추는, 그 어떠한 유형의 **기술적 외부성**(technological externality)의 존재를 가정하지 않았다는 사실에 주목해야 한다. 이는 비효율적으로 투자를 저하시키는 또 다른 유형의 시장실패이다. 부록 3.3에서 로머(Romer)의 내생적 성장이론을 고찰했을 때 이러한 가능성에 대해 고려하였다.

기술적 외부성
시장교환 이외의 다른 수단을 통해 기업의 생산함수에 주어지는 긍정적/부정적 파급효과

빅 푸시가 필요할 수 있는 또 다른 경우들

빅 푸시에 대한 수요는 지금까지의 설명에서 포함되지 않은 다음 네 가지 조건으로부터도 발생할 수 있다.

1. **시차적 효과**(intertemporal effects) 산업부문 임금이 '1'이라 하더라도(즉 전통부문 임금과 동일), 다음 시기에서의 생산 과정이 보다 효율적이려면 현 시점에서 투자가 이루어져야

하는 경우 다중균형이 발생할 수 있다.[30] 첫 시기에서의 투자로 인해 해당 시점의 총수요는 감소하겠지만 다음 시기에서는 총수요가 증가한다. 그러나 투자는 수익성이 있어야만 이루어진다. 즉 두 번째 시기의 기대수요가 충분히 높아야 한다. 그러려면 여러 제품부문에서 동시에 투자가 이루지는 것이 필요할지 모른다. 그렇지만 산업화가 바람직함에도 불구하고 금전적 외부성으로 인해 시장은 이를 보장할 수 없다. 한 기업의 이윤은 미래 시기에 임금소득을 높임으로써 다른 기업들이 현대부문에 진출하여 그들의 제품을 판매하려 할 때 수요에 긍정적 기여를 하는 외부성을 반영하지 않는다. 이것이 다중균형의 근원이 된다. 빅 푸시의 당위성이 존재하는 경우 산업화는 사회를 보다 부유하게 만드는데(파레토 향상), 이는 첫 번째 시기의 소득이 고정비용만큼만 감소하는 반면, 두 번째 시기에서는 다른 제품부문들의 임금 및 이윤 증가로 초기의 감소분을 상쇄하고도 남을 만큼 소득이 충분히 증가하기 때문이다.[31] 원칙적으로 이윤의 일부는 또한 소득재분배의 대상이 되므로, 일단의 사람들만 부유해지고 다른 사람들은 손해를 보지 않는 것이 아니라 모든 사람이 부유해질 수 있다.

2. **도시화 효과**(urbanization effects) 만약 상당한 규모의 가내공업이 농촌지역에 있고 규모에 대한 보수 증가의 특성을 갖는 제조업이 도시에 위치한다면, 도시 거주자의 수요는 제조업 제품(공산품)에 보다 집중될 수 있다(예 : 운송과 분배에 필요한 시간 때문에 음식은 반드시 부패를 방지하기 위해 가공 처리를 해야 함). 이와 같은 경우에는 산업화를 위한 도시화에 빅 푸시가 필요하다.[32]

3. **인프라 효과** 철도나 항만 등의 인프라를 활용함으로써 현대부문 기업은 이러한 인프라의 대규모 고정비용을 분담할 수 있다. 인프라의 존재로 인해 투자기업은 자신들의 비용을 낮출 수 있다. 그렇게 함으로써 또한 투자기업은 다른 기업의 비용을 간접적으로 낮추는 데 공헌하게 된다(인프라 사용에 필요한 평균비용을 낮춤으로써). 도로, 철도, 항만과 같은 인프라는 당연히 특정한 지역에 위치해 있기 때문에 교역할 수가 없다. 또한 해외투자자에 대한 개방으로 문제를 항상 해소할 수 없는 것이, 투자자들은 기업들이 발전하여 인프라를 활용할 수 있을지를 알 수 없기 때문이다.[33] 결정적인 것은 하나의 제품부문이 산업화되면 인프라 서비스 시장의 규모를 확대할 것이고, 이는 다른 제품부문에 의해서도 사용되기 때문에 서비스 공급을 보다 유익하게 만들게 된다는 점이다. 그러나 인프라가 구축되었다 하더라도 다른 조정 문제가 존재한다면 효율적인 산업화가 이루어지지 않을 수 있다.

4. **훈련효과** 노동자를 훈련시킬 수 있는 시설에 대한 투자는 부족한 경향이 있다. 이는 훈련비용을 지불할 필요가 없는 경쟁기업들이 더 높은 임금을 제안하면서 훈련시킨 노동자를 유혹해 갈 것임을 기업가들이 잘 알고 있기 때문이다. 또한 노동자들 역시 어떤 기술을 습득해야 하는지 알지 못하기 때문에 훈련에 대한 수요 역시 너무 적다. (이와 같은 필요기술에 대해 기업이 투자할 것인지를 알지 못하는 것에 더해 사람들은 자신의 비교우위에 대해 완전한 정보를 가지고 태어나지는 않는다. 다만, 기본적 교육을 통해 이를 발견할 수 있다.) 이것이 공공부문 의무교육이 지니는 경제적 측면이다. 이러한 경우 노동의 자유로운 국경 간 이동이 없다면 무역개방으로 조정실패를 해소할 수 없는데, 이는 공식적

인 무역장벽이 적은 유럽연합(EU) 내에서도 아직까지 완전하게 이루어지지 않고 있으며 개발도상국에서는 아직 요원하다고 보아야 한다. 어떠한 경우든 해외의 숙련된 노동자에게 의존해서 한 국가의 고유한 저개발 문제를 해결하는 것은 적절하다 할 수 없다. 사실상, 인프라와 잘 훈련된 노동자는 공동으로 사용되는 중간생산재의 일반적 사례 중 하나이다. 또 다른 사례는 '공업지역'에 있는 소기업을 위한 공동연구시설이다(제7장 참조).

대기업가에 의해 문제가 해소될 수 없는 이유

왜 한 경제주체가 모든 지대를 흡수하여 조정실패 문제를 해결할 수 없는지 궁금할 수 있다. 다시 말해 하나의 대기업가(super-entrepreneur)가 조정이 필요한 모든 시장에 진입하고 모든 산업부문의 이윤을 취할 수는 없는가? 특정한 조정실패 유형의 경우 이러한 해결책은 사전에 제외된다. 예를 들면 교육과 숙련도 발전의 경우 연한계약노동(bonded labor)에 대해서는 법적 제약이 존재한다. 그러나 우리의 산업화 문제에 대해 왜 하나의 경제주체가 개별 시장에서 동시에 대기업가가 될 수 없는지에 대해서는 네 가지의 이론적 답변과 하나의 결정적인 경험적 답변이 제시된다.

첫째, 자본시장의 실패가 있을 수 있다. 하나의 경제주체가 대기업가의 역할을 수행하기 위해 어떻게 필요한 모든 자본을 모을 수 있겠는가? 이것이 논리적으로 상상 가능하다 하더라도 채권자들은 어떻게 그들의 투자에 대해 신뢰할 수 있겠는가? 특히, 채무불이행에 대한 처벌을 어떻게 부과할 수 있는가?

둘째, 관리자들과 다른 경제주체들을 감독하고 고용주의 의도에 따르도록 보장하거나 인센티브를 제공하는 제도를 기획 및 시행하는 데 비용이 들 수 있다. 이것이 **대리인 비용**(agency costs)이다. 일단 기업의 규모가 일정 수준 이상으로 너무 커지면 감독에 너무 많은 비용이 필요하게 된다. 산업들을 매각하는 것이 계획이라 하더라도 이들 산업들은 반드시 함께 발전되어야한다. 대기업가는 잠재적 구매자보다 기업에 대해서 더 많이 알고 있을 것이다. 다시 말해 기업이 그렇게 수익성이 높다면 소유자는 왜 이를 매각하고자 할 것인가? 따라서 잠재적 구매자들은 '레몬의 문제'라고 알려진 **비대칭 정보**(asymmetric information)의 문제에 직면한다.[34]

셋째, 소통의 실패가 있을 수 있다. 어떤 사람이 당신에게 '나는 투자를 조정하고 있으니 나와 함께 일합시다'라고 한다면 당신은 그렇게 할 것인가? 이 사람이 궁극적으로 조정자가 될 것이라는 것을 어떻게 알 수 있는가? 대기업가의 역할을 담당함으로써 엄청난 이익을 볼 가능성이 있으므로 많은 사람들이 그 역할을 담당하기를 원할지도 모른다. 만약 많은 사람들이 그 역할을 담당하기 위해 나서고자 한다면, 과연 누구와 조정해야 하는가? 각 경제주체가 단지 한 명의 대기업가 신청자와 조우한다 하더라도, 그는 적합한 사람이 아닐 수 있다(즉 당신과 함께 돈을 벌 수 있는 조정자가 아닐 수 있다).

넷째, 지식의 한계가 있다. 경제 전체가 현대적 기술방안을 활용할 수 있다고 규정한다고 해도 이는 한 개인이 산업화를 위한 충분한 지식을 얻을 수 있다는 것을 의미하지는 않는다 (또는 산업화를 위해서 누구를 고용해야 하는지에 대한 충분한 지식을 얻을 수 있다는 것을 의미하지 않는다).

대리인 비용
관리자와 다른 고용자를 모니터링하는 비용. 그리고 순응을 담보하거나 고용주의 의향에 따르도록 인센티브를 제공하는 체계를 만들고 수행하는 데 드는 비용

비대칭 정보
거래에 있어서 한 당사자(흔히 구매자, 판매자, 대출자, 채무자)가 다른 거래 당사자보다 더 많은 정보를 보유하는 상황

마지막은 실증적 이유이다. 어느 민간 경제주체도 대기업가의 역할을 수행한 적은 없다. 감독, 지식, 자본시장, 또는 규모의 비경제의 문제 때문이든 아니든 간에 끊임없이 성장해 가는 기업으로는 문제를 '해결'할 수 없다. 예를 들어 한 철강기업이 모든 후방산업 또는 전방산업을 소유하는 경우는 고사하고 철강을 생산하는 동시에 철강을 활용하는 제품을 상당 정도 생산하는 기업을 찾는 것조차도 매우 드문 일이다. 또한 구소련과 같은 극단적 사례에서 볼 수 있듯이, 정부의 직접생산(적어도 용납 불가능한 비용을 감수하지 않고는)으로 문제를 해소할 수 없다. 오히려 문제의 해결을 위해서는 민간 투자자들의 행동을 공공부문에서 조정하는 것이 일반적으로 필요하다. 동아시아에서는 산업정책이 이 역할을 하였다는 것이 통속적인 해석이다.

간단명료하게 일정한 조건하에서 발전 과정과 관련된 금전적 외부성은 빅 푸시 정책을 정당화하는 다중균형을 유인한다는 것을 알 수 있다. 우리의 주요 사례(적절한 임금 프리미엄의 경우) 그리고 각각의 다른 사례들에서 나타나는 공통적인 특징은 투자(산업화)기업이 다른 투자기업들의 이윤에 공헌하는 것의 단지 일부분만을 포착한다는 것이다. 이와 같은 사례들에서 규모에 대한 보수 증가 기술을 채택한 기업들은 총수요 증대, 제조업 재화로의 수요 전환, 다른 산업화 기업이 판매하는 시기로의 수요 재분배, 후발진입자의 고정비용 감소 또는 필수적 인프라의 고정비용 지불 부담 등과 같은 효과를 유발한다. 이들 각각은 산업화 과정의 다른 기업들에게 유익한 영향을 주게 된다.

4.4 다중균형의 추가적인 문제들

선임자 장점의 비효율성

현대부문 산업에서 규모에 대한 보수 증가의 존재는 다른 종류의 바람직하지 않은 균형을 만들 수 있다. 일단 현대적인 기업이 진입하면, 그 기업은 대규모 생산으로 평균비용을 낮출 수 있기 때문에 경쟁기업들보다 유리하다. 그러나 바로 그렇기 때문에 경쟁기업이 더욱 우월한 신기술을 확보한 경우에도 기존 기술체계를 전복하기란 쉽지 않다. 주어진 모든 산출수준에서 신기술을 이용할 경우 단위당 비용은 더 낮지만, 기존의 현대적 기술을 보유한 기업은 대량생산으로 단위당 비용을 신기술을 사용할 때보다 더 낮출 수 있으므로, 적은 수의 고객과 높은 고정비용으로 시작하는 신기술 기반의 기업에 비해 유리한 측면이 있다. 그 결과, 기업들은 고객층을 구축하는 한편 손실을 보전할 수 있을 정도의 충분한 자본금을 확보해야 필요가 있다. 개발도상국에서 흔히 일어나는 것처럼 자본시장이 잘 작동하지 않는다면(제15장 참조), 경제는 낙후되고 효율성이 떨어지는 산업이 만연하게 될 것이다.[35]

행동과 규범

많은 사람들이 지대추구나 부패한 행동에서 정직하고 협력(예를 들어 사업 파트너와의)을 통해 이득을 취하기 위한 평판 쌓기의 가치를 아는 행동으로 바꾸어야 하는 경우 더 나은 균형으로의 이동은 특히 어렵게 된다. 파트너의 선택은 많은 것을 결정하게 된다. 만약 기회주의적이고 포식자 같은 유형과 협력한다면, 독자적으로 일을 추진할 경우보다 더 나빠지게 된다. 다른 선의의 협력자와의 협력을 통해서만 최상의 결과에 다다를 수 있다. 사람들은 과거 경험에 비추어 잠재적 사업파트너들 중 최소한 일부 부류는 기회주의적인 행동을 할 것으로 기대하게 되며, 이와 같은 기대는 다시 잠재적인 파트너들로 하여금 실제로 기회주의적으로 행동하도록 만드는 인센티브로 작용한다. 정직함으로써 얻는 것이 없는 반면 무엇인가를 잃는다면, 정직하지 않으려는 인센티브가 발생한다. 다른 한편으로, 특정한 상황에서 사람들은 이 문제를 정부에 맡기기보다 규범을 집행하고자 스스로 나서기도 한다. 만약 다수의 사람들이 정직과 같은 규범을 지키고자 노력한다면, 각각의 개인들이 짊어질 규범 준수의 부담은 줄어든다. 이에 따라 대부분의 사람들이 부패에 저항하여 부패가 매우 적은 균형이 있을 수 있다. 반대로 소수의 사람들만이 부패에 저항하면 부패가 만연한 균형이 있을 수 있다.

만약 사악한 조직이 보상을 받도록 게임의 법칙이 정해져 있다면, 경쟁에서 선한 기업들이 우세할 것이라고 믿을 수 없다. 오히려 재산권 체계의 개혁, 반독점법, 정부 법칙의 투명성, 그리고 게임의 법칙을 정하는 법, 규제 및 경제생활의 규칙을 정하는 산업협회 규정 등과 같은 제도의 발전과 개혁을 위한 정책의 중요성이 특별히 강조된다. 일단 새로운 행동양식이 규범으로 자리 잡으면 그것을 유지하는 것은 훨씬 수월해진다. 일단의 신고전학파 경제학자들은 시장 메커니즘을 통해 우량한 제도들을 발전시킬 수 있다고 주장하였다. 나쁜 제도는 좋은 제도와의 경쟁에서 밀려나고 만다는 것이다. 그러나 조정실패를 방조하는ㅡ예를 들면 부정을 허용하고 독려하는ㅡ제도 개혁은 그 자체가 조정실패에 해당한다.

일단 협력적 관계(예: 사업)가 규범화되면 더 많은 사람들이 협력적 행동을 받아들이게 될 것이다. 그러나 모든 종류의 규범들은 타성을 지닌다. 규범들이 처음에는 매우 적응력이 높았을 것이지만, 제대로 기능하지 않게 된 경우에도 바꾸기는 쉽지 않다. 하나의 사례는 좋은 시민(좋은 힌두교인, 무슬림, 기독교인, 정령신앙자 등)이 되기 위해서는 반드시 다수의 자녀를 가져야 된다는 가치다. 이 가치는 아마도 현대 이전의 단계에서는 적절한 것이었을 것이다. 그러나 오늘날에는 발전을 가로막고 있다. 또 하나의 사례는 가족의 일원이 아닌 사람에 대한 불신일 것이다. 이는 부족 상황에서는 도움이 되었을 것이고 조심은 언제나 권고할 만한 것이다. 그러나 이러한 극단적인 명령은 현대 경제에서의 성공적인 사업 파트너십 구축에 결코 도움이 되지 않는다.

연계

연계

영업(매출)에 기반을 둔 기업 간의 연결. 후방연계는 한 기업이 다른 기업으로부터 재화를 구매하여 이를 투입요소로 사용하는 것이고, 전방 연계는 한 기업이 다른 기업에게 물건을 판매하는 것이다. 관련된 하나 또는 그 이상의 산업들(제품부문)이 거대시장의 장점인 규모에 대한 보수 증가를 보유할 때, 이와 같은 연계는 산업화 전략 차원에서 특히 중요하다.

여러 산업에서 동시에 현대부문의 확대를 촉진하는 빅 푸시의 착수를 추진하는 여러 가지 방법이 있다. 조정실패 문제를 해소하기 위한 한 가지 전략은 정부정책의 초점을 핵심적 전방 및 후방 **연계**(linkages) 효과를 갖는 산업의 발전을 촉진하는 데 맞추는 것이다. 이는 한국이 했던 바와 같이 핵심적 산업들에 진입하는 국내 산업들에 대한 보조금이나 진입에 대한 보상을 의미할 수 있다. 또한 싱가포르가 시행한 정책과 같이 핵심 산업에 진입하고 고등훈련을 제공하는 다국적기업에게 인센티브를 부여함을 의미할 수 있다. 또는 한국과 대만이 했던 바와 같이 한 산업에서 선구자의 역할을 수행할 핵심 공공기업을 설립(훗날 매각될 수 있음)하는 것일 수 있다.[36] 연계이론이 강조하는 바는, 특정한 산업들이 먼저 발전하고 나면 그 이후 이들과 다른 산업들의 상호 연결 및 연계가 새로운 산업의 발전을 유인하거나 최소한 이를 촉진하게 된다는 것이다. 후방연계는 활동에 대한 수요를 증대하고 전방연계는 특정 산업의 생산물을 사용하는 비용을 낮추게 되며, 양자는 시장 규모와 규모에 대한 보수 증가의 상호작용, 즉 금전적 외부성과 관련될 것이다. 다시 말해 하나 또는 그 이상의 관련 산업들이 규모에 대한 보수 증가를 보유할 경우 산업화 전략에서 연계는 특별히 중요하다. 여기서 규모에 대한 보수 증가는 거대시장의 장점이 된다. 예를 들면 동력 직조기 제조가 확대되면 동력 직조기의 가격 인하가 가능해지는 동시에, 동력 직조기에 의한 직물생산량이 증가하는 전방연계효과가 수반된다. 직물 제조에 사용되는 화학물질의 수요가 증가하면 화학산업이 팽창하고 이에 따라 대규모 생산으로 인해 비용 감소가 가능해짐으로써 후방연계가 발생한다. 두 가지 사례 모두 연계된 산업에 규모에 대한 보수 증가가 있는 경우 금전적 외부효과가 있음을 보여준다.

연계 접근법은 조정실패의 극복과 정(+)의 피드백 효과를 유발하기 위해 핵심적 연계산업에 대한 투자를 목표로 한다. 이러한 정책은 다른 산업과 더 많은 연계성을 갖고 그 연관성이 상대적으로 강력한 산업들을 선택하게 된다. 여러 가지 강력한 연관성을 지닌 (비용편익효과가 검증된) 산업들 중에서는 민간투자의 가능성이 가장 적은 산업들을 선택하는 것이 한 가지 정책이 될 수 있는데 그 이유는 이들이 가장 완고한 병목현상이 발견될 가능성이 비교적 높은 산업이기 때문이다. 만약 투자가 수익성이 있다면, 기업가가 나타나 틈새를 채우게 될 가능성이 높다.[37] 이러한 관측은 국영기업이 민간기업보다 덜 효율적일 것이라는 연구를 조심스럽게 해석해야 하는 근거를 제공한다. 만약 발전에 대한 유익한 효과 때문에 정부가 필수적인 그러나 수익성이 덜한 산업에 체계적으로 진입한다면, 민간기업들의 기준과 동일한 수익성 기준으로 이들 기업들을 평가하는 것은 바람직하지 않다. 여기에서 국영기업이 민간기업과 동일하게 효율적이라고 말하려는 것은 아니다. 사실 그 반대라는 근거가 더 많다.[38] 세계은행과 같은 기관들은 출판물을 통해 정부는 결코 생산업에 참여해서는 안 된다는 주장을 제기하고 있다. 일시적인 개입도 안 되며 어떠한 산업에도 참여해서는 안 된다는 것이다. 그러나 이와 같은 포괄적 진술들은 개발도상국 경제가 다루어야 하는 연계 및 다른 전략적 상호 보완성에 비추어볼 때 언제나 합리적인 것은 아니다.

불균등, 다중균형, 성장

성장과 다중균형에 관한 다른 중요한 연구들은 경제성장의 불균등한 효과를 다루고 있다. 전통적인 관점에 의하면, 부자들의 저축이 가난한 사람들의 저축보다 높기 때문에 약간의 불균등은 성장을 촉진할 수 있다. 이 견해에 따르면, 저축의 일정 부분이 투자목적으로 국가 내부에서 동원되어야 하는 경우 지나치게 높은 수준의 평등은 성장을 위태롭게 할 수가 있다. 그러나 저축이 보건, 아동교육, 그리고 주택개선에 관한 비용을 포함할 수 있도록 적절하게 측정된다면, 기존의 믿음과는 달리 빈곤층의 저축률이 훨씬 더 높게 나타난다.

더욱이 불균등이 심할 경우, 빈곤층은 담보물이 없기 때문에 대출을 받기가 어려워지게 될 것이다. 사실 빈곤하다는 의미는 전반적으로 담보물의 재원이 부족하거나 또는 전혀 없다는 것을 말한다. 이와 같은 자본시장의 불완전성으로 인해 사업을 시작할 대출을 얻을 수 없는 가난한 사람들은 최저생활에 머물거나 임금노동자에 머물게 될 것이다. 만약 융자를 얻을 수 있거나 보다 균등한 소득분배가 있었다면, 그들은 경제적으로 훨씬 더 성공할 수 있었을 것이다. 예를 들어 불완전한 신용대출시장으로 인해 아주 소수의 사람들만이 기업가가 될 수 있는 기회를 얻을 경우, 궁극적으로 모든 시민이 높은 소득을 향유하는 균형과 저소득층이 대부분인 균형 모두를 포함하는 다중균형이 존재할 수 있다는 것을 배너지와 뉴먼(Abhijit Banerjee and Andrew Newman)의 연구는 보여주고 있다.[39]

또한 빈곤계층이 신용이 없다면 매우 생산적인 교육에 투자할 수 있는 융자금을 얻을 수 없다. 만약 빈곤계층이 그들의 다음 세대에게 많은 유산을 남길 수 없다면, 가족들은 대를 이어 빈곤의 함정에 빠질 수 있다. 그러나 만약 교육이 어떻게든 이루어지게 된다면, 그들은 이러한 **빈곤함정**(poverty trap)에서 빠져나올 수가 있다. 부모로부터의 유산이 자녀들의 인적자본 축적을 위해 사용된다는 것이 무엇을 의미하는지를 보다 포괄적으로 정의하는 것이 바람직하다. 이는 수업료나 대신 벌어들일 수 있었던 임금 또는 가정을 돕기 위해 농장에서 일하는 것 이상이다. 왜냐하면 이는 정규교육비용 이상의 결과를 가져오며, 부유하고 교육받은 가정에서 성장한다면 단순한 부산물로서 얻을 수 있는 전반적인 '역량'의 집합체를 구축하는 것으로 생각될 수 있기 때문이다.

이 문제에 대한 전형적인 모형에서, 갤러와 제이라(Oded Galor and Joseph Zeira)는 신용대출시장의 부재가 성장과 소득 및 인적자본 분배에 주는 시사점에 대해 살펴보았다. 그들은 경제성장, 발전, 그리고 보다 단기적인 거시경제 조정을 위한 인적자본과 분배 그리고 양자 간 상호작용의 중요성을 강조하는 내생적 성장 모형을 개발하였다. 이들의 분석에는 두 가지 결정적인 가정이 포함되어 있다—(1) 자본시장의 불완전성. 이는 제15장에서 설명하는 대로 자본시장의 전형적인 특징이다. (2) 인적자본투자의 불가분성. 시장은 인적자본에 대한 투자를 나눌 수 없는 하나의 패키지로 가정한다. 즉 1년간의 학교교육 또는 이보다 더 큰 단위인 초등, 중등, 고등교육을 각각 하나의 패키지로 구별하는 것이다. 학습의 본질과 인적자본에 대한 시장검증의 본질을 모두 감안하면 두 번째 가정은 불합리하지 않은 것으로 보인다. 일정 수준 이상의 지식이 있어야만 고용주가 이에 대한 지불을 하게 될 것이다. 더구나 제8장에서 논의하는 것처럼, 교육이 내재하는 능력에 대한 증거로서 작용하기 때문에 잘 알려진 '학위효과(sheepskin effect)'를 갖게 된다. 즉 한 개인이 초등학교를 졸업하는 경우 그리고 다시 중등학교 졸업장을 획득하는 경우와 같이 교육수준이 높아질수록 인적자본에 대한 수익은 매우 급격히 상승하게 된다. 이는 마지막 과정이 이전의 단계보다 훨씬 더 많은 지식을 전달해주기 때문이 아니라, 학위 자체가 한 개인이 모든 필요조건을 충족했다는 증거가 되기 때문이다. 투자총액의 불가분성은 빅 푸시 모형의 고정비용에서와 같이 규모에 대한 보수 증가의 영역을 의미한다. 규모에 대한 보수 증가는 다중균형 창출에 있어서 핵심적 역할을 수행한다는 것을 다시 언급할 필요가 있다.[40] 다수의 실증분석에서, 특히 1980년대 이후, 불균등이 성장에 부정적 영향을 준다는 사실이 발견되었다.[41]

빈곤함정
가정, 사회, 그리고 국가의 열악한 균형. 빈곤과 저개발이 더욱 심한 빈곤과 저개발을 가져오는 악순환 구조와 연관되며 흔히 대를 이어 지속된다.

4.5 크레머의 오링 이론

저수준 균형 함정(low-level equilibrium trap)에 대한 중요한 통찰력을 제시하는 또 하나의 혁신적이며 영향력 있는 모형이 크레머(Michael Kremer)에 의해 제시되었다.[42] 그 기본적 개념은 다음과 같다. 현대부문의 생산(특히 전통적 수공업생산과 대비)은 관련된 여러 가지 행동들이 동시에 성공적으로 이루어져야 높은 부가가치를 얻을 수 있다는 것이다. 이는 매우 강력한 형태의 상호 보완성을 의미하며 특화와 분업에 대한 분석을 하는 데 자연스러운 접근법이다. 특화와 분업은 규모의 경제와 더불어 선진국, 특히 산업생산의 전형적 특징이다. 크레머 이론의 명칭은 1986년의 우주왕복선 챌린저호 사고에서 유래되었는데, 아주 작고 저렴한 부품 하나의 실패가 우주선 전체를 폭발하게 만든 사건이었다. 오링 이론은 흥미롭게도 빈곤 함정의 존재뿐만 아니라 이러한 빈곤함정에서 선진국에 비해 소득이 유난히 낮아지게 되는 이유를 설명하고 있다.

오링 모형

오링(O-ring) 모형의 핵심적 특징은 투입요소 간 강력한 상호 보완성이 있는 생산을 모형화하는 방식에 있다. 우리는 먼저 기업 내부에서 생산이 어떻게 이루어지는지를 설명하는 모형부터 생각할 것이다. 그러나 앞으로 볼 수 있듯이, 이 모형은 기업 간 그리고 경제 내 산업 간 상호 보완성 효과에 대해서도 의미 있는 통찰력을 제공해준다.

생산 과정이 n개의 과업으로 나뉜다고 가정하자. 이 과제들을 수행하는 방법은 여러 가지가 있으며, 우리는 단순하게 숙련도 $q(0 \leq q \leq 1)$에 따라 과업들을 서열화할 수 있다고 가정하자. 숙련도가 높을수록 그 과업이 '성공적으로 완수'될 가능성은 높다(과업을 통해 생산된 부품이 불량품이 아니라는 것을 의미할 수 있음). 크레머가 상정한 q의 개념은 사실 매우 유연하다. 다른 해석은 아마도 재화의 특성에 관한 품질지수를 포함할 것이다. 품질이 높은 재화일수록 소비자는 더 많은 돈을 지불하고자 할 것이다. 예를 들어 q가 0.95라고 가정하자. 여러 가지 해석이 가능하다—(1) 과업이 완전하게 완수될 확률이 95%이며 이 경우 제품은 최대 가치를 유지한다. 그리고 매우 불완전하게 과업이 끝날 확률이 5%이며 이 경우에 가치는 없다. (2) 최대가치의 95%를 유지하기에 충분할 만큼 과업은 언제나 성공적으로 완수된다. (3) 제품이 최대한의 가치를 보유할 확률이 50%이며, 제품의 가치를 90%까지 떨어뜨릴 실패의 확률이 50%이다. 단순함을 위하여, 서로 다른 노동자가 갖는 실패확률은 서로 완전하게 독립적이라고 가정하자. 여기서 가정하는 생산함수는 매우 간단하다. 산출량은 각 n 과업이 갖는 숙련도 q값을 모두 곱한 값으로 주어진다. 이는 다시 기업 특성을 나타내는 B항에 곱해지는데, B항은 대체로 과업의 수가 많아질수록 커진다. 또한 개별 기업은 단지 2명의 노동자를 고용한다고 가정하자. 그러면 **오링 생산함수**(O-ring production function)는 다음과 같다.[43]

$$BF(q_i q_j) = q_i q_j \tag{4.1}$$

오링 생산함수
투입요소 사이에 강력한 상호 보완성이 존재하는 생산함수로, 투입요소 품질의 산출에 기반을 둠

보다 명료한 분석을 위해, 우리는 승수 B가 1이라고 가정한다. 생산함수의 형태에 더해 우

리는 분석을 명료하게 하기 위한 세 가지의 중요한 가설을 상정한다―(1) 기업은 위험중립적이다. (2) 노동시장은 경쟁적이다. (3) 노동자는 비탄력적으로 노동을 공급한다(즉 노동자는 임금에 관계없이 노동을 한다). 만약 우리가 자본시장을 고려한다면, 자본시장도 경쟁적이라고 가정한다. 또한 현 시점에서는 폐쇄경제를 상정한다.

이와 같은 유형의 생산함수가 갖는 가장 두드러진 특징은 긍정적인 동류교배(assortative matching)라 할 수 있다. 이는 숙련도가 같은 노동자들끼리 일하게 된다는 것을 의미한다. 즉 숙련도가 높은(낮은) 노동자는 숙련도가 높은(낮은) 노동자와 일하게 된다는 것이다. 이 모형을 사용하여 서로 다른 경제를 비교하면, 이와 같은 조합에 따라 부가가치가 높은 제품은 숙련도가 높은 국가에 집중될 것이라는 추론이 가능하다. 이러한 모형에서는 모든 사람이 생산성이 높은 노동자와 일하고자 할 것이다. 왜냐하면 식 (4.1)에서 나타나는 바와 같이 자신의 노력이 다른 사람의 노력에 의해 배가되면, 생산성이 높은 사람과 함께 일해야 자신의 생산성 역시 높아질 것이기 때문이다. 경쟁시장에서는 임금이 생산성에 의해 결정된다. 생산성이 더 높은 노동자를 고용한 기업은 더 높은 임금을 지불할 여력이 있으며 더 높은 가격을 부를 인센티브가 있다. 왜냐하면 한 명의 생산성은 낮고 다른 한 명의 생산성이 높은 두 명의 노동자를 고용하는 것보다 생산성이 동일하게 높은 두 명의 노동자를 고용할 때 산출요소의 가치가 더 높기 때문이다. 이에 따라, 가장 생산성이 높은 노동자들끼리 함께 일하려는 경향이 강하게 나타나게 된다.

이러한 상황은 만약 우리가 4명으로 구성된 경제를 상정하면 쉽게 이해할 수 있다. 이 경제에 2명의 고숙련(q_H) 노동자와 2명의 저숙련(q_L) 노동자가 있다고 가정하자. 이 4명의 노동자는 숙련도에 따른 조합으로 배치될 수도 있고 그렇지 않을 수도 있다. 총산출량은 언제나 숙련도에 따른 조합에서 높을 것이다. 왜냐하면

$$q_H^2 + q_L^2 > 2q_H q_L \tag{4.2}$$

x와 y가 동일하지 않은 경우 $(x - y)^2 > 0$이라는 사실을 기억하자. 따라서 x가 q_H이고 y가 q_L이라고 하자. 그러면 위의 식 (4.2)와 동일하게 $x^2 + y^2 > 2xy$가 된다. ($q_H > q_L$인 어떤 값을 대입하여 검증해보라). 이는 기업과 경제에 더 많은 수의 노동자들이 있는 경우에도 보편적으로 적용된다. 결과적으로 노동자들은 숙련도 수준에 따라 분류된다.[44]

숙련도가 혼합되기보다는 분류될 때 총가치가 더 높기 때문에 생산성이 우수한 노동자들로 시작한 기업은 이러한 노동자들을 추가적으로 데려올 수 있는 여력이 있으며 그렇게 하는 것이 더 이익이다. 물론 모든 기업이 우수한 노동자를 고용하고자 한다. 그러나 노동자들 또한 다른 우수한 노동자들과 한 팀을 이루는 것이 노동자의 이해관계에 부합한다. 노동자들이 어느 기업에서 일할 것인지를 결정하고자 노력하는 과정에서 기업이 형성된다고 생각해보자. 생산성이 높은 노동자들이 서로 한 팀이 되고 나면 그들은 더 이상 취업시장에 남아 있지 않게 된다. 그렇게 되면 생산성이 상대적으로 낮은 노동자들끼리 남게 되는 것이다. 만약 숙련도 또는 생산성의 단계가 다양하다면, 생산성이 가장 높은 노동자들이 먼저 팀을 이루게 되며 그다음 단계의 생산력을 지닌 노동자들이 팀을 이루게 된다. 그리고 이러한 과정들은 숙련도

및 생산성 수준에 따라 지속적으로 반복될 것이다. 예를 들어 한 명의 서투른 연주자를 고용하게 되면 교향악단 전체가 부정적인 영향을 받게 된다. 그러므로 유명한 교향악단들은 실력이 떨어지는 연주자를 뛰어난 연주자로 대체하기 위해서 아낌없이 투자하는 것이다. 최고의 재즈 연주자들이 각각 실력 없는 연주자들 그룹을 이끌기보다 그들끼리 함께 모여서 연주하고 녹음하는 것도 같은 이유이다. 가장 뛰어난 요리사를 고용한 레스토랑들은 원숙하고 훈련이 잘된 정규직 웨이터들을 고용하는 반면, 패스트푸드 식당들은 유명한 요리사를 고용하지 않는다.

이와 같은 분류 과정은 '결혼시장' 모형을 유추하면 더욱 분명하게 기억할 수 있을 것이다. 노벨경제학상 수상자인 베커(Gary Becker)가 제안하여 유명해진 '결혼시장' 모형은 사실 오링 모형과 정확히 일치하지는 않으나[45] 추가적인 시사점을 제공해준다. 만약 배우자감들이 단지 매력만을 고려한다면, 모든 남성은 가장 매력적인 여성과 결혼하려 할 것이고 또한 모든 여성도 가장 매력적인 남성과 결혼하고자 할 것이다. 따라서 가장 매력적인 남성과 여성은 결혼할 것이고 결혼시장에서 빠져나갈 것이다. 그다음에는 두 번째로 매력적인 남성과 여성이 결혼하게 될 것이다. 이 과정은 가장 매력 없는 남성과 여성이 결혼하게 되는 순간까지 지속된다. 물론 매력이라는 것은 관점마다 다르며, 대부분의 사람들은 매력 이외에도 배우자에게서 볼 수 있는 다른 측면, 즉 다정함, 지성, 부, 믿음, 취미, 헌신 및 유머 등에 관심을 갖는다. 그렇지만 결혼이라는 비유는 여전히 기억할 만한 시사점을 던져준다. 비즈니스 세계라면 결과는 일단의 기업과 노동자들, 심지어는 저소득 국가 전체가 저숙련과 저생산성의 함정에 빠질 수 있는 반면, 다른 기업과 노동자들은 함정에서 빠져나와 높은 생산성을 실현하게 되는 것이다.

이 모형은 추상적으로 보이지만 정량적 사례를 통해 고숙련 노동자를 보유한 기업이 어떻게 다른 고숙련 노동자를 얻기 위해 더 많은 대가를 지불할 수 있으며 또한 기존 노동자들의 숙련도를 높이는 데 노력하게 되는지를 볼 수 있다. 우선 6명의 노동자가 있다고 가정하자. 이 중 3명은 $q = 0.4$이며 균형 상태에서 함께 모여 있다. 그리고 나머지 3명은 $q = 0.8$이다. 이제 첫 번째 기업에 고용된 노동자 중 1명의 q가 0.4에서 0.5로 상승했다고 가정하자(예를 들어 훈련을 통해서). 유사하게 두 번째 그룹의 노동자 중 1명의 q가 0.8에서 1.0으로 상승했다고 하자. 각각의 그룹에서 우리는 한 노동자의 역량이 25% 상승했음을 알 수 있다. 기대하는 바와 같이, 한 노동자 역량의 25% 상승은 제품 수준의 25% 상승을 유인하게 된다. 그러나 더 높은 역량 수준에서 출발할 때, 그 25%는 더 큰 절대치의 증가로 이어진다. 첫 번째 기업은 $(0.4)(0.4)(0.4) = 0.064$에서 $(0.4)(0.4)(0.5) = 0.080$으로 이행하였으며 그 차이는 $0.080 - 0.064 = 0.016$으로서 $0.016/0.064 = 0.25$, 즉 25%의 증가이다. 두 번째 기업은 $(0.8)(0.8)(0.8) = 0.512$로부터 $(0.8)(0.8)(1.0) = 0.640$으로 이행하였으며 그 차이는 $0.640 - 0.512 = 0.128$이며 그 변화는 $0.128/0.512 = 0.25$, 즉 역시 25%의 증가가 된다. 그러나 배가된 투자(두 번째의 기업의 0.2 대비 첫 번째 기업의 0.1)에 비해 총숙련도의 증가는 8배에 달할 만큼 훨씬 더 크다. 한계비용이 일정하거나, 비용이 상승하더라도 완만하게 상승하는 상태에서 만약 숙련도를 일정 비율로 증가시킬 수 있다면, 숙련도를 증가시킬수록 더 가치를 얻게 되는 선순환 구조를 만들 수 있다. 따라서 임금은 숙련도가 지속적으로 향상됨에 따라 점증적으로 상승하게 된다. 크레머가 제시하듯이, 오링 모형은 경쟁균형과 합치한다.

긍정적 동류교배의 오링 결과는 일단의 상당히 강력한 가정들에 의존한다. 이러한 가정들은 얼마나 중요하며 얼마나 완화될 수 있는가? 핵심적인 조건은 두 가지다—(1) 노동자들은 상호 불완전 대체재이다. (2) 과업 간 충분한 정도의 상호 보완성이 존재한다. 이들 조건들이 성립하는 한 기본적 결과들이 나타난다.

노동자들이 왜 불완전 대체재인가를 보기 위해, 이들이 완전대체 가능하다고 가정해보자. 일단 두 가지 수준의 숙련도 q_L과 $q_H = 2q_L$이 있으며 다른 변화 없이 각각의 q_H 노동자는 2명의 q_L 노동자로 대체될 수 있다고 가정하자. 따라서 q_H 노동자는 q_L 노동자가 받는 임금보다 2배를 받을 것이다. 이런 경우 기업 또는 경제가 어떠한 노동숙련 조합을 사용할 것인지에 대해 예측할 수 없다. 따라서 저숙련 수준의 균형함정에 대해 아무것도 배울 수 없다. 사실상, 기업들에서 노동자 상호 간의 불완전 대체성에 대한 실증적 증거들이 존재한다.

과업의 상호 보완성이 반드시 존재해야 하는 이유를 알기 위해 g와 h의 두 가지 과업이 있으며 양자 간에 상호 보완성이 존재하지 않는다고 가정해보자. 보다 구체적으로, q_H 노동자가 g 과업에 고용되고 q_L 노동자가 h 과정에 투입된다고 가정하자. 그렇다면

$$F(q_H q_L) = g(q_H) + h(q_L)$$

가 된다. 여기서 숙련도는 상호 간에 불완전대체재이다. 왜냐하면 오직 한 가지 유형의 노동자가 각각의 과업에 고용될 수 있기 때문이다(즉 두 단위의 특정 유형 노동으로 한 단위의 다른 유형 노동을 대체하는 것은 불가능하다). 그러나 과업이 보완적이지 않기 때문에, g 과업을 위한 최적의 숙련도 선택은 h 과업의 경우와 상호독립적이다. 따라서 전략적인 상호 보완성은 나타나지 않는다.[46]

오링 이론의 시사점

오링 이론에 대한 분석을 통해 다음과 같은 시사점을 얻을 수 있다.

- 기업은 다양한 과업을 수행함에 있어 유사한 숙련도를 지닌 노동자를 고용하려는 경향이 있다.
- 동일한 과업에 종사하는 노동자라 할지라도 고숙련 기업에 근무하는 경우 저숙련 기업에 근무하는 경우보다 더 높은 임금을 받는다.
- 숙련도 q에 따라 임금이 체증하여 증가하기 때문에, 선진국에서의 임금은 숙련도의 표준 척도에서 예측한 임금보다 숙련도에 비례하여 더 높다.
- 만약 노동자들이 자신들의 숙련도 향상에 관심을 갖고 투자하며 이렇게 하는 것이 그들 이해에 부합하는 것이라면, 그들은 얼마나 더 숙련도를 높여야 하는지를 결정하는 과정에서 다른 노동자들의 인적자본투자를 중요한 요소로 고려할 것이다. 만약 한 노동자 주변에 평균적으로 숙련도가 높은 노동자들이 존재한다면, 해당 노동자는 자신의 숙련도를 높여야 하는 강력한 인센티브를 갖게 될 것이다. 이와 같은 형태의 상호 보완성은 다중균형이 발생할 수 있는 조건으로 우리에게 이미 익숙한 상황이다. 이는 빅 푸시 모형에서 제기된 이

슈와 동일하다. 크레머는 〈그림 4.1〉과 같은 그래프가 얼마나 더 기술을 습득해야 하는지에 대한 선택에 적용될 수 있음을 보여주고 있다.

- 경제 전반에 걸쳐 낮은 생산품질 함정에 빠질 수 있다. 이는 기업 내부 또는 기업 간에 오링 효과가 있을 때 발생하게 된다. 외부성이 존재하기 때문에, 과거 동아시아 국가들이 시행했던 바와 같이 숙련도를 높이기 위한 산업정책이 필요할 수 있다(12.6절, 그리고 장 끝의 한국에 대한 사례연구 참조). 이는 중진국 함정에서 탈출하고자 노력하는 국가에게도 적절할 수 있다.

- 오링 효과는 지역생산의 병목현상을 확대할 수 있다. 왜냐하면 이러한 병목현상은 다른 생산부문에 부가적인 효과를 가져오기 때문이다.

- 병목현상은 또한 기술숙련도에 대한 기대수익을 감소시켜, 기술숙련도에 투자할 노동자의 인센티브를 감소시킨다.

크레머가 제시한 바와 같이, 이와 같은 병목효과들에 대해 고려해보자. 먼저 한 재화를 생산하기 위해 n개의 과업이 필요하다고 가정하자. 그리고 이들 n 과업의 표준숙련도가 q라고 하자. 그러나 이제 모든 기업에서 두 노동자의 실제 숙련도가 절반으로 줄었다고 하자. 오링 생산함수에서 산출량은 75% 줄어들 것이다(산출량을 반으로 줄이고 다시 한 번 줄인 결과). 그리고 나머지 $n - 2$ 과업에 대해서도 숙련도의 한계생산은 75% 감소하고 숙련도 향상에 투자할 인센티브도 감소할 것이다. 이러한 결과는 오링 기본 모형의 강력한 가정에 기반한 것으로 현실을 다소 과장한 것일 수 있다. 그러나 핵심은 전략적 상호 보완성이 저숙련 균형을 존재하게 할 수 있다는 것이다.

노동자들이 계획된 투자를 줄이면 이에 따라 경제의 기술숙련도가 줄어들고 다시 숙련도 투자에 대한 인센티브가 줄어든다. 이와 같은 문제는 국제무역 및 투자에 의해 일정 부분 개선될 수 있는데, 그 이유는 외국의 투입요소와 투자자들이 병목된 경제 외부로부터 투입요소 재원에 대한 대안을 제공하기 때문이다. 1980년대 이전까지 국제경제로부터 스스로를 단절했던 중국, 인도 등의 경제가 해외의 투입요소 및 투자가 갖는 장점을 활용하지 못했기 때문에, 세계 경제에 보다 통합적이었던 한국 등의 경제만큼 성과를 나타내지 못했다고 볼 수 있다. 오링 분석은 왜 그토록 효과가 클 수밖에 없었는지 설명하고 있다. 교역이 산업화의 모든 문제를 해소할 수는 없지만, 오링 모형은 교역이 왜 산업화 전략의 한 부분으로 중요한 역할을 수행할 수 있는지를 설명해주고 있다.

오링 모형은 또한 기술 선택에 대한 시사점을 제공해준다. 기술이 희소한 경우, 기업은 부가가치가 높다 하더라도 다수의 과업이 필요한 복잡한 생산기술을 선택하려 하지 않을 것이다. 그 이유는 그러한 과정 중 하나를 실패할 경우 발생할 비용이 너무나 크기 때문이다. 이렇게 하여 생산이 완전히 성공적으로 끝난다고 가정할 때 생산의 가치는 생산의 복잡성에 따라 상승한다. 정(+)의 동류교배를 가정하면, 대규모 또는 여러 단계를 요구하는 제품을 생산하거나 기술을 사용하는 기업은 고숙련도의 노동자를 고용하려 할 것이다. 대규모의 노동자와 생산 과정을 지닌 기업에서 실수의 대가는 매우 크다. 그렇기 때문에 기업들은 실수의 가능성이 극히 적은 수준 높은 숙련된 노동자에 이례적인 가치를 부여하게 된다.[47] 이는 왜 고숙련 노동자들을 보유한 선진국들이 대기업을 보유하고 복잡한 제품 생산에 특화하고 있는지를 설명하고 있다. 이는 또한 국가 내부 또는 여러 국가에 걸쳐 기업 규모와 임금이 왜 상호 비례하는지를 설명할 수 있다.

마지막으로, 일정한 추가적인 가정하에, 오링 모형은 국제적인 두뇌 유출에 대해서도 설명할 수 있다. 특정한 숙련도를 지닌 한 노동자가 개발도상국에서 선진국으로 이동할 경우 동일한 숙련도를 사용함에도 즉시 더 높은 임금을 받게 되는 것을 볼 수 있을 것이다. 오링 모형은 이를 설명하는 한 가지 방법이 된다.

그러므로 크레머의 오링 모형은 경제발전과 국가 간 소득분배에 있어서 강력한 상호 보완성이 지니는 많은 시사점들을 지적하고 있다. 크레머의 결론과 같이, "전략적인 상호 보완성이 충분히 강력할 경우, 미시경제적으로 동일한 국가 또는 국가 내 그룹들이 서로 다른 인적자본 수준을 갖는 균형에 안착하게 될 수 있다."[48]

4.6 자아발견으로서의 경제발전

완전정보하의 단순 모형에서 기업과 개발도상국 전체는 스스로의 비교우위를 이미 알고 있는 것으로 가정한다. 그러나 개인들은 노동시장에서 스스로의 비교우위를 발견해야 한다. 예를 들어 아무도 자신이 경제학자나 국제개발 전문가가 될 재능이 있는지를 미리 알지 못한다. 이와 유사하게, 국가들도 어떤 활동이 전문화하는 데 가장 유리한지를 배워야 한다. 하우스만과 로드릭(Ricardo Hausmann and Dani Rodrik)이 보여주듯이, 이는 복합적인 과정이며 시장실패로 흐르기 쉽다.[49] 개발도상국이 '노동집약적 생산'에 특화해야 한다고 말하는 것은 충분하지 않다. 왜냐하면 이것이 사실이라 하더라도 오늘날 세계 경제에는 수많은 노동집약적 제품들이 존재하며, 특정 제품의 생산에 필요한 비용은 국가마다 서로 다르다. 따라서 한 국가에서 특정 제품 또는 서비스 생산의 직간접적 국내비용이 낮은지 또는 낮춰질 수 있는지를 발견하는 것은 사회적으로 매우 가치가 있다. 이러한 발견이 가치가 있는 것은 일단 하나의 활동이 수익성 있는 것으로 나타나면 이는 모방이 가능하며, 적어도 어느 정도의 시간지체 이후에는 새로운 국내 산업으로 이어질 수 있기 때문이다. 10여 명의 선도적인 기업가가 시장에 진입하면서 확산된 방글라데시의 기성복 시장이 한 예다. 궁극적으로 시장이 경쟁하는 기업에게 개방되면서 신규기업은 원래 혁신자의 잠재적 이윤을 **빼앗아**가게 된다. 이러한 **정보 외부성**(information externality)으로 인해 혁신가들은 유익한 탐색 활동으로부터의 수익을 온전히 수확하지 못하기 때문에, 국가의 비교우위 탐색이 부족하게 될 것이며 평상시와 같이 일하는 데 지나치게 많은 시간이 소요되는 반면 '자아발견'에 투입되는 시간은 너무나 적어진다. 자아발견이라는 용어는 문제의 생산물이 이미(아주 예전에 또는 최근에 선진국에서) 누군가에 의해서 발견되었다는 가정을 기발하게 표현하고 있다. 아직 발견되지 않은 것은 특정 개도국이 이 중 어떤 물건을 상대적으로 잘 만들 수 있을까 하는 것이다.

또한 하우스만과 로드릭은 또 다른 시장실패를 지적한다—국가가 특화에 가장 유리한 생

정보 외부성
지식 및 생산 과정과 같은 정보가 시장거래의 중개 없이 한 경제주체로부터 다른 경제주체로 파급되는 것으로. 정보의 공공재적 특성(무임승차에 민감)을 반영—다른 사람의 사용을 완전히 배제할 수도 없고 완전히 비경합적(한 경제주체의 정보 사용이 다른 경제주체의 정보 사용을 방해하지 않음)이지도 않다.

산품을 발견하고 난 이후에 보면 너무나 많은 다각화가 발생하였을 수 있다. 왜냐하면 새로운 활동에 대한 진입이 제한되는 기간이 매우 길었을 수 있기 때문이다. 하우스만과 로드릭에 의하면, 이러한 시장실패에 직면하여 정부정책은 발견 단계에서 현대부문에 대한 투자를 광범위하게 장려함으로써 왜곡에 대응해야 한다. 사실 어떤 경우에는 정책은 이후의 생산을 합리화해야 하며, 고비용 활동으로부터 탈피하여 저비용 활동으로 진입하는 움직임을 장려해야 하고, 경제성장에 가장 잠재력이 큰 일부 산업으로 산업 수를 줄여 나가야 한다고 이들은 주장한다. 저자들은 이러한 정책의 일례로 동아시아의 성공적인 수출 및 산업 정책을 들고 있다. 이 주제는 제12장에서 다루게 될 것이다.

저자들은 그들 이론의 세 가지 '구성요소'를 제시한다—한 국가가 어떤 제품을 효율적으로 생산할 수 있는지에 대한 불확실성이 존재하며 수입된 기술이 생산적으로 활용되려면 기성품처럼 바로 쓸 수가 없고 현지적응이 필요하다. 일단 이와 같은 두 가지 장애가 극복되면, 모방은 때로 급격히 이루어진다(개척자의 수익성을 감소시키며). 저자들은 이러한 가정들의 실질적인 합리성을 보여주는 일단의 사례들을 제시한다. 이러한 사례로는 인도에서의 기대하지 않았던 정보기술의 출현, 방글라데시(침대시트가 아닌 모자)와 파키스탄(모자가 아닌 침대시트)과 같이 명백히 유사한 비교우위를 지닌 여러 국가에서 나타나는 놀라운 수출 다양성, 동아시아에서와 같이 다양한 유형의 서구기술을 현지에 적응한 역사(한국의 조선산업), 콜롬비아 절화 수출산업의 성장에서 볼 수 있는 지역경제에서의 급속한 제품 및 기술 확산(종종 기업 간 인력이동에 의해 촉진)이 있다.

4.7 하우스만-로드릭-벨라스코 성장진단 프레임워크

효율적인 투자와 광범위한 기업가정신을 장려하는 것은 보다 넓은 의미에서 경제성장과 발전을 촉진하는 탁월한 역할을 수행한다. 그러나 경제발전을 위한 '만병통치약'과 같은 정책이 존재한다는 통속적 발상은 이제 신화로 인식되고 있다. 서로 다른 국가들은 보다 빠른 성장 및 발전을 이룩하는 데 서로 다른 제도적 제약조건에 직면한다. 각 국가들이 직면한 제약의 본질을 파악할 수 있도록 도와주는 것이 경제발전 전문가들의 핵심 임무이다. 하우스만, 로드릭, 벨라스코(Ricardo Hausmann, Dani Rodrik, Andrés Velasco), 즉 HRV는 한 국가의 가장 구속력이 있는 성장제약요인을 겨냥하여 **성장진단**(growth diagnostics) 의사결정 분지도 체계를 제안했다. 이들에 의하면, 구속력이 가장 높은 제약조건에 초점을 맞추는 것이 다른 접근법보다 정책 선택에 있어서 중요하다는 것이다.[50]

만약 개발도상국이 상대적으로 낮은 수준의 민간투자와 기업가 정신을 경험한다면 어떠한 대책이 취해져야 하는가? 이 문제를 해결하기 위한 기본적 의사결정 분지도가 〈그림 4.3〉에 나타나 있다. 여기서 화살표는 10개의 최하위 상자(더 이상 화살표가 나가지 않는)로 이어진다. 지도의 첫 단계에서 분석가들의 목표는 주요 문제가 근본적으로 낮은 수익률인 국가와 비정상적으로 금융비용이 높은 국가들을 구별하는 것이다. 수익률이 낮은 **경제활동**으로 화살표가 향하는 첫 번째 경우를 먼저 고려해보자.

성장진단
한 국가의 경제성장에 가장 방해가 되는 제약조건을 구별하기 위한 의사결정 분지도 체계(decision tree framework)이다.

사회적 수익률

사회 전체의 관점에서 비용과 편익이 설명되는 투자수익성(이윤율)이다.

투자자에 대한 낮은 수익은 경제활동에 대한 잠재적 **사회적 수익률**(social returns)이 근본적으로 낮다는 사실에 기인할 수 있다. 그렇지 않다면, 낮은 수익은 낮은 민간 전용성에 의해 야기될 수 있다. 이는 투자자들이 투자수익의 적정분을 거둘 수 있는 능력의 제약을 의미한다. 각각의 경우에 대해 순차적으로 고려하면, 낮은 사회적 수익은 세 가지 요소 중 하나에 의해 발생할 수 있다.

첫째, 제2장에서 지적한 바와 같이 열대해충, 산 및 다른 물리적 장벽, 세계 시장과의 거리감, 내륙국(항구에의 접근이 정치적으로 모호하고 경제적으로 비용이 높은) 등의 **열악한 지리적 여건**은 저소득 국가의 경제발전 착수 및 유지 역량을 제한할 수 있으며 이는 특히 다른 복합적 요소가 있는 경우 더 심해진다. 이러한 제약조건이 가장 구속력 있는 것들이라면 발전정책은 반드시 이들을 극복할 수 있는 전략에 초점을 맞추어야 한다. 둘째, 낮은 인적자본(숙련도, 교육 및 노동자 보건)은 다른 생산요소와 보완적으로 사용되는 생산요소로, 경제활동에 대한 수익에 영향을 준다. 예를 들어 문자해독률과 수리능력의 부족이 경제활동에 가장 큰 영향을 미친다면, 이의 극복은 발전정책의 최우선 과제가 된다. (보건 및 교육의 중요성은 제2장에서도 강조된 바 있다. 그리고 이는 제8장에서 보다 심도 있게 검토될 것이다.) 셋째, 모든 개발도상국은 반드시 현대경제의 착수 및 유지에 필요한 필수적인 인프라를 제공해야 하며, 이는 도로, 교량, 철도, 항구, 통신, 그리고 기타 공공사업(수도/가스/전기) 등의 기본적 물적 구조부터 시작되어야 한다. **열악한 인프라**로 인해 전망 있는 경제활동들의 수익률이 떨어지는 결과가 나타날 수 있다. 일단의 국가에서는 부적절하고 불균형한 인프라가 성장 촉진을 방해하는 주요 요소이다. 이 경우 정책은 투자를 진흥하고 성장을 최대화하는 데 초점을 두어야 한다.

그러나 문제가 경제활동에 대한 낮은 사회적 수익이 아니라 낮은 전용성으로 인해 발생할

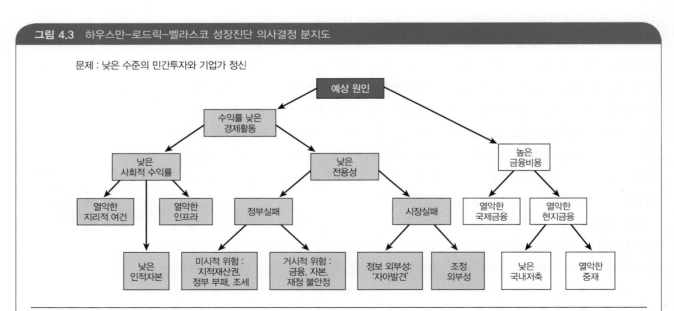

그림 4.3 하우스만–로드릭–벨라스코 성장진단 의사결정 분지도

자료 : Ricardo Hausmann, Dani Rodrik, and Andrés Velasco, "Getting the diagnosis right," *Finance and Development* 43 (2006), http://www.inf.org/external/ pubs/ft/fandd/2006/03/hausmann.htm. 허락하에 게재.

수 있다. 즉 투자자들이 투자수익의 적정한 몫을 가져가지 못하는 것이다. 낮은 전용성은 낮은 경제활동 수익의 오른쪽으로 이어지는 상자와 연결된다. 전용성 문제는 **정부의 실패** 또는 **시장의 실패**에 기인한다. HRV 도표에서, 정부의 실패는 미시적 위험과 거시적 위험으로 구분된다. 미시적인 위험은 취약한 지적재산권, 정부 부패, 지나치게 높은 유효세율 등과 같이 근본적인 제도의 취약성을 말한다. 즉 경제활동에 대한 수익은 충분히 높지만 투자자가 아닌 엘리트 계층이 수익의 대부분을 차지하게 되어 투자의 매력을 저하하게 되는 것이다. 개혁이 엘리트 계층의 이익을 위협할 때는 효과적으로 제도를 개혁하기 어렵지만(제2장 참조), 미시적 위협이 가장 구속적인 제약조건이라면 이와 같은 개혁은 발전의 최우선 과제가 되어야 한다. 이 장의 끝부분에 나와 있는 중국의 사례연구가 보여주는 바와 같이, 개혁은 종종 과도기적인 제도를 통해 단계적으로 이루어질 수 있다. 전용성은 또한 정부의 자본, 금융 및 재정 안정 제공 실패로 인한 거시적 위험에 의해 제한될 수 있다.

근본적 문제는 이 장에서 강조했던 유형의 대규모 시장실패일 수 있다. 여기에는 하우스만과 로드릭이 지적했고 4.6절에서 검토했던 **자아발견** 문제들이 포함될 수 있다. 이 문제들은 또한 저개발에 대한 빅 푸시 모형에서 본 조정 문제 형태로 나타날 수 있다. 다른 유형의 시장실패 및 정부실패는 제11장에서 검토될 것이다.

한편, 중요한 문제가 낮은 수익률에 있는 것이 아니라 비정상적으로 **높은 금융비용**에 있을 수 있다. 〈그림 4.3〉의 맨 위 상자로부터 **높은 금융비용**으로 이어지는 오른쪽의 화살표들이 그 가능성을 나타내고 있다. 여기서 문제는 **바람직하지 않은 국제금융**일 수 있다. 해외 금융자본에 대한 접근성의 부족이나 제13장에서 살펴볼 부채 문제, 또는 **열악한 현지금융** 등이 문제가 될 수 있다. 현지금융의 문제는 다음의 두 가지 요인에 기인한다. 첫째, 낮은 **국내저축**으로 국내 금융시장에서의 대출 가능 자금들이 부족한 경우에 발생한다. 둘째, **부적절한 과잉규제**로 인해 수익성이 높은 경제활동으로 자금을 유통시키지 못하는, 또는 하지 않는 열악한 금융기관들 때문이다. 이들 문제는 또한 제15장에서 검토할 다른 유형의 정책적 대응과제로 이어진다.

결론적으로, 만병통치약과 같은 발전정책은 없다. 국내저축의 증가, 해외지원 및 기타 자본흐름을 통한 자원동원에 초점을 맞춘 경제발전전략은 높은 국내 수익과 사적 전용성이 보장될 때 가장 효과적일 수 있다. 반면에, 시장자유화와 경제개방에 중점을 둔 전략은 사회적 수익률이 높을 때, 그리고 사적 전용성에 대한 가장 중대한 장애요인이 정부에 의해 부과되는 과도한 세금과 규제인 경우 가장 효과적이다. 마지막으로, 산업정책에 초점을 둔 정책은 정부가 저지른 '과실의 죄'가 아니라 '태만의 죄'로 인해서 사적 수익이 낮은 경우에 가장 효과적이다.

HRV는 엘살바도르, 브라질, 도미니카의 사례연구를 통해 자신들의 방법론을 설명한다. 이들에 의하면, 개별 사례는 가장 구속력이 있는 제약조건들의 서로 다른 '진단 신호'를 보여준다고 한다. HRV는 진단에 근거해서 하나 또는 두 개의 정책적 우선순위를 결정하는 전략적 접근법이 긴 목록의 일반적인 제도 및 거버넌스 개편을 추구하는 것보다 더 효과적이라고 강조했는데, 이는 후자의 접근법이 가장 구속력이 있는 제약조건을 제대로 조준하지 못할 가능성이 있기 때문이다.

물론 하나의 주요한 제약조건을 발견하는 것이 쉬운 문제는 아니다. 실무에서는 성장진단

예문 4.3 연구결과 : 성장진단을 적용한 세 국가 사례연구

엘살바도르

HRV는 이 국가가 생산적인 아이디어의 부족에 의해 제약받고 있다고 주장한다. 구속적 제약조건은 전통적인 면직물, 커피, 설탕 등과 같이 생산성이 낮은 자급자족형 활동을 대체할 수 있는 혁신과 투자수요의 부족이다. 따라서 엘살바도르에 대한 최적의 전략은 기업가 활동 및 신규 비즈니스 기회를 개발하는 것이다.

브라질

HRV는 넘치는 생산적 아이디어를 실현할 자금의 부족이 브라질의 구속적 제약조건이라고 규정한다. 브라질의 경우 사적수익이 높기 때문에 다른 결점들(부족한 사업기회, 인프라 공급 부족, 높은 세금, 높은 공공 서비스 가격, 계약이행 및 지적재산권 취약 및 교육 부족)은 구속력이 높지 않다고 주장했다. 따라서 브라질의 투자는 합리적인 이자율로 국내외 저축을 투자에 동원할 수 있는 역량의 부재에 의해 제약받고 있다는 것이다. 브라질은 정부지출을 줄이는 방식으로 국가 저축을 늘릴 수 있을 것이지만, 이는 정치적으로 가능하지 않다. 그렇다면 높은 세금과 사용자 비용, 그리고 인프라 및 인적자본에 대한 보조금 감소가 효과적일 수 있다고 HRV는 제시한다. "만약 한 국가가 보다 빠른 성장경로로 이행하고 GDP 성장에 비해 낭비가 덜하다면, 재정자원이 보다 풍부해지면서 재정부담을 추월하고 조세 및 지출 시스템이 점진적으로 개선될 것이다." 추가적인 연구에서, 하우스만은 국내저축을 성공적으로 늘리기 위해서는 '과다차용, 과다조세징수, 과소투자'를 하지 않는 재정적으로 탄탄한 상황을 만드는 것이 중요하다고 강조했다.

도미니카공화국

HRV는 도미니카공화국이 핵심 성장동력 분야의 공공재에 의해 제약받고 있다는 결론을 제시하였다. 설탕과 황금 수출에 의존할 수 없게 되면서, 이 나라는 1980년대 들어 새로운 개혁을 연속적으로 추진했다. 이에 따라 잠재력이 높은 두 신흥 분야, 관광 및 '마퀼라' 조립생산에 필요한 공공재에 투자하는 협의의 전략을 채택하였다. 주요 관광지역에 대한 안전과 인프라, 그리고 경공업 부품산업 분야에 대한 무역정책 특혜가 핵심이었다. 경제가 이 분야를 기반으로 성장하면서 다른 제약들이, 특히 금융 부문에서 나타나게 되었다. 이들(특히 대가가 큰 금융위기)을 극복해 나가는 것은 결코 쉽지 않았다. 그렇지만 제약조건이 강화되어 가시적으로 드러나면서 정책담당자들은 성장을 유지하기 위해 이들 조건들을 완화하는 데 집중할 수 있었다.

출처 : Ricardo Hausmann, Dani Rodrik, and Andrés Velasco, "Growth diagnostics," in *One Economics, Many Recipes: Globalization, Institutions, and Economic Growth*, by Dani Rodrik (Princeton, N.J.: Princeton University Press, 2007), ch. 2; Ricardo Hausmann, "In search of the chains that hold Brazil back," Octobers 31, 2008, http://papers.ssrn.com/sol3/papers.cfm?abstract_id=1338262. "Doing Growth Diagnostics in Practice: A 'Mindbook'"은 훌륭한 실습서이다(http://www.cid.harvard.edu/cidwp/177.html를 참조하라). 세계은행은 웹사이트 http://web.worldbank.org/에 성장진단 연습문제를 제시해 놓고 있다.

은 일련의 경제적 탐정 작업과 같다. 성장진단을 하는 사람은 제시된 제약조건이 구속적인지 여부를 평가하기 위해 이러한 제약조건을 시사하는 증거들을 찾아야 한다. 만약 제약조건이 과도한 세금이라면 우리는 비공식부문이나 지하경제로의 상당한 이동을 예상할 수 있을 것이다. 만약 제약조건이 인프라와 관련된 것이라면, 우리는 상당한 교통 혼잡을 예상할 수 있다. 만약 제약조건이 교육인 경우, 우리는 교육에 대한 수익률이 매우 높을 것이라고 예상할 수 있다. 대체로 분석가는 특정 제약조건을 피해 가려는 사람들의 경제적 행동과 합치하는 행동

들을 찾아내야 한다.

성장진단 분석에도 한계와 비판이 따른다. 한 가지 암묵적인 가정은 발전과 성장을 동일시하는 것이며, 성장은 투자에 의해 제약된다는 것이다. 이는 지금의 목적과 기타 광범위한 목적을 위해서는 매우 유용한 가정이기는 하나 발전의 목적, 기제, 제약에 대한 완전한 이해를 제공해주지는 않는다. 아니 제공해주지 못한다. 또한, 물론 하나의 주요한 제약조건을 찾아낸다는 것은 그리 간단한 일이 아니다. 경제 내에서 각 제약조건이 어떤 상태에 있는지에 대해 불확실성이 존재하기 때문에, 어느 것이 구속력이 있는지에 대한 확률적 평가만을 할 수 있다. 만약 두 건의 투자 간에 중요한 상호 보완성이 존재한다면 그러한 투자를 통합하여 진행하는 것을 고려해보아야 할 것이다. 나아가, 회수기간이 매우 긴 경우 한 제약조건이 현재 중요하지 않다고 해서, 투자를 하지 않고 손 놓고 있을 수는 없다는 것이다. 예를 들어 교육에 대한 투자를 보자. 학생들은 투자의 성과가 나타나기 이전에 다년간의 수업을 듣고 경험을 쌓아야 한다. 따라서 비록 교육이 특정한 시점에서 볼리비아와 같은 특정 국가의 구속력 있는 제약조건이 아니라고 하더라도 이것이 훗날에도 문제가 되지 않을 것임을 의미하지는 않는다. 그렇기 때문에 이에 대응하여 현 시점에서 교육에 투자하는 것이 필요할지도 모른다. 미래에 구속력을 갖는 제약조건을 규명하고 이에 대응하는 것은 오늘날의 보다 가시적인 병목 현상을 겨냥하는 것보다 더욱 어려운 도전이다.

성장진단은 이미 개발기관들의 업무에 영향을 주고 있다. 예를 들면 서반구를 위한 지역개발은행인 미주개발은행(Inter-American Development Bank, IDB)의 경우 많은 회원국들의 성장진단 연구를 의뢰하고 있으며 자체적으로 성장진단을 하기 위해 필요한 전문성을 갖춘 직원과 회원국 국민을 양성하고 있다. 세계은행의 경제학자들은 이 방법론을 적용하여 아프리카, 아시아, 그리고 남미 지역 10여 개 국가를 대상으로 예비연구를 진행하였다. 그리고 개발도상국의 학자들은 이 접근법을 자국에 적용했다. 비록 성장진단이 '과학이라기보다는 예술'에 가깝다는 비판을 받고 있지만, 적어도 이 새로운 접근법은 분석가들로 하여금 국가별 상황에 초점을 맞추도록 유인하고 따라서 개별 국가에 대해 잘 알 수 있게 만든다. 이것이 성장진단이 계량경제학 연구에 대해 가치 있는 보완성을 제공하는 이유이다.

4.8 결론

사람들이 지속적으로 비효율적인 일을 한다는 것이 중요한 것은 아니다. 이는 별로 놀랄 일이 아니다. 좀 더 깊이 있는 관측은 비효율적인 행동을 하는 것이 합리적이기 때문에 사람들이 이를 지속적으로 반복한다는 것이며 다른 사람들이 비효율적으로 행동하는 한 이것이 합리적일 것이다. 이는 근본적인 조정실패의 문제로 이어진다. 때때로 기업들과 다른 경제주체들은 그들 스스로 더 나은 균형을 이루기 위해 조정할 수 있을 것이다. 그러나 많은 경우 저개발의 악순환 결과를 극복하기 위해 정부의 정책과 원조가 필요하다.

경제발전이론의 목적은 저개발을 이해하는 것뿐만 아니라 이를 해소할 수 있는 효과적인 정책을 고안하는 것이다. 조정실패에 대한 이 장에서의 분석은 로젠슈타인-로단과 같은 초기의 발전경제이론가가 통상의 경쟁균형 모형에서는 무시하는 중요한 잠재적 문제들을 규명해 내었음을 확인해준다.[51] 이 새로운 관점은 정책에 관한 일단의 중요한 교훈을 제공하지만 이 교훈들은 쉽게 적용할 수 있는 것이 아니다. 사실 이들은 일정 부분 양날의 칼과 같다. 분석 결과는 한편으로는 시장실패의 잠재성이, 특히 경제발전 전망에 영향을 주는 측면에서, 과거 에 인식하고 있던 것보다 더 광범위하고 심각하다는 것을 보여주고 있다. 독점, 공해의 외부 성(pollution externality), 기타 시장실패에 관한 전통적 경제이론에서 제시하는 삼각형 모양 의 소규모 '사중손실'보다 조정실패 문제는 더욱 광범위한 영향과 따라서 더욱 커다란 비용 효과를 가질 수 있다.[52] 예를 들면 투자자들이 그들이 지불할 임금의 소득효과를 고려하지 못 하여 나타나는 사소한 왜곡된 행동 간 상호작용은 산업화의 완전한 실패와 같은 매우 심각한 왜곡을 유발한다. 이에 따라 다중균형 분석의 맥락에서는 정부의 적극적 역할에 의한 잠재적 이익이 더욱 커질 수 있다.

상호 보완성하에서 발생할 수 있는 조정실패와 관련해서는 경제를 보다 바람직한 균형 또 는 아예 영속적으로 더 높은 성장률을 통해 자립성장으로 이행시킬 수 있는 심층적인 정책 개 입이 강조된다. 예를 들어 일단 빅 푸시가 실행되면 정부의 조정이 더 이상 필요하지 않을 수 있다. 스스로 산업화 과정을 촉발하거나 완수할 수 없어도 산업화가 일단 이루어지고 나면 시 장은 정부의 도움 없이 산업화를 유지하게 되는 경우가 있다. 또 다른 예로, 제8장에서 볼 수 있듯이 아동노동이 존재하는 것은 일종의 열악한 균형 상태를 나타내며 적절한 정책을 통해 시정될 수 있다. 아동노동을 성공적으로 폐지하고 난 후 아동노동이 되살아나지 않도록 규제 가 적극적으로 집행될 필요는 없을 수 있다(대부분의 부모들이 아동노동을 허용하는 것은 그 렇게 할 수밖에 없기 때문이다). 열악한 균형과 관련된 행동으로 되돌아가야 할 인센티브가 없다면, 정부는 개입을 지속할 필요가 없다. 그 대신 정부는 고유의 역할이 필요한 다른 주요 문제들(예 : 공중보건의 문제)에 노력을 집중할 수 있다. 한 번에 수정이 가능한 일부 다중균 형 문제들은 특별한 관심을 받을 가치가 있다. 왜냐하면 이들 문제들은 경제발전 문제 해소를 위한 정부정책을 더욱 강력하게 만들 수 있기 때문이다. 여러 다른 시사점 중 하나는 심층적 인 정책개입으로 인해 정책집행의 비용이 감소할 수 있다는 것과 신중하게 목표를 정한 개발 원조가 더 효과적인 결과를 보일 수 있다는 것 등이다.

그러나 다른 한쪽의 칼날은 심층개입하에서는 공공부문 역할의 잠재적인 비용이 매우 커 질 수 있다는 것이다. 오늘날의 잘못된 정책이 한 경제를 향후 수년 동안 열악한 균형의 상태 로 밀어넣을 수 있기 때문에 정책 선택은 더욱 중대해진다. 부패한 정권과 같이 열악한 균형 을 장기화할 수 있는 역할을 수행함으로써, 정부 자체가 문제의 주요 원인이 될 수 있다. 이는 부분적으로 정부 관료와 정치인들이 이와 같은 균형으로부터 이익을 얻을 수 있기 때문이다. 잘못된 정책은 처음보다 더 열악한 균형으로 한 경제를 움직이게 만들 수도 있다. 정부가 열 악한 균형의 복잡한 결합체 중 주요한 부분이었다면 정부가 한 경제를 보다 바람직한 균형으 로 이끄는 개혁의 근원이 될 것이라고 기대하는 것은 순진한 생각이다. 2001년도 노벨상 수 상자인 스티글리츠(Joseph Stiglitz)가 지적하는 바와 같이, 개발정책 담당자는 1980년대 후반 과 1990년대 초반 세계은행이 추진한 정책기조인 전면적 민영화를 포용한 부패관료들에 대해 더 의심했어야 했다. 공기업에서 얻는 지대로부터 이익을 볼 수 있음에도 부패관료들이 왜 민영화를 받아들였겠는가? 스티글리츠가 제시한 대답은 다음과 같다. 부패관료들은 민영화 과정의 변질을 통해 통상적인 기업운영으로부터 타락한 지대를 얻을 수 있을 뿐만 아니라 기업의 미래운영으로부터 얻어지는 현재할인가치의 일부를 얻을 수 있다.[53] 러시아의 변질된 민영화 결과는 특히 국가경제에 충격적이었으며 시장의 이익을 향유할 기회를 방해했고 이후로도 상당 기간 동안 최적의 균형에 이르지 못하게 만들었다. 정부가 부패하지 않더라도 정책이 경제를 완전히 다른 균형으로 이끌어 갈 수 있으되 이를 되돌리기 어려울 때, 선의의 그러나 결함 있는 정부정책이 미치는 잠재적 영향은 더욱 클 수 있다. 이는 과거 상황이 현재에 무엇이 가능한지를 결정짓게 하는 '역사적 경험'이 중요한 많은 개도국에서 특히 문제가 된다.

정부실패와 시장실패(조정 문제와 정보 외부성 포함) 모두 실존한다. 그러나 발전에 대한 공공 및 민간 부문의 공헌 역시 필수적이다. 그러므로 우리는 공공부문과 민간부문이 생산적으로 잘 협력하여(직접적으로 또는 간접적으로) 빈곤함정으로부터 벗어나는 데 필요한 환경을 만들어 갈 수 있도록, 그러한 인센티브를 제공하는 제도의 발전을 위해 노력해야 한다. 이 목표를 달성하기 위해 국제사회 또한 아이디어와 모형을 제공하고, 변화의 촉매재 역할을 하며, 필요한 자금을 지원하는 등 필수적인 역할을 수행할 수 있다.

성장진단 접근법은 개발도상국에 대한 세부적인 이해를 바탕으로 활동을 시작할 국내외 분석가들에게 가치 있는 방법론이다. 이는 국가성장을 구속하는 제약조건과 이를 해소할 수 있는 정책 우선순위를 규명하는 데 도움이 된다.

요컨대 이 장에서 검토한 새로운 발전이론들의 공헌은 빈곤함정의 원인과 효과에 대한 보다 나은 이해를 포함한다. 그리고 그 이해는 여러 다른 유형의 전략적 상호 보완성이 가지는 역할을 보다 정확하게 규명하고, 기대의 역할에 대해 설명하며 외부성의 중요성을 보다 명확히 하고, 심층개입이 적용될 수 있는 잠재적 범위를 밝혀내며, 정부의 가능한 역할과 정부 스스로가 저개발 함정의 주역이 되었을 때와 같이, 그 한계 모두에 대한 이해를 넓힘으로써 이룩할 수 있었다. 마지막으로, 새로운 접근법은 외부 개발지원의 진정한 잠재적 공헌은 자본제공을 넘어 새로운 방식으로 일을 하는 모델을 제공하는 데 있음을 보다 명확하게 지적하고 있다.

개발도상국에 민주정부가 들어서는 사례가 확산되면서, 저개발 함정에 대한 새로운 이해는 불과 몇 년 전에 유용했던 것보다 더 효과적인 정책설계지침을 제시할 수 있다. 호프(Karla Hoff)가 적절하게 요약한 바와 같이, "시장이 실패하는 것과 같이 정부 역시 실패한다. 이는 민주주의하에서도 동일하다. 그러나 최근의 긍정적 발전은 경제주체들 간 파급효과를 활용하기 위한 더 많은 제한적 개입을 시도하고, 바람직한 균형이 나타날 가능성을 높일 수 있도록 정책 개혁의 순서를 정하는 시도가 이루어지고 있다는 것이다."[54]

제2부와 제3부에서 우리는 개발도상국이 오늘날 당면한 긴급한 문제들을 고려함에 있어 그 문제의 본질과 문제를 극복하기 위해 고안된 정책의 잠재적 이익 및 위험을 이해하기 위해 고전학파 이론과 발전 및 저개발의 새로운 모형에 의해 제시된 통찰력을 모두 사용하게 될 것이다.

경제발전 기적의 이해 : 중국

놀라운 성과

1978년부터 2008년의 기간 동안, 중국은 세계 인구의 19%를 차지하며 세계에서 가장 인구가 많은 나라가 되었을 뿐 아니라 역사에서 어느 경제도 달성한 바가 없는 연평균 9% 대의 성장률을 기록하였다. 2012년의 1인당 국민소득은 개혁이 시작된 1978년에 비해서 6배 이상 증가했으며 성장은 대부분의 저소득 국가들에서 상당한 수준이라고 할 만한 속도의 3배 이상 증가하였다.

중국은 또한 세계에서 가장 획기적인 빈곤감소를 경험해 왔다. 세계은행의 가장 최근 평가에 의하면, 중국 인구의 단지 12%만이 1일 1.25달러(27%가 2달러 미만) 미만으로 생활한다. 이는 단지 30년 만에 수억 명이 극빈 상태에서 탈피하였음을 의미한다. 중국에서의 극빈감소는 세계 그 어느 지역에서보다 더 빠르고 큰 규모였다.

성과 원인에 대한 논쟁

이러한 놀라운 기록에도 불구하고 중국 성공의 근본 원인에 대해서는 많은 논란이 있다. 중국의 경험은 모든 것을 바꿀 것처럼 보인다. 그러나 정말 그러한가? 만약 그렇다면, 어떤 방식인가? 성공에는 수많은 원인이 있을 수 있는데, 경제발전에 관한 모든 전통적 이론과 새로운 모형들은 중국을 자신들 이론이 적절하게 적용된 가장 중요한 사례라고 주장하고 있다. 중국은 시장, 무역 및 글로벌화의 이점을 보여주는 사례로 묘사된다. 그렇지만 전통적인 기준에 의하면 중국의 제도는 아직도 상당히 취약하다. 예를 들어 중국의 2013년 세계은행의 'Ease of Doing Business' 지수는 96위로 러시아, 몽고, 잠비아, 세르비아보다 낮게 평가되었다. 제조업 수출은 중국 성장의 결정적 요인이었으며 시장 인센티브는 사업 결정에 있어서 가장 중요한 동기로 작용했다. 그러나 중국은 또한 활발한 산업정책을 채택했다. 숙련도와 기술적 콘텐츠가 보다 높은 제품의 수출을 장려했고, 이는 실질적으로 무역자유화가 시작된 시점보다 10년이 빠른 1980년대의 고속성장 시기에 착수되었다. 그런데, 같은 기간 중국의 농업 생산성이 매우 높았던 점은 종종 간과되고 있다. 더구나 1980년대와 1990년대 초반의 중국 성장은 준협동조합과 준시영(quasi-municipally owned)의 특성을 지닌 향진기업(鄕鎭企業)에 의한 것이었다. 대부분의 개발도상국보다 국영기업의 민영화도 덜 이루어졌다. 반면, 자유시장 모형을 충실히 따랐던 아프리카, 남미, 그리고 기타 지역의 국가들은 일반적으로 썩 좋은 성과를 거두지 못했다. 모든 학파들이 중국의 성공에서 자신들의 발전정책을 지지할 수 있는 증거를 찾을 수 있었을 것이다. 그러나 만약 중국이 제대로 성과를 올리지 못했다면, 시장주의자들을 포함한 각 학파들은 또한 어떻게 자신들이 그와 같은 결과를 예견할 수 있었는지 설명하게 될 것이다.

중국의 괄목할 만한 성장에 대해서는 특별한 설명들이 다수 존재한다. 많은 설명들은 진실의 일부를 포함하고 있다. 그러나 단편적인 또는 부분적인 진실들의 결합이 이와 같은 극적인 성공을 완전히 설명하는 것은 아니다. 일단의 설명들을 검토해보자.

지역 '전시 효과' 지역 '전시 효과(regional demonstration)'는 매우 중요하다. 동아시아 지역의 다른 국가들은 일본을 모방했다. 홍콩 그리고 중국의 최대 경쟁자인 대만은 중국에 추가적인 사례를 제공해주었다. 대만, 홍콩, 한국은 세계무역이 급속히 팽창하는 시기에 수출주도형 산업화에 주력했다(제12장과 제13장 참조).

10억 소비자의 힘 1980년대 후반 투자자들이 중국에 투자를 집중하게 되면서 지역성장의 중심지가 중국으로 향하게 되었는데, 이와 같은 투자의 흐름은 궁극적으로 13억이 넘는 소비자 시장의 매력에 기인한 것이다. 정부는 중국 소비자에 대한 접근을 원하는 잠재적인 투자자들 간 경쟁을 시키며 중국 소비자에게 판매할 수 있는 권리를 대가로 광범위한 기술이전, 공기업 및 민간기업과의 합작투자, 현지 조달, 기타 양보들을 얻어냈다. 초기에는 저소득과 정부정책에 의해 시장이 제한적이었으나, 초기 투자자들은 남동 연안의 특별경제구역들로부터 수출을 할 인센티브가 높다는 것을 발견했다. 이들 투자자들은 중국이 소득수준에 비해 숙련도와 근면성이 대단히 높은 노동력을 제공한다는 것을 발견했다.

수출주도 투자와 성장 일단 초기 투자가 충분한 임계질량(critical mass)을 구축하게 되면, 집중적인 경제활동의 복합적 이익이 효과를 나타내기 시작한다(제7장 참조). 더 많은 생산자들이 중국에 위치하게 되면 그 부근에서 운영하는 납품업자들이 늘어나고 이에 따른 이익도 더 커지게 된다. 여기서부터는 투자자 간 누적적 인과관계가 형성되어 스스로를 먹여 살리기 시작한다. 한편, 임금이 상승하기 시작하면서 기업들은 생산시설을 더 서쪽으로 옮기거나 서쪽에서 온 이주자들이 새로운 산업센터로 이동하게 된다. 중국에 존재하는 수억 명의 저소득 농부들을 감안하면 임금요구의 자제(wage restraint) 기간이 더 오래 지속될 것이라는 예상이 가능했다. 그러나 2010년부터 임금 수준 상승이 이와 같은 기대에 도전장을 던지기 시작했으며 금융 전문가들은 중국이 루이스 전환점(Lewis turning point)에 도달했다고 주장했다(제3장 참조).

조정 1989년 천안문 사태가 발생한 후, 개혁이 지속될 수 있을 것인지와 투자 및 고성장이 지속될 수 있을 것인지(다른 투자의 수익성을 높여주는)에 대한 상당한 의문이 존재했다. 1991년 중국의 지도자 덩샤오핑은 성장과 개혁을 이끌었던 중국 남부지역을 방문하여 '우리는 더욱 대담해지고 더 빠르게 발전해야 한다'고 선언했다. 그의 연설과 언론의 보도 이후 더욱 신속하고 빠른 투자, 성장, 그리고 정책개혁이 이어졌다. 사실 이것이 예상을 조정하는 역할을 하였으며 저성장균형으로부터 고성장균형으로의 이행을 주도한 것으로 알려지고 있다. 그러나 보다 일반적으로는 중국 정부는 중앙집권을 이용하여 산업 간 투자를 조정하였다. 더구나, 정부가 기술 라이선스나 다른 사업 관련 합의를 협상한 것은 민간 사업자 간 거래에 의존한 다른 개도국보다 중국이 더 유리한 조건으로 거래할 수 있도록 도왔다. 이에 대해서는 한국의 경험으로부터 얻은 교훈이 유익하였다.

보건과 교육에 대한 투자 1949년의 공산혁명 이후 첫 10년 동안 중국이 행한 중앙계획은 그 어떤 척도로 평가하던 실패로 평가되고 있다. 산업은 매우 비효율적이었다. 3,000만 명에 가까운 국민들이 1950년대 후반에 발생한 기근으로 목숨을 잃게 되었는데, 이 기근은 당과 정부관료들로 하여금 수확량을 지속적으로 과대 예측하게 만든 잘못된 중앙계획결정과 정치적 압력에 의해 발생하였다. 센(Amartya Sen)이 강조한 바와 같이, 언론의 자유가 보장된 민주주의 국가에서는 기근이 잘 일어나지 않는다. 이와 같은 재앙들은 기본적 보건 및 교육에 대한 강조와 한 자녀 정책(one-child policy)에 의한 출생률 감소에 의해서 부분적으로만 상쇄될 수 있었다(제6장의 사례연구 참조). 그럼에도 불구하고 교육, 보건, 그리고 출산에 관한 기본적 첫걸음들이 훗날 시장 인센티브와 결합되면서 성장과 빈곤감소를 위한 배경을 조성하는 데 도움이 되었다. 경쟁 국가들과 비교할 때 주어진 임금에 비해 중국 공장 근로자의 교육 및 기술 수준이 월등히 높았던 것이 그 주요 성과이다.

생산성 향상 다른 동아시아 국가들의 급속한 성장이 자본축적의 결과인지 아니면 생산성 향상의 결과인지에 대해서는 상당한 논쟁이 있어 왔다. 영(Alwyn Young), 크루그먼(Paul Krugman), 그리고 다른 학자들은 한국과 다른 아시아의 신흥공업국들(Asian Tigers)이 노동자의 효율성 증가보다는 기계 및 공장과 같은 자본재에 집중 투자함으로써 성장할 수 있었다고 주장하였다. 우(Wing Thye Woo)는 중국 성장의 대부분은 노동의 재분배, 특히 농업에서 다른 생산부문으로 노동이 재분배된 것에 기인하며 지속 가능한 총요소생산성 향상은 연간 2% 대로 노동분배로 인한 생산성 향상보다 훨씬 낮은 수준이었다고 결론 내리고 있다.

그러나 중국의 경우, 후와 칸(Zuliu Hu and Mohsin Khan)은 1979~1994년 동안 생산성 향상이 중국 성장의 42% 이상을 설명하며, 1990년대 초반부터 생산성이 최대의 성장요인으로 투자를 추월하였다고 결론 내리고 있다. 이는 중국에 대한 경이로운 추세의 자본투자를 감안할 때 매우 놀라운 일이다. 홍콩과 가까운 지역에서 1970년대 후반 급속한 경제성장이 시작되었을 때 자본이 풍부한 홍콩으로부터 자본이 희소한 중국으로 대규모의 투자자금이 이동한 것은 명백하지만, 보다 중요한 사실은 오랜 기간 동안 자본과 노하우 이동의 장벽이었던 홍콩과의 국경 너머로 생산적인 아이디어가 이동했다는 것이다. 아이디어와 자금, 두 요소 중에서 아이디어가 자금보다 중요할 때가 많다.

최근에는 부동산시장을 중심으로 사업성이 모호한 투자로 인해 중국이 오늘날 투자버블(investment bubble)의 단계에 진입했다는 우려가 확산되고 있다. 그럼에도 불구하고, 중국의 급속한 발전 추세는 그 유례가 없는 것이다.

주(Xiadong Zhu), 브랜트(Loren Brandt) 및 공동저자들이 중국의 빠른 성장의 주요인은 단지 요소투입뿐 아니라 생산성 향상이 매우 중요하였음을 증명하는 새로운 사실들을 제시하였다. 특히 주(Zhu)는 비농업부문 및 비공기업부문의 생산성 향상이 가장 중요한 성장의 원천이었다는 수준 높은 증거를 제시하였다. 생산성이 미국에 비해 아직 매우 낮다는 점을 주목하면, 외국기술을 도입하고, 모범

적인 생산 방식을 학습하고, 제도와 정책을 개선하면, 특히 자본을 보다 효율적으로 배분하면 중국의 생산성은 아직도 지속적으로 빠르게 성장할 수 있는 상당한 기회가 있을 것이라고 그는 주장하고 있다.

별도의 연구에서 세계은행의 모디와 왕(Ashoka Mody and Fang-Yi Wang)은 중국의 산업성장 원인을 분석하고 다음과 같은 결론을 제시하였다.

> "… 대부분의 성장은 지역특화 영향 및 지역의 파급효과에 기인한다. 지역 영향은 해외 중국인들로부터 특정 지역으로의 투자를 성공적으로 유치한 문호개방정책 및 특별경제지역을 포함한다. 고품질의 인적자본과 인프라와 같은 기존의 지역강점 또한 성장에 기여했다. 우리의 결과는 성장에 유익한 조건들의 상호작용을 명확하게 보여주고 있다. 예를 들면 해외 전문지식의 공헌이 유용한 인적자본에 의해 배가되었다. 중국은 덜 발전되고 기존의 제도적 유산에 의해 덜 지장을 받는 지역을 선정함으로써 후진성의 이점을 조심스럽게 활용하였다. 다만 후진적 지역들이 홍콩과 대만에 가깝게 위치했다는 것이 다행이었다."

그러므로 중국의 경우 또한 이 장에서 반복적으로 제시되는 상호 보완성을 명확하게 보여주고 있다.

점진적 개혁

제2장에서 살펴본 바와 같이, 법의 지배를 통한 재산권 보호, 계약의 강제, 엘리트 및 행정부 권력에 대한 견제 등을 보장할 수 있는 제도의 발전은 장기적인 경제발전을 위해 아주 중요하다. 중국은 이러한 제도적 보장이 취약하다는 측면에서 열외라고 할 수 있다. 그렇지만 나쁜 제도에서 좋은 제도로 항해하는 과정은 매우 어려운 것이다. 장애물의 소용돌이 속에서 지도에서처럼 직선으로 항해하기란 거의 불가능하다. 특히 국가라는 배가 많은 문제의 원인일 경우에는 말이다. 좋은 제도로 이행하는 과정의 시작은 공식이든 비공식이든 현지의 모든 규칙을 명확히 이해하는 것이다. 그리고는 궁극적인 목표를 향해, 비록 그 목표

가 완전히 뚜렷하게 보이지 않을지라도, 온갖 제약과 기회를 뚫고 나아가는 것이다. 이는 외부인이 보기에는 항로를 크게 이탈한 것처럼 보일 것이다. 마오쩌둥 이후 가장 중요한 지도자인 덩샤오핑이 사용한 비유인 '물밑의 돌을 만지며 강을 건너다'도 이러한 단계적인 과정을 반영한 것일 수 있다.

중국에서는 시장 인센티브가 도입되고 사용된 방식이 이들 인센티브가 도입되었다는 사실 못지않게 중요해 보인다. 지난 사반세기 동안 중국 경제 역사에서 가장 중요한 특징은 점진적이고 체계적인 개혁의 실행이었다. 중국의 접근법은 러시아 및 폴란드 등의 많은 동유럽 국가들이 채택한 '빅뱅(big bang)'식 개혁과 대비되는 것이다. 여기서 '빅뱅'식 개혁은 시장경제로의 급격하고 종합적인 전환을 의미한다. (헝가리와 슬로베니아가 보다 점진적인 전략을 추구한 국가들이다.) 중국은 상당한 기간 동안 새롭고 과도기적인 제도와 구식 중앙계획제도를 병행하여 사용하였다. 구소련과 동유럽 국가들에서는 중앙계획을 거의 즉시 폐지하였으며 점진적인 경기회복 이전까지 생산량의 50%가량이 감소하는 경제침체가 발생하였다. 반대로, 중국은 상당기간 동안 중앙계획 시스템을 부분적으로 운영하였다. 고정된 계획가격하에 판매자 및 구매자 할당량이 유지되었다. 그 대신 개혁은 점진적으로 도입되었다. 할당량을 채우고 난 후에 생산자들은 자유롭게 시장가격에 판매와 구매를 할 수 있었다. 재판매는 대체로 허용되었다. 이 '이중경로(dual track)'체계는 보다 경쟁적인 시장경제의 분배효율성을 모방하기 위한 것이었으며, 이는 기존 체제를 그다지 위협하지 않으면서도 기업에게 효율성을 증진시키고 생산을 증대할 강력한 인센티브를 제공하였다.

다른 과도기의 국가나 개발도상국에서는 국영기업들(state owned enterprises, SOEs)이 비교적 빠르게 민간투자자들에게 매각된 반면, 중국에서는 국영기업들이 한동안 정부의 영향력하에 남아 있었다. 정부는 이들을 내부적으로 개혁하려 했으나 성공은 제한적이었다. 그러나 동시에 중국은 국영기업과 경쟁할 새롭고 보다 효율적인 부문들이 성장할 수 있도록 허용했고 장려했다. 최근 몇 년 동안, 중국은 소규모의 국영기업 다수를 민영화하거나 폐쇄했다. 다수의 대규모 국영기업들은 상대적으로 비효율적인 방식으로 계속 운영되고 있고, 일단의 경제학자들은 국영기업의 축적된 부채가 경제에 상당한 재정적 위험을 야기할 것으로 우려하고 있다. 그러나 이에 대한 반론도 있다. 만약 경제가 지속적으로 빠르게 성장한다면, 중국은 재정적 위험을 경험하지 않고 이 문제를 비켜 갈 수 있다는 것이다. 궁극적으로, 고용기회가 지속적으로 팽창한다면 더 많은 대규모 국영기업들이 민영화하거나 폐쇄될 것이다.

나아가 1970년대 말부터 1990년대 중반까지 20년에 이르는 개혁기간 동안 지역 단위의 향진기업이 장려되었다. 향진기업에 대한 지방정부의 소유권은 모호한 것이었으며 민간기업가와 노동자들 역시 와이츠만과 쉬(Martin L. Weitzman and Chenggang Xu)가 규정한 '느슨하게 정의된(vaguely defined)' 재산권을 소유하였다. 이들 향진기업은 중국의 산업생산 성장에서 상당한 비중을 차지했다. 결국 중국 경제가 4배 가까이 성장한 후인 1990년대 후반에 대부분의 향진기업들은 민영화되었다. 이 시점에서는 향진기업에 대한 민영기업가의 실질적인 통제가 명확해진 것이다. 향진기업은 성장을 촉진하고 발전의 이익을 농촌지역에 전파하는 데 특별한 역할을 하였다.

1970년대와 1980년대의 개혁은 대부분의 빈곤계층이 살고 있던 농촌지역에 우선순위를 두었으며 소득이 상승하면서 빈곤이 감소하였다. 1990년대 초반에서 중반부터는 교역조건이 산업과 도시에 유리하게 전환되었다. 황(Yasheng Huang)은 이것이 불평등의 증가 및 다른 심각한 도전이 발생하기 시작한 중요한 전환점이라고 강력히 주장하고 있다.

많은 변화에도 불구하고 평균성장률은 지속적인 강세를 보이고 있다. 치엔(Yingyi Qian)이 서술한 바와 같이, 중국의 과도기 제도는 두 가지 목적에 기여했는데, 효율성을 높임과 동시에 손해를 보는 이들에게 보상을 주는 것이다(그렇게 함으로써 합법성을 갖추거나 최소한 정치적 반발

의 가능성을 줄임). 할당량(quota)을 충족하였다면—과도기 중 할당량은 대부분 집행된 것으로 보임—이중경로 배분체계는 낮은 고정가격에 생산자재를 공급받을 계획을 하고 이로부터 이익을 얻고자 하는 사람들의 이해를 보호했다. 그 결과로 이들 경제주체들은 개혁에 반대하거나 약화시키려 하지 않았으며 오히려 보다 효율적으로 생산하고 효과적으로 시장에서 운영하는 것을 배울 수 있는 한 더욱더 큰 이익을 얻을 수 있었다. 이 체제는 경제 환경이 급격하게 변화하고 난 후 일정 기간을 거쳐 점진적으로 폐지되었다.

향진기업에 관한 지방정부의 모호한 소유권은 사유재산에 대한 정부의 반감을 염려하고 몰수를 우려한 투자자들에게 보호막을 제공했다. 이들 기업들이 지방 행정단위인 향(鄕 : township) 또는 진(鎭 : town)에 의해 소유되었다는 인상이 사실상의 민간소유주들을 보호하였다. 일단 개혁이 특정 시점까지 진행되면, 사실상의 소유주들은 중국 속담에서와 같이 '붉은 모자를 벗는 것(take off the red hat)'이 가능했고 지방정부에 대한 보상을 대가로 완전한 소유권을 얻었으며 조세가 향진기업으로부터의 직접적인 수입이전을 대체하였다. 치엔은 유사한 논의가 어떻게 재정 및 금융 개혁에 적용될 수 있는지 보여준다. 개혁하에서도 지방정부는 여전히 중앙정부에게 지속적으로 수입을 제공할 의무를 지닌다. 그러나 지방과 중앙 재정이 완전히 분리되기 이전에 수입의 상당 부분을 유지할 수 있도록 허용되었다. 정부는 또한 상당히 긴 과도기간 동안 무기명 은행계좌를 허용하였는데, 이는 정부가 성공한 기업가에게 임의로 높은 개인소득세를 부과할 여지를 확실하게 제한하기 위한 것이었다. 치엔은 이 프로그램이 선진 서구 경제권에서 정상적인 것으로 생각하는 최적관행에서 벗어난 것임에도 성공적이었다고 평가했다.

치엔의 통찰력 있는 설명은 다음과 같다.

> 중국과 러시아의 차이는 중국이 최적의 제도들을 구축하고 러시아는 그렇지 못해서가 아니다. 차이는 과도기의 제도에 있다. … 과도기의 개발도상국들이 직면한 개혁의 진정한 과제는 어디에서 끝날지 아는 것이 아니라 목표를 향해 가는 가능한 경로들을 찾아내는 것이다. 따라서 초점은 최적의 제도들이 아니라 과도기의 제도들이다. … 효율을 증가시키는 동시에 이해에 부합하는 제도 변화에 관한 일반적 원칙은 간단하지만, 과도기 제도들의 특정한 형태나 기제는 그렇지 않은 경우가 종종 있다. 성공적인 과도기적 제도 유형은 최적의 제도들을 단순히 복제한 것이 아니다. 그래야 할 필요도 없고 가끔은 그래서는 안 된다. 초기에는 미세조정(fine tuning) 없이도 효율성 향상의 여지가 존재하기 때문에 그럴 필요가 없는 것이다. 또한 최초의 조건이 특별한 방식을 필요로 하는 국가 또는 조건에 특화한 것이기 때문에 그러면 안 된다는 것이다. … 이러한 기제를 이해하기 위해서는 때때로 직관에 어긋나는 차선의 이론에 기대야 할 필요가 있다. 차선의 이론은 여러 왜곡이 존재할 때 그중 하나의 왜곡만을 제거하는 것은 역효과를 초래할 수 있다고 주장한다.

마지막으로, 농촌부문의 성과가 좋았던 지역의 소작농들에게 초기의 토지개혁은 성과의 원인 중 하나였다. 혁명이 기초가 되었다면 1970년대 후반의 개혁은 개별 농부들에게 더 큰 인센티브를 안겨주었다. 다른 나라에서는 토지개혁을 실행하기가 극도로 어려웠다. 이주노동자들로부터의 송금은 일부 농촌지역에서 서비스부문 팽창을 촉진하였으며, 도시 인근에서 농부들이 받는 농산물가격이 보편적으로 상승했다.

중국이 향후 직면할 도전

중국의 성공은 긴 안목으로 볼 필요가 있다. 1980년 이후 중국은 1인당 국민소득 기준으로 미국보다 4.5배 빠르게 성장했다. 그 결과, 중국은 양국 간 생활수준의 상대적 격차를 좁혀 왔다. 1980년 중국의 1인당 소득은 미국의 2%에 불과했지만 2012년에는 15%로 성장했다. 그러나 중국의 1인당 생산이 최근의 유례없는 성장률 8.4%를 유지하고 미국이 최근의 성장률 1.9%를 유지한다 하더라도, 2040년까지

는 미국을 따라잡을 수 없다.

높은 국내저축률은 무역흑자와 연계된다. 중국에서 저축은 대단히 높았으며 또한 증가 추세를 보였다. 2011년 기준으로 중국은 국민소득의 거의 절반을 저축하였다. 이는 전례가 없는 수준으로 중국의 과거 저축률(1990년의 35%)과 비교해도 놀라운 것이며 또한 동아시아 지역에서 보편적으로 나타났던 높은 저축률과 비교해서도 마찬가지다. 이러한 고저축률은 내수시장 기반의 성장으로 전환하는 것과 부합하지 않는다.

이제는 이렇게 높은 성장률을 유지하는 것은 본질적으로 불가능하다는 것이 중국에서 그리고 국제적으로 인정되고 있다. 중국이 급격히 성장하기 이전에 한국이 그러했고 또한 한국이 성장하기 이전에는 일본이 그러했다. 한 국가가 현대적인 경제성장을 더 늦게 시작하면 시작할수록 더 빠르게 성장할 수 있는데, 이는 전통적 방법과 당대 최신 기술 간 격차가 시간이 흐를수록 더 커지기 때문이다. 그러나 한 경제가 기술첨단(technology frontier)에 도달하게 되면 추격세(pace of catch-up)는 둔화되면서 혁신이 필요하게 된다. 중국의 정책담당자들은 이 도전에 능동적으로 대처하고 있다. 중국이 성취한 지금까지의 놀라운 성과와 가용한 자원의 풍부함에도 불구하고 선진국 지위에 도달하기 위해 중국이 당면하고 있는 상당한 도전을 과소평가해서는 안 될 것이다. 중국의 성장에는 많은 제약과 조심할 점, 그리고 다른 나라들이 배울 수 있는 교훈이 있다.

빈곤과 취약성 극심한 빈곤에서 빠져나오지 못한 수백만 국민들의 생활은 사실 더욱 곤란해졌을 수 있다. 일부 지역의 소작농들은 관료의 부패, 관료에 의한 토지수탈, 지방세 상승, 기술 및 숙련도의 미약한 향상 등으로 안전성을 위협받고 있다. 동시에, 평균임금의 상승에도 불구하고 예전에는 상당히 낮았던 불평등이 급증하고 있다. 불평등은 이제 미국 수준에 버금가고 개도국 사이에서는 가장 높은 상황이다.

환경과 오염 더욱이, 중국의 환경위기는 엄청난 규모로 커지고 있다. 세계에서 가장 오염된 도시 중 다수가 중국에 위치해 있으며 보건 문제는 점점 심각해지고 있다. 수자원 문제, 침식, 서식지 분실은 지속적 발전에 대한 전망을 약화시키고 있다. 공해는 이제 고통뿐 아니라 죽음과 다른 심각한 건강 문제의 증가를 야기하고 있다. 급기야 2013년 1월 공해지수가 세계보건기구 기준의 40배를 넘어서면서 이른바 베이징 '공해 대참사'가 발생하는 역사적 사건이 발생하였다. 톈진과 하얼빈 등 다른 많은 도시들도 심하게 영향을 받고 있다. 역사적으로 이렇게 심한 공해에 장기간 노출된 사례는 별로 없었다. 2013년 중국, 미국, 이스라엘 대학의 연구자들이 추정한 바에 의하면 중국의 공해로 인해 화이허 강 이북에서는 이미 폐암, 심장마비, 뇌졸중 등의 증가는 물론이고 기대수명이 5.5년이나 감소한 것으로 나타났다.

더욱이 점차 심각해지는 용수 부족으로 산업, 탄광, 농업 생산이 위협받고 있다. 중국의 환경 문제는 일부분 세계 기후변화의 결과지만 대부분의 경우는 국가의 환경관리가 형편없었기 때문이다. 중국은 세계 생산의 약 1/10을 차지하지만 세계 에너지 생산의 약 1/5을 소비한다. 석탄은 중국 전력생산의 70% 이상을 차지한다. 석탄은 그 어떤 주요 에너지원보다 온실가스를 많이 배출한다. 석탄 채굴은 또한 물을 많이 사용한다. 석탄 사용의 빠른 증가는 그러지 않아도 관개와 도시 확장 때문에 증가한 수요로 인해 점점 부족해지고 있는 용수 공급에 엄청난 부담을 주고 있다. 중국은 이제 이산화탄소와 같은 온실가스를 가장 많이 배출하는 국가가 되었고 배출량은 빠르게 증가하고 있다(제10장 참조).

제품 및 노동 환경의 안정성 2007년 이래 식품, 의약품, 그리고 기타 소비재 안전과 관련된 스캔들이 널리 알려지면서 중국 제품에 대한 국제사회의 이미지가 손상되고 있다. 사실 제품안전기준은 낮으며 이에 대한 규제 역시 느슨하다. 외국인투자자와 현지 투자자들, 그리고 정부 모두 비난을 받아야 한다. 중국의 규제제도는 국가경제발전의 다른 분야에서 이루어진 진전을 따라잡아야 할 필요가 있다.

중진국 함정 피하기 중국의 관료들과 연구자들은 또

한 '중진국 함정(middle-income trap)'에 빠질 위험성을 우려하고 있으며, 이 문제를 놓고 남미 국가들과의 토론에 참여하고 있다. 이핑과 팅송(Huang Yiping and Jiang Tingsong)에 의하면, "남미 및 중동 국가들이 실제로 빠진 함정은 혁신역량의 부족이다. 이들 국가들은 자원기반 활동(resource-based activity)을 뛰어넘는 산업고도화에 실패했다. 이것이 중국에게도 진정한 시험이 될 것이다." 2013년 10월 IMF가 결론 내린 바와 같이 '중기적으로는 중국이 과거에 비해 느리게 성장할 것'이 확실하다. 이의 대안은 아마도 낭비적이고 지속 불가능한 투자이며 이는 심각한 경제위기를 초래할 것이다. 중국이 당면한 과제는 어떻게 하면 조금은 낮아진 수준이지만 역사적으로는 아직도 높은 수준인 약 6.5% 정도로 향후 30년간 지속하여 성장할 수 있는지다. 이러한 속도로 성장하는 경제는 2010년의 중국과 같이 10%로 성장하는 경제와는 그 투자 구조가 달라야 한다. 이러한 변화는 쉽지 않을 것인데 혁신역량을 발전시키는 것이 주요한 해결 방법 중 하나가 될 것이다. 이를 향한 첫걸음은 떼었지만 동력을 유지하기 위해서는 보다 나은 제도들이 필요할 수 있다.

구조적 불균형에 대한 대처 중국 경제에는 진전을 가로막을 수 있는 다른 여러 가지 불균형이 존재한다. 세계은행은 2013년 세계경제전망(Global Economic Prospects)에서 '지속 불가능한 정도로 높은 투자율을 점진적으로 낮추어 가는 것만큼이나 균형을 바로잡으려는 노력이 우선순위'라고 지적하였다. 이 보고서는 '투자가 수익성이 없다고 판명될 경우 기존 대출에 대한 이자납부가 어려워질 수 있으며 정부의 개입을 요구하는 부실채권이 급증할 가능성'을 강조한다.

중국의 대규모 무역흑자에 대한 비판이 증가하고 있는데, 이것이 글로벌 금융위기의 근본적 원인 중 하나로 제시되고 있기 때문이다. 흑자의 원인 중 하나는 아마도 중국 위안화의 저평가일 것이며, 그 폭은 적어도 20%는 될 것으로 추정된다. 저평가는 동아시아 국가들에서 제조업부문의 확대를 촉진하기 위한 산업전략의 일환으로 사용된 적이 있다(특히 1960년대와 1970년대의 한국과 대만; 제12장 참조). 그러나 이들 경제는 중국에 비해 훨씬 작았다. 그렇지만 2009년에만 해도 전문가들은 (위안화가) 약 40% 정도까지 저평가된 것으로 추정한 점에 주목하라. 이는 바로 4년 후 저평가 수준의 약 2배에 달하는 것이다. 이후 GDP 대비 대외흑자는 그에 상응하는 수준으로 감소하였다(국제무역의 측정과 분석에 대한 자세한 내용은 제12장 참조). 사실, 2013년에 이르러서는 일부 제조업자는 보다 덜 저평가된 화폐가치에 적응하기 위해 고투해야 했다.

일본과 한국이 그랬던 것처럼, 더 많은 중국 기업이 미국과 같은 수출 대상국에 직접투자를 하게 되는 것은 피할 수 없는 일이다. 그러나 이는 중국의 상대적으로 낮은 평균생산성(빠르게 향상되고 있기는 하지만) 수준과 국가안보에 대한 유럽, 일본, 미국 등의 우려를 감안하면 아주 오래 끄는 과정이 될 것이다.

대규모 무역흑자의 또 다른 요인은 앞서 언급한 중국의 높은 저축률이다. 이는 국제적 평균치를 오랜 기간 동안 상회한 것으로 1998년부터 2010년 기간 동안 획기적으로 증가했다(동기간 국민소득의 약 49%를 기록, 최고점을 찍었다).

동시에 투자도 국민소득의 40%를 상회한 지 오래되었고, 2010년 48%라는 전례 없는 기록을 달성한 후 약간 감소하였다. 최근의 소폭 증가는 일부분 2008년 세계 금융위기에 대한 적극적인 방어로 인한 것이다. 중대한, 그리고 어쩌면 장기간의 혼란이 없이는 지속 가능한 투자와 성장 속도에 적응하는 것은 매우 어려울 것이다. 그러나 어떤 의미에서는 이 문제가 국가 통계가 작성되는 방식으로 인해 좀 과장되었을 수 있다. 장과 주(Jun Zhang and Tian Zhu)는 2013년의 연구에서 이와 같은 통계 방식은 증가하고 있는 고소득자의 숨겨진 소비, 자가 주택으로 인해 반영되지 않은 지대, 실제로는 개인소비에 가까운 기업비용 등이 반영되어있지 않다고 주장한다. 다른 한편, 상당 정도가 매우 비생산적이라는 증거가 있는 엄청나게 높은 투자는 아직 도전 받은 적이 없으며 이러한 통계는 국제무역수지 및 금

융 데이터와 함께 종합적으로 이해되어야 한다.

일부 금융 전문가들은 국영기업(SOE)부문의 대규모 부채와 다른 공공부문의 부채(예를 들면 지방정부의 부동산 담보대출)는 결국 중대한 금융위기를 불러올 수 있다고 보고 있다. 하지만 다른 분석가들은 중국은 '성장을 통해 이러한 문제들을 피해 갈 수 있을 것'이라고 주장하고 있다.

벌써 수년간 전문가들은 차입형 투자의 매우 높은 비중 때문에 금융 및 부동산 시장에서 '버블' 리스크를 우려해 왔다(제13장 참조). 이 잠재적인 문제는 더욱 심각해질 뿐이다. 2008~2013년까지만 해도 부채 대비 GDP 비율은 2008년의 120%에서 200%에 근접할 정도로 증가하였다. 이는 중국의 유례없이 높은 투자 및 낮은 소비와 연결되어 있다. 이제는 변화가 필수적이며, 이미 시작되었다. 그러나 불균형의 정도를 감안하면 투자 주도의 성장에서 소비 주도의 성장으로 전환하는 것은 아주 오래 걸리고 어려울 것이며, 항상 순탄치만은 않을 것이다.

정치적 취약성   정치적 취약성 또한 존재한다. 한편으로는, 일부 전문가들은 적어도 경제발전 초기 단계에서는, 그리고 또 지도자들이 발전주의 국가를 표방한다면, 권위주의적 체제의 강화를 옹호한다. 그러나 다른 한편으로는 이러한 체제는 변화하는 환경에 유연하게 대처하지 못하며 중진국 함정에 빠질 경우 벗어나기 어려울 수 있다. 중국의 일부 지도자들은 정치적 개혁이 시급하다고 부르짖고 있다. 또한 극적으로 심화되고 있는 불평등은 정치적 안정성을 약화시킬 뿐 아니라 궁극적으로는 미래 성장의 기회마저 놓치게 할 수 있다(불평등의 증가가 발전에 어떻게 장애가 되는지에 대한 자세한 내용은 제5장 참조).

중국은 진행 중인 제도적 개혁을 지속할 수 있는 방법을 찾는 것도 필요하다. 그것이 어떤 새롭고 생산적인 과도기적 제도를 집행하는 것이든 아니면 보다 근본적인 변화를 요하는 것이든 말이다. 애서모글루와 로빈슨(Daron Acemoglu and James Robinson)의 2012년 저서 『국가는 왜 실패하는가(Why Nations Fail)』에서 저자들은 제도의 취약성으로 인해 중국의 성장이 멈출 것이라는 놀라운 주장

을 하고 있다. 그들은 중국의 제도가 정실 자본주의가 판치고 기득권의 이익이 보호되는 반면 조금이라도 체제에 반하는 기업가들은 봉쇄당하는, 실패한 다른 국가들의 '착취형' 정치체계를 그대로 답습하고 있다고 주장한다. 그들은 중국이 궁극적으로 '경제발전을 지속할 수 없을 것'이라고 결론 내리고 있다. 소수의 전문가들만이 문제가 이 정도로 심각하다고 생각하고 있기는 하지만, 필요한 개혁이 정치적으로 단행하기 어렵다는 것은 엄연한 사실이다.

매우 기대되었던 경제적 그리고 사회적 정책 변화를 발표한 2013년 11월 제3회 총회에서 약속한 것은 시장 기능을 더욱 확대한다는 것이다. 일부 구체적인 사항이 빠져 있고 예측되었던 개혁(특히 금융 분야에서)이 실현되지 못했다 치더라도 시장 친화적 수사는 시장의 역할이 '기본적'이라는 것에서 '결정적'이라는 것으로 고조되었다. 의심의 여지가 없는 것은 정치적 통제력에 대한 공산당의 독점이 도전받지 않았다는 것이다. 아니, 오히려 강화되었다.

마지막으로, 중국의 경이로운 경제성장에도 불구하고 이스털린(Richard Easterlin)은 중국에서, 특히 하위 1/3에 해당하는 계층의 경우, 행복과 만족감이 경제성장을 따라잡지 못한다는 것을 발견하였다.

도시화의 관리   중국의 도시화는 인류사에서 가장 큰 규모의 인구이동이라고 불려 왔으며 사실 그 정도는 숨 막힐 정도로 놀라운 것이다. 중국에서 도시와 농촌의 비중이 비슷해진 시점은 2011년쯤인 것으로 보이는데 이제 중국은 역사상 처음으로 도시가 농촌을 능가하는 사회가 되었다. 1980년까지만 해도 중국 인구의 80% 이상이 농촌지역에서 살았다. 중국은 2030년 이전에 '도시인구 10억' 마크에 도달할지도 모른다. 제1장에서 언급한 충칭의 경우 1930년대의 200,000명에서 1970년대 문화혁명 시기에는 200만 명으로 성장하였고 지금은 인구 3,000만의 대도시가 되었다. 남부의 선전은 홍콩 인근의 어촌마을에서 20여 년 만에 또 다른 대도시로 탈바꿈하였다. 그러나 일반인들의 삶이 항상 포스트모던한 고층건물 등과 같은 대중매체에서 보여주는 이미지에 상응하는 것은 아니다. 대부분은 대규모 면적

의 어떤 때는 암울하며 균일한 아파트 단지로 이전하였으며, 엄청난 교통체증 속에서 무분별하게 확장되고 있는 도시 사이를 누비고 다니며 '숨 막힐 듯한' 공해를 들이마시기도 한다. 이는 일부 지역에서는 공공투자가 과잉으로 이루어지고 있는 동시에 다른 지역에서는 공공투자가 부족한 그런 상황임을 보여준다.

인구구조 변화의 도전

중국에서는 또한 인구가 빠르게 노화하고 있다. 20세기의 마지막 10년, 그리고 21세기의 처음 15년간 중국은 인구배당(demographic dividend)효과를 누렸다(제6장 참조). 세계표준에 비하면 보기 드물게 인구의 큰 비중이 노동 가능 연령대(일하기에 너무 어리거나 너무 늦지 않은)였다. 이러한 '배당'효과는 경제발전 과정에서 여성 1인당 출산율이 감소한 후, 그러나 이전의 인구가 많았던 세대가 은퇴하기 전, 빠른 소득증대가 이루어지면서 형성된다. 중국은 이제 일하던 인구의 상당 비중이 은퇴하기 시작하는 단계에 돌입하고 있다. 한 가지 도전은 근대적인 연금체제를 갖추는 것이다. 일하는 인구의 감소 및 늘어난 은퇴 인구를 지원해야 하는 필요성은 또 다른 도전이다. 이는 대부분의 근대 사회에서 당면하는 공통적인 도전이지만 중국의 경우 이 문제는 더욱 심각할 수 있다. 1980년 즈음에 도입된 한 가정 한 아이 정책으로 인해 인구변화가 급격히 진행되었기 때문이다. 2013년 11월 제3회 총회에서 이 정책이 조금 완화되었다. 도시 가구에서 부부 중 한 명이 독자인 경우에는 두 자녀를 허용하도록 하였다(이전에는 부부 모두 독자인 경우에만 두 자녀가 허용되었다). 그러나 중국의 도시에서 아이를 양육하는 비용은 매우 높기 때문에 이 변화가 출산율에 미치는 영향은 극히 제한적일 수 있다. 매우 높은 여성 대비 남성 비율(제8장 참조) 또한 왜곡을 지속하는 또 하나의 심각한 인구구조 문제로 남아 있다.

중국의 유례없이 높은 저축률(어떤 측정에 의하면 50%에 육박하는)에 대해서는 여러 가지 설명이 제시되고 있지만 대부분 흔치 않은 인구구조 문제와 관련이 있다. 사회보장연금 부족에 직면한 노령인구의 은퇴 대비 '생애주기(life-cycle)' 저축, 급작스러운 질병이나 실업 등으로 인한 소득 불확실성 증대에 따른 '예비적 저축(precautionary saving)', 그리고 열악한 금융 중개 등이 높은 저축률의 설명으로 제시되고 있다. 또한 웨이와 장(Shang-Jin Wei and Xiaobo Zhang)의 유력한 새 이론에서 제시하는 경쟁적 저축(competitive saving)론이 있다. 급증하는 성비(sex-ratio) 불균형으로 인해 아들의 수가 딸의 수를 능가하게 되면서 미래의 배우자에게 더 넓은 주택과 다른 부를 제공할 수 있는 경쟁력을 아들에게 마련해주기 위한 부모들의 저축 때문이라는 것이다. 높은 저축은 명백한 부동산 거품(property bubble)과 연관성이 있을 것이며, 이는 일부 중국 경제학자들이 매우 위험한 요소라고 믿고 있지만 중국은 도전을 관리하는 능력과 위기에 대처하는 여력이 있음을 보여주었다.

중국 정책 모방의 한계

중국의 성장이 다른 개발도상국에 주는 교훈에는 한계가 있다. 중국은 동질성이 상당히 강하며 한족이 절대적으로 많은 비중을 차지한다. 아프리카 및 다른 지역에서는 인종적 다양성이 경제성장의 지체와 관련되어 있는데, 물론 정치적 자유가 불완전하거나 존재하지 않는 국가들에서만 발생하는 현상이다. 중국 역시 자유가 많이 부족하다. 민주적 자유가 보다 광범위하거나 인종적인 다양성이 큰 경우, 다른 국가들이 중국과 같은 중앙집권적 방식으로 경제이행 및 성장유인 정책을 기획하고 수행하는 데는 한계가 있을 것이다. 마지막으로, 다른 동아시아 국가들과 같이 중국 역시 천연자원이 부족하다. 많은 전문가들은 이러한 부족이 결점이라기보다는 혜택이라는 결론을 내리고 있다. 풍부한 천연자원은 그 수익에 관한 정치적 투쟁을 불러일으키지만, 의존할 수 있는 천연자원이 존재하지 않을 때 제조업의 성공은 보다 중요해질 수 있다. 이에 따라 기술과 숙련도를 향상시키기 위한 진취성과 노력이 더 요구되는 것이다. 지리적인 우위의 관점에서 보면, 동아시아는 아프리카나 다

른 개발도상국 국가들에 비해 치료제가 부족한 말라리아 및 기타 열대질병, 열대농업의 곤경과 불리함, 그리고 내륙 국가로서의 불리함과 같은 문제가 덜 심각하다.

동아시아의 경제적인 기적이 한국과 대만 경제의 특수한 지역적 요인에 의해서 발생한 요행이 아님을 우리는 중국의 경험으로부터 확인할 수 있다. 중국 사례를 보면서 '진정한 발전은 가능하다'고 주장할 수 있어 우리는 더 큰 자신감을 얻을 수 있다. 반면에, 다른 개발도상국들이 중국의 성공을 모방하는 것은 쉽지 않다는 것이 명백하다. 지리적 위치, 인구구조, 제도, 그리고 해외투자유인 등에서 차이가 존재할 뿐만 아니라, 중국으로 방향을 돌린 투자들로 인해 다른 개발도상국들은 투자에 목마른 상황이 되어 버렸다. 이들은 중국의 낮은 임금, 고숙련도, 노하우, 그리고 경제활동의 집합과 같은 중국의 놀라운 조합과 경쟁할 수 없다. 일단의 동아시아 국가들은 중국의 수입수요 급증으로 크게 혜택을 입었다. 최근 몇 년 동안의 원자재가격 상승은 상당 부분 중국의 경제성장 때문이다. 그리고 중국 자체에서도 다음 단계 과도기에 경제관리를 신중히 한다면 조금은 완화된 속도겠지만, 고성장이 지속될 가망이 높다. 동시에, 제조업 수출에 좀 더 의존하고자 하는 많은 개발도상국들은 중국의 성공을 기회이자 위협으로 간주하고 있다. 중국의 성장은 지속적으로 글로벌 경제발전 드라마의 중심 테마가 될 것이다. 중국의 엄청난 경제적 영향과 경이로운 성공이 촉발한 정책적 논쟁 두 측면 모두에서 말이다. ■

참고문헌

Acemoglu, Daron, and James Robinson, *Why Nations Fail: The Origins of Power, Prosperity, and Poverty*. New York: Crown Business, 2012.

Asian Development Bank. *The National Accounts of the People's Republic of China: Measurement Issues, Recent Developments, and the Way Forward*. Manila, Philippines: Asian Development Bank, 2007.

Brandt, Loren, and Xiaodong R. Zhu. "Distribution in a decentralized economy: Growth and inflation in China under reform." *Journal of Political Economy* 108 (2000): 422–439.

Byrd, William, and Lin Qingsong, eds. *China's Rural Industry: Structure, Development, and Reform*. New York: Oxford University Press, 1990.

Chen, B., and Y. Feng. "Determinants of economic growth in China: Private enterprise, education, and openness." *China Economic Review* 11 (2000): 1–15.

Chen, Shaohua, and Martin Ravallion. "China's (uneven) progress against poverty." *Journal of Development Economics* 82 (2007): 1–42.

————. "Learning from success: Understanding China's (uneven) progress against poverty." *Finance and Development* 41 (2004): 16–19.

Easterlin, Richard A. "When growth outpaces happiness." *New York Times*, September 27, 2012, http://www.nytimes.com/2012/09/28/opinion/in-china-growth-outpaces-happiness.html?_r=0.

Financial Times, numerous issues: the authors acknowledge the general contribution of the indepth daily reporting on China by the *Financial Times* in informing the development of this case study over more than a decade.

George Washington University, Institute for International Economic Policy. "G2 at GW: Annual Conferences on China's Economic Development and U.S.-China Economic Relations", 2008–2013; "virtual conference volumes" at http://www.gwu.edu/~iiep/G2_at_GW/

Hu, Zuliu, and Mohsin S. Khan. "Why is China growing so fast?" IMF Working Paper No. 96/75, 1996.

Huang, Yasheng, *Capitalism with Chinese Characteristics*. New York: Cambridge University Press, 2008.

Islam, Nazrul, and Kazuhiko Yokota. "Lewis growth model and China's industrialization." *Asian Economic Journal* 22 (2008): 359–396.

Krugman, Paul. "The myth of Asia's miracle." *Foreign Affairs* 73, No. 6 (1994): 62–78.

Lau, Lawrence J., Yingyi Qian, and Gérard Roland. "Pareto-improving economic reforms through dual-track liberalization." *Economics Letters* 55 (1997): 285–292.

————. "Reform without losers: An interpretation of China's dual-track approach to transition." *Journal of Political Economy* 108 (2000): 120–143.

Lu, D. "Industrial policy and resource allocation: Implications of China's participation in globalization." *China Economic Review* 11 (2000): 342–360.

Miller, Tom. *China's Urban Billion: The Story Behind the Biggest Migration in Human History.* London: Zed Books, 2012.

Mody, Ashoka, and Fang-Yi Wang. "Explaining industrial growth in coastal China: Economic reforms…and what else?" *World Bank Economic Review* 11 (1997): 293–325.

Qian, Yingyi. "How reform worked in China." In *In Search of Prosperity: Analytic Narratives on Economic Growth,* ed. Dani Rodrik. Princeton, N.J.: Princeton University Press, 2003.

Rawski, Thomas. "Measuring China's recent GDP growth: Where do we stand?" October 2002. http://www.pitt.edu/~tgrawski/papers2002/measuring.pdf.

Romer, Paul M. "Idea gaps and object gaps in economic development." *Journal of Monetary Economics* 32 (1993): 543–573.

———. "Two strategies for economic development: Using ideas versus producing ideas." *Proceedings of the Annual World Bank Conference on Development Economics, 1992.* Washington D.C. World Bank, 1993, pp. 63–91.

Sen, Amartya. *Development as Freedom.* New York: Knopf, 1999.

Smith, Stephen C. "Employee participation in China's township and village enterprises." *China Economic Review* 6 (1995): 157–167.

Smith, Stephen C. "Industrial policy and export success: Third World development strategies reconsidered." In *U.S. Trade Policy and Global Growth,* ed. Robert Blecker. New York: Sharpe, 1996.

Smith, Stephen C., and Yao Pan, "US-China Economic Relations," in *Oxford Companion to the Economics of China,* eds.: Shenggen Fan, Ravi Kanbur, Shang-Jin Wei, and Xiaobo Zhang. Oxford University Press.

United Nations Development Programme. *Human Poverty Report, 2000.* New York: United Nations, 2000.

Vogel, Ezra. *One Step Ahead in China.* Cambridge, Mass.: Harvard University Press, 1989.

Wei, Shang-Jin, and Xiaobo Zhang. "The competitive saving motive: Evidence from rising sex ratios and savings rates in China." NBER Working Paper No. 15093, 2009.

Weitzman, Martin L., and Chenggang Xu. "Chinese township and village enterprises as vaguely defined cooperatives." *Journal of Comparative Economics* 20 (1994): 121–145.

Woetzel, Jonathan, et al. *Preparing for China's Urban Billion.* McKinsey Global Institute, February 2009.

Woo, Wing Thye. "Chinese economic growth: Sources and prospects." In *The Chinese Economy,* ed. Michel Fouquin and Françoise Lemoine. London: Economica, 1998.

Yiping, Huang, and Jiang Tingsong. "What does the Lewis turning point mean for China? A computable general equilibrium analysis." China Center for Economic Research Working Paper No. E2010005, March 2010.

Young, Alwyn. "The tyranny of numbers: Confronting the statistical realities of the East Asian growth experience." *Quarterly Journal of Economics* 110 (1995): 641–680.

Zhang, Jun, and Tian Zhu. "Re-Estimating China's Underestimated Consumption." Working paper, China Europe International Business School, September 7, 2013.

Zhou, Ning, Yunshi Wang, and Lester Thurow. "The PRC's real economic growth rate." Unpublished report. Cambridge, Mass.: Massachusetts Institute of Technology, 2002.

Zhu, Xiaodong, "Understanding China's growth: Past, present and future. *Journal of Economic Perspectives* (Fall 2012).

주요 용어

경제주체(economic agent)

구속적 제약조건(binding constraint)

금전적 외부성(pecuniary externality)

기술적 외부성(technological externality)

심층개입(deep intervention)

다중균형(multiple equilibria)

대리인 비용(agency costs)

비대칭 정보(asymmetric informtion)

빅 푸시(big push)

빈곤함정(poverty trap)

사회적 수익률(social returns)

상호 보완성(complementarity)

성장진단(growth diagnostics)

약속장소의 딜레마(where-to-meet dilemma)

연계(linkages)

오링 모형(o-ring model)

오링 생산함수(o-ring production function)

저개발 함정(underdevelopment trap)

정보 외부성(information externality)

조정실패(coordination failure)

죄수의 딜레마(prisoners' dilemma)

중진국 함정(middle-income trap)

파레토 향상(pareto improvement)

혼잡(congestion)

복습문제

1. 일상생활에서 일어나는 상호 보완성의 사례를 추가적으로 생각해볼 수 있는가? 〈그림 4.1〉의 S자 형 곡선이 이를 설명해줄 수 있는가? 여러분의 사례가 경제발전 문제에 대한 비유로서 도움이 될 수 있는가?

2. 빅 푸시 모형에서 제기된 일단의 문제들을 해소하는 데 국제무역과 해외 투자가 어떠한 역할을 할 수 있다고 생각하는가? 오링 모형에서는? 여러분의 주장에 어떠한 한계가 있다고 생각하는가?

3. 함정이라는 단어는 또한 출구가 있을 수 있음을 의미한다. 이 장에서 서술한 모든 함정에서 개발도상국이 빠져나올 수 있다고 생각하는가? 빠져나오기가 가장 어렵다고 생각되는 함정은 무엇인가? 이와 같은 경우 선진국은 어떻게 도움을 줄 수 있는가? 선진국이 무엇을 더 할 수 있는가?

4. 높은 불평등 수준이 저성장률과 저개발을 가져올 수 있는 이유는 무엇인가? 이와 같은 함정에서 빠져나오기 어려운 이유는 무엇인가?

5. 정부가 조정실패의 해결 방안이라기보다 문제의 일부가 되는 이유는 무엇인가? 이로 인해 문제 해결이 불가능해지는 것인가? 이러한 경우 무엇을 해야 하는가?

6. 일부 개발도상국에서 나타나는 특징 중 하나는 자신의 대가족 이외의 사람들에 대한 상대적으로 낮은 신뢰 수준이다. 이 장에서 다룬 모형들이 이 문제를 어떻게 설명할 수 있는가?

7. 일상생활에서 생각할 수 있는 오링 모형의 사례는 무엇인가? 여러분의 사례가 발전 문제에 대한 적합한 비유라고 생각하는가?

8. 현재의 경제 모형은 때때로 강력한 가정을 필요로 한다. 강력한 가정과 분명한 추론에 기반을 둔 보다 엄격하고 논리적인 응집형 모형(cohesive model)과 문제에 대한 자세한 설명 후 가능한 시사점에 관해 논의하는 방식 간의 장단점(trade-off)은 무엇이라고 생각하는가? 두 가지 접근법이 서로에게 정보를 제공하기 위해 사용될 수 있다고 생각하는가?

9. 뒤에 나오는 장들을 읽으면서, 이 장에서 서술한 모형들이 문제의 본질을 설명하는 데 유용한지 그 여부를 생각해보라. 나중에 고려할 수 있는 문제 중 일부는 아동노동, 빈곤계층의 보건 및 영양 부족, 높은 출산율, 환경파괴, 빈곤계층에 대한 신용 문제, 도시화, 선진국과 개발도상국에 의한 보호무역주의, 정부개혁 및 토지개혁 등이 있다.

10. 흥미 있는 개발도상국을 선택하고 성장에 장애가 되는 요인을 제시할 수 있는 증거를 찾아보라(〈예문 4.3〉 참조).

11. 자아발견 분석틀에서 존재하는 시장실패에는 어떤 종류가 있는가? 이는 어떻게 극복할 수 있는가?

12. 중국의 가장 최근의 경제적 성과에 대해 생각해보라. 중국의 성과는 여기서 제시된 중국 사례분석 내용을 어느 정도 확인해주는 것인가? 아니면 수정을 요구하는 것인가?

미주

1. Karla Hoff and Joseph E. Stiglitz, "Modern economic theory and development," in *Frontiers in Development Economics*, eds. Gerald M. Meier and Joseph E. Stiglitz (New York: Oxford University Press, 2000)를 참조하라. 호프와 스티글리츠의 두주(header quote)는 이 출처의 390페이지에서 인용하였다.

2. 예를 들어 조정실패로 인한 저성장경로가 내생적 성장 모형 체계 내에서 명시적으로 검토될 때 두 접근법은 서로 수렴된다. Oded Galor and Joseph Zeira, "Income distribution and macroeconomics," *Review of Economic Studies* 60 (1993): 35–52를 참조하라.

3. 이 접근법의 관점이 얼마나 많이 '신경제(new economy)' 이슈에 적용되느냐에 관한 의미 있는 토론을 위해서는 Carl Shapiro and Hal Varian, *Information Rules: A Strategic Guide to the Network Economy* (Boston: Harvard Business School Press, 1999)를 참조하라.

4. 기업과 노동자 간 비자발적 분리의 위험이 있는 경우(예 : 기업파산이나 고용자의 사망 및 심각한 질병), 완전한 노동계약 체결로도 문제를 해결할 수 없다(완전한 노동계약은 보통의 경우에도 대부분 불가능한 것이지만). 특별히 의미 있는 수리 모형에 관해서는 Daron Acemoglu, "Training and innovation in an imperfect labour market," *Review of Economic Studies* 64 (1997): 445–464를 참조하라.

5. 이 문제에 대한 흥미로운 수리 모형과 이를 지지하는 방글라데시 농촌지역에서의 경험적 증거에 대해서는 Northeast Universities Development Conference, Boston University, September 2001에서 발표된 논문인 Shahe Emran and Forhad Shilpi, "Marketing externalities, multiple equilibria, and market development"을 참조하라. 또한 Shahe Emran and Forhad Shilpi, "The extent of the market and stages of agricultural specialization," *Canadian Journal of Economics* 45, No. 3 (2012): 1125–1153을 참조하라.

6. Alicia Adsera and Debraj Ray, "History and coordination failure," *Journal of Economic Growth* 3 (1998): 267–276; Debraj Ray, *Development Economics* (Princeton, N.J.: Princeton University Press, 1998), ch. 5.

7. 죄수의 딜레마에 관한 개관은 Robert Gibbons, *Game Theory for Applied Economists* (Princeton: Princeton University Press, 1992), pp. 2–7을 참조하라.

8. 완전정보의 조건하에서도 조정은 문제로 남아 있을 수 있다.

9. 엄밀히 말하면, 〈그림 4.1〉은 경제주체들이 동질적이라고 가정하고 대칭적인 내쉬 균형을 보여준다. 그러나 이는 경제주체들이 이질적인 경우에도 일반화될 수 있다. 노동시장에서, 단일균형이 도출되는 우상향 공급곡선과 우하향 수요곡선의 교차 사례가 〈그림 5.5〉에서 나타난다.

10. 엄밀히 말하면, 묘사된 것은 대칭적 내쉬 균형조합이다. S자 형태의 곡선은 다른 경제주체들의 평균적 행동에 대한 대표적인 한 주체의 대응곡선이다.

11. Paul Rosenstein-Rodan, "Problems of industrialization of eastern and southeastern Europe," *Economic Journal* 53 (1943): 202–211.

12. Kevin M. Murphy, Andrei Shleifer, and Robert W. Vishny, "Industrialization and the big push," *Journal of Political Economy* 97 (1989): 1003–1026.

13. Paul Krugman, *Development, Geography, and Economic Theory* (Cambridge, Mass.: MIT Press, 1995), ch. 1. 모형에 대한 대안적 설명과 산술적 설명을 위해서는 Kaushik Basu, *Analytical Development Economics* (Cambridge, Mass.: MIT Press, 1997), pp. 17–33을 참조하라.

14. 하나의 이유는 효율임금효과일 수 있다. 이 경우 높은 임금을 받는 노동자는 해고를 피하기 위해 더 일을 열심히 하게 되고, 이에 따라 충분히 높은 임금을 지불할 수 있을 만큼 생산성이 높아진다.

15. 현대부문의 노동자들은 자발적으로 노동하며 부문 간 이동이 가능하다고 가정한다. 따라서 이들은 강제노동자가 아니다.

16. 머피, 슐라이퍼, 그리고 비쉬니의 수리 모형에서, 제품은 연속적(continuous)인 것으로 가정하지만 이것은 여기서 우리의 관심사는 아니다.

17. 이와 같은 소비 형태는 단위탄력적 수요가 존재함을 의미한다. 각 유형의 소비재 산출량에 의해 주어진 효용함수와 같이, 모든 재화에 동일한 가중치가 부여된 콥-더글러스(Cobb-Douglas) 효용함수에서 도출된 일종의 수요함수이다. 엄밀히 말하면, 머피, 슐라이퍼, 그리고 비쉬니는 모든 노동을 공급하고 모든 이윤을 수령하는 하나의 대표 소비자를 가정하고, 이 가정을 기반으로 모형을 구축하였다. 따라서 〈그림 4.2〉와 분석의 다른 부문들은 경제 전체라고 생각할 수도 있고 또는 하나의 특정한 시장에 대한 것으로 간주될 수도 있다. 그러나 여기에서는 이러한 고려사항들에 관심을 가질 필요는 없다.

18. 예를 들면 Hollis B. Chenery, Sherman Robinson, and Moshe Syrquin, *Industrialization and Growth: A Comparative Study* (New York: Oxford University Press, 1986)를 참조하라.

19. 예를 들어 이 분야에 관해서는 Andrés Rodriguez-Clare, "The division of labor and economic development," *Journal of Development Economics* 49 (1996): 3–32를 참조하라. 앞의 두 사례에 있어서 스미스(Adam Smith) 그리고 세 번째 사례에 있어서 마셜(Alfred Marshall) 이후 광범위한 이론 및 실증적 지지를 받아 왔던 세 가지 상황으로 로드리게즈-클레어(Rodriguez-Clare)는 시작한다—분업으로부터의 생산성 향상이 있으며, 분업은 시장의 규모에 의해 제한되고, 제7장에서 설명한 바와 같이 효율성 향상은 특정 생산요소의 공급자 및 사용자 간 근접성에서 도출된다. 이들 가정들을 기반으로, 로드리게즈-클레어는 소규모 개방경제가 '분업의 협소성'(즉 특화된 생산요소의 다양성 부족)이 강화되는 저개발함정에 빠질 수 있음을 보여준다. 이는 다시 자본수익률의 저하를 유인하고, 이에 따라 해외투자 또는 국내 자본축적이 문제 해결을 위해 활용되지 못한다. 다른 설명을 위해서는 Dani Rodrik, "Coordination failures and government policy: A model with applications to East Asia and Eastern Europe," *Journal of International Economics* 40 (1996): 1–22를 참조하라. 또한 Murphy, Schleifer, and Vishny, "Industrialization," sec. 6을 참조하라.

20. 미시경제학에서 우리는 한계수입을 $P(Q)[1 - 1/\eta]$로 쓸 수 있다. 여기서 P는 가격이고 η는 수요의 가격탄력성(절댓값)이다. 단위탄력성의 경우 $\eta = 1$이다. 이 생산자는 일정한 양(+)의 한계비용을 갖는다. 따라서 생산량을 줄이고 가격을 올리면 이윤이 무한대로 증가한다.

21. 다시 말해 생산자는 진입제한가격설정 독점기업(limit-pricing monopolist)이다.

22. 이 부문에서 임금은 w까지 상승했으나, 이 생산부문은 경제에서 매우 작은 부분을 차지한다. 따라서 소소한 소득효과를 무시할 수 있다.

23. 이 그래프는 크루그먼에 의해 제시된 것이다. *Development, Geography and Economic Theory*를 참조하라.

24. 그러므로 독점기업의 진입제한가격설정 조건들은 아직 유효하다.

25. 가격 '1'에서 노동자가 구매한 재화의 양은 총임금과 동일하다.

26. 이를 보기 위해서는 빅 푸시 이후 경제의 총임금은 $w_2(L/N)N$이고 총이윤은 $[1Q_2 - w_2(L/N)]N$임을 주목해야 한다. 이를 합하면 총생산의 가치 $1Q_2N$을 얻는다.

27. 다르게 말하면, 시장실패가 존재하는 것이 문제이다. 특히 크루그먼이 지적했던 바와 같이, 기업 내부 규모의 경제와 저임금에서의 완전탄력적 노동공급 존재 사이의 상호작용은 현대기업의 진입을 제한하는 금전적 외부성을 창출한다. 다시 말하면, 개별적인 산업화는 각 기업들에게 금전적 손해를 줄 수 있지만 다 같이 투자를 하면 총수요 증가를 창출함으로써 각 기업은 산업화 창출에 필요하고 서로 도움이 되는 빅 푸시 창출에 공헌하게 된다. 그러므로 규모의 경제가 기업 내부 문제이지만 저임금을 지급하는 전통부문과 결합하면 사실상 외부의 양(+)의 금전적 외부효과가 창출된다. 다시 말해 각 기업의 생산이 다른 기업들의 수익을 증가시키고 모두에게 더 많은 수익성을 가져다주는 효과가 있기 때문이다. 이 난제의 특징을 간단히 서술하면 다음과 같다. 만약 하나의 현대적 기업이 있다면, 이익은 전통부문에서 더 크지만, 만약 모든 부문에서 활동하는 현대적 기업이 하나씩 있다면, 이익은 현대부문에서 더 크다.

28. 형식적으로 $F = F(N)$이며, N이 증가할수록 F는 감소한다.

29. 빅 푸시 모형을 상대적으로 인식 가능한 수학적 용어로 묘사한 의미 있는 모형의 세부사항에 대해서는 Stefano Paternostro, "The poverty trap: The dual externality model and its policy implications," *World Devlopment* 25 (1997): 2071–2081을 참조하라.

30. 이 경우, **효율성**은 공식적으로 '노동절약'을 의미하지만 여기서는 이를 보다 일반적으로 해석한다.

31. 머피, 슐라이퍼, 그리고 비쉬니가 보여주는 바와 같이, 이자율 증가효과가 지나치게 크지 않은 타당한 균형조건 또한 존재한다.

32. 무역개방이 이 문제를 해결하지는 못할 것이다. 왜냐하면 타국의 도시 발전은 일반적으로 국가발전에 도움을 주지 않는다. 도시화는 제7장에서 보다 자세히 논의한다.

33. 원칙적으로 충분한 수의 현대기업이 진입하는지 여부를 안다면, 완전가격차별 사용을 통해서 인프라 문제를 해소할 수 있을 것이다. 그러나 기업들이 서로 다른 고정비용을 지니고 있고 이를 인프라 공급자가 알 수 없거나, 다른 어떠한 이유로 완전가격차별이 불가능하다면, 인프라의 구축이 효율적인 경우에도 인프라는 구축되지 않을 것이다. Murphy, Schleifer, and Vishny, "Industrialization," sec. 6을 참조하라. 〈그림 4.2〉와 유사한 도표를 사용한 이해 가능한 수학적 도출에 대해서는 Pranab Bardhan and Chris Udry, *Development Microeconomics* (New York: Oxford university Press, 1999), pp. 208–211을 참조하라.

34. 레몬이라는 용어는 품질이 열등한 중고차에서 유래되었다. 잘 알려져 있듯이, 새 차들은 전시실을 떠나는 그 순간 가치의 상당 부분을 상실한다. 왜냐하면 자동차가 판매용으로 제공되었다는 단순한 사실이 자동차 자체에 대한 귀중한 정보로 받아들여진다. 자동차를 구매하고자 하는 사람들은 기계에 대한 전문가가 아니다. 따라서 그들은 자동차의 가치가 어느 정도인지를 결정하는 데 도움이 되는 간략한 정보를 찾아야 할 필요가 있다. 명백히, 품질이 열등한 자동차의 주인이 자동차를 판매할 가능성이 더 높다. 경제학에서는 이 '레몬 문제'와 같은 비

유들이 다수 활용되고 있다. 특히 금융시장에서 그렇다(제15장 참조). 또한 George Akerlof, "The market for lemons," *Quarterly Journal of Economics* 84 (1970): 488-500을 참조하라.

35. 이 절에서 다룬 주제의 최근 전개에 대한 문헌검토는 Hoff and Stiglitz, "Modern economic theory and development"를 참조하라. 이 주제와 다른 이슈들에 관한 의미 있는 논의들은 Ray, *Development Economics*, ch. 5에서 찾아볼 수 있다.

36. Alice Amsden, *Asia's Next Giant: South Korea and Late Industrialization* (Oxford: Oxford University Press, 1989)과 *The Rise of the Rest* (New York: Oxford University Press, 2001); Carl J. Dahlman, Bruce Ross-Larson, and Larry E. Westphal, "Managing technical development: Lessons from the newly industrializing countries," *World Development* 15 (1987): 759-775; Richard Luedde-Neurath, *Import Controls and Export-Oriented Development: A Reassessment of the South Korean Case* (Boulder, Colo.: Westview Press, 1986); Howard Pack and Larry E. Westphal, "Industrial strategy and technological change: Theory versus reality," *Journal of Development Economics* 22 (1986): 87-128; Joseph Stern et al., *Industrialization and the State: The Korean Heavy and Chemical Industry Drive* (Cambridge, Mass.: Havard University Press, 1995); Gordon White, ed., *Development States in East Asia* (New York: St. Martin's Press, 1988); Stephen C. Smith, "Industrial policy and export success: Third World development strategies reconsidered," in *U.S. Trade Policy and Global Growth*, ed. Robert Blecker (New York: Sharpe, 1996), pp. 267-298을 참조하라. 연계에 관해서는 Masahisa Fujita, Paul Krugman, and Anthony J. Venables, *The Spatial Economy: Cities, Regions, and International Trade* (Cambridge, Mass.: MIT Press 1999)를 참조하라.

37. 이 관점에 따르면, 투입-산출 분석 또는 산업연관 분석이 본 목적에 부합하는 완전한 방법은 아니지만 초기의 발전계획과 정책 수립에 있어서 왜 인기가 있는지를 설명해준다(제11장 참조).

38. 이에 대한 증거는 William L. Megginson and Jeffry M. Netter, "From state to market: A survey of empirical studies on privatization," *Journal of Economic Literature* 39 (2001): 321-390을 참조하라.

39. Abhijit V. Banerjee and Andrew F. Newman, "Occupational choice and the process of development," *Journal of Political Economy* 101 (1993): 274-298을 참조하라.

40. 갤러와 자이라(Galor and Zeira)의 모형은 불완전자본시장을 특징짓는 다른 방법에 의존하는데, 채무자에 대한 이자율이 채권자에 대한 이자율보다 높다. 은행을 잠깐 방문해본다면 이 가정의 합리성을 확인할 수 있을 것이다. 이 모형은 2기간(two-period)의 중복세대 모형(overlapping-generations model)이다. Galor and Zeira, "Income distribution and macroeconomics"를 참조하라.

41. Torsten Persson and Guido Tabellini, "Is inequality harmful for growth?" *American Economic Review* 84 (1994): 600-621; 또한 이 책의 제5장을 참조하라.

42. Michael Kremer, "The O-ring theory of economic development," *Quarterly Journal of Economics* 108 (1993): 551-575. 크레머의 연구에서 제시된 내용들에 대해 별도의 논거를 제공하는 좋은 모형 설명은 바수(Basu)의 *Analytical Development Economics*에서 찾을 수 있다.

43. 보다 일반적으로 n개의 과업이 있다. 우리는 단순함을 위해 오로지 1명의 노동자만이 각각의 n 과업을 수행해야 한다고 계속 가정한다. 그러나 개념적으로 n은 노동자의 수가 아니라 과업으로서 간주되어야 한다. 모든 과업이 성공적으로 수행되어야만 노동자 한 사람당 생산량이 가치를 나타내는 B항으로 주어진다(만약 수량으로 나타내는 경우 가격은 1로 정규화된다). 전통적 자본 k도 사용될 수 있으며 아래 공식에 포함되어 있다. 자본은 수확체감의 조건을 가진다(물론 자본 역시 품질 측면에서 다양할 수 있다). 기대 산출량 y는 다음과 같다.

$$E(y) = K^\alpha \left(\prod_{i=1}^{n} q_i\right) nB$$

일반적으로, n으로 곱해야 한다. 그렇지 않으면 보다 상이한 과업을 추가함으로써 기업은 가치를 잃을 뿐이기 때문이다. 오링(O-ring) 이론에서, 크레머는 기술 선택의 내재화 방법으로 $B = B(n)$이고 $B'(n) > 0$인 경우 어떠한 일이 발생하는지를 분석했다.

44. 기업이 동일한 숙련도 수준을 보유한 노동자를 고용하고자 할 것이라는 사실에 대한 보다 공식적이고 일반적인 설명을 위해서, 미주 43번의 사례를 계속 사용한다. 각 노동숙련도 q에 대한 극대화 필요조건은 다음과 같다.

$$\frac{dw(q_i)}{dq_i} \equiv \frac{dy}{dq_i} = \left(\prod_{j \neq i} q_j\right) nBK^\alpha$$

이 공식에 의하면, 균형에서 숙련도의 한계생산은 그 한계비용과 같다는 것을 의미한다. 다시 말해서, 기업이 다른 모든 노동자들의 숙련도를 일정하게 유지하고 한 노동자를 숙련도가 높은 다른 하나의 노동자로 교체하는 부가가치는 임금지불액의 증가와 동일하다. 다음으로, 2차 도함수 또는 다른 노동자들의 숙련도 수준에 대한 i번째 노동자 숙련도의 한계생산 도 함수는 0보다 크며 다음과 같다.

$$\frac{d^2y}{dq_i d} = \left(\prod_{j \neq i} q_j\right) = nBK^\alpha > 0$$

이 양(+)의 교차도함수(cross-derivative)에 의하면, 하나를 제외한 모든 과업에 고숙련도의 노동자를 고용한 기업은 마지막 하나의 과업에 고숙련도의 노동자를 고용할 때 최대의 이익을 얻게 된다. 따라서 기업은 가장 숙련도가 높은 노동자를 고용하기 위해 노력하게 된다.

45. 엄밀히 말하면, 이와 같은 유형의 결혼시장 중매 과정은 미주 44번과 같은 양(+)의 교차도함수의 존재에 의존하지 않으며, 양도할 수 없는 효용(측면 보상이 불가능하다는 의미)을 수반한 개인적 선호의 결과이다. 그러므로 동류교배가 발생할 수 있는 두 가지 유형의 상황이 존재한다.

46. Michael Kremer and Eric Maskin, "Wage inequality and segregation by skill," *NBER Working Paper No. 5718,* 1996을 참조하라.

47. 이 결과에 대한 공식적 설명과 불완전정보하의 내생적 숙련도 투자 사례에 대한 투자의 경우 크레머(Kremer)의 '오링 이론'을 참조하라.

48. Ibid., p. 574. 다중균형에 대한 분석은 pp. 564–571에 나와 있다.

49. Ricardo Hausmann and Dani Rodrik, "Economic development as self-discovery," *Journal of Development Economics* 72, (2003): 603–633. 관련된 그리고 의미 있는 초기 분석이 Karla Hoff, "Bayesian learning in an infant industry model," *Journal of International Economics* 43, (1997): 409–436에 나와 있다.

50. Ricardo Hausmann, Dani Rodrik, and Andrés Velasco, "Growth diagnostics," *One Economics, Many Recipes: Globalization, Institutions, and Economic Growth,* by Dani Rodrik (Princeton, N.J.: Princeton University Press, 2007), ch. 2.

51. Paul Krugman, *Development, Geography, and Economic Theory,* (Cambridge: MIT Press, 1995).

52. Hoff and Stiglitz, "Modern economic theory and development."

53. 1999년 5월 27일 세계은행에서 스티글리츠(Joseph E. Stiglitz)의 세미나 발표; 그리고 같은 문헌의 p. 421.

54. Karla Hoff, "Beyond Rosenstein-Rodan: The modern theory of coordination problems in development," *Annual World Bank Conference on Development Economics, 1999* (Washington, D.C.: World Bank, 2000), p. 146.

제2부
문제와 정책 : 국내

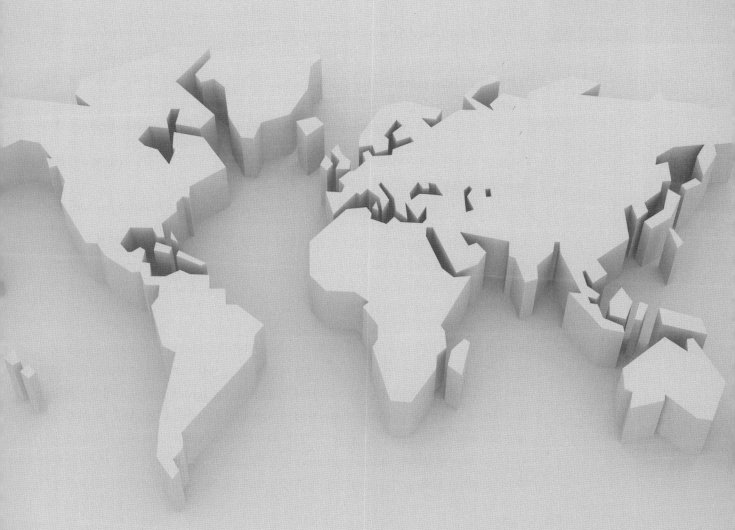

5 빈곤, 불균등, 그리고 발전

더 많은 사람이 가난하고 비참하다면 그 어떤 사회도 결단코 번영하거나 행복할 수 없다.

— 스미스(*Adam Smith*), *1776*

인간개발의 렌즈를 통해 볼 때 세계는 가진 자와 갖지 못한 자의 거리로 심히 양분된 것처럼 보인다.

— *UN개발계획(United Nations Development Programme)*, *인간개발보고서(Human Development Report)*, *2006*

사회적 보호(social protection)는 직접적으로 빈곤을 감소시키고 성장이 빈곤계층에 더 도움이 되도록 만들 것이다.

— *OECD(Organization for Economic Cooperation and Development)*, *2010*

극심하고 지속적인 빈곤과 기아의 동시발생은 빈곤함정의 존재를 나타낸다. 빈곤함정이란 다른 사람들의 도움 없이는 개인 또는 집단이 헤쳐 나올 수 없는 여건이다.

— *국제식량정책연구소(International Food Policy Research Institute)*, *2007*

세계은행그룹은 2030년까지 극심한 빈곤을 종식시키고 각국의 가장 가난한 40%를 위한 소득증가를 극대화함으로써 나눔의 번영을 신장시키는 두 가지 새로운 목표를 채택했다.

— *김용(Jim Yong Kim)*, *세계은행 총재, 2013*

제1장과 제2장에서는 지난 반세기 동안 의미 있는 진전이 있었음에도 불구하고 개발도상국 진영에는 아직도 극심한 빈곤이 광범위하게 남아 있는 문제를 소개했다. 2010년 현재 12억 명이 넘는 사람들이 2005년 미국의 구매력등가(purchasing power parity)로 하루 1.25달러 미만으로 생활하고 있다(2013년 세계은행 추정치). 전 세계 인구의 1/3을 넘는 약 24억 명의 사람들이 하루 2달러 미만으로 생활하고 있다. 다음의 몇 개 장에서 살펴보듯이 이들 빈곤한 사람들은 종종 영양부족(undernutrition)과 건강악화(poor health)로 고통을 받고, 글을 쓸 줄 아는 능력이 거의 없거나 전혀 없으며, 환경적으로 훼손된 지역에서 생활하고, 정치적 영

향력이 거의 없으며, 사회적으로 소외되고, 소규모의 주변부 농장(또는 일용근로자로서)이나 황폐한 도시 빈민가에서 어렵게 삶을 이어가기 위해 노력하고 있다. 이 장에서는 빈곤과 고도로 불균등한 소득분배 문제를 심층적으로 검토할 것이다.

경제발전이 더 높은 국민총소득(GNI) 그리고 따라서 지속적 성장을 필요로 한다는 것은 명백한 사실이다. 그러나 기본 이슈는 어떻게 GNI를 성장하게 만들 수 있는지뿐만 아니라 누가 GNI를 성장하도록 만들게 되는지에 관한 것이며, 성장의 주체가 소수인가 다수인가 역시 중요한 이슈이다. 만약 부자들에 의해 성장이 이루어진다면, 성장은 그들에 의해 전용될 가능성이 매우 높고 빈곤을 감소시키기 위한 진전은 둔화될 것이며, 불균등은 악화되게 된다. 그러나 성장이 다수에 의해서 이루어진다면, 다수의 사람들이 주요 수혜자가 될 것이며 경제성장의 과실은 더욱 균등하게 공유되게 된다. 따라서 역사적 기준으로 볼 때 상대적으로 높은 경제성장률을 경험했던 많은 개발도상국들은 그와 같은 성장이 자신들의 빈곤계층에게 의미 있는 혜택을 종종 가져다주지 않았다는 것을 발견했다.

광범위한 빈곤과 상승세의 높은 소득불균등을 제거하는 것이 모든 발전 문제의 핵심이자 실제로 많은 사람들의 경우 발전정책의 주요 목적으로 규정하기 때문에, 개발도상국의 빈곤 및 불균등 문제의 성격에 초점을 맞추고 제2부를 시작한다. 주요 초점이 경제적 빈곤과 소득 및 자산 분배의 불균등이지만, 이것이 개발도상국 진영의 광범위한 불균등 문제의 단지 일부에 불과하다는 것을 명심할 필요가 있다. 더 중요한 것은 권력, 명망, 지위, 성별, 일자리만족, 근로조건, 참여도, 선택의 자유, 그리고 발전의 의미에 있어서의 두 번째 및 세 번째 구성요소인 자부심(self-esteem)과 선택의 자유와 관련된 다른 많은 차원의 문제에서의 불균등이다. 대부분의 사회적 관계에서와 같이, 불균등의 경제적 현상과 비경제적 현상을 실제로 분리할 수는 없다. 각각의 현상은 복잡하고 종종 원인과 결과의 상호 연관된 과정을 통해 서로를 보강한다.

불균등과 빈곤에 대한 적절한 측정방법을 소개한 후, 빈곤과 소득분배 문제의 성격을 정의하고 다양한 개발도상국에 있어서의 정량적 중요성에 대해 고려할 것이다. 그 뒤 경제분석이 어떠한 방식으로 이 문제를 설명할 수 있는지를 살펴보고, 개발도상국의 빈곤 제거와 매우 광범위한 소득분배의 격차 감소를 겨냥한 대안적 정책접근의 가능성을 알아볼 것이다. 저개발의 이들 두 가지 근본적인 경제현상을 철저히 이해하는 것은 이후의 장들에서 논의될 더 구체적인 발전이슈들에 대한 분석기반을 제공한다. 그 주요 이슈들은 인구성장, 교육, 보건, 농촌발전, 환경훼손과 기후변화, 그리고 해외원조 등이다.

이 장에서는 따라서 경제성장, 소득분배, 그리고 빈곤의 관계에 대한 다음의 결정적으로 중요한 문제를 살펴볼 것이다.

1. 어떻게 불균등과 빈곤을 가장 잘 측정할 것인가?
2. 개발도상국에서 상대적인 불균등은 어느 정도인가? 그리고 이는 절대적 빈곤의 크기와 어떻게 관련되어 있는가?
3. 빈곤한 사람들은 누구이며, 그들의 경제적 특성은 무엇인가?

4. 무엇이 경제성장의 성격을 결정하는가? 즉 누가 경제성장으로부터 이익을 얻고, 그 이유 는 무엇인가?

5. 급속한 경제성장과 더 균등한 소득분배는 양립 가능한가, 아니면 저소득국가의 갈등 대 상인가? 다시 말해 급속한 성장은 오로지 소득분배 불균등의 확대를 감수해야만 가능한 것인가, 또는 소득격차의 감소가 더 높은 성장률에 공헌할 수 있는가?

6. 빈곤계층은 성장으로부터 이익을 얻는가? 그리고 이는 개발도상국이 경험하는 성장의 유형에 의존하는가? 빈곤계층이 더 이익을 얻을 수 있도록 돕기 위해서 무엇을 해야 하 는가?

7. 극심한 불균등에 있어서 무엇이 그토록 나쁜가?

8. 절대빈곤의 규모와 범위를 감소시키기 위해서는 어떤 종류의 정책들이 필요한가?

이 장은 **불균등**과 **빈곤**에 대한 정의부터 시작한다. 이 용어들은 비공식적인 대화에서 흔히 사용되지만, 얼마나 많은 진전들이 이미 이루어졌고, 얼마나 더 할 일이 남아 있으며, 정부 관료들이 가장 긴급한 수요에 집중할 수 있는 인센티브를 어떻게 부과할 수 있는지에 대한 의 미 있는 이해를 제공하기 위해 더 자세하게 측정될 필요가 있다. 발전경제학자들이 사용하는 빈곤과 불균등의 가장 중요한 척도는 대부분의 관측자들이 근본적으로 중요하다고 동의하는 특성을 만족시킨다는 것을 알게 될 것이다. 왜 빈곤은 물론 불균등에 대한 관심이 중요한지에 대해 논의한 이후, 성장의 대안적 패턴('유형분류체계')이 갖는 복지적 의미를 평가할 수 있 는 적절한 빈곤 및 불균등의 척도를 사용한다. 개발도상국 진영의 빈곤 및 불균등 정도에 대 한 증거를 검토한 후, 빈곤정책의 핵심적 사안에 대한 개관을 통해 결론을 도출한다. 현실에 서 성과를 나타내고 있는 프로그램의 몇몇 초기 사례와 함께 효과적인 빈곤정책들의 몇 가지 중요한 원칙이 고려될 것이다. 이 장은 성장의 질(quality) 및 성취 어려움의 이슈를 보여주는 가나와 코트디부아르의 비교사례연구로 마무리될 것이다.

5.1 불균등의 측정

이 절에서는 소득분배와 빈곤 문제의 차원을 정의하고 많은 개발도상국의 문제를 특징짓는 일단의 비슷한 요소들을 확인한다. 그러면 먼저 소득분배와 절대빈곤에 대해서 무엇을 측정 할지가 명백해야 한다.

경제학자들은 보통 분석적인 목적과 정량적인 목적을 위해 두 가지 중요한 소득분배의 측 정방법을 구분한다. 그 하나는 소득의 개인별 또는 계층별 분배이고 다른 하나는 소득의 기능 별(functional) 또는 요소비중(factor share) 분배이다.

개인별(계층별) 소득분배
소득의 원천에 상관없이 개인들의 계층에 따른 소득분배로 예를 들 어 인구의 가장 가난한 특정 비율 또는 가장 부유한 특정 비율에게 귀속되는 총소득의 비중

계층별 분배

개인별 또는 **계층별 소득분배**[personal distribution of income(size distribution of income)] 는 경제학자들이 가장 보편적으로 사용하는 척도이다. 이 척도는 단순하게 각각의 개인 또는 가계와 그들이 받는 총소득을 다룬다. 소득을 받는 방법은 고려되지 않는다. 중요한 것은 각

각 벌게 되는 소득의 규모이다. 소득이 오직 고용으로부터 왔는지, 아니면 이자, 이윤, 지대, 기부, 상속으로부터 왔는지는 상관없다. 더욱이 소득의 입지(도시 또는 농촌) 및 직업상의 원천(예 : 농업, 제조업, 상업, 서비스업)도 무시된다. 만약 X양과 Y씨가 모두 똑같은 개인소득을 얻는다면, X양이 의사로서 하루 15시간을 일하고 Y씨는 전혀 일하지 않고 단순히 상속된 재산으로부터 이자를 받는다는 사실과 관계없이 이들은 함께 분류된다.

그러므로 경제학자들과 통계학자들은 모든 개인을 상승하는 개인소득에 따라 배열한 후 총인구를 별개의 그룹 또는 계층으로 나누기를 원한다. 가장 일상적인 방법은 임금 수준에 따라 오름차순으로 총인구를 연속적인 **5분위**(quintile) 또는 **10분위**(decile)로 나누고, 각 소득 집단이 받게 되는 총국민소득의 비중을 결정하는 것이다. 예를 들어 〈표 5.1〉은 가상적인 그러나 개발도상국의 전형적인 소득분배를 보여준다. 이 표에서 한 국가의 전체 인구를 나타내는 20명의 개인들은 가장 낮은 소득(0.8단위)부터 가장 높은 소득(15.0단위)까지 연간 개인소득에 따라 오름차순으로 배열되었다. 모든 개인의 총소득 또는 국민소득은 100단위에 이르며 두 번째 열 모든 항목의 합이 된다. 세 번째 열에서 인구는 각각 4명의 개인들로 이루어진 5분위들로 분류된다. 첫 번째 5분위는 소득계층에서 하위 20%의 인구를 나타낸다. 이 집단은 총국민소득의 단지 5%(즉 총계 5화폐단위)만을 받는다. 두 번째 5분위(개인 5부터 8)는 총소득의 9%를 받는다. 다시 말해 인구의 하위 40%(첫 번째와 두 번째 5분위)는 오로지 소득의 14%만을 받는 반면, 인구의 상위 20%(다섯 번째 5분위)는 총소득의 51%를 받는다.

소득불균등(income inequality)의 흔한 척도는 세 번째 열로부터 도출될 수 있는 것으로, 인구의 상위 20%와 하위 40%가 받는 소득의 비율이다. 때로는 노벨상 수상자인 쿠즈네츠 (Simon Kuznets)의 이름을 따서 **쿠즈네츠 비율**(Kuznets ratio)이라고 불리는 이 비율은 종종 한 국가의 상위 그리고 하위 소득집단 간 불균등 정도의 척도로 사용되어 왔다. 위의 예에서 이 불균등 비율은 51 ÷ 14 또는 약 3.64이다.

소득의 계층별 분배의 더 상세한 명세를 제공하기 위해 네 번째 열에 10분위(10%) 비중이 제시되어 있다. 예를 들어 인구의 하위 10%(가장 가난한 2명의 개인)는 총소득의 단지 1.8%만을 받는 반면, 상위 10%(가장 부유한 2명의 개인)는 28.5%를 받는다는 것을 알게 된다. 마지막으로 만약 상위 5%가 얼마나 받는지 알고자 한다면, 총인구를 20개의 동일한 개인집단으로 나누고(위의 예에서 이는 단순히 20명의 개인 각각이 된다), 가장 상위집단이 받는 총소득 비율을 계산하면 된다. 〈표 5.1〉에서는 인구의 상위 5%(20번째의 개인)가 소득의 15%를 받는데, 이는 하위 40%의 비중을 합한 것보다 더 크다는 것을 알게 된다.

로렌츠곡선

개인소득통계를 분석하는 또 다른 일상적인 방법은 소위 **로렌츠곡선**(Lorenz curve)을 그리는 것이다.[1] 〈그림 5.1〉은 이를 잘 보여준다. 소득 수령인의 수는 절대항이 아닌 누적백분율로 가로축에 표시된다. 예를 들어 20포인트에 인구의 가장 하위(가난한) 20%를 표시하고, 60포인트에 하위 60%를 표시하며, 축의 맨 끝에는 모든 인구의 100%를 설명한다. 세로축은 각 인구비율이 받는 총소득의 비중을 보여준다.

5분위
어떤 수치로 표시된 수량 중 20%가 차지하는 비율. 5분위로 나뉜 인구는 동일한 규모의 5개 그룹으로 나뉘게 됨

10분위
어떤 수치로 표시된 수량 중 10%가 차지하는 비율. 10분위로 나뉜 인구는 10개의 동일한 수치의 그룹으로 나뉘게 됨

소득불균등
가계 간 총국민소득의 편향된 분배

로렌츠곡선
완전균등으로부터 계층별 소득분배의 변동을 나타내는 그래프

		총소득비중(%)	
개인	개인소득(화폐 단위)	5분위	10분위
1	0.8		
2	1.0		1.8
3	1.4		
4	1.8	5	3.2
5	1.9		
6	2.0		3.9
7	2.4		
8	2.7	9	5.1
9	2.8		
10	3.0		5.8
11	3.4		
12	3.8	13	7.2
13	4.2		
14	4.8		9.0
15	5.9		
16	7.1	22	13.0
17	10.5		
18	12.0		22.5
19	13.5		
20	15.0	51	28.5
총계(국민소득)	100.0	100	100.0

표 5.1 소득비중에 의한 전형적인 개발도상국 개인소득의 계층별 분배―5분위 및 10분위

　세로축도 역시 100%까지 누적되는데, 이는 양 축은 동일한 길이를 갖는다는 것을 의미한다. 전체 그림은 사각형 안에 표시되며, 대각선은 사각형의 왼쪽 하단 모서리(원점)로부터 오른쪽 상단 모서리까지 그려진다. 대각선 위의 모든 점에서 수령되는 소득의 비율은 소득수령인의 비율과 정확히 동일하다. 예를 들어 대각선의 중간점은 소득의 50%가 정확히 인구의 50%에게 배분되었다는 것을 나타낸다. 대각선의 3/4 지점에서, 소득의 75%가 인구의 75%에게 배분되게 된다. 다시 말해 〈그림 5.1〉의 대각선은 계층별 소득분배에서 완전균등을 대표한다. 소득수령인의 각 백분율 그룹은 총소득의 똑같은 비율을 받고 있다. 예를 들어 하위 40%의 수령인은 소득의 40%를 받고 상위 5%는 총소득의 오로지 5%만을 받는다.[2]

　로렌츠곡선은 소득수령인의 비율과 주어진 기간 동안 그들이 실제로 받는 총소득비율 간의 실제 정량적 관계를 보여준다. 〈그림 5.1〉에서 로렌츠곡선은 〈표 5.1〉에 수록된 10분위 데이터를 이용하여 그려졌다. 다시 말해 10개의 10분위 그룹 각각에 대응하는 10개의 동일한 부분으로 가로축과 세로축을 나누었다. A점은 하위 10%의 인구가 총소득의 단지 1.8%만을 받는 것을 보여주고, B점은 하위 20%가 총소득의 5%를 받고 있다는 것을 보여주며, 나머지 8개 누적적인 10분위 집단 각각도 마찬가지다. 중간점에서 50%의 인구는 실제로 총소득의 단지 19.8%만 받고 있다는 것을 주목하라.

　로렌츠곡선이 대각선(완전균등선)으로부터 멀어질수록 나타난 불균등 정도가 더 크다. 완전불균등의 극단적인 경우(즉 한 사람이 모든 국민소득을 취하고 나머지는 아무것도 얻지 못하는 상황)는 로렌츠곡선이 하단의 가로축 및 오른쪽의 세로축과 일치하는 것으로 표시된다.

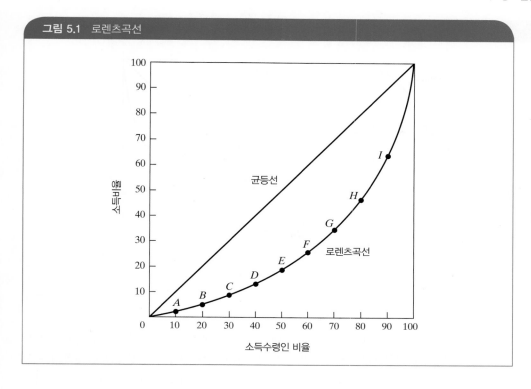

그림 5.1 로렌츠곡선

소득분배에 있어서 어느 국가도 완전균등이나 완전불균등을 보여주지 않기 때문에 여러 국가의 로렌츠곡선은 〈그림 5.1〉에서 대각선 오른쪽 어딘가에 놓일 것이다. 불균등도가 클수록 로렌츠곡선은 더 크게 구부러지고 하단의 가로축에 더 가깝게 될 것이다. 2개의 대표적인 분배가 〈그림 5.2〉에 제시되어 있는데, 하나는 비교적 균등한 분배이고(〈그림 5.2a〉) 다른 하나는 상대적으로 불균등한 분배이다(〈그림 5.2b〉). (로렌츠곡선이 왜 대각선의 위 또는 왼쪽 어딘가에 놓일 수 없는지 설명할 수 있는가?)

지니계수와 불균등의 총체적 척도

한 국가의 상대적인 소득불균등 정도에 대한 최종적인 그리고 매우 편리하고 간략한 척도는 대각선과 로렌츠곡선 간의 면적을 곡선이 놓인 사각형 1/2의 총면적으로 나눈 비율을 계산함으로써 얻을 수 있다. 〈그림 5.3〉에서 이는 삼각형 *BCD*의 총면적에 대한 색칠이 된 *A*면적의 비율이다. 이 비율은 이를 1912년에 처음으로 만든 이탈리아 통계학자의 이름을 따서 **지니집중률**(Gini concentration ratio) 또는 **지니계수**(Gini coefficient)로 알려져 있다.

지니계수는 총체적인 불균등척도이고 0(완전균등)부터 1(완전불균등) 사이에서 변동할 수 있다. 사실 곧 발견할 것이지만 매우 불균등한 소득분배를 가진 국가들의 지니계수는 전형적으로 0.50~0.70 사이에 놓이는 반면, 상대적으로 균등한 분배를 가진 국가들의 경우 그 값이 0.20~0.35 사이에 놓여 있다. 〈표 5.1〉과 〈그림 5.1〉에 나타난 가상적인 분배의 계수는 약 0.44이며, 이는 상대적으로 불균등한 분배를 나타낸다.

국제적인 데이터에서 발견될 수 있는 것과 같은 네 가지 유형의 로렌츠곡선이 〈그림 5.4〉

지니계수

0(완전균등)부터 1(완전불균등)까지의 값을 갖는 소득불균등의 총체적 수치척도. 완전균등선과 로렌츠곡선 간의 면적을 로렌츠곡선 도표의 균등선 오른쪽의 총면적으로 나눔으로써 그래프 상에서 측정된다. 지니계수의 값이 클수록 소득분배의 불균등이 더 크며, 값이 작을수록 소득분배는 더 균등하다.

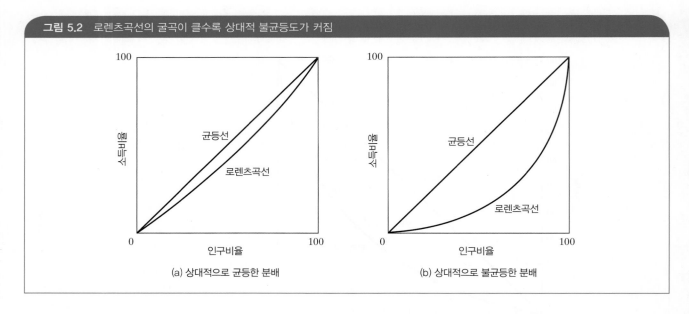

그림 5.2 로렌츠곡선의 굴곡이 클수록 상대적 불균등도가 커짐

(a) 상대적으로 균등한 분배

(b) 상대적으로 불균등한 분배

에 그려져 있다. 소득분배의 '로렌츠기준(Lorenz criterion)'에서, 한 로렌츠곡선이 다른 로렌츠곡선의 위에 위치할 때는 언제나 위쪽의 로렌츠곡선에 해당하는 경제는 아래쪽의 곡선에 대응하는 경제보다 더 균등하다. 따라서 경제 *A*는 경제 *D*보다 더 균등하다고 분명하게 말할 수 있다. 곡선 *B*와 곡선 *C*처럼 2개의 로렌츠곡선이 교차할 때는 언제나, 로렌츠기준은 어느 경제가 더 균등한지를 결정하기 전에 '더 많은 정보' 또는 추가적인 가정이 '필요하다'는 것을 말해준다. 예를 들어 빈곤 문제를 다루는 데 우선순위가 있다는 것을 이유로 곡선 *B*가 더 균등한 경제를 나타낸다고 주장할 수 있다. 왜냐하면 곡선 *B*의 경우 가장 부유한 사람

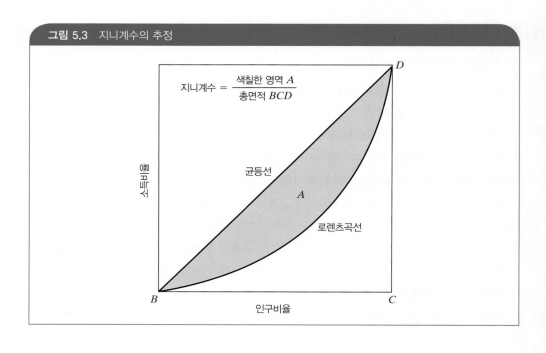

그림 5.3 지니계수의 추정

$$지니계수 = \frac{색칠한 \ 영역 \ A}{총면적 \ BCD}$$

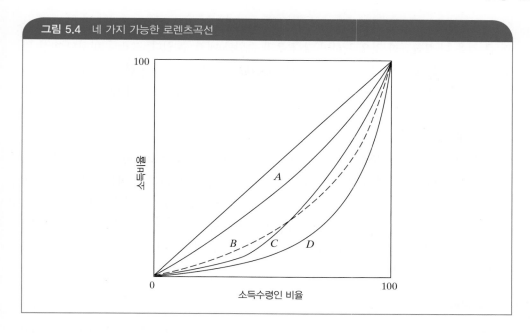

그림 5.4 네 가지 가능한 로렌츠곡선

들도 역시 더 부유하긴 하지만 가장 가난한 사람들이 더 부유하기 때문이다[중산층은 '위축됨 (squeezed)']. 그러나 다른 사람들은 더 강력한 중산층을 보유한 경제가 본질적으로 더 균등하다는 가정으로 출발할 수 있으며, 그들은 경제 *C*를 선정할 수 있다.

이 문제를 결정하기 위해 지니계수와 같은 총체적 척도를 또한 사용할 수 있을 것이다. 증명된 바와 같이 지니계수는 네 가지 대단히 바람직한 특성을 만족시키는 척도의 한 부류이다. 여기서 네 가지 특성은 익명성(anonymity), 규모비의존성(scale independence), 인구비의존성(population independence), 그리고 이전의 원칙(transfer principles)이다.[3] 익명성 원칙은 간단히 불균등척도는 누가 더 높은 소득을 가졌는지에 좌우되어서는 안 된다는 것을 의미한다. 예를 들어 척도는 부유한 사람 또는 빈곤한 사람이 좋은 사람인지 또는 나쁜 사람인지 믿는 것에 절대로 좌우되지 않는다. 규모비의존성 원칙은 불균등척도는 경제규모나 소득을 측정하는 방법에 좌우되어서는 안 된다는 것을 의미한다. 예를 들어 불균등척도는 소득이 달러 또는 센트 또는 루피 또는 루피아로 측정되는지 여부 또는 그 점에 있어 경제가 평균적으로 부유한지 또는 가난한지 여부에 결코 좌우되지 않는다. 왜냐하면 불균등에 관심이 있다면 소득의 크기가 아닌 소득분포의 척도를 원하기 때문이다(크기는 빈곤척도에 있어서는 매우 중요하다는 것을 주목하라). 인구비의존성 원칙은 다소 유사하다. 즉 불균등척도는 이 소득수령인의 수에 기초해서는 안 된다는 것을 뜻한다. 예를 들어 단순히 중국이 베트남보다 더 많은 인구를 보유하고 있지만, 중국 경제는 베트남 경제와 정확히 동일하게 고려되어야만 한다. 마지막으로 이전의 원칙[창시자들의 이름을 따서 때때로 피구-돌턴(Pigou-Dalton) 원칙으로 불린다]이 있다. 이 원칙은 모든 다른 소득을 불변으로 유지하면서 더 부유한 사람으로부터 일정소득을 더 가난한 사람에게 이전하면(현재 더 가난한 사람이 원래 부자인 사람보다 더 부유하지는 않을 정도로) 결과적으로 나타나는 새로운 소득분배는 더 균등하다는 것을 의미한다. 만약 우리가 이들 네 가지 기준을 좋아한다면, 각각의 경우에 지니계수를 추정하고 지니계수가 더 큰 것을 더 불균등한 것으로 하여 각 경우의 순위를 매길 수 있다. 그러나 이것이 항상 완전한 해법은 아니다. 예를 들어 이론적으로 지니계수는 교차하는 두 로렌츠곡선의 경우 동일할 수 있다. 〈그림 5.4〉의 곡선 B와 C를 보면 왜 그러한지를 알 수 있지 않을까? 때때로 네 가지 특성을 만족시키는 상이한 불균등척도가 두 경제 중 어느 쪽이 더 불균등한지에 대해 서로 다른 대답을 줄 수 있다.[4]

통계학에서 일상적인 분포의 척도인 변동계수(coefficient of variation, CV)는 단순히 표본표준편차(sample standard deviation)를 표본평균(sample mean)으로 나눈 수치로 또한 네 가지 기준을 만족하는 불균등의 또 다른 척도이다. 변동계수(CV)가 통계학에서는 더 일상적으로 사용되지만, 편리한 로렌츠곡선의 해석 때문에 소득과 부의 분배에 관한 연구에서는 지니계수가 자주 사용된다. 마지막으로 로렌츠곡선은 또한 토지분배, 교육과 보건, 그리고 다른 자산의 불균등을 연구하기 위해 사용될 수 있다는 것을 주목하라.

기능별 분배

기능별 소득분배(요소비중 소득분배)
요소의 소유권과 상관없는 생산요소에 대한 소득분배

생산요소
토지, 노동, 그리고 자본 같은 재화 또는 서비스를 생산하는 데 필요한 자원 또는 투입물

경제학자들이 사용하는 두 번째 일상적인 소득분배척도인 **기능별 소득분배**(functional distribution of income) 또는 **요소비중 소득분배**(factor share distribution of income)는 각각의 **생산요소**(factor of production, 토지, 노동, 자본)가 받는 총국민소득의 비중을 설명하고자 한다. 별개의 독립체로서 개인을 고려하는 대신 기능별 소득분배 이론은 노동 전체가 받는 비율을 살펴보고 이를 지대, 이자, 이윤(즉 토지와 금융 및 물적 자본에 대한 수익)의 형태로 배분되는 총소득의 비율과 비교한다. 특정한 개인들은 이 모든 원천으로부터 소득을 받지만 그것은 기능별 접근법의 관심 대상이 아니다.

기능별 소득분배 개념에 관한 상당한 규모의 이론적 문헌들이 축적되었다. 그것은 생산에 대한 공헌에 의해 생산요소의 소득을 설명하려 한다. 공급과 수요곡선이 각 생산요소의 단위가격을 결정하는 것으로 가정된다. 효율적(최소비용)인 요소활용의 가정하에 이들 단위가격을 고용된 양과 곱하면 각 요소에 대한 총지급액의 척도를 구할 수 있다. 예를 들어 노동에 대한 공급과 수요는 시장임금을 결정한다고 가정된다. 그 뒤 이 임금에 총고용수준을 곱하면 때때로 **총임금액**(total wage bill)이라 불리는 총임금지불액의 척도를 구하게 된다.

〈그림 5.5〉는 전통적인 기능별 소득분배이론에 대한 간단한 도식적 설명을 제공한다. 여기서는 오로지 자본과 노동의 두 가지 생산요소만을 가정하는데, 자본은 고정요소이고 노동은 유일한 가변요소이다. 완전경쟁시장의 가정하에서 노동에 대한 수요는 노동의 한계생산에 의해 결정될 것이다(즉 추가 근로자들은 노동의 한계생산물 가치가 그 실질임금과 같아지는 점까지 채용될 것이다). 한계생산체감의 법칙에 따라 노동에 대한 수요는 고용된 수의 감소함수일 것이다. 그와 같은 부(−)의 기울기를 갖는 노동수요곡선은 〈그림 5.5〉에서 D_L로 나타난다. 정(+)의 기울기를 갖는 전통적인 신고전학파 공급곡선 S_L하에서 균형임금은 W_E와 같을 것이고 균형고용수준은 L_E가 될 것이다. 국민총생산(국민총소득과 동일)은 $0REL_E$의 면적으로 나타날 것이다.[5] 이 국민소득은 두 몫으로 나뉠 것이다. $0W_EEL_E$는 임금의 형태로 근로

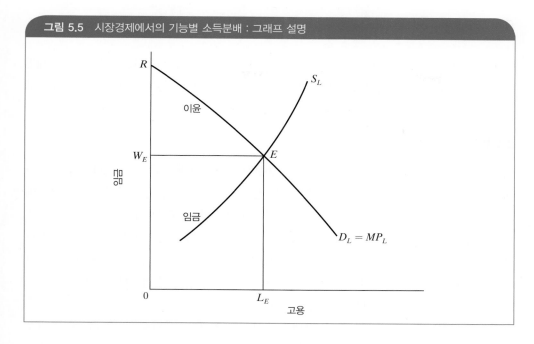

그림 5.5 시장경제에서의 기능별 소득분배 : 그래프 설명

자에게 돌아가고 $W_E RE$는 자본가 이윤(자본소유자의 수익)으로 남는다. 이런 이유로 규모에 대한 수익불변의 생산함수(모든 투입요소를 2배로 증가시키면 산출량도 2배가 된다)를 갖는 경쟁적 시장경제에서 요소가격은 요소의 공급 및 수요곡선에 의해 결정되며 요소비중의 합은 언제나 국민총생산과 같다. 소득은 기능에 의해 분배된다. 즉 근로자들은 임금을 받고 토지소유자는 지대를 받으며 자본가는 이윤을 얻는다. 모든 요소는 더도 말고 덜도 말고 오로지 국민생산에 기여한 바에 따라서 대가를 받는다는 점에서 이는 깔끔하고 논리적인 이론이다. 실제로 제3장으로부터 기억할 수 있는 바와 같이, 이 소득분배 모형은 증가하는 자본가 이윤의 재투자에 기초한 현대부문 성장에 관한 루이스 이론의 핵심이다.

불행하게도 기능별 이론은 이러한 요소가격을 결정하는 데 있어 권력(power) 같은 비시장요인의 중요한 역할과 영향력을 고려하는 데 실패하면서 급격히 타당성을 잃었다. 예를 들어 현대부문 임금 결정에 있어서 사용자와 노동조합 간 단체교섭의 역할, 그리고 자본, 토지, 생산물 가격을 조작함으로써 자신들의 개인적 이득을 얻는 독점기업 및 부유한 토지소유자의 권력이 그 대표적인 비시장요인이다. 부록 5.1에서는 요소가격왜곡의 경제적 함의를 살펴보고, 이 장의 끝에서는 그 정책적 시사점을 고려하게 된다.

알루와리아-체너리 후생지수

성장의 질적 측면을 평가함에 있어 소득분배를 설명할 수 있는 마지막 접근법은 모든 개인의 소득증대에 가치를 두지만 고소득자보다 저소득자의 소득증가에 더 많은 가중치를 부여한다. 아마도 가장 잘 알려진 예는 알루와리아-체너리 후생지수(Ahluwalia-Chenery Welfare Index, ACWI)인데, 이는 부록 5.2에서 설명된다.

5.2 절대빈곤의 측정

절대빈곤
식량, 의류, 주거의 최저생활 필수품을 충족하지 못하거나 단지 간신히 충족할 수 있는 상황

이제 정해진 인구 내 다양한 백분위 그룹들의 상대적인 소득비중으로부터 개발도상국 **절대빈곤**(absolute poverty)의 범위 및 규모에 관한 근본적으로 중요한 질문으로 관심을 돌려보기로 하자.

소득빈곤

제2장에서는 기본적 욕구를 만족시키기 위한 충분한 자원을 이용할 수 없는 사람들의 수로 절대빈곤의 범위를 정의했다. 그들은 명시된 최소한의 실질소득수준, 즉 국제적 빈곤선 아래에서 생활하는 사람들의 총숫자로 계산된다. 이 선은 국경이 없고, 국가별 1인당 국민소득수준과 관계가 없으며, 구매력등가 달러로 하루 1.25달러 또는 2달러 미만으로 살아가는 모든 사람으로 빈곤을 측정함으로써 상이한 가격수준을 고려한다. 그러므로 절대빈곤은 총인구에서 차지하는 비율 측면에서 본다면 그 크기가 훨씬 작을 가능성이 있지만 콜카타, 카이로, 라고스, 보고타에서와 같이 뉴욕 시에도 존재할 수 있고 또 존재한다.

인원수지수
빈곤선 아래에서 생활하는 한 국가의 인구비율

절대빈곤은 때로는 그 소득이 절대빈곤선 Y_p 아래인 사람들의 수 또는 '인원수(headcount)'로 측정된다. 인원수를 총인구 N으로 나누게 되면 **인원수지수**(headcount index) H/N [또한 '인원수비율(headcount ratio)'로 지칭된다]가 정의된다. 빈곤선은 시간이 흐름에 따라 절대적 수준에 대한 진전을 기록할 수 있도록 하기 위해 실질 단위로 일정하게 유지되는 수준으로 설정된다. 한 사람의 건강이 위험에 빠진 것과 같이 그 사람이 그 아래에서는 '절대적인 인간으로서의 비참함(absolute human misery)'에서 살고 있다고 여길 만큼의 기준에 이 수준을 설정한다는 것이 기본적인 발상이다.

물론 역사적 시대에 걸쳐 변하지 않는 최소한의 건강기준을 정의하는 것은 부분적으로 시간이 지남에 따라 기술이 변하기 때문에 불가능하다. 예를 들어 오늘날에는 말라위 아이들의 생명을 구할 수 있는 경구수분보충요법상자(oral rehydration therapy packets)를 15센트에 가질 수 있다. 얼마 전까지만 해도 설사병(diarrheal disease)으로 인한 어린이의 죽음은 슬프지만 어쩔 수 없는 삶의 일부로 받아들여졌던 반면, 오늘날에는 그러한 죽음이 국제사회의 비극적인 도덕적 실패로 간주된다. 우리는 단순히 (대단한) 상대적 규모보다 (더) 절대적 기준에서 얼마나 많은 진전을 이루어 왔는지를 더 신중하게 추정할 수 있도록 하기 위해 몇십 년 동안 유지될 수 있는 합리적인 최소기준을 확립하는 데 가능한 한 가까이 다가와 있다.

확실히 특정 지역의 빈곤관련 업무를 계획할 때 아무런 의문 없이 하루 1.25달러의 국제빈곤수준을 받아들이지는 않는다. 특정 지역의 절대빈곤선을 결정하는 한 가지 실용적 전략은 필요한 칼로리, 단백질, 그리고 미량영양소에 관한 의학연구로부터의 영양요구량을 기초로 하여 적절한 식품바구니(basket of food)를 정의함으로써 시작하는 것이다. 그런 다음 특정 지역 가계에 대한 설문 데이터를 사용하여 이들 영양요구량을 단지 간신히 충족하는 가계들에 의해 구입된 전형적인 식품바구니를 확인할 수 있다. 그 뒤 특정 지역의 절대빈곤선을 결정하기 위해 의류, 주거지, 그리고 의료와 같은 이 가계의 다른 지출을 더한다. 이들 계산들

이 어떻게 이루어지는지에 따라 산출된 빈곤선은 PPP로 하루 1.25달러를 초과할 수 있다.

그러나 합의된 빈곤선 아래의 사람 수를 단순하게 계산하는 것은 심각한 한계를 갖는다. 예를 들어 만약 빈곤선이 1인당 450(미국)달러로 설정되면 대부분의 절대빈곤층이 1년에 400달러를 버는지 또는 300달러를 버는지는 큰 차이를 만든다. 빈곤선 아래에 놓인 인구의 비율을 계산할 때 두 경우 모두 동일한 가중치가 부여된다. 그러나 명백하게 빈곤 문제는 후자의 경우에 훨씬 더 심각하다. 그러므로 경제학자들은 빈곤선 아래의 모든 사람들을 빈곤선 수준까지 올라서도록 하는 데 필요한 총소득액을 측정하는 **총빈곤갭**(total poverty gap, TPG)을 계산하려 시도했다. 〈그림 5.6〉은 어떻게 총빈곤갭을 빈곤선 PV와 인구의 연간소득 곡선 사이의 색칠한 면적으로 측정할 수 있는지를 보여준다.

국가 A와 B 모두에서 인구의 50%가 동일한 빈곤선 아래에 놓여 있지만, 국가 A의 TPG가 국가 B보다 더 크다. 그러므로 국가 A에서 절대빈곤을 제거하기 위해 더 많은 노력이 필요할 것이다.

가난한 사람의 소득이 빈곤선 아래에 놓인 정도인 TPG는 가난한 사람 각각의 소득 Y_i가 절대빈곤선 Y_p 아래 놓인 금액을 더함으로써 다음과 같이 구해진다.

$$\text{TPG} = \sum_{i=1}^{H} (Y_p - Y_i) \tag{5.1}$$

TPG는 한 경제의 모든 빈곤한 사람을 정의된 최소한의 소득수준까지 끌어올리는 데 소요되는 일일 화폐액으로 단순하게 간주할 수 있다(즉 관리비용 또는 일반균형효과는 무시된다). 1인당 기준으로 할 때 **평균빈곤갭**(average poverty gap, APG)은 TPG를 총인구로 나눔으로써 구해진다.

$$\text{APG} = \frac{\text{TPG}}{N} \tag{5.2}$$

총빈곤갭

빈곤선과 빈곤선 아래에서 생활하는 모든 사람들의 실제 소득수준 간 차이의 합계

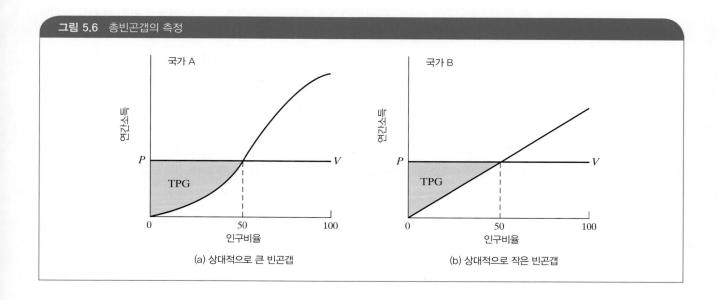

그림 5.6 총빈곤갭의 측정

(a) 상대적으로 큰 빈곤갭

(b) 상대적으로 작은 빈곤갭

때때로 빈곤선과 관련해서 평균빈곤갭의 크기에 관심을 갖게 되며, 따라서 소득부족의 척도로서 정규빈곤갭(normalized poverty gap, NPG = APG/Y_p)을 사용한다. 이 척도는 0과 1 사이의 값을 가지며, 따라서 더 쉬운 비교를 위해 단위가 없는 갭의 척도를 원할 때 유용할 수 있다.

또 다른 중요한 빈곤갭 척도는 총빈곤갭을 가난한 사람의 인원수로 나눈 값인 **평균임금부족**(average income shortfall, AIS)이다—AIS = TPG/H. AIS는 빈곤선 아래 가난한 사람의 소득이 빈곤선에 미치지 못하는 평균금액을 알려준다. 이 척도를 다시 빈곤선으로 나눔으로써 분수로 표시되는 척도인 정규소득부족(normalized income shortfall, NIS = AIS/Y_p)을 얻을 수 있다.

포스터-그리어-토르베커 지수 종종 가난한 사람들 사이의 지니계수 G_p, 또는 가난한 사람 사이의 소득의 변동계수 CV_p 같은 가난한 사람 사이의 소득불균형 정도에도 관심을 갖게 된다. 가난한 사람 사이의 지니 또는 CV가 중요할 수 있는 한 가지 이유는 가난한 사람 사이의 자원 수준 및 배분에 따라 경제적 충격이 빈곤에 미치는 영향이 크게 달라질 수 있기 때문이다. 예를 들어 1998년의 인도네시아에서와 같이 쌀 가격이 상승하면 현지 시장에 쌀을 약간 판매하고 소득이 절대빈곤선보다 약간 낮은 수준인 저소득의 쌀 생산자들은 이 가격 상승이 자신들을 절대빈곤으로부터 빠져나올 수 있도록 소득을 증가시킨다는 것을 발견할 수 있다. 반면에 자신들이 경작한 쌀을 판매할 수 있을 만큼의 토지를 보유하지 못한 사람들과 시장에서 쌀의 순구매자인 사람들의 경우, 이러한 가격 상승은 자신들의 빈곤을 크게 악화시킬 수 있다. 따라서 가장 바람직한 빈곤의 척도는 가난한 사람 사이의 소득분배에도 또한 세심하게 된다.

불균등척도의 경우와 같이, 발전론자들에게 폭넓게 인정받는 익명성, 인구비의존성, 단조성(monotonicity), 그리고 분포민감도(distributional sensitivity) 원칙들이라는 바람직한 빈곤척도의 기준이 존재한다. 앞의 두 가지 원칙은 불균등지수들에서 검토한 특성과 매우 유사하다. 빈곤의 범위에 대한 척도는 누가 빈곤한지 또는 국가가 많은 인구를 가졌는지 아니면 적은 인구를 가졌는지에 좌우되어서는 안 된다. 단조성 원칙은 모든 다른 소득은 불변인 채로 유지하면서 빈곤선 아래의 누구인가에게 소득을 추가하면 빈곤은 이전에 비해 더 커질 수 없다는 것을 의미한다.[6] 분포민감도의 원칙이란 다른 조건이 동일할 때 가난한 사람으로부터 더 부유한 사람에게 소득을 이전하면 결과적으로 그 경제는 절대적으로 더 가난한 것으로 취급되어야만 한다고 설명한다. 인원수비율 척도는 익명성, 인구비의존성, 그리고 단조성을 만족시키지만 분포민감도를 만족시키지는 않는다. 단순 인원수는 심지어 인구비의존성의 원칙도 만족시키지 못한다.

어떤 형태에서 네 가지 기준 모두를 만족하는 잘 알려진 빈곤지수는 종종 빈곤척도의 P_α 부류로 불리는 **포스터-그리어-토르베커 지수**(Foster-Greer-Thorbecke index, FGT)다.[7] 이 P_α 지수는 다음과 같이 주어진다.

포스터-그리어-토르베커 지수
절대빈곤 수준의 척도 부류

$$P_\alpha = \frac{1}{N} \sum_{i=1}^{H} \left(\frac{Y_p - Y_i}{Y_p} \right)^\alpha \tag{5.3}$$

여기서 Y_i는 i번째 가난한 사람의 소득이고 Y_p는 빈곤선이며 N은 인구이다. α값에 따라 P_α

지수는 다른 형태를 취한다. 만약 $\alpha = 0$이면, 분자는 H와 같고 이는 인원수비율 H/N이 된다. 불행히도 이 척도는 빈곤한 사람들이 하루 90센트를 벌든 또는 하루 50센트를 벌든 동일하며, 따라서 빈곤의 깊이를 드러낼 수 없다.

만약 $\alpha = 1$이면 이는 정규(1인당)빈곤갭이 된다. P_1의 경우 도출될 수 있는 다른 공식은 $P_1 = (H/N) * (NIS)$가 되는데, 즉 인원수비율 (H/N)에 정규소득부족(NIS)을 곱한 값이 된다. 따라서 P_1은 빈곤에 처한 사람들의 비율이 증가하거나 소득부족의 크기(빈곤의 깊이)가 커질(또는 두 가지 모두) 때는 언제나 빈곤이 증가하는 특성을 가지고 있다. 일반적으로 이는 P_1을 P_0보다 더 나은 척도가 되도록 만든다.

만약 $\alpha = 2$이면 빈곤선과 가난한 사람의 소득과의 거리 제곱과 관련하여 가난한 사람의 소득 증가가 측정되는 빈곤에 미치는 영향이 증가한다는 점에서 빈곤의 심각성을 설명하게 된다. 예를 들어 1인당 빈곤선의 절반 수준에서 살아가는 가계에 속한 한 사람의 소득을 하루, 이를테면 1페니만큼 증가시키는 것은 빈곤선의 90% 수준에서 생활하는 한 사람의 소득을 동일하게 증가시키는 것보다 빈곤 감소에 5배의 영향을 미치게 된다. 이렇게 상이한 영향은 빈곤갭을 제곱하는 것으로부터 비롯되며, 따라서 P_2 척도는 빈곤의 심각성을 정확히 포착한다.

P_2를 계산하는 숫자로 나타낸 예로서 빈곤선이 1이고 가상의 소득분배가 (0.6, 0.6, 0.8, 0.8, 2, 2, 6, 6)인 8명으로 구성된 경제를 고려하자. 두 사람의 소득이 0.6이고 두 사람은 0.8의 소득을 갖고 있기 때문에 인원수는 4이며, 나머지는 빈곤선 위의 소득을 갖고 있다. 이 숫자를 사용하여 식 (5.3)으로부터 P_2 빈곤수준을 계산할 수 있다.

$$P_2 = \left(\frac{1}{8}\right)[0.4^2 + 0.4^2 + 0.2^2 + 0.2^2] = \left(\frac{1}{8}\right)[0.16 + 0.16 + 0.04 + 0.04] = \frac{0.4}{8} = 0.05$$

P_2는 더 나아가서의 직관력을 추가하기 위해 다른 형태로 표현될 수 있음을 주목하라. 만약 $\alpha = 2$이면, 결과적으로 척도 P_2는 다음과 같이 고쳐 쓸 수 있다.[8]

$$P_2 = \left(\frac{H}{N}\right)\left[NIS^2 + (1 - NIS)^2(CV_P)^2\right] \tag{5.4}$$

식 (5.4)가 보여주듯이 P_2는 CV_p 척도를 포함하며 네 가지의 모든 빈곤 공리(axiom)를 만족시킨다.[9] 확실히 H/N, NIS, 또는 CV_p가 증가할 때 언제나 P_2는 증가한다. 정규소득부족이 작을 때에는 가난한 사람 사이의 소득분배(CV_p)가 더 많이 강조되고, NIS가 클 때에는 이것이 덜 강조된다는 것을 공식으로부터 주목하라.

또한 빈곤갭제곱지수(squared poverty gap index)로 알려진 **P_2 빈곤척도**(P_2 poverty measure)는 세계은행과 다른 기관들이 사용하는 소득빈곤척도의 기준이 되었으며, 빈곤의 깊이와 심각성에 대한 그 민감성 때문에 소득빈곤에 관한 실증작업에서 사용된다. 멕시코는 지역의 빈곤 강도에 따라서 가난한 사람을 위한 교육, 보건, 복지 프로그램[특히 제8장의 끝부분에 서술된 조건부현금이전프로그램(Progresa/Oportunidades Program)]에 자금을 배분하기 위해

P_2 빈곤척도를 사용한다.[10]

P_0에 비해 P_2(또는 적어도 P_1)를 선호하는 또 다른 이유는 그렇게 하는 것이 그들로 하여금 진전을 과시하게 하는 가장 쉽고 비용이 적게 드는 방법이기 때문에 표준적인 인원수 척도는 관료들로 하여금 빈곤선에 가장 가까이 있는 가난한 사람에게 노력을 집중시키려는 인센티브를 창출하는 잘못된 특성을 또한 갖고 있다는 것이다. 제1장에서 빈곤선 아래에서 생활하는 사람들의 일부분을 감소시키는 데 초점을 맞추는 밀레니엄개발목표(Millenium Development Goals)에 대한 비판에서 이 문제의 다른 형태에 접한 적이 있다.

선정된 개발도상국의 P_0 및 P_2값은 이 장의 후반부 〈표 5.6〉에 실려 있다.

사람 수로 환산한 인원수(person-equivalent headcounts) P_1과 P_2가 P_0에 비해 빈곤 프로그램에 대해 더 나은 인센티브를 제공하는 더 유용한 정보를 주는 척도지만 [미국국제개발처(U.S. Agency for International Development, USAID)를 포함하는] 많은 기관들은 전적으로는 아니지만 주로 P_0 인원수 척도로 계속하여 진전을 보고하고 있는데, 이는 명백히 사람 숫자로 빈곤을 논의하고자 하는 공공 및 입법부의 기대에 반응을 보이는 것이다. '주요 뉴스(headline)'로 인원수 척도를 특별히 포함시키고자 하는 정치적 필요에 비추어볼 때, 빈곤갭의 변화를 (처음의 평균소득부족을 기초로 하여) 그와 견줄 만한 인원수(headcount-equivalent)로 바꾸는 것이 부분적인 개선사항이다. 만약 원조기관들이 빈곤갭의 변화를 그와 견줄 만한 인원수로 바꿔 보충하는 것을 특별히 포함시킨다면 그들은 빈곤 깊이의 변화를 설명하는 한편 사람들의 숫자로 보고할 수 있을 것이다. 이러한 접근법을 사용한 추정치들은 많은 나라에서 빈곤에 대한 진전이 전통적인 인원수 척도만을 사용할 때 드러나는 것보다 의미 있게 더 크다는 것을 보여준다.[11]

다차원적 빈곤 측정 제1장에서 검토했던 센(Amartya Sen)의 역량(capability)체계가 명확하게 한 바와 같이, 빈곤은 소득만으로는 적절하게 측정될 수 없다. 이 간격을 메우기 위해 앨카이어와 포스터(Sabina Alkire and James Foster)는 FGT 지수를 다차원으로 확대했다.[12]

항상 그렇듯이 빈곤 측정에 있어서의 첫 번째 단계는 어떤 사람들이 가난한지를 아는 것이다. 다차원적 빈곤 접근법에서 가난한 사람은 소위 '이중분리법(dual cutoff method)'을 통해 인지된다. 첫째, 각 차원 내 분리 수준(만약 소득빈곤이 다루어진다면 하루 1.25달러와 같은 빈곤선 아래에 놓이는 것과 유사한)과 둘째, 어떤 사람이 다차원적으로 가난하다고 간주되어 (빈곤선 아래에서) 박탈되어야만 하는 차원 수의 분리가 그것이다. 단일차원 P_α 지수와 유사한 계산법을 사용하여 다차원적 M_α 지수가 구축된다. 가장 기본적인 척도는 다차원적 빈곤의 인구비율, 즉 다차원적 인원수비율 H_M이다.

실제 가장 일상적인 척도는 서수 데이터를 사용하고 개념적으로 (또다시 인원수비율에 정규소득부족을 곱한 것으로 표현될 수 있는) 빈곤갭 P_1과 유사한 조정된(adjusted) 인원수비율 M_0이다. M_0는 다차원적 인원수비율에 가난한 사람이 박탈당한 평균 차원 수[또는 '평균 빈곤강도(average intensity of poverty)'] A를 곱한 값에 의해 나타낼 수 있다. 즉 $M_0 = H_M * A$이다. [단순한 다차원적 인원수비율과 대조적으로, 조정된 다차원적 인원수비율은 만약 박탈당한 평균 차원 수가 증가하면 M_0도 역시 증가하는 {'차원단조성(dimensional monotonicity)'이라 불리는} 바람직한 특성을 만족시킨다].

응용연구에서는 **지표(indicators)**라 불리는 대리기준(proxy measure)이 선정된 차원 각각을 위해 사용된다. 이 척도가 UNDP 다차원적 빈곤지수(Multidimensional Poverty Index)에서 구축되고 응용되었던 방법 및 국가 사이의 발견에 대한 상세한 내용은 여러 국가와 지역에서의 빈곤의 범위를 검토하기 위해 빈곤척도를 적용한 5.4절에 보고되어 있다. 현명하게 사용되는 또 다른 응용은 제9장에서 언급되는 농업여성권한강화지수(Women's Empowerment in Agriculture Index)이다.

5.3 빈곤, 불균등, 사회후생

극단적인 불균등에 대해 무엇이 그렇게 나쁜가

이 장을 통해 이러한 용어들이 정의된 바와 같이 사회후생은 1인당 소득수준과 정(+), 그러나 빈곤 및 불균등 수준과 부(−)의 관계를 갖는다고 가정하고 있다. 절대빈곤의 문제는 명확하다. 어떤 문명화된 사람도 자신의 동료들이 그와 같은 절대적 인간 비참함의 여건에서 살아가는 상황에 만족감을 느낄 수는 없다. 이는 아마도 모든 주요 종교들이 빈곤을 감소시키기 위한 작업의 중요성을 강조하는 이유이고, 국제개발원조가 모든 민주국가들로부터 거의 보편적인 지지를 받고 있는 적어도 한 가지 이유이다. 그러나 우리의 최우선 과제가 절대빈곤의 감소라면 왜 **상대적 불균등**이 관심사가 되어야만 하는지를 묻는 것은 합리적인 일이다. 가난한 사람 사이의 불균등이 빈곤의 심각성과 시장과 정책 변화가 가난한 사람에게 미치는 영향을 이해하는 데 결정적으로 중요한 요소라는 것은 살펴보았지만, 왜 빈곤선 위의 사람들 간 불균등에 관심을 가져야만 하는가?

이 질문에 대해서는 세 가지 주요 대답이 있다. 첫째, 극심한 소득불균등은 경제적인 비효율성을 초래한다. 이는 부분적으로 평균소득이 주어졌을 때 불균등이 높을수록 대출 또는 다른 신용을 얻을 자격을 갖게 되는 인구의 비율이 더 적어지기 때문이다. 실제로 상대적 빈곤의 한 가지 정의는 담보의 부족이다. 저소득층 사람들이 (그들이 절대적으로 가난한지 아닌지와 상관없이) 자금을 빌릴 수 없다면, 그들은 일반적으로 자신들의 자녀를 제대로 교육시킬 수 없으며 사업을 시작하거나 확장할 수 없다. 더욱이 불균등이 높을 때 가장 높은 한계저축률은 보통 중산층에서 나타나기 때문에, 경제의 전반적 저축률은 더 낮은 경향이 있다. 부유한 사람이 더 많은 금액을 저축할지 모르지만, 그들은 전형적으로 자신들 소득의 더 작은 비율을 저축하며, 그들은 거의 항상 자신들 한계소득의 더 작은 비율을 저축한다. 지주, 기업가, 정치인, 그리고 다른 부유한 엘리트들은 수입 사치품, 금, 보석, 고급주택, 그리고 해외여행에 자신들 소득의 대부분을 지출하거나 **자본도피(capital flight)**라 알려진 자신들 저축을 위해 해외의 안전피난처를 찾는다고 알려져 있다. 그와 같은 저축과 투자는 국가의 생산자원을 추가시키지 않는데, 사실 그것들은 이러한 자원의 상당한 유출을 나타낸다. 요컨대 부유한 사람들은 중산층 그리고 심지어는 가난한 사람들보다 (생산적 국내저축과 투자의 실질경제적 의미에서) 자신들 소득 중 충분히 더 많은 비율을 저축하거나 투자하지 않는다.[13] 나아가 불균등은 비효율적 자산배분을 유도할 수 있다. 제8장에서 볼 수 있듯이, 높은 불균등은 질 높은 보편적 초등교육을 희생하여 고등교육을 지나치게 강조하게 만드는데, 이는 비효율적일 수 있을 뿐만 아니라 다시 훨씬 더 심한 소득불균등을 야기할 가능성이 있다. 더욱이 제9장에서 보게 되듯이 가장 효율적인 농경 규모는 가족과 중간 규모 농장이기 때문에 심지어 한 가족의 생계를 지탱하기도 힘든 아주 작은 미니푼디오(minifundio)와 더불어 거대한 라티푼디오(latifundio)의 존재로 특징지어진 토지소유의 높은 불균등 역시 비효율성으로 이어진다. 불균등도가 높을 때 이와 같은 요소들의 결과는 더 낮은 평균소득과 더 낮은 경제성장률일 수 있다.[14]

빈곤선 위의 불균등과 관련될 두 번째 이유는 극심한 소득격차가 사회적 안정성 및 결속을 약화시킨다는 것이다. 또한 높은 불균등은 부유한 사람들의 정치적 권력과 따라서 그들의 경제적 협상력을 강화한다. 보통 이 권력은 자신들에게 유리한 결과를 조장하는 데 사용될 것이다. 높은 불균등은 과도한 로비활동, 대규모 정치헌금, 뇌물수수, 그리고 정실인사 같은 행동을 포함하는 **지대추구**를 용이하게 한다. 자원들이 그러한 지대추구 행태에 배분되면 자원들이 더 **빠른** 성장으로 이어질 수 있는 생산적 목적으로부터 방향을 바꾸게 된다. 더욱 심각한 것은 더 높은 불균등은 열악한 제도들을 개선하기 매우 어렵게 만든다. 왜냐하면 부와 권력을 보유한 소수는 사회적으로 효율적인 개혁으로부터 자신들이 손해를 보게 될 것으로 생각할 가능성이 있으며, 따라서 그들은 개혁에 저항할 동기와 수단을 갖고 있다(제2장 참조). 물론 높은 불균등은 또한 가난한 사람들을 자멸적일 수 있는 인기영합적인 정책을 지지하도록 이끌 수 있다. 엘살바도르와 이란 같은 불균등이 심한 국가들은 무수한 생명을 희생시키고 수십 년 동안 발전의 진전을 후퇴시킨 격변과 확대된 사회적 갈등을 겪었다. 높은 불균등은 또한 더 높은 폭력범죄율과 같은 병적 현상과 관련이 있다. 요컨대 불균등이 높은 경우 정치의 초점이 종종 경제적 성과를 확대시키는 정책들보다는 기존 경제적 성과의 재분배를 지지하거나 또는 저항하는 데 맞춰지는 경향이 있다(제11장은 이러한 우려들을 더 자세히 검토한다).[15]

마지막으로 극심한 불균등은 일반적으로 불공정한 것으로 간주된다. 철학자 롤스(John Rawls)는 왜 이런지를 명확하게 하는 데 도움이 되는 사고실험(thought experiment)을 제안했다.[16] 우리가 세상에 태어나기 이전에 세상 사람들 간의 전반적 불균등 수준을 선정할 기회가 있었으나 스스로의 신분을 선정할 수 없었다고 가정하자. 즉 우리는 게이츠(Bill Gates)로 태어났을 수도 있고 또한 동일한 확률로 에티오피아 농촌의 가장 지독하게 빈곤한 사람으로 태어났을 수도 있다. 롤스는 이러한 불확실성을 '무지의 베일(veil of ignorance)'이라고 부른다. 문제는 이와 같은 종류의 위험에 직면하여 과연 우리는 우리 주변에서 보는 것보다 더 균등한 아니면 덜 균등한 소득분배에 찬성투표를 하게 되는지다. 만약 균등도가 소득수준이나 성장률에 효과를 미치지 않는다면, 대부분의 사람들은 거의 완전균등에 찬성투표를 하게 된다. 물론 만약 어떤 경우에도 모든 사람이 동일한 소득을 갖는다면, 열심히 일하고 기술을 배우거나 혁신을 해야 할 인센티브는 거의 존재하지 않게 된다. 그 결과 이러한 것들이 열심히 일하거나 혁신을 위한 인센티브에 부합하는 한 대다수의 사람들은 소득결과에 있어 약간의 불균등에 찬성할 것이다. 그러나 그렇다고 하더라도 대부분의 사람들은 세계에서 (또는 거의 모든 나라에서) 목격되는 것보다는 더 적은 불균등에 찬성투표를 한다. 이는 우리가 현실에서 관찰하는 불균등의 대부분은 축구공을 차는 타고난 능력 또는 조상의 신분과 같은 행운 또는 무관한 요소들에 기반을 두고 있기 때문이다.

이 모든 이유와 이 부분에서의 분석을 통해 우리는 후생수준 W를 다음과 같이 표현할 것이다.

$$W = W(Y, I, P) \tag{5.5}$$

여기서 Y는 1인당 소득으로 후생함수에서 정(+)의 부호를 갖고, I는 불균등으로 부(−)의 부호를 가지며, P는 절대빈곤으로 역시 부(−)의 부호를 갖는다. 이들 세 가지 구성요소는 뚜렷하게 의미가 있으며, 개발도상국의 전반적 후생을 평가하기 위해서는 세 가지 요소가 모두 고려될 필요가 있다.

이중적 발전과 로렌츠곡선의 이동 : 몇몇 정형화된 유형 분류

필즈(Gary Fields)가 소개한 바와 같이 로렌츠곡선은 이중적 발전의 세 가지 제한적 사례를 분석하기 위해 사용될 수 있다.[17]

1. 현대부문 확대(modern-sector enlargement) 성장유형으로, 두 부문 경제가 모든 부문의 임금을 불변으로 유지하면서 현대부문의 규모 확대에 의해 발전한다. 이는 제3장의 루이스(Lewis) 모형에서 묘사된 경우이다. 이는 서구 선진국들의 역사적 성장패턴과 대체로 일치하며 중국, 한국, 대만 같은 동아시아 경제의 패턴과도 어느 정도 부합한다.

2. 현대부문 강화(modern-sector enrichment) 성장유형으로, 한 경제가 성장하지만 그러한 성장은 현대부문의 고정된 수의 사람들에게만 적용되며, 전통부문 노동자 수와 그 임금은 모두 불변인 채로 유지된다. 이는 대략적으로 많은 남미 및 아프리카 경제의 경험을 묘사한다.

3. 전통부문 강화(traditional-sector enrichment) 성장유형으로, 성장의 모든 편익이 전통부문 근로자들에게 나눠지며, 현대부문에서는 성장이 거의 또는 전혀 발생하지 않는다. 이 과정은 스리랑카와 인도 남서부 케랄라 주 같은 매우 낮은 소득과 상대적으로 저성장률에도 불구하고 그 정책이 절대빈곤의 상당한 감소를 달성하는 데 초점을 맞췄던 국가의 경험을 대략적으로 서술한다.

이들 세 가지 특별한 경우와 로렌츠곡선을 사용하여 필즈(Fields)는 다음과 같은 명제들의 타당성을 보여주었다(위에서 설명한 순서를 바꿈).

1. **전통부문 강화 성장유형**에서, 성장은 더 높은 소득과 더 **균등**한 상대적 소득분배, 그리고 완화된 빈곤이라는 결과를 가져온다. 〈그림 5.7〉에 그려진 바와 같이 전통부문 강화 성장은 로렌츠곡선을 균일하게 위로 그리고 균등선에 가깝게 이동시킨다.

2. **현대부문 강화 성장유형**에서, 성장은 더 높은 소득과 덜 **균등**한 상대적 소득분배, 그리고 빈

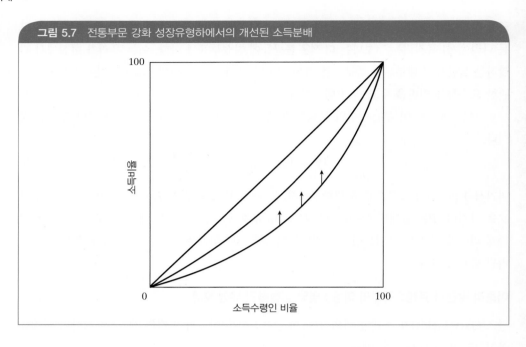

그림 5.7   전통부문 강화 성장유형하에서의 개선된 소득분배

곤의 무변화라는 결과를 가져온다. 〈그림 5.8〉에 보이는 바와 같이 현대부문 강화 성장은 로렌츠곡선을 아래로 그리고 균등선으로부터 멀리 이동시킨다.

3. 마지막으로 루이스 유형 **현대부문 확대 성장**에서, 절대소득이 증가하고 절대빈곤은 감소하지만 로렌츠곡선은 언제나 교차할 것인데, 이는 상대적 불균등의 변화에 대해서는 어떤 분명한 진술도 할 수가 없음을 나타낸다. 불균등은 개선될 수도 악화될 수도 있다. 필즈는 만약 실제로 이러한 형태의 성장경험이 두드러지면 불균등은 발전의 초기 단계에

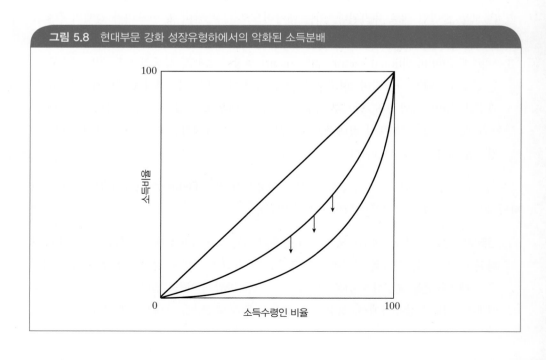

그림 5.8   현대부문 강화 성장유형하에서의 악화된 소득분배

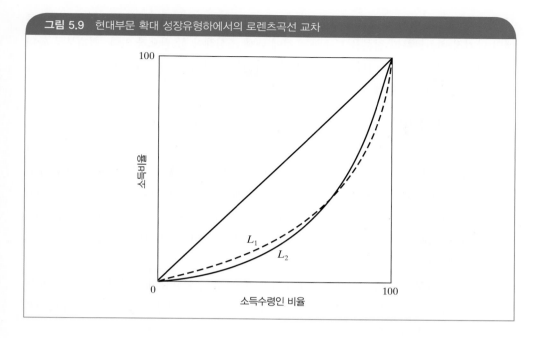

그림 5.9 현대부문 확대 성장유형하에서의 로렌츠곡선 교차

먼저 악화되며 그 뒤 개선될 가능성이 크다는 것을 보여주고 있다. 로렌츠곡선의 교차는 〈그림 5.9〉에 나타나 있다.

〈그림 5.9〉의 교차에 대한 설명은 다음과 같다. 전통부문에 남아 있는 가난한 사람들의 소득은 변하지 않지만, 이 소득은 이제 더 커진 총액에서 더 작은 비중을 차지하며, 따라서 새로운 로렌츠곡선 L_2는 소득분배 구조의 왼쪽 최하단에서 이전의 로렌츠곡선 L_1 아래에 놓인다. 그러므로 분배의 중간쯤에서 이전의 로렌츠곡선과 새로운 로렌츠곡선이 반드시 교차한다. 각각의 현대부문 근로자는 전과 동일한 절대소득을 받지만, 이제 가장 부유한 소득집단의 비중은 더 작아지며, 따라서 새로운 로렌츠곡선은 소득분배 구조의 오른쪽 상단에서 이전의 로렌츠곡선보다 위에 위치한다. 그러므로 분배의 중간 어딘가에서 이전의 로렌츠곡선과 새로운 로렌츠곡선은 반드시 교차해야 한다.[18]

이 세 가지 유형은 경제성장 과정에서 불균등에 무슨 일이 발생하는지에 대해 상이한 예상을 제공한다. 현대부문 강화의 경우 불균등은 지속적으로 상승하는 반면, 전통부문 강화하에서는 불균등이 지속적으로 감소한다. 현대부문 확대하에서는 불균등이 처음에는 상승하다가 그 뒤 하락한다.[19] 인정하건대 만약 이처럼 고도로 정형화된 발전 과정이 발생한다면, 이는 일시적일 뿐 아니라 시민들 하나하나가 절대빈곤선을 넘어서는 소득을 달성하는 과정을 반영하고 있는 것이기 때문에, 일시적인 불균등 상승을 걱정할 필요가 없을 것이다.[20]

이러한 관찰들은 불균등의 상승이 본질적으로 나쁘다는 결론에 단서를 달아야만 한다는 것을 말해준다. 몇몇 경우에는 궁극적으로 모든 사람을 더 좋게 만들고 불균등을 감소시킬 원인들로 인해 불균등이 일시적으로 상승할 수 있다. 그러나 현대부문 강화 성장의 경우 불균등의 상승은 나중에 반전되지 않으며, 가난한 사람은 빈곤으로부터 벗어나지 못한다.[21] 따라서 이들 통계들을 생기게 했던 실질경제의 근본적인 변화에 대해 더 많이 알기 이전에 경제통계의 단기적 변화로부터 결론을 도출하는 것에 대해 조심해야 할 필요가 있다. 현대부문 확대 성장 과정은 쿠즈네츠의 '역U자(inverted-U)' 가설을 생기게 할 수 있는 가능한 메커니즘을 제시하는데, 따라서 다음에는 이 문제를 다루게 된다.

쿠즈네츠의 역U자 가설

쿠즈네츠곡선
한 국가의 1인당 소득과 그 소득분배 불균등 사이의 관계를 반영하는 그래프

쿠즈네츠는 경제성장의 초기 단계에는 소득분배가 악화되는 경향이 있을 것이며 오로지 나중 단계에서만 향상될 것이라고 제시했다.[22] 이러한 관찰은 '역U자' **쿠즈네츠곡선**(Kuznets curve)에 의해 특징지어졌다. 왜냐하면 〈그림 5.10〉에 그려진 바와 같이 1인당 GNI가 확대될 때, 예를 들어 지니계수에 의해 측정된 소득분배 변화의 종단면(시계열)[longitudinal(time-series)] 그래프(plot)가 쿠즈네츠가 연구한 몇몇 사례에서 역U자 곡선의 윤곽을 그리는 것처럼 보였기 때문이다.

　궁극적으로 향상되기 이전 경제성장의 초기 단계 동안 왜 불균등이 악화될 수 있는지에 대한 설명들은 많다. 이들은 거의 언제나 구조변화의 성격과 관련된다. 루이스모형에 부합되게 초기의 성장은 고용은 제한되지만 임금과 생산성은 높은 현대산업부문에 집중될 수 있다.

　방금 주목한 바와 같이 쿠즈네츠곡선은 한 국가가 전통적 경제에서 현대경제로 발전함에 따라 현대부문 확장 성장의 지속적인 과정에 의해 창출될 수 있다. 그렇지 않으면 교육에 대한 수익이 현대부문의 출현이 숙련도를 요구함에 따라 처음에는 증가하고 그 뒤에 교육을 받은 근로자의 공급이 증가하고 미숙련 근로자의 공급이 감소함에 따라 하락할 수 있다. 따라서 쿠즈네츠가 자신의 역U자 가설이 발생하게 되어 있는 메커니즘을 명시하지는 않았지만, 이는 원칙적으로 경제발전의 순차적 과정과 일관될 수 있다. 그러나 앞에서 본 바와 같이 전통부문과 현대부문 강화는 불균등을 서로 반대 방향으로 끌어당기는 경향이 있으며, 따라서 불균등의 순변화는 모호하고, 쿠즈네츠곡선의 타당성은 실증적인 문제이다.

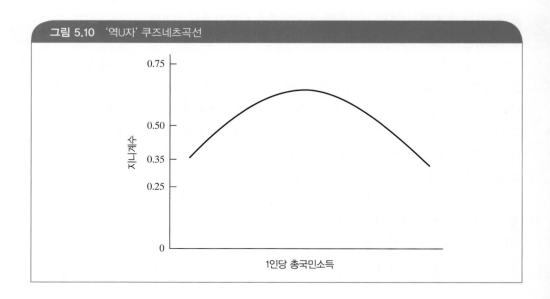

그림 5.10 '역U자' 쿠즈네츠곡선

지니계수 / 1인당 총국민소득

방법론에 관한 논쟁의 장점을 무시하고 불균등이 상승한 뒤 하락하는 쿠즈네츠의 순서가 불가피하다고 주장하는 발전경제학자는 거의 없다. 더 높은 소득수준이 불균등의 하락과 불균등의 상승 없음을 수반할 수 있다는 것을 입증하기 위한 대만, 한국, 코스타리카, 스리랑카와 같은 나라들의 충분한 사례연구와 구체적 예들이 이제는 존재한다. 이는 모두 발전 과정의 성격에 좌우된다.

역U자 가설에 대한 증거 서로 다른 백분위 그룹에게 돌아가는 총국민소득의 퍼센트 비율에 대해 18개 국가로부터 수집한 데이터를 살펴보자(〈표 5.2〉 참조). 수집 방법, 범위의 정도, 그리고 개인소득의 구체적 정의는 국가마다 다를 수 있지만, 〈표 5.2〉에 기록된 숫자들은 개발도상국 소득불균등 크기에 대한 첫 번째 근사치를 제공한다. 예를 들어 잠비아에서는 가장 가난한 20%(첫 번째 5분위)의 인구가 단지 소득의 3.6%만을 받는 반면, 가장 부유한 10%와 20%(다섯 번째 5분위)는 각각 38.9%와 55.2%를 받는다. 이와는 대조적으로 일본과 같이 상대적으로 균등한 선진국에서는 가장 가난한 20%가 소득의 훨씬 많은 10.6%를 받는 반면, 가장 부유한 10%와 20%는 각각 오로지 21.7%와 35.7%를 얻는다. 상대적으로 덜 균등한 선진국인 미국의 소득분배는 비교를 위해 〈표 5.2〉에 제시되어 있다.

이제 만약 존재한다면 1인당 소득수준과 불균등도 사이의 관계를 고려하자. 더 높은 소득은 더 높은 또는 더 낮은 불균등과 관련되는가? 아니면 어떠한 단정적인 진술도 할 수 없는가?

표 5.2 국가별 소득분배 추정결과

국가	가장 낮은 10%	5분위 1	2	3	4	5	가장 높은 10%	연도
방글라데시	4.3	9.4	12.6	16.1	21.1	40.8	26.6	2005
브라질	1.1	3.0	6.9	11.8	19.6	58.7	43.0	2007
중국	2.4	5.7	9.8	14.7	22.0	47.8	31.4	2005
콜롬비아	0.8	2.3	6.0	11.0	19.1	61.6	45.9	2006
코스타리카	1.6	4.4	8.5	12.7	19.7	54.6	38.6	2007
과테말라	1.3	3.4	7.2	12.0	19.5	57.8	42.4	2006
온두라스	0.7	2.5	6.7	12.1	20.4	58.4	42.2	2006
인도	3.6	8.1	11.3	14.9	20.4	45.3	31.1	2005
자메이카	2.1	5.2	9.0	13.8	20.9	51.2	35.6	2004
나미비아	0.6	1.5	2.8	5.5	12.0	78.3	65.0	1993
파키스탄	3.9	9.1	12.8	16.3	21.3	40.5	26.5	2005
페루	1.3	3.6	7.8	13.0	20.8	54.8	38.4	2007
필리핀	2.4	5.6	9.1	13.7	21.2	50.4	33.9	2006
남아프리카공화국	1.3	3.1	5.6	9.9	18.8	62.7	44.9	2000
탄자니아	3.1	7.3	11.8	16.3	22.3	42.3	27.0	2001
잠비아	1.3	3.6	7.8	12.8	20.6	55.2	38.9	2005
일본	4.8	10.6	14.2	17.6	22.0	35.7	21.7	1993
미국	1.9	5.4	10.7	15.7	22.4	45.8	29.9	2000

출처 : World Bank, *World Development Indicators, 2010* (Washington, D.C.: World Bank, 2010), tab. 2.9를 기초로 함

표 5.3 주요 국가의 소득과 불균등

국가	1인당 소득 (2008년 미국 달러)	지니계수	지니 계산을 위한 조사연도
저소득			
에티오피아	280	29.8	2005
모잠비크	380	47.1	2003
네팔	400	47.3	2004
캄보디아	640	40.7	2007
잠비아	950	50.7	2005
중저소득			
인도	1,040	36.8	2005
카메룬	1,150	44.6	2001
볼리비아	1,460	57.2	2007
이집트	1,800	32.1	2005
인도네시아	1,880	37.6	2007
중상소득			
나미비아	4,210	74.3	1993
불가리아	5,490	29.2	2003
남아프리카공화국	5,820	57.8	2000
아르헨티나	7,190	48.8	2006
브라질	7,300	55.0	2007
멕시코	9,990	51.6	2008
고소득			
헝가리	12,810	30.0	2004
스페인	31,930	34.7	2000
독일	42,710	28.3	2000
미국	47,930	40.8	2000
노르웨이	87,340	25.8	2000

출처 : World Bank, *World Development Indicators, 2010* (Washington, D.C.: World Bank, 2010), tab. 1.1, 2.9

〈표 5.3〉은 1인당 소득이 가장 낮은 국가로부터 가장 높은 국가의 순서로 표본국가들을 배열하고, 이들 국가들의 1인당 GNI와 비교한 소득분배 데이터를 제공하고 있다. 〈표 5.3〉으로부터 명확히 나타나는 것은 1인당 소득이 필연적으로 불균등과 관련되지 않는다는 것이다. 에티오피아와 같은 가장 가난한 국가는 단순히 소득이 거의 없기 때문에 낮은 불균등을 가질 수 있다. 그러나 모잠비크와 잠비아 같은 심지어 매우 가난한 국가들은 국제기준에 의해서도 극도로 높은 불균등을 갖고 있다. 불균등도가 높은 많은 남미 국가들이 중간소득 범위에서 발견되지만 이 범위에는 동유럽 국가들과 같은 불균등이 낮은 국가들은 물론 이집트와 인도네시아 같은 국가들이 또한 포함된다. 고소득 국가들은 중간소득 국가들보다 다소 더 균등한 경향을 나타내지만 또다시 불균등 수준에는 상당한 편차가 존재한다. 최근 몇 년 동안에는 고소득 국가들에서 불균등이 상승하고 몇몇 남미 국가들에서는 적어도 약간 감소하는 경향을 보여 왔다.

실제로 데이터에서 발견되는 쿠즈네츠곡선은 이제는 아무 상관없는 역사적 이유로 대부분의 남미 국가들이 중간 수준의 소득과 높은 수준의 불균등을 단지 우연히 함께 보유하는 사실로부터 도출된 부분적으로 통계적 요행수로 이해되고 있다(〈예문 5.1〉 참조).

예문 5.1 남미 효과

<big>필</big>즈와 제이컵슨(Gary Fields and George Jakubson)
은 역U자가 남미 효과로부터 비롯될 수 있는지와
나라에 따라 패턴이 어떻게 다를 수 있는지를 고려하기
위해 횡단면(cross-sectional)과 종단면(longitudinal) 데
이터 모두를 결합하여 사용했다. 〈그림 5.11〉은 서로 다
른 시점에서의 여러 개발도상국의 신뢰할 만한 지니계
수를 이용할 수 있는 필즈와 제이컵슨 데이터세트에서
35개국의 데이터조합을 그리고 있다. 삼각형을 추적한
역U자 관계는 표준적인 통계적 기준하에 컴퓨터로 도출
된 데이터에 가장 잘 맞는 포물선이다. 남미 국가들에 관
한 관찰내용은 동그라미로 표시되어 있다. 즉 그들의 데
이터에서 가장 높은 불균등 국가 모두는 그 지역으로부
터 도출된다. 통계적으로 남미로 분류되는 국가들을 통
제하면 〈그림 5.11〉에 그려진 역U자는 이 데이터세트와

다른 세트에서도 곡선은 사라지는 경향이 있다.[23]

따라서 문제는 시간이 흐름에 따라 어떤 일이 발생할
것인지다. 〈그림 5.12〉에는 〈그림 5.11〉의 데이터로부
터 선발된 국가들이 분리되어 있다. 보이는 바와 같이
그림에서 1로 표시된 브라질로부터의 데이터는 분명히
역U자 패턴을 보여준다. 이와는 대조적으로 그림에서
4와 5로 표시된 홍콩과 싱가포르의 데이터는 U자 형태
의 패턴을 반영하는 것처럼 보인다. 그러나 이들 개별적
경험들이 하나의 그림으로 합쳐지면 우리의 눈(그리고
컴퓨터)은 데이터 전체적으로 볼 때 오해시킬 만큼 역U
자를 나타나도록 한다. 이는 통계적 패턴을 있는 그대로
취하는 것보다 무엇이 데이터의 통계적 패턴이 나타나
도록 했는지를 이해하는 것이 매우 중요하다는 주장을
강화한다.

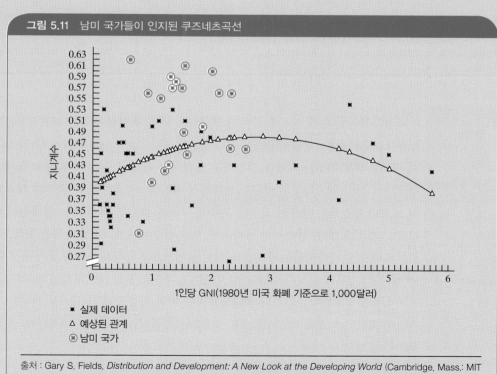

그림 5.11 남미 국가들이 인지된 쿠즈네츠곡선

- ✳ 실제 데이터
- △ 예상된 관계
- ⊛ 남미 국가

출처 : Gary S. Fields, *Distribution and Development: A New Look at the Developing World* (Cambridge, Mass.: MIT
Press, 2001), ch. 3, p. 46. © 2001 Massachusetts Institute of Technology, by permission of The MIT Press.

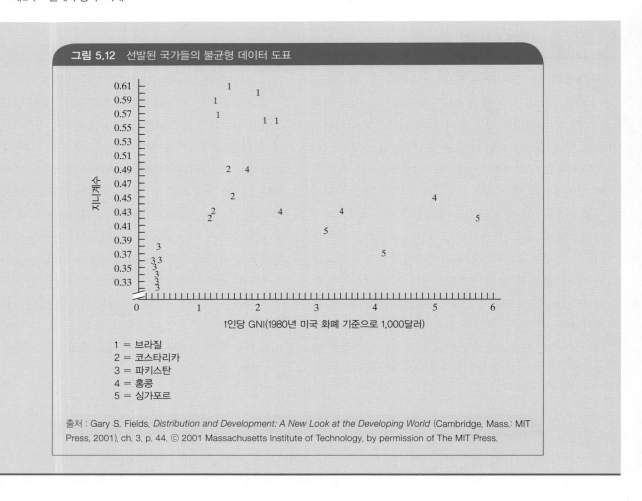

그림 5.12 선발된 국가들의 불균형 데이터 도표

세로축: 지니계수
가로축: 1인당 GNI(1980년 미국 화폐 기준으로 1,000달러)

1 = 브라질
2 = 코스타리카
3 = 파키스탄
4 = 홍콩
5 = 싱가포르

출처 : Gary S. Fields, *Distribution and Development: A New Look at the Developing World* (Cambridge, Mass.: MIT Press, 2001), ch. 3, p. 44. © 2001 Massachusetts Institute of Technology, by permission of The MIT Press.

개발도상국에 대한 상세한 종단면 연구들은 매우 뒤섞인 유형을 보여준다. 로논드로(Juan Luis Lonondro)는 콜롬비아에서 역U자를 발견했지만 오시마(Harry Oshima)는 여러 아시아 국가들에서 특정한 패턴을 발견하지 못했다.[24] 사실 많은 국가의 경우 경제발전 과정에서 불균등이 변화하는 특정한 성향은 존재하지 않는다. 불균등은 한 국가의 사회경제적 구성에서 오히려 안정적인 부분인 것처럼 보이며, 오로지 상당한 격변 또는 체계적인 정책의 결과로서만 크게 변동했다. 동아시아는 미국의 일본 점령, 국민당 정권의 대만 장악, 그리고 한국으로부터의 일본 축출이라는 주로 외생적인 요인으로부터 상대적으로 낮은 불균등을 달성했다. 이 세 가지 경우에서 모두 불균등에 지대한 효과를 미쳤던 토지개혁이 시행되었다(제9장에서 토지개혁을 검토한다). 그러나 불균등은 빈곤퇴치 성장을 촉진하는 잘 시행된 정책들을 통해 시간이 흐르면서 점차적으로 감소될 수 있다. 퇴행적인 정책을 통해서는 불균등이 시간이 흐르면서 증가할 수 있다.

성장과 불균등

불균등과 1인당 소득수준 간의 관계를 검토한 후, 이제는 만약 있다면 경제성장과 불균등 간의 관계를 간략하게 살펴보기로 하자. 1960~1990년대의 기간 동안 동아시아의 1인당 성장은 평균 5.5%였던 반면, 아프리카의 1인당 성장은 0.2% 하락했다. 다시 한 번 그 성장이 가난한 사람들의 개선된 생활수준에 반영되는지 또는 반영되지 않는지의 정도를 결정하는 것은 단지 성장률뿐만이 아니라 **경제성장의 성격**(character of economic growth, 어떻게 달성되는지, 누가 참여하는지, 어떤 부문이 우선순위를 부여받는지, 어떤 제도적인 준비가 설계되고 강조되는지 등)이다. 명백히 더 높은 성장이 유지되기 위해서 불균등이 증가해야 할 필요는 없다.

5.4 절대빈곤 : 범위와 규모

경제발전의 다른 것들과 마찬가지로 절대빈곤 근절의 결정적으로 중요한 문제는 나쁜 소식과 좋은 소식이 함께 한다는 것이다. 즉 유리잔을 절반이 비었다고 볼 수도 있고 절반이 가득 찼다고 볼 수도 있는 것과 같다는 것이다.

어느 한 시점에서 글로벌 빈곤의 범위를 엄격하게 추정하기는 지극히 어렵다. 몇 년 사이에 발간된 주요 세계은행 보고서들은 수천만 명이나 차이가 나는 하루에 1달러 미만으로 생활하는 인원수를 발표해 왔다. 이는 과제의 어려움을 반영한다. 또 다른 어려움은 극심한 빈곤의 분리를 위한 가장 적절한 소득을 결정하는 것이다. 하루 1달러 선($1-a-day line)은 1987년 달러로 설정되었으며, 여러 해 동안 기준은 구매력등가가 반영된 1993년의 1.08달러였다. 2008년에 동등한 선이 2005년 미국 구매력을 기준으로 1.25달러에 다시 맞춰졌다. 이는 (가난한 사람들이 직면하는 가격의 개선된 추정치와 더불어) 추정된 가난한 사람 수를 증가시키는 결과를 가져왔지만 1990년 이후 가장 눈에 띄게 중국에서의 진전 때문에 빈곤에 처한 사람 수가 현저하게 감소해 왔다는 결론을 바꾸지는 않는다. 심지어 오늘날의 달러로 갱신하는 그 순간에도 빈곤선은 상당히 임의적이다(비록 그것이 많은 개발도상국이 사용하고 적어도 최소한의 영양을 간신히 충족하는 사람들에 대한 지출과 관련된 것과 대체적으로 부합되어 왔지만 말이다).

(2014년 초 현재 이용할 수 있는) 가장 최근의 체계적인 빈곤척도는 2010년에 약 12억 2,000만 명이 하루 1.25달러 미만으로, 약 23억 6,000만 명이 하루 2달러 미만으로 살고 있다는 것을 보여준다(〈그림 5.13〉 참조). 하루 1.25달러의 소득빈곤에서 생활하는 사람 수는 1981년의 약 19억 4,000만 명으로부터 인원수로 약 37% 감소했다. 하루 2달러 미만으로 생활하는 사람 수의 감소는 8%보다 낮은 수준으로 훨씬 더 작았지만, 이 다소 부진한 감소는 부분적으로 그 소득이 실제로 하루 1.25달러를 넘어섰지만 여전히 하루 2달러 아래에 머물러 있는 사람들 때문이었다. 빈곤하게 생활하는 사람 수 감소에 있어서의 이러한 성취는 세계 인구가 1981~2010년 사이에 23억 9,000만 명(53%) 증가(유엔 추정치)했음을 주목할 때 더욱 인상적이다. 따라서 하루 1.25달러 미만으로 생활하는 인원수비율은 2010년 약 18%로 하락했는데, 이는 1990년 수준 33%의 1/2(55%)에 접근하는 수준이다. 따라서 하루 1.25달러 빈곤을 절반으로 줄이자는 MDG는 2010년까지는 거의 충족되었다. 그리고 예비추정치들은 이 목

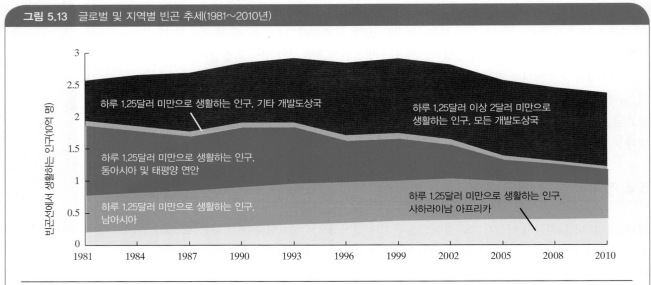

그림 5.13 글로벌 및 지역별 빈곤 추세(1981~2010년)

출처 : 수치는 PovcalNet/World Bank로부터의 데이터를 사용하여 인용됨. 데이터는 http:// iresearch.worldbank.org/PovcalNet.index.htm?1로부터 2014년 2월 13일에 내려받음.

표가 2013년 말에 이르러 충족되었고 실제로는 초과달성 되었음을 보여주고 있다. 글로벌 및 지역별 빈곤 추세가 〈그림 5.13〉에 요약되어 있다. 사하라이남 아프리카에 사는 가난한 사람 수가 이 30년의 기간에 걸쳐 꾸준히 증가했음을 주목하라. 가난한 사람의 인원수는 다른 지역에서는 감소했다.

극심한 빈곤의 발생 정도는 개발도상국 진영에서도 매우 고르지 않다. 가계조사를 기반으로 한 추정치들이 빈곤 발생을 추정하는 가장 정확한 방법으로 간주되고 있다. 〈표 5.4〉는 몇몇 조사를 기반으로 한 1.25달러 및 2달러 빈곤선에서의 지역별 빈곤 추정치를 제공하고 있다. 보이는 바와 같이 빈곤의 발생은 인구의 약 31%가 하루 1.25달러 아래에 놓여 있는 남아시아와 약 48%가 놓여 있는 사하라이남 아프리카에서 매우 높다. 그러나 빈곤의 심각성은 사하라이남 아프리카가 훨씬 더 높은데, 사하라이남 아프리카의 빈곤갭제곱지수인 P_2(퍼센트로 표시)는 11.85로 남아시아의 P_2 2.36보다 훨씬 더 높다. 〈표 5.5〉는 1.25달러와 2달러의 빈곤선을 기준으로 아프리카, 아시아, 남미의 일부 특정 국가들에 대한 추정치를 보여준다. 2004년 인도의 경우 농촌 인구의 약 44%가 하루 1.25달러 빈곤선 아래에서 생활하고 있었으며, 거의 80%가 하루 2달러 미만으로 생활하고 있었음을 볼 수 있다. 이와는 대조적으로 비록 약 66%가 여전히 하루 2달러 미만으로 생활했지만 그 도시 인구의 37% 미만이 하루 1.25달러 미만으로 생활했다.

불행하게도 사하라이남 아프리카는 다른 개발도상 지역에 비해 훨씬 못한 진전을 보였다. 빈곤하게 생활하는 비율이 지난 10년 동안 다소 하락했지만 빈곤하게 생활하는 개인의 인원수는 1981~2010년의 기간 동안 약 2억 500만 명으로부터 약 4억 1,400만 명으로 크게 증가했다(세계은행, 2013년). 빈곤의 집중은 시정을 더 어렵게 만들 수 있다. 다른 지역의 대부분

표 5.4 지역별 빈곤의 발생(2010년)			
지역	인원수비율(P_0)	빈곤갭(P_1)	빈곤갭제곱(P_2)
하루 1.25달러 기준 지역별 종합			
동아시아 및 태평양 연안	12.48	2.82	0.93
유럽 및 중앙아시아	0.66	0.21	0.13
남미 및 카리브 해	5.53	2.89	2.12
중동 및 북아프리카	2.41	0.55	0.23
남아시아	31.03	7.09	2.36
사하라이남 아프리카	48.47	20.95	11.85
총계	20.63	6.3	2.92
하루 2달러 기준 지역별 종합			
동아시아 및 태평양 연안	29.14	9.42	4.05
유럽 및 중앙아시아	2.27	0.64	0.3
남미 및 카리브 해	10.18	4.67	3.13
중동 및 북아프리카	11.55	2.66	0.99
남아시아	65.8	22.86	10.19
사하라이남 아프리카	69.31	35.22	22.03
총계	40.08	15.32	7.79

출처 : 데이터는 World Bank, 'PovcalNet' http://iresearch.worldbank.org/PovcalNet로부터 2014년 2월 13일에 접속해 도출되었음

의 나라에서 빈곤 인원수와 더불어 빈곤갭이 감소했다. 그러나 1981년부터 2010년 사이에 사하라이남 아프리카에서 극도로 가난한 사람들의 평균소득은 하루 1인당 형편없는 70센트 가까이에 머무른 채 거의 증가하지 않았다.

다차원적 빈곤지수

MPI는 다차원적 빈곤측정의 가장 유명한 응용이다. MPI는 가계수준에서 건강, 교육, 그리고 부(富)의 세 가지 차원을 포함한다.

소득은 불완전하게 측정되지만 더더욱 중요한 것은 주어진 액수의 소득에 의해 제공되는 이익이 상황에 따라 크게 다르다는 것이다. 이 아이디어를 정확히 담아내기 위해 유엔개발계획(UNDP)은 1997년부터 2009년까지 인간빈곤지수(Human Poverty Index, HPI)[26]를 사용했다.

2010년 UNDP는 HPI를 새로운 **다차원빈곤지수**(multidimensional poverty index, MPI)로 대체했다. 가계수준으로부터 지수를 구축함으로써 MPI는 사람들이 복합적인 박탈을 가질 때 부정적인 상호작용 효과가 있다는 것을 고려한다. 즉 한 국가의 경우 서로 분리된 박탈을 단순히 더하고 그 뒤 평균을 취하며, 그리고 그 뒤에야 이들을 결합함으로써 볼 수 있는 것보다 빈곤이 더 심하다는 것이다.

지표의 창안자들은 자신들이 세 가지 차원(보건, 교육, 생활수준)과 이들 각각에 대응하는 지표들을 선택했다고 보고하고 있다. 그 이유는 이들이 빈곤계층에 의해 종종 언급되는 문제들을 반영하고, 특히 밀레니엄개발목표에 반영된 바와 같이 개발공동체에 의해 오랫동안 중

다차원빈곤지수
박탈의 수준과 숫자에 대한 이중 분리(dual cutoff)를 사용하여 가난한 사람을 확인하고 그 뒤 빈곤하게 생활하는 사람들의 비율에 가난한 가계가 평균적으로 박탈당한 가중지표의 비율을 곱하는 빈곤의 척도

표 5.5 주요 국가의 소득빈곤 발생 정도

국가	연도	1인당 월소득 (2005년 PPP)	인원수비율 (%)	빈곤갭 (%)	빈곤갭제곱 (%)	지니계수 (%)
하루 1.25달러 발생률, 빈곤선 월 38달러						
방글라데시	2005	48.27	50.47	14.17	5.20	33.22
베냉	2003	52.77	47.33	15.73	6.97	38.62
브라질	2007	346.64	5.21	1.26	0.44	55.02
부르키나파소	2003	46.85	56.54	20.27	9.38	39.6
중국－농촌	2005	71.34	26.11	6.46	2.26	35.85
중국－도시	2005	161.83	1.71	0.45	0.24	34.8
코트디부아르	2002	101.11	23.34	6.82	2.87	48.39
과테말라*	2006	191.7	12.65	3.83	1.63	53.69
온두라스*	2006	184.45	18.19	8.19	5.00	55.31
인도－농촌	2004	49.93	43.83	10.66	3.65	30.46
인도－도시	2004	62.43	36.16	10.16	3.80	37.59
인도네시아－농촌	2005	62.79	24.01	5.03	1.61	29.52
인도네시아－도시	2005	89.1	18.67	4.06	1.29	39.93
마다가스카르	2005	44.82	67.83	26.52	13.23	47.24
멕시코	2006	330.37	0.65	0.13	0.05	48.11
모잠비크	2002	36.58	74.69	35.4	20.48	47.11
니카라과*	2005	151.18	15.81	5.23	2.54	52.33
나이지리아	2003	39.46	64.41	29.57	17.2	42.93
파키스탄	2004	65.76	22.59	4.35	1.28	31.18
페루	2006	216.82	7.94	1.86	0.61	49.55
필리핀	2006	98.99	22.62	5.48	1.74	44.04
르완다	2000	33.76	76.56	38.21	22.94	46.68
세네갈	2005	66.86	33.5	10.8	4.67	39.19
하루 2달러 발생률, 빈곤선 월 60.84달러						
방글라데시	2005	48.27	80.32	34.35	17.55	33.22
베냉	2003	52.77	75.33	33.51	18.25	38.62
브라질	2007	346.64	12.70	4.15	1.85	55.02
부르키나파소	2003	46.85	81.22	39.26	22.58	39.60
중국－농촌	2005	71.34	55.63	19.47	8.94	35.85
중국－도시	2005	161.83	9.38	2.12	0.81	34.8
코트디부아르	2002	101.11	46.79	17.62	8.78	48.39
과테말라*	2006	191.7	25.71	9.63	4.84	53.69
온두라스*	2006	184.45	29.73	14.15	8.91	55.31
인도－농촌	2004	49.93	79.53	30.89	14.69	30.46
인도－도시	2004	62.43	65.85	25.99	12.92	37.59
인도네시아－농촌	2005	62.79	61.19	19.55	8.27	29.52
인도네시아－도시	2005	89.1	45.85	14.85	6.39	39.93
마다가스카르	2005	44.82	89.62	46.94	28.5	47.24
멕시코	2006	330.37	4.79	0.96	0.31	48.11
모잠비크	2002	36.58	90.03	53.56	36.00	48.07
니카라과*	2005	151.18	31.87	12.26	6.44	52.33
나이지리아	2003	39.46	83.92	46.89	30.8	42.93
파키스탄	2004	65.76	60.32	18.75	7.66	31.18
페루	2006	216.82	18.51	5.95	2.54	49.55
필리핀	2006	98.99	45.05	16.36	7.58	44.04
르완다	2000	33.76	90.3	55.69	38.5	44.11
세네갈	2005	66.86	60.37	24.67	12.98	39.19

출처 : World Bank, "PovcalNet," http://iresearch.worldbank.org/PovcalNet으로부터 도출됨

요하게 고려되었으며(제1장 참조), 인권 및 기본적 욕구와 같이 철학적으로 잘 정립되어 있기 때문이다. 물론 지수를 위한 구체적인 지표들을 선정할 때 충분한 국가에서 신뢰할 수 있는 데이터가 또한 이용 가능해야만 한다.

보건과 관련하여 가족 내 아동의 사망 여부와 가족구성원인 어린이 및 성인의 영양실조 여부의 두 가지 지표는 동일한 가중치를 받는다(따라서 각각은 MPI에서 가능한 최대결핍의 1/6로 계산된다). 또한 교육에 있어서도 한 가족구성원이라도 5년의 학교교육을 마치지 못했는지 여부와 1명의 학령기 어린이라도 1학년부터 8학년 사이에 학교를 떠나 있었는지 여부의 두 가지 지표에 동일한 가중치가 주어진다(따라서 또다시 각각은 MPI에 대해 1/6로 계산된다). 마지막으로 생활수준에 대해서는 동일한 가중치가 여섯 가지 박탈에 부여된다(각각 최대 가능 수치에 대해 1/18로 계산됨). 즉 전기 부족, 불충분하게 안전한 식수, 불충분한 위생시설, 불충분한 바닥재(flooring), 개선되지 않은 조리연료, 그리고 다섯 가지 자산(전화, 라디오, 텔레비전, 자전거, 모터바이크 또는 비슷한 운송수단) 중 하나를 초과하는 부족이 그 여섯 가지 박탈이다.

이 방법으로 박탈을 계산하여 자신들의 가족이 0.3 이상(실제로 계산될 때 10점 중 3점)의 '가중치 합'에 의해 박탈되면 그들은 '다차원적인 빈곤'으로 인지된다. 보다 구체적으로 구성원들이 다차원적으로 가난하다고 분류되는 가족의 세 가지 예를 고려하자. 첫째, 가족 중에 영양실조인 어린이를 갖는 한편 동시에 가족 중 가장 교육을 많이 사람이 오로지 3년의 학교교육을 받았다면 그 사람은 33%의 값을 얻게 되고 따라서 가난한 것으로 간주된다. 둘째, 다차원적으로 가난한 사람은 어린이의 사망을 경험했고, 또한 여섯 가지 생활기준 지표 중 적어도 세 가지가 박탈되었던 가계에서 생활할 수 있는데, 이는 또한 합해서 1/6 + 1/18 + 1/18 + 1/18 = 1/3 또는 33%가 된다. 셋째, 그들은 다른 세 가지 생활기준 지표에서 박탈당하고 취학하지 않은 학령기 어린이가 있었던 가계에서 생활하고 있을 수 있다. 그러나 만약 보건 및 교육의 박탈이 없다면 그 사람이 가난한 사람으로 간주되기 위해서는 여섯 가지 모두의 생활기준 지표에서 박탈되었던 가족의 일원으로 생활했어야만 한다. 따라서 MPI 접근법은 소득을 통해 단지 간접적이 아닌 중요한 가계박탈의 범위를 직접적으로 측정하고 그 뒤 가계척도로부터 총체적인 척도까지의 지수를 구축함으로써 매우 가난한 사람을 확인한다. 지수에서 이미 집계된 통계자료를 사용하는 것이 아니라 이 접근법은 다수의 박탈이 동일가족의 개개인들에 의해 경험될 때 가해진 배가되거나 상호작용하는 손해를 고려한다. 본질적으로 이 접근법은 한 영역에서의 개인의 역량부족은 다른 역량들에 의해서 어느 정도 보충될 수 있지만 이는 어디까지나 어느 정도라는 것을 가정하고 있다. (달리 말하면 역량들은 어느 정도까지는 대체물로 취급되지만 그 수준을 넘어서면 보완물로 취급된다.) 이는 이전에 사용되었던 척도들을 크게 보강한다.

마지막으로 한 국가(또는 지역 또는 집단)의 실제 MPI는 조정된 인원수비율로 계산된다. 즉 이전에 주목한 바와 같이 결과값을 표현하는 편리한 방법은 인원수비율 H_M(다차원적인 빈곤에서 생활하는 사람들 비율)과 평균 박탈 정도 A(가난한 가계의 평균적 박탈에 대한 가중지표 비율)의 곱이다. 조정된 인원수비율 $H_M A$는 앞에서 소개된 앨카이어와 포스터에 의해 개발된 다차원적인 빈곤척도의 확대된 부류 중의 특별한 경우이다. 즉 $H_M A$은 쉽게 계산되며, 이는 또한 가난하다고 간주되는 한 개인이 또 다른 지표에서 박탈당한다면 그 또는 그녀는 더욱 가난한 것으로 간주된다는 것을 의미하는 차원 단조성(dimensional monotonicity)을 포함하는 몇몇 바람직한 특성을 충족한다.[27]

2013년 인간개발보고서에서 UNDP는 현재 이용 가능한 데이터에 기초하여 104개 개발도상국의 MPI를 발표했다. 몇몇 예가 〈표 5.6〉에 나타나 있다. 브라질과 멕시코가 각각 단지 0.011과 0.015의 매우 낮은 MPI 수준을 갖고 있는 반면, MPI를 계산하기 위해 데이터가 이용 가능한 세계에서 가장 빈곤한 나라는 0.642의 MPI 숫자로 104의 순위를 보이는 니제르다. UNDP는 거의 16억 명이 다차원적인 빈곤에서 생활하고 있다고 보고하는데, 이는 하루 1.25달러 미만의 소득으로 생활하는 인구의 추정 수치보다 몇억 명 더 많은 것이다. 더 광범위한 수준에서 이와 같은 결과는 사람들이 기대할 수 있는 것으로부터 크게 벗어나지 않는다. 즉 사하라이남 아프리카가 최대 비중의 빈곤인구를 갖고 있고 남아시아가 가장 큰 빈곤인구 수를 보유하고 있다.

가장 가난한 나라는 0.6보다 높은 MPI를 갖고 있는 유일한 나라인 니제르다. 다른 6개국이 0.5보다 높은 MPI를 갖는데, 이들은 모두 사하라이남 아프리카 국가들인 에티오피아, 말리, 부르키나파소, 부룬디, 모잠비크, 기니다(이용 가능한 앞서의 데이터는 또한 모두 0.5보다 큰 MPI를 갖는 앙골라, 중앙아프리카공화국, 소말리아를 보여준다).

자신들 지역의 다차원적 빈곤의 높은 수준을 보이는 아프리카 이외의 국가들에는 방글라데시(0.292의 MPI를 가짐), 캄보디아(0.212), 아이티(0.299), 온두라스(0.159), 인도(0.283), 라오스(0.267), 네팔(0.217), 파키스탄(0.264), 동티모르(0.360), 예멘(0.283)이 포함된다.

이러한 결과들은 만약 우리의 관심사가 다차원적 빈곤이라면, 소득빈곤에 대한 지식만으로는 충분하지 않다는 것을 보여준다. 예를 들어 다차원적으로 자국의 소득빈곤에 의해 예측되는 것보다 방글라데시는 상당히 덜 가난하고 파키스탄은 상당히 더 가난하다(이러한 발견은 제2장 맨 끝부분 사례연구에서의 몇몇 비교들과 관련될 수 있다). 아프리카에서는 소득빈곤에 의해 예측되는 것보다 에티오피아가 훨씬 더 다차원적으로 가난하고 탄자니아는 훨씬 덜 빈곤하다. 연구된 대부분의 남미 국가들이 소득빈곤보다 다차원적 빈곤에서 더 낮은 순위를 갖고 있지만 콜롬비아의 소득 및 MPI 빈곤 순위는 대체로 동일하다.

아프리카에서 빈곤의 심각성은 또한 몇몇 발견에 의해 강조된다. 기니, 말리, 그리고 니제르에서는 절반 이상이 가난하며 적어도 한 명의 어린이가 사망했던 가계에서 생활하고 있다. 모잠비크, 기니, 부룬디, 말리, 에티오피아, 부르키나파소, 그리고 니제르에서는 절반 이상이 구성원 중 아무도 5년의 교육을 마치지 못했던 가난한 가계에서 생활한다. 아프리카 이외의 지역에서는 인도에서 39%와 방글라데시에서 37%가 적어도 한 명의 어린이 또는 여성이 영양실조인 가난한 가계에서 살고 있다.[28]

동일한 국가의 서로 다른 지역들이 매우 다른 MPI를 보유할 수 있다. 케냐에서 나이로비의 MPI는 브라질의 MPI와 가깝다. 중부 케냐의 MPI는 볼리비아와 비슷하다. 그리고 케냐 북동부는 심지어 니제르보다 낮은 MPI를 갖는다. 또한 케냐의 인종집단 사이에도 또한 커다

표 5.6 다차원적 빈곤지수(2007~2011년 데이터)

국가 및 연구연도	MPI	빈곤층 비율	빈곤층 인원(1,000명)	빈곤의 강도(A)
방글라데시 2007 (D)	0.292	57.8	83,207	50.4
브라질 2006 (N)	0.011	2.7	5,075	39.3
부룬디 2005 (M)	0.530	84.5	6,128	62.7
볼리비아, PS 2008 (D)	0.089	20.5	1,972	43.7
부르키나파소 2010 (D)	0.535	84.0	13,834	63.7
캄보디아 2010 (D)	0.212	45.9	6,415	46.1
콜롬비아 2010 (D)	0.022	5.4	2,500	40.9
콩고민주공화국 2010 (M)	0.392	74.0	48,815	53.0
코트디부아르 2005 (D)	0.353	61.5	11,083	57.4
도미니카공화국 2007 (D)	0.018	4.6	439	39.4
이집트 2008 (D)	0.024	6.0	4,699	40.7
에티오피아 2011 (D)	0.564	87.3	72,415	64.6
가나 2008 (D)	0.144	31.2	7,258	46.2
기니 2005 (D)	0.506	82.5	7,459	61.3
아이티 2005/2006 (D)	0.299	56.4	5,346	53.0
온두라스 2006/2006 (D)	0.159	32.5	2,281	48.9
인도 2005/2006 (D)	0.283	53.7	612,203	52.7
인도네시아 2007 (D)	0.095	20.8	48,352	45.9
케냐 2008/2009	0.229	47.8	18,863	48.0
라오스 2006 (M)	0.267	47.2	2,757	56.5
라이베리아 2007 (D)	0.485	83.9	3,218	57.7
말리 2006 (D)	0.558	86.6	11,771	64.4
멕시코 2006 (N)	0.015	4.0	4,313	38.9
마다가스카르 2008/2009 (D)	0.357	66.9	13,463	53.3
말라위 2010 (D)	0.334	66.7	9,633	50.1
모잠비크 2009 (D)	0.512	79.3	18,127	64.6
네팔 2011 (D)	0.217	44.2	13,242	49.0
니제르 2006 (D)	0.642	92.4	12,437	69.4
나이지리아 2008 (D)	0.310	54.1	83,578	57.3
파키스탄 2006/2007 (D)	0.264 d	49.4 d	81,236 d	53.4 d
페루 2008 (D)	0.066	15.7	4,422	42.2
필리핀 2008 (D)	0.064	13.4	12,083	47.4
르완다 2010 (D)	0.350	69.0	6,900	50.8
세네갈 2010/2011 (D)	0.439	74.4	7,642	58.9
시에라리온 2008 (D)	0.439	77.0	4,321	57.0
남아프리카공화국 2008 (N)	0.057	13.4	6,609	42.3
탄자니아 2010 (D)	0.332	65.6	28,552	50.7
동티모르 2009/2010 (D)	0.360	68.1	749	52.9
우간다 2011 (D)	0.367	69.9	24,122	52.5
베트남 2010/2011 (M)	0.017	4.2	3,690	39.5
예멘 2006 (M)	0.283	52.5	11,176	53.9

주 : D는 데이터가 인구통계건강조사(Demographic and Health Surveys)로부터 인용되었다는 것을 나타내고, M은 데이터가 복합지표클러스터조사(Multiple Indicator Cluster Surveys)로부터 인용되었다는 것은 나타내며, d는 하한계(lower bound) 추정치를 나타내고, N은 데이터가 국가조사로부터 인용되었다는 것을 나타낸다. 모든 지표들이 모든 나라에서 이용 가능했던 것은 아니다. 따라서 국가 간의 비용에는 주의를 요한다. 데이터가 없을 때에는 합계 100%가 되도록 지표 가중치가 조정되었다.

출처 : UNDP, *Human Development Report, 2013*, pp. 160-161.

란 불균등이 존재하는데, 엠부(Embu)족의 29%가 다차원적으로 빈곤하다고 간주된다는 것은 투르카나(Turkana)와 마사이(Masai)족의 믿기 어려운 96%와 비교된다. 커다란 불균등은 인도에서도 또한 발견되는데, 토착민['부족의(tribal)']들과 낮은['타고난(scheduled)'] 계급(castes) 사람들이 높은 계급(high-ranking castes) 사람들보다 훨씬 더 빈곤하다. 델리(Delhi)와 케랄라(Kerala) 지역에서는 단지 14~16%만이 MPI 가난이지만, 자르칸드(Jharkhand)와 비하르(Bihar)에서는 77~81%가 MPI 가난이다. 최종적으로 시간이 흐름에 따른 세 국가의 MPI 변화가 검토되었다. 연구된 기간 동안 가나는 MPI가 0.29로부터 0.14까지 반으로 줄었고, 방글라데시에서는 MPI가 더 적게 22% 정도 감소했으며, 에티오피아에서는 MPI가 16% 하락했다.

모든 지수들과 마찬가지로 MPI 역시 몇 가지 한계를 지닌다. 언급한 바와 같이 데이터가 개인 수준이 아닌 가계 수준에서 도출된다(적령기의 자녀가 한 명이라도 취학하고 있지 않은지, 또는 가족구성원이 한 명이라도 영양실조인지와 같은). 이와 같은 데이터에서는 과거 상태와 현재 상태를 완전히 구분하지 못한다(왜냐하면 그 척도가 자녀가 일찍이 사망한 적이 있는지기 때문에). 또한 가계 내에서의 차이점을 구별하지 못한다(누가 자전거를 사용할 수 있는지 또는 영양실조의 개인이 여성인지와 같은). 대리지표가 불완전하다는 한계도 있다. 예를 들어 영양(nourishment)이 미량영양소의 결핍을 포착하지 못한다. 때때로 데이터가 없는 경우에도 어떤 사람은 박탈당하지 않은 것으로 분류되며, 따라서 수치들이 빈곤을 다소 과소평가할 수 있다. 교육은 등록 또는 5년 동안의 재학과 같은 투입요소만을 고려하며, 문장해독력과 같은 산출요소는 고려하지 않는다. 그리고 기본적 자산의 선택 역시 문제가 있다. 예를 들어 심지어 라디오와 간단한 자전거가 있는 경우에도, 여성은 단지 하나의 의복만을 보유하고 어린이들은 거칠고 딱딱한 바닥에서 잠을 잘 수가 있다.

MPI는 빈곤을 측정하고, 빈곤의 수준이 국가 간에 그리고 국가 내에서 어떻게 다른지, 그리고 또한 빈곤의 차원(또는 구성)이 서로 다른 상황에서 얼마나 크게 다를 수 있는지를 이해하도록 도움을 주는 새롭고 근본적으로 중요한 방법을 제공한다. 궁극적으로 이는 프로그램과 정책의 더 나은 설계와 목표설정을 돕고, 그 성과를 더 빠르고 효과적으로 평가하도록 지원해야만 한다.

생활수준과 인간개발에 관한 조사가 이루어지는 방식 때문에 현재로서는 대부분의 사용할 수 있는 데이터는 가계수준에서이며 그것을 개인 단위까지 '드릴다운(drill down)'하기는 어렵다. 가계 데이터는 이용 가능했던 것보다는 훨씬 더 나아졌다. 사실상 가계 데이터의 이용 가능성은 이미 경제발전론 연구의 향상에 상당한 영향을 미쳤다. 국가 수준이 아니라 가족 수준에서 무엇이 일어나고 있는지에 초점을 맞출 수 있게 된 것은 커다란 개선이다. P_2와 같은 잘 설계된 소득빈곤척도는 항상 많은 목적에 사용될 수 있을 것이다. 그러나 MPI는 다차원적 빈곤이 대부분의 평가에서 검토되는 시대에 그 안내자들을 도울 가능성이 있다.

만성적 빈곤   연구에 의하면 어느 특정 시점에서 보았을 때 소득빈곤한 모든 사람들 중에서 약 1/3은 만성적으로(항상) 빈곤하다. 맥케이와 벌크(Andrew McKay and Bob Baulch)는

1990년대 후반에 하루 1달러 수준에서 약 3억에서 4억 2,000만 명의 사람들이 만성적인 빈곤에 처해 있다는 잘 고려된 '추정(guesstimate)'을 제공하고 있다. 나머지 2/3는 빈곤에 취약하거나 때때로 극심하게 빈곤해지는 가족들로 구성된다. 이들은 보통 빈곤하지만 가끔씩 빈곤선을 넘을 수 있을 만큼의 충분한 소득을 받는 가족과 보통 빈곤하지 않지만 때로는 충격을 받아 일시적으로 빈곤선 아래로 떨어지는 가족으로 나뉜다. 만성적 빈곤은 최대다수가 발견되는 인도와 만성적으로 가난한 사람들의 빈곤의 심각성이 가장 큰 아프리카에 집중되어 있다.[29]

가난한 사람 중에서 가장 가난한 사람들의 문제는 특별한 난제를 제기한다. 극빈(ultra-poverty)은 그 깊이(박탈의 정도), 기간(시간의 지속), 그리고 너비(문맹과 영양실조 같은 차원 수)로 볼 때 보통의 빈곤과 상이하다.[30] 빈곤의 여러 차원 사이의 상호 보강은 잠재적으로 여러 개의 상호 보강적인 빈곤함정이라는 결과를 가져올 수 있다. 이는 극빈을 미소금융(제15장 참조)에 기업훈련을 더한 것과 같은 더 단순한 해결책으로 흔히 시정될 수 있는 보통의 빈곤보다 다루기 어려운 문제로 만든다. 극빈의 만성적 성격과 심각성은 또한 단기정책이 더 문제가 되도록 만든다. 아베드(Fazle Hasan Abed) 같은 빈곤 혁신가들은 전통적인 프로그램은 종종 극단적으로 가난한 사람에게 닿지 않았다고 결론을 내렸다. 극빈은 소득을 기초로 한 정의에 따르면 1993년 달러로 하루 0.5달러 또는 하루 54센트로 생활하는 것이다. 국제식량정책연구소(International Food Policy Research Institute, IFPRI)의 추정치에 따르면 1억 6,200만 명의 사람들이 일반적으로 영양실조와 다른 궁핍조건과 함께 이렇게 삭막한 소득수준 미만으로 살고 있다는 것이다. IFPRI 연구는 다음과 같이 결론을 내렸다.

> 하루 1달러 바로 아래의 빈곤이 하루 50센트 아래의 빈곤보다 더 빠르게 감소했는데, 이는 하루 1달러 빈곤선에 더 가까이서 생활을 하는 사람들에게 도달하는 것이 빈곤선보다 훨씬 아래에서 생활하는 사람들에게 도달하는 것보다 더 쉬웠다는 것을 제시한다. … 세계에서 가장 궁핍한 사람들의 빈곤 감소가 지체되어 진전된다는 것은 가장 가난한 사람 또는 집단이 외부의 지원 없이는 빠져나올 수 없는 빈곤함정 또는 조건의 존재를 나타낸다.[31]

모두 제11장의 사례연구에서 소개된 방글라데시농촌개선위원회(Bangladesh Rural Advancement Committee, BRAC)의 극빈곤층을 대상으로 한 사업(Targeting the Ultra-Poor Program)과 그라민은행(Grameen Bank)의 거지를 위한 프로그램(Beggars Program) 같은 몇몇 NGO가 이 문제에 대처해 왔다.

빈곤 종식의 가능성은 두 가지 요소에 결정적으로 좌우된다. 첫째, 경제성장이 분배를 고려하여 지속적으로 이루어진다는 조건하의 경제성장률, 둘째, 빈곤 프로그램에 투입되는 자원의 수준과 그 프로그램의 질이 그것이다.

성장과 빈곤

빈곤의 감소와 성장의 가속화는 서로 대립되는가? 아니면 서로 보완적인가? 전통적으로 급속한 성장은 현대적 성장에 수반되는 구조변화가 가난한 사람을 우회하고 한계화시키기 때문에 가난한 사람에게 바람직하지 못하다는 다수의 의견이 있다. 이를 넘어서 정책 입안자들 사이에 빈곤 감소에 필요한 공공지출이 성장률의 감소를 수반하게 된다는 상당한 우려가 있었다. 빈곤을 줄이기 위한 노력의 집중이 성장률을 둔화시키게 된다는 우려는 불균등이 심각하지 않은 나라들이 성장률의 둔화를 경험하게 된다는 주장과 아주 유사한 것이었다. 특히 심지어 누진세를 통해 부자로부터 가난한 자로 소득 또는 자산의 재분배가 이루어지면 저축이 감소하게 된다는 우려가 표출되었다. 그러나 중산층이 일반적으로 가장 높은 저축률을 보유하고 있지만 전체적인 관점에서 볼 때 가난한 사람들의 한계저축률은 작지 않다. 금융저축 이외에도 가난한 사람들은 영양개선, 자녀교육, 주거환경개선, 그리고 특히 빈곤 수준에서 소비보다는 투자를 나타내는 여러 지출에 소득을 추가로 사용하는 경향이 있다. 빈곤 수준의 감소에 초점을 둔 정책들이 성장률의 둔화를 유도할 필요가 없으며, 실제로 성장을 가속화하는 데 도움이 될 수 있는 적어도 다섯 가지 이유가 있다.

첫째, 광범위한 빈곤은 가난한 사람이 신용에 접근할 수 없고, 자신들 자녀교육을 재정지원할 수 없으며, 물리적 또는 화폐적 투자기회가 없을 경우 노년의 재정보장 원천으로서 많은 자녀를 갖도록 하는 여건을 창출한다. 더욱이 신용의 결여는 빈곤하게 생활하는 사람들의 그렇지 않다면 성장을 자극하는 데 도움이 될 수 있는 기업가 활동의 기회를 허락하지 않는다. 이러한 요소들은 합해져서 빈곤이 덜하다면 나타나게 되는 것보다 더 낮은 1인당 성장을 초래한다.

둘째, 많은 실증 데이터는 현재 선진국들의 역사적인 경험과는 달리 많은 현대 가난한 나라들의 부자들은 일반적으로 자신들의 검소 또는 국내경제에서 자신들 소득의 상당한 부분을 저축하고 투자하려는 욕구로 주목받지 못한다는 사실을 증언하고 있다.

셋째, 열악한 건강, 영양, 그리고 교육으로 드러나는 가난한 사람들의 낮은 소득과 낮은 생활수준은 자신들의 생산성을 낮춤으로써 직간접적으로 저성장 경제로 이어진다. 그러므로 가난한 사람들의 소득과 생활수준을 높이는 전략은 그들의 물질적 복지뿐만 아니라 국민경제 전체의 생산성과 소득에 기여할 것이다.[32] (이 이슈는 제8장에서 더 고려된다.)

넷째, 가난한 사람의 소득수준 증가는 식품과 의류 같은 국내에서 생산되는 필수재 수요의 전반적인 증가를 촉진시킬 것인 반면 부유한 사람은 자신들 추가소득의 더 많은 부분을 수입 사치재에 지출하는 경향이 있다. 국내재화에 대한 수요의 증가는 국내생산, 국내고용, 그리고 국내투자에 대한 더 큰 자극을 제공한다. 따라서 그러한 수요는 급속한 경제성장과 그 성장에의 더 광범위한 대중의 참여를 위한 여건을 창출한다.[33]

다섯째, 대규모 빈곤의 감소는 발전 과정에 대중의 광범위한 참여를 유도하는 강력한 물질적 및 정신적 인센티브로 작용함으로써 건전한 경제적 확장을 촉진할 수 있다. 이와는 대조적으로 광범위한 소득격차와 상당한 절대빈곤은 경제발전에 강력한 물질적 및 정신적 의욕을 상실하게 하는 요인으로 작용할 수 있다. 그러한 것들은 발전의 속도 또는 자신들의 물질적 환경변화의 실패에 짜증난 대중들에 의해 심지어 발전에 대한 궁극적인 거부의 여건을 창출할 수 있다.[34] 그러므로 급속한 경제성장을 촉진하고 빈곤을 감소시키는 것은 상호 모순되는 목적이 아니라는 결론을 내릴 수 있다.[35]

빈곤의 극적인 감소가 급속한 성장과 모순될 필요가 없다는 사실은 사례연구와 국가 간 데이터의 횡단면 비교 모두에서 볼 수 있다. 빈곤이 가장 많이 감소한 국가들은 지속적인 성장을 가졌던 경향이 있지만, 동시에 성장이 빈곤 감소를 보장하지는 않는다. 지난 30년에 걸쳐 중국은 세계에서 가장 높은 성장률과 또한 가장 극적인 빈곤 감소를 경험했다. 가난한 사람의 인원수는 1981년 6억 3,400만 명으로부터 2004년 1억 2,800만 명으로 감소했으며, 이에 대응되는 인원수비율은 64%로부터 10%로 하락했다. 이는 단순히 급속한 성장의 결과로 발생하지는 않았다. 정책들은 적극적으로 현대부문 확대를 장려했다. 더욱이 중국은 세계은행 및 다른 개발기관들과 함께 그 빈곤 감소 프로그램을 개선하기 위해 협력했으며, 장기적 발전을 위한 확고한 기반으로서 적어도 최소한의 교육과 보건진료를 국민들에게 제공하기 위한 노력을 오랫동안 기울였다. 최근 몇 년 동안 특히 내륙지역 많은 농부들의 빈곤이 악화되었고 불균등이 크게 증가했지만, 극심한 빈곤을 퇴치하려는 중국의 노력이 전반적으로 긍정적인 결과를 가져왔음은 명백하다. 최근 베트남에서의 극적인 빈곤 감소도 비슷한 패턴을 따랐다.

더 부유한 나라들은 낮은 수준의 절대빈곤을 갖는 강한 경향이 있다. 고용 및 기업가 활동 기회와 공공 및 NGO 도움의 이용 가능성이라는 하나 또는 그 이상의 수단을 통해 부유한 나라에서 생활하는 사람들은 빈곤으로부터 탈출하는 경향이 있다. 개발도상국 사이에서도 그 비율은 크게 다르지만 1인당 소득의 전반적인 증가율이 더 높은 나라들이 또한 평균적으로 더 높은 소득분배 하위 20%에 속한 사람들의 1인당 소득 증가율을 갖는 경향이 있다는 증거가 존재한다. 절대빈곤을 종식시키기 위해 심지어 지속적인 성장 그 자체에 수동적으로 의존할 수는 없을지라도 성장이 제공하는 여러 자원을 현명하게 나누는 관리를 통해 빈곤의 종식을 크게 가능하게 할 수 있다.[36]

확실히 경제성장과 가난한 자의 소득증가 사이의 관계가 그 자체로 인과관계를 보여주는 것은 아니다. (이전에 열거된 몇몇 주장에 의해 제시된 바와 같이) 일부 효과는 아마도 가난한 자의 소득, 교육, 그리고 건강의 향상으로부터 급속한 전반적 성장으로 흐른다. 더욱이 주목한 바와 같이 빈곤의 감소는 급속한 성장 없이도 가능하다. 그러나 인과관계가 어떻든 성장과 빈곤 감소가 전적으로 양립할 수 있는 목적은 명백하다.

5.5 고도빈곤집단의 경제적 특성

지금까지 개발도상국의 소득분배와 빈곤문제에 대한 폭넓은 그림을 그렸다. 절대빈곤의 크기가 낮은 1인당 소득과 높은 소득분배 불균등의 조합에 의한 결과라고 주장했다. 주어진 어떤 소득분배하에서도 1인당 소득수준이 더 높을수록 절대적으로 가난한 사람의 수는 더 적다는 것은 명백하다. 그러나 1인당 소득이 더 높다는 사실이 낮은 빈곤 수준을 보장하는 것은 아니다. 그러므로 저소득 국가들의 빈곤문제에 대한 어떤 분석에도 계층별 소득분배의 성격을 이해하는 것이 가장 중요하다.

그러나 절대빈곤의 폭넓은 그림을 그리는 것으로는 충분하지 않다. 주어진 자료를 갖고 빈곤을 타파할 효과적인 정책과 프로그램을 만들 수 있기 이전에 이러한 고도빈곤집단과 그들의 경제적 특성에 관한 더 구체적인 지식이 필요하다.[37]

농촌의 빈곤

가난한 사람에 대한 아마도 가장 타당한 일반화는 그들은 비례적으로 더 많이 농촌지역에 위치하여 주로 농업 및 관련활동에 종사하며, 성인남성보다는 여성과 어린이들일 가능성이 더 크고, 그리고 흔히 소수인종집단과 원주민들 사이에 집중되어 있다는 것이다. 개발도상국에 관한 광범위한 횡단면 데이터는 이러한 일반화를 지지한다. 예를 들어 매우 가난한 자들의 약 2/3는 소규모 농부 또는 저임금 농장근로자로 자급농업(subsistence agriculture)을 통해 자신들의 생계를 이어가고 있음을 발견한다. 나머지 1/3 중 일부는 또한 농촌지역에 위치하지만 보잘것없는 서비스에 종사하며, 나머지는 도시 중앙의 변두리 또는 한계지역에 위치해 노점상, 거래, 하찮은 서비스, 그리고 소규모 상업과 같은 다양한 형태의 자영업에 종사하고 있다. 평균적으로 아프리카와 아시아의 경우 모든 관심대상 빈곤집단의 약 80%가 농촌지역에 위치하며, 남미의 경우는 약 50%가 농촌지역에 거주한다고 결론을 내릴 수 있다. 특정 국가들에 관한 몇몇 데이터가 〈표 5.7〉에 제공된다.

절대빈곤이 농촌에 집중되어 있다는 점에 비추어볼 때 지난 수십 년 동안 대부분의 개발도상국에서 정부지출의 대다수가 도시지역과 특히 상대적으로 부유한 현대적 제조업과 상업부

표 5.7 빈곤 : 농촌 대 도시

지역 및 국가	조사연도	국가 빈곤선 미만의 비중		
		농촌인구	도시인구	국가인구
사하라이남 아프리카				
베냉	2003	46.0	29.0	39.0
부르키나파소	2003	52.4	19.2	46.4
카메룬	2007	55.0	12.2	29.9
말라위	2005	55.9	25.4	52.4
탄자니아	2001	38.7	29.5	35.7
우간다	2006	34.2	13.7	31.1
잠비아	2004	72.0	53.0	68.0
아시아				
방글라데시	2005	43.8	28.4	40.0
인도	2000	30.2	24.7	28.6
인도네시아	2004	20.1	12.1	16.7
우즈베키스탄	2003	29.8	22.6	27.2
베트남	2002	35.6	6.6	28.9
남미				
볼리비아	2007	63.9	23.7	37.7
브라질	2003	41.0	17.5	21.5
도미니카공화국	2007	54.1	45.4	48.5
과테말라	2006	72.0	28.0	51.0
온두라스	2004	70.4	29.5	50.7
멕시코	2004	56.9	41.0	47.0
페루	2004	72.5	40.3	51.6

출처 : 데이터는 World Bank, *World Development Indicators, 2010* (Washington, D.C.: World Bank, 2010), tab. 2.7로부터 인용됨

문에 투입되었다는 것을 주목하는 것은 흥미로운 일이다. 직접적으로 생산적인 경제투자의 영역이든 또는 교육, 보건, 주택 및 기타 사회적 서비스의 영역이든 간에 이러한 정부지출의 도시 현대부문 편중은 다음의 장들에서 논의될 많은 발전 문제의 핵심이다. 여기서는 오로지 매우 가난한 사람이 농촌지역에 비례적으로 더 많이 거주한다는 점에 비추어볼 때 빈곤을 경감하기 위해 고안된 어떠한 정책이라도 필연적으로 상당한 정도 일반적으로 농촌발전 그리고 특별히 농업부문을 지향해야 한다는 것을 지적할 필요가 있다(제9장에서 이 문제가 상세히 논의될 것이다).

여성과 빈곤

여성은 전 세계 가난한 사람의 상당한 다수를 구성한다. 만약 개발도상국 도처에 존재하는 가장 가난한 지역사회 주민들의 삶을 비교해보면 사실상 모든 지역에서 여성과 아이들이 가장 견디기 힘든 궁핍을 경험하고 있음을 발견하게 된다. 그들은 가난하고 영양실조일 가능성이 높으며, 의료 서비스, 깨끗한 물, 위생시설, 그리고 다른 혜택을 받을 가능성이 낮다.[38] 여성가장가계(female-headed households)의 보편성, 여성의 낮은 수입능력, 그리고 배우자 소득에 대한 여성의 제한적 통제권이 모두 이와 같은 혼란스러운 현상에 기여한다. 이외에도 여성은 교육, 정규부문 고용, 사회보장, 그리고 정부고용 프로그램에 접근하기가 어렵다. 이러한 사실들이 결합하여 가난한 여성의 금융자원이 남성에 비해 보잘것없으며 불안정하게 만든다.

극도로 가난한 사람의 비례적으로 더 많은 수가 일반적으로 남성 임금소득자가 없는 여성이 가장인 가계에서 생활하고 있다. 여성들의 근로소득 잠재력이 그들의 남성 상대자에 비해 상당히 낮기 때문에 여성은 매우 가난한 사람에 속할 가능성이 더 크다. 일반적으로 여성가장가계의 여성은 교육을 적게 받고 소득이 낮다. 나아가 가계가 더 클수록 한 부모의 부담은 더 커지고 식품에 대한 1인당 지출은 더 적어진다.

남성과 여성이 가장인 가계 사이의 소득격차의 일부분은 남성과 여성 사이의 큰 근로소득 격차에 의해 설명될 수 있다. 여성은 비슷한 업무를 수행하면서도 종종 낮은 임금을 받는다는 사실 이외에도 많은 경우 그들은 본질적으로 고소득 직종에의 접근을 차단당하고 있다. 도시지역에서 여성은 민간회사와 공공기관의 공식 일자리를 얻을 가능성이 훨씬 낮으며, 흔히 불법적이고 생산성 낮은 일자리로 제약을 받는다. 의류산업에서와 같이 이러한 도급근로의 불법성은 여성 일자리가 규제를 받는 것을 방해하며, 여성 일자리를 최저임금법 또는 사회보장 혜택으로부터 면제되도록 만든다. 심지어 여성이 공장근로에서 관행적인 임금을 지급받는 때에도 최저임금과 안전에 관한 법률은 무차별적으로 무시될 수 있다. 비슷하게, 농촌지역의 여성도 안정적 소득을 창출하는 데 필요한 자원에 접근하는 것이 어렵고, 근로소득 잠재력을 더욱 위태롭게 하는 법의 제약을 흔히 받는다. 법과 사회관습은 종종 여성이 남편의 서명 없이 재산을 소유하거나 금융계약을 체결하는 것을 금지한다. 약간의 주목할 만한 예외가 있긴 하지만, 정부고용 또는 소득증진 프로그램들은 전적은 아니지만 주로 남성을 대상으로 함으로써 남녀의 기존 소득격차를 악화시키고 있다.

그러나 가계소득만으로는 심각한 여성의 상대적 박탈을 설명하지 못한다. 여성이 가장인 가계의 상당 부분은 상수도, 위생시설, 보건진료 같은 정부가 제공하는 서비스를 거의 받지 못하거나 전혀 받지 못하는 가장 가난한 지역에 위치하기 때문에 가계 구성원들은 질병에 걸릴 가능성이 더 크고 치료를 받을 가능성이 더 작다. 이외에도 여성가장가계의 어린이들은 취학할 가능성이 더 낮고 추가적인 소득을 위해 일할 가능성이 더 높다.

경제적 어려움의 정도는 또한 가계 내에서도 크게 차이가 날 수 있다. 이미 1인당 GNI는 절대빈곤의 범위를 반영하지 못하기 때문에 발전의 부적절한 척도라는 사실을 논의했었다. 마찬가지로 가계소득은 가계 내에서의 소득분배가 상당히 불균등할 수 있기 때문에 개인후생의 척도로서 적합하지 않다. 사실 빈곤계층 중에서 여성의 경제적 지위는 여성 자신과 자녀들의 엉성한 척도이다. 사실 가난한 사람들 사이에서 여성의 경제적 지위는 자신의 자녀들 후생은 물론 자신들 스스로의 후생에 대한 더 나은 암시를 제공한다. 가계 내 자원배분에 관한 기존의 연구들은 세계의 많은 지역에서 영양, 치료, 교육, 그리고 상속과 같은 영역에서 여성에 대한 강력한 편향이 존재한다는 것을 명확히 제시하고 있다. 더욱이 실증연구는 가계 자원배분에 있어 이러한 성차별은 여아의 생존율을 크게 감소시킨다는 것을 보여주었다. 이는 기록된 여성-남성 성비가 주로 아시아 국가에서 그들의 기대치보다 훨씬 낮아 1억 명을 꽤 넘는 소녀와 여성들이 '실종'되었다고 일컬어지는 한 가지 이유다.[39] 남아 선호는 남성이 가족 생존에 재정적으로 기여할 더 큰 잠재력을 가진 것으로 인식되고 있다는 사실을 부분적으로 반영한다. 이는 보수가 좋은 고용기회는 여성에게 잘 제공되지 않기 때문일 뿐만 아니라, 딸들은 종종 마을 외부 가족과 결혼하여 그 후 시집을 전적으로 책임지게 되면서 원래 가족에 대한 기여를 중단하기 때문이다.

이러한 가계 내에서의 편향 정도는 여성의 경제적 지위에 의해 크게 영향을 받는다. 여러 연구들은 가정 내 여성의 소득이 차지하는 비중이 상대적으로 클 경우 여자아이에 대한 차별이 작으며, 여성은 자녀의 필요는 물론 자기 자신의 필요를 더 낮게 충족시킬 수 있다는 것을 발견했다. 가계소득이 한계 수준인 경우 여성 소득의 대부분은 가계의 영양섭취에 기여한다. 이 부분이 남성의 경우 상당히 낮기 때문에 남성의 근로소득이 증가하더라도 일상필수품을 제공하기 위한 지출은 비례적으로 증가하지 않는다. 따라서 영양과 가족의 건강을 증진시키려 고안된 프로그램들은 남성을 대상으로 할 경우보다 여성을 대상으로 할 경우 더욱 효과적인 것이 놀라운 일이 아니다. 사실 총가계소득의 의미 있는 증가가 언제나 영양상태의 개선으로 바꿔지지는 않는다(제8장 참조). 여성의 경제적 지위가 낮은 채로 남아 있는 곳에서는 여성과 자녀들의 생활수준이 지속적으로 낮은 것이 일상적이다. 〈예문 5.2〉는 성과 관련된 가난한 사람의 몇몇 견해를 보여준다.

가계소득과 자원에 대한 여성의 통제는 여러 가지 이유로 인해 제한적이다. 가장 중요한 사실은 여성이 수행하는 노동의 상대적으로 큰 부분, 예를 들어 땔 나무를 모으거나 조리하는 일에는 보수가 지급되지 않으며, 육아와 같이 심지어 무형일 수 있다는 것이다. 가계자원에 대한 여성의 통제는 가난한 가계의 많은 여성이 자신들이 가족 농장 또는 기업에서 수행하는 근로에 대해 보수를 받지 않는다는 사실에 의해 또한 제한될 수 있다. 노동투입의 상당한 부

예문 5.2 개발도상국의 성과 관련된 문제 : 가난한 사람의 목소리

자매여, 만약 당신이 그들에게 요구하지 않으면 그들은 도움을 중단할 것입니다. 그리고 만약 그들이 도움을 주고 당신이 요구하면 그들은 그 상태를 유지할 것입니다.

— **방글라데시의 한 남성**

제 남편이 세상을 떠났을 때, 시부모님들은 제게 나가라고 말했습니다. 따라서 저는 마을에 왔고 보도 위에서 잠을 잤습니다.

— **케냐의 한 중년 미망인**

제가 일을 했을 때는 제가 결정하곤 했습니다. 그녀가 일할 때에는 그녀는 자신의 돈을 소유하고 자신이 바라는 무엇인가를 했습니다.

— **브라질의 한 남성**

문제들은 우리의 관계에 영향을 주었습니다. 제 남편이 돈을 가져온 날 우리는 모두 괜찮았습니다. 그가 (일이 없어서) 집에 머문 날 우리는 쉴 새 없이 싸웠습니다.

— **이집트의 한 여성**

실업 상태의 남자들은 자신들이 더 이상 가족의 부양자이자 보호자 역할을 할 수 없기 때문에 좌절했습니다. 그들은 자신들의 부인들이 벌어 오는 돈으로 생활하며, 이것 때문에 굴욕감을 느낍니다.

— **카자흐스탄의 한 노년 여성**

여성이 자신의 의견을 말할 때, 그들(남성들)은 여성을 조롱하며 관심을 기울이지 않습니다. 만약 여성이 회의에 참석하면, 그들은 자신들의 의견을 말하지 않습니다.

— **볼리비아의 한 여성**

분이 그의 배우자에 의해 제공되었음에도 불구하고 가계의 남성가장이 환금 작물 또는 가족기업으로부터의 모든 자금을 통제하는 것이 일상적이다. 이외에도 많은 문화에서 여성이 가계소득에 크게 기여하는 것은 사회적으로 받아들여지지 않으며, 그 이유 때문에 여성의 근로는 숨겨지거나 인식되지 않은 채로 남아 있을 수 있다. 이러한 요인들이 결합되어 여성의 낮은 경제적 지위를 영속시키며 가계자원에 대한 여성의 통제를 엄격히 제한할 수 있다.

남성과 여성 사이의 생산성 격차를 증가시키는 발전정책은 가계 내에서의 여성들의 경제적 지위를 더욱 손상시키는 것은 물론 근로소득 차이를 악화시킬 가능성이 있다. 빈곤을 완화시키기 위한 정부 프로그램이 종종 거의 배타적으로 남성에게만 기능하기 때문에 이러한 불균등을 악화시키는 경향이 있다. 도시지역에서 근로소득잠재력과 공식부문 고용을 증가시키기 위한 훈련 프로그램이 일반적으로 남성들에게만 맞도록 조정되는 한편, 농업확대 프로그램은 흔히 여성들의 채소밭을 희생하여 남성 주도적인 작물을 촉진한다(제9장 참조). 연구결과들은 발전을 위한 노력이 실제로 여성들의 근로부담을 증가시킴과 동시에 여성들이 통제하는 가계자원의 몫을 줄일 수 있다는 것을 보여주었다. 결과적으로 여성과 그 피부양인들은 개발도상국에서 경제적으로 가장 취약한 집단으로 남아 있다.

여성과 어린이의 후생이 발전정책의 설계에 의해 강하게 영향을 받는다는 사실은 여성을 발전 프로그램에 통합시키는 것이 중요하다는 것을 분명히 보여준다. 가장 가난한 사람들의 생활여건을 개선하기 위해서는 여성이 경제의 주류에 편입되어야만 한다. 이는 여성의 교육 및 훈련 프로그램, 공식부문 고용, 그리고 농업확대 프로그램의 참여율 증가를 수반하게 된다. 학교교육, 서비스, 고용, 그리고 사회보장 프로그램을 통해 제공되는 정부자원에 여성이 동일하게 접근하도록 보장하는 수단이 취해져야 하는 것 또한 매우 중요하다. 대다수의 여성

노동력이 고용되어 있는 비공식부문의 고용을 합법화하는 것도 또한 여성의 경제적 지위를 개선하게 된다.

여성의 상대적 또는 절대적인 경제적인 지위 하락의 결과는 윤리적 및 장기적인 경제적 시사점을 모두 갖는다. 광범위하게 여성과 어린이로 인식되는 가장 큰 어려움을 경험하는 사람들의 후생을 개선하지 못하는 어떤 성장 과정도 발전의 주요 목표 중 하나를 완수하는 데 실패했다. 장기적으로 여성들의 낮은 지위는 더 낮은 경제성장률로 이어질 가능성이 크다. 이는 어린이의 교육 수준과 미래 재무상태가 아버지보다는 어머니의 교육 수준과 재무상태를 반영할 가능성이 훨씬 더 크기 때문에 사실이다. 따라서 여성이 성장 과정에 성공적으로 통합된다면, 인적자본에 대한 현재 투자의 편익이 미래 세대로 전달될 가능성이 더 크다. 그리고 인적자본이 아마도 성장의 가장 중요한 전제조건이라는 것을 고려할 때 여성에 대한 교육과 향상된 경제적 지위가 장기적인 발전목표를 충족하는 데 결정적으로 중요하다. (이 이슈는 제8장에서 더 상세하게 검토한다.)

남녀평등주의 발전경제학자들이 종종 그것을 표현했던 것과 같이 공식적인 빈곤 프로그램은 단순히 '여성을 포함시키고 움직이게' 할 수 없다. 여성이 중심이 되는 빈곤전략은 종종 기본적인 가정에 도전할 것을 요구한다. 여성이 가혹한 조건에 놓여 있으며 지역사회가 빈곤으로부터 탈출하는 데 있어 결정적으로 중요한 역할을 한다는 사실은 빈곤을 다룰 때 여성의 관여가 2차적으로 생각될 수 없으며, 만약 1차적으로 생각된다면 행동을 위한 일관된 기반으로 매우 효과적일 것임을 의미한다.

소수민족, 토착인구, 빈곤

개발도상국 진영에서 빈곤의 발생에 대한 최종 일반화는 빈곤은 소수민족 집단과 토착인구에게 특히 집중적으로 나타난다는 것이다. 제2장에서 세계 주권국가의 약 40%가 5종류를 넘는 상당한 크기의 민족으로 구성되어 있으며, 이 중 하나 또는 둘 이상이 심각한 경제적, 정치적, 사회적 차별에 직면하고 있다는 것을 지적했다. 최근 몇 년 동안 자신들이 제한된 자원과 일자리 기회를 위한 경쟁에서 손해를 보고 있다는 각 민족집단의 인식으로부터 국내갈등과 심지어 내전이 발발하였다. 빈곤 문제는 70개 이상의 국가에서 5,000여 개 집단에 걸친 3억 명을 넘은 토착인의 경우 더더욱 심각하다.[40]

소수민족과 토착민들의 상대적 빈곤에 대한 자세한 통계는 얻기 어렵지만(정치적 이유로 이 문제들을 부각시키길 원하는 나라는 거의 없다), 연구자들은 남미 토착민들의 빈곤에 대한 데이터를 수집했다.[41] 결과는 토착집단은 극심한 빈곤에서 생활하며, 토착민이라는 사실이 개인이 영양실조이고, 문맹이며, 건강상태가 불량하고, 실업자일 확률을 크게 증가시킨다는 것을 명백히 입증했다. 예를 들어 연구결과는 멕시코에서 비토착인구의 18%와 비교할 때 토착인구의 80% 이상이 가난하다는 것을 보여주었다. 〈표 5.8〉은 비슷한 상황이 (미국과 캐나다의 북아메리카 원주민 인구를 언급하지 않더라도) 볼리비아, 과테말라, 그리고 페루와 같은 나라에 존재한다는 것을 보여준다. 더욱이 2006년 세계은행 연구는 모든 경우에서 진전이 거의 이루어지지 않았다는 것을 확인했다. 스리랑카의 타밀(Tamil), 미얀마의 카렌(Karen),

표 5.8	남미의 토착빈곤				
	빈곤선 아래의 인구(%), 1990년대 초반			빈곤의 변화(%), 여러 기간	
국가	토착민	비토착민	기간	토착민	비토착민
볼리비아	64.3	48.1	1997~2002년	0	−8
과테말라	86.6	53.9	1989~2000년	−15	−25
멕시코	80.6	17.9	1992~2002년	0	−5
페루	79.0	49.7	1994~2000년	0	+3

출처 : 표 왼쪽의 데이터는 George Psacharopoulos and Harry A. Patrinos, "Indigenous people and poverty in Latin America," *Finance and Development* 31 (1994): 41로부터 허락하에 사용됨. 표 오른쪽의 데이터는 Gillette Hall and Harry A. Patrinos, eds., *Indigenous Peoples, Poverty, and Human Development in Latin America, 1994–2004* (New York: Palgrave Macmillan, 2006)으로부터 인용함.

인도의 불가촉천민(Untouchables), 또는 중국의 티베트인(Tibetan)의 어느 것을 언급하더라도 소수민족의 빈곤역경은 토착민의 그것만큼 심각하다.

가난한 국가들　마지막으로 가난한 사람은 가난한 나라들로부터 배출된다는 것을 주목해야 한다. 이것이 하찮은 관찰처럼 보일 수 있지만, 실제로는 유용한 낙관적 내용이다. 빈곤과 1인당 소득 사이의 부(−)의 관계는 만약 더 높은 소득이 달성될 수 있다면, 그저 나라들이 빈곤문제와 씨름하기 위해 갖게 될 이용 가능한 더 많은 자원과 시민사회와 자원봉사부문의 성장 때문이라도 빈곤이 감소할 것이라고 제시한다. 불행히도 앞에서 주목한 바와 같이 높은 수준의 절대빈곤은 또한 국가의 성장전망을 지체시킬 수 있다. 더욱이 사하라이남 아프리카의 많은 가장 가난한 국가들은 1980년대와 1990년대 그리고 몇몇 경우는 금세기의 처음 10년 동안에 1인당 소득의 노골적인 하락을 경험했다. 현재의 성장률로 성장을 하고 있는 나라들도 빈곤이 퇴치되는 경향이 있는 소득수준에 도달하는 데 수십 년이 걸릴 것이다. 어쨌든 지난 수십 년 동안 확고하게 중위소득국가였던 브라질의 경우에도 인구의 8%가 여전히 하루 1.25달러 미만의 소득으로 생활하고 있다. 빈곤퇴치와 사회안전망 프로그램이 크게 확대된 금세기 초 이후 브라질의 소득빈곤, 영양실조, 낮은 학교출석률, 그리고 미성년 노동은 마침내 상당한 감소를 보이고 있다(제1장 끝부분의 사례연구 참조). 더 높은 국민소득은 빈곤 감소를 크게 가능하게 하지만 동시에 빈곤은 여전히 직접 다루어져야 할 필요가 있다고 결론을 내릴 수 있다.

5.6 소득불균등과 빈곤에 대한 정책대안 : 몇 가지 기본적 고려사항

개입 영역

빈곤 및 자신들 소득분배의 과도한 불균등을 감소시키는 것을 목표로 하는 개발도상국들은 자신들의 목표를 달성시키기 위한 최선의 방법이 무엇인지를 알아야 할 필요가 있다. 경제성장률을 유지 또는 심지어 가속화하면서 빈곤과 불균등을 감소시키기 위해 개발도상국 정부는 어떤 종류의 경제 및 기타 정책을 채택해야만 하는가? 여기서의 관심사는 일반적으로 계층별 소득분배의 조정과 빈곤하게 생활하고 있는 사람의 소득수준 향상이므로 경제 내 여러 소득분배의 결정요인을 이해하고 정부개입이 어떤 방식으로 그 효과를 바꾸거나 수정할 수 있는지를 살펴보는 것이 중요하다. 이 절의 주요 초점은 소득불균등과 빈곤 간의 관계에 맞춰진다. 제2부에서 이어지는 장들에서는 빈곤의 비소득 측면과 관련된 정책 및 프로그램의 효과에 대해 검토하게 된다. 특히 제8장에서는 보건, 영양, 그리고 교육에 대해 살펴볼 것이다.

　개발도상국의 소득분배 결정에 있어 다음의 네 가지 주요 요인들에 대응하는 네 가지 가능한 정부정책의 광범위한 개입 영역을 인지할 수 있다.

1. **기능별 분배의 변경**—요소가격에 의해 결정되는 것 같은 노동, 토지, 자본에 대한 수익, 활용 수준, 그리고 각 요소의 소유자들에게 귀속되는 국민소득의 결과적인 몫

2. **계층별 분배의 완화**—생산적인 자산과 노동숙련도의 소유권과 통제가 인구 전체에 걸쳐 어떻게 집중되고 분배되었는지에 대한 지식에 의해 계층별 분배로 전환된 경제의 기능별 소득분배. 이러한 자산보유와 숙련자질의 분배는 궁극적으로 개인별 소득분배를 결정한다.

3. 개인 소득 및 부에 대한 누진세를 통한 **상위 수준에서의 계층별 분배의 조정(감소)**—그러한 과세는 매우 부유한 사람의 가처분소득 비중을 감소시키는 정부수입을 증가시키는데, 이러한 정부수입은 좋은 정책과 함께 인적자본과 농촌 및 기타 낙후된 인프라 필요에 투자될 수 있으며, 그럼으로써 포괄적 성장(inclusive growth)을 촉진한다. [개인 또는 가계의 **가처분소득**(disposable income)은 재화 및 서비스에 대한 지출과 저축에 이용 가능한 실제 금액이다.]

4. 직접적으로(예 : 조건부 또는 무조건부 현금이전에 의해) 또는 간접적으로(예 : 현지 인프라 프로젝트 또는 초등교육과 보건진료의 제공 같은 공공고용의 창출을 통해) 가난한 사람의 소득을 증가시키기 위한 조세수입의 공공지출을 통한 **하위 수준에서의 계층별 분배의 조정(증가)**—그러한 공공정책은 가난한 사람의 실질소득수준을 정책지원이 없었을 때 나타나게 될 개인소득수준 이상으로 증가시키며, 이후의 장들에서 명확하게 될 것과 같이 빈곤하게 생활하는 사람들의 역량과 자산을 구축할 때 공공정책은 실질소득수준을 지속적으로 증가시킬 수 있다.

가처분소득
개인소득세가 공제된 후 지출과 저축을 위해 가계가 이용 가능한 소득

요소상대가격을 통한 기능별 소득분배의 변경

기능별 분배의 변경은 전통적인 경제적 접근법이다. 제도적 제약과 잘못된 정부정책의 결과 공식, 현대, 도시부문에서의 노동의 상대가격이 공급과 수요 요인의 자유로운 상호작용에 의해 결정되는 것보다 더 높은 수준이다. 예를 들어 심지어 광범위한 실업에 직면해서조차도 최저임금을 (공급과 수요로부터 비롯되게 되는 것보다 더 높은) 인위적으로 높은 수준으로 높이려는 노동조합의 힘이 노동가격의 '왜곡된' 노동가격의 예로 흔히 인용된다. 이로부터 자본에 비해 노동의 가격을 상대적으로 낮추려(예 : 공공부문에서 시장이 결정하는 임금 또는 사

용자들에게의 공공임금보조금을 통해) 고안된 조치들은 사용자들로 하여금 자신들의 생산 활동에서 자본을 노동으로 대체하도록 할 것이다. 그와 같은 요소 대체는 전반적인 고용 수준을 증가시키고, 궁극적으로 현대부문의 고용으로부터 제외되었고 전형적으로 오로지 자신들의 노동 서비스만을 소유한 가난한 사람들의 소득을 증가시킨다. 달리 표현하면 인위적으로 증가한 현대부문 임금은 현대부문 확대율을 감소시키고, 따라서 가난한 사람에게 손해를 입힌다. (이 분석의 상세한 내용은 부록 5.1을 참조하라.)

그러나 최근 몇 년 동안 특히 개발도상국 진영의 일부 학자와 전문가들은 특히 가난한 사람 사이의 소득 나누기(income sharing)의 가능성이 고려될 때 최저임금이 빈곤에 미치는 영향이 이론과 실제에 있어 더 미묘한 차이가 있다고 주장하고 있다. 인도에서 자영업여성연합(Self-Employed Women's Association)은 최저임금이 비공식부문의 근로자들에게조차도 이로운 효과를 미친다고 주장하고 있다. 그리고 맥러드와 러스티히(Darryl McLeod and Nora Lustig)의 연구는 더 높은 최저임금이 빈곤의 감소와 상관관계가 있다고 결론을 내린다.[42] 따라서 실제의 영향은 현지의 환경에 따라 상이할 수 있다. 이러한 자격조건들은 옷 바느질, 담배 말기, 그리고 향 만들기와 같은 근로자들이 추가시장 요인은 아니지만 종종 수요독점(monopsony)으로 인해 일상적으로 매우 낮은 협상력을 갖는 상대적으로 숙련도가 낮은 비공식적 활동들과 특히 관련이 있다.

이외에도 종종 자본설비의 가격이 투자인센티브, 세금공제, 보조금이 지급된 이자율, 고평가된 환율, 그리고 소비재에 설정된 관세와 비교하여 트랙터와 자동화설비 같은 자본재 수입에 대한 낮은 관세와 같은 여러 공공정책을 통해 인위적으로 (공급과 수요가 좌우하게 되는 것 미만의) 낮은 수준에 '제도적으로' 설정되어 있다. 이러한 특혜와 자본에 대한 보조금이 제거되어 자본가격이 그 진정한 '희소성' 수준까지 상승하게 된다면, 생산자들은 풍부한 노동공급의 활용을 증가시키고 희소한 자본의 사용을 감소시킬 인센티브를 갖게 된다. 더욱이 (물적 및 금융적 모두) 자본의 소유자들은 현재 자신들이 누리고 있는 인위적으로 높은 경제적 수익을 받지 않게 된다.

어떤 경제라도 요소가격은 궁극적인 신호와 인센티브로 기능한다고 가정되기 때문에 이러한 요소가격의 수정(즉 노동의 상대가격을 낮추고 자본의 상대가격을 높이는)은 일반적으로 생산성과 효율성을 증가시킬 뿐만 아니라 현재 실업 또는 불완전취업 상태에 있는 미숙련 및 반숙련 근로자들을 위한 더 많은 임금이 지급되는 일자리를 제공함으로써 불균등을 줄이게 된다. 요소가격의 수정은 또한 자본소유자들의 인위적으로 높은 소득을 낮추게 된다. 그러므로 그와 같은 **요소가격왜곡**의 제거는 효율적으로 창출되는 더 높은 성장을 고용증가, 빈곤 감소, 그리고 균등심화와 결합시키는 시발점이 된다(더 상세한 분석은 부록 5.1에서 제시된다).

전통적인 요소가격왜곡 논의는 많은 장점이 있으며, 가격수정은 빈곤 감소와 소득분배 개선에 공헌함이 확실하다는 결론을 내릴 수 있다. 실제로 얼마나 공헌할 수 있는지는 노동의 상대가격이 떨어지고 자본의 상대가격이 상승함에 따라서 기업과 농장이 어느 정도까지 더 노동집약적인 생산방법으로 전환하느냐에 좌우될 것이다. 이들은 중요한 실증적 문제이며,

그 대답은 국가마다 다를 것이다. 더욱이 최근의 연구는 모든 최저임금이 어떠한 조건에서도 빈곤을 확대한다는 결론을 내리기 전에 현지 환경에 대한 면밀한 연구가 필요하다고 제시한다.

가난한 사람의 자산증가를 통한 계층별 분배의 수정

생산요소 각 형태(노동, 토지, 자본)의 올바른 자원가격과 활용 수준이 주어질 때 각 자산 총요소소득의 추정치에 도달할 수 있다. 그러나 이 기능적 소득을 개인소득으로 바꾸기 위해서는 인구의 여러 부분 사이 그리고 부분 내의 이러한 자산의 분배와 소유 집중도를 알아야 할 필요가 있다. 여기서 경제 내의 소득분배 결정에 대해 아마도 가장 중요한 것을 알 수 있게 된다. 즉 대부분의 개발도상국에서 개인소득분배를 불균등하게 만드는 궁극적인 원인은 이들 국가들에 있어 불균등하고 고도로 집중된 **자산소유권**(asset ownership, 부)의 패턴이다. 인구의 20%가 종종 국민소득의 50% 이상을 받는(〈표 5.2〉 참조) 주요한 이유는 아마도 이 20%가 생산 및 금융자원, 특히 물적자본과 토지뿐만 아니라 금융자본(주식 및 채권), 그리고 더 나은 교육과 건강의 형태로 인적자본의 90%가 훨씬 넘는 부분을 소유하고 통제하고 있기 때문이다. 물적 및 금융자산의 소유권과 교육이 매우 집중되어 있다면 요소가격의 수정만으로는 소득불균등을 상당히 감소시키거나 광범위한 빈곤을 제거하기가 확실히 충분하지 않다.

빈곤과 불균등을 감소시키기 위한 두 번째의 그리고 아마도 더 중요한 일련의 정책은 많은 개발도상국을 특징짓는 집중된 자산의 통제, 불균등한 권력분포, 그리고 교육과 소득획득 기회에의 불균등한 접근을 줄이는 데 직접적으로 초점을 맞추는 것이라는 것이 뒤따른다. 대상이 되는 빈곤집단의 70~80%를 차지하는 농촌의 가난한 사람과 관련된 그와 같은 **재분배정책**(redistribution policies)의 고전적인 예는 **토지개혁**(land reform)이다. 토지개혁의 기본적인 목적은 소작농들을 그 뒤에 생산을 증가시키고 소득을 개선할 인센티브를 가질 소규모 자작농으로 전환하는 것이다. 그러나 제9장에서 설명되는 바와 같이 만약 경제체제 내에서 다른 제도 및 가격 왜곡이 소규모 자작농들이 신용, 비료, 종자, 마케팅 시설, 그리고 영농교육과 같은 훨씬 필요한 결정적으로 중요한 투입물에의 접근을 확보하는 것을 방해한다면 토지개혁은 소득재분배의 허약한 수단일 수 있다. 도시지역에서의 비슷한 개혁으로는 소규모 기업가들에게 (전통적 고리대금업자를 통한 것이 아니라) 적당한 이자율로 상업신용을 제공[미소신용으로 자세한 내용은 제15장과 그 장 맨 끝부분의 그라민은행(Grameen Bank)에 대한 사례연구 참조]하여 그들이 자신의 사업을 확대하고 현지 근로자들에게 더 많은 일자리를 제공할 수 있도록 하는 것을 포함할 수 있다.

기존 생산적 자산의 재분배 이외에도 동태적 재분배정책이 점차로 추구될 수 있다. 예를 들어 적어도 성장하고 있는 개발도상국에서, 정부는 추가 자산이 시간이 흐르며 축적됨에 따라 더 점진적이고 아마도 정치적으로 더 받아들여질 수 있는 추가 자산의 재분배를 위해 연간 저축과 투자의 일정 부분을 저소득 그룹에게 이전하는 것을 가능하게 할 수 있다. 이것이 종종 '성장으로부터 재분배'라는 표현이 의미하는 바이다. 그러한 성장으로부터의 점진적 재분배가 기존 자산의 재분배에 비해 더 이상 가능한지는 특히 매우 불균등한 권력구조의 맥락에

재분배정책
소득세정책, 농촌개발정책, 그리고 공공재정 서비스를 포함하는 발전을 촉진하기 위해 소득불균등을 감소하고 경제기회를 확대하도록 맞춰진 정책

토지개혁
농업소득분배를 개선하고 따라서 농촌발전을 조장할 의도를 가진 기존의 농업 시스템을 재조직하고 전환하려는 계획적인 시도

서는 논의할 여지가 있는 문제이다. 그러나 정태적이든, 동태적이든 간에 자산 재분배의 몇몇 형태는 대부분의 개발도상국에서 빈곤 및 불균등의 어떤 의미 있는 감소에서도 필요조건으로 보인다.

교육과 숙련도 형태의 인적자본도 불균등한 생산적 자산소유권 분배의 또 다른 예다. 그러므로 공공정책은 더 많은 사람들을 위한 소득획득 잠재력을 증가시키는 수단으로서 (남자아이는 물론 여자아이에게도) 교육기회에의 더 광범위한 접근을 제공해야만 한다. 그러나 토지개혁의 사례에서와 마찬가지로, 추가 교육에의 접근을 단순히 확대하는 것은, 예를 들어 이렇게 증가된 인적자본을 활용하기 위해 교육을 받은 사람을 위한 더 생산적인 고용기회의 제공 같은 보완적 정책이 채택되지 않는다면, 가난한 사람이 더 나아질 것이라는 것을 보장하지 않는다. 교육, 고용, 그리고 발전 간의 관계는 제8장에서 더 논의된다.

빈곤하게 생활하는 사람들은 공통의 문제를 갖는 경향이 있지만, 박탈과 사회적 소외의 일반적인 형태는 심지어 한 국가 내의 여러 지역 간에도 크게 다를 수 있다. 정책입안자들은 확고한 지식기반을 보유해야 할 필요가 있다. 그 과정에서 핵심적인 것은 가난한 사람들이 자신 스스로의 빈곤상태에 대해 무엇을 알고 있는지를 파악하고 이를 활용하기 위한 수단이다. 전문가들은 빈곤하게 생활하는 사람들이 아젠다의 설정에 더 많이 관여할수록 그들의 자산과 역량을 증가시키기 위한 프로그램들이 더 효과적인 경향이 있다는 것을 강조한다. 그러나 서로 다른 우선순위가 남자와 여자, 민족집단, 그리고 계급 사이에 종종 발견될 수 있기 때문에 가난한 지역사회의 여러 부분에 관심이 주어져야 한다.

누진적 소득세 및 부에 대한 세금

하위 40%의 생활수준을 개선하려는 어떠한 국가정책이라도 도상계획을 현실 프로그램으로 전환하기 위한 충분한 금융자원을 확보해야만 한다. 그러한 개발금융의 주요 원천은 소득과 부 모두에 대한 직접적인 그리고 누진적인 과세이다. 직접적 **누진소득세**(progressive income tax)는 부자들이 가난한 사람에 비해 자신들 총소득의 누진적으로 더 큰 비율을 세금으로 납부하도록 요구하면서 개인과 법인의 소득에 초점을 맞춘다. 부(축적된 자산 및 소득의 보유량)에 대한 과세는 전형적으로 개인 및 법인의 재산세와 관련되지만 또한 누진상속세를 포함할 수도 있다. 어떤 경우이든 조세부담은 상위소득집단에게 가장 무겁게 부과되도록 고안되었다.

실제로 많은 개발도상국(그리고 일부 선진국)에서 누진세 구조로 되어 있는 것과 여러 소득집단이 실제로 납부하는 것 사이의 갭은 상당할 수 있다. 서류상의 누진세 구조는 저소득 및 중간소득 집단이 종종 고소득 집단에 비해 자신들 소득의 비례적으로 더 큰 비율을 세금으로 납부하는 것으로 흔히 귀결된다는 의미에서 실제적으로는 종종 **역진세**(regressive tax)로 판명되고 있다. 이렇게 되는 이유는 간단하다. 가난한 사람은 종종 자신들의 소득 또는 지출의 원천에서 [임금, 일반 인두세, 또는 담배와 맥주 같은 재화의 소매 구입에 부과되는 **간접세**(indirect tax)로부터 세금을 원천징수함으로써] 과세를 당한다. 이와는 대조적으로 부유한 사람은 종종 보고되지 않는 물적자산 및 금융자산에 대한 수익으로부터 자신들 소득의 단연코

누진소득세
개인소득이 증가함에 따라 세율이 증가하는 세금

역진세
소득이 증가함에 따라 소득에 대한 세금의 비율이 감소하는 경향이 있는 조세구조

간접세
관세, 소비세, 판매세, 그리고 수출세를 포함하는 소비자가 궁극적으로 구매하는 재화에 부과된 세금

가장 큰 부분을 도출한다. 그들은 종종 정부의 응징에 대한 두려움 없이 세금 납부를 회피할 힘과 능력을 갖고 있다. 특히 가장 높은 수준에서 소득과 부에 대한 누진적 비율의 직접과세를 집행하기 위한 정책은 이러한 재분배 활동의 영역에서 가장 필요한 것이다. (발전을 위한 과세에 대한 더 자세한 논의는 제15장을 참조하라.)

직접적 이전지출과 재화와 서비스에 대한 공공공급

공공소비
국방과 안보에 대한 자본지출을 포함하는 정부의 재화와 서비스의 구매를 위한 현재의 모든 지출

매우 가난한 사람들에 대한 조세수입을 재원으로 한 **공공소비**(public consumption) 재화와 서비스의 직접 공급은 빈곤을 근절하기 위해 고안된 종합적인 정책의 또 다른 잠재적으로 중요한 수단이다. 농촌마을과 도시 변두리지역의 공중보건 프로젝트, 학교급식 및 취학이전의 아동을 위한 영양보충 프로그램, 그리고 벽지 농촌지역에 대한 깨끗한 물과 전기의 공급이 그 예에 포함된다. 필수식료품의 가격을 낮게 유지하기 위한 직접적인 정부정책은 물론 도시와 농촌의 가난한 사람을 위한 직접적인 현금이전과 보조금이 지급되는 식품 프로그램이 공공소비 **보조금**(subsidy)의 추가적인 형태를 대표한다.

보조금
그 산업의 쇠퇴를 방지하고 그 생산물의 가격을 하락시키거나 채용을 장려하기 위한 산업의 생산자 또는 배급업자에 대한 정부의 지급액

직접적 이전과 보조금은 매우 효과적일 수 있지만 신중하게 고안될 필요가 있다. 네 가지 중요한 문제에 주목해야 한다. 첫째, 항상 나타나는 것처럼 빈곤에 대처할 자원이 제한될 때 자원은 진짜 가난한 사람들에게 전해질 필요가 있다. 둘째, 수혜자가 빈곤 프로그램에 지나치게 의존하지 않도록 하는 것이 중요하다. 특히 가난한 사람들이 자신들을 빈곤으로부터 빠져나올 수 있게 하는 교육과 같은 자산을 구축할 인센티브를 덜 갖게 만들어서는 안 된다. 그렇지만 가난한 사람이 자신의 미소기업에 대해 더 기업가적인 태도를 갖도록 장려하기 위해 '안전망'은 또한 가치가 있을 수 있다. 이는 가난한 사람이 자신의 소규모 사업이 실패할 때 자녀들이 끔찍한 결과에 고통을 받을 것이라는 공포를 느끼지 않을 때 훨씬 더 가능하다. 셋째, 다른 경제활동에 생산적으로 참여하고 있는 사람들을 그 대신 빈곤 프로그램에 참여하도록 전환시키는 것은 바람직하지 않다. 마지막으로 빈곤정책은 열심히 일하고 있지만 자신들이 빈곤선 위 매우 멀지 않은 곳에 있는 사람들을 포함하는 가난하지 않은 사람들로부터의 분노에 의해 종종 제한된다.

가난한 사람들이 소비하는 재화에 대한 보조금을 계획할 때 가난한 사람이 발견되는 지리적 영역을 목표 대상으로 해야만 하며, 가난하지 않은 사람들이 소비하지 않는 재화를 강조해야만 한다. 이는 프로그램을 위한 자원을 보존하고, 프로그램으로부터 혜택을 보려는 가난하지 않은 사람들에 의한 노력을 최소화하도록 돕는다. 예를 들어 자신의 아이를 빈곤의 발생이 심한 마을 및 이웃에 위치한 근린빈곤프로그램센터에 데려오는 어떤 여성에게도 영양보충제가 제공될 수 있다. 더 부유한 어머니들이 프로그램을 사용할 수 있지만, 센터 자체는 고사하고 더 가난한 마을과 이웃으로 감히 들어간다는 오명의 위험을 감수할 사람은 거의 없다. 영양보충제는 가난한 어머니들과 그 어린 자녀들의 건강을 지켜줄 것이며 따라서 빈곤의 순환을 끊도록 도와준다.

이외에도 식품원조가 제공되기 이전에 근로요건을 부과하는 것이 유용할 수 있다. 이는 잘 알려진 방글라데시의 취로사업프로그램('Food for Work Program)과 인도의 마하라슈

트라 고용보장제도(Maharashtra Employment Guarantee Scheme)에서 행해졌다. 더 최근에는 인도 정부가 매년 적어도 1명의 가족구성원에게 100일 동안의 고용을 보장하는 전국적인 프로그램을 도입했다. 초기 보고서에 따르면 이 프로그램은 상당한 혜택을 제공했다. 이와 같은 프로그램에서 가난한 사람들은 (가난한 사람들이 생활하는) 외딴 지역으로부터 시장이 설치된 시까지의 도로 같은 궁극적으로 지역의 가난한 사람들과 다른 사람들에게 혜택을 줄 인프라 건설작업에 투입된다. 상업적으로 구해진 건설계약의 경우에서보다 관리비용이 일반적으로 더 높고 근로자들의 기술이 상당히 더 낮지만, 프로그램이 없었다면 많은 경우에 있어서 이러한 가치 있는 인프라 프로젝트들은 결코 추진되지 않을 것이다. 높은 근로요구조건과 그리 대단하지 않은 임금지급으로 인해 가난하지 않은 사람들의 참여는 억제되고 따라서 자원은 절약된다. 이러한 특성은 **근로복지 프로그램**(workfare program)의 '선별(screening)' 기능으로 알려져 있다. 이러한 요구조건은 또한 프로그램의 정치적 지속 가능성 보존을 돕는다. 즉 가난한 사람들이 '거저 주는 것보다는 넘겨주는 것(a hand up rather than a handout)'을 얻고 있는 것을 사람들이 볼 때 프로그램들은 폭넓은 대중의 지지를 끄는 경향을 보인다.

근로복지 프로그램
취로사업 프로그램에서와 같이 프로그램 수혜자로 하여금 혜택과 교환하여 일할 것을 요구하는 빈곤경감 프로그램

요약하면 취로사업 프로그램(Food for Work Program) 같은 근로복지 프로그램은 다음과 같은 기준이 충족될 때 일반복지(welfare) 프로그램이나 직접 지원금보다 더 나은 정책을 대표한다.

- 프로그램이 가난한 사람들이 인적자본과 다른 자산을 획득하려는 인센티브를 감소시키거나 심각하게 약화시키지 않는다.
- 프로그램으로부터 더 큰 근로의 순편익이 존재한다.
- 근로복지 요구조건 없이 가난한 사람들을 선별하기는 더 어렵다.
- 가난한 근로자들의 경우 더 낮은 시간의 기회비용이 존재한다(따라서 그들이 근로복지 프로그램에 합류할 때 경제는 산출량을 거의 잃지 않는다).
- 가난하지 않은 근로자들의 경우 더 높은 시간의 기회비용이 존재한다(따라서 그들은 스스로 편익을 이용하지 않을 것이다).
- 빈곤하게 생활하는 인구의 비율이 더 작다(따라서 보편적 복지 프로그램의 추가비용이 높게 된다).
- 근로복지 프로그램에의 참여에 부수되는 사회적 오명이 적으며, 따라서 가난한 사람들은 과도한 굴욕감으로 고통 받지 않고, 자신들의 가족들이 필요로 하는 도움을 찾는 것을 단념하지 않도록 한다(그렇지 않다면 신중한 복지이전이 매우 가시적인 근로복지 프로그램보다 더 선호될 수 있다).[43]

가난한 사람들은 종종 자신들의 지역사회에서 낮은 협상력을 갖고 있으며, 이 협상력을 증가시키는 것은 정치적으로 어려운 반면, 잘 설계된 프로그램들은 그러한 것들이 필요할 때 공공고용보장 프로그램들 같은 개선된 '외부옵션(outside option)'을 제공함으로써 이를 간접적으로 달성할 수 있다.

이 책의 나머지 부분 전체에 걸쳐 빈곤 감소를 위한 정책에 대한 검토는 계속될 것이다. 적절한 농업발전정책들은 그렇게 높은 비율의 가난한 사람들이 농촌지역에 위치하여 농업활동에 종사하고 있기 때문에 빈곤에 대처하는 결정적으로 중요한 전략을 대표한다. 농업발전을 위한 전략들은 제9장에서 검토된다. 이외에도 농촌지역은 물론 도시지역의 가난한 사람들은 훼손된 환경조건으로부터 고통을 받고 있는데, 훼손된 환경은 경제성장의 기회를 감소시키며, 또한 가난한 사람들의 건강을 악화시킨다. 이 문제들은 제10장에서 다루게 된다.

또 다른 실행 가능한 일련의 정책은 가난한 사람들의 역량과 인적 및 사회적 자본을 증가시키기 위한 목표로 하는 대상이 있는 빈곤 프로그램과 관련된다. 중요한 사례는 농업과 관련되지 않은 가난한 사람 대다수가 자신들의 생계를 의존하는 미소기업(microenterprise)을 가난한 사람들로 하여금 스스로 개발하도록 돕는 것에 초점을 맞추고 있다. 많은 이러한 아주 작은 기업의 경우 신용부족이 구속력이 있는 제약인 것으로 알려져 있다. 미소기업의 운영자본(working capital)과 다른 자산을 구축함으로써 가난한 사람들은 자신들의 생산성 및 소득을 개선할 수 있다. 방글라데시의 그라민은행에 의해 예시된 바와 같이 이러한 목표를 달성하기 위한 미소금융(microfinance) 전략은 제15장에서 검토된다. 이외에도 빈곤타파에 대한 상대적으로 새로운 접근법은 가난한 사람들의 개선된 교육, 건강, 그리고 영양과 함께 더 높은 소득을 달성하는, 특히 자녀들의 취학을 유지하는 것과 같은 행태를 조건부로 가난한 가족들에게 소득을 이전해 주는 조건부현금이전(conditional cash transfer, CCT) 프로그램들 같이 통합된 접근법에 초점을 맞추고 있다. 이 접근법들은 제8장과 그 사례연구에서 다루게 된다. 마지막으로 도시 비공식부문의 발전을 지원하는 전략들은 제7장에서 검토된다.

5.7 요약과 결론 : 정책 패키지의 필요성

발전에 있어서 빈곤과 불균등 문제의 여러 정책 접근법에 대한 논의를 요약하면, 필요한 것은 하나 또는 두 가지의 분리된 정책들이 아니라 서로 보완적이고 지원해주는 다음과 같은 네 가지 기본 요소를 포함하는 정책 '패키지'다.[44]

1. 시장가격 또는 제도적으로 설정된 가격이 생산자와 자원공급자 모두에게 정확한 신호 및 인센티브를 제공하도록 보장하기 위한 요소가격의 왜곡(저평가된 자본가격 또는 고평가된 현대부문의 숙련노동 임금)을 수정하기 위해 설계된 한 가지 또는 일련의 정책. 왜곡된 가격의 수정은 생산효율성의 증대, 고용 증가, 빈곤 감소에 기여할 것임에 틀림없다. 효율적이고 노동집약적인 생산방법을 위한 토착기술에 대한 연구개발을 촉진하는 것도 또한 가치가 있을 수 있다. (요소가격 왜곡에 대한 더 자세한 분석은 부록 5.1을 참조하라.)

2. 자산, 권력, 그리고 교육에의 접근 및 관련된 소득획득(고용)기회의 분배에 지대한 영향을 가져올 구조변화를 발생하도록 설계된 한 가지 또는 일련의 정책. 그러한 정책들은 시장의 영역을 넘어 개발도상국 진영의 사회적, 제도적, 문화적, 그리고 정치적 구조 전체

를 간단히 다룬다. 그러나 (예 : 공공부문의 개입을 통해) 즉시 달성되든지 또는 시간이 흐름에 따라 (성장으로부터의 재분배를 통해) 점진적으로 도입되는지와 관계없이 그러한 근본적인 구조변화와 상당한 자산의 재분배는 농촌과 도시의 많은 가난한 사람들의 생활 조건을 크게 개선할 기회를 증가시킬 것이다.

3. 소득과 부에 대한 법률로 제정된 누진세 집행을 통한 상위 수준에서의 계층별 소득분배를 수정하도록 설계된 한 가지 또는 일련의 정책. 그리고 동시에 가난한 사람에게의 직접적 이전지출과 근로복지 프로그램을 포함한 재화와 서비스의 공공제공소비의 확대공급. 순효과는 발전 과정에서 소외될지도 모를 사람들을 위한 사회적 '안전망'을 창출하는 것이다.

4. 안전망 제도를 넘어 가난한 사람과 그들 지역사회의 복지를 직접적으로 개선하고, 이 책 전체에 걸쳐서 설명된 바와 같이 미소금융, 보건, 교육, 농업발전, 환경의 지속성, 그리고 공동체의 발전 및 권한이양 프로그램 같은 가난한 사람들의 역량과 인적 및 사회적 자본을 구축하는 프로그램들을 제공하기 위한 목표로 하는 대상이 있는 일련의 정책. 이러한 것들은 국내 및 국제적인 지원을 통해 정부 또는 비정부기구에 의해 수행될 수 있다.

극심한 빈곤의 종료와 해로운 불균등의 완화에 초점을 맞추며, 그러한 정책들은 빈곤의 본질적으로 다차원적인 성격을 명심하면서, 가난한 사람을 대상으로 한 포괄적인 경제성장을 장려하고 가속화하도록 설계될 수 있다. 핵심적인 사례에는 소득분배 최하위 10분위에 속하는 사람들의 소득을 증가시키는 교육, 영양, 보건, 그리고 인프라에 대한 성장을 지원하는 투자가 포함된다. 제2~4장은 경제성장의 원천과 제약을 확인하고 빈곤하게 생활하는 사람들에게 혜택을 주는 성장을 유지하기 위한 기본 정책들을 살펴보았다. 무역, 거시, 그리고 금융부문의 추가적 지원정책들은 제13~15장에서 더 상세하게 검토된다. 그러나 포괄적이지 않다면, 성장 자체는 빈곤하게 생활하는 사람들을 방치하면서 국가가 받아들일 수 있는 적어도 어떤 기간 내에 극심한 빈곤을 제거하기에 불충분하다. 따라서 포괄적 성장의 장려는 빈곤을 감소시키고 가난하지 않은 사람들이 빈곤에 빠지지 않도록 하는 적극적인 정책 및 프로그램과 함께 간다.

극심한 빈곤을 종료하는 과업은 어려울 것이지만, 만약 오로지 의지를 모을 수 있다면 가능하다. 유엔개발계획(UNDP)의 사무총장인 스페스(James Speth)가 주목했던 바와 같이, "빈곤은 더 이상 불가피하지 않다. 세계는 한 세대가 가기 전에 빈곤으로부터 자유로운 세상을 현실로 만들 재료 및 천연자원, 노하우, 그리고 사람들을 보유하고 있다. 이는 분명하지 않은 이상주의가 아니며 실질적이고 달성 가능한 목표다."[45]

제도, 불균등, 그리고 소득 :
가나와 코트디부아르

적어도 많은 실망 이후 가나의 발전은 기대를 넘어섰다. 코트디부아르는 많은 명백한 단점을 갖고 출발했지만, 많은 경제척도로 볼 때 가나는 독립 당시 스스로와 코트디부아르 사이에 존재했던 발전격차를 좁혀 왔다.

이 사례와 함께 제2장과 제5장을 읽어볼 것을 권한다. 이들 국가들의 실례는 두 장에서 논의된 보다 더 일반적 연구에 대한 더 자세한 해석을 제공한다.

자연적인 상대적 사례연구

가나와 코트디부아르는 서아프리카에서 서로 국경을 맞대고 있다. 이들의 국토면적은 각각 239,450 km²와 322,458 km²로서 크기가 비슷하다. 그들의 인구도 역시 2012년 가나가 2,550만 명이고 코트디부아르가 2,060만 명으로 비슷하다. 서로 3년의 기간 내에 각각 독립하였고 비슷한 지리적 조건을 공유하고 있기 때문에, 이들 인접 국가들은 자연적인 비교가 된다. 가장 두드러진 차이 중 하나는 가나는 1821년부터 1957년까지 대영제국의 일부였으며, 코트디부아르는 1842년부터 1960년까지 프랑스의 식민지였다는 것이다. (그러나 이들 국가의 전 영역에 걸쳐 완전한 식민지배가 구축되기까지는 오랜 시간이 걸렸다는 것을 주목하라. 즉 20세기 초반까지 프랑스인들은 여전히 자신들의 존재를 확대하기 위해 싸우고 있었다.)

이와 같은 식민지 역사가 어떻게 문제가 되었는가? 식민지 역사의 영향이 독립 이후에도 확대되었으며, 이후의 발전정책에 좋은 영향 또는 나쁜 영향을 주었는가? 아니면 다른 내부적인 요소들이 더 결정적이었는가? 고성장을 유지하고, 빈곤 및 기아를 제거하며, 다른 밀레니엄개발목표를 달성하는 것이 왜 이토록 어려운 과제인지에 대한 이해도를 높이는 데 이와 같은 것들이 도움이 될 수 있는가?

독립 이후 반세기 동안의 경험은 발전에 대한 일단의 기회와 위협을 보여준다. 이 사례연구는 진지하게 생각을 해야 하는 의문들을 제기하며 다양한 국가비교연구를 다루는 데 있어서 무게를 두게 되는 여러 형태의 정보를 제시한다. 이 사례는 제2장과 제5장의 분석체계 및 다수국가 통계연구가 어떻게 비교 관점에서의 발전경험을 이해하는 데 적용될 수 있는지를 보여준다. 문화적인 풍부함과 복잡한 정치사의 미묘한 차이가 짧은 공간에서 발전경제학에 관한 몇몇 광범위한 접근과 발견을 특징으로 삼기 위해 추출된다. 독자들이 이들 선도적 아프리카 국가들을 상세히 탐구하는 것이 좋을 것이다.

빈곤 및 인간개발   UNDP의 2013년 인간개발보고서에 보고된 바와 같이, 가나는 0.558의 NHDI로 중(medium) 인간개발 국가로 간주되는 반면 코트디부아르는 단지 0.432의 NHDI로 저(low)인간개발 국가로 간주된다. 가나의 성과는 소득에 의해 예측된 것보다 22순위 더 높은 반면, 코트디부아르는 9순위 더 낮다. 원래의 HDI가 도입되었던 1990년의 인간개발보고서에서 수치는 코트디부아르의 경우 0.393이었고 가나는 0.360이었다. 양국 모두 진전을 이루었지만 가나의 진전이 훨씬 더 좋았다. 2013년 인간개발보고서에 보고된 코트디부아르의 다차원적 빈곤지수(MPI)는 0.353으로 매우 높은 반면, 가나의 MPI는 0.144로 상당히 더 낮다. 그리고 코트디부아르의 2009년 인간

개발보고서 인간빈곤지수(human poverty index, 미주 11 참조)는 0.374였는데, 이는 소득빈곤(하루 1.25달러 미만의 비율)보다 인간빈곤을 기초로 한 국가순위에서 29단계 더 낮은 순위였다. 이는 UNDP 용어인 인간빈곤이 코트디부아르의 경우 심지어 소득빈곤이 암시하게 되는 것보다도 상대적으로 더 나쁘다는 것을 제시했다. 가나의 HPI는 0.281로 상당히 더 좋았다(소득빈곤에 의해 예측되는 것과 같은 순위와 함께).

이러한 결과들은 독립 당시를 기록했던 많은 사람들을 놀라게 할 것이다. 1960년 가나는 코트디부아르의 1,675달러보다 훨씬 뒤진 단지 594달러의 1인당 실질GDP를 가졌다. 그러나 국제데이터(Penn World Table)에 따르면, 2007년에 가나는 278%의 증가이자 그 최초의 부족액을 메우기에 거의 충분한 1,653달러에 도달했던 반면, 코트디부아르는 47년 이후 단지 33%라는 그다지 대단하지 않은 증가인 2,228달러로 증가했다. 2011년 가나의 추정된 PPP 1인당 소득은 1,830달러로 코트디부아르의 1,780달러 수준을 능가했다(2013 World Development Indicators).

가나는 64세의 기대수명을 갖는 반면, 코트디부아르의 기대수명은 단지 55세이다(2012 PRB 추정치). 1960년에 코트디부아르의 기대수명은 51세였고 가나는 46세였는데 이는 극적인 역전이었다. 2011년에 5세 미만 유아사망률은 코트디부아르에서 115로 여전히 높은 수준이었지만, 가나는 훨씬 더 낮은 78세였다.

탠슬(Aysit Tansel)은 1987년에 이르러 가나는 각 성 및 연령그룹별 학교교육 평균연수에서 코트디부아르에 훨씬 앞서고 있다는 것을 보여주었다. 2008년에 이르러 성인 문자해독률은 가나에서 65.0%에 도달했으며, 코트디부아르에서는 48.7%였다.

이들 국가들의 극심한 빈곤의 범위에 대한 크게 신뢰할 만한 정보를 발견하기는 쉽지 않지만, 독립 당시에는 빈곤이 가나에서 훨씬 심했던 것이 틀림없다. 1987년의 설문조사를 사용하여, 세계은행은 코트디부아르에서 그 해 단지 3.28%의 하루 1달러 빈곤을 부여했지만 가나에서는

46.51%였다. (1998년 연구로부터) 가나의 경우 비교할 만한 수치는 36%였으며, 코트디부아르(2002년)의 경우는 16%였다. 가장 최근의 이용 가능한 세계은행 추정치는 가나(2006년 설문조사)에서 28.6%의 하루 1.25달러 미만, 코트디부아르에서 23.8%(2008년 설문조사)를 각각 보여주었다(2013 World Development Indicators). 시간이 흐름에 따라 빈곤이 가나에서는 감소했고 코트디부아르에서는 증가했던 것처럼 보인다.

두 나라 모두에서의 진전은 동아시아와 비교할 때 크지 않다. 그러나 이들 양국 간의 차이는 상당하다. 그러한 차이를 어떻게 이해하기 시작해야 하는가? 때때로 심지어 최근의 발전 패턴 변화까지도 오랜 역사적 뿌리를 가질 수도 있는데, 이를 먼저 고려하기로 하자.

상대적 발전의 장기적 요소

식민지의 영향과 제도의 유산   포르투갈 사람들은 1482년 가나의 해안에 요새를 짓고 이를 엘미나[Elmina, '광산(The Mine)']로 명명했다. 이후 1957년 독립 때까지 알려졌던 바와 같이 영국이 이 지역을 황금해안(Gold Coast)으로 명명했다. 코트디부아르(아이보리코스트)는 그 명칭을 프랑스 사람들로부터 받았다. 이들 명칭들은 식민세력들이 이 지역을 어떻게 보았는지를 명백히 반영하고 있다. 즉 국가보다는 '해안'으로, 사람보다는 교역상품으로, 또는 단순히 광산으로 간주했다. 식민지 개척자들이 사람보다 자원에 우선순위를 두었다는 것은 더 명확할 수는 없었다. 가나는 노예무역의 영향으로 더 일찍 그리고 더 많이 고통을 받았다. 그러나 코트디부아르 또한 19세기 말과 20세기 초의 '국내 문제'를 진압하고 강제노동을 부과하기 위한 프랑스 사람들에 의한 잔인한 군사작전을 포함하는 나쁜 대우로 고통을 받았다. 이런 참혹한 식민지 경험과 이로 인해 발생할 후유증을 어떻게 이해하겠는가? 이들 두 국가에서 장기적으로 치명적인 효과를 갖는(제2장 2.7절 참조), 식민지 세력에 의한 광물을 뽑아내는 기관의 설립과 상관관계를 가진 정착민 사망률은 각각 매년 1,000명당 668명으로 깜짝 놀랄 만큼 높았다. 이

와 같은 정착민 사망률은 애서모글루, 존슨, 그리고 로빈슨(Acemoglu, Johnson, and Robinson, AJR)의 연구에서 가장 높은 수치에 속한다. 남아프리카공화국에서 이 수치는 겨우 15.5에 불과했다.*

제도의 질 식민지 개척자들은 재산권을 보호하고, 투자를 장려하거나, 경제적 기회 또는 정치적 참여에 대한 광범위한 접근을 허용할 인센티브를 거의 갖지 않았을 것이기 때문에, 이들 두 국가에서 승계된 제도들이 특히 나쁨에 틀림없다고 기대할 수 있다. 그 대신 냉혹하게 말하면, 인센티브는 도둑질하거나 다른 사람들로 하여금 당신을 위해 도둑질하도록 하는 것이었다. 현재 제도의 질에 대한 그들의 데이터에서 '도용당할 위험에 대한 평균적인 보호'는 콩고민주공화국(당시는 자이르)의 3.50부터 미국의 10.00까지의 범위와 비교할 때, 가나에서 6.27이고 코트디부아르에서 7.00이었는데, 이는 아주 특별하게 좋지는 않지만 훌륭한 투자자 보호였다. 그러나 일련의 최근 연구들은 가나에게 더 높은 점수를 주고 있다. 주관적인 요인들이 들어 있을 수 있기 때문에 제도의 질에 대한 국가별 순위는 조심스럽게 사용되어야 하지만, 서로 다른 초점을 갖고 독립적으로 도출된 한 그룹의 지표들이 모두 동일한 방향을 가리킨다면, 그들은 암시적이다[세심한 국가특정(country-specific) 평가를 아직은 대체할 수 없지만]. 국제투명성기구(Transparency International)에 따르면, 부패인식에 관해 2012년에 순위를 매긴 176개국 중 가나는 64위, 그리고 코트디부아르는 130위의 순위를 각각 가졌다. '비즈니스환경 개선(ease of doing business)'에 관해, 세계은행 국제금융공사(IFC)의 2010년 183개국 순위는 가나를 92위(사하

라이남 아프리카에서 7위)에, 코트디부아르를 168위(지역에서 32위)에 각각 올려놓았다. 민주주의에 관해, 이코노미스트지(Economist)는 가나(167개국 중 78위)를 '결점이 있는 민주주의(flawed democracy)'[권위주의(authoritarian) 위 두 단계]로 그리고 코트디부아르(136위)를 권위주의(authoritarian)로 등급을 매겼다. 그리고 현행 재산권 보호에 관해, 월스트리트저널(Wall Street Journal)과 헤리티지재단(Heritage Foundation)이 후원한 2013년 순위는 가나를 100눈금 중 50에 그리고 코트디부아르는 겨우 25에 올려놓았다. 비판자들이 이들 여러 순위들의 한계점과 결함을 지적하고 있지만, 그것들은 일관된다. 따라서 이러한 결과들 역시 더 잘 이해되어야만 한다. 개혁이 유일한 옵션이 될 만큼 가나에서의 상황이 그토록 나빠졌기 때문인가?

민족언어학적 분절 몇몇 사회과학자들이 또한 종교적인 분절의 잠재적 위험성을 지적하고 있듯이, 경제학 문헌에서 저소득 및 저성장과 관련된 또 다른 특성은 민족언어학적 분절(fractionalization)이다. 사실 두 나라 모두 상당히 분절되었지만, 코트디부아르가 더 그렇다. 양국 모두에서 아칸(Akan)족이 다수이며(가나의 45%, 코트디부아르의 42%), 많은 소수민족이 있다. 가나에서 인구의 69%가 기독교인이며 16%가 무슬림이지만, 코트디부아르에서는 신도들이 훨씬 더 고르게 나뉘어 있어 39%가 무슬림이고 33%가 기독교인이다. 학자들이 분절을 측정하는 적절한 방법에 대해 논쟁하고 있지만 일곱 가지 주요 척도가 사용되는데, 이들 중 여섯 가지 척도에서 코트디부아르가 더 높게 나타나며, 몇몇 경우에서는 상당히 더 높다.† 국가를 분열시켰던 2002년의 내전으로 코트디부아르는 찢겨졌으며, 정

---

* 사학자 커틴(Philip Curtin)의 연구에 기반을 둔 AJR 데이터에 따르면, 사망률이 가장 높았던 다른 식민지들은 토고, 감비아, 말리, 나이지리아였다. 반대로 홍콩의 사망률은 단지 14.9였고 말레이시아와 싱가포르는 17.7이었다. 정착민 사망은 문헌에서 초기 제도의 도구로 사용되었는데(제2장 참조), 본문에서는 추가적인 요인들에 관심을 기울이며 동일한 정착민 사망률을 가졌던 두 나라를 검토하고 있다. (여기서 인용된 연구의 결론은 사례연구가 아닌 다수국가 통계분석을 기초로 하고 있다. 더 심도 있는 상대적 사례연구를 수행할 때 고려할 이슈의 출발점으로 본문은 그러한 연구를 택하고 있다.)

† 예를 들어 1997년의 기본적 이스털리-레빈(Easterly-Levine, ELF) 척도에 따르면, 코트디부아르는 0.86 그리고 가나는 0.71로 등급이 매겨졌는데, 아프리카에서의 범위는 부룬디의 0.04부터 콩고와 우간다의 0.9까지였다. 널리 인용되는 2003년 알레시나 등(Alesina et al.)의 대안적 평가에서는 0부터 0.93까지의 범위 중에서 코트디부아르가 0.82 그리고 가나가 0.67이었다. 이러한 것들은 보통의 기준선(baseline) 척도지만, 일곱 가지 점수에서 다른 방향인 한 가지 척도가 존재한다. 즉 1999년 페론(Fearon) 척도에서 코트디부아르는 0.78 그리고 가나는 0.85였다.

치인들의 분절을 기회주의적으로 사용하는 것이 중요한 요소이다.

인구 제6장에서 논의한 바와 같이 인구의 성장 패턴이 종종 발전의 중요한 측면으로 고려된다. 1960년 독립 당시 코트디부아르의 인구는 단지 360만 명에 불과했으며, 따라서 2007년까지 인구는 약 5.5배 성장했다. 이와는 대조적으로 1960년에 가나 인구는 이미 700만 명에 육박했으며, 따라서 같은 기간 동안 가나의 인구는 3⅓배 미만 증가했다. 심지어 현재는 총가임률(total fertility rate)이 가나에서는 4.0으로 높은 편이지만, 코트디부아르에서는 4.9로 상당히 더 높은데, 이는 여성 1명당 아이 하나를 추가로 출산하는 것이다. 코트디부아르에서는 가임 연령의 기혼여성 중 단지 8%만이 현대적 피임법을 사용하는 반면 가나에서는 17%가 사용하는데, 이는 여전히 낮은 비율이지만 코트디부아르 빈도의 2배가 넘는다(전통적인 방법과 현대적 방법을 모두 고려해도 24%와 13%로 격차는 남아 있다). 높은 출산율은 일반적으로 경제발전을 저해한다. 더 급속한 인구성장은 더 느린 1인당 소득 증가와 더 느린 다른 발전지표의 향상과 관련이 있다. 더 낮은 출산율은 교육에 대한 가족의 인센티브와 자원을 증가시킨다. 그러나 인구의 지리적 분포는 특별히 강력한 정치적 시사점을 갖고 있지 않은 것처럼 보인다. 예를 들어 허브스트(Jeffrey Herbst)는 가나와 코트디부아르 모두를 40개의 사하라이남 아프리카 국가 중 '중립적 정치지리학(neutral political geography)'을 가진 단지 7개국에 속하는 것으로 분류한다.

극심한 불균등 제5장에서 설명한 바와 같이(그리고 제2장에서 소개된 바와 같이) 극심한 빈곤은 발전 과정을 지연시킬 수 있다. 코트디부아르와 가나의 가장 최근의 세계은행 지니계수 추정치는 크게 다르지 않다(0.42와 0.43). 그러나 랭거(Arnim Langer)는 코트디부아르에서 상대적으로 높으면서 증가하고 있는 불균등은 정치적 주인공들이 고의로 악화시켰던 인종적 긴장상태의 증가와 더불어 2000년대 초반 그곳에서 발발했던 물리적 충돌을 유도했음을 지적한다(물리적 충돌의 요소로서 민족 간의 불균등은 14.5절에서 고려된다).

관습법 대 민법? 이전의 영국 식민지로서 가나의 법률제도는 관습법에 기초하고 있는 반면, 코트디부아르의 법률제도는 프랑스 민법에 기초를 두고 있다. 1990년대 후반 이래 관습법(common law) 법률제도가 민법(civil law) 법률제도보다 금융제도 발전에 있어서 더 훌륭한 토대를 제공한다는 견해가 매우 영향력이 있었다. 라 포르타(Rafael La Porta)와 그의 동료들 같은 이러한 문헌의 저자들은 관습법이 재산권을 더 잘 보호하고, 계약을 더 잘 집행하며, 더 나은 예측 가능성을 제공한다고 주장하거나, 또는 경제조건의 변화에 더 잘 적응할 수 있다고 주장한다. 투자가 경제성장을 위해 일반적으로 필요하며(제3장 및 제4장), 효과적인 금융제도의 발전은 투자를 장려한다(제15장). 일부 증거들은 민법체계 국가들이 더딘 금융발전을 경험하고 투자율이 더 낮을 것이라는 예측들을 지지한다. 그러나 법률제도 이외에도 프랑스와 영국 제도 사이의 차이가 중요할 수 있다.

프랑스 통치 대 영국 통치? 대영제국은 새로운 제도를 창출하기보다는 현지의 전통적 정치제도를 지배하는 자신의 능력에 의존하면서 (아마도 관습법 전통과 관련되어) 간접적인 통치를 선호했던 것으로 통상적으로 간주된다. 이와는 대조적으로 프랑스 사람들은 아마도 자신들 스스로의 법적 및 역사적 전통과 관련이 있는 자신들 스스로의 중앙집권적 행정 구조를 도입하면서 식민지에 대해 직접통치를 채택하는 경향이 있었다고 일컬어진다. 만약 여건들이 강력하게 중앙통치 또는 간접통치를 선호한다면, 식민지 개척자에 관계없이 전략은 당연히 유사했을 것이다. 그러나 두 식민지에서의 출발조건들이 유사한 곳에서 그리고 중앙집권 또는 지방분권 중 하나의 현지에서의 이점이 강력하지 않을 때, 프랑스의 중앙집권적 전략과 영국의 지방분권적 전략이 그럴듯하게 기대되었다.

증거는 영국 식민지 가나에서의 더 지방분권적인 통치와 프랑스 식민지 코트디부아르에서의 더 중앙집권적인 통치를 반영하고 있다. 그러나 만약 중앙집권적 통치가 그 뒤

식민지 이후의 정권으로 전해진다면, 결과는 견제와 균형이 너무나 적은 국가가 될 수 있다. 이와는 대조적으로 지방분권적 통치는 대규모 정부부패에 대항하는 더 우수한 인센티브와 견제를 제공한다(제11장 참조). 식민지 시대 이후의 기록은 복합적이지만, 그리고 비록 사회적인 갈등의 후유증이 미래 진로에 대한 불확실성을 증가시키지만 코트디부아르에서 중앙집권화가 지속적으로 진행되는 강력한 경향을 보여준다(실제로 코트디부아르가 오랜 기간 동안 실패한 국가로서 직면할 수 있는 어떤 위험이 존재한다). 분(Catherine Boone)이 두 국가에 관한 풍부하게 상세한 연구에서 주목한 바와 같이 가나의 사례는 초기에는 미묘하지만 식민지시대 이후 정부의 중앙집권 강화 시도는 완전한 성공과는 거리가 먼 것이었다. 아마도 부분적으로 농업수입의 더 큰 몫을 억지로 얻어내기 위한 것이었지만, 그러나 1992년 추장과 전통적인 마을통치의 경우 적어도 의례적인 역할, 그리고 비공식적으로 훨씬 더 큰 역할의 복원이 있었다. 이는 프랑스의 통치하에서의 방식과 달리 영국의 통치하에서 체계적으로 손상되지 않았던 오랜 전통 위에 구축되었다.

마지막으로 몇몇 관찰자들은 독립 이후의 코트디부아르를 프랑스와 더 의존관계를 갖는 것으로 간주한다. 일반적으로 부정적인 효과를 갖는 식민지 통치 이외에도 코트디부아르의 그 이전 식민지 통치자와의 긴밀한 의존은 오랜 기간에 걸쳐 그 경제 및 정치적 성장과 발전에 장애물이었을 수 있다. 이와는 대조적으로 가나는 아마도 그 국가발전 이해를 추구하는 데 있어 다소 더 큰 협상력을 주면서 더 많은 국제관계를 다양화했다.

교육 몇몇 학자들은 경제성장을 설명함에 있어서 교육을 가장 중요한 요인으로 고려한다. 글레이저(Edward Glaeser)와 공저자들은 심지어 교육향상이 제도개선이라는 결과를 가져올 수 있다고까지 주장한다. 독립 당시 두 국가에서 교육수준은 최악이었다. 식민지시대 이후 두 국가에 있어서 가장 두드러진 차이 중 하나는 더 많은 교육투자가 이루어졌던 가나의 높은 교육수준이었다. 독립 이후 초반에 가나는 더 가난한 일부 지역에 기본교육을 제공하는 데 강력한 정책적 관심이 있었다. 2013년 인간개발보고서(HDR)에 따르면, 2010년의 가나의 평균 학교교육연수(7.0)는 코트디부아르(4.2)보다 거의 3년 더 높았다. 더욱이 가나의 기대학교교육은 현재 단지 6.5년인 코트디부아르와 비교할 때 11.4년이다. HDI에 반영된 바와 같이 교육은 본질적으로 소중하다. 즉 교육은 명백히 더 급속한 성장의 요인이었으며, 이후의 제도개선에서도 더 중요한 부분이었을 것이다. 가나는 또한 기초건강보험의 확대에 최근 성공을 거두었다.

발전정책 발전정책은 흔히 한 국가의 근본적인 경제적 제도에 의해 틀이 잡힌다. 이는 한 국가가 성공적으로 실행에 옮길 수 있는 이익이 되는 개혁과 정책의 형태에 제한을 가할 수 있다. 한 국가가 그렇지 않으면 명백한 정책(예를 들어 질이 높은 초등고육에 투자하는 것과 같은)을 실행에 옮기는 데 실패하는 것은 정치적 제약의 현실만큼 이해의 실패를 반영하는 것이 아닐 수 있다. 그러나 달성된다면, 잘 설계되고 실행에 옮겨진 정책들은 발전의 결과에 매우 긍정적인 효과를 미칠 수 있다. 즉 잘못된 정책은 처참한 결과를 가질 수 있다.

가나의 정책 두 국가는 대체로 경제활동인구의 절반 이상이 농촌지역에서 일하는 농업경제로 시작했다(아직도 그렇다). 그렇지만 두 국가는 어느 정도 상이한 정책궤도를 가졌다. 일반적인 학자적 견해는 다음과 같다. 독립 이후 첫 사반세기 동안에 가나는 많은 잘못 입안되고 때로는 부패한 개입주의 정책을 선택했다. 초기의 정책들은 수입 공산품을 현지 생산품으로 대체하기 위해 불충분하게 실행된 수입대체의 도시산업을 지향했던 것으로 서술되어 왔다(제12장 참조). 그러나 1966년까지 은크루마(Kwame Nkrumah)의 초기 통치와 관련된 한 가지 정책은 기본 교육에 대한 강조였는데, 이는 그 이후의 힘겨운 변화를 통해 오래 지속되는 유산을 남겼는지 모른다. 재앙에 가까운 정책과 1960년대 중반부터 1980년대 초반까지의 쿠데타를 포함하는 극심한 불안정 이후, 가나는 1980년대에 세계은행

과 그 밖의 자유화 주도자들이 선호하는 국가가 되기 위해 정책 전환을 겪었다.

발전 과정은 복잡하고 좀처럼 연속적으로 진행되지 않는다. 가나에서는 독립으로부터 1980년대 초반까지 상대적 악화가 존재했다. 그 경제성장의 많은 부분은 1980년대 중반부터 지금까지 발생했다. 예를 들어 코코아는 오랜 기간 동안 가나 경제의 중요한 부분이었지만, 산업화를 보조하기 위해 (제9장에서 서술한) 국가마케팅위원회(state marketing board)가 농부들이 코코아로부터 받았던 가격을 제한하게 되면서 쇠퇴했다. 농부들이 훨씬 더 높은 가격과 기술 원조를 받는 것이 허용된 이후 특히 1980년대 후반과 2000년대 초반의 두 성수기에 생산량이 대폭 증가했다. 비료 사용과 품종개량이 농부들 사이에 확산되었다(가나의 파인애플 확산 사례가 제9장의 〈예문 9.1〉에서 검토된다). 코코아 재배는 현재 70만 명 이상의 가나 농부들에게 기본적인 생계수단을 제공하고 있다.

1990년대 초 후세인(Ishrat Husain)과 같은 세계은행의 분석가들은 가나를 그 권고받은 시장친화적 정책들을 코트디부아르 같은 나라들보다 잘 따르고 실행했던 국가로 지적하고 있었다.

가나에서 (그리고 물론 다른 국가들을 설명하는 데 있어) 대규모 개혁이 주어졌던 이유는 상황이 너무 좋지 않았고 따라서 개혁을 받아들이는 것 말고 선택이 없었기 때문이다. 당연히 현지의 조건에 따라 상황이 너무 나빠져서 변화에 대한 지속적 저항이 소용없게 되면 아마도 항상 좋아지는 것은 아니지만 무엇인가 변한다. 가나는 강박이 개혁을 '발생시킨다'는 논란이 많은 견해를 옹호하는 사람들을 위한 고전적인 사례가 되었다. 로드릭(Dani Rodrik)의 말을 바꿔서 설명하면 비판은 개혁을 '발생'시키기에 얼마만큼의 강박이 충분한지 명백하지 않다는 것이다. 그리고 그 결과 분석가들이 상황이 충분히 나쁘지 않았기 때문에 개혁이 발생하지 않았다고 단순히 주장할 때 매우 설득력이 없다는 것이다.

코트디부아르의 정책 이와는 대조적으로 코트디부아르는 1960년대와 1970년대에 상대적으로 더 급속한 성장을, 그 뒤 1980년부터 현재까지 침체를 겪었다(민족분규 때문에 최근에 더욱 확고해졌음). 20년 동안 쓸모 있게 수행된 것처럼 보이는 제도들이 나중에 나타나는 근본적인 약점을 가질 수 있는데, 예를 들어 정치인들이 약점을 정치적 기회로 취급하거나 또는 새로운 도전이 출현함에 따라 시스템은 융통성을 거의 갖지 못하는 것으로 판명된다.

코트디부아르는 어떤 면에서는 대부분의 인구와 빈곤하게 생활하는 대부분의 사람들이 거주했던 농촌의 농업부문을 도왔어야만 했던 더 시장을 기반으로 한 수출지향 계획을 시작했던 것으로 널리 간주된다. 그렇지만 이 방식은 엘리트들의 농촌지역 착취를 막지 못했다. 사실 여러 차례의 심한 정책변동이 있었다. 분명하게 선호되었던 책략은 모든 민족집단이 국가경제의 성장에 참여하고 혜택을 받을 수 있도록 효과적으로 노력했던 초기 정책들이었던 것 같다. 예를 들어 1940년대 초 프랑스에 의해 부르키나파소로(Upper Volta)부터 코트디부아르로 유입되었던 강제노동을 포함하여 코트디부아르로의 대규모 이주가 있었다. 1990년대 후반의 더 민족을 기반으로 한 정치는 코트디부아르 정치의 전문가들에 의해 2000년대의 재앙적인 지역 및 민족의 물리적 충돌을 촉발시키는 데 일조했다고 간주되고 있다.

불후의 질문 1990년에 가나는 이미 세계은행 및 다른 기관들에 의해 '성공작(success story)'으로 여겨지고 있었다. 이와 같은 성공은 가나가 올바른 정책을 따랐기 때문인가? 그렇다면 왜 가나는 좋은 정책을 선택했고 코트디부아르는 그렇지 못했는지를 무엇이 설명하는가? 얼마나 많은 혜택이 원조 그 자체 크기의 결과라고 볼 수 있는가?

코트디부아르는 2002년부터 2007년 사이에 심각한 물리적 충돌의 기간에 빠져들었다. 많은 사람들이 생명을 잃었고, 자원은 문제를 관리하는 데 전용되었으며, 전망에 대한 자각은 여전히 손상되었다. 프랑스의 군사개입은 아직도 계속되고 있는 프랑스와 코트디부아르의 독특한 관계를 반영했다. 이와는 대조적으로 가나는 현재까지 안정적인

채로 남아 있다. 왜? 그리고 가나는 계속 안정을 유지할 수 있는가? 가나가 최근의 석유개발과 생산을 얼마나 잘 처리해 나갈 것인지는 지켜보아야 한다. 이론상으로 새로운 자원은 빈곤을 감소시키는 데 직간접적으로 도움이 될 수 있다. 그러나 많은 국가들의 경우 '자원의 저주'가 자원수입과 과잉전문화 또는 심지어 '속 빈(hollowed out)' 경제에 대한 정치적 갈등으로부터 발생했다(제14장 참조).

이들 국가의 발전에 있어서 지도력의 차이가 문제가 되었는가? 사회주의자인 은크루마는 건설적으로 교육을 지원했지만, 자원을 코코아 수출로부터 지역산업으로 전환시켰으며, 이는 경제적인 재앙으로 이어졌다. 강박하에서 사회주의자 롤링스(Jerry Rawlings)는 단기적으로 고통을 가져왔지만 장기적으로는 이익을 가져왔던 시장지향적 정책개혁을 받아들였다. 뒤이은 지도자들은 실용적이었으며, 상대적으로 손해를 끼치지 않고 아마도 약간의 도움이 된 일을 하였다. 프랑스가 지지했던['프랑사프리크(Françafrique)'] 코트디부아르의 자본가 우프에트 브와니(Felix Houphouët-Boigny) 대통령은 초기에는 자신의 국가를 경제적 성공으로 이끌 것처럼 보였지만, 1993년 사망할 때까지 33년 동안 권력을 고수하면서 국고로부터 수십억을 훔쳤으며, 조국을 파산에 이르게 했다. 이후의 지도자들은 거의 사람들에게 감동을 주지 못했다. 물론 정부 또는 시민사회의 보기 드문 지도력이 발전 과정에서 결정적인 역할을 수행할 수 있다. 남아프리카공화국의 만델라(Nelson Mandela)와 방글라데시의 유누스(Muhammad Yunus)를 생각해보라. 그러나 보통의 경험에서 지도력이 핵심인가, 아니면 근본적인 제도가 문제인가? 아니면 대중운동인가? 교육인가? 수입된 아이디어와 기술인가? 이들은 불후의 질문(enduring questions)으로 남아 있으며, 그 해답은 현지 조건에 달려 있을 수 있다.

문헌에서 더 일반적인 증거를 보여주기 위한 단지 두 국가에 대한 검토로서, 가나에서 영국에 의해 구축된 제도와 코트디부아르에서 프랑스에 의해 구축된 제도가 차후에 이들 국가들의 빈곤 감소 및 경제성장의 성공과 실패에 압

도적인 효과를 미쳤다고 의심의 여지없이 결론을 내릴 수는 없다. 그러나 제2장에서 소개한 대규모 표본통계연구에서 확인된 요소들, 특히 제도, 불균등, 그리고 적어도 간접적으로 교육에 대한 지지가 존재한다. 식민지제도는 명백히 부정적인 효과를 미치며, 식민지화 내에서 식민지 통치하의 지방분권화 정도 역시 명백하게 문제가 되었다. 이와 같은 측면에서 1992년 이래 가나에서 재등장한 더 지방분권화된 지배 구조는 상대적으로 덜 해로운 영국식 지배관행과 관련될 수 있다. 동시에 역사는 운명이 아니다. 가나는 식민지제도의 도구들이 제대로 예측하지 못했던 진전을 달성했다. 상황들이 반드시 코트디부아르에게 절망적인 것도 아니다. 제도와 불균등은 변화에 대해 상당히 저항적이다. 그러나 글로벌 추세는 인간개발의 지속적인 진전을 지향하고 있으며, 르완다 같은 다른 아프리카 국가들은 불과 몇 년 전까지만 하더라도 상상하기 매우 힘들었던 엄청난 경제적 진전을 이루었다. 그러나 코트디부아르에서 2010년 대통령 부정선거에 뒤따른 교착상태는 제2차 코트디부아르 내전(Second Ivorian Civil War)이라 불렸던 내전으로 이어졌다. 단순히 코트디부아르를 비난하는 것이 아니라, 정책 입안의 형태를 근본적인 제도로 추적하는 것이 가능할 수 있으며, 그렇게 하는 것이 극심한 제약을 다루는 데 도움이 될 수 있다. 국제사회가 평화를 확고히 하는 데 도움을 주는 것은 물론 코트디부아르에서 근본적인 제도의 개선을 가능하게 하는 데 건설적인 역할을 할 수 있기를 희망할 뿐이다.

참고문헌

The authors would like to thank Gina Lambright, David Shinn, and Jennifer Spencer for their comments on the first draft of this case study, and Andrew Klein and Kevin Salador for their research assistance.

Acemoglu, Daron, Simon Johnson, and James A. Robinson. "The colonial origins of comparative development: An empirical investigation." *American Economic Review* 91 (2001): 1360-1401.

Adjibolosoo, Senyo. "Ghana at fifty years old: A critical review of the historical genesis of why Ghanaians are where they are today." *Review of Human Factor Studies* 13 (2007): 6-40.

Alesina, Alberto, and Eliana La Ferrara. "Ethnic diversity and economic performance." *Journal of Economic Literature* 43 (2005): 762-800.

Alkire, Sabina, and Maria Emma Santos. "Acute Multi-dimensional Poverty: A New Index for Developing Countries." OPHI Working Paper 38, 2010, at http://www.ophi.org.uk/acute-multidimensional-poverty-a-new-index-for-developing-countries/

Beck, Thorsten, Asli Demirguc-Kunt, and Ross Levine. "Lae and finance: Why does legal origin matter?" *Journal of Comparative Economics* (2003): 663-675.

Blunch, Niels-Hugo, and Dorte Verner. "Shared sectoral growth versus the dual economy model: Evidence from Côte d'Ivoire, Ghana, and Zimbabwe." *Development Review* 18 (2006): 283-308.

Boone, Catherine. *Political Topographies of the African State. Territorial Authority and Institutional Choice.* Cambridge: Cambridge University Press, 2003.

Crook, Richard, Simplice Affou, Daniel Hammond, Adja F. Vanga, and Mark Owusu-Yeboah. "The law, legal institutions and the protection of land rights in Ghana and Côte d'Ivoire: Developing a more effective and equitable system." IDS Research Report 58. Brighton, U.K.: Institute of Development Studies at the University of Sussex, 2007.

Easterly, William. "Inequality does cause under-development." *Journal of Development Economics* 84 (2007): 755-776.

Engelbert, Pierre. "Pre-colonial institutions, post-colonial states, and economic development in tropical Africa." *Political Research Quarterly* (2000): 7-36.

_____. *State Legitimacy and Development in Africa.* Boulder, Colo.: Rienner, 2000.

Fermin-Sellers, Kathryn. "Institutions, context, and outcomes: Explaining French and British rule in West Africa." *Comparative Politics* 32 (2000): 253-272.

Glaeser, Edward L., Rafael Laporta, Florencio Lopez de Silanes, and Andrei Shleifer. "Do institutions cause growth?" *Journal of Economic Growth* 9 (2004): 271-303.

Herbst, Jeffrey. *States and Power in Africa: Comparative Lessons in Authority and Control.* Princeton, N.J.: Princeton University Press, 2000.

Heston, Alan, Robert Summers, and Bettina Aten. *Penn World Table*, vers, 6.3. Center for International Comparisons of Production, Income, and Prices at the University of Pennsylvania, August 2009.

Husain, Ishrat. "Why do some adjust more successfully than others? Lessons from seven African countries." World Bank Africa Regional Office Policy Working Paper No. 1364, Office of the Chief Economist, 1994.

Husain, Ishrat, and Rashid Faruqee. *Adjustment in Africa: Lessons from Country Case Studies.* Washington, D.C.: World Bank, 1994.

La Porta, Rafael, Florencio Lopez-de-Silanes, Andrei Shleifer, and Robert W. Vishny. "Law and finance." *Journal of Political Economy* 106 (1998): 1113-1155.

Langer, Arnim. "Horizontal Inequalities and Violent Conflict" Côte d'Ivoire Country Paper, 2005. http://hdr.undp.org/en/reports.

MacLean, Lauren Morris. "Constructing a social safety net in Africa: An institutionalist analysis of colonial rule and state social policies in Ghana and Côte d'Ivoire." *Studies in Comparative International Development* 37 (2002): 64-90.

Office of the Chief Economist, Africa Region, World Bank. *Yes, Africa Can: Success Stories from a Dynamic Continent.* Washington, D.C.: World Bank, 2009.

Population Council. "Côte d'Ivoire, 1998-99 results from the Demographic and Health survey source." *Studies in Family Planning* 34 (2003): 53-57.

Population Reference Bureau. *World Population Data Sheet.* 2012.

_____. "Progress in Reducing Adolescent Childbearing: Ghana's Success Story," A PRB ENGAGE Snapshot, 2013 http://www.prb.org/Journalists/Webcasts/2013/ghana-adolescent-childbearing-engage-short.aspx.

Rodrik, Dani. "Understanding economic policy reform." *Journal of Economic Literature* 34 (1996): 9-41.

Stewart, Frances. "Horizontal Inequalities: A neglected dimension of development." QEH Working Paper Series, No. 81. Oxford: University of Oxford, 2002.

Tansel, Aysit. "Schooling attainment, parental education, and

gender in Côte d'Ivoire and Ghana." *Economic Development and Cultural Change* 45 (1997): 825-856.

Tsikata, Fui S. "National mineral policies in a changing world: The vicissitudes of mineral policy in Ghana." *Resources Policy* 23 (1997): 9-14.

United Nations Development Programme, *Human Development Report, 2009* and *2010*. New York: Oxford University Press, 2009 and 2010.

White, Howard. "Using household survey data to measure educational performance: The case of Ghana." *Social Indicators Research* 74 (2005): 395-422.

World Bank. "PovcalNet." http://iresearch.worldbank.org/PovcalNet.

_____. *World Development Indicators, 2010, 2013*. Washington, D.C.: World Bank, 2010, 2013.

Yimam, Arega. *Social Development in Africa, 1950-1985: Methodological Perspectives and Future Prospects*. Brookfield, Vt.: Avebury, 1990.

주요 용어

5분위(quintile)

10분위(decile)

가처분소득(disposable income)

간접세(indirect taxes)

개인별 소득분배(personal distribution of income)

경제성장의 특성(character of economic growth)

공공소비(public consumption)

근로복지 프로그램(workfare program)

기능별 소득분배(functional distribution of income)

누진소득세(progressive income tax)

다차원적 빈곤지수(multidimensional poverty index, MPI)

로렌츠곡선(Lorenz curve)

보조금(subsidy)

생산요소(factor of production)

소득불균등(income inequality)

신고전학파 가격유인 모형(neoclassical price incentive model) (부록 5.1)

역진세(regressive tax)

요소가격왜곡(factor price distortion) (부록 5.1)

요소대체탄력성(elasticity of factor substitution) (부록 5.1)

인원수지수(headcount index)

자산소유권(asset ownership)

재분배정책(redistribution policies)

절대빈곤(absolute poverty)

지니계수(Gini coefficient)

총빈곤갭(total poverty gap, TPG)

쿠즈네츠곡선(Kuznets curve)

토지개혁(land reform)

포스터-그리어-토르베커 지수[Foster-Greer-Thorbecke(FGT) index]

복습문제

1. 대부분의 발전경제학자들은 현재 GNI 및 1인당 소득의 수준과 성장률이 한 국가의 발전을 나타내는 충분한 척도를 제공하지 못하고 있다는 것에 동의하는 것처럼 보인다. 그들 주장의 본질은 무엇인가? 몇 가지 사례를 제시하라.

2. 한 국가의 계층별 소득분배와 기능별 소득분배의 차이를 설명하라. 여러분은 어느 것이 더 적절한 개념이라고 결론을 내리는가? 답을 설명하라.

3. 절대빈곤은 무엇을 뜻하는가? 발전경제학자들은 소득빈

곤의 어떤 척도를 선호하는가? 소득빈곤척도들은 UNDP의 다차원적 빈곤지수와 어떻게 다른가? 개발도상국의 빈곤 측정에 왜 관심을 가져야 하는가?

4. 고빈곤집단의 주요 경제적 특성은 무엇인가? 이러한 특성들은 빈곤에 초점을 맞춘 발전 가능한 성격에 대해 무엇을 말해주는가?

5. 쿠즈네츠의 역U자 가설을 설명하라. 현대 개발도상국에 있어서 이 가설이 갖는 개념적 장점과 한계에 대해 논하라.

6. 본문에서 넓은 범위의 개발도상국들로부터의 통계를 검토했을 때, 성장이 빈곤 감소를 보장하지 않는다는 것을 발견했다. 높은 소득은 명백히 더 적은 빈곤과 관련이 있는 반면, 경제는 심지어 중상소득 상태에 오를 수 있지만 꽤 높은 극심한 빈곤과 지속적으로 투쟁한다. 이것이 국가 성장 과정 성격의 중요성 및 그 제도적 구조에 대해 무엇을 말해주는가?

7. 로렌츠곡선과 지니계수 간의 관계는 무엇인가? 한 국가의 소득분배에 있어서 균등 및 불균등의 요약 척도로서 로렌츠곡선과 지니계수가 어떻게 사용될 수 있는지 몇 가지 예를 제시하라.

8. "국가 소득분배의 주요 결정요인은 그 생산 및 소득획득 자산의 분배다." 이 말의 의미를 설명하고, 생산 및 소득획득 자산의 여러 종류에 대한 예를 제시하라.

9. (GNI 또는 1인당 GNI로 측정되는) 급속한 경제성장과 더 균등한 개인별 소득분배는 필연적으로 상충하는 목표인가? 당연한 것으로 여겨지는 두 목표 간의 상충관계에 대한 찬성과 반대 주장을 모두 요약하고, 여러분 스스로의 견해를 서술하고 설명하라.

10. 불균등이 어떻게 보다 더 급속한 성장 또는 발전을 유도할 수 있는가? 이것이 어떻게 더 느린 성장 또는 발전으로 이어질 수 있는가?

11. 빈곤과의 투쟁에서 진전이 이루어지는가? 왜 그런가, 아니면 왜 그렇지 않은가?

12. 어떠한 유형의 빈곤정책이 효과적이라고 판명되었는가?

13. 경제성장은 절대빈곤을 타파하고 불균등을 감소시키기 위한 필요조건이지만 충분조건은 아니라고 일컬어진다. 이 주장을 뒷받침하는 논리는 무엇인가?

14. 국민소득의 계층별 분배를 변화시키고 수정하는 개발도상국의 여러 주요 정책옵션 개요를 서술하라. 여러분은 어떤 정책들이 절대적으로 필요하다고 믿는가? 답을 설명하라.

부록 5.1

적정기술과 고용창출 : 가격유인 모형

기술의 선택 : 그림 설명

신고전학파 가격유인 모형
그 주요 명제가 만약 시장가격이 올바른 방향으로 경제활동에 영향을 미치려면, 요소가격이 사용되는 자원의 진정한 기회비용을 반영할 수 있도록 시장가격이 보조금, 세금 등의 수단에 의해 요소가격 왜곡을 제거하기 위해 조정되어야 한다는 모형

신고전학파 가격유인 모형(neoclassical price incentive model)의 기본 명제는 꽤 단순하며, 신고전학파 기업 이론의 전통에 가장 알맞다. 경제원리에 따르면 생산자들(기업과 농장)은 주어진 일련의 상대요소(예 : 자본과 노동)가격에 직면하여 원하는 산출량 수준을 생산하기 위한 비용을 극소화하는 자본과 노동의 조합을 사용한다고 가정된다. 나아가 생산자들은 매우 노동집약적인 생산방법부터 매우 자본집약적인 생산방법까지 다양한 기술적 생산 과정을 갖고 원하는 산출량 수준을 생산할 능력이 있다고 가정된다. 따라서 만약 노동의 가격에 비해 자본의 가격이 매우 비싸다면 상대적으로 노동집약적 생산 과정이 선택될 것이다. 반대로 노동이 상대적으로 비싸다면, 비용을 절약하는 기업 또는 농장은 더 자본집약적인 생산방법을 사용할 것이다. 그들은 이 경우 노동인 비싼 생산요소의 사용을 최소화할 것이다.

기술 선택에 관한 전통적 경제학이 〈그림 A5.1.1〉에 나타난다. 문제의 기업, 농장, 산업, 또는 경제는 선택할 오로지 두 종류의 생산기술을 갖고 있다고 가정하자. 하나는 (동질적인) 노동에 비해 상대적으로 더 많은 (동질적인) 자본 투입을 요구하는 기술 또는 과정 0A이고, 다른 하나는 상대적으로 노동집약적인 기술 또는 과정 0B이다. 점 F와 점 G는 각 과정의 단위생산량 수준을 나타내며, 그러므로 점 F와 점 G를 연결하는 선 Q_1FGQ_1'은 단위생산량 등

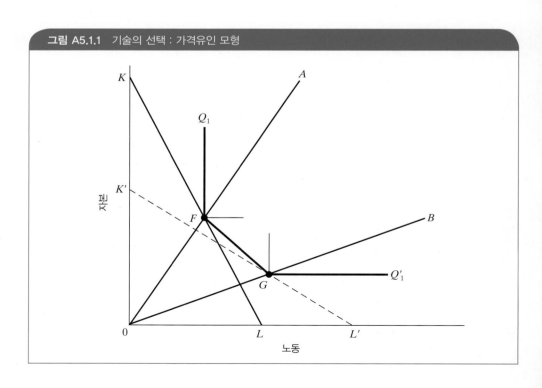

그림 A5.1.1 기술의 선택 : 가격유인 모형

량곡선이다. (전통적인 신고전학파 모형에서는 그러한 기술 또는 과정의 무한한 수가 존재한다고 가정되며, 그 결과 등량곡선 또는 등생산량곡선이 원점에 볼록한 전형적인 형태를 취한다는 것을 주목하라.

이 이론에 따르면 최적(최소비용) 자본-노동 조합(효율적 또는 적절한 기술)은 상대요소가격에 의해 결정된다. 잠정적으로 자본과 노동의 시장가격이 그 희소성 또는 잠재가치를 반영하며, 원하는 산출량 수준이 〈그림 A5.1.1〉의 Q_1이라고 가정하자. 만약 자본이 노동에 비해 저렴하다면(가격선 KL), 생산은 자본집약적 과정 $0A$를 사용하여 점 F에서 이루어질 것이다. 반대로 만약 노동과 자본의 시장가격이 노동이 상대적으로 저렴한(풍부한) 생산요소가 되도록 한다면(가격선 $K'L'$), 최적생산은 노동집약적 기술 $0B$가 선택되도록 점 G에서 이루어질 것이다. 현재 어떤 생산기술이 사용되는지와 관계없이 노동의 상대가격 하락은 다른 모든 조건이 동일하다면 최적 생산전략하에서 자본의 노동으로의 대체를 유도할 것이라는 결론이 자연히 뒤따른다. (만약 자본집약적인 과정 $0A$가 노동집약적 과정 $0B$를 '압도한다면', 즉 만약 기술 $0A$가 기술 $0B$에 비해 모든 생산 수준에서 더 적은 노동과 자본을 필요로 한다면, 어떤 요소가격 비율에서도 자본집약적인 기술이 선택될 것임을 주목하라.)

요소가격왜곡과 적정기술

대부분의 개발도상국들이 풍부한 노동공급을 보유하고 있지만 금융 또는 물적자본을 거의 보유하지 못하고 있다는 점에 비추어볼 때 생산방법이 상대적으로 노동집약적일 것이라고 자연스럽게 예측하게 된다. 그러나 실제로 농업과 제조업 모두에서 생산기술이 심하게 기계화되고 자본집약적임을 흔히 발견하게 된다. 대형 트랙터와 콤바인이 아시아, 아프리카, 그리고 남미의 농촌풍경에 여기저기 산재해 있는 반면, 사람들은 그 옆에 할 일 없이 서 있다. 가장 현대적이고 정교한 자동기계설비를 갖춘 빛나는 공장이 도시산업의 공통특성인 반면, 게으른 근로자들은 공장 정문 밖에 모여 있다. 확실히 이러한 현상이 개발도상국의 농부들과 제조업자들의 경제적 합리성 부족의 결과일 수는 없다.

가격유인이론에 따르면 설명은 간단하다. 다양한 구조적, 제도적, 정치적 요소들 때문에 그들 각각의 진정한 희소성 또는 잠재가치가 제시하는 것보다 노동의 실제 시장가격은 더 높고 자본의 실제 시장가격은 더 낮다. 〈그림 A5.1.1〉에서 잠재가격 비율은 선분 $K'L'$으로 주어지게 되는 반면, 실제 (왜곡된) 시장가격 비율은 선분 KL에 의해 나타난다. 시장임금구조는 노동조합의 압력, 정치적 동기에 의한 최저임금법, 근로자 부가급여 범위의 확대, 그리고 다국적기업의 고임금정책 때문에 상대적으로 높다. 이전의 식민지 국가에서는 고임금 구조가 종종 유럽의 생활 수준과 '고된(hardship)' 근무수당에 기초한 국외거주자 보수규모의 유산이다. 이와는 대조적으로 (희소한) 자본의 가격은 후한 감가상각 공제, 낮은 또는 심지어 부(−)인 실질이자율, 자본재 수입에 대한 낮은 또는 부(−)의 실효보호율, 세금환급, 그리고 고평가된 환율의 조합에 의해 인위적으로 낮게 유지된다(제13장 참조).

이러한 **요소가격왜곡**(factor price distortion)의 순결과는 농업 및 제조업 모두에서 부적절한 자본집약적 생산방법의 장려이다. 개별기업과 농장의 사적비용 극소화의 관점에서 보면

요소가격왜곡

공급과 수요라는 시장요인의 자유로운 작용에 간섭하는 제도적 방식 때문에 생산요소가 자신들의 진정한 희소성 가치(즉 그들의 경쟁적 시장가격)를 반영하지 못하는 가격을 지급받는 상황

자본집약적 기술의 선택이 올바른 것임을 주목하라. 그것은 생산요소시장에서 가격신호의 기존 구조에 대한 그것들의 합리적인 반응이다. 그러나 사회 전체의 관점에서 볼 때, 자본 그리고 특히 노동의 미활용이 갖는 사회적 비용은 매우 엄청난 것일 수 있다. '가격을 정상화하기', 즉 요소가격왜곡을 제거하기 위해 고안된 정부정책은 더 적절한 생산기술의 채택을 통해 고용증가뿐만 아니라 희소한 자본자산의 더 나은 전반적인 활용에 기여한다.

노동-자본의 대체 가능성

요소대체탄력성

요소상대가격이 변할 때 주어진 어떤 생산 과정에서의 생산요소 간 대체 가능성 정도를 나타내는 척도

요소가격왜곡 제거가 실제 고용에 미치는 영향은 개발도상국 진영 여러 산업의 생산 과정에서 노동이 자본을 대체할 수 있는 정도에 좌우될 것이다. 경제학자들은 이를 **요소대체탄력성** (elasticity of factor substitution)이라 부르며, 노동에 대한 자본의 가격(P_K/P_L)의 주어진 변화율과 비교할 때의 자본에 대해 노동이 사용되는 비율(노동-자본 또는 L/K 비율)의 변화율의 비율로 대략 정의한다. 수학적으로 대체탄력성 η_{LK}는 다음과 같이 정의될 수 있다.

$$\eta_{LK} = \frac{d(L/K)/(L/K)}{d(P_K/P_L)/(P_K/P_L)} \tag{A5.1.1}$$

예를 들어 만약 제조업부문에서 자본의 상대가격이 1% 상승하고 그 결과로 노동-자본 비율이 이를테면 1.5% 상승한다면, 제조업에서의 대체탄력성은 1.5와 같게 될 것이다. 만약 P_K/P_L이 이를테면 10% 하락한 반면 L/K은 단지 6% 하락한다면, 그 산업의 대체탄력성은 0.6이 될 것이다. 상대적으로 높은 대체탄력성(약 0.7보다 더 큰 비율)은 요소가격의 조정이 요소활용의 수준 및 조합에 상당한 영향을 미칠 수 있다는 것을 나타낸다. 그러한 경우 요소가격의 수정은 더 많은 고용기회를 창출하기 위한 중요한 수단이 될 수 있다.

일반적으로 개발도상국 제조업의 대체탄력성에 대한 대부분의 실증연구는 계수가 0.5~1.0 범위에 있음을 보여준다. 이러한 결과는 임금의 이를테면 10% 상대적 감소(직접적으로 또는 자본가격을 상승하도록 내버려두면서 임금을 불변인 채로 유지함으로써)는 5%에서 10%의 고용증가를 유도할 것임을 나타낸다.

부록 5.2

알루와리아-체너리 후생지수

GNI 성장률의 극대화에 대한 전적인 몰두로부터 벗어나 빈곤 타파와 과도한 소득격차 감소와 같은 광범위한 사회적 목표로 발전의 우선순위를 방향 전환할 필요성은 개발도상국 진영 전체에 걸쳐 현재 널리 인식되고 있다. 1인당 GNI 수치들은 국민소득이 실제로 어떻게 배분되는지 그리고 생산증가로부터 누가 가장 이득을 얻고 있는지를 나타내지 못한다. 예를 들어 GNI의 절대 수준과 1인당 GNI의 증가는 가난한 사람이 이전에 비해 더 나아진 것이 없다는 사실을 감출 수 있다는 것을 살펴본 바 있다.

GNI 성장률의 계산은 주로 국민생산의 불균형적으로 많은 비중을 받아가는 상위 40% 인구의 소득성장률 계산이다. 그러므로 GNI 성장률은 후생증진의 매우 오해의 소지가 있는 지수일 수 있다. 극단적인 사례를 들기 위해, 경제가 오로지 10명으로 구성되었고 그들 중 9명은 전혀 소득이 없으며, 10번째 사람만 100단위의 소득을 받았다고 가정하자. 이 경제의 GNI는 100이 되고 1인당 GNI는 10이 된다. 이제 모든 사람의 소득이 20% 증가하여 GNI는 120으로 증가했고 1인당 소득은 12로 증가했다고 가정하자. 이전에 소득이 없었던 9명은 현재에도 여전히 소득이 없기 때문에($1.20 \times 0 = 0$), 그러한 1인당 소득의 증가는 크게 기뻐할 이유를 제공하지 않는다. 1명의 부유한 개인이 여전히 모든 소득을 갖게 된다. 그리고 GNI는 사회 전체의 후생지수이기보다는 단지 한 개인의 후생을 측정하고 있을 뿐이다!

동일한 선상의 논리가 위의 예에서와 같이 완전하게 불균등한 것은 아니지만 소득이 매우 불균등하게 분배된 더 현실적인 상황에 적용될 수 있다. 인구를 각각 5%, 9%, 13%, 22%, 51%의 소득비중을 받는 5분위로 나눴던 〈표 5.1〉의 수치를 인용해서, 이러한 소득비중이 각 소득계층의 상대적 경제후생의 척도이며, 각 분위의 소득성장률은 그 계층 경제후생 증가의 척도라는 것을 알았다. 사회 총후생 수준의 증가는 각 계층 소득증가의 단순가중치의 합으로 계산할 수 있다. 사실 이것이 GNI 성장률이 측정하는 수치이다. 이때 각 소득계층에 적용된 가중치는 국민소득에서 차지하는 그들 각각의 비중이다. 구체적으로 말하면 소득수준 증가에 따라 5분위로 나눈 인구의 경우 다음의 식이 성립한다.

$$G = w_1g_1 + w_2g_2 + w_3g_3 + w_4g_4 + w_5g_5 \tag{A5.2.1}$$

여기서 G = 사회후생증가 가중지수, g_i = i번째 5분위의 소득증가율(i는 위의 예에서 1, 2, 3, 4, 5로 순서가 매겨진다), 그리고 w_i = i번째 5분위의 '후생가중치(welfare weight)'(위의 예에서 $w_1 = 0.05$, $w_2 = 0.09$, $w_3 = 0.13$, $w_4 = 0.22$, $w_5 = 0.51$이다). 가중치가 더해서 합이 1이 되고 부($-$)가 아닌 한, 사회후생 증가의 전반적 척도 G는 여러 5분위의 최대와 최소 소득성장률 사이의 어딘가에 놓여 있어야만 한다. 모든 소득이 한 사람 또는 가장 높은 5분위 한 그룹의 사람들에게 귀속되고, 후생가중치가 소득비중인 극단적인 경우(GNI 성장률에서의 후생가중치와 같이), 식 (A5.2.1)은 다음과 같아진다.

$$G = 0g_1 + 0g_2 + 0g_3 + 0g_4 + 1g_5 = 1g_5 \qquad\qquad \text{(A5.2.2)}$$

그러므로 사회후생의 증가는 위의 예에서와 같이 인구의 최상위 5분위에 속한 사람들의 소득 증가율과 전적으로 관련이 있게 된다.

〈표 5.1〉로부터 도출된 예에서 사회후생의 GNI 비중가중치에 의한 사회후생지수는 다음과 같다.

$$G = 0.05g_1 + 0.09g_2 + 0.13g_3 + 0.22g_4 + 0.51g_5 = 1g_5 \qquad \text{(A5.2.3)}$$

이제 하위 60% 인구의 소득증가율이 $0(g_1 = g_2 = g_3 = 0)$인 반면, 상위 40% 인구의 소득 증가율이 $10\%(g_4 = g_5 = 0.10)$라고 가정하자. 그렇다면 식 (A5.2.3)은 다음과 같이 쓸 수 있다.

$$G = 0.05(0) + 0.09(0) + 0.13(0.10) + 0.22(0.10) + 0.51(0.10) = 0.073 \quad \text{(A5.2.4)}$$

사회후생지수는 7% 이상 증가하게 되는데, 이는 GNI의 성장률[즉 네 번째와 다섯 번째 5분위의 소득이 10% 증가하면 〈표 5.1〉의 GNI는 100으로부터 107.3으로 증가하게 된다]이다. 따라서 GNI가 7.3% 증가하는 경우의 실례를 살펴보았는데, 이는 60%의 인구가 이전보다 더 부유해지지 않았음에도 불구하고 사회후생이 7.3%의 GNI 성장과 동일한 비율만큼 증가하는 경우를 의미한다. 하위 60%는 아직도 각각 5, 13, 22단위의 소득을 보유한다. 명백히 소득분배는 그와 같은 훌륭한 GNI의 성장률에 의해 악화(하위 60%의 상대적 비중이 하락하게 된다)된다.

식 (A5.2.4)의 수적 예는 기본적 요점을 보여준다. 사회후생지수로 그리고 여러 나라의 발전 성과를 비교하는 방법으로 GNI 성장률을 사용하는 것은 특히 여러 나라들이 현저히 상이한 소득분배를 갖고 있는 곳에서는 오해의 소지가 있다는 것이다. 상이한 소득그룹의 소득증가율에 부여되는 후생가중치가 같지 않으며, 최상위 5분위 그룹의 소득증가에 더 큰 사회적 프리미엄이 부여된다. 식 (A5.2.3)의 예에서 그것은 10배보다 더 큰 절대증가를 의미하기 때문에, 최상위 5분위의 1% 소득증가는 최하위 5분위의 1% 소득증가보다 10배 이상의 가중치(0.05와 비교할 때 0.51)를 갖는다. 다시 말해 사회후생의 개선과 발전의 지수로서 GNI 증가의 척도를 사용하는 것은 각 소득그룹에 그 각각의 소득비중에 해당하는 후생의 중요성을 부여하는 것이다(즉 가장 부유한 인구 20%의 소득 1% 증가는 하위 20%의 소득 1% 증가에 비해 사회에 10배 이상만큼 중요하다고 암묵적으로 가정된다). 이에 따라 사회후생 증가를 극대화하는 가장 좋은 방법은 가난한 사람들을 무시하고 부유한 사람들의 소득증가율을 극대화하는 것이라는 결론이 따르게 된다! 만약 언제든 GNI 성장을 발전과 동일시하지 않는 경우가 있었다면, 이 예는 설득력 있는 설명을 틀림없이 제공할 것이다.

빈곤가중치 사회후생지수 구축

단순한 GNI 증가율 또는 사회후생의 분배비중지수 사용의 대안은 균등가중치 또는 심지어 빈곤가중치 지수를 구축하는 것이 된다. 그러한 지수들은 주요 발전목표로 빈곤의 제거에 관심을 갖는 나라들에 특히 관련될지 모른다. 명칭이 나타내는 바와 같이 균등가중치지수(equal-weights index)는 각 소득계층의 소득증가에 그 계층의 소득이 총소득에서 차지하는 비율이 아니라 그 계층에 속한 사람들이 총인구에서 차지하는 비율에 의해 가중치를 부여한다. 즉 모든 사람의 소득증가를 균등하게 취급하여 가중치를 부여하는 지수이다. 5분위로 나뉘진 경제에서 그러한 지수는 각 분위의 소득증가에 0.2의 가중치를 주게 된다. 따라서 최하위 그룹 소득증가의 절대치는 상위 그룹들보다 훨씬 더 작겠지만, 가장 낮은 20% 인구의 10% 소득증가는 전반적인 사회후생의 개선 척도에서 최상위 20% 그룹 또는 다른 어떤 분위 그룹의 10% 소득증가와 똑같은 영향을 갖게 된다.

하위 세 5분위는 정체한 채로 상위 두 5분위의 소득이 10% 증가한 위의 예에서 균등가중치지수를 사용하면 다음의 식이 성립하게 된다.

$$G = 0.20g_1 + 0.20g_2 + 0.20g_3 + 0.20g_4 + 0.20g_5 \qquad (\text{A5.2.5})$$

또는 g_1부터 g_2까지에 증가율을 대입하면 다음의 식이 된다.

$$G = 0.20(0) + 0.20(0) + 0.20(0) + 0.20(0.10) + 0.20(0.10) = 0.04 \quad (\text{A5.2.6})$$

사회후생은 분배비중 또는 GNI 성장률 지수의 사용에 의해 기록된 7.3%의 증가와 비교할 때 단지 4% 증가하게 된다. 기록된 GNI는 여전히 7.3% 성장했음에도 불구하고, 이 대체 발전의 후생지수는 단지 4%의 증가만을 보여주게 된다.

마지막으로 그 인구의 말하자면 가장 가난한 40%의 물질적 복지 개선에 진정으로 그리고 오로지 관심을 갖는 개발도상국을 고려하기로 하자. 그러한 나라는 오로지 최하위 40%만의 소득증가율에 '주관적인' 사회적 가치를 부여하는 발전의 빈곤가중치지수(poverty-weighted index)를 구축하길 원할 수 있다. 다시 말하면 그것은 w_1에 0.60, w_2에 0.40의 후생가중치를 임의로 부여하는 반면, w_3, w_4, w_5에 0의 가중치를 주는 것일 수 있다. 똑같은 수치 예를 사용하면, 이 나라의 사회후생 성장지수는 다음과 같은 식으로 표현된다.

$$G = 0.60g_1 + 0.40g_2 + 0g_3 + 0g_4 + 0g_5 \qquad (\text{A5.2.7})$$

위 식에 $g_1 = g_2 = g_3 = 0$ 그리고 $g_4 = g_5 = 0.10$을 대체하면 다음의 식이 된다.

$$G = 0.60(0) + 0.40(0) + 0(0) + 0(0.10) + 0(0.10) = 0 \qquad (\text{A5.2.8})$$

그러므로 기록된 GNI는 7.3%가 성장했음에도 불구하고 빈곤가중치지수는 사회후생의 개선이 없음(발전 없음)을 기록한다!

어떤 발전지수에서도 후생가중치의 선택은 순전히 임의적이지만, 그것은 주어진 사회의 목표와 목적에 대한 중요한 사회적 가치를 나타내고 대표한다. 만약 이것이 가능하다면 여러 개발도상국들에 있어서 다양한 발전전략의 암묵적인 실질적 후생가중치를 알아보는 것이 확실히 흥미로운 일일 것이다. 그러나 GNI 성장률이 명시적으로 또는 암묵적으로 발전 성과를 비교하기 위해 사용되는 한, '부유한 자를 위한 가중치(wealthy weights)' 지수가 실제로 사용된다는 것을 알고 있다는 것이 주요 요점이다.

경제적 후생의 개선을 나타내는 여러 지수에 대한 논의에 몇몇 현실세계의 특색을 가미하고 다양한 국가의 경제 성과를 평가하는 데 있어서 상이한 가중치 성장지수의 유용성을 설명하기 위해, 알루와리아와 체너리(Montek Ahluwalia and Hollis Chenery)에 의해 편집된 〈표 A5.2.1〉의 데이터를 고려하자. 표는 첫째 GNI 성장률(GNI 가중치), 둘째 균등가중치지수, 그리고 셋째 인구의 가장 낮은 40%, 중간 40%, 그리고 상위 20%의 소득증가율에 배정된 실제 가중치가 각각 0.6, 0.4, 0.0인 빈곤가중치지수에 의해 측정된 12개국의 소득증가율을 보여준다. 몇 가지 흥미로운 결론이 〈표 A5.2.1〉의 마지막 세 열에 대한 검토로부터 도출된다.

1. 균등가중치지수와 빈곤가중치지수로 측정된 것과 같은 경제 성과는 브라질, 멕시코, 파나마 같이 몇몇 그렇지 않다면 높은 GNI 성장 국가들에서 특히 더 나빠졌다. 왜냐하면 이들 국가들이 이 기간에 걸쳐서 모두 소득분배의 악화와 소득증가의 상위 그룹에의 집중 증가를 경험했기 때문에, 균등가중치 및 빈곤가중치지수가 자연적으로 단순한 GNI 척도보다 덜 인상적인 발전 성과를 보여주기 때문이다.

표 A5.2.1   12개 주요 국가의 소득분배 및 성장

국가	소득증가			연간 후생증진		
	상위 20%	중위 40%	하위 40%	GNI 가중치	균등가중치	빈곤가중치
브라질	6.7	3.1	3.7	5.2	4.1	3.5
콜롬비아	5.2	7.9	7.8	6.2	7.3	7.8
코스타리카	4.5	9.3	7.0	6.3	7.4	7.8
엘살바도르	3.5	9.5	6.4	5.7	7.1	7.4
인도	5.3	3.5	2.0	4.2	3.3	2.5
멕시코	8.8	5.8	6.0	7.8	6.5	5.9
파나마	8.8	9.2	3.2	8.2	6.7	5.2
페루	3.9	6.7	2.4	4.6	4.4	3.8
필리핀	5.0	6.7	4.4	5.5	5.4	5.2
한국	12.4	9.5	11.0	11.0	10.7	10.5
스리랑카	3.1	6.3	8.3	5.0	6.5	7.6
대만	4.5	9.1	12.1	6.8	9.4	11.1

출처 : International Bank for Reconstruction and Development/The World Bank: *Redistribution with Growth: An Approach to Policy*. Copyright © 1974 by The World Bank.

2. 다섯 나라(콜롬비아, 코스타리카, 엘살바도르, 스리랑카, 대만)에서 가중지수는 GNI 성장보다 더 우수한 성과를 보여주는데, 이는 문제의 기간 동안 이들 다섯 나라에서 더 낮은 소득 그룹의 상대적 소득증가가 더 높은 소득 그룹보다 더 빠르게 진행되었기 때문이다.

3. 세 나라(페루, 필리핀, 한국)에서 문제의 기간 동안 소득분배의 변화가 거의 없었던 것이 GNI 척도와 2개의 대안적 사회후생 가중지수 간의 변화가 거의 없는 결과를 가져왔다.

그러므로 경제성장이 고소득 그룹 또는 저소득 그룹의 상대적인 향상 쪽으로 편향되는 정도의 유용한 요약 척도는 사회후생의 가중치지수와 GNI의 실제 성장률 간 정(+) 또는 부(−)의 괴리라고 결론을 내릴 수 있다.

미주

1. 로렌츠곡선은 미국의 경제학자 로렌츠(Max Otto Lorenz)의 이름을 따서 명명되었다. 그는 1905년 인구집단과 그들 각각의 소득비중 간의 관계를 보여주는 편리하고 널리 쓰이는 이 도표를 고안했다.

2. 완전균등의 더 정확한 정의는 인구의 연령구조와 인구 내 모든 가계의 생애주기에 있어서의 기대소득 변화를 고려해야 한다. Morton Paglin, "The measurement and trend of inequality: A basic revision," *American Economic Review* 65 (1975): 598-609를 참조하라.

3. 더 상세한 내용은 Gary S. Fields, *Distribution and Development: A New Look at the Developing World* (Cambridge, Mass.: MIT Press, 2001), ch. 2를 참조하라.

4. 불균등의 특성에 대한 이것과 대안적인 설명에 관한 더 상세한 내용은 Amartya Sen and James E. Foster, *On Economic Inequality*, expanded ed. (Oxford: Clarendon Press, 1997)을 참조하라.

5. 모든 근로자의 한계생산의 합은 반드시 전체 국민총소득 (GNI)과 같아야 한다. 수학적으로 GNI는 단순히 0과 L_E 간 한계생산곡선의 적분이다. 이는 한계생산함수가 GNI 곡선의 도함수(derivative)이기 때문이다—$GNI = f(L, \overline{K})$, $MP_L = f'(L)$.

6. 만약 측정된 빈곤이 그와 같은 이전 이후에 항상 절대적으로 더 낮은 수준이라면, 이 특성은 강단조성(strong monotonicity)이라 불린다. 인원수비율은 단조성을 만족하지만 강단조성을 만족하지는 않는다.

7. 기술적인 상세 내용은 James Foster, Joel Greer, and Erik Thorbecke, "A class of decomposable poverty measures," *Econometrica* 52 (1984): 761-766을 참조하라.

8. 식 (5.4)가 식 (5.3)을 따른다는 증명은 Foster, Greer, and Thorbecke, "A class of decomposable poverty measures," Cornell University Discussion Paper No. 242, 1981을 참조하라.

9. 이는 내용적으로 센(Sen) 지수 $S = \left(\frac{H}{N}\right)[NIS + (1 - NIS)G_p]$와 유사하다. 여기서 G_p는 가난한 사람 사이의 지니계수를 나타낸다. 기술적인 상세 내용과 P_2와 S 빈곤척도의 도출은 Sen and Foster, *On Economic Inequality*, pp. 165-194 and ibid를 참조하라.

10. 똑같은 이유 때문에 P_2 척도는 이제 멕시코 헌법의 일부분이 되었다(제5장 제34조). Interview with Erik Thorbecke, *Cornell Chronicle*, May 11, 2000.

11. 예를 들어 우간다는 1999~2009년 사이에 인상적인 빈곤감소를 경험했지만, 인원수는 단지 190만 명 감소했다. 사람 수로 환산한(person-equivalent) 척도에 의하면 빈곤은 가난한 사람 수로 환산할 때 440만 명이 감소했다. 이러한 척도는 빈곤의 깊이를 조정하고 있지만, 빈곤의 심각성을 여전히 반영하지 못한다. 몇몇 개발도상국으로부터의 데이터에 대한 적용과 더불어 척도에 대한 더 상세한 내용은 Tony Castleman, James E. Foster, and Stephen C. Smith, "Person-Equivalent Poverty Measures," paper presented at the Brookings Institution, February 12, 2013을 참조하라.

12. 알려진 바와 같이 앨카이어-포스터(Alkire-Foster) 방법은 빈곤이 단지 한 가지 차원으로 측정될 때 FGT지수로 바뀐다. Sabina Alkire and James Foster, "Counting and multidimensional poverty measurement," *Journal of Public Economics* 95, No. 7 (2011): 476-487을 참조하라. 더 나아가서의 직관력은 또한 Alkire and Foster, "Understanding and misunderstanding of multidimensional poverty," *Journal of Economic Inequality* 9(2), pp. 289-314를 참조하라.

13. 개발도상국의 저축원천에 관한 여러 UN의 연구들은 소규모 농부들과 개인들이 저축을 가장 많이 하는 사람들에 속하는 것처럼 보인다는 것을 보여준다. Andrew Mason, "Savings, economic growth and demographic change," *Population and Development Review* 14 (1988): 113-144를 참조하라.

14. 더 높은 불균등이 더 낮은 성장 또는 소득으로 이어질 수 있는 메커니즘을 다룬 2개의 기술적 논문은 Abhijit V. Banerjee and Andrew F. Newman, "Occupational choice and the process of development," *Journal of Political Economy* 101 (1993): 274-298과 Oded Galor and Joseph Zeira, "Income distribution and macroeconomics," *Review of Economic Studies* 60 (1993): 35-52이다. 또한 Fields, *Distribution and Development*, ch. 10을 참조하라. 그러나 실증문헌 결과는 아직도 뒤섞인 채로 남아 있다.

15. 예를 들어 Torsten Persson and Guido Tabellini, "Is inequality harmful for growth?" *American Economic Review* 84 (1994): 600-621, and Alberto Alesina and Dani Rodrik, "Distributive politics and economic growth," *Quarterly Journal of Economics* 109 (1994): 465-490을 참조하라. 폭력범죄와의 관련성은 Morgan Kelly, "Inequality and crime," *The Review of Economics and Statistics* 82, No. 4 (2000), pp. 530-539를 참조하라.

16. John Rawls, *A Theory of Justice* (Cambridge, Mass.: Belknap Press, 1971).

17. 이 접근법은 Gary S. Fields, *Poverty, Inequality and Development* (Cambridge: Cambridge University Press, 1980), pp. 46-56에 의해 개발되었다.

18. Ibid., p. 52.

19. 이는 아마도 각자 하루 예를 들어 50센트의 자신의 몫을 주장하면서 모든 사람이 '똑같이 가난한' 전통경제를 고려함으로써 가장 쉽게 상상될 수 있다. 만약 절대빈곤선이 하루 1.25달러라면, 모든 사람들이 절대빈곤에 처해 있다. 그다음에 현대화가 시작되고 임금이 예를 들어 하루 2달러인 현대부문이 근로자를 한 명씩 흡수한다. 완전균등선으로부터 시작하여 로렌츠곡선은 거의 절반의 사람들이 현대부문에 있게 될 때까지 점점 바깥으로 휘어진다. 그 점에서 더 많은 사람들이 현대부문으로 이동함에 따라, 로렌츠곡선은 모든 사람들이 최종적으로 현대부문에 흡수되어 모두가 다시 한 번 이제는 더 높은 수준인 하루 2달러의 똑같은 소득을 가질 때까지 바깥쪽으로 덜 휘어지게 된다. 이 과정에서 모든 사람들은 빈곤에서 벗어나게 된다. (8명이 존재하는 경제에서 이 과정이 발생하는 과정을 로렌츠곡선으로 그리면서 이를 연습문제로 풀어보라.) 이 연습은 필즈(Fields)로부터 각색되었다. Fields, ibid.

20. 실제로 몇몇은 더 나아가 부유한 사람이 자신들의 더 큰 초기의 소득에 비해서조차 이익의 더 큰 비중을 갖더라도 모든 사람들이 더 높은 소득을 갖는 한 상대적 불균등의 증가가 불쾌한 것만은 아니라고 말한다. 문헌에서는 이러한 상황을 '1차 확률적 지배(first-order stochastic dominance)'라고 부른다. 그러나 이와 같은 경우에서조차도 불균등이 덜할 때 소득이 더 많이 증가할지 모른다.

21. 물론 현실경제에서는 이러한 성장의 세 가지 유형분류가 모두 동시에 발생할 수 있으며, 그 순(純)결과는 불균등이 거의 또는 전혀 변하지 않는 것이다. 아니면 1980년대와 1990년대 사하라이남 아프리카의 많은 국가들과 같이 부(-)의 성장을 경험했던 경제의 더 불행한 사례에서는 현대부문의 축소에 수반되는 현대부문 및 전통부문의 빈곤화가 존재할 수 있다.

22. Simon Kuznets, "Economic growth and income inequality," *American Economic Review* 45 (1955): 1-28, and "Quantitative aspects of the economic growth of nations," *Economic Development and Cultural Change* 11 (1963): 1-80. 쿠즈네츠 가설을 지지하는 횡단면연구 중의 하나는 Montek S. Ahluwalia, Nicholas G. Carter, and Hollis B. Chenery, "Growth and poverty in developing countries," *Journal of Development Economics* 16 (1979): 298-323이다. 가설에 반대하는 연구는 Ashwani Saith, "Development and distribution: A critique of the cross-country U-hypothesis," *Journal of Development Economics* 13 (1983): 367-382, and Sudhir Anand and S.M.R. Kanbur, "The Kuznets process and the inequality-development relationship," *Journal of Development Economics* 40 (1993): 25-42를 포함한다.

23. Ibid., p. 35.

24. 그려진 포물선(parabola)은 최소자승법(OLS) 회귀분석으로부터 도출되었다. 필즈(Fields)는 국가별 고정효과설정(fixed-effect specification)을 사용하는 데 있어 추정된 역U자가 U-

패턴으로 뒤집히는 것을 보여주는 결과를 보고했다. 상세한 내용은 Fields, *Distribution and Development*, ch. 3 (pp. 42-43)을 참조하라.

25. 2008년과 2010년의 추정치는 2013년 *World Development Indicators*에 보고되었다. 하루 1.25달러 추정에 관한 개요는 Martin Ravallion, Shaohua Chen, and Prem Sangraula, *New Evidence on the Urbanization of Global Poverty* (Washington, D.C.: World Bank, 2007) and Martin Ravallion, Shaohua Chen, and Prem Sangraula, "Dollar a Day Revisited," World Bank, Policy Research Working Paper No. 4620, May 2008을 참조하라.

26. HPI는 세 가지 종류의 박탈을 측정하는데, 원래의 HDI와 비슷한 방법으로 동일한 가중치를 갖는 삶의 박탈(40세를 넘어 생존할 가능성이 없는 사람들의 비율로서의), 기본 교육의 박탈(문자를 해독하지 못하는 성인들의 비율로서의), 그리고 전반적인 경제적 서비스 제공의 박탈(안전한 식수에 접근하기가 어려운 사람들의 비율에 자신들의 나이에 비해 저체중인 어린이의 비율을 더한 것으로서의)이 그것이다. 2009년 HDI 보고서는 135개 국가를 HPI가 가장 낮은 국가부터 가장 높은 국가 순으로 배열했으며, 이 순위가 소득빈곤 순위 및 구 HDI 순위와 상당히 다를 수 있다는 것을 발견했다. HPI값은 세 가지 박탈에 의해 부정적으로 영향을 받는 사람들의 비율을 나타내기 때문에, 더 높은 HPI는 더 큰 박탈을 반영한다. 보고서에서 코트디부아르는 소득빈곤을 기초로 한 국가순위에서 인간빈곤을 기초로 한 순위보다 29단계 더 높은(나쁜) 순위를 차지했다. 모로코는 50단계, 이란은 44단계, 알제리는 19단계, 그리고 에티오피아는 30단계 각각 더 높은 순위를 차지했다. 시사점은 이들 국가에서의 인간빈곤이 인원수비율 소득빈곤척도가 나타내는 것보다 더 심하다는 것이다. 그에 반해서 인간빈곤 순위에서 더 나은 성적을 보인 몇몇 나라들에는 11단계 낮은 나이지리아, 18단계 낮은 가나, 14단계 낮은 마다가스카르, 21단계 낮은 볼리비아, 그리고 37단계 낮은 탄자니아가 포함된다. MPI는 가계수준으로부터 집계되며 빈곤 차원의 상호작용을 허용하기 때문에 크게 더 선호된다. 즉 MPI와 같은 지수는 익숙하고, 더 많은 수의 국가들에 적용될 수 있으며, 더 먼 과거와 더 빈번한 구간에서 외삽법에 의해 추정될 수 있다.

27. MPI는 2010 *Human Development Report* (New York: United Nations Development Programme, 2010)에 소개되었다. 자세한 내용은 Sabina Alkire and Maria Emma Santos, *Acute Multidimensional Poverty: A New Index for Developing Countries*, Human Development Research Paper No. 2010/11 (New York: United Nations Development Programme, 2010)을 참조하라. MPI는 점점 많이 사용되고 있는 앨카이어-포스터 방법에 그 기반을 두고 있다. 이에 대해서는 Sabina Alkire and James Foster, "Counting and multidimensional poverty measurement," in *Oxford Poverty and Human Development Initiative*, Working Paper 07, 2008. Forthcoming *Journal of Public Economics*를 참조하라.

28. UNDP, Human Development Report, 2010.

29. Chronic Poverty Research Centre, *Chronic Poverty Report, 2004−05*, http://www.chronicpoverty.org/resources/cprc_report_2004_2005_contents.html, and Andrew McKay and Bob Baulch, "How many chronically poor people are there in the world? Some preliminary estimates," CPRC Working Paper No. 45, Chronic Poverty Research Centre, 2003을 참조하라.

30. 빈곤의 더 큰 공간적인 집중, 즉 주어진 지역에 가난한 사람의 비율 증가는 극빈이 어떻게 다른지에 대한 추가적인 고려사항이다.

31. International Food Policy Research Institute, *The World's Most Deprived* (Washington D.C.: IFPRI, 2007)을 참조하라.

32. Partha Dasgupta and Debraj Ray, "Inequality as a determinant of malnutrition and unemployment policy," *Economic Journal* 97 (1987): 177-188.

33. 1960년부터 1973년까지의 기간 동안 개발도상국의 성장을 설명하는 변수에 대한 실증적 연구는 더 나은 분배를 촉진하고 빈곤을 감소시키려 고안된 정책이 모든 것을 감안할 때 성장억제보다는 성장촉진이었다는 주장을 지지한다. Norman L. Hicks, "Growth vs. basic needs: Is there a trade-off?" *World Development* 7 (1979): 985-994를 참조하라.

34. 분배개선이 어떻게 국내 수요를 증가시키고, 정치안정을 촉진하며, 더 높은 성장률을 창출할 수 있는지에 대한 실증증거는 Alberto Alesina and Roberto Perotti, "The political economy of growth: A critical survey of the recent literature," *World Bank Economic Review* 8 (1994): 351-371, and Alberto Alesina and Dani Rodrik, "Distributive policies and economic growth," *Quarterly Journal of Economics* 109 (1994): 465-490을 참조하라.

35. World Bank, *World Development Report*, 2000/2001 (New York: Oxford University Press, 2000)을 참조하라. 또

한 World Bank, *World Development Report*, 1990 (New York: Oxford University Press, 1990); Albert Fishlow, "Inequality, poverty, and growth: Where do we stand?" in *Proceedings of the World Bank Annual Conference on Development Economics*, 1995, eds. Michael Bruno and Boris Pleskovic (Washington, D.C.: World Bank, 1996); Nancy Birdsall, David Ross and Richard Sabot, "Inequality and growth reconsidered: Lessons from East Asia," *World Bank Economic Review* 9 (1995): 477-508; and George R.G. Clarke, "More evidence on income distribution and growth," *Journal of Development Economics* 47 (1995): 403-427을 참조하라.

36. 잘 알려진 연구는 David Dollar and Aart Kraay, "Growth is good for the poor," *Journal of Economic Growth* 7 (2002): 195-225이다. 그들은 평균적으로 하위 20%의 소득은 전반적인 평균만큼 빠르게 성장한다는 것을 발견했다. 그러나 이러한 개략적인 비례관계 주장의 일반성에 대한 비판은 맨체스터대학교(University of Manchester) 만성적빈곤연구센터(Chronic Poverty Research Center)의 만성적 빈곤 보고서 2004/2005(*Chronic Poverty Report 2004/05*)에 의해 다음과 같이 요약되었다. "그것은 (상당한 것으로 알려진) 평균 주변의 변동을 허용하지 않고, 그것은 빈곤의 상대적 개념을 사용하며, 사용된 데이터세트가 비판을 받고 있고, 그것은 빈곤의 깊이를 고려하지 않고, 똑같은 데이터를 갖고 여러 계량경제학적 방법을 사용한 연구자들은 서로 모순되는 연구결과를 생산했다." 명백히 급속한 성장이 빈곤공동체부터 천연자원을 도둑질할 인센티브 및 기회를 증가시키는 몇몇 사례를 포함하여, 불균등이 성장과 함께 가난한 사람들을 위한 모든 이익을 상쇄시킬 만큼 증가할 수 있는 것이 가능하며 때때로 발생한다. 극히 중요한 초점은 성장이 절대빈곤을 자동적으로 종식시키거나 받아들일 수 있는 기간 내에 그렇게 하는 것을 보장하지 않는다는 것이며, 따라서 목표를 가진 정책들이 일반적으로 또한 필요하게 된다.

37. 개발도상국 빈곤의 성격, 크기, 그리고 발생 정도에 대한 고전적 개요는 World Bank, *World Development Report, 2000/ 2001*을 참조하라.

38. 빈곤이 개발도상국 여성의 삶에 어떻게 영향을 미치는지에 대한 종합적인 분석은 Irene Tinker, *Persistent Inequalities: Women and World Development* (New York: Oxford University Press, 1990); Judith Bruce and Daisy Dwyer, eds., *A Home Divided: Women and Income in the Third World* (Stanford, Calif.: Stanford University Press, 1988);

Janet Momsen, *Women and Development in the Third World* (New York: Routledge, 1991); and Diane Elson, "Gender-aware analysis and development economics," *Journal of International Development* 5 (1993): 237-247을 참조하라.

39. Amartya Sen, "Missing Women," *British Medical Journal* 304 (1992): 587-588. 좋은 평을 받는 2003년 분석은 아시아에서만 약 1억 명 또는 그 이상의 여성들이 '실종'되었다고 결론을 내렸다. Stephan Klasen and Claudia Wink, "Missing Women: Revisiting the Debate," *Feminist Economics*, 9 (2-3), 2003, 263-299.

40. 국제농업개발기금(International Fund for Agricultural Development)는 토착민들과 발전에 관한 기본적인 통계 및 핵심자원과의 연계를 다음의 웹사이트에 제공한다. http://www.iFad.org/pub/factsheet/ip/e.pdf.

41. 예를 들어 Haeduck Lee, *The Ethnic Dimension of Poverty and Income Distribution in Latin America* (Washington D.C.: World Bank, 1993); George Psacharopoulos and Harry A Patrinos, "Indigenous people and poverty in Latin America," *Finance and Development* 31 (1994): 41-43; and Gillette Hall and Harry Anthony Patrinos, eds., *Indigenous Peoples, Poverty and Human Development in Latin America; 1994~2004* (New York: Palgrave Macmillan, 2006)을 참조하라.

42. Darryl McLeod and Nora Lustig, "Minimum wages and poverty in developing countries: Some empirical evidence," in *Labor Markets in Latin America: Combining Social Protection with Market Flexibility* (Washington D.C.: Brookings Institution, 1997). 흥미로운 이론적 기여는 Gary S. Fields and Ravi Kanbur, "Minimum wages and poverty with income-sharing," *Journal of Economic Inequality* 5 (2007): 135-147에서 찾을 수 있다. 가난한 비공식근로자들의 최저임금에 관한 SEWA의 내부연구는 http://www.sewaresearch.org에서 찾아볼 수 있다.

43. 근로복지 대 일반복지(welfare) 문제에 대한 고전적인 분석 처리는 Timothy J. Besley and Stephen Coate, "Workfare versus welfare: Incentive arguments for work requirements in poverty alleviation programs," *American Economic Review* 82 (1992): 249-261을 참조하라.

44. 빈곤정책들에 관한 다른 논의들은 Arne Bigsten, "Poverty, inequality and development," in *Surveys in Development Economics*, ed. Norman Gemmell (Oxford: Blackwell,

1987), pp. 157-163; Jagdish N. Bhagwati, "Poverty and public policy," *World Development* 16 (1988): 539-555; World Bank, *World Development Report, 2000/2001*; Irma Adelman and Sherman Robinson, "Income distribution and development," in *Handbook of Development Economics*, vol. 2, eds. Hollis B. Chenery and T.N. Srinivasan (Amsterdam: Elsevier,

1989), pp. 982-996; and Paul P. Streeten, *Strategies for Human Development: Global Poverty and Unemployment* (Copenhagen: Handelshojskølens Forlag, 1994)를 참조 하라.

45. James Speth, "Foreword," in United Nations Development Programme, *Human Development Report, 1997*, p. iii.

6 인구증가와 경제발전 : 원인, 결과, 그리고 논쟁점

경제발전은 '최상의 피임방법'이라고 묘사되기도 하지만 전혀 그렇지 않다. 반면, 사회발전-특히 여성의 교육 및 고용-은 매우 효과적일 수 있다.

— 아마르티아 센(*Amartya Sen*), 노벨경제학상 수상자

6.1 기본 논점 : 인구증가와 삶의 질

세계 인구는 2013년 현재 약 72억 명에 달하고 있다. 같은 해, 유엔 인구국은 세계 인구가 2025년에 81억 명으로 증가하고 2050년이 되면 약 96억 명으로 증가할 것이라고 추정하였다. 이들 인구 중 압도적 다수는 개발도상국에서 살게 될 것이다. 만약 이와 같은 전망이 실제로 현실화된다면, 이것이 발전(development)에 대해 갖게 되는 경제학적, 사회학적 함의는 무엇이겠는가? 이와 같은 시나리오는 불가피한 것인가, 아니면 발전노력의 성공 여부에 달려 있는 것인가? 더욱 중요한 문제는 급속한 인구증가 자체가 많은 사람들이 믿고 있듯이 그렇게 심각한 문제인가 아니면 다른 이들이 주장하는 바와 같이 인구증가는 저개발과 선진국과 개발도상국 간 불평등한 세계자원 활용이라는 보다 근본적인 문제가 표출된 것인가?

이 장에서 우리는 인구증가와 관련된 많은 경제개발 이슈들을 검토한다. 그렇지만 우리는 먼저 역사적인 측면에서 최근까지의 인구증가 동향과 세계 인구의 지역적 분포 변화를 살펴보고자 한다. 먼저 기본적인 인구학 개념을 설명한 후, 현대 개발도상국에서 인구가 급속하게 증가하는 원인 및 결과와 관련하여 일단의 잘 알려진 경제학 모형 및 가정을 소개한다. 인구라는 요인의 중요성을 둘러싼 논쟁을 전반적으로 그리고 보다 세부적으로는 이들 모형과 가정에 대한 논의를 살펴볼 것이다. 마지막으로, 인구 규모와 증가율을 조정하기 위해서 개발도상국이 선택할 여지가 있는 대안들과 세계 인구와 자원환경의 관리 차원에서 선진국들이 공헌할 수 있는 방법들을 살펴보고자 한다. 이 장의 사례연구에서는 세계에서 인구수가 가장 많은 중국과 인도의 인구정책에 초점을 둘 것이다.

세계 인구는 매년 7,500만 명 이상 증가하고 있다. 거의 대부분의 순인구증가는-97%-개발도상국에서 발생한다. 이처럼 큰 폭의 증가는 사실 전례가 없는 것이다. 그러나 인구증가

로 인한 문제는 단순히 숫자의 문제가 아니다. 이는 제1장에서 정의한 바와 같이 인간의 복지와 발전의 문제이다. 급속한 인구증가는 인류 전체의 복지에 심각한 결과를 초래할 수 있다. 만약 발전이 인간의 생활수준(소득, 건강, 교육, 일반적 복지) 향상을 수반하고, 인간의 능력, 자부심, 존경, 존엄, 선택의 자유 등을 포함한다면, 인구증가와 관련하여 가장 중요한 문제는 바로 다음의 질문이 될 것이다―다수의 개발도상국에서 작금의 상황이 현 세대뿐만 아니라 미래 세대를 위해 발전이라는 목표를 실현하는 데 도움을 줄 것인가 아니면 방해가 될 것인가? 이 핵심 문제를 살펴보기 위해 우리는 빈곤과 가구 규모 간에 왜 정(+)의 관계가 존재하는지 그 이유와 결과에 대해 검토한다. 보다 광범위하게는 개도국(특히 저소득국가)에서 무엇이 인구를 증가시키는 원동력이며, 이후 한 국가가 성장 및 발전함과 동시에 왜 일반적으로 인구가 감소하게 되는지, 이러한 경향의 원인과 시사점에 대해 검토한다.

6.2 인구증가 : 과거, 현재, 미래

세계 인구증가의 역사

지구상에 인류가 출현한 이후 오랜 기간 동안 인류는 매우 적은 인구수를 유지해 왔다. 약 12,000년 전 인류가 처음 경작을 시작했을 때, 세계 인구는 500만 명이 넘지 않았을 것으로 추정된다(〈표 6.1〉 참조). 2,000여 년 전 세계 인구는 거의 2억 5,000만 명에 이르렀는데, 이는 현재 중국 인구의 1/5도 안 되는 것이다. 기원 후 첫해부터 산업혁명이 시작되는 1750년 무렵까지 세계 인구는 약 3배가 증가해 7억 2,800만 명이 되는데 이는 현재 인도 인구의 3/4보다도 적은 수다. 그 이후 200년 동안(1750~1950년) 17억 명의 인구가 증가했다. 그러나 그 다음 40년(1950~1990년) 동안에만 지구상의 인구가 약 2배 이상 증가하여 총인구가 약 53억 명이 되었다. 세계인구는 21세기를 맞이하면서 인구가 60억 명을 넘어섰다.

〈그림 6.1〉에서 보는 바와 같이 1950년에는 약 17억 명이 개발도상국에서 살았으며 이는 세계 인구의 약 2/3에 해당하는 것이었다. 2050년에 이르면 개발도상국의 인구는 세계 인구의 거의 7/8에 해당하는 80억 명을 넘어서게 될 것이다. 동 기간 최빈개발도상국의 인구는 약 2억에서 20억 명으로 10배 이상 증가할 것이다. 반대로, 선진국 인구는 개발도상국으로부터 유입되는 이민자 수를 감안하더라도 지금과 2050년 사이에 매우 조금밖에 늘지 않을 것이다.

지금까지 절대 인구수를 살펴보았고 이제부터 인구증가율을 살펴보면, 지금으로부터 약 300년 전까지 지구상의 인구증가율은 매년 0.002% 또는 100만분의 20에 지나지 않았다. 물론 이와 같은 증가율은 일정하지 않았다. 자연재해와 지역 간 증가율의 차이로 인해 전반적인 증가율은 부침이 있어 왔다. 1750년경에는 연평균 인구증가율이 0.3%까지 상승했다. 1950년대에는 증가율이 다시 3배 이상 증가하여 연평균 1.0% 증가율을 보였다. 이후 계속 가속이 붙어 1970년경에는 2.35%를 기록하면서 정점을 찍게 된다.[1] 현재의 세계 인구증가율은 거의 연 1.2%로서 역사적으로 보면 높은 증가율을 보이지만 점차 완화되는 추세에 있다. 하지만 아프리카에서의 인구증가율은 여전히 매우 높아 연평균 2.3%를 기록하고 있다. (인구수와 인구증

표 6.1　세계 인구증가 추이			
연도	추정인구(백만 명)	배가시간까지의 연간 인구증가율(추정치, %)	배가시간(연)
10,000 B.C.E.	5		
1 C.E.	250	0.04	1,733
1650	545	0.04	1,733
1750	728	0.29	239
1800	906	0.45	154
1850	1,171	0.53	130
1900	1,608	0.65	106
1950	2,576	0.91	76
1970	3,698	2.09	33
1980	4,448	1.76	39
1990	5,292	1.73	40
2000	6,090	1.48	47
2010	6,892	1.22	57
2050 (추정)	9,600	0.98	71

출처 : Population Reference Bureau, *World Population Data Sheet* (Washington, D.C.: Population Reference Bureau, 2010 and previous annuals); Warren S. Thompson and David T. Lewis, *Population Problems*, 5th ed. (New York: McGraw-Hill, 1965), p. 384; United Nations, *Demographic Yearbook for 1971* (New York: United Nations, 1971); United Nations, *Report on the World Social Situation, 1997* (New York: United Nations, 1997), p. 14; United Nations Population Division, *World Population Prospects: The 2012 Revision*, New York: United Nations (2013). 이와 대체로 비교가 가능한 이전 시기에 대한 추정치로는 Michael Kremer, "Population Growth and technological change: One million B.C. to 1990," *Quarterly Journal of Economics* 108 (1993): 681–716이 있음.

가율은 조사 방법에 따라 다르다는 것에 주의해야 한다. 그렇지만 주요 연구들의 대략적인 경향은 유사성을 지닌다).

〈표 6.1〉의 가장 오른쪽 열에서는 연간 인구증가율과 인구수가 2배가 되는 데 걸리는 시간, 즉 **배가시간**(doubling time)[2]과의 관계가 나타나 있다(배가시간이 어떻게 계산되는지는 미주 2번에서 설명한다). 1650년 이전에는 인구수가 2배가 되기까지 거의 36,000년, 다시 말해 1,400세대가 걸렸다. 현재의 인구증가율에서 세계 인구가 2배가 되기까지 걸리는 시간은 약 58년, 즉 두 세대밖에 걸리지 않는다. 또한 기원후 1년부터 산업혁명이 시작된 1750년까지 4억 8,000만 명의 인구가 증가한 데 비해서 지금은 같은 정도로 인구가 증가하는 데 7년이 걸리지 않는다.

기록된 역사를 살펴보면, 전체 인구 변화 추세에 있어 급작스러운 변화가 나타나는 이유는 기아, 질병, 영양실조, 전염병, 그리고 전쟁 등과 같이 사망률을 상승시키거나 큰 변동을 가져오는 상황적 조건이 복합적으로 작용했기 때문인데 이는 인구변화율에 영향을 미쳐 인구증가나 인구감소로 이어졌다. 21세기에는 기술적·경제적으로 이와 같은 상황적 조건들을 점차 통제할 수 있게 되었다. 그 결과로 인간의 사망률은 이제 그 어느 때보다 낮다. 현대 의학기술의 급속한 발전과 위생시설의 보급으로 인한 사망률의 감소는 지난 반세기 동안 유례없는 세계 인구의 증가—특히 최빈개발도상국에서—를 가져왔다. 요컨대 오늘날의 인구증가는 기본적으로는 높은 출산율과 높은 사망률로 특징지어졌던 시대로부터 사망률은 급격히 감소한 반

배가시간
인구수 등이 수량적으로 현재 크기의 2배가 되는 데 걸리는 시간

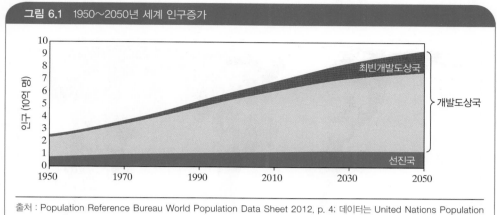

그림 6.1 1950~2050년 세계 인구증가

출처 : Population Reference Bureau World Population Data Sheet 2012, p. 4; 데이터는 United Nations Population Division, World Prospects: The 2010 Revision (2011), 중간정도(medium-variant) 추정치.

면, 출산율은—특히 개발도상국에서—비교적 서서히 감소하고 있는 시대로의 급속한 전환의 결과이다.

세계 인구의 구조

세계 인구는 지역, 출산력(fertility) 및 사망력(mortality) 수준, 그리고 연령별 인구구조에 따라서 매우 불균등한 분포를 보인다.

지리적 위치 전 세계 인구의 3/4 이상이 개발도상국에 거주하고 있다. 4명 중 1명 미만의 인구만이 경제적으로 발전된 지역에 거주하고 있다. 〈그림 6.2〉는 2010년 현재 세계 인구의 지역적 분포와 2050년의 분포 추정치를 보여주고 있다.

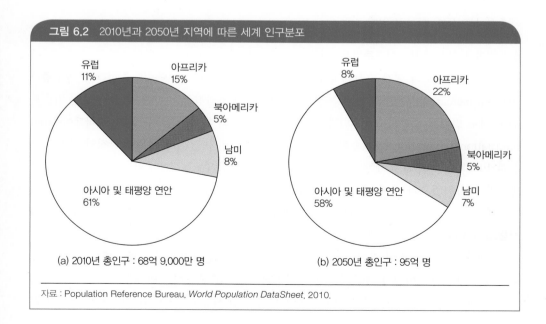

그림 6.2 2010년과 2050년 지역에 따른 세계 인구분포

자료 : Population Reference Bureau, *World Population DataSheet*, 2010.

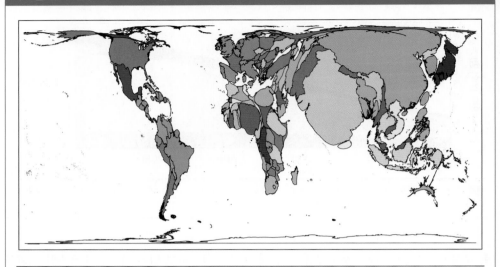

그림 6.3   인구 지도 : 인구 비율로 보는 국가의 크기

자료 : worldmapper.org : http://www.worldmapper.org/display.php?selected=2).

세계의 인구분포는 〈그림 6.3〉의 지도에서 극명하게 나타난다. 유럽에 비해 매우 커진 인도의 면적이 눈에 띈다. 중국은 가느다란 선으로 표시된 러시아와 북서쪽의 국경을 접하고 있다. 멕시코는 캐나다와 비교하면 매우 넓은 면적을 차지하고 있는데, 이는 실제의 지도와는 상반된 모습이다. 심지어 카리브 해의 섬들을 모아 놓은 면적이 캐나다보다 크다. 실제로는 위스콘신 주보다 더 작은 방글라데시가 이 지도상에는 독일과 프랑스를 합한 면적보다 크다. 아프리카에서는 나이지리아가 두드러진다. 인도네시아는 세계적으로 주목을 거의 받지 못하지만, 이 지도상에서는 미국과 거의 대등한 크기로 표현되어 있으며, 그 이웃국가인 호주를 왜소해 보이도록 만들고 있다.

출산력과 사망력 추세   **인구증가율**(rate of population increase)은 자연증가와 순국제이주에 따른 인구 규모의 연간 순상대적 증가율(또는 경우에 따라 감소율)로 측정한다. **자연증가**(natural increase)는 간단히 사망 수에 대한 출생 수의 초과량을 측정한 것인데, 보다 기술적인 용어로 말해서 출산력(fertility)과 사망력(mortality)의 차이라 할 수 있다. **순국제이주**(net international migration)는 계속해서 증가하고 있기는 하지만, 현재 매우 제한적인 의미를 갖는다(19세기와 20세기 초에는 국제이주가 북아메리카, 호주, 뉴질랜드의 인구증가의 중요한 원인을 제공하였으며 그에 상응하여 서유럽 인구는 감소하였다). 따라서 개발도상국에서의 인구증가는 거의 전적으로 **조출생률**[(crude birth rate) 또는 단순히 **출생률**(birth rate)]과 **사망률**(death rate)의 차이에 따라 좌우된다.

제2장에서 검토한 바와 같이, 대부분의 개발도상국에서는 1,000명당 15~45%의 출생률을 유지해 왔다. 그에 비해서 거의 대부분의 선진국에서는 출생률이 1,000명당 15%가 되지 않는다. 더욱이 현 개발도상국의 출생률은 산업혁명 이전 서유럽의 출생률보다 높은 경우가 많

인구증가율
인구가 증가하는 비율을 의미하는 것으로, 이민과 자연증가를 합하여 계산한다.

자연증가
주어진 인구에서 출생률과 사망률의 차이

순국제이주
국외 유출 인구수를 초과하여 국내로 유입되는 인구수

조출생률
1년을 기준으로 인구 1,000명당 태어난 신생아 수(보통 출생률로 줄여 부름)

사망률
1년을 기준으로 인구 1,000명당 사망자의 수

표 6.2 1970년과 2012년 주요 개발도상국 출산율		
	합계 출산율	
국가	1970년	2012년
방글라데시	7.0	2.3
콜롬비아	5.3	2.1
인도네시아	5.5	2.3
자메이카	5.3	2.1
멕시코	4.9	2.3
태국	5.5	1.6
짐바브웨	7.7	4.1

출처 : World Bank, *World Development Report, 1994* (New York: Oxford University Press, 1994), tab. 26; Population Reference Bureau, *World Population Data Sheet* (Washington, D.C.: Population Reference Bureau, 2012).

다. 그러나 지난 30년 동안에는 출산력이 상당히 감소하였는데 대만, 한국, 중국과 같이 급속한 경제 · 사회 발전을 이룬 국가들뿐만 아니라 멕시코와 방글라데시를 포함하여 경제성장이 덜 빨랐던 국가들, 그리고 짐바브웨와 같이 성장이 정체된 국가에서도 출산율이 감소하였다. **합계 출산율**(total fertility rate, TFR)—현재의 연령별 출생률이 전체 가임기간 동안 동일하다고 가정하였을 때 한 여성이 낳을 수 있는 평균 자녀 수—은 〈표 6.2〉의 사례에서 나타나듯이 1970년 이후 많은 나라에서 현격히 감소하였다. 그럼에도 불구하고, 사하라이남 아프리카 지역(2012년의 경우 5.1)과 서아시아 지역(2.9)에서는 높은 합계 출산율이 지속되고 있다. 니제르는 7.1 아프가니스탄은 6.2로 세계에서 가장 높은 합계 출산율을 보이고 있다.[3]

공중보건설비 보급, 정수공급, 영양상태 개선, 공교육뿐만 아니라 말라리아, 천연두, 황열병, 콜레라 등에 대한 현대적 백신접종 캠페인이 복합적으로 작용하여, 지난 30년 동안 아시아와 남미에서는 사망률이 50% 정도 감소하였으며 아프리카와 중동지역에서는 사망률이 30% 이상 감소하였다. 또한 사망률은 모든 연령대에 걸쳐 감소하였다. 그러나 평균수명은 여전히 선진국이 약 12년 더 길다. 이와 같은 격차는 최근 수십 년 동안 좁혀지고 있다. 예를 들어 1950년의 **출생 시 기대수명**(life expectancy at birth)이 개발도상국에서는 평균 35~40세였고 선진국에서는 평균 62~65세였다. **5세 미만 사망률**(under-5 mortality rate) 감소에도 상당한 진전이 있었다. 예를 들어 유엔 자료집에 따르면 1990~2008년 사이에 5세 미만 사망률은 남아시아에서 1,000명당 121명에서 74명으로 감소했고, 동남아시아 지역에서는 73명에서 38명, 남미와 카리브 해 연안 지역에서는 1,000명당 52명에서 23명으로 감소하였다. 같은 기간 동안에 사하라이남 아프리카 지역에서 5세 미만 사망률이 1,000명당 184명에서 144명으로 감소했음에도 불구하고, 이 지역에서의 진전은 여전히 지체되고 있다. 상대적으로 높은 5세 미만 사망률과 후천성면역결핍증(AIDS)의 전염 때문에 2009년의 사하라이남 아프리카의 기대수명은 51세로 세계에서 가장 짧다. 반면에, 소득수준이 높은 국가들에서는 기대수명이 거의 78세에 가깝다. 인상적인 것은 동아시아와 남미의 기대수명이 각각 74세와 73세라는 사실이다. 마지막으로, 노화로 인해서 노인층이 젊은 층에 비해 사망할 가능성이 더 높다는 점에

합계출산율
해당 연령대의 일반적인 출산율을 전제로, 한 여성이 가임기간 동안 낳을 수 있는 자녀의 수

출생 시 기대수명
현재의 사망위험과 태어난 출생아가 향후 생존할 것으로 기대되는 평균 생존 연수

5세 미만 사망률
신생아 1,000명당 생후 5세 이전의 유아 사망률

예문 6.1 연구결과 : 2012년 수정 유엔 인구 전망

다음은 2013년 발간된 유엔의 *World Population Prospects 2012 Revision*의 주요 조사 결과를 요약한 것이다.

- 세계 인구는 2025년 81억 명, 그리고 2050년에는 96억 명이 될 것으로 전망되고 있음.
- 대부분의 인구증가는 개발도상국 지역에서 발생할 것이며 이 지역에서는 인구가 2013년 59억 명에서 2050년에는 약 82억 명으로 증가할 것임.
- '10억 명 정도 차이가 날 수 있음' : 위의 전망은 일정한 가정에 의존한 것임. 2050년의 인구는 83억 명에 불과하거나 또는 최대 109억 명에 달할 정도가 될 수도 있음.
- 대부분의 인구증가는 아프리카에서 발생할 것임.
- 49개 최빈개발도상국의 인구는 2013년 9억 명에서 2050년 18억 명으로 배가 될 것으로 전망됨.
- 아프리카 외 지역에서는 인구증가가 2013~2100년 기간 동안 10%를 조금 넘는 수준이 될 것으로 전망됨.
- 새로운 전망에 따르면 총인구는 2075년 이후 특히 높아질 것임. 그 이유는
  - 보다 정확한 정보가 존재하는 일부 국가의 경우 현재 추정되는 출산 수준이 더 높기 때문임(특히 15개

의 고출산 사하라이남 아프리카 국가들의 경우 여성 1명당 출산이 5% 이상 상향 조정되었음).
  - 일부의 경우, 실제 출산력 수준이 최근 증가한 것으로 보임.
  - 또 다른 경우에는 과거 추정치가 너무 낮았음.
- 다른 전망은 다음을 포함함
  - 선진국 지역 인구는 이민을 감안하더라도 13억 명에서 크게 변하지 않을 것임.
  - 인도는 2028년 중국을 능가하여 세계에서 최대로 인구가 많은 국가가 될 것이며 이때 양국의 인구는 각각 약 14억 5,000만 명 정도가 될 것임.
  - 나이지리아의 인구는 2050년 미국 인구를 상회할 수도 있을 것임. 2100년이 되면 나이지리아는 중국과 세계 제2위의 인구대국 자리를 겨루게 될지도 모름.
  - 2100년이 되면 인도네시아, 탄자니아, 파키스탄, 콩고, 에티오피아, 우간다, 니제르 등 몇몇 국가들의 인구가 2억 명을 상회할 것으로 전망되고 있음.

출처 : United Nations Population Division, World Population Prospects: The 2012 Revision, New York: United Nations, Department of Economic and Social Affairs, 13 June 2013; downloaded from www.unpopulation. org. 요약은 http://www.un.org/apps/news/story.asp?NewsID=45165#. UIAkZmRVRz0를 참조.

주목하라. 인구가 급속히 증가하고 있는 개발도상국에서 아동 및 청소년의 평균사망률이 높음에도 불구하고, 평균연령이 높은 선진국보다 개발도상국의 인구평균 사망률(population-average death rate)이 더 낮은 이유에 대한 설명은 개발도상국의 매우 낮은 평균연령에서 찾아야 할 것이다. 인구통계를 보면, 이와 같이 예상치 못했으나 충분히 개연성 있는 관계를 발견할 수 있다.

예문 6.1은 유엔이 인구와 관련하여 2013년 내놓은 인상적인 예측을 보고하고 있다.

연령구조와 부양부담　개발도상국 인구는 비교적 연령대가 낮다. 2011년 기준으로 15세 미만 어린이들이 전체 인구에서 차지하는 비율을 보면 저소득국가는 40% 이상이고, 중하위소득국가는 32%인 반면, 고소득국가는 17% 정도에 지나지 않는다.[4] 이와 같은 연령구조를 보이

는 나라들에서는 **유년부양비**(youth dependency ratio)—경제활동인구(16~64세)에 대한 유년(15세 미만) 인구의 비율—이 매우 높다. 따라서 개발도상국의 노동인구는 보다 부유한 국가의 노동인구보다 거의 2배 많은 수의 아동을 부양해야 한다. 2011년 현재 미국에서 노동인구에 해당하는 연령층(15~64세)은 총인구의 약 67%에 달하며, 15세 미만 인구가 20%, 65세 이상 인구는 13%에 지나지 않는다. 유럽에서 이에 상응하는 비율은 유사하여 각각 66%, 18%, 17%이다. 일본의 경우 전체 인구의 거의 1/4이 65세이다. 선진국의 주요 문제는 낮은 인구증가율과 부양해야 하는 노령인구(65세 이상)이다. 이와는 대조적으로, 사하라이남 아프리카에서는 2011년 기준으로 경제활동인구가 총인구의 54%(65세 이상은 총인구의 약 3%밖에 되지 않는다)에 이른다. 일반적으로, 인구증가율이 높을수록 총인구 대비 부양해야 할 유년층의 비중이 커지고 또한 경제활동인구가 비경제활동인구를 부양하기는 더 어려워진다. 유년부양 현상으로부터 **인구증가의 잠재적 탄력**(hidden momentum of population growth)이라는 중요한 개념을 도출할 수 있다.

인구증가의 잠재적 탄력

인구증가의 여러 가지 측면 가운데 가장 이해되지 않는 것은 출생률이 크게 감소하기 시작한 이후에도 계속해서 인구가 증가하는 현상일 것이다. 인구증가는 계속해서 증가하려고 하는 내재된(built-in) 경향이 있어, 속도를 내던 자동차에 브레이크를 걸었을 때 차가 바로 멈추지 않고 일정 시간 동안 강력한 탄력을 받아 계속 움직이는 경향을 보이는 것과 같다. 인구증가의 경우 이러한 탄력은 출생률이 떨어지기 시작한 이후 수십 년 동안 더 지속될 수 있다.

여기에는 다음의 두 가지 이유가 있다. 첫째, 높은 출생률은 한순간에 큰 폭으로 변경할 수 없다. 수 세기 동안 출산율에 영향을 미쳐 왔던 사회 · 경제 · 제도적 영향력은 국가 지도자의 촉구에도 쉽게 사라지지 않는다. 유럽 국가들의 경험으로부터 출생률이 감소하려면 수십 년이 걸린다는 사실을 알게 되었다. 따라서 개발도상국이 인구증가 제한을 최우선순위에 상정할지라도, 원하는 정도로 출산력을 낮추기 위해서는 상당한 시간이 필요할 것이다.

인구증가의 숨겨진 탄력에 대한 두 번째의 그러나 다소 불완전한 설명은 대다수 개발도상국 인구의 연령구조와 관련이 있다. 〈그림 6.4〉는 개발도상국과 선진국 연령구조 간의 엄청난 차이를 2010년 **인구 피라미드**(population pyramid)를 통해 보여주고 있다. 왼쪽과 중앙의 그림은 각각 선진국과 개발도상국의 인구 피라미드다(연령구간은 두 피라미드 중간에 표시되어 있다). 각 인구 피라미드는 여성 및 남성 모두에 대해 5세 간격으로 증가하며 각 연령대의 총인구는 수평축에 표시된다. 인구비율 대신 인구수를 100만 단위로 표현한 이 그림은 미래에 발생할 인구증가의 대부분이 개발도상국에서 있을 것임을 분명하게 보여주고 있다. 에티오피아와 같은 최하위소득국가(오른쪽 그림)와는 대조적으로, 개발도상국 전체의 가파른(수직적인) 하층부는 지난 25년간 중하위소득 개발도상국—특히 중국—에서 나타난 인구증가의 대규모 하락세를 반영하고 있다(이 장의 끝부분에 제시된 사례연구 참조). 현재의 선진국을 보면 전형적으로 중년집단의 인구가 청년집단의 인구보다 더 많다. 이는 부분적으로는 여성이 출산을 뒤로 미루었기 때문에 발생하는 과도기적 현상인 것으로 인식되고 있다.

유년부양비
한 국가의 16~64세 인구에 대한 15세 미만 인구의 백분비

인구증가의 잠재적 탄력
출생률이 감소하기 시작해도 인구가 계속해서 증가하는 현상을 일컫는 것으로, 이는 이미 출생한 두터운 유년층이 미래의 잠재적 부모로 자라나기 때문이다.

인구 피라미드
인구의 연령구조를 그림으로 묘사한 것으로, 세로축은 연령집단을 나타내고 가로축은 남녀별 인구수 또는 남녀별 인구비율을 나타낸다.

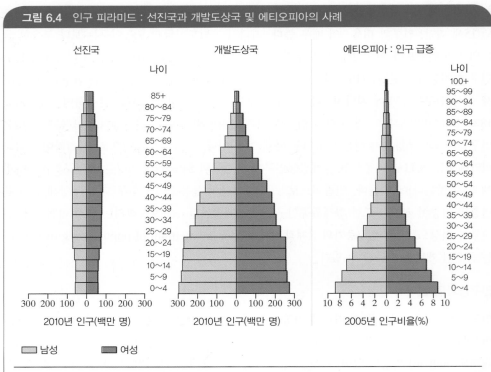

그림 6.4 인구 피라미드 : 선진국과 개발도상국 및 에티오피아의 사례

출처 : 개발도상국 그래프에 대한 자세한 사항은 Population Reference Bureau의 *World Population Data Sheet of the Population Reference Bureau Inc.* 참조. Copyright Clearance Center를 통해 Population Reference Bureau, Inc.의 허락을 얻어 편집하여 게재함. 에티오피아 그래프에 대한 자세한 사항은 *Population Bulletin 62* (2007), p. 6 참조. Population Reference Bureau의 허락하에 게재.

인구비율로서 표시한 에티오피아의 인구 피라미드를 보면 유년층은 그들의 부모 세대보다 수적으로 훨씬 더 많다(에티오피아의 사례에서 연령구간은 오른쪽에 표시되어 있다). 그 유년 층이 성인이 되었을 때 잠재적 부모의 수가 지금과 비교하여 훨씬 많으리라는 사실은 부정할 수 없다. 따라서 부모가 된 젊은이들이 자신들을 대신할 만큼의 자녀만 낳는다고 할지라도(한 부부당 2명—그들 부모 세대에서는 한 부부당 4명 이상의 자녀를 낳았을 수 있음), 2명의 자 녀를 가진 부부의 숫자가 4명의 자녀를 가진 지금의 부부 숫자보다 훨씬 많아질 것이기 때문 에 총인구는 앞으로도 계속하여 상당한 규모로 증가할 것이라는 결론이 나온다.[5]

왼쪽 그림은 일부 국가에서는 특정 연령대가 증가하고 있지만 다른 국가에서는 그 연령대 가 감소하고 있다는 사실에 초점을 두고 있기도 하다. 이는 인구변천 과정에서 노동가능인구 가 처음에 증가하다 나중에는 감소함을 반영한다. 한편으로는, 가장 일을 많이 할 수 있는 연 령대의 시민 비율이 증가하는 국가에서 많은 이들이 실업 상태에 남게 된다면 그 국가는 잠재 적 위기에 봉착하게 될 것이다. 실업은 잠재적인 생산의 손실은 말할 나위 없고 불평등과 (특 히 남성의 경우) 사회적 불안과 관계가 있기 때문이다. 다른 한편으로는, 이러한 증가는 소 득 및 생산성이 크게 확보될 수 있는 중요한 기회의 창이 될 수도 있다. 이른바 **인구배당효과** (demographic dividend)이다. 인구배당효과는 부양해야 할 아동이 적어지고, 더 많은 여성이 더 오랫동안 직장생활을 하며, 인적자원에 투자할 자원이 더 많아지는 기간을 말한다(제8장 참조).

반대로, 인구 노령화로 인해 노동가능인구의 비중이 감소하면, 노년을 지원하는 데 필요한 자원이 증가하게 된다. 이는 거의 대부분의 고소득국가에서 이미 큰 도전이 되고 있다. 이 시기에 닥치게 되면 보다 높은 저축률이 요구된다. 그러나 더 많은 이민을 허용하는 것도 도움이 된다. 이러한 변화는 과거의 역사적 양상에 비해 더 빨리 출산력이 감소한 일부 중위소득국가에는 더욱 큰 도전이 될 것이다. 가장 눈에 띄는 것은 중국(이 장의 끝에 있는 사례연구 참조)이지만, 다른 여러 아시아 국가들도 마찬가지다.[6]

6.3 인구변천

출산율이 궁극적으로는 낮고 안정적인 수준으로 감소하는 과정을 경제인구학에서는 **인구변천**이라는 유명한 개념을 사용하여 설명한다.

인구변천(demographic transition)은 현재의 모든 선진국들이 왜 동일하게 세 단계의 근대적 인구역사를 거쳐 왔는지를 설명한다. 경제적 현대화를 경험하기 이전의 대부분의 선진국에서는 몇 세기 동안 안정된 또는 매우 정체된 인구증가율이 나타났는데, 이는 높은 출생률과 그에 맞먹는 높은 사망률이 결합된 결과였다. 이것이 첫 번째 단계이다. 제2단계는 근대화와 함께 시작되어 더 나은 공공 보건시설, 더 건강한 식단, 더 높은 소득 및 여러 가지 개선들이 연계되면서 사망력이 크게 감소하였으며, 기대수명이 40세 이하에서 60세 이상으로 점진적으로 늘어나게 되었다. 다만 사망률의 감소가 출산력의 감소를 즉시 수반한 것은 아니었다. 그 결과 높은 출생률과 감소 추세에 있는 사망률의 차이가 증가하면서 과거와 비교하여 인구가 급격히 증가하였다. 따라서 제2단계는 인구변천(안정적 또는 침체된 인구증가로부터 먼저 급속한 수적 증가 그리고 그 이후 증가율 감소로의 이행)의 출발점이 된다. 마지막으로, 근대화 및 발전의 결과로 출산력이 감소하면서 제3단계로 접어들게 되는 것이다. 결국에는 감소하는 출생률과 더 낮은 사망률과 유사해지면서 인구증가가 거의 일어나지 않게 된다.

이러한 과정은 여성 1명당 상대적으로 높은 출산 횟수에서 인구 **대체 출산율**(replacement fertility) 수준으로 이동하는 것을 시사한다. 거의 모든 여성이 평균 가임연령까지 생존하는 선진국에서는 대체 출산율이 약 2.05~2.1명으로 추정된다. 생존율이 훨씬 낮은 개발도상국에서는 대체 출산력이 3명 이상인 경우도 있다.[7]

〈그림 6.5〉는 서유럽에서의 인구변천의 세 단계를 보여준다. 19세기 초 이전, 출생률은 인구 1,000명당 약 35명 정도였고 사망률은 1,000명당 약 30명 정도에서 변동을 거듭하였다. 그 결과 인구증가율은 인구 1,000명당 5명 또는 연 0.5% 이하였다. 서유럽에서 인구변천이 발생한 제2단계는 19세기의 첫 사반세기 무렵부터 시작되었는데, 경제적 조건들이 향상되고 현대의학과 공공 보건기술의 발달로 질병과 사망을 점진적으로 제어하게 되면서 사망률이 천천히 감소하기 시작했다. 출생률의 감소(제3단계)는 20세기 후반으로 가서야 본격적으로 시작되었는데, 대폭적 감소는 근대 경제성장이 일어난 후 수 세기가 지나서 그리고 사망률이 감

인구변천
높은 출산율과 높은 사망률로 인해 궁극적으로는 인구증가가 거의 일어나지 않는 단계에서, 높은 출산율과 낮은 사망률로 가파른 인구증가를 보이는 단계를 거쳐, 낮은 출산율과 낮은 사망률로 안정된 인구증가율을 보이는 단계로 이행하는 과정

대체 출산율
안정적 인구 수준을 유지하는 데 필요한 여성 1명당 출산 수

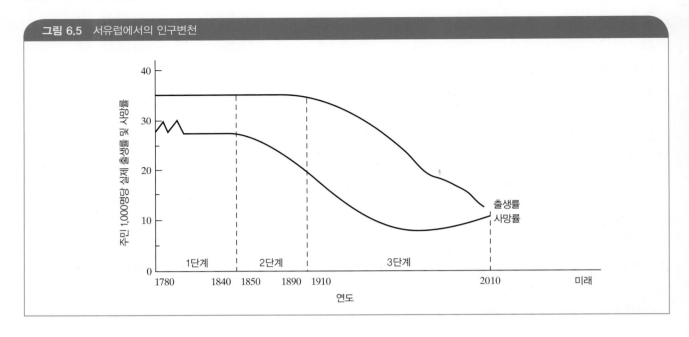

그림 6.5   서유럽에서의 인구변천

소하기 시작한 후 상당한 시간이 흐른 뒤에야 비로소 이루어졌다. 그러나 서유럽에서는 만혼과 독신으로 인해서 초기의 출생률이 보편적으로 낮았기 때문에, 전체 인구증가율은 최대 1%를 넘지 않는 경우가 많았다. 20세기 후반의 서유럽 인구변화를 살펴보면, 출생률과 사망률의 관계는 1800년대와 정반대의 모습을 보인다. 출생률은 변동하는 데 비해 사망률은 상당히 안정적이거나 약간의 상승세를 보이고 있다. 이러한 현상의 원인은 현대 서유럽의 인구 중에서 고령인구가 차지하는 비중이 보편적으로 높기 때문이다. 인과관계를 보다 정교하게 규명하기 위한 연구가 지속되고는 있지만 유럽에서 인구변천의 유형은 매우 명확하게 나타나고 있는 것이다.[8]

〈그림 6.6〉은 서유럽의 경우와는 대조적인 현재 개발도상국의 인구변천 과정을 보여주고 있는데, 이는 다음의 두 가지 유형으로 구분된다.

오늘날 많은 개발도상국들의 출생률은 산업화 이전의 서유럽에 비해 상당히 높다. 그 이유는 개발도상국의 여성들이 보다 어린 나이에 결혼하는 경향이 있기 때문이다. 이로 인해 동일한 인구 규모라 할지라도 가구(families)의 수가 더 많고 가임기간도 더 길다. 1950년대와 1960년대에 걸쳐 대부분의 개발도상국에서 제2단계에 해당하는 인구변천이 발생했다. 현대 의학기술과 공공 보건기술이 도입되면서, 개발도상국의 사망률은 19세기의 유럽보다 훨씬 더 빠르게 감소했다. 개발도상국이 역사적으로 높은 출생률(다수의 국가들에서 아직도 인구 1,000명당 35명 이상)을 유지해 왔음을 감안하면, 인구변천 제2단계에서 나타난 특징은 연 2.0%를 훨씬 초과하는 최고 인구증가율이라고 할 수 있다.

제3단계에 관해서 우리는 개발도상국들을 크게 두 그룹으로 구분할 수 있다. 〈그림 6.6〉의 사례 A에서는 사망을 방지하는 현대적 의료기술이 급속하고 광범위하게 향상된 생활수준과 결합하면서 사망률이 1,000명당 10명으로 감소하고 출생률 또한 급격하게 감소하여 1,000명

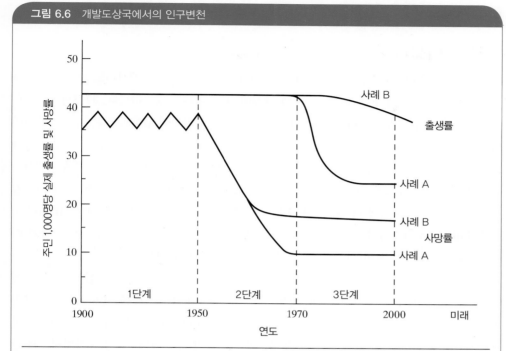

그림 6.6 개발도상국에서의 인구변천

출처 : National Academy of Sciences, *The Growth of World Population* (Washington, D.C.: National Academy of Sciences, 1963), p. 15.

당 12~25명 사이로 낮아졌다. 대만, 한국, 코스타리카, 중국, 쿠바, 칠레, 스리랑카를 포함하는 이들 국가들은 인구변천의 제3단계로 진입하였으며 이에 따라 급속한 총인구증가율의 감소를 경험하고 있다.

그러나 일부 개발도상국들은 〈그림 6.6〉의 사례 B에 해당된다. 초기의 급속한 감소기간 이후 사망률이 더 이상 감소하지 않게 되는데 이는 상당 부분 광범위한 절대빈곤과 낮은 생활수준의 만연 때문이며 최근에는 후천성면역결핍증(AIDS)의 전염 때문이다. 더욱이 낮은 생활수준으로 인한 지속적인 높은 출생률은 전반적으로 인구증가율을 높은 수준으로 만들고 있다. 사하라이남 아프리카의 많은 국가들 및 중동지역 국가들을 포함하는 이들 국가들은 여전히 인구변천의 제2단계에 머물고 있다. 비록 감소하고는 있으나, 이들 국가에서 출산력은 여전히 높다.

따라서 중요한 문제는 다음과 같다—언제 그리고 어떠한 조건하에서 개발도상국들이 출생률의 감소와 완만한 인구증가를 경험하게 될 것인가? 이 물음에 대답하기 위해 우리는 선행문제를 검토할 필요가 있다. 개발도상국 고출산율의 결정요인 및 원인은 무엇인가? 정부는 정책을 통해 '자녀수요'의 결정요인에 영향을 줄 수 있는가? 이 중요한 문제에 대답하기 위해서는 매우 오래된 그리고 유명한 고전학파 거시경제학, 인구학 모형인 맬서스(Malthus)의 '인구함정', 그리고 현재 가장 영향력이 큰 신고전학파 미시경제학 모형인 출산의 가계이론에 의지해야 한다.

6.4 개발도상국 고출산율의 원인 : 맬서스 학파의 모형과 가계 모형

맬서스 학파의 인구함정

지금으로부터 200년 전, 맬서스(Reverend Thomas Malthus)는 현재까지도 커다란 영향을 미치고 있는 인구증가와 경제발전 사이의 관계에 대한 이론을 정립하였다. 1798년 『인구론』에서 맬서스는 수확체감(diminishing returns)의 개념에 의거하여 다음과 같은 가설을 제시하였다. 즉 식량공급 감소에 의해 제한되지 않는다면 한 국가의 인구는 기하급수적으로 증가하여 매 30년 또는 40년마다 2배가 된다는 것이다.[9] 동시에 고정된 생산요소인 토지에서 생산되는 식량의 공급은 수확체감에 따라 산술급수적으로 증가할 수밖에 없다. 따라서 각 개인이 경작할 수 있는 토지는 점점 더 적어지게 되고 식량생산에 대한 개별적인 한계 기여도(marginal contribution)는 감소하기 시작할 것이다. 식량공급이 급격한 인구증가를 따라갈 수 없기 때문에 1인당 소득(농경사회에서는 1인당 식량생산으로 정의)은 매우 낮은 수준으로 떨어지는 경향을 보이며, 겨우 최저생계 상태를 유지하는 수준에서 인구 규모가 유지될 것이다. 이에 따라 맬서스는 이와 같이 만성적으로 낮은 생활수준과 절대빈곤 상태를 벗어나기 위한 유일한 방법으로서 자녀의 수를 제한하는 '도덕적 제재(moral restraint)'에 사람들을 참여시켜야 한다고 주장하였다. 이와 같은 이유로, 우리는 맬서스를 현대 산아제한운동의 아버지로서 간주하게 된 것이다.

    사람들이 최저 생계소득수준으로 생활하도록 냉혹하게 강제될 것이라는 맬서스의 아이디어에 대해 현대 경제학자들은 다음과 같이 이름을 붙였다—그들은 이를 저수준 균형 인구함정 또는 간략하게 **맬서스 인구함정**(Malthusian population trap)이라고 부른다. 도표상으로, 기본적인 맬서스 모형은 인구증가율과 총소득증가율이 1인당 소득에 대해 어떻게 변화하는지를 나타내는 두 곡선의 형태와 배치를 비교함으로써 설명할 수 있다. 〈그림 6.7〉이 그 한 예이다.

    세로축에는 음(−)과 양(+)의 영역 모두에서 우리가 고려한 두 가지 주요 변수(총인구와 총소득)의 변화를 백분율로 표시하였다. 가로축에는 1인당 소득을 표시하였다. 〈그림 6.7〉은 기본적인 개념을 잘 보여주고 있다. x축은 1인당 소득수준을 그리고 y축은 인구증가율과 총소득증가율을 나타낸다. 1인당 소득증가는 소득증가와 인구증가 사이의 격차로 규정된다. 즉 두 곡선의 y축 값의 차이이다. 따라서 제3장의 해로드-도마(또는 AK) 모형의 논의에서 검토한 바와 같이, 총소득증가율이 인구증가율을 초과하는 경우에는 1인당 소득은 항상 증가한다. 이는 x축 상에서 오른쪽으로 이동하는 것과 부합한다. 반대로, 총소득증가율이 인구증가율보다 낮으면 1인당 소득은 항상 감소하며 x축 선상에서 왼쪽으로 이동하게 된다. 총소득증가율과 인구증가율이 일치될 경우 1인당 소득은 일정하게 유지된다. 인구증가와 소득증가 사이의 관계가 갖는 함의를 이해하기 위해서는 인구증가와 소득증가의 유형을 살펴보아야 한다.

    먼저 인구증가를 살펴보자. 소득이 매우 낮을 때, 예를 들어 1년에 250달러 이하(구매력등가 기준)를 가정했을 때, 영양상태는 매우 열악하여 사람들은 치명적 전염병에 쉽게 걸리고 임신과 육아에 문제가 발생하게 된다. 또한 궁극적으로는 전면적인 기아상태가 발생할 수 있다. 이는 〈그림 6.7〉의 왼쪽 부분에 해당한다. 그렇지만 최저 수준의 1인당 소득에 도달한 이

맬서스 인구함정

맬서스(1766–1834)가 주장한 것으로, 식량이나 생존에 필요한 물자는 산술급수적으로 증가하는 반면, 인구는 기하급수적으로 증가하기 때문에 인구증가가 멈출 것으로 예상되는 한계 인구 수준

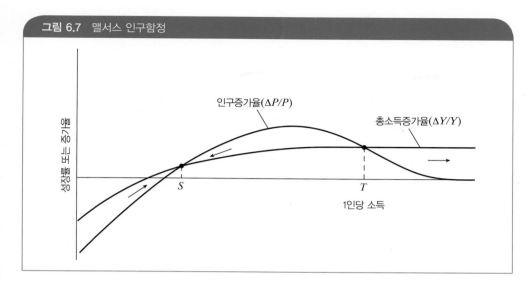

그림 6.7 맬서스 인구함정

후 인구는 증가하기 시작하며 궁극적으로 정점에 이르게 된다(아마도 연 3~4%). 그다음부터 인구증가율은 감소하기 시작하여 인구가 최종적으로 안정적인 수준에 도달할 때까지 지속적으로 감소할 것이다(0%에 가까운 증가율). 1인당 소득이 증가하면서 처음에는 증가하다 다시 감소하는 유형으로 인구는 변화하게 되며, 이것이 인구변천의 각 단계와 부합한다는 사실은 6.3절에서 설명하였다.

〈그림 6.7〉에서 보면, 경제가 발전함에 따라서 총소득증가율은 더욱 높아지고 있다(그리고 1인당 소득 역시 증가한다). 이처럼 긍정적 상관관계가 나타나는 경제적인 이유는 저축이 1인당 소득과 비례한다는 전제조건 때문이다. 1인당 소득이 높은 국가들일수록 저축률이 높고 이에 따라 많은 투자가 이루어질 것으로 전제한다. 다시 말해, 해로드-도마 유형의 경제성장 모형(제3장 참조)에서 높은 저축률은 높은 총소득증가율을 의미한다. 그러나 최고점에서 성장세는 잠잠해진다. (위의 도표에는 나타나지 않지만, 선진국을 추격하고자 기술을 차입하는 중위소득국가들이 아마도 가장 빠르게 성장할 수 있을 것이다. 물론 기술첨단에 도달하게 되면 이와 같은 고성장률은 더 이상 지속될 수 없다.)

보는 바와 같이, 곡선들은 낮은 소득수준 S(최저생계수준)에서 처음으로 교차하게 된다. 이 지점은 안정적인 균형 상태이다. 만약 1인당 소득수준이 S보다 높아지면(S의 오른쪽으로 이동하면), 인구 규모는 증가할 것이라 가정할 수 있는데, 이는 높은 소득이 영양상태를 향상시키고 사망률을 낮추기 때문이다. 그러나 그림에서 볼 수 있듯이 인구는 소득보다 더욱 빠르게 증가하게 되고($\Delta P/P$ 곡선은 $\Delta Y/Y$ 곡선보다 더 위에 위치), 이에 따라 1인당 소득은 감소하게 되면서 x축의 왼쪽으로 이동하게 된다. 오른쪽에서부터 S지점을 가리키는 화살표는 1인당 소득이 다시 감소하여 이 지점으로 다시 돌아오게 됨을 표시하고 있다. 반면에, 만약 1인당 소득이 S보다 약간 적다면 총소득곡선은 인구증가곡선보다 상위에 놓이게 될 것이며 따라서 1인당 소득은 증가할 것이다. 이는 x축을 따라 오른쪽으로 이동함을 의미한다. 결론적으로, S지점은 안정적 균형 상태(우리가 〈그림 4.1〉에서 학습한 안정된 균형 상태와 유사한)

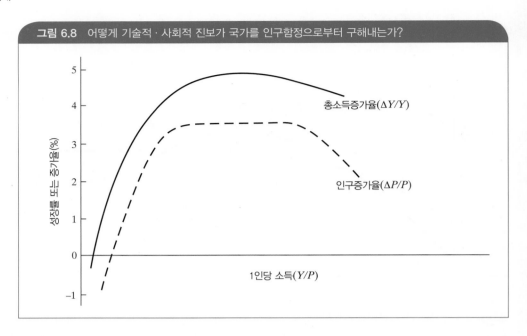

그림 6.8   어떻게 기술적 · 사회적 진보가 국가를 인구함정으로부터 구해내는가?

를 나타내는 것이라 할 수 있다. 이와 같이 극도로 적은 1인당 소득이 극도로 낮은 인구증가율을 수반하는 것은 근대 이후 대부분의 인류 경험과 부합한다.[10]

　현대의 신맬서스 학파에 따르면, 빈곤한 국가가 인구증가에 대한 예방적 제어(출산율의 억제)를 추진하지 않는 이상 1인당 최저 생계소득수준을 결코 큰 차이로 뛰어넘지 못할 것이라고 한다. 이와 같은 예방적 제어가 없다면 불가피하게 인구증가를 억제하는 것은 맬서스의 적극적 제어(positive checks : 기아, 질병, 전쟁)일 것이다. 그렇지만 만약 1인당 소득이 어떻게든 일정한 임계치에 도달하게 되면, 다시 말해서 〈그림 6.7〉의 T지점에 이르게 되면 그 지점부터 인구증가는 총소득증가보다 적어지게 되고 1인당 소득은 계속해서 증가하여 1년에 2%에 이르게 된다(1870년부터 2010년까지의 미국의 대략적인 1인당 소득증가율이다).

　인구함정에 빠진 국가 또는 지역도 모든 1인당 소득수준에서 소득증가율 곡선을 상승시키는 기술진보를 통해 함정에서 탈출할 수 있다. 그리고 경제제도와 문화('사회진보')의 변화를 성취하여 그 결과 인구증가곡선을 하향 이동시킬 수 있다. 이러한 방법을 통해서 인구함정의 균형 상태는 종식되며, 경제는 자립적이고 지속적인(self-sustaining) 발전을 할 수 있게 된다. 그 한 예가 〈그림 6.8〉이다. 각 1인당 소득수준에서 총소득의 증가는 항상 인구증가를 넘어선다. 그 결과 1인당 소득은 계속해서 증가하게 된다.

　우리는 제3장과 제4장에서 소득증가를 가속화하는 전략을 살펴보았으며, 보다 자세한 정책에 대해서는 앞으로 제7장, 제9장, 제12장, 제14장에서 살펴볼 것이다. 이 장의 후반부에서는 출산을 감소시킴으로써 인구증가를 소득증가보다 낮춰서 결과적으로 인구 안정화를 이루기 위한 경제제도, 가계 구성원 간 경제력, 문화규범 등의 변화에 초점을 맞춰 살펴보고자 한다.

　고전적인 맬서스 모형과 함께, 제4장의 〈그림 4.1〉을 통한 다중균형 분석 또한 고출산 함정을 이해하는 데 도움을 준다. 이 경우 도표의 x축은 (기대)출산을 의미하며 y축은 한 가정 자체의 출산 결정을 의미하는 것으로 해석할 수 있다. 평균출산에 대해 개별 가족의 출산 결정이 상향하는 기울기를 보이는 것은 적어도 다음 두 가지 주요한 상호 보완성에 기인하는 것일 수 있으며 이는 다중균형이 형성될 가능성의 근거가 된다. 첫째, 만약 다른 가정들이 높은 출산 수준을 보일 경우, 이는 (이에 비례하여, 더 높은 보수를 주는) 공식부문의 일자리 확대 없이 공식부문 구직자 수만 증가시키는 결과를 가져올 수 있다. 그렇다면 각 가정에서는 한 자녀라도 공식부문에 고용될 기회를 높일 수 있도록 자녀를 많이 낳아야 할 필요성을 느끼게 된다. 둘째, 사람들은 출산을 결정할 때 대체로 자신이 속한 사회의 규범을 따르는 경향이 있다.

이렇듯 상향하는 반응곡선은 〈그림 4.1〉에서와 같이 S자 형이 되기 쉽다.[10a] 만약 출산 반응곡선이 45도 선을 위에서부터 최소 두 번 교차하게 된다면 적어도 두 번의 안정적인 균형상태가 형성된다(4.2절 참조). 그중 하나는 높은 평균출산 균형이고 다른 하나는 낮은 평균출산 균형이다.[11] 〈예문 6.2〉는 출산 결정과 관련하여 변화하고 있는 사회적 규범의 영향에 대한 조사 결과를 제시하고 있다.

예문 6.2 연구결과 : 방글라데시의 사회규범과 출산력 변화 유형

이 장에서 우리는 사회규범이 균형 출산율을 형성하는 데 영향을 준다는 아이디어—부분적으로는 다스굽타(Partha Dasgupta)가 제시한—를 설명한다. 만약 한 가정에서 이웃의 행동을 따라 하는 등 관습에 따라 출산을 결정한다면, 해당 지역은 사회적 기대를 바꿀 수 있었을 때 형성될 균형점보다 높은 수준의 고출산율 균형 함정에 빠질 수 있다. 이러한 아이디어는 문시와 목스(Kaivan Munshi and Jacques Myaux)가 농촌 개발지역의 출산율이 낮은 수준으로 전환되어 가는 불균등한 이행 과정에 대해 실증분석을 하게 된 시작점이기도 하다.

문시와 목스는 그들 이론을 방글라데시의 매트랩 지역의 경험에 적용하였다. 이 지역에서 겉보기에는 유사한 마을 간 출산율 하락은 크게 차이가 났다. 더욱이, 동일한 가족계획 사업에 대한 반응도 그 효과의 정도나 효과가 나타나기 시작한 시점에서 크게 차이가 났다. 11년간 연 2회씩 수집된 출산율 데이터는 이러한 과정을 분석할 수 있는 유일무이한 기회를 제공하였다(이 데이터는 이 프로그램에 참여한, 매트랩 지역의 70개 마을에 사는 모든 여성에 대한 피임도구 활용과 인구 및 사회경제적 특성을 포함하고 있으며, 11년간 추적 데이터가 수집되었다).

문시와 목스는 이러한 다양한 마을별 결과에 대한 설명을 다음과 같이 제시한다. "대부분의 사회는 전통적으로 출산율을 제어하기 위해 일정한 규범을 정해 놓고 있다. 경제 환경이 변화할 때 한 개인은 사회적 상호작용을 통해 자기 마을에서 새롭게 부상하는 새로운 출산 균형에 대해 서서히 학습하게 된다." 매트랩 연구의 경우 피임기구의 이용 가능성이 이러한 변화에 해당하였다. 일부 사람들은 영원히 피임기구의 사용을 거부할 것이다. 나머지 사람들은 보다 개방적이지만 기존의 사회적 규범의 틀에서 크게 이탈하는 것을 꺼린다. 이러한 피임용구 선택 과정이 완전히 끝나기 전까지 사람들은 자신의 마을에서 얼마나 많은 이웃들이 피임용구를 영원히 거부할 것인지를 알지 못하며, 따라서 궁극적으로 피임용구가 사회적으로 용인될지 여부를 알 수 없다. 문시와 목스는 잠재적인 신균형(피임용구 확산 수준)에 대한 이러한 불확실성이 신중함으로 이어져 각 마을별로 출산력 변화가 천천히, 그리고 다르게 이루어지는 요인이 된다고 주장한다. 그들은 이러한 설명의 밑바탕에 깔린 논리를 입증할 수 있는 모델을 개발하고 사회적 규범이 역시 영향을 미친다고 결론 내렸다. 더 나은 균형으로 이동하는 과정은 매우 더딜 수 있다. 때로는 고출산 균형(그 균형에 갇힌 이들에게 너무 높은)에서 언제 헤어 나올 수 있을지 모르게 될 수도 있다.

방글라데시 농촌지역의 경우 무슬림 인구가 다수집단을 이루고 있지만 힌두교 소수집단을 포함하고 있으므로 사회규범은 해당 종교에 부합하게 된다. 여성은 일반적으로 퍼다(purdah)를 통해 격리되어 다른 종교에 속하는 사람들(여성 포함)과는 거의 교류가 없다.

이러한 맥락에서 연구자들은 '외부로부터의 경제적 개입', 즉 전 마을에서 진행된 빈틈없는 장기간의 가족계획 프로그램을 분석하였다. 이 프로그램은 각 종교집단 간에 동일한 강도로 집집마다 홍보되었고 그 결과가 분석되었다. 이러한 연구가 바로 개발경제학에서 매우 중요하면서도 계량분석이 용이하지 않은 사회적 상호작용을 이해하는 데 필요한 준실험적 연구이다. 연구자들이 데이터를 분석한 결과 여성의 피임용구 활용은 "각 종교집단에서 성행하는 수준에 강하게 반응하였으며 종교집단 간 교차효과는 전혀 없었다. 이는 마을의 모든 개인이 가족계획에 필요한 물품을 동일하게 활용할 수 있었으며", 종교 외에는 매우 유사한 특성을 가졌음에도 변하지 않는 결과임을 보였다. 따라서 이러한 결과는 "사회규범이 생식행동을 변화시키는 원동력이라는 견해와 일치한다." 이론적 모형에서와 같이, 궁극적인 피임용구 활용의 정도에 대한 불확실성은 "시간이 지남에 따라 여성들이 특정 시기에서 그다음 시기로 순차적으로 서로 교류하면서 점차 해소된다. 이것이 우리가(연구자들이) 데이터에서 발견한 점진적인 변화와 여러 지역별로 차이가 있는 피임용구 활용 수준으로의 수렴을 설명해준다."

근대적인 경제개발이 가능해지면서 소규모 가정이 개별 가정 및 그 가정이 속한 사회 모두에게 점점 더 유리해진다. 그러나 다중균형이 존재할 수 있다. 많은 지역사회에서 피임에 대한 모든 지식이 있음에도 불구하고 피임을 불허하는 사회규범이나 제재가 만연하다면 높은 출산율이 유지될 수도 있다. 이러한 상황에 대처하기 위해서는 개발 과정에서 사회적 측면에 주목할 것이 요구된다.

출처 : Kaivan Munshi and Jacques Myaux, "Social norms and the fertility transition," *Journal of Development Economics* 80 (2006): 1 – 38. 이와 같은 이유에 대한 더 자세한 내용은 Partha Dasgupta, *An Inquiry into Well-Being and Destitution* (New York: Oxford University Press, 1993)을 참조하라.

맬서스 모형에 대한 비판

맬서스 학파의 인구함정은 인구증가와 경제발전의 관계에 대한 이론을 제공한다. 불행하게도 이 이론은 실증되지 않은 다수의 단순한 가설에 기반하고 있다. 인구함정론은 두 가지 중요한 측면에서 비판이 가능하다.

첫째, 인구함정 모형은 급속한 인구증가의 성장억제력을 상쇄하는 데 기술진보가 지니는 막대한 영향력을 간과한다. 제2장에서 살펴본 바와 같이, 현대 경제성장의 역사는 과학적, 기술적, 그리고 사회적 발명 및 혁신의 지속적인 발생으로 나타나는 기술진보와 밀접하게 관련되어 있다. 규모에 대한 보수 감소(decreasing returns to scale)보다 규모에 대한 보수 증가(increasing returns to scale)가 현대 경제성장 시대의 중요한 특징이 되었다. 맬서스가 토지공급의 한계를 가정한 것은 기본적으로 정확했다. 그러나 토지의 양적 규모는 사실상 일정하더라도 기술진보에 의해 품질(생산성)이 개선됨으로써 토지의 유용성을 확대할 수 있다는 사실을 그는 예견하지 않았다(맬서스에게 공평하자면, 사실 당시에는 그런 예견을 할 수 없었을 것이다).

지속적이고 급속한 기술진보는 소득증가(총생산)곡선의 상향이동으로 표시될 수 있는데, 이 경우 소득증가곡선은 모든 1인당 소득수준에서 항상 인구증가곡선 위쪽에 위치한다. 〈그림 6.8〉은 이를 나타내고 있다. 그 결과로 1인당 소득은 시간이 지나면서 계속해서 증가하게 될 것이다. 그러므로 모든 국가는 맬서스의 인구함정으로부터 탈출할 수 있게 된다.

인구함정에 대한 두 번째 비판은 국가의 인구증가율이 직접적으로 국가의 1인당 소득수준과 정의 관계에 있다는 전제에 초점을 두고 있다. 이러한 가정에 의하면, 1인당 소득수준이 상대적으로 낮은 경우 1인당 소득의 증가와 함께 인구증가율도 상승할 것이라고 예상할 수 있다. 그러나 인구증가율과 1인당 소득수준 사이의 상관관계는 분명하지 않다는 연구 결과가 제시되고 있다. 현대의학과 공중보건사업의 결과로 사망률은 급속하게 감소하고 있으며 1인당 소득수준의 영향을 덜 받게 되었다. 더욱이 출생률은 1인당 소득수준과 명확하게 관련되어 있지는 않은 것으로 보인다. 1인당 소득이 유사한 국가들—특히 1,000달러 이하의 국가들—사이에서도 출산율은 크게 차이가 난다. 인구증가와 관련하여 1인당 소득수준 그 자체보다는 소득이 어떻게 분배되는지가 더 중요하다. 즉 가장 중요한 문제는 1인당 소득수준이 아니라 가계의 소득수준이다.

요컨대 맬서스 학파의 이론과 신맬서스 학파 이론을 현재의 개발도상국에 적용하는 데 그 타당성이 크게 제한되는 이유는 다음과 같다.

1. 기술진보의 역할과 영향력을 충분하게 고려하지 않는다.
2. 현대 시기에 대해 실증적으로 검증되지 않은 인구증가와 1인당 소득수준 간 거시적 (macro) 관계에 관한 가설에 기반하고 있다.
3. 이 이론들은 인구증가율을 결정하는 주요 요인으로서 1인당 소득이라는 변수에 초점을 맞추고 있는데 이는 잘못된 것이다. 인구와 발전의 문제에 대한 보다 더 유효한 접근은 가족계획의 결정에 관한 미시경제학에 초점을 맞추어야 한다. 이는 거시적 생활수준이 아니라 개인적 생활수준이 가족계획의 주요 결정요인이기 때문이다.

맬서스의 인구함정이 현재 시점에서는 적절하지 않다는 것이 이미 입증되었음에도 불구하고, 이에 대해 계속 살펴보는 데는 세 가지 이유가 있다. 첫째, 최근의 상반된 증거에도 불구하고 이 이론이 개발도상국에서 유용하다고 믿는 사람들이 여전히 많기 때문에 개발 현장에서 활동하는 사람들이 이 모델을 이해하고 현 시점에는 적용되지 않는 요소들이 무엇인지 파악함으로써 논쟁에 효과적으로 참여할 수 있어야 하기 때문이다. 둘째, 이와 같은 인구함정은 역사적으로 계속 발생해 왔으며 콜럼버스의 아메리카 대륙 발견 이전을 포함하여, 그리고 그 이후 지금까지도 분명히 인구붕괴(population collapse)의 요인으로 작용하는 것처럼 보이기 때문이다. 셋째, 다음에서 살펴보겠지만, 이 모형이 이제 더 이상 적용되지 않는다는 사실이 인구함정의 발생을 예방할 수 있는 방안을 찾는 데 도움을 준다. 그 방안 중에는 지속적으로 농업생산성을 향상시키기 위한 노력이 포함된다. 또한 여성의 소득증대뿐만 아니라 권리 향상과 선택의 자유 확대도 포함된다. 이는 노년의 안정 및 보장을 위해 자식을 많이 출산하려는 동기도 감소시킨다.

출산의 미시경제 가계이론

최근 몇 년 동안 인구변천의 세 단계 중 제3단계에서 나타나는 출생률의 감소를 이론 및 경험적으로 보다 잘 설명하기 위해 경제학자들은 가계 차원의 출산력을 결정하는 미시적 결정요인을 보다 자세히 관찰해 왔다. 그 과정에서 경제학자들은 기본 분석 모형으로 가계와 소비자행동에 관한 전통적 신고전학파 이론에 의지하기도 하고 가족 규모의 결정(family size decisions)을 설명하기 위해 경제이론과 최적화이론을 사용하였다.

전통적인 소비자행동이론에서는 특정 범주의 재화에 대해 기호 또는 선호('효용함수')를 갖는 한 개인은 소득제약과 모든 상품의 상대가격을 고려하여 이 재화를 소비함으로써 만족도를 극대화하고자 노력하는 것으로 가정한다. 이 이론을 출산력 분석에 적용해보면 자녀들은 특정한 유형의 소비재이기 때문에(개발도상국에서는, 특히 저소득국가의 경우, 자녀 출산은 일종의 투자행위이기도 하다), 출산은 다른 재화에 비한 소비자(또는 가족)의 자녀에 대한 수요에 따른 합리적인 경제적 반응이라 할 수 있다. 일반적인 소득효과와 대체효과도 여기에 적용될 수 있다. 즉 만약 다른 변수가 일정하다면 이상적인 자녀의 수는 가계소득에 비례하여 증가할 것이며(빈곤 사회에서는 이와 같은 직접적 관계가 적용되지 않을 수 있다. 다른 소비재에 비해 자녀를 원하는 정도가 얼마나 되는지, 또는 소득증가 원인의 성격, 예컨대 여성의 고용 등에 따라 다르다), 반대로 자녀들에게 투입되는 비용이 많거나 구매하고자 하는 다른 재화들이 있는 경우에는 원하는 자녀의 수가 상대적으로 감소할 것이다. 이 관계를 수식으로 표현하면 다음과 같다.

$$C_d = f(Y, P_c, P_x, t_x), x = 1, \ldots, n \tag{6.1}$$

생존 자녀에 대한 수요 C_d(이 문제는 영아 사망률이 높은 저소득 사회에서 매우 중요한 고려 대상임)는 주어진 가계소득(Y), 자녀들의 '순'가격(net price P_c : 대부분이 여성 시간의 기회비용인 예상 비용에서 자녀들의 잠재소득 및 노년부양 등 편익을 제한 것), 다른 모든 재화의 가격(P_x), 자녀 대비 다른 재화에 대한 선호(t_x)의 함수이다. 표준적인 신고전학파의 조건하에서는 다음과 같은 상황들을 기대할 수 있다(수식과 그에 대한 설명으로 표현함).

$\partial C_d / \partial Y > 0$ 가계소득이 높을수록 자녀들에 대한 수요가 많다.

$\partial C_d / \partial P_c < 0$ 자녀들에 대한 순가격이 높을수록 자녀 수에 대한 수요가 적다.

$\partial C_d / \partial P_x > 0$ 자녀가격과 비교하여 다른 재화가격이 높을수록 자녀 수에 대한 수요가 높다.

$\partial C_d / \partial t_x < 0$ 자녀들보다 재화에 대한 선호가 높을수록 자녀에 대한 수요가 적다.

출산의 미시경제이론
가족의 형태와 규모는 비용과 편익에 따라 결정되는 것이라는 이론

〈그림 6.9〉는 **출산의 미시경제이론**(microeconomic theory of fertility)을 간단한 도표로 표시한 것이다. 희망하는 (생존)자녀 수 C_d는 가로축에 표시하였으며, 부모가 소비하는 재화의 총량인 G_p는 세로축에 표시하였다.

자녀에 대한 가계의 수요를 무차별 지도(indifference map)로 표시하였는데, 이는 재화와 자녀의 가능한 모든 조합에 대한 부모의 주관적 만족도를 나타낸다. 각각의 무차별곡선은 재

화와 자녀 수의 조합을 나타내고 있으며, 한 곡선 위의 모든 지점은 같은 정도의 만족도를 나타낸다. '더 높은' 무차별곡선상에 있는 점(재화-자녀 수 조합)들에서 원점으로부터 더 먼 곡선은 그 아래쪽에 위치한 곡선 위의 점들보다 더 높은 수준의 만족도를 나타낸다. 각각의 무차별곡선은 '일정한 만족도'의 궤적이다.

〈그림 6.9〉를 보면 I_1부터 I_4까지 4개의 무차별곡선만 표시되어 있다. 그러나 이론적으로는 수없이 많은 곡선이 존재하여 4개의 사분면을 다 채우고 가능한 모든 재화-자녀 수 조합을 포괄하게 된다. 재화-자녀 수 조합을 선택할 수 있는 가계의 '구매력' 범위는 예산제약선인 ab로 표시된다. 따라서 ab선 이하의 모든 조합들은 가계의 예상소득 및 예산제약선의 기울기로 대표되는 자녀 대비 재화의 상대가격상 선택이 가능하다. 예산선 기울기가 가파를수록 재화 대비 자녀에 대한 비용이 더 높음을 의미한다.

수요에 바탕을 둔 출산이론에 따르면, 가계는 취할 수 있는 모든 조합 가운데 주관적 선호도에 따라 가족의 만족을 극대화할 수 있는 재화-자녀 수 조합을 선택하게 된다. 도표에서 이와 같은 최적 조합은 점 f인데, 이것은 예산제약선인 ab선이 무차별곡선 I_2와 만나는 점이다. 따라서 C_3만큼의 자녀와 G_2만큼의 상품 수요가 발생한다.

〈그림 6.9〉에서 보는 바와 같이, 가계 소득이 증가하여 예산선이 ab에서 $a'b'$으로 우상향 방향으로 평행하게 이동하는 경우 재화와 자녀를 그만큼 더 많이 소유할 수 있기 때문에 가계

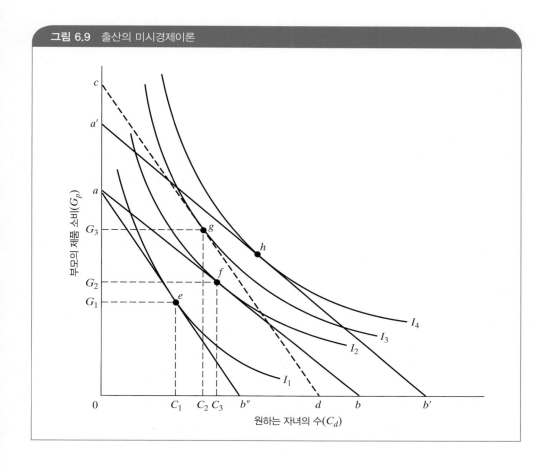

그림 6.9 출산의 미시경제이론

는 더 높은 만족도(I_4 곡선의 점 h)를 갖게 된다. 다시 말해 만약 대부분의 재화와 같이 자녀도 일반적인 재화라고 가정하면(소득의 증가와 함께 자녀에 대한 수요도 증가한다는 의미에서) 말이다. 주로 부모의 미래를 보장하는 경제적 원천으로 여겨지기 때문에 자녀에 대한 수요가 있는 저소득국가라면 자녀는 중요한 재화일 것이다. 하지만 소득이 증가함에 따라 부모들은 한 자녀에게 더 많은 비용을 소요하게 되어 소수의 '고품질' 자녀, 예를 들어 더 건강하고, 교육을 더 많이 받은 자녀를 선호하게 된다는 점에 주목할 필요가 있다.

이와 유사하게, 다른 재화에 비해서 자녀의 가격(기회비용)이 증가하면 자녀들이 재화로 대체된다. (수입과 선호도와 같은) 다른 요인들이 일정하게 유지될 경우, 자녀에 대한 상대가격이 증가하면 가계의 효용을 극대화하는 소비조합은 더 낮은 무차별곡선으로 옮겨 가게 된다. 예산선은 ab에서 ab''으로 a점을 중심으로 회전하게 되고 균형점은 f로부터 e로 이동한다.

마지막으로, 여성에 대한 고용기회 확대 및 소득 증가와 일정 수 이상의 자녀들에 대한 세금부과가 함께 발생하면, 즉 가계소득과 자녀에 대한 순가격이 동시에 증가하게 되면, 예산선은 점선 cd와 같이 우상향 방향으로 이동하는 동시에 하향 회전하게 된다. 그 결과, 효용극대화의 새로운 조합(g를 f와 비교해보면)에서는 한 가정당 자녀 수가 더 적게 된다. 저소득 가정의 보다 높은 생활수준과 자녀 가격의 상대적 증가가 결합하면(재정 측면에 의해 직접적으로 또는 여성의 고용기회 확대를 통해 간접적으로 유인), 가계는 자녀를 덜 낳으려 하게 되는 동시에 그들의 후생은 증대될 것이다. 이는 출산의 경제이론이 어떻게 경제발전과 인구성장 간 관계를 설명할 수 있는지 그리고 그에 대한 정책제안을 할 수 있는지를 보여주는 여러 사례 중 하나이다.

개발도상국의 자녀들에 대한 수요

출산에 관한 경제이론에 따르면, 자녀들에 대한 가계수요는 가정이 선호하는 생존 자녀(보통 남자)의 수(즉 사망률이 높은 지역에서는 태어날 자녀들 중 일부가 사망한다고 예상하기 때문에 희망하는 것보다 더 많은 자녀를 낳으려 함), 가격 또는 자녀를 양육하는 데 드는 '기회비용', 그리고 가계의 소득수준에 따라 결정된다. 빈곤한 사회에서의 아동들은 일정 부분 경제적 투자로 간주되는데, 이에 대한 투자수익은 미성년 노동과 부모의 노후대책이다.[12] 그러나 많은 개발도상국에서는 가족의 규모(family size)를 결정함에 있어서 각 국가만의 고유한 심리적 · 문화적 결정요소가 있다. 따라서 첫째와 둘째 또는 셋째까지는 상대가격이 변하더라도 수요가 크게 변하지 않는 '소비재'로 보아야 할 것이다.

따라서 개발도상국에 적용될 출산의 경제이론에서 선택기제는 주로 투자로 간주되는 추가적인('한계선'상의) 자녀들과 관련이 있다고 할 수 있다. 자녀를 더 낳을 것인가를 결정할 때에 부모들은 경제적인 비용과 편익을 저울질하게 되는데, 이때 주요 편익에는 보통 농장에서 이루어지는 미성년 노동의 수익부터 노년기의 부모에 대한 재정적 지원이 포함된다. 편익에 대비되는 주요 비용에는 다음의 두 가지가 있다. 먼저 여성의 시간에 대한 기회비용(만약 아이들을 돌보지 않는다면 벌게 될 소득)이고 다음은 아이들의 교육비이다. 즉 소수의 자녀들에게 보다 양질의 고비용 교육을 제공하여 고소득자가 될 가능성을 높일지 또는 적은 비용으로 숙련도가 낮은 저소득자가 될 가능성을 높일 것인지 저울질하게 될 것이다.

소비자행동에 대한 전통적 이론에서 취하고 있는 추론 과정을 동일하게 적용하면, 여성의 교육 및 고용기회 확대, 교육비 증가, 최소 고용연령을 제한하는 아동노동법 제정, 노후연금 제도에 대한 공공재정 등으로 자녀들의 가격 또는 비용이 상승하면 부모들은 아이들을 덜 낳으려 할 것이다. 어쩌면 자녀의 양보다는 질적 측면을 우선시하거나 육아 활동보다는 여성의 노동소득을 선호하게 되면서 말이다. 따라서 소수의 자녀를 희망하도록 만드는 방법 중 하나는 육아비용을 높이는 것이다. 예를 들면 젊은 여성에게 보다 많은 교육의 기회와 다양한 분야에서 높은 소득을 올릴 수 있는 일터를 제공하는 것이다.

가계행동에 관한 최근의 연구는 위 이론의 큰 개선을 이끌어냈다. 일반적으로 개발도상국에서는 이러한 전통적 모형이 제시하는 것과 같이 가계가 '일원화된' 방식으로 행동하지는 않는다. 그 대신 남성과 여성은 각기 다른 목적함수(objective function)를 갖게 된다. 예를 들면 아내보다 남편이 더 많은 자녀를 원할 수 있다. 따라서 가계 차원의 행동은 남편과 아내 간의 **협상** 결과에 따라서 결정된다. 앞에서 살펴본 상관관계는 기본적으로 유효하지만 그 과정에는 한층 강화된 여성의 협상력이 포함되는 것이다. 일원화되지 않고 협상에 기초한 가계행동 모형은 보다 평등한 투자가 가계소득을 높일 수 있다는 것을 인지함에도 불구하고 아내보다 남편의 농경지에 더 많은 투자가 이루어지는 비효율적 가계행동을 이해할 수 있도록 해준다.[13]

경험적 근거 보다 광범위한 범주의 개발도상국에 대한 통계연구는 출산의 경제이론을 뒷받침해 왔다.[14] 예를 들면 여성의 높은 고용기회와 취학률, 특히 초등 및 중등교육 수준의 취학률은 낮은 출산 수준과의 상관관계가 상당히 높다. 여성이 보다 나은 교육을 받게 되면서 그들의 소득은 가계소득에서 상당 부분을 차지하게 되고 자녀를 덜 낳게 된다. 또한 이러한 연구들은 아동 사망률 감소와 출산의 감소 사이에 강력한 상관관계가 있다는 것을 제시한다. 가계들이 특정한 수만큼의 생존자녀를 희망하는 경우, 여성교육의 확대와 소득 증가는 아동 사망률을 감소시킬 것이며 첫째가 생존할 확률을 높이게 될 것이다. 그 결과, 동일한 수의 생존자녀를 얻기 위해 필요한 출생의 횟수는 감소할 것이다. 이와 같은 사실은 출산 수준을 낮추기 위해 여성의 교육과 공중보건의 향상 그리고 아동에 대한 영양 프로그램이 얼마나 중요한지를 보여준다.

경제발전과 출산에 대한 시사점

지금까지 논의한 것을 요약하면 다음과 같다. 개발도상국에서 출산력 감소로 인한 사회경제적 발전의 효과는 대다수의 인구, 그리고 특히 극빈층이 그 이익을 공유할 때 가장 크다. 구체적으로 다음과 같은 사회경제적 변화가 극빈층에서의 출생률 감소를 가져올 것이다.

1. 여성교육의 확대와 그로 인한 여성 지위 및 역할의 향상
2. 농업 이외 분야에서의 여성 직장고용의 증가. 이는 전통적인 육아 활동 비용을 증가시키게 될 것이다.
3. 맞벌이를 통한 직접적인 부부수입의 증가 또는 재분배와 빈부격차 해소 방식을 통한 가

계 소득수준의 향상

4. 공중보건사업의 확대, 산모 및 아기의 영양상태 개선, 그리고 의료시설 향상을 통한 영아 사망률 감소

5. 자녀에 대한 부모, 특히 여성의 경제적인 의존도를 낮추기 위한, 대가족 네트워크가 아닌 가정에 대한 노년사회보장 및 다른 사회복지제도의 개선

6. 교육기회의 확대를 통해 다수의 자녀를 자녀의 '우수성'으로 대체

요약하면 빈곤층, 그중에서도 특히 여성의 고용, 교육, 그리고 보건을 향상시키기 위한 대대적인 노력은 그들의 경제 및 심리적 행복(즉 그들의 발전)에 기여할 뿐만 아니라 핵가족에 대한 동기를 제공하게 될 것이며(즉 선택의 자유), 이는 인구증가율을 감소시키는 중요한 요인으로 작용하게 된다. 이러한 동기부여가 발생하게 된다면 잘 기획된 **가족계획사업**(family-planning programs)은 효과를 거둘 수 있다.[15] 그러나 정책적 이슈와 정부의 역할에 대한 논의에 앞서 인구증가의 결정요인과 원인에 대해서는 상당 부분 합의가 이루어졌으나 인구증가의 결과에 대해서는 이견과 논쟁이 있다는 사실을 지적하고자 한다.

가족계획사업

부모들이 가족 규모를 계획하고 통제하는 데 도움을 주기 위한 공공사업

6.5 고출산의 결과 : 주요 논점

오랜 기간 동안 경제발전론자와 사회과학자들은 급속한 인구증가 결과의 심각성에 대해 지속적으로 논의해 왔다.[16] 먼저 개발도상국에서 인구증가는 낮은 생활수준, 자존감의 저하, 그리고 제한된 자유의 유일한 또는 가장 근본적 원인이 아니라는 사실을 기억해야 한다. 반면에, 많은 국가와 지역에서 급속한 인구증가가 앞에서 지적했던 저개발의 세 가지 종합적 요인, 특히 낮은 생활수준과 제한된 자유를 강화하고 배가하는 요인이 아니라고 생각하는 것 또한 순진한 판단이다. 다음의 논의에서는 급격한 인구증가가 경제발전에 심각한 결과를 불러올 수 있다는 주장에 대해서 찬성하는 입장과 반대하는 입장의 주요 논점을 정리할 것이다. 나아가 양측의 견해가 수렴될 수 있는지, 그리고 정책적 목표와 목적을 함께 도출할 수 있는지에 대해서 검토한다.[17]

이는 진정한 문제가 아니다

인구증가를 우려할 필요가 없다고 주장하는 사람들의 입장에서 세 가지 보편적인 유형의 주장을 확인할 수 있다.

- 문제는 인구증가가 아니라 다른 이슈들이다.
- 인구증가는 영향력 있는 선진국의 국가기관들이 고의적으로 만들어낸 가짜 이슈이다. 이는 개발도상국을 의존적인 상태로 유지하기 위해서이다.
- 많은 개발도상국들에서 인구증가는 사실상 바람직하다.

다른 이슈들 많은 선진국과 개발도상국 전문가들에 의하면, 진실로 중요한 문제는 인구증가 그 자체가 아니라 다음의 네 가지 이슈 중 하나라는 것이다.

1. **저개발(underdevelopment)** 만약 더 높은 삶의 수준, 더 높은 자존감, 그리고 자유의 확대를 위한 올바른 전략이 추진되고 달성된다면, 인구증가는 문제가 되지 않는다. 현재 경제적으로 선진화된 모든 국가들에서처럼 인구증가 문제는 사라지게 될 것이다. 이 견해에 따르면, 저개발이 진정한 문제이고 발전이 유일한 목표가 되어야 한다. 발전과 함께 인구증가와 분포를 일정 부분 자동적으로 규제하는 경제적 진보와 사회적 구조가 동시에 나타날 것이다. 개발도상국에서 사람들이 빈곤하고 교육받지도 못하고 건강하지 못함과 동시에 사회안전망이 약한 상황에 머물러 있게 된다면 오직 대가족만이 진정한 사회보장의 기반으로 남아 있을 것이다(즉 부모는 그들이 원한다 하더라도 핵가족을 선택할 자유를 가질 수 없다). 따라서 저개발 논리를 지지하는 사람들에 의하면 빈곤한 가정에게는 가족의 수를 제한할 동기가 없기 때문에 산아제한계획은 과거와 마찬가지로 확실하게 실패할 것이다.

2. **세계 자원 고갈과 환경파괴** 희소한 천연자원 및 물적자원의 유용성 및 활용과 관련되었을 경우에만 인구는 경제적 문제가 될 수 있다. 사실 세계 인구 중에서 1/4 이하를 차지하고 있는 선진국들이 세계 자원의 80% 이상을 소비하고 있다. 따라서 제한된 세계 자원의 고갈 측면에서 본다면 선진국에서 태어나는 한 명의 아이는 저개발 국가에서 태어나는 여러 명의 아이들보다 몇 배나 큰 비중을 차지하고 있다. 이와 같은 주장에 따르면, 선진국들은 저개발 국가에 대해 인구증가를 억제하라고 요청하는 대신에 자신들의 과도하게 높은 소비기준을 낮춰야 한다. 저개발 국가들의 고출산은 사실 낮은 생활수준 때문이며, 이러한 낮은 생활수준은 부유한 국가들에 의한 희소자원의 과다소비에 따른 결과이다. 인구증가가 아니라 부유한 국가들의 그리고 빈곤한 국가 부유층에서의 부의 증가와 과도한 소비습관 조합이 주요 문제라는 것이다. 환경과 발전의 이슈들은 제10장에서 분석될 것이다.

3. **인구분포** 세 번째 주장에 따르면, 인구 문제를 야기하는 것은 사람의 수 자체가 아니라 인구의 공간적 분포이다. 세계적으로 많은 지역들(예 : 사하라이남 아프리카)과 국가 내의 여러 지역들(예 : 브라질의 북동부와 아마존 지역)은 가용자원 또는 잠재자원의 측면에서 과소인구인 것으로 보인다. 다른 지역들의 경우는 너무나 협소한 지역(예 : 자바 중심지 또는 대다수 도시집중화 지역)에 너무 많은 인구가 집중되어 있다. 따라서 정부는 인구증가율을 완화하는 데 열중할 것이 아니라 토지와 기타 생산자원의 유용성 측면에서 인구의 자연스러운 공간적 분포를 유인할 수 있도록 노력해야 한다.

4. **여성의 종속** 앞에서도 살펴보았지만, 가장 중요한 사실은 여성이 가난, 열악한 교육, 사회적 이동 제한의 부담을 불평등하게 많이 지고 있다는 것이다. 많은 경우 여성의 열등한 역할, 낮은 지위, 피임에 대한 제한된 접근은 높은 출산율로 나타난다. 이러한 주장에 따르면, 인구증가는 여성의 경제적 기회 부족의 자연스러운 결과이다. 만약 여성의 건강, 교육, 경제적 복지가 개선되고 가족 내에서와 공동체에서 여성의 역할과 지위가 높아지게 된다면, 이러한 여권의 신장은 반드시 더 작은 가족과 낮은 인구증가로 이어질 것이다.

이것은 의도적으로 고안된 거짓 이슈이다

발전에 있어 인구증가는 중요한 문제가 아니라고 생각하는 두 번째 논리는 제3장에서 논의했던 저개발에 관한 신식민주의 종속이론과 밀접하게 연관되어 있다. 기본적으로, 부유한 국가들이 빈곤한 국가의 인구증가를 우려하는 것은 사실상 부유한 국가들이 자신들의 이익에 유리한 현 국제정세를 유지하기 위해서 빈곤한 국가들의 발전을 막기 위한 시도라는 것이다. 부유한 국가들은 자국에서의 발전을 가속화했던 상당한 인구증가의 시기를 거쳤음에도 불구하고 빈곤한 국가들을 압박하여 강력한 인구통제 프로그램을 도입하도록 하고 있다는 것이다.

급진적인 신마르크스주의(neo-Marxist)에서는 부유한 국가들의 인구통제 노력과 이에 관계된 국제기구(agency)들을 인종차별주의자로 간주하며 또한 부유한 백인사회의 후생을 심각하게 위협할지도 모르는 빈곤한 유색인종 인구의 절대적 또는 상대적 규모를 줄이기 위한 집단학살 시도로 보고 있다. 전 세계적 산아제한 운동은 국제질서가 급진적 도전에 직면하게 되자 이의 첫 번째 희생자인 선진국의 두려움이 발현된 것이라고 보는 것이다.

이것은 바람직한 현상이다

보다 보편적인 관점은 인구증가가 경제발전을 촉진하는 핵심 요소라고 보는 것이다. 더 많은 인구는 생산에서 규모의 경제를 창출하고, 생산비용을 낮추기 위해 필요한 소비자 수요를 제공하고, 보다 높은 생산수준을 달성하기 위해 필요한 저비용의 노동공급을 충분히 제공하게 된다. 예를 들어 신고전주의 반혁명학파의 인구 '수정주의' 경제학자들은 자유시장경제가 인구압박에 의해 창출되는 희소성을 항상 조절해줄 것이라고 주장한다.[18] 이러한 희소성은 가격을 상승시킬 것이고 또한 새로운 비용절감 생산기술의 필요성을 제기할 것이다. 결국, 자유시장경제와 인간의 창의성[사이먼(Julian Simon)의 '궁극적 자원'으로서의 '천재성']은 인구증가로 인한 모든 문제를 해결할 것이다. 이와 같은 수정주의 시각은 급속한 인구증가가 시정되지 않으면 경제발전이 침체될 수 있다는 전통적 '정설'과 명백하게 배치되는 것이다.

정치적인 스펙트럼의 정반대편에 서 있는 일부 개발도상국 신마르크스주의 출산 촉진론자(pronatalist)들에 의하면 많은 개발도상국 농촌지역의 경우 경작을 할 수 있는 사람들이 더 있다면 훨씬 더 많은 생산을 할 수 있는 유휴 경작지가 많이 있다는 측면에서 사실상 인구부족(과소인구) 상태라는 것이다. 열대 아프리카와 남미 그리고 심지어는 일부 아시아 지역이 이와 같은 상태라는 것이다. 예를 들어 아프리카의 경우 독립 이후의 시기보다 이전 시기에 더 많은 인구가 있었음을 일단의 전문가들이 확인했다.[19] 이들 지역에서의 농촌인구 감소는 노예무역뿐만 아니라 강제 군복무, 보호구역에의 감금, 그리고 과거 식민지 정부의 강제노동 정책에 의해 초래되었다. 예를 들어 16세기의 콩고 왕국은 200만 명의 인구를 갖고 있었던 것으로 알려져 있다. 그러나 300년 동안의 노예무역 이후 이어진 식민지 정복 시점에서 이 지역의 인구는 1/3 이하로 줄어들었다. 독립 이후, 콩고민주공화국(예전에는 벨기에령 콩고와 자이르로 알려진)의 일부 지역들은 16세기 수준의 인구를 겨우 회복했다.[20] 최소한 아프리카의 급속한 인구증가를 옹호하는 사람들 시각에는 동부와 서부 아프리카 역시 유사한 사례를 보여준다.

경작 가능한 토지(경작지, 휴경지, 초원, 그리고 삼림)에 대한 인구비율 측면에서 사하라이 남 아프리카는 총 14억 헥타르의 경작 가능한 토지를 갖고 있다는 것이 인구증가 옹호론자들의 주장이다. 그렇지만 실제로 경작되고 있는 토지는 이 크기의 극히 일부분에 지나지 않는다. 따라서 경작할 수 있는 토지의 단 12%만이 경작되고 있으며, 이처럼 낮은 농촌 인구밀도는 농산물 생산을 증가시키기에 심각하게 부족한 것으로 보인다.[21] 브라질과 아르헨티나 같은 남미 국가들에 대해서도 비슷한 주장이 제기되어 왔다.

'인구증가는 바람직하다'라는 주장은 또 다른 세 가지 비경제적 주장에 의해 마무리될 수 있는데 이들은 광범위한 범위의 개발도상국들에서 일정 부분 발견된다. 첫째, 인접 국가의 확장 의지에 대항하기 위해 접경지역의 인구증가가 필요하다고 많은 국가들은 주장한다. 둘째, 개발도상국에는 대가족을 선호하는 많은 민족, 인종, 종교집단들이 있으며 이들은 도덕적 그리고 정치적 이유로 보호되어야 한다. 마지막으로, 군사 및 정치적 권력은 대규모의 젊은 인구에 의존하는 것으로 간주된다.

이러한 주장들은 상당히 현실적인 것으로 보인다. 만약 실제로는 그렇지 않다고 하더라도, 최소한 이 주장들은 선진국과 개발도상국의 영향력 있는 개인들의 인식 측면에서 실질적이다. 중요한 것은 이들이 상당히 넓은 범위의 의견과 관점을 대변하고 있다는 것이며, 따라서 이 주장들은 급격한 인구증가가 개발도상국에게 현실적이고 중요한 문제가 될 것으로 믿는 이론가들에 대한 주요 반론으로 고려되어야 한다.

이것은 진짜 문제이다

경제적·사회적·환경적 문제 때문에 인구증가를 억제할 필요가 있다는 논리를 지지하는 입장은 전형적으로 다음의 세 가지 주장에 근거하고 있다.

극단주의 주장 : 인구와 글로벌 위기 '인구는 문제'라는 입장의 극단적 견해는 세계 대부분의 경제사회적 해악(evils)을 과도한 인구증가의 탓으로 돌리고자 한다. 억제되지 않은 인구증가는 오늘날 인류가 직면하고 있는 가장 주요한 위기로 간주한다. 또한 인구증가는 빈곤, 낮은 생활수준, 영양부족, 건강악화, 환경파괴, 그리고 그 밖의 다양한 사회 문제의 주요 원인으로 간주된다. 인구폭발 그리고 인구폭탄이라고 하는 가치판단적이고 선동적인 용어가 여기저기서 사용된다. 세계 식량재앙이나 생태적 재난이라는 무시무시한 예측도 모든 원인을 인구증가 탓으로 돌리는 경향이 있다.[22] 이 주장을 지지하는 사람들 중 일부는 '세계'(즉 개발도상국) 인구 안정 또는 감소가 현대의 가장 시급한 과제라고 주장하기도 한다. 인도나 방글라데시 같이 인구가 가장 많은 일부 개발도상국에서 가족의 규모를 통제하기 위해 강제 불임시술과 같은 심각하고 강제적인 방법이 필요하다 하더라도 말이다.

이론적 주장 : 인구-빈곤 순환과 가족계획사업의 필요성 인구-빈곤 순환이론(population-poverty cycle theory)이란 너무 급속한 인구증가는 부정적 결과를 야기하고 따라서 개발도상국들에서 실질적 문제가 될 수 있다고 생각하는 경제학자들에 의해 발전된 주요 이론이다. 이 주장의 지지자들은 인구증가율이 저개발의 조건들과 관련되어 있는 경제적, 사회적, 그리고 심리

인구-빈곤 순환이론
빈곤과 높은 인구증가율이 어떻게 서로를 강화하게 되는지를 설명하는 이론

적 문제를 심화 및 악화시킨다는 기본 가정에서 출발한다. 인구증가는 가계와 국가 차원의 저축률을 낮춤으로써 이미 태어난 사람들의 더 나은 삶에 대한 전망을 지연시킨다고 믿는다. 인구증가는 가장 기초적인 경제, 보건, 그리고 사회 서비스를 더 많은 사람들에게 제공하기 위한 제한된 정부 수입마저 심각하게 축소시킨다. 그리고 나아가 기존 세대가 가진 생활수준 향상에 대한 기대를 감소시키며, 저소득 가구의 다음 세대에 가난을 물려주는 데 일조한다.

이와 같이 만연한 절대빈곤과 낮은 생활수준이 대가족의 주요 원인이라고 보기 때문에, 그리고 대가족은 경제성장을 지연시키므로, 사회경제적 발전은 낮은 출산 및 사망 수준에서 인구증가를 둔화시키거나 중단시키기 위한 필요조건이라 할 수 있다. 그러나 이 주장에 의하면 이는 충분조건은 될 수 없다. 즉 발전은 가족의 규모를 제한하도록 유인하고 동기를 부여하지만 가족계획사업과 같이 원하지 않는 임신을 예방할 수 있는 기술적 방법을 제공하는 것도 필요하다는 것이다. 프랑스, 일본, 미국, 영국, 그리고 보다 최근에는 대만, 한국 등과 같은 국가에서는 가족계획 전문병원을 대규모로 동원하지 않고도 인구증가율을 낮출 수 있었지만, 이러한 서비스의 공급은 과도한 인구증가를 좀 더 빠르게 통제하고자 하는 다른 국가들이 이러한 서비스가 없었을 경우에 비해 이를 보다 빨리 실행할 수 있도록 해준다.

간단한 이론적 모형 경제학자들이 급속한 인구증가의 역기능을 보여주기 위해 사용하는 기본적 모형은 전형적인 솔로(Solow) 방식의 신고전학파 성장방정식을 단순화한 것이다.[23] 생산은 자본, 노동, 자원 및 기술의 함수라는 전형적 생산함수, 즉 $Y = f(K, L, R, T)$를 사용하고 자원기반은 고정된 것으로 본다면, 다음과 같은 결과를 도출할 수 있다.

$$y - l = \alpha(k - l) + t \qquad (6.2)$$

여기서 y = GNI 증가율 $\Delta Y/Y$, l = 노동력(인구) 증가율 $\Delta L/L$, k = 자본축적 증가율 $\Delta K/K$, α = 생산의 자본탄력성(보통 상수로 나타난다), 그리고 t = 기술 발전의 영향(경제성장의 원천에 대한 실증적 연구에서 솔로 잔차)이다.

규모에 대한 보수불변을 전제하면, 식 (6.2)는 단순히 1인당 소득증가($y - l$)가 자본-노동 비율($k - l$)의 증가율과 기술발전(인적 및 물적 자본의 개선 포함)이라는 잔차효과(residual effect)를 합한 것에 정비례한다는 것을 나타낸다. 따라서 기술변화가 없다면 인구증가율(l)이 높아질 때 일정한 수준의 1인당 소득을 유지하려면 자본축적의 증가율(k)도 더 빨라져서 그에 수반하는 저축율과 투자율도 더 커질 수밖에 없다. 더욱이, 신고전학파 성장 모형의 전통적 가정과는 달리 k는 l에 대해 독립적이지 않아 실제로는 급속한 인구증가의 부양부담효과로 인한 저축감소의 영향으로 서로 역의 관계에 있을 수 있기 때문에 인구증가의 부정적 경제효과는 전통적 신고전학파 모형에서 암시하는 것보다 훨씬 더 심각할 수 있다. 마지막으로, 만약 저소득이 빈곤한 가정으로 하여금 값싼 노동력과 노후보장의 원천으로서 더 많은 자녀를 보유하게 한다면 이는 또 하나의 악순환이라고 할 수 있다. 빈곤계층이 자신의 빈곤을 일부 상쇄하기 위해서 대가족을 이루고자 하지만 이러한 대가족은 더 큰 인구증가, 더 높은 부양부담, 낮은 저축과 투자, 경제성장의 둔화, 그리고 최종적으로 더 심각한 빈곤을 의미하게 된다. 극단적 사례를 들면, 신맬서스학파의 인구함정이 발생할 수 있는 것이다. 따라서 인구증가는 저개발의 원인이자 결과이기도 하다!

제3장과 제4장에서 보는 바와 같이, 인구증가는 경제성장의 일부만을 설명해줄 수 있다. 이러한 측면에서 이스털리(William Easterly)는 '인구증가가 1인당 소득 증가를 1 대 1로 낮춘다고 하더라도(인구를 우려하는 사람들의 일반적 견해), 이는 1인당 소득 변화의 1/3만을 설명할 수 있다'고 주장하였다.[24]

다른 실증적 논거 : 인구성장의 일곱 가지 부정적 결과 최근의 실증연구에 따르면, 인구증가가 경제발전에 미칠 수 있는 부정적 결과는 모두 7개의 유형으로 분류할 수 있는데 경제성장, 빈곤과 불평등, 교육, 건강, 식량, 환경, 그리고 국제이민에 대한 영향이 그것이다.[25]

1. **경제성장** 급속한 인구증가가 경제 불황의 원흉까지는 아니지만, 대부분의 개발도상국, 특히 빈곤하고 농업 의존적이며 토지와 천연자원에 대한 압박을 경험하고 있는 국가들에서 1인당 소득의 증가를 낮춘다는 증거가 있다.

2. **빈곤과 불평등** 국가 수준에서 빈곤척도와 인구성장 사이의 통계적 상관관계는 결정적이지 않지만, 가계 수준에서의 증거는 강력하고 확실하다. 급속한 인구증가의 부정적인 결과는 빈곤한 사람들에게 가장 혹독하게 적용되는데 이들은 토지를 상실하고 정부의 가족 및 교육 프로그램 축소에 가장 먼저 고통 받고 환경파괴의 예봉을 정면으로 받기 때문이다. 빈곤한 여성은 정부 긴축 프로그램의 부담을 한층 더 크게 져야 하며, 또 다른 악순환이 뒤따른다. 대가족의 빈곤이 계속되는 한 불균등은 더욱 악화된다.

3. **교육** 현 시점에서는 자료가 분명하지 않지만 대가족과 낮은 소득은 모든 자녀가 교육받을 수 있는 기회를 제한한다는 것에 많은 사람들이 동의한다. 국가 차원에서, 급속한 인구증가는 교육예산이 더욱 희소하게 배분되게 하며, 양(quantity)을 위해서 질(quality)을 희생하도록 만든다. 이는 다시 경제성장에 영향을 미치는데 급속한 인구증가로 인적자본의 축적이 감소하기 때문이다.

4. **건강** 빈번한 출산은 여성과 자녀의 건강을 훼손한다. 이는 임신 시의 건강위험을 높이며, 또한 출산 간격의 감소는 신생아의 체중을 줄이고 사망률을 높이는 것으로 나타난다.

5. **식량** 급속한 인구증가로 세계의 모든 사람들에게 식량을 공급하는 것이 점점 더 힘들어지고 있다. 개발도상국에서의 식량수요는 상당 부분 인구증가에 기인한다. 이미 가장 양질의 토지가 경작되고 있으므로, 선진국에서 사용되고 있는 새로운 생산기술이 더 빨리 공급되어야 한다. 국제 식량원조 프로그램은 더욱 확산되고 있다.

6. **환경** 급속한 인구증가는 환경파괴를 유인한다. 그 현상은 삼림침해, 삼림벌채, 땔감고갈, 토양침식, 축산물 및 수산물의 고갈, 부적합하고 불안전한 식수, 대기오염, 도시혼잡 등이다(제10장 참조).

7. **국제이민** 다수의 전문가들은 국제이민(합법 또는 불법)의 증가가 개발도상국 인구증가의 중대한 결과라고 생각한다. 다양한 요소들이 이민을 촉진하지만(제7장 참조) 취업기회보다 더 많은(급속한 인구증가에 의해 발생한) 취업 희망자가 원인 중 하나인 것은 분명하다. 그러나 앞의 여섯 가지 결과들과 달리, 국제이민의 경제 및 사회적 비용은 수령

국(recipient country)에게 돌아가며 특히 선진국들의 부담이 증가하고 있다. 따라서 이 문제가 미국과 유럽에서 정치적인 중요성을 갖게 된 것도 놀라운 일은 아닐 것이다(제2장 참조).

목적 및 목표 : 합의를 향해

인구증가의 긍정적 또는 부정적 결과에 대해 심각한 의견충돌이 있는 것처럼 보임에도 불구하고, 논쟁의 양쪽에 서 있는 사람들이 동의할 수 있는 공통지점이 등장하였다. 카센(Robert Cassen)은 이러한 입장을 가장 간단명료하게 설명하고 있다.

> 인구정책에 대한 수십 년간의 논쟁 이후, 선진국과 개발도상국 사이에 새로운 국제적 합의가 등장했다. 그것은 전체적으로 개인, 국가, 그리고 세계는 인구가 보다 느리게 증가할수록 더욱 좋아진다는 것이다. 급속한 인구증가의 결과들은 과장되어서도 안 되고 축소되어서도 안 된다. 과거의 경고 시도들은 그 표현상, 자신들이 설득하려 했던 청중들을 소외시키는 역효과를 낳았다. 동시에, 인구증가가 중요한 문제가 아니라는 주장들은 이 주제에 대한 합당한 고민을 퇴색시키는 결과를 가져왔다.[26]

다음의 세 가지 명제는 중도적 또는 합의적 주장의 핵심을 구성한다.

1. 인구증가는 대다수 개발도상국의 특징으로 간주되는 낮은 생활수준, 극단적인 불균등, 제한된 선택의 자유를 야기하는 주된 원인이 아니다. 이와 같은 문제의 주요한 원인은 오히려 빈곤한 가계 및 여성, 그리고 다른 측면에서의 국내 및 국제 발전정책 실패에서 찾아야 한다.
2. 인구 문제는 단순히 숫자의 문제가 아니라 삶의 질과 물질적인 복지를 포함하는 것이다. 따라서 개발도상국의 인구 규모는 개발도상국 자체의 자원에 관련해서만 단순하게 볼 것이 아니라 인구의 양, 분포, 그리고 세계 자원의 사용과 관계된 선진국의 풍요와도 함께 살펴보아야 한다.
3. 급속한 인구증가는 분명히 저개발의 문제를 심화시키고 발전 가능성을 요원하게 만든다. 지적한 바와 같이, 재앙이 없는 상황에서 인구증가의 탄력은 그 어떤 출산억제정책이 사용되더라도 개발도상국 인구가 앞으로 10년 동안 극적으로 증가하게 될 것임을 의미한다. 설령 높은 인구증가율이 저개발의 주된 원인은 아니라고 할지라도, 특정한 국가 또는 지역에서는 저개발의 중요한 결정요인이 된다.

이러한 세 가지 명제의 입장에서 다음과 같은 세 가지 정책 목적과 목표가 개발도상국 인구증가 문제에 대한 현실적 접근에 포함되어야 할 것이다.

1. 인구 규모, 분포, 또는 성장이 현존하는 또는 잠재적인 문제로 간주되는 국가 및 지역에서는 더 이상의 성장을 제한하려는 모든 전략의 첫 번째 목표는 인구변수 자체뿐만 아니라 저변에 깔려 있는 저개발의 사회경제적 조건들 역시 고려되어야 한다는 것이다. 절대빈곤, 총체적 불균등, 만연한 실업(특히 여성 사이에서), 교육에 대한 여성의 접근제한,

그리고 열악한 보건시설이 우선적으로 다루어져야 한다. 이들의 개선은 필연적으로 발전을 수반하며, 최적의 (대부분의 경우 보다 작은) 가족 규모를 선택하게 하는 동기를 제공함으로써 개인의 자유를 확대하는 근본적인 기반으로 작용한다.

2. 발전을 통하여 더 작은 규모의 가족을 유인하려면 출산을 조절하기를 원하는 사람들에게 교육 및 기술적 수단을 제공하는 가족계획사업이 확립되어야 한다.

3. 개발도상국들이 낮은 출산력과 사망력의 목표를 달성할 수 있도록 선진국들이 지원해야 한다. 이는 피임도구와 가족계획을 위한 의료시설의 제공뿐만 아니라, 더욱 중요하게는 희소한 자원을 집중적으로 사용하는 재화의 과도한 소비를 줄이기 위한 프로그램을 통해 재생 불가능한 세계 자원의 과도한 소모를 줄임으로써 가능하다. 또한 개발도상국뿐 아니라 자국에서 빈곤, 문맹, 질병 및 영양부족을 해소하겠다는 진솔한 약속을 함으로써, 그리고 단순하게 인구통제만이 문제가 아니라 발전이 실질적 문제라는 것을 수사적으로도 그리고 국제적인 경제적 및 사회적 관계에서도 인정함으로써 가능하다.

6.6 일단의 정책적 접근

이와 같은 광범위한 목표와 목적을 고려할 때 개발도상국과 선진국의 정부 그리고 국제원조기구들은 전체적인 세계 인구증가율을 장기적으로 줄여 나가기 위해 어떤 경제 및 사회적 정책을 고려할 수 있는가? 현재 그리고 미래의 세계 인구에 대해 직간접적으로 강력한 영향을 미칠 수 있는 세 가지 정책 영역은 다음과 같다.

1. 개발도상국 정부는 자국의 인구증가와 분포에 영향을 주거나 혹은 심지어 통제할 수 있는 보편적 그리고 구체적 정책을 시도할 수 있다.

2. 선진국 정부는 자국 내에서 희소한 세계 자원의 불균형한 소비를 줄이고 세계 경제 진보에 의한 이익의 공정한 분배를 촉진하는 보편적 및 구체적 정책을 시도할 수 있다.

3. 선진국 정부와 국제원조기구들은 개발도상국들이 그들의 인구목표를 달성할 수 있도록 돕는 보편적이고 구체적인 정책을 시작할 수 있다.

이제 각각의 영역에 대해 차례로 살펴보자.

개발도상국이 할 수 있는 일

이상의 논의는 가계 차원의 자녀 수요에 가장 큰 영향을 미치는 변수들이 우리가 제1장에서 정의한 발전의 개념과 가장 밀접하게 연관되어 있다는 결론을 내리고 있다. 따라서 특정한 발전정책은 인구의 높은 성장률을 낮은 성장률로 바꾸는 데 결정적이다. 이러한 정책들은 절대빈곤, 불균등소득 감소, 교육기회 증가(특히 여성을 위한), 현대적 예방의학과 공중보건 프로그램 혜택의 도입, 특히 농촌 및 도시 빈민에 대한 깨끗한 물과 위생시설의 보급, 영아 사망을 줄일 수 있는 더 많은 양과 더 좋은 품질의 음식 및 영양보급을 통한 모자보건의 향상, 그리고 보다 광범위한 인구집단에 대한 그 외의 여러 사회적 서비스의 보다 공정한 제공을 목표로 한다. 또한 '인구 문제'의 근원에는 인구의 숫자 자체 또는 부모의 비합리성만이 있는 것은 아니다. 오히려 대가족과 인구 급성장의 경제적 이유가 될 수 있는 절대빈곤과 낮은 생활수준의 만연이 그 근원에 있다. 그리고 인구 문제에 대한 정부개입을 경제적으로 강력하게 정당화하는('시장실패' 측면에서) 것은 부모의 사적인 결정이 갖는 파급효과 또는 부정적 외부효과(예를 들어 교육, 보건의료, 식량공급, 자원고갈, 고용창출, 소득분배와 관련한)이다. 여기에는 또한 비경제적 정당성도 분명히 존재한다.

바로 앞에서 언급한 장기 발전정책들이 궁극적인 인구 안정화에 필수적이지만 개발도상국의 정부들이 단기적으로 출산율을 낮추기 위해 채택할 수 있는 다섯 가지의 보다 구체적인 정책들이 있다.[27]

첫째, 개발도상국 정부는 사람들이 더 작은 크기의 가족을 보유하도록 언론 및 교육을 통해 설득할 수 있다. 교육에는 공식적인 것(학교 시스템)과 비공식적인 것(성인교육)이 있을 것이다.

둘째, 바람직한 행동을 장려하기 위해 보건 및 피임 서비스를 제공하는 **가족계획사업을** 활성화할 수 있다. 공적으로 후원되거나 공식적으로 보조되는 프로그램은 현재 대부분의 개발도상국에서 존재하고 있다. 오늘날에는 소수의 국가들만이 이와 같이 공적으로 후원되거나 공식적으로 보조되는 가족계획사업을 보유하지 않고 있다. 그러나 〈예문 6.3〉에서 볼 수 있듯이 피임도구에 대한 충족되지 않은 수요는 아직도 상당하다.

셋째, 개발도상국 정부는 자녀 소유에 관한 경제적 유인책과 억제책을 의도적으로 조정할 수 있다. 예를 들어 출산휴가와 수당의 감축 및 폐기, 정해진 숫자 이상의 자녀를 갖는 것에 대한 벌금 부과, 노인을 위한 사회보장 제공, 미성년 노동을 제한하는 법률 제정, 학비 인상 및 고등교육에 대한 과도한 공적보조금 폐지, 소규모 가족에 대한 직접 보조금 제공 등의 방법을 활용할 수 있다. 인구와 관련된 유인책과 억제책은 현재 30개 이상의 개발도상국에서 사용되고 있는데 그중에서 싱가포르, 인도, 방글라데시, 한국, 중국은 가족 규모를 축소하는 정책실험이 눈에 띈다. 예를 들어 싱가포르는 희소한 공공주택을 배당할 때 가족 규모를 고려하지 않았다. 또한 출산휴가를 사용하는 것을 두 번째 자녀까지로 제한하였고 출산비용도 자녀의 수에 따라 증가시켰으며 소득세 감면도 다섯 자녀에서 세 자녀로 축소했다. 1984년에는 학사학위가 있는 여성이 낳은 모든 자녀는 학교 입학에 특별우선권을 부여하는 한편 학사학위가 없음에도 두 자녀 이상을 가진 여성에게는 벌칙을 부과하기까지 했다. 이러한 정책의 미심쩍은 논거는 교육수준이 높은 여성은 보다 총명한 아이를 낳으므로 그들의 출산은 장려되어야 하나 교육수준이 낮은(추정하건대 덜 지적인) 여성이 더 많은 자녀를 가지는 것은 장려되지 말아야 한다는 것이다. 그러나 출산력이 급격히 감소함에 따라 이 도시국가는 2004년 출산력을 높이기 위한 유인책을 도입하기에 이르렀다(일본 및 유럽과 같이 이민유입에 대한 통제완화가 비용 측면에서 더욱 효과적일 것이다). 중국은 단연코 가장 포괄적인 국가 주도의 유인책 및 억제책을 보유한다. 이에 대해서는 이 장의 끝부분에 있는 사례연구에서 살펴볼 것이다.

넷째, 정부들은 법률과 처벌이라는 국가의 힘을 이용해서 사람들이 작은 가족을 가지도록

예문 6.3 연구결과 : 2003~2012년 개발도상국에서의 피임의 수요 및 이용 현황

다로쉬와 싱(Jacqueline Darroch and Susheela Singh)은 15~49세 사이의 기혼여성 및 미혼여성을 대상으로 2003년, 2008년, 2012년에 비교 가능한 국가별 서베이의 데이터를 이용하여 개발도상국에서 피임의 이용과 수요에 대해 분석하였다. 다로쉬와 싱은 임신을 원하지 않는 여성 중 현대적 피임 방식을 활용하는 여성과 도구를 사용하지 않거나 전통적인 방식을 사용하는 여성을 구분하여 그 수와 비중을 추정하였다. 그 결과 그들은 '임신을 원하지 않기 때문에 피임이 필요한 여성의 수는 2003년 7억 1,600만 명에서 2012년 8억 6,700만 명으로 상당히 증가'하였음을 발견하였다. 대부분의 증가는 인구증가로 인한 것이었다. 임신을 원하지 않는 여성의 비중 또한 2003년 54%에서 2012년 57%로 증가하였다. 동시에, "현대적 피임 방식의 이용 또한 증가하였으며, 임신을 원하지 않지만 현대적 방법의 수요가 충족되지 못한 15~49세 여성의 전반적 비중은 2003년 29%에서 2012년 26%로 감소하였다(그렇지만 절대 수는 2억 1,000만 명에서 2억 2,200만 명으로 증가하였다). 현대적 피임 방식에 대한 미충족 수요는 특히 사하라이남 아프리카(8,900만 명 중 5,300만 명[60%]), 남아시아(2억 4,600만 명 중 8,300만 명[34%]), 서아시아(2,700만 명 중 1,400만 명[50%])에서 여전히 매우 높다. 저자들은 '현대적 피임 방식에 대한 수요를 충족시키기 위해서는 국가들이 이를 위한 자원을 증대하는 것이 필요하며, 피임 서비스 및 도구에 대한 접근을 개선하고 고품질 서비스 및 대규모 공공교육을 실시하여 사회적 장벽을 낮추어야 한다'고 주장하고 있다.

출처 : Jacqueline Darroch and Susheela Singh. "Trends in contraceptive need and use in developing countries in 2003, 2008 and 2012: An analysis of national surveys" *The Lancet* 381 (May 18, 2013): 1756-1762.

강제하는 것을 시도할 수 있다. 이런 강제력을 사용하려는 국가가 많지 않은 이유는 자명하다. 이러한 방법이 종종 도덕적인 반감과 정치적 반대를 야기할 뿐만 아니라 거의 대부분의 경우 집행하기가 극히 어렵기 때문이다. 1977년에 인도의 수상 간디(Indira Gandhi)의 정부가 선거에서 패배한 이유도 정부의 강제불임 프로그램에 대한 국민들의 분개 때문이었다.

마지막으로, 여성의 사회경제적 지위를 높이고 이를 통해 결혼시기를 늦추고 혼인출산을 줄이는 데 유리한 조건을 만드는 노력이 없다면 출산율을 통제하기 위한 그 어떤 정책적 조치도 성공할 수 없다.[28] 출산율을 낮추기 위한 모든 계획에서 가장 결정적인 요소는 여성에 대한 교육과 그로 인한 가정 외부에서의 직업 창출이다. 소득창출 기회의 존재는 젊은 여성들로 하여금 경제적 독립을 가능케 하고, 이에 따라 배우자 선택이나 결혼시기에 대한 통제력을 발휘하기에 더 나은 위치를 갖게 함으로써 그들의 결혼을 늦추게 할 수 있다. 이는 또한 젊은 여성들이 부모의 가계소득에 기여할 수 있게 함으로써 빨리 결혼하라는 가족의 압박을 줄여줄 수 있다. 또한 독립적 소득원은 결혼한 여성으로 하여금 다른 가족 구성원, 특히 아들에게 경제적 안전을 의존하는 것을 줄여줌으로써 가정 내에서 더 강한 지위를 보장받게 해준다. 또한 이는 출산과 소득창출 행동이 경쟁할 때 여성으로 하여금 추가적인 자녀 생산의 기회비용을 고려하게 만든다. 일반적으로, 외부 소득원의 존재는 여성에게 자원부족이 동기가 되는 조혼과 빈번한 출산에 대한 진정한 대안을 제공한다. 집 밖에서 일하는 것의 또 다른 이득은 가족계획 서비스 제공의 장애가 되는 여성의 사회적 고립 문제를 줄여주고 가계 내 여성의 협상력을 증

대시켜 준다는 준다는 점이다.[29]

이처럼 여성의 역할과 지위를 개선하기 위한 정책들의 중요성은 1994년에 열린 인구와 발전에 관한 카이로 국제회담에서 강조된 바 있다. 이 회담에서는 여성의 전반적인 권리 강화, 특히 **출산선택권**(reproductive choice)이 강조되었다. 카이로 실행계획(Cairo Program of Action)은 다음과 같이 이러한 입장을 요약하고 있다.

> 여성의 권리증진과 자율성 그리고 그들의 정치, 사회, 경제, 보건상 지위[는] … 지속 가능한 발전을 달성하기 위해 그리고 … 인구계획의 장기적 성공을 위해 필수적이다. 우리 경험은 인구 및 발전 프로그램이 여성의 지위 향상을 위한 계획들과 동시에 진행될 때 가장 효과적임을 보여준다.[30]

출산선택권
여성들이 남편들과 평등한 지위에서, 그리고 스스로를 위해, 원하는 자녀가 몇 명인지와 원하는 가족 크기를 달성하기 위해 어떤 방법을 사용할 것인지를 결정할 수 있어야 한다는 개념

선진국이 할 수 있는 일

마땅히 그래야 하듯이, 만약 우리가 세계적 자원과 환경의 시각에서 인구 문제를 바라본다면, 선진국과 저개발 국가 간 인구 크기와 재생불능 자원의 배분 및 고갈 문제는 그 중요도가 커진다. 미국이라는 하나의 국가에 살고 있는 세계 인구의 4.5%가 연간 전 세계에서 사용하는 에너지의 1/5 이상을 차지하는 세상에서, 환경과 자원에 관한 문제는 인구 숫자에 국한된 것이 아닐 뿐 아니라 숫자가 우선적인 문제가 아니라는 것이 명백하다. 우리는 또한 풍요의 증가와 세계적으로 심각하게 불평등한 소득배분이 석유, 특정 기초금속, 그리고 경제성장에 핵심적인 기타 원료 등 많은 재생불능 자원의 고갈에 미치는 영향에 대해서도 우려해야 한다. 선진국에서 자가용에 동력을 제공하고 가정과 회사의 에어컨을 작동하기 위해서 화석연료 에너지를 사용하는 것이 공기 중 이산화탄소 가스 유입과 온실효과 및 지구 온난화 현상에 가장 큰 기여를 하고 있다(제10장 참조).[31] 또한 이는 저개발 국가의 소규모 가정 농장을 풍족하게 할 자원이 그만큼 줄어들 수 있다는 의미이기도 하다. 다르게 표현하면, 빈곤 가정들이 이러한 소중한 자원을 얻기 위해 더 많은 돈을 지불해야 한다는 뜻이다.

세계 자원 사용의 엄청난 불균형에 대해서는 유사한 사례가 많다. 어쩌면 더 중요한 것은, 풍족한 선진국들이 희소성이 있고 재생이 불가능한 자원들을 비싼 비용을 들여 불필요하게 사용하고 있는 예가 수도 없이 제시될 수 있다는 점이다. 따라서 사회적 중재나 가족계획을 통해서 개발도상국의 인구증가를 제한하고 자원과 인간 간의 조화를 되찾으려는 세계적 프로그램에는 선진국들의 소비 요구와 생활양식을 단순화할 의무 또한 포함되어야 한다. 이러한 변화를 통해서 해방되는 자원은 빈곤 국가들이 인구증가를 줄이고 핵심적인 사회경제적 발전을 유인하는 데 사용될 수 있다.

생활양식과 소비습관을 단순화하는 것과 더불어, 선진국들이 현 세계 인구 문제를 완화하기 위해 사용할 수 있는 또 다른 (실현 가능성이 희박하기는 하지만) 긍정적인 내부정책은 아프리카, 아시아, 남미의 가난하고 기술 없는 노동자와 그 가족들이 북아메리카, 유럽, 일본, 호주 등지로 이주하는 것에 대한 법적 제한을 자유화하는 것이다. 19세기와 20세기 초반에 유럽의 농부들이 북아메리카, 호주, 뉴질랜드로 이주한 것은 유럽의 저개발과 인구 압박을 완화

하는 데 큰 역할을 했다. 오늘날의 저개발 국가들에는 이러한 배출구가 존재하지 않는다. 지난 20년 동안 존재해 왔던 소수의 배출구마저 사실상 지속적으로 폐쇄되어 왔다. 노동력이 부족한 사회가 국제이민으로 인해서 경제적 혜택을 받을 수 있고, 이로 인해 저개발 국가들이 받게 될 혜택이 매우 클 것임이 명백함에도 불구하고 말이다. 예를 들어 유엔의 계산에 의하면 개발도상국에서 선진국으로 이민하는 것을 막는 법률 때문에 개발도상국이 보는 손해는 연간 2,500억 달러에 이른다.[32]

선진국이 개발도상국의 인구관련 프로그램을 도와줄 수 있는 방법

선진국의 정부와 다자적 원조단체들이 개발도상국 정부로 하여금 인구정책 목표를 더 빨리 성취할 수 있도록 도울 수 있는 방법은 여러 가지가 있다. 이 중에서 가장 중요한 것은 선진국들에게 사하라이남 아프리카 국가와 같은 빈곤국가의 개발 노력을 진심으로 지원하려는 의지가 있는가 하는 것이다. 이러한 진정한 지원에는 공공 및 민간의 금전적 원조는 물론이고 선진국 시장 진입 시 관세나 수입할당 면제, 보다 적절한 기술이전, 고유의 과학연구역량 개발 지원, 보다 호혜적인 국제 재화가격정책, 희소한 세계자원의 보다 균등한 공유 등과 같은 국제교역 관계의 개선도 포함된다(부유국과 빈곤국 간의 기타 국제 경제관계에 대한 이야기는 제3부에서 다루게 될 것이다.)

선진국의 정부, 국제 원조단체 및 민간 비정부단체가 출산력 완화와 관련하여 중요한 역할을 수행할 수 있는 두 가지 활동이 있다. 첫째 출산조절, 피임약, 자궁 내 피임도구, 자발적 불임시술, 그리고 에이즈(AIDS) 시대에서 효과적인 차단식 피임수단 기술에 관한 전반적 연구이다. 이러한 연구는 수년째 계속되고 있고 대부분이 국제원조단체, 선진국의 민간재단 및 구호단체 등에 의해서 운영되고 있다. 건강에 대한 위협을 최소화하면서 이러한 피임기술을 더욱 효과적으로 발전시키는 노력이 더욱 권장되어야 한다.

두 번째 활동 영역은 개발도상국의 가족계획사업 공공교육이나 국가적인 인구정책 연구 활동을 선진국에서 경제적으로 지원하는 것이다. 이는 인구관련 부문에서 전통적으로 우선되어 온 선진국 지원 영역이다. 이 활동에 투입된 재원은 극적인 증가를 보였다. 그러나 이러한 재원(특히 조기 가족계획사업에 배분되었던 재원)이 차라리 저소득국가가 최빈곤층의 생활수준 향상을 지원하는 데 직접적으로 투입되었더라면 오히려 출산율 목표를 이루는 데 더욱 더 효과적이지 않았을까 하는 의문은 여전히 남아 있다. 이전에도 지적했듯이, 국민이 가족 규모를 줄이고자 하는 동기가 없으면 아무리 세련된 가족계획사업도 거의 가치가 없다.

우리의 결론은 그럼에도 긍정적이다. 방글라데시나 대부분의 사하라이남 아프리카 국가와 같은 다수의 최빈곤 국가들은 출산율이 크게 감소하는 것을 경험하였다. 인구 전문가들은 앞으로 수십 년 동안의 세계 인구증가에 대한 예상을 낮추었다. 이러한 감소에 가족계획 보급이 큰 역할을 한 것은 분명하다. 이러한 변화는 미래의 성공적인 발전노력을 위한 기회의 장을 마련해줄 것이다. 그러나 선진국은 또한 더 많은 개발지원을 제공하는 데 자신의 역할을 해야 하며, 특히 높은 출산율의 가장 큰 원인인 빈곤의 발생을 줄이는 필요성과 기회에 노력을 집중해야 할 것이다.

인구, 빈곤, 그리고 발전 : 중국과 인도

세계에서 경제성장이 가장 빠른 두 국가인 중국과 인도는 각각 인구가 13억 5,000만 명과 12억 2,000만 명으로 세계에서 인구가 가장 많은 국가들이기도 하다. 양국 모두 지속적으로 성장하고 있으나, 그 속도는 줄어들고 있다. 유엔 인구국은 2030년 중국의 인구가 14억 5,000만 명이 되었다가 그 이후 2065년 정도까지 약 12억 8,000만 명으로 감소할 것으로 추정하고 있다. 반대로, 인도의 경우 2065년 정도까지는 인구가 계속 증가하여 2065년경 16억 4,000만 명으로 절정에 달하였다 결국 감소하기 시작할 것으로 추정하고 있다.

1950년에 세계에서 가장 먼저 가족계획정책을 도입하기 시작했음에도 불구하고, 2013년의 인도 인구는 독립 당시보다 3배가 많은 12억 명에 근접하게 되었다. 중국의 인구는 이보다 더 많은데, 중국에서 도입한 아주 강력한 한 자녀 정책은 출산력을 줄이는 데 상당한 성공을 거두었으나, 케랄라(Kerala)와 같은 인도 일부 지역에서 여권신장 및 교육을 기반으로 한 접근법보다는 덜 효과적이었다. 세계에서 가장 인구가 많은 국가들로부터 인구와 발전에 대해 배울 수 있는 것은 무엇인가?

인도에서는 '인구만 제외하고 모든 측면에서 인도보다 중국의 성장률이 더 높다'는 말을 많이 들을 수 있다. 반세기 전만 하더라도 중국 인구의 2/3도 안 되었던 인도 인구가 2050년에는 중국보다 2억 명 더 많을 것으로 전망되고 있다. 대다수 개발도상국이 그렇듯이, 두 국가의 인구가 늘어난 것은 사망률이 떨어지면서 출산율은 훨씬 천천히 떨어졌기 때문이다. 두 국가 모두 인구압박을 미래 발전에 위협적인 전망으로 보고 있다.

소득이 증가하면서 출산이 줄어든다는 것은 잘 알려진 사실인데, 주요한 이유는 여성의 시간에 대한 기회비용이 늘어나기 때문이다. 출산력과 성장 사이의 인과는 쌍방이어서 1980년쯤부터 중국 경제가 급속히 성장하기 시작한 이유 역시 부분적으로는 낮아진 출산율 때문인 것으로 보고 있다. 1990년쯤부터 인도의 경제성장률이 증가한 것 또한 출산력이 서서히 줄어든 것과 연관이 있을 것으로 추정된다. 두 사례 모두 부분적으로 이 장의 초반부에서 살펴본 인구배당효과를 반영한 것일 수 있다. 그러므로 인구정책은 잠정적으로 경제성장의 기초를 다지는 데 중요한 역할을 할 수 있다. 더욱이, 노벨경제학상 수상자인 센(Amartya Sen)의 관점을 받아들여 발전이 곧 자유라고 생각한다면, 출산이 줄어들거나 늦춰졌을 때 젊은 여성들에게 더 많은 기회가 돌아가게 되는 것 자체가 발전 성공의 주요 지표가 될 수 있고 인구정책은 이러한 목적을 달성하는 데 도움이 될 수 있다.

중국의 인구정책

중국은 몇백 년간 세계에서 가장 인구가 많은 국가였다. 1949년 공산당 집권 후 마오쩌둥(Mao Zedong)을 필두로 한 중국의 지도층은 전반적으로 출산을 장려했는데, 이는 공산사회는 어떤 인구 문제도 해결할 수 있으며 인구가 늘어나면 국력도 늘어날 것이라고 생각했기 때문이었다. 마오쩌둥은 (중국 지도자들이 여전히 정책 면에서 '60%는 옳았다'고 여기는) 인구통제 옹호자들을 감옥에 보내기까지

하였다. 그러나 1950년대 후반의 기근을 직면하고 출산장려정책은 완화되었다.

1980년 중국은 1980년대 내에 연간 출생률을 1%로 줄이겠다는 목표를 세우고 이를 강력하게 추진하였다. 중국 정부가 가족당 한 자녀 정책을 채택하면서 1982년과 1983년에는 이 목표를 달성하기 위한 엄중하며 가혹한 조처들이 도입되었다. 가족의 규모를 한 자녀로 제한하려는 사회적·정치적 압박에는 여성이 임신을 하기 위해서는 지역회의 등에 정식 인가를 신청하도록 하는 제도까지 포함되었다. 첫 아이 출산은 일상적으로 통과가 되었으나 둘째 아이 출산은 첫 아이가 심각한 선천적 기형을 갖고 있거나 여성이 재혼인 경우에만 허가를 받을 수 있었다. 경제적 장려책으로는 주택, 의료, 교육 측면에서 한 자녀 가정에게 우선권을 주는 제도가 포함되었다. 두 아이 이상을 둔 어머니는 승진을 할 수 없는 경우가 많았으며, 둘째 아이나 셋째 아이를 낳으면 중국의 1인당 연평균 수입의 10배가 넘는 무리한 벌금을 물어야 하는 경우도 있었다. 최근 수년간은 다양한 예외규정이 도입되고 있다. 가장 주목할 만한 것은 첫째 아이가 여아인 경우 둘째 아이를 허용하는 것과 부모 모두가 한 자녀였을 경우에 한해 둘째 아이를 허용하는 예외들이다. 2013년 제3총회에서 이 정책은 더욱 완화되어, 양부모 중 한 명만이 한 자녀일 경우에도 둘째 아이가 허용될 것이라는 선언이 있었다(당국의 추인을 조건으로). 이러한 예외의 도입에도 불구하고 한 자녀 정책은 여전히 세계에서 가장 제약이 심한 제도일 것이다.

이와 같이 엄격한 국가정책과 강력한 남아선호 문화를 고려했을 때 여아에 대한 의료 소홀, 여아 선별 낙태, 그리고 심한 경우 여아 살해(gendercide) 등이 다수 보고되는 것은 그리 놀랄 만한 일이 아니다. 아시아 국가들의 남녀성비는 정상보다 높은 경우가 많은데, 적어도 부분적으로는 성차별이 원인이 된다. 선구적인 센의 1992년도 연구에서는 서구나 아프리카 중 어느 쪽에 비교하느냐에 따라 중국에서는 4,400만 명에서 5,000만 명의 여성이 '사라진' 상태라고 측정했다. 가장 최근의 자료 또한 이와 같은 성향이

지속되고 있음을 보여준다. 클라센과 윙크(Stephen Klasen and Claudia Wink)는 중국에서 6% 이상의 여성이 '사라진' 것으로 추정하고 있다. 2010년 중국 전체의 성비가 100명의 여성 대 106명의 남성이었으며, 이 문제가 보다 악화될 것임을 시사하는 흐름으로 100명의 여아당 118명의 남아가 태어나고 있었다. 이러한 성비는 기록된 역사상 유례가 없는 것이다. 물론 이와 같이 현저한 문화적 남아선호현상 역시 경제발전이 지속됨에 따라 변화할 수 있다. 사실, 정부 공식통계에 따르면 이러한 성비가 최근 최대치인 100명의 여아당 120명의 남아에서 매우 미미하기는 하지만 감소하고 있는 것으로 나타나고 있다.

중국의 인구통제 프로그램의 본격적인 영향력은 아직 알 수 없다. 한 자녀 가정을 위한 가혹한 사회적·경제적 압력을 통해 얻은 인구증가 감소의 이득이 전통적 가족 규범과 자녀 가치에 대한 인식 등이 모질게 단절될 만한 가치가 있는 일이었는지는 오직 시간만이 알려줄 것이다. 1988년 8월에 중국 정부는 인구가 이미 10억을 넘었다는 사실에 놀라 한 자녀 규칙을 도시지역은 물론이고 농촌지역에서도 강화할 것을 결정하였으나 약 60% 정도의 인구가 거주하고 있는 농촌지역의 저항은 너무나도 완강하였다. 따라서 대중의 거부에 의해 다시금 엄중한 통제를 조금 이완하고 여권을 신장하고 노년 사회보장을 더 강화하는 것에 집중하게 되었다.

1990년대 중반에는 중국의 출산율이 여성 1인당 1.9명이 되었으며 2013년에는 더 감소하여 1.6명 이하가 되었다. 이 비율은 인구보충 수준 이하이며 인구증가의 장기적 감소와 일치한다. 인구증가의 탄력 때문에 어리고 규모가 큰 동시출생집단이 노령의 규모가 작은 동시출생집단을 대체하면서 중국의 인구는 증가 추세가 지속되었다. 그러나 중국에서 가장 인구가 많은 연령대가 출산 가능 연령에서 벗어나고 있다. 인구증가율은 극적으로 감소했고 14억을 넘기기 이전에 인구가 줄어들기 시작할 것으로 전망되고 있다.

실질적으로는 한 자녀 가정보다는 아이가 둘 있는 가정이 많고 한 자녀 정책에서 예외가 되는 소수민족을 포함하

여 농촌지역의 가정들은 그 이상의 아이를 두기도 한다. 그러나 농촌 인구가 점점 더 많이 유입되고 있는 도시의 출산율은 극단적으로 낮다. 대략적인 예측에 따르면, 중국에서는 한 자녀 정책으로 인해 2억 5,000만 명 이상의 인구가 덜 태어났다고 추정되는데 이는 엄청난 효과이다. 최근에는 노동 가능 인구에게 의존해야 하는 은퇴 인구의 비율이 지나치게 높아지는 것을 막기 위해 중국이 이 정책을 재평가해야 하는 것이 아닌가 하는 우려가 생기고 있다.

강력한 중국 출산 정책의 표면적인 성공 덕분에 일부 전문가들은 발전에 있어 독재가 민주주의에 비해 유리한 점이 무엇인지를 볼 수 있게 되었다고 한다. 그러나 사실 특별하게는 언론자유의 부재 그리고 보편적으로는 민주주의의 부재가 다양한 방법으로 중국의 발전을 저해했다. 마오쩌둥의 '대약진 운동'의 경우 정부가 잘못된 결정을 내리고 관료들이 현장에서 지나치게 낙관적인 보고를 하도록 격려한 덕분에 적어도 3,000만 명이 죽었다. 이와 대조적으로, 민주주의 국가인 인도에서는 1947년 이후 기근이 한 번도 없었다. 센은 중국이 경제성장에서 앞서가는 이유를 의료와 교육에 대한 엄청난 투자에 돌리고 있는데 이는 인도에서는 하지 못한 것이다. 독재는 출산 조절 프로그램이나 발전의 다른 측면에 대해서 좋은 영향을 미칠 수도, 나쁜 영향을 미칠 수도 있다. 그렇지만 결과가 심각하게 나쁠 위험은 민주주의가 아마도 훨씬 낮을 것이다.

중국의 성공적 인구조절에는 상당한 보수와 함께 위험 그리고 의도치 않은 결과 역시 뒤따른다. 2050년에 이르면, 중국에서는 50세 이상 인구가 20세 이하 인구의 2배에 이를 것이다. 또한 출산력은 낮아졌으나 남아선호는 오히려 더 강화되었다. 중국의 많은 가정들이 아이를 하나만 낳을 것이라면 이름을 물려받고 부모의 노후 부양을 도울 수 있는 남아여야 한다고 생각하는 듯하다. 중국 국가인구와 계획생육위원회(State Population and Family Planning Commission)의 2007년 보고에 의하면, 2020년에는 결혼 적령기 인구 중 남성이 여성보다 3,000만 명 많을 것이며 이는 사회적 불안정을 초래할 수 있다. 경제학자 웨이와 장

(Shang-Jin Wei and Xiaobo Zhang)의 2009년 연구에 의하면 아들에게 신부를 구해 주기 위해 각 가정에서 주택 및 다양한 부의 축적에 경쟁적으로 투자한 것이 최근의 중국의 저축증가에 큰 몫을 차지했다는 것이다. 이와 같은 저축증가는 심지어 국제적인 불균형을 불러올 수 있는 잠재적 가능성마저 있다(제12장과 제13장 참조).

적어도 중국의 경우 현재의 높은 노동가능인구의 비중은 인구배당효과를 유발하였다. 그러나 다른 국가들의 역사적 양상과 비교해볼 때 조기에 도래한 출산력의 엄청난 하락으로 인해 중국은 인구변환의 다음 단계에서 중요한 도전을 맞게 될 것이다. 해서 '중국은 더 늙기 전에 부자가 되어야 한다'라는 말이 생겨나고 있다. 그러나 아직까지 중국과 같이 빠른 노령화를 겪은 사회는 없었다. 중국의 노동인력은 2013년부터 이미 서서히 감소하기 시작하였다.

결과적으로, 급속한 경제성장 및 가족계획을 위한 강압과 인센티브는 중국 출산력 감소를 부분적으로 설명해주지만, 여성 교육, 개선된 유아 위생, 그리고 여성을 위한 경제적 기회 확대 등 다른 요소들도 설명요인에 포함된다. 이는 인도 케랄라 지역에서 출산력 감소가 크게 성공한 요인이기도 하다.

인도에서의 인구정책

1949년, 인도는 전국적인 가족계획 프로그램을 이행하는 첫 번째 국가가 되었다. 이는 상대적으로 효과가 없는 것으로 판명되었으며 진행 과정 역시 간헐적이었다. 1970년대 초반에 이르자 인도의 인구증가율이 너무 높은 것에 대해서 전문가들의 불안이 커져 가고 있었다.

간디 수상은 자신이 독재적 권력을 장악했던 1975~1977년 사이에 과감한 인구통제정책을 이행하려 했으나 실패하였다. 강압적인 불임수술, 때로는 집단적인 '불임수술 캠프'에서의 시술이나 다른 강제적인 수단이 강행되고 있다는 보고 때문에 국가 내의 여러 지역에서 가족계획에 대한 인상만 나빠졌다. 실제로는 이러한 강압적인 출산율 정책에 대한 대중의 혐오감이 오히려 '비상' 시기가 조기에 종

결되는 데 도움을 주었으며, 1977년의 선거에서 간디는 낙선하고 말았다. 1980년에 그녀가 권력을 되찾은 것은 부분적으로 강압적인 출산억제책을 사용하지 않겠다는 공약 덕분이었다. 이후로 수년 뒤까지 인도 일부 지역의 마을 사람들은 강제 불임수술을 당할까 봐 의료진을 피하기도 했다.

그러나 가족계획이 보다 더 광범위하게 실행되기는 하였다. 가족 규모에 대한 제한을 받아들이게 된 것은 일부분 2억 5,000만 명이 넘는 인도 중산층의 소득증가와 빈곤계층 중 상당수의 상황 개선에 기인한 것이었고, 또한 소규모 가족을 권장하기 위한 장려정책으로 약간 되돌아간 덕분이기도 했다. 지역에 따라 편차가 없지는 않았다. 마디야 프라데시(Madhya Pradesh)에서는 2001년 이후 셋째나 그보다 더 많은 아이를 낳은 개인은 마을 의회직 선거에 출마하는 것이 금지되었고 이는 상당한 논란을 낳았다. 2004년에는 힌두교 신자들보다 이슬람교 신자들이 더 출산이 많다는 보고(후일 이는 크게 과장된 보고임이 밝혀졌다) 때문에 큰 소란이 발생했으며 이 문제가 여전히 민감한 정치 문제임을 보여주었다.

출산력이 떨어지면서 남아선호사상이 생겨났는데, 이는 인도 북부의 힌두교 밀집지역에서 더욱 심했다. 그 결과 중국과 비견될 만한 '사라진 여성' 문제가 발생했다. 인도에서는 오히려 더 부유한 지역에서 남아선호가 더 강하게 발견되는데, 연구자 드레즈, 귀오, 무르티(Jean Drèze, Anne-Catherine Guio, Mamta Murthi)는 '유아생존의 여성 불이익 현상은 빈곤 수준이 더 높은 지역에서 상당 수준 더 낮은 것으로 나타난다'는 사실을 발견했다.

바트와 자비어((P. N. Mari Bhat and A. J. Francis Zavier)는 인도 가정보건조사국(National Family Health Survey)의 자료를 분석하여 '인도의 북부에서는 부모가 출산을 원치 않는 태아의 60% 정도가 여아이며 출산을 원치 않는 태아를 제거할 경우 출생 시 성비를 100명의 여아당 130명의 남아로 증가시키게 될 가능성이 있다'고 예측했다. 이러한 극단적 불균형은 미래의 사회적 곤경으로 이어질 가능성이 높다. 2010년 이후, 인도 전체의 남녀 성비는 108 대

100에 달하며, 이는 세계에서 가장 높은 수준이다. 현재 출생 시 남녀 성비는 약 112 대 100이다. 그러나 이러한 불균형이 불가피한 것은 아니다. 사회적 발전은 큰 변화를 가져올 수 있다.

인도의 서북부 해안에 위치한 케랄라 주에서는 빈곤감소와 인적개발에 중점을 두었는데, 이는 주목할 만한 사례이다. 1990년대 중반에 이르게 되자, 케랄라 주의 출산율은 여성 1인당 1.7명으로 감소했으며 그 이후로도 낮은 상태를 유지하고 있는데, 이는 인구가 장기간에 걸쳐 조금씩 감소한 것을 의미한다(유입인구 제외). 따라서 케랄라의 출산율은 최근까지 중국보다 낮았다. 그러나 중국과는 달리 이 지역 출산율의 극적인 감소는 중국과 같은 저출산을 위한 직접적인 경제적 장려정책은 물론 강압 없이 이루어진 것이다. 인도 전체의 출산율은 2.5이며 사회적 발전이 후진적인 비하르 주의 경우 2010년 출산율이 파키스탄과 유사한 3.7이었다. 실제로, 케랄라 전체에는 남성보다 여성이 약간 더 많다.

제4장에서 살펴보고 이 장의 6.4절에서 인구규범에 적용되듯이, 행동규범 또한 큰 영향력을 가질 수 있으며 서로 다른 기대행동규범에 의한 다중균형이 가능하다. 현대 인도에서는 행복한 가정이 규모가 작은 가정이라는 인식의 변화가 서서히, 그러나 꾸준히 일어나고 있다. 센이 관찰한 바에 의하면 인도에서 교육수준이 높은 주, 특히 케랄라나 타밀나두에서 출산율이 급격히 감소한 것은 빈번한 출산의 폐해에 대한 공개토론의 영향이 컸다. 이러한 논의에서 젊은 여성과 지역사회 전체에 미치는 문제들이 강조되었다.

이에 더해, 그리고 특히 최근에는 마을 TV나 인터넷 등을 통해 농촌지역 여성들이 도시지역의 여권신장에 대해 더 많이 인지하게 된 것이 큰 영향을 주었을 수 있으며, 이는 문화적인 인지가 큰 힘을 갖는다는 증거가 된다. 젠슨과 오스터(Robert Jensen and Emily Oster)는 인도에서 TV의 힘이 어떤 것인가에 대한 증거를 제시하고 있다.

인도에서 텔레비전, 광고판, 그리고 기타 홍보가 가족계획을 촉진했고 이와 같은 캠페인만으로도 어느 정도 긍정적인 효과를 낳을 수 있다는 근거가 있으나, 이러한 노력은

사회 풍토가 변화하여 메시지를 잘 받아들일 수 있게 되었을 때 더 큰 성공을 거둘 수 있다. 이는 종합적인 농촌지역 발전을 위해 일하는 비정부단체가 정부 프로그램보다 더 분명하게 성공적이었던 이유를 설명하는 데 도움이 된다. 케랄라에서 소규모 가족을 지원하는 공공캠페인이 타 지역에서보다 더 큰 효과를 거둔 것으로 나타나는 이유는 대부분 그 지역의 경제사회적 조건이 그 이전에 또는 동시에 변화했기 때문이다. 케랄라의 여성 중 85%가 글을 읽고 쓸 수가 있는데 이는 그들이 가정에서 더 큰 힘을 갖고, 노동시장에서 더 많은 기회를 얻었으며, 또한 출산과 가족계획 등에 대한 출판물을 읽을 수 있는 능력 또한 갖추었음을 의미한다. 케랄라 지역의 성공 중 일부는 그 지역 문화상 여성의 지위가 전통적으로 더 높았기 때문이기도 하다. 그러나 그렇다고 해서 정치적, 사회적 의지만 있다면 인도 타 지역에서도 이 정도의 성공을 거둘 수 없으리라는 법은 없다.

센은 케랄라 지역에서 이토록 인상 깊은 출산력 저하가 일어난 것은 활발한 대중소통을 통해 궁극적으로는 새로운 사회적 인식과 가치가 출현했기 때문이라고 결론짓는다. 그리고 이렇게 예민한 주제에 대한 대중소통이 가능했던 것은 오로지 그 지역 여성의 문자해독률이 매우 높았기 때문이라는 것이다. 센은 중국의 그 어떤 지역도 케랄라의 여성 문자해독률에 견줄 수 없었다고 지적한다.

케랄라 지역의 성공을 통해 출산력 저하는 급속한 경제성장 또는 이러한 성장 부재 시의 엄중한 정부정책에 의존하는 것이 아니라, 민간사회가 주도적인 역할을 수행하고 여성권익의 신장을 강조하는 풀뿌리 인적개발에 달려 있음을 알 수 있다. ■

참고문헌

Acharya, Keya. "Sterilisation in India." *Contemporary Review* 279 (2001): 26.

Amartya Sen, "What's the point of a development strategy," paper written for the United Nations Committee on Development Strategy and Management of the Market Economy, May 1996, page 20.

Barro, Robert J. *Determinants of Economic Growth: A Cross-Country Empirical Study.* Cambridge, Mass.: MIT Press, 1997.

"Can advertising create social change?" *Businessline*, January 20, 2000, p. 1.

Dasgupta, Partha. "The population problem: Theory and evidence." *Journal of Economic Literature* 33 (1995): 1879 – 1902.

Drèze, Jean, Anne-Catherine Guio, and Mamta Murthi. "Mortality, fertility, and gender bias in India: A district-level analysis." *Population and Development Review* 21 (1995): 745 – 782.

Drèze, Jean, and Mamta Murthi. "Fertility, education, and development: Evidence from India." *Population and Development Review* 27 (2001): 33 – 63.

Jensen, Robert, and Emily Oster. "The power of TV: Cable television and women's status in India." *Quarterly Journal of Economics* 124 (2009): 1057 – 1094.

Klasen, Stephan and Claudia Wink, "Missing women: Revisiting the debate." *Feminist Economics*, 9 (2 – 3), 2003, 263 – 299.

Kremer, Michael. "Population growth and technological change: One million B.C. to 1990." *Quarterly Journal of Economics* 108 (1993): 681 – 716.

Mari Bhat, P. N., and Francis Zavier, A. J. "Fertility decline and gender bias in northern India." *Demography* 40 (2003): 637 – 657.

McElroy, Marjorie, and Dennis Tao Yang. "Carrots and sticks: Fertility effects of China's population policies." *American Economic Review* 90 (May 2000): 389 – 392.

Pritchett, Lant H. "Desired fertility and the impact of population policies." *Population and Development Review* 20 (1994): 1 – 55.

Sen, Amartya. *Development as Freedom.* New York: Knopf, 1999.

Sen, Amartya. "Missing women." *British Medical Journal* 304 (1992): 587 – 588.

Sunil, T. S., V. K. Pillai, and A. Pandey. "Do incentives matter? Evaluation of a family planning program in India." *Population Research and Policy Review* 18 (1999): 563 – 577.

Wei, Shang-Jin and Xiaobo Zhang. "The competitive saving motive: Evidence from rising sex ratios and savings rates in China.", *Journal of Political Economy* 119 (2011): 511 – 564.

주요 용어

가족계획 사업(family-planning programs)

대체출산력(replacement fertility)

맬서스 인구함정(malthusian population trap)

배가시간(doubling time)

사망률(death rate)

순국제이주(net international migration)

5세 미만 사망률(under-5 mortality rate)

유년부양비(youth dependency ratio)

인구 변천(demographic transition)

인구증가율(rate of population increase)

인구증가의 잠재적 탄력(hidden momentum of population growth)

인구 피라미드(population pyramid)

인구-빈곤 순환이론(population-

poverty cycle)

자연증가(natural increase)

조출생률(crude birth rate)

출산선택권(reproductive choice)

출산의 미시경제이론(microeconomic theory of fertility)

출생 시 기대수명(life expectancy at birth)

합계 출산율(total fertility rate, TFR)

복습문제

1. 개발도상국에서의 인구증가는 최근 수십 년에 걸쳐 전례 없는 속도로 진행되었다. 저개발 국가에서의 현재 인구증가율과 현대 선진국의 초기 성장 시기의 인구증가율을 비교하라. 제2차 세계대전 이후 개발도상국의 인구증가를 가속화한 주요 원인은 무엇이었는가? 설명하라.

2. 인구의 세대구조와 부양부담 사이의 관계는 무엇인가? 개발도상국에서의 부양부담은 더 큰가, 아니면 더 적은가? 왜 그러한가?

3. 인구증가의 잠재적 탄력 개념에 대해서 설명하라. 이것이 서로 다른 개발도상국의 미래 인구 추세를 예측하는 데 중요한 개념인 이유는 무엇인가?

4. 인구변천 이론을 짧게 설명하라. 대부분의 개발도상국은 이 변천의 어떤 단계에 있는 것으로 생각되는가? 설명하라.

5. 출산에 대한 미시경제이론은 소비자 선택이론(theory of consumer choice)과 어떻게 연계되어 있는가? 경제적 유인과 억제요인이 가족 규모에 대한 결정에 영향을 준다고 생각하는가? 유인과 억제요인의 구체적인 예를 들어 설명하라.

6. "세계 인구 문제는 단순히 늘어나는 숫자의 문제가 아니라 풍요의 증가와 제한된 자원의 문제이기도 하다. 이는 개발도상국이 야기한 문제이기도 하지만 거의 같은 비중으로 선진국에 의해 초래된 문제이기도 하다." 이에 대해 설명하라.

7. 개발도상국의 인구증가율이 높은 주요 원인과 결과를 열거하고 설명하라.

8. 일단의 개발도상국에서 출산율이 다른 개발도상국보다 더 빨리 감소하는 이유를 설명하라.

9. 개발도상국에서의 인구증가가 심각한 문제라는 주장에 반대하는 논의를 짧게 정리하고 논하라.

10. 개발도상국에서의 인구증가가 심각한 문제라는 주장에 찬성하는 논의를 짧게 정리하고 논하라.

11. 인구증가율을 줄이거나 제한하려는 개발도상국 정부가 사용할 수 있는 다양한 정책 대안을 짧게 정리하고 논하라.

12. 출산 결정이 상호 보완적이라는 연구가 있다고 하자. 이것은 무엇을 의미하는가? 어떠한 시사점이 가능한가?

13. 중국과 인도의 사례(그들의 장점과 약점을 포함하여)는 여러 대안적인 인구정책에서 어떤 측면들을 보여주고 있는가?

미주

1. 1970년대는 역사상 세계 인구증가율이 가장 높은 시기였다. 1970년대 말부터 많은 개발도상국에서 증가율이 감소하기 시작했고, 세계 인구증가의 추세가 정점에 도달했다는 것이 확실했다. 이 전환점의 증거에 대해서는 Bernard Berelson, W. Parker Mauldin, and Sheldon Segal, "Population: Current status and policy options," *Social Science and Medicine* 14c

(1980): 71–97, 그리고 World Bank, *World Development Report, 1984* (New York: Oxford University Press, 1984), ch. 4를 참조하라.

2. 배가시간(doubling time)을 계산하는 간편한 속기 방식은 70이라는 숫자를 성장률로 간단히 나누는 것이다. 예를 들어 어떤 요소(자산, 인구, GNI 등)가 연간 2% 증가한다면, 약 35년 안에 2배가 될 것이다. 대수학에서 배운대로 p%로 증가하는 어떤 수(경제의 실질 GNI와 같은)의 배가시간은 $[1 + p/100]^T = 2$의 공식으로 계산된다는 것을 기억할 수도 있다. 양변에 자연로그를 대입하면, $T\ ln[1 + p/100] = ln\ 2$가 된다. 2의 자연로그는 약 0.7이다. 좌변 p가 작은 수치인 경우, $ln[1 + p/100]$는 $p/100$와 거의 같다. 치환하면, $Tp/100 = 0.7$, 또는 $T = 70/p$이 된다. 예를 들어 성장률이 4% 정도로 충분히 작은 경우, 70을 퍼센트 성장률로 단순히 나누어주면 된다. 70/4을 해서 17.5년 이후에 국가소득이 2배가 될 것이다. 한 가지 계산법을 더 소개하면, 1인당 소득을 계산하려면 인구증가율을 단순히 빼주면 된다. 만약 인구가 매년 2% 증가한다면, 이 예에서 1인당 소득은 4% – 2% = 연간 2%이며, 1인당 소득은 약 70/2 = 35년만에 2배가 될 것이다.

3. Population Reference Bureau, *World Population Data Sheet, 2012*(Washington, D.C.: Population Reference Bureau, 2012).

4. The World Bank, *World Bank World Development Indicators 2013* (Washington, D.C.: The World Bank), tab. 2.1.

5. 더 상세한 논의에 대해서는 John Bongaarts, "Population policy options in the developing world," *Science* 263 (1994): 771–776을 참조하라.

6. 인구감소를 경고하는 흥미로운 관점으로 Pilip Longman, "Think again: Global aging," *Foreign Policy*(2010)를 참조하라.

7. 대체출산율의 근사치는 TFRR ≈ $(1 + SRB)/p(A_M)$로 계산할 수 있다. 여기서 TFRR은 대체 합계출산율, SRB는 여성 대비 남성 비율, $p(A_M)$은 출산스케줄(fertility schedule)상의 평균 연령까지 생존할 확률을 나타낸다. Samuel Preston, Patrick Heuveline, and Michel Guillo, *Dempography: Measuring and Modeling Population Processes* (Oxford: Blackwell, 2001)을 참조. 성별균형이 형성되어 있고 여성이 평균 출산스케줄까지 생존할 가능성 (약 30세 에 근접하는)이 높은 경우 TFRR은 2.1에 근접함에 주목하라. 그러나 생존 비율이 세계에서 가장 저조하여 아프가니스탄, 부룬디, 시에라리온의 경우와 같이 0.6에 근접하는 때에는 대체 합계출산율은 3.3 이상이 될 것이다. 이러한 상황에서 출산율이 2.1 수준에 불과하다면 이는 실제로 인구감소로 귀결될 것이다. 국가들의 대체율은 2.05~3.43 사이에 분포한다고 추산한 Thomas J. Espenshade, Juan Carlos Guzman, and Charles F. Westoff, "The surprising global variation in replacement fertility," *Population Research and Policy Review* 22, No. 5-6 (2003): 575-583을 참조하라.

8. Timothy W. Guinnane, "The historical fertility transition: A guide for economists," *Journal of Economic Literature* 49, No. 3(2011): 589-614를 참조하라.

9. 등비수열은 단순히 직전의 수를 2배(또는 다른 배수)로 곱하는 것이다. 예를 들어 1, 2, 4, 8, 16, 32, 64, 128, 256, 512, 1,024에서와 같이. 복리와 같이 등비수열은 큰 수에 매우 빠르게 도달하는 방법이다.

10. Quamrul Ashraf and Oded Galor, "Dynamics stagnation in the Malthusian epoch," *American Economic Review* 101, No. 5(2011): 2003-2041은 최근 이를 지지하는 증거를 제시하였다. 저자들은 '서기 1~1500년 기간 동안 우월한 기술과 보다 높은 토지생산성은 인구밀도에 유의하게 긍정적인 영향을 주었으나 생활수준에는 미미한 영향'을 미쳤음을 발견하였다.

10a. 기대출산이 낮은 수준에서는, 동생들을 돌볼 수 있는 자녀가 있기 때문에 S자 형 곡선의 기울기가 가속도로 증가할 수 있다. 평균 출산이 임금에 미치는 부정적 영향에 대한 가족의 강력한 반응, 그리고/또는 한 아이가 공식부문 일자리를 얻을 수 있는 확률의 감소 또한 기울기를 빠르게 증가시키는 요인이다. 하지만 기대출산이 높은 수준에서는 교육 및 보건 공급 환경의 악화, 그리고 추가적인 자녀의 편익 대비 양육비 상승으로 인해 S자 형 곡선이 증가하는 속도가 감소할 수 있다.

11. 이 해석은 Partha Dasgupta, *An Inquiry into Well-Being and Destitution* (New York: Oxford University Press, 1993)에서 가져온 것이며, Pranab Bardhan and Chris Udry, *Development Microeconomics* (New York: Oxford University Press, 1999), p. 25에서 논의되고 있다.

12. 이에 대한 고전적 기여는 Simon Kuznets, *Fertility Differentials between Less Developed and Developed Regions: Components and Implications* (New Haven, Conn.: Economic Growth Center, Yale University, 1974)이다.

13. 제9장, 그리고 Christopher Udry, "Gender, agricultural production, and the theory of the household," *Journal of Political Economy* 104 (1996): 1010-1046를 참조하라.

14. 예를 들어 Nancy Birdsall, "Economic approaches to population growth," in *Handbook of Development Economics*, vol. 1, eds. Hollis B. Chenery and T. N. Srinwasan (Amsterdam: Elsevier, 1988), pp. 478–542; Jean Drèze, Anne-Catherine Guio, and Mamta Murthi, "Mortality, fertility, and gender bias in India: A district-level analysis," *Population and Development Review* 21 (1995): 745–782; Partha Dasgupta, "The population problem: Theory and evidence," *Journal of Economic Literature* 33 (1995): 1879–1902를 참조하라.

15. 낮은 출산율은 경제, 사회, 교육의 개선에 의해 대부분 이루어지고 가족계획 프로그램에 의해 이루어지는 것은 미미하다는 경험적 증거에 대해서는 Lant H. Pritchett, "Desired fertility

and the impact of population policies," *Population and Development Review* 20 (1994): 1－55를 참조하라.

16. 이 갈등에 대한 분석은 Jason L. Finkle and Barbara Crane, "The politics of Bucharest: Population, development, and the new international economic order," *Population and Development Review* 1 (1975): 87－114를 참조하라. 1984년 8월 멕시코시티에서 개최된 제2차 세계인구 회담에서는 비교적 덜 가시화되었으며 1994년 카이로에서 열린 세 번째 회담에서 출산선택권과 여성의 권익 증진에 비해 중요하지 않은 이슈였음에도 불구하고, 이 갈등은 많은 개발도상국 대표들의 생각과 토론에서 여전히 중요한 문제로 남아 있었다.

17. 이처럼 다양한 의견에 대한 보다 자세한 논의에 대해서는 Michael S. Teitelbaum, "Population and development: Is a consensus possible?" *Foreign Affairs 52* (1974): 749－757을 참조하라. 또한 Timothy King and Allen Kelley, *The New Population Debate: Two Views on Population Growth and Economic Development* (Washington, D.C.: Population Reference Bureau, 1985)와 Robert H. Cassen, *Population Policy: A New Consensus* (Washington, D.C.: Overseas Development Council, 1994)를 참조하라.

18. 예를 들어 Colin Clark, "The 'population explosion'myth," *Bulletin of the Institute of Development Studies* 1 (1969); Julian Simon, *The Ultimate Resource* (Princeton, N.J.: Princeton University Press, 1981); Nick Eberstadt, "Population and economic growth," *Wilson Quarterly,* (Winter 1986), pp. 95－129; National Research Council, *Population Growth and Economic Development: Policy Questions* (Washington, D.C.: National Academy Press, 1986)를 참조하라.

19. Samir Amin, "Underpopulated Africa," paper presented at the African Population Conference, Accra, Ghana, December 1971.

20. Ibid., fn. 2.

21. Ibid., p.3. 물론 이러한 주장들이 제기된 지 수십 년 후 이 지역에서 인구가 극적으로 증가하기는 하였다. 빠른 기술진보를 통한 더 높은 인구밀도의 장기적 이익에 관한 다른 연구로는 Michael Kremer, "Population growth and technological change: One million B.C. to 1990," *Quarterly Journal of Economics* 108 (1993): 681－716을 참조하라.

22. 예를 들어 Paul R. Ehrlich and Anne H. Ehrlich, *Population, Resources, and Environment: Issues in Human Ecology,* 2nd ed. (New York: Freeman, 1972); Lester R. Brown, *In the Human Interest: A Strategy to Stabilize World Population* (New York: Norton, 1974); Paul R. Ehrlich and Anne H. Ehrlich, *The Population Explosion* (New York: Simon & Schuster, 1990)을 참조하라.

23. 이 설명을 제공해준 보티(Harold Votey) 교수에게 감사드린

다. 솔로(Solow) 모형에 대한 더 자세한 설명은 제3장과 부록 3.2를 참조하라.

24. 이스털리(William Easterly)는 1999년에 다음과 같은 기본적 주장을 제기했다. "국가 간 비교에서 인구증가의 변동(variation)은 1인당 성장의 변동을 설명할 만큼 충분히 크지 않다. 1960년부터 1992년까지 모든 국가에서 1인당 GDP는 －2%부터 +7%까지 차이가 난다. 그러나 인구증가는 단지 1%에서 4%까지만 차이가 난다." Easterly, *The Elusive Quest for Growth* (Cambridge, Mass.: MIT Press, 1999), p. 92.

25. 이 증거에 대한 보다 자세한 검토는 Cassen, *Population Policy,* pp. 14－22; Dennis A. Ahlburg et al., *Population and Economic Development: A Report to the Government of the Commonwealth of Australia* (Canberra: Australian International Development Assistance Bureau, 1994), Geoffrey McNicoll, "Effects of population growth: Visions and revisions," *Population and Development Review* 21 (1995): 307－340을 참조하라. 알버그 보고서(Ahlburg report)에서 설명하는 것처럼, 이러한 결과 모두가 명백하게 부정적인 것은 아니다. 상당 부분 특정 국가와 그 인구학적 상황에 의존한다.

26. Robert Cassen, *Population Policy,* p. 12.

27. Birdsall, "Economic approaches to population growth," pp. 523－529를 참조하라.

28. Sousan Abadian, "Women's autonomy and its impact on fertility," *World Development* 24 (1996): 1793－1809. 또한 Shireen J. Jeejeebhoy, *Women's Education, Autonomy, and Reproductive Behavior: Experiences from Developing Countries* (Oxford: Clarendon Press, 1995)를 참조하라.

29. Fenohasina Maret-Rakotondrazaka, "The effect of working outside the home on women's empowerment in Nigeria," Working Paper, George Washington University, 2014를 참조하라.

30. United Nations, *International Conference, para.* 4.1. 또한 Nancy Folbre, "Engendering economics: New perspectives on women, work, and demographic change," in *Proceedings of the World Bank Annual Conference on Development Economics, 1995,* eds. Michael Bruno and Boris Pleskovic (Washington, D.C.: World Bank, 1996)을 참조하라.

31. 유엔인구기금(United Nations Population Fund)의 *State of the World's Population* 2009 edition (New York: United Nations, 2009)은 인구와 기후변화의 관계를 검토하고 있다. 인용된 에너지 자료는 World Resources Institute, *World Resources, 2005* (New York: Oxford University Press, 2005), tab. 7을 참조하라.

32. 국제이민으로부터의 송금 규모와 이익에 관한 더 자세한 내용은 제14장을 참조하라.

7

도시화와 이촌향도 이주 : 이론과 정책

도시는 글로벌경제에서 점점 더 중요한 행위자가 될 것이다.
— 코피 아난(Kofi Annan), 전 유엔(UN) 사무총장 및 노벨평화상 수상자

글로벌 경제는 대도시 경제가 이끌어 갈 것이다.
— 브루킹스 연구소, *Global MetroMonitor, 2010*

10억 이상의 인구가 빈민가에서 살고 있다. 급속한 도시화에 따라, 향후 20여 년 후면 거의 20억 명이 새로운 도시민이 될 것으로 예상되며 이의 90%는 개발도상국에서 발생할 것이다.
— 세계은행, *도시화의 과제에 대하여, 2013*

보다 신중하면서도 덜 절박한 도시화를 위한 그 어떤 전략이든, 농촌지역의 공공 서비스를 개선하는 노력을 반드시 포함해야 할 것이다.
— 세계은행, *World Development Report, 2009*

이 장에서는 가장 복잡하고 미묘한 발전 과정의 딜레마 중 하나에 집중하고자 한다. 이는 아프리카, 아시아, 남미 농촌에서 인구가 급증하는 도시로 대규모의 그리고 전례 없이 많은 사람들이 이동하는 현상이다. 제6장에서 우리는 지난 몇십 년 동안 전 세계적으로 특히 개발도상국에서 인구가 놀랍게 증가했다는 사실을 살펴보았다. 유엔의 2013년 추정에 의하면 2050년까지 세계 인구는 96억 명을 넘을 것으로 전망되며, 개발도상국의 도시보다 인구증가가 두드러진 곳은 없을 것이다. 실제로 유엔 인구국의 추정에 따르면, 2009년 인류 역사상 처음으로 '농촌(34억 1,000만 명)보다 도시 인구(34억 2,000만 명)의 비중'이 높은 것으로 나타났다. 다수를 구성하는 글로벌 도시 인구는 이제 매년 (농촌과의) 격차를 점점 늘려 나가고 있다.[1]

전반적인 도시 인구증가 추세와 전망을 살펴본 후, 이 장에서는 경제발전을 촉진하는 데 있어서 도시의 잠재적인 역할들—현대부문과 도시 비공식부문 모두—에 대해 살펴볼 것이다. 그다음에 잘 알려진 이촌향도 노동이전의 이론적 모형을 급속한 성장과 높은 도시 실업의 맥락에서 살펴볼 것이다. 마지막 부분에서는 대량의 이촌향도 이주(rural-to-urban migration)를 완화하고 또한 지속적으로 도시를 괴롭히고 있는 심각한 실업 문제를 개선하기 위한 노력으로 개발도상국 정부가 추구할 수 있는 다양한 정책 대안을 평가할 것이다. 이 장

에서는 인도와 보츠와나의 이주 유형을 사례로 살펴볼 것이다.

7.1 도시화 : 경향과 전망

세계 전체로 볼 때 2009년 도시인구가 다수를 차지하게 되었다. 심지어는 개발도상국에서도 2020년 전에 도시인구가 다수를 차지할 것으로 전망되고 있다(다만, 최빈개발도상국의 경우 이 이정표에 2050년 이후에나 이를 것으로 유엔은 예상하고 있다). 현재 대부분의 성장은 아시아와 아프리카의 도시에서 일어났다. 2012년 유엔은 아프리카의 도시 인구가 2012년 4억 1,400만 명에서 2050년 12억 명으로, 그리고 아시아의 도시 인구는 19억 명에서 33억 명으로 증가할 것으로 예측하였다. 따라서 유엔의 예측에 따르면 동기간 아시아와 아프리카 두 지역이 함께 전 세계 도시 인구증가의 약 86%를 구성하게 될 것이다. 사실 〈그림 7.1〉에서 볼 수 있듯이 같은 기간 동안 아시아에서는 이촌향도 이주가 너무 심하여 농촌 인구는 실제로 감소하게 될 것이다.[2]

도시화율은 도시 인구증가가 농촌 인구증가를 상회할 때마다 증가한다. 도시화와 1인당 소득 간 양의 상관관계는 발전 과정의 가장 분명하고 두드러진 '정형화된 사실(stylized facts)' 중 하나이다. 일반적으로 1인당 소득으로 계산했을 때, 국가가 부유할수록 도시지역에 사는 인구비중이 높다. 〈그림 7.2〉의 검은색 추정선은 도시화 대비 2010년 1인당 GDP 로그값을 보여주고 있다. 일본과 같이 소득이 가장 높은 국가들은 도시화 또한 가장 높은 국가들에 속

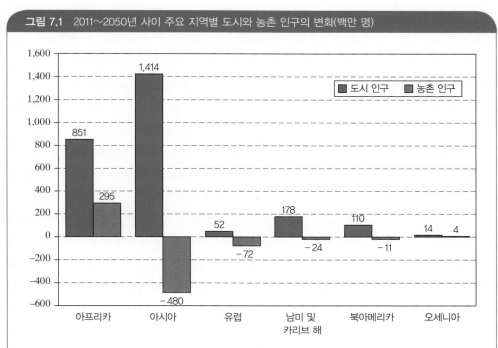

그림 7.1 2011~2050년 사이 주요 지역별 도시와 농촌 인구의 변화(백만 명)

자료 : United Nations, "African and Asia to lead urban population growth in the next four decades," press release, http://esa.un.org/unup/pdf/WU2011_Press-Release.pdf. United Nations Publications 허락하에 게재.

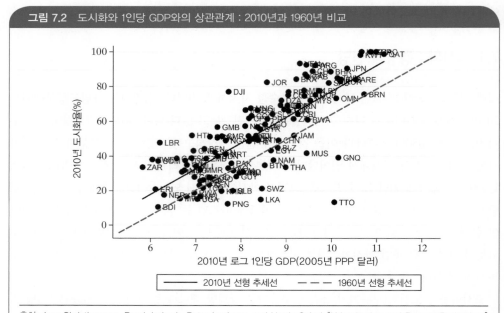

그림 7.2 도시화와 1인당 GDP와의 상관관계 : 2010년과 1960년 비교

출처 : Luc Christiaensen, Remi Jedwab, Peter Lanjouw, and Harris Selod, "Urbanization and Poverty Reduction," draft working paper, 2014. Remi Jedwab에 특별히 감사함.

데이터 출처 : Maddison(2008), United Nations(2011), World Bank(2013).

주 : 이 그림은 119개 개발도상국에 대해 2010년 도시화율과 로그 1인당 GDP(2005년 PPP 기준) 간의 상관관계를 보여준다. 직선은 2010년 선형 추세선이다. 점선은 1960년 선형 추세선이다(1960년의 경우 산점도는 표시되어 있지 않음).

한다. 부룬디와 같이 가장 빈곤한 국가들은 도시화 또한 가장 낮은 편에 속한다. 도시화는 빠르게 증가하고 있다. 유엔의 추정에 따르면 2030년 도시거주자는 해당 연도에 예측되는 세계 인구의 거의 5/8에 달하는 50억 명이 될 것이라고 한다. 2030년 아프리카의 도시 인구는 7억 4,800만 명으로 추정되는데 이는 유럽 전체의 예상 인구인 6억 8,500만 명보다 많다.

동시에, 국가들이 발전할수록 도시화가 진행되는 것은 사실이나, 1인당 소득으로 측정했을 때 현재 가장 빈곤한 국가들은 지금의 선진국들이 유사한 수준으로 발전했던 시기에 비해 훨씬 더 도시화되어 있다. 〈그림 7.2〉로 다시 돌아가면, 파란 점선은 1960년 당시의 1인당 소득과 도시화의 관계를 보여주는 추정선이다. 2개 선을 비교하면, 2010년의 어느 소득수준을 기준으로 하더라도 1960년에 동일한 소득수준을 가진 국가는 도시화가 훨씬 더 낮음을 알 수 있다.

최근 10년간 거의 모든 개발도상국, 심지어는 최소한의 산업화가 이루어지고 있는 국가에서도 도시화가 지속되고 있다. 〈그림 7.3〉은 1970년부터 1995년 사반세기 동안 시간과 소득수준 별 도시화를 나타내고 있다. 각 분절된 선은 한 국가의 궤적을 나타내는데, 이 궤적은 1970년도의 소득과 도시화의 수준을 나타내는 까만 점에서 시작하여 동일한 국가의 1995년도 소득과 도시화의 수준을 나타내는 다이아몬드로 표시된 점에서 끝난다. 세계은행은 '도시화는 경제성장과 밀접하게 연관되어 있다'라고 그림에 해설을 붙이고 있지만, 〈그림 7.3〉은 소득수준이나 성장률에 관계없이 도시화는 모든 지역에서 발생하고 있다는 것을 나타낸다고 해석될 수 있다. 심지어 선들이 시간 경과에 따라 소득이 감소하고 있음을 의미하는 왼쪽 방향

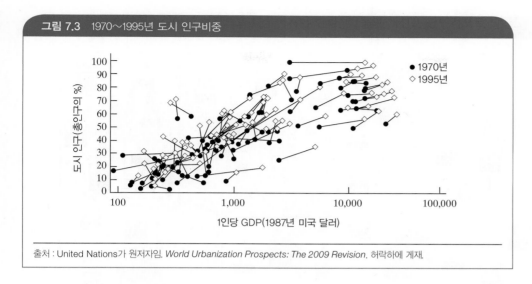

그림 7.3 1970~1995년 도시 인구비중

출처 : United Nations가 원저자임. *World Urbanization Prospects: The 2009 Revision*. 허락하에 게재.

을 가리키고 있는 경우에도 여전히 위쪽 방향을 향하고 있는데, 이는 도시화가 지속되고 있음을 보여준다. 요약하면, 정도의 차이는 있지만 도시화는 전 세계 모든 곳에서 일어나고 있는 것이다.

이로써 소득만이 도시화의 유일한 원인이 아니라는 것이 명백해진다. 더욱이 소득수준이 대략 비슷한 일부 국가들 간에는 부분적으로는 각국의 정책 차이에 따라 도시화가 상당 수준 더 진행되었거나 덜 진행된 모습을 보여주고 있다. 따라서 우리는 도시화를 신중하게 살펴볼 필요가 있다. 도시화는 경제성장과 단지 상관관계만 있는 것인가, 아니면 인과관계 또한 작동하고 있는 것인가?

실제로, 모든 현대 인구통계학적 현상에서 가장 중요한 것 중 하나는 개발도상국의 급속한 도시성장이다. 1950년 개발도상국에서는 총 도시 인구인 7억 2,400만 명 중 38%인 약 2억 7,500만 명의 인구가 도시에 거주하였다. 2010년에는 전 세계 도시 인구가 34억 명을 넘어섰고 전체 도시거주자의 3/4 이상이 저소득국가 및 중위소득국가의 대도시에 살고 있다.

상당히 많은 사례에서 20세기 후반과 21세기 초반에 개발도상국에서 도시 인구비중이 증가한 속도는 선진국이 19세기 후반에 도시화되었을 때의 속도보다 아주 많이 빠르지는 않지만 개발도상국, 특히 아프리카의 경우에는 더 낮은 1인당 소득수준에서 선진국과 유사한 도시화 비중에 도달하고 있다. 비슷한 맥락에서, 아프리카의 도시화는 지금의 선진국이 경험했던 것과는 달리 산업화와 연관되어 있지 않다. 더욱이 대부분의 개발도상국에서는 인구가 워낙 많아서 도시로 몰려드는 사람들의 숫자는 전례가 없을 정도이다. 1인당 소득수준이 이처럼 낮은 대규모 도시 역시 전례가 없는 것이다. 과거 선진국에서의 가장 큰 도시들은 오늘날 개발도상국에서의 가장 큰 도시보다 그 규모가 훨씬 작았다.

대부분의 개발도상국 도시성장이 인구 500만 명 이하의 도시에서 발견될 것이지만 인구 50만 명 이하의 소규모 도시에서 인구증가가 더 급속하게 발생하고 있는 것 역시 사실이다. 실제로 유엔에 따르면, 2025년에는 도시 인구의 절반 정도만이 인구 50만 명 이하의 도시에서

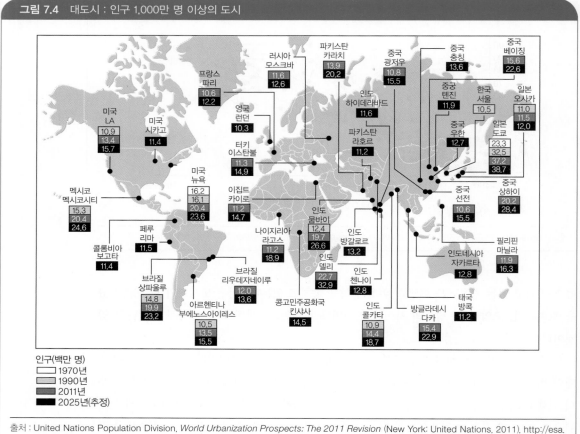

그림 7.4   대도시 : 인구 1,000만 명 이상의 도시

인구(백만 명)
1970년
1990년
2011년
2025년(추정)

출처 : United Nations Population Division, *World Urbanization Prospects: The 2011 Revision* (New York: United Nations, 2011), http://esa.un.org/unup/pdf/WUP2011_Highlights.pdf

살게 될 것이라고 하는데, 이는 역사상 가장 낮은 비율이 될 것이다. 더구나 개발도상국은 인구 1,000만 명이 넘는 대도시를 포함하여 세계에서 가장 큰 도시들을 보유하게 되었다. 〈그림 7.4〉는 적어도 인구가 1,000만 명인, 세계 최대 도시들의 위치를 보여주는 지도이다. 그림에서 볼 수 있듯이 1970년에는 대도시가 단 2개밖에 없었지만, 1990년에는 10개, 그리고 2011년에는 그러한 대도시가 23개나 되었다. 이 중 18개(3/4 이상)가 개발도상국에 위치하고 있다. 2025년에는 37개 대도시 중 30개(80% 이상)가 개발도상국에 위치할 것이다.

인구수를 기준으로 보면, 개발도상국의 대도시보다 중소도시에서 거주자가 더 많이 늘어난 것으로 나타난다. 그러나 인구 50만 명 이하 도시의 거주자 수가 1970년에서 2025년까지 배 이상(2.4배) 증가한다면, 대도시의 거주자는 3,900만 명에서 6억 3,000만 명으로 16배 증가할 것이다. 〈그림 7.5〉는 도시 규모별로 1970년, 1990년, 2011년의 총 도시 인구(100만 명 단위), 그리고 이를 2025년까지 추정한 값을 보여준다. 2011년, 인구 500만~1,000만 명 사이 규모의 도시에 비해 인구 1,000만 이상의 대도시에서 더 많은 사람들이 살았다. 혼잡비용이 빠르게 증가할 수도 있지만, 대도시는 원칙적으로 커다란 집적의 경제를 제공한다. 대도시의 한 가지 불리한 점은 이들이 대부분 자본집약적인 성향을 갖는다는 점이다. 이는 대부분의

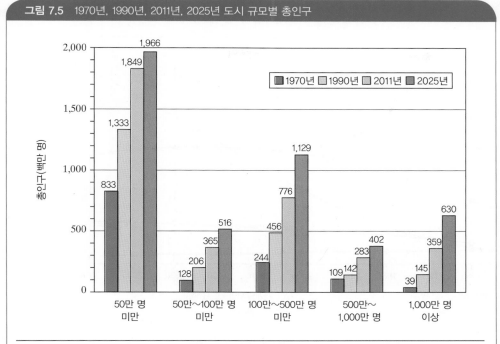

그림 7.5 1970년, 1990년, 2011년, 2025년 도시 규모별 총인구

자료 : United Nations Population Division, *World Urbanization Prospects: The 2011 Revision* (New York: United Nations, 2011), http://esa.un.org/unup/pdf/WUP2011_Highlights.pdf.

개도국이 보유하고 있는 비교우위에 잘 어울리지 않는 것이다. 대도시, 특히 저소득국가에 위치한 대도시들은 감당하기 어려운 대형 사회 및 보건 문제에 허덕이고 있다. 이러한 요소들의 상대적 비중은 각국에서 대도시가 성장하게 된 배경에 따라 국가별로 다를 것이다.

더욱이, 〈그림 7.6〉이 보여주는 바와 같이, 세계의 인구증가는 거의 대부분 도시 인구의 증가에 의해 설명되는데, 이는 농촌에서 도시로 이주가 지속됨에 따라 개발도상국 도시화 비율이 선진국 수준으로 근접함에 따라 발생하게 될 것이다.

이와 같이 전례 없는 도시집중과 관련된 중요한 문제는 이 도시들이 경제·환경·정치적으로 극심한 인구집중에 어떻게 대처할 것인지다. 도시가 집적경제, 규모의 경제 및 근접성의 비용절감 이점뿐만 아니라 막대한 경제사회적 외부효과(예 : 숙련된 노동자, 저렴한 교통, 사회문화적 편의시설)를 제공하는 것이 사실이지만 범죄 증가, 공해, 교통정체는 물론이고, 주거 및 사회적 서비스의 점진적 과대부하로 인한 사회적인 비용이 역사적인 도시의 이점을 능가할 수 있다.[3]

급속한 도시화의 확산 및 발전전략의 **도시편향**(urban bias)과 함께 거대한 빈민가와 달동네의 수많은 증가가 있었다. 리우데자네이루의 파벨라(favelas) 및 리마의 푸에블로 조베네스(pueblos jovenes)에서부터 콜카타의 부스테스(bustees)와 다카의 비돈빌레스(bidonvilles)에 이르기까지 이와 같은 임시변통의 공동체는 빠르게 성장했다. 오늘날 적어도 10억 명이 도시 빈민정착지에서 살고 있으며 이는 모든 개발도상국 도시 인구의 거의 1/3을 차지한다.

도시편향
대부분의 개발도상국 정부가 개발정책에서 도시부문을 선호한다는 개념을 일컬음. 그러한 정책은 도시와 농촌경제 사이의 격차를 유발하였음

그림 7.6 1950~2050년 사이 고개발 및 저개발 지역의 도시와 농촌 인구 추정 및 예측

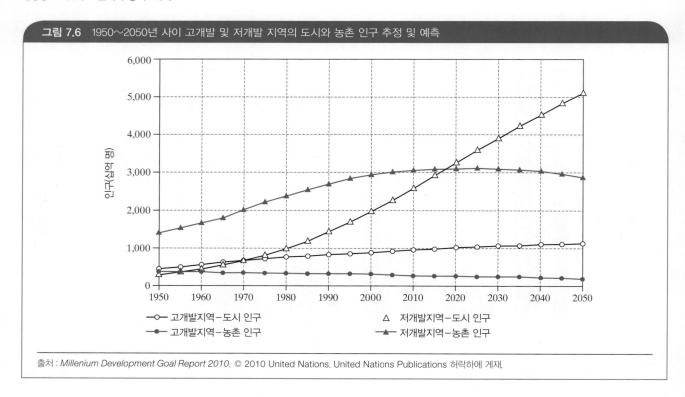

출처 : *Millenium Development Goal Report 2010*. © 2010 United Nations. United Nations Publications 허락하에 게재.

〈그림 7.7〉은 유엔의 2006년 밀레니엄개발목표보고서(Millennium Development Goals Report) 자료를 바탕으로 구성한 1990~2001년 도시 및 빈민가 인구의 연간 성장을 나타낸다. 이 보고서는 다음과 같이 정리하고 있다.

> 사하라이남 아프리카는 세계에서 가장 빠르게 도시화가 진행되고 있는 지역이며 거의 대부분의 도시 성장은 빈민가에서 이루어지고 있는데 이들 새로운 도시의 거주민은 과밀거주, 주택 부족, 정수 및 위생 시설의 부족에 직면해 있다. 서아시아에서도 대부분의 도시 성장은 빈민가에서 이루어지고 있다. 남아시아와 동아시아에서의 급격한 도시팽창은 전례 없는 규모의 복잡한 도시를 만들어내고 있으며, 빈곤계층에게 적절한 환경을 제공하기 위한 새로운 도전도 발생하고 있다. 북아프리카만이 도시생활 수준이 개선되고 있는 유일한 개발도상국 지역이다.

밀레니엄개발목표(MDG, 제1장 참조)는 이 문제를 다루는 것이 중요하다는 점을 명시하고 있다. 목표 7의 세부항목 11은 '2020년까지 적어도 1억 명의 빈민가 거주자의 삶을 개선할 것'을 약속하고 있다. 그러나 이러한 목표가 달성될 것으로 예상된다 하더라도 이는 2013년 현재 도시 빈민가 거주자의 1/3 정도밖에는 되지 않는다! 미래의 빈민가 인구에 대한 신뢰할 수 있을 만한 예측을 제공하는 것은 매우 어려운 일이다. 왜냐하면 많은 것이 불확실한 미래 정책과 경제성장률, 그리고 이러한 정책변수에 반응하여 일어나는 이주의 정도에 따라 달라질 것이기 때문이다. 단순한 외삽법을 사용하면 이 문제가 상당히 과장될 것이기는 하나, 유엔 인간거주계획(UN-Habitat)는 이러한 추세라면 2050년 빈민가 인구가 30억 명 규모에 달할 것이라고 지적하고 있다.

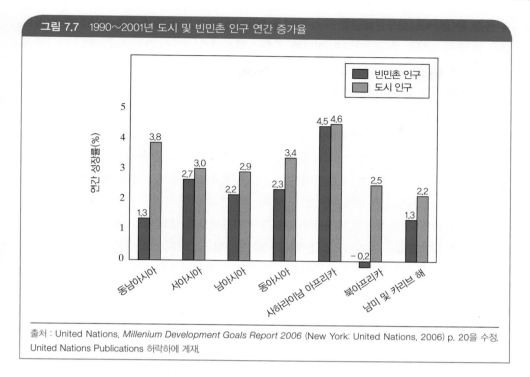

그림 7.7 1990~2001년 도시 및 빈민촌 인구 연간 증가율

출처 : United Nations, *Millenium Development Goals Report 2006* (New York: United Nations, 2006) p. 20을 수정.
United Nations Publications 허락하에 게재.

인구성장과 가속화되는 **이촌향도 이주**(rural-urban migration)가 도시 빈민가의 폭발적인 성장에 큰 책임이 있기는 하지만 정부에게도 일정 부분 책임이 있다. 정부의 잘못된 도시계획 정책과 구시대적인 건축법은 새 도시주택의 대다수가 '불법'이 될 수밖에 없음을 종종 의미한다. 예를 들어 케냐 나이로비의 식민지 시대 건물규정하에서는 3,500달러 이하의 '공식적인' 주택을 만드는 것이 불가능했다. 이 법은 또한 모든 주택이 자동차로 접근 가능할 것을 요구했다. 그 결과로 인구의 10%가 나이로비 토지의 2/3를 차지하게 된 반면, 많은 빈민가 주택은 합법적으로 개선될 수 없는 실정이다. 마찬가지로, 필리핀의 마닐라에서는 대다수의 사람들이 역사적으로 너무 가난했기 때문에 '합법적인' 집을 사거나 빌릴 수 없다.[4] 실제로, 일부 개도국에서 많은 사람들이 이주를 효과적으로 예방하기 위해 정부가 의도적으로 신규 이주자의 삶을 가능한 비참하게 만들려고 한다고 믿고 있다. 그러나 그럼에도 불구하고 사람들이 계속 도시로 온다면 빈민가가 생기는 것을 피할 수 없는 일이다. 정부가 이들을 아무리 무시하거나 차별한다고 해도, 심지어는 빈민가를 파괴하려는 노력마저도, 묵살당하고 경제적으로 침체된 또는 사회적으로 억압된 농촌에 존재하는 수많은 다른 왜곡을 상쇄하기에는 역부족이다.

통계는 농촌이주자가 도시 인구증가의 35~60%를 차지하고 있음을 보여준다. 유엔의 설문조사에 응한 개발도상국 중 약 3/4개 국가는 이촌향도 이주를 지연시키거나 역전시키기 위한 정책을 개시했음을 시사하고 있다.[5]

핵심 이슈는 정부가 도시성장의 경향과 특성에 확실하게 영향을 줄 수 있는 발전정책을 어느 정도까지 만들어낼 수 있는지다. 산업의 현대화, 기술의 발달, 그리고 대도시 성장에 대한 강조로 인해 지역 간 경제적 기회의 상당한 불균형이 야기되었고 이것이 농촌이주자를 도시

이촌향도 이주
농촌의 마을, 소도시, 농장에서 도심지로 일자리를 찾기 위해 이동하는 것

지역으로 빠르게 밀어내는 데 크게 기여했다는 것은 분명하다. 과연 지금에 와서 다른 방식의 인구 및 발전 정책을 추구함으로써 이러한 경향을 역전시키는 것이 가능한가? 또는 바람직한 가? 많은 개발도상국에서 출산율이 감소함과 함께, 급속한 도시성장과 가속화된 이촌향도 이주는 다가올 미래에 틀림없이 가장 중요한 경제발전 및 인구학적 이슈 중 하나가 될 것이다. 나아가 도시지역에서는 비정규부문의 성장과 발전 및 노동흡수와 경제 발전을 위한 그 역할과 한계가 점점 더 중요해질 것이다.

개발도상국 도시의 조건을 보다 세밀하게 분석하기에 앞서 도시가 제공하는 잠재적인 장점들에 대해 먼저 생각해보자. 도시지역은 오늘날 선진국 경제에 매우 건설적인 역할을 해 왔고, 개발도상국에게도 동일하게 적용될 수 있는 막대한 그러나 아직은 개척되지 않은 잠재력을 가지고 있다. 개발도상국의 비정규부문을 자세히 살펴보면 성장엔진으로서의 그 잠재력이 얼마나 큰지 알 수 있을 것이다. 또한 우리는 많은 개발도상국의 도시발전과 과도하게 빠른 이촌향도 이주에 관해 선진국과 무엇이 다르고 무엇이 잘못되었는지를 심도 있게 고려할 것이다. 도시발전을 성공적으로 촉진하고 동시에 보다 균형 있게 농촌지역의 발전을 도모하는 데 도움이 되는 건설적 정책을 살펴보며 마무리할 것이다.

7.2 도시의 역할

집적경제
생산자와 소비자가 도시와 소도시에 위치함으로써 얻는 비용 감소. 도시화경제 및 지방화경제의 형태를 띤다.

도시화경제
일구밀도가 높아진 특정 지역의 일반적 성장과 관련된 집적효과

지방화경제
자동차, 금융 등과 같은 특정 산업부문이 어느 한 지역에서 성장하게 되면서 집적효과의 혜택을 받게 되는 현상

도시화와 발전 사이의 깊은 연관성은 어떻게 설명할 수 있는가? 도시가 생성되는 가장 중요한 이유 중 하나는 도시가 집적경제를 통해 생산자와 소비자에게 비용우위를 제공하기 때문이다. 아이사드(Walter Isard)가 지적하듯이, 이러한 **집적경제**(agglomeration economies)는 두 가지 형태로 나타난다. **도시화경제**(urbanization economies)는 특정 지리적 지역이 집중적으로 성장하면서 발생하는 집적효과이다. **지방화경제**(localization economies)는 금융 및 자동차와 같은 경제 내 특정 산업부문이 어느 한 지역 내에서 성장하게 되면서 집적효과의 혜택을 받게 되는 현상이다. 지방화경제는 종종 제4장에서 설명한 유형의 후방 및 전방 연계의 형태를 띤다. 운송비용이 상당히 높은 경우, 한 산업의 생산물을 사용하는 사용자는 근접한 지역에 위치함으로써 비용을 절감하는 편익을 취할 수 있다. 이 편익은 전방연계 유형이다. 이에 더해 유사한 회사들이나 관련된 산업들은 같은 도시에 위치함으로써 편익을 누릴 수 있는데, 더 커진 인력풀에서 동일 산업부문이나 전문화된 인프라에 특화된 기술 인력을 고용할 수 있기 때문이다. 이것은 후방연계 유형이다. 그 산업에 적합한 특화된 기술을 가진 노동자들 또한 새로운 일자리를 쉽게 찾을 수 있거나 더 나은 기회를 취할 수 있는 위치에 있기 때문에 그곳에 머무르는 것을 선호한다.

산업지구

도시의 경제적 정의는 '일련의 밀접하게 관련된 활동을 보유하는, 상대적으로 높은 인구밀도를 가진 지역'이다. 기업들 또한 비슷한 업무를 하는 다른 기업으로부터 학습할 수 있는 지역에 위치하는 것을 선호한다. 학습은 공동사업과 같은 공식적인 관계 및 사회적 클럽이나 점심

을 통한 정보 등의 비공식적인 활동에서 발생한다. 이러한 파급효과 또한 집적경제로 인한 것
이며, 마셜(Alfred Marshall)이 부르는 '산업지구'의 편익 중 일부이고, 이는 포터(Michael
Porter)의 경쟁우위의 '클러스터(clusters)' 이론에서 큰 역할을 한다.[6] 일상적인 것보다 큰 규
모의 주문이 실현되었을 때 그러한 산업지구에 위치한 기업들은 쉽게 일을 외주로 줄 수 있는
기회를 누리기도 한다. 따라서 보통 규모의 기업이라 해도 생산능력의 부족 때문에 대규모 작
업을 거절할 필요가 없는데 이는 '유연 전문화(flexible specialization)'를 가능하게 한다.[7] 나
아가 기업들은 자사 제품의 기업 구매자나 일반 소비자들이 가장 좋은 제품을 살 수 있다고
믿고 있는 지역에 위치하는 것이 마케팅에 유리하게 때문에 이미 잘 알려진 지역에서 사업을
하고 싶어 할 것이다.

어쩌면 역사적인 이유에서 산업지구가 그곳에 위치하게 되었는지 모르지만, 그 이유야 어떻
든 기업들이 그곳에 일찍부터 위치하기 시작했다는 점이 더 중요하다. 예를 들면 미국에서 많
은 혁신적인 컴퓨터 회사들이 캘리포니아의 실리콘 밸리에 위치하고 있는데 이는 단지 그와
같은 회사가 이미 거기에 위치하고 있기 때문이다. 비슷한 이유로, 많은 신발 회사들이 위치하
고 있기 때문에 신발 회사의 공급자들은 남부 브라질의 시노스 밸리(Sinos Valley)와 멕시코의
과달라하라(Guadalajara)에 위치하고 있다. 일부 편익은 단순히 위치에 의해서 얻어지는데 나
드비(Khalid Nadvi)는 이것을 '수동적 집합효율(passive collective efficiency)'이라고 불렀다.
그러나 다른 편익들은 훈련시설을 개발하거나 개별 기업이 아닌 산업 차원에서 필요한 인프
라를 위해 정부에 로비하는 것('능동적 집합효율')과 같은 단체행동을 통해서 획득해야 한다.[8]

가내공업부터 첨단 제조기술까지 광범위한 산업발전 단계에 있는 개발도상국에서 산업 클
러스터는 점차 보편화되고 있다는 것이 많은 증거들을 통해 드러나고 있고 이는 새로운 산
업경쟁력에 있어서 중요한 요인이 될 것으로 보인다. 그럼에도 불구하고, 이러한 클러스터
의 역동성에는 큰 편차가 존재한다. 확인된 일부 지역들은 혁신, 수출, 그리고 확장의 능력을
거의 보여주지 못하는 전통적 장인(artisan) 클러스터이다. 이러한 그룹은 분업이나 현대적
인 기술을 거의 사용하지 않은 가족단위의 소규모 기업에 머물러 있다. 한 마을 내에서 생산
자들은 무작위로 여러 상품을 생산하기보다 공통의 전문화(specialization)를 공유하면서 이
익을 보는데, 이는 부분적으로 중개인들이 자기 부문의 생산자들이 고도로 집중되어 있는 마
을에서 함께 일하기 때문이다. 그렇지만 이러한 전통적 생산자는 가정 내에서 완제품을 생
산함으로써 매우 낮은 생산성과 낮은 소득에 머물며 기업 내부의 '내적(internal)' 노동분업
으로부터 거의 혜택을 얻지 못한다. 예를 들어 케냐의 한 작은 마을에서는 12개 정도의 가정
이 손수레를 조립하는데, 각 가정은 목재와 일단의 단순한 금속재료부터 시작하여 판매를 위
한 완제품을 만들어낸다. 그럼에도 불구하고, 클러스터는 에티오피아의 농촌 방직공 클러
스터처럼 농촌의 비농업부문에서 더욱 전문화된 고용을 창출할 수 있는데, 이러한 소기업가
(microentrepreneur)들은 작업공간을 공유하고 좀 더 정교한 분업에 참여하며 운영자본을 위
한 무역신용으로부터 혜택을 누린다. 연구자들은 클러스터 내의 안정적 전력공급과 개선된
다른 인프라는 기업 성과를 향상시키며 특히 '전기가 들어간 마을의 생산자는 전기가 없는 마
을보다 더 오랜 시간 동안 노동한다'는 사실도 발견했다.[9]

일단의 사례에서 전통적 마을 단위의 특화가 좀 더 발전된 클러스터로 진화되었는데, 여전히 보통 규모지만 그래도 어느 정도 규모가 있는 기업으로서 이들은 보다 세분화된 노동 분업을 활용한다. 각각 소수의 노동자를 고용하는, 일련의 전문성을 가진 손수레 생산자 그룹이 한 예이다. 결국 그 마을이 도시로 성장함에 따라 그 클러스터는 확대되어 전국적으로 제품을 판매하는 하위기술 금속 제품을 대표하는 산업지구가 될지도 모른다. 이러한 클러스터는 선진국의 산업지구를 연상시키나 좀 더 큰 규모의 자본재를 사용하는 핵심 기업에 투자하기 위한 충분한 자금조달이 필요하다. 그러나 일부 클러스터는 농촌이지만 인구가 밀집한 지역에서 출현할 수 있다는 점을 염두에 두어야 한다. 중국의 경우, 제조업이 발전하면서 전문화된 클러스터들이 극적으로 부상하여 지금은 만연할 정도이다.

베이랜드(Hermine Weijland)가 인도네시아의 자바에 관한 연구에서 밝혔듯이, "외부효과(externalities)와 공동행동(joint action)으로부터 이익을 창출하는 데는 단지 몇 년간의 운 좋은 시장 확대가 필요할 뿐이다."[10] 그는 개선을 통해 지금은 기와, 등가구, 금속 및 섬유와 같은 상품을 경쟁적으로 생산하는 지역 클러스터를 예로 들고 있다. 마찬가지로, 맥코믹(Dorothy McCormick)은 아프리카의 대표적인 6개 클러스터 연구를 통해 '기초 클러스터는 앞으로 나아갈 길을 준비하고, 산업화 클러스터는 전문화, 차별화, 그리고 기술 발전의 과정을 시작하고, 복합적 산업 클러스터는 더 큰 시장을 위해 경쟁적으로 생산한다'는 결론을 내렸다.[11] 일부 사례에서는 조정실패를 극복하기가 어려워 클러스터를 개선하는 데 정부 정책의 역할이 필요할지도 모른다는 증거가 있다. 다른 사례를 보면 오히려 정부에 클러스터의 정체 현상에 대한 책임이 있는데, 이는 정부가 비논리적이고 경직적인 규정을 집행함으로써 비정규부문의 초기 클러스터를 방관하는 통상적인 정책에 비해 더 큰 피해를 주기 때문이다. 파키스탄 시알코트(Sialkot)의 외과기계, 인도 벵갈루루(Bengaluru) 지역의 소프트웨어는 성공한 개발도상국 클러스터라고 볼 수 있다. 그러나 모든 종류의 클러스터, 특히 지역 시장을 위해 제품을 생산하는 클러스터는 세계화 그리고 무역자유화의 심각한 도전에 직면해 있다.

다시 말하지만, 산업지구의 집합적 효율 우위(collective efficiency advantage)가 전부 수동적인 위치 선정을 통해 실현되는 것은 아니다. 그 지역에 있는 기업들의 공동투자와 홍보활동에 의해서도 우위가 적극적으로 창출된다. 어떤 지역의 활력(dynamism)을 결정짓는 요인 중 하나는 그 지역 내에 있는 기업이 이러한 단체행동을 하게 하는 메커니즘을 찾아내는 능력이다. 정부가 클러스터의 발전을 촉진하기 위해 재정 및 기타 중요한 서비스를 제공할 수 있지만 상호 신뢰 및 단체행동을 성공적으로 했던 공유된 역사와 같은 **사회적 자본**(social capital) 또한 핵심적이며 이것이 축적되려면 시간이 필요하다. 행동주체들을 모으고 보다 큰일을 하기에 앞서 적절한 목표에 협력하고 경험을 쌓도록 도움을 제공함으로써 정부는 도움이 될 수 있지만, 사회적 자본은 일반적으로 경제공동체 내에서 유기적으로 형성되는 것이지 강제로는 만들어질 수 없다. 단체행동을 통해 집적의 수동적 이익을 보완한다 하더라도, 전통적인 클러스터는 좀 더 선진화된 산업화 단계에서 지금과 같은 형태로는 생존하기 어려울지도 모른다. 그럼에도 불구하고, 슈미츠와 나드비(Hubert Schmitz and Khalid Nadvi)가 지적하는 바와 같이, 과도기에 있지만 비정규부문 지역은 충분하게 활용되지 않고 있는 인적 및 재정 자원을

사회적 자본

미래에 협조적으로 행동할 것이라는 기대를 높여주는 일련의 사회적 제도 및 규범의 생산적 가치. 집단신뢰. 일탈에 대한 예측 가능한 처벌과 함께 예상되는 협력적 행동. 공동행동을 성공적으로 수행한 역사의 공유를 포함한다.

예문 7.1 연구결과 : 중국에서의 산업지구 또는 클러스터의 등장

1980년대 이전까지 중국의 산업은 국가 소유였고 공장은 군사적 방어를 이유로 지리적으로 넓게 퍼져 있었다. 1980년대를 시작으로 많은 산업에서 외국기업을 유치하기 위해 선전(Shenzhen)과 같은 특별경제구역이 만들어졌다. 국내 기업은 외국인투자기업에 납품하였지만 클러스터 형태로 한 것은 아니었다. 소도시와 향진기업은 이때 부상하였다. 향진기업은 지방정부 밖에서 설립된 것이지만 정부가 '모호하게 소유하고' 있는 형태를 띠고 있다. 향진기업 경영자들은 다양한 활동을 시도하였고 1990년대 초에 단행된 현장연구에서는 동일하거나 관련된 산업에 소속된 기업들이 서로 근접하게 위치하고 있다는 증거를 거의 발견하지 못했다. 그러나 1990년대 중반을 시작으로 향진기업은 급속하게 사유화되었고 경쟁, 신용제약에 대한 반응, 기업가 자질을 가진 사람들, 지원을 아끼지 않은 지방정책이 맞물려 지역화한 산업 클러스터의 출현을 이끌었다. 그러나 다른 중국의 기관들과 마찬가지로(제4장의 사례연구 참조), 일부는 최종적으로 '과도기적인(transitional)' 것으로 드러날지도 모른다.

플라이셔(Fleisher)와 그의 동료들이 연구한 질리의 아동의류 클러스터(Zhili Township children's garment cluster)는 '기업들 간의 전문성과 아웃소싱에 있어서 엄청난 성장'을 보였다. 사업 착수를 위한 중앙값에 해당하는 투자 규모는 2배가 되었지만 많은 기업들이 충분한 저축을 하였기에 은행융자는 필요하지 않았다. 그에 따라 많은 기업들이 진입했고 2000년 이후에는 임금이 상승하고 수익성은 떨어졌다. 이에 대응하여 시장에 직접 판매하는 기업들은 '제품 품질에 대한 자신들의 헌신(commitment)을 신호로 보내고자' 노력했는데, 거의 절반가량은 상표를 제작하였으며 약 1/5은 국제표준화기구(ISO) 인증을 획득하려고 노력했다. 반면에, 하청업자의 품질은 '그들의 아웃소싱 파트너들에 의해 모니터링'되고 있다. 사회적 자본은 핵심적인데 플라이셔와 그의 동료들은 다음과 같이 결론짓고 있다—"가족 및 이웃 간의 장기적인 관계가 많은 공동체 내에서의 클러스터링은 임대인과 임차인 간 그리고 아웃소싱하는 회사와 하도급자 사이의 계약적 관계를 법으로 집행하는 것에 대한 제도적인 대안을 제공한다." 그들은 또한 "지역 정부가 주요한 산업재해에 대응하기 위해 안전규정을 부과"했고, 이는 시장이 실패하는 것과는 달리 "제품의 관점 및 피고용인 안전의 관점에서, 파괴적인 '바닥까지의 경주(race to the bottom)'를 방지하는 데 도움이 되었다"고 보고하고 있다.

푸위안(Puyuan) 캐시미어 스웨터 지역의 기업 설문조사로부터 루안과 장(Ruan and Zhang)은 국유은행이 소규모나 중간 규모의 기업에 거의 자금을 빌려주지 않는다는 사실을 발견했다. 그러나 소규모 기업은 친척이나 친구로부터 돈을 빌리고 구매자 및 판매자로부터 신용을 주고받는다. 그렇게 클러스터는 '분업을 통해 자본의 진입장벽'을 낮추고 '개인이 자신의 자본 포트폴리오에 따라 적절한 형태의 전문성을 선택할 수 있게 한다. 동시에, 더욱 정교한 분업으로 다양한 능력을 가진 사람들이 자신의 위치를 찾는 것'을 가능하게 해준다. 원저우(Wenzhou)에 소재한 세계에서 가장 큰 신발 클러스터에 대한 연구에서도 비슷한 결론이 도출되었다.

1995년과 2004년도 기업 설문자료 심층 분석을 통해 롱과 장(Long and Zhang)은 '중국의 급속한 산업화는 클러스터의 증가로 특징지을 수 있다'는 사실을 확인했다. 그들의 연구는 기업의 클러스터화는 '두 가지 기제'를 통해 신용경색을 완화한다는 결론을 지지한다. 그 두 가지 기제는 다음과 같다—(1) 클러스터 내에서 보다 정교한 분업은 자본의 진입 장벽을 낮춘다. (2) 근접성은 회사들 간 무역신용의 제공을 용이하게 한다. 그들에 따르면, 클러스터는 더 많은 '기업가와 노동자를 사용하며 클러스터가 아닌 큰 공장에 비해 보다 적은 자본'을 사용한다. 즉 비교우위에 따라 행동한다는 것이다. 그들은 '자

본 부족과 비효율적인 금융체제'에 직면한 국가에서 클러스터가 유용할 수 있다고 지적한다. 그러나 그들은 '지역 여건이 정규적인 금융제도에 대한 접근을 쉽게 허락하지 않는 경우, 클러스터는 자본 부족 문제를 해결하기 위한 차선책일 뿐'이라고 경고한다. 따라서 향진기업과 마찬가지로 클러스터는 금융시장이 심화되고 공식적인 계약의 집행이 가능하게 될 때까지 존재하는 과도기적인 형태일지도 모르며, 더 많은 투자가 필요하게 될 것이다.

출처 : Fleisher, Belton, Dinghuan Hu, William McGuire, and Xiaobo Zhang, "The evolution of an industrial cluster in China." *China Economic Review* 21, No. 3(September 2010): 456-469; Huang, Zuhui, Xiaobo Zhang, and Yunwei Zhu. "The role of clustering in rural industrialization: A case study of Wenzhou's footwear industry." *China Economic Review* 19 (2008): 409-420; Long, Cheryl, and Zhang, Xiaobo Zhang. "Cluster-based industrialization in China: financing and performance." IFPRI Discussion Paper No. 937. Washington, D.C.: International Food Policy Research Institute, 2009; Ruan, Jianqing, and Xiaobo Zhang. "Credit constraints, organizational choice, and returns to capital: evidence from a rural industrial cluster in China." IFPRI Discussion Paper No. 830. Washington, D.C.: International Food Policy Research Institute, 2008; Ruan, Jianqing, and Xiaobo Zhang. "Finance and cluster-based industrial development in China." *Economic Development and Cultural Change* 58 (2009): 143-164.

동원하는 데 핵심적인 역할을 수행할 여지가 있다. 따라서 클러스터의 일부 생산자들은 생산 과정의 일부에 특화할 수 있고 다른 생산자들은 다른 생산 과정에 특화할 수 있게 된다. 따라서 클러스터 전체가 필요로 하는 자본이 개별 투자자가 감당하기에 너무 크다 하더라도 각 소규모 생산자는 영업자금에 필요한 소량의 투자만을 조달하면 된다.[12]

집적화의 편익이 실제로 상당할 수 있다는 점은 통계수치에서도 드러나고 있다. 예를 들어 선행연구에 따르면, "동일한 산업 내에서 1,000명의 기업노동자를 공유하는 지역에서 10,000명의 기업노동자를 공유하는 지역으로 공장이 이전하는 경우에 생산량은 평균 15% 상승하는데, 이는 전문화된 노동인력과 투입요소의 공급이 심화되기 때문이다." 더욱이, "생산성은 도시 규모에 따라 커지는데, 도시의 규모와 지역산업의 규모가 2배가 될 때 회사의 생산성은 통상적으로 5~10% 성장할 것이다."[13]

효율적인 도시 규모

지방화경제는 한 국가의 산업이 모두 하나의 도시에 위치하는 것이 효율적이라는 것을 의미하는 것은 아니다. 이러한 효율성은 전방 및 후방 연계를 갖는 밀접하게 관련된 산업으로는 확대되지만, 관련 없는 산업이 한 지역에 모이는 것은 생산성의 이득이 별로 없다. 한 가지 주목할 만한 예외는 한 산업에서의 기술적 진보가 다른 산업에서 여러 다른 용도에 적용되어 발생되는 잠재적 파급효과이다. 그러나 집적에는 아주 중요한 **혼잡**(congestion)비용도 있다. 도시의 밀도가 높을수록 부동산 가격은 높다. 수평적으로 건물을 짓는 것보다 수직적으로 건물을 짓는 것이 더 비용이 많이 들며, 고층빌딩 규모에 다다를 때 더욱 많은 비용이 들기 때문에, 시장의 힘이 적절히 작동한다면 고층건물이 등장하는 것은 주로 도시 및 토지 비용이 높아질 때이다. (아랍에미리트의 두바이, 대만의 타이베이, 그리고 말레이시아의 쿠알라룸푸르에 있는 세계에서 가장 높은 건물들처럼 고층건물이나 기념비적인 규모의 건물들은 경제적 효율성 때문이라기보다 때로는 정치적인 쇼를 위해 건축된다는 사실에 주목해야 한다.) 큰 도시지역에서 노동자는 점점 통근시간이 더 길어지게 되며, 교통비용이 증가하고, 이러한 비용을 충당하기 위해 더 높은 임금을 요구할 수 있다. 게다가 식수와 하수도 체계와 같은 인

혼잡
다른 행위자가 유사한 행위를 할 유인을 감소시키는 한 행위자의 행위. 상호 보완성의 효과와 대조된다.

프라 비용은 밀도가 높은 도시지역에서 더욱 높다. 이론적으로는 완성된 상품의 운송비용이 높기 때문에 소비자가 이러한 운송비용 지불을 최대한 피하려고 대도시에 머물고자 한다면, 경제활동은 무기한으로 하나의 도시에 집중될 수 있다. 이를 '블랙홀(black hole)' 효과라고 부르는데, 일반적으로 엄청난 도시 복합체를 유지하는 데 드는 비용보다는 한 국가의 운송체계를 개선하는 것이 비용이 훨씬 덜 든다. 경쟁력 측면에서 다른 조건들이 유사하고 노동자가 보다 자유롭게 이동할 수 있다면 높은 임금을 받지만 (주거비용이 높은 것과 같이) 생계비가 높은 대도시에 사는 노동자는 실질적이고 물질적인 관점에서 볼 때 유사한 교육수준, 경험, 능력, 그리고 건강을 보유하고 임금은 적으나 생계비도 덜 드는 소도시에 사는 노동자보다 더 나은 것이 아니다.[14]

따라서 도시 집적경제의 집중력 또는 '구심력'은 엄청난 집중화(concentration)와 함께 증가하는 비용을 특징으로 하는 비경제(diseconomies)의 분산력 또는 '원심력(centrifugal)'에 의해 저해되는데 이는 일부 생산요소, 가장 명백히는 토지가 이동할 수 없기 때문이다. 고층건물을 건설함으로써 도시 중심지를 키울 수 있지만, 여기에도 한계가 있으며 상당한 비용이 소요된다. 따라서 한 경제에 다양한 규모의 도시가 존재하는 것이 보통이며, 도시 규모는 그 도시에 존재하는 산업의 규모와 그러한 산업 또는 산업 클러스터의 집중경제 정도에 의존하게 된다.

도시 규모에 관한 유명한 두 가지 이론은 도시계층 모형(중심지 이론)과 차등평면 모형(differentiated plane model)이다.[15] 로쉬와 크리스탈러(August Losch and Walter Christaller)가 고안한 도시계층 모형에 의하면, 다양한 산업에서 공장은 특유의 시장 반경(market radius)을 갖고 있는데, 이는 생산 측면에서의 규모의 경제, 운송비용, 그리고 지역별 토지수요라는 세 가지 요인이 상호작용한 결과이다. 생산 측면에서 규모의 경제가 클수록, 그리고 운송비용이 적을수록 비용을 최소화하기 위한 그 산업의 행동반경은 넓어진다. 반면에, 높은 수준으로 부동산 가격이 올라가면 이는 좀 더 작은 반경의 도시를 만들 것이다. 그 결과, 작은 도시는 짧은 시장 반경을 가진 활동을 보유하고 큰 도시는 작은 반경과 큰 반경 모두를 포함하는 모습으로 나타난다. 일반적으로, (혼잡비용효과 때문에 반드시 동일한 대도시는 아닐지라도) 행정이나 금융 같은 국가적인 영역의 활동은 하나의 도시에 위치할 것이다. 분명한 것은 도시계층적 접근은 수출을 하는 산업보다 수출하지 않는 산업에 적용이 더 잘 된다는 것이다. 국제 시장에서 국가들이 서로 다른 전문성을 갖거나 경제개발의 단계가 다를 때, 도시 규모의 분포는 잠재적으로 다를 수 있다. 예를 들어 여전히 농업에 압도적인 전문성을 갖는 개발도상국에는 금융이나 행정 같은 국가적인 산업에 기여하는 하나 또는 두 개의 도시와 지역 농업 지대에 기여하는 많은 작은 마을이 있을 수 있다. 고도의 특화된 제조업이나 서비스업 기반을 가진 국가에는 다수의 중간 규모 도시들이 있을 수 있다.

베버, 아이사드, 모세(Alfred Weber, Walter Isard, Leon Moses)가 고안한 차등평면 모형에서는 하나의 경제 내에서 산업들을 연결해주는 한정된 수의 수송경로가 핵심적인 역할을 한다. 이 모형은 희소한 교통로가 교차하는 '내부 교점(internal nodes)'에서 도시집중이 발생할 것으로 예측한다. 도시 규모의 계층은 교점의 유형과 산업 배합에 의존한다. 제1차 가공산업(primary processing industries)은 투입요소가 많지 않고, 대체적으로 원자재의 원산지 근처에 위치한다. 그러나 강력한 전방 및 후방 연계를 가지는 산업들이 같은 도시에 함께 위치하려는 요인 또한 존재할 것이다.

물론, 대규모 도시가 그 자체로서 어떤 본질적인 문제가 있는 것은 전혀 아니다. 거대도시라고 해도 세계화된 경제에서는 생산을 위한 그 어떤 특별한 이점이 있다.[15a] 다만, 개발도상국에 팽배한 초대형 도시를 만들어낸 왜곡들은 높은 비용과 문제를 초래하였다.

7.3 도시 거대화 문제

개발도상국들의 경우, 주요 수송로는 때때로 식민주의의 유산인 경우가 많다. 종속이론의 이론가들(제3장 참조)은 국가 천연자원 유출의 용이성을 강조하면서 식민지 시대의 수송 네트워크를 배수 시스템에 비유한다. 많은 경우, 수도는 이 시스템의 배출구 근처인 해안에 위치할 것이다. 이와 같은 유형의 수송 시스템을 '허브-스포크 시스템(hub-and-spoke, 대도시 거점노선 방식 또는 대도시 터미널 집중 방식)'이라고 부르는데, 수도가 한 국가의 내륙에 위치할 때 더욱 뚜렷하게 나타난다. 다수의 아프리카와 남미의 국가들을 포함하여 많은 국가들이 식민지 시대부터 이 시스템을 물려받았는데, 이는 수도부터 외진 마을까지의 반란을 제압하기 위한 군대 이동 또한 용이하게 해준다.

차등평면 모형은 역사적 사건의 지속적인 영향력을 강조한다. 이 경우 이 모형은 개발도상국 대규모 도시들의 입지를 설명하는 데 도움이 되고 도시분권화 정책이 가장 도움이 되는 지역을 추천한다. 독일과 미국처럼 모든 국가들이 이와 같은 허브-스포크 시스템을 물려받은 것은 아니라는 사실에 주목해야 한다. 미국은 일부분 어느 정도 지역 자치권을 유지한 13개의 개별적 영국 식민지가 합쳐진 결과이기 때문이다. 독일 연방체제의 주들 또한 유하사게 지역 자치권 수단을 유지했다. 애틀랜타와 같이 수송로가 교차하면서 도시가 부상한다는 것이 미국의 최근 발전상에서 특히 명확히 드러나지만, 이 동일한 원칙은 역사적으로 더 긴 기간에도 적용된다. 물론 국가가 부유해짐에 따라 일반적으로 국가는 더 나은 수송 시스템을 건설한다.

때로는 하나의 도시중심부가 너무 커져 그 지역에 위치한 산업의 비용을 최소한으로 유지할 수 없게 된다. 선진국의 경우 거대한 도시지역 내에서 또 다른 중심부들이 성장하여 비용의 일부를 낮추면서 그 지역 전체가 집적이익을 받도록 하거나 완전히 다른 지역에 새로운 도시가 성장하기도 한다. 그러나 다른 기업과 거주자들이 이미 존재하는 지역에 위치하는 편익이 있다면 새로운 도시중심부의 탄생은 자동적으로 발생하는 것이 아니다. 이는 제4장에서 서술한 또 다른 유형의 닭이 먼저냐 달걀이 먼저냐의 조정 문제이다. 있는 자리에 머물면서 다른 개척자가 새로운 도시에 처음으로 정착하기를 기다리는 것이 비용적으로 유리하다면 누가 개척자가 되려 할 것인가? 경제학적 관점에서, 도시의 집적경제는 외부효과이며, 이는 어떻게든 내면화되어야 한다. 그렇지 않으면 시장은 실패할 것이다. 이를 어떻게 달성할 수 있을까?

미국의 경우, 개발자들은 본래의 도시중심부로부터 10~50킬로미터 떨어진, 토지가 상대적으로 저렴한 지역에 새로운 센터를 건설하거나 이를 재정 지원함으로써 새로운 '주변도시(edge city)'를 구축하고 외부효과를 내재화한다. 이는 세금우대의 유인책 또는 용도지역제의 형태와 같은 공공 감독의 맥락에서 이루어진다. 그러나 개발도상국에서는 이러한 개발 과정이 일어나기에 충분할 만큼 자본시장이 잘 작동되는 것이 아니다. 유럽에서는 새로운 도시와 대규모 개발을 조정하는 데 공공부문이 큰 역할을 수행한다.

그러나 개발도상국의 정부는 경제활동의 분산에 적극적으로 관여하지 않거나 관여하는 경우에도 효율성이 떨어지는 경우가 많다. 예를 들어 정부는 집적경제의 특성에 대한 고려 없이 산업을 분산시키려 노력할 수 있다. 즉 관련된 산업의 집적에는 관심을 두지 않고 분산에 대한 인센티브만 제공하려 하는 것이다. 이러한 문제는 파키스탄의 산업단지에서 찾아볼 수 있다. 이와 달리 대부분은 기업이 수도 또는 다른 '거대도시'에 집중화하는 것을 유인하는 인센티브를 제공하는 경우가 다반사이다. 페루와 아르헨티나 같은 국가의 핵심 문제는 그들의 거대도시가 엄청난 혼잡으로 고통을 받고 있으나, 성장을 위한 대체적 입지를 제공할 수 있는 적절한 중간 규모의 도시가 부족하다는 것이다. 중간 규모 도시 간의 더욱 효율적인 연계, 더 나은 도로, 시설, 이러한 도시 내의 통신과 같은 잘 설계된 인프라 개발 프로그램은 이 문제를 완화하는 데 도움이 될 수 있다.

북아메리카와 남미에 대한 심도 있는 비교는 유익하다. 미국에서 가장 큰 도시지역인 뉴욕의 대도시권에는 미국 인구의 대략 6%가 살고 있다. 캐나다에서 가장 큰 도시지역인 토론토의 인구는 대략 500만 명으로 캐나다 인구의 15%가 그곳에 살고 있다. 그러나 멕시코시티에는 멕시코 인구의 거의 1/5이 살고 있으며, 몬테비데오에는 우루과이 인구의 거의 절반, 리마에는 페루 인구의 1/4 이상, 부에노스아이레스와 산티아고에는 각각 아르헨티나와 칠레 인구의 1/3 정도가 살고 있다.[16]

제1도시 편향

종종 상당한 왜곡을 유발하는 도시편향의 한 형태는 제1도시 편향(first-city bias)이다. 한 국가에서 가장 큰 도시는 두 번째로 큰 도시 및 다른 소도시와 대비해 불균형적으로 커다란 비중의 공공투자와 민간투자의 유인을 얻게 된다. 그 결과, 제1도시에는 불균형적으로—그리고 비효율적으로—많은 인구와 경제활동이 집중된다.

〈표 7.1〉은 미국, 캐나다, 그리고 남미 주요 국가들의 제1도시와 제2도시를 보여주고 있다. 부에노스아이레스, 산티아고, 멕시코시티, 리마와 같은 대형 수도 모두에서 제1도시는 수도의 역할도 감당하고 있음에 주목해야 한다. 일단의 개발도상국에서 제1도시는 현저하게 비대해져서, 방콕의 경우 제2도시보다 20배나 많은 인구가 살고 있다. 필리핀(마닐라 인구는 제2도시보다 7배 많다)과 콩고(킨샤사의 인구는 제2도시보다 5배 많다)에서도 이와 같은 사례를 발견할 수 있다. 인구 규모가 비교적 상당한 대규모 제1도시(종주도시)를 보유하고 있는 개발도상국 사례를 최소 10개 더 찾아볼 수 있다.[17]

도시 거대화의 원인

개발도상국에서 제1도시가 제2도시보다 몇 배나 큰 규모로 팽창된 이유는 과연 무엇인가? 전체적으로 보면, 허브-스포크 수송 시스템과 정치적인 수도가 가장 큰 도시에 위치한다는 사실

표 7.1 선별된 국가에서 가장 큰 도시와 두 번째로 큰 도시의 인구(백만 명)

국가	가장 큰 도시의 인구	두 번째로 큰 도시의 인구	비율
캐나다	토론토 : 5,035	몬트리올 : 3,603	1.40
미국	뉴욕 : 18,727	로스앤젤레스 : 12,303	1.52
아르헨티나	부에노스아이레스 : 12,551	코르도바 : 1,423	8.82
브라질	상파울루 : 18,647	리우데자네이루 : 11,368	1.64
칠레	산티아고 : 5,605	발파라이소 : 0,837	6.70
멕시코	멕시코시티 : 18,735	과달라하라 : 4,057	4.62
페루	리마 : 8,081	아레키파 : 0,732	11.04

주 : 도시 규모의 정의는 연구에 따라 다름

출처 : *UN World Urbanization Prospects 2009 Revision* 자료

이 동시에 작용하여 도시 거대화가 생겨났을 것이다. 이는 지대추구(rent seeking)라는 정치문화와 자본시장의 실패에 의해서 강화되는데, 이는 새로운 도시중심지 건설을 시장이 완수할 수 없도록 만든다. 보다 세부적인 다른 설명 역시 일반적으로 정치경제의 불행한 결과와 연계되어 있다(제11장 참조). 크루그먼의 설명에 따르면, 보호 수준이 높은 수입대체 산업화(제12장 참조)하에서는 국제무역이 적고 수송비용을 피하기 위해 인구 및 경제활동이 하나의 도시에 집중될 유인이 크다는 것이다. 따라서 기업은 대부분의 소비자가 이미 거주하고 있는 도시에서 사업을 시작하기를 원하며, 이는 일자리를 구하고자 하는, 또는 어쩌면 더 저렴한 가격을 찾는, 더 많은 사람들을 그 지역으로 유인하게 된다. (저렴한 가격은 소비자에게 전가되는 운송비용이 저렴하기 때문에 그리고 매장 크기에 따른 규모의 경제와 특화된 판매지구에 의해 가능). 이러한 집중화는 다시 또 더 많은 기업과 소비자를 유인하는 역순환이 발생한다. 그러나 무역장벽이 낮아지면 내수시장에 생산을 집중하려는 유인도 감소하여, 수출업자와 이들을 지원하는 공급업자가 가장 인구가 많은 중심지에 위치하려고 하는 유인은 훨씬 적다. 대도시의 과도한 혼잡비용을 벗어나기 위해 생산자는 항구, 국경, 또는 다른 지역으로 이동한다.[18]

도시 거대화에 대한 또 다른 설명논리는 권력을 유지하고자 하는 독재자의 노력이 낳은 결과에 주목한다. 〈그림 7.8〉에서 볼 수 있듯이, 평균적으로 한 국가의 도시인구 상당 부분이 안정적인 민주국가(23%)보다 불안정한 독재국가(37%)의 제1도시에 거주한다. 아데스와 글레이저(Alberto Ades and Edward Glaeser)의 해석에 따르면, 불안정한 독재정부는 (국가 전복을 두려워하면서) 불안을 방지하기 위해 제1도시(대부분 수도)에 '빵과 오락(bread and circuses)'을 공급해야 한다는 것이다. 이러한 극도의 도시편향으로 인해 더 많은 이주자가 그 도시로 유인되고 이로 인해 더 많은 음식과 오락이 필요하게 된다. 저자들이 상반되는 인과관계의 가능성을 감안하려 노력했음에도 불구하고, 집중도가 높은 국가에서 독재자가 발생하는 경향이 있을 수도 있다는 점에 주목해야 한다.[19]

최근까지도 개발도상국에서는 상대적으로 적은 수의 국가들이 효과적인 민주국가이다. 1980년대 민주화의 물결이 시작될 때까지 대부분의 개발도상국들은 다양한 유형의 독재국가였다. 국민봉기와 쿠데타가 수도에서 시작되면 가장 위협적이므로, 정부는 권력을 유지하기

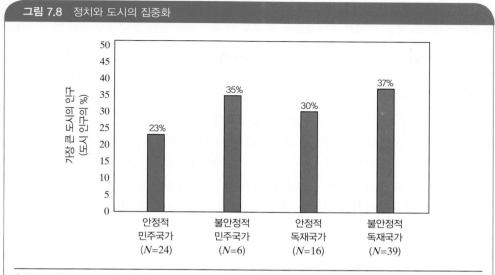

그림 7.8 정치와 도시의 집중화

출처 : Alberto F. Ades and Edward L. Glaeser, "Trade and circuses: Explaining urban giants," Quarterly Journal of Economics 110 (1995): 196. Copyright ⓒ 1995 by the President and Fellows of Harvard College and the Massachusetts Institute of Technology.

주 : N = 그룹 내에서의 국가 수

위해서 가장 큰 도시에 사는 사람들을 '매수하려는' 유인이 컸다. 이와 같이 수도에 국가 재정을 집중하는 것은 빵과 오락 효과로서 이는 전성기 고대 로마의 '지대 분배(rent sharing)' 정책이라는 표현을 상기시킨다. 더 나은 기회의 존재, 고대 로마의 곡물 배급과 동일하던 아니던 간에, 또는 오늘날 개발도상국 수도에 집중되어 있는 직장, 임금, 인프라 그리고 다른 정부 서비스는 점점 더 많은 이주민을 유인하고, 이는 다시 정치적 불안정성이 커지는 것을 두려워하는 정부가 예방의 차원에서 더 많은 지출을 하게 만든다.

또 다른 정치경제적 요인도 수도의 거대화에 기여한다. 정권으로부터 정치적인 혜택을 얻거나 뇌물을 요구하는 정부의 비위를 맞추기 위해 정부 공무원에게 쉽게 접근할 수 있는 지역에 위치하는 것은 기업 입장에서 상당히 유리한 조건이 된다. 그 결과로 발생하는 제1도시 거대화는 저개발의 함정으로 비춰질 수 있는데, 국내소비 및 수출경쟁을 위한 보다 균등한 인센티브와 더불어 민주적 통치로 되돌아갈 경우에만 이 함정에서 완전히 벗어날 수 있다. 로비스트들이 여전히 정치적 수도에 모여들겠지만, 그곳에 생산자들이 지나치게 집중되는 유인은 감소할 것이다. 더구나 남미와 동아시아의 많은 민주국가에서 분명히 드러나고 있듯이, 자유로운 언론은 부패를 폭로하고 근절하기 위해 공공의 압력을 창출하는 경향이 있다.

도시의 거대화를 설명해주는 요인들—높은 수준의 보호와 수송비용하의 내수시장을 위한 생산, 인프라의 유형에 따라 기업들이 대안으로 선택할 수 있는 소규모 도시의 부족, 가장 큰 도시에 수도가 들어서는 현상, 불안정한 독재의 정치적 논리—은 상호 보완적이며 또한 잘 계획된 인프라 투자를 포함한 균형 잡힌 경제정책을 가진 민주국가의 이점을 설명한다. 이러한 국가들은 도시 거대화의 비용 중 일부를 회피할 수 있다.

마지막으로, 특별한 요인들 때문에 다른 지역에서 사업하는 비용이 높을 수 있다. 콩고민주공화국의 경우처럼 분쟁에서 탈피하여 개인의 안전이 가장 잘 보호되는 수도에 위치하려는 유인이 존재한다. 기업은 취약한 인프라뿐만 아니라 착취, 엄청난 부패, 농촌 및 소도시 지역의 사회 · 정치적 불안으로부터 발생하는 비용과 위험요소에 반응하는 것일 수 있다. 그러므로 거대도시의 팽창은 국가의 다른 곳에서는 성장이 제한되어 있다는 구속적 제약조건의 증상이 될 수 있어서 성장 진단 이론가들에 좋은 교훈이 될 수 있다(제4장 참조). 이는 종주도시 외부에서 사업을 운영할 때 발생하는 고비용 문제를 극복하도록 지원하는 우선정책의 실시를 제안하게 한다. 최근 멕시코시티는 멕시코 다른 지역의 인구보다 천천히 증가하고 있고, 이에 따라 국가 전체 인구에서 차지하는 비중 또한 서서히 감소하고 있다.

대형 종주도시가 발생한 요인을 이렇게 자세하게 이해하고 나면 이러한 특징들이 불가피한 것이 아니라는 것이 분명해진다. 실제로, 민주화 촉진 추세, 쿠데타 빈도의 감소, 외부 지향적 정책의 증가, 그리고 내부 분쟁이 해결되고 예방될 수 있다는 것에 대한 밝아진 전망이 유지될 수 있다면 도시 거대화가 만연했던 제1도시와 제2도시 사이의 비율은 지속적으로 감소할 것으로 보인다.

7.4 도시의 비정규부문

제3장에서 언급한 바와 같이, 발전이론은 개발도상국의 국가 경제가 갖는 이중적 속성―자본집약적이고 대규모 생산에 맞도록 구성된 현대적 도시 자본주의 부문과 노동집약적이고 소규모 생산에 맞도록 구성된 전통적 농촌 생계 부문의 존재―에 주목해 왔다. 이러한 이원론적인 분석은 정규부문과 비정규부문으로 나뉘는 도시경제에 특정적으로 적용되어 왔다.

1970년대에, 몇몇 개발도상국에서 도시 노동력에 추가된 상당한 인력이 공식적인 현대부문 실업통계에 잡히지 않았다는 것이 관측된 이후, 조직화되지 않고 규제되지 않으며, 합법적이지만 등록되지 않은 **비정규부문**(informal sector)의 존재가 인지되었다. 도시 노동력에 유입된 대규모 인력 중 대부분은 자영업을 하거나 가족 소유의 소기업에 고용되어 있는 것으로 보인다. 자영업자들은 행상, 노점상, 편지작성, 칼갈이, 고물수집에서부터 폭죽 판매, 매춘, 마약 판매, 뱀 부리기 등의 다양한 활동을 했다. 다른 이들은 정비공, 목수, 소규모 장인, 이발사 및 하인으로 일했다. 일부 사람들은 소수의 종업원(주로 친척)을 두고 고소득을 벌어들이는 매우 성공한 사업가였다. 심지어 일부는 비정규부문을 졸업하고 정규부문으로 진출하여, 합법적으로 등록하고 허가를 받아 정부 노동법규의 지배를 받기도 했다. 전례 없는 개발도상국 도시 인구의 증가율이 지속될 것으로 예상되고 도시 및 농촌의 정규부문이 새로운 노동력 유입증가를 흡수하지 못함에 따라 증가하는 실업 문제의 만병통치약으로서 비정규부문의 역할에 대한 관심이 집중되고 있다.

수십 년간의 무시와 심지어 노골적인 적대감에도 불구하고, 개발도상국에서 비정규부문은 중요한 역할을 계속 수행하고 있다. 다수의 개발도상국에서 고용된 도시인구의 절반가량이 비정규부문에서 일하고 있다. 〈그림 7.9〉는 선별된 도시에서 비정규적인 고용의 상대적 중

비정규부문
개발도상국 도시경제의 일부로서 소규모의 경쟁력 있는 개인 또는 가족단위 기업. 소소한 소매업 또는 서비스업. 노동집약적 방식. 자유로운 진입. 시장가격에 의해 정해지는 생산요소 및 제품가격이 특징이다.

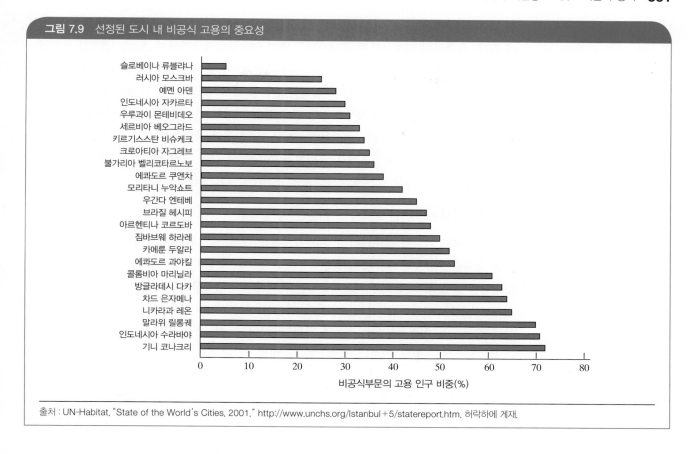

그림 7.9   선정된 도시 내 비공식 고용의 중요성

비공식부문의 고용 인구 비중(%)

출처 : UN-Habitat, "State of the World's Cities, 2001," http://www.unchs.org/Istanbul+5/statereport.htm. 허락하에 게재.

요성을 나타내고 있다. 대부분의 도시에서 통상적 비정규부문의 고용 비중이 30~70%로 나타나고 있다(유일한 예외는 오스트리아와 이탈리아에 근접한 사실상의 선진도시 류블랴나이다). 전반적으로 개발도상국의 도시에서 비정규부문의 고용이 높다는 유사한 패턴을 발견할 수 있다. 예를 들어 인도에서 도시 비정규부문은 콜카타 고용의 28.5%를 구성하며, 아마다바드에서 46.5%, 뭄바이에서 49.5%, 첸나이에서 53.8%, 델리에서 61.4%, 그리고 벵갈루루에서는 65.5%를 구성하고 있다.

개인이나 가족이 보유하고 단순한 노동집약적 기술을 사용하는 수많은 소규모의 생산 및 서비스 활동이라는 것이 비정규부문의 특징이다. 이들은 진입자유, 과잉설비, 그리고 경쟁에 의해 이윤(소득)이 잠재적 신규 진입자의 평균 노동공급가격까지 하락하는 등의 특성을 지닌 독점적 경쟁기업처럼 행동한다. 이 부문의 자영업자들은 일반적으로 정규교육수준이 낮고 특별한 기술이 없으며 금융자본을 쉽게 얻을 수 없다. 그 결과, 노동생산성과 소득은 정규부문보다 비정규부문에서 더 낮은 경향이 있다. 더욱이, 비정규부문의 노동자는 고용보장, 적절한 노동 환경, 그리고 고령연금의 측면에서 현대적 정규부문이 제공하는 보호수단을 향유하지 못한다. 비정규부문에 진입하는 많은 노동자들은 농촌지역에서 온 지 얼마 안 되어 정규부문에서 일자리를 찾지 못한 이주자들이다. 그들의 동기는 직업을 창출하기 위해 자신들만의 기발한 자원에 의존하여 생존을 위한 충분한 소득을 얻는 것이다. 여성과 어린이를 포함하여 가능한 한 많은 가족구성원이 소득 생산 활동에 관여하며, 매우 오랜 시간 동안 노동할 때가 많다. 대부분의 비정규부문 종사자들은 빈민가와 불법거주지에서 스스로 건축한 판잣집이나 작은 콘크리트 블록으로 지은 집에서 거주하는데, 이 지역에는 일반적으로 전기, 수도, 하수도, 교통, 교육 및 보건 서비스 등 최소한의 공공 서비스조차 없다. 이들은 많은 경우 태풍, 폭풍 해일, 산사태 등 극한 기상재해에 취약하며, 이러한 기상재해는 향후 기후변화로 인해더욱 심각해질 것으로 예측된다(제10장 참조). 더 불행한 사람들은 도로에서 생활하는 노숙자들이다. 그들은 비정규부문에서 일용직 또는 행상과 같은 간헐적인 임시직을 찾기도 하는데, 이들의 소득은 가장 기본적인 거주지를 유지하기에도 충분하지 않다.

도시 비정규부문을 위한 정책

다른 부문과의 관계를 살펴본다면, 비정규부문은 많은 경우 더 나은 생활조건이나 노동 환경또는 소득수준을 제공하지 못함에도 불구하고 농촌의 극심한 빈곤과 불완전고용으로부터 과잉노동이 탈출할 수 있도록 허용해준다는 측면에서 농업부문과 관련이 있다. 도시의 정규부문과도 밀접한 연관이 있다. 정규부문은 저렴한 생산요소와 필수재의 공급을 위해 비정규부문에 의지하며, 비정규부문은 소득과 고객의 대부분을 정규부문 성장에 의존한다.

계속되는 이촌향도 이주에도 불구하고, 비정규부문 임금은 가장 빈곤한 농촌지역의 임금보다 일관적으로 높게 유지되었다. 1950년대에 노벨상을 수상한 루이스 경(Sir Arthur Lewis)에 따르면, 전통부문 노동자와 신문팔이와 같은 소상인들은 비생산적이며 특히 도시의 주요 산업화에 제대로 참여하지 않는다. 그러나 도시 비정규부문 노동과 같이 경쟁적인 활동에서의 임금이 농촌부문보다 일관되게 높다고 한다면 이 임금에는 더 높은 생산성이 반영된 것일 가능성이 높다. 결과적으로, 경제발전에서 도시(비정규부문 포함)의 건설적인 역할을 옹호하는 수정주의적 시각이 강화되고 있다. 유엔 인간거주계획에서 발간한 다르에스살람(Dar es Salaam)에 바탕을 둔 '세계 도시 상황(State of the World's Cities)' 보고서는 이러한 시각을 옹호하고 있다.[20] 2001년 보고서는 이른바 '개발기구들의 반도시편향(anti-urban bias)'을 체계적으로 비판했다. 개발기구들은 도시 비정규부문에 대한 루이스의 회의론으로촉발된 강한 개발전통에 따라 행동하고 효율성과 효과성의 모든 측면에서 도시편향의 부정적결과를 강조한 토다로 모형(이 장의 뒷부분에서 살펴볼)과 함께 발전하면서, 그리고 1970년대 통합농촌개발학파의 영향력 있는 업적으로 계승되었으며 세계은행의 울펀슨(Wofensohn)과 그 후임 총재들에 의해 다시 구성되고 강조된 바와 같이, 말로는 확실히 농촌개발을 강조했다. 그러나 많은 학자들은 이러한 수사들이 농촌지역으로의 실질자원 투입으로 이어지지않기 때문에 개발기구들의 친농촌편향(pro-rural bias)이 도시편향의 과도한 힘을 부분적으로바로잡는 것 이상을 얻지 못한다는 결론을 내리고 있다. 그러나 발전에 있어 도시 역할을 새롭게 조명하는 것은 중요한 추세이다. 유엔 인간거주계획뿐만 아니라 세계은행 및 다른 기구들 또한 도시발전의 개선을 더욱 강조하고 있다.[21] 어떻게 하면 개발도상국의 도시들을 역동적인 성장동력으로 만들고 살기 좋은 환경으로 조성할 수 있는지가 새로운 관심의 대상이며향후 개발경제학에서 새롭게 부상하는 연구 및 정책 분야에서 보다 중요한 흐름 중 하나가 될 것이다. 개발 과정에서 건설적 역할을 하는 중소 규모 도시들이 더 많은 관심을 받는 것은 마땅하지만, 어쨌든 이것이 거대화된 제1도시로 활동이 과도하게 집중되는 문제를 없애 주지는 않는다.

빈곤계층에게 소득기회를 제공하는 데 대해 비정규부문이 중요한 역할을 수행한다는 것은 명백하다. 그러나 비정규부문이 단순히 정규부문으로의 진입을 기다리는 사람들의 중간 정착지인지, 따라서 정규부문으로 흡수될 때까지만 존재하는 비영속적인, 과도기적 상태로서 그동안만이라도 가능한 편하게 지낼 수 있도록 해줘야 하는 것인지, 또는 비정규부문은 영구적으로 존재할 것이며 실은 도시노동자의 주요 고용기회와 소득의 원천으로 장려되어야 하는 것인지 아니면 이 둘의 조합인지에 대해서는 의문이 남아 있다. 답은 국가에 따라 달라질 가능성이 높다. 2012년 연구에서 군터와 라우노프(Isabel Gunther and Andrei Launov)는 코트디부아르의 경우 비정규부문에서 일하는 노동자 절반씩 각각 '기회' 또는 '궁여지책' 분류로 갈린다는 것을 발견하였다.[22]

후자의 관점을 지지하는 입장에서 보면, 개발도상국의 정규부문은 생산과 고용에서 차지하는 비중이 작은 경우가 종종 있다는 것이다. 기존의 도시노동력에 추가된 미래 노동력을 흡수하기 위해서 정규부문은 매우 빠른 속도로 고용을 창출할 수 있어야 한다. 이 부문의 고용이 생산에 비례하여 더디게 증가하므로 산출은 더욱더 빠른 속도로 성장해야 함을 의미한다. 현재의 추세라면 이러한 성장은 사실상 가능하지 않은 것처럼 보인다. 그러므로 도시 실업 문제에 다른 해결책이 제시되지 않는 한 더 많은 노동력을 흡수해야 하는 비정규부문의 부담은 계속 증가할 것이다. 그러나 〈그림 7.10〉에서 나타나는 바와 같이, 젊은 층은 더욱 일자리를

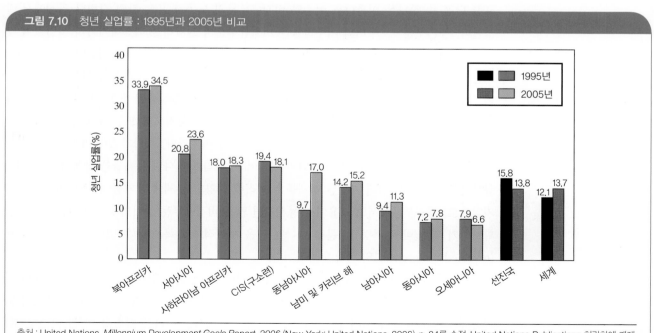

그림 7.10 청년 실업률 : 1995년과 2005년 비교

출처 : United Nations, *Millennium Development Goals Report, 2006* (New York: United Nations, 2006), p. 24를 수정. United Nations Publications 허락하에 게재.

구하기 어려운 상황에 직면해 있다.

비정규부문은 도시노동력을 위한 고용 및 소득창출 능력을 보여주었다. 앞에서 지적했듯이, 비정규부문은 이미 도시노동력의 50% 정도를 흡수하고 있다. 일단의 연구는 비정규부문이 도시임금의 약 1/3을 창출하고 있다고 본다.

비정규부문의 장려를 지지하는 다수의 다른 주장들이 가능하다. 첫째, 여러 증거에 의하면 비정규부문은 신용, 외환거래, 세금면제와 같이 정규부문에 제공되는 이점들에 대한 접근을 가로막는 적대적인 정책 환경에서도 잉여를 창출하고 있다는 것이다. 따라서 비정규부문의 잉여는 도시경제 성장에 대해 추진력을 제공할 수 있다. 둘째, 낮은 자본집약도의 결과로 인해 비정규부문에서 노동자를 고용하는 데 필요한 자본은 정규부문에서 필요로 하는 자본의 일부에 불과하며, 이는 자본 부족에 시달리는 개발도상국에서 상당한 액수의 저축을 가능하게 한다. 셋째, 정규기관 및 정규부문에서 제공되는 것보다 더 낮은 비용으로 훈련 및 수습이 제공되므로 비정규부문은 인적자본 형성에 중요한 역할을 수행할 수 있다. 넷째, 비정규부문은 숙련 노동자를 선호하는 정규부문에 고용되기 어려운 그러나 절대적 그리고 상대적으로 공급이 증가하고 있는 반숙련 및 미숙련 노동자에 대한 수요를 창출한다. 다섯째, 비정규부문은 적정 기술을 채택하고 토착 자원을 이용하려 하기 때문에 더욱 효율적인 자원배분이 가능하다. 여섯째, 비정규부문은 폐기물 재활용에서 중요한 역할을 하는데, 비정규부문에서 수집한 고철에서부터 담배꽁초에 이르는 폐기물은 대부분 산업부문에서 다시 쓰이거나 빈곤층의 기본 필수품이 된다. 마지막으로, 비정규부문을 장려하는 것은 비정규부문에 집중되어 있는 다수의 빈민계층에게 발전혜택의 분배 확대를 보장하게 되는 것이다.

물론 비정규부문을 촉진하는 것에 단점이 없는 것은 아니다. 비정규부문을 장려하는 데 주요한 단점 중 하나는 이촌향도 이주와 비정규부문의 노동력 흡수 간의 강력한 관계에서 발생한다. 농촌부문으로부터의 이주자들은 비정규부문의 일자리를 획득하기까지 실업률이 낮을 뿐 아니라 대기기간도 짧다. 그러므로 비정규부문에서의 소득과 고용기회 증진은 비정규 또는 정규 부문에서 흡수할 수 있는 적절한 규모보다 더 많은 노동력을 유인함으로써 도시의 실업 문제를 악화시킬 수 있다. 더구나 도시지역에 고도로 집중된 비정규부문은 환경에 나쁜 영향을 미칠 우려도 있다. 다수의 비정규부문 활동은 환경오염 또는 교통체증(예 : 삼륜차)을 유발하거나 보행자에게 불편함(예 : 잡상인)을 야기한다. 게다가 빈민가와 저소득지역의 밀집도 증가는 도시 서비스의 악화와 더불어 이 지역에 커다란 문제들을 발생시킨다. 비정규부문을 장려하기 위해 기획된 정책들은 이러한 다양한 문제에 대처할 수 있어야 한다. 마지막으로, 정규부문에서의 고용이 가능해지면 많은 비정규부문 소기업들은 이러한 일자리를 확보하기 위해 바로 비정규무문을 떠나는 것을 보편적으로 목격할 수 있다. 이는 '현시선호(revealed preference)'의 명확한 증거이다.

국제노동기구(ILO)는 일단의 보편적 제안을 만들었다. 먼저 정부는 비정규부문에 대한 적대심을 중단하고 더욱 긍정적이고 호의적인 태도를 취해야 한다. 예를 들어 많은 개선이 있었음에도 불구하고, 남미에서는 신규사업 등록을 위해서는 수많은 행정적 절차를 필요로 하며, 과도한 관료적 형식주의에 시달려야 한다. 이로 인해 에콰도르에서는 240일 이상, 베네수엘라는 310일 이상, 그리고 과테말라에서는 525일 이상 등록이 지연되었다. 최근까지 브라질, 멕시코, 칠레에서는 기업이 사업 승인을 받기 위해서 20개 이상의 서류지원 절차를 거쳐야 했다. 이러한 절차들은 과도한 사업 지연을 유발할 뿐만 아니라 연간 70%에 달하는 사업비용 증가를 초래한다. 따라서 비정규부문은 법을 회피하고자 하는 것이다. 다행히 이러한 정책을 개선하는 데 진전이 있었다. 2013년 *Doing Business* 연보의 설명에 따르면 "최근 8년간 *Doing Business*에서 추적해 온 기업규제부문에서 정책 입안자들의 관심을 가장 많이 받아 온 것은 창업 과정으로, 이와 관련하여 149개의 경제에서 368건의 규제개혁이 있었다. 이러한 세계적인 노력으로 사업을 시작하는 데 드는 평균시간이 50일에서 30일로 줄어들었으며, 1인당 소득의 89%에 버금가는 평균비용은 31%로 감소하였다. 그러나 다른 측정치들은 이보다는 적은 진전을 나타내고 있다."[23]

기술에 대한 접근은 비정규부문의 구조를 결정하는 데 중요한 역할을 하므로, 정부는 도시경제에 가장 큰 이익을 주는 지역에서 직업훈련을 활성화해야 한다. 이렇게 함으로써 정부는 비정규부문이 최대한 가치가 높은 생산과 서비스를 사회에 제공할 수 있도록 비정규부문 형성 과정에서 역할을 할 수 있다. 특히 이러한 수단들은 적절한 기술과 다른 인센티브를 제공함으로써 법적 활동을 증진하고 불법적 활동을 억제할 수 있다. 이는 또한 현재 거두어들이지 못하는 조세수입을 창출할 수 있다.

자본 부족은 비정규부문의 활동을 제약하는 주요 요인이다. 그러므로 신용대출을 제공하는 것은 비정규부문의 기업을 확장하고, 더 많은 이윤을 만들어내며, 소득 및 고용을 창출하게 만든다. 소액 신용대출제도는 신용대출에 대한 접근성 확대를 선도하였다(제15장 참조). 진화된 기술에 대한 접근 역시 유사한 효과가 있다. 인프라와 작업을 위한 적정 장소를 제공하는 것(예 : 가판을 위해 특정 지역을 지정)은 비정규부문의 확대로 인해 나타나는 환경 및 체증 문제의 경감에 도움을 줄 수 있다. 마지막으로, 직접적이지는 않을지라도, 도시로의 밀집을 피해 새로운 작업 장소와 가까운 도시지역 변두리나 작은 마을에서 비정규부문 성장을 촉진함으로써 보다 나은 생활조건을 제공해야 한다. 도시지역 외부의 비정규부문에 대한 촉진이 만약 이 장의 후반부에서 논의되는 정책들과 일관성 있게 추진된다면 이촌향도 이주의 흐름을 되돌리는 데 도움을 줄 수 있다.

비공식부문의 여성

세계의 일부 지역에서는 이촌향도 이주자들 중 여성이 우세하며 도시 인구의 다수를 이룰 수도 있다. 역사적으로는 많은 여성들이 단순히 그들의 배우자를 동행한 것이었으나 남미, 아시아 및 아프리카의 여성 중에는 경제적 기회를 추구하여 이주하는 사람들이 증가하고 있다. 컴퓨터부터 운동화까지 모든 것이 만들어지는 동아시아와 몇몇 도시의 수출자유지대를 제외하면 단지 소수의 여성 이주자들만이 남성들이 주도하는 정규부문에서 고용기회를 찾을 수 있다. 결과적으로, 여성은 비정규부문 노동력의 대부분을 대표하며 사회안전망 및 고용안정 없이 저임금으로 일을 하고 있다. 미혼 여성 이주자의 증가는 여성 세대주 비중의 증가를 유발하였는데, 이들은 더욱 가난하며 더 큰 자원 제약을 경험하고, 상대적으로 높은 출산율을 유지한다. 이주민 구성비율의 변화는 개발도상국 내 다수 도시 지역에 경제 및 인구 구성에 대한 함의를 준다.

유엔 인간거주계획은 *State of Women in Cities 2012/2013*에서 다음과 같이 지적하고 있다.

> 도시 여성은 농촌 여성에 비해 사회적, 경제적, 정치적 기회와 자유를 누릴 것으로 생각할 수 있지만 고용, 양질의 일자리, 급여, 부동산 소유권, 자산에 대한 접근과 축적, 개인적 안보와 안전, 공식적인 도시 지배구조에서의 대표성 측면에서 발견되는 현저한 남녀차별은 대체로 여성이 도시의 부로부터 편익을 향유하는 가장 마지막 집단임을 보여준다.

여성 세대주의 구성원은 일반적으로 낮은 생산성을 보유한 비정규부문 고용에만 제한되며 부양부담이 크므로 더 가난하고 영양이 부족할 가능성이 높다. 또한 공교육, 의료보험, 깨끗한 물 및 위생시설에 대한 접근이 어렵고 정부 서비스로부터 실질적으로 배제된 지역에 거주할 가능성이 높다. 여성 세대주 자녀들의 중퇴율은 높게 나타나는데 이는 가계소득에 도움을 주기 위해 아이들이 일을 하기 때문이다.

다수의 여성은 창업자본이 많이 필요 없고 가내 생산이 가능한 음식 및 수공업품을 판매하는 소규모 점포 또는 기업을 운영한다. 자본에 대한 여성들의 제한적 접근으로 인해 소액의 투자를 한 결과 투자 대비 높은 수익을 올리지만, 극도로 낮은 자본-노동 비율은 여성으로 하여금 낮은 생산성을 가진 일에만 매여 있게 한다. 남미와 아시아에 관한 연구들에 따르면, 비정규부문에서 소규모 기업을 운영하는 여성에 대해 신용대출이 가능할 경우 상환비율은 남성과 같거나 보다 높게 나타나고 있다(제15장 참조). 여성의 경우 자본의 생산적 이용이 가능하며 더 적은 투자금을 기반으로 시작하므로, 투자에 대한 수익률은 남성보다 높은 경우가 많기 때문이다.

신용대출 프로그램의 이와 같은 경이적인 기록에도 불구하고, 이를 이용하는 것은 여전히 제한적이다. 대부분의 제도권 신용대출은 정규부문의 기관을 통해 이루어지므로 여성은 일반적으로 자신이 소규모 대출이라도 받을 수 있는 자격이 없다는 것을 발견하기 일쑤이다. 정부가 지속적으로 남성 중심의 정규부문 고용과 정규부문 기관을 통한 자원배분에 집중하는 한, 빈곤가정의 소득 증진을 위한 정부 프로그램은 지원을 가장 필요로 하는 세대를 소홀히 할 수밖에 없을 것이다. 도시의 빈곤 여성과 자녀들의 어려움을 해결하기 위해서는 여성을 경제 주류로 통합하려는 노력이 필수적이다. 여성이 발전 프로그램으로부터 이익을 얻도록 보장하기 위해서는 정책 설계 시 여성의 특수한 환경을 고려할 필요가 있다.

대다수 도시 여성 노동력이 고용되어 있는 비정규부문 활동의 경제적 촉진과 합법화는 여성의 재정적 유연성과 그들 기업의 생산성을 증진하는 데 도움이 된다. 그러나 여성들이 이익을 얻도록 하기 위해서는 여성의 재산소유권 및 금융거래를 억제하는 법을 정부가 폐지해야 한다. 마찬가지로, 기술훈련 프로그램과 순회교육에 대한 여성의 직접 참여를 제한하는 장애물도 제거하여야 한다. 마지막으로, 자녀보육 및 가족계획 서비스의 제공은 여성의 재생산 역할에 대한 부담을 경감시키고 더 적극적인 경제적 참여를 허용할 것이다.

7.5 이주와 발전

이 장의 앞에서 설명한 바와 같이, 이촌향도 이주는 매우 극적이었으며 도시발전은 경제발전에 있어서 중요한 역할을 하였다. 개발도상국에서의 이촌향도 이주 속도는 도시에서의 일자리 창출 속도를 초과했고 따라서 산업과 도시 사회 서비스의 흡수 역량을 급속도로 추월했다.

이주는 두 가지 직접적인 방식으로 이촌향도 이주의 구조적 불균형을 악화시켰다. 첫째, 공급 측면에서 볼 때 국내 인구 이동은 도시 인구성장에 비해 도시 구직자 증가율을 불균형적으로 증가시켰다. 도시 인구성장은 그 자체가 역사적으로 유례없이 높은 수준으로 치닫고 있는데, 이는 이주민 중에 양질의 교육을 받은 젊은 층 비중이 높기 때문이다. 이들의 존재로 인해 농촌지역에서는 가치 있는 인적자본이 고갈되어 가는 반면, 도시에서는 노동공급이 팽창하는 경향이 있다. 둘째, 수요 측면에서 볼 때 도시에서의 고용창출은 농촌에서의 고용창출보다 실현하기 더 어렵고 더 많은 비용이 든다. 왜냐하면 산업부문 고용의 경우 대부분 상당한 보완적 자원투입이 필요하기 때문이다. 더구나 도시 임금 상승과 의무적인 부가혜택 압력과 함께, 좀 더 적절한 노동집약적 생산기술이 부재하다는 것은 점점 더 많은 현대부문 생산 증가가 노동생산성의 증가로 인한 것임을 의미한다. 이러한 급속한 공급성장과 지체된 수요증가는 자원불균형이라는 단기적 문제를 도시노동력이 만성적으로 잉여 상태에 있게 되는 장기적 상황으로 전환시키는 경향을 보인다.

그러나 발전 과정에서 이주의 영향은 도시 실업과 불완전 고용이라는 상황의 악화보다 더욱 광범위하다. 사실 대다수 개발도상국 이주 현상의 중요성은 과정 자체 또는 인적자원의 산업부문 간 배분에 주는 영향에 있지 않다. 오히려 그 중요성은 경제성장과 성장의 특성, 그리고 그 소득분배 방식에 대한 시사점에 있다.

따라서 고용기회를 초과하는 이주는 저개발의 현상이자 원인으로 인식해야 한다. 국내 이촌향도 노동 이주의 원인, 결정요인, 결과를 이해하는 것은 발전 과정의 성격과 특징을 이해함과 동시에 사회적으로 바람직한 방식으로 이 과정에 영향을 줄 수 있는 정책 수립을 위해 매우 중요하다. 이주 현상의 중요성을 강조하는 단순하지만 결정적인 방법은 도시와 농촌의 실질소득에 영향을 주는 경제사회적 정책들이 직접 또는 간접적으로 이주 과정에 영향을 줄 수 있다는 사실을 인식하는 것이다. 이 과정은 순차적으로 산업부문 및 지역별 경제활동, 소득분배 그리고 심지어는 인구성장의 양상을 변화시키는 경향이 있다. 왜냐하면 모든 경제정책들은 도시와 농촌의 소득수준과 성장에 직접 또는 간접적인 효과를 갖고 있으며, 이러한 정책들은 이주의 특성과 규모에 영향을 주는 경향성이 있기 때문이다. 일부 정책들은 임금 및 소득 정책과 고용촉진 프로그램 등과 같이 보다 직접적이고 즉각적인 영향을 줄 수 있다. 다른 정책들의 경우 그 영향이 덜 가시적이지만 장기적인 관점에서는 더 중요할 수도 있다. 예를 들어 이와 같은 정책 중에는 토지사용권 제도, 재화가격 산정, 신용대출 배분, 조세, 수출촉진, 수입대체, 상업관련 정책, 사회적 서비스의 지역별 배분, 공공투자 프로그램의 특성, 민간 외국인 투자자들에 대한 태도, 인구 및 가족계획 프로그램 조직, 교육 시스템의 구조와 내용 그리고 지향점, 노동시장의 작동, 국제기술이전에 대한 공공정책 특성 및 새로운 산업의 입지와 관련된 것들이 있다. 그러므로 많은 국내 이주, 그리고 많은 국가들의 경우 국제이주에 대해서도 그 중요성을 인식할 필요가 있다. 또한 이주와 인구배분을 한 축으로 하고 경제적 변수를 다른 축으로 하는 쌍방향 관계를 개발정책의 기획을 개선하기 위해 설계된 더욱 종합적인 틀에 반영할 필요가 있다는 것은 분명하다.

이에 더해, 사람들이 왜 이주하는지, 그 이유와 이들의 의사결정 과정에서 가장 중요한 요인이 무엇인지 또한 농촌과 도시의 경제사회적 발전에 미치는 이주의 결과는 무엇인지에 대한 더 많은 이해가 필요하다. 만약 모든 개발정책이 이주에 영향을 주고, 그 반대도 성립된다면 무엇이 가장 중요하고 왜 그런 것일까? 서로 다르고 때로는 경쟁적인 목적들 간의 정책대안과 상쇄관계(예 : 국내이주의 감소와 농촌지역의 교육기회 확대)는 무엇인가? 다음에서는 이 문제들과 이주, 실업, 그리고 발전과 관련된 여타 질문에 대해 해답을 찾고자 한다.

이주 유형은 복잡하다. 발전의 장기적 관점에서 이주의 가장 중요한 유형은 이촌향도 이주이다. 그러나 대량의 농촌-농촌 간, 도시-도시 간, 심지어 도시-농촌 간 이주도 발생한다. 농촌-도시 간 이주가 가장 중요한 이유는 도시지역 출산율이 매우 낮음에도 불구하고 도시의 인구비중이 증가하고 있으며 그 차이는 농촌-도시 간 이주로 설명되기 때문이다. 또한 집적경제와 다른 요인들에 의한 도시경제활동의 잠재적 발전혜택 때문에도 중요하다. 그러나 도시-농촌 간 이주를 이해하는 것이 중요한 이유는 얼마 전 가나에서 발생한 바와 같이 도시-농촌 간 이주는 보통 도시에서의 생활고가 국가 환금작물의 산출 가격이 증가할 때와 일치할 때 일어나기 때문이다. 따라서 이는 개발도상국 내에서 사람들이 엄청난 규모로 계속 이동하고 있다는 것이며, 특히 단거리 내에서 이동이 심하다는 것을 보여준다. 이러한 이동은 전통사회는 매우 정체되어 있을 것이라는 통념과는 상반되는 것이다. 〈그림 7.11〉은 몇 개국의 인구이동 구조를 보여준다.

임금격차, 연령, 교육과 더불어, 이주는 재혼에 의한 이주, 먼저 이주한 가족과의 합류, 이전거리 및 비용, 기근·질병·폭력 또는 다른 재난, 기존 사회에서의 상대적 지위 등에 의해 부분적으로 설명되며, 사회체제의 하위에 있는 사람들이 이주할 가능성이 더 높다. 이주는 가족을 위한 분산투자(portfolio diversification)의 한 형태일 수도 있는데, 이들은 고향에 머물렀을 때와 똑같은 경제적 충격을 받지 않는 곳에 가족구성원들을 정착시키고자 노력하게 된다.[25]

7.6 이촌향도 이주의 경제이론을 향해

서유럽과 미국의 경제발전은 농촌지역에서 도시지역으로의 노동력 이동과 밀접한 연관이 있었다. 농촌지역은 농업 활동이 지배적이고 도시지역은 산업화에 집중하는 이들 국가에서는 전반적인 경제발전이 국내 및 국제적 이촌향도 이주를 통해 농업에서 산업으로 노동력이 점진적으로 재분배되는 특징을 가진다. 도시화와 산업화는 본질적으로 같은 현상이라는 것이다. 노동이동에 대한 기존의 루이스이론에서 볼 수 있는 것처럼, 이와 같은 역사적 모형은 개발도상국의 구조전환을 위한 청사진으로 활용되었다(제3장 참조).

그러나 도시의 실업 및 불안정 고용 수준의 증가에도 불구하고 도시지역으로의 대규모 농

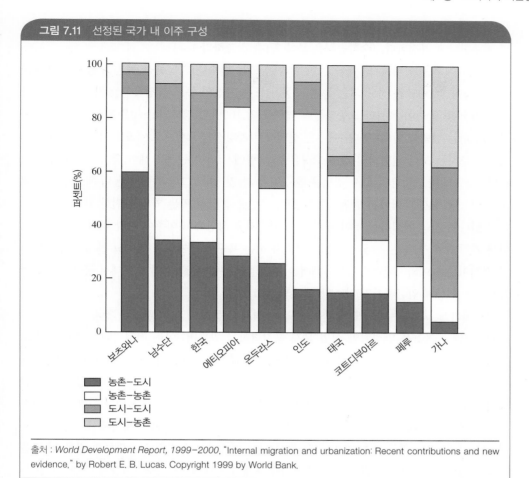

그림 7.11 선정된 국가 내 이주 구성

출처 : *World Development Report, 1999–2000*, "Internal migration and urbanization: Recent contributions and new evidence," by Robert E. B. Lucas. Copyright 1999 by World Bank.

촌 인구 이주를 개발도상국들이 목격하면서, 과거 수십 년 동안의 압도적인 증거들은 경제발전에 관한 루이스 2부문 모형(two-sector model)의 타당성을 경감시켰다.[26] 이러한 현상에 대한 설명과 이에 따르는 문제를 해결하는 정책은 다른 곳에서 찾아야 한다. 도시 실업률 증가 상태에서 이촌향도 이주가 가속화된다는 명백히 역설적인 관계를 설명한 이론은 **토다로 이주 모형**(Todaro migration model)으로 알려져 있으며, 이 이론을 균형 모형 형태로 풀어낸 것은 **해리스-토다로 모형**(Harris-Todaro model)이다.

토다로 모형에 관한 구술

이주는 기본적으로 경제적 현상이라는 가정에서 시작하는 토다로 모형은 도시 실업이 존재함에도 불구하고 이주를 하는 것은 개별 이주민의 합리적인 결정일 수 있다고 보며, 이주는 도-농 간 실제 소득차이가 아니라 기대소득 차이에 따라 진행된다고 상정한다. 이주민은 농촌과 도시지역에서 그들에게 허용되는 다양한 노동시장의 기회를 고려하여, 이주를 통해 얻을 수 있는 기대소득을 극대화할 수 있는 곳을 선택한다는 것이 기본 전제이다.

본질적으로, 이 이론은 실제 또는 잠재 노동자들이 주어진 기간 동안에 도시지역의 기대소

토다로 이주 모형

도시의 높은 실업에도 불구한 이촌향도 이주를 경제적으로 합리적인 과정으로 설명한 이론이다. 이주자들은 도시의 기대임금(의 현재 가치) 또는 그에 상응하는 금액을 계산해 농촌의 평균임금을 초과할 경우 이주한다.

해리스-토다로 모형

토다로 이주 이론의 균형 모형으로, 비정규부문 활동과 실업을 고려할 때 농촌과 도시부문 간 기대소득이 동일해질 것을 예측한다.

득(이주의 수익과 비용 간 격차)과 농촌의 현재 평균소득을 비교해서 전자가 후자를 상회한다면 이주한다고 가정한다. (수학공식은 부록 7.1을 참조하라.)

다음의 예시를 살펴보자. 예를 들어 미숙련 또는 반숙련의 평균적 농촌 노동자는 연평균 실질소득이 약 50단위 정도 되는 농촌 노동자(또는 자신의 농토를 경작하는 자)가 되거나 자신과 기술 및 학력이 유사한 노동자들이 연평균 약 100단위 정도의 소득을 받을 수 있는 도시로 이주하는 선택을 할 수 있다. 이주를 선택하는 결정적인 요인으로서 오로지 소득격차 요소만을 강조하는 보다 일반적인 경제 모형은 이 상황에서 어떤 선택을 해야 할지를 명확히 보여준다. 노동자는 고임금의 도시 직업을 추구해야 할 것이다. 그러나 이러한 이주 모형은 대체로 선진 산업경제 맥락에서 발전되었으므로, 은연중에 완전 또는 거의 완전한 고용을 전제로 하고 있다는 점을 인식하는 것이 중요하다. 완전고용 상황에서 이주에 관한 결정은 그곳이 어디든 가장 보수가 높은 곳에서 직업을 얻고자 하는 욕구에 근거하고 있다고 볼 수 있다. 단순한 경제이론은 이와 같은 이주로 인해서 이주민들의 유입-유출 지역 모두에서 공급과 수요의 상호작용을 통해 임금격차가 감소할 것이라 보고 있다.

불행하게도, 대다수 개발도상국의 제도적, 경제적 틀에서 이런 분석은 현실적이지 않다. 첫째, 이들 국가들은 만성적인 실업 문제에 직면하고 있으며, 이는 전형적인 이주민들이 도시 고소득 직종을 이주 즉시 확보하리라 기대할 수 없음을 의미한다. 사실 도시 노동시장으로 유입되는 교육수준이 낮은 미숙련 이주민들은 완전한 실업의 상태가 되거나, 진입이 쉽고 활동범위가 좁으며, 가격 및 임금이 상대적으로 경쟁적으로 결정되는 도시의 전통적 또는 비정규적 영역에서 판매원, 행상인, 수리공, 일용직 노동자 등 임시직 또는 시간제 고용직을 얻게 될 가능성이 높다. 중등 또는 대학 교육 등 상당한 인적자본을 가진 이주민들의 경우 더 많은 기회가 있을 수 있으므로 많은 이들이 정규부문에서 상대적으로 빨리 직장을 구할 수 있다. 그러나 이들은 전체 이주민의 매우 작은 부분만을 구성하고 있다. 결과적으로, 이주를 결정할 때에 개인들은 상당 기간 동안 비고용 또는 실업의 가능성 및 위험 수준과 도-농 간 실질임금 격차라는 인센티브 간의 수지를 따져야 한다. 만약 1년이라는 기간 동안 고소득 직종을 얻을 수 있는 실제 가능성이 5번 중에 1번이라면, 현대부문의 직업을 획득한 일반 이주자가 도시지역에서 얻을 수 있는 연간 실질소득이 농촌보다 2배 높다는 사실은 중요하지 않다. 즉 도시의 고소득 직종을 얻을 수 있는 실질적인 성공 가능성이 20%이므로, 1년의 기간 동안 이주자가 도시에서 기대할 수 있는 소득은 사실상 20단위가 되는 것이지 완전고용 환경에서의 도시노동자가 기대할 수 있는 임금인 100단위가 아니게 된다. 그래서 1년의 시간과 20%의 성공 가능성으로 본다면, 도-농 간 소득 획득의 차이가 100%더라도 이 이주자가 도시에서 직업을 찾는 것은 비합리적이다. 그러나 만약 성공확률이 60%이고 도시에서의 기대소득이 60단위라면, 극심한 도시 실업난에도 불구하고 이 이주자가 행운을 빌며 도시지역으로 일시적으로 이주하는 것은 전적으로 합리적이다.

상대적으로 장기적인 관점에서 이러한 상황에 접근한다면, 특히 대다수 이주자가 15~24세 사이의 연령이라는 사실에 비추어보면, 이주결정은 장기적이고 더욱 영구적인 소득계산에 기초해야 할 것이다. 만약 초기 단계에서는 이주자가 정기적인 임금을 받는 직종을 찾을

확률이 낮지만 도시에서의 사회연결망이 확대되어 그 확률이 시간에 따라 증가한다고 기대한
다면, 농촌 기대소득보다 도시 진출 초기 기대소득이 낮더라도 이주는 여전히 합리적이라 할
수 있다. 이주자가 계획하는 기간 동안 순수하게 유입되는 도시 기대임금의 **현재가치**(present
value)가 농촌 기대소득을 초과하는 한, 이주에 대한 결정은 정당하다.

현재가치
미래에 받을 금액의 현재 할인된
가치

완전경쟁 모형에서와 같이 도-농 간 임금을 균등하게 하는 대신, 우리의 모형에서는 이촌
향도 이주가 농촌과 도시의 기대소득을 균등하게 한다. 예를 들어 만약 농촌의 평균임금이
60이고 도시의 임금이 120이라면, 추가적인 이주가 더 이상 이득이 되지 못하는 시기는 도시
의 실업률이 50%가 될 때일 것이다. 기대소득은 임금과 고용 가능성 모두에 의해 정의되기
때문에, 도시의 상당한 실업률에도 불구하고 노동자들이 농촌에서 도시로 계속 이주하는 것
이 가능해진다. 우리의 사례에서는 도시 실업률이 30%에서 40%가 되더라도 이주가 지속될
것이다.

도식화된 설명

전통적인 신고전학파 자유시장 모형에서 도-농 간 임금균등이 아니라 도시 기대임금과 농촌
평균임금 간 완전고용 균형을 달성하는 이 과정은 기초적인 해리스-토다로 모형의 도표를 통
해서도 설명된다. 이 설명은 〈그림 7.12〉에 제시되어 있다.[28] 농촌 농업과 도시 제조업의 두
산업부문만 존재한다고 가정한다. 농업에서의 노동수요(한계노동생산곡선)는 음의 기울기
를 가진 곡선 AA'으로 그릴 수 있다. 제조업에서의 노동수요는 MM'으로 그릴 수 있다(오른
쪽부터 왼쪽으로 볼 것). 총노동력은 $O_A O_M$으로 나타낸다. 신고전학파의 탄력임금과 완전경
쟁시장의 균형임금은 $W_A^* W_M^*$에서 확립되고 $O_A L_A^*$와 $O_M L_M^*$의 노동력만큼 각각 농업과 도시
제조업에서 고용된다. 그러므로 모든 가용 노동자가 완전히 고용되었다.

그러나 만약 토다로가 가정한 대로 도시임금이 W_A^*보다 한참 위인 $\overline{W}_M$(하향조정이 어려
움) 수준에서 제도적으로 결정된다면 어떻게 될까? 만약 실업이 존재하지 않는다고 계속 가
정한다면, $O_M L_M$의 노동자들은 도시 직업을 얻을 것이며, 나머지 $O_A L_M$의 경우 $O_A W_A^{**}$ 임금
수준($O_A W_A^*$의 자유시장 수준 이하)에서 농촌에 계속 머무를 것이다. 그러므로 $\overline{W}_M$이 제도
적으로 고정되었을 때 도-농 간 실제 임금 격차는 $\overline{W}_M - W_A^{**}$가 된다. 만약 농촌노동자의 이
주가 (중국을 제외한 거의 모든 국가에서 허용되듯이) 자유롭다면, 단지 $O_M L_M$만큼의 일자리
확보가 가능함에도 그들은 도시 직업을 얻을 수 있는 '복권'의 기회를 택할 것이다. 만약 그
들이 선호하는 직업을 확보할 가능성을 전체 도시노동인구인 L_{US}에 대한 제조업에서의 고용
률 L_M으로 표현하면 아래와 같다.

$$W_A = \frac{L_M}{L_{US}}(\overline{W}_M) \tag{7.1}$$

이는 농촌임금 W_A와 도시 기대임금 $(L_M/L_{US})(\overline{W}_M)$을 균등화하는 데 필요한 도시 취업률을
보여주며, 이 시점에서 잠재적 이주자는 두 취업지역 간에 무차별적이게 된다. 이러한 무차별
지점의 궤적은 〈그림 7.12〉의 qq' 곡선에 잘 나타나 있다.[29] 새로운 실업 균형은 이제 점 Z에

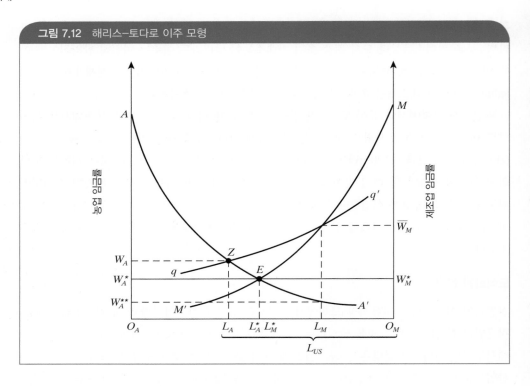

그림 7.12 해리스-토다로 이주 모형

서 이루어지고 이 지점에서의 도-농 간 실제 임금 격차는 $\overline{W}_M - W_A$가 된다. $O_A L_A$의 노동자들은 여전히 농업에 종사하고 $O_M L_M$의 노동자들은 $\overline{W}_M$ 임금을 받는 현대부문에 종사하고 있다. $O_M L_A - O_M L_M$에 해당하는 나머지 노동자는 실업 상태가 되거나 저임금의 비정규부문에 종사하게 된다. 이는 높은 도시 실업률에도 불구하고 계속되는 이촌향도 이주의 개인적 경제 합리성을 설명한다. 하지만 비용-편익의 측면에서 본다면 높은 실업률에도 불구하고 도시로 이주하는 것은 개인적으로는 합리적일 수도 있지만, 사회적으로는 매우 많은 비용이 발생한다는 것이 명백하다.

이 모형을 확대할 방법은 많다. 여기서는 크게 네 가지에 대해 언급하고자 한다. 첫째, 식 (7.1)은 단순하게 도시로 이주했으나 일자리를 얻지 못한 이주자들은 수입이 없는 것으로 가정하고 있다. 그러나 만약 그들이 도시 비정규부문에서 소득을 얻을 경우 이에 따라 기대소득을 수정할 수 있다.[30] 둘째, 모든 도시 이주자를 동일하다고 가정하는 대신 현실을 고려하여 그들이 인적자본(교육) 수준이 각기 다르다는 것을 모형에 반영한다면 왜 교육을 받지 못한 농촌 사람들에 비해 교육을 받은 농촌 사람들이 더 많이 이주하는지를 이해할 수 있다. 교육을 받은 사람들은 더 높은 도시임금을 받을 가능성이 더 높기 때문이다.

셋째, 동일한 농촌지역에서부터 이주한 사람들이 출신지역에서 상대적으로 거리가 있음에도 불구하고 동일한 도시에 정착하는 것을 종종 볼 수 있으며, 심지어 도시 내에서도 인접한 지역에 정착하는 것을 볼 수 있다. 캐링턴, 데트라지아체, 비쉬와나드(William Carrington, Enrica Detragiache, Tara Vishwanath)에 의해 제시된 이 모형에서는 먼저 이주한 사람들이 그들의 출신지역에 있는 잠재적 후발 이주자에게 긍정적인 외부효과를 창출한다. 이는 후발 이주자의 정착을 도움으로써 이동의 비용을 낮추거나 새로운 직업을 찾을 수 있는 정보 또는 일할 수 있는 기회를 제공함으로써 실업의 가능성을 낮출 수 있기 때문이다. 따라서 고용기회를 찾아 이주결정을 내리고 미래를 보는 행동은 균형이주 모형(equilibrium migration model)에 모두 포함할 수 있다.[31]

넷째, 토다로와 해리스-토다로 모형은 최저임금의 경우와 같이 임금이 제도적으로 고정되어 있지 않더라도 개발도상국에 적절하다. 이촌향도 이주에 관한 최근의 이론적 연구에 의하면, 이 모형에서 나타나는 도시 전통부문 또는 실업과 나란히 발생하는 도시 현대부문의 고소득 직업 등장은 불완전 정보, **이직**(labor turnover), **효율임금**(efficiency wage) 지급 등 노동시장의 공통된 특징에 대한 시장 반응의 결과인 것이다.[32]

요약하면, 토다로 이주 모형은 네 가지 기본적인 특징이 있다.

1. 이주는 우선적으로 상대적 편익과 비용에 관한 합리적인 경제적 고려에 의해서 촉진되며, 이러한 고려는 주로 재정적인 것이지만 심리적 측면도 포함한다.
2. 이주결정은 도-농 간 실제 임금 격차보다 기대하는 임금 격차에 의존한다. 이 기대임금 격차는 실제 도-농 간 임금 격차와 도시지역에서 성공적으로 고용될 확률이라는 두 가지 변수의 상호작용에 의해 결정된다.
3. 도시에서의 고용 가능성은 도시 고용률과 직접적인 관련이 있으며 따라서 도시 실업률과는 반비례한다.
4. 도-농 간 기대임금 격차가 크면 도시에서의 고용기회 증가율을 초과하는 이주율은 가능할 뿐만 아니라 합리적이며, 심지어는 그렇게 될 가능성이 아주 크다고 볼 수 있다. 그러므로 대부분의 가장 저개발된 국가에서 높은 도시 실업률은 도시와 농촌지역 간 경제적 기회의 심각한 불균형이 만들어내는 필연적 결과이다.

다섯 가지 정책적 함의

노동자들이 도시와 농촌의 노동시장 사이에서 노동공급을 배분하는 조정기제로 이촌향도 이주를 묘사함으로써, 토다로 모형이 이촌향도 이주의 엄청난 중요성을 평가절하하는 것처럼 보일지 모르지만 사실 이 이론은 임금, 소득, 농촌발전, 그리고 산업화와 관련된 발전전략에 대해 아주 중요한 정책 시사점을 갖는다.

첫째, 개발전략의 도시편향주의, 특히 대도시 편향주의로 인해 발생하는 도-농 간 고용기회 불균형을 반드시 줄여 나가야 한다. 이주민들이 기대소득 격차에 반응하는 것으로 추정되므로 농촌과 도시 간 경제적 기회의 불균형을 최소화하는 것은 지극히 중요하다. 농촌 평균소득보다 도시 임금이 빠르게 상승할 때, 이는 도시의 실업 수준이 증가함에도 불구하고 이촌향도 이주를 더욱 촉진할 것이다. 도시지역으로의 거대인구 유입은 도시의 사회경제적 문제를 야기할 뿐만 아니라 결국 농촌지역 노동력 및 사업가 부족 문제도 만들어낼 것이다. 따라서 일상적인 속도보다 급속한 이촌향도 이주를 유도하는 왜곡된 정책은 일반적으로 사회적 후생의 전반적인 감소를 유발한다.

이직
고용주로부터 노동자가 분리되어 나가는 것. 도-농 간 임금 격차는 부분적으로 도시 현대부문 고용주가 이직률을 낮추기 위해 더 높은 임금을 지급하는 것으로 설명될 수 있다는 이론에서 이용하는 개념

효율임금
현대부문 도시 고용주들이 양질의 노동력을 유인하고 유지하기 위해 직장 내 생산성이 보다 높은 노동자를 확보하기 위해 균형임금률보다 더 높은 임금을 지급한다는 개념

둘째, 도시 일자리 창출만으로는 도시 실업 문제를 해결하기 어렵다. (농촌소득과 고용기회를 개선하기 위한 노력이 수반되지 않은) 도시 실업에 대한 전통적인 (케인스적) 경제해결책은 도시에서 더욱 많은 일자리가 창출되는 것이 더욱 높은 도시 실업률을 야기하는 역설적인 결과를 낳을 수 있다! 여기에서도 기대소득, 또는 기대소득 창출 기회의 불균형이 결정적인 개념이다. 이주율은 도시임금이 높을수록, 그리고 도시 고용기회(또는 가능성)가 높을수록 증가할 것으로 추정되므로 주어진 특정 도-농 간 임금 격차가 존재하는 한(보통 대부분의 개발도상국에서 도시임금은 농촌임금의 3~4배이다) 도시 고용률이 증가하면 기대치의 차이는 더욱 커지며, 이는 이주율을 더욱 높이게 된다. 새롭게 만들어지는 일자리 하나마다 농촌지역에서 생산성을 발휘하던 2~3명의 이주자들이 도시로 몰려든다. 그러므로 만약 100개의 새로운 일자리가 창출된다면 300명의 새로운 이주자들이 발생하고, 따라서 도시 실업자는 200명이 더 늘어나는 것이다. 그러므로 도시 실업을 줄이기 위한 정책은 도시 실업 수준을 높일 뿐만 아니라 **유인된 이주**(induced migration)로 인해 농업생산량을 낮추기도 한다.

셋째, 교육의 무분별한 확대는 더 많은 이주와 실업을 유발할 수 있다. 토다로 모형은 고등교육에 대한 공공투자 삭감을 위한 중요한 정책적 시사점을 제공한다. 도시지역의 신규 고용기회를 초과하는 도시로의 대규모 농촌 이주자 유입비율은 노동자의 선발제도를 필요로 한다. 각 교육집단 내에서는 피고용자를 대체로 무작위로 선정할지 모르지만, 많은 사람들이 관찰한 바에 따르면 고용주들은 전형적인 선발기준으로 학업기간 또는 학력을 활용하는 경향이 있다. 동일한 임금에 대해, 추가적인 교육이 더 좋은 업무 성과로 직결되는 것이 아닐지라도 고용주들은 교육을 더 많이 받은 사람들을 고용하고자 한다. 이전에는 초등교육만 받아도 충분히 가능했을 일자리(청소부, 집배원, 문서정리원 등)는 이제 중등교육 수준을 필요로 하게 되고, 중등교육 자격이 필요했던 일자리(비서, 문서입력요원, 회계원 등)는 이제 대학졸업장을 가져야만 지원할 수 있게 되었다. 그러므로 만약 교육수준이 높을수록 근대부문에서의 고용 가능성이 높아진다면, 교육을 많이 받은 농촌거주자의 기대소득 격차도 그만큼 높아지므로 그들이 도시로 이주할 개연성 또한 높아진다. 이로써 토다로 모형은 대부분의 개발도상국에서 교육을 더 많이 받은 농촌사람들이 이주할 개연성이 더 높다는 사실에 대한 경제적 설명을 제공한다.

넷째, 임금보조와 전통적인 희소요소 가격결정은 역효과를 낳을 수 있다. 제5장과 부록 5.1에서도 언급했듯이, 도시 고용기회 창출을 위한 표준적인 경제정책 처방은 '적확한' 가격의 사용을 통해 요소가격의 왜곡을 제거하는 것이다. 이는 임금보조(고용주에 지급되는 고정된 정부보조로서 각 피고용자를 기준으로 함) 또는 정부의 직접채용에 의해 시행될 수 있다. 다양한 제도적 요인의 결과로 실제 도시임금은 시장 또는 '적확한' 임금을 초과하기 때문에, 가격조정 또는 보조금 체계를 통한 임금 왜곡 제거는 생산 방식을 더욱 노동집약적으로 만들 수 있다는 주장이 제시되기도 한다. 이러한 정책이 더욱 노동집약적인 생산 방식을 유도할 수도 있지만, 우리가 유인된 이주에 관해 주장한 바와 같이 높은 실업 수준을 유발할 수도 있다. 도시와 농촌 부문 모두를 고려했을 경우 **임금보조**(wage subsidy) 정책의 전반적 후생효과는 당장 명확하지 않다. 그 효과는 도시의 실업 수준, 도-농 간 기대임금 격차 수준, 그리고

유인된 이주
도시 일자리 창출이 기대소득을 증가시켜 더 많은 사람들이 농촌으로부터 이주하게 되는 과정

임금보조
새로운 일자리 창출을 위해 세금을 인하하는 것과 같이 민간 고용주가 더 많은 노동자를 고용하라고 정부가 지급하는 금전적 유인

도시 일자리 창출로 인해 유인된 이주의 규모에 따라 좌우될 것이다.

마지막으로, 통합적 농촌발전 프로그램이 장려되어야 한다. 임금보조, 정부의 직접고용, 요소가격왜곡의 제거, 고용주에 대한 세제혜택 등과 같이 도시 고용 구조의 수요 측면에서만 작동되는 정책들은 장기적으로 볼 때 도시지역의 노동공급을 규제하기 위한 직접적 정책들에 비해 실업 문제를 완화하는 효과가 약할 것이다. 물론 두 유형의 정책을 조합한 것이 가장 바람직할 것이다.

개념적으로는, 도시와 도시를 둘러싼 농촌지역을 통합된 체계로 간주하는 것이 유용할 것이다. 도시와 농촌 사이에는 중요한 상호 보완성이 존재한다(제9장 참조). 농촌지역에서 재배되고 추출된 농산품과 원자재는 도시산업을 위한 투입요소이다. 도시 농업이 소규모로 존재하지만 도시지역에서 소비되는 대부분의 식량은 농촌지역에서 생산된 것이다. 농촌지역에서 필요한 많은 재화와 서비스를 생산하고 교환하기에 충분한 집적경제와 규모의 경제 형성을 위해서는 도시가 필요하다. 또한 농촌 소득이 증가하면 도시 제조업을 위한 시장이 확대될 수 있다. 농촌에 거주하는 사람들은 며칠 또는 몇 주 동안 도시에서 일을 하고 도시 거주자들은 농번기 및 수확기 동안 근교의 농촌지역으로 임시로 이주할 수도 있다. 도시지역에 대한 투자가 도시로의 이주를 가속화하는 것이 사실이지만, 농촌지역에 대한 투자 역시 생산성과 소득 증대를 통해 잉여 노동력을 창출하여 도시로의 이주를 더 빠르게 증가시킬 수 있다. 즉 도시정책을 고안할 때 농촌에 대한 영향을 고려하거나 그 반대로 농촌정책 고안 시 도시에 대한 영향을 고려하는 것은 매우 일리 있는 것이다.

이와 동시에 세계화가 진행되면서(제12장 참조) 도시들은 세계의 다른 도시들과 더 많이 교류하고 주변 농촌지역과의 교류는 줄이는 경향이 있다. 더욱이, 도시와 농촌지역을 하나의 묶음으로 간주할 경우 도시들이 우위를 차지하면서 도시로의 편향이 강화되기도 한다. 주요 도시로부터 멀리 떨어진 내륙의 농촌지역은 잘 해야 국가 또는 지방정부의 관심대상에서 멀어질 뿐이고 최악의 경우에는 저가의 식량판매가 강제되면서 체계적으로 수탈되기도 한다. 그러므로 농촌지역들은 자주성을 획득해야 할 필요가 있으며 빈곤구제 프로그램 또한 농촌주민 필요에 맞추어야 한다.

농촌경제의 경제적 기반을 확장하기 위해 모든 노력을 기울여야 한다. 이촌향도 이주를 유발하는 작금의 불필요한 경제적 유인은 창의적이고 잘 계획된 통합적 농촌발전 프로그램을 통해 최소화할 수 있다. 그러한 프로그램은 농가 및 비농가 소득창출, 고용증가, 의료 전달체계, 교육개선, 인프라 개발(전기, 수도, 도로 등), 그리고 기타 농촌 편의시설 제공에 집중해야 한다. 특정 국가와 지역의 사회경제적 그리고 환경적 필요에 적절한 성공적인 농촌 개발 프로그램만이 유일하게 과도한 이촌향도 이주 문제에 대해 장기적으로 지속 가능한 해결책을 제공할 수 있을 것이다.

그러나 농촌 이주민의 과도한 유입을 억제하기 위한 정책이 시급하게 필요하다는 주장은 불가피한 역사적 추세를 되돌리려는 시도를 의미하는 것이 아니다. 오히려, 토다로 모형은 도시와 농촌지역 간 경제적 기회의 심각한 불균형을 인위적으로 만들어내 이러한 도시화의 역사적 추세를 악화시키지 않도록 하는 정책 패키지의 필요가 증가하고 있음을 시사하고 있다.

7.7 요약과 결론 : 종합적 이주 및 고용전략

개발도상국 도시 인구는 향후 30년간 20억 명 이상 증가할 것으로 추정되고 있다. 이는 개발
도상국에 엄청난 도전인 동시에 중요한 경제발전의 기회이기도 하다. 도시에 인구가 정착하
는 유형은 지속되는 경향이 있으므로 지금 이러한 엄청난 변화에 대처하기 위해 세우는 계획
의 질은 그 파장이 오래 갈 것이다.

장기적 추세, 선진국과의 비교, 여전히 강력한 개인적 동기에 기초해볼 때, 지속되는 도시
화와 이촌향도 이주는 아마도 불가피할 것이다. 도시 편향주의도 이주를 촉진하지만, 농업에
대한 집중투자는 농촌의 생산성을 증가시켜 더 적은 노동력만으로도 충분하도록 만든다. 여
러 다른 유형의 대안적 고용 확대는 대부분 집적효과로 인해 도시지역에 집중되는 경향이 있
다. 더구나 농촌지역에서의 교육기회 확대로 노동자들이 필요한 기술을 획득하게 되므로, 도
시에서 고용기회를 찾으려는 열망이 높아지게 된다. 그러나 이촌향도 이주의 속도는 사회적
관점에서 볼 때 과도한 경우가 많다. 이 장의 여러 곳에서 우리는 개발도상국의 심각한 이주
와 고용 상황을 개선할 수 있는 정책적 접근에 대해 살펴보았다. 대부분의 경제학자들이 종합
적인 이주 및 고용정책이라고 합의한 내용에 대해 요약하며 결론을 내리려 한다.[33] 그러한 전
략은 낮은 생산성, 농촌의 제도적 빈곤함과 가혹한 사회적 여건으로 인해 발생하는, 도시에서
의 기회에 비해 잠재적으로 과도한 이주, 그리고 경제발전의 엔진 역할을 할 도시의 역동성이
주는, 대단하지만 아직 완전히 개척되지 않은 기회들과 같이, 이 주제의 복잡하고도 미묘한
성격을 반영하고 있다. 다음에서 그러한 전략의 열 가지 핵심 요소에 대해 살펴본다.

1. **적절한 도-농 간 경제적 균형 창출** 도-농 간 경제적 기회에 대한 보다 적절한 균형은 도시
   와 농촌의 실업 문제 모두를 감소시키고 이촌향도 이주의 속도를 지연시키는 데 필수적
   인 것으로 나타나고 있다. 이러한 활동의 핵심은 농촌부문의 통합발전, 농촌부문 비농업
   고용기회 확산, 신용거래 기회의 개선, 양질의 농업교육, 농촌지역으로의 사회적 투자 전
   환, 농촌 기반시설 개선에 있다. 또한 이주를 하지 않는 비용을 높이는 효과를 가지는 농
   촌 제도의 약점(부패, 차별, 계층화 포함)에 대처하는 것도 필요하다.

2. **소규모, 노동집약적 산업의 확대** 일부 제품들(종종 기초 소비재)은 다른 제품들보다 생산단
   위당 노동 또는 자본을 더 많이 요구하기 때문에 생산의 구성 또는 제품의 조합(product
   mix)은 고용기회의 규모(또한 많은 경우, 장소)에 뚜렷한 영향을 준다. 도시와 농촌지역
   모두에서 이와 같은 소규모 및 노동집약적 산업의 확대는 두 가지 방법을 통해 이루어질
   수 있다. 직접적으로는 정부 투자, 인센티브 및 신용거래 기회의 개선, 특히 도시의 비정
   규부문에서의 활동을 위한 개선을 통해서 가능하다. 간접적으로는 부유층보다 덜 수입지
   향적이며 더 노동집약적인 소비구조를 보유한 농촌빈곤계층으로 소득을 재분배함으로써
   (직접적으로 또는 미래의 성장을 통해) 이와 같은 산업의 확대를 이루어낼 수 있다. 〈예
   문 7.1〉의 중국 사례에서 지적되고 있듯이, 올바른 조건하에서는 이러한 기업들이 모여
   집적효과를 유발함으로써 수출을 창출하는 산업지구로 발전할 수 있다. 특화된 활동이

군집하는 것을 방해하는 정책은 해로울 가능성이 높다.

3. **요소가격왜곡 제거**　요소가격왜곡의 시정은—주로 자본에 대한 다양한 보조금을 제거하는 한편 시장기반 가격 책정을 통해 도시 임금 상승을 억제함으로써—고용기회 확대 및 희소 자본자원의 효율적 이용을 유도한다는 다수의 증거가 존재한다. 그러나 이 정책의 성공 속도와 범위는 명확하지 않다. 더욱이, 이 정책이 이주에 대해 주는 시사점은 확인해볼 필요가 있다. 가격시정 정책만으로는 현재의 고용 상황을 근본적으로 변화시키기 어렵다.[34]

4. **적절한 노동집약적 생산기술 선택**　도시 산업과 농촌 농업의 중 · 장기 고용창출 프로그램 성공을 가로막는 주요 요인 중 하나는 선진국으로부터 유입되는 기계 및 장비에 대한 전적인 기술의존성(주로 노동절약형)이다. 개발도상국의 기술연구 및 흡수역량 개선을 통한 국내 및 국제적 노력을 통해 이러한 의존성을 줄일 수 있다. 이러한 노력은 소규모, 노동집약적 농촌 · 도시 기업의 발전과 우선 연계해볼 수 있다. 예를 들어 도로, 관개배수 시스템, 필수보건, 교육 서비스를 포함한 농촌 기반시설 수요에 맞춘 저가의 노동집약적 방법 개발에 초점을 두는 것이다. 이 분야에서는 선진국으로부터의 과학기술 원조가 큰 도움이 될 것이다.

5. **교육과 고용 간 연계 수정**　교육받은 실업자 현상의 등장은 교육체계의 양적인 확대, 특히 고등교육 수준 확대의 적절성에 의문을 제기하도록 만들었다. 공교육은 향후 직업을 갖고자 하는 자들이 반드시 거쳐가야 할 관문이 되었다. 다음 장에서 교육 문제와 정책에 대해 다루겠지만 추가적 교육에 대한 과도한 수요(현실적으로는 현대부문 일자리에 대한 수요)를 억제하는 한 가지 방법은 가장 큰 고용주인 정부가 고용 절차와 임금구조를 다른 기준에 맞추도록 하는 것이다. 더욱이, 농촌지역의 매력적 경제기회 창출은 농촌발전의 필요에 부응하는 교육체계의 재정립을 더욱 용이하게 할 것이다. 현재에는 발전에 필요한 많은 기술들이 대체로 무시된 채 남겨져 있을 뿐이다.

6. **인구증가 감소**　절대빈곤과 불균등, 특히 여성에게 발생하는 이런 문제들을 가족계획과 농촌 보건 서비스 확대 제공을 통해 축소함으로써 인구증가 감소가 가장 효율적으로 성취될 수 있다. 향후 20년의 노동력 규모는 현재의 출생률로 이미 결정되며, 인구증가의 잠재적 탄력은 노동력의 증가에도 적용된다. 첫 번째부터 다섯 번째 요소까지 확인된 수요정책과 더불어 이 장에서 서술한 인구 및 노동자 공급 감소정책은 개발도상국이 최근에 직면한 심각한 고용 문제에 대처하기 위한 어떠한 전략에도 필수적인 구성요소이다.

7. **도시와 인접 지역으로의 권한 분산**　경험에 비추어볼 때, 도시 정책과 공공 서비스의 품질을 개선하는 데 지방정부로의 분권화는 필수적인 단계이다. 지역별 조건은 소도시 및 대도시 사이에서도 차이가 있고, 서로 다른 국가별 지역에서도 차이가 난다. 정책은 이와 같은 격차를 반영하여 만들어져야 한다. 지역 관료들은 진화하는 지역조건에 대해 더 많은 정보를 가지고 있다. 이들이 지방의 재정 성과에 대한 책임을 져야 하고 그들이 제공하는 서비스 수령자들의 요구를 충족시켜야 한다는 것을 안다면 그들의 책무를 효과적으로 수행하기 위한 더 큰 동기부여가 될 것이다. 도시 및 지역의 권한을 증가시키는 분권화는

국제적인 추세가 되고 있는 정부조직 체계이다(제11장 참조).

8. **도시의 성장 잠재력 활용**　강력한 친빈곤 농촌개발 정책의 도입과 동시에, 이주에 미치는 영향을 지속적으로 주의 깊게 살핀다면 아프리카, 아시아, 남미의 많은 개발도상국들은 도시의 성장 잠재력을 활용하여 이득을 쟁취할 수 있다.

9. **도시 빈민촌 거주자의 빈곤 문제에 대한 대처**　향후 몇십 년간은 빈곤자의 절반 이상이 농촌지역에서 발견될 것이지만, 빈곤한 농촌 주민들이 계속 도시로 이주하면서 세계적으로 빈곤이 점점 도시화되는 현상이 증가하고 있다. 라발리온, 첸, 상그라울라(Martin Ravallion, Shaohua Chen, Prem Sangraula)가 결론 내린 바와 같이 "도시화는 성장을 촉진함으로써 절대빈곤을 전체적으로 감소시키는 데 기여했지만, 정작 도시빈곤 감소를 위한 기여는 미미하였다."[35] 빈민촌의 빈곤한 거주자를 위해서는 기초적인 보호가 필요하다. 이들 거주자들은 비위생적 환경으로 인한 질병과 사망에 직면해 있으며 극심한 일기 및 자연재해에 점점 더 취약해지고 있다. 소유권의 부정(토지압류와 주택철거로 이어진) 및 다른 유형의 차별 등과 같이 그동안 많은 개발도상국에서 극성을 부려 왔던 적대적인 정책의 개선은 고사하고, 이들 주민들이 긴급히 필요한 것은 아주 기초적인 안전망이다. 기본적인 정책의 변화는 빈민촌 거주 환경에 매우 큰 개선을 가져올 수 있다.

10. **새로운 '기후 이주민'에 대한 예측과 지원**　한 가지 연관된 사실은, 기후변화에 대한 주요 반응 중 하나가 이촌향도 이주라는 점이다(10.3절 참조). 이에 대한 예측과 대처방안이 마련되어야 한다. 문제 해결의 중요한 부분은, 지속 가능한 관개의 보다 나은 활용에서부터 개선된 농촌제도에 이르는 효과적인 농촌개발이다. 그러나 '기후 이주민'은 개발도상국 도시에 이미 도착하고 있으며, 이 중 많은 사람들이 정착하는 곳은 큰 비로 인한 산사태 등과 같이 극심한 일기로 인한 자연재해에 매우 취약한 곳이다. 세계은행이 제안한 바와 같이

> 기후변화 영향에 대응한 이주를 촉진하기 위해서는 자발적인 이주민들의 필요에 대처하고 그들의 사업가 역량 및 기술 숙련을 지원해주는 종합적인 이주 및 개발 정책을 수립하는 것이 더 좋다. 가능한 자연재해의 위험에 지속적으로 노출되어 있는 지역에 이주민이 정착하는 것을 정책적으로 방지하여야 한다. … 미래를 대비하는 계획은 대안이 될 수 있는 정착지, 이주민이 다시 정착해서 새로운 생계수단을 찾을 수 있도록 허용하는 보상체제, 공동체 생활을 위한 공공 및 사회적 간접시설의 확충 등을 모색하여야 할 것이다.[36]

농촌개발은 제9장에서, 그리고 환경과 개발에 대해서는 제10장에서 다시 살펴볼 것이다.

도시 인구의 비중이 더욱 높아지는 것이 불가피한 가운데, 도시화의 속도와 유형은 경제발전 본연의 목적을 달성할 수 있을지 여부를 결정짓는 주요 요인이 될 것이라는 점에 주목하면서 이 장을 마무리한다. 전 세계 인구의 1/3 이상을 헤아리는 중국과 인도는 가장 급속한 이주 및 도시화의 시기에 진입하고 있다. 다수의 아프리카 및 아시아 국가들도 유사한 위치에 있다. 인프라와 토지 사용 패턴을 포함한 고정비용 때문에, 도시화 및 이주에 대해 현재 집행되고 있는 정책의 정합성은 앞으로 다가올 수십 년의 경제발전 특성을 결정하는 데 대단히 중요하다.

개발도상국에서의 이촌향도 이주와 도시화 : 인도와 보츠와나

현재 세계 인구의 약 절반이 도시에 살며, 2025년에는 2/3에 가까운 인구가 도시지역에 거주하게 될 것이다. 도시 성장의 다수는 개발도상국에서 발생하고 있다. 이러한 성장의 유형과 그 시사점은 복잡하다. 개발도상국의 도시 인구성장은 일반적인 인구증가보다 훨씬 빠르다. 도시 인구의 절반 정도가 농촌지역에서 이주해 온 이주민이다. 개발도상국에서의 억제되지 않은 도시화는 인프라와 공중보건에 부담을 주고 사회 안정에 위협을 가한다. 빈민가 및 그와 유사한 임시정착촌은 개발도상국 도시 거주지역의 1/3 정도를 차지하기도 한다. 도시 노동자의 약 절반가량이 영세판매 및 서비스 부문의 저숙련 또는 낮은 생산성을 지닌 비정규부문에 종사하고 있다. 그렇지만 이 부문은 도시 소득의 1/3 정도를 생산하며 낮은 자본집약도, 저비용 훈련, 폐기물 재활용, 고용창출 등으로 특징지어진다. 무엇이 이주를 유발하는가? 인도와 보츠와나의 사례는 이주에 대한 확률적 이론의 가치를 보여주고 그 이론이 확대될 수 있는 방법을 제시함으로써 교훈을 준다.

이들 국가에서 이주의 규모는 극적이다. 유엔 인구국의 2013년 예측에 따르면 2028년이면 인도의 인구가 14억 5,000만 명을 기록하며 중국을 제치고 세계에서 가장 큰 국가가 될 것이다. 도시 인구증가는 주로 이주 때문에 농촌 인구증가보다 빠를 것이다. 보츠와나는 작은 나라지만 아프리카의 몇 개 안 되는, 오래가는 성공사례 중 하나를 대표한다 (제14장 사례연구 참조). 2012년 현재 보츠와나의 도시화율은 이미 60% 이상에 육박하고 있으며 이는 사하라 이남 아프리카의 도시화율 평균이 전반적으로 1/3을 밑도

는 것과 대조된다.

농촌과 도시의 소득에 영향을 주는 경제사회적 정책은 이주에 영향을 줄 것이며, 결과적으로 이는 영역별 및 지리적 경제활동, 소득분배, 인구성장에도 영향을 미칠 것이다. 토다로와 해리스-토다로의 이주 모형이 도입되기 전에 이주는 비경제적 동기에 의해 유도되거나 비합리적인 것으로 널리 알려졌으며 종종 '밝은 도시의 등불(bright city lights)'이라는 환상에 매혹된 것으로 비쳐졌다. 비경제적 요소가 이주결정에 영향을 주는 것은 사실이지만 지금은 경제적 요소가 가장 우선적인 것으로 이해된다. 밝은 도시 등불 이론의 경제적 설명에서는 사람들이 비용과 편익 분석에 기초해 합리적으로 이주한다고 보았다. 이 접근에서는 만약 이주민들의 상황이 더 나빠진 것 같아 보인다면, 그것은 이주민들이 상황이 더 좋아졌다고 느끼는 효과(또는 전반적인 효용이 향상되었다는)를 유발하는 다른 편익들을 간과했기 때문이라고 가정한다.

토다로 이주 모형은 이주가 개인적으로 합리적이라고 보는데, 도-농 간 실제 소득의 차이가 아니라 기대소득의 차이에 반응하는 것으로 상정한다. 도시 현대부문의 소득은 농촌 소득보다 훨씬 높으며 이는 결국 도시 전통부문 소득보다도 더 높게 된다. 이주는 실제소득보다는 평균 또는 기대소득이 지역별로 같아질 때까지 일어나며, 이로 인해 도시 전통부문에 균형실업 또는 불완전고용이 발생한다. 도시지역 내 임금 상승 및 고용 가능성 증가의 균형점과 효과를 알아보기 위해 해리스와 토다로가 모형을 확장하여 분석한 것에 의하면, 일정한 조건하에서, 특히 탄력적 노동공

급의 경우, 도시 내 고용기회의 창출은 새로운 고용기회보다 더 많은 이주자를 유인함으로써 실질적으로 실업을 증가시킨다. 개인적으로는 합리적임에도 불구하고 광범위한 이촌향도 이주는 복잡한 도시에서 사회적 비용을 야기한다. 과도한 이주는 또한 잘 교육받은 모험심이 강한 젊은이들이 빠져나가면서 농촌지역에 부담을 줄 뿐 아니라 도시 인프라에 외부비용 및 생산 감소를 유발한다.

적절한 이주 및 발전 전략의 한 조합은 농촌 발전, 농촌 기초수요전략, 요소가격왜곡의 제거, 적정 기술의 선정 및 교육을 강조한다. 각 항목은 농촌 거주자들에게 도시로 이주하기보다는 농촌지역에 머무를 동기를 증대하는 의도가 있다. 그러나 농촌 발전이 성공적이라 하더라도 궁극적으로는 농촌에서 필요한 인력은 더 적어질 것인 반면 도시 제품에 대한 수요는 증가할 것이므로 이는 어떻든 간에 이주를 더욱 부채질할 것이다. 그래서 다른 정책들은 아마도 불가피한 이주로부터 가장 적은 비용으로 가장 높은 이득을 얻기 위해 도시 발전의 유형에 영향을 주고자 한다.

미래 도시 이주의 잠재성이 매우 높으며 흥미로운 다수의 연구가 진행되었던 인도는 사례연구를 하기에 흥미로운 배경을 가지고 있다. 보츠와나는 매우 흥미로운 실증연구의 대상이었으며 가장 빠르게 도시화되어 가는 아프리카 국가 중 하나일 뿐 아니라 아프리카의 가장 중요한 성공사례이기 때문에 좋은 대조적 사례가 될 수 있다.

인도

델리의 성장은 놀랍다. 1950년 델리는 세계 30대 도시에도 포함되지 않았으나 2013년이 되면서 급증한 인구로 인해 도쿄에 버금가는 규모의 도시가 되었다.

이촌향도 이주에 관한 가장 자세한 연구 중 하나는 토다로 이주 모형에 대해 일단의 검증을 하고 이주와 그 과정의 특징에 대해서 서술한 배너지(Biswajit Banerjee)의 『이촌향도 이주 및 도시 노동시장 : 델리의 사례연구(*Rural to Urban Migration and the Urban Labour Market: A Case Study of Delhi*)』이다.

개발도상국의 주요 도시를 방문한 모든 사람들은 현대부문 직업과 비정규부문에서 일하는 노동자 간의 커다란 불평등을 인식한다. 비정규부문을 정규부문으로 가는 중간의 임시적인 정류소로 볼 수 있을 것인가, 아니면 양 부문 간의 장벽이 비정규부문 노동자들이 충족할 수 없는 교육과 기술의 조건에 의해 설명될 수 있는 것인가? 배너지는 분절된 정규-비정규 농촌 노동시장이라는 이론이 통계적으로 입증될 수 있다는 것을 발견했다. 인적자본변수를 면밀히 통제한 후, 배너지는 정규부문의 수입이 비정규부문에 비해 9% 높은 것을 발견하였으며, 이는 그 어떤 전형적인 경제적 요인으로도 설명되지 않는 것이었다. 그럼에도 불구하고, 인도에서 발견된 소득 격차는 이주에 대한 일부 기존 문헌에서 제시한 것과 같이 크지는 않았다.

도시화에 관한 다수의 문헌연구에 따르면, 전형적인 노동자들은 자영업 또는 도급을 기초로 일을 진행한다는 것이다. 그러나 배너지의 비정규부문 표본의 경우, 단지 14% 정도의 노동자만이 비임금 노동자였다. 흥미롭게도, 비임금 노동자의 월평균수입은 정규부문 노동자 소득보다 47% 높았다. 배너지는 이에 따라 델리에서 비임금 고용으로의 진입이 쉽지 않다고 주장했다. 즉 일부 활동들의 경우에는 중요한 기술 또는 자본이 필요했다. 이것이 없는 사람들은 여러 사업들의 활동을 통제하는 결속이 강한 사업 '네트워크'에 의해 통제된다. 다른 개발도상국에서는 아마도 영세서비스를 시작하기 위한 진입장벽이 이보다 낮을 것이다.

이러한 발견들과 일관되게 배너지는 비정규부문에서 정규부문으로의 유동성이 낮다는 것을 발견했다. 비정규부문의 대다수 노동자들이 정규부문에서 적극적으로 직업을 찾는다는 것을 증명하기는 어려우며, 1년의 기간 동안 비정규부문의 농촌 이주자 중 5~15% 정도만이 정규부문으로 이동한다는 것을 발견했다.

더욱이, 비정규부문에서 정규부문으로의 진입비율은 도시 이외의 지역에서 도시 정규부문으로 직접 진입한 비율의 1/6~1/3 정도에 불과했다.

비정규부문 노동자는 정규부문 노동자와 거의 비슷한 정

도의 기간 동안 한 일자리에 머무는 경향을 보이고 있다. 비정규부문 평균 노동자의 경우 도시에서는 61개월이라는 기간 동안 1.67개의 일자리에서 일을 했으며, 정규부문 노동자는 67개월의 도시경력 기간 동안 1.24개의 일자리에서 평균적으로 일했다.

배너지의 설문조사 자료는 도시로 이주한 다수의 비정규부문 노동자들이 정규부문보다 비정규부문에 더욱 끌렸으며 가정부, 비정규 건설노동자, 판매원으로 일하기 위해 이주한다는 것을 시사한다. 도착 즉시 비임금 형태로 고용된 이들 중에 71% 정도가 비정규부문에 고용되는 것을 기대했다. 비정규부문 노동자의 소수만이 계속 정규부문 일자리를 찾는다는 사실은, 이주자들이 비정규부문의 일자리를 차지하기 위해 델리로 온다는 추가적인 증거로 받아들여졌다.

불완전고용 상태에 놓인 것으로 보이는 노동자들은 그들이 불완전한 고용 상태에 있다고 생각하지 않을 수 있으며, 현대부문으로 이동할 가능성을 인지하지 못하거나 비정규부문에 고용되어 있을 때 현대부문의 일자리를 효과적으로 검색할 수 없었을 수도 있다. 그러므로 이주민들에 의한 현대부문 임금 하강 압력은 처음 생각하는 것처럼 그렇게 크지 않다. 이는 아마 높게 측정되는 도시의 불완전고용에도 불구하고 현대부문 임금을 비정규부문의 임금을 상회하는 수준으로 무기한 유지할 수 있도록 해주는 하나의 요인일지 모른다.

비정규부문으로 사람들이 몰리는 원인 중 하나는 정규부문과 비정규부문 노동자들 간 접촉이 없기 때문이라는 결론이다. 정규부문으로 직접 진입한 노동자들의 약 2/3와 비정규부문에서 정규부문으로 전환한 거의 유사한 비중의 노동자들이 개인적인 연줄을 통해 일자리를 찾았다. 이러한 인맥의 압도적인 중요성이 왜 배너지의 표본 중 약 43%가 개인적 연줄을 통해 일자리 제안을 먼저 받은 후 이주하는지를 설명해준다. 이는 도시에 직접 거주하지 않아도 잠재적인 이주자에게 일자리 시장 정보가 제공될 수 있음을 의미한다. 이에 더해, 이 표본의 10%는 이주 이전에 도시의 일자리가 미리 결정되어 있었다.

마지막으로, 이주 후 실업의 지속기간은 일반적으로 매우 짧다. 새로 도착한 사람들의 64%가 일주일 내에 일자리를 찾았으며, 장기적으로 비고용 상태인 노동자가 몇몇 있었음에도 불구하고 도시 내에서 최초 일자리를 얻기까지 기다리는 평균적 기간은 17일에 불과했다.

또한 배너지는 이주자들이 그들의 농촌 출신지역과 긴밀한 관계가 있다는 것을 발견했다. 이주자의 3/4이 동향인들을 초청했고 약 2/3 정도가 그들의 도시임금 중 일부를 송금했으며, 그 금액은 평균적으로 소득의 23%나 되는 상당한 정도였다. 이를 통해 전체 가족을 위한 배려가 이주의 주요 동인인 것을 알 수 있다. 또한 도시지역에서부터 농촌지역으로 빠르게 유입되는 직업시장 정보의 자료가 어디인지도 알 수 있게 한다.

별도의 연구를 통해, 오베라이, 프라사드, 사르다나(A. S. Oberai, Pradhan Prasad, M. G. Sardana)는 인도의 3개 주(비하르, 케랄라, 우타르프라데시)에서 이주의 결정요인을 연구했다. 그 결과에 의하면, 이주자들은 이주하기 이전 만성적인 불완전고용의 상태를 겪고 있었고, 생존을 위한 필사적인 수단으로 이주를 택했으며, 도시의 비정규부문에서 일할 것이라고 예상하였고, 심지어는 장기적으로 그렇게 될 것임을 감안하고 있었다는 것이다. 이주자들과 출신 농촌지역과의 친밀한 관계를 유지한다는 증거로 상당한 수준의 금액이 송금된 것과 상당한 수준의 역이주가 기록된 것을 들 수 있다.

그러나 배너지의 매력적인 연구 결과가 해리스-토다로 내지는 '이주 확률 모형'의 적용성에 대한 도전을 의미하지는 않는다. 그 대신 배너지의 연구 결과는 도시 비정규부문 고용을 최종 목적으로 하는 이주가 흔히 나타나는 유형이라는 것을 수용하여 모형을 확장할 필요가 있음을 제시한다. 강과 강고파디애(Ira Gang and Shubhashis Gangopadhyay)가 지적하듯이, 도시지역에 정규부문뿐만 아니라 고임금 비정규부문 및 저임금 비정규부문(또는 실업)을 포함할 수 있도록 모형을 수정할 수가 있다. 이는 배너지가 제시한 근거와 일치한다. 확률 모형의 핵심을 온전히 유지할 수 있는 가

정은, 도시의 정규부문 임금이 고임금 비정규부문의 임금보다 높고, 이는 농촌임금보다 높으며, 이는 또한 저임금 비정규부문 임금(또는 실업)보다 높다는 것이다. 사실, 만약 농촌임금이 모든 도시의 기회임금보다 낮게 된다면, 이는 균형으로부터 많이 벗어난 것이며, 따라서 부문 간 기대임금이 동등해지기 전까지 많은 추가적 이주가 반드시 일어날 것을 의미한다. 토다로 모형들의 특정한 공식은 일반적인 원칙의 사례일 뿐이다. 이주자들은 그들이 실제로 이주하기 전에 더 좋다고 기대하는 곳으로 이주를 하는 것이지, 이주를 하니까 더 나아졌기 때문에 이동하는 것은 아니다. 이런 토다로 모형의 기본적 생각은 비정규 또는 정규부문이라는 특정 개념에 의존하는 것이 아니다.

이주를 활용하는 가족에 대한 스타크(Oded Stark)의 생각은 토다로 모형에 유용한 보완점을 제공하고 배너지의 일부 결과에 적용할 수 있다. 그에 의하면 한 가족은 가족의 소득이 없을 수도 있다는 위험을 줄이기 위해 '분산투자' 전략으로 다른 지역에 구성원들을 보낸다는 것이다. 이 접근법은 고소득 지역에서 저소득 지역으로의 이주, 그리고 높은 임금지역으로의 이주지만 반드시 가장 높은 임금이 기대되는 지역으로 이주하는 것이 아닌 경우를 설명하는 데 유용하다. 토다로의 기본적 생각은 여전히 적용되나 이 접근법은 개인보다는 가족을 단위로 분석하며 위험회피 경향을 강조한다.

다른 연구들은 토다로 이주 모형이 세계의 다른 지역에서는 수정 없이 적용될 수 있다는 것을 밝히고 있다. 마줌다르(Deepak Mazumdar)의 설문조사는 합리적인 경제동기에 따라 이주가 결정된다는 증거가 압도적임을 확인하였다.

보츠와나

보츠와나에 대한 루카스(Robert E. B. Lucas)의 연구는 개발도상국 이주 행위에 대한 실증분석 중에서도 가장 주의 깊은 연구 중 하나이다. 그의 계량경제학 모형은 고용, 소득, 국내이주, 남아프리카로의 이주 등 네 부문에 대한 방정식 집단으로 이루어졌다. 각 방정식 집단은 개인 이주자와 이주하지 않은 사람들에 대한 미시경제학적 데이터로부터 추정하였다. 매우 세부적인 인구학적 정보가 설문조사에 이용되었다.

보츠와나의 농촌 이주자들은 다섯 곳의 도시중심지(세계의 많은 지역에서는 이 중심지를 도시라기보다는 마을이라 부를 것이다) 또는 인접한 남아프리카로 이주했다. 루카스는 조정되지 않은 도시 소득은 농촌 소득보다 훨씬 높았으나(남성의 경우 68% 높음), 이런 격차는 학교교육과 경험을 통제했을 때 훨씬 줄어든다는 것을 발견하였다.

루카스의 결론에 의하면, 개인의 기대소득이 높고 도시중심지로의 이동 후 추정되는 고용 가능성이 높을수록 개인이 이주할 가능성이 더욱 높다는 것이다. 추정되는 임금과 고용 가능성이 고향마을에서 더 높을 경우 개인이 이주할 가능성은 낮아진다. 이 결과는 어떤 특정 하위그룹을 분석했는지 또는 다양한 요소들이 어떤 방식으로 통제되었는지에 민감하지 않았다는 측면에서 매우 '강건하며' 통계학적으로 유의미하였다. 따라서 이 연구 결과는 토다로의 원래 가설을 지지하는 명백한 증거라 할 수 있다.

더욱이, 루카스는 현재의 임금 격차하에서는 도시 내의 하나의 일자리 창출은 농촌지역으로부터 1명 이상의 새로운 이주자를 유인할 것으로 추정했으며, 이는 곧 해리스-토다로 효과가 사실임을 확인해준다. 루카스는 교육과 나이가 일정하다고 상정할 때, 이주자가 도시중심지에 머문 시간이 길수록 소득이 급격히 증가한다는 것도 알아내었다. 그러나 그 이유는 현대부문에서의 고용 가능성 증가 때문이 아니라 임금률의 증가 때문이었다.

종합하면, 도시화에 대한 뛰어난 연구들은 개발도상국 내의 이촌향도 이주에 대한 설명을 모색하기 위한 적절한 시작 지점으로서 이주 확률 모형의 가치를 증명하고 있다. 그러나 이와 같은 연구들은 오늘날 많은 사람들이 정규 도시부문보다는 비정규부문에 참여하기 위해 이주한다는 것과 노동자들이 여러 다른 상황에서 다양한 종류의 위험에 직면할 수 있다는 점 등을 고려할 수 있도록 설명이 확대될 필요가 있음을 강조한다. ■

참고문헌

Banerjee, Biswajit. "The role of the informal sector in the migration process: A test of probabilistic migration models and labour market segmentation for India." *Oxford Economic Papers* 35 (1983): 399–422.

Banerjee, Biswajit. *Rural to Urban Migration and the Urban Labor Market: A Case Study of Delhi*. Mumbai: Himalaya Publishing House, 1986.

Cole, William E., and Richard D. Sanders. "Internal migration and urban employment in the Third World." *American Economic Review* 75 (1985): 481–494.

Corden, W. Max, and Ronald Findlay. "Urban unemployment, intersectoral capital mobility, and development policy." *Economica* 42 (1975): 37–78.

Gang, Ira N., and Shubhashis Gangopadhyay. "A model of the informal sector in development." *Journal of Economic Studies* 17 (1990): 19–31.

———. "Optimal policies in a dual economy with open unemployment and surplus labour." *Oxford Economic Papers* 39 (1987): 378–387.

Harris, John, and Michael P. Todaro. "Migration, unemployment, and development: A two-sector analysis." *American Economic Review* 60 (1970): 126–142.

Lucas, Robert E. B. "Emigration to South Africa's mines." *American Economic Review* 77 (1987): 313–330.

———. "Migration amongst the Batswana." *Economic Journal* 95 (1985): 358–382.

Mazumdar, Deepak. "Rural-urban migration in developing countries." In *Handbook of Regional and Urban Economics*, vol. 2. New York: Elsevier, 1987.

Oberai, A. S., Pradhan Prasad, and M. G. Sardana. *Determinants and Consequences of Internal Migration in India: Studies in Bihar, Kerala and Uttar Pradesh*. Delhi: Oxford University Press, 1989.

Stark, Oded. *The Migration of Labor*. Cambridge, Mass.: Blackwell, 1991.

Stark, Oded, and David Levhari. "On migration and risk in LDCs." *Economic Development and Cultural Change* 31, (1982): 191–196.

Todaro, Michael P. "A model of labor migration and urban unemployment in LDCs." *American Economic Review* 59 (1969): 138–148.

UN-Habitat, "State of the World's Cities, 2001," http://www.unchs.org/Istanbul+5/86.pdf.

United Nations. *An Urbanizing World: Global Report on Human Settlements*. Report presented to the Habitat II conference, Istanbul, 1996.

United Nations Population Division. *World Urbanization Prospects: The 1999 Revision*. New York: United Nations, 2000.

주요 용어

도시편향(urban bias)
도시화경제(urbanization economies)
비정규부문(informal sector)
사회적 자본(social capital)
유인된 이주(induced migration)
이촌향도 이주(rural-urban migration)

이직(labor turnover)
임금보조(wage subsidy)
지방화경제(localization economies)
집적경제(agglomeration economies)
토다로 이주 모형(todaro migration model)

해리스-토다로 모형(harris-Todaro model)
현재가치(present value)
혼잡(congestion)
효율임금(efficiency wage)

복습문제

1. 대다수 개발도상국에서의 빠른 도시화 문제는 왜 향후 20년 동안의 인구증가율 감소보다 더 중요한 인구정책 이슈가 될 수 있는가? 답을 설명하라.

2. 이촌향도 이주에 관한 토다로 모형의 주요 가정과 특징을 간략히 서술하라. 이 모형의 가장 중요한 시사점 중 하나는 도시 고용을 창출하기 위해서 만들어진 정부정책이 실제로는 도시의 실업을 유발할 수 있다는 역설적 결론이다. 이와 같은 역설적 결론의 원인을 설명하라.

3. "개발도상국에서의 과도한 이촌향도 이주 및 도시 실업 또는 불완전고용의 증가라는 심각한 문제를 해결하는 핵심에는 도-농 간 경제적 또는 사회적인 기회의 적절한 균형을 복구하는 것이다." 이 진술의 배경에 있는 추론에 대해 토론하고 도-농 간 경제사회적 기회의 더 나은 균형을 촉진하기 위한 정부 정책의 특정 사례를 몇 가지 들라.

4. 다년간, 개발경제학의 통념은 산출 증가의 극대화라는 목적과 산업부문 노동고용의 빠른 증가를 촉진하는 것은 본질적으로 충돌할 것으로 가정했다. 이 두 가지 목적이 서로 대립되기보다는 보완적일 수 있겠는가? 답을 설명하라.

5. '가격을 바로잡아라(getting prices right)'라는 표현은 어떠한 의미인가? 어떠한 조건하에서 요소가격왜곡의 제거가 상당수의 새로운 고용기회를 창출할 것인가? (요소가격왜곡의 정의를 확실히 하라.)

6. 비정규부문은 도시경제에서 매우 큰 비중을 차지하게 되었다. 도시의 정규부문과 비정규부문을 구별하고, 도시의 비정규 노동시장의 긍정적, 부정적 측면에 대해 논하라.

7. 많은 개발도상국 내에서 종주도시(일반적으로는 국가의 수도)는 왜 불균형적으로 큰가? 어떠한 요인들이 더 나은 정책을 위해 언급될 수 있는가?

8. 산업지구란 무엇인가? 개발도상국의 정부는 어떻게 산업지구를 성공적으로 이끌 수 있는가?

9. 잠재적인 이주자들이 단지 기대소득의 비교에 따라 이주를 결정한다고 하자. 농촌 임금이 1일당 1달러라고 하자. 도시 현대부문에서 일자리를 구할 수 있는 확률은 0.25이며, 1일당 3달러를 지급한다. 도시의 전통부문은 0.4달러를 지급한다. 이러한 정보를 이용하고, 필요에 따른 가정을 해 가면서, 이촌향도 이주가 발생할 것인지 예측할 수 있는가? 어떻게 추론했는지를 설명하고, 답을 구하는 모든 단계를 보이고 단순화하기 위한 가정을 한 경우 이를 명시적으로 밝혀라. 도시부문의 기대소득이 $0.25(3) + (0.75)(0.40) = 1.05$라고 계산한 접근을 고려해 보라. 그리고 이는 농촌 임금 1을 상회한다는 점을 유의하라. 이촌향도 이주가 일어날 것이라고 예측하는가? 이러한 결론이 타당하려면 어떤 단순화하는 가정이 필요한가? 도시 전통부문의 1일 소득은 얼마가 되어야 순이촌향도 이주를 유인하지 않을 것인가? 만약 모든 부문에서 임금이 경직되어 있다면, 이 모형에서 균형에 이르기 위해서는 다른 무엇이 조정되어야 하는가(얼마나 조정되어야 하며, 왜 그러한가)?

10. 도시편향 개념을 설명하라. 어떤 정책들이 이 개념과 관련되어 있으며 도시 및 농촌 지역에 대한 그 영향은 어떻게 될 것인가?

11. 도시에 경제적 활동이 집중되면 발생하는 편익에 대해 설명하라. 도시에서 사업을 하는 데 드는 가변비용은 어떤 영향을 받을 가능성이 높은가? 도시화의 잠재적 편익은 도시가 상당히 혼잡해지면 왜 일부 사라져 버리는가? 어떤 정책들이 도시가 주는 경제적 편익을 활용하는 기회를 강화 또는 약화시킬 가능성이 높은가?

부록 7.1

토다로 이주 모형의 수학공식

이 장에서 논의된 기본적인 토다로 모형의 수학공식을 살펴보자. 모형은 한 개인이 소득극대화와 도시와 농촌에서 기대소득흐름이 어떻게 될 것인지에 대한 인식에 따라 이주를 결정한다는 것을 기본으로 가정한다. 나아가 이주를 선택하는 개인은 선택한 도시중심지 내에서 그와 같은 교육수준 또는 숙련도를 지닌 사람들이 얻는 평균소득을 확보하려 한다고 가정한다. 그럼에도 불구하고, 이주자들은 즉각적으로 임금고용을 찾는 것이 제한되어 있다는 것과 일정 기간 동안 실업 또는 불완전고용에 놓이게 될 가능성을 인식하고 있다고 가정한다. 이주자의 기대임금은 도시 비공식부문에서 불완전고용 상태 또는 완전히 실업된 상태보다는 현대부문에서의 임금과 고용 가능성에 의해 결정된다.

$V(0)$는 이주자의 계획기간 동안 기대되는 도-농 간 소득 차액의 현재가치이며, $Y_u(t)$와 $Y_r(t)$는 각각 도시와 농촌 경제에서 고용된 개인의 평균 실질소득, n은 이주자의 계획기간 주기, r은 이주자의 시간 선호 정도를 반영한 할인율이라고 할 때, 이주결정은 식 (A7.1.1)이 양(+)인지 음(−)인지의 여부에 의존한다.

$$V(0) = \int_{t=0}^{n} [p(t)Y_u(t) - Y_r(t)]e^{-rt}dt - C(0) \tag{A7.1.1}$$

$C(0)$은 이주의 비용을 나타내며, $p(t)$는 이주자가 t기에 평균소득을 벌 수 있는 수준으로 도시에서 고용되었을 확률을 나타낸다.

어느 시기이든, 현대부문에 고용될 가능성 $p(t)$는 해당 시기 또는 그전의 시기에 실업 또는 불완전고용 상태의 구직자들 중 선택될 확률 π와 직접적인 관련이 있다. 만약 대부분의 이주자들이 무작위로 채용된다고 가정한다면, 이주 이후의 특정 기간 x 내에 현대부문에서의 구직에 성공할 가능성 $p(x)$는 $p(1) = \pi(1)$, 그리고 $p(2) = \pi(1) + [1 - \pi(1)]\pi(2)$이므로,

$$p(x) = p(x-1) + [1 - p(x-1)]\pi(x) \tag{A7.1.2}$$

또는

$$p(x) = \pi(1) + \sum_{t=2}^{x} \pi(t) \prod_{s=1}^{t-1} [1 - \pi(s)] \tag{A7.1.3}$$

이 된다. 여기서 $\pi(t)$는 t기간 동안 누적된 구직자 수 대비 새로운 일자리의 비율이다.

이러한 확률공식이 의미하는 바는 주어진 $Y_u(t)$와 $Y_i(t)$의 수준에서는 이주자가 도시에 오래 머물수록 일자리를 가질 확률 p가 높아지고, 따라서 해당 기간의 기대소득 또한 높아진다는 것이다.

이런 방식으로 확률변수를 공식화하면 두 가지 이점이 있다.

1. 이주 직후의 기간 동안 이주자가 평균임금을 확보하는 것과 전혀 하지 못하는 것이라고 가정해야 하는 '양자택일'의 문제를 피할 수 있다. 그러므로 이 공식은 불완전고용 이주자들이 정규직을 찾는 과정 중에도 도시의 비정규부문 또는 전통부문에서 약간의 소득을 창출할 수 있다는 사실을 반영한다.
2. 이주자들이 고용될 확률은 도시로 이주한 시기에 따라 직접적으로 차이가 날 수 있기 때문에, 무작위 선정에 관한 가정을 약간 수정할 수 있다. 도시로 이주한 지 오래된 이주자들이 일반적으로 더 많은 연결고리와 더 나은 정보를 얻을 수 있으므로 새롭게 도시로 나온 유사한 숙련도의 이주자들보다 기대소득이 보다 높다는 사실을 반영할 수 있다.

이러한 이주행태이론을 아래와 같은 방법으로 도시 노동 총수요 및 총공급에 관한 단순한 동태적 균형 모형에 포함시킨다고 가정해보자. 역시, 어느 특정 시기 동안 도시부문에서 일자리를 얻을 수 있는 확률 π가 새로운 일자리 창출 비율과 비례하며, 실업 구직자 대비 고용기회 비율과는 반비례한다고 본다면,

$$\pi = \frac{\lambda N}{S - N} \tag{A7.1.4}$$

여기서 λ는 도시에서의 신규 일자리 창출의 순비율이며, N은 도시 고용 수준, S는 도시의 총 노동력이다. 만약 w가 도시의 실질임금률을 나타내고 r이 농촌의 평균실질소득을 의미한다면, 도-농 간 실질소득의 기대 격차 d는

$$d = w\pi - r \tag{A7.1.5}$$

이거나, 또는 공식 (A7.1.4)를 식 (A7.1.5)에 대입하면

$$d = w\frac{\lambda N}{S - N} - r \tag{A7.1.6}$$

로 나타낼 수 있다. 이 모형의 기본 가정은 역시 도시부문으로의 노동공급은 기대되는 도-농 간 실질임금 격차의 함수라는 것이다. 즉

$$S = f_s(d) \tag{A7.1.7}$$

이다. 만약 도시 일자리 창출 비율이 도시임금 w와 수입대체 프로그램을 통해 고용을 창출하려는 정부의 집중된 노력과 같은 정책 변화 a의 함수라고 한다면, w와 a는 모두 노동수요에 영향을 주어 식 (A7.1.8)을 얻을 수 있다.

$$\lambda = f_d(w; a) \tag{A7.1.8}$$

여기서 $\partial\lambda/\partial a > 0$이라고 가정한다. 만약 도시 노동수요의 성장이 정부 정책 변화의 결과로 증가한다면, 도시 노동공급의 증가는

$$\frac{\partial S}{\partial a} = \frac{\partial S}{\partial d} \frac{\partial d}{\partial \lambda} \frac{\partial \lambda}{\partial a} \qquad (A7.1.9)$$

이다. 식 (A7.1.6)을 미분하여 식 (A7.1.9)에 대입하면, 식 (A7.1.10)을 얻을 수 있다.

$$\frac{\partial S}{\partial a} = \frac{\partial S}{\partial d} w \frac{N}{S-N} \cdot \frac{\partial \lambda}{\partial a} \qquad (A7.1.10)$$

노동공급의 증가가 신규로 창출되는 일자리 수의 증가를 추월할 때 도시 고용의 절대적 수는 늘어날 것이다. 즉, 만약

$$\frac{\partial S}{\partial a} > \frac{\partial(\lambda N)}{\partial a} = \frac{N\partial \lambda}{\partial a} \qquad (A7.1.11)$$

이라면, (A.7.1.10)과 (A7.1.11)을 합한 식으로

$$\frac{\partial S}{\partial d} w \frac{N}{S-N} \cdot \frac{\partial \lambda}{\partial a} > \frac{N\partial \lambda}{\partial a} \qquad (A7.1.12)$$

또는

$$\frac{\partial S/S}{\partial d/d} > \frac{d}{w} \cdot \frac{S-N}{S} \qquad (A7.1.13)$$

또는 마지막으로 d를 대체하면

$$\frac{\partial S/S}{\partial d/d} > \frac{w\pi - r}{w} \cdot \frac{S-N}{S} \qquad (A7.1.14)$$

라는 식을 얻을 수 있다. 식 (A7.1.14)는 만약 기대되는 도-농 간 소득 격차에 대한 도시 노동공급의 탄력성(다른 곳에서는 이주반응함수라고도 불리는) $(\partial S/S)/(\partial d/d)$가 도-농 간 격차 대비 도시임금 비율에 실업률 $(S-N)/S$를 곱한 값보다 크면, 실업률의 절대 수준이 증가할 것이라는 것을 알려준다. 다른 한편으로는, 식 (A7.1.14)는 기대되는 어느 한 실질 소득격차 수준에서, 실업률이 높을수록 탄력성도 증가해야 실업 수준이 증가함을 보여준다. 그러나 대다수의 개발도상국에서는 식 (A7.1.14)의 불균등은 실제 측정치를 대입할 경우 매우 낮은 노동공급 탄력성에서 만족된다는 점에 주목하라. 예를 들어 도시 실질임금이 60, 농촌 평균 실질임금이 20이고, 일자리를 구할 확률은 0.50, 실업률은 20%라고 간주한다면, 도시 노동공급의 탄력성이 0.033보다 크게 되면 실업 수준도 증가한다. 즉 식 (A.7.1.14)에 대입하면 식

(A7.1.15)를 구할 수 있다.

$$\frac{\partial S/S}{\partial d/d} = \frac{(0.5 \times 60) - 20}{60}(0.20) = \frac{2}{60} = 0.033 \qquad (A7.1.15)$$

도시 고용을 창출하기 위한 정책이 전반적인 도시 실업 수준에 어떤 영향을 미칠지 현실적으로 예측할 수 있으려면, 먼저 특정 개발도상국의 이러한 탄력성 계수에 대한 견고한 실증적 추정이 필요하다는 점에 주목해야 한다.

미주

1. 96억 명이라는 추정은 2013년 6월에 발표되었다. *United Nations World Population Prospects: The 2012 Revision* (New York: United Nations, Department of Economic and Social Affairs, June 13, 2013)을 참조하라. 세계적으로 도시 인구가 농촌 인구를 상회하게 되는 시점에 대한 2009년 추정치는 *United Nations World Urbanization Prospects: The 2011 Revision*, 2012를 참조하라. 인용문은 UN Population Division 2009, http://www.un.org/en/development/desa/population/publications/urbanization/urban-rural.shtml 도표에서 발췌하였다.

2. 2012년 4월 5일 발표된 *United Nations World Urbanization Prospects: The 2011 Revision*을 참조하라.

3. 1984년 맥나마라(Robert McNamara) 전 세계은행 총재는 이와 유사한 맥락의 유명한 논평을 하였다. 그는 대규모의 도시에서 집적경제가 가능할 것이라는 데 깊은 회의를 표명하였다. "이러한 도시 규모에서는 혼잡비용이 해당 도시에 위치하는 데서 발생하는 그 어떤 경제의 규모에 비해 엄청나게 크다. 도시의 성장을 가능하게 한 빠른 인구성장은 주민들의 생활편의시설은 물론이고, 보통 수준의 경제적 능률과 질서 있는 정치 및 사회적 관계에 필요한 인적 그리고 물리적 사회간접자본이 증가할 수 있는 속도를 훨씬 앞질렀을 터이다." Robert S. McNamara, "The population problem: Time bomb or myth?" *Foreign Affairs 62* (1984): 1107−1131을 참조하라. 도시의 빠른 인구성장 문제에 대한 추가적인 정보로는 Bertrand Renaud, *National Urbanization Policy in Developing Countries* (New York: Oxford University Press, 1981)를 참조하라. *Handbook of Development Economics*, vol. 1, ed. Hollis B. Chenery and T. N. Srinivasan (Amsterdam: Elsevier, 1988), pp. 426−465의 Jeffrey G. Williamson, "Migration and Urbanization"은 인구 문제에 대한 우려가 보다 적은 관점을 표명하고 있다.

4. United Nations Population Fund, *Population, Resources, and the Environment* (New York: United Nations, 1991), p. 61.

5. United Nations Population Division, *World Population Monitoring*, 1987 (New York: United Nations, 1988). 이 결과물은 Program of Action of the 1994 International Conference on Population and Development의 문단 9.1에 반복되어 있다. 보다 최근인 2006년에 유엔은 개발도상국 공직자의 거의 3/4이 이촌향도 이주를 줄이기 위한 정책을 집행하고자 하는 강력한 욕구를 표출하였다고 보고하였다. United Nations Population Division, *World Urbanization Prospects: The 2005 Revision*을 참조하라.

6. Michael Porter, *The Competitive Advantage of Nations* (New York: Free Press, 1990)를 참조하라. 포터(Porter)의 이론은 제12장에 추가적으로 검토되고 있다. 마셜(Marshall)은 1890년에 출간된 *Principles of Economics*에서 산업지역 개념을 소개했다.

7. Michael Piore and Charles Sabel, *The Second Industrial Divide* (New York: Basic Books, 1984)를 참조하라.

8. Khalid Nadvi, "Collective efficiency and collective failure: The response of the Sialkot Surgical Instrument Cluster to global quality pressures," *World Development 27* (1999): 1605−1626를 참조하라.

9. Gezahegn Ayele, Lisa Moorman, Kassu Wamisho, and Xiaobo Zhang, "Infrastructure and cluster development," International Food Policy Research Institute Discussion Paper No. 980, 2009.

10. 개발도상국 내에서 산업지구의 중요성을 정확히 밝히기는 어려운데 이는 부분적으로 이런 구역이 자료 수집을 위한 전통적인 정치적 관할구역과 겹치기 때문이다. 이 주제에 대한 훌륭한 참고자료는 Hubert Schmitz and Khalid Nadvi, eds., "Introduction: Clustering and industrialization," *World Development 27* (1999): 1503−1514에서 볼 수 있다. 또한 Khalid Nadvi, "Collective efficiency and collective failure: The response of the Sialkot Surgical Instrument Cluster to global quality pressures," *World Development 27* (1999): 1605−1626 및 Hermine Weijland, "Microenterprise clusters in rural Indonesia: Industrial seedbed and policy target," in ibid., p. 1519를 참조하라.

11. Dorothy McCormick, "African enterprise and industrialization: Theory and reality," in ibid., pp. 1531−1551.

12. Schmitz and Nadvi, "Introduction," ibid., pp. 1505−1506.

13. World Bank, *World Development Report, 1999−2000* (New York: Oxford University Press, 2000), ch. 6.

14. Ibid.

15. 도시경제학에 대한 개괄적인 개론서로 Arthur M. O'Sullivan, *Urban Economics*, 5th ed.(New York: McGraw-Hill/Irwin, 2002)을 참조하라. 이러한 일단의 생각들의 수리모형은 Masahisa Fujita, Paul Krugman, and Anthony J. Venables, *The Spatial Economy: Cities, Regions, and International Trade* (Cambridge, Mass.: MIT Press, 1999)에서 찾을 수 있다. 이 부분에 대해 유익한 조언을 해준 Anthony Yezer에게 감사를

표한다.

15a. 이에 대한 논의는 World Bank, *World Development Report 2009: Reshaping Economic Geography*.

16. 아래에서 간략하게 설명된 것처럼, 이러한 비교에서 가장 큰 도시가 상대적으로 보통의 규모를 가진 국가는 정치적 수도가 가장 큰 도시에 위치하지 않은 국가라는 것이 결코 우연이 아니다. 이 주장은 거의 건국 직후부터 캐나다와 미국에 적용된다. 보다 최근에는 이러한 설명이 1960년에 새로운 수도로 선포되어 인구 400만 명에 근접하고 있는 브라질리아로 도시성장을 전환시킨 브라질에도 적용된다. 비교우위와 지리적 측면은 또 다른 중요한 요소이다. 인도, 중국에서와 같이 대륙 크기의 국가는 다수의 주요 중심지가 생길 개연성이 높다. 이러한 상황은 유엔이 중국의 홍콩－선전－광주와 브라질의 리우데자네이루－상파울루를 포함하는 지역 등을 거대지역(megaregion)이라 명명한 2010년 보고서를 고려해보아도 알 수 있다.

17. 프랑스와 영국을 제외하고는 대다수 유럽국가에서 이 비율은 낮다. 이탈리아의 로마는 340만 명, 밀라노는 290만 명, 독일의 베를린은 340만 명, 함부르크는 170만 명이다. 네덜란드의 로테르담과 암스테르담은 각각 100만 명이다. 포르투갈의 리스본은 270만 명, 포르토는 130만 명이다. 스페인 마드리드는 540만 명, 바르셀로나는 480만 명이다. 두 번째 큰 도시에 대한 가장 큰 도시의 비율이 상대적으로 높은 꽤 큰 규모의 개발도상국에는 인도네시아(약 4), 에티오피아(약 8 이상), 아프가니스탄(6 이상), 코트디부아르(6 이상) 등이 포함된다. 이집트, 이란, 이라크, 케냐, 나이지리아, 방글라데시도 모두 약 3 정도의 비율을 갖고 있다. 몇몇 비율들은 다른 도시지역 추정치가 사용되면 더 높게 나타나기도 한다.

18. 예를 들어 멕시코시티가 계속 확대되고 있음에도 불구하고 이 도시는 과거 수십 년 동안 보유했던 것보다 더 낮은 비중의 산업만을 보유하고 있다. 이러한 현상의 주요 원인은 미국 국경을 따라 멕시코 북부에 수출산업의 집중이, 특히 NAFTA 발효 이후, 그리고 최근에는 더욱 더 증가되었으며, 저숙련 산업은 멕시코 남부로 이동했기 때문이다.

19. Alberto F. Ades and Edward L. Glaeser, "Trade and circuses: Explaining urban giants," *Quarterly Journal of Economics* 110 (1995): 195－227. 도시집중은 1970~1985년 사이 주요 도시에 거주한 도시 인구의 평균 비중으로 정의된다. 혁명과 쿠데타의 발생횟수 평균이 전 세계의 평균 아래에 있을 때 안정적인 국가라고 한다. 독재국가는 일정 기간 동안 가스틸(Gastil)의 민주주의와 자유지표 평균이 3보다 높은 국가를 지칭한다. 또한 Rasha Gustavsson, "Explaining the phenomenon of Third World urban giants: The effects of trade costs," *Journal of Economic Integration* 14 (1999): 625－650을 참조하라.

20. 유엔인간거주계획의 "State of the World's Cities" 연례 보고서는 http://www.unhabitat.org에서 이용 가능하다.

21. (제9장에서 논의될) 개발에서 곧잘 실현되지 못하는 농업의 역할에 대해서는 World Bank, *World Development Report, 2008－2009* (New York: Oxford University Press, 2008)를 참조하라. 도시화에 대한 새로운 개발도상국의 관점은 유엔인간거주계획의 http://www.unhabitat.org를 참조하라. 도시의 잠재적 편익을 보다 많이 실현시키는 것에 대해서는 유엔인간거주계획의 http://www.worldbank.org/urban을 참조하라. 또한 World Bank, *World Development Report 2009: Reshaping Economic Geography* (New York: Oxford University Press, 2009)를 참조하라.

22. 2012년 CIV 연구에 대해서는 Isabel Günther and Andrey Launov, "Informal employment in developing countries: Opportunity or last resort?" *Journal of Development Economics 97*, No. 1(2012): 88-98을 참조하라. 저자들은 매개변수 규명 방식을 사용하였다. 이 논의에 대한 간결한 검토로는 Cathy A. Rakowski, "Convergence and divergence in the informal sector debate: A focus on Latin America, 1984－92," *World Development* 22 (1994): 501－516. 또한 Donald C. Mead and Christian Morrisson, "The informal sector elephant," *World Development* 24 (1996): 1611－1619와 Edward Funkhauser, "The urban informal sector in Central America: Household survey evidence," *World Development* 24 (1996): 1737－1751을 참조하라.

23. 이들 및 관련 지수들의 최근 수치는 International Finance Corporation, *Doing Business 2013, Smarter Regulations for Small and Medium-Size Enterprises*, http://www.doingbusiness.org/~/media/GIAWB/Doing%20Business/Documents/Annual-Reports/English/DB13-full-report.pdf를 참조하라.

24. 유엔인간거주계획은 이를 *State of Women in Cities 2012/2013*, http://www.unhabitat.org/pmss/listItemDetails.aspx?publicationID=3457에서 지적하였다.

25. Robert E. B. Lucas, "Internal migration and urbanization: Recent contributions and new evidence," background paper for World Bank, *World Development Report*, 1999-2000을 참조하라.

26. 이촌향도 이주율은, 특히 남미와 사하라이남 아프리카에서, 도시 실질임금의 감소와 정규부문 고용기회의 축소로 인해 1980년대에 늦춰졌지만, 실제 이주자의 수는 계속 증가하고 있다.

27. 부록 7.1과 Michael P. Todaro, "A model of labor migration and urban unemployment in less developed countries,"

American Economic Review 59 (1969): 138−148, John R. Harris and Michael P. Todaro, "Migration, unemployment, and development: A two-sector analysis," *American Economic Review* 60 (1970): 126−142를 참조하라.

28. 이 그래프는 W. Max Corden and Ronald Findlay, "Urban unemployment, intersectoral capital mobility, and development policy," *Economica* 42 (1975): 59−78에서 처음으로 소개되었다. 이는 Harris and Todaro, "Migration, unemployment, and development"를 반영한다.

29. qq'은 직각 쌍곡선이며 단위탄력성 곡선으로 도시임금 총액이 일정함을 보여준다. 즉 $L_m \times \overline{W}_m$은 고정되어 있다.

30. 즉 만약 비정규부문 소득이 0보다 클 경우, (식 (7.1)의 오른편에 있는) 기대 도시 소득에 비정규부문 임금 W_{UI}를 그 임금을 받을 확률과 곱한 값인 $W_{UI}(1 - L_M/L_{US})$를 더해준다. 여기서 $(1 - L_M/L_{US})$는 선호하는 도시 정규부문 임금을 받지 못할 확률이다. 이 기간 동안 또는 보다 일반적인 모형에서 미래의 기간 동안 받을 수 있는 더 많은 종류의 임금과 그 임금을 받을 확률을 규명할 수 있다. 보다 완전한 모형을 위해서는 부록 7.1을 참조하라.

31. William J. Carrington, Enrica Detragiache, and Tara Vishwanath, "Migration with endogenous moving costs," *American Economic Review* 86 (1996): 909−930.

32. 토다로 모형이 균형임금보다 높은 도시임금의 제도적 결정요인에 주목하였다면, 몇 년 후의 분석들은 이러한 현상에 대해 도시지역의 이직(이른바 이직 모형)에 따르는 높은 비용 및 효율임금 개념에 초점을 둔 설명을 시도하고 있다. 균형임금보다 높은 임금은 고용주로 하여금 양질의 노동력과 높은 직장 내 생산을 확보할 수 있도록 해준다. 이런 다양한 모형의 검토를 위해서는 Joseph E. Stiglitz, "Alternative theories of wage determination and unemployment in LDCs: The labor turnover model," *Quarterly Journal of Economics* 88 (1974): 194−227과 Janet L. Yellen, "Efficiency wage models of unemployment," *American Economic Review* 74 (1984): 200−205를 참조하라. 제도적으로 결정된 도-농 간 임금 격차의 존재와 중요성에 대한 증거로는 Francis Teal, "The size and sources of economic rents in a developing country manufacturing labor market," *Economic Journal* 106 (1996): 963−976을 참조하라. 벤치벤가(Valerie Bencivenga)와 스미스(Bruce Smith)는 영향력 있는 연구를 통해 도시의 현대 기업은 이주자들의 생산성을 알지 못하지만, 농촌지역으로부터 온 몇몇 잠재적 이주자들은 아주 생산적이며 다른 사람들은 정규부문 기업 내에서 비생산적이라는 대안적 가정을 하고 있다. 이 시나리오에서는 기업들은 경쟁에 의해 이주자들에게 (실질적으로) 임금과 고용될 확률이라는 하나의 패키지를 제안하게 될 동기를 가진다. 현대 부문 기업들은 한계 생산과 높은 임금률이 동일해질 때까지 고용을 하게 되며, 이에 따라 실업이 발생한다. 더욱이, 만약 현대 부문 노동수요가 증가하면, 현대 및 전통 부문 노동력이 비례적으로 확대되면서 추가적인 이주를 유인한다. Valerie R. Bencivenga and Bruce D. Smith, "Unemployment, migration, and growth," *Journal of Political Economy* 105 (1997): 582−608을 참조하라. 도덕적 해이 문제를 기반으로 한, 정보경제 분석틀의 대안적 시각은 Hadi S. Esfahani and Djavad Salehi-Ifsahani, "Effort observability and worker productivity: Toward an explanation of economic dualism," *Economic Journal* 99 (1989): 818−836에서 볼 수 있다.

33. 일자리 창출 문제에 대해서는 World Bank, *World Development Report 2012*를 참조하라. 이주와 도시화 정책에 대한 다른 관점에 대해서는 Gary S. Fields, "Public policy and the labor market in less developed countries," in *The Theory of Taxation for Developing Countries*, eds. David P. Newbery and Nicholas Stern (New York: Oxford University Press, 1987); Charles M. Becker, Andrew M. Hammer, and Andrew R. Morrison, *Beyond Urban Bias in Africa: Urbanization in an Era of Structural Adjustment* (Portsmouth, N.H.: Heinemann, 1994), chs. 4−7; David Turnham, *Employment and Development: A New Review of Evidence* (Paris: Organization for Economic Coordination and Development, 1993), pp. 245−253; Paul P. Streeten, *Strategies for Human Development: Global Poverty and Unemployment* (Copenhagen: Handelshøjskolens Forlag, 1994), pp. 50−64; Cedric Pugh, "Poverty and progress: Reflections on housing and urban policies in developing countries, 1976−96," *Urban Studies* 34 (1997): 1547−1595를 참조하라.

34. 과도한 이주를 임금보조금을 통하여 제거하려는 전략을 살펴본 문헌도 있다. 이러한 전략들은 비용이 많이 들고 집행하기 어렵다는 것이 판명되었지만 이에 대한 분석은 해리스-토다로 이주 모형의 본질과 관련하여 흥미로운 통찰을 낳고 있다. 예를 들어 Ira Gang and Shubhashis Gangopadhyay, "Optimal policies in a dual economy with open unempolyment and surplus labour," *Oxford Economic Papers* 39 (1987): 378−387을 참조하라. 여기에는 중요한 초기연구들이 포함된 참고자료가 포함되어 있다.

35. Martin Ravallion, Shaohua Chen, and Prem Sangraula, "New evidence on the urbanization of global poverty," World Bank Research Working Paper 4199, 2008.

36. *World Bank World Development Report* 2010, p. 110.

8 인적자본 : 교육, 보건, 그리고 경제발전

빈곤을 종식하고 공동번영을 장려하기 위해서, 국가들은 포괄적 경제성장을 촉진해야 한다. 그리고 성장을 추진하기 위해서 그들은 보건 및 교육에 대한 투자와 시민 모두의 보호를 통해서 인적자본을 구축할 필요가 있다.

― 코피 아난(Kofi Annan), 전 유엔(UN) 사무총장 및 노벨평화상 수상자

인적자본에 대한 나의 작업은 서로 다른 수준의 교육투자로부터 발생하는 남성, 여성, 흑인, 그리고 다른 집단의 사적 수익률과 사회적 수익률을 계산하고자 하는 노력으로 시작되었다.

― 개리 베커(Gary Becker), 노벨경제학상 수상자

사람들의 건강상태의 더딘 향상은 중요한 관심의 주제였다. 우리는 지금까지 발전의 측면에 적절한 관심을 보이지 않았다는 것을 부인할 수 없다.

― 만모한 싱(Manmohan Singh), 인도 수상, 2005년

8.1 교육과 보건의 핵심적 역할

교육과 보건은 경제발전의 가장 기본적인 목표이며, 그 자체가 가장 중요한 최후의 목적이라 할 수 있다. 보건은 그 자체가 복지이며, 교육은 만족스럽고 보람 있는 인생을 영위하는 데 필수적이다. 교육과 보건은 모두 발전에 있어서 가장 핵심적인 인적 능력 확대의 근본이 된다(제1장 참조). 동시에, 교육은 개발도상국이 현대적인 기술을 흡수하고 성장과 발전을 위한 역량을 발전시키는 데 핵심적인 역할을 한다. 게다가 보건은 생산성 향상의 전제조건이며, 또한 성공적인 교육은 적절한 보건에 따라 달라진다. 따라서 교육과 보건은 모두 성장과 발전의 필수적인 요소로 간주된다. 투입과 산출 모두에서의 이중적인 역할은 경제발전에 있어서 핵심적인 중요성을 보건과 교육에 제공한다.

　세계 보건과 교육의 진행이 극적으로 향상되어 온 것은 부인할 수 없는 사실이다. 1950년, 개발도상국에서 5세 이하 아동 사망은 1,000명당 약 280명이었다. 2011년, 후진국에서의 아동 사망은 1,000명당 95명으로 하락하였으며 중진국에서는 1,000명당 46명으로 감소하였다

(그럼에도 불구하고, 선진국에서의 1,000명당 6명과 유럽 국가에서의 단지 4명과 비교된다).[1] 일부 치명적 사망원인은 완전히 퇴치되었거나 거의 퇴치되었다. 천연두는 과거에 매년 500만 명 이상의 사망원인이었으나 이제는 실험실 이외에는 거의 존재하지 않는다. 풍진과 소아마비 같은 아동의 주된 질병은 백신의 활용을 통해 통제되고 있다. 더군다나, 최근 수십 년 동안 역사적으로 전례 없이 **문해율**(literacy)이 증가하였고 개발도상국에서 대부분의 사람들에 대한 기초교육도 확대되어 왔다. 2010년의 유엔보고서에 의하면, 세계 15세 이상의 인구 중에서 문맹인 인구가 여전히 7억 7,500만 명에서 유지되고 있으나 오늘날 문해율이 82%(1970년 문해율이 약 63%)로 향상되었다.[2] 그러나 세계 문맹인구 중 거의 2/3가 여성이다.

문해율

읽고 쓸 수 있는 능력

그러한 높은 성과에도 불구하고, 자국민들의 교육 및 보건 수준을 향상시키기 위해 지속적으로 노력을 기울인 개발도상국들은 아직까지 커다란 도전에 직면해 있다. 자국 내에서의 교육과 보건의 분배는 소득분배만큼이나 중요하다. 개발도상국 내에서도 부유한 사람들의 기대수명은 꽤 높지만 빈곤계층의 기대수명은 훨씬 낮다. 선진국과 비교할 때 개발도상국의 아동 사망률은 10배 이상 높다. 이와 같은 아동 사망은 비교적 쉽게 치유될 수 있는 조건들 때문에 발생하는데, 예를 들어 설사에 의한 탈수만으로도 100만 명 이상의 아이들이 지속적으로 사망한다. 만약 개발도상국의 아동 사망률이 선진국 수준으로 감소될 수 있다면, 매년 700만 명이 넘는 아이들의 생명을 구할 수도 있었을 것이다. 또한 생존한 아이들 역시 영양부족, 기생충 감염 및 재발되는 질병에 시달리고 있다. 단백질뿐만 아니라 요오드와 같은 미량 영양소의 부족이 야기하는 문제가 약 20억 명의 사람들에게 영향을 미치며 특히 어린이들이 더 큰 영향을 미친다. 유럽, 북아메리카, 일본의 국민들은 평균 12년 이상 교육을 받는 데 비해, 사하라이남 아프리카와 남아시아의 아이들은 평균 5년 이하의 교육을 받고 있는 것으로 나타나고 있다. 이는 교사 부족은 감안하지 않았으며 교사가 있을 경우 교과서나 다른 수업자료의 부족에 대한 조정 없이 추계된 것이다. 〈예문 8.1〉의 '가난한 사람의 목소리'는 보건과 교육의 박탈이 인간의 삶에 미치는 일부 효과를 전달하고 있다.

이 장에서는 경제발전에 있어 교육과 보건의 역할을 검토할 것이다. 이 2개의 **인적자본**(human capital) 이슈는 양자의 긴밀한 상관관계 때문에 함께 다루어질 것이다. 교육과 보건 모두 인적자본의 한 유형이기 때문에 이들의 상관성을 검토할 때 역시 유사한 분석이 이루어질 것이다. 즉 보건비용이 교육체계에 미치는 효과 그리고 교육이 보건에 미치는 효과라는 이중적인 영향이 존재한다. 개인의 건강에 대한 투자와 개인의 교육에 대한 투자를 논의할 때 우리는 결국 동일한 개인에 관해 이야기하는 것이다. 다음으로 우리는 소득과 보건 및 교육의 상관관계를 고려하게 될 것이다. 이들의 긴밀한 관계에도 불구하고, 높은 가계소득이 교육과 보건의 개선을 보장하지 않는다는 것을 알게 될 것이다. 최근 급속하게 성장하고 있는 경제에 있어서도 인적자본은 주목받아야 한다는 것이다. 보건과 교육은 소득과 경제적 부와 같이 매우 불평등하게 분배될 수 있다. 그러나 보건과 교육의 향상을 통해 빈곤의 함정에 빠진 가족들이 그 악순환으로부터 빠져나올 수 있을 것이다. 마지막으로, 개발도상국들이 지속적으로 경험하고 있는 심각한 불균형과 비효율성의 원인을 규명하기 위해 개발도상국의 교육 및 보건 시스템을 면밀히 검토할 것이다. 연구 결과에 의하면, 소득에 긍정적인 영향을 미칠 수 있

인적자본

기술, 역량, 아이디어, 보건 및 위치와 같이 사람에게 체화된 생산적 투자로서, 교육지출과 직장 내 교육 그리고 보건의료 등의 결과로서 나타남

예문 8.1   보건과 교육 : 가난한 사람의 목소리

만약 당신이 오늘 돈이 없다면, 당신의 질병을 무덤까지 갖고 갈 것이다.

— 가나 출신의 어느 노인 여성

아이들은 계속하여 오물에서 놀 것이다.

— 사카두라 카브랠(Sacadura Cabral), 브라질

병원에서 그들은 토착민에게 해야 할 좋은 치료 서비스를 제공하지 않는다. 무지 때문에 그들은 나쁘게 취급을 받는다. 그들은 우리에게 당신이 갖고 있는 건강 문제에 필요하지 않은 다른 약을 제공한다.

— 에콰도르 라카레라(La Calera) 출신의 젊은 남자

과거에 학교가 괜찮았는데 이제는 난장판이다. 몇 주 동안 선생님

이 없고 … 안전도 위생도 없었다.

— 빌라 준퀘이라(Vila Junqueira), 브라질

만약 부모가 매월 40~50루피만큼의 학비를 지급하지 못하면, 선생님들이 학생을 때리거나 낙제점수를 주었다고 보고되고 있다.

— 파키스탄('가난한 사람의 목소리')

선생님들은 월급을 받을 때가 아니면 학교에 가지 않는다.

— 나이지리아('가난한 사람의 목소리')

이전에는 모두가 치료를 받을 수 있었는데 이제는 모두가 아프지 않게 해달라고 기도만 하고 있다. 왜냐하면 어디에서나 돈을 요구하기 때문이다.

— 바레스(Vares), 보스니아 헤르체고비나

도록 형평성과 효율성에 바탕을 둔 인적자본투자가 수행되어야 한다.

발전을 위한 공동투자로서의 교육 및 보건

교육과 보건은 경제발전에서 긴밀한 관계를 갖고 있다.[3] 한편으로, 보건이 학교 재학 및 정규교육의 중요 결정요인이기 때문에, 보건자본의 확대는 교육투자에 대한 수익을 증가시킨다. 수명의 연장은 교육투자의 수익을 증가시키게 된다. 향상된 건강은 근로기간 동안의 어떤 시점에 있어서 교육자본의 감가상각률을 감소시킬 수 있다. 다른 한편으로, 교육자본의 확대는 보건투자의 수익을 증가시킨다. 왜냐하면 많은 보건 프로그램은 학교에서 배우는 기본적인 기량에 의존하기 때문이다. 여기에는 기본적인 문해력과 산술력뿐만 아니라 개인적인 위생지식도 포함된다. 교육은 또한 보건 인력의 양성과 훈련에도 필요하다. 마지막으로, 교육투자로 발생한 생산효율성 향상은 인명구조 투자에 대한 수익률을 향상시킨다. 〈예문 8.2〉는 보건과 교육투자 간의 연관성을 요약하고 있다.

지난 반세기 동안 인적자본의 전례 없는 발전이 진행되어 왔음을 알 수 있다. 보건과 교육수준은 선진국과 개발도상국에서 모두 향상되어 왔으나, 대부분의 지표에서 알 수 있듯이 개발도상국에서 보다 급격히 개선되었다. 그 결과, 여러 지표에서 어느 정도 국제적인 격차 축소가 이루어졌다. 다만, AIDS의 위기 때문에 사하라이남 아프리카 국가들에서만 보건의 향상 추세에 관한 의문이 제기되었다. 개발도상국에서 초등 취학률이 상승함에 따라 교육의 격차도 줄어들고 있다. 물론 정성적인 격차는 더욱 확대되었다는 일부 전문가들의 믿음이 있는 것도 사실이다. 선진국과 개발도상국 간의 교육과 보건 격차가 여전히 크고 추가적인 개선이 어렵다고 하더라도 아직까지는 발전되어 온 것은 분명하다.[4]

예문 8.2 보건과 교육 투자의 관계

- 보건과 교육은 동일인에게 행해진 투자이다.
- 보건자본의 증가는 몇 가지 이유로 교육의 투자수익률 증가를 유발할 것이다.
  - 보건은 학교 재학에 중요한 요인이다.
  - 건강한 아동은 효율적으로 학교에 다니고 배우는 데 더 성공적이다.
  - 학교에 다닐 연령의 아동 사망은 근로자당 교육비용을 증가시킨다.
  - 수명 연장은 교육의 투자수익률을 증가시킨다.
  - 건강한 개인이 인생의 어떤 시점에서도 생산적으로 교육을 사용하는 더 많은 능력이 있다.

- 교육자본의 증가는 다음과 같은 방식으로 보건투자의 수익률을 제고한다.
  - 많은 보건 프로그램은 학교에서 배운 기술에 의존한다(읽기, 쓰기와 연산능력을 포함하여).
  - 학교는 기초적인 개인위생을 가르친다.
  - 교육은 개인 건강 형성과 훈련을 위해 필요하다.
  - 교육은 임신을 늦추게 하여 건강을 향상시킨다.
- 교육투자를 통한 생산 효율성 제고는 생명을 구하는 건강투자의 수익률을 향상시킨다.

교육과 보건의 개선 : 왜 소득 증가는 불충분한가?

보건과 교육 수준은 고소득 선진국에서 훨씬 높다. 보건과 교육 간 인과관계가 양방향으로 진행된다고 믿을 수 있는 타당한 이유들이 존재한다—높은 소득으로 사람과 정부는 교육과 보건에 더 투자할 수 있으며, 높은 수준의 보건과 교육으로 더 높은 생산성과 소득이 가능하다. 이와 같은 관계 때문에, 경제발전 정책은 소득과 보건 그리고 교육에 동시에 중점을 두어야 할 필요가 있다. 이러한 결론은, 절대적 빈곤이라는 어려운 문제를 해소하기 위해서 다면적 전략이 필요하다는 제5장의 결론과 유사하다.

　사람들은 소득이 더 높을 때 인적자본에 더 많이 투자할 것이다. 그러나 실증연구 결과에 의하면, 보건과 교육의 커다란 향상 없이 소득을 증가시킬 수 있다 하더라도 소득의 증가가 아이들의 보건 및 교육 투자에 적절히 사용될 것이라고는 믿을 수 없다. 시장은 이 문제를 자동적으로 해결하지 못할 것이며, 많은 경우에 있어서 가계는 놀라울 정도의 적은 소득과 영양 간 관계를 나타내는 소비선택을 하게 되는데 특히 아동의 경우도 마찬가지다.[5] 빈곤 계층에 있어서 칼로리 수요의 소득탄력성(1% 가계소득 증가에 따른 % 칼로리 증가율)은 지역에 따라서 그리고 연구자의 통계적인 전략에 따라서 0~0.5 정도이다.[6] 정비례하지 않는 이 반응은 두 가지 요인에 기인한다—소득이 음식뿐만 아니라 다른 재화에 소비되고, 증가된 음식비용 중 일부는 칼로리 소비의 필수적 증가 없이 음식의 다양성을 증가시키는 데 사용된다. 만약 일단의 연구들이 제시하듯이 소득과 영양 간의 관계가 정말로 매우 낮다면, 가계 내에서 추가적인 자원들이 사용되는 방식에 관심을 갖지 않고 빈곤층의 소득 증가만을 강조하는 발전정책은 건강의 향상을 가져오지 않을 것이며, 적어도 빠른 속도로는 성공적인 발전을 유인하지 않을 것이다.[7] 제15장의 사례연구에서 더 많이 논의할 것이지만, 미소기업을 위한 신용은 가

예문 8.3   연구결과 : 자녀 보건 향상에 있어서 어머니의 보건 지식은 결정적이다

일반적으로, 현재의 정보에 대한 지속적 접근과의 보완적 관계에 있어서 정규교육은 필요하다. 글루에(Paul Glewwe)는 모로코 데이터를 활용한 분석을 통해 어머니의 기초보건 지식이 자녀들의 보건에 긍정적인 영향을 갖는다는 것을 발견했다. 여러 가지 메커니즘이 가능하다. 예를 들면 "정규교육은 미래의 어머니들에게 직접적으로 보건 지식을 가르쳐준다. 학교에서 습득한 독해 및 산술 역량을 통해 미래의 어머니들은 자녀의 보건 문제를 진단하고 치료할 수 있다. 그리고 정규교육을 통해 현대사회를 접하게 되면 여성들은 현대의 의료 방식을 보다 적극적으로 수용하게 된다." 그러나 글루에는 다음과 같이 결론을 내리고 있다. "어머니의 보건 지식 자체가 자녀보건 증진을 위한 결정적 역량으로 나타나고 있다. 모로코에서는, 비록 학교에서 배운 독해 및 산술 역량을 통해 얻어지지만, 이러한 지식은 우선적으로 학교 외부에서 얻어지고 있다. 모로코에 있어서 보건 지식 및 역량을 가르치는 것은 모로코의 아동보건 및 영양을 실질적으로 증진할 수 있다."

출처 : Paul Glewwe. "Why does mother's schooling raise child health in developing countries? Evidence from Morocco." *Journal of Human Resources* 34 (1999): 124-159.

장 대중적인 빈곤 완화전략 중 하나이다. 이와 같은 경우, 신용은 빈곤층의 영양을 향상시키는 데 도움을 줄 수 있다. 왜냐하면 빈곤층의 평균소득뿐만 아니라 계절적 가격변동이 칼로리 소비에 중요한 결정요인이지만, 영양이 여전히 불충분하고 고소득에 의해 자동적으로 개선되지 않는다면 신용은 충분하지 않을 것이기 때문이다.

더구나 칼로리는 영양과 동일하지 않으며 소득자들의 영양이 그들 자녀들의 영양과 동일하지는 않다. 즉석 식품(간편식)의 소득탄력성은 1보다 크다.[8] 소득 증가는 때때로 개발도상국 가정으로 하여금 콩이나 쌀 같이 영양이 풍부한 식품에서 현대적이고 경제적 성공의 상징인 사탕이나 청량음료와 같이 영양가가 없는 '제로 칼로리' 식품으로 전환하도록 한다.[9] 중요한 문제는 허약한 건강(예 : 설사병)이 더 좋은 영양상태에서 얻을 수 있는 보건이익을 무효화할 수 있다는 것이다.[10]

부모의 교육수준과 자녀의 건강상태가 비례한다는 증거는 상당히 많다(그림 2.5 및 〈예문 8.3〉 참조).[11] 아직까지 활용되지 않은 단순한 학교 활동들을 통해 보건상태를 증진할 수 있는 기회는 아직 존재한다.

개발도상국에 대한 많은 연구에서 볼 수 있듯이, 한 번 정해진 건강상태는 학업성취에도 영향을 주게 된다. 보다 나은 건강 및 영양은 더 일찍 그리고 더 오래 취학할 수 있게 하고, 보다 나은 학교 출석은 보다 효과적인 학습을 가져온다.[12] 따라서 취학과 학습의 효과성을 제고하기 위해서는 개발도상국 아동들의 보건 상태가 개선되어야 한다. 개발도상국에 있어 보건으로부터 교육성취로의 연계가 생각했던 것 이상으로 강력하다는 사실을 보다 진보된 통계적 방법들이 보여주고 있다(〈예문 8.4〉 참조). 이와 같은 효과들은 남자아이와 특히 여자아이에게서 더 크게 나타났다.[13]

예문 8.4 연구결과 : 저비용 건강개입의 학교 효과

UC버클리대학교의 미구엘(Edward Miguel)과 하버드대학교의 크레머(Michael Kremer)가 수행한 케냐의 부시아(Busia) 지역에 관한 연구에 의하면, 아이들의 기생충 제거를 위한 저렴한 구충제가 학교 출석을 증가시키는 데 있어서도 비용효과적이다. 처방을 받은 학교의 순서는 임의로 선택되었으며 아직 처방받지 않은 학교와 비교함으로써 처방의 인과적 효과를 구분할 수 있다.

이들의 기초 설문은 학교에 다니는 아동의 92%는 최소한 하나 이상의 기생충에 감염되었고, 28%는 최소한 세 가지 기생충에 감염되었음을 보이고 있다. 적당하게 감염된 지역에서 심하게 감염된 지역까지 31%에 이른다. 실제로, 감염 정도가 아마도 최악일 것이다. 왜냐하면 "심각하게 감염된 아동들은 설문조사가 이루어진 일자에도 학교에 결석했기 때문이다."

구충약 복용 결과, 결석이 약 1/4만큼 감소하였다(7% 포인트). 아동들은 전형적으로 더 감염되었으며, 그들은 이제 학교에 등교하는 일자가 연간 15일 이상 증가하였다. 더 나이 든 아동들은 10일 이상 증가하였다. 1개년도가 추가적으로 증가할 경우 프로그램비용은 약 3.50달러였으며 학교에 참가하도록 하는 다른 방법보다 적은 금액이다. 치료된 아이들은 빈혈증이 감소하였고, 보고된 질병이 적었으며, 또한 나이와 키 지수 점수도 다소 낮아졌다.

동일 호수에서 수영을 하는 아동들이 다니는 학교지역 간 기생충 감염이 확산될 수 있다. 이는 기생충 감염의 치료가 아직 치료를 받지 않은 이웃 학교지역에 상당한 혜택을 줄 수도 있음을 보여주는 결과이다—고전적인 외부성. 감염의 감소는 일하는 일자가 증가하여 성인에게도 혜택을 줄 수 있다.

학교성적은 유의하게 높아지지 않았지만, 이는 참여율이 높은 더 큰 학교의 수업크기 때문에 발생할 수 있다. 학생의 일생 동안 살아가는 과정을 평가해볼 때, 구충약 복용은 값비싼 것이 아닐 뿐만 아니라 역시 한 명의 치료 아동당 30달러 이상 임금수입의 현재할인가치로 계산해도 높은 수익률을 창출한다. 이 프로그램의 순혜택은 추가적인 교사를 고용하는 비용보다 크게 나타난다. 이는 정치적인 의지에 달려 있다.

이러한 큰 혜택에도 불구하고, 가난한 부시아의 가족은 구충약 가격에 매우 민감하며, 이는 보조금이 때때로 필요하다는 것을 시사한다. 사람들이 이러한 분명한 증거로부터 희망하는 것과 같이, 이 연구는 개발도상국 정부와 국제기구의 보건에 대한 우선순위에 상당한 영향을 미쳐 왔고 구충약 프로그램은 많은 국가로 확대되었다. 신중히 고안된 방법에 의한 이 연구의 분명한 발견은 최근 학교 내 구충약 발전에 대한 강조가 중요한 추진력의 하나라는 것이다.

출처 : Edward Miguel and Michael Kremer. "Worms: Identifying impact on education and health in the presence of treatment externalities," *Econometrica* 72 (2004): 159-217. On deworming activities, see the links at http://www.dewormtheworld.org.

마지막으로 개인의 보건 또는 교육투자에 대한 또 다른 중요한 파급효과가 존재한다. 교육받은 사람은 그 혹은 그녀 주변의 사람들에게 혜택을 주게 되는데, 그들을 위해 글을 읽어 주거나 지역사회에 도움이 되는 혁신을 가져오기도 한다.[14] 그 결과, 교육에는 중요한 시장실패가 존재한다. 더군다나 건강한 사람은 덜 전염될 뿐만 아니라 병든 사람은 제공할 수 없는 여러 가지 방식으로 지역사회에 혜택을 제공할 수 있다. 이와 같은 파급효과 때문에, 사회적으

로 효율적인 건강과 교육 수준의 제공을 시장에 의존할 수 없다. 따라서 국가보건체계의 성과에 대한 궁극적 책임이 정부에 있다는 것이 세계보건기구(WHO)의 결론이다.[15] 개발도상국의 정부 관료들은 건강, 교육, 그리고 소득 간의 상호관계를 보여주는 많은 연구로부터 교훈을 얻고 있고 통합된 전략을 구상하고 있다. 이 장의 마지막 부분에 있는 멕시코의 사례연구는 중요한 본보기를 제공할 것이다.

8.2 교육 및 보건에 대한 투자 : 인적자본 접근

교육과 보건 투자에 대한 분석은 인적자본 접근 방식에 통합될 수 있다. 교육, 보건, 그리고 기타 인적 역량과 같은 인적자본은 경제학자들이 흔히 사용하는 용어로, 인적자본이 증가하게 되면 생산성이 향상된다. 인적자본의 투자는 물적자본의 전통적 투자와 비슷하다. 즉 일단 초기투자가 이루어지면, 교육의 확대와 보건의 향상으로 더 높은 미래소득이 창출될 수 있다는 것이다. 따라서 수익률이 추산되고, 다른 투자와 비교될 수 있다. 이는 이러한 투자에 의해 가능해진 소득흐름 증가의 현재가치를 계산하고 이를 직간접비용과 비교함으로써 이루어질 수 있다. 물론, 교육과 보건은 인간의 복지후생에 직접적으로 영향을 줄 수 있다. 예를 들면 교육은 시민사회 참여 역량, 건강에 대한 의사결정, 그리고 결혼 배우자에 대한 선택의 자유 등과 같은 삶의 주된 문제에 대한 권리와 독립성을 증가시킨다.[16] 그러나 기본적으로 인적자본 접근방법은 교육 및 보건에 의한 소득 증대로 이어질 수 있는 간접적 효용 증대에 초점을 맞추고 있다. 여기서는 교육투자의 관점에서 인적자본을 설명할 것이고 또한 동일한 원칙이 보건투자에도 적용될 것이다.

개발도상국에서는 인적자본에 대한 투자의 효과가 상당히 크게 나타날 수 있다. 다음의 〈그림 8.1〉은 베네수엘라의 교육수준에 따른 연령-소득 간 관계를 나타내주고 있다.[17] 다양한 교육수준을 지닌 서로 다른 사람들의 소득이 생애주기에 따라 어떻게 변하는지를 보여준다. 교육수준이 높을수록 상대적으로 더 늦은 나이에 전일제 노동자가 되지만, 그림에서 볼 수 있듯이 그들의 소득은 노동시장에 더 일찍 진출했던 사람들의 소득을 금방 추월하게 된다. 그러나 교육에 의한 소득은 투자로서 인적자본의 가치를 이해하는 데 필요한 총비용과 비교되어야 한다. 교육비용은 모든 직접적인 수업료와 교육과 관련하여 특별히 발생하게 되는 기타 비용으로 구성되는데, 교재와 교복 그리고 교육에 참여함으로써 상실하게 되는 노동소득과 같은 간접비용이 기타비용에 포함된다.

공식적으로 소득은 다음과 같이 나타낼 수 있다. 여기서 E는 추가적 교육에 따른 소득이고, N은 추가적 교육 없이 얻을 수 있는 소득이다. t는 연도이고 i는 **할인율**(discount rate)이며, 예상 노동기간을 합산하여 얻을 수 있다.

할인율
현재가치 계산에 있어서, 연이율이 되는 미래가치는 현재가치와 비교하기 위해서 감소됨

$$\sum \frac{E_t - N_t}{(1 + i)^t} \tag{8.1}$$

높은 보건 상태의 결과로 미래에 얻을 수 있는 추가소득과, 보건 향상에 기여하는 자원의 직

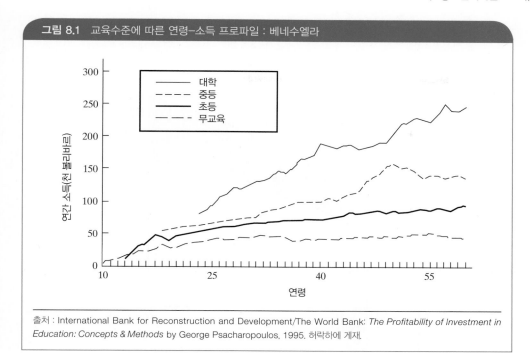

그림 8.1 교육수준에 따른 연령–소득 프로파일 : 베네수엘라

출처 : International Bank for Reconstruction and Development/The World Bank: *The Profitability of Investment in Education: Concepts & Methods* by George Psacharopoulos, 1995. 허락하에 게재.

간접비용을 비교하여, 이 공식은 보건(예 : 개선된 영양상태)에도 유사하게 적용될 수 있다.

〈그림 8.2〉는 학교교육의 지속성 결정과 관련된 상충관계의 전형적인 도식적 설명을 보여주고 있다.[18] 개인은 학교교육이 종료된 때부터 노동을 할 수 없을 때까지 혹은 퇴직하거나 사망할 때까지 노동을 한다고 가정한다. 이것은 66세까지 일어난다. 이 그림에는 2개의 소득 단면이 제시되어 있다. 즉 중등교육을 받지 않았으나 초등교육을 받은 근로자와 대학교육은 받지 않았으나 중등교육을 받은 근로자의 생애소득 모습이다. 초등교육 졸업자는 13세부터 노동을 하고 중등교육 졸업자는 17세부터 노동을 하게 된다고 가정한다. 개발도상국에서, 초등교육에서 중등교육으로 옮긴 개인은 4년간의 소득을 잃게 되는 셈이다. 그림에서 이는 간접비용으로 표시되어 있다. 유소년은 파트타임으로 노동을 할 수 있으나 여기서는 편의상 그 가능성을 무시할 것이다. 하지만 이러한 경우 간접비용의 영역 일부가 적용될 수 있다. 또한 개인이 초등학교 종료 후 학교를 떠나게 되면 지급하지 않아도 될 입학금, 교복비, 교재비 및 기타 비용들과 같은 직접비용도 존재한다. 남은 여생 동안 개인은 초등학교 졸업만으로 벌 수 있는 것보다 더 많은 소득을 얻게 된다. 이러한 격차가 그림에서는 '편익'으로 표시되어 있다. 개인에게는 미래의 1달러 가치보다 현재의 1달러 가치가 더 높기 때문에, 비용과 편익을 비교하기 전에 식 (8.1)에서처럼 미래소득이 현재가치로 계산되어야 한다. 할인율과 직간접비용이 낮을수록 그리고 혜택이 높을수록 수익률은 높아진다.

〈표 8.1〉의 오른쪽 3개 열에는 개인적 관점에서 이루어진 분석의 결과가 제시되어 있다. 사하라이남 아프리카에서는 초등교육의 사적 수익률이 37% 이상이라는 것에 주목할 필요가 있다. 이와 같은 높은 수익률에도 불구하고, 많은 가계가 여기에 투자를 하지 않는다. 왜냐하

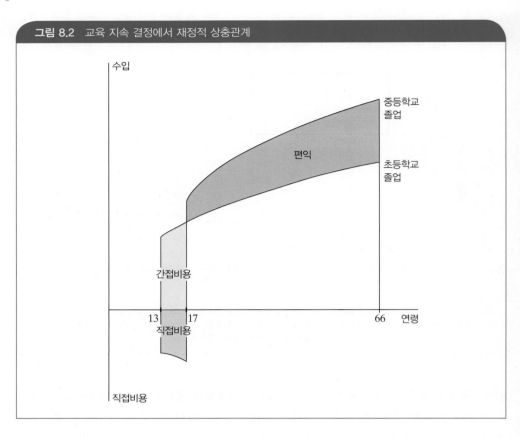

그림 8.2　교육 지속 결정에서 재정적 상충관계

면 노동하는 아이를 가계로 불러들일 수 있는 극히 적은 금액도 차입할 능력이 없기 때문이다 (이는 다음 절의 주제이다). 개발도상국의 높은 수익률은 교육수준의 차이에 따른 사람들 간에 소득 격차가 평균적으로 선진국보다 더 크다는 사실을 반영한다.

〈표 8.1〉의 처음 3개의 열은 사회적 수익률을 보이고 있다. 이 사회적 수익률은 직접비용의 일부로서 개인교육을 위한 공공보조금을 포함한 것이다. 왜냐하면 이는 사회적인 관점에서 투자의 일부이기 때문이다(또한 세후소득보다는 세전소득을 고려하였다). 세부적 계산 과정은 미주 19번에 나와 있다.[19] 다만, 사회적 수익률이 과소평가되었다는 사실은 언급되어야 할 것이다. 왜냐하면 교육받은 사람이 다른 사람들에게 제공하는 외부성(예 : 다른 가족 구성원들이나 직장 동료들에게 글을 읽어 주는 것)을 고려하지 못할 뿐만 아니라, 센(Amartya Sen)이 언급한 바와 같이 공적 논의에서 보다 중요하게 고려되는 자율성 및 시민사회 참여의 증가, 보다 효과적인 소통 그리고 정보에 기반한 선택이 가능해지는 점을 고려하지 못했기 때문이다. 〈그림 8.2〉는 재정비용과 사회후생 편익을 포함함으로써 공공정책 관점에서의 편익-비용 간 상충관계(trade-off)를 설명할 수 있다. 즉 *x*축 아래의 직접적 교육비용에 보조금과 같은 사회적 비용을 더할 수 있고, 편익에는 순일출효과(spillover)를 더할 수 있다.[19a]

표 8.1 교육수준에 따른 교육투자 수익률 : 지역별 평균(%)

영역	사회적 수익률(%)			사적 수익률(%)		
	초등교육	중등교육	고등교육	초등교육	중등교육	고등교
아시아[a]	16.2	11.1	11.0	20.0	15.8	18.2
메나(MENA)[b]	15.6	9.7	9.9	13.8	13.6	18.8
남미와 카리브 해	17.4	12.9	12.3	26.6	17.0	19.5
OECD	8.5	9.4	8.5	13.4	11.3	11.6
사하라이남 아프리카	25.4	18.4	11.3	37.6	24.6	27.8
전 세계	18.9	13.1	10.8	26.6	17.0	19.0

a. Non-OECD

b. 유럽/중동/북아프리카, 비OECD 지역

출처 : Goerge G. Psacharopoulos and Harry A. Patrinos, "Returns to investment in education: A further updates," Education Economics 12, No. 2(August 2004), tab1.

주 : 수익률이 어떻게 계산되었는지는 이 장의 미주 19번에 자세히 나와 있음.

8.3 유소년 노동

개발도상국에 있어서 유소년 노동은 매우 광범위한 문제다. 15세 이하 유소년들이 노동을 하게 되면, 그 노동시간으로 인해 그들의 학교교육이 방해를 받게 되고 또한 많은 경우에 있어서 유소년 노동은 그들의 재학 자체를 중단시키게 된다. 더 심각한 것은, 그들이 처한 빈곤 상태를 고려하더라도 노동하는 유소년들의 건강이 노동하지 않는 유소년들보다 훨씬 더 열악하다는 것이다. 유소년 노동자들 사이에서는 육체적 발육부진이 공통적으로 나타난다. 게다가 노동하는 유소년들은 특히 열악하고 착취적인 근로조건에 놓여 있다.

유소년 노동 사안[20]에 대해 주도적 역할을 해 온 국제노동기구(ILO)의 2010년 보고서(4년마다 발표)에 따르면, 2008년 현재 여러 형태의 노동에 종사하고 있는 5~17세 유소년이 총 3억 600만 명에 이르고 있으나 이들 중 1/3 정도만이 국가 법규와 ILO 협약이 허용하는 근로에 종사하고 있다. 그러나 총 2억 1,500만 명이 '유소년 노동자'로서 분류되는데, 그 이유는 이들이 노동을 위한 최소연령 이하 내지는 최소연령부터 17세까지의 연령에 속해 있으며 동시에 그들의 건강, 안전 및 도덕성을 위협하는 노동에 종사하고 있거나 강제노동의 조건에 처해 있기 때문이다. 이 숫자는 2004년 추산된 2억 2,200만 명에서 약 3% 하락한 것이다. 5~11세 사이의 유소년 노동자가 약 900만 명 이상이 존재하며 이 중 약 1/3이 위험한 직종에 종사하고 있다. 유소년 노동자 중에서 절반 이상인 약 1억 1,500만 명의 아이들이 여전히 **위험한 노동**에 노출되어 있다. 유소년 노동자의 절반 이상이 아시아와 태평양 연안 국가에 살고 있지만 사하라이남 아프리카 국가는 유소년 인구 대비 유소년 노동 비율이 가장 높다. 위험한 노동에 종사하는 유소년 중 4,800만 명은 아시아와 태평양 연안 국가에 살고 있으며, 약 3,900만 명은 사하라이남 아프리카 국가에 그리고 900만 명은 남미 국가에 살고 있다. 최근까지 이 문제를 무시해 온 아랍 국가에서도 유소년 노동은 문제로 남아 있다. 브라질과 같은 일부 국가와 인도의 케랄라 같은 일부 지역에서는 상당한 진전이 이루어졌다.

근로조건은 가끔 끔직하다. ILO 보고에 의하면, 유소년 노동자의 절반 이상이 9시간 또는 그 이상 노역한다는 사실이 설문조사로 밝혀졌다. 열악한 형태의 노동은 위험, 성적 착취, 마약거래, 그리고 채무구속 등과 관련되어 있으며 건강과 복지후생을 위협하고 있다. 2011년의 보고서에서, 매년 약 22만 명의 유소년이 노동과 관련된 사고로 사망한다고 ILO는 보고하고 있다. 유소년 노동이 별개의 문제가 아니며 특히 아프리카와 동남아시아 국가에서 만연한 문제라는 것이 명백하다.

그럼에도 불구하고, 모든 형태의 유소년 노동을 즉각 금지하는 것이 언제나 유소년들에게 최고의 이익인지는 분명하지 않다. 노동하지 않으면 아이들은 심각한 영양부족 상태가 될 수 있다. 노동을 해야 학교비용과 기초적인 영양과 보건치료가 가능할 것이다. 그러나 유소년 노동의 금지를 통해 유소년 노동자와 그 가족이 모두 좋아질 수 있는 하나의 환경 조합이 존재한다. 즉 다중균형이 존재한다. 바수(Kaushik Basu)는 이와 관련된 분석을 제시하였고, 우리는 이러한 문제가 어떻게 발생할 수 있는지를 보여주는 그의 단순 모형을 먼저 검토할 것이다.[21]

유소년 노동을 모형화하기 위해서 우리는 두 가지 중요한 가정을 전제한다. 첫째, 충분히 높은 소득을 갖고 있는 가계는 아이들을 노동현장에 보내지 않는다. 희망하는 바와 같이, 이것이 사실이라는 강력한 증거가 존재한다. 둘째, 유소년 노동과 성인 노동은 상호 대체재라는 것이다. 사실 유소년들은 성인들만큼 생산적이지 않으며 성인 노동자들은 유소년들이 할 수 있는 어떠한 일도 해낼 수 있다. 이러한 주장은 가설이 아니다. 이는 여러 국가에서 이루어진 유소년 생산성에 관한 수많은 연구에서 발견된 것이다. 이를 강조하는 것은 중요하다. 왜냐하면 유소년은 특별한 생산력을 갖고 있다는 것이 간혹 제기되는 유소년 노동의 정당성 논리이기 때문이다. 예컨대 유소년들은 양탄자나 다른 생산품의 생산에 필요한 작은 손가락을 갖고 있다는 것이다. 그러나 이를 지지할 만한 증거는 없다. 카펫 짜기를 비롯한 모든 공정을 연구한 결과, 본질적으로 성인 노동이 훨씬 더 생산적이다. 따라서 성인과 유소년 노동공급은 경제적 문제의 분석에 있어서 함께 고려되어야 한다.

유소년 노동의 모형은 〈그림 8.3〉에 그려져 있다. x축은 성인에 해당하는 노동공급을 나타낸다. 노동수요의 효과를 이해하는 것이 관심사이기 때문에, 그림에서 동질적인 노동의 단위를 고려한다. 따라서 만약 유소년 노동자가 성인 노동자에 비해서 생산성이 γ배만큼 크다면, 1명의 유소년이 γ명의 성인 근로자와 동일하게 생산적이라고 할 수 있다. 이러한 가정에 따르면 $\gamma < 1$이 된다. 예를 들어 만약 1명의 유소년 노동자가 성인 노동자의 절반의 생산성을 갖는다고 한다면, $\gamma = 0.5$이다.

논의가 되고 있는 지역에서, 임금에 관계없이 모든 (비숙련)성인이 노동하고 있다고 가정하자. 이 경우 성인의 노동공급곡선은 그림의 AA'들에게는 고도의 비탄력적 공급이 매우 합리적인 가정이 된다. 부모들이 현대부문의 직업을 갖지는 못할지라도, 모든 성인들은 가족의 생계를 돕기 위해 일부 유형의 활동에 종사하고 있다. 성인공급 AA'은 단순히 비숙련 노동자의 숫자이다. 총노동공급곡선을 이해하기 위해, 임금이 하락하면 어떻게 되는지 생각해보자. 만약 임금이 w_H 이하로 하락하면, 일부 가족들은 자신의 아이들을 노동현장에 보내야 할 만

그림 8.3 나쁜 균형으로서 유소년 노동

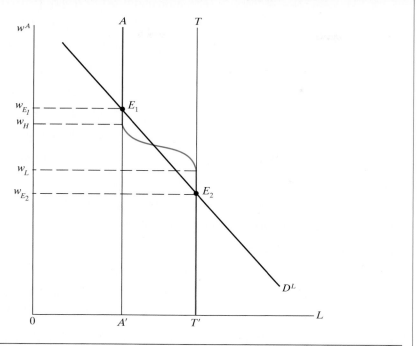

출처 : Kausic Basu, "Child labor: Cause, consequence, and cure, with remarks on international labor standards," *Journal of Economic Literature* 37 (1999): 1101. 저자와 American Economic Association의 허락하에 게재.

큼 가난하다는 사실을 발견한다. 처음에는 임금이 여전히 높아서 단지 일부의 가족과 자녀들만이 영향을 받게 되는데, 이는 여전히 가파른 w_H 바로 아래에 위치한 S자 곡선에 반영되어 있다. 임금이 지속적으로 하락하면서, 더 많은 가족들이 동일하게 행동하게 되고, 노동공급은 S자 곡선을 따라 확대되는데, 이는 적은 임금 하락이 더 많은 가족들로 하여금 자녀를 노동현장에 보내도록 함에 따라 점차 완만해진다. 만약 임금이 w_L에 도달하게 되면, 모든 유소년이 노동을 하게 된다. 여기서 우리는 모든 성인과 유소년을 합한 수직선의 총노동공급곡선 TT'선상에 위치하게 된다. 이 합은 성인의 숫자와 유소년의 숫자에 $\gamma(\gamma < 1)$를 곱한 수의 합이 된다. (중간의 S자 형이 될 것이지만 직선이라도 해도 분석은 유지될 수 있다.) 그 결과에 의한 자녀들과 성인들 모두의 공급곡선은, 우리가 〈그림 5.5〉에서 보았던 우상향 공급곡선과 같이 기본적인 미시경제학에서 고려하는 표준적인 곡선과 매우 다르다. 그러나 이는 개발도상국의 유소년 노동 맥락에서는 매우 적절하다. 요약하면, 임금이 w_H보다 높으면 공급곡선은 AA'을 따라갈 것이다. 만약 임금이 w_L 이하이면, 공급곡선은 TT'를 따를 것이다. 그리고 그 중간에서는 2개의 수직선 사이의 S자 곡선을 따라가게 된다.

이제 노동수요곡선 D^L을 생각해보자. 수요가 w_H 위에서 AA'선을 자르고 w_L 아래에서 TT'선을 자를 만큼 충분히 비탄력적이라면, 그림에서와 같이 E_1과 E_2의 두 가지 안정적 균형이 존재한다.[22] 2개의 균형이 있을 때 나쁜 균형점 E_2에서 출발한다면, 효과적인 유소년 금지에 따라 지형은 좋은 균형 E_1으로 이동하게 된다. 또한 경제가 새로운 균형으로 이동하게 되면, 유소년 노동금지는 자기강화적(self-enforcing)이 된다. 가설과 같이, 가계들이 자녀들을 노동현장에 보내지 않아도 될 만큼 새로운 임금이 충분히 높기 때문이다. 만약 빈곤한 가계들이 서로 협력하여 자녀들을 노동현장에 보내지 않는다면, 이들 각자는 더 좋아질 것이다. 그러나 가계의 수가 많기 때문에 이들은 이와 같은 결과를 얻을 수 없다.[23]

모든 유소년이 학교에 간다는 또 다른 균형이 존재할 때, 유소년 노동을 금지하는 것은 거부할 수 없는 정책이다. 그러나 모든 아이와 가족들이 더 행복해지는 반면에 고용주들은 더 높은 임금을 지불해야 하기 때문에 손해를 입게 된다는 점에 주목해야 한다. 이에 따라 고용주들은 정치적 압력을 통해 유소년 노동법 제정을 방해할 수 있다. 이러한 의미에서, 유소년 노동은 최악의 노동 유형이나 실제로는 파레토 최적이 될 수 있다. 이는 파레토 최적 조건이 발전정책의 기초로는 매우 취약한 조건이라는 사실을 다시 생각하게 만든다. 동일한 의미로, 극단적 빈곤을 포함한 저개발의 여러 다른 문제들이 때때로는 파레토 최적일 수가 있다. 왜냐하면 이러한 문제들을 해결하는 것이 부유층에게는 손해가 되기 때문이다.

이와 같은 유소년 노동 모형이 여러 개발도상국 지역에 대한 합리적 설명이지만, 우리는 비숙련 노동시장의 조건들을 충분히 알지 못하기 때문에, 이러한 유형의 다중균형과 심각한 신용제약이 실제로 유소년 노동을 얼마나 잘 설명할 수 있는지 논의하기 어렵다. 그러므로 실행할 수는 있다 하더라도, 오늘날 전 세계 모든 지역에서 유소년 노동을 즉각 금지하고자 하는 것은 비생산적일 수 있는 것이다. 그 결과 국제정책 영역에서는 중도적인 접근방법이 주류를 이루고 있다.[24]

현재의 발전정책에는 유소년 노동에 접근하는 네 가지 주요 정책이 존재한다. 첫 번째 관점에서는 유소년 노동을 빈곤의 증거로 인식하며, 유소년 노동 자체를 직접 해결하기보다는 빈곤을 해소하는 데 중점을 둔다. 이와 같은 입장은 일반적으로 세계은행의 입장과 연관성이 있다(빈곤정책은 제5장, 제9장 및 제15장에서 논의하고 있음).

두 번째 접근법은 더 많은 아이들을 학교에 보낼 수 있는 전략을 강조하는데, 새마을 학교들과 같이 학교 부지를 확대하는 것이 포함되며, 또한 이 장의 사례연구에서 논의한 멕시코 Progresa/Opportunidades 프로그램 또는 실험적 말라위 프로그램과 같이 부모들로 하여금 자녀들을 학교에 보내게 유도하는 **조건부 현금이전**(conditional cash transfer, CCT)의 전략 등이 있다. 이 전략은 다수의 국제기구 및 개발기구들에 의해 광범위한 지지를 받고 있다. 이는 기초교육을 의무화하는 정책보다 더 효과적인 전략이라고 할 수 있다. 왜냐하면 보완적인 정책들이 없어도 아이들을 학교에 보내도록 하는 인센티브가 여전히 강하고, 많은 경우에 있어서 비공식부문에 대한 규제 자체가 불가능한 것으로 판명된 바와 같이 실행력은 약할 것이기 때문이다. 의무교육은 좋은 아이디어지만 그 자체는 유소년 노동 문제에 대한 충분한 해결방법은 아니다. 기초교육의 질적 수준을 높이고 접근성을 제고하는 것이 또한 중요하다. 대부분의 저소득국가들에 있어서 기초교육에 소요되는 국민소득 비중은 여전히 문제가 되고 있다. ILO가 다음과 같이 지적하듯이

조건부 현금이전(CCT) 프로그램
자녀들의 정규교육 재학과 보건의료 방문 등과 같은 가계 행동에 기반을 두고, 조건부로 제공되는 복지혜택

예문 8.5 연구결과 : 현금 또는 조건? 말라위로부터의 증거

특히 극심한 빈곤에서 성장하는 소녀들에게 있어서 빈곤과 충족되지 않는 보건 및 교육 수요의 결합을 해소할 수 있는 효과적인 프로그램은 무엇인가? 베어드, 매킨토시, 오즐러(Sarah Baird, Craig McIntosh, Berk Ozler)가 지적하듯이, 학교 취학과 효과적 학습 그리고 결혼 및 출산 결과가 빈곤한 생활을 하는 교육 적령기 소녀들에게 있어서 가장 중요한 장기적 전망이다. 비용 측면에서 어떠한 정책이 가장 효과적인가?

말라위의 여자 청소년들을 대상으로 한 현금이전 프로그램의 무작위 제어실험 결과는 매우 중요한 통찰력을 제공한다. 베어드, 매킨토시, 오즐러는 무작위로 할당된 세 집단을 서로 비교하였다—현금이전을 받지 않은 집단, 조건 없이 현금이전을 받은 집단(UCT), 지속적 학교 출석이라는 조건하에 현금이전을 받은 집단(CCT). 이 구조하에서, 연구자들은 교육 성취도와 결혼 및 자녀양육 결과를 검토하였다. 이들은 두 가지 프로그램이 모두 지속적 재학 비율을 증가시켰다는 것을 발견했다(자퇴를 회피). 그러나 출석조건부 현금이전이 무조건 현금이전에 비해 2배 이상(약 2.3배) 우수했다. 한편, 일단의 초기 연구들은 (주로 남미에서의) 무조건 현금이전의 효과가 작거나 거의 없다는 결과를 제시하고 있다. 아마도 이 차이는 저소득 아프리카에 만연한 조건들을 반영한다. 연구자들은 CCT 프로그램에 속한 소녀들이 UCT 프로그램에 속한 소녀들보다 더 우수한 영어 독해력을 보인 것을 발견했다(작지만 통계적으로 유의한 차이).

동시에, 취학과 출석 증가에 있어서 CCT가 UCT에 비해 더 **비용효과적**이라는 것을 저자들은 발견했다. 이는 행정적으로 보다 복합적인 CCT 프로그램 운영에 필요한 추가 경비들을 고려해도 마찬가지다. 저자들은 다른 이전들에 대해서 검토했으며, 가장 적은 금액들(부모들에게 월 4달러, 그리고 교육연령 소녀들에게 월 1달러)조차도 CCT 부문에서 목격된 평균적인 교육효과를 얻는 데 충분하다는 것을 발견했다.

다른 한편으로, UCT 프로그램은 결혼과 자녀양육 시기를 늦추는 강력한 효과가 있는 것으로 알려졌다(2년 후 각각 44%와 27%). 그리고 비록 CCT가 소녀들을 더 학교에 머물게 하고 보다 효과적으로 학습하게 만드는 데 더 성과가 있지만, 십대 임신과 결혼의 가능성을 감소시키는 데는 별 효과가 없었다. 학교를 자퇴했으나 가족들이 계속 이전혜택을 받았던 여학생들 있어서, 이러한 결과들에 대한 UCT의 영향 때문에 위와 같은 결과들이 나타난 것으로 저자들은 판단했다(왜냐하면 결국 이전은 무조건적이기 때문). 열여섯 살 또는 그 이상 연령의 그리고 학교를 자퇴할 가능성이 높은 소녀들이 결혼하거나 자녀양육을 시작하지 않도록 설득하는 데 있어서 CCT 제안은 효과적이지 않은 것으로 보인다고 저자들은 결론 내렸다. 한편, 딸들이 학교를 자퇴한 빈곤계층의 가족들은 결국 아무것도 받지 못하며, 다른 빈곤감소 혜택을 받을 수 없게 된다.

이러한 결과는 빈곤 감소, 보건, 교육 및 사회발전목표를 효과적으로 달성하기 위한 하나의 프로그램 설계를 정하기 어렵다는 것을 반영한다. 저자들이 결론 내리고 있듯이, "의도하는 행동 변화를 얻는 데 있어서 CCT 프로그램들이 UCT보다 더 효과적이지만, 이들은 또한 현금이전 프로그램들의 사회보호 측면을 약화시킬 수 있다는 것을, 이 연구는 명확히 하고 있는 것이다."

출처 : Sarah Baird, Craig McIntosh, and Berk Ozler, "Cash or condition? Evidence from a cash transfer experiment," *Quarterly Journal of Economics* 126, No. 4 (2011): 1709-1753.

사하라이남 아프리카 국가의 경우, 모든 저소득국가의 절반가량이 국가 소득의 4% 이하를 교육에 지출하고 있다. 남아시아의 방글라데시는 국가 소득의 단 2.6%만을 교육에 지출하고 있으며, 파키스탄은 2.7%를 지출하고 있다. 인도의 경우 사하라이남 아프리카 국가들보다 1/3 정도 높은 평균소득을 보유하고 있음에도 불구하고 그들의 평균값보다 더 적은 국가 총소득 비중(약 3.3%)을 교육에 지출하고 있다. 보다 우려되는 것은 핵심적인 국가들에서 교육에 투입되는 국가소득의 비중이 정체되거나 감소한다는 것이다. 여기에는 1,500만 명 이상이 학교에 다니지 않는 것으로 추정되는 방글라데시, 인도, 파키스탄이 포함된다.[25]

세 번째 접근법에 따르면, 최소한 단기에 있어서 유소년 노동은 불가피한 것이며 일시적인 수단의 중요성이 중요하다. 일시적 수단으로는 학대를 방지하는 규제와 유소년 노동자들에 대한 서비스 재원의 제공이 있다. 이 접근법은 '유소년에 대한 최상의 이해관계'를 충족할 수 있는 규제 및 사회적 접근법의 검토목록을 준비해 온 유니세프(UNICEF)와 가장 보편적으로 연계되어 있다. 유니세프 목록에 포함된 규제는 다음과 같다―표준 내지는 작업장 교육을 위한 '타임오프'에 기반한 교육기회의 확대, 불법적 유소년 노동거래에 대한 강력한 법적 집행의 권장, 길거리 노동에 종사하는 유소년들과 부모를 위한 지원 서비스 제공, 그리고 유소년에 대한 경제적 착취를 반대하는 사회적 기준 개발노력 등.

ILO의 입장과 주로 부합되는 네 번째 접근법은 유소년 노동의 금지를 선호한다. 그러나 유소년 노동이 언제나 다중균형 문제에 의한 결과가 아닐 수 있다는 인식하에, 유소년 노동의 금지가 가능하지 않다면 가장 학대가 심한 형태의 유소년 노동을 금지하는 것을 선호한다. 최근에는 후자의 접근법이 더 많은 주목을 받아 왔다. ILO의 'Worst Form of Child Labor Convention'이 1999년 채택되었다. 유소년 노동관습에 있어서 최악의 유형은 다음과 같다―유소년 매매 및 거래, 부채 담보 및 농노와 같은 모든 유형의 노예 또는 노예와 유사한 노동, 매춘과 포르노 그리고 마약 판매와 같은 불법 활동, 특성 및 조건상 유소년의 건강과 안전 그리고 도덕성을 해칠 수 있는 노동 등. ILO는 2016년까지 최악의 유소년 노동을 완전히 철폐하기 위한 행동목표를 설정하였다. 그러나 ILO의 보고서에 의하면, 2011년 현재 상당한 진전이 이루어졌음에도 불구하고 그 목표를 달성할 만큼 충분히 빠르게 이루어지지는 않은 것으로 나타나고 있다.

ILO의 2003년 연구에 의하면, 20년 이상 기간 동안 14세까지의 유소년 노동 철폐 및 교육 수준 제고는 5조 달러(현재할인가치)의 경제적 이익 기반으로 이어졌다. 이는 기회비용을 계산한 가치이다. 예상소득이익에 관한 연구의 가정을 매우 보수적으로 바꾼다 하더라도 그 결과는 막대한 생산적이고 경제적 투자라는 것이다. 즉 기초 모형에서는 44%의 내부 수익률이 추정되었고 보수적인 모형에서도 23%로 나타나고 있다.[26]

마지막으로, 다수의 선진국 활동가들은 유소년 노동을 허용하고 있는 개발도상국에 대해서 무역제재를 부과하거나 최소한 유소년 노동에 의한 품목을 금지해야 한다고 주장해 왔다. 이 접근법은 좋은 의도를 갖고 있으나, 그 목적이 유소년의 후생복지에 있다면 그 실행은 신중하게 고려할 필요가 있다. 왜냐하면 유소년들이 수출부문에서 일할 수 없게 된다면, 그들은 노동 환경과 임금 수준이 더욱 열악한 비정규부문에서 강제적으로 일하게 될 것이 확실하기 때문이다. 또한 수출제한으로 인해 저개발국가들의 빈곤탈출과 성장이 더욱 어려워질 수 있다. 물론 최악의 유소년 노동이 용인되어서는 안 된다. 개발도상국으로부터의 수입을 금지하려는 노력이, 유소년 노동 문제를 다루는 비정부기구(NGO)에 대한 공공 및 민간개발협력을 담보하는 방향으로 전환될 수 있다면, 이 유소년들을 돕기 위한 더 많은 노력들이 성취될 수 있을 것이다.

8.4 성별 격차 : 교육과 보건의 차별

교육과 성

대부분의 저소득 개발도상국에 있어서 젊은 여성들은 젊은 남성들에 비해 적은 교육기회를 부여받는다. 청소년들의 문해율은 1990년대에 비해 훨씬 더 높아졌으나 〈그림 8.4〉가 보여주듯이 대부분의 지역에서 여자아이들은 남자아이들에 비해 뒤처져 있다. 개발도상국의 경우 문맹 인구와 학교에 다닐 수 없는 사람들의 대부분은 여성이다. 아프리카의 최빈개발도상국에 있어서 **성별 간 교육 격차**(educational gender gap)는 특히 크다. 니제르, 말리, 기니 및 베냉과 같은 국가들에서 여성의 문해율은 남성의 절반 이하이다. 그 격차는 남아시아에서도 상대적으로 크다. 인도의 성인 여성 문해율은 47.8% 정도로, 이는 남성 문해율의 65%에 불과한 것이다(젊은 여성의 문해율은 67.7%로서, 성인 남성 문해율의 80% 수준). 파키스탄의 성인 여성 문해율은 36%에 불과하며, 이는 남성 문해율의 57%에 불과하다(이 경우 젊은 성인 여성

성별 간 교육 격차
학교 취학 및 수료에 있어서 남성-여성 격차

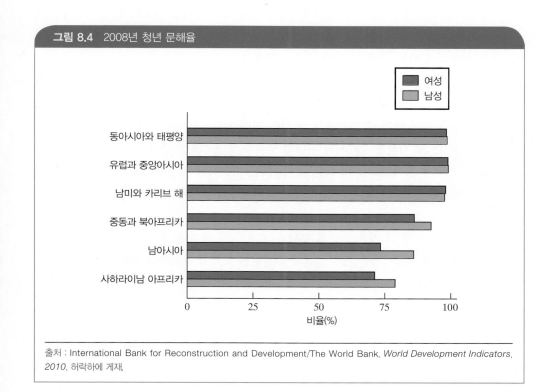

그림 8.4 2008년 청년 문해율

범례: 여성 / 남성

(가로축) 비율(%): 0, 25, 50, 75, 100

(세로축, 위에서 아래로)
- 동아시아와 태평양
- 유럽과 중앙아시아
- 남미와 카리브 해
- 중동과 북아프리카
- 남아시아
- 사하라이남 아프리카

출처 : International Bank for Reconstruction and Development/The World Bank. *World Development Indicators*, *2010*. 허락하에 게재.

의 문해율은 54.7%로서, 남성 문해율의 72% 수준). 전 세계적으로 1억 2,300만 명의 청년들 (15~24세)이 기본적인 읽기와 쓰기기술이 부족하며, 이들 중에서 61%가 젊은 여성들이다.[27] 밀레니엄개발목표(Millennium Development Goals) 3의 목표가 초등 및 중등교육의 성별 격차를 2005년까지 그리고 전 교육 수준에서의 성별 격차를 2015년까지 해소하는 것임을 기억해야 한다. 다수의 국가들에서 2005년 목표가 달성되지는 못했으나, 다른 국가들에서는 극적인 발전이 이루어졌다. 대부분의 저소득국가들 그리고 다수의 중위소득국가들에서 여성은 대학생의 소수—때로는 극소수—를 차지하고 있다. 고등교육(대학) 등록에 있어 여성의 비중이 남성보다 상당히 높아지고 있는 선진국의 장기적 추세가, 중동과 라틴 아메리카 그리고 다른 지역의 많은 중상위 소득 국가들에서 확대되어 왔다.

학교교육의 완료 역시 성별 불균등에 영향을 받는데, 때때로 그 격차는 농촌지역에서 특히 크다. 예를 들어 파키스탄의 농촌에서, 초등교육을 이수하는 남성의 비율은 42%인 데 비해 여성의 비율은 17%에 불과하다. 도시지역의 경우 성별 격차는 적지만 아직도 상당하다고 볼 수 있는데, 초등교육을 이수한 남성의 비율이 64%인 데 비해 여성의 비율은 50%로 나타나고 있다.[28]

실증분석 결과에 따르면, 여성에 대한 교육차별은 경제발전을 저해할 뿐만 아니라 사회적인 불균등을 조장하게 된다는 것이다. 여성에 대한 교육기회 확대를 통한 성별 간 교육 격차의 해소는 밀레니엄개발목표(MDG)의 주요 강령인 동시에 다음과 같은 세 가지 이유 때문에 경제적으로도 바람직하다.[29]

1. 대부분의 개발도상국에서 여성의 교육 수익률은 남성의 수익률보다 더 높다. [더 적은 여성들이 취학하고 있기 때문에, 추가적으로 취학할 여성은 평균적으로 남성에 비해 훨씬 더 우수할 수 있다는 사실을 부분적으로 반영한다.]
2. 여성 교육의 증가는, 노동현장에서의 여성 생산성(그리고 또한 수입)을 향상시킬 뿐만 아니라 더 많은 노동력의 참여를 가져온다. 또한 혼인적령기의 연장, 출산율 하락, 그리고 크게 향상된 자녀 보건 및 영양을 통해 다음 세대에게도 이익이 된다. 어머니에 대한 교육은 직접적으로 지식을 증가시켜 자녀의 생존과 영양 그리고 교육을 도울 수 있기 때문이다. 그리고 간접적으로는 더 높은 가계소득을 가능하게 하는데, 일반적으로 아버지에 비해서 어머니는 추가소득의 더 많은 부분을 자녀들에게 사용한다는 점을 특별히 주목해야 한다.
3. 여성은 불균등하게 더 많은 빈곤의 부담을 지고 있기 때문에, 교육을 통해 여성의 역할 및 지위를 크게 향상시키는 것은 빈곤과 부적절한 교육의 악순환을 깨뜨릴 수 있는 중요한 영향력을 갖는다.

보건과 성

제6장에서 논의한 것처럼, 개발도상국의 소녀들은 또한 보건에서도 차별에 직면하고 있다. 예를 들어 남아시아에 대한 연구에서 보여주듯이, 가족들은 아픈 소녀보다 소년을 보건소에 데리고 갈 확률이 더 높다. 합법적이건 불법적이건 간에, 여성의 경우는 때때로 생식 권리도

인정되지 않는다. 광범위하게, 남성의 보건 지출은 종종 여성의 경우보다 매우 높다. 그리고 나이지리아와 같은 많은 국가에 있어서 아내의 건강치료 결정이 남편에 의해 종종 이루어지게 된다.

2005년 유니세프 보고서에서 서술된 여성 생식기 절단(FGM/C)은 보건과 성의 비극이다. FGM/C는 사하라이남 아프리카 국가와 중동에서 가장 광범위하게 수행되었으며, 약 1억 3,000만 명의 여성들에게 영향을 준 것으로 알려지고 있다. 위험한 동시에 기본적 권리에 대한 침해인 이러한 관행은 남성에 의한 의사결정의 결과일 뿐만 아니라, FGM/C를 받았던 많은 어머니들이 자신들의 딸들에게도 이를 요구하고 있다. 대부분의 가족들이 이 관행을 지킨다면 어느 특정 가족이 이를 거부하는 것은 더욱 어려워진다. 가족과 딸에게 주어지는 '불명예'를 피하고 '결혼적령'을 놓치지 않기 위해서다. 이러한 통상적 문제들이 전족(foot binding)과 같은 사회적 기준 또는 관습과 관련된 다중균형 모형에 적합하다는 것이 노벨경제학상 수상자 셸링(Thomas Schelling)의 연구에 기반을 둔 맥키(Gerry Mackie)의 해석이다. 이러한 일반적 틀은 이 책의 초반부에 논의한 여성 출산율의 높고 낮음에 관한 분석에서 적용되었다(〈그림 4.1〉을 사용하고 제6장 304~305페이지의 논의와 유사한 방식으로 적용함). 발전에 대한 긍정적 조짐으로서 FGM/C 관행에 대한 '대규모 폐지' 경험이 증가하고 있다. 이는 종족 간 결혼집단 가족들이 한 조직적 맹세로부터 시작된 경우가 많은데, 이 맹세는 자신들의 딸들이 더 이상 이 관행을 따르지 않는다는 것이다. 그러므로 지역에 기반한 NGO들과 유사한 조직들과의 연계를 통해 이와 같은 조정실패가 종종 극복될 수 있다.[30]

보건과 교육에 있어서 성적 편견의 결과

개발도상국에 관한 연구들은, 소녀들에 대한 기초교육 확대의 수익률이 다른 어떤 투자보다 훨씬 더 높다는 것을 지속적으로 보여준다. 예를 들어 그 수익률은 대다수의 공공 인프라 프로젝트보다도 훨씬 더 높다. 소녀들을 교육시키는 데 실패한 경우의 글로벌 비용이 연간 920억 달러에 달하는 것으로 추정되고 있다.[31] 이것이 교육에 있어서 소녀들을 차별하는 것이 불균등할 뿐만 아니라 발전목표의 성취라는 관점에서 매우 대가가 크다는 것을 설명하는 이유이다.

소녀들에 대한 교육은, 지역의 보건 표준을 개선하는 데 있어서 비용 대비 효과가 가장 우수한 수단 중 하나로 나타나고 있다. 유엔과 세계은행 그리고 기타 기관들이 수행했던 연구결과에 따르면, 소녀들에 대한 교육이 가져올 부가적인 수익 역량을 고려하지 않더라도 소녀교육의 확대가 가져올 사회적 혜택은 그 비용을 보상하기에 충분하다는 것이다. 그러나 파키스탄과 방글라데시 그리고 다른 국가들에서 나타난 증거에 따르면 소녀 교육이 가족소득 증가와 함께 자동적으로 확대된다고 가정할 수는 없다.

소녀들에 대한 교육 및 보건의료 접근의 열악함은 경제적 인센티브와 문화적 관심 사이에 존재하는 연계성의 본질을 나타낸다. 많은 아시아 지역에서, 부모에 대한 노후 봉양과 혼인 지참금의 수령 가능성 그리고 지속적인 농장에서의 노동 제공을 통해 소년들은 미래의 경제적인 혜택을 제공하게 된다. 반면, 소녀들은 어린 나이부터 결혼 지참금이 필요하며 결혼 후

남편이 사는 마을로 이주하여 자신들의 부모보다는 남편 부모들의 복지후생을 책임지게 된다. 남아시아 빈농 출신의 소녀에게는, 남편과 남편의 가족들에게 봉사하는 것 이외에 다른 적당한 대안이 없는 경우가 많다. 실제로 교육을 더 받은 젊은 여성은 결혼 가능성이 더 적은 것으로 인식된다. 가족들에게 있어서 질병치료 비용은 매우 높을 수 있으며, 치료를 받기 위해 일터에서 도시로 가야 하기 때문에 며칠 동안의 노동손실이 필요할 수 있다. 실증적 선행연구들은 이와 같은 부정적 인센티브들로부터 우리가 무엇을 기대할 수 있는지 보여준다. 때때로 딸보다 아들의 목숨을 구한 필사적인 노력들이 이루어지며, 소녀들은 소년들보다 더 적은 교육을 받게 되는 것이다.

아들에 대한 편향은 '잃어버린 여성'이라는 현상을 설명하는 데 도움이 된다. UN은 아시아에 있어서 인구통계학 기준이 예측한 것보다 전체 인구에서 차지하는 여성의 비중이 훨씬 더 적다는 사실을 발견했다(제6장 참조). 선진국의 성별 비율 추정을 바탕으로, 노벨경제학상 수상자인 센은 1억 명 이상의 여성이 전 세계적으로 실종되었다는 결론을 제시하고 있다.[32] 증거에 따르면 이러한 조건들이 중국 및 인도에서 더욱 악화되고 있다. 이는 수천만 명의 남성들이 결혼할 수 없고 미래의 사회가 불안정할 가능성이 높아진다는 것을 의미한다. 센 교수가 지적한 바와 같이 여성 부족 그 자체는 단순한 빈곤의 문제가 아니다. 왜냐하면 빈곤이 더욱 심각한 아프리카에는 여성이 남성보다 2% 정도 더 많다. 비록 이 수치가 서유럽과 북아메리카만큼 높은 것은 아니지만, 더 많은 평균소득을 지닌 아시아보다는 여전히 더 높은 것이다. 이는 대부분 소녀들에 대한 보다 열악한 치료로 설명된다. 2010년 현재 중국과 인도의 남성 대 여성 비율은 각각 1.06과 1.08로 추정되고 있는데, 이 수치는 미국, 영국 및 캐나다의 0.8과 비교되는 것이다. 이 문제는 중국을 비롯한 여러 국가들에서 악화되고 있을지도 모른다. 중국과학원(China Academy of Science)의 2010년도 보고서에 따르면, 2009년에 태어난 남자아이 수는 여자아이 100명당 119.5명으로 추정되고 있으며, 성별 선택에 의한 낙태가 주요 요인으로 제시되고 있다.[33] 인도에서도 이 비율은 112로 역시 높다. 이들 평균들은 특정 지역에서의 더 높은 비율을 모호하게 만든다. 아프리카의 성별 편향에 관한 증거는 매우 복합적이다. 일부 연구는 소규모의 여성 편향을 발견한 반면 다른 연구는 소규모지만 점증하는 남성 편향을 발견했다.[34]

〈그림 8.5〉는 5개의 아시아 국가들에 있어서 인구 내 여성실종 비율에 관한 추정치를 제시하고 있으며, 또한 높이 평가되는 클라센과 윙크(Stephan Klasen and Claudia Wink)의 연구에서 도출된 사하라이남 아프리카 국가들의 전체 평균을 보여주고 있다.

어머니 교육의 확대는 일반적으로 아들과 딸 모두의 보건 및 교육 가능성을 증가시키지만, 명확히 딸들의 가능성을 더욱 증가시킨다.[35]

증거들을 종합하면, 가계소득의 증가가 보건 수준 및 교육 성과를 자동적으로 향상시키지는 않는다. 만약 더 높은 소득이 필연적으로 더 좋은 보건과 교육으로 이어지기를 기대할 수 없다면, 이어지는 논의에서 볼 수 있듯이 향상된 교육 및 보건이 더 높은 생산성과 소득을 유인할 수 있다는 보장은 없게 되는 것이다. 소득 증가의 이득과 보건 및 교육에 대한 공공투자 혜택 그리고 다른 인프라가 균등하게 공유될 수 있는지에 의해서 대부분이 결정될 것이다.

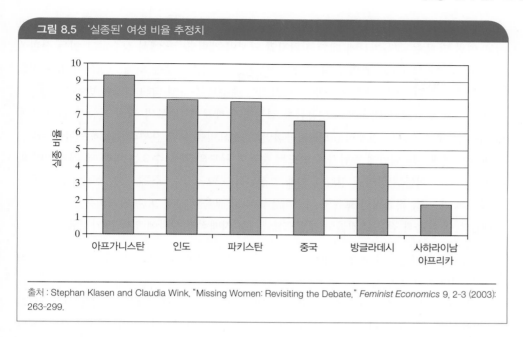

그림 8.5 '실종된' 여성 비율 추정치

출처 : Stephan Klasen and Claudia Wink, "Missing Women: Revisiting the Debate," *Feminist Economics* 9, 2-3 (2003): 263-299.

이 장의 남은 부분에서는 교육과 보건 시스템에 관한 이슈들이 다루어질 것이다. 2개의 주제가 별도로 검토되겠지만, 이들의 상호-강화적 역할을 기억하는 것이 중요하다.

8.5 교육 시스템과 발전

교육과 경제발전, 특히 교육과 고용에 관한 대부분의 선행연구와 공공 논의는 두 가지의 기본적 경제 과정들을 중심으로 진행되어 왔다—(1) 우수한 교육 장소들을 얼마나 많이 공급할 것인가와 이 교육 장소에 누가 접근할 수 있는가 그리고 어떠한 유형이 설명이 그들에게 제공될 것인가 등을 결정하는 데 있어서 경제적 동기의 수요와 정치적 동기의 공급 간 상호작용, (2) 서로 다른 교육수준의 사회적 편익과 사적 편익의 중요한 구분, 그리고 교육투자 전략에 있어서 이들 차이가 주는 시사점.

교육의 공급과 수요의 정치경제학 : 고용기회와 교육 수요의 관계

비록 많은 비시장적 요소에 의해 영향을 받지만, 개인이 받게 될 학교교육의 정도는 대체로 수요와 공급에 의해 결정되는 것으로 간주할 수 있다.[36] 수요 측면에서는 두 가지 원칙이 희망하는 교육수준에 영향을 주게 된다—(1) 더 많은 교육을 기반으로, 미래의 현대부문에 고용됨으로써 상당히 더 많은 수입과 소득을 얻을 수 있다는 학생의 전망[교육을 통한 가계의 **사적 편익**(private benefits)] 그리고 (2) 직간접적으로 가족과 학생이 감당해야 하는 교육비용. 교육 수요의 수준은 현대부문의 고임금 고용기회에 의해 **파생된 수요**(derived demand)라고 할 수 있다. 이와 같은 직업에 대한 접근성은 대체로 개인의 교육에 의해 결정되기 때문이다.

공급 측면에서 본다면, 얼마나 많은 초등과 중등 그리고 대학교육 기관의 수량은 정치적인

사적 편익
개별 경제단위에 직접적으로 발생하는 편익. 예를 들면 교육은 사적 편익은 학생과 그 부모에게 직접적으로 발생한다.

파생된 수요
다른 재화에 대한 수요로부터 간접적으로 나타나는 재화 수요

과정에서 결정되며, 때때로 경제적 판단기준과는 무관하게 결정되기도 한다. 높은 수준의 그리고 훨씬 더 많은 교육기관에 대한 정치적인 압력이 개발도상국에서 상승하고 있는 상황에서, 우리는 편의상 교육기관의 공적 공급이 정부의 교육지출 수준에 의해 고정되어 있는 것으로 가정할 수 있다. 이는 다시 교육에 대한 사적인 총수요 수준에 의해 영향을 받는다.

교육 수요의 규모가 대체적으로 공급을 결정하기 때문에 (정부의 재정 가능성 한계 내에서) 우리는 교육 수요의 경제적 (고용 지향적인) 결정요인을 보다 자세히 검토해보아야 한다.

개인이 현대부문 취업에 적합하게 만드는 충분한 규모의 교육 수요는 다음 네 가지 변수와 관계가 있거나 이들의 통합적 영향에 의해 결정된다—임금 또는 소득 격차, 현대부문 고용기회 발견의 가능성, 직접적인 교육의 사적비용 그리고 교육의 간접 또는 기회비용.

예를 들어 다음과 같은 조건들이 개발도상국에서 지배적인 상황에 있다고 가정하자.

1. 초등교육과 중등교육 졸업자에게 있어서, 현대부문-전통부문 또는 도시-농촌 간 임금 격차가 100% 규모이다.
2. 초등학교 중퇴자가 노동시장에 진입하는 비율보다 초등학교 중퇴자를 위한 현대부문의 고용기회 증가율이 더 느리다. 인도, 멕시코, 이집트, 파키스탄, 가나, 나이지리아, 케냐 등의 국가들에서는 중등교육 수준과 심지어는 대학 수준에서도 동일한 상황이다.
3. 과잉지원자들 속에서, 고용주들은 교육수준에 따라 선발하는 경향이 있다. 충분한 업무능력이 초등교육 이상을 요구하지 않는 경우에도, 고용주들은 초등교육보다는 중등교육의 경험을 지닌 후보자를 선택할 것이다.
4. 정부는 직업에 요구되는 최소한의 교육자격보다 취업자의 교육수준에 임금을 책정하는 경향이 있는데, 이는 정부가 교육받은 사람들의 정치적 압력에 의해 뒷받침되기 때문이다.
5. 대학생들의 비용 상당 부분을 정부가 부담하기 때문에, 대학 수준에서의 학비는 감소한다.

대다수 개발도상국의 고용 및 교육 상황 현실과 밀접하게 부합하는 이러한 조건들하에서, 정규부문에 대한 고등교육 수요 규모가 상당하다는 것을 알 수 있다. 이는 교육 확대로 기대되는 사적 편익이 매우 큰 반면, 교육의 직접 및 간접비용이 상대적으로 낮기 때문이다. 수요는 시간과 함께 증가한다. 교육을 덜 받은 사람들의 고용기회가 제한될수록 교육수준의 향상을 통해 고용기회의 가능성을 담보하려는 노력이 나타나게 된다.

최종 결론은 개발도상국이 적정 자원배분 관점에서 사회적으로 금융적으로 정당화되기 극히 어려운 속도로 높은 수준의 교육시설을 확대하고자 하는 경향이 만성적이라는 것이다. 공급과 수요는 가격조정의 시장 기구에 의해서만 균형을 이루는 것이 아니라 오히려 많은 경우 국가에 의해 제도적으로 균형이 이루어질 수 있다. 모든 수준에서 학교**교육의 사회적 편익** (social benefits of education)(사회 전체에 대한 편익)이 사적 편익에 미치지 못한다(〈표 8.1〉 참조).

많은 개발도상국에서 정부와 공식부문 민간 고용주들은 **교육 인증**(educational certification) 에 의해 이러한 추세를 강화하려는 경향이 있다. 이전에는 낮은 교육수준의 근로자로 채웠던

교육의 사회적 편익
개인교육의 편익으로, 문해율이 높은 노동력 및 시민과 같이 다른 사람 또는 전체 사회에 발생하는 편익

교육 인증
특정한 직업이 특별한 교육수준을 요구하는 현상

일자리에 공식적인 교육의 진입 요건으로 강화되었다. 초과교육 자격조건이 공식화되었고 교육수준의 하향 재조정은 이루어지기 어려워졌다. 더욱이, 노동조합이 취업자들의 교육 성과와 현행 임금과 연계하는 데 성공하는 정도에 따라 각각의 일자리에서 현재 임금이 상승하는 경향이 있었다(그 일자리에서 노동자의 생산성이 유의하게 상승하지 않았음에도 불구하고). 현재의 임금 격차의 왜곡이 확대될 것이고 교육 수요가 더욱더 촉진되었다. 이집트는 정부가 보증하고 공공부문 예산 확대로 인한 고용 확대와 학교 졸업생에 대한 과신으로 지나치게 많은 스태프로 짜인 대량의 시민 서비스를 제공하는 고전적인 사례에 해당한다.[37]

　이 정치적 경제 과정은 부족한 공공자원이 제한되고 가끔 많은 사람에게 이용될 수 있는 낮은 질적 수준의 **기초교육**(basic education)에서 벗어나서 소수를 위한 고급교육을 지향하고 있다. 이는 평등하지도 않고 경제적으로 비효율적이다.

기초교육
문해력, 연산 능력 및 초등 직업기술의 습득

사적 대 사회적 편익과 비용

전형적으로, 개발도상국에서 학생이 교육 사다리를 올라가면서 **교육의 사회적 비용**(social cost of education, 제한된 기금이 경제의 다른 부문에 좀 더 생산적으로 사용될 수 있음에도 불구하고 비용이 많이 드는 교육 확대에 많은 자금을 조달한 결과로 발생하는 사회 전체에 대한 기회비용)은 급격하게 증가한다. 교육의 **사적 비용**(private cost, 학생 자신에 의해 짊어져야 할 비용)은 천천히 증가하거나 심지어 감소할 수 있다.

교육의 사회적 비용
개인적 교육결정에 대해 개인 및 사회가 부담하는 비용으로, 정부 교육보조금을 포함

사적 비용
개별 경제단위에 발생하는 비용

　사회적 비용과 사적 비용 간 확장된 격차는 낮은 수준의 교육보다 고등교육 수요에 대한 자극제로 작용할 것이다. 그러나 교육의 기회는 이러한 왜곡된 수요를 완전한 사회적 비용으로 수용할 수 있다.

　〈그림 8.6〉은 민간과 사회적 편익과 비용 간의 간격에 대한 예를 제공해준다. 이는 역시 사적 편익이 사회적 투자기준으로 대체될 때 이러한 격차가 어떻게 자원을 잘못 배분하는지를 보여주고 있다. 〈그림 8.6a〉는 사적 기대수익과 실질적인 사적 비용을 학교교육 이수기간에 대비해서 보여주고 있다. 앞에서 설명한 이유 때문에, 학생이 더 많은 교육을 받을수록 사적 기대수익률은 사적 비용보다 **빠른** 속도로 증가한다. 기대수익과 비용(그리고 교육투자에 대한 사적 수익률)의 격차를 극대화하는 데 있어서 학생을 위한 적합한 전략은, 가능한 한 많은 학교교육을 확보하는 것이다.

　이제 사회적 편익과 사회적 비용이 학교교육 기간에 대해 그려진 〈그림 8.6b〉를 생각해보자. 사회적 편익곡선은 처음에는 급격히 상승하는데 이는 작은 규모의 농부와 자영업자의 생산성 수준의 향상을 반영한다. 이 생산성 향상은 기초교육과 읽고 쓰기, 연산능력, 그리고 기초적인 어휘력 성취의 결과에서 비롯된 것이다. 이후 추가적인 교육기간의 사회적 한계편익은 서서히 증가하고 사회적 편익곡선은 편편해지기 시작한다. 그러나 사회적 비용곡선은 학교교육 초기(기초교육)에는 완만한 증가율을 보이다가 교육수준이 높아짐에 따라 급격한 증가를 보이고 있다. 초등교육 이후 교육의 사회적 한계비용의 급격한 상승은 훨씬 더 비싼 자본과 고등교육의 비용(건물과 장비), 그리고 개발도상국에서 초등 이후의 교육이 지나치게 지원되고 있다는 사실의 결과이다.[38]

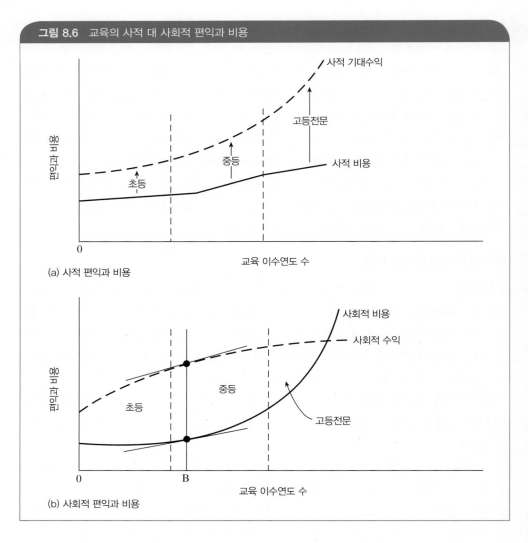

그림 8.6 교육의 사적 대 사회적 편익과 비용

(a) 사적 편익과 비용

(b) 사회적 편익과 비용

〈그림 8.6b〉로부터 이해할 수 있는 것은, 사회적 관점에서 적정 전략인 교육투자의 순사회적 수익률을 극대화하는 것은 모든 학생에게 최소한 *B*기간의 학교교육을 제공하는 데 중점을 두어야 하는 것이다. *B*기간을 넘어서게 되면, 사회적 한계비용이 사회적 한계편익을 초과하게 되어 새로운 높은 수준의 학교에 대한 추가적 공공교육투자는 음(−)의 순사회적 수익률을 만들어낼 것이다. 9년의 학교교육과 같은 *B*기간의 가치는 경제적 여건에 따라서 달라지며, 소득을 계산하는 데 있어서의 어려움과 사회적 편익이 고려되어야 한다는 쟁점 때문에 여전히 논쟁적이다.

〈그림 8.6〉은 적정한 사적 투자전략과 사회적 투자전략 간의 본질적인 충돌(학생이 교육 사다리를 올라가면서 교육투자에 대한 사적 및 사회적 평가가 지속적으로 차이가 나는 한 이러한 갈등은 지속적으로 존재할 것이다)을 설명하고 있다. 이와 같은 측면이 우리가 경제성장의 구조와 패턴 그리고 분배에 대한 시사점(누가 이익을 얻게 되는가)을 반드시 고려해야 하는 이유이다.

교육의 분배

개발도상국에서 과도한 교육이 작동하는 힘에 대한 지금까지의 분석은 교육의 확대를 통해 발전을 촉진할 수 있다는 가능성을 포기하도록 하는 것은 아니다. 발전에 성공한 국가들이 확신해 온 것은 일반적으로 교육의 편익이 경제 내에 빈곤층과 부유층, 도시지역과 농촌지역 모두에게 광범위하게 돌아갈 수 있도록 하는 것이다. 그래서 우리는 개발도상국에서 교육 편익의 배분을 검토할 것이다.

제5장에서 소득에 대한 로렌츠 곡선을 유도한 것처럼, 교육 배분에 대한 로렌츠 곡선을 유도할 수 있을 것이다. 〈그림 8.7〉은 1990년대의 데이터를 사용하여 인도와 한국의 로렌츠 곡선을 나타낸 것이다. 소득 로렌츠 곡선과 같이 우리는 x축에 인구의 누적 비율과 y축에 학교교육 기간의 비율을 표시한다. 완전평등을 나타내는 45도 선을 따라 간다면 경제 내 모든 사람이 동일한 학교교육 기간을 갖게 된다. 예를 들면 모든 사람들은 8년의 기초교육을 끝낼 수도 있지만 어느 누구도 중등교육을 시작하지 않았을 수도 있다. 고도의 불평등 경제에서 많은 사람들이 전혀 교육을 받지 않은 반면, 소수가 외국에서 박사학위를 받을 수도 있다. 로렌츠 곡선이 45도 선에 가까울수록 교육 분배가 더욱더 불평등한 것이다.

〈그림 8.7〉에서 보여주듯이, 한국은 인도보다 훨씬 더 평등한 교육 배분구조를 갖고 있다. 예를 들면 표본연도인 1990년에 인도 인구의 절반 이상이 교육을 전혀 받지 못한 반면, 한국은 10% 이하만이 전혀 교육을 받지 못하였다. 그러나 두 국가 모두 유의한 박사학위 숫자를 보이고 있다. 제5장에서 검토한 대로, 소득 불평등에 대한 지니계수를 유도하는 것과 같이 역시 교육의 지니계수를 유도할 수 있다. 이 지니계수는 교육 로렌츠 곡선 위의 A면적을 완전평등선인 45도 선 아래의 전체 면적 $A + B$의 면적으로 나누어 구할 수 있다. 교육 지니계수

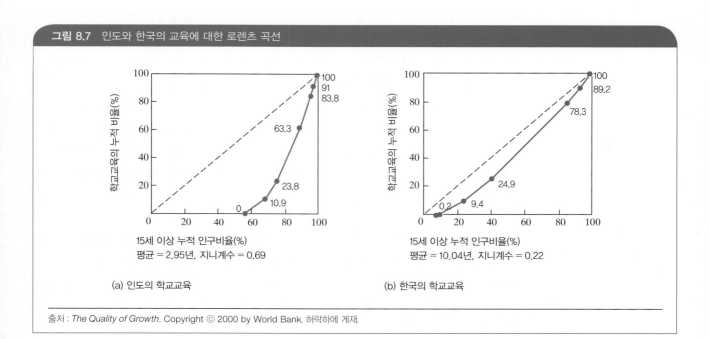

그림 8.7 인도와 한국의 교육에 대한 로렌츠 곡선

(a) 인도의 학교교육

(b) 한국의 학교교육

로 측정한 것을 보면 분명히 한국(지니계수는 0.22)보다 인도가 더 높은 교육적 불균등도(실제 지니계수는 0.69)를 갖고 있다. 교육 불균등은 국민들 사이에서의 평균교육연도가 증가함에 따라 오히려 감소하고 있다. 그럼에도 불구하고, 주어진 평균교육연도에 대하여 스리랑카와 같은 일단의 국가들은 상대적으로 동등한 교육접근을 유지하고 있는 반면 인도와 같은 국가들은 상대적으로 불균등한 접근을 보여주고 있다.[39]

또한 교육수준에 있어서도 커다란 불균등이 존재한다. 예를 들면 특정한 중등교육 시스템들이 다른 시스템들보다 훨씬 더 효과적인 교육 작업을 하고 있다. 확실히 교육의 질적 수준은 저소득 국가보다는 고소득 국가에서 더 높다. 예컨대 아프리카보다는 유럽이 높다는 것이다. 그러나 교육수준의 다양성은 말리와 같은 국가에서 더 높을 수 있다. 말리에서는 대부분 농촌지역의 공립학교에서 5~6명의 학생이 한 권의 교재만을 갖고 있는 반면, 엘리트 학교에서는 우수한 대학 진학 준비 교육 서비스를 제공한다. 교육의 질적 수준은 선진국에서도 학교마다 다르지만, 평균적으로 개발도상국처럼 그렇게 극단적 차이가 발생하지는 않는다. 소득 및 생산성 격차에 있어서 교육의 수준(교사, 시설 및 과정의 수준)은 교육의 수량(교육연수)만큼 중요하다.[40] 예를 들어 남아시아에서는 다수의 아이들이 읽는 것도 배우지 못한 채 수년을 초등학교에서 보내게 된다. 저소득 가계 출신의 학생들은 교실의 기본적인 설비 및 학용품의 부족과 교사결원에 직면할 가능성이 높다.

그러나 빈곤한 학생들이 최소한 양호한 초등교육을 받을 수 있는 기회를 증가시키기 위해 더 많은 것들이 이루어질 수 있는데, 이는 〈예문 8.6〉에서 제시된 사실에서도 발견된다.

어떻게 기획되고 재정 지원되는가에 따라서 한 국가의 교육 시스템은 소득 불균등을 개선할 수도 있고 악화시킬 수도 있다. 근로소득의 수준이 교육이수 연수에 크게 의존하기 때문에, 중산층 및 부유층 학생들이 중등교육 및 대학 재학생 중에서 불균형적으로 많은 비중을 차지하게 된다면 커다란 소득 불균등이 강화될 것이며 소득 이동성이 감소할 것이다. 남아시아와 다른 국가들에 있어서 엘리트 계층이 아닌 학생들에 대한 사립교육이 급속히 증가해 왔지만, 질적 수준은 전반적으로 높지 않으며 교사의 수준 역시 공립학교보다 낮은 경우가 종종 있다. 많은 경우에 있어서 부모들은 그들이 지불하는 것에 대한 대가를 얻지 못하는 것으로 나타나고 있다. 저소득 가계들은 자녀들의 중등 및 고등교육을 충당할 수 있는 재정 자금을 빌릴 수 없기 때문에, 저소득 가계에게는 양질의 교육을 받기 위한 비용이 엄두를 내지 못할 수준이 된다. 유소년 노동은 가계에 자금을 가져올 수 있는 수단으로 대출의 대체재가 되는데, 이는 유소년 노동의 매우 높은 비용이다. 사실 이 금액은 교육의 발전과 선택에 있어서는 도움이 되지 못하지만 가계 소득에는 도움이 된다. 따라서 특정 인구집단에 대한 소득집중을 영속화하게 된다.[41]

많은 개발도상국 교육 시스템의 불균등한 본질은 대학 수준에서 더욱 심각해지는데, 정부는 수업료 전부를 지급하거나 장학금 형태로 학생들에게 소득 보조금을 제공하기도 한다. 대부분의 대학생들이 상위소득계층 출신이기 때문에, 공공기금을 이용한 대학교육 보조금 확대는 '무료'고등교육이라는 미명하에 빈곤층으로부터 부유층으로의 이전지출이라는 결과가 될 것이다.[42]

예문 8.6   연구결과 : 개인 교습과 컴퓨터 지원 학습 프로그램

프라담(Pratham)은 인도를 근거로 한 매우 큰 NGO이다. 이 이름은 '일차적으로' 혹은 '시작하는'이라는 의미이다. 이 단체의 모토는 '모든 아동이 학교를 다니게 하고 배우도록 하자'이다. 이는 매우 중요하다. 왜냐하면 '대부분의 인도 아이들이 학교를 졸업할 때 읽지 못할 수 있기 때문'이다. 도시 학교에서의 임의 평가에 의하면, 2개의 프라담 프로그램은 매우 비용효과적이다—슬럼가 출신의 가난한 아이들을 가르치고 이 아이들이 수학을 자기 자신의 페이스로 따라오게 하기 위해 컴퓨터 학습 프로그램을 제공한다. 인도의 많은 지역처럼 바도다라(Vadodara)에서는 프로그램을 배우고 아이들은 보통 학교의 구성원으로 인정하지만 가끔 산발적으로 학교에 출석한다.

목표 교육

3학년과 4학년으로 등록한 아동들(이들은 읽고 쓰기와 연산 능력이 1학년보다 뒤진다)을 하루에 약 2시간 동안 젊은 여성이 가르친다. 이러한 '발사키(balsakhis)'는 '아이들의 친구'라는 의미를 갖고 있으며 중등학교를 가까스로 마치고 통상 이들이 가르치는 아이들과 동일한 슬럼가에서 살고 있다. '발사키'는 학교 환경이 위험한 아이들에게 신중한 관심을 보여준다. 프로그램의 존재는 치료학교에 있는 모든 아동의 평균 시험점수가 2년 후 상당한 만큼(표준화된 점수로 0.28표준편차) 높아졌다. 낮은 점수로 시작한 아이들은 대부분 이러한 이점으로 설명된다. 비용은 단지 매년 1명의 아동당 약 5달러이다. 이 결과는 새로운 교사를 채용하는 것보다 이 프로그램이 12~16배 정도 비용효과적임을 시사한다. 개인교습을 받는 아동에서 받지 않는 아동까지 파급 혜택이 존재할 수 있지만 증거는 대부분의 이익이 '발사키'와 함께 작업을 하는 아동으로부터 발생함을 보이고 있다. 프로그램 2년 차인 이들의 점수는 평균 0.6표준편차를 얻었다. 비교대상 아동의 학교 1년에서 얻은 절반의 성과 이상이다. '발사키'의 월급은 프로그램의 주된 비용으로 1개월당 약 500~750루피이며 2010년 달러 환율로 환산하여 약 14달러이다. 정규교사의 월급보다는 훨씬 낮지만 이들에게는 높은 월급이다. 그래서 이 프로그램은 매년 학생 1인당 약 107루피(약 2.25달러)의 비용이 소요된다.

컴퓨터 지원 학습(CAL)

프라담은 4학년을 위한 컴퓨터 프로그램을 설정하고 수학 기술을 복습하였다. 이는 미국, 캐나다, 영국에서 임의로 선택한 참가자를 위한 학습 프로그램과 유사하다. 수학점수는 첫해 0.36표준편차만큼 상승하였고 두 번째 해에는 0.54표준편차만큼 상승하였다. 이 프로그램 비용은 컴퓨터 비용을 포함하여 매년 1명의 학생당 722루피(약 16달러)가 소요되었다.

따라서 이 두 프로그램은 상대적으로 비싼 것이 아니며 비교적 잘 작동된다. 그러나 '발사키' 프로그램은 컴퓨터 지원 프로그램보다 5~7배가 비용효과적이다. 사실 총혜택은 더욱더 크다. 예컨대 학생 학습의 증가가 후에 인생에서 더 높은 소득으로 이어질 수 있다. '발사키' 프로그램은 이미 인도에서 수만의 아동을 포함하고 있고 컴퓨터 지원 프로그램은 복사하기 어렵지 않다. 분명히, 그러한 프로그램은 대규모로 확대할 수 있다. 그러나 학생 등이 배웠던 것을 더 잘 유지하도록 돕기 위한 조건에 대해 더 많은 연구가 필요하다.

출처 : Abhijit V. Banerjee, Shawn Cole, Esther Duflo, and Leigh Linden, "Remedying education: Evidence from two randomized experiments in India," *Quarterly Journal of Economics* 122 (2007): 1235–1264.

8.6 보건의 측정과 질병 부담

세계보건기구

글로벌 보건 문제에 관련된 UN 기구

UN의 핵심적인 기구인 **세계보건기구**(World Health Organization, WHO)는 세계 보건 문제를 관장하고 있으며, 보건은 '완전 육체적, 정신적, 그리고 사회적으로 행복하고 질병이 없을 뿐만 아니라 허약하지 않은 상태'라고 정의한다.[43] 이러한 접근법은 더 나은 개념적 근거를 수립한 것이지만 자체적으로 더 나은 척도를 제공하는 것은 아니다. WHO가 권장하는 또 다른 척도는 장애를 고려한 기대수명(disability-adjusted life year, DALY)이다. 이 척도에 사용되는 자료의 수준, 특히 가장 가난한 국가의 자료에 문제가 있으므로, 국가 간 건강을 비교하기 위한 DALY의 사용에는 문제의 소지가 있다. 조기사망은 잃어버린 DALY의 약 2/3를 나타내고 장애자가 나머지 1/3을 차지하고 있다. DALY 척도를 사용한 세계은행의 연구는, 세계 질병 부담의 약 1/4이 설사와 홍역, 폐병, 기생충 감염, 그리고 말라리아 등의 아동 질병으로 대변될 수 있고 개발도상국의 주된 보건 문제를 나타내고 있다고 추산하고 있다.[44] 모두는 아니지만 많은 종류의 질병에 대해서 지속적인 개선이 이루어지고 있다.

그러나 평균 보건 수준은 많은 불균등성을 감출 수 있다. 예를 들면 일부 국가에서 소수민족과 토착민은 주류집단보다 평균수명이 10년 이상 짧고 이들의 유아 사망률은 국가 평균보다 무려 3배 이상 높다.[45] 따라서 소득과 교육의 경우처럼, 평균으로서가 아니라 인구 중 보건의 분배는 매우 중요한 것이다. 예상되듯이, 빈곤한 사람들이 부유한 사람들보다 덜 건강하다. 〈그림 8.8〉은 빈곤층 아이들이 부유층의 아이들보다 사망 확률이 훨씬 높다는 것을 보여주고 있다. 〈그림 8.9〉는 중요한 범인을 알려주고 있다. 남아시아와 사하라이남 아프리카에 있어서, 5세 이하의 아동 중 과소체중인 아동의 비중은 부유층에서보다 빈곤층에서 훨씬 더 높다. 어떠한 척도로 보건 결과를 측정하더라도, 보건의 불균등성은 일관된 패턴을 보이고 있다.

보건투입 역시 매우 불균등한데, 이는 사적으로 구매되지 않고 공공기관에 의해 제공되는 경우에도 마찬가지다. 수준 높은 의료시설은 주로 도심지역의 부유층 지역에 집중되어 있고

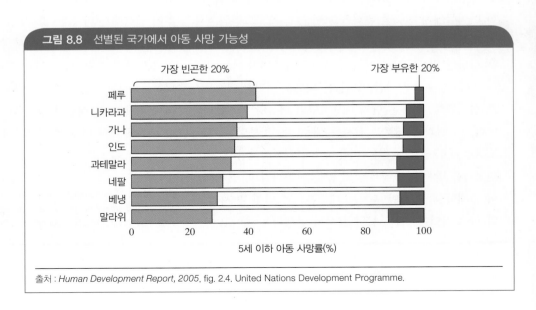

그림 8.8 선별된 국가에서 아동 사망 가능성

출처 : *Human Development Report, 2005*, fig. 2.4. United Nations Development Programme.

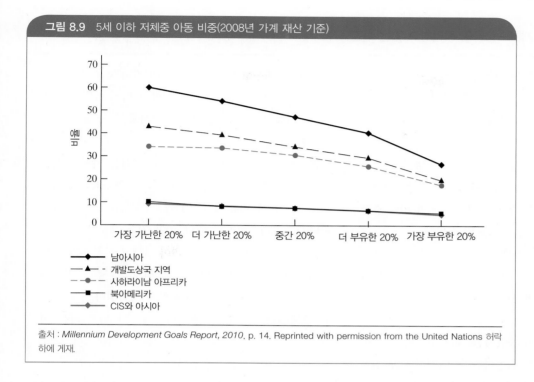

그림 8.9 5세 이하 저체중 아동 비중(2008년 가계 재산 기준)

가장 가난한 20%   더 가난한 20%   중간 20%   더 부유한 20%   가장 부유한 20%

◆ 남아시아
▲ 개발도상국 지역
● 사하라이남 아프리카
■ 북아메리카
◆ CIS와 아시아

출처 : *Millennium Development Goals Report, 2010*, p. 14. Reprinted with permission from the United Nations 허락하에 게재.

부자들은 이를 확보하는 정치적 영향력을 갖고 있다. 빈곤한 농촌지역에서 보건소를 이용할 수 있지만, 이들 보건소는 전형적으로 장비와 의료진이 부족하다. 교사의 결원이 학교 내 문제인 것처럼 의료진의 결핍도 만연해 있다. 세계은행 연구에 의하면, 빈곤층들이 의존하는 1차 보건시설의 근로자 부재 비율이 인도 14개 주 43%, 인도네시아 42%, 방글라데시 35%, 우간다 35%, 페루 26%, 그리고 파푸아 뉴기니 19%였다.[46]

개발도상국은 선진국보다 훨씬 많은 치명적이고 특히 전염성인 질병의 부담을 안고 있다. AIDS, 말라리아, 기생충은 이 절에서 고려할 3대 주요 문제이다. 개발도상국이 직면하고 있는 이러한 질병과 보건 도전은 〈예문 8.7〉에 조사되고 있다.

2012년, 개발도상국에서는 5세 이하 아동 중 700만 명에 가까운 아동이 사망하였다. 이는 전 세계 5세 이하 아동 사망의 12%에 해당한다. 이 아동 중 대부분이 매우 저렴한 비용으로 예방할 수 있었던 원인으로 사망했기 때문에, 이들의 근본적인 질병은 빈곤이라고 주장할 수 있다.

보건 문제는 특히 사하라이남 아프리카 국가들에서 심각하다. 물은 때때로 오염되었고 부족하며,[47] 2011년 이들 국가들의 5세 이하 사망률은 1,000명 신생아당 109명이다. 이러한 비율은 1990년의 1,000명당 178명에 비해 비약적으로 개선된 것이다. 최소 12개 사하라이남 아프리카 국가에서는, 아이들이 중등교육을 받을 가능성보다 5세 이전에 사망할 가능성이 훨씬 높다. 이 지역에서 출생한 사람들의 기대수명은 55세인데, 이는 AIDS 전염병의 영향으로 감소한 것이다. 그럼에도 불구하고 이는 1990년의 50세보다 증가한 것이다. 사하라이남 아프리카에서는 21% 이상의 아이들이 영양부족상태이다. 이 경우 문제는 남아시아보다 실제로는

예문 8.7　개발도상국이 직면하고 있는 보건 도전

- **절대빈곤**　빈곤은 개발도상국이 직면하고 있는 대부분의 보건 문제에서 중심된 역할을 하고 그것은 국제 질병분류코드에서 그 자체의 목적을 갖고 있다 : 코드 Z59.5—극심한 빈곤

- **영양부족**　질병의 원인으로 인한 많은 사망자가 면역 체계를 약화시킬 수 있는 영양부족으로 발생한다. 약 800만 명의 사람이 영양부족을 겪고 있으며 20억 명까지 1~2개의 미시영양 결핍증을 앓고 있다.

- **AIDS**　이제 개발도상국에서 근로 연령인 성인 사망의 주된 원인이며, 만약 검사를 받지 않는다면 AIDS는 사하라이남 아프리카의 국가를 불치로 선언할 수도 있다.

- **말라리아**　한때는 감소하였지만, 아프리카에서 이제 치명적인 긴장이 다시 되돌아왔다. 여전히 매년 100만 명 이상의 사망자를 내는데 이 중 70%가 5세 이하 아동이다.

- **결핵**　결핵은 현재 매년 200만 명의 목숨을 빼앗아 간다. 세계 인구 중 1/3이 감염되어 있고 매년 약 800만 명이 새로 이 병에 감염된다. 개발도상국의 결핵 감염지역에 치료하기 어렵고 값비싼 새로운 광다목적 의약품이 널리 보급되고 있다.

- **낮은 호흡기 질환**　허파감염, 일차적 폐렴(일반적으로 예방될 수 있고 치료 가능함)은 모든 사망자 중 약 20%가 5세 이하 아동이다.

- **B형 간염**　B형 간염은 매년 100만 명의 사망자를 낸다.

- **회충**　선형의 기생충으로서 개발도상국 인구의 10%인 12억 명이 감염되었다. 이 회충은 통상 3~8세까지의 아이들이 오염된 땅에서 놀고 난 후 손을 입으로 집어넣거나 오염된 땅에서 자란 음식을 요리하지 않고 날것으로 먹거나 혹은 깨끗한 물에 씻지 않아서 감염된다. 최악의 감염으로 매년 6만 명이 사망하며 이들 중 압도적인 다수가 아이들이다.

- **콜레라**　대부분 한때 거의 소멸되었다가 최근 아프리카, 아시아, 남미의 많은 국가에서 다시 증가하고 있다. 치료하지 않으면 심각한 설사로 인한 탈수로 사망할 수 있다.

- **뎅기열**　이 병은 급속히 확산되고 있다. 매년 수백만 명이 감염되고 수천 명이 사망한다. 약 50만 명 정도가 치료를 필요로 하고 있다.

- **나병(한센병)**　여전히 매년 40만 건의 새로운 나병 환자가 발생한다. 약 200만 명이 나병으로 불구가 되는데 여기에는 치료가 된 사람과 인도와 다른 국가에서 치료 이전 이미 불구가 된 사람이 포함된다.

- **드래컨큘러스증(기니 기생충병)**　불구가 되게 하는 이 선충 침입은 최소한의 안전한 생수에 접근조차 할 수 없는 극빈층이 주로 감염된다.

- **샤가스병**　이 기생충 감염은 남미 국가에서 약 1,700만 명에게 일어났으며 연간 약 4만 5,000명이 사망한다.

- **편모충**　약 1,200만 명이 이 기생충에 감염되었다. 내장의 '칼라-아자'라고 알려져 있는 이 편모충은 매우 심각한 형태이다. 치료되지 않을 경우 90%가 치명적이며 매년 수만 명이 이 병으로 사망한다.

- **림프사상충**　이 형태가 불명료한 기생충은 여전히 개발도상국에서 약 1억 명이 앓고 있으며 4,000만 명을 심각한 무기력과 이상한 모양을 하도록 하고 있다.

- **기타 기생충**　6억 명이 감염되었던 편충과 고리 모양의 기생충을 포함하여 많은 다른 기생충이 활동하고 있다.

- **기타 설사 질환**　이 예문에 적혀 있는 감염자에 의한 것이거나 다른 박테리아, 바이러스, 혹은 기생충에 의한 것인지와 관련하여, 설사는 오염된 물에 의해 확산된다. 치료되지 않으면 극단적 탈수현상을 초래하고 매년 200만 명에 가까운 사망의 원인이 되고 있다.

출처 : World Health Organization.

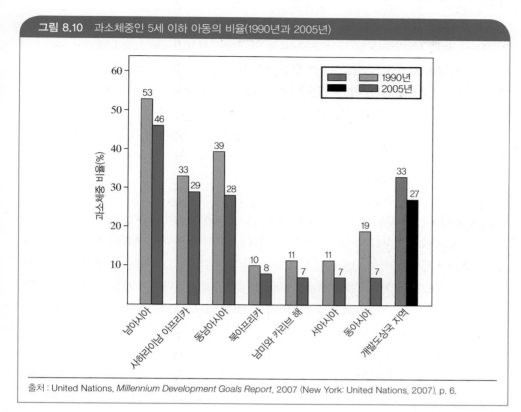

그림 8.10 과소체중인 5세 이하 아동의 비율(1990년과 2005년)

출처 : United Nations, *Millennium Development Goals Report*, 2007 (New York: United Nations, 2007), p. 6.

덜 심각하다. 보다 우수한 경제성장 성과에도 불구하고, 남아시아 국가들의 아동 기근은 매우 심각한 수준에 머물러 있다(33% 이상).

일부 질병은 다른 질병과 결합되었을 때 특히 치명적이다. 영양결핍은 한 유형으로서, 아이들이 질환에 걸리고 사망하게 만드는 주요 요인이다. 사망확인서에는 설사로 인한 탈수거나 특정 전염병이라고 적혀 있으나, 많은 경우 영양결핍 없이는 사망이 발생하지 않을 수도 있는 질병들이다.

아동의 영양결핍은 특히 치명적이다. 아동 기근은 모든 개발도상국 지역에서 감소하고 있으나, 개선속도가 너무 더디기 때문에 1990년에서 2015년까지의 기간 동안 기근을 절반으로 축소하겠다는 기본적인 밀레니엄개발목표조차 달성하기 힘들다(〈그림 8.10〉 참조). 그리고 2010년의 식량가격 상승에서 볼 수 있듯이, 2007년부터 2008년까지 발생한 식량가격의 급등과 뒤이은 글로벌 위기가 원인인 기근의 증가는 지속적인 취약성을 강조하고 있다. 국제식량정책연구소는 진전과 퇴보를 추적하는 연간 글로벌 기근지수를 도입하였다; 2013년 보고서에 의하면, 아직도 8억 7,000만 명의 사람들이 기근으로 고통 받고 있다.[48]

말라리아와 호흡기 질환 혹은 빈혈증과의 상호작용은 역시 치명적이다. 또 다른 치명적인 상호작용은 AIDS와 결핵 간의 것이다. 이러한 질병의 통제실패는 개인이 사망할 가능성을 높인다. 더욱이, HIV 확산은 상처가 바이러스 침입을 용이하게 하는 다른 성병에 의해 유의하게 촉진될 수 있음을 보여주고 있다.

호흡기 질환 감염, 설사, 홍역, 말라리아, 그리고 영양결핍의 문제를 다루기 위해서 WHO는 다른 국제기구들 및 국가보건당국과 협력하여 IMCI(Integrated Management of Childhood Illness) 프로그램을 시행해 왔다. 이 프로그램의 목적은 아동 질환의 예방과 치료에 있어서 국가보건단체 및 개인의 훈련 및 성과를 개선하는 것이다. 이 프로그램은 모유 먹이기와 경구 수분보충요법 사용과 같은 실천방안 교육을 강조한다.

이제 개발도상국에서 3개의 주된 두통거리인 AIDS, 말라리아, 그리고 기생충에 대해서 생각해볼 것이다.

HIV/AIDS

수많은 국가에서, AIDS 전염병은 어렵게 얻은 인적 자원개발과 경제발전 프로그램을 중단시키거나 심지어 퇴보시킬 수 있다. 2013년 WHO 보고서에 의하면, AIDS 전염병이 시작된 이후 7,000만 명에 가까운 사람들이 HIV 바이러스에 감염되었고 이들 중 절반(약 3,500만 명)이 이미 AIDS로 인해 사망했다는 것이다. 사하라이남 아프리카가 가장 심각하게 전염된 지역으로 남아 있는데, 거의 20명 중 1명 정도가 HIV 보균자로 살고 있고, 전 세계 HIV 보균자 중 69%가 이 지역에 거주하고 있다.

그러나 최근에는 전염병의 추세를 바꾸는 느리지만 일관된 진전이 이루어져 왔다. 자료에 의하면, 21세기 들어 새로운 전염병의 연간 발생 수가 지속적으로 감소해 왔다.[49] 2012년에 발표된 HIV/AIDS에 관한 UN 공동프로그램 보고서에 의하면, 2003~2011년까지의 기간 동안 아동의 신규 HIV 감염이 43% 감소했다. 질병은 여전히 사하라이남 아프리카에 집중되었는데, 새롭게 전염된 아이들의 90%가 이 지역에 거주하고 있다.

그러나 성인과 아이들을 포함해서 신생아에 대한 신규감염은 가장 극적으로 감소해 왔다. 이는 HIV에 감염된 여성들에 대한 보다 나은 의료보호 및 치료의 결과이다. 10년 또는 20년 전 최악의 공포와 비교하면, 다른 좋은 소식들이 아주 많으며 진전은 가속화되고 있을 것이다. AIDS에 대항한 매우 인상적인 글로벌 진보는 〈그림 8.11〉에 잘 나타나 있다.

〈그림 8.11a〉에서는 새롭게 HIV에 감염된 사람들의 수가 전 세계적으로 감소했다는 것을 알 수 있는데, 이는 1990년대 후반부터 시작된 것이다. 〈그림 8.11b〉에서는 전 세계적으로 HIV 보균자로 살아가는 사람들의 수가 한 세기를 지나면서 안정화되는 것을 볼 수 있다. 부분적으로 이는 일부 감염자의 사망과 일치한다. 〈그림 8.11c〉에서 볼 수 있는 바와 같이, 지난 몇 년 동안 AIDS로 사망한 성인과 아이의 수는 실질적으로 하락했다.

HIV/AIDS에 관한 UN 공동프로그램(UNAIDS)에 의하면, 2001~2011년까지 HIV에 신규 감염된 사람들의 수는 실질적으로 하락했는데, 〈표 8.2〉에서 보는 바와 같이 320만 명에서 250만 명으로 감소했다. 전반적인 사망자 수도 230만 명에서 170만 명으로 감소했다.

가장 높은 HIV 전염과 함께 질병의 진원지로 알려진 사하라이남 아프리카에서는, HIV에 새롭게 감염된 사람들의 수가 240만 명에서 180만 명으로 감소했다. 따라서 전 세계 신규 감염의 감소는 아프리카에서의 강력한 진전에 의해 설명될 수 있다. 중동과 같은 다른 지역들에서는 신규 감염이 약간 증가했다.

그림 8.11 1990~2011년 글로벌 HIV 추세

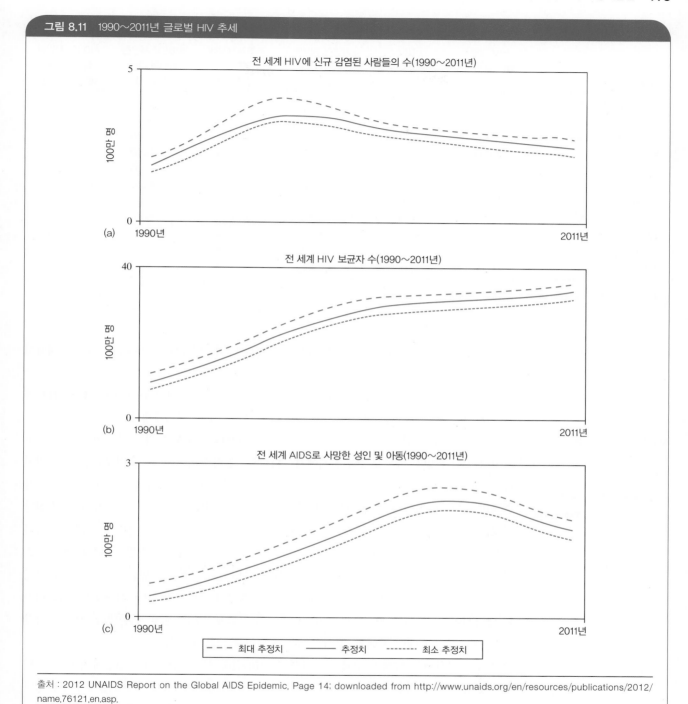

(a) 전 세계 HIV에 신규 감염된 사람들의 수(1990~2011년)

(b) 전 세계 HIV 보균자 수(1990~2011년)

(c) 전 세계 AIDS로 사망한 성인 및 아동(1990~2011년)

- - - 최대 추정치 ——— 추정치 ········ 최소 추정치

출처 : 2012 UNAIDS Report on the Global AIDS Epidemic, Page 14; downloaded from http://www.unaids.org/en/resources/publications/2012/name,76121,en,asp.

HIV에 감염된 가장 많은 사람들이 거주하고 있는 남부 아프리카 국가에 있어서, 신규 HIV 감염은 41% 감소했다. 전 세계에서 가장 HIV 감염률이 높은 스와질란드에 있어서 신규 감염률은 37% 감소했다. 커다란 하락률을 보인 다른 국가들은 말라위(73% 하락), 나미비

표 8.2 지역별 HIV와 AIDS 통계, 추세가 바뀐 기간, 2011년 대 2001년

국가	HIV 감염 성인 및 아동 (2011년)	HIV 보균자 수 (2001년)	새롭게 HIV에 감염된 인구 (2011년)	새롭게 HIV에 감염된 인구 (2001년)	AIDS로 사망한 성인과 아동 (2011년)	AIDS로 사망한 성인과 아동 아동(2005년)
사하라이남 아프리카	23.5백만	20.9백만	1.8백만	2.4백만	1.2백만	1.8백만
MENA	300,000	210,000	7,000	27,000	23,000	20,000
남아시아 및 동남아시아	4백만	3.7백만	280,000	370,000	250,000	290,000
동아시아	830,000	390,000	89,000	75,000	59,000	39,000
오세아니아	59,000	38,000	2,900	3,700	1,300	2,300
남미	1.4백만	1.2백만	83,000	93,000	54,000	60,000
카리브 해	230,000	240,000	13,000	22,000	10,000	20,000
동유럽 및 중앙아시아	1.4백만	970,000	140,000	130,000	92,000	76,000
서유럽 및 중부 유럽	900,000	640,000	30,000	29,000	7,000	7,800
북아메리카	1.4백만	1.1백만	51,000	50,000	21,000	20,000
전체	34.0백만	29.4백만	2.5백만	3.2백만	1.7백만	2.3백만

출처 : 2009 AIDS Epidemic Update. p. 11. © 2009 Joint United Nations Programme on HIV/AIDS (UNAIDS) and World Health Organization (WHO).

AIDS(후천성 면역결핍증)
성적 접촉에 의해 주로 전염되는
바이러스성 질병

HIV(인체면역결핍 바이러스)
후천성 면역결핍증을 초래하는 바
이러스

아(68% 하락), 잠비아(58% 하락) 등이다. 보츠와나는 최근의 보기 드문 HIV 위기에 대하여 인상적인 진전을 이루어 왔다(제14장의 마지막 사례연구 참조).

이는 아주 인상적인 글로벌 보건 성과지만 광대한 도전이 여전히 남아 있다. UNAIDS가 최근 지적하듯이, '성과는 실질적이지만 깨지기 쉽다'.[50] 보건치료 체계와 전염병의 이슈로 간주되지만, 동시에 AIDS는 경제발전의 이슈이다. **AIDS는 HIV**에 의한 감염의 최후 그리고 치명적인 단계이다. 개발도상국 전체에서, AIDS는 일차적으로 이성 간 성교를 통해 감염된다. 또한 감염된 피와 마약 주사기와의 접촉으로, 마약 중독자에 의해서, 그리고 병원에서 감염되며, 부모에 의해서(어머니로부터 태아에게) 감염되기도 한다. 저소득국가에서, 적절한 치료 제공이 없다면 AIDS 증후가 나타난 후 평균 생존기간은 1년 이하이다. 저소득국가와 중하위소득국가에서 할인된 가격(또는 공짜)으로 이용할 수 있는 값비싼 항AIDS 바이러스 약품 제조에 많은 발전이 있었다. 2011년 항레트로바이러스 치료를 받을 수 있는 HIV 양성 반응자들의 대부분(800만 명)이 가장 최근까지 실제적인 치료를 받았다. 불행히도, 아프리카와 남아시아에서는 감염된 수백만 명의 환자들이 치료제의 혜택을 받지 못했다. 치료는 가끔 아스피린, 감염에 대한 항생제, 그리고 발진용 연고로 제한되었다.

초기에, AIDS는 남성과 성교하는 남성에 의해 일차적으로 전염되는 선진국의 병으로 인식되었다. 그러나 사실 모든 HIV 감염과 AIDS 사망의 95% 이상이 개발도상국에서 발생한다. 사하라이남 아프리카의 전 지역에서, AIDS는 경제활동 연령대의 최대 성인 사망원인이다. 비록 아이 전염병이 여전히 개발도상국에서 훨씬 많은 사람을 죽이고 있으며, AIDS는 아동 살인의 시련을 성공적으로 극복한 사람을 공격한다. 이 사회들은 정확히 가장 고통 받는 일부 사람들의 에너지와 기술에 의존하고 있다.

오스터(Emily Oster)는 아프리카에서 HIV 발생률이 높은 것은 HIV 바이러스 전염비율이

높은 결과이며 이는 치료받지 않은 다른 성병에 의해 용이해진 것이라는 증거를 제시했다. 이는 성공적 프로그램을 설계하는 데 고려해야 할 보건 문제 중에서 잠재적으로 상승작용을 하는 또 다른 사례를 제공한다.

글로벌 AIDS 확산에 관한 2010년 UNAIDS의 보고서에 의하면, 2009년 현재 사하라이남 아프리카 지역에 약 1,500만 명의 AIDS 고아(AIDS로 최소한 한 부모를 잃은 아이)가 존재한다고 한다. 이 고아들에게 기초적인 필수품을 제공하고, 이들이 비합리적 공포로 인해서 차별받지 않을 것을 확신하고, 절대적 빈곤으로부터 이들을 구할 수 있는 수년간의 교육을 이들이 받을 수 있도록 하는 것이 발전의 중요한 도전이 될 것이다. 이는 모든 문제를 갖고 있는 아프리카가 익숙해져야 할 도전이 아니다. 부모를 잃은 아이들을 위해 확장된 가족 네트워크가 사적으로 제공되었다. 동부 아프리카의 일부 지역에서, 죽음에 대한 이러한 전통적 가족 적응은 AIDS 위기의 범위에 의해 위협받는 것으로 보인다. 정치 분석가들에 의하면, 아동학대와 착취뿐만 아니라 파렴치하고 야심적인 독재자와 용병들에 의한 게릴라 군인으로 모집하려는 조건이 성숙되었다는 것이다. 결과적인 불안정화와 자원의 낭비는 사회적, 경제적 발전에 통렬한 영향을 미칠 수 있다. 짐바브웨의 교회집단에 의해 개발된 우수한 전략은 자원봉사자들이 이 고아들을 방문하도록 하고 그들이 살고 있는 집에서 기초적으로 돌봐주는 것이다. 이는 아이 가장 가정과 양부모, 조부모, 그리고 다른 친척의 가정이 될 수 있다. 이러한 방문은 고아들에게 감성적이고 모성적인 필요를 제공해주는 것이다.

우간다에서 AIDS 위기와 정부 및 시민사회의 대응은 〈예문 8.8〉에 제시되어 있다.

말라리아

말라리아는 직접적으로 매년 100만 명 이상의 사망자를 발생시키며, 이 중 대부분은 가난한 아프리카 아이들이다. 임신한 여성 역시 매우 위험이 높다. 심각한 말라리아의 경우는 병으로부터 생존한 아이들 중 15%가 심각한 신경적 문제와 학습장애를 갖게 된다. 말라리아로 인해 매 30초마다 1명의 아이가 사망하고 5억 명 이상의 사람들이 매년 말라리아로 크게 아프다. 말라리아는 생산성을 저하시키고 심지어는 성장률을 하락시킬 수 있다는 증거가 존재한다.[51]

WHO의 Roll Back Malaria 프로그램은 말라리아를 원천적으로 박멸하는 것을 목표로 한다. 보다 잘 조준된 DDT 살포와 모기장을 사용한 말라리아 모기서식지 건조, 저항력 구축을 위한 영양 증진 그리고 모기 진입에 대항한 주택봉쇄 등과 결합될 때, 박멸은 가장 성공적일 수 있었다.[52]

또한, 말라리아 백신 개발의 중요성 강조와 함께 말라리아와의 전쟁을 위한 국제적 기금을 증가시키고자 하는 노력이 진행 중이다. 적절한 기금만 있다면 효과적인 백신 개발이 1~2년 이내에 이루어질 수 있다고 전문가들은 믿고 있다. 하지만 말라리아 희생자가 주로 저소득국가에서 발생하고 값비싼 신약에 돈을 지불할 능력이 없기 때문에 제약회사가 이 분야 연구를 강조해야 할 동기가 거의 없다. 그러나 선진국의 시민과 정부의 압력, 그리고 다른 여러 가지 요인 중 공공 관계를 중요시하는 욕구가 점차 제약회사로 하여금 저소득국가에 낮은 가격에 신약을 제공하도록 하였으며, 이는 좀 더 균형 있는 연구 포트폴리오로 확대될 것이다.

예문 8.8   AIDS : 우간다의 위기와 대응

우간다에서 전국적으로 유행하는 AIDS는 대규모로 발생하였던 최초의 질환이며, 그런 다음 최초로 전염 정도가 감소되었다. 그 결과 우간다의 경험은 폭넓게 연구되었다. 그림이 완성되지 않았으나 일부 중요한 교훈을 얻었다. HIV가 1970년대 후반에 아마도 확산되었고 1980년대 초에 최초로 확인되었다. 국가가 대책을 내놓은 것은 이로부터 몇 년 후다. 그 당시 매우 느린 대처라고 비난받았으나 다른 국가에 비해 빠른 것이었다. 이 전염병에 대한 국가 최초 조사는 1988년 수행되었으며, 그 당시 예상과 달리 9%가 감염된 것으로 밝혀졌다. UNAIDS는 국가 전염 정도가 1991년에 15%로 가장 높게 나타났다고 추산하였다. 그러나 국가와 국제기구의 대책도 가속화되었다.

우간다 정부는 아프리카에서 가장 적극적이고 광범위한 AIDS 예방 프로그램 중 하나를 도입하였다. 이 프로그램은 우간다 AIDS 위원회가 협력하였다. 기금은 UNICEF, WHO, USAID, 세계은행, 그리고 UNDP에 의해 제공되었다. 미국을 포함한 기여 국가들은 초기 전염병에 대한 광범위한 관심의 결과로 다른 국가보다 우간다에 더욱더 적극적이었다. 이 AIDS 지원기구(TASO)는 1987년에 세워진 우간다 NGO로서 혁신과 규모를 확대한 치료, 가족지원, 그리고 카운슬링뿐만 아니라 교육과 인식 전달에 있어서 중요한 역할을 하였다. 교회를 포함한 시민사회와 사회의 대책을 동원하는 데 중요한 역할을 하였다.

대중매체는 우간다 HIV 인식 노력에 동원되었다. 주된 슬로건, '스낵 없이(Zero Grazing)'는 '한 명의 파트너와 지내자'라는 현지의 복잡한 표현이다. 처음에 많은 사람들이 이를 이해하지 못하였으나 일단 이를 이해하고 난 후(감염된 우간다를 알고 난 때)에는 이 단순한 메시지는 어느 정도 영향을 미쳤다고 생각한다. AIDS 영화 'It's Not Easy'는 우간다 공식부분 일터의 약 90%에서 방영되었다. 'Love carefully'라는 모토가 적힌 티셔츠가 인기가 높아졌다. 금욕이 촉진되었지만 약간 제한된 효과만을 거두었다고 추정되고 있다. 종교적 반대로 인해 콘돔 사용이 주로 권장되었고 이는 우간다의 HIV 전염 억제에 주된 요인이 되었다. HIV 확산이 다른 성병 전염으로 유의하게 촉진되었지만 콘돔 사용으로 축소되었음을 보이고 있다. 우간다 도심의 상업적 성산업에서 매우 감염 정도가 높았으나 급격하게 감소되었다. 몇 개의 연구가 1990~1995년까지의 기간 동안 우간다 십대의 AIDS 감염률이 급격하게 감소했으며 이는 대부분 비교적 안전 성생활 채택에 기인한 것으로 보인다. 그러나 이 감소가 부분적으로 같은 기간 동안의 무역 감소 때문일 수 있다. 그리고 이전에 감염된 환자가 수없이 사망함에 따라 감염률은 더욱 하락하였다.

HIV 확산 초기기간 동안 상업적 조절은 적극적인 마약거래 산업을 유도하는 요인이었다. 높은 수입의 마약 거래자들은 도심의 마약거래 장소에 며칠을 기다리며 자주 매춘을 하고 이러한 것들이 이 병의 확산을 재촉하였다. 1990년대 경제활동의 감소는 행위의 변화와 함께 HIV 감염률 감소에 대한 보완적 설명이 가능하다.

HIV 감염률은 2000년 이래 다소 증가하고 있다. UNAIDS는 우간다에서 15~49세 감염자 수가 2011년 6.9~7.7%로 140만 명에 가까운 수이며 6만 2,000명이 사망하였고 이 국가에 100만 명의 AIDS 고아가 발생하였다고 추정하고 있다. 이는 많은 우려를 불러일으켰다. 겉으로 나타난 상승은 사망률의 하락과 항AIDS바이러스 이용성 증가와 부분적으로 성활동의 쾌락으로 인한 것으로 볼 수 있다. 최근 우간다의 경제활동이 증가한 것도 이와 우연의 일치만은 아닐 것이다. 이전의 수치가 약간 낮았다는 우려도 있다. 많은 우간다 사람들과 AIDS 관료들은 최근 추세에 관해 우려하고 미디어와 과거에 도움이 되었다고 광범위하게 이해되고 있는 지역 동원 전략에 새롭게 강조하여 이를 역전시키기 위해 일하고 있다. 그리고 항AIDS바이러스에 대한 기금 증가율의 최근 둔화는 이 질병이 또다시 더욱더 치명적일 수 있다는 우려를 증가하게 만들고 있다.

출처 : Martha Ainsworth and Mead Over, "AIDS and African development," *World Bank Research Observer* 9 (1994): 203–240; Jill Armstrong, "Socioeconomic implications of AIDS in developing countries," *Finance and Development*, 28, No. 4 (1991): 14–17; Tony Barnett and Piers Blaikie, *AIDS in Africa: Its Present and Future Impact*. New York: Guilford Press, 1992; Gerard Kambou, Shanta Devarajan, and Mead Over, "The economic impact of AIDS in an African country: Simulations with a CGE model of Cameroon," *Journal of African Economies* 1 (1993): 109–130; Jean-Louis Lamboray and A. Edward Elmendorf, "Combating AIDS and other sexually transmitted diseases in Africa," World Bank Africa Technical Division Paper No. 181. Washington, D.C.: World Bank, 1994; Maureen A. Lewis et al., *AIDS in Developing Countries: Cost Issues and Policy Tradeoffs*. Washington, D.C.: Urban Institute, 1989; Mead Over, *The Macroeconomic Impact of AIDS in Sub-Saharan Africa*. Washington, D.C.: World Bank Africa Technical Division, 1993; *Population and Development*, special issue, "A Cultural Perspective on HIV Transmission," January 1993; Uganda AIDS Commission, http://www.aidsuganda.org; UNAIDS; http://www.unaids.org/en/HIV_data/epi2006/default.asp; United Nations Development Programme, *Human Development Report, 2001*. New York: Oxford University Press, 2001; World Bank, *Report on a Workshop on the Economic Impact of Fatal Adult Illness in Sub-Saharan Africa*. Washington, D.C.: World Bank, July 1993; Emily Oster, "Routes of infection: Exports and HIV incidence in sub-Saharan Africa," NBER Working Paper No. 13610, January 16, 2009, forthcoming in the *Journal of the European Economic Association*; Emily Oster, "Sexually transmitted infections, sexual behavior, and the HIV/AIDS epidemic," *Quarterly Journal of Economics* 120 (2005): 467–515; UNAIDS는 부모 중 한 명을 AIDS로 잃은 아이를 AIDS 고아로 규정하고 있다.

다른 질병에 대한 백신은 개발도상국의 많은 아이들 목숨을 구명하였다. 예를 들면 WHO와 UNICEF는 2005년 *Global Immunization Vision and Strategy* 보고서에 2003년에 시행된 면역주사가 200만 명의 목숨을 구원했다고 추정하고 있다(또한 성인이 되었을 때 B형 간염 합병증으로부터 수십만 명의 추가적인 인명을 구제하였다). 대부분의 백신은 고소득국가에서 사용하기 위해 처음 개발되었다. 이전에 다른 질병으로 개발된 백신보다 더 큰 기술적 문제가 없는 백신으로 조절될 수 있는 여타의 질병들(선진국과 개발도상국 모두가 아닌 개발도상국에 집중되어 있는 병)이 존재한다. 그렇다면 왜 개발도상국의 질병에 필요한 많은 백신이 존재하지 않는가?

만약 반드시 과학의 한계가 아니라면, 혜택을 받는 대부분의 사람들이 가난하고 따라서 지급능력이 없다는 것이 바로 이유일 것이다. 정부와 국제 지원이 보조금으로 지원될 수 있다. 그러나 크레머(Michael Kremer)가 지적한 바와 같이 2개의 시장실패가 작용한다. 첫째, 정부가 다른 국가들이 백신연구에 자원을 사용하기를 기다리려는 동기가 존재한다는 것이다. 개발 이후 외부성으로 자신의 국민에게 주로 혜택이 파급될 것이라는 점이다. 협력에 대한 합의가 이루어진다고 하더라도, 참가하는 정부는 회피하고 자신들의 몫을 지급하지 않으려는 동기가 여전히 존재한다. 둘째, 원조기구와 정부가 어떤 주장을 하든지 백신을 개발하는 회사는 일단 개발에 성공하면 생산가격에 근접하게 가격을 낮추도록 압박할 것이며, 결국은 최초 R&D 비용을 회수하지 못할 것을 두려워한다. 이는 '시간의 비일관성 문제'이다.[53]

이러한 문제가 극복된다면 미래의 백신은 말라리아와 같은 많은 다른 열대성 질병에 대한 최선의 해결책 중 하나이다. 시장실패 문제를 다루는 데 주목을 받아 왔던 하나의 아이디어는 백신 구입을 보장하자는 것이다. 이러한 안은 레빈(Ruth Levin), 크레머(Michael Kremer), 그리고 알브라이트(Alice Albright)가 주도하는 Advance Market Commitment Working Group에 의해 제시되었다. 이들은 *Making Markets for Vaccines: Idea to Action*이라는 보고서에서 국제후원자가 2억 개의 말라리아 백신 치료를 1개당 15달러를 보장하고, 14달러는 후원자가 1달러는 수혜국가가 지급하겠다는 법적 구속력이 있는 협약을 체결할 것을 제안하였다. 이 협약에 따라 독립된 판결기구(IAC)를 설립하고 백신에 필요한 기술적 규정이 일치되도록 결정한다는 것이다. 만약 IAC가 후에 개발된 약품이 더 우수하다고 판결하면, 기본적인 수요에 따라 2억 개 이내에서 가격 보증을 추천하는 것이다. 생산비용이 반영되고 보조금이 지원된 가격으로 2억 개가 매입되고 기업은 추산된 약 1달러의 가격으로 추가적인 치료를 제공하기로 합의해야 할 것이다. 이들이 추산한 시장은 약 30억 달러로 규모로 선진국에서 신약개발의 평균수입과 개략적으로 일치한다. 말라리아의 백신기금은 이제 상당히 개선되고 있으며, 유사한 구조가 다른 질병의 백신에도 적용되어야 한다.[54]

기생충과 다른 '소외 열대 질병'

개발도상국의 많은 보건 도전은 최근 매우 큰 관심을 받았으며 이는 상대적으로 기금이 잘 모인 Global Fund to Fight AIDS, Tuberculosis, and Malaria의 중심적인 역할로 요약된다.[55] 제1장에서 여섯 번째 밀레니엄개발목표는 'HIV/AIDS, 말라리아, 기타 질병'과 싸우는 것이라는 것을 기억해보라. 정말로 이러한 다른 개발도상국 보건 문제가 여러 유형의 기생충을 포함하여 개발도상국에 강력한 영향을 미쳐 왔지만 비교적 오랫동안 무시되어 왔다.

쇠약해진 기생충 사례는 매우 크고 약 20억 명이 감염되었으며, 이 중 약 3억 명은 매우 심각하다. 개발도상국을 괴롭히는 많은 기생충 질병 중 흡혈충증은 인간과 개발의 영향의 관점에서 최악의 질병 중 하나다. 인간에서 이 병은 뼈가 없는 흡혈충(schistosomiasis)이라는 기생충에 의해 감염된다. WHO에 의하면, 이 병은 74개 개발도상국에서 약 2억 명의 사람을 감염시켰으며, 이 중에서 약 1억 2,000만 명은 이미 발명 중이며 매년 20만 명의 사망자를 포함하여 약 2억 명이 심각한 결과를 갖고 있다고 한다. 심각하게 감염된 환자 중 절반이 학생이다. 이 병은 학생의 성장을 더디게 하고 학교 성과에 해를 끼친다. WHO는 발육부진의 효과가 효과적인 치료제에 의해 90% 회복될 수 있다고 보고하고 있다. 성인에 미치는 효과 역시 심각하다. WHO에 의하면 이집트, 수단, 그리고 북부 브라질에서 이 병에 의해 야기된 쇠약함과 무기력증과 혼수상태로 인해 농촌 근로자의 근로역량이 심각하게 감소되었다. 간과 콩팥에 피해를 입힐 수도 있다. 이것이 충분치 않다고 하더라도 WHO의 International Agency for Research on Cancer는 비뇨기의 흡혈충은 방광암을 유도하기도 한다. 사하라 이남 아프리카 일부 지역에서 흡혈충 관련 방광암은 미국의 방광암 발병 수보다 약 32배가 높다.

또 다른 오랫동안의 천벌로 여겨온 아프리카 수면병은 여전히 사하라이남 아프리카 국가의 사람이 드문 지역에서 수십만 명의 사람들을 감염시키고 있다. 비극은 이러한 질병이 보건체계가 약한 지역의 전염병이기 때문에 이 병을 발견하기도 전에 이 병에 감염된 대부분의 사람들이 사망한다는 것이다. WHO는 이 수면병이 매년 약 5만 5,000명을 사망시킨다고 추산하고 있다. 이 수면병이 경제발전에 미치는 영향은 심각할 수 있다. 인간의 삶과 활력이 손실될 뿐만 아니라 이 병은 소를 죽이기도 하고 감염된 농지를 폐허로 만들 수 있다는 것이다.

이 경우, 기생충(Trypanosoma)이 체체파리에 의해 전염되는 원생동물이라는 것이다. 이 병은 제약회사가 국제기구에 기부한 신약으로 대처할 수 있다. 최근 공공 압박과 관심이 제약회사가 개발도상국에서 좀 더 적극적으로 활동하고 WHO와 같은 핵심적인 국제기구에 신약을 기부하도록 하는 데 중요한 역할을 하고 있다. 이 수면병 협약이 중요한 예이며 Aventis Pharma사는 수면병을 치료하는 중요한 3개의 핵심 약품을 제공하였다.

〈표 8.3〉은 13개의 주요 **소외 열대 질병**(neglected tropical diseases)을 세계적으로 감염된 수에 따라 보여주고 있다. 함께 생각해보면, 이러한 질병은 매년 약 53만 4,000명의 사망자를 내고 있다. 그러나 대부분의 이 병은 치료될 수 있으며, 발병지의 환경 개선에 의해 방지될 수

소외 열대 질병
13개의 치료 가능한 질병으로, 대부분은 기생충에 의한 것이며 개발도상국에 만연하지만 결핵이나 말라리아, AIDS에 비해 훨씬 덜 주목받고 있음

표 8.3 주요 소외 열대 질병			
소외 질병	증상 및 결과	전 세계 출현율 (백만 명)*	전염/위험성이 가장 높은 지역
회충(회충증)	유소년 영양실조 및 장 폐쇄, 아동 발육부진, 인식장애	820	동아시아, 태평양 제도, 사하라이남 아프리카, 인도, 남아시아, 중국, 남미와 카리브 해
편충 (편충증)	대장염, 염증성 장 질환, 아동 발육부진 및 인식장애	465	사하라이남 아프리카, 동아시아, 태평양 제도, 남미, 카리브 해, 인도, 남아시아
갈고리충 감염	심각한 철분부족 및 빈혈, 단백질 부족, 빈혈, 아동발육 부진, 지적/인식발달 부진, 모성이환 및 임신 중 사망	439	사하라이남 아프리카, 동아시아, 태평양 제도, 인도, 남아시아, 남미 및 카리브 해
흡혈충	방광 손상, 장 및 간 염증, 심각한 통증, 빈혈, 영양실조 및 발육부진, 장과 간 섬유증, 신장질병, 여성 생식기 흡혈충증	200+	사하라이남 아프리카, 남미 및 카리브 해
림프 사상충	다리 부종, 상처, 극심한 통증	120	인도, 남아시아, 동아시아, 태평양 제도, 사하라이남 아프리카
트라코마	시력 상실	60~80	사하라이남 아프리카, 중동 및 북아프리카
회선사상충증	피부/안구 유충, 사상충 피부질병, 시력 상실	30~40	사하라이남 아프리카, 남미 및 카리브 해
라이슈만편모충증	열, 체중감소, 비장 및 간 확대, 빈혈	12	인도, 남아시아, 사하라이남 아프리카, 남미 및 카리브 해
샤가스병	심장 및 소화질환	8+	남미 및 카리브 해
아프리카 파동편모충증 (인간 수면병)	수면증, 림프종, 허약, 정신질환, 발작	0.3	사하라이남 아프리카

주 : 위험에 처한 인구는 현재 전염된 사람보다 훨씬 더 많고, DALY 추정치는 사망률보다 훨씬 더 높음.
출처 : World Health Organization Website. Neglected Tropical Diseases website accessed Feb. 15, 2014: http://www.who.int/neglected_diseases/en/; infections in 2010 Rachel L Pullan, Jennifer L Smith, Rashmi Jasrasaria, and Simon J Brooke, "Global numbers of infection and disease burden of soil transmitted helminth infections in 2010", Parasites and Vectors, 2014; Peter Hotez, "A Plan to Defeat Neglected Tropical Diseases," Scientific American, Jan. 10, 2010, p90-96; Peter J Hotez, Alan Fenwick, Lorenzo Savioli, and David H Molyneux, "Rescuing the bottom billion through control of neglected tropical diseases, May 2, 2009 Lancet #379, p1570-75 ; Peter Hotez, "NTDs V.2.0: ''Blue Marble Health''—Neglected Tropical Disease Control and Elimination in a Shifting Health Policy Landscape Blue Marble Health 2013 PLOS Neglected Tropical Diseases, www.plosntds.org, 1 November 2013, Vol. 7, No. 11 ,e2570; Peter Hotez et al., "Control of neglected tropical diseases," New England Journal of Medicine, 357: 1018-1027 (2007)

있고, 백신 접종이 가능하다. 대부분의 경우에 있어서 이러한 질병에 대응하는 비용이 상대적으로 낮음에도 불구하고, 이들이 상대적으로 거의 관심을 받지 못하는 것이 비극이라 할 수 있다. 그렇지만 아이들의 구충이, 매우 적은 비용으로, 그들의 건강과 학교 출석을 모두 증진할 수 있다는 것을 연구들이 보여주고 있다(〈예문 8.4〉와 387페이지의 결과를 다시 참조).

그러나 '소외' 열대 질병은 최종적으로 마땅히 중심이 되어야 한다. Global Network for Neglected Tropical Diseases는 이러한 천벌에 대해 싸우는 운동에 협력한다.

HIV/AIDS뿐만 아니라 아동 영양, 그리고 소외 열대 질병 등과 같은 다른 보건 프로그램 지원 확대의 순혜택은 매우 크고 가끔은 강력한 상승효과를 갖고 있다. 국제적 반응을 일으킨 많은 것을 위한 도덕적, 경제적 사례는 분명하다.

8.7 보건, 생산성, 그리고 정책

생산성

빈약한 보건이 아동 사망률에 미치는 강력한 효과는 충분히 분명해졌다. 그러나 개발도상국에서 빈약한 건강조건이 성인의 생산성에 해를 끼치는가? 대답은 '예'이다. 선행연구들은 건강한 사람이 더 높은 임금을 받고 있음을 보여주고 있다. 예를 들면 코트디부아르에서 일별 임금률은 질병으로 인해 1개월에 1회씩 직장을 결근하는 사람들이 건강한 사람들의 임금률보다 약 19% 낮은 것으로 추계되고 있다. 신중한 통계적 방법은 건강이 소득 증가에 미치는 효과 중 대부분이 생산성 차이에 기인한 것임을 보여주었다. 높은 임금이 부분적으로 더 나은 건강을 구입하는 데 사용된다는 역인과성(reverse causality)이 아니다. 방글라데시에서 한 연구는 더 건강한 사람의 더 높은 생산성이 더 나은 직장을 얻게 한다는 사실을 밝히고 있다. 또 다른 연구는 인도에서 나병의 기형을 제거하면 근로자가 3배 이상의 소득을 받는 것으로 추산하고 있다.[56]

노벨경제학상을 수상한 포겔(Robert Fogel)은 선진국의 시민들이 2세기 이전보다 오늘날 키가 상당히 커졌음을 발견하고 키가 건강과 일반적 웰빙의 유용한 지표임을 주장하였다. 최근 10년 동안 개발도상국에서 역시 키의 증가가 건강조건이 개선된다는 사실이 밝혀졌다. 20세기 초 대부분의 경우 평균 키의 증가가 세기 중간에 작게 바뀌었다.

만약 키가 일반적인 건강상태의 지표라고 한다면, 건강상태의 증가가 생산성 증가로 이어지는 정도로 키 큰 사람들은 소득을 더 많이 얻어야 한다는 것을 밝히고 있다. 슈트라우스와 토머스(John Strauss and Duncan Thomas)는 교육 및 경력과 같은 다른 중요한 소득 결정 요인을 제거한 후 브라질에서 키 큰 사람이 더 많은 소득을 번다는 사실을 발견하였다(〈그림 8.12〉의 패널 A1과 A2). 1% 키의 증가가 중위소득국가에서 7%의 임금 상승과 관련이 있다. 미국에서도 이러한 관련성이 존재하며 1% 키의 증가가 1%의 임금 증가와 관련되어 있다. 더욱이, 키가 작은 사람은 실업될 가능성이 높다. 키는 초기 삶에 여러 가지 혜택을 반영하고 있다. 그래서 사람들은 현재의 소득이 키에 미치는 영향을 생각하지 못하고 있다는 것이다. 특

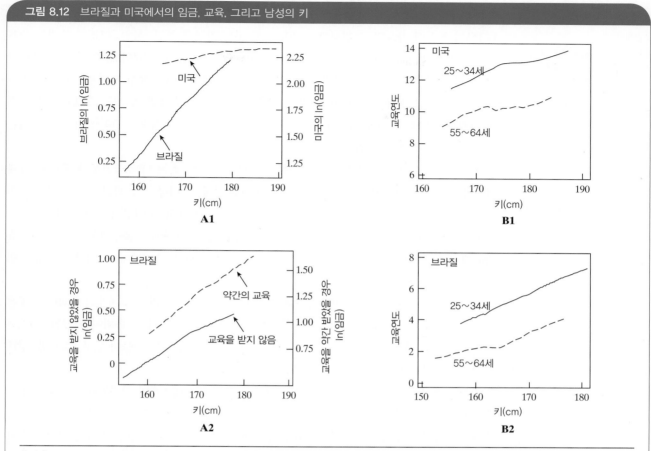

그림 8.12 브라질과 미국에서의 임금, 교육, 그리고 남성의 키

출처 : "Health, nutrition, and economic development," by John Strauss and Duncan Thomas, *Journal of Economic Literature* 36 (1998): 766–817. 허락하에 게재.

주 : ln(임금)은 임금에 자연로그를 취한 것이다.

히 키 큰 사람이 키 작은 사람보다 더 유의미한 교육을 받는다(〈그림 8.12〉의 패널 B1과 B2). 이러한 관계가 단기뿐만 아니라 장기의 건강과 영양을 반영하는 육체크기지수(body mass index)와 같은 다른 건강척도로 이어질 수 있다. 슈트라우스와 토머스는 이러한 결과와 문헌연구를 통해 건강과 영양이 생산성 증가를 가져오며 가장 적게 교육을 받고 가장 가난한 사람들에게 가장 큰 효과가 나타난다는 결론을 유도하였다.[57]

다수의 증거는 건강과 영양이 고용과 생산성 및 임금에 영향을 미치며, 특히 극빈층에게 상당한 영향을 미친다는 것이다. 이러한 발견은 경제발전에서 건강정책에 우선순위를 두어야 한다는 사실을 더욱 강조하는 것이다. 많은 문헌연구와 복잡한 통계적 및 자료상 문제를 검토한 후 슈트라우스와 토머스는 '증거의 균형이 최소한 영양이 부족한 사람들 중에서 영양 증가의 긍정적인 임금 상승 효과를 가리키고 있다'고 결론짓고 있다.[58]

건강한 인구가 성공적인 발전의 전제조건이다.

보건정책

보건체계
주요 목적이 건강을 증진하고, 복원하고, 유지하는 모든 활동

WTO의 정의에 따르면, **보건체계**(health system)는 건강의 증진, 복원, 그리고 유지를 최우선의 목적으로 이루어지는 모든 활동이다. 이는 공공 보건당국, 병/의원, 약국 등을 포함한다. 또한 정규부문 밖에는 비정규부문도 존재하는데, 주로 빈곤층에서 행해지는 민간요법 등이다. 이는 약간 효과가 있는 약초 치료를 포함하고 있는 민간요법 치료사, 그리고 침술과 같이 약간의 의약적 혜택을 제공하는 다른 방법과 심리적 효과 이상으로 효과성의 증거가 없는 기술을 고용하는 여타 방법 등이 존재한다.

오랫동안 일부 개발도상국의 보건체계는 건강목적을 달성하는 다른 국가보다 훨씬 더 효과적이라는 사실은 이해되어 왔다. 일부 국가, 예컨대 중국, 스리랑카, 그리고 일부 지역(예 : 인도의 케랄라 주) 등은 저소득 상태에도 불구하고 기대수명이 70세 이상이다. 동시에, 일부 중위소득국가, 예컨대 브라질, 남아프리카, 가봉 등은 많은 자원에도 불구하고 기대수명은 유의하게 낮다. 후자의 국가들 모두 중국, 스리랑카, 케랄라보다 보건치료에 대한 접근성이 훨씬 더 불평등하다.

WHO는 세계 보건체계를 비교하였고, 각각의 소득수준에 따라 보건체계의 성과에서 많은 변화를 보여주고 있다. 예를 들면 싱가포르는 6위, 모로코는 29위, 콜롬비아는 22위, 칠레는 33위, 코스타리카는 36위 등 이 모든 개발도상국은 미국보다 상위에 놓여 있다. 명백히, 상대적으로 적당한 소득으로 많은 것들이 이루어질 수 있다.[59]

이 연구는 191개 WHO 회원국의 보건체계를 측정하는 데 5개의 성과지표를 사용하였다. 즉 (1) 인구의 전체적인 보건 수준, (2) 인구 내 보건 불평등성, (3) 보건체계 대응성(환자의 만족성과 체계의 성과), (4) 인구 내 대응성 분포(어떻게 잘 경제적 상황이 다른 사람들이 보건체계에 의해 서비스를 받도록 찾아가는지), (5) 인구 내 보건체계의 금융상 부담의 분포, 공정성 등이다.

WHO는 '보건에 소비되는 매 1달러에 대해 많은 국가가 잠재적인 성과가 부족하다'고 결론짓고 있다. 결과는 예방될 수 있는 사망자 수와 장애로 성장부전의 생존자 수가 많다는 것이다. 이러한 실패의 영향을 빈곤층은 불평등하게 지니고 있어야 한다. 어떤 주어진 소득에서 국가 성과에서 많은 차이가 있으며 저소득국가가 갖고 있는 자원을 배분하는 데 공정성을 얻을 수 있다는 것으로 보여주고 있다. 사실 금융 기여의 공평성에서 콜롬비아는 전체적으로 상위에 놓여 있다. 그러나 몇몇 개발도상국, 예컨대 시에라리온, 미얀마, 브라질, 중국, 베트남, 네팔, 러시아연방, 페루, 캄보디아 등은 보건체계의 금융이 가장 낮은 공정성을 갖고 있는 것으로 판정되었다. 브라질과 페루에서 사람들은 보건치료에 자기 돈으로 지급하는 비중이 매우 높아, 빈곤층이 가계소득 중 보건에 지급하는 지출이 매우 높았다.

정규 공중보건 조처는 개발도상국에서 매우 중요한 역할을 한다. 보건부는 가끔 비정부 기구에 의해 보완되는데 거리가 먼 시골에까지 백신을 확대하고 천연두와 같은 치명적인 질병을 축소하는 데 핵심적인 역할을 한다. 그러나 교육체계와 같이 공중보건 운영은 가끔 부유층에게 유리하게 이루어지거나 아주 긴밀하게 연결되었거나 한다. 그 결과, 부분적으로 보건체

계는 가끔 공공기금을 비효율적으로 사용하게 한다. 사실 정책지원금이 심장병이나 암을 갖고 있는 올바른 병원을 찾을 수 있을 만큼 충분히 영향력이 있는 나이 든 부유층 환자를 위한 값비싼 치료 조치에 집중되어 있음이 판명되었다. 비용효과적인 예방 보건 캠페인과 보건 전문가에 의해 보호를 받고 있지 않은 사람에 대한 기초 의료치료는 대부분 무시되거나 기금이 적게 사용된다. 공공보조금으로 훈련을 받은 의사들은 도시의 부유지역에서 개업을 하거나 선진국으로의 이민을 선택한다. 세계은행이 결론 내린 것과 같이, "일부 국가에서 거의 모든 비용효과적인 개입이 낮은 수준의 시설에 가장 잘 전달됨에도 불구하고, 하나의 훈련 병원이 보건성 예산 중 20% 이상을 흡수한다."[60]

국가의 보건기준에 대한 직접적이고 긍정적인 효과와 함께 기초 보건은 또한 빈곤 축소의 목적을 달성하는 데 효과적인 수단이다. 부모가 모두 고용되었거나 오랜 시간 동안 자영업에 종사하더라도 만약 부모가 너무 약하거나 건강하지 못하고 가족을 지원할 만큼 충분히 생산적이지 못하다면, 아이들이 일을 해야 한다. 그러나 만약 아이들이 일을 하면, 이들이 필요한 교육을 받지 못하게 되고 이들이 성장하였을 때 이들 역시 자신의 자녀를 일터에 보내야 한다. 그래서 앞에서 검토한 유소년 노동의 나쁜 균형이 세대 간에 걸쳐 확장되고 가족은 빈곤의 악순환에 효과적으로 잠겨 있게 된다. 보건투자의 혜택에 대한 계산이 장기 파급효과를 생각하는 데 필요하다.

보건체계에서 효과적인 정부의 역할이 최소한 네 가지 점에서 중요하다. 첫째, 보건은 빈곤 완화의 중심이 된다. 왜냐하면 보건에 관해 획일적이지만 빈곤에 의해 복잡한 상황이 된다. 둘째, 빈곤한 가계는 보건을 위해 충분히 지출하지 않는다. 보건투자의 외부효과를 잘 알지 못하기 때문이다. 셋째, 시장은 보건 인프라, 연구개발(R&D) 및 보건기술의 이전에 제대로 투자하지 않기 때문이다. 즉 시장실패가 존재한다. 개발도상국에서 공중보건 프로그램이 성공적임이 입증되었다. 정부는 서로 다른 국가에서 다른 역할을 하고 있으나, WHO가 결론 짓고 있는 것처럼 "신중하고 책임 있는 복리 증진의 운영은 좋은 정부의 본질이다. … 국민의 건강에 항상 국가의 우선순위를 두어야 한다—이에 대한 정부의 책임성은 지속적이고 항구적이다."[61]

광범위한 발견 높은 소득이 가능한 생산에 투입요소로서 그리고 인간 복지에 직접적으로 영향을 주는 산출요소로서, 보건과 교육은 경제발전에서 중요한 역할을 한다고 결론 내릴 수 있다. 많은 보건과 교육의 문제는 유소년 노동에서 무거운 질병의 부담에 이르기까지 개발도상국을 괴롭히고 있다. 소득 상승과 함께 교육과 보건이 항상 자동적으로 개선되는 것은 아니다. 그리고 시장실패는 사회적 관점에서 교육과 보건에 너무 적게 투자한다는 것을 의미한다. 더욱이, 잘못된 정부 정책은 가끔 불평등을 강화하는 교육체계의 왜곡을 초래하였다. 보건체계의 불평등은 통상적이다. 그래서 정부는 보건과 교육에서 본질적인 역할을 하며, 대부분의 개발도상국에서 정책상 상당한 개선이 요구된다.

빈곤으로부터 탈출 :
멕시코의 Progresa/Oportunidades

교육, 보건, 그리고 영양에 관한 멕시코 프로그램은 스페인어 약어로 Progresa로 널리 알려져 있으며, 공식적으로 Oportunidades Human Development Program으로 개명되었다(http://www.oportunidades.gob.mx). Progresa 혹은 Oportunidades는 유소년 노동과 빈곤층 교육 그리고 부모가 아이를 먹이고 보건소에 데려갈 수 있도록 하며, 금융 인센티브를 제공하여 아이들은 학교에 보내도록 하고자 싸우고 있다.

Progresa 혹은 Oportnidades는 빈곤을 종결시키는 싸움에서 건강과 영양, 그리고 교육이 보완재라는 인식 위에 설정되었다. 이 프로그램은 빈곤 가계의 교육, 건강, 영양상태를 촉진하기 위한 종합 패키지 장려의 특징을 갖고 있다. 이는 빈곤 가계에 현금을 이전하거나, 가족 보건소 방문, 현물 영양 보조, 그리고 임신 여성과 5세 이하 아동에 대한 다른 보건 혜택 등을 제공한다. 이 혜택 중 일부는 아이들의 정규학교 등록과 보건소 참가의 조건하에 제공되며, 그리고 이러한 종류의 프로그램은 통상적으로 조건부 현금이전 프로그램(CCC)이라고 부른다.

사실 저소득 부모는 자신의 아이들을 학교와 보건소에 보내는 데 지원금이 지급되며, 이는 기부국과 발전 사회가 빈곤을 지속적으로 감소시키는 데 효과적이라고 전체적으로 믿는 최근 전략 중 하나이다. 이는 집에서 일함으로써 잃어버린 소득과 가치에 대해 부모에게 보상하는 것이다. 그러한 지급은 학교 등록과 재학, 성적 향상, 다른 학교 결과, 그리고 영양과 보건의 향상을 가져오는 데 작용한다.

이 프로그램 이전에 멕시코는 10개의 서로 다른 정부부서에서 운영하는 비효율적인 음식보조 프로그램을 운영하고 있었다. 이러한 프로그램들은 가난에 대한 매우 무모한 수단이고 가끔 가장 가난한 사람에게도 도달하지 못하였다. 예를 들면 더 나은 도시 빈곤층은 도달하기도 어렵고 더 후생복지가 나쁜 농촌 빈곤층보다 더 혜택이 많았다. 식량보조가 빈곤한 가계 내 약한 아이들에게 혜택을 주는지를 확인할 수 있는 구조가 없다. 또한 지속적으로 도움을 받는 가난한 가계가 빈곤으로부터 탈출할 수 있는 분명한 출구전략도 존재하지 않는다. 영양부족은 가난한 농촌에서 여전히 공통적인 현상이며, 교육적 성취와 건강의 이익은 멕시코에서 더 후생복지가 크게 혜택을 주는 방법으로 가난한 사람에게 도달되지 않는다. 경제적인 이유로, 많은 가난한 아이들은 학교에 가기보다는 일터에 가야 한다. 그러나 아이 때 빈약한 건강과 교육은 일생 동안의 빈곤의 주요한 결정요인이다.

하나의 해결책은 Progresa/Oportunidades로 판명되었으며 이는 혁신적인 개발도상국에 적합한 통합적인 빈곤 프로그램이다. 주된 설계자는 발전경제학자인 레비(Santiago Levy)이다. 그는 1990년대에 이 프로그램을 설계하고 수행하도록 하는 한편 재무성 차관으로 재직하였다. 레비는 이 프로그램의 발전, 수행 및 평가를 2006년 발행된 그의 매우 우수한 책 *Progress against Poverty*에서 설명하고 있다.

1997년 8월 농촌지역에서 처음 시작된 이 프로그램은 2012년까지 580만의 농촌 및 도시 가계에 도움이 될 만큼 성장하였다(멕시코 정부의 웹사이트 자료). 7만 5,000군데 이상의 지역에서 멕시코 인구의 약 1/5에 해당하는 2,100만 명 이상의 사람들이 혜택을 받은 것으로 나타났다. 2002

년 이 프로그램은 8억 5,700만 회분의 영양보조제를 배분하였고 240만 번의 의약 점검을 제공하였다. 450만 달러 이상의 '장학금'이 어린 학생에게 지급되었다. 2005년 말, 이 프로그램은 500만 가구를 포괄하고 있으며, 이는 멕시코 전체 인구의 거의 1/4에 해당하고 이들은 대부분 극심한 빈곤상태에 처해 있다.

Progresa/Oportunidades는 아동 영향에 이른바 진로(path-way)라고 부르는 4개 부문을 통해 영향을 미치고 있다—현금이전(이는 부분적으로 건강 향상에 사용될 수 있다), 참가하는 모든 2세 이하 아동, 임신하였거나 모유를 먹이는 어머니, 그리고 영양실조 조짐을 보이는 2~5세 사이의 아동에게 주는 영양보조제, 참가자에게 결과를 제시하는 성장 감독, 위생과 영양에 관한 필수적인 정보를 가르치는 정규적인 회의에 의무적으로 참석하는 것을 포함하여 다른 예방적인 조처 등.

참여하는 가족은 학교 프로그램 지원금을 2개월마다 받게 된다. 게다가 가족은 건강검진과 위생검사를 포함하여 아이들을 위한 정규적인 공중보건 치료를 받는다는 조건으로 학용품과 보조금 지원을 받게 된다. 보조금은 어머니를 통해 일반적으로 제공된다. 이는 어머니가 아버지보다 자녀의 후생복지를 위해 가용기금을 더 많이 사용한다는 연구 결과에 따른 것이다. 이 보조금은 부패 가능성을 줄이기 위해 금융중개기관이 아닌 은행카드를 통해서 중앙정부가 직접적으로 지급하고 어머니는 어떻게 그리고 어디에서 이 보조금을 현금화하는지 교육을 받게 된다.

프로그램 지원금은 아이들이 3학년에서 9학년까지 정규적으로 학교에 다닐 것을 조건부로 하고 있다. 멕시코와 같은 개발도상국의 아이들은 가끔 학교에 등록은 하지만 오랫동안 다니지 않는다. 아이들이 고학년에 올라갈수록 지원금이 증가한다. 이는 아이들이 오랫동안 학교에 다닐 수 있는 동기를 부여하고 고학년에 지속적으로 올라갈 수 있도록 돕기 위한 것이다. 처음에 3학년의 부모는 1개월에 10달러 정도 받게 되고, 9학년의 여자아이는 1개월에 35달러 이상을 받게 된다. 이는 아이들이 노동자로서 받는 소득의

2/3 이상에 해당한다. 전체적인 결과는 부모가 직면하는 가족을 위한 현재의 높은 소득과 아이들은 학교를 마칠 때 가능한 미래의 높은 소득 간의 상충관계를 깨뜨리는 것이다. 여자아이는 남자아이에 비해 약간 큰 보조금을 받게 된다. 이는 부분적으로 여자아이가 학교를 다니지 않을 가능성이 더 높은 한편, 여자아이들을 학교에 다니도록 하는 것이 사회적 편익이 높다는 것이 발전경제연구로부터 잘 알려져 있기 때문이다. 만약 학교와 건강검진 조건을 맞춘다면, 정부가 아니라 가족이 이 추가적 자원을 어떻게 쓸 것인지 결정한다. 레비는 이 프로그램에 참가하는 평균 가족이 현금과 현물 지급을 합해서 1개월에 약 35달러를 받는데, 이는 프로그램 없이 빈곤 가족의 소득 중 약 25%에 해당한다고 추정한다.

이 프로그램은 표준적인 대안보다 더 효과적이다. 연구 결과는 Progresa/Oportunidades가 새로 학교를 건설하는 것보다 소요되는 1달러당 학교 등록과 성적에 미치는 영향이 더 크게 나타나고 있음을 보이고 있다.

2005년의 Progresa/Oportunidades 프로그램을 위한 훨씬 확대된 예산은 여전히 28억 달러인데 멕시코 경제에서 적당한 수준이다. 이는 국민소득의 0.4%에 해당한다. 멕시코 연금(사회보장)제도만이 큰 사회 프로그램이다. Progresa/Oportunidades는 또한 총비용의 6%만이 운영비로 사용되고 있어 조직적으로도 효율적이다. 이는 가끔 비효율적이고 잠재적으로 부패할 수 있는 행정관료주의를 무시하고 수혜자에게 은행카드를 통해 직접적으로 현금을 지급하기 때문이다. 전체 82%가 현금이전이고 나머지 12%는 현물과 영양보조제이다. 건강치료와 학교에 소요되는 일부 추가적인 비용은 멕시코 보건부와 교육부에서 부담한다.

그러나 Progresa/Oportunidades는 적정한 비용 때문이 아니라 제대로 작동한다는 사실 때문에 높게 평가된다. 이것은 세계에서 가장 엄격한 임의 시도의 공공 빈곤 프로그램 중 하나였다. 워싱턴에 근거를 두고 있는 국제식량정책연구소(IFPRI)는 많은 소속 연구원과 함께 여러 가지 방법을 활용하여 이 프로그램을 광범위하게 연구하였다. 가장

425

확실한 증거는 이 연구가 처음부터 시작된 방식이다. 일부 마을만이 처음에 이 프로그램에 참가하였고, 대규모로 시작하기 이전에 처음 목표된 마을이 포함되는 순서는 임의적이었다. 자료는 처음 포함되었거나 제외된 가족에서 수집되었고, 따라서 이 프로그램의 영향이 그렇지 않다면 평가 결과를 왜곡했을 수도 있는 많은 가능한 복잡한 요인과 독립하여 연구될 수 있었다. 이 엄격한 연구의 참가자들은 세계에서 가장 주도적인 발전 미시경제학자들이다.

Progresa/Oportunidades의 평가는 이 종합적인 접근법은 참가자 후생복지의 증가와 함께 매우 성공적이었다는 것을 나타내고 있다. 영양부족은 정량적으로 감소하였다. 보건치료의 가족 활용은 증가하였고 아이들의 보건지수는 개선되었다. 학교 재학은 유의하게 증가하였으며 중퇴율은 상당히 감소하였다. 특히 아이들이 고등학교로 진학하거나 중퇴해야 할 때인 이른바 6학년에서 9학년으로의 학년 진급이 증가하였다. 일반적으로 말하면, 연구는 Progresa/Oportunidades는 고등학교 입학 이전에 아이들이 중퇴하기보다는 학교에 다니는 수를 약 20% 증가시켜 왔음을 보여주고 있다. 유소년 노동도 약 15%가 감소했다. 처음에 소득이전을 받을 때 성인의 근로시간이 감소할 수 있다는 우려가 있었지만, 연구 결과는 근로시간 감소가 발생하지 않았음을 보이고 있다. 통계적으로, 가장 신뢰할 수 있는 몇 개의 연구가 스코피아스(Emmanuel Skoufias)의 2005년 IFPRI 보고서인 *PROGRESA and Its Impact on the Welfare of Rural Households in Mexico*에 정리되어 있다. 다른 핵심 연구 보고서는 이 사례연구 끝부분에 목록이 제시되어 있다.

Progresa/Oportunidades의 교훈은 라틴 아메리카 국가에 확산되었으며, 일부 성격이 브라질의 Bolsa Familia 프로그램, 아르헨티나의 Familias por la Inclusión Social, 칠레의 Solidario, 콜롬비아의 Familias en Acción, 코스타리카의 Superemonos, 에콰도르의 Bono de Desarrollo Humano, 온두라스의 Programa de Asignación Familiar, 니카라과의 Programa de Avance Mediante la Salud y la Educación, 파나마의 Red de Oportunidades, 그리고 우루과이의 Proyecto 300 등의 프로그램에서 발견된다. 2010년까지 Progresa는 29개 국가에서 전체 혹은 부분적으로 복제되었다.

비록 Progresa/Oportunidades와 같은 CCT 프로그램의 비용은 중위소득국가와 중상위소득국가에서 관리할 수 있다고 하더라도, 프로그램에 이용될 수 있는 자신들을 위한 보조금뿐만 아니라 보건소의 수와 질의 증가를 위해서 저소득국가에서는 외부 금융지원이 필요하다. 빈곤축소 프로그램은 가난한 지역에 더 나은 도로, 공중보건 투자, 그리고 지역 권한의 증진과 같이 여전히 보완적인 개선이 필요하다. 빈약하지만 정치적으로 임시방편적인 프로그램을 더 효과적인 프로그램으로 대체하려는 의지가 필요하다. 행정적 인프라가 주된 도전이라고 하더라도 수혜자에 대한 기금을 전자적으로 지급하는 것이 문제가 될 수 있음이 입증되었다. 그러나 CCT 파일럿 프로그램 혹은 대규모 프로그램이 최근 나이지리아, 말라위, 말리를 포함하여 몇 개의 국가에서 시작되어 왔다.

결론적으로, 보건과 영양 및 교육의 개선에 중점을 둔 CCT 프로그램은 빈곤을 종료시키기 위한 성공적인 정책의 핵심 요소이다. 비록 대부분의 경우라고 하더라도 그들은 광범위한 전략이 완전히 효과적이도록 할 필요가 있다. 멕시코에서 다른 국가에서처럼 좀 더 폭넓은 패키지들은 가난한 사람이 시장에서 자신들의 상품을 구입하고 안전한 물과 전기를 얻을 수 있도록 인프라의 발전을 포함하고 있다. 또한 제9장에서 설명한 유형처럼 신용과 일시적이나마 고용제도를 제공하는 통합된 농촌 발전 프로그램을 포함하고 있다. 가난한 사람의 인적자본을 구축함으로써, 이 프로그램은 가난한 사람이 자신의 역량을 제고하고 경제가 성장함에 따라 주어지는 기회를 이용하기 위한 본질적인 기초를 제공한다. 그래서 이 프로그램은 멕시코 경제 성장과 발전에 대한 전망을 제고할 수 있다.

요약하면, Progresa/Oportunidades는 많은 방식에서 성공적인 모형 중 하나이다. 엄격한 평가는 이 프로그램이 인

간의 후생복지에 상당한 영향을 미치고 있음을 보이고 있다. 이 프로그램은 개발도상국의 지역적 상황을 면밀히 살펴보는 한편, 발전경제학에서 배운 것을 건설적으로 활용하여 설계되고 수행되었다. 이 프로그램은 교육, 보건, 그리고 영양 간의 보완성을 프로그램 설계의 핵심에 두고 있는 한편, 수혜자의 동기부여의 필요성에 면밀한 관심을 두고 있다. 마지막으로, 현금이전 방법과 귀찮고 불투명한 현물이전 프로그램으로부터 멀어지지 않음은 잠재적인 관료주의적 비효율성과 관료의 부패에 제약을 두었다. 따라서 Progresa/Oportunidades는 빈곤 가정의 보건과 교육적 발전의 하나의 모형, 그리고 영원한 빈곤탈출의 기회를 제공하였다. ■

참고문헌

Baird Sarah, Craig McIntosh, and Berk Ozler. "Cash or condition? Evidence from a randomized cash transfer program." Policy Research Working Paper Series 5259. Washington, D.C.: World Bank, 2010.

Bando, Rosangela, Luis F. Lopez-Calva, and Harry Anthony Patrinos. "Child labor, school attendance, and indigenous households: Evidence from Mexico." World Bank Policy Research Working Paper No. 3487. Washington, D.C.: 2005.

Behrman, Jere R., and John Hoddinott. "Programme evaluation with unobserved heterogeneity and selective implementation: The Mexican PROGRESA impact on child nutrition." *Oxford Bulletin of Economics and Statistics* 67 (2005): 547 – 569.

Behrman, Jere R., Piyali Sengupta, and Petra Todd. "Progressing through PROGRESA: An impact assessment of a school subsidy experiment in rural Mexico." *Economic Development and Cultural Change* 54 (2005): 237 – 275.

Buddelmeyer, Hielke, and Emmanuel Skoufias. "An evaluation of the performance of regression discontinuity design on PROGRESA." World Bank Policy Research Working Paper No. 3386. Washington, D.C.: , 2004.

Cardenas-Rodriguez, Oscar J. "Do indigenous peoples benefit from poverty programs? Evidence from Mexico's 2000 census." *Estudios Economicos* 19 (2004): 125 – 135.

Coady, David P., and Susan W. Parker. "Cost-effectiveness analysis of demand- and supply-side education interventions: The case of PROGRESA in Mexico." *Review of Development Economics* 8 (2004): 440 – 451.

Davis, Benjamin, Sudhanshu Handa, and Humberto Soto. "Households, poverty and policy in times of crisis: Mexico, 1992 – 1996." *CEPAL Review* 82 (2004): 191 – 212.

Government of Mexico, Oportunidades website: http://www.oportunidades.gob.mx/Portal/wb/Web/introduction.

Hoddinott, John, and Emmanuel Skoufias. "The impact of PROGRESA on food consumption." *Economic Development and Cultural Change* 53 (2004): 37 – 61.

Levy, Santiago. *Progress against Poverty: Sustaining Mexico's Progresa-Oportunidades Program*. Washington, D.C.: Brookings Institution Press, 2006, available at: http://www.brookings.edu/global/progress/pap_total.pdf.

Parker, Susan W., and Graciela M. Teruel. "Randomization and social program evaluation: The case of Progresa." *Annals of the American Academy of Political and Social Science* 599 (2005): 199 – 219.

Schultz, T. Paul. "School subsidies for the poor: Evaluating the Mexican Progresa poverty program." *Journal of Development Economics* 74 (2004): 199 – 250.

Secretaría de Desarrollo Social (SEDESOL). "Programa de Educación, Salud y Alimentación (PROGRESA)," 2001, http://www.progresa.gob.mx.

Skoufias, Emmanuel. *PROGRESA and Its Impacts on the Welfare of Rural Households in Mexico*. Research Report No. 139. Washington, D.C.: International Food Policy Research Institute, 2005. http://www.ifpri.org/pubs/abstract/abstr139.htm.

Skoufias, Emmanuel, Benjamin Davis, and Sergio de la Vega. "Targeting the poor in Mexico: An evaluation of the selection of households into PROGRESA." *World Development* 29 (2001): 1769 – 1784.

Skoufias, Emmanuel, and Bonnie McClafferty. "Is PROGRESA working? Summary of the results of an evaluation by IFPRI," 2000, http://www.ifpri.org/themes/progresa/synthesis.htm.

Skoufias, Emmanuel, and Susan W. Parker, with comments by Jere R. Behrman and Carola Pessino. "Conditional cash transfers and their impact on child work and schooling:

Evidence from the PROGRESA program in Mexico."
Economia 2 (2001): 45–96.

Smith, Stephen C. *Ending Global Poverty: A Guide to What
Works*. New York: Palgrave Macmillan, 2005.

Stecklov, Guy, Paul Winters, Marco Stampini, and Benjamin
Davis. "Do conditional cash transfers influence migration?
A study using experimental data from the Mexican

PROGRESA program." *Demography* 42 (2005): 769–790.

Todd, Petra, and Kenneth Wolpin. "Using a social experiment
to validate a dynamic behavioral model of child schooling
and fertility: Assessing the impact of a school subsidy
program in Mexico." Penn Institute for Economic Research
Working Paper, Department of Economics, University of
Pennsylvania, 2002.

주요 용어

교육의 사회적 비용(social cost of
   education)

교육의 사회적 편익(social benefits of
   education)

교육인증(educational certification)

교육차와 성별 격차(educational and
   gender gap)

기초교육(basic education)

두뇌유출(brain drain)

문해율(literacy)

보건체계(health system)

사적 수익(private benefits)

사적 편익(private cost)

세계보건기구(World Health
   Organization, WHO)

소외 열대 질병(neglected tropical
   diseases)

인적자본(human capital)

조건부 현금이전 프로그램
   [Conditional Cash Transfer(CCT)
   Programs]

파생수요(derived demand)

할인율(discount rate)

AIDS(acquired immunodeficiency
   syndrome)

HIV(human immunodeficiency virus)

복습문제

1. 무슨 이유로 개발도상국가의 학교교육에서 많은 중퇴자가
발생하는가? 이러한 학교 중도 탈락률을 감소시키기 위해
무엇을 할 수 있는가?

2. 정규 교육과 비정규 교육 간의 차이 무엇인가? 각각에 대
해 예를 제시하라.

3. 개발도상국의 교육제도는 특히 농촌지역에서 실질적으로
사회적 및 경제적 필요성에 적합하지 않다고 가끔 주장된
다. 이 주장에 찬성하는가? 아니면 반대하는가? 그 이유
를 설명하라.

4. 고등교육에 대한 비용과 수익이 선진국보다 개발도상국에
서 훨씬 더 크다는 사실을 어떻게 설명할 수 있는가?

5. 개발도상국들은 고등교육에 대해 지원해야 한다는 이유
는 무엇인가? 경제적 관점에서 합당한 이유라고 생각하는
가? 여러분의 답을 설명하라.

6. 아동의 유아기 환경적 요인이 학교 성과의 중요한 결정요
인이라고들 한다. 이러한 요인들은 무엇이고, 이러한 요인
들은 얼마나 중요하다고 생각되며, 이러한 요인들이 부정
적으로 작용하지 않도록 무엇을 해야 하는가?

7. 교육의 경제학이란 무엇을 의미하는가? 어느 정도로 교육적 계획과 정책 결정이 경제적 고려에 의해 이루어져야 하는가? 가상적인 예와 실제 예를 제시하고 설명하라.

8. 교육에 대한 수요는 높은 소득이 지급되는 현대부문의 직업 기회에 필요한 파생수요라는 주장은 무엇을 의미하는가?

9. 대다수 개발도상국들에서 교육제도, 노동시장, 그리고 고용 결정 간 상호 연관성은 무엇인가? 교육의 직업 대체 과정에 관해 설명하라.

10. 교육의 사적 이익 및 비용과 공적 이익 및 비용 간의 차이를 신중하게 설명하라. 사적 및 사회적 이익-비용의 평가 사이에 큰 차이가 발생하는 경제적 요인은 무엇인가? 정부가 교육 및 경제 정책을 통해 사적 및 사회적 가치평가 간의 격차를 좁히기 위해 시도해야 하는가? 설명하라.

11. 다음 각각의 교육-발전 관계에 관해 설명하고 논평하라.

    a. 교육과 경제성장—교육이 경제성장을 촉진하는가? 어떻게?

    b. 교육, 불평등, 가난—대부분 개발도상국들의 전형적인 교육제도가 불평등과 빈곤에 미치는 영향을 축소하거나, 과장하거나, 또는 전혀 영향을 미치지 못하게 하는 경향이 있는가? 익숙한 국가의 예를 들어서 설명하고 조사하라.

    c. 교육과 이동—교육이 이촌향도 이주를 촉진하는가? 왜 그런가?

    d. 교육과 출산—여성의 교육이 출산을 감소시키는 경향이 있는가? 왜 그런가?

    e. 교육과 농촌 발전—개발도상국들의 대부분 정규 교육제도가 농촌 발전 촉진에 상당히 기여할 수 있는가? 설명하라.

12. 정부가 중요한 경제적, 비경제적 요인을 조정하거나 교육제도 내부 혹은 외부의 변수를 조정하여 교육의 성격, 질적 수준, 그리고 내용에 영향을 줄 수 있다. 이러한 외부적, 내부적 요인은 무엇이고, 어떻게 정부 정책들이 교육을 경제발전의 현실적 의미와 더 관련을 갖도록 할 수 있는가?

13. 최근 수십 년 동안 건강과 교육의 수익이 크게 증가한 이유는 무엇인가?

14. 경제발전 도전에서 건강과 교육이 서로 매우 밀접하게 관련을 갖고 있는 이유는 무엇인가?

15. 오늘날 가장 긴급한 건강과 교육의 도전은 무엇인가? 무엇이 이러한 도전을 더 어렵게 하는가?

16. 무엇이 (a) 적절하고 공정한 보건체계를 만들고 (b) 적절하고 공정한 교육제도를 형성하게 하는가?

17. 보건과 교육에서 성별 격차의 결과는 무엇인가? 남녀 간의 큰 문해율 격차가 경제발전에 영향을 줄 수 있는가?

18. 건강과 교육에 대한 인적자본의 접근 방식은 무엇인가? 이러한 것들의 가장 중요한 강점과 약점은 무엇이라고 생각하는가?

19. 아동 노동의 문제를 설명하기 위해 논의되고 있는 전략은 무엇인가? 이러한 접근들의 강점과 약점은 무엇인가?

20. 한편에서 건강과 교육 간의 관계, 다른 한편에서는 생산성과 소득 간의 관계는 무엇인가?

21. 정부가 보건제도를 더욱 평등하게 하기 위해 무엇을 할 수 있는가?

22. 이 장의 마지막에서 살펴본 Progresa/Oportunidades에 대해 검토할 질문들이다.

    a. Progresa/Oportunidades 프로그램은 무엇이며, 무엇을 성취하고자 하는가?

    b. 어떻게 성취하려고 하는가? 프로그램의 핵심적 특성과 혁신은 무엇인가?

    c. 왜 조건부 이전지출을 하는가? 가능한 편익과 문제는 무엇인가?

    d. 특히, Progresa는 어떻게 영양상태를 증진할 수 있는가?

    e. 특히, Progresa는 어떻게 교육을 향상할 수 있는가?

    f. 최초 평가의 특징들은 무엇인가?

미주

1. United Nations Development Program, *Human Development Report, 2004* (New York: Oxford University Press, 2004), p. 171; World Bank, *World Development Indicators, 2013* (Washington, D.C.: World Bank, 2013). 개발도상국의 아동 사망률 통계는 일부의 경우 실제로 발전을 저평가한다. 왜냐하면 일부 이전 중위소득국가들이 최근 고소득국가가 되었기 때문이다.

2. UNESCO, Institute for Statistics (UIS), *UIS Fact Sheet No. 20*, September 2012; UNESCO, *EFA Global Monitoring Report, 2007*, Statistical Annex, tab. 2, http://unesdoc.unesco.org/images/0014/001477/147794E.pdf.

3. Selma Mushkin, "Health as an investment," *Journal of Political Economy 70* (1962): 129−157을 참조하라.

4. Randa Sab and Stephen C. Smith, "Human capital convergence: International evidence," http://www.imf.org/external/pubs/ft/wp/2001/wp0132.pdf를 참조하라. 이 논문은 개발도상국의 건강과 교육의 개선이 느리지만 지속적인 수렴현상 국가 간에 발생한다는 결론을 내릴 수 있을 만큼 분명하다는 증거를 제시한다. Randa Sab and Stephen C. Smith, "Human capital convergence: A joint estimation approach," *IMF Staff Papers* 49 (2002): 200−211, https://www.imf.org/external/pubs/ft/staffp/2002/02/pdf/sab.pdf와 Robert J. Barro and Jong-Wha Lee, "International comparisons of educational attainment," *Journal of Monetary Economics* 32 (1993): 363−394를 참조하라.

5. 이 논의는 다음 논문에서 차용한다―C. Smith, "Microcredit and health programs: To integrate or not to integrate?" in *Microenterprise Development for Better Health Outcomes*, eds. Rosalia Rodriguez-Garcia, James A. Macinko, and William F. Waters (Westport, Conn.: Greenwood Press, 2001), pp. 41−50.

6. Howarth E. Bouis and Lawrence J. Haddad, "Are estimates of calorie-income elasticities too high? A recalibration of the plausible range," *Journal of Development Economics* 39 (1992): 333−364; Jere Behrman and Anil Deolalikar, "Will developing country nutrition improve with income? A case study for rural South India," *Journal of Political Economy* 95 (1987): 108−138; Shankar Subramanian and Angus Deaton, "The demand for food and calories," *Journal of Political Economy* 104 (1996): 133−162.

7. 이 문헌의 일부에 대한 검토로 Tonia Marek, *Ending Malnutrition: Why Increasing Income Is Not Enough* (Washington, D.C.: World Bank, 1992) 참조.

8. Maurice Schiff and Alberto Valdes, "Nutrition: Alternative definitions and policy implications," *Economic Development and Cultural Change* 38 (1990): 281−292; Marek, *Ending Malnutrition*.

9. Howarth Bouis는 필리핀에서 비타민 A와 C의 섭취가 소득과 정(+)의 상관관계를 갖지 않는다는 것을 발견했으며, 소비자에 대한 교육이 중요하다고 주장했다. 더구나 필리핀에서 질병률(질병의 발생률)은 소득에 따라 필수적으로 감소하지 않았다. Howarth E. Bouis, *The Determinants of Household-Level Demand for Micronutrients: An Analysis for Philippine Farm Households* (Washington, D.C.: International Food Policy Research Institute, 1991)를 참조하라.

10. 감비아 연구에 의하면, 칼로리 섭취가 통제된 이후에도 설사와 영양 감소 상태가 서로 연관되어 있다는 것이다. Joachim von Braun, Detlev Peutz, and Patrick Webb, *Irrigation Technology and Commercialization of Rice in the Gambia: Effects on Income and Nutrition* (Washington, D.C.: International Food Policy Research Institute, 1989)을 참조하라.

11. Paul Glewwe, "Why does mother's schooling raise child health in developing countries? Evidence from Morocco," *Journal of Human Resources* 34 (1999): 124−159; Ravi Kanbur and Lyn Squire, "The evolution of thinking about poverty," in *Frontiers of Development Economics: The Future in Perspective*, eds. Gerald M. Meier and Joseph E. Stiglitz (New York: Oxford University Press, 2001)를 참조하라.

12. 예를 들어 네팔의 영양부족 아동들이 학교에 다닐 확률은 영양이 부족하지 않은 아이들보다 훨씬 더 낮다. 중국 농촌 및 태국과 같은 전 세계 여러 지역에서, 연령에 비해 키가 더 작은 (영양부족 증거) 아이들은 학교 학점 이수에서 뒤처진다는 것이 발견되었다. 브라질 동북부의 영양부족 아이들이 20% 정도 시험점수가 뒤처지는 것으로 알려졌다. World Bank, *World Development Report, 1993* (New York: Oxford University Press, 1993), p. 18−19를 참조하라.

13. 예문 8.4에 더해 Ernesto Pollitt, *Malnutrition and Infection in the Classroom* (Paris: UNESCO, 1990); Harold Alderman, Jere Behrman, Victor Lavy, and Rekha Menon, "Child

health and school enrollment: A longitudinal analysis," *Journal of Human Resources* 36 (2001): 185-201; Jere Behrman, "The impact of health and nutrition on education," *World Bank Researcher* 11 (1996): 23-37; Paul Glewwe and Hanan G. Jacoby, "An economic analysis of delayed primary school enrollment in a low-income country: The role of early childhood nutrition," *Review of Economics and Statistics* 77 (1995): 156-169.

14. Kaushik Basu and James Foster, "On measuring literacy," *Economic Journal* 108 (1998): 1733-1749를 참조하라.

15. World Health Organization, *World Health Report, 2000* (Geneva: World Health Organization, 2000), p. 4.

16. Amartya Sen, *Development as Freedom*, (New York: Knopf, 1999), p. 294; M. Shahe Emran, Fenohasina Maret, and Stephen C. Smith, "Education and freedom of choice: Evidence from arranged marriages in Vietnam," 2014년 출간예정, http://www.tandfonline.com/doi/abs/10.1080/00220388.2013.841884#.UrN2m2RDtWJ].

17. 예를 들면 Harry A. Patrinos and S. Metzger, "Returns to education in Mexico: An update," World Bank, Word Bank/Universidad de las Americas, Mexico, 2004; Dominic J. Brewer and Patrick J. McEwan, eds., *Economic of Education* (San Diego, Calif.: Elsevier, 2010)을 참조하라.

18. The human capital analysis was introduced by Jacob Mincer, "Investment in human capital and personal income distribution," *Journal of Political Economy* 66 (1958): 281-302. 〈그림 8.2〉와 유사한 그래프는 노동경제학에서 폭넓게 사용된다. 예를 들면 Ronald Ehrenberg and Robert Smith, *Modern Labor Economics*, 2nd ed. (Glenview, Ill: Scott, Foresman, 1985), fig. 9.1, p. 256; Daniel Hamermesh and Albert Rees, *The Economics of Work and Play*, 4th ed. (New York: HarperCollins, 1988), fig. 3.3, p. 70을 참조하라.

19. 교육투자수익률의 실증연구에 대한 상세한 검토는 George Psacharopoulos, "Returns to education: An updated international comparison," *Comparative Education* 17 (1981): 321-341을 참조하라. 그리고 "Returns to investment in education: A global update," *World Development* 22 (1994): 1325-1343; Christopher Colclough, "The impact of primary schooling on economic development: A review of the evidence," *World Development* 10 (1982): 167-185; Rati Ram, "Level of development and rates of return to schooling: Some estimates from multicountry data,"

Economic Development and Cultural Change 44 (1996): 839-857을 참조하라. George Psacharopoulos가 "Education as investment," *Finance and Development*(1982)에서 설명한 대로, 일정한 교육수준에 대한 사적 수익률의 추정치는 생애 교육 투자의 비용과 편익에 대한 할인가에 의해 계산된다. 그래서 4년의 대학교육에 대한 사적 수익률을 계산하기 위해 편익은 연령별 대졸자의 세후 평균소득에 대한 통계치와 고졸자의 표본그룹의 평균소득 간 차이에 의해 산출된다. 대학 강의 출석으로 발생하는 학생 자신의 비용에 대한 통계치에 의해 직접비용은 획득된다. 이러한 자료가 주어진다면 고졸에 비교하여 대졸의 투자수익률은 대졸 비용과 편익 간 할인된 차액의 순현재가치가 0이 될 때의 수익률이 된다. 이러한 사적 수익률의 단순 계산 방식은 다음과 같다.

$$\text{사적 수익률} = \frac{\left(\begin{array}{c}\text{대졸자의 연간}\\\text{세후 평균소득}\end{array}\right) - \left(\begin{array}{c}\text{고졸자의 연간}\\\text{세후 평균소득}\end{array}\right)}{\left(4년\right) \times \left(\begin{array}{c}\text{고졸의 연간}\\\text{세후 소득}\end{array}\right) + \left(\begin{array}{c}\text{연간 평균}\\\text{사적 비용}\end{array}\right)}$$

대학교육의 사회적 수익률 역시 동일한 방식에 의해 산정할 수 있다. 다만 소득이 세전 소득이어야 하고(세금은 전체 사회 관점에서 보면 이전소득과 같다), 직접비용은 학생이 부담해야 할 작은 금액보다는 고등교육으로 발생하는 개별 학생당 소요되는 모든 자원을 포함해야 한다.

19a. Amartya Sen, op. cit. (note 16), Basu and Foster, op. cit. (note 14), Ehrenberg and Smith, op, cit. (note 18)을 참조하라.

20. 유소년 노동에 관한 통계자료는 ILO에서 발췌한 것이다. 유소년 노동 웹사이트는 http://www.ilo.org/ipec/index.htm이다. 최신 자료도 여기서 찾을 수 있다. 유소년 노동의 위험성에 대한 세부적인 통계 역시 ILO에서 발췌한 것이다. *Employers and Workers Handbook on Hazardous Child Labour*, (Geneva: ILO, 2011). 2010년 보고서는 2010년 8월 1일부터 다음 웹사이트에서 이용 가능하다—http://www.ilo.org/global/What_we_do/Officialmeetings/ilc/ILCSessions/99thSession/reports/lang-en/doc-Name-WCMS_126752/index.htm.

21. 모형과 우수한 조사에 대해 더 상세한 것은 Kaushik Basu, "Child labor: Cause, consequence, and cure, with remarks on international labor standards," *Journal of Economic Literature* 37 (1999): 1083-1120을 참조하라.

22. 수요곡선 역시 S자 형 공급곡선의 일부를 세 번 교차할 수 있고 이는 불완전 균형이 된다. 제4장 불안정 균형을 참조하라.

또한 앞서 지적했듯이 이러한 결과가 발생하도록 하기 위해 곡선의 일부가 S자 형이어야 한다는 것은 필수조건이 아니다. 이를 보기 위해, AA'과 W_H가 교차하는 점으로부터 TT'과 W_L이 교차하는 점까지는 직선이 된다. 2개의 안정적인 균형과 1개의 불안정한 균형이 존재한다. 어느 쪽이든지 곡선의 중앙 부분은 노동경제학의 '후방굴절형' 특성을 지니며 우하향한다. 이러한 곡선에서 임금이 더 높을 때 가계는 레저를 소비하기 위해 추가적 수입 잠재력을 사용한다. 이 경우 아이들은 노동하지 않는다. 수직의 성인 노동공급곡선은, 그래프를 이해하기 쉽도록 하는 것이다. 곡선이 완전 비탄력보다 적은 경우에도 결과는 마찬가지다. 또한 수요곡선이 충분히 탄력적이라면 균형은 단지 하나일 것임을 기억해야 한다. 수요가 높고 탄력적일 때, 높은 임금과 유소년 비노동에서 균형이 이루어질 것이다. 그러나 수요가 낮고 탄력적이라면 유소년 노동의 임금은 낮을 것이다.

23. 또 다른 영향력 있는 이론적 모형이 Baland와 Robinson에 의해 제시되었다. 이들은 많은 빈곤한 농촌 가족이 직면하고 있는 매우 불완전한 자본시장에서, 아동 노동은 가족이 미래에서 차입해야만 하는 소수 방법 중 하나라고 지적한다. 이 결과는 아동 노동이 시장실패 때문에 존재한다는 것이며, 그 이유는 노동하는 아동들이 교육을 덜 받고 그로 인해 미래 수입 기회가 감소하기 때문이다. 저자들은 아동 노동의 금지가 일반균형하에서 파레토 개선이 될 수 있는 조건을 공식적으로 도출한다. Jean-Marie Baland and James A. Robinson, "Is child labor inefficient?" *Journal of Political Economy* 108 (2000): 663-679를 참조하라.

24. 다음 논의는 ILO, UNICEF, World Bank로부터 획득한 정보에 의존한다.

25. ILO, 2010 report, p. 50; 데이터는 UNICEF, *The State of the World's Children, 2008: Child Survival* (New York, United Nations, 2007), p. 140.

26. International Program on the Elimination of Child Labor, *Investing in Every Child. An Economic Study of the Costs and Benefits of Eliminating Child Labor* (Geneva: International Labor Organization, 2003).

27. 유소년 데이터에 관해서는, United Nations 2013 MDG 자료표를 참조하라. 자료표 웹사이트는 http://www.un.org/millenniumgoals/education.shtml이다. 또 다른 데이터는 다음 웹사이트에서 찾을 수 있다. United Nations Development Programme, *Human Develpment Report, 2004*(New York: Oxford University Press, 2004), tab. 26. 성별 간 교육격차에 대한 국제대응은 UN Millennium Campaign 웹사이트 http://www.millenniumcampaign.org를 참조하라.

28. United Nations Development Program, *Human Devel-opment Report, 2005* (New York: Oxford University Press, 2005), p. 60.

29. Wadi D. Haddad et al., *Education and Development: Evidence for New Priorities* (Washington, D.C.: World Bank, 1990), pp. 12-15. 밀레니엄개발목표는 제1장에서 서술되었다.

30. UNICEF Innocenti Centre, *Changing a Harmful Social Convention: Female Genital Mutilation/Cutting*, (New York: United Nations, 2005) and subsequent working papers; Gerry Mackie, "Female genital cutting: The beginning of the end," in *Female Circumcision: Multidisciplinary Perspectives*, eds. Bettina Shell-Duncan and Ylva Hernlund (Boulder, Colo.: Reinner, 2000), pp. 245-282; Gerry Mackie, "Ending footbinding and infibulation: A convention account," *American Sociological Review* 61, no. 6(1996): 999-1017.

31. Plan International, *Paying the Price: The Economic Cost of Failing to Educate Girls* (Woking, England: Plan International, 2008). 비록 인적자본 수익률 추정치가 해석상의 오류와 문제가 가득하기는 하지만, 시간 및 공간 그리고 방법론적으로 일관되고 교육받은 소녀들의 편익에 관한 추정결과는 정책에 대한 유용한 지침을 제공한다. 이는 George Psacharopoulos, "Education and development: A review," *World Bank Research Observer* 3 (January 1988): 99-116을 참조하라. Psacharopoulos가 언급하듯이, 발전에 대한 교육의 잠재적 이익은 다양하다. 보편적 초등교육 등록의 목표에 지속적으로 접근하는 초등교육은 발전에 대해 크게 공헌해 왔으며, 광범위하게 인식되어 왔다. 더구나, 방금 검토한 실질적인 왜곡에도 불구하고, 교육기회의 확대는 다음과 같이 총체적 경제성장에 공헌해 왔다—(1) 보다 생산적인 노동력을 창출하고 이들에게 향상된 지식과 기술 전수, (2) 선생님, 학교 건축 노동자, 교과서 및 교재 인쇄자, 학교교복 제작자, 그리고 관계된 노동자들에게 광범위한 고용 및 소득 창출 기회 제공, (3) 외국인 유출에 의해 남겨진 공백 또는 정부, 공공기업, 국내외 민간기업 및 전문직에 있어서 공백 및 유망한 일자리를 메울 수 있는 교육받은 리더그룹의 창출, (4) 독해력과 기본적 기술을 진흥할 수 있는 훈련 및 교육을 제공하는 한편, 다양한 인구집단 부문에 있어서 '현대적 태도'의 함양 등이다. 경제에서 대안투자가 보다 더 큰 성장을 창출할 수 있지만, 이것이 중요한 경제적 그리고 비경제적 공헌을 손상하지 않는다. 교육은 총체적 경제성장을 활성화할 수 있고 또한 활성화해 왔다.

32. Amartya Sen, "Missing women", *British Medical Journal* 304 (1992): 587-588. 또한 센의 *Develop-ment as Freedom*, p. 104를 참조하라.

33. Yuyu Chen, Hongbin Li, and Lingsheng Meng, "Prenatal sex selection and missing girls in China: Evidence from the diffusion of diagnostic ultrasound," Working Paper, Tsinghua University, May 2010. 또한 BBC 뉴스에 보도된 남녀 성별 불균형에 관한 중국 과학학술위원회의 서적을 참조하라—"China faces growing gender imbalance," January 11, 2010, http://news.bbc.co.uk/2/hi/asia-pacific/8451289. stm. 2020년까지 예측자료에 의하면 중국과 인도의 성인 남성의 12~15%가 결혼할 수 없다는, 사회적 불안정성과 확실성 시사점에 관해서 다음을 참조하라—Valerie M. Hudson and Andrea M. den Boer, *Bare Branches: The Security Implications of Asia's Surplus Male Population* (Cambridge, Mass.: MIT Press, 2004) 대다수 국가들에 대한 다른 측정치는 다음 웹사이트의 *CIA World Factbook*에서 찾을 수 있다—https://www.cia.gov/library/publications/the-world-factbook/fields/2018.html

34. 아프리카 논쟁에 대해 더 자세한 것은 Stephan Klasen, "Nutrition, health, and mortality in sub-Saharan Africa: Is there a gender bias?"와 "Rejoinder," *Journal of Development Studies* 32 (1996): 913–933, 944–948; Peter Svedberg, "Gender biases in sub-Saharan Africa: Reply and further evidence," *Journal of Development Studies* 32 (1996): 934–943을 참조하라.

35. 농촌지역의 영양 수준을 향상시키는 데 있어서 어머니의 교육이 결정적인 역할을 한다는 것이 연구의 결과이다. 아동 영양부족의 유효한 지표인 아동 발육부진 정도는 모든 소득수준에서 어머니의 교육습득이 높을수록 더 낮다. Alderman과 Garcia에 의하면, 만약 어머니가 초등 수준의 교육을 얻게 될 경우 아동 발육부진 발생률이 현재의 1/4 수준으로 감소할 것이다. (파키스탄 표본에서 63.6%부터 47.1%까지) 이는 1인당 소득 10% 증가 프로젝트 효과보다 거의 10배에 이르는 것이다. 많은 국가들에서 이 효과와 결합하여, 어머니의 교육은 아들보다 딸들에게 있어서 훨씬 더 큰 보건 차이를 만드는 경향이 있다. Thomas가 보고하듯이 소녀들에 대한 주요한 편익을 기대할 수 있다. Harold Alderman and Marito Garcia, *Food Security and Health Security: Explaining the Levels of Nutrition in Pakistan* (Washington, D.C.: World Bank, 1992); Duncan Thomas, *Gender Differences in Household Resource Allocations* (Washington, D.C.: World Bank, 1991)를 참조하라.

36. 이 부분에 대한 많은 내용이 Michael P. Todaro and Edgar O. Edwards, "Educational demand and supply in the context of growing unemployment in less developed countries," *World Development* 1 (1973): 107–117에서 발췌되었다.

37. 예를 들면 Ragui Assaad, "The effects of public sector hiring and compensation policies on the Egyptian labor market," *World Bank Economic Review* 11 (1997): 85–118을 참조하라.

38. 이에 대한 증거는 Emmanuel Jimenez, "The public subsidization of education and health in developing countries: A review of equity and efficiency," *World Bank Research Observer* 1 (1986): 123을 참조하라.

39. World Bank, *The Quality of Growth* (New York: Oxford University Press, 2000), pp. 56–66; Vinod Thomas, Yan Wang, and Xibo Fan, *Measuring Education Inequality: Gini Coefficients of Education* (Washington, D.C.: World Bank Institute, 2000).

40. Jere Behrman and Nancy Birdsall, "The quality of schooling: Quantity alone is misleading," *American Economic Review* 73 (1983): 928–946. 또한 Eric A. Hanushek, "Interpreting recent research on schooling in developing countries," *World Bank Research Observer* 10 (1995): 227–246; Paul Glewwe, "The relevance of standard estimates of rates of return to schooling for educational policy," *Journal of Development Economics* 51 (1996): 267–290을 참조하라.

41. 또 다른 설명은 완전자본시장이 존재할 때 모든 개인은 미래의 고소득을 예상하고 교육을 위해 차입할 수 있다. 그러나 개인 능력에 관한 제한된 정보과 빈약한 대출 강행 등을 갖고 있는 개발도상국의 불완전한 자본시장에서 가난한 사람들이 교육을 위해 차입하기가 극히 어려운 것이다. 그러나 이는 교육에 투자하는 데 충분한 자신의 자원을 갖고 있는 부자들의 문제가 아니다. 그래서 불평등의 체계는 매 세대에 스스로 재생산되는 내재된 성향을 갖고 있다.

42. 남미 교육보조금의 후진적 성격에 대한 일부 증거에는 Jean-Pierre Jallade, *Public Expenditures on Education and Income Distribution in Colombia* (Baltimore: Johns Hopkins University Press, 1974), *Basic Education and Income Inequality in Brazil: The Long-Term View* (Washington, D.C.: World Bank, 1977)를 참조하라.

43. World Health Organization, "Frequently asked questions," http://www.who.int/suggestions/faq/en.

44. World Bank, *World Development Report, 1993* (New York: Oxford University Press, 1993).

45. 소득분배를 연구하는 데 사용되는 동일한 유형의 척도가 보건 분배를 검증하는 데 사용될 수 있다; R. Andrew Allison and James Foster, *Measuring Health Inequality Using Qualitative Data* (Cambridge, Mass.: Harvard Center for Population

and Development Studies, 1999)를 참조하라.

46. World Bank, *World Development Indicators*, 2007 (Washington, D.C.: World Bank, 2007), fig. 2n.

47. United Nations Development Program, *Human Development Report, 2006* (New York: Oxford University Press, 2006), chs. 1−4.

48. 데이터는 *World Development Indicators*, 2010 (Washington, D.C.: World Bank, 2010), 그리고 http://stats.uis.unesco.org/unesco/이다. International Food Policy Research Institute, "2013 Global Hunger Index," http://www.ifpri.org/ghi/2013, 2014년 2월 15일 접속.

49. 이와 그리고 업데이트된 보고서는 WHO AIDS 페이지를 참조하라—http://www.who.int/gho/hiv/en/index.html(2013년 7월 20일 접속).

50. 1996년, 몇 개 국제기관의 AIDS 프로그램들이 흔히 UNAIDS 라고 불리는 HIV/AIDS UN 합동 프로그램으로 통합되었고, 이는 WHO, UNDP, UNICEF, UNESCO, UNFPA, UNDCP, 세계은행의 공동 벤처의 일종이다.

51. Jeffrey D. Sachs, "Institutions don't rule: Direct effects of geography on per capita income," NBER Working Paper No. 9490, 2003; John L. Gallup and Jeffrey D. Sachs, "The economic burden of malaria: Cause, consequence and correlation: Assessing the relationship between malaria and poverty," Commission on Macroeconomics and Health, World Health Organization, 2001; Gallup and Sachs, "The economic burden of malaria," *American Journal of Tropical Medicine and Hygiene* 64(2001): 85-96; Matthew A. Cole and Eric Neumayer, "The impact of poor health on total factor productivity," *Jornal of Development Studies* 42 (2006): 918-938, and referneces therein을 참조하라.

52. 유용한 현장보고에 관해서는 *Financial Times* 2012를 참조하라.

53. Michael Kremer, "Creating markets for new vaccines: Part I: Rationale," in *Innovation Policy and the Economy*, vol. 1, eds. Adam B. Jaffe, Josh Lerner, and Scott Stern (Cambridge, Mass: MIT Press, 2001).

54. 1달러 지분 역시 국제적으로 지원될 수 있다. 말라리아 백신의 경우 치료는 세 복용량으로 관리될 수 있다(예 : 각 5달러). Center for Global Development, Advance Market Commitment Working Group(Ruth Levine, Michael Kremer, and Alice Albright, co-chairs), *Making Markets for Vaccines: Ideas to Action* (Washington, D.C.: Center for Global Development, 2005). 근본적인 개념이 다음에서 검토되었다. Rachel Glennerster and Michael Kremer, "A World Bank vaccine commitment," Brookings Policy Brief No. 57, May 2000, and in Kremer, "Creating markets for new vaccines." 간략한 개요가 다음에서 발견되었다—Rachel Glennerster, Michael Kremer and Heidi Williams, "Creating markets for vaccines," *Innovations* (Winter 2006): 67-79.

55. 펀드 웹사이트 http://www.theglobalfund.org

56. World Bank, *World Development Report, 1993*; T. Paul Schultz and Aysit Tansel, "Wage and labor supply effects of illness in Côte d´Ivoire and Ghana: Instrumental variable estimates for days disabled," *Journal of Development Economics* 53 (1997): 251−286; Emmanuel Max and Donald S. Shepard, "Productivity loss to deformity from leprosy in India," *International Journal of Leprosy* 57 (1989): 476−482.

57. John Strauss and Duncan Thomas, "Health, nutrition, and economic development," *Journal of Economic Literature* 36 (1998): 766−817; 또한 Strauss and Thomas, "Health wages: Evidence on men and women in urban Brazil," *Journal of Econometrics* 77 (1997): 159−185를 참조하라. 그러나 키는 육체적 힘(예 : 근육의 길이)에 의해 독립적으로 관련될 수 있고 건강 자체의 효과를 과장하는 경향이 있다.

58. Strauss and Thomas, "Health, nutrition, and economic development," p. 806. 반대로 초기 연구 검토에서 일부 주장이 발견되고 경제학 교과서에 지속적으로 유지되지만, 이러한 연구 보고서는 보건과 소득이 공동으로 결정된다는 점을 설명하는 것이 보다 적합하다는 최근의 치밀한 연구를 고려하지 않았다.

59. World Health Organization, *World Health Report, 2000* (Geneva: World Health Organization, 2000), http://www.who.int/whr/2000/en/index.htm. 이 연구는 프랑스를 1위로 보았고, 미국이 다른 어떤 국가보다 더 많은 보건 제도에 많은 비용을 사용하지만 성과에 따라 191개 국가 중 37위에 있다는 것이 발견된다.

60. World Bank, *World Development Report*, 1993, p. viii.

61. World Health Organization, *World Health Report, 2000*. 개발도상국의 공중보건의 성공에 대한 검토는 Ruth Levine and Molly Kinder, *Millions Saved: Proven Successes in Public Health* (Washington, D.C.: Center for Global Development, 2004)를 참조하라.

9 농업의 변화와 농촌개발

장기적 경제개발이라는 전쟁의 성패는 농업부문에 있다.

— 군나르 미르달(*Gunnar Myrdal*), 노벨경제학상 수상자

토지, 물 그리고 에너지 분야에서 이루어진 최근의 발전은 글로벌 식량안보에 대해 주의를 촉구하는 것이었다.

— 국제식량정책연구소(*International Food Policy Research Institute, 2012*)

많은 개발정책들은 농부들이 남자라는 잘못된 가정을 지속적으로 하고 있다.

— 세계은행, 세계개발보고서, *2008*

아프리카는 전반적인 식량안보와 생계가 악화되고 있는 유일한 지역이다. 우리는 이러한 추세를 환경적으로 지속 가능한 아프리카만의 독특한 녹색혁명을 만들어내는 작업을 통해 되돌릴 것이다. 우리의 가장 가난한 농부마저 마침내 번영하게 될 때, 모든 아프리카가 수혜를 받을 것이다.

— 코피 아난(*Kofi Annan*), 전 *UN* 사무총장

9.1 농업적 진보의 긴요함과 농촌개발

교육을 받은 사람들과 받지 못한 사람들이 아프리카, 아시아, 그리고 남미의 도시들로 이동하는 것이 역사적으로 유례없는 속도로 지속된다면, 많은 부분은 외딴 지역의 경제적 침체 때문이라고 설명할 수 있을 것이다. 실질적 진전에도 불구하고, 개발도상국에 사는 거의 20억 명의 사람들이 농업에 의존하여 빈약하고 종종 불충분한 생계를 꾸려가고 있다. 2013년 기준으로 31억 명 이상의 사람이 개발도상국 농촌지역에 살고 있는데, 그중에서 1/4이 극빈 상태에 있다. 전 세계적으로 보기 드문 도시화가 발생하고 있지만(제7장에서 검토함), 저소득 및 중저소득국가들에서는 평균적으로 인구의 60% 이상이 전원 지대에 살고 있다. 2011년 현재 남미가 가장 도시화되었으며 도시화 비율은 고소득 OECD 국가들과 같은 수준에 도달해 있다. 그러나 사하라이남 아프리카의 경우, 농촌 거주자가 전체 인구의 64%에 이르고 있다. 남아시아의 경우에는 2011년 현재 인구의 69%가 농촌지역에 거주하고 있고 그 결과로 농업에 종사

하고 있다. 인구의 80% 이상이 농촌지역에 거주하고 있는 국가들은 에티오피아, 네팔, 니제르, 파푸아뉴기니, 르완다, 남수단, 스리랑카, 우간다 등이다. 인도의 경우 인구의 2/3 이상이 농촌지역에 머물러 있다.[1]

단순한 숫자보다 더 중요한 것은 지구상의 가장 가난한 사람들 중 2/3 이상이 농촌지역에 위치하고 있으며 주로 자급농업에 종사하고 있다는 사실이다. 그들의 주요 관심사는 생존이다. 수억 명의 사람들이 자국이 이룩한 그 어떠한 경제적 진전의 혜택도 보지 못하였다. 유엔 식량농업기구(FAO)의 2012년 추정 결과에 의하며, 8억 7,000만 명 정도의 사람들이 기본적 영양상의 필요를 충족시키기에 충분한 식량을 확보할 수 없었다고 한다.[2] 매일매일 최저생활이라도 유지하려고 몸부림치는 가운데, 개발도상국 농부들의 행동은 그것을 관찰하는 많은 사람들에게 종종 비합리적으로 보이기도 하는데, 그 관찰자들은 최근까지도 최저생활의 불안정한 속성과 위험회피의 중요성을 거의 이해하지 못했던 사람들이다. 발전이 시작되고 지속 가능한 상태가 되려면, 농촌지역 전반, 특히 농업부문을 포함시켜야 할 것이다. 널리 퍼진 빈곤, 증가하는 불평등, 그리고 급격한 인구증가 등이 갖고 있는 핵심적인 문제점들은 모두 농촌지역 경제생활의 침체와 빈번한 후퇴에서 비롯되는 것인데, 특히 아프리카에서 그러하다.

전통적으로, 농업은 경제개발을 수동적으로 지원하는 역할을 하는 것으로 추정되어 왔다. 농업의 주된 목적은 확장되어 가는 제조업부문에 저렴한 식량과 인력을 충분히 공급하는 것인데, 이 제조업부문은 어떤 경우든 경제개발의 전반적 전략에 있어서 역동적인 '선도부문'으로 간주되었다. 제3장에서 논의한 유명한 루이스 2부문 모형이 이러한 개발이론의 예인데, 농업부문이 제공하는 저렴한 식량과 잉여 노동력을 연료로 삼아 제조업부문의 성장을 급격히 확대하는 방법을 매우 강조하는 방식이다. 노벨경제학상 수상자인 쿠즈네츠(Simon Kuznets)는 초기의 이론에서 농업은 경제발전에 대한 '네 가지 공헌'을 하였다고 강조하였다. 농업은 섬유 및 식품 가공 등과 같은 산업의 투입요소로서 그 산출요소를 공급하는 데 기여하며, 농산품 수출 대금으로 자본설비를 수입할 수 있도록 외환상으로 기여하고, 농촌소득의 증대로 더 많은 소비재 수요가 창출되도록 시장 형성에 기여한다는 것이다. 또한 노동공급(루이스의 관점에서는 인력)—농업생산성이 제고된 이후에 농장에서 필요 없게 된 근로자가 산업부문에서 일할 수 있게 된다—과 자본공급의 측면에서(농업이 국민소득에서 차지하는 비중이 점차 작아지면서 농업부문 이윤의 일부를 제조업부문으로 재투자할 수 있게 된다) 요소시장에도 기여한다는 것이다. 자본기여는 '소작농을 쥐어짜는 것'으로 오용되었으나, 그 의미는 농업에 먼저 투자하고 나중에 이윤을 거두어 일부를 제조업에 재투자할 수 있다는 것이다. 그러나 이러한 서술에서 알 수 있듯이, 이 분석틀 또한 암묵적으로—또한 역설적으로—여전히 농촌 근대화보다는 산업화를 핵심 개발 목표로 간주하고 있다.[3]

오늘날 대부분의 개발경제학자들은 전반적으로 농촌경제가 특히 농업부문이 경제개발에 결코 수동적이며 지원적 역할을 하는 것이 아니라 경제발전전략의 전반에 걸쳐 필수불가결한 부분을 차지해야 한다는 데 공감하고 있다. 이는 저소득 개발도상국의 경우에 더더욱 그러하다.

농업 및 고용을 기반으로 하는 경제개발전략은 세 가지 기본적 보완요소를 필요로 한다—
(1) 소규모 농가들의 생산성 제고를 위해 고안된 기술적, 제도적, 그리고 가격 장려책의 변
화를 통한 가속적인 산출 증가, (2) 고용지향적 도시개발전략으로부터 파급되는 농산품에 대
한 증가하는 국내수요, 그리고 (3) 직간접적으로 농경지역사회를 지원하고 또 지원받는 다
변화되고, 비농업적이며, 노동집약적인 농촌개발 활동.[4] 그러므로 많은 경제학자들은 농업
및 농촌개발을 국가개발에 필수불가결한 것으로 간주하게 되었다. 그러한 **통합적 농촌개발**
(integrated rural development) 없이는 산업성장이 실패로 돌아갈 것이며, 또는 성공한다 해
도 경제에 극심한 내적 불균형을 초래할 것이다.

농업 및 농촌 개발이 전반적인 국가개발과 관계가 있으므로 이에 관한 7개의 주된 질문을
제기할 필요가 있다.

통합적 농촌개발
광범위한 농촌발전 활동들로서, 소규모 농업의 진전, 물적 및 사회적 인프라 제공. 농촌 비영농 산업의 발전을 포함. 그리고 이러한 진보를 지속적으로 유지하고 가속화할 수 있는 농촌부문의 역량을 포괄

1. 식량안보를 증진하고 성장하는 도시의 산업부문을 지원하기 위해 충분한 잉여식량을 공
   급하면서도, 어떻게 하면 평균적인 소규모 농가와 토지가 없는 농촌거주자들에게 직접
   혜택을 주는 방식으로, 총농업생산과 1인당 생산성을 현저하게 증가시킬 수 있는가?
2. 전통적으로 생산성이 낮은 빈농은 어떤 과정을 거쳐 높은 생산성을 가진 상업적 기업농
   으로 변화되는가?
3. 전통적인 가족단위 농민 및 소작농민이 변화에 저항할 때, 그들의 행동은 완고하며 비이
   성적인 것인가, 아니면 그들은 자기들의 특별한 경제적 환경의 맥락에서 합리적으로 행
   동하는 것인가?
4. 저소득국가에 있어서 농부가 직면하는 고위험의 효과는 무엇이며, 영농가구는 이들 위험
   에 어떻게 대처해야 하고, 그리고 위험을 줄이기 위한 적절한 정책은 무엇인가?
5. 경제적 및 가격에 의한 동기는 농업 전문가인 빈농들 사이에서 산출을 증대시키기 위해 충
   분한 것인가, 아니면 농촌의 농경 시스템상의 제도적 및 구조적 변화 또한 필요한 것인가?
6. 농업 생산성을 증대시키는 것은 농촌생활을 개선하는 데 충분한 것인가, 아니면 교육, 의
   료, 그리고 기타 공익 서비스 등과 함께 부수적인 농업 외 고용창출이 반드시 있어야 하
   는가? 다시 말하면, **농촌발전**이라 할 때 우리는 무슨 뜻으로 그렇게 말하는가, 그리고 어
   떻게 하면 그것을 이룰 수 있는가?
7. 정부는 어떻게 국가 식량안보 문제를 가장 효과적으로 다룰 수 있는가?

이 장에서는 폭넓은 추세를 살펴본 후에 남미, 아시아, 아프리카 영농제도의 기본적 특징
들을 조사할 것이다. 개발도상국들 사이뿐만 아니라, 개발도상국 내에서도 상당한 다양성이
존재하지만 각 지역은 많은 특징을 공유하는 경향을 보인다. 이들 지역의 영농 유형은 농업기
반 경제(아프리카), 농업이 변모하고 있는 경제(아시아), 도시화된 경제(남미) 등으로 구분할
수 있다. 이들 농업 유형들은 각각 자급, 혼합, 그리고 상업적 영농단계 등의 특징을 보이는
데, 중요한 지역적 예외가 있으며 빈곤계층을 성공적으로 포용하는 정도에서도 차이를 보이
고 있다. 개발이 성공적으로 이루어지면서 각국은 저마다 다른 궤적을 그리며 풀어야 할 각자
의 경제적, 사회적, 기술적 문제점들과 직면하겠지만, 보통 상업적 영농화로 나아가는 경향

이 있다. 빈곤의 집중도가 높은 지역에는 종종 전통적인 영농 유형(아프리카), 높은 인구밀도 및 세분화된 소규모 경작지(아시아), 그리고 대단위 농장과 아주 작은 소농 간의 첨예한 불균형(남미) 등이 존재하고 있다. 우리는 각 국가군들이 직면한 다양한 과제를 규명하고 지역별로 전형적인 국가들과 그러한 패턴에서 벗어난 몇몇 국가들과 지역들을 살펴볼 것이다.

세계 극빈층의 2/3 이상이 농업 활동에 관련되어 있다. 우리는 그러므로 영세 자급농업(peasant subsistence agriculture)의 경제학을 검토할 것이며 개발도상국의 경우 자급적 영농에서 상업적 영농으로 이행하는 단계에 관해 논의할 것이다. 우리의 초점은 소규모 영농(small-farm)의 근대화에 필요한 경제적 요인뿐만 아니라 사회적, 제도적, 구조적 필요사항에 맞춰져 있다. 그런 후에 우리는 **통합적 농촌개발**의 의미를 탐구하고 농촌지역의 생활수준을 높이기 위해 고안된 대안정책들을 검토할 것이다. 이 장은 아프리카의 여성 농부들을 위한 영농지도의 문제점들에 관한 사례연구로 마무리할 것이다.

9.2 농업 성장 : 과거의 발전 및 현재의 과제

농업생산성의 추세

세계 인구증가와 보조를 맞춘 농업생산력은 인상적이었으며, 지금쯤은 이미 글로벌 식량부족이 발생할 것이라는 신(新)맬서스주의자들의 예측을 깨뜨리고 있다. 이와 같은 방향으로 이끈 것은 개발도상국 진영에서 사실상 나타난 산출증대(output gains)였다. 세계은행 추산에 따르면, 1980~2004년에 개발도상국 진영(연간 2.6%)은 가격으로 따진 농업 산출량에 있어서 선진국 진영(연간 0.9%)에 비해 더 빠른 성장을 경험하였다. 따라서 개발도상국들이 세계 농업 GDP에서 차지하는 비율도 같은 기간 동안 56%에서 65%로 올라가 그들이 세계 비농업부문 GDP에서 차지하는 비율인 21%에 비해 훨씬 높은 수치를 보이게 되었다. 2005년 이후 성장 격차는 더욱 확대되었다. 국제식량정책연구소(International Food Policy Research Institute)의 연구는 지난 몇십 년간 광범위한 분야에서 성공적으로 취해진 프로그램들이 농업생산성을 제고하며 기아현상을 감소시켜 왔다고 강조하는데, 그러한 프로그램은 다음 사항을 포함한다—아시아 **녹색혁명**(Green Revolution)의 성공, 밀 녹병의 방제, 사하라이남 지역에서의 개량 옥수수 및 페스트균 저항성 카사바, 방글라데시에서의 쌀농사용 낮은 관정 및 정부공여 농지의 식량생산, 동아시아에서의 변종 쌀 및 녹두콩의 개선, 인도에서의 수크령(pearl millet, 벼과의 식물)과 수수 및 소규모 낙농제품 판매, 필리핀에서의 개선된 틸라피아(물고기의 일종), 중국과 베트남에서의 성공적인 토지 사용권 개혁, 부르키나파소에서의 면화개혁, 그리고 케냐에서의 시장 개선조치 등이다.[5]

〈표 9.1〉에 나타나 있듯이, 1970년부터 2010년까지 40년 동안 개발도상국에서는 일반적 농업생산 정도가 훨씬 빠르게 증가하였다. OECD 지역에서도 산출량은 증가하였다. 과도기 국가들에서 있어서만 성과가 좋지 않았다. 그러나 아프리카에서는 생산가치의 성장이 인구증가에 보조를 맞추지 못했다.

〈그림 9.1〉에서 보여주듯이, 저소득국가들은 농업에 종사하는 노동력 비율이(다른 산업과

녹색혁명
곡물생산의 증진으로, 밀과 쌀 그리고 옥수수의 다양한 신종 교배종자에 대한 과학적 발견과 연관되어 있음. 이는 많은 개발도상국에서의 높은 농장 산출을 가져옴

표 9.1 지역별 연평균 농업 성장률(%)

	1971~1980년	1981~1990년	1991~2000년	2001~2010년	1971~2010년
고소득 국가	1.83	0.97	1.25	0.47	1.14
개발도상국					
남미와 카리브 해	2.93	2.35	3.09	3.21	2.89
동북아시아	3.23	5.04	5.04	3.39	4.19
남아시아	2.19	3.70	2.76	2.80	2.86
동남아시아	3.66	3.32	3.41	4.23	3.64
사하라이남 아프리카	1.05	2.68	3.11	2.97	2.44
서아시아와 북아프리카	3.31	3.84	2.61	2.75	3.13
체제전환국	0.81	1.42	−4.03	2.28	0.04
전 세계	2.08	2.42	2.09	2.42	2.25

출처 : IFPRI(International Food Policy Research Institute). 2013. Global Food Policy Report, Table1. Washington, DC.

비교해) 가장 높은 경향이 있어서, 때로는 80~90%까지 차지하는 것으로 나타난다. GDP에서 차지하는 비중이 이보다는 낮지만 생산가치의 반 정도는 차지한다. 이들 점유율은 모두 1인당 GDP가 올라갈수록 떨어지는 경향이 있다. 이것이 경제개발의 일반적인 유형 중 하나다(제3장 참조). 그러나 특정 국가들의 농업점유율 시간경로를 주의 깊게 살펴보면 큰 차이가 있다는 것을 알게 되는데, 이는 매우 유익한 것이다. 특히 때로는 1인당 GDP가 증가하지 않거나 증가했다고 해도 약간에 그치는 경우에도 농업에 종사하는 노동력의 비율이 큰 폭으로 감소하는 경우가 있다. 그 예가 〈그림 9.1〉에 추적되어 있듯이 나이지리아와 브라질의 시간경로에 나타난다. 이 발견은 많은 나라의 경우, 1인당 소득이 떨어지고 있거나 많이 오르지 않는데도 도시화가 계속 진행된다는 제7장에서 관찰한 내용과 상응하는 것이다. 농업부문에서의 문제점들이 소득을 압박하여, 도시의 비공식부문으로 더 많이 이주하게끔 하는 것이다. 우리는 이 장에서 개발도상국 농업의 가장 중요한 문제점들을 검토할 것이다. 〈그림 9.1〉은 또한 중국의 시간경로를 보여주고 있다. 중국은 극도로 빠른 성장을 보이지만, 농업부문에 종사하는 노동력 비중은 비정상적으로 더디게 떨어지는데 그것은 주로 이촌향도 이주를 규제했기 때문이었다(2013년까지의 기간 동안 농업으로부터 빠져나가는 이주는 대단히 빨라졌다).

선진국들의 초기 성장단계에서 총생산 대비 농업생산이 최소한 농업에 종사하는 노동력 비중만큼은 되었다는 역사적 경험과는 매우 대조적으로, 오늘날 개발도상국들의 농업인구가 농업 생산량보다 그 비율상 훨씬 높다는 사실은 제조업과 상업에 비해 상대적으로 낮은 노동생산성을 반영하는 것이다.

농업생산은 크게 보아 인구증가와 보조를 맞추며 세계 곳곳에서 계속 증가하고 있다. 그러나 그 증가는 〈그림 9.2〉에 보듯이 매우 불균등하다. 아시아의 개발도상국들에서, 2005년 헥타르당 곡물생산은 거의 1960년 수준의 3배였다. 남미의 생산 또한 강한 증가세를 보였다. 중국의 기아는 감소했다. 최근 인도에서 기아가 증가한 것으로 생각되지만, 남아시아에서의 농업은 그런대로 성과를 내고 있다. 그리고 사하라이남 아프리카 지역에서는 산출량이 1/3 정

그림 9.1 개발이 진행되면서 GDP와 노동인구에서 농업의 점유율은 낮아지는 경향을 보이지만, 특이한 사례도 많이 있다.

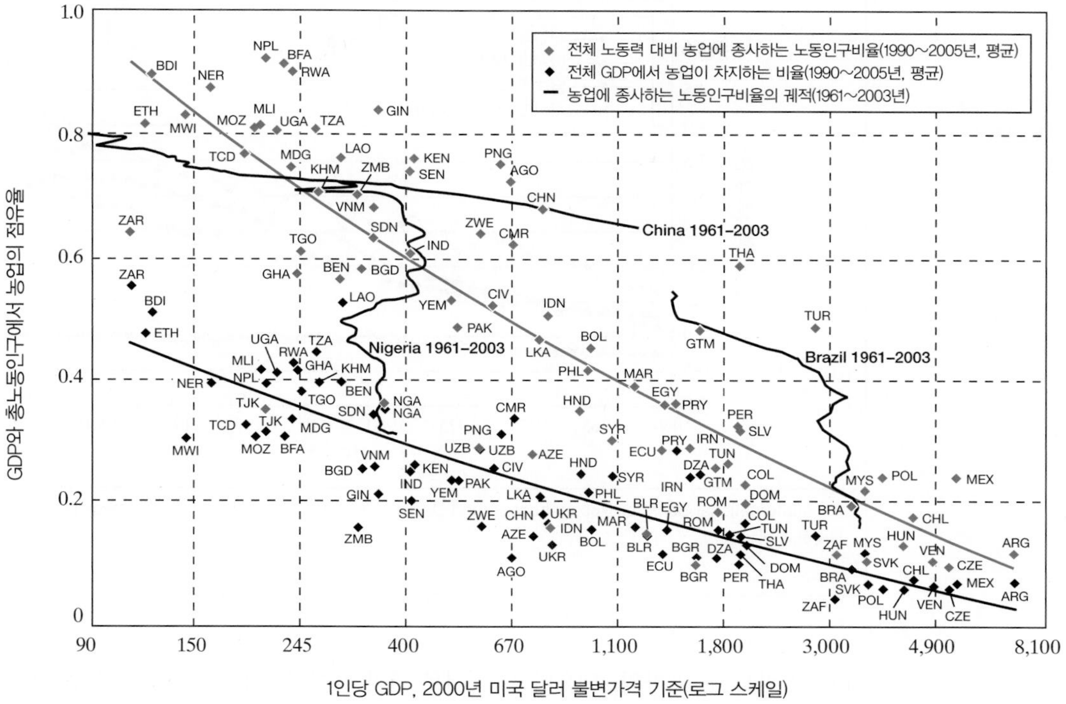

출처 : International Bank for Reconstruction and Development/World Bank, *World Development Report, 2008.* 허락하에 게재

주 : 국가 코드와 국가의 목록은 〈표 2.1〉을 참조하라.

도밖에 늘지 않았다. 여러 원인 중 하나는 아프리카 여러 지역에서 토지를 너무 조금 쉽게 하고 재사용하는 바람에, 전통적 화전이 더 이상 가능하지 않을 정도로 인구가 증가하여 토지의 영양상태가 심각하게 악화된 것이다. 그러나 (가난한) 자급자족농민들은 개선된 종자, 비료, 그리고 기타 근대 농경의 필수품들을 살 수 없다. 그 결과 농부는 오로지 현재의 상태를 유지하기 위해서 점점 더 많이 일을 해야만 하는 빈곤의 함정에 빠지게 되는 것이다.

많은 최빈개발도상국, 특히 아프리카에 있어서, 반복적인 기근과 지역적 기근 그리고 재앙적인 식량부족이 지속적으로 만연해 왔다. 1,300만 명 이상에게 영향을 준 2011년의 북동부 아프리카 가뭄과 기근은 이 문제에 대한 새로운 관심을 불러일으켰다(〈예문 9.1〉 참조). 아프리카의 7억 5,000만 인구 중 2억 7,000만 명 이상이 부족한 식량공급과 관련해 어떤 형태로든 영양실조로 고통 받았다. 1973~1974년의 극심한 기근은 수십만 명의 생명을 앗아갔고, 사하라이남 아래의 카보베르데에서부터 서부의 세네갈 해변, 동부의 에티오피아에 이르는 사헬 지역 전반에 걸쳐 더 많은 사람들이 영양실조로 영구적 손상을 입었다. 1980년대와 1990년대에 4번, 최소한 22개 아프리카 국가들이 극심한 기근에 직면하였다. 2000년대에 기근이 다시 북서쪽의 모리타니아, 동쪽의 에티오피아 및 에리트레아, 그리고 남쪽을 통틀어 앙골라, 잠

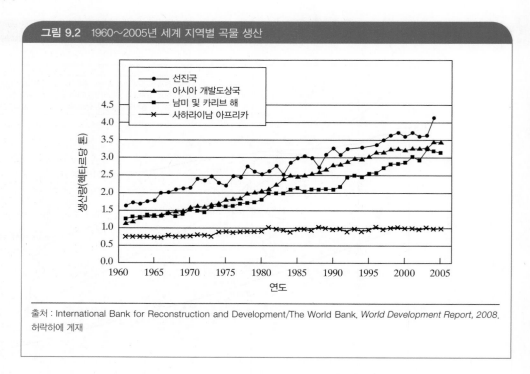

그림 9.2 1960~2005년 세계 지역별 곡물 생산

출처 : International Bank for Reconstruction and Development/The World Bank, *World Development Report, 2008*. 허락하에 게재

비아, 짐바브웨, 말라위, 모잠비크 등 서로 멀리 떨어져 있는 아프리카 국가들에게 심각한 영향을 주었다.[6] 최근의 북동부 아프리카 기근은 〈예문 9.1〉에서 다루고 있다.

아시아에서 성공적이었던 것과 같은 새로운 녹색혁명을 아프리카에서도 시작하자는 촉구는 그동안 외면당해 왔으나, 전 유엔 사무총장 아난(Kofi Annan)이 의장으로 있는 아프리카녹색혁명연합(Alliance for a Green Revolution in Africa, AGRA)이 주요한 지원을 하는 등 공공, 민간 및 비영리 부문의 활동가들이 관계하게 되면서 지지를 얻기 시작했다. 기술적 발전이 필요하다는 것은 분명한 것이고, 이에 대해 농촌개발이라는 목표의 달성을 위해서는 현장에서의 제도적 그리고 사회적 변화도 필요하다. 아프리카연합(African Union) 동료평가기반 NEPAD 계획은 종합적 아프리카 농업개발 프로그램(Comprehensive Africa Agricultural Development Program)을 개발하였는데, 이는 기아와 빈곤을 반으로 줄이자는 첫 번째 밀레니엄개발목표를 달성하기 위한 것이었다. 이 프로그램의 목표는 국가예산의 10%를 농업에 할애하고 국가 수준에서 농업부문이 6%의 성장률을 달성하는 것이다.[7]

한 가지 초기의 성공사례는 아프리카를 위한 신품종 벼(New Rice for Africa, NERICA) 들을 개발하는 베냉에 있는 아프리카 벼 센터(Africa Rice Center)의 작업에서 찾아볼 수 있다. 이 신품종들은 베냉, 우간다, 감비아 등에서 도움이 된다는 것이 증명되었으되, 여성보다는 남성에게 더 큰 혜택을 주는 것으로 나타났다. 그러나 한 곳에서의 성공을 아프리카 전체에서 재현한다는 것은 쉽지 않은 일이다. 예를 들어 NERICA 품종들은 기니와 코트디부아르에서는 도움이 안 되었다. 그리고 식량생산이 빈곤층의 굶주림을 자동적으로 해결해주지는 않을 것이다.

2011년 7월 20일, 고통 받는 끔찍한 모습들이 알려진 뒤 소말리아의 두 지역에서 기근이 진행 중이었다고 UN은 공식 선언했다.

기근에 관한 사실

소말리아와 인접 국가들은 극심한 가뭄에 직면했는데, 아마도 이는 지난 반세기 동안 최악이라 할 수 있다. 더욱 중요한 것은 가뭄이 세계에서 관리감독체제가 가장 최악인 지역에서 발생했다는 것이며, 이로 인해 많은 여성과 어린이들에게 재앙이 발생했으며 다른 비전투원들은 은유적으로 그리고 때로는 문자 그대로 십자포화에 휩싸이게 되었다. 상황은 급속한 식량가격 상승으로 더욱 악화되었다. UN의 추정에 의하면 수만 명의 사람들이 이 기근의 결과로 사망했다. 끔찍한 기근의 모습은 유사한 재앙과 비교되는데, 이미 10만 명의 거주자들이 피난처와 식량을 찾아 난민캠프로 피신한 것으로 알려졌다. 캠프의 보건과 영양 상태는 매우 위험한 수준으로 알려졌다. 남부 소말리아의 영양실조 비율은 전 세계에서 가장 높은 것으로, 일부 지역은 50% 이상이고 매일 1만 명 중 6명이 사망했다. 기근이 선포된 이후, 일부 언론관계자들은 이 기근이 결코 끝나지 않을 것 같았다고 말했다. 그러나 이는 20년 만에 처음으로 상황이 선포된 수준에 도달한 것이었다.

가뭄은 소말리아만을 괴롭힌 것이 아니라 에티오피아, 케냐 및 남수단에도 피해를 주었다. 기관들에 따르면 1,150만 명의 사람들이 혹독하게 피해를 입었다. 가뭄의 실마리는 비정상적으로 강력한 태평양 라니냐인 듯한데, 이는 이전의 마지막 두 시즌 동안의 계절성 호우를 방해했다. 일부 지역에서는 가축의 절반 정도가 사망했다. 영향을 받은 지역에서는 주요 식량의 가격이 급상승했으며 빈곤계층의 상황을 더 끔찍하게 만들었다. 전 세계적으로, 2011년의 새로운 정점과 함께 지난 수년 동안 식량 가격이 상승해 왔으며, 글로벌 가격은 거의 2배가 되었다. 나쁜 날씨와 같은 일부 요인은 한시적이다. 그러나 작동하고 있는 장기적 요인은 바이오연료로의 식량전환, 수요 증가, 중국에 있어서 육류생산을 위한 곡물 사용, 보편적 인구증가, 농업비용에 영향을 미치는 에너지 가격 상승, 새로운 농경지 부족 그리고 기후변화의 영향 등을 포괄한다. 이 지역에 있어서 식량가격은 글로벌 평균보다 더 손상되어 왔으며 소말리아에서 가장 최악이었다. 소말리에서는 거의 모든 가계의 수입역량이 감소하는 가운데 가격은 3배가 된 것으로 알려지고 있다. 케냐 북부와 같이 가뭄에 타격을 받은 다른 지역에서도 심각한 어려움이 있었으며, 이 지역에 사는 사람들은 심각한 위험에 처해 있으며 도움이 필요하다. 동시에, 도움이 필요한 이들에게 더 많은 원조가 도달해야 할 것이다. 그리고 고통은 그 정도가 다른데, 이는 소말리아의 '인간에 의한' 기근 상태를 반영하고 있다.

지역의 시각

동아프리카 '뿔' 지역은 때때로 광범위하게 정의되며 에티오피아, 에리트레아, 케냐, 지부티, 남수단, 우간다, 그리고 소말리아의 대부분을 포함한다. 지역으로 볼 때 아프리카 '뿔' 지역은 사하라이남 아프리카에서 가장 빈곤한 지역이다. 물론 아프리카 다른 지역에 존재하는 최소 9개 국가가 더욱 빈곤하기는 하지만 말이다. 이 지역의 조건들은 역사적으로 매우 어려웠다. 기록에 의하면 가뭄이 간헐적으로 이 지역에 영향을 미쳐 왔다. 의심할 여지없이, 이 지역은 식민지 지배에 의해 심각하게 손해를 입었으며, 지역들이 임의적으로 통합되었다. 특히 에리트레아는 에티오피아로 그리고 남수단은 북수단과 통합되었다. 이 지역들이 식민지 지배 이후 갈등으로 점철된 주요 원인이 이것이다. 대부분의 언론이 가정한 바에 의하면, 반복되는 곤경을 설명할 수 있는 지리적 여건과 기후 그리고 사람들의 문화에 있어서 기본적으로 상이

하고 특별한 무엇인가가 반드시 존재한다는 것이다. 그러나 사실은 이 지역뿐만 아니라 발전에 실패한 다른 지역에서도 유사한 근본 문제들이 발견된다. 의심할 여지 없이, 이 지역은 매우 불리한 지리적 조건을 보유하고 있다. 그러나 불리한 부존여건을 지닌 다른 지역들은 시간이 흐르면서 자신들의 불리함을 극복해 왔다. 그렇지만 예상되는 미래 기후변화 효과를 이 지역에 적용시키는 것은 국제사회가 대응해야 할 도전이 될 것이다. 다른 조건들이 문제들을 악화시켜 왔다. 예를 들면 소말리아의 인구는 1960년에 약 300만 명이었으나 오늘날에는 900만 명 이상이다. 그리고 이는 식량공급에 압박을 주는 요인이다. 그러나 제6장에서 설명한 바와 같이, 빈곤계층에게 있어 자녀는 생존을 위한 필수조건이다. 급속한 인구증가는 빈곤의 원인이라기보다 현상에 가깝다.

국제대응

이 기근은 이미 커다란 규모에 달하고 있으며, 갈등이 적은 조건의 대규모 통합노력조차도 고통 받는 사람들에게 모두 도달하기 어려울 것이다. 그러나 1992년도의 마지막 소말리아 기근과 같이, 국가 안으로 식량을 수송하는 것이 하나이고 식량이 가장 필요로 하는 사람들에게 도달하는지를 보는 것이 또 다른 과제이다. 알-카에다(Al-Qaeda)와 연계된 이슬람 군부 알-샤밥(Al-Shabaab)이 선포된 기근지역 대부분을 통제하고 있다. 일단의 구호단체는 도달했지만, 가장 효과적인 식량 구호그룹 중 하나인 유엔세계식량계획(WFP)이 해당 지역에 진입하려는 노력을 군부가 좌절시켰는데, 이들은 WFP가 편향적이고 숨겨진 의도를 지니고 있다고 주장했다. 군부에 의하면, 정치적 목적에 의해서 가뭄 조건이 기근 명제로 확대되었다는 것이다. 그러나 무시하기에는 현장의 증거가 너무나 명백하다. 그리고 그들이 다시 생각하고 있다는 표시들이 있다―난민도피와 기근 사망으로 인구가 감소된 지역을 선포함으로써 얻을 수 있는 정치적 이익은 적다. 그러나 정부, 국제기구 및 NGO들은 악화되는 기근에 대응하기 위한 최대한의 노력을 경주하고 있다. 문제는 복잡하다. 왜냐하면 가뭄에 의한 저소득으로 사람들은 식량을 조달할 수 없고, 시장에 식량을 투하하는 것은 가격을 낮추어 지역 농민들의 시장생산을 불리하게 만든다. 이에 대응하여, 현지 생산으로 인해 고통 받는 사람들을 위해 언제든지 식량을 구매하는 것이 중요한 전략이다.

재정지원 문제

역사적으로 기근의 대부분은 '인간에 의한' 것이었다. 센(Amartya Sen)은 '획득 문제'를 '재화에 대한 통제' 구축의 하나로 표현했다. 국제적 인도주의와 유엔의 목적을 위해 기근을 아동 영양실조, 기아에 의한 죽음 그리고 낮은 식량접근권의 결합으로 정의했다. 특히 (1) 30% 이상의 아이들이 급성영양실조로 고통 받음, (2) 매일 인구 1만 명당 2명 이상의 어른 또는 4명 이상의 아동이 기아로 사망, (3) 전체 인구가 하루 평균 2,100킬로칼로리의 식량과 4리터의 물 이하의 접근권한 보유 등이다. 이 정의는 웹스터의 '극도의 식량부족 또는 거대한 결핍'과 동일하지는 않다. 예를 들어 1974년 방글라데시 기근에 있어서, 식량생산은 사실 존재하고 있었다. 단지 배고픈 사람들에게 도달하지 않았을 뿐이다. 센의 연구에 의하면, 1943년 방글라데시에서는 평균소득이 사실상 상승했고 재력 있는 사람들의 구매력이 증가했으며 따라서 식량가격은 상승했다. 그리고 노동자들과 같은 다른 사람들은 충분한 양을 구매할 수 없었다.

소말리아 그리고 다른 지역에서는 심각한 가뭄으로 인해 생산이 급격히 감소했다. 일반적으로 가뭄 동안에는 많은 사람들이 통상적으로 구매하던 만큼의 국내산 식량을 구매할 수 없기 때문에 외부지역으로 식량을 수출하는 것이 판매자들에게는 매력적이 된다. 그러나 만약 사람들에게 구매력이 있다면 식량을 구매할 여력이 있을 것이고 거래자들은 사람들이 살고 있는 마을에 식량을 공급할 것이다. 문제는, 빈곤한 사람들이 이러한 조건에서 생존하는 데 필요한 '식량에 대한 통제' 또는 '재정지원 혜택'을 시장이 제공하지 못하는 것이다. 식량수출의 세부적인 증거가 아직 소말리아에서 즉각적으로 증명되지는 않지만, 재정지원이 구축되지 못했을 때 기근 해소에 공적 행동이 보편적으로 필요한 한 가지 이유가 된다는 것이 문제이다. 가뭄과 급속한 식량생산 감소가 있을 수 있으나, 이것이 기근일 필요는 없다.

출처 : Dreze, Jean, and Amartya Sen. *Hunger and Public Action.* New York: Oxford University Press, 1989; Amartya Sen. *Poverty and Famines: An Essay on Entitlement and Deprivation.* New York: Oxford University Press, 1981. 경제적 갈등과 개발에 대한 보다 세부적 내용은 14.6절을 참조하라. 제도와 역사적 유산의 중요성에 관한 분석은 85~93페이지의 2.7절을 참조하라. 개발도상국의 기후변화 대응 효과에 대해서는 10.3절을 참조하라.

2007~2008년의 식량가격 폭등과 2011년의 추가적인 식량가격 상승은 지속적인 취약성을 강조하였다. 식량가격 위기 동안에, 기아감소의 진행이 중단되었고 이후에도 진전이 많지 않았다. 몇몇 원인은 일시적인 것이었다. 그러나 전문가 예측은 장기적으로 식량가격이 높게 유지되리라는 것이다. 20세기를 통틀어 식량가격은 연평균 1% 감소했다. 그러나 21세기 들어 현재까지 평균적으로 식량가격은 상승해 왔다. 〈그림 9.3〉은 여러 핵심적인 농업제품들의 가격 추세를 보여주고 있다. 1970년대 후반 이후에는 볼 수 없었던 수준으로 가격이 회귀하였다.[8]

루스티히(Nora Lustig)가 요약한 대로, 2007~2008년의 식량가격 폭등은 또한 높은 미래 식량가격으로 이어질 장기적 요인들을 반영하고 있다. 주요 요인들로는 식량의 바이오연료 생산으로의 전환, 중국과 다른 지역의 소득 향상에 따른 식량수요의 증가(특히 곡물보다 토지

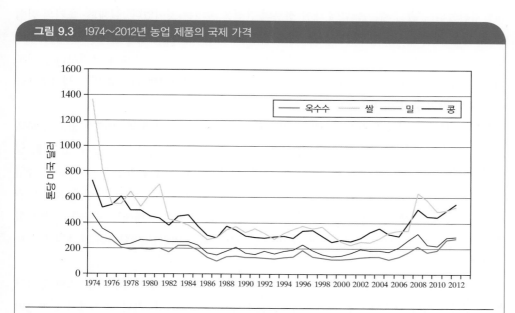

그림 9.3 1974~2012년 농업 제품의 국제 가격

출처 : International Food Policy Research Institute, 2012 Global Food Policy Report, p. 90(Washington, D.C.: IFPRI, 2013); http://www.ifpri.org/sites/default/files/publications/gfpr2012.pdf(2014년 2월 7일 접속). 2012년 가격은 2012년 8월까지 수치

주 : 가격은 2005년 미국 달러 기준의 실질가격

를 더 사용하는 육류), 농업제품의 생산성 향상 저하, 농업 투입요소에 영향을 미치는 에너지 가격 상승, 농경에 투입될 새로운 토지의 고갈 그리고 개발도상국 식량생산에 대한 기후변화의 부정적 영향 등이다. 이러한 요인들은 식량가격에 대한 다양한 형태의 개입과 같은 부적절한 정책들로 인해 더욱 악화된다.[9]

더군다나, 전체 수요에 비하면 식량을 거래할 거대한 세계적 시장이 없다. 대부분의 국가들은 대개 국가안보를 이유로 식량자급을 위해 애쓴다. 이집트, 베트남, 러시아 같은 국가들이 식량수출금지를 하는 것은 이러한 정서를 반영하는 것이다. 2040년 말이 되면, 전 세계는 90억 명을 먹여 살려야 하는 자화상을 발견할 것이다. 인상적인 성공사례를 강조하는 한편, 우리는 어렴풋이 다가오는 도전을 반드시 마음에 새겨야 할 것이다.

시장실패와 정부 정책의 필요성

저소득 지역에서 농업이 상대적으로 성과를 내지 못하는 주된 이유는 정부들이 개발우선순위에서 이 부문을 무시하기 때문인데, 방금 전에 서술한 구상과 계획은 바로 이 점을 극복하기 위해 의도된 것이다. 농업에 대한 이러한 무시와 이에 따라 생기는 도시산업경제에 투자하려는 편향성의 역사적 원인은 결국 종전 후 수십 년간 개발 분야의 사고와 전략에 스며든 수입대체와 환율 고평가(제12장 참조)를 통한 급격한 산업화를 강조하는 오류에서 찾을 수 있다.[10]

농업개발을 새롭게 강조하려 한다면, 정부의 적합한 역할은 무엇인가? 사실 개발에 있어서 농업에 대한 가장 중요한 도전과제 중 하나는 정부의 올바른 역할을 찾는 것이다. 1980년대 개발기관들의 주된 주제는 농업에 대한 정부의 간섭을 줄이는 것이었다. 실제로, 초기의 간섭들 중 많은 것들이 도움이 되기보다는 해를 끼쳤다. 극단적인 예가 농부로 하여금 국가 수매당국에 저가로 팔도록 하는 정부규제인데, 이는 도시 식량가격을 저렴하게 유지하려는 시도이다. 요즘 고소득국가에서 중위소득국가에 이르기까지 전염병처럼 퍼지고 있는 생산보조금은 비용이 많이 들고 비효율적이다.

농업은 보통 완전경쟁적인 활동으로 인식되고 있지만, 이는 시장의 실패가 없고 정부의 역할이 없다는 뜻은 아니다. 사실 이 부문에서의 시장실패는 매우 흔하게 볼 수 있는데, 일반적인 정부의 역할로서 제도와 기반시설을 마련하는 것에 더하여 환경적 외부효과, 농업 연구개발 및 지도교육의 공공재적 성격, 판매 활동에 필요한 규모의 경제, 생산품 품질과 관련된 비대칭성 및 생산요소 공급의 독점력 등을 들 수 있다. 많은 실패에도 불구하고, 녹색혁명 기간 중에 아시아에서 그랬듯이 가끔 정부는 상대적으로 이러한 역할들을 효율적으로 수행하였다.[11]

빈곤을 줄이는 데 필요한 역할을 정부가 한다는 것만으로도 농업에서의 역할 또한 있다고 볼 수 있다—왜냐하면 세계 빈곤층의 대다수는 농부이기 때문이다. 가난 그 자체가 농부들이 가난에서 빠져나올 수 있는 기회를 이용할 수 없도록 한다. 담보가 없으므로, 신용을 얻을 수 없다. 신용이 없으므로, 그들은 아마도 자녀를 학교에서 일터로 보내야 할 것이며, 이것은 가난을 대물림하는 결과를 낳게 되는 것이다. 건강이 나쁘고 영양이 부족하므로 더 나은 건강과 영양 상태를 유지할 수 있는 돈을 벌만큼 일을 잘할 수 없다. 정보가 부족하고 시장의 부재(不在) 현상 때문에 보험에 들 수 없다. 보험이 없으므로, 극빈생활 아래로 추락할까 두려워 시도해볼 만한 위험도 부담할 수 없다. 중개인이 없으므로 그들은 특화할 수 없게 된다(그리고 특화 없이는 중개인이 끼어들 동기가 없다). 인종, 계급, 언어, 또는 성적인 이유로 사회적으로 배척당하기 때문에, 그들은 기회를 가질 수 없고 그것이 또한 그들을 배척당하게 하는 것이다. 이러한 빈곤의 함정은 종종 도움 없이는 거의 벗어나기가 불가능한 것이다. 이들 분야 모두에서 NGO가 개입하여 도울 수 있고 그렇게 하고 있지만(제11장), 최소한 이를 용이하게 하는 역할을 위해 정부가 필요하다.[12]

효율성을 증진하는 정책과 빈곤감소 정책은 서로 밀접하게 연관되어 있다. 시장의 부재와 자본시장실패와 같은 많은 시장실패들이, 예를 들어 정부가 무역을 자유화시킬 때 농부들이 세계화의 기회를 이용할 수 있는 능력을 첨예하게 제한한다. 만일 규제 완화와 기타 구조적 변화를 시도하기 전에 이러한 문제점들이 고려되지 않는다면, 빈곤층은 배척된 채로 더욱 상태가 악화되는 결과를 맞을 것이다. 이때 정부의 중요한 역할은 농업의 성장과실을 빈곤층과 함께 나눈다는 것을 보장하는 것이다. 몇몇 나라는 인상적인 농업 성장을 이룩했지만 빈곤층이 그만큼 수혜를 입지는 못하였다. 그 예로 극단적으로 불균등한 토지분배를 보이는 브라질과 사회적 불의와 관개 같은 중요 설비를 이용할 권리의 불균등이 존재하는 파키스탄 등을 들 수 있다. 그러나 빈곤층을 끌어안는다면, 개발도상국의 인적 및 천연 자원이 더욱 완전히 고용될 것이며, 그것은 빈곤감소뿐 아니라 성장률 증가를 가져올 수 있을 것이다.[13]

9.3 개발도상국의 영농체제

농업의 세 가지 체제

농업 및 농촌개발을 더 진전시키기 위해서 무엇이 필요한지를 이해하는 첫걸음은 다양한 개발지역의 영농체제의 성격, 특히 자급농업에서 상업 농업으로 이행하는 과정의 경제적 측면에 대해 분명하게 전망해보는 것이다.

세계의 영농체제를 분류하기 위한 한 가지 도움이 되는 방법은 농업개발 경제학자인 장 브리(Alan de Janvry)와 동료들이 세계은행의 2008년 세계개발보고서(World Development Report)에서 제안한 것으로, 선진국의 선진화된 영농체제와 개발도상국의 영농체제를 비교해보는 것이다. 이렇게 보면 개발도상국에서는 3개의 차별화된 영농체제를 발견할 수 있다.

첫째, 보고서에서 **농업기반 국가**라고 부르는 국가들에서 농업은 여전히 경제성장의 주요 원천이다―주로 농업이 GDP에서 그처럼 많은 비중을 차지한다는 이유에서이긴 하지만 말이다. 세계은행은 이들 국가들에서 농업이 평균 GDP의 32% 정도를 차지한다고 추산하는데, 이들 국가에서는 4억 1,700만 명이 살고 있다. 이들 국가의 빈곤층 2/3 이상이 농촌지역에 살고 있다. 사하라이남 아프리카 지역의 농촌인구 약 82%가 이들 국가에 살고 있다. 이 범주에는 또한 이 지역 밖에 있는 라오스와 같은 나라 몇 개가 포함된다. 그리고 세네갈과 같은 몇 개의 아프리카 국가들은 변화를 겪고 있는 중이다.

둘째, 세계의 농촌지역 거주민 대부분—약 22억 명—이 보고서가 이행국가로 분류되는 나라에 살고 있는데, 이들 국가에서는 (전체 빈곤층에서) 농촌지역의 빈곤층이 차지하는 비중이 매우 높지만(거의 평균 80%), 농업은 GDP 성장에 조금밖에(평균 7%) 기여하지 못한다. 과테말라와 같은 몇몇 예외적 사례를 제외하면 남아시아와 동아시아, 북아프리카, 중동의 인구 대부분이 이러한 국가에 살고 있다.

셋째, 이 보고서가 도시화된 국가들로 부르는 곳에서는 이촌향도 이주로 말미암아 빈곤층의 거의 반 또는 그 이상이 도시에서 발견될 정도인데, 농업은 생산 증가에 더더욱 적은 기여를 하는 경향을 보인다. 도시화된 국가들은 주로 개발 중인 동유럽 및 중앙아시아, 남미와 카리브 해 연안에서 발견되며 2억 5,500만 명의 농촌지역 거주자를 포함하고 있다.

많은 경우, 이들 그룹 내에서 국가들의 위치는 고정되어 있지 않다. 농업기반 국가 범주에 있던 많은 나라들이 최근 몇십 년 사이에 변화 범주로 이동하였는데, 인도와 중국이 눈에 띈다.

〈그림 9.4〉는 각 그룹 내에서의 국가 위치 일부를 보여주는 것인데, 4개 주요국의 위치가 약 60년의 기간 동안 시간에 따라 이동한 것을 보여주고 있다—중국, 인도, 인도네시아, 브라질. 예를 들어 브라질은 이행국가의 경계선에 있었으나 세계은행 분류에 따르면 확실한 도시화 국가로 이동하였다.

그림 9.4 세 가지 유형의 국가에 있어서 성장에 대한 농업의 기여와 빈곤층 중 농촌 거주자 점유율

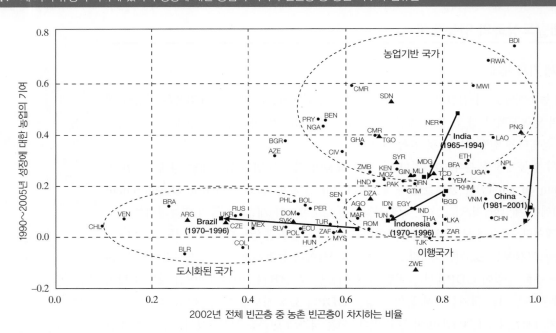

출처 : International Bank for Reconstruction and Development/The World Bank, *World Development Report, 2008*. 허락하에 게재

주 : 화살표는 브라질, 중국, 인도, 인도네시아의 이전 기간 동안 이동경로를 표시한다. 세모점은 예측 빈곤 데이터가 사용되었음을 표시한다. 국가 코드는 이 책 〈표 2.1〉을 참조하라.

표 9.2 선진국과 개발도상국에 있어서 노동 및 토지 생산성		
국가군	농업생산성(노동자 1인당 부가가치, 2011년 미국 달러)	평균 곡물산출 (헥타르당 킬로그램, 2011년)
저소득	337	2,035
중소득	953	3,678
고소득	21,957	4,645
국가		
부룬디	123	1,326
콩고민주공화국	281	766
세네갈	346	966
케냐	363	1,514
방글라데시	475	4,191
볼리비아	629	2,365
인도	657	2,883
중국	713	5,706
가나	810	1,594
인도네시아	937	4,886
멕시코	4,028	3,241
브라질	5,019	4,038
일본	42,953	4,911
미국	49,817	6,818
캐나다	59,818	3,527

출처 : World Bank, *World Development Indicators, 2013* (Washington, D.C.: World Bank, 2013), tab. 3.3.

농업생산성은 국가마다 극적으로 다르다. 〈표 9.2〉는 3개 선진국(캐나다, 일본, 미국)과 12개 개발도상국 사이의 토지생산성(농경지 1헥타르당 수확된 곡물의 킬로그램으로 측정)의 차이를 보여주고 있다. 미국의 경우 헥타르당 훨씬 적은 수의 농경 근로자(farm worker)가 있음에도 불구하고, 헥타르당 곡물 산출은 인도의 2.4배, 콩고민주공화국의 9배였다. 미국 농업의 노동자당 부가가치는 인도의 75배였고 콩고의 177배 이상이었다.

국가 내에서도 지역적 차이가 매우 크다는 것을 강조하는 것 또한 중요하다. 인도에는 근대화된 펀자브에서 반봉건상태(semifeudal)인 비하르에 이르기까지 3개 범주 각각에 드는 지역이 모두 존재한다. 중상위소득국가인 도시화된 멕시코조차도 남부에 상당한 빈곤층이 있으며 농업의존도가 높은 지역이 있다. 더욱이, 지역들 내에도 크고 작은 부유하고 빈곤한 지역들이 서로 옆에 존재한다. 이제 남미, 아시아, 그리고 사하라이남 아프리카 지역 등이 직면한 농업의 문제들을 자세히 살펴보자.

남미, 아시아, 아프리카의 영세농업

많은 개발도상국에서 다양한 역사적 환경의 결과, 대규모 토지가 소수의 강력한 토지소유계층에게로 집중되었다. 이러한 현상은 특히 남미와 아시아 아대륙에서 두드러진다. 아프리카에서는 역사적 환경과 상대적으로 더 많은 미사용 토지의 확보 가능성 등 두 가지 요인이 상이한 농업 활동 유형과 구조를 발생시켰다.

표 9.3   농장크기와 토지분포의 변화

국가	기간	토지분포 지니(%)		평균 농장 크기(ha)		변화율(%)		사용된 농장 규모 정의
		시작	종료	시작	종료	총 농장 수	전체 면적	
농장 크기가 작고 불평등이 심한 경우								
방글라데시	1977~1996년	43.1	48.3	1.4	0.6	103	−13	전체 토지 면적
파키스탄	1990~2000년	53.5	54.0	3.8	3.1	31	6	전체 토지 면적
태국	1978~1993년	43.5	46.7	3.8	3.4	42	27	전체 토지 면적
에콰도르	1974~2000년	69.3	71.2	15.4	14.7	63	56	전체 토지 면적
농장 크기가 작고 불평등이 덜 심한 경우								
인도	1990~1995년	46.6	44.8	1.6	1.4	8	−5	전체 토지 면적
이집트	1990~2000년	46.5	37.8	1.0	0.8	31	5	전체 토지 면적
말라위	1981~1993년	34.4	33.2[a]	1.2	0.8	37	−8	곡물경작지역
탄자니아	1971~1996년	40.5	37.6	1.3	1.0	64	26	곡물경작지역
칠레	1975~1997년	60.7	58.2	10.7	7.0	6	−31	경작 가능지역
파나마	1990~2001년	77.1	74.5	13.8	11.7	11	−6	전체 토지 면적
농장 크기가 크고 불평등이 심한 경우								
보츠와나	1982~1993년	39.3	40.5	3.3	4.8	−1	43	곡물경작지역
브라질	1985~1996년	76.5	76.6	64.6	72.8	−16	−6	전체 토지 면적
농장 크기가 크고 불평등이 덜 심한 경우								
토고	1983~1996년	47.8	42.1	1.6	2.0	64	105	곡물경작지역
알제리	1973~2001년	64.9	60.2	5.8	8.3	14	63	경작 가능지역

출처 : *World Development Report, 2008: Agriculture and Development* by World Bank. Copyright © 2008 by World Bank. 허락 하에 게재.

a 2004−2005년에 대한 수치

농촌 시스템
토지 분배, 소유 및 관리의 형태이며 또한 농업 경제의 사회제도적 구조

비록 생존을 위해 매일 몸부림쳐야 한다는 것이 남미와 아시아 지역 모두에서 피폐한 영세농의 삶과 태도에 스며들어 있다. 또한 **농촌 시스템**(agrarian system)이 상당히 다르기는 하지만, 영농체제의 속성은 눈에 띄게 다르다. 남미에서, 보다 가난하고 낙후된 많은 지역에서 영세농의 곤란한 처지는 라티푼디오-미니푼디오(latifundio-minifundio) 제도(뒤에서 설명될 것임)에 그 뿌리를 두고 있다. 아시아에서는 그 원인이 주로 분할되고 무척 혼잡한 작은 토지구획에 있다. 남미의 평균 경작지 크기는 아시아의 경우보다 훨씬 크다. 〈표 9.3〉에 포함된 국가들이 전형적이다. 에콰도르, 칠레, 파나마 및 브라질과 같은 남미 국가들에 있어서 평균적인 농장 크기는 방글라데시, 파키스탄, 태국 및 인도와 같은 아시아 국가들의 농장보다 훨씬 더 크다. 그러나 농장 크기의 변동성은 남미에서 훨씬 더 크다. 표에서 볼 수 있듯이 패턴은 동일하였으며, 일부 국가의 농장들은 매우 작은 규모로 나뉘어 있고 다른 국가들에서는 더 큰 규모로 통합되어 있다. 일부 국가들은 시간이 경과하면서 불균등의 증가를 경험하고 다른 국가들은 감소를 경험했다.

우리가 소득분배에 관한 자료를 갖고 소득 로렌츠 곡선(income Lorenz curve)을 그릴 수 있듯이(〈그림 5.1〉 참조), 우리는 농부들 사이에 농지소유가 분배된 자료를 갖고 토지 로렌츠

곡선을 그릴 수 있다. 이 경우, x축은 전체 보유지의 비율을 보여주는 것이고, y축은 전체 면적의 비율을 보여주는 것이다. 소득 지니계수를 산출하는 방식과 유사한 방식으로 토지 지니계수를 계산할 수 있다―그것은 토지 로렌츠 곡선과 45도 선 사이의 면적과 전체 삼각형 면적의 비율이다. 〈표 9.3〉은 아시아와 남미의 대표적 국가들의 토지 지니계수를 나타낸다.

가장 일반적이고 광범위한 추세 중 하나는, 시간이 지남에 따라 아시아에서는 토지가 분할되면서 점차 작아지고 있다는 것이다. 그리고 이 추세는 아프리카에서 증가하고 있는 것으로 나타나고 있다.

남미의 농업 패턴 : 진전과 미해결 빈곤 과제들

아시아와 아프리카에서와 마찬가지로, 남미의 농업구조는 생산제도의 일부일 뿐 아니라 농촌생활 전체의 경제적, 사회적, 정치적 구성의 기본적 특성인 것이다. 식민지 시절 이래 존재해왔고 또한 이 지역의 상당 부분에 여전히 널리 퍼져 있는 농업구조는 라티푼디오-미니푼디오라고 알려진 이원적 농업유형이다.[14] 기본적으로, **라티푼디오**(latifundio)는 매우 큰 농지소유를 말한다. 몇몇 농장은 수천 명을 고용하기도 하지만, 보통 12명 이상을 고용할 만한 크기의 농장으로 정의된다. 대조적으로, **미니푼디오**(minifundio)는 가장 작은 농장들이다. 그것들은 너무 작아서 한 가구(2명)도 고용할 수 없는 농장들로 정의되는데, 각 국가 또는 지역에서 지배적인 전형적인 소득, 시장, 그리고 기술과 자본 수준을 가지고 있다.

〈표 9.3〉에서 보듯이, 연구자들은 토지 집중도를 측정하기 위해 지니계수를 측정하였다. 브라질은 0.77, 파나마는 0.75, 에콰도르는 0.71이었다. 비록 추정치들이 다르긴 하지만, 남미의 경우(〈표 9.3〉 참조) 토지 불균등의 변화는 제한적이다. 다른 나라들은 더욱 불균등하다. 파라과이의 지니계수는 거의 완전한 불균등을 나타내는 0.94이며, 콜롬비아와 우루과이 역시 높은 불균등도가 측정되었다.[15] 이 수치는 세계에서 가장 높은 지역적 지니계수이며, 남미를 통틀어 토지소유권의 불균등(그리고 그러므로 부분적으로는 소득 불균등) 정도를 극적으로 반영하고 있는 것이다.

그러나 라티푼디오와 미니푼디오가 남미 농지 소유의 전체를 구성하는 것은 아니다. 상당한 양의 생산이 **가족단위 농장**(family farm)과 **중간규모 농장**(medium-size farm)에서 발생한다. 전자는 2~4명(미니푼디오가 2명 미만의 일자리를 제공할 수 있다는 것을 회상하라)의 일자리를 제공하며, 후자는 4~12명을 고용한다(라티푼디오 바로 밑). 베네수엘라, 브라질, 우루과이에서는 이들 중간 크기의 농장조직이 총 농업생산의 50%를 생산하고 있으며, 농업 인력 또한 비슷한 비율로 고용하고 있다. 이들 농장에서는 노동과 토지 사이의 균형이 보다 효율적이며, 여러 연구는 수확체감의 법칙이 제시하듯이 그들이 라티푼디오나 미니푼디오 어느 것에 비해서도 훨씬 높은 총요소생산성을 갖고 있음을 보여주고 있다. 실제로, 넓은 범위의 개발도상국으로부터 수집된 증거는 더 작은 농장들이 대부분의 농산품들을 더욱 효율적으로 (더 낮은 비용으로) 생산한다는 것을 보여준다.[16]

라티푼디오의 비옥한 토지를 경작하는 데 나타나는 상대적 비효율성을 설명하는 주요한 원인은, 부유한 지주가 종종 자신이 소유한 토지의 가치를 국가 농업생산에 기여할 잠재력으

라티푼디오

특히 남미 농업 시스템에서 발견되는 대형 농장주 형태로서, 12명 이상의 고용을 제공하고 소수 농장주에 의해 소유되며 전체 농지의 편향적 소유를 구성

미니푼디오

특히 남미 농업 시스템에서 발견되는 농장 형태로, 단위 가계에 대한 적절한 고용을 제공하기에는 너무 소규모임

가족단위 농장

가계에 의해 소유되고 운영되는 농토

중간규모 농장

12명까지의 노동자를 고용하는 농장

로 평가하기보다는, 오로지 그 토지를 소유함으로써 생기는 상당한 권력과 명망만을 가치 있게 평가하기 때문이다. 토지의 대부분이 유휴상태에 있거나 소규모 농장에 비해 덜 집약적으로 경작된다. 또한 라티푼디오의 **거래비용**(transaction costs), 특히 고용된 노동력을 감독하는 비용은 가족 노동력을 사용하여 비용을 효과적으로 절감하는 가족단위 농장이나 미니푼디오에 비해 훨씬 높다. 전통이 지배하는 지역에서 남미 영농체제의 농업생산을 늘리고 효율성을 개선하는 것은 더 좋은 씨앗, 더욱 많은 비료, 덜 왜곡된 요소가격, 더 높은 산출요소 가격, 그리고 개선된 시장 설비 등을 마련하는 직접적인 경제정책들보다 훨씬 많은 것이 필요할 것이라고 할 수 있다.[17] 그것은 또한 농촌의 사회 및 제도적 구조를 재구성하여 남미의 영세농부들, 특히 이주하는 것이 더욱 어려운 원주민들에게 진정한 기회를 주어서 그들이 현재의 경제적 곤궁과 사회적 종속 상태에서 스스로 나오게끔 하는 것이 필요할 것이다.[18]

많은 미니푼디오 소유주들, 특히 원주민 및 혼혈 주민 중의 소유주들이 가난한 상태에 머물러 있고, 많은 라티푼디오들이 잠재 생산성에 훨씬 못 미치는 상태에서 지속적으로 운영되고 있는 등 변화의 조짐이 없어 보임에도 불구하고, 좀 더 큰 농장들을 포함하는 보다 역동적인 부문이 출현하였다. 효율적인 가족 및 중간 크기의 농장이 지역 전체에서 발견되고 있는 것이다.

총량적 차원에서는 남미의 농업부문이 꽤 잘하고 있는 듯이 보인다. 칠레는 북반구 겨울시장을 겨냥한 신선한 과일, 수경재배, 채소 그리고 와인 등의 '비전통적 수출' 길을 열었다. 칠레의 성과는, 새로운 수출 진흥 노력을 포함한 능동적이고 상대적으로 효율적인 농업확대 시스템에 힘입은 것이다. 다각화는 수출소득의 변동성을 줄였다. 곡물의 생산성 증가는 꽤 견고하였다. 사탕수수를 기반으로 한 바이오 연료 및 콩 등은 브라질의 농업 성장에 중요한 역할을 하였다. 그리고 전통적 수출에 있어서, 특히 커피의 경우 남미가 유기농 및 공정무역시장 (Fair Trade markets)과 같은 더 높은 부가가치를 얻을 수 있는 활동을 위한 틈새기회의 이용을 선도하였다.[19]

과테말라와 온두라스 같은 몇몇 남미 국가들은 여전히 혼합된 이행단계에 있고, 그러한 나라에서는 라티푼디오-미니푼디오 유형이 특히 우세하게 남아 있는 경향이 있다. 그러나 이 유형은 많은 부분이 많은 다른 지역에서도 여전히 지배적이다. 제2장에서 강조했듯이, 남미에서의 극단적 농촌지역 불평등은 스페인과 포르투갈 식민지 시대에 그 뿌리를 두고 있으며, 그 시절 원주민들은 종종 노예 상태에 이를 정도로 착취당했고 아프리카 노예들이 강제로 이 지역에 끌려왔다(페루에서의 미타 효과의 지속에 관한 〈예문 2.3〉 참조). 이러한 유산을 극복하는 것은 길고도 고통스러운 과정이었으며, 아직도 많은 부분이 미해결 과제로 남아 있다. 사회적 차별은 계속되고 있으며, 콜롬비아를 포함한 여러 나라에서 빈곤층의 농지소유 확대를 위한 개선작업은 아직도 전체적으로 억압받고 있는 경우가 너무 많다.[20]

브라질 북동부, 안데스 지역 그리고 멕시코와 중미 지역 일부와 같이 종종 소수민족 인구가 집중된, 더욱 불리한 경작조건을 가진 지역들은 늘 심각한 빈곤 수준을 보이는 경향이 있다. 극단적인 농촌지역 불균등은 이들 지역에서의 발전을 방해하는데, 빈곤층의 신용 및 다른 투입소에 대한 접근기회가 줄었기에 그렇고 또 지배계층이 종종 낮은 수준의 정부 서비스를

거래비용
정보 수집, 모니터링, 신뢰 가능한 공급자 구축, 계약 체결, 신용 획득 등과 연계된 비즈니스 수행 비용

받고 있는 빈곤층의 정치참여를 효과적으로 계속 차단하기 때문에 그렇다. 더욱이, 이촌향도 이주 현상은 교육수준이 높은 사람들 사이에 더 흔하게 발생했는데, 그 결과 농촌인구는 더욱 고령화, 여성화, 그리고 원주민화되고 있다. 이것이 중위소득국가들에서 높게 유지되는 빈곤율의 요인들이며 그 척결을 위해서는 정부와 시민사회의 지속적인 행동이 요구되는 것이다.[21]

변모하는 경제 : 아시아 영세농경지의 분절과 세분화 문제

남미의 주된 농업 문제가 적어도 전통적인 지역의 경우 너무 적은 사람들이 너무 많은 토지를 소유하고 있는 것으로 규명될 수 있다면, 아시아의 기본적 문제는 너무 많은 사람들이 너무 적은 토지에 몰려 있다는 것이다. 예를 들면 평균적인 토지 크기는 태국이 3.4헥타르, 파키스탄이 3.1헥타르, 인도는 1.4헥타르 그리고 방글라데시가 0.6헥타르이다. 각각의 경우들에 있어서 토지 크기는 시간이 지남에 따라 점점 더 감소해 왔다(〈표 9.3〉 참조). 토지는 남미에서보다 아시아에서 더 균등하게 분배되어 있으나 여전히 상당히 불균등한 수준이다. 〈표 9.3〉에서 보이듯이, 아시아에서 추정된 토지 지니계수는 인도 0.448, 방글라데시 0.483, 태국 0.467 및 파키스탄 0.540에 이른다.

20세기 대부분의 기간 동안, 아시아의 농촌 사정은 전형적으로 악화되었다. 노벨상 수상자 미르달은 토지소유의 전통적인 유형을 현재의 분절된 상황으로 만드는 3개의 서로 관련된 힘들을 규명하였다—(1) 유럽 지배의 개입, (2) 화폐적 거래의 점진적 도입과 대금업자의 권력 증가, (3) 아시아 인구의 급격한 증가.[22]

유럽 식민지배 이전의 전통적 아시아 농지구조는 마을을 중심으로 조직되었다. 지역 추장과 영세농 가구들이 각각 상품과 용역을 제공하였다—농민은 외적으로부터의 보호, 마을의 공동 토지 사용권, 그리고 공공 서비스를 대가로 추장에게 농작물과 노동력을 제공하였다. 마을의 가장 가치 있는 자원인 토지의 배분, 처분, 그리고 사용 등에 관한 결정은 부족 또는 공동체에 속하여 공동체 기구 또는 추장에 의해 내려졌다. 토지는 인구증가, 가뭄, 홍수, 기근, 전쟁, 또는 질병 등과 같은 자연재해의 결과로 마을주민들 간에 재분배될 수 있었다. 공동체 내에서 가족들은 자급용으로 토지를 경작할 기본적 권리를 가졌으며, 전체 마을의 결정이 없는 한 그들은 쫓겨나지 않았다.

유럽인(주로 영국, 프랑스, 네덜란드)의 도래는 몇몇 변화가 이미 시작되었던 전통적인 농지구조에 주요한 변화로 이어졌다. 미르달이 지적하듯이, "식민지배는 직접적으로는 재산권에 관한 효과를 통해, 또 간접적으로는 원주민 경제의 화폐화 속도 및 인구성장에 관한 효과를 통해 변화에 대한 중요한 촉매 역할을 하였다."[23] 재산권 분야에서는 사적재산 소유권이라는 유럽의 토지소유제도들이 권장되거나 법에 의해 강제되었다. 이러한 제도의 적용에서 오는 중요한 사회적 결과 중 하나는 미르달이 설명하는 바와 같이 다음과 같다.

> 비공식적이긴 하지만, 종종 권리와 의무가 정교하게 공존하는 구조로 인해 결속되었던 예전 마을생활의 많은 부분이 와해되었다. 지주는 토지를 처분하고 공물을 관습적으로 받던 수준으로부터 최대 가능 수준으로 올릴 수 있는 무제한적인 권리를 부여받았다. 지주는 보통 안전과 공공편의시설을 공급해야 할 의무를 면제받았는데, 이는 이들 기능을 정부가 떠맡았기

때문이었다. 그렇게 해서 지주의 위상은 공동체에 대한 의무를 갖고 공물을 받는 자에서 토
지세의 납부 외에는 소작인과 대중에 대한 의무를 지지 않는 절대적 소유자의 위상으로 변
화되었다.[24]

지주
토지 자유 보유권 이해관계의 소
유자로서, 토지 사용에 대한 일정
형태의 보상을 대가로 소작농에게
토지를 빌려줄 권리를 보유함

소작인
토지를 빌리는 농부로서, 이들의
곡물은 임차 계약을 위한 기초로
서 농장주와 공유됨

임차농부
지주에 의해 보유된 토지에서 농
장을 운영하는 사람. 소유권이 결
핍되어 있고 토지 사용을 위해 대
가를 지불해야 함. 예를 들면 소유
자에게 산출량의 일부를 제공함

대금업자
예를 들어 종자, 비료 및 다른 투입
요소를 필요로 하는 농부들에게 높
은 이자율로 돈을 빌려주는 사람

인도와 파키스탄에서 오늘날의 **지주**(landlord)들은 토지소유로부터 생긴 소득에 대한 세금
의 많은 부분을 피할 수 있다. 여러 형태가 있지만, 남아시아의 지주들은 종종 도시에 살면서
토지의 경작은 **소작인**(sharecropper)이나 기타 **임차농부**(tenant farmer)에게 맡기는 부재지주
들이다. 소작제도는 아시아와 남미 모두에 널리 퍼져 있지만 아시아에서 보다 우세하다. 모든
임대 토지 중 아시아에서는 약 84.5%가 소작되고 있지만 남미에선 오직 16.1%만이 그렇다고
추산되었다. 이 제도는 아프리카에서는 거의 알려진 바가 없는데, 이 지역에서의 전형적인 형
태는 지속적으로 부족 또는 공동체 소유권하에서 운영되는 것이다. 예들 들면 인도에서는 모
든 임차된 토지의 약 48%가 소작되고 있으며, 인도네시아에서는 60%, 필리핀에서는 79%가
그러하다. 콜롬비아에서는 흔한 일이지만, 소작제도는 다른 남미 지역에서는 이례적인 일이
다. 예를 들어 페루에서는 그 제도가 거의 사라졌다.[25]

토지에 대해 개인적 권리를 주는 것은 아시아의 농촌 사회경제적 구조를 개선시켰다고 보
기에는 미심쩍은 또 다른 변화의 중개자, 즉 **대금업자**(moneylender)를 권력의 자리에 올려놓
는 것을 가능하게 하였다. 개인 재산이 효력을 발휘하자 토지가 거래 가능한 자산이 되어서
영세농이 대출을 위한 담보로 제공할 수 있게 되었고 대출금을 갚지 못하면 차압되어 종종 악
랄한 대금업자에게 양도되었다. 동시에, 아시아의 농업은 자급적인 것에서 상업적인 것으로
변화하고 있었는데, 신도시들의 현지 수요가 늘어났고, 또한 더욱 중요하게는 식민지 유럽 열
강의 외부적 식량수요에 대한 반응으로서 그렇게 되었다. 이러한 자급농업에서 상업농으로
의 이행과 함께 대금업자의 역할이 급격히 변화했다. 자급농업 경제에서 대금업자의 활동은
작황이 나쁠 때 위기를 넘기기 위해 또는 가족 결혼이나 장례식 같은 특별한 의식용 경비 등
이 필요할 때 자금을 농부에게 공급하는 활동 등에 국한되었다. 이들 대출금의 대부분은 매우
높은 이자를 붙여 현물(식량의 형태)로 상환되었다. 그러나 상업농의 발달로 농부의 현금 필
요성은 상당히 높아졌다. 종자, 비료, 기타 투입요소에 돈이 필요했다. 만일 농부가 차, 고무,
또는 황마 등과 같은 환금(특용)작물의 생산으로 전환한 경우라면, 자신이 먹을 식량을 위한
자금 또한 필요했다. 종종 대금업자들은 자신들이 높은 이자를 뽑아내는 상태에 있는 것보다
대출금 상환실패의 결과로 농부의 토지를 획득하는 것에 더 흥미를 느끼곤 하였다. 과도한 이
자율을 부과하거나 농부가 감당 못할 더 큰 대출을 받도록 유도하여 대금업자들은 종종 농부
를 토지로부터 쫓아낼 수 있었다. 그 이후 이들은 이 농장을 부유하고 농지를 확장하려는 지
주들에게 매매하는 토지투기를 하여 이윤을 거둘 수 있었다. 대개는 대금업자의 영향력의 결
과로 아시아의 자영빈농들은 자신들의 경제적 지위가 악화되는 것을 목도하였다.[26] 그리고 급
속한 인구증가는 종종 분절화와 피폐를 가져왔다.[27]

20세기에 있어서 몇몇 아시아 국가들의 농촌사정이 악화된 현상을 이해하기 위해서 인도,
인도네시아, 그리고 필리핀의 사례를 고려해보자. 1901년, 인도의 인구는 2억 8,600만 명이

었으나, 2013년의 인구는 4배 이상 늘었다. 인도네시아의 인구는 1900년에 2,840만 명에서 2000년에 2억 1,000만 명이 되었다. 필리핀 중부 루손(Luzon)의 인구는 1903년의 100만 수준으로부터 10배 이상 증가하였다. 이들 각각의 경우에 극심한 토지 보유의 분절화가 불가피하게 뒤따랐다. 오늘날 이들 국가들의 많은 지역에서 농부가 보유하는 평균면적은 1헥타르 미만이다. 〈표 9.3〉에 보듯이, 평균 경작지 크기는 남아시아와 태국을 통틀어 떨어졌다.

이들 토지 보유가 더욱 축소되면서 생산은 최저 생계수준 이하로 떨어지게 되며, 고질적인 빈곤은 많은 사람들에게 하나의 생활양식이 된다. 농부들은 대금업자로부터 50~200%까지에 이르는 이자율로 더욱 많이 빌리게끔 내몰리게 된다. 대부분은 이들 대출금을 상환하지 못한다. 그러면 그들은 농토를 팔게 되고 대규모 부채를 가진 임차농부가 되는 것이다. 토지가 희소하므로 그들은 높은 임대료 또는 불리한 조건의 소작료를 내야 하는 것이다. 그리고 노동력은 풍부하므로 임금은 극단적으로 저렴하다. 그래서 농부는 주요한 농촌재건과 개혁 없이는 출구가 없는 고질적 가난의 악이라는 덫에 걸리게 되는 것이다. 그래서 많은 아시아의 농촌인구가 점진적으로 소규모 자작농에서 임차농 및 소작농으로, 토지가 없는 농촌 노동자로, 직업이 없는 부랑자로, 그리고 마지막으로 현대 도시지역의 주변부에서 떠돌이 빈민굴 거주자로 변화해 가고 있는 것이다.[28] 동시에 다른 농부들은 녹색혁명으로 인한 엄청난 생산성 증대로 혜택을 입었다. 그러나 이들조차도 급속히 낮아지는 지하수면과 같은 환경 문제들이 새롭게 부상하는 과제들에 직면해 있다.

반복하면, 제2장에서 강조한 바와 같이 식민지시대 관행의 영향은 흔히 장기간 지속되었다. 인도의 경우, 독립 후 토지에 대한 재산권이 지주에게 주어진 지역에서는 재산권이 경작자에게 주어졌던 지역에 비해 상당히 낮은 생산성과 농업에 대한 투자—그리고 상당히 낮은 보건 및 교육 투자—를 보였다.[29]

아프리카의 자급농업과 조방재배(대규모 농경)

소규모 농지에서의 **자급농업**(subsistence farming)은 농업기반 경제에서 살고 있는 아프리카 사람들 대다수의 생활양식이다. 열대 아프리카에서 농경가구의 압도적 다수는 여전히 산출요소를 자신들의 최저생활을 유지하는 데 주로 사용할 계획을 세우며 산다. 물론 주요한 예외들이 있는데, 동아프리카와 서아프리카의 설탕, 코코아, 커피, 차(tea) 그리고 기타 작물재배이다. 니제르 녹색콩(green beans), 케냐 및 에티오피아의 절화 및 탄자니아의 레귐과 같은 수출작물과 다른 형태의 계약 농경 방식에 전념한다.

아프리카 농업의 기본적인 가변투입요소는 농경가구와 마을 노동력이기 때문에 아프리카의 농업 시스템은 3개의 주요한 특징들에 의해 지배된다—(1) 마을 공동체 자급농업이 가지는 중요성, (2) 이동농법을 가능하게 하고 경제 및 정치적 권력의 도구로서 토지 소유권의 가치를 감소시켜 주는, 당장 필요한 토지수요를 초과하는 양의 토지(비록 급속히 감소하고는 있지만), (3) 마을의 각 가구(핵가족과 확대된 가족 모두)가 가까운 영토에 있는 토지와 물을 사용할 수 있어서 같은 부족이라도 공동체에 속하지 않는 가구는 사용에서 배제할 권리 등이다. 전통적인 시스템이 무너지는 곳에서는 불균등이 종종 더 증가한다.

자급농업

곡물 생산, 가축 사육 및 기타 활동이 주로 개인적 소비를 위해 행해지는 농업

대부분의 전통적 아프리카 농업이 갖는 생산성 낮은 자급농업 특성은 생산 증가를 저해하는 3개의 역사적 요인이 합작된 결과이다.

1. 현재 사용되지 않지만 잠재적으로 경작 가능한 토지가 존재함에도 불구하고 경작가구가 오직 작은 면적에만 작물을 심고 김을 매는 것은, 손잡이가 짧은 괭이와 도끼 그리고 손잡이가 긴 칼 또는 팽가(panga)와 같은 전통적인 도구들만 사용하기 때문이다. 어떤 국가들에서는 동물의 사용이 불가능한데, 체체파리 때문이거나 긴 건기 중 사료로 사용할 꼴이 없기 때문이며, 전통적인 경작 관행은 주로 작은 농토에 인력을 이용하는 것에 의지한다.

2. 전통적인 기술의 맥락에서 한 경작가구가 경작할 수 있는 토지의 양이 제한된다는 점을 감안하면, 이들 작은 면적들은 열심히 경작되는 경향이 있다. 그 결과, 토지는 증가된 노동투입에 대해 급격히 수확이 체감하는 처지에 놓이게 된다. 그러한 상황에서 **이동경작**(shifting cultivation)은 한정된 노동공급을 넓은 토지에 가장 경제적으로 사용하는 방법이 된다. 이동경작하에서 수차례 수확한 결과, 토지에서 광물질이 고갈되면 새로운 토지를 개간하고 작물을 심고 김매는 과정이 반복된다. 반면에, 이전에 수확했던 토지는 다시 사용할 수 있을 때까지 비옥함을 회복하는 것이 허용된다. 비록 대부분의 아프리카 마을에서 토지의 비옥함을 연장시키기 위해 경작지 주변 대지에 일부 유형의 거름(대부분 가축배설물)을 주게 되지만, 그러한 이동경작의 과정하에서는 거름과 화학비료가 불필요하다.

3. 노동력은 경작기간의 가장 바쁜 기간, 즉 모를 심고 김을 매는 시기에는 구하기 어렵다. 다른 시기에는 대부분의 노동력이 유휴 상태에 있다. 모를 심는 시기는 우기의 시작에 의해 결정되고 대부분의 아프리카 지역에서는 오직 하나의 긴 우기만 있으므로, 우기의 초기 몇 주간 노동자에 대한 수요는 보통 모든 가능한 농촌 노동공급을 초과한다.

이동경작
비옥함이 고갈될 때까지 토지를 경작하고 새로운 구획으로 이동함. 이전의 토지는 다시 경작할 수 있도록 비옥함을 회복할 때까지 남겨둠

이들 3개 요인이 상호작용한 결과, 아프리카의 대부분을 통틀어 농업 노동생산성의 성장속도가 느리게 되었다. 인구의 크기가 상대적으로 안정세를 보이는 한, 낮은 생산성과 이동농경의 역사적 패턴은 대부분의 아프리카 부족들이 최저생계를 위한 식량 요구(수요)를 충족시킬 수 있도록 하였다. 그러나 인구밀도가 늘어나면서 이동경작의 지속 가능성이 이제는 깨져 버렸다. 그것은 소규모 자영 농지에 정착하여 농경하는 방식으로 대체되었다. 결과적으로, 다른 사람 이외의 생산투입요소와 새로운 기술에 대한 필요성이 증가하게 되었는데, 특히 케냐, 나이지리아, 가나, 우간다의 인구가 더욱 밀집한 농경지역에서 그러하다. 〈표 9.3〉에서 보듯이, 말라위와 탄자니아 같은 나라에서는 농장 크기 또한 작아졌다. 더욱이 마을 규모의 확대, 화폐경제의 침투, 한계농지의 토양침식과 벌채 및 토지세의 도입 등으로 순수한 자급농업을 실행하는 것은 더 이상 가능하지 않다. 그리고 토지가 점차 귀해지면서 토질이 저하되는 범위가 늘어나고 있다. 2008년 세계개발보고서는 다음과 같은 결론을 제시하였다.

더 나은 토양 및 농업용수 관리에 시급히 주의를 기울이지 않는다면 더 높은 생산성은 가능

하지 않다. 사하라이남 아프리카 지역은 수십 년간 파먹은 토지 자양분을 보충해야만 한다. 아프리카의 농부들은 남아시아의 농부들이 같은 면적당 100킬로그램이 넘는 비료를 사용하는 데 비해 헥타르당 10킬로그램 미만의 비료를 사용한다. 콩과식물을 통해서 토지의 생식력을 보충하는 혼농임업체계 및 효율적인 비료시장을 개발하는 프로그램들이 확대될 필요가 있다.[30]

더욱이, 2007년까지 사하라이남 아프리카 지역 농경지의 4%만이 관개시설을 갖추었는데, 이는 남아시아의 39%와 동아시아 및 태평양 지역의 29% 등에 비해 뚜렷한 대조를 보이는 것이다. 최근 약간의 진전이 있음에도 불구하고, 사하라이남 아프리카 지역의 곡창지대 22%만이 개량종을 파종하는데, 이는 다른 모든 개발도상국 지역의 토지 대부분에 사용되고 있는 것이다. 비료를 사용하지 않는 천수답에 파종된 재래종에 의존하는 것은 토양이 소모되고 비가 언제 올지도 모르는 그 지역의 상황을 악화시키는 문제다(〈그림 9.5〉 참조).

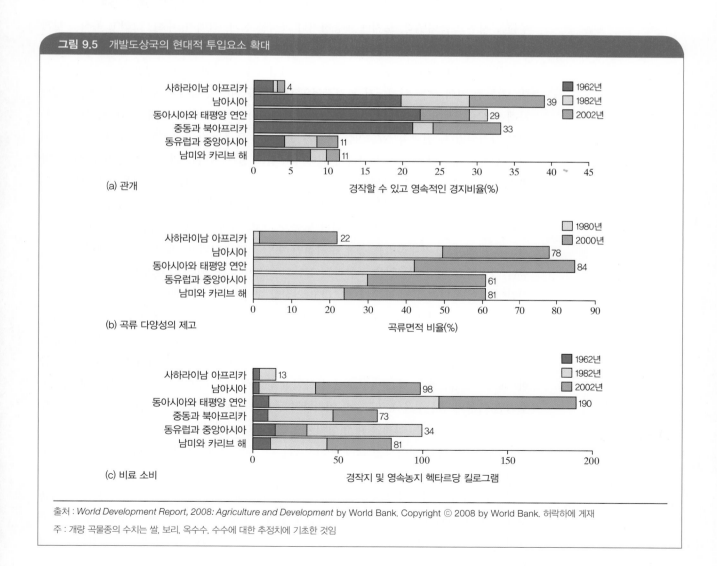

그림 9.5 개발도상국의 현대적 투입요소 확대

(a) 관개 — 경작할 수 있고 영속적인 경지비율(%)

(b) 곡류 다양성의 제고 — 곡류면적 비율(%)

(c) 비료 소비 — 경작지 및 영속농지 헥타르당 킬로그램

출처 : *World Development Report, 2008: Agriculture and Development* by World Bank. Copyright © 2008 by World Bank. 허락하에 게재

주 : 개량 곡물종의 수치는 쌀, 보리, 옥수수, 수수에 대한 추정치에 기초한 것임

세계의 모든 주요 지역 중에서 아프리카는 급격한 인구증가와 보조를 맞추기에 충분한 속도로 식량생산을 확대할 능력이 없어서 가장 고통을 받아 왔다.[31] 생산 감소의 결과로 수입의 존도—특히 밀과 쌀—가 증가한 반면, 아프리카의 1인당 식량 소비는 1980년대와 1990년대 기간 동안 가장 극적으로 하락했다.[32]

9.4 여성의 중요한 역할

개발도상국들, 특히 아프리카와 아시아의 영농체제에서 중요하지만 최근까지도 종종 간과되었던 특징은 여성이 농업생산에서 결정적인 역할을 한다는 것이다.[33] 자급농업이 압도적으로 많고 이동경작이 여전히 중요한 아프리카에서는 자급용 식량생산과 관련된 거의 모든 역할을 여성이 해낸다. 보통은 집에 남아 있는 남성이 경작이 가능해 보이는 땅에 있는 나무와 덤불을 자르는 초기 작업을 하지만, 전형적으로 여자들은 모든 후속 작업들, 예를 들면 넘어진 나무들을 치우고 불태우기, 토지에 파종하거나 곡식을 심기, 김매기, 수확, 그리고 곡식을 보관하거나 바로 소비하기 위해 준비하는 일을 책임진다. 여성과 개발에 관한 그녀의 선구적인 작업에서 보스럽(Easter Boserup)은 아프리카 여성의 농업 참여에 관한 많은 연구를 수행했는데, 기록된 거의 모든 사례에서 농경작업의 대부분을 여성이 한다는 것을 발견하였다. 몇몇 사례에서는 여성이 약 70%의 일을 하고, 한 사례에서는 전체(작업)의 거의 80%를 한다는 사실이 발견되었다. 전형적으로, 이들 작업은 원시적인 도구들을 갖고 행해지며 오로지 가족의 식량 필요를 충족할 만큼만 생산하기 위해서도 길고 힘든 여러 날의 노동을 필요로 한다. 한편 남성들은 종종 주변의 대단위 농장이나 도시에서 노동을 하여 현금수입을 만들려는 시도를 한다.[34] 최근의 연구는 여성이 '시간적으로도 빈곤한' 곤경에 처해 있음을 확인하고 있다.

여성은 대부분 환금작물 생산을 위한 노동을 하고, 가족이 먹을 식량을 경작하며, 가축을 기르고 판매하고, 가내공업을 통해 추가적인 수입을 만들어내며, 땔감과 물을 채취하고, 식량을 가공하고 요리하는 일을 포함하는 집안의 허드렛일을 한다. 그들의 다양한 의무사항이 시간이 많이 든다는 특성 때문에—그리고 의심할 바 없이 그들이 집에서 갖고 있는 협상력의 제한 때문에—여성은 그들의 남성 파트너보다 더 긴 시간 일을 하는 경향이 있다. 여러 활동에 대한 여성의 시간배분에 관한 연구들은 농촌 여성의 경제적 공헌도의 중요성에 대한 인식을 크게 증진해 왔다. 여성이 농업생산의 많은 비중을 차지하고, 노동력의 많은 부분을 공급하므로—이 점유율은 시간이 흐르면서 사실상 증가해 오고 있다—성공적인 농촌개혁을 이루려면 여성의 생산성을 높이고, 성 인지학적 정책을 농촌개발전략의 핵심에 두는 것이 필요할 것이다. 농업정책을 설계할 때 여성의 활동으로부터 출발하는 것이 필요한 것은 '여성이란 첨가물을 그저 넣고 저어서는 요리가 되지 않는다'라는 여권운동가 경제학자들의 격언에 포함되어 있다.

다양한 여성의 의무사항은 그들의 노동에 대한 경제적 가치는 고사하고, 그들이 농업생산에 얼마나 기여하는지를 알아내기 어렵게 한다. 그러나 현재의 추계는 여성 노동력의 중요성을 강조하고 있다. 가사노동과 함께, 여성은 아프리카와 아시아에서는 농업노동력의

60~80%를, 남미에서는 약 40%를 제공하는 것으로 추산된다. 그러나 이 노동의 대부분은 여성들이 종종 그들이 수행하는 노동에 대한 대가를 받지 않는다는 점에서 통계적으로 '보이지 않는다'.

여성은 환금작물 경작에 노동을 공급함으로써 농업경제에 중요한 기여를 한다. **환금작물** (cash crops)의 생산과 그것으로부터의 이윤은 보통 남성에 의해 통제됨에도 불구하고, 김매기와 옮겨 심기 등 힘든 작업은 보통 여성이 책임지고 있다. 인구밀도가 증가하고 토지가 점점 작은 단위로 쪼개지면서 여성이 걸어서 들에 나가고 들어오는 데 드는 총시간이 증가하는데, 때때로 매우 더운 날씨가 (그렇지 않아도) 힘든 일을 매우 어렵게 만든다. 환금작물에 더하여, 여성들은 흔히 식구들이 먹을 식량을 제공할 작은 텃밭을 경작한다. 이들 텃밭에서 나오는 산출의 현금 가치는 작을지 모르지만, 그것은 전체 자원 중 여성이 사용할 수 있는 중요한 부분이다.

저소득 가계의 여성은 원곡의 가공과 절구질, 가축 돌보기, 요리, 그리고 아이들 양육과 같이 부담이 큰 다양한 일거리를 포함한다. 점점 구하기 힘든 땔감과 식수를 멀리까지 가서 구해 오는 것도 몇 시간 걸리는 일이다. 추가적인 소득을 올리기 위해 여성들이 마을 시장에 팔기 위한 상품을 가정에서 생산하는 것은 흔한 일이다. 이러한 품목들은 각 지역마다 다른데 몇 가지 예를 들면 집에서 만든 맥주, 가공식품, 수공예품, 섬유류 등이다.

아마도 여성의 가장 중요한 역할은 가정에 식량 안정성을 제공하는 일일 것이다. 이 일은 가계수입의 보완, 가계수입원의 다양화, 그리고 가계자산을 늘리기 위한 가축 기르기 등을 통해 이루어진다. 가계소비를 위한 채소생산은 식량가격의 변동으로부터 가계를 지키고 가계 필수품의 구입을 위한 현금지출을 줄인다. 여성이 수입이 생기는 일과 가축에 투자하는 것은 가계소득을 안정시키는 데 결정적인데, 유일한 경우는 아니지만 자원제약이 가장 극심한, 여성이 세대주인 경우에 특히 그러하다.

그러나 금융투자는 본질적으로 위험한 것이고, 가계가 가난할수록 그 구성원들은 모든 유형의 위험부담을 더 회피하게 된다. 신용과 자원을 확보할 수 없는 경우, 가계수입의 변동성을 줄이기 위해서는 통상적으로 덜 효율적인 생산 방법을 선택하게 되고 따라서 가계 구성원들은 더 낮은 평균수입을 갖게 된다. 이러한 상충관계는 여성이 세대주인 가계에서 가장 흔히 발생하는데, 이 경우 자원제약이 가장 크기 때문이다. 그러므로 이들의 제한적인 선택 범위의 결과로서, 여성은 전통적 방식의 경제활동을 유지하는 경향이 있다. 그 결과 남성의 생산성이 계속하여 개선되어 온 반면에 여성의 생산성은 정체를 보였다는 것이다.

농업의 구조가 점점 더 상업화되는 곳에서는 여성의 역할과 그에 따른 그들의 경제적 지위도 변화한다. 많은 개발도상국 지역의 여성은 그들이 환금작물을 보살피는 데 기여하는 긴 시간에 대해 여전히 보상받지 못하고 있다. 수입을 창출하는 환금작물의 중요성이 커지면서 여성에 의해 통제되는 자원의 비율이 감소하는 경향을 보인다. 이는 주로 환금작물의 생산을 촉진하기 위해 토지와 투입요소 등과 같은 가계의 자원이 여성의 작물로부터 이전되기 때문이다. 비영농 활동의 중요성이 커지면서 그 부문이 농촌 여성의 중요한 경제적, 사회적 진출의 경로가 되었다.

환금작물
시장 판매만을 위해 생산된 작물

남성에게 자원을 배타적으로 제공하는 정부의 영농지도는, 자원접근에 대한 기존의 불균등한 남녀 간 접근성을 악화시키는 경향이 있다(이 장 끝부분의 사례연구 참조). 만일 신용이 환금작물 경작을 목적으로 오로지 또는 차별적으로 남성에게만 제공된다면, 여성의 텃밭에서도 환금작물을 기르게 될 것이므로 상업생산은 증가할 것이다. 그러나 집에서 길러 먹던 채소를 사서 먹어야 하므로 여성의 손실을 상쇄하려면 남성 배우자의 현금 기여 증가분이 상당해야 한다. 채소의 시장가격이 상당히 오르고 (이제 생산자가 줄어든 상태에서) 남편의 기여 증가분이 늘어난 현금수요를 보상하기에 충분치 않으면, 여성과 아이들의 후생은 감소할 것이다.

이러한 가족구성원의 후생감소는, 남성의 소득에 비해 여성의 소득이 영양공급과 생필품에 사용되는 비율이 현저히 더 높다는 사실 때문에 그런 것이다. 그러므로 많은 연구들이 시사해 왔듯이, 여성의 자원을 희생하여 남성의 소득이 오른다 해도 가계소득의 증가가 반드시 위생과 영양(공급)의 개선을 가져오는 것은 아닐 것이다. 가계소득을 증가시키지만 여성의 경제적 지위를 감소시키는 토지 사용상의 변화는 여성과 아이들 모두에게 해로운 것이다. 결과적으로, 정부의 영농지도계획이 모든 가계 구성원의 이익을 반영할 수 있도록 설계하는 것이 중요하다.

최근의 경제적 연구는 이러한 문제들에 대한 우리의 이해를 향상시켰다. 노벨상 수상자인 베커(Gary Becker)와 그를 따르는 전통적 경제학 가정에 의하면, 가계는 공유한 목표들을 효율적으로 극대화하기 위해 협력한다는 것이다―소위 '일원화된 가계' 모형이다. 그러나 경제발전론의 연구는, 간혹 남편과 부인이 가계자원의 활용에 대해 좀 더 많이 협력할 수 있다면 더 높은 소득이 가능할 정도로 이들이 상당히 소모적인 흥정을 벌인다는 것을 발견하였다. 먼저 자산이나 소득이 가족에게 주어졌는가, 그렇지 않으면 부인 또는 남편에 의해 통제되는가에 따라 가계는 소비를 달리한다. 명백히, 가계에 자원을 제공하는 것은 일원화된 가계에서 기대되는 것과는 반대 결과를 가져온다. 개발이 새로운 마케팅 기회로 이어지고 남성이 환금작물로부터의 소득을 통제할 때, 이미 높은 남성의 협상력을 증가시키는 역효과를 초래할 수 있다.

자금의 사용처가 다른 것은 성인뿐만 아니라 아이들에게도 영향을 준다. 대부분의 경우에 있어서 남성보다 여성에 의해 제공되고 통제되는 소득이 아이들의 건강과 교육에 더 많이 사용된다는 명백한 증거가 있다. 더욱이, 예를 들어 농업가계가 퇴비를 남성 밭보다 여성 밭에 더 많이 주는 것과 같은 방식으로 투입요소를 재분배하면 소득을 더 많이 올릴 수 있다는 증거가 많아지고 있다. 그러므로 성적 불균등 역시 상당한 효율성의 손실을 초래하고 있는 것이다. 여성의 텃밭에서 자급용 작물을 환금작물로 전환하면 더 이득을 볼 수 있기는 하지만, 현금수입의 사용처에 대한 서로 다른 선호가 정해져 있으므로 이는 결국 부인과 아이들의 식량을 희생하는 결과를 가져올 수도 있다. 예를 들면 부르키나파소에 대한 세부적인 연구에서 우드리(Christopher Udry)는 다음과 같은 사실을 발견하였다. 즉 가족이 같은 연도에 재배한 동일한 작물 중에서 남성이 통제한 텃밭보다 여성이 통제한 텃밭의 수확이 현저하게 낮다는 것이다. 그는 자신이 사용한 데이터로부터 원인을 찾았는데, 남성이 통제하는 텃밭의 경우 에

이커당 노동과 비료 투입이 현저하게 높았기 때문이라는 것이다. 우드리의 분석에 의하면, 가족 내 텃밭에 걸쳐 다양한 요소가 잘못 배분되었기 때문에 약 6%의 산출손실이 발생했다. 명백한 사회적 정의 관점에 더하여, 이 효율성 논쟁은 농촌 여성들의 역량을 강화하는 지원 프로그램의 경제적 논리를 형성한다.[35]

그러나 많은 정부지원 프로그램들은, 대출을 위한 담보가 없거나 남편의 허락 없이 재산을 소유하거나 금융거래를 하지 못한다는 이유로 실질적으로 계속 여성을 배제하고 있다. 농업에 필요한 투입요소와 교육은 여성 지원자에게 거의 제공되지 않는다. 토지개혁을 통해 빈곤을 줄이려는 노력조차도 토지 소유권을 가계의 남성 세대주에게만 분배했기 때문에 여성의 소득과 경제적 지위를 감소시키는 것으로 밝혀졌다. 농업 프로그램에 여성을 통합하는 데 대한 사회문화적 장애물들이 강하게 남아 있는데, 이는 많은 나라에 있어서 여성의 소득은 남성의 권위에 대한 위협으로 인식되기 때문이다. 생산성을 높이기 위해 남성에게는 새로운 농업기술을 가르치면서, 여성들은 그런 기회가 있다 해도 고작 바느질, 요리, 그리고 기초적인 위생과 같은 그들의 전통적인 역할에 부합한다고 생각되는 생산성 낮은 업무를 수행하도록 훈련받는다. 개발계획 중 여성을 위한 부분은 흔히 복리후생 프로그램 정도로서 경제적 후생을 증가시키는 데는 실패하고 있다. 더군다나 이러한 계획들은 남성들에게는 그 노력의 대가를 보상하지만, 여성들의 노력봉사에는 보상을 주지 않는 경향이 있다.

신용과 투입요소에 대한 직접적인 접근을 제공함으로써 여성의 소득을 증가시키려는 노력이 상당한 성공을 거두었지만, 여성과 간접적으로 작업하는 프로그램들은 흔히 그들이 표방한 목표에 미치지 못했다. 자원이 여성의 직접적인 통제하에 있을 때에 프로젝트들이 여성의 참여를 이끌어낼 확률이 높다는 것을 여러 연구가 밝혀 왔다. 명백히, 보수를 주지 않는 여성의 노동에 의존하는 프로젝트들은 최소한의 지지만을 획득할 확률이 높다. 생산양식이 가계의 여성 구성원의 이해와 일치할 때 새로운 작물과 기술의 채택은 더욱 효과적일 것이다. 여성의 적극적인 참여는 농업의 번영에 결정적이므로 정책 설계는 반드시 여성이 개발노력으로부터 평등하게 수혜를 입는다는 것을 보장해야 할 것이다(이것은 이 장의 끝부분에 있는 사례 연구에 더 조사되어 있다).

9.5 농부 행위의 미시경제학과 농업개발

영세 자급농업에서 특화된 상업영농으로의 이행

해설의 편의상, 우리는 농업생산의 발전을 크게 3단계로 구분할 수 있다.[36] 첫 번째 단계는 아프리카에서 여전히 널리 존재하는 생산성 낮은 자급 수준의 영세농이다. 두 번째 단계는 아시아의 많은 지역에서 그렇듯이 다각화된 혹은 혼합된 가족단위 영농으로 불릴 수 있는 것으로, 생산물 중 적은 부문이 자가소비용이고 대부분이 상업부문에 판매할 목적으로 경작된다. 세 번째 단계는 높은 생산성 및 상업적 시장을 겨냥한 특화 농업에 연계된 현대 농장으로서, 선진국과 고도로 도시화된 개발도상국에서 종종 발견된다.

혼합시장을 가진 개발도상국 경제에서, 농업 현대화란 아마도 자급생산으로부터 다변화되고 전문적인 생산으로의 점진적이나 지속적인 이행이라는 말로 묘사할 수 있을 것이다. 그러나 그러한 이행은 농장경제 구조의 재조직 또는 새로운 농업기술의 적용 이상의 것을 수반한다. 전통 농업을 변모시키는 것은 생산 증가에 대한 수요를 충족시키기 위해 농장 구조를 맞추어 가는 것을 넘어 농촌사회의 전체적인 사회적, 정치적, 제도적 구조에 영향을 주는 심오한 변화를 요구한다. 그러한 변화가 없다면 농업개발은 계속해서 매우 지지부진하게 될 것이다. 더 높은 가능성은 소수의 부유한 대토지 소유자들과 다수의 궁핍한 소작농, 소규모 토지 보유자들 및 토지가 없는 노동자들 간에 이미 존재하는 간격이 더 벌어지는 것이다.

우리는 먼저 시간에 따른 개발도상국 농업제도의 진화를 고려할 것이다. 이는 자급생산이 주를 이루고 소규모 영세농을 지향하는 단계로부터 보다 다원화된 운영을 하는 형태로, 그리고 궁극적으로는 여전히 가족에 기반을 두고는 있지만 가끔은 완전히 상업적인 기업으로 부상하는 과정을 살펴볼 것이다.

자급농업 : 위험회피, 불확실성, 생존

고전적인 영세 자급농장(소작농)에서 대부분의 산출은 가족의 소비를 위해 생산되며(약간은 현지 시장에서 팔리거나 교환되지만), 몇 가지의 **주식**(staple food, 보통 카사바, 밀, 보리, 수수, 쌀, 감자, 또는 옥수수)이 영양의 주된 원천이다. 산출과 생산성은 낮고, 오직 가장 소박한 전통적 방법과 도구만이 사용된다. 자본투자는 최소한으로 토지와 노동이 생산의 주된 요소이다. 축소되는(또는 교대 경작되는) 토지 구획에 더 많은 노동이 투입됨에 따라 수확체감의 법칙이 작동한다. 가뭄, 토지의 유용(appropriation), 그리고 미상환 부채를 받으려는 대금업자의 출현 등이 영세농의 존재를 위협하는 것들이다. 파종이나 수확 등과 같은 계절적 성수기에는 일꾼들이 완전고용 상태에 있지만, 노동은 연중 대부분 유휴 상태에 있다. 많은 영세 농부들이 간헐적으로 한두 사람 토지가 없는 일꾼을 고용하기는 하지만, 보통은 고용된 노동 없이 가족이 할 수 있을 만큼의 토지만을 경작한다. 대부분의 현금수입은 비농장 임금노동에서 발생한다.[37]

아시아와 남미의 일부 지역에서와 같이, 사하라이남 아프리카 지역 대부분에서의 농업은 여전히 주로 이러한 자급단계에 있다. 녹색혁명은 아프리카의 대부분 지역을 스쳐 지나갔다. 생산기술의 상대적인 후진성과 변화에 대한 농부의 저항을 무능력 또는 비합리성의 표시로 돌리는 몇몇 외국인들의 오도된 확신에도 불구하고, 농부를 둘러싼 주어진 환경의 속성, 즉 그들을 둘러싼 불확실성, 생존을 위한 최소한의 산출을 충족시킬 필요, 그리고 많은 농부, 특히 여성들이 간혀 있는 경직된 사회제도 등의 조건하에서 보면, 대부분의 농부들이 대안을 골라야 하는 기회에 직면했을 때, 경제적으로 합리적인 방식으로 행동한다는 사실은 여전하다.

토지(그리고 아마도 자본)가 고정되어 있고 노동이 유일한 가변투입요소이며 이윤이 극대화되는, 전통적인 2부문 신고전학파 생산이론은 자급농업의 경제학적 의미에 대한 약간의 통찰을 제공한다. 구체적으로 이 이론은 관찰된 전통적 농업의 낮은 생산성에 대한 경제적 설명 근거를 한계생산성 체감의 법칙이라는 형태로 제공한다.

불행하게도, 이 이론은 왜 소규모 농부들이 영농기술상의 기술혁신이나 새로운 종자 또는 환금작물 도입에 종종 저항하는지를 만족스럽게 설명하지 않는다. 표준적인 이론에 따르면, 합리적인 소득 또는 이윤을 극대화하는 농장이나 기업은 항상 주어진 비용하에서(이 경우, 확보 가능한 노동시간) 산출을 증가시키거나 또는 주어진 산출 수준에서 비용을 최소화하는 생산방법을 택할 것이다. 그러나 이 이론은 농부들이 현재의 생산요소와 생산품 가격에 관한 현재 정보뿐만 아니라 모든 기술적 투입-산출 관계에 대한 '완전한 지식'을 갖고 있다는 결정적인 가정에 기초하고 있다. 이것이 바로 단순한 이론이 자급농업의 환경에 적용될 때 유효성을 큰 폭으로 상실하는 지점이다. 게다가 정보에의 접근이 고도로 불완전할 때, 이 정보를 획득하는 데 드는 거래비용은 보통 매우 높다. 주어진 가격의 불확실성하에서 영세농들은 종종 하나의 투입가격보다는 다양한 가능한 가격들을 마주하게 된다. 신용과 보험에의 접근이 제한되어 있으므로 그러한 환경은 신고전파 이론이 상정하는 행동의 유형을 유도하지 않으며, 또한 비료와 같이 시장에서 구입해야 하는 투입요소의 사용을 꺼리는 것을 포함하여 소작농들의 실질적인 위험회피행동을 설명하는 데 크게 도움을 준다.[38]

그러므로 자급농업은 고도로 위험하고 불확실성이 높은 사업이다. 사람의 목숨이 걸려 있다는 점 때문에 더욱 그러하다. 농장이 극단적으로 작고 변동하는 천수라는 불확실성에 의존해 경작하는 지역에서는 평균 산출이 낮을 것이며, 흉년에 영세농 가족은 기아라고 하는 매우 현실적인 위험에 직면하게 될 것이다. 그러한 상황에서 농부의 생활을 이끄는 주된 동기는 아마도 소득을 극대화하는 것이 아니라 가족의 생존 가능성 극대화일 것이다. 따라서 위험과 불확실성이 높을 경우, 소규모 농부들은 아마도 수년에 걸쳐 그들이 알고 이해하게 되었던 전통적 기술과 재배 유형보다 더 높은 산출을 약속하지만 더 큰 실패 위험성을 수반할지도 모르는 새로운 것으로 이행하는 것을 매우 꺼릴 것이다. 전적으로 생존이 걸려 있을 때에는 풍년에 산출을 극대화하는 것보다 흉년(전적인 흉작)을 피하는 것이 더욱 중요하다. 위험을 회피하는 소작농은 더 높은 산출을 약속하지만 더 큰 **변동성**의 위험을 제시하는 기술과 작물보다 낮은 헥타르당 산출과 변동성(평균을 중심으로 변동하는 것)을 보이는 식량생산기술을 아마 더 선호할 것이다.

〈그림 9.6〉은 소규모 농부들 사이에 (존재하는) 위험에 대한 태도가 어떻게 명백히 경제적으로 합리적이라고 생각되는 혁신을 수용할 수 없도록 하는지 간단한 예를 제시한다.[39] 그림에서, 산출과 소비 수준은 수직축에 표시되고 수평축에는 시간이 표시되어 있으며, 2개의 직선이 그려져 있다. 아래쪽의 수평선은 농가의 육체적 생존에 필요한 최소소비요구량(minimum consumption requirements, MCR)을 측정한다. 이것은 아마도 자연에 의해 정해진 기아최소량으로 간주된다. 이 수준 이하로 산출이 나온다면 어느 경우든지 농가에는 재앙이 될 것이다. 양(+)의 기울기를 갖고 있는 위쪽의 선은 마을의 소비표준에 영향을 주는 현재의 문화적 또는 잠재적 생산성 요인들하에서 바람직한 식량 소비의 최소 수준을 표시한다. 이 수준은 시간이 지나면서 증가한다고 가정한다.

〈그림 9.6〉을 살펴보면, X라는 시점에서 농부 A의 산출 수준은 MCR에 매우 근접해 있다. 그녀는 간신히 살아남고 있으며 어떤 흉작의 위험도 질 수 없다. 그녀는 농부 B에 비해 위험을 줄이려는 동기를 더 많이 갖게 될 것인데, B의 수확량은 최소자급수준을 훨씬 넘어

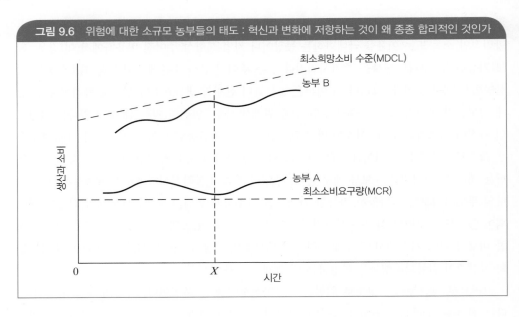

그림 9.6　위험에 대한 소규모 농부들의 태도 : 혁신과 변화에 저항하는 것이 왜 종종 합리적인 것인가

최소희망소비 수준(minimum desired consumption level, MDCL)에 근접해 있다. 그러므로 농부 B는 농부 A에 비해 혁신하고 변화할 가능성이 있다. 결과적으로, 농부 A는 아마도 자동적으로 계속되는 빈곤의 함정에 머무르게 될 것이다.[40] 이에 따라 불평등은 더욱 심화된다.

　영세농의 위험회피 결정을 보는 다른 방법이 있다. 〈그림 9.7〉에서 2개의 그래프는 작물 산출의 가상적 확률을 그리고 있다. 위쪽의 그래프(농법 A)는 밑에 있는 그래프가 나타내는 농법 B(12)의 경우보다 더 낮은 평균 산출(10)을 생산하는 기술을 보여준다. 그러나 이 농법은 또한 평균 수확량을 기준으로 농법 B에 비해 더 낮은 변동성을 나타내고 있다. 분명히 농법 B를 사용하면 굶어죽을 확률이 훨씬 높으므로 위험회피적인 영세농부들은 자연히 더 낮은 평균 산출을 보이는 농법 A를 택할 것이다.[41] 농부들이 훨씬 적은 수확을 주는 이런 유형의 농법을 택함으로써 일종의 '자가보험'을 든다는 증거가 분명하다.[42]

　아프리카 및 기타 지역에서 소규모 농부들의 농업생산성을 올리기 위한 많은 프로그램이, 그 위험이 실제로 존재하든 아니면 가상이든 간에 흉작의 위험에 대비한 적절한 보험(재정적 신용 및 물리적인 '여유' 비축물량)을 제공하는 데 실패했기 때문에 곤욕을 치렀다. 자급농업에서 위험과 불확실성이 주요한 경제적 역할을 한다는 것을 이해한다면, 자급 또는 전통적 농부들을 기술적으로 후진적이고 열정이 별로 없는 비합리적인 생산자 또는 식민지 시대의 고정관념에서처럼 그저 평범한 '게으른 원주민' 등으로 특징짓는 초기의 불행한 일은 없었을 것이다. 더군다나 농업의 성과가 미미했던 아시아와 남미 일부 지역에서 왜 소작농들이 '분명해' 보이는 경제적 기회에 명백하게 반응하지 않았는지 조금 더 면밀히 조사해보면, (1) 지주가 곡물의 전체는 아니더라도 많이 가져갔고, (2) 대금업자들이 이윤을 차지했으며, (3) 정부의 '보장'가격이 지불된 적이 없고, 또는 (4) 보완적 투입요소들(비료, 살충제, 농업용수 공급보장, 적절한 비고리신용 등)을 사용할 수 있도록 한 적이 없거나, 그 투입요소들을 사용하는 데 있어 외부인이 이해하지 못하는 많은 문제가 있었다는 사실이 종종 드러난다. 특

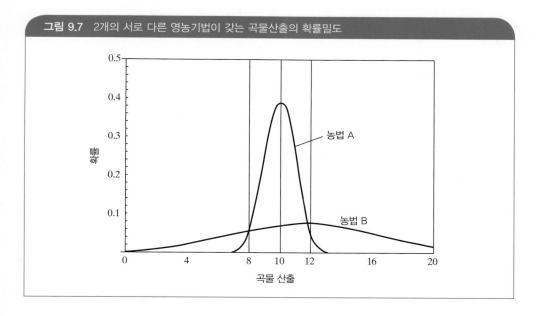

그림 9.7 2개의 서로 다른 영농기법이 갖는 곡물산출의 확률밀도

히 농부가 퇴거나 몰수의 위험을 걱정해야 할 이유가 있을 때는—지주에 의해서든 또는 국가에 의해서든—그 땅을 경작하는 사람이 거기에 투자할 동기는 그만큼 줄어드는 것이다.

농부들은 비료 등과 같은 모든 투입요소로부터 얻는 한계생산물의 기대가치를 고려하는데, 몰수의 확률이 높아지면 그 가치는 낮아질 것이다. 예를 들어 만일 비료의 효과가 2번의 성장기간 동안 지속되는데, 토지를 몰수할 권력이 있는 어떤 자가 토지에 비료를 사용했다는 사실을 알자마자 토지를 몰수할 것이라고 확신한다면, 농부는 비료에서 얻는 편익이 단 1기의 성장기간 후에 그 효과가 사라지는 것처럼(그렇다고 비료가격이 낮아지는 것은 아니다) 생각하게 되므로, 사회적 관점에서 적정한 수준 이하로 비료가 사용될 것이다. 중국의 경우 이러한 종류의 효과가 신중한 계량경제학적 증거를 통해 확인된 바 있다.[43]

소작 및 연동된 요소시장의 경제학

고도의 토지 불균등이 존재할 때 농부들 사이에 존재하는 위험회피 현상은 또한 아시아의 많은 지역과 남미의 일부 지역에서 소작이 성행하는 것을 설명하는 데 도움을 준다.[44] 토지의 소유자와 그 땅 위에서 일하는 사람들 사이에 여러 형태의 관계가 생기겠지만(예 : 농부는 땅을 빌릴 수도 있고 또는 임금노동자로 행동할 수도 있다), 소작제가 널리 퍼져 있다. 소작제는 소작농들이 식량 산출의 일정 부분을 대가로 토지 소유자의 농장을 사용할 때 나타나는데, 쌀이나 밀 생산의 절반을 제공하는 형태이다. 지주의 몫은 생산의 1/3 이하거나 2/3 이상에 이르기까지 다양하며, 현지 노동력 상황 및 지주가 제공하는 기타 투입요소(신용, 종자, 도구 등)에 따라 달라진다.

소작제의 부실한 성과급 구조는 그 자체를 비효율에 이르게 한다. 마셜(Alfred Marshall)은 농부는 사실상 자신이 생산한 한계생산물의 전부가 아니라 일부만을 받으므로 그에 따라 합리적으로 근로 노력을 줄인다는 것을 관찰하였다.[45] 이러한 효과는 〈그림 9.8〉에서 도표로

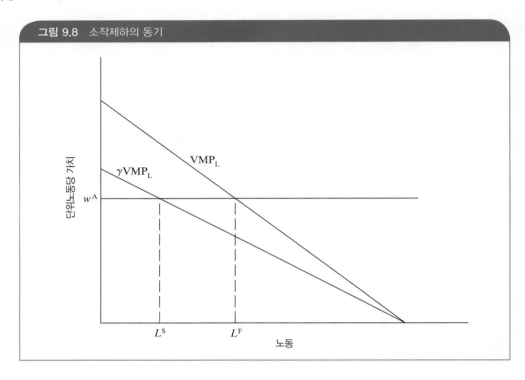

그림 9.8   소작제하의 동기

볼 수 있다. 노동투입은 *x*축을 따라 표시되어 있는데, 노동 또는 총노력의 시간 수로 해석될 수 있을 것이다. 단위노동당 생산은 *y*축을 따라 표시되어 있다. 자신의 농장을 가진 농부는 노동의 한계생산가치(value marginal product, VMP_L)가 그의 대체임금, 또는 노동의 기회비용인 w^A와 같아질 때까지 일을 할 것이며, 따라서 L^F라는 효율적인 노동노력을 투입할 것이다. 그러나 소작인은 자기 노력의 일부인 γ만을 받는다. 예를 들어 50-50 소작제라면 소작인의 몫은 $\gamma = 0.5$일 것이다. 그러므로 소작인은 자기의 한계생산가치의 γ만큼, 또는 γVMP_L을 받을 것이다. 결과적으로, 소작인은 〈그림 9.8〉에 보이듯이 비효율적으로 낮은 수준의 노력인 L^S를 투입하게 되는 동기를 갖게 될 것이다.

이러한 관점은 1960년대에 정(Steven Cheung)에 의해 도전받았는데, 이윤을 극대화하는 지주는 각 계약주체의 산출 몫을 약정할 뿐 아니라 소작인으로부터 적절한 노동노력을 요구하는 계약을 수립할 것이라고 주장하였다. 정의 주장대로, 만일 (노동)노력이 관찰하기에 그리 어렵지 않다면, 만일 한 소작인이 계약에 의한 노력을 다하는 데 실패하면 그는 기꺼이 더 열심히 일할 생각이 있는 다른 소작인으로 대체될 것이다. 결과적으로, 소작제도는 그 어떤 다른 계약 형태만큼 효율적이게 될 것이다. 정의 이론은 〈그림 9.8〉에 보이는 소작제의 분석에 대해 마셜이 접근한 방법(Marshallian approach)과 대조하여 모니터링 접근(monitoring approach)으로 알려져 있다. 정은 소작제하에서도 L^F의 노동노력이 확보된다고 주장했다.[46]

모니터링 접근법은 20년간 유행하였으나, 내생성 문제로 인해 검증하기 어려웠다. 예를 들면 아마도 낮은 생산성을 가진 사람만이 소작계약을 할 것이다. 사실 일부 학자들은 지주가 임차인에게 소작을 할 것인지 또는 순수한 (토지)임대계약을 할 것인지 선택하도록 제안할 수 있다고 믿는다. 그 이유는 보다 능력이 높은 사람이 더 많이 순수 임대계약을 선택하기 때문이다. 능력이 뛰어난 농부는 자신들의 높은 한계생산물가치를 온전히 얻을 수 있는 반면에, 이 선택은 능력이 부족한 농부들에게는 그다지 매력적이지 않다. 어떤 농부가 능력이 뛰어난지 확신할 수 없다면, 지주는 아마도 누가 임대계약을 선택하는지를 관찰하여 그것을 알아내려 할 것이다. 그 동기는 아마도 지주로 하여금 소작계약보다 순수 임대계약에 더 높은 유효임대료를 부과해서—너무 높지 않게 해야지 그렇지 않으면 능력이 뛰어난 농부들조차 소작제를 선택할 것이다—임대계약자로부터 더 많은 이윤을 짜낼 수 있도록 하려는 것이다. 이 접근법은 소작제의 선별가정(screening hypothesis)이라고 알려져 있다.[47]

그러나 알리 샤반(Radwan Ali Shaban)은 자기가 소유한 토지를 경작하는 농부와 그에 더하여 소작계약으로 추가적인 농토를 빌리려는 농부를 구분하였다. 같은 1명의 농부가 다른 계약조건하에서 어떻게 행동하는지를 비교함으로써, 알리 샤반은 쉽게 관찰할 수 없는 고유한 개별 농부의 요인을 통제하였다. 다른 조건이 같다면 농부들은 자기 땅에서보다 소작지에 더 적게 투입요소를 사용하고 적은 산출을 낸다는 것을 그는 발견했다. 이러한 결과는 마셜이 예측한 것과 같이 소작제가 자기 땅에서 경작하는 것보다 덜 효율적이라는 증거를 제시한다.[48]

마지막 접근법에 의하면, 소작제는 양자에게 모두 존재하는 불확실하고 위험한 고유의 상황으로부터 나름대로 최선의 결과를 이끌어낸다는 점에서 궁극적으로 효율적이라는 것이다.[49] 만일 지주가 임차인을 노동자로 고용하고 고정된 임금을 일정하게 지불한다면, 그리고 임차인이 항상 충분한 노력을 하고 지주가 이것을 확신하는 데 다른 어떤 비용도 들지 않는다면 그 계약이 효율적이겠지만, 현실적으로 임차인은 그 임금을 받고 일은 열심히 하지 않을 동기가 높을 것이다. 만약 임차인이 토지를 임대하여 고정된 임대료를 일정하게 낸다면, 그는 가뭄과 같이 불리한 시기에는 임대료를 내고 남은 식량이 기아를 면하기에 충분하지 않은 끔찍한 위험에 직면할 것이다. 그러므로 소작제는 임차인의 노동 기피라는 지주의 위험과 고정임대료에 의한 소득부재 가능성이라는 임차인의 위험을 절충한 것이다. 그러므로 빈약한 근로의욕 동기를 부여하는 소작제는 완전히 확실한 세계에서는 비효율적이지만, 불확실성뿐만 아니라 토지 소유가 불균등한 현실세계에서는 "우리가 얻을 수 있는 한 최고로 효율적이다." 그러나 이러한 제도는 오로지 토지 소유권의 극심한 불균등 때문에 필요하다. 일반적으로 자기 자신의 농토를 갖고 있는 농부는 자신을 위해서 소작계약을 선택하지 않는다. 결과적으로, 〈그림 9.8〉에서 볼 수 있는 막대한 효율성의 손실은 왜 소작제가 나타났는지에 대한 설명에 의해 부정되지 않는다.[50]

토지 임대차제도 개혁이 잘 설계되고 강제되며 소작인에게 산출을 더 주고 토지사용기간의 안정성을 부여하는 경우, 그 결과는 임차인의 소득이 높아질 뿐 아니라 전반적인 효율이 더 커진다는 것이다. 뚜렷한 사례는 1970년대 후반 인도의 서벵골 주에서 실시된 임대차제도 개혁정책이다.[51] 우리가 막 수립한 이론을 근거로 분명히 설명할 수 있는 것은, 산출을 더 주면 근로동기가 더 커지며 사용기간의 안정성이 커지면 투자동기도 커진다는 것이다. 경작자에게 토지 소유권을 분배하는 토지개혁은 만일 필요한 보완적인 투입요소가 주어진다면 월등한 노동동기의 향상을 가져올 것이다.

더욱 폭넓게는 소작제가 생기는 경제사회적 상황은 사회적으로 대단히 불균등한 것이며 지대한 시장실패의 하나라는 것이다. 소작농이 지주를 대할 때 그는 종종 산출이 많은 땅을 경작하게 해달라고 설득해야 하는 개인뿐만 아니라 동시에 자신의 유력한 고용주, 대출담당자, 그리고 심지어는 그가 판매할 곡물의 구매자가 될 고객을 대하게 되는 것이다. 그러한 조건, 즉 **연동요소시장**(interlocking factor markets)의 예는 농촌의 지주에게 풍부한 공급독점 및 구매독점력의 원천을 제공한다. 어떤 조건하에서는—특히 임차인의 공급이 완전 탄력적이고 지주는 그가 원하는 만큼 자기 토지를 나누어 임대할 수 있는 능력이 있을 때—소작농은 **유보효용 수준**(reservation utility level) 또는 차선소득기회(next-best income opportunity)에 몰리게 된다(실제로 소작농은 가능한 대안들에 대해 알지 못하게 되는 경우가 종종 있으며 토지의 분할도 제한될 수 있다). 연동요소시장 소작제도는 자원배분의 이점을 갖고 있는데, 소작인이 최소비용으로 신용을 받도록 하는 것이 지주의 이익에 부합되기 때문이다. 동시에, 개인적 관계에 기반한 연동요소시장의 속성은 지배적 입장에 있는 측에 광범위한 영향력을 주며 진입장벽의 역할을 하여 궁극적으로 소작농에게 혜택을 줄 경쟁을 제한한다. 이런 점에서 연동요소시장과 기타의 농촌제도에 적용되는 논평으로서 바르단과 우드리(Pranab Bardhan and Chris Udry)는 '제도를 이해하는 것과 그것을 정당화하는 것 사이의 아슬아슬한 경계를 종종 구별하지 않는 경우가 있는데, 특히 이론을 부주의하게 해석하는 사람들이 그러하다'라고 중요한 주장을 한 바 있다.[52]

연동요소시장
공급함수가 서로 의존적인 요소시장으로, 서로 다른 요소들이 자원에 대한 독과점 통제를 실행하는 동일한 공급자에 의해 제공되기 때문에 발생하기도 함

많은 분석가들에게, 지배적인 지주를 포함하는 연동에 대한 연구는 토지개혁 이외에는 그 어떤 것이라도 임차인의 후생에 믿을 만한 영향을 주지 않을 것이라는 결론을 내리게 한다. 우리는 이 장의 뒷부분에서 토지개혁에 대해 더 상세히 논의할 것이다.[53]

혼합 또는 다각화된 영농으로의 이행

여러 세대 동안 성행했던 전통적 영농체제를 고도로 특화된 상업적 영농 시스템으로 즉각 변모시킨다는 생각은 현실적이지도 않고 바람직하지도 않다. 무차별적으로 자급농장에 환금작물을 도입하려는 시도로 인해 농부가 지주 또는 대금업자에게 농지를 잃어버리는 결과가 종종 발생했다. 자급생활이 단지 자급생산을 대체한 것에 불과하다. 자연의 불확실성에 더하여 가격변동의 위험 때문에, 소농이 환금작물에 배타적으로 의존하는 것은 순수 자급농업보다 더욱 위험하다.

다각화된 (혼합) 농업
생계로부터 특화농업으로 이행하는 첫 번째 단계에서 전형적으로 나타나는 주식작물 및 환금작물 생산과 단순 축산 병행

그러므로 자급농업에서 특화된 생산으로 이행하는 과정에서 **혼합**(mixed) 또는 **다각화된 영농**(diversified farming)이 논리적인 중간 단계를 나타내는 것이다. 이 단계에서 주식작물은 더 이상 농장 생산의 주류가 되지 않고 과일, 채소, 커피, 차, 제충국(케냐에서 재배되는 화초의 일종) 등의 새로운 환금작물이 소박한 축산업과 더불어 확고하게 자리를 잡게 된다. 이와 같은 새로운 활동이 위장실업이 만연한 연중 기간에 일할 수 있는 기회를 제공한다.

예를 들어 주식작물이 1년 중에서 일부 기간 동안만 토지를 점유한다면 농한기 동안의 유휴 농토 및 가족 노동력을 활용하기 위해서 새로운 작물이 도입될 수 있는 것이다. 그리고 파종의 성수기 동안 노동력이 부족한 곳에서는 단순한 노동절감적 장치들(소형 트랙터, 파종

기, 또는 동물이 끄는 강철 쟁기 같은)이 도입되어, 노동력을 다른 농장 일에 돌릴 수 있도록 할 수 있다. 마지막으로 밀, 옥수수, 쌀과 같은 주식작물 생산을 늘리기 위해 더 나은 종자, 비료, 그리고 간단한 관개설비 등을 이용하게 되면 주식작물의 적절한 공급을 보장하면서도 농토의 일부를 환금작물의 재배에 이용할 수 있게 된다. 그러므로 농장 운영자는 시장에서 판매할 수 있는 잉여생산물을 갖게 되고 그것으로 가족의 소비 수준을 높이거나 농장 개선에 투자할 수 있는 것이다. 다각화된 영농은 또한 주요작물의 실패 효과를 최소화하고 이전에는 획득할 수 없었던 소득보장을 제공한다.

전통적 농업을 변모시키려는 이러한 노력의 성패는 생산성을 올리는 농부의 능력과 재주에 달려 있을 뿐만 아니라 더 중요하게는 농부가 작업하는 사회적, 상업적, 제도적 여건에 달려 있다. 구체적으로는 만약 농부가 신용, 비료, 용수, 작물정보, 판매시설 등에 합리적이고 신뢰를 기반으로 접근할 수 있다면, 자신의 생산물에 대해 공평한 시장가격을 받는다면, 어떤 개선조치를 하든 그와 그의 가족이 일차적 수혜자가 될 것이라는 사실이 확고하다고 느낀다면, 전통적인 농부가 자신의 생활수준을 개선할 경제적 동기부여와 새로운 기회에 반응하지 않을 것이라고 가정할 아무런 이유가 없는 것이다. 콜롬비아, 멕시코, 나이지리아, 가나, 케냐, 인도, 파키스탄, 태국, 필리핀 등과 같은 다양한 국가들로부터 나오는 증거에 의하면 적절한 여건하에서 소농들은 가격적 동기부여와 경제적 기회에 반응하며 생산품목과 방식을 과격하게 변화시킬 것임을 보여준다.[54] 앞서 강조했듯이, 농업에서 혁신이 부족한 것은 빈약한 동기와 변화에 대한 두려움 때문이 아니라 부적절하거나 도무지 이윤을 볼 수 없는 기회만이 주어지기 때문인 것이다. 아프리카에서 정보의 부족은 종종 제약조건이 되기는 하지만, 가치 있는 새로운 작물과 기술이 현지에 도입되면 농부들은 서로서로 학습한다. 이것이 가나에 대한 연구에서 밝혔듯이(〈예문 9.2〉 참조), 신기술의 확산을 가능케 하는 것이다.

다각화에서 특화로 : 현대 상업 영농

특화된 농장은 혼합시장경제에서 개인 토지 보유의 가장 진보적인 최종 단계를 나타낸다. 이는 선진 산업국가에 가장 널리 퍼져 있는 영농 형태이다. 이것은 국가경제의 다른 부분이 발달하면서 이에 대한 반응으로 또한 이와 함께 진화하였다. 일반적인 생활수준 상승, 생물학적 및 기술적 진보, 그리고 국내 및 국제적 시장의 확대 등이 특화 농장의 출현과 성장에 주요 원동력이 되었다.

특화된 영농(specialized farming)의 경우 가족을 위한 식량과 약간의 잉여를 생산하는 것은 더 이상 기본 목표가 아니다. 그 대신 순수한 상업적 이윤이 성공의 기준이 되며, 인공(관개, 비료, 살충제, 이종 씨앗 등) 및 천연자원으로부터 최고의 헥타르당 산출을 이끌어내는 것이 농장 활동의 목표가 된다. 고정 및 가변 비용, 저축, 투자 및 수익률, 요소의 적절한 결합, 생산 가능성의 극대화, 시장가격 및 가격지원 등과 같은 경제적인 개념들이 양과 질에서 중요성을 띠게 된다. 자원을 이용하는 데 강조되는 것은 자본 형성, 기술진보, 그리고 더 높은 생산과 생산성을 촉진하기 위한 과학적 연구개발 등이다.

특화된 농장은 크기와 기능 모두의 측면에서 차이가 있다. 특화된 농장은 집약적으로 경작

특화된 영농
농업생산 발전에 있어서 최후의 그리고 가장 진보된 단계로서. 농산물은 모두 시장 판매를 위해 생산됨

예문 9.2   연구결과 : 영농에 관한 학습—가나에 확산된 파인애플 재배

농업 전문가들이 수백만 명의 농부들을 훈련시킬 수는 없다—농부들 또한 교관이 모르는 제약조건과 기회를 알고 있다. 농부들은 서로 새로운 상품과 기술에 대해 일정 부분 배워야만 하는데 이러한 사회적 학습은 규명하기가 매우 어렵다. 그러나 콘리와 우드리(Timothy Conley and Christoper Udry)는 가나의 아콰핌 남부지역에 있는 농부들에게 어떤 사람을 알며 농사에 대해 어떤 사람과 상의하는지를 질문함으로써, '새로운 농업기술 확산 과정에서의 사회적 학습'을 보다 더 잘 이해하고 검증하기 위한 상세한 정보를 수집하였다.

아콰핌 남부에서는 전통적으로 농부들이 옥수수와 카사바를 재배하여 도시 소비자들에게 팔았다. 그러나 유럽에 수출하기 위한 파인애플을 재배하는 농부들 가운데 변화가 진행되고 있었다. 파인애플 재배는 집중적인 비료의 사용을 요구하였다—신기술의 채택인 것이다. 파인애플 기술은 그 지역에서 널리 퍼져 나갔다. 그러나 농부들이 이웃을 따라 새로운 기술을 채택하는 것은 아마도 학습을 통해서가 아니라 단지 이웃들이 다른 여러 면에서 비슷한 경향이 있기 때문일 것이다. 콘리와 우드리는 지리, 토양 및 작물학, 신용 및 가족관계 등에 관한 정보를 수집하여 이전의 연구가 관찰할 수 없었던 유사점들에 대해 통제하였다. 그리고 이 연구자들은 '그 이전 단계에 놀라운 성공을 거둔 인근 농부와 보조를 맞추기 위해서 농부가 자신의 투입요소를 조절하는지'를 검증했는데, 이러한 생각을 뒷받침하는 탄탄한 증거를 발견했다—"우리는 주변 농부의 투입요소 생산성에 관한 소식이 해당 농부의 투입요소 활용의 혁신에 강력한 영향을 미친다는 사실을 발견한다."

개별 농부에 의한 투입요소 사용 및 산출수확 데이터를 기반으로, 콘리와 우드리는 응답자와 상관없이 파인애플과 비료로 행한 각 '실험'이 전달하는 정보를 추론할 수 있었다. 이들은 각 실험에 의해 드러난 정보가 실험대상 경작자 주변에 위치한 다른 농부들의 미래 투입요소 결정에 미치는 영향을 추적하기 위해, 농부들 사이의 정보흐름에 관한 데이터를 활용한다.

중요한 발견은 다음 사항을 포함한다.

- 농부는 "비슷한 양의 비료를 사용하는 이웃(정보 주변)이 예상 이윤보다 못한 성과를 내면 자신의 비료 사용을 변화시킬 가능성이 높다."
- 농부는 "그의 이웃(정보 주변)이 자기보다 더 많은(적은) 비료를 사용하여 예상치 못한 높은 이윤을 달성했을 때 자신의 비료 사용을 늘린다(줄인다)."
- "자신의 이웃(정보 주변)이 달성한 비료 생산성에 관한 소식을 대하는 농부의 반응 정도는 그 농부가 최근에 파인애플 경작을 시작한 경우 훨씬 크다."
- 농부는 "노련한 농부와 자기와 경제적으로 비슷한 농부가 경작하는 토지에 사용되는 비료의 생산성에 관한 소식에 더 많이 반응한다."

초보농부는 '이웃(정보 주변)에 관한 소식에 가장 민감'하기 때문에, 연구 결과는 아마도 학습(과정)을 반영한 것일 것이다. 이 결론은 더욱 강조되는데 왜냐하면 저자들의 연구방법이 '알려진 옥수수-카사바 기술에 적용'되었을 때에는 학습의 증거가 나타나지 않기 때문이다. 가끔 예상하지 못한 이웃의 낮은 이윤은 농부로 하여금 자신의 비료 사용을 감소시키는 잘못된 결정을 하도록 이끈다. 그러나 이 또한 계속 진행되는 학습 과정의 일부인 것이다.

이러한 증거는 '정보흐름을 통해 네트워크 연결이 이루어지듯이 이들 마을에서의 정보는 가치가 있다'는 것을 의미한다. 그러나 네트워크 연결의 구축 및 유지에는 실질적인 비용이 수반된다. 그리고 그러한 비용—편익뿐 아니라—은 보통 종교, 성, 재산, 또는 가족관계와 같은 요인들에 의존한다. 이것이 의미하는 바는 "사회적 학습 범위의 측정은 기술 확산과 관련된 정책을 적절하되는 과일 및 채소 농장에서부터 북미의 광활한 밀 및 옥수수 밭에 이르는 규모를 갖는다. 대부분의 경우, 거대한 트랙터 및 콤바인 수확기로부터 공중살포기술에 이르는 세련된 노동절감 장비들은 한 가족이 수천 헥타르의 토지를 경작할 수 있게끔 한다.

그러므로 모든 특화된 농장의 공통적인 특징은 다음과 같다. 하나의 특정 작물을 경작하고, 자본집약적이고 많은 경우에 있어서 노동절감적인 생산기술을 사용하며, 단위비용을 줄이고 이윤을 극대화하기 위해 규모의 경제에 의존하는 것을 중시한다는 것이다. 어떤 측면에서는 특화된 영농은 개념이나 그 운영에 있어서 거대 산업기업과 다르지 않다. 사실 선진국 및 저개발 국가 모두에서 가장 큰 특화된 영농업체 중 몇몇은 거대 다국적 기업식 농업 회사들이 소유하고 있다. 거대하고 현대적인 농장들이 이제는 브라질과 같은 많은 중위소득국가에서 발견된다. 그러나 자급자족하는 소농들에게는 위험에 대처하는 전략 그리고 어떤 경우에는 제4장에서 묘사한 대로 특화의 과정에서 조정실패(coordination failure)를 극복하는 전략이 성공적인 특화를 위한 전제조건으로 남아 있다.

거의 모든 개발도상국에서 모든 3개의 영농 형태—자급, 혼합, 그리고 특화되고 상업적인—가 공존하는 것이 발견되지만, 소규모 혼합 그리고 심한 경우 자급기반의 가족농이 대다수 저소득국가, 특히 아프리카의 현행 농업제도에서는 지배적이다. 아마도 다른 많은 단기 및 중기적 문제들에 대한 해결책에 따라서 달라지겠지만, 상업적 기업이 우세한 상황으로 보다 더 이행하는 것은 이루기 어려울 것이다. 그러나 중소 규모의 혼합영농행태를 개선하는 것은 농장 소득 및 평균산출을 올릴 뿐 아니라, 만일 노동집약적일 경우 효과적으로 유휴 농촌 노동력을 흡수하여 진정한 사람 중심의 농촌개발을 향한 시급하고 주요한 길을 열어줄 것이라는 공감대가 널리 퍼져 있다.

9.6 농업 및 농촌개발전략의 핵심 요건

만약 개발도상국에 있어서 농업 및 농촌개발의 주요한 목표가 진정한 식량안보와 함께, 소규모 농가의 수입, 생산 및 생산성을 증가시켜 달성되는 농촌생활 수준의 점진적인 향상이라면, 농업 진보의 주요 원천과 그것을 달성하기 위한 기본적 조건을 규명하는 것이 중요하다.

소규모 농업의 향상

기술과 혁신   대부분의 개발도상국에서 영농관행상의 새로운 기술과 혁신은 생산량과 생산성 수준의 향상을 가져오기 위한 전제조건이다. 그러나 여러 아프리카 지역에서 기존 생산 증가는, 신기술에 대한 수요 없이 단순히 사용되지 않은 그리고 생산 가능한 토지경작 확대를 통해 이루어졌다. 이러한 기회는 이미 대부분 사용되었기 때문에, 더 이상은 의미 있는 또는 지속적인 확대의 여지가 없다.

2개의 주요 기술혁신 원천이 농업 산출량을 증가시킬 수 있다. 불행히도, 둘 다 농업개발에 있어서 약간의 문제가 있는 함의를 지니고 있다. 첫 번째는 기계화된 농업을 도입하여 인간 노동을 대체하는 것이다. 노동절감형 기계의 도입은 노동자 1인당 생산량에 극적인 영향을 줄 수 있는데, 특히 토지가 광범위하게 경작되고 노동력이 희소할 경우에 그러하다. 예를 들어 거대한 콤바인 수확기를 한 시간 동안 운영하는 사람은 전통적 방법을 사용하는 수백 명의 노동자가 필요한 작업을 수행할 수 있다.

그러나 토지구획이 작고 자본이 희소하며 노동력이 풍부한 여러 개발도상국의 농촌지역에서, 심하게 기계화된 기술을 도입하는 것은 물리적 환경에 적합하지 않은 경우가 많고 식량생산의 단위비용을 반드시 낮추지는 못하면서 더 많은 농촌실업을 발생시키는 효과가 있다.[55] 이와 같은 장비의 도입은 커다란 토지면적을 필요로 할 수 있으며(그러므로 소규모 보유지의 통합이 이루어진다), 이미 심각한 농촌의 빈곤과 불완전고용을 악화시키는 경향이 있다. 그리고 기계화된 기술이 여성을 배제한다면, 남녀 간 생산성 격차는 더 벌어질 수 있어서 부작용이 심각할 것이다.[56]

생물학적(이종 씨앗과 바이오기술), 용수통제(관개), 그리고 화학(비료, 농약, 살충제 등)적 혁신―두 번째 주요 원천―등도 그 자체의 문제가 없지는 않다. 이러한 기술은 토지의 규모를 확대하는 효과가 있다. 즉 헥타르당 산출을 올림으로써 기존 토지의 질을 향상시키는 것이다. 이러한 기술은 오직 간접적으로 1인당 산출을 증가시킨다. 개량된 씨앗, 진보된 관개 및 윤작 기술, 비료 및 농약과 제초제 사용의 증가, 수의학 및 동물영양학의 새로운 발전 등은 현대 농업에서의 주요한 진보를 나타낸다. 이와 같은 방법들은 종종 기술적으로 **규모 중립적**(scale-neutral)이다. 이론적으로 그 방법들은 크고 작은 농지에 효과적으로 그리고 동일하게 적용 가능하다. 그 방법들은 반드시 대규모 자본투입이나 기계화된 장비를 필요로 하지 않는다. 따라서 그 방법들은 열대 및 아열대 지역에 적합하고 개발도상국의 농업 산출 증가를 위한 막대한 잠재력을 제시하며 실제로도 매우 효과적이었는데, 특히 아시아에서 그러했다. 다시 말해 과제는 이 성공을 사하라이남 아프리카로 확대하는 것이며, 어떤 경우에는 새로운 혁신이 필요할 것이다. 개발도상국의 여러 분야에서는 중요한 환경적 도전들이 존재하는데, 여기에는 지하수면 하락과 염류집적작용 그리고 기타 자원분해에 의해 제기되는 위험이 포함된다. 이에 대처하기 위해서는 잘 설계된 정부 정책 그리고 어떤 경우에는 집단행동 방식의 복원이 필요하다.

규모 중립적
규모에 영향을 받지 않는. 기업 또는 농장의 규모(범위)에 상관없이 더 높은 생산 수준 성취를 유인할 수 있는 기술진보에 적용됨

제도 및 가격정책 : 필요한 경제적 동기의 부여

필요한 관개 및 화학물질과 함께 밀, 옥수수, 쌀 등의 녹색혁명 개량종자들은 규모 중립적이며 따라서 지속적인 소농발전의 잠재력을 제시하지만, 이러한 종자들을 농촌 경제에 도입할 때 수반되는 사회제도 및 정부 경제정책들은 불행히도 규모 중립적이지 못하다.[57] 반대로, 이

것들은 단지 부유한 토지 보유자들의 수요와 기득권에 봉사할 뿐이다. 새로운 이종 씨앗들은 관개, 비료, 살충제, 신용 및 영농지도 서비스 등과 같은 보완적 투입요소에의 접근을 필요로 하는데, 만일 이러한 것들이 소수의 대지주들에게만 제공된다면 녹색혁명의 한 가지 효과는 (남아시아 및 멕시코 등의 일부 지역에서처럼) 많은 빈농의 궁핍함을 심화하는 원인이 될 수도 있다. 대지주들은 이들 보완적 투입요소와 지원 서비스에 대해 상대적으로 월등한 접근권이 있으므로, 소규모 토지 보유자에 대한 경쟁우위를 확보할 수 있으며 궁극적으로는 그들을 시장에서 쫓아내게 된다. 대규모 농장주들은 저리의 정부 신용에의 접근을 획득할 수 있는 반면, 소규모 토지 보유자들은 대금업자에게 의존하게끔 된다. 그 결과 빈부격차를 더욱 확대시키는 현상이 너무나도 자주 발생하게 되며 극소수의 소위 선진 농부들의 손에 농지가 통합되는 현상이 증가하는 것이다. 농촌 빈곤을 제거하고 농업생산을 제고할 정도로 잠재력이 큰 발전적 혁신도, 공공정책과 사회제도가 진화하는 농지구조에 대한 소농들의 적극적 참여를 방해하는 것이라면 반발전적이 되고 마는 것이다.[58]

정부 정책에 있어서 과거 그리고 현재에도 지속되는 많은 실패 사례가 나타나는 중요한 분야 하나는 농업상품의 가격정책과 관계가 있는데, 특히 현지 시장을 겨냥해 생산된 식량곡물과 기타 주식곡물의 경우가 그러하다. 많은 개발도상국 정부가 급속한 산업 및 도시 개발을 무모하게 추구하면서 도시 현대화부문에 저렴한 식량을 제공할 목적으로 농업생산물 가격을 낮게 유지하였다. 농부들은 세계 경쟁가격 또는 국내 자유시장가격 그 어느 것에도 못 미치는 가격을 받았다. 곡물과 공산품 가격의 상대적인 국내 가격비율(국내 교역조건)은 따라서 농부에게 불리하였고 도시 공산품 생산자에게는 유리하였다. 농산품 가격이 낮았기 때문에―어떤 경우에는 생산비 이하로―농부들은 생산을 확대하거나 생산성을 올리는 신기술에 투자할 동기가 없었다. 결과적으로, 현지(국내) 식량공급은 계속 감소하여 수요에 못 미치게 되었으며, 한때 자급할 만큼 식량생산이 충분했던 많은 개발도상국 특히 사하라이남 아프리카 국가들이 이제는 수입을 해야만 하게 되었다.

이에 따라 많은 개발경제학자들은 다음과 같이 주장한다. 만약 정부가 녹색혁명 기술을 통해서 빈곤감축에 더 큰 영향을 주는 농업생산의 추가적 증대를 촉진하려 한다면, 정부는 적절한 제도 및 신용시장의 조율뿐만 아니라 진정으로 국내시장 여건을 반영하는 가격정책을 시행함으로써 중소농민을 위한 장려책을 내놓는 지속적인 발전을 이루어야 한다.[59]

새로운 기회와 새로운 제약조건에의 적응 빈곤에서 벗어나서 진정한 농촌개발로 향하는 길로서, 곡물생산성(고전적인 녹색혁명 특징) 향상은 오직 농업기회의 작은 부분만을 나타낸다. 성장하는 도시지역에 팔기 위한 최고의 기회는 일반적으로 더 높은 부가가치 활동, 특히 원예(과일, 채소, 꽃꽂이)와 수경재배에서 발견된다. 유기농 및 공정무역 형태로 새롭게 무장한 개발도상국의 전통적 수출품인 커피 및 향신료 등과 함께, 이들 생산물들은 더 높은 가치를 갖는 수출품이 될 훌륭한 기회를 함께 제공한다. 그러나 소농들은 새로운 기회를 이용하기 위해 특별한 조직과 도움을 필요로 할 것이다. 2008년 세계개발보고서가 결론 내렸듯이, "소규모 토지 보유자들은 개인일 때보다 집단일 때 협상을 더 잘한다. 그래서 최우선순위는 판매에 있어서의 규모 달성과 더 좋은 가격의 협상을 위한 생산자 조직을 통해 집단행동을 가능케 하는 것에 있다."[60] 그렇지 않으면, 이러한 개발이 주로 규모가 큰 농부들에게만 혜택을 줄 위험이 더 크다.

기회(또한 잠재적 위협을 제시)는 토지횡령(land grabbing)으로 알려진 개발도상국 농지에서의 해외투자활동 증가이다. 2006~2009년까지의 IFPRI 추정 보고서에 의하면, 개발도상국의 농지 중 1,500~2,000만 헥타르가 이전되었다. 2008년 한국이 수단에서 69만 헥타르를 인수한 것이 한 사례이다. 농지의 외국인 소유와 장기 임대는 일단의 고임금 직장 창출, 훈련, 우수한 기술에 대한 접근 그리고 새로운 수출시장으로 이어질 수 있다. 그러나 진정한 위협도 존재한다. 많은 농부들은 그들의 전통적 토지 사용권에 접근할 기회를 상실할 수 있으며 전체적으로는 직장의 순손실이 있을 수 있고, 적절한 관리감독이 없다면 물 부족과 인근 토지에 대한 환경오염이 가속화될 수 있다. 부패와 같은 관리감독 문제가 존재하고 여성과 빈곤한 사람들 그리고 취약계층의 역량강화가 이루어지지 않는다면, 이러한 위협과 다른 잠재적 위협들은 더욱 커질 것이다.[61]

다가오는 가장 큰 제약조건 중 하나는 지구온난화와 기후변화에 의해 주로 부각되는 환경문제들인데, 사하라이남 아프리카와 남아시아에 가장 부정적으로 영향을 줄 것이 예상된다. 관개시설과 기타 투입요소에 접근하기 어렵고 적응능력이 일반적으로 부족하기 때문에 소규모 빈농들이 심각하게 영향을 받을 것이다—역설적으로 관개시설을 적게 사용하고 심는 작물이 다르기 때문에, 그들의 절대 소득감소는 부농들에 비해 아마도 적을 것이다. 비록 대부분의 지구온난화 문제는 선진국이 야기한 것이지만, 남아 있는 산림지역을 제거하는 방식으로 개발도상국에서의 경작지 증가가 계속 이루어지는 한, 기후변화 문제는 오직 악화될 뿐이다. 산림지역뿐만 아니라 더 건조한 그리고 기타 민감한 토지에서 일어나는 이러한 '농업적 확대'는, 현지의 토질저하와 물 및 공기의 품질을 유지하는 환경 서비스를 상실할 위험성을 가져온다. 습지와 생물다양성의 상실은 또한 상당한 국가적(또한 국제적) 비용을 야기한다. 더욱이, 농업의 집약화는 종종 농업용 화학물의 남용을 가져와 대규모 인적 및 생태계 관련 비용을 수반할 수 있다.[62] 우리는 다음 장에서 환경적 지속 가능성의 문제로 돌아올 것이다.

농촌개발의 조건들

우리는 사람 중심의 농업 및 농촌개발전략을 실현하기 위한 필요조건들에 관하여 세 가지 결론을 이끌어낼 수 있다.[63]

토지개혁

결론 1 : 식량생산을 늘리고 농업발전의 혜택을 더 널리 나누도록 촉진하는 이중목표에 맞도록 농장구조와 토지 사용권의 형태를 조정하여, 빈곤을 추방하는 데 더 큰 발전이 이루어지도록 해야 한다.

빈곤층에 혜택을 주려는 농업 및 농촌개발은 정부와 단지 대규모 농부뿐만 아니라 모든 농부가 공동으로 노력해야만 성공할 수 있다. 그러한 노력의 첫걸음은 특히 남미와 아시아의 개별 농부에게 안정된 토지 사용권을 부여하는 것이다. 소농 가족이 자기들의 토지에 대해 갖는 애착은 지대하다. 그것은 가장 내밀한 자존심 그리고 강압으로부터 자유롭다는 인식과 밀접하게 엮여 있다. 그들이 자신들의 토지로부터 쫓겨나거나 누적된 부채로 말미암아 점점 궁핍해질 때, 그들의 물질적인 복지만이 손상을 입는 것이 아니라 자존감 또한 훼손되는 것이다.

토지개혁(land reform)이 종종 많은 개발도상국에서 농업개발의 첫 번째 필요조건으로 제안되는 것은 더 많은 농업생산과 동시에 더 큰 효율성과 더 많은 형평성을 달성하고자 하는 이유뿐만 아니라 이러한 인간적 이유 때문이기도 하다. 많은 나라에서 고도로 불평등한 토지소유권 구조는 기존의 고도로 불공평한 농촌 소득과 부의 분배를 결정하는 주요 요인이다. 그것은 또한 농업개발의 성격에 대한 기반을 이루는 것이다. 토지가 양적인 면뿐만 아니라 질적인 면에서도 매우 불균등하게 분배되어 있다면, 농촌의 빈농들은 농업을 통한 경제적 진보에 대한 희망을 가질 수 없는 것이다.

토지개혁은 보통 토지의 소유권 또는 사용권을 대규모 토지 소유자로부터 토지가 별로 없거나 아예 없는 경작자에게로 재분배하는 것을 수반한다. 이것은 여러 가지 형태를 보인다—소유권을 이미 그 토지를 경작하고 있는 임차인에게 이전하여 가족단위 농장을 형성하게끔 하는 것(일본, 한국, 대만), 대규모 농장으로부터 토지를 소규모 농장 또는 농촌조합으로 이전시키는 것(멕시코), 또는 새로 정착한 사람들을 위해 대규모 농장을 전용하는 것(케냐) 등. 이 모두가 토지개혁의 형태이며 하나의 중심기능을 충족시키기 위해 설계된 것이다—토지소유권 또는 통제권을 직간접적으로 그 토지를 실제로 경작하는 사람들에게 이전한다는 중심기능 말이다. 서벵골에서와 같이, 토지이용제도의 개혁 또한 유리한 효율성과 분배상의 혜택을 가져올 수 있다.

경제학자들과 다른 개발 전문가들 사이에서는 토지개혁의 필요성에 관한 공감대가 널리 퍼져 있다. 아프리카에서는 불균등이 심화되고 있다. 남미경제위원회(Economic Commission for Latin America, ECLA)는 빈곤을 감소시키는 농업 및 농촌 발전의 전제조건이 토지개혁이라고 반복하여 천명해 왔다. 많은 개발도상국에 있어서 토지개혁은 개발의 전제조건으로 남아 있다는 것이 식량농업기구(FAO) 보고서의 결론이다. 이 보고서는 이러한 개혁이 그 어느 때보다도 오늘날 더욱 시급하다고 주장했는데, 주로 (1) 농촌지역의 소득불균등과 실업이 악화되었으며, (2) 급속한 인구증가가 기존의 불균등을 악화시키는 위협이 되고 있고, (3) 녹색혁명은 대체로 농촌의 힘 있는 토지 보유자들에 의해 이용당할 수 있으며 그래서 그들의 권력 및 자산을 늘려 미래의 개혁에 저항할 능력을 키워주는 결과를 낳을 수도 있기 때문이라고 하였다.[64] 마지막으로 앞서 지적한 대로, 엄격한 경제적 효율과 성장의 관점에서 보면, 토지재분배가 농촌고용을 증가시키고 농촌소득을 높일 뿐 아니라 더 많은 농업생산과 더 효율적인 자원이용에 이르도록 한다는 충분한 실증적 증거가 있다. 종종 제한적이나마 의미 있는 토지개혁이 많은 나라에서 이미 실시되고 있다. 하지만 일부 나라에서는 여전히 개혁이 전혀 이루어지지 않고 있다.

불행히도, 아주 소농 또는 토지가 없는 농부는 시장실패 때문에 큰 토지 소유자로부터 직접 토지를 살 수 없다. 신용시장은 잠재적으로 효율적인 가족단위 농민에게 대출을 줄 만큼

토지개혁
보다 균등한 농업소득 분배와 농촌발전 촉진을 목적으로, 농업 시스템을 파악하고 전환하려는 계획적 시도

충분히 잘 작동하지 않는다. 시장이 그렇게 작동한다 해도 토지를 보유하는 것은 영농행위로부터 생기는 소득 이상의 혜택, 예를 들면 불균등한 정치적 영향력과 같은 혜택을 주기 때문에 라티푼디오와 다른 대농장 토지가 너무 비싼 것이다.

토지개혁 프로그램이 입법화되고 정부에 의해 효과적으로 실시된다면, 농촌 빈농들을 위한 개선된 산출 수준과 더 높은 생활수준을 위한 기초가 수립될 수 있을 것이다. 불행히도 많은 토지개혁노력이 실패했는데, 정부(특히 남미의 정부들)가 강력한 토지 소유 그룹의 정치적 압력에 뜻을 굽히고 의도했던 개혁을 실시하는 데 실패했기 때문이다.[65] 그러나 균등한 토지개혁 프로그램이라도 그 자체만으로는 성공적인 농업 및 농촌개발을 보장하지 못한다.[66] 이것이 우리를 두 번째 결론에 이르게 한다.

지원정책

결론 2 : 필요한 동기와 경제적 기회를 제공하고 소규모 경작자들의 산출증가와 생산성 향상을 가능하게 할 필수적인 신용 및 투입요소에 접근할 수 있도록 만드는 정부 지원체계가 만들어지지 않는다면, 소규모 농업개발의 편익은 실현되지 않을 것이다.

아시아와 남미의 많은 지역에서 토지개혁이 필수적이긴 하지만, 생산을 통제하는 농촌의 제도들(예 : 은행, 대금업자, 종자 및 비료 배급업자), 지원하는 정부의 보조 서비스(예 : 기술 및 교육 지도 서비스, 공공신용기관, 보관 및 판매 시설, 지방수송 및 지선도로) 및 투입(예 : 요소가격의 왜곡을 제거하는)과 산출(농부를 위한 시장가격을 보장하는) 모두에 관한 정부의 가격정책 등의 상응하는 변화가 없다면 그 개혁은 효과적이지 못할 것이며 아마도 역효과를 내기조차 할 것이다. 토지개혁의 필요성이 적고 생산성 및 소득이 낮은 지역(아프리카 및 동남아시아 일부 지역과 같이)에서도 농장 투입 및 산출요소와 연관된 정부의 적절한 가격정책과 폭넓은 외부지원 서비스 네트워크가 지속적인 농업발전의 필수조건이다.[67]

통합된 개발목표

결론 3 : 비록 소농들의 농업발전에 일차적으로 의존하긴 하지만, 농촌개발은 더 많은 의미를 함축하고 있다. 그것은 다음을 포괄한다—(a) 일자리 창출, 농촌 산업화, 기타 비영농 기회와 교육, 위생 및 영양, 주택, 그리고 다양한 관련 복지사업 등을 통해 영농 및 비영농 농촌 실질소득을 제고하려는 노력, (b) 농촌 소득분배에 있어 불균등을 감소시키고 소득과 경제적 기회의 도-농 간 불균형을 완화하는 것, (c) 지속적인 환경보호 필요성에 대한 성공적인 관심 유도를 통해, 남아 있는 숲과 다른 취약한 지역으로 농토가 확대되는 것을 제한하여 보존을 촉진하고 농업 화학물과 다른 투입요소의 해로운 오용을 막는 일, (d) 이와 같은 개선추세를 유지 및 가속화할 수 있는 농촌부문 역량.

이들 4개의 목표를 달성하는 것은 국가발전에 매우 중요하다. 개발도상국 인구의 절반 이상이 여전히 농촌지역에 위치해 있다. 도-농 간 경제적 기회의 적절한 균형을 회복하고 국가의 개발노력과 보상제도에 기꺼이 폭넓게 참여할 수 있는 여건을 만든다면, 개발도상국들은 개발의 진정한 의미를 실현하는 거대한 발걸음을 내딛게 될 것이다.

여성 농부를 위한 영농지도를
개선할 필요성 : 케냐

제5장에서 강조한 바와 같이, 절대빈곤은 농촌지역과 농업부문의 여성에게 불균등하게 집중되어 있다. 그러므로 여성 농부의 생산성과 소득을 개선하는 것은 빈곤감축을 위한 핵심적 전략인 것이다. 농업에서 여성의 역할은 특히 사하라이남 아프리카 지역에서 중요하다. 그러나 이곳은 또한 지난 반세기 동안 아시아의 많은 지역에서 그렇게 큰 생산성 효과를 보았던 고산출 작물 개량종과 다른 여러 가지 현대적 영농행위를 불러온 녹색혁명으로부터 가장 적게 수혜를 입은 지역이기도 하다.

성공적인 농촌개발과 산출 증가를 위한 견고한 영농지도 프로그램의 결정적 중요성은 수십 년간 개발 전문가들에 의해 인정받아 왔다. 영농지도를 지원하는 것은 대부분의 다자간 및 양자 간 개발기구들의 활동에 있어 중심적인 역할을 해 왔다. 세계 농업생산성의 위대한 성공사례 중 하나인 미국의 경우에 있어서, 영농지도 프로그램은 역사적으로 매우 중요한 역할을 했다.

전통적으로, 여성이 농업노동의 대부분을 차지함에도 불구하고 개발도상국에서의 영농지도는 거의 모두 남성만을 교육하는 것을 목표로 하고 있다. 사하라이남 아프리카 지역에서는 여성이 주식생산의 2/3가 훨씬 넘는 부분을 책임지고 있다. 그들은 또한 환금작물의 경작 및 판매, 식품가공, 그리고 축산업에 있어서 적극적이다. 그러나 최근 남성이 점차 도시로 이동하여 비농업 직업을 갖게 되면서 여성의 역할이 더욱 확대되었다. 남성과 여성이 모두 농업노동을 할 경우, 여전히 성에 기초한 분업을 하는 경향이 있다. 따라서 남성 노동에 적절한 기술은 보통 여성 노동과는 상관이 없다. 이와 같은 기술들이 혹시 관련이 있다 해도, 여러 가지 이유로 지역의 남성들은 자신들이 배운 것을 놀라울 정도로 부인들에게 잘 전달('흘리다')하지 않는 경향이 있다.

남성 교육에 초점을 맞추게 된 것은 설계에 의해서 그렇게 된 것이라기보다는 자연적으로 된 것이다. 예를 들어 교육 프로그램은 미국과 같은 선진국의 프로그램을 복제한 것인데, 선진국에서는 대부분의 농업 일을 남성들이 한다. 남성이 여성을 교육시키는 데 있어서는 종교적 또는 문화적 제약도 있을 것이며, 남성 지도요원들이 남성과 대화하는 것이 단지 더 편할 수도 있다. 한 세계은행 연구는 대부분의 남성 아프리카 지도요원들이 여성을 독립적인 농부보다는 '농부의 부인'으로 여긴다는 걸 보여주었다. 그리고 거의 대부분의 지도요원들은 남성이었다. 여성 요원들이 반드시 훈련되어야 한다. 주요한 문제는 아프리카와 아시아 대부분의 지역에서 이루어지는 여성의 격리와 배제인 것이다.

사하라이남 아프리카 지역에서, 농업부문에서의 여성 성공이 진정한 개발과 빈곤감축의 전망을 가능하게 만드는 핵심이다. 그러나 이 문제에 대한 영농지도 프로그램의 대응은 더디기만 하다. 그리고 어떤 나라에서는 프로그램을 설계할 때 여성에게 너무 많은 독립성을 주면 안 된다는 편견을 반영한다는 이야기도 있다.

지난 30년간 활용된 중요한 전략 하나는 라디오, 오디오테이프, 텔레비전, 비디오테이프, DVD, 그리고 더 최근에는 SNS를 이용하는 것이다. 여성들은 자료를 집이나 마

을센터에서 그룹으로 듣거나 볼 수 있다. 사이토(Katrin Saito)와 그녀의 동료들에 의하면, 가나에서는 여성 농부들이 라디오에서 논의된 주제를 듣고 이를 지도요원들에게 질문한다고 한다.

여성에 대한 영농지도는 여러 다른 중요한 농촌 개발 문제들 그리고 여성관련 개발쟁점들과 상호 연결되어 있다. 다섯 가지 중요한 문제점은 다음과 같다.

1. 인적자본   대부분의 개발도상국 농촌지역에서 여성은 평균적으로 남성에 비해서 교육을 덜 받는다. 어떤 측면에서 보면 이러한 영농지도의 편향성이 더 교육 받은 배우자를 중심으로 훈련하는 것이 바람직하다는 측면을 반영하는 것일 수 있으나, 이렇게 진행한 것이 또한 이와 같은 상대적 결핍을 악화시켰다.

2. 적절한 기술   여성은 남성과는 다른 영농 활동에 관계하는 경향이 있으므로, 그들은 종종 다른 기술을 필요로 한다. 기술개발은 대부분 남성의 활동에 초점이 맞춰져 있다.

3. 토지개혁과 영농제도 설계   평균적으로, 여성은 남성에 비해 훨씬 작고 더욱 분할된 토지에서 농사를 짓는다. 또한 안정된 소유권을 가질 확률이 더 적다. 그리고 흔히 덜 비옥한 토지를 경작한다. 이러한 분배는 분배적 측면에서 불균등할 뿐만 아니라 비효율적일 가능성이 있다.

4. 신용   효율적 농업을 위한 주요 투입요소인 금융신용에의 접근이, 설사 된다고 해도 여성에게는 조금밖에 허용되지 않는다.

5. 노동 의무   여성은 남성에 비해 하루 중 농사일로 투입하는 시간이 길며 또한 집안일도 몇 시간씩 해야 한다. 아프리카의 가난한 여성 농부가 하루에 일하는 시간은 16~19시간으로 추산되었다. 오랜 시간 농사일을 해야 하므로 엄마가 아이들에게 주의를 기울일 수 있는 시간은 제한되어 있다. 기능교육과 기술개발 그리고 그에 대한 접근에 있어서 여성에게 더 높은 우선순위가 주어

져야 한다는 것이 시사점이다.

메라(Rekha Mehra)가 강조했듯이, 많은 아프리카 국가에서 시행된 구조조정 프로그램의 한 가지 목적은 수출용 환금작물로 이행하도록 권장하는 것이었다. 그러나 이 작물은 남성이 통제를 행사하는 경향이 있다. 이들 작물을 경작한 후 여성이 갖는 이윤은 5% 정도밖에 안 될 것이다. 그런데 여성은 여전히 소비용 작물을 키워야 하고 아이들을 먹일 책임이 있는 것이다. 메라는 구조조정 프로그램이 이미 하루 16시간의 노동부담을 지고 있는 여성에게 더 많은 노동시간을 요구하는 경향이 있다고 결론 내린다. 역설적이게도, 남편이 현금을 통제하기 때문에 결과적으로 가족 내에서 그의 '발언권'은 실질적으로 늘어날 수도 있다는 것이다.

아프리카의 농산물 가격통제 철폐는, 농부들이 생산한 작물가격이 세계 시장 수준에 접근하도록 함으로써 보다 정밀한 가격신호를 농부들에게 주었고 그들이 경제적으로 더 생산적인 작물로 교체하도록 부추기는 효과가 있었다. 그러나 국제식량정책연구소(IFPRI)의 연구에 의하면, 상업작물로의 다각화 이후에도 케냐의 여성은 여전히 같은 양의 소비작물을 재배하려 한다는 것을 보여주었다. 그러므로 구조조정 프로그램하의 특징인 가격 조정만 가지고는 부족하며 그 이상의 것이 필요하다. 개혁은 반드시 여성들이 직면한, 그들로 하여금 가격신호에 효과적으로 반응하지 못하도록 하는 구조적 문제들을 다루어야 한다. 하나의 좋은 사례는, 남편이 더 많은 몫을 가져가며 종종 부인 또는 부인들과 전혀 나누지 않는다는 것이다.

이러한 문제들이 아프리카에 국한된 것은 아니다. 예를 들어 13개의 남미 농지개혁 경험을 검토한 디어(Carmen Deere)는 대부분 남성들에게만 혜택이 주어졌다는 것을 발견했다. 대부분의 경우 농부는 남성으로 간주되었고 개혁은 오직 남성을 수혜자가 되도록 프로그램이 설계되었기 때문이었다. 그녀의 검토는 또한 여성 후생이 개혁의 구체적 목표가 되고 농촌 여성이 처음부터 프로그램 설계에 명

시적으로 언급되는 매우 드문 경우에만 여성이 혜택을 받는다는 것을 발견했다.

전체적으로 볼 때, 이러한 연구 결과는 왜 여성 농부들이 지도 프로그램의 도움을 필요로 하는지를 보여준다. 수확체감의 법칙이 남성을 교육시키는 것에도 적용되기 때문에, 여성을 지도하는 것 또한 효율적이다. 현실에서 횡적적하(trickle across) 이론—교육 받은 남편들이 이제는 자기들의 부인들을 교육시킨다는—은 최소한 사하라이남 아프리카 지역에서는 너무나 드문 일이다.

케냐에서는 농업부가 농업연구노력과 조화를 이루어 국가지도시스템(National Extension System, NES)을 운영한다. 1983년 이전에는 NES가 거의 배타적으로 남성 농부와 함께 작업을 했으며 여성에게는 별도의 '가정경제학부서'가 가사와 가내공업 관리 및 실내위생에 대해서만 조언을 주었지만 농사일에 관해서는 주변적인 것만을 조언하였다. 나이로비에 있는 개발연구소(Institute of Development Studies)와 기타 기구들의 연구는, 지도가 여성 농부보다는 남성 농부에게 이루어졌을 확률이 훨씬 크다는 것을 확인하였다. 1983년에 케냐의 교육 및 방문(Training and Visit, T&V) 시스템이 효율적인 농사일에 있어서 남성뿐만 아니라 여성을 교육시키려는 분명한 목적을 갖고 확립되었다. 이 사례는 발전에 필요한 요소들이 어떤 것인지를 보여주는 동시에 얼마나 많은 것이 이루어져야 하는지를 보여주기도 한다.

T&V 시스템은 자신의 농토에 정기적으로 요원이 방문하는 '연락농부'에게 '기술적 전달사항'을 제공하는 것에 그 기반을 두고 있다. 불행히도 모든 농부들을 상대하기에는 자원이 충분치 않았으며, T&V 시스템이 모든 농부를 상대하려고 시도했다 해도 교육의 질이 아마도 빈약했을 것이다. 결과적으로 전체 농부의 10%가 선택되었으며, 이들이 전달사항에 담긴 조언을 채택하고 마을의 다른 농부들을 설득하여 그들로 하여금 그 기술을 채택하게 함으로써 새로운 기술지식의 전파를 지원하도록 하였다. 많은 '추종농부'들이 연락농부의 땅에서 T&V 공무원들과의 회의에 참석할 것이 예상된다. 이와 같은 방식으로 기술적 '확산'이 효율적으로 극대화될 것으로 기대되었다. 교육대상자를 선발하는 과정은 매우 중요하다. 새로운 정보를 부지런히 배우고 이용할 만한 능력이 있어야 하며, 다른 사람들이 따라 할 만큼 현지에서 존경받는 사람이어야 한다. 연락농부를 선택하기 위해 T&V 공무원들은 농부들과 만나보고 지역사회와 그 지도자들에게 자문을 구한다. 최근에, T&V 지원 활동은 전통적인 지역농부자조집단과 작업하는 데 더 초점을 맞추고 있는데, 그것이 보다 큰 유연성, 보다 폭넓은 확산, 그리고 그룹 강화를 가능하게 하기 때문이다.

초기 전달사항은 땅 고르기, 간격 주기, 개량씨앗, 그리고 가지치기 등과 같이 상당한 생산성 이득이 예상되지만 현금지출은 필요 없는 절차에 초점을 맞춘다. 매월 전파되는 전달사항은 심기 및 수확 등과 같이 해당 시기에 경작되고 있는 작물의 연간 주기와 연계된 작업과 관련되어 있다. 교육 과정은 단계별로 구축된다—초기단계에서는 단순한 전달사항이 전해지고, 프로그램의 후반기에는 보다 복잡한 전달사항이 나온다. 게다가 농부들이 이 초기 조언의 결과를 보고 T&V 전달사항을 신뢰하게 된 후에야, 약간의 현금지출을 필요로 하는 비료 사용 및 항공방제와 같은 방법이 도입된다. 나중 단계에서 자본재를 구입해야 하는 방법들이 소개될 것이다. 점점 많은 여성들이 공식적으로 전달농부 역할을 하고 있다. 그들의 남편들은 파트타임으로 농사를 짓거나 아주 안 하기 때문에, 여성들이 비공식적으로 더더욱 이 역할을 한다.

이상적으로는 T&V 프로그램의 전달사항이 양방향으로 전송되어야 할 것으로 생각된다. T&V 요원들은 이전의 조언이 실제에 있어서는 어떻게 잘 적용되었는지 그리고 계속되는 문제점들은 무엇인지 등에 관한 정보를 수집해야 할 것으로 생각된다. 이렇게 하는 것이 이상적인 개발참여와 부합하는 것이다. 그러나 내세우는 것과는 달리 충족되지 못하는 경우가 종종 있다.

T&V형의 프로그램은 1970년대 중반부터 1990년대 기간 동안 세계은행의 상당한 격려와 자금지원을 받았다. 그러

나 대부분의 국가에서 그 성과는 실망스럽다.

1997년 빈들리쉬와 에벤슨(Vishva Bindlish and Robert Evenson)은 T&V형의 지도 프로그램이 사하라이남 아프리카의 30개국 이상에서 운영된다고 보고하였다. 이들은 자신들의 통계적 증거를 바탕으로 "케냐와 부르키나파소의 경험에 의하면, T&V 운영이 지도의 효율성을 높이고 이러한 프로그램이 농업 성장을 지원하여 높은 투자 수익률을 창출하는 것을 볼 수 있다"는 결론을 제시하였다. 이들은 "지도를 한 지역은 더 높은 산출을 보였고 그러한 지역 내에서 가장 높은 산출은 지도 활동에 직접적으로 참여한 농부들이 달성하였다. 결과적으로, 지도는 기존 기술로 획득 가능한 산출과 농부들이 실제로 실현하는 산출 사이의 격차를 줄이는 것을 돕는다는 사실"을 발견하였다. 그러나 이들은 이러한 프로그램이 단기적으로는 개선의 효과가 있지만, '현지 여건에 적합한 기술의 향상 및 개선' 없이 이 프로그램이 달성할 수 있는 성과에는 한계가 있다는 것을 발견하였다.

에벤슨과 음와부(Robert Evenson and Germano Mwabu)의 연구에서는, 케냐에서 생산성에 대한 T&V의 영향은 긍정적이지만 흥미롭게도 그 영향은 가장 높은 능력을 가진 농부 및 가장 낮은 능력(다른 투입요소의 사용으로 설명되지 않는 생산성의 부분으로 측정한)을 가진 농부들에게서 가장 강하게 나타난다는 것이 발견되었다. 능력이 높은 농부들은 자신들의 능력을 통해 지도의 수확체감 현상을 극복한 것이라고 연구자들은 해석한다. 아마도 지도는 관리능력이 높은(관찰되지 않은) 사람에게는 보완적인 요소일 것이다. 빈곤에 대해서 어떤 영향을 주는지에 대해 결론을 낼 수 있는 정도의 데이터를 이 연구 결과가 제공하고 있지는 않지만, 능력이 더 낮은 농부들이 보여주는 상대적으로 높은 효과는 주목할 필요가 있다. 더 낮은 능력을 가진 농부들이 보이는 상대적으로 높은 효과는 특기할 만하다.

또한 환경적으로 지속 가능한 개발을 고려할 때 여성 농부의 경제적 약진은 중요하다. 농사일에 대한 책임과 함께 전통사회에서의 여성은 관습적으로 상수도(식수)와 같은

천연자원의 수호자 역할을 하는데, 특히 한계 상태에 놓여 있으며 생태적으로 취약한 토지에 대해 그와 같은 역할을 수행한다. 이것이 또한 여성과 함께 작업할 영농지도의 중요한 영역이다. 케냐에서는 T&V 시스템이 환경 문제에는 아직 강력하게 개입하지 않고 있다.

글래드윈과 맥밀란(Christina Gladwin and Della McMillan)은 훨씬 더 많은 조치가 취해져야 한다고 주장한다. 예를 들어 기술개발의 설계단계에서부터 여성의 의견을 구해야 하고, 지도 전문가들은 남성 농부들이 부인 또는 부인들을 교육시킬 때 어떻게 접근해야 하는지를 훈련시켜야 하고, 또한 정부는 여성 조직과 단체에 자금을 지원해야 한다는 것이다.

T&V 시스템의 또 다른 약점은 여성에 대한 신용공여 분야에서 발전이 너무 없다는 것이다. 슈타트(Kathleen Stadt)는 자신의 연구에서 케냐 웨스턴 주의 카카메가 구역 농장 관리자 84명을 인터뷰했는데, 그중 오직 1명만이 신용 프로그램에 대해 알고 있었고 그동안 신용을 받은 여성 관리자가 1명도 없었다는 것을 발견했다. 그 이후에도 가장 개선이 적게 된 분야가 이 분야라는 것이 비공식적인 결론이다. 그러나 종종 지역 NGO가 운영하는 농촌 신용공여 체계가 최근에 급격한 속도로 확대되고 있어서 오랫동안 관찰했던 많은 사람들을 놀라게 하고 있다.

공공 농업 계획에 여성을 포함하는 전략은 농업생산성뿐만 아니라 환경과 신용 분야에서도 약간의 성과를 보이고 있다. 예를 들어 유엔인구기금(United Nations Population Fund)은 "이제 여성은 케냐 국가토양보존 프로그램의 주요 참여자이다. 1980년대 중반 이후 여성은 36만여 명 또는 전국의 40% 이상의 소규모 농장을 개간해 왔다. 여성이 운영하는 농촌 공동사업체들은 이제 그들의 구체적인 필요와 이익에 맞춘 은행대출과 영농지도를 받고 있다."

유엔 식량농업기구(FAO)의 여성개발국(Women in Development Service)은 '국가지도프로젝트(National Extension Project)하에서 여성을 표적으로 한 국가적 정보 운동 이후 케냐에서는 옥수수가 28%, 콩은 80%, 그리고 감

자는 84%나 생산량이 증가하였다'고 보고하였다. 일반적인 지식을 보다 더 많이 강조하는 것 또한 이 프로그램이 성공할 수 있는 하나의 방법이 될 것이다. FAO는 또한 '만일 모든 여성 농부가 초등교육을 받았다면, 농촌 여성 사이의 농장 산출이 24% 증가할 수 있었을 것이다'라는 것을 보여주는 케냐에 관한 한 연구에 대해 보고하고 있다.

그럼에도 불구하고, 케냐의 영농지도 프로그램은 국제적 기준으로 보면 미약한 상태에 머물러 있다. 이들 프로그램에 대한 세계은행의 1999년 감사는 낮은 비용효율성을 포함하여, 많은 측면에서 심각하게 부족하다는 것을 발견했다. 이 감사는 개선된 정보 시스템을 사용하고 농부고객이 서비스 설계 시 더 큰 목소리를 낼 수 있도록 권한을 부여하여, 효과가 극대화될 가능성이 생기도록 지도 서비스의 대상을 효율적으로 관리할 것을 촉구했다. 세계은행은 또한 더 많은 원가보상을 촉구했지만, 이것은 논란이 될 가능성이 있다. 1980년대 들어 세계은행과 여타 기관들이 초등생의 궁핍한 부모에게 '원가보상'을 청구할 것을 장려했음에도 불구하고, 2002년 케냐는 초등교육의 사용자 비용을 제거하여 최소한 모든 사람에게 명목적으로 무상이 되도록 하였다. 매우 중요한 빈곤 제거의 일환으로서, 궁핍한 여성 농부에게 원가보상을 청구하도록 하는 것은 모호한 전략이다. 케냐의 구조조정이 1980년대 후반과 1990년대의 T&V 예산 감소의 원인이 됨으로써, 이 프로그램의 역량을 심각하게 저해하였다고 다른 비판자들이 거론한 것 또한 강조할 만하다.

케냐와 사하라이남 아프리카 여타 지역에서의 공공지도 프로그램은 최근의 점진적 NGO 개입으로 보완되었다(제11장 참조). 예를 들어 서부 케냐에서 아프리카 나우(Africa Now)라는 NGO는 활발하게 농민을 모집하고 교육하여 소득창출의 대안으로서 양봉에 참여하도록 하고 있다. 다양한 지식기반을 가진 많은 시민단체 활동가의 폭넓은 참여 그리고 다양한 인종 및 기타 사회그룹들과의 연결이, 사하라이남 아프리카 지역에서와 같이 생태학적으로 또한 사회적으로 다양한 지역에서 성공에 이르는 필수요건이다.

정부 지도에 관하여, 세계은행 평가는 '성 문제가 어느 정도 해소되었는지에 대한 평가는 엇갈린다. 여성 농부에 대한 초기의 편견은 수정되었지만, 어느 정도의 편견은 연락농부의 선택에 있어 계속되고 있다. 여성 현장-지도요원의 비율은 1982년 이후 크게 변하지 않고 있다'고 결론 내렸다. 많은 아프리카와 아시아 국가들 및 케냐가 과거에 보였던 것보다 나은 성과가 있었음에도 불구하고, 많은 것이 부족한 상황이다. 진정한 발전이 이루어졌지만 체계적인 후속조치와 확장이 긴급히 필요한 실정이다.

영농지도가 보다 현장 수준으로 분권화되는 경우 적극적인 참여의 기회가 증가한다는 것이 희망적인 징후이다. 케냐 국가 농업 및 가축 프로그램(National Agricultural and Livestock Program)은 구역 및 그 이하 행정단위 수준에서의 영농지도 우선순위에 관한 결정을 할 이해관계자 토론회를 열었는데, 거기에서 농부들이 상당한 발언권을 행사한다. 그러나 그 새로운 시스템이 여성 농부의 필요를 얼마나 더 반영할지 또는 장기적인 영향이 과거의 노력에 비해 더 증가할지 등을 결정하는 것은 아직 이르다.

한편, 듀플로, 크레머, 로빈슨(Esther Duflo, Michael Kremer, Jonathan Robinson) 등은 케냐 부시아(Busia) 지역에서 나온 흥미로운 증거를 제시했는데, 농부들이 다음 영농기를 대비한 비료를 구매하기 위해서 생산품 판매의 수익을 사용할 때 '이행의 문제(commitment problem)'를 갖고 있다는 것이다. 여전히 초기단계지만, 이 선구적인 연구는 보다 효과적인 농업 프로그램 설계를 위한 새로운 길을 열 것이다.

여성의 역할이 케냐의 전 지역에서 강화되어 가고 있기는 하다. 선견지명이 있는 지도자인 마타이(Wangari Maathai)의 요청으로, 1977년에 케냐국립여성위원회에 의해 설립된 녹색지대운동(Green Belt Movement, GBM)에 수천 명의 여성이 참여하고 있다. 마타이의 말을 빌리면, 그것의 단순한 목표는 '농촌사회에서 나무 심기와 토양 및 수자원 보존을 장려하여 사막화를 멈추게 하는 것'이다. GBM 운동은 또한 지속 가능한 개발과 빈곤 제거와 관련

된 유사한 프로젝트를 권장하는 작업을 병행하고 있다. 그 프로그램은 NGO나 시민단체에 의해 운영되지만, 묘목들은 정부에 의해 저가로 제공되고 GBM 자원봉사자들은 정부 산림 공무원들로부터 조언과 지원을 받는다. 여성과 아동에게 혜택을 주는 지속 가능한 농업 및 산림을 지원한 공로로 마타이는 2004년에 노벨평화상을 수상하였다.

GBM은 민초들의 참여와 자립을 강조하며 산림 황폐화, 침식, 빈약한 토질, 그리고 이어지는 작물 저생산의 연관성에 대해서 사람들을 교육하려 애쓴다. 외부 자금지원에 힘입어, 여성들은 약 1,000개의 묘목장에서 돈을 받고 일을 한다. 이들 묘목장에서 길러진 묘목은 소규모 농가, 학교, 교회 등에 제공되어 수천만 그루의 나무가 심어진다. 추산되는 생존율은 70~80%이다. GBM의 확장은 놀라울 정도로 성공적이었다. 케냐 전체에서 그 모형을 소개하였고, 그 후 아프리카에 널리 보급한 것이다. 마타이에게 상이 수여될 때 이러한 성공이 노벨위원회에 의해 언급되었다. ■

참고문헌

Anderson, Jock R. "Agricultural Advisory Services, Background paper for 2008 World Development Report." Washington, D.C.: World Bank, 2007.

Bindlish, Vishva, and Robert E. Evenson. *Evaluation of the Performance of T&V Extension in Kenya*. Washington, D.C.: World Bank, 1994.

———. "The impact of T&V extension in Africa: The experience of Kenya and Burkina Faso." *World Bank Research Observer* 12 (1997): 183–201.

Davison, Jean, ed. *Agriculture, Women, and Land: The African Experience*. Boulder, Colo.: Westview Press, 1989.

Deere, Carmen Diana. "The division of labor by sex in agriculture: A Peruvian case study." *Economic Development and Cultural Change* 30 (1982): 795–781.

———. "Rural women and state policy: The Latin American agrarian reform experience." *World Development* 13 (1985): 1037–1053.

Due, Jean M., and Christina H. Gladwin. "Impacts of structural adjustment programs on African women farmers and female-headed households." *American Journal of Agricultural Economics* 73 (1991): 1431–1439.

Duflo, Esther, Michael Kremer, and Jonathan Robinson. "How high are rates of return to fertilizer? Evidence from field experiments in Kenya." *American Economic Review* 98 (May 2008): 482–488.

———. "Nudging farmers to use fertilizer: Theory and experimental evidence from Kenya." *American Economic Review* 101, No. 6 (October 2011): 2350–2390.

Evenson, Robert E., and Germano Mwabu. "The effect of agricultural extension on farm yields in Kenya." *African Development Review* 13 (2001): 1–23.

Gautam, Madhur. *Agricultural Extension: The Kenya Experience: An Impact Evaluation*. Washington, D.C.: World Bank, 2000.

Gladwin, Christina H., and Della McMillan. "Is a turnaround in Africa possible without helping African women to farm?" *Economic Development and Cultural Change* 37 (1989): 345–369.

Kennedy, Eileen T., and Bruce Cogill. *Income and Nutritional Effects of the Commercialization of Agriculture in Southwestern Kenya*. Research Report No. 63. Washington, D.C.: International Food Policy Research Institute, 1987.

Maathai, Wangari. "Kenya's Green Belt Movement, ecological movement headed by women." *UNESCO Courier*, March 1992.

Mehra, Rekha. "Can structural adjustment work for women farmers?" *American Journal of Agricultural Economics* 73 (1991): 1440–1447.

Sahn, David E., and Lawrence Haddad. "The gendered impacts of structural adjustment programs in Africa: Discussion." *American Journal of Agricultural Economics* 73 (1991): 1448–1451.

Saito, Katrin, Hailu Mekonnen, and Daphne Spurling. "Raising the productivity of women farmers in Sub-Saharan Africa." World Bank Discussion Paper No. 230. Washington, D.C.: World Bank, 1994.

Saito, Katrin, and C. Jean Weidemann. *Agricultural Extension for Women Farmers in Sub-Saharan Africa*. Washington, D.C.: World Bank, 1990.

Staudt, Kathleen K. *The Effects of Government Agricultural Policy on Women Farmers: Preliminary Findings from Idakho*

Location in Kakamega District. Nairobi, Kenya: Institute of Development Studies, 1975.

———. "Women farmers and inequities in agricultural services." In *Women and Work in Africa*, ed. Edna Bay. Boulder, Colo.: Westview Press, 1982.

United Nations Food and Agriculture Organization. *Improving Extension Work with Rural Women*. Rome: United Nations Food and Agricultural Organization, 1996.

United Nations Population Fund. *Women as Land Stewards*. New York: United Nations, n.d.

von Braun, Joachim. *Commercialization of Smallholder Agriculture: Policy Requirements for Capturing Gains for the Malnourished Poor*. Washington, D.C.: International Food Policy Research Institute, 1989.

World Bank. "Agricultural extension: The Kenya experience." *Précis*, Winter 1999.

———. *World Bank Agricultural Extension Projects in Kenya*. Washington, D.C.: World Bank, 1999.

주요 용어

가족단위 농장(family farm)

거래비용(transaction costs)

규모 중립적(scale-neutral)

녹색혁명(green revolution)

농업 시스템(agrarian system)

다각화된 영농(diversified farming)

대금업자(moneylender)

라티푼디오(latifundio)

미니푼디오(minifundio)

소작인(sharecropper)

연동요소시장(interlocking factor markets)

이동경작(shfting cultivation)

임차농부(tenant farmer)

자급농업(subsistence farming)

주식(staple food)

중간규모 농장(medium-size farm)

지주(landlord)

토지개혁(land reform)

통합적 농촌개발(integrated rural development)

특화된 영농(specialized farming)

혼합영농(mixed farming)

환금작물(cash crops)

복습문제

1. 개발 문제에 대한 모든 분석은 왜 농업제도, 특히 영세농업 관련 영농체제와 농촌부문에 관한 연구를 매우 강조하는가?

2. 아프리카에서 개발도상국 농업이 상대적으로 침체된 주된 이유는 무엇인가? 어떻게 하면 이러한 실망스러운 성과가 미래에 개선될 것인가? 여러분의 답을 설명하라.

3. 개발도상국에서 발견되는 세 가지 주요 영농체제를 토의하라. 3개의 주요 개발도상국 지역에서, 어느 정도로 이들 제도가 집중되어 있는가?

4. 아시아, 아프리카 그리고 남미에서의 빈농 또는 소규모 전통농업의 속성을 비교하고 대조하라. 이들 지역에서 전반적인 농업제도가 어떻게 다른가? 공통적인 특징은 무엇인가?

5. 이 장의 서두에서 인용한 미르달(Gunnar Myrdal)의 언급은 어떠한 의미인지 설명하라—"장기적 경제개발이라는 싸움의 승패는 농업부문에 있다."

6. 소규모 빈농들은 농업 산출을 상당히 증가시킬 수 있는 농업혁신에 저항하는 듯이 보이므로 후진적이고 무식하다고 단정적으로 주장될 때가 가끔 있다. 이러한 저항이 그들의

고유한 비합리성에서 비롯된 것인가, 아니면 전통적인 경제적 분석이 간과한 어떤 다른 요인들 때문인가? 여러분의 답을 설명하라.

7. 본문에서, 자급에서 특화된 농업으로 이행하는 데 3단계를 거친다고 설명하였다. 이들 각 단계들의 주요 특징은 무엇인가?

8. 토지 소유권이 고도로 불균등하게 분배된 지역들(주로 남미지만 또한 아시아의 일부도 포함됨)에서는 토지개혁이 필요하지만, 이것이 소규모 농업을 촉진하고 개선하는 충분조건은 아니라는 합의가 널리 퍼져 있는 듯하다. 이 언급과 토지개혁의 개념이 뜻하는 바는 무엇인가? 토지개혁을 수반할 지원정책수단들의 예를 들라.

9. 포괄적 또는 통합적 농촌개발이 의미하는 바는 무엇인가? 그러한 총체적 농촌개발이 일어났는지 또는 일어나지 않았는지를 결정하기 위해서 여러분은 어떤 기준을 사용할 것인가?

10. 소작행위를 설명하는 것은 무엇인가? 여러분의 설명이 이 제도를 어느 정도로 정당화하는가?

11. 만일 토지개혁이 효율적이라면, 왜 그것이 보다 더 흔히 시행되지 않는다고 생각하는가?

12. 소규모 농지 보유 농부들이 직면한 위험을 적절히 이해하는 것이 농업개발정책에 왜 그렇게 근본적으로 중요한 것인가?

13. 효율적인 농업정책은 여성의 역할을 중심으로 고려해야 한다는 주장을 설명하라.

14. 가장 가난한 농부는 가장 빈약한 토양과 수자원 조건에서 농사를 한다. 여러분 생각에 이것은 원인인가, 효과인가, 또는 그 모두인가?

15. 케냐의 여성농업 확대에 대해 사례연구가 제기하는 기본적 문제는 무엇인가?

미주

1. Regional and national figures are drawn from World Bank, *World Development Indicators 2013*.

2. United Nations Food and Agriculture Organization, "Economic growth is necessary but not sufficient to accelerate reduction of hunger and malnutrition," 2012, http://www.fao.org/docrep/016/i2845e/i2845e00.pdf 를 참조하라. 2009년 UN FAO는 처음으로 10억 명의 사람들이 자신들의 기본적 영양요구를 충족시킬 수 있는 충분한 식량을 보유하지 못했다고 추정했으며, 이는 세계 식량가격 폭등의 결과이자 많은 사람들이 직면하고 있는 취약성을 보여주는 것이다. United Nations Food and Agriculture Organization, "The state of food insecurity in the world, 2012 and 2009," http://www.fao.org/docrep/012/i0876e/i0876e00.htm. 또한 http://www.fao.org/publications/sofi/en; International Food Policy Research Institute, "2012 Global Hunger Index: The challenge of hunger: Ensuring sustainable food security under land, water, and energy stresses," "2009 Global Hunger Index," http://www.ifpri.org/publication/2009-global-hunger-index를 참조하라.

3. Simon Kuznets, "Economic growth and the conbribution of agriculture," in *Agriculture in Economic Development*, eds. C. K. Eicher and L. W. Witt(New York: McGraw-Hill, 1964).

4. Ibid. 또한 John W. Mellor, "Agriculture on the road to industrialization," in *Development Strategies Reconsidered*, eds. John P. Lewis and Valeriana Kallab (Washington, D.C.: Overseas Development Council, 1986), pp. 67–89; Subrata Ghatak, "Agriculture and economic development," *Surveys in Economic Development*, ed. Norman Gemmell (Oxford: Blackwell, 1987), ch. 10; Charles P. Timmer, "The agricultural transformation," in *Handbook of Development Economics*, vol. 1, eds. Hollis B. Chenery and T. N. Srinivasan (Amsterdam: Elsevier, 1988), pp. 276–331을 참조하라.

5. 데이터를 위해서는 다음을 참조하라―World Development Indicators, Table 4.1, columns 3 and 4, 이는 1990~2000년에 비해 2001~2011년 동안 저소득 및 중소득 지역에서의 성장 증가를 보여주고 있다. 성공적인 농업발전과 기아 프

로그램 및 프로젝트에 대해서는 International Food Policy Research Institute, "Millions fed," 2009, http://www.ifpri.org/publication/millions-fed를 참조하라. 개발도상국의 높은 생산성 향상에 관해서는 World Bank, *World Development Report, 2008* (New York: Oxford University Press, 2007), p. 69와 Mette Wik, Prabhu Pingali, and Sumiter Broca, "Global agricultural performance: Past trends and future prospects," WDR background paper, 2007을 참조하라.

6. United Nations Food and Agriculture Organization (FAO), *State of Food Insecurity*, 2012, http://www.fao.org/publications/sofi/2012/en; the *OECD-FAO Agricultural Outlook 2013-2022*, Jung 2013, http://www.oecd.org/site/oecd-faoagriculturaloutlook; 그리고 이 연간 시리즈의 이전 이슈를 참조하라.

7. Rockefeller Foundation Web page, http://www.rockfound.org/initiatives/agra/agra.shtml. AGRA 홈페이지 http://www.agra-alliance.org NEPAD 이니셔티브에 대한 정보들은 http://www.nepad.org/2005/files/documents/172.pdf를 참조하라.

8. NERICA에 대해서는 Office of the Chief Economist, Africa Region, World Bank, Y*es, Africa Can: Success Stories from a Dynamic Continent* (Washington D.C.: World Bank, 2009), p. 9를 참조하라. 2008년의 식량가격 급등과 장·단기 식량가격 상승의 원인에 관한 설명은 OECD-FAO reports, op. cit. (endnote 5)를 참조하라. 글로벌 기아 감소의 진전과 과제에 대한 추가 분석은 International Food Policy Research Institute, *2012 Global Food Policy Report* (Washington, D.C.: IFPRI, 2013); K. O. Fuglie and S. L. Wang, "New evidence points to robust but uneven productivity growth in global agriculture," *Amber Waves* 10 (September 2012)를 참조하라. 30개 국가들이 식량가격 상승 정점기에 식량수출 제한을 부과했으며, 동시에 많은 식량수입 국가들이 재고를 재건하기 위해 노력을 기울였다. 이러한 유형의 공포는 기대에 의한 것일 수 있으며 중기균형과 부합하는 수준 이상으로 가격을 올릴 수 있다.

9. Nora Lustig, "Thought for food: The challenges of coping with rising food prices," CGD Working Paper at http://www.dgdev.org/content/publications/detail/967250을 참조하라. 나중에 우리는 빈곤에 대한 가격 상승의 효과를 더 고려한다. 빈곤한 소규모 자작농과 농업 노동자들은 수요 증가로 혜택을 얻을 수 있으며 동시에 식량비용 상승에 직면할 수도 있다.

10. E. F. Sczepanik, Agricultural Capital Formation in Selected Developing Countries (ROME: FAO, 1970).

11. World Bank, *World Development Report, 2008*, ch. 11을 참조하라.

12. Stephen C. Smith, *Ending Global Poverty: A Guide to What Works* (New York: Palgrave Macmillan, 2005); Sungil Kwak and Stephen C. Smith, "Regional agricultural endowments and shifts of poverty trap equilibria: Evidence from Ethiopian panel data," *Journal of Development Studies* 47, No. 7 (July 2013): 955-975.

13. 농업개발 경제학 분야의 최근 연구에 대한 탁월한 문헌조사에 대해서는 Alain de Janvry and Elisabeth Sadoulet, "Progress in the modeling of rural households' behavior under market failures," in de Janvry and Kanbur, eds. *Poverty, Inequality, and Development: Essays in Honor of Erik Thorbecke* (New York: Kluwer, 2006)을 참조하라. 또한 World Bank, "Pakistan: Promoting rural growth and poverty reduction," 2007, http://siteresources.worldbank.org/PAKISTANEXTN/Resources/293051-1177200597243/ruralgrowthandpovertyreduction.pdf를 참조하라.

14. 1960년대 초기에 시작하여 남미의 많은 국가들이 토지개혁 프로그램을 시작했는데, 고도로 불평등한 토지소유권의 분배를 바꾸지 못했지만 라티푼디오 및 미니푼디오와 연관된 보다 봉건적인 후원인-고객의 사회적 관계 일부를 청산하였다. 우리는 이들 용어를 교육적 목적으로 사용하며, 현재 농촌의 사회적 관계를 묘사하는 것보다는 남미에 여전히 만연한 이중적 영농구조를 지칭하는 용어로 계속 사용할 것이다. 또한 Celso Furtado, *Economic Development in Latin America* (New York: Cambridge University Press, 1970)를 참조하라. 〈표 9.3〉에 있는 남미 자료는 또한 이 지역의 극단적인 불평등을 반영한다.

15. United Nations Development Program, *Human Development Report, 1996* (New York: Oxford University Press, 1996), p. 98. 또한 Keijiro Otsuka, Hiroyuki Chuma, and Yujiro Hayami, "Land and labor contracts in agrarian economies: Theories and facts," *Journal of Economic Literature* 30 (1992): 1965-2018을 참조하라.

16. 이 점에 관한 실증적 증거의 요약에 관해서는 *World Development Report, 2008*; R. Albert Berry and William Cline, *Agrarian Structure and Productivity in Developing Countries* (Baltimore: Johns Hopkins University Press, 1979), ch. 3 과 app. B; G. A. Cornia, "Farm size, land yields and the agricultural production function: An analysis of fifteen developing countries," *World Development* 13 (1985): 513-534; Nancy L. Johnson and Vernon Ruttan, "Why are farms so small?" *World Development* 22 (1994): 691-

705; United Nations Development Programme, *Human Development Report, 1996*, p. 95를 참조하라.

17. 토지 재분배가 보다 큰 생산과 생산성 수준에 이르게 할 것이라는 증거에 대해서는 Cornia, "Farms size, land yields"를 참조하라.

18. Francis M. Foland, "Agrarian unrest in Asia and Latin America," *World Development* 2 (1974): 57.

19. *World Development Report, 2008*, ch. 10과 Cathy Farnworth and Michael Goodman, "Growing ethical networks: The Fair Trade market for raw and processed agricultural products (in five parts) with associated case studies on Africa and Latin America," November 2006, http://www.rimisp.org/getdoc.php?docid=6442를 참조하라.

20. Kenneth L. Sokoloff and Stanley L. Engerman, "History Lessons: Institutions, factor endowments, and paths of development in the New World," *Journal of Economic Perspectives* 14 (2000): 217−232, Stanley Engerman and Kenneth L. Sokoloff, "Colonialism, inequality, and long-run paths of development," *Understanding Poverty*, eds. Abhijit V. Banerjee, Roland Benabou, and Dilip Mookherhjee (New York: Oxford University Press, 2006), pp. 37−62. 콜롬비아에 대해서는 *World Development Report*, 2008, box 11.1, Klaus Deininger, Ana Maria Ibañez, and Pablo Querubin, "Determinants of internal displacement and desire to return: Micro-level evidence from Colombia," working paper, World Bank, 2007을 참조하라.

21. World Bank, *World Development Report, 2003*, ch. 10을 참조하라.

22. Gunnar Myrdal, *Asian Drama* (New York: Pantheon, 1968), pp. 1033−1052.

23. Ibid., p. 1035.

24. Ibid.

25. Otsuka, Chuma, and Hayami, "Land and labor contracts," tab. 1

26. 아시아(그리고 남미)에서의 대금업자를 통한 토지대여, 신용접근 및 다른 비공식적 신용 원천 등의 효율성에 대한 보다 긍정적인 견해는 1970년대 후반과 1980년대의 '신농업경제학'의 초점이다. 일반적으로 이 학파의 입장은 토지계약과 고리대금업은 다른 시장실패, 불완전한 정보, 높은 거래비용, 도덕적 해이 및 기타 조건 하에서 효율적이었다는 것이다. 그 조건들이 이들의 주장만큼 효율적이었는지는 매우 불분명하지만, 그들의 궁극적인 폭발적 속성은 부인하기 어렵다. 이 문헌에 대한 예로는 Pranab K. Bardhan, *Land,*

Labor and Rural Poverty: Essays in Development Economics (New York: Columbia University Press, 1984); Keijiro Otsuka and Yujiro Hayami, "Theories of shared tenancy: A critical survey," *Economic Development and Cultural Change* 37 (1988): 31−68을 참조하라; Karla Hoff and Joseph E. Stiglitz, "Imperfect information and rural credit markets: Puzzles and policy perspectives," *World Bank Economic Review* 4 (1990): 235−250; Timothy Besley, "How do market failures justify interventions in rural credit markets?" *World Bank Research Observer* 9 (1994): 27−47.

27. Myrdal, *Asian Drama*, p. 1048

28. 특별히 아시아를 강조한, 개발도상국에서의 토지 무소유 현상에 대한 논의는 Mahmood H. Khan, "Landlessness and rural poverty in underdeveloped countries," *Pakistan Development Review* 25 (1986): 371−394를 참조하라.

29. Abhijit V. Banerjee and Lakshmi Iyer, "History, institutions, and economic performance: The legacy of colonial land tenure systems in India," *American Economic Review* 95 (2005): 1190−1213.

30. World Bank, *World Development Report*, 2008, p. 233 and fig. 2.2.

31. World Bank, *World Development Indicators, 2003*, p. 131, 2004, tabs. 2.1, 3.3, 4.1 (Washington, D.C.: World Bank, 2003, 2004)과 이 장의 〈그림 9.2〉를 참조하라.

32. World Resources Institute, *World Resources, 1996−97*, tab. 10.1 and *World Resources*, 1987 (New York: Basic Books, 1987).

33. 개발도상국 농업에 있어서 여성의 역할에 관한 특별하고 풍부한 정보를 담고 있는 서적은 Carolyn Sachs, *The Invisible Farmers: Women in Agriculture* (Totowa, N.J.: Rowman & Littlefield, 1983)이다. 고전이며 여전히 이 주제를 영향력 있게 다루고 있는 것은 Ester Boserup, *Women's Role in Economic Development* (New York: St. Martin's Press, 1970)에서 찾아볼 수 있다.

34. Boserup, *Women's Role*. 값진 검토와 연구물 모음을 위해서는 C. Mark Blackden and Quentin Wondon, eds. *Gender, Time Use, and Poverty in Sub-Saharan Africa* (Washington, D.C.: World Bank, 2006)를 참조하라.

35. Christopher Udry, "Gender, agricultural production, and the theory of the household," *Journal of Political Economy* 104 (1996): 1010−1046을 참조하라. 우드리는 부르키나파소의 상세한 데이터를 검토하여 '여성이 통제하는 경작지가 가계 내에서 같은 해에 같은 작물로 남성에 의해 통제되는 다른 경작지보다 소출이 상당히 낮았다. 이 산출 차이는 남성

에 의해 통제되는 경작지에 에이커당 더 많은 노동과 비료가 투입되었기 때문이다. 이러한 결과는 가계 내 자원배분의 파레토 최적과 모순된다. 생산함수 추계치는 가계 내의 여러 경작지를 통틀어, 가변요소의 잘못된 배분으로 소출의 약 6%가 상실된다는 것을 함축적으로 표시'한다는 것을 발견한다. 또한 Christopher Udry, John Hoddinott, Harold Alderman, and Lawrence Haddad, "Gender differentials in farm productivity: Implications for household efficiency and agricultural policy," *Food Policy* 20 (1995): 407−423을 참조하라. Michael Carter and Elizabeth Katz, "Separate spheres and the conjugal contract: Understanding gender-biased development," in *Intrahousehold Resource Allocation in Developing Countries: Methods, Models, and Policy*, eds. Lawrence Haddad, John Hoddinott, Harold Alderman (Baltimore: Johns Hopkins University Press, 1997); Pierre Chiappori, Lawrence Haddad, John Hoddinott, and Ravi Kanbur, "Unitary versus collective models of the household: Time to shift the burden of proof?" World Bank Policy Research Working Paper No. 1217; James Warner and D.A. Campbell, "Supply response in an agrarian economy with non-symmetric gender relations," *World Development* 28 (2000): 1327−1340; Kaushik Basu, "Gender and say: A model of household behavior with endogenous balance of power," *Economic Journal* 116 (2006): 558−580을 참조하라.

36. Raanan Weltz, *From Peasant to Farmer: A Revolutionary Strategy for Development* (New York: Columbia University Press, 1971), pp. 15−28을 참조하라. 이 절에 개략적으로 설명된 농장 진화의 세 단계는 모든 농장이 다음 단계로 이동하기 전에 어느 한 단계에 있다는 것을 함축적으로 의미하는, 불가피한 기간 또는 연속적인 사건들로 해석되어서는 안 된다. 현실에서는 물론 모든 세 가지 유형의 농장이 모든 개발도상국에 모든 시점에서 존재한다. 그러나 분명히, 영세 영농은 개발도상국 대부분에서 지배적인 반면, 상업적 영농은 대부분의 선진국에서 지배적인 경향이 있다.

37. Carmen Diana Deere and Alain de Janvry, "A conceptual framework for the empirical analysis of peasants," *American Journal of Agricultural Economics* 61 (1979): 602−612를 참조하라. 또한 Alain de Janvry, Elisabeth Sadoulet, and Linda Wilcox Young, *Rural Labor in Latin America* (Geneva: International Labor Organization, 1986), tab. 24를 참조하라.

38. World Bank, *World Development Report 2014, Risk and Opportunity: Managing Risk for Development*, Washington DC: World Bank, 2013; Marcel Fafchamps, *Rural Poverty, Risk, and Development* (Northampton, Mass.: Elgar, 2004). 중요한 초기문헌으로는 Alain de Janvry, Marcel Fafchamps, and Elisabeth Sadoulet, "Peasant household behavior with missing markets: Some paradoxes explained," *Economic Journal* 101 (1991): 1400−1417; Alain de Janvry and Elisabeth Sadoulet, "Structural adjustment under transaction costs," *Food and Agricultural Policies under Structural Adjustment*, eds. F. Heidhues and B. Knerr (Frankfurt, Germany: Lang, 1995)가 있다.

39. Marvin P. Miracle, "Subsistence agriculture: Analytical problems and alternative concepts," *American Journal of Agricultural Economics* 50 (1968): 292−310.

40. 이와 관련하여 어떻게 농부의 생산성 증가 정지의 함정이 작동하는지에 대한 철저한 분석은 Frederick J. Zimmerman and Michael R. Carter, "Asset smoothing, consumption smoothing, and the reproduction of inequality under risk and subsistence constraints," *Journal of Development Economics* 71 (2003): 233−260을 참조하라. 또한 빈곤함정에 대해 다음 두 특별이슈를 참조하라―*Journal of Development Studies* in 2006 (Volume 42, No. 2) and 2013 (Volume 47. No.7)

41. 이 제안에 대해 우리는 톰슨(Frank Thompson) 교수에게 감사한다.

42. Marcel Fafchamps and John Pender, "Precautionary saving, credit constraints, and irreversible investment: Theory and evidence from semiarid India," *Journal of Business and Economic Statistics* (1997): 180−194; Hans P. Binswanger and Mark Rosenzweig, "Wealth, weather risk, and the composition and profitability of agricultural investments," *Economic Journal* 103 (1993): 56−78; Harold Alderman and Christina Paxson, "Do the poor insure? A synthesis of the literature on risk and consumption in developing countries," World Bank Policy Research Paper No. 1008, 1994를 참조하라.

43. Hanna G. Jacoby, Guo Li, and Scott Rozelle, "Hazards of expropriation: Tenure insecurity and investment in rural China," *American Economic Review* 92 (2002): 1420-1447. 보다 폭넓은 배경자료로는 또한 Keith Griffin, "Agrarian policy. The political and economic context," *World Development* 1 (1973): 6을 참조하라.

44. 스티글리츠(Joseph E. Stiglitz)는 감시에 비용이 많이 든다는 조건하에서 지주가 생산위험의 일부를 떠안고, 임차인은 어느 정도의 근로동기를 수용하는 소작제가 지주와 토지 임차

인 사이의 타협을 나타낸다는 주장을 처음으로 수립하였다. "Incentives and risk sharing in sharecropping," *Review of Economic Studies* 41 (1974): 219-225를 참조하라.

45. Alfred Marshall, *Principles of Economics*, 8th ed. (London: Macmillan, 1920).

46. Steven N. S. Cheung, "Private property rights and sharecropping," *Journal of Political Economy* 76 (1968) 1107-1122. 물론 그 계약은 어느 정도 피고용인에게, 효율적인 수준의 노력을 제공하는 기회비용에 상응하는, 효과적인 전체적 보상을 제공해야 할 것이다. 그렇지 않다면 잠재적 소작인은 대신 다른 활동을 택할 것이다.

47. 이 분야 문헌의 고전적인 논문으로는 William S. Hallagan, "Self-selection by contractual choice and the theory of sharecropping," *Bell Journal of Economics* 9 (1978): 344-354가 있다.

48. Radwan Ali Shaban, "Testing between competing models of sharecropping," *Journal of Political Economy* 95 (1987): 893-920. 투입 결과의 일부는 몰수위험의 혼란에서 완전히 자유로울 수는 없을 것이다.

49. 예를 들어 Nirviker Singh, "Theories of sharecropping," *The Economic Theory of Agrarian Institutions*, ed. Pranab K. Bardhan (Oxford: Clarendon Press, 1989), pp. 33-72; David M. Newberry, "Risk-sharing, sharecropping, and uncertain labor markets," *Review of Economic Studies* (1977): 585-594; Joseph E. Stiglitz, "Sharecropping," in *Economic Development*, eds. John Eatwell, Murray Milgate, and Peter Newman (London: Macmillan, 1989), pp. 308-315를 참조하라.

50. 경쟁적인 이론들에 관한, 간결하지만 다소 기술적인 개관이 싱(Singh)의 'Theories of sharecropping'에서 발견된다. 소작제가 불평등에서 초래되었고, 획일적 임금 또는 임대계약 등에 비해, 잠재적으로 감소한 비효율에도 불구하고, 마설적 의미에서 소작제는 여전히 비효율적이라는 점이 스티글리츠에 의해 1997년 9월 워싱턴 D.C.의 세계은행 강연에서 지적되었다.

51. Abhijit V. Banerjee, Paul Gertler, and Maitresh Ghatak, "Empowerment and efficiency: Tenancy reform in West Bengal," *Journal of Political Economy* 110 (2002): 239-280을 참조하라. 물론, 보통 임대제도와 토지개혁의 강제는 토지보유자가 상당한 권력을 휘두르는 환경에 있어서 문제가 많다. 퇴거위험이 있을 때의 투자동기(한 생육기간 이상 효과가 있는 비료를 포함하여)에 관한 간략하고 직관적인 모형을 보려면 Jacoby, Li, and Rozelle, "Hazards of expropriation"을 참조하라.

52. Pranab K. Bardhan and Christopher Udry, *Development Microeconomics* (New York: Oxford University Press, 1999), p. 111.

53. Pranab K. Bardhan, "Interlocking factor markets and agrarian development: A review of issues," *Oxford Economic Papers* 32 (1980): 82-98을 참조하라. 또한 Bardhan and Udry, *Development Microeconomics*를 참조하라. 그들은 연동이 비공식적 농촌 시장에 있어서 긍정적인 효율성 함의를 갖는다고 강조한다. "개인화된 연동작용은 동시에 다른 측에게 가공할 진입장벽으로 작용하며 거래에 있어서 지배적인 파트너에게 약간의 추가적인 영향력을 줄 것이다" (p. 111). 농부가 자기 토지의 소유권을 갖는 경우에도 다른 형태의 연동이 존재한다는 것을 주목하라. 하나의 예는 아프리카 일부에서의 영농계약인데, 수출판로를 '개척한' 업자가 종자, 비료, 그리고 기타 투입요소를 농부에게 제공하여, 그 업자가 수확기에 약정된 가격으로 사는 레귬과 같은 생산물을 생산하도록 하는 것이다.

54. 농업특화의 진전에 관한 흥미로운 분석은 다음을 참조하라. M. Shahe Emran and Forhad Shilpi, "The extent of the market and stages of agricultural specialization," *Canadian Journal of Economics* 45, No. 3 (2012): 1125-1153. 시장접근효과 분석은 M. Shahe Emran and Zhaoyang Hou, "Access to markets and rural poverty: Evidence from household consumption in China," *Review of Economics and Statistics* 95, No. 2 (2013): 682-697을 참조하라. 가격 인센티브에 대한 개발도상국 농부들의 반응 분석에 대해서는 다음 참조 World Bank, *World Development Report*, 1986 (New York: Oxford University Press, 1986), chs. 4 and 5를 참조하라. 보다 신중한 분석은 2008 *World Development Report*를 참조하라. 그러나 위험의 역할에 대한 분석은 다음을 참조하라 —Fafchamps, *Rural Poverty, Risk, and development*, p. 28.

55. 시기상조의 기계화가 주는 역효과에 대한 분석은 Yujiro Hayami and Vernon Ruttan, *Agricultural Development: An International Perspective* (Baltimore: Johns Hopkins University Press, 1985)를 참조하라.

56. 개발을 위한 적절한 기계화에 대한 풍부한 정보를 담고 있는 2개의 논문으로는 Hans P. Binswanger, "Agricultural mechanization: A comparative historical perspective," *World Bank Research Observer* 1 (1986): 81-98과 Hans P. Binswanger and Prabhu Pingali, "Technological priorities for farming in sub-Saharan Africa," *World Bank Research Observer* 3 (1988): 81-92가 있다.

57. World Bank, *World Development Report, 2008*, 특히 제6장과 제11장을 참조하라. 농촌개발에 있어서 제도의 역할에 관한 탁월한 분석은 Brian van Arkadie, "The role of institutions

in development," *Proceedings of the World Bank Annual Conference on Development Economics, 1989* (Washington, D.C.: World Bank, 1989), pp. 153–192에서 찾아볼 수 있다.

58. 개발도상국 진영에 있어서 녹색혁명의 영향에 관한 분석으로는 Keith Griffin, *The Political Economy of Agrarian Change* (London: Macmillan, 1974); Chris Manning, "Rural employment creation in Java: Lessons from the green revolution and oil boom," *Population and Development Review* 14 (1988): 17–18; Donald K. Freebairn, "Did the green revolution concentrate incomes? A quantitative study of research reports," *World Development* 23 (1995): 265–279를 참조하라.

59. World Bank, *World Development Report, 2008*, ch. 11. 농업생산을 촉진하는 데 있어서 적절한 가격정책의 중요한 역할에 관한 풍부한 정보를 담은 논의는 A. Drazen and Z. Eckstein, "On the organization of rural markets and the process of economic development," *American Economic Review* 78 (1988): 431–443에서 찾아볼 수 있다. 방대한 5권짜리 연구보고서인 *The Political Economy of Agrarian Pricing Policy*, World Bank in 1991은 조사된 18개 개발도상국에 있어서 비슷한 결과를 발견하였다. 개발도상국 진영에 있어서 다른 곳뿐 아니라, 사하라이남 아프리카 지역의 농업개발을 저해하는 적절치 못한 정부 정책에 대한 광범위한 비판에 대해서는 Hans P. Binswanger and Klaus Deininger, "Explaining agricultural and agricultural and agrarian policies in developing countries," *Journal of Economic Literature* 35 (1997): 1958–2005를 참조하라.

60. World Bank, *World Development Report, 2008*, p. 338.

61. Oxfam UK, "Our land, our lives: Time out on the global land rush," Oxfam Briefing Note, October 2012, http://www.oxfam.org/sites/www.oxfam.org/files/bn-land-lives-freeze-041012-en_1.pdf; Joachim von Braun, and Ruth Suseela Meinzen-Dick, "'Land grabbing' by foreign investors in developing countries: Risks and opportunities," *IFPRI Policy Briefing NO. 12*, 2009를 참조하라.

62. 농업과 환경적 지속 가능성 사이의 연결에 관한 조사에 대해서는 다음 보고서를 참조하라—World Bank, *World Development Report, 2008*, 제8장 및 그 안에 인용된 참고문헌.

63. 농촌개발을 위한 통합적 프로그램에 대한 종합적 검토에 대해서는 World Bank, *World Development Report, 2008*, ch. 6; Alain de Janvry, *The Economics of Investment in Rural Development: Private and Social Accounting Experiences from Latin America* (Berkeley: Department of Agricultural and Resource Economics, University of California, 1988)를 참조하라.

64. United Nations Food and Agriculture Organization, "Land reform: Land settlement and cooperatives," 2007, http://www.fao.org/sd/Ltdirect/landrF.htm. 보다 중요한 분석은 Myrdal, Gunnar, "The equality issue in world development," *Nobel Lectures, Economics, 1969–1980*, ed. Assar Lindbeck (Singapore: World Scientific Publishing, 1992).

65. Alain de Janvry, *The Agrarian Question and Reformism in Latin America* (Baltimore: Johns Hopkins University Press, 1981)를 참조하라.

66. 다양한 개혁 노력의 성패에 관한 분석에 대해서는 World Bank, *World Development Report, 2008*; World Bank, *World Development Report, 1990* (New York: Oxford University Press, 1990), pp. 64–73; Peter Dorner, *Latin American Land Reforms in Theory and Practice: A Retrospective Analysis* (Madison: University of Wisconsin Press, 1992)를 참조하라.

67. 예를 들어 World Bank, *World Development Report, 2008*, and Jock R. Anderson, "Agricultural advisory services," Background paper for 2008 World Development Report, World Bank, 2007을 참조하라.

10 환경과 개발

문제를 일으키는 데 아무런 역할도 하지 않았음에도 불구하고, 기후변화에 의해 가장 먼저, 그리고 가장 강한 타격을 받는 것은 가장 가난한 개발도상국이 될 것이다.
— 니콜라스 스턴(Nicholas Stern), 기후변화의 경제학에 관한 스턴 보고서, 2006

기후변화 대응역량의 불균등이 부와 안전 그리고 인적개발기회에 있어서 격차 확대의 잠재적 요인으로 부상하고 있다.
— United Nations Development Programme, Human Development Report, 2007/2008

개발협력은 '친 빈곤층 녹색혁명', 즉 빈곤한 여성과 남성들이 참여하고 기여하며 수혜를 입는, 환경적으로 지속 가능한 성장을 고취해야 한다.
— 경제협력개발기구(Organization for Economic Cooperation and Development), 개발원조위원회 (Development Assistance Committee), 2010

각 세대는 이전 세대가 씨 뿌린 것을 수확해야 한다.
— 중국의 고대 격언(Ancient Proverb of China)

앞날이 멀고 험하다.
— 유엔 사무총장 반기문(UN Secretary General Ban Ki-Moon, at Rio+20 Earch Summit, 2012)

개발도상국 경제활동인구 중 절반 이상의 생계가 농업, 축산업, 수렵, 어업, 임업 및 채집을 관통하는 환경 전체 또는 일부에 직접적으로 의존한다. 이 자체가 제7차 밀레니엄개발목표 (MDG)의 중요성을 강조한다—'환경적 지속 가능성 담보' 그리고 포스트-2015 지속가능개발목표(SDG) 부상에 있어서 '환경의 중심적 지위'. 환경 수준은 경제발전에 영향을 미치며 또한 영향을 받는다.

10.1 환경과 개발 : 기본적 쟁점

경제학과 환경

최근 들어 경제학자들은 성공적 개발노력을 위한 환경이슈의 중요한 시사점에 더욱 초점을 맞추어 왔다. 전통적인 시장실패는 너무 큰 환경훼손에 이르게 된다는 것이 분명하다. 이제 우리는 빈곤과 환경훼손 사이의 상호작용이 자기영속적인 과정에 이르게 된다는 것을 이해하고 있는데, 이 과정은 무지 또는 경제적 필요에 의해 지역사회가 자신의 생존기반인 자원을 무심코 파괴하거나 소모한 결과이다. 개발도상국에서 증가하고 있는 환경자원의 사용은 자급자족, 소득분배, 그리고 미래의 성장 잠재력 등에 심각한 결과를 가져온다.

또한 환경훼손은 보건관련 지출을 통해 높은 비용을 개발도상국에 부과함으로써 경제발전 속도를 감소시키고 자원생산성을 하락시킨다. 농촌과 도시지역의 빈곤층 중에서도 가장 가난한 20%가 환경 재난의 결과를 가장 절실하게 경험할 것이다. 한계농지에 있어서의 인구증가 압력으로 생기는 극심한 환경훼손은 농업 생산성과 1인당 식량생산을 감소시키는 상황을 만든다. 한계농지 경작은 주로 저소득 집단의 영역이기 때문에 생산 손실의 고통은 그것을 가장 감당할 수 없는 계층이 지게 된다. 마찬가지로, 위생과 깨끗한 물의 결핍은 주로 빈곤층에 영향을 주고 전 세계적으로 만연하는 전염병의 원인이 된다. 이들과 다른 많은 환경 문제들에 대한 해결책은 자원생산성 고양과 빈곤층 생활여건 개선을 포함하므로 환경적으로 지속 가능한 성장을 이룩한다는 것은 경제개발에 대한 우리의 정의와 같은 의미를 지닌다.

다양한 경제활동과 관련한 환경비용이 논란거리기는 하지만, 개발경제학자들은 환경에 대한 고려가 정책계획에 반영되어야 한다는 데 동의한다.[1] 지속 불가능한 생산방법으로 초래되는 토양, 수자원 공급, 산림에 대한 훼손은 장기적으로 국가 생산성을 크게 감소시키지만 현시점에서는 **GNI** 수치를 증가시킬 것이다. 그러므로 경제적 분석을 할 때 환경의 질이 장기적으로 함축하는 바를 고려하는 것이 매우 중요하다. 개발도상국에서의 급격한 인구증가와 경제활동 확대는 그 부정적 결과를 완화할 조치가 취해지지 않는 한 환경을 크게 훼손할 가능성이 있다.

개발도상국 주민들의 늘어나는 소비욕구 또한 세계적인 함의를 지닌다. 인도네시아, 브라질, 페루, 필리핀 등과 같은 나라뿐만 아니라 고도로 부채가 많은 아프리카의 개발도상국들에 집중되어 있는 세계 산림의 파괴가, 온실효과를 통해 **지구온난화**(global warming)가 일으키는 **기후변화**(climate change)에 대단히 기여할 것이라는 우려가 점점 커지고 있다. 동시에, 특히 사하라이남 아프리카와 남아시아에 있는 개발도상국들이 미래의 지구온난화와 기후변화로 가장 큰 고통을 겪을 것이라는 전망이 기후 모형에 의해 제시되었다. 그러나 오늘날까지 문제를 일으키는 대부분의 온실가스는 선진국에서 배출되었으며 **환경적 종속**이라는 용어가 사용될 만한 상황을 초래하였다—개발도상국들은 추가적인 가스배출 감축을 가능케 하고 불가피한 온난화와 기후변화에 성공적으로 적응할 수 있는 새로운 기술의 개발뿐만 아니라, 가스배출을 감축하는 즉각적인 조치를 취하기 위해서도 선진국들에 의존하게 될 것이다. 그러나 개발도상국들, 특히 개발 단계상 중국이 현재의 예측치보다 훨씬 적은 수준으로 배출가스를 줄여야 한다. 그렇지 않으면 선진국들이 감축을 해봐야 재앙이 될 수도 있는 결과를 연기하는 것에 지나지 않을 것이다.

이 장에서 우리는 환경위기의 경제적 원인과 결과를 조사하고 빈곤과 자원훼손의 (악)순환에 대한 잠재적 해결책을 모색할 것이다. 우리는 지속 가능한 개발에 대한 논의를 비롯하여 개발도상국에서의 인구, 빈곤, 경제성장, 농촌개발, 도시화 등과 환경의 연관성에 대한 논의

지구온난화

대기 및 해양 평균온도의 상승. 20세기 중반부터 시작된 추세에 관련하여 사용되고, 주로 온실가스를 배출하는 인간의 산업, 산림 및 농업 활동에 의해 발생함

기후변화

평균온도 상승, 강수량 감소, 가뭄 또는 폭풍 강도의 평균적 상승 등과 같은 근본적 기후의 일시적이지 않은 변화. 지구온난화 현상의 영향과 관련하여 사용. 근본적인 기상 결과의 확률을 바꾸는 기상 변화(기후 내에서의 변동)와 기후변화의 구분에 주목

등을 포함한 기본적인 주제들에 대해 조사하는 것으로 시작할 것이다. 다음으로, 환경에 대한 전통적 경제 모형의 적용 가능성을 검토해보고, 일단의 전형적 환경 상황을 서술하며, 약간의 관련 데이터를 제공할 것이다. 그리고 시야를 넓혀서 지구환경을 조사하고, 세계적으로 지속 가능한 개발을 추구하기 위한 정책을 모색할 것이다. 이 장의 마지막에서는 아이티와 도미니카공화국—두 나라가 한 섬을 나누어 사용—에 대한 비교사례연구를 통해 두 나라의 매우 다른 개발 결과를 가져온 관점의 하나로서 환경의 역할을 조사할 것이다.

8개의 기본적 쟁점이 개발과 환경의 관계를 분명히 보여준다. 많은 부분이 이전 여러 장에서 논의된 내용을 바탕으로 한 것이다. 첫 번째가 지속 가능한 개발의 개념이다. 다른 주제들은 환경과 인구 및 자원, 빈곤, 경제성장, 농촌개발, 도시화, 세계 경제 및 온실가스로 인한 기후변화의 속성과 속도 사이에 존재하는 연관성 등이다. 우리는 각각을 차례로 논의할 것이다.

지속 가능한 개발과 환경회계

지속 가능성이라는 용어는 경제성장과 환경보존 사이에 주의 깊은 균형이 필요하다는 생각을 반영한다. 많은 정의가 있지만,[2] 지속 가능성이란 보통 '미래 세대의 필요를 희생하지 않고 현재 세대의 필요를 충족시키는 것'을 가리킨다.[3]

지속 가능한 발전은 기존의 경제분석 개념을 사용하여 연구될 수 있다. 이는 세 가지 분석 방법을 의미한다. —미래 사회적 편익에 대한 적절한 평가(일반적으로 시장보다 미래에 더 많은 비중을 부과), 시장실패에 대한 적절한 관심(외부효과와 공공재에 초점), 소비흐름보다는 자본스톡 형태로서 자연자원을 명시적으로 평가하는 것. 우리는 먼저 국민소득계정에서 환경을 적절하게 평가하는 문제에 관심을 둘 것이다.

고전적 정의에 따르면, '전반적 자본재 스톡이 시간이 지나도 일정하거나 증가할 경우에만' 경제발전이 지속 가능하다.[4] 그러나 이러한 관점에서 부존자원과 다른 유형의 자본은 제한된 규모와 정도로만 서로 대체적이다. 오히려 환경이 어느 정도 훼손된 후에는 **부존자원과 다른 유형의 자본은 보완재**로 작용할 가능성이 있다. 제조자본(manufactured capital)은 보통 최소한의 환경 서비스가 없으면 생산을 할 수 없다. 미래의 기술이 그러한 상황을 개선하는 것을 상상할 수도 있겠지만 그런 기술이 나타나리란 분명한 보장은 없는 것이다.[5]

이들 논의가 암시하는 것은 미래의 성장과 전반적 생활의 질은 결정적으로 환경의 질에 달려 있다는 사실이다. 한 나라의 부존자원 기반과 대기, 물, 토지 등의 질은 모든 세대가 향유해야 하는 공통의 유산이다. 그러한 부존자원을 단기의 경제적 목표를 추구하기 위해 무차별하게 파괴한다는 것은 현재 그리고 특히 미래 세대 모두를 불리하게 만드는 것이다. 그러므로 개발정책을 수립하는 사람들은 어떤 형태라도 **환경회계**(environmental accounting)를 그들의 의사결정에 포함시켜야 한다. 예를 들어 가치 있는 환경자원의 보존 또는 손실이 경제성장과 인간복지를 추산할 때 (수량화할 수 있는) 하나의 요소로 포함되어야 한다. 대신에, 정책 수립자들은 환경자산의 순손실이 없도록 한다는 목표를 세울 수도 있다. 다시 말하면, 만약 한 지역에서 환경자원이 훼손되거나 소모되었다면, 동일하거나 더 많은 가치를 가진 자원이 다

환경회계
환경편익 및 비용을 경제활동에 대한 정량적 분석에 통합

른 곳에서 재생되도록 해야 한다는 것이다.

전반적 자본자산이란 제조자본(기계, 공장, 도로)뿐만 아니라 인적자본(지식, 경험, 기능)과 **환경자본**(environmental capital)(삼림, 토질, 방목장)을 포함한다. 이 정의에 의하면, **지속 가능한 개발**(sustainable development)은 전반적 자본자산이 감소하지 않는 것을 요구하며 **지속 가능한 순국민소득**(sustainable net national income, NNI*)의 정확한 측정치는 자본스톡을 감소시키지 않고 소비될 수 있는 양이다. 부호를 사용하여 표현하면 다음과 같다.

환경자본

한 국가의 총자본자산 중에서 환경과 직접적으로 관련된 부분. 예를 들면 산림, 토양의 질 그리고 지하수

$$NNI^* = GNI - D_m - D_n \tag{10.1}$$

여기서 NNI^*는 지속 가능한 국민소득, D_m은 설비자본자산의 감가상각, 그리고 D_n은 환경자본의 감가상각—연간 환경이 훼손되는 부분의 화폐가치—이다. NNI^*는 환경훼손을 되돌리거나 피하려는 활동에 드는 비용을 포함한다.

지속 가능한 개발

미래 세대가 최소한 현재 세대처럼 살 수 있도록 허용하는 발전의 형태. 일반적으로 최소한의 환경보호를 요구함

현재의 자료 수집 방법으로는 계산이 더 어렵겠지만, 보다 나은 측정치는 아마도 다음과 같은 수식으로 얻어질 것이다.

$$NNI^{**} = GNI - D_m - D_n - R - A \tag{10.2}$$

여기서 D_m과 D_n은 이전과 같고, R은 환경자본(산림, 어장 등)을 회복시키는 데 필요한 지출이며, A는 환경자본(대기오염, 수자원과 토양의 질 등) 파괴를 피하는 데 요구되는 지출이다(NNI가 경제활동으로서 R과 A를 포괄하고 있다. 그러나 이들은 NNI^{**}에 도달할 때 '감가상각충당금' 형태로 제외된다).[6]

지속 가능한 순국민소득

연간총소득의 환경회계 척도로, 한 국가의 총자본자산(환경자본 포함) 손실 없이 소비될 수 있는 소득수준

높은 인구증가율과 함께 세계적인 소비 수준의 증가에 비추어볼 때, 지속 가능한 개발을 실현한다는 것은 중대한 과제이다. 우리는 다음과 같이 자문해야 한다—지속 가능한 생활수준의 현실적인 예상치는 어느 정도인가? 많은 세계 자원이 급격히 파괴되고 있다는 현재의 정보를 근거로 할 때, 다음 35년 동안 20억 명 이상이 증가할 것으로 추정되는 세계 인구의 수요를 충족시키기 위해서는 소비와 생산 유형의 급격하고 빠른 변화가 요구될 것이다. 우리는 이러한 변화에 대해 이 장의 뒷부분에서 논의할 것이다.

인구, 빈곤, 경제성장에 대한 환경의 관계

인구, 자원, 환경 환경 이슈에 관한 대부분의 우려는 유한한 지구자원으로 욕구를 충족시킬 수 있는 인구한계점에 조만간 도달할지도 모른다는 자각에 기인한다. 새로운 기술적 발견의 커다란 잠재력을 고려하면 우리는 이러한 지점에 도달할 수도, 그렇지 않을 수도 있지만, 환경훼손을 가속화하는 현재의 경로를 계속 따라간다면 그들의 필요를 충족시키기 위해 현재와 미래 세대의 능력을 심각하게 희생하게 될 것이다. 인구증가율의 감소는 많은 환경 문제를 완화하는 데 도움이 될 것이다. 그러나 출산율 감소의 정도 및 시기와 그에 따른 세계 인구의 궁극적 크기는 출산율 제한에 도움이 되는 경제적, 제도적 여건을 만드는 데 있어서 정부가 얼마나 전념했느냐에 달려 있다(제6장 참조).

인구가 급격하게 증가하면서 농촌지역에서는 토지, 물, 장작 등이 부족해졌고, 도시에서는 위생과 깨끗한 물 등의 부족으로 인한 보건 위기가 발생했다.[7] 지구상 가장 가난한 지역 중 많은 곳에서, 증가하는 인구가 생존을 위해 의존하는 자원의 질이 높아진 인구밀도로 인해 극심하게 그리고 가속적으로 훼손된 것이 분명하다. 개발도상국의 확대되는 욕구를 충족하기 위해서는 환경의 황폐화가 반드시 중단되어야 하며 보다 많은 사람들에게 혜택이 돌아가도록 기존 자원의 생산성이 더 제고되어야 한다. 만약 GNI와 식량생산의 증가가 인구증가보다 더디다면, 1인당 생산 수준과 식량 자급자족 수준은 하락할 것이다. 역설적으로, 이로 인한 빈곤의 지속은 높은 출산율을 영속화할 가능성이 있다. 왜냐하면 제6장에서 언급한 바와 같이 빈곤층은 생존을 위해 종종 대가족에 의존하기 때문이다.

빈곤과 환경 빈곤층은 보통 환경훼손의 주요 희생자이다. 빈곤층은 환경의 훼손으로부터 더 고통 받는데, 그들은 종종 부자들이 기피하는 저렴하고 질이 낮은 토지에서 살아야 하기 때문에 그러하다. 게다가 빈곤 속에서 사는 사람들은 자기들이 사는 지역의 오염을 줄일 정치적 영향력도 작다. 그리고 덜 생산적이고 오염된 토지에서 살기 때문에 빈곤층에게는 빈곤에서 벗어나도록 일할 기회도 적다. 그러나 때로는 빈곤에 의한 제약으로 인해 그들이 환경훼손의 주범이 되기도 한다. 마찬가지로, 빈곤 그 자체가 원인인 문제들에 대해 높은 출산율을 탓하는 경우가 빈번하다. 예를 들어 경작 가능한 토지 1에이커당 중국의 인구밀도는 인도의 2배지만, 산출도 또한 2배만큼 높다. 환경파괴와 높은 출산율이 관련되어 있는 것은 분명한데, 둘 다 모두 제3의 요인인 절대빈곤의 직접적인 결과이다. 환경정책이 개발도상국에서 성공하려면 먼저 토지를 소유하지 못하는 문제, 빈곤 문제, 제도적 자원에 쉽게 접근하지 못하는 문제 등과 관련된 쟁점들을 다루어야 한다. 불안정한 토지 사용권, 신용과 투입요소의 결핍 및 정보 부족이 종종 빈곤층으로 하여금 그들의 생계를 의존하는 환경자원 보존에 도움이 되는 자원 확대형(resource augmenting) 투자를 하지 못하게 한다. 그러므로 환경훼손을 방지하기 위해서는 환경이 훼손되는 불가피한 과정 자체를 직접 막으려고 애쓰기보다는 빈곤층에 대한 제도적 지원을 핵심적인 요소로 인식하고 이러한 지원을 마련하는 것이 중요하다.[8] 이러한 이유로 국제환경 의제에 관한 많은 목표들이 제1장에서 분명히 언급한 개발의 세 가지 목적과 매우 조화로운 관계를 이루는 것이다.

성장 대 환경? 만약 빈곤층의 소득을 증가시켜서 환경파괴를 줄이는 것이 사실상 가능하다면, 환경에 더 이상의 훼손을 가하지 않고 성장을 이룰 수 있을까? 자신들 빈곤의 직접적 결과로서, 가장 빈곤한 사람들이 상당한 환경파괴의 원인이 된다는 증거가 있다. 가장 가난한 집단의 경제적 지위를 증가시키면 환경적으로 횡재를 하는 효과가 있을 것이라고 할 수 있다. 그러나 경제 내에 있는 다른 사람들의 소득과 소비 수준 또한 올라가면서, 환경파괴의 순증가도 있을 것이다. 환경훼손을 최소한으로 유지하면서 증가하는 소비수요를 만족시키는 것은 결코 쉬운 일이 아니다.

한때 1인당 소득이 증가할수록 초기에는 공해와 기타 환경훼손이 증가하다가 나중에는 역 U자 형으로 감소한다는 가설이 널리 믿어졌다. [이 생각은 **환경 쿠츠네츠곡선**(environmental

환경 쿠츠네츠곡선
1인당 소득이 증가할수록 오염 및 기타 환경손실이 처음에는 증가하다가 감소한다는 개념을 반영한 그림. 대기 중의 아황산가스 및 미립자 물질과 같은 일단의 오염물질에게 이것이 성립한다는 증거가 존재함. 그러나 온실가스 배출과 같은 다른 오염물질에게는 성립하지 않음

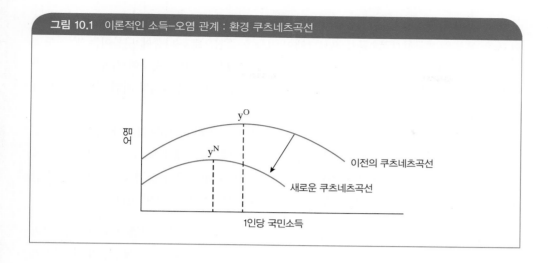

그림 10.1 이론적인 소득-오염 관계 : 환경 쿠츠네츠곡선

Kuznets curve)으로 불리는데, 제5장에서 서술한 바와 같이 소득이 증가하면 불균등이 처음에는 증가하다가 감소한다는 쿠츠네츠 가설이 역U자 패턴을 서술하기 때문이다.] 이 이론에 따르면, 소득이 증가하면 사회는 환경보호를 위해 비용을 지불할 수단과 의사 모두를 갖게된다. 사실 대기미세입자, 이산화황 및 산화질소 등과 같은 일부 지엽적 공해물질에는 이 역U자 곡선관계가 성립한다는 훌륭한 증거가 있다. 불안전한 식수와 위생불량 같은 다른 환경문제들은 소득이 증가하게 되면서 개선되고 있으며, 이는 매우 낮은 소득수준에서도 마찬가지다.

이는 평균적 형태이며 국가마다 다르다. 소득과 오염 간 관계가 성립하는 한, 패턴 자체는 원인에 대해 많은 정보를 제공하지 않는다. 환경오염 자체는 경제성장을 늦출 수 있다. 아니면 잘못된 제도와 같은 제3의 요소가 높은 오염과 낮은 1인당 소득을 초래할 수도 있다. 그리고 환경규제가 자동적으로 더 높은 소득을 가져오지는 않는다. 이는 전반적으로 정치적 과정에 의존한다. 역U자, 감소 또는 상승 등의 유형과 관계없이, 효과적인 환경규제는 오염도곡선을 하향시킬 수 있다(〈그림 10.1〉의 역U자 형태 사례에서 설명하고 있듯이).[9]

그러나 소득이 증가하면서 다른 환경적 훼손이 감소한다는 확신을 주는 증거는 없다. 앞으로 살펴보겠지만, 이 때문에 온실가스와 같은 지구적 공공재를 다루는 것은 아주 까다로운 문제다. 비록 아주 장기적으로는 환경 쿠즈네츠곡선이 성립하더라도 생물다양성의 손실과 같은 유형의 훼손은 아마도 되돌릴 수 없다는 것이 어렵지 않게 증명될 것이다. 적극적인 국제적 정책이 필요할 것이다.

환경과 농촌 및 도시발전

농촌개발과 환경 급격히 증가하는 인구의 확대된 식량수요를 충족시키기 위해서는 개발도상국의 식량생산이 향후 30년간 최소한 50% 증가해야 할 것이다. 개발도상국의 많은 지역에서 토지는 기존 인구에 의해 지속 불가능할 정도로 과도하게 이용되고 있으므로 이러한 생산목표를 충족시키려면 농업부문에 가능한 자원의 분배, 사용, 그리고 수량의 급격한 변화가 요

구된다. 그리고 여성들이 흔히 삼림과 물의 공급과 같은 농촌자원의 관리자이고 농업노동력
의 많은 부분을 제공하므로, 환경 프로그램이 그들을 중심으로—나중에 덧붙이는 것 정도로
고려되는 것이 아니라—설계되는 것이 일차적으로 중요한 일이다. 덧붙여 지속 불가능한 생
산방법에 대한 의존을 줄이기 위해, 빈곤제거 노력은 특히 여성의 경제적 지위 향상을 반드시
목표로 해야 한다.

소규모 농부들이 농업 투입요소에 접근할 가능성이 증가하고 지속 가능한 영농방법을 도
입(또는 재도입)한다면, 현재의 환경적으로 파괴적인 자원 사용 행태에 대한 매력적인 대안을
창출하는 데 도움이 될 것이다. 토지확대형(land-augmenting) 투자는 경작된 토지로부터 산
출을 대단히 증가시킬 수 있으며 미래의 식량자급을 확보하는 데 도움이 된다.

도시개발과 환경   제7장은 극심한 이촌향도 이주를 수반한 급격한 인구증가가, 때로는 국가
인구증가율의 2배나 되는 전례 없는 도시 인구증가로 이어진다는 걸 보여주었다. 결과적으
로, 기존의 도시 급수와 위생설비에 막대한 압력이 가중되는데 이에 대처할 준비가 되어 있는
정부는 없다. 이로부터 초래되는 환경적 재앙은 그러한 상황에 노출된 사람들이 점점 많아지
면서 극단적인 보건상의 위험요인이 되고 있다. 그러한 여건은 기존 도시 인프라의 붕괴를 촉
발하는 위협이 되고 전염병과 국가보건상의 위기를 불러오기에 알맞은 환경을 조성한다. 이
러한 여건은 현행법하에서 많은 도시주택이 불법(건축물)이라는 사실에 의해 악화된다. 이것
은 민간 가계의 투자를 위험하게 만들고 도시의 많은 인구들이 정부 서비스를 받을 자격을 상
실하게 만든다.

교통 혼잡, 차량 및 산업 배기가스, 그리고 환기가 잘 안 되는 실내 난방장치 또한 도시의
과밀로 인해 엄청나게 높아진 환경비용을 더욱 부풀린다. 비위생적인 물을 끓여 먹어야 하기
때문에 발생하는 연료비용 증가와 함께 아프거나 병든 근로자의 생산성 상실, 기존 수원지의
오염, 그리고 인프라의 파괴 등은 열악한 도시여건과 관련된 몇 개의 비용에 지나지 않는다.
도시 환경은 도시 인구증가보다 더 빠른 속도로 악화되는 듯이 보이며, 그 결과 추가적인 주
민유입이 유발하는 한계환경비용이 시간이 지나면서 증가한다는 것을 여러 연구는 밝히고 있
다. 그러나 같은 소득수준에서는 도시 주민의 이산화탄소 배출량이 도시 외곽이나 농촌 거주
자의 배출량에 비해 낮은 경향을 보인다.[10] 농촌 환경보호뿐만 아니라 도시 환경보호의 중요
성이 일곱 번째 밀레니엄개발목표에 포함되어 있다(제1장 참조).

지구 환경과 경제

전체 세계 인구가 늘어나고 소득이 증가하면서 지구 환경의 순훼손은 악화될 가능성이 크다.
지속 가능한 세계 개발을 달성하기 위해서는 약간의 주고받기가 필요하다. 자원을 더욱 효율
적으로 사용한다면 많은 환경 변화가 실제로는 경제적 절감을 제공하게 될 것이며, 일부 환경
변화는 상대적으로 적은 비용으로 달성되기도 할 것이다. 그러나 많은 경우 근본적 변화를 위
해서는 공해 감축기술과 상당한 자원관리 투자가 요구되므로 때로는 생산량과 환경 개선 사
이에서 선택을 해야 할 필요가 있게 될 것이다. 나라가 빈곤할수록 이러한 비용을 흡수하는

것이 더 힘들다. 그러나 생물다양성, 열대우림 파괴, 그리고 인구증가 등을 포함하는 많은 쟁점들은 세계에서 빈곤한 일부 나라에 국제적 관심을 돌리게 할 것이다. 저소득국가들에 대한 상당한 도움이 없으면, 그 자체로 지구 환경 보존에 중요한 함의를 지닌 교육, 보건 서비스, 그리고 고용계획과 같은 다른 사회적 프로그램들에 들어갈 재원으로 환경비용을 충당하게 될 것이다.

오늘날까지 누적된 환경파괴의 대부분은 선진국에 의해 그 원인이 제공된 것이다. 그러나 개발도상국의 높은 출산율과 평균소득 및 온실가스 배출 증가 등으로 이러한 패턴은 앞으로 역전될 것이다. 1인당 기준으로 보면 여전히 대부분의 부자국가들보다 낮지만, 중국은 이제 세계에서 가장 큰 온실가스 배출국이다.[11] 전 지구적 개혁의 비용을 어떻게 나눌 것인가 하는 것은 지속적으로 토론해야 할 문제이다.

1992년의 최초 지구정상회의(Earth Summit) 개최 이후 20년 만에 브라질 리우에서 열린, Rio+20로 알려진 2012 지구정상회의에서 나타난 분열은 명백하다. 정상회담은 대부분의 UN 회원국들이 참여하는 기념비적인 미팅이 될 것으로 생각되었다. 그러나 57개국 정상과 31명의 정부대표 그리고 많은 민간부문 및 비정부기구(NGO) 참관인들이 참여한 가운데, 미국의 버락 오바마 대통령과 영국의 데이비드 캐머런 총리와 같은 많은 핵심적 리더들은 참여하지 않았다. 낙관적 수사에도 불구하고, 정상회담이 비록 완전한 실패는 아니더라도 실망스러운 것이었다는 분석이 제기되었다. 최종성명서 '우리가 원하는 미래(The Future We Want)'는 해양보호 및 식량안보와 같은 중요한 영역을 다루었지만, 일단의 결과들을 도출한 이전의 선언과 연계되지 못했으며 이를 보완하지도 못했다. 비록 지속적 발전에 대해서 다양한 UN 회원국들이 수많은 자발적 약속을 했지만, 본질적으로 대부분은 기존 정책의 재천명이었다. 새로운 지속가능개발목표(SDG)가 2015년 종료되는 MDG를 계승하겠다는 확인이 있었다(제1장 참조). 반기문 UN 사무총장은 '앞길이 멀고 험하다'라고 말하면서 분위기를 요약하였다.

온실가스 기반의 기후변화 본질과 추세 환경과학자들과 경제학자들은 지구온난화의 충격이 예상보다 더 빨리 느껴지고 있으며—실제로 그것은 아프리카의 일부 지역에서 감지되기 시작하고 있다—매우 큰 미래 비용을 피할 수 있는 기회의 창도 닫히기 시작하고 있음을 인정하였다. 선진국들은 저소득국가들의 복원과 적응 모두에 드는 자금을 조성하는 일에 앞장서고 그 비용의 대부분을 부담해야 할 것이지만, 개발도상국들 또한 자기 자신의 미래를 보호하기 위해 지구온난화 방지에 중요한 역할을 할 필요가 있을 것이다. 우리는 이 장의 뒷부분에서 이 이슈를 보다 심도 있게 다룰 것이다.

빈곤탈출의 경로로서 천연자원 기반의 생계 : 기대와 한계

이 장의 서두에서 언급한 바와 같이, 개발도상국의 경제활동 인구 중 절반 이상이 농업, 수렵, 어업, 또는 산림업 등에 의존하고 있다.[12] 이러한 환경관련 소득은 채집 및 다른 활동 등과 함께 빈곤층 대다수에게 지극히 중요하며 올바른 정책여건하에서는 빈곤탈출의 경로를 제공할 수 있다. 그러나 환경 자원으로부터의 혜택은 종종 불균등하며 어떤 경우에는 점점 심화되고 있다. 많은 국가에서, 빈곤층은 새로운 개인 재산권 방식이나 부패한 공공 토지 운영 때문에 산림, 들판, 어장 등을 포함하는 자기들의 전통적 천연자원 공유지에 관한 통제권을 상실해 왔다. 지역사회와 NGO, 기관, 그리고 지방정부 등에 있는 그 지지자들은 이러한 경향에 대해 광범위하게 저항하고 있다. 충분한 농토가 없거나 산림에 대한 접근, 풀을 먹일 소, 또는 물고기를 잡기 위한 배나 장비 등과 같이 자연에 의존해 생계를 유지하는 데 필요한 자원이 부족한 많은 농촌 빈곤층은 (자연으로부터) 이익을 본 적이 없거나 오히려 피해를 받아왔다.[13]

개발도상국에서 많은 부존자원 착취가 지역적으로 지속 불가능하였으며 종종 빈곤층을 비껴가는 방식과 규모로 일어나고 있다. 아프리카와 아시아에서 공동 마을토지였던 것이 '즉시' 민영화될 수도 있다. 정부가 토지와 자원에 생계 및 생활양식을 의존하는 사람들에 대한 고려 없이 외국 또는 자국 기업에 벌목, 어로 및 채광 행위를 할 권리를 부여하거나 이를 허용(또는 방관)할 가능성도 있다. 또는 정부가 빈곤층이 사용하고 있는 공동 토지를 '보호'지역으로 지정하여―부패와 밀렵으로 인해 생태적 이익은 없겠지만―빈곤층의 생계와 생활양식을 위한 사용을 금지하고 빈곤층이 보호에 참여할 동기를 주지 않을 수도 있다. 빈곤한 사람과 그 공동체에 진정한 권한을 부여하여 그들이 권리를 주장할 수 있도록 하는 '친 빈곤층 통치'가 부분적 해결책이 될 것이다. 이것은 과학적 경영과 전통적 공동체 관행을 융합하는 것을 도와주는 훈련의 효과를 증폭시킨다.[14] 공동체 여성에게 권한을 부여하는 것은 종종 프로그램 성공의 열쇠가 된다. 탄자니아의 Suledo 산림공동체(Suledo Forest Community)와 HASHI 프로젝트 등의 많은 훌륭한 사례들이 '생물다양성의 보존과 지속 가능한 사용을 통해 빈곤을 감소시키려는 지역적 노력'을 인정하는 유엔적도상(United Nations Equator Prize)의 수상자와 입상자들 중에 발견된다.[15]

식수의 중요성   정책사회에서, '식수는 새로운 석유'라는 관점이 더 많이 논의되고 있다. 명백히, 식수는 더욱 희귀해지고 가치는 증가하고 있다.

빈곤계층은 종종 식수의 유용성과 품질 문제를 이야기하는데, 이를 통해 이들이 식수 문제를 그들 빈곤 경험의 핵심으로 생각하고 있다는 것이 명백해졌다. 그들은 위생적인 식수의 부족에 대해 이야기하고, 그들의 가족과 공동체가 오염된 식수를 마셨을 때 사람들에게 어떠한 일이 발생하는지 이야기하며, 식수를 조달하는 데 사용하는 많은 시간과 식수를 구매할 때 발생하는 높은 리터당 식수비용에 대해 말한다.

식수와 관련된 갈등이 개발도상국 간 갈등의 원인이 되기도 하는데, 협력을 통한다면 훨씬 더 많은 이익을 얻을 수 있을 것이다. 가장 심각하고 당황스러운 사례 중 하나는 중국과 인도 간 갈등의 확대이다. 또 다른 잠재적 화약고는 에티오피아와 이집트이다.[16]

국내 요인에 의한 환경훼손의 범주

개발도상국에서 빈곤에 의해 촉발되는 환경적 과제는 깨끗한 물과 위생에의 접근 부족으로 생기는 보건상의 위험, 유기물 연료를 이용하는 난로로 인한 실내공기오염, 그리고 삼림 황폐화와 극심한 토질 저하를 포함한다—모두 지속 불가능한 형태의 생활에 대한 경제적 대안이 부족한 대부분의 가계들이 공통적으로 경험하는 사항이다. 환경훼손으로부터 오는 주요 보건 및 생산성 문제의 결과는 수질오염 및 물 부족, 대기오염, 고형 및 독성 폐기물, 토질저하, 삼림 황폐화, 생물다양성의 상실 및 지구온난화로 인한 기후변화 등을 포함한다.

개발도상국에 살고 있는 가장 가난한 사람들의 60% 이상이 농업적으로 한계적인 토양에서 생존을 위해 애쓰고 있다고 추산된다. 이러한 경향은 개발도상국 진영의 몇몇 지역에서 토지분배의 심한 불균등으로 크게 악화되는데, 이로 인해 증가하는 농지-무소유 농업노동자 계층은 더욱 혹사당하고 생태적으로 민감한 토양에서 일하게 된다. 취약한 토지에 집약된 경작의 증가는 급격한 토질 저하와 생산성 손실로 이어진다. 대략 27만 제곱킬로미터의 토양이 매년 대부분의 생산성을 잃어버린다. 인도와 중국을 합한 크기보다 더 큰 면적이 심각하게 훼손되었다. 그로부터 초래되는 연간 농업생산의 손실은 연간 세계 GNI의 0.5~1.5% 사이일 것으로 추산된다. 급속한 인구증가와 이에 보조를 맞추지 못하는 농업생산의 결과로, 사하라이남 아프리카 지역의 1인당 식량생산이 1980년대와 1990년대 중에 감소하였다(제9장 참조).[17]

금세기의 보다 높은 상품가격은 분명히 인도네시아와 같은 나라에서 밀렵과 불법적인 벌목을 부추겼을 것이다. 금지구역에서의 과도한 어업 활동과 환경적으로 파괴적인 어업관행은 높은 생선가격과 관련이 있는 것이었다. 민감한 지역으로 채광활동을 확대함으로써 지표유출과 그에 따른 훼손이 초래되었다. 많은 경우에 있어서 부존자원에 생존을 의존하는 원주민과 빈곤층이 고통을 받았다.

도시와 농촌 빈민들이 공유하는 환경 문제 중 하나는 깨끗한 물과 위생시설이 부족하여 건강에 해로운 상태가 만연한 것이다. 이는 감염성 질병의 확산에 크게 기여한다. 장티푸스, 콜레라, 아메바성 감염, 세균성 이질, 설사 등을 일으키는 수인성 병원체가 개발도상국에서 발생하는 모든 질병의 80%를 차지하며, 매년 거의 700만 명에 달하는 아동 사망의 적어도 90%가 이것 때문이라고 추산되고 있다. 악화되는 환경여건은 1990년대에 남미와 아프리카의 여러 나라들에서 발생한 콜레라 전염병과 다른 보건 문제들의 확산에 기여한 요인으로 언급되었다(제8장 참조). 그리고 제7장에서 지적하였듯이, 급격한 인구증가와 심한 이촌향도 이주 현상으로 인해 정작 필요성이 높은 사람들에게 도시 서비스를 확대하는 것이 어렵게 되었다.

대기오염물질 또한 개발도상국 시민들의 건강에 큰 손해를 끼친다. 나무, 밀짚, 거름과 같은 **바이오매스 연료**(biomass fuel)에 의존하는 것은 빈곤과 밀접하게 관련되어 있다. 요리를 하고 물을 끓이기 위해 바이오매스 연료를 태우는 것은 위험할 정도로 높은 수준의 실내오염을 일으키며 매년 4~7억 명이 이에 노출된다. 이 중 대부분은 여성과 아동이다. 실내 난로에서 나오는 연기와 매연이 호흡기 질병으로 인한 약 연 400만 명의 아동 사망과 숫자가 증가하기만 하는 고질적인 호흡기 질환의 중대한 원인이 되는 것으로 여겨진다.[18]

도시지역에서는 다른 종류의 공해가 신체적 후생을 심각하게 위협한다. 세계보건기구에 따르면, 13억 명이 도시지역에서 위험한 수준의 대기오염물질 속에서 살고 있다. 그럼에도 2030년까지 개발도상국들의 제조업은 2000년 수준의 600%로 확대되어 공해물질의 잠재적

바이오매스 연료
장작, 인분 및 농업 잔류물과 같이 연료로서 사용되는 가연성의 유기 농 물질

집중도를 엄청나게 증가시킬 것으로 추정되어 왔다. 2030년까지 현재의 도시 대기품질표준을 유지하기 위해서는(선진국의 도심 수준보다 무척 나쁜 여건을 수용한다는 의미이다), 개발도상국의 공장과 전기발전기에서 나오는 평균배출량을 생산단위당 90~95%만큼 줄여야 할 것이다.

농촌개발과 환경 : 두 마을의 이야기

농촌 빈곤과 환경훼손이 어떻게 상호작용하는지를 명확히 이해하기 위해, 하나는 아프리카에 있고 다른 하나는 남미에 있는 2개의 가상적인 개발도상국 진영의 마을을 간단히 살펴보자.

사하라이남 아프리카의 마을 반건조지역에 위치한 아프리카 마을의 주민들이 남은 나무를 자르고 한계토지를 경작하는 것은, 그들이 이미 감내하고 있는 고난을 악화시킬 뿐이라는 것이 국제 전문가들의 경고이다. 그 충고는 생존을 위해서 기본적 필수품 획득에 중점을 두는 개별 가계의 최우선순위에 역행하는 것이다. 여기서 나무는 여러 가지 기능을 하는데, 가장 중요한 것은 요리를 위한 땔감을 제공하는 것이다. 나무가 없으면 많은 음식을 준비하고 옥수수가루를 만들며 또는 물을 끓이는 것이 불가능할 것이다. 급격히 증가하는 인구에 의한 토지 사용 확대, 땔감용 나무 절단, 경작을 위한 한계 토지 개간의 결과로 토양은 점점 파괴적인 환경의 힘에 노출된다. 세찬 바람, 비, 그리고 태양에 의한 건조 등 파괴적 영향을 완화해줄 식물이 없으므로 경작을 위해 필요한 소중한 표토의 보다 급속한 침식이 불가피하다. 넉넉한 산출은 획득하기가 더 힘들어지고 가뭄 시기의 사정은 더욱 심각할 것이다. **사막화**(desertification)—침식이 가장 심한 지역으로 사막이 잠식해 들어오는 것—는 보다 생산적인 토지마저도 집어삼킬 듯 위협한다.

사막화
인공적 수자원 없이는 생명을 유지할 역량이 거의 없는, 건조하고 황량한 토지로 지역이 바뀌는 것

소중한 표토의 상실과 감소하는 생산량의 결과로 생필품을 구하기 위해 시장에 내다 팔 식량은 더 적어지며, 많은 가계에 있어서 아동에게 돌아갈 식량 또한 더 적어진다. 그럼에도 가족은 생존을 위해 충분한 소득을 얻으려 애를 쓰며 더 많은 시간을 소비해야만 한다. 어떤 가계는 가족구성원들을 더 크고 번영하는 농장에서 일하도록 하여 추가수입을 올리기도 하지만 임금을 주는 일자리는 드물다.

그 날의 요리를 위해 충분한 땔감을 수집하는 것은 보통 여성의 일이다. 땔감을 얻을 수 있는 지역으로 걸어서 왕복하는 데 몇 시간이 걸릴 것이므로 하루 일과의 고단함을 가중시킬 것이다. 그러나 대안이 될 연료가 현지 시장에 없고 또 있다 해도 가계의 재정이 그걸 구매하기에 충분치 않은 경우가 대부분일 것이다. 사실 많은 여성들이 숯을 만들 소중한 땔감을 수집하는 데 추가적인 시간을 소비하고 있는데 그것을 도시에서 약간의 돈을 받고 바꾸어 가계의 생필품을 사는 데 보탠다. 여성이 노동에 투입하는 시간의 낮은 기회비용이 삼림의 낭비적 사용을 영속화하고 지역 환경여건을 악화시킨다.[19]

아마존 근처의 정착촌 이제 남미에 있는 광대한 열대우림의 끝에 자리한 다른 가상적인 마을을 생각해보자. 이곳의 농부 대다수는 정부의 토지와 번영에 대한 약속에 의해 이주해 온 초보자들이다. 토지를 개간할 뜻이 있는 정착민들에게 재산권을 나누어주는 공공재 정착 프로

그램은 도시의 과밀함을 해소하고 이촌향도 이주 현상을 막기 위해 설계되었다. 아프리카 마을과는 대조적으로 이 정착촌에는 강우량, 야생동물 및 목재의 부족함이 없다. 사실, 숲은 이 주농부들에게 걸림돌이며 경작공간을 만들기 위해 주기적으로 태워진다.

숲을 태워 경작지를 만들면 땅이 없는 사람들에게 일시적으로는 약간의 소득원이 되기는 하겠지만, 그 땅은 전 세계 강우림 토양의 90%가 그런 것처럼 아주 비옥하지는 않으며 집약적인 경작을 오직 몇 년 정도 견딜 수 있을 뿐이다. 생산 수준을 향상시키는 데 도움이 될 보완적인 투입요소와 영농지식 등의 공급이 부족하고, 산출은 처음 몇 년이 지나면서 급격히 떨어지기 시작한다. 정착민들은 그래서 숲속으로 더 깊숙이 들어가 화전을 일구게 되는 것이다. 정착민들은 한계농지에 위치해 있고, 최저생활수준 이상으로 올라갈 희망이 없이 끊임없이 새로운 경작지를 찾아야만 하므로, 정부의 프로그램은 장기적으로 반개발적이 될 수도 있는 것이다. 가계소득은 낮고 불안정한 상태를 벗어나지 못하고 있으며, 평균생산성의 개선은 이루어지지 않고, 떠나가는 인구는 그 족적을 따라 파괴된 환경을 남기며 모두의 생산성을 더 감소시킨다.

마을의 환경 악화

심한 도시화는 급속한 인구통계학적 변화를 가져오기도 하지만, 매우 빈곤한 사람들의 대부분은 방금 서술한 두 마을과 유사한 농촌마을에 살고 있다. 경제적 필요는 종종 소규모 농부들로 하여금, 단기적 생존을 보장하지만 환경자산의 미래 생산성은 감소시키는 방식으로 자원을 사용하도록 한다. 지속 불가능한 생활양식은 아마도 경제적 필요에 의해 강제되었을 것이다. 길고 극심한 식량부족의 시기에 절망적이고 굶주린 농부들이 미래에 재앙이 될 줄 알면서도 다음 해에 심을 종자를 먹었다고 알려져 있다. 궁핍한 사람들이 생존을 위해 자신이 의존하는 농업자원을 훼손하는 경향은 보다 천천히 일어나는 현상이므로 위의 예에 비하면 덜 극적이지만 그것의 동기가 되는 환경은 유사하다.

농촌 환경파괴의 원인과 결과는 지역에 따라 크게 다르다. 그러나 지속적인 빈곤은 흔히 현지 원인에 의한 훼손의 근원이다. 개발도상국에서 빈곤층의 대부분은 토양이 너무 얇거나 너무 건조하거나 또는 너무 모래재질이어서 영구적인 농사를 지속할 수 없는 그런 토지의 작은 구획을 경작하여 생기는 빈약한 산출에 의지하여 생존하고 있다. 이동경작을 사용하든 비료를 투입하든 그 어떤 방법으로든 토질을 개량하지 않는다면 그 땅은 척박해질 수밖에 없고 연이은 수확에 따라 산출은 줄어들 것이다. 그러나 빈곤한 사람들은 보통 땅을 쉬게 하거나 관개시설과 비료에 투자하여 토지의 생산성을 올릴 수단을 갖고 있지 못하다. 게다가, 출산율이 높고 아이들이 임금을 받아오거나 농장에서 일을 하여 결정적인 경제적 기여를 하는 곳에서는 인구와 경작의 집약도가 시간이 지남에 따라 늘어날 것이고 토양이 척박하게 되는 정도가 심화될 것이다.

이러한 형태의 환경적 압력이 초래하는 즉각적인 결과 한 가지는 **토양침식**(soil erosion)이다. 바람과 물로부터 토지를 보호해줄 피복식물이 없으므로 소중한 표토가 바람에 날려 가거나 물에 씻겨 내려갈 것이며, 토지의 생산성을 더욱 감소시킬 것이다. 이러한 환경훼손 과정

토양침식
농지 과다 사용, 삼림벌채 및 이에 따른 농경지 홍수 등에 의해 만들어진 가치 있는 표토의 손실

은 현지 1인당 식량생산을 지속적으로 감소시킬 것이며, 궁극적으로는 사막화에 이르게 할 수도 있다. 이러한 현상은 이촌향도 이주의 증가에 박차를 가하거나 또는 남아 있는 인구로 하여금 보다 덜 비옥한 토지조차 경작하게 만들 수도 있으며, 이러한 과정은 더욱 반복될 것이다.

삼림벌채
농업적 목적, 벌목 또는 장작활용을 위해 산림 지역을 청산

농촌 빈곤과 환경파괴의 악순환을 일으키는 또 다른 요인은 **삼림벌채**(deforestation)이다. 개발도상국에서 벌목의 대부분은 조리를 위한 연료로 사용된다. 수목이라는 덮개가 사라진다는 것은 대부분의 가난한 농촌 주민에게 두 가지의 잠재적으로 파괴적인 환경적 함의를 갖는다. 삼림벌채는 시간이 지나면서 농업 산출을 매우 낮추고 농촌의 어려움은 증가시키는 많은 환경적 고질병에 이르게 할 수 있다. 그러나 매일매일의 기준으로 보면 땔감을 점점 구하기 어렵다는 것은 여성이, 소득창출과 육아 같은 다른 중요한 활동에 쓸 시간을 줄이고 하루 중의 많은 부분을 연료를 구하느라 허비하게 된다는 것을 의미한다. 최악의 경우에는 연료가 너무 없어서 작물 산출을 유지하는 데 필요한 주요 투입요소인 바이오매스 또는 거름과 같은 천연비료를 태우는 경우도 있다. 극단적인 경우에는 삼림벌채가 질병의 확산을 촉진할 수도 있는데, 보르네오의 말라리아가 그 예이다.

국지적 규모로 시작되는 환경훼손은 순식간에 지역적 문제로 비화할 수 있다. 예를 들어 고지대에서 초목을 제거하면, 보다 낮은 지대에서 경작된 토지의 노출을 증가시킬 것이다. 심한 강우로 씻겨 내려간 토양은 강을 막고 식수를 오염시킬 수 있다. 식물은 빗물을 보존하는 데 도움을 주는데, 풀과 나무가 머금은 빗물은 흙 밑으로 스며들어서 지하수의 지하 저장고에 들어간다. 건조한 지역의 다양한 식물들이 건기 중에는 그 물을 빨아올리게 된다. 식물과 삼림의 상실은 지하수가 보충되는 비율의 감소로 이어지고 국지적인 강우의 감소로까지 이어질 수 있다. 이어지는 수위 하락은 어린 나무들을 포함하여 뿌리를 낮게 내리는 식물을 고사에 이르게 한다. 이러한 자기영속적인 과정은 그전에 영향을 받지 않았던 지역으로 고질병을 확산시킬 수 있다. 놀랄 것도 없이 홍수, 가뭄, 진흙사태 등을 포함한 국지적 환경훼손과 관련된 자연재해의 증가는 국지적, 지역적 농업경제에 파괴적 영향을 줄 수 있다. 이들 문제들은 향후 수십 년간 지구온난화로 인한 기후변화에 의해 더욱 악화될 것으로 예상된다.

10.2 지구온난화와 기후변화 : 범위, 완화, 그리고 적응

문제의 범위

기후변화에 관한 정부 간 패널(IPCC)[20]은 UN의 재정지원을 받는 국제과학기구로서 기후변화와 그 효과를 연구한다. 2013년 말에 IPCC는 *Climate Change 2013: The Physical Science Basis*를 발표하였으며, 여기에서 이전의 결론을 보강하였다. 그리고 새로운 보고서 *Impacts, Adaptation and Vulnerability*와 *Mitigation of Climate Change*를 2014년 발간하였다.

2007년 IPCC는 네 번째 평가보고서를 발표하였다. 보고서는 보다 큰 규모의 폭염, 허리케인, 큰 비에 의한 홍수, 지속되는 가뭄, 귀중한 종자들의 멸종, 그리고 작물과 어로에서의 손실 등을 포함하는 지구온난화의 중대한 부작용이 개발도상국 진영, 특히 가장 빈곤한 나라에

닥칠 것으로 예상된다고 결론 내렸다. 후속연구는 이러한 결론을 강력하게 보강해주고 있다. IPCC는 온실가스로 인한 기후변화에 고도로 취약한 4개의 구역을 규명하였다. 사하라이남 아프리카는 건조함 때문에, 아시아의 거대 삼각주 지역은 홍수 때문에, 작은 섬들은 중첩된 민감성 때문에 그러한 지역으로 규명되었다. 또한 북극지역도 포함되었다.

사하라이남 아프리카는 특히 심하게 타격을 입을 것이다. IPCC 보고서는 적응이 도움은 되겠지만, 그리고 에티오피아 고원지대 같은 어떤 지역은 늘어난 성장기간으로 이익을 얻겠지만, 2020년이 되면 여건은 이미 악화되어 있을 것이라고 결론 내렸다.

> 아프리카의 많은 국가와 지역에서 농업생산과 식량에의 접근성은 기후 변동성과 변화로 인해 극심하게 줄어들 것으로 예측된다. 농사에 알맞은 지역, 성장기간 및 산출 잠재력 등이 특히 반건조 및 건조 지역에서 감소할 것으로 예상된다. 이것은 더 나아가 이 대륙의 식량안보에 나쁜 영향을 주고 영양실조를 악화시킬 것이다. 일부 국가에서는, 2020년까지 천수에 의존하는 농업생산이 50%까지 떨어질 것으로 생각된다.

위의 연구는 아프리카에서 7,500만에서 2억 5,000만 명이 2020년까지 심화된 '기후변화로 인한 물 부족'에 노출될 것이라고 예측하였다.[21] 연안어업, 맹그로브 나무들, 그리고 산호초가 더욱 훼손될 것이고 예측되는 해수면 상승과 폭풍으로 위협받을 것이다. 담수호 또한 부정적인 영향을 받을 것이다.

아시아에서는 수백만 명이 빈도와 강도가 증가할 것으로 예상되는 태풍 경로에 위치한 저지대에 살고 있거나 그렇지 않으면 해양 또는 하천의 범람이 보다 크게 닥칠 위험을 안고 살고 있다.[22] 융빙(Glacier melting)은 홍수를 증가시킬 것으로 예측되지만, 몇십 년 후 일단 빙하가 녹은 후에는 흐름이 줄어들 것이며 이는 계절적인 용해가 정상적이며 유익했던 여름에 특히 더 두드러질 것이다. 가용담수의 감소는 2050년대까지 아시아에서 수십억 명의 사람들에게 영향을 줄 수 있다. 온건한 온난화로 작물 산출이 몇몇 아시아의 북쪽 지역에서 늘어나겠지만 많은 열대 및 아열대 지역에서는 떨어질 것으로 예측된다. 홍수의 증가는 또한 농촌 및 도시 인프라 모두를 위협한다. 금세기 후반에, 남아시아는 보다 심한 가뭄, 물 부족, 그리고 농업 생산성 감소에 직면할 것이다.[23]

남미에서는 온난화가 금세기 중반까지 아마존 우림과 생물다양성 등의 상실을 야기할 것으로 예측된 한편, 보다 건조한 지역에서는 농업생산이 해를 입을 것이다. 마지막으로, 많은 작은 섬들은 해양홍수, 침식, 그리고 담수, 어업 및 관광업 등의 상실에 민감하고 취약하다는 점 때문에 위험에 처해 있다.

요약하면 가뭄 연장, 사막화의 확대, 호우를 동반한 폭풍 및 홍수와 그에 따른 침식 등의 격화, 보다 극심한 폭염기의 연장, 여름 하천유량의 저하와 물 부족, 곡물 소출의 감소, 기후변화로 인한 해충과 질병의 확산 범위, 지하수 오염과 상실, 담수호, 연안어업, 맹그로브 나무들 및 산호초 등의 황폐화, 그리고 연안홍수—이러한 영향은 금세기 중 그리고 한때 믿어졌던 것보다 빨리 세계의 가장 빈곤한 나라 대부분에 닥칠 것으로 예상된다. 다른 가능한 생태적 훼손은 꽃가루 매개자와 토양생물과 같은 필수적인 종자의 상실, 삼림과 곡물의 화재 및 표면 오존 수준의 상승 등을 들 수 있다.[24] 이러한 문제들이 생긴다면 악화된 상황을 유지하려고 노력하는 것만으로도 다른 부문에서 얻은 생산성 증가가 상쇄될 수 있다는 것을 의미한다.

온실가스로 인한 기후변화는 이미 도래하였으며 앞으로 더 많이 발생할 것임은 의심의 여지가 없다. 날씨와 연평균 기온은 보통 변동하는 것이지만, 평균으로 보아 기후변화는 부분적으로 이미 도래하였다고 확인된다. 2010년 미국 국립해양대기청(NOAA)은 11개의 기후지표를 이용한 연구를 발표하였으며 각각의 지표가 온실가스의 영향으로 인한 지구온난화의 증거를 나타내고 있음을 발견하였다. 이 연구는 IPCC가 보고서를 발표할 당시에는 아직 얻을 수 없었던 자료에 근거한 것이었다. 사이언스지의 2013년 연구에 의하면, 과거 6,500만 년 중 그 어느 때보다 '100배 더 급속한' 속도로 진행된다고 예측할 수 있다는 것이다.[25]

그리고 세계은행은 2009년 세계개발보고서에서 다음과 같이 결론 내렸다.

> 기후변화의 효과는 대기 및 해양의 보다 높은 평균온도, 확산된 융설과 융빙, 그리고 상승하는 해수면에서 이미 볼 수 있다. 폭염은 더욱 흔한 반면에 추위와 성에는 흔치 않은 현상이 되었다. 호주, 중앙아시아, 지중해 유역, 사하라 사막 주변의 초원지대, 미국 서부, 그리고 많은 다른 지역에서 더욱 자주 그리고 더욱 강도 높은 가뭄을 목격해 왔음에도 불구하고, 세계적으로 보면 강수량은 늘어났다. 큰 비와 홍수는 더욱 흔하게 되었고, 폭풍과 열대성 사이클론의 피해가(그리고 아마도 그 강도 또한) 증가하였다.[26]

지구온난화는 아마도 개발도상국에게 전례 없는 환경적 과제를 제기할 것이다. 2006년 기후변화의 경제학에 대한 스턴 보고서는 '비록 그들이 문제를 일으키는 데 원인을 제공한 바없지만 가장 빈곤한 개발도상국들이 기후변화에 의해 가장 일찍이 그리고 가장 심하게 타격을 입을 것이다. 그들은 낮은 소득 때문에 적응하는 데 필요한 돈을 마련하기 힘들 것이다. 국제사회는 그들이 기후변화에 적응할 수 있도록 지원해야 할 의무가 있다. 그러한 지원이 없으면 개발의 진행이 약화될 심각한 위험이 있다'는 결론을 제시했다.[27] 이 보고서는 또한 다른 연구들과 마찬가지로 열대지역의 식량생산이 해를 입을 것이라고 주장하였다—"열대지역에서는 약간의 온난화도 산출의 감소로 이어질 것이다." 온난화 정도가 클수록, 예상되는 세계 농업 및 물에 대한 영향은 클 것이다. 그러나 이 보고서는, 일반적으로 단호한 행동이 조속히 취해진다면 놀랍게도 효과적인 복원이 가능하다는 것을 발견했다.

세계은행은 깜짝 놀랄 만한 2012년 연구, *Turn Down the Heat*를 출판하였는데, 금세기 동안에 세계가 평균 4℃ 증가와 그로 인한 엄청난 결과에 직면하는 사례를 제시하였다. 2013년의 후속연구, *Turn Down the Heat II: Climate Extremes, Regional Impacts, and the Case for Resiliene*는 극단적 기후 사건 및 해수면 상승과 같이, 현재까지의 섭씨 0.8℃ 상승 후 이미 느껴지고 있는 효과에 초점을 두었다. 이 보고서는 또한 20~30년 내에 예상되는 2℃ 상승이 아프리카의 식량부족과 남아시아의 식수 위기를 창출할 것이라고 강조했다. 온도가 2℃를 넘어 4℃를 향해 간다면 극단적 혹서, 해수면 상승, 폭풍, 가뭄, 홍수 그리고 초원/농경지/해양 생태계 손실이 발생할 것이다.[28]

최악의 영향은 천수농업을 포함하여 부존자원에 대부분을 의존하는 매우 빈곤한 사람들이 받게 될 가능성이 높다. 더욱이, 농촌뿐 아니라 도시지역의 빈곤층이 사는 주택은 종종 열악하게 지어졌고 가장 환경적으로 취약하며 위험한 지역에 위치해 있다. 왜냐하면 주로 부자들은 거기에 살고 싶어 하지 않기 때문이다. 진흙, 대나무, 밀짚, 그리고 다른 값싼 또는 수집 가능한 자재로 지어진 빈곤층의 주택은 극단적인 날씨상황에 가장 취약하다. 빈곤층은 혹서, 홍수, 이류(진흙더미 사태) 및 질병에 취약하다. 빈곤층은 그들이 가장 많이 노출된 위험에 대비한 보험을 얻을 수 없다. 2014년 세계보건기구는 1970년대 이래 발생한 지구온난화로 인해 연간 14만 명이 주로 설사, 말라리아, 그리고 영양실조 때문에 사망했다고 추산했다.[29]

어떤 분석가들은 직접적인 환경적 영향에 더하여, 심화된 자원의 희소성으로 인한 사회적 긴장이 더 큰 충돌을 불러올 수 있다고 예상한다. 이 경우 빈곤층은 다시금 가장 피해를 많이 보는 대상이 될 것이다. 몇몇 분석가들은 수단 다르푸르 지역에서의 위기는 환경적 압박 때문에 촉발되었다고 믿는다.[30]

따라서 환경재앙은 빈곤계층과 그들의 경제발전에 대해 전면적인 결과를 갖게 될 것이다. 2013년 Human Development Report는 환경재해하에서 살고 있는 사람들과 UNDP의 기본적 예측을 비교하였다. UNDP는 기본 시나리오하에서보다 환경재해 시나리오하에서 27억 명 이상이 극단적인 소득빈곤에서 살게 될 것이라고 예상했다. 이는 19억 명이 빈곤에 진입하고 빈곤에서 탈출할 수도 있었던 8억 명의 사람들이 빈곤탈출에 실패한 것을 반영하는 것이다.

완화

'탄소시장'의 개발, 탄소세, 그리고 더 빠른 기술적 진보를 장려하는 보조금을 포함하는 많은 전략들이 배기가스의 경감을 위해 제안되었다. 배기가스 감축의 편익과 비용 모두가 불확실한 상태에서, 규제 목적상 가장 효율적인 허용치 또는 배기가스 세금제도 등을 고안하는 데는 어려운 경제적 질문이 존재한다. 스턴 보고서는 환경적 재앙을 막기 위한 정책전략으로서 대기 중의 온실가스에 대한 장기적 수량 상한선을 수립할 것을 제안한다. 이것은 지구가 흡수할 수 있는 양과 동일한 수준으로 온실가스 배출량을 장기적으로 제한하는 것을 포함한다. 단기적으로는, 만약 경감 비용이 초기에 예상외로 높게 나올 경우 경제적 부담이 경감되도록 정책이 설계될 수도 있다.[31]

지구온난화는 일차적으로는 선진국에 원인이 있지만 전적으로 그들이 만든 문제는 아니다. 비록 오늘날까지 누적된 온실가스의 많은 부분이 고소득 국가에 의해 배출되었지만, 선진국들이 이제 급격하게 온실가스 오염을 줄인다고 해도 우리는 여전히 급속도로 증가할 것으로 예상되는 개발도상국 진영의 온실가스 배출을 억제하는 행동을 취해야 할 것이다. 개발도상국들의 온실가스 배출 증가에는 여러 이유가 있지만, 아시아의 급속한 산업성장은 벌써부터 주요한 원인 중 하나로 거론되고 있으며 이러한 사정은 중국, 인도, 그리고 다른 지역에서 화력발전의 확대가 계획되어 있으므로 상당히 악화될 것으로 예상된다. 개발도상국의 배출가스를 줄이기 위한 비용을 근본적으로 감당하기 위한 정책과 방법들이 도입되었다. 개발도상국의 삼림벌채는 소중한 생물다양성과 공기와 물을 정화하는 환경기능 등의 상실에 더하여,

유해한 온실가스의 20% 이상을 기여한다. 개발도상국들이 온실가스 배출을 줄이도록 돕는 것이 해외원조의 중요한 관점으로 부상하였다. 실제로 산림보존에 대해 개발도상국에게 대가를 지불하는 메커니즘을 개발하고 시행하는 것이 기후변화에 대한 국제협상의 유효한 주제였다. 삼림벌채와 훼손 등에 따른 배기가스의 감축(Reducing Emissions from Defrostation and Forest Degradation, REDD) 메커니즘은, 산림에 의존하는 원주민 사회의 참여를 수반한 산림유지 및 재건 인센티브의 촉진(REDD-plus로 알려짐)과 더불어 빠르진 않지만 성과를 내고 있다.[32]

적응

적응을 위한 즉각적 행동이 필요하지만, 상당한 규모의 기후변화는 이제 불가피하다. 급격한 기후변화가 즉시 시작된다 하더라도, 기후 시스템의 시차(lag)로 인해 변화는 몇 년에 걸쳐서 진행될 것이다. 따라서 개발도상국의 생계를 보호하고 개발이익이 지속되게 하려면 기후변화에 대한 적응이 대단히 중요하다.

UNDP는 기후변화 적응을 '기후적 사건의 결과를 완화하고 대처하고 이용하는 전략들이 활성화되고 개발되며 시행되는 과정'으로 정의했다.

적응의 형태에는 두 가지가 있다―하나는 정부에 의해 취해지는 '계획된'(또는 정책적) 적응이며 다른 하나는 가계, 농장 및 기업 등이 자기들이 경험하거나 예상하는 기후변화에 반응하여 직접적으로 취하는 '자율적'(또는 사적) 적응이다. 자율적 또는 개인적 적응과 계획된 또는 정책적 적응 사이의 구분은 뚜렷하지 않지만―정부는 시민에게 반응하고, 정부 인센티브는 개인이 무엇을 선택할 것인지에 영향을 준다―이러한 구분은 적응에 대한 분석을 하는 데 유용하다. 위의 두 가지 범주는 어떤 측면에서는 보완적이지만 다른 측면에서는 대체적이다. 만약 자율적 적응이 계획된 적응의 한계편익을 증가시키고 그 반대 역시 성립한다면, 2개 범주는 보완적인 것으로 볼 수 있다―예를 들어 농부들이 온도 상승에 대응하여 새로운 종자를 심고 정부 연구기관은 새로운 열 저항성 씨앗을 개발하는 경우가 그렇다. 그러나 만약 자율적 적응이 계획된 적응의 필요성을 감소시키고 그 반대 역시 성립한다면 이것은 대체적인 경우이다―예를 들어 만약 정부가 저수지와 관개시스템을 구축하여 농부들이 작물을 바꾸거나 물을 보존할 동기가 적어질 때가 그렇다.[33]

애그라월과 페린(Arun Agrawal and Nicholas Perrin)이 제안하였듯이, 위험이 어떻게 감소하거나 회피되는지에 따라 5개의 적응전략이 규명될 수 있다. 공간과 관련된 위험은 이동을 통해 회피할 수 있다. 시간상 발생하는 위험은 보관을 통해 감소시킨다. 다각화는 가계 또는 집단농장 등이 각각 소유한 자산으로부터 발생하는 위험을 감소시키는 것을 말한다. 공동소유의 경우는 협력하여 얻게 된 자산, 노동, 또는 소득을 공유한다거나 자원이 부족한 시기에 공동소유하게 된 자원을 공동으로 활용함을 의미한다. 교환은 처음 4개의 적응전략을 대체할 수 있다.[34]

국가 그리고 지역의 보건기구는, 시민인식 캠페인과 함께 어떻게 적응해야 하는지에 대한 공공지식과 응급 보건 인프라 구축에 대응할 수 있다. 예를 들어 인도의 오디샤 주에서는 UN

원조에 의해 시행된 응급대비 노력들이 혹서와 2013년 10월 이 지역을 강타한 열대성 폭풍 페일린(Phailin)으로부터 발생할 수 있었던 인명손실을 줄일 수 있었다.[35]

정책적 대응은 빈곤계층이 환경적 압박에 대해 '가축자산'을 보다 탄력적으로 운영할 수 있도록 도와줄 수 있으며, 다른 개발이익을 제공할 수 있다. 예는 다음과 같다.[36]

- 빈곤계층의 생태자원을 보존하고 추적관리, 빈곤측정 프로그램에서 생태적 압박에 대한 민감성을 포함한 환경손실 해소
- 환경 비상사태 예측과 재해방지를 위한 조기경보 시행(개발노력을 위한 기금 보존)
- 홍수와 식수 부족 같은 극단적 사태 방지를 위한 자연적 생태장벽의 복원과 확대(산림재건 및 맹그로브 확장)
- 기후변화에 대비할 수 있고 빈곤계층에게 도움이 될 인프라 구축(폭풍대피소와 홍수장벽 그리고 도로 및 교량 보호), 그리고 농민을 위한 소액보험
- 빈곤계층 및 그들의 조직을 위한 여론 및 역량 증진 담보(부분적으로 환경압박에 대한 정보를 얻기 위해 그들이 정부, 미디어 및 대중을 대면할 때, 그리고 빈곤계층이 공평한 정부 서비스를 더 얻게 하기 위해 경제 성과를 보다 균등하게 공유
- 그리고 이 모든 것을 뒷받침하고, 정부의 투명성과 신뢰성을 요구

지구온난화에 의한 장기 추세와 더불어, 기후는 다른 이유들로 인해 변동하고 변화한다. 그리고 개발도상국 농민들은 자연스럽게 적응하게 된다. 여러 유형의 기후변화에 대한 다양한 적응이 이미 관찰되었다. 이들 중 일부는 〈예문 10.1〉에 서술되어 있다.

기후변화에 대응한 정부 그리고 국제사회 노력은 필수불가결한 것이다. 〈예문 10.2〉는 기후변화에 대응한 니제르의 노력을 검토하고 있으며, 개발기구들이 점진적이지만 역할을 늘려가고 있다.

예문 10.1 기후변화에 대한 아프리카 농부들의 자율적 적응

에릭센, 오브라이언, 그리고 로젠트레이터(Siri Eriksen, Karen O'Brien, Lynn Rosentrater)는 동부 및 남부 아프리카에서 기후변화 영향에 대한 다수의 '원주민' 적응전략을 관찰하였다. 첫째는 생계 다각화이다. 예를 들어 우간다의 어부는 작물도 경작하고, 가축을 기르며, 화목을 수집하고, 무역에 종사하며, 일시적으로 이주를 하기도 한다. 둘째로, 나미비아와 보츠와나에서는 가축을 이동시켜 빈번한 가뭄에 대응한다. 셋째로, 생태적 다각화이다—예를 들어 모잠비크에서

는 농부들이 비가 많이 올 때는 고지대의 땅을 이용하고 비가 별로 안 올 때는 저지대의 땅을 이용한다.

토머스(David Thomas)와 그의 동료들은 남아프리카공화국에서 농부들이 구사하는 몇 개의 대응전략을 발견하였다. 많은 사람들이 가뭄저항성 종자를 심거나, 작물을 덜 경작하는 대신에 가축을 보다 많이 기르고, 소떼의 피난처를 구축하는 등 농사관행을 변화시킨다. 다른 사람들은 농장 외의 일자리를 얻고 소규모 사업을 시작하거나, 협동조합과 공동체의 원예 프로젝트 등을 포함한

네트워크를 이용함으로써 생계의 근원을 다각화한다.

디나르(Ariel Dinar)와 그의 동료들은 11개 아프리카 국가에서 적응 활동을 조사했는데 심는 날짜의 변경, 보다 짧은 성장기간의 채택, 관개 사용의 증가, 그리고 물 및 토양 보존기술의 적극적 실행 등이 일부 국가에서 발견되었다는 것을 확인하였다. 덧붙여서, 이집트의 농부들은 비영농 활동으로 전환했을 뿐만 아니라 날씨보험의 사용을 늘렸다고 보고했다. 연구자들은 보다 경험이 있고 보다 교육받은 농부들이 적응수단을 취할 가능성이 더 많다는 것을 발견했다. 임차 농지에서 일하는 농부들은 대응 가능성이 덜한데 이는 일부분 농지 사용권의 불안정성 때문이다(제9장 참조). 가장은 또한 적응을 실행할 가능성이 보다 많았는데, 아마도 그들이 가

계의 자원을 통제하기에 그럴 것이다. 매디슨(David Maddison)은 같은 작물의 다양한 종자를 사용하는 것이 11개국 중 9개국에서 가장 중요한 적응 활동의 하나로 생각되었다고 언급하였다.

출처 : Siri Eriksen, Karen O'Brien, and Lynn Rosentrater, *Climate Change in Eastern and Southern Africa: Impacts, Vulnerability and Adaptation*, Global Environmental Change and Human Security Report No. 2008:2 (Oslo, Norway: University of Oslo, 2008), http://www.gechs.org/downloads/reports/2008-2.pdf; David S. G. Thomas, et al., "Adaptation to climate change and variability: Farmer responses to intra-seasonal precipitation trends in South Africa," *Climatic Change* 83 (2007): 301–322; David Maddison, *The Perception of and Adaptation to Climate Change in Africa*, CEEPA Discussion Paper No. 10 (Pretoria, South Africa: Centre for Environmental Economics and Policy in Africa, 2006), http://www.ceepa.co.za/ docs/CDPNo10.pdf; Ariel Dinar et al., *Climate Change and Agriculture in Africa: Impact Assessment and Adaptation Strategies* (London: Earthscan, 2008).

 예문 10.2   세계 가장 빈곤한 국가의 기후변화 대응노력 : 니제르

다음 표에서 간략하게 볼 수 있듯이, 니제르는 모든 복지지수 측정에서 세계 최빈국 중 하나이다.

니제르는 발전을 어렵게 만드는 여러 가지 조건에 직면해 있다. 이 국가는 안정과 발전 그리고 환경도전에 직면한 7개의 국가(나이지리아, 베냉, 부르키나파소, 말리, 알제리, 리비아, 차드)와 국경을 접하고 있는 내륙국가이다. 니제르는 필수적인 거버넌스, 민간부문 및 시민사회 발전에 있어서 고군분투하고 있다. 식민지 시대는 니제르에게 매우 곤란한 제도적 유산을 남겨 두었다. 프랑스에 의한 식민지 시도는 '강화조약 캠페인'과 함께 1900년 이전부터 시작되었고, 1922년 공식적으로 프랑스의 식민지가 된 이후 1960년 정식으로 독립했다. 일단의 민주 과정 기간에도 불구하고, 이 국가는 군사정부 내지는 단일정당 지배하에 있었으며, 2011년 선거 직전까지는 일련의 쿠데타 및 지역반란 등의 불안정을 경험하였다. 그러나 위험은 계속되고 있는데, 민족분쟁과 말리 그리고 잠재적으로는 리비아 갈등의 여파 등의 위험

이 있으며 아직도 해결되지 않은 국경 문제가 존재한다. 니제르는 또한 매우 시급한 자연환경 문제를 안고 있다. 프랑스의 2배에 가까운 국토 규모지만, 니제르는 아열대이고 더우면서 건조하다. 국토의 대부분은 사하라 사막에 위치해 있으며, 다른 지역도 반복되는 가뭄으로 고통받고 있다. 이 국가는 아직까지 농촌과 농업이 지배하는 경제이다. 이미 불안정한 자연환경은 악화되고 있다. 대부분의 국가와 같이, 잘못된 국내 관행이 일단의 효과를 만들었다. 또한 니제르 문제들 중 일부는 사헬지대(사바나 대초원)를 따라 진행된 세속적 사막화를 반영한다. 그러나 점점 더 중요해지는 요인은 지구온난화에 의해 초래된 기후변화의 악영향이다. 니제르에서 온도는 이미 0.7°C 상승했다. 기후변화는 식수 부족과 식량 불안정을 악화시키고 있다. 대부분의 니제르 농부들은 기후변화에 대해 일부 이해하고 있으며, 강우량이 감소할 것으로 기대한다고 말하고 있다. 그러나 이와 동시에, 니제르는 농업과 축산업 업무 그리고 생산성 향상에 대한

니제르 지표	
지표	가치
1인당 소득	330달러(2011년 WDI)
구매력등가 1인당 소득	600달러(2011년 WDI)
1일 1.25달러 이하 비율	43.6%(2008년 WDI)
평균 교육연수(성인)	1.4(2010년 WDI)
남성 문해율	42.9%(2005년 CIA)
여성 문해율	15.1%(2005년 CIA)
초등교육 이수율(2011년)	46%(2001년 WDI)
출생 시 기대수명	58(2012년 PRB)
영양실조(5세 이하 저체중)	39.9(2005~2011년 WDI)
5세 이하 사망률(정상 출산 1,000명당)	1,000명당 125명(2011년 WDI)
총출생률(여성 1명당 출산)	7.2명(세계 최고, 2012년 PRB)
조출생률	46(가장 높은 3개국)(2012년 PRB)
새로운 인간개발지수(New HDI)	0.304(세계 최저, 2013년 HDR)
다차원빈곤지수(MPI)	0.642(세계 최빈곤, 2013년 HDR)
인구	1,630만 명(2012년 PRB)
2050년 예상 인구	5,420만 명(3.3배 증가, PRB)
농업 비중	82%(PRB)

출처 : 2013 World Development Indicators. 다른 출처는 별도 표시함.

상당한 잠재력을 지니고 있다는 것이 연구 결과에서 제시되고 있다.

니제르는 이미 기후변화 위협에 대응하고자 노력하고 있다. 1997년, 니제르는 최초로 '기후변화 및 변화에 관한 국가기술위원회(National Technical Committee on Climate Changes and Variability, CNCVC)'를 구성했다. 여기서 니제르는 2006년까지 국가행동대응프로그램(National Adaptation Program of Action, NAPA)을 완료하기 위해 글로벌환경기금(Global Environment Fund), 기타 기관들 그리고 니제르와 같은 최빈개발도상국을 위한 공식적 UN 기후변화에 관한 기본협약(UNFCCC) 프로세스와 협력하여, 기후변화에 적응하기 위한 시급하고 즉각적인 필요에 대응할 수 있는 최우선 활동을 파악하기 위해 노력했다. 만약 이 최우선 활동이 지연된다면 취약성과 비용이 증가할 것이다. NAPA는 이후 특수지원을 위한 기본을 제공했다. 니제르 NAPA의 우선과제는 다음을 포괄한다—목축지대에 사료작물 도입, 축산 푸드 뱅크(food bank) 창출, 작물 관개 개선, 도시근교 시장 판매용 원예 장려 등. 또한 소득창출 활동, 상호이익 사회, 수질관리, 기상 데이터 생산 및 분배의 장려 등.

니제르는 기후복원을 위한 견본 프로그램(Pilot Program for Climate Resilience, PPCR)에 신청했고 이 프로그램의 20개 국가 중 하나가 되었다. NAPA를 기반으로, 2010년 니제르는 PPCR 재정지원과 원조를 통해서 기후복원을 위한 전략 프로그램(Strategic Program for Climate Resilience, SPCR)을 발전시키고, PPCR 보조금과 융자금이 구성되도록 그 사용을 규정하고 정당화하였다. 니제르의 SPCR은 세 부분으로 이루어진다—기후복원 공동체 행동 프로젝트(Community Action Project for climate resilience, CAPCR), 지속적 수자원 관리 및 통제 그리고 기후예측 및 조기경보

시스템이다. CAPCR은 두 가지 초점을 갖는다. 첫째, 기후변화와 변동성 복원이 국가 및 지역 발전전략의 주류가 되도록 하는 것이다. 둘째, 생산성 및 지속성 증진의 목표하에 지역주민의 통합적 산림관리와 방목 및 농업 활동에 복원력 관행을 통합하는 것이다. 또한 이 활동을 수행하는 사람들을 위해 필요한 사회적 보호수단을 창출하는 것이다.

PPCR은 자금을 직접적으로 관리하지 않는다. 자금 절약과 빠른 실행을 위해 기존의 다자간 개발기구를 통해 일한다. 예를 들어 니제르를 위해 세계은행은 PPCR에 3,500만 달러의 보조금을 지원하고 PPCR 프로그램을 위해서는 PPCR에 2,800만 달러의 융자금을 지급했다. 개별 사용은 재정지원 및 자금조달 양식(modality)에 부합한다.

CAPCR은 심각한 기후 위기에 직면한 영역을 대상으로 하며, 기후-민감 기술의 사용을 촉진하고, 지속적인 토지 및 식수 관리를 사회보호수단과 통합하며, 지역정부 기획 지도력을 강조한다. 투자활동은 토양/수분 보존방법, 물 저장, 경운감소, 혼농임업, 영양소 증진 순환 시스템 그리고 가축 보건 및 영양을 포괄한다. 니제르의 여성은 전통적으로 자연자원관리에 있어서 중요한 역할을 하며, 프로그램의 일부는 이 활동들과 연계된 여성의 발전에 특별히 초점을 두어야 한다. 전체 프로그램의 일부로서 빈곤계층에 대한 계획된 지원은 대상 공동체에 대한 대응교부금, 취약가계에 대한 현금이전 시스템, 근로복지제도 그리고 식료품 할인구매권 배분을 포함한다.

강우량의 변동성에도 불구하고 대부분의 니제르 영농은 천수답(rain-fed)이다. 관개 증진은 기후대응의 중요한 분야가 될 것이다. PPCR은 또한 대규모 및 소규모 관개 개발을 포함한 수자원 활동 그리고 관계된 농사 확장과 농부들을 위한 재정자원 확대를 위해 재정을 지원할 계획이다.

한편, 국제금융공사(IFC)는 니제르와 협력하여 PPCR 융자를 통한 기후정보 플랫폼을 지원한다. 이 프로그램은 기부금과 간접 편익으로 인해서 스스로에 대한 지불 이상인 것으로 예측되며, 그 결과는 면밀하게 관찰될 것이다. 니제르의 농부들과 목축민들이 이미 강우, 온도, 바람 및 해충에 대한 예측을 시도하고 이를 활용하고 있다는 것을 IFC는 발견했다. IFC 설문에 의하면, 대부분의 농부들이 기후 정보로부터 이익을 얻고 이를 위해 지불할 용의가 있다는 것이다. IFC는 또한 기상지수 보험 프로그램을 기획하고 있다.

니제르는 PPCR 융자와 보조금을 받을 자격이 있는데, 왜냐하면 니제르는 부채의 위험에 처하지 않은 것으로 판단되었기 때문이다. 융자는 고도로 할인된 것으로, 통상적으로 40년 동안 1%의 1/10이며 10년의 유예기간이 주어진다. 그래도 궁극적으로 상환되어야 한다. 그러므로 융자금 사용은 매출흐름을 갖는 활동에 맞춰지는 것이 합리적이며, 편익은 부자들에게 돌아가고 상환의 부담은 빈곤계층에게 돌아가지 않는다는 명백한 보장이 있어야 한다. 적어도 현재까지는 이와 같은 일들을 걱정해야 할 이유는 없는 것 같다.

니제르의 경험은 환경과 발전에 관한 여러 의문을 제기한다—문제들, 빈곤에 대한 이들의 영향 그리고 잠재적 해결방안, 대응을 통해서 누가 이익을 얻고 누가 지불을 하는지. 니제르의 선례는 지역의 다른 국가들에게 모델을 제공한다.

출처 : African Development Bank Group, *Water Resources Mobilization and Development Project, Republic of Niger, Project Appraisal Report*, March 2012; Climate Investment Funds, PPCR page, https://www.climateinvestmentfunds.org/cif/node/4; Internation Finance Cooperation, *Niger Climate Information Platform Final Report*, 2011; United Nations Framework Convention on Climate Change, National Adaptation Programmes of Action (NAPAs) page, https://unfccc.int/national_reports/napa/items/2719.php; World Bank Group, *Project Appraisal Document, Republic of Niger Community Action Project for Climate Resilience(CAPCR)*, December 19, 2011.

10.3 환경 문제에 대한 경제학적 모형

사적소유 자원

우리는 환경에 대한 몇 가지 일반적 모형을 검토할 것이다. 각 모형에 있어서, 환경적 외부효과를 설명하는 시장실패가 규칙적이기보다는 예외적 현상이고 신고전학파 이론의 적용은 비효율을 해소하거나 회피하기 위한 것이다.[37] 신고전학파 이론은 자원의 효율적 배분을 위해 어떤 조건들이 필요하며, 시장의 실패가 어떻게 비효율로 이어지는지를 알아내고 이러한 왜곡을 수정할 수 있는 방법을 제시하기 위해 환경적 쟁점들에 적용되었다.

〈그림 10.2〉는 시장이 어떻게 천연자원의 최적 소비를 결정하는지를 보여준다. 최적 소비량은 자원으로부터 사회가 얻게 되는 총순편익, 즉 자원으로부터 얻는 총편익과 그것을 제공하는 생산자들이 부담하는 총비용의 차이를 극대화하는 것을 포함한다. 이것은 〈그림 10.2〉의 음영으로 처리된 부분과 동일하다. **총순편익**(total net benefit)은 생산 또는 자원을 한 단위 추가로 공급하는 데 드는 **한계비용**(marginal cost)이 소비자가 얻는 한계편익과 일치할 때 극대화된다. 이것은 수요와 공급곡선이 교차하는 Q^*에서 발생한다. 완전경쟁시장에서는 '보이지 않는 손'이 Q^*가 생산량이 되도록 보장한다. 〈그림 10.2〉에서 한계비용곡선은 자원이 보다 희소해지면서 추출비용이 늘어나므로 우상향한다. 그 결과 **생산자 잉여**(producer surplus)는 aPb 부분이며, **소비자 잉여**(consumer surplus)는 DPb 부분이다. 합하여 그들이 Dab와 동일한 최대순편익을 만들어낸다.

만일 자원이 희소하고 시간에 따라 할당된다면, **희소지대**(scarcity rent)가 발생할 수도 있다. 이것은 생산의 한계비용이 일정할 때에도 〈그림 10.3〉에서처럼 획득할 수 있다. 희소한 자원의 소유자는 자원 X에 대해 유한한 수량(75단위)을 팔 수 있으며 그 일부를 미래 판매를 위해 저축하면 오늘날 보다 높은 가격을 부과할 수 있다. 시간에 걸쳐 할당되는 제품 가격은,

총순편익
모든 소비자들에 대한 순편익의 합계

한계비용
한 단위 추가생산의 결과 생산자에게 발생하는 총비용의 추가분

생산자 잉여
재화생산자가 받는 초과분이며, 우상향하는 한계비용곡선 때문에 생산자가 받아들일 수 있는 최소한의 수량

소비자잉여
우하향하는 수요곡선으로 소비자에 의해 파생된 가격을 초과한 효용

희소지대
고정 또는 한정적 공급에 있어서, 자원 또는 재화의 사용에 대해 부과되는 프리미엄 또는 추가적 지대

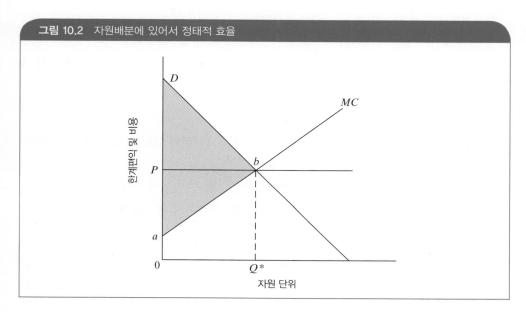

그림 10.2 자원배분에 있어서 정태적 효율

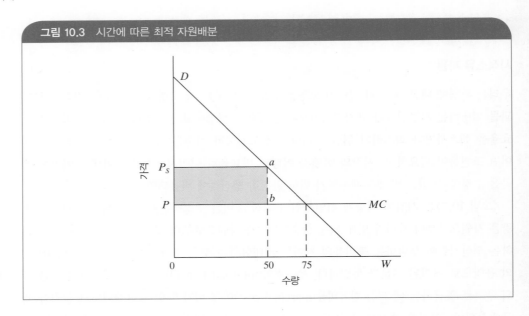

그림 10.3   시간에 따른 최적 자원배분

순한계편익
재화의 마지막 단위로부터 파생된
편익에서 비용을 제한 값

현재가치
미래에 받게 될 총액의 현재 시점
할인가치

마지막으로 소비된 제품의 **순한계편익**(marginal net benefit)의 **현재가치**(present value)가 매기별로 일치하도록 형성되어야 한다. 즉 소비자는 다음 단위를 오늘 획득하는 것과 내일 획득하는 것 사이에 반드시 무차별적이어야 한다. 〈그림 10.3〉에서 자원 소유자가 75단위를 갖고 있다고 가정하자. 만약 그 사람이 오늘 50단위만 팔려고 한다면, 이 희소자원에 대한 시장가격은 P_S가 될 것이다. 자원의 소유자가 가져가는 희소지대는 $P_S abP$, 가격과 한계비용 사이에 있는 도형에서 음영처리된 부분이 될 것이다. 시간에 따른 자원의 효율적 배분을 보장하는 이러한 할당효과를 창출하는 희소지대를 걷는 것은 소유자의 능력이다. 희소성이 없다면, 모든 자원은 추출비용 $P = MC$에서 팔릴 것이며 75단위가 일시에 소비되어 지대가 걷히지 않을 것이다.

신고전학파의 자유시장이론을 지지하는 사람들은 자원배분의 비효율성이 자유시장의 작동에 장애가 생기거나 또는 재산권 제도의 불완전성 때문에 발생한다고 강조한다. 모든 자원이 사적으로 소유되어 있고 시장 왜곡이 없는 한, 자원은 효율적으로 배분될 것이다. 완전한 **재산권**(property rights) 시장이란 다음의 네 가지 특성을 갖는다.

재산권
유형(예 : 토지) 및 무형(예 : 지적
재산권)의 개체를 사용하고 이로부터 편익을 얻을 수 있는 승인된 권리로서 소유, 사용 그리고 판매 및 처분으로부터 소득을 얻는 것을 포함

1. 보편성—모든 자원이 사적으로 소유되어 있다.
2. 배타성 또는 '배타 가능성'— 사적으로 소유된 자원으로부터 다른 사람이 편익을 취하는 것을 반드시 막을 수 있어야 한다.
3. 이전성—자원의 소유자가 원하는 시점에 그 자원을 팔 수 있어야 한다.
4. 강제성—시장 기능에 의해 배분된 자원으로부터의 편익이 집행 가능해야 한다.

이러한 조건하에서 희소한 자원의 소유자는 그것을 팔거나 사용하여 생기는 순편익을 극대화하려는 경제적 동기를 가진다. 예를 들어 자기 땅을 소유한 농부는 토지로부터 나오는 순생산을 극대화하는 투자, 기술, 그리고 생산량 수준을 선택할 것이다. 그 토지의 가치를 담보

로 사용할 수 있으므로 어떤 가능한 농장투자에 대해서도 현행 시장이자율로 대출을 얻어 재원을 확보할 수 있을 것이다.

만일 앞서 말한 조건들이 동시에 충족되지 않는다면 비효율이 일어날 것이다. 그러므로 자원의 잘못된 배분을 바로잡는 방법은 보통 시장 왜곡을 제거하는 것이다. 자원배분의 명백한 비효율을 설명하고 대안이 되는 처방을 평가하기 위해 여러 모형이 설계되었다. 우리는 다음에 재산권 시장의 불완전성으로 일어나는 비효율에 관한 2개의 단순한 모형을 검토할 것이다.

공유재산자원

만약 희소한 자원(경작 가능한 토지와 같은)이 공적으로 소유되어 있고 **공유재산자원**(common property resource)의 경우처럼 모든(말하자면, 농사 또는 방목) 활동이 자유롭게 가능하다면, 잠재적 이윤 또는 희소지대는 그 자원을 경쟁적으로 사용한 결과 없어질 것이다(곧 논의되겠지만, 효율적인 사회적 약속이 구속하지 않는 한). 언급했듯이, 신고전학파 이론은 희소지대가 없으면 비효율이 일어난다고 암시한다. 약간 다른 분석틀을 이용하여, 우리는 공유재산제도하에서의 자원의 비효율적 배분을 조사할 것이다. 〈그림 10.4〉는 주어진 크기의 토지에 대한 노동 한 단위의 가치와 그것을 경작하는 노동자 수 사이의 관계를 묘사한다.

잠시 이 한 조각의 땅이 사적으로 보유된 것이라고 생각해보자. 통념은 우리에게 토지 소유자는 마지막 노동자의 한계생산과 시장 임금 W^A가 L^* 지점에서 같아질 때까지 그 땅을 경작하기 위한 노동자를 고용할 것이라고 말한다. 작업량은 피고용인들 간에 동일하게 나누어져 있고, 각각 **평균** 생산량을 생산하고 있다. 그러나 노동에 대한 수확체감을 가정하면, 노동

공유재산자원

집합적 또는 공적으로 소유된 자원으로, 무제한 접근 시스템하에서 배분되고, 사용자에 의해 자체적으로 규제됨

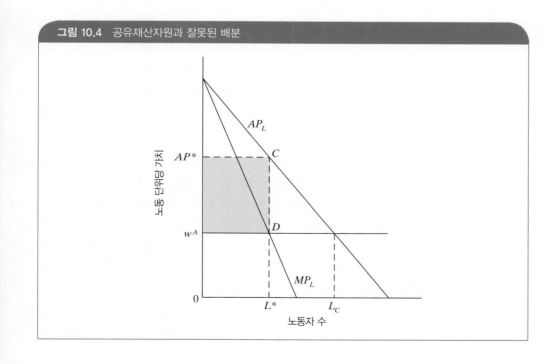

그림 10.4 공유재산자원과 잘못된 배분

자 1명이 새롭게 고용될 때마다 모든 다른 노동자의 평균 생산량은 감소한다. 매번 추가되는 노동자의 한계생산은 평균생산에서 모든 다른 노동자들의 평균생산 감소분을 뺀 것이 된다. 만약 L^* 이상으로 노동자를 추가적으로 고용한다면, 생산자가 부담해야 할 비용 W^A는 그 노동자의 한계생산보다 클 것이며 그 차이는 토지 소유자에게는 순손실을 의미한다. 그러므로 이윤을 극대화하는 하는 사람은 L^*의 노동자를 고용하여 평균생산 AP^*에 근로자 수인 L^*를 곱한 것과 동일한 총생산을 얻을 것이다. 토지 소유자가 거두는 희소지대는 AP^*CDW_A가 될 것이다.

공유재산제도하에서 노동자들이 그들의 자원 사용 결정을 협동적으로 조정할 수 없는 한 사회가 토지로부터 거두는 총순편익은 사적 소유의 경우보다 낮을 것이다. 일반적으로 토지가 공유되어 있으면, 각 노동자는 그가 생산한 전체 생산량을 가져갈 수 있는데, 이것은 모든 노동자들의 평균 생산량과 같다. 즉 노동자 소득은 계속 임금을 초과하게 되어 더욱 많은 근로자들을 유인하게 되는데 이는 노동자 수가 L_C와 같아져 평균생산이 임금 수준까지 떨어질 때까지 계속된다. 비록 총생산이 증가할 수도 있고 감소할 수도 있지만[MP_L이 (+)인지 또는 (−)인지에 따라—〈그림 10.4〉에 그려진 대로라면 (−)이다], 추가되는 노동자의 한계생산은 임금의 아래에 있다. 우리는 모든 노동자들이 다른 곳에 고용된다면 W와 같은 또는 그보다 높은 생산성을 보일 수 있다고 가정하므로, 한계생산이 W 밑으로 떨어지면 사회적 후생은 반드시 떨어진다고 할 수 있다. 이러한 상황은 때때로 '공유지의 비극'이라고 일컬어진다. L_C에서는 거둘 희소지대가 없다. 공유재산자원 모형의 함의는 가능하다면 자원의 민영화가 총후생의 증가와 자원의 효율적 배분에 이르게 할 것이라는 것이다.

이러한 신고전학파 모형들은 엄격한 효율성을 고려하고 있지만 균등에 관련한 쟁점들을 다루고 있지 않다는 점을 주목하라. 소득분배는 고려되고 있지 않으며 이 이론은 국가 자원으로 생기는 모든 희소지대가 몇 명의 사적 소유자에게 돌아갈 때 생기는 분배적 쟁점들에 관해서는 관심이 없다. 신고전주의 이론가들은 간혹 조세부과와 희소한 부존자원의 소유자에게 발생하는 이득을 '일괄적으로' 재분배하여 최적의 결과를 달성할 수 있다고 제시하지만, 그러한 노력에 대한 역사의 기록은 고무적이지 않다. 그러한 재분배를 입법화하고 조정하는 책임이 있는 당국자가 또한 그 소유자들이기도 한 경우에는 특히 그러하다. 그러므로 자원의 대규모 상업적 민영화가 반드시 궁핍한 다수의 생활수준 개선을 보장하는 것은 아니다.

공공소유자원을 이용하는 개인들이 왜 비효율적으로 공공소유자원을 사용하는가에 대한 많은 추가적인 이유들을 개발도상국 영농체제에서 찾아볼 수 있다. 제9장에서 언급한 대로, 토지의 가장 효율적인 경작자인 가족단위 농민들은 공동소유지 구역에 대한 사용권을 잃어버릴까 우려하는 경우 토질개선투자를 꺼릴 것이다. 그들은 또한 담보부족으로 인해 추가적인 노동고용과 보완적 자원을 구매할 재원을 충분히 확보할 수 없을 것이다. 담보부족은 경쟁적 신용시장에서 빈번하게 빈곤층을 배제시키는 요소이다(제15장 참조). 그러므로 토지사용기간을 늘려주거나 토지의 소유권을 가족단위 농민에게 부여하면 생산성을 올리는 것이 가능할 것이다. 그러면 재산권 구조에 대한 관련 질문은 만약 민영화가 이루어진다면 누가 토지의 권리를 가져야 하는지가 될 것이다. 공공소유 토지를 최고입찰자에게 경매하는 것이 개발목표와 일치할 가능성은 없다.

2009년 노벨경제학상 수상자인 오스트롬(Elinor Ostrom)은 어떤 조건하에서는 공정하고 효율적인 공유재산 관리가 공유재산에 의존하는 사람들에 의해 달성될 수 있음을 발견하였다. 그녀와 다른 연구자들은 또한 이것이 실제 달성된 수천 개의 역사적 및 동시대(현재 우리 시대)의 사례들을 발견하였다. 이러한 경험으로부터 그녀는 〈예문 10.3〉에 있는 '설계원칙'을 도출하였다. 전통적 사회는 협동적 부존자원 관리에 대한 사회적 규범과 공식적 규칙들을 고안하고 강제하는 데 그리고 그것이 붕괴한 후에 협동을 복원하는 데조차 성공적이었다. 그러나 사익을 추구하고자 하는 근본적인 동기가 남아 있기 때문에 경계심이 필요하다. 사실 개발이 진행되면서 일반적으로 개인이 공유재산을 자신의 용도로 도용할 보다 큰 기회와 동기가 존재하므로 어떤 경우에는 증가된 경계심과 외부 지원이 매우 중요한 역할을 할 수 있다. 일부 공유재산체제는 그러한 상황을 견뎌낼 수 없을 것이다.[38]

 예문 10.3 지속 가능한 자원 관리를 위한 오랜 제도들에 대한 연구로부터 도출된 오스트롬의 설계원칙

2009년 노벨경제학상 수상자인 오스트롬은 공유재산 관리에 관한 연구로부터 얻은 결과를, 공유자원에 의존하는 사람들에 의한 공유재산의 공정하고 효율적인 관리를 가능하게 하는 여덟 가지 조건의 형태로 다음과 같이 요약하였다. 이들은 다음과 같다.

1. **명백히 정의된 경계** 자원체계(예 : 관개제도 또는 어장)의 경계와 자원 단위(resource unit)를 수확할 권리가 있는 개인 또는 가계가 명백히 정의된다.
2. **편익과 비용 사이의 비례적 동등성** 사용자에게 할당되는 자원 상품의 양을 배분하는 규칙들은 노동, 자재, 그리고 화폐 투입을 요구하는 현지 여건 및 규칙들과 관련이 있다.
3. **집합적 선택 방식** 수확과 보호규칙에 의해 영향을 받는 많은 개인들이 이들 규칙들을 수정할 수 있는 집단에 포함되어 있다.
4. **감시** 생물물리학적 여건과 사용자 행동을 적극적으로 감시하는 감시자들은 최소한 부분적으로 사용자에게 책임을 지우거나 또는 자기들이 사용자들이다.
5. **등급에 따른 처벌** 규칙을 어긴 사용자들은 등급에 따라 다른 사용자들이나 이들 사용자에게 책임을 지

는 공무원들, 또는 양쪽 모두로부터 처벌을 받을 확률이 있다(위반행위의 심각성과 맥락에 따라).
6. **분쟁 규제 방안** 사용자들 사이에 또는 사용자들과 공무원들 간에 생긴 충돌을 해결하기 위한 장(場)이 저렴하고 신속하게 마련된다.
7. **결사의 권리에 대한 최소한의 인정** 사용자들이 자기들 자신의 기관을 고안할 권리가 외부의 정부 당국에 의해 도전받지 않으며, 사용자들은 자원에 대해 장기적 사용권을 갖는다.
8. **광범위한 체제의 일부인 자원에 대해 : 내포기업** 처분, 제공, 감시, 강제, 분쟁 해결 및 관리행위들이 내포기업의 다층적 구조에서 조직된다.

오스트롬은 '설계원칙들은 청사진이 아니다. … 그것은 많은 사회적, 경제적 그리고 생태적 교란을 오랜 시간 굳건히 버틸 수 있도록 적응하고 배워 온 스스로 조직된 체제들 간의 구조적 유사점을 전반적으로 기술한 것이다'라고 강조한다.

출처 : Elinor Ostrom, *Understanding Institutional Diversity* (Princeton, N.J.: Princeton University Press, 2005). © 2005 by Princeton University Press. Princeton University Press의 허락하에 게재.

공공재와 공공비재화 : 지역의 환경훼손과 무임승차자 문제

앞의 논의에서, 핵심 경제 문제는 공동으로 소유하는 토지를 경작하기 위해 추가적으로 투입되는 각각의 노동자들에게는 어떤 보상도 지급하지 않으면서 모든 다른 노동자들에게 돌아가는 몫을 낮추는 부의 **외부효과**(externality)를 만들어냈다는 것이다. 한 사람의 소비 또는 생산 행동이 어떤 보상도 없이 다른 사람에게 영향을 줄 때 외부효과가 발생한다. 어떤 사람이 행동의 편익과 비용을 모두 책임질 때 그 행동은 내부화되었다고 할 수 있다. 앞서의 공유재산 문제와 관련, 즉 감소하는 평균생산에 따른 외부효과는 공공자산의 민영화를 통해 완전한 자산시장을 재수립함으로써 쉽게 내부화되었다. 많은 경우, 외부효과의 **내부화**(internalization)는 그리 쉽게 달성되지 않는다. 한 개인 행동의 결과가 공공재나 또는 공공비재화를 형성할 때에는 특히 그러하다. **공공재**(public good)란 모든 사람에게 편익을 제공하고 다른 사람들이 그것을 동시에 소비한다 해도 그 수량이 전혀 감소하지 않는 재화이다. 흔한 사례는 깨끗한 공기, 경제기관, 한 나라의 국방 등이다. **공공비재화**(public bad)는 어떤 것이든 고갈되지 않는 방식으로 다른 사람의 후생을 감소시키는 상품이나 조건들이다. 공기오염과 수질오염이 예이다. 직관적으로 볼 때, 개인이 자신의 행동과 관련한 모든 비용을 지불하지는 않으므로 너무 많은 공공비재화가 생산될 것이다. 이것은 사회적으로 부적절한 결과를 초래한다. 우리는 이것을 도형을 이용하여 간략히 보여줄 것이다. 공공재는 지역적일 수도, 국가적일 수도 있으며, 또는 온실가스 문제와 같이 그 범위에 있어서 세계적일 수조차 있다.[39]

특정한 공공비재화 사례인 삼림벌채에 의한 지역의 환경훼손을 고려해보자. 침식의 증가, 토양의 과도한 건조, 지역적 지하수의 손실, 침전 또는 오염된 공공급수, 기후변화 발생 가능성 등은 모두 나무를 베거나 태워버리는 것과 관련된 공공비재화이다. 이들 나무가 사유지에 있든 또는 공동보유지에 있든, 경작의 목적이든 목재를 만들어내기 위해서든, 보호막이 되는 지피(地皮)를 없애는 것은 지역의 환경훼손을 보다 더 널리 확산시킬 수 있다. 분석을 단순화하기 위해, 우리는 이 공공비재화 문제를 공공재 분석틀로 해석할 것이다. 나무의 보호를 통한 환경보전은 모두에게 편익을 제공하므로 공공재이다.

공공재와 순수한 사유재 사이의 가장 분명한 차이는 다음과 같다. 공공자원에 대한 총수요는 〈그림 10.5a〉에 나타난 바와 같이 개별 수요곡선을 수직적으로 합해서 구하지만, 〈그림 10.5b〉에 나타나듯이 사유재일 경우에는 수평적으로 더해서 결정된다는 것이다. 많은 개인들이 같은 양의 공공재를 동시에 향유할 수 있지만 정상적인 개인 소비재로부터는 오직 한 사람만이 편익을 취할 수 있다는 사실에서 그 차이가 발생한다. 수직적인 합산을 통해 공공재 한 단위로부터 모든 개인에게 발생하는 모든 편익을 구할 수 있다는 것은 확실하다. 추가적인 나무 보존의 한계비용은, 삼림유지비용에 나무의 기회비용, 즉 땔감, 숯, 동물 사료, 또는 목재와 같이 나무가 가장 가치 있게 사용되는 방법의 가치를 더한 것과 같다. 〈그림 10.5〉는 공공재 가격 결정의 문제를 보여준다.

〈그림 10.5a〉에서 사회적으로 적정한 나무의 숫자는 Q^*이다. 그것은 총수요곡선(수직적으로 합한)과 공급(MC)곡선의 교차점에서 결정된다. Q^*에서 공공재의 사회적 총순편익이 극

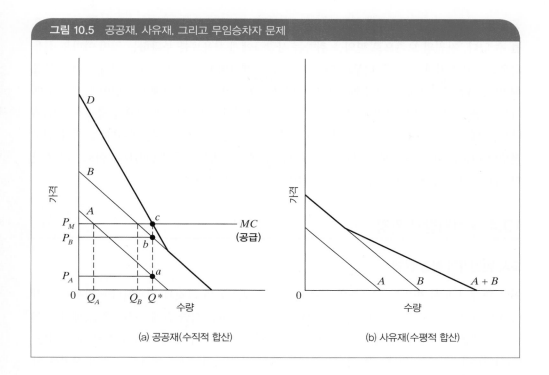

그림 10.5 공공재, 사유재, 그리고 무임승차자 문제

(a) 공공재(수직적 합산)

(b) 사유재(수평적 합산)

대화된다. 그러나 우리가 **무임승차자 문제**(free-rider problem)라고 부르는 것 때문에 자유시장에서는 이 적정 수량에 이르지 않는다. 개인들은 다른 사람들에 의해 제공되는 나무의 편익을 향유할 수 있기 때문에, 각각의 개인은 독립적으로 행동할 때에 비해서 산림유지비용에 보다 적게 기여할 것이다. P_M의 가격에서 자유시장은 개인 B의 수요 Q_B를 만족시킬 것이지만 개인 A가 요구하는 Q_A를 거부하지 않는다. 즉 A는 B의 기여에 무임승차하는 것이다. 그러므로 시장은 삼림보존의 최적 이하 수준인 Q_B를 제공할 것이다. 적정량인 Q^*만큼의 공공재를 확보하기 위해서는 어떤 형태든 정부 간섭이 요구된다. 가장 효율적인 해결책은 각 소비자가 적정 수량의 나무 Q^*를 보존하고자 하는 수요를 유도하기에 반드시 충분한 단위당 P_A와 P_B를 개인 A와 B에게 각각 부과하는 것이다. 그들의 합동 지불액 A의 $P_A \times Q^*$ 더하기 B의 $P_B \times Q^*$는 정확히 사회적으로 적정한 수준의 삼림보존을 확보하는 데 필요한 총액 $P_M \times Q^*$와 일치하는 총 기여를 나타낸다.

공공재 분석틀의 한계

공공재 가격 결정 방법의 문제는 어떤 가격을 부과해야 할지를 어떻게 아느냐 하는 것이다. 사람들은 그들이 정말로 공공재에서 얼마나 편익을 얻는지 발설할 아무런 동기가 없는데, 왜냐하면 그것을 감춤으로써 그들은 다른 사람의 기여에 무임승차할 수 있으며 자기들이 응당 내야 할 몫을 피할 수 있기 때문이다. 정부는 아마도 비효율성을 줄일 수는 있을지 모르겠으나 정부가 얻을 수 있는 정보의 부족 때문에 자원을 완벽하게 효율적으로 배분할 수는 없을 것 같다. 이론적으로는, 징수된 사용료가 기존의 삼림을 보존하거나 공동체가 필요한 목재를 공급할 지속 가능한 목재생산 프로그램을 경영하는 데 투입되어 공공재를 제공하는 데 사용될 수 있다. 자원의 보존으로 편익을 취하는 사람들에게 사용료를 부과하는 것이 아마도 실용적으로 들리겠지만, 그것은 너무도 어려운 일이다. 개발의 맥락에서는 그 문제가 더더욱 복잡해진다. 사용료의 징수가 현금소득이 거의 없거나 아주 없는 몹시 피폐한 주민에게 세금을 매기는 것을 수반한다면, 그러한 프로그램은 불가능해진다. 최저생존의 필요를 충족하기 위해 나무를 베는 사람들에게 그 값을 징수하는 것 또한 마찬가지로 어려운 일이다. 그러나 신고전주의 이론은 왜 시장실패가 고도로 상업화된 경제에서 비효율적 자원배분에 이르는지 또한 이 비효율이 어떻게 완화될 수 있는지를 설명하는 데는 유용하다.

10.4 도시개발과 환경

도시 빈민가의 환경 문제

어떤 면에서 도시 빈민가 빈곤층의 삶은 농촌마을 빈곤층의 그것과 비슷하다—가족들은 장시간 일하고 소득은 불확실하며 영양, 의료, 교육 등에 대한 지출 간에 우선순위를 매기는 어려운 결정을 내려야 한다. 평균으로 보아 도시거주자들이 보다 높은 소득을 가질 것 같지만, (도시의) 최빈곤층은 위태로운 환경여건에 노출될 위험이 더 크다. 우리가 일찍이 살펴본 아프리카 및 남미 농촌공동체와 아시아의 도시 판자촌을 대조해보자.

아시아의 대도시 빈민가에서 건강을 위협하는 공해물질은 실내외 모두에 흔히 존재한다. 많은 여성들이 요리하거나 물을 끓이기 위해 집에서 때우는 연료에서 나오는 연기가 아이들의 건강에 장기적으로 극심한 해로운 결과를 미칠 수 있다는 것을 모르고 있다(공공건강 프로그램과 NGO들이 최근에 더 나은 대안의 연료로 요리하기를 장려하여 약간의 성공을 거두기는 했지만). 열악한 환기 상태로 인해 집 내부의 공기는 하루에 담배를 여러 갑 피우는 것과 동일할 정도로 위험할 수 있고, 여성과 아이들은 매일 긴 시간 동안 이러한 매연에 노출되어 있다. 어떤 아이들은 학교에 가므로 매연을 실질적으로 피하지만, 많은 아이들은 시장 일을 하거나 집에서 상품을 생산하는 엄마를 도와야 하기 때문에 학교에 가지 못한다. 그러므로 어린 나이부터 만성적이고 심한 기관지염은 인생의 잔인한 현실이 되어 버리는 것이다. 심신을 약화시키는, 궁극적으로 치명적인 호흡기 감염은 빈곤층에서는 흔한 일이다.

그러나 개인들이 해로운 공해물질에 노출되는 것은 집에서뿐만이 아니다. 길거리 상인들과 시장 노동자들도 높은 수준의 다른 공해물질에 끊임없이 노출되어 있다. 처리되지 않은 오물은 길을 따라 나 있는 덮개 없는 하수구를 흐르며 감염성 질환의 통로를 제공한다. 식량과 식수가 빈번하게 오염되어 있으므로 특히 어린아이들에게 설사가 흔하다. 식량이 보다 풍족할 때조차 잦은 병치레는 아이들을 다른 질병에 취약하게끔 한다. 가장 약한 어린이 중 다수가 심한 탈수로 사망한다. 음식을 요리하고 물을 끓일 때 사용되는 연료는 반드시 시장에서 구입해야 하는데 하루에 버는 것 중 많은 부분을 이에 소비하므로 때로는 소득이 가계의 식수를 끓일 연료를 사기에 충분치 않아서 감염의 확률이 높아지는 경우도 있다. 아픈 어린이를 위한 의료 서비스 비용은 치료비 그 자체뿐 아니라 병원에 오가는 데 걸리는 시간과 혼잡한 대기실에서의 오랜 대기시간 등의 기회비용을 포함하게 되므로 매우 높다고 말할 수 있다. 많은 가계들에게 가능한 소득을 포기하는 것은 감당하기 힘든 일이다. 가장 가난한 대다수 가계의 경우 오직 남아만이 의료혜택을 받는데, 그것은 그 아이들이 가계소득에 더 기여할 것이라고 기대되기 때문이다. 그러므로 그들이 살아남아 성인이 될 가능성이 자신의 자매보다 높다는 것은 놀라운 일이 아니다.

길거리에서 놀고 있는 아이들과 실외에서 일하는 다른 사람들 또한 자동차와 공장에서 나오는 복합적인 배기가스에 노출되어 있다. 차량들이 서구에서는 이미 의무사항인 비싼 촉매변환장치를 장착하고 있지 않기 때문에, 대기 중 납 성분이 위험할 정도로 높은 수준을 보인다. 환경적 요인과 반복적인 학교 결석 등으로 인한 물리적 및 정신적 장애 때문에, 가장 가난한 가계의 아이들은 기초적 교육 성과를 충족하는 것도 어려울 것이다. 빈민가 거주자들의 생활개선이 밀레니엄개발목표(MDGs)의 중요한 부분이라는 것은 놀라운 일이 아니다.

빈민은 부유한 사람들에 비해 오염된 환경의 폐해로부터 스스로를 보호하는 능력이 훨씬 적으므로, 그들은 환경훼손으로부터 초래되는 심각한 결과로 고통 받을 확률이 더 크다. 덧붙여서, 판자촌에 사는 도시 거주자에게서 높은 비율을 보이는 만연한 영양실조와 열악한 건강은 환경오염에 대한 개인의 면역성을 감소시키는 경향이 있다.[40]

가능한 해결책을 탐구하기 위해, 문제의 원천과 그것들이 상호작용하는 방법을 명백히 이해할 필요가 있다. 심각한 도시 환경 문제의 원인은 여러 가지지만 분석의 단순함을 위해 우리는 이러한 원인들을 두 가지 범주, 즉 도시화 및 산업화와 관련한 것들과 모든 공동체에서도 다루어져야 할 문제지만 도시 환경의 혼잡함 때문에 악화되는 경향이 있는 문제들로 나눌 것이다.

산업화와 도시의 대기오염

개발도상국의 도시화 및 산업화 초기단계에서 보통 소득은 증가하고 환경여건은 악화된다. 다른 소득수준에 있는 여러 나라들을 횡단면으로 분석한 결과, 어떤 형태의 도시오염은 초기에 국민소득과 함께 증가하다가 나중에는 떨어지는 경향을 보인다.[41] 위에서 언급한 대로 이 효과는 **환경 쿠즈네츠곡선**이라고 불린다. 세계은행에 따르면, 고소득 도시의 최하 1/4에 대한 오염 수준이 저소득 도시의 최상위 1/4보다 더 낮다.[42] 실제로, 소득이 높으면 비싼 **청정기술**(clean technologies)을 감당하기가 보다 쉽다. 그러나 이러한 경향이 불가피한 것만은 아니다. 공기(그리고 물)의 청정 수준은 고소득 국가와 저소득 국가 모두에서 정부규제의 정도와 밀접한 관련이 있다. 더구나 어떤 환경 자원은 행동이 즉각 취해지지 않을 경우 회복이 불가능할 정도로 손상될 수도 있다.

현대화와 관련되어 건강에 가장 큰 위협이 되는 대기오염의 주요 원인은 에너지 사용, 자동차 배기가스, 그리고 산업생산이다. 산업화는 배기가스를 통해 직접적으로 또는 소비 패턴의 변화와 공산품에 대한 수요 증대를 통해 간접적으로 폐기물 증가를 가져온다. 공산품 생산은 보통 환경에 해로울지도 모르는 부산물의 생성을 수반한다. 이것들이 환경을 훼손하는 정도는 생산되는 부산물의 형태, 수량 및 처분 방법 등을 포함하는 여러 요인에 달려 있다. 불

청정기술
계획에 의해 오염과 쓰레기를 덜 생산하고 자원을 보다 효율적으로 사용하는 기술

행히도, 규제가 없으면 원치 않는 부산물을 처분하는 가장 저렴한 방법은 처리되지 않은 채로 대기와 수로로 방출하거나 표면수가 제한 없이 지하수로 가라앉거나 강물로 씻겨 내려가는 땅 위에 버리는 것이다. 보다 폭넓은 사상의 전달과 상품에 대한 보다 용이한 접근성 그리고 소득 증가로 인해 소비 패턴의 변화와 그 환경적 결과들은 도시에서 먼저 나타날 확률이 많다. 환경적 결과에 대처할 수 있는 기술과 인프라가 도입될 때까지 현대화는 높은 도시환경비용을 초래할 것이다.

우리는 이미 간단하게 외부효과의 쟁점들과 공해로 유발된 비용의 많은 부분을 그 유발자가 아닌 다른 사람이 지고 있다는 사실을 보았다. 이것은 상품의 소비에 지불된 가격이 그 상품과 관련한 사회적 비용에 못 미친다는 것을 암시한다. 〈그림 10.6〉은 전형적인 공급과 수요 곡선을 묘사하고 있다. 그러나 이 경우에 우리는 공급곡선 $S = MC_P$라고 이름붙였는데, 그것이 상품 X와 관련한 한계**사적 비용**(private cost)을 나타내기 때문이다. 자유시장 균형 생산량과 가격은 각각 Q_M과 P_M이다. 만약 상품 X의 매 단위 소비 또는 생산과 관련한 외부효과가 존재한다면, MC_P 곡선은 사회에 대한 그 상품의 진정한 가격을 나타내지 못한다. 만약 상품 X의 매 단위가 제3자에게 2달러씩의 비용을 발생시킨다면, 우리는 단위당 2달러씩의 판매세를 생산량에 부과하는 법을 만들어 진정한 사회비용곡선 MC_S를 얻을 수 있다. 이 환경 **오염세**(pollution tax)는 사적 비용곡선을 모든 점에서 2달러씩 위로 〈그림 10.6〉의 MC_S로 이동시킨다. 수요곡선과 한계**사회적 비용**(social cost)곡선 사이의 새로운 교차점에서 얻어지는 Q^*가 효율적 생산량이며 P^*는 그 가격이다. 그러므로 공해의 사회적 비용을 분석에 포함시킴으로써 공해유발 상품의 실제 생산량은 사회적으로 적정한 수준으로 감소하며 소비자에게 부과된 가격은 P_M에서 P^*로 상승하고 생산자가 받는 가격은 P_M에서 P_C로 떨어진다. 수요 및

사적 비용
직접적 자금유출 또는 개별 경제 단위의 비용

오염세
물리적 환경에 배출되는 오염 수량에 부과되는 세금

사회적 비용
경제적 의사결정(사적 또는 공적)의 사회 전체에 대한 총비용

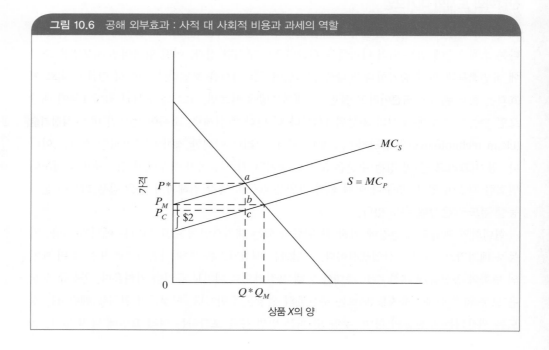

그림 10.6 공해 외부효과 : 사적 대 사회적 비용과 과세의 역할

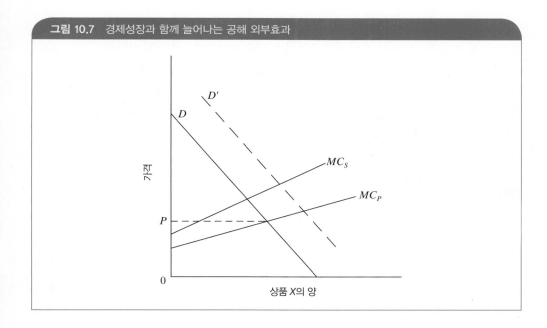

그림 10.7 경제성장과 함께 늘어나는 공해 외부효과

공급곡선의 상대적 탄력성에 따라, 공해세의 부담은 소비자와 생산자가 나누게 된다. 〈그림 10.6〉에서는 ac의 세금 중에서 소비자가 ab를 지불하고 생산자가 bc를 지불한다.

충분히 높은 수준에서는, 대부분의 배기가스가 사람에게 독이 되거나 그렇지 않으면 환경을 훼손시키는 반면, 낮은 수준에서는 단위당 비용이 미미할 수도 있다. 이는 사람이, (독소에 대한) 노출을 견디는 능력이 식수와 공기 속 농도가 증가하면서 급격히 떨어지지만, 대부분 독소에 대해 약간의 내성이 있기 때문이다. 환경은 또한 대부분의 공해물질을 일정량 흡수할 수 있는 **흡수 능력**(absorptive capacity)을 갖고 있다. 그러나 한 번 이 임계량을 넘어서면, 농도와 그에 따른 독성은 급속히 올라갈 확률이 있다. 보다 현실적인 사회적 한계비용곡선이 〈그림 10.7〉에 그려져 있다. 공해물질의 농도가 증가함에 따라(총생산량이 증가함에 따라서), 사회적 및 사적 비용곡선들 간의 격차가 증가한다. 총수요가 낮게 머물러 있을 동안 이 차이는 작을 것이다. 그러나 수요곡선이 급격한 도시화와 상승하는 소득과 함께 D에서 D'으로 오른쪽으로 이동함에 따라 외부효과의 중요성이 가속적으로 상승한다. 이것은 혼잡으로 생긴 도시의 병폐를 치유하는 것과 관련한 비용이 인구증가율보다 더 빨리 증가할 것임을 암시하는 것이다.

건강상의 위험은 상수도와 토지를 오염시키는 폐기물의 양뿐만 아니라 유독한 대기배출가스에 의해서도 생긴다. 세계보건기구(WHO)는 15억 명이 안전하지 않은 수준의 대기미세물질로 오염된 도시에서 살아 왔고 10억 명이 받아들일 수 없을 정도로 높은 수준의 이산화황에 노출되어 있다고 추산한다.[43] 산업화가 진행되면서 아산화질소와 유기화합물과 같은 다른 화합물의 중요성이 증가한다. 상수도를 오염시킴으로써, 위험한 수준의 대기오염에 기여함으로써, 공공 및 사유 재산을 훼손함으로써 산업공해는 인류의 건강과 경제적 번영을 훼손하는 형태로 높은 사용세를 인류에게 부과할 수 있는 것이다.

흡수 능력
잠재적 오염물질을 흡수하는 생태계의 역량

많은 사례연구들이 산업공해의 잠재적 심각성을 시사하고 있다. 방콕에서는 높은 수준의 대기 중 납 성분이 소아발달에 극심한 부정적 결과를 초래하여 7세가 된 아이들의 평균 IQ가 4포인트 또는 그 이상 떨어졌다. 멕시코시티에 사는 아이들의 70%가 납의 혈중농도가 비정상 적으로 높았다. 스모그에 의해 초래된 건강상의 복잡한 문제들은 개발도상국에서 더 나쁜 영 향을 주는데, 열악한 영양 상태와 일반적으로 나쁜 건강 등이 공해물질에 대한 개인의 내성을 크게 떨어뜨린다. 이러한 사정은 몸무게 단위당 공해물질을 대략 어른의 2배나 흡입하는 어 린아이들의 건강에 최악의 영향을 끼친다.

혼잡함과 수질오염 그리고 비위생의 문제

증가하는 산업부문의 공해물질 배출이 개발도상국 도시 거주자들에게 심각한 위협이 되는 것 만큼이나 도시 빈곤층의 건강에 영향을 주는 두 가지 중요한 환경적 요인은 수질오염과 비위 생적 여건이다. 많은 발전이 이루어졌음에도 불구하고, 2009년에 10억 명 이상의 사람들이 여전히 깨끗한 물을 공급받지 못했으며 15억 명이 위생적인 환경을 전혀 확보할 수 없었다. 도시 빈민지역의 비위생적 여건은 보통 건강에 극심한 위협을 제기한다. 도시에 대한 통계는 약간 오도된 경우가 있는데 상당히 먼 거리에 거주하는 1,000명 이상이 수도꼭지 하나를 갖 고 나누어 사용할 때에도 수백만의 도시 거주자가 수원에 접근 가능하다고 계산하므로 그러 하다. 다른 대안이 없기 때문에, 빈곤층의 많은 사람들이 사람의 배설물과 화학물질로 오염된 강, 하천, 운하 등에서 식수를 길어다 먹는다.

가장 가난한 도시 거주자들은 심각한 실내오염과 비위생적 여건을 포함하여 농촌 빈곤층 과 같은 불리한 환경적 여건을 많이 경험하지만, 도시 혼잡은 이러한 상황을 더욱 심화시킨 다. 처리되지 않은 오물이 쓰레기와 섞여서 길 위에 흐르고 질병의 확산에 기여한다. 이것은 농촌지역이 보통 정부 서비스를 보다 적게 받는데도 불구하고 도시 판자촌의 사망률이 가끔 농촌지역보다 높다는 사실에 반영되어 있다.

이러한 여건과 관련한 보건 및 경제적 비용은 엄청나며(제8장 참조) 생활수준을 개선하는 데 대한 가공할 걸림돌이 된다. 적절한 설비를 갖춘 가계의 아동들은 그러한 설비가 없는 가 계의 아동들보다 설사로 죽을 확률이 60%나 적다.

생산성의 상실과 비싼 의료비 등으로 초래된 엄청난 경제적 비용은 경제개발에 장애물로 작용한다. 고질적으로 나쁜 건강은 가난의 결과면서 원인이다. 그것은 열악한 영양 상태, 열 등한 학교 성적, 저하된 생산성, 영구적인 장애 등에 기여할 수 있으며 경제적 진보에 대한 희 망을 주지 않는다(제8장 참조). 사망자 수를 줄이는 것에 더하여, 상수도와 위생의 개선은 질 병의 발생을 상당한 정도를 줄여서 수인성 질병과 관련한 다른 비용을 줄인다.

보다 소득이 높은 가계들은 보통 공적 또는 사적으로 제공되는 서비스를 받을 수 있지만, 가장 빈곤한 계층은 그러한 서비스를 받지 못한다. 이것은 흔히 많은 저소득 주택의 불법적 지위에 기인하는데, 이것이 정부 서비스를 받는 데 부적격한 요인이 되고 민간 개인이 장비를 개선하는 데 투자하는 것을 위험하게 한다. 결과적으로, 빈곤층의 대부분은 흔히 오염된 물을 수돗물 가격의 평균 10배나 되는 가격에 업자로부터 구매해야 한다.

도시 상수도 및 위생 제공에 필요한 인프라에 대한 투자를 미루면 미래에 훨씬 더 큰 비용으로 이어질 수 있다. 상수도에 대한 열악한 접근은 민간 우물 시스템이 널리 퍼지도록 하는데, 이는 기존의 지하수 공급능력에 과부하를 줄 수도 있는 것이다. 방콕, 멕시코시티, 그리고 자카르타를 포함한 많은 대도시에서 이러한 현상은 지반침하와 범람을 통해 기존 인프라의 붕괴와 재산의 파괴를 불러왔다. 연안지역에서는 과도한 (지하수) 사용에 따라 염수가 급수에 섞이게 되어 영구적인 염류축적에 이르게 할 수도 있다. 거친 오물들이 처리되지 않고 부적절하게 처분되며, 지하수 및 표층수는 빈번하게 오염되어 깨끗한 물이 장기적으로 부족해지면서 공중보건을 위협한다.

외환수입 또한 오염된 상수도로 극심하게 위협받을 수 있다. 선진국의 보건기준이 오염되었을 수도 있는 물을 사용해 생산한 농산물의 수입을 금지할 수도 있다.

이러한 문제들에 비추어볼 때, 예방적 조치에 드는 비용이 매출, 자원, 인프라의 상실과 관련한 손실에 비해 일반적으로 적다는 것은 놀라운 일이 아니다.

10.5 강우림 파괴의 지역 및 글로벌 비용

개발도상국들의 토지 사용 행태의 변화는 현재 **온실가스**(greenhouse gas)의 세계적 집적에 가장 큰 기여를 하고 있다. 전 세계 이산화탄소(CO_2) 배출의 대략 20%가 삼림벌채에 기인한 것이다.[44] 나무는 광합성 과정 중에 이산화탄소를 소비하고 산소를 배출하므로, 열대우림은 생태계가 스스로를 재생하는 중요한 방식을 대표적으로 보여준다고 할 수 있다. 강우림을 없애는 것은 환경의 이산화탄소 흡수력을 감소시킨다. 게다가 가속화하는 멸종사태는 **생물다양성**(biodiversity)에 위험할 정도의 위협을 제기하는데 주로 강우림 지역에서 세계 조류의 12%, 포유류의 24%, 그리고 어류의 30%가 멸종에 취약한 상태 또는 즉시 멸종할 위험에 처해 있다.[45]

삼림벌채는 대규모로 진행되고 있다. 세계적으로 삼림의 손실은 여러 원인으로부터 파생되는데, 화재를 동반한 가뭄과 급속히 퍼지는 해충 종자들이 여기에 포함된다. 그러나 대부분의 삼림파괴는 농업 목적에 의한 열대 강우림 청산에 의해 초래된다.

유엔식량농업기구(FAO)의 측정에 의하면, 2000~2010년 기간 동안 연평균 1,300만 헥타르의 산림이 유실되었다. 이는 1990년대의 역사적인 삼림파괴 절정기의 연평균 1,600만 헥타르 유실에 비하면 약간 향상된 것이다. 대규모 식목과 세계 다른 지역의 자연적 확대를 포함한 삼림 확대는 부분적으로 보상이 되었다(이는 일반적으로 강우림은 아니었음). 그러나 글로벌 연간 순손실은 매우 높은 520만 헥타르로 남아 있다.[46]

약 60%에 이르는 파괴된 열대우림의 대부분이 소규모 농부들에 의해 경작 목적으로 없어졌다. 그것의 많은 부분, 즉 세계 강우림 토지의 90%는 너무 척박하여 몇 년 이상 경작할 수 없을 것이다. 그런 후 토지는 흔히 후한 정부보조를 받는 대지주에게 방목용으로 종종 팔리게 되어 사막화를 심화시키기에 이른다. 그 이전의 경작자는 이제 향후 몇 년간의 생계를 마련하려는 필사적인 시도로서 삼림지역을 추가로 없애야 하는 것이다. 과거에는 강우림 정착 프로그램이 정기적으로 장려되었으며 종종 국제적 개발은행의 도움으로 몇몇 개발도상국 정부

온실가스
지구 대기권 내에 열을 가두는 가스로서 지구온난화에 기여할 수 있음

생물다양성
생태계 내의 다양한 생물 형태

에 의해 자금지원이 이루어졌다. 자기주도 정착 프로그램에 대한 세계은행 보고서는 이 프로그램들이 유난히 비싸며—평균 가계당 1만 달러—환경을 파괴한다는 것을 발견하였다. 브라질, 볼리비아, 필리핀, 에콰도르를 포함한 대규모 강우림 보유 국가들의 정책 입안자들은 따라서 열대림 파괴율을 감소시킬 정책을 시행하라는 외국의 공공 및 민간 기구들의 압력 증가를 경험하고 있다. 그 결과로 온실가스 집적의 증가가 감소하고 생물다양성을 보존하는 것은 모두에게 이익이 될 것이다. 따라서 강우림 보존은 공공재를 제공하는 행위이다.

강우림을 보존하는 데 드는 정치경제적 비용이 보통 가려져 있거나 모호하기 때문에, 숲을 유지하는 것이 거의 비용이 들지 않는 사업처럼 보일 수 있다. 사실상, 많은 개발도상국에서 강우림이 수행하는 중요한 경제적 역할 때문에 모든 남아 있는 강우림을 보존하는 데 드는 진정한 비용이 특별히 높을지도 모른다. 강우림 보존의 기회비용은 중요한 실내연료원의 상실, 목재와 소고기 등으로 얻을 수 있는 외환수입의 포기, 그리고 토지 부족과 인구증가의 압력 등과 같은 문제에 대응한 임시방편적인 해결책의 상실을 포함한다. 그러므로 남아 있는 강우림의 대부분을 갖고 있는, 종종 여전히 높은 부채에 허덕이는 몇 안 되는 국가들이 단독으로 이 **글로벌 공공재**(global public good)를 공급할 책임이 있다고 가정하는 것은 불합리하다. 사실 외국에 무임승차가 허용될 때에—즉 그들이 강우림 보존에 기여하지 않고 혜택만 얻는 것이 허용된다면—삼림벌채는 바람직하지 않은 속도로 계속될 것이다. 그 결과로 초래되는 비효율을 줄이기 위해, 공공재 모형은 보존된 숲의 단위당 상대가격을 개발도상국에 대해서는 낮추고 외부 수혜자에게는 높여야 한다는 것을 암시한다. 후자에 대해, 이것은 강우림 보존 목적의 별도 비용을 내야 함을 뜻한다.

강우림을 보존하기 위해서는 몇 가지 단계가 취해져야 한다. 장기적 대책은 대체연료에 대한 접근 가능성, 지속 가능한 목재계획의 관리, 그리고 현재 취약한 강우림 지역의 토지를 개간하는 데 의존하는 궁핍한 사람들에게 경제적 기회를 제공하는 것 등을 포함한다. 개발도상국들은 강우림을 관리하고(강우림의 1% 미만이 이식되고 있거나 또는 지속 가능한 방식으로 개간되고 있다) 견과류, 과일, 기름, 감미료, 수지, 타닌, 섬유, 건축자재, 천연의약원료와 같은 다른 강우림 생산물에 대한 대체시장을 개발하여 강우림이 경제적으로 사용되는 데 있어 그 효율성을 막대하게 올릴 수 있다. 개간을 위해 태워지는 목재의 많은 부분이 재산상 이득을 목적으로 수확될 수 있다. 예를 들어 1990년대에 브라질은 강우림 목재를 태워버림으로써 매년 25억 달러의 손실을 보았다. 연료 또는 수출 목적의 지속 가능한 목재생산은 벌목주기를 30년 간격으로 제한하고 새로 심은 나무의 성장을 주의 깊게 유지함으로써 이룰 수 있다. 개간된 강우림을 재생하는 것은 불가능한 것은 아니지만 극도로 비용이 많이 드는 일이므로, 벌목을 적절히 유지하고 감독하는 것이 필요하다. 개발도상국 정부들이 목재사업권을 보다 주의 깊게 감독한다면, 개간을 막고 자르지 않은 나무들에 대한 부주의한 파괴를 줄이며, 사업권에 대한 수입 징수의 효율성을 제고할 것이다. 숲이 주는 저평가된 혜택들이 또 있는데, 기후조절, 강우(그리고 물 순환), 홍수조절, 토양 보존 등이 그것이다.

국제사회 또한 보존노력을 도와야 한다. 방금 언급한 대체상품에 대한 무역장벽을 낮춤으로써, 선진국은 많은 개발도상국이 지속 불가능한 생산 방식에 의존하는 정도를 낮출 수 있

글로벌 공공재
편익이 국경선과 인구집단을 넘어서 미칠 수 있는 공공재

다. 부채 대 채무 스왑(또는 자연보호채무상계거래) 또한 외환을 확보할 목적으로 삼림을 급속히 파괴하는 것을 줄인다. 마지막으로, 열대우림의 보존과 유지를 위한 기금이 글로벌 공공재를 공급할 보존 프로그램의 성공을 보장하기 위해 반드시 필요하다. 이러한 기금이 원조로 간주되지 않는 것이 중요한데, 그 이유는 궁극적인 혜택이 모든 자연유산과 생물다양성 그리고 글로벌 지구온난화 방지에 의해서 공유되어야 하기 때문이다. 지구환경기금(Global Environmental Facility)은 강우림 보전과 관련된 중요한 역할을 하였다. 개발도상국 삼림 보전을 지원하는 글로벌 REDD-plus 프로그램이 이 장의 앞부분에서 논의되었다. 상당한 삼림을 가진 개발도상국 정부들은, 특히 아프리카의 경우, 계속되는 거대한 부채 부담으로 인해 부존자원을 보호하기 위해 설계된 환경 프로그램 비용을 감당하는 것이 특히 어려울 수 있다.

최근 많은 국제원조기구들이 보다 환경적으로 부합하는 패턴의 대출을 장려하기 위해 환경 전문 부서를 설립하였다. 그들은 또한 환경 이슈들을 직접 다룰 프로그램도 시작하였다. 그러한 프로그램들이 미래에 얼마나 성공할 수 있을지는 이러한 노력과 개발도상국 정부들이 직면한 경제적 현실이 얼마나 양립 가능한가에 달려 있다.[47]

상당한 강우림을 보유한 국가에서 온 사람들은 가끔 강우림을 보호하라는, 그들이 느끼기에는 강한 압력에 다음과 같이 질문하며 반대를 표시한다―"선진국들은 삼림을 자르며 성장하지 않았나요? 이제 당신들은 왜 우리 개발도상국들이 그렇게 하지 못하게 하는 것인가요? 우리가 발전하지 않기를 원하나요?" 첫 번째 질문에 대해서는 삼림을 개간하여 개발이 이루어진 것은 아니라는 것이다. 생산성 증가가 일차적 원인이지, 지속 불가능한 벌목과 보다 많은 토지를 확대 사용한 것이 개발의 원동력은 아니었을 것이다. 그러나 그렇다고 해도 과거 수십 년 동안에는 불가능했던 많은 기술적 대안이 있다. 물론, 국지적 편익을 강조하고 세계적 비용을 지불하는 것이 역사적으로 선진국들과 불평등한 관계에 있던 개발도상국들을 압박하거나 괴롭히는 것보다 나을지도 모른다. 그러나 사실 최소한 네 가지 측면에서 중요한 차이가 있다.

- 첫째, 열대 및 낙엽수림은 영양소와 회복 가능성 측면에서 다르다. 전자의 경우, 영양소가 바이오매스에 많고 토양에는 적다. 강우림은 낙엽수림이 재생하는 것과는 다른 방식으로 재생한다.
- 둘째, 강우림의 파괴가 초래하는 국지적인 그리고 특히 범지구적인 외부효과는 훨씬 더 크다.
- 셋째, 탄소보호 및 유전다양성 기금 등으로부터의 보상기회 때문에 삼림은 오늘날 더욱 큰 가치를 갖는다.
- 넷째, 새로운 항생제 및 다른 신약들의 원료를 제공할 수 있다는 점에서 보다 큰 잠재적 가치를 갖는다. 이에 더하여 삼림의 사용 확대 및 제거라는 것은 산업정책상 이상한 목표이다. 재정적 관점에서 볼 때 그러한 활동에 대한 보조금과 세금유예를 없애는 것이 기본적으로 경제적 의미가 있는 일이다. 나아가 강우림을 벌목하여 콩 농장을 만드는 것은 토지개혁의 대체수단이 될 수 없다(예를 들어 원주민들은 이미 숲에 살며 숲에 의존하고 있기 때문이다).

10.6 개발도상국과 선진국의 정책 선택권

개발도상국들이 할 수 있는 것

개발도상국 정부가 선택할 수 있는 정책의 범위는 다양하다―이 중 (1) 적절한 자원가격의 결정, (2) 지역사회의 참여, (3) 보다 분명한 재산권 및 자원소유권, (4) 빈민층을 위한 경제적 대안의 향상, (5) 여성의 경제적 지위 향상, (6) 산업배기가스 감축정책, (7) 기후변화 적응에 대한 적극적 입장의 채택 등 일곱 가지 정책이 두드러진다. 각 정책에 대해 간략히 검토해 보자.[48]

적절한 자원가격 결정 개혁이 필요한 가장 분명한 분야는 아마도 정부의 가격정책일 것인데, 자원의 부족을 악화시킬 수 있고, 지속 불가능한 생산방법을 촉진할 수 있는 보조금이 여기에 포함된다. 흔히 표면적으로는 극빈자들의 어려움을 줄여주기 위해 고안된 프로그램들이 빈곤 감축에는 거의 영향을 미치지 못하고 오히려 기존의 불균등을 악화시켰다. 종종 고소득 가계가 정부의 비환경친화적 에너지, 물, 그리고 농업 보조금의 두드러진 수혜자가 되었다. 예를 들어 개발도상국에서 평균적으로 볼 때, 상수도에 지불되는 가격은 공급비용에 미치지 못한다. 배급제도 때문에 그러한 보조금은 종종 보다 소득이 높은 사람들에게만 혜택이 된다. 다량의 공공용수가 그야말로 도난당하고 있는 셈이다. 그것도 흔히 부유한 사람들에 의해서. 결과는 자원 낭비적이고 지속 불가능한 사용이다. 부적절한 보조금을 철폐하는 것은 상대적으로 비용이 들지 않는(또는 이익이 남는) 환경보존 방법이지만 강력한 지배계층이 수익성 좋은 정부 보조금을 잃게 되는 입장에 서게 되므로 걸려 있는 정치적 판돈이 크다.

지역사회의 참여 환경여건을 개선하기 위한 프로그램은 그 프로그램 설계가, 지역사회 네트워크와 발을 맞추어 지역 및 국가적 목표 모두와 일관성을 갖도록 보장할 때 가장 효율적이다. 개발기관들의 경험은 민초들의 노력이 보다 비용효율적일 수 있다는 것을 보여주었는데 이는 그러한 노력이 보통 저렴한 대안을 사용하며 지역 주민에게 일자리를 제공하기 때문이다. 빈곤한 공동체들이 정말로 공공사업 프로그램으로부터 혜택을 받게 되면 주민들은 종종 프로그램 비용의 많은 부분을 기꺼이 부담하려고 하며 실제로 그럴 수 있다. 공유재산자원의 협력적 관리를 가능케 하는 기관 또한 권장할 만하다.

보다 분명한 재산권 및 자원 소유권 빈곤층에게 가정의 위생시설과 용수 그리고 농장 개선에 드는 투자는 흔히 일생 동안 저축한 것의 대부분을 요구하는 경우가 많으므로 투자한 집과 농장을 잃게 되면 이는 가계에 매우 힘든 경제적 결과를 초래할 수 있다. 그러므로 농촌이나 도시에서 재산 사용권의 안정성이 없으면 환경적 여건을 제고하는 투자를 크게 저해할 수 있다. 사용권의 법제화는 빈곤층의 생활조건을 개선하고 농업투자를 증가시킨다.

그러나 많은 경우에 토지개혁이 필요할지 모른다(제9장 참조). 임차인이나 소작인이 농장에 투자하여 얻은 경제적 이득을 잃어버리는 일은 흔한 일인데 일단 토지의 생산성이 개선되면 지주가 보다 높은 지대를 받아내기가 상대적으로 쉽기 때문이다. 사용자에게 권리를 이전하는 것이, 토지의 생산력을 증가시키는 투자로부터 얻는 재무적 이익을 투자자에게 귀속시키는 것을 보장하는 유일한 방법일지도 모른다. 토지의 불균등한 분배로 인해 대규모의 경작되지 않는 비옥한 토지가, 수많은 토지 무소유 농부들에 의해 과도하게 경작되고 있는 경작한 계지 바로 옆에 있게 되는 상황에 이를 때도 토지개혁은 요구될 수 있다. 공유재산자원의 균등하고 효율적인 사용이 지속되려면 이를 용이하게 만드는 잘 기획된 정책들이 필요하며, 이러한 정책들이 가장 잘 효과를 발휘할 수 있게 하는 조건들에 대한 교훈을 고려해야 할 것이다(〈예문 10.3〉 참조).

빈민층의 경제적 대안을 개선하기 위한 프로그램 농촌지역에서 이루어지는 추가적인 환경파괴는 많은 경우 관개와 지속 가능한 영농기술 등에 대한 농장 투자, 대안연료의 사용, 그리고 침식을 막는 장벽을 구축함으로써 피할 수 있을지도 모른다. 그러나 이들 대안 각각의 경제적 비용은 대다수의 궁핍한 가족단위 생산자에게는 감당할 수 없는 것이다. 역설적이게도, 환경파괴가 클수록 농촌인구가 대안적 생산방법을 감당할 능력은 없을 것이다. 그러므로 정부 프로그램을 통해 신용과 토질 개량용 투입요소 등을 소규모 농부들이 사용할 수 있도록 하는 것이 중요하다. 정부는 농촌에서 농업 이외의 경제적 기회를 제공함으로써 대안적인 고용기회를 창출하여 매우 빈곤한 계층이 불모지를 경작하지 않아도 되도록 할 수 있다. 예를 들어 농촌 기반시설을 구축하는 프로그램(도로, 창고 등)은 현지 일자리를 창출하여 생태적으로 민감한 토지에 대한 인구 압력을 제거하고, 농촌개발을 자극하며, 이촌향도 이주 현상을 감소시킨다.

여성의 경제적 지위 향상 여성의 교육적 성취를 증진하고 경제적 대안의 범위를 확대하면 그들 시간의 기회비용이 높아지고 희망하는 가족의 규모가 줄어들 수도 있다(제6장 참조). 교육은 또한 아동의 영양과 위생에 대한 여성의 정보 접근을 향상시키는 경향이 있는데 이는 아동 사망률의 급속한 감소와 관련이 있다. 지역사회에 기반을 둔 환경 프로그램이 여성들과 밀접하게 작업하는 것이 중요한데 주로 여성들의 일상적인 활동이 자원 사용 형태를 결정하며 가족의 필요를 충족시킬 수 있는 여성들의 능력 또한 물과 연료 공급의 지속 가능한 관리에 의존하기 때문이다.

산업배기가스 감축정책 산업공해 제한의 목적을 위한 일련의 정책 선택이 개발도상국 정부에게는 가능한데 여기에는 배출가스에 대한 세금, 거래 가능한 가스 배출권, 쿼터, 기준치 등의 설정이 포함된다. 시장에 기반을 둔 처음 2개의 정책이 보다 효율적인 생산자들에게 보상이 돌아가고, 기업을 위해 보다 큰 유연성을 허용하며, 일반적으로 강제하기가 보다 쉽다는 이유로 더욱 효율적이라는 것을 암시하는 약간의 증거가 있다. 규제는 가능한 한 단순해야 하며 반드시 강제할 수 있어야 한다. 친환경적 기술을 채택하도록 하는 추가적인 장려책들은 공해경감기술의 구매 또는 개발에 특정하게 연동된 세금공제 및 보조금 등을 통해 제공될 수 있다. 역설적으로, 규제하기 가장 어려운 산업은 정부 자신이 운영하는 것들인데, 이들에게는 이윤동기가 종종 고려대상이 아니며 대개 어느 그룹이든 스스로를 규제하는 것은 힘들기

때문이다.[49]

기후변화 적응과 환경파괴에 대한 적극적 입장 적극적 조치는 개발도상국 경제를 일반적으로 그리고 특히 빈곤층이 피해로부터 쉽게 회복할 수 있도록 하며, 많은 부분에서 이미 피할 수 없는 기후변화에 적응할 수 있게 돕는다. 개발도상국들은 환경적 비상사태를 예상하는 조기경보 시스템을 시행하고 끊임없이 개선할 수 있다. 삼림재건을 고취하고, 맹그로브와 같은 천연생태계 장벽을 복원하며, 소액보험 프로그램을 개선하고, 폭풍대피소, 홍수방벽, 그리고 방재도로와 교량을 건설할 수 있다. 지피식물을 보호하기 위해서, 빈민층을 이러한 자원을 지키는 사람으로 고용하는 것이 효율적일 것이다. 현지에 살고 있으므로, 그들은 부재지주에 비해 밀렵과 불법 벌목에 대해 더욱 주의를 기울일 것이다. 많은 나라에서 보다 나은 정부의 투명성과 책임성이 필요하다. 빈곤층과 그 단체들에 대한 권한부여는, 많은 빈민들이 생계를 의존하고 있는 부존자원을 보호하고 또한 적응에 더 큰 지원이 필요한 빈곤층을 정부가 제대로 돕는지 감시하는 데 중요한 역할을 할 수 있다.

선진국들이 개발도상국을 도울 수 있는 방법

산업화된 국가들은 세 가지 분야에서 개발도상국들이 개발의 환경을 개선하는 노력을 도울 수 있다―(1) 무역 자유화, (2) 채무탕감, (3) 금융 및 기술적 지원.

무역정책 환경에 관한 많은 현 논의 초점은 개발도상국에서 빈곤과 환경파괴의 악순환을 끊을 절박한 필요에 맞추어져 있다. 그러나 농업 및 다른 상품에 대한 보호주의는 국제시장을 극적으로 위축시켰으며 따라서 개발도상국 상품들의 소득창출력을 위축시켰다(제12장 참조).[50] 무역장벽 제거, 신규고용 창출 및 농업발전 장려를 통해 개발도상국의 경제성장을 촉진하는 것은 절대빈곤 수준을 의미 있게 감소시킬 수 있을 것이다.

무역장벽에 더하여, 선진 공업국들은 자국 내 농업부문을 과도하게 보조함으로써 개발도상국의 수출을 궁지에 몰아넣을 수 있다. 이로 인한 대규모 잉여분이 종종 국제시장에서 투매되어, 개발도상국이 비교우위가 있으리라고 생각되는 시장에서도 불공정하게 개발도상국의 농업수출을 좌절시킨다. 5,000억 달러로 추산되는 선진국의 연간 농업 보조금을 줄이는 것은 빈곤과 그것이 초래하는 환경훼손을 줄여 개발도상국에서 농촌개발노력의 성공을 보장하는 것을 도울 수 있다. 따라서 개발도상국들은 외환 증가를 위해 강우림과 다른 자원에 대한 지속 불가능한 착취에 의존하는 것을 줄일 것이다.

부채탕감 국제시장에 대한 보다 폭넓은 접근은 소득을 증가시킬 뿐만 아니라 채무상환에 있어 악성채무 국가들의 역량을 증진할 수 있다. 악성부채 상환부담은 빈곤 제거 및 환경훼손 완화를 포함한 개발도상국 복지 프로그램의 재원을 감소시킨다(제13장 참조). 특히 무거운 부채를 지고 있는 빈곤국 정부들이 지속 가능한 개발을 달성하기 위해서 필요한 결정적 변화들을 꾀할 유연성을 부여하려면 부채탕감이 필요할 것이다.

자연보호채무상계거래(debt-for-nature swap)는 개발도상국들이 열대우림의 보호를 보장

자연보호채무상계거래
조직이 보유한 외채와 더 큰 규모의 국내부채의 교환으로 부채국가의 자연자원 및 환경보존을 재정적으로 지원하기 위해 사용

하면서 외화표시부채를 퇴역시킬 수 있는 선진국-개도국 상호 간에 이익이 되는 매력적인 방편을 제공한다.[51] 자연보호채무상계거래에서는 현지 환경단체들과 연결하여 활동하는 미국 기반 강우림연맹(Rainforest Alliance) 또는 자연관리단(Nature Conservancy)과 같은 외국의 민간 환경단체가 금융시장에서 개발도상국 채권을 액면가의 일부, 예를 들어 30%를 주고 산다. 그런 다음 그 채권은 채무국 통화표시의 정부채권과 교환되는데 원래의 해외채권의 액면가에 해당하는 가격으로 교환된다. 이 채권을 사는 환경단체는 따라서 그 기금을 230% 증폭시킬 수 있게 된다. 채권으로부터 나오는 수입은 우림이나 수렵보호지역을 유지하는 데 쓰인다. 이런 방식으로 개발도상국은 희소한 경화 채무를 더 이상 지지 않아도 되고 부존자원의 보호를 위한 기부금을 마련할 수 있다. 해외의 기부자는 실제 현금 지출보다 실질적으로 몇 배 큰 기부를 할 수 있으며 그 기부가 부존자원을 보호하는 데 쓰일 것이라는 구두보장을 획득하게 된다. 자연보호채무상계거래가 부분적이나마 열대우림 파괴에 흥미진진한 해결책을 제공하지만, 여러 경제적, 정치적 장애물이 그러한 계획의 활용 범위를 제한하였는데, 가장 큰 우려 중 하나는 국내자원에 대한 결정이 외국의 통제하에 놓이게 된다는 것이다.[52]

개발 원조 개발도상국들이 지속 가능한 개발을 달성하려면 상당한 신규 개발원조가 필요하다. 이러한 투자는 빈곤을 제거하고, 복지를 제공하며, 지속 가능한 생산 패턴을 촉진하기 위한 다양한 프로그램에 사용될 것이다. 이러한 목적에 쓰이도록 배정된 선진국으로부터의 추가적 원조는 개발도상국 환경에 긍정적인 영향을 미칠 수 있다(제14장 참조). 이산화탄소 배출을 감소시켜 전체 국제사회에 혜택을 주도록 열대우림을 유지하는 데는 더 큰 돈이 필요할 것이다. 사례별 비용효율 성향을 근거로 프로그램들을 평가할 수 있는 많은 전략이 있다. 가장 일반적인 방법은 토지 무소유 및 빈곤을 제거하고, 열대우림 파괴의 사회경제적 원인들을 없애는 것을 돕는 프로그램을 지원하는 것이다. 구체적 전략은 원주민 사회가 삼림보호를 감시[NGO인 국제보존협회(Conservation International)가 애초에 제안한 대로]하도록 돈을 지불하면서 국가기관이나 국제기구 등이 벌채권을 구입하는 것을 들 수 있다. 보존노력은 국제사회에 의해 글로벌 공공재로서 보상받을 수 있다.

원조가 기후변화에 대한 대응을 돕는 요소를 포함하는 것은 결정적이다. 개발도상국에 보다 친환경적인 기술을 제공하는 것이 일반적으로 온실가스를 줄이는 데 도움이 되지만, 그것 자체로 개발도상국이 기후변화에 적응하도록 돕는 것은 아니기 때문이다. 앞서 논의한 GEF와 REDD-plus 같은 프로그램이 중요한 시도이다.

선진국들이 지구 환경을 위해 할 수 있는 것

아마도 가장 중요한 것은 현재 지구 자원의 70% 이상을 소비하는 선진국들이 다음과 같은 노력을 통해 지구 환경 개선에 기여할 수 있다는 것이다—(1) 온실가스를 포함한 유해한 배기가스를 줄이고, (2) 선진국과 개발도상국들을 위해 친환경 기술과 공해 감축에 대한 연구개발을 수행하고, (3) 환경적으로 유해한 선진국의 수요 성향을 변화시킨다.

〈그림 10.8〉의 복합사진은 자원 사용에 있어서 불균등한 글로벌 패턴을 극적으로 보여주

그림 10.8   지구의 밤―고소득, 중소득, 저소득국가들 간 에너지 사용 불균등 반영, 그리고 해안선에 인접한 경제활동의 집중

Craig Mayhew and Robert Simmon, NASA GSFC

고 있다. 이 이미지는 위성이 야간에 촬영한 수백 개 사진의 합성물이다. 고소득(또한 인구가 조밀한) 지역, 특히 유럽과 미국, 일본에 있어서 인공조명이 관심을 끈다. 인구밀도가 높고 중상위소득을 보유한 중국 연안 역시 두드러진다. 덜 밝지만 인도도 눈에 띈다. 인도는 중하위소득국가지만 인구밀도가 높다. 가장 빈곤한 사하라이남 아프리카 지역의 전기조명 부족은 다른 인구밀집지역과 극명하게 대조된다. 남미와 아시아 중심부와 같이 중간 소득을 보유하면서 인구밀도가 낮은 지역들 역시 어둡다. 지도가 보여주는 바와 같이, 많은 경제활동들이 대부분 연안에 위치하고 있는데, 이는 사람들이 낮은 선박비용을 활용하여 재화교환을 할 수 있다는 단순한 경제적 이유 때문이다. 그 사례로는 브라질의 대도시들이 두드러진다. 재화경제의 차이와 제도적 불량 역시 나타나는데, 북한과 한국 간의 국경선에서 가장 두드러진다. 1인당 전력 사용은 전력 및 기타 자원의 전반적인 사용과 병행한다는 사실에 주목해야 한다. 따라서 이미지는 고소득, 중상위소득, 중하위소득 및 하위소득국가를 관통하여 만연하고 있는, 자원 사용의 극단적 불균등에 대한 생생한 사진을 제공하고 있다.

미국과 다른 선진국들은 온실가스의 대부분을 배출하고 있으며, 해양어류와 같이 환경에 민감한 상품의 대부분을 소비한다. 이들 국가들이 소비하는 에너지, 목재상품, 그리고 원자재의 비중은 현저하게 더 높다.[53] 선진국 소비의 상당 부분은 낭비적이다. 세계가 전체적으로 현재의 미국과 다른 선진국들 수준으로 소비할 수 없다는 것은 분명하다. 선진국들의 책임 있는 소비는 그저 좋은 예를 보일 뿐 아니라 생태적으로 반드시 필요한 일이다. 이것은 경제가 무한한 성장을 지속할 수 없다는 것을 의미하지는 않는다. 지식에 기반한 소비가 이루어지고 원자재 사용을 줄일 수 있다면 분명히 그럴 수 있다. 다만 소비 유형이 반드시 변해야 한다. 우리가 보았듯이, 상당한 정도의 외부효과와 공공재가 관련되어 있을 경우 가격신호 단독으로는 자원 사용의 길잡이가 되지 않을 것이다.

배기가스 통제 책임 있는 소비를 넘어서, 아마도 선진국들이 지구 환경에 가장 크게 기여할 수 있는 것은 보다 깨끗한 환경에 대한 스스로의 약속을 분명히 제시하는 것이다. 선진국들은 여전히 대기와 해양의 주된 오염원이기 때문에, 이들이 현재와 미래에 생산 유형의 지구적 변화를 선도해야 한다. 만약 부유한 국가들이 온실가스의 의미 있고 지속적인 감축을 달성하지 못한다면, 선진 공업국들에 비해 훨씬 적은 수준의 1인당 배기가스를 배출하는 개발도상국들에게 감축을 설득하기는 어려울 것이다.

연구와 개발 고소득국가들은 또한 연구개발 노력에 있어서 주도적 역할을 해야 한다. 산업화된 나라들에서 보다 엄격한 환경규제에 대한 대중적 지지가 증가한다면 보다 저렴한 배기가스 감축기술과 보다 깨끗한(또는 '보다 친환경적인') 생산 과정 등의 개발을 가능케 할 것이다. 연구개발의 결과인 혁신이 개발도상국에서 채택된다면 배출가스를 줄이려는 노력의 효과를 높일 것이다. 현재 많은 청정기술은 개발도상국 산업에서 활용하기에는 너무 비싼 실정이다. 따라서 저소득국가들이 고소득국가들에서 통용되는 기준을 달성할 것을 기대하는 것은 비현실적이다. 그렇지만 선진국이 산업화 초기에 경험할 수밖에 없었던 환경적 대실패를 되풀이하는 것은 불필요하다. 개발도상국들에게 접근 가능한 보다 저렴하고 보다 청정한 감축기술들은 범지구적 배출의 주된 원천—개발도상국 진영의 급속한 산업화—을 제한하는 데 도움이 된다. 저탄소 기술의 확보가 환경변화를 제한하는 싸움에 결정적일 것이다.

수입제한 환경적으로 지속 불가능한 생산과 관련된 상품들의 수입을 통해 선진국들은 간접적이지만 중요한 영향을 지구 환경에 미친다. 만약 부유한 나라들이 그러한 재화를 판매하여 큰 이윤을 남길 수 있는 시장을 계속 제공한다면, 위험에 처한 자원의 파괴를 제한하는 국제조약들은 아무런 효과가 없을 것이다. 수입제한은 바람직하지 않은 국제거래를 줄이는 효과적인 방법이다. 불매운동과 기타 기업에 가해지는 압력의 형태를 통해 표출되는 소비자 주권은 효과적일 수 있다. 그러나 이는 강력한 지도력을 필요로 하고 전체 문제 중 상대적으로 작은 부분만을 대표하는 대기업에 초점을 맞추는 경향이 있다.

물론, 정부와 시민사회에 의해 적용되는 그러한 환경적 제약이 단지 개발도상국들에 대한 위장된 보호주의가 아니라는 것을 분명히 하고, 빈곤층이 지속 가능하고 공평한 방식으로 그들의 환경자산을 통해 생계를 보존할 기회를 부여받는다는 것을 보장하는 것이 중요하다.

한 섬에 존재하는 대조적인 세계 :
아이티와 도미니카공화국

2010년 1월 아이티를 강타한 무서운 지진은 끔찍할 정도의 위기를 가져왔다. 지진은 또한 1,000만 인구의 국가에 환경위기를 포함한 빈곤과 고통이 오랜 기간 뒤따를 것임을 대중에게 각인시켰다. 뉴스보도는 인구가 동일하게 1,000만 명이면서 소득은 보다 높고, 빈곤은 적으며 훨씬 더 나은 환경조건을 가진 이웃나라 도미니카공화국도 보여주었다.

아이티의 환경적 재앙은 보다 나은 국내 정책으로 상당 부분 피할 수 있었을 것이다. 그러므로 환경재앙이 아이티 문제의 근본 이유는 아니다. 왜 보다 나은 환경정책(그리고 다른 관련 지원정책)이 없었는가? 즉 이러한 관점에서 아이티 기관들의 한계는 무엇이었는가? 아이티의 환경 문제가 그 나라의 심각한 빈곤에 기인한 것인가? 환경훼손 그 자체가 지속적인 경제 및 인적개발 정체의 원인 중 하나인가? 목표가 잘 설정된 원조가 있었다면 무엇을 할 수 있었을 것인가? 또한 원조가 이제 어떤 역할을 할 수 있을 것인가?

항공편으로 도미니카공화국과의 국경선을 넘어 아이티로 여행하는 사람들은 놀라운 차이를 목격하게 된다. 서쪽의 아이티는 황량한 반면 동쪽의 도미니카공화국은 푸른 숲으로 둘러싸여 있다—숯 생산으로 소득을 얻기 위해 필사적으로 땔나무를 찾는 아이티 사람들이 국경을 넘어와 약탈을 한 곳을 제외하고. 2004년에 유엔개발프로그램(UNDP)은 이 풍경에 대해 '빈곤과 환경파괴의 악순환이 산허리를 벌거벗겼다'라고 논평하였다. 2005년에, 다이아몬드(Jared Diamond)는 '국경선은 마치 섬을 가로질러 칼로 제멋대로 자른 굴곡이 있는 날카로운 선 같았는데 돌연

히 선의 오른쪽에 있는 어둡고 푸른 풍경(도미니카 쪽)으로부터 서쪽의 보다 흐릿하고 갈색인 풍경(아이티 쪽)을 분리한다'고 유려한 문장으로 저술하였다. 그는 덧붙이기를 '지면상, 여러 곳에서 국경선에 서서 동쪽으로 얼굴을 돌리면 소나무 숲을 보게 되고 그리고 돌아서 서쪽으로 얼굴을 돌리면 나무가 거의 없는 들판을 제외하고는 아무것도 볼 수 없다'고 하였다. 도움이 될 수 있는 이러한 관심이 표명된 후 몇 년이 지나도 문제를 다루려는 그 어떤 움직임도 이루어진 바 없다.

두 나라가 공유하는 히스파니올라 섬의 동쪽 (거의) 2/3를 차지하고 있는 도미니카공화국은 인간개발 순위(human development ranking)의 중간쯤으로 2012년 새로운 HDI에서 96위에 이름을 올리고 있다. 히스파니올라 섬의 서쪽에 있는 아이티는 간신히 하위의 인간개발 순위를 면한 161위이다—이는 지진의 영향 이전에 이루어진 측정이다.

히스파니올라 섬을 공유하는 두 나라 사이의 대조가 항상 오늘날처럼 극명한 것은 아니었다. 아이티에 관한 믿을 만한 정보가 있는 첫해인 1960년에 이들 두 나라 간 실질임금은 크게 차이가 나는 것이 아니어서 도미니카공화국에서는 2,345달러였고 아이티에서는 1,877달러였다. 즉 도미니카공화국이 약 25% 더 많았다. 아이티는 그 당시 평균 미국 소득수준의 12%였으며, 도미니카공화국은 평균 미국소득의 16%였다. 그러나 2007년까지 도미니카공화국의 실질 GDP는 9,664달러로 증가한 반면, 아이티에서는 1,581달러로 떨어졌다. 즉 도미니카공화국의 소득은 이제 아이티 소득의 6배 이상이 되었다. 같은 기간 미국의 소득은 성

장하여 2007년에 아이티의 평균소득은 미국 수준의 4% 이하가 되었다. 그러나 도미니카공화국은 미국보다 약간 빠르게 성장하여 이제는 평균소득이 미국의 22% 이상이 되었다(측정방법에 따라 추계치는 다르겠으나, 정성적인 비교는 비슷한 결과를 보인다). 매디슨(Angus Maddison)의 추정에 의하면, 1950년대에는 두 국가가 거의 동일한 소득을 보유했으나 2008년에는 도미니카공화국의 소득이 아이티의 소득보다 7배 이상이었다. 이러한 사실은 중요한 단서가 1960년 이후의 사건과 정책에서 발견될 수 있다는 것을 암시한다. 왜 정책들이 달라졌는지가 명백하도록 기회와 제약을 이해하기 위해서는 식민지 시대부터 출발하는 것이 때로는 도움이 된다.

히스파니올라는 1492년에 콜럼버스(Christopher Columbus)에 의해 '발견'되었는데, 수십만의 아라와크와 타이노족들 대부분은 곧 죽었다—스페인 사람들이 가져온 질병, 노예 상태에서의 과로, 그리고 집단학살로 인해. 그 이후 그들은 아프리카에서 노예들을 강제로 데려왔다. 그 소름끼치는 시기 이후, 아이티와 도미니카공화국의 경제 역사는 대조를 이루며 전개되었다.

비록 다수의 궁핍하고 짐승취급을 당하는 노예 대중이 소수의 부유한 지배층을 뒷받침하는 역사상 가장 극단적인 불균등한 사례 중 하나가 되기는 했지만, 아이티는 곧 세계에서 가장 소득이 높은 국가 중 하나가 되었다. 대조적으로, 도미니카공화국은 보다 적은 수의 노예제 대농장이 있었으며 아이티가 토끼라면 도미니카공화국은 거북이였다. 도미니카공화국의 보다 나은 성과는, 초기 제도의 차이가 경제개발에 얼마나 큰 영향을 미치는지를 보여주는 제2장(그리고 제5장 사례연구)의 분석 결과를 확인해주는 듯하다. 이 경험은 또한 제2장에서 처음 소개되고 제5장과 제8장에서 탐구되었듯이, 심층적이고 구조적인 불균등과 교육의 영향이 어떻게 시간이 지나면서 제도의 진화를 만드는지를 보여준다. 그리고 그것은 또한 이들 3개의 요인이 각각 정책 수준에 따라 어떻게 환경훼손의 정도에 영향을 주는가 하는 것과 그다음에는 그것이 어떻게 인간능력과 개발전망을 악화시키는가 하는 것 등에 관해 암시하는 바가 있다. 우리는 이 오래된 기록에서 무엇을 배울 수 있는가?

지리와 원래의 환경

히스파니올라는 76,482제곱킬로미터의 아열대 섬이다—쿠바보다 작지만 자메이카나 푸에르토리코보다는 크다. 같은 섬을 공유하며, 아이티와 도미니카공화국 모두 약간 다르지만 비슷한 지리적 및 환경적 조건을 갖고 시작한 듯하다. 도미니카공화국은 토지면적의 64%를 점유하고 있다. 나머지 36%를 갖고 있는 아이티는 하와이 제도와 비슷한 크기이다. 강우량은 도미니카공화국이 좀 더 많은데 이는 비가 전형적으로 동쪽에서 오기 때문이다. 아이티는 산이 좀 더 많은데, 이것이 비를 막는다. 강들은 대부분 이들 산에서부터 동쪽으로 흐르며, 도미니카공화국에 물을 제공한다. 이러한 미세한 초기 환경의 차이가 아이티에게 약간 불리했을 수도 있었지만, 아이티는 일정 기간 동안에는 도미니카공화국과 비교하여 경제적으로 성과가 더 좋았다. 두 나라 모두 한때 숲으로 대거 덮여 있었다. 그러나 환경훼손은 이미 식민지배하에서 폭넓은 벌목과 토양의 과도한 사용으로 인한 삼림황폐화의 형태로 진행되고 있었다. 비우호적인 인간의 영향이 아이티에서는 더 크게 나타났다.

제도 : 역사의 유산

명백히, 양국 중 어느 하나도 우호적인 제도를 갖고 시작하지 않았다. 자원이 풍부하다는 것과 섬이 설탕 생산에 적당하다는 것이 스페인 사람들로 하여금 채광을 위해 고안된 제도를 창조하도록 하였다. 스페인에서 태어난 반도인(peninsulare)들이 토지와 원주민 노동력을 사용할 권리를 받는 스페인의 신세계 할당(repartimiento) 시스템이 처음으로 히스파니올라에서 시행되었다. 스페인 입장에서 노예를 수입하는 것이 너무 비싸지자, 프랑스가 1697년에 아이티의 통제권을 획득하였다. 이 식민지는 주요 노예보유 대농장경제가 되었으며 신세계에서 가장 부유한 유럽 식민지가 되었다. 그러나 인구의 대부분은 노예였다. 노예반란이

1804년에 아이티를 독립으로 이끌었다. 아이티와 도미니카공화국 모두 이후에 노예제도를 회복시키려는 시도로 고통받았으며 1821년부터 1843년까지의 재통일 시도(아이티의 도미니카공화국 점령으로 알려져 있는데, 도미니카공화국의 독립기념일은 아이티로부터의 해방을 기념하는 것이다)를 포함하여, 서로 전쟁을 치렀다.

아이티에서 저항의 시기는 많은 사망자를 내었고 설탕농장이 불타면서 부의 파괴를 가져왔다. 노예제의 야만성이 종식된 반면 프랑스 지배계급의 문화를 지향하는 혼혈인(Mulatto)과 흑인 특권층으로 구성된 새로운 지배계층하에서 아이티의 극단적인 불균등이 지속되었고 이 새로운 지배계층에게는 프랑스가 문화적 기준이었다. 그러나 프랑스는 아이티를 침략하였으며, 몰수로 인해 손실을 봤다며 거대한 보상을 받아 갔다. 침략에 대한 공포와 노예를 보유하는 백인국가 및 그들 식민지로부터의 소외는 이 나라를 내부지향적으로 만들었다. 이는 미국을 포함한 노예 소유 국가들이 아이티에 대해 고립정책을 적용하면서 더욱 강화되었다. 아이티와 그 잠재적 무역상대국들 간 상호 불신이 아이티가 자급적인 개발의 길로 들어선 이유 중 하나이며 아이티가 외국인에게 소유권을 허용하는 것을 꺼리게 된 이유이기도 하다. 아이티 사람들은 또한 아이티어(Creole)를 사용했는데, 이것이 잠재적 무역상대국들에게 장애가 되었다. 도미니카공화국에서는 스페인어가 사용되었다. 유럽인은 도미니카공화국을 스페인계로 보는 경향이 있었으나 아이티는 아프리카계로 보았으며 그래서 '열등하다'고 보는 경향이 있었다. 그런 후 아이티는 자급농업경제로 진화하였으나 줄곧 도미니카공화국에 비해 훨씬 좁은 토지에 더 많은 인구를 유지하였다. 도미니카공화국은 목축 활동을 보다 광범위하게 수행하였다.

도미니카공화국은 1843년 이후에야 완전히 독립하였다. 이 국가는 1860년대에 잠시 스페인 정권의 회복 및 1916년부터 1924년까지의 미국 점령과 같은 전쟁과 음모에 의해 약화되었다. 미국의 점령 중에 학교, 도로 및 항만을 포함한 대부분의 인프라가 구축되었다—이러한 인프라 구축사업은 뒤이어 등장한 잔인한 트루히요(Trujillo) 독재정권하에서 계속되었으며 수력발전 사업으로까지 확대되었다. 불평등이 심화되고 자유가 억압당하였지만 이러한 조치들은 상대적으로 높은 성장률을 촉진하였다.

미국은 아이티를 1915년에서 1934년까지 점령하였다. 기본적 안전과 질서가 회복되었으며 도로 건설, 공중보건의 확대, 교육 서비스, 그리고 기타 인프라가 개선되었다. 그러나 미국의 점령기 이후에, 프랑코 '파파독' 듀발리에(Francois "Papa Doc" Duvalier)—도미니카공화국의 트루히요와 같은 잔인한 독재자—는 트루히요와는 달리 아이티를 현대화하는 데 초점을 맞추지 않았다. 자라밀로와 샌칵(Laura Jaramillo and Cemile Sancak)이 결론 내렸듯이, 듀발리에는 나라의 인프라를 유지하는 대신, 오직 단기의 지대를 추구하는 기회에만 흥미가 있었다. 도미니카공화국은 1978년 선거 이래 훨씬 민주적인 나라로 부상하였으나, 아이티는 최소한 매우 최근까지도 훨씬 더딘 발전을 보였다.

인적자본

아이티는 서반구에서 가장 높은 문맹률을 보이고 있는데, 인구의 절반 이상이 문맹인 것으로 추산된다. 학교 시스템은 자금난에 시달리고 있으며 분열되어 있다. 보건 여건도 마찬가지로 나빠서 5세 이하 사망률, 기아 등이 높은 수준이며 HIV/AIDS 문제도 심각하다. 2010년 발발한 콜레라는 붕괴된 보건체계의 징조였다. 도미니카공화국은 심각한 교육 문제가 없지는 않지만, 세계화되어 가는 경제에서 경쟁하기 위해 필요한 인적자본을 배출하는 데 아이티보다 훨씬 더 성공적이었다.

정책효과

1990년대 도미니카공화국의 성장률은 교육, 무역정책, 그리고 인프라 등의 개선으로 가속적으로 상승하였다. 송금과 관광업은 이 나라 GDP의 거의 1/4이 되었고, 1인당 순제조업 수출은 2배가 되었다. 그러나 아이티는 같은 기간 정치적 불안정으로 고통 받았다. 군부는 1991년에 아리스

티드(Aristide) 대통령을 축출하였으며, 직접적으로는 경제를 망가뜨리고 간접적으로는 유엔과 미국의 연이은 무역금지조치를 통해 경제를 훼손하는 폭력적 정권이 되었다. 아이티는 또한 경제를 다각화하는 데 실패하였다. 설탕에 계속 초점을 맞춘 결과, 아이티는 변동이 심한 설탕가격과 싸워야 했을 뿐만 아니라 설탕에 보조금을 지급하는 부유한 나라(주로 미국)와도 경쟁해야 했다. 관광업으로 다각화한 도미니카공화국은 해변과 친환경관광을 위한 산림 등 청정한 환경에 의존하게 되었다. 도미니카공화국의 정책은 제조업부문에서 보다 높은 임금을 주는 외국인 직접투자를 적극적으로 유치하는 것이었다. 도미니카공화국은 오랫동안 훨씬 많은 자연보호지역과 국립공원을 보유했다. 삼림보호에 관한 트루히요의 고집은 환경과 개발에 장기적으로 긍정적인 효과를 주었다. 도미니카공화국이 분명히 보다 나은 정책을 시행했으며, 이러한 오랜 제도의 유산은 도미니카공화국과 그 이웃나라 간 정책 차이를 가져오는 데 명백히 일조하였다.

빈곤은 환경훼손을 초래할 수 있으며, 빈민층은 다시 훼손된 환경의 피해자가 될 수 있다. 아이티에서 농업이 확장되는 과정은 열악하게 관리되었다. 삼림훼손은 이제 비옥한 토양의 대규모 상실, 그리고 이로 인한 농장의 생산성 저하로 이어졌다. 현재 아이티의 1%만이 삼림으로 덮인 것과 비교하여, 도미니카공화국은 1/4 이상이 삼림으로 덮여 있다. 수십 년 전만 해도 도미니카공화국처럼 아이티에도 비슷한 정도로 표토가 존재했다. 다른 저소득 국가들은 친환경적 규제들을 시행하였다. 아이티가 같은 정책을 폈다면, 깊은 역사적 뿌리에도 불구하고, 환경적 재앙은 어느 정도 수준에서 피할 수 있었을 것이다. 아이티의 사례는, 일반적으로 환경파괴가 개발 과정을 지연시킬 수 있으며 또한 이 문제에 더 높은 우선순위가 주어질 필요가 있다는 추가적 증거가 된다. 두 나라 모두 허리케인과 지진 등을 포함한, 심각한 환경적 도전에 직면했었다. 이러한 상황이 완전한 인도주의적 재해로 발전하기 전에 극단적 사건의 위험을 관리하는 것이 중요하다. 이것이 도미니카공화

국이 아이티보다 훨씬 더 효과적으로 행한 일이다. UNDP는 이것을 2007~2008 인간개발보고서에서 이렇게 설명하였다.

> 2004년, 도미니카공화국과 아이티는 동시에 허리케인 잔느(Jeanne)의 피해를 입었다. 도미니카공화국에서는 약 200만 명의 사람이 영향을 받았으며 한 주요 마을이 거의 파괴되었지만, 사망자는 23명에 그쳤고 복구는 상대적으로 신속하였다. 아이티에서는 고나이브 마을에서만 2,000명이 넘는 사람이 사망했다. 그리고 수만 명이 빈곤의 악순환이라는 함정에 빠진 채 남겨졌다. 이 대조적인 결과는 기상학의 산물이 아니다. 아이티에서는 빈곤과 환경파괴의 악순환이 산허리에서 나무들을 벗겨내었고 수백만 명의 사람들을 취약한 빈민가에 남겨두었다. 지배구조의 문제, 낮은 재정 수준 및 제한적인 재난 대응능력 등이 공공기관으로 하여금 필요한 규모의 구조 및 복구 작업을 시작할 수 없도록 만들었다. 도미니카공화국에서는 국가 법률이 삼림벌채를 제한했으며, 아이티와 비슷한 크기의 인구를 지원하는 시민 방어군이 아이티의 동일조직 인원의 10배나 된다.

빈곤을 항상 국가경계로 억제할 수는 없다. 아이티 사람들은 종종 달갑지 않은 대우를 받음에도 불구하고 대규모로 국경을 넘어 도미니카공화국으로 이민을 간다. 반면 도미니카공화국의 사람들은 상당수가 미국으로 이민을 간다. 알려진 바와 같이, 도미니카공화국의 국경선을 넘어 아이티 사람들이 자행하는 불법 벌목은 주로 숯을 생산하기 위한 것이라고 믿어지는데, 이는 개발전략으로서 환경보존을 강조하는 도미니카공화국에 대한 도전이다. 현재 도미니카공화국은 아이티와의 국경을 따라 나무를 다시 심는 데 투자하고 있다.

환경악화가 열악한 경제 및 규제 정책의 결과라는 것은 분명하다. 극심한 빈곤이 지속되는 것도 주로 열악한 정책 때문이다. 극심한 빈곤은 다시 환경훼손으로 이어지고 이는 직접적으로 그리고 간접적으로 전반적인 성장의 감소를 통해 빈곤을 영속화한다.

환경에 가해지는 훼손의 대부분은 빈곤으로부터 오는 것이다(프랑스 식민지에 근원을 둔, 탐욕스러운 지속 불가능 경제정책 또한 그 피해의 원인이다). 그렇지만 오늘날 환경문제에 대해 고심하는 것은 아이티가 경제개발을 시작하는 데 있어서 중요한 첫 걸음이다. 개선된 환경정책은 토지에 투자한 코스타리카—그리고 점점 더 도미니카공화국—와 같은 나라들에 상당히 도움이 되었다. 불행히도, 이 장에서 강조했듯이, 지구온난화는 훨씬 더 많은 기후변화를 가져올 것이다. 미래에는 적응과 회복력을 필요로 하는 더 치명적인 허리케인과 기타 재해가 더욱 빈번히 나타날 것이다. 대응력과 회복력이 인간개발과 같은 의미인 한, 이는 이미 크게 앞서 있는 도미니카공화국에게 유리함을 주고 있다. 지진참사가 세계인의 뇌리에서 잊히면서, 아이티에 대한 관심이 흩어져서는 안 된다. 아이티의 곤경에 잘 시행된 원조로 대응해야 할 무거운 의무가 국제사회에 있다.

참고문헌

Diamond, Jared. *Collapse: How Societies Choose to Fail or Succeed*. New York: Penguin Books, 2005.

Dupuy, Alex. *Haiti in the World Economy: Class, Race, and Underdevelopment since 1700*. Boulder, Colo.: Westview Press, 1989.

Fielding, David, and Sebastian Torres. "Cows and conquistadores: A contribution to the colonial origins of comparative development." *Journal of Development Studies* 44 (2008): 1081–1099.

Gronewold, Nathanial. "Haiti: Environmental destruction, chaos bleeding across border." *Greenwire*, December 14, 2009. http://www.eenews.net/public/Greenwire/2009/12/14/5.

Hartlyn, Jonathan. *The Struggle for Democratic Politics in the Dominican Republic*. Chapel Hill: University of North Carolina Press, 1998.

Hausmann, Ricardo, Dani Rodrik, and Andrés Velasco. "Growth diagnostics." 2005. http://ksghome.harvard.edu/~drodrik/barcelonafinalmarch2005.pdf.

Howard, Philip. "Environmental scarcities and conflict in Haiti: Ecology and grievances in Haiti's troubled past and uncertain future." Paper prepared for the Canadian International Development Agency, June 1998.

Jaramillo, Laura, and Cemile Sancak. "Why has the grass been greener on one side of Hispaniola? A comparative growth analysis of the Dominican Republic and Haiti." *IMF Staff Papers* 56 (2009): 323–349.

Logan, Rayford W. *Haiti and the Dominican Republic*. New York: Oxford University Press, 1968.

Lundahl, Mats. "Poorest in the Caribbean: Haiti in the twentieth century." *Integration and Trade* 5 (2001): 177–200.

Maddison Project. http://www.ggdc.net/maddison/maddison-project/home.htm, accessed 16 February 2014.

Martínez, Samuel. "From hidden hand to heavy hand: Sugar, the state, and migrant labor in Haiti and the Dominican Republic." *Latin American Research Review* 34 (1999): 57–84.

Matibag, Euginio. *Haitian-Dominican Counterpoint: Nation, State, Race on Hispaniola*. New York: Palgrave Macmillan, 2003.

Penn World Table. http://pwt.econ.upenn.edu.

Roc, Nancy. "Haiti-environment: From the 'Pearl of the Antilles' to desolation." *FRIDE, September* 19, 2008.

United Nations Development Programme. *Human Development Report, 2007–2008*. New York: Oxford University Press, 2007.

Walter, Ingo, and Judith L. Ugelow. "Environmental policies in developing countries." *Ambio* 8 (1979): 102–109.

World Resources Institute. *World Resources 2005: The Wealth of the Poor—Managing Ecosystems to Fight Poverty*. Washington, D.C.: World Resources Institute, 2005.

주요 용어

공공비재화(public bad)
공공재(public good)
공유재산자원(common property
　resource)
공해세(pollution tax)
글로벌 공공재(global public good)
기후변화(climate change)
내부화(internalization)
무임승차자 문제(free-rider problem)
바이오매스 연료(biomass fuels)
사막화(desertification)
사적 비용(private cost)
사회적 비용(social cost)

삼림벌채(deforestation)
생물다양성(biodiversity)
생산자 잉여(producer surplus)
소비자 잉여(consumer surplus)
온실가스(greenhouse gases)
외부효과(externality)
자연보호채무상계거래(debt-for-
　nature swap)
재산권(property rights)
지구온난화(global warming)
지속 가능한 개발(sustainable
　development)
지속 가능한 순국민소득(sustainable

net national income, NNI*)
청정기술(clean technologies)
총순편익(total net benefit)
토양침식(soil erosion)
한계비용(marginal cost)
한계순편익(marginal net benefit)
현재가치(present value)
환경자본(environmental capital)
환경 쿠즈네츠곡선(environmental
　Kuznets curve)
환경회계(environmental accounting)
흡수능력(absorptive capacity)
희소지대(scarcity rent)

복습문제

1. 지속 가능한 개발이 국가를 위한 현실적이고 실행 가능한 목표인가? 어떤 어려움이 있으며 어떤 사안들이 서로 상충될 수 있는가? 여러분의 답을 설명하라.

2. 어떠한 방식으로 빈곤이 환경훼손을 초래하는가? 어떠한 방식으로 빈곤계층이 희생되는가? 자신들이 의존하는 자연자원의 품질을, 빈곤계층이 저하시키는 방식의 두 가지 구체적인 예를 들라. 왜 이런 일이 발생하며, 이 덫을 피하려면 어떤 일을 하면 되는가?

3. 농촌과 도시 빈곤층이 공유하는 환경 문제의 형태는 무엇인가? 도-농 간 여건의 차이는 무엇인가?

4. 인구증가, 빈곤, 그리고 토지압력이 어떻게 서로 연관되어 있는가? 이들 문제가 어떻게 사건들의 악순환을 만들어내는지 설명하라.

5. 자연자원의 과도한 사용을 감소시키려면 저개발 국가의 정부들이 어떤 조치를 취해야 하는가? 가격정책의 효과는 무엇인가?

6. 국가의 환경 문제와 관련하여, 개발도상국들이 미래에는 점점 더 많이 도시 문제에 초점을 맞추게 될 이유는 무엇인가? 이촌향도 이주와 관계된 도시의 여건은 어떠한가?

7. 경제개발과 지속 가능한 성장이라는 목표는 서로 상승작용을 일으키는가?

8. 환경이슈를 분석하는 데 있어서 신고전학파 이론은 어떠한 방식으로 유용한 분석의 틀을 제공하는가? 그 한계는 무엇인가?

9. 환경훼손과 연관한 비용들은 어떤 것인가? 그것들이 어떻게 경제성장을 방해할 수 있는가? 개발에 관한 시사점은 무엇인가?

10. 환경에 의해 제기되는 건강상의 위험에 왜 아이들이 성인보다 민감한가?

11. 선진국들이 국제 및 국내 환경 문제 해소에 어떤 방식으로 가장 잘 기여할 수 있겠는가? 구체적으로 답하라.

12. 순수하게 사적인 재화와 공공재 사이의 차이를 설명하고 그것이 어떻게 개발도상국들이 직면한 환경 문제에 적용되는지 설명하라. 공공재의 분배에 있어서 무임승차자 문제의 함의는 무엇인가?

13. 환경 쿠즈네츠곡선은 무엇인가? 어떤 요인이 그것을 타

당하게 하는가? 어떤 경우에 그것이 타당하지 않은 것 같은가?

14. 기후변화가 어떻게 아시아와 아프리카 국가들에게 영향을 줄 것으로 예상되는가? 선진국과 개발도상국의 어떤 정책들이 이 문제를 다루는 데 도움이 될 수 있는가?

15. 개발도상국 농부들이 어떻게 그들이 경험하는 기후변화에 적응하는가?

16. 환경회계의 주요 아이디어는 무엇인가? 실행에 옮겨진다면, 어떤 효과를 볼 것으로 예상하는가?

17. 자연자원에 기반을 둔 생계란 무엇이며 이것이 어떻게 위

협받고 있는가?

18. 공유재산자원이란 무엇이고 어떤 경제적 유인책 문제에 직면하고 있는가? 그리고 일단의 공동체들은 어떻게 이들 문제를 성공적으로 극복하고 있는가?

19. 기후변화 복원력에 있어서 최빈개발도상국(니제르와 같은)을 지원하기 위해 국제사회는 무엇을 하고 있는가? 이 원조의 한계를 제시할 수 있는가?

20. 경제발전과 잠재적 환경의 역할에 있어서, 아이티와 도미니카공화국의 비교로부터 어떠한 통찰력을 얻을 수 있는가?

미주

1. 환경을 경제개발에 연결시키는 쟁점의 범위에 관한 종합적 검토를 위해서는 World Bank, *World Development Report, 1992 and 2003* (New York: Oxford University Press, 1992, 2003); John M. Antle and Gregg Heidebrink, "Environment and development: Theory and international evidence," *Economic Development and Cultural Change* 43 (1995): 603–625; Herman E. Daly, *Beyond Doubt: The Economics of Sustainable Development* (Boston: Beacon Press, 1996)을 참조하라.

2. 지속 가능한 개발의 다양한 정의에 대한 비교 분석은 Sharachchandra A. Lele, "Sustainable development: A critical review," *World Development* 19 (1991): 607–621; Lance Taylor, "Sustainable development: An introduction," *World Development* 24 (1996): 215–225를 참조하라.

3. World Commission on Environment and Development, *Our Common Future* (New York: Oxford University Press, 1987), p. 4.

4. David W. Pearce and Jeremy J. Warford, *World without End: Economics, and Sustainable Development—A Summary* (Washington D.C.: World Bank, 1993), p. 2. 앞으로 살펴보겠지만, 지속 가능한 개발을 달성하기 위한 정책들은 또한 적절한 사회적 할인율을 사용하는 것과 부정적 환경 및 보건 외부효과 등의 내부화를 위한 동기 창출 등을 포함한다.

5. 환경자산의 다른 자산과의 보완성에 대한 간략한 소개에 대해서는 World Bank, *World Development Report, 2003* (New York: Oxford University Press, 2003), pp. 18 ff를 참조하라.

6. 피어스(David Pearce)와 월포드(Jeremy Warford)는 *World without End*, pp. 2–3에서 본 설명이 많이 의존한 환경회계의 좋은 예를 제공한다. 또한 World Bank, *ibid*, ch. 2를 참조하라. NNI**의 공식화에 관해서는, 그것들이 경제적 활동(노동 및 다른 요소비용이 지불된)을 나타내기 때문에, R과 A 또한 기본적 순국민소득, NNI의 일부라는 것을 주목하라. 그래서 R과 A가 또한 NNI*의 일부로서 포함되는 반면, NNI**를 얻기 위해서는 그것들을 빼야 하는데, R과 A가 이제는 감가상각을 위한 보다 폭넓은 공제로 취급되기 때문이다. 그러나 환경복원과 훼손 방지는 상당한 비용절감 효과를 가져올 것이다.

7. 이들 중요한 인구-환경 연결에 대한 검토와 분석을 위해서는 United Nations Population Fund, *Population, Resources, and the Environment: The Critical Challenge* (New York: United Nations, 1991)를 참조하라. 또한 Maureen L. Cropper and Charles Griffiths, "The interaction of population growth and environmental quality," *American Economic Review* 84 (1994): 250–254, World Bank, *World Development Report, 2003*을 참조하라.

8. 이들 쟁점들의 분석에 대해서는 Karl-Göran Mäler, "Environment, poverty, and growth," World Bank, *Annual World Bank Conference on Development Economics, 1997* (Washington D.C.: World Bank, 1998), pp. 251–284; 같은 권에 Ramon E. Lopez, "Where development can or cannot go: The role of poverty-environment linkages," pp. 285–306을 참조하라.

9. Cynthia C. Y. Lin, "Endogeneity in the environmental Kuznets curve: An instrumental variables approach," *American Journal of Agricultural Economics* 95, No. 2(2013): 268-274; Susmita Dasgupta, Benoit Laplante, Hua Wang and David Wheeler, "Confronting the Environmental Kuznets Curve," *Journal of Economic Perspectives*, 16, 1, Winter 2002, Pages 147-168.

10. World Resource Institute, *World Resources, 1996 – 1997: The Urban Environment* (New York: Oxford University Press, 1996)를 참조하라.

11. 개발도상국에 있어서 온실가스 생산에 이르는 요인들에 대한 설명은 World Bank, *World Development Report, 2009* (New York: Oxford University Press, 2009)와 John Bongaarts, "Population growth and global warming," *Population and Development Review* 18 (1992): 299–319에서 제시되었다.

12. United Nations Food and Agriculture Organization, *The State of Food and Agriculture, 2006* (Rome: United Nations Food and Agricultural Organization, 2006), tab. A-4, p. 127을 참조하라.

13. 탁월한 개관으로는 United Nations Development Programme, United Nations Environment Program, World Bank, and World Resources Institute, *World Resources, 2005: The Wealth of the Poor: Managing Ecosystems to Fight Poverty* (Washington D.C.: World Resources Institute, 2005)를 참조하라.

14. Ibid.

15. 이들과 다른 프로젝트들에 관한 보고서는 http://www.undp.org/equatorinitiative.org에서 볼 수 있다. HASHI 프로젝트에 대한 괜찮은 검토는 다음에서 찾을 수 있다—United Nations Development Programme et al., *World Resources, 2005*, pp. 131-138; 다른 유용한 사례연구 역시 이 문건의 5장에 나와 있다.

16. 예를 들면 http://www.circleofblue.org/waternews/2012/world/choke-point-china-ii-introduction/Poor를 참조하라.

17. United Nations Development Programme et al., *World Resources, 2005*. 또한 World Resources Institute, *World Resources, 1994 – 95*와 *1998 – 99* (New York: Oxford University Press, 1994, 1998); World Bank, *World Development Report, 1992, 2003, and 2009;* United Nations, *Population, Resources, and the Environment;* World Resources Institute, *World Resources, 2000 – 2001* (New York: Oxford University Press, 2000)을 참조하라. 지구온난화로 예상되는 영향에 대해서는 주 18, 22, 그리고 28에 있는 참고문헌들을 참조하라.

18. 바이오매스 연료시장에 대한 흥미 있는 분석은 Elizabeth M. Remedio and Terrence G. Bensel, "The woodfuel supply system for Cebu City, Philippines: A preliminary analysis," *Philippine Quarterly of Culture and Society* 20 (1992): 157 –169에 나와 있다. 또한 World Bank, *World Development Report, 1992*, tab. 1을 참조하라.

19. 성과 환경의 쟁점에 대한 도발적인 검토는 Cecile Jackson, "Doing what comes naturally: Women and environment in development," *World Development* 21 (1993): 1947–1963에서 찾아볼 수 있다.

20. 세계기상기구(WMO)와 유엔환경프로그램(UNEP)은 1988년 잠재적인 세계 기후변화의 문제를 다루기 위해 기후변화에 관한 정부 간 패널(IPCC)을 설립했다. 이 패널은 UN과 WMO 모든 회원국들에게 문호가 개방되어 있다. IPCC는 2007년에 노벨평화상을 받았다. 본문에서 참조한 영향평가는 *Fourth Assessment Report: Climate Change, 2007*이며, 다음에서 구할 수 있다—http://www.ipcc-wg2.org. 이 사이트는 또한 기후변화에 관한 IPCC의 다른 보고서와 연결되어 있다.

21. Ibid. pp. 13, 435. 이 평가는 약간 논란의 여지를 남겨 왔다. 강우 변화의 시기와 세부사항은 여전히 불확실한 채로 남아 있다.

22. IPCC는 황허(중국), 양쯔 강(중국), 주강(중국), 홍 강(베트남), 메콩 강(인도차이나), 차오프라야 강(태국), 이라와디 강(버마), 갠지스-브라마푸트라 강(인도와 방글라데시), 인더스 강(파키스탄) 등의 거대 삼각주 지역의 하천체계도 위험한 것으로 밝히고 있다.

23. IPCC, *Fourth Assessment Report*, pp. 479–482. 어떤 작물은 어느 정도 일시적 생산성 증가를 보일 수도 있지만, 이 곡물이 계속 생존하리라고 예상하지 않는다.

24. Ibid. 또한 Nicholas Stern, *The Stern Review on the Economics of Climate Change*, http://www.hm-treasury.gov.uk/independent_reviews/stern_review_economics_climate_change/sternreview_index.cfm을 참조하라.

25. 비록 기후가 먼 과거부터 급격하게 변화해 왔지만, 다가오는 세기에 대한 예측과 같이 과거의 변화들은 수천 년 또는 백만 년에 걸쳐 전개되어 왔다. Noah S. Diffenbaugh and Christopher B. Field, "Changes in ecologically critical terrestrial climate conditions," *Science 341*, No. 6145 (August 2, 2013): 486-492. NOAA 연구의 세부적 내용과 현재 진행 중인 모니터링 최신 결과는 http://www.noaa.gov를 참조하라.

26. World Bank, *World Development Report*, 2009, p. 4.

27. Stern, *Stern Review*.

28. World Bank, *Turn Down the Heat, Why a 4°C Warmer World Must Be Avoided*, 2012, http://documents.worldbank.

org/curated/en/2012/11/17097815/turn-down-heat-4%C2%B0c-warmer-world-must-avoided; *Turn Down the Heat II: Climate Extremes, Regional Impacts, and the Case for Resilience*, 2013, http://documents.worldbank.org/curated/en/2013/06/17862361/turn-down-heat-climate-extremes-regional-impacts-case-resilience-full-report.

29. 세부적 내용은 World Bank, *Turn Down the Heat* reports; World Health Organization, *Climate Change and Human Health*를 참조하라. http://www.who.int/globalchange/en/index.html, 2013년 8월 13일 접속. Juliet Eilperin, "Climate shift tied to 150,000 fatalities; most victims are poor, study says," *Washington Post*, November 17, 2005, p. A20; IPCC, *Fourth Assessment Report*, pp. 446-447. 또한 United Nations Economic and Social Council, Economic Commission for Africa, "State of the environment in Africa," November 2001, http://www.uneca.org/panafcon/State_Environ_Afri.pdf를 참조하라.

30. United Nations Environment Programme, "Sudan: Post-conflict environmental assessment, 2007," http://sudanreport.unep.ch/UNEP_Sudan.pdf를 참조하라.

31. Stern, *Stern Review*, pp. 312-322.

32. 공식적인 REDD 웹사이트 http://www.un-redd.org를 참조하라.

33. "Adaptation Policy frameworks for climate change: Developing strategies, policies and measures: Annexes," 2010, http://www.undp.org/gef/documents/publications/apf-annexes-a-b.pdf를 참조하라. 또한 World Bank and others, *Economics of Adaptation to Climate Change Social Synthesis Report*, Final Consultation Draft, August 2010, available at http://siteresources.worldbank.org를 참조하라. 아울러 Arun Malik and Stephen C. Smith, "Adaptation to climate change in low-income countries: Lessons from current research and needs from future research," *Climate Change Economics* 3, No. 2 (May 2012)를 참조하라. 또한 Arun Malik, Jonathan Rothbaum, and Stephen C. Smith, "Climate change, uncertainty, and decision-making," IIEP Working Paper 2010-4를 참조하라. http://www.gwu.edu/~iiep/adaptation.

34. Arun Agrawal, and Nicholas Perrin, "Climate adaptation, local institutions and rural livelihoods," *Adapting to Climate Change: Thresholds, Values, Governance*, eds. W. Neil Adger, Irene Lorenzoni, and Koren L. O'Brien (New York: Cambridge University Press, 2009), pp. 350-367.

35. IPCC, *Fourth Assessment Report*, pp. 446-447. 또한

United Nations Economics and Social Council, Economic Commission for Africa, "State of the environment in Africa," November 2001, http://www.uneca.org/panafcon/State_Environ_Afri.pdf를 참조하라. 혹서 프로그램 사례에 대해서는 Saudamini Das and Stephen C. Smith, "Awareness as an adaptation strategy for reducing mortality from heat waves: Evidence from a disaster risk management program in India," *Climate Change Economics* 3, No. 2 (May 2012)를 참조하라.

36. 보다 세부적 내용에 대해서는 African Development Bank et. al., *Poverty and Climate Change: Reducing the Vulnerability of the Poor through Adaptation*, 2003, http://siteresources.worldbank.org/INTCC/8173721115381292846/20480623/PovertyAndClimateChangeReportPart12003.pdf를 참조하라.

37. 환경경제학 모형에 대한 설명은 Tom Tietenberg, *Environmental and Natural Resources Economics* (Glenview, Ill.: Scott, Foresman, 1990); John M. Hartwick and N. Olewiler, *The Economics of Natural Resource Use* (New York: Harper & Row, 1986); G. Tyler Miller, *Living in the Environment* (Belmont, Calif.: Wadsworth, 1990); Maureen L. Cropper and Wallace E. Oates, "Environmental economics: A survey," *Journal of Economic Literature* 30 (1992): 675-740을 참조하라.

38. Elinor Ostrom, "Beyond markets and states: Polycentric governance of complex economic systems," *American Economic Review* 100 (2010): 641-672, *Understanding Institutional Diversity* (Princeton, N.J.: Princeton University Press, 2005)와 *Governing the Commons: Evolution of Institutions for Collective Action* (New York: Cambridge University Press, 1990)을 참조하라. 또한 Jean-Marie Baland and Jean Philippe Plateau, *Halting Degradation of Natural Resources: Is There a Role for Rural Communities?* (Rome: United Nations Food and Agricultural Organization, 1996)를 참조하라. 탄자니아의 복원된 협동자원관리의 사례에 대해서는 Stephen C. Smith, *Ending Global Poverty*, pp. 117-120을 참조하라.

39. 지구적 공공재에 관한 탁월한 개관으로는 Inge Kaul, Isabelle Grunberg, and Marc A. Stern, eds., *Global Public Goods: International Cooperation in the 21st Century* (New York: Oxford University Press, 1999)를 참조하라.

40. UN-Habitat, *The Challenge of Slums: Global Report on Human Settlements, 2003* (New York: United Nations, 2003)을 참조하라.

41. World Bank, *World Development Report, 1992*, fig. 4. 대부

분 관련된 높은 거래비용 때문에 코스(Coase)의 정리가 이들 논의에는 적용되지 않는다는 것을 주목하라.

42. Ibid.

43. Ibid., fig. 2.4.

44. World Bank, *World Development Indicators, 2010* (New York: Oxford University Press, 2010), tab. 1.3 and pp. 20 −21. 또한 United Nations, *Millennium Development Goals Report, 2005* (New York: United Nations, 2005).

45. 이 절에 실린 열대 삼림벌채에 관한 탁월한 정보의 원천은 World Resources Institute, *World Resources*, 1994−95, ch. 7; 2005 *Millennium Ecosystem Assessment*, http://www.millenniumassessment.org/en/Synthesis.aspx; Lester Brown, *Eco-Economy: Building an Economy for the Earth* (New York: Norton, 2001); World Bank, *World Development Report, 1992* and *2003*이다.

46. FAO의 훌륭한 *Global Forest Resources Assessment 2010*, 2013년 8월 12일 접속, http://www.fao.org/forestry/fra/fra2010/en을 참조하라.

47. United Nations Development Programme, et al., *World Resources, 2005*. 경제정책 및 매개변수의 변화가 삼림벌채에 미치는 영향에 대한 분석으로는 Joachim von Amsberg, "Economic parameters of deforestation," *World Bank Economic Review* 12 (1998): 133−153을 참조하라. Global Environmental Facility에 대한 더욱 자세한 내용을 위해서는 http://www.thegef.org/gef를 방문하라.

48. 개발도상국 정부가 추구할 법한 공공환경정책에 대한 광범위한 논의로는 World Bank, *World Development Report, 1992*, chs. 3 and 7; World Resources Institute, *World Resources, 1992−93*, chs. 3 and 14; World Bank, *World Development Report, 2003*; Stern, *Stern Review*를 참조하라.

49. 이 분야의 정부 정책 선택에 대한 흥미 있는 논의는 Stephen W. Salant, "The economics of natural resource extraction: A primer for development economists," *World Bank Research Observer* 10 (1995): 93−111에서 발견할 수 있다.

50. 2010년 UN 추정에 의하면, 선진국 재화시장에 대한 접근 부족으로 발생하는 개발도상국의 연간 손실은 모든 경로로부터의 원조 총액보다 2배 이상 많다. 자본시장 및 노동시장에 대한 접근 부족도 포함된다면, 총손실은 약 5,000억 달러이다.

51. 환경-채무 상환제도에 관한 더 많은 정보를 위해서는 World Resources Institute, *World Resources, 1992−93*, pp. 122−123과 tab. 20.6을 참조하라. 또한 제14장을 참조하라.

52. World Bank, *Global Development Finance, 1998* (Washington, D.C.: World Bank, 1998)을 참조하라.

53. 세계자원연구소(World Resources Institute)와 웹사이트는 글로벌 환경 및 자원 추세에 대한 데이터 및 정보의 훌륭한 출처이다. http://earthtrends.wri.org

11 개발정책 입안과 시장, 국가, 그리고 시민사회의 역할

나의 연구는 시장, 정부, 그리고 비영리 목적의 제도 및 협동조합을 포함하는 기타 제도 사이에 균형을 발견할 필요가 있었다는 것과 성공적인 나라들은 그 균형을 발견했던 나라였다는 것을 보여주었다.

— 스티글리츠(Joseph Stiglitz), 노벨경제학상 수상자, 2009

공공정책의 핵심 목표는 인간으로부터 최상의 것을 끄집어내는 제도의 개발을 가능하게 하는 것이어야만 한다.

— 오스트롬(Elinor Ostrom), 노벨경제학상 수상자, "시장과 국가를 넘어서(Beyond Markets and States)," 2010

11.1 균형의 문제

동아시아 국가들의 성공적인 발전 경험에서 정부는 중요한 역할을 담당했다. 아프리카, 남미, 카리브 해 지역의 몇몇 국가와 체제전환국들을 포함한 세계의 다른 지역에서는 정부가 흔히 성장과 발전에 있어서 시장의 역할을 가능하게 하기보다는 억누르면서, 도움이 되기보다는 방해가 되어 왔던 것처럼 보인다. 이 장에서는 경제발전의 과정에서 국가와 시장 사이의 균형과 관계를 검토하기로 한다.

민간시장과 공공정책 사이에 적절한 균형을 달성하기는 어려운 일이다. 제2차 세계대전과 탈식민지화 이후 초기 개발 시기에는 국가를 발전의 자애로운 지원자로 인식하는 것이 최소한 암묵적으로 지배적이었으나, 너무 많은 개발도상국에서의 부패, 열악한 거버넌스(governance), 그리고 기득권에 의한 국가 장악의 기록은 이 견해를 옹호할 수 없게 만들었다. 더 최근에는 정부에 대한 부정적 견해가 지배적이었는데, 그 또한 사실보다는 이론에 더 기반을 둔 것이었으며, 국가가 많은 성공적인 발전 경험, 특히 동아시아에서 담당했던 중요하고 건설적인 역할을 설명하는 데 실패했다. 지금은 중도적 입장이 부상했는데, 이 입장은 공공 및 민간 역할의 강점과 약점 모두를 인식하고, 발전에 있어 거버넌스에 무엇이 잘못되었는지와 이러한 결함들이 바로 잡힐 수 있는 조건에 대한 더 실증적 근거가 있는 분석을 제공하며, 시민사회의 역할에 대한 평가를 포함한다. 공공부문과 민간부문 간의 차이가 미묘하다는 것 또한 더욱 제대로 인식되고 있다. 양 부문이 놀라울 정도로 자주 건설적으로 협력할 뿐만 아니라 부문 간 경계도 항상 선명하지는 않다. 민간과 공공부문이 놀라울 정도로 자주 건설적으로 협력할 뿐만 아니라 부문 간 경계도 항상 뚜렷하지는 않다. 실제로 2009년 노벨경제학상 수상자인, 고(故) 오스트롬(Elinor Ostrom)이 지적한 바와 같이 몇몇 현상은 "'시장'과 '국가'의 이분법적 세계에 맞지 않는다"는 것을 인정해야만 한다.[1]

이 장에서는 개발도상국에서 시행되는 개발계획과 개발정책 입안의 역할 및 한계를 검토하고, 더 경쟁적인 시장경제로의 경제적 이행에 따른 문제점을 고려하며, 국가의 적절한 역할에 대해 그리고 어떻게 공적 및 사적인 경제활동이 상호 지원을 하도록 가장 잘 만들어질 수 있을지에 대해 근본적인 질문을 할 것이다. 개발계획의 성격을 간단히 검토하고 개발계획과 관련된 일반적인 쟁점들을 요약하는 것으로부터 출발할 것이다. 개발도상국 사회에서 개발계획의 역할에 대한 주요 찬반 주장들을 검토하고, 개발계획과 프로젝트 평가의 여러 모형을 간단히 검토한 후에, 시장경제로부터 가장 많은 사회적 편익을 얻기 위한 전제조건들을 조사하고, 현대 개발도상국들에서 국가의 상대적으로 넓은 또는 좁은 역할에 대한 찬반 주장을 평가할 것이다.

특히 한때 지배적이었던 개발정책에 대한 '워싱턴 컨센서스(Washington consensus)'와 그 한계에 대해 살펴보고, 부상하는 새로운 컨센서스를 향해 현재 진행 중인 발전적 변화에 관해 논의할 것이다. 그 뒤 정책결정의 질에 미치는 정치적 과정의 영향에 대한 연구를 포함하여 개발정책 형성에 관한 몇몇 최근 이론을 조사할 것이다. 그다음에는 부패 문제와의 씨름, 분권화의 실행, 그리고 저변 넓은 각 계층 발전에의 참여 장려라는 거버넌스와 개혁에 대한 세 가지 중요한 추세를 살펴볼 것이다. 마지막으로 NGO를 망라하는 시민사회 또는 시민부문인 제3의 부문이 갖는 성격과 경제발전에서 점차 중요해지고 있는 이들의 역할에 대해 조사할 것이다. 이 장은 개발도상국에 기반을 둔 가장 크고 가장 혁신적인, 모두 방글라데시를 기반으로 하고 있지만 세계적으로도 영향력을 미치는 개발 NGO인 BRAC과 그라민은행(Grameen Bank)에 대한 비교사례연구로 끝을 맺는다.

11.2 개발계획 : 개념과 정당성

계획에 대한 환상

제2차 세계대전과 탈식민지화 이후 처음 수십 년 동안 경제발전의 추구는 경제발전에 이르는 가장 확실하고 직접적인 경로로 거의 보편적으로 받아들여졌던 개발계획에 반영되었다. 1980년대까지 개발도상국 세계의 누구도 국가개발계획의 수립 및 실행의 타당성과 바람직함을 의심하지 않았다. 계획은 정부부처에서 삶의 방식이 되었으며, 매 5년 남짓마다 최신의 개발계획이 대대적인 축하와 함께 쏟아져 나왔다.

국가계획은 발전의 주요 장애물을 극복하고 지속 가능한 높은 경제성장률을 보장하는 필수적이면서 아마도 유일한 제도적, 조직적 메커니즘을 제공하는 것으로 널리 믿어졌다. 자신들의 이전 지배자를 따라잡기 위해 가난한 나라들은 종합적인 국가계획이 필요하다고 설득당했다. 불행히도 계획의 성과는 기대한 바에 미치지 못했다. 그러나 종합적인 개발정책 분석틀은 성장을 가속화하고, 빈곤을 감소하며, 인간개발목표에 도달하는 데 중요한 역할을 할 수 있다.

개발계획의 성격

경제계획

생산요소가 여러 용도 또는 산업에 어떻게 배분됨으로써 얼마나 많은 총재화와 서비스가 한 기간 또는 이어지는 후속 기간에 생산될 것인지가 결정되는 것에 대한 의사결정을 수립하기 위한 국가의 의도적이고 의식적인 시도

경제계획(economic planning)은 장기에 걸친 경제적 의사결정을 조정하고, 미리 정해진 일련의 발전목표들을 달성하기 위해 국가 주요 경제변수(소득, 소비, 고용, 투자, 저축, 수출, 수입 등)의 수준과 성장에 영향을 미치고, 몇몇 경우에는 심지어 직접 통제하기까지 하려는 의도적인 정부의 시도라고 묘사할 수 있다.[2] **경제계획서(economic plan)**는 그러한 목표들을 달성하는 데 필요한 정해진 전략과 함께, 주어진 기간에 달성해야 할 일련의 단순한 구체적인 정량적 경제목표치이다. 경제계획서는 종합적일 수도 있고 부분적일 수도 있다. **종합계획서(comprehensive plan)**는 국가경제의 모든 주요한 측면을 망라하는 목표들을 설정한다. **부분계획서(partial plan)**는 산업, 농업, 공공부문, 해외부문 등 국가경제의 오로지 일부만을 포함시킨다. 마지막으로 **계획 과정(planning process)** 그 자체는 정부가 먼저 사회적 목표들을 선택하고, 그런 다음 다양한 목표치를 설정하며, 그리고 마지막으로 개발계획을 실행, 조정, 그리고 감시하는 틀을 조직하는 활동으로 묘사될 수 있다.[3]

경제계획서

어떤 주어진 기간 동안 경제성장률 목표 또는 다른 목적을 얻기 위해 자원이 여러 용도에 어떻게 배분될 것인지에 대한 정부정책결정을 담은 서면문서

개발도상국을 위한 경제계획의 옹호자들은 통제되지 않는 시장경제는 이들 국가들을 경제적 이중구조, 불안정한 시장, 핵심 부문에 대한 낮은 투자, 그리고 낮은 고용 수준에 처하도록 할 수 있으며 종종 그렇게 한다고 주장한다. 특히 그들은 시장경제가 전체 경제의 지속적이고 균형 있는 성장을 촉진하는 데 필요한 구조적 변화를 발생시킬 방식으로 제한된 자원을 동원해야 하는 가난한 나라들의 주요 운영상의 과업에 적합하지 않다고 주장한다. 그러므로 계획은 거의 모든 개발도상국에서 경제성장을 지도하고 가속화하는 필수적이며 핵심적인 수단으로 받아들여지게 되었다.

종합계획서

국가경제의 모든 주요 부문을 망라하여 목표치를 설정한 경제계획서

부분계획서

국가경제의 오직 일부분(예 : 농업, 산업, 관광)만을 다루는 계획서

혼합경제 개발도상국에서의 계획

계획 과정

공식적인 경제계획서를 입안하고 수행하는 절차

대부분의 개발계획들은 개발도상국 세계의 혼합경제 체제 내에서 수립되고 수행되었다. 이들 경제들은 일부 생산자원이 사적으로 소유되고 운영되며 일부는 공공부문에 의해 통제되는 제도적 환경을 특징으로 갖고 있다. 공공 및 사적 소유와 통제 사이의 실제 비율은 나라마다 다르며, 민간이나 공공 어느 부문도 실질적으로 서로 떼어 놓고 고려할 수 없다. 그러나 혼합경제는 종종 상당한 정도의 정부 소유와 통제에 의해 구별된다. 개발도상국의 민간부문은 전형적으로 4개의 민간소유의 전통적 형태와 더 최근에 출현한 한 가지 형태로 구성된다.

1. 자신의 생산품 중 일부를 현지 시장에 판매하는 소규모 민간 농장과 수공예품 상점으로 구성된 생계부문(subsistence sector)
2. 공식 및 비공식 도시부문에서의 소규모 개인 또는 가족 소유 사업 및 서비스 활동
3. 지역 기업가들에 의해 소유되고 운영되는 농업, 산업, 무역, 그리고 수송 분야의 중간 규모 상업적 기업

4. 주로 해외시장에 공급하지만 때로는 상당한 국내 판매도 있는(그러한 기업의 자본은 보통 해외로부터 오고, 이윤의 상당 부분이 해외로 이전되는 경향이 있다), 공동 소유 또는 완전 외국인 소유의 대규모 제조기업, 채굴회사, 플랜테이션

5. 주로 현지인이 경영하고 소유하며, 브라질, 러시아, 인도, 중국 같은 나라에서는 종종 국가 주식시장에 상장되었지만, 저소득국가보다는 중위소득국가에서 훨씬 더 일상적이고 최빈국에서는 드문, 국내 기반의 상대적으로 대규모인 회사의 수 증가

그러한 제도적 설정의 차원에서 혼합경제 개발계획의 두 가지 주요 구성요인을 확인할 수 있다.

1. 공공투자 프로젝트를 수행하고, 장기 경제목표[예 : 수입대체산업 또는 계획된 미래 수출산업의 창출은 물론 철도, 학교, 수력전기 프로젝트, 그리고 **경제 인프라**(economic infrastructure)의 기타 구성요인 건설]의 실현에 가장 크게 기여할 것으로 기대될 수 있는 분야로 희소한 자원이 동원되어 흐르도록 하기 위한 정부의 국내저축 및 해외금융의 의도적인 사용

2. 민간 기업운영자들의 니즈와 중앙정부의 사회적 목표 사이의 조화로운 관계가 보장되도록 하기 위해 민간 경제활동을 촉진하고, 방향을 잡고, 그리고 어떤 경우에는 심지어 통제하는 정부의 경제정책(예 : 과세, 산업허가, 관세의 설정, 그리고 수입할당, 임금, 이자율, 가격의 조작)

> **경제 인프라**
> 도로, 철도, 수로, 항공로, 그리고 기타 형태의 수송 및 통신, 물 공급, 전기, 그리고 보건과 교육 같은 공공 서비스에 체화된 자본

따라서 혼합시장경제에서의 계획에 대한 단순화된 성격묘사로부터 쉽게 분명해진 것 같이, 심지어 개발계획이 꽤 활발할 때조차도 시장 유인과 중앙통제의 양극단 사이에는 거의 항상 균형이 존재한다.

개발계획의 정당성

초기에 발전의 도구로서 계획을 널리 받아들인 것은 많은 근본적인 경제 및 제도적 주장에 근거한 것이었다. 이 중에서 가장 두드러진 것으로 네 가지를 지목할 수 있다.

시장실패 개발도상국 경제의 시장은 구조와 운영상 불완전하다. 상품과 요소시장은 흔히 열악하게 조직되어 있으며, 왜곡된 가격이 존재한다는 것은 이들 재화, 서비스, 자원의 사회적 실질비용을 제대로 반영하지 못하는 경제적 신호와 인센티브에 생산자와 소비자들이 반응하고 있다는 것을 의미한다. 그러므로 정부는 시장을 통합하고 가격을 수정하는 데 중요한 역할을 담당해야 한다고 주장할 수 있다. 더욱이 시장이 생산요소의 가격을 정확하게 결정하는 데 실패한다면 대안이 되는 여러 투자 프로젝트를 평가함에 있어 사회적 가치와 사적 가치 사이에 큰 격차가 발생할 것이라 가정된다. 그러므로 정부의 간섭이 없으면 시장은 현재와 미래의 자원을 잘못 배분하거나 적어도 장기적으로 최선의 사회적 이익이 되지 않을 수도 있는 배분에 이르게 한다고 일컬어진다. 이러한 **시장실패**(market failure)에 대한 주장은 아마도 저개발 국가에서 정부 역할의 확대를 옹호할 때 가장 자주 인용되는 이유일 것이다.[4]

> **시장실패**
> 시장경제의 기능을 약화시키는 시장불완전성(예 : 독점력, 요소이동성의 결여, 상당한 외부효과, 지식의 부족)의 존재로부터 비롯되는 현상

다양한 종류의 시장과 정부실패가 앞선 몇 개의 장에서 검토되었지만, 여기서 간단한 복습이 적절할 것 같다. 시장실패가 관찰될 수 있는 세 가지 일반적인 형태가 존재하는데, 시장이 적절히 작동할 수 없거나 시장이 존재하지 않는 경우, 시장이 존재하지만 비효율적인 자원배분을 뜻하는 경우, 시장이 자원의 배분이 아닌 다른 사회적 목표에 의해 측정된 바람직하지 않은 결과를 가져오는 경우가 그것들이다. 시장실패는 사회적 비용 또는 편익이 기업이나 소비자의 사적 비용이나 편익과 다를 상황에서 발생할 수 있다. 공공재, 외부효과, 그리고 시장지배력이 가장 잘 알려진 예다. 공공재의 경우, 재화에 대한 가격을 지불하지 않는 '무임승차자'를 높은 비용을 치르지 않고는 배제할 수 없다. 가격을 지불하지 않는 개인들을 이들 재화의 소비로부터 배제하는 것은 경제적으로 비효율적이기 때문이다. 외부효과가 존재하는 경우, 소비자나 기업들은 자신들 활동이 유발하는 모든 비용을 지불할 필요가 없거나 또는 그로 인한 모든 편익을 받을 수 없다. 조정실패는 모든 또는 대부분의 사람들이 참여하여 어떤 활동에 협력할 수 있다면 이득이 되지만, 너무 적은 수가 참여하여 행동을 취하면 손해를 보는 경우가 발생한다. 더욱이 경제발전은 구조 변화의 과정이다. 시장이 자원을 한계적으로 배분하여, 어떤 산업은 부상시키고 다른 산업들은 망하게 하는 데 있어 효율적일 수 있지만, 국가의 장기발전에 결정적일 수도 있는 경제구조의 불연속적인 대규모 변화를 가져오기에는 비효과적일 수 있다(제4장 참조).[5] 시장지배력은 규모에 대한 수익체증이 존재하는 경우에 가장 흔한데, 기업이 수량을 제한함으로써 가격에 영향을 미칠 수 있을 때 발생한다. 자본시장은 정보의 생성 및 전달과 본질적으로 관련이 있으므로 특히 실패하기 쉽다. 정보가 공공재 특성을 갖고 있기 때문이다(제15장 참조). 합의된 사회적 목표라면 더 균등한 소득분배 자체는 공공재로 고려될 수 있다. 오늘날의 경제 또는 정치적 시장에 참여할 수 없는 미래 세대의 복지에 대한 우려도 있을 수 있다. 보건, 교육, 그리고 기초복지 등과 같은 가치재(merit goods)도 또한 공공재 또는 정부가 보장하는 사회적 권리로 생각될 수 있다. 그러나 분배와 가치재에 대한 정책의 필요성을 위해서는 종종 별도의 근거가 제시된다. 분배와 가치재의 적정 수준은 보통 경제적 효율성 분석의 영역 외에 있는 것으로 여겨지기 때문이다. 그러나 분배와 가치재의 수준은 일반적으로 경제적 효율성의 영역 밖에 있는 것으로 간주되기 때문에, 분배와 가치재에 대한 우려는 종종 정책과는 별도의 정당성으로 취급된다.

불행히도 경제이론이 정책으로 시장실패를 고칠 수 있다고 해도 실제 그렇게 될 것이라는 결론으로 비약할 수는 없다. 정부실패는 그것들에 영향을 미치는 정치인, 관료, 그리고 개인 또는 집단이 공공의 이익보다는 자기들 자신의 사적 이익에 우선순위를 주는 많은 사례에서 또한 발생할 수 있다. 정부실패의 인센티브들을 분석해보면 헌법설계 및 공무원 서비스 규정 같은 개혁의 방향을 지도하는 데 도움이 된다. 개발도상국들은 높은 시장 및 정부실패 모두를 보이는 경향이 있다.[6] (이 장의 뒷부분에서 언급되었듯이, NGO 부문 또한 '자발적 실패'라 불리는 것에 제약을 받을 수 있다.)

자원의 동원 및 배분   이 주장은 개발도상국들이 자신들의 매우 제한된 금융 및 숙련된 인적 자원을 비생산적인 모험적인 사업에 낭비할 여유가 없다는 것을 강조한다. 투자 프로젝트는 개별 산업의 자본-산출 비율로 나타나는 부분적 생산성 분석에 기초해서뿐만 아니라 외부경제, 간접적 영향, 그리고 장기목표들을 고려한 전반적 발전 프로그램의 맥락에서 선택되어야 한다. 숙련근로자들은 그들의 기여가 가장 널리 느껴지는 곳에 고용되어야만 한다. 경제계획은 특정 제약조건의 존재를 인식함으로써 그리고 투자 프로젝트를 선택하고 조정함으로써 이러한 희소한 요소들이 그 가장 생산적인 발산수단으로 흐르도록 돕는다고 가정된다. 반면에 경쟁적 시장은 더 적은 투자를 창출하고 그 투자를 사회적 우선순위가 낮은 분야에 이루어지도록 하는 경향이 있을 것이라고 주장된다(예 : 부자들을 위한 소비재).

태도 또는 정신적 영향 국가의 경제 및 사회적 목표를 구체적 개발계획서의 형태로 상세히 서술하는 것은 다양한 배경을 가진 때로는 분열되어 있는 국민들에게 중요한 태도와 정신적 영향을 미칠 수 있다고 종종 주장된다. 이러한 영향은 빈곤, 무지, 그리고 질병을 제거하거나 또는 국가의 기량을 제고하는 국가적 운동을 전개할 때, 정부를 지지하는 사람들을 결집하는 데 도움이 될 수 있다. 개화된 중앙정부는 대중적 지원을 동원하고 계층, 계급, 인종, 종교, 또는 부족 분파를 불문하고 모든 시민에게 국가 건설을 향해 함께 일하자고 호소함으로써 광범위한 물질 및 사회적 발전이라는 공통의 목적을 추구하는 데 있어 파벌주의(sectionalism)와 전통주의의 방해, 그리고 종종 분열을 초래하는 요인들을 극복하는 데 필요한 인센티브들을 그 경제계획서를 통해 가장 잘 제공할 수 있다고 주장된다.

해외원조 상세한 개발계획의 수립은 종종 양자 및 다자 간 해외원조를 받는 데 필요조건이 되어 왔다. 프로젝트의 목록을 제시할 수 있다면, 정부는 해외원조를 청하고 자신들의 돈이 잘 상상되고 내부적으로 일관성 있는 행동계획에 필수적인 구성요소로 사용될 것이라고 기부자들을 설득하기에 훨씬 좋은 위치에 설 수 있다. 개발도상국들이 여러 형태의 원조를 받기 위해 승인된 계획서를 적소에 배치해야만 하는 필요성은 지난 세기에서와 같이 적어도 금세기에도 사실인 채로 남아 있다.[7]

11.3 개발계획 과정 : 몇몇 기본 모형

계획의 3단계

대부분의 개발계획은 전통적으로 처음에 몇 개의 다소 공식화된 거시경제 모형에 기반을 두어 왔다. 그러한 경제 전반의 계획 모형은 두 가지 기본적 범주로 나뉠 수 있다—(1) 주요 경제변수들의 계획된 또는 필요한 변화의 거시경제적 추정치를 수반하는 총성장 모형, 그리고 (2) 내부적으로 일관성을 갖는 산업 간 생산물 순환의 분석틀 내에서 주어진 일련의 최종수요 목표치에 따라 (특히 무엇보다도) 생산, 자원, 고용, 그리고 외환이 어떻게 변해야 하는지를 알아내는 다부문 투입-산출 모형, 사회회계 모형, 그리고 연산 가능 일반균형(computable general equilibrium, CGE) 모형이다. 마지막으로 아마도 계획 수립의 가장 중요한 구성요소는 프로젝트 평가와 사회적 비용-편익 분석의 기법을 통해 각 부문 내에서 구체적인 투자 프로젝트를 상세히 선정하는 일이다. 이러한 총, 부문, 프로젝트라는 계획의 세 '단계'는 계획 당국의 주요한 지적 도구를 제공하고 있다. 이러한 도구들 모두는 개발도상국 정부들은 물론 세계은행과 기타 개발기관들에 의해 널리 사용되어 왔으며, 여전히 사용되고 있다. 이제는 이러한 단계 각각과 관련된 모형들을 살펴보기로 하자.

총성장 모형 : 거시변수들에 대한 예측

총성장 모형

제한된 수의 변수를 사용하여 하나 또는 소수의 부문에서 경제성장을 설명하는 공식적인 경제 모형

거의 모든 개발도상국에서 처음에 사용하는 가장 기초적인 모형은 **총성장 모형**(aggregate growth model)이다. 총성장 모형은 저축, 투자, 자본보유량, 수출, 수입, 해외원조 등 생산량의 수준과 성장률을 결정하는 데 가장 결정으로 중요하다고 생각되는 일련의 제한된 거시경제변수들을 갖고 전체 경제에 대처한다. 총성장 모형은 3~5년 기간에 걸쳐 생산량(그리고 아마도 고용 또한) 성장률을 예측하는 편리한 방법을 제공한다. 거의 모든 그러한 모형들은 제3장에서 설명된 기본적 해로드-도마(또는 AK) 모형을 변형한 것이다.

　　GDP 성장률 목표치와 국가의 자본-산출 비율이 주어지면, 해로드-도마 모형은 그러한 성장을 창출하는 데 필요한 국내저축량을 명기하기 위해 사용된다. 전형적으로 이 필요한 국내저축량은 기존의 저축함수를 기초로는 실현되지 않을 가능성이 있으며, 따라서 어떻게 추가적인 국내저축 또는 해외원조를 만들어낼 것인가 하는 기본적인 정책 문제가 제기된다. 계획의 목적을 위해 해로드-도마 모형은 전형적으로 다음과 같은 방식으로 공식화된다.[8]

　　먼저 재생 가능한 자본에 대한 총산출량의 비율이 일정하여 다음과 같다고 가정하자.

$$K(t) = cY(t) \tag{11.1}$$

여기서 $K(t)$는 t시점에서의 자본보유량이고, $Y(t)$는 t시점에서의 총산출량(GDP)이며, c는 평균(한계치와 동일한) 자본-산출 비율이다. 그다음 산출량(Y)의 일정 부분(s)이 항상 저축(S)된다고 가정하자.

$$I(t) = K(t+1) - K(t) + \delta K(t) = sY = S(t) \tag{11.2}$$

여기서 $I(t)$는 t시점에서의 총투자이며 δ는 매 기간 감가상각되는 자본보유량의 비율이다. 이제 g가 목표산출량 성장률이라면 다음과 같은 식이 성립한다.

$$g = \frac{Y(t+1) - Y(t)}{Y(t)} = \frac{\Delta Y(t)}{Y(t)} \tag{11.3}$$

그렇다면 식 (11.1)로부터 다음 식이 성립한다는 것을 알기 때문에, 자본은 똑같은 비율로 증가해야만 한다.

$$\frac{\Delta K}{K} = \frac{c\Delta Y}{K} = \frac{(K/Y)\Delta Y}{K} = \frac{\Delta Y}{Y} \tag{11.4}$$

그러므로 식 (11.2)를 이용하여 다시 한 번 기본 해로드-도마 성장공식(매개변수인 자본감가상각률을 포함한)에 도달한다.

$$g = \frac{sY - \delta K}{K} = \frac{s}{c} - \delta \tag{11.5}$$

마지막으로 성장률은 또한 노동력 증가율(n)과 노동생산성 증가율(p)의 합으로 표현될 수 있기 때문에, 식 (11.5)는 계획을 목적으로 다음과 같이 다시 표시될 수 있다.

$$n + p = \frac{s}{c} - \delta \tag{11.6}$$

물론 많은 개발계획 입안은 생산성을 외생적인 것으로 간주하지 않고 그것을 제고하는 데 적극적으로 초점을 맞춘다. 그러나 주어진 예상 노동력과 생산성 증가율(노동력 증가는 쉽게 구할 수 있는 인구통계학적 정보로부터 계산될 수 있으며, 생산성 증가 추정치는 보통 과거 추세의 외삽법 또는 가정된 일정한 증가율을 기초로 한다)하에서, 식 (11.6)은 이제 국내저축이 증가하는 노동인구에 대해 신규 고용기회에 적합한 수치를 제공하는 데 충분할 것인지를 추정하는 데 사용될 수 있다. 이렇게 하는 한 가지 방법은 전반적 저축함수($S = sY$)를 분리하여 적어도 저축 원천의 2개 구성요인인 보통 임금소득 W와 이윤소득 π의 저축성향으로 분리하는 것이다. 따라서 다음과 같이 정의한다.

$$W + \pi = Y \tag{11.7}$$

그리고

$$s_\pi \pi + s_W W = I \tag{11.8}$$

여기서 $s\pi$와 s_W는 각각 π와 W의 저축성향이다. 식 (11.5)를 변형시키고 식 (11.7)과 (11.8)을 대입하면, 다음과 같은 수정된 해로드-도마 성장방정식을 얻는다.

$$c(g + \delta) = (s_\pi - s_W)\left(\frac{\pi}{Y}\right) + s_W \tag{11.9}$$

이 식은 이윤과 임금소득으로부터의 현행 저축의 적정성을 알아보는 공식으로 사용될 수 있다. 예를 들어 만일 4% 성장률이 바람직하고, $\delta = 0.03$, $c = 3.0$, 그리고 $\pi/Y = 0.5$라면, 식 (11.9)는 $0.42 = s_\pi + s_W$가 된다.[9] 만약 자본소득으로부터의 저축이 25%에 달한다면, 임금소득자들은 목표성장률을 달성하기 위해 17%의 저축을 해야만 한다. 그러한 근로소득 저축률이 없으면, 정부는 국내저축을 증가시키기 위한 다양한 정책을 추구하거나 해외원조를 찾을 수 있다.

부족한 외환보유고가 경제성장의 주요 제약이라고 믿는 나라에서 전형적으로 사용되는 총성장 모형은 약간 변형된 투갭 모형인데, 이에 대해서는 그 한계와 함께 제14장에서 설명될 것이다. (투갭 모형은 해외무역 문제를 고려하기 위해 일반화된 단순한 해로드-도마 모형이다.) 어느 경우든 총성장 모형은 경제가 가야 할 일반적 방향을 보여주는 오로지 개략적이고 일차적인 근사치만을 제공할 수 있다. 따라서 총성장 모형들은 운영을 위한 개발계획서에는 거의 포함되지 않는다. 아마도 더 중요한 것은 총성장 모형의 단순함과 상대적으로 낮은 데이터 수집 비용이 때로는 모형의 매우 실질적인 한계를, 특히 너무 기계적인 방식으로 사용되는 경우 가릴 수 있다는 것이다. 평균 자본-산출 비율은 추정하기가 아주 어렵고, 실제 예측을 위해 필요한 수치인 한계 자본-산출 비율과는 별 관련이 없을 수 있으며, 저축률도 고도로 불안정할 수 있다. 운영계획은 잘 알려진 투입-산출 접근법 같은 경제활동의 더 해체된 다부문 모형을 필요로 한다.

다부문 모형과 부문별 예측

투입-산출 모형(산업 간 모형)
경제를 부문별로 나누어 산업 간 구매(투입물)와 판매(산출물)의 흐름을 추적하는 공식 모형

개발계획에 대한 훨씬 더 세련된 접근법은 **산업 간 모형**(interindustry model) 또는 **투입-산출 모형**(input-output model)의 어떤 변형을 사용하는 것인데, 이 모형에서는 경제 주요 산업부문의 활동이 각 산업의 구체적 생산 과정 또는 기술을 표현하는 일련의 대수연립방정식의 도움에 의해 상호 관련된다. 모든 산업은 산출물의 생산자이자 동시에 다른 산업에서 생산한 투입물의 사용자로 간주된다. 예를 들어 농업부문은 산출물(예 : 밀)의 생산자인 동시에 말하자면 제조업부문에서 생산한 투입물(예 : 기계류, 비료)의 사용자가 되는 것이다. 따라서 어떤 한 산업의 생산물에 대한 계획된 수요의 변화가 다른 모든 산업의 생산량, 고용, 그리고 수입에 가져오는 직간접적 반향은 전체 경제에 걸쳐 거미줄처럼 복잡하게 얽혀 있는 경제적 상호의존성을 따라 추적될 수 있다. 경제의 각 부문에 대한 계획된 생산량 목표치가 주어질 때, 이론적으로 산업 간 모형을 사용하여 중간재, 수입, 노동, 그리고 자본의 필요량을 결정할 수 있고, 그에 따라 상호 일관성 있는 생산 수준 및 자원필요량을 갖춘 종합경제계획서를 그릴 수 있다.

산업 간 모형은 보통 개발도상국의 경우 10~30개 부문, 그리고 선진국의 경우 30~400개 부문으로 구성된 단순한 투입-산출 모형으로부터 실행 가능성(어떤 자원제약이 주어질 때 무엇이 가능한가)과 최적성(여러 대안 중 무엇이 가장 최선인가)에 대한 검토가 또한 모형에 내재된 더 복잡한 선형 프로그래밍 또는 활동분석에 이르기까지 다양하다. 그러나 산업 간 또는 투입-산출 접근법의 다른 것과 구별되는 특징은 전체 경제에 대한 내부적으로 일관성을 갖는 종합개발계획을 수립하려는 시도이다.[10]

투입-산출 분석은 종종 두 방향으로 확장된다. 첫째, 요소지급액, 가계소득의 원천, 그리고 (도시와 농촌 가계 같은) 여러 사회적 그룹 사이의 가계 재화소비 패턴에 관한 데이터를 포함시킴으로써 사회회계행렬(social accounting matrix, SAM)이 창출된다. 이것은 종종 가계 설문조사 데이터로 보완된 국민계정, 국제수지, 그리고 자금순환 데이터베이스 체계로부터의 데이터를 기본 투입-산출표에 더함으로써 달성된다. 그러므로 SAM은 스스로를 대안적인 발전정책들의 영향을 평가하는 도구로 잘 어울리도록 만듦으로써 한 시점에 존재하는 경제의 상호관계에 대한 종합적이고 상세한 정량적인 설명을 제공한다. 많은 나라의 SAM은 온라인에서 찾을 수 있다. SAM은 종종 가계는 효용을 극대화하며 기업은 이윤을 극대화한다고 가정하는 연산 가능 일반균형(CGE) 모형을 이용하여 더욱 정교해진다. 효용(또는 수요)과 생산함수는 가정되거나 국가의 데이터로부터 추정된다. 뒤이은 정책의 영향은 표준화된 컴퓨터 프로그램을 사용하여 시뮬레이션 된다. CGE 접근법은 SAM보다 더 복잡하지만, 그 가치는

정책 입안자들로 하여금 새로운 정책이 실행되기 이전에 그들이 했던 방식대로 소비자와 기업들이 행동할 것이라고 가정하는 것이 아니라, 고려 중인 대안적인 정책들에 대해 소비자와 기업들이 반응할 가능성이 있는 것을 고려하도록 하는 데 있다.[11]

프로젝트 평가와 사회적 비용-편익 분석

제한된 공공투자자금의 배분에 관한 매일매일의 운영상 의사결정의 거의 대다수는 **프로젝트 평가**(project appraisal)라고 알려진 미시적 분석 기법을 기초로 한다. 그러나 세 가지 주요 계획 기법 간의 운영상은 물론 지적인 연관성이 간과되어서는 안 된다. 거시성장 모형은 거시적인 전략을 설정하고, 투입-산출 분석은 내부적으로 일관성 있는 일련의 부문별 목표치를 보장하며, 프로젝트 평가는 각 부문 내에서 효율적인 개별 프로젝트의 계획이 보장되도록 설계된다.

기본개념과 방법론 프로젝트 평가의 방법론은 미국과 다른 선진국에서도 사용되는 사회적 **비용-편익 분석**(cost-benefit analysis)의 이론과 실제에 의존한다.[12] 비용-편익 분석의 기본적 아이디어는 단순하다. 즉 공공지출(또는 실제로 공공정책이 결정적으로 중요한 역할을 할 수 있는)이 수반되는 프로젝트의 가치를 결정하기 위해서는 사회 전체에 주는 이점(편익)과 약점(비용)을 저울질하는 것이 필요하다는 것이다. 사회적 비용-편익 분석의 필요성은 민간투자자의 투자결정을 이끄는 상업적 수익성이라는 정상적 잣대가 공공투자결정을 위한 적절한 지침이 아닐 수도 있기 때문에 제기된다. 민간투자자는 사적 이익을 극대화하는 데 관심이 있으며, 그러므로 보통 순이익에 영향을 주는 변수들인 수입과 지출만을 오로지 고려한다. 수입과 지출 모두 투입과 산출에 대한 현재 시장가격으로 가치가 매겨진다.

사회적 비용-편익 분석은 실제 수입이 사회적 편익의 진정한 척도 또는 실제 지출이 사회적 비용의 진정한 척도라는 걸 받아들이지 않는 데서 출발한다. 실제 시장가격은 종종 그 진정한 가치로부터 괴리되어 있을 뿐만 아니라 개인투자자들은 자신들 결정이 가져오는 외부효과를 고려하지 않는다. 이러한 외부효과는 규모가 크며 만연되어 있다.[13] 다시 말하면 사회적 비용 및 편익이 사적 비용 및 편익과 괴리되어 있을 때, 상업적 수익성이라는 기준에 전적으로 근거한 투자결정은 정부의 일차적 관심이어야만 하는 사회후생의 관점에서 보면 잘못된 결정에 이르게 될 수도 있다. 사회적 가치평가가 사적인 가치평가와 상당히 다를 수는 있겠지만, 비용-편익 분석의 실행은 이러한 괴리가 공공정책에 의해 조정될 수 있어서 실제 수입과 지출 사이의 차이가 투자의 사적 수익을 측정하는 것처럼, 사회적 비용과 편익의 차이가 사회적 수익성을 적절히 반영할 것이라는 가정에 근거를 두고 있다.

따라서 어떤 기간이라도 **사회적 이윤**(social profit)이란 직접(투입의 실제 비용 및 산출의 실제 가치) 및 간접적(예 : 고용효과, 분배효과)으로 측정된 사회적 편익과 사회적 비용의 차이라고 정의할 수 있다. 투자의 사회적 수익성은 3단계 과정을 거쳐 계산된다.[14]

1. 우선 서로 다른 편익들(예 : 1인당 소비, 소득분배)이 어떻게 계산되고 그들 사이에 어떤 상호교환관계(trade-off)가 있을 수 있는지를 알아볼 몇몇 척도와 함께 보통 순사회적 편

프로젝트 평가
주어진 공공 또는 사적 자금을 대안적인 프로젝트들에 투자할 때의 상대적으로 바람직한 정도(수익성)의 정량적 분석

비용-편익 분석
다양한 경제적 결정의 실제 및 잠재적 사적 및 사회적 비용을 실제 및 잠재적 사적 및 사회적 편익과 비교하는 경제 분석 도구

사회적 이윤
사회적 편익과 사회적 비용 사이의 직접 및 간접적인 차이

익인 극대화될 목적함수를 구체적으로 명기해야만 한다.

시장가격
시장에서 수요와 공급에 의해 성립된 가격

잠재가격 또는 회계가격
자원의 진정한 기회비용을 반영하는 가격

2. 순사회적 편익을 계산하기 위해, 프로젝트의 모든 투입과 산출의 단위 가치에 대한 사회적 척도가 필요하다. 그러한 사회적 척도는 종종 실제 **시장가격**(market price)과 구별하기 위해 투입과 산출의 **회계가격**(accounting price) 또는 **잠재가격**(shadow price)이라고 불린다.[15] 일반적으로 잠재가격과 시장가격 사이의 괴리가 더 클수록 공공투자결정 규칙에 도달하는 데 있어 사회적 비용-편익 분석의 필요성이 더 커진다.

3. 마지막으로 예상되는 사회적 편익과 비용의 흐름을 지수로 표시하여, 그 수치가 프로젝트를 선정 또는 폐기하거나 또는 여러 대안 프로젝트에 대한 상대적인 순위를 매기는 데 사용될 수 있는 어떤 결정기준이 필요하다.

프로젝트 평가의 이러한 단계 각각을 간략히 검토하기로 하자.

목표 설정   국민적 단결, 자립, 정치적 안정, 근대화, 그리고 삶의 질과 같은 목표들에 수치적 가치를 부여하기 어려우므로 경제계획 입안자들은 전형적으로 프로젝트의 사회적 가치를 프로젝트가 미래의 재화와 서비스의 순흐름에 기여하는 정도, 즉 미래 소비 수준에 대한 그 영향에 의해 측정한다.

최근에 두 번째 주요한 기준인 소득분배에 미치는 프로젝트의 영향이 크게 주목을 받고 있다. 만약 저소득 그룹의 소비기준을 제고하는 것을 선호한다면, 프로젝트의 사회적 가치는 저소득 그룹의 추가적인 소비가 사회후생 목적함수에서 상대적으로 높은 가중치를 받을 수 있는 곳에서 그 편익분배의 가중치의 합으로 계산되어야 한다. (이 절차는 부록 5.2에서 논의된 경제성장의 빈곤가중치 지수를 구축하는 절차와 유사하다.) 1991년부터 시작하여 세계은행의 프로젝트 평가는 또한 세 번째 기준으로 미래 소비 및 소득분배와 더불어 환경영향평가를 포함시켰다.

잠재가격과 사회적 할인율 계산   사회적 비용-편익 분석의 핵심은 편익의 진정한 가치와 비용의 실질적인 크기를 결정하는 데 사용될 가격을 계산하거나 또는 추정하는 것이다. 개발도상국에서 산출과 투입의 시장가격이 사회적 편익과 비용을 진정으로 반영하지 않는다고 믿을 많은 이유가 있다. 그러한 이유 중 다섯 가지가 특히 자주 인용된다.

환율
국내통화가 미국 달러와 같은 외국통화로 전환될(판매될) 수 있는 비율

1. **인플레이션과 통화의 고평가**   많은 개발도상국들이 여전히 인플레이션과 다양한 정도의 가격통제에 시달리고 있다. 통제된 가격은 전형적으로 이러한 재화와 서비스를 생산하는 데 있어서의 사회에 대한 진정한 기회비용을 반영하지 못한다. 더욱이 많은 나라에서 정부는 외환의 가격을 관리한다. 인플레이션과 변하지 않는 **환율**(exchange rate) 때문에 국내통화가 고평가되어(제12장과 제13장 참조) 수입가격은 외국생산물을 구입하는 나라에 대한 실질 비용을 낮게 추정하고, 수출가격(현지 통화로 표시된)은 일정한 수출량으로부터 그 나라에 누적되는 실질 편익을 낮게 표시하는 결과를 가져온다. 거품과 위기는 또한 더 큰 왜곡으로 이어질 수 있다. 그러므로 이 가격을 기초로 한 공공투자결정은 수출산업에 불리하고 수입 대체산업에 유리하게 편향되는 경향을 보일 것이다. 체계적으로 저평

가된 환율의 경우 그 반대가 성립한다.

2. **임금, 자본비용, 그리고 실업**   거의 모든 개발도상국들은 현대부문의 임금이 노동의 사회적 기회비용(또는 잠재가격)을 초과하고, 이자율이 자본의 사회적 기회비용을 저평가하는 요소가격왜곡을 보인다. 이는 광범위한 실업과 저고용 및 과도하게 자본집약적인 산업생산기술을 유도한다. 만약 정부가 여러 공공투자 프로젝트의 비용을 계산할 때 노동과 자본의 조정되지 않은 시장가격을 사용한다면, 자본집약적인 프로젝트의 실질비용을 낮게 추정하게 되어 가난한 사람들에게 더 유리한 사회적으로 비용이 덜 드는 노동집약적인 프로젝트들을 희생하여 이들 사업을 촉진하는 경향을 갖게 된다.

3. **관세, 수입할당, 보조금, 그리고 수입대체**   수입할당과 고평가된 환율과 함께 높은 관세는 농업수출부문을 차별하며 수입대체 제조업부문에 유리하게 작용한다(제12장 참조). 그것은 또한 경쟁하는 수출 및 수입업자들이 사회적으로 낭비적인 **지대추구**(rent seeking)를 하도록 부추긴다. 그들은 수입허가, 수출보조금, 관세보호, 그리고 산업특혜를 받는 무역업자들에게 귀속될 수 있는 추가적 이윤을 포착하기 위해 (종종 직접적인 로비 노력은 물론 뇌물과 협박을 통해) 서로 다툰다.

> **지대추구**
> 면허, 수입할당, 이자율상한, 그리고 외환통제 같은 과도한 정부간섭에 의해 야기되는 가격왜곡 및 물리적 통제로부터 발생하는 경제지대를 획득하기 위한 개인과 기업의 노력

4. **저축부족**   가난한 대중에게 즉각 더 높은 소비 수준을 제공해야 하는 상당한 압력에 비추어 볼 때, 많은 개발도상국에서 국내저축의 수준과 증가율은 흔히 적정 이하라고 생각된다. 이러한 주장에 따라 정부는 더 긴 이익분배 기간을 갖고 미래에 더 높은 투자 가능한 잉여의 흐름을 창출하는 프로젝트를 촉진하기 위해 시장이자율보다 더 낮은 할인율을 사용해야만 한다.[16]

5. **사회적 할인율**   저축의 잠재가격에 대한 논의에서, 정부가 일정 기간 동안 발생하는 프로젝트의 편익과 비용의 가치를 계산하는 데 있어서 적절한 할인율을 선택해야 할 필요가 있음을 언급한 바 있다. **사회적 할인율**(social rate of discount, 또한 때때로 사회적 **시간선호**라고 지칭하기도 함)은 본질적으로 시간의 가격이다. 즉 일정 기간 동안 발생하는 프로젝트의 편익 및 비용의 **순현재가치**(net present value, NPV)를 계산하는 데 사용되는 비율인데, 순현재가치는 다음과 같이 계산된다.

> **사회적 할인율**
> 그와 같은 편익이 현재의 사회적 비용만큼 가치가 있는지를 알아보기 위해 사회가 잠재적인 미래의 사회적 편익을 할인하는 비율

> **순현재가치**
> 적절한 할인(이자)율로 현재에 대해 할인된 미래 순편익 흐름의 가치

$$\text{NPV} = \sum_t \frac{B_t - C_t}{(1 + r)^t} \tag{11.10}$$

여기서 B_t는 t시점에서 프로젝트의 예상편익이고, C_t는 예상비용(둘 모두 잠재가격을 사용하여 평가됨)이며, r은 정부의 사회적 할인율이다. 사회적 할인율은 미래의 순편익에 부여되는 주관적 평가에 따라 시장할인율(보통 민간투자자들에 의해 투자의 수익성을 계산하기 위해 사용됨)과는 다를 수 있다. 정부의 계획 프로그램에서 미래의 편익과 비용이 더 높게 평가될수록—예를 들어 만약 정부가 미래의 아직 태어나지 않은 시민들을 또한 대변한다면—사회적 할인율은 더 낮아질 것이다.

생산과 소비의 외부경제 및 외부비경제(정의에 의하면 사적 투자결정에 있어서 고려되지 않는 요소들)에 대한 고려는 물론 생산물, 요소, 그리고 화폐 가격의 상당한 왜곡을 유도하는

이러한 다섯 가지 요인들 때문에, 프로젝트의 실제 예상 수입과 지출은 종종 그 사회적 가치의 정확한 척도를 제공하지 못한다고 결론을 내리는 것을 강력히 뒷받침할 수 있다고 널리 주장되었으며 일반적으로 동의가 이루어졌다. 개발도상국의 효율적인 프로젝트 선정 과정에 프로젝트 평가를 위한 사회적 비용-편익 분석도구가 필수적인 것이 일차적으로 이러한 이유 때문이다.

프로젝트 선택 : 몇몇 결정기준 관련된 잠재가격을 계산하고, 일정 기간 동안의 예상 편익 및 비용(간접적 또는 외부효과를 포함한)의 흐름을 예상하며, 적절한 사회적 할인율을 선정한 후에 계획의 입안자들은 대안이 되는 일련의 투자 프로젝트들로부터 가장 바람직하다고 생각되는 것들을 선택할 수 있는 입장이 된다. 그러므로 그들은 따라야 할 결정기준을 채택할 필요가 있다. 보통 경제학자들은 투자 프로젝트를 선택하는 데 있어 NPV 규칙을 사용하는 것을 옹호한다. 즉 프로젝트는 그 NPV가 정(+) 또는 부(−)이냐에 따라 받아들여지거나 또는 거부되어야만 한다. 그러나 언급되었듯이, NPV 계산은 사회적 할인율의 선택에 대해 매우 민감하다. 한 가지 대안이 되는 접근법은 프로젝트의 NPV가 0이 되도록 하는 할인율을 계산하는 것이다. 이 **내부수익률**(internal rate of return)을 사전에 결정된 어떤 사회적 할인율 또는 정당성이 덜하긴 하지만 자본의 한계생산 또는 시장이자율의 추정치와 비교하는 것이다. 그리고 내부수익률이 사전에 결정된 할인율 또는 시장이자율을 초과하는 프로젝트를 선택하는 것이다. 이 접근은 교육투자를 평가하는 데 널리 사용된다.

> **내부수익률**
> 시장이자율과 비교하여 프로젝트의 순위를 매기는 데 사용되는 프로젝트의 순현재가치가 0이 되도록 하는 할인율

　대부분의 개발도상국들이 상당한 자본제약에 직면하기 때문에 투자 프로젝트의 선택은 보통 NPV 규칙을 충족하는 모든 프로젝트들의 순위를 매기는 일을 또한 수반할 것이다. 프로젝트들은 순현재가치가 높은 순으로 순위가 매겨진다(더 정확하게는 NPV를 총자본비용에 대한 제한인 K로 나누어서 얻게 되는 그 편익-비용 비율 순서대로—즉 NPV/K 비율이 각 프로젝트별로 계산된다). 가장 높은 NPV/K 비율을 가진 프로젝트 또는 일련의 프로젝트(몇몇 투자는 프로젝트 패키지로 고려되어야 한다)가 먼저 선택되고, 그다음 차상위 프로젝트가, 그러고는 모든 이용 가능한 자본투자자금이 소진될 때까지 아래 순위 프로젝트의 선택이 계속된다.[17]

결론 : 계획 모형 및 계획의 일관성 종합적이고 상세한 개발계획을 수립하는 과정은 분명히 앞의 3단계 접근법에 의해 묘사된 것보다 더 복잡하다. 그것에는 우선순위를 정하는 국가 지도자들과 정책 입안자, 통계학자, 연구자, 그리고 부서 또는 부처 공무원들 사이의 끊임없는 대화와 피드백 메커니즘이 수반된다. 내부의 경쟁과 상충되는 목표들(강력한 기득권 이익집단으로부터의 정치적 압력은 말할 것도 없고)이 항상 감안되어야 한다. 그럼에도 불구하고 지금까지의 설명은 적어도 계획 수립의 역학에 대한 느낌을 제공하고, 총량적, 투입-산출, 그리고 프로젝트 계획 모형이 내부적으로 일관성 있고 종합적인 개발계획을 수립하는 시도에 사용되었던 방식을 보여주는 역할을 했음이 틀림없다.

11.4 정부실패 및 계획 너머 시장에 대한 선호

계획실행 및 계획실패의 문제

개발계획의 결과는 일반적으로 실망스러운 것이었다.[18] 저조한 성과에 근거하여 종합개발계획을 광범위하게 거부하게 된 것은 많은 실질적인 결과를 가져왔는데, 그중 가장 중요한 것은 개발도상국 대다수에서의 더 시장지향적인 경제체제의 채택이다.

무엇이 잘못된 것일까? 왜 계획에 관한 초기의 행복감이 점점 환멸과 낙담으로 바뀌었을까? 두 가지 상호 연관된 일련의 답변들을 찾아낼 수 있는데, 그 하나는 개발계획의 이론적인 경제적 편익과 실질적인 결과 사이의 괴리를 다루는 것이고, 다른 하나는 계획 과정, 특히 행정능력, 정치적 의지, 그리고 계획의 실행과 관련되어 발생하는 더 근본적인 결함들과 관련된 것이다.

이론 대 실제 이 장의 앞부분에서 간략히 개략적으로 설명한 계획을 찬성하는 주요 경제적 주장들—시장실패, 사적 및 사회적 가치평가 사이의 괴리, 자원 동원, 투자조정 등—은 종종 계획의 실제 경험에 의해 별로 지지되지 않는다는 것이 밝혀졌다. 이러한 계획실패에 대해 논평하면서, 킬릭(Tony Killick)은 다음과 같이 언급했다.

> 계획이 없었을 때와 비교하여 계획이 미래에 대한 더 유용한 신호를 창출했는지는 의심스럽다. 실제로 정부는 단편적인 방법 이외에는 사적 및 사회적 가치평가를 거의 조화시키지 않았다. 운영상의 문서가 거의 되지 않았기 때문에, 계획은 자원의 동원과 경제정책의 조정에 있어서 아마도 오로지 제한적인 영향만을 미쳤을 것이다.[19]

시장실패 주장과 편익과 비용의 사적 및 사회적 가치평가 사이의 괴리를 조정하는 데 있어서 당연한 것으로 여겨지는 정부 역할의 구체적 사례를 들면, 많은 개발도상국에서의 정부정책의 경험은 이들 괴리를 조정하기보다는 종종 악화시키는 것 중 하나였다. 즉 시장실패라기보다는 **정부실패**(government failure)였다. 정부정책은 종종 사적 및 사회적 가치평가 사이의 괴리를 좁히기보다는 확대하는 경향을 보였다. 예를 들어 공공정책은 최저임금법, 임금의 교육수준에의 연동, 그리고 국제적인 급여 수준을 근거로 하는 더 높은 수준의 구조적인 보수율과 같은 다양한 수단에 의해 임금 수준을 노동의 잠재가격 또는 희소가치 이상으로 높였다. 마찬가지로 투자의 감가상각 및 세액공제, 고평가된 환율, 낮은 실효보호율, 수입할당, 낮은 이자율에서의 신용배급은 모두 자본의 사적 비용을 그 희소 또는 사회적 비용보다 훨씬 밑으로 하락시키는 역할을 하고 있다. 이러한 요소가격왜곡의 순효과는 민간 및 공공기업으로 하여금 공공정책이 가격을 수정하려 했다면 존재했을 것보다 더 자본집약적인 생산 방법을 채택하도록 부추겼다.

또 다른 예로는 제8장에서 많은 개발도상국에서 경제적 신호와 인센티브들이 중등 및 고등교육 수준에서의 교육에 대한 수익의 사적 가치평가를 더 많은 학교교육 기간에 대한 수그러들지 않는 사적 수요가 사회적 보상을 크게 초과하는 선까지 과장하는 역할을 했다는 것을 언

정부실패
경제에 대한 정부개입이 결과를 악화시키는 상황

급했다. 희소한 고소득 고용기회를 수료한 교육 수준에 따라 배급하려는 경향과 고등교육의 사적 교육비용을 보조하려는 개발도상국 대부분 정부의 정책들이 함께 더 이상의 양적 교육 확대에 대한 사회적 투자수익이 다른 투자기회와 비교하여 정당화될 수 없는 것처럼 보이는 상황에 이르게 했다.

앞의 예를 고려하면 대부분의 개발도상국에서 계획의 이론적인 경제적 편익과 그 실질적인 결과 사이에 존재하는 갭이 꽤 컸다고 결론을 내릴 수 있다. 대중에게 하는 미사여구 표현과 경제적 현실 사이의 갭은 더더욱 컸다. 아마 빈곤을 제거하고, 불균등을 감소시키며, 실업을 낮추는 것에 관심이 있었던 반면, 개발도상국의 많은 계획정책들은 사실 부지불식간에 그 영속화에 기여했다. 이에 대한 주요 설명 중 몇몇은 계획 과정 그 자체의 실패와 관계가 있음에 틀림없다. 이러한 실패는 결국 어떤 특정한 문제점들로부터 발생한다.[20]

계획과 그 실행상의 결점 계획은 종종 욕심이 과하다. 계획 중 어떤 것들은 경쟁적이며 심지어 상충적이라는 것을 고려하지 않고 한 번에 너무 많은 목표를 달성하려 한다. 이러한 계획들은 흔히 설계상은 거창하나 정해진 목표를 달성하기 위한 구체적 정책에 대해서는 모호하다. 이러한 점에서 계획들은 세계은행과 국제통화기금(IMF)이 설정한 조건부 합의에서의 60~100 또는 그 이상의 쟁점 분야에 달하는 과도한 목록과 공통점이 많다. 마지막으로 계획 수립과 실행 사이의 갭은 종종 엄청나다(앞으로 논의될 이유들 때문에 많은 계획들은 결코 실행되지 않는다).

불충분하고 믿을 수 없는 데이터 개발계획의 경제적 가치는 그것의 근거가 되는 통계데이터의 품질과 신뢰성에 상당히 좌우된다. 이러한 데이터가 많은 가난한 국가들에서 그렇듯이 빈약하고 믿을 수 없거나, 또는 존재하지 않는다면 경제 전체의 정량적 계획의 정밀도와 내부적 일관성은 크게 감소한다. 그리고 (또한 대부분의 가난한 국가의 상황처럼) 믿을 수 없는 데이터에 자격 있는 경제학자, 통계학자, 그리고 다른 계획요원들의 부족한 공급이 복합적으로 작용하면, 종합적이고 상세한 개발계획을 수립하고 실행하려는 시도는 모든 수준에서 좌절될 가능성이 있다.

대내외에서의 예상치 못한 경제적 혼란 대부분의 개발도상국들은 국제무역, 원조, '매우 유동적인' 투기성 자본의 유입, 그리고 해외민간투자의 우여곡절에 의존하는 개방경제를 가졌기 때문에, 그들은 장기적인 계획은 고사하고 심지어 단기 예측에조차 관여하기가 매우 어려운 입장에 있다. 1970년대의 유가 인상은 대부분의 개발계획에 대혼란을 야기했다. 그러나 에너지 위기는 대부분의 개발도상국 정부들이 그들 발전정책의 성패를 결정하는 데 아무런 통제력을 갖지 못하는 경제적 요소들이 보이는 일반적 성향의 오로지 극단적 사례일 뿐이었다.

제도적 취약점 대부분의 개발도상국들이 갖고 있는 계획 과정의 제도적 취약점에는 정부의 일상적 의사결정 기구로부터의 계획기관 분리, 계획 입안자, 행정가, 정치지도자들의 목표와 전략에 대한 계속적인 대화와 내부 소통의 실패, 그리고 현지 여건에 부적절할 수 있는 제도적 계획관행과 조직배열 상태의 국제이전이 포함된다. 이 외에도 경쟁력이 없고 자격이 없는 공무원에 대한 많은 우려, 성가신 관료적 절차, 혁신과 변화에 대한 과도한 조심과 저항, 부처 간 인적대립 및 부서 간 경쟁(예 : 재무부와 계획기관은 정부 내에서 협력적이기보다는 종종 충돌하는 세력이다), 정치지도자와 정부 관료들의 지역적, 부서별 또는 단순히 사적 목표와 반대되는 국가적 목표에 대한 헌신의 부족, 그리고 이러한 사적 관심사에 반대되는 국가적 관심사의 결여에 따른 많은 정부에 만연된 정치 및 관료적 부패가 존재했다.[21]

정치적 의지의 부족 빈약한 계획의 성과와 계획 수립과 실행 간의 큰 갭도 또한 많은 개발도상국 지도자와 고위급 의사결정자들의 헌신과 **정치적 의지**(political will)가 부족한 탓이다.[22] 정치적 의지는 고상한 목적과 숭고한 미사여구보다 훨씬 더 많은 것을 수반할 것이다. 그것은 흔치 않은 능력과 강력한 엘리트들과 기득권집단에 도전하여 비록 그들 중 일부는 단기적 손해로 고통을 받을 수 있지만 발전이 장기적으로는 모든 시민의 이해에 부합한다는 것을 설득할 대단한 정치적 용기를 필요로 한다. 자유의사든 강제로든 그들의 지지가 없이는, 정치가의 입장에서 발전하고자 하는 의지는 확고한 저항, 좌절, 그리고 내부적 충돌과 만날 가능성이 있다.

물리적 충돌, 물리적 충돌 이후, 그리고 취약국가 극단적인 경우에 폭력적인 분쟁 또는 그렇지 않으면 의미 있게 기능하는 정부의 대규모 실패는 심지어 가장 기본적인 발전목표의 재앙적인 실패라는 결과를 가져온다. 이러한 경우에 개발원조는 보통 필수적이다. 이 주제는 14.6절에서 검토될 것이다.

자유시장을 향한 1980년대의 정책이동

계획의 미몽에서 깨어나 정부개입의 실패를 인식한 결과, 많은 경제학자와 개발도상국의 몇몇 재무장관, 그리고 주요 국제개발조직의 수장들은 더 큰 효율성과 더 빠른 경제성장을 촉진하는 핵심 도구로서 시장기구의 사용을 늘릴 것을 주창했다. 미국 대통령 레이건(Ronald Reagan)은 1981년 멕시코 칸쿤의 연설에서 '장터의 마술'에 대해 유명한 언급을 했다. 1970년대의 10년이 더 공평한 발전을 추구하기 위해 공공부문 활동이 증가한 기간으로 묘사될 수 있다면, 1980년대와 1990년대는 자유시장경제학의 재출현을 목격했다.

그들의 국내시장 자유화 프로그램의 일부로서 개발도상국 대다수는 목적의 진지한 정도는 다르지만 일반적으로 공공부문의 역할을 축소하고, 더 큰 민간부문 활동을 장려하며, 이자율, 임금, 그리고 소비재 가격의 왜곡을 제거하려 했다. 그러한 변화의 의도는 시장기구의 바퀴에 기름칠을 함으로써 더 생산적인 투자배분을 달성하려는 것이었다. 이 외에도 이들 '자유화되는' 개발도상국들은 환율을 낮추고, 수출을 촉진하며, 무역장벽을 제거함으로써 국제경제에서 그들의 비교우위 개선을 추구했다.

자유시장의 덕목을 설파하는 국제기구 중에는 미국 국제개발처(U.S. Agency for International Development, USAID)와 같은 여러 양자 간 원조기관 이외에도 IMF와 세계은행이 있었다. IMF는 자신의 높은 신용창구에 접근하기 위한 조건으로서 상당한 시장자유화 프로그램과 비교우위 개선 및 거시경제 안정을 촉진하는 정책을 요구했다. 세계은행은 제

정치적 의지
다양한 개혁을 통해 어떤 경제적 목적을 달성하기 위한 정치적 권한을 가진 사람들에 의한 단호한 노력

안된 프로젝트들이 민간부문에 의해 그렇지 않다면 수행될 수 없었다는 것을 확실히 하기 위해 조심스럽게 자신의 프로젝트를 면밀히 조사했다.

정부실패

시장에 불완전성이 스며드는 것과 마찬가지로 정부도 역시 다양한 실패에 시달린다.[23] 따라서 이론적으로는 정부가 시장실패를 수정할 수 있는 반면, 때때로 실제로는 정부는 값비싼 지출에도 불구하고 그렇게 하지 못하며, 몇몇 경우에는 일을 오로지 악화시킬 수 있다. 따라서 정부규제는 독점력을 파괴함으로써와 같이 산업의 효율성을 개선할 수 있고, 그렇지 않다면 (제10장에서 살펴보았던 것 같이) 오염을 제한함으로써와 같이 사회후생을 개선할 수 있다. 그러나 엉성하게 설계된 규제는 부상하는 산업을 억압하거나, 심지어는 부패를 가능하게 할 수 있다. 그리고 일단 성립되면 지대추구를 통해 규제로부터 혜택을 볼 방법을 찾은 특수 이해집단이 갑자기 생겨날 수도 있다. 그러한 집단은 심지어 자신들을 이끌었던 여건들이 변화한 한참 뒤에도 규제의 수정에 저항할 수 있는데, 이러한 문제는 11.7절에서 더 자세히 검토된다.

시장이 잘 기능하고 있을 때 일반적으로 그렇게 하는 것을 뒷받침하지 못하는 효율성 이유 때문에 정부는 개입해서는 안 된다고 일반적으로 추정하는 이유가 있다. 그 대신 종종 분권화를 근거로 결정이 이루어지도록 허용하는 것에 큰 이점이 존재한다. 일반적으로 개인과 가족은 정부가 알 수 있는 것보다 자신들의 선호와 조건에 대해 더 많이 알고 있다.

정부실패는 때때로 꽤 구체적인 개입에 대해서조차 더욱더 심각하기 때문에 전반적인 개발계획의 경우 실패의 범위는 더 크다. 제4장에서 살펴본 바와 같이 정부는 경제를 도움을 받지 않은 시장이 얻을 수 없는 더 나은 균형으로 밀어붙임으로써 도움이 될 수 있지만, 경제를 더 나쁜 균형으로 밀침으로써 잠재적으로 상황을 훨씬 더 나쁘게 만들 수 있다. 마찬가지로 정부 프로그램이 사회적 위험을 감소시킬 수 있지만 잘못된 것을 수정하는 문제 때문에 개발계획이 위험을 증가시킬 수 있다는 것이 관찰되어 왔다. 시장은 심각한 실수를 할 수 있지만 그 분권화된 의사결정 메커니즘을 통해 종종 시장은 더 쉽게 스스로 수정을 할 수 있다. 그리고 시장은 일반적으로 조정실패를 극복할 수 없는 반면(제4장 참조), 정부 부서 또는 정부의 중앙 및 지방 수준 사이의 조정이 항상 쉽게 달성될 수는 없다.

더 일반적으로 말하면 때때로 광범위한 의견일치에 의존하는 개발계획은 글로벌시장의 변화 같은 예상치 못한 충격에 더 기민한 반응을 할 수 있는 시장보다 더 경직적일 수 있다. 다른 경우에 의견일치로부터 비롯되는 것이 아니라 개발계획은 강력한 이해집단에 의해 크게 영향을 받을 수 있다. 그 결과는 더 평등주의적인 발전목표의 달성이 아니라 엘리트 권한의 확대일 수 있다. 개발계획은 또한 계획의 목표와 메커니즘이 경제의 많은 핵심 주인공들의 사리추구와 일관성을 갖지 않는다는 것을 의미하는 인센티브 양립(incentive compatibility)의 광범위한 문제에 직면한다. 심지어 근로자들이 정부에 직접 고용된 경우조차도 그들의 확고한 또는 창의적인 근로의욕을 위한 인센티브는 민간부문 근로자들에 비해 더 적을 수 있다.

그러나 시장실패가 항상 공적 개입을 정당화하지 않는 것처럼(왜냐하면 언급되었듯이 정부는 종종 일을 악화시킬 수 있다), 정부실패도 역시 필연적으로 시장경제를 위한 주장이 되지는 않는다. 예를 들어 한국에서는 포항제철이 정부에 의해 운영되었으며 2000년에 민영화될 때까지 상당히 효율적이었던 반면, 역시 정부가 소유하고 운영했던 인도의 국영철강공사(Steel Authority)는 비효율의 모형이었다. 성장이 가속화된 동아시아와 정체된 남미 모두에 이자율 보조금이 존재한다. 비생산적인 지대추구 활동은 비효율적인 국가 운영에서와 마찬가지로 열악하게 기능하는 민간시장에서도 그만큼 쉽게 발견될 수 있다. 그러므로 공공 대 민간 경제활동의 상대적인 장점에 관한 단순한 판단은 특정 국가와 구체적 상황의 맥락 바깥에서 이루어질 수 없다. 그러나 시장개혁을 확대하려는 의도가 있는 개발도상국의 경우, 그 의도가 공공부문 성과에 대한 실망 때문인지 또는 IMF와 세계은행의 압력 때문인지를 불문하고, 많은 사회문화적 전제조건과 경제적 관행들이 충족되어야만 한다.

11.5 시장경제

사회문화적 전제조건과 경제적 필요조건

시장은 많은 긍정적인 것들을 성취하는 데 있어 가장 적지 않은 것은 소비자가 원하는 장소와 시간에 그들이 원하는 재화를 배달하고 혁신에 대한 인센티브를 제공하는 것이다. 센(Amartya Sen)은 일반적으로 시장에 반대하는 것은 일반적으로 대화에 반대하는 것만큼이나 이상한 일이라고 지적했다.[24] 그가 말한 바와 같이 몇몇 대화는 심지어 그 대화를 행하는 사람들에게조차 해가 되지만, 그렇다고 그것이 일반적으로 대화에 반대하는 이유가 될 수 없다는 것이다. 잘 작동하는 시장제도를 뒷받침하는 것은 개발도상국에 없지는 않으나 흔히 매우 제한적으로 존재하는 특별한 사회적, 제도적, 법적, 그리고 문화적 여건을 필요로 한다. 사기, 부패, 독점, 그리고 기타 시장실패는 신고전파의 마술지팡이를 휘두른다고 사라지지 않는다.

잘 기능하는 시장제도는 적어도 다음과 같은 12가지의 시장을 가능하게 하는 법적 및 경제적 관행에 좌우된다.[25]

1. 분명히 확립되고 경계가 표시된 재산권. 재산권을 확립하고 이전하는 절차
2. 상법과 그중에서도 특히 계약 및 파산법을 강제할 독립적인 사법부
3. 상당한 외부효과가 있는 부문을 제외한 모든 부문에서 과도한 허가요건 없이 기업을 설립할 자유. 거래와 직업을 시작하고 정부의 공직을 얻을 비슷한 자유(균등한 경제적 기회)
4. 이전을 위한 믿을 만하고 효율적인 제도를 포함한 안정적인 통화와 은행제도
5. 전체 시장의 상당한 부분을 공급할 정도로 기업이 규모가 클 것을 기술적 효율성이 요구하는 산업에서 발생하는 자연독점(규모에 대한 보수 증가가 나타나는 산업)의 공적 감독 또는 공적 운영
6. 구매자와 판매자 모두에게 제공되는 생산물의 특성과 수요 및 공급 상태에 대한 모든 시장에서의 충분한 정보 제공

7. 자율적인 기호—생산자와 조달업자에 의한 영향으로부터의 소비자 선호의 보호

8. 외부효과(해로운 것과 유용한 것 모두)의 공적 관리와 공공재의 제공

9. 금융 및 재정정책의 안정화를 실행하기 위한 수단(제15장 참조)

10. 안전망—어떤 경제적 불행, 특히 비자발적 실업, 산업재해, 그리고 근로 장애에 의해 영향을 받는 개인을 위한 적절한 소비유지 조항

11. 혁신의 장려, 특히 특허와 저작권의 발행 및 강제

12. 모든 사회적 토대의 가장 기본인 폭력으로부터의 안전

시장개혁은 단지 가격왜곡을 제거하고, 공기업을 민영화하며, 시장의 자유를 선언하는 것보다 훨씬 많은 것을 수반한다. 많은 체제전환국에서의 시장개혁에 대한 차질은 제도적 전제조건과 시장관행의 일부(또는 많이)가 존재하지 않는다는 것에 적지 않게 기인한다. 따라서 정부는 중요한 한계를 갖고 있으며, 시장실패에 대한 앞서의 검토가 분명히 했듯이 시장 또한 그러하다.[26] 다시 말하지만 문제는 균형이다. 이것은 한때 지배적이었던 '워싱턴 컨센서스'로부터 멀어지는 변화의 움직임에 반영되고 있다.

11.6 발전과 그다음의 진전에 있어서 국가의 역할에 관한 워싱턴 컨센서스

1980년대의 대부분과 1990년대 들어서 발전정책에 관한 소위 워싱턴 컨센서스는 지배적이었다. 윌리엄슨(John Williamson)에 의해 요약된 이 컨센서스는 그 시절 몇몇 기타 선진국에 덧붙여 IMF, 세계은행, 그리고 핵심 미국 정부기관 등에 의해 추종된 발전에 대한 자유시장 접근법을 반영했다. 그것에는 〈예문 11.1〉의 첫 번째 열에 요약된 10개 요점이 들어 있었다.

워싱턴 컨센서스의 10개 요점은 적어도 그것이 담고 있는 것만큼이나 담지 않고 있는 것 때문에 인상적이다. 거기에는 경제성장의 수단은 물론 자신들의 중심목표로서 동반성장, 조금이라도 의미 있는 발전을 달성하기 위해 절대빈곤 제거에 초점을 맞출 중점적인 필요성, 또는 불균등의 감소에 대한 언급이 전혀 없다.[27] 컨센서스의 여러 구성요인을 이끌어 가는 것은 정부는 일을 개선하기보다는 악화시킬 가능성이 더 많다는 확신이었다. 또한 빈곤은 성장에 의해 처리되며 그 자체로는 성장과 발전에 주요한 장애가 아니라는 견해가 팽배했다. 그러나 이러한 견해는 제5장에서 언급한 바와 같이 대부분의 발전 전문가들에 의해 더 이상 적절한 것으로 여겨지지 않고 있다.

워싱턴 컨센서스의 목록은 (제15장에서 검토된) 심지어 금융부문과 같은 시장실패가 만연한 분야에서조차 자유시장 접근법을 주장한다는 점에서 또한 인상적이다. 더욱이 목록은 경제발전의 역사에서 가장 성공적인 2개의 사례인 한국과 대만에 적용하기에도 한계가 있다는 점에서 인상적이다. 이들 사례는 지난 반세기 동안 최고 경제성장률을 나타낼 뿐 아니라 동반성장의 예로서 종종 인용되어 왔는데, 1990년대 후반 이래의 불균등의 상승에도 불구하고 절대빈곤이 일찌감치 제거되었고 저소득 계층이 발전 과정으로부터 계속 혜택을 받아 왔다. 중국 고도성장의 역사적 기록은 기업가정신을 위한 다양한 인센티브와 극단적으로 적극적인 산

예문 11.1   워싱턴 컨센서스와 동아시아

워싱턴 컨센서스의 요인	한국	대만
1. 재정적 규율	일반적으로 그렇다	그렇다
2. 공공지출 우선순위의 보건, 교육, 사회기반시설로의 방향 전환	그렇다	그렇다
3. 조세기반의 확대와 한계세율 인하를 포함한 조세 개혁	일반적으로 그렇다	그렇다
4. 통일되고 경쟁적인 환율	그렇다(제한된 기간을 제외하고)	그렇다
5. 안전한 재산권	박 대통령은 선도적인 기업가들을 감옥에 가두고 그들의 재산을 몰수하겠다고 협박함으로써 자신의 통치를 1961년에 시작함	그렇다
6. 규제완화	제한적	제한적
7. 무역자유화	1980년대까지 제한적	1980년대까지 제한적
8. 민영화	아니다. 1950~1960년대 기간 동안 정부는 많은 공기업을 설립했음	아니다. 1950~1960년대 기간 동안 정부는 많은 공기업을 설립했음
9. 해외직접투자(DFI)에 대한 장애 제거	DFI가 매우 제약됨	DFI는 정부통제에 처함
10. 금융자유화	1980년대까지 제한적	1980년대까지 제한적

출처 : "Understanding economic policy reform." by Dani Rodrik. *Journal of Economic Literature* 34 (1996): 17로부터. Reprinted with permission from the American Economic Association and courtesy of Dani Rodrik.

업정책, 그리고 기타 정부활동의 조합을 반영한다. 실제로 로드릭(Dani Rodrik)이 〈예문 11.1〉에 요약한 바와 같이 워싱턴 컨센서스는 그 요인들의 약 절반 정도만이 한국과 대만에 기껏해야 제한적으로 적용이 가능하다. 국가는 가장 성공적인 발전 경험들에 있어서 워싱턴 컨센서스에 의해 요약된 것보다 더 폭넓은 역할을 담당했다고 결론을 내릴 수 있다.

신컨센서스를 향하여

최근 몇 년 동안 워싱턴 컨센서스 세계관의 주요 변화가 워싱턴 D.C.와 기타 지역에서 나타났다. 미주 지역에서는 이 새로운 견해가 때때로 신컨센서스(New Consensus)로 지칭되었는데, 이는 칠레의 산티아고에서 1998년 4월에 열린 미주정상회담에서 그 모양을 갖추기 시작했다. 확대되고 더 균형 있는 컨센서스를 묘사하려는 시도에 대한 다른 기여로는— 비록 더 광범위한 인간개발보다는 오직 성장에 초점을 맞추기는 했지만—성장 및 발전위원회(Commission on Growth and Development)의 2008년 성장보고서 : 지속 가능한 성장과 포괄적인 발전을 위한 전략[Growth Report: Strategies for Sustained Growth and Inclusive Development, 일상적으로 스펜스보고서(Spence Report)라고 지칭함]과 로드릭에 의해 제시된 더 넓은 범위를 들 수 있다. 인프라와 산업화를 포함하는 마지막 사례는 2010년 서울 G20의 공식성명에 분명히 표현되었다.[28] 인도와 같은 개발도상국 진영의 많은 지역에서는 물론 유럽과 일본의 학문적 전통은 내내 국가의 역할에 대해 더 긍정적인 상태로 남아 있었지만, 상당한 정도 신컨센서스의 방향으로 또한 수렴해 왔다는 것을 주목하라. 신컨센서스의 광범위한 요인들이 〈예문 11.2〉에 요약되어 있다.

개발도상국 정부가 그 이용 가능한 자원에 크게 제한을 받는다는 점에 비추어볼 때, 이들 신컨센서스 목표들 중 일부는 다른 것들보다 덜 강조될 수밖에 없을 것이다. 신컨센서스의 중요한 측면은 빈곤 경감에 초점을 맞추어야 하는 정부의 책임에 대한 강조이다. 이것은 부분적으로 1970년대의 초점으로 되돌아가는 것이다. 이 초점이 부활하게 된 한 가지 이유는 1980년대와 1990년대 초의 자유시장 정책들이 가난한 사람들을 돕기에는 부적절하다고 간주되었기 때문이다. 신컨센서스는 또한 빈곤 근절 목표는 특히 최근의 보건, 교육, 그리고 다른 분야에서의 진전에 비추어볼 때 결국 달성될 수 있다는 정서의 확산을 반영하는 것처럼 보인다. 그러나 발전에 있어서 정부의 역할에 대한 신컨센서스는 몇 가지 중요한 교훈을 워싱턴 컨센서스 기간으로부터 차용하고 있다. 특히 시장을 기반으로 한 발전과 직접 생산에 있어서의 정부의 역할을 제한하는 것을 강조하는 것이 계속하여 컨센서스의 견해가 되고 있다. 그리고 새로운 요인들은 정부가 사회후생의 자애로운 제공자라는 가정을 기초로 하고 있지 않다. 냉철한 견해는 지속되지만, 경제제도의 가능한 개선을 추구하고, 심화된 시민사회의 역할을 장려하면서 정부실패에 신중하게 설계된 개혁으로 반응함으로써, 국가의 능력과 민감성을 구축하는 것의 중요성을 강조한다.

신컨센서스는 또한 많은 해설자들이 조정실패를 극복하기 위한 적극적인 또는 적어도 목

예문 11.2 신컨센서스

1. 발전은 시장을 기반으로 해야 하지만, 무시할 수 없는 커다란 시장실패가 존재한다.
2. 일반적 규칙으로서 정부는 직접 생산하는 사업에 있어서는 안 된다.
3. 그럼에도 불구하고 다음의 분야에 폭넓고 다방면에 걸친 정부의 역할이 존재한다.

- 안정적인 거시 환경의 제공
- 과거에 필요하다고 생각되었던 것보다 더 적은 부문이긴 하지만 인프라
- 공중보건
- 교육 및 훈련

- 기술이전 (그리고 선진 개발도상국의 경우는 독창적인 연구개발의 시작)
- 환경적으로 지속 가능한 발전과 생태계 보호의 보장
- 수출 인센티브의 제공
- 민간부문이 조정실패를 극복하도록 도움
- 빈곤과 불균등을 감소시키고 경제성장에 따라 가난한 사람들이 상당한 수혜를 받는 것을 보장하도록 행동함으로써 '동반성장'을 보장
- 금융부문에 대한 신중한 감독과 규제
- 재산권의 보호 및 기회에 대한 폭넓은 접근과 같은 제도를 포함하는 근본적 공공재의 제공

표를 설정한, 즉 승자를 뽑는 고도의 산업정책과 같은 동아시아의 성공에 중요하다고 생각해 온 몇몇 특징을 여전히 논란의 여지가 있다는 이유로 포함하고 있지 않다. 이들 국가의 특히 특정 산업 활동을 장려하는 산업정책 경험의 반복 가능성에 대해서는 의문이 있으며, 가장 널리 수용되는 관점은 정부가 능력이 덜하거나 더 제한되어 있을 때 산업정책은 일반적으로 비효과적이라는 것이다(몇몇 전문가는 이러한 문제들로부터 다른 나라들의 이들 분야에서 정부 역량을 제고하는 것이 우선순위가 되어야 한다고 결론을 내리고 있긴 하지만 말이다).

신컨센서스의 견해는 부분적으로 시장은 실패하며, 때때로 이들 실패는 정부의 중요하고 계속 진행 중인 역할 없이는 다루어질 수 없고, 시장실패는 결국 정부실패보다 상당히 더 나쁠 수 있으며, 그리고 거버넌스가 열악할 때 종종 개선이 가능할 수 있다는 갱신된 인식을 대표한다. 실제로 정부 역할의 핵심 부분은 시장을 기반으로 한 효과적인 경제를 위한 필요조건들이 충족되도록 보장함으로써 경제발전을 위한 토대를 확보하도록 돕는 것이다.

11.7 발전의 정치경제 : 정책 수립과 개혁 이론

최근까지 2개의 극단적인 견해가 경제발전에 있어서 정부의 역할에 대한 논의를 흔히 지배해 왔던 것처럼 보인다. 첫 번째 견해는 시장실패 때문에 효과적인 정부가 필요할 뿐 아니라 경제발전을 달성하는 데 심지어 충분할 가능성까지 있다는 것이었다. 적어도 이 견해에 암묵적인 것은 만일 특정 정권이 이 과정을 경쟁력 있고 정직하게 수행하리라고 믿지 못하게 된다면 정치적 압력이 쌓인 결과 궁극적으로는 그렇게 하도록 강제되거나 아니면 그 정권은 선거제도가 있다면 선거를 통해, 그렇지 않다면 다른 방법을 통해 권력을 잃게 된다는 주장이다.

그 뿌리는 노벨상 수상자인 하이에크(Friedrich von Hayek)에 두고 있는 신고전학파의 반혁명 또는 신정통학파와 관련된 두 번째 견해는 노벨상 수상자인 뷰캐넌(James Buchanan)의 아이디어에서 발전되었으며 크루거(Anne Krueger), 랄(Deepak Lal), 그리고 다른 사람들에 의해 발전정책에 적용되었다. 이 견해에서는 정치가와 관료 같은 정부에 참여하는 사람들은 회사의 소유자만큼이나 이기적이고 사리를 추구하지만, 그들에게는 그들을 억제할 시장이 결여되어 있다. 심지어 경제가 빈곤함정에 갇혀 있을 때조차도 정부 그 자체는 그러한 나쁜 균형에서 핵심적 역할을 담당했다. 이런 지적들은 어떤 상황에서는 폭넓은 동의를 받을 수 있을지 모르지만, 이 접근법은 대체로 정부가 적어도 최소한의 역할을 넘어서 일을 더 악화시킬 수 있다는 강력한 결론을 내렸다.[29]

어떻게 그러한 극단적 견해들이 인기를 끌게 되었는지 알아보는 것은 쉬운 일이다. 그러한 견해들은 적어도 길잡이가 될 만한 분석틀을 제공했다. 정부의 역할에 대해 더 미묘한 차이가 있는 견해를 가진 발전 전문가들은 명확한 이론을 제시하지 못하는 것처럼 보였다. 동시에 대부분의 국가들은 식민지 경험에 대한 많은 반작용으로 수십 년이 지나도록 해마다 특정한 발전 '모형'을 답습하는 것처럼 보였다. 신생 독립국들의 정부는 종종 식민지 기간의 정책을 계속하거나 또는 인도에서처럼 구소련의 정책 또는 그것보다 더 온건한 형태를 모방함으로써 식민지 기간의 정책에 대한 분노로 정책을 채택하는 것처럼 보였다. 요약하면 발전정책 수립을 뒷받침할 의미 있는 이론적 근거가 정말 너무 없었다.

끈질기게 질문들을 계속해보자. 왜 어떤 개발도상국은 신속하고 효과적으로 개혁을 했던 반면, 다른 나라들은 매년 명백히 반생산적인 일련의 정책들에 갇혀 있는가? 왜 어떤 나라들은 지배자를 위한 권력 강화의 과정을 채택했던 반면, 다른 나라들은 동반성장에 성공적으로 초점을 맞추는가? 왜 어떤 나라의 개혁 프로그램은 이익집단 간 다툼이라는 수렁에 빠졌던 반면, 다른 나라들은 상대적으로 효율적이며 공평한 결과를 허용했던 타협에 도달하는가? 왜 어떤 나라에서는 외견상 훌륭한 정책 개혁을 채택한 후 포기했던 반면, 다른 나라에서는 부지런하고 꾸준하게 고수했는가? 더욱이 왜 개혁에 대한 훌륭한 조언을 따르는 것처럼 보였던 어떤 정부들은 궁극적으로 불균등하고 저조한 결과에 도달한 반면, 동일한 정책이 다른 곳에서는 더 나은 결과로 이어졌는가? 왜 칠레와 같은 어떤 나라들은 처음에 침체된 수입대체 방식에 갇혀 있다가, 빈곤과 불균등을 감소시키는 것이 우선순위가 아니었던 독재국가에 빠진 후, 중도적이며 동반성장을 하는 정권으로 이행할 수 있었는가? 무엇이 기니비사우의 침체보다는 모리셔스의 역동성을, 앙골라의 교착 상태보다는 최근 모잠비크의 발전을, 필리핀보다는 한국을, 미얀마보다는 태국을 만드는가? 답보다는 질문이 더 좋아 보이지만 시작이 이루어졌다.

이러한 질문에 답할 수 있는 이론적 토대가 될 수 있는 것은 제2장에서 상세히 검토한 바와 같이 근본적인 경제적 제도에 의해 제공되는 인센티브의 질에 초점을 맞추는 것이다. 이를 넘어서 정치경제학적 분석의 일반적인 분석틀은 사람들은 자신들이 정책 변화에 의해 개인적으로 손해를 볼 가능성이 있다고 생각하면 그것들을 반대할 것이라고 가정한다. 명백히 사람들은 때때로 물질적인 비용을 치르더라도 도덕적으로 옳다고 자신들이 믿는 정책을 지지한다. 그러나 대충 경험으로 봤을 때 이 분야의 대부분 연구는 물질적 사리추구, 소위 **합리성의 사리추구 기준**(self-interest standard of rationality)이라는 가정과 함께 시작한다. 예를 들어 대부분의 사람들에게 혜택을 주는 개혁도 만약 손해를 보는 사람들이 상대적으로 소수지만 많은 것을 잃게 되고 따라서 로비에서 뇌물에 이르기까지의 개혁을 저지하는 행동에 나설 대단한 동기를 갖는다면 채택되지 않을 수도 있는 반면, 많은 수혜자들이 각각 개별적으로 상대적으로 조금 수혜를 받는 입장이라면, 그들은 개혁을 지지하는 데 있어 비교할 만한 정치적 행동을 취할 동기가 많지는 않다.

간단한 수치적 예로서 아홉 사람이 개혁으로부터 각각 100달러를 얻고, 한 사람은 300달러 가치의 지대를 상실해 600달러의 순이득이 발생한다고 가정하자. 이는 받아들일 만하지만 어떤 맥락에서 정치적 약속은 시간, 노력, 돈을 요구할 수 있다. 결정에 영향을 미치는 정치적 약속의 기회비용이 200달러이며, 따라서 9명의 이득을 보는 사람들은 정치적으로 관계를 맺지 않는다고 가정하자. 그러나 마지막 사람은 300달러에서 200달러를 뺀 100달러의 순이득을 유지하며(또는 달리 표현하면 손실을 회피하며), 따라서 개혁하지 않도록 하는 결정을 한다. 이러한 분산된 수혜자와 집중된 피해자 패턴은 개혁실패의 사후 검토에서 반복적으로 확인되었다.[30]

정책개혁에 대한 투표 패턴에 대한 이해

때때로 개혁은 소수의 혜택을 극대화하도록 설계된다. 만약 다수가 그렇게 할 힘이 있다면, 그들이 이에 반대하려는 것은 자연스러운 일이다. 아니면 그들은 자신들이 개혁의 과정에서 손해를 볼 가능성이 있을 것이라고 생각할 수 있으며, 아마도 자신들의 이전의 경험을 반영하여 재분배를 통해 자신들이 적절히 보상받을 것이라고 믿지 않을 것 같다. 그러나 때로는 다수의 대중이 다수가 수혜를 입을 가능성이 있는 정책을 반대한다. 이것은 부분적으로 일반 대중 사이에 경제정책 선택의 성격에 관한 이해가 부족한 탓일 수도 있다. 그것은 그 정책으로부터 누가 이익을 보고 누가 손해를 볼 가능성이 있는지 불확실하기 때문일 수도 있다. 만약 유권자들이 위험회피적이라면, 그리고 그 정책으로부터 손해를 볼 사람들 중에 자신들이 속하는 것으로 판명될지 모른다는 위험을 보게 된다면, 그들은 그 정책에 반대할 수 있다.

그러나 페르난데스와 로드릭(Raquel Fernandez and Dani Rodrik)은 심지어 위험중립적인 유권자조차도 다수가 혜택을 볼 정책에 합리적으로 반대투표를 할 수 있는 이유를 입증했다. 기본적인 아이디어는 만약 여전히 소수지만 상당한 숫자의 유권자가 어떤 정책으로부터 자신들이 이익을 볼 것을 확실히 알고 있다면, 그들은 그 정책에 찬성표를 던질 것이라는 것이다. 그러나 정보가 없는 다수는 어떻게 할 것인가? 예를 들어 대부분은 여전히 모호한 개혁 이후의 환경에 있어서 성공하기 위해 어떤 기술이 필요할 것인지 그리고 그에 따라 자기들이 얼마나 경쟁력을 갖추게 될 것인지 확신하지 못할 수 있다. 이들 남아 있는 유권자가 자신들이 이익을 볼 확률을 오로지 추정만 할 수 있다고 하자. 말하자면 55%가 이득을 볼 것 같이 비록 수혜자의 비율이 완전히 알려져 있다 하더라도, 많은 경우에 있어서 만약 불확실한 유권자가 자기들이 혜택을 볼 확률이 다른 불확실한 유권자들의 그것과 같다고 추정한다면, 반대표를 던지는 것이 합리적일 것이다.[31] 이러한 '현상유지 편향(status quo bias)'의 단순한 숫자로 표시한 예를 설명하기로 하자.

60%의 사람들이 제안된 개혁으로부터 각각 100달러의 이득을 볼 것인 반면, 40%는 각각 80달러의 손실을 볼 것이라고 가정하자. 이 인구의 기대이득은 $0.6(100) - 0.4(80) = 28$로 주어진다. 만약 이득을 얻는 사람이 누구인지를 아무도 모른다면, 이 개혁은 통과된다(왜냐하면 사람들이 위험에 대해 회피적이 아니기 때문이다). 그러나 사전에 이득을 보는 사람의 비율 x가 확실히 알려진다면, 위험중립적인 대다수의 유권자는 (자신들이 이득을 보는 사람 중 하나인지를 여전히 모르더라도) 반대표를 던질 인센티브를 가질 수 있다. 이 경우에 만약 사람들의 40%가 자신들이 이득을 볼 것을 안다면, 이는 60%를 알지 못한 채로 있도록 만들 것이며, 그들이 이러한 손해를 볼 사람들 중 하나가 될 더 큰 확률을 다시 계산할 때 그들은 반대표를 던지는 것이 자신들의 관심사라는 것을 알게 된다.[32]

비록 이것은 구체적인 사례이지만, 그 결과는 꽤 일반적이다. 많은 경우에 60% 또는 그 이상 되는 커다란 다수가 정책으로부터 이득을 볼 수 있지만, 충분한 숫자가 이득을 볼 것이 이미 확실히 알려진다면, 이것은 유권자 다수에게 손해를 예상하게 만들며, 그들은 그 뒤 정책을 저지한다는 것을 증명할 수 있다.

건설적 개혁의 장애물에 대한 우리의 상대적으로 더 분명한 이해와는 대조적으로, 우리는

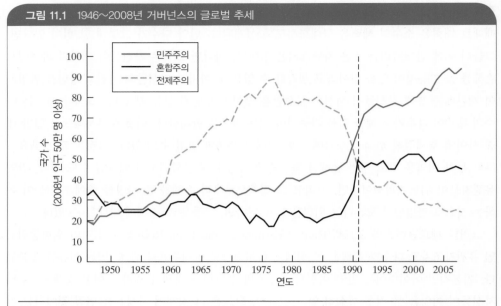

그림 11.1   1946~2008년 거버넌스의 글로벌 추세

출처 : Monty G. Marshall and Benjamin R. Cole, *Global Report 2009: Conflict, Governance, and State Fragility* (Vienna, Va.: Center for Systemic Peace) 2009, p. 11. Reprinted with permission from the Center for Systemic Peace.

주 : 혼합주의는 혼합된 또는 앞뒤가 맞지 않는 권위적 정권이다.

여전히 도대체 왜 건설적 변화가 발생하는지에 대해 별로 이해하는 것이 없다. 만일 발전이 드문 일이라면, 설명할 것이 별로 없기 때문에 이것은 별로 실증적 문제가 아니게 된다. 물론 중요한 정책 분야를 다루어지지 않게 남겨 놓기 때문에 그것은 중요한 발전 문제로 남게 될 것이다. 다행히 발전은 정치경제이론이 암시하는 것보다 훨씬 더 일상적인 것처럼 보인다. 민주화는 〈그림 11.1〉에 보이는 거버넌스 지수에 반영되어 있는 바와 같이 개발도상국 진영을 휩쓸고 지나갔다. 더 많은 국가에서 동반성장과 발전참여에 대한 관심이 강화되어 왔다. 다수에게 혜택을 주는 개혁이 때때로 심지어 손해를 볼 입장에 처한 강력한 사회 및 경제적 세력의 격렬한 저항을 감수하면서까지 실행되었다. 만약 성공적인 발전정책 개혁이 개발도상국 진영에 더 확산되게 하려면, 이것을 우리가 더 잘 이해할 필요가 있는 것이다.[33]

정책 형성을 이해하는 데 널리 사용되는 한 접근법은 정치인과 경제 모두에 대한 개혁의 단기비용과 그 장기편익 사이의 상충관계(trade-off)를 검토하는 것이었다. 특히 정치인들은 자신들의 자리에서의 제한된 시간 때문에 매우 짧은 시계(time horizon)를 갖고 있는 것으로 간주된다. 오로지 위기가 충분히 심각해질 때 개혁의 할인된 순편익이 변화를 유도할 만큼 충분히 커진다. 이러한 문헌의 한계는 개혁의 단기비용이 거의 정량화되지 않고, 증가된 성장의 정밀한 원인들을 확인하기 어려운 채 남아 있다는 것이다.

개혁은 종종 위기 이후에 도입된다고들 하므로, 문헌들은 '위기가 개혁을 가져올 수 있는지' 여부를 고려했다. 한 견해에 의하면 오로지 여건이 매우 심각할 때 위험회피적인 정치인과 유권자들이 기꺼이 다른 전략을 시도할 용의가 있다는 것이다. 남미의 부채위기는 대부분의 남미 국가에서 수입대체에서 실패했던 실험인 것으로부터 멀어지면서 더 시장친화적인 정책을 채택하는 데 촉매제로 간주되고 있다. 그러나 설명되지 않은 채로 남아 있는 것은 아프리카에서의 심지어 더 극심한 부채위기가 비슷한 개혁을 촉진하지 않았던 이유이다. 대답의 한 부분은 그 지급불능 사태가 주요 은행들에 나타났었다는 더 큰 위험 때문에 더 큰 외부압력과 자원이 남미에 영향을 미쳤다는 것일 수 있다. 그러나 로드릭이 주목한 바와 같이 "우리가 분명히 이해할 필요가 있는 것은 왜 한국의 정치인들은 위기에 대한 약간의 힌트를 감지할 때 진로를 변화시킬 준비가 되어 있는 반면, 브라질의 정치인들은 자신들이 문제와 씨름하기 전에 자신의 경제를 여러 차례 초인플레이션의 벼랑 끝으로 몰고 갈 것인지다." 정치경제 문헌은 이 쟁점을 인식하고 있으나 대체로 그것에 대해 침묵한다.

제도와 경로의존성

노벨상 수상자인 노스(Douglass North)에 의해 제시된 분석틀은 여러 나라 사이의 정책 수립의 정성적 차이를 이해하는 데 유용하다. 노스는 제도와 조직을 구별한다. 제도는 '경제적 게임의 공식 및 비공식 규칙'이다. 규칙이란 저축, 투자, 생산, 거래에 대한 동기를 정의하는 계약의 강제와 같은 인위적으로 고안된 제약들이다. 이러한 제약들은 결국 발전 또는 쇠퇴에 이를 수도 있는 편익 및 비용과 경제적 행태에 영향을 미친다. 이로부터 뒤따라 조직은 재산권을 중심으로 생성되며, 조직을 통제하는 사람들이 이러한 기존의 재산권하에서 번영하도록 돕기 위해 설계된다. 조직은 대체로 이러한 규칙으로부터 나타나는 인센티브에 의해 정의되고 형태를 갖추며 생겨난다. 널리 인용된 인용문에서, 노스는 "만약 제도적 기반이 저작권 침해를 보상한다면, [오로지] 저작권을 침해하는 조직만이 존재할 것이다"라고 말하고 있다.[35]

일단 이러한 비효율적인 권리가 자리를 잡으면, 권력을 잡은 사람들은 특히 이러한 권리가 지도자들에게 사회 전체로 볼 때는 더 나을 수 있는 대안적 정권하에서보다 더 큰 사적인 이득을 제공할 수 있을 때 일반적으로 그러한 권리를 바꿀 인센티브가 없다. 따라서 비효율적인 제도는 전반적인 복지 또는 성장을 희생하면서 계속된다. 즉 시장은 효율적인 제도의 진화를 보장할 수 없다. 이러한 함정이 개인 또는 경제의 과거 조건이 미래의 조건들에 영향을 미치는 상황인 **경로의존성**(path dependency)의 예이다. 경로의존성의 몇 개 예가 제2장(비교발전의 식민지적 기원), 제4장(빈곤과 저생산성 함정), 제6장(맬서스 함정), 그리고 제8장(미성년 노동 함정)에서 검토되었다. 구체적으로 노스는 "저비용의 효과적인 계약강제 방법을 개발하지 못하는 사회의 무능력이 역사상의 침체와 현대의 저개발 모두의 가장 중요한 원천이다"라고 주장한다.[36]

국가를 통제하는 개인들은 대중의 이익보다는 사적인 이득을 위해서 그것을 사용하고픈 인센티브를 갖는다. 그러나 노스는 역사적으로 가끔 높은 협상력을 가진 사람들의 이익이 대중의 이익과 일치하는 경우가 있다고 주장한다. 이런 일이 생길 때에 효과적인 제도가 부상하는데, 이는 한 번 확립되면 역전시키기가 매우 어렵다는 것이 입증된다.

이 외에도 이런 일이 발생할 것을 보장할 길은 없지만, 인접국에서 성공적인 제도의 예가 더 많아질수록 비슷한 제도를 채택하라는 정부에 대한 압력이 더 커지는 것처럼 보인다. 분명

경로의존성
하나 또는 그 이상의 변수들의 수준에 의해 측정되는 개인 또는 경제의 과거의 조건이 미래의 조건에 영향을 미치는 상황

히 인권, 재산권 보호, 그리고 민주주의를 포함한 어떤 제도들의 채택은 그 대중적 매력 때문에 독재자들의 반대에도 불구하고 확산되었다. 민주주의가 인접국으로 외향적 확산을 한 예는 처음에 스페인, 포르투갈, 그리스로, 그 뒤 동유럽으로, 베를린장벽의 붕괴로부터 '색깔혁명'의 일부, 그리고 최근의 '아랍의 봄' 봉기까지 핵심 선진국들로부터 저개발지역까지의 유럽에서 볼 수 있다. 다른 예들은 1980년대부터 남미 전역에 걸쳐, 일본으로부터 자신들의 중산층이 일정한 규모에 도달했던 이후의 다른 동아시아 국가들로, 그리고 아프리카에서의 폭포와 같은 더 자유로운 선거로의 민주주의의 확산이다. 마지막 접근법은 민주화가 일종의 제약을 가하는 도구(commitment device), 즉 혁명을 예방할 필요가 있지만 오로지 자신들이 자신들의 양보를 번복하지 않을 것임을 민주화라는 방식으로 보장함으로써 그렇게 할 수 있는 엘리트들에 의해 받아들여지는 개혁으로서 출현할 수 있다고 주장한다. 물론 민주주의도 역시 심각한 정책 오류를 범할 수 있지만, 매우 나쁜 정책이 실행되고 견제받지 않을 확률은 훨씬 줄어든다. 불행하게도 심지어 민주주의가 출현한 후에도 오랫동안에 걸친 정치적 힘이 다시 효력을 발휘함에 따라 사회는 때로는 전제주의로 복귀하는데, 이 과정은 속담에도 있는 '2보 전진을 위한 1보 후퇴'가 더 나은 표현일 수 있다.

성공적인 정책 개혁과 실행의 정치경제학에 대한 개선된 이해는 아마도 각각 자신들의 연구로부터 기여할 가치 있는 통찰력을 가진 정치학자, 사회학자, 경제학자들 사이에 지속적이고 광범위한 상호작용을 요구할 것이다. 그 과정에서 개발도상국 정부의 경험에 이론적 기반을 두기 위해 더 많은 것이 이루어져야만 할 것인데, 많은 경우 이는 더 높은 갈등의 수준에서 그리고 어떤 경우에는 군사정부 또는 다른 전제주의 지배로 회귀하려는 계속되는 위협하에서 민주화 초기 단계와 맞서는 투쟁 및 발전참여를 위한 나아갈 길을 확대하는 일일 것이다. 그린들(Merilee Grindle)이 언급했던 바와 같이 이 분야에서의 더 이상의 발전은 일차적으로 안정적인 민주적 전통을 가진 선진경제의 정치 과정을 연구하기 위해 개발되었던 정치-경제 모형을 넘어서의 움직임을 필요로 할 것이다.

민주주의 대 전제주의 : 어느 것이 더 빠른 성장을 가능하게 하는가?

발전 성과(특히 경제성장)를 위한 민주적 또는 전제적 정권의 상대적 장점은 많이 토론되었다. 이러한 토론은 일부 상충되는 부분들을 적나라하게 드러냈다. 민주주의하에서 재선을 노리는 정치가는 국민 다수의 의지와 이해를 반영하려는 인센티브를 갖는다. 반면에 다가오는 선거는 장기적 발전을 위해 필연적으로 좋은 것보다는 선거기간 중에 강조될 수 있는 단기업적을 추구할 인센티브를 준다. 더 나쁜 것은 자신이 선거에 의해 자리에서 곧 물러날 것을 알고 있는 부패한 정치인은 그 사이에 가능한 많은 것을 훔치려는 이해를 갖는다. 전제주의하에서는 얼마나 오랫동안 무엇을 훔칠 수 있는지에 대한 제약이 더 적다. 그러나 오랜 기간 동안 권좌에 남아 있을 것을 합리적으로 확신하는 정치인은 장기적인 발전전략을 추구할 수 있다(적어도 훔칠 것을 더 많이 갖기 위해).

민주주의로 이행하기 이전의 한국 및 대만과 더불어 싱가포르와 같은 몇몇 고도성장을 경험한 그러나 전제주의 국가들은 몇몇 독재체제가 가진 발전을 위한 잠재적인 혜택을 향유했던 것처럼 보인다. 이들 사례에서 부패가 있었으나 대부분의 다른 개발도상국보다 더 큰 정도는 아니었으며 아마도 평균보다 약간 적은 정도였을 것이다. 성장을 제고하는 정책에 대한 전제주의의 긍정적 효과는 정권이 자신들이 권좌를 유지할 가장 큰 확률은 최대 성장률을 달성하는 데 있다는 것을 알 때 가장 잘 작용하는 것처럼 보인다. 이것이 한국의 사례인데, 한국은 역사적으로 경제발전을 북한의 공격적인 의도에 대항하는 방어벽으로 간주해 왔다. 대만의 경우에도 중화인민공화국으로부터 있을지도 모르는 침략에 대한 우려가 있었다. 그 점에 대해서 중국의 현재 통치자들은 자신들의 정치적 합법성과 세계열강으로 정치적으로 인식되고픈 소망을 근대화의 추진에 걸어 왔고, 지금까지는 성공적이었다. 그러나 그 불행한 나라에 대한 벨기에의 무자비한 식민통치의 예를 따라 모부투(Mobutu)가 (자신이 자이르라고 이름을 지었던) 콩고민주공화국에서 행했던 바와 같이 독재자들은 국가를 전적으로 개인적 이득을 위해 사용할 힘 또한 갖고 있다. 그리고 축출을 두려워하는 자들은 '신속하게 훔치고', 국가 자원을 제도를 개발하고 발전을 촉진하기 위해 사용하기보다는 자신들 스스로의 권력을 강화하고 반대자들을 분쇄하는 데 사용하는 것에 초점을 맞추는 모두에 인센티브를 가질 것이다.

어떤 독재국가들은 장기간 싱가포르의 수상이었던 리콴유(Lee Kwan Yew)의 이름을 딴 '리 명제(Lee thesis)'에서와 같이 국가의 경제발전에 있어 '필요한' 단계로 설명되었다. 센은 시장 자유 및 정치적 자유는 둘 다 그 자체로서 발전의 값진 결과이며 또한 경제발전을 촉진하는 데 보완적 요인이라고 주장하며 동의하지 않을 것이다. 독재하에서 발전의 스타가 된 모든 예에 대해 독재하에서 발전의 재앙이 된 다른 예들이 제공될 수 있다. 그리고 많은 민주국가들이 번영하였다. 보츠와나는 민주주의이며 장기적으로 아프리카에서 가장 빠르게 성장하는 나라였다. 센은 또한 빈곤친화적인 발전을 달성하는 데 있어서 정치적 및 다른 인권들의 건설적인 역할을 주장한다. 즉 사람들은 자유로운 대중토론의 과정에서 오로지 (소수민족이 겪는 빈곤의 곤경과 같은) 중요한 정보를 알게 되거나 또는 (기초교육에 대한 권리와 같은) 어떤 근본적인 가치의 중요성을 이해할 수 있게 된다는 것이다. 더욱이 사람들은 오로지 대화의 맥락에서만 자신들 스스로의 선호를 구축하게 된다. 비록 의사결정이 더 느릴지 모르지만, 제도의 진화를 포함하는 최선의 선택은 자유라는 여건하에서 이루어질 가능성이 있다고 센은 주장한다. 예를 들어 그것들에 대해 보도하는 자유로운 언론이 있을 때 기근은 발생하지 않을 것이다. 민주주의하에서 가난한 사람들이 자신들의 공동체를 조직할 더 큰 여력은 현지 빈곤 문제를 다루는 데 많은 이점을 줄 수 있다. 부패가 더 신속하게 근절될 가능성이 더 커지는 것이다. 그리고 정치적 대화를 강조하는 케랄라(Kerala)의 출산율이 산아제한을 행정적으로 강제한 중국에서보다 더 하락했다.[38]

그와 같은 미묘한 문제들에 직면하여 실증적 결과가 근소하게 나누어지는 것은 놀라운 일이 아니다. 연구의 약 1/3 정도는 민주주의의 긍정적 효과, 1/3은 중립적 효과, 그리고 나머지 1/3은 부정적 효과를 발견하고 있다. 모바락(Ahmed Mobarak)은 민주정권은 전제정권보다 덜 불안할 것이라고 제안하였다. 결과적으로 더 불안한 경제는 더 안정적인 경제에 비해 더 느리게 성장한다고 알려져 있기 때문에 성장에 대한 민주주의의 긍정적 효과는 이 경로를 통해 작용할 수 있다. 그러나 이러한 혜택은 성장에 대한 민주주의의 부정적 직접효과에 의해 취소될 수도 있다.[39]

한과 시어만(Jacob de Hann and Clemens Siermann)은 성장과 민주주의 사이의 부정적 관계를 담은 문헌에 나타난 주장과 또한 몇몇 증거에도 불구하고, 그러한 연구들은 시민들 및 정치적 자유의 결여 또한 성장과 부(−)의 상관관계를 갖고 있다고 보고한다는 것을 지적한다. 그들은 한 나라가 민주주의로 간주될 수 있는 연수를 기초로 한 척도를 제시하면서, 민주주의가 그 사회에 얼마나 깊게 뿌리를 내렸는지를 포함하여, 더 나은 민주주의의 척도를 사용할 것을 제안한다. 그 뒤 그들은 '민주적 자유'의 직간접 효과에 대한 다양한 통계적 검증을 제공하고 있다. 그들의 주요 결론은 일반적으로 "민주주의와 경제성장 사이의 관계는 견고하지 않다"는 문헌을 대변하는 것일 수 있다.[40] 그러나 민주주의는 평등, 교육, 보건, 그리고 기근 예방 같은 더 폭넓은 발전목표들을 위해서 바람직하다는 것이 널리 퍼져 있는 견해이다.

11.8 NGO의 개발 역할과 더 광범위한 시민부문

발전의 성공은 활력 넘치는 민간부문과 효율적인 공공부문뿐만 아니라 박력 있는 시민부문에도 달려 있다는 인식이 점점 커지고 있다. 전자의 부문들에만 의존하는 것은 다리가 2개인 의자에 앉으려는 것에 비교되어 왔다. 시민부문의 조직은 발전의 맥락에서 보통 **비정부기구**(nongovernmental organization, NGO)라는 용어로 불리지만 또한 **비영리, 자발적, 독립적, 시민사회, 시민조직**이라고 지칭되기도 한다.

넓은 범위의 조직이 NGO 플래카드 아래에 속한다. 유엔개발계획(UNDP)은 NGO를 다음과 같이 정의한다.

> 지역, 국가, 또는 국제 수준에서 조직된 어떤 비영리, 자발적 시민집단. 과제지향적이며 공통의 이해를 가진 사람들에 의해 추진되는 NGO는 다양한 서비스와 인도주의적 기능을 수행하고, 시민의 정부에 대한 관심을 일깨우며, 공동체 수준에서 정책을 감시하고 정치적 참여를 장려한다. 그들은 분석과 전문지식을 제공하고, 조기경보장치의 역할을 하며, 국제협약을 감시하고 실행하는 것을 돕는다. 일부는 인권, 환경 또는 보건과 같은 특정 이슈들을 중심으로 조직되어 있다.[41]

정부는 결과를 달성하기 위해 권위에 의존하고 민간부문 기업은 상호 이익이 되는 교환을 위한 인센티브를 제공하기 위해 시장 메커니즘에 의존하지만, NGO를 통해 활동하는 시민사회의 활동가들은 자신들의 가치를 촉진하고 사회 및 경제적 발전을 진전시키기 위해 독립적인 **자발적 노력**과 **영향력**에 의존한다.

많은 개발도상국에서 협동조합 또한 경제발전에 상당하고 중요한 역할을 담당하지만, 그 경험은 혼재되어 있다. 몇몇 나라와 지역에서 협동조합들은 더 믿을 만하고 낮은 비용의 투입물, 신용에의 더 나은 접근, 그리고 자신들 생산량을 위한 더 높은 가격과 더 나은 마케팅 경로를 갖고 농부들에게 도움이 되어 왔다. 다른 지역에서 협동조합들은 비효율은 물론 부패

비정부기구
개발도상국에서 금융 및 기술원조를 제공하는 데 종종 관여되어 있는 비영리조직

를 위한 길을 열면서 국가에 의해 조종을 받아 왔다. 시몬스와 버챌(Richard Simmons and Johnston Birchall)은 많은 경우 개발도상국의 협동조합은 역사적으로 볼 때 "기대에 부응하는 데 실패했으며, 정부에 의해 창출되었기 때문에 정부, 정당, 그리고 공무원조직의 이해에 의해 통제된 채로 유지되었다." 그러나 "몇몇 새로운 더 진실한 협동조합 부문이 현재 출현 중이다"라고 결론을 내렸다.[42]

글로벌 문제의 핵심 경기자로서 NGO와 같은 시민사회 활동가의 출현은 NGO 및 다른 시민 조직을 설립하는 데 있어서 핵심적 역할을 해 왔던 개별 노벨수상자들은 물론 1997년 지뢰금지운동(Campaign to Ban Landmines), 1999년 국경 없는 의사회(Doctors Without Borders), 그리고 2006년 그라민은행(이 장의 끝부분 사례연구 참조)에 주어진 노벨평화상에 의해 인정되고 있다.[43] 좋은 예는 케냐의 그리고 지금은 아프리카 전역의 그린벨트운동(Green Belt Movement)을 시작했던 2004년 수상자인 고(故) 마타이(Wangari Maathai)이다.

2010년 현재 약 3,051개의 NGO들이 유엔의 협의지위(consultative status)를 갖고 있다.[44] 국제 NGO의 숫자는 1990년대에 20% 증가했으며 1964년부터 1998년까지 20배 늘어났다. NGO의 잠재적 영향은 그 활동과 다루는 쟁점의 범위가 넓다는 점, 그리고 그들의 거대하고 증가하는 예산은 물론 직원의 숫자로 측정된 그들의 규모에서 또한 엿볼 수 있다.

사적재와 달리 공공재는 비배제적(과도한 비용이 드는 경우를 제외하고 개인이 그것들을 소비하는 것을 막는 것이 불가능하다)이며, 비경합적(개인들에 의한 소비가 다른 사람들이 소비할 수 있는 재화의 양을 줄이지 않는다)이다. NGO가 비교우위를 갖고 있는 활동들은 이러한 차원에서 볼 때 전형적으로 관습적인 사적재 및 공공재 사이에 놓여 있다. 특히 그러한 활동 영역은 부분적으로 경합적이고, 부분적으로 배제적이며, 경합적이지만 배타적이지 않고, 또는 배제적이지만 경합적이 아닌 경향이 있다. 〈그림 11.2〉는 이들 두 차원에서 NGO 활동의 이러한 범위를 반영한 것이다. 결과는 오른쪽 위 모서리에 여기서 유형 I 재화로 지칭되는 '사적재'(높은 배제성, 높은 경합성)와 왼쪽 아래 모서리에 여기서 유형 III 재화로 지칭되는 '공공재'(낮은 배제성, 낮은 경합성)를 포함하는 유형분류체계이다. 이들 유형 I과 유형 III 재화의 생산과 분배는 일반적으로 시장과 공공부문에 각각 맡겨져 있다. 다른 두 모서리는 다른 두 혼합된 재화를 나타낸다.[45]

오른쪽 아래 모서리에는 낮은 배제성과 높은 경합성의 특성을 가진 공유(재산)자원(common-pool 또는 common property resources)이 발견된다. 그러한 유형 II 재화의 예는 어장, 목초지, 삼림과 같은 누구나 접근이 가능한 천연자원이다. 제10장에서 설명된 바와 같이 잘 관리되지 않는다면(〈예문 10.3〉 참조), 이들 자원은 종종 과다 사용되는 (그리고 과소 투자되는) 경향이 있다.[46] 공유재산 자원은 공공 및 민간부문 둘 다에서 제도를 통해 배분될 수 있지만, NGO들이 중요하고 갈수록 큰 역할을 하고 있다. 역사적으로 공유재산 자원은 전통적인 (예 : 부족의) 메커니즘에 의해 배분되었지만, 이러한 메커니즘은 많은 개발도상국에서 종종 식민주의와 그 이후의 정부통제하에 망가졌다.[47] 점점 NGO들은 지역사회기반조직(community-based organizations, CBOs)들이 공유재산 자원의 배분에 있어서 이러한 역할

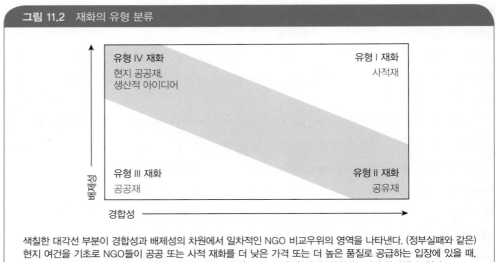

그림 11.2 재화의 유형 분류

색칠한 대각선 부분이 경합성과 배제성의 차원에서 일차적인 NGO 비교우위의 영역을 나타낸다. (정부실패와 같은) 현지 여건을 기초로 NGO들이 공공 또는 사적 재화를 더 낮은 가격 또는 더 높은 품질로 공급하는 입장에 있을 때, 그들이 이러한 색칠하지 않은 영역(유형 I과 유형 III 재화)으로도 또한 확장해 들어가는 것이 발견될 수 있다.

을 되찾는 것을 돕고 있는 중이다. 그들은 강제(정부) 또는 개인적 자기이해(시장)보다는 신뢰를 기초로 한 조직이기 때문에, NGO들은 상대적으로 낮은 거래비용으로 효율적이고 사회적으로 받아들여질 수 있는 공유재산 자원의 배분에 도달할 수 있을지 모른다.

마지막으로 왼쪽 위 모서리에서는 또 다른 혼합된 재화인 유형 IV 재화를 찾을 수 있다. 예를 들어 생산적 아이디어는 고갈되거나 또는 질이 저하됨 없이 모든 사람에 의해 사용될 수 있으므로 비경합적이지만, 그것들은 종종 효과적으로 비밀이 유지될 수 있어 배제적이다.[48] 한 가지 관련된 예는 개발도상국으로의 기술이전이다. 기술적 지식은 일단 이전되고 현지 경제에 흡수되면 아이디어가 종종 한 지역 내에서 꽤 자유롭게 기업 간에 퍼지기 때문에 경합적인 재화가 아니지만, 적극적인 개입이 없으면 생산적 아이디어가 종종 (특히 선진국과 개발도상국 사이에) 국경을 넘지 못한다는 점에서 배제적이다. 한 가지 이유는 무임승차자 문제이다. 즉 한 기업이 신기술을 배우기 위해 대가를 지불할지 모르지만, 현지 경쟁자는 비용을 분담함 없이 (핵심 종업원의 스카우트와 같은) 그 지식을 흡수할 방법을 찾을 가능성이 있다. 유형 IV의 재화는 높은 배제성을 드러내 보이지만 낮은 경합성을 보이며, 전형적으로 정부의 규제를 받는 민간부문 또는 시민사회 활동가들에게 맡겨진다.[49] 예를 들어 생산적이지만 기초적이고 일반적인 아이디어들은 종종 비영리 대학 및 기타 연구센터들에 의해 개발되고, 공중보건과 같은 분야에서의 기술이전은 종종 특화된 NGO 또는 비영리 산업협회 또는 컨소시엄에 의해 착수된다.

지역 수준 또는 더 넓은 사회의 전문화된 하위집단에서 운영되는 공공재의 한 가지 특별한 형태는 **지방공공재**로 알려져 있다. 어떤 조건하에서 그러한 재화의 배분 문제에 대한 분권화된 해결책이 발견될 수도 있다.[50] 지방공공재는 그 지역 밖의 사람들로부터는 배제적이지만 일반적으로 그 현지 지역의 사람들에게는 그렇지 않다. 민간, 정부, 그리고 NGO의 세 부문 모두 지방공공재를 생산하고 배분하는 데 적극적이다. 예를 들어 지역 생활편의시설들은 영리목적의 개발업자, 지방정부, 또는 지역 NGO에 의해 공급될 수 있다.

국제 또는 국가 NGO 또는 공동체 기반의 조직들 연합체 같은 지역단체를 위한 적어도 일곱 가지의 일부 중복되고 상호 보강하는 조직상의 비교우위 유형이 존재한다. 이러한 비교우위가 무엇인지 빈곤 완화 분야로부터의 예를 통해 살펴보자.

1. **혁신.** NGO는 빈곤 감소 및 다른 발전목표들에 초점을 맞춘 프로그램의 설계와 실행에 있어 핵심 역할을 할 수 있다. 예를 들어 가난한 사람들과 직접적으로 일하는 NGO들은 이러한 밀접한 실천관계에 의해 가능하게 되는 가난한 사람들에 다가가는 새롭고 더 효과적인 프로그램을 설계할 수 있다. 이윤을 추구하는 개별 기업들은 특히 효과적인 혁신이 예측하기가 너무 어려워서 혁신을 위한 제안서를 요청할 수 없을 때 빈곤 혁신을 위한 인센티브가 결여될 수 있다. 많은 경우에 정부는 이미 확립된 프로그램의 규모를 키울 수 있는 장점을 갖고 있다. 그러나 정부는 중요한 프로그램 혁신에 있어 NGO 부문에 비해 (또는 적어도 이들로부터의 촉구 없이는) 상대적으로 덜 성공적이었다. 종종 정부 프로그램은 가장 가난한 가족들에게 미치지 못했다. 더 넓게는 가난한 사람들이 주류 인구들과는 다른 특별한 니즈를 갖고 있을 수 있음에도 불구하고, 정부는 획일적인 서비스를 제공하는 경향이 있다. (미소금융과 같은) 빈곤 프로그램에 있어서 가장 중요한 것 중 어떤 것들은 국내 및 국제 NGO들에 의해 개념화되고 처음으로 개발되었다. 예를 들어 교육 분야에 있어서 NGO들은 비공식 교육, 공동체 문맹퇴치운동, 교육용 마을무대, 도시 빈민가에서의 컴퓨터 기술의 사용, 그리고 교육목적의 공동체센터 음악비디오 자막작업 같은 분야에서 선구적인 역할을 해 왔다.[51] 핵심 질문은 그렇다면 정부 또는 민간부문이 일단 작용하는 모형으로 확립된다면 NGO의 혁신을 혁신한 NGO만큼 또는 그 이상 효과적으로 규모를 늘릴 수 있는지 여부이다. 어떤 경우든 만약 정부 또는 민간부문 기업들이 능력이 없거나 의지가 없다면, BRAC의 경험(이 장의 뒷부분에 있는 사례연구 참조)은 적어도 정부가 최종적으로 개입할 준비가 될 때까지 NGO들이 이러한 규모를 늘리는 일을 상당한 정도 할 수 있다는 것을 보여준다. 그러한 혁신은 특히 상세한 정보가 쉽게 전달되지 않을 때에 비경합적이지만 잠재적으로 배제적이다.

2. **프로그램 유연성.** NGO는 자신이 일하는 공동체를 위해 중요하다고 간주되는 발전 쟁점들을 다룰 수 있다. 원칙적으로 NGO는 공공정책 또는 원조기부국의 해외원조 우선순위와 같은 다른 의제의 한계에 의해 또는 국내의 중앙 또는 지방정부 프로그램에 의해 제약을 받지 않는다. 실제로 (이 장의 사례연구에 있는 BRAC과 같은) 국가 차원의 NGO들은 또한 원칙적으로 국제 NGO들의 선호에 의해 제약받지 않는다(그 반대도 성립한다). 더욱이 일단 발전 문제에 대한 잠재적 해결책이 규명되면, NGO들은 그에 따른 자신들의 프로그램 구조를 변경하는 데 있어서 정부 프로그램의 경우에 비해 더 큰 유연성을 가질 수 있다. 유연성은 특별한 필요에 맞추기 위한 현지화된 혁신 또는 프로그램 혁신의 사소한 적응으로 해석될 수 있다. NGO들은 개인권리 또는 공공 영역에 만연한 엘리트들을 위한 특권에 부과된 한계에 의해 제약받지 않고 참여 메커니즘을 더 잘 이용할

수 있다. 그러나 NGO들은 기부자 포획(donor capture)으로 알려진 현상인 이용 가능한 자금조달에 적합하도록 자신들의 프로그램을 맞추는 경향이 있을 수 있기 때문에 이러한 유연성에 제한이 존재한다.

3. **전문화된 기술지식.** 국가 및 국제 NGO들은 지방정부(또는 기업)보다 더 큰 기술적 전문 지식과 특화된 지식의 보고일 수 있다. 특히 국제 NGO들은 어떤 한 나라가 직면한 빈곤 문제에 대해 많은 다른 나라의 경험을 활용하여 가능한 해결책은 물론 모형을 제공할 수 있다. 물론 이것이 신뢰를 얻는 기초의 일부가 된다. 이러한 사무적 기술은 지역적으로 구속력이 있는 빈곤함정과 조정 문제에 대한 효과적인 반응을 개발하는 데 사용될 수 있다. 전문화된 지식은 가난한 사람들 단체를 포함한 지역 시민단체와 함께 전문화된 일을 하는 과정에서 얻는다. 공동체 구성원들이 전화를 할 때만 요금을 납부하고 이용할 수 있는 이동전화를 구입하고 운영하려는 마을의 여성들에게 미소금융과 훈련이 제공되는 그라민 여성전화 모형을 고려해보자(그라민은행에 대한 사례연구를 참조하라). 이러한 프로그램은 지역 NGO가 갖는 기술적 지식의 장점과 결부된 혁신을 반영하고 있다. 경제적 재화로 이해되는 지식 또한 배제적이지만 비경합적이다.

4. **대상이 되는 지방공공재.** 사회적으로 배제된 사람들을 대상으로 하는 것들을 포함하는 경합적이지만 배제적인 재화와 서비스는 이러한 집단을 알고 함께 일하는 NGO들에 의해 가장 잘 설계되고 제공될 수 있다. 가능한 예에는 지역 공중보건 시설, 비공식 교육, 전문화된 마을 통신 및 전산 설비의 제공, 전통적 법률 및 통치 관행의 체계화와 통합, 지역 시장의 창출, 공동체 지도제작 및 재산등록, 그리고 공동체의 정부와의 협상이 포함된다. 이러한 재화의 몇몇 예는 〈그림 11.2〉의 색칠한 대각선을 따라 놓여 있을 수 있지만, 지방공공재는 보통 지역적으로 비경합적이지만 지역 밖의 사람들에게는 배제적이다.

5. **공유재산 자원의 관리 설계와 실행.** 지역 CBO의 연합체를 포함하는 NGO들은 공유재산 관리와 대상이 되는 지방공공재 공급에 중요한 역할을 할 수 있다. 개발도상국 진영을 통틀어 정부와 민간부문 모두 또한 '공유지(commons)'로 알려진 삼림, 호수, 연안어업 지역, 목초지, 그리고 다른 공유재산 자원들의 지속 가능성을 보장하는 데 저조한 과거실적을 갖고 있다. 그러나 세계 인구의 많은 부분이 자신들 소득과 소비 대부분을 지역 천연자원에 여전히 의존하고 있다. 훈련, 조직개발에의 지원, 비협동적인 문화적 특징을 바꾸려는 노력, 그리고 공동체 및 공유재산 감시활동 같은 초보적 조치(initiating measures)를 포함하는 대상이 되는 NGO와 CBO 프로그램들은 공유재산의 잘못된 관리와 관련 문제들을 다루는 데 도움이 될 수 있다. 공유재산 자원은 경합적이지만 비배제적이다.

6. **신뢰와 신용.** 실제로 NGO들은 특별한 니즈를 가진 집단, 특히 극심한 빈곤에 처한 사람들의 신뢰를 얻고 효과적인 서비스를 제공하는 데 정부와는 다른 이점들을 갖고 있을 수 있다. NGO의 지역적 존재와 관계, 빈번한 상호작용과 소통, 그리고 더 큰 참여의 기회 제공은 가난한 사람들과 다른 시민들 사이에 더 큰 신뢰를 창출할 수 있다. 분권화되고 사회적으로 포괄적인 민주적 환경에서 선출된 정부는 적어도 '선출되지 않은' NGO만큼 신뢰받을 수 있을지 모르지만, 많은 개발도상국에서 정부는 오로지 말로만 민주적

이다. 그러나 사회적으로 배제된 계층에게는, 특히 다수의 사람들 또는 그 대표자들이 적극적으로 가난한 사람에게 하찮은 존재 같은 마음이 들게 할 때에는 심지어 다수결 원칙조차도 별 도움이 되지 않을 수 있다. 정부 자원이 제한되어 있을 때, 기득권 그룹과 소외된 그룹의 편익 사이의 상충은 더욱 중요성을 갖게 될 수 있다. 사회적으로 배제된 사람들이 점잖은 무시와 정부와 확립된 소통통로의 결여를 경험할 때, 민주주의 또한 그들에게 별 혜택을 제공하지 못할 수 있다. 일단 그러한 역사가 확립되면, 심지어 선의를 가진 새로운 정부조차도 이 유산을 극복하기가 어려울 수 있다. 이와는 대조적으로 NGO는 능숙하다는 인식, 자비심, 신뢰성, 민감성, 확립된 개인적 접촉, 그리고 감시가 가능하지 않을 수 있는 여러 환경에서 일관된 행동을 한다는 인식으로부터 더 큰 신뢰를 즐길 수 있다. NGO들이 민주적 관행, 책임, 그리고 민감성을 요구하는 명시적인 규칙을 따르는 한, 신뢰성은 시간이 흐름에 따라 높아진다. 그 결과 부분적으로 NGO들은 또한 반응이 덜 하거나 또는 접근하기가 더 어려운 공식적인 기부자들에 비해 지방정부로부터 더 신뢰를 받을 수 있다. 동시에 만약 정부가 부패했거나 또는 무능하다고 인식되면, 재단들과 다른 기부자들은 빈곤, 환경, 지역 보건 및 교육의 전달, 그리고 다른 서비스를 다루는 데 오직 NGO들만을 신뢰할지 모른다. 따라서 NGO는 그들이 없었다면 구조적 빈곤에 처한 사람들을 포함한 지역 거주자들에게 이용이 가능하지 않았을 자원을 동원하는 데 도움이 된다. 마지막으로 민간부문은 사회적으로 책임 있는 투자활동에서 신뢰성을 얻기 위해 정부 또는 다른 공식적 활동가보다는 NGO와 파트너가 되기를 선호할 수 있다.[52] 요약하면 NGO들은 가난한 사람, 개발도상국 지방 및 중앙 정부, 그리고 기부자를 포함한 모든 주요 관련 당사자들 사이에서 다른 조직보다 더 높은 신뢰를 즐길 수 있다. 신뢰는 효과적 지지를 위한 역량과 관련이 있다.

7. **대표와 옹호(representation and advocacy).** NGO들은 그렇지 않으면 종종 정치적 과정과 심지어 지역사회의 토의로부터도 배제되는 가난한 사람의 니즈를 이해하는 데 이점을 갖고 있을 수 있다. NGO들은 선호의 집계(aggregation)와 그래서 공동체 니즈를 대표하는 일에도 역할을 할 수 있다. NGO들이 지역적으로 구속력을 갖는 빈곤함정을 더 잘 이해하는 만큼 그들은 빈곤층의 니즈를 더 효과적으로 대표할 수 있는 위치에 있음에 틀림없다. 이러한 책임은 가난한 사람과 사회적으로 배제된 사람들의 니즈를 옹호하는 CBO들의 연합체를 포함한 NGO의 옹호의 역할(advocacy role)을 반영하고 있다. 소수 집단은 다수결 원칙의 대의민주주의에서도 특별한 보호를 필요로 할 수 있으며, 기존의 헌법적 보호가 항상 충분한 것은 아니다. 가난한 사람 또는 배제된 사람을 옹호하는 것은 민간 또는 공공부문의 비교우위가 아니다. 민간부문은 그 이해관계가 옹호되어야 할 사람들의 신뢰를 받을 가능성이 더 낮을 것이다. 개인 기부자, 재단, 기관, 또는 다른 옹호의 자금제공자들은 자신들이 후원하는 옹호자들이 임무에 대한 폭넓은 이해를 갖고 일하는 것을 확실히 하길 원할 것이다. 마지막으로 만약 로비를 받거나 영향을 받을 필요가 있는 것이 바로 정부라면, 옴부즈맨 또는 시민보호청이 값진 역할을 할 수 있겠지만, 특히 신뢰가 쟁점이 되는 만큼 이러한 기능을 수행하는 것이 정부가 비교우위가 있는 분야는

아닐 것이다. 어떤 주어진 그룹에 대한 옹호는 부분적으로 비경합적이고 비배제적이다.

때때로 정부 또는 민간부문의 이례적인 실패는 NGO들이 '부문확장(sector extension)'을 통해 공백을 메우기 위해 일시적으로 개입할 수 있는, 그리고 아마도 해야만 하는 상황을 발생시킨다. 예를 들어 BRAC은 적어도 농촌 지역이라는 민간부문이 기능을 하지 않는 여건하에서 분필, 신발, 종자 같은 사적재를 생산하는 일에 관여하고 있다(이 장 끝부분의 사례연구를 참조하라). 아프리카에서는 정부의 무관심에 직면하여 국제 NGO인 아프리케어(Africare)가 도로건설 같은 정상적이라면 정부의 책임인 일에 관여하고 있다. 그러나 그런 경우 NGO들은 결국 이러한 기능들을 여건이 조성되면 (이전협정을 통해) 지역 CBO, 민간부문, 또는 정부에 넘길 수 있다. 예를 들어 아프리케어는 도로의 건설이 완공된 후에 도로 유지 책임을 정부와 CBO들이 넘겨받도록 돕고 있다.

언급한 바와 같이 개발도상국에서 정부와 시장 모두 취약할 수 있으며, 그 능력을 강화하는 것이 필수적이다. 그러나 불행하게도 부분적으로는 사람들이 기부할 돈과 시간이 더 이상 없고, 기량도 부족하며, 때로는 정부와 기업들에 의해 시민부문이 적극적으로 약화되었기 때문에, 시민부문은 종종 이들 나라에서 더욱더 취약해진다. 횡령이나 다른 노골적인 법률위반 외에, NGO들은 **자발적 실패**(voluntary failure)라고 부르는 약점에 또한 취약하다. 자신들의 잠재력을 실현시키는 대신, NGO들은 (제한적인 자원 또는 작은 규모 및 권한 때문에) 대수롭지 않고, 선별적이고 배제적이며, 엘리트주의적인 동시에 비효과적일 수 있다.[53] 한 가지 잠재적 위험은 주의 깊은 조직상의 설계가 요구되는 효과성을 보장하려는 인센티브가 충분하지 않다는 것이다. 또 다른 문제점은 의도한 수혜자들보다는 자금제공자들의 목표에 사로잡히는 위험이 상존한다는 것이다. 이것은 NGO들이 자신들의 우선순위를 매년 바꾸는 정도로까지 나타날 수 있다.[54] NGO들은 모금활동과 같은 수단이 그 자체로 목적이 되거나, 저조한 모금활동이 자신들로 하여금 실질적인 영향을 미치는 데 필요한 규모를 실현하지 못하도록 할 때와 같이 수단에 대한 관심이 부족할 때 조직의 잠재력에 부응하지 못할 수 있다. 때로는 이러한 허물을 예방하기 위한 견제와 균형이 부족한 경우도 있다. NGO들은 민간기업이 시장에서 받는, 또는 선출된 정부가 여론조사에서 받는 즉각적인 피드백을 받지 못할 수도 있다. 이런 신속한 피드백의 부족은 이들 약점을 부추길 수 있거나 또는 적어도 수정되기 전까지 일정 기간 계속되게 할 수 있다. 그러한 문제들은 만약 NGO들이 발전과 빈곤 경감을 가능케 하는 자신들의 잠재력을 달성하기 위해서는 반드시 다루어져야만 한다. NGO의 성과를 개선하기 위한 전술에 관한 연구결과가 〈예문 11.3〉에 나와 있다. 이 경우 프로그램은 그 지도자들이 성과를 개선하기 위해 동기가 부여되었던 NGO가 운영하는 학교 시스템에 초점이 맞춰졌지만, 이것은 공공부문으로 파급될 수 있는 NGO 부문 개혁의 한 예가 될 수 있다.

개발 드라마에서 NGO들이 핵심 배우로서 급속히 부상하여 명성을 얻게 된 것 이외에도, 거버넌스에 부패와의 싸움, 분권화 조장, 그리고 정부와 NGO 부문 모두에서 발전에의 참여 촉진이라는 세 가지 다른 주요한 추세가 나타났다.

자발적 실패
비교우위가 있으리라고 생각되는 자신들의 분야에서 더 폭넓게 사회적 목표를 효율적으로 달성하지 못하는 비정부기구와 시민부문의 무능력

예문 11.3   연구결과 : NGO 학교에서 교사의 결근 줄이기

교사의 '무단결근'은 입학의 증가에도 불구하고 왜 유효 문자해독이 남아시아에서 그리 저조한지를 설명하는 데 도움이 된다. 듀플로, 한나, 그리고 라이언(Esther Duflo, Rema Hanna, and Stephen Ryan)은 세바 만디르(Seva Mandir)라는 NGO가 인도의 라자스탄 주 농촌지역인 우다이푸르(Udaipur)에서 운영하는 1인 교사 비공식 초등학교에 대해 연구했다. 무작위로 선정된 절반의 학교에서 교사들은 한 학생으로 하여금 수업을 하는 날 매일 수업을 시작할 때와 끝날 때 자신과 나머지 학생을 함께 사진 찍도록 지시를 받았다. 변조방지 타임스탬프가 학교가 열렸던 날들과 수업을 시작하고 끝냈던 시간들을 보여주었다. 교사들의 급여는 적어도 하루 5시간의 출근에 달려 있었다. 따라서 연구는 직접적인 감독의 금융적 인센티브를 수반한 결합효과를 조사했다. 그 영향은 교사 결근율이 42%에서 21%로 절반으로 떨어질 정도로 강력했다. 학교에 있을 동안 측정된 교사의 수고 강도는 하락하지 않았으며, 따라서 학생들은 약 30% 더 늘어난 강의시간의 혜택을 받았다. 이 학생들은 다소 높은 시험점수(1년 후 0.17 표준편차

만큼)를 받았으며, 공식적인 정부학교에의 입학허가를 더 많이 받을 수 있었다. 이 단순한 기술적인 감독은 사무직원들의 방문이 매일에서 주기적으로 줄어들 수 있었기 때문에 교사출근을 감독하는 데 비용 면에서 효율적이라는 것이 증명되었다. 듀플로, 한나, 그리고 라이언은 경제 분석을 이용해서 금융적 인센티브 하나만으로도 감독대상 교사들의 차이를 설명할 수 있다고 결론을 내렸으며, 그들은 감독당하고 있다는 것 자체보다는 인센티브가 개선을 촉발했다고 주장했다. 연구자들은 이 정보를 사용하여 비용-효과적인 보상정책을 추정했다. 예를 들어 NGO 학교들은 더 나은 훈련을 제공함으로써 다를 수 있지만, 연구팀은 그러한 프로그램이 정부 학교들에서도 또한 효과가 있어야 한다고 주장했다. 아무튼 연구결과는 연구대상이었던 사람들 같은 '준교사들(parateachers)'을 더 많이 채용하는 것을 지지했다고 연구팀은 주목했다.

출처 : Esther Duflo, Rema Hanna, and Stephen P. Ryan, "Incentives work: Getting teachers to come to school," *American Economic Review*, 102(4): 1241-78, June 2012.

11.9 거버넌스와 개혁의 추세

부패 문제와의 싸움

부패(corruption)는 공적 신뢰를 개인적 이득을 위해 남용하는 것으로 도둑질의 한 형태이다. 부패지수는 정기적으로 부패의 발생 정도가 선진국에서보다 개발도상국에서 훨씬 더 높다고 평가한다. 이것은 원인과 효과 모두를 반영한다고 이해된다. 부패가 없으면 단지 그 분배를 놓고 다투기보다는 투자와 파이를 키우는 노력을 장려하게 되어 결국 성장을 촉진한다. 이만큼 일반적으로 거버넌스의 개선과 특히 부패의 감소는 발전 과정을 가속화하는 수단이 될 수 있다. 이 외에도 사회가 부유해짐에 따라 대중은 좋은 거버넌스를 더 폭넓게 요구하게 된다. 이 후자의 효과는 소득과 훌륭한 거버넌스 사이의 단순한 상관관계를 해석하기 어렵게 만든다. 즉 어떤 것이 어떤 것을 촉발하는가? 뇌물, 언론통제, 그리고 시민자유의 제한과 같은 열악한 거버넌스 관행은 종종 함께 발견되며, 분명히 상호 상승작용을 한다. 제2장에서 지적한

부패

공적 권력 또는 영향력의 사용과 남용을 통해 사적 이윤과 다른 사적 목적을 위한 공공자원의 전용

바와 같이 법치와 엘리트들에 대한 제한과 같은 좋은 제도는 더 높은 수준의 성장과 소득에 이르게 한다는 분명한 증거가 있다. 그러나 개혁은 또한 개혁을 부를 수 있다. 예를 들어 대만의 언론이 상당한 자유를 획득했을 때 많은 공직자들의 추문이 공표되었고, 이것이 이번엔 개혁을 위한 대중적 압력을 조성하는 데 도움이 되었다. 선거의 도입은 이 대중적 의지를 강화하는 메커니즘을 제공했다.

부패의 제거는 여러 가지 이유로 발전에 있어서 중요하다. 무엇보다도 방금 언급했듯이, 정직한 정부는 성장과 지속 가능한 높은 소득을 촉진할 수 있다. 이 외에도 부패의 제거가 대중에 대한 권한 부여와 연관되어 있다는 것은 그것이 발전의 직접적인 한 목표라는 것을 암시한다(제1장 참조). 마지막으로 부패의 효과는 가난한 사람에게 상대적으로 더 불리하게 작용하며, 빈곤으로부터 탈출하는 그들의 능력에 대한 주요 제한요인이다.[55]

따라서 부패의 제거와 거버넌스의 개선은 일반적으로 반빈곤 전략의 일부로 또한 간주될 수 있다. 부유한 사람은 부패한 정권하에서 막대한 뇌물을 줄 수 있는 반면, 가난한 사람들은 일반적으로 자신들 수입의 훨씬 더 큰 비중을 뇌물과 다른 형태의 부당취득으로 납부한다. 다시 말하면 부패는 절대적으로 가난한 사람들에 대한 역진세로 간주될 수 있다. 이 외에도 돈을 받고 정부 기능을 판다는 것은 돈을 가장 많이 낸 자가 수혜자가 된다는 뜻이다. 가난한 사람은 부패가 만연하면 열악한 교육과 보건시설 등을 포함해 자신들의 공동체에 더 적은 정부 서비스가 제공되는 것을 발견한다. 이것은 빈곤함정으로부터 탈출할 수단을 축적하는 것을 더 어렵게 만든다. 이 외에도 〈그림 11.3〉의 에콰도르 사례에서 보여주는 바와 같이, 가난한 사람들의 미소기업은 더 큰 기업이 내는 것보다 자신들의 판매액 중 훨씬 더 큰 비율을 뇌물로 내야 하며, 저소득 가계는 더 높은 소득을 버는 가계보다 자신들 소득의 훨씬 더 큰 비율을 뇌물로 내야 한다.

부패를 방지하거나 성공적으로 씨름한 국가들은 평균적으로 경제에 경쟁과 진입을 촉진하는 경향을 보였는데, 이는 많은 나라의 에너지부문에 존재하는 독점과 같은 거대 독점기업들에 너무 많은 힘이 집중되는 것을 방지할 수 있도록 했으며, 민영화된 기업들이 경쟁에 확실히 직면하도록 했다. 이들 국가들은 공무원에게 개선된 보수와 인센티브를 주며 공무원 조직의 전문성을 촉진했고, 더 분명한 조달 및 예산관리의 규칙에 따라 공공지출을 더 투명하게 만들었으며, 행정, 입법, 사법부 관련자들에 대한 기소면제를 줄였고, 사법권 독립을 제공했으며, 성적 중시의 투명한 진급정책을 확립 및 강제했고, 비효율적인 규제는 제거하는 반면 필요한 규제는 더 투명하게 만들었다.[56]

많은 형태의 부패와 국가와 지역 간의 차이 때문에 부패와 싸우는 한 가지 최선의 방법은 존재하지 않는다. 조달 또는 지방정부 공공자금 수령 및 지출에 있어 기본적인 공공감독이 심지어 그 자체로 문제일 수 있다.[57]

최근의 경험은 또한 심지어 광범위하게 부패한 환경에서조차도 지역 수준에서의 초점을 맞춘 개혁 노력을 통해서 정부의 결점을 극복하는 데 있어 적어도 어떤 맥락에서 실질적인 진전이 달성될 수 있음을 암시하고 있다. 이것이 몇몇 지역의 이해를 위협할 수 있지만 더 국가 수준의 이해를 위협할 필요는 없다(또는 심지어 혜택을 줄 수도 있다). 예를 들어 도시의 엘리

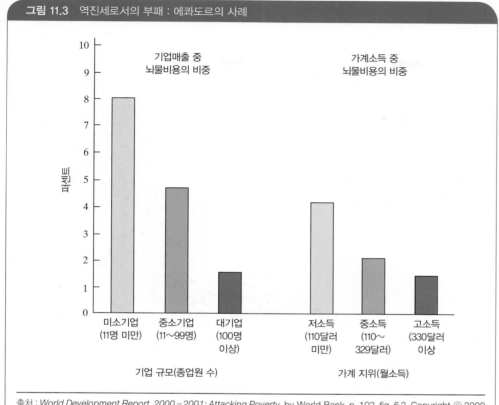

그림 11.3 역진세로서의 부패 : 에콰도르의 사례

출처 : *World Development Report, 2000－2001: Attacking Poverty*, by World Bank, p. 102, fig. 6.2. Copyright © 2000 by World Bank. Reproduced with permission.

트들은 아마도 마을의 권한남용 또는 농촌의 교사와 보건근로자들의 무단결근으로부터 이익을 얻지 못하며 그러한 문제들을 다루는 개혁을 지지할 수 있다. 지역을 기반으로 한 대중적인 개혁의 잠재적 예는 〈예문 4.2〉에서 검토된 바와 같은 우간다에서의 지역 보건시설에 대한 공동체의 감독이다. 그러한 예들은 또한 더 높은 수준의 제도는 궁극적으로 밑바닥부터 완전히 개혁될 수 있다는 더 넓은 흥미를 돋우는 전망을 불러일으킨다.

법의 지배와 1인당 GDP 사이의 관계는 〈그림 11.4〉에 나와 있다.

분권화

분권화는 선진국에서 장기적 추세가 되었다. 미국, 캐나다, 독일에서는 주 및 지방정부에서의 상당한 권력이 헌법에 소중히 간직되었다. 유럽연합은 적어도 공식적으로는 가장 낮은 지역 수준에서 가능한 결정이 이루어진다는 것을 의미하는 '보완성(subsidiarity)'의 원리에 따라 분권화가 진행되어 왔다. 영국은 권한을 스코틀랜드와 웨일스, 잉글랜드의 지방정부에 분권화했다. 이탈리아에서는 권력이 20개 지역과 주(province)에 이양되었다. 지방정부는 자신들이 다루어야 하는 도시 및 농촌 문제들에 더 근접해 있다.

최근에 남미와 다른 곳에서 민주주의가 파급됨에 따라, 분권화와 더 큰 도시 자치정부를

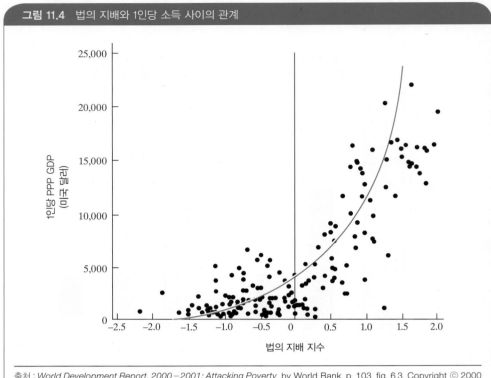

그림 11.4   법의 지배와 1인당 소득 사이의 관계

출처 : *World Development Report, 2000–2001: Attacking Poverty*, by World Bank, p. 103, fig. 6.3, Copyright © 2000 by World Bank. Reproduced with permission.

향한 추세가 개발도상국 진영에서 늘어나고 있으며, 그 정치적 과정은 지역 및 지방 수준의 정부들을 위해 더 큰 자치, 특히 더 많은 재정적 자치를 제공하는 것을 허용했다. 흔히 민주화를 수반했던 헌법적 개혁은 많은 경우에 더 큰 지방의 자치권을 성문화할 기회를 제공했다. 중앙정부의 주된 동기는 종종 재정적 부담을 지역 및 도시들과 나누려는 것이었으나, 분권화는 때때로 그 자체의 억누르기 어려웠던 생명력을 가졌다.

26개 주와 약 5,000여 개의 도시에 대한 브라질의 분권화는 적어도 1891년의 헌법에까지 거슬러 올라가지만, 최근의 권한이양 시기는 1989년의 헌법적 개혁과 함께 시작되었는데, 그것은 주에 새로운 권한과 의무를 주고 재정적 연방주의를 발전시켜, 정부자원의 지방 점유를 늘리는 역할을 했다. 재정적 분권화는 1980년대의 부채위기와 연방예산적자를 낮춤으로써 구조조정을 수행할 필요가 있다는 인식에 따라 발생했고 조정부담의 일부를 지역으로 분산시키고 있다. 그러나 많은 관찰자들은 주와 도시들이 이용할 수 있는 자원이 책임에 비해 너무 적고, 결과적으로 그 기회에 비해 여전히 부담이 더 크다고 생각한다.

멕시코의 분권화 물결은 또한 1980년대 후반 부채위기의 여파로 민영화, 자유화, 그리고 규제완화와 함께 시작되었다. 헌법적 개혁은 추가적인 권력과 책임을 주와 도시에 이전했다. 그러나 브라질에서와 같이 지방정부는 늘어난 권한을 수행하는 데 불충분한 자원을 갖고 있다고 불평한다(부채위기는 제13장에서 검토한다).

세 번째 남미의 예는 조직의 지역 형태와 시민 참여를 인정했던 1994년의 볼리비아 분권화이다. 물리적 충돌이 계속되었지만 원주민 및 농민 조직들은 새로운 체제하에서 적극적 역할을 추구했다. 분권화는 지방정부와 대중 조직 및 국제기관들로부터의 압력이 결합된 결과였다.

세네갈의 경험은 잘 알려진 아프리카에서의 분권화 예이다. 1996년에 농촌위원회 회장들은 자신들의 선거구에 대해 더욱 책임을 지게끔 되었으며, 지방정부들이 지역의 발전정책을 개발하고 수행하기 위해 수립되었다. 그러나 남미 지방정부들의 재정적 한계는 세네갈이 직면했던 그것과 비교하면 작은 것이었는데, 전면적인 재정개혁은 최우선순위인 채로 남아 있다. 2013년에 정권을 잡았던 민주적으로 선출된 정부에 대해 많은 기대가 이루어졌다.

아시아에서 분권화는 민주화와 함께 신속하게 진행되어 왔는데, 인도와 같은 오래된 민주국가에서는 또한 특히 74번째 헌법 개정에 의해 지방에 더 강력한 통치권을 제공했다. 중국에서는 분권화가 어느 정도 발생했다.

발전에의 참여

만약 경제성장의 목표가 인간개발이라면, 참여 없이는 발전이 결여된 경제성장을 가질 수 있었을 것이다. 사실 말하자면 발전정책에 의해 가장 영향을 많이 받는 사람들에 의한 발전정책에의 참여는 주장컨대 그 자체로 발전의 최고 목적이다. 참여는 또한 제1장에 정의되어 있는 바와 같이 인간역량과 다른 발전목표들을 성공시키는 수단이다. 더욱이 경제성장은 인간개발에 의해 더 크게 가능해지며, 인간개발 없는 지속은 불가능하다. 발전 참여는 프로젝트가 더 잘 작동하도록 한다는 것을 보여주었다. 어떤 프로젝트가 선택되고 개발원조가 더 일반적으로 사용되는 방식에 수혜자들이 진정하게 전면적으로 참여한다면, 부패가 덜 발생하는 지출된 원조금 1달러당 더 큰 발전 결과를 틀림없이 기대할 수 있다.

발전 참여는 수십 년간 논의되어 왔다. 유엔은 1970년대 이래 이를 촉진해 왔다. 그것은 1980년대 초에는 학문적 유행이었는데, 1990년대 후반에 세계은행은 소리 높여 발전 참여를 지지하였다. 비판자들은 세계은행이 **참여**라는 용어를 사용할 때 그것은 종종 전략으로서 프로젝트 비용을 낮추거나 또는 비판을 모면하는 것을 의미하는 것처럼 보인다고 불평했다. 그러나 세계은행은 정부와 시민사회가 개발 프로젝트와 개혁의 주체가 되도록 할 때 장점들이 있다는 것을 명백히 알게 되었다. 그때서야 비로소 개혁은 심각하고 지속 가능한 방식으로 착수된다.

무엇이 진정한 참여의 원리에 대한 잠재적인 반대이유인가? 첫째, 가장 가난한 나라들은 어떤 정책결정을 하고 몇몇 구호활동을 즉각 작동시킬 필요가 있다. 즉각적인 부채탕감이 필요한 많은 부채에 시달리는 가난한 국가들은 계획을 신속히 준비해야 하는 부담을 느끼며, 시민사회의 참여를 위한 명목상의 시간 이상을 거의 제공하지 못한다. 참여의 메커니즘이 이미 존재해도, 충분한 목소리를 내도록 하고, 표출된 선호를 집계하며, 실행수단을 확보하여 운영하려면 시간이 걸린다. 그러나 대부분의 사례에서, 진정한 참여의 메커니즘은 존재하지 않는다. 그렇게 하려면 심지어 중앙정부와 지역의 힘 있는 중개인들이 완전한 협조를 해도 여러 해가 걸릴 수 있다.

둘째, 건강하지 못하고 숙련된 기술이 없는 사람들은 자신들에게 영향을 미치는 의사결정에 충분한 목소리를 내기는커녕, 아마도 개발 프로젝트에 효과적으로 참여할 수 없을 것이다. 세 번째 반대이유는 시간비용이다. 즉 가난한 사람들은 생존을 위해 바쁘게 움직인다. 그들은 낮은 시장임금을 받는지 모르지만, 그것이 그들이 자발적인 일에 이용 가능한 시간을 갖고 있다는 것을 의미하지는 않는다. 이것은 여성의 경우에 특히 그러하다. 그들은 가계생산에 대한 대안을 제공할 여유가 없기 때문에 경제활동과 집 모두에서 오랜 시간을 일한다. 그들은 합리적으로 자신들의 참여 예상을 보수를 받지 않는 노동으로 간주할 수 있다. 원조 제공국 및 개발도상국 정부들은 참여를 보상할 방법을 개발할 필요가 있지만, 문제의 큰 부분은 현장에서 참여로 인정되는 요건이 피상적이라는 데 있다. 이들 세 가지 반대이유는 참여는 한계를 가질 수 있다는 것을 암시한다.

여러 다른 형태의 참여를 구별하는 것은 값진 출발점이며 많은 저자들에 의해 제시되었다. 예를 들어 코헨과 업호프(John Cohen and Norman Uphoff)는 참여의 종류(의사결정, 실행, 혜택, 평가에서), 참여자의 신분(거주자, 지도자, 정부직원, 외국요원을 포함하는), 그리고 참여의 방법(참여의 기반, 형태, 정도, 효과)이라는 세 가지 측면에서 참여의 정도를 조사했다.[58] 데슐러와 삭(David Deshler and Donald Sock)은 '진정한 참여'를 '가짜 참여'로부터 구분한다. 전자는 권한위임 또는 시민과 기관 간 동반자협약을 통한 시민의 통제 또는 협력을 포함할 수 있지만, 후자는 일종의 '치료(therapy)'와 조종은 물론 권한의 공유가 없는 회유, 자문, 또는 정보를 포함할 수 있다.[59] 더 심각한 문제는 진정한 참여는 종종 중앙 또는 지방정부 관리 및 다른 엘리트들의 이해와 일치하지 않는다는 것이다.

많은 NGO들은 적어도 서류상으로는 더 완전한 형태의 참여를 약속하며, 원조는 흔히 이들 조직들을 통해 이루어진다. 그러나 NGO 직원들은 종종 옳건 그르건 수혜자들이 근본적인 의사결정을 하거나 프로젝트를 효율적으로 관리하는 데 필요한 기술과 경험이 없다고 인식한다. 수혜자의 관리능력은 예를 들어 관개수로까지 연결을 한 농부의 비율보다는 실재하지 않는 결과이다. 따라서 심지어 가장 훌륭한 동기를 가진 직원들조차도 진정한 참여를 우선순위로 간주하지 않고 오히려 산만한 것으로 간주할 수 있다. 직원들은 자신의 생계를 발전업무에 신세지고 있으며, 일자리에서 자신들 자체의 근로에 물질적인 이해를 갖고 있지 않다는 것 또한 명백하다. 따라서 자발적 실패가 또다시 나타날 수 있는데, 직원들은 참여가 프로젝트의 효율성을 증가시키는 한 참여를 장려할 동기를 부여받지만, 그 수준을 넘어 필연적으로 그렇게 하는 것은 아니다. 그러한 수준의 참여는 혜택을 가져올 수 있지만, 정상적으로 진정한 참여가 가져오는 사회적으로 변화시킬 힘이 있는 혜택은 아니다.

화이트(Sarah White)는 이론적으로 진정한 참여에 전념하고 현지인들이 자신들 스스로의 조직을 발전시키고 통제할 수 있도록 만든 필리핀의 한 NGO에 대해 보고하고 있다. 그러나 이 조직이 그 NGO를 우회하여 기부자와 직접적으로 교류하기를 원할 때, 그 NGO는 그렇게 하는 것을 허용하려 하지 않았다.[60] 미체너(Victoria Michener)는 한 NGO[세이브더칠드런(Save the Children)/부르키나파소의 FDC]에 의해 운영되었던 비공식 교육 프로젝트에 관해 보고하고 있다. 참여 그 자체는 '교육적 의사결정 그리고 교육활동의 관리에 공동체의 참여를 늘리기' 위한 프로젝트의 여섯 가지 목표 중 하나다. 참여자들은 교사와 학생을 모집하고, 교육과정을 결정하며, 학교건물을 짓고 유지하며, 교사 급여와 같은 비용을 지불하는 일에 적극적인 역할을 할 것으로 기대되었다. 전반적으로 그 프로젝트는 의사결정, 실행, 혜택, 그리고 평가에 상당한 참여를 가능하게 하므로, 코헨과 업호프가 제시한 것과 같은 참여의 유형 분류에서 매우 높게 순위가 매겨질 것이었다. 그러나 동시에 미체너는 특히 수혜자의 의무를 강조하는 데 있어 '설계자 중심 참여'의 숨은 뜻에 주목한다. 현장 활동가에게 참여에는 수혜자가 프로젝트로부터 받는 혜택에 대한 대가, 어떤 의미에서는 지불로 그것이 금융이든, 현물이든, 아니면 적어도 시간적 기여든 무엇인가를 주는 의무가 딸려 있다. 그러나 참여자들은 적어도 가부장주의의 맥락에서 이러한 요구사항을 자연스럽게 분하게 여긴다. 전형적으로 마을사람들은 NGO를 거부할 여유가 없다. 그들은 지원으로부터 혜택을 얻지만, 자신들 스스로 그 프로젝트를 진행시킬 자원을 갖고 있지 않다.[61]

모든 수준에서의 진정한 공공참여는 민주주의와 민감하게 반응하는 정부의 기초를 제공한다. 참여가 민주주의 그 자체의 한계를 포함하여 정부의 모든 병폐를 치유하지는 않을 것이지만, 발전정책 개혁의 정치에서 오는 병폐를 경감하는 데 얼마만큼 나아갈 것이다. 불행히도 현장에서는 여전히 수사적인 말이 실천보다 훨씬 앞서 있다.

세 다리 의자(three-legged stool) 그렇다면 우리는 성공적인 경제발전은 공공, 민간, 그리고 시민부문의 기능 개선을 필요로 한다고 결론 내릴 수 있다. 각 부문은 다루어져야 할 심각한 약점을 갖고 있다. 동시에 각 부문은 균형 있고, 공유하는, 지속 가능한 발전을 이루는 데 필수적이며 보완적인 역할을 한다.

개발 NGO들의 역할 :
BRAC과 그라민은행

이 사례연구에서는 세계에서 가장 크고, 매우 획기적이며, 매우 칭찬을 받고 있는 개발도상국을 기반으로 하는 2개의 개발 NGO를 검토한다. 둘 모두 방글라데시를 기반으로 하지만 세계적인 영향력을 갖고 있는데, 하나는 본질적으로 다차원적 개발조직인 BRAC이고 또 하나는 BRAC처럼 다른 획기적인 계획에 종사했던 미소금융의 개척자인 그라민은행이다.

BRAC 모형

종전에 방글라데시 농촌진흥위원회(Bangladesh Rural Advancement Committee)라고 알려졌던 BRAC은 그 임무가 빈곤 감소인 보기 드문 NGO이다. BRAC 모형은 NGO의 비교우위가 빈곤 감소를 지원하기 위해 어떻게 기능할 수 있는지 밝혀주며, 정부와 민간부문 활동가의 부족에 직면하여 NGO들이 자신들의 활동을 넓힐 수 있는 여건을 보여준다. BRAC은 2012년 글로벌저널(Global Journal) 설문조사에서 1위에 오르는 등 세계에서 가장 인기 있는 NGO 중 하나로 지속적으로 평가받고 있다.

BRAC은 1970년대 초반에 내전과 기근의 여파로 생긴 난민들을 돕기 위해 설립되었다. 이 조직의 지도자들은 농촌 빈곤의 문제는 고질적이고 구조적인 것임을 곧 이해했으며, 자신들의 관심을 장기적인 발전과 빈곤 경감 노력으로 돌렸다. BRAC은 원래 정부의 무능력과 심한 부패가 특징인 방글라데시의 농촌지역에서 활동했다. 이러한 정부와 대조적으로 BRAC은 경쟁력, 헌신, 혁신적임, 책임, 그리고 유효성에 대한 명성 때문에 자금을 끌어들이며 지속적으로 성장했다.

수천만 명의 사람들과 일부 지역이 복잡한 빈곤함정에 빠져 있는 방글라데시에서, BRAC은 가난한 사람들에게 필요한 서비스를 제공하기 위해 끊임없이 혁신할 수밖에 없었다. 가난한 사람들이 그들 자신의 필요와 우선순위를 찾도록 돕는 것을 통해, BRAC은 교육, 영양, 보건, 신용, 법률적 권리, 옹호, 그리고 다른 분야들에서 고도의 영향력이 있으며 널리 모방되는 혁신적인 프로그램을 개발했다.

어떤 척도에 의하면 BRAC은 이제 세계에서 가장 큰 NGO이다. BRAC의 활동은 방글라데시 GDP 1%의 절반이 넘는 기여를 하고 있다. 2013년 현재 BRAC은 12만 명이 넘는 직원을 보유하고 있으며, 이는 BRAC을 이 나라에서 두 번째로 큰 사용자로 만들었다. BRAC 직원의 절반이 조금 넘는 사람들이 널리 모방되는 비공식 BRAC 교육 프로그램의 초등학교 교사들이다. '미소신용-플러스(microcredit-plus)'와 같은 BRAC 프로그램들은 다른 나라에서 널리 복제되었지만, 그 어떤 것도 BRAC의 규모로 운영되지는 않는다. BRAC은 800만이 넘는 서민(grassroots) 회원(보통 가계당 1명의 여성)과 600만이 넘는 미소금융 대출자를 가진 복잡한 조직이다. 이들 회원들은 BRAC의 기초단위인 마을조직(Village Organization, VO)에 참여한다. 거의 30만 개의 VO가 있는데, 각각의 VO는 한 마을 또는 이웃마을로부터 35~50명의 여성으로 구성되어 있다. BRAC은 현재 14개 훈련센터와 2,800개 이상의 지점을 갖춘 시스템을 통해 이 나라의 8만 개 마을의 대부분에서 일하고 있으며 예산은 약 5억 (미국)달러이다.

한때 기부자들에게 크게 의존했었지만, BRAC은 자립 정도를 더 높이라는 기부자 요구에 반응해 왔다. BRAC은 현재 70% 이상의 자립이 가능하다. 그 내부수입의 주요 원천은 자신들이 설립했던 생산적 기업들이다. 커져 가고 있는 이 기업 네트워크의 두 가지 목표는 빈곤 감소와 그 빈곤 프로그램을 위한 순수입의 창출이다. BRAC은 그 소득창출 임무는 물론 직간접적인 빈곤 감소라는 명백한 목표를 갖고 여러 중소기업을 소유 또는 공동 소유하여 운영하고 있다. BRAC의 농촌 기업들은 분필, 종자, 신발, 생리대 같은 재화를 생산한다. 이들은 모두 고전적인 사적재지만, 방글라데시 민간부문의 흔한 기능장애 때문에 NGO의 확대된 역할이 출현했다. BRAC의 활동은 비정규 학교와 농장에 필요한 투입요소를, 그리고 지역주민들에게 더 감당할 수 있는 기초 소비재를 공급하는 한편, 가난한 여성들에게 일자리를 제공한다.

아베드(Fazle Hasan Abed)는 원래 기근의 희생자와 난민에게 도움을 제공하기 위해 BRAC을 창립했다. 그러나 곧 아베드와 그의 조직은 빈곤이 고질적이며 단단히 자리 잡은 문제라는 결론을 내렸으며, 자신들의 관심을 발전과 빈곤 경감으로 돌렸다. 아베드는 자신의 일로 막사이사이상(Ramon Magsaysay Award), 노마 문맹퇴치상(Noma Prize for Literacy), 파인스타인 세계기아상(Feinstein World Hunger Award), 유니세프의 모리스 페이트상(UNICEF's Maurice Pate Award), 그리고 2004년 게이츠상(Gates Prize)을 포함한 국제적 인정을 받았다. 지속적인 지도력의 필요성을 인식하고 BRAC은 기존 프로그램들의 효율성과 유효성을 높이는 한편, 빈곤 경감 프로그램에 있어서 혁신을 계속할 새로운 세대의 전문가들을 개발하고 있다.

BRAC은 공공재를 겨냥하고, 공유재(또는 공유재산) 재화를 제공하며, 가난한 사람들을 옹호하는 좋은 거버넌스의 많은 기능을 맡으면서 때때로 정부에 의해 남겨진 공백을 메우는 것을 도왔다. BRAC의 영향력이 너무 컸으므로 방글라데시에는 "우리는 2개의 정부—공식 정부와 BRAC—를 갖고 있다"는 많은 사람들이 공유하는 말이 있을 정도이다. 그 크기에도 불구하고 BRAC은 매우 유연한 채로 남아 있다. 2004년 8월에 재앙적인 홍수가 이 나라를 덮쳤을 때, BRAC은 거의 전체 조직에 임시로 구호활동을 다시 할당했다.

핵심 프로그램인 가난한 사람들을 위한 미소금융은 그라민은행보다 2년 먼저 시작했다. 이 프로그램은 매우 적은 토지를 소유하고, 방문판매 및 자신들의 집 또는 시장에서의 소규모 판매와 같은 전형적으로 농촌의 비영농 활동에 관련된 개인들을 대상으로 삼았다. 이러한 여성 대출자들은 보유할 여유가 거의 없었기 때문에 종종 매우 적은 재고를 갖고 있었으며, 따라서 그들의 판매는 너무 적어서 이튿날을 위한 더 이상의 재고를 마련할 형편이 못 되었다.

그렇다면 운영자본 빈곤함정에 빠진 사람들은 여러 다른 형태의 빈곤함정에 동시에 직면할 수 있을 것이다. 따라서 BRAC은 다양한 빈곤 감소 목표를 충족시키려는 상호 관련된 마을 프로그램의 범위를 전달하기 위해 자신이 미소신용-플러스-플러스(microcredit-plus-plus)라고 부르는 전략을 설계했다. 스마일리(Ian Smillie)가 보여주는 바와 같이 신용, 보건, 그리고 교육 분야의 몇몇 프로그램은 다소 각기 분리되어 진전되었지만, 그것들은 효과적으로 함께 패키지화되었다.

방글라데시에서 30년 전에는 대부분의 가난한 사람들에게 학교에 가는 것은 상상할 수 없는 사치였다. 심지어 1990년에도 이 나라 모든 어린이의 절반 미만만이 초등학교를 마쳤다. 2003년까지는 약 2/3가 학교를 마치고 있었다. BRAC은 그 교육 프로그램을 통한 이러한 변화의 주요 추진 요인 중 하나였다. BRAC은 자신이 함께 일하는 마을 여성들의 필요와 요구에 반응하여 고도로 혁신적인 마을 비공식 초등학교를 1984년에 설립하기 시작했다. 부모들이 자신들의 자녀를 학교에 보내지 않는 주요 이유는 집과 작은 가족농장 토지에서 가족의 생존을 돕기 위해 그들의 노동이 필요하기 때문이다. 두 번째 이유는 교육받지 못한 부모와 그들의 자녀들이 전통적인 학교 환경에서 느

끼는 위협과 소외감이다. 세 번째는 여자아이들에 대한 괴롭힘이다.

프로그램 구조는 다른 BRAC 프로그램에 참여하는 엄마들이 찾아낸 학교교육의 문제점들에 대응하기 위해 개발되었다. BRAC 학교는 가난하고 종종 토지가 없는 가족의 아이들을 가르친다. 2/3가 너끈히 넘는 학생들이 소녀들이다. 프로그램의 초기연도에, 아이들이 집과 농장 또는 비영농 활동에서 도울 수 있도록, 학교는 전형적으로 하루에 단지 몇 시간만 운영되었다. 마을의 필요에 따라 부모들은 수업이 아침 또는 저녁에 열릴지를 결정했다. 숙제가 아이들을 학교에 잡아두는 데 주요 장애물로 밝혀짐에 따라, 숙제는 거의 할당되지 않았다. BRAC은 짧은 학과시간을 약 30~35명 정도 되는 상당히 작은 학급당 학생 수, 매력적인 수업방식, 그리고 학생들에 대한 보살핌이라는 특징을 가진 고품질 교육으로 보충하기를 희망했다.

학교 프로그램은 꾸준히 성장하여, 오늘날 100만 명이 넘는 학생들이 6만 5,000명이 넘는 교사가 있는 약 8,000개 학교에 등록하고 있다. 현재 BRAC의 초등학교이전 프로그램에 또한 약 70만 명의 학생들이 있다.

많은 BRAC 학교들은 대나무 벽과 초가지붕으로 만들어졌고 다른 것들은 대나무로 형체를 짜고 주석 판으로 벽과 지붕을 하였다. 내부에는 지붕으로부터 장식품들이 달려 있다. 수업내용과 서류는 벽에 게시된다. 어린이들은 전형적으로 방의 가장자리에 둘러앉는다. 수업 이외에도 모두 수업설명, 전통춤, 그리고 다른 매력적인 활동에 참여할 것으로 기대된다.

거의 모든 교사(약 97%)가 전문적인 직원들에 의해 훈련과 감독을 받는 마을 여성들이다. 그들은 9년간의 교육을 받은 경력이 있어야 하는데, 이는 공립학교에 의해 요구되는 것보다는 짧지만 가르치기에는 충분하다. 프로그램의 외부평가자들은 교사감독의 질이 프로그램의 일관성 있는 성공의 핵심 중 하나라고 결론을 내렸다. 이러한 준전문가 기반의 프로그램 설계는 비용을 낮게 그리고 품질을 높게 유지하는 한편, 약간 교육을 더 받았던 마을 여성들에게 유용한 고용기회를 제공한다.

이 교육 프로그램은 농촌 빈곤층의 변화하는 필요를 반영하여 여러 해에 걸쳐 진화했다. 처음에 프로그램은 보통 8~10세 사이의 어린이를 대상으로 3년간 계속되었다. 이것은 학생들이 공립학교를 시작하는 것보다 1~2년 늦은 것이었다. 이는 어떤 이유에서 공립학교를 다닌 적이 없을 것 같은 학생들과 또는 거의 다니자마자 그만두었을 것 같은 학생들을 찾아내기 위해서라고 BRAC 관계자는 설명한다. 문자해독과 산술능력, 보건과 위생, 기초과학, 그리고 사회교과가 가장 강조된다. 이 프로그램은 학생들이 공교육제도의 4학년에 들어갈 수 있는 기초를 확립하도록 부분적으로 설계되었다. 11~14세 사이의 다소 나이가 더 많은 학생들을 위한 기초교육제도 또한 존재한다.

1998년 학교는 5년제 초등교과과정을 4년으로 단축한 프로그램으로 확대되었다. 이 재설계는 자신들의 교육을 중등 수준에서 계속하는 데 관심을 가진 많은 수의 BRAC 졸업생들의 반응에 의한 것이었다. 오늘날 그 졸업생의 90% 이상이 공식제도에서 학업을 계속하고 있다고 BRAC은 말한다.

BRAC은 또한 그 건강관리 혁신과 프로그램으로 잘 알려져 있다. 여기서도 역시 BRAC은 예를 들어 결핵(TB)에 대한 단기직접관찰치료과정(directly observed treatment short course, DOTS)과 경구수분보충요법(oral rehydration therapy, ORT)에 대한 훈련과 같은 대규모 활동에 있어서 자신이 일하는 마을 출신의 준전문가들을 사용했다. DOTS 프로그램은 매우 광범위한 인구에 도달하기 위해 그것을 복제하기 전에 프로그램이 원활하게 작동하며 긍정적 영향의 명백한 증거를 보여줄 때까지 기다리는, BRAC에서 감독과 평가 역할의 전형적인 예가 된다. BRAC은 그 뒤 '규모 키우기'로 알려진 과정인 매우 광범위한 인구에 도달하도록 하기 위해 가차 없이 진행한다.

가난한 사람들에게 필요한 서비스를 제공하기 위해 BRAC은 혁신을 해야만 했다. '미소신용-플러스', 비공식

초등교육, 보건, 그리고 법률 교육 프로그램을 포함한 많은 BRAC의 프로그램들이 아직은 똑같은 규모는 아니지만 다른 나라에서 모방되었다. BRAC은 극빈자를 대상으로 하는 프로그램(Targeting the Ultrapoor program)과 같은 새로운 사업과 함께 계속해서 혁신하고 있다.

스마일리(Ian Smillie)는 BRAC을 '학습조직'으로 묘사한다. 그는 BRAC은 "어떤 사람이 발견할 가능성이 있을 만큼 학습조직의 순수한 예에 가깝게 근접해 있다"라고 말한 코틴(David Korten)을 인용한다. 스마일리는 자금제공자들 및 다른 사람들에게 조직의 실패에 대해 보통의 방어적이고 과장된 자세가 아니라 놀라울 정도로 정직하게 대했던 BRAC의 사례들을 묘사하고 있다. 물론 그러한 상황 하에서 주의 깊은 조사에 의해 가능해진 실패의 원인을 설득력 있게 설명할 수 있는 것, 그리고 실패로부터 배운 교훈을 실행에 옮기는 신뢰할 만한 다음 조치들을 제공하는 것은 더 이상의 자금을 얻기 위한 필요조건들이었다. 성공담은 도움이 될 수 있지만, 실패담도 또한 마찬가지일 수 있다. 스마일리는 형편없이 디자인된 중국제 오토바이를 구매한 것과 비단, 관정, 그리고 펌프의 생산과 같은 사업 등 여러 실패 사례를 묘사한다. 학습하는 조직으로서의 이러한 정직성과 행동은 학습되었던 것을 실행하는 데 결정적으로 중요한 자원을 제공했던 기부자들에게 효과적이며 또한 대단한 호소력이 있었다. 스마일리는 규모가 더 작은 것들을 포함하는 몇몇 재단이 실험을 위한 자금을 지원했으며, 더 큰 기부자들은 성공한 것을 규모 있게 확대하는 것을 도왔다고 보고한다.

BRAC이 경영의 규율과 빈곤에 대한 초점을 잃지 않고 그렇게 많은 일을 하는 것이 어떻게 가능한지를 의심할 수 있겠지만, BRAC이 기부자들의 주장을 그토록 심각하게 받아들여 더 자급자족할 수 있게 되었다는 것을 비난할 수는 없을 것이다. 그리고 초기에 발전기관들이 조언했던 바와 같이 가난한 사람들을 위한 기본 의료와 다른 서비스에 대해 가난한 사람들에게 '전체비용회수(full cost recovery)'를 청구하기보다, BRAC은 절망적으로 가난한

사람들을 위해 그들 자신들이 고용을 제공하고, 가난한 농부들이 필요로 하는 투입요소들을 보장하며, 가난한 사람들의 생산물을 위한 시장을 발견하는 데 도움이 되는 생산적 기업으로부터의 이윤으로 서비스에 보조금을 지급하는 것을 더 나은 옵션으로 간주한다. 비윤리적 행동에는 매우 강력한 벌칙이 주어지며, BRAC은 매우 드물게 높은 수준의 정직성을 보유하는 것으로 생각된다. 그러나 외부자가 현행 회계제도하에서 모든 교차보조금이 어디로 가는지 확신하기는 어렵다.

BRAC의 성공에 있어서 가장 중요한 요소 중 하나는 BRAC 경영진의 수준이 높은 것이었다. 아베드(Abed)는 이 나라의 가장 인상 깊은 경영 인재 중 한 사람이며, BRAC은 방글라데시의 모든 부문들로부터 매우 능력 있는 많은 다른 관리자들을 유치할 수 있었다. BRAC이 민간부문의 경영진보다 훨씬 더 훌륭하여 반복적으로 아직 손대지 않은 기회를 찾아 그로부터 이윤을 얻었던 것처럼 보인다. (이것은 단지 BRAC뿐만 아니라 그라민은행 같은 다른 선도적인 NGO들에도 해당된다.) 한 기업의 가장 효과적인 기회는 오로지 그것이 특화하고 있는 활동의 형태에만 달려 있는 것이 아니라, 이 나라의 나머지에서 이용이 가능한 경영기술에도 달려 있다. 만약 한 조직의 자질이 뛰어난 반면 그 경쟁자의 자질은 낮은 수준이라면, 한 기업 또는 NGO는 다른 나라에서 그 '핵심 역량(core competence)'으로부터 떨어진 비효율적인 산만한 행동을 구성하게 되는 많은 활동에 참여할 수 있다. 그러나 BRAC에서는 민간부문을 향한 부정적인 태도의 흔적을 발견할 수 없다. 오히려 BRAC은 그 성장을 촉진하기 위해 적극적으로 일하고 있다.

BRAC은 또한 정부의 효능도 개선하기 위해 일하고 있다. 예를 들어 공립학교들은 어떤 의미에서 그 교육 프로그램의 경쟁자기는 하지만, BRAC은 관심 있는 정부 관리들과 함께 그 스스로의 성공요인 중 일부를 공립학교에 주입하기 위해 적극적으로 일하고 있다.

BRAC의 사업 중에는 대학교, 은행 그리고 민간 중소기

업을 돕는 프로그램의 설립이 있었다. 마지막으로 BRAC은 아프가니스탄, 스리랑카, 우간다, 남부 수단, 탄자니아, 파키스탄, 시에라리온, 그리고 라이베리아에 국제지부를 설립했다. 2006년 6월에 출범한 BRAC 우간다는 이미 그 나라의 가장 큰 NGO들 중 하나가 되어 미소금융, 초등교육, 보건, 그리고 농업에서 일하고 있다. 대부분의 직원은 우간다인들이다.

아프리카 BRAC 활동의 저렴한 비용은 놀랍다. 탄자니아의 경우, 스마일리는 어떻게 그 조직이 업무의 품질을 유지하면서 돈을 절약하는지 묘사하고 있다. 그는 직원 모두가 "경험이 있고, 자신들의 분야에서 최고의 전문가이다"라고 주목했다. 그는 "직원 모두가 공동주택에서 같이 살고, 그들은 자신들의 가족을 현지에 데리고 가지 않기 때문에 BRAC의 경상비는 다른 국제 NGO에 비하면 매우 작다. [직원은] 해외근무에 대해 상당한 프리미엄을 받으며, 6개월마다 귀국휴가를 갈 수 있지만, "그들은 여전히 자신들의 방글라데시 급여에 기초하여 보수를 받으므로, BRAC 직원들에 대한 비용은 다른 기관들과 비교하여 매우 작다"고 강조했다. BRAC은 방글라데시 내외에서 모두 성공할 수 있다는 것을 보여주었다. 얼마나 많은 다른 개발도상국 기반의 NGO들이 전국 규모로 성장하고 범위를 넓혀서, 심지어 종국에는 글로벌이 될 수 있는지는 더 지켜보아야 할 것이다.

BRAC은 여러 도전에 직면하고 있다. BRAC의 창립 1세대들이 은퇴함에 따라, 똑같은 특별함과 자질과 헌신을 겸비한 대신할 사람들이 구해져야 한다. 계속 성장하고 다각화함에 따라, BRAC은 어떤 환경에서도, 특히 저소득국가의 농촌 지역에서 운영되는 빈곤에 초점을 맞추는 조직의 경우에 도전할 만한 것으로 판명되는 경영 문제에 정면으로 부딪힐 것이다. 그러나 BRAC은 특정 프로그램의 혁신에 있어, 그리고 개발도상국에서 NGO 작업의 가능한 범위와 기회에 대한 세계 전역 발전분야 종사자의 시야를 넓히는 데 있어 모두 일관성 있게 선구자로서 봉사해 왔다.

미소금융이 가난한 사람들을 위해 작동하도록 만들기 : 방글라데시의 그라민은행

가난한 사람들과 빈곤선을 크게 벗어나지 않은 사람들이 직면하는 주요한 장애 중 하나는 신용에 대한 접근이다(제15장 참조). 방글라데시의 그라민은행은 자원이 낭비될 위험성을 최소화하면서 어떻게 가난한 사람에게 신용이 제공될 수 있는지를 보여주는 탁월한 실례이다. 그라민은행과 같은 가난한 사람을 대상으로 하는 미소금융기관(MFI)은 1980년대 이래 개발도상국 진영 전체에 걸쳐 급속히 확대되었다. 그러나 어디에서도 이러한 확대가 방글라데시에 비해 더 현저하지 않았다. 보다 우수한 사례를 찾기 어렵다. 방글라데시는 부분적으로 그 MFI의 성공 때문에 그 자체가 기근의 상징으로부터 희망의 상징으로 전환되고 있다.

유누스(Muhammad Yunus)는 자신이 1970년대 중반 치타공대학교(Chittagong University)의 경제학 교수일 때 그라민은행을 생각했다. 유누스는 자신의 연구로부터 가난한 사람의 신용접근에 대한 어려움이 그들의 경제적 진보에 대한 핵심 제약 중 하나라는 것을 확신했는데, 이는 개발도상국 진영에 대한 이후의 연구에서 지지되었던 결론이었다. 유누스는 가난한 사람들에게 담보 없이 대출이 가능하다는 것을 입증하기를 원했다. 그렇게 하기 위한 최선의 체계를 결정하기 위해 그는 '행동과 연구 프로젝트'로 그라민은행을 창립했다. 오늘날 그라민은행은 가난한 사람과 과거에 가난한 사람들 중에서 825만 명이 넘는 차입자를 보유한 공인된 금융기관이다.

유누스는 한 인터뷰에서 "모든 인간은 기업가로 태어난다. 일부는 이를 발견할 기회를 갖지만, 일부는 결코 이러한 기회를 갖지 못한다. 작은 대출이 개인적인 능력을 탐구하기 위한 티켓이 될 수 있다. 모든 인간은 기술, 즉 생존 기술을 갖고 있다. 그들이 살아 있다는 사실이 이를 입증한다. 단지 이러한 기술을 지원하고, 그들이 그것을 사용하기 위해 어떻게 선택할지를 살펴보기로 하자"고 말했다.

유누스는 최초의 대출금, 즉 유누스에 의해 개인적으로

보증된 첫 번째 대출금을 제공하도록 방글라데시 농업개발은행을 설득한 후 1976년에 그 운영을 시작했다. 계속적인 확대가 정부로 하여금 그라민은행의 가치를 확신하도록 했고, 그라민은행은 1983년에 금융기관으로 공식적으로 공인되었다.

오늘날 공공협동조합은행의 94%가 그 차입자들에 의해 소유되었으며, 그라민은행은 지속적으로 급속히 성장했고, 이제는 전국적으로 2,400개가 넘는 지점을 갖고 있다. 그라민은행은 약 7만 8,000개의 마을에서 영업하고 있다. 오늘날 그라민은행은 차입자 예금으로부터 자신의 모든 대출금을 조달하고 있다. 15~20개의 마을을 커버하는 지점은 기본적인 조직단위이고 그 이윤과 손실을 책임지고 있다. 각 지점은 약 8개의 연대그룹(solidarity group)으로 구성된 많은 마을 및 이웃 센터를 갖고 있다. 각 연대그룹은 5명의 회원을 보유하며, 따라서 각 센터에 약 40명의 차입자들이 있다. 5명의 그룹 규모는 임의로 결정되지 않았으며 실험을 기초로 결정되었다. 처음에는 대출이 개인에게 직접 제공되었지만 이는 대출금의 사용과 상환을 통제하는 데 너무 많은 직원의 시간을 필요로 했다. 상호 책임의 아이디어가 개발된 후 10명 또는 그 이상의 그룹이 처음에 시도되었지만, 이는 너무 커서 친밀하고 비공식적인 P2P(peer-to-peer) 감독이 효과적이지 않다는 것이 판명되었다. 5명의 그룹이 실제로 가장 잘 작동된다고 입증되었다. 1998년 이래 그라민은행은 개인의 부채를 더 강조해 왔다.

그 설립 이래 그라민은행은 수백만 명의 가난한 방글라데시 사람들이 자기 스스로의 소규모 비즈니스를 시작하거나 개선할 수 있도록 했다. 차입자의 97%가 여성이다. 차입자는 일반적으로 0.5에이커 미만을 소유하고 있는 사람들로 제한되었으며, 이는 차입자의 96%에 성립되는 것처럼 보인다. 그라민은행 지점의 대표자들은 자신들이 커버하는 마을에서 종종 집집마다 방문하여 그라민은행 서비스에 관해 누가 종종 문맹인지, 그리고 은행과의 협상에 대해 누가 매우 말이 없는지를 사람들에게 알리고 있다.

지점을 열기 이전에 새로운 지점의 관리자에게는 경제,

지리, 인구통계학, 운송 및 통신 인프라, 그리고 그 지역의 정치를 망라하는 사회경제적 보고서를 준비하는 임무가 주어진다. 무엇보다도 이는 지점의 관리자가 지점의 운영이 시작되기 이전에 그 지역과 잠재적 차입자와 친숙해지는 것을 보장한다.

그라민은행(그라민은 벵골어로 '농촌'을 의미한다)은 대중적으로 지지되는 신용협동조합(credit union)의 일원이 되었으며, 차입자들이 은행 주식의 94%를 소유하고 정부가 나머지를 소유하고 있다. 일단 차입자들이 어떤 차입 수준에 도달하면, 그들은 한 주의 그라민은행 주식을 매입할 수 있는 권한을 갖게 된다. 은행은 강력한 차입자의 참여와 정부통제로부터의 독립이라는 그 스스로의 정책을 설정하고 있다. 기본적인 운영자본 대출에 대한 그라민은행의 총 연간 금리는 20% 수준에서 유지되었다(감소에 기초해서). 현재의 이자율은 가계 대출에 8%, 학생대출에 5%이다. 최근의 특별 프로그램은 걸인을 위해 0% 이자의 대출을 제공한다.

무담보 대출에 대한 자격을 얻기 위해 잠재적인 차입자들은 5명 회원의 그룹들을 형성한다. 각 회원은 어떤 회원이라도 대출금을 확보할 수 있기 이전에 2주의 훈련기간을 거쳐야만 하며, 훈련기간은 은행간부와의 주간 그룹회의로 뒷받침된다. 많은 미소금융 제공자들은 이른바 '동료 압력 담보(collateral of peer pressure)'에 의존한다. 그러나 그라민은행 II하에서는 재설계된 더 유연한 상환제도가 1998년에 도입되었는데, 연대그룹의 차입자들은 상호 대출에 대해 공동으로 서명하거나 연대보증을 할 필요가 없다. 그럼에도 불구하고 관찰자들은 회원들에게 상환을 위한 강력한 사회적 압력이 가해진다고 보고해 왔다. 회원들은 다른 그룹회원들의 성격을 알고 있으며, 일반적으로 자신들의 대출금을 상환할 것 같다고 스스로 믿는 회원들과 그룹에 참여한다.

그 초기의 기간 동안 동료의 감시감독은 98%로 보고되었던 그라민은행의 높은 상환율에 기여했다. 비록 정확한 상환율이 문헌에서 약간의 쟁점사안이었지만, 상환율이 훨씬

부유한 차입자의 은행대출에 대한 국가 평균보다 훨씬 더 높았다는 것에는 의심할 여지가 없다.

제때 대출금을 상환하도록 하는 추가적인 금융 인센티브가 또한 존재한다. 각 개별 차입자는 만약 자신이 제때 대출금을 상환했다면 매년 자신이 빌릴 수 있는 금액을 10% 더 증가시킬 수 있다. 그룹의 경우 만약 회의에 100%가 참석하고 모든 대출금이 상환된다면, 각 차입자는 자신의 차입을 추가로 5% 증가시킬 수 있으며, 따라서 매년 자신의 차입금 한도를 15%만큼 올릴 수 있게 된다. 추가 인상은 센터의 8명 남짓 차입그룹의 각각으로부터 완전한 기록이 존재할 때 제공된다. 많은 차입자들이 이러한 더 높아진 차입한도를 이용하고자 하는 욕구가 짐작컨대 모든 사람들이 제때 상환하도록 하는 어떤 동료압력으로 이어지도록 한다.

상환할 수 없는 회원은 자신의 대출금을 재구성하여, 필요한 만큼의 약간의 제한된 재융자와 함께 더 느린 속도로 상환하는 것이 허용된다. 그라민은행에 따르면 이러한 것들이 채무불이행을 본질적으로 0으로 감소시켰다는 것이다. 동료압력 이외에도 대부분의 차입자들은 자신의 신용을 재구축하고 증가된 금액을 차입할 자신의 권리를 다시 찾기를 바라며, 따라서 그들은 최근까지 자신의 대출금을 받고 유지하기 위해 열심히 일한다.

그룹구조는 가난한 개인들이 혼자 떠맡기에는 너무 크거나 너무 위험한 벤처사업을 착수하도록 허용하면서 참여자들 사이에 협력적 벤처사업의 형성을 가능하게 한다. 그라민은행은 또한 그 차입자들이 저축하도록 하는 저축요건과 인센티브를 통해 그 회원들의 저축 축적을 가능하게 하도록 작용했다.

그룹 회원들은 은행 절차, 그룹 저축 프로그램, 센터장 및 5명 회원그룹 의장의 역할, 심지어 서명하는 방법과 같은 실제 문제에 관해 훈련을 받는다. 이 외에도 훈련은 각 회원에 의해 고수될 '결정(decisions)'이라고 알려진 은행의 16가지 원칙을 강조하는 도덕적 구성요인을 갖고 있다. 이러한 결정은 1984년에 100명의 여성 센터장의 국가전체회의에서 형성되었다. 그들은 자기훈련과 근면한 근로, 위생,

그리고 지참금 요구와 같은 후진적 관행에의 참여 거부를 포함하는 상호 지원과 기타 현대적 가치를 강조했다. 이러한 원칙의 고수와 결정에 대한 구호를 외치는 것을 특징으로 삼는 집회의 참석은 대출을 받기 위한 공식적인 요구조건은 아니지만, 1980년대 말과 1990년대에 효과적이고 암묵적인 요구조건이 되었다고 일컬어졌다.

이러한 16개의 결정은 광범위한 활동을 포함시키고 있다. 아래에 몇 가지만 제시한다.

3. 우리는 초라한 집에서 살지 않을 것이다. 우리는 우리 집을 수리하고 가능한 빨리 새로운 집을 짓도록 일할 것이다.

4. 우리는 채소를 1년 내내 재배할 것이다. 우리는 많은 것을 먹고 남은 것을 팔 것이다.

6. 우리는 우리의 가족을 작게 유지하기 위해 계획할 것이다.

8. 우리는 항상 우리들의 아이와 환경을 깨끗하게 유지할 것이다.

11. 우리는 우리 아들의 결혼에 어떤 지참금도 받지 않을 것이며, 우리 딸의 결혼에도 어떤 지참금도 또한 주지 않을 것이다. 우리는 어린이 결혼을 실행하지 않을 것이다.

13. 더 높은 소득을 위해 우리는 더 높은 투자에 집단적으로 착수할 것이다.*

미소금융 분야에서의 주요한 쟁점은 미소신용기관이 스스로 대출을 제한해야 하는지 또는 다른 사회적 발전활동에도 종사해야 하는지에 관한 것이다. 기술적으로 NGO라기보다는 은행의 한 형태인 그라민은행은 보통 최소주의자(minimalist) 제도 중 하나로 그룹지어지지만, 16가지 결정은 그라민은행에 또한 훨씬 더 광범위한 사회적 구성요인이 있다는 것을 보여준다. 다른 제도는 매우 다른 활동을

---

* 마을 사람들을 위한 그림을 이용한 설명과 함께 완전한 목록은 그라민 은행의 웹사이트 http://www.grameen-info.org에서 찾을 수 있다.

적극적으로 결합하고자 했지만, 이 사례연구의 앞부분에서 검토한 BRAC은 세계에서 가장 종합적인 NGO 중 하나이다.

2010년 현재 대출금의 평균 규모는 384달러였다. 호사인(Mahmoub Hossain)은 대출의 46%가 가축과 가금류 사육, 25%는 가공과 간단한 제조업, 그리고 23%는 무역 및 소매업에 주어졌다는 것을 발견했다. 따라서 농가의 수확활동에 자금을 대기 위해 거의 어떤 대출도 이루어지지 않았다. 그라민은행 차입자들은 자본축적에 주목할 만한 성공을 거두었다. 소 사육은 차입자들의 주요 활동이다. 호사인은 가축 소유자의 수가 연간 26% 증가했다는 것을 밝혔다. 관련된 숫자는 작지만, 즉 그라민은행의 회원이 되기 전에 100명의 차입자당 61명으로부터의 설문조사 당시에는 100명의 차입자당 102명으로 증가했는데, 이것들은 방글라데시의 가난한 사람에게는 인상적인 개선이다. 차입자들의 운전자본은 27개월 내에 평균적으로 3배가 되었다.

그러나 완전히 토지가 없는 농업 노동자들은 차입자 풀에서 상당히 낮은 비율에 남아 있는 것처럼 보인다. 호사인은 그들은 그라민은행이 대상으로 하는 그룹의 60%를 차지하지만 그 실제 차입자의 단지 20%만임을 발견했다. 여기에는 농업 노동을 1차적인 경제활동으로 보고했던 사람들은 물론 채용된 농업 노동을 2차적인 경제활동으로 보고했던 사람들이 포함된다. 방글라데시에서 대부분의 노동자는 자신들의 집을 위해 작은 토지 조각을 소유하지만 너무 작아 성공할 수 있는 농장의 기초로 형성될 수 없다는 것을 주목하라. 이러한 의미에서 방글라데시 사람들의 약 60%는 '기능적으로 토지가 없는' 상태이다. 토지 없는 농장 노동자들은 어떤 국가에서나 어떤 발전 프로그램에도 도달하기가 극히 어렵다. 그들은 또한 가장 적게 교육을 받는 경향이 있고 아마도 성공할 수 있는 기업가적 활동으로 이동하기에 준비가 가장 덜 되어 있는 상태이다.

그라민은행이 가난한 여성에 대한 기여를 강조하는 것은 특히 인상적이다. 호사인의 설문조사에 따르면 (남성의 7% 미만과 비교할 때) 여성 차입자의 50%가 자신들이 그라민은행의 회원이 되었을 당시에 실업자였다고 말했다는 것이다. 피트와 칸드커(Mark Pitt and Shahidur Khandker)에 의해 수행된 영향력 평가는 그라민은행과 다른 두 대출자로부터의 여성들에 대한 미소신용이 남성의 경우에 비해 방글라데시의 가난한 가계의 행태에 더 큰 효과를 미친다고 결론을 내렸다. 대표적인 연구결과에서 그들은 연간 가계소비지출은 신용 프로그램으로부터 차입한 추가적인 매 100타카(taka)에 대해 남성의 경우 단지 11타카와 비교할 때 여성의 경우는 18타카가 증가한다고 결론을 내렸다. 이 외에도 미소신용의 이용 가능성이 가계가 시간이 흐름에 따라 소비를 안정적으로 할 수 있도록 도와주며, 그 결과 가족구성원들은 침체기 동안 고통을 줄일 수 있다. 다른 연구에서, 피트와 공동연구자들은 여성에 대한 신용이 방글라데시에서 어린이들의 건강에 긍정적인 효과를 미치지만, 남성에 대한 신용은 비교할 만한 효과를 미치지 못한다는 것을 밝혔다. (관련된 이슈는 제8장에서 검토되었다.)

살림(Mir Salim)은 그라민은행과 BRAC 모두 순수한 이윤극대화 행태에 의해 예측되지 않는, 그 대신 빈곤 경감을 위해 기울어진 방식으로 활동한다는 계량경제학적 증거를 제시하고 있다.

그라민은행은 보조금을 받아야 하는가? 그리고 얼마만큼의 보조금이 의미가 있는가? 몇몇 분석가들은 미소금융기관은 모든 이윤이 신규대출에 재투자되면서 가능한 한 많은 총대출이 이루어지도록 하기 위해 보조금이 지급되는 이자율로 대출금을 제공해서는 안 된다고 주장한다. 다른 분석가들은 가난한 사람 중에서도 가장 가난한 사람들은 아직 충분하게 수익성이 있는 활동에 접근하지 못했기 때문에 보조금이 지급되지 않은 이자율로 차입할 여유가 없다고 주장한다. 비록 그라민은행이 자신들이 보조금을 제공하거나 또는 제공하지 말아야 한다는 아이디어에 불편해하는 것처럼 보이지만, 모르두흐(Jonathan Morduch)는 증거를 검토하고 실제로 보조금이 있어 왔다고 결론을 내렸다. 예를 들어 그는 자본의 경제적 기회비용으로 평가할 때 1996년의 총보조금이 2,600~3,000만 달러 사이에 달했을

것으로 계산했다. 그라민은행은 이 시점에 어떤 보조금도 없었다고 계속 주장하고 있다. 절반 이상의 그라민은행 대출은 회원의 저축계정에 의해 가능하다.

그라민은행의 비용은 상업은행의 기준으로 볼 때 매우 높다. 이 비용은 대출금과 선불 가치의 26.5%로 추정되었다. 이는 부과되는 명목이자율보다 약 10% 더 높은데, 이는 대출비용의 39%가 모든 원천으로부터 보조금으로 지급된다는 것을 의미한다. 호사인은 추정된 기회비용을 합하면 효과적인 보조금은 51%라고 계산했다. 이자수령액을 넘는 초과비용의 약 절반은 신규지점을 열기 위한 지출에 기인하는데, 이는 자본비용으로 취급되어야 한다. 가난한 차입자의 상당한 비율이 더 높은 이자율을 지급하고 수익성이 있는 채로 남아 있는지는 불확실한 채로 남아 있다.

보조금을 위한 자금이 제한되어 있기 때문에, 대출당 보조금이 더 많을수록 더 적은 보조금이 지급되는 대출이 이루어질 수 있다. 축소된 운영비용, 이자율의 적절한 상승, 그리고 이용 가능한 자원으로 가장 많은 복지의 이득을 창출하는 데 최적인 지속적인 보조금의 어떤 조합이 존재할 수 있다. 그러나 절대빈곤의 경감과 정(+)의 외부효과에 대해 대출금이 미치는 효과를 근거로 그라민은행 대출에 대한 공공보조금은 정당화될 수 있다.

그라민은행은 몇몇 도전에 직면해 있다. 방글라데시는 그라민은행의 차입자와 그라민은행 자체의 탄성을 계속하여 테스트할 것인 심각한 홍수 같은 환경적인 충격에 영향을 받는 채로 남아 있다. 미소금융기관(MFI)이 확대되고 새로운 민간 및 준민간 신용제공자들이 시장에 진입함에 따라 미소신용 제공자 간 경쟁이 증가하고 있다. 이러한 새로운 환경에 적응하는 것은 도전할 만할 것이다. 미소금융이 매우 발전되어 있는 또 다른 나라인 볼리비아에서 경쟁의 증대, 특히 미소금융기관 회원목록에 간절히 편승하고 싶어 하는 민간 소비자신용회사로부터의 경쟁의 증대가 적어도 부분적으로 그곳에서의 금융위기에 책임이 있다고 널리 간주되고 있다.

문화적 도전 역시 중요하다. 여성의 소득, 자존심, 그리고 비즈니스 영향력의 증가는 여성들이 사회적 활동으로부터 고립될 것으로 예상되는 방글라데시 농촌에서 보수적 이슬람문화의 몇몇 반발을 초래했다. 그라민은행과 BRAC에 의해 운영되고 있는 비전통적 학교 같은 기타 프로그램은 남성이 전통적으로 주재해 왔던 이러한 전통적 현상에 대한 도전으로 간주되고 있다. 학교는 불태워졌으며, 여성은 마을에서 쫓겨났고, 심지어 시장활동에의 참여를 포함하는 전통적인 문화적 규범에 도전했다는 이유로 상해를 입기도 했다. 유누스는 일부 남편들이 그라민은행을 자신들의 권위에 대한 위협으로 간주했다고 진술했다. 몇몇 경우 "남편은 우리가 그를 모욕했고 그의 가정을 파괴하고 있다고 생각했다. 단지 여성이 대출을 받았기 때문에 이혼한 사례도 우리는 알고 있다." 다카의 근본주의 종교지도자는 "우리는 여성의 운명을 개선하는 데 반대하지 않지만, 그라민은행과 다른 조직의 동기는 완전히 다르다. 그들은 이슬람을 뿌리 뽑기를 원하며, 여성과 어린아이를 통해 이렇게 하기를 원한다"라고 주장했다. 그라민은행의 미래는 많은 발전 문제가 여전히 남아 있는 경제 및 문화적 변화의 이러한 어려운 환경에 대한 창조적인 대응에 달려 있을 것이다.

그라민은행은 예를 들어 여성을 위한 전화대출과 서비스 프로그램을 통해 방글라데시 농촌에 휴대전화를 도입함으로써 매우 혁신적이었다. 이 프로그램은 방글라데시 농촌 전역에, 심지어 가난한 사람들에게조차 휴대전화의 엄청나게 높은 현재의 보급이 가능하도록 하는 핵심적인 역할을 했다.

그라민은행은 또한 그 회원들의 차입필요에 유연하고 즉각 반응을 보이는 것으로 판명되었다. 예를 들어 그라민은행은 대출보험 프로그램은 물론 생명보험 프로그램을 구축했다. 그라민은행 주택 프로그램은 양철지붕, 시멘트 기둥, 그리고 위생적인 화장실을 추가하는 등 건축된 또는 재건축된 주택에 자금을 조달한다. 주택들은 일반적으로 진흙담을 갖고 있는데, 이것들은 두껍고 적절하게 유지된다면 여러 해 동안 지속될 수 있다. 이러한 주택들은 규모가 크

며, 전기가 공급된 마을에서는 머리 위의 전기선풍기와 보통 기타 기본적인 전자제품을 갖고 있다. 그라민은행은 또한 그 회원들에게 고등교육을 위한 대출금을 제공하기 시작했다. 점점 많은 수의 부모들이 자신들 가족의 첫 번째 구성원이 컴퓨터공학이나 회계학 같은 분야의 대학과 대학원에 들어가는 것을 목격하고 있다. 이는 놀라운 변화이다.

2006년 그라민은행과 그 설립자인 유누스에게 충분한 자격이 있는 영예로운 노벨평화상이 공동으로 수여되었다. ■

참고문헌

BRAC. http://www.brac.net

Banerjee, Abhijit V., Timothy Besley, and Timothy W. Guinnane. "The neighbor's keeper: The design of a credit cooperative with theory and a test." *Quarterly Journal of Economics* 109 (1994): 491-515.

Emran, M. Shahe, Virginia Robano, and Stephen C. Smith, "Assessing the frontiers of ultra-poverty reduction: Evidence from CFPR/TUP, an Innovative program in Bangladesh," *Economic Development and Cultural Change* 62(2), 339-380, February 2014.

Ghatak, Maitreesh, and Timothy W. Guinnane. "The economics of lending with joint liability: A review theory and practice." *Journal of Development Economics* 60 (1999): 195-228.

Grameen Bank Web page, http://www.grameen-info.org.

Hossain, Mahmoub. *Credit for Alleviation of Rival Rural Poverty: The Grameen Bank in Bankgladesh.* Washington, D.C.: International Food Policy Research Institute, 1988.

Khandker, Shahidur R. *Fighting Poverty with Micro-credit: Experience in Bangladesh.* New York: Oxford University Press, 1998.

Khandker, Shahidur R., Hussain A. Samad, and Zahed H. Khan. "Income and employment effects of microcredit programs: Village-level evidence from Bangladesh." *Journal of Development Studies* 35 (1998): 96-124.

Khandker, Shahidur R., and Baqui Khalily. *The Bangladesh Rural Advancement Committee's Credit Programs: Performance and Sustainability.* Washington, D.C.: World Bank, 1996.

Lovell, Catherine H., and Kaniz Fatema. *BRAC Non-Formal Primacy Education in Bangladesh.* New York: United Nations Children's Fund, 1989.

Martin, Imran. *Stories of Targeting: The BRAC Targeting the Ultrapoor Program.* Dhaka, Bangladesh: BRAC Research and Evaluation Division, 2003.

Martin, Imran, and David Hume. "Programs for the poorest: Learning from the IGVGD program in Bangladesh." *World Development* 31 (2003): 647-665.

Morduch, Jonathan. "The microfinance promise." *Journal of Economic Literature* 37 (1999): 1569-1614.

_____. "The microfinance schism." *World Development* 28 (2000): 617-629.

_____. "The role of subsidies in microfinance: Evidence from the Grameen Bank." *Journal of Development Economics* 60 (1999): 229-248.

Osmani, S.R. "Limits to the alleviation of poverty through non-farm credit." *Bangladesh Development Studies* 17 (1989): 1-17

Pitt, Mark M., Shahidur R. Khandker. "Credit programs for the poor and seasonality in rural Bangladesh." *Journal of Development Studies* 39, No. 2 (2002): 1-24.

_____. "The impact of group-based credit programs on poor households in Bangladesh: Does the gender of participants matter?"*Journal of Political Economy* 106 (1998): 958-996.

Pitt, Mark M., Shahidur R. Khandker, Omar Haider Choudhury, and Daniel Millimet. "Credit programs for the poor and the health status of children in rural Bangladesh." *International Economic Review* 44 (2003): 87-118.

Quelch, John, and Nathalie Laidler. *The BRAC and Aarong Commercial Brands.* Cambridge, Mass.: Harvard Business School, 2003.

Salim, Mir M. "Revealed objective functions of microfinance institutions: Evidence from Bangladesh," *Journal of Development Economics* 104 (September 2013): 34-55.

Singh, Inderjit. The Great Ascent: *The Rural Poor in South Asia.* Baltimore: Johns Hopkins University Press, 1990.

Smillie, Ian. *Freedom from Want: The Remarkable Success Story of BRAC, the Global Grassroots Organization That's Winning the Fight against Poverty.* Bloomfield, Conn.: Kumarian Press, 2009.

Smith, Stephen C. "Review of Smillie, *Freedom from Want.*" *Economic Development and Cultural Change* 58 (2010): 808-814.

——————. *Ending Global Poverty: A Guide to What Works.* New York: Palgrave Macmillan, 2005.

Wahid, Abu N.M. "The Grameen Bank and poverty alleviation in Bangladesh: Theory, evidence, and limitations." *American Journal of Economics and Sociology* 53 (1994): 1-15.

——————. *The Grameen Bank: Poverty Alleviation in Bangladesh.* Boulder, Colo.: Westview, 1993.

Yunus, Muhammad. *Grameen II.* Dhaka, Bangladesh: Grameen Bank, 2001.

——————. Speech and interview at the World Bank, October 4, 1995.

Yunus, Muhammad, and Alan Jolis. *Banker to the Poor: Micro-Lending and the Battle against World Poverty.* New York: Public Affairs, 1999.

주요 용어

경로의존성(path dependency)
경제계획(economic planning)
경제계획서(economic plan)
경제인프라(economic infrastructure)
계획 과정(planning process)
내부수익률(internal rate of return)
부분계획서(partial plan)
부패(corruption)
비용-편익 분석(cost-benefit analysis)
비정부기구(nongovernment

organization, NGO)
사회적 이윤(social profit)
사회적 할인율(social rate of discount)
순현재가치(net present value)
시장가격(market prices)
시장실패(market failure)
자발적 실패(voluntary failure)
잠재가격(shadow prices)
　[회계가격(accounting prices)]
정부실패(government failure)

정치적 의지(political will)
종합계획서(comprehensive plan)
지대추구(rent seeking)
총성장 모형(aggregate growth model)
프로젝트 평가(project appraisal)
투입-산출 모형(input-output model)
　[산업 간 모형(interindustry model)]
환율(exchange rate)

복습문제

1. 왜 그렇게 많은 개발도상국들이 개발계획의 필요성을 확신했다고 생각하는가? 그 이유들은 엄밀히 경제적인가? 논평하라.

2. 개발도상국 경제에 있어서 계획 수립을 찬성하는 경제 및 비경제적 몇몇 주요 주장, 또는 이유들을 설명하고 논평하라.

3. 계획 수립이란 단지 수량적인 경제목표를 세우는 것 이상의 무엇이라고 한다. 계획 과정이란 무엇을 의미하며, 무엇이 몇몇 그 기본 특성인가?

4. 계획 수립 모형의 세 가지 기본 형태인 총성장 모형, 투입-산출 분석, 그리고 프로젝트 평가를 비교 및 대조하라. 개발도상국의 계획 수립 관점에서 이들 모형의 몇몇 장점

과 단점은 무엇이라고 생각하는가?

5. 오늘날 개발계획의 종말에 대해 많은 말들이 있다. 많은 관찰자들은 개발계획이 실패했다고 주장한다. 계획실패의 주요 이유 중 몇 가지를 나열하고 설명하라. 어떤 이유가 가장 중요하다고 생각하는가? 생각한 내용을 설명하라.

6. 시장실패와 정부실패를 구별하라. 지대추구행위는 오로지 정부실패의 결과로만 발생하는가? 답을 설명하라.

7. 개발도상국에서 시장경제의 확립과 관련된 몇몇 어려운 점은 무엇인가? 어떤 형태의 국가에서 시장이 성공할 가능성이 더 큰가? 이유는 무엇인가?

8. 우리 시대 개발도상국들에 있어서 국가의 역할은 어떤 것이어야 한다고 생각하는가? 선택은 시장과 정부 사이에 양자택일인가? 답을 설명하라.

9. 정치적 과정의 어떤 특징이 효과적인 발전정책 수립을 그렇게 어렵게 만드는가?

10. 발전정책의 성공을 보장하는 데 있어서 그 잠재적으로 결정적인 역할에도 불구하고, 왜 발전 참여는 더 자주 사용되지 않는가?

11. 발전을 위한 목표를 설정하는 것이 그 자체로 개발도상국이 그 목표들을 달성하는 데 도움이 된다고 생각하는가? 그렇다면 또는 그렇지 않다면 그 이유는 무엇인가?

12. 정부 및 민간 부문과 관련하여 NGO들의 잠재적 역할에 대해 논하라. 무엇이 가장 중요한 NGO가 비교우위를 갖는 잠재적 분야인가? 무엇이 NGO로 하여금 발전활동에서 자신들의 비교우위를 실현하지 못하도록 할 수 있는 가장 중요한 '자발적 실패'인가?

13. 워싱턴 컨센서스 원안의 구성내용을 논하라. 이 프레임워크에서 가장 부족한 것은 무엇이었다고 생각하는가? 신컨센서스를 향한 진화에 있어서 어떤 중요한 요소들이 광범위한 동의를 달성했는가?

14. 만약 개혁이 평균적으로 모든 사람의 소득을 향상시킨다면, 왜 사람들은 개혁에 반대표를 던질 수 있는가? 답을 설명하기 위해 하나 이상의 숫자로 나타낸 예를 제시하라.

15. 공공재와 사적재, 그리고 서비스 특성 사이의 차이를 설명하라. 비정부기구에 의해 제공되는 재화와 서비스는 이 프레임워크에서 어떻게 고려되는가?

미주

1. Elinor Ostrom, "Beyond markets and states: Polycentric governance and complex economic systems," *American Economic Review* 100 (2010): 641. 또한 Joseph Stiglitz, "Moving beyond market fundamentalism to a more balanced economy," *Annals of Public and Corporative Economics* 80, No. 3 (2009): 345-360을 참조하라.

2. 계획과 계획 모형에 관한 더 상세한 논의는 Michael P. Todaro, *Development Planning: Models and Methods* (Nairobi, Kenya: Oxford University Press, 1971), and J. Price Gittinger, *Economic Analysis of Agricultural Projects*, 2nd ed. (Baltimore: Johns Hopkins University Press, 1984)를 참조하라.

3. United Nations Department of Economic Affairs, *Measures for the Economic Development of Underdeveloped Countries* (New York: United Nations Department of Economic Affairs, 1951), p. 63.

4. United Nations, *Planning the External Sector: Techniques, Problems, and Policies* (New York: United Nations, 1965), p. 12; R. Helfgoth and S. Schiavo-Campo, "An introduction to development planning," *UNIDO Industrialization and Productivity Bulletin* 16 (1970): 11. 시장실패 주장의 더 세련된 형태는 Heinz W. Arndt, "Market failure and underdevelopment," *World Development* 16 (1988): 219-229에서 찾아볼 수 있다. 시장실패와 외부효과뿐만 아니라 공공재, 자연독점, 불완전한(incomplete) 시장, 그리고 불완전한(imperfect) 정보도 강조하는 국가개입의 경제적 정당성에 대한 간략한 설명은 World Bank, *World Development Report 1997* (New York: Oxford University Press, 1997), box 1.4를 참조하라.

5. 이들 실패는 익숙한 죄수의 딜레마 모형과는 다른데, 거기에는 조정이 달성된 후에 변절할 인센티브가 존재한다.

6. Anthony Atkinson and Joseph E. Stiglitz, *Lectures on Public Economics* (New York: McGraw-Hill, 1980); Karla Hoff and Joseph E. Stiglitz, "Modern economic theory and development," in *Frontiers in Development Economics*, eds. Gerald M. Meier and Joseph E. Stiglitz (New York: Oxford University Press, 2001); Oliver Williamson, *The Economic Institutions of Capitalism* (New York: Free Press, 1985); Stephen C. Smith, *The Firm, Human Development, and Market Failure* (Geneva, Switzerland: International Labor Office, 1995); and Carl Shapiro and Hal Varian, *Information Rules: A Strategic Guide to the Network Economy* (Boston: Harvard Business School Press, 1999)를 참조하라.

7. 최근의 예에는 기후변화 적응지원, 특히 기후회복력을 위한 전략 프로그램(Strategic Programs for Climate Resilience) (〈예문 10.2〉 참조), 국제통화기금/세계은행 빈곤감소 전략보고서(Poverty Reduction Strategy Paper, PSPR), 그리고 미국 밀레니엄도전공사 협정[MCC(Millenniium Challenge Corporation) Compacts]이 포함된다. (이론과 실제에서의 해외원조의 역할은 제14장, 14.4절에서 검토된다.)

8. Lance Taylor, "Theoretical foundations and technical implications," in *Economy-Wide Models and Development Planning*, eds. Charles R. Blitzer, Paul B. Clark, and Lance Taylor (Oxford: Oxford University Press, 1975), pp. 37-42.

9. Ibid., p. 39.

10. 투입-산출 모형의 성격과 사용에 대한 입문자들을 위한 논의는 Todaro, *Development Planning*, ch. 5를 참조하라.

11. 훌륭한 설문조사는 F. Graham Pyatt and Erik Thorbecke, *Planning Techniques for a Better Future* (Geneva, Switzerland: International Labor Office, 1976), and Shantayanan Devarajan, Jeffrey D. Lewis, and Sherman Robinson, *Getting the Model Right: The General Equilibrium Approach to Adjustment Policy* (Washington D.C.: World Bank, 1994)를 참조하라. 국제식량정책연구소(International Food Policy Research Institute)는 이 분야의 최근 연구에 주요한 기여를 하고 있다. http://www.ifpri.cgiar.org/divs/tmd/method/sam.htm을 찾아라.

12. 경제이론과의 연결을 강조하는 비용-편익 분석에 대한 좋은 입문서로는 Ajit K. Dasgupta and David W. Pearce, *Cost Benefit-Analysis: Theory and Practice* (London: Macmillan, 1972)를 참조하라.

13. 개발도상국에서 외부효과의 크기와 정책의 중요성에 관한 탁월한 평가는 Frances Stewart and Ejaz Ghani, "How significant are externalities for development?" *World Development* 19 (1991): 569-591을 참조하라. 대규모 외부효과는 제4장에서 논의되었다.

14. 프로젝트 평가 쟁점에 관한 고전적인 분석으로는 Partha Dasgupta, Stephen Marglin, and Amartya Sen, *UNIDO Guidelines for Project Evaluation* (New York: United Nations Industrial Development Organization, 1972)을 들 수 있다. 프로젝트 평가의 다양한 기법에 대한 탁월한 설문조사는 Ivy Papps, "Techniques of project appraisal," *in Surveys in Development Economics*, ed. Normal Gemmell (Oxford: Blackwell, 1987), pp. 307-338, and Ian Little and James Mirrlees, "Project appraisal and planning twenty years on," *Proceedings of the World Bank Annual Conference on Development Economics, 1990* (Washington, D.C.: World Bank, 1991), pp. 351-382에서 발견할 수 있다.

15. 만일 선형 프로그래밍 기법에 익숙하다면, 잠재가격이란 그저 선형 프로그래밍 산출량 또는 이윤극대화 문제의 쌍대문제에 대한 해에 불과하다는 것을 인식할 것이다. Todaro, *Development Planning*, ch. 5를 참조하라.

16. 이 접근법은 Ian Little and James Mirrlees in *Project Appraisal and Planning in Developing Countries* (New York: Basic Books, 1974)에 의해 지지되었다.

17. 완전한 논의는 Gittinger, *Economic Analysis of Agricultural Projects*를 참조하라. 사회적 할인율에 대해서는 Dasgupta, Marglin, and Sen, *UNIDO Guidelines*를 참조하라.

18. Derek T. Healey, "Development policy: New thinking about an interpretation," *Journal of Economic Literature* 10 (1973): 761; Ian Little, *Economic Development* (New York: Basic Books, 1982).

19. Tony Killick, "Possibilities of development planning," *Oxford Economic Papers* 41 (1976): 163-164.

20. Ibid., 164.

21. 개요는 World Bank, *World Development Report 2002* (New York: Oxford University Press, 2002)를 참조하라. 부패의 효과분석은 M. Shahid Alam, "Some economic costs of corruption in LDCs," *Journal of Development Studies* 27 (1990): 89-97; Susan Rose-Ackerman, "Corruption and development," *Annual World Bank Conference on Development Economics 1997* (Washington D.C.: World Bank, 1998), pp. 35-68; and Pranab K. Bardhan, "Corruption and development: A review of issues," *Journal of Economic Literature* 35 (1997): 1320-1346을 참조하라.

22. Albert Waterson, *Development Planning: Lessons of Experience* (Baltimore: Johns Hopkins University Press,

1965), p. 367.

23. 정부실패 문제의 시각은 Anne Krueger, "Government failures in development," *Journal of Economic Perspectives* 4 (1990): 9-24; Nicholas Stern, "The economics of development: A survey," *Economic Journal* 99 (1989): 597-685; Roger E. Backhouse and Steven G. Medema, "Laissez-faire economists and," *New Palgrave Dictionary of Economics*, Second Edition, 2008, Steven N. Durlauf and Lawrence E. Blume, eds를 참조하라.

24. Amartya Sen, *Development as Freedom* (New York: Knopf, 1999), p. 6.

25. 이 틀은 Nathan Keyfitz and Robert A. Dorfman, *The Market Economy Is the Best but Not the Easiest* (mimeograph, 1991), pp. 7-13으로부터 인용되었다. 또한 Robert Klitgaard, *Adjusting to Reality: Beyond "State versus Market" in Economic Development* (San Francisco: ICS Press, 1991), pp. 5-6을 참조하라.

26. 이 주제에 관한 추가적인 분석은 Arndt, "Market failure and underdevelopment," and Bruce C. Greenwald and Joseph E. Stiglitz, "Externalities in economies with imperfect information and incomplete markets," *Quarterly Journal of Economics* 101 (1986): 229-264를 참조하라. 발전에 있어서 인프라의 역할에 대한 심층분석은 World Bank, *World Development Report 1994* (New York: Oxford University Press, 1994)를 참조하라. 흥미로운 해설이 앰스덴(Alice Amsden)에 의해 제공되었는데, 그녀는 세계은행의 운영평가 부서가 한국과 대만이 산업화를 위해 광범위한 정부개입을 사용했다고 보고했을 때 은행이 이 분석을 출판하기를 거절했다고 언급했다. Alice H. Amsden, "From P.C. to E.C.," *New York Times*, January 12, 1993, p. A15, as well as Richard Grabowski, "The successful development state: Where does it come from?" *Word Development* 22 (1994): 413-422; Ajit Singh, "Openness and market-friendly approach to development: Learning the right lessons from development experience," *Word Development* 22 (1994): 1811-1823; and Jene Kwon, "The East Asia challenge to neoclassical orthodoxy," *Word Development* 22 (1994): 635-644 참조. 또한 Alejandro Foxley, "Latin American development after the debt crisis," *Journal of Development Economics* 27 (1987): 211-212를 참조하라.

27. 목록의 원래 편집자인 윌리엄슨(John Williamson)은 발전정책의 구성요인으로서 분배에 관한 고려를 추가하기를 원했어야 했지만 그가 요약하려 했던 컨센서스의 일부로 그것을 관찰하지 못했다고 내비쳤다.

28. http://www.growthcommission.org/index and Dani Rodrik, *One Economics, Many Recipes: Globalizations, Institutions, and Economic Growth* (Princeton, N.J.: Princeton University Press, 2007)을 참조하라. 이들 서적들은 역량과 인간개발보다는 성장에 초점을 맞추고 있으며, 따라서 이것들은 더 폭넓은 컨센서스를 충분히 반영하지 못한다. 2000년부터 2002년까지 세계은행의 수석 이코노미스트를 지낸 스턴 경(Lord Nicolas Stern)은 후일 신컨센서스로 되었던 것의 일부에 대한 초기 지지자였다. 그의 "Public policy and the economics of development," *European Economic Review* 35 (1991): 250-257을 참조하라. 서울 '컨센서스' 선언은 http://media.seoulsummit.kr을 참조하라.

29. Anne Krueger, "Government failures in development," *Journal of Economic Perspectives* 4 (1990): 9-24; Deepak Lal, *The Poverty of Development Economics* (Cambridge, Mass.: Harvard University Press, 1995); Friedrich A. Hayek, *The Road to Serfdom* (Chicago: University of Chicago Press, 1994).

30. 적어도 이론적으로 만약 다수가 서로 저비용을 조정하고 어떻게든 지대를 잃었던 사람에게 '측면 보상'을 제공할 수 있다면 그들은 자신들의 개혁에 성공할 수 있을지 모르지만, 이것은 종종 문제가 있다는 것을 주목하라. 더 폭넓은 논의는 Dani Rodrik, "Understanding economic policy reform," *Journal of Economic Literature* 34 (1996): 9-41, and Merilee S. Grindle, "In quest of the political: The political economy of development policymaking," in *Frontiers in Development Economics*, eds. Gerald M. Meier and Joseph E. Stiglitz (New York: Oxford University Press, 2001)을 참조하라. 또한 Mancur Olsen, *The Logic of Collective Action* (Cambridge, Mass.: Harvard University Press, 1965)에 의한 고전적 작업을 참조하라.

31. Raquel Fernandez and Dani Rodrik, "Resistance to reform: Status quo bias in the presence of individual specific uncertainty," *American Economic Review* 81 (1991): 1146-1155를 참조하라.

32. 우리의 특별한 예에서 만약 $x = 0.4$, $EV(0.4) = [(0.6 - 0.4)100]/0.6 - 0.4 (80)/0.6 = -20$이 성립하며, 따라서 나머지 60%는 반대하게 된다. 이 예의 경우 위 수식을 0으로 설정함으로써 컷오프 비율을 구할 수 있다. $0.28 < x < 0.5$의 경우, 자신이 이득을 얻을지 여부를 모르는 누군가의 '합리적' 투표는 반대이다. 또 다른 숫자로 나타낸 예는 Dani Rodrik, "Understanding economic policy reform," *Journal of Economic Literature* 34 (1996): 9-41을 참조하라.

33. 발전의 정치경제 문헌은 워싱턴 컨센서스에 따른 정책들이 채

택되는 과정을 종종 검토했다. 또다시 미주 30에 인용된 로드 릭과 그린들(Rodrik and Grindle)의 설문조사를 참조하라. 모든 발전 전문가들이 이들 정책 모두가 폭넓게 이해되는 발전에 최선이라고 동의하지 않았기 때문에, 이것은 좋은 거버넌스 확립에 관한 일반이론 수립의 몇몇 어려운 점을 제기했다. 그러나 미래의 연구는 거의 모든 전문가들이 발전을 위해 좋은 정책이라고 동의하는 몇 개의 변수에 초점을 맞추게 될지 모른다. 워싱턴 컨센서스의 한 요인인 한 가지 예는 '보건, 교육, 그리고 인프라로 공공지출 우선순위의 방향을 다시 잡는 것'이다.

34. Rodrik, "Understanding economic policy reform," p. 26.

35. Douglass C. North, "Economic performance through time," *American Economic Review* 84 (1994): 361.

36. Douglass C. North, *Institutions, Institutional Change, and Economic Performance* (New York: Cambridge University Press, 1990), p. 54.

37. Grindle, "In quest of the political." 일종의 제약을 가하는 도구(commitment device)로서의 민주화에 관해서는 Daron Acemoglu and James Robinson, *Economic Origins of Dictatorship and Democracy* (New York: Cambridge University Press, 2006)을 참조하라.

38. "Lee thesis"에 관해서는 Amartya Sen, *Development as Freedom* (New York: Knopf, 1999), pp. 148-149를 참조하라. 이 주제에 관한 센의 분석은 *The Idea of Justice*, Part IV (Cambridge: Harvard, 2009)에 훨씬 더 상세히 전개되어 있다.

39. Ahmed Mobarak, "Democracy, volatility, and economic development," *Review of Economics and Statistics* 87 (2005): 348-361.

40. Jakob de Haan and Clemens L.J. Siermann, "New evidence on the relationship between democracy and economic growth," *Public Choice* 86 (1996): 175. 또한 Sen, *Development as Freedom* (New York: Knopf, 1999) 참조.

41. United Nations Development Programme, *Human Development Report* 2003 (New York: Oxford University Press, 2003). NGO들을 날카롭게 정의하는 데의 어려움은 이들 활동가들이 포진하고 있는 폭넓고 다양한 부문에 반영되고 있다. 그들을 표시하는 민중조직(*people's organization*, PO)으로부터 서류가방(briefcase) 또는 비정부개인(nongovernmental individuals)까지의 수많은 용어와 약어에서 나타나는 바와 같이 NGO들은 이윤추구 기업으로부터 좋은 의도를 가진 촉매조직, 전문적이고 깔끔하며 효율적인 서비스 인도인까지를 아우르고 있다. 전반적으로 많은 NGO들이 자신들의 박애주의적인 근본과 지향점을 보존하고 있지만, 그들은 한편으로는 발전 산업의 전문적 용어와 과정, 그리고 다른 한편으로는 개발도상국의 모든 의뢰인들과 개별 기여자들에 대한 민감성 사이의 미세한 경계선을 넘나들면서 전략적으로 헤쳐 나가는 발전 전문가로 진화했다. Jennifer Brinkerhoff, *Partnership for Development: Rhetoric or Results?* (Boulder, Colo.: Rienner, 2002)를 참조하라. 이 논의의 일부는 Jennifer Brinkerhoff, Stephen C. Smith, and Hildy Teegen, "Beyond the 'non'": The strategic space for NGOs in development," and Stephen C. Smith, "Organizational comparative advantages of NGOs in eradicating extreme poverty and hunger: Strategy for escape from poverty traps," chs. 4 and 8, respectively, in *NGOs and the Millennium Development Goals: Citizen Action to Reduce Poverty*, eds. Jennifer Brinkerhoff, Stephen C. Smith, and Hildy Teegen (New York: Palgrave Macmillan, 2007), 그리고 이 책이 기초로 하고 있는 2003년 브린커로프, 스미스, 그리고 티겐(Brinkerhoff, Smith, and Teegen)의 초고(framing paper)에 의존한다. 관련된 주제를 발전시키는 흥미로운 논문으로는 Inge Kaul's "Achieving the Millennium Development Goals: A global public goods perspective—reflections on the debate," GpgNet Discussion Forum Paper No. 5, United Nations Development Programme, December 2003이 있다. 또한 더 넓거나 더 좁은 조직의 범위 또는 단일 프로그램 또는 조치 내의 관심의 폭, 그리고 관찰된 다변화의 정도가 비효율적일 수 있는 경우(너무 많거나 너무 적은 전문화)의 가능성에 영향을 미치는 시장과 다른 요인들에 대한 검토는 Stephen C. Smith, "The scope of nongovernmental organizations and development program design: Application to problems of multidimensional poverty," *Public Administration and Development* 32, Nos. 4-5 (2012): 357-370을 참조하라.

42. 예를 들어 Johnston Birchall, *Co-operatives and the Millenium Development Goals* (Geneva: ILO, 2004); Johnston Birchall and Richard Simmons, "The role of co-operatives in poverty reduction: Network perspectives," *Journal of Sicio-Economics* 37, No. 6 (2008): 2131-2140; and Stephen C. Smith and Jonathan Rothbaum, "Cooperatives in a global economy: Key economic issues, recent trends, and potential for development," IZA Policy Paper No. 68, 2013: http://www.iza.org/en/webcontent/publications/policypapers/viewAbstract?policypaper_id=68을 참조하라.

43. 이들에는 이란에서 아동권리보호협회(Association for Protection of Children Rights)를 창립하고 그 초대 책임자를 지낸 2003년 노벨상 수상자 에바디(Shirin Ebadi)와 카터 센

터(Carter Center)를 통한 개발도상국의 갈등해결에서는 물론 해비타트(Habitat for Humanity)에 적극적이었던 전 미국 대통령인 2002년 노벨상 수상자 카터(Jimmy Carter)가 포함되어 있다.

44. http://www.un.org/esa/coordination/ngo/faq.htm을 참조하라. 또한 United Nations Development Programme, *Human Development Report 2001 and 2003* (New York: Oxford University Press, 2001, 2003), and Susan Raymond, "The nonprofit piece of the global puzzle," *On Philanthropy*, October 15, 2001을 참조하라.

45. Jennifer Brinkerhoff, Stephen C. Smith, and Hildy Teegen, "Beyond the 'non': The strategic space for NGOs in development," in Brinkerhoff, Smith, and Teegen, eds. *NGOs and the Millennium Development Goals: Citizen Action to Reduce Poverty* (New York: Palgrave Macmillan, 2007)을 참조하라.

46. 다른 예들은 해리스-토다로(Harris-Todaro) 이주 모형에 있는 현대적 부문의 일자리들과 다른 형태의 승자가 독차지하는 시장들에 쏟은 노력을 포함한다.

47. Elinor Ostrom, *Governing the Commons: The Evolution of Institutions for Collective Action* (New York: Cambridge University Press, 1990).

48. Paul Romer, "Idea gaps and object gaps in economic development," *Journal of Monetary Economics* 32 (1993): 543-573, and Paul Romer, "Two strategies for economic development: Using ideas vs. producing ideas," *World Bank Economic Review Annual Supplement*, 1992를 참조하라.

49. Vincent Ostrom and Elinor Ostrom, "Public goods and public choice," in *Alternatives for Delivering Public Services*, ed. E.S. Savas (Boulder, Colo.: Westview Press, 1977), pp. 7-49; David L. Weimar and Aidan R. Vining, *Policy Analysis: Concepts and Practice*, 2nd ed. (Englewood Cliffs, N.J.: Prentice Hall, 1992).

50. Charles M. Tiebout, "A pure theory of local expenditures," *Journal of Political Economy* 64 (1956): 416-424; James M. Buchanan, "An economic theory of clubs," *Economica* 32 (1965): 1-14. 클럽재(Club goods)는 배제성은 물론 혼잡함의 형태로 어느 정도의 경합성을 보이는 사유재와 지방공공재의 혼합된 형태로 간주될 수 있다.

51. 방글라데시의 그라민은행과 BRAC 이외에도 ACCION, FINCA 등과 같은 국제 NGO들이 남미에서 마을 은행 업무를 선구적으로 개척했다. NGO 교육혁신의 예들이 또한 상세히 나와 있는 Stephen C. Smith, *Ending Global Poverty*

(New York: Palgrave Macmillan, 2005)를 참조하라.

52. 폭넓은 분석은 Jonathan P. Doh and Hildy Teegen, *Globalization and NGOs: Transforming Business, Government, and Society* (Westport, Conn.: Praeger, 2003)을 참조하라.

53. (NGO를 포함하는) 시민부문은 자발적인 행동에 의존하며 이런 이유로 자발적 실패라는 명칭이 주어졌는데, 그 논리에도 불구하고 용어가 의도적인 실패를 제시하는 것처럼 보이는 것은 유감스러운 일이다. 크레이머(Ralph Kramer)는 네 가지 특징적인 취약성을 확인했다―(1) 제도화, 또는 '서서히 진행되는 공식화의 과정', (2) 목표 굴절, 또는 모금활동과 같은 수단에 의한 목표의 배제, (3) NGO들이 자신들의 고객보다는 박애주의의 기원(즉 자금제공자)을 비추는 소수지배의 원칙, 그리고 (4) 무력함. 샐러먼(Lester Salamon)은 네 가지 유사한 자발적 실패의 윤곽을 보여주고 있다―(1) NGO들의 제한된 규모와 자원에 뿌리를 둔 박애주의의 부족, (2) NGO들의 고객과 프로젝트 선택을 반영하는 박애주의의 자기중심주의(particularism), (3) 대부분의 자원을 통제하는 사람들이 공동체의 우선순위를 통제할 수 있는 박애주의의 가부장주의(paternalism), (4) 박애주의의 아마추어리즘(amateurism). Ralph M. Kramer, *Voluntary Agencies in the Welfare State* (Berkeley: University of California Press, 1981), and Lester M. Salamon, "Of market failure, voluntary failure, and third-party government: Toward a theory of government-nonprofit relations in the modern welfare state," *Journal of Voluntary Action Research* 16 (1987): 29-49를 참조하라.

54. 스마일리와 헬미쉬(Ian Smillie and Henny Helmich)는 이 현상을 '구호품 바자(alms bazzar)'라고 부른다(즉 개발산업). Smillie and Helmich, eds., *Non-Governmental Organisations and Governments: Stakeholders for Development* (Paris: Development Center of the Organization for Economic Cooperation and Development, 1993)을 참조하라.

55. 문헌들은 이러한 질문에 대해 엇갈렸으며 통계적인 식별의 어려움으로 괴롭힘을 당해 왔다. 그러나 최근의 증거는 내생성이 설명될 때 역진성의 크기가 매우 강력할 수 있다는 것을 제시하고 있다. Shahe Emran, Asadul Islam, and Forhad Shilpi, "Admission is free only if your dad is rich! Distributional effects of corruption in schools in developing countries," http://dx.doi.org/10.2139/ssrn.2214550. 이 논문은 또한 이 주제에 관한 훌륭한 문헌검토를 제공한다.

56. World Bank, *The Quality of Growth* (New York: Oxford University Press, 2000), ch. 6. 뇌물이 역진적인 실제 크기는 다소 논란의 상태로 남아 있다. 엠란, 이슬람, 그리고 실피(Emran, Islam, and Shilpi)의 "당신의 아버지가 부유해야만 입학이 자유롭다!" op. cit., 이외에 다른 유용

한 설문조사와 연구결과에는 Abhijit V. Banerjee, Rema Hanna, and Sundhil Mullainathan, "Corruption," in *The Handbook of Organizational Economics*, edited by Robert Gibbons, John Roberts (Princeton 2013); Jakob Svensson, "Eight questions about corruption," *Journal of Economic Perspectives* 19, No. 5 (2005): 19-42; J. Hunt and S. Laszlo, "Is bribery really regressive? Bribery's costs, benefits and mechanisms," *World Development* 40, No. 2 (2012): 223-236; J. Hunt, "How corruption hits people when they are down," *Journal of Development Economics* 84, No. 2 (2007): 574-589; and Jakob Svensson, "Who must pay bribes and how much? Evidence from a cross section of firms," *Quarterly Journal of Economics* 118, No. 1 (2003): 207-230이 포함된다.

57. 예를 들어 Benjamin A. Olken, "Monitoring corruption: Evidence from a field experiment in Indonesia," *Journal of Political Economy* 115, No. 2 (2007): 200-249; and Ritva Reinikka and Jakob Svensson, "Fighting Corruption to Improve Schooling: Evidence from a Newspaper Campaign in Uganda," *Journal of the European Economic Association* 3, Nos. 2-3 (April-May 2005): 259-267을 참조하라.

58. John M. Cohen and Norman T. Uphoff, "Participation's place in rural development: Seeking clarity through specificity," *World Development* 8 (1980): 213-235.

59. David Deshler and Donald Sock, "Community development participation: A concept review of the international literature," paper presented at the conference of the International League for Social Commitment in Adult Education, Ljungskile, Sweden, July 22-26, 1985.

60. Sarah C. White, "Depoliticising development: The uses and abuses of participation," *Development in Practice* 6 (1996): 6-15.

61. Victoria J. Michener, "The participatory approach: Contradiction and cooption in Burkina Faso," *World Development* 26 (1998): 2105-2118.

제3부
문제와 정책 : 국제 및 거시

12 국제무역이론과 발전전략

> 개발도상국(the South)은 선진국(the North)이 필요하며, 점점 선진국은 개발도상국이 필요하다.
>
> — *UNDP, 인간개발보고서(Human development Report), 2013*

> 다양화와 산업화는 여전히 각 나라가 상품가격의 변동성이 성장에 미치는 불리한 효과에 대한 자신의 취약성을 감소시키는 데 장기적으로 최선의 수단이다.
>
> — *유엔무역개발회의(UNCTAD), 2012*

> 각 나라의 성장유형은 무엇을 수출하는지에 따라간다.
>
> — *하우스만과 로드릭(Ricardo Hausmann and Dani Rodrik), 2006*

> 수입대체산업을 육성할 의도로 과거에 취해졌던 전면적인 보호가 아무리 잘못된 것이라 해도, 다른 극단으로 치우쳐 개발도상국들에게 공업부문의 발전을 적극적으로 육성할 기회를 부인하는 것은 실수가 될 것이다.
>
> — *개발자금조달에 관한 고위패널 보고서[Report of the High-Level Panel on Financing for Development[(제딜로(Zedillo) 위원회]], 2001*

> 그 결과 나타나는 농업무역제도에서는 비교우위보다는 보조금에의 상대적 접근 가능성에 성공 여부가 달려있다.
>
> — *왓킨스와 폰 브라운(Kevin Watkins and Joakim von Braun), 2002−2003 국제식량정책연구소(IFPRI) 연차보고서소론(Annual Report Essay)*

12.1 경제적 세계화 : 서론

지난 수십 년 동안 세계 각국 경제 간 상호 연관성은 1차 및 제조 상품은 물론 서비스로 확장된 국제무역을 통해, 국제적 신용공여 및 주식매입과 같은 포트폴리오 투자를 통해, 그리고 특히 거대 다국적기업들에 의한 해외직접투자를 통해 점점 더 심화되어 왔다. 동시에 실질

해외원조는 그다지 증가하지 않았으며, 이제는 훨씬 커진 민간자본과 송금이 세계적으로 해외원조를 압도하고 있다. 이러한 연결은 개발도상국 진영에 눈에 띄는 효과를 주었다. 개발도상국들은 선진국은 물론, 서로 수입과 수출을 더 많이 하며, 개발도상국 일부, 특히 동아시아뿐만 아니라 남미에는 금세기 들어 현저하게 미국, 영국, 일본과 같은 선진국으로부터 투자가 쏟아져 들어왔다. 우리는 이러한 추세가 개발도상국들에 어떤 영향을 주는지를 검토하고, 심화된 국제적인 상호 연관성이 발전 가능성에 미치는 효과에 대한 이론들을 검토할 것이다.

세계화(globalization)는 발전, 무역, 국제정치경제 등을 논할 때 가장 자주 언급되는 단어 중 하나다.[1] 단어의 형태가 암시하듯이 세계화는 세계경제가 보다 통합되어 하나의 세계경제에 이르고, 점점 더, 예를 들어 **세계무역기구**(World Trade Organization, WTO)와 같은 국제기관들을 통해 세계경제의 정책결정에 이르는 과정이다. 세계화는 또한 '세계문화(global culture)'의 출현을 지칭하는데, 이 문화 속에서는 사람들이 전 세계에 걸쳐 비슷한 재화와 서비스를 소비하고 공통 비즈니스 언어, 즉 영어를 사용한다. 이러한 변화는 경제적 통합을 활성화하고 결국 그로 인해 변화가 더욱 촉진된다. 그러나 그 핵심 경제적 의미에 있어서, 세계화는 이 장과 다음 두 장의 주제인 국제무역, 금융흐름, 그리고 해외직접투자에 대한 경제의 확대된 개방성을 지칭한다. 중앙정부, 기업, 그리고 직접적으로 사람들 사이에 증가하는 온갖 종류의 상호관계는 세계의 모든 사람에게 영향을 주는 과정이기는 하지만 지금까지는 그 영향이 여전히 선진국에서 더 가시적으로 나타나고 있는 듯하다. 그러나 국제화는 많은 면에서 개발도상국에 더 큰 영향을 준다.

어떤 사람들에게는 세계화라는 용어가 짜릿한 사업기회, 무역으로부터의 효율성 증대, 지식과 혁신의 더 빠른 증가, 그리고 더 빠른 성장을 촉진하는 그와 같은 지식의 개발도상국으로의 이전, 또는 세계가 너무 상호 의존적이어서 전쟁의 가능성이 없다는 전망 등을 암시한다. 부분적으로 세계화는 아마도 이들 모두임이 밝혀질 것이다.

그러나 다른 사람들에게는 세계화가 골치 아픈 걱정거리를 안겨준다. 불균등이 국가 간에 또 국내적으로 두드러지게 될 것이고, 환경훼손이 가속화될 것이며, 부유한 국가들의 국제적 지배력이 확대되고 고착화될 것이며, 어떤 사람들과 지역은 더 뒤처지게 될 것이라는 것이다. 노벨상 수상자인 유누스(Muhammad Yunus)가 2008년에 "국제무역은 전 세계에 걸쳐 복잡하게 교차하는 차선이 100개나 되는 고속도로와 같다. 만일 그것이 정지신호도, 속도제한도, 크기제한도, 또는 차선 표시조차도 없이 누구나 거저 사용할 수 있는 것이라면, 그 표면은 세계에서 가장 강력한 경제력을 가진 나라 출신의 거대한 트럭들로 뒤덮일 것이다"라고 쓴 것은 이러한 정서의 일부를 포착한 것이다.[2] 그러한 잠재적 문제점들을 미연에 방지하기 위해 적절한 정책과 협정들이 필요하다.

따라서 세계화는 비용과 위험은 물론 혜택과 기회를 수반한다. 이것은 모든 나라의 모든 사람들에게 해당되지만, 특히 이해관계가 훨씬 더 큰, 저소득 국가의 가난한 가족들에게 해당된다. 잠재적 이익 또한 아마도 개발도상국들이 가장 클 것이다. 세계화는 폭넓은 기반의 경제발전을 위한 새로운 가능성을 열어준다. 다른 나라의 사람들과 여러 형태의 상호작용을 제

세계화
국가경제가 확장되는 세계시장 속으로 점점 더 통합되는 것

세계무역기구
1995년 이래 제네바에 위치한 국제무역협정의 감시 및 집행기구로 관세 및 무역에 관한 일반협정(GATT)을 대체함

공함으로써 세계화는 전통적인 무역과 금융은 물론 문화적, 사회적, 그리고 기술교환을 통해 직간접적으로 개발도상국에 잠재적 혜택을 줄 수 있다. 혁신과 신기술 채택 사이의 시간이 전 세계적으로 짧아진 것과 같이, 생산적 아이디어의 더욱 빠른 확산은 개발도상국들이 더 빨리 선진국들을 따라잡도록 도와줄 것이다. 간단히 말해 세계화는, 적어도 원리상으로는 저개발 국가들이 선진국 부의 기반 중 하나인 지식을 보다 효과적으로 흡수할 수 있도록 만든다. 게다가 스미스(Adam Smith)가 1776년에 서술한 바와 같이 "노동의 분업은 시장의 크기에 의해 제한받는다." 판매할 시장이 클수록 무역과 노동의 분업으로부터 얻는 이익이 더 클 것이다. 더욱이 잠재적 수익이 훨씬 더 크므로 혁신의 동기는 더 클 것이다.

만일 가난한 나라들이 종속의 패턴에 고착화된다면, 만일 개발도상국 내의 이중구조가 첨예화된다면, 또는 만일 세계화가 빈곤층 일부를 전적으로 비켜 간다면, 세계화의 잠재적 손실은 또한 가난한 나라일수록 더 클 것이다. 비판자들은 빈곤 속에 살고 있는 많은 사람들이 조화된 공공행위(public action) 없이는—예를 들어 만일 인적자본이 세계경제에 참여하는 데 필요한 최소 수준 이하로 떨어진다면—빈곤함정을 부수고 나오기가 더더욱 힘들다는 것을 알게 될 것이라는 정당한 우려를 제기하였다. 가장 가난한 나라들로 유입되는 해외투자의 비중은 장기적으로 오르기보다는 하락하는 추세를 보여 왔다. 2008년 금융위기로 확인되었듯이 모든 나라에서 자본흐름에 대한 취약성이 증가했겠지만, 개발도상국들의 경우에는 그 정도가 더 심하다. 모든 나라들이 자기들의 문화적 정체성에 대해 어떤 위협을 경험하겠지만, 개발도상국들은 가장 심할 것이다.

분명히 세계인구의 큰 비중을 차지하는 매우 중요한 일부 개발도상국들, 특히 중국과 인도는 최근 선진국보다 더 빨리 성장함으로써 그들을 따라잡는 속도를 가속화할 기회로 세계화를 이용해 왔고, 그렇게 함으로써 어느 정도 국제적 불균등을 감소시켰다. 그러나 다른 척도로 보면, 불균등은 나라 간에 또 국내적으로 모두 심화되었을 수 있다. 아프리카의 1980년대 초부터 금세기 시작까지 20년 동안의 쇠퇴와 중국의 연안지역과 내륙지역 사이에 나타난 극단적 불균형은 문제가 되는 중요한 사례들이다.

세계화에 대해 널리 퍼져 있고 이해할 만한 우려는 식민지시대에 밀려왔던 종전 세계화 물결의 영향이 특별히 균일하지 않았다는 사실에 기초하고 있다. 아프리카와 같이 최악의 영향을 받은 지역은 아직도 휘청거리고 있다. 적어도 오늘날 어떤 형태의 세계화로부터는 광범위한 일반적 혜택이 있을 것이라는 주장은 이번 물결은 무엇이 다른지에 반드시 기초해야만 한다. 종전의 물결은 단순히 식민주의에 따른 정복과 종속에 관련된 것이라고 말하는 것으로는 충분치 않다. 비판자들은 오늘날의 세계화도 단지 피상적으로만 다를 뿐이라고 주장할 수 있고 또 주장하고 있다. '이번에는 다르다'는 주장은 지금은 국제무역, 투자, 금융, 그리고 가난한 나라에 대한 지원에 대해 효과적인 게임의 규칙이 있거나—또는 없다면, 이러한 규칙들이 꾸준히 믿음직스럽고 역행할 수 없는 방식으로 자리를 잡아 가고 있다는 증거에 의거해야만 한다.

무역자유화의 공식적 과정이 지금까지는 세계화를 고취하는 열쇠였다. 중요한 일련의 무역협상들이 1947년에 시작되어 결국 1995년 WTO의 출범으로 이어진 **관세 및 무역에 관한 일**

관세 및 무역에 관한 일반협정
국제적으로 거래되는 재화와 서비스에 대한 관세를 줄이는 방법과 수단을 조사하기 위해 1947년에 설립된 국제기구. 1995년에 세계무역기구(WTO)에 의해 대체됨

반협정(General Agreement on Tariffs and Trade, GATT)하에 개최되었다. WTO의 후원하에 협상되는 무역규칙들이 게임의 규칙들이 어떻게 생성되는지를 보여주는 핵심 사례들이다. 그러나 지금까지 그 규칙들은 균형이 잡힌 것은 아니었다. 그것들은 어떤 나라들에게는 대단히 수혜를 주지만, 농업을 통해 성장과 발전의 발판을 마련하려고 여전히 애쓰지만 무역개방의 혜택을 가장 많이 옹호하는 바로 그 나라들에 의해 설치된 장벽에 직면하고 있는 가난한 나라들에게는 수혜를 덜 주고 있다—선진국들에 의해 실행되는 보호무역주의는 가난한 개발도상국들에게 가장 심한 타격을 주는데, 이는 선진국들의 보호가 농업에 초점을 맞추고 있기 때문이다. 개발도상국들로부터의 수입에 선진국이 부과하는 관세는—역사적 잣대로 보면 현재 매우 높다고 할 수는 없지만—2010년까지 여전히 다른 선진국으로부터의 수입품에 부과되는 것의 2배 정도였다. 경제협력개발기구(Organization for Economic Cooperation and Development, OECD)는 2010년 그 회원국들의 농업생산자들에 대한 지원이 2,270억 달러였다고 추정하고 있다. 이는 이전 3년에 비해 약 10% 적은 액수지만, 2010년 약 1,300억 달러였던 이들 나라로부터의 원조 수준을 크게 초과하는 수치이다. 그리고 비관세장벽 또한 훨씬 높다.[3] 이러한 책략이 개발도상국에 주는 손해는 막대한 것이다.

진정으로 효율적은 물론 공정한 게임의 규칙을 만들려면 훨씬 많은 것들이 이루어질 필요가 있다. 세계화의 활동무대를 빈곤국들을 위해 공정하게 만들 필요가 있다. 이러한 공정화 과정의 일부는 국제적 변화를 포함하며, 어떤 것들은 국제사회에 의해 가능케 할 수 있는 국내적 변화를 포함한다—예를 들어 인권을 침해하는 부패한 정부와, 마약과 같은 불법적인 재화들은 물론, (가장 기본적인 권리를 침해하는 조건하에 채굴된) 다이아몬드 같은 합법적 재화의 국제무역을 통해 권좌를 유지하는 폭력적이고 착취적인 반군들을 지원하는 것을 방지하기 위한 변화 말이다. 정치 및 다른 행태에 관한 다국적기업들의 행동강령이 더 개발될 수도 있다. 생산비를 훨씬 초과하는 가격인 독점**지대**(rent)를 지급할 형편이 못 되는 가난한 나라에서 생명을 위협하는 응급상황 시 의약품의 공급에 관련한 것과 같은, 국제적 재산권의 적용에 대한 합리적인 제한이 반드시 합의되어야 한다. 제14장에서 독자들은 다국적기업들에 의한 해외직접투자는 발전에 기여할 수도 있지만, 한 국가는 또한 종국에는 현대적 부문에서 자국 국적 기업이 필요하거나, 또는 적어도 국제적 기업이 그 나라를 본부로 간주하도록 유도하는 방법을 가질 필요가 있다는 것을 알게 될 것이다.

가장 가난한 나라들을 위해 단지 공정한 경쟁무대를 만들어주는 것 이상으로 더 많은 것을 해줄 수 있는지 질문하는 경우가 또한 있다. 많은 발전지지자들은 가장 가난한 나라들로부터의 수출에 대해 선진국 시장의 더 진정성 있고 더 완전한 개방을 촉구하고 있다. 한 가난한 나라가 예상하는 최악의 가능한 결과 중 하나는 이번 세계화의 물결이 그 나라를 전적으로 비켜가는 것이라고 또한 말할 수 있다. 이것이 대체로—많은 국가들이 최근의 상품 붐으로부터 상당한 혜택을 입기도 하였지만—사하라이남 아프리카 국가 대부분이 처한 상황이다. 그럼에도 불구하고 종전 세계화 물결에 의해 나쁜 영향을 받았기에, 이 지역 대부분 나라들은 이번의 물결에는 훨씬 덜 영향을 받고 있다.

지대

거시경제학에서는 생산적 자원인 토지의 소유자(즉 지주)들에게 돌아가는 국민소득의 비중. 일상용어로는 재산(예 : 건물, 주택)의 사용대가로 지불되는 가격. 미시경제학에서 경제지대는 가장 높은 기회비용을 초과하는 생산요소에 대한 지급액. 공공선택이론에서 지대는 정부 법률, 정책, 또는 규제의 결과로서 얻어지는 초과지불을 지칭함

12.2 국제무역 : 몇몇 핵심 이슈

국제무역은 개발도상국 진영의 역사적 경험에서 종종 중심 역할을 해 왔다. 발전에 있어서의 많은 다른 주제와 관련해서처럼 무역과 관련된 개발도상국의 경험에는 상당한 수준의 다양성이 존재한다. 최근에는 무역과 발전 쟁점들에 관한 많은 관심이 동아시아의 괄목할 만한 수출 성공을 이해하는 데 집중되었다. 대만, 한국, 그리고 다른 동아시아 경제들이 이 전략을 선구적으로 구사하였고, 그들보다 훨씬 큰 이웃나라 중국이 그 전략을 성공적으로 뒤따랐다. 이 나라들의 경험은 무역과 발전이라는 드라마를 펼치는 데 있어서 중요한 줄거리이며 이 장의 후반부에 검토될 것이다.

동시에 아프리카, 중동, 그리고 남미를 통틀어 1차 상품 수출이 전통적으로 개별국가 국내 총생산에서 상당한 비중을 차지하였다. 일부 보다 작은 나라들에 있어서는 국가소득의 상당 부분이 농업 및 다른 **1차 상품**(primary products) 또는 커피, 면화, 카카오, 설탕, 팜 오일, 보크사이트, 동과 같은 상품으로부터 도출된다. 페르시아 만과 다른 지역 석유생산국들의 특별한 상황에서는 세계 여러 나라들에 대한 비정제 및 정제 석유제품의 판매가 그들 국가소득의 70% 이상을 차지한다—명백한 혜택에도 불구하고 석유생산에의 특화는 종종 경제 및 정치적 왜곡을 포함하는 때로는 숨겨진 상당한 경제적 비용을 가져왔다. 많은 기타 개발도상국들은 여전히 그들의 외환수입 중 상대적으로 커다란 부분을 비광물 1차 상품에 의존해야만 한다. 이는 사하라이남 아프리카 국가들에 있어서 특히 심각한 문제다. 이들 수출상품들에 대한 시장과 가격이 종종 불안정하기 때문에, 1차 상품 **수출의존도**(export dependence)는 어떤 나라도 원치 않는 정도의 위험과 불확실성을 지니고 있다. 이것은 중요한 이슈인데, 이는 2002년 이래의 강세와 2008년 위기 이후 약간의 반동에도 불구하고, (이 절의 후반부에서 우리가 검토하는 바와 같이) 1차 상품 가격의 장기 추세는 매우 변동이 큼은 물론 아래로 향하고 있기 때문이다.

부르키나파소, 부룬디, 중앙아프리카공화국, 감비아, 니제르, 그리고 상투메 프린시페를 포함한 몇몇 아프리카 국가들은 2011년에 그들의 상품 수출소득의 8% 이하를 공산품으로부터 벌어들인다(WDI 참조). 2011년에 이 중 어떤 국가도 그들 수출소득의 2% 이상을 화석연료로부터 벌어들이지 않았다. 나이지리아와 같은 어떤 나라들은 비슷하게 낮은 공산품 수출 비중을 갖고 있다.

실제로 일부 개발도상국들은 그들 수출소득의 적어도 2/5를 한두 가지 농업 또는 비연료 광물 상품으로부터 벌어들이고 있다. 그리고 하비(David Harvey)와 공저자들이 주목한 바와 같이 "40개국의 경우에는 세 가지 또는 그 이하 가짓수의 상품이 모든 수출소득을 설명한다."[4] 그리고 유엔무역개발회의(United Nations Conference on Trade and Development, UNCTAD)는 2006년에 "141개 개발도상국 중 95개국이 상품 수출(commodity exports)에 50% 이상 의존하고 있으며 … 대부분의 사하라이남 아프리카 국가들에서는 이 숫자가 80%이다"라고 보고하였다.[5]

일부 개발도상국들은 압도적으로 연료수출에 의존하고 있다. 예를 들어 베네수엘라, 예멘,

1차 상품
모든 채취직종—농사, 벌채, 낚시, 채굴 및 채석, 식품류, 그리고 원자재로부터 도출되는 생산물

수출의존도
한 국가가 개발활동의 주요 자금조달 원천으로 수출에 의존하는 정도

알제리는 2011년에 각각 자신의 수출소득의 97%를 화석연료를 통해 벌었다. 나이지리아와 이란은 각각 자신들 수출소득의 89%를 화석연료로부터 거둬들였다. 명백한 행운임에도 불구하고 석유와 기타 연료수출에의 높은 의존은 또한 종종 감춰지더라도 상당한 경제적 비용과 정치적 왜곡을 수반하였다. 대형 석유부문은 종종 경제의 엔클레이브(enclave)로 작용하며, 시민들에게는 상대적으로 거의 혜택을 주지 않으면서 장기적으로 발전에 더 도움이 될 경제의 다른 부문으로부터의 수출을 감소시키는 결과를 가져온다.

수출의존도는 외국인 방문자가 호텔숙박, 음식점 식사, 지역 교통수단, 테마파크 입장, 패키지여행, 그리고 (여행객들이 재화를 구입할 때 점포 근로자의 임금 같은) 소매상의 부가가치를 포함하는 국내에서 생산된 서비스를 구매할 때 '수출되는' 서비스, 특히 관광업에도 또한 적용된다. 이러한 지출액은 미국인들이 그레나다의 해변과 탄자니아의 야생동물 공원 같은 목적지에서 지출한 달러 같은 다른 나라들로부터의 화폐로 지급된다. 이러한 의존도는 국제연합의 특별한 분류인 군소도서개발도상국(Small Island Developing States, SIDS)에서 가장 분명하다. 그러나 서비스 수출로부터의 갑작스러운 소득손실은 기타 수출수입 손실만큼 엄청나게 충격적일 수 있다. 이는 관광업에 큰 영향을 미쳤던 '아랍의 봄(Arab Spring)' 과 관련된 분쟁 기간 동안과 그 이후 중동 및 북아프리카(Middle East and North Africa, MENA)에서 2011년에 발생했다. 관광업 수입에 크게 의존하는 이집트는 2011년에 '도착 관광객'이 32% 감소했으며, 관광객 지출액은 이에 따라 약 510억 달러에서 약 430억 달러로 하락했고, 축소된 수준에 아직도 머물러 있다. 2011년 튀니지의 관광수입은 거의 30% 하락했다.[6] 억압과 폭력에 의존하지 않는 민주적 정치제도의 경제적 이점을 보여주는 것 이외에도 그러한 경험들은 또한 다양성의 혜택을 예증한다.

그들의 수출의존성 이외에도, 많은 개발도상국들은 산업 확장을 꾀하고 국민의 높아진 소비열망을 만족시키기 위해 보통 더 큰 정도로 원자재, 기계류, 자본재, 중간생산재, 소비재의 수입에 의존하고 있다. 다수의 개발도상국에게 있어서, 수입수요는 제2차 세계대전 이후의 대부분 기간 동안 수출품 판매로부터 충분한 수입을 창출할 자신들의 능력을 초과했다. 이는 나머지 세계에 대한 자신들 국제수지의 만성적 적자로 이어졌다. 그러한 **경상계정**(current account)의 적자(재화와 서비스에 대한 수입지출의 수출소득 초과분)는 국제수지표 상에서 **자본계정**(capital account)의 흑자(이전의 대출과 투자에 대한 원금 및 이자 상환 지급액을 초과하는 외국으로부터의 민간과 공공 대출 및 투자 수령액)로 보충되었던 반면, 이전의 국제 대출금과 투자금 상환에 따른 부채부담은 종종 심각한 지경이 되었다. 많은 개발도상국들에서 경상 및 자본 계정의 극심한 적자는 국제통화준비금을 고갈시켜 통화의 불안정과 경제성장의 둔화를 가져왔다.

1980년대와 1990년대에 증가하는 무역적자와 늘어나는 대외채무의 이러한 결합은 자본도피를 가속화했고, 감소된 국제준비금은 재정 및 통화의 긴축조치가 [종종 국제통화기금(IMF)의 개입과 함께] 특히 아프리카와 남미에서 널리 채택되도록 했는데, 이것이 경제성장의 둔화를 더 악화시켜 개발도상국 진영의 많은 나라들의 빈곤과 실업을 악화시켰다. 이러한 국제경제학의 다양한 개념은 이 장의 후반부와 다음 장에서 더 상세히 설명될 것이다. 여기

경상계정

한 국가의 국제수지 중 그 국가의 '가시적'(예 : 상품무역) 그리고 '비가시적'(예 : 해운 서비스) 수출과 수입의 시장가치를 반영하는 계정

자본계정

한 국가의 국제수지 중 그 국가로 흘러 들어오고 빠져나가는 민간해외투자와 공공 보조금 및 대출 수량을 보여주는 계정

서 초점은 (개발도상국이 자기의 자금조달 문제를 다룰 능력이 없다는 것과 아무런 상관이 없고 오히려 세계적인 경제혼란에 자신이 취약한 것과 관련이 있을지 모르는) 단지 대외수입액에 대한 대외지출액의 만성적 초과가 상당히 발전노력을 저해할 수 있다는 것이다. 이것은 또한 저소득 국가가 자기의 가장 바람직한 경제전략을 결정하고 추구할 능력을 크게 제한할 수 있다.

부채에 허덕이던 많은 국가들이 부채의 일부를 상환하면서 흑자로 돌아섰다. 새로운 세기에는 무역흑자 유형이 결코 전부는 아니더라도 많은 개발도상국에서 강화되었다. 개발도상국들은 1980년대의 남미, 1980년대와 1990년대의 사하라이남 아프리카 지역, 그리고 1997년부터 1998년까지 동아시아가 겪었던 것과 같은 위기상황의 재발을 피하고자 노력했다. 2008년 금융위기 중에 수출소득이 급락한 것은 위험을 어렴풋이 보여주었다. 이러한 무역흑자 유형은 그 자체의 위험성을 내포하고 있다. 예를 들어 그것은 개발도상국들이 효과적으로 자본을 수출하고 있음을 의미하며, 이 경우 미국의 만성적인 대규모 국제수지적자가 역전되었을 때 이들 국가들의 경제는 급격한 조정 국면에 취약하게 노출된다는 것이다.[7]

그러나 국제무역과 금융은 단순히 국가 간 상품과 금융 자원의 흐름보다 훨씬 더 넓은 관점에서 이해되어야 한다. 그들의 경제와 사회를 세계무역과 상업에 개방하고, 나머지 세계로 눈을 돌림으로써 개발도상국들은 재화, 서비스, 그리고 금융자원의 국제적 이전뿐만 아니라 생산기술, 소비 패턴, 제도 및 조직 형태, 교육, 보건 및 사회제도, 세계 선진국들의 더 일반적인 가치, 이상, 그리고 생활양식의 이전에 따른 발전적 또는 반발전적 영향도 함께 불러들이는 것이다. 그러한 기술적, 경제적, 사회적, 문화적 이전이 발전 과정의 성격에 미치는 영향은 더 폭넓은 발전목표와 일관성이 있을 수도, 그렇지 않을 수도 있다. 많은 것이 받아들이는 나라의 정치적, 사회적, 제도적 구조의 속성, 그리고 그 나라의 발전 우선순위에 달려 있을 것이다. 개발도상국들이 (개별경제로서 또는 블록으로서) 1차적으로 대외지향적 입장을 갖고 더 많은 수출을 수동적 또는 적극적으로 촉진하는 것, 보호주의자들과 문화적 국수주의자들이 제안하듯이 대내지향적 입장으로 수입대체생산을 강조하는 것, 또는 그들의 국제적 경제정책을 동시에 전략적으로 대내외 지향적으로 가져가는 것 중 어느 것이 최선인지는 선험적으로 말할 수 없다. 개별 국가들은 자국의 특정한 발전목표들에 비추어 국제사회에서 자국의 현재 및 미래 상황을 현실적으로 평가해야 한다. 그렇게 해서만이 그들은 어떻게 하면 가장 도움이 되는 무역전략을 설계할 수 있을 것인지를 결정할 수 있다. 세계경제에 참여하는 것이 거의 불가피하기긴 하지만, 어떤 **종류**의 참여를 고무하고 어떤 정책전략을 추구할 것인지에 관한 정책 선택에는 엄청난 여지가 있다. 앞으로 보게 되는 바와 같이 **WTO** 회원국이라면 일부 정책에 대한 금지와 제한을 감수해야 하지만, 개발도상국에는 정책 선택의 여지가 아직 많이 남아 있다.

무역과 발전에 관한 다섯 가지 기본적인 질문

다음 몇 개의 절에서의 우리의 목표는 개발도상국에 특히 중요한 다섯 가지 기본 주제 또는 질문들의 맥락에서 국제무역의 전통적이고 더 현대적인 이론들에 초점을 맞추는 것이다.

1. 국제무역이 경제성장의 속도, 구조, 그리고 성격에 어떻게 영향을 주는가? 이것은 전통적인 '성장 엔진으로서의 무역' 논란을 현대적 발전열망의 관점에서 재조명해본 것이다.

2. 무역이 어떻게 한 국가 내에서 또 다른 국가 간에 소득과 부의 분배에 영향을 주는가? 무역이 국제 및 국내적 균등 또는 불균등을 변경시키는 요인인가? 다시 말하면 득실은 어떻게 배분되며, 누가 혜택을 보는가?

3. 무역은 어떤 조건하에서 한 국가가 그 발전목표를 달성하도록 도울 수 있는가?

4. 개발도상국은 스스로의 힘으로 얼마나 무역을 할지 또는 어떤 상품과 서비스를 팔지를 결정할 수 있는가?

5. 과거 경험과 장래의 판단에 비추어, 개발도상국은 대외지향적 정책(보다 자유로운 무역, 자본과 인적자원의 확대된 흐름 등) 또는 대내지향적 정책(자립이라는 이해관계를 위한 보호주의), 또는 어떤 양자의 결합, 예를 들어 지역경제협력과 전략적 수출정책 형태를 채택해야만 하는가? 발전을 위한 이들 대안적 무역전략들에 대한 찬반론은 어떤 것들인가?

명백히 이들 다섯 가지 질문에 대한 답변 또는 답변으로 제시된 것들은 다양한 개발도상국 진영에 걸쳐 일률적일 수는 없을 것이다. 국제무역의 경제적 기초는 온전히 국가들 간 자원부존, 선호와 기술, 규모경제, 경제 및 사회 제도, 그리고 성장과 발전에 대한 역량이 서로 다르다는 사실에 있다. 개발도상국들도 여기에서 예외가 아니다. 어떤 나라들은 그들의 산업역량이 확장되면서 소득순위가 빠르게 올라가고 있다. 어떤 나라들은 인구가 많지만 천연자원과 인적 기능 모두가 적어도 그 나라의 많은 지역에서 결핍되어 있다. 다른 나라들은 인구가 희박하지만 풍부한 광물 및 원자재 자원이 부존되어 있다. 또 다른 나라들은 작고 경제적으로 약하며, 현재로서는 여전히 지속가능하고 대체로 자급적인 경제 및 사회 발전전략의 기반이 되는 적절한 인적자본이나 물질적 자원 어느 것도 없다.

우리의 분석은 개발도상국들의 무역 성과에 대한 최근의 통계와 이들의 무역 패턴을 살펴보는 것으로 시작된다. 기초적 신고전학파 국제무역이론과 국제무역이 (여기에 개괄적으로 제시된 중심질문들과 관련된 네 가지 기초적 경제개념인) 효율성, 형평성, 안정성, 그리고 성장에 미치는 효과에 대한 단순화된 설명이 뒤따를 것이다. 그다음, 역사적 경험과 세계경제의 오늘날 현실에 비추어 개발도상국들에 순수한 자유무역 이론을 적용하는 것이 과연 타당한지에 대해 비판할 것이다. 자유시장과 같이, **자유무역**(free trade)도 정태적 경제적 효율성과 최적자원배분을 촉진하는 것은 말할 것도 없고, 이론적으로 많은 바람직한 특징들을 갖고 있다. 그러나 자유시장과 완전경쟁처럼, 자유무역도 현실보다는 이론상으로만 존재하는 측면이 크다—오늘날의 개발도상국들은 불완전하고 종종 고도로 불균등한 국제경제의 현실에서 운신해야만 한다. 따라서 우리는 불완전경쟁, 불균등 무역, 차별적인 인적자원과 기술성장의 동태적 효과에 초점을 맞추는 대안적 무역모형을 간략히 논의할 것이다. 이 장의 뒷부분과 다음 장에서 우리는 국제수지에 대해 살펴보고 국제금융의 몇 가지 쟁점을 검토하며, 부채위기에 대한 심층 분석을 수행하고 수출진흥 대 수입대체의 상대적 장점에 관한 계속되는 토론의 더 넓은 맥락 안에서, 개발도상국이 채택하고 싶어 할 수 있는 다양한 상업정책(관세, 보조금, 할

자유무역

관세, 할당, 또는 다른 제약의 형태를 띠는 어떤 무역장벽도 없이 재화의 수입과 수출이 이루어지는 상태

당, 환율조정 등)을 탐구할 것이다. 그런 다음 개발도상국에서 사용되는 수입관세, 물적 할당, 수출진흥 대 수입대체, 환율에 직간접적으로 영향을 미치는 정책, 기술 면허와 시장접근에 대한 협상, 수출상품 고도화전략, 국제상품협정, 그리고 경제통합을 포함하는 넓은 범위의 상업정책들을 검토할 것이다. 우리의 목표는 개발도상국들이 선진국들과 그리고 개발도상국 서로 간에 거래를 할 때, 이들 정책들이 도움이 되거나 해가 되는 조건들을 확인하는 것이다. 그 뒤 '무역낙관론자'와 '무역비관론자' 사이에, 그리고 대외 및 대내지향적 발전전략 사이에 계속되는 논쟁과 관련된 다양한 입장을 요약할 것이다. 마지막으로 어떤 방식으로 선진국들이 개발도상국 경제에 직간접적으로 영향을 주는지를 살펴보기 위해 선진국들의 무역정책을 살펴볼 것이다. 세계무역의 혜택에 관한 탁월한 사례가 이 장의 결론에 예시되어 있는데, 이를 통해 이제는 고소득 국가인 대만의 선구적 성공의 원천이 무엇이었는지 알아본다.

서로 다른 여러 개발도상국에 대한 수출의 중요성

개발도상국들의 수출량과 금액에 대한 종합적인 수치들은 개발도상국 그룹 전체의 무역 패턴을 보여주는 중요한 지표기는 하지만, 우리는 이 장 전체에 걸쳐 한 나라가 수출하는 것이 그 수출의 달러가치만큼 문제가 될 수 있다는 것을 살펴볼 것이다. 〈표 12.1〉은 크기와 지역이 서로 다른 여러 개발도상국에게 상품 수출소득의 상대적 중요성을 간단명료하게 보이기 위해 관련 자료를 정리한 것이다. 비교의 목적으로 3개의 선진국이 포함되었다.

대부분의 발전관련 주제와 마찬가지로 개발도상국 사이에는 상당한 다양성이 존재한다. 그러나 전통적으로 개발도상국들은 전형적으로 선진국보다 무역에 더욱 의존한다. 〈표 12.1〉과 같이 큰 나라들은 당연히 작은 나라들보다 무역에 덜 의존하는 반면, 동일한 국가규모의 경우 많은 개발도상국들은 생산량의 더 큰 몫을 상품 수출에 집중시키는 경향이 있다. 우리는 몇몇 큰 나라들, 특이하게 폐쇄경제를 유지해 왔던 매우 중요한 브라질이 상대적으로 작은 대부분의 나라들보다 국민소득 대비 해외무역에 덜 의존하는 경향이 있다는 것을 알게 된다.

그리고 부룬디와 에티오피아 같이 몇몇 소득이 매우 낮은 나라들은 세계경제에서 현저하게 단절된 채 남아 있다. 그러나 하나의 그룹으로서, 저개발 국가들은 국민소득에서 차지하는 비중으로 볼 때, 아주 고도로 개발된 나라들보다 전형적으로 해외무역에 더 의존하고 있다. 이것은 2012년에 상품 수출이 GDP의 약 13%를 차지하는 전통적으로 수출지향적인 일본의 경우에 반영되어 있다. 이와는 대조적으로 비슷한 인구규모를 가진 나이지리아, 방글라데시, 러시아, 멕시코, 필리핀, 그리고 베트남을 포함하는 많은 개발도상국들이 생산량의 훨씬 높은 비율을 수출하고, 일본에 비해 상당히 높은 상품 수출 비중을 갖고 있다.

GDP에서 차지하는 개발도상국들의 수출 비중이 더 크게 기록되는 것은 아마도 부분적으로는 개발도상국에 비해 선진국에서 훨씬 더 높은 비교역 서비스의 상대가격 때문일 것이다. 그럼에도 불구하고 대부분의 무역은 국가 간 가격차이가 적은 상품부문에서 이루어지기 때문에, 개발도상국들이 국제경제관계에 있어서 일반적으로 무역에 더 많이 의존한다는 점은 변함이 없다. 더욱이 일반적으로 개발도상국들의 수출은 (비록 일부 중상소득 국가들은 매우 높은 수준으로 다변화되어 있지만) 선진국들에 비해 훨씬 덜 다변화되어 있다. 많은 개발도상국

국가	GDP 10억 달러 2012년	상품 수출 10억 달러 2012년	상품 수출 GDP 비중(%) 2012년	식품 전체 비중(%) 2012년	농업 원자재 전체 비중(%) 2012년	연료 전체 비중(%) 2012년	광석 및 금속 전체 비중(%) 2012년	제조업 전체 비중(%) 2012년
알제리	205.8	74.0	36	0	0	97	0	2
베냉	7.6	1.4	18	61	24	0	1	15
볼리비아	27.0	10.9	40	14	1	55	25	5
브라질	2252.7	242.6	11	32	4	11	16	35
부르키나파소	10.4	2.4	23	38	52	0	1	8
부룬디	2.5	0.1	5	74	5	0	8	13
중앙아프리카공화국	2.2	0.2	10	1	31	1	62	4
중국	8227.1	2048.8	25	3	0	2	1	94
코트디부아르	24.7	12.4	50	51	13	26	0	10
에콰도르	84.0	23.9	28	30	4	58	1	8
이집트	262.8	29.4	11	14	2	32	6	45
에디오피아	41.6	3.0	7	78	9	0	1	10
감비아	0.9	0.1	11	82	2	0	9	7
가나	40.7	12.0	29	48	2	39	2	9
인도	1841.7	293.2	16	11	2	19	3	65
인도네시아	878.0	188.1	21	18	6	34	6	36
이란	514.1	95.5	19	4	0	70	2	12
일본	5959.7	798.6	13	1	1	2	3	90
말라위	4.3	1.3	30	76	5	0	9	9
말레이시아	305.0	227.4	75	13	2	20	2	62
멕시코	1178.1	370.9	31	6	0	14	4	74
모잠비크	14.2	4.1	29	20	5	16	51	7
니카라과	10.5	2.7	25	90	2	1	2	6
니제르	6.8	1.5	22	14	3	1	76	6
나이지리아	262.6	114.0	43	2	6	89	0	3
페루	203.8	45.6	22	21	1	14	50	14
필리핀	250.2	52.0	21	9	1	2	5	83
러시아	2014.8	529.3	26	3	2	70	4	14
르완다	7.1	0.5	7	51	5	0	34	10
남아프리카공화국	384.3	87.3	23	8	2	12	32	45
영국	2471.8	468.4	19	6	1	14	4	66
미국	16244.6	1547.3	10	10	2	10	4	63
베트남	155.8	114.6	74	19	4	11	1	65
예멘	35.6	8.5	24	7	0	89	0	3

표 12.1 주요 국가의 2012년 상품 수출 구조

출처 : World Bank, World Development Indicators, *2013*, Table 4.4, http://wdi.worldbank.org/table/4.4, 2014년 2월 18일 접속.

들의 총수출과 상품 수출에 있어서 제조부문의 비중이 상승해 왔긴 했지만, 이러한 상승세를 유지하는 것이 중요하다. 몇몇 신흥공업국(NICs)들이 여전히 개발도상국 수출에 있어 지배적 지위를 차지한다. 예를 들어 2011년에 한국 혼자서 (인도를 포함하는) 남아시아 전체 또는 사하라이남 아프리카 전체보다 훨씬 더 많은 상품을 수출했다. 그리고 실제로 한국은 남아시아와 사하라이남 아프리카 전체를 합친 것보다 더 많은 공산품을 수출했다.[8] 동시에 '세계 작업장(workshop of the world)'으로서 중국의 등장은 개발도상국에서 공산품 수출 비중과 고성장 사이의 관계를 두드러지게 나타내고 있는데, 이에 대해서는 12.6절에서 검토하고, 제4장,

제12장, 그리고 제13장의 중국, 대만, 한국의 사례연구에서 각각 탐구할 것이다.

수출구성은 나라마다 현저하게 다르다. 일본, 영국, 미국 같은 선진국들은 공산품이 상품 수출의 90%, 66%, 63%를 각각 차지하며, 이는 개발도상국 평균보다 더 높은 수준이다. 그러나 개발도상국들 또한 그 수출에 있어 다양하다. 예를 들어 소위 브릭스(BRICS) 5개 국가 가운데 인도와 중국의 경우 공산품은 수출의 상당한 다수를 차지한다. 그러나 브라질, 남아프리카공화국, 그리고 특히 러시아는 상품 수출에 훨씬 더 특화되어 (그리고 의존하고) 있다. 공산품 수출 자체도 그 기능과 기술의 내용 면에서 매우 다양하다.

이 장의 앞부분에서 소개한 바와 같이 많은 개발도상국들은 또한 한 가지 또는 소수의 상품 수출에 의존하고 있다. 경쟁적인 제조부문을 유지하는 데 따르는 혜택을 잃는 것 이외에도, 이는 장기적으로는 상대가격의 하락, 단기적으로는 매우 불안정한 가격에 직면하게 되는 상당한 위험을 수반한다.

수요탄력성과 수출소득의 불안정성

수요의 소득탄력성
수량의 비율적 변화를 소득의 비율적 변화로 나눈 수치로 측정되는 소비자 소득변화에 대한 수요되는 상품 수량의 반응성

서로 다른 상품집단의 세계 수요 패턴에 대한 대부분의 통계적 연구들은 1차 상품의 경우 **수요의 소득탄력성**(income elasticity of demand)이 상대적으로 낮다는 것을 보여준다—1차 농산품과 대부분의 원자재에 대한 (대부분 부유한 나라들인) 수입업자 수요의 수량적 퍼센트 증가는 그들 국민총소득(GNI)의 퍼센트 증가보다 적게 증가한다. 이와 대조적으로 연료, 특정 원자재, 그리고 공산품에 대한 소득탄력성은 상대적으로 높다.[9] 예를 들어 선진국 소득의 1% 증가는 보통 식료품 수입을 단지 0.6%, 그리고 고무와 식물성기름 같은 농업 원자재는 0.5% 늘리지만, 공산품 수입은 약 1.9% 증가시킬 것이라고 추정되었다. 결과적으로 부유한 국가에서 소득이 오를 때 공산품에 대한 수요는 상대적으로 가파르게 올라가는 반면, 개발도상국으로부터의 식량, 식료품, 그리고 원자재에 대한 그들의 수요는 상대적으로 더디게 올라간다. 이러한 낮은 수요의 소득탄력성이 가져오는 순결과는 1차 상품 상대가격의 시간에 따른 하락 추세이다.

수요의 가격탄력성
수요되는 수량의 퍼센트 변화를 가격의 퍼센트 변화로 나눈 것으로 표시되는 가격 변화에 대한 수요되는 상품 수량의 반응성

더욱이 1차 상품에 대한 **수요의 가격탄력성**(price elasticity of demand)(그리고 1차 상품의 공급탄력성) 또한 상당히 낮은 경향이 있기 때문에(즉 비탄력적이기 때문에), 수요나 공급곡선의 어떤 이동이라도 커다랗고 불안한 가격 변동을 촉발할 수 있다. 이들 두 탄력성 현상이 **수출소득 불안정성**(export earnings instability)이라고 알려지게 된 것에 기여했다. 2012년 유엔무역개발회의(UNCTAD)의 연구는 개발도상국들이 직면한 상품가격 변동성은 지난 반세기 동안—그리고 특히 2003년 이후의 기간 동안—상품 수출에 의존하는 수출업자들의 취약성을 잠재적으로 증가시키며 분명히 증가했음을 밝혔다. 그리고 수출소득과 교역조건의 불안정성(또는 변동성)은 더 낮고 예측이 더 어려운 경제성장률로 이어질 수 있다.[10]

수출소득 불안정성
수출가격의 불규칙한 움직임을 유도하는 낮은 수요의 가격 및 소득탄력성으로 인한 개발도상국 상품 수출소득의 큰 변동

거의 모든 관심이 상품 수출에 모아지고 있는 반면, 선진국과 개발도상국 모두의 수출에서 상업적 서비스의 비중이 서서히 상승했다. 전자의 경우, 투자은행과 경영컨설팅 같은 고도로 숙련된 활동이 대표적일 가능성이 있는 반면, 후자의 경우에는 건설 및 다른 덜 숙련된 활동이 더욱 일반적이다.

교역조건과 프레비시-싱어 가설

서로 다른 상품들의 변화하는 상대가격 수준의 문제는 개발도상국들이 역사적으로 당면해 왔던 다른 중요한 무역의 수량적 차원의 문제로 우리를 이끈다. 수출소득의 총가치는 이들 수출품들이 해외에서 팔리는 수량에만 의존하는 것이 아니라 그것들에게 지불된 가격에 또한 달려 있다. 만일 수출가격이 하락한다면, 단지 총수입을 동일하게 유지하기 위해서 더 많은 수출량이 팔려야 할 것이다. 마찬가지로 수입 측면에서는 총지출 외환이 수입품의 수량과 가격 모두에 달려 있는 것이다.

명백히 한 나라의 수출품 가격이 수입품 가격에 비해 하락한다면, 그 나라는 훨씬 더 많은 수출품을 팔아야 할 것이고, 단지 그 나라가 종전에 구입했던 것과 같은 수준의 수입품 수량을 확보하기 위해 희소한 생산자원을 더 많이 동원해야 할 것이다. 다시 말하면 한 나라의 수출가격이 수입가격에 비해 떨어질 때 수입품 한 단위의 실질 또는 사회적 기회비용은 증가할 것이다.

경제학자들은 전형적인 수출품 한 단위의 가격과 전형적 수입품 한 단위의 가격 사이의 관계 또는 비율에 대해 특별한 이름을 지어주었다. 이 관계는 **상품교역조건**(commodity terms of trade)이라고 불리는데, 그것은 P_x/P_m로 표시되며, P_x와 P_m은 각각 같은 기준연도로 계산한(예 : 2012 = 100) 수출과 수입가격지수이다. 둘 다 오를 수도 있지만, 만일 P_x/P_m가 떨어지면, 즉 만일 수출가격이 수입가격에 비해 **상대적으로** 떨어진다면, 한 나라의 상품교역조건은 악화되었다고 말한다. 대부분의 학자들은 역사적으로 1차 상품 가격이 공산품에 비해 하락해 왔다는 것을 폭넓게 확인하였다.[11] 그 결과 선진국의 교역조건은 상대적으로 개선된 반면, 비석유수출 개발도상국의 경우에 교역조건은 평균적으로 시간이 흐를수록 악화되는 경향이 있었다. 더욱이 최근의 실증연구는 금융위기 이전의 상품가격 상승이 1900년 이래 가장 컸었음에도 불구하고, 1차 상품의 실질가격은 20세기에 연평균 0.6% 하락했음을 보여주고 있다. 2002년 이후의 강력한 상승세도 여전히 장기 추세는 거의 바꾸지 못하고 있다. 그리고 가격 상승의 이 기간은 이미 그 정점에 도달했을지 모른다.[12]

하락하는 상품교역조건에 대한 주된 이론은, 1950년대에 처음으로 그 함축적 의미를 탐구했던 2명의 유명한 발전경제학자의 이름을 따서 **프레비시-싱어 가설**(Prebisch-Singer hypothesis)이라고 불린다.[13] 그들은 수요의 낮은 소득 및 가격 탄력성 때문에 1차 상품 수출국 교역조건의 장기 하락 추세가 과거에도 있었고 앞으로도 계속될 것이라고 주장했다. 이 하락은 가난한 나라에서 부유한 나라로 소득이 계속 이전되는 것을 초래하는데, 이것은 이 장의 나중에 고려될, 수입대체로 알려지게 된 과정을 통해 국내 제조업을 보호하는 노력에 의해서만 방지될 수 있다. 〈예문 12.1〉에 언급되어 있듯이, 최근의 연구는 이 가설을 뒷받침하는 새로운 증거를 더해 왔다.

이 이론 때문에 그리고 비우호적인 교역조건 추세 때문에, 개발도상국들은 지난 수십 년간 공산품 수출로 다변화하려고 그들의 최선을 다해 왔다. 느리고 힘든 출발 끝에, 이들 노력은 개발도상국, 특히 중위소득국가들의 수출품 구성에 있어서 극적인 변화를 가져오는 결실

상품교역조건
한 나라의 평균수입가격에 대한 평균수출가격의 비율

프레비시-싱어 가설
개발도상국들은 1차 상품 수출의 상품교역조건이 시간이 흐르면서 하락하는 경향이 있다는 주장

예문 12.1 연구결과 : 프레비시–싱어 가설에 관한 400년간의 증거

발전경제학자들 사이에는 개발도상국들의 주된 상품 수출품 가격의 수입품에 대한 장기 하락 추세가 확인된다면 그 나라의 수출품목 구성을 다변화하는 것을 장려해야 한다는 폭넓은 합의가 존재한다. 전통적으로 개발도상국들, 특히 최빈국들은 1차 상품을 수출하고 공산품을 수입해 왔다. 1차 상품 가격은 매우 불안정하여—어떤 가상적인 상품가격의 순환주기는 잠재적으로 매우 길다—장기 추세를 밝히기 어렵지만, 여러 연구들은 (잘 알려진 1994년의 국제통화기금 연구를 포함하여) 일반적으로 프레비시-싱어 가설의 폭넓은 윤곽을 확인하는 추세를 보여 왔다. 그러나 금세기의 첫 10년 중에 나타난 예상치 못한 1차 상품의 가격 상승이 20세기의 추세를 반전시키기에는 역부족임에도 불구하고, 어떤 경제학자들은 공산품에 대한 1차 상품의 상대가격 하락이 반전되지 않을까 하는 질문을 던지기 시작했다.

믿을 만한 답변을 얻기 위해서는 종전에 구할 수 있었던 것보다 더 긴 기간에 대한 데이터를 확보하는 것이 최선이다. 일을 더더욱 어렵게 하는 것은, 대부분의 검증은 시계열자료[a]의 통계적 특성에 대한 가정에 의존하고 있기 때문에 실증작업 또한 어려운 일이라는 것이었다. *Review of Economics and Statistics*에 실린 2010년 논문에서, 하비(David Harvey)와 그의 동료들은 더 적은 통계적 가정을 요구하는 새로운 기법을 적용했으며, 또한 현저하게 더 긴 기간—어떤 경우에는 1650년까지 과거

데이터를 수집했다. 이것은 순환주기로부터 장기 추세를 구분해내는 일을 훨씬 쉽게 했다.

그들이 발견한 충격적인 사례에서, 저자들은 "커피와 같은 중요한 상품의 상대가격은 거의 300년간 연율 0.77%로 하락했다!"고 결론을 내렸다. 보다 일반적으로, 그들은 '전반적으로 11개 주요 상품이 그들의 상대가격에 있어서 장기적으로 하락한다는 새롭고 탄탄한 증거'를 발견했다. 이들 상품은 알루미늄, 커피, 가죽, 황마, 은, 설탕, 차, 담배, 밀, 양모, 그리고 아연이다.

저자들은 다음과 같이 요약했다.

> 우리의 견해로는 이것이 프레비시-싱어 가설이 상품가격에 대해 타당하다는 훨씬 더 많은 탄탄한 뒷받침을 제공한다. 남아 있는 14개 상품에 대해서 모든 또는 일부 표본기간에서라도 어떤 정(+)의 유의한 추세가 탐지될 수 없었다. 이들 추세가 없는 상품들은 어떤 상품가격들의 움직임을 설명하는 데 있어서 루이스 가설이 또한 일부 역할을 할 수도 있다는 것을 암시한다. … 그러나 역으로, 아주 장기적으로 상대적인 상품가격들이 상향 추세를 보인 적이 있었다는 통계적 증거는 전혀 없다는 것이다.

a 검증 이슈는 시계열이 단위근(unit root)을 포함하고 있는지 그리고 구조적 단절이 있었는지에 대한 질문을 포함한다.

출처 : David I. Harvey, Neil M. Kellard, Jakob B. Madsen, and Mark E. Wohar, "The Prebisch-Singer hypothesis: Four centuries of evidence," *Review of Economics and Statistics* 92 (2010): 367-377.

을 맺었다. 처음에는 한국, 대만, 홍콩, 싱가포르 등의 동아시아 호랑이들, 그리고 이제는 중국을 포함한 많은 다른 나라에 의해 추종되어, 많은 개발도상국의 상품 수출 중 공산품이 차지하는 비중이 크게 상승하였다.

불행히도 이러한 구조변화는 대부분의 개발도상국들이 희망했던 만큼 그들에게 혜택을 가져다주지 못했는데, 이는 공산품 내에서의 상대가격 또한 벌어졌기 때문이다—지난 수십 년 동안, 개발도상국들이 수출하는 기초적 공산품 가격들은 부유한 나라들이 수출하는 선진상품에 비해 떨어졌다. 섬유류의 가격은 특히 가파르게 떨어졌고 저숙련 전자제품들도 사정이 크게 다르지 않다.

여러 대안적 방법을 사용하여, 유엔은 1980년대에 공산품의 개발도상국 수출가격에 있어서 실질하락이 대략 연 3.5%, 또는 그 10년간 약 30%였다는 것을 발견했다. 상세한 연구에서 마이젤스(Alf Maizels)는 개발도상국들의 공산품 대미교역조건이 1981~1997년 사이에 악화되었다는 것을 발견했다.[14] 섬유류 가격 하락은 1990년대 후반에 시작하여 극적으로 가속화되었다.

개발도상국들이 직면한 국제무역 쟁점들 중 일부를 검토했으므로, 우리는 다음에 경제발전에 있어서 무역의 역할에 관한 다른 이론들을 음미해볼 것이다.

12.3 국제무역에 관한 전통 이론

거래와 교환이라는 현상은 세계를 통틀어 인간 활동의 기초적 구성요소이다. 가장 외딴 아프리카 마을에서조차 사람들은 정기적으로 시장에서 만나 현금 또는 다른 상품을 얻기 위해 단순한 **물물교환**(barter transaction)을 통해 재화를 교환한다. 거래란 두 물건의 교환이다—어떤 것을 얻는 대가로 다른 것이 포기되는 것이다. 아프리카 마을에서 여자들은 카사바와 같은 식량을 옷감 또는 소박한 장신구를 진흙 항아리와 교환할 수 있다. 모든 거래에 암묵적인 것이 가격이다. 예를 들어 카사바 20kg이 수피포(나무껍질 천) 1m와 교환된다면, 수피포의 암묵적 가격(또는 교역조건)은 카사바 20kg이다. 만일 20kg의 카사바가 또한 작은 진흙 항아리 하나와 교환된다면, 진흙 항아리와 수피포 1m는 일대일 기준으로 교환될 수 있다. 가격체계가 이미 만들어지고 있는 것이다.

비교우위

사람들은 왜 거래를 하는가? 기본적으로 그렇게 하는 것이 이익이기 때문이다. 서로 다른 사람들은 서로 다른 능력과 자원을 갖고 있으며 재화를 서로 다른 비율로 사용하길 원할 것이다. 다양한 물리적 및 금융상의 부존 상태는 물론 다채로운 선호들이 이윤이 남는 거래 가능성을 열어준다. 사람들은 자기의 기호나 필요에 비해 상대적으로 많이 가진 것들을 자기가 더 시급하게 원하는 것들과 교환하는 것이 보통 이익이 된다는 것을 알게 된다. 개인 또는 가족이 아무리 소박하게 살더라도 모든 소비 필요를 스스로 공급하는 것은 거의 불가능하므로, 그들은 보통 자신들이 가장 잘 맞는 또는 자신들의 타고난 능력이나 자원부존 등의 관점에서 **비교우위**(comparative advantage)가 있는 활동에 참여하는 것이 이익이 된다는 것을 알게 된다. 그들은 그 뒤 자가생산한 상품들 중 잉여분을 다른 사람들이 생산하기에 상대적으로 더 알맞을 수 있는 상품과 교환할 수 있다. 그러므로 비교우위에 기초를 둔 **특화**(specialization)의 현상이 가장 원시적인 생계경제에서조차 어느 정도 발생한다.

이들 특화와 비교우위의 동일한 원리들은 오랫동안 경제학자들에 의해 개별국가 간의 재화의 교환에 적용되어 왔다. 무엇이 어떤 재화가 교환될 것을 결정하며, 왜 어떤 나라는 이 상품들을 생산하는데 다른 나라는 저 상품들을 생산하는지에 대한 질문에 답변하기 위해, 경제학자들은 스미스(Adam Smith) 시대 이후로 여러 상품의 생산비용과 가격의 국제적 차이의

물물교환
완전하지 않은 화폐경제에서 다른 재화를 구하기 위해 어떤 재화를 직접 바꾸는 것

비교우위
생산될 수 있는 다른 어떤 대안적 상품들보다 더 낮은 기회비용으로 상품을 생산하는 것

특화
상대적으로 적은 수의 상품 생산에 자원을 집중시키는 것

차원에서 답을 찾아 왔다. 사람들과 마찬가지로 국가들도 그렇게 하는 것이 이익이 되기 때문에 제한된 범위의 생산 활동에 특화한다. 그들은 특화로부터의 이득이 가장 클 것 같은 활동에 특화한다.

그러나 국제무역의 경우에 왜 비용이 나라마다 다른가? 예를 들어 어떻게 독일은 카메라, 전기기구, 자동차를 케냐보다 저렴하게 만들어 이들 공산품들을 케냐의 상대적으로 저렴한 농산물(과일, 채소, 절화, 커피, 차)과 교환할 수 있는가? 반복하면 대답은 비용과 가격구조의 국제적 차이에서 찾아야 한다. 어떤 것(공산품)들은 독일에서 생산하는 것이 상대적으로 저렴하며 케냐와 같은 다른 나라에 이익을 보며 수출될 수 있다. 다른 것(농산품)들은 상대적으로 저렴한 비용으로 케냐에서 생산될 수 있으며, 그러므로 공산품과 교환할 목적으로 독일로 수입되는 것이다.

상대비용과 가격 차이라는 개념은 국제무역이론의 기초이다. 소위 비교우위의 원리는 한 나라는 가장 저렴한 상대비용으로 생산할 수 있는 상품의 수출에 특화해야 하며, 경쟁적 조건하에서는 그렇게 할 것이라고 단언한다. 독일은 케냐보다 저렴한 절대단위비용으로 과일과 채소는 물론 카메라와 자동차를 생산할 수 있겠지만, 국가 간 상품 생산비 차이가 농산품보다 공산품의 경우에 더 크므로, 공산품 생산에 특화하고 그것들을 케냐의 농산품과 교환하는 것이 독일에게 이득이 될 것이다. 그러므로 독일은 두 상품 모두의 생산비에 **절대우위(absolute advantage)** 를 갖고 있지만, 그 상대적 생산비 이점은 공산품에 있는 것이다. 역으로 케냐는 두 가지 형태의 상품에 대한 절대단위생산비가 더 높다는 점에서 제조업과 농업 모두에서 독일에 비해 절대열위에 있을 수도 있다. 그럼에도 불구하고 케냐가 농업특화에 있어서 비교우위를 가지고 있기 때문에 (또는 달리 표현하면 케냐의 절대열위가 농업에 있어서 덜하기 때문에) 케냐는 여전히 이윤이 남는 무역에 참여할 수 있다. 가장 불균등한 무역상대국 사이에서 조차도 이익이 되는 교역이 생기게 하는 것은 바로 이 비교우위의 차이라는 현상이다.

상대적 요소부존과 국제적 특화 : 신고전학파 모형

자유무역에 대한 고전학파 비교우위이론은 무역으로부터의 이득을 보여주기 위해 한 가지 가변요소(노동비용), 완전특화 접근방법에 엄격히 기초를 둔 정태 모형이다. 주로 리카도(David Ricardo)와 밀(John Stuart Mill)이 발전시킨 이 19세기 자유무역 모형은 20세기에 두 스웨덴 경제학자인 헥셔(Eli Hecksher)와 올린(Bertil Ohlin)에 의해 국제적 특화에 있어 요소공급(주로 토지, 노동, 자본)의 차이를 고려하는 식으로 세련되게 수정되었다. 헥셔-올린 신고전학파[또는 가변비례의(variable proportions)] **요소부존무역이론**(factor endowment trade theory)은 또한 우리로 하여금 무역 패턴에 대한 경제성장의 영향, 국가경제의 구조, 그리고 여러 생산요소의 차별적 수익에 대한 무역의 영향 등을 분석적으로 설명할 수 있도록 해준다.

그러나 서로 다른 나라의 서로 다른 상품들의 노동생산성이 고정되어 있지만 서로 다르기 때문에 무역이 발생한다는 고전학파 노동비용 모형과는 달리, 신고전학파 요소부존 모형은 모든 나라가 모든 상품에 대한 동일한 기술적 가능성에 접근할 수 있다고 상정함으로써, 상대

절대우위
다른 생산자와 동일한 양의 실질자원을 사용하지만 더 낮은 절대단위비용으로 상품을 생산하는 것

요소부존무역이론
각국은 자국에 풍부한 생산요소(토지, 노동, 자본 등)를 사용하는 상품 생산에 특화하는 경향을 보일 것이라 상정하는 신고전학파의 자유무역 모형

노동생산성의 고유한 차이가 없다고 가정한다. 만일 국내 요소가격들이 같다면 모든 나라는 동일한 생산방법을 사용할 것이며, 그러므로 동일한 국내 상품의 상대가격비율과 요소생산성을 갖게 될 것이다. 무역의 기초는 서로 다른 나라들 사이에 서로 다른 상품들에 대한 노동생산성에 있어서의 고유한 기술적 차이가 아니라, 국가들이 서로 다른 요소공급의 여건에 놓여 있기 때문에 발생하는 것이다. 주어진 상대적 요소부존하에서 상대요소가격은 달라질 것이며 (예 : 노동이 풍부한 나라에서는 노동이 상대적으로 저렴할 것이다), 국내 상품의 상대가격과 요소결합도 그럴 것이다. 저렴한 노동을 가진 나라는 상대적으로 비싼 노동을 가진 나라에 비해 노동을 집약적으로 사용하는 상품(예 : 1차 상품)에 상대적 비용 및 가격의 우위를 가질 것이다. 그러므로 그들은 이들 노동집약적인 상품의 생산에 집중하여, 그 잉여분을 자본집약적인 재화의 수입에 대한 대가로 수출할 것이다.

역으로 자본이 양호하게 부존된 나라들은 노동에 비해 상대적으로 많은 자본의 투입을 필요로 하는 경향이 있는 공산품 생산에 상대적 비용 및 가격의 우위를 가질 것이다. 따라서 그들은 자본집약적인 공산품에 특화하고 수출하여 그 대가로 노동력이 풍부한 나라로부터 노동집약적인 상품을 수입하는 것이다. 그러므로 무역은 한 국가가 풍부한 자원을 대거 투입해야 하는 상품을 집약적으로 더욱 많이 생산하고 수출하는 한편, 상대적으로 희소한 자원을 많이 사용하는 상품을 수입하여 해당 요소의 부족을 완화하는 방식으로 자국에 풍부하게 부존하는 자원을 활용하는 수단이 된다.

요약하면 요소부존이론은 2개의 결정적 명제에 근거하고 있다.

1. **서로 다른 상품들은 서로 다른 상대적 비율로 생산요소들을 필요로 한다.** 예를 들어 농산물은 일반적으로 대부분의 1차 상품보다 근로자 1인당 더 많은 기계의 사용(자본)을 필요로 하는 공산품에 비해, 단위자본당 상대적으로 더 많은 비율의 노동을 필요로 한다. 서로 다른 재화를 생산하기 위해 요소가 실제로 사용되는 비율은 그들의 상대가격에 달려 있을 것이다. 그러나 요소가격이 어떠하든 요소부존 모형은 어떤 상품은 항상 상대적으로 자본집약적인 반면, 다른 상품들은 상대적으로 더 노동집약적이라고 가정한다. 이러한 상대적 요소집약도는 인도와 미국이 다르지 않을 것이다. 1차 상품은 2차적인 공산품에 비해 인도나 미국 모두에서 상대적으로 노동집약적인 상품일 것이다.
2. **국가들은 서로 다른 생산요소 부존량을 갖고 있다.** 미국과 같은 나라들은 근로자 1인당 많은 자본을 보유하고 있으며 그러므로 자본이 풍부한 나라로 지칭된다. 인도, 이집트, 콜롬비아와 같은 다른 나라들은 자본은 없고 노동이 많으므로 노동이 풍부한 나라로 지칭된다. 일반적으로 선진국들은 상대적으로 자본이 풍부한(그들은 숙련노동도 양호하게 부존되어 있다고 덧붙여도 될 것이다) 반면, 대부분의 개발도상국들은 노동이 풍부하다.

요소부존이론은 자본이 풍부한 나라들은 자동차, 비행기, 세련된 전자제품, 통신제품, 그리고 컴퓨터와 같은 그 생산기술에 있어서 자본을 집약적으로 사용하는 상품들에 특화하는 경향을 보일 것이라고 주장한다. 그들은 이들 자본집약적 상품들의 일부를 수출하여, 상대적으로 노동이나 토지가 양호하게 부존된 나라들에 의해 가장 잘 생산될 수 있는 식량, 원자재,

그리고 광물 등과 같은 노동 또는 토지집약적인 상품들과 교환할 것이다.

　　이 이론은 무역과 발전에 관한 초기 문헌과 정책조언에 있어서 지배적 역할을 했는데, 개발도상국들이 노동 및 토지집약적인 1차 상품 수출에 집중하도록 장려하였다. 이들 1차 상품들을 선진국들이 이론상 가장 잘 생산할 수 있는 공산품과 교역함으로써, 개발도상국들은 세계의 더 부유한 나라들과의 자유무역으로부터 얻을 수 있는 막대한 잠재적 혜택을 실현할 수 있었다고 주장되었다. 이 문헌에서는 목표로서의 다양화 또는 공산품 비중 확대의 생산성 혜택에 대해서는 관심이 거의 주어지지 않았다.

　　요소부존 접근법하에서 무역의 혜택이 국경을 가로질러 전달되는 방법은 고전학파 노동비용 접근법의 그것과 유사하다. 그러나 요소부존이론의 경우에는 서로 다른 상품을 생산하는 데 서로 다른 요소결합이 가능하기 때문에, 국가들은 처음에 그들의 오목 (또는 기회비용체증) 생산가능곡선상 국내수요조건에 의해 결정된 어떤 점에서 운영되고 있다고 가정된다. 예를 들어 표준적인 두 나라 두 상품 모형을 생각해보자. 두 나라를 '개발도상국 진영'과 '나머지 세계'라 하고 두 상품은 농산물과 공산품이라고 하자. 〈그림 12.1〉은 개발도상국 진영의 국내(비무역) 생산가능곡선을 〈그림 12.1a〉에, 나머지 세계의 생산가능곡선은 〈그림 12.1b〉에 표시하여 자유무역의 이론적 혜택을 그리고 있다. 〈그림 12.1a〉에 있는 개발도상국 진영의 생산가능곡선 PP상의 A점을 보자. 모든 자원이 완전고용되어 있고 완전경쟁 상태에 있다는 가정하에, 개발도상국 진영은 A점에서 생산하고 소비할 것이며, 이 점에서 상대가격비율 P_a/P_m는 A점에서의 점선의 기울기 $(P_a/P_m)_L$과 같다.[15] 비슷하게 나머지 세계도 〈그림 12.1b〉에 있는 A'점에서 생산과 소비를 할 것인데, 개발도상국 진영의 상대가격비율과 다른 (농산물은 상대적으로 더 비싸거나 또는 역으로 공산품이 상대적으로 더 저렴하다) 국내 상대가격비율 $(P_a/P_m)_R$을 갖고 있다. 폐쇄경제라면 두 나라 모두 두 상품을 생산할 것임을 주목하라. 그러나 더 가난한 개발도상국 진영은 (더 적은) 총생산량 중 더 많은 비율의 식량을 생산할 것이다.

　　A점과 A'점에서의 생산비와 가격의 상대적 차이(즉 그들의 상이한 기울기)는 다시 말하지만 이윤이 남는 무역의 가능성을 열어준다. 고전학파 노동비용 모형에서처럼, 자유무역하의 세계 상대가격비율 P_a/P_m는 각각 개발도상국 진영과 나머지 세계의 국내가격비율인 $(P_a/P_m)_L$과 $(P_a/P_m)_R$ 사이의 어떤 지점에서 결정될 것이다. 〈그림 12.1〉 두 그래프의 $\overline{P_a}/\overline{P_m}$ 선은 공통 세계 가격비율을 표시한다. 개발도상국 진영의 경우, 이러한 보다 가파른 기울기 $\overline{P_a}/\overline{P_m}$는 무역이 없을 때보다 농산물 한 단위당 더 많은 공산품을 얻을 수 있다는 것을 의미한다. 즉 공산품으로 환산한 농산물의 세계 가격은 개발도상국 진영의 국내 상대가격비율보다 높다. 그러므로 그들은 비싼 자본집약적 제조부문으로부터 자원을 재배분하여 노동집약적인 농업생산에 더욱 특화할 것이다. 완전경쟁 가정하에서, 그들은 생산가능곡선상의 B점에서 생산할 것인데, 그곳에서 상대 생산(기회)비용은 세계 상대가격과 정확히 일치한다. 그들은 그 뒤 현행 국제 가격선인 $\overline{P_a}/\overline{P_m}$를 따라 무역하여 BD만큼의 농산물을 수출하고 그 대가로 DC만큼의 공산품을 수입하며, 무역 이전에 비해 두 상품 모두를 더 많이 소비하는 최종 소비점인 C에 도달할 수 있다. 숫자로 예를 들어보면, 자유무역 세계 상대가격비율 $\overline{P_a}/\overline{P_m}$가 2대 1이라

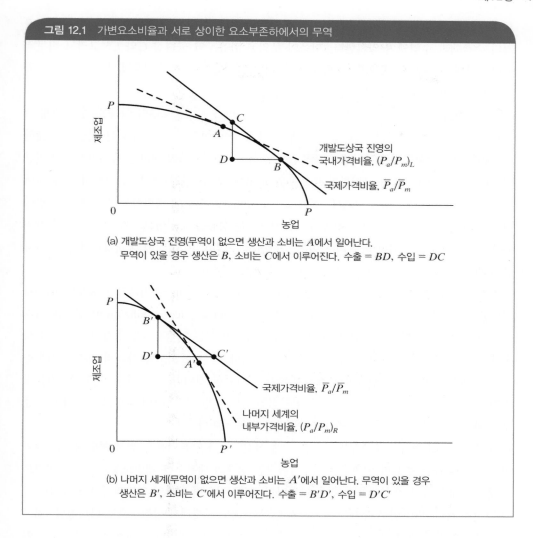

그림 12.1 가변요소비율과 서로 상이한 요소부존하에서의 무역

(a) 개발도상국 진영(무역이 없으면 생산과 소비는 A에서 일어난다.
무역이 있을 경우 생산은 B, 소비는 C에서 이루어진다. 수출 = BD, 수입 = DC

(b) 나머지 세계(무역이 없으면 생산과 소비는 A'에서 일어난다. 무역이 있을 경우
생산은 B', 소비는 C'에서 이루어진다. 수출 = B'D', 수입 = D'C')

고 가정하자. 다시 말하면 농산물 한 단위가 공산품 한 단위의 2배 되는 가격에 팔리고 있다. 이는 개발도상국 진영이 나머지 세계에 수출하는 농산품 매 한 단위마다 개발도상국 진영은 2단위의 공산품을 수입할 수 있음을 의미한다. 국제 가격선의 기울기는 이들 교역조건인 이러한 무역비율을 그래프로 보여준다. 만일 개발도상국 진영이 BD만큼의 농산품(30단위라 하자)을 수출한다면, 그들은 DC만큼의 공산품(60단위)을 대가로 받을 것이다.

마찬가지로 나머지 세계의 경우도, 새로운 국제 가격비율은 국내가격에서보다 공산품으로 더 많은 농산물을 교환할 수 있다는 것을 의미한다. 그래프로 보면, 국제 가격비율은 나머지 세계의 국내가격비율보다 덜 가파른 기울기를 갖고 있다(〈그림 12.1b〉 참조). 그러므로 나머지 세계는 자기의 풍부한 자본자원을 재배분하여 국내 상대생산비가 세계상대가격과 바로 일치하는 B'점에서처럼, 더 많은 공산품을 생산하고 농산물은 더 적게 생산하려 할 것이다. 그 뒤 그들은 이러한 공산품 B'D'(= DC)만큼을 개발도상국 진영의 농산물 D'C'(= BD)과 무역할 수 있을 것이다. 나머지 세계는 또한 자기 생산가능곡선의 한계 밖으로 이동하여 〈그림

12.1b〉의 *C'*과 같은 점에서 소비할 수 있게 되는 것이다. 무역은 균형을 이루고 있다—두 지역의 수출액과 수입액이 일치한다. 더욱이 무역은 자유무역 균형점 *C*와 *C'* 그리고 비무역 균형점 *A*와 *A'* 사이의 비교가 〈그림 12.1〉에서 보여주듯이 두 지역 모두에서 두 재화 모두의 증가된 소비라는 결과를 가져왔다.

신고전학파 자유무역 모형의 주요 결론은 모든 나라가 무역으로부터 이득을 얻고 세계 생산량은 증가한다는 것이다. 그러나 이들 두 기본적 결론 이외에 몇 개의 다른 것들이 존재한다. 첫째, 서로 다른 생산요소 집약도를 필요로 하는 상품들 간 발생하는 자원이동과 관련한 기회비용의 증가로 인해, 고전학파 비교우위 모형에서처럼 완전특화는 발생하지 않을 것이다. 국가들은 자국의 풍부한 자원을 집약적으로 사용하는 상품에 특화하는 경향을 보일 것이다. 그들은 희소한 자원을 가장 집약적으로 사용하는 상품을 수입함으로써 이들 희소한 자원을 보충할 것이다. 그러나 국내 비용이 상승하면서, 그리고 이로 인해 국내가격이 국제 가격을 초과하게 되면서 완전특화가 발생하는 것이 방지될 것이다.

둘째, 전 세계적으로 생산기술이 동일하다는 전제하에, 국내가격비율과 자유무역 세계가격비율과의 균등화는 교역국들 간에 **요소가격균등화**(factor price equalization) 경향을 가져올 것이다. 예를 들어 노동이 풍부한 개발도상국 진영에서는 인적자원을 추가적인 농산물 생산에 더 집약적으로 사용한 결과 임금이 오를 것이다. 반대로 희소한 자본의 가격은 자본을 많이 사용하는 공산품의 생산이 감소하기 때문에 하락할 것이다. 나머지 세계에서는 자본집약적인 공산품 생산을 더 강조하고 노동집약적인 농업은 덜 강조함에 따라, 그들 국가에서 풍부한 자본의 가격이 희소한 노동의 가격에 비해 오를 것이다.

그러므로 신고전학파 요소부존이론은 국제 실질임금과 자본비용은 점차 동일해지는 경향이 있을 것이라는 중요한 예측을 한다. 직접적인 경쟁의 대부분은 개발도상국들이 상대적으로 풍부하게 보유한 저숙련 노동 간에 나타난다. 많은 저숙련 제조업 일자리가 선진국에서 사실 완전히 사라졌고, 임금 증가는 떨어지지 않았다 해도 기껏해야 실질적으로 더뎌졌다. 최근에 선진국의 많은 고임금 제조업 근로자들은 자유무역과 더 치열한 국제경쟁이 자신들의 임금을 개발도상국 수준으로 끌어내리지 않을까 우려하고 있다. 그러나 평균적으로 몇몇 아시아 경제들의 예외를 빼고는 선진국과 개발도상국 제조업 근로자 사이의 임금격차는 끈덕지게도 크게 벌어진 채 남아 있다. 이것은 부분적으로 더 높은 숙련도 그리고 부분적으로는 기업 내에 내재되어 있는 더 높은 일반적 지식기반과 같은 보완적 요소 때문에 선진국의 생산성이 더 높고, 그에 상응하는 정도로 임금도 더 높은 수준을 유지할 수 있기 때문이다.[16] 그러나 일부분은 보호주의가 원인일 가능성이 있다.

셋째, 국가 내에서 요소부존이론은 풍부한 요소가 더 집약적으로 사용됨에 따라 풍부한 자원의 소유자에 대한 경제적 수익이 희소한 자원의 소유자에 비해 올라갈 것이라고 예측한다. 개발도상국에서 이것은 일반적으로 국민소득에서 노동이 차지하는 몫이 커진다는 것을 의미한다. 무역이 없으면 노동의 몫은 더 적었을 것이다. 따라서 무역은 국내소득 분배가 더 균등하게 되도록 촉진하는 경향이 있다.

마지막으로 국가들로 하여금 생산가능곡선 바깥으로 이동하여 세계의 다른 지역으로부터

요소가격균등화
요소부존무역이론에서 각국이 공통된 국제 가격비율로 무역하기 때문에 무역상대국 사이에 요소가격이 같아지는 경향이 있다는 명제

소비재는 물론 자본재를 확보하도록 함으로써, 무역은 경제성장을 자극한다고 가정된다. 만일 선진국이 더 숙련된 기술이 필요한 자본재의 생산에 비교우위가 있다면, 무역은 설비와 기계류 가격을 낮추고 개발도상국의 투자와 성장을 촉진하게 된다. 개발도상국 수출업자들은 대만의 경험이 보여주는 것과 같이 그들이 보유하고 있는 기술 수준을 갖고 어떤 다른 상품들을 생산할 수 있을지를 또한 알려줄 수 있는 선진국 고객들로부터 배우게 된다. 무역은 또한 한 나라로 하여금 그 나라에 상대적으로 덜 양호하게 부존된, 국내적으로 값비싼 원자재와 (지식, 아이디어, 신기술 등은 물론) 다른 상품들을 더 낮은 세계 시장가격으로 획득할 수 있도록 한다. 따라서 국제무역은 한 국가에서 더 광범위한 기반을 갖는 자생적인 산업생산의 성장을 위한 여건을 창출할 수 있다.

무역이론과 발전 : 전통적 주장

우리는 이제 무역과 발전에 관한 우리의 다섯 가지 기본적 질문에 대한 신고전학파 자유무역 모형에서 도출된 이론적 답변을 정리할 입장에 있다.

1. 무역은 경제성장의 중요한 촉진제다. 그것은 한 나라의 소비역량을 확대하며, 세계 생산량을 증가시키고, 개발도상국들의 성장에 반드시 필요한 희소한 자원, 그리고 전 세계 상품시장에의 접근을 제공한다.
2. 무역은 요소가격을 균등화하고, 교역국들의 실질소득을 제고하며, 각국과 세계의 자원부존을 효율적으로 이용함으로써(예 : 노동이 풍부한 국가의 상대임금을 올리고 노동이 희소한 나라의 상대임금을 내림) 더 큰 국제적 및 국내적 균등을 촉진하는 경향이 있다.
3. 무역은 국가들이 그것이 노동효율성이든 또는 요소부존의 차원이든 개별 국가가 비교우위를 보유하고 있는 경제의 부문들을 촉진하고 보상함으로써 발전을 달성하도록 돕는다. 무역은 또한 국가들이 규모의 경제를 이용할 수 있도록 한다.
4. 자유무역의 세계에서 국제가격과 생산비는 한 나라가 국가후생을 극대화하기 위해 얼마나 교역해야 하는지를 결정한다. 국가들은 비교우위의 원리를 따라야 하며 시장의 자유로운 움직임을 수출을 장려하거나 수입을 제약하는 정부정책을 통해 간섭하려 해서는 안 된다.
5. 마지막으로 성장과 발전을 촉진하기 위해 대외지향적인 정책이 필요하다. 모든 경우 부분적 또는 완전한 고립에 기반을 둔 자립은 제한 없는 자유무역의 세계에 참여하는 것에 비해 경제적으로 열등하다고 확실히 주장할 수 있다.

12.4 개발도상국 경험의 맥락에서 전통적 자유무역이론에 대한 비판

전통적 국제무역이론의 결론은 여러 측면에서 종종 현행 국제경제관계의 현실과 반대되는 여러 명시적, 암묵적인 가정으로부터 도출된 것이다. 이를 지적하는 것은 자유무역 세계의 잠재적 혜택을 부인하려는 것이 아니고 오히려 실질세계는 국가 보호주의, 국제적인 비경쟁 가격정책, 그리고 다른 시장실패 등에 의해 둘러싸여 있다는 것을 인식하려는 것이다.

전통적인 요소부존무역이론의 주요하고 결정적인 가정은 무엇이며, 이러한 가정들이 어떻게 실질세계와 맞지 않는가? 국제 경제 및 정치관계의 실제 작동방식에 대한 더 현실적인 평가가 이루어질 때, 개발도상국의 무역과 금융적 전망에 대한 함의는 무엇인가?

전통적 신고전학파 무역 모형의 여섯 가지 기본 가정은 상세히 검토되어야 한다.

1. 모든 나라의 모든 생산자원은 그 양이 고정되어 있고 품질이 일정하며 완전히 고용되어 있다.
2. 생산기술은 고정되어(고전학파 모형) 있거나 유사하며 모든 나라가 자유롭게 사용할 수 있다(요소부존 모형). 더욱이 그러한 기술의 확산은 모두에게 유익하게 작용한다. 소비자 기호 또한 고정되어 있으며 생산자의 영향으로부터 독립적이다(국제적 소비자주권 개념이 팽배하다).
3. 국가 내에서는 생산요소가 서로 다른 생산 활동 간에 완전하게 이동 가능하며, 전체적으로 경제는 완전경쟁이 존재하는 특징을 보인다. 위험 또는 불확실성은 없다.
4. 중앙정부는 국제경제관계에서 아무런 역할도 하지 않는다. 무역은 비용최소화와 이윤극대화를 추구하는 수없이 많은 이름을 알 수 없는 생산자들에 의해 수행된다. 그러므로 국제 가격은 공급과 수요의 힘에 의해 결정된다.
5. 어떤 시점에서도 각국은 무역균형 상태에 있으며, 모든 경제는 국제 가격 변화에 혼란을 최소화하며 즉시 적응할 수 있다.
6. 어떤 나라에 발생하는 무역으로부터의 이득은 그 나라의 국민들에게 혜택이 된다.

우리는 이제 현재 국제경제체제하의 개발도상국들의 현대적 입장에서 이들 가정들 각각에 대해 비판적으로 검토할 수 있다. 이들 비판의 일부는 잉여분출설(vent for surplus), 구조주의자, 그리고 남북 모형 등을 포함하는 다른 비신고전학파 무역 및 발전이론에 대한 이론적 근거를 형성한다.

고정된 자원, 완전고용, 그리고 자본과 숙련노동의 국제적 비이동성

무역과 자원 증가 : 불균등한 교역을 강조하는 남북 모형　국제교환의 정태적 속성에 관해 처음에 나오는 이 가정들—어디서나 동일한 제품 생산기술과 함께, 자원은 고정되어 있고 완전히 고용된 상태이며, 국제적으로 이동하지 않는다—은 무역과 금융의 전통적 이론에 중심이 되는 것이다. 현실 속의 세계경제는 급속한 변화로 특징지어져 있으며, 생산요소는 수량과 품질 어느 것도 고정되어 있지 않다. 비판자들은 실물자본, 기업가적 능력, 과학적 역량, 기술적 연구개발을 수행할 능력, 그리고 노동력의 기술적 숙련도를 격상시키는 것 등과 같은 성장과 발전에 가장 결정적인 자원에 대해서는 특히 이러한 비판이 적용된다고 지적한다.

그러므로 상대요소부존과 비용의 차이는 주어지는 것이 아니고 계속 변화하는 상태에 있는 것이라고 할 수 있다. 더욱이 그것들은 종종 스스로 국제적 특화의 속성과 성격을 결정하기보다는 국제적 특화의 속성과 성격에 의해 결정된다. 초기에 존재하는 그 어떤 부존자원의 차이는 이러한 부존자원의 차이가 정당화한다는 바로 그 무역으로 인해 강화되거나 악화될 수 있다. 구체적으로 만일 부유한 나라들(북)에 어떤 역사적 결과로 인해 자본, 기업가적 능력, 그리고 숙련노동력 등의 필수적 자원이 상대적으로 양호하게 부존되어 있다면, 그들은 이들 자원을 집약적으로 사용하는 상품과 과정에의 특화를 계속하여 더 성장하기 위해 필요한 여건과 경제적 동기를 창출할 수 있다. 이와는 대조적으로 비숙련노동력을 풍부하게 공급받는 개발도상국들(남)은 세계 수요전망과 교역조건이 매우 비우호적일 비숙련노동력을 집약적으로 사용하는 상품에 특화함으로써 종종 스스로가 그들의 비숙련, 비생산적 활동에의 비교우위를 영속화하는 정체된 상황에 갇혀 있는 것을 발견하게 된다. 이것이 이번엔 필요한 자본, 기업가정신, 그리고 기술적 숙련 등의 국내 성장을 저해한다. 일부 개발도상국 학자들이 효과적으로 주장했듯이 정태적 효율성이 동태적 비효율성이 될 수 있으며, 무역이 이미 불평등한 무역관계를 악화시키고, 이미 상대적으로 잘사는 사람들에게 주로 혜택을 분배하며, 대부분의 가난한 나라들의 특징인 물적, 인적자원의 저개발을 영속화하는 누적적인 과정이 작동되고 있는 것이다. 잘 알려진 한 개발도상국 학자가 표현했듯이 "개발도상국과 선진국 사이의 기술격차는 예외 없이 벌어지고 있다. 신고전학파 국제무역이론은 여러 나라에서 서로 다른 상품들의 생산함수가 동일하다고 상정함으로써 이 문제가 없는 것처럼 가정하고 있다."[17]

그러므로 최근에 몇몇 경제학자들이 앞서의 문단에서 암시한 방향을 따라 요소축적과 불균등한 발전의 과정을 강조하는 무역과 성장의 대안적 동태 모형으로 신고전학파의 정태 모형에 도전하였다. 전통적 모형은 모든 나라에 적용된다고 가정되었던 반면, 이들 소위 **남북무역 모형**(North-South trade model)은 구체적으로 부국과 빈국 사이의 무역관계에 초점을 맞추고 있다. 전형적인 남북 모형은 예를 들어 산업화된 북의 더 높은 초기 자본부존이 제조업생산에서 외부경제를 유발하며 더 높은 이윤율을 창출한다고 주장한다. 이것은 독점력의 증가와 결합하여 추가적인 자본축적을 통해 (앞서 논의된 해로드-도마 그리고 요소비중증가 모형에 따라) 더 높은 북의 성장률을 촉진한다. 결과적으로 급속히 성장하는 북은 성장이 더딘 남에 대해 누적적인 경쟁력 우위를 발전시키게 된다. 만일 우리가 (남의 '소비재'의 경우보다 북의 '자본재'의 경우 더 높은) 차별적인 수요의 소득탄력성과 (1980년대에 나타난 것처럼 남에서 북으로의 자본도피 형태로) 자본이동성을 모형에 첨가한다면, 개발도상국에서의 무역비관주의의 근거가 더욱 공고하게 될 것이다. 노벨상 수상자인 크루그먼(Paul Krugman)과 다른 현대 무역이론가들은 또한 불완전경쟁과 더 현실적인 다른 현실적인 특징들을 통합하는 모형들을 소개했다.[18]

아시아의 네 마리 호랑이(대만, 한국, 싱가포르, 홍콩)와 같은 몇몇 경제는 그들의 경제를 단호한 노력을 통해 비숙련노동에서 숙련노동으로, 나아가 자본집약적인 생산으로 변화시키는 데 성공하였다. 다른 아시아 국가들, 특히 중국이 그들의 발자취를 뒤따르고 있다. 그러나 가난한 나라들의 막대한 다수의 경우, 신중한 발전전략의 적용 없이 무역 자체가 유사한 구조적인 경제변화를 촉진할 가능성은 매우 희박하다.

국제무역 모형의 새로운 포스트 신고전학파 장르의 흥미 있는 또 다른 사례는 포터(Michael Porter)의 국가의 경쟁우위(*Competitive Advantage of Nations*)에 담겨 있다.[19] 표준적인 신고전학파 요소부존이론과 포터가 근본적으로 다른 것은 생산의 기본요소와 선진요소

남북무역 모형

왜 남은 북에 비해 무역으로부터 덜 이득을 얻는지를 설명하기 위해 북의 선진국들과 남의 개발도상국들 사이의 불균등한 교환을 강조하는 무역과 발전에 대한 이론

사이의 질적 차이를 상정한 것이다. 그는 표준무역이론은 미개발된 실물자원과 비숙련노동과 같은 기본요소에만 적용된다고 주장한다. 더 전문화되고 구체적 기능을 가진 고도로 훈련된 근로자, 그리고 정부와 민간 연구기관, 주요 대학, 그리고 선도적 산업단체들을 포함하는 선진요소들의 경우는 표준이론이 적용되지 않는다는 것이다. 포터는 "개발도상국이 직면한 핵심 과제는 요소가 주도한 국가우위라는 구속으로부터 탈출하는 것이다 … 그곳에서는 천연자원, 저렴한 노동, 지리적 요인 및 다른 기본적 요소우위가 허약하고 종종 덧없는 수출능력을 제공한다"고 주장한다. 그는 "선진요소의 창출이 아마도 최우선 과제일 것이다"라고 결론을 내린다.[20]

실업, 자원의 과소 활용, 그리고 잉여분출 국제무역이론 미시경제학 이론의 표준 완전경쟁 균형의 그것과 같이, 전통적 무역 모형의 완전고용 가정은 개발도상국의 실업과 저고용(underemployment)의 현실을 위반하는 것이다. 개발도상국에 널리 퍼진 실업에 대한 인식으로부터 2개의 결론이 도출될 수 있다. 첫째는 인적자원의 과소이용이 국내에서는 수요가 없는 수출시장을 위한 상품을 생산함으로써 생산능력과 GNI를 비용을 거의 또는 전혀 들이지 않고 확대할 기회를 창출한다는 것이다. 이것은 **잉여분출 국제무역이론**(vent-for-surplus theory of international trade)으로 알려져 있다. 처음에 스미스에 의해 수립된 이 이론은 미얀마의 경제학자인 뮌(Hla Myint)에 의해 개발도상국의 차원에서 상술되었다.

이 이론에 따르면 외진 농촌사회에 세계시장을 개방하는 것은 전통 모형에서와 같이 완전고용된 자원을 재배분하는 것이 아니라, 종전에 저고용된 토지와 노동자원을 이용하여 해외시장에 수출할 더 많은 산출량을 생산하는 기회를 창출한다. 이 견해에 따르면 실업 상태에 있거나 저고용 상태의 인적자원을 사용함으로써, 소규모 자급농업의 상업화는 물론 플랜테이션 농업의 식민지 체제가 가능했다는 것이다. 생산가능성 분석의 관점에서 잉여분출설은 〈그림 12.2〉에서 생산이 V점에서 B점으로 이동하고 무역으로 최종 국내소비가 V점에서 C점으로 확대되는 것으로 나타낼 수 있다.

무역 이전에는 이 폐쇄된 개발도상국 진영 경제의 자원이 과소사용되었다는 것을 알 수 있다. 생산은 생산가능곡선의 완전히 한계 내인 V점에서 일어났고, $0X$만큼의 1차 상품과 $0Y$만큼의 공산품이 생산되고 소비되었다. (아마도 식민지화의 결과로) 해외시장에 나라를 개방하는 것은 이들 유휴자원(대부분 초과 토지와 노동)을 활용하고 수출 가능한 1차 상품을 생산가능곡선상의 B점에서 생산하여, $0X$로부터 $0X'$으로 확대할 경제적 자극을 제공한다. 국제가격 비율 $\overline{P_a}/\overline{P_m}$하에서, (VB와 같은) $X' - X$만큼의 1차 상품이 이제는 (VC와 같은) $Y' - Y$만큼의 공산품과 교환되어 수출되며, 최종소비점 C가 얻어지고 동일한 1차 상품(X)이 전과 같이 소비되지만 이제는 $Y' - Y$만큼의 더 많은 수입공산품이 소비 가능한 결과를 가져온다.

불행히도 단기적으로 이 과정의 수혜자는 종종 개발도상국 국민들보다는 식민지 및 해외거주 기업가들이었다. 그리고 장기적으로 많은 경우에 1차 상품 수출을 향한 개발도상국 경제의 구조적 지향성은 수출 '엔클레이브(enclave)'만을 창출했고 더 다양화된 경제의 방향으로 나아가는 데 필요한 구조변화를 저해하였다.

잉여분출 국제무역이론
세계시장을 국제무역을 통해 개발도상국에 개방하는 것은 그 국가들로 하여금 그 잉여분이 수출될 수 있는 1차 상품을 더 많이 생산하도록 하기 위해 이전에 과소사용되었던 토지와 노동자원을 더 사용하도록 만든다는 주장

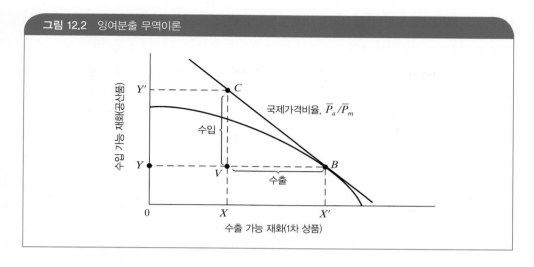

그림 12.2 잉여분출 무역이론

고정되고, 자유롭게 사용 가능한 기술과 소비자주권 자본자원이 급속하게 증가하여 그 소유자들의 수익을 극대화하기 위해 전 세계로 퍼지는 것과 마찬가지로, 급속한 기술변화는 세계 무역관계에 심대하게 영향을 주고 있다. 선진국 기술변화가 개발도상국 수출소득에 미치는 영향의 가장 명백한 사례 중 하나는 많은 전통적 1차 상품에 대한 합성대체물의 개발이다. 제2차 세계대전 이래 고무, 양모, 면화, 사이잘, 황마, 가죽, 껍질과 같은 다양한 상품들에 대한 **합성대체물**(synthetic substitutes)이 점점 더 많이 제조되었다. 이들 부문에 대한 개발도상국 진영의 세계시장 점유율은 꾸준히 떨어졌다.

그러나 다른 면에서 보면, 서구에서 개발된 신기술이 전 세계적으로 사용 가능하게 된 것은 많은 신흥공업국들에게 서구의 연구개발 지출을 활용할 기회를 주었다는 주장이 가능하다. 기술적 연구역량은 없으나 처음에 해외에서 개발된 상품들을 모방함으로써 충분한 인적자본을 가진 어떤 중위소득국가(예 : 아시아 신흥공업국)들은 국제무역의 **상품주기**(product cycle)를 따라갈 수 있다. 상대적으로 낮은 임금을 사용함으로써 그들은 더 산업화된 국가들에 의해 빈 공간으로 남겨진 제조공백을 메우며 저기술로부터 고도의 기술을 필요로 하는 생산으로 이동한다. 결국 바라는 것은 일본, 싱가포르, 한국의 사례에서와 같이 선진국들을 따라잡는 것이다. 중국은 이 전략을 통해 놀라운 발전을 해 왔다.

시장에 민감한 수많은 생산자들에게 생산 패턴을 명령하는 소비자 기호와 선호가 전 세계적으로 고정되어 있다는 가정은 비현실적이다. 자본과 생산기술이 종종 그들의 본국정부 지원을 받는 다국적기업들에 의해 전 세계로 확산될 뿐 아니라, 소비자 선호와 기호도 종종 현지 시장을 지배하는 광고캠페인에 의해 창출되고 강화된다. 수입상품에 대한 수요를 창출함으로써 시장을 지배하는 국제적 기업들은 이윤증가의 여건을 창출할 수 있다. 이것은 특히 생산과 소비 모두에 있어서 한정되고 불완전한 정보가 고도로 불완전한 시장 상황을 만드는 개발도상국에 있어서 상당히 중요하다. 예를 들어 많은 개발도상국에서 모든 광고의 90% 이상이 현지 시장에서 물건을 파는 외국기업에 의해 자금이 조달된다고 추정되었다.

합성대체물
인공적으로 생산되었지만 천연 상품을 대체할 수 있는 상품들 (예 : 제조된 고무, 면화, 양모, 장뇌, 그리고 제충국)

상품주기
국제무역에서 개발도상국들이 선진국들의 점점 더 복잡한 공산품 생산을 누진적으로 대체하는 현상

내부적 요소이동성, 완전경쟁, 그리고 불확실성 : 수확체증, 불완전경쟁, 그리고 특화의 쟁점

전통 무역이론은 국가들이 변화하는 세계가격과 시장의 요구에 따라 쉽게 자신들의 경제적 구조를 조정할 수 있다고 가정한다. 생산가능곡선을 따라 움직이는 것은 자원을 한 산업으로부터 다른 산업으로 재배분하는 것을 의미하는데, 이는 종이에 그리기는 쉬워도 구조주의자들의 주장에 따르면, 그러한 재배분을 실제로 달성하기는 극히 어렵다. 이것은 생산구조가 종종 경직되어 있고 요소이동이 크게 제한되어 있는 개발도상국의 경우에 특히 그러하다. 이것의 가장 명백한 사례는 플랜테이션과 소규모 상업화 농업이다. 점진적으로 몇 개의 1차 상품 수출에 심하게 의존해 온 경제에서, 전체 경제 및 사회 인프라(도로, 철도, 통신, 발전소 위치, 신용 및 판매방식 등)는 재화를 생산지점으로부터 해외시장으로 보내기 위한 운송 및 저장소로 이동이 가능하도록 맞추어져 있을 것이다. 시간이 지나면서 자본의 누적된 투자가 이들 경제 및 인프라 시설에 매몰되었을 것이며, 그것들은 다른 곳에 위치한 제조활동 거점으로 쉽게 이동시킬 수 없을 것이다. 따라서 국가들이 몇 개의 1차 상품 수출에 더 의존할수록 그들의 경제구조는 더 융통성이 없게 되며, 국제시장의 예측 불가능성에 더 취약하게 되는 것이다. 저개발경제를 거의 전적으로 1차 상품, 수출지향적 의존으로부터 더 다변화되고 다부문 구조로 바꾸려면 여러 해가 걸릴 것이다. 보다 일반적으로 말하면 구조주의자 비판자들은 상품공급 비탄력성, 중간재의 결여, 분단된 금융시장, 제한된 외환, 정부면허, 수입통제, 열악한 수송 및 분배 제도, 그리고 경영 및 숙련노동력의 희소성을 포함한 모든 종류의 정치적 그리고 제도적으로 생성된 구조적 경직성들이 개발도상국들이 부드럽고 마찰 없는 신고전학파 무역모형의 방식으로 변화하는 국제 가격 신호에 반응하는 능력을 종종 저해한다고 주장한다.[21]

따라서 변화하는 세계 경제여건을 활용하기 위해 필요한 조정과 자원 재배분의 내부 과정을 부유한 북반구의 상대국들에 비해 덜 다변화된 개발도상국 경제들이 실현하기가 훨씬 더 힘들다. 그리고 또한 정말 이상하게도 섬유, 신발, 스포츠용품, 핸드백, 가공식품, 가발, 그리고 깔개 같은 산업에서 저비용, 노동집약적인 공산품을 수출용으로 생산하기 위한 역량을 확대하기 시작한 개발도상국들은 종종 이러한 수출이 선진국들이 그러한 저비용 재화의 자국시장 진입을 제한하기 위해 마련한 관세 및 비관세 장벽들에 의해 봉쇄되는 것을 발견했다.[22] 보통 선진국들이 내세우는 이유들은 이러한 저비용의 해외로부터의 경쟁이 선진국 고비용 국내 산업에 실업을 유발할 것이고, 내부 경제조정의 문제가 너무 심각해서 그러한 제한받지 않는 외국으로부터의 경쟁을 허용하기 어렵다는 것이다! (이 장의 후반부에 논의될) WTO 및 양자 간 제안들을 통해 현저한 개선이 이루어졌지만, 여러 형태의 보호주의는 개발도상국 진영의 성장, 특히 최빈국들의 경우에 심각한 장애로 남아 있다.

규모에 대한 보수
모든 생산요소의 투입이 비례적으로 증가할 때의 생산량 증가

더욱이 **규모에 대한 보수**(returns to scale) 불변 또는 감소(생산량이 확대됨에 따라 생산비가 고정 또는 증가)를 가정함으로써, 노동비용 및 요소부존무역이론은 국제경제관계에서 가장 중요한 현상 중 하나를 무시한다. 이는 규모에 대한 보수 증가와 그에 따른 생산비용의 감소가 널리 소득격차를 넓히는 효과를 미친다는 사실이다. 생산비가 감소한다는 것은 단순히 기존의 대기업들이 더 작은 또는 신규기업들보다 싸게 판매할 수 있으며, 따라서 세계시장에서 독점적 통제를 행사할 수 있음을 의미한다. 무역 패턴을 결정하는 데 있어서 규모의 경제

는 예외적이라기보다는 일반적인 요소다. 대규모 생산에 따른 규모의 경제는 (그들이 국내시장에서 하는 것과 마찬가지로) 넓은 범위의 상품들에 대한 세계 공급여건의 독과점적인 통제로 이어진다.

이외에도 널리 퍼진 상품차별화, 산업내무역, 그리고 생산의 외부경제와 함께 국제적으로 거래되는 상품의 **독점적 시장통제**(monopolistic market control)와 **과점적 시장통제**(oligopolistic market control)는 거대 개별기업들이 세계가격과 공급(그리고 종종 수요도)을 자기들의 사적 이해에 따라 조작할 수 있다는 것을 의미한다. 우리는 경쟁 대신에 생산자 간 공동행위 그리고 거대한 구매자와 원매자 간 과점적 협상이 국제경제에서 가장 만연한 가격 및 수량 결정의 요인임을 발견한다.[23] 그러나 자신들의 경제를 다변화하고 특히 산업수출을 진흥하려고 노력하는 개발도상국의 관점에서 보면, **수확체증**(increasing returns)과 **상품차별화**(product differentiation)(독점적 경쟁)는 거대 다국적기업의 비경제적 권력(많은 정부들과 그들의 정치적 영향력—제14장 참조)과 결합하여, 먼저 산업화한 나라들(부국들)이 세계시장에서 지배적 입장을 영속화하기 위해 이러한 규모의 경제와 차별화된 상품들을 종종 이용할 수 있다는 것을 의미한다.[24]

무역 모형들의 완전경쟁 가정의 두 번째 주요 한계는 국제무역 환경에서 **위험**(risk)과 **불확실성**(uncertainty)을 배제한 데 있다. 공산품과 시장과는 대조적으로 1차 상품에 대한 세계시장의 역사적 불안정성을 고려하면, 1차 상품 수출진흥에 심하게 투자하는 것은 저소득 국가의 장기적 이해에 맞지 않을 것이다. 이미 지적되었듯이 한두 개의 치명적 1차 상품 수출에 집중하는 것은 외환소득이 매년 대대적으로 예측 불가능할 때 발전계획에 혼란을 야기할 수 있다.

경제발전 과정에서 특화의 패턴은 여전히 완전히 이해되지 않고 있으며, 이론은 모호한 답을 주고 있다. 한편으로 전통이론은 개발도상국들이 세계경제에서 비교우위에 따라 특화함으로써 더 높은 소득수준에 도달할 수 있으며, 세계화가 진행되면서 그렇게 할 수 있는 기회와 혜택이 커진다고 암시한다. 다른 한편으로는 국가들이 발전하면서 그들은 더 넓은 범위의 기능과 기술을 획득하며, 몇 개의 1차 상품 생산을 넘어서 여러 상대적으로 고급스러운 재화들에서 경쟁력을 갖게 된다. 사실 임스와 와찌아그(Jean Imbs and Romain Wacziarg)에 의한 주의 깊은 실증연구는 부문적 집중이 일반적으로 1인당 소득수준과 관련하여 U자 형의 패턴을 따른다는 것을 발견했다—"경제활동이 모든 부문에 걸쳐 더 균등하게 전개된다는 의미에서 국가들은 먼저 다변화하지만, 발전 과정에서 상대적으로 늦게, 그들이 다시 특화를 시작하는 어떤 시점이 존재한다."[25] 그리고 이러한 패턴은 1차 상품에만 의존하는 것으로부터 제조업과 서비스업으로 이동하는 경향을 크게 넘어서는 것이다. 정책적 함의 또한 모호한 채로 남아 있다. 그러나 그들의 결과는 발전이 특화로부터 이득을 얻는 단순한 과정에 의해 추진되지는 않는다는 견해와 일치한다.

무역관계에 있어서 중앙정부의 부재

국내경제에서는 부유하고 가난한 지역의 공존, 급속히 성장하는 산업과 정체된 산업의 공

독점적 시장통제
한 산업의 생산량이 한 생산자 (또는 판매자) 또는 공동결정을 내리는 생산자그룹에 의해 통제되는 상황

과점적 시장통제
필연적으로 경쟁을 할 필요가 있는 기업들이 아닌 소수의 경쟁자들이 한 산업을 지배하는 상황

수확체증
생산규모의 변화로 인한 산출량의 비례적이지 않은 증가

상품차별화
생산자들이 광고 또는 소소한 디자인 변화를 통해 자신들의 상품을 유사한 것들과 구별하려는 시도

위험
여러 가능한 결과들에 대한 확률이 알려져 있지만 실제 결과는 알 수 없는 상황

불확실성
실제 결과와 심지어 여러 가능한 결과의 정확한 확률 모두 알려져 있지 않은 상황

성장거점
개발도상국에서 도시중심 대 농촌 지역 또는 고속도로지역 같이 그 주변의 다른 지역보다 경제 및 사회적으로 더 선진화된 지역

존, 그리고 경제성장의 혜택이 특정 지역에 지속적으로 편중되는 문제 등은 모두, 적어도 이론상으로는 국가의 개입에 의해 대응되고 개선될 수 있다. 민족국가 내에서 **성장거점**(growth poles)은 급속히 확대되는 반면 다른 지역은 정체되어 불균등이 누적되는 과정은 정부에 의해 입법, 과세, 이전지출, 보조금, 사회 서비스, 지역개발 프로그램, 기타 등을 통해 교정될 수 있다. 그러나 국가 간에는 그에 비견되는 역할을 할 효과적인 국제적 정부가 없기 때문에, 무역으로부터의 이득이 매우 불균등하게 배분되는 현상은 쉽게 지속 가능할 수 있다. 이러한 결과는 그 뒤 자기들 스스로의 이해를 증진하고 보호하려는 중앙정부들의 불균등한 힘에 의해 강화된다. 개발도상국에 주는 조언과는 달리, 선진국들은 유리하거나 정치적으로 편리하다고 생각될 때에는 자국의 특혜 받는 산업을 보호한다. 잘 알려진 한 가지 사례를 들자면 미국의 2009년 자동차산업 긴급구제가 그것이다. 미국과 영국에서 금융산업의 보호는 국내금융제도만 보호하는 것이 아니고 고소득 일자리를 창출하는 하나의 산업을 보호하는 것이다.

정부는 또한 급속한 발전의 성공적 사례들에 있어서 강력한 역할을 했다. 한국과 같은 굉장한 수출 성공사례는 정부가 수출산업을 지원하고 북돋아준 데 적잖게 힘입은 것이다(제4장, 제12장, 제13장 각각의 사례연구 참조). 정부는 종종 편파적인 지지자로서의 역할을 담당하는데, (수출시장 점유율을 높이기 위해 기업투자에 대한 전략적 조정을 통해 시장을 지도하는) **산업정책**(industrial policy)의 영역에서의 그 적극적인 개입은 이전에는 아무것도 존재하지 않았지만 미래에 세계수요가 증가할 가능성이 있는 비교우위의 창출이 구체적으로 고안되도록 한다. 그 유명한 통상산업성(Ministry of International Trade and Industry, MITI)과 함께한 1950년대와 1960년대 일본 산업성장의 성공은 널리 인용되는 산업정책의 사례이다.[26] 그럼에도 불구하고 여러 이유 때문에 동아시아 이외의 개발도상국 대부분이 이 접근법을 체계적으로 적용하여 얻을 수 있는 잠재적 이점을 취하려 시도하지 않았거나, 시도했으나 달성하는 데 실패하였다. 동아시아에서 널리 실행된 것과 같은 산업화전략에 대한 이러한 접근법은 이 장의 후반부에서 검토된다.

산업정책
특정 산업 활동을 조정하고 지원함으로써 시장을 지도하는 정부의 의도적 노력

관세
수입국에 진입하는 시점에 부과되는 수입상품 가치에 대한 고정된 비율의 세금

정부는 또한 **관세**(tariff), 수입**할당**(quota), 그리고 수출**보조금**(subsidy)과 같은 여러 상업정책 수단들을 동원할 수 있으며, 상품가격의 조작을 통해 나머지 세계에 대한 그들의 교역입장을 조작할 수도 있다. 더욱이 선진국 정부가 인플레이션이나 실업과 같은 전적으로 국내적인 쟁점들을 다루려고 고안된 긴축정책을 추구할 때, 이들 정책은 개발도상국 경제에 엄청난 부정적 효과를 미칠 수 있다. 그러나 그 역은 성립하지 않는다. 개발도상국의 국내 경제정책은 일반적으로 부유한 나라들의 경제에 별 영향을 주지 않는다.

할당
국제무역에 있어서 한 나라에 수입될 수 있는 어떤 항목에도 작용하는 그 수량에 대한 물리적 제한

보조금
산업의 쇠퇴를 방지하고, 고용을 확대하며, 수출을 증가시키거나, 소비자가 지불하는 주요가격을 하락시키는 것과 같은 목적을 위한 산업의 생산자 또는 배급업자에 대한 정부의 지불액

정부는 종종 크기와 경제력의 차이로 생기는 자원의 불균등한 분배와 **무역으로부터의 이득**(gains from trade)을 강화하는 역할을 한다. 부유한 나라 정부들은 그들의 종종 공통적인 이해관계로 형성된 자신들의 국내 및 국제 정책에 의해 세계의 경제 문제들에 영향력을 행사할 수 있다. 세계무역기구(WTO)의 증가하는 역할에도 불구하고 그러한 국제 문제에 있어서 약한 쪽—특히 최빈국들—의 이해를 보호하고 증진할 수 있는 어떤 초대형 중앙기관 또는 세계정부는 존재하지 않는다. 그러므로 무역 및 산업화 전략은 선진국 정부의 강력한 힘을 고려해야 한다.

무역으로부터의 이득
생산에 있어서의 특화와 개인, 지역, 또는 국가들을 포함하는 다른 경제 단위들과의 자유무역으로부터 비롯되는 생산량과 소비의 증가

균형무역과 국제 가격조정

경제학의 다른 완전경쟁 일반균형 모형과 마찬가지로 국제무역이론은 완전고용 모형일 뿐만 아니라 유연한 국내 및 국제 상품과 자원 가격이 항상 수요와 공급조건에 즉각적으로 조정되는 모형이다. 특히 교역조건(국제 상품가격비율)은 한 나라의 수출 가능 상품과 수입 가능 상품에 대한 공급과 수요가 일치하도록 조정하여 무역이 항상 균형이 되도록 한다. 즉 수출액(수량 × 가격)은 항상 수입액과 같다. **균형무역**(balanced trade)과 함께 국제자본이동이 없다면, 순수무역이론에서는 국제수지 문제가 결코 발생하지 않는다. 그러나 어떤 기간에 있어서는 1970년대 국제 석유가격의 급격한 상승 이후에 나타났듯이, 국제수지 적자와 그 결과인 외환준비금의 고갈(또는 상품적자를 메우기 위해 해외자금을 빌려야 할 필요성)이 가난하고 부유한 것을 떠나서 모든 나라 걱정거리의 주요 원인이 되었다.

균형무역
한 국가의 수출액과 수입액이 동일한 상황

국민들에게 귀속되는 무역이득

전통 무역이론의 여섯 번째이며 마지막 주요 가정인 무역이득이 교역국의 국민들에게 돌아간다는 것은 다른 다섯 가지 가정들보다 더 암묵적이다. 그것은 거의 상술되지도 않고, 만일 우리가 요소의 국제적 이동불가의 가정을 받아들인다면 그럴 필요도 없다. 그러나 만일 개발도상국들이 무역으로부터 혜택을 본다면 그 혜택의 수혜자는 바로 개발도상국의 국민이라는 암묵적인 생각을 검토할 필요가 있다. 따라서 쟁점은 무역의 결과 보상을 받는 토지, 자본, 그리고 기능을 누가 소유하고 있는가라는 질문을 중심으로 이루어진다. 그들은 내국인인가 또는 외국인인가? 만일 둘 모두라면 그 이득은 어떤 비율로 분배되는가?

상당 부분 외국인이 소유한 광산 및 플랜테이션 운영에서와 같은 개발도상국의 몇몇 **엔클레이브 경제**(enclave economies)에 있어서 외국인들은 종종 토지사용권에 대해 매우 낮은 임대료를 지불하고, 자기들 자신의 외국자본과 숙련된 노동을 들여오며, 생계비 수준의 임금으로 현지 비숙련 근로자들을 고용하는데, 그들은 상당한 수출소득을 창출함에도 불구하고 나머지 경제에는 최소의 영향만을 미친다. 많은 것이 다국적기업과 개발도상국 정부의 협상력에 달려 있다. 더 넓은 경제와는 아무런 연결도 없이 다국적기업에 의해 또는 다국적기업을 위해 운영되는 몇몇 외국인이 소유한 광산 및 플랜테이션 엔클레이브와 많은 '제조업 수출 엔클레이브'(PC 조립, 신발 및 장난감 제조 등)가 여전히 존재한다. 그러므로 일정한 지리적 경계 내에서 창출된 생산물의 가치 척도인 국내총생산(GDP)과 그 나라의 국민들에 의해 실제로 거두어진 소득의 척도인 국민총소득(GNI) 사이의 구분은 지극히 중요하다. 2009년 경제적 성과와 사회적 발전의 측정에 관한 스티글리츠-센-피투시('사르코지') 위원회[Stiglitz-Sen-Fitoussi('Sarkozy') Commission on the Measurement of Economic Performance and Social Progress]가 표현했듯이, "GDP는 가장 널리 사용되는 경제활동의 척도이다. … 그러나 그것은 종종 경제후생의 척도인 것처럼 취급되어 왔다. … 한 나라로 소득이 흘러 들어오고 또 흘러 나간다는 것을 고려하면, 소득이 감소하면서 생산이 확대될 수 있거나 또는 그 반대도 가능하다."[27] 수출부문 또는 그 문제에 있어서는 경제의 어떤 부문이 외국인에 의해 소유되고 운영되는 한, GDP는 GNI보다 그만큼 더 클 것이며, 그리고 무역의 혜택 중 더 적은

엔클레이브 경제
나머지 지역은 발전을 훨씬 덜 경험하는 데 비해 개발도상국 내에서 경제적으로 발전된 소규모 지역

부분이 실질적으로 개발도상국 국민들에게 귀속될 것이다.

여러 나라에서 다국적기업이 급증하고 외국인 소유 회사가 증가함에 따라, 개발도상국 수출소득의 총통계치(그리고 실제로 GDP)는 한 나라 자체의 시민들, 특히 저소득구간에 속한 사람들이 이러한 수출로부터 혜택을 받지 못할 수도 있다는 사실을 숨기고 있을지 모른다. 무역으로부터의 주요 이득은 그 대신 종종 이들 수출소득의 커다란 비율을 본국으로 송금하는 타 국민들에게 돌아간다. 이루어지는 산업간 및 산업내 무역이 부국과 빈국 사이의 무역처럼 보일지도 모른다. 그러나 사실은 그러한 무역이 부국과 개발도상국에서 운영되고 있는 다른 부국의 국민들 사이에 행해지는 것일 수도 있다! 공산품 수출은 일반적으로 현대부문 확대(modern-sector enlargement)를 창출할 경우 더욱 효과적이지만, 개발도상국의 몇몇 제조업 수출 엔클레이브의 활동은 단지 혜택의 커다란 부분이 여전히 외국기업에 의해 수확되고 있다는 사실을 숨기고 있을지 모른다. 간단히 말해 개발도상국의 수출 성과는 우리가 수출 확대의 결과로 보상받는 생산요소를 누가 소유하는지 또는 통제하는지를 확인함으로써 수출소득의 성격과 구조를 분석하지 않는 한 기만적일 수 있다.

무역이론과 경제발전전략에 대한 몇 가지 결론

우리는 이제 이 장의 앞부분에서 제기된 다섯 가지 질문에 대해 어떤 예비적인 일반적 답변을 제공할 시도를 할 수 있다. 우리는 우리의 결론이 일반적인 것이며 개발도상국들의 상황이 다양하다는 맥락에서 제시된다는 것을 강조해야만 한다.

첫째, 경제성장의 증가율, 구조, 그리고 성격에 관하여, 우리의 결론은 무역이 급속한 경제성장에 중요한 자극이 될 수 있다는 것이다. 이것은 중국, 말레이시아, 태국, 브라질, 칠레, 대만, 싱가포르, 그리고 한국 같은 나라들의 과거 반세기에 걸친 성공적인 경험에 의해 충분히 입증되었다. (수출진흥의 성향을 갖고 있는 개발도상국에게 중요한 요소인) 선진국 시장에의 접근은 유휴상태의 인적 및 자본자원의 더 많은 활용을 위한 중요한 자극을 제공할 수 있다. 개선된 수출 성과를 통해 확대된 **외환소득**(foreign-exchange earnings)은 또한 개발도상국이 그 희소한 물적 및 금융자원을 증대시킬 수 있는 수단을 제공한다. 간단히 말해 이윤이 있는 교환의 기회가 발생하는 곳에서 국제무역은 전체 경제성장에 중요한 자극을 제공한다.[28]

그러나 앞서의 장들에서 언급했듯이, 국가 생산량의 성장이 발전에 별 영향을 안 줄 수도 있다. 수출지향적 성장전략은, 특히 다른 부문과 연결이 별로 안 되고 수출소득의 큰 비율이 외국인들에게 돌아갈 때 경제구조를 (현지 주민의 실질적 필요에 부합하지 않음으로써) 잘못된 방향으로 편향되게 할 뿐만 아니라, 내·외 부문 모두에서 성장의 이중구조 및 반평등주의적 성격을 강화한다. 모든 것은 수출부문의 속성, 그 혜택의 분배, 그리고 나머지 경제와의 연관 및 이런 것들이 시간이 지나며 어떻게 진화할 것인지에 달려 있다.

수확체증이 널리 존재하는 것, 경제적 자산과 경제력의 고도로 불균등한 국제적 분배, 거대 다국적기업의 영향력, 그리고 정부와 기업 모두의 국제 가격, 생산 수준, 그리고 수요의 패턴을 조작하는 능력과 같은 요소들이 결정적으로 중요하다. 이러한 요소들을 함께 고려할 때 우리는 많은 개발도상국들이 과거에 선진국과의 경제적 거래에서 편파적으로 적은 혜택을

외환소득
해당 회계연도 기간 동안의 모든 외화수입에서 지출을 뺀 총 합계액

받았다는 일반적인 결론에 도달하게 된다.

세 번째 질문—개발도상국이 발전 열망을 달성할 수 있도록 무역이 도울 수 있는 여건들—에 대한 답변은 대체로 개발도상국들의 능력, 예를 들어 WTO 교섭 또는 G20 포럼 내에서 선진국으로부터 우호적인 무역 양보조건들을 이끌어내고 유지하는 능력에서 찾을 수 있다는 것이 이제는 분명해진 것 같다. 곧 다루겠지만 미국의 아프리카 성장 및 기회법(U.S. Africa Growth and Opportunity Act, AGOA) 및 유럽의 무기를 제외한 모든 것(European Everything But Arms, EBA) 조치 등과 같은 양자 프로그램과 함께, WTO와 그 전신을 통한 진전은 도움이 되긴 했지만 여전히 매우 불완전한 출발점을 제공했다. 또한 풍부하지만 현재는 과소이용되고 있는 노동공급을 최대로 이용하면서, 수출로 희소한 자본자원을 효율적으로 활용할 수 있는 것이 어느 정도인지에 따라 수출소득이 개발도상국의 평범한 시민들에게 혜택을 줄 수 있는 정도가 결정될 것이다. 다시 말하면 수출소득과 경제의 다른 부문과의 연결이 결정적으로 중요하다. 마지막으로 개발도상국이 얼마나 잘 민간 해외기업들의 활동에 영향력을 행사하고 통제할 수 있는지에 많은 것이 달려 있을 것이다. 현지 시민들에게 혜택의 공정한 몫이 보장되도록 다국적기업들에 효과적으로 대처하는 능력이 지극히 중요하다. 이들 쟁점들은 이 장의 후반부와 제14장에서 더 검토된다.

네 번째 질문—개발도상국은 얼마나 교역할 것인지 결정할 수 있는가—에 대한 답변은 오직 추측할 수 있을 뿐이다. 작고 가난한 나라들에게, 나머지 세계에 대해 자신들의 국경을 닫음으로써 전혀 무역하지 않는 선택은 명백히 비현실적이다. 그들은 자급하기 위한 자원과 시장 크기가 부족할 뿐만 아니라, 그들의 생존 자체는, 특히 식량생산의 분야에 있어서 종종 외국 재화와 자원을 확보하는 그들의 능력에 달려 있다. 최빈국들 중 약 32개국이 국제적 지원이 선택이 아니라 필수적인 경우인 극심한 기근의 위협에 매년 직면하고 있다. 무역을 하느냐 또는 고립 상태로 남아 있느냐 하는 것은 이슈가 아니다. 진정한 쟁점은 국내시장에의 판매와 수출 사이에 균형을 맞추는 것이며, 그리고 만약 후자가 선택되었다면, 전 부문에 걸쳐 수출을 진흥시킬 것인가 또는 표적이 된 부문들만 그렇게 할 것인가라는 것이 판명되고 있다.[29]

더욱이 대부분의 개발도상국의 경우, 국제경제체제는 여전히 희소한 자본과 필요한 기술지식의 유일한 실질적 원천이다. 그러한 자원이 획득되는 조건들이 발전 과정의 성격에 대단한 영향을 미칠 것이다. 마지막으로 광물자원과 원자재가 풍부한 나라들, 특히 그들의 수출품을 구입하는 거대기업들에 대해 효과적인 국제적 협상위치를 확립할 수 있었던 국가들(예 : OPEC 회원국)의 경우 무역은 발전자금의 필수적 원천이었고 또 앞으로도 그럴 것이다.

다섯 번째 질문—모든 것을 감안할 때 개발도상국들이 발전을 위해 나머지 세계를 향해 외부를 바라보아야 하느냐 또는 자기 자신의 역량을 향해 보다 내부를 바라보아야 하느냐—은 양자택일의 문제가 전혀 아닌 것으로 판명되고 있다.[30] 나머지 세계와 무역을 하여 이윤을 남길 기회를 탐색하는 한편, 개발도상국들은 세계무역에서 그들의 점유율을 확대하는 방안을 효과적으로 추구할 수 있으며, 그리고 서로 간에 경제적 유대를 넓혀 갈 수도 있다. 예를 들어 그들의 자원을 한데 모음으로써 그들의 개별적 발전 열망을 추구하는 데 있어서 중요한 정도의 자율성을 유지하는 한편, 작은 나라들은 그들의 작은 개별 시장과 그들의 심각한 자원제약의 한계를 극복할 수 있다. 이런 방식으로 작은 나라들 집단은 중국이 최근에 해 왔던 것을 달성할 더 좋은 기회를 포착할 수 있다—바로 잠재적인 외국 수출업자와 투자자들로부터 가장 좋은 조건의 거래를 요구하기 위해 그 거대한 시장의 협상력을 높이는 것이다. 실제로 이 전략은 중국이 최근 수십 년간 매우 높은 성장률을 실현하도록 돕는 요소 중 하나였을 것이다. 무역을 개발도상국들 사이에 더 확대시킴으로써 혜택이 여전히 발생할 수 있을 것이다.

앞의 주장이 종종 과장된 것이기는 하지만, 만일 지역 간 정치적 대립이 초월될 수 있다면, 개발도상국 사이에 증가된 지역협력은 무역 및 성장 전략의 중요한 구성요소를 제공하는 것이 분명해 보인다. 동남아시아의 동남아시아국가연합(Association of Southeast Asian Countries, ASEAN)과 남미의 메르코수르(Mercosur) 같은 자유무역지대를 포함하는 명시적인 개발도상국 정책들이 적어도 부분적으로는 이러한 추세의 원인이다. 물론 그 추세는 또한 아시아의 발전성공을 반영하는데, 그들 중 많은 나라가 최근에 북미와 유럽보다 더 빠르게 성장해 온 바 있다. 아프리카연합(African Union)과 아프리카 개발을 위한 새로운 협력관계(New Partnership for Africa's Development, NEPAD) 동료검증 프로그램 등을 통해 새로운 노력이 아프리카에서 이루어지고 있지만, 갈 길은 아직 멀다.

우리는 이제 개발도상국을 위한 대안적 무역정책들의 장점과 단점들을 보다 상세히 고려하려고 한다.

12.5 발전을 위한 전통적 무역전략과 정책기구 : 수출진흥 대 수입대체

발전을 위한 적절한 무역정책과 관련된 복잡한 쟁점들에 접근하는 전통적 방법은 대외 또는 대내지향적의 더 폭넓은 전략의 맥락에서 이들 특정 정책들을 수립하는 것이다.[31] 스트리텐(Paul Streeten)이 말한 바와 같이, **대외지향적 발전정책**(outward-looking development policy)은 "자유무역뿐만 아니라 자본, 근로자, 기업, 학생 등의 자유로운 이동, … 다국적기업, 그리고 개방된 통신제도를 장려한다." 이와는 대조적으로, **대내지향적 발전정책**(inward-looking development policy)은 국가들이 자기들 방식대로 개발을 진행하고 자신들 스스로의 운명을 통제할 필요성을 강조한다. 이것은 제조업에 있어서 토착적인 '경험에 의한 학습(learning by doing)'과 한 나라의 자원부존에 알맞은 기술개발을 장려하는 정책 수립을 의미한다. 대내지향적 무역정책을 찬성하는 사람들에 의하면, 더 큰 자립은 스트리텐 식으로 말하자면 오로지 만약 "무역, 사람의 이동, 그리고 통신을 제한하고, 잘못된 상품과 잘못된 욕망을 자극하는, 그러므로 잘못된 기술을 가진 다국적기업을 배제하면" 달성할 수 있다.[32]

이 두 철학적 접근법에 대한 생생한 토론이 1950년대 이래 발전관련 문헌에서 이루어졌다. 그 토론은 산업화를 위해 대외지향적 수출진흥전략을 지지하는 자유무역론자들이 대내지향적 수입대체전략을 찬성하는 보호주의자들에 대항하는 방식으로 전개되었다. 후자는 1970년대까지 우세하였다. 전자는 1980년대와 1990년대 초반에 특히 서구와 세계은행 경제학자들 사이에서 우세한 지위를 얻었다.

기본적으로 이들 두 전통적 무역관련 발전전략 사이의 구분은 **수입대체**(import substitution,

---

대외지향적 발전정책
종종 자본, 근로자, 기업, 그리고 학생 등의 자유로운 이동을 통해 수출을 장려하는 정책 · 다국적기업과 개방된 소통을 환영함

대내지향적 발전정책
기술의 국내개발, 수입장벽 설치, 그리고 민간해외투자 억제 등을 포함하는 개발도상국 입장에서의 경제적 자립을 강조하는 정책

수입대체
국내산업의 출현과 확대를 촉진함으로써 소비재 수입을 대체하기 위한 계획적인 노력

IS) 지지자들은 개발도상국 경제는 처음에는 종전에 수입하던 간단한 소비재를 국내생산으로 대체하고(IS의 첫 번째 단계), 그다음 더 넓은 범위의 더 세련된 공산품들을 국내생산으로 대체(IS의 두 번째 단계)해야 한다고 믿는다는 것이다―이는 모두 이들 수입품에 대한 높은 관세와 수입할당의 보호아래 이루어진다. IS 지지자들은 IS의 장기적 장점으로 더 다변화된 국내산업('균형성장')으로부터의 혜택과 규모의 경제, 낮은 노동비용, 그리고 경험에 의한 학습에 따른 정(+)의 외부효과 등을 통해 세계가격과의 가격경쟁력이 확보되면서 궁극적으로는 종전에 보호받던 몇몇 공산품을 수출할 수 있게 되는 능력을 꼽는다.

수출진흥

더 많은 외환을 창출하고, 국제수지의 경상계정을 개선하거나, 또는 다른 목적을 달성하기 위해 수출 인센티브의 증가, 의욕 저하의 감소, 그리고 다른 수단을 통해 한 나라의 수출량을 확대하려는 정부의 노력

이와는 대조적으로 1차 상품과 공산품 모두의 **수출진흥**(export promotion, EP)을 옹호하는 측은 자유무역과 경쟁의 효율성과 성장혜택, 좁은 국내시장을 거대한 세계시장으로 대체하는 것의 중요함, 보호의 왜곡된 가격 및 비용효과, 그리고 한국, 대만, 싱가포르, 홍콩, 중국 및 아시아 다른 나라들과 같은 수출지향적 경제의 엄청난 성공 등을 인용한다. 이들 경제의 기업들은 그들의 오랜 고객이었던 미국, 일본, 그리고 다른 선진국 경제들의 기업들로부터 대단히 많은 것을 배워 왔다고 강조한다. 때때로 국내시장을 위한 생산보다는 정책이 명시적으로 (일반적으로 통화약세를 통한 것과 같은) 수출 확대에 맞추어지는 '강력한 수출진흥(strong export promotion)'과 자유무역과 공평한 경쟁의 장을 강조하고 지지자들에 의해 종전의 (상대적으로 수출을 억제하는 경향이 있는) 수입대체정책에 비해 수출을 진흥할 가능성이 있는 것으로 간주되는 '약한 수출진흥(weak export promotion)' 사이에 구분이 이루어지기도 한다. 많은 아시아 국가들은 또한 이러한 구분을 뛰어넘어 목표로 하는 특정 부문을 개발하기 위해 두 방법 모두에서 일부 요인들을 골라 취합하는 좀 더 미묘한 접근법을 채택했는데, 이는 이 장의 후반부에서 검토될 것이다.

실제로는 IS 및 EP 전략 사이의 차이는 많은 지지자들이 함축하고자 하는 것보다 훨씬 뚜렷하지 않다. 대부분의 개발도상국들은 각 시기에 따라 강조하는 정도의 차이는 있지만 두 전략 모두를 채택해 왔다. 예를 들어 1950년대와 1960년대에 칠레, 페루, 아르헨티나, 인도, 파키스탄, 그리고 필리핀과 같은 더 큰 남미와 아시아 국가들의 대내지향적 산업화전략들이 심하게 IS 지향적이었다. 1960년대 말까지 나이지리아, 에티오피아, 가나, 잠비아와 같은 몇몇 핵심 사하라이남 아프리카 국가들이 IS 전략을 추구하기 시작했으며, 몇몇 더 작은 남미와 아시아 국가들 또한 그렇게 하였다.[33] 그러나 1970년대 중반 이래 EP 전략이 점점 많은 나라들에 의해 채택되었다. 따라서 초기 EP 지지자들―한국, 대만, 싱가포르, 홍콩―에 이전의 IS 전략으로부터 전환한 브라질, 칠레, 태국, 터키와 같은 나라들이 합류했다. 그러나 대부분의 성공적인 동아시아 수출진흥자들은 어떤 산업에서는 보호주의적인 IS 전략을 연속적으로 또한 동시에 추구해 왔다는 것이 강조되어야 하며, 따라서 그들이 비록 대외지향적이긴 하지만 그들을 자유무역주의자로 부르는 것은 정확한 표현은 아니다.[34]

이러한 배경하에서, 우리는 이제 대외지향적 수출진흥 대 대내지향적 수입대체의 쟁점을 보다 상세히 다음의 네 가지 범주를 적용하여 검토할 수 있다.

1. 1차 대외지향적 정책(농산물 및 원자재 수출의 장려)

2. 2차 대외지향적 정책(공산품 수출의 진흥)

3. 1차 대내지향적 정책(주로 농산물의 자급)

4. 2차 대내지향적 정책(수입대체를 통한 공산품의 자급)

그 뒤 우리는 관심을 절충적 전략들, 특히 수출지향적 전략적 산업화, 그리고 남남 경제통합 등에 돌릴 것이다.

수출진흥 : 외부를 바라보니 무역장벽이 보임

1차 또는 2차 수출품의 진흥은 어떤 가능한 장기 발전전략에 있어서도 주된 요소로 오랫동안 고려되어 왔다. 외국인 소유 광산과 플랜테이션들이 있는 아프리카와 아시아의 식민지 지역들이 1차 대외지향적 지역의 고전적 사례들이었다. 대부분의 개발도상국들이 처음에 국내시장을 위한(2차 대내지향), 그리고 그 뒤 수출을 위한(2차 대외지향) 공산품 생산을 대단히 강조한 것은 부분적으로 이러한 엔클레이브(enclave) 경제구조에 대한 반작용이었으며 또 부분적으로는 1950년대와 1960년대의 산업화 편향의 결과 때문이었다.

1차 상품 수출 확대 : 제한된 수요 이 장에서 일찍이 언급했듯이 많은 저소득 국가들은 여전히 그들 수출소득의 대부분을 1차 상품에 의존한다. 석유수출과 몇 가지 유용한 광물의 현저한 예외가 있지만, 1차 상품 수출은 전체 세계무역보다 천천히 성장해 왔다.

수요 측면에서, 1차 상품과 특히 농산물 수출의 급속한 확대를 저해하는 적어도 5종류의 요소가 있는 듯하다. 첫째, 농업 식료품과 원자재에 대한 수요의 소득탄력성은 연료, 특정 광물, 그리고 공산품들에 비해 상대적으로 낮다. 예를 들어 설탕, 카카오, 차, 커피, 바나나에 대한 수요의 소득탄력성은 모두 1보다 작고, 대부분 0.3~0.6의 범위에 있는 것으로 추정되어 왔다. 비탄력적인 수요는 선진국에서 1인당 소득이 지속적으로 고성장해도 개발도상국들로부터의 이들 특정 상품들의 수출 확대는 보통 정도에 이를 뿐이라는 것을 의미한다. (많은 1차 상품 수출국들은 약 2002년 이래 중국의 호황으로부터 혜택을 받아 왔다―2008년부터 2009년까지의 대폭락을 제외하고―그리고 이 부분은 뒤에 주의 깊게 다루어질 것이다.)

둘째, 선진국 인구증가율은 이제 대체 수준에 있거나 거의 그렇기 때문에, 이 원천으로부터는 확대를 기대할 수 없다. 셋째, 대부분의 1차 상품에 대한 수요의 가격탄력성은 상대적으로 낮다. 지난 50년 대부분 동안 그랬던 것처럼 농산물의 상대가격이 떨어질 때 그러한 낮은 탄력성은 수출국의 총소득이 더 적어진다는 것을 의미한다.

국제상품협정
가격안정성을 유지하기 위해 공급을 조정하려는 국제적으로 거래되는 공통상품(예 : 커피, 설탕)의 판매자들에 의한 공식협정

석유와 몇 가지 중요하지 않은 상품들은 예외지만 **국제상품협정**(international commodity agreement)들은 잘 진척되지 않았다. 그러한 협정들의 의도는 전반적 생산 수준을 설정하고, 세계가격을 안정시키며, 커피, 차, 구리, 납, 설탕 같은 품목에 대해 여러 생산국에 할당량을 지정하는 것이다. 그것들이 효과적으로 작용하기 위해서는 참여국 사이의 협력과 타협이 필요하다. 상품협정들은 또한 개별 수출국들이 과도한 경쟁과 세계 생산의 지나친 확대로부터 피해를 입지 않도록 더 많은 보호를 제공할 수 있다. 그러한 공급의 지나친 확대는 모든 나라에서 가격을 끌어내리고 소득의 증가를 축소시키는 경향이 있다. 간단히 말해 상품협정은 참

여국들에게 세계수출소득의 상대적으로 일정한 몫과 그들 상품들의 더 안정적인 세계가격을 보장하려 시도한다. 그러나 다양한 개발도상국들이 생산하는 (설탕, 커피, 차, 보크사이트, 황마, 면화, 주석, 식물성 기름을 포함하는) 약 19개 1차 상품들의 가격을 지지할 '완충재고(buffer stocks)'를 자금지원하기 위한 공동기금을 설립하자는 유엔무역개발회의(UNCTAD)의 제안은 별 진전을 보지 못했다. 대부분의 기존 비석유 상품협정들은 실패했거나(주석) 대체로 생산국들에 의해 무시되었다(커피, 설탕). 최상의 시나리오에 있어서조차 그러한 협정은 잘 상하는 상품의 경우에는 효과적일 수 없다. 바나나의 완충재고를 운영하려는 것을 상상해보라!

1차 상품 수출소득의 장기적 확대를 저해하는 네 번째와 다섯 번째 요소—합성대체물의 개발과 선진국들의 농업보호 증가—가 아마도 가장 중요할 것이다. 면화, 고무, 사이잘, 황마, 피혁, 껍질, 그리고 (통신망용 유리 광섬유로 대체된) 구리와 같은 상품들에 대한 합성대체물들은 더 높은 상품가격에 대한 제동장치와 세계 수출시장에서의 직접적인 경쟁의 원천 둘 모두의 역할을 하였다. 세계시장 수출소득 중 합성대체물의 비중은 시간이 흐르면서 일반적으로 증가한 반면, 천연생산물의 비중은 감소했다. 보통 관세, 할당, 그리고 간혹 식품 및 섬유 수입품들을 규제하는 임의적인 위생법, 또는 은밀한 원산지 규정과 같은 비관세 장벽 등의 형태를 띠는 농업보호의 경우에는 개발도상국 수출소득에 미치는 효과가 엄청날 수 있다. 그러한 비관세장벽들은 대부분의 개발도상국 수출을 위해 전통적인 수출을 거의 폐지하려는 부유한 나라들의 그렇지 않았더라면 바람직한 움직임을 거의 취소시킬 수 있다. 예를 들어 유럽연합(EU)의 공동농업정책(common agricultural policy)은 개발도상국의 경쟁력에 해를 끼쳐 왔던 더 많은 보조금을 초래했다.

공급 측면에서, 여러 요인이 또한 1차 상품 수출소득의 급속한 확대를 저해한다. 가장 중요한 것은 개발도상국 내 많은 농촌생산체제의 구조적 경직성이다. 우리는 제9장에서 경직성—제한된 자원, 열악한 기후, 척박한 토양, 고루한 농촌의 제도적·사회적·경제적 구조, 토지소유권의 비생산적 패턴 같은—을 논의했다. (상품에 따라 달라질) 특정 상품에 대한 국제적 수요 상태가 어떠하든, 농촌의 경제 및 사회구조가 위험회피적인 소작농들로부터의 긍정적인 공급반응에 불리하게 작용할 때 수출 확대는 거의 기대할 수 없다. 나아가 현저하게 이중구조적인 영농구조(즉 거대기업형 자본집약적인 농장들이 분단되고 낮은 생산성을 가진 수천 개의 소작농 소유지와 나란히 존재하는)를 갖고 있는 개발도상국에서, 수출소득의 어떤 증가분도 농촌인구 사이에 매우 불균일하게 분배될 가능성이 있다. 농업마케팅위원회(agricultural marketing boards)가 농민과 수출시장 사이의 중매인으로 역할을 하는 나라에서(대부분 아프리카), 소농들은 더 큰 불이익을 받아 왔다. 이러한 위원회들—또는 적어도 농부들이 받을 수 있는 가격을 상당히 억누르는 그들의 행위—은 최근에 대체로 해체되었다.

1차 상품의 수출 증가는 그다지 높지 않은 수준으로 유지되고 있는데, 이는 부분적으로 (미국의 설탕과 면화에 대한 보조금과 같은) 선진국 무역정책의 유해한 효과와 최빈국들의 농산물 가격을 압박하고 생산을 방해하는 해외원조정책 때문이다. 예를 들어 해외원조의 탈을 쓰고 보조금이 지급된 쇠고기를 서아프리카 국가들에 판매하려는 유럽연합의 정책은 그들 국가들의 소 가격을 황폐화시켰다. 국제식량정책연구소(International Food Policy Research Institute)의 왓킨스와 폰 브라운(Kevin Watkins and Joachim von Braun)은 다음과 같이 요약했다.

> 개발도상국의 소농들은 부국의 농업정책으로 인해 여러 가지 점에서 고통을 받는다. 북반구의 생산보조금은 농산물가격을 낮춘다. 보조금을 받는 경쟁자와 경쟁할 수 없으므로, 세계의 가난한 농부들은 종종 국제시장에서 또 심지어 국내시장에서조차 퇴출된다. 그 결과 나타나는 농업무역제도에서는 성공이 비교우위보다는 보조금에의 상대적 접근가능성에 달려 있다. 소농들은 효율적이며 혁신적이고, 잠재적으로 경쟁력이 있으며, 농사와 비영농 작업을 창의적으로 결합한다. 그러나 세계에서 가장 가난한 농부들이 세계에서 가장 부자 나라의 곳간과 경쟁할 수는 없으며, 그래서도 안 된다.[35]

그러므로 우리는 저소득 국가와 가난한 사람들을 위한 1차 상품 수출의 성공적인 촉진은 제9장의 제안을 따라 전체 농업생산성을 제고하고 혜택을 더 널리 분배하기 위해 농촌의 사회 및 경제적 구조를 재조직하지 않는 한 발생할 수 없다고 결론을 내릴 수 있다. 어떤 농촌 발전 전략이라도 그 1차적인 목표는 **첫째** 지역주민을 먹이기 위한 충분한 식량을 공급하는 것이며 그 뒤에야 수출 확대에 대해 고려하는 것이라는 점이 널리 수용되고 있다. 1차 상품에 대한 세계 수요의 구조, 현지 식량부족의 위협, 따라서 농산물 자급에 초점을 맞추고자 하는 잠재적 수입국들의 욕구, 합성대체물을 더 개발해야 하는 불가피성, 그리고 무역협상의 정체에 비추어볼 때 선진국들이 농업보호 수준을 상당히 내릴 것 같지 않은 (비극적인) 가능성하에서, 개별 개발도상국에서의 1차 상품 수출 확대의 실질적인 여지는 제한된 것처럼 보인다.[36]

공산품 수출 확대

공산품 수출의 확대는 한국, 싱가포르, 홍콩, 대만, 중국과 같은 나라들의 놀라운 수출 성과로 장려되어 왔다. 예를 들어 수십 년간 대만의 총수출은 매년 20%가 넘게 성장했으며, 한국으로부터의 수출은 더 빠르게 성장했다. 두 사례 모두 이러한 수출 성장은 양국 외환소득의 80% 넘게 기여했던 공산품에 의해 주도되었다. 개발도상국 진영 전체적으로는 공산품 수출이 1950년의 총상품 수출의 6%에서 2000년에는 거의 64%로 성장했다. 2011년에는 저소득, 중위소득국가 모두 합하여 세계 공산품 수출의 약 29%를 차지했다. 중국의 비중은 빨리 증가했다. 그러나 저소득 국가들은 고작 세계 전체의 단지 1% 미만을 차지했다.[37]

특히 아시아 호랑이들에 의한 최근 수십 년간의 수출 성공은 정부개입을 최소화하면서 시장의 힘, 자유기업, 그리고 개방경제 등이 우세하도록 허용하는 것이 경제성장에 가장 효과적이라는 시장근본주의자들(제3장 참조)에 의한 주장에 추진력을 제공했다. 그러나 동아시아로부터의 증거는 어떻게 수출 성공이 달성되었는지에 대한 이 견해를 뒷받침하지 않는다. (일찍이 일본에서처럼 그리고 보다 최근에는 상당한 정도 중국에서처럼) 한국, 대만, 싱가포르에서 수출품의 생산과 구성은 시장에 맡겨진 것이 아니고, 한편으로는 이윤동기를 충분히 이용한 정부의 계획된 개입의 결과였다.[38] 우리는 이 장의 후반부에서 이 문제로 돌아올 것이다.

많은 공산품의 수출 확대를 위한 수요 문제는 1차 상품의 그것과 기본적인 경제적 내용에서 다르긴 하지만, 개발도상국들에게 여전히 비슷한 문제들을 제기할 수 있다. 여러 해 동안 선진국에는 개발도상국의 공산품에 대항하는 광범위한 보호정책이 존재했는데, 이것은 부분적으로 1960년대와 1970년대의 기간 동안에 대만, 홍콩, 한국 같은 나라들로부터의 저비용 노동집약적 공산품의 성공적인 침투의 직접적 결과였다. 그리고 앞에서 주목한 바와 같이 대부분의 기본공산품의 상대가격 또한 하락했다.

선진공업국들의 무역장벽은 광범위했다. 예를 들어 1980년대 동안 24개 선진국 중 20개국이 개발도상국 공산품 또는 가공제품들에 대한 자신들의 보호조치를 증가시켰다. 더욱이 고소득 국가 수출에 대한 것에 비해 개발도상국 수출에 대한 그들의 보호율은 상당히 더 높았다. 그런 다음에 개발도상국으로부터의 공산품 수출에 대한 주요 보호막이 되었던 비관세장벽이 있는데, 이는 개발도상국의 적어도 1/3에 영향을 미치고 있다. 한 주요한 사례는 면화, 양모, 합성섬유제품의 수출에 대한 대부분이 양자 간 할당의 복잡한 제도인, 2005년까지 효력이 있었던 **다자간섬유협정**(Multifiber Arrangement, MFA)이다. 유엔개발계획(UNDP)은 MFA가 개발도상국 진영에 매년 240억 달러의 직물 및 의류 수출소득 손해를 입혔다고 추정했다. 비록 몇몇 다른 개발도상국, 특히 방글라데시는 자신들의 시장점유율을 지킬 수 있었지만, MFA의 종료는 중국에 가장 큰 혜택을 주었다. 가장 현저하게는 앞에서 언급한 미국의 아프리카 성장 및 기회법(AGOA)과 유럽연합(EU)의 무기를 제외한 모든 것(EBA)을 통한 최빈국들에 대해 시장을 개방하려는 널리 공표된 조치들은 나중에 철회될 수 있는 양자 간 제안이다. 이러한 프로그램들은 또한 투자를 장려하거나, 또는 비용이 많이 들고 성가신 서류작업을 요구하기에는 너무 짧아 효과적이지 못한 시간 범위(time horizon) 같은 장애물들을 갖고 있다.[39]

선진국 제조업 (그리고 이제는 서비스) 부문에서 일자리를 잃은 고임금 근로자들이 저임금 상품들이 방해받지 않고 들어오는 것을 계속 허용할지는 두고 볼 일이다. WTO 규칙들이 많은 공식적인 장벽을 제거했지만, 많은 암묵적인 장벽이 남아 있다. 우루과이라운드 때와 WTO 초기연도의 고무적인 관세 감축 속도는 최근에 느려져서 거의 멈춘 상태이다. 미국이 이들 보호주의 수단들의 가장 큰 사용자인 반덤핑 '조사(investigation)'가 상당히 증가하여 1999년에 정점에 도달했다. 금세기의 초기연도에 신규 반덤핑 조사 건수는 계속하여 감소했지만, 반덤핑 제소는 보호주의자들의 무기고에 중요한 무기로 남아 있다. 예를 들어 세계적 경기후퇴가 2007년에 진행됨에 따라, 반덤핑조사가 2009년 말까지 급증했다. 상계관세 조사 또한 늘어나고 있다—'미국제품 의무조달(Buy American)'과 2008년 위기에 따른 부양패키지에 포함되어 많은 주목을 받게 된 유사한 법안들은 그 적법성이 미심쩍기는 하지만, 적어도 그것들이 남아 있는 한 개발도상국 투자에 주요한 영향을 줄 수 있으며, 또한 보호주의자들의 무기고에서 억제장치로 작용할 수 있다. 북미자유무역협정(NAFTA)과 EU를 포함하는 지역무역협정 또한 비회원 개발도상국들로부터의 수출에 대해 차별하는 효과를 미칠 수 있다.[40] 분석가들은 또한 그 막대하고 만성적인 **무역적자**(trade deficit)의 와중에서 미국이 얼마나 오랫동안 '최종소비자(consumer of last resort)'로서 계속 행동할 수 있을지 그리고 개발도상국

다자간섬유협정
개별 개발도상국들로부터의 면화, 양모, 합성직물, 의류의 수입에 대해 선진국들이 설치한 일련의 비관세 할당

무역적자
경상계정상 측정된 수입지출이 수출소득을 초과하는 것

들이 명백히 불가피한 미국 달러의 가치 하락에 어떻게 반응할지에 의문을 제기한다. 금융위기 이후에 되살아난 미국의 무역적자는 많은 분석가들을 놀라게 했지만, 어떤 시점에 이르면 이러한 개발도상국들의 수출기회는 당연히 축소될 것이다. 얼마나 많은 다른 선진국 시장들이 이 기간 동안에 미국이 보여준 정도로 개방이 될지 또한 널리 의심을 사고 있다(이 주제는 제13장에서 더 논의된다).

농산물과 다른 1차 상품 생산의 경우에서와 같이 수출전망의 불확실성이 현지시장 공급을 위해 필요한 공산품 생산의 확대를 축소하는 이유가 될 수는 없다. 개발도상국들 사이에 점진적인 경제통합이 이루어진다는 맥락 내에서, 개발도상국 간 상호이익이 되는 공산품 무역의 전망 또한 더 크다. 광물과 농산물에 대한 남남무역은 남남 공산품 무역보다 훨씬 더 빨리 증가했다. 중국의 1차 상품 투자, 그리고 그로부터의 수출은 아프리카에서 가장 눈에 띄지만, 그러나 중국 기업과의 계약하에 일하는 아프리카 제조업 지대의 출현 또한 상당한 수준이다. 반면에 다른 개발도상국들에 의한 중국에 대한 반덤핑 및 기타 무역불만은 급속히 증가하고 있다.

수입대체 : 대내지향적이지만 여전히 외부에 관심을 기울임

자신들의 1차 상품에 대한 약한 세계시장을 목격하고 산업화와 프레비시-싱어 가설의 마법에 대한 광범위한 믿음에 동의하여, 개발도상국들은 제2차 세계대전 이후 수십 년 동안 도시산업발전을 위한 수입대체전략에 의지했다. 비록 WTO, IMF, 세계은행으로부터의 압력이 그러한 노력에 높은 기회비용을 부과하고 있긴 하지만, 몇몇 나라들은 경제 및 정치적 이유 모두 때문에 여전히 이 전략을 따르고 있다. 앞에서 주목한 바와 같이 수입대체는 보통 공산품 소비재인 수입되고 있는 상품을 국내 생산 및 공급으로 대체하려는 시도를 수반한다. 전형적인 전략은 먼저 어떤 수입상품들에 대한 관세장벽을 세우거나 수입할당을 부과하고, 그 뒤에 이러한 재화—라디오, 자전거, 또는 가정용품 같은 품목들을 생산하기 위한 현지 산업을 육성하려 노력하는 것이다. 전형적으로, 이 전략은 관세보호의 벽 뒤에서 자신들의 공장을 설비할 것을 권장 받고, 온갖 종류의 세금 및 투자 유인책이 주어지는 외국기업과의 합작 사업을 수반한다. 초기 생산비가 종전의 수입가격보다 높을지 모르지만, 수입대체 제조활동을 설립하는 데 제시되는 경제적 정당성은 그 산업이 궁극적으로는 대규모 생산과 더 낮은 비용의 혜택을 수확할 수 있거나 [소위 관세보호를 위한 **유치산업**(infant industry)론] 또는 더 적은 소비재가 수입됨에 따라 국제수지가 개선될 것이라는 것이다. 종종 두 주장이 결합되어 제시된다. 궁극적으로 유치산업이 성장하여 세계시장에서 경쟁할 수 있기를 희망하는 것이다. 일단 그 평균 생산비를 낮추면 유치산업은 그 뒤에 순외환소득을 창출할 수 있을 것이다. 보호이론이 이러한 과정을 보여주는 데 어떻게 이용될 수 있는지 살펴보자.

유치산업
수입대체정책의 일부로서 보통 관세장벽에 의해 보호되는 새롭게 설립된 산업

관세, 유치산업, 그리고 보호이론

수입대체전략의 주요 메커니즘은 그 뒤에서 IS 산업이 운영되도록 허용하는 보호관세(수입품에 대한 세금) 또는 할당(수입품 수량에 대한 제한)을 설치하는 것이다. 그러한 보호에 대한

기본적인 경제적 정당성은 유치산업론이다. 지금은 더 비싸게 생산하는 국내 생산자들이 사업을 배우고, 단위비용과 가격을 낮추는 데 필요한 생산에 있어서의 규모의 경제와 경험에 의한 학습에 따른 외부경제를 달성하기 위한 충분한 시간을 갖도록 허용하기 위해, 수입상품에 대한 관세보호가 필요하다고 주장된다. 충분한 시간과 보호 덕분에 유치산업은 궁극적으로 성장하여 선진국 생산자들과 직접 경쟁할 만큼 될 것이며 더 이상 이러한 보호가 필요 없을 것이다. 한국과 대만에서 종전에 보호받던 많은 IS 산업의 사례에서 실제로 나타나는 바와 같이, 최종적으로 국내생산자들은 관세장벽 또는 정부보조금 없이 국내시장을 위해 생산할 수 있을 뿐만 아니라 이제는 더 낮은 비용으로 제조한 그들의 상품들을 나머지 세계에 수출할 수 있기를 희망한다. 따라서 많은 개발도상국 산업의 경우 이론적으로, IS 전략은 EP 전략에 대한 전제조건이 된다. (의존성을 줄이고 더 많은 자립을 획득하려는 욕구, 국내산업 기반을 구축할 필요성, 그리고 관세징수로부터의 상당한 조세수입을 제고하는 편의성을 포함하는)[41] 다른 것들보다 수입대체가 그렇게 많은 정부에게 매력적인 것은 바로 이 이유 때문이다.

국제무역 분야에서 기본적인 보호이론은 오래도록 수많은 논란을 불러일으킨 이슈지만 보여주기는 상대적으로 간단하다. 〈그림 12.3〉을 생각해보자. 그림의 윗부분은 국제무역이 없을 경우—즉 폐쇄경제에 있어서 문제의 산업(신발이라 하자)에 대한 표준적인 국내 공급 및 수요곡선을 보여준다. 국내 균형가격과 수량은 P_1과 Q_1이 될 것이다. 만일 이 나라가 그 뒤에 세계무역에 자신의 경제를 개방한다면, 세계시장에 비해 상대적으로 작은 크기 때문에 그 경제는 수평적, 완전탄력적인 수요곡선을 마주하게 될 것이다. 다시 말하면 그 나라는 더 낮은 세계가격 P_2에서 원하는 만큼 모두 팔 수(또는 살 수) 있다. 국내소비자들은 수입품의 더 낮은 가격과 그로 인한 더 많은 수량 구입으로부터 혜택을 보게 되는 반면, 국내생산자와 그들의 근로자들은 더 낮은 생산비를 가진 외국공급자들에게 일거리를 잃게 됨에 따라 분명히 고통을 받게 된다. 따라서 더 낮은 세계가격 P_2에서, 수요되는 수량은 Q_1으로부터 Q_3로 증가하게 되는 반면, 국내생산자가 공급하는 수량은 Q_1으로부터 Q_2로 감소하게 된다. 국내생산자들이 더 낮은 P_2의 세계가격에서 기꺼이 공급하고자 하는 것(Q_2)과 소비자들이 사기를 원하는 것(Q_3) 사이의 차이—〈그림 12.3〉에서 선 ab로 보이는—가 수입되는 양이다.

자유무역의 결과로 인해 국내생산과 일자리의 잠재적 손실에 직면하게 되어 유치산업 보호를 획득하고자 하게 되면, 국내생산자들은 정부로부터의 관세부과를 통한 구제를 찾을 것이다. (t_0와 동일한) 관세의 효과는 〈그림 12.3〉의 밑부분에 표시되어 있다. 관세는 신발의 국내가격이 P_2에서 P_t로 상승하도록 만든다—즉 $P_t = P_2(1 + t_0)$. 국내소비자들은 이제는 더 높은 가격을 지불해야 하며 Q_3로부터 Q_5로 자신들의 수요량을 줄일 것이다. 국내생산자들은 이제는 생산을(그리고 고용을) Q_2에서 Q_4 수량까지 확대할 수 있다. 사각형 면적 $cdfe$는 수입신발에 대해 정부에 의해 징수된 관세수입의 양을 측정한다.

명백히 관세가 높으면 높을수록 세계가격과 수입세의 합이 국내가격에 더 가깝게 될 것이다. 고전적 유치산업 IS 시나리오에서는 관세가 너무 높아 수입품의 가격을 〈그림 12.3〉의 위그림에서 P_1보다 높게 말하자면 P_3로 인상시켜, 그 결과 수입이 효과적으로 금지되며 국내 산업은 완전한 보호관세의 장벽 뒤에서 다시 한 번 Q_1만큼의 생산량을 P_1의 가격으로 판매하며

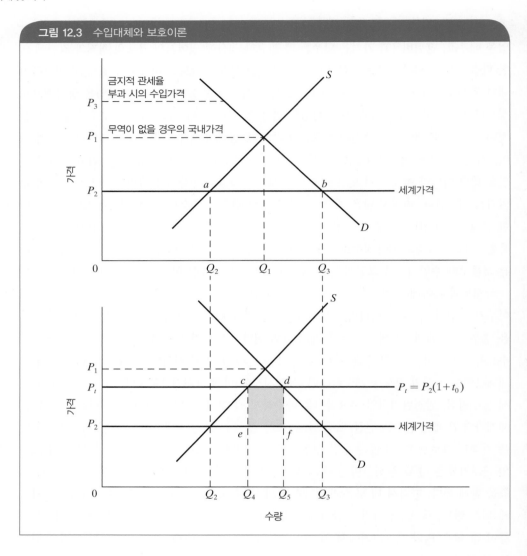

그림 12.3   수입대체와 보호이론

운영되도록 허용된다. 단기적으로 그러한 금지관세의 영향은 더 높은 가격과 더 낮은 소비를 통해 국내생산자와 그들의 근로자들에게 사실상 보조금을 지급하고 있는 소비자들을 처벌하는 것이라는 게 명백하다. 달리 보면 우리는 관세가 소득을 소비자들로부터 생산자들에게 재분배한다고 말할 수 있다. 그러나 장기적으로 유치산업을 위한 **IS** 보호의 지지자들은 국내 및 다른 신발 제조업자들이 규모의 경제와 경험에 의한 학습이 주는 혜택을 수확함에 따라 궁극적으로 국내가격이 P_2(세계가격) 이하로 떨어지게 하여 모든 사람이 혜택을 볼 것이라고 주장한다. 그렇다면 국내 및 세계시장 **모두**를 위해 생산이 이루어질 것이며, 국내생산자 및 그들의 근로자들은 물론 국내소비자들도 혜택을 입을 것이고, 보호관세도 제거될 수 있을 것이다. 그리고 정부는 모든 잃어버린 관세수입을 이제는 훨씬 높아진 국내 제조업자들의 소득에 부과하는 세금으로 대체할 수 있을 것이다. 이 모두가 이론적으로는 논리적이며 설득력 있게 들린다. 그러나 실제로 성과는 어땠는가?

IS 산업화전략과 결과

대부분의 관찰자들은 산업화의 수입대체전략은 대체로 성공적이지 못했다는 데 동의한다.[42] 구체적으로는 다섯 가지의 바람직하지 못한 결과가 있었다. 첫째, 보호관세의 장벽 뒤에 안전하게 숨어서 경쟁압력으로부터 면제되어, 많은 IS 산업들(공공과 민간 소유 모두)은 운영하기에 비효율적이고 비용이 많이 드는 채로 남아 있다. 둘째, 수입대체 과정의 주요 수혜자들은 관세장벽 뒤에서 너그러운 세금과 투자 유인책을 이용할 수 있었던 외국기업들이었다. 많은 부분이 해외로 송금되는 이자, 이윤, 그리고 특허사용료와 경영 수수료를 제외한 후, 남아 있는 얼마 안 되는 것도 보통 외국 제조업자들과 함께 협력하고 그들에게 정치적, 경제적 핑계를 제공하는 부유한 현지 산업가들에게 귀속된다.

셋째, 대부분의 수입대체는 외국 및 국내기업들에 많은 그리고 종종 정부의 보조를 받는 자본재와 중간상품의 수입에 의해 가능한 것이었다. 외국회사들의 경우에는 이러한 많은 것들이 해외의 모회사나 자회사로부터 구입된다. 두 가지 즉각적인 결과가 생긴다. 한편으로는 보통 최소한의 고용효과만 유발하면서 부자들의 소비습관을 충족시키는 자본집약적인 산업이 수립된다. 또 다른 한편으로는 개발도상국의 국제수지 상황을 개선하고 부채 문제를 경감하기는커녕, 무차별적인 수입대체는 종종 수입 자본재 투입과 중간재의 필요성을 증가시킴으로써 상황을 악화시키는 한편, 방금 주목했듯이 이윤의 상당 부분이 민간이전지출의 형태로 해외로 송금된다.

많은 수입대체전략의 네 번째 해로운 효과는 전통적 1차 상품 수출에 미쳐 왔던 그 영향이다. 저렴한 자본재와 중간재의 수입을 통해 현지 제조업을 장려하기 위해, (한 나라의 중앙은행이 특정 외화를 구입할 준비가 되어 있는 비율인) **공식 환율**(official exchange rate)은 종종 인위적으로 고평가되어 왔다. 이것은 현지 통화로 환산된 수출품의 가격을 올리고 수입품의 가격을 낮추는 효과를 가져왔다. 예를 들어 만일 파키스탄 루피와 미국 달러 사이의 **자유시장 환율**(free-market exchange rate)이 20 대 1이지만 공식 환율은 10 대 1이라면, 미국에서 10 달러인 품목은 (운송비와 기타 봉사료를 제외하고) 파키스탄에 100루피의 가격으로 수입될 수 있을 것이다. 만일 (달러 대비 파키스탄 루피화의 수요와 공급에 의해 결정된 환율인) 자유시장 환율이 적용된다면, 그 품목의 수입에는 200루피가 들게 된다. 따라서 **고평가된 환율**(overvalued exchange rate)의 도움으로 개발도상국 정부는 효과적으로 그들 수입품들의 국내 화폐가격을 낮춰 왔던 것이다. 동시에 그들의 수출품 가격은 인상되었다—예를 들어 10 대 1의 환율에서, 미국 수입업자들은 1루피짜리 품목의 수입 때마다 만일 가상적인 자유시장 비율 20 대 1이 실제로 적용된다면 자신들이 지불하게 될 5센트 대신 10센트를 지불해야만 할 것이다.

수입대체정책의 맥락에서 환율을 고평가하는 것의 순효과는 (수입 자본재가격이 인위적으로 낮아졌기 때문에) 자본집약적인 생산방법을 더욱더 장려하고, 외화로 표시된 수출가격을 인위적으로 올림으로써 전통적인 1차 상품 수출부문에 불이익을 주는 것이다. 그렇다면 이러한 고평가는 세계시장에서 현지 농부들의 경쟁력 약화를 초래한다. 그 소득분배효과의 차원

공식 환율
중앙은행이 국내통화를 미국 달러와 같은 외국통화와 교환하여 매입하고 또 매도하고자 하는 비율

자유시장 환율
예를 들어 미국 달러로 표시된, 국내통화에 대한 국제적 공급과 수요에 의해 전적으로 결정된 비율

고평가된 환율
그 실질 또는 잠재 가치보다 높은 수준으로 설정된 공식 환율

에서는 그러한 정부정책의 결과는 아마도 소농들과 자영업자들에게 불이익을 주는 반면, 외국 및 국내 모두 자본을 소유한 자들의 이윤을 개선하는 것일 것이다. 따라서 산업보호는 농산물 수출을 억제함은 물론 국내시장에서 농산물에 과세를 하는 효과를 갖는다. 수입대체정책은 실제로는 도시부문과 고소득 계층을 우대하는 한편, 농촌부문과 저소득 계층을 차별함으로써 종종 국내 소득분배를 악화시켰다.

다섯 번째이며 마지막으로 나머지 경제와 '전방(forward)' 및 '후방(backward)' 효과를 창출함으로써 유치산업 성장과 자생적 산업화를 촉진한다는 아이디어로 이해되어 왔던 수입대체전략은 오히려 종종 그 산업화를 저해했다. 많은 유치산업들은 보호관세 및 관세를 낮춤으로써 그들이 더 경쟁적이 되도록 강요하기를 꺼리는 정부 뒤에 숨는 것에 만족하여 결코 성장하지 않았다. 실제로 정부 자신이 종종 국영기업체로서의 보호된 산업을 운영했다. 더욱이 잠재적으로 전방연관효과가 있는 (인쇄업자가 현지의 보호된 종이공장으로부터 종이를 구매하는 것과 같이, 보호된 기업의 산출물을 투입요소 또는 자기 자신들의 생산 과정에서의 중간재로 구입하는) 산업에의 투입요소 비용을 올림으로써, 그리고 자기 자신들의 투입요소는 국내 공급자와의 후방연관을 통하기보다는 해외의 공급선으로부터 구매함으로써, 비효율적인 수입대체기업들이 실제로는 기대되는 자립적이며 통합된 산업화의 과정을 봉쇄할 수도 있다.[43]

관세구조와 효과적인 보호   수입대체 프로그램들은 국내 산업을 주로 관세와 물적 할당의 사용을 통해 경쟁적인 수입품으로부터 보호하는 데 기반을 두고 있기 때문에, 우리는 개발도상국들에서 이러한 상업정책 수단들의 역할과 한계를 분석할 필요가 있다. 이미 논의했듯이 정부는 여러 이유로 인해 수입품에 대해 관세와 물적 할당을 부과한다. 예를 들어 관세장벽은 공공세입을 늘리기 위해 설치될 수도 있다. 사실 국내 소득세 징수의 행정 및 정치적 어려움을 고려할 때, 상대적으로 적은 수의 항구 또는 국경초소에서 징수되는 수입품에 대한 고정비율의 세금은 종종 정부수입을 늘리기 위한 가장 저렴하고 매우 효율적인 방법 중 하나이다. 따라서 많은 개발도상국에서 이러한 국제무역에 대한 세금은 전반적인 재정제도의 중심적 특징이다. 자동차와 다른 사치소비재 같은 수입품에 부과하는 물적 할당과 같은 **비관세무역장벽(nontariff trade barrier)**은 비록 관리하기가 더욱 어렵고 지연, 비효율성, 그리고 지대추구적인 부패(예 : 수입면허의 부여와 관련한)에 더욱 시달리지만, 특별히 문제 있는 상품들의 진입을 억제하는 효과적인 수단을 제공한다. 관세는 또한 (보통 비싼 소비재들인) 비필수재들의 수입을 제한하는 역할을 할 수 있다. 수입을 제한함으로써 할당과 관세 모두 국제수지를 개선할 수 있다. 그리고 공식환율을 고평가시키는 것 같이 관세도 한 국가의 교역조건을 개선하는 데 사용될 수 있다. 그러나 그 수출품 또는 수입품의 세계시장 가격에 영향을 줄 수 없는 소규모 개발도상국의 경우에는 관세(또는 평가절하)에 대한 이러한 주장은 타당성이 없다. 마지막으로 주목한 바와 같이 관세는 수입대체를 통한 산업화 정책의 통합적 요소를 형성할 수 있다.

수입을 제한하는 데 어떤 수단들을 사용하든, 그러한 제약은 항상 국내기업을 다른 나라 생산자들과의 경쟁으로부터 보호한다. 보호의 정도를 측정하기 위해서는 이러한 제약이 수입품의 국내가격을 만일 보호가 없었더라면 형성되었을 수입품가격을 얼마만큼 초과하도록 만들었는지를 질문할 필요가 있다. 보호의 기본적 척도에는 명목보호율과 실효보호율 두 가지가 있다.

명목보호율(nominal rate of protection)은 수입품의 국내가격이 보호가 없을 때의 가격을 초과하는 정도를 백분율로 보여준다. 따라서 명목(종가)관세율 t는 상품의 최종가격과 관련이 있으며 간단하게 다음과 같이 정의될 수 있다.

$$t = \frac{p'-p}{p} \tag{12.1}$$

여기서 p'과 p는 각각 관세가 있을 때와 없을 때의 해당 상품의 단위가격이다.

예를 들어 만일 수입자동차의 국내가격 p'이 5,000달러인 반면, 그 자동차가 통관항에 도착했을 때의 CIF가격(비용에 보험료와 운송비를 더한 금액) p가 4,000달러라면, 명목관세보호율 t는 25%가 된다. 이것은 〈그림 12.3〉에서 t_0로 묘사된 종류의 관세이다.

이와는 대조적으로 **실효보호율**(effective rate of protection)은 한 국내 산업에서 특정 공정단계의 **부가가치**(value added)가 보호가 없었을 경우의 부가가치를 몇 퍼센트 초과할 수 있는지를 보여준다. 다시 말하면, 그것은 국내 기업이 지불해야 하는 임금, 이자, 이윤, 그리고 감가상각충당금 등의 합이 보호의 결과, 만일 이들 같은 기업들이 외국생산자들로부터의 (관세 보호가 없는) 제약 없는 경쟁에 직면할 수밖에 없다면 존재하게 될 그 합을 몇 퍼센트 초과할 수 있는지를 보여준다.[44] 그러므로 실효율 ρ는 국내가격에 있어서의 부가가치(산출물의 부분)와 세계가격에 있어서의 부가가치 사이의 차이를 후자의 백분율로 표현한 수치로 정의할 수 있으며, 따라서 다음이 성립한다.

$$\rho = \frac{v'-v}{v} \tag{12.2}$$

여기서 v'과 v는 각각 보호가 있을 때와 없을 때의 단위생산량당 부가가치다. 이 수치는 v'이 v보다 크거나 작은지에 따라 정(+)일 수도 있고 부(−)일 수도 있다. 대부분의 개발도상국의 경우 실효보호율은 높은 정(+)의 수치이다.

명목보호율과 실효보호율 사이의 중요한 차이는 예를 들어서 설명될 수 있다.[45] 자동차가 국제 또는 세계가격인 10,000달러에 생산되어 판매되는, 관세가 없는 어떤 나라를 생각해보자. 최종 조립 과정에서 노동에 의한 부가가치가 2,000달러라고 가정되면, 나머지 투입요소의 총가치는 8,000달러이다. 단순화를 위해 이러한 비노동 투입요소들의 가격은 그 세계가격과 동일하다고 가정하자. 이제 자동차의 국내가격을 11,000달러로 인상시키지만 모든 다른 수입할 수 있는 중간부품들의 가격은 변하지 않도록 하는 10%의 명목관세가 수입자동차에 부과되었다고 가정하자. 자동차 생산의 국내 과정은 이제는 관세 부과 전의 단위당 2,000달러와 대조적으로 생산단위당 3,000달러를 노동투입에 사용할 수 있다. 그러므로 실효보호이론은 이러한 조건하에서 (자동차) 최종제품에 대한 10%의 명목관세가 상품단위당 그 부가가치로 볼 때 국내 조립 과정을 위한 50%의 실효보호율을 발생시켰다고 암시한다. 이로부터 주

명목보호율
수입품에 부과되는 종가 관세율

실효보호율
수입품의 최종가격이 아니라 부가가치에 대한 보호의 정도—보통 명목보호율보다 더 높음

부가가치
생산의 각 단계에서 더해진 생산물의 최종가치 액수

어진 어떤 명목관세율의 경우라도 생산 과정의 부가가치가 작으면 작을수록 실효보호율은 더 커질 것이라는 내용이 뒤따르게 된다. 즉 $\rho = t/(1-a)$가 성립하는데, 여기서 t는 최종제품에 대한 명목관세율이고, a는 수입할 수 있는 중간투입물이 한 나라에 무관세로 유입된다고 가정되는 자유시장에서 이러한 수입할 수 있는 중간투입물이 차지하는 비중이다.

대부분의 경제학자들은 (명목 또는 종가 보호율이 측정하기가 더 쉽기는 하지만) 실효보호율이 주어진 한 국가의 관세구조에 의해 국내 제조업자들에게 제공되는 보호와 장려의 정도를 확인하는 데 더 유용한 개념이라고 주장한다. 이것은 실효보호율이 그 생산물과 투입요소 모두의 수입에 부과된 제약이 기업 또는 산업에 미치는 순효과를 보여주기 때문이다. 개발도상국과 선진국 모두를 포함한 대부분의 국가에서, 실효보호율은 보통 명목보호율을 때로는 200%만큼이나 초과한다. 예를 들어 실효보호율의 평균 수준은 파키스탄과 우루과이의 경우 300%, 아르헨티나와 브라질의 경우 100%, 필리핀의 경우 50%, 그리고 멕시코의 경우 25%를 각각 초과한다.[46] 그러나 실효보호율은 1980년대 중반 이래 상당히 하락했다.

개발도상국에 대해 실효 대 명목 관세구조를 분석하는 일의 많은 함축적 의미 중에 두 가지가 특히 주목할 만한 것으로 두드러진다. 첫째, 대부분의 개발도상국들은 시장이 이미 존재한다고 추정되는 최종소비재의 국내생산에 역점을 두고 수입대체의 산업화 프로그램을 추구했음이 분명하다. 더욱이 최종재 생산은 일반적으로 중간 자본재 생산보다 기술적으로 덜 정교하다. 기대했던 것은 시간이 지나면서 증가하는 수요와 최종재 생산에 있어서의 규모의 경제가 국내 중간재 산업의 생성을 유도하는 강력한 후방연계효과를 창출하게 된다는 것이었다. 대부분의 개발도상국들의 경우 기록된 성과는 실망스러운 것이었다는 것 또한 분명하다. 이렇게 성공이 이루어지지 않은 이유 중 일부는 개발도상국의 관세구조가 최종재 산업에 과도하게 높은 실효보호율을 제공했던 반면, 중간재 및 자본재에는 상당히 낮은 실효보호를 부여해 왔다는 것이었다. 순결과는 희소한 자원이 중간재 생산으로부터 종종 비효율적인 고도로 보호된 최종소비재의 생산으로 이끌리는 것이다. 후방연계는 유발되지 않으며, 중간재 수입비용은 증가하고, 효율적, 저비용, 노동집약적인 기법에 초점을 맞추는 토착적인 자본재 산업의 발전은 심각하게 방해를 받는다.

둘째, 선진국이 개발도상국으로부터의 수입품에 부과하는 명목보호율이 상대적으로 낮은 것처럼 보일지라도, 실효보호율은 꽤 상당할 수 있다. 앞에서의 카카오와 설탕의 사례에서 주목한 바와 같이, 원자재는 보통 무관세로 수입되는 반면, 볶은 커피와 분말 커피, 코코넛기름, 그리고 코코아버터 같은 가공된 상품들에는 낮은 명목관세가 부과되는 것처럼 보인다. 실효보호이론은 수입원자재에 관세를 부과하지 않고 가공된 상품에 낮은 명목관세를 부과하면 상당히 높은 실효보호율을 나타낼 수 있다고 암시한다. 예를 들어 만일 10%의 관세가 가공 코코넛기름에 부과되는 반면에 코프라(건조된 코코넛)는 무관세로 수입될 수 있고, 또 만일 코프라로부터 기름을 만드는 데 부가가치가 코코넛기름 전체 가치의 5%라면, 그 과정은 실질적으로 200%의 보호를 받는 것이다! 이것은 개발도상국의 식품 및 기타 원자재가공 산업의 발전을 크게 저해하며, 궁극적으로 그들의 잠재적 외환소득을 감소시킨다.

실효보호율은 또한 선진국에서 명목보호율보다 상당히 높은데, 특히 저소득 국가들이 가장 경쟁적일 수 있는 재화들에서 그렇다. 예를 들어 최근까지 미국과 유럽연합에서 실과 방적사, 직물, 의류, 나무제품, 가죽 및 고무제품에 대한 실효보호율은 이들 같은 품목에 대한 명목보호율보다 평균 2배가 넘었다. 유럽연합에서 코코넛기름에 대한 실효보호율은 명목보호율의 10배(15%와 비교하여 150%)였으며, 대두가공품에 대한 실효보호율은 명목보호율의 16배였다(10%에 대해 160%).

요약하면 개발도상국에서 관세보호를 지지하는 표준적인 주장은 네 가지 주요한 구성요소를 갖는다.

1. 무역에 대한 세금은 상대적으로 부과하기 쉬운 형태의 세금이며 징수하기는 심지어 더 쉽기 때문에, 대다수 개발도상국에서 정부수입의 주요 원천이 된다.
2. 수입제한은 만성적인 국제수지 및 부채 문제에 대한 명백한 대응책이다.
3. 수입을 반대하는 보호조치는 많은 또는 대부분의 개발도상국들이 스스로 속해 있다고 당연히 여기는 경제적 종속의 만연된 상태를 극복함은 물론 규모의 경제, 정(+)의 외부효과, 그리고 산업적 자립을 조성하는 적절한 수단이라고들 한다.
4. 수입제한정책을 추구함으로써 개발도상국들은 자기들의 경제적 운명을 더욱 잘 통제할 수 있는 한편, 국내 수입대체산업에 투자하려는 외국기업의 관심을 장려하여 더 높은 이윤, 따라서 더 큰 저축과 미래성장을 위한 잠재력을 창출할 수 있다. 개발도상국들은 또한 상대적으로 유리한 가격에 수입설비를 획득할 수 있으며, 국내생산자 및 국내에서 통제가 가능한 생산자들을 위해 이미 수립된 국내시장을 확보할 수 있다. 종국에 개발도상국들은 심지어 세계시장에 수출할 만큼 충분히 경쟁력을 갖출 수도 있을 것이다.

비록 이러한 주장들이 확신을 주는 것처럼 들릴 수 있고 몇몇 보호정책은 개발도상국 진영에 매우 이롭다는 것이 밝혀지기는 했지만, 많은 나라들이 자신들이 원하는 결과를 가져오는 데 실패하였다. 보호는 무차별적으로 그리고 단기 및 장기적 파장에 대한 고려 없이 적용될 수 있는 만병통치약이 아니라, 선택적으로 그리고 현명하게 사용되어야 하는 경제정책 수단이다.

환율, 외환통제, 그리고 평가절하 결정

우리는 이미 환율 문제를 간략히 논의했다. 한 나라의 공식 환율은 그 중앙은행이 허가된 외환시장에서 자국통화를 다른 통화로 교환 거래할 준비가 되어 있는 비율이다. 공식 환율은 보통 미국 달러로 표시된다—달러당 얼마의 페소, 레알, 파운드, 유로, 루피, 바트, 엔 등. 예를 들어 남아프리카공화국 랜드의 미국 달러에 대한 공식 환율은 1998년에 달러당 약 5랜드였으며, 인도 루피는 공식적으로 달러당 약 40루피의 가치를 갖는다. 만일 남아프리카공화국 제조업자가 인도의 직물수출업자로부터 직물을 40,000루피의 가격으로 수입하길 원한다면, 그는 구매를 위해 5,000랜드가 필요할 것이다. 그러나 대부분의 외환거래가 미국 달러로 행해지기 때문에 남아프리카공화국 수입업자는 5,000랜드를 주고 1,000달러의 외환을 남아프리카공화국 중앙은행으로부터 구입하여, 그 뒤에 공식적 통로를 통해 인도 수출업자에게 전달할 필요가 있을 것이다. 현재 유로에 고정시킨 국가들 외에 전통적 고정환율을 운용하는 주요 국가는 거의 없다. 중국은 2005년에 고정환율로부터 (보다 융통성을 부여하는) 관리변동환율로 이동했다. 관리변동환율을 가진 많은 개발도상국들이 자신들 환율에 대해 상당한 통제력을 유지하기 위해 여전히 개입이라는 수단을 사용하고 있음을 주목하라.

공식 환율이 반드시 외환의 경제적 균형가격에—즉 달러와 같은 외국통화에 대한 국내수요가 정부 규제나 개입이 없이 그 공급과 정확히 일치하는 비율—또는 그 부근에 설정되어 있지는 않다. 사실 앞에서 주목한 바와 같이 역사적으로 대부분 개발도상국의 통화들은 환율에 의해 고평가되어 왔다. 외환의 공식가격이 어떤 정부 제약이나 통제 없이도 국내수요가 확보 가능한 외환공급을 초과하는 결과를 가져오는 수준으로 결정될 때에는 언제나 그 국내통화는 고평가되었다고 일컬어진다.

초과수요의 상황에서 개발도상국 중앙은행들은 공식 환율을 유지하기 위해 세 가지 기본적인 정책선택권을 갖고 있다. 첫째, 그들은 (멕시코가 1991년부터 1994년까지 그리고 태국, 말레이시아, 인도네시아, 필리핀이 1995년부터 1997년까지 그랬듯이) 외환준비금을 풀어서 또는 (많은 아프리카 국가들이 1980년대에 그리고 인도네시아와 한국이 1990년대에 그랬듯이) 추가 외환을 해외에서 차입하여 더 많은 부채를 발생시킴으로써 초과수요를 수용하려고 시도할 수 있다. 둘째, 그들은 수입수요를 완화하도록 고안된 상업정책과 세금조치(예 : 관세, 물적 할당, 면허)를 추구하여 외환에 대한 초과수요를 축소하려고 할 수 있다. 셋째, 그들은 사용 가능한 외환의 제한된 공급을 '특혜 받는' 고객들에게 할당함으로써 외환시장을 규제하고 그 시장에 개입할 수 있다.[47] 그러한 할당은 더 흔히 **외환통제**(exchange control)라 알려져 있다. 한때 그랬던 것보다 이제 흔하지 않지만 이 정책은 개발도상국 진영에서 널리 사용되어 왔다.

외환통제
내국인들에 의해 획득 또는 보유될 수 있는 외환의 수량을 통제함으로써 국내통화의 유출을 제한하고 국제수지 상황 악화를 방지하려 고안된 정부정책

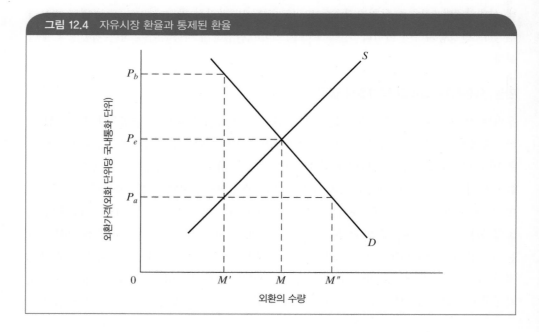

그림 12.4 자유시장 환율과 통제된 환율

외환통제의 작동원리와 운영은 〈그림 12.4〉의 도움을 받아 도표로 예시될 수 있다. 자유시장조건하에서, 총 M단위만큼의 외환수요와 외환공급이 일치하면서 외환의 균형가격은 P_e가 된다. 그러나 만일 정부가 P_a에서 인위적으로 낮은 외환가격을 유지(즉 자국통화의 고평가)한다면 수출가격이 인상되므로, 외환의 공급은 M'단위에 그칠 것이다. 그러나 P_a라는 가격에서 외환수요는 M''단위가 될 것이고, 그 결과 $M'' - M'$단위에 해당하는 '초과수요'가 존재하게 된다. 그 차이를 보충하기 위해 외국인들이 기꺼이 그 나라에 돈을 빌려주거나 투자를 하지 않는 한 사용 가능한 공급량 M'을 할당하기 위해서는 어떤 방법이 고안되어야만 한다. 만일 정부가 이러한 공급을 경매에 붙인다면, 수입업자들은 외환을 확보하기 위해 P_b라는 가격을 기꺼이 지불하려 할 것이다. 그러한 경우에 정부는 단위당 $P_b - P_a$만큼의 이윤을 챙길 수 있을 것이다. 그러나 그러한 공개경매는 거의 이루어지지 않고, 외환의 제한된 공급량은 어떤 행정적인 할당이나 면허 장치를 통해 배분된다. 수입업자들이 외환 한 단위당 P_b만큼을 기꺼이 지불하려 하기 때문에 부패, 탈세, 그리고 암시장 출현의 기회가 가능해진다.

왜 대부분의 개발도상국 정부들이 한 번쯤은 고평가된 공식 환율을 택했을까? 많은 정부가 급속한 산업화 및 수입대체라는 널리 퍼진 프로그램의 일환으로 그렇게 했던 것이다. 앞에서 언급한 바와 같이 고평가된 환율은 수입품의 국내통화표시가격을 자유로운 외환시장에서 (즉 공급과 수요의 힘에 의해) 결정되었을 수준 이하로 떨어뜨린다. 더 저렴한 수입품, 특히 자본재와 중간생산재들이 산업화 과정을 추진하기 위해 필요하다. 그러나 고평가된 환율은 또한 수입소비재, 특히 값비싼 사치품의 국내통화표시가격을 떨어뜨린다. 그러한 불필요한 값비싼 수입품을 제한하고자 하는 개발도상국들은 종종 (대부분 물적 할당인) 수입통제조치를 수립하거나 또는 한 환율은 보통 높게 고평가되고 법적으로 고정되어 있으며 자본 및 중간재 수입품에 적용되고, 다른 환율은 훨씬 낮고 불법적이며 (또는 자유롭게 변동되며) 사치품 소비재 수입에 적용되는 **이중환율**(dual exchange rate) 또는 **평행환율**(parallel exchange rate)제도를 설정할 필요가 있다. 그러한 이중환율제도는 수입 사치재의 국내가격을 매우 높게 만드는 반면, 생산재 수입품의 가격을 인위적으로 낮게, 따라서 보조금이 지불된 가격으로 유지한다. 말할 필요도 없이 외환통제 및 수입면허와 같이 이중환율제도는 관리상의 심각한 문제를 야기하며 암시장, 부패, 탈세, 지대추구를 고무할 수 있다(제11장 참조).[48]

그러나 고평가된 통화는 무거운 관세 또는 물적 할당으로 보호되지 않는 국내 수출업자와 수입품과 경쟁하는 산업에 대한 수익을 감소시킨다. 수출업자들은 자신들의 상품에 대해 만일 자유시장 환율이 성립되었다면 얻었을 것보다 더 적은 국내통화를 받는다. 더욱이 수출품의 외국통화표시가격을 줄이기 위한 수출보조금이 없다면, 대부분이 농부인 수출업자들은 자신들 상품가격이 고평가된 환율에 의해 인위적으로 인상되었기 때문에 세계시장에서 그만큼 경쟁력을 상실한다. 수입품과 경쟁하지만 보호되지 않은 국내 산업들의 경우에는 고평가된 환율은 동일한 상품(예 : 라디오, 타이어, 자전거, 가정용품)의 해외수입품에 대한 국내통화표시가격을 인위적으로 낮춘다.

그러므로 자국민들의 외환거래에 대한 효과적인 정부의 개입과 규제가 없으면 고평가된 환율은 단지 수입품을 저렴하게 하는 한편, 수출품은 보다 비싸게 만들기 때문에 국제수

이중환율, 평행환율
자본재와 중간재 수입품에 적용되는 매우 고평가되고 합법적으로 고정된 비율과 수입소비재를 위한 2차적인 불법적(또는 자유롭게 변동되는) 비율이 같이 존재하는 환율체계

평가절하
한 나라의 통화와 모든 다른 나라 통화 사이의 공식 환율을 내리는 것

(통화의) 가치하락
공급과 수요라는 시장원리의 결과로 다른 통화로 표시된 한 통화의 가치 또는 가격이 시간이 흐르면서 하락하는 것

변동환율
국제무역과 금융으로부터 발생하는 수요와 공급의 변동에 반응하여 위아래로 자유롭게 움직이는 한 나라 통화의 교환가치

지와 대외부채 문제를 악화시키는 경향이 있다. 주로 경상계정거래(수출과 수입)로부터 비롯되는 만성적인 지불적자는 통화의 **평가절하**(devaluation)로 개선될 수 있을 것이다. 간단히 정의하면 한 나라의 통화는 그 중앙은행이 달러에 대한 자국통화를 교환할 준비가 되어 있는 공식적인 비율이 갑자기 증가할 때 평가절하된다. 이와는 대조적으로 통화의 **가치하락**(depreciation)은 자국시장과 비교할 때 외국시장에서의 국내통화의 구매력이 점진적으로 하락하는 것을 지칭한다. 가치상승(appreciation)은 점진적 상승을 지칭한다.[49] 예를 들어 남아프리카공화국과 인도의 통화가 고정되었을 때, 만일 달러에 대해 약 5랜드와 40루피인 그들의 공식 환율이 말하자면 달러당 8랜드와 50루피로 바뀐다면, 남아프리카공화국 랜드와 인도 루피의 평가절하가 발생하게 된다. 이러한 평가절하에 뒤이어 남아프리카공화국과 인도 재화의 미국 수입업자들은 똑같은 상품을 획득하기 위해 더 적은 달러를 지불하게 된다. 그러나 남아프리카공화국과 인도에 대한 미국의 수출품은 더욱 비싸게 되어, 그것을 구입하기 위해 이전보다 더 많은 랜드 또는 루피가 필요하게 된다. 간단히 말하면 그 수출품의 외환통화표시가격을 낮추는 (그리고 그럼으로써 더 많은 해외수요를 창출하는) 반면, 그 수입품의 국내통화표시가격을 올림으로써 (그리고 그럼으로써 국내수요를 낮춤으로써) 자신들의 통화를 평가절하하는 개발도상국들은 나머지 세계에 대한 자신들의 무역수지를 개선하기를 희망한다. 이것이 통화가 '고정되었을(pegged)' 때 평가절하가 항상 IMF 안정화정책의 핵심 요소가 되는 주요한 이유이다.

통화의 평가절하에 대한 대안은 환율이 국제적 수요와 공급의 변화하는 조건에 따라 자유롭게 변동하도록 허용하는 것이다. 극도로 예측 불가능하고, 광범위하고 통제 불가능한 변동이 불가피하며, 해외 및 국내 통화 투기에 취약하기 때문에 자유변동 또는 **변동환율**(flexible exchange rate)은 과거에 특히 수출과 수입에 심하게 의존하는 개발도상국들에 있어서 바람직하다고 생각되지 않았다. 그러한 예측 불가능한 변동은 단기 및 장기적인 개발계획 모두를 완전히 파괴할 수 있다. 그럼에도 불구하고 1980년대의 세계적인 국제수지 및 부채 위기의 기간 동안 멕시코, 아르헨티나, 칠레, 그리고 필리핀을 포함한 많은 개발도상국들이 상당한 지불불균형을 교정하고 계속되는 자본도피를 방지하기 위해 그들의 환율을 자유롭게 변동하게 내버려 두도록 IMF에 의해 강한 영향을 받았다. 똑같은 현상이 1994년 멕시코, 그리고 태국, 필리핀, 한국, 말레이시아, 그리고 인도네시아에서 1997년과 1998년 아시아 통화 위기 중에 다시 발생했다. 1997년 불과 몇 달 사이에 태국 바트화는 달러에 대해 그 가치의 1/3을 잃어버렸고, 필리핀의 페소, 한국의 원, 말레이시아의 링기트, 그리고 인도네시아 루피아는 거의 30%만큼 가치가 떨어졌다. 관련성이 좀 떨어지기는 하지만 최근의 예를 보면 인도의 루피는 2013년 5월부터 갑자기 하락하기 시작하여 미국 달러에 대해 그 가치의 20%만큼(2013년 8월에만 9%)을 잃어버렸다. 중앙은행이 이자율을 올리며 대응했는데, 이는 2013년 하락분의 약 1/2을 일시적으로 회복시켰지만 이미 둔화되고 있었던 경제성장을 더욱 희생하는 명백한 대가를 치르도록 했다. 몇몇 분석가들은 이를 '극단적으로 느슨한' 미국의 금융정책이 강화됨에 따라 브라질 같은 더 많은 나라들이 관련되는 새로운 일련의 위기의 잠재적인 불길한 조짐으로 간주했다. 이와 관련된 주제는 제13장과 제15장에서 다시 다룰 것이다.

1976년의 IMF 회의에서 공식적으로 합법화된 현재의 국제 변동환율체제는 (인위적으로 고정시킨) 고정환율제도와 완전변동환율제 사이의 타협의 산물이다. 이러한 '관리(managed)' 변동체제하에서 주요 국제통화는 자유로운 변동이 허용되지만, 불규칙한 변동은 중앙은행의 개입을 통해 제한된다. 대부분 개발도상국들의 추세는 자국통화의 **관리변동환율**(managed float)을 지향하는 것이다.

통화의 평가절하에 관해 지적해야 할 한 가지 마지막 우려되는 점은 국내 물가에 미칠지 모를 효과이다. 평가절하는 국내통화로 표시한 수입품 가격 상승에 즉각적인 효과를 미친다. 전에는 x루피이던 수입 셔츠, 신발, 라디오, 레코드, 식료품, 자전거가 이제는 평가절하의 퍼센트 크기 d에 따라 그 가격이 $(1 + d)x$루피가 된다. 만일 이러한 더 높은 가격의 결과로 국내 근로자들이 자신들 구매력의 실질가치를 보존하려 한다면, 그들은 아마 인상된 임금과 급여를 요구하기 시작할 것이다. 그러한 인상은 만일 허용된다면, 생산비를 올리고 국내가격을 더더욱 올릴 것이다. 그렇게 함으로써 **임금–물가의 악순환적 상승**(wage-price spiral)이라는 국내 인플레이션이 시작될 수 있는 것이다. 예를 들어 1997년의 아시아 위기 중에 IMF가 유도하여 널리 시행된 통화의 평가절하 후에, 1998년의 인플레이션률은 인도네시아에서 11%로부터 35%로, 태국에서는 6%로부터 12%로, 그리고 필리핀에서는 5%로부터 10%로 급등했다. 실업률은 2배가 되었고, 근로자들은 해고를 멈출 것과 자신들의 잃어버린 구매력을 상쇄할 임금인상을 요구하며 거리로 나섰다.

평가절하의 분배효과에 관해서는 국내가격과 '교역 가능' 재화들(수출품 및 수입품)로부터 얻는 수익을 변화시키고 국내용 재화가 아니라 수출품의 생산을 위한 유인을 창출함으로써, 평가절하는 어떤 그룹들을 희생하여 다른 그룹들에게 혜택을 줄 것이 분명하다. 일반적으로 수출부문에 참여하지 않는 도시의 임금근로자, 고정 소득자, 실업자, 그리고 소농들과 농촌 및 도시의 소규모 생산자들과 서비스 공급자들이 전형적으로 평가절하 후에 따라오는 국내인플레이션에 의해 금융상의 피해를 받는다. 역으로 (종종 대규모 토지소유자 및 외국인 소유의 기업들인) 거대 수출업자들과 해외무역에 참여하는 중간 및 대규모의 국내기업들이 가장 혜택을 받는다.[50] 이런저런 이유로 국제 상업 및 금융 문제(예 : 만성적 국제수지적자)들은 개발도상국의 국내 문제(예 : 빈곤과 불균등)들과 떼어 놓을 수 없다. 한 가지 문제를 해결하기 위한 정책대응이 다른 문제들을 개선할 수도 악화시킬 수도 있는 것이다.

마지막으로 중립적 환율이 수출시장이나 국내시장을 위해 생산하는 것 어느 것에도 우호적이지 않으며 바로 그러한 '공정한 경쟁의 장(level playing field)'이라는 점 때문에 자유시장 경제학자들은 중립적 환율에 우호적인 반면, 이와는 대조적으로 저평가된 환율은 수출을 강력히 촉진한다. 저평가된 환율이 수출을 촉진하게 되는 것은, **저평가된 환율**(undervalued exchange rate)은 수출될 수 있는 재화에 대해 기업들이 받는 국내가격을 국내 구매자들에게만 판매되는 비교역재의 가격에 비해 상대적으로 올림으로써 기업들이 수출시장을 향해 방향전환을 하도록 동기를 제공하기 때문이다. 만일 수출이 성장을 촉진하고 그 성장이 널리 분배된다면, 많은 발전경제학자들은 장기적으로 평가절하—그리고 아마도 환율의 저평가조차도—가 중요한 발전상의 이점을 제공할 수 있다고 기대한다. 산업정책의 지지자들은 (그리고

관리변동환율
불규칙적인 통화변동을 줄이기 위해 중앙은행의 개입을 허용하는 변동하는 환율

임금–물가의 악순환적 상승
높아진 소비자가격(예 : 평가절하의 결과로)이 근로자들로 하여금 더 높은 임금을 요구하도록 하고, 이것이 이번에는 생산자들로 하여금 가격을 올리게 하여 인플레이션 요인을 악화시키는 악순환

저평가된 환율
그 실질 또는 잠재 가치보다 낮은 수준에 설정된 공식 환율

그것이 불공정한 통화조작이라고 생각하는 비판자들은) 중국 인민폐의 장기적 저평가와 다른 동아시아 통화들, 특히 자신들의 급속한 추격(catch-up) 단계의 기간 동안 한국, 대만 통화의 초기 시절 저평가를 지적한다. 우리는 제12장과 제13장의 대만과 한국에 관한 각각의 장 끝에 있는 사례연구에서 이 주제로 돌아갈 것이다.

무역낙관론자와 무역비관론자 : 전통적 논쟁의 요약

우리는 이제 자유무역, 대외지향적 발전 및 수출진흥 정책의 지지자—**무역낙관론자**(trade optimists)—들과 더 많은 보호, 더 대내지향적 전략, 그리고 더 많은 수입대체의 지지자—**무역비관론자**(trade pessimists)—들 사이의 대단한 논쟁과 관련된 주요 쟁점과 주장을 정리할 입장에 있다.[51] 후자의 학파에 대해 먼저 시작해보자.

무역비관론자
자유무역, 개방경제, 그리고 대외지향적 발전정책의 혜택을 신봉하는 이론가들

무역비관론자의 주장 무역비관론자들은 네 가지 기본 주제에 초점을 맞추는 경향이 있다— (1) 1차 상품 수출에 대한 세계 수요의 제한된 증가, (2) 1차 상품 생산국 교역조건의 장기적 악화, (3) 개발도상국들로부터의 공산품 및 가공농산물에 대한 '신보호주의'의 부상, (4) 개발도상국들이 더 높은 가치의 수출상품으로 올라서는 능력을 감소시키는 시장실패의 존재.

무역비관론자
관세보호 또는 무역에 대한 수량제한 없이는 개발도상국들이 수출지향적, 개방경제체제로부터 거의 또는 아무것도 얻지 못한다고 주장하는 이론가들

선진국으로의 전통적 개발도상국 수출품의 가치는 다음의 이유 때문에 더디게 증가한다— (1) 원자재에 대한 수요를 감소시키는 선진국들의 저기술, 재료집약적인 상품으로부터 고기술, 숙련도집약적인 상품으로의 이동, (2) 원자재의 산업적 사용에 있어서 증가된 효율성, (3) 고무, 동, 그리고 면화와 같은 천연 원자재의 합성원자재로의 대체, (4) 1차 상품과 경공업 제품들에 대한 낮은 수요의 소득탄력성, (5) 선진국 농업생산성의 향상, 그리고 (6) 선진국의 농업 및 노동집약적 산업 모두에 대한 상대적으로 더 높은 수준의 보호주의.

교역조건은 다음의 이유 때문에 불리한 상태로 남아 있거나 지속적으로 악화된다—(1) 경쟁력 있는 개발도상국 수출상품 공급원의 증가와 결합된 선진국의 요소 및 상품 시장의 과점적 통제, 그리고 (2) 개발도상국 수출품에 대한 일반적으로 더 낮은 수준의 수요의 소득탄력성.

신보호주의
개발도상국 공산품 수출에 대해 선진국들에 의해 행해진 여러 비관세무역장벽의 설치

선진국 진영에서 **신보호주의**(new protectionism)의 부상은 점점 많은 개발도상국들이 넓은 범위의 1차 및 2차 상품들 모두를 경쟁력 있는 세계시장가격으로 생산하는 데 성공한 것과 생산비가 더 비싼 선진국 산업의 근로자들이 갖는 자신들의 일자리를 잃게 될 것이라는 지극히 당연한 공포심이 결합되어 나타난 결과이다. 그들은 개발도상국들로부터의 경쟁력 있는 수입품들을 줄이거나 금지하라고 북미, 유럽, 그리고 일본에서 자기들의 정부를 압박한다. 이러한 보호주의의 형태는 시간이 지나며 변화한다. 온실가스를 제한하지 않는 개발도상국의 수출품에 '탄소관세'가 부과되어야 한다는 프랑스와 이탈리아 지도자들의 2010년 제안이 최근의 한 예다—명백히 개발도상국들에 대한 보호주의는 그들로 하여금 온실가스 배출을 줄이도록 돕는 유일한 방법은 아니다.

그러므로 무역비관론자들은 개발도상국들에게 무역은 기회가 제한되어 있으며 심지어 네 가지 이유 때문에 해가 된다고 결론을 내린다.

1. 그들의 전통적 수출품에 대한 수요의 더딘 증가는 수출 확대가 수출가격 하락과 가난한

나라로부터 부자 나라로 소득을 이전하는 결과를 초래한다는 것을 의미한다.

2. 수입제한이 없으면, 수입품에 대한 개발도상국의 높은 수요의 탄력성은 자신들 수출품에 대한 낮은 탄력성과 결합하여 개발도상국들은 만성적 국제수지와 외환위기를 피하기 위해 반드시 천천히 성장해야만 한다는 것을 의미한다.

3. 개발도상국들은 그들의 1차 상품에 '정태적' 비교우위를 갖고 있는데, 이는 수출진흥 자유무역정책이 이번에는 숙련기능과 기업가적 재능 축적을 위한 주요한 수단인 산업화를 방해하는 경향이 있다는 것을 의미한다.

4. 무역비관론자들은 개발도상국들이—특히 최빈국들이—선진국시장을 개방하도록 하는 데 필요한 영향력이 큰 변호사와 다른 자원들이 부족하기 때문에 WTO하의 무역자유화를 실제에서는 매우 제한적인 것으로 간주한다.

무역낙관론자의 주장 무역낙관론자들은 무역으로부터 얻는 이득을 결정하는 데 있어서의 국제 수요의 역할을 과소평가하는 경향이 있다. 그 대신 그들은 무역정책, 수출 성과, 그리고 경제성장 사이의 관계에 초점을 맞춘다.[52] 그들은 [수출진흥, 통화의 평가절하, 무역제한의 철폐, 그리고 일반적으로 '가격정상화(getting prices right)'를 포함하는] **무역자유화(trade liberalization)**는 자유무역이 여러 혜택을 제공하기 때문에 급속한 수출과 경제성장을 발생시킨다고 주장한다. 무역자유화는

무역자유화
할당, 명목 및 실효보호율, 그리고 외환통제 같은 자유무역에 대한 장애물의 제거

1. 개발도상국들이 비교우위를 갖는 분야에서 경쟁, 개선된 자원배분, 그리고 규모의 경제를 촉진한다. 생산비는 그 결과 낮아진다.

2. 효율성 증가, 제품개선, 그리고 기술변화를 위해 압력을 창출함으로써 요소생산성을 제고하고 나아가 생산비를 낮춘다.

3. 이윤을 증가시키고 더 큰 저축과 투자를 촉진함으로써 성장을 더욱 진전시키는 전반적 경제성장을 가속화한다.

4. 대부분의 개발도상국에서 공급이 부족한 자본과 전문지식을 유치한다.

5. 농업부문이 뒤처질 때 또는 가뭄이나 다른 자연재해로 고통 받을 때 식량을 수입하기 위해 사용될 수 있는 필요한 외환을 창출한다.

6. 수출과 외환시장 모두에서 정부개입으로 생기는 고비용의 경제적 왜곡을 제거하고, 전형적으로 정부부문의 과도한 활동으로 생기는 부패와 지대추구활동을 시장배분으로 대체한다.

7. 희소한 자원에 대한 보다 균등한 접근을 촉진하여 전반적인 자원배분을 개선한다.

8. 개발도상국들로 하여금 WTO하에서 이루어지는 개혁의 모든 이점을 이용할 수 있도록 한다.

마지막으로 무역낙관론자들은 수출진흥이 처음에는 이득이 제한적이어서 어려울 수 있지만—특히 1단계 수입대체의 손쉬운 이득과 비교하여—장기적으로는 경제적 혜택에 탄력이 붙는 경향이 있는 반면, 수입대체는 급격한 수확감소에 직면한다고 주장한다.

12.6 수출정책에의 산업화전략 접근법

수출지향적 산업화전략

산업화전략 접근법
기술이전 및 누진적으로 더 상품의 수출을 장려하는 정부정책을 통해 시장실패 극복의 중요성을 강조하는 무역과 발전에 관한 학설

1980년대 중반 이래 무역과 발전 사이의 관계에 관한 또 다른 중요한 한 가닥의 사고가 출현했다. **산업화전략 접근법**(industrialization strategy approach)은 대외지향적이며 수출주도 발전에 대해 낙관적이지만 국가가 더 높은 가치를 추가하는 더 발전된 상품을 생산하려고 분투함에 따라 수출의 형태와 순서에 영향을 미치는 데 있어 정부의 적극적인 역할을 여전히 계획하고 있다.

산업화전략 접근법은 1차적으로 실증문헌으로부터 시작되었지만, 왜 개입주의 수출전략이 엄격한 자유무역 접근법에 비해 성장을 더 가속화시키고 발전 결과를 더 향상시킬 수 있는지를 설명하는 데 도움이 되는 이론으로 발전했다. 이 접근법에서 개발된 이론들은 산업화 과정에서 마주치게 되는 시장실패를 인지하고 시정하는 데 초점을 맞추고 있다.

이러한 종류의 연구는 현재 고소득 국가인 선두 수출지향적 동아시아 국가들이 실제로 더 높은 수준의 기능과 기술을 사용함으로써 더 높은 부가가치를 발생시키며, 산업수출을 장려하고 더 진전된 상품을 향해 비교우위 사다리의 위로 이동하려 시도하는 매우 적극적인 정부개입을 경험했음을 밝혔다. 그러한 프로그램들은 산업화전략 또는 보다 협의로 산업정책으로 명명되었다.[53]

그러한 정책들을 사용할 때 왜 경제는 더 나아질 수 있으며, 그리고 발전목표 달성을 위해 사용 가능한 다른 대안들에 비해 왜 이러한 정책들은 더 나을 수 있을까? 최초의 연구개발에 시장실패가 존재한다는 사실은 오랫동안 인식되어 왔다. 즉 이러한 지출로부터의 이득 중 일부는 다른 기업 수중에 들어간다. 이는 [미국의 국립보건원(National Institute of Health, NIH)과 같은] 선진국 정부 연구 프로그램에 대한 정당성이다. 그러나 비슷한 시장실패가 선진국으로부터 개발도상국으로의 기술이전에도 적용된다. 특히 만약 한 기업이 지역 외부로부터 기술을 흡수하지만 그 뒤 다른 기업들이 관찰을 통한 학습(learning by watching)과 비슷한 파급효과(spillover effects)로부터 이득을 본다면, 외부지원이 없다면 사회적 관점에서 볼 때 기술이전과 다른 기업들의 수준 높이기(upgrading)가 거의 이루어지지 않을 것이라고 기대할 수 있다. 이러한 시장실패는 해외로부터의 기술습득에 중점을 둔 정부의 산업화전략이 왜 효율성을 개선할 수 있는지에 대한 설명의 일부분을 구성한다. 부분적으로 정부는 조정 문제를 해결하는 데 도움이 될 수 있다. 더 넓게 이야기하면 시장이 불완전할 때 정책은 시장을 개선할 수 있다고 주장되어 왔다. 즉 판매기회는 물론 국내비용의 시장가격은 신규 상품이 아닌 오로지 기존 상품에 관한 신호만을 기업가들에게 제공한다. 관습적인 규제와 달리 산업정책은 사회적으로 효율적이지만, 진행시키기 위해서는 몇몇 보완투입요소와 최초의 조건이 필요한 활동을 이윤획득을 기초로 상당한 수준으로 실행하도록 할 유인을 제공하면서 시장요인의 보완을 시도하려고 고안될 수 있다.

그렇다면 질문은 왜 **수출지향적** 산업화전략이 중요한지다. 물론 소규모 국가의 경우 한 가지 이유는 충분한 시장규모를 확보할 수 있다는 것이다. 그러나 옹호자들은 완전한 설명은 이

를 훨씬 넘어선다고 주장한다. 공산품의 수출을 기술적 내용의 향상이 이루어졌는지에 대한 성과의 척도로 사용하면 매우 강력한 발전혜택이 수반되는 목표를 자동적으로 강조하게 된다. 이외에도 세계수출시장은 자원과 정보 용량이 본질적으로 제한된 정부로 하여금 관련된 다룰 수 있는 문제에 엄격히 초점을 맞추도록 하면서 그 성과가 분명히, 신속하게, 그리고 정밀하게 검증되는 장소이다.

이러한 점에서 발전정책 기법으로서의 수출목표는 쉽게 관찰될 수 있다는 이점을 갖는다. 이러한 사실은 수출이 관찰될 수 있으며 따라서 개발도상국 진영에서 매우 만연하는 탈세에 악용되지 않는다는 정확히 바로 그 이유 때문에 수출에 과세한 개발도상국의 재정당국에 의해 오랫동안 이해되었다. 이러한 왜곡은 (자명하지는 않지만) 잘 알려진 수출기피효과 (antiexport bias effect)를 갖는다. 그러나 옹호론자들은 동아시아 국가들은 이러한 '재정적 관찰 가능성(fiscal observability)'을 수출세의 부(−)의 인센티브효과를 역전시키는 방식으로 자신들 산업정책제도의 중요항목으로 사용했다고 지적한다.

그러나 문헌은 또한 유치산업 지원의 지속적인 중요성도 강조했다. 왜 이러한 지원이 때때로 효과적일 수 있을까? 첫째, 실증적으로 수입대체는 종종 수출진흥에 선행한다. 한 영향력 있는 연구는 "상당한 수출 확대의 기간들은 거의 항상 강력한 수입대체의 기간들을 뒤따르게 된다."고 결론을 내렸다.[54] 이는 오늘날 대규모 국가일 경우조차에도 전면적인 보호가 가능하다는 것을 의미하지는 않지만, 한국과 같이 1차적으로 그 수출 용맹성으로 알려진 나라들은 후일 자신들이 성공적인 수출업자가 되었던 바로 그 산업을—제한된 기간 동안—종종 보호했다.

2007년의 연구에서 하우스만, 황, 로드릭(Ricardo Hausmann, Jason Hwang, and Dani Rodrik)은 1인당 소득이 더 높은 나라에 더 전형적인 일련의 재화를 수출한다는 사실은 뒤이어 더 높은 성장이 이루어질 것을 예측하게 한다는 것을 발견했다. 그들은 "그 경제적 성과라는 결과로 볼 때 모든 재화가 다 같은 것은 아니다. 몇몇 상품에의 특화는 다른 상품들에의 특화에 비해 더 높은 수준의 경제성장을 가져올 것이다."라고 결론을 내렸다. 또는 하우스만과 로드릭이 표현한 바와 같이, "각 나라의 성장 유형은 무엇을 수출하는지를 따라간다(You become what you export)."[55]

(시장활동과 지대추구활동 모두를 위한) 인센티브에 대한 적절한 관심이 없다면 이러한 똑같은 산업정책도 비생산적이라고 입증될 수 있음을 주목하라. 보호를 매우 선별적이고 엄격하게 일시적인 산업정책의 수단으로 사용할 정치적인 의지를 발견할 수 없는 나라들은 이러한 수단을 모두 포기하는 것이 더 나을 수 있다.

싱가포르, 대만, 한국이 수십 년에 걸쳐 특히 적극적인 정부의 산업화전략과 구체적인 산업정책을 유지했음을 보여주는 증거가 있다. 한국의 경험은 다음 장 맨 끝부분의 사례연구에서 검토된다. 구체적인 정책들은 나라에 따라 다르지만 토착적인 기능, 기술, 그리고 기업을 장려하고, 노동집약적인 제조업을 단지 촉진시키는 것이 아니라 시간이 지나면서 적극적이고 체계적으로 수준 높이기를 모색한다는 공통특징을 갖고 있다. 또 다른 특징은 정부가 조정자의 역할을 하지만 계속 진행 중인 효과적인 의사소통을 통해 산업을 관리하려 노력하는 것이 아니라 민간부문이 직면하는 제한과 그것들을 완화하는 방법을 이해하려 하는 공공부문과 민간부문 사이의 협력이다.

동아시아의 성공담은 브래드포드(Colin Bradford)에 의해 흥미롭게 특성이 기술되었다.

> 동아시아 발전경험을 특징짓는 것처럼 보이는 것은 시장의 힘, 자유기업, 그리고 내부의 자유화가 아니라 정부의 발전전략과 경제정책에 체화된 공유된 목표와 약속을 특성으로 하는 효과적으로 크게 상호작용하는 공공부문과 민간부문의 관계이다. 시장의 힘과 정부개입 사이의 양분은 단지 지나치게 과장된 것은 아니다—그것은 작용하고 있는 근본적인 힘을 잘못 인식하는 것이다. 성공적인 발전사례에서 중요했던 것은—암묵적 또는 명시적 갈등의 정도가 아니라—두 부문 사이의 **일관성 정도(degree of consistency)**이다. 이러한 사례들에서 국가 에너지에 흔치 않은 정도의 공통된 지침을 제공하는 데 있어서 시종일관된 발전전략이 공식화되었을 뿐만 아니라 정부와 민간부문 모두에 의해 추종되었다.[56]

세계화된 경제에서 자유시장 인센티브에 의존함으로써 수출을 통해 성장할 기회는 어떤 면에서는 이전에 비해 더 많지만 또 다른 측면에서는 이전에 비해 덜 강력할 수 있다. 예를 들어 다자간섬유협정(Mutifiber Arrangement)의 종결은 저소득 국가들이 직물수출을 출발점으로 하는 전통적 수단을 통해 공산품수출 프로그램을 개시하는 것이 어렵다는 것을 알게 될 가능성을 더 크게 만들었다. '세계의 작업장(workshop of the world)'으로서 중국의 성장은 다른 부문의 수출에 갑자기 끼어들기도 역시 더욱 어려울 수 있다는 것을 암시한다. 반면에 중국에서 임금이 상승하기 시작함에 따라 새로운 기회가 다른 지역에 나타날 수도 있다.

오늘날 산업화전략의 조건 또한 해외투자자들이 훨씬 더 이동성이 있어 임금 또는 기타 생산비용이 낮은 곳이라면 어디로나 신속히 이동할 수 있다는 점에서 수십 년 전의 조건들과는 다르다. 그러나 고(故) 랄(Sanjaya Lall)이 주장했던 것처럼 "이동성의 증가는 가난한 나라들에 요소들이 균일하게 퍼지는 것을 의미하지 않는다. 효율적 생산은 이동성이 있는 요소들을 보완할 지역의 역량을 요구한다. 따라서 세계화는 효율적인 '지역화(localization)'를 필요로 한다—국가는 경쟁력 있는 생산을 위한 기술적 숙련도, 품질, 신뢰성 요구를 제공해야 한다." 랄은 나아가 아래와 같이 주장했다.

> 기술은 단지 글로벌무역, 기술, 또는 자본흐름에 개방함으로써 개발도상국에 의해 효과적으로 사용될 수 없다. 기술은 기계, 면허, 또는 사람들에 완전히 체화될 수 없다—기술은 강력한 무언의 요인들을 갖고 있다. 이러한 무언의 요인들은 시간, 투자, 노력을 필요로 한다. 기술을 이해하고, 적응하며, 사용하고, 개선하기 위해—새로운 역량을 구축하기 위해. 그러한 노력은 일반적으로 만연된 시장 및 제도 실패에 직면한다—기업 내에, 기업 사이에, 그리고 기업과 요소시장과 제도 사이에 종종 성격상 선별적인 사전대책을 강구하는 전략이 산업의 성공을 위해 필수적이다.[57]

증거가 축적됨에 따라 논쟁이 변하였다. 정부의 모든 산업화전략을 반대하는 대신, 모든 산업 수출업자의 입장을 효과적으로 개선하는 정책의 가치를 인정하지만 '승자 선발(picking winners)'로 명명되는 것을 피하는 것이 주류의 견해가 되었다. 실제로 종종 필요한 새로운 조직, 숙련도, 그리고 인프라가 주어진 부문에 따라 독특하기 때문에 이렇게 구별하기는 어렵다고 랄은 주장한다. 그러나 일반적인 출발점으로서, 발전정책으로서의 공산품 수출을 위한 분별 있게 비차별적이지만 적극적인 정부의 지원이 광범위하게 받아들여지게 되었다.

또 다른 쟁점은 WTO의 규칙들이 그와 같은 정부의 조치를 허용하는지, 그리고 어느 정도로 허용하는지다. 차별 없이 이루어지는 모든 산업에 대한 일반적인 지원은 허용되지만, 그리고 그러한 지원은 대만과 한국 같은 충분히 발전된 경제와 충분히 그렇게 할 숙련도를 갖춘 정부에 의해 계속하여 실천에 옮겨지지만, 전략적인 수출로부터 혜택을 받을 수 있는 몇몇 개발도상국은 그렇게 하도록 허용되지 않는다. 그러나 특히 최빈국들의 경우 이 규칙에 대한 약간의 중요한 예외가 존재한다. 또한 몇몇 회색 영역(gray areas)도 존재한다. 정부는 인프라를 구축할 수 있으며, 어느 정도 이는 산업에 특정한(industry-specific) 것일 수 있다. 정부는 외국기업들에 비해 국내기업들에 상당한 이점을 주지 않는 한 신흥 산업을 도울 수 있다. 정부는 또한 선별된 부문, 특화된 인적자본 형성, 혁신 우선순위, 그리고 합작협정에 어떤 범주의 해외투자를 촉진할 수도 있다.

세 번째 쟁점은 산업정책의 그 적극적인 관리기간 동안 한국이 행사했던 권한과 정치적 권위를 다른 정부들이 갖고 있는지다. 산업정책의 옹호자들은 권한이 결여된 곳에서는 세계은행과 다른 기관들이 이러한 권한을 정부가 구축하도록 도와야만 한다고 주장했다. 그러나 몇몇 관찰자는 만일 정부가 필요한 숙련도를 갖고 있지 않다면 (그리고 필요한 역량을 개발하기 위한 국제원조를 받을 수 없다면) 정부는 덜 개입주의적인 전략을 사용하는 것이 궁극적으로 더 나을 수 있다고 주장한다.

더욱이 로드릭(Dani Rodrik)과 다른 사람들이 지적한 바와 같이 정부는 모든 산업을 정확히 고를 필요가 없으며, 그 성공의 편익이 실패의 비용을 능가할 수 있는 충분한 수만 고르면 된다. 로드릭이 서술한 바와 같이 "한 번의 실패도 없게 정책을 수행한다는 것은 처음부터 이윤발생이 보장되는 약품에만 투자하는 제약회사와 같은 의미를 갖는다."[58] 로드릭은 예를 들어 칠레와 우루과이에서 주요 산업정책의 성공 문헌으로 인용되는 예를 검토했다. 그는 산업부문을 위한 지원이 제한적이며 일시적이라는 것을 확실히 하는 데 도움이 되도록 벤치마킹과 투명성을 수반하면서 정부기관을 위한 인센티브가 확립될 수 있다고 제안했다. 로드릭은 —불완전한 정부의 지식, 지대추구의 회피, 그리고 실패한 계획에 대한 지원 중단 같은— 산업정책을 실행하는 데 있어서의 문제들은 교육, 건강, 사회보험, 거시경제 안정화 같은 다른 부문들에서의 정부활동에 의해 직면되는 문제들과 근본적으로 다르지 않다고 암시했다. 이러한 부문들에서의 시장실패는 관찰되기 어려우며 지대추구의 경향이 있지만, 정부의 역할은 결정적인 것으로 이해되고 있다.

로드릭의 연구로부터 도출된 기타 일반적인 원리들은 기존의 활동이 아니라 새로운 활동을 대상으로, 지속적인 지원을 받을 자격이 있는지를 결정하기 위해 분명한 벤치마킹을 사용하며, 일몰조항(sunset clauses)(또는 지원을 위한 시간제한)을 삽입하고, 산업정책의 지휘권을 이전에 자격이 있음을 보여주었던 기관에 준 다음—필수적으로 그 경력을 산업정책의 성공에 좌우되도록 만듦으로써 고위 정치인들로 하여금 그 기관을 감독하도록 하며, 그리고 민간부문의 광범위한 대표자들과의 적극적이고 투명한 의사소통경로를 사용하는 것이다. 이러한 학설의 몇몇 옹호자들과의 논쟁에서 로드릭은 좁은 부문이 아니라 더 범위가 넓은 활동(예를 들어 보통 말하는 그런 콜센터 또는 관광업이 아니라 영어 언어훈련)을 대상으로 할 것을 제안하고 있다.

공공부문과 민간부문이 광범위한 발전목적 및 투자자들의 이윤획득 가능성 모두와 일관성을 갖는 방식으로 함께 협조할 수 있다면 이러한 접근법들이 효과적일 가능성이 더 크다는 것을 강조하는 것도 또한 중요하다. 세계 환경이 훨씬 더 경쟁적이 되고 무역규칙이 변함에 따라 이러한 논쟁의 맥락은 변했지만, 산업정책에 대한 고려는 개발도상국들의 수출전략을 디자인하는 데 있어 계속 중요할 것이다.

기업 수준 국제무역에 대한 새로운 연구와 개발도상국

최근 국제무역 패턴을 이해하는 데 있어 기업 간 차이(이질성, heterogeneity)의 중요성을 강조하는 국제무역이론에 대한 새로운 가닥의 문헌이 나타났다. 중요한 주제는 국제무역이 개별기업들에 미치는 영향과 국내산업 내에서의 경쟁의 정도와 성격이다. 새로운 연구는 기업들이 더 개방적인 경제와 세계화 과정에 대응하는 방식, 그리고 이러한 대응이 투자 패턴―그리고 잠재적으로 구조변화에 주는 함의를 검토한다. 관련 연구주제는 '비수출업자들과 비교할 때 수출업자들의 더 높은 생산성, 무역자유화 이후 산업 내에서의 자원재분배, 그리고 기업 및 목적지시장 간 무역참여 패턴'을 포함시켜 왔다.[59]

새로운 분석이 기업의 행태를 기초로 하고 있는 한, 이러한 모형으로의 추가적인 연구결과들은 궁극적으로 개발도상국의 무역정책을 평가하는 더 현실적인 틀을 제공할 수 있다. 특별한 개발도상국 환경을 기술하는 이러한 모형들의 융통성 정도를 판단하기는 너무 이르지만, 새로운 접근법은 이 장의 앞부분에서 검토한 더 집합적인 모형들에 비해 중요한 개선이 이루어질 잠재성을 갖고 있다. 그러나 경제발전의 특별한 문제들과 특정 개발도상국에의 이론은 물론 실증적인 체계적 적용이 요구된다.

한 가지 유용한 출발점은 개발도상국들과 지역들로부터의 기업 및 공장 수준 데이터 분석에 초점을 맞추는 또 다른 가닥의 최근 발전문헌일 수 있다. 기업 및 공장 수준 데이터의 새로운 사용 가능성은 새로운 연구에 박차를 제공했다. 좋은 예로는 기업발전에 관한 지역 프로그램(Regional Program on Enterprise Development, RPED)하에 완료되었던 아프리카 제조업부문에 관한 여러 조사를 포함하는 기업표본조사(Enterprises Surveys)를 들 수 있다.[60]

이러한 중요한 가닥의 실증연구는 어떤 요인들이 개발도상국의 기업들로 하여금 수출하도록 하는지를 인지하기 위해―또는 적어도 특정 회사들에 의한 수출활동과 관련된 요소들을 발견하기 위해 기업 수준 데이터의 사용에 초점을 맞춰 왔다. 관련된 또 다른 가닥의 실증연구는 그 모두가 수출용량에 영향을 미칠 수 있는 부패의 정도, 서투르게 고안된 규제, 핵심 인프라의 결여, 기술지식에의 빈약한 접근, 또는 숙련도 부족을 포함하는 기업들이 개발도상국의 미시경제학적 수준에서 직면하는 문제들을 더 잘 이해하려 하고 있다. 새롭게 나타난 이러한 연구 영역들은 발전정책을 위한 교훈을 위해 앞으로 수년 동안 면밀히 주시될 것이다.[61]

12.7 남남무역과 경제통합

경제통합 : 이론과 실제

유엔개발계획(UNDP)은 2013년 인간개발보고서에서 1981년부터 2011년까지 남남무역은 세계 상품무역의 8% 미만으로부터 26% 이상으로 증가했다고 보고했다.

남남무역은 모든 개발도상국 수출의 1/3을 넘는 수준을 나타낸다.[62] 중국으로의 수출은 최근 몇 년 동안 일부 개발도상국들에게 중요한 기회를 제공했다. 노벨상 수상자 루이스 경(Sir Arthur Lewis) 같은 많은 선구적인 발전경제학자들은 개발도상국들은 서로의 무역을 더욱 늘려야만 한다고 주장했다.[63] 이러한 주제의 변형들이 많은 현대의 발전경제학자들에 의해 채택되었다. 2006년 배너지(Abhijit Banerjee)에 의해 제기된 한 가지 주장은 자신들의 평판에 대한 효과 때문에 대부분 저소득국가의 수출업자들이 선진국 시장을 뚫고 들어가기가 어렵다는 것이다. 고품질의 상품을 수출하는 국가라는 평판을 창출하고 유지하기에는 매우 많은 비용이 든다. 따라서 평판효과(reputation effects)가 개발도상국 시장으로의 수출에는 그리 중요하지 않기 때문에 다른 개발도상국들과 무역하는 것이 더 나을 수 있다. 바르단(Pranab Bardhan)이 제안한 바와 같이 개발도상국들은 또한 품질기준을 확립하고 자신들의 성취를 증명하기 위해 함께 일할 수 있다.[64]

남남무역 가설의 한 가지 강력한 변형은 개발도상국들이 남남무역의 확대를 넘어 **경제통합**(economic integration)의 방향으로 나아가야만 한다는 것이다. 똑같은 지역의 일련의 국가들이 함께 결합하여 비가입국의 상품에 대해서는 공동관세장벽을 구축하는 한편, 가입국 간 역내무역을 자유화함으로써 **경제동맹**(economic union) 또는 **지역무역블록**(regional trading bloc)을 형성할 때는 언제나 경제통합이 발생한다. 통합 문헌의 용어에서 공동역외관세를 부과하는 한편 역내무역을 자유화하는 나라들은 **관세동맹**(customs union)을 형성했다고 일컬어진다. 만일 역외국에 대한 역외관세는 가입국에 따라 상이한 반면 역내무역이 자유롭다면, 그 국가들은 **자유무역지대**(free-trade area)를 형성했다고 일컬어진다. 마지막으로 **공동시장**(common market)은 관세동맹의 모든 특성(공동역외관세와 역내자유무역)을 보유하고 파트너국가 간 노동과 자본의 자유로운 이동을 더한다.

관세동맹과 경제통합에 관한 전통이론은 자원과 생산 재분배의 정태적 효과에 초점을 맞춘다. 그러나 개발도상국의 점진적인 통합의 심층적인 경제적 정당성은 장기적 동태성이다—통합은 확대된 시장에 의해 가능해진 규모의 경제라는 대량생산의 이익을 얻어야 하는 기존의 산업은 물론 아직 확립되지 못한 산업에 기회를 제공한다. 몇몇 경우, 이는 보호주의 또는 무역을 그 자신만의 그룹으로 전환하는 유럽연합 같은 다른 무역블록의 형성 때문에 다른 시장으로의 수출에 대한 접근이 줄어드는 것에 대한 방어적인 대응으로 인식된다. 통합은 각기 규모가 너무 작아 홀로 그러한 분업으로부터 혜택을 얻을 수 없는 일련의 국가 사이에 합리적 분업을 장려하는 기구로 간주될 수 있다. 통합이 없을 경우, 각각의 분리된 국가는 규모의 경제를 통해 국내 산업이 그 생산비를 낮출 수 있도록 하는 충분히 큰 국내시장을 제공하지 못할 수 있다. 그러한 경우 앞에서 주목한 바와 같이 수입대체 산업화가 전형적으로 고비

경제통합
지역의 둘 또는 그 이상 국가의 여러 등급 경제와 경제경책으로의 합병

경제동맹
둘 또는 그 이상 경제의 단일경제 통일체로의 완전한 통합

지역무역블록
지역경제통합과 성장을 촉진하기 위해 고안된 보통 자유화된 역내무역과 역외무역에 대한 획일적인 제약이라는 특성을 갖는 지리적 지역 내의 국가 간 경제적 연합

관세동맹
둘 또는 그 이상 국가가 모든 역내무역을 자유화시키는 한편, 모든 비가입국들에게 공동역외관세를 부과하기로 합의한 경제통합의 한 형태

자유무역지대
가입국 사이에 자유무역이 존재하지만, 가입국들은 비가입국들에게 자유롭게 관세를 부과하는 경제통합의 한 형태

공동시장
역내자유무역, 공동관세, 그리고 파트너 국가 간 노동과 자본의 자유로운 이동이 존재하는 경제통합의 한 형태

용의 비효율적 국내 산업을 확립시키는 결과를 가져올 것이다. 더욱이 통합이 없을 경우, 둘 또는 그 이상의 인근 소규모 국가에 동일한 산업(예 : 직물 또는 구두)이 설립될 수 있다. 각각의 산업은 최적에 못 미치는 용량으로 운영될 것이지만 높은 관세 또는 할당 장벽에 의해 다른 것의 수입으로부터 보호될 것이다. 그러한 중복은 희소한 자원을 낭비하는 결과를 가져올뿐만 아니라 대량생산, 저비용생산이 단일장소에서 발생할 수 있을 만큼 시장이 충분히 클 때보다 상품에 더 높은 가격을 지불하도록 소비자들이 강요당하는 것을 의미한다.

이는 경제통합의 두 번째 동태적 정당성으로 이어진다. 가입국 사이의 무역장벽을 제거함으로써 특히 규모의 경제가 존재할 가능성이 큰 산업에 산업조정전략의 가능성이 창출된다. 비료와 석유화학 플랜트, 철강업 같은 중공업, 자본재와 공작기계 산업, 그리고 소농장 기계설비가 예에 포함된다. 그러나 특정 산업들을 여러 가입국에 배치함으로써 모든 가입국으로 하여금 자신들의 산업성장률을 가속화하도록 하는 산업 확대의 조정은 파트너국가들로 하여금 완전한 경제연합, 그리고 궁극적으로 정치연합에 너무 접근하도록 한다. 이 단계에서 주권과 국가의 사리추구라는 문제가 충돌한다. 현재까지는 그것들이 긴밀하게 조정된 동맹(union)이라는 경제논리를 압도했다. 그러나 특히 소규모 개발도상국들이 독자적 발전[자급자족(autarky)] 또는 매우 불균등한 세계경제에 전적으로 참여하는 것의 한계를 계속해서 경험함에 따라 앞으로의 수십 년 동안 경제적(그리고 아마도 정치적) 협력의 어떤 형태로부터의 장기적 혜택을 얻는 것에 대한 관심이 증가할 가능성이 크다. 최근 동남아시아국가연합(ASEAN)의 확장과 협력의 심화가 적절한 사례이다.

이러한 통합에 대한 두 가지 장기적 동태적인 주장 이외에도 **무역창출**(trade creation)과 **무역전환**(trade diversion)으로 알려진 정태적 표준평가기준이 또한 존재한다. 무역창출은 공동역외장벽과 역내자유무역이 고비용 가입국으로부터 저비용 가입국으로 생산을 이동시킬 때 발생한다고 일컬어진다. 예를 들어 통합 이전에는 A국과 B국 모두 자신들 각각의 국내시장을 위해 직물을 생산할 수 있다. A국은 더 낮은 비용의 생산국이지만 B국으로의 그 수출은 B국의 높은 관세에 의해 차단되었다. 만일 A국과 B국이 역내무역에 대한 모든 장벽을 제거함으로써 관세동맹을 형성한다면, A국의 더 효율적인 저비용 직물산업이 두 시장 모두에 공급할 것이다. 장벽의 제거가 B국 소비를 자국의 상대적으로 고비용 직물로부터 A국의 저비용 직물로 이동시키도록 했다는 의미에서 무역은 창출될 것이다.

이와는 대조적으로 무역전환은 역외관세장벽의 설정이 하나 또는 둘 이상 가입국의 생산과 소비를 저비용의 비가입국 공급원천(예 : 선진국)으로부터 고비용의 가입국 생산자로 이동시킬 때 발생한다고 일컬어진다. 더 효율적인 해외공급자들로부터 덜 효율적인 가입국의 국내 산업들로 생산이 전환된 결과 세계 전체와 회원국 모두 후생 수준이 하락한 것으로 인식되기 때문에 무역전환은 보통 바람직하지 않은 것으로 간주된다. 그러나 몇몇 옹호자들은 위에서 논의된 산업화전략 주장의 일부와 비슷한 동태적인 혜택을 기대한다.

다른 몇몇 특별한 이점은 지역적인 조건에 좌우된다. 육지로 둘러싸인 개발도상국들은 자신들이 적어도 한 나라가 바다에 접근할 수 있는 그룹과의 무역협정에 합류할 때 (수출산업은 물론 인프라에 대한) 투자를 위한 더 안전한 지역으로 간주될 수 있다. 소규모 섬나라인 개발

자급자족
완전히 자립적이 되도록 시도하는 폐쇄경제

무역창출
관세동맹의 형성 직후 비용이 더 높은 가입국으로부터 비용이 더 낮은 가입국으로의 생산 장소의 이동

무역전환
관세동맹의 형성 직후 비용이 더 낮은 비가입국으로부터 비용이 더 높은 가입국으로의 이전에 수입되었던 재화 생산 장소의 이동

도상국의 경우는 그러한 그룹화가 더 큰 역량으로의 물자보급로를 제공할 수 있다. 몇몇 사람들은 지역경제통합이 전쟁 또는 다른 투쟁의 가능성을 줄인다고 믿는다(이러한 믿음은 유럽연합 창설, 그리고 어느 정도 유럽연합의 나중의 동쪽으로의 확대에 대한 애초 정당성의 일부분이었다).

지역무역블록, 무역의 세계화, 그리고 남남협력의 전망

많은 유럽연합의 회원국들은 긴밀한 금융협력을 요구하고 사실상 세계 최대의 경제통일체를 창출하면서 단일통화인 유로를 사용한다. 북미자유무역협정(North American Free Trade Agreement, NAFTA)은 대규모 개발도상국인 멕시코가 선진국인 캐나다와 미국의 무역블록에 합류했다는 의미에서 유일무이한 합의의 표본이다[신흥공업국(NIC)인 칠레 또한 회원국 자격을 타진하고 있다].

몇 개의 무역블록이 남미에 출현했다. 아르헨티나, 브라질, 파라과이, 우루과이, 그리고 2012년 그 수락에 뒤이어 베네수엘라가 또한 메르코수르(Mercosur)로 알려진 남미공동시장이라 불리는 공동시장 형태의 협정을 맺었다. 경제적 목적은 물론 '정치적' 목적을 가졌기 때문에 메르코수르는 흔히 분열된 또는 '말썽을 부리는(fractious)' 블록으로 묘사된다. 메르코수르는 2012년에 파라과이의 권한을 정지시켰으며, 베네수엘라의 추가는 논쟁을 불러일으켰다. 또 다른 남미 블록인 (볼리비아, 콜롬비아, 에콰도르, 페루, 그리고 베네수엘라로 구성된) 안데스그룹(Andean Group)은 1995년에 자격을 제대로 갖춘 공동시장을 확립했다. 2008년 남미국가연합(Union of South American Nations, UNASUR)으로 알려진 지역관세동맹의 출범은 이러한 추세에 새로운 추진력을 신호로 알렸다. 우나수르(UNASUR)는 유럽연합 규모로의 통합이라는 야심 찬 목적을 갖고 있다. 카리브 해 지역과 중앙아메리카 국가들도 또한 가동할 준비가 되어 있는 협정을 갖고 있다.

아프리카에서는 남아프리카개발공동체(South African Development Community, SADC)를 포함하는 지역경제통합을 촉진시키는 움직임이 진행 중이다. 잘 발달된 철도와 항공노선 덕택에 SADC의 10개 회원국—앙골라, 보츠와나, 레소토, 말라위, 모잠비크, 나미비아, 남아프리카공화국, 스와질란드, 잠비아, 짐바브웨—은 새로운 그리고 훨씬 확대된 무역기회를 기대하고 있다. 동아프리카 국가들도 원래 1960년대 말에 설립되었지만 상이한 국가정책에 희생되어 그 창립 후 단지 10년 만에 실패했던 동아프리카공동체(East African Community, EAC)를 재활성화시키고 있다. 그러나 그것은 부룬디, 케냐, 르완다, 탄자니아, 우간다 사이에 새로운 무역협정—이제는 공동시장—과 함께 2000년에 부활했다. EAC는 경제동맹은 물론 완전한 정치적 연합의 열망을 갖고 있지만, 2012년에 공동통화를 사용하겠다는 목표를 달성하지는 못했다. 더 넓게는 동남아프리카공동시장(Common Market for Eastern and Southern Africa, COMESA)이 그 과정을 위한 서서히 전개되는 보호책을 제공하고 있다. 2013년까지 COMESA는 19개의 회원국을 보유한 자유무역지대였다. 또한 15개의 회원국을 가진 (또한 그 프랑스 약어인 CEDEAO로 알려진) 서아프리카경제공동체(Economic Community of West African States)도 존재한다. 이 기구의 초점은 주로 통화동맹이다.

이러한 지역무역블록, 야심적이고 자격을 제대로 갖춘 공동시장, 그리고 정치연합에 대한 한 가지 해결되지 않은 질문은 그것들이 세계경제를 분단시켜 무역의 세계화를 거스르는지다. 또 다른 고려사항은 여러 상이한 발전 단계에 있는 개발도상국들의 관세장벽 뒤에서의 통합과 관련이 있다. 베너블스(Anthony Venables)는 전통무역이론의 확대해석을 통해 관세동맹들 내에서 "자신들 상대국의 비교우위와 나머지 세계의 비교우위 사이의 비교우위를 가진 나라들이 '극단적인' 비교우위를 가진 나라들보다 더 잘할 것이다. 결과적으로 저소득 국가 사이의 통합은 가입국 소득의 괴리로 이어지는 반면, 고소득 국가 사이의 협정은 수렴을 가져온다"고 주장했다.[65] 따라서 개발도상국들끼리의 관세동맹은 그룹 내 고소득 국가들이 제조업부문을 유치함에 따라 그룹 내에서 가장 소득이 높은 국가에 그 최대의 혜택을 제공할 수 있다. 베너블스는 개발도상국은 남남협정보다는 남북협정에 참여함으로써 더 나아질 가능성이 있다고 주장한다. 남북협정의 가능성은 많은 저소득 국가에는 기껏해야 불분명하다. 더 일반적으로 말하면 이 이론의 타당성은 자신들의 가장 좋은 상태에서 단순히 공동관세를 설정하는 것보다는 더 많은 것을 실행하고자 하는 남남협정의 동태적 이득과 구체적 내용의 기회 같은 지역적인 조건에 좌우된다. 콜리어(Paul Collier)는 "지역통합은 좋은 아이디어지만 높은 역외장벽 뒤에서는 그렇지 않을 수 있다"라고 주장하면서 균형을 갖춘 출발점을 제공한다.[66]

국제무역 패턴은 비록 균일하지는 않지만 발전하고 있는 중이다. 세계발전지표(World Development Indicators)는 2000년부터 2010년까지 고소득 국가들로의 개발도상국 상품 수출은 약 3배가 되었지만 동시에 개발도상국들 사이의 상품 수출은 6배 넘게 확대되었음을 보여준다. 그 결과 앞에서 주목한 바와 같이 개발도상국 수출액의 약 1/3이 이제는 다른 개발도상국들에게로 돌아간다. 이러한 추세는 저소득 국가들 사이에는 덜 확연하지만, 남미공동시장(Common Market of the South)에서의 자신의 파트너국가들과의 확대된 무역은 물론 자신의 중국으로의 농업 및 자원 수출을 크게 확대시켰던 브라질 같은 중상위소득국가들 사이에는 일반적이다. 자원의 수입국 및 공산품의 수출국으로서 중국의 특별한 역할은 남남무역 패턴에서는 두드러진다. 그리고 유엔공업개발기구(United Nations Industrial Development Organization, UNIDO)에 의해 주목된 바와 같이 "동아시아 및 태평양이 2000년에서 2009년에 걸쳐 개발도상국 사이 공산품 수출의 거의 70%를 차지했다."[67]

이러한 것을 넘어서 개발도상국 사이의 결속으로부터 혜택을 입을 기회가 어떤 방식으로든 향상되었지만 전망은 불확실한 채로 남아 있다. 한편으로 선두 개발도상국들은 점점 중요한 G20, WTO에서 거부권을 행사할 용의, 세계은행과 IMF에서의 권력이동의 시작, 그리고 아마도 가장 중요한—이전할 더 나은 기술로부터 1차 상품에 더 높은 가격을 지불할 수단까지의—서로에게 제공할 더 많은 것을 포함하는 세계경제 정책 입안의 협의체에서 결코 큰 힘을 갖지 못했다. 많은 개발도상국들 사이의 한때 첨예한 이념적 차이는 좁혀져 왔다—몇몇 경우 이러한 것들이 종교적 차이로 대체되어 왔던 것처럼 보이지만 말이다. 반면에 과거 20년에 걸쳐 개발도상국 사이의 성장률과 1인당 소득의 불균등이 꾸준히 증가해 왔다. 이는 또한 그들의 우선순위와 관심에서의 차이를 넓히는 경향을 갖는다.

12.8 선진국의 무역정책 : 개혁의 필요성과 신보호주의 압력에 대한 저항

1차 상품이든 또는 공산품이든 수출 확대의 주요 장애물은 선진국들이 개발도상국의 주요 상품 수출에 대해 수립한 여러 무역장벽이었던 것은 분명하다. 경제통합이 이루어지지 않거나 또는 심지어 그러한 노력을 지지할 경우에도 미래 무역 및 외환 확대의 전망은 선진국들의 국내 및 대외 경제정책에 크게 좌우된다. 불행히도 NAFTA와 EU 가입국들의 통합은 그 자체로 개발도상국의 북미와 유럽으로의 수출에 가장 큰 걸림돌 중 하나를 만들었는지도 모른다. 내부의 구조 및 경제개혁이 경제 및 사회 발전에 필수적일 수 있지만, 개발도상국의 세계 주요 시장에의 접근이 부유한 나라의 상업정책들에 의해 제약되는 한, 개발도상국 경제가 동태적 비교우위를 가진 산업에서의 경쟁력 향상은 개발도상국 또는 세계 전체에 별 혜택을 주지 못할 것이다.

선진국의 경제 및 상업 정책은 개발도상국의 미래 외환수입의 관점에서 볼 때 세 가지 주요 영역에서 매우 중요하다—개발도상국 수출에 대한 관세 및 비관세장벽, 노동집약적 저비용 개발도상국 수출의 자유로운 접근에 의해 피해를 입은 선진국 산업에서 일자리를 잃은 근로자들의 조정을 위한 지원, 그리고 선진국 국내경제정책이 개발도상국 경제에 미치는 일반적인 영향.

부유한 나라에 의해 가난한 나라의 상품 수출에 부과된 신보호주의 관세 및 비관세 무역장벽(예 : 내국소비세, 할당, 수출'자율'규제, 솔직하지 못한 위생규칙)은 개발도상국의 수출소득용량 확대에 있어 주요 장애물이었는데, WTO의 출현은 단지 부분적으로만 이러한 문제들을 제거했다. 우리가 주목했던 바와 같이 농업 및 비농업 재화 모두에 대한 많은 관세는 상품 가공 과정의 정도에 따라 증가한다. 즉 관세는 기본식품에 비해 가공식품의 경우 더 높으며(예 : 땅콩과 비교할 때의 낙화생유)—말하자면 원면보다 셔츠의 경우에 더 높다. 이러한 높은 실효관세는 많은 저소득 국가들이 그 자신의 2차 상품 수출산업을 개발하고 다각화하는 것을 방해하고 따라서 그들의 산업 확장을 억제하도록 작용했다. 선진국 관세, 쿼터, 할당, 비관세장벽의 전반적인 효과는 개발도상국들이 자신들의 수출에 대해 받는 실효가격을 낮추고, 수출량을 줄이며, 외환수입액을 감소시켜 왔다.[68]

1995년의 **우루과이라운드**(uruguay round) 협정은 많은 부문의 관세 및 비관세 장벽을 상당히 낮추었다. 우루과이라운드는 또한 47년 된 관세 및 무역에 관한 일반협정(GATT)을 대체하기 위해 제네바에 본부를 둔 세계무역기구(WTO)를 설립했다. 개발도상국 관점에서의 세 가지 주요 조항은 다음과 같다.[69]

1. 선진국들은 5년 동안의 매년 균등한 감소로 공산품에 관한 관세를 평균 40% 삭감했다. 이어서 개발도상국들도 최근의 무역개혁의 '구속력(binding)'에 의해 관세를 인상하지 않는 데 동의하였다. 이러한 인하에도 불구하고 개발도상국들은 세계평균보다 10% 더 높은 관세에 여전히 직면하고 있으며, 최빈국들은 30% 더 높은 관세에 직면하고 있다.[70]
2. 농산물 무역은 WTO의 권한하에 놓였으며 누진적으로 자유화될 것이다. 처음에는 많은

우루과이라운드
우루과이에서 1986년에 시작되어 1994년에 서명된 국제자유무역을 촉진시키려 고안된 관세 및 무역에 관한 일반협정(GATT)의 협상라운드

진전이 있었지만 농업보조금은 뒤이어 기록적인 최고 수준으로 환원되었다.

3. 직물 및 의복의 경우 오랫동안 개발도상국 수출을 방해했던 다자간섬유협정(MFA) 쿼터 대부분의 누진적인 감소가 기간의 종료에 맞춰 효과를 나타내며 2005년 폐지되었다. 그러나 직물수입에 대한 관세는—다른 수입품에 대한 관세 평균 수준의 3배에 달하는—평균 12%까지만 인하되었다.

개혁은 다른 중요한 한계를 갖고 있다. 역사적 기준으로는 평균관세가 일반적으로 상당히 낮은 수준이지만 '단계적으로 확대되는(escalate)'(수출되기 이전에 생산물이 더 가공될수록 증가하는) 관세는 많은 경우 그대로 남아 있다—저소득 국가들은 여전히 농업, 직물, 그리고 의류의 몇몇 핵심적인 상품에서 최고 수준의 관세에 직면하고 있다. 그리고 엄청나게 왜곡된 농업보조금이 여전히 많은 개발도상국에 상당한 손해를 끼치고 있다. 유엔개발계획(UNDP)은 다음과 같이 결론을 내렸다.

> 세계인구의 3/4을 차지하는 개발도상국은 창출되는 소득 증가의 단지 1/4~1/3만을 가져갈 것이며—그 대부분이 아시아와 남미의 소수 강력한 수출국들에게 돌아갈 것이다.[71]

실제로 세계은행은 가계 수준에서 가난한 사람이 직면하는 무역을 가중치로 한 실효관세는 가난하지 않은 사람이 직면하는 실효관세에 비해 훨씬 더 높다는 것을 보고했다. 〈그림 12.5〉에 보이는 바와 같이 1일 1달러 미만의 소득으로 생활하는 사람들과 1일 1~ 2달러 사이의 소득으로 생활하는 사람들은 모두 14%가 꽤 넘는 실효관세에 직면했던 반면, 1일 2달러가 넘는 높은 소득으로 생활하는 사람들은 단지 평균 6%가 조금 넘는 무역을 가중치로 한 관세에 직면했다.

부분적으로 그 결과, 회사와 시민들은 물론 많은 개발도상국 정부는 자신들이 WTO의 설립으로 정점에 이르렀던 우루과이라운드 협상에서 잘못된 합의를 했다고 믿고 있다. 부유한 나라들이 자신들의 시장을 공정하게 개방하지 않으면서 협상의 일부분을 준수하지 않았다는 광범위한 확신이 개발도상국 진영에 존재하고 있다. 선진국 진영의 정부와 기업은 개발도상국에게 WTO의 요구를 따르도록 강요할 가장 효과적인 (그리고 값비싼) 변호사들과 기타 수단을 갖고 있는 반면, 가난한 나라는 부유한 나라들에게 똑같은 것을 강요할 자원을 갖고 있지 않다고 개발도상국은 불평한다.

그러나 개발도상국은 현재(2013년 기준) WTO 159개 회원국의 약 3/4을 차지하고 있다. 그리고 GATT하의 무역협상에서 인도와 브라질이 목소리를 높여 세간의 이목을 끄는 역할을 했던 반면, 21세기에는 아마도 30여 개 기타 개발도상국들이 상대적으로 조용하지만 적극적인 역할을 하면서 상황이 완연히 바뀌었다. WTO 사무총장의 2001년 보고서는 지난 반세기에 걸친 8번의 무역자유화라운드 이후에도 개발도상국 진영에 가장 영향을 미치는 재화인 직물과 농산물에 대한 무역장벽은 그대로 남아 있음을 주목했다. 세계의 무역당사국들이 무역장벽을 낮추기 위한 새로운 협상라운드를 고려하기 시작함에 따라 개발도상국 진영은 큰 목소리로 강력히 요구했다. IMF와 세계은행과는 달리 WTO는 사실상 심지어 소규모의 저소득

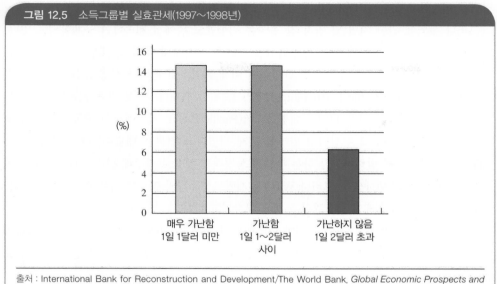

그림 12.5 소득그룹별 실효관세(1997~1998년)

출처 : International Bank for Reconstruction and Development/The World Bank, *Global Economic Prospects and the Developing Countries, 2002*.

국가에게조차 동일한 투표권—그리고 효과적인 거부권을 주면서 합의로 운영된다. 개발도상국 정부들은 자신들은 투자, 경쟁, 환경, 그리고 근로기준 같은 자신들이 명명하기를 '무역과 관련 없는' 이슈로 협상을 확대하는 것을 꺼린다고 말하고 있다. 따라서 협상력을 효과적으로 사용하는 것을 배울 수 있다면 개발도상국들이 협상력이 없이는 참여할 것 같지는 않다.

가장 최근의 협상 라운드는 '도하발전라운드(Doha Development Round)'라 명명되었다. 도하는 2001년 11월 의제에 관한 합의가 이루어졌던 카타르의 도시이며, 발전은 이번 무역협정라운드에서 개발도상국 진영의 필요와 열망에 훨씬 더 초점을 맞추자는 약속을 위한 것이었다. 이러한 목표가 궁극적으로 달성될지는 지켜보아야 할 것이다. 그러나 이러한 논의는 오랫동안 교착 상태에 빠져 있다. 예를 들어 2006년 협의는 선진국 농업보조금의 감축에 대한 의견불일치로 종료되었으며, 2008년 협의는 농업보조금과 시장접근이라는 다른 쟁점, 그리고 수입급증의 경우 인도와 같은 나라의 가난한 농부들을 보호하기 위한 개발도상국 '특별긴급수입제한조치(special safeguard mechanisms)' 사용의 허용 정도를 둘러싼 악감정으로 결렬되었다. 합의된 일정에 라운드를 결론짓는 데 실패한 이후 전망은 어두웠다. 2008년 경제위기 이래 많은 나라들의 정치가들은 무역에 관한 '양보(concessions)'를 베푸는 것처럼 보이는 것을 불편하게 생각해 왔다.

국제경제 문제에서 개발도상국의 역할과 힘이 증가했다는 새로운 증거로 널리 간주되었던 일인데, 2013년 5월에 브라질의 외교관 아제베도(Roberto Azevêdo)가—그가 미국 또는 유럽연합의 선호되는 후보자가 아니었다는 사실에도 불구하고—이례적으로 긴 지도력 다툼 이후 새로운 WTO의 사무총장으로 선출되었다. 뒤를 이어 WTO는 무역에 관한 협의에 진전의 의미를 주는 한편—더 실질적임에도 불구하고—더 의견의 일치가 이루어지지 않는 민감한

영역을 회피하고자 하는 'Doha lite' 방식의 합의를 위한 논의에 착수했다.[72]

그러나 무역에 관한 지역 및 양자 간 협의는 평행궤도 위에서 계속하여 구체화되고 있다. 미래에 가장 가망이 있는 예는 약 12개의 주로 고소득 국가들과 멕시코, 페루, 그리고 베트남을 포함하는 몇몇 개발도상국을 또한 포함하여 이제 본격적인 논의가 진행 중인 '환태평양경제동반자협정(Trans-Pacific Partnership, TPP)'을 위한 협의다. 몇몇 관측자들은 엄격한 무역협정이라기보다는 오히려 TPP는 태평양해역(Pacific Basin) 지역에서의 중국의 영향력 증가에 대한 우려로부터 그 추진력의 일부를 얻게 되었다고 결론을 내렸다. 다른 관측자들은 TTP 과정을 WTO를 방해하고자 하는 추세의 상징적인 것으로 간주해 왔다—많은 나라들이 원래 구상했던 것의 반대인.[73] 그러나 WTO를 개발도상국들의 필요에 더욱 관련이 있고 부응하도록 개혁하기 위한 제안들에 관한 논쟁은 지속되고 있다.[74]

앞으로의 수년 동안 제도적인 처리방식이 어떻게 전개되더라도 개발도상국들이 무역협의를 위한 의제설정에 있어 더욱더 적극적인 역할을 계속해서 담당할 것임은 확실한 것처럼 보인다.

무역을 통한 성공적인
발전의 선구자 : 대만

대만은 최근 수십 년 동안의 그 극적인 경제적 성공이 경제학자들이 발전을 생각하는 방식에 영향을 미쳤던 본래 네 '동아시아 호랑이' 경제 중의 하나이다. 대만의 경험은 1978년부터 중화인민공화국(People's Republic of China, PRC)에서 시행된 경제정책 변화의 배경이 되는 주요 추진력이었다. 약 2,300만 명의 인구를 갖고 스스로를 중화민국(Republic of China, ROC)이라 부르는 대만은 산이 많은 36,000 km² 넓이의 중국 본토 해안으로부터 떨어진 섬으로 대략 메릴랜드와 델라웨어 주의 면적을 합한 크기, 또는 네덜란드의 면적보다 약간 작은 크기이다.

자신의 상태를 '기적적인 발전(development miracle)'이라고 하는 대만의 주장은 강력하다. 이 나라는 1960년부터 2000년까지 40년에 걸쳐 약 7%로 측정된 연평균 경제성장률을 달성했다. 대만 경제는 1965년부터 1980년까지의 기간 동안 다른 어떤 국가보다도 더 빨리 매년 거의 10%씩 성장했다. 시장 환율로 2000년 13,925달러(22,646 PPP달러)의 1인당 소득을 가진 현재의 고소득 국가 지위에도 불구하고 대만은 1996년부터 2000년까지의 기간 동안 평균 5.7%의 높은 비율로 계속해서 성장했다. 그렇게 오랜 시간 동안 그렇게 높은 비율을 지속한 것은 뒤이은 중국 스스로의 성장까지는 유례가 없었던 것이었다(제4장 사례연구 참조). 적어도 중요한 것은 대만이 보편적 초·중등학교 교육(9년이 의무임), 기대수명 75세의 건강한 인구, 그리고 1,000명의 생존출생자당 단지 5명의 유아사망률을 달성했다는 것이다. 절대빈곤은 본질적으로 제거되었으며, 실업은 극도로 낮은 수준이고, 상대적 불균등은 심지어 선진국 기준에 비해서도 적당한 수준이다.

대만은 고소득 지위의 출발점에 도달한 경제가 마주쳐야만 하는 몇몇 변화에 적응해 왔다. 2000년부터 2010년까지의 10년 동안 GDP 성장률은 단지 2% 수준으로 하락했다. 일본과 마찬가지로 대만은 대체 수준 미만의 출생률을 갖고 있으며, 그 인구증가율은 현재 연 0.25% 미만으로 하락했다. 공장들이 저임금노동을 찾아 중국(본토)으로 이동함에 따라 기본 제조업의 '공동화(hollowing out)'가 나타났다. 남아 있는 생산은 다른 개발도상국으로부터의 기본 산업에 있어서의 경쟁격화에 직면하여 고기술 상품 및 과정으로 급속하게 이동하기를 강요당했다. 중국이 대만을 본토로부터 이탈한 지방으로 간주하기 때문에 대만독립이라는 어떠한 기미에 대해서도 중국으로부터의 힘 있는 대응이 있다는 사실에 비추어볼 때 계속되는 불확실성은 섬의 정치적 미래를 우울하게 한다. 결과적으로 나타나는 사업의 불확실성은 적어도 투자에 대해서는 약간의 위축효과를 가져왔다. 그러나 활발한 자유언론과 그 이웃국가들에 비해 훨씬 낮은 수준의 부패, 그리고 높은 수준의 정부 투명성과 함께 대만은 또한 그 스스로를 신용할 수 있고 경쟁적인 민주주의 국가로 변환시켰다.

대만의 성취는 제2차 세계대전 이후 세계에서 비슷한—또는 심지어 더 나은—환경에서 출발했던 많은 다른 나라들과 비교된다.

성공에 대한 경쟁력 있는 설명

대만의 성공은 교육에 대한 강조, 광대한 인프라 개발, 조

기의 철저한 토지개혁, 매우 높은 저축률과 투자율, 건설적인 외국의 영향 및 일본과 미국으로부터의 상업적 아이디어 유포의 결합, 효과적인 정부의 산업화전략, 자유시장의 인간 에너지와 창의성 배출, 베트남전쟁으로부터 비롯된 1960년대의 호황, 1960년대 초의 급속히 팽창하는 세계경제 한가운데에서의 수출주도 성장전략의 착수, 직접적인 미국의 원조—그리고 대만의 소비가 아닌 투자로의 그 원조의 이용, 대만 노동력의 근로윤리와 생산적인 태도, 기업가적 문화로서의 오랜 역사, 출세기회를 찾았지만 정치적 무대로부터 차단되었던 능력 있는 현지 섬사람들의 기업가정신으로의 이동, 그리고 생존본능—중화인민공화국으로부터의 공격에 대한 방어로서의 경제발전 필요성을 포함하는 많은 요소들에 그 원인이 있다.

이러한 요소 중 단 하나 또는 둘로부터 선택을 해야만 하는 대신에, 대안적인 설명은 발전 과정은 많은 것들이 함께 잘 작동하는 것을 필요로 하며, 따라서 결국은 그렇게 많은 설명이 존재하지 않을 수 있다는 것이다. 인용되는 많은 요소들은 충분조건이 아닌 필요조건을 반영할지도 모른다. 이러한 견해애서 볼 때 핵심적인 것은 동시에 성공적으로 작용하는 많은 발전요소를 갖는 것의 확대된 영향력을 이해하는 것이다(제4장 참조).

인용된 요소들을 보다 자세히 검토하기로 하자.

교육에 대한 강조

역사적으로 교육에 대해 문화적 경의를 표했던 중국과 일관성 있게, 대만에서는 1950년에 6년간의 교육이 의무화되었다. 특히 인상적인 것은 1956년에 6세부터 11세까지 대상자의 90%를 넘었던 여자아이들의 취학률이었다. (같은 해 이와 비교할 만한 남자아이들의 수치는 96%가 넘었다.) 소녀들의 교육을 강조한 것은 성공적인 발전의 가장 중요한 요소 중 하나로 널리 간주되고 있다.

1968년에 의무교육이 9년으로 확대되었을 때, 경제가 이를 감당할 여유가 있는지에 대한 의문이 있었다. 오늘날은 9년이 어떤 개발도상국의 경우에도 훌륭한 최저교육기준으로 남아 있지만, 의무학교교육을 12년으로 확대하려는 계획이 고려되고 있다.

다른 특징이 또한 나타나고 있다. 학생들은 하루 7시간, 일주일에 5.5일 학교에 간다. 2002년에 전체적인 학생-교사비율은 20 미만이었다. 교사 급여는 대만의 중하 경영층에 견줄 만큼 상대적으로 높은 편이다. 대만의 본보기는 일반교육의 경우 미국, 직업교육의 경우 일본이었다. 일자리 특수숙련도보다는 일반숙련도가 더욱 강조되며, 교육과 사업 사이의 긴밀한 관계를 위한 인센티브 또한 강조되고 있다. 세제혜택이 학교의 사람과 설비를 위한 회사의 기부금에 주어지고 있다.

세계발전공동체가 2015년까지 모든 아동을 6년 동안의 초등학교에 취학시키려는 그 밀레니엄개발목표(Millenium Development Goal)가 진지하다고 가정할 때, 대만의 초기 경험은 교훈적이다. 취학은 단지 서류로만 이루어진 것이 아니라 실질적이었고, 학생들은 취학한 후에는 일반적으로 학교에 머물렀으며, 교사들은 진지하게 가르쳤고, 부패는 최소한으로 유지되었다. 이러한 대부분의 측면은 오늘날의 저소득 국가와 대비할 때 놀랄 만한 일이다.

광대한 인프라 개발

인프라의 개발은 성공적인 발전의 결정적으로 중요한 요소로 널리 인용되어 왔다. 예를 들어 주요 고속도로는 그 주위에 산업 및 상업 발전이 결합되어 발생할 수 있는 '성장 거점'의 표본이 된다고 주장된다. 일본의 식민지 지배기간(1905~1945년)부터 대만은 대부분의 가난한 나라에 비해 훨씬 우월한 인프라 체계를 물려받았다. 일본인들은 섬으로부터 쌀과 다른 농산물의 습득을 원활히 하기 위해 도로, 항만, 철도를 건설했다. 바로 이런 인프라는 1950년대부터 국가산업성장을 위한 수단이 되었다. 이러한 부존상태는 1950년대와 1960년대에 정부의 자체 대규모 프로그램에 의해 보완되었다. 1949년 이전 중국국민당(Kuomintang) 또는 중국 민족주의자(Chinese Nationalists)에 의한 본토 지배의 유산인 대만의 군대는 섬의 규모에 비해 너무 대규모

였다. 수천 명의 군인들이 대만에서 그 뒤이은 성공의 주요 요소로 여겨졌던 프로그램으로서 기술적 난제였던 동서고속도로 프로젝트를 포함하는 인프라를 구축하기 위해 현역 군복무로부터 제대하는 자발적 프로그램에 참여했다. 더 최근의 수년 동안에는 전기통신과 기타 고기술 인프라로 그 중요성이 이동했다.

분명히 평균에 못 미치는 수준이긴 하지만 인프라를 위한 지출에 약간의 낭비, 사기, 그리고 남용이 있었다. 언론이 자유롭게 되었을 때 대만의 수도인 타이베이에 크게 영향을 미쳤던 많은 인프라 관련 스캔들이 드러났다. 정치개방이 인프라 개발과 기타 개발필수품들을 궤도에 유지시키는 데 역할을 했는데, 이는 경제성장에 도움이 되는 여러 요소가 상호 영향을 미치는 역할을 하였음을 반영하는 또 다른 예이다.

조기의 철저한 토지개혁　지주와의 밀접한 정치적 연계로 인해 부담이 되지 않았기 때문에, 대만 정부는 토지를 철저하게 경작자에게 배정하는 개혁 프로그램을 1950년대에 시행했다. 토지소유자들은 토지를 소작농에게 이전하는 대가로 국영기업의 주식을 받았다. 이는 이 기간 동안의 엄청나게 빠른 농업생산성 증가의 주요 요소였으며, 후일의 산업화에 결정적으로 중요한 기반이 되었다. 한국과 일본 같이 비슷한 토지개혁 노력을 했던 다른 나라들도 인상적인 결과를 목격했다. 미국은 홈스테드법(Homestead Act) 같은 19세기 프로그램들로부터 비슷하게 이득을 얻었다. 이와는 대조적으로 필리핀 같은 몇몇 아시아 국가들은 물론 남미의 발전은 토지개혁의 결여에 의해 심각하게 방해를 받았다.

매우 높은 저축률과 투자율　대부분의 분석자들은 자본형성이 성공적인 발전에 결정적으로 중요하다는 것에 동의한다. 선진국들은 개발도상국에 비해 훨씬 높은 수준의 1인당 자본을 갖고 있는데, 이는 선진국들로 하여금 더 높은 생산성과 소득을 즐기도록 하는 요소 중 하나이다. 대만의 저축률은 1950년대와 1960년대에 30~40%에 도달하면서 기록이 이루어진 이후 가장 높은 수준에 속해 있다.

저축윤리는 대만 문화에 깊게 뿌리박혀 있다. 부모들은 자녀들에게 어려울 때를 대비해 최우선시 되는 저축의 필요성을 가르친다. 공공정책은 저축자를 위해 실질이자율을 상대적으로 높게 그리고 세금면제를 유지한다. 흥미롭게도 동료 호랑이인 한국처럼 대만은 약 10%의 총투자 중 상대적으로 낮은 외국자본 비중을 갖고 있다. 높은 저축률과 투자율은 발전의 중요한 요소지만 충분요소는 아니다. 인도는 1947년 독립 이래 그 투자율을 상당히 증가시켰지만 부분적으로 그곳에서 자본설비가 비쌌기 때문에, 그리고 부분적으로 어떤 시점에서도 투자가 가장 생산적인 부문들에서 이루어지지 않았기 때문에 최근까지도 그 성장률을 증가시키지 못했다.

상업적 아이디어의 유포　그것을 어떻게 사용할 것인지에 대한 기업가들의 생산적인 아이디어 없이 높은 수준의 저축만으로는 기적적인 발전을 창출할 수 없을 것이다. 대만은 대체로 수천 개의 개별 소규모 회사의 근면성으로 인해 일본과 미국으로부터 상업적 아이디어를 흡수하는 데 상당한 성공을 거두어 왔다. 그러나 정부도 또한 대만 기업들이 자신들의 기술 수준을 어떻게 향상시키고 산업시장에의 진입에 어떻게 적응해야 하는지에 관한 아이디어를 세계, 특히 미국에서 샅샅이 찾았던 대만대외무역발전협회(China External Trade Development Council, CETDC) 같은 기관들을 통해 역할을 담당했다. 세계은행의 키싱(Donald Keesing)은 CETDC의 활동에 관한 몇몇 대단히 흥미로운 통찰력을 다음과 같이 표현했다.

1980년 현재 CETDC 뉴욕 사무소의 시장조사는 미국에서 팔릴 수 있는 항목들의 적극적인 탐색을 기초로 하였다. 탐색은 미국 수입의 규모와 원천에 대한 분석으로부터 시작되었으며, 더 경쟁력이 있는 수입품과 미국 상품의 가격과 품질에 대한 예비조사가 뒤를 이었다. 이로부터 뉴욕의 임원들은 대만 기업이 시장에 이미 진출한 것들과 성공적으로 경쟁할 가능성의 추정치에 도달했다. (그들은 이렇게 할 만큼 대만 기업들의 제조역량을 충분히 이해하고 있다고 주장했다.) 일단 가

능성 있는 상품이 확인되면, 사무소는 대만에 있는 기업들에게 견본품과 가격표를 보내줄 것을 요청했다. 그 뒤 사무소의 대표자들이 견본품과 가격표를 갖고 판매 조사차 수입업자, 도매업자, 그리고 기타 유통업자들을 방문하게 된다. 그들은 상품에 대한 반응을 얻으려 노력하게 된다. 만일 구매자들이 관심을 갖는다면, 그들은 제조업자들에게 텔렉스를 보내게 된다. 만약 관심을 보이지 않으면 그들은 이유를 알아낸 뒤 제조업자들에게 적절한 조치를 제안하게 된다.

이러한 관찰은 성공적인 발전에서 국가와 시장의 역할이라는 아마도 가장 복잡한 일련의 발전에 대한 쟁점들로 우리를 인도한다.

효과적인 정부의 산업정책　대만의 성공에 대한 전통적인 설명은 자유시장의 작용이다. 이와는 대조적으로 웨이드(Robert Wade) 등은 대만이 광범위한 정부의 산업정책을 채택했음을 보여주었으며 대만의 성공은 상당한 정도 그 산업정책의 효력 때문이라는 다소 논쟁이 있는 증거를 제시했다.

대만은 수출을 허가하고, 대만 내 및 대만으로부터의 해외직접투자를 통제하며, 수출 카르텔을 확립하고, 우선순위 부문에 투자를 위한 재정적 인센티브 및 우대산업을 위한 특혜신용을 제공하기 위한 적극적인 산업정책제도를 가동해 왔다. 선진국 지위를 거의 얻었으므로 오늘날에는 정부가 훨씬 덜 적극적인 역할을 하지만, 대만의 더 중요한 발전 단계에서 정부가 담당한 역할을 살펴보는 것은 흥미로운 일이다.

대만의 경제역사는 1949년부터 1958년까지의 기간 동안 매우 높은 수준의 계획경제적인 또는 국가주도적인 수입대체성향의 산업화로 시작되었다. 1958년의 개혁은 개입을 수출진흥으로 바꿨으며 시장의 힘들을 소개했다. 그러나 출현했던 것은 자유시장이 아니라 단지 덜 철저한 계획경제였다. 1980년대에 진입하면서 대만의 모든 수입과 수출이 허가의 대상이 되어야 했다. 수입은 '금지(prohibited)', '통제(controlled)', '허용(permissible)'으로 분류되었다.

통제되는 재화에는 사치재와 상당한 품질로 충분한 양이 국내에서 생산되는, 그리고 그 가격이 비교할 만한 수입가격보다 크게 높지 않은(약 5%) 몇몇 재화가 포함되었다. 통제되는 품목이 발표된 것보다 더 많았기 때문에 모든 '허용' 품목이 자동적으로 승인되지는 않았다. 웨이드가 보여준 바와 같이, 감춰진 목록에 포함된 품목의 잠재적 수입업자들은 국내 공급자들이 외국의 가격, 품질, 그리고 납품시기 조건을 충족할 수 없다는 증거를 제시해야만 했다. 웨이드는 그것들의 기능은 정부가 대상으로 하는 상품의 국내 수요를 제공함으로써 성장산업을 비약적으로 출발시키는 것이었다는 증거를 제시하고 있다. 그 뒤 회사들로 하여금 이러한 상품을 수출하기 시작하도록 유발하기 위해 과감한 인센티브가 제공되었다.

이러한 수입대체 프로그램의 상대적인 성공에 대한 웨이드의 해석은 시장 인센티브에 대한 강조와 일관성을 갖는다. 그는 그것이 국내경제에 진입하는 외국재화의 수량을 통제하기 때문에 정부는 보호를 받는 국내 생산자들의 가격설정 행태를 길들이기 위해 국제 가격을 사용할 수 있었다고 주장한다. 정부는 보호받는 품목의 국내가격이 특히 수출생산을 위해 사용되는 투입요소의 경우 국제 가격보다 왜 상당히 높은지에 대한 정당한 이유를 알기를 원했다. 이러한 방식으로 통제를 받는 재화의 국내가격은 심지어 국경을 넘어 재화의 자유로운 거래가 없더라도 수입을 허용하겠다는 위협을 통해 세계가격 수준 가까이 유지될 수 있었다. 웨이드는 더 많은 재화의 유입을 허용하겠다는 효과적인 정부의 위협은 무역보호에도 불구하고 그 자체로 가격을 내리기에 충분할 수 있다고 결론을 내렸다. 따라서 주장하는 바는 시장 인센티브의 활력을 위태롭게 함이 없이 정부가 산업정책에서 적극적인 역할을 담당할 수 있다는 것이다.

명백히 대만 경제는 자유시장과는 거리가 꽤 멀지만, 그 적극적 개입정책이 아니더라도 대만의 성공에 대한 설명이 주어질 수 있다. 특히 기본교육에 대한 지원과 높은 저축률의 장려 같은 일반적인 정책들을 대만의 성공에 있어서의

더 중요한 요소로 제외할 수는 없다. 대만의 많은 소규모 기업인들은 정부가 자신들을 돕기보다는 괴롭히는 데 더 많은 일을 했다고 느끼고 있는 것처럼 보였다. 그리고 대만과 동아시아 기타 지역의 안정적이고 일관성 있는 거시경제정책들은 또한 많은 나머지 개발도상국 진영, 특히 가장 보잘것없는 성과를 보이는 지역과 큰 대조를 보이고 있다.

시장 인센티브　비록 기업가적 활력을 정확히 측정하기는 어렵지만 그것은 섬 전역에 걸쳐 분명히 보인다. 단지 기존 부의 몫을 찾기(지대추구 행위)보다는 부를 생산하려는 인센티브가 확고한 재산권과 함께 확립되었고 다른 정책들에 의해 크게 훼손되지 않았다.

대만 정부가 항상 매우 효율적인 발전의 원동력이었던 것만은 아니다. 중화민국이 정확히 똑같은 영토를 관할하는 중앙 및 지방정부 모두를 관리한다는 단순한 사실은 많은 비효율의 기회를 야기했다. 이것은 중화민국이 패했던 중국내전의 유산이다. 더욱이 1991년까지 정부는 부패의 기회를 만들면서 대만을 계엄령하에 통치했다. 실제로 1990년대에는 대만의 많은 독립적인 신문에 새로운 부패스캔들이 거의 매일 보도되었다. 대통령으로서 리덩후이(Lee Teng-hui)의 1996년 자유선거가 민주적 통치로의 평탄한 5년간의 이행에 절정을 이루었다. 그 이후 선거는 매우 경쟁적이 되었으며, 일반적으로 자유롭고 공정한 것으로 간주되었다. 권력은 평화롭게 교체되었다.

기타 요소　앞에서 열거한 다른 설명들 또한 다소 중요하긴 하지만 방금 논의한 일곱 가지 요소의 결정적인 역할에 비추어볼 때 크게 중요한 것 같지는 않다. 그것들은 또한 다른 경제에서는 정책조치를 통해 쉽게 권장할 수 없는 특별한 특징들이다. 1960년대의 베트남전쟁 호황은 지속적인 효과 없이 필리핀 같은 나라들에 대만보다 더 크지는 않지만 비슷한 만큼의 영향을 미쳤다. 이집트에의 미국의 원조는 훨씬 대규모이고 투자를 목적으로 상당히 사용되었지만, 그 결과는 그리 인상적이지 못했다. 의심할 바 없이 노동력의 근로윤리와 태도가 중요했다. 동시에 그것들은 가동할 준비가 되어 있는 적절한 인센티브 없이 그리고 경제

적으로 생산적인 아이디어의 사용 가능성 없이는 동원될 수 없었던 것이었다. 그리고 근로윤리는 적절한 인센티브에 의해 자극될 수 있다. 기업가적 문화로서의 오랜 역사 또한 중요할 수 있지만, 장기적으로 이러한 것들은 기업가정신을 위한 인센티브에 의해 비슷하게 영향을 받을 것이다.

세계경제의 유례없는 성장이 이루어졌고 미국 시장이 크게 개방되었던 시기인 1960년대 초에 대만이 수출주도 성장을 시작함으로써 이익을 얻었다는 사실은 의심할 바 없는 이점이었다. 반면에 태국 같은 다른 나라들은 미국 및 세계의 훨씬 둔화된 소득 및 무역 증가율에도 불구하고 1980년대에 공산품 수출을 통해 성공적으로 성장했다. 중화인민공화국은 때때로의 둔화된 세계무역 증가에도 불구하고 지난 사반세기에 걸쳐 대만보다 더 빨리 성장했다. 1978년 이래 중화인민공화국의 많은 개혁정책들은 대만의 경험으로부터 복제되었다.

지역 섬사람들이 기업가정신 이외의 기회를 거의 갖지 못했다는 아이디어는 증명되지는 않았다. 어떠한 경우든 대만은 이 점에 있어서는 부(−)의 1인당 소득증가로 고통받았던 개발도상국 진영의 많은 다른 권위주의적인 체제하의 상황과 다른 것 같지는 않아 보인다.

방위전략으로서의 경제발전의 필연성과 관련해서도 대만이 선정될 수는 없다. 트루먼 대통령이 한국 위기에 대응하여 1950년에 섬을 봉쇄했던 이후 미국은 대만의 방위를 보장했다. 섬이라는 자연적인 방어가 결여된 그리고 적대적인 이웃국가에 의해 예사롭지 않게 위협을 받는 다른 개발도상국들은 똑같은 기간 동안에 거의 발전적인 진전을 이루지 못했다. 군사적 필요성이 종종 생산적인 자극보다 발전에 필요한 자원의 전환이 나타나도록 한다.

결론

요소들의 결합이 대만 성공의 기초가 되었다. 교육에 대한 강조, 해외로부터의 생산적 아이디어의 흡수, 광대한 인프라 개발, 철저한 토지개혁, 매우 높은 저축률과 투자율, 효과적인 산업정책, 그리고 확고한 재산권과 함께 기존 부의

몫을 찾는 것이 아니라 부를 생산하는 시장 인센티브가 확립되도록 하고 다른 정책들에 의해 훼손되지 않도록 보장한 것이 그것들이다.

최근 대만이 고기술 분야로 이동함에 따라 대만 정부는 더 앞선 연구개발에 관해 민간부문과 공동으로 협력하는 것에 초점을 맞춰 왔다. 대만의 활력 있는 기업들은 중화인민공화국에 엄청난 금액을 투자했다. 대만은 상대적 미숙련의 산업일자리가 더 이상 필요하지 않을 미래에 적응하기 위해 노력해 왔다. 컴퓨터, 소프트웨어, 생명공학을 포함하는 여러 부문의 고기술 생산에 관한 교육과 금융발전에 초점이 맞춰지고 있다. 초점은 점점 미묘하게 복잡해지는 수출을 통한 발전에 계속 맞춰질 것이다. 토르베커와 완(Erik Thorbecke and Henry Wan)이 지적한 바와 같이 대만은 기본적인 노하우를 개발하기 위해 정부의 실험실을 사용함으로써 경쟁력이 있는 반도체산업을 발진시켰고, 그 뒤 이들 실험실로부터 분사된 민간회사를 만들었다. 그리고 토르베커, 퉁, 완(Thorbecke, Tung, and Wan)에 의해 주목된 바와 같이 정부는 또한 고기술 수출업자들에게 핵심적인 투입요소를 제공하고 있는 국내기업들에게 간접적이지만 효과적인 인센티브를 제공했으며, 합성섬유와 반도체 산업에서 주목할 만하게 성공을 달성했다. 따라서 개발도상국 경제가 선진국 지위에 접근함에 따라 산업화전략에서의 정부의 능숙함과 효력의 지속적인 개발은 결정적으로 중요할 수 있다. 경제는 세계 기술곡선 위 또는 아래의 그 가능한 위치에 관해 다중균형(제4장 참조)에 여전히 직면할 수 있다. 칸(Heider Ali Kahn)은 '양성순환고리 혁신체계(positive feedback loop innovation system)'를 통해 자신의 경제를 최초의 연구개발센터로 변환시키려는 대만의 노력에 대한 흥미로운 분석을 제공했다.

대만이 1997년과 1998년 동아시아 금융위기의 엄청난 폭풍우를 뚫고 나갔다는 사실은 경제의 발전과 회복력을 강력하게 암시했다. 대만에 곧 나타날 가장 큰 문제는 중화인민공화국과의 갈등과 대만 산업기반의 그 나라로의 대규모 이동을 해결하는 것이다. 두 가지 쟁점은 서로 연관되어

있는데, 이는 특히 두 나라 상호 의존의 증가가 전쟁비용을 증가시켜 섬의 지위에 대한 평화로운 해결로 이어질 가능성이 있기 때문이다. 59년 만인 2008년 대만과 중국 본토 사이에 직접적인 우편과 항공이 재개되었다는 사실은 폭력을 피할 수 있다는 희망적인 조짐이었다.

대만의 성장에는 결점이 과연 있었을까? 확실히 환경적인 고려는 아주 최근까지 경제성장의 뒷자리를 차지했었다. 예를 들어 타이베이는 과도하게 유해한 공기오염으로 고통을 받고 있다. 토지사용계획의 명목상 시작에도 불구하고, 섬의 서쪽 해안을 따라 운전해보면 미적 측면은 물론이고 어떤 경제적 정당성도 찾기 어려운 농업, 공업, 상업, 그리고 주거용도의 현기증이 날 정도의 난잡함이 있음을 알 수 있다. 산업부지가 일부 노폐물이 불가피하게 스며드는 논과 새우양식장 위의 쓰레기매립장에 자리를 잡고 있다. 많은 서구의 압력이 있은 후에야 멸종위기에 있는 품종에 관심이 주어졌다. 심지어 정부의 관심이 증대되었음에도 불구하고, 한 대만 공무원은 "민간부문은 대만에서 융통성이 있고 활기차며—이윤이 있는 곳에는 활동이 있기 마련이다"라고 솔직하게 말하고 있다.

대체로 주택공급은 대만에서 상대적으로 소규모이고 기본적인 채로 남아 있다. 또다시 중화인민공화국의 개방과 함께 많은 대만 회사들이 몽땅 본토로 이동하고 있다. 미국과 영국에서 목격된 것과 같이 경제의 약간의 공동화가 발생했지만, 대만 기업에 의한 중화인민공화국에의 투자는 거의 틀림없이 적어도 문제만큼 많은 기회를 가져왔다. 그 이후 회복했지만 대만은 2008년과 2009년 세계 침체에 의해 상당히 타격을 받았다. 대만의 성공에 경고가 주어지고 미래의 어떤 필요한 방향을 지시하고 있음에도 불구하고, 그것들이 대만의 인상적인 업적을 부정하지는 않는다.

요약하면 대만은 종종 기적적인 발전이라 불리는 다소 급속한 경제 및 사회 발전의 배경이 되는 요소들의 복잡한 결합을 잘 보여준다. 드러났던 요소에는 교육, 인프라, 토지개혁, 높은 저축률과 투자율, 상업적 아이디어의 흡수, 형성 단계에서의 효과적인 산업정책, 시장 인센티브, 그리고

숙련도, 디자인 기능의 특화, 유연한 생산 작업, 생산적인 지식, 효율성의 지속적인 개선과 갱신을 위한 정책과 인센티브가 있다. 따라서 대만에서의 변화는 실질적으로 '불가사의한(mysterious)' 기적이 아니다. 그것은 경제발전에 관한 광범위한 연구와 일관성을 갖는 정책의 결과로 이해될 수 있다. ■

참고문헌

Amsden, Alice H. "Taiwan's economic history: A case of étatisme and a challenge to dependency theory." *Modern China* 5 (1979): 341-380.

_____. "Taiwan." *World Development* 12 (1984): 627–633.

Balassa, Bela. "The lessons of East Asian development: An overview." *Economic Development and Cultural Change* 36 (1988): S273-S290.

Bradford, Colin I. "Trade and structural change: NICs and next-tier NICs as transitional economies." *World Development* 15 (1987): 299-316.

Chenery, Hollis, Sherman Robinson, and Moses Syrquin. *Industrialization and Growth: A Comparative Study.* New York: Oxford University Press, 1986.

Chu, Wan-wen. "Export-led growth and import dependence: The case of Taiwan, 1969-1981." *Journal of Development Economics 28* (1988): 265-276.

Dahlman, Carl J., and Ousa Sananikone. "Taiwan, China: Policies and institutions for rapid growth," in *Lessons from East Asia*, ed. Danny M. Leipziger. Ann Arbor: University of Michigan Press, 1997.

Dahlman, Carl J., Bruce Ross-Larson, and Larry E. Westphal. "Managing technical development: Lessons from the newly industrializing countries." *World Development* 15 (1987): 759-775.

Jacobsson, Steffan. "Technical change and industrial policy: The case of computer numerically controlled lathes in Argentina, Korea and Taiwan." *World Development* 10 (1982): 991-1014.

Keesing, Donald B. "The four successful exceptions: Official export promotion and support for export marketing in Korea, Hong Kong, Singapore and Taiwan, China." United Nations Development Programme-World Bank Trade Expansion Program Occasional Paper No. 2, 1988.

Kahn, Haider Ali. "Innovation and growth: A Schumpeterian model of innovation applied to Taiwan." *Oxford Development Studies* 30 (2002): 289-306.

Mathews, John A. "The origins and dynamics of Taiwan's R&D consortia." *Research Policy* 31 (2002): 633-651.

Pack, Howard, and Larry E. Westphal. "Industrial strategy and technological change: Theory versus reality." *Journal of Development Economics 22* (1986): 87-128.

Smith, Stephen C. *Industrial Policy in Developing Countries: Reconsidering the Real Sources of Export-Led Growth.* Washington, D.C.: Economic Policy Institute, 1991.

Taiwan Yearbook, 1993 and 2004. Taipei Government Information Office.

Thorbecke, Erik, and Henry Wan. "Revisiting East (and Southeast) Asia's development model." Paper presented at the Cornell University Conference on Seventy-Five Years of Development, Ithaca, N.Y., May 7-9, 2004.

Thorbecke, Erik, An-chi Tung, and Henry Wan. "Industrial targeting: Lessons from past errors and successes of Hong Kong and Taiwan." *World Economy* 25 (2002): 1047-1061.

Wade, Robert. *Governing the Market.* Princeton, N.J.: Princeton University Press, 1991.

_____. "The role of government in overcoming market failure: Taiwan, Republic of Korea and Japan." in *Achieving Industrialization in East Asia*, ed. Helen Hughes. New York: Cambridge University Press, 1988.

_____. "State intervention in outward-looking development: Neoclassical theory and Taiwanese practice." in *Developmental States in East Asia*, ed. Gordon White. New York: St. Martin's Press, 1988.

주요 용어

경상계정(current account)

경제동맹(economic union)

경제통합(economic integration)

고평가된 환율(overvalued exchange rate)

공동시장(common market)

공식 환율(official exchange rate)

과점적 시장통제(oligopolistic market control)

관리변동환율(managed float)

관세(tariff)

관세동맹(customs union)

관세 및 무역에 관한 일반협정(GATT)

국제상품협정(international commodity agreement)

규모에 대한 보수(returns to scale)

균형무역(balanced trade)

남북무역 모형(North-South trade models)

다자간섬유협정(MFA)

대내지향적 개발정책(inward-looking development policies)

대외지향적 개발정책(outward-looking development policies)

독점적 시장통제(monopolistic market control)

명목보호율(nominal rate of protection)

무역낙관론자(trade optimists)

무역비관론자(trade pessimists)

무역으로부터의 이득(gains from trade)

무역자유화(trade liberalization)

무역적자(trade deficit)

무역전환(trade diversion)

무역창출(trade creation)

물물교환(barter transactions)

변동환율(flexible exchange rate)

보조금(subsidy)

부가가치(value added)

불확실성(uncertainty)

비관세무역장벽(nontariff trade barrier)

비교우위(comparative advantage)

산업정책(industrial policy)

산업화전략 접근법(industrialization strategy approach)

상품교역조건(commodity terms of trade)

상품주기(product cycle)

상품차별화(product differentiation)

성장거점(growth poles)

세계무역기구(WTO)

세계화(globalization)

수요의 가격탄력성(price elasticity of demand)

수요의 소득탄력성(income elasticity of demand)

수입대체(import substitution)

수출소득 불안정성(export earnings instability)

수출의존도(export dependence)

수출진흥(export promotion)

수확체증(increasing returns)

신보호주의(new protectionism)

실효보호율(effective rate of protection)

엔클레이브 경제(enclave economies)

외환소득(foreign-exchange earnings)

외환통제(exchange control)

요소가격균등화(factor price equalization)

요소부존무역이론(factor endowment trade theory)

우루과이라운드(Uruguay Round)

위험(risk)

유치산업(infant industry)

이중환율(dual exchange rate) [평행환율(parallel exchange rate)]

1차 상품(primary products)

잉여분출 국제무역이론(vent-for-surplus theory of international trade)

임금-물가의 악순환적 상승(wage-price spiral)

자급자족(autarky)

자본계정(capital account)

자유무역(free trade)

자유무역지대(free-trade area)

자유시장 환율(free-market exchange rate)

저평가된 환율(undervalued exchange rate)

절대우위(absolute advantage)

지대(rent)

지역무역블록(regional trading bloc)

통화의 가치하락(depreciation, 평가절하)

특화(specialization)

평가절하(devaluation)

프레비시-싱어 가설(Prebisch-Singer hypothesis)

할당(quotas)

합성대체물(synthetic substitutes)

복습문제

1. 국제무역이 국가발전에 미치는 효과는 종종 네 가지 기본적 경제개념과 관련된다―효율성, 성장, 형평성, 안정성. 이러한 개념 각각이 국제무역이론과 관련하여 무엇을 의미하는지 간략히 설명하라.

2. 비교우위의 고전적 노동비용이론을 국제무역의 신고전학파 요소부존이론과 비교 및 대조하라. 가정과 결론 모두에 대한 분석을 반드시 포함시켜라.

3. 세계와 국내 효율성, 세계와 국내 경제성장, 세계와 국내 소득분배, 그리고 세계 생산 및 소비 패턴에 미치는 그 이론적 효과에 대한 전통 자유무역이론의 주요 결론들을 간략히 요약하라.

4. 주로 선진국 경제학자인 자유무역의 옹호자들은 부유한 나라와 가난한 나라 사이의 무역관계 자유화(관세 및 비관세장벽의 제거)는 모든 나라의 장기적 혜택을 향해 작용하게 된다고 주장한다. 어떤 조건하에 무역에 대한 모든 관세와 기타 장애물의 제거가 개발도상국 최고의 이점으로 작용할 수 있을까? 설명하라.

5. 전통 자유무역이론은 개발도상국에 타당할 수도 또는 타당하지 않을 수도 있는 (또는 그 점에 있어서는 선진국의 경우에도) 여섯 가지 결정적으로 중요한 가정을 기초로 한다. 이러한 결정적으로 중요한 가정들은 무엇인가? 그리고 그것들은 국제무역의 실질세계에서 어떻게 위반될 수 있는가?

6. 전통 자유무역이론은 기본적으로 모든 참여자에게 귀속될 가능성이 있는 이득에 대한 어떤 결론을 유도하는 국제교환의 정태이론이다. 전통 자유무역이론에서 또한 중요한 동태적 요인들을 설명하라.

7. 개발도상국으로부터의 국제무역에 대한 비판자들은 때때로 선진국과 저개발국가 사이의 현재의 무역관계는 저개발국가의 '반발전(antidevelopment)'의 원천일 수 있으며, 단지 저개발국가의 허약하고 종속적인 지위를 영속화시키도록 한다고 주장한다. 그들의 주장을 설명하라. 여러분은 동의하는 경향이 있는가, 아니면 동의하지 않는 경향이 있는가? 그 이유를 설명하라.

8. 공산품이 현재 개발도상국 진영으로부터의 수출의 대다수를 차지한다. 어떤 요소들이 개발도상국들이 이러한 진전으로부터 받는 혜택을 제한했는가?

9. '세계의 작업장'으로서 중국의 출현은 어떤 방식으로 다른 개발도상국에 기회이며, 또 어떤 방식으로 위협인가?

10. 1차 및 2차 대내지향적 및 대외지향적 발전정책의 차이를 설명하라.

11. 개발도상국이 사용할 수 있는 상업정책의 범위를 간략히 요약하고, 왜 이러한 정책의 일부가 채택될 수 있는지를 설명하라.

12. 특별한 형태의 상품(예 : 1차 식료품, 원자재, 연료, 광물, 공산품)과 관련하여 개발도상국 수출진흥의 가능성, 장점, 그리고 단점은 무엇인가?

13. 남미, 아프리카, 아시아의 대부분 개발도상국들은 자신들 발전전략의 주요 구성요인으로 수입대체정책을 추구했다. 수입대체정책을 지지하는 이론적 및 실용적 주장을 설명하라. 무엇이 실제로 이러한 정책들의 몇몇 약점이었으며, 왜 그 결과는 종종 기대에 부응하지 못했는가?

14. 개발도상국에서의 관세, 할당, 그리고 기타 무역장벽의 사용을 지지하는 몇몇 주장을 설명하라.

15. 어떤 쟁점들이 무역낙관론자와 무역비관론자 사이의 논쟁의 기초가 되는가? 여러분의 답을 설명하라.

16. 무엇이 개발도상국 경제통합의 기본적인 정태적·동태적 주장인가? 경제통합이 취할 수 있는 여러 형태(예 : 관세동맹, 자유무역지대)를 간략히 서술하라. 무엇이 개발도상국에서의 효과적인 경제통합에 대한 주요 장애물인가?

17. 선진국의 무역정책은 어떻게 세계경제에의 폭넓은 참여로부터 이득을 얻기 위한 개발도상국의 능력에 영향을 미치는가? 부유한 나라의 비무역(nontrade) 국내경제정책은 개발도상국의 수출소득에 어떻게 영향을 미치는가?

18. 여러분은 대외지향적 산업화전략을 성공적으로 실행하는 데 어떤 요인이 매우 중요하다고 생각하는가?

1. 이 논의는 World Bank, *Poverty in an Age of Globalization* (Washington, D.C.: World Bank, 2000); Sarah Anderson and John Cavanaugh, with Thea Lee, *Field Guide to the Global Economy* (New York: New Press, 2000); Jeffrey Sachs, *Making Globalization Work* (Washington, D.C.: George Washington University Press, 2000); *Symposium on Globalization in Perspective*에 실린 논문들, 특히 Dani Rodrik, "An Introduction," *Journal of Economic Perspectives* 12 (1998): 3-8; Dani Rodrik, "Globalisation, social conflict and economic growth," *World Economy* 21 (1998): 143-158; Joseph Stiglitz, *Globalization and Its Discontents* (New York: W.W. Norton, 2007); and Jagdish Bhagwati, *In Defenses of Globalization* (New York: Oxford University Press, 2007)에 근거하고 있다.

2. Muhammad Yunus, *Creating a World without Poverty: Social Business and the Future of Capitalism* (New York: Public Affairs, 2008), p. 5.

3. World Bank, *World Development Indicators, 2010* (New York: Oxford University Press, 2010), p. 381. 농업보조금과 원조액의 비교는 *World Development Indicators, 2012*, p. 16에 보고된 OECD 데이터를 기초로 한다.

4. David I. Harvey, Neil M. Kellard, Jacob B. Madsen, and Mark E. Wohar, "The Prebisch-Singer hypothesis: Four centuries of evidence," *Review of Economics and Statistics* 92 (2010): 367.

5. United Nations Conference on Trade and Development (UNCTAD), "Commodity information," 2002, http://www.unctad.org/Templates/Page.asp?intItemeID=3599$lang=1. 또한 World Bank, *Can Africa Claim the 21st Century?* (Washington, D.C.: World Bank, 2000), ch. 7; Sarah Anderson, John Cavanagh, Thea Lee, and Barbara Ehrenreich, *Field Guide to the Global Economy* (New York: New Press, 2000), pp. 10-11, 그리고 *World Development Indicators 2010*, Figure 6h, p. 349를 참조하라.

6. 관광업 서비스 통계는 세계관광기구(World Tourism Organi-zation)의 *Yearbook of Tourism Statistics and World Tourism*(2012년 판)으로부터 입수할 수 있다.

7. UNCTAD, *Trade and Development Report, 2006* (New York: United Nations, 2006), ch. 1을 참조하라.

8. World Bank, *World Development Indicators, 2013*, tab. 4.4 2012년 데이터에서 인용. 다양화 패턴에 관해서는 Jean Imbs and Romain Wacziarg, "Stages of diversification," *American Economic Review* 93 (2003): 63-86을 참조하라.

9. 제조업과 관련하여 주요 상품의 상대적인 수요의 소득탄력성에 관한 데이터는 World Bank, *1994 Global Economic Prospects and the Developing Countries* (Washington, D.C.: World Bank, 1994), tab. 2.5 참조. 1차 상품 수출소득의 불안정성에 관한 탁월한 논의는 제2장에 수록되어 있다.

10. United Nations Conference on Trade and Development, "Excessive commodity price volatility: Macroeconomic effects on growth and policy options," Contribution from the UNCTAD secretariat to the G20 Commodity Markets Working Group, April 2012, at http://unctad.org/meetings/en/Miscellaneous%20Documents/gds_mdpb_G20_001_en.pdf.

연구는 개발도상국 모든 그룹에서 변동성의 증가를 발견했으며, 효과가 단지 두서너 가지 상품에의 집중으로 인한 것이 아니라는 것을 밝혔다—문제가 되는 것은 상품의 종류지 그러한 상품들 자체의 다양성이 아니라는 것이다. 효과에 관해서는 예를 들어 Matthias Luz, "The effect of volatility in the terms of trade on output growth: New evidence," *World Development* 22 (1994): 1959-1975를 참조하라. 관련된 연구들은 교역조건의 불안정성을 다루고 있다. 예를 들어 Teame Ghirmaya, Subhash C. Sharmaa, and Richard Grabowskia, "Export instability, income terms of trade instability and growth: causal analyses," *Journal of International Trade and Economic Development* 8, No. 2 (1999): 209-229를 참조하라. 저자들의 공적분(co-integration) 결과는 "대부분의 국가에서 소득교역조건의 불안정성은 생산량과 부(-)의 관계인 반면, 수출 불안정성에 대한 결과는 뒤섞였다."라고 밝히고 있다. 그들은 "수출 불안정성과 소득교역조건의 불안정성이 다양한 경로를 통해 발전과정에서 인과관계의 역할을 담당한다."라고 추론했다. 다른 저자들은 예를 들어 투자와 수입의 불안정성을 통해 간접적인 효과가 있을 수 있다고 결론을 내렸다. 상이한 형태의 불안정성이 상이한 결과에 영향을 미치는 환경을 자세히 밝히기 위해 더 많은 연구가 필요할 것이다.

11. Carmen M. Reinhart and Peter Wichham, "Commodity prices: Cyclical weakness or secular decline?" *International Monetary Fund Staff Papers* 41 (1994): 175-213 and Rati Ram, "Trends in developing countries' commodity terms-of-trade since 1970," *Review of Radical Political Economics* 36 (2004): 241-253을 참조하라.

12. 다소 하락했지만 경기침체에도 불구하고 상대적으로 높은 가격은 공급제한의 문제를 암시한다. 높은 가격이 채취를 위

한 투자를 자극함에 따라 상대적 상품가격은 다시 하락할 수 있다. World Bank, *Global Economic Prospects 2009: Commodities at the Crossroads* (Washington, D.C.: World Bank 2009) p. 55를 참조하라. 그리고 2013년에는 명목 상품가격조차도 기껏해야 불확실한 궤적을 보이며 2008년 최고치의 약 12% 낮은 수준에 머물러 있다. UNCTAD, op. cit. 참조. 교역조건의 대안이 될 수 있는 측정치는 한 국가 수출의 상대적 구매력을 측정하는 소득교역조건(income terms of trade)이다. 몇몇 경제학자들은 소득교역조건이 상대적 가격변동을 요약하기 때문에 수출(그리고 수출소득의 불안정성)과 성장 사이의 관계를 더 잘 보여준다고 주장한다. 예를 들어 루츠(Matthias Lutz)는 소득교역조건의 변동(미주 10 참조)과 경제성장률 사이의 강한 부(−)의 관계를 발견했던 바, 이는 상품교역조건의 변동과 경제성장 사이의 부(−)의 관계를 발견한 앞서의 몇몇 연구들을 뒷받침하고 있다.

13. Raul Prebisch, *The Economic Development of Latin America and Its Principal Problems* (New York: United Nations, 1950)과 Hans W. Singer, "The distribution of gains between borrowing and investing countries," *American Economic Review* 40 (1950): 473-485를 참조하라.

14. Alf Maizels, *The Manufactures Terms of Trade of Developing Countries with the United States, 1981-1997* (Oxford University Press, 2000) and Sarkar Prabirjit and Hans W. Singer, "Manufactured exports of developing countries and their terms of trade since 1965," *World Development* 19 (1991): 333-340을 참조하라.

15. 오목한 생산가능곡선 위에 위치한 어떤 점에서의 접선의 기울기는 다른 상품을 더 많이 생산하기 위해 한 상품의 생산량을 감소시키는 기회 또는 실질비용을 보여준다는 것을 상기하라. 완전경쟁의 세계에서는 이러한 상대비용이 또한 시장에서의 상대가격과 동일하게 된다. 따라서 점 *A*에 접한 접선의 기울기는 또한 상품의 상대가격을 나타낸다. 기울기가 가파르면 가파를수록 *m*에 대한 *a*의 가격은 더 높아지게 된다. 왼쪽으로부터 오른쪽으로 이동함에 따라 [예: 〈그림 12.1a〉의 점 *A*로부터 점 *B*로], 접선의 기울기는 누적적으로 가파르게 되는데, 이는 식량을 더 생산하기 위한 기회비용이 체증한다는 것을 나타낸다. 마찬가지로 생산가능곡선을 따라 오른쪽으로부터 왼쪽으로의 이동(점 *B*로부터 점 *A*로)은 포기한 식량생산량으로 계산한 더 많은 공산품 생산을 위한 기회비용이 체증한다는 것을 나타낸다.

16. 요소가격균등화 이론에 관한 고전적인 논문은 Paul A. Samuelson, "International trade and equalization of factor prices," *Economic Journal 48* (1948): 163-184이다. 경제정책연구소(Economic Policy Institute)의 연구에 따르면 이 부문에

서 자신의 일자리를 영구적으로 잃은 제조업 근로자들이 평균적으로 소득의 순감소를 경험했다는 것을 주목해야만 한다.

17. Manmohan Singh, "Development policy research: The task ahead," *Proceedings of the World Bank Annual Conference on Development Economics, 1989* (Washington, D.C.: World Bank, 1990), p. 12. 싱(Singh)은 이 논문의 발표 당시 제네바에 위치한 저발전위원회(South Commission)의 사무총장(secretary general)이었다. 2004년에 그는 인도의 수상이 되었으며 2013년 후반에 여전히 그 자리를 유지하고 있다.

18. 기타 비전통적인 이론은 물론 남북무역 모형에 관한 몇몇 대표적인 문헌은 Paul Krugman, "Trade, accumulation and uneven development," *Journal of Development Economics* 8 (1981): 149-161; Graciella Chichilnisky, "A general equilibrium theory of North-South trade," in *Essays in Honor of Kenneth J. Arrow*, eds. Walter Heller et al. (New York: Cambridge University Press, 1986); Jose Antonio Ocampo, "New developments in trade theory and LDCs," *Journal of Development Economics* 22 (1986): 129-170; and Amitava K. Dutt, "Monopoly power and uneven development: Baran revisited," *Journal of Development Studies* 24 (1988): 161-176을 참조하라.

19. Michael E. Porter, *The Competitive Advantages of Nations* (New York: Free Press, 1990). 크루그먼(Paul Krugman)이 선도적 역할을 했던 규모에 대한 보수증가와 불완전경쟁을 허용하는 신무역이론은 어떤 점에서는 아주 유사하고 몇몇 비슷한 결론으로 이어졌던 분석내용을 제공한다. 개략적인 내용은 Paul Krugman, "Increasing returns, imperfect competition and the positive theory of international trade," in *Handbook of International Economics*, vol 3, (New York: Elsevier, 1995), pp. 1243-1277을 참조하라.

20. 포터는 또한 개발도상국들은 또한 "환율과 요소비용 변동에 취약하다. 선진경제의 자원집약도가 하락하고 수요가 더 세련되어짐에 따라 이들 산업 중 많은 것들이 또한 성장하지 못하고 있다."라고 주목했다. Porter, *The Competitive Advantages of Nations*, pp. 675-676을 참조하라.

21. Heinz W. Arndt, "The origins of structuralism," *World Development* 13 (1985): 151-159를 참조하라.

22. 유엔은 2001년에 그러한 무역제한이 개발도상국들에게 매년 적어도 자신들 GDP의 2%에 해당하는 1,000억 달러의 손실을 끼쳤다고 추정했다.

23. 불완전경쟁이 국제무역관계에 어떻게 널리 영향을 미치는지에 관한 검토는 Elhanan Helpman, "The noncompetitive theory of international trade and trade policy," *Proceedings of the World Bank Annual Conference on Development Economics,*

1989, pp. 193-216, and David Greenaway, "New trade theories and developing countries," in *Current Issues in Development Economics*, eds. V.N. Balasubramanyam and Sanjaya Lall (New York: St. Martin's Press, 1991). pp. 159-169를 참조하라. 보호의 비용에 관해서는 Intergovernmental Group of 24, "Communiquê on international monetary affairs and development," April 28, 2001, http://www.un.org/esa를 참조하라.

24. Helpman, "Noncompetitive theory," p. 196.

25. Jean Imbs and Romain Wacziarg, "Stages of diversification," *American Economic Review* 93 (2003): 63-86.

26. Ajit Singh, "Openness and the market-friendly approach to development: Learning the right lessons from the development experience," *World Development* 22 (1994): 1814를 참조하라. 또한 미주 35, 39, 53의 참고문헌을 참조하라.

27. Stiglitz-Sen-Fitoussi Commission on the Measurement of Economic Performance and Social Progress, 2009, http://www.stiglitz-sen-fitoussi.fr/en/index.htm.

28. 무역지향적인 개발도상국들이 더 높은 총경제성장률을 갖는 것처럼 보인다는 증거는 (비록 많은 경우 성장의 진정한 원천을 가려내는 것이 어렵고, 성장이 더 많은 무역으로 이어질 수도 있지만), World Bank, *World Development Report, 1992* (New York: Oxford University Press, 1992) and Jagdish N. Bhagwati, "Export-promoting trade strategy: Issues and evidence," *World Bank Research Observer* 3 (1988): 27-57을 참조하라.

29. Graciella Chichilnisky and Geoffrey Heal, *The Evolving International Economy* (New York: Cambridge University Press, 1986).

30. 예를 들어 the Santiago Declaration of Third World Economists, April 1973과 the Communique of the Third World Forum, Karachi, 1975를 참조하라. 비록 덜 급진적이지만 더 나중에 발표된 비슷한 견해는 United Nations, *Development and International Economic Cooperation: An Agenda for Development* (New York: United Nations, 1994)에서 찾을 수 있다.

31. 대내지향적 대 대외지향적 발전정책에 대한 탁월한 논의는 Paul Streenten, "Trade strategies for development: Some themes for the seventies," *World Development* 1 (1973): 1-10 and Donald B. Keesing, *Trade Policy for Developing Countries* (Washington, D.C.: World Bank, 1979)를 참조하라. 많은 유익한 문헌 검토 중에 다음 두 논문의 상이한 시각이 특히 주목할 만하다―Rudiger Dornbusch, "The case for trade liberalization in developing countries," *Journal of Economic Perspectives* 6 (1992): 69-85 and Dani Rodrik, "The limits of trade policy reform in developing countries," *Journal of Economic Perspectives* 6 (1992): 87-105.

32. Streenten, "Trade strategies," pp. 1-2.

33. Colin Kirkpatrick, "Trade policy and industrialization in LDCs," in *Surveys in Development Economics*, ed. Norman Gemmell (Oxford: Blackwell, 1987), pp. 71-72를 참조하라.

34. 예를 들어 Colin I. Bradford Jr., "East Asian 'models': Myths and lessons," in *Development Strategies Reconsidered*, eds. John P. Lewis and Valeriana Kallab (Washington, D.C.: Overseas Development Council, 1986), ch. 5; Stephen C. Smith, *Industrial Policy in Developing Countries: Reconsidering the Real Sources of Exported-Led Growth* (Washington, D.C.: Economic Policy Institute, 1991); and Robert Wade, *Governing the Market: Economic Theory and the Role of Government in East Asian Industrialization* (Princeton, N.J.: Princeton University Press, 1990)을 참조하라.

35. Kevin Watkins and Joachim von Braun, "Essay: Time to Stop Dumping on the World's Poor," in *International Food Policy Research Institute, 2002-2003 Annual Report*, Washington, D.C., IFPRI, 2003, pp. 6-20; 인용은 9페이지부터다. 이 보고서는 농업 보호주의의 문제점들에 대해 검토한 탁월한 내용들을 담고 있다. 불행히도 이 보고서가 발간된 이후의 몇 년 동안 무역관련 논의에 아무런 진전이 이루어지지 않았다. 미국의 면화, 설탕, 그리고 기타 농업정책에 의해 야기된 심각한 문제들의 기타 징후는 Nicholas Minot and Lisa Daniels, "Impact of global cotton markets on rural poverty in Benin," IFPRI Discussion Paper No. 48, November 2002, http://www.ifpri.org/divs/mtid/dp/mssdp48.htm; Oxfam International, "Rigged rules and double standards," http://www.maketradefair.com/en/index.php?file=26032002105549.htm; Oxfam International, "Cultivating poverty," http://www.oxfam.org/eng/pdfs/pp020925_cotton.pdf; and *the New York Times*' "Harvesting Poverty" series, http://nytimes.com/harvestingpoverty에서 찾을 수 있다. 또한 Warren Vieth, "U.S. exports misery to Africa with farm bill," *Los Angeles Times*, May 27, 2002, p. A1 and "Sweet deals: 'Big sugar' fights threats from free trade and a global drive to limit consumption," *Financial Times*, February 27, 2004, p. 17을 참조하라. 저자들은 이러한 주제에 대해 도움이 되는 제안을 한 새바이드(Andreas Savvides) 교수에게 감사한다.

36. 쟁점과 증거에 대한 검토와 요약은 Watkins and von Braun, "2002-2003 IFPRI annual report essay"를 참조하라. 개발도상국들이 1차 상품 수출과 관련하여 가졌던 어려움에 대한 초기의 고전적 검토는 United Nations Development *Programme, Human Development Report, 1992* (New York: Oxford University Press, 1992), pp. 59-62; *World Bank, World Development Report, 1991* (Washington, D.C.: World Bank, 1991), pp. 105-110; and World Bank, *Global Economic Prospects and the Developing Countries* (Washington, D.C.: World Bank, 1994), ch. 2를 참조하라.

37. World Bank, *World Development Indicators, 2013,* tab. 4.4 (Washington, D.C.: World Bank, 2013)과 앞서의 WDI 간행물.

38. Bradford, "East Asian 'models'"; Stephen C. Smith, "Industrial Policy and export success: Third World development strategies reconsidered," in *U.S. Trade Policy and Global Growth*, ed. Robert Blecker, (New York: Sharpe, 1996), pp. 267-298; Jene Kwon, "The East Asian challenge to neoclassical orthodoxy," *World Development* 22 (1994): 635-644; Paul Krugman, "The myth of Asia's miracle," *Foreign Affairs* 73 (1994): 62-78; Dani Rodrik, "Getting interventions right: How South Korea and Taiwan grew rich," *Economic Policy* 20 (1995): 53-97; Henry J. Bruton, "A reconsideration of import substitution," *Journal of Economic Literature* 36 (1998): 903-936; Sebastian Edwards, "Openness, trade liberalization, and growth in developing countries," *Journal of Economic Literature* 31 (1993): 1358-1393; Behzad Yaghmaian, "An empirical investigation of exports, development, and growth in developing countries: Challenging the neoclassical theory of export-led growth," *World Development* 22 (1994): 1977-1995; and Syed Nawab Haider Naqvi, "The significance of development economics," *World Development* 24 (1996): 978-980.

39. 이 문제는 아프리카 전문가 콜리어(Paul Collier)에 의해 강조되었다. AGOA와 EBA의 한계에 관해서는 Paul Collier, *The Bottom Billion: Why the Poorest Countries Are Falling Behind and What Can Be Done about It* (New York: Oxford University Press, 2007), pp. 168-170을 참조하라.

40. World Trade Organization, *Annual Report, 2001* (Geneva: World Trade Organization, 2001). 매년의 추세에 관한 뒤이은 간행물들을 참조하라. 포괄적인 설명은 Judith Czako, Johann Human, and Jorge Miranda, A *Handbook of Antidumping Investigations* (Cambridge: Cambridge University Press, 2003) 참조. 반덤핑 급증에 관해서는 World Trade Organization, "WTO Secretariat reports surge in new anti-dumping investigations" World Trade Organization Press/542, 20 October 2008 and Chad P. Bown, (2009) "Monitoring Update to the Global Antidumping Database," Brandeis working paper: http://www.brandeis.edu/~cbown/global_ad를 참조하라.

41. 많은 개발도상국의 경우 무역관련 세금이 정부수입의 주요 원천을 차지한다. 자세한 내용은 제15장을 참조하라.

42. 개발도상국에서의 수입대체정책에 관한 고전적인 비판은 Ian Little, Tibor Scitovsky, and Maurice Scott, *Industry and Trade in Some Developing Countries* (Oxford: Oxford University Press, 1970)을 참조하라. 또한 Kirkpatrick, "Trade policy and industrialization," pp. 71-75; Hubert Schmitz, "Industrialization strategies in less developed countries: Some lessons of historical experience," *Journal of Development Studies* 21 (1984): 1-21; and Dornbusch, "Case for trade liberalization"을 참조하라.

43. 그러나 신무역이론의 일부가 규모의 경제, 외부효과, 그리고 인적자본 투자를 강조한다는 점에 비추어볼 때, 선별적인 관세보호를 찬성하는 논의가 다시 유행하게 되었음을 언급해야만 한다. 이러한 이슈들의 요약은 Bruton, "Reconsideration of import substitution"을 참조하라.

44. Little et al., *Industry and Trade*, p. 39.

45. Herbert G. Grubel, "Effective tariff protection: A non-specialist introduction to the theory, policy implications and controversies," in *Effective Tariff Protection*, eds. Herbert G. Grubel and Harry Johnson (Geneva: GATT, 1971), p. 2.

46. Little et al., *Industry and Trade*, p. 4. 또한 David Greenaway and Chris Milner, "Trade theory and the less developed countries," in *Surveys in Development Economics*, ed. Norman Gemmell (Oxford: Blackwell, 1987), tab. 1.5를 참조하라.

47. 그러한 선호되는 고객들은 고평가된 환율 같이 정부에 의해 유발된 가격왜곡에 의해 발생하는 경제지대를 얻기 위한 뇌물 제공 같은 활동에 엄청난 시간과 노력을 들이기 때문에 문헌에서 종종 '지대추구자'로 인지된다. Anne O. Kruger, "The political economy of the rent-seeking society," *American Economic Review* 64 (1974): 291-303을 참조하라.

48. 복수환율과 복수환율이 경제에 미치는 효과에 대한 분석은 Miguel Kiguel and Stephen A. O'Connell, "Parallel exchange rates in developing countries," *World Bank Research Observer* 10 (1995): 21-52를 참조하라. 1980년대의 암시장 프리미엄은 멕시코의 66%로부터 브라질의 173%, 그리고 가나의 4,264%까지의 범위를 보인다.

49. 예를 들어 1994년 12월에 멕시코 정부는 자국통화인 페소를 달

러에 대해 35% 평가절하(devalued)시켰다. 1995년 2월까지 페소는 15% 더 가치하락(depreciated)했으며, 이후 외환시장에서 그 절하분의 일부분을 회복했다.

50. 평가절하와 관련된 몇몇 이슈에 대한 간결한 논의는 Karim Nashashibi, "Devaluation in developing countries: The difficult choices," *Finance and Development* 20 (1983): 14-17을 참조하라.

51. 다음 논의의 상당 부분이 이끌려 나오게 된 이러한 이슈들에 대한 탁월한 검토와 분석은 Rostam M. Kavoussi, "International trade and economic development: The recent experience of developing countries," *Journal of Developing Areas* 19 (1985): 379-392를 참조하라. 또한 Dornbusch, "Case for trade liberalization," and Rodrik, "Limits of trade policy reform"을 참조하라.

52. 이러한 견해를 담은 서술은 Deepak Lal and Sarath Rajapatirana, "Foreign trade regimes and economic growth in developing countries," *World Bank Research Observer* 2 (1987): 189-217 and Bhagwati, "Export-promoting trade strategy"에서 찾을 수 있다.

53. 경제적 쟁점과 몇몇 증거에 대한 최근의 훌륭한 검토는 Mario Cimoli, Giovanni Dosi, and Joseph E. Stiglitz, *Industrial Policy and Development: The Political Economy of Capabilities Accumulation* (New York: Oxford University Press, 2009)를 참조하라. 다른 핵심적인 문헌은 Alice H. Amsden, *The Rise of "the Rest": Challenges to the West from Late-Industrializing Economies* (New York: Oxford University Press, 2001); Howard Pack and Larry Westphal, "Industrial strategy and technological change: Theory versus reality," *Journal of Development Economics* 22 (1986): 87-128; Robert Wade, *Governing the Market* (Princeton, N.J.: Princeton University Press, 1991); Dani Rodrik, "Getting interventions right: How South Korea and Taiwan grew rich," *Economic Policy* 20 (1995): 53-101; Sanjaya Lall, *Learning from the Asian Tigers* (London: Macmillan, 1996) and *The Role of Government Policy in Building Industrial Competitiveness in a Globalizing World* (Oxford: International Development Centre, Oxford University, 2003); Dani Rodrik, "Normalizing industrial policy," August 2007, http://ksghome.harvard.edu/~drodrik/Industrial% 20Policy%20_Growth%20Commission_.pdf; and Ricardo Hausmann and Dani Rodrik, "Doomed to choose: Industrial policy as predicament," September 2006, http:// ksghome.harvard.edu/~drodrik/doomed.pdf 들이다. 이 주제에 관한 로드릭의 연구 중 일부는 그의 저서 *One Economics, Many Recipes* (Princeton, N.J.: Princeton University Press, 2007)에 수록되어 있다.

54. Hollis Chenery, Sherwin Robinson, and Moises Syrquin, eds., *Industrialization and Growth: A Comparative Study* (New York: Oxford University Press, 1986), p. 178.

55. Ricardo Hausmann, Jason Hwang, and Dani Rodrik, "What you export matters," *Journal of Economic Growth* 12 (2207): 1, and Hausmann and Rodrik, "Doomed to Choose: Industrial Policy as Predicament," Harvard University, 2006, downloaded at http://www.hks.harvard.edu/fs/drodrik/Research%20papers/doomed.pdf.

56. "East Asian 'models': Myths and lessons" by Colin I. Bradford, Jr. in *Development Strategies Reconsidered*, edited by John Lewis and Valeriana Kallab에서 발췌함. Transaction Publishers, Inc.으로부터의 허락하에 게재함. 인증 행위에 관해서는 Pranab Bardhan, "The Global Economy and the Poor," in *Understanding Poverty*, eds., Abhijitcit Banerjee, Roland Benabou, and Dilip Mookherjee (New York: Oxford University Press, 2006) pp. 99-110을 참조하라.

57. Sanjaya Lall, "Globalization and industrial performance," presentation at the Globelics Academy, Lisbon, May 2004.

58. Rodrik, "Normalizing industrial policy"; 또한 Hausmann and Rodrik, "Doomed to choose"를 참조하라.

59. 저자들은 도움이 되었던 논의에 대해 첸과 메리츠(Maggie Chen and Marc Melitz)에게 감사한다. 이런 연구 영역의 개관은 Marc J. Melitz and Stephen J. Redding, "Heterogeneous firms and trade," forthcoming in *Handbook of International Economics*, 4th ed. (available as a preliminary draft)를 참조하라. 영향력이 큰 논문은 Marc Melitz, "The impact of trade on intra-industry reallocations and aggregate industry productivity," *Econometrica* 71 (2003): 1695-1725이다. 흥미로운 접근법이 Alla Lileeva and Daniel Trefler, "Improved access to foreign markets raises plant-level productivity... for some plants," *Quarterly Journal of Economics* 125, No. 3 (2010): 1051-1099에 제공되고 있다.

60. RPED는 세계은행에 의해 조직되었다. 이러한 데이터의 일부는 이러한 사이트에서 사용할 수 있다—http://www.enterprisesurveys.org and http://microdata.worldbank.org/index.php/catalog/enterprise_surveys. 기업표본조사(Enterprise Surveys) 같은 몇몇 개발도상국 기업 수준 데이터세트는 빈곤, 건강, 교육, 기타 발전주제에 관한 미시 경제학적 연구에 큰 영향을 미쳤던 가계표본조사와 유사하다.

61. 새롭게 나타난 이러한 가닥의 문헌에 속한 논문에는 R.

E. Baldwin and R. Forslid, "Trade liberalization with heterogeneous firms," *Review of Development Economics* 14 (2010): 161-176이 있다. 새로운 이질적 기업 무역문헌과 연관될 수 있는 개발도상국 기업 및 공장 수준 표본조사 데이터를 기초로 한 논문들에는 Arne Bigsten and Mans Söderbom, "What have we learned from a decade of manufacturing enterprise surveys in Africa?" *World Bank Research Observer* 21, No. 2 (2006): 241-265; Arne Bigsten et al., "Do African manufacturing firms learn from exporting?" *Journal of Development Studies* 40, No. 3, (2004): 115-141; Neil Rankin et al., "Exporting from manufacturing firms in sub-Saharan Africa," *Journal of African Economies* 15, No. 4, (2006): 671-687; Mans Söderbom et al., "The determinants of survival among African manufacturing firms," *Economic Development and Cultural Change* 54, No. 3, (2006): 533-555; and Mans Söderbom et al., "Unobserved heterogeneity and the relation between earnings and firm size: Evidence from two developing countries," *Economic Letters* 87, No. 2, (2005): 153-159을 포함한다.

62. 사하라이남 아프리카 국가 사이의 수출과 같은 기록되지 않는 수출을 처리하는 여러 다른 방법과 어느 나라가 현재 남(the South)의 일부분으로 고려되어야 하는지에 대한 다양한 정의(특히 현재 세계은행에 의해 고소득 국가로 분류되고 있는 한국 또는 소수의 기타 국가들을 포함시켜야 하는지)에 따라 1/5을 조금 넘는 수준부터 2/5에 조금 못 미치는 수준까지의 매우 다양한 추정치가 도출된다. 2002년 23.5%라는 보수적인 추정치가 세계은행 *World Development Indicators, 2004*, tab. 6.2의 데이터 발표로부터 도출될 수 있다. 국가 및 지역별 1998년과 2008년의 상세한 데이터는 세계은행의 *World Development Indicators, 2010*, tab. 6.5에서 찾을 수 있다. 이러한 데이터는 1998년부터 2008년까지의 기간 동안 대부분 개발도상국의 경우 고소득 경제로의 수출비중의 상당한 감소(그리고 따라서 중소득 또는 저소득국가로의 수출비중 증가)를 보여준다. 사실상 최근 몇 년 동안 개발도상국들은 자신과 동일한 지역의 다른 개발도상국들과 점점 더 거래하였다―World Bank, *2010 World Development Indicators* (Washington, D.C.: World Bank, 2010), fig. 6.5a, p. 370을 참조하라.

63. 개발도상국 사이의 무역을 장려하는 것으로부터의 혜택에 대한 고전적인 주장은 W. Arthur Lewis, "The slowing down of the engine of growth," *American Economic Review* 70 (1980): 555―564 and Frances Stewart, "The direction of international trade: Gains and losses for the Third World," in *A World Divided*, ed. Gerald K. Helleiner (Cambridge: Cambridge University Press, 1976)을 참조하라.

64. Abhijit V. Banerjee, "Globalization and all that," *Understanding Poverty*, eds. Abhijit V. Bênerjee, Roland Benabou, and Dilip Mookherjee (New York: Oxford University Press, 2006), pp. 85-98, and Pranab Barhan, "The global economy and the poor," in the same volume, pp. 99-110.

65. Anthony Venables, "Winners and losers from regional integration agreements," *Economic Journal* 113 (2003): 747.

66. Paul Collier, *The Bottom Billion*, p. 166. 아프리카에서의 이러한 협정에 대한 비판은 콜리어의 저서 pp. 164-166을 참조하라.

67. United Nations Industrial Development Organization, *UNIDO Industrial Development Report 2011*, p. 160.

68. 선진국 관세가 1차 상품과 2차 상품 수출에 부과시켰던 부담은 상품에 따라 다르지만, 무역장벽이 모든 상품에 미치는 순영향은 2000년까지 매년 1,000억 달러 이상 개발도상국 진영의 외환소득을 감소시켰다고 추정되었다.

69. International Monetary Fund, *World Economic Outlook*, May 1994 (Washington, D.C.: International Monetary Fund, 1994), annex 1.

70. 게임의 규칙이 그들에게 불리하게 편향되었기 때문에 가난한 나라들이 우루과이라운드하에서 손해를 입는 많은 방법에 대한 분석은 United Nations Development Programme, *Human Development Report, 1997* (New York: Oxford University Press, 1997), ch. 4를 참조하라.

71. United Nations Development Programme, *Human Development Report, 1997*, p. 85. 비슷한 결론이 IMF에 의해 1997년의 *World Economic Outlook* (Washington, D.C.: International Monetary Fund, 1997), p. 13에서 도달되었다. 이 논의는 또한 밀레니엄 개발목표(Millennium Development Goals) 2010년 보고서에 근거하고 있다.

72. 예를 들어 "India and US retreat from battle over food security," *Financial Times*, September 15, 2013을 참조하라.

73. 과정과 몇몇 핵심 쟁점에 관한 개관은 "Ocean's 12," *Financial Times*, September 23, 2013, p. 9를 참조하라.

74. 예를 들어 Bernard Hoekman, "WTO reform: A synthesis and assessment of recent proposals," in *The Oxford Handbook on the World Trade Organization*, eds. Amrita Narlikar, Martin Daunton and Robert Stern (Oxford: Oxford University Press, 2012), and Bernard Hoekman, "Proposals for WTO reform: A synthesis and assessment," World Bank Policy Research Working Paper No. 5525, 2011을 참조하라. WTO의 웹사이트(http://www.wto.org)는 정규적으로 갱신된다.

13 국제수지, 부채, 금융위기, 그리고 안정화정책

1970년대 말까지 아프리카 경제는 두 번의 '잃어버린 10년(lost decades)'으로 알려졌던 것에 빠졌었다.

— *21세기 아프리카역사 백과사전*
이요(Dickson Eyoh)와 제레자(Paul Tiyambe Zeleza), 편집자들

국가부채 워크아웃 과정은 그 핵심이 정치적이기 때문에, 그 과정은 힘없는 자를 희생하여 힘 있는 자에게 혜택을 주는 경향이 있다.

— *허먼(Barry Herman), 오캄포(José Antonio Ocampo), 슈피겔(Shari Spiegel), 2010*

세계 성장은 저속도로 이루어지고, 활동의 운전자들은 바뀌고 있으며, 불리한 위험은 지속된다.

— *국제통화기금, 세계경제전망(World Economic Outlook)*
2013년 10월 — 과도기와 긴장(Transitions and Tensions)

13.1 국제금융과 투자 : 개발도상국의 핵심 이슈

이 장에서는 한 국가의 국제수지계정과 개발도상국 무역수지의 최근 추세를 살펴본 후, 개발도상국가에서의 부채위기 차원과 효과를 검토할 것이다. 1980년대와 1990년대 기간 동안 주요 부채위기가 어떻게 출현했고, 왜 위기가 강타한 이후 20년 남짓의 기간 동안 아프리카 성장에 부채가 심각한 장애물로 남았었는지를 심도 있게 검토할 것이다. 이러한 위기들은 그 범위와 오랜 기간에 걸쳐 수십 개 개발도상국의 발전을 둔화시키는 데 미친 영향 때문에 이례적으로 중요하다. 그리고 이러한 경험으로부터의 교훈에 대한 수년간의 세심한 연구로부터 많은 것들을 배웠다. 위기가 (〈예문 13.3〉의 멕시코 사례연구를 포함하는) 남미에서 처음에 어떻게 다루어졌는지, 훨씬 이후에 아프리카에서 마지막으로 어떻게 다루어졌는지, 그리고 그 과정에서 국제통화기금(IMF)에 의해 권유되고 세계은행에 의해 지원되었던 안정화 및 구조조정 프로그램의 부담을 누가 지었는지를 평가한다. 다음으로 뒤를 이은 수십 년에 걸쳐 개발도상국에 출현했던 몇몇 소규모지만 상당한 국제위기, 특히 1990년대 말의 동아시아 위기를 검토하고, 어떻게 국제 부채위기가 개발도상국 시민들에게 미치는 부정적 영향이 최소화되거나 예방될 수 있는지를 고려할 것이다. 국제법 개념인 혐오부채와 그것을 방지할 전략도 검토한다(〈예문 13.4〉). 미국에서 시작되었지만 모든 개발도상국 지역에 주요하게 직간접적으로 영향을 미쳤던 2008년 세계금융위기의 심층검토와 함께 결론을 내릴 것이다. 현재진행 중인 조건들이 어떻게 미래의 금융위기를 유도할 잠재성을 갖고 있는지도 살펴본다. 〈예문 13.1〉과 〈예문 13.2〉는 각각 IMF와 세계은행의 간략한 역사를 제시한다.

제14장에서는 (1) 주로 현대적 다국적기업을 통한 민간해외직접투자의 흐름, (2) 새롭게 조직된 또는 다시 일신된 주식 및 채권의 '신흥'시장을 지지하는 민간금융 '포트폴리오투자'의 최근 부활, (3) 해외에서 일하는 이주자들로부터의 송금 흐름, (4) 양자 및 다자 간 해외원조 형태로의 공적 금융 및 기술 자원의 흐름, (5) 비정부조직 프로그램 형태로의 사적 금융 및 기술 원조의 중요성 증가, 그리고 (6) 원조의 가장 어렵지만 거의 틀림없이 매우 중요한 측면인 물리적 충돌 및 충돌 이후 상황을 돕기 위한 원조로 구성되는 금융자원의 국제적 흐름을 검토하기 위해 무역에서의 금융의 역할에 대한 분석을 확대할 것이다.

13.2 국제수지계정

일반적 고려사항

단순한 상품무역을 넘어 금융자원의 국제적 흐름과 관련된 영역으로 분석을 확대하면 개발도상국의 **국제수지**(balance of payments)를 검토할 수 있게 된다. 국제수지표는 한 국가의 나머지 세계와의 금융거래를 요약하도록 고안되었다. 국제수지표는 〈표 13.1〉의 요약에서 볼 수 있는 것처럼 3개 구성부분으로 나뉜다. 국제수지표는 때때로 경상계정을 (경상계정과 **자본계정**으로 불리는) 두 부분으로 나누고 여기서는 **자본계정**이라 불리는 것에 금융계정으로 이름을 붙이는 수정된 구성방식으로 나타나기도 한다는 것을 유의하라. 개발도상국 부채와 금융관련 언론에서 현재 진행되고 있는 그 처리에 관한 대부분의 문헌이 보통 그러한 구성방식으로 나타나기 때문에 국제수지계정에 대한 전통적 접근법을 유지하기로 한다. **경상계정**(current account)은 재화와 서비스의 수출과 수입, 투자소득, **부채 서비스**(debt service) 지급, 그리고 민간 및 공공의 순송금과 이전지출에 초점을 맞춘다. 구체적으로 말하면 경상계정은 수출액에서 수입액을 빼고(제12장의 **상품무역수지**), 그리고 그 뒤에 해외로부터 받은 순투자소득의 흐름(예 : 해외에 남겨진 것이 아니라 개발도상국 국민에 의해 소유되어 그 나라로 이동된 외국 주식, 채권, 은행예금, 그리고 만일 있다면 외국인에 의해 소유된 개발도상국 증권에 대한 이자 및 배당금지급액의 차이에 다국적기업들의 송금이윤을 더한 것)을 더한다. 이 총계를 취한 후(〈표 13.1〉의 $A - B + C$), 경상계정은 외채가 많은 가난한 국가 경상계정 적자의 주된 구성요소를 나타내는 부채 서비스 지급액인 D를 빼고, 해외에서 일하는 개발도상국 국민(예 : 미국의 멕시코인, 프랑스의 알제리인, 쿠웨이트의 파키스탄인)에 의해 본국으로 보내진 화폐와 같은 순 민간 및 공공 송금과 이전지출인 E를 더한다. 최종 결과(〈표 13.1〉의 $A - B + C - D + E$)는 경상계정수지를 보여준다. 정(+)의 수지는 **흑자**(surplus), 부(−)의 수지는 **적자**(deficit)라고 불린다. 따라서 경상계정은 다양한 상업정책들이 일차적으로 상품교

국제수지
한 국가의 외부세계와의 금융거래 개요 내역서

경상계정
한 국가의 '가시적'(예 : 상품무역) 및 '비가시적'(예 : 해운 서비스) 수출입의 시장가치를 서술한 국제수지의 한 부분

부채 서비스
외부 공적부채와 공적보증부채에 대한 이자지급액과 원금상환액의 합계

흑자
수입액의 지출액 초과분

적자
지출액의 수입액 초과분

표 13.1 국제수지표 도해	
재화 및 서비스 수출	*A*
재화 및 서비스 수입	*B*
투자소득	*C*
부채 서비스 지급	*D*
순송금 및 이전지출	*E*
총경상계정수지 ($A - B + C - D + E$)	*F*
민간직접투자	*G*
해외대출(민간 및 공공부문) − 원리금상환	*H*
국내은행제도의 해외자산 증가	*I*
거주자 자본유출	*J*
총자본계정수지 ($G + H - I - J$)	*K*
현금준비금계정의 증가(또는 감소)	*L*
오차 및 누락 ($L - F - K$)	*M*

출처 : John Williamson and Donald R. Lessard, *Capital Flight: The Problem and Policy Responses* (Washington, D.C.: Institute for International Economics, 1987), tab. 1

역에 미치는 영향뿐만 아니라 투자소득, 외채 서비스 지급액, 그리고 민간이전지출에 간접적으로 미치는 영향을 분석할 수 있도록 한다.

자본계정(capital account)(금융계정)은 (대부분이 다국적기업들에 의한) 민간해외직접투자, 민간국제은행에 의한 해외대출, 그리고 (해외원조 형태로의) 외국정부와 IMF와 세계은행 같은 다자기관들로부터의 대출(loans) 및 보조금(grants) 액수를 기록한다. 그 뒤 자본계정은 특히 주요 채무국에서 가장 중요한 〈표 13.1〉에서 **거주자 자본유출**이라 불리는 항목을 뺀다. 전체적 시야에서 그 중요성을 표현하면, 1980년대의 부채위기 기간 동안 많은 개발도상국의 부유한 국민들이 엄청난 금액을 선진국 은행계좌, 부동산 벤처, 그리고 주식과 채권 매입으로 보냈는데, 이러한 **자본도피**(capital flight)는 그들 외채 문제의 정점에서 몇몇 채무국 총부채의 절반까지에 이르는 액수에 달했을 것으로 추정되었다.[1] 자본도피는 민간과 공공의 대출 및 투자 수취액을 축소시켰고, 많은 개발도상국 국제수지를 악화시키는 데 크게 기여했다. 자본도피는 또한 독재정부가 위태위태하게 권력을 잡고 있는 곳에서는 만성적인 문제다. 그러므로 자본계정수지는 〈표 13.1〉에서 항목 $G + H - I - J$로 계산된다. 다시 한 번 정(+)의 수지는 흑자, 그리고 부(−)의 수지는 적자이다.

마지막으로 **현금계정**(cash account) 또는 **국제준비금계정**(international reserve account)(항목 *L*)은 (통계적 불균등을 조정하지만, 때때로 숨겨진 또는 기록되지 않은 자본흐름의 대리변수로 사용되는 오차 및 누락 항목 *M*과 더불어) 경상계정과 자본계정에서 총지급액이 총수취액을 초과할 때면 언제나 낮아지는(외환준비금의 순유출을 보여준다) 균형을 맞추게 하는 항목이다. 〈표 13.2〉는 국제수지표에서 무엇이 정(+, 대변)과 부(−, 차변) 항목을 구성하는지를 보여주는 단순한 표이다. 국가는 국제현금준비금을 다음 세 가지 형태 중 일부 또는 전부로 축적한다―(1) 국가가 해외로부터 구입하는 것보다 해외에서 더 많이 판매할 때는 언제나

자본계정
보통 1년인 주어진 기간에 걸쳐 한 나라로 흘러 들어가고 흘러 나오는 민간해외투자와 공공 보조금 및 대출금의 액수를 보여주는 국제수지의 한 부분

자본도피
원인 국가의 여건들을 회피하기 위해 시민 또는 기업에 의한 외국으로의 자금이전

현금계정(국제준비금계정)
현금수지(외환준비금)와 단기 금융청구액이 경상계정 및 자본계정 거래에 대응하여 어떻게 변화했는지를 보여주는 한 국가 국제수지의 균형을 맞추게 하는 부분

표 13.2 국제수지계정의 대변과 차변	
'정(+)'의 효과(대변)	**'부(−)'의 효과(차변)**
1. 모든 재화 또는 서비스의 해외 판매(수출)	1. 모든 재화와 서비스의 해외로부터 구입(수입)
2. 모든 해외투자에 대한 소득	2. 모든 해외투자
3. 모든 외국통화의 수취	3. 모든 외국에 대한 지출
4. 모든 외국으로부터의 기부 또는 원조	4. 모든 해외로의 기부 또는 원조 제공
5. 모든 주식 또는 채권의 해외 판매	5. 모든 해외로부터의 주식 또는 채권 매입

출처 : *The ABC's of International Finance*, Second Edition, by John Charles Pool et al. Copyright © 1991 by Lexington Books.

외국 **경화**[hard currency, 주로 미국 달러, 그러나 또한 일본 엔, 영국 파운드, 또는 유럽의 유로(euro)][2], (2) 국내에서 채굴되었거나 구입된 금, 그리고 (3) 개별 국가들의 중앙은행을 위한 준비은행(reserve bank)으로 행동하는 IMF에의 예치금(〈예문 13.1〉 참조).

경화
자유롭게 다른 통화들과 교환되는 미국 달러, 유로, 또는 일본 엔 같은 주요 선진국 또는 통화 지역의 통화

가상적 실례 : 적자와 부채

이 시점에서는 숫자로 나타낸 예가 도움이 될 수 있을 것이다. 〈표 13.3〉에 개발도상국 가상의 국제수지표가 나타나 있다. 첫째, 경상수지하 3,500만 달러의 상품 수출 수취액(그중 70%가 넘는 2,500만 달러는 1차 농산품과 원자재로부터 도출됨)에서 4,500만 달러의 대부분이 공산품 소비, 중간재 및 자본재 수입금액을 뺀 액수로 구성되는 1,000만 달러의 상품무역수지 적자가 존재한다. 이 합계에 500만 달러의 외국해운회사 서비스에 대한 지급액과 외국채권보유에서 발생된 순이자를 나타내는 100만 달러의 투자소득 수취액을 더하고, 누적된 개발도상국의 외채에 대한 올해의 이자비용을 나타내는 1,500만 달러의 부채 서비스 지급액을 빼며, 해외에 거주하면서 자신들 근로소득의 일부를 본국으로 송금하는 국내근로자들의 지급액으로부터 도출된 200만 달러의 송금 및 이전지출 수취액을 더한다. 이 모든 항목이 더해져서 2,700만 달러의 경상계정 적자가 발생한다.

유로
유럽연합의 일부 국가에 의해 채택된 공동유럽통화

이제 **자본계정**을 살펴보면, 신규 현지공장 형태로의 다국적기업들로부터 300만 달러 직접투자와 400만 달러의 (국제상업은행들로부터의) 민간대출금과 해외 개인 및 뮤추얼펀드에 의한 민간포트폴리오(주식과 채권)투자로 구성된(제14장 참조) 700만 달러의 해외민간투자의 순유입을 볼 수 있다. 또한 해외원조와 다자기관 원조의 형태로 300만 달러의 공적 대출금 유입도 있다. 총 900만 달러의 공적 대출금과 보조금 유입의 일부가 이전의 대출금에 대한 원리금의 **할부상환**(amortization, 점진적 감소)을 나타내는 600만 달러의 자본유출에 의해 상쇄된다. 그러나 1980년대의 부채위기 기간을 포괄하는 〈표 13.4〉에 보이는 바와 같이 이 숫자들은 1980년대에 역전되었다—누적된 부채를 상환하기 위한 유출이 공공부문 원조와 은행대출금의 신규 재융자 모두의 유입을 초과했다. 그 결과 1981년 359억 달러의 선진국으로부터 개발도상국으로의 순이전이 1990년에 이르러 225억 달러의 가난한 나라로부터 부유한 나라로의 순이전이 되었다(1997~2002년 사이에 몇몇 국가에서 상당한 새로운 문제가 드러날 때까지 그 숫자들은 1990년대에 다시 정(+)의 값으로 바뀌었다).

할부상환
대출 원리금의 점진적 청산

예문 13.1 IMF의 역사와 역할

1944년 7월, 전후 국제경제 공조조건을 논의하기 위해 45개국의 대표들이 뉴햄프셔 주 브레튼우즈에서 회의를 소집했다. 1930년대의 대공황으로 인한 경제적 황폐와 이어진 제2차 세계대전으로 인한 파괴는 국제금융시장의 붕괴와 국제무역량의 가파른 감소로 이어졌다. 두 '브레튼우즈 기관'인 국제통화기금[International Monetary Fund(IMF) 또는 간단히 기금(Fund)]과 세계은행이 국제 재화 및 자본시장의 재건과 전쟁으로 피폐해진 유럽경제의 부흥을 위해 창설되었다.

IMF와 세계은행에 위임된 역할은 이 두 기관이 어느 정도 서로 보완관계를 갖도록 의도되었다고 하더라도 상당히 달랐다. 국제자본시장의 안정화가 국제무역과 투자의 활발한 회복에 핵심적이라는 것이 브레튼우즈 회의 당시의 지배적인 견해였다. 이러한 관심은 국제수지 적자에 대한 단기 자금지원을 통해 국제금융제도를 감독하고 안정화시키는 책임을 지게 IMF의 설립으로 이어졌다. 세계은행의 보완적인 역할은 비록 이 역할이 시간이 지나면서 상당히 진전되었지만 국가 인프라 재건에 자금을 조달하는 것과 관련되었다(〈예문 13.2〉 참조). 후에 관세 및 무역에 관한 일반협정(GATT)이 설립되었고 이는 세계무역기구(WTO)의 출범으로 이어졌다.

브레튼우즈 회의의 참석자들은 각 나라가 자국통화의 가치를 온스당 35달러로 직접 금과 교환되었던 미국 달러에 고정하도록 요구되는 고정환율제도를 확립했다. 초기에 이러한 고정된 환율의 결과로 발생하는 일시적인 국제수지 적자에 자금을 조달하는 것은 IMF의 책임이었는데, 이 역할은 이 제도가 포기되고 변동환율로 대체되었던 1971년까지 지속되었다.

1970년대에 세계 경기침체, 석유가격의 급등, 그리고 많은 개발도상국들로부터의 수출감소가 결합해 많은 이러한 나라들에서 대규모 국제수지 적자가 발생했다.

IMF로부터의 자금조달은 수혜국가가 조건부라고 알려진 대출금의 목적을 기초로 한 일련의 요구조건을 충족해야만 한다는 의미에서 '조건부'이다. 이러한 조건들은 만성적인 국제수지의 어려움에 직면하고 있는 채무국 정부 측에 마땅한 행위를 권장함으로써 IMF 자원의 유효성을 제고하고자 한 것이다. 조건부 항목들이 채무국의 빈곤가계에 너무 많은 고통을 부과하면서 흔히 너무 가혹하다고 생각되었기 때문에 이 항목들은 여전히 많은 논란의 대상이 되고 있다.

또 다른 IMF 역할로 부각된 것은 각 회원국의 거시경제정책에 대한 '감독(surveillance)'이었는데—실제로는 개발도상국에 큰 비중을 두어—이는 발전 과정에 IMF의 관련성을 증가시키도록 한다. IMF는 또한 대중에게 정보 서비스를 개발도상국 정부에게는 기술원조를 제공하는 데 그 역할을 확대했다.

1982년에 이르러서는 높은 인플레이션, 취약한 수출시장, 교역조건의 하락, 그리고 대규모 정부 적자를 경험한 부채가 많은 다수 개발도상국의 급박한 채무불이행이 국제금융시장의 안정성을 위협했다. 개발도상국에서의 위기의 심각성이 증가함에 따라 민간 자금공급원이 급격히 축소되었으며 부채를 갚는 데 필요한 유동성이 감소했다. 광범위한 채무불이행과 이로 인한 국제자본시장 전체의 실패위협을 회피하기 위해 IMF는 조정의 효과를 갖도록 하기 위한 예외적인 조처에 착수했다. IMF의 새로운 역할은 1980년대 부채위기, 1997년부터 1998년까지의 아시아 통화위기, 그리고 2008년에 시작되었던 글로벌 금융위기 기간 동안 개발도상국의 부채의 재구성과 자금조달에 있어 도움이 되는 것이었다.

1997년부터 1998년까지의 아시아 금융위기에서 정상적으로 높은 성과를 보여 온 한국, 인도네시아, 그리고 태국 같은 나라들은 강력한 긴축조건—정부지출 축소, 과세 증가, 고금리, 그리고 광범위한 구조개혁—하에서 IMF로부터 차입을 해야만 했다. 이러한 국가들과 외부 비판자들 모두 폭넓게 갖고 있는 견해는 IMF의 긴축에 대한 강조가 대규모의 불필요한 경기침체를 초래했다는 것이었다. 부분적으로 이에 대응하여, 아시아와 기타 지역의 정부는 수출을 가속화하고, IMF 대출금을 상환하며, 외환준비금을 확대하고자 했는데, 이는 동아시아 지역으로부터의 무역흑자가 확대된 요소 중 하나였다. 이는 또한 IMF가 미결제된 대출로부터 너무 적은 소득을 받게 된다는 우려를 낳았다.

비교적 (명백히) 안정적이었던 몇 년이 지난 2006년에 이르러, IMF의 역할에 대한 의문이 새롭게 제기되었다. 영국 중앙은행 총재인 킹(Mervyn King)과 같은 고위 임원들은 IMF가 중국, 인도, 브라질과 같은 규모가 큰 개발도상국에 IMF(때때로 '지분과 자리'로 불리는) 거버넌스(governance)에 더 큰 발언권을 부여해야 한다고 주장했다. IMF가 개발도상국은 물론 선진국 대차대조표의 '감독'을 강화해야 한다는 제안은 또 다른 논쟁점이었다. 많은 관측자들은 개혁된 IMF가 경제정보와 독립된 분석을 발표하고, 회원국 정부에게 사적인 충고를 제공하며, 정책 수립과 채무불이행 선고에 있어서의 조정실패를 극복하기 위한 정부 간 협조노력의 의장으로서 봉사하고, 최후의 대출자로 기능함으로써 여전히 글로벌 공공재를 제공할 것이라는 데 동의했다. 대부분의 부유한 국가들은 선두 개발도상국들에 더 많은 발언권을 제공할 용의가 있는 것처럼 보였지만, IMF에게 자기 자신들의 경제에 관해 더 많은 권위 있는 자문권을 주는 데는 덜 개방적인 것처럼 보였다. 몇몇 관측자에 의해 요구되는 바와 같이 독립적인 세계중앙은행의 역할을 하는 IMF 계승자의 가능성은 더욱더 요원한 것처럼 보인다. 비록 이러한 논쟁이 지지부진했음에도 불구하고 2008년 글로벌 금융위기가 발생하자 IMF는 또다시 자원과 직원을 크게 확대했다.

2009년 G20 회의 이후, IMF는 위기 '방화벽(firewall)' 대출여력 강화(궁극적으로 사용 가능한 자원을 거의 4배가 되도록 함), 개선된 위기방지 대출, 저소득국가를 위한 더 형평성이 있는 정책과 더 나은 양허조건의 대출,

그리고 개선된 위험에 대한 분석을 포함하는 개혁을 선언했다. 여러 해 동안의 비판이 있은 이후, IMF는 비록 몇몇 실제 효과는 명백하지 않은 채로 남아 있지만 사회적 보호를 새롭게 강조하면서 저소득국가들과의 프로그램들을 포함하는 모든 IMF 대출금의 경우 구조성과 기준이 중단되었음을 발표했다. 마지막으로, 그렇지만 앞에 언급한 것 못지않게 중요한 것은 내부 거버넌스(governance) 개혁은 주요 개발도상국들의 대표성을 확실히 제고하는 것이었는데, 조만간 IMF 총재직이 그 설립 이후 해 왔던 것과 같이 유럽인에게 자동적으로 가도록 해서는 안 된다는 데 의견일치가 있었다. 그럼에도 불구하고 2011년에 프랑스 변호사인 라가르드(Christine Lagarde)가 IMF 총재로 선출되었다. 주목할 만하게 그녀는 10명의 남성 총재를 뒤이은 IMF를 이끌 최초의 여성이다.

2008년 글로벌 금융위기의 정점으로부터 2013년까지 IMF는 여러 나라에 3,000억 달러 훨씬 넘게 대출했다. 위기 이후 몇 년 동안 몇몇 경제개발협력기구(OECD) 국가들이 IMF에 도움을 구하는 것을 목격하게 되었던 역사적인 변화가 있었는데, 2013년 10월 현재 IMF로부터의 최대 차입국은 그리스, 포르투갈, 아일랜드였다. 그러나 이러한 '주변(peripheral)' 유럽 국가들은 적어도 1970년대까지 여전히 중상소득 개발도상국으로 간주되었음을 주목하라. 2013년 스탠더드앤드푸어즈 다우존스(S&P Dow Jones)는 그리스를 '선진국시장'으로부터 '신흥시장(emerging market)' 지위로 재분류(강등)했다. 그동안 2013년까지는 멕시코, 폴란드, 모로코, 콜롬비아가 받을 준비가 되어 있는 최대 예비(또는 대기성) IMF 대출액을 가졌었다.

출처 : IMF 웹사이트, http://www.imf.org/external; M. Garritsen de Vries, *The IMF in a Changing World, 1945–85* (Washington, D.C.: International Monetary Fund); Mervyn King's speech, accessed at http://www.bankofengland.co.uk/publications/speeches/2006/speech267.pdf; and Martin Wolf, "World needs independent fund," *Financial Times*, February 21, 2006. IMF가 발표한 개혁은 http://www.imf.org/external/np/exr/facts/changing.htm에 보도되어 있다.

표 13.3 개발도상국 가상의 전통적 국제수지표

항목		금액(100만 달러)
경상계정		
상품 수출		+35
1차 상품	+25	
공산품	+10	
상품 수입		−45
1차 상품	−10	
공산품	−35	
서비스(예 : 해운 서비스)		−5
투자소득		+1
부채 서비스 지급		−15
순송금 및 이전지출		+2
경상계정수지	−27	
자본계정		
민간해외직접투자		+3
민간 대출금 및 포트폴리오투자		+4
정부 및 다자 간 순흐름		+3
대출금	+9	
부채할부상환	−6	
거주자 자본유출		−8
자본계정수지	+2	
경상계정 및 자본계정수지	−25	
현금계정		
공적화폐준비금의 순감소		+25
현금계정수지	+25	

표 13.4 1980년대 부채위기 전후 : 1978~1990년 개발도상국 경상계정수지 및 자본계정 순금융이전(10억 달러)

연도	경상계정	자본계정 순금융이전
1978	−32.1	33.2
1979	+10.0	31.2
1980	+30.6	29.5
1981	−48.6	35.9
1982	−86.9	20.1
1983	−64.0	3.7
1984	−31.7	−10.2
1985	−24.9	−20.5
1986	−46.4	−23.6
1987	−4.4	−34.0
1988	−22.4	−35.2
1989	−18.4	−29.6
1990	−3.0	−22.5

출처 : International Monetary Fund, *World Economic Outlook, 1988* and *1992* (Washington, D.C.: International Monetary Fund, 1988, 1992); United Nations Development Programme, *Human Development Report, 1992* (New York: Oxford University Press, 1992), tab. 4.3.

〈표 13.3〉으로 다시 돌아가보면 가난한 나라로부터 부유한 나라로의 금융자본의 비뚤어진 흐름의 주요 이유는 매우 높은 수준의 거주자 자본유출이었다는 것을 알 수 있다. 1980년대 전반부의 기간 동안 관련된 단지 5개의 주요 국가(아르헨티나, 브라질, 멕시코, 필리핀, 베네수엘라)로부터의 이러한 자본도피는 거의 1,000억 달러에 달하고,[3] 1976년부터 1985년까지의 기간 동안에는 거의 2,000억 달러에 이를 것으로 추정되고 있다. 〈표 13.3〉에서는 자본도피가 800만 달러의 자본유출로 기록되고 있다. 순결과는 자본계정의 200만 달러 정(+)의 수지로, 경상계정 및 자본계정 총수지를 2,500만 달러의 적자로 만들고 있다.

13.3 국제수지적자 관련 이슈

몇 가지 초기 정책 이슈

경상계정 및 자본계정을 합한 2,500만 달러 부(−)의 수지를 해소하기 위해 우리 가상의 국가는 자국 중앙은행의 공적통화준비금 보유액 2,500만 달러를 인출해야 할 것이다. 그러한 준비금은 금, 주요 외국통화, 그리고 (곧 설명하게 될) IMF의 특별인출권으로 구성되어 있다. **국제준비금**(international reserves)은 은행계정이 개인을 위해 기능하는 것과 똑같은 목적으로 국가를 위해 기능한다. 국제준비금은 청구서와 부채를 청산하기 위해 인출될 수 있고, 순수출판매와 자본유입으로 나타내는 예금과 함께 증가하며, 추가 준비금을 차입하기 위한 담보로 사용될 수 있다.

그러므로 경상계정수지와 자본계정수지를 더한 합계가 현금계정수지에 의해 상쇄되어야 한다는 것을 알 수 있다. 이는 공적통화준비금 2,500만 달러의 순감소에 의해 보여진다. 만일 어떤 나라가 매우 가난하다면 그 나라는 이 준비금의 매우 제한적인 보유량을 가질 가능성이 크다. 그러므로 이러한 전반적인 2,500만 달러의 국제수지적자는 경제에 심각한 압박을 줄 수 있고, 필요한 자본재 및 소비재 수입을 지속할 그 나라의 능력을 크게 저해한다. 굶주린 인구를 먹일 식량을 수입해야 하고 제한된 통화준비금을 보유한 세계의 최빈국에서 그러한 국제수지적자는 수백만의 사람들에게 재앙을 가져올 수 있다.

경상계정과 자본계정을 합한 기존의 또는 미래의 국제수지적자에 직면할 때, 개발도상국들은 다양한 정책수단을 갖고 있다. 이 중 하나로, 개발도상국들은 수출 확대를 촉진하거나 또는 수입을 제한함으로써 (또는 두 정책 모두를 사용함으로써) 경상계정수지 개선을 모색할 수 있다. 전자의 경우는 1차 또는 2차 상품 수출 확대에 집중하는 추가 선택이 존재한다. 후자의 경우는 수입대체정책(국내시장에서 이전에 수입된 공산품을 대체하기 위한 국내산업의 보호와 자극), 또는 선별적 관세 및 물적 할당, 또는 특정 소비재의 수입금지가 시도될 수 있다. 또는 각 나라는 수출가격을 낮추고 수입가격을 올리는 평가절하를 통해 자신의 공식 환율을 조정함으로써 두 가지 목적(수출 확대와 수입억제)을 동시에 달성할 수 있는 방법을 찾을 수 있다. 대안적으로 또는 동시적으로 그들은 세계은행 또는 IMF로부터 대출과 지원을 모색할 수 있다. 전통적으로 이 방법은 해당 국가가 매우 제약적인 재정 및 통화정책을 따를 것을 요구했었다. 이는 IMF에 의해 **안정화정책**으로 불려 왔으며, 이 과정의 일부분으로서 **구조조정 대출금**

국제준비금
국제거래 결제에 사용되는 한 나라의 금, 경화, 특별인출권의 잔고

구조조정 대출금
과도한 정부통제를 제거하고, 요소 및 생산물 가격이 희소가치를 반영하도록 하며, 시장경쟁을 촉진하기 위한 조치들을 지원하기 위해 세계은행에 의해 개발도상국에게 주어지는 대출금

조건부
국제수지 어려움을 해결하기 위해 대출금을 받는 조건으로 차입국은 재정, 금융, 그리고 국제 상업상의 개혁에 착수해야 한다는 IMF에 의해 부과되는 요구조건

〈structural adjustment loans)을 만들었던 세계은행에 의해 **구조조정**이라 명명되었다(〈예문 13.2〉 참조). 대출금을 받는 선행조건의 두 가지 패키지인 안정화정책과 구조조정은 일반적으로 **조건부**(conditionality)라 지칭된다. 이러한 정책들은 수입을 줄이고, 수출을 둔화시키고 수입을 촉진시켰던 '고평가된' 환율에 기여했던 인플레이션 압력을 감소시키기 위해 국내수요를

예문 13.2 세계은행의 역사와 역할

세계은행은 브레튼우즈 기구(〈예문 13.1〉에서 소개됨)의 하나로서 1944년에 창립되었다. 여러 해 동안 세계은행의 제도적 틀은 상당히 바뀌었다. 세계은행 그룹(발전계통에서는 간단히 은행으로 폭넓게 지칭되었음)은 5개의 분리된 조직으로 구성된다. 초기에 모든 은행대출은 브레튼우즈 회의에 뒤이어 설립된 세계은행의 지부인 국제부흥개발은행(International Bank for Reconstruction and Development, IBRD)을 통해 이루어졌다. 그 당시 주요 관심사는 제2차 세계대전 기간 동안 파괴된 경제를 재건하는 것이었다. 대출금이 상업적 조건으로 차입하는 정부에 또는 정부 보증을 획득했던 민간 기업에 제공되었지만, 그 스스로의 차입에 대한 세계은행의 높은 신용등급으로 인해 금리는 높은 수준은 아니었다.

대체로 마셜플랜의 성공 때문에 유럽의 재건은 1950년대 말에 이르러서는 기정사실이 되었고, 이때부터 세계은행은 그 주된 초점을 가난한 나라들에 대한 투자로 돌렸다. 1960년에 1인당 소득이 임계 수준 미만인 국가에 대해 양허조건으로 신용을 제공하기 위해 국제개발협회(International Development Association, IDA)가 설립되었다. 이러한 유리한 조건은 IBRD 대출금보다 몇 배나 더 긴 부채 상환기간을 수반하며, 이자가 면제된다. 특혜조건은 저소득국가들이 경제적으로 더욱 취약하고 투자에 대한 금융수익이 더디게 실현되기 때문에 그들이 상업적 금리로 차입할 수 없다는 인식의 자연스러운 결과물이다.

1956년에 민간 기업에 직접 대출하기 위해 국제금융공사(International Finance Corporation, IFC)가 설립되었다. 이외에도 주식의 인수 또는 보유를 통해 IFC는 세계은행 투자의 경제적 보상을 확대하기 위한 직접적인 금융이자를 대출금 수령자에게 부과할 수 있었다. 2개의 소규모 계열회사로는 국제투자보증기구(Multilateral Investment Guarantee Agency, MIGA)와 국제투자분쟁해결센터(International Centre for Settlement of Investment Disputes, ICSID)가 있다.

제2차 세계대전 이후 처음 20년 동안 유럽의 많은 인프라가 파괴되었기 때문에, 세계은행 대출의 대부분은 에너지와 운송과 관련된 인프라 구축을 자금지원하기 위해 사용되었다. 유럽의 경제회복에 뒤이어 가난한 국가들로의 자금흐름을 증가시키려는 압력의 증가는 개발도상국에 비슷한 투자 패턴을 유도했다.

그러나 개발도상국 진영에 대한 인프라 투자는 주로 제도적인 틀과 숙련된 노동의 부족으로 인해 유럽에서와 같은 동일한 수익을 창출하지 못했음이 알려졌다. 개발도상국 지역의 필요에 맞춰서 투자의 우선순위를 재조정해야 할 필요가 있다는 것이 분명해졌다.

세계은행이 과거의 활동을 포기했기보다는 새로운 활동을 추가했다라고 말하는 것이 보다 정확할지는 모르지만, 이 기간 이후 세계은행의 초점이 주기적으로 바뀌었다. '10년의 초점(focus of the decade)'은 은행의 몇몇 경제학자들이 호의를 보이는 세계은행 활동의 전개를 특징짓는 단순한 방식이다. 1950년대의 초점은 물적 자본이었다. 즉 세계은행은 도로, 전력망, 댐 등의 인프라, 그리고 후에는 점점 수출 확대를 지원하기 위한 농업투자를 위해 점점 더 많은 수의 개발도상국에게 비슷한 대출을 시작했다. 맥나마라(Robert McNamara)가

총재가 되었던 1960년대 말까지 세계은행은 처음으로 이 빈곤 감소에 직접 관심을 돌리기 시작했으며, 따라서 농촌발전[또는 '천연자본(natural capital)']에 우선순위를 두기 시작했다. 한 가지 초점은 이전의 개발 프로젝트에 의해 외면당했던 소규모 농부들을 위한 발전자원에의 접근성 개선에 관한 것이었다. 그러나 성공할지는 기껏해야 반반이었으며, 다음 몇 년 동안 농업에 대한 대출은 급속히 감소했다. 그러나 어떤 면에서 빈곤에 대한 업무는 1970년대까지 증가했으며, 세계은행은 이를 가난한 사람들의 교육과 보건 서비스에 대한 접근을 강조하는 인간초점(human focus, 또는 인적자본) 기간이라고 불렀다. 그러나 비판자들은 가난하게 사는 사람들과 함께 직접 작업하지 못했고 그들의 제약을 포괄적으로 이해하지 못했기 때문에 또는 프로젝트로부터의 자원을 훼손하고 빼돌렸던 엘리트를 다루는 데 실패했기 때문에 이러한 노력들이 비효과적이었다고 주장했다.

1980년대에 이 장에서 서술한 바와 같이 부채와 금융['금융자본(financial capital)']이 초점이 되었다. 1970년대와 1980년대 초 개발도상국들은 많은 부채를 떠안고 있었다. 세계은행은 구조조정대출에 집중하기 시작했다. 즉 일차적으로 자유화, 시장화, 그리고 민영화에 초점을 맞추면서 해당 국가가 대출금으로 무엇을 할 수 있는지, 어떤 종류의 정책을 실행에 옮길 필요가 있는지에 관한 어떤 조건과 함께 대규모 대출이 시작되었다. 세계은행의 활동이 이 기간 동안 상당한 정도로 IMF와 합쳐졌으며 많은 경제발전 전문가들과 개발도상국들에 의해 크게 비판받았다. 예를 들어 가난한 사람들은 아프리카와 그 밖의 지역에서의 많은 경우 학교와 건강관리 요금으로 확장되리라 기대되었던 서비스의 '원가회수(cost recovery)'와 같은 정책들이 강조됨에 따라 피해를 입었다. 부채감소목표는 종종 명시적이었는데, 일차적인 수혜자에는 외국은행이 포함되게 된다. '구조조정' 대출은 다음과 같은 것들에 중점을 두고 거시경제 정책환경을 개선함으로써 만성적인 무역 및 재정적자에 시달려 온 국가경제의 근본적인 재구성(restructuring)을 촉진하려

고안되었다─(1) 재정정책과 금융정책을 통한 국내저축의 동원, (2) 공공투자의 가격결정적인 배분을 강조하고 공기업의 효율성을 개선함으로써 공공부문의 효율성 개선, (3) 무역과 국내 경제정책의 자유화에 의한 공공부문에서의 투자의 생산성 개선, (4) 조정 과정을 지원하기 위한 제도적 장치의 개혁. 구조조정 프로그램에 대한 비판자들은 이러한 프로그램들이 흔히 극히 가난한 사람들에게 고통을 증가시켰고 때로는 초기 경제발전의 혜택을 상당히 반전시켰던 사실을 지적한다. 세계은행의 대변인들은 이제는 일반적으로 이를 자신들의 '브랜드' 또한 손상시켰던 세계은행 역사의 실패기간으로 말하고 있다.

1990년대 중반까지 세계은행은 빈곤에 더욱 초점을 맞추는 것을 다시 시작했다. 세계은행이 은행의 '사회적 자본(social capital)' 10년이라고 부르는 기간 동안 울펀슨(James Wolfenson) 총재는 사회적 보호에 관한 은행의 초점을 넓히는 일을 이끌었다. 그리고 많은 채무가 많은 가난한 국가가 거의 발전을 이루지 못한, 그리고 대출금 상환이 거의 진전되지 않은 수년 이후, 빈곤감소전략보고서(Poverty Reduction Strategy Paper, PRSP) 접근법이 IMF와 함께 공동으로 도입되었다. 비록 이러한 경험보다 나은 결과를 내도록 의도되었지만, 무엇보다도 확실히 실제 예산과의 약한 연관성 때문에 접근법은 매우 평탄치 않은 채로 남아 있다. 그러나 부채부담은 여러 가지 조치를 통해 2000년대의 기간 동안 아프리카에서 감소하기 시작했다. 세계은행은 이 기간 동안 협력, 산업정책 같은 발전을 제고하기 위한 정부 제도를 거의 강조하지 않았다는 점에서 때때로 비판을 받았다. 2000년대 초에는 또한 반부패와 일반적으로 거버넌스(governance)의 개선, 그리고 특히 프로그램 관리['제도적 자본(institutional capital)']의 개선에 초점이 맞춰졌다. 동시에 세계은행은 임원들이 은행의 권한 확대의 기회로 알고 있는 금융위기, 공공보건, 백신, 질병, 그리고 세계온난화에 의해 야기된 기후변화 등의 세계적 차원의 해결에 초점을 맞추면서 글로벌 공공재의 분야에서

예문 13.2 세계은행의 역사와 역할(계속)

자신의 입지를 정해 왔다.

IMF와 마찬가지로 세계은행의 총재직이 자동적으로 미국인에게 가서는 안 된다는 의견일치가 커짐과 더불어 의결권과 이사회 '이사직(chairs)'의 확대가 세계은행 개혁의 최우선 안건에 올라 있다. 그럼에도 불구하고 2012년 (한국에서 태어난 미국 시민인) 김용(Jim Yong Kim) 박사가 세계은행의 12대 총재가 되었다. 김 총재는 광대한 개혁조치에 착수했으며 2013년 10월 세계은행에 우선적으로 처리할 2030년까지의 극빈 종식과 모든 개발도상국 하위 40% 인구의 공동번영의 부양이라는 쌍둥이 목표를 약속했다.

출처 : John P. Lewis, and Richard Webb, *The World Bank: Its First Half Century* (Washington, D.C.: Brookings Institution Press, 1997), vol. 1. 더 상세한 내용은 세계은행 웹사이트 http://www.worldbank.org에 접속하라. 세계은행의 "Poverty reduction strategies"는 http://www. worldbank.org/prsp를 참조하라. 빈곤 지향적인 발전노력에 관한 논의는 Frances Stewart, "The many faces of adjustment," *World Development* 19 (1991): 1847–1864; Giovanni A. Cornia, Richard Jolly; Frances Stewart, *Adjustment with a Human Face* (Oxford: Clarendon Press, 1987); and United Nations Development Programme, *Human Development Report, 1995* (New York: Oxford University Press, 1995)를 참조하라. 또한 Hillary F. French, "The World Bank: Now fifty but how fit?" *World Watch*, July-August 1994, pp. 10–18; Bruce Rich, *Mortgaging the Earth: The World Bank, Environmental Impoverishment, and the Crisis of Development* (Boston: Beacon Press, 1994); Catherine Caulfield, *The World Bank and the Poverty of Nations* (New York: Henry Holt, 1997); Lance Taylor, "The revival of the liberal creed: The IMF and World Bank in a globalized economy," *World Development* 25 (1997): 145–152; Anne O. Krueger, "Whither the World Bank and the IMF?" *Journal of Economic Literature* 36 (1998): 1983–2020; and Howard Schneider, "Wider Impact Eludes World Bank," *Washington Post*, October 9, 2013, p. 13을 참조하라. 대출금으로부터 보조금으로 그리고 글로벌 공공재에 대한 지원을 권장하는 영향력이 큰 멜처위원회(Meltzer Commission)의 2001년 보고서는 http://www.gpo.gov/fdsys/pkg/CHRG-106shrg66721/html/CHRG-106shrg66721.htm에서 찾을 수 있다. 김용 총재의 2013년 10월 조지워싱턴대학교에서의 연설 "The World Bank Group Strategy: A Path to End Poverty"는 세계은행 웹사이트 http://www.worldbank.org를 참조하라.

줄이려 고안되었다. 최근 수년 동안 이 국제기구들이 다소의 정책적 유연성을 보이고 있지만 이러한 추세가 지속될지는 아직 분명하지 않다.

이외에도 개발도상국들은 더 많은 민간의 해외직접투자 및 포트폴리오투자를 장려하고, 국제상업은행으로부터 차입하거나, 또는 더 많은 공적해외지원(원조)을 모색함으로써 그 자본계정수지의 개선을 시도할 수 있다. 그러나 민간해외투자와 대다수 해외원조가 모두 기부[무조건증여(outright grants)]의 형태로 이루어지지는 않는다. 대출금 지원을 받는다는 것은 미래에 원금 및 이자를 상환할 필요성이 있음을 의미한다. 말하자면 현지공장 설립과 같은 직접적으로 생산적인 해외투자는 외국인 소유 기업의 상당한 비율의 이윤을 잠재적으로 본국에 송금하는 것을 수반한다. 제14장에서 보여주는 바와 같이, 민간해외투자의 장려는 금융 또는 물적 자본이라는 자원의 단순한 이전보다 더 광범위한 발전의 시사점을 갖고 있다.

마지막으로 개발도상국들은 자신의 공적통화준비금 보유량을 확대함으로써 만성적 국제수지적자의 부정적 영향을 완화하려 할 수 있다. 이 방법 중 하나가 **특별인출권**(special drawing rights, SDRs)으로 알려진 국제 '지폐황금(paper gold)'의 더 큰 지분의 습득을 통하는 것이다. 전통적으로 국제금융제도의 작동하에서, 국제수지적자 국가들은 두 주요한 국제금융자산인 금과 미국 달러의 자신들의 공적준비금을 인출함으로써 이 적자를 지급하도록 요구되었다. 그러나 세계무역의 수량과 금액이 확대됨에 따라 금과 달러의 제한된 보유량을 보완하기 위해 새로운 종류의 국제자산이 필요했다. 결과적으로 1970년에 IMF에게 특별인출권을 창

특별인출권
국제수지계정의 결제에 있어 금과 달러를 보완하기 위해 1970년에 IMF에 의해 창출된 국제금융자산

출할 권한이 주어졌다. 이 국제자산은 국제수지계정의 결제에 금과 달러의 많은 기능을 수행한다. SDR은 통화바스켓(미국 달러, 유로, 파운드, 일본 엔 가치의 가중평균)을 기초로 가치가 매겨지고 IMF에 대한 청구권을 구성한다. 따라서 SDR은 국제공적거래를 결제하기 위한 교환가능화폐로 교환될 수 있다. 2010년 11월 현재, 1 미국 달러는 0.65SDR이었다. IMF는 글로벌 금융위기에 대응하기 위해 현재 발행된 액수의 거의 10배가 되는 3,160억으로 SDR을 확대했다. 궁극적으로 IMF는 모든 국제금융결제가 SDR로 이루어지는 것을 목격하기를 원하고 있다.

상품무역과 금융자원의 국제 흐름과 관련하여 몇몇 기초적인 국제수지 개념과 이슈들을 요약했으므로, 이제는 개발도상국 국제수지의 몇몇 추세를 간략히 검토한 뒤, 부채 문제의 구체적인 분석에 관심을 모을 수 있을 것이다.

국제수지 추세

1980년대는 대부분의 개발도상국들이 나머지 세계와의 국제수지계정에 이례적으로 어려움을 겪던 기간이었다. 1980년 이전에 급속한 산업화를 위한 기계류와 설비를 제공하기 위해 자본재 및 중간재의 수입이 필요했기 때문에, 관행적인 발전전략에 따라 개발도상국들은 상당한 규모의 경상수지적자를 보유하고 있었다. 수출소득이 전부는 아니지만 이와 같은 수입의 대부분을 충당했다. 그러므로 이러한 적자의 자금조달은 국가 대 국가(양자 간) 해외원조, 다국적기업의 민간직접투자, 개발도상국 정부와 기업 모두에 대한 국제은행의 민간대출, 그리고 세계은행과 기타 국제발전기관으로부터의 다자 간 대출의 형태로의 자본계정에의 대규모 자원이전에 의해 가능했다. 따라서 자본계정의 흑자가 전형적으로 경상계정의 적자보다 더 큰 액수를 보충하여, 그 결과 국제준비금이 축적되었다.

그러나 1980년대의 기간 동안 개발도상국 진영은 경상 및 자본계정수지 모두의 심각한 악화를 경험했다. 〈표 13.4〉에 보이는 바와 같이, (민간해외직접투자를 제외한 〈표 13.3〉의 모든 것을 포함하는) 자본계정의 순금융이전 구성항목은 1984년부터 급격히 부(−)로 전환되었다. 1978년 +332억 달러의 자본계정수지를 1988년 −352억 달러의 수지와 비교할 때, 전체적인 변화는 680억 달러 이상에 이르렀다. 한편 석유수출국기구(Organization of the Petroleum Exporting Countries, OPEC)의 1979~1980년 수출수입 증가를 전적으로 반영했던 짧은 대규모 경상계정 흑자의 기간은 1981년에 갑작스럽게 부(−)로 전환되었고, 〈표 13.5〉에 나타나는 바와 같이 경상수지가 정(+)으로 바뀌었던 2000년까지 부(−)로 유지되었다. 지속적인 우려의 한 가지 이유는 (아프리카 이외의) 최근의 국제수지흑자가 대체로 대규모이고 아마도 지속될 수 없는 미국 무역적자 때문에 가능했던 것이라는 점이다. 상품 수출도 또한 높은 성장률을 기록하고 있는 개발도상국, 특히 중국으로부터의 수요 증가로 최근 수년 동안 증가했다.

1980년대와 1990년대에 경상계정수지가 하락한 이유에는 다음과 같은 것들이 포함되었다ー(1) 석유를 포함한 상품가격의 급격한 하락, (2) 세계무역의 전반적인 축소를 야기했던 1981~1982년과 1991~1993년의 세계적인 경기침체, (3) 개발도상국으로부터의 수출에 대한

표 13.5 1980~2009년 개발도상국 경상계정수지(10억 달러)

국가그룹	1980	1981	1982	1983	1984	1985	1986	1987	1988
신흥시장 및 개발도상국 경제	29.621	−25.712	−52.604	−51.328	−31.097	−32.317	−65.062	−32.642	−44.718
중부 및 동유럽	−14.435	−12.426	−4.715	−7.55	−5.859	−7.517	−8.979	−6.857	−3.048
아시아 개발도상국	−6.893	−11.544	−13.428	−17.145	−9.859	−20.244	−16.665	−5.786	−15.365
남미 및 카리브 해	−27.677	−43.789	−42.287	−7.501	−1.266	−1.955	−17.089	−9.427	−9.322
중동 및 북아프리카	79.021	60.438	24.563	−9.828	−8.55	−1.695	−16.793	−7.705	−8.788
사하라이남 아프리카	0.519	−17.542	−16.363	−8.736	−4.442	−0.058	−4.943	−1.883	−6.821
	1989	**1990**	**1991**	**1992**	**1993**	**1994**	**1995**	**1996**	**1997**
신흥시장 및 개발도상국 경제	−32.1	−18.325	−96.354	−82.433	−120.66	−80.472	−96.838	−68.491	−71.108
중부 및 동유럽	0.816	−4.623	−1.452	−1.577	−14.718	1.441	−10.067	−12.185	−16.167
아시아 개발도상국	−18.814	−11.984	−4.028	−8.57	−28.215	−16.373	−37.330	−30.235	12.435
남미 및 카리브 해	−4.977	−0.893	−17.374	−34.75	−45.88	−51.962	−38.003	−38.057	−66.134
중동 및 북아프리카	−3.575	2.942	−66.776	−26.232	−22.305	−10.81	−3.055	15.760	15.895
사하라이남 아프리카	−4.057	−2.387	−5.001	−6.53 −	5.915	−6.068	−10.030	−4.833	−7.184
	1998	**1999**	**2000**	**2001**	**2002**	**2003**	**2004**	**2005**	**2006**
신흥시장 및 개발도상국 경제	−102.725	−11.290	95.837	53.507	82.743	148.898	205.685	407.037	627.183
중부 및 동유럽	−15.681	−23.585	−28.852	−10.852	−18.660	−32.551	−55.253	−60.491	−88.543
아시아 개발도상국	53.826	39.746	42.869	40.755	63.413	83.608	91.573	142.743	271.048
남미 및 카리브 해	−89.946	−55.521	−48.566	−53.546	−15.823	8.319	20.538	32.789	46.586
중동 및 북아프리카	−26.109	16.482	80.643	48.903	33.493	61.796	92.125	207.505	281.474
사하라이남 아프리카	−15.751	−10.414	1.649	−5.261	−12.732	−11.506	−8.640	−1.653	27.657
	2007	**2008**	**2009**	**2010**	**2011**	**2012**	**2013**		
신흥시장 및 개발도상국 경제	596.905	669.237	253.755	323.275	410.457	380.579	235.848		
중부 및 동유럽	−136.132	−158.981	−48.091	−82.560	−119.330	−79.357	84.844		
아시아 개발도상국	394.913	429.367	276.764	238.819	97.572	108.721	138.461		
남미 및 카리브 해	6.710	−39.041	−30.267	−62.792	−77.930	−104.474	140.639		
중동 및 북아프리카	262.861	346.577	49.063	179.692	417.426	421.076	317.639		
사하라이남 아프리카	9.346	−3.999	−27.582	−15.432	−17.349	−38.265	−51.996		

주 : 개발도상국은 IMF가 신흥경제로 명명한 국가를 포함한다.

데이터 출처 : International Monetary Fund, *World Economic Outlook Database*, April 2010 and October 2013.

선진국 진영의 보호주의 증가, (4) 아르헨티나 같은 여러 핵심 개발도상국에서의 몇몇 심각하게 고평가된 환율. 이는 2000년대에 많은 중위소득국가의 대규모 경상계정 흑자와 함께 역전되었다. 대부분의 경우 이러한 흑자는 글로벌 금융위기 직후 적어도 일시적으로는 축소되었다.

자본계정은 개발도상국 부채 서비스 의무(debt service obligation)의 증가, 국제은행 대출의 급격한 감소, 그리고 대규모 자본도피의 복합된 결과로 1980년대에 극적인 변화를 보였다. 1980년대의 기간 동안 이러한 요소들은 이전에 선진국으로부터 개발도상국으로의 250억 달러에서 350억 달러의 정(+)의 연간 자원흐름이었던 것을 개발도상국으로부터 선진국 진영으로의 250억 달러에서 350억 달러의 부(−)의 연간 흐름으로 전환시켰다. 그러나 이러한 추세 뒤에는 개발도상국 부채를 쇠약하게 만드는 딜레마, 즉 개발도상국 정책에 중요한 교훈으로 서 역사적으로 반복되는 문제가 있었다.

13.4 부채 축적과 1980년대의 부채위기 발생

배경과 분석

국내저축의 공급이 낮은 수준이고, 경상수지적자가 크며, 자본의 수입이 국내 자원의 확대를 위해 필요한 경제발전 단계에서 **외채**(external debt) 축적은 개발도상국의 일반적인 현상이었다. 1970년대 초 이전에는 개발도상국의 외채는 상대적으로 규모가 작고 대다수의 채권자들이 외국정부와 IMF, 세계은행, 그리고 지역개발은행 같은 국제금융기구인 주로 공적 현상이었다. 대부분의 대출은 (낮은 이자의) 양허조건이었으며, 개발 프로젝트를 실행에 옮기고 자본재 수입을 확대할 목적으로 연장되었다. 그러나 1970년대 후반과 1980년대 초반의 기간 동안 상업은행들이 석유수출국기구(OPEC)의 잉여 '오일달러'를 환류시키고 국제수지 방어와 수출부문 확대를 제공하기 위한 일반목적의 대출을 개발도상국들에 지급함으로써 국제대출에 큰 역할을 담당하기 시작했다.

해외차입은 경제성장 및 발전을 촉진하기 위해 필요한 자원을 제공하면서 매우 큰 혜택을 줄 수 있지만, 어설프게 관리되면 많은 비용을 초래할 수 있다. 최근 많은 개발도상국에서 이 비용이 혜택을 크게 상회했다. 대규모 외채의 축적과 관련된 주요 비용은 부채 서비스다. 부채 서비스란 (원리금의 청산인) 할부상환과 축적된 이자의 지급액으로 국내 실질소득 및 저축에 계약상으로 고정된 액수가 부과되는 것이다. 부채의 규모가 증가하거나 또는 이자율이 상승함에 따라 부채 서비스 부담은 증가한다. 부채 서비스 지급은 외환으로 이루어져야 한다. 다시 말하면 부채 서비스 의무는 오로지 수출소득, 수입축소 또는 추가적인 외부차입을 통해서만 충족될 수 있다. 정상적인 상황하에서, 국가 부채 서비스 의무의 대부분은 그 수출소득에 의해 충족된다. 그러나 만약 수입구성이 변화하거나 또는 이자율이 크게 상승하여 부채 서비스 지급액의 급증을 야기하거나 또는 수출소득이 감소하게 되면 부채 서비스 처리의 어려움이 발생할 가능성이 있다.

첫째, **기초이전**(basic transfer)이라 알려진 근본개념을 이해하는 것이 필요하다.[4] 한 국가의 기초이전은 그 국제차입과 관련된 순외환유입 또는 유출로 정의된다. 기초이전은 순자본유입과 기존의 축적된 부채에 대한 이자지급액 간의 차이로 측정된다. 순자본유입은 단순히 총유입과 과거 부채에 대한 할부상환 간의 차이이다. 기초이전은 특정 개발도상국이 국제자본흐름으로부터 매년 얻거나 잃게 되는 외환 액수를 나타내기 때문에 중요한 개념이다. 곧 알게 되는 바와 같이 기초이전은 개발도상국들에서 1980년대의 기간 동안 매우 큰 부(−)의 값으로 바뀌었으며, 이는 외환손실과 자본의 순유출을 초래했다.

기초이전 방정식은 다음과 같이 표현될 수 있다. 순자본유입 F_N은 총외채의 증가율로 표시되고, D는 축적된 총외채를 나타낸다고 하자. 만약 d가 총외채의 증가율이라면

외채

한 나라가 빚진 사적 및 공적 총 해외부채

기초이전

한 국가의 국제차입과 관련된 순 외환유입 또는 유출. (총유입−과 거 부채에 대한 할부상환인) 순자 본유입과 기존의 축적된 부채에 대한 이자지급액 간의 액수 차이

$$F_N = dD \qquad\qquad (13.1)$$

축적된 부채에 대해서 매년 이자가 지불되어야 하기 때문에 평균이자율을 r이라 하면, rD는 연간 총이자지급액이 된다. 그렇다면 기초이전(BT)은 단순히 순자본유입에서 이자지급액을 뺀 것이 된다. 또는 다음과 같다.

$$BT = dD - rD = (d - r)D \qquad\qquad (13.2)$$

만약 $d > r$이면, BT는 정(+)의 값을 갖게 되고 국가는 외환을 얻게 될 것이다. 그러나 만약 $r > d$이면, 기초이전은 부(−)로 전환되고 국가는 외환을 잃는다. 부채위기의 전개와 전망에 대한 어떠한 분석이라도 d와 r을 상승 그리고 하락시키는 여러 가지 요소를 검토해야 할 필요가 있다.

개발도상국들이 상대적으로 작은 규모의 총부채 D를 갖는 부채 축적의 초기 단계에는 증가율 d가 높을 가능성이 크다. 또한 대부분의 1단계 부채 축적은 양자 간 해외원조와 세계은행 대출의 형태로 (민간이 아니라) 공적 원천으로부터 이루어지기 때문에 대부분의 부채는 양허조건으로, 즉 상환기간이 긴 시장이자율 미만의 이자율로 발생했다. 결과적으로 r은 꽤 낮은 수준이었고 어떠한 경우라도 d보다 작았다. 이 축적되는 부채가 생산적인 개발 프로젝트에 사용되어 수익률이 r을 초과하는 한, 정(+)의 기초이전으로 나타나는 외환의 추가와 외채의 증가는 채무국에게 아무런 문제가 되지 않는다. 사실상 앞의 장들에서 주목한 바와 같이 농촌과 도시 지역 모두의 생산적인 투자를 위한 이러한 부채 축적 과정은 어떤 실행 가능한 장기발전전략에도 필수적인 구성요소로 나타난다.

그러나 다음과 같은 상황이 나타날 때 심각한 문제가 발생할 수 있다―(1) 축적된 외채 규모가 매우 커져서 할부상환액이 신규 총유입률에 비해 상대적으로 증가함에 따라 그 증가율 d가 자연적으로 감소하기 시작할 때, (2) 해외자본의 원천이 고정된 양허조건의 장기 '공적흐름(official flows)'으로부터 r을 증가시키는 시장이자율에 의한 단기 변동이자율의 민간은행 대출로 전환될 때, (3) 상품가격이 급락하고 교역조건이 빠르게 악화됨에 따라 국가가 심각한 국제수지 문제를 경험하기 시작할 때, (4) 글로벌 경기침체 또는 석유가격의 급등과 같은 몇몇 다른 외부충격, 변동이자율 민간대출의 기준이 되는 미국 이자율의 급격한 상승, 또는 대부분의 부채액수를 매기는 달러가치의 갑작스러운 변화가 발생할 때, (5) 앞의 (2), (3), (4)의 결과로 비롯되는 개발도상국의 상환능력에 대한 신뢰 상실이 국제민간은행으로 하여금 자신들의 신규대출 흐름을 중단하도록 하는 일이 발생할 때, (6) 정치 또는 경제적 이유(예 : 통화의 평가절하 기대)로 선진국의 금융증권, 부동산, 그리고 은행계정에 투자하기 위한 엄청난 금액의 화폐를 나라 밖으로 보내는 국내거주자들에 의한 상당한 자본도피가 발생할 때. 여섯 가지의 모든 요소가 결합하여 기초이전 방정식에서 d를 낮추고 r을 높여, 전체 기초이전이 매우 큰 부(−)의 값이 되고, (〈표 13.5〉에 보이는 바와 같이) 자본이 저개발국으로부터 선진국 진영으로 흐르게 되는 순결과를 가져올 수 있다. 그 뒤 부채위기는 자기강화적 현상이 되고, 외채가 매우 많은 개발도상국들은 부(−)의 기초이전, 외환준비금 축소, 그리고 발전전망의 정지라는 하향 악순환에 빠질 수밖에 없다. 1980년대 부채위기에 관한 이야기는 식 (13.2)의 기초이전 메커니즘에 영향을 미치는 요소들에 대한 단순분석에 의해 대체로 설명될 수 있다. 이러한 분석배경에 대해서, 이제는 1980년대 부채위기의 구체적이고 자세한 내용과 1980년대와 1990년대 초, 그리고 많은 아프리카와 몇몇 다른 저소득국가의 경우는 1990년대 말과 2000년대의 정책대응을 살펴볼 수 있다.

1980년대 부채위기의 기원

1980년대 부채위기의 씨앗은 주요 OPEC의 1차 석유가격 인상에 의해 촉발된 국제대출의 사실상의 폭발적인 증가가 일어났던 1974년부터 1979년까지의 기간 동안에 뿌려졌다. 개발도상국들은 1967년부터 1973년까지 연평균 6.6%의 경제성장률을 기록하면서 1974년까지 세계경제에서 주도적인 역할을 수행했다. 다른 국가들보다 남미의 멕시코, 브라질, 베네수엘라, 아르헨티나는 특히 자본재, 석유, 식량을 많이 수입하기 시작했다. 대외지향적 발전전략을 따라 이들 남미 국가들은 공격적으로 수출을 확대했다. 선진국들의 성장률이 1967년부터 1974년까지 평균 5.2%로부터 1970년대의 나머지 기간에 평균 2.7%로 하락했던 높은 석유가격과 세계적인 경기침체에 직면하자, 많은 개발도상국들은 차입 증가를 통해 높은 성장률을 유지하고자 했다. 공적원천으로부터의 대출, 특히 비양허조건의 대출이 상당히 증가했지만 성장에 필요한 수준을 충족시키기에는 불충분했다. 더욱이 부진한 수출에 비해 수입이 컸던 국가들은 자신들을 고통스러운 정책조정에 시달리게 할 수 있는 IMF와 같은 공적원천에 접근을 꺼렸다. 그래서 중간소득 및 신흥 개발도상국들은 국제수지 방어를 위한 일반목적의 대출을 시작했던 상업은행과 기타 민간대출자에게 고개를 돌렸다. (1973년 70억 달러로부터 1974년 680억 달러로 엄청나게 증가했고 궁극적으로 이 기간 동안인 1980년 1,150억 달러의 정점에 도달했던) OPEC의 엄청난 잉여를 보유하고 더디게 성장하는 공업선진국들로부터의 낮은 자본수요에 직면하고 있었던 상업은행들은 비교적 관대하고 유리한 조건으로 개발도상국에의 대출을 공격적으로 경쟁하기 시작했다. 〈그림 13.1〉은 중동의 석유수출소득이 미국과 유럽은행에 예치되기 시작한 후, 그 뒤 이 은행들이 이러한 달러잔고를 개발도상국 진영의 공공 및 민간부문 차입자들에게 빌려줬던 OPEC의 오일달러가 재순환되는 메커니즘을 그리고 있다. 1976~1982년 사이에 3,500억 달러가 넘는 금액이 OPEC 국가들로부터 재순환되었다.

이러한 여러 요소들의 결과, 개발도상국들의 총외채는 1975년의 1,800억 달러에서 매년 20% 넘게 증가하여 1979년에는 4,060억 달러로 2배 이상 증가했다. 더 중요한 것은 부채의 증가하는 부분이 이제는 상환기간이 짧고 종종 변동이율인 시장이자율과 관련된 비양허조건이라는 점이었다. 1971년에는 약 40%의 총외채가 비양허조건이었다. 이는 1975년에 68%로 증가하였고, 1979년에는 77%를 넘는 부채가 더 까다로운 조건으로 이루어졌다. 공식적인 기관에 의한 비양허조건의 대출 증가가 이러한 비중 증가에 부분적으로 책임이 있었지만 민간자본시장에 의한 대출이 3배 이상 증가한 것이 주요 역할을 담당했다. 종합하면 부채 규모의 큰 증가와 더 까다로운 조건에 의한 대출의 비율 증가가 1975년 250억 달러로부터 1979년

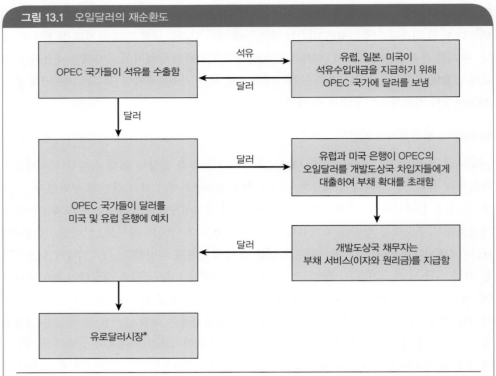

그림 13.1 오일달러의 재순환도

* 유로달러는 반드시 유럽만일 필요가 없는 미국 밖의 모든 은행에의 달러예금이다. 자신들의 잉여달러를 미국에 보내기보다는, 비미국 은행들은 1970년대에 직접적인 달러예금을 받아들이고, 이 예금에 대한 이자를 지급하며, 또 이 예금을 직접 개발도상국 차입자들에게 대출하기 시작했다.

출처 : *The ABC's of International Finance*, Second Edition, by John Charles Pool et al. Copyright ⓒ 1991 by Lexington Books.

750억 달러로 3배가 되었던 부채 서비스 지급액의 원인이었다.

부채 서비스 부담의 상당한 증가에도 불구하고 1970년대 말 기간 동안의 부채 서비스 지급을 충족하기 위한 대부분 개발도상국의 능력은 크게 손상되지 않은 채로 남아 있었다. 이는 그 기간 동안의 국제경제 환경이 주로 작용한 결과였다. 인플레이션으로 인한 실질석유가격의 하락, 낮은 또는 부(−)의 실질이자율, 그리고 수출소득 증가는 결합되어 경상수지적자를 1970년대 말까지 좁혔고 개발도상국들로 하여금 대규모 차입을 통해 1973년부터 1979년까지의 기간 동안 연평균 5.2%에 달하는 상대적으로 높은 성장률을 유지할 수 있도록 했다.

요약하면 1차 석유파동에 뒤이은 국제대출의 급상승은 주로 1974년부터 1979년까지의 기간 동안 발생했다. 호혜적인 경제 환경에서 이러한 대출 증가는 부채 서비스 부담의 어려움 없이 개발도상국들로 하여금 상대적으로 높은 성장률을 유지할 수 있도록 했다. 또한 이러한 대출 증가는 국제민간은행의 대출활동을 통해 석유수출국으로부터의 엄청난 잉여가 석유수입국으로 재순환되도록 활성화시켰고, 개발도상국의 수출수요를 증가시킴으로써 선진국의 경기침체를 완화하는 데 도움을 주었다.

불행히도 이러한 성공은 오래가지 못했으며, 실제로 1974년부터 1979년까지의 기간 동안 발생했던 국제대출의 급증은 앞으로 도래할 모든 문제의 기반이 되었다. 1979년에 발생했던 2차 석유파동은 이전 기간 동안의 국제대출 성공에 공헌했던 경제조건들을 완전히 역전시켰다. 이제 개발도상국들은 원유 수입 및 영향을 받는 산업재 수입에 비용을 가산시켰던 갑작스러운 석유가격 인상에 직면했다. 또한 선진국의 경제 안정화정책으로 인해 이자율이 엄청나게 상승했고, 선진국의 더딘 성장과 1차 상품 수출가격의 20%가 넘는 갑작스러운 하락이 결합된 결과 개발도상국의 수출소득도 감소했다. 더욱이 개발도상국들은 이전 기간 동안으로부터 엄청난 부채와 부채 서비스 부담을 물려받았는데, 이는 높아진 이자율에 의해 더욱더 부담이 커지게 되었으며, 단기 상환기간으로 묶인 결과 더욱 불안정해졌다.

마지막으로 부채 축적의 전 기간 동안 가장 중요하고 지속된 추세 중 하나는 민간 자본도피의 엄청난 증가였다. 1976년에서 1985년 사이에 약 2,000억 달러가 부채가 많은 국가들로부터 사라졌다고 추정된다.[5] 이는 같은 기간 개발도상국 총부채의 50%에 해당하는 금액이었다. 완전히 아르헨티나 부채 증가의 62%, 그리고 멕시코 부채 증가의 71%가 자본도피의 결과로 비롯되었다고 추정되고 있다. 실제로 몇몇 연구자들은 멕시코의 1985년도 부채 수준은 엄청난 민간자본도피가 없었다면 (실제의 960억 달러가 아니라) 120억 달러였을 것이라고 주장했다.[6]

이러한 결정적인 상태에 직면하게 되자 개발도상국들은 두 가지 정책선택권을 가졌다. 그들은 수입을 줄이고 제약적인 재정 및 금융 조치를 부과함으로써 성장과 발전 목적을 방해하거나 또는 더 많은 외채를 통해 더 커진 경상계정 적자를 자금 지원할 수 있었다. 국제수지 위기를 해결하는 수단으로서 첫 번째 정책수단을 채택할 수 없었던, 그리고 채택할 용의가 없었던 많은 나라들이 1980년대에 심지어 더 많은 외채를 끌어들이는 두 번째 정책수단에 의존할 수밖에 없게 되었다. 결과적으로 막대한 부채 서비스 부담이 축적되어 나이지리아, 아르헨티나, 에콰도르, 그리고 페루 같은 나라들은 1980년대에 부(−)의 성장을 경험했으며, 결과적으로 심지어는 수출소득으로부터 부채에 대한 이자를 지급하는 데 심각한 어려움에 처하게 되었다. 그들은 더 이상 세계 민간자본시장에서 자금을 차입할 수 없었다. 실제로 민간대출이 고갈되었을 뿐만 아니라 1984년에 이르러서는 개발도상국이 신규대출금으로 받아들였던 것보다 102억 달러 더 많은 액수를 상업은행에게 상환했다(〈표 13.4〉 참조).

1990년대 개발도상국의 경제상황은 매우 다양하게 나타났다. 많은 나라들이 정(+)의 순이전을 경험했지만, 다른 나라들은 여전히 위기에 빠져 있었다. 통계상의 그림은 1990년대 중반 이후 더욱더 복잡해졌는데, 중간소득 개발도상국들은 점점 더 해외직접투자자에 의존했다. 몇몇 위기에 처한 국가들은 아마도 부(−)의 순금융이전을 경험했을 것이다.

13.5 부채경감의 시도 : 거시경제 불안정, 고전적 IMF 안정화정책, 그리고 그에 대한 비판

IMF 안정화 프로그램

외채부담의 증가와 더불어 심각한 **거시경제 불안정**(macroeconomic instability, 높은 인플레이션과 심각한 정부의 예산 및 대외지급 적자)에 직면하고 있는 국가들에 의해 점점 더 그러

거시경제 불안정
한 국가가 예산 및 무역적자의 증가와 급격한 통화공급 팽창에 수반하여 높은 인플레이션을 갖고 있는 상황

나 종종 마지못해서 사용된 한 가지 행동지침은 국제민간은행과 대출에 대해 재협상하는 것이었다. 기본적인 아이디어는 원리금과 이자의 상환기간을 연장하거나 보다 유리한 조건의 추가 자금 지원을 얻는 것이었다. 그러나 전형적으로 그러한 채무국들은 국제은행 차관단이 자금의 재조달 또는 기존의 대출일정을 연기하는 데 동의하기 이전에 IMF와 상대해야만 했다. 그들의 법적 IMF 할당액을 초과하여 자금을 빌려주는 데 동의하기 이전에 조건부라 알려진 과정인 강경한 **안정화정책**(stabilization policy)을 부과하는 IMF에 의존하면서, 민간은행들은 IMF와의 성공적인 협상을 차입국가들이 국제수지적자를 축소하고 이전의 대출금을 상환하기 위해 필요한 외환을 획득하기 위해 심각한 노력을 하고 있는 신호로 해석했다.[7] 전형적인 IMF 안정화 프로그램에는 네 가지 기본 구성요인이 있다.

안정화정책
인플레이션을 낮추고, 예산적자를 감축하며, 국제수지를 개선하는 것을 목표로 하는 일련의 조화된 주로 제약적인 재정 및 금융정책

1. 외환 및 수입 통제의 철폐 또는 자유화
2. 공식 환율의 평가절하
3. (a) 이자율 및 지불준비금을 인상하기 위한 은행신용의 통제, (b) 조세 및 공기업 가격의 인상과 더불어 가난한 사람을 위한 사회 서비스 영역과 주요 식품에 대한 보조금에 있어서의 지출을 포함하는 지출억제를 통한 정부 적자의 통제, (c) 임금인상 통제, 특히 임금의 물가지수연동 폐지, 그리고 (d) 다양한 형태의 가격통제 제거와 더 자유로운 시장의 촉진으로 구성되는 절박한 국내 반인플레이션 프로그램
4. 해외투자에 대한 더 큰 환대와 국제통상에 경제의 전체적 개방

　1980년대 초반 멕시코, 브라질, 아르헨티나, 베네수엘라, 방글라데시, 가나를 포함하는 외환준비금이 크게 고갈되었던 다수의 채무국들은 추가적인 외환을 확보하기 위해 IMF에 의지해야만 했다. 1992년까지 10개국이 IMF로부터 총 372억 SDR(약 270억 달러에 해당함)을 차입하도록 조정되었다. 1997년의 아시아 위기 기간 동안, IMF는 불안정한 태국(39억 달러 IMF 대출), 파키스탄(16억 달러), 필리핀(4억 3,500만 달러), 인도네시아(100억 달러), 그리고 한국(210억 달러) 경제를 안정화시키기 위해 상당한 액수의 자금을 갖고 개입해야만 했다. IMF는 글로벌 금융위기에 뒤이어 특히 2008년부터 2010년까지 심하게 타격을 받은 여러 동유럽과 구소련 국가에 자금조달 및 안정화 패키지에 새롭게 관여했다.[8] 대출을 받기 위해 더 중요한 것은 민간은행으로부터의 추가대출을 협상하기 위해 이러한 모든 나라들은 열거된 안정화정책의 일부 또는 전부를 채택할 것을 요구받았다. 비록 그러한 정책들이 많은 개발도상국에서 인플레이션을 낮추고 국제수지 상황을 개선하는 데 성공적이었을지는 모르지만, 그러한 정책들은 불균형적으로 저소득 및 중간소득 그룹에 타격을 줌으로써 발전노력의 핵심을 강타하기 때문에 (1990년대 베네수엘라, 나이지리아, 인도네시아, 그리고 한국에서의 반IMF 시위가 입증하듯이) 정치적으로 매우 인기가 없을 수 있다.[9] 달리 보면 개발도상국의 지도자들은 그러한 안정화정책을 개발도상 채무국에게는 혹독한 구조조정정책을 강요하고 세계 최대 채무국인 미국의 엄청난 예산 또는 무역적자에 대해서는 아무런 조정을 요구하지 않는 이중기준을 대표한다고 간주해 왔다. 마지막으로 IMF 정책은 종속이론학파에 의해 부유한 선진공업국들의 단순한 수족으로 인식되는 국제기구에 의해 부과되기 때문에, 안정화정책은 이

학파에 의해 주로 개발도상국의 빈곤과 종속 상태를 유지하는 한편 선진공업국들로부터의 국제은행과 민간투자자(그리고 투기자)를 위한 글로벌 시장구조를 보존하기 위해 고안된 조치로 종종 간주되었다. 예를 들어 IMF와 그 안정화정책에 대한 종속이론의 광범위한 비판에서 페이어(Cheryl Payer)는 선진국 진영이 지배하는 글로벌 무역체제 내에서 IMF는 '빈곤 국가에 제국적인 금융원리를 강요하는 선택된 수단'으로 기능하고 따라서 국제수지 문제가 해결되기보다는 영속화되는 '국제 노예적 복종(international peonage)'의 형태를 창출한다고 주장했다. 나아가 페이어는 IMF는 개발도상국이 국제금융기관으로부터 추가적인 외채를 받도록 권장하는 한편, (대출 거부의 위협을 통해) 개발도상국을 '협박(blackmail)'하여 반발전적인 안정화 프로그램을 강행하도록 한다고 주장한다. 따라서 이 추가적인 외채 부담은 미래 국제수지 문제의 원천이 되며 채무국들이 단지 제자리를 유지하기 위해서 더 빨리 뛰어야만 하는 악순환의 고리를 만든다.[10]

덜 급진적인 관찰자들은 IMF를 친발전도 반발전도 아닌 정통적인 단기 국제금융정책의 추구를 통해 글로벌 자본시장을 보존하는 다소 구식이 되었지만 그 원래의 의무를 완수하려 시도하는 기구로 간주한다. IMF의 일차적인 목표는 통화협력을 촉진하고, 국제무역을 확대하며, 인플레를 억제하고, 환율의 안정을 장려하며, 부족한 외환자원 제공을 통해 단기 국제수지 문제에 국가가 대처하는 것을 돕도록 고안된 '질서 있는' 국제외환제도의 유지다. 불행히도 매우 불균등한 무역의 세계에서 많은 개발도상국의 국제수지 문제는 성격상 구조적이고 장기적이어서, 결과적으로 단기 안정화정책은 쉽게 장기적 발전위기로 이어질 수 있다.[11] 예를 들어 1982~1988년에 32개의 남미 및 카리브 해 연안 국가 중 28개국에서 IMF전략이 테스트되었는데, 분명히 제대로 작동되지 않았다. 같은 기간 동안에 남미 국가들은 외채상환에 1,450억 달러를 조달했지만 경제 침체, 실업 증가, 1인당 소득의 7% 감소라는 대가를 지불해야만 했다.[12] 이 국가들은 '조정'은 되었지만 성장하지 않았다. 1988년까지 단 2개의 국가만 겨우 외채를 상환할 수 있었는데, 동일한 상황이 아프리카의 대부분에서 만연하고 있다.[13]

외채경감 전술

1982년 멕시코의 외채상환에 대한 지불유예선언에 의해 촉발된 (1995년 거의 반복될 직전까지 간) 1980년대 부채위기는 국제금융제도의 안정성과 바로 생존능력에 의문을 제기했다. 만약 주요 부채국가(브라질, 멕시코 또는 아르헨티나) 중 1~2개국이 채무불이행을 한다면, 일련의 채무국들이 집단으로 **채무국 카르텔**(debtors' cartel)을 형성하여 공동으로 채무를 거부한다면, 또는 더 많은 국가들이 부채 서비스를 수출소득과 연계시켰던 페루의 앞서의 조치를 따른다면 서구 경제가 심각하게 영향을 받을 수 있다는 공포가 표출되었다. 부채위기가 시작되자 대부분의 개발도상국들은 국제자본시장으로부터 단절되었다. 국제은행가, 선진국의 정부관료, 그리고 개발도상 채무국 간의 긴급회의가 세계금융 중심지에서 개최되었다. 이는 남미의 부채만도 미국 최대 은행의 순자산을 초과했기 때문이었다. 채무불이행이 급박하다는 소문이 환투기자들로 하여금 달러를 매입하도록 함으로써 1983~1984년 달러의 시장가치를

채무국 카르텔
채권국들과 집단으로 협상하기 위해 함께 합류한 개발도상 채무국 집단

그 잠재가치(shadow value)를 훨씬 넘는 수준으로 인상시켰으며, 이는 달러로 표시된 개발도 상국의 부채부담을 더욱 가중시켰다.

재구성
보통 이자율을 낮추거나 또는 상환기간을 연장함으로써 부채상환 조건을 변경하는 것

부채가 많은 나라들의 부채부담을 경감 또는 **재구성**(restructuring)하기 위한 여러 제안이 이루어졌으며, 그중 몇 가지는 적어도 부분적으로 실행되었다.[14] 이 제안들은 특별인출권의 새로운 배분부터 합의된 정리기간 동안 상환되어야 하는 원리금 지급에 대한 (채무국에 더 유리한 조건으로의) 재구성까지 다양한 범위였다. 가장 주목할 만한 것은 소위 토론토조건 이라 불린 매우 양보된 조건을 제시한 파리클럽(Paris Club)의 합의였다. 이 공적대출에 대 한 쌍방합의는 채무국들을 위한 현금저축을 창출하기 위해 채권국 정부가 세 가지 양보 방안 으로부터 선택하도록 허용하는데, 비양허조건에 의한 대출의 경우 1/3까지를 부분적으로 탕 감, 이자율의 인하, (25년까지) 상환기간의 연장이 그 대안이었다. 상업은행들의 경우, 1989 년의 **브래디플랜**(Brady Plan)은 선정된 채무국들을 위한 부분적인 부채탕감을 엄격한 IMF 류 조정 프로그램의 채택, 자유시장의 촉진, 해외투자자 환영, 그리고 해외자본의 본국송금 에 대한 개발도상 채무국들의 약속은 물론 나머지 대출금의 지급을 보장하는 IMF 또는 세계 은행의 금융지원과 연계시켰다. 이외에도 **대출금출자전환거래**(debt-for-equity swap)에 관해 많은 논의가 이루어져 왔다. 이러한 스왑은 개발도상국의 상업은행에 대한 문제의 부채를 2 부 거래시장에서 (때로는 50% 넘게) 할인하여 민간투자자(대부분 외국기업임)들에게 매각하 는 것이다. 그 뒤 외국기업들은 채무국의 차용증을 철강회사, 또는 전화회사 같은 현지 공기 업 자산과 교환한다. 미국 은행에 대한 새로운 해석과 규제가 그들로 하여금 해당 국가에 대 한 기타 대출의 장부가격을 낮추지 않으면서 대출스왑에서의 손실을 허용하기 때문에, 상업 은행들은 이제 그러한 스왑거래에 참가할 용의가 더 생기게 되었다. 개발도상국 측에서는 대 출금출자전환거래를 통해 자신의 전체 부채부담을 줄일 수 있음은 물론 국내통화표시 자산에 대한 외국 및 국내거주 투자자들로부터의 민간투자를 장려할 수 있다. 남미 채무국에서 발생 했던 민영화의 많은 부분은 이러한 스왑협약을 통해 자금조달이 이루어졌다. 그러나 이러한 혜택의 이면에는 외국투자가들이 철강회사, 전화회사 같은 개발도상국의 국가 소유 실질자산 을 엄청나게 할인해 매입한다는 사실이 있다. 선진국의 개발도상국 경제에의 침투 또는 국내 이중구조 경향의 악화를 우려하는 관측자들은 이러한 대출금출자전환거래에 대해 당연히 걱 정을 했었다. 1985년에서 1992년 사이에 이 대출금출자전환은 모든 부채전환의 36% 이상을 차지했다.

브래디플랜
IMF와 세계은행의 부채보증과 조건부 조건을 더 강력하게 고수한 다는 것과 교환하여 구해진 사적 부채의 탕감을 통해 개발도상국이 상업은행에 진 부채의 미지불된 액수를 줄이기 위해 고안된 1989 년에 시작된 프로그램

대출금출자전환거래
국내기업의 자기자본(주식) 또는 정부의 고정금리 의무(채권)를 엄청나게 할인하여 사적 해외부채와 교환함으로써 외채의 실질가치를 줄이기 위해 개발도상 채무국들에 의해 사용되는 메커니즘

설득력이 있지만 훨씬 덜 중요한 스왑 방식은 개발도상국 정부가 에콰도르의 열대림 또 는 코스타리카의 국립공원 같은 자산의 환경보존을 약속하도록 하는 **자연보호채무상계거래** (debt-for-nature swap)이다(제10장 참조). 대부분의 자연보호채무상계거래는 세계자연기금 (World Wildlife Fund에서 World Wild Fund for Nature로 개명함) 또는 국제자연보호협회 (Nature Conservancy) 같은 NGO에 의해 이루어졌다. 그들은 채무국의 차용증을 현지 은행 으로부터 할인하여 구입한 뒤 이를 현지 통화 지급액으로 재구성하는데, 이는 그 뒤 예를 들 어 위험에 처한 천연자원을 보존하기 위해 사용된다. 2000년 이래 과테말라, 코스타리카, 카 메룬, 페루, 콜롬비아, 요르단, 가나, 벨리즈, 인도네시아, 자메이카를 포함하는 여러 국가에

자연보호채무상계거래
채무국에서 천연자원 또는 환경 보호에 자금을 조달하기 위해 사용되는 한 조직이 보유한 해외부채의 엄청난 액수의 국내부채와의 교환

서 새로운 자연보호채무상계거래가 활용되었다. 예를 들어 2008년 2,000만 달러가 세계자연기금을 통해 마다가스카르의 생태다양성을 보호하기 위한 프로젝트에 프랑스에 대한 정부 부채의 일부를 경감하면서 제공되었다.

대출금출자전환거래를 포함한 부채경감을 위한 대부분 제안의 문제점은 국제민간은행이 그 정책을 시작 또는 뒷받침하는 것을 필요로 한다는 것이다. 대부분의 은행들은 자신의 단기 재무제표를 훼손하게 될 어떠한 조치도 취하지 않으려 한다. 더 심각한 것은 (장·단기 모두 차입국과 채권국 모두에게 손해를 끼치는 정책인) 개발도상국의 일방적인 **부채변제거부** (debt repudiation)가 없을 경우, (자연보호채무상계거래와 유사한 스왑 이외의) 대부분의 제안은 부채 문제를 해결하는 것이 아니라 부채의 상환기일이 도래하여 따라서 또 다른 위기가 발생할 날짜를 단순히 연기할 뿐이라는 것이다. 가끔 제시되는 제안은 개발도상국의 부채가 지속될 수 없을 때 기업의 파산하에 부채를 재구성하는 방식과 다소 유사하게 개발도상국의 부채를 해결하기 위한 기구를 설립하자는 것이다. 허만, 오캄포, 슈피겔(Barry Herman, José Antonio Ocampo, and Shari Spiegel)은 그들의 2010년 연구에서 이를 다음과 같이 표현했다.

> 많은 국가들은 구제불능인 파산 기업체를 처리할 뿐만 아니라 부채경감을 통해 계속기업 (going concerns)으로 다시 살아날 수 있는 기업들을 구조하기 위해 회사를 위한 국가 도산제도(insolvency regime)를 설계했다. 후자의 목적은 ['접을(wound up)' 수 없는] 지급불능 상태의 독립적이지 않은(sub-sovereign) 기업 또는 가계에게 '상쾌한 출발'과 '깨끗한 경력 (clean slate)' 같은 두 번째 기회를 주는 것이다. 국가 부채위기를 다루기 위한 임시방편적이고 부분적인, 그리고 기껏해야 느슨한 협력체계는 그러한 결과를 가져오지 못한다.[15]

대체로 부채위기는 상호의존성과 국제경제 및 금융제도의 상호의존성과 허약함을 분명히 보여주었다. 부채위기는 또한 개발도상국 경제가 미국 이자율의 조그만 인상에 취약할 뿐만 아니라 선진국들 역시 개발도상국들의 경제적 실패 또는 공공정책에 의해 손실을 입을 수 있다는 것을 입증했다.

많은 개발도상국들이 적어도 부분적으로는 엄청난 부채의 축적을 책임져야 함에도 불구하고 이러한 것들이 종종 초래하는 불리한 경제조건은 대부분의 경우 스스로의 통제를 넘어서는 것이다. 사실 이렇게 불리한 경제 환경은 부분적으로 이자율 인상, 세계적인 경기침체, 그리고 이로 인한 개발도상국 수출에 대한 수요 감소를 일으켰던 선진국들의 경제 안정화정책에 의해 초래된 것이다. 예를 들어 클라인(William Cline)은 1973년부터 1982년 사이에 비석유수출 개발도상국의 총외채증가(4,800억 달러)의 거의 85%(4,010억 달러)가 자신들의 통제 밖에 있는 네 가지 요소에 기인할 수 있음을 추정했다. 즉 OPEC의 석유가격 인상, 1981년부터 1982년까지의 달러이자율 인상, 세계적인 경기침체로 인한 개발도상국 대부분의 수출물량 감소, 그리고 상품가격의 대폭적인 하락과 이로 인한 개발도상국 교역조건의 악화 등이 그것이다.[16]

1980년대 말 부채 감소의 선구자인 멕시코의 경험이 〈예문 13.3〉에 자세히 설명되어 있다.

부채변제거부
1980년대 개발도상국들이 부채상환의무를 중지하게 된다는 선진국 진영의 우려

예문 13.3 멕시코 위기, 부채감소, 그리고 성장의 재현을 위한 악전고투

1982년 8월, 멕시코는 부채를 상환할 수 없으며, 민간 채권자들에게의 부채지급에 대한 적어도 3개월 동안의 지불유예를 시작한다고 선언하면서 부채위기를 촉발시켰다. 씨티은행이 이끌었던 채권은행단은 자문위원회를 구성했다. 멕시코는 국제통화기금과 미국 금융기관에게 요청하여 긴급지원을 받았다. 9월 멕시코는 은행들을 국유화했고 엄격한 외환통제를 도입했다.

1982년 9월 말, 세계은행과 IMF의 연례회의가 극심한 공포 분위기 속에 토론토에서 개최되었다. 가장 큰 공포는 대출금에 대한 상당한 채무불이행이 주요 은행들을 위협한다면 국제은행제도의 안정성이 위험에 처하게 된다는 것이었다. 위기는 남미, 아프리카, 필리핀과 유고슬라비아 같은 기타 개발도상국들을 휩쓸었다. 은행제도를 살리는 계획이 창안되었지만 종종 남미와 아프리카 발전의 잃어버린 10년(또는 그 이상)으로 간주되는 것으로 이어졌다.

멕시코는 부채위기를 겪은 최초의 국가일 뿐만 아니라 [특히 1994년의 소위 데킬라위기(Tequila Crisis) 같은 몇몇 더 작은 위기에도 불구하고] 위기를 해결하는 데 선두주자였다. 1980년대 말과 1990년대 초의 극적인 부채감소 이후에는 자본유입이 부채보다는 장기 증권의 형태로 공통적으로 재개되었다.

1973년 이전, 멕시코의 외채는 대부분의 개발도상국과 같이 상대적으로 작은 규모였고 주로 공적, 그리고 종종 양허대출을 기본으로 했다. 그러나 주요 OPEC 국가들은 1973년의 석유가격 인상으로부터 거대한 현금횡재를 얻었고, 대부분의 자금을 주요 미국 은행에 예치했다. 멕시코와 기타 남미 국가들은 이 자금의 준비된 수요를 갖고 있었다. "주권국가들은 채무불이행을 하지 않는다"라는 씨티은행 의장 리드(John Reed)의 언급에 따라 대규모 은행들은 대출위험의 정상적인 기준을 간과하면서 대출을 했다. 대출금잔액의 가치는 10년이 채 못되어 10배로 증가했다. 그러나 투자가 GDP에서 차지하는 비중은 이 대규모 차입기간 동안 거의 증가하지 않았다. 결과적으로 멕시코는 생활 수준을 필연적으로 떨어뜨리지 않고 부채를 상환하기 위한 외환을 창출할 수 있는 추가 수출생산역량을 갖지 못했다.

멕시코의 문제들은 재정적자와 인플레이션에 의해 악화되었다. 새로운 유전을 발견하고 1977년에 대량으로 석유를 생산하기 시작했던 이후, 멕시코는 석유를 암묵적인 담보로 더 많은 돈을 차입했다. 그러나 이 돈도 역시 현명하게 투자되지 않았으며, 석유산업은 상당히 비효율적으로 운영되었다. 환율의 평가절상은 다른 수출에 해를 입혔으며, 비석유산업은 무시되었다.

첫 번째 석유파동이 대량의 국제 대출을 선동했다면 1979년의 두 번째 석유파동은 이자율이 상승했고, 정체가 개발도상국으로부터의 수출에 대한 수요를 감소시켰으며, 높은 부채 수준이 더 이상의 차입을 더욱 어렵게 만들었음에 따라 이러한 과정의 역전을 촉발시켰다. 1979년 이후 실질이자율이 크게 상승했을 때 멕시코의 부채부담은 방어하기 어렵게 되었다. 1982년 초 멕시코의 금융 상황은 급속히 악화되었다. 멕시코는 기존 대출의 자금조달을 위해 그리고 예상되는 적자를 메우기 위해 그해 약 200억 달러를 차입해야 할 필요가 있었다. 한 해가 지나감에 따라 은행대출은 얻기가 더욱더 어려워졌고 상당히 높은 이자율을 요구했다. 인플레이션은 상승했고 일련의 통화의 평가절하가 시작되었다.

위기의 초기 연도는 멕시코에게 매우 힘든 기간이었다. IMF의 후원하에 경제조정 프로그램이 경제 질서를 회복시켰다. 전형적인 IMF 안정화 패키지의 요인들은 외환과 수입통제의 자유화, 평가절하, 이자율 상승, 적자 축소, 임금제약, 가격통제 축소, 그리고 경제의 전체적인 개방을 포함했다. 멕시코에서 성장 없는 조정이 이어졌고, 부정적인 발전의 결과가 초래되었다고 널리 주장되었다.

실질소득이 1982년부터 1985년까지 급격하게 하락했

다. 그때까지 불길은 잡혔지만 꺼지지 않았다는 것이 분명해졌다. 공공부문 적자가 GDP에서 차지하는 비중이 약 17%에서 8%로 감소했지만, GDP 자체는 극적으로 하락했으며, 빈곤과 불균등이 상승했다. 어떠한 새로운 자본유입도 기대되지 않았으며 새로운 접근법이 필요하다는 것이 분명해졌다.

1985년에 미국 국무장관인 베이커(James Baker)가 베이커플랜(Baker Plan)을 도입했다. 아이디어는 '부채에서 벗어나 자기 방식으로 성장'할 수 있도록 성장이 채무국에서 재개되도록 하겠다는 것이었다. 민간은행, 세계은행, IMF, 그리고 기타 원천을 동원하여 성장이 재개되도록 새로운 자금이 채무국들에 대출되게 되었다. 이에 대한 반응으로 멕시코와 기타 채무국들은 새로운 자금이 더 효율적이고 성장에 도움이 되는 방식으로 활용되는 것이 기대되도록 시장개혁을 도입하게 되었다.

멕시코는 베이커플랜에 참여한 최초의 국가들 중 하나가 되었다. 멕시코는 1986년 6월 주요 부채 재구성 및 국내 경제개혁 프로그램에 응했다. 처음에는 약간의 제한적인 발전이 있었던 것 같다. 상업은행들은 70억 달러가 넘는 대출과 약 540억 달러의 미해결 부채에 대한 새로운 재조정합의를 연장했다. 이에 대해 세계은행은 5억 달러의 대출을 제공했다.

그러나 멕시코는 1980년 중반의 석유가격 급감으로 심각한 피해를 입었다. IMF는 석유가격이 배럴당 9달러 미만으로 떨어지면 자신이 멕시코가 이용 가능한 추가 신용을 만들 것이라는 특별 '대기성' 협약에 동의했다. IMF는 또한 상업은행들로부터의 새로운 신용에 필적할 상당히 새로운 신용을 제공했다. 멕시코는 이 기간 동안 지대한 영향을 가져올 시장지향적 개혁을 시작했다. 이러한 접근법이 작동되지 않았던 가장 중요한 이유는 상업은행들이 새로운 순대출에서 자신들의 역할을 할 용의가 없다는 것이 판명되었기 때문이었다. 이러한 은행들은 베이커플랜에 기대되어 있는 대출의 단지 일부만을 약속했다. 그 당시 은행들의 주된 의도는 여전히 개

발도상국의 부채에 대한 자신의 노출을 증가시키는 것이 아니라 오히려 감소시키는 것이었다.

1980년대 중반 멕시코는 부채감소의 수단으로 대출금출자전환거래의 선구자가 되었다. 이러한 스왑에서 외국투자자들이 멕시코의 부채증서를 제시함으로써 자산에 대한 대금을 지급할 때 해외직접투자(FDI)에 대한 제약이 제거되었다. 이러한 자산들은 자신들의 개발도상국 부채에 대한 노출을 감소시키기를 원하는 은행들로부터 보통 상당히 할인하여 취득되었다. 이 기간 동안 남미의 부채에 대한 제2시장은 액면가의 약 50%인 평균 할인율(때때로 훨씬 큰 할인율)을 가졌었다. 투자자들은 중앙은행에 대출금을 제시했으며, 중앙은행은 이에 대해 단지 현지 기업의 자산을 매입하는 데만 사용될 수 있는 현지 통화를 발행한다. 때때로 이러한 기업은 국가 소유 기업일 수 있으며, 따라서 거래는 민영화를 활성화한다. 그러나 대출금출자전환거래는 보통 공적부채의 사적자산과의 교환과 관련되어 있기 때문에 인플레이션 압력을 발생시키는 본질적인 위험을 지니고 있다. 중앙은행이 투자자가 현지 자산을 매입하도록 자금을 지급하기 때문에 이는 본원통화(high-powered money)를 추가시키는 것을 나타낸다.

멕시코는 공식적으로 자국의 인플레이션 효과 때문에 대출금출자전환거래를 1987년 11월에 중지했다. 실질적인 이유는 부분적으로 외국인 소유와 통제의 비중을 제한하려는 정치적 압력이었을 수 있으나 사적부채의 민간주식과의 스왑은 계속해서 허용되었다.

1988년 스왑전략이 세가 꺾임에 따라 멕시코는 부채 축소에 대한 새로운 접근법을 개척했다. 멕시코는 높은 위험으로 인지된 미해결 부채의 일부를 아즈텍채권(Aztec Bonds)이라고 부르는 새로운 부채로 교환했다. 아즈텍채권은 멕시코가 담보로 구입한 미국 재무성 채권에 의해 보호되고 있다. 은행들이 새로운 좀 더 안정적인 채권으로 교환하는 데 자신들의 기존 대출 액면가에 대해 얼마만큼의 할인을 수용할 것인지를 응찰하게 되는 경매가 개최되었다. 1988년 3월에 약 25억 달러의

예문 13.3 멕시코 위기, 부채감소, 그리고 성장의 재현을 위한 악전고투(계속)

채권이 36억 달러의 은행부채로 교환되었고 평균할인율은 약 33%였다. 약 67억 달러의 총액이 은행에 의해 제안되었지만, 멕시코는 너무 작은 할인율이 제공되었다는 이유로 일부 입찰을 거부했다. 그 결과가 규모 면에서 실망스러웠다고 하더라도, 이러한 방식은 중요한 혁신이었으며 후에 브래디플랜에서 기반이 되었다.

궁극적으로 대부분의 이해당사자들은 국가의 대규모 부채부담이 단지 재조정되는 것이 아니라 상당히 축소될 때까지 상당한 멕시코의 성장이 재개될 수 없다는 것을 이해했다. 몇 년 동안 개발도상국 진영에의 노출을 축소한 이후 주요 미국 은행들이 즉각적인 위험에서 벗어나면서 1989년 3월에 미국 재무장관 브래디(Nicholas Brady)에 의해 부채축소플랜이 제시되었다.

멕시코는 새로운 브래디플랜하에서 부채 축소를 협상한 최초의 국가였다. 은행들에게 세 가지의 선택권이 주어졌다—(1) 대출금을 35% 할인가격으로 담보가 있는 변동금리채권으로 교환하는 것, (2) 대출금을 동일한 액면가의 이자율을 낮춘 고정금리채권으로 교환하는 것, 또는 (3) 멕시코의 이자지급의 자금조달을 위해 그들이 지고 있는 부채의 명목가치는 그대로 유지하면서 새로운 화폐를 대출하는 것. 1990년에 약 49%의 은행들이 220억 달러의 부채를 이자율이 낮은 고정금리채권으로 교환했으며, 41%는 200억 달러의 부채를 할인된 변동금리채권으로 교환했다. 이는 여러 선택권으로부터의 멕시코 채권은행들의 '현시선호(revealed preferences)'를 구성하는 것이다.

만약 멕시코가 축소된 부채에 대한 이자를 계속 성공적으로 지급한다면, 워싱턴에 담보로 예탁된 채권은 멕시코가 받게 되는 이자를 벌게 될 것이고, 이는 부채 축소 또는 투자에 사용될 수 있었을 것이다. 은행의 관점에서는 상호교환관계(trade-off)는 고수익 고위험의 부채를 포기하고 저수익 저위험의 부채를 선택하는 것과

관련되었다. 멕시코의 부채는 1983년에 GDP 중 63%였지만 1993년까지 32%, 그리고 2003년에는 23%로 하락했다.

도중에 주요 위기가 한 번 발생했다. 1994년에 정부는 약간의 페소 평가절하를 완수하려 시도했다. 그러나 대규모의 경상수지 적자가 주어진 조건에서 시장은 이러한 조치를 너무 작고 늦은 것으로 보았고, 이러한 정부의 행동이 가까운 미래의 훨씬 대규모 평가절하의 서곡이라고 결론을 내렸다. 이러한 기대에 따라 행동하는 투기자들은 그 가치의 절반 이상을 잃어버릴 때까지 페소가 변동하도록 방치했던 정부의 역할을 강요했다. 소위 데킬라위기에 따른 불안정이 다른 나라들로 파급되었다. 1996년 중반까지 최악의 상태는 지나갔으며 21세기 처음의 몇 년 동안 브라질, 터키, 그리고 특히 아르헨티나를 흔들었던 위기에도 멕시코는 영향을 받지 않는다는 것이 입증되었다. 북미자유무역협정(NAFTA)과 세계 최대 경제와 국경을 맞대고 있는 혜택이 멕시코에 특별한 이익을 부여했음에도 불구하고, GDP 성장은 1990년부터 2008년까지의 기간 동안 1인당 평균 약 1.5%로 부진한 채로 남아 있다. 그리고 설사 구매력등가를 조정한다고 하더라도, 소득은 미국의 단지 29%에 불과했다. 멕시코는 글로벌 금융위기에 대부분의 개발도상국보다 더 부정적으로 영향을 받았으며, 그 결과 실질GDP의 하락은 2009년 약 6.5%였다.

출처 : CIA, *World Fact Book: Mexico*; https://www.cia.gov/library/publications/the-world- factbook/geos/mx.html, Refik Erzan, "Free trade agreements with the United States: What's in it for Latin America?" World Bank Policy Research Working Paper No. 827, 1992; Sudarshan Gooptu, *Debt Reduction and Development: The Case of Mexico* (Westport, Conn.: Praeger, 1993); Gary Hufbauer and Jeffery Schott, *NAFTA: An Assessment* (Washington, D.C.: IIE, 1993); Robert F. Pastor and Jorje G. Castenada, *Limits to Friendship: The United States and Mexico* (New York: Vintage Books, 1988); World Bank, "World debt tables," various years; and World Bank, *World Development Indicators*, 2010.

선진공업국의 상업은행가와 금융업자들은 1992년 4월 아르헨티나, 그리고 1992년 7월 브라질과 브래디플랜 유형의 재구성협약에 서명함과 함께 부채위기의 종식을 선언했다. 그러나 특히 아프리카의 많은 국가들의 경우에는 문제가 매우 심각한 채로 남아 있으며, 또 다른 10년 동안 적절히 다루어지지 않고 있다.

그리고 중위소득국가들을 포함하여 부채위기는 재발할 수 있다. 이는 부채재조정의 대성공 국가 중 하나인 멕시코가 통화의 평가절하를 단행해야만 했고 단기부채를 상환하기 위해 특별대기성대출을 요청하지 않을 수 없게 된 1994년 말과 1995년 초에 생생하게 밝혀졌다. 1990년대 초에 멕시코(와 브라질, 아르헨티나, 베네수엘라를 포함하는 남미의 기타 채무국)로 흘러들어 갔던 민간포트폴리오투자 자본의 거의 절반이 재빨리 빠져나갔다. 그 뒤 멕시코는 새로운 긴축 프로그램을 선언하지 않을 수 없었고, 위축된 중산층과 근로빈곤층의 이미 악화된 여건을 더욱 악화시켰다. 1982년과 마찬가지로 대규모 상업은행과 월가의 투자자들은 멕시코의 조치에 다시 한 번 놀랐다. 멕시코 경제개혁 프로그램에 대한 은혜로 보편적으로 칭송받았던 '핫머니' 흐름이 대부분의 투자자들이 자신들로 하여금 스스로의 컴퓨터 자판을 두드리게 하는 시간 안에 자신들의 자금을 회수함에 따라 이제는 긴축의 부담을 가중시켰다. 2001년에 효력이 나타났던 또 다른 성공사례로 주장되었던 아르헨티나의 채무불이행은 개발도상국의 부채위기가 지속적으로 고개를 들 수 있음을 보여주었다.

불안정에 대한 공포가 1997년과 1998년에 재현되었다. 러시아, 브라질, 그리고 기타 국가들과 함께 한국, 인도네시아, 그리고 태국이 강력한 긴축조건하에 IMF로부터 차입했다. 한국과 그 외의 국가에서 긴축이 불필요하게 심각한 경기침체로 이어졌다는 견해에 대해 대중의 논의가 집중되었으며, 이에 대한 대응으로 동아시아(와 지역 외의 많은 국가) 전역에 걸쳐 각 정부는 수출을 가속화하고, IMF 대출금을 상환하며, 이후 10년 동안 외환준비금을 크게 확대하기 위해 노력했다. 이러한 과정은 고평가되었다고 널리 간주되었던 달러와 이에 수반된 지속적으로 증가했던 기록적인 미국의 무역적자에 의해 크게 부추겨졌다.

급성장하는 아시아 국가들의 경상수지 흑자는 상당한 정도 미국(과 몇몇 기타 고소득 OECD 국가)의 적자에 반영된다. 이러한 불균형은 글로벌 금융위기와 함께 다소 축소되었다(〈그림 13.2〉 참조). IMF는 다가오는 몇 년 동안 불균형이 약간 확대되는 것으로 예측했다. 불균형의 지속성을 포함한 이러한 예측은 불확실하다.

그러나 심지어 부채가 중위소득국가들에서 해결됨에 따라(사실 은행들이 중위소득국가에 위태로운 상태의 많은 대출금을 갖고 있다는 점에서 이는 은행들의 경우 우선순위의 문제였음), 부채위기는 사하라이남 아프리카의 대다수 저소득국가에서 오랫동안 계속되고 있다. 소수의 이러한 나라들의 부채는 거의 틀림없이 '혐오스러운' 근원을 갖고 있다(〈예문 13.4〉 참조).

부채과다빈곤국들의 외채경감계획(HIPC initiative) **부채과다빈곤국**(heavily indebted poor countries, HIPCs)의 문제들을 다루기 위한 첫 번째 조치는 1996년 8개 주요 공업선진국 그룹[선진 8개국(Group of Eight) 또는 G8]에 의해 시작되었다. G8은 국제금융기관을 통해 확

부채과다빈곤국
세계은행과 IMF에 의해 정의된 세계에서 가장 가난하고 매우 많은 부채를 진 국가집단으로, 이 지위가 이 집단으로 하여금 특별부채경감의 자격을 갖도록 만들 수 있음

예문 13.4 '혐오부채'와 그 방지책

혐오부채(odious debt)는 강요하에 서명된 계약이 강제될 수 없는 것과 같이 비민주적인 정부에 의해 그 국민들의 이해에 반해서 사용된 주권국가의 부채는 타당하지 않은 것으로 간주된다는 국제법적 이론의 개념이다. 그러한 혐오부채는 국가의 국민이 책임져야 할 국가의 부채가 아니라 부채를 진 정권관료의 개인적인 부채에 해당한다.

이 개념은 오랜 역사를 갖고 있는 바, 비록 현재의 명칭은 아니었지만 프랑스의 지원을 받았던 황제 막시밀리안 1세(Emperor Maximilian I)의 뒤를 이어 멕시코에 의해, 그리고 1898년 스페인-미국 간의 전쟁(쿠바의 독립전쟁에서 미국이 반군을 선동하여 장기적인 영향력을 얻었다)에 이은 협상에서 쿠바를 대신하여 미국에 의해 암묵적으로 호소되었다. 이 개념은 법학자 색(Alexander Sack)이 1927년에 명시적으로 주장했다.

외채를 발생시키는 한편 상당한 공공자금을 강탈해 왔다고 널리 일컬어지는 독재자들은 모든 개발도상국 진영에서 발견되었는데, 니카라과의 소모사(Anastasio Somoza), 필리핀의 마르코스(Ferdinand Marcos), 아이티의 뒤발리에(Jean-Claude Duvalier), 콩고민주공화국 [당시 자이르(Zaire)]의 세세세코(Mobutu Sese Seko), 그리고 크로아티아의 투즈만(Franjo Tudjman)이 이러한 독재자에 포함된다. 많은 이러한 정권과 남아프리카의 인종차별 정부와 같은 정권들은 차입을 했던 한편 국민 탄압을 위한 기구에 많은 지출을 했다.

야야찬드란(Seema Jayachandran)과 크레머(Michael Kremer)는 어떤 정권이 불법적이며 따라서 이로 인해 초래된 어떤 주권국가의 부채라도 법적으로 혐오스럽다고 선언할 수 있는지를 결정하는 독립된 국제기구의 설립을 제안했다. 그 자체로 이러한 부채는 차기 정부의 법적 의무가 아니라는 것이다. 물론 정권이 안정적일 것으로 믿는 몇몇 부도덕한 대출자들은 높은 이자율로 여전히 자금을 대출할지 모른다. 그러나 일반적으로 이러한 규칙은 가난한 나라의 부채부담을 억제하는 한편, 독재자들의 강탈과 억압의 능력을 제한할 것이다. 실제로 대출대상국들로부터 미래에 채무불이행의 가능성이 있는 국가들을 상당히 제거함으로써 이 규칙은 합법적인 정부에 대해 낮은 이자율을 유도할 수 있다. 개발도상국 국민들을 위해 더 나은 장기적 결과를 기대할 수 있을 것이다. 혐오스러운 것으로 간주되는 정권에 더 이상의 대출이 없을 것임을 확실히 하기 위해 대출자와 차입자 모두에게 법적 인센티브가 도입될 수 있음을 야야찬드란과 크레머는 지적한다. 채권국의 법은 혐오부채의 상환불이행에 대해 개발도상국 자산의 압류가 허용되지 않도록 입안될 수 있다. 그리고 차기 정권이 지속적으로 혐오부채를 상환한다면, 이 차기 정권에 대한 해외원조는 보류될 수 있다. 이전 정권에 의해 초래된 부채가 공식적으로 혐오부채로 지정된 이후에는 새 정권이 이를 상환하는 것을 우리는 원치 않을 것임을 주목하라. 왜냐하면 상환이 그러한 대출이 우선적으로 연장되지 않는 새로운 균형에 도달하려는 시도를 훼손하게 되기 때문이다.

야야찬드란과 크레머는 이러한 개념이 여러 방식으로 실행될 수 있다고 제시한다. 예를 들어 국제재판소가 설립되지 않더라도 절차는 유엔안전보장이사회에 의해 진행될 수 있으며, 몇몇 협력은 존경받는 NGO 집단과 여론선도자들의 조치에 의해 또는 공식적, 비공식적 메커니즘의 어떤 혼합체를 통해 달성될 수 있을 것이다.

비록 제안된 혐오부채 관련기구가 미래지향적이라고 하더라도, 아프리카 국가들의 부채 중 일부는 혐오스러운 특성을 갖고 있다는 인식은 아마도 아프리카의 많은 부채를 진 저소득국가들을 위한 부채탕감이 폭넓은 국제적 지지를 받고 있는 이유 중 하나일 것이다.

출처 : Seema Jayachandran and Michael Kremer, "Odious debt," *American Economic Review* 96 (2006): 82-92, and "Odious debt," *Finance and Development* 39 (2002): 36-39. 주 : 이들의 분석은 다수의 가능한 결과 또는 균형을 가진 반복게임(repeated games)에서 관련된 정보를 일반에게 알리는 것이 새로운 균형으로 이어질 수 있다는 게임이론에 의존한다.

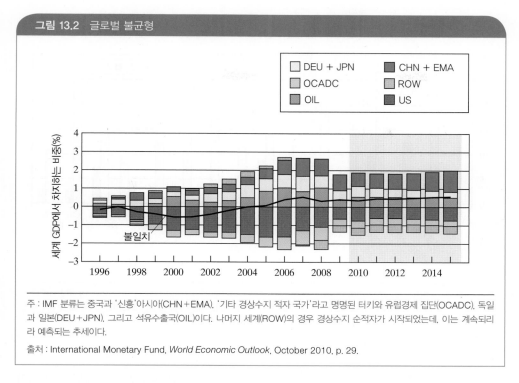

그림 13.2   글로벌 불균형

주 : IMF 분류는 중국과 '신흥'아시아(CHN+EMA), '기타 경상수지 적자 국가'라고 명명된 터키와 유럽경제 집단(OCADC), 독일과 일본(DEU+JPN), 그리고 석유수출국(OIL)이다. 나머지 세계(ROW)의 경우 경상수지 순적자가 시작되었는데, 이는 계속되리라 예측되는 추세이다.

출처 : International Monetary Fund, *World Economic Outlook*, October 2010, p. 29.

혐오부채
비민주적인 정부에 의해 그 국민들의 이해에 반해서 사용된 주권국가의 부채는 비민주적인 정부를 승계한 민주적인 정부의 책임이 아니라고 여겨져야 한다는 견해의 국제법 이론의 개념

대된 부채경감을 받을 자격이 있는지를 확인하는 정교한 절차를 마련했는데, 1999년까지 처음에 자격이 있다고 여겨졌던 36개 빈곤국 중 단지 4개국만이 자격을 충족했다. G8은 그 뒤 자신들이 '건전한 정책'을 추구할 뿐만 아니라 빈곤을 줄이겠다고 '약속'함으로써 세계은행과 IMF를 만족시킨 지정된 HIPC 국가들의 (진전된) 부채경감을 위해 약 1,000억 달러를 조성하기로 합의했다. HIPC 국가들의 약속은 이른바 빈곤감소전략보고서(poverty reduction strategy papers)라 불리게 되었던 것을 통해 입증될 예정이었었다.[17] 자격을 얻기 위해, 국가는 저소득국가로 분류되고(제2장 참조), '전통적인 부채경감 메커니즘을 통해 다루어질 수 없는 지속될 수 없는 부채부담'에 직면하며, IMF와 세계은행이 후원하는 프로그램에의 참여를 통해 '개혁과 건전한 정책의 모든 실적'을 입증하고, PRSP를 개발했었어야만 했다. 이러한 기금의 확보를 위한 진전은 기대했던 것보다 느렸으며, PRSP 과정(제14장에 자세히 논의됨)은 상대적으로 실망스러운 것으로 간주되었지만, 추가적인 기금이 2005년에 약속되었다. 많은 HIPC 국가들의 외채는 상당히 감소했다. 〈그림 13.3〉은 2002년의 데이터를 2012년의 데이터와 비교하면서 국가 수출수입의 비율로 살펴본 여러 HIPC 국가 외채 서비스 지급액의 하락을 보여준다. 2013년 현재 잠재적으로 HIPC의 자격이 있는 것으로 정의되는 39개 개발도상국 중 35개국이 자신들의 '후완성점수(post-completion points)'에 도달했으며, 그 결과 그들은 부채경감의 완전한 할당을 받았다.

그러나 상업대출은 HIPC 과정의 일부가 아니다. 즉 몇몇 사적대출자들은 아프리카에 대한 대출금을 회수하기 위해 지속적으로 소송을 제기하고 있다. 더욱이 심지어 몇몇 공적대출

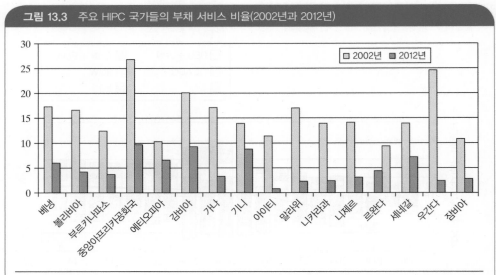

그림 13.3   주요 HIPC 국가들의 부채 서비스 비율(2002년과 2012년)

출처 : 데이터는 http://siteresources.worldbank.org/INTDEBTDEPT/ProgressReports/23514662/HIPC_
update_12-19-13.pdf: Heavily Indebted Poor Countries (HIPC) Initiative and Multilateral Debt Relief Initiative (MDRI)
—Statistical Update, Dec 19, 2013, Table 3, page 15, 2014년 3월 10일 접속.

자들은 부채경감에 참여하지 않는다. 나아가 예를 들어 부채가 어려움을 부과했던 몇몇 국가
들은 상당한 만성적인 빈곤 수준을 갖고 있음에도 불구하고 저소득국가의 기준 위에 있기 때
문에 HIPC의 자격이 없다.[18]

요약하면 개발도상국 진영의 많은 나라들에서 상당한 진전이 이루어졌지만 많은 나라들이
앞으로 나가기에 취약한 상태로 머물고 있다.[19]

13.6 글로벌 금융위기와 개발도상국

2007년 미국에서 서브프라임 모기지의 첫 번째 미진이 시작되면서, 세계는 대공황 이래 본
적이 없었던 선진국 경제의 대규모 글로벌 금융위기 및 '대침체'에 직면했다. 위기에 대한 검
토는 특정 개발도상국 정책은 물론 세계 전체를 위한 통찰력을 제공한다.

2013년 중반 세계은행은 '개발도상 유럽'의 계속 진행 중인 문제점들과 중동 및 북아프리
카의 불안에 대해 주목하긴 했지만, "대부분의 개발도상국이 위기로부터 완전히 회복되었다.
몇몇 나라들은 정책을 더 엄격히 하지 않는다면 심지어 과열의 위험까지 있다"는 의견을 밝
혔다.[20]

불행히도 위기는 아직 '역사'가 아니다. 간신히 몇 주가 지난 후에 정책 공동체는 2013년
8월 인도의 루피(rupee)가 역사상 유례가 없을 정도로 하락하고 기타 위험을 알리는 신호가
나타남에 따라 '새로운 신흥시장 위기'에 다시 초점을 맞추었다. 이는 부분적으로 그 자체가
세계 최대 수입국에서의 위기와 그 여파의 심각성에 대한 대응이었던 미국 연방준비제도(중
앙은행)의 비범한 양적완화(quantitative easing)정책의 감소 전망에 의해 촉발되었다. 즉각적

인 위기는 부분적으로 몇몇 개발도상국, 가장 뚜렷이 인도에 의한 이자율 인상에 의해, 그리고 연방준비제도로부터의 안심시키는 성명에 의해 중단되었다. 그러나 여러 사건들이 빡빡한 신용조건에 지속적인 취약성을 분명히 보여주었다.[21]

더욱이 많은 개발도상국의 수출수입을 지탱했던 인상된 상품가격은 부분적으로 위기 후 재정진작(fiscal stimulus), 특히 중국으로부터의 진작의 결과였다. 그러나 중국의 성장은 그 이례적으로 높은 속도로 훨씬 더 길게 지속될 수는 없다. 상품가격의 하락은 상품 수출국에게 는 잠재적인 걱정인 반면, 자산가격의 거품과 과도한 차입은 성장속도가 빠른 동아시아 경제 의 문제일 수 있다.

따라서 금융위기의 고점이 지난 몇 년 동안 여러 경제적 여진이 지속적으로 개발도상국 진 영에 파문을 불러일으켰다. 이탈리아, 스페인, 포르투갈, 그리스를 포함하는 여러 부채가 많 은 유럽의 '주변부'에서 계속 진행 중인 엄청난 경기침체는 유로의 안정성에, 그것이 아니라 면 널리 사용되는 공동의 유럽통화로서 유로의 존재에 심각한 위협으로 간주되었다. 만약 발 생한다면 유로 위기는 또한 개발도상국 수출에 대한 수요 감소를 포함하여 개발도상국들로의 위험한 여파의 전조가 된다.[22]

따라서 위기 후 몇 년 동안의 많은 개발도상국에서의 경제성장의 회복에도 불구하고 개발 도상국 진영에 대한 여타의 영향은 상당했으며, 회복은 불완전했고, 심각한 불확실성은 사라 지지 않고 남아 있다.[23]

위기의 원인과 지속적 회복에의 도전

경제학자들은 위기의 근본 원인에 대해 아직 일치된 의견에 이르고 있지 못하고 있다. 한 가 지 견해는 만약 여러 가지가 대체로 동일한 시간에 잘못되지 않았다면 위기가 발생하지 않았 을 것이라는 것이다. 미국에서의 여러 목록 중 중요한 한 가지 요소는 급속하고 광범위하게 이루어졌던 (그리고 그 설계와 실행에 있어 부주의했던) 금융규제 완화이다. 규제 완화는 이 를 대체할 적절한 규제의 틀 없이 상업은행과 투자은행을 분리하는 규칙의 철폐, 새로 도입된 금융수단에 대한 규제실패, 나머지 규제의 강제성 결여, 그리고 인위적인 저금리와 함께 이루 어졌다. 화재를 위한 연료는 그 위험이 과소평가된 이러한 대출의 패키지화와 재판매와 함께 특히 프레디맥과 패니메이(Freddie Mac and Fannie Mae) 같은 암묵적으로 공공연하게 보장 된 '정부가 지원하는 기업'에 대한 지지를 기초로 서브프라임(subprime) 대출을 통해 주택 소 유를 장려하는 공공정책으로부터 비롯되었다. 자신들의 역할을 충족하지 못한 위험등급을 매 기는 기관들의 실패도 또한 널리 인용되었다.[24] 스페인과 같은 유럽의 여러 국가를 포함하는 다른 선진국들은 위기에 의해 노출되었던 유사한 금융안정성 문제를 갖고 있었다. 그 결과는 높은 레버리지와 복잡하고 불완전하게 이해된 금융증권을 갖고 있는 불안정한 금융제도였다. 2010년 5월에 통과된 미국 법과 다른 국가에서의 비슷한 입법과 함께 2010년과 2013년 사이 에 도입된 은행위험을 줄이기 위한 은행자본과 유동성에 대한 이른바 바젤 III(Basel III) 요 구조건[25]은 올바른 방향으로의 그러나 아마도 어떤 상황하에서는 또 다른 위기를 방지하기에 는 충분하지 않은 조치로 간주되었다.

위기의 두 번째 그럴듯한 주요 요소들은 동아시아, 특히 중국과 선진국들, 특히 미국 간 사이의 만성적인 국제무역 불균형과 동시적인 미국으로의 자본흐름이다. 이 자본흐름은 자본을 저렴하게 유지하는 데 도움이 되어 미국과 일부 유럽 국가에서 주택거품에 연료를 제공했다. 이제 수십 년 만에 처음으로 국가부채 문제가 선진국, 특히 현저하게 이른바 유럽연합 5개국(EU-5—그리스, 아일랜드, 이탈리아, 포르투갈, 스페인)에서의 가능성으로 제기되었다. 1990년대 초까지만 해도 이들 5개국 중 세 나라는 여전히 개발도상국으로 분류되었음을 주목하라. 아일랜드와 그리스는 2010년 국제 구제금융을 필요로 했는데, 포르투갈과 함께 이들 두 나라는 IMF의 최대 차입국으로 남아 있다.

그러나 위기의 시작부터 미국과 영국이 자신들의 많은 부채에 대해 지급하는 이자율은 결코 낮지 않았는데, 이는 우선 시장에서의 심각한 위험회피, 그 뒤는 '극도로 느슨한' 통화정책을 반영하고 있었다.[26] 위기에 대응하는 데 있어서 많은 나라들은 또한 매우 부족한 수요를 지원하고 불황의 발생을 방지하기 위해 정부지출의 '재정진작' 프로그램들을 채택했다. 대다수의 경제학자들은 이러한 노력이 필요했고 효과적인 것이었다고 생각했는데, 실증증거가 이를 지지한다. 그러나 진작 프로그램들은 정치적으로 지속될 수 없음이 판명되었으며, 여러 선진국 중 가장 대표적으로는 영국과 유럽의 적자국들에서 긴축조치가 2010년에 역사적 아이러니로 등장함에 따라, IMF는 수요의 부족 때문에 많은 정부가 계획했던 것만큼 아주 빠르게 지출을 감축하지 않도록 여러 나라에 요청했다. 이러한 드라마의 앙코르가 2013년에 미국이 갑자기 '시퀘스트레이션(sequestration, 자동적이고 전면적인 공공지출 삭감)'와 함께 급격한 긴축으로 돌입했을 때 재연되었다. 개발도상국의 경우와 마찬가지로 긴축은 선진국들에게도 사회 및 보건상 대가가 큰 영향을 미칠 수 있다.[27] 더 특별히, 이러한 이동은 미국 의회의 벼랑 끝 전술과 결부해 이루어져서, 정부의 부분적인 폐쇄를 지급불능(default)을 국내 정치무기로 허용하려는 위협과 결합시켰다. 이로 인한 유례없는 2011년과 2013년의 '자발적 재정위기'는 상당한 불확실성을 창출함으로써 직접 또는 간접적으로 세계적으로 수요를 삭감하여 불안정성을 확대시키는 미국 성장의 엄청난 둔화로 이어졌음이 추정되었다.[28]

제2차 세계대전 이래 대부분의 국제금융위기는 개발도상국 진영으로부터 '기원하는' 것으로 간주되었다. 1982년의 남미의 부채위기로부터 1994년 멕시코의 '데킬라위기', 1998년의 '동아시아 전염(East Asian Contagion)', 그리고 2001년의 아르헨티나 채무불이행에 이르기까지 개발도상국 경제의 허약한 금융시장과 금융기관, 그리고 불안정한 정치경제에 의해 문제가 유발되는 것으로 인식되었다. 각각의 위기 때마다 해당 국가들은 경제를 개방하고 자유화하도록 압력을 받았다. IMF와 세계은행의 조건부 동의의 일부로서 남미와 아프리카 국가들은 자신들의 1980년대와 1990년대 부채위기 이후 국영기업을 민영화하고(15.6절 참조), 규제를 철폐하며, 유치산업 보호를 축소할 것을 요구받았다. 한국, 태국, 인도네시아 같은 동아시아 국가들은 1900년대 말 금융부문을 포함한 자국경제를 더 많은 해외직접투자(14.2절 참조)에 개방할 것을 요구받았다. 한 가지 대응책은 선진국들에 이에 병행하는 무역적자를 강요하는 요소인 수출흑자를 유지하고 대규모 외화준비금을 구축하는 결정이었다(〈그림 13.4〉 참조).[29]

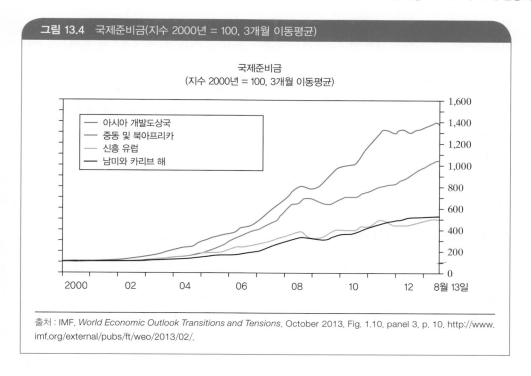

그림 13.4 국제준비금(지수 2000년 = 100, 3개월 이동평균)

국제준비금
(지수 2000년 = 100, 3개월 이동평균)

- 아시아 개발도상국
- 중동 및 북아프리카
- 신흥 유럽
- 남미와 카리브 해

출처 : IMF, *World Economic Outlook Transitions and Tensions*, October 2013, Fig. 1.10, panel 3, p. 10, http://www.imf.org/external/pubs/ft/weo/2013/02/.

금융위기의 위험을 줄인다고 일컬어지는 자신들 스스로의 제도를 본뜬 정책을 채택하라는 선진국들로부터의 지난 압력에 비추어볼 때, 자본흐름의 이러한 역사적인 역전에도 불구하고, 이 가장 최근의 위기가 대공황 이래 최악의 경기하강에 수반되어 미국에서 기원했다는 것은 개발도상국 진영의 많은 정책 입안자들에게는 큰 놀라움이었다. 위기에 뒤이은 세계적인 경기하강은 처음에 많은 개발도상국에서는 잠깐 동안의 상황이었으며, 또한 많은 사람들을 놀라게 했던 것은 자신들의 지속적인 경제적 활력을 통해 많은 나라들을 경기침체로부터 벗어나게 도움을 주는 데 있어서의 몇몇 개발도상국(가장 현저하게는 중국이지만 또한 인도, 브라질, 그리고 기타 다수)의 선도적인 역할이었다. 대부분의 경제연구들은 선진국과 개발도상국 모두의 부양패키지가 아마도 상황이 더욱 악화되는 것을 방지했다고 결론을 내렸다.

위기로 이어진 10년 동안 급속히 성장한 개발도상국들은 미국과 다른 선진국에 대한 수출에 크게 의존했다. 위기에 대응하여, 2010년 오바마 대통령은 향후 5년 동안 미국의 수출을 2배로 증가시키겠다는 목표를 발표했다. 궁극적으로 평가절상이 발생했지만, 중국은 자국 환율의 절상을 위한 시장요인들에의 저항을 중지하라는 미국과 기타 국가들로부터의 압력을 거부했다. 대부분의 선도적 국가들의 정책 입안자들 또한 수출 확대를 통한 성장을 희망했으며, 이에 따라 자신들의 수출가격을 낮추기 위해 그 상대적 환율가치를 또한 낮추려는 명백히 경쟁적인 노력이 증가했다. 그러나 환율은 상대적이며, 따라서 모든 나라가 동시에 평가절하할 수는 없는 일이다! 2010년 말 브라질의 재무장관 만테가(Guido Mantega)는 많은 관료들이 사적으로 이야기해 왔던 세계가 '국제통화전쟁'에 돌입했다는 것을 공개적으로 언급했다. 이러한 언급은 글로벌 경제가 1930년대 이래 보이지 않았던 위험에 여전히 직면하고 있다는 우려를 새롭게 했다. 곧 IMF와 세계은행은 국제경제정책의 위험한 표류에 대한 경고와 함께 압박을 가했다. 통화의 경쟁적 평가절하라는 이슈는 2010년 가을 IMF-세계은행 연례회의에서 회복의 둔화에 대한 우려와 함께 논의의 중심이었다. 그리고 여전히 잘못 조정된 환율이 이러한 종류 위기의 유일한 원인일 가능성은 극히 낮으며 환율의 재조정이 위기에 의해 발생한 문제를 해결하거나 또는 새로운 위기를 방지하는 데 충분하다는 것은 기껏해야 매우 불확실하다. 그러나 "이것이 무역전쟁으로 향하고 있는 통화전쟁이다"라는 2011년 1월 만테가의 선언은 많은 정책 입안자들의 관심을 끌었는데, 긴장은 아마도 후에 중국, 인도, 그리고 기타 대규모 중위소득국가들로의 수출에 대한 기회에 의해 퍼질 것이다. 이어진 중국과 인도에서의 둔화는 면밀히 주시되고 있다.[30]

개발도상국에 대한 경제적 영향

이제 영향력에 관해 9개의 영역을 검토할 것이다.

경제성장 2007년과 2008년 전반기에 개발도상국들은 선진국보다 적게 영향을 받았지만, 2008년 후반기에는 대부분의 개발도상국 지역에서도 영향은 꽤 심각했고 이는 2009년까지 지속되었다. 2009년 세계투자보고서(World Investment Report)는 "개발도상국들은 자신들의 금융제도가 크게 타격을 받은 미국과 유럽의 은행제도와 덜 밀접하게 연계되어 있기 때문에 글로벌 금융위기를 선진국보다 더 잘 견디고 있다"라고 표현하고 있다. 이러한 사실이 자율적이고 개발도상국 진영의 성장을 반영하는지 또는 공업선진국에서의 더 정상적인 통화정책으로의 불가피한 복귀에 대한 취약함인지에 대해 논쟁이 뒤따랐다. 미국에서의 성장의 재현에 대한 징후들과 함께 연방준비제도의 '양적완화'가 점점 '줄어들게'(점차 단계적으로 중단) 된다는 2013년의 발표가 있자마자 세계 이자율은 기대로 인해 미리 상승하면서 이미 둔화되어 있던 개발도상국 성장률의 추가적인 감소를 위협하고 있다. 저비용 자본의 축소된 흐름에 대한 상당한 우려들이 2013년 9월 러시아에서 개최된 G20회의에서 제기되었다. 2013년 10월에 IMF는 다음과 같이 의견을 밝혔다.

> 세계 경제는 또 다른 이행기에 진입했을지 모른다. 선진국 경제는 점차로 강력해지고 있다. 동시에 신흥시장 경제의 성장은 더뎌졌다. 이 두 가지 사실의 융합은 긴장 상태로 이어져 신흥시장 경제는 성장의 둔화와 빠듯한 세계 금융여건이라는 이중의 도전에 직면하고 있다.

IMF 경제자문관(Economic Counsellor) 블랑샤르(Olivier Blanchard)도 또한 다음과 같이 보고했다.

> 높은 상품가격과 금융시장의 급속한 발전, 2000년대의 기간 동안 [신흥시장 또는 개발도상국] 경제의 잠재적 성장 확대를 포함하는 이례적으로 호의적인 세계적 조건과 그들 중 다수에서 경기적인 구성요소가 맨 위에 존재했다. 상품가격이 안정화되고 금융여건이 빠듯해짐에 따라 잠재적 성장이 낮아져서 몇몇 경우에는 급격한 경기적인 조정으로 이어지고 있다.[31]

IMF와 세계은행 모두 일부가 개발도상국 진영과 관계되지 않는 요소들에 기인하는 기저에 깔린 지속적인 허약성과 불확실성을 강조했다. 핵심적인 예는 재정정책(특히 추가적인 예산과 프로그램에 따른 양보가 이루어지지 않는다면 연방정부 부채에 대한 지급불능을 허용한다는 위협)에 관한 미국에서의 정치적 갈등에 의해 야기된 불확실성이다.

수출　위기의 즉각적인 여파로 수출이 크게 감소했다. 세계 무역량은 2009년 수십 년 동안 가장 큰 폭인 14.4% 감소했지만, 그 뒤 2011년부터 보통의 성장률로 되돌아가기 전에 강력히 반등했다.

선진국들의 긴축 프로그램이 그들의 무역적자를 감소시킨 요소였다. 앞으로 그 적자를 감소시키기 위해 미국은 달러가 더 평가절하되는 동안 더 높은 저축률을 확립할 것으로 널리 기대시키고 있다(비록 2013년에 저축률은 실제로 하락했지만). 자산가격의 새로운 기록은 수출에 큰 영향을 미치면서 지난 위기보다 더욱더 최악의 위기로 치닫게 되는 버블경제로의 일시적인 복귀에 대한 약간의 공포를 불러왔지만, 새로운 버블이 (만약 있다면) 형성되고 있는 정도에 대해서는 의견일치가 이루어지지 않고 있다. 다른 선진국 시장들이 버블 기간 동안 미국과 영국에서 보여진 정도까지 개방할 것인지도 확실하지 않은 채로 남아 있다. 미국과 대다수의 유럽 정부들은 예산 적자를 축소하고 저축을 증가하겠다는 강력한 의사를 밝혔는데, 이러한 조치들은 개발도상국들로부터의 더 적은 수입과 관련된다. 많은 분석가들은 이전 조치에 대한 충분한 최종마무리가 없을 경우 유로를 어떤 새로운 위기에도 가장 가능성이 큰 화약고로 지속적으로 간주해 왔다. (독일과 몇몇 다른 유럽 국가들 같이) 일본은 그 인구가 계속해서 고령화되었음에도 불구하고 강력한 수출 흑자 국가로 남아 있다. 선진국들로의 급속한 수출증가의 전망이 의심스럽기 때문에 개발도상국 사이의 무역을 다시 한 번 강조하게 되었다.

상품 수입액의 최초 손실은 상당한 수준이었다. 유엔은 "개발도상국들은 2009년 자신들 수출액의 31% 하락으로 여전히 고통 받고 있다"라고 보고했다.[32] 그 뒤에 상품 수입액은 거래된 가격과 수량 모두의 증가와 함께 반등했다. 그러나 상품가격은 2011년에 이르러 최고치에 도달했으며, 2013년 말에는 2008년과 2011년 정점보다 낮은 수준에 머물러 있다(〈그림 13.5〉 참조). 중국의 성장이 속도를 줄임에 따라 상품가격은 더 하락할 수 있다.

IMF는 경제발전위기에 대한 핵심 질문 중 하나인 금융위기가 무역에 영속적인 효과를 미치는지를 조사했다. 연구는 1970년 이래의 증거를 조사했으며 은행위기 이후 심지어 중기적으로도 수입은 정체된 채로 남아 있었던 반면, 위기국가로부터의 수출은 상대적으로 영향을 받지 않았음을 밝혔다. 또한 높은 수준의 경상수지적자를 가졌던 은행위기에 처한 나라들이 일반적으로 수입의 더 큰 감소를 경험했다. 이러한 발견은 개발도상국들이 은행위기를 경험했던 미국과 상당수의 유럽 국가들에 수출을 확대할 기회가 수년 동안 더 제한될 것이라는 우려를 지지했는데, 이는 개발도상국 사이의 무역에 우선순위가 새롭게 주어져야 한다는 점을 강조하게 하는 또 다른 요소이다.[33]

해외투자 유입　유엔무역개발회의(UNCTAD)의 연구는 "글로벌 위기가 FDI에 이용될 수 있는 자금조달을 감소시켰다"고 결론을 내렸으며, "개발도상국들과 체제이행기 국가들로의

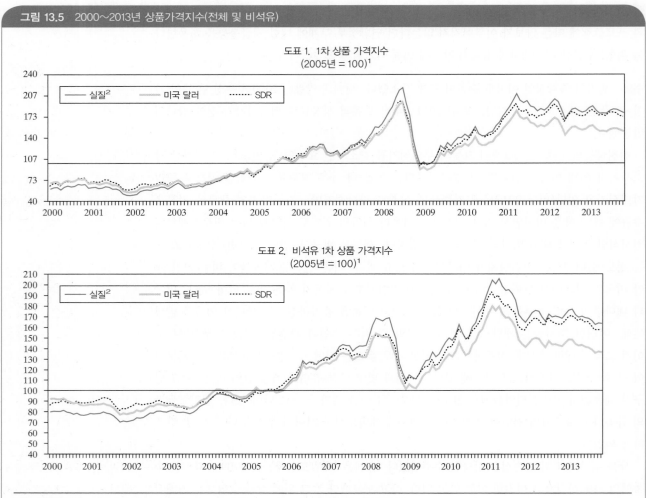

그림 13.5   2000~2013년 상품가격지수(전체 및 비석유)

도표 1. 1차 상품 가격지수
(2005년 = 100)[1]

도표 2. 비석유 1차 상품 가격지수
(2005년 = 100)[1]

출처 : IMF, http://www.imf.org/external/np/res/commod/Charts.pdf, updates of October 10, 2013.

[1] 지수는 44개 비석유 1차 상품의 60개 가격 시리즈로 구성됨.

[2] 미국 CPI에 의해 디플레이트됨.

FDI 유입은 6년간의 연속적인 증가 이후, 2009년 27% 감소하여 5,480억 달러가 되었다. 그들의 FDI가 축소되었지만 이 그룹의 국가들이 선진국들보다 위기로부터 더 빨리 회복되었던 것처럼 보인다. ··· 글로벌 FDI 유입에서 이들 국가가 차지하는 비중은 계속 증가하여, 생전 처음으로 개발도상국과 체제이행기 국가들은 이제 글로벌 FDI 유입의 절반을 흡수하고 있다. ··· 거의 10년 동안 연속적으로 증가한 이후, 아프리카로의 FDI 흐름은 주로 세계 수요의 감소와 상품가격의 하락으로 인해 2008년 대비 19% 감소하여 590억 달러로 감소했다"라고 주목했다.[34]

아프리카의 경우 중국과 다른 개발도상국들로부터의 FDI 유입 비중의 증가 추세는 위기에 의해 명백히 높아졌다. 이러한 이른바 신흥투자자들의 아프리카로의 FDI 비중은

1995~1999년 기간 동안의 18%로부터 2000~2008년의 21%로 평균적으로 증가했다. 뒤이은 몇 년 동안 이 비중은 지속적으로 증가했다. UNCTAD의 2010 세계투자보고서는 신흥투자자들로부터의 투자는 "선진국들로부터의 FDI보다 더 탄력적이란 것이 입증되었다"라고 결론을 내렸다.[35]

글로벌 FDI가 2007년에 기록적인 2조 달러를 기록했음에도 불구하고 위기의 여파로 급격히 감소하여, 5년 후인 2012년 FDI 총액은 오로지 (최고치의 단지 2/3 수준인) 1조 3,500억 달러에 머물렀다. 그러나 2012년 개발도상국들은 처음으로 FDI 유입의 1/2 이상인 7,030억 달러라는 놀라운 수준의 FDI 유입액을 수령했다. 더욱이 2012년에 이르러 개발도상국들 자체는 FDI 유출의 30%를 초과하는 (총 1조 3,910억 달러 중 4,260억 달러) 원천이 되었다.[36] 비록 매우 불균등하게 분포되었지만 또다시 개발도상국들 그리고 개발도상국 상호 간 상호작용으로의 현저한 이동을 보게 되었다. (경제발전에 있어서의 해외직접투자에 관한 더 상세한 내용은 14.2절에서 찾을 수 있다.)

개발도상국 주식시장 우선 안전자산으로의 대피가 개발도상국 주식시장의 변동성을 크게 증가시켰다. 그러나 가격은 뒤이어 다시 상승했고, 시장은 소수의 급속히 성장하는 경제, 특히 중국과 인도에서 심화되었다. 개발도상국 주식시장에 대한 더 상세한 내용은 제15장(15.1절과 15.4절)에서 찾을 수 있다.

원조 원조는 2001년 이래 적절하게 증가했지만 아마도 부분적으로 위기의 영향과 고소득 기부국가에서의 뒤이은 경기침체 때문에 약속된 증가의 단지 적절한 부분만이 이행되었다(해외원조는 14.4절에서 더 자세하게 다루어진다). 그러나 원조가 역사적 수준보다 낮은 수준에 머무름에 따라 근로자 송금, FDI, 그리고 포트폴리오투자흐름 같은 다른 금융흐름이 원조의 감소보다 몇 배 더 증가했다(〈그림 14.2〉 참조). 최빈국들의 경우 원조는 여전히 변함없이 필요하다. 미국, 영국, 그리고 다른 고소득 기부 국가에는 그 현재 수준을 유지하는 것은 고사하고 원조의 어떤 증가에도 반대하는 강력한 정치적 압력이 존재한다. 과거 지속적인 경기침체 또는 재정제약의 기간 동안 고소득국가들은 양자 간 원조를 감소시켰다. 실제로 국제연합에 따르면 2012년 선진국들로부터의 공적원조는 1,256억 달러였는데, 이는 2010년의 공적원조 수준보다 2% 더 낮았던 2011년 수치로부터 실질가치로 또다시 4% 감소된 액수를 나타낸다. 원조가 인간개발과 안전망 프로그램을 대상으로 하는 한 이는 성장을 둔화시키는 영향력을 넘어 가난한 사람에게 해를 끼칠 수 있다. 극단적으로 빈곤하게 사는 사람들은 때때로 시장으로부터 격리되지만 일부는 해외원조를 받고 그 원조에 의존할 수 있다. 자선기부금은 상대적으로 안정적인 채로 남아 있는데, 전문가들은 미국의 주식시장 평가액의 극적인 반등을 인용했다.[37] 요약하면 확대는 고사하고 공식 및 비공식 개발원조가 유지될 전망도 기부국가들의 성장 정도에 좌우될 가능성이 있다.

개발도상국 간 영향력의 분포 개발도상국 진영은 항상 분열되었다. 냉전기간 동안 각 국가는 미국과 기타 NATO 국가들 또는 소련 또는 중국과 스스로 동맹을 맺으면서 한편에 서도록 요구받았다. 이러한 갈등은 비동맹운동에 파급되었으며, 비동맹운동에는 명백한 동맹관계를 맺고 있는 국가들도 포함되었다. 1950년대부터 1970년대까지 중소득 남미와 저소득 아시아 사이에는 폭넓은 경제적 격차가 존재했던 것이 사실이다. 그러나 개발도상국들 간의 경제적 불균등은 논의되지 않았다. 대부분의 국가들은 성장했지만 그 속도는 느렸다. 이러한 상황은 아시아의 급속한 성장이 1980년 이전 소수의 국가들로부터 그 이후 30년 동안 지역의 대다수 국가로 퍼졌던 한편 아프리카가 특히 뒤처짐에 따라 변화하기 시작했다. 심지어 위기가 가속화됨에 따라 몇몇 개발도상국, 가장 현저히 중국뿐만 아니라 브라질 같은 나라들은 자신들이 글로벌 영향력을 증가시켰음을 알게 되었다. 그러나 점증하고 있는 개발도상국들 간의 경제적 불균등은 더욱 첨예화되었다.

근로자 송금 이주근로자들로부터의 개발도상국으로의 송금은 2008년 기록적인 3,360억 달러(비록 그중 10% 미만이 저소득국가들로 향했지만)에 도달하였다. 송금은 위기의 여파로 상당히 감소했으나 상당한 회복이 뒤따랐다. 이러한 송금은 최근 몇 년 동안 빈곤 감소의 진전에 중요한 요소였는데, 만약 송금이 더 빨리 증가하지 않는다면 그 결과는 현저해질 것이다(제14장의 〈그림 14.4〉 참조).

빈곤 개발도상국에서 위기는 고용보다는 근로소득에 더 영향을 미쳤다. 위기의 여파로 저성장은 대부분의 개발도상국에서 빈곤 감소율을 감소시켰으며, 많은 나라에서 빈곤에 처한 사람 수는 증가했다. 2010 밀레니엄개발목표보고서(2010 Millennium Development Goals Report)는 '세계은행으로부터의 새로 업데이트된 추정치'를 인용하여, 2009년에 위기가 발생하지 않았을 경우보다 추가로 5,000만 명이 극단적인 빈곤하에 살고 있다고 추정했으며, '위기가 없다는 시나리오 대비 2010년 말까지 주로 사하라이남 아프리카와 동아시아 및 동남아시아에서 약 6,400만 명'을 전망했다. 중요한 영향력 중 하나는 기아감소율의 둔화였다.[38] 2010 밀레니엄개발목표보고서는 '세계경제가 위기 이전의 속도대로 지속적으로 성장했을 때에 비해 빈곤율은 2015년, 그리고 심지어 그 이후 2020년까지 약간 더 높아질 것'으로 추정했다. 가장 최근의 증거는 개발도상국 진영 대부분에서의 인상 깊은 빈곤 감소를 보여주지만, 불행히도 그 경제성장률의 향상에도 불구하고 아프리카에서는 크게 빈곤 감소가 나타나지 않았음을 알려준다(제5장 〈그림 5.13〉 참조).

건강과 교육 프리드만과 스카디(Jed Friedman and Norbert Schady)는 가계데이터를 사용하여 유아사망을 예측하는 경제모형을 개발하고, "우리의 추정치들은 2009년 아프리카에서 미국에서 시작된 서브프라임 위기가 아프리카 국가로 파급되지 않았더라면 발생하지 않았을 3~5만 명의 초과사망이 있을 것임을 제시한다"라고 보고했다. 그들은 "추가로 사망할 아동들의 상당수는 가난한 가계(농촌지역의 그리고 교육수준이 낮은)에서 발견될 것이며, 여자아이들에 집중될 가능성이 있다"고 밝혔다. 그 영향은 일반적으로 나라에 따라 다를 것이다. 또다른 2010년 연구는 구체적으로 말하면 부르키나파소의 학교교육, 아동 노동, 그리고 보건서비스에 대한 접근과 가나의 기아가 악화될 것을 예측했다.[39]

개발도상국 지역 간 상이한 영향 및 지속적인 도전

아시아   2008년 9월부터 2009년 3월까지의 기간 동안 중국을 포함한 동아시아 지역이 당연시하게 되었던 극적인 둔화와 몇몇 경우 높은 수출성장 및 GDP 성장의 주요 반전이 있었다.

중국   중국은 부분적으로 상응하는 미국의 (약 8,000억 달러의) 패키지보다 GDP에서 차지하는 비중으로 볼 때 훨씬 큰 거의 6,000억 달러에 달하는 그 스스로의 엄청나게 큰 부양패키지 덕택에 위기 초반을 잘 헤쳐 나갔다.[40] 정부는 성장을 국내수요에 더 많이 의존하겠다는 새로운 전략을 발표했다. 그러나 주택시장과 상업부동산 거품이라는 특징이 중국에서 보고되었는데, 그러한 버블의 붕괴는 아마도 글로벌 경제에 상당한 영향을 미치게 된다. 인프라와 기타 투자 수준도 역사적으로 유례없는 수준이었으며, 그 결과 그 상당 부분이 명백히 낮은 수익을 내긴 했지만 공식통계에서 산출량의 거의 1/2을 투자가 차지하도록 했다. 중국의 경제정책 입안자들은 재수출 이전 약간의 부가가치를 위해 수입품 가공에 의존하는 기초적인 수출에의 의존을 줄이는 데 초점을 맞췄던 것처럼 보인다. 국내 가공 및 의존의 개선이 또한 통화불균형으로 폭넓게 간주되는 것에 긍정적인 영향을 미칠 수 있다.[41] 더욱이 중국의 성장은 부분적으로 위기 이후 부양패키지와 뒤이은 대출로부터의 부양책의 결과 이전에 예상했던 것보다 더 오랫동안 지속되었던 지속될 수 없는 수준으로부터 속도가 줄어들었다. 중국에서 그 이상의 성장둔화가 가능할 것처럼 보인다. 한 가지 이유는 총부채가 2008년 GDP의 약 130%로부터 2013년의 약 200%로 매우 빠르게 증가했다는 것이다. 특히 우려되는 것은 3년 동안 급등하여 2013년 6월에 거의 3조 달러가 되었다고 중국의 국가감사기관(National Audit Office of China)이 보고한 장부에 기재되지 않은 지방정부의 부채이다. 중국에서 성장이 더욱 둔화됨에 따라 개발도상국들로부터 중국으로의 수출에 의한 수출수입은 감소할 수 있다. 중국의 성장은 제4장 맨 뒤에 수록된 사례연구에서 자세히 검토되었다.

중국과 환율 논란   중국은 또한 위기 이후 그 통화가치의 상승을 허용하라는 상당한 압력을 받았다. 중국 못지않게 미국을 명백히 겨냥한 논평에서 2010년 가을 브라질의 재무장관은 세계가 '국제통화전쟁'에 진입했다고 선언했다. 그 뒤 브라질은 자국통화인 레알(real)이 자본유입을 통해 평가절상되지 않도록 하기 위해 외국인의 채권매입에 대한 세금을 2배로 증가시켰으며, 일본을 포함한 다른 나라들은 자국통화의 가치를 하락시키기 위해 개입했다. 유로존 재무장관들의 의장인 융커(Jean-Claude Juncker)는 "우리는 중국 통화가 전반적으로 저평가되었다고 생각한다"고 말했다. IMF 총재인 스트로스칸(Dominique Strauss-Khan)은 "통화가 정책적인 무기로 사용될 수 있다. … 는 아이디어가 분명히 돌기 시작하였다 … 행동으로 옮겨지면 그러한 아이디어는 글로벌 회복에 매우 심각한 위험을 나타내게 된다. [그리고] 그러한 어떤 접근법도 부정적이고 매우 해를 끼치는 장기적 영향을 미치게 된다"라고 말했다. 국제통화 및 무역전쟁이 대공황을 '더욱 크게' 만들었던 주요 요소들이었다. 중국 원자바오(Wen Jiabao) 총리의 반응은 수출회사들의 작은 이윤폭에 주목하는 것이었는데, 그는 평가절상의 단행과 함께 "많은 우리의 수출회사들은 폐쇄되어야만 하며, [그리고] 이주 노동자들은 자신들의 마을로 되돌아가야만 할 것이다. 만약 중국이 사회 및 경제적 혼란을 겪는다면, 이는 세계적인 재앙이 될 수 있다"고 말했다.[42] 의심할 바 없이 이는 경제 및 정치적 영향을 미치게 된다. 조정이 불가피한 반면, 무역전쟁 또는 이에 버금가는 어떤 것이라도 경제발전의 전망에 부정적인 효과를 미치지 않는 것이라는 믿을 만한 시나리오가 존재하지 않는다.

중국을 제외한 동아시아와 동남아시아 일본, 싱가포르, 대만, 한국, 그리고 홍콩 같은 지역의 고소득경제들은 글로벌 기준에 따라 성장을 위해 여전히 수출에 의존하고 있으며, 모두 수출의 상당한 감소를 경험했다. 미국 달러로 표현하면, 2008년 후반부와 2009년 전반부에 수출은 25%만큼 감소했고 GDP는 15~30% 하락했다. 그러나 충격의 범위가 예상되지 못했던 것처럼 뒤이은 회복의 규모 또한 놀라웠다. (한국 경제는 이 장의 맨 끝부분 사례연구에서 자세히 검토된다.)

인도네시아, 베트남, 캄보디아, 말레이시아, 태국을 포함하는 중위소득국가 및 저소득국가들의 회복 또한 강력했다. 즉 이들 5개국 중 3개국은 위기 이후 부(−)의 성장을 보고했으나 2.7%보다 더 큰 감소는 없었다. 중국으로부터의 수요는 동아시아 및 동남아시아로부터의 전반적인 수출을 증가시키는 데 도움이 되었다. 세계은행은 중국의 "인프라 지출 또한 인도네시아, 파푸아 뉴기니, 그리고 라오스와 같은 국가들로부터의 건축에 사용되는 지역적 원자재에 대한 수요를 뒷받침했다"라고 주목했다.[43] 이 지역에서 중국의 역할은 지속적으로 증가했다. 그러나 그러한 역할을 둘러싼 긴장이 새로운 환태평양경제동반자협정(Trans-Pacific Partnership) 및 소규모 지역협정의 추진에 있어 요소였다.

인도 처음에 인도 경제는 금융위기를 상대적으로 잘 헤쳐 나갔다. 위기 동안 중앙정부 재정적자는 GDP의 거의 7% 수준으로 증가했다. 이는 부분적으로 위기 기간 동안 성장을 유지하기 위한 계획된 부양책 때문이었다. 위기 이후 재정적자를 겪고 있는 대부분의 다른 국가들처럼 인도의 지도자와 경제정책 입안자들은 일정 기간 동안 보충을 위한 흑자가 아니더라도 이제는 적자를 대폭 감소시키기를 원하고 있다. 반면에 새 정부의 영양 프로그램이 훨씬 확대된 범위를 가짐과 함께 빈곤 프로그램에 대한 지출은 증가하고 있는데, 몇몇 해설자들은 일반적으로 빈곤의 지속적인 심각성과 구체적으로 영양실조가 인도에서 여전히 만연해 있다는 사실에 비추어볼 때 이를 매우 희망적인 징후라고 밝혔다.[44]

인도의 GDP 성장은 2007년의 거의 10%에 달하는 활발한 속도로부터 2008년 4% 미만으로 하락했는데, 이는 위기의 영향을 반영하고 있다. 성장률은 그 뒤 2009년 거의 8.5%, 그리고 2010년 거의 10.5% 수준까지 크게 회복되었는데, 인도에서 일찍이 성장이 10%를 넘어선 것은 처음이었다. 그러나 이 시점 이래 성장률은 2011년 약 6.3%, 그 뒤 2012년에는 단지 3.2%, 그리고 2013년의 예비추정치는 5% 미만으로 하락했다.[45] 제조업부문은 1년 내내 하락을 경험했다. 또한 미래를 위해 우려가 되었던 것은 인도의 에너지 수입에의 의존도가 증가하는 것이었다.

그러나 심지어 오늘날에도 인도의 절반 이상의 노동력이 농업에 종사한다. 인도의 글로벌 금융에의 장벽이 인도의 아직도 상대적으로 폐쇄적인 경제를 고립시키는 데 도움이 되었지만, 이는 또한 무역으로부터 기타 손대지 않은 이득이 존재한다는 것을 암시한다. 인도는 아시아의 개발도상국과 브라질 및 남아프리카공화국 같은 나라들과 더 적극적인 경제 및 정치적 관계를 발전시키고 있다.[46]

남미와 카리브 해 위기가 지역의 과거 위기를 곧 반복시킬 것이라는 우려에도 불구하고 많은 국가들은 초기의 충격을 상대적으로 잘 헤쳐 나가고 있다. 멕시코는 미국과의 긴밀한 경제적 연대로 인해 위기 초기인 2009년 약 6.5%의 경기위축으로 고통을 받았으며, H1N1 감기 바이러스의 창궐로 인해 경기위축이 확대되었다. 2008년 12월 페소(peso)가 기록적인 최저 수준으로 하락했을 때, 멕시코 기업들은 해외 파생상품 손실로 고통을 받았다. 성장률은 2010년 약 5%로 상승한 반면, 2011년과 2012년 모두 4% 미만으로 다시 하락했다.[47]

송금의 성장은 다시 회복되어 대부분의 지역에서 강력한 채로 남아 있는 반면, 미국 경제의 나약함과 정책변화 때문에 성장속도가 느려진 남미와 카리브 해에서는 송금의 증가가 약한 상태에 머물러 있다.[48]

아르헨티나는 위기에 타격을 크게 입었으며, 2010년과 2011년에 매우 강력하게 회복되었지만, 그 뒤 다시 GDP 성장둔화에 빠져 2012년 2% 미만의 수준을 보였다.

브라질은 처음에 위기를 잘 헤쳐 나갔으며, 그 결과 결코 적지 않은 부분, 특히 이제는 그 최대 무역파트너인 중국에의 상품 수출로부터의 경기 활성화 때문에 2007년 6% 성장, 2008년 5% 성장을 보였다. 그러나 그 통화인 레알이 평가절상됨에 따라 수출이 감소했다. 그 시점 이후 성장률은 2009년 약간의 부(−)로 전환된 뒤 2010년에는 약 7.5%로 급등하는 등 변덕스러웠다. 그러나 그 뒤 성장률은 2011년 2.7%로 하락했으며, 2012년에는 1% 미만으로 떨어졌다. 1인당 성장이 둔화되어 정지됨에 따라 대중적인 불안이 등장했다. 브라질의 성장은 제1장 맨 끝부분의 사례연구에서 자세히 검토되었다.

아프리카 상대적으로 높은 수출상품가격과 함께 낮은 수준의 무역은 어떤 점에서는 사하라 이남 아프리카를 위기의 예봉으로부터 격리시키는 데 도움이 되었다. 지역에서 신규 대졸자가 자격에 맞는 일자리를 찾는 데 평상시보다 더 큰 어려움을 겪음에 따라 교육받은 실업의 문제가 악화되었다. 이는 교육받은 실업이 아랍의 봄(Arab Spring) 봉기에서 한 요소가 되었던 북아프리카와 중동에도 해당된다.[49]

상품가격이 그 최고 수준에서 하락하긴 했지만 상당한 정도 아시아로부터의 수요 때문에 상대적으로 높은 수준에 머무르고 있으며, 상품 수출은 지속적으로 성장을 부추기고 있다 (〈그림 13.5〉 참조). 만약 아시아의 성장이 높은 수준으로 유지된다면, 상품가격은 이전 사반세기보다 더 높은 수준에 머무를 수 있다. 그러나 살펴본 바와 같이 최근의 추세는 완만한 가격하락 중의 하나이다. 앞에서 언급한 바와 같이 원조흐름의 개선에 대한 전망은 최근 몇 년 동안의 완만한 하락과 함께 잘해야 더욱더 불확실해졌다. 그리고 해외에서 일하는 가족들로부터의 송금이 추가로 증가할 전망 역시 분명하지 않다.[50]

중동과 북아프리카(MENA) 여러 중요한 국가에서 2011~2013년의 기간 동안 성장이 지속적으로 둔화됨에 따라 MENA 지역의 많은 부분에서 회복은 매우 부진했다.[51] 이는 이 지역의 정부들이 확대재정정책에 착수했는데도 불구하고 나타났던 사실이다. 아랍의 봄 봉기 기간 동안 자신의 정부가 전복되는 것을 목격했던 나라들, 즉 이집트, 튀니지, 리비아, 그리고 예멘은 경제회복에 있어 엇갈린 성공을 보여주고 있다. 2013년 이집트에서의 새로운 혼란은 또한 경제 및 정치적 불확실성을 발생시켰으며, 투자와 관광업의 추가적인 감소로 이어졌다. 시리아의 경제실패는 그 내전의 무자비함을 뒤따랐다. 심지어 혼란을 경험하지 않았던 나라들에서조차도 투자자의 인식을 포함한 어떤 '전이(spillover)'가 경제활동의 침체를 유도했다. 반면에 심지어 이집트 같은 석유수입국들이 부정적인 영향을 받음에 따라 석유수출국들은 (비록 위기 이전의 최고치보다 훨씬 낮지만) 현재의 상대적으로 높은 석유가격으로부터 이익을 얻어 왔다.

회복과 안정에 대한 전망

위기 이후의 몇 년 동안, 국제금융기관과 많은 민간 예측가들은 발전의 역사에 이정표가 되게 개발도상국들이 글로벌 회복을 주도하게 될 것이라고 예측했다.[52] IMF와 기타 예측가들과 함께 세계은행은 위험이 하향 국면에 있음을 명시했다. 사실은 신중해야 할 적어도 다섯 가지 이유가 있다.

1. 미국, 유럽, 그리고 일본의 성장이 위기 이후의 6년 동안 역사적 수준보다 상당히 낮은 수준에 머물렀던 이후, 대부분의 OECD 국가에서 심지어 금융위기 이후의 경기침체가 역사적으로 볼 때 다른 경기하강에 비해 더 깊고 더 오래 지속된다는 점에 비추어볼 때 언젠가는 더 빨라진 성장이 재개될 수 있을지에 대한 의문이 존재하고 있다. 고소득국가들, 그중에서도 특히 그러나 유일하지는 않은 미국에서의 대규모 무역적자는 감소했으며, 이전의 최고치에 도달할 것 같지는 않다. 유럽 전체의 무역수지는 적자에서 흑자로 이동하고 있다. 이는 미국을 포함한 고소득국가로의 수출에 의존해 현재의 성장기반을 구축하는 것을 불안하게 만든다. 만약 주요 중위소득국가들의 성장이 예측에 맞게 상당히 천천히 지속된다면 이는 발전모델로서의 수출주도 성장을 매우 큰 위험에 처하도록 한다.

2. 재정적자 또한 거의 모든 고소득 OECD 국가에서 높은 수준이지만 급속히 하락하면서 수요를 감소시키고 있다. 적자는 이전 수준으로는 되돌아가지 않을 것 같다. 그러나 대부분의 국가에서 정부부채는 현재 위기 전보다 훨씬 높은 수준이다. 또 다른 위기가 올 경우 경기부양으로 대응할 재정정책의 여지는 더 적을 것이다.

3. 역사적인 역전현상으로 여러 선진국들에 비해 개발도상국들이 평균적으로 더 낮기는 하지만, 국가부채의 위험에 대한 시장 인식은 높은 수준이다. 유럽에서의 채무불이행 또는 주요 부채의 재구성은 이 집단을 넘어서 은행의 지급능력을 위협할 수 있으며, 그 결과 더 광범위한 위기로 되돌아갈 잠재성이 있다.

4. (대공황 기간 동안 그리고 일본에서 '잃어버린 10년'의 기간 동안에 발생했던) 디플레이

션의 위험은 평상시보다 여전히 더 높은 상태로 남아 있다. 이는 새로운 위기로부터 나타 날 수 있는 어떤 다른 어려움도 더 복잡하게 만든다. 미국에서 양적완화는 이러한 위험에 대한 대응이었지만, 이는 또한 개발도상 수출국의 주요 우려인 달러 가치의 하락으로 이 어졌다. 양적완화로 인한 미국의 저금리는 또한 중위소득국가로의 자본유출을 촉발했는 데, 이는 2014년 양적완화의 점진적인 완화와 역사적인 이자율 패턴으로의 가능한 회복 이후 일시적인 것으로 판명될 수 있을 것이다.

5. 고소득국가에 공산품을 수출하는 편익(제12장 참조)은 여전히 존재한다. 그러나 매우 둔 화된 성장, 악화된 신용제약, 그리고 아마도 심지어는 선진국들에서의 위장된 보호무역 주의의 증가로 인해 그러한 기회는 위협받고 있다. 그러한 여건들은 개발도상국에서 성 장의 축소와 선진국들로부터 개발도상국들로의 기술이전 속도의 감소로 이어질 수 있다.

향후 몇 년 동안 주시해야 할 한 가지 지표는 개발도상국들이 내부적으로 발생한 수요는 물론 서로의 수출에 지속적으로 의존할 수 있는지 여부이다. 만약 개발도상국들이 최근의 추 세를 구축하고 이러한 전환을 만들 수 있다면 위기의 기간 동안 또는 그 이전 수십 년 동안 예 상되었던 것보다 발전은 더 빨라지고 후퇴의 가능성은 더 낮아질 수 있다.

위험은 물론 기회?

한자에서 위기는 2개의 다른 단어로 구성되어 있다. 즉 '위'는 위험 또는 심각한 위험을 상징 하고 '기'는 기회 또는 전환점의 상징으로서의 역할을 할 수 있다. 많은 어려운 번역과 같이 학자들 사이에는 이러한 사용법에서 '기'가 무엇을 의미하는지에 관해 의견이 다르다. 그러 나 이는 한 가지 의문을 가져온다—개발도상국 진영 전체에 걸쳐 펼쳐진 위기와 이로 인한 후유증은 공포로 간주된다. 자신들에게 결정적으로 중요한 수출시장에 무슨 일이 발생하게 되는가? 그러나 중국과 기타 급성장하는 개발도상국들의 많은 정책 입안자들이 또한 재빨리 위기를 커다란 기회이자 중요한 전환점이라고 간주하게 되었다는 것은 의심할 여지가 없다.

G8이 그 중심 역할의 일부를 상실함에 따라 이에 병행하여 G20의 상대적인 부상이 이루 어졌다. G20은 개발도상국들을 포함하는 더 포괄적인 국가그룹으로서 그 두드러짐은 위기에 대응하기 위한 2008년과 2009년의 회의에서 선진국과 개발도상국 진영 사이의 경제 및 정치 적 관계에 있어 역사적인 사건이었다. 그러나 위기의 최악의 상황이 지나간 이후 유명한 G20 역할의 지속 가능성은 분명하지 않다. 지역적으로 가능한 성장원동력으로서 중국의 출현은 비록 지역의 여러 나라들이 또한 중국의 의도에 대해 불안하게 생각했지만 수출을 서구시장 에 덜 의존할 수 있도록 했다. 그리고 여러 아프리카 국가들은 오랫동안 강력했던 서구 회사 들에 대한 대항세력으로 그리고 상품투자자로서의 중국의 출현에 대해 열광했다.[53]

그러나 선진국 시장에의 자유롭고 안정적인 접근에 대한 희망은 개발도상국 진영의 많은 지역에서 흐릿해졌다. 2008년 위기 이래 정치가들은 무역에 대한 '양보'의 확대로 비치는 것 을 불편하게 생각하게 되었다. 위기는 또한 WTO 규정의 보장에도 불구하고 미국, 유럽연합, 기타 선진국들이 자신들이 정치적으로 편리하다는 것을 알았을 때 적어도 단기적으로 보호무역주의로 효과적으로 회귀할 수 있다는 것을 개발도상국들에게 알려주었다. 예를 들어 미국의 부양패키지에는 '국산품 애용(Buy American)' 조항이 포함되었는데, 이 조항들은 도전을 받기는 했지만 대부분 널리 유행했다. 유사한 요구조건들이 다른 고소득국가의 패키지에서도 발견되었다. 이러한 것들은 역사적으로 더 개방적인 미국, 캐나다, 영국, 그리고 다른 시장들로의 수출편익이 당연한 것으로 간주될 수 없다는 것을 정신이 번쩍 들게 상기시키는 역할을 한다. 즉 국내수요 주도 성장과 개발도상국들 간의 무역에 더 크게 의존하는 대안적 전략이 또한 추구되어야 할 것이다.

협상이 진행 중인 환태평양경제동반자협정(Trans-Pacific Partnership)은 멕시코, 페루, 칠레, 말레이시아, 그리고 베트남 같은 개발도상국에 도시국가인 싱가포르와 브루나이를 더한 나라들과 함께 고소득 호주, 캐나다, 뉴질랜드, 그리고 미국(그리고 꽤 가능성 있게 일본)을 포함하게 된다. 2013년의 신중한 WTO 합의에도 불구하고 지역무역협정을 협상하고 WTO를 피해 가려는 추세는 불확실한 부차적 영향과 함께 가속되는 것처럼 보인다.

전체적으로 심지어 많은 선진국들, 특히 유럽 국가들의 경우 예상되었던 것보다 더 나빴음에도 불구하고, 글로벌 금융위기로부터의 개발도상국 진영의 회복은 많은 분석자들이 애초에 예측했던 것보다 훨씬 더 빨랐다는 것이 입증되었다. 그러나 살펴본 바와 같이 앞으로 수년 동안의 경제성장과 발전의 강력함과 안정성에 대해 많은 의문들이 남아 있는 상황이다.

무역, 자본흐름, 그리고
발전전략 : 한국

한국은 개발도상국 진영의 대단한 장기 성공사례 중 하나다. 많은 개발도상국이 중간소득 지위에 도달했지만 거기에 머물렀고, 훨씬 작은 수가 명목적인 고소득 지위에 도달했지만 여전히 완전히 발전된 것으로 간주되지 않았다(그 스스로의 정의 또는 발전경제학자들에 의해). 오로지 한 줌의 국가들만이 선진공업경제의 등급으로 졸업을 했고, 한국은 그중 아마도 가장 두드러진 사례이다.

1950년대 중반 한국은 세계에서 가장 가난한 국가 중 하나였다. 한국은 현재 세계은행에 의해 구매력등가(PPP) 소득이 2012년 30,800달러를 초과하는 고소득 경제로 분류되었다. 한국의 소비자 전자제품과 기타 재화들은 합리적인 가격의 높은 품질의 동의어가 되었다. 더욱 인상적인 것은 한국의 사회적 발전의 달성이다. 2004년에 이르러 한국은 기술 분야에 집중된 졸업생들과 함께 세계 최고의 대학 등록률을 기록하였다. 얄궂게도 2013년 주요 정책이슈는 상응하는 일자리가 모든 이렇게 많은 교육을 받은 시민들을 위해 발견될 수 있는지 여부였다. 2012년에 이르러 기대수명은 80세를 초과했다. 한국은 또한 1인당 소득에서보다 인적개발지수(HDI)에서 더 높은 순위를 정규적으로 보여주고 있으며, 2012년 도입된 신인적개발지수(New Human Development Index)에서는 세계 12위의 순위를 나타내고 있다.

수출, 특히 소비자 전자제품과 자동차와 같은 핵심부문과 최근 하이테크놀로지 제조업의 수출은 한국에서 유례없는 속도로 성장해 왔다. 한국의 두드러진 산업 성과의 한 가지 명백한 이유는 점차 정교한 숙련도와 기술을 반영하여 수출촉진을 장려했던 국가전략이다. 기업들로 하여금 산업숙련도와 기술의 사다리를 오르도록 하는 강력한 금융 인센티브가 그 정책의 대부분에 구축되어 왔다.

그 급속한 추월(catching up)의 기간에 한국은 최소 19개 유형의 개입을 통한 수출촉진지향적인 산업정책을 사용했다(이러한 정책의 단지 일부만 어떤 한 산업에서 어떤 한 시점에 효과가 발생했으며, 보조금은 후반의 몇 년 동안 상당히 규모가 작아졌음을 주목하라).

1. 통화의 저평가 수출업체에 대한 실효환율(effective exchange rate, EER)이 수입업체에 대한 실효환율보다 더 높게 유지되었다. 일찌감치 1964년 초 한국의 수출에 대한 실효환율은 281, 수입에 대한 실효환율은 247이었는데, 이는 무역 중립적이 아니라 친수출 편향(pro-export bias)을 반영했다.

2. 남용을 방지하기 위한 엄격한 통제와 함께 수출품 생산에 필요한 수입중간재 투입요소에의 우선적 접근. 오로지 수출의 완료가 문서화된 이후 환불이 지급되었다.

3. 수출 드라이브를 시작하기 전에 첫 단계로서 유치산업 보호를 목표로 했음. 한국은 상대적으로 낮은 평균과 함께 널리 분산된 실효보호율을 가졌다.

4. 수출활동에 필요한 자본재 투입요소에 대한 관세 면제. 이는 가격 인센티브인 반면, 우선적 접근(개입 2)은 수량제한을 기초로 한다.

5. 수출기업에의 투입요소 국내공급자에 대한 세금우대조치로, 이는 국내부품조달(domestic-content) 인센티브

에 해당한다.

6. 성공적인 수출업체에 대한 국내 간접세 면제
7. 수출로 번 소득에 대한 낮은 직접세
8. 수출업자들을 위한 감가상각의 가속
9. 수입자격증(수입제한으로부터 면제)은 직접적으로 수출 수준과 연결된다. 한국은 오랫동안 사치품과 수입 대체 목표물 모두를 포함하는 일반적인 수입금지 물품의 광범위한 리스트를 유지했다. 이러한 금지로부터의 수익성 있는 면제는 종종 낮은 이윤폭을 가진 특정 재화를 수출하는 기업들이 이용이 가능했다.
10. 선정된 산업에의 직접수출보조금(더 이상 사용하지 않음)
11. 목표 산업에서 첫 번째로 수출에 성공한 기업에 대한 독점권 부여
12. 모든 수출활동에 필요한 운전자본(working capital)을 위한 은행 대출에의 자동적인 접근을 포함하는 선정된 산업에서 수출업자를 위한 보조된 이자율 및 특혜신용 접근. 투자를 위한 중·장기 대출이 할당되었고 종종 오로지 정부의 수출 목표를 만족시키고 기타 요청된 활동을 추구했던 기업들에게만 이용이 가능했다.
13. 해외마케팅과 한국수출입은행에 의한 선적 후 수출대출금을 위한 세금 인센티브는 물론 수출신용보험 및 보증제도
14. 자유무역지역(free-trade zones), 산업단지, 그리고 수출지향적 인프라의 창출
15. 신산업 확립 방식을 선도하기 위한 공기업의 설립. 팩(Howard Pack)과 웨스트팔(Larry Westphal)은 '한국에서의 비농업 산출량에서 공기업이 차지하는 비중이 인도와 비슷하게 상대적으로 높다'는 것을 발견했다.
16. 세계 전역에서 한국 기업을 대신해 한국의 수출을 촉진하기 위한 대한무역협회(Korean Traders Association), 대한무역진흥공사(Korea Trade Promotion Corporation)의 활동
17. 신세대 기계류의 사용을 통해 평균 기술 수준을 업데이트하기 위한 부문별(sector-wide) 노력의 종합적인 조정
18. 국가의 협상력을 사용하여 등록된 외국기술을 더 나은 조건으로 민간부문이 활용하도록 하는 해외 기술라이선싱 협정의 정부 조정
19. (1960년대 초 이래) 기업을 위한 수출목표의 설정. 기업은 그들 자신의 목표를 설정했으며, 그 목표는 정부에 의해 조정될 수 있었다.

한국에서 수출목표의 집행은 행정적 제재 또는 경제적 인센티브보다는 도덕적 권고에 거의 대부분 기반을 두었지만, 이러한 것들이 가장 강력한 인센티브에 속했다는 증거가 제시되고 있다. 한국 전체는 문화적 인센티브와 함께 이러한 경제적 인센티브를 강화하는 '의식(rituals)'의 광범위한 정형화된 양식을 가졌었다. 빠른 추격의 기간 동안 국가 경제활동의 핵심적인 의식은 월례 국가무역진흥회의였다. 이영휘, 로스-라슨, 그리고 퍼셀(Yung Whee Rhee, Bruce Ross-Larson and Gary Pursell)에 따르면

대통령이 주재하는 월례 무역진흥회의는 무역과 경제에 책임 있는 장관 및 최고 관료들과 수출협회 최고책임자, 연구기관, 교육기관, 그리고 주로 종합무역회사 및 기타 대기업의 책임자들을 엄선한 모임이다. 참석자들의 명성은 월례회의가 민간부문과 공공부문 간의 조정을 향상시키기 위해 마지못해 하는 형식적인 회의 이상이라는 것을 보여준다.

기업들은 그들의 특정 수출협회 또는 많은 경우 대기업들에 의해 직접 대표되었다. 브리핑 후에 탁월한 수출실적에 대해 시상이 전형적으로 이루어졌다. 국가적으로 많은 종류의 수출업적에 대한 상이 매년 공개적으로 시상되었고 회사들은 수상을 자랑스럽게 진열했다.

루에데-노이라트(Richard Luedde-Neurath)는 한국이 국내부품조달 규정 이외에도 1980년대까지도 상당 기간 지속되었던 광범위한 수입통제제도를 어떻게 유지했었는지를 서술했다. 그가 '한국 만화경(Korean kaleidoscope)'이라 명명한 것에는 제약적 무역면허, 광범위한 양적통제,

외환 수요공급 계획하의 체계적인 외환 할당, (수입액의 200%라는 높은 수준이었던) 필수 사전예치금, 그리고 변덕스러운 관세관행이 포함된다. 예를 들어 장래의 수입업자들은 수입할 자격을 얻기 이전에 최소 수출소득을 달성해야만 했다.

팩과 웨스트팔(Pack and Westpal)은 "수입제한을 통해 선택적으로 추진된 유치산업들에게는 처음에 종종 투자에 대한 만족스러운 수익은 물론 그 산출물을 위한 충분한 시장을 확보하는 데 필요한 효과적인 보호라면 무엇이든 주어졌다"고 보고했다. 그들은 또한 1960년대 초반의 수출진흥 개혁 이후, "국내 시장을 위해 … 수입은 관세와 수량통제의 제약을 받는 채로 남아 있었다"는 것을 밝혔다. 웨이드(Robert Wade)가 주목한 바와 같이 수출과 관련되지 않은 수입만을 평균할 때 관세율은 훨씬 더 높은 것처럼 보인다. 페트리(Peter Petri)는 한국은 '몹시 보호하기 쉬운 수출품 묶음'을 가졌었다는 증거를 제시했다.

랄(Sanjaya Lall)은 한국에서는 남미 방식의 수출대체와는 뚜렷하게 대조적으로 "산업의 목표와 진흥은 실용적이고 유연했으며, 민간 산업과의 협력하에 발전했다. 더욱이 오로지 상대적으로 적은 수의 활동만이 주어진 시간에 지원되었고, 보호의 효과는 강력한 수출지향에 의해 상쇄되었다"라고 결론을 내렸다.[54]

따라서 한국 사례에서는 수입통제는 성공적인 산업수출 진흥의 '시녀(handmaiden)'라고 부를 수 있을지 모른다. 우선 많은 수출산업은 보호를 필요로 하는 유치산업으로 시작한다. 루에데-노이라트는 시장실패를 발전의 결정적으로 중요한 단계에서 제조업의 일반적인 보호를 위한 사례로 만들면서, 산업부문의 발전은 전체로서 기능하고 기업 사이의 외부성과 연계로부터 이익을 얻었다고까지 주장했다. 암스덴(Alice Amsden)은 한국에서는 회사가 조선업과 같은 새로운 수출시장으로 진입함에 따라 기업 내의 여러 부서에 보조금 지원이 정부에 의해 의도적으로 촉진되었다고 지적했다. 다양한 회사들은 자신들이 새로운 부문들로의 확대를 위한 운영자본(working capital)으로서 이러한

여러 수입장벽으로부터 번 독점지대를 스스로 사용할 것을 예상했다는 것을 이해하게 되었다. 국가는 또한 필요한 새로운 시장에의 진입을 위한 추가지원을 제공한다.

팩과 웨스트팔이 증거를 요약한 바와 같이 '무엇인가 중립에 가까운 것'이 "확립된 산업에 적용되었다. … 그러나 촉진된 유치산업들을 위한 상당한 산업편향이 존재했다."

또한 한국의 성공에서 중요한 것은 한국이 현재 계획에 중심이 되는 것이 아니었던 새로운 기업벤처들을 포함하는 부문에 간섭하려는 유혹을 피했다는 것이다. 만약 이러한 민간 벤처들이 성공적이라는 것이 입증되었다면, 정부는 그 부문들을 미래 전략의 고려대상으로 포함시키게 된다.

웨스트팔, 이영휘, 그리고 퍼셀(Westphal, Rhee, and Pursell)에 의한 세계은행 연구는 한국의 수출산업화가 "압도적이고 근본적인 측면에서 국가에 의해 연출되고 통제되어 왔으며", "기술은 주로 해외직접투자가 아닌 수단을 통해 해외로부터 얻어졌다"는 결론을 내렸다. 경제에서의 다국적기업의 역할(제14장 참조)은 (그 당시) 대부분의 기타 중위소득국가들에서보다 훨씬 작았다.

랄이 결론을 내린 바와 같이 재벌로 알려진 거대복합기업의 의도적인 육성 또한 한국의 산업전략에 중요했다—"수출시장에 적합한 자본 및 기술집약적 활동의 촉발전략을 발전시키는 것에 대한 대가로 재벌은 성공한 수출업자들 중에서 엄선되었고, [외국기업의] 진입제한을 포함하는 다양한 보조금과 특권이 주어졌다." 면밀히 규제된 대기업들은 "자본, 숙련도, 기술, 그리고 심지어 인프라가 부족한 시장을 벌충하는 데 도움이 될 수 있었으며, 대규모의 다양화된 기업들은 자신들의 많은 기능을 내부화할 수 있었다. 그들은 매우 복잡한 기술을 받아들이는 비용과 위험을 약속할 수 있었고 … 그들 자신의 연구개발로부터 그것을 더욱 발전시켰으며, 세계적 규모의 시설을 조성하고, 독자적인 브랜드명과 분배망을 창출할 수 있었다." 랄은 "이러한 위험은 수출실적, 활발한 국내경쟁, 그리고 산업구조를 합리화하기 위한 의도적인 개입이라는 정부에 의해 부과된 엄격한 규율에 의해 억제되었다"라고 결론지었다.[55]

더욱이 토르베커와 완(Erik Thorbecke and Henry Wan)은 계약(또는 원래의 장비)에 의한 제조가 아닌 한국 브랜드명의 확립은 중공업에 대한 정부지원의 결과였다고 결론을 내렸다.

에반스(Peter Evans)는 한국(브라질과 인도는 물론)에서 국가와 산업 엘리트 간의 유대관계를 조사하고, 성공적인 산업화전략의 핵심은 진정한 국가의 자치권과 그가 '내재된 자치권(embedded autonomy)'이라고 명명한 국가와 민간부문 간 사회적 유대관계의 '밀집한 연결망' 사이의 상호작용이었다고 결론지었다. 다시 말해 성공에 결정적으로 중요한 것은 민간부문 홀로든 또는 공공부문과 시민부문도 당연히 포함시키든 관계없이 핵심 주인공들 사이의 전략적 조정이라는 것이다.

의심할 여지없이 1980년대 말과 1990년대, 특히 1997년 금융위기 전후와 뒤이은 심각한 경기침체 시 한국은 상당히 자유화되었다. 한 가지 미결 문제는 한국이 더 빨리 자유화를 했더라면 자유화를 더 잘 마칠 수 있었는지 여부다. 몇몇 경제학자들은 한국이 처음부터 자유무역정책을 유지했다면 더 빨리 산업화되었을 것이라고 주장해 왔다. 장하준, 박홍재, 그리고 유철규와 같은 다른 분석가들은 1990년대 중반 자유화의 몇 가지 측면이 1997년 위기의 주요 원인이었을 것이라고 주장한다. 특히 자본계정의 자유화는 처음에 유기적 유입을 허용했고 그 뒤 일단 위기가 닥친다면 투기적 유출을 허용했다. 그러나 위기를 경험했던 많은 다른 국가들에 비해 효과는 더 작았는데, 이는 부분적으로 저축의 상당한 증가와 해외로부터 한국 자본의 귀환 때문이었다.

적극적 산업정책은 첨단기술과 하이테크 분야로의 한국의 진입을 계속해서 강조한다. 예를 들어 국가선도기술개발프로젝트프로그램(Highly Advanced National Projects Program)은 정부가 10~20년 내에 미국, 일본 같은 선진국과 성공적으로 경쟁할 수 있을 것이라 믿는 하이테크 제품의 개발을 지원하고, 또한 한국이 독립적 국가혁신을 위한 역량을 달성하기 위해 필수적이라고 믿어지는 핵심 기술의 개발을 지원한다. 한국의 통상산업부(Ministry of Trade and Industry)는 신소재, 컴퓨터제어 기계도구, 생명공학, 마이크로전자, 정밀화학, 광학, 항공기를 한국이 경제적 그리고 기술적으로 미국과 일본을 따라잡을 수 있을 것이라 자신이 예측했던 분야로서 목표를 삼아 왔다. 랄이 주목한 바와 같이 "한국 홀로 개발도상국 진영의 기업이 자금을 조달하는 총 연구개발의 약 53%를 차지하고 있다." 그는 "한국에서 산업 연구개발을 위한 주요 자극은 대기업을 창출하고, 대기업에게 금융 및 보호된 시장을 주며, 대기업들의 해외직접투자자에의 의존을 최소화하고, 그들에게 수출시장으로 향하도록 강요하는 전반적 전략으로부터 비롯되었고, 이에 비해 구체적인 인센티브로부터는 더 적게 나왔다"라고 결론지었다.

한국의 산업정책에서 두드러지는 것은 기술진보(제품, 과정, 또는 조직)가 주요한 관심사인 프로젝트에 정부가 선택적으로 관여한 것이다. 이러한 정책테마는 상대적으로 기초적인 산업에서 기술이전을 달성하려는 초기의 시도로부터 하이테크 부문에서 독창적인 혁신능력을 개발하기 위한 국가의 현재 능력까지 그 기원을 찾을 수 있다.

대안이 되는 주장은 무엇일까? 만약 정부가 산업전략에 관여하지 않았더라면 한국이 더욱 빨리 성장할 수 있었을 것이라는 주장을 넘어 스턴(Joseph Stern)과 그의 동료들 같이 어떤 사람은 또한 경제게임의 규칙을 정부가 설정하는 방식 때문에 국가의 중심적인 역할이 산업정책에서 아주 많이 필요했다고 주장할 수 있다. 정부의 신용할당을 포함하는 정부가 설정한 경제게임의 규칙은 중화학공업의 추진같은 주요 계획은 정부의 지침 없이는 불가능했다는 것을 확실히 했다. 한국은 산업정책을 수립하는 데 있어 종종 일본의 예를 고려했기 때문에 어떤 사람은 한국이 고전적인 산업정책이 아니라 '발전의 유형(patterns of development)' 분석을 따랐다고 주장할 수 있다. 일본에서 산업정책의 비용은 수년 후까지 명확하게 나타나지 않았는데, 똑같은 일이 한국에서도 사실인 것으로 판명될 수 있다. 1997년의 금융위기는 아마 몇몇 산업정책 유산의 덜 현

명함에 의해 부추겨졌을 것이다. 그러나 한국에서 전략에 심각한 결함이 있었다는 견해를 갖고 있는 전문가들은 거의 없다.

증거에 가장 뒷받침되는 것처럼 보이는 해석은 한국의 산업정책혼합은 기술진보의 과정에 수반되는 시장실패를 극복하는 역할을 했다는 것이다.

1997~1998년의 위기에 이르러 재벌들은 많은 관찰자들에 의해 더 이상의 성장에 있어 골칫거리로 간주되었다. 재벌들은 또한 정치적 골칫거리 또는 과거 다른 기업들은 혜택을 받지 못한 정부로부터의 이점을 불공정하게 받았던 회사들로 간주되었다. 독점규제는 한국 경제를 더 경쟁적으로 만들고 있다. 그리고 경제가 성숙될수록 생산부문에서의 정부의 역할은 계속적으로 더 간접적이 될 것이다.

에너지 수입국으로서 한국 경제는 코보와 서상목(Vittorio Corbo and Sang-Mok Suh)이 지적한 바와 같이 1973년과 1979년의 오일쇼크에 인해 부정적인 영향을 받았다. 그 경상계정 적자는 1980년에 국민총소득(GNI)의 8.7%에 달했다. 그러나 1979년부터 실질이자율이 급격하게 상승하면서 한국은 조정에 일찍 착수했다. 이는 이자율의 상승에도 불구하고 공격적으로 차입을 계속했던 브라질과 같은 부채위기에 의해 피해를 입은 다른 나라들과 현저하게 대조된다. 따라서 한국과 브라질 모두 부채위기가 시작되었을 때 널리 주목을 받은 '17개 과다부채 채무국'에 속했고, 두 나라 모두 이전 20년에 걸쳐 고성장을 경험했지만, (목록에 오른 많은 다른 나라들과 함께) 브라질은 오랜 기간의 저성장을 경험했어야만 했다. 약 50%에 달하는 부채-GNI 비율에 의해 발생된 우려에도 불구하고 한국의 지불능력이 실제로 의심된 적은 결코 없었다. 그러나 급속한 성장이 이제 한국으로 되돌아감에 따라 1985년까지 한국은 경상계정적자를 단지 1.1% 수준으로 낮췄고 그 후 1986년에는 GNI의 2.8% 흑자로 이동했다.

성장은 잠깐 동안 동아시아 '전염(contagion)' 위기에 의해 또다시 중단되었다. 1997~1998년 금융위기로부터 한국 경제 회복의 신속성은 많은 관계자들을 놀라게 했지만, 몇 측면에서 그 회복속도는 1982년 부채위기에서의 이례적으로 급속한 회복에 의해 조짐이 보였다는 것이다. 한국은 1997년 12월 그 당시로서는 엄청난 금액인 210억 달러를 IMF로부터 차입하여 큰 우려를 불러일으켰지만 상환날짜에 앞서 대출금을 상환했다. 한국 정부는 필요한 개혁을 신속하게 실행에 옮겼다. 한국은 발전 단계 가까이 도달했고 조정은 다른 피해를 입은 나라들, 특히 인도네시아에 비해 더 쉬웠다.

매우 다른 2008년 글로벌 위기가 발생했을 때 이제는 고소득국가인 한국으로부터의 수출은 심각하게 타격을 입었다. 그러나 이제 한국이 속한 완전히 산업화된 국가의 경우에는 이례적이라 할 수 있는 한국의 꽤 신속한 조정은, 경제 및 그 정책 입안의 회복력과 건장함 모두를 또다시 보여주었다.

한국은 다가오는 수년 동안 급격한 도전에 직면할 것이다. 많은 사회에 공통적일 한 가지는 급속하게 노령화되는 인구에 한국이 어떻게 적응할 것인지다. 한국에게만 유일한 또 다른 도전은 북한 정권의 불가피한 붕괴를 한국이 어떻게 처리할 것인지다. 그러나 사회의 탄성은 이 성공적인 경제발전의 가장 중요하고 오래 지속되는 혜택 중 하나로 한국이 지속적으로 끌어내서 충분히 공급해야 할 그 무엇일 것이다. ■

참고문헌

Amsden, Alice H. *The Rise of 'the Rest': Challenges to the West from Late Industrializing Economies*. New York: Oxford University Press, 2001.

_____. *Asia's Next Giant: South Korea and Late Industrialization*. Oxford: Oxford University Press, 1989.

Chang, Ha-Jon, Hong-Jae Park, and Chul Gyue Yoo. "Interpreting the Korean crisis." *Cambridge Journal of Economics* 22 (1998): 735-746.

Chenery, Hollis, Sherman Robinson, and Moses Syrquin. *Industrialization and Growth: A Comparative Study*. New York: Oxford University Press, 1986.

Cheng, Tun-jen, Stephan Haggard, and David Kang.

"Institutions and growth in Korea and Taiwan: The bureaucracy." *Journal of Development Studies* 34 (1998): 87-111.

Collins, Susan M. "Lessons from Korean economic growth." *American Economic Review* 80 (1990): 104-107.

Corbo, Vittorio, and Sang-Mok Suh. *Structural Adjustment in a Newly Industrialized Country: The Korean Experience.* Baltimore: Johns Hopkins University Press, 1992, esp. ch. 14.

Cyhn, Jin. *Technology Transfer and International Production: The Development of the Electronics Industry in Korea.* Cheltenham, England: Elgar, 2001.

Dahlman, Carl J., Bruce Ross-Larson, and Larry E. Westphal. "Managing technical development: Lessons from the newly industrializing countries." *World Development* 15 (1987): 759-775.

Evans, Peter. *Embedded Autonomy: States and Industrial Transformation.* Princeton, N.J.: Princeton University Press, 1995.

Kim, L. "The dynamics of technology development: Lessons from the Korean experience," in *Competitiveness, FDI, and Technological Activity in East Asia,* eds., Sanjaya Lall and Shujiro Urata. Cheltenham, England: Elgar, 2003.

Lall, Sanjaya. *The Role of Government Policy in Building Industrial Competitiveness in a Globalizing World.* Oxford: International Development Centre, 2003.

——————. *Competitiveness, Technology and Skills.* Cheltenham, England: Elgar, 2001.

——————. *Learning from the Asian Tigers.* London: Macmillan, 1996.

——————. "Technological capabilities and industrialization." *World Development* 20 (1992): 165-186.

Lall, Sanjaya, and M. Albaladejo. "China's export surge: The competitive implications for South-east Asia." Report for the World Bank East Asia Department, 2003.

Lall, Sanjaya, and M. Teubal. "Market stimulating' technology policies in developing countries: A framework with examples from East Asia." *World Development* 26 (1998): 1369-1385.

Luedde-Neurath, Richard. *Import Controls and Export-Oriented Development: A Reassessment of the South Korean Case.* Boulder, Colo.: Westview Press, 1986.

Mathews, John A., and Dong-Sung Cho. *Tiger Technology: The Creation of a Semiconductor Industry in East Asia.* New York: Cambridge University Press, 2000.

Noland, Marcus, and Howard Pack. *Industrial Policy in an Era of Globalization: Lessons from Asia.* Washington, D.C.: Institute for International Economics, 2003.

Pack, Howard, and Larry E. Westphal. "Industrial strategy and technological change: Theory versus reality." *Journal of Development Economics* 22 (1986): 87-128.

Petri, Peter. "Korea's export niche: Origins and prospects." *World Development* 16 (1988): 47-63.

Porter, Michael. *The Competitive Advantage of Nations.* New York: Free Press, 1990.

Presidential Commission on the Twenty-First Century. *Korea in the Twenty-First Century.* Seoul: Seoul Press, 1995.

Rhee, Yung Whee, Bruce Ross-Larson, and Gary Pursell. *Korea's Competitive Edge: Managing the Entry into World Markets.* Baltimore: Johns Hopkins University Press, 1984.

Rodrik, Dani, "Getting intervention right: How South Korea and Taiwan grew rich." *Economic Policy* 20 (1995): 53-101.

Smith, Stephen C. *Industrial Policy in Developing Countries: Reconsidering the Real Sources of Export-Led Growth.* Washington, D.C.: Economic Policy Institute, 1991.

Stern, Joseph, et al. *Industrialization and the State: The Korean Heavy and Chemical Industry Drive.* Cambridge, Mass.: Harvard University Press, 1995.

Stiglitz, Joseph E. "Some lessons from the East Asian miracle." *World Bank Research Observer* 11 (1996): 151-177.

Thorbecke, Erik, and Henry Wan. "Revisiting East (and Southeast) Asia's Development Model." Paper presented at the Cornell University Conference on Seventy-Five Years of Development, Ithaca, N.Y., May 7-9, 2004.

United Nations, *2010 Human Development Report.* New York: Oxford University Press, 2010.

Wade, Robert. "The role of government in overcoming market failure: Taiwan, Republic of Korea and Japan," in *Achieving Industrialization in East Asia,* ed. Helen Hughes. New York: Cambridge University Press, 1988.

Westphal, Larry E. "Industrial policy in an export propelled economy: Lessons from South Korea's experience." *Journal of Economic Perspectives* 4 (1990): 41-59.

Westphal, Larry E. "Technology strategies for economic

development in a fast-changing global economy." *Economics of Innovation and New Technology* 11 (2002): 275-320.

Westphal, Larry E., Yung Whee Rhee, and Gary Pursell. "Korean industrial competence: Where it came from." World Bank Staff Working Paper No. 469, 1981.

Westphal, Larry E., et al. "Exports of capital goods and related services from the Republic of Korea." World Bank Staff Working Paper No. 629, 1984.

White, Gordon, ed. *Developmental States in East Asia.* New York: St. Martin's Press, 1988.

World Bank. *The East Asian Miracle: Economic Growth and Public Policy.* New York: Oxford University Press, 1993.

World Bank. *Korea: Managing the Industrial Transition.* Washington, D.C.: World Bank, 1987.

주요 용어

거시경제 불안정(macroeconomic instability)

경상계정(current account)

경화(hard currency)

구조조정대출금(structural adjustment loans)

국제수지(balance of payments)

국제준비금(international reserves)

기초이전(basic transfer)

대출금출자전환거래(debt-for-equity swap)

부채과다빈곤국(highly indebted poor countries, HIPCs)

부채변제거부(debt repudiation)

부채 서비스(debt service)

브래디플랜(Brady Plan)

안정화정책(stabilization policies)

외채(external debt)

유로(euro)

자본계정(capital account)

자본도피(capital flight)

자연보호채무상계거래(debt-for-nature swap)

재구성(restructuring)

적자(deficit)

조건부(conditionality)

채무국 카르텔(debtors' cartel)

특별인출권(special drawing rights, SDRs)

할부상환(amortization)

현금계정(cash account) [국제준비금계정(international reserve account)]

혐오부채(odious debt)

흑자(surplus)

복습문제

1. 어떤 한 개발도상국으로부터의 가장 최근 데이터를 사용해 〈표 13.3〉의 구성 방식과 유사한 국제수지표를 작성하라[http://imfstatistics.org/imf에 수록된 IMF의 국제금융통계(International Financial Statistics)를 찾아보거나 또는 더 넓은 범위를 위해서는 가장 최근 데이터가 수록된 링크 http://imf.org/external/data.html을 참조하라]. 경상계정과 자본계정의 여러 항목들의 중요성을 설명하라. 국가의 국제준비금 상태는 무엇이고, 1년 전의 상태와 어떻게 비교되는가?

2. 기초이전 메커니즘을 서술하라. 〈표 13.2〉의 차변과 대변의 목록을 사용하여 어떤 것들이 기초이전 방정식에 적합한지를 확인하라. 어떻게 기초이전이 개발도상국 진영의

부채 문제를 분석하는 데 도움이 되는가?

3. 1970년대와 1980년대 개발도상국 부채 문제의 전개 과정을 추적하라. 무엇이 핵심적인 구성요소인가? 여러분의 답을 설명하라.

4. 왜 몇몇 고부채국에서 자본도피 문제가 그렇게 심각한가? 무엇이 자본도피를 야기하며, 자본도피에 대해 무엇이 이루어져야 한다고 생각하는가?

5. 무엇이 석유달러의 재순환이고, 재순환이 1980년대 부채위기에 어떠한 기여를 했는가? 왜 개발도상국들은 국제은행들로부터의 차입을 그렇게 바라는가? 여러분의 답을 설명하라.

6. 무엇이 부채 서비스 비율의 중요성인가? 채무국들은 이 비율을 낮추기 위해 무엇인가를 할 수 있는가? 여러분의 답을 설명하라.

7. 심각한 또는 과다한 채무국들을 위한 전형적인 IMF 안정화패키지를 서술하라. 무엇이 이러한 정책의 목적이고, 왜 국제은행들은 자신들이 이러한 채무국들과 논의하기에 앞서 IMF 협상을 그렇게 바란다고 생각하는가? 무엇이 이러한 프로그램들의 경제 및 사회적 비용인가? 여러분의 답을 설명하라.

8. 여러분은 자격을 완전히 갖춘 개발도상국의 부채위기가 미래에 또다시 나타날 수 있을 것이라고 생각하는가? 만약 그렇다면 왜 그리고 어떤 조건하에서 그런가? 만약 그렇지 않다면 그 이유는 무엇인가?

9. 무엇이 혐오부채 문제를 해결하기 위해 제안되었는가? 이러한 해결책이 개발도상국 부채와 관련된 미래의 문제를 회피하는 데 얼마나 효과적이라고 생각하는가?

10. 어떠한 점에서 최근의 글로벌 금융위기가 과거의 위기와 유사하고, 어떠한 점에서 다른가?

11. 2008년 글로벌 금융위기의 장기적 영향에 관한 간략한 업데이트를 준비하라. 이후 발전된 모든 것들이 예상하지 못한 것으로(또는 이전에 가능성이 없는 것으로 간주되었던 것으로) 판명되었는가? 문제가 완화되었던 곳에서 그것들이 되돌아올 수 있다고 생각하는가?

미주

1. 예를 들어 탁월한 검토를 위해 John Williamson and Donald R. Lessard, *Capital Flight: The Problem and Policy Responses* (Washington, D.C.: Institute for International Economics, 1987)을 참조하라.

2. 2002년 11개 유럽 국가—오스트리아, 벨기에, 핀란드, 프랑스, 독일, 아일랜드, 이탈리아, 룩셈부르크, 네덜란드, 포르투갈, 스페인—는 자국통화를 공동통화인 유로로 대체했다. 다른 6개의 유럽 국가가 2013년까지 유로를 채택했으며, 모나코, 산마리노, 그리고 바티칸시티 또한 유로를 사용한다. 기타 유럽연합 국가들도 합류의 궤도에 올라 있다. 그러나 유로의 미래—적어도 그 사용이 확대될 것인지 그리고 일부 국가들이 '유로존'을 떠날 수 있는지—는 특히 그리스와 아일랜드뿐만 아니라 재정 및 무역적자를 겪고 있는 몇몇 다른 국가의 부채 문제 때문에 의문이 제기되고 있다.

3. Williamson and Lessard, *Capital Flight*, p. 56.

4. 이 논의는 Frances Stewart, "The international debt situation and North-South relations," *World Development* 13 (1985): 141-204를 기초로 한다.

5. John Charles Pool and Stephen C. Stamos, *The ABCs of International Finance: Understanding the Trade and Debt Crisis* (Lexington, Mass.: Lexington Books, 1987), pp. 55-57.

6. Ibid., p. 55.

7. 선진국의 관점에서 개발도상국의 안정화 프로그램에 대한 검토와 논의는 Rudiger Dornbusch, "Policies to move from stabilization to growth," and W. Max Corden, "Macroeconomic policy and growth: Some lessons of experience," in *Proceedings of the World Bank Annual Conference on Development Economics, 1990* (Washington D.C.: World Bank, 1991)을 참조하라. IMF 안정화 패키지와 패키지가 국제수지와 경제 전반에 미치는 효과에 관한 장황한 경제적 비판은 Paul P. Streeten, "Stabilization and adjustment," *Labour and Society* 13 (1988): 1-18을 참조하라.

8. 사례에는 헝가리(2008년 11월 157억 달러), 우크라이나(2008년 11월 169억 달러), 라트비아(2008년 12월 23억 5,000만 달러), 벨라루스(2009년 1월 25억 달러, 2009년 6월 35억 달러로 증가), 세르비아(2009년 1월 5억 달러, 2009년 5월 40억 달러로 증가), 루마니아 (2009년 5월 171억 달러), 폴란드(2009년 5월 206억 달러 신용), 그리고 보스니아헤르체고비나(2009년 6월 15억 7,000만 달러)가 포함된다. IMF가 EU와 함께 하나의 참여자였던 2010년 아일랜드와 그리스의 경우에는 훨씬 많은 구제금이 필요했다.

9. 예를 들어 James L. Dietz, "Debt and development: The future of Latin America," *Journal of Economic Issues* 20 (1986): 1029-1051, and Paul P. Streeten, *Strategies for Human Development* (Copenhagen: Handelshøjskolens Forlag, 1994), pt. 2를 참조하라.

10. Cheryl Payer, *The Debt Trap: The IMF and the Third World* (New York: Monthly Review Press, 1974), pp. 1-49.

11. 개발도상 채무국에게 IMF 안정화 프로그램이 어떻게 전형적으로 도입되고, 그러한 정책이 거시경제의 불안정한 환경에서 어떻게 역효과를 낳을 수 있는지에 관해서는 Dani Rodrik, "The limits of trade policy reform in developing countries," *Journal of Economic Perspectives* 6 (1992): 87-105, and Lance Taylor, "The revival of the liberal creed and the IMF and the World Bank in a globalized economy," *World Development* 25 (1997): 145-152를 참조하라.

12. 삭스(Jeffrey Sachs), 크루그먼(Paul Krugman), 그리고 사비드(Andreas Savvides)와 같은 연구자들에 따르면, 1인당 소득의 이러한 감소에 대한 설명의 일부는 부채과잉가설(debt overhang hypothesis)과 관련된다. 어떤 추가적인 외환소득도 외국채권자들에게 양도되어야 하기 때문에 외채부담은 개발도상국의 국내투자에 의욕상실을 발생시켰고 따라서 경제성장을 둔화시켰다고 주장된다. 이 가설에 대한 간략한 논의와 실증 테스트는 Andreas Savvides, "Investment slowdown in developing countries during the 1980s: Debt overhang or foreign capital inflows?" *Kyklos* 45(1992): 363-378을 참조하라.

13. Howard Stein, "Deindustrialization, adjustment, the World Bank and the IMF in Africa," *World Development* 20 (1992): 83-95, and Frances Stewart, "The many faces of adjustment," *World Development* 19 (1991): 1847-1864를 참조하라.

14. 채무경감 제안들에 관한 검토와 설명은 World Bank, *Global Development Finance*, 1998 (Washington, D.C.: World Bank, 1998), pp. 2-3을 참조하라.

15. Barry Herman, José Antonio Ocampo, and Shari Spiegel, eds., "Introduction," in *Overcoming Developing Country Debt Crises* (New York: Oxford University Press, 2010), p. 4.

16. William R. Cline, *International Debt and the Stability of the World Economy* (Washington, D.C.: Institute for International Economics, 1983).

17. 자세한 내용은 http://poverty.worldbank.org/prsp 또는 http://www.imf.org/external/nf/prsp/prsp.asp에 접속하라.

18. 개요는 IMF "HIPC Fact Sheet," October 1, 2013, http://www.img.org/external/np/exr/facts/hipc.htm 참조.

19. 부채는 핵심 상품의 수출가격이 장기 하향추세로 되돌아가면 그리고 되돌아갈 때, 그리고/또는 해외직접투자가 최근의 호황과 비교해서 개발도상국에게 덜 이용가능하게 된다면 많은 나라에서 심각한 문제로 되돌아갈 수 있다.

20. World Bank, "Global Economic Prospects—June 2013: Less volatile, but slower growth," http://web.worldbank.org/external/default/main?menuPK=659178&pagePK=64218926&piPK=64218953&theSitePK=659149.

21. Victor Mallet, "Tragedy in three acts: India and other emerging market darlings have lost their lustre as investors begin to ponder life without US quantitative easing," *Financial Times*, August 24, 2013, p. 5; and Andrew England et al., "Call to tackle emerging markets crisis," *Financial Times*, August 26, 2013, p. 1.

22. 도전의 규모에 대한 간단명료한 서술은 Wolfgang Munchau, "Do not kid yourself that the Eurozone is recovering," *Financial Times*, September 20, 2013.

23. 2013년 6월 세계은행은 "세계 경제는 더 안정적이지만 더 둔화된 성장의 기간으로 이행 중인 것처럼 보인다."라고 예측했다.

24. 1933년으로 거슬러 올라가는 글래스-스티걸법(Glass-Steagall Act)은 월가(Wall Street) 투자은행과 메인가(Main Street) 예금은행의 분리를 의무화했는데, 1999년 이 법의 폐지는 그 문제점들이 2007년 위기의 최초 방아쇠였던 서브프라임(subprime) 대출의 패키지화와 확대 사용을 가능하게 했던 요소였다.

25. Bank for International Settlements, http://www.bis.org/bebs/basel3.htm을 참조하라.

26. 통화정책은 제15장에서 검토된다. 또한 존슨(Simon Johnson)과 곽(James Kwak)의 *13 Bankers* (New York: Pantheon, 2010)을 참조하라.

27. 위기에 대응한 긴축의 보건 및 사회적 측면에서의 부정적 결과에 관해서는 David Stuckler and Sanjay Basu, *The Body Economic: Why Austerity Kills* (New York: Basic Books, 2013)을 참조하라. 미국의 시퀘스터(sequester)에 대한 상세한

설명은 http://www.whitehouse.gov/issues/sequester를 참조하라.

28. 이러한 비용의 추정치들은 다양하다. 거시경제자문위원회(Macroeconomic Advisers) 보고서는 2009~2013년 기간 동안 재정정책 불확실성으로부터 연간 GDP의 0.3% 손실을 추정했다. http://www.macroadvisers.com/2013/10/the-cost-of-crisisdriven-fiscal-policy. 미국에 대한 위기로부터의 전체적인 비용은 일자리 숙련도의 손실을 포함하는 포괄적이고 장기적인 방식으로 평가할 때 1년 산출량(6~14조 달러)의 40~90%일 수 있다. Tyler Atkinson, David Luttrell, and Harvey Rosenblum, "How bad was it? The cost and consequences of the 2007-2009 financial crisis," Dallas Fed Staff Papers X20, 2013을 참조하라.

29. 한국의 사례에서 이 과정에 대한 간단명료한 설명은 Johnson and Kwak, *13 Bankers* pp. 41-45를 참조하라.

30. 미국은 금융위기와 이에 따른 2년의 경기침체로부터 일자리 숙련도의 손실과 같은 포괄적이고 장기적인 방식으로 평가할 때 아마도 1년 전체의 경제적 산출량을 초과하지는 않지만 이에 근접하는 매우 엄청난 피해를 입었다. 예를 들어 Tyler Atkinson, David Luttrell, and Harvey Rosenblum, "How bad was it? The cost and consequences of the 2007-2009 financial crisis," Dallas Fed Staff Papers X20, 2013을 참조하라. 이러한 분석 범위를 기초로 하면 이전 위기 시의 개발도상국들의 완전한 비용은 과소추정되었을 수 있다고 추측될 수 있다. 만테가의 인용은 Jonathan Wheatley and Joe Leahy, "Trade war looming warns Brazil," *Financial Times*, January 9, 2011로부터 옮겨졌다. 아마도 브라질이 뒤이은 2년에 걸쳐 중국의 수출을 유지하고 증가시킬 수 있었던 것이 도움이 되었을 것이다. 상당한 수요가 특히 상품의 수입을 위한 수요를 창출했던 중국의 지속될 수 없는 투자 주도의 성장으로부터 도출되었다. 예를 들어 Ashvin Ahuja and Malhar Nabar, "Investment-Led Growth in China: Global Spillovers," *IMF Paper WP/12/267*, November 2012; and Shaun K. Roache, "China's Impact on World Commodity Markets," *IMF Paper WP/12/115*, May 2012를 참조하라.

31. International Monetary Fund, *World Economic Outlook: Transitions and Tensions*, October 2013, pp. xii-xii. UNCTAD로부터의 인용은 그 *2009 World Investment Report* (New York: United Nations, 2009), p. xix로부터 옮겨졌다.

32. United Nations, *2010 Millennium Development Goals Report* (New York: United Nations, 2010), p. 70.

33. International Monetary Fund, *World Economic Outlook* (Washington, D.C.: International Monetary Fund, 2010), Chapter 4.

34. World Bank Crisis Page, http://www.worldbank.org/financialcrisis로부터. UNCTAD, *2010 World Investment Report* (New York: United Nations, 2010), pp. xvii-ix. 또한 World Bank, *Global Economic Prospects: Crisis, Finance and Growth* (Washington, D.C.: World Bank, 2010)을 참조하라.

35. UNCTAD, 2010 *World Investment Reports*.

36. UNCTAD, 2013 *World Investment Report*, http://unctad.org/en/PublicationsLibra ry/wir2013_en.pdf를 참조하라.

37. World Bank, *Global Economic Prospects 2010*, and the Bank's release Factsheet, "Developing Countries Lead Recovery, but High-Income Country Debt Clouds Outlook"을 참조하라. 후자의 논문은 다음과 같이 언급하면서 보고서의 상대적 중요성을 이해할 수 있도록 한다. "개발 원조의 감소와 조세수입의 감소 때문에 국가가 생산적 투자와 인적자본 투자를 삭감해야만 한다면 다음의 20년에 걸쳐 빈곤과의 싸움은 방해받을 수 있다. 만약 과거와 같이 양자 간 원조흐름이 감소된다면 이는 개발도상국의 장기 성장률에 영향을 미칠 수 있으며, 2020년의 극도로 빈곤한 사람 수를 2,600만 명만큼 잠재적으로 증가시킨다. http://web.worldbank.org/WBSITE/EXTERNAL/COUNTRIES/EASTASIAPACIFICEXT/0,,contentMDK:22610807~pagePK:146736~piPK:226340~theSitePK: 226301,00.html?cid=3001_3을 참조하라. 2011년 및 2012년 원조에 대한 데이터는 U.N. *Millennium Development Goals Report 2013*, p. 52로부터 가져왔다. 자선적 기여에 대한 데이터는 *Giving USA 2010 Report*와 Center on Philanthropy at Indiana University로부터의 앞서의 보고서를 참조하라.

38. Ibid., p. 7. 근로소득과 고용에 대한 효과에 관해서는 World Bank, *World Development Report 2013*, figs. 1.10 and 1.11, p. 61을 참조하라.

39. Jed Friedman and Norbert Schady, "How many more infants are likely to die in Africa as a result of the global financial crisis?" World Bank Policy Research Working Paper No. 5023, 2009, p. 10. 부르키나파소와 가나의 충격에 대한 분석은 John Cockburn, Ismaël Fofana, and Luca Tiberti, "Simulating the impact of the global economic crisis and policy: Responses on children in West and Central Africa," UNICEF Innocenti Research Center, paper 2010-01, http://www.unicef-irc.org/publications/596을 참조하라.

40. World Bank, *Global Economic Prospects*, pp. 117-120; Ariana Eunjung Cha and Maureen Fan, "China Unveils $586 Billion Stimulus Plan," *Washington Post*, November

10, 2008.

41. Neil Dennis, "China Rate Move Prompts Mixed Reactions," *Financial Times*, December 27, 2010을 참조하라. 중국의 부동산 버블과 정부 및 시장 반응의 징후에 대한 기초적인 보고는 "Market defies fear of real estate bubble in China," *New York Times*, March 4, 2010, and "In China, fear of a real estate bubble," *Washington Post*, January 11, 2010, p. A1 을 참조하라.

42. 만테가의 인용은 Jonathan Wheatley and Peter Garnham, "Brazil in 'currency war' alert," *Financial Times*, September 27, 2010으로부터 가져왔다. 융커와 스트로스칸의 인용은 Alan Beattie, "IMF chief warns on exchange rate wars," *Financial Times*, October 5, 2010으로부터 가져왔다. 원의 인용은 Alan Beattie, Joshua Chaffin, and Kevin Brown, "Wen warns against renminbi pressure," *Financial Times*, October 6, 2010으로부터 가져왔다.

43. World Bank, *Global Economic Prospects*, p. 119.

44. Eswar Prasad, "Time to tackle India's budget deficit," *Wall Street Journal*, February 21, 2010. 다른 논평들은 *Financial Times*의 인도의 성장, 재정지출, 그리고 선거정책에 관한 일련의 기사들로부터 인용되었다.

45. 성장률 수치의 데이터 원천은 2013년 10월 16일 접속된 World *Development Indicators* online, http://data.worldbank.org/data-catalog/world-development-indicators.

46. Martin S. Indyk and Anand Sharma, "Asia's unfolding economic saga: An Indian perspective," lecture given at the Brookings Institution, Washington, D.C., March 17, 2010; "India's Growth Story Gets Better," *Financial Times*, October 7, 2010.

47. World Bank, *Global Economic Prospects*, pp. 131, 135; 2013년 10월 16일 접속된 *World Development Indicators* (미주 45와 동일함); and 2013년 10월 19일 접속된 *CIA World Factbook*, https://www.cia.gov/library/publications/the-world-factbook.

48. World Bank, *Global Economic Prospects 2013*, and earlier years.

49. 예를 들어 John Page, *Jobs, Justice and the Arab Spring: Inclusive Growth in North Africa* (Tunisia: African Development Bank, 2012), and *World Bank, Youth Employment in Sub-Saharan Africa: Overview* (Washington, D.C.: World Bank, 2013).

50. Jackson Mvunganyi, "Global financial crisis affects remittances to Africa," Voanews.com, January 25, 2010, http://www1.voanews.com/english/news/africa.

51. *World Development Indicators 2013*, p. 67.

52. World Bank, World Bank press release summary of 2010 Global Economic Prospects, Press Release No. 2010/466/GEP, June 9, 2010.

53. Deborah Brautigam, *The Dragon's Gift: The Real Story of China in Africa* (New York: Oxford University Press, 2010), and David Shinn and Joshua Eisenman, at the 2010 G2 at GW Conference: http://www.gwu.edu/~iiep/events/G2_at_GW.cfm의 발표와 함께 그녀의 발표.

54. *Competitiveness, Technology and Skills* by Sanjaya Lall. Copyright © 2001 by Edward Elgar Publishing으로부터 발췌함. 허가하에 게재함.

55. Ibid.

14 해외금융, 투자, 원조, 그리고 물리적 충돌 : 논쟁과 기회

우리 개발도상국들의 어려움을 영구화시키는 것은 바로 선진국이 우리를 대출과 원조의 수용에 관해 지시를 받는 불운한 희생자로 관련짓는 것이다.

— 만델라(Nelson Mandela), 유엔사회정상회의(United Nations Social Summit), 1995년 3월

우리는 발전을 촉진해야 할 의무가 있는 선진국과 개발도상국의 장관들로서 그리고 다자 간 및 양자 간 개발기구의 책임자로서 … 원조 및 기타 발전자원의 수량이 이러한 [밀레니엄개발목표] 목적을 달성하기 위해 증가해야만 하며 원조의 유효성도 당연히 크게 증가해야만 한다고 인식한다.

— 원조 유효성에 관한 파리선언, OECD 2005년

해외이주자들의 수가 세계적으로 이제 거의 2억 명에 도달함에 따라 …, 송금은 많은 수의 사람들이 극단적 빈곤에서 탈출하는 중요한 수단이다.

— 부르기뇽(François Bourguignon), 전 수석 이코노미스트, 세계은행 2008년

한국, 홍콩, 말레이시아, 싱가포르, 대만, 모리셔스, 태국, 인도네시아, 멕시코, 필리핀 중 하나 또는 그 이상의 국가에서 만들어지는 것의 정확한 원산지는 알려지지 않는다.

— 통합순환라벨(integrated circuit label)[1]

14.1 금융자원의 국제적 흐름

제13장에서 그 국제수지와 화폐준비금 수준에 반영된 한 국가의 국제금융 상황은 그 경상계정수지(그 상품무역)뿐만 아니라 자본계정수지(민간 및 공공 금융자원의 순유입 또는 유출)에 좌우된다는 것을 설명했다. 비석유수출 개발도상국 대다수가 역사적으로 경상계정수지의 적자를 겪었기 때문에 지속적인 해외금융자원의 순유입은 장기 발전전략의 중요한 구성요소를 대표한다. 이러한 반복적인 필수요건들은 핵심 부문의 투자를 위한 대상자원 및 빈곤축소전략의 수행 필요성에 의한 실행 때문에 증폭되었다.

이 장에서는 다음 세 가지 주요 형태를 취하는 금융자원의 국제적 흐름을 조사한다—(a) 보통 선진국들에 본부를 둔 대규모 다국적기업들에 의한 해외'직접'투자와 (b) 민간기관(은행, 뮤추얼펀드, 기업)과 개인에 의한 개발도상국들의 신용 및 주식시장에서의 해외**포트폴리오투자**(portfolio investment)(예 : 주식, 채권, 지폐)로 구성되는 (1) 민간해외직접투자 및 포트폴리오투자, (2) 국제이주자들에 의한 근로소득의 송금, (a) 개별 정부와 다국적 기부기관 및 점점 더 (b) 대부분 지역 수준에서 개발도상국과 직접 일하는 민간 비정부조직(nongovernmental organizations, NGOs)으로부터의 (3) 공공 및 민간 개발원조(해외원조). 또한 변화하는 세계 경제의 차원에서 민간 직접 및 포트폴리오투자, 그리고 해외원조에 관한 성격, 중요성, 그리고 논쟁을 검토한다. 앞 장들에서와 같이 초점은 민간 투자와 해외원조가 발전에 기여할 수 있는 방식과 이들이 해를 끼칠 수 있는 방식에 맞춰질 것이다. 그 뒤 해외 투자 및 원조가 발전 열망에 가장 역할을 할 수 있는 방법을 묻는다. 마지막으로 개발도상국 폭력충돌의 결과 및 원인과 그 방지전략을 조사한다. 그리고 경제발전의 가장 어려운 문제 중 하나인 내전 및 민족분쟁(ethnic strife)으로부터의 회복과 방지를 위한 원조, 그리고 해외원조의 초점을 검토한다.

14.2 민간해외직접투자와 다국적기업

지난 몇십 년 동안의 국제무역 및 자본흐름의 보기 드문 성장에 있어 어떤 발전도 **다국적기업**(multinational corporation, MNC)의 부상만큼 결정적으로 중요한 역할을 담당하지 못했다. 다국적기업은 2개국 이상에서 생산활동을 영위하고 통제하는 법인 또는 기업으로 가장 단순하게 정의된다. 이러한 거대한 기업들은 대부분 북미, 유럽, 일본을 근거로 하고 있지만, 점점 더 많은 수가 한국과 대만 같은 신흥 고소득 국가를 기반으로 하고 있다. 최근에는 훨씬 작지만 점점 많은 수의 다국적기업들이 브라질 같은 중상소득 국가, 심지어 무엇보다도 특히 중국 같은 중하소득 국가로부터 출현했다. 다국적기업과 다국적기업들이 가져오는 자원이 이들이 운영되는 많은 개발도상국에 유일무이한 기회를 제공하지만 심각한 문제를 노출시킬 수도 있다.

최근 수십 년 동안 개발도상국에서 민간**해외직접투자**(foreign direct investment, FDI)의 성장은 비록 변동성이 심하긴 했지만 극도로 급속했다. 〈그림 14.1〉에 보이는 바와 같이, 세계화의 핵심 부분으로서 FDI 증가는 파도같이 이루어졌는데 각 정점은 이전의 정점을 능가했다. FDI는 1962년 연 24억 달러에서 매년 증가하여 1990년 연 350억 달러를 거쳐 (세계 총 FDI가 2조 달러를 약간 넘는 그 기록적인 수준에 도달한) 2007년 5,650억 달러로 급증했다. 세계 위기의 여파로 FDI는 상당히 하락했으며, 2012년에는 총액이 5년 전의 겨우 2/3 수준인 약 1조 3,500억 달러로서, 단지 세계적으로 점진적인 증가가 기대될 뿐이었다.

그러나 이러한 전반적 세계적 추세에도 불구하고 FDI는 개발도상국 진영에서 지속적으로 극도로 중요하고 실제로 더 커진 역할을 하고 있는바, 2012년 개발도상국들로의 유입은 보기 드문 자원의 흐름인 약 7,000억 달러였다. 실제로 2012년은 새로운 이정표를 보여주었다. 즉 역사상 처음으로 모든 세계 FDI 흐름의 1/2을 초과하는 액수를 개발도상국들이 받게 되었다.

포트폴리오투자

민간부문 개인, 기업, 연기금(pension fund), 그리고 뮤추얼펀드(mutual fund)에 의한 민간회사 및 공공기관에 의해 발행된 주식, 채권, 양도성예금증서(certificates of deposit), 그리고 지폐에 대한 금융투자

다국적기업

2개 이상의 국가에서 생산활동을 하는 기업

해외직접투자

개별 다국적기업에 의한 해외 지분투자(equity investment)

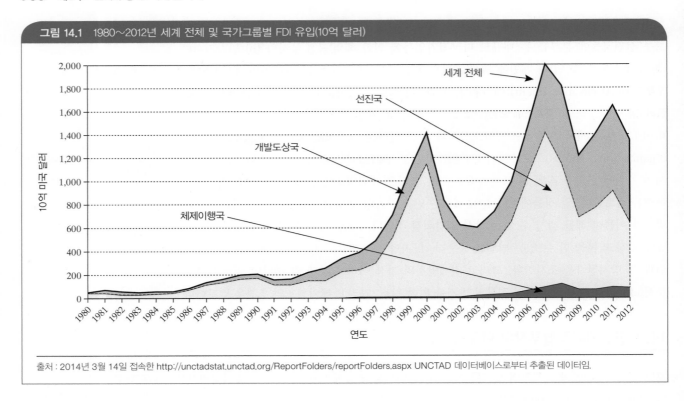

그림 14.1 1980~2012년 세계 전체 및 국가그룹별 FDI 유입(10억 달러)

출처 : 2014년 3월 14일 접속한 http://unctadstat.unctad.org/ReportFolders/reportFolders.aspx UNCTAD 데이터베이스로부터 추출된 데이터임.

한편으로 지난 수년간에 걸친 이러한 비중 변화의 상당한 부분은 선진국들로의 투자의 급격한 하락에 기인했는데, 이는 위기의 여파 그리고 특히 유럽 대부분에서 계속되는 경기침체 조건을 반영하는 것이었다.

그러나 2012년에 이르러 현저하게 개발도상국들도 또한 세계 FDI 유출액 중 거의 1/3의 원천이 되었다. 이는 1980년대 중반부터 시작되었던 일반적 추세의 지속을 나타내는 것이긴 하지만 개발도상국들은 이제 21세기 초에 분석가들에 의해 예상되었던 그 어떤 것보다도 훨씬 더 빠르게 높은 비중에 도달하고 있다. 이는 선진국들로부터의 유출이 금융위기에 뒤이어 2009년에 급격히 감소했고, 수년 동안 반등했지만 2012~2013년의 기간 동안 다시 감소해서 2009년의 저점에 가까워지는 동안 발생했다.[2] 동시에 이 기금들은 소수의 상대적으로 성공적인 중간소득 개발도상국으로부터 비롯되었는데, 어느 정도 이는 또한 개발도상국 사이의 발전격차가 그 어느 때보다도 더 커졌다는 것을 반영한다.

UNCTAD의 추정치에 따르면 2012년에 개발도상국에서의 FDI로부터의 이윤 중 2/3가 조금 넘는 부분이 투자국들로 다시 송금되었다. 반면 나머지는 유보되었으며, 대부분이 재투자되었다.

시간이 흐름에 따라 선진국 및 개발도상국 모두로의 FDI 흐름 증가가 불안정하다는 것은 〈그림 14.2〉에서 살펴볼 수 있다. 흥미롭게도 적어도 1990년대 말 이래 선진국으로 가는 투자의 변동성이 실제로 개발도상국으로 가는 투자보다 더 커졌다.

여러 지역으로의 흐름의 변동성은 총흐름의 변동성에 비해 더욱 크다. 대부분의 연도에

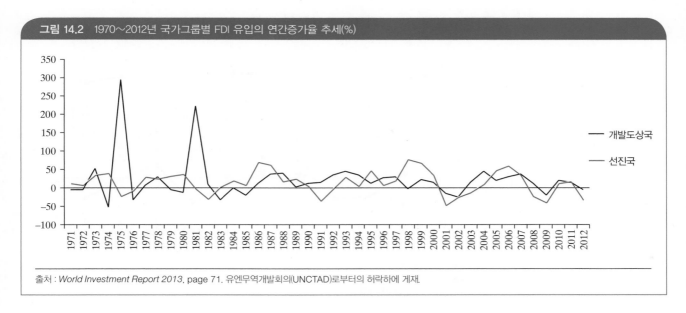

그림 14.2 1970~2012년 국가그룹별 FDI 유입의 연간증가율 추세(%)

출처 : *World Investment Report 2013*, page 71. 유엔무역개발회의(UNCTAD)로부터의 허락하에 게재.

FDI의 대다수는 한 선진국으로부터 다른 선진국으로 이루어지며, 개발도상국으로의 흐름은 오로지 몇 군데로만 크게 집중된다. 예를 들어 2009년 개발도상국으로의 총유입 중 31%가 (홍콩과 마카오를 포함하는) 중국으로 향했다. 아프리카는 보통 유입의 오로지 작은 부분만을 받았다. 2009년 아프리카의 FDI는 총 590억 달러에 달했지만, 세계 FDI에서 아프리카 전체가 차지하는 비중은 단지 5.3%(북아프리카 제외 시 3.6%)였다. 그러나 이 비중조차도 주로 상품투자에 힘입어 최근 몇 년 동안에 높아진 것이었다. 아프리카의 34개 최빈국 대부분은 해외투자를 거의 못 받았다. 민간자본은 금융수익률이 가장 높고 가장 안전하다고 인식되는 국가와 지역으로 끌린다는 사실에 비추어볼 때 이는 놀랄 일이 아니다. 부채 문제가 심각하고, 정부가 불안정하며, 경제개혁이 여전히 불완전한 곳에서는 자본손실 위험이 높을 수 있다. 다국적기업들은 발전에 관심이 있는 것이 아니며, 그들의 목적은 자신들의 자본수익률을 극대화하는 것임을 인식해야 한다. 다국적기업들은 최대 이윤기회를 찾으며, 빈곤, 불균등, 고용조건, 환경 문제와 같은 이슈에는 대체로 관심을 두지 않는다.[3]

FDI 흐름은 배경으로 이해될 필요가 있다. 보기 드문 성장에도 불구하고 개발도상국으로의 FDI 유입은 이들 국가의 총투자에서 작은 부분을 차지했을 뿐이며, 총투자의 대부분은 국내에서 조달된다. (그러나 해외투자는 국내투자와 질적으로 차이가 있으며, 나중에 논의되는 바와 같이 몇몇 경우는 결과적으로 정책에 좌우될 수 있는 유리한 상호작용 효과를 가질 수도 있다는 것을 주목하라.) 그럼에도 불구하고 최근 몇 년 동안 FDI는 〈그림 14.3〉이 보여주는 바와 같이 개발도상국으로의 해외자금유입의 가장 큰 원천이 되었다.[4]

세계적으로 다국적기업들은 본사가 있는 나라 이외에서 약 8,000만 명의 근로자를 고용하고 있다. 그럼에도 불구하고 대부분의 개발도상국에서 다국적기업들은 상대적으로 작은 비중의 노동력만을 고용하며, 일자리는 현대적 도시부문에 집중되는 경향이 있다. 더욱이 해외직접투자는 또한 자본의 단순한 이전 또는 개발도상국 현지공장의 설립 이상의 많은 것과 관련

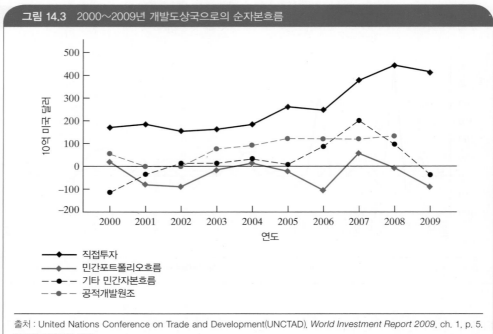

그림 14.3   2000~2009년 개발도상국으로의 순자본흐름

직접투자
민간포트폴리오흐름
기타 민간자본흐름
공적개발원조

출처 : United Nations Conference on Trade and Development(UNCTAD), *World Investment Report 2009*, ch. 1, p. 5. 유엔의 허락하에 게재.

주 : 동유럽으로부터의 신규 EU 회원국을 포함하고 이제는 고소득국가인 한국과 싱가포르는 제외한 IMF 데이터로부터 인용됨.

되어 있다. 다국적기업은 생산기술, 취향 및 삶의 스타일, 경영철학, 그리고 다양한 기업관행을 전달한다. 그러나 일반적으로는 민간해외투자, 구체적으로는 다국적기업에 대한 몇몇 찬반 주장을 분석하기 전에 이 기업들의 성격을 검토하기로 하자.

다국적기업의 두 가지 핵심적인 성격은 규모가 크고 세계 전역에서의 운영과 활동이 모회사에 의해 중앙집중적으로 통제되는 경향이 있다는 것이다. 다국적기업은 세계무역의 급속한 세계화를 이루는 주요요인이다. 100대 비금융 다국적기업이 현재 8조 달러가 넘는 매출액을 차지하고 있다. 실제로 다국적기업들은 세계 어디에서나 기회를 찾는 **글로벌공장**(global factories)이 되었다. 많은 다국적기업들이 자신들이 운영하고 있는 해당 개발도상국의 **GDP**를 상회하는 연간 판매량을 갖고 있다. 이러한 다국적기업의 규모는 엄청나다. 6개 다국적기업이 2008년 남아시아와 사하라이남 아프리카의 **GNI**를 합한 것보다 더 큰 판매액을 보인다. 대부분의 가난한 국가는 주요 다국적기업들보다 크기 면에서 왜소하다. 이러한 큰 운영 규모는 제한된 경쟁과 함께 엄청난 협상력을 부여한다.[5]

그러나 남남무역이 점점 더 중요한 역할을 하는 것과 마찬가지로 남남 간의 직접투자도 최근 증가했음을 주목하라. 이러한 증가 추세는 개발도상국들에게 유출입 측면 모두에서 새로운 기회를 열어줄 수 있다. 실제로 많은 최빈국에서 다른 개발도상국, 특히 중국으로부터의 **FDI**가 선도적인 역할을 담당하고 있다.[6]

여전히 개발도상국의 많은 사람들은 옳건 그르건 다국적기업들이 그들의 본국 정부의 특혜와 천연자원을 갖고 상당한 논쟁 속에서 마음대로 운영하고 있다고 믿는 경향이 있다. 대다

글로벌공장
기존의 가격 차이를 이용하기 위해 그 운영이 많은 나라에 걸쳐 이루어지는 생산시설

수의 개발도상국, 특히 소규모 최빈국들은 그러한 강력한 기업들과 협상을 하는 데 압도당하고 있음을 당연히 느끼고 있다. 기술이전과 과세에 관한 다국적기업들과 더 나은 흥정을 하는 데 있어서의 중국의 성공은 다른 개발도상국에는 제한적으로 적용되었는데, 이는 다른 어떤 개발도상국도 중국의 큰 규모 및 중앙정부의 강력한 권위를 갖고 있지 못하기 때문이다.

요약하면 엄청난 규모는 다국적기업들에게 운영되는 해당 국가들에 상당한 경제적 (그리고 때로는 정치적) 권한을 부여한다. 이 권한은 다국적기업의 과점적 시장지위에 의해, 즉 다국적기업들이 소수의 공급자에 의해 지배되는 세계적인 생산물시장에서 운영되는 경향이 있다는 사실에 의해 크게 강화된다. 이러한 상황은 다국적기업들에게 신기술과 특수숙련도를 지배함으로써 그리고 상품차별화 및 광고, 소비자 기호를 통해 가격과 이윤을 조절하고, 통제지역을 결정하는 데 있어 다른 기업들과 담합하며, 일반적으로 잠재적인 경쟁자들의 진입을 제한하는 능력을 주었다. 다국적기업들의 투자 대다수가 여전히 다른 선진국들로 이루어지지만, 대부분의 개발도상국들은 자신들의 소규모 경제로 인해 선진국들에 비해 다국적기업의 존재를 더 예민하게 느끼고 있다.

역사적으로, 특히 개발도상국에서 운영되는 다국적기업들은 주로 석유, 비석유광물인 채취 및 1차 산업과 소수의 '농업관련 비즈니스'를 하는 다국적기업들이 수출지향적인 농업과 국내 식품가공에 관련되었던 플랜테이션 활동에 초점을 맞췄다. 그러나 최근 제조업 운영과 서비스(은행, 호텔 등)가 다국적기업들의 생산활동에서 압도적인 비중을 차지하게 되었다. 더욱이 오늘날에는 다국적기업들의 모국과 기타 선진국 시장으로의 수출을 위한 생산이 다국적기업을 유치한 개발도상국들에서의 소비를 위한 생산을 압도하는 경향이 있다.

민간해외투자 : 발전에 대한 찬반 의견

민간해외투자의 편익과 비용 이슈만큼 그렇게 많은 논란을 일으키거나 다양한 해석이 분분한 경제발전론의 분야는 없다. 그러나 이러한 논란을 자세히 살펴보면, 의견의 불일치는 국내총생산(GDP), 투자, 저축, 그리고 제조업 성장률 같은 경제총량에 대한 다국적기업들의 영향에 관한 것이 아니라(비록 이러한 불일치가 실제로 존재하지만) 다국적기업들의 다양한 활동과 관련하여 발전의 근본적인 경제 및 사회적 의미에 관한 것이다. 다시 말하면 민간해외투자의 역할과 영향에 관한 논란은 종종 바람직한 발전 과정의 성격, 스타일, 특성에 대한 근본적인 불일치에 그 기반을 두고 있다. 민간해외투자가 조성하려는 경향이 있는 발전 유형의 차원에서 민간해외투자의 영향에 대한 기본적인 찬반주장은 다음과 같이 요약될 수 있다.[7]

민간투자를 지지하는 전통적 경제학적 주장 : 저축, 외환, 수입, 그리고 경영 갭을 메움 친(親)해외투자 주장은 주로 경제성장의 결정요인에 대한 전통적 이론과 신성장이론의 분석으로부터 비롯된다. (해외원조는 물론) 민간해외투자는 국내에서 동원 가능한 저축, 외환, 정부수입 및 인적자본 숙련도와 성장 및 발전목표를 달성하는 데 필요한 이러한 자원들의 바람직한 수준 사이의 갭을 메우는 방법으로 전형적으로 간주된다. 단순한 '저축-투자 갭' 분석의 예는 제3장으로부터 기본 해로드-도마 성장모형이 국가의 순저축률 s와 산출량 증가율 g 간의 직접적인 관계를 c가 국가의 자본-산출량 비율인 방정식 $g = s/c$를 통해 상정하고 있음을 상기하라.

만약 바람직한 국가산출량 증가율 g가 연간 7%를 목표로 하고 있고, 자본-산출량 비율이 3이라면, 필요한 연간 순저축률은 21%이다($s = gc$이기 때문에). 만약 국내에서 동원될 수 있는 저축액이 예를 들어 GDP의 단지 16%면, 5%의 '저축 갭'이 존재한다고 일컬어진다. 국가가 이 갭을 해외금융자원(민간 또는 공공)으로 채울 수 있다면 그 목표성장률을 더 낮게 달성할 수 있을 것이다.

따라서 민간해외투자의 국가발전(즉 이 발전이 GDP 성장률로 정의될 때―중요한 암묵적인 개념상의 가정)에의 기여로 가장 먼저 그리고 매우 자주 인용되는 것은 목표 또는 바람직한 투자와 국내에서 동원할 수 있는 저축 사이의 자원 갭을 메우는 데 있어서의 그 역할이다.

첫 번째와 유사한 두 번째 기여는 목표 외환요구액과 순수출소득에 순공적해외원조를 더한 액수로부터 도출된 외환 사이의 갭을 메우는 것이다. 이것이 이른바 외환 또는 무역 갭이다. ('투갭' 모형은 이 장의 후반부에서 더 충분히 논의된다.) 민간해외자본의 유입은 경상수지 적자의 일부 또는 전부를 완화할 뿐만 아니라, 만약 외국인 소유의 기업이 정(+)의 순수출소득 흐름을 창출할 수 있다면 장기적으로 그 적자를 제거하도록 기능할 수 있다. 불행히도 수입대체의 사례에서 주목한 바와 같이 다국적기업들에게 보호관세와 쿼터의 장벽 뒤에서 국내 소비를 위해 생산하는 자회사를 설립할 수 있도록 허용하는 것의 전반적인 효과는 종종 경상계정수지와 자본계정수지 모두의 순악화이다. 그러한 경우의 그와 같은 적자는 (보통 해외자회사로부터 종종 부풀려진 가격으로) 보통 자본설비와 중간재의 수입과 이윤송금, 경영수수료, 로열티 지급, 민간대출이자 형태로의 외환유출 모두의 결과이다. 개발도상국에서 다국적기업들의 생산이 높은 수준이고 그 비중이 증가한다는 것은 재수출을 위해 구성요소에 (노동집약적인) 가치를 추가하는 것과 관련이 있지만, 이는 경제에 외환을 거의 가져다주지 못한다.

민간해외투자에 의해 채워진다고 일컬어지는 세 번째 갭은 정부 조세수입 목표와 국내에서 걷는 세금 사이의 갭이다. 다국적기업의 이윤에 과세하거나 그들의 현지 운영에 금융 측면에서 참여함으로써 개발도상국 정부는 개발 프로젝트를 위해 공공금융자원을 더 잘 동원할 수 있다고 생각된다.

넷째, 민간해외기업의 국내운영에 의해 부분적으로 또는 전적으로 메워진다고 추정되는 경영, 기업가정신, 기술, 숙련도에서의 다른 형태의 갭이 존재한다. 다국적기업은 가난한 나라들에 금융자원과 새로운 공장을 제공할 뿐만 아니라 훈련 프로그램들과 학습 과정의 수단에 의해 그 뒤 현지 상대기업에 이전될 수 있는 경영경험, 기업가적 능력, 그리고 기술적 숙련도를 포함하는 필요한 자원 '패키지'를 공급한다. 더욱이 이 주장에 따르면 다국적기업들은 해외은행을 어떻게 접촉하고, 대체 공급원의 위치를 어떻게 파악하며, 시장매장을 어떻게 다변화하고, 국제마케팅 관행에 어떻게 더 익숙해지는가에 대해 국내 관리자를 교육시킬 수 있다. 마지막으로 다국적기업들은 생산 과정에 대한 가장 정교한 기술지식을 가져오는 한편, 현대적 기계와 설비를 자본이 빈약한 개발도상국에 이전한다. 이러한 지식의 일부는 기술자들과 관리자들이 자신들 스스로의 회사를 시작하기 위해 떠날 때 더 넓은 경제로 누출된다고 오랫동안 가정되었다. 지식, 숙련도, 그리고 기술의 그러한 이전은 이를 받아들이는 나라들에 바람직하기도 하고 생산적이라고 가정된다.[8]

민간해외투자에 대한 반대 주장 : 갭의 확대 일반적으로 민간해외투자, 구체적으로 다국적기업들의 행동에 대한 엄격히 경제적인 그리고 더 철학적 또는 이념적인 두 가지 기본적인 반대주장이 존재한다.

경제적 측면에서는 앞서 설명한 4개의 갭을 메우는 친해외투자 입장이 다음의 주장들에 의해 반박된다.

1. 다국적기업들은 자본을 제공하지만, 민간저축의 대체, 투자유치국 정부와의 배타적 생산합의를 통한 경쟁의 억제, 자신들 이윤의 상당 부분 재투자 실패, 낮은 저축성향을 가진 그룹을 위한 국내소득 창출, 그리고 해외 자회사들로부터 중간재를 수입함으로써 자신들에게 중간재를 공급할 수 있는 토착기업들의 확장 방해에 의해 국내저축 및 투자율을 낮출 수 있다. 다국적기업들은 또한 개발도상국 자체 내에서 자본의 상당 부분을 조달하며, 이는 국내기업들 투자의 몇몇 구축으로 이어질 수 있다.

2. 다국적기업 투자의 최초 영향은 투자유치국 외환사정의 개선이지만, 장기적 영향은 중간재와 자본재의 상당한 수입의 결과 그리고 이윤, 이자, 로열티, 경영수수료, 기타 자금의 해외송금 때문에 외환소득을 감소시키거나 또는 적어도 겉에 보이는 것보다 순증가를 더 작게 만드는 것일 수 있다.

3. 다국적기업은 법인세의 형태를 통해 공공수입에 기여하지만, 이 기여는 투자유치국 정부에 의해 제공되는 관대한 조세양허, **이전가격설정**(transfer pricing) 관행, 과도한 투자공제, 위장된 공공보조금, 그리고 관세보호의 결과 겉으로 보이는 것에 비해 상당히 낮은 수준이다.

4. 다국적기업들에 의해 제공되는 경영, 기업가적 숙련도, 아이디어, 기술, 그리고 해외접촉은 이러한 희소한 숙련도와 자원의 국내원천들을 개발하는 데 거의 영향을 미치지 못하며, 실제로 다국적기업들의 국내시장 지배 결과 토착 기업가정신의 성장을 억제함으로써 그 개발을 방해할 수 있다.

개발도상국의 정부 정책은 이러한 우려 중 일부를 완화하는 방향으로 진행될 수 있다. 개발도상국의 많은 학계 및 정치사상 지도자들은 공통적으로 많은 더 근본적인 반대를 제기했다. 첫째, 다국적기업의 발전에 관한 영향은 매우 불균등하며, 많은 경우 다국적기업의 활동은 경제적 이중구조를 강화하고 소득불균등을 악화시킨다. 그들은 임금격차를 넓힘으로써 나머지 사람들의 이해에 대해 소수의 국내 공장관리자들과 상대적으로 높은 임금을 받는 현대부문 근로자들의 이해를 촉진하는 경향이 있다. 그들은 자원을 필요한 식품생산으로부터 주로 국내 엘리트와 해외소비자들의 수요에 부응하는 정교한 생산물의 제조로 전용한다. 그리고 그들은 주로 도시의 수출 엔클레이브(enclave)에 위치하여 과도한 농촌-도시 간 이주에 기여함으로써 농촌과 도시 간 경제적 기회의 불균형을 악화시키는 경향이 있다.

둘째, 다국적기업은 결과적으로 고용을 상대적으로 거의 창출하지 못하는 부적절한(자본집약적인) 생산기술을 갖고, 오로지 국내의 부유한 소수에 의해 수요되는 생산물을 전형적으로 생산하며, 광고와 자신들의 독점적 시장지배력을 통해 부적절한 소비유형을 조장한다고

이전가격설정
세율이 낮은 국가(조세피난처)에 위치한 지사에 이윤이 귀속되는 반면 세율이 높은 국가의 지사는 과세할 만한 이윤이 거의 또는 전혀 없도록 재화와 서비스의 회사 내 판매와 구매에 대해 인위적으로 청구서를 보내는 다국적기업들에 의해 지급되는 총세금을 낮추기 위해 종종 사용되는 회계절차

주장된다. 개발도상국의 상당한 고용 문제에 비추어볼 때 고용창출이 거의 이루어지지 않는다는 것이 아마도 다국적기업에 대한 주요 비판일 것이다. 다른 개발도상국들로부터의 투자는 고용 확장에 더 도움이 될 수 있지만 이는 새로운 현상이며 전반적인 상황은 아직 전적으로 명확하지 않다.

셋째, 앞의 두 가지 지적의 결과, 국내자원이 사회적으로 바람직하지 않은 프로젝트에 배분되는 경향이 있다. 이는 결국 빈부 사이에 이미 존재하는 상당한 불균등과 도시와 농촌의 경제적 기회의 심각한 불균형을 악화시키는 경향이 있다.

넷째, 다국적기업은 정부 정책이 발전에 불리한 방향으로 영향을 미치도록 자신들의 경제력을 사용한다. 그들은 과도한 보호, 조세환급, 투자공제, 그리고 공장부지와 필수 사회 서비스의 값싼 공급의 형태로 경쟁하는 다른 개발도상국 정부로부터 상당한 경제 및 정치적 양보를 받아낼 수 있다. 이러한 현상은 종종 '바닥치기 경주(race to the bottom)'라 지칭된다. 결과적으로 다국적기업들의 사적 이윤이 사회적 편익을 초과할 수 있다. 몇몇 경우에는 투자유치국에 대한 이러한 사회적 수익이 심지어 부(−)가 될 수 있다. 또한 다국적기업은 국내에 보고되는 자신의 이윤을 줄이기 위해 해외 자회사들로부터 구입되는 중간재에 지급하는 가격을 인위적으로 부풀림으로써 조세율이 높은 나라에서의 많은 세금납부를 회피하고 조세율이 낮은 나라에 있는 자회사로 이윤을 이동시킬 수 있다. 이러한 이전가격설정 현상은 다국적기업들의 공통된 관행이며, 법인세율이 나라마다 차이가 나는 한 투자유치국 정부가 통제력을 행사할 여지가 거의 없는 현상이다. 몇몇 추정치들은 이전가격설정으로 인한 수입손실을 수십억 달러로 추산하고 있다.[9]

다섯째, 다국적기업들은 국내 기업가정신을 억압하고 자신들의 우월한 지식, 세계 전역에의 접촉, 광고기술, 그리고 광범위한 필수 지원 서비스를 사용하여 국내경쟁자들을 물리치고 소규모 국내기업의 출현을 방해함으로써 투자유치국 경제에 해를 끼칠 수 있다. 공기업의 민영화와 부채부담을 줄이기 위한 대출금출자전환거래를 통해 다국적기업들은 잠재적으로 수익성이 큰 최고의 국내기업 몇몇을 획득할 수 있었다. 그럼으로써 그들은 국내투자자들을 구축하고 스스로 이윤을 도용할 수 있다. 예를 들어 태평양연안의 11개 개발도상국에 대한 정량적 연구에서, 높은 수준의 해외직접투자는 낮은 수준의 국내투자, 낮은 수준의 국민저축, 더 큰 경상계정 적자, 그리고 낮은 경제성장률을 수반했다.[10]

마지막으로 정치적 수준에서, 강력한 다국적기업들이 국내자산과 일자리에 대한 통제력을 획득하여 그 뒤 모든 수준에서의 정치적 결정에 상당한 영향력을 행사할 수 있다는 우려가 종종 표현된다. 극단적인 경우 그들은 심지어 부패한 고위관료에게의 뇌물공여에 의해 직접적으로 또는 '우호적인' 정당에의 기여에 의해 간접적으로 투자유치국의 정치 과정을 바로 뒤엎을 수 있다(칠레에서 1970년대 International Telephone and Telegraph와 함께 발생했던 경우와 같이).

〈예문 14.1〉은 다국적기업 각각을 둘러싼 다음의 일곱 가지 핵심 이슈와 질문으로 다국적기업들에 대한 논쟁의 쟁점을 요약하려 한다—(소득흐름과 국제수지 효과를 포함하는) 국제 자본이동, 토착생산의 대체, 기술이전의 정도, 기술이전의 적합성, 소비유형, 사회적 구조와 계층화, 그리고 소득분배와 이중구조 발전.

찬성과 반대의 절충   비록 위에서의 논의와 〈예문 14.1〉이 다양한 상반된 주장을 제시하고 있
지만, 실질적인 논쟁은 궁극적으로 경제발전과 그 원천의 성격과 의미에 대한 여러 이념적 가
치판단에 집중된다. 민간해외투자의 중심적 역할을 지지하는 옹호자들은 보통 투자유치국 정
부의 방관정책으로 정의되는 시장 메커니즘의 효력과 선행을 굳게 믿는 지유시장의 주창자들
인 경향이 있다. 그러나 주목한 바와 같이 다국적기업들의 실제 운영은 독과점적인 경향이 있
다. 가격설정은 자유시장 수요와 공급의 자연스러운 결과가 아니라 국제협상 그리고 몇몇 경
우에는 담합의 결과에 의해 달성된다.

예문 14.1   개발도상국에서 다국적기업의 역할과 영향에 관한 7개의 핵심 쟁점

1. 국제자본이동(소득흐름과 국제수지)
   - 다국적기업(MNC)이 많은 자본(저축)을 가져오
     는가?
   - 다국적기업이 국제수지를 개선하는가?
   - 다국적기업이 '과도한' 이윤을 송금하는가?
   - 다국적기업이 이전가격설정을 사용하고 자본유출
     을 감추는가?
   - 다국적기업이 현지 경제와의 연관성을 구축하는가?
   - 다국적기업이 상당한 조세수입을 창출하는가?
2. 토착생산의 대체
   - 다국적기업이 기존의 수입과 경쟁하는 산업을 매
     입하는가?
   - 다국적기업이 경쟁우위를 이용하여 국내 경쟁자
     들을 망하게 하는가?
3. 기술이전의 정도
   - 다국적기업이 본국의 모든 연구개발(R&D)을 유
     지하는가?
   - 다국적기업이 자신들의 기술에 대해 독점력을 유
     지하는가?
4. 기술이전의 적합성
   - 다국적기업이 오로지 자본집약적인 기술을 사용
     하는가?
   - 다국적기업이 기술을 국내 요소부존에 적용하는

가, 아니면 불변인 채로 내버려두는가?
5. 소비유형
   - 다국적기업이 엘리트지향적, 광고, 그리고 우월
     한 마케팅기술을 통해 부적합한 소비유형을 장려
     하는가?
   - 다국적기업이 다른 (아마도 더 많이 필요한) 재
     화를 희생해서 자신들 상품의 소비를 증가시키
     는가?
6. 사회적 구조와 계층화
   - 다국적기업이 더 높은 임금지급, 현지 최고의 기
     업가 고용(대체), 그리고 순응압력을 통한 엘리트
     충성심과 사회화의 조성을 통해 연합된 현지 그룹
     을 발전시키는가?
   - 다국적기업이 현지 습관 및 믿음과 양립하지 않은
     외국인의 가치, 이미지, 그리고 삶의 유형을 조성
     하는가?
7. 소득분배와 이중구조 발전
   - 다국적기업이 빈부격차의 확대에 기여하는가?
   - 다국적기업이 도시편향(urban bias)을 악화시키
     고 도농격차를 확대하는가?

출처 : Thomas Biersteker, *Distortion or Development: Contending
Perspectives on the Multinational Corporation* (Cambridge, Mass.: MIT
Press, 1978), ch. 3

다국적기업들의 활동을 반대하는 이론가들은 국내 경제활동에 대한 국가의 통제력과 강력한 다국적기업들과 개발도상국 정부 간의 지배-종속 관계의 극소화의 중요성에 대한 인식에 의해 종종 동기를 부여받는다. 그들은 이처럼 거대한 기업을 경제변화의 필요한 대리자가 아니라 반발전의 견인차로 간주한다. 그들은 다국적기업들이 부적절한 상품과 기술로 경제적 이중구조를 강화하고 국내 불균등을 악화시킨다고 주장한다. 옳건 그르건, 그들은 다국적기업들을 영국의 동인도회사와 같은 식민지 수단의 현대적 구현으로 간주한다. 많은 분석가들은 해외투자에 대한 좀 더 엄격한 규제, 투자유치국 정부의 확고한 협상자세, 더 나은 대우, 성과 기준과 요건의 채택, 국내 소유와 통제의 증가, 그리고 해외투자 조건에 대한 개발도상국 전략의 협력 증대를 얻기 위한 개발도상국의 의지를 옹호하고 있다. 그러한 전략 협력의 한 가지 사례가 1980년대에 해외투자자들로 하여금 15년에 걸쳐 현지 기업에 대한 자신들의 소유권을 소수지분으로 줄이도록 요구한 남미 안데스그룹(Andean Group)의 결정이었다. 심지어 더 이전의 사례로 탄자니아는 외국기업의 통제지분을 확보하는 유사한 정책을 채택했다. 놀랄 것 없이 민간해외투자의 연간 흐름이 안데스 국가와 탄자니아 모두 감소했다. 많은 그러한 '토착화(indigenization)' 요구는 그 이후 개발도상국 진영 대부분에서 후퇴했다. 그러나 커다란 협상력을 가진 중국은 이러한 전략 사용의 가장 성공적인 사례이다.

민간해외투자에 대한 찬성과 반대 주장은 여전히 실증적으로 해결이 나지 않았으며, 두 주장이 궁극적으로 바람직한 발전전략에 대한 가치판단과 정치적 인식의 중요한 차이를 반영하고 있기 때문에 결코 해결되지 않을 수도 있다. 명백히 발전에 있어서의 다국적기업에 대한 어떤 실질적인 평가도 특정 국가의 특정 다국적기업에 대한 사례연구를 필요로 한다.[11] 아마도 유일하게 타당한 일반적인 결론은 다국적기업들과 투자유치국 정부의 이해가 일치하는 한 (물론 그러한 이해가 이중구조 발전과 불균등 확대의 노선을 따라 일치하지 않는다는 것을 가정하면서), 민간해외투자는 경제 및 사회 발전에 중요한 자극이 될 수 있다는 것이다. 아마도 다국적기업들의 이윤극대화 목적과 개발도상국 정부의 발전 우선순위 사이에 진정한 이해의 일치점이 결코 없을 수도 있다. 그러나 민간해외투자의 전체적인 크기와 증가율을 아마도 감소시키면서 그들의 협력적 활동을 통해 투자유치국 정부의 상대적 협상력을 강화시키면, 해외투자자들의 이윤기회를 여전히 제공하면서 장기적인 발전 필요성과 가난한 나라의 우선순위에 투자가 더 적합하도록 만들 수 있을 것이다.

기업의 사회적 책임(corporate social responsibility)을 강조하는 움직임이 점점 받아들여지는 상황이 공통분모를 찾는 기회로 옹호되었다. 주로 회사의 관리자들에 의해 지지되는 것이 아니라, 부유한 나라의 시민들은 자신들의 나라에 본부를 둔 회사들에게 개발도상국에서 좀 더 사회적으로 책임 있는 자세로 행동하도록 압력을 넣었다. 예를 들어 1,000명이 넘는 근로자를 사망케 했던 2013년의 공장화재와 건물붕괴에 뒤이어 방글라데시 의류공장의 상태에 엄청난 관심이 있었으며, 유럽과 북미의 회사들은 그러한 해외구매처가 국제기준을 충족하는지를 감독하기 위한 협회를 만들라는 압력을 느꼈다. 이에 맞춰 근로자 권리가 존중되었고, 환경적으로 건강한 관행이 사용되었으며, 기타 윤리적인 기준이 충족되었는지에 대한 독립적인 평가를 통한 인증에 관심이 증가하고 있다. 그러나 종종 그러한 조치를 발생시키는 데 도

기업의 사회적 책임
고통스럽고 강압적이거나 또는 기만적인 노동관행을 회피하는 것과 같은 윤리적 실천의 받아들일 만한 국제규범을 확실히 준수하도록 시도하는, (아마도 소비자단체 대표와 함께) 회사 또는 회사의 컨소시엄에 의한 비정부 자기통제(self-regulation)

움이 되는 개선된 조건과 마찬가지로 그러한 감시에는 비용이 든다. 이러한 상황에서는 다중균형(multiple equilibria)이 나타날 수 있다(제4장 참조). 즉 소비자들은 만약 충분한 수의 다른 사람들이 똑같이 한다면 인간과 지속적인 발전에 해가 되지 않는 방식으로 생산된 재화에 조금 더 지불할 용의가 있을 수 있다. 사회적으로 책임 있는 생산물 공급원에 관여하는 소비자가 전혀 또는 거의 없는 것이 균형일 수 있도록, 믿을 수 있는 감시조직이 가격에 충분한 이윤을 포함시킴으로써 고정비용을 갖고 지원을 받을 수 있다. 그러나 만약 그렇게 하는 비율이 그렇게 하는 다른 사람들의 비중 증가와 함께 증가한다면 고전적인 상호 보완성이 존재한다. 그것은 사람들이 예를 들어 저녁만찬 시 식탁의 목재가 책임 있게 공급되었다는 것을 알 수 있는 그러한 증명을 보리라 기대하는 경우가 될 수 있다. 그러한 메커니즘의 기본 논리는 제4장에서 검토한 일반적 형태의 다중균형모형을 갖고 쉽게 포착된다.[12]

아마도 다국적기업들을 장려하는 가장 강력한 주장은 그들이 선진국으로부터 개발도상국으로 노하우(know-how) 이전을 활성화한다는 것이다. 로드릭(Dani Rodrik)은 문헌을 조사하고 지금까지 어떤 수평적 전이(spillovers), 즉 다국적기업들로부터 똑같은 형태의 상품을 생산하는 현지 생산자들로 지식이 이전된다는 증거가 존재하지 않는다고 결론을 내렸다.[13] 그러나 블래록과 거틀러(Garrick Blalock and Paul Gertler)는 다국적기업들이 고품질의 생산요소를 낮은 비용으로 구하기 위해 현지 회사들에게 전략적으로 기술을 이전한다는 조짐을 보여주는 인도네시아의 통계 및 경영 사례연구 증거를 보고했다. 그리고 자보치키(Beata Smarzynska Javorcik)는 리투아니아의 사례연구에서 현지 공급자들로의 정(+)의 생산성 전이(spillover)의 증거를 발견했다. 따라서 실제로 몇몇 상당한 기술의 전이가 존재하지만 전이는 수평적이 아니라 수직적이라는 암시가 적어도 존재한다.[14]

또 다른 현저한 추세는 FDI에서 국영기업(SOE)의 출현이다. 심지어 국영기업의 수가 감소했기 때문에 남아 있는 국영기업의 규모는 정부가 목표산업에서 '국가대표선수' 전략을 추구했음에 따라 커졌다. 이는 많은 경우 시장지배력의 확대, 즉 해외투자에 동력을 공급할 비축물이라는 결과를 가져왔다. 개발도상국들로 가는 FDI의 상당한 그리고 점점 더 커진 비율이 이제 국영기업이 계속 경제의 중심적인 역할을 담당할 중하위소득국가인 중국에 기반을 둔 국영기업들로부터 비롯되고 있다. 국영기업의 역할이라는 주제에 대한 자세한 내용은 15.6절에서 다시 다룰 것이다. 더욱이 국부펀드(sovereign wealth funds, SWFs)의 역할이 비슷하게 커졌다는 것을 주목해야만 하는데, 중요한 경기자들 중 몇몇은 중상위소득국가로부터 나타나고 있다.

앞으로의 10년은 개발도상국에서 다국적기업 투자의 양적 그리고 질적 영향을 재평가하는 흥미로운 시간이라는 것이 입증되어야 한다. 시장개혁, 개방경제, 그리고 국영기업의 민영화가 널리 채택된 결과 다국적기업들은 특히 아시아와 남미에서 그 글로벌공장 전략을 강화하고 있는 중이다. 그들은 국가생산량을 추가하고, 몇몇 일자리를 창출하며, 약간의 세금을 납부하고, 일반적으로 더 현대화된 경제에 기여할 것이다. 그러나 그들은 또한 가장 수익성이 높은 투자기회에 집중하고, 침체된 개발도상국 경제의 국내공장들을 헐값('fire sale' price)에 구입할 것이며, 이전가격설정을 실행하고, 이윤을 본국으로 송금할 것이다. 반면 대다수

개발도상국들은 이제 자신들의 광범위한 산업화전략을 보완하기 위해 때로는 투자진흥기관
(investment promotion agencies, IPAs)들을 통해 대상이 되는 FDI를 촉진하기 위해 노력하
고 있다. 다국적기업의 이윤과 광범위하게 기초를 다진 국가발전이 동시에 달성될 수 있는 방
법이 발견될 수 있기를 희망한다.

민간포트폴리오투자 : 편익과 위험

해외직접투자 이외에 민간자본흐름의 가장 중요한 구성요소는 포트폴리오 분야였다.[15] 대부
분의 개발도상국에서 국내금융시장의 자유화가 확대되고 이 시장이 해외투자자들에게 개방
됨에 따라 민간포트폴리오투자가 이제는 개발도상국으로의 전반적인 순자원흐름에서 상당한
그리고 점점 증가하는 비중을 차지하고 있다. 기본적으로 포트폴리오투자는 외국인의 주식,
채권, 양도성예금증서, 그리고 기업어음 구입으로 구성된다. 늘 그렇듯이 중위소득국가들이
이 흐름의 선호되는 목적지였으며 사하라이남 아프리카는 거의 무시되었다.

다국적기업에 의한 FDI의 경우와 마찬가지로 민간포트폴리오투자 흐름의 투자자 및 개발
도상국 수취자로의 편익과 비용도 격렬한 논쟁의 대상이었다.[16] 투자자들의 관점에서 보면 상
대적으로 더 발전된 금융시장을 가진 중위소득국가 주식시장에의 투자는 그들로 하여금 자신
들의 수익을 증가시키는 한편 위험을 분산시키도록 허용한다.

수취자인 개발도상국의 관점에서 보면, 국내 주식 및 채권시장에의 민간포트폴리오의 흐
름은 국내기업들을 위한 자본을 모으는 잠재적으로 반가운 수단이다. 제대로 기능하는 국내
주식시장과 채권시장은 또한 국내투자자들이 자신들의 자산을 다변화하는 데 도움이 되며(보
통 오로지 부유한 사람들에게만 가능한 옵션임), 자금을 잠재적 수익이 가장 높은 산업과 기
업에 배분하는 선별 및 감시 수단으로서의 역할을 함으로써 전체 금융부문의 효율성을 개선
하도록 작용할 수 있다(이 주제 그리고 더 일반적으로 국내금융제도에 대한 분석은 제15장에
서 자세히 검토된다).

그러나 개발도상국 정부의 거시정책 측면에서 본다면, 핵심 이슈는 국내 주식 및 단기 채
권 시장으로의 대규모이며 변동이 심한 민간포트폴리오의 흐름이 금융시장과 경제 전반의
안정을 저해할 수 있는 요인인지다. 일부 경제학자들은 이러한 흐름이 본질적으로 불안정한
것은 아니라고 주장한다.[17] 1990년대의 멕시코, 태국, 말레이시아, 그리고 인도네시아에서와
같이 경제의 기본적인 구조적 단점을 위장하기 위해 민간해외포트폴리오투자에 지나치게
의존하는 개발도상국들은 장기적으로 심각한 결과에 고통 받을 가능성이 매우 크다. 다국적
기업과 마찬가지로 포트폴리오 투자자들도 개발도상국의 발전에는 관심이 없다. 선진국 이
자율이 상승하거나 개발도상국에서 인지된 이윤율이 하락하면, 해외투기자들은 자신들의
'투자'를 투자를 투입했던 것만큼 가능한 빨리 회수할 것이다. 개발도상국이 가장 필요한 것
은 투기자본이 아니라 진정한 장기 경제적 투자(플랜트, 설비, 물적 및 사회적 인프라 등)이
다. 많은 개발도상국들이 이제 장기 투자의 장점과 투기의 단점을 결합시키고 있다. 잠재적
으로 안정을 해칠 수 있는 '핫머니(hot money)'가 선진국들의 낮은 이자율에 대응해서 여러
중위소득국가로 쏟아져 들어옴에 따라 2008년 글로벌 금융위기 이후 몇 년 동안 통제가 강

화되었다.

요약하면 최근 수십 년간 민간포트폴리오 금융흐름은 극적인 증가와 감소를 반복해 왔다. 투자자의 정치 및 경제적 안정성에 대한 인식은 물론 그 변동성과 세계 전역의 이자율 격차에 주로 반응한다는 사실은 민간포트폴리오투자를 중기 또는 발전전략의 기초로 삼기에 매우 미약한 기반으로 만들고 있다.[18] 1997년 아시아, 1998년 러시아의 금융붕괴, 1999년 브라질의 통화혼란, 2001~2002년 아르헨티나의 위기, 그리고 2009년 개발도상국으로의 흐름의 극적인 감소는 글로벌 자본시장의 불안정성 또는 취약성을 분명히 보여주었다.[19] 오히려 개발도상국들은 발전을 위한 근본적인 조건을 먼저 갖추는 데 초점을 맞추는 것이 필요한데, 이는 다국적기업과 포트폴리오 투자자 모두 성장을 선도하기보다는 쫓아간다는 것을 증거가 보여주기 때문이다.[20]

14.3 송금의 역할과 성장

고소득국가의 임금 수준은 구매력등가를 조정한 후에도 평균적으로 개발도상국의 유사한 직종 고용 시 임금 수준의 거의 5배이다.[21] 이는 이주의 명백한 인센티브를 제공하는데, 실제로 희망에 찬 이주자들이 종종 큰 개인적인 위험을 무릅쓰고 미국, 유럽, 그리고 심지어 개발도상국을 목적지로 한 여행을 한다. 부분적으로는 이러한 인센티브 때문에 2010년까지 세계적으로 2억 명의 이주자가 있었던 것으로 추정되었다. 그러나 개발도상국을 떠나는 모든 이주자들의 약 절반은 다른 개발도상국으로 이동한다.

제2장과 제8장에서 주목했던 바와 같이 이러한 '두뇌유출'을 통한 숙련근로자들의 손실 때문에 외국으로의 이주가 발전 전망을 훼손할 수 있다는 정당한 우려가 있다. 이러한 우려에 균형을 맞추는 것이 이주자들이 모국의 친척들에게 보낸 송금을 통한 이득인데, 이는 성공적인 (합법적이든 또는 불법적이든) 이주자들 자신들에게의 이득을 초과하는 것이다. 이주자들이 저숙련근로자이고 송금수취자들이 가난하다면, 발전 잠재성과 빈곤 감소라는 이익은 분명해진다. 이주자들은 종종 자신들의 가족을 위해 주택을 짓고 자녀들을 학교에 보내고 더 잘 기르는 데 결정적으로 중요한 돈을 보낸다. 따라서 송금은 현재 빈곤으로부터의 상당한 탈출구를 제공한다. 실제로 세계은행은 가계설문조사를 기초로 하여 송금이 과테말라, 우간다, 가나, 방글라데시와 같은 나라에서 빈곤을 상당히 줄였음을 보고하고 있다.

〈그림 14.4〉는 1990년부터 2008년까지 개발도상국으로의 여러 자원흐름을 보여준다. 송금이 금세기에 극적으로 증가하여 저소득국가 GDP의 5%를 초과했고, FDI를 추월하여 원조의 유입에 근접하고 있다. 그러나 송금흐름은 개발도상국에 따라 매우 불균등한 분포를 보이고 있다. 〈표 14.1〉은 달러와 GDP에서 차지하는 비중에 따라 순위를 매긴 2008년 상위 15개 송금 수취국가의 명단을 열거하고 있다. 인도와 중국이 가장 큰 송금액을 기록했고, 멕시코는 3위였다. 표가 보여주는 바와 같이 15개국에서 송금액이 GDP의 적어도 11%를 차지했다. 그러나 금융위기에 뒤이어 2008년부터 2010년까지 안정세를 유지한 남아시아를 제외한 모든 지역에서 송금은 감소했다.

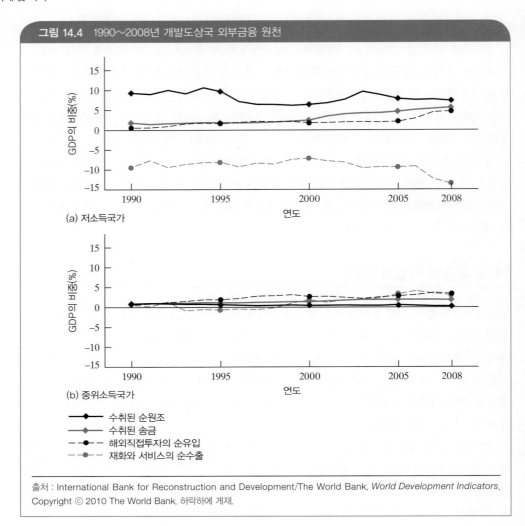

그림 14.4 1990~2008년 개발도상국 외부금융 원천

(a) 저소득국가

(b) 중위소득국가

수취된 순원조
수취된 송금
해외직접투자의 순유입
재화와 서비스의 순수출

기록적인 송금의 증가는 부분적으로는 개선된 회계보고 때문이다. 즉 몇몇 분석가들은 심지어 최근 연도의 통계도 상당히 과소보고될 수밖에 없다고 보고 있다. 그러나 이주자 수의 증가와 이주자들이 자신들의 가족들에게 송금하는 비용을 줄이는 금융중개의 향상을 포함하는 다른 중요한 요소들이 역할을 하고 있다. 따라서 송금의 급속한 증가는 진정한 현상이다. 실제로 송금액은 2016년 5,000억 달러를 초과할 수 있을 것으로 예측된다. 나아가 비용과 송금에 대한 기타 장애물의 감소는 또한 더 많은 혜택으로 이어지게 된다.

그러나 이주가 항상 자발적인 것은 아니며 인간 뒷거래의 결과일 수 있음을 강조하는 것은 중요한 일이다. 심지어 출발이 자발적일 때조차도 이주는 종종 근로조건에 대한 불완전 정보에 의해 이루어졌으며, 착취와 학대가 이례적인 것은 아니었다. 명백히 이주가 개발도상국 사람들에게 최대의 사회적 편익을 가져오기 위해서는 선진국들이 합리적인 이주의 증가를 기꺼이 수용하겠다는 의지와 함께 국제노동기구가 '불안정한 체류자격(irregular status)' 이주자로 명명하는 것과 이주자의 근로조건에 대한 개선된 규제와 보호가 필수적일 것이다.

표 14.1	2008년 액수 및 GDP 비중별 주요 송금수취 개발도상국		
	이주자의 송금유입 (100만 달러)	연간 변화율(%)	GDP에서 송금이 차지하는 비중(%)
액수별 순위			
인도	45,000	27.8	3.7
중국	34,490	5.0	0.8
멕시코	26,212	3.4	2.4
필리핀	18,268	12.1	10.8
나이지리아	9,979	8.2	4.7
이집트	9,476	23.8	5.8
방글라데시	8,979	38.8	11.0
파키스탄	7,025	17.1	4.2
모로코	6,730	0.0	7.6
인도네시아	6,500	5.3	1.3
레바논	6,000	4.0	20.7
베트남	5,500	0.0	6.1
우크라이나	5,000	11.0	2.8
콜롬비아	4,523	0.0	1.9
러시아	4,500	9.7	0.3
GDP 비중별 순위			
타지키스탄	1,750	3.5	34.1
레소토	443	0.0	27.4
몰도바	1,550	3.5	25.3
가이아나	278	0.0	24.0
레바논	6,000	4.0	20.7
온두라스	2,801	6.7	19.8
아이티	1,300	6.4	18.0
네팔	2,254	30.0	17.8
요르단	3,434	0.0	17.1
자메이카	2,214	3.3	17.1
엘살바도르	3,804	2.5	17.0
키르기스스탄	715	0.0	14.2
니카라과	771	4.2	11.5
과테말라	4,440	4.4	11.2
방글라데시	5,979	36.8	11.0

출처 : *UNCTAD Trade and Development Report*, p. 23 (New York: United Nations, 2009), tab. 1.6. 유엔의 허락하에 게재.

14.4 해외원조 : 개발원조에 관한 논쟁

개념 및 측정 문제

수출소득과 민간 해외직접투자 및 포트폴리오투자 이외에도 개발도상국들은 두 가지 다른 주요 원천의 외환을 받는데, (공식적인) 양자 및 다자 간 공적개발원조와 (비공식적인) 비정부조직(NGO)에 의해 제공되는 민간원조가 그것이다. 오로지 공적원조만 보통 공식적인 통계에서 측정되지만, 이 두 가지 활동 모두 **해외원조**(foreign aid)의 형태이다.

원칙적으로 한 나라에서 다른 나라로의 모든 정부자원의 이전은 해외원조의 정의에 포함되어야 한다. 하지만 이러한 단순한 정의조차도 많은 문제를 제기한다.[22] 우선 한 가지 이유는 많은 자원의 이전은 선진국들이 특히 최빈국들로부터의 생산제품 수출에 특혜관세를 부여하

해외원조

한 정부로부터 다른 정부로 직접적이거나(양자 간 원조) 또는 세계은행 같은 다자 간 원조기관의 수단을 통해 간접적으로 대출금 또는 보조금 형태로의 공공자금의 국제이전

는 것과 같이 위장된 형태를 취한다. 이는 개발도상국들로 하여금 선진국 시장에서 자신들의 산업제품을 더 높은 가격에 판매하는 것으로부터 그렇지 않았을 경우에 가능했던 것보다 더 많은 외환을 벌도록 허용한다. 결과적으로 개발도상국들의 경우에는 순이득이, 그리고 선진국들의 경우에는 순손실이 존재하는데, 이는 개발도상국 진영으로의 실질자원 이전에 해당한다. 해외원조 흐름의 자격을 부여하는 데 있어 그러한 암묵적인 자본이전 또는 위장된 흐름은 계산되어야 한다. 그러나 보통은 그렇지 못하다.

그러나 자본의 개발도상국으로의 모든 이전, 특히 민간해외투자자들의 자본흐름을 포함해서는 안 된다. 민간흐름은 이윤과 수익률에 대한 상업적인 고려에 의해 촉발된 정상적인 상업거래이며, 따라서 해외원조로 간주될 수 없다. 그 흐름이 발생한 개발도상국에 설사 혜택을 줄 수 있더라도 민간자본의 상업적 흐름은 해외원조의 한 형태가 아니다.

따라서 경제학자들은 두 가지 기준을 충족하는 개발도상국으로의 어떤 자본의 흐름이라도 **해외원조**로 정의했다. (1) 기부자의 관점에서 그 목적이 비상업적이어야 하며, (2) **양허조건**(concessional terms)이라는 특징을 가져야만 한다. 즉 차입자본의 이자율과 상환기간이 상업적인 조건보다는 부드러워야만(덜 엄격해야만) 한다.[23] 비상업적이면서 양허적인 군사원조가 포함될 수 있기 때문에 심지어 이 정의조차도 적절하지 않을 수 있다. 그러나 보통 군사원조는 해외원조 흐름의 국제경제 척도로부터 제외된다. 따라서 현재 널리 사용되고 받아들여지는 해외원조의 개념은 발전, 빈곤, 또는 소득분배의 이유 때문에 선진국으로부터 개발도상국으로 자원을 이전할 광범위한 목표를 가진 현금 또는 현물로 된 모든 공식적인 보조금과 양허조건에 의한 대출금을 아우르는 것이다. 불행히도 순수한 개발보조금 및 대출금을 궁극적으로 안보 또는 상업적인 이해에 의해 동기가 유발된 원천으로부터 분리하는 경계선이 종종 분명하지 않다.

해외원조의 정의와 관련하여 개념상의 문제가 있는 것과 마찬가지로 실제 개발원조의 흐름을 계산하는 데도 측정 및 개념상의 문제가 존재한다. 특히 세 가지 주요 문제가 원조를 측정하는 데 발생한다. 첫째, 보조금과 대출금의 달러가치를 단순히 더할 수는 없다. 즉 각각 제공하는 나라와 제공받는 나라 모두에 상이한 중요성을 갖고 있다. 대출금은 상환되어야만 하며, 따라서 제공하는 나라는 대출금 자체의 명목가치보다 비용이 적게 들고, 제공받는 나라는 대출금 자체의 명목가치보다 이익이 적게 된다. 개념적으로 이자를 발생시키는 대출금의 달러가치는 완전한 보조금의 달러가치와 합산되기 전에 수축 또는 할인되어야 한다. 둘째, 원조는 **원천**(대출금 또는 보조금은 제공국의 재화와 서비스의 구입에 지출되어야 함) 또는 **프로젝트**(자금이 오로지 도로 또는 제강공장 같은 특정 프로젝트를 위해서만 사용될 수 있음)에 연계될 수 있다. 명시된 원천이 값비싼 공급자일 가능성이 있거나 또는 프로젝트가 가장 높은 우선순위가 아니기 때문에(그렇지 않다면 원조를 연계할 필요가 없게 된다), 어떤 경우든지 원조의 실질가치는 감소한다. 나아가 원조는 자본집약적인 설비의 수입과 연계될 수 있는데, 이는 제공받는 나라의 더 높은 실업의 형태로 추가적인 실질자원비용을 부과할 수 있다. 또는 프로젝트 자체가 독점 공급자로부터 새로운 기계와 설비를 구입할 것을 요구할 수 있는 반면, 같은 산업의 기존 생산설비는 매우 낮은 수준의 생산능력으로 운영된다. 마지막으로 해외

양허조건
표준적인 금융시장을 통해 이용 가능한 것보다 차입자에게 더 유리한 신용확대 조건

원조의 명목가치와 실질가치를 항상 구분할 필요가 있다. 원조흐름은 보통 명목 수준으로 계산되는데, 시간이 흐름에 따라 지속적으로 증가하는 경향이 있다. 그러나 최근의 약간의 증가에도 불구하고 가격 상승을 디플레이트 시키면 제공하는 나라 대부분으로부터의 원조의 실제 실질수량은 상당히 감소했다.

금액과 배분 : 공적원조

다자 간 흐름은 물론 양자 간의 보조금, 양허조건의 대출금, 그리고 기술원조를 포함하는 **공적개발원조**(official development assistance, ODA) 금액은 1960년 연간 50억 달러 미만의 수준으로부터 2000년 500억 달러로 그리고 2008년 1,280억 달러를 초과할 정도로 증가했다. 그러나 선진국 국민총소득(GNI)에서 공적개발원조에 할당되는 비율은 1960년의 0.51%로부터 2002년에는 0.23%로 감소했으며, 그 뒤 2005년 영국 G8 회의의 주요 조치인 사하라이남 아프리카 인간개발의 지속적인 지연에 뒤따른 원조 증가 캠페인의 일환으로 2005년 0.33%, 그리고 2008년 0.45%로 각각 향상되었다.[24] 이러한 회의의 약속이 완전히 지켜지지는 않았지만, 몇몇 중요한 진전이 이루어졌다. 많은 고소득국가의 장기 침체와 재정위기가 앞으로의 몇 년 동안 이러한 비율에 어떤 영향을 미칠지는 지켜보아야 할 것이다. 〈표 14.2〉는 몇몇 주요 제공국의 1985년, 2002년, 2008년의 총액수 및 GNI의 비율로서의 ODA 지급액을 보여준다. 비록 미국이 절대치로는 최대 기부국가로 남아 있지만, 다른 나라들과 비교할 때 GNI의 가장 낮은 비율을 제공하고 있다. 즉 미국은 2008년의 경우 원조를 제공하는 모든 선진국의 평균 0.45%와 국제적으로 합의된 유엔의 목표치 0.7%에 비해 훨씬 낮은 수준인 0.18%만을 제공하고 있다. 스웨덴, 노르웨이, 덴마크, 네덜란드, 룩셈부르크 등 오로지 5개국만 현재 국제연합의 목표치를 초과하여 제공하고 있다. 스웨덴이 GNI의 완전한 1% 기여로 선두를 달리고 있다. 미국의 GNI 대비 ODA 비율은 선진국 중 가장 낮은 수준일 뿐만 아니라 1970년의 0.31%

공적개발원조
공식적인 기관에 의해 양허조건으로 이루어진 대출금 또는 보조금의 순지급금으로 역사적으로 경제협력개발기구(OECD)의 고소득 회원국에 의해 이루어졌음

표 14.2	1985년, 2002년, 2008년 주요 기부국가로부터의 공적개발원조 순지급금					
	1985년		2002년		2008년	
기부국가	10억 미국 달러	GNI 비중 (%)	10억 미국 달러	GNI 비중 (%)	10억 미국 달러	GNI 비중 (%)
캐나다	1.6	0.49	2.0	0.28	4.8	0.33
덴마크	–	–	1.6	0.96	2.8	0.87
프랑스	4.0	0.78	5.5	0.38	10.9	0.40
독일	2.9	0.47	5.3	0.27	14.0	0.40
이탈리아	1.1	0.26	2.3	0.20	4.9	0.23
일본	3.8	0.29	9.3	0.23	9.6	0.20
네덜란드	1.1	0.91	3.3	0.81	7.0	0.86
스웨덴	–	–	2.0	0.83	4.7	1.00
영국	1.5	0.33	4.9	0.31	11.5	0.40
미국	9.4	0.24	13.3	0.13	8.0	0.18
합계(22개국)	29.4	0.35	58.3	0.23	121.5	0.45

출처 : World Bank, *World Debt Tables, 1991-1992* (Washington, D.C.: World Bank, 1992), vol. 1, tab. 2.1; World Bank, *World Development Indicators, 2004 and 2010* (Washington, D.C.: World Bank, 2004, 2010), tabs. 6.9 and 6.10.

로부터 급격히 하락하여 약 0.11%로 바닥에 도달한 후 약 0.18%로 상승했다. 그러나 미국 시민들은 직접적인 NGO의 보조금에 세계 총액의 72%를 차지하는 171억 달러를 추가로 제공하고 있다는 것에 주목해야 한다. 이는 국민소득의 약 0.3% 수준으로 비율을 증가시키지만, 여전히 영국, 캐나다, 프랑스, 독일 같은 나라들보다 낮은 수준이다. 더욱이 추가적인 관점을 위해 살펴본다면, 2012년에 선진국들은 원조에 약 1,200억 달러를 지출했지만, 그들은 또한 이 액수의 3배인 약 3,600억 달러를 개발도상국 수출에 종종 해를 끼쳤던 농업보조금에 사용했다. 부유한 나라들은 또한 약 1조 4,000억 달러를 군사방어 지출에 썼다.

ODA는 다소 이상하고 자의적인 방법으로 배분된다.[25] 세계의 가장 가난한 사람들의 거의 50%가 거주하는 남아시아는 1인당 8달러의 원조를 받는다. 1인당 소득이 남아시아 1인당 소득의 3배를 훨씬 넘는 중동과 북아프리카는 9배의 1인당 원조를 받는다! 〈표 14.3〉은 2008년의 지역별 ODA 분포를 보여준다.

원조의 유형은 개별 국가 수준에서 검토하면 더욱더 분명해진다. 2008년 가장 많은 원조를 받았던 나라는 이라크로 99억 달러 또는 대략 1인당 321달러의 원조를 받았다. 두 번째로 많은 원조를 받았던 나라는 49억 달러 또는 1인당 168달러를 받았던 아프가니스탄이었다. 약 20개국이 적어도 10억 달러의 원조를 받았다. 그러나 세계에서 극도로 가난한 사람이 가장 많은 인도는 1인당 단지 2달러를 원조로 받았다. 그리고 중위소득국가인 요르단은 1인당 126달러를 받았던 반면, 세계에서 가장 가난한 나라로 간주되는 니제르는 단지 1인당 41달러만을 받았다. 그러나 2005년 이래 아프리카 최빈국으로의 1인당 원조는 크게 증가했다. 하지만 이러한 1인당 수령액은 세르비아, 보스니아-헤르체고비나, 알바니아, 마케도니아, 레바논, 조지아 같은 1인당 100달러를 초과하여 원조를 받은 중위소득국가보다 여전히 낮은 수준이다.[26]

해외원조의 배분이 개발도상국의 상대적인 필요에 의해 단지 부분적으로만 결정된다는 것이 명백하다. 많은 양자 간 원조는 주로 정치 및 군사적 고려를 기초로 하는 것처럼 보인다. 다자 간 원조(예 : 세계은행과 여러 유엔기구로부터의)는 경제적으로 다소 합리적이지만, 여기서도 역시 부유한 나라가 가난한 나라에 비해 종종 1인당 더 많은 자원을 유치하는 것 같다.

해외원조는 제공하는 나라와 제공받는 나라에 의해 달리 보이기 때문에 이러한 종종 서로 모순된 두 관점으로부터 원조 제공과 수취 과정을 분석해야 한다.

표 14.3 2008년 지역별 공적개발원조(ODA)

지역	1인당 ODA (미국 달러)	1인당 GNI (미국 달러)	GNI 비중으로서의 ODA(%)
중동 및 북아프리카	73	3,237	1.9
사하라이남 아프리카	49	1,077	4.3
남미 및 카리브 해	16	6,768	0.2
동아시아 및 태평양 연안	5	2,644	0.2
남아시아	8	963	0.8
유럽 및 중앙아시아	19	7,350	0.2

출처 : World Bank, *World Development Indicators, 2010* (Washington, D.C.: World Bank, 2010), tabs. 1.1 and 6.16.

원조 제공 이유

다른 무엇보다 먼저 원조의 제공이 자신들의 정치적, 전략적 또는 경제적 이익에 부합되기 때문에 원조를 제공하는 정부는 원조를 한다. 일부 개발원조가 불행한 사람을 도우려는 도덕적 그리고 인도적 바람(예 : 긴급식량구호와 의료 프로그램)에 의해 동기가 유발될 수 있지만, 그리고 이는 확실히 21세기의 첫 10년 동안의 원조 증가에 대한 국제적 수사였는데, 이는 보통 시민들은 종종 그들의 지도자들보다 더 자선을 베푼다는 사실을 반영하는 것일 수 있다. 그러나 오랫동안 원조를 제공하는 나라들이 어떤 상응하는 혜택(정치적, 경제적, 군사적, 반테러리즘, 마약퇴치 등)을 대가로 기대하지 않고 다른 나라들을 도왔을 것 같지는 않다. 여기서는 두 가지 넓은 그러나 종종 서로 관련되는 범주인 정치적 그리고 경제적 범주에서 제공국의 해외원조 동기에 초점을 맞춘다.

정치적 동기   정치적 동기는 원조제공국, 특히 가장 큰 원조제공국인 미국에게는 단연코 더 중요했다. 미국은 처음부터, 즉 전쟁으로 파괴된 서부유럽 경제를 재건하려는 목적을 가졌던 마셜플랜하의 1940년대 후반부터 해외원조를 공산주의의 국제적 파급을 억제하는 수단으로 간주했다. 1950년대 중반 냉전(Cold War)의 이해 균형이 유럽으로부터 개발도상국 진영으로 이동하자, 미국 원조 프로그램에 내재된 봉쇄정책은 특히 지리적으로 전략적이라고 간주되는 '우호적인' 개발도상국에 대한 정치, 경제, 그리고 군사적 지원으로 중심이 이동했다. 따라서 개발도상국에 대한 대부분의 원조 프로그램은 장기적 사회 및 경제발전을 촉진하기보다는 그들의 안보 확보와 때때로 불안정한 체제의 지탱을 지향하게 되었다. 2001년 이후 이슬람국가들로의 초점의 갱신과 함께, 1950년대와 1960년대에 남아시아로부터 동남아시아, 남미, 중동, 그리고 다시 동남아시아, 그 뒤 1970년대 말에 아프리카와 페르시아 만, 1980년대에 카리브 해와 중남미, 1990년대에 러시아, 보스니아, 우크라이나, 그리고 중동으로 중심이 지속적으로 이동했다는 것은 빈곤 문제와 경제적 필요에 대한 평가가 변화했다기보다는 미국의 전략적, 정치적, 안보 및 경제적 이해가 변했음을 반영했다. HIV에 대한 원조를 포함한 공중보건 위기에 처한 아프리카 국가에의 원조가 최근 증가한 것은 부분적으로 질병이 국제적으로 파급되거나 또는 불안정한 국가의 붕괴와 테러리스트의 피난처로 이어질지 모른다는 우려 때문일 수 있다. 해외의 빈곤을 줄이려는 또 다른 동기는 난민들과 기타 이주자들의 흐름을 방지하거나 감소시키기 위한 것일 수 있다.

1960년대 초반 남미의 경제발전을 촉진한다는 엄청난 환호와 고상한 수사어로 출범했던 진보를 위한 동맹(Alliance for Progress)조차도 주로 쿠바에서 카스트로(Fidel Castro)의 등장과 다른 남미 국가들의 공산주의 탈취위협에 대한 직접적인 반응으로 형성되었다. 안보이슈가 그 위급함을 상실하고 다른 더 급한 문제(베트남 전쟁, 미국에서의 폭력 증가 등)가 주목을 받게 되자 진보를 위한 동맹은 정체되었고 흐지부지되기 시작했다. 초점은 단순히 원조가 원조 제공국의 이해를 증가시키려는 수단으로 주로 간주되는 곳에서는 기금의 흐름이 잠재적 원조 수혜국의 상대적인 필요가 아니라 원조 제공국의 국제정세 변화에 대한 정치적 평가에 따라 변하는 경향이 있다는 것이다.

일본, 영국, 프랑스 같은 주요 원조 제공국들의 행태도 미국과 유사했다. 비록 예외가 인용되긴 하지만(스웨덴, 덴마크, 네덜란드, 노르웨이, 그리고 아마도 캐나다), 대체로 서구 원조 제공국들은 해외원조를 개발도상국들에 자신들이 인식하는 그 존재의 지속이 자신들의 국가안보 이해관계에 부합하는 우호적인 정치체제가 지탱되거나 뒷받침되기 위한 정치적 지렛대로 사용했다. 2005년 영국에서 개최되었던 G8 정상회담에 뒤이은 기간 동안에 재연된 극단적 빈곤에 대한 수사적인 초점이 원조를 우선시하는 데 있어서의 역사적인 변화에 얼마만큼이나 전조가 될지는 여전히 살펴봐야 하겠지만 정치 및 상업적 고려가 매우 중요한 채로 남아 있을 것이라는 데는 의심의 여지가 없다.

경제적 동기 : 투갭 모형과 기타 기준 광범위한 정치적, 전략적 우선순위의 맥락 속에 선진국들의 해외원조 프로그램은 강력한 경제적 정당성을 갖고 있었다. 이는 상당한 민간투자 및 확대된 무역관계를 갖고 있는 이웃 아시아 국가들에 원조의 대부분을 할애한 일본의 경우에 특히 현저하다. 다른 원조 제공국들의 경우에는 정치적 동기가 다른 무엇보다 중요했더라도 적어도 겉으로는 경제적 정당성이 이를 넘어서는 원조의 동기로 언급되었다.

해외원조를 지지하기 위해 제시된 주요 경제적 주장을 검토하기로 하자.

외환 제약 외부금융(대출금과 보조금 모두)이 저축 또는 외환 병목현상을 해소하기 위해 국내자원을 보완하는 데 중요한 역할을 할 수 있다. 이것이 이른바 해외원조의 투갭 분석이다.[27] **투갭 모형**(two-gap model)의 기본적인 주장은 대부분의 개발도상국들은 투자기회를 충족시키기 위한 국내저축의 부족 또는 필요한 자본재 및 중간재의 수입액을 조달하기 위한 외환 부족에 직면한다는 것이다. 기본적인 투갭 및 유사한 모형들은 **저축 갭**(savings gap, 국내 실질자원)과 **외환 갭**(foreign-exchange gap)은 그 크기가 동일하지 않으며 본질적으로 독립적이라고 가정한다. 이는 투갭 중 어느 하나가 일정 시점에 어떤 개발도상국이라도 '구속력'을 가질 것임을 암시한다. 예를 들어 저축 갭이 우세하면 이는 성장이 국내투자에 의해 제약을 받는다는 것을 나타내게 된다. 해외저축이 국내저축을 보충하기 위해 사용될 수 있다. (그러나 저축 부족에 처한 국가의 의사결정자들은 국내 또는 해외로부터 구입되는 소비재로부터 자본재로 구매력을 전환할 수 없거나 또는 그럴 의도가 없다. 결과적으로 해외원조를 포함한 '초과' 외환은 사치소비재를 수입하는 데 쓰일 수 있다.) 저축 갭 국가들의 대표적인 사례는 1970년대 아랍 석유수출국들이다.

외환 갭이 구속력을 가질 때 개발도상국은 초과생산자원(대부분이 노동)을 갖고 있으며, 이용 가능한 모든 외환은 수입을 위해 사용된다. 보완적인 국내자원의 존재가 만약 그들이 새로운 자본재를 수입하기 위한 외부금융 및 관련된 기술원조를 갖고 있다면 그들로 하여금 새로운 투자 프로젝트에 착수하도록 허용한다. 그러므로 해외원조는 외환제약을 극복하고 실질경제성장률을 증가시키는 데 결정적으로 중요한 역할을 할 수 있다.

대수적으로 단순한 투갭 모형은 다음과 같이 형성될 수 있다.

1. **저축 제약 또는 갭** 자본유입(수입과 수출의 차이)에 투자 가능한 자원(국내저축)을 더한 항등식으로부터 출발하면, 저축-투자 제약은 다음과 같이 나타낼 수 있다.

투갭 모형
어느 것이 경제성장에 대한 구속력 있는 제약인지를 결정하는 저축과 외환 갭을 비교하는 해외원조 모형

저축 갭
국내저축을 넘어서는 국내투자기회의 초과분으로 투자가 이용 가능한 외환에 의해 제한되도록 함

외환 갭
계획된 무역적자가 자본유입의 가치를 초과한 결과 나타나는 부족분으로 생산량 증가가 자본재 수입을 위한 이용 가능한 외환에 의해 제한되도록 함

$$I \leq F + sY \qquad\qquad (14.1)$$

여기서 F는 자본유입액이다. 만약 자본유입 F에 국내저축 sY를 더한 액수가 국내투자 I를 초과하고 경제가 완전가동(full capacity) 상태에 있으면 저축 갭이 존재한다고 말한다.

2. **외환 제약 또는 갭** 만약 개발도상국 투자가 (전형적으로 30~60%의 범위에 있는) 한계수입비중(marginal import share) m_1을 갖고 있으며, (보통 약 10~15%인) 비투자 GNI 1단위당 한계수입성향(marginal propensity to import)이 파라미터 m_2로 주어진다면 외환 제약 또는 갭은 다음과 같이 표현될 수 있다.

$$(m_1 - m_2)I + m_2Y - E \leq F \qquad\qquad (14.2)$$

여기서 E는 외생적인 수출 수준이다.

F항이 두 불균등제약식 모두에 포함되어 있고 분석에서 결정적으로 중요한 요소가 된다. 만약 F, E, 그리고 Y가 처음에 외생적으로 주어진 현재의 금액이라면 두 부등식 중 오로지 하나만 구속력이 있음이 입증될 것이다. 즉 투자(그러므로 산출량 증가율)는 두 부등식 중 하나에 의해 낮은 수준으로 제약을 받을 것이다. 따라서 나라들은 저축 또는 외환 제약이 구속력을 갖는지에 따라 분류될 수 있다. 해외원조 분석의 관점에서 더욱 중요한 것은 자본유입의 증가가 미치는 영향은 저축 갭[식 (14.1)]보다는 외환 갭[식 (14.2)]이 제약조건이 될 때 더 클 것이라는 것이다. 투갭 모형은 해외원조가 개발도상국에서 투자와 성장에 미치는 상대적인 영향의 대략적인 추정치를 제공하는 데 사용되었다.

문제는 그러한 갭의 예측이 매우 기계적이며 수입관련 파라미터를 고정시키고 수출과 순자본유입에 외생적인 수치를 부여할 필요성에 의해 스스로 제약을 받는다는 것이다. 선진국과 개발도상국 사이의 무역관계를 자유화시키는 것이 해외원조보다 외환 갭을 완화시키는 데 더 기여하기 때문에 수출의 경우 외생적인 수치를 부여하는 것은 특히 제약을 가한다. 식 (14.2)에서 E와 F는 서로 대체할 수 있다고 하더라도, 특히 F가 상환해야 할 이자가 발생하는 대출을 나타내는 경우에는 E와 F는 상당히 다른 간접적인 효과를 갖고 있다. 따라서 선진국과 개발도상국에서 정부정책을 통해 수입과 수출관련 파라미터를 변경하면 저축 제약 또는 외환 제약 중어떤 제약이 국가산출량의 더 이상의 증가를 제약하는지에 심각한 영향을 미칠 수 있다. 셋째, 투자를 위한 국내저축의 이용 가능성과 자본재 수입을 위한 외환의 이용 가능성은 도로와 다른 형태 인프라 또는 인적자본에 대한 보완적인 공공투자 없이는 민간부문 투자와 성장에 거의 영향을 미칠 수 없기 때문에 **재정 갭**(fiscal gap) 또한 중요할 수 있다. 그러나 그러한 정부투자는 스스로를 성공할 수 있도록 만들 만큼 충분히 민간투자로부터의 수익률을 높일 수 있다.

세 갭 모형은 왜 구조조정 기간 동안 성장이 통상적으로 이루어지지 못하는지를 이해하는데 있어서 이를 설명하기 위해 사용되었다.[28]

성장과 저축 외부원조는 또한 추가 국내저축이 유발시킨다고 추정되는 더 높은 성장률의 결과 추가적인 국내저축을 발생시킴으로써 발전 과정을 활성화하고 가속화한다고 가정된다. 궁극적으로 국내자원이 스스로 발전을 지속하기에 충분해짐에 따라 양여조건 원조의 필요성이

재정 갭

민간투자에 대해 보완적인, 즉 민간투자로부터의 수익률을 증가시키는 인프라와 인적자본을 포함하는 정부투자의 부족분

사라지기를 희망하게 된다. 현실적으로는 원조의 많은 부분이 투자되지 않으며, 만약 투자된 다고 하더라도 그 투자의 생산성은 종종 매우 낮다.[29] 그러나 이렇게 되는 주요 이유에는 해외 원조에 부수되는 바로 '부대조건(string)'이 있다.

기술원조   원조자금이 경제성장을 위해 매우 효율적으로 사용되는 것을 보장하기 위해 고수 준의 근로자 이전의 형태로 금융원조는 **기술원조**(technical assistance)에 의해 보충될 필요가 있다. 따라서 이러한 숙련 갭을 메우는 과정은 앞에서 언급한 금융 갭을 메우는 과정과 유사 하다. 발전의 영향이 지속되도록 나타나기 위해서는 원조수혜국에서 훈련에 초점을 맞추는 것이 요구된다.

흡수역량   마지막으로 원조액수는 원조수혜국의 **흡수역량**(absorptive capacity), 즉 원조자금 을 현명하고 생산적으로 쓸 수 있는 (종종 원조제공국이 자금이 사용되기를 원하는 대로를 뜻 하는) 능력과 관련지어 고려되어야 한다. 전형적으로 (특히 최빈국들의 경우) 국내 흡수역량 에 대한 자신들의 평가에 기초하여 원조제공국들은 어떤 개발도상국들이 원조를 받아야 하는 지, 얼마를, 어떤 형태(대출금 또는 보조금, 금융 또는 기술원조), 어떤 목적, 그리고 어떤 조 건으로 할지 결정한다. 그러나 인프라 건설 또는 (예 : 정부 관료 또는 보건 또는 교육 근로자 들의) 훈련을 위한 자원과 같이 많은 형태의 원조는 그 자체로 흡수역량을 증가시킨다. 한 원 조제공국이 전통적인 원조를 사용할 어떤 나라의 능력에 대한 제약으로 간주하는 것을 다른 원조제공국은 새로운 형태의 원조로 더 레버리지적인 영향을 미칠 기회로 간주한다고 알려져 왔다.[30] 어떤 경우든 실제로 총원조액은 개발도상국의 흡수역량과는 거의 관련이 없는데, 이 는 전형적으로 해외원조는 원조제공국의 지출에서 우수리이며 우선순위도 낮기 때문이다. 대 부분의 경우 원조수혜국은 이 문제에 대해 말할 수 있는 것이 거의 없다.

경제적 동기와 사리추구   성공적인 발전을 위한 결정적으로 중요한 요인으로서의 해외원조를 옹호하는 주장은 엄밀한 경제적 측면에서조차도 원조 프로그램들의 결과 결정적인 이익은 원 조제공국에 귀착된다는 사실을 감춰서는 안 된다. 완전한 보조금 대신 이자가 발생하는 대출 금을 제공하고 원조제공국의 수출에 원조를 연계하는 경향이 강하다는 것은 많은 나라, 특히 최빈국들에게 상당한 부채상환 부담을 지워 왔다. 원조제공국의 수출에 연계된 원조는 저비 용의 적절한 자본재와 중간재를 구입하는 원조수혜국의 자유를 제한하기 때문에 이는 또한 그 들의 수입비용을 증가시킨다. 이러한 의미에서 **연계원조**(tied aid)는 분명히 연계되지 않은 원 조에 비해(그리고 아마도 또한 선진국의 수입장벽 감소를 통한 자유무역에 비해서도) 차선책 이다. 예를 들어 미국 원조의 상당 부분은 미국 컨설턴트와 기타 미국 기업에 지불되었다.[31]

원조수혜국이 원조를 받는 이유

개발도상국들이 심지어 그 가장 엄격하고 제약적인 형태라도 보통 원조를 받으려 간절히 바 랐던 이유는 원조제공국들이 원조를 제공한 이유에 비해 훨씬 덜 관심을 받았다. 주요 이유는 아마도 경제일 것이다. 개발도상국들은 원조가 발전 과정의 중요하고 필수적인 요소라는 전 형적으로 선진국 경제학자들에 의해 전개되고 더 많은 실패를 제외하고 대만과 한국 같은 성

기술원조
전문인력, 기술자, 과학자, 교육자, 그리고 경제 전문가 이전의 형태 를 취하는 (양자 또는 다자 간) 해 외원조, 그리고 특히 단순한 자금 의 이전이 아니라 국내인력을 훈 련시키는 데의 그 사용

흡수역량
(자금을 생산적인 방법으로 사용하 기 위해) 해외 사적 또는 공적 금융 원조를 흡수할 한 국가의 능력

연계원조
원조수혜국으로 하여금 원조제공 국으로부터 재화 또는 서비스를 구입하는 데 기금을 사용하도록 요구하는 양자 간 대출금 또는 보 조금 형태의 해외원조

공경험의 참조에 의해 지지되는 명제를 종종 받아들이는 경향이 있다. 원조는 희소한 국내자원을 보충하고, 경제를 구조적으로 변환하는 데 도움을 주며, 경제성장에 기여한다. 따라서 원조의 경제적 정당성은 부분적으로 경제발전을 촉진하기 위해 가난한 나라들이 무엇을 필요로 하는지에 대한 원조제공국들의 인식을 가난한 나라들이 받아들이는 것을 기초로 한다.

그러므로 원조의 역할에 대한 어떤 이견이 아니라 그 액수와 조건에 관해서 다툼이 일반적으로 발생한다. 당연히 어떤 개발도상국이라도 완전한 보조금 또는 최소한도의 부대조건이 붙은 장기 저비용 대출금의 형태로 더 많은 원조를 받고 싶어 한다. 이는 원조를 원조제공국들의 수출에 연계하지 않고, 원조수혜국들에게 스스로 자신들의 장기 발전 이해관계에 최선인 것을 결정하는 데 있어 더 큰 재량권을 부여하는 것을 의미한다. 불행히도 이러한 형태로 제공되는 많은 원조는 화려하지만 비생산적인 프로젝트(예 : 정교한 의사당 건물, 과도하게 큰 공항)에 낭비되거나 또는 부패한 정부 관료와 그들의 동료들에 의해 실제로 약탈당했다. 해외원조가 자원을 낭비하고, 부패한 체제를 강화하며, 가난한 사람을 희생하여 부유한 사람에 의해 전용된다는 해외원조의 역사적 유형에 대한 많은 비판들은 정당화된다. 과거 몇몇 수혜국들은 해외원조가 주어졌고 자신들이 책임이 없었다는 단순한 이유 때문에 원조를 받아들였다. 몇 명 안 되는 지도자들은 아마도 1990년대 모잠비크를 설명하는 것처럼 빈곤 감소를 추구하기 위해 온갖 수단을 다하기를 단순히 원한다. 그러한 사람들은 소수였다. 반부패운동을 포함하여 민주주의, 언론자유, 그리고 법에 의한 통치의 파급이 원조의 효과에 미치는 영향은 미결 문제로 남아 있다.

둘째, 몇몇 나라에서는 원조가 기존의 정부가 반대파를 억누르고 자신의 권력을 유지하는 더 강력한 정치적 지렛대를 제공하는 것으로 원조제공국과 원조수혜국 모두에게 간주된다. 그러한 경우 원조는 금융자원의 이전뿐만 아니라 군대 및 내부보안 강화의 형태를 취한다. 이러한 현상은 1980년대 중앙아메리카에서 명백히 나타났다. 문제는 일단 원조가 받아들여지면 원조제공국에 대한 은연중의 정치적 또는 경제적 의무로부터 스스로를 벗어나도록 하고 원조제공국 정부가 자신들의 국내 문제에 간섭하는 것을 방지하는 원조수혜국 정부의 능력이 크게 감소될 수 있다는 것이다.

마지막으로 부자의 가난한 자의 복지에 대한 기본적인 인도적 의무를 근거로 한 것인지, 아니면 부유한 나라들은 가난한 나라들에 과거의 착취에 대한 배상을 빚지고 있다는 믿음 때문인지와 관계없이, 선진국과 개발도상국 모두의 해외원조에 대한 많은 옹호자들은 부유한 나라들은 특히 최빈국의 경제 및 사회발전을 지원할 의무가 있다고 믿는다. 그들은 종종 이러한 도덕적 의무를 원조자금의 배분과 사용에 원조수혜 개발도상국들이 더 큰 선택의 자유를 가져야 할 필요성과 연관시킨다.

요약하면 의심할 여지없이 최빈국들은 빈곤의 악순환으로부터 탈출하기 위해 더 많은 원조를 필요로 할 것이지만, 그 효과를 보장하기 위해서는 신선한 접근법이 필요하다.

원조에 있어 비정부기구의 역할

개발원조 분야에서 가장 빨리 증가하고 있는 매우 중요한 요인 중 하나는 민간 **비정부기구**

비정부기구
개발도상국에 금융 및 기술원조를 제공하는 데 종종 관여하는 비영리조직

(nongovernmental organization, NGO)를 통해 제공되는 원조이다. 제11장에서 주목했던 바와 같이, 비정부기구는 개발도상국에서 대부분의 현지 풀뿌리조직과 함께 그리고 그 조직을 대신하여 일하는 자발적인 조직이다. 그들은 또한 긴급구호 제공, 어린이 건강보호, 여성권리 신장, 빈곤 감소, 환경보호, 식량생산 증대, 그리고 농촌의 소규모 농부와 지역기업에게 신용제공 같은 다양한 관심을 가진 국내 및 국제적 특정 이해집단을 대표한다. 비정부기구는 도로, 주택, 병원, 그리고 학교를 건설한다. 그들은 가족계획센터와 피난민 캠프에서 일한다. 그들은 학교와 대학에서 가르치고 농장수확 증가에 관한 연구를 수행한다.[32]

비정부기구는 종교단체, 민간자선단체, 연구조직, 그리고 헌신적인 의사, 간호사, 엔지니어, 농업과학자, 경제학자의 연맹체를 포함한다. 많은 비정부기구가 풀뿌리농촌개발 프로젝트를 위해 직접 일하며, 다른 비정부기구는 굶거나 일자리를 잃은 사람들을 위한 구호노력에 초점을 맞추고 있다. 몇몇 친숙한 비정부기구에는 세이브더칠드런(Save the Children), 케어(CARE), 옥스팜(Oxfam), 플랜드페어런트후드(Planned Parenthood), 국경 없는 의사회(Doctors without Borders), 월드비전(World Vision), 세계야생동물기금(World Wildlife Fund, 세계자연기금으로 개명), 해비타트(Habitat for Humanity), 아프리케어(Africare), 하이퍼(Heifer), 크리스천 에이아이디(Christian Aid), 프로젝트호프(Project HOPE), 국제사면위원회(Amnesty International)가 포함된다. 개발도상국에서의 원조활동을 위한 선진국 비정부기구를 통한 모금은 1970년 단지 10억 달러 미만으로부터 2008년 230억 달러를 초과하는 수준으로 증가했다.[33] 많은 비정부기구가 개발도상국 관계단체 또는 자신들이 지원하는 기타 현지 단체에게 현지 통제권을 이양했다. 차츰 방글라데시의 브락(BRAC)과 같은 토착 비정부기구가 국제원조에 적극적이 되었다(제11장 사례연구 참조).

비정부기구는 두 가지 중요한 장점을 갖고 있다. 첫째, 정치적 강제성에 제약을 덜 받기 때문에 대부분의 비정부기구는 대규모의 양자 및 다자 간 원조 프로그램이 할 수 있는 것보다 자신들이 도움을 주려는 사람들과 현지 수준에서 훨씬 더 효과적으로 일할 수 있다. 둘째, 현지 시민단체와 함께 직접 일함으로써 많은 비정부기구는 자신들의 도움이 진지하지 않거나 단기적일 가능성이 있을 것이라는 자신들이 도우려는 대부분의 가난한 사람들의 의심과 냉소를 잘 회피할 수 있다. 개발도상국에서 비정부기구는 약 2억 5,000만 명의 삶에 영향을 주고 있다고 추정되는데, 그들의 목소리가 선진국 정부기관과 발전을 위한 국제회의에서 점차 경청되고 있다는 사실은 해외원조의 성격과 초점이 빠르게 변하고 있음을 명백히 한다. 비정부기구는 정부 및 민간부문과 비교하여 여러 기타 중요한 비교우위를 갖고 있지만, 또한 때때로 제11장에서 자세하게 설명한 바와 같이 (이러한 민간자원봉사기관과 관련된) '자발적 실패(voluntary failure)'라 불리는 몇몇 심각한 한계도 갖고 있다. 한 가지 중요한 질문은 국제비정부기구가 자신들의 지식과 역량을 국내비정부기구와 기타 공동체를 기반으로 한 조직에 지속적으로 이전할 수 있는지 여부다.[34]

원조의 효과

원조, 특히 공적원조의 경제적 효과에 관한 이슈는 민간해외투자의 효과에 관한 이슈와 같이 이견으로 가득하다.[35] 한편에는 원조가 많은 개발도상국들에서 실제로 성장과 구조전환을 촉진했다고 주장하는 경제적 전통주의자들이 있다.[36] 다른 편에는 원조가 더 빠른 성장을 촉진하지 않고, 국내저축과 투자를 보충하기보다는 대체시킴으로써, 그리고 부채상환 의무의 증가(비록 인하된 이자율이긴 하더라도 원조가 대출금의 형태를 취할 때) 및 원조의 원조제공국 수출에의 연계로 인해 국제수지적자를 악화시킴으로써 실제로 성장을 지연시킬 수 있다고 주장하는 비판자들이 있다.

공식적인 원조는 현대부문에 초점을 맞추고 그 성장을 자극함으로써 개발도상국에서 빈부의 생활수준격차를 증가시킨다고 더욱 비판받는다. 일부 좌파 비판자들은 심지어 해외원조는 저축 감소를 통해 성장을 지연시키고 또 소득불균등을 악화시킨다는 의미에서 반발전(antidevelopment) 요인이었다고까지 주장한다.[37] 경제적 애로를 완화하고 갭을 메우기보다는 원조 그리고 그 문제에 있어서는 민간해외투자도 기존의 저축 및 외환 자원 갭을 확대할 뿐만 아니라 심지어 새로운 갭(예 : 도시-농촌 또는 현대부문-전통부문 갭)을 창출할 수 있다. 우파 비판자들은 해외원조는 부패한 관료에 의해 대부분 약탈당하거나, 독창성을 말살시키거나, 일반적으로 원조수혜국의 복지에 관한 심적 상태를 위태롭게 했기 때문에 실패였다고 비난한다.[38]

그러나 새로운 세기에 가장 바람직한 발전 중 하나는 개발원조의 영향에 대한 엄격한 테스트를 강조하게 된 것이었다. 2005년 국제발전에 관심을 가진 국가 및 다자기관의 관계자들이 파리에서 만나 원조의 효과를 감독하고 체계적으로 측정할 것을 더 강화하는 데 합의했다.[39] 이러한 강화된 정책에 수반하여 프로그램 평가의 가치를 점점 더 엄격히 받아들이게 되었다. 한 가지 주요한 추세는 무작위 시도를 통한 평가를 장려하는 것이다.[40] 분명히 모든 가치 있는 개발활동이 이러한 방법으로 연구될 수 있는 것은 아니지만, 이러한 방법은 관련된 발전경제학의 질문으로부터 따라와야만 하며, 제기된 질문의 주운전자가 될 수는 없다.[41] 지역적인 실험을 조건이 상이한 다른 지역으로까지 일반화하는 것은 종종 어려운데, 이는 외적타당성 문제(external validity problem)로 알려져 있다. 그러나 가능하고 적합한 때에는 임의적인 시도가 강력한 방법이다. 최근 몇 년 동안 임의화는 점점 더 넓은 범위의 교육, 건강, 미소금융, 그리고 사회복지 프로그램들을 연구하기 위해 적용되었다.[42]

마지막으로 많은 비판자들은 FDI 수량이 현재 해외원조 흐름의 15배 이상임을 주목해 왔다. 이는 중요한 추세이다. 반면에 취약한 국가들을 포함하는 원조가 가장 필요한 많은 나라에서 원조는 FDI보다 더 큰 채로 남아 있다. 실제로 FDI는 원조가 덜 필요한 나라들로 흐르고 있다. 그리고 자본도피는 취약하고 물리적 충돌에 시달리는 나라들에서 만성적인 문제다. 더욱이 어떤 나라로의 FDI 흐름이 그 원조 흐름보다 훨씬 높은 수준이더라도 이는 분명히 투자가 경제발전 또는 빈곤에 미치는 영향이 또한 원조에 비해 비례적으로 더 높은 수준이라는 것을 의미하지는 않는다.[43]

수년 동안의 원조 비관론 이후 대중이 점차 원조를 위한 정부예산의 증가와 비정부기구들을 통한 개발원조의 기부를 기꺼이 지지할 용의가 있다는 것을 여론조사는 보여줘 왔으며, 많은 최빈국, 특히 사하라이남 아프리카에서의 발전의 위기는 더 많은 개발원조를 지지하는 대중의 의견을 이끌어냈다. 여론조사 수치들은 원조에 대한 대중 지지의 호전이 최근의 글로벌 금융위기 이후 적어도 일시적으로 약화되었다는 것을 암시하고 있다.

극심한 빈곤을 감소시키기 위한 원조 확대에 대한 관심, 특히 유엔 2010년 밀레니엄개발목표회의에서의 49개 최빈국에 대한 그러한 초점의 증가, 파리선언(Paris Declaration) 이래 형태를 더 갖췄던 원조의 신뢰성 및 평가의 개선, 그리고 약간의 자원 증가는 원조가 더 효과적이 되고 빈곤하게 사는 사람들에 좀 더 목표를 둘 것이라는 희망적인 조짐이다. 그리고 해외원조는 또한 물리적 충돌의 해결, 충돌 후의 회복, 그리고 재개된 발전으로의 이행에 도움을 주는 데 결정적으로 중요한 역할을 담당했다. 다음 절에서는 개발도상국에서의 폭력적 충돌의 문제를 배울 것이다.

14.5 물리적 충돌과 발전

폭력적 충돌과 충돌위험의 범위

육체적 안전은 인간 역량의 토대이며 안전의 확보는 발전을 위한 모든 제도의 가장 근본일 수 있다. 폭력적 충돌은 많은 가난한 나라에서 진전을 퇴보시켰다. 물리적 충돌과 그 후유증에 대한 공포 이외에도 미래의 물리적 충돌 가능성에 대한 기대와 그러한 충돌이 어떻게 해결될 수 있는지 또는 이러한 환경에서 높은 수준의 성장이 어떻게 재개될 수 있는지에 대한 의구심에 의해 경제적 해가 또한 야기될 수 있다. 예를 들어 이러한 불확실성은 투자와 기업가정신을 위축시키고 두뇌유출을 가속화할 수 있다. 따라서 폭력적 충돌의 결과, 원인, 잠재적 치료 및 예방책에 관한 연구와 그러한 충돌로 이어질 수 있는 여건의 개선은 경제발전 분야의 중요한 부분이 되었다.

폭력적 충돌의 빈도와 강도는 제2차 세계대전의 종전 이후 거의 50년 동안 증가해 1990년대 초에 최고조에 도달했다. 그 이래 그러한 충돌은 시간이 흐름에 따른 크기를 조정한 폭력적 충돌의 발생을 요약한 〈그림 14.5〉에서 보이는 바와 같이 크게 감소했다. 그러나 사회의 전투, 특히 민족 간의 전쟁의 강도와 결과는 1960년대와 비슷한, 받아들여질 수 없는 높은 수준인 채로 남아 있다.

최근 몇 년 동안 아프리카의 무력분쟁에서 고무적인 감소가 있었다. 그러나 사회의 물리적 충돌이 최빈국에서 더 일상적으로 발생하는 추세는 더 길고 어려운 분쟁 후 재건기간과 국가의 허약성이라는 결과를 가져왔다. 회복을 위한 노력은 파괴된 인프라 및 주택, 환경쇠퇴, 보건 및 교육의 붕괴, 혼수상태의 희생자를 지원하는 서비스 결여, 그리고 사회자본의 일반손실에 더 자주 초점을 맞췄다.[44] 따라서 재개된 분쟁의 비용이 매우 높아 예방을 그 어느 때보다 더욱 중요하게 만들고 있다.

무력분쟁의 결과

폭력적 충돌은 분명하게 예상치 못한 방법으로 건강에 해를 끼친다. 폭력에 관련되지 않은 사람들도 부모가 생명을 잃거나 피난민이 되어 자녀들이 일을 할 수밖에 없다면 거의 즉각적으

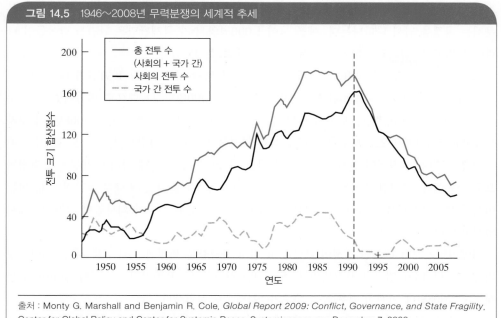

그림 14.5 1946~2008년 무력분쟁의 세계적 추세

출처 : Monty G. Marshall and Benjamin R. Cole, *Global Report 2009: Conflict, Governance, and State Fragility*, Center for Global Policy and Center for Systemic Peace, Systemicpeace.org, December 7, 2009.

로 영향을 받을 수 있다. 이러한 결과로부터의 회복은 몇 년이 걸릴 수 있다. 물리적 충돌은 어린이들이 자신들의 형성에 가장 중요한 기간에 학교교육을 놓치도록 만들 수 있으며, 일생에 걸쳐 그들의 복지에 해를 끼친다. 그리고 또한 파괴된 사회조직을 수선하는 데 여러 해가 걸린다. 또한 파괴된 몰락에 대해 완충작용을 하는 데 도움이 되는 사회조직이 파괴되면 그 수리에 수년이 걸릴 수 있다.

건강 전쟁의 즉각적인 효과는 가장 가시적이다. 우선 주로 전투 자체의 결과 여성보다 더 많은 남성이 사망한다. 시간이 흐름에 따라 오래 지속되는 결과에 훨씬 많은 고통을 당함에 따라 더 많은 여성이 사망한다. 산모사망률은 놀라울 정도로 높을 수 있는데, 콩고민주공화국과 같은 분쟁지역에서는 3%로 추정된다.[45] 학자들은 분쟁의 장기적 효과는 여성에게 가장 크게 영향을 미쳐 그들의 보건, 사회복지 서비스, 교육에의 접근을 줄이게 된다는 것을 밝혔다.[46]

강간은 테러의 무기가 되었다. 많은 희생자들이 강간을 위한 습격 시에 사망하며 더 많은 사람들이 AIDS와 만성적 우울증을 포함하는 장기적 건강결과로 고통을 당하고 있다. 비르켈란(Nina Birkeland)이 요약한 바와 같이 "민족 차원의 분쟁에서 체계적인 강간이 인구를 불안정하게 만들고 공동체와 가족의 연대를 파괴하기 위해 일상적으로 사용되었다."[47] 피난민 어린이와 여성들이 강간과 성적착취의 위험에 크게 노출되어 있다.

이 외에도 플럼퍼와 노이마이어(Thomas Plumper and Eric Neumayer)는 "임시 피난민 텐트 캠프에 … 설사, 홍역, 급성호흡기질환, 그리고 말라리아 같은 전염병과 HIV/AIDS를 포함한 성병이 더 쉽게 퍼지며, 종종 유행병으로 바뀌고 있다"고 보고한다.[48] 허약해진 피난민들은 정상적인 환경 아래에서는 걸리지 않고, 더 휴식을 취하고 더 영양을 섭취하며 스트레스를 덜 받는 여건 아래에서는 생존했을지 모르는 질병으로 인해 훨씬 높은 비율로 사망한다. 문제는 국경을 넘어 나타나는데, 예를 들어 1,000명의 추가 국제난민은 난민을 받아들인 나라에 1,400건의 말라리아를 추가로 유발하는 것으로 추정되었다.[49]

모잠비크는 포르투갈 식민주의자들이 최종적으로 떠난 이후 1975~1991년의 내전으로 인해 크게 고통을 받았다. 1990년 5세 미만 사망률이 1,000명당 249명으로 최악이었는데, 주요 분쟁기간인 1980년대에 보고된 몇몇 수치보다는 훨씬 낮은 수준이었다. 2008년 이 숫자는 1,000명당 130명으로 하락하여 17개 다른 나라들에 비해 낮아졌으며, 아직도 갈 길이 매우 멀긴 하지만 실질적인 진전이 있었다.[50] 아동 사망률을 낮추는 데 있어 국제원조가 결정적으로 중요했다. 그러한 원조는 건강개선이 또한 국가의 우선순위일 때 매우 효과적인데, 이는 이전에 보건부장관을 지냈고 1994년부터 2004년까지 재임한 수상이 의사였던 모잠비크에서 명백히 나타난 사실이었다.[51]

시에라리온에서 1999년 전쟁이 끝났을 때 산모 사망률은 세계에서 최악 중 하나인 10만 명의 출생자당 1,800명으로 보고되었다. 5세 미만 사망률은 1,000명의 출생자당 286명이었는데 이는 2008년에 여전히 매우 높은 수준인 194명으로 하락했다.[52]

공중보건 프로그램이 가장 필요한 때에 자금이 군사용으로 전환되었는데, IMF의 추정에 따르면 보건에 대한 정부지출은 폭력적 충돌의 기간 동안 연 8.6%로 하락한다.[53] 가계소득은 일반적으로 낮아지며, 따라서 사람들은 필요한 진료비를 또한 어렵게 지출해야만 한다.

어린이 영양에 미치는 분쟁의 장기적인 부정적 결과는 부룬디와 짐바브웨에 대한 연구에서 밝혀졌다. 장기적 건강결과는 분쟁의 성격에 좌우된다. 미래의 사망과 건강결과는 발생한 집단학살(폭력의 희생자가 보통 민족 또는 종교인 지역특성에 의해 구분되는 경우) 또는 정치적 살인(희생자가 지배집단이나 정부에 이념적으로 반대하는 사람들인 경우)보다 전장에서의 사망이 더 적을 것으로 예측된다는 증거가 있다.[54]

부의 파괴   폭력적 충돌은 자본을 파괴시키며, 파괴되지 않은 것 중 일부가 파괴적인 활동에 전용된다. 추가적인 부는 종종 해외로 유출된다. 한 연구는 잘사는 거주자들이 자신들의 부를 보호하려 함에 따라 분쟁의 시작과 종식 사이에 주로 자본도피로 국부의 1/10이 평균적으로 외국으로 이전된다는 것을 밝혔다.[55]

IMF 연구는 "1983~1996년 사이 스리랑카에서의 분쟁의 경제적 총비용은 1996년 자국 GDP의 2배인 약 42억 달러에 이른다"는 것을 밝혔다.[56] 내전이 시작되었을 때 니카라과의 1인당 소득은 이미 매우 낮은 수준인 4,276달러였다. 그러나 내전의 종료 시 1인당 소득은 단지 1,913달러로 하락했다. 이는 내전 이후 2.5%의 평균성장률과 비교할 때 1인당 소득의 약 6.5%의 연간하락을 나타내며, 부의 상대적 손실은 매년 거의 10%였다.[57]

일부 국가에서 전투는 매우 지역화되고 있다. 한 연구는 (추정할 충분한 데이터를 가진 나라들의 경우) 분쟁이 있는 나라들에서 전체적으로 −3.3%의 연평균 성장률을 발견했다.[58] 더욱이 "전형적인 내전이 끝날 때 소득은 내전이 없었을 때에 비해 약 15% 낮은 수준인데, 이는 약 30% 더 많은 사람들이 절대빈곤에서 살고 있다는 것을 의미한다.[59] 놀랄 것도 없이 분쟁은

실업의 증가를 초래한다.[60] 내전이 '발전의 역행'이라 불렸던 것도 놀랄 일이 아니다.[61]

기아와 빈곤의 악화 많은 분쟁국가에서 식량생산이 감소하는 것은 놀라운 일이 아니다. 한 설문조사는 연구대상 18개 분쟁국가 중 13개국에서 이러한 일이 발생했음을 밝혔다. 국제식량정책연구소(International Food Policy Research Institute)는 분쟁국가와 분쟁을 겪었던 국가에서 인구의 20% 이상이 보통 충분한 식량에 접근하지 못한다는 것을 발견했다(그리고 일부 경우 그 비율이 훨씬 높다). 인도적인 도움이 필요하다고 고려되는 수보다 훨씬 많은 사람들이 식량을 확보하지 못했다. 사하라이남 아프리카에서 1980년대와 1990년대 분쟁으로 인한 식량손실은 같은 기간 동안 받았던 모든 원조의 1/2 이상과 동일했다. 기아는 또한 전쟁의 무기이다. 전투원들은 식량공급을 단절시키고 반대편을 아사시켜 항복하도록 시도했으며, 또한 식량 원조를 훔치기도 한다.[62]

빈곤은 소득획득 기회의 감소를 통해 증가하지만 또한 전투의 직접적인 결과를 통해서도 증가한다. 가축을 죽이거나 내모는 것이 전쟁의 무기이다. 기타 가축들은 굶어죽을 수 있다. 모잠비크와 우간다에서 분쟁에 의해 영향을 받은 많은 사람들이 가축의 전부 또는 거의 전부를 잃었다. 기타 농경자원들도 강탈당할 수 있다. 매우 가난한 상당수가 자신들의 마을을 강제로 떠날 때 그들의 토지는 종종 그들을 내쫓았던 세력에 의해 전형적으로 점령당했다. 대부분의 경우 대다수는 자신들의 집과 재산을 찾지 못했다. 분쟁의 여파로 영향을 받은 지역은 운전자본의 부족으로부터 독성으로 오염된 자원 그리고 지뢰의 위험에 이르기까지의 이유 때문에 회복이 느릴 수 있다.[63] 특히 쫓겨난 미망인과 어린이의 권리는 종종 당국에 의해 무시된다. 재산분규를 해결할 기관은 기능을 하지 못하거나 전혀 설립되지 않았다.[64] 이러한 것들이 분쟁의 결과를 전투가 끝난 훨씬 후까지 연장시키는 요소들 중 일부이다.

교육손실 데이터가 이용 가능한 8개 분쟁국가에서, IMF는 분쟁기간 동안 교육지출이 매년 1인당 -4.3%의 비율로 감소했다는 것을 밝혔다. 더욱이 때때로 어린이들은 폭력의 위험 때문에 도보로 등교하는 위험을 감수할 수 없다. 그리고 정부군과 반군 모두 마을의 희망을 상징하는 학교를 파괴했다. 교육을 받는 대신 많은 어린이들이 생존을 위해 오랜 시간 일을 한다. 그리고 법을 지키지 않고 처벌받지 않는 여건하에 마약거래와 성노예를 위한 납치, 어린이의 무장, 그리고 기타 혐오스러운 조건들이 기록되고 있다. 우간다에서 무장을 위해 납치된 어린이에 대한 연구는 그들이 평균적으로 거의 1년의 학교교육을 잃어버렸음을 밝혔다. 많은 부상자의 발생과 결합되어 후일의 소득손실은 상당한 수준이다. 그러나 분쟁이 종결된 후에는 학교의 등록과 출석이 종종 크게 증가한다.[65]

사회조직의 파괴 폭력적 충돌 또는 임박한 위협은 피난민을 만드는데, 평균적으로 1,000명당 내전으로부터 64명, 쿠데타로부터 45명, 그리고 게릴라전으로부터 30명의 추가 피난민이 발생한다고 추정된다.[66] 유엔에 따르면 2008년 말에 '분쟁, 일반화된 폭력 또는 인권침해'로 인해 약 2,600만 명의 국내실향민(internally displaced persons, IDPs)이 존재했다. 그중 1/2 이상이 수단, 콜롬비아, 이라크, 콩고민주공화국, 그리고 소말리아 등 5개국 출신이었다. 이전 어떤 때보다도 더 많은 피난민이 존재하며, 또 다른 2,000만 명 이상이 모국을 떠나야만 했다. 실제로 내전의 영향은 종종 몇 년에 걸쳐서 국경을 맞댄 나라를 훨씬 넘어 수백 마일 떨어진 곳에서 느껴진다.[67] 그러나 국내실향민 수는 피난민들이 고향으로 돌아가는 동티모르와 우간다 같이 한때는 폭력적 충돌과 아주 밀접했던 몇몇 나라에서 크게 감소했다. 현재 세계 국내실향민의 절반 미만이 아프리카 출신이지만, 이 지역은 진전을 보이고 있다.[68]

콜롬비아와 많은 다른 국가에서 내전은 마약 갱들에게 아무런 처벌 없이 영역을 확대하고 종종 반군 또는 정부군과 정당치 못한 연합을 형성할 기회를 제공했다. 이는 법에 의한 통치의 붕괴로부터 중독자의 황폐한 삶에 이르기까지 사회조직의 추가 와해로 이어진다.

2010년 밀레니엄개발목표보고서에서 결론이 내려진 바와 같이 "무력분쟁은 인류의 안전과 어렵게 달성된 MDG 이득에 주요 위협인 채로 남아 있다." 많은 수의 피난민들이 자신들의 삶을 개선할 기회를 제한당한 채 캠프에 머물러 있다.[69]

무력분쟁의 원인과 분쟁의 위험요소

계량경제 분석 및 사례연구의 증거 모두는 분쟁은 저소득, 저성장, 중간 이상의 인구, 상당한 석유생산, 빈약한 제도, 높은 비중의 배제된 소수민족, 더 일반적인 민족분리, 기초자원에 대한 심각한 압박, 그리고 수출을 위한 고가치 상품으로부터의 이윤기회가 있는 나라에서 더 일상적이라는 것을 제시한다.[70] 앞으로 살펴보겠지만 다행스러운 뉴스는 (민족 또는 다른 방식으로) 다양한 대부분의 장소가 폭력적 충돌을 겪지 않았으며, 개인 간 불균등이 심한 장소에서도 보통 폭력적 충돌이 발생하지 않았다는 것이다. 따라서 폭력적 충돌은 단지 경제적인 것이 아니며 문화적인 것도 아니다. 문제는 사람들이 동일시하는 집단 간의 불균등이 높을 때 더 나빠지는 것처럼 보인다.

수평적 불균등 스튜어트(Frances Stewart)는 주요 '수평적 불균등(horizontal inequalities, HIs)'의 존재 또는 문화적으로 정의된 집단 간의 불균등이 물리적 충돌의 위험을 크게 증가시킨다고 제안한다.[71] 그녀는 "문화적 차이가 집단 간 경제 및 정치적 차이와 일치할 때 폭력적인 투쟁으로 이어질 수 있는 깊은 분노를 일으킬 수 있다"고 주장한다.[72] 그녀의 분석틀에서 "적어도 부분적으로 동시대의 폭력적 충돌을 설명하는 것은 문화적 차이와 문화적 구분을 따라 형성되는 정치 및 경제적 불균등의 조합이다." 그녀는 집단 간의 불균등은 코트디부아르, 르완다, 치아파스 주(州), 수단 등 여러 지역과 국가 사이의 분쟁에서 중요한 요소였음을 주목한다. 스튜어트는 코트디부아르에 대한 분석(제5장 끝부분의 사례연구 참조)을 통해 "물리적 충돌이 발생할 가능성이 큰 곳은 사회경제 및 정치적 수평적 불균등이 같은 **방향**으로 존재하는 곳이라고 제시하고 있다. 역으로 (말레이시아와 많은 기간 나이지리아에서와 같이) 한 집단이 정치적 권력을 갖고 다른 집단이 경제적으로 특혜를 받는 곳 또는 정부가 광범위하게 포괄적인 곳에서는 폭력적 충돌이 발생할 가능성이 낮은 것처럼 보인다"고 제안한다. 그녀는 "이러한 발견은 발전정책에 중요한 시사점들을 갖는다. 그것들은 일반적 발전정책들의 일부로서 특히 폭력적 충돌 이후의 환경에서 경제적, 사회적, 그리고 정치적 수평적 불균등을 수정하기 위한 정책이 다민족사회에서 우선순위를 가져야 한다는 것을 제시한다"고 결

론을 내린다.[73]

기본적 욕구를 위한 천연자원 기본적 욕구를 위한 자원의 희소성, 특히 식량, 비옥한 토지, 그리고 물의 부족은 폭력적 충돌 또는 계속 진행 중인 충돌위험에 기여할 수 있다. 예를 들어 국제연합은 다르푸르(Darfur)의 위기는 물과 기타 천연자원의 희소성에 그 뿌리를 두고 있다고 결론을 내렸다.[74] 북부 케냐에서의 목축민집단 사이의 충돌은 종종 가뭄, 더 일반적으로 물의 희소성에 기인한다. 칼(Colin Kahl)은 희소성은 폭력적 충돌의 위험을 증가시킬 수 있다고 주장하며, 인구 규모와 밀도가 중요한 충돌 위험요소임을 제시하는 정량적 연구들을 인용한다. 즉 삼림벌채와 토양훼손의 급속한 진행 또는 낮은 수준의 1인당 가용경작지 및 깨끗한 물을 경험하고 있는 나라들은 물론 천연자원에 크게 의존하고 있는 나라들이 더 높은 충돌위험을 갖고 있다.[75] 무엇보다 낮은 수준의 강수량이 특히 농업경제에서 더 낮은 성장을 유도하기 때문에 주요 문제가 될 수 있다.[76] 기후변화가 기존 문제들을 악화시킬 수 있다.[77] 2009년의 한 연구는 역사적으로 아프리카에서 섭씨 1도의 온도 상승은 같은 해 내전의 4.5% 증가로 이어진다는 것을 밝혔다. 이 저자들은 미래 온도 추세에 대한 예측은 2030년까지 '추가로 393,000명의 전투로 인한 사망'과 함께 무력분쟁 발생의 54% 증가를 의미한다는 결론을 내렸다.[78] 자원의 희소성이 **직접적으로** 폭력적 충돌을 초래(악화)하는 경우는 만약 있더라도 드물지 모르지만, 많은 경우 자원의 희소성은 중요한 복합적 요인일 가능성이 크다.[79]

수출할 수 있는 천연자원을 통제하기 위한 투쟁 그 편익이 어떻게 배분될 것인지에 대해 받아들여진 또는 강제할 수 있는 규칙이 없는 다이아몬드, 석유, 그리고 견목재 같은 고가치 수출자원의 존재 또한 폭력적 충돌의 기저가 되는 요소인 것처럼 보인다. 콜리어(Paul Collier)는 스스로 분쟁함정(conflict trap)이라 명명한 것이 "어떤 경제적 조건이 국가로 하여금 어떻게 내전에 시달리도록 하는지와 일단 물리적 충돌이 시작되었다면 어떻게 폭력의 순환이 그로부터 탈출하는 것이 어려운 함정이 되는지를 보여준다"고 주장한다. 그는 국가가 낮은 소득, 저성장, 그리고 1차 상품 수출에의 의존에 직면할 때 내전에 처하게 되는 경향이 있다는 것을 밝히고 있다.[80]

보통 수출할 수 있는 것으로 간주되지 않는 자원도 그렇게 될 수 있다. 내륙수계의 해안선 물림, 지하수층 고갈, 염류 집적 작용이라는 현재의 문제와 기후변화로 인해 예상되는 미래 문제와 함께 물이 희소해짐에 따라 물 가격이 상승하며, 이에 대응하여 물의 수출이 시작되고 있는 중이다.[81] 궁극적으로 자신이 필요로 하는 물을 사용하는 토착주민 집단의 권리가 확보되지 않는다면, 물을 통제할 수 있는 집단은 그 수출가치가 매력적으로 높아지는 것을 알 수 있다.

무력분쟁의 해결책과 방지책

제도의 중요성 해결책과 방지책이라는 도전을 제대로 인식하기 위해서는 제2장으로부터 제도의 질이 결정적으로 중요하며 이를 개선하기가 매우 어렵다는 것을 상기하라.[82] 법적 규칙과 비공식 규범은 심지어 여러 집단의 이해가 강하게 대립할 때에도 최소한 발전이 진행될 수 있는 선까지 그 이해가 해결될 수 있는 방법을 정의하고 보강한다. 좋은 제도는 진보를 저해하고 후퇴시킬 가능성이 있는 무력분쟁의 위험을 성공적으로 방지하거나 적어도 크게 완화하기 위해 기본적인 안전과 권리의 토대를 제공한다. 이러한 맥락에서 좋은 제도는 폭력을 피함으로써 역량이 확대되도록 하여 분쟁해결을 가능하게 한다. 근본적인 제도의 개선 없이 순수한 정치적 합의만으로는 재발의 위험이 있거나 균형적 경제발전을 위한 조건을 창출할 수 없다. 한 편이 어떤 이익을 얻더라도 반대편은 손실을 본다는 인식으로는 협조의 편익이 발생하지 않는다는 것이 상대방에게 명백할 것이며, 성장의 혜택을 나눌 체계가 거의 없거나 존재하지 않는다. 민주적 제도가 제대로 설계되지 않는다면 정치, 심지어 '공정한' 다수결 원칙에 따른 선거도 지배적인 승자를 세우고 실제로 패자들의 권리를 빼앗을 위험성이 존재한다.[83]

더욱이 군비지출은 단지 물리적 충돌의 효과가 아니라 충돌의 가능한 원인이 될 수 있다. 세계 전체 지출에서 저소득국가 및 중위소득국가의 군비지출 비중은 예를 들어 1990년의 14%로부터 2009년 24%로 증가하고 있다. 스톡홀름국제평화연구소(Stockholm International Peace Research Institute)는 "2012년 세계 지출의 분포는 서구로부터 세계의 다른 지역들, 특히 동유럽과 개발도상국 진영으로의 이동의 시작일 수 있는 것을 보여준다"고 결론을 내렸다.[84]

(제2장에서 소개되었던) 두 가지 중요한 제도는 행정권한에 대한 견제와 균형과 계약의 강제다. 권한에 대한 견제 없이는 얻을 것이 많은(그리고 잃을 것이 많은) 반대편의 사람들은 폭력의 대안을 거의 찾지 못할 수 있다. 하지만 그러한 상황에서 통치자들은 왜 반대편을 '매수'하지 않는가? 많은 경우 그들은 그렇게 한다. 그러나 반대편을 매수하지 못할 때 근본적인 문제는 통치자와 반대편 간 해결계약을 믿을 만하게 강제할 수 없다는 것이다. 일단 통치자(또는 더 일반적으로 국가)들이 충분히 강력해지면 반대편에게는 아마도 비참한 결과일 수 있지만 합의를 어기려는 인센티브를 갖는다. 이러한 위험을 알기 때문에 통치자들이 합의를 지키겠다는 약속을 어쨌든 할 수 없다면 반대편의 유일한 호소수단은 또다시 폭력일 수 있다. 믿을 만하게 그렇게 할 수 있는 방법을 찾기 어렵다는 사실은 **책임문제**(commitment problem)라 알려진 것의 예이다. 신뢰할 만한 해결책은 '책임장치(committment device)'로 알려져 있다. 이러한 시각들은 분쟁해결을 위한 전문화된 제도의 중요성을 지적하고 있으며, 분쟁이 폭력적으로 바뀌기 전에 분쟁해결을 위한 합의된 규칙을 확립하고 뒤이어 합의를 강제하는 데 도움이 되는 것을 국제원조의 우선순위가 되도록 만들고 있다. 그러한 제도가 뿌리를 내릴 때까지, 이는 합의의 국제적 강제가 어떻게 효과를 나타냈는지를 설명하는 데 도움이 된다.[85]

책임문제
약속을 지키지 않을 인센티브의 존재 때문에 계약상의 합의를 존중하기 위한 '믿을 만한 약속'을 할 수 없음. 약속을 어기는 당사자에게 자동적으로 강력한 벌칙이 가해지도록 함으로써 합의가 이루어져 존중되도록 하는 '믿을 만한 위협'이 창출되도록 고액의 보증금을 내는 것 같은 '책임장치'가 실행될 수 있음

글로벌 주인공 분쟁 후의 발전에서 글로벌, 지역적, 국가적, 그리고 공동체 수준의 주인공 참여가 결정적으로 중요하다. 폭력이 국경을 넘고, 신의 저항군(Lords Resistance Army)이 최근까지 우간다에 주둔한 것과 같이 나머지 폭력적인 범죄요인이 여전히 국경지역(enclave)에서 활동적일 때 또다시 근본적인 제도로서의 국가안보는 당연한 것으로 받아들일 수 없다. 다국적 범죄조직은 다른 나라들을 괴롭히고 있다. 유엔은 잠재적으로 더 적극적인 조정역할을 담당할 수 있다. 기타 국제조직과 기구는 기금을 제공하고 역량을 확대할 수 있다.

새로운 국제 규칙과 합의는 고가치 자원의 수출과 수입을 통제함으로써 물리적 충돌의 인센티브 문제를 줄이는 데 도움이 되고 있다.[86] 더욱이 기업, 정부, 그리고 시민사회는 전쟁의 금융 인센티브를 줄이거나 자원이 분쟁에 투입되지 않도록 하기 위한 자발적 국제합의를 조성하는 데 파트너가 되고 있다. 예를 들어 WTO의 약 50개 회원국들은 자발적 킴벌리 프로세스(Kimberley Process)에 의해 오로지 분쟁과 관계가 없다고 인증된 다이아몬드만을 거래하는 데 합의했다. 이 외에도 약 32개국이 기업은 자원채취에 대해 정부에 무엇을 지급하는지를 발표하고, 정부는 무엇을 얻었는지를 발표하며, 다중이해관계자 집단과 외부감사는 자원으로부터 취득한 돈이 자원을 소유한 대중에게 확실히 전달되도록 하기 위해 이 수치들을 조정하는 채굴산업투명성확보방안(Extractive Industries Transparency Initiative, EITI)을 자발적으로 실행에 옮길 것에 합의했다.[87]

지역의 주인공 : 아프리카 전체에 대한 접근법 분쟁 이후 재건 또한 다국적 지역협력을 위한 문제이다. 아프리카연합(African Union)은 특히 평화유지기능을 통해 폭력적 충돌과 그 후유증을 다루는 데 있어 역할을 확대해 왔다. 일단 평화협정이 체결되고 기능을 할 수 있는 임시 또는 영구 정부가 들어서면, 분쟁 후 경제발전을 위한 지원이 핵심이 된다. 여기서 아프리카개발은행(African Development Bank, AfDB)이 적극적인 역할을 하는데, 그 취약국가 부서(Fragile States Unit)는 연속적인 2단계 기간을 따라 자신이 작업하는 취약국가의 위치를 정한다. 1단계에 정부는 평화와 안전을 공고히 하겠다는 약속을 보여주고 채워지지 않은 사회 및 경제적 필요성을 가져야만 한다. 2단계에 정부는 자신들이 거시경제조건을 개선하고 건전한 부채정책을 추구하고 있으며, 건전한 금융관리정책을 보유하고 공공계정의 투명성을 보이고 있다는 것을 입증해야만 한다. 아프리카개발은행은 분쟁을 겪은 9개국(부룬디, 중앙아프리카공화국, 코트디부아르, 코모로스, 콩고민주공화국, 기니비사우, 라이베리아, 시에라리온, 토고)을 대상으로 한 프로그램을 갖고 있다.[88] 하지만 그 미래지향적 업무의 궁극적인 효과는 아직 충분히 나타나지 않고 있다.

국가의 주인공 국가는 폭력으로부터 그 시민을 믿을 만하게 보호하고 오로지 정부만 담당할 수 있는 여러 중요한 역할을 수행할 수 있도록 충분히 강력해야만 한다. 국가 취약성이 문제의 중요 부분이다. 그러나 또한 효과적인 견제와 균형이 존재해야 한다. 폭력과 반란을 억누르지만 자원과 권력을 소수의 엘리트 수중에 유지하는 거친 체제는 폭력을 방지하는 단지 일시적인 해결책을 만들 가능성이 있다. 그러한 국가가 다른 측면의 발전을 촉진할 것이라고 기대할 이유는 거의 없다. 폭력에 대한 국가독점이 공공연한 분쟁을 억누르더라도 결과는 불균등을 강화할 수 있다. 다자 간 외부원조가 기본적인 평화와 안전을 확립하기 위해 필요할 수 있으며, 그 뒤 광범위한 기회를 보장하고 협력으로부터의 이익을 더욱 분명하게 만드는 것이 결정적으로 중요하다. 이러한 과정은 성공할 가능성이 더 큰 민주적 제도를 확립하려는 노력에 도움이 될 것이다.[89] 큰 어려움에도 불구하고 심지어 매우 가난한 나라에서조차도 제대로 작동하는 민주주의의 수가 꾸준히 증가하고 많은 국가의 사람들이 식민세력에 의해 설정된 민족 간의 구분을 넘어 종종 임의적인 경계에 잘 적응함에 따라 분명한 진전이 있었다.

부패는 종종 자원, 특히 수출할 수 있는 천연자원을 얻기 위한 투쟁의 일부분이다. 부패에 대해 고심하는 것은 분쟁이 터지기 전에 이를 방지하는 데 도움이 될 수 있다. 그리고 부패는 일반적으로 분쟁 후 상황에서 특히 안정을 해치는 것으로 간주된다. 한 가지 문제는 "분쟁 후 환경이 관료들에게 부패활동을 위한 낮은 위험성의 기회를 제공한다는 것이다. 이는 분쟁 후의 국가가 종종 상대적으로 높은 수준의 원조를 유치하거나 정당화하기 때문에 더욱 확대된다는 것이다."[90]

스튜어트는 "정치 및 사회경제적 불균등 모두 정치적 결과에 주요하게 관련된다. 즉 사회경제적 불균등은 사람들 전체가 민족 간의 구분에 강한 불만을 가져서 더 쉽게 동원될 가능성이 있음을 의미하는 반면, 강력한 정치적 수평적 불균등은 집단의 지도자들이 정치적으로 배제되었다고 느껴서, 반대 그리고 가능하다면 반란까지를 유도할 가능성이 크다는 것을 의미한다"라고 주목했다.[91] 증거에 따르면 "적어도 부분적으로 동시대의 폭력적 충돌을 설명하는 것은 문화적 차이와 구분을 따라 형성되는 정치 및 경제적 불균등의 조합"이기 때문에,[92] 포괄적 경제발전과 예를 들어 연방제 또는 비례대표제 같은 정치적 참여의 수단을 찾는 것이 중요해졌다.

이전에 전쟁을 했던 또는 그 위험하에 있는 정당 간의 신뢰는 재구축되어야 한다. 물리적 충돌은 조정실패의 다중균형 문제로 이해될 수 있는데, 이는 물리적 충돌과 협력에 대한 사회규범에 좌우될 수 있다.[93] 나쁜 균형은 물리적 충돌이 평화적으로 해결될 수 없다는 또는 해결되지 않을 것이라는 일련의 기대로부터 비롯될 수 있다. 만약 오로지 소수의 시민들만 법을 지키지 않는다면, 나쁜 균형은 일반적 무법 상태라는 환경에 비해 통제하기가 훨씬 쉽다. 이 문제를 설명하기 위해 제4장의 〈그림 4.1〉을 사용할 수 있다. 만약 대부분의 주인공들이 높은 가능성의 물리적 충돌을 예상한다면 그들의 최선의 대응은 물리적 충돌에 대비하거나 심지어 선제적으로 공격을 하는 것일 수 있다. 그러나 물리적 충돌이 발생하지 않을 것으로 예상된다면 생계와 투자를 위한 비폭력적 전략을 따르는 것이 훨씬 더 의미가 있을 수 있다. 이러한 상황에서 미래의 물리적 충돌이 발생할 가능성이 낮도록 기대를 변화시키고 위반자들이 심하게 처벌받도록 하는 데 초점을 맞추는 것이 중요하다. 또다시 반대자들 사이의 책임문제를 해결하는 제도를 구축하는 것이 도움이 될 수 있다.

교육에의 초점   유네스코(UNESCO)의 모두를 위한 교육(Education for All, EFA)은 낮은 교육수준과 폭력적 충돌 사이의 상호 상승작용을 일으키는 관계를 지적한다. 물리적 충돌이 인프라를 파괴하고 학생과 교사들을 살상함으로써 교육에 해를 끼친다는 사실은 명백하다. EFA는 물리적 충돌이 교육을 통해 널리 전파될 수 있는 이념으로부터 비롯될 수 있기 때문에 교육은 또한 물리적 충돌에 영향을 미친다는 것에 주목한다. 따라서 EFA 틀은 '물리적 충돌에 민감한' 교육과 '재건교육'이라 명명된 정책조치를 요구한다. 광범위하게 적용될 수 있는 교훈이 강조된다. 예를 들어 물리적 충돌 지역에서 난민이 된 가족의 교육을 어떻게 할 것인지를 배우는 것은 특정 지역에만 적용되는 것이 아니며, 파키스탄의 스왓계곡(Swat Valley)으로부터 배운 교훈은 물리적 충돌 자체가 매우 다르더라도 콩고민주공화국에서 도움이 될

수 있다. EFA는 교육은 평화, 안정, 그리고 국가건설에 기여할 수 있다고 주장한다.[94]

현지 '공동체주도' 경제발전 지역 수준에서의 경제적 참여는 매우 중요한데, 몇몇 연구는 공동체주도발전(Community-Driven Development, CDD)이 중요한 역할을 할 수 있음을 밝혔다. 배런(Patrick Barron)은 "효과적인 CDD 프로젝트들은 자원을 신속히 그리고 먼 농촌지역까지 분배할 수 있다. 의사결정을 위임하는 데 있어 그것들은 자원배분이 공정하고 대중적으로 받아들여지는 것을 보장하는 데 도움이 될 수 있다"라고 주목했다. 그는 또한 그러한 프로그램들은 '물리적 충돌의 경계선을 건너 작용할 수 있는 집단적 행동'을 위한 인센티브를 제공할 수 있다고 주장한다. 마지막으로 "CDD는 물리적 충돌이 발생하지 않는 방식으로 발전을 관리하는 데 필요한 사회 및 제도적 기반의 침식을 방지하려 노력한다."[95]

예를 들어 필리핀의 KALAHI-CIDSS(KALAHI Comprehensive and Integrated Delivery of Social Services) 프로젝트에 대한 평가는 정(+)의 경제적 영향을 발견했다. 프로젝트는 "일부 물리적 충돌의 영향을 받는 지역과 분쟁 후 지역에서뿐만 아니라 폭력이 중요한 문제가 아닌 다른 지역에서도" 작동한다.[96]

매너(James Manor)는 또한 분쟁 후 환경에서 지역 CDD프로그램을 검토하고 "우리가 연구했던 성공적인 프로그램 거의 모두가 현지 선호, 지식, 그리고 에너지를 정책 과정에 끌어들이고 외부자원을 지역공동체에 제공하는 자문 메커니즘들을 수반했다. 이러한 메커니즘들은 민주적 분권 시의 노력과 결부될 때 특히 잘 작동했다"라고 결론을 내렸다.[97]

물리적 충돌 방지와 분쟁 후 회복을 위한 공동체 발전과 기타 전략들에 대한 연구는 아직 초기 단계에 머물러 있지만 이제는 새로운 결과가 정규적으로 보고되고 있다. 만수리와 라오(Ghazala Mansuri and Vijayendra Rao)에 의한 평가는 또한 CDD는 "오랫동안 주의 깊게 잘 설계된 감독 및 평가 제도를 갖고 특정 상황 방식으로 실행될 때 보다 더 효과적이다"라고 결론을 내렸다. 일부 프로그램들은 그 자신들의 목적을 위해 엘리트들에 의해 '점유되었으며' 따라서 철저한 감독이 필수적이다. 자기선택(self-selection) 때문에 일반적인 결론에 도달하기가 어렵다. 즉 참여자들에 의해 내부적으로 시작되었고 후에 자금이 조달된 프로젝트들은 더 큰 영향을 미칠 수 있었을 것이지만, 사람들은 자신들의 조건이 그들로 하여금 더 높은 성공 가능성을 기대하도록 유도할 때 조직을 한다. 그러나 연구자들에 의해 공식적으로 착수된 프로그램은 엘리트들로 하여금 변화를 정지시키거나 변화에 반대하도록 하면서 일시적인 외부의 참여에 의해 지지되는 것으로 인식될 수 있다. 설사 그렇다고 하더라도 시에라리온에서의 최근의 실험적 연구는 비록 여성들의 의사결정의 영향 또는 공동체를 위한 수입 증진에서는 아니지만 CDD가 더 많은 시장 활동과 기능하는 초등학교와 곡물을 건조하는 작업장 같은 지역 공공재의 개선을 유도했음을 발견했다. 이는 경제발전 영역에서 중요하고 확대되는 분야이다.[98]

개발원조에서 허약하고 물리적 충돌이 있는 국가들을 강조하는 것이 현재만큼 강력한 때는 일찍이 없었다. 국가의 허약성을 고심해서 다루는 것이 새로운 지속가능개발목표(Sustainable Development Goals)의 중심이 될 것으로 기대된다.

코스타리카, 과테말라, 그리고 온두라스 : 수렴에 대한 비교와 전망

코스타리카(CRI), 과테말라(GTM), 온두라스(HND) 세 나라의 비교는 제도, 교육, 건강, 빈곤, 그리고 불균등의 역할을 포함하는 이 책 전체에 걸쳐 탐구된 핵심 주제는 물론, 이 장의 주요 주제인 해외금융, 투자, 송금, 원조, 그리고 물리적 충돌에 대한 설명을 명백히 한다.

세 나라 모두 중앙아메리카의 스페인 식민지였으며, 시원한 산악의 고지대를 가진 열대의 저지대와 비옥하고 인구가 많은 계곡 같은 공통된 지리적 특성을 공유한다. 세 나라는 확실히 똑같은 세쌍둥이는 아니다. … 여전히 세계적인 관점에서 그들은 몇몇 측면에서 상당히 비교할 만하다. 인구는 500~1,500만 명 범위에 있고, 면적은 51~112 km²이며, 인구밀도는 km²당 70~137명이다.

그러나 경제발전에 있어서는 그들 사이에 넓은 격차가 남아 있다. 역사적으로 더 가난했었다는 사실에도 불구하고 코스타리카는 최근 수십 년 동안 다른 나라들에 비해 훨씬 우수한 경제적 성과를 즐겼다. 이 사례연구는 그러한 상이한 정책들이 어떻게 형성되었는지에 대해 많은 것을 설명하는 그들의 최근 발전정책 및 오랜 역사적 뿌리 모두의 차원에서 상이점(divergence)을 검토할 것이다. 코스타리카의 다방면에 걸친 더 나은 성과는 초기 제도의 차이점이 어떻게 경제발전 결과에 효과를 미칠 수 있는지를 반영한다. 대조적인 경험들은 또다시 구조적 불균등과 교육수준이 시간이 흐름에 따른 제도의 진화에 미치는 영향력을 드러내 보인다. 세 나라는 물리적 충돌을 방지하고 관리하는 데 극명한 차이를 보인다는 것을 알게 될 것이다. 즉 비교는 물리적 충돌의 원인과 그 방지책에 대한 통찰력을 생기게

한다. 코스타리카의 성과는 비슷한 그러나 확실히 똑같지 않은 이유로 온두라스 또는 과테말라에 비해 더 우수했었음을 살펴볼 것이다. 물리적 충돌은 온두라스에서 어떤 역할을 했지만 과테말라에서와 같이 두드러진 역할은 아니었다. 코스타리카에서 최근 몇 년 동안 해외직접투자(FDI)가 보완적이었기 때문에 건전한 국내정책 및 인적자본투자와 함께 발전을 위해 작용했다. FDI의 역사는 온두라스와 과테말라에서 훨씬 더 문제투성이였다. 과테말라에서 폭력적 충돌의 현저한 감소는 그곳의 발전에 대한 전망을 크게 향상시켰다. 최근에 송금은 특히 온두라스에서 그리고 상당히 의미 있는 정도로 과테말라에서 중요하고 도움이 되는 역할을 했다. 해외원조는 온두라스와 과테말라가 교육과 건강에 대한 격차를 좁히기 시작하는 데 도움을 주었다. 세 인접한 국가의 지표 비교는 표에 보이는 바와 같이 두드러진다.

소득과 인간개발 : 기본적인 비교

데이터는 소득과 인간개발 수준에서 코스타리카, 온두라스, 그리고 과테말라 사이의 큰 차이를 보여준다. 코스타리카의 1인당 GNI는 온두라스의 3배가 넘고 과테말라의 2.5배가 넘는다. 이러한 차이는 코스타리카의 지난 60년에 걸친 훨씬 높은 경제성장률을 반영한다. 코스타리카의 기대수명은 온두라스보다 6년 더 길며 과테말라보다는 8년 더 길다. 코스타리카의 5세 미만 유아사망률은 온두라스의 1/2 미만이며 과테말라의 1/3 미만이다. 코스타리카는 온두라스에 비해 약 2년 더 긴 학교교육연수를 갖고 있으며, 과테말라보다는 4년 더 긴 학교교육연수를 갖고 있다. 따라서

코스타리카(CRI), 온두라스(HND)와 과테말라(GTM)의 핵심 지표			
지표	코스타리카	온두라스	과테말라
인구(100만 명)(WDI)	5	15	
면적(1,000km²)(WDI)	51	112	109
인구밀도(km²당)(WDI)	93	70	137
2012년 1인당 GNI~2005년 PPP 미국 달러(2013년 HDR)	10,863	3,426	4,235
기대수명(2013년 HDR)	79.4	73.4	71.4
5세 미만 유아사망률(WDI, 2012년 데이터)	10	23	32
2009년 초등학교 학생-교사 비율(가장 최근의 비교할 수 있는 WDI)	18	34	28
평균학교교육연수(2013년 HDR)	8.4	6.5	4.1
2012년 신인간개발지수	0.733(62위)	0.632(120위)	0.581(133위)
빈곤(1.25달러 미만 비율, WDI)	2.4	21.4	24.4
불균등(지니계수, WDI)	51	57	56
국제투명성기구 부패인식지수(2013년)	53(49위)	26(140위)	29(123위)
2012년 이코노미스트 민주화지수	8.1	5.84	5.88
2013년 경제적 자유지수(WSJ)	49	96	85
언어분열(Alesina)	0.0489	0.0553	0.4586
민족분열(Alesina)	0.2386	0.1867	0.5122
FDI 보유량(100만 미국 달러), 2012년(UNCTAD)	18,713	9,024	8,914
2012년 GDP에서 송금이 차지하는 비중(World Bank)	1.2	15.7	10

코스타리카는 고수준 HDI 국가(62위)인 반면, 온두라스는 중간 수준 HDI 국가(120위)이다. 133위의 과테말라도 또한 중간 수준 HDI 국가지만 저수준 HDI 지위에서 크게 벗어나지 못하고 있다(HDI에 대한 자세한 내용은 제2장 참조). 소득과 인간개발의 차이는 빈곤 통계량에 거울처럼 반영된다. 즉 온두라스는 코스타리카의 약 9배의 하루 1.25 달러 미만 빈곤 발생 정도를 갖고 있으며, 과테말라는 코스타리카의 10배의 빈곤 발생 정도를 갖고 있다. 여성 1명당 출생자 수에 큰 차이가 존재하는데, 인구의 41%가 15세 미만으로 남미에서 가장 젊은 인구를 가진 과테말라에서 특히 출생률이 높다.

불균등

코스타리카의 불균등은 지니계수 51로 낮다고 할 수 없지만(미국과 중국과 비슷함), 온두라스의 57과 과테말라의 56보다는 더 낮은 수준이다. 아마도 더욱 중요한 것은 과테말라의 불균등은 민족의 구분을 따라 선명하게 나타나는데, 이러한 '수평적 불균등'은 많은 나라에서 갈등과 관련

이 있다는 것이다. 토지의 불균등도 또한 코스타리카가 더 낮은 반면, 과테말라와 상당한 정도 또한 온두라스에서는 너무 작아 가족을 충분히 지지할 수 없는 농장과 함께 대규모 사유지가 존재하는 라티푼디오-미니푼디오(latifundio-minifundio)의 유형이 지속되었다(제9장 참조). 인간개발에서의 불균등도 역시 극명하다. 성의 불균등은 예를 들어 성불균등지수(Gender Inequality Index, GII)로 측정된 바와 같이 다른 나라들에 비해 코스타리카에서는 더 작은 문제다. 과테말라의 토착민은 아프리카의 몇몇 저소득국가에 가까운 훨씬 더 낮은 HDI 수준을 갖고 있다. 이에 비해 과테말라의 라디노(Ladino) 인구의 HDI는 인도네시아의 HDI와 비슷하다(부록 2.1 참조). 토착민[아메리카원주민(Amerindian)] 인구는 온두라스(7%)와 코스타리카(약 1%)에서 훨씬 더 적다.

제도

제도의 질을 비교하면 코스타리카가 또다시 온두라스와 과테말라를 크게 능가하는 것이 분명하다. 예를 들어 2013년

국제투명성기구 부패인식지수(Transparency International Corruption Perceptions Index)의 경우 코스타리카는 53(49위) 수준이고, 온두라스의 수치는 단지 26(140위)이며, 과테말라는 29(123위)이다. 2012년 이코노미스트 민주화지수(Economist Democracy Index)의 경우는 코스타리카가 온두라스(5.84) 또는 과테말라(5.88)에 비해 훨씬 높은 8.10의 수치를 갖고 있다. 온두라스는 최근인 2009년까지만 해도 정부가 갑자기 물러나게 되는 쿠데타로 고통을 받았으며, 과테말라에서의 정치 과정은 심하게 결함이 있는 채로 남아 있다. 마지막으로 2013년의 경제적 자유지수(Index of Economic Freedom)의 경우는 코스타리카는 49의 등급인 반면, 온두라스는 96으로 훨씬 더 낮았으며 과테말라는 85의 등급이었다.

경제성장과 구조

1950~2008년 사이에 코스타리카의 1인당 GDP는 4배 이상 증가했다. 과테말라는 2배 미만 증가했으며, 온두라스에서는 단지 1.75배 높아졌다.

세 나라는 커피와 바나나 같은 비슷한 농산물을 생산하는데, 이는 그들의 비슷한 기후를 반영한다. 그러나 부분적으로 적극적인 산업정책의 결과 코스타리카는 새로운 하이테크(high-tech) 산업으로의 진출을 포함하도록 크게 다변화를 달성했다. 다른 나라들에서는 비슷한 다변화를 찾아볼 수 없다. 코스타리카는 또한 다른 나라들에 비해 훨씬 우수한 도로와 기타 인프라를 보유하고 있다. 코스타리카는 그 적은 인구에도 불구하고 다른 나라들에 비해 2배 이상의 해외직접투자(FDI) 보유량을 유치했다. 이는 코스타리카의 더 우수한 교육, 인프라, 환경, 그리고 계속 진행 중인 경제성장 성과를 뒤따랐다. 결국 FDI는 성장을 자극할 훌륭한 잠재력을 가진 부문으로 투입되었다. 아마도 핵심 해외투자는 1997년 시작된 인텔에 의한 투자였던 것 같다.

2012년 온두라스는 송금의 형태로 그 GNI의 거의 16%를 받았다. 과테말라의 경우는 그 비중이 10%였지만, 코스타리카의 경우는 비중이 1%를 약간 넘는 수준일 뿐이었

다. 송금은 특히 소득이 더 가난한 농촌마을로 다시 보내지는 한 매우 유익할 수 있다. 이면에는 온두라스에서의 기회의 결여가 선두의 사람들로 하여금 해외로 이주하게 했다는 것이다. 코스타리카 사람들은 본국에서 훨씬 좋은 기회를 갖고 있다.

보건 및 영양 정책

코스타리카의 정부 정책이 인간개발 및 경제성장에 더 바람직하다. 예를 들어 코스타리카는 건강 및 교육 모두에 훨씬 더 높은 지출 비율을 갖고 있다. 실제로 초등교육 및 기본적인 건강 보장을 강조하는 움직임은 코스타리카에서는 1930년대 초부터 이미 분명했는데, 이는 대부분의 개발도상국들보다 훨씬 앞선 것이었다. 오늘날 코스타리카는 보편적 건강관리 적용범위에 도달한 몇 안 되는 개발도상국 중 한 나라이다. 지역에서 초기 어린 시절의 빈약한 영양은 상당히 낮은 수준의 성인 생산성, 소득, 그리고 기타 바람직하지 못한 결과로 이어지고, 그리고 그 역도 또한 성립한다[과테말라에서 멜루치오(John Maluccio)와 다른 사람들의 무작위 추출을 기반으로 한 연구에 의해 강조되었음]. 이와는 대조적으로 코스타리카의 영양조건들은 모든 사람들에게는 아니더라도 대부분의 사람들에게 훌륭하다.

교육정책

1886년에 코스타리카는 소년과 소녀 모두를 위한 보편적 초등교육을 의무화하는 법을 시행했으며, 거기로부터 성장했다. 특히 훌륭한 공공보건 척도와 결부되어 이러한 정책들은 강화되고 있으며, 빈곤의 세대 간 전달을 깨뜨리는 데 도움이 되고 있다(제8장 참조). 그런 이유로 국제노동기구(International Labor Organization, ILO) 데이터는 미성년노동이 코스타리카보다는 온두라스에서 훨씬 더 심각한 문제라는 것을 보여준다. 훨씬 뒤인 1990년대 중반에 그 강력한 역사적 토대에 따라 코스타리카는 빠르게 개방되고 전개되는 글로벌경제에의 성공적인 참여를 준비한다는 의식이 있는 전략으로서 학생들에게 컴퓨터공학 및 영어 수

업을 의무화했다. 2009년 코스타리카의 초등학교 학생-교사 비율은 인상적인 18이었는데, 이 비율이 과테말라에서는 28, 온두라스에서는 34였다. 코스타리카는 계속해서 질이 더 좋은 대학제도, 그리고 더 가난한 소수집단 학생들에게 더 많은 입학허가를 부여한다는 점에서 더 형평성을 띠는 대학제도를 구축했다.

교육기반의 구축

더욱이 코스타리카의 인적자본 정책은 다양화와 하이테크산업을 추진하는 최근의 정책을 가능하게 했는데, 이는 특히 발전을 부추기는 해외직접투자를 유치하는 여력을 늘림으로써 이루어졌다. 교육은 또한 코스타리카의 자랑스러운 환경보호와 번성하는 생태관광부문의 기반으로서 역할을 하며, 경제발전에 더욱 활기를 불러일으켰다. 코스타리카에서 관광업은 오늘날 농업에 비해 더 많은 소득을 창출하는데, 이는 온두라스와는 크게 대비된다. 코스타리카의 여성들은 과테말라와 온두라스에서보다 건강, 교육, 그리고 고용기회에 훨씬 더 균등한 접촉기회를 갖는데, 이는 또한 경제성장에 틀림없이 도움을 주는 또 다른 인간개발의 달성이다. 코스타리카와는 크게 대조적으로, 온두라스와 과테말라는 인적자본에 비례적으로 덜 지출하는 반면, 군비에는 상당히 지출을 한다.

물리적 충돌

과테말라는 매우 높은 수준의 폭력적인 충돌과 집단학살의 역사를 갖고 있다. 온두라스는 더 낮은 수준이긴 하지만 여전히 심각한 물리적 충돌 또는 군사지배의 역사를 갖고 있으며, 코스타리카는 특히 지난 65년에 걸쳐 비교적 물리적 충돌을 거의 경험하지 않았다. 물리적 충돌과 관련이 있는 한 가지 요소는 분열(fractionalization)이다(14.5절). 코스타리카의 언어분열지수(language fractionalization index)는 0.0489지만, 과테말라에서는 0.4586이다. 그리고 코스타리카의 민족분열지수(ethnic fractionalization index)는 0.24지만 과테말라에서는 0.51이다. 그러나 분열은 온두라

스에서는 코스타리카에서와 비슷하게 낮은 수준이다. 물리적 충돌은 과테말라에 주요한 부(−)의 효과를 미쳐 왔으며, 온두라스에도 약간의 효과를 미쳤다. 과테말라에서 물리적 충돌은 억압적이고 추출적인 제도와 높은 수준의 불균등, 특히 빈부가 상이한 민족 또는 기타 정체성 집단들(identity groups)로부터 비롯되는 '수평적' 불균등에 의해 예측된다. 이 외에도 유엔 마약 및 범죄 사무국(U.N. Office of Drugs and Crime)에 따르면, 온두라스의 살인율은 현재 10만 명당 91.6명으로 세계에서 가장 높으며, 과테말라에서도 38.5로 매우 높은 수준인 반면, 코스타리카에서는 10.0이다(그에 비해 그 수치는 미국에서 4.7이며 캐나다에서 1.5이다).

이러한 차이점들을 이해하기 위해서는 어떤 제약과 영향력이 실행에 옮겨진 선택된 정책들을 유도했는지를 살펴보기 위해 최근의 정책과 여건의 비교를 넘어 무엇인가를 검토하는 것이 중요하다. 이를 위해 제2장, 제5장, 제10장의 사례연구에서와 같이 식민지화부터 현재까지의 더 장기적인 역사적 관점을 취해야 한다.

지역의 역사—장기적 견해

현재 세 나라를 포함하는 지역은 수 세기 동안 현재 과테말라인 곳이 가장 강력하고 도시화되었던 메소아메리카 마야(Mesoamerican Mayan) 문화의 일부분이었다. 스페인 정복자들은 1520년대부터 이 지역을 통제하기 시작했으며, 1540년에 과테말라 도독령(Captaincy General of Guatemala)을 설립했다. 그들의 통치는 통제할 대규모 노동력이 있었던 인구밀도가 높은 지역에 대한 착취에 초점을 맞추는 매우 추출적인 성격을 띠었다. 이는 이전에 높은 수준의 문명을 가졌던 과테말라에 그럴듯하게 최악의 결과를 유도했으며, 두 번째로 온두라스에도 영향을 미쳤다. 이와는 대조적으로 코스타리카는 인구가 적었고, 조공 체제로부터 지대를 포획할 만큼의 조직된 사회가 아니었기 때문에 상대적으로 무시되었다(그리고 덜 착취당했다). (식민지 제도의 성격이 미치는 오래 지속되는 영향력을 포함하

는 상대적 경제발전의 장기 원인분석에 대한 자세한 내용은 2.7절을 참조하라). 스페인의 통치는 1821년 이 지역이 스페인으로부터 독립할 때까지 거의 3세기 동안 지속되었다. 세 나라는 1838~1840년의 내전이 그들의 독립으로 이어질 때까지 중앙아메리카연방공화국(Federal Republic of Central America)의 일원이 되었다.

코스타리카 : 교육과 민주주의의 뿌리

'부유한 해안'을 의미하는 명칭과 그 역사의 대부분의 기간 동안 '남미의 스위스'라는 현대적인 별명에도 불구하고 코스타리카는 세 나라 중 가장 가난했다. 코스타리카는 과테말라의 식민지 본부로부터 가장 멀리 떨어져 있었는데, 스페인 사람들은 그 남쪽 영역과의 거래를 허용하지 않았다(파나마는 다른 스페인 식민지의 일부분이었다). 코스타리카는 상대적으로 적은 토착인구를 가졌으며, 따라서 스페인 엘리트들은 토착민의 강제노동에 의해 운영되는(원주민들을 이용한 농장경영, encomienda system) 플랜테이션(대농장, hacienda)들을 수립하기 위해 코스타리카에 정착할 인센티브가 없었다. 천연자원은 제한적인 것처럼 보였으며, 내륙지역에 도달하기 위해 필요했던 수송체계도 부족했다. 따라서 이 지역에서는 소규모의 상대적으로 가난한 자작농 농부들에 의해 농경이 이루어졌다. 그러나 장기적으로 무시되었다는 것이 몇몇 중요한 이익을 갖게 만들었다는 것으로 판명되었다. 코스타리카는 1948년에 정치적 폭력을 경험했지만 그 이웃 여러 나라들에 비해서는 훨씬 적은 갈등을 겪었다. 격변 이후 코스타리카 군대는 1949년에 완전히 폐지되었고, 나라는 경찰력에 의해 안전하게 유지되었다. 이는 그렇지 않으면 군대로 투입되었을 주요 자원의 유출을 방지했으며, 또한 지역의 많은 나라들이 고통을 받았던 억압적인 군사행위를 회피하도록 만들었다. 그 이후 코스타리카는 남미에서 가장 오래 계속된 민주주의국가가 되었으며, 상당한 정책 문제를 다뤘던 매우 경쟁적인 선거를 치렀다. 2명의 전직 대통령이 부패로 인해 2004년 투옥되었다는 사실은 경고할 만한 사항이다.

과테말라 : 물리적 충돌의 뿌리

스페인 지배기간(Spanish Captaincy)은 많은 토착인구를 착취했는데, 독립 이후에도 착취는 플랜테이션 소유자들에 의해 계속되었다. 20세기에 과테말라는 기업들, 특히 유나이티드프루트컴퍼니[United Fruit Company, 나중에 치키타브랜즈(Chiquita Brands)로 개명]의 모험주의로 고통을 받았다. 유나이티드프루트컴퍼니는 바나나 시장의 통제권을 획득했고 이를 지렛대 삼아 정치적 권한에 접근했는데, 이는 경멸적 용어인 '바나나 공화국'(또한 온두라스에도 적용됨)의 기원이다. 유나이티드프루트컴퍼니는 억압적인 독재정부를 지원했던 미국의 후원을 받았는데, 선진국이 독재정부를 지원한다는 것은 신식민주의(neocolonial) 정책의 대표적인 예로 종속이론학파(Dependency School)에 의해 모형화된 바 있다(3.4절 참조). 매우 악명 높게, 1954년 CIA가 후원한 쿠데타가 자유선거에 의해 선출된 정부를 전복했다. 수년 동안의 억압 후 1960년경 내전이 발발했는데, 내전은 약 1996년까지 지속되었다. 전쟁은 종종 미국의 지원을 받은 정부가 여러 좌익 반대 그룹에 연계되었던 토착 마야 사람들에 대해 일방적으로 공격을 퍼붓는 양상이었다. 반대편에 동조한다고 의심을 받은 토착민들에 대해 특수부대에 의한 군사작전이 사주되었다. 수만 명의 토착민들이 '사라졌다'. 20만 명 이상이 34년 넘게 진행된 전쟁에서 살해되었다고 알려졌으며, 100만 명이 넘는 사람들이 난민이 되었다. 1994년의 오슬로협정(Oslo Accord)은 국가과거사규명위원회(Historical Clarification Commission)을 창설하도록 했는데, 이 위원회는 정부(그리고 그 관계단체)가 폭력과 인권침해에 대해 93%의 책임이 있으며, 3%만이 좌익게릴라들에게 원인이 있음을 밝힘으로써 전쟁의 본질적인 일방적 성격을 확인했다. 확인한 내용에는 1980년대 초 마야 사람들에 대한 정부가 후원한 집단학살 군사작전이 포함되었다. 클린턴 대통령은 과테말라 치안부대에 대한 미국의 지원이 '잘못이었다'는 공식성명으로 대답했다. 그 이후 과테말라는 꾸준히 더 큰 경제 및 정치개혁으로 이동했다. 집단학살 기간 동안 대통령이었던 몬트(Rios

Montt)가 2013년에 유죄판결을 받아 80년 징역형에 처해 졌지만 그 뒤 그의 유죄선고는 뒤집혔다.

온두라스 : 정책의 뿌리

스페인 사람들은 은광이라는 핵심 자원에 의해 온두라스에 이끌렸다. 그들은 많은 사람들이 질병과 과도한 작업으로 죽을 때까지 광산을 강제 토착노동으로 운영했다(*economienda* system). 다른 사람들은 저항하여 스페인 통제 밖의 지역으로 도주했다. 스페인 사람들은 부분적으로 아프리카 노예를 수입함으로써 대응했다. [역사는 히스파니올라(Hispaniola)에서 발생한 것과 다르지 않았다. 제10장 끝부분의 사례연구를 참조하라.] 1840년 독립한 이후 100년 동안 온두라스는 정치적 불안정과 높은 불균등을 경험했는데, 권력은 지속적으로 대규모 지주들에게 집중되었다. 나중에는 '바나나 공화국'으로 나라를 운영하기 시작했던 외국기업들의 지배가 더 커졌다. 1980년대에 온두라스는 이웃 니카라과의 콘트라전쟁(Contra war)에 휘말리게 되었다. 그리고 군대는 폭력적이지 않은 그리고 폭력적인 좌익 반대편 모두에 대해 강압적인 작전을 펼쳤다. 온두라스의 제도적 약점이 마약밀매 갱의 부상에 나라를 취약하도록 만들었는데, 이는 온두라스가 세계에서 가장 높은 살인율을 갖게 된 대부분의 요소이다. 국가의 제도적 탄력성이 또한 부족하다는 사실도 1998년의 허리케인 미치(Hurricane Mitch)와 2008년의 대규모 홍수 같은 자연재해에 대한 온두라스의 상대적으로 미숙한 대응으로부터 확인할 수 있다. 2009년 (적어도 명목상은 아니지만 실질적으로는) 쿠데타가 발생했다. 오랫동안 성장이 부채에 의해 엉망이 되었지만, 온두라스는 HIPC(Heavily Indebted Poorer Countries) 프로그램하의 부채감면으로 혜택을 보았으며, 그 결과 혜택의 많은 부분이 고소득 가계에 귀속되기는 했지만 급속히 성장했다.

새로운 장을 쓰기 : 중앙아메리카의 통합과 수렴

이 책 전체에 걸쳐 살펴본 바와 같이, 인적자본의 대폭 향상과 빈곤의 감소는 세계 거의 모든 곳에서 발견되었는데, 이는 심지어 과테말라와 온두라스에도 해당된다. 두 나라 모두 약간 성장했는데, 보건 및 교육 기준은 크게 개선되었다. 국가들의 성과에 있어서의 큰 차이는 일반적으로 그러는 과정에서 고통을 받는 사람에 있어서의 큰 차이처럼 향상의 속도를 반영한다. 개선된 정책들이 실행될 수 있다면 실질적인 차이를 만들 수 있다. 더욱이 상대적 발전의 깊은 뿌리를 드러냄으로써 새로운 접근법이 구축될 수 있다. 교육진흥과 같은 기본적이고도 결정적으로 중요한 정책에 진전이 있도록 만드는 것이 왜 그렇게 어려울 수 있는지를 깊이 이해하게 되면 이러한 목표들을 달성하기 위한 새로운 정치적 자극제가 제공될 수 있다. 결국 일단 그들이 교육을 받게 되면 사람들은 적어도 제도개혁을 가능하게 하거나 좌절시키는 정치 과정에 효과적으로 참여할 더 좋은 기회를 갖는다. (온두라스는 물론) 과테말라에서의 체제전복적인 미국의 역할에 관한 결론들이 증거가 되듯이, 외부압력은 여건을 크게 악화시킬 수 있다. 그러나 외부의 개발원조는 세 나라에서 최근 나타난 바와 같이 혜택이 될 수 있다.

현재 세 나라와 기타 중앙아메리카 국가들 사이에 경제 및 정치적 통합을 강화하려는 노력이 적극적으로 진행 중이다. 이러한 노력이 성공적인 한, 수렴(convergence)이 가속화될 가능성이 있으며, 그러한 노력은 인권과 발전의 이득을 강화하는 데 도움이 될 것이다. 이러한 과정은 앞으로 수년 동안 면밀히 관찰될 것이다. ■

참고문헌

Babington, Charles. "Clinton: Support for Guatemala was wrong." *Washington Post*, March 11, 1999, p. A1.

Bashir, Sajitha, and Javie Luque. "Equity in tertiary education in Central America." World Bank Policy Research Paper No. 6180, August 2012, accessed at wps6180.pdf. Washington, D.C.: World Bank.

Blattman, Christopher, and Edward Miguel. "Civil war." *Journal of Economic Literature* 48, 1 (2010): 3-57.

Casas-Zamora, Kevin. *Guatemala: Between a Rock and a Hard Place*. Washington, D.C.: Brookings Institution, 2011.

Edwards, John. *Education and Poverty in Guatemala*. Washington, D.C.: World Bank, 2002.

Fearon, James D. "Governance and civil war onset." World Development Report 2011 Background Paper, August 2010. http://siteresources.worldbank.org.

Ferreria, Gustavo R.C., and R.W. Harrison. "From coffee beans to microchips: Export diversification and economic growth in Costa Rica." *Journal of Agricultural and Applied Economics* 44, 4 (2012): 517-531.

Guatemala Historical Clarification Commission. *Memory of Silence*. Guatemala: Guatemala Historical Clarification Commission, 1999.

Intel. "Intel in Costa Rica." http://www.intel.com/content/www/us/en/corporate-responsibility/intel-in-costa-rica.html.

Lehoucq, Fabrice. *Policymaking, Parties and Institution in Democratic Costa Rica*. Washington, D.C.: Inter-American Development Bank, 2006. http://www.iadb.org/res/publications/pubfiles/pubs-306.pdf.

Maddison Project Databse. 2008 data, most recent available for all three countries.

Maluccio, John A., et al. "The impact of an experimental nutritional intervention in childhood on education among Guatemalan adults." FCND Discussion Papers 207. Washington, D.C.: International Food Policy Research Institute, 2006.

Rodriguez-Clare, Andres. "Costa Rica's development strategy based on human capital and technology, how it got there, the impact of Intel, and lessons for other countries." *Journal of Human Development* 2, 2 (2001): 321-323.

Seitz, Klaus. *Education and Conflict: The Role of Education in the Creation, Prevention, and Resolution of Social Crises—Consequences for Development Cooperation*. Berlin: GIZ, 2004.

Stewart, Frances. *Horizontal Inequalities and Conflict: Understanding Group Violence in Multiethnic Societies*. New York: Palgrave Macmillan, 2008.

Stewart, Frances, C. Huang, and M. Wang. "Internal wars in developing countries: An empirical overview of economic and social consequences," in *War and Underdevelopment*, ed. F. Stewart et al. Oxford: Oxford University Press, 2001.

United Nations Development Programme, *Guatemala: Assessment of Development Results, 2009*. New York: United Nations, 2009.

Villiers Negroponte, Dana, Alma Caballero, and Consuelo Amat. *Conversations with Experts on the Future of Central America*. Washington, D.C.: Brookings Institution, 2012. http://www.brookings.edu/research/reports/2012/11/19-central-america-negroponte.

World Bank. *Poverty in Guatemala: A World Bank Country Study*. Accessed at http://elibrary.worldbank.org/doi/book/10.1596/0-8213-5552-X. October 2003.

_____. *The Impact of Intel in Costa Rica*, 2006. Accessed at https://www.wbginvestmentclimate.org/uploads/The%20Impact%20of%20Intel%20in%20Costa%20Rica.pdf.

_____. *World Development Report 2011: Conflict, Security and Development*. Washington, D.C.: World Bank, 2011.

주요 용어

공적개발원조(official development assistance, ODA)

글로벌공장(global factories)

기술원조(technical assistance)

기업의 사회적 책임(corporate social responsibility)

다국적기업(multinational corporation, MNC)

비정부기구(nongovernmental organization, NGO)

양허조건(concessional terms)

연계원조(tied aid)

외환갭(foreign-exchange gap)

이전가격설정(transfer pricing)

재정갭(fiscal gap)

저축갭(savings gap)

책임문제(commitment problem)

투갭 모형(two-gap model)

포트폴리오투자(portfolio investment)

해외원조(foreign aid)

해외직접투자(foreign direct investment, FDI)

흡수역량(absorptive capacity)

복습문제

1. 거대 다국적기업의 출현은 국제경제활동의 성격 자체를 변하게 했다고 일컬어진다. 이러한 다국적기업들은 어떤 방식으로 선진국 진영과 개발도상국 진영 간 무역관계의 구조와 유형에 영향을 미쳤는가?

2. 개발도상국에서 민간해외투자의 역할과 영향에 대한 찬반 주장을 요약하라. 해외투자자들의 모든 인센티브를 파괴하지 않고 민간해외투자가 자신들의 발전열망에 더 적합하도록 만들기 위해 개발도상국들은 어떤 전략을 채택할 수 있는가?

3. 민간포트폴리오 흐름은 무엇인가? 이러한 흐름의 크기와 방향을 결정하는 데 있어 어떤 요소가 가장 중요하다고 믿는가?

4. 개발도상국에서의 민간포트폴리오투자는 어떤 정도로 수령국가에 도움이 되는가? 투자자와 수령자 모두에게 잠재적인 비용과 위험은 무엇인가? 여러분의 답을 설명하라.

5. 해외원조가 그들의 외환 수령액의 기타 원천과 관련하여 저소득 및 중간소득 개발도상국에게 얼마나 중요한가? 공적개발원조가 취할 수 있는 여러 형태를 설명하고, 양자 및 다자 간 원조를 구별하라. 어느 원조가 더 바람직하다고 생각하는가, 그리고 그 이유는 무엇인가?

6. 연계원조란 무엇을 의미하는가? 대부분의 국가가 점점 보조금으로부터 대출금으로, 그리고 연계되지 않은 대출금과 보조금으로부터 연계된 대출금과 보조금으로 전환하고 있다. 특히 이러한 원조가 이자를 지급하는 대출금의 형태로 이루어질 때 연계원조의 주요한 단점은 무엇인가?

7. 개발도상국들은 어떤 조건으로 미래에 해외원조를 모색하고 수용해야 한다고 생각하는가? 만약 그러한 조건으로 원조가 얻어질 수 없다면 개발도상국들은 무엇이든지 자신들이 얻을 수 있는 것을 받아들여야만 한다고 생각하는가? 여러분의 답을 설명하라.

8. 공적개발원조(공적해외원조)와 비정부기구(NGO)들로부터의 사적개발원조 사이의 차이는 무엇인가? 수혜국의 관점에서 어떤 유형의 원조가 더 바람직한가? 여러분의 답을 설명하라.

9. 잠재적 원조제공국들의 현재의 군사 및 외교 정책이 국제 테러리즘과 싸우는 것을 지향한다는 사실이 개발원조의 유형에 어떤 영향을 미칠 가능성이 있다고 생각하는가?

10. 무엇이 대중으로 하여금 그 '기부자 피로(donor fatigue)'를 극복하도록, 그리고 최빈국들을 위한 더 많은 원조를 지지하도록 설득한다고 생각하는가?

11. 왜 개발도상국들 내에서 1950년대부터 1990년대까지 물리적 충돌이 그렇게 많이 증가했다고 생각하는가? 왜 그 뒤 물리적 충돌이 감소하기 시작했다고 생각하는가?

12. 코스타리카와 과테말라의 역사적 경험으로부터 내부 충돌에 대해 무엇을 배울 수 있는가, 그리고 긍정적, 부정적 모두의 해외영향력에 대해 무엇을 배울 수 있는가?

미주

1. 글로벌공장의 상징으로 널리 인용되는 이 라벨은 맥도넬 더글러스(McDonnell Douglas)의 전회장인 맥도넬(John F. McDonnell)의 것으로 여겨진다. Shari Caudron, "The power of global markets," 1999, http://www.businessfinancemag.com/article/power-global-markets-0401.

2. 이 수치들은 UNCTAD, *World Investment Report 2013*, October 2, 2013, http://unctad.org/en/PublicationsLibrary/wir2013_en.pdf로부터 추출되었다.

3. 유엔무역개발회의(UNCTAD), *World Investment Report*, (New York: United Nations, 2006-2013)의 여러 최근 판으로부터의 데이터이다.

4. Ibid., 2004 and 2006. 유엔무역개발회의(UNCTAD), *World Investment Report*, (New York: United Nations, 2009). 비율은 변동했지만 일반적으로 12% 미만에 머물러 왔다.

5. 100대 다국적기업의 목록 및 많은 추가적인 데이터는 http://

www.unctad.org에서 찾을 수 있다. 비교에 있어 매출액 숫자는 중간재 투입을 포함하는 반면, GNI는 포함하지 않는다는 것을 주목하라. 초점은 다국적기업의 엄청난 규모가 그들에게 큰 협상력을 준다는 것이다.

6 UNCTAD, http://www.unctad.org.

7 다국적기업을 둘러싼 다양한 찬반 이슈에 대한 탁월한 요약은 Thomas Biersteker, *Distortion or Development: Contending Perspectives on the Multinational Corporation* (Cambridge, Mass.: MIT Press, 1978), chs. 1-3; Theodore H. Moran, "Multinational corporations and the developing countries: An analytical overview," in *Multinational Corporations*, ed. Theodore H. Moran (Lexington, Mass.: Heath, 1985), pp. 3-24; Mark Cassen and Robert D. Pearce, "Multinational enterprises in LDCs," in *Surveys in Development Economics*, ed. Norman Gemmell (Oxford: Blackwell, 1987), pp. 90-132; and David C. Korten, *When Corporations Rule the World*, 2nd ed. (San Francisco: Berrett-Kohler, 2001)에서 찾을 수 있다.

8 부록 3.3으로부터 내생적 성장이론에서 인적자본이 담당한 결정적으로 중요한 역할과 선진국들과 개발도상국들 사이의 성장격차를 설명하는 데 있어서의 로머(Romer)의 아이디어 갭(제2장)과 오링(O-ring)이론(제4장) 같은 개념의 중요성을 상기하라.

9 William Greider, *One World, Ready or Not: The Manic Logic of Global Capitalism* (New York: Simon & Schuster, 1997), p. 95.

10 Maxwell J. Fry, "Foreign direct investment, financing and growth," in *Investment and Financing in Developing Countries*, ed. Bernhard Fischer (Baden-Baden, Germany: Nomos, 1994), and *Foreign Direct Investment in Southeast Asia: Differential Impacts* (Singapore: Institute of Southeast Asian Studies, 1993).

11 개발도상국의 다국적기업과의 협상력에 관한 논의는 Jan Svejnar and Stephen C. Smith, "The economics of joint ventures in less developed countries," *Quarterly Journal of Economics* 99 (1984): 149-167을 참조하라.

12 단순 모형을 고려하자. ϕ가 (받아들일 만하게 공급된 바나나 같은) 사회적으로 책임 있는 생산물 소비에 더 높은 가격을 지불할 용의가 있는 개인들의 비율이고, x가 단순화를 위해 고정된 것으로 간주할 수 있는 산출량이라고 가정하자. 즉 소비자는 x개의 바나나를 비탄력적으로 구입한다(일반적으로 수요는 가격에 너무 탄력적이어서는 안 된다). 보통 바나나는 1이라는 가격을 갖고 있다. 단순화를 위해 $(1 + \phi)$가 사회적으로 책임 있는 바나나의 가격이라고 가정하자. 이는 단지 있는 그대로 받아들여져서는 안 되는, 더 많이 지급할 용의는 (아마도 사회적 압력 때문에) 다른 사람들이 무엇을 하는가에 좌우된다는 아이디어를 나타내는 방식이다. 이제 믿을 수 있는 사회책임 프로그램의 운영에 C만큼의 비용이 부과된다고 가정하자. 그렇다면 이러한 가정들하에서 판매된 모든 바나나가 책임 있게 공급되거나 또는 판매된 바나나 중 아무것도 책임 있게 공급된 것이 아닌 것이 균형일 수 있다. $\phi = 1$일 때 즉 $x > C$이면 언제나 만족되는 $(1 + 1)x - C > x$일 때 모든 책임 있게 공급된 바나나 판매의 경우가 성립한다. 만약 $(1 + 0)x - C < x$ 또는 $C > 0$, 즉 $\phi = 0$이면 사회적으로 책임 있는 생산물 판매가 전혀 없는 것도 또한 균형인데, 이 조건은 프로그램의 운영에 비용이 드는 한 항상 만족된다. ($\phi = C/y$인 곳에서 또한 불안정한 중간균형이 존재한다는 것을 증명하기는 쉽다.) 이 분석은 산업의 질 개선(upgrading)에 대한 호프와 스티글리츠(Hoff and Stiglitz) 모형(196페이지 주 1)과 기원과 가치에 대한 포스터(James Foster)와의 논의에 의해 영감을 받았다.

13 Dani Rodrik, *The New Global Economy and Developing Countries: Making Openness Work* (Baltimore: Johns Hopkins University Press, 1999).

14 Garrick Blalock and Paul Gertler, "Welfare gains from foreign direct investment through technology transfer to local suppliers," *Journal of International Economics* 74 (2008): 402-421; Beata Smarzynska Javorcik, "Does foreign direct investment increase the productivity of domestic firms? In search of spillovers through backward linkages," *American Economic Review* 94 (2004): 605-627; Garrick Blalock, "Technology from foreign direct investment: Strategic transfer through supply chains," Hass School of Business, University of California, Berkeley, 2001; Garrick Blalock and Paul Gertler, "Learning from exporting revisited in a less developed setting," *Journal of Development Economics* 75 (2004): 397-416; and Paolo Epifani, *Trade Liberalization, Firm Performance, and Labor Market Outcomes in the Developing World: What Can We Learn from Micro-Level Data?* (Washington, D.C.: World Bank, 2003). 만약 있다면 소수의 전이(spillovers) 발견사례는 Brian J. Aitken and Ann E. Harrison, "Do domestic firms benefit from direct foreign investment? Evidence from Venezuela," *American Economic Review* 89 (1999): 605-618에 나타난다.

15 개발도상국으로의 포트폴리오 흐름에 대한 정량적이고 분석적인 검토는 Stijn Claessens, "The emergence of equity investment in developing countries: An overview," *World Bank Economic Review* 9 (1995): 1-17; Robert Feldman

and Manmohan Kumar, "Emerging equity markets: Growth, benefits and policy concerns," *World Bank Research Observer* 10 (1995): 181-200; and World Bank, *Global Development Finance, 1998* (Washington, D.C.: World Bank, 1998), ch. 1을 참조하라. 이들 흐름에 대한 더 최근 데이터는 World Bank, *World Development Indicators, 2010* (Washington, D.C.: World Bank, 2010), tab. 6-12에서 발견할 수 있다.

16 국내 관점으로 볼 때의 이 논쟁들은 제15장 15.4절에서 자세히 검토된다. 예를 들어 Claessens, "Emergence of equity investment," 11-14를 참조하라.

17 예를 들어 Stijn Claessens, Michael Dooley, and Andrew Warner, "Portfolio flows: Hot or cold?" *World Bank Economic Review* 9 (1995): 153-174, and Mark P. Taylor and Lucio Sarno, "Capital flows to developing countries: Long- and short-term determinants," *World Bank Economic Review* 11 (1997): 451-470을 참조하라.

18 1990년대 초의 자유시장정책과 민간투자 흐름이 어떻게 '투기적 버블'을 형성했는지에 대한 도발적인 설명은 Paul Krugman, "Dutch tulips and emerging markets," *Foreign Affairs* 74 (1995): 28-44를 참조하라.

19 Walden Bellow, "The end of the Asian miracle," *Nation*, January 12, 1998, pp. 16-21; World Bank, *Global Development Finance 1998* (Washington, D.C.: World Bank, 1998), ch. 2; and International Monetary Fund, *World Economic Outlook*, May 1998 (Washington, D.C.: 1998), ch. 2.

20 World Bank, *Private Capital Flows to Developing Countries: The Road to Financial Integration* (Washington, D.C.: World Bank, 1997). 더 일반적으로 저축이 성장을 선도하는 것이 아니라 쫓아간다는 증거는 Ira S. Saltz, "An examination of the causal relationship between savings and growth in the Third World," *Journal of Economics and Finance* 23 (1999): 90-98을 참조하라.

21 이 절의 정보는 주로 이주자 수에 대한 가장 최근의 추정치들이 여전히 2005년 데이터를 기초로 하고 있는 World Bank, *Global Economic Prospects, 2006: Economic Implications of Remittances and Migration* (Washington, D.C.: World Bank, 2006), chs. 3-5, and *World Development Indicators 2010*, pp. 354-357을 근거로 하고 있다.

22 Jagdish N. Bhagwati, "Amount and sharing of aid," in *Assisting Developing Countries: Problems of Debt, Burden-Sharing, Jobs, and Trade*, ed. Charles J. Frank Jr. et al. (New York: Praeger, 1972), pp. 72-73.

23 Ibid., p. 73.

24 데이터는 서부 유럽, 북미, 호주, 뉴질랜드, 그리고 일본의 고소득국가들을 포함하는 OECD 개발원조위원회(Development Assistance Committee)로부터 입수되었다. 평균은 한국, 터키, 그리고 멕시코와 같은 다른 OECD 국가로부터의 어떤 기부도 포함시키지 않았다. 이러한 나라들은 종종 더 작은 ODA 비율을 갖고 있다. 또한 J. Mohan Rao, "Ranking foreign donors: An index combining scale and equity of aid givers," *World Development* 25 (1997): 947-961, and World Bank, *World Development Indicators 2004 and 2010*, pp. 402-403을 참조하라. 논의는 또한 게이츠재단 2010년 연례서한(Gates Foundation 2010 Annual Letter)을 인용했다. 소득을 반영하는 GNI 숫자가 보고되었고, 따라서 관대함에 대한 그림을 더 분명히 보여준다. 몇몇 다른 보고서들은 GDP 비중을 나타내는데, 이들 숫자는 차이가 날 것이다.

25 데이터 출처는 World Bank, *World Development Indicators*, 2010.

26 원조관련 수치들은 World Bank, *World Development Indicators 2007 and 2010*, tabs. 1.1과 6.16으로부터 도출되었다.

27 Hollis B. Chenery and Alan M. Strout, "Foreign assistance and economic development," *American Economic Review* 56 (1966): 680-733을 참조하라.

28 영향력이 큰 기고문은 Edmar L. Bacha, "A three-gap model of foreign transfers and the GDP growth rate in developing countries," *Journal of Development Economics* 32 (1990): 279-296; and Lance Taylor, "Gap models," *Journal of Development Economics* 45 (1994): 17-34를 참조하라.

29 William Easterly, "The ghost of financing gap: Testing the growth model used in the international financial institutions," *Journal of Development Economics* 60 (1999): 423-438을 참조하라.

30 Jeffrey Sachs, *The End of Poverty: Economic Possibilities for Our Time* (New York: Penguin, 2005), p. 274를 참조하라.

31 초기 분석들은 William S. Gaud, "Foreign aid: What it is, how it works, why we provide it," *Department of State Bulletin* 59 (1968) and Hollis B. Chenery "Objectives and criteria of foreign assistance," in *The U.S. and the Developing Economies*, ed. Gustav Ranis (New York: Norton, 1964), p. 88을 참조하라.

32 더 자세한 것은 Jennifer Brinkerhoff, Stephen C. Smith, and Hildy Teegen, *NGOs and the Millennium Development Goals: Citizen Action to Reduce Poverty* (New York:

Palgrave Macmillan, 2007)을 참조하라. 비정부기구에 의한 순보조금은 World Bank, *World Development Indicators 2010*, tab. 6.9에 보고되었다.

33 World Bank, *World Development Indicators 2010*, tab. 6.9.

34 국제적 및 개발도상국을 근거로 하는 많은 중요한 비정부기구 프로그램들에 대한 검토는 Stephen C. Smith, *Ending Global Poverty: A Guide to What Works* (New York: Palgrave Macmillan, 2005)를 참조하라.

35 원조 경험과 수혜국에 미치는 경제적 효과에 대한 검토는 William Easterly, *The White Man's Burden;* William Easterly, *The Elusive Quest for Growth: Economists' Adventures and Misadventures in the Tropics* (Cambridge, Mass.: MIT Press, 2001); Robert H. Cassen et al., *Does Aid Work?* (New York: Oxford University Press, 1986); Roger C. Riddell, "The contribution of foreign aid to development and the role of the private sector," *Development* 1 (1992): 7-15; and Tony Killick, *The Developmental Effectiveness of Aid to Africa* (Washington, D.C.: World Bank, 1991)을 참조하라. 원조가 농업생산성에 미치는 영향에 대한 구체적인 검토는 George W. Norton, Jaime Ortiz, and Philip G. Pardey, "The impact of foreign assistance on agricultural growth," *Economic Development and Cultural Change* 40 (1992): 775-786을 참조하라.

36 예를 들어 Channing Arndt, Sam Jones, and Finn Tarp, "Aid, growth, and development: Have we come full circle?" *Journal of Globalization and Development* 1, No. 2 (2010): 1-29를 참조하라. 이 주제에 관한 고전적인 논문은 Hollis B. Chenery and Nicholas G. Carter, "Foreign assistance and development performance," *American Economic Review* 63 (1973): 459−468을 참조하라.

37 초기 사례는 Keith Griffin and John L. Enos, "Foreign assistance: Objectives and consequences," *Economic Development and Cultural Change* 18 (1970): 313-327을 참조하라.

38 예를 들어 Peter T. Bauer and Basil Yamey, "Foreign aid: What is at stake?" *Public Interest* (Summer 1982): 57-70 and "Foreign aid: Rewarding impoverishment?" *Commentary* (September 1985): 38-40 참조. 또한 Easterly, "Ghost of financing gap"을 참조하라.

39 Organization for Economic Cooperation and Development, "Paris declaration on aid effectiveness," March 2005, http://www.oecd.org/dataoecd/11/41/34428351.pdf.

40 기초적인 방법은 Esther Duflo, Rachel Glennerster, and Michael Kremer, "Using randomization in development economics research: A toolkit," December 2006, Center for Economic Policy Research Paper No. 6059, http://econ-www.mit.edu/files/806을 참조하라.

41 프로그램 영향평가를 연구하는 최선의 방법은 일반적으로 질문되는 문제와 답을 찾는 가장 실현 가능하고 효과적인 방법에 의존한다. 즉 선호되는 방법으로 시작하거나 오로지 그러한 방법을 사용해 대답할 수 있는 문제만 질문하기보다는 질문이 방법을 결정해야 한다.

42 사례들은 〈예문 5.4〉에서 논의된 Abhijit Banerjee, Shawn Cole, Esther Duflo, and Leigh Linden, "Remedying education: Evidence from two randomized experiments in India"; 〈예문 8.4〉에서 논의된 Michael Kremer and Edward Miguel, "Worms: Identifying impacts on education and health in the presence of treatment externalities"; 〈예문 15.2〉에서 논의된 Dean Karlan and Martin Valdivia, "Teaching entrepreneurship"; and Stephen C. Smith, "Village banking and maternal and child health: Evidence from Ecuador and Honduras," *World Development* 30 (2002): 707-723이다.

43 탁월한 그래프 설명을 포함하여 원조와 기타 국경을 넘는 흐름의 원천과 목적지에 대한 분석에의 중요한 기고문은 http://devinit.org/data-visualization/datavisualization-oda에 있는 발전계획(Development Initiatives)의 분리원조 프로젝트(Unbundling Aid Project)를 참조하라.

44 저자들은 이 절에 관한 값진 논평과 제안에 대해 아론슨, 로트바르트, 그리고 라빈(Susan Aaronson, Daniel Rothbart, and Delano Lavigne)에 감사한다. 이 절 일부의 일반청중용 설명이 *World Ark*, winter 2011에 언급되어 있다. 이 소절의 처음 세 단락에 대한 배경은 Monty G. Marshall and Benjamin R. Cole, *Global Report 2009: Conflict, Governance, and State Fragility*, Center for Global Policy and Systemicpeace.org, 2009를 참조하라.

45 United Nations, *Consolidated Inter-Agency Appeal for the Democratic Republic of the Congo* (New York: United Nations, 2003).

46 Quan Li and Ming Wen, "Immediate and lingering effects of armed conflict on adult mortality: A time series cross-national analysis," *Journal of Peace Research* 42 (2005): 471-492.

47 Nina Birkeland, "Internal displacement: Global trends in conflict-induced displacement," *International Review of the Red Cross* 91 (2009): p. 502, available online at http://www.icrc.org/eng/resources/documents/article/review/review-875-p491.htm.

48 Thomas, Plumper and Eric Neumayer, "The unequal burden of war: The effect of armed conflict on the gender gap in life expectancy," *International Organization* 60 (2006): 731.

49 Paul Collier, "Breaking the conflict trap: Civil war and development policy," 2003, http://econ.worldbank.org.

50 한 보고서에 의하면 1986년 5세 미만 사망률은 1,000명당 473명에 이르렀다. Hugh Waters, Brinnon Garrett, and Gilbert Burnham, United Nations University, World Institute for Development Economics Research, Research Paper No. 2007/06 (Helsinki, Finland: UNU-WIDER, 2007), p. 5, "Rehabilitating health systems in post-conflict situations", and International Organization for Migration and Ministry of Health, Mozambique, "Health impact of large post-conflict migratory movements: the experience of Mozambique," presentation March 20-22, 1996, Maputo, Mozambique. 1990년과 2008년의 5세 미만 사망률 데이터는 World Bank, *World Development Indicators 2010*으로부터 추출되었다. 일부 자료들은 1990년대 초의 더 높은 추정치를 제시하고 있다.

51 2004년 모잠비크 수상 모쿰비(Pascoal Mocumbi)는 세계보건기구(WHO) 총재 후보자가 된 이후, WHO의 유럽과 개발도상국 의료시도 파트너십(European and Developing Countries Clinical Trials Partnership, EDCTP)의 고위 대표자가 되었다. 모쿰비는 1980년대 보건부 장관을 역임했다. 그는 1990년부터 1999년까지 제네바 WHO의 보건과 발전에 관한 대책위원회(task force) 임무를 수행했다.

52 World Bank, *Sierra Leone Health Sector Reconstruction and Development*, PID Report No. 10711 (Washington D.C.: World Bank, 2008). 또한 Office of the UN Resident Coordinator in Sierra Leone, *Republic of Sierra Leone Common Country Assessment. In Preparation for the United Nations Development Assistance Framework 2008-2010*, (2007), available as: common_country_assessment.pdf from http://www.sl.undp.org를 참조하라. 5세 미만 사망률 데이터는 World Bank, *World Development Indicators 2010*으로부터 추출되었다.

53 Sanjeev Gupta, Benedict Clements, Rina Bhattacharya, and Shamit Chakravarti, "The elusive peace dividend: How armed conflict and terrorism undermine economic performance," *Finance and Development* 39, N. 4 (2002): 49-51.

54 부룬디와 짐바브웨의 어린이 영양에 관한 연구는 Harold Alderman, John Hoddinott, and Bill Kinsey, "Long term consequences of early childhood malnutrition," *Oxford Economic Papers*, 58 (2006): 450-74; and Tom Bundervoet, Phillip Verwimp, and Richard Akresh, "Health and civil war in rural Burundi," *Journal of Human Resources*, 44 (2009): 536-563을 인용한 Christopher Blattman and Edward Miguel, "Civil War," *Journal of Economic Literature*, 48 (2010): 3-57에서 검토된다.

55 Collier, "Breaking the conflict trap."

56 Gupta et al., "Elusive peace dividend," http://www.imf.org/external/pubs/ft/fandd/2002/12/gupta.htm.

57 Plumper and Neumayer, "Unequal burden of war," p. 730.

58 연구대상 18개국 중 4개국에서 연구자들은 손실을 추정할 수 없었다—F. Stewart, C. Huang, and M. Wang, "Internal wars in developing countries: An empirical overview of economic and social consequences," in *War and Underdevelopment*, eds. F. Stewart et al. (Oxford: Oxford University Press, 2001).

59 Collier, "Breaking the conflict trap," p. 2.

60 예를 들어 J. Krishnamurty, "Employment and armed conflict," *Indian Journal of Labour Economics*, 50 (2007): 47-62를 참조하라.

61 Paul Collier, *The Bottom Billion: Why the Poorest Countries Are Failing and What Can Be Done about It* (New York: Oxford University Press, 2007), p. 28.

62 Stewart, Huang, and Wang, "Internal wars in developing countries," cited in Collier, "Breaking the conflict trap," p. 17. IFPRI의 발견은 Ellen Messer and Marc. J. Cohen, "Conflict, food insecurity, and globalization," FCND Discussion Paper 206, International Food Policy Research Institute, 2006에 보고되어 있다. 특히 p. 9를 참조하라. 식량 손실의 크기는 Ellen Messer, Marc J. Cohen, and Thomas Marchione, "Conflict: A cause and effect of hunger," *ECSP Report*, No. 7, 2001, at ECSP7-featurearticles-1.pdf, available at http://www.fao.org에 보고되어 있다. 특히 p. 3을 참조하라.

63 Ellen Messer and Marc. J. Cohen, "Conflict, food insecurity, and globalization," FCND Discussion Paper No. 206, International Food Policy Research Institute, 2006. 추가적으로 자세한 내용과 기록서류는 Klaus Seitz, *Education and Conflict: The Role of Education in the Creation, Prevention, and Resolution of Societal Crises—Consequences for Development Cooperation* (Berlin: GTZ, 2004), downloaded at http://www2.gtz.de/dokumente/bib/05-0160.pdf를 참조하라. 기타 영향 중 모잠비크와 우간다의 가

축손실에 대한 연구는 브룩(Tilman Bruck)의 발간되지 않은 1996년 논문, 아난, 블랫맨, 그리고 호턴(Annan, Blattman and Horton)의 2006년 UNICEF 보고서, 그리고 1997년 저소니(Robert Gersony)의 우간다주재 미국대사관 보고서를 인용한 Blattman and Miguel, "Civil war"에서 검토된다.

64 Birkeland, "Internal displacement."

65 Gupta et al., "Elusive peace dividend." Christopher Blattman and Jeannie Annan, "The Consequences of Child Soldiering," *Review of Economics and Statistics*, 92 (2010): 882-898을 참조하라.

66 유엔은 2009년 4,200만 명이 '분쟁 또는 박해'에 의해 난민이 되었다고 추정했다. 또한 W. Naudé "The determinants of migration from sub-Saharan African countries," *Journal of African Economies* 19 (2010): 330-356, and Timothy J. Hatton and Jeffrey G. Williamson, "Demographic and economic pressure on emigration out of Africa," *Scandinavian Journal of Economics* 105 (2003): 465-486을 참조하라.

67 James C. Murdoch and Todd Sandler, "Civil wars and economic growth: Spatial dispersion," *American Journal of Political Science* 48 (2004): 138-151을 참조하라.

68 Birkeland, "Internal displacement," 데이터는 2008년 연말까지 적용된다. 추가 적용범위는 Internal Displacement Monitoring Centre(IDMC), at http://www.internal-displacement.org를 참조하라.

69 United Nations Non-Governmental Liaison Service, "Millennium Development Goals report 2010," June 24, 2010, http://www.un-ngls.org/spip.php?article2682.

70 James D. Fearon, "Governance and civil war onset," *World Development Report* 2011, background paper, August 31, 2010, http://siteresources.worldbank.org.

71 Frances Stewart, "The root causes of humanitarian emergencies," in *War, Hunger and Displacement: The Origins of Humanitarian Emergencies*, Vol. 1, eds. E. Wayne Nafziger, Frances Stewart, and Raimo Väyrynen. (경고사항은 수평적 불균등이 일부 변수처럼 정확하게 측정되지 않아서 일부 설명과 동일한 정도로 통계적으로 테스트되지 않았다는 것이다.) (Oxford: Oxford University Press, 2000), and Frances Stewart, *Horizontal Inequalities and Conflict: Understanding Group Violence in Multiethnic Societies* (New York: Palgrave Macmillan, 2008)을 참조하라.

72 Graham K. Brown and Frances Stewart, "The implications of horizontal inequality for aid," CRISE Working Paper No. 36, University of Oxford, December 2006, p. 222.

73 Stewart, "Root causes" pp. 4-5.

74 A. Evans, "Resource scarcity and conflict" (forthcoming); United Nations Environment Programme, "Sudan: Post-conflict environmental assessment, 2007," http://sudanreport.unep.ch/UNEP_Sudan.pdf; and Darfur Conflict and Resource Scarcity, "Environment and conflict in Africa: Reflections on Darfur," http://www.africa.upeace.org/documents/environment_files.pdf를 참조하라. 그러나 폭력적 충돌을 통제하기 위한 전략으로서의 인구통제의 심각한 사례는 존재하지 않는다는 것을 주목하라. Henrik Urdal, "People vs. Malthus: Population pressure, environmental degradation, and armed conflict revisited." *Journal of Peace Research* 42 (2005): 417-434를 참조하라.

75 Colin H. Kahl, *States, Scarcity and Civil Strife in the Developing World* (Princeton, N.J.: Princeton University Press, 2006), p. 7.

76 Edward Miguel, Shanker Satyanath, and Ernest Sergenti, "Economic shocks and conflict: An instrumental variable approach," *Journal of Political Economy* 112 (2004): 725-754. 저자들은 아프리카의 강수량 변화를 경제성장의 도구변수(instrumental variable)로 사용하여 강수량 변화가 민족분규(civil conflict)에 미치는 영향을 추정했다. 이들의 연구는 낮은 경제성장(강수량에 의해 측정)과 분규위험 상승 사이의 강력한 인과관계를 발견했다. 즉 연간 5%의 경제성장률 하락이 다음 해 민족분규 위험을 50% 이상 증가시켰다는 것이다.

77 Ole Magnus Theisen, "Blood and soil? Resource scarcity and internal armed conflict revisited," *Journal of Peace Research* 45 (2008): 801-818, and Urdal, "People vs. Malthus"를 참조하라.

78 Marshall B. Burkea et al., "Warming increases the risk of civil war in Africa," *Proceedings of the National Academy of Sciences* 106 (2009): 20670-20674.

79 검토는 Theisen, "Blood and soil?"을 참조하라.

80 Collier, "Breaking the conflict trap."

81 몇몇 실례와 함께 최근 생겨난 이슈들에 대한 저널리즘 관점에서의 설명은 Janeen Interlandi "The new oil: Should private companies control our most precious natural resource?" *Newsweek*, October 8, 2010, http://www.newsweek.com/2010/10/08/the-race-to-buy-up-the-world-s-water.html을 참조하라.

82 제2장에서 노벨상 수상자인 노스(Douglass North)에 따르면 제도는 헌법, 법률, 계약, 그리고 시장규제에 내재된 공식적 규칙과 습관, 관습, 행동규범, 그리고 가치와 같은 행태기준에 반영된 비공식적 규칙 모두를 포함하는 '경제의 게임규칙'이

라는 것을 주목했다.

83 몇몇 경우, '반군' 세력은 잘 다루어지지 않는다면 진정한 발전을 거의 불가능하게 만들 정당한 불만을 갖고 있다. 다른 경우, 그들은 속이 빤히 들여다보이는 범죄자가 아닐지라도 기껏해야 경쟁적인 엘리트들이다. 때로는 이들 사이의 경계가 흐릿해지더라도, 이러한 경우들은 무심코 함께 묶여서는 안 된다.

84 군비지출 데이터는 *SIPRI Yearbook 2010 and 2013* (Stockholm: Stockholm International Peace Research Institute, 2010 and 2013)으로부터 인용되었다.

85 영향력이 큰 기고문에는 Robert Powell, "War as a commit-ment problem," *International Organization* 60 (2006): 169-203, and Barbara F. Walter, "The critical barrier to civil war settlement," *International Organization* 51 (1997): 335-364가 포함된다. 검토는 Blattman and Miguel, "Civil War"를 참조하라.

86 예를 들어 the Heidelberg Institute's Conflict Barometer at http://www.hiik.de/en을 참조하라.

87 킴벌리 프로세스에 대해 http://www.kimberleyprocess.com에서 그리고 EITI에 대해 http://eiti.org에서 더 많이 배울 수 있다.

88 값진 제안에 대해 저자들은 아론슨(Susan Aaronson)에게 감사한다. African Development Bank, "Strategy for enhanced engagement in fragile states," http://www.afdb.org를 참조하라. 또 다른 종류의 예는 평화유지군을 포함하는 시에라리온과 라이베리아에 있는 서아프리카경제공동체의 역할이다.

89 유사한 주장은 적어도 콜리어(Collier)의 *The Bottom Billion*에서 암묵적이다.

90 Emil Bolongaita, "Controlling corruption in post-conflict countries," January 2005, http://www.u4.no/document/literature/Kroc%282005%29-controlling.pdf.

91 Stewart, *Horizontal Inequalities*, p. 18.

92 Stewart, "Root causes," p. 2.

93 기대문제는 아마도 상당할 것이다. Paul Collier in *The Bottom Billion*은 "바닥 10억의 국가가 어떤 5년 기간의 내전에 빠질 위험은 거의 여섯 중 하나"라는 것을 발견했다(p. 32). 비슷한 주장은 World Bank, "*World Development Report*, 2011: Conflict, security and development: Concept note," January 7, 2010, http://www.worldbank.org, pp. 8, 13, 16을 참조하라.

94 *Education for All Global Monitoring Report*, "Education and violent conflict" (concept note), February 2010, http://www.unesco.org.uk/uploads/GMR%202011-concept-note.pdf.

95 Patrick Barron, "CDD in Post-Conflict and Conflict-Affected Areas: Experiences from East Asia," *World Development Report* background paper, July 16, 2010, http://siteresources.worldbank.org.

96 Ibid. 필리핀 프로그램은 Kapitbisig Laban Sa Kahirapan이다.

97 James Manor, *Aid That Works: Successful Development in Fragile States* (Washington, D.C.: World Bank, 2007), p. 34.

98 민족분규(civil conflict)의 경제적 분석에 대한 최근 기여의 문헌 검토는 Christopher Blattman and Edward Miguel, "Civil War"에서 찾을 수 있다. CDD에 기반을 둔 원조 프로그램의 흔치 않은 무작위적 평가는 Katherine Casey, Rachel Glennerster, and Edward Miguel, "How effective is community driven development? Evidence from Sierra Leone," a paper presented at NEUDC conference, MIT, November 2010을 참조하라. 이 연구는 비록 토착적으로 시작된 조직은 아니지만 전통적으로 한계화된 것 중에서 외부 NGO 조직 프로그램을 그럴싸하게 모의실험했다. 보고서는 http://www.povertyactionlab.org/publication/gobifo-project-evaluation-report-assessingimpacts-community-driven-development-sierra-1에서 구할 수 있다. "증거에 따르면 CBD/CDD는 오랫동안 주의 깊게 잘 설계된 감독 및 평가 제도를 가진 특정 상황 방식에서 최고로 실행된다"라고 결론을 내린 초기의 문헌 검토는 Ghazala Mansuri and Vijayendra Rao, "Community-based and -driven development: A critical review," Washington, D.C.: World Bank Policy Research Working Paper 3209, 2004에서 발견된다.

15 발전을 위한 금융 및 재정 정책

다른 시장개혁들의 성공은 금융제도의 건강상태에 달려 있다.
— 세계은행, 세계개발보고서(*World Development Report*), 1996

금융시장 자유화의 정당성 중 많은 부분은 어떻게 이러한 시장이 작동하는지에 관한 건전한 경제적 이해를 바탕으로 하고 있지 않으며 정부 개입의 잠재적 범위에 기초하고 있지도 않다.
— 스티글리츠(*Joseph Stiglitz*), 노벨경제학상 수상자

나는 나만의 은행을 설립하기로 결정했다. 정부는 이것이 웃기는 아이디어라고 생각했다. 가난한 사람들은 돈을 빌릴 수 없다. … 그라민은 사람들을 시장으로 다시 통합하는 메커니즘이다. 그것은 당신이 당신 자신의 삶을 구축할 수 있도록 기회를 열어준다. 미소신용은 사람들을 결합시킨다.
— 유누스(*Muhammad Yunus*), 그라민은행의 창설자이자 2006년 노벨평화상 수상자

경제발전 과정에서 금융제도가 결정적으로 중요한 역할을 한다는 것이 점점 더 인식되고 있다. 정부는 통화정책은 물론 강력하지만 융통성 있는 재정정책을 포함하는 건전하고 안정적인 거시정책을 채택하고, 금융시장이 아직 존재하지 않을 경우 이러한 시장이 확립될 수 있도록 조처를 취하며, 신중한 금융제도의 규제를 제공함으로써 이를 가능하도록 돕는다. 이 장에서는 금융의 역할과 경제성장, 현대화, 그리고 발전의 전반적인 과정에서 금융제도 작동의 개선에 대해 고려한다. 많은 개발도상국들이 지금 진행시키고 있는 거시경제 안정성으로의 어려운 여정을 조사한다. 그런 다음 개발도상국가의 금융제도를 더 자세하게 검토한다. 개발도상국들의 주식시장을 살펴보고 그들의 확대되는 역할의 장단점을 생각해본다. 개발은행과 '계'(rotating savings and credit association, ROSCA) 같은 특별한 제도를 검토한다. 개발도상국에서 미소금융의 점점 더 두드러진 역할, 특히 미소금융 발전에 대한 역사적 장애, 이 장애가 극복된 방법, 빈곤 문제와 지역발전을 다루는 데 있어서의 미소금융의 장점, 그리고 미소금융을 강조하는 것의 한계를 검토한다.

이러한 맥락에서 많은 개발도상국 정부가 전통적인 통화정책과 금융정책을 추구하기가 종종 왜 그렇게 어려운지, 몇몇 금융정책이 낮은 국내저축과 상업은행제도의 광범위한 비효율

을 어떻게 유도했는지, 그리고 형편없이 설계되고 시행된 조세구조가 조세수입 증가를 통해 재정균형을 회복하려는 시도에 어떻게 반대로 작용했는지를 검토할 것이다. 또한 행정 문제(많은 개발도상국들의 결정적으로 중요한 제약)를 간략하게 살펴보고, 공기업 민영화에 관한 논쟁을 검토한다. 이 장의 사례연구는 지난 수십 년에 걸쳐 효과적인 재정정책과 상대적으로 건전한 행정을 통해 광물의 풍부함을 지렛대로 삼아 세계에서 가장 높은 성장률을 달성했지만 아직도 상당한 발전에 있어서 도전에 직면하고 있는 아프리카의 보츠와나를 살펴본다.

15.1 경제발전에 있어서 금융제도의 역할

일반적으로 **실물부문**과 **금융부문**은 구분되어 있다. 이러한 용어는 금융부문이 실물부문보다 무엇인가 모자란다는 것을 암시하기 때문에 잘못된 것이다. 이러한 인상은 금융부문은 실물경제의 단지 부속물이라는 견해가 부추겨 왔다. 경제학자 로빈슨(Joan Robinson)의 유명한 표현과 같이 "기업들이 앞장서고 금융이 뒤따른다."[1] 확실히 이러한 금언에는 어떤 진실이 있다. 상당한 정도 금융 서비스에 대한 수요는 비금융기업의 활동으로부터 파생된다. 그러나 금융은 또한 경제발전을 제한하는 요소일 수 있다는 증거가 있다. 금융의 필요성은 개발도상국 진영 어디에서나 찾을 수 있다. 다섯 가지 기본적인 예는 다음과 같다.

- 신용이 고갈된 자신의 미소기업(microenterprise)으로부터의 소득으로 자신의 가족을 먹여살리려 하고 더 많은 운전자본이 있다면 훨씬 더 생산적일 수 있는 잠비아의 빈곤한 어머니
- 민간 자기자본(equity capital) 없이는 설립될 수 없는 그리고 궁극적으로 주식공모를 원하는 인도의 창업기업
- 씨앗을 사기 위한 신용이 부족하여 경작할 수 없는 우크라이나의 세계에서 가장 비옥한 토양을 갖고 있는 농부
- 수출을 시작하기 위해 저비용 대출에 대한 더 나은 접근이 필요한 브라질의 가족 소유의 신생 구두회사
- 재구조화(restructuring)를 위한 자금을 제공하기 위해 더 많은 지분을 매각하고 싶은 필리핀의 상장기업

패트릭(Hugh Patrick)은 금융발전이 현대적 발전의 초기에 성장을 유발하지만, 일단 금융제도가 확립되면 금융제도는 주로 실물부문을 뒤따른다는 '발전 단계(stages of development)'론을 주장하고 있다. 인과관계는 양방향 모두로 흐를 가능성이 매우 크다.[2]

금융에 관해 무엇이 그렇게 중요한가? 금융부문은 기업 수준과 경제 전체의 수준 모두에서 중요한 여섯 가지 주요한 기능을 제공한다.[3]

1. **지출 서비스의 제공.** 구입한 재화와 서비스 가격을 지불하기 위한 충분한 현금을 지참하는 것은 불편하고 비효율적이며 위험하다. 금융기관이 효율적 대안을 제공한다. 가장 분명

한 예는 개인 및 상업 체킹(checking) 및 수표교환(check clearing) 서비스, 그리고 신용 (credit) 및 직불(debit)카드 서비스다. 심지어 저소득국가의 적어도 현대부문에서 각각의 중요성은 증가하고 있다.

2. **저축자들과 투자자들의 연결.** 많은 사람들이 예를 들어 은퇴를 위해 저축하며, 많은 사람들이 예를 들어 공장을 짓거나 가족 미소기업에 의해 유지되는 재고를 확대하기 위해 투자 프로젝트를 갖고 있지만, 각 투자자가 주어진 프로젝트에 자금을 조달하기 위해 정확히 필요한 만큼 저축한다는 것은 정말 우연의 일치일 것이다. 따라서 저축자와 투자자가 어쨌든 만나 대출 또는 다른 형태의 금융 조건에 합의하는 것은 중요하다. 이는 금융기관 없이도 발생할 수 있다. 매우 발달된 시장에서조차도 많은 신규 기업가들은 초기자금의 상당 부분을 가족과 친구로부터 얻는다. 그러나 은행의 존재, 그리고 후일에는 벤처자본 또는 주식시장이 효율적인 방법으로 연결을 크게 활성화할 수 있다. 소규모 저축자들은 단순히 자신의 저축을 예치하고 은행이 이를 어디에 투자할 것인가를 결정하도록 한다.

3. **정보의 창출과 분배.** 사회 전체의 관점에서 볼 때 금융제도의 가장 중요한 기능 중 하나는 정보를 창출하고 분배하는 것이다. 개발도상국 일간신문(그리고 점차 인터넷도 물론)의 주식 및 채권가격은 친숙한 예다. 이러한 가격은 이러한 투자와 다른 모든 투자들에 대해 이용 가능한 자신들이 갖고 있는 정보에 기초한 비록 수백만은 아니지만 수천 명 투자자들의 평균적인 판단을 나타낸다. 은행도 또한 자신들로부터 대출하는 기업들에 대한 정보를 수집한다. 이에 따른 정보는 종종 그와 같이 인식되지 않더라도 은행 '자본'의 가장 중요한 구성요소 중 하나이다. 이러한 측면에서 금융시장은 경제제도의 '두뇌'를 나타낸다고 일컬어진다.[4]

4. **신용의 효율적 배분.** 투자자금을 가장 높은 수익률을 내는 사용처로 연결하는 것은 특화의 증가와 분업을 허용하는데, 이는 스미스(Adam smith) 시대 이래 국부의 핵심으로 인식되었다.

5. **위험의 가격설정, 공동관리(pooling), 거래.** 보험시장이 위험에 대한 보호를 제공하지만, 주식시장 또는 은행의 론 신디케이션(loan syndication)에서 가능한 다양화도 같은 역할을 한다.

6. **자산 유동성의 증가.** 일부 투자는 오랜 기간 지속된다. 몇몇 경우, 예를 들어 수력발전소에 대한 투자는 100년 또는 그 이상 지속될 수 있다. 그러한 발전소에 투자한 사람들은 이내 채권을 팔기를 원할 가능성이 있다. 몇몇 경우 투자자가 이를테면 은퇴 때문에 채권을 팔기 원할 때 구매자를 발견하기가 매우 어려울 수 있다. 금융발전은 채권을 예를 들어 주식시장 또는 은행의 신디케이트 또는 보험회사에 판매하는 것을 용이하게 함으로써 유동성을 증가시킨다.

기술 및 금융 혁신이 현대적 경제성장을 주도했다. 증기와 수력이 은행, 금융, 그리고 보험의 혁신에 의해 활성화된 대규모 투자를 필요로 함에 따라 기술 및 금융 혁신 모두 산업혁명의 필요조건이었다. 개발도상국들이 자신들의 경제발전을 위해 계속해서 노력함에 따라 기술 및 금융 혁신 모두 개발도상국에 필요했다. 그러나 포괄적인 발전과 빈곤 감소에 도움이 되는 금융제도는 효율성은 물론 형평성을 염두에 두고 설계되어야만 한다. 잘 설계된 규제제도는 경제의 나머지 부분에 높은 비용을 부과할 수 있는 금융위기에 대한 취약성을 줄이기 위해 필수적이다.

선진국과 개발도상국 금융제도의 차이

선진국에서 통화금융정책은 실업과 공급과잉의 시기에 경제활동을 확대하고 초과수요와 인플레이션의 시기에 경제활동을 수축시키려는 정부의 노력에 주요한 직간접적인 역할을 한다.[5] 기본적으로 **통화정책**(monetary policy)은 순환 중인 총화폐공급(aggregate supply of money in circulation)과 이자율 수준이라는 두 주요 경제변수를 통해 작용한다. 전통적 용어로 표현하면 (현금과 상업은행 요구불예금의 합인) **화폐공급**(money supply)의 증가는 사람들로 하여금 재화와 서비스를 더 많이 구입하도록 함으로써 경제활동의 확대를 유발한다는 의미에서 화폐공급은 경제활동 수준에 직접적으로 관련된다고 생각된다. 이는 본질적으로 경제활동의 **통화주의이론**이다. 그 주창자들은 화폐공급의 증가를 통제함으로써 선진국 정부는 국가의 경제활동을 규제하고 인플레이션을 통제할 수 있다고 주장한다.

통화이슈의 반대편에는 전통적 용어로 또다시 표현할 때 유통되는 화폐공급의 확대는 대부자금의 이용 가능성을 증가시킨다고 주장하는 케인지안 경제학자들이 있다. 수요를 초과하는 대부자금의 공급은 이자율을 낮춘다. 민간투자는 현행 이자율과 역관계에 있다고 가정되기 때문에 이자율이 하락하고 신용이 더 이용 가능해짐에 따라 기업인들은 자신들의 투자를 확대할 것이다. 투자의 증가는 이어 더 높은 수준의 경제활동(고용 증가와 GDP 증가)으로 이어지는 총수요를 증가시킨다. 마찬가지로 초과수요와 인플레이션의 시기에 정부는 국가의 화폐공급 증가를 감소시키고, 대부자금의 공급을 줄이며, 이자율을 높여 낮은 수준의 투자를 유발하고 인플레이션이 줄어들기를 희망함으로써 총수요의 확대를 줄이려 설계된 긴축 통화정책을 추구한다.

선진국의 통화정책에 대한 이러한 설명은 복잡한 과정을 크게 단순화한 것이지만,[6] 이는 대부분의 개발도상국들이 결여하고 있는 두 가지 중요한 측면을 지적한다. 첫째, 자신들의 화폐공급을 확대 및 축소하고 (이자율의 직간접적 조작을 통해) 민간부문의 대출비용을 높이고 낮추는 선진국 정부의 능력은 고도로 조직되고 경제적으로 상호 의존적이며 효율적으로 기능하는 화폐 및 신용시장의 존재에 의해 가능하다. 금융자원은 지속적으로 저축은행, 상업은행, 기타 국가에서 최소한의 간섭으로 규제되는 공공 및 민간 금융중개기관으로 유입되고 또 유출된다. 더욱이 이자율은 행정적인 신용통제와 공급과 수요라는 시장요인 모두에 의해 규제되며, 그래서 국민경제의 여러 부문과 국가의 모든 지역에서 이자율이 일관성과 상대적인 획일성을 갖는 경향이 있다. 따라서 금융중개기관은 민간저축을 동원하고 이를 가장 생산적인 사용처로 효율적으로 분배할 수 있다. 이것이 장기 경제성장을 촉진하는 데 있어 결정적으로 중요한 요인이다.

통화정책
화폐공급과 이자율 같은 금융변수에 영향을 미치기 위해 설계된 중앙은행의 활동

화폐공급
현금(currency on circulation)과 상업은행의 요구불예금(demand deposit) 그리고 때때로 저축은행의 저축성예금(time deposit)을 합한 총금액

이와는 대조적으로 많은 개발도상국의 시장과 금융기관은 매우 조직되어 있지 않고 때로는 외부에 의존하며 공간적으로 단절되어 있다.[7] 개발도상국의 많은 상업은행은 선진국 주요 민간은행기업의 해외지점이다. 그러므로 그들의 성향은 다국적기업의 성향과 마찬가지로 국내보다는 대외 화폐 상황을 향하고 있다. 자국 화폐공급을 규제하는 개발도상국 정부의 능력은 그 경제의 개방 정도, 일부 경우에는 자국통화의 달러 또는 유로 또는 주요 선진국 통화 바스켓에의 고정, 그리고 외국통화 수입액의 축적이 그 국내 금융자원의 상당히 큰 변동의 원천이라는 사실에 의해 더욱 제약을 받는다. 심지어 화폐공급 자체도 측정하기 어렵고, 외국통화가 자국통화에 대한 대체물의 역할을 하는(예 : 멕시코 북부에서의 미국 달러) **통화대체**(currency substitution)의 조건하에서는 통제하기가 더욱 어렵다.[8] 이는 인플레이션 예상 수준이 높을 때는 특히 중요한 문제이다.

개발도상국 대다수는 고정환율을 유지하는 것이 도전의식을 북돋는 장애물이라는 것을 깨달았으며, 따라서 자유변동환율 또는 관리변동환율이 더 일반적이 되었다(제13장). 그러나 이 또한 심지어 위기에 처하지 않은 나라에서조차 매우 변덕스러운 환율이 나타나는 것을 포함하는 다른 형태의 불안정과 관련이 있어 왔다. 예로는 여전히 건강한 5%의 수준이긴 하지만 경제성장이 둔화됨에 따른 2013년의 인도의 경우다. 8월 한 달 만에 루피는 그 가치의 9%를 잃었으며, 그 해 내내 상당한 변동에 직면하여 중앙은행으로 하여금 이자율을 인상하도록 압력을 발생시킴으로써 뒤이어 경제가 더욱 둔화되도록 위협을 가했다.

제한된 정보와 불완전한 신용시장 때문에 많은 개발도상국의 상업은행제도는 **투명성**(transparency, 대출금 포트폴리오 품질의 전면 발표)이 결여되어 있으며, 종종 더 신용이 있다고 여겨지는 현대적 제조업부문의 중·대규모 기업에 희소한 대부자금을 할당하는 데 거의 전적으로 그 활동을 한정하고 있다. 많은 발전경제학자들은 이러한 투명성의 결여와 많은 대출자들이 신용이 없다는 사실이 1997년 아시아, 특히 태국과 인도네시아 통화 및 은행위기의 주요 요소였다고 결론을 내렸다. 결과적으로 소규모 농부와 공식·비공식 제조 및 서비스부문의 토착 소규모 기업가 및 거래자들은 전통적으로 금융을 다른 곳, 때로는 가족구성원과 친지 또는 엄청난 이자율을 부과하는 지역 대금업자와 고리대금업자로부터 조달해야 했다. 다소 더 확립된 소규모 기업들로의 점진적인 확대와 '고급화'를 포함하는 미소금융의 성장이 이 문제를 다루기 위해 조심스럽게 상당한 수준으로 진입했다.

대부분의 개발도상국들은 이중금융제도 하에서 운영되었다. 소규모로 흔히 외부에 의해 통제되거나 영향을 받는 **제도권화폐시장**(organized money market)은 명목이자율의 상한에 관한 법적인 제약에 묶여 있고, 현대적 산업부문의 국내외 기업 중상류 특수그룹의 금융요구에 응하고 있으며, 대규모지만 조직되지 않은 **비제도권화폐시장**(unorganized money market)은 통제를 받지 않으며 종종 불법적으로 엄격하게 고리대금업의 이자를 받는데, 대부분의 저소득 개개인들이 금융이 필요할 때 어쩔 수 없이 이용한다. 이는 많은 개발도상국의 이중구조와 고의든 아니든 상대적으로 가난한 사람의 필요를 무시하는 반면 부유한 엘리트의 필요에 부응하는 그 경향성의 또 다른 표현이다. 이러한 주요 요소가격왜곡 제거로 가는 한 가지 가능한 단계는 **금융자유화**(financial liberalization)를 향한 기타 관련조치(예 : 환율의 느

통화대체
국내통화(예 : 멕시코 페소) 대신 또는 국내통화와 함께 교환의 매개수단으로 외국통화(예 : 미국 달러)의 사용

제도권화폐시장
대부자금이 인정되고 허가를 받은 금융중개기관들을 통해 보내지는 공식은행제도

비제도권화폐시장
담보가 거의 없는 저소득 농장과 기업들이 터무니없는 이자율로 대금업자로부터 차입하는 대부분의 개발도상국(특히 농촌지역)에 존재하는 비공식 그리고 종종 고리대금업 신용제도

금융자유화
금융시장의 여러 형태의 정부 개입을 제거함으로써 공급과 수요가 예를 들어 이자율 수준을 결정하도록 허용

순해짐)는 물론 제도권화폐시장에서 인위적으로 낮춰진 명목이자율 상한을 제거하는 것이다. 이자율의 인상은 더 많은 국내저축을 창출하는 한편, 투명성의 제고와 더 시장지향적인 실질이자율은 대부자금을 가장 생산적인 프로젝트에 더 훌륭히 배분할 것이 틀림없다. 그러나 자유화는 종종 금융의 안정성이라는 새로운 도전을 수반했다. 더욱이 그러한 국내금융 및 외환시장의 조화된 자유화는 소규모 투자자와 기업가들에게 신용이 흘러들어 가도록 하는 문제를 충분히 해결하지는 못했다.[9] 그것은 더 직접적인 새로운 조치를 요구할 것이다. 이 장의 뒷부분에서 비공식부문의 금융을 개선하기 위한 금융시장개혁 및 수단들을 논의할 것이다.

개발도상국에서 투자결정은 종종 이자율 변동에 매우 민감하지 않다. 더욱이 남미의 많은 대규모 국가(예 : 브라질, 아르헨티나)들은 과거 대규모 예산적자와 함께 확대통화정책이 부(−)의 실질이자율(인플레이션율이 명목이자율을 초과함)이라는 결과를 가져오는 인플레이션에 의해 자금이 조달되는 산업성장정책을 추구했다. 기본 아이디어는 인위적으로 낮춰진 이자율은 투자를 장려하고, 재정적자를 줄이며, 산업생산량 증가를 촉진한다는 것이다. 그러나 산업생산물에 대한 수요가 증가할지라도 생산물의 증가를 방해하는 심각한 구조적 공급제한(낮은 공급탄력성)이 있을 수 있다. 이러한 제한에는 부실한 경영, 필수적 (보통 수입된) 중간재의 부족, 관료적 경직성, 허가상의 제약, 그리고 산업부문 간 상호의존성의 전반적 결여가 포함된다. 이유가 무엇이든 구조적 공급의 경직성은 급속한 통화창출에 의해 발생한 재화와 서비스의 어떠한 수요 증가도 공급 증가에 의해 맞춰지지 않을 것임을 의미한다. 그 대신 초과수요(이 경우 투자재에 대한)가 단순히 가격을 상승시키고 인플레이션을 유발할 것이다. 몇몇 남미 국가에서는 그와 같은 '구조적' 인플레이션은 만성적인 문제였는데, 이는 근로자들이 임금 인상을 물가 상승과 연동시킴으로써 자신들의 실질소득 수준을 보호하려 시도함에 따른 임금의 악순환적 상승(wage-price spiral)에 의해 비용 측면을 심지어 더욱 악화시켰다. 고정된 또는 천천히 평가절하되는 환율로 인플레이션을 통제하려는 시도는 1999년 브라질, 2001~2002년 아르헨티나에서 주요 금융위기로 이어졌다.

거시경제 문제는 유럽 주변에서는 많은 개발도상국들에서만큼 꽤 심각하지는 않았지만, 유로를 위해 현지 통화를 포기하는 데 약간 비슷한 점이 존재했다. 이것은 아르헨티나가 달러에 대해 했던 것처럼 영구적으로 통화를 이전 독일 마르크화 또는 오히려 이전 프랑화를 포함하는 통화지수에 영구히 고정시키는 것과 유사했다. 아니면 그것은 엘살바도르, 파나마, 그리고 에콰도르가 실행했던 달러화(dollarization)와 같은 단순히 법화(교환의 매개수단)로 더 안정적인 통화를 사용하겠다는 선택인 통화대체 같은 것이다. 연방예산이 존재하지 않았고, 1992년의 시장통합에서 기대되었던 것에 비해 노동의 이동성이 훨씬 더 작았기 때문에 통화대체와 마찬가지로 그것은 조정을 더 어렵게 만든다. 더욱이 유로의 사용이 코소보나 몬테네그로 같은 나라에서의 자발적인 유로의 채택이 아니라 참여회원국의 협정에 의해 확립되었기 때문에 유로존(Eurozone) 국가들이 이탈하는 것은 훨씬 더 어렵다. 바로 얼마 전에 포르투갈과 그리스는 개발기관들에 의해 중상위소득국가로 분류되었는데, 최근 그들 역시 자신들의 생산성이 수년에 걸쳐 독일이 주도하는 핵심 유로국가들에 비해 더 천천히 증가함에 따라 경쟁력 상실을 경험했다. 자신들의 환율의 평가절하를 통해 조정할 기회가 없기 때문에 그들은 내핍생활을 통해 조정했어야만 했다. 그러나 구조조정은 아니더라도 혹독한 거시경제 안정화의 결과로 나타난 내핍은 2013년 이른바 위기의 유럽연합 5개국인 그리스 및 스페인의 27%, 포르투갈의 15%, 그리고 이탈리아 및 아일랜드의 12%를 포함하는 높은 실업률을 유도했다 (이 주제는 13.5절에서 추가적인 관점으로부터 탐구되었다).

그럼에도 불구하고 금융제도는 개발도상국에서 일반경제제도의 필요불가결한 구성요인인 채로 남아 있다. 예를 들어 대규모 예산 및 무역적자에 수반되는 높은 인플레이션이라는 심각한 거시경제 불안정의 맥락에서 금융제도는 어떤 전반적 안정화의 노력에도 핵심 요인을 대표한다. 더욱이 앞에서 주목한 바와 같이 금융제도는 저축동원, 신용할당, 위험제한, 보험에 의한 보호, 그리고 외환활성화를 포함하는 필요한 다양한 서비스를 제공한다. 그러므로 중앙은행을 살펴보면서 금융제도 구조에 대한 검토를 지속하기로 하자.

15.2 중앙은행의 역할과 그 대안제도

자격을 제대로 갖춘 중앙은행의 기능

중앙은행
국가의 통화를 발행하고, 외환준비금을 관리하며, 통화정책을 시행하고 정부와 상업은행에 서비스를 제공할 책임이 있는 주요 금융기관

선진국에서 미국의 연방준비제도이사회(Federal Reserve Board)와 같은 **중앙은행**(central bank)은 광범위한 은행, 규제, 그리고 감독 기능을 수행한다. 중앙은행은 상당한 공공의무와 광범위한 일련의 집행권을 갖고 있다. 그들의 주요 활동은 다섯 가지 일반적인 기능으로 구분할 수 있다.[10]

1. **통화의 발행자 및 외환준비금의 관리자.** 중앙은행은 화폐를 인쇄하고, 지폐와 동전을 분배하며, 자국통화와 다른 통화와의 교환비율을 규제하기 위해 외환시장에 개입하고, 자국통화의 대외가치를 유지하기 위해 해외자산준비금(foreign-asset reserves)을 관리한다.

2. **정부의 은행.** 중앙은행은 예금 및 대출시설을 정부에 제공함과 동시에 정부의 재정 대리자와 보증인으로 행동한다.

3. **국내 상업은행의 은행.** 중앙은행은 또한 예금 및 대출시설을 상업은행에게 제공하며 금융상 문제가 있는 상업은행들의 최후의 대부자(lender of last resort, LLR)로 행동한다.

4. **국내금융기관의 규제자.** 중앙은행은 상업은행과 기타 금융기관이 관련법과 규정에 따라 신중하게 자신들의 사업을 하도록 보장한다. 중앙은행은 또한 법정지급준비율을 감시하고, 국내 및 지역은행의 행동을 감독한다.

5. **통화 및 신용정책의 운영자.** 중앙은행은 인플레이션 통제, 투자 촉진 또는 국제적 통화 이동의 규제 같은 주요 거시경제 목표를 달성하기 위한 (국내화폐공급, 할인율, 환율, 상업은행 법정지급준비율 등) 통화 및 신용정책수단의 조작을 시도한다.

때때로 이러한 기능들은 분리된 규제기구들에 의해 다루어진다.

통화위원회
고정된 환율로 외환에 대해 국내통화를 발생하는 중앙은행의 한 형태

통화위원회 **통화위원회**(currency board)는 고정된 환율로 외환에 대해 국내통화를 발행한다. 이것은 중앙은행에 대한 고전적인 대안기구였다. 통화위원회는 환율의 안정성을 제공하지만,

중앙은행의 다른 기능적 역할을 추구할 독립성을 포기함으로써 그렇게 한다. 많은 개발도상 국들은 독립 시에 통화위원회를 물려받거나 채택했으며, 다른 국가들은 높은 인플레이션 기 간 이후에 안정성을 회복하기 위해 통화위원회를 채택했다. 통화위원회는 새로운 화폐를 창 출하거나 통화정책을 수행하거나 또는 일반적으로 은행제도를 감독하지는 않는다. 식민지 시 대에 통화위원회는 식민지은행의 대리자로 행동했으며 식민지 지배국의 통화와 고정된 등가 를 유지하는 책임을 부여받았다. 통화를 기반으로 한 제도의 더 최근의 예는 페소가 미국 달 러에 1 대 1로 고정되었고 국제준비금을 가진 본원통화(monetary base)에서 뒷받침되었던 1991~2002년까지의 아르헨티나에서 찾아볼 수 있다. 1991년에 통화위원회가 설립되었을 때 그 목적은 화폐공급을 통제함으로써 인플레이션을 줄이는 것이었다. 강력한 달러와 재정적 책임이 없다는 사실은 (아마도 전통적 통화위원회 규칙의 남용에 의해 더 악화되어) 그 종말 로 이어졌다. 2002년에 이르러 아르헨티나의 실패는 이러한 제도의 효력에 대한 더 일반적인 신뢰 상실로 이어졌다.

중앙은행의 대안 표준적인 중앙은행에 대해 여러 다른 대안이 존재한다.[11] 첫째, 정부가 그 금융활동에 강력한 영향력을 행사하면서, 통화위원회와 중앙은행 사이의 중간적인 단계로서 **과도기적 중앙은행기관**(transitional central banking institution)이 형성될 수 있다. 그러한 활 동의 범위는 통화 당국의 재량적 권한에 대한 법에 명시된 제한에 의해 견제될 수 있다. 피 지, 벨리즈, 몰디브, 그리고 부탄 같은 이전 영국식민지와 보호령이 과도기적 중앙은행의 가 장 일반적인 예를 제공한다. 둘째, 아마도 또한 관세동맹의 일부로서(제12장 참조) 통화동맹 에 참여하고 있는 일련의 소규모 국가들을 위한 중앙은행활동을 착수하기 위해 **초국가적 중앙 은행**(supranational central bank)이 창설될 수 있다. 지역 중앙은행을 가진 통화동맹의 예로 는 별도의 그러나 똑같은 가치의 변형된 CFA프랑을 사용하는(아프리카금융공동체, African Financial Community) 서아프리카 경제통화동맹(West African Economic and Monetary Union)과 중앙아프리카경제통화공동체(Central African Economic and Monetary Community)를 들 수 있다. 또 다른 예에는 [동카리브중앙은행(Eastern Caribbean Central Bank)에 의해 통제되는] 동카리브달러(East Caribbean dollar)를 사용하는 동카리브통화동 맹(Eastern Caribbean Currency Union)이 있다. 이러한 통화동맹 각각은 주요 통화에 연 계되어 있다(첫 번째 경우는 유로 그리고 후자는 미국 달러). 새로운 통화동맹의 설립은 정 치 및 기술적 어려움이 가득하지만 앞으로의 수년 동안 새로운 예들이 나타날 수 있다. 남아 프리카개발공동체(Southern African Development Community)가 그 날짜가 의심스럽기 는 하지만 2018년까지 단일통화라는 그 목표를 선언했다. 걸프협력회의(Gulf Cooperation Council)는 통화동맹이라는 목표를 선언했지만 진전은 매우 느렸다. 물론 유로가 많은 유럽 국가의 통화로 채택되었으나, 그 관리는 특히 그리스와 포르투갈 같이 얼마 전까지 여전히 개발도상국 명단에 포함되었던 나라들에서는 문제가 없지는 않았다. 지역동맹에 이익이 나 타나지만 그 이익은 융통성 감소라는 비용과 비교되어야 한다. 셋째, 개발도상국의 중앙은 행기관과 흔히 이전 식민지 본국인 대규모 무역상대국의 통화 당국 사이에 통화엔클레이브

표 15.1 중앙은행기관

기구	기능					
	통화 발행	정부은행	상업은행의 은행가	금융기관의 규제자	통화정책의 운영자	금융발전의 촉진자
중앙은행	3	3	3	3	3G	1
초국가적 중앙은행	3E	2E	2	2	2E	2
개방경제 중앙은행기관	3C	2C	2	3	1	3
과도기적 중앙은행기관	3CG	2C	2	1	2G	3
통화엔클레이브 중앙은행기관	1, 2CE	2CE	2	1	1	3
통화위원회	3C	1	1	1	1	1

출처 : Charles Collyns, *Alternatives to the Central Bank in the Developing World*, IMF Occasional Paper No. 20 (Washington, D.C.: International Monetary Fund, 1983), p. 22. Copyright © 1983 by the International Monetary Fund.

주 : 1 = 제한적 관여, 2 = 상당한 관여, 3 = 완전 관여, C = 상당한 헌법적 제약, E = 상당한 외부 영향, G = 상당한 정부 영향.

(currency enclave)가 설립될 수 있다. 그러한 제도는 개발도상국 통화에 상당한 정도의 안정성을 제공하지만 스스로의 우선순위를 가진 상대국의 지배적인 영향력은 통화정책에 대해 엔클레이브를 거의 식민지만큼 의존하도록 만든다. 현대적인 예로는 중앙은행의 역할 없이 미국 달러를 통화로 채택한다는 용어인 달러화된 경제를 들 수 있다. 파나마, 에콰도르, 엘살바도르, 동티모르가 여기에 속하는 사례이다. 유로 같은 다른 통화들이 비슷한 방식으로 채택되었다. 마지막으로 상품 및 국제적 자본흐름 모두 국가경제활동의 상당한 구성요소인 개방경제 중앙은행기관(open-economy central banking institution)에서 통화환경은 세계 상품 및 금융시장의 변동에 좌우될 가능성이 있다. 결과적으로 중앙은행기관은 주로 안정적이고 높이 평가되는 금융제도를 규제하고 촉진하는 일에 주로 참여할 것이다. 그러한 기관의 예에는 싱가포르, 쿠웨이트, 사우디아라비아, 아랍에미리트연합이 포함되었다. 〈표 15.1〉은 이러한 4개 범주의 중앙은행 대안기관의 주요 특성을 통화위원회와 중앙은행과 비교하여 요약하고 있다.

지난 20년 동안 대다수 개발도상국에서 중앙은행의 경제 및 정치적 독립성이 향상되었다. 많은 경제학자들은 그러한 자율성을 전통적인 중앙은행의 역할을 실행하는 데 있어서의 그 효력이 있기 위한 중요한 전제조건으로 인식해 왔다.[12]

경제적 자율성은 시장이자율 미만으로 자동적으로 또는 시간 또는 양의 제한 없이 중앙은행으로부터 정부로 직접 신용이 제공되는 규정의 부재, 공공부채를 위한 주요 시장에의 중앙은행 존재의 부재, 이자율을 독립적으로 설정하는 권한, 그리고 은행부문 감독의 책임 보유로 정의되어 왔다. 중앙은행의 **정치적 자율성**은 통화정책의 최종목표를 선정하는 능력으로 정의되었으며, 은행 총재와 이사회가 독립적으로 그리고 장기간의 임기로 임명되는지, 정치적 대표자들이 요구되는지, 통화정책이 정치적 승인 없이 실행될 수 있는지, 그리고 제도적 규칙이 정부와의 갈등 시 중앙은행의 입장을 강화하는지에 의해 측정된다.[13]

2009년 IMF 연구는 여러 자율성 지수를 사용하여 중앙은행의 자율성이 상대적으로 높은 수준으로 향하고 있다는 세계적 추세를 보고했으며, 이 기간 동안의 네 가지 광범위한 패턴을 확인했다.[14]

1. 통화위원회로부터 단일국가의 중앙은행 또는 통화동맹(초국가적 중앙은행)으로 은행기관의 변동이 있었다.
2. 대다수 중앙은행은 통화정책의 자신들의 목표 중 하나로 가격안정 또는 목표인플레이션을 설정할 책임을 부여받았다. 이 외에도 이러한 나라 대부분은 또한 정부에 관한 정책이 자율을 설정하는 데 자율성을 가졌다(이렇게 측정된 자율성이 특히 시간이 흐름에 따라 그리고 금융적인 어려움의 시기에 실제 관행과 어느 정도 부합되는지는 현재 진행 중인 고려사항일 것이다).
3. 금융감독 문제에 관해서는 중앙은행 간에 차이가 있다. 개발도상국의 많은 중앙은행들이 핵심 감독 역할을 존속시키고 있다. 그러나 대부분 중앙은행의 우선순위는 중기 물가안정을 달성하는 것이다.
4. 통화동맹(또는 초국가적 중앙은행)에의 참여는 선진국과 개발도상국 모두에서 중앙은행의 자율성을 향상시켰다. 예로는 유럽중앙은행제도(European System of Central Banks, ESCB), 서아프리카중앙은행(Central Bank of West African States, BCEAO), 중앙아프리카은행(Bank of Central African States, BEAC), 그리고 동카리브중앙은행(Eastern Caribbean Central Bank, ECCB)을 들 수 있다.

그러나 중앙은행의 자율성은 많은 경우 여전히 상당히 제한적인 채로 남아 있다.

그러나 최종분석에서 중요한 것은 중앙은행기관의 조직구조 또는 정치적 자율성의 정도가 아니다. 오히려 그러한 기관이 지배와 종속의 다양한 정도가 특징인 국제 경제 및 금융 환경에서 상업 및 개발은행 제도를 통해 국내경제발전을 금융지원하고 진흥시킬 능력이 어느 정도인지다. 개발도상국의 상업은행들은 신산업을 촉진시키고 기존 산업의 금융지원에 있어 선진국의 은행에게 의례적인 것보다 훨씬 더 적극적인 역할을 해야만 한다. 그들은 국내에서 전형적으로 공급부족인 상업지식과 영업기술의 보고임은 물론 벤처캐피탈의 원천이어야만 한다. 개발은행으로 알려진 새로운 금융기관이 많은 개발도상국에서 금융병기고의 현저한 일부분이 되었다는 것은 개발도상국의 상업은행들이 이러한 것을 하지 못했기 때문이다.

개발은행의 역할

개발은행(development banks)은 산업에 종사하는 기업의 창립 또는 확대를 위한 중·장기 자금을 공급하는 공공 및 민간 금융기관으로 전문화되었다. 기존의 은행이 보통 상업적 목적을 위한 단기 대출(상업 및 저축 은행)에 초점을 맞추거나 중앙은행의 경우 총화폐공급의 통제와 규제에 초점을 맞추기 때문에 많은 개발도상국에서 발달하기 시작했다. 더욱이 기존의 상업은행들은 새로운 기업을 설립하거나 또는 대규모 프로젝트의 자금융통을 하는 데 종종 부적절한 대출조건을 설정한다. 그들의 자금은 종종 '안전한' 대출자(많은 부분이 외국인 소유거

개발은행
개발 프로젝트를 위해 중·장기 신용을 공급하는 공공 및 민간 금융중개기관

나 또는 잘 알려진 국내 가문이 운영하는 확립된 산업)에게 할당된다. 신산업을 위한 진정한 벤처캐피탈은 거의 승인을 얻지 못한다.

금융자본이 희소한 경제의 산업성장을 활성화하기 위해 개발은행은 처음에 (1) 미국국제개발처(USAID) 같은 국가원조기관과 세계은행 같은 국제원조기관으로부터의 양자 및 다자 간 대출금 그리고 (2) 자기 자신의 정부로부터의 대출금이라는 두 주요 원천에 초점을 맞추면서 자본을 모으려 했다. 그러나 자본을 모으는 것 이외에도 개발은행은 산업 프로젝트 평가 영역에서 전문기술을 개발해야 했다. 많은 경우 그 활동은 신용 있는 고객에게 대출해주는 전통적 은행의 역할을 넘어서는 것이었다. 개발은행의 활동은 종종 정부가 소유하고 운영하는 기업을 포함하는 자신이 금융을 지원한 기업에 직접적으로 기업가로서의 관리 및 판매촉진까지 연루되는 것이었다.

개발도상국 진영에서의 개발은행의 성장과 파급은 상당한 것이었다. 2000년까지 그 수는 수백으로 증가했으며, 그 금융자원은 수십 억 달러로 확대되었다. 더욱이 자본의 최초 원천이 세계은행, 양자원조기관, 각국 정부 같은 기관이었지만 개발은행 금융의 성장은 기관 및 개인, 외국인 및 내국인을 망라한 민간투자자로부터의 자본에 의해 활성화되었다. 개발은행 지분의 거의 20%는 외국인이 소유하고 있으며, 나머지 80%는 국내투자자들로부터 도출되었다.

그 눈부신 성장에도 불구하고 개발은행은 대규모 대출에의 과도한 집중으로 인해 많은 비판의 대상이 되었다. (또한 개발은행으로 분류되는) 일부 민간소유 금융회사는 2만 달러 또는 5만 달러 미만의 대출을 고려하기를 거부한다. 그들은 소규모 대출은 그 평가와 관련된 시간과 노력을 정당화하지 못한다고 주장한다. 그 결과 이러한 금융회사들은 그러한 도움이 광범위한 의미의 경제발전을 달성하는 데 매우 중요하고 종종 민간부문에 필요한 많은 도움을 구성함에도 불구하고 거의 전적으로 소규모 기업들에 대한 도움의 분야로부터 자신들을 배제하고 있다. 그러므로 개발은행의 성장에도 불구하고 농장과 도시 지역 및 비농업 농촌활동의 한계 또는 비공식부문 모두에서 종종 합리적인 이자율로 신용에 접근할 수 없는 소규모 기업가들에게 더 많은 금융자원을 연결시킬 필요성이 남아 있다고 결론을 내릴 수 있다.[15] 소규모 대출자들의 이러한 필요에 부응하기 위해 개발도상국 진영에서 비공식신용 방식이 줄줄이 등장했다. 이들 중 일부를 간략히 살펴보자.

15.3 비공식금융과 미소금융의 부상

전통적 비공식금융

2010년 한 연구는 25억 명의 성인이 저축 또는 대출하기 위한 공식적인 서비스를 사용하지 못한다고 추정했다.[16] 이 책의 앞부분에서 주목한 바와 같이 개발도상국의 많은 경제활동은 소규모 생산자와 기업으로부터 비롯된다. 그 대부분이 소규모 농부, 생산자, 수공업자, 자영업자, 그리고 도시 및 농촌 비공식부문의 독립적인 상인을 포함하는 비법인, 무허가, 미등록 기업이다. 그들의 금융 서비스에 대한 수요는 전통적 상업은행 대출의 범위 밖에 있다. 예를 들어 노점상은 팔 물품을 구입할 단기금융이 필요하고, 소규모 농부들은 불확실한 계절적 소득변동을 극복하기 위한 비상금을 필요로 하며, 소규모 제조업자들은 단순장비를 구입하거나 가족이 아닌 근로자들을 채용하기 위한 소규모 대출금이 필요하다. 그러한 상황에서 전통적인 상업은행은 준비가 되어 있지 않으며 또한 이러한 소규모 대출자들의 필요를 충족시키려 하지 않는다. 관련 총액이 작지만(보통 1,000달러 미만), 관리 및 부대비용이 크고, 또한 공식부문 대출금을 확보하기 위해 필요한 담보를 가진 비공식부문 대출자가 거의 없기 때문에 상업은행은 단순히 관심을 갖지 않는다. 대부분의 상업은행은 많은 비공식활동이 이루어지는 농촌마을, 소규모 도시, 또는 도시 주변에 심지어 지점을 갖고 있지도 않다. 따라서 대부분의 비법인 대출자들은 처음의 자금융통 줄로서 전통적으로 가족 또는 친구를 바라볼 수밖에 없었으며, 그 뒤 2차적으로 조심스럽게 전문 대금업자, 전당포, 그리고 자영업자들에게 의존해야만 했다. 이러한 후자의 금융원천은 엄청나게 비용이 드는데, 예를 들어 대금업자들은 거래자와 행상인에게 단기대출금 이자를 하루에 20%까지 부과할 수 있다. 계절적인 대출금이 필요한 소규모 농부의 경우 자신이 대금업자 또는 전당포에 제공해야만 하는 유일한 담보는 자신들의 농지와 가축이다. 채무불이행으로 인해 담보가 포기되어야만 한다면 소농민은 토지 없는 노동자로 급속히 전환되는 반면, 대금업자들은 자신들을 위해 또는 지역 대지주들에게 판매하기 위한 상당한 넓이의 토지를 축적하게 된다.

다양한 형태의 **비공식금융**(informal finance)이 일부 경우 대금업자와 전당포를 대체하기 위해 나타났다.[17] 여기에는 지역 계와 그룹대출 프로그램이 포함된다. 멕시코, 볼리비아, 이집트, 나이지리아, 가나, 필리핀, 스리랑카, 인도, 중국, 한국과 같은 다양한 나라에서 발견할 수 있는 **계**(ROSCA)의 경우 개개인 50명까지의 그룹이 각 구성원으로부터 고정된 액수의 저축을 모을 대표자를 선발한다. 그 뒤 이 자금은 (종종 임의지만 또한 흔히 내부경쟁을 통해 순서대로) 이자가 없는 대출금으로 각 구성원에게 순서대로 돌아가며 배분된다. ROSCA는 사람들로 하여금 전액을 미리 저축해야만 하지 않고도 재화를 구입할 수 있도록 한다. ROSCA로 인해 개개인들은 평균적으로 1/2의 시점에 계획된 구매를 할 수 있다. 많은 저소득자들은 이러한 방식으로 저축하고 대출하기를 선호하는데, 상환율은 매우 높으며, 참여가 매우 적극적이다. ROSCA가 종종 기혼여성들에 의해 형성되었다는 것에 주목하여 앤더슨과 발랑드 (Siwan Anderson and Jean-Marie Baland)는 가족 중 아내의 협상력이 다른 방법으로 제한될 때 ROSCA는 다른 중요한 목적을 위해 역할을 한다고 제안했다. ROSCA에의 참여를 통해 이용 가능하게 된 자금은 아내가 적립금을 받을 순서를 부여받을 때까지 인출될 수 없기 때문에, 이러한 제약은 재봉틀 같은 아내가 목표로 하는 상품을 구입할 수 있을 정도로 충분한 금액이 저축되기 이전에 남편이 즉각적인 소비를 위해 아내의 증가된 저축액에 접근하지 못하도록 한다는 것이다.[18] 〈예문 15.1〉은 빈곤층의 놀랍게도 적극적인 금융생활에 대한 새로운 발견을 보여준다.

미소금융기관 : 운용방법

미소금융(microfinance)은 그렇지 않다면 신용공급, 저축수단, 그리고 기타 기본적 금융 서비스에 접근할 수 없거나 오로지 매우 불리한 조건으로만 대출을 받을 수 있는 가난하고 취약한

비공식금융

예를 들어 가족구성원들 사이의 대출금 같이 공식 은행제도를 통하지 않은 대출금과 기타 금융 서비스

계

자신들의 저축을 모아 각 구성원에게 서로 돌아가면서 대출금을 할당하기 위한 40~50명의 개개인들 사이의 공식적인 합의에 의해 형성된 그룹

미소금융

달리 접근할 수 없거나 또는 오로지 매우 불리한 조건으로만 접근할 수 있는 사람들에게 작은 단위로 공급되는 신용을 포함한 금융 서비스. 여기는 미소신용은 물론 미소저축과 미소보험이 포함됨

예문 15.1 연구결과 : 빈곤층의 금융생활

콜린스(Daryl Collins)와 그녀의 동료들은 가난한 사람들의 놀랍도록 적극적인 가계금융관리를 기록했다. 그들은 250가구를 1년 동안 2주마다 인터뷰하고 금융 및 소비 행태를 기록하고 편집했다. 그들은 '지출에 맞추기 위해 소득을 레버리지하고 매끄럽게 하는 금융기회가 극도로 제한된 맥락 내에서 낮은 수준이면서 불확실한 소득의 3중 불운'을 발견했다. 응답자들의 소득은 보험의 기회도 거의 없으면서 불규칙적이고 예측하기가 어려웠다. "하루에 2달러로 살아가는 문제에 관해 가장 적게 언급된 것 중 하나는 문자 그대로 그 액수를 매일 얻을 수 없다는 것이다"라고 저자들은 주목한다. "하루에 2달러는 단지 시간이 흐름에 따른 평균이라는 것이다."

자산은 빚과 저축으로 크게 흘러 들어오고 나가면서 마구 휘도는 것이다. 이러한 '소득의 현금흐름 강도'는 "인도에서 가계들은 평균적으로 0.75~1.75번 사이에서 그들의 소득을 이동시켰다. … 남아프리카공화국에서 현금흐름의 월간 회전은 … 월간 소득의 약 1.85배였다"라는 것을 의미했다. 심지어 하루에 1달러 미만을 받는 사람들조차도 근근이 먹고사는 위험 때문에 1달러 모두를 소비하지는 않는다. 응답자들은 집에 돈을 숨기고, 안전한 보관을 위해 이를 이웃에 맡겨 놓으며, 장례비조합에 돈을 붓고, 고객들에게 신용을 제공하며, 대출금을 상환하고, 생명보험을 매입하며, 현금을 나중에 그로부터 이익을 얻게 될 집에 송금하고, 체불임금에 처함으로써 저축한다. 종종 동시에 그들은 가계신용을 얻고, 친척의 임금선불로부터 혜택을 받으며, 임대료를 연체하고, 이웃으로부터 이자가 없는 대출을 받고, 저당을 잡히거나 아니면 저당 없이 비공식적인 대출을 받으며, 미래의 노동에 대한 약속을 팔고, 조그만 가게로부터 외상으로 구입하며, 그렇지 않으면 꾸준히 갚아야 할 대출금을 내버려 둠으로써 차입한다. 1년 동안 "방글라데시에서 여러 형태를 보이는 수단의 평균 숫자가 바로 10 미만이었으며, 인도에서는 바로 8을 초과했고, 그리고 남아프리카공화국에서는 10개였다." 네 가지 유형 미만의 수단을 사용한 가계는 없었다.

가계는 ROSCA와 비공식 저축동호회, 동시적인 차입과 저축, 그리고 저축상품 약정(commitment)을 포함하는 많은 기법을 사용하여 (자신들을 위해) 큰 금액이 모이도록 한다. 그러나 가난한 사람들 대부분은 흔히 서로 차입한다. 저자들은 저축이 도처에서 이루어졌지만 작은 인출이 저축으로의 예치금보다 훨씬 더 자주 발생했고, 훨씬 많은 현금이 대출 잔고에 더해지고 빼지는 것을 관찰했다. "우리가 연구한 가난한 가계들의 경우, 주 전략은 친구, 가족, 그리고 이웃 간에 1 대 1의 대여와 차입을 통해 서로에게 의지하는 것이다." 그러한 대출이 편리하고 유연하게 보일지는 모르지만 신뢰성, 프라이버시, 그리고 투명성이 부족하고 거래비용이 높다고 저자들은 주목했다. 금융수단은 때때로 모호하게 정의된다. 가장 두드러진 예로 돈은 이웃과 '함께 놓여' 있었다. 그것은 대출금인가, 아니면 저축예금인가? 필요가 바뀌었음에 따라 위치가 바뀔 수 있다. 가난하게 살고 있는 사람들은 종종 아마도 자기 동기부여를 위해 저축을 인출하는 것보다 높은 이자율로 차입하는 것을 더 선호한다. 응답자들은 높은 이자율 때문에 대출금을 빨리 상환하기 위해 열심히 일을 할 것임을 자신들은 알고 있다는 것을 보고하고 있다. 그들은 자신들이 저축하기가 얼마나 어려웠는지를 기억하고 있다.

저자들은 미소금융기관은 연구의 통찰력을 사용하여 가계가 매일매일 돈을 관리하고, 장기저축을 구축하며, 더 많은 용도를 위해 차입하는 것을 돕는 새로운 상품으로 '가난한 사람들의 포트폴리오'를 개선할 수 있다고 결론짓고 있다. 미소금융기관들은 자신의 상품을 자유화하고 확대하며, 소규모 저축을 받아들이고 필요한 회원에게 소규모 대출을 해주며, 저축약정(commitment savings) 메커니즘의 조건을 확대하고, 비즈니스 목적이 아닌 대출을 허용하여 도움을 줄 수 있다.

출처 : Daryl Collins, Jonathan Morduch, Stuart Rutherford, and Orlanda Ruthven, *Portfolios of the Poor: How the World's Poor Live on $2 a Day* (Princeton, N.J.: Princeton University Press, 2009).

사람들에게 신용공급, 저축수단, 그리고 기타 기본적 금융 서비스를 이용할 수 있도록 하는 것이다. 미소금융기관(microfinance institutions, MFIs)은 여러 가지 방법으로 그리고 그 자신의 규칙에 따라 이러한 서비스를 전달하는 데 특화되어 있다.[19]

마을은행(village banking) 또는 **그룹대출제도**(group lending scheme)의 경우 잠재적 차입자 그룹은 상업은행, 정부개발은행, NGO, 또는 민간기관으로부터 자금을 차입하기 위해 협의회를 구성한다. 그룹은 그 뒤 그룹에게 상환할 책임이 있는 개개 구성원들에게 자금을 분배한다. 그룹 자체는 외부 대출자에게 대출금을 보장한다. 즉 그룹이 상환을 책임진다. 아이디어는 간단하다. 즉 함께 참여함으로써 소규모 차입자 그룹은 차입비용을 낮출 수 있으며, 대출금이 크기 때문에 공식적 상업신용에의 접근이 가능할 수 있다. 적어도 암묵적으로 공동책임이 있기 때문에 그룹 구성원들은 기업의 성공에 공통의 이해를 가지며, 따라서 차입한 구성원에게 제때에 상환하도록 강력한 압력을 행사한다. 상환율이 공식부문 차입자와 비교하여 더 높다는 것을 증거가 보여준다. 많은 NGO들이 적극적으로 이 과정을 조정하고 후원한다.

경제연구는 신용의 이용 가능성이 미소기업 발전의 구속력 있는 제약임을 일관되게 발견했다. 대다수 미소기업은 여성에 의해 운영된다. 특히 신용부족은 확실히 배타적은 아니더라도 재산권 결여부터 지역문화적 관행에 이르기까지의 여러 이유로 인해 여성(미소기업가) 차입자들에게 영향을 미치는데, 논쟁의 여지가 있기는 하지만 담보부족이 가장 중요하다. 이것이 어떻게 작동하는지 좀 더 자세히 살펴보자.

세 가지 관련된 요소가 저소득 여성 미소기업가들에게 신용제약 완화를 어렵게 만들었다. 첫째, 가난한 미소기업가들은 흔히 담보가 거의 없거나 전혀 없다. 둘째, 전통적 대출자들이 차입자의 질을 결정하기가 어렵다. 셋째, 소액대출은 대출금 1달러당 처리에 더 많은 비용이 든다.

마을은행들은 부분적으로 '동료압력이라는 담보'를 통해 이러한 문제를 해결하고자 한다. 소규모 미소기업가들은 종자자본이 대출되는 신용협동조합을 조직한다. 전통적 모형에서는 대출받을 자격을 얻기 전에 각 구성원은 자신과 대출에 연대보증인으로 서명할 용의가 있는 다른 여러 구성원 또는 잠재적인 구성원들을 확인할 것을 요구받는다. 종종 일단 연대보증인 그룹의 구성원이 대출금을 받게 되면, 첫 번째 차입자가 정규 상환 기록을 보일 때까지 어떤 다른 구성원도 차입할 수 없으며, 어떠한 경우라도 모든 구성원들의 구좌가 만족스럽게 정리될 때까지 반복대출은 승인되지 않는다. 차입자들이 경험과 신용을 쌓고 더 큰 대출금의 생산적인 용도를 인지함에 따라 누진적으로 더 큰 대출이 승인된다. 구성원들은 자신이 고른 연대보증을 선 그룹 구성원들의 성격을 알게 되고, 자신의 대출금을 상환할 가능성이 크다고 믿는 구성원들의 그룹에 동참할 것을 기대할 수 있다. 따라서 은행은 누가 믿을 만하고 능력이 있는 차입자인지에 대한 마을 또는 이웃에 '내재된' 정보를 이용하게 되고, 마을 사람들에게 이 정보를 밝히도록 권유한다. 동시에 암묵적 담보가 자금을 상환할 그룹의 각 구성원에게 구성원들이 행사하리라 기대되는 압력에 의해 창출된다. 차입자의 친척이나 친구들의 이러한 호의는 차입자가 보유한 자본의 일부가 되는데, 대출금 상환이 이루어지지 않으면 이는 위험에 처하게 된다. 마지막으로 마을은행은 (전통적 소비협동조합이 하는 것처럼) 구성원의 자발적

그룹대출제도

잠재적 차입자 그룹이 상업 또는 정부은행 그리고 기타 원천으로부터 단일독립체로 돈을 차입하고 그 뒤 차입한 자금을 할당하며 그룹으로 대출금을 상환함으로써 차입비용을 낮추려는 공식적인 방식

봉사를 널리 사용함으로써 은행의 유효비용을 낮춘다. 은행의 구성원들은 참여를 통해 자신이 사용한 시간의 가치가 개선된 신용가치보다 더 작다는 것을 드러내 보일 수가 있다. 이러한 공동책임 모형을 사용한 미소금융기관의 예로는 핀카인터내셔널(FINCA International, Foundation for International Community Assistance)이 있다.

또 다른 미소금융기관의 훌륭한 예는 제11장 끝부분 두 사례연구 중 하나로 검토한 방글라데시의 그라민은행이다. 그라민은행은 연대그룹을 사용하여 오로지 모든 구성원들이 상환할 경우에 차입한도의 증가를 허용함으로써 동료압력의 기회를 이용했다. 그러나 현재 그라민은행은 연대보증 요구를 하지 않는다.

따라서 공동책임은 몇몇 경우에 더 신용이 있는 사람을 구별하고(역선택을 줄이고), 충분한 수익을 벌기 위한 더 근면한 노력을 장려하며, 차입자들이 파산당한 것처럼 가장하거나 종적을 감추지 않도록 함으로써(도덕적 해이를 줄임으로써) 미소신용 차입자들의 이자율을 낮추는 데 핵심적인 역할을 할 수 있다. 이는 더 작은 연대그룹 또는 더 큰 마을은행 그룹들을 통해 달성될 수 있다. 그러나 공동책임은 또한 낮은 융통성, 개인의 통제를 벗어난 채무불이행으로 인한 사회자본의 손실, 그리고 위험회피적 행동을 과도하게 하도록 하기 위한 동료들의 압력 같은 비용을 차입자에게 발생시킨다. 그러나 그라민 같은 미소금융기관들이 공동으로 점점 더 공동책임으로부터 멀어지려 한다는 것을 통해 그룹대출에 의존하지 않는 다른 미소금융전략이 작용하고 있는 것이 분명하다.

'동태적인 인센티브'가 주어질 경우 소액대출자들이 만약 현재의 소액대출금을 상환한다면 미래에 고액대출을 받을 자격을 갖게 된다. 실제로 만약 대출자가 대출금을 상환하지 않는다면 대출을 중단하겠다는 위협은 여러 상황에서 효과적일 수 있다. 또 다른 메커니즘은 투자에 대한 수익이 오랜 기간에 걸쳐 발생하더라도 상환금을 여러 차례 분할하여 납부하도록 하는 것이다. 이는 본질적으로 개인대출금(또는 완전히 안전하지 않은 그룹대출금)에 대한 암묵적인 보증으로 작용하는 미소기업이 아닌 가계의 소득흐름 또는 기타 차입원천을 활용할 수 있도록 한다. 몇몇 NGO는 대여자에게는 별로 가치가 있지 않지만 차입자에게는 가치 있는 품목을 보증으로 받아들이면서 융통성 있게 담보를 인정한다. 많은 NGO는 공동책임 이외의 목적, 즉 결속, 아이디어 공유, 차입자 문제에 대한 정보 획득, (법 교육 같은) 다른 서비스 제공 촉진, 그리고 비공식적 상환압력을 위해 차입자 그룹을 활용한다. 미소금융기관들은 또한 채무불이행자들을 창피하게 만들어 상환하도록 하기 위해 상환의 성공과 실패를 일반사람들에게 알린다. 마지막으로 NGO들은 특히 여성차입자를 대상으로 한다. 그렇게 하는 것이 발전에 이점을 갖지만, 전문가들은 또한 여성들이 투자에 더 신중하고, 채무불이행이 대중에게 밝혀지는 것에 대해 더 민감하며, 연대그룹의 다른 사람들을 도울 가능성이 더 크고, 외부의 대출기회를 가질 가능성이 더 낮으며, 외부의 일자리기회를 가질 가능성이 더 낮다고 주장하는데, 이는 모두 심지어 실제 공동책임이 없이도 채무불이행의 인센티브를 감소시킨다.[20]

미소금융의 성장은 2010년에 이르러 차입자가 2억 명을 넘어섰다는 한 가지 사실로도 극적이었음을 알 수 있는데, 그 이후 여러 요소 때문에 적어도 일시적으로 성장이 멈췄다. 미소신용서밋캠페인(Microcredit Summit Campaign)의 추정치에 따르면 2011년 이 부문은 적어도 14년 만에 처음으로 차입자 수의 명백한 감소를 경험했다. 감소의 약 절반은 인도 안드라프라데시(Andhra Pradesh) 주에서 미소금융기관이 거의 붕괴했기 때문이었다. 이러한 붕괴는 상업적 미소금융기관에 의한 공격적인 대출 및 회수 관행과 뒤를 이은 정책이 아니라 정치적으로 더 대표할 수 있었던 맹렬하게 가혹한 주 정부의 반응이 결합되어 나타났다.[21]

비공식금융 프로그램들의 상당한 성공이 인상적이지만 개발도상국 진영 전역에 걸쳐 농촌과 도시의 대다수 가난한 사람들이 공식적인 신용에 거의 또는 전혀 접근하지 못한다는 사실은 그대로 남아 있다. 소규모 기업이 공식신용제도에 접근하기 쉽도록 만드는 법 개혁이 입안되거나 또는 더 많은 NGO 또는 정부가 지원하는 신용 프로그램이 비기업부문의 필요에 부응하기 위해 설립될 때까지 대부분 개발도상국의 금융제도는 참여 국가 발전의 근본적인 요구에 둔감한 채로 남아 있을 것이다.

미소금융기관 : 현재의 세 가지 정책논쟁

보조금과 미소금융기관 미소기업 신용공동체에서 진행 중인 한 가지 논쟁은 보조금이 적절한지 여부이다. '미소금융 분립(microfinance schism)'으로 알려진 논쟁은 세계은행 내에 본부를 둔 자금을 빌려주는 컨소시엄인 빈곤층을 위한 금융자문그룹(Consultative Group to Assist the Poor, CGAP)과 기타 자금을 빌려주는 주류 기관들을 몇몇 다른 비정부기구들과 학계의 경제학자들과 맞붙게 했다. CGAP는 지속성을 요구함으로써 더 많은 차입자에게 다가갈 수 있고 그 결과 이용 가능한 달러가 더 이용된다고 근본적으로 주장해 왔다. 이 주장은 어느 정도는 합리적이지만, 일반적으로 가장 가난한 차입자들은 자신이 실질적으로 직면하는 비즈니스 기회에 대해 이 주장이 요구하게 되는 높은 이자율을 지급할 여유가 없을 수 있다. 좀 더 정확히 표현하면 가난한 사람의 입장에서 신용에 대한 수요의 이자율탄력성이 0에 가깝지 않다. 그리고 가난한 사람은 일반적으로 고수익 프로젝트에 투자할 기회가 부족하다. 따라서 가장 가난한 현재의 그리고 잠재적인 미소기업가들에게 진정으로 도달하도록 어느 정도의 보조금은 일반적으로 필요하다.[22]

그러나 심지어 보조금이 지급되는 신용조차도 더 높은 생산성과 소득을 보장하지는 않는다. 몇몇 연구는 극빈층 사람들은 마을은행 또는 기타 MFI 프로그램에 의해 더 나아지지 않을 수 있으며, 실제로 그들이 스스로를 비생산적이 되도록 하지만 이자를 지급해야만 하는 추가 부채를 지게 되면 더 상황이 나빠질 수도 있다는 것을 제시했다. 물론 신용이 적절한 투자에 배분되고 실제로 가난한 가계의 수중에 주어짐으로써 이러한 보조금이 지급되는 신용 프로그램이 효율적으로 운영되도록 보장하는 것이 필수적일 것이다.

빈곤 서비스 묶음 : 미소금융플러스 이러한 점에서 두 번째 논쟁은 미소금융을 다른 프로그램과 통합해야 하는지 여부와 관련이 있다. 옹호론자들은 적어도 세 가지 이유로 인해 오로지 가난한 사람들에 의해 수요되고 본질적으로 참여에 시간이 필요한 사회 서비스에 신용을 연계하는 것이 유용할 수 있다고 주장한다. 첫째, 그러한 시간이 필요한 참여는 가난하지 않은

차입자들로 하여금 그들에게 의도되지 않은 보조금을 확실히 이용하지 못하도록 하는 일종의 선별 메커니즘[제5장에서 설명한 근로복지의 선별(workfare screening)과 비슷한]으로 작용할 수 있다. 둘째, 가난한 사람들은 일반적으로 충분한 건강과 교육 없이 비즈니스와 관련된 신용을 적절하게 사용할 수 없다. 신용과 더불어 건강 또는 교육 서비스를 제공하는 프로그램에는 적어도 약간의 보조금이 보통 존재한다. 셋째, 많은 가난한 사람들은 인적자본의 중요성을 인식하지 못하고 있는 것처럼 보이는데, 신용의 이용 가능성은 가난한 사람들을 건강 및 교육프로그램에 등록하도록 하는 '연결고리(hook)'로 작용할 수 있다. 그러나 여러 NGO의 다양한 비교우위에 따르면 이러한 프로그램들은 따로 유지하는 것이 비용이 덜 들 수 있으며, 일부 저소득 차입자들은 이러한 서비스를 필요로 하지 않는다. 그러한 이유로 신용을 교육, 건강, 또는 다른 프로그램들과 통합할 것인지 여부에 대해 미소금융 업계에서 논쟁이 가열되고 있다.[23] 미소금융을 기초적 비즈니스 훈련과 결합한 프로그램에 대한 한 연구는 그것이 비용적으로 효과가 있을 수 있다는 것을 보여준다(〈예문 15.2〉 참조). 제11장의 사례연구에서 검토한 호평을 받고 있는 NGO인 BRAC은 미소금융플러스 프로그램으로 더 광범위하고 통합된 접근법의 고전적 예를 제공한다.

상업화 논쟁 처음 두 논쟁과 관련이 있는 세 번째 진행 중인 논쟁은 미소금융을 제공하는 (비영리) NGO가 영리추구 은행으로 전환함으로써 미소금융기관이 **상업화**(commercialization)를 단행해야만 하는지 여부다. 이러한 움직임은 특히 2000년대 중반에 현저했다. 그 장점에는 MFI가 은행으로 규제를 받으면 법적으로 또는 공식적으로 대출금을 지출함은 물론 저축예금을 받아들일 수 있고 시장규율 및 비용을 절감하고 그 규모를 확대할 인센티브를 습득한다는 사실이 포함된다. 상업화는 또한 MFI를 전반적인 금융제도를 발전시킬 견인차로 이용하기 위한 미소금융부문의 일부 핵심적인 목표를 진전시키게 된다. 단점으로는 빈곤하게 살고 있는 사람들은 몇몇 경우에 도움을 주기에 너무 비용이 많이 드는 것으로 생각되거나 만약 그들에게 도움을 준다면 매우 높은 이자율이 부과되고 자금회수를 위해 적극적인 전략이 사용될 수 있다는 문제를 들 수 있다. 규제를 받고 예금을 받아들이는 것이 대부분의 법제도에서 영리법인이 되기 위한 필요조건을 의미하지는 않는다는 점에서 흔히 간과되는 몇몇 대안이 있다는 것을 주목하라. 예를 들어 그라민은행은 그 차입자들에 의해 대부분이 소유된 신용협동조합(credit union)이다. 영리추구 MFI로의 전환과 진입이 주요 추세가 되기는 했지만 대부분의 그럴듯한 미소금융은 복수의 진로로 나아갈 것이다. 즉 이윤을 추구하는 또는 아마도 다른 상업화된 기관들은 빈곤선 위 또는 가까운 곳에 위치한 사람들에게 봉사하고, NGO는 그 직원의 근무시간에 대해서는 외부로부터 그 대가를 지급하는 것을 포함하는 가능한 보조금으로 미소기업을 운영하는 가난한 사람들에게 미소신용을 제공하며, 신용이 도움이 되지만 미소기업을 운영할 준비가 되어 있지 않은 그러나 그렇게 될 수도 있는 극빈자에게는 과도기적인 서비스를 제공하게 될 것이다. 궁극적으로 모든 사람이 금융 서비스를 필요로 할 것이지만 아마도 오직 소수만이 미소기업 또는 소규모 비즈니스를 확대하기 위해 대출금을 필요로 하거나 원할 것이다. 그러나 정규고용이 빈곤으로부터의 탈출로로 훨씬 더 광범위하게 이

상업화
미소금융을 제공하는 NGO(영리조직이 아님)가 영리추구 은행으로 전환되는 과정

예문 15.2   연구결과 : 미소금융과 훈련의 결합

카란과 발디비아(Dean Karlan and Martin Valdivia)에 의한 페루 핀카인터내셔널(FINCA International)에 관한 2011년의 연구는 여성 미소기업인들을 위한 미소신용 프로그램에 비즈니스 훈련을 추가한 영향을 측정했다. 일부 미소신용 연대그룹들이 임의로 선택되어 정규적인 주별 또는 월별 은행회의 동안 30~60분의 기업가정신 훈련을 받았다. 훈련기간은 1~2년간 지속되었다. 비교그룹은 훈련을 받는 그룹과 지속적으로 가끔 만났을 뿐만 아니라 대출금 상환과 저축예탁을 했다. 연구자들은 기업가정신 훈련이 경영지식을 확대하고 더 나은 비즈니스 관행, 그리고 더 높은 미소기업 소득을 유도했다는 것을 발견했다. 훈련된 미소기업가들은 훈련, 특히 '비즈니스와 가계 간의 돈을 분리하고, 이윤을 비즈니스에 재투자하고, 매출과 경비의 기록을 유지하고, 새로운 시장과 이윤기회에 관해 사전대책을 강구해 생각하면서' 훈련에서 배웠던 비즈니스 활동에 더 많이 참여했음을 보고했다. 그들은 또한 대출상환비율과 회원을 유지하는 데 정(+)의 영향이 있었음을 발견했다. 이러한 정(+)의 영향은 훈련에 대해 효과적으로 대가를 지급하기 위한 은행의 성과에 충분히 큰 영향을 미쳤다. 이 연구는 기초적 기업가정신의 기술을 가르칠 수 있는지 또는 아마도 유전적으로 또는 어렸을 때의 경험 때문에 고정적인 개인의 특성인지에 대해 밝혀주었다. 여기에 대한 답은 가난한 사람들이 비즈니스에 대한 감각을 배울 수 있는 것처럼 보인다는 것이다. 사실 훈련을 채택하고, 상환비율을 늘리며, 그리고 은행에 더 오래 머무는 데 있어 행태의 좀 더 큰 변화는 처음에 훈련의 가치에 대해 더 회의적이었던 의뢰인들에게서 발견되었다.

출처 : Dean Karlan and Martin Valdivia, "Teaching entrepreneurship: Impact of business training on microfinance clients and institutions," *Review of Economics and Statistics* 93, No. 2 (2011): 510-527.

용 가능할 때까지 미소기업을 위한 신용은 결정적인 역할을 할 것이다.

발전전략으로서 미소금융의 잠재적 한계

미소금융은 몇 가지 중요한 잠재적 한계를 갖고 있다. 미소신용은 미소기업을 위한 자금융통으로 처음에 착상되어 여전히 주로 시장에서 거래되지만, 대부분의 사람들은 아마도 위험한 미소기업을 운영하는 것보다 정규 임금과 급여를 선호할 것이다. 비록 체계적인 증거는 부족하지만 페루와 방글라데시 같은 개발도상국 공장근로자들과의 인터뷰는 많은 사람들이 정규 일자리를 선호하여 자신의 기업을 포기한 이전 미소기업가임을 암시한다. 대부분의 사람들은 보험료를 지급할 용의가 있는데, 예측할 수 있는 임금은 변덕스러운 미소기업 수입에 대한 보험을 제공한다. 전형적으로 부유한 나라의 일시해고된 전문가들조차도 오직 자신이 적당한 대체일자리를 찾을 수 있을 때까지만 자영업에 종사한다. 따라서 일차적인 문제는 안정적으로 임금 또는 급여를 지급하는 일자리가 부족한 것일 수 있는데, 이 문제는 관습이 여전히 여성들로 하여금 이용 가능하게 된 외부고용을 취하지 못하도록 할 때 더 심각해진다.[24] 이러한 점에서 고전적으로 상상되는 미소신용은 상당한 정도까지 '과도기적 기관'으로 판명될지 모른다. 이와 관련된 우려는 충분히 성장하여 진정한 중소기업(SME)이 되는 미소기업가가 거의 없다는 것이다. BRAC은 그 SME 시설로부터의 대부분의 차입자들이 그 미소금융 활동을 졸업한 사람이 아니라 중산층 기업가였다는 것을 밝혔다. 물론 사람들은 항상 저축계정, 주택담보대출, 그리고 소비대출 같은 다른 형태의 금융중개를 필요로 할 것이다. 그리고 몇몇 미소기업들은 고용의 추가창출을 위해 계속 나아갈 것이다.

한편으로는 미소금융을 위한 많은 자금조달은 빈곤감소 전략으로서의 그 가치에 대한 믿음으로부터 비롯되지만 가난한 사람들 중 몇몇은 신용제한을 완화하는 것만으로는 해결될 수 없는 많은 문제에 직면한다. 이미 상당한 비중을 차지하는 공공의, 박애주의에 입각한, 그리고 NGO 활동이 미소금융에 맞춰져 있기 때문에 그 결과 농경훈련 같은 다른 활동에 상대적으로 자금조달이 이루어지지 않을 수 있다. 다른 한편으로는 몇몇 선도적인 전문가들은 미소금융기관의 실질적인 목적이 빈곤을 감소시키는 것이 아니라 더 나은 금융제도를 고무하는 것(그리고 희망적으로 더 간접적으로 빈곤을 감소시키는 것)이라고 주장한다. 이는 가치 있는 목표지만 미소금융의 발전이 이를 달성할 유일한 방법은 아니다. 규제와 감독을 위한 개선된 제도, 금융제도 안전망의 업그레이드, 정부 금융관료의 훈련, 재정적자를 줄이기 위한 세금징수 개선, SME부문에 대한 금융 서비스의 집중, 그리고 외국은행의 참여 활성화는 모두 금융제도 그 자체의 기능을 향상시키는 더 비용절약적인 전략으로 그럴듯한 주장일 수 있다. 미소금융은 여러 가치 있는 목표를 갖고 있으며, 보조금은 시장실패와 빈곤 문제를 다루는 데 도움이 될 수 있지만, 다른 대체 활동의 영향에 대한 세심한 비교분석이 이루어지기 이전에 미소금융이 희소한 빈곤감소 자금을 지출하는 가장 효과적인 방법이라고 가정할 수는 없다.

몇몇 연구들은 긍정적인 영향을 그리고 다른 연구들은 아무런 영향이 없음을 밝히고 있는 그라민은행에 대한 연구들을 둘러싼 논란을 포함하는 미소금융이 빈곤감소와 가계복지에 미치는 긍정적인 영향이 확고할 수 있는지에 대한 논쟁이 지속되고 있다.[25]

미소금융기관의 성과는 지역적인 조건에 따라 크게 다를 수 있다. 2011년의 여러 국가 간 비교에서 알린(Christian Ahlin)과 그의 공동 집필자들은 다른 결과들 사이에 "미소금융기관들은 강력한 성장이 이루어질 때 비용을 충당할 가능성이 더 크며, 금융적으로 심화된 경제의 미소금융기관이 더 낮은 채무불이행과 운영비용을 갖고 더 낮은 이자율을 부과한다"는 것을 밝혔다. 일자리에 대한 선호와 관련될 수 있는 발견에서 그들은 또한 "더 많은 제조업과 더 높은 비율의 노동자 참여가 미소금융기관 활동의 더 느린 성장과 관련이 있다"는 것을 밝혔다. 따라서 한 가지 시사점은 상대적 미소금융기관의 성과는 지역적 조건의 맥락에서 평가되어야 한다는 것이다.[26]

요약하면 미소금융은 강력한 수단이지만, 기타 성장, 빈곤감소, 금융부문 발전, 인적자본, 인프라 구축, 그리고 마지막이지만 결코 중요성이 가장 적지 않은 전통적 일자리창출 정책으로 보완될 필요가 있다. 당분간 수억 명의 사람들이 부분적으로 미소기업에 의존할 것이며, 따라서 미소기업들이 더 효율적이 되도록 돕는 것은 중요한 목표다. 그리고 대출, 저축, 보험 서비스 제공은 빈곤하게 살고 있는 사람들을 위해 광범위한 혜택을 제공할 수 있다.

15.4 공식금융제도와 개혁

금융자유화, 실질이자율, 저축, 그리고 투자

널리 퍼진 높은 인플레이션, 예산적자의 확대, 그리고 부($-$)의 실질이자율과 함께 소수의 대규모 차입자에게 대출이 한정된다는 사실은 1980년대에 개발도상국에 심각한 '신용경색(credit crunch)'을 불러왔다. 1981~1982년과 1987년의 세계 경기침체는 많은 개발은행 대출금의 취약점을 노출시켰으며, 그 결과 1980년대 말까지 이러한 은행의 거의 1/2이 자신들 대출금 50% 이상의 연체를 보고하고 있으며 또 다른 1/4이 25%를 초과하는 체납률을 가졌다. 저축예금에 대한 실질이자율이 부($-$)이고 인플레이션이 지속되리라는 기대, 상당한 자본도피에 기여하고 있는 환율의 평가절하라는 상황하에서 자발적으로 저축할 용의가 있는 사람이 거의 없다는 것은 놀랄 일이 아니었다.

이 외에도 상업은행과 기타 금융중개기관은 여러 대출제약에 시달렸고, 시장청산이자율보다 훨씬 낮은 수준에 설정된 대부자금의 의무적 이자율상한에 직면했다.[27] 이러한 인위적인 이자율상한은 종종 저이자 채권의 민간상업은행에의 판매를 통해 예산적자의 자금조달을 꾀하는 정부에 의해 설정되었다. 이러한 은행들은 이어 역선택에 대한 대응으로서 선진국에서 관찰되는 정상적 신용할당을 넘어서는 이용 가능한 신용의 **할당**(rationing)에 의지할 수밖에 없었다. 〈그림 15.1〉은 시장청산 수준 미만의 강제적 명목이자율상한이 미치는 영향을 보여준다. 시장청산 균형이자율 r_E보다 낮은 수준의 이자율상한 $\bar{r}$에서 대부자금 수요 L_2는 이용 가능한 공급 L_1을 크게 초과한다. 이 초과수요는 제한된 공급을 할당할 필요로 이어지는데, 이는 **금융억압**(financial repression)으로 알려진 현상이다. 금융억압은 투자가 저축 부족에 의해 제한 또는 '억압(repressed)'되기 때문에 나타나는 현상으로 이때 저축 부족은 시장에서 결정되는 수준보다 낮은 수준으로 관리된 실질이자율로 인해 나타나는 결과이다. L_1의 대부자금 분배 과정에서 공공연한 부패가 없을 경우 대부분의 상업은행은 총대출비용의 일정 부분인 경상관리비를 최소화하기 위해 이용 가능한 신용을 소수의 대규모 차입자들에게 분배하기로 선택한다. 따라서 대출이자율에 관한 정부통제의 순효과는 더욱더 적은 대출금이 소규모 투자자들에게 분배될 것이라는 사실이다. 은행들은 오로지 더 높은 이자율을 부여함으로써 소규모 대출의 추가 관리비용과 추가 위험을 감당할 수 있다. 이런 이유로 소규모 농부들과 도시 기업가들은 〈그림 15.1〉에 보이는 바와 같이 자신들이 시장청산이자율을 초과하는 이자율 r_U를 기꺼이 지급할 용의가 있는 비제도권화폐시장으로부터 자금조달을 모색할 수밖에 달리 자원이 없다.

문제의 한 가지 해결책은 명목이자율을 시장청산 수준까지 상승하도록 허용함으로써 금융부문을 자유화하는 것이다. 이는 실질이자율을 정($+$)의 수준으로 인상시키고, 따라서 할당된 신용에 접근할 수 있을 정도로 충분히 힘이 있는 특혜 차입자(지대추구자)에게 부여된 명시적 이자율보조를 제거한다. 인상된 실질이자율은 또한 더 많은 국내저축과 투자를 발생시키고 일부 차입자들을 비제도권으로부터 제도권신용시장으로 이동하도록 허용한다. 세계은

할당

초과수요와 경직적인 가격에 직면할 경우 소비자들 또는 생산자들이 구입하거나 분배받을 수 있는 재화와 서비스의 양을 제한하기 위해 사용되는 배분제도. 쿠폰, 점수, 차입한도, 상품에 관한 관리결정, 자본재 수입을 위한 산업면허 등으로 완수될 수 있음

금융억압

이자율과 그에 따른 저축공급이 시장에서 결정되는 수준보다 낮은 금융시장에서 보통 소수 대규모 차입자들에게의 신용할당으로 인한 투자에 대한 제한

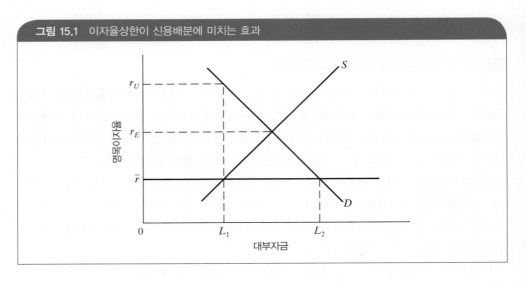

그림 15.1   이자율상한이 신용배분에 미치는 효과

행은 이자율 자유화가 저축과 투자를 증가시킨 태국, 터키, 케냐 같은 나라들로부터의 증거를 인용한다. 그러나 1970년대 칠레에서 금융개혁의 효과에 관한 증거는 그 과정상의 많은 결점을 드러내 보였다. 여기에는 자신의 신규 금융자원을 최근 민영화된 기업을 구입하거나 또는 자기 소유의 회사들을 확대하기 위해 사용했던 거대 복합기업(conglomerate or grupos)들에 의한 여러 은행의 인수가 포함된다. 많은 자신의 기업들이 금융손실에 직면할 때 이 거대기업 (grupos)들은 파산을 피하기 위해 추가 자금모금에 의존할 수밖에 없었다. 이는 부채위기가 1980년대에 닥쳤을 때 칠레의 금융제도를 특히 취약하도록 만들었다.[28]

그러므로 제도권 화폐부문의 개혁과 자유화는 개발도상국 금융제도의 만병통치약이 아니다. 억압의 많은 속성들을 보였던 금융제도를 가졌던 한국과 대만(그리고 그 이전 일본)의 초기 성공은 신중하고 선별적인 정부개입이 산업발전의 자극제가 될 수 있음을 입증하고 있다. 상당한 이자율 왜곡의 제거가 저축을 증가시키고 더 급속한 경제성장을 촉진시킬 수 있다는 몇몇 증거가 있음에도 불구하고, 연구결과들은 혼재되어 있다.[29] 소규모 농부들과 투자자들이 필요한 신용에 확실히 접근할 수 있도록 하기 위해 금융개혁은 항상 다른 더 직접적인 조치를 수반해야 한다. 나아가 다음 절에서 보여주는 바와 같이 국내 엘리트들에 의한 부당한 집중을 방지하기 위해 은행 및 금융부문에 대한 세심한 감독이 필요하다. 이 책에서 이미 지적한 바와 같이 발전이 잊혀진 다수의 필요에 부응하도록 만드는 데 있어 '가격 바로잡기 (getting prices right)'는 중요하기는 하지만 단지 하나의 단계일 뿐이다.

금융정책과 국가의 역할

금융자유화는 개발도상국 정부들이 금융부문에서 아무런 역할을 할 수 없다는 것을 의미하는가? 자유화된 금융시장의 맥락 내에서 이러한 정부들이 어떻게 효과적으로 작용할 수 있는지를 인지하려는 노력의 일환으로 2001년 노벨경제학상 수상자인 스티글리츠(Joseph Stiglitz)와 그의 공동저자들은 국가개입을 위한 잠재적인 역할을 의미하는 일곱 가지 주요 시장실패를 구분했다.[30] 그의 기본적인 주장은 "금융시장들은 다른 시장들과 크게 다르고", "시장실패가 이러한 시장들에 더 만연할 가능성이 크며", "금융시장 자유화의 정당성 중 많은 부분은 이러한 시장들이 어떻게 작동할 것인지에 대한 건전한 경제적 이해 또는 정부개입의 잠재적 범위 중 어떤 것도 기본으로 하지 않는다"였다.[31] 스티글리츠와 그의 동료들이 인지했던 그리고 개발도상국에 특히 관련이 있을 가능성이 큰 일곱 가지 시장실패는 다음과 같다.

1. **금융기관 감독의 '공공재'적 성격** 투자자들은 금융기관의 지급능력과 경영에 관한 정보가 필요하다. 다른 형태의 정보와 마찬가지로 특정 금융기관에 저축하는 모든 사람은 그 기관이 번창했었는지 또는 지급불능에 가까웠었는지를 알게 됨으로써 이익을 보게 된다는 의미에서 감독은 공공재다. 그러나 다른 자유시장경제의 공공재와 마찬가지로 정보의 감독은 과소공급되고 결과적으로 위험회피적인 저축자들은 자신의 자금을 유보한다. 순결과는 더 적은 자원이 이 기관들을 통해 분배되는 것이다.

2. **감독, 선정, 그리고 대출의 외부성** 편익은 종종 다른 대출자들의 감독, 선정, 그리고 대출 결정으로부터의 잠재적 프로젝트의 실행 가능성에 대해 알고 있는 대출자들에 의해 발생한다. 투자자들 또한 다른 금융기관들의 질에 대해 다른 투자자들이 창출한 정보로부터 편익을 얻을 수 있다. 다른 정(+)[또는 부(−)]의 외부성과 마찬가지로 시장은 정보를 거의 제공하지 않으며, 자원은 과소 또는 과대 분배된다.

3. **금융혼란의 외부성** (명시적인 정책이 발표되었는지와 관계없이) 정부보험이 없을 경우 한 주요 금융기관의 실패는 전체 은행제도의 예금인출을 초래할 수 있으며, 전반적인 금융제도의 장기적 혼란으로 이어질 수 있다.

4. **실종되고 불완전한 시장** 대부분의 개발도상국에서 다양한 금융(은행실패) 또는 실물(예 : 곡물실패) 위험에 대한 보험시장이 실종되어 있다. 기본적인 문제는 정보가 불완전하며 획득에 비용이 들기 때문에 개발도상국 정부가 이런 위험들을 줄이는 데 중요한 역할을 한다는 것이다. 예를 들어 정부는 보험 프로그램에의 가입을 강제하거나 차입자들은 물론 금융기관으로 하여금 자신들의 자산, 부채, 그리고 신용도에 대한 정보를 공개하도록 요구할 수 있다.

5. **불완전경쟁** 대부분의 개발도상국에서 은행부문의 경쟁은 극도로 제한되어 있는데, 이는 잠재적인 차입자들이 보통 오로지 그중 많은 사람이 새로운 그리고 모르는 고객들을 수용할 용의가 없거나 또는 능력이 없는 적은 수의 대부자금 공급자와 직면한다는 것을 의미한다. 이는 특히 도시 및 농촌 비공식부문의 소규모 차입자들에게 해당된다.

6. **금융부문 경쟁시장의 비효율성** 이론적으로 완전경쟁시장이 효율적으로 기능하기 위해서는 금융시장이 (보험에 들지 않은 위험 없이도) 완전하고, 정보가 외생적이어야만 (시장의 모든 사람이 자유롭게 이용 가능하고, 어느 한 참여자의 행동에 의해서도 영향을 받지 않아야) 한다. 명백히 개발도상국의 금융시장에는 특혜성 정보를 가진 개인 또는 기관에게 이점이 존재하며, 불가능하지는 않더라도 위험에 대한 보험을 얻기가 어렵다. 결과적으로 규제되지 않은 금융시장은 자본을 가장 수익성이 있는 용도에 배분하지 않을 수 있

으며, 서로 다른 투자 프로젝트에 대한 사회적, 사적 수익 사이에 상당한 괴리가 존재한
다. 그러한 경우 예를 들어 어떤 종류의 대출을 제약하고 다른 대출을 장려함으로써 정부
의 직접적인 개입은 부분 또는 전면적으로 이러한 불균형을 상쇄할 수 있다.

7. **정보 부재의 투자자** 완전한 지식이라는 가정하 소비자주권의 원리와 반대로 개발도상국
의 많은 투자자들은 합리적인 투자결정을 내리기 위한 정보와 그 정보를 획득할 적절한
수단 모두가 부족하다. 여기서 또다시 정부는 국내 주식거래소에 등록된 기업에 대한 금
융공개요건을 부과하거나 또는 은행들로 하여금 예를 들어 단리와 복리 차이 또는 저축
의 조기인출에 대한 벌칙의 성격을 고객에게 알려주도록 시행할 수 있다.

스티글리츠와 그의 공동저자들은 위 일곱 가지 예 각각에 정부는 금융기관의 규제, 민간기
관에 의해 제공되는 여러 종류의 신용갭을 메우기 위한(예 : 소규모 농부들과 자영업자들에
게로의 미소대출금) 새로운 기관의 창설, 소비자 보호의 제공, 은행의 지급능력 보장, 공정한
경쟁의 장려, 그리고 금융자원 배분의 궁극적 개선과 거시경제 안정성의 촉진에 적절한 역할
을 해야 한다고 주장한다.

경제발전의 다른 영역에서와 같이 금융정책의 결정적으로 중요한 이슈는 자유시장 대 정
부개입에 관한 것이 아니라 오히려 가난한 사람들의 긴급한 필요를 충족시키기 위해 (NGO
부문과 함께) 어떻게 자유시장과 정부개입이 함께 작동할 수 있는지에 관한 것이다.

주식시장의 역할에 대한 논쟁

최근 몇 년 동안 개발도상국 주식시장의 엄청난 성장이 목격되었다. 이는 발전에 편익은 물
론 비용이라는 결과를 가져왔다. 이것은 자금이 해외로부터 흘러 들어오고 심지어 더욱 심하
게 흘러 나감에 따라 경제의 변동성을 증가시켰다. 이 절에서는 개발도상국의 주식시장을 살
펴보고, 이러한 시장들로부터 최고의 이점을 얻을 수 있도록 하는 몇몇 제안된 정책을 고려
한다. 또한 성장의 원동력으로서 주식시장에 지나치게 의존하는 데 대한 몇몇 한계를 생각해
본다.

몇몇 연구는 주식시장의 발전이 성장을 촉진하는 데 매우 건설적인 역할을 할 수 있다고
제시했다. 이러한 연구들은 과거의 엄청난 주식시장 발전(GDP 대비 과거의 자본화비율 또
는 거래회전율로 측정된)이 심지어 투자율과 취학률 같은 성장에 영향을 미친다고 알려진 다
른 변수들을 고려한 이후조차에도 뒤이은 급속한 경제성장을 예측케 했음을 보여준다. 더욱
놀라운 것은 은행과 주식시장 발전 모두 성장에 독립적인 정(+)의 효과를 미치는 것으로 밝
혀졌는데, 이는 각 시장의 발전이 경제에 다소 다른 역할을 하는 것을 암시한다. 주식시장 발
전과 성장 사이의 상관관계는 금융이 산업을 뒤따른다는 견해를 포함하는 많은 이론에 의해
예상된다. 그러므로 산업성장과 주식시장 성장은 함께 발생하지만 그 경우 주식시장 성장은
단순히 실물부문의 성장을 반영하게 된다. 주식시장 발전이 이미 실현된 이후에 급속한 성장
이 이루어진다는 사실은 인과관계를 암시하지만 결론적인 것은 아니다. 이는 과거 금융의 깊
이가 미래의 깊이와 상관관계가 있기 때문이다. 즉 과거에 잘 발전된 주식시장을 갖고 있었던

나라들은 보통 미래에도 당연히 그럴 것이다. 따라서 성장과 과거 깊이 사이의 상관관계는 실질적으로 사유재산 보호와 법의 지배 같은 제3의 요소에 의해 유도되었을 수 있다. 그러나 결과는 주식시장의 역할이 있음을 암시했다. 더욱이 주식시장이 유동성의 더 일반적인 이용 가능성과 위험다변화 서비스를 촉진하고, 나중에 주식을 공개할지도 모를 기업가들에게 동기를 부여할 수도 있으며, 기업들로 하여금 어떤 형태로든 자본을 모으는 것을 더 쉽게 만드는 경영 성과를 위한 인센티브를 제공하는 것을 기대할 수 있다.[32]

그렇다면 문제는 그 역할의 중요성에 대해 불확실성이 남아 있는 상황에서 정부가 그러한 시장의 발전을 촉진하기 위해 무엇인가를 해야 하는지다. 어떤 전제조건이 충족되지 않는다면 주식시장의 적극적인 개발은 무의미하다. 첫째, 거시경제의 안정이 필요하다. 즉 투자자들은 거시경제 안정 없이 주식에 투자하지 않을 것이다. 둘째, 정책의 신뢰성이 필요하다. 정책 입안자들이 경제를 어떻게 안정적으로 유지할 것이며, 붕괴를 방지하기 위해 금융위기에 어떻게 대처할 것인가? 그리고 셋째, 견고한 국내기업 기반이 필요하다. 즉 외부 투자자들이 주식지분을 갖기를 원하게 되는 기업이 거의 없다면 주식시장을 개방할 시점이 존재하지 않는다.

이러한 전제조건이 준비가 된다면 왜 국가가 주식시장을 진흥시킬 필요가 있는지에 의문을 갖는 것이 합리적이다. 즉 이러한 시장은 시장요인의 결과로 발전하는 것이 아닌가? 주식시장의 발전을 촉진하는 공공정책의 한 가지 정당성은 이제까지의 정책에서 암묵적이었던 부채를 통한 자금융통(debt finance)에의 편향을 효과적으로 균형 있게 만들 수 있다는 것이다(예를 들어 명백히 필요하기는 하지만 공공예금보험은 이자에 대한 보조금 같이 기능하는데, 이는 자금융통을 위한 경기장을 주식시장으로부터 멀리 떨어진 곳으로 편향시킨다). 주식시장 발전을 촉진하는 경우 전이(spillover) 또는 기타 특별한 편익이 발생한다는 증거가 아마도 주식시장을 창출하고 확대하기 위한 공공보조금을 입증하기에 충분치 않음에도 불구하고, 많은 나라에서 정책 입안자들은 과거에 주식시장에 대해 부정적으로 작용했던 명시적 또는 암묵적 편견을 제거하기에 충분한 만큼 증거가 강력하다고 결론을 내릴지 모른다.

이러한 점에서 주식시장 발전을 위한 정책의 첫째 유형은 장애물 제거(barrier removal)로 명명할 수 있다. 주식시장을 직접적으로 진흥시키는 것이 아니라 그 발전을 보조하도록 내버려 둠으로써 이 전략은 주식시장의 발전을 스스로 발생시키면서 다른 장애들을 제거하게 된다. 실제로 이는 보통 어떤 형태의 규제철폐를 수반한다. 이때 이 장의 앞부분에서 살펴본 바와 같이 많은 규제가 필연적으로 정부실패가 있어서가 아니라 금융부문의 진정한 시장실패 때문에 만들어졌기 때문에 주의해야 한다. 만약 시장실패에 대응하기 위한 몇몇 규제가 철폐된다면 다른 규제가 그 자리에 다시 확립되어야 할지도 모른다.

그러나 어떤 규제는 아마도 주식시장의 발전과 확대를 지체시키는 효과를 갖고 있다. 일차적인 사례에는 외국투자자들이 나라 밖으로 갖고 나갈 수 있는 이윤의 액수를 강력하게 제한하는 자본 송금법, 직접적으로 투자하는 것에 대한 제약, 외국인 브로커 참여에 대한 제약, 투자은행과 합리적이지 않은 또는 지대추구를 장려하는 중개행위에 대한 진입 제약의 존재,

그리고 규제가 투명하고 균등히 적용되는 것을 보장하지 못하는 것이 있다. 그러한 규제의 변경은 편익은 물론 잠재적 비용을 갖고 있으므로 주의 깊게 시행해야 한다.

발전 전략으로 주식시장에 너무 크게 의존하는 데는 다른 심각한 문제가 있다. 첫째, 주식시장은 국내기업의 운영에 외국인 투자자들이 상당한 영향력을 미치도록 한다. 개발도상국에서 등록기업 대부분의 지분은 보통 외국인 소유다. 둘째, 주식시장은 거래를 지배하고, 종종 단기적인 시각을 유발함으로써 관리자의 의사결정을 왜곡할 수 있는 단기적인 투기를 유도할 수 있다. 셋째, 위와 관련해 시장에서 투기를 위해 국경을 넘나드는 '핫머니'가 환율을 크게 변동시키고 경제를 불안정하게 만들 수 있다.

경제발전에서 일반적으로는 금융중개 그리고 구체적으로는 주식시장의 역할에 대해 많은 의문이 남아 있다. 이는 확실히 앞으로 수년간 정책논의가 활발히 이루어질 영역이다.

15.5 발전을 위한 재정정책

거시경제 안정과 자원 동원

금융정책은 화폐, 이자, 그리고 신용배분을 다루는 반면 재정정책은 정부의 과세와 지출에 초점을 맞춘다. 두 정책은 함께 많은 공공부문 활동을 대표한다. 대부분의 안정화 시도는 예산균형을 달성하기 위해 정부지출의 삭감에 집중되었다. 그러나 필수적인 공공 발전노력을 자금지원하기 위한 자원 동원의 부담은 수입 측면으로부터 나와야 한다. 국내 및 해외로부터의 공적차입은 일부 저축갭을 메울 수 있다. 장기적으로 정부가 자신의 발전열망의 기반으로 삼아야 할 것은 바로 효율적이고 형평성 있는 세금징수이다.[33] 잘 조직되고 내부적으로 통제되는 화폐시장이 없어 대부분의 개발도상국들은 경제를 안정시키고 국내자원을 동원하기 위해 재정적 조치에 주로 의존할 수밖에 없었다.

과세 : 직접세와 간접세

OECD 선진국들은 〈표 15.2〉에서 볼 수 있는 바와 같이 개발도상국에 비해 GDP의 훨씬 더 높은 비율을 조세수입의 형태로 징수한다. 2000년 IMF 연구에 따르면 1995~1997년의 기간 동안 개발도상국들은 조세수입으로 GDP의 18.2%를 징수했던 반면, OECD 국가들은 이 비율의 2배 이상인 37.9%를 거둬들였다. 선진국들은 공공지출에 대한 더 높은 수요를 가질 수 있고 또한 조세수입을 창출할 더 큰 여력이 있어서, 인과관계는 대체로 더 높은 수준의 발전으로부터 더 높은 조세 수준으로 흐를 가능성이 크다. 그러나 인적자본과 필요한 인프라 투자에 대한 것과 같이 정부자원이 현명하게 쓰이는 한 인과관계의 일부는 당연히 반대방향으로도 흐를 수 있다.

전형적으로 민간 개인, 법인, 그리고 재산에 부과되는 **직접세**(direct tax)는 대부분의 개발도상국에서 총조세수입의 20~40%를 구성한다. 수입 및 수출 관세, 부가가치세(VAT), 특별소비세, 그리고 판매세 같은 **간접세**(indirect tax)는 대부분의 개발도상국의 경우 재정수입의 일차적인 원천을 구성한다.

직접세
예를 들어 소득세 같이 개인 또는 사업체에게 직접 부과되는 세금

간접세
관세, 특별소비세, 판매세, 부가가치세, 수출관세를 포함하는 소비자들에 의해 구입되고 생산자들에 의해 수출된 재화에 부과되는 세금

표 15.2 1985~1997년 GDP의 백분율로서 조세수입의 평균 수준 비교		
국가 그룹	1985~1987년	1995~1997년
OECD 국가	**36.6**	**37.9**
미국	30.6	32.6
태평양	30.7	31.6
유럽	38.2	39.4
개발도상국	**17.5**	**18.2**
아프리카	19.6	19.8
아시아	16.1	17.4
중동	16.5	18.1
서반구	17.6	18.0

출처 : *National Tax Journal* by National Tax Association. Copyright 2000. 전미국세무협회(National Tax Association)의 허락하에 새로 작성.

〈표 15.3〉에서 볼 수 있듯이 OECD 선진국들은 일반적으로 직접세에 더 크게 의존하지만, 이러한 유형은 간접세에 대한 의존이 거의 직접세에 대한 의존만큼 큰 유럽에서는 훨씬 덜 두드러진다. 직접세 또는 간접세가 결정적으로 중요한 인적자본 축적에 미치는 영향이 너무 복잡하기 때문에 어느 세금이 경제발전에 더 나은지는 확실하지 않다. 어느 한 종류의 과세에 극도로 과도하게 의존하는 것을 피하는 것은 현재의 지식 상태하에서는 합리적인 접근법이다.[34]

개발도상국 진영의 지역과 국가들은 또한 그 조세징수율에 있어 상당히 다르다. 예를 들어 2011년 현재 남아시아의 국가들은 그 외에 비교할 만한 개발도상국들의 대략 20%와 비교해볼 때 GDP의 약 10~15%인 매우 낮은 수준의 조세수입을 징수했고 또 징수하고 있다.[35]

많은 개발도상국의 (직접세와 간접세를 합한) 조세제도는 결코 누진적이지 않다. 멕시코 같은 몇몇 나라에서는 조세제도가 (저소득그룹이 고소득그룹보다 자신의 소득의 더 높은 비율을 세금으로 납부한다는 의미에서) 매우 역진적일 수 있다.

조세제도는 12.6절에서 검토한 유형의 산업정책을 시행하기 위한 것과 같이 종종 민간부문이 여러 활동에 투자를 단행하기 위한 인센티브에 영향을 미치는 수단으로 사용된다. 과세의 주요 목적은 공공지출을 자금지원하기 위한 자원의 동원이다. 개발도상국의 현행 정치적 또는 경제적 이념이 무엇이든 그 경제·사회적 발전은 보건, 교육, 운송, 법 및 기타 제도, 빈곤 경감, 그리고 경제 및 사회 인프라의 기타 구성요소 같은 필수적이지만 수입이 발생하지 않는 공공 서비스 프로그램의 확대에 자금을 지원하기 위한 충분한 수입을 거둬들이는 정부의 능력에 대체로 좌우된다.

많은 개발도상국은 야심 찬 발전 프로그램과 예상하지 못한 부(−)의 외부충격의 결합으로부터 비롯된 공공지출이 공공수입을 크게 초과하는 대규모 재정적자 문제에 직면하고 있다. 부채부담의 증가, 상품가격의 하락, 무역불균형의 증가, 그리고 해외 민간 및 공공 투자 유입의 감소 때문에 개발도상국 정부는 심각한 재정삭감을 단행하는 것 이외에는 선택의 여지가 거의 없었다. 이는 (대부분 사회 서비스에 대한) 정부지출의 삭감과 증가된 또는 더 효율적인 조세징수를 통한 수입의 증가를 의미했다.

일반적으로 한 나라의 잠재적 과세액은 다섯 가지 요소에 좌우된다.

1. 1인당 실질소득 수준
2. 소득분배의 불균등 정도
3. 경제의 산업구조와 여러 형태 경제활동의 중요성(예 : 해외무역의 중요성, 현대부문의 중요성, 민간기업에의 외국의 참여 정도, 농업부문이 생계지향적과 반대되는 상업화 정도)
4. 사회적, 정치적, 그리고 제도적 환경과 여러 그룹(예 : 제조업자가 아니라 지주, 노동조합, 마을 또는 지역공동체 조직)의 상대적 영향력
5. 조세징수 정부부처의 행정능력, 정직성, 그리고 진실성

이제 직접 및 간접적인 공공조세수입의 주요한 원천을 검토해보자. 그 뒤 조세제도가 더 형평성 있고 지속될 수 있는 경제성장 유형을 촉진하기 위해 어떻게 사용될 수 있는지를 고려할 수 있다.

개인소득세와 재산세 개인소득세는 선진국에 비해 개발도상국에서 GDP 대비 훨씬 적은 수입을 발생시킨다. 선진국에서 소득세 구조는 누진적이다. 고소득자들은 이론적으로 그 소득 중 더 높은 비율을 세금으로 납부한다.

가난한 사람들로부터 상당한 소득세를 징수하려 하는 것은 행정적으로 너무 많은 비용이 들며 경제적으로 역진적이다. 그러나 개발도상국의 대부분 정부들이 매우 부유한 사람들이 납부해야 하는 세금을 징수하는 데 충분히 일관되지 않았다는 사실은 그대로 남아 있다. 더욱이 재산소유권이 크게 집중되어 그 결과 불균등한 소득의 주요 결정 요인을 대표하는 나라(예 : 아시아와 남미의 대부분)에서 재산세는 공공수입을 발생시키고 소득분배의 총불균등을 수정하는 두 가지 목적에 효율적이고도 행정적으로 간단한 메커니즘일 수 있다. 그러나 세계은행의 조사에서 조사대상 22개국 중 단지 1개국에서만 재산세가 총공공수입의 4.2% 이상을 구성하고 있다. 더욱이 소득불균등 감소에 대한 많은 공공의 화려한 수사에도 불구하고 지난 20년에 걸쳐 전반적인 직접세는 물론 재산세의 비중은 대다수 개발도상국에서 거의 동일하게 머물러 있다. 분명히 이러한 현상은 많은 아시아와 남미 국가의 대지주와 기타 강력한 계층의 정치 및 경제적 권한과 영향력만큼 정부 조세징수의 비효율성에 기인한 것이라고 할 수는 없다. 그러므로 개발계획을 완수하겠다는 정치적 의지에는 개발 프로젝트를 자금지원하기 위해 가장 접근하기 쉬운 원천으로부터 공공수입을 끄집어내겠다는 의지가 포함되어야만 한다. 만약 전자가 없다면 후자 역시 없을 것이다.[36]

법인(소득)세 내국인 소유와 외국인 소유 법인의 이윤에 대한 세금은 선진국의 6% 이상과 비교할 때 대부분의 개발도상국에서 GDP의 3% 미만에 달한다. 개발도상국 정부는 제조업과 상업에 종사하는 기업에 여러 다양한 조세 인센티브와 특혜를 제공하는 경향이 있다. 전형적으로 신생 및 외국 기업은 장기간(때때로 15년까지) 세금면제를 제공받으며, 그 이후 관대한

투자 감가상각공제, 특별 세금탕감, 그리고 기타 조세부담을 줄이기 위한 조치의 이점을 누린다. 다국적 외국기업의 경우 대부분의 개발도상국에서 상당한 세금을 징수하는 정부의 능력은 종종 좌절된다. 이렇게 국내에서 운영되는 다국적기업들은 흔히 (제14장에서 논의된) 이전가격설정(transfer pricing)을 통해 이윤을 가장 낮은 수준의 세금을 부과하는 나라의 파트너회사로 이전시킬 수 있다. 그러나 몇몇 개발도상국들은 그러한 세금우대조치를 더 드물게 그리고 전략적으로 사용한다.

상품에 대한 간접세　개발도상국에서 공공수입의 가장 큰 단일원천은 수입 및 수출 그리고 소비세(excise duties) 형태의 상품에 대한 과세이다(〈표 15.3〉 참조). 개인과 기업이 자신들의 상품 구입을 통해 간접적으로 납부하는 이러한 세금은 평가와 징수가 상대적으로 용이하다. 이는 제한된 수의 국경 항구를 통과해야만 하고 보통 소수의 도매상들에 의해 취급되는 외국과의 교역상품의 경우 특히 그렇다. 그러한 세금징수의 용이함이 해외무역이 많은 나라들이 전형적으로 대외무역이 제한적인 나라들에 비해 수입 및 수출관세의 형태로 공공수입의 높은 비율을 징수하는 한 가지 이유다. 예를 들어 GNI의 40%까지를 해외무역으로부터 도출하는 개방경제에서는 평균 25%의 수입관세가 GNI의 10%와 동일한 조세수입을 발생시킨다. 이와는 대조적으로, GNI의 단지 약 7%를 수출로부터 도출하는 나라에서는 동일한 관세율이 GNI의 단지 2%에 해당하는 동일한 조세수입을 창출한다. 제12장에서 무역정책의 차원에서 수입 및 수출관세를 논의했지만, 수입 및 수출관세는 많은 개발도상국에서 공공수입의 주요 원천을 대표하는 것 이외에도 법인(소득)세의 대체물 또한 될 수 있음을 더 자세히 설명할 수 있다. 수입업자들이 조세의 총비용을 국내소비자에게 전가할 수 없는 한, 수입관세는 (종종 외국회사인) 수입업자의 이윤에 대한 대리세금(proxy tax)과 오로지 부분적으로만 국내소비자에 대한 세금으로 쓰일 수 있다. 마찬가지로 수출과세는 이전가격설정을 실행하는 국내에 기반을 둔 다국적기업들을 포함하는 생산회사의 이윤에 과세하는 효과적인 방법일 수 있다. 그러나 정부수입을 창출하도록 고안된 수출관세는 국내생산자들이 어떤 심각한 정도로 자신들의 수출생산 확대를 억제하는 수준까지 증가되어서는 안 된다.

　수입 및 수출에 대한 관세 또는 국내 상품에 대한 특별소비세의 형태이든 과세되는 상품을 선정하는 데 있어 최대수입을 확보하기 위한 비용을 최소화하기 위해 어떤 일반적인 경제 및 행정적 원칙이 준수되어야 한다. 첫째, 조세회피가 통제될 수 있도록 상품은 상대적으로 적은 수의 허가를 받은 기업에 의해 수입되거나 생산되어야 한다. 둘째, 총수요가 세금으로 인한 소비자가격 상승에 의해 줄어들지 않도록 상품수요의 가격탄력성은 낮아야 한다. 셋째, 소득이 증가함에 따라 더 많은 조세수입이 징수되도록 상품은 높은 수요의 소득탄력성을 가져야 한다. 넷째, 형평성의 목적상 주로 고소득그룹에 의해 소비되는 자동차, 냉장고, 수입고급식품, 그리고 가전제품 같은 상품에 과세하는 것이 최선인 반면, 비록 위 세 가지 기준을 만족시키더라도 기본식품, 단순의류, 그리고 가정용품 같은 대량소비 항목에의 과세는 포기되어야 한다.

　최근 몇 년 동안의 사회적 통념은 광범위한 기반을 가진 **부가가치세**(value-added tax,

부가가치세
생산 과정의 각 단계에서 부가된 가치에 대한 세금

표 15.3 1985~1997년 GDP의 백분율로서의 조세수입 비중구성 비교

국가 그룹	1985~1987년								1995~1997년							
	소득세			소비세				사회보장	소득세			소비세				사회보장
	총계	법인	개인	총계	일반	특별	거래		총계	법인	개인	총계	일반	특별	거래	
OECD 국가	13.9	2.8	11.3	11.3	6.0	3.8	0.7	8.8	14.2	3.1	10.8	11.4	6.6	3.6	0.3	9.5
미국	14.0	2.5	11.4	7.6	3.4	2.2	0.6	5.8	15.4	3.0	12.3	7.0	3.7	2.0	0.3	6.1
태평양	17.1	3.9	13.2	7.5	2.3	3.7	0.8	2.8	16.3	4.3	11.4	8.4	4.3	2.6	0.6	3.5
유럽	13.3	2.7	11.0	12.4	6.8	4.0	0.7	10.1	13.7	2.9	10.6	12.4	7.3	4.0	0.3	10.8
개발도상국	4.9	2.8	1.7	10.3	2.3	2.6	4.2	1.2	5.2	2.6	2.2	10.5	3.6	2.4	3.5	1.3
아프리카	6.3	2.9	3.1	11.7	3.2	2.3	5.7	0.4	6.9	2.4	3.9	11.6	3.8	2.3	5.1	0.5
아시아	5.7	3.5	2.1	9.5	1.9	2.5	3.6	0.1	6.2	3.0	3.0	9.7	3.1	2.2	2.7	0.3
중동	4.7	4.3	1.0	9.1	1.5	2.4	4.4	1.2	5.0	3.2	1.3	10.3	1.5	3.0	4.3	1.1
서반구	3.7	1.8	1.0	10.6	2.6	3.0	3.7	2.4	3.7	2.3	1.0	10.6	4.8	2.3	2.6	2.5

출처 : *National Tax Journal* by National Tax Association. Copyright 2000. 전미국세무협회(National Tax Association)의 허락하에 새로 작성.

VAT)로 전환하는 것이 경제적 효율성을 향상시키게 된다는 것이었다. 이에 개발기관에 의해 장려된 그러한 조세개혁이 많은 개발도상국에서 착수되었다. 그러나 이 접근법은 최근 도전을 받고 있다. 특히 과세되지 않고 효과적으로 남아 있는 비공식경제의 능력이 경제에 새로운 왜곡을 일으킬 때 복지가 악화될 수 있다는 것이다.[37]

조세행정의 문제점   최종 분석에서 공공지출 프로그램을 위해 세금을 징수하고 조세제도를 개인소득분배를 수정하는 기반으로 사용하려는 개발도상국의 능력은 적절한 조세법안의 입안뿐만 아니라 이 법을 시행해야만 하는 조세당국의 효율성과 진실성에 좌우된다. 달리 표현하면 슬렘로드(Joel Slemrod)가 표현하듯이 개략적으로 '최적조세'보다는 '최적조세제도'를 고려해야만 한다. 따라서 '조세징수 기술'이 고려되어야만 하는데, 여기에는 조세행정과 강제적 준수의 비용이 포함된다.[38]

개발도상국에서 고소득그룹을 포함시키고 국내 및 외국의 개인과 법인에 의한 조세회피를 최소화하기 위한 조세망을 확대하려는 정부의 능력은 확대되는 개발 프로그램을 자금지원하기 위한 충분한 공공수입을 발생시키고 빈곤과 소득불균등을 감소시키기 위한 저소득그룹의 과도한 부담을 방지하는 그 이중기능을 달성하는 데 있어서의 조세제도의 효율성을 대체로 결정할 것이다. 또다시 많은 부분이 그러한 누진세 프로그램을 입안하고 강제로 시행하려는 정치적인 의지에 좌우될 것이다.[39]

15.6 국유기업과 민영화

정부에 의해 소유되고 운영되는 공기업인 **국유기업**(state-owned enterprises, SOE)의 광범위한 활동은 개발도상국 공공행정의 문제와 관련되어 왔다. 공익사업(가스, 수도, 전기), 운송(철도, 항공, 버스), 그리고 통신(전화, 전신, 우편)에 있어서의 그 전통적으로 압도적인 존재 이외에도 국유기업은 대규모 제조, 건설, 금융, 서비스, 천연자원, 농업 같은 핵심 부문에서 적극적으로 활동해 왔다. 남미와 유라시아에서의 광범위한 (이 장의 후반부에서 서술되는) 민영화에도 불구하고 그리고 대부분의 나라에서 소규모 국유기업이기는 하지만, 기업의 국가소유권은 일상적인 채로 남아 있으며, 국유기업은 많은 개발도상국, 특히 중국과 인도, 그리고 최빈국에서 투자와 산업생산의 상당한 비중을 차지하고 있다.[40]

국유기업은 개발도상국 경제에서 주요한 역할을 담당했으며, 역사적으로 볼 때 개발도상국 GDP의 평균 7~15%에 기여하고 있다. 이 외에도 국유기업은 개발도상국 투자의 상당한 비중을 차지하고 있는데, 총국내투자의 1/5까지를 기여하고 있다.

국유기업이 개발도상국 경제에서 담당하는 전략적 역할과 희소한 자원에 대한 국유기업의 수요에 비추어볼 때 국유기업의 설립 이유와 그 효율성을 향상시키고 경제사회적 목적을 충족시키는 데 도움이 되기 위해 실행되었을 조치를 이해하는 것은 중요하다.

국유기업 설립의 정당성 중 일부는 제11장에 제시했다. 그중 하나는 많은 개발도상국에서 독점력의 지속이다. 직접적인 정부통제는 가격이 생산의 한계비용보다 높게 설정되지 않도록

국유기업
정부에 의해 소유되고 운영되는 공기업과 준국가기관(예 : 농산물마케팅위원회)

하기 위한 것이었다. 더욱이 또한 언급되었던 바와 같이 사회적 편익이 큰 어떤 재화는 보통 그 비용 미만의 가격 또는 심지어 무료로 제공된다. 이런 이유로 민간부문은 그러한 재화를 생산할 인센티브가 없어 정부가 그 공급을 책임져야 한다.

국유기업 설립의 두 번째 정당성은 민간저축이 매우 낮은 수준인 발전의 초기 단계에 특히 중요한 자본 형성이다. 이 시점에 인프라에 대한 투자는 추가 투자를 위한 토대 구축을 위해 결정적으로 중요하다. 그리고 국유기업은 대규모 자금을 필요로 하는 산업의 후기 단계에도 역시 중요하다.

국내시장 규모에 대한 불확실성, 믿기 어려운 공급원천, 그리고 기술과 숙련노동의 결여 같은 요소들 때문에 전망이 좋은 경제활동에 종사할 민간부문의 인센티브 결여가 공기업 설립의 세 번째 주요 정당성이다. 개발도상국 정부는 또한 공공생산에 의해 고용을 확대하고 노동력의 훈련을 활성화하려 할 수 있다. 특히 그렇지 않다면 경쟁할 수 없을지 모르는 수출산업을 창출함으로써 수출소득을 증가시키길 원할 수 있다. 소득분배의 이유로 인해 정부는 어떤 지역, 특히 그러한 경제활동을 창출할 민간부문의 인센티브가 없는 뒤떨어진 경제 지역에 기업을 설립하려 할 수 있다.

국유기업 설립의 다른 이유에는 국방 같은 경제의 전략부문, 그 이해가 그 국가의 기업들과 일치하지 않을 수 있는 외국인 소유의 기업(MNCs), 또는 발전목적을 위한 핵심 부문에 대한 국가의 통제를 얻으려는 일부 정부의 바람이 포함된다. 정부의 연루는 또한 주요 민간산업 파산의 결과 발생할 수도 있다. 이념적인 동기부여는 국유기업 설립의 추가 요소일 수 있다.

국유기업의 성과 개선

이러한 주장들에도 불구하고 국유기업은 자원을 낭비한다고 지속적인 공격을 받았다. 국유기업은 국내 및 해외 신용은 물론 정부금융에 대한 상당한 수요를 갖고 있다. 많은 경우 이러한 수요의 수준은 낮은 수익성 및 비효율과 관련이 있다. 국가 사이에 일반화하기는 어렵지만 24개 개발도상국의 국유기업에 대한 세계은행의 데이터는 단지 작은 운영잉여를 드러내 보였다.[41] 그리고 일단 이자지급액, 보조금이 지급된 요소가격, 그리고 세금, 축적된 연체금 같은 요소들이 고려될 때 많은 이러한 나라들의 국유기업은 큰 적자를 보였다. 터키 국유기업은 평균적으로 GDP의 3%와 동일한 순손실을 나타냈다. 멕시코 국유기업은 GDP의 1.2%의 순손실을 보였다. 4개 아프리카 국가(가나, 세네갈, 탄자니아, 잠비아)의 국유기업에 대한 연구도 또한 일반적으로 형편없는 성과를 보였다. 적자운영 때문에 국유기업들은 정부자원을 엄청나게 고갈시키는 것으로 판명되었다. 노동과 자본 생산성도 민간부문보다 일반적으로 더 낮았다는 증거 또한 존재했다. 이러한 아프리카의 국유기업은 자본집약적으로의 편향 결과 고용창출에 있어서도 성공적이지 않았음이 또한 밝혀졌다.[42]

수익성과 효율성으로 볼 때 여러 요소가 국유기업의 전반적으로 빈약한 성과에 기여하고 있다. 아마도 가장 중요한 것은 상업 및 사회적 목표 모두를 추구하기로 기대된다는 의미에서 국유기업은 민간기업과 다르다는 것이다. 대중을 보조하기 위한 노력의 일환으로 비용 미만의 가격으로 재화를 공급하거나 또는 국가 고용목표를 충족시키기 위해 추가로 근로자를 채용하는 것은 불가피하게 수익성을 낮춘다. 국유기업의 수익성과 효율성에 부정적인 영향을 미치는 또 다른 요소는 일상적인 회사운영에 있어 관리자들에게 융통성을 거의 허용하지 않는 그 의사결정의 과도한 중앙 집중이다. 추가적인 문제는 경영의 관료화이다. 즉 많은 의사결정자들이 자신의 성과에 대해 책임을 지지 않으며 의사결정 개선을 위한 인센티브가 거의 제공되지 않는다. 나아가 풍부한 노동공급과 고용권한에도 불구하고 보조가 이루어진 이자율에서의 자본에의 접근은 인용된 4개 아프리카 국가들의 경우에서와 같이 종종 불필요한 자본집약을 장려했다. 마지막으로 부패가 심한 체제에서는 국유기업은 공공자산들이 탈취될 수 있는 '터널'을 제공했다.

개혁을 위한 한 가지 옵션은 국유기업을 위한 실리적인 측면에 더 초점을 맞추며 재조직하는 것이다. 또 다른 옵션은 **민영화**(privatization)라고 알려진 과정인 소유권과 통제를 공공부문으로부터 민간부문으로 이전하는 것이다. 전자의 옵션에서는 융통성의 제고를 위한 의사결정의 분권화와 관리자들에게의 더 나은 인센티브 제공이 생산효율성을 증가시킬 수 있다. 시장이자율로 자본을 공급하는 것도 자본집약으로의 편향을 제거할 수 있다. 대안으로는 경영자와 근로자에게의 인센티브 사용, 외부 경영계약, 민간기업들과의 BOOT(build-own-operate-transfer) 협정, 일부 부문에의 특약사업권(franchise)과 양허권(concessions) 사용, 경쟁에의 노출 증대, 그리고 부분적인 민영화를 들 수 있다. 완전민영화에 대한 이러한 대안들의 효력은 실제로 질이 고르지 않았다.[43]

민영화
공공자산(기업)을 개인 또는 민간 사업지분에 매각

민영화 : 이론과 경험

두 번째 옵션인 생산 및 금융부문에서의 국유기업 민영화는 민간소유권이 효율성의 증대와 더 급속한 성장을 가져온다는 신고전학파의 가설에 근거한다. 1980년대와 1990년대 민영화가 주요 국제적 양자(미국 국제개발처, USAID) 및 다자(세계은행, IMF)기관에 의해 적극적으로 촉진되었다. 비록 이 자금조달기관들이 행사한 금융상의 압력에 대립하는 것으로서의 그 철학적 합의의 정도는 불분명한 채로 남아 있지만 많은 개발도상국들이 이 조언을 따랐다. 민영화가 효율성을 향상시키고 산출량을 증가시키며 비용을 낮춘다는 믿음 이외에도 옹호자들은 민영화가 정부지출 증가를 억제하고 국내 및 대외 공공부채를 줄이기 위해 현금을 모금하며 개인의 진취성을 증진시키는 한편 기업가정신을 보상한다고 주장한다. 마지막으로 민영화의 지지자들은 민영화를 개인들로 하여금 자신이 제도에 직접적인 이해관계를 가지고 있다고 느끼도록 하면서 소유권과 경제에의 참여기반을 넓히는 방법으로 간주한다.[44] 민영화의 전성기는 1980년대와 1990년대 초였다. 1980년부터 1992년까지 1만 5,000개 이상의 기업들이 세계 전역에서 민영화되었는데, 그들 중 1만 1,000개 이상은 통일 후의 이전 동독에서 이루어졌다. 개발도상국에서 민영화된 회사 수는 아프리카 450개, 남미 900개, 그리고 아시아 약 180개였다. 멕시코, 칠레, 아르헨티나가 남미에서 이러한 동향을 선도했다. 저소득국가에서는 민영화의 속도가 훨씬 조심스러웠는데 전환한 대다수가 소규모 저가치의 기업이었다. 일반적으로 민영화의 최고 후보기업은 먼저 싸게 팔린 기업이었다.

민영화는 많은 경우 효율성을 제고하고 산출량을 늘리는 데 확실히 성공적이었다.[45] 그러나 많은 민영화된 자산이 국내 및 국제 소수 엘리트그룹 수중에 집중되었다. 예를 들어 남미에서 이전 국유기업의 많은 판매는 경쟁입찰 없이 종종 사전에 결정된 양허['물품특매(fire sale)']가격으로 이루어졌다. 부패혐의가 종종 제기되었다. 결과적으로 국내 및 외국의 잘 연계된 투자자들의 소그룹들이 그 과정에 의해 부자가 되었다. 그리고 일부 민영화는 단순히 공공독점을 민간독점으로 대체함으로써 수십만 명의 근로자들이 일자리를 잃었던 한편 이전에 국가에 귀속되었던 독점이윤을 소수의 개개인들이 거둬들이도록 허용했다.

민영화는 또한 재정적자의 신속한 해결책으로 사용되었지만 민영화의 손쉬운 후보들이 고갈되었을 때 개발도상국 정부는 종종 재정 문제들이 다시 대두됨을 또한 알게 되었다. 그러므로 민영화는 많은 복잡한 이슈를 제기한다. 실행 가능성(feasibility), 적절한 자금융통, 법적 재산권 구조, 경쟁적 엘리트와 이해관계 그룹의 역할(예 : 공무원 및 관료 대 국내 및 해외 민간기업의 이해), 그리고 광범위한 민영화가 기존의 경제적, 사회적, 정치적 이중구조를 촉진하는지 또는 궁극적으로 약화시키는지 여부에 대한 의문들이 존재한다. 심지어 민영화가 더 높은 이윤, 더 많은 산출량 또는 심지어 더 낮은 비용을 유도할 수 있다고 주장하기조차도 충분하지 않다. 우선 기업들의 금융 성과가 민영화 이후 일반적으로 개선되지만 민영화되지 않은 동일 국가의 비교할 만한 국유기업들이 비슷한 개선내용을 보여줄 수 있는데, 이집트의 이에 해당하는 기업들에 관한 연구가 여기에 대한 증거를 제공했다. 그러나 핵심적인 이슈는 그러한 민영화가 더 지속 가능하고 형평성을 띠는 경제 및 사회 발전 유형을 촉진함으로써 국가의 장기발전이라는 이해관계를 더 낮게 만들 수 있는지 여부이다. 이제까지의 증거는 그다지 설득력이 있지 않다.[46] 그렇더라도 민영화의 속도는 늦어졌지만, 이제 신규 국유기업은 거의 설립되지 않는다.

민영화의 필요성은 몇 가지 어려운 질문을 제기했다―누가 국유기업을 구입할 수 있어야 하는가? 어떤 당사자라도 가장 많은 즉석 현금을 가진 사람? 아니면 누가 즉시 자본을 마련할 수 있는지에 시장의 불완전성이 고려되어야 하는가? 구입자가 내국인 또는 다국적기업인지가 문제가 되는가? 회사의 관리자와 근로자 또는 일반 시민? 일부 민영화 방식은 다른 방식에 비해 단행하기가 정치적으로 더 용이한가? 소유권 이전합의를 조정하고 자금을 지원하는 창의적인 접근법이 가능성을 넓힐 수 있는가? 민영화가 다른 프로그램과 별도로 진행될 수 있는가, 아니면 민영화는 통합된 발전 전략의 일부분으로 간주되어야 하는가? 민영화가 단순히 오래전에 행해졌어야 할 정부소유권 역할의 축소를 의미하는가, 아니면 발전에 있어서 재조직되고 갱신된 비소유권의 공공 역할의 일부분으로 최적으로 시행되는가? 이미 1990년대 중반에 이르러 (이행기 경제를 포함하여) 50개의 개발도상국에서 민영화 계획에 종종 배타적은 아니지만 근로자 소유권(employee ownership, EO)에 대한 제약은 물론 인센티브를 제공하는 법과 규정이 존재했다. 이러한 근로자 소유권 조항은 성격과 범위가 다양하다. 조항은 근로자 소유권을 10% 같은 그다지 대단하지 않은 수준까지 억누르려는 것부터 어떤 회사의 경우에는 100%의 근로자 소유권 참여를 장려하는 것까지의 범위를 보였다. 이러한 이슈의 일부가 〈예문 15.3〉에서 칠레와 폴란드의 사례를 통해 더 검토된다.

예문 15.3   칠레와 폴란드의 민영화 ─ 무엇을, 언제, 그리고 누구를 위해?

칠레와 폴란드는 광범위한 민영화 경험을 가졌다. 칠레의 선구적인 민영화 프로그램은 개발도상국 진영에 가장 지대한 영향을 미친 것 중 하나로 남아 있다. 18년 넘는 기간 동안 국가 노동력의 5%를 고용하고 있는 약 550개의 기업이 민영화되었다. 이 민영화 과정은 때로는 고르지 못했다. 이전 몇 년 동안 민영화되었던 많은 은행들이 1982년의 금융붕괴에 다시 국유화되어야 했다.

칠레의 민영화는 여러 서로 중첩되는 단계에 걸쳐 진행되었다. 1974년에서 1975년에 1970년대 초에 국유화되었던 약 360개의 기업이 이전의 소유자들에게 되돌아갔다. 이 나머지의 대부분은 1978년까지 다시 민영화되었다. 이는 장기적 국유기업의 민영화보다 완료하기가 훨씬 더 쉬웠다. 1975년부터 1983년까지의 기간 동안 처분되었던 110개 기업 중 대부분이 1970년대 초에 설립되었던 국유기업이었다. 많은 다른 기업들은 정부가 지분을 매입했던 기존의 민간회사였다. 1978년부터 1981년까지 사회적 서비스의 민영화가 발생했다. 정부는 공식적으로 사회적 서비스를 오로지 가장 가난한 그룹에게만 지속적으로 제공했으며 공급보다는 수요에 보조금을 지급하는 데 초점을 맞췄다. 공기업은 GDP의 24%를 대표했는데, 이는 1973년의 39%로부터 감소한 것이었다.

1983년부터 1986년까지의 기간 동안, 1982~1983년에 금융붕괴로 '구제되었던'(국유화되었던) 많은 기업들이 다시 민영화되었다. 칠레에서 15개의 가장 큰 기업 중 8개가 1980년대에 민영화되었다.

1980년대 중반부터 민영화는 공공입찰, 협상, 연기금에 매도, '대중자본주의(popular capitalism)'(소규모 투자자에게), 그리고 '노동자본주의(labor capitalism)'(종업원에게)를 통해 이루어졌다. 후자의 2개 유형의 매각은 민영화의 약 20%를 대표했다. 심지어 민영화 후보로 추천되지 않은 국유기업들도 주요 내부적 재조직의 대상이었으며, 결과적으로 효율성과 수익성이 증가했다.

대중자본주의는 많은 개인투자자들에게 소유권을 확산시키고 부분적으로는 민영화에 대한 인기와 동의를 증가시킬 작정이었다. 넉넉한 할인을 받을 자격을 얻기 위해, 참가자들은 체납된 세금이 없는 납세자여야 했다. 2개의 주요 은행인 칠레은행(Banco de Chile)과 산티아고은행(Banco de Santiago)은 이 플랜하에 민영화되었다.

노동자본주의하에 노동자들은 이러한 목적을 위해 수령할 수 있는 근로자 연금기금의 50%에 해당하는 금액까지 자신들 스스로의 회사 지분비율을 획득할 수 있었다. 퇴직기금은 추가적인 지분을 매입하기 위한 시장이 자율 미만의 정부 대출금의 담보로 사용될 수 있었다. 퇴직 시 근로자들은 이 지분들을 자신들 연금기금 금액으로 다시 교환하는 것을 선택할 수 있었으며, 따라서 이는 근로자에게 본질적으로 위험 없는 투자를 가능하도록 했다. 자격을 갖춘 근로자의 35%에 해당하는 약 2만 1,000명의 근로자가 참가했다. 근로자 집단이 매입한 다른 주식들은 투자집단(investment society)으로 조직되었다. 1985~1990년 사이에 총 15개의 국유기업이 어떤 근로자 소유권을 사용하여 매각되었으며 이 중 3개 기업은 100% 근로자 소유 기업이 되었다. 3개의 다른 기업은 각각 44%, 33%, 그리고 31% 근로자 소유가 되었으며, 나머지 9개는 평균 약 12%의 근로자 소유권을 가졌다. 이러한 결과는 생산성 향상과 해외투자 유치에 유리했다.

심각한 사회경제적 문제에도 불구하고, 칠레는 잘 확립된 법적 그리고 회계 틀을 갖고 민영화를 시작했다. 즉 완전히 작용하고 있는 노동시장, 자본시장, 생산물시장, 시장경제에서 당연시 되는 많은 공식적·비공식적 사회경제적 제도를 갖고 있었다. 그러나 동유럽에서는 이러한 배경이 되는 제도가 공산주의하에서 체계적으로 억압되었다. 폴란드의 민영화 계획은 1990년 여름에 채택되었다. 국가소유 기업을 민영화하는 첫 번째 조치인 '상업화(commercialization)'는 종종 관련 부처, 경영진, 그리고 근로자들이 매각될 수 있는 공동주식회사의 설립을 승인할 것을 요구한다. 주식은 독립적으로 평가되고, 근로자들은 그 뒤 주식의 20%까지 절반의 가격으로 매입할 수 있도록 허용되었다. 자본집약적인 회사에서는 회사의 전년도 임금을 기초로 보조금 상한선이 설정되었고 20% 약간 미만의 주식을 가질 수 있도록 했다. 이는 소수의 운이 좋은 근로자들에게 이러한 보조금이 지나치게 집중되는 것을 피하기 위한 것이다.

행정적인 절차를 피해 갔던 대체 전략은 주로 소기업에 적용하는 '청산을 통한 민영화'였다. 이 절차는 상당한 근로자 및 경영진 소유권이 포함될 수 있는 차입매입(leveraged buyouts)을 허용했다. 이 과정은 기업의 경영이사와 근로자위원회(선출된 대표단체)가 '민영화 이전의 금융분석'을 의뢰할 때 개시된다. 금융조건이 유리한 것 같으면, 기업은 중앙계획체제하에 회사를 통제했던 정부 부처에 분석내용 중 장점에 대한 의견을 제시하고 민영화 전략을 제안하는 탄원서를 제출한다. 과거 국유기업은 폐지되며, 새로운 기업은 일부 자산을 매입하고 보통 다른 자산들은 국가로부터 다시 임대한다. 이러한 임대자산의 가치는 재조직 시 결정되고 계약기간 동안에는 변화하지 않는다(인플레이션 조절조차도). 이는 새로운 소유자들에게 상당한 보조금이 된다.

그러나 1992년 중반까지 상업화된 약 10%의 고용을 대표하는 약 250개 회사 중에 단지 10%만이 완전히 민영화되었다. 그리고 약 175개 기업만이 1992년 중반까지 스스로 민영화했는데, 이때 정부는 약 10%의 산업고용을 대표하는 수백 개의 회사들을 조직하여 일종의 폐쇄형 뮤추얼펀드로 전환하게 되는 대규모 민영화 플랜을 고려하고 있었다. 이 플랜은 정부가 513개의 소규모 제조업, 건설업, 그리고 무역회사를 대중에게 매각하려는 계획을 다시 시작했던 1997년까지 지연되었다. 바우처당 7달러와 동등한 금액으로 폴란드 시민은 바르샤바 증권거래소에 상장된 국가투자기금을 통해 이 회사들의 주식을 매입할 수 있었다.

아껴야 할 자원도 거의 없는 동유럽에서 민영화의 과업은 아무래도 겁먹게 하는 일이었다. 1990년대 초 폴란드 민영화 부처는 불과 200명의 근로자만 갖고 있었다. 이는 이전 동독에서 민영화를 담당하는 신탁관리청(Treuhandanstalt)의 3,500명과 비교되었다.

출처 : Saul Estrin, Jan Hanousek, Evzen Kocenda, and Jan Svejnar, "The effects of privatization and ownership in transition economies," *Journal of Economic Literature* 47 (2009): 699-728; David Lipton and Jeffrey D. Sachs, "Privatization in eastern Europe: The case of Poland," *Brookings Papers on Economic Activity* 2 (1990): 293-341; William L. Megginson and Jeffry M. Netter, "From state to market: A survey of empirical studies on privatization," *Journal of Economic Literature* 39 (2001): 321-389; Stephen C. Smith, "On the law and economics of employee ownership in privatization in developing and transition economies," *Annals of Public and Cooperative Economics* 65 (1994): 437-468; Stephen C. Smith, Beom-Cheol Cin, and Milan Vodopevic, "Privatization incidence, ownership forms, and firm performance: Evidence from Slovenia," *Journal of Comparative Economics* 25 (1997): 158-179; World Bank, *Techniques of Privatization of State-Owned Enterprises* (Washington, D.C.: World Bank, 1988).

15.7 행정 : 가장 희소한 자원

많은 관찰자들이 공공 (그리고 민간) 행정능력의 부족이 개발도상국 진영의 가장 희소한 단일 공공자원이라고 주장하곤 한다.[47] 문제는 단지 훈련 및 경험의 부족이 아니다. 문제는 또한 여러 개발도상국의 정치적 불안정으로부터 발생한다. 정권이 끊임없이 바뀔 때 효율성과 공공복지에 대한 고려는 정치적 충성에 종속될 가능성이 높다. 더욱이 정권 변화에 의해 영향을 받는 관료그룹이 크면 클수록 정책의 형성 및 집행의 계속성을 유지하기가 더욱 어려울 것이다.

행정은 법의 지배에 의문이 생길 때, 공공의 무질서가 존재할 때, 또는 기본적인 이슈에 대한 합의가 이루어지지 않을 때 효율적으로 기능할 가능성이 없다. 사회 내의 계층, 종족 또는 종교적 충돌의 민감한 조건은 보통 정부부서와 공공기관의 경영과 운영에 반영될 것이다. 친족끼리의 연계가 강하고 국가의 지위와 공공 서비스 같은 개념들이 아직 확고히 뿌리를 내리지 않은 매우 전통적인 사회에서 성과제도에 대한 존중은 거의 존재하지 않는다. 마찬가지로 지배적인 가치가 종파적인 곳에서 더 광범위한 공공의 이해를 위해 업무를 수행하려는 전통적인 인센티브는 크게 환영을 받지 못할 수 있다.

많은 개발도상국 정부는 또한 성과 외에 전통 엘리트를 해체하고, 공무원 조직을 전국 규모로 확대하며, 이념적 올바름에 대해 순응하고, 인종비율을 반영하거나 인종비율에 대해 호의를 가지며, 또는 소수집단을 포함하거나 배제하는 공무원 조직의 목표를 가질 수 있다. 대부분의 정부는 또한 전통적 계급조직의 형태로 조직되었다. 그러나 몇몇 정부는 부(−)의 계급조직(밑으로부터 위까지), 임기응변의 유연한 정치조직[ad hocracy, 임시 특별기구. 당면 과제를 해결하기 위해 다양한 전문적 기술을 가진 사람들로 구성된 임시 조직구조로, 조직 구조적 측면에서 관료제(bureaucracy)와 대조를 이루는 개념], 그리고 다두정치(polyarchy, 외부조직과의 협력, 정부에 대한 공적인 이의신청과 광범위한 정치참여가 다 같이 가능하여, 민주주의에 가장 가까운 정치체제)를 실험했는데, 이 중 다두정치는 특히 어떤 특별한 형태의 전문지식이 관련될 때 시도되었다.

개발도상국의 몇몇 관료제는 상대적으로 하위계급에는 필요 이상의 공무원을, 상위계급에는 필요한 인원보다 적은 공무원을 보유하고 있다. 독립적인 의사결정이 가능한 숙련도를 갖춘 경쟁력 있는 관리자들이 만성적으로 부족하다. 더 많은 수의 준국가기관 조직이 설립될수록, 즉 국유기업과 국유화된 산업, 유사정부조직, 개발법인, 그리고 훈련기관이 더 많을수록 이러한 관리자층은 더 얇게 펼쳐진다.

국유화된 산업의 경우 대부분의 실험은 경제적으로 형편없었으며 중앙 공무원 조직 내에 온갖 종류의 긴장감이라는 결과를 가져왔다. 공공 서비스의 인사제도는 보통 산업기업의 증대된 복잡한 경영에는 충분하지 않다. 따라서 유사한 인사제도(parallel personnel system)가 구축되었고, 공공 서비스 제도를 확대하고, 숙련도가 유출되었으며, 서비스 조건의 불균등한 차이를 유발하고, 인력 부족과 사기 문제라는 결과를 가져왔다. 정치적 고려는 종종 특수기술을 가진 경쟁력 있는 관리자들을 충원하는 능력에 영향을 미친다. 요약하면 많은 경우의 국유화는 종종 정부예산에 추가적인 금융부담을 더해 왔다.

고려 중인 특별한 프로젝트와 관련해서뿐만 아니라 전체 공공 및 민간 경제제도의 기능과 관련하여 경제발전에 있어서의 행정적인 구성요소는 결코 과소평가되어서는 안 될 것이다.

많은 개발도상국들의 경우 금융감독, 거버넌스(governance), 그리고 이 장의 주제인 재정운영의 질은 지난 수십 년에 걸쳐 현저하게 개선되었다. 아직도 많은 것들이 개선되어야 하겠지만 이것이 많은 개발도상국의 개선된 경제 성과의 한 가지 요소이다. 동시에 효과적이기 위해서는 이 책 전체에 걸쳐 논의된 바와 같이 경제발전에 관한 다른 제한에 대한 적극적인 관심이 또한 필요할 것이다.

아프리카의 위험 속에서의
성공 이야기 : 보츠와나

보츠와나는 인구성장이 빠르고 질병발생률이 높은 사하라이남 아프리카의 내륙국이다. 그러나 보츠와나는 1966년 영국으로부터 독립한 이래 세계에서 가장 높은 1인당 평균성장률 중 하나를 이루었다.

보츠와나는 적절한 정치적 발전이 자리를 잡은 나라에서 광물자원이 이점이 될 수 있다는 것을 보여주고 있다. 보츠와나는 1965~1990년까지의 기간에 걸쳐 매년 8.4%, 그리고 1990~2005년의 기간에 여전히 높은 6.0%라는 사하라이남 아프리카에서 단연코 가장 높은 성장률을 경험했다. 보츠와나는 25년의 기간 동안 평균적으로 적어도 7%의 성장을 일찍이 경험했던 아프리카의 유일한 나라로 스펜스위원회(Spence Commission)에 의해 확인된 13개 나라 중 하나다. 유엔개발계획(UNDP)에 따르면 보츠와나의 1인당 소득은 1970년부터 2010년까지 9배 증가했다. 독립 이래 보츠와나는 세계에서 가장 가난한 국가에서 구매력등가(PPP) 1인당 소득이 태국 또는 브라질보다 더 크고 말레이시아, 멕시코, 유사한 국가가 되었다.

무엇이 보츠와나의 놀라운 성공을 설명하는가? 이는 성장을 위한 해외직접투자의 혜택이 매우 명백한 사례이다. 더욱이 성공은 유리한 지리적 조건(막대한 다이아몬드 매장량)과 유리한 제도(상대적으로 효과적인 사유재산 보호, 법의 지배, 견제와 균형, 그리고 정부가 건설적인 역할을 하기 위한 훌륭한 인센티브) 모두를 기초로 이루어졌다. 효과적인 통치 방식이 중요하다. 성장 및 발전위원회(Commission on Growth and Development, 스펜스위원회, 71페이지)에 의해 주목된 바와 같이 "보츠와나는 경제

의 미래 방향을 위한 비전에 의해 인도되는 장기계획의 전통을 갖고 있다." 이러한 모든 요인이 존재할 때 발전의 조건이 특히 경사스러운 것이다.

보츠와나의 다이아몬드 자원은 광대하며, 그러므로 보츠와나의 경험은 '천연자원의 저주'가 모든 국가에 동일하게 출몰하는 것이 아니라는 것을 보여준다. 다이아몬드가 콩고민주공화국과 시에라리온 같은 나라에서는 독재자의 가장 좋은 친구였지만 보츠와나에서는 다이아몬드 수출이 민주주의와 광범위한 기반을 가진 발전과 일치했다. 아프리카 비교정치발전에 관한 선두 전문가인 허브스트(Jeffrey Herbst)는 또한 보츠와나는 주권국가의 권력을 통합하는 데 적합한 지리적 조건을 갖춘 소수의 아프리카 국가 중 하나라고 주목했다. 인구는 수도 가보로네(Gaborone)가 위치하고 있는 국가의 동부에 집중되어 있다. 이와는 대조적으로 나이지리아와 콩고민주공화국 같은 국가들은 인구가 널리 흩어진 중심들을 갖고 있다.

보츠와나는 비록 하나의 특정 정당인 보츠와나민주당(Botswana Democratic Party)이 주도해 왔지만 다수당 민주주의 국가이다. 선거는 1965년 이래 5년마다 치러졌다. 언론의 자유가 있고 정치범이 존재하지 않는다. 보츠와나는 (남아프리카공화국, 짐바브웨, 나미비아의) 백인 소수체제에 둘러싸여 있으면서, 그리고 심지어 이웃의 내전이 자신의 영토로 번지고 끊임없는 피난민의 유입이 사회질서를 뒤집으려 위협했던 그 역사의 첫 전반기 동안 이러한 놀라운 경제적, 정치적 결과를 성취했다.

보츠와나는 다른 국가에서는 성장과 발전의 장애 요인

으로 작용할 수 있는 약간의 지리적 단점을 갖고 있다. 보츠와나는 항구도시로의 접근이 불가한 내륙국인데, 이러한 특성은 통계적으로 느린 성장과 관련이 있다. 이 나라는 일반적으로 농업에 형편없는 여건을 갖고 있다. 오로지 토지의 약 4%에서만 쉽게 경작할 수 있다. 국가의 대부분은 오로지 여름 방목지로만 적합한 칼라하리사막 토지다(거의 모든 강수량이 여름 몇 개월에 발생한다). 1980년대 중반 5년 동안의 가뭄은 어떤 기준으로도 매우 혹독했고, 다른 심각한 가뭄은 상당한 규칙성을 갖고 국가를 강타했다. 기후는 열대인데, 열대 지역의 국가는 일반적으로 온화한 지역의 국가보다 소득수준과 성장에서 훨씬 더 가난하게 살아간다. 보츠와나는 또한 높은 인구 증가가 반드시 1인당 소득의 급속한 증가를 미연에 방지할 필요가 없다는 것을 보여준다. 따라서 보츠와나는 지리적 여건은 운명이 아니라 빈약한 제도를 갖고 있는 국가에서는 낭비되거나 또는 심지어 문제를 더욱 더 악화할 수 있는 지리적 여건의 기회(특히 천연자원)를 좋은 제도는 이용할 수 있도록 한다는 것을 입증하고 있다. 그리고 좋은 제도가 지리적 여건에 의해 부과된 제약을 극복할 수 있게 한다는 것을 제시한다. 애서모글루, 존슨, 로빈슨(Daron Acemoglu, Simon Johnson, and James Robinson)은 보츠와나의 성공은 대부분 유리한 제도, 특히 재산권보호의 결과로 보고 있다.

성공적인 발전은 사적재와 공공재 모두를 필요로 한다. 정부가 기생충과 같거나 위협적인 행위에 종사하는 것과 같은 해를 끼치는 것을 방지해야 할 필요가 있고, 동시에 국가가 경제발전에 필요한 공공재의 제공을 포함하여 폭넓은 경제발전을 지원하는 행동을 하도록 권장할 필요가 있다. 이를 위한 최소한의 요구조건은 내전과 같은 상당한 갈등을 회피할 수 있는 응집된 사회와 사회에 즉각 반응을 보이고 책임을 지는 정부다.

앞에서 주목한 것처럼 보츠와나는 기능이 잘 되는 다수당 민주주의였다. 비록 보츠와나민주당이 결코 정권을 잃지 않았지만, 이 정당은 개선된 정부 서비스를 내놓음으로써 선거의 위협에 대응했다는 증거가 존재한다. 정부는 인

프라, (정보와 훈련) 서비스 확대, 그리고 보조금이 지원되는 수의과 서비스와 가축산업의 발전을 위한 기타 지원을 제공함으로써 경제에서 건설적인 역할을 했다. 이러한 조치들은 선호되는 모든 의뢰인들을 위해 배정된 것이 아니라 광범위한 기반을 가졌다. 정부는 또한 외국회사에 의한 탐사를 장려하고 투자자들의 내쫓음 없이 이윤의 지분을 요구하고 획득하면서 광산 이익과의 관계를 건설적으로 관리했다. 예를 들어 드비어스(De Beers) 다이아몬드 카르텔과 유리한 계약을 체결함으로써 다이아몬드 이윤의 완전한 절반이 조세수입으로 국가로 가도록 하는 결과를 가져왔다. 다음으로 정부의 서비스를 좋은 기간으로부터 나쁜 기간까지 매끄럽게 하고 교육에 중점적으로 투자하는 등 이러한 자원들을 건설적으로 관리했다. 자원이 대규모든 소규모든 그 자원을 국가가 어떻게 소비하는지가 중요한 것이다. 보츠와나는 본질적으로 아프리카에서 매우 보기 드문 보편적 초등교육을 달성했으며, 또한 어린이들의 절반 이상이 중등교육에 등록하는데 이는 평균적으로 사하라이남 아프리카 나머지 지역의 2배에 해당한다.

1982년에서 1987년까지 보츠와나는 가난한 농촌 사람들에게 심각하게 영향을 미쳤던 극심한 가뭄으로 고통을 겪었다. 많은 국가에서 그들의 곤경은 심각한 굶주림이 세계의 주목을 받을 때까지 무시당했을 것이다. 그러나 보츠와나는 사회보장제도를 구축했고 드레즈와 센(Jean Dreze and Amartya Sen)이 자세히 설명한 것과 같이 식량의 이용 가능성을 유지하는 세 갈래의 제도, 즉 (1) 이용 가능한 식량에 지출될 수 있는 현금 임금을 받을 수 있는 공공고용의 보장, (2) 선정된 집단들에 대한 직접적인 식량 배분, 그리고 (3) 농업생산성을 증가시키고 식량의 이용 가능성을 회복하기 위한 프로그램을 통해 농촌의 가난한 사람들에게 구호품을 제공했다. 보츠와나의 언론 자유와 민주제도는 이러한 대응의 주된 요소인 것처럼 보인다.

유아사망률과 1인당 보건 전문가 수와 같은 다른 인적개발지표에 관해서도 보츠와나는 우수한 성적을 받고 있다. 그러나 보츠와나는 2010년 인간개발지수(Human

Development Index)에서 159개 국가 중 그 GDP 순위가 예측하는 것보다 38단계 더 낮은 98위에 올랐다. 다시 말해 보츠와나의 인간개발은 1인당 실질소득 수준에 의해 예측되는 것보다 훨씬 더 낮은 수준이다. 보츠와나는 이러한 순위에서 AIDS로 인한 사망 때문에 영향을 받았다. 이 나라는 세계에서 두 번째로 높은 HIV 감염률을 갖고 있다. 그러나 다른 분야에서 사하라이남 아프리카의 맥락에서 그 인간개발 성과는 극히 유망하다. AIDS의 확산에도 불구하고 이 지역의 오로지 2개국만 2010년 HDI에서 보츠와나보다 높은 순위를 나타내고 있다. 그러나 명백한 진전이 이루어졌다. 즉 2001~2011년 사이에 보츠와나에서 신규 HIV 감염률이 71% 하락했는데, 이는 이 기간 동안 세계적으로 가장 놀라운 개선 중 하나였다.

더 심층적인 문제는 왜 보츠와나가 더 나은 제도를 창출하고 지속시킬 수 있었는지다. 애서모글루, 존슨, 로빈슨(Acemoglu, Johnson, and Robinson)은 보츠와나 제도의 역사를 조사하고 다섯 가지 요소가 나란히 또는 다섯 가지 요소의 상호작용이 중요했다고 제시하고 있다.

1. 보츠와나는 광범위한 기반을 가진 참여를 권장하고 정치 엘리트에 제약을 가했던 식민지 이전의 부족제도를 보유했다. 평민들이 제안을 하고 족장들을 비판하는 것이 허용되었다.
2. 대영제국에 대한 보츠와나의 주변적 성격 때문에 영국의 식민지화는 이러한 식민지 이전의 제도에 제한적인 효과만을 미쳤다.
3. 독립 직후 가장 중요한 농촌의 이익단체인 족장과 가축 소유자는 정치적으로 강력했는데 재산권을 집행하는 것이 그들의 경제적 이해관계에 유리했다.
4. 다이아몬드로부터의 수입은 기회비용을 증가시킴으로써 추가적인 지대추구를 억제하며 주요 정치 지도자들을 위한 충분한 지대를 창출했다.
5. 정치 지도자들은 분별 있는 결정을 했다. 여기에는 다이몬드 광업권을 부족[방와토(Bangwato)]으로부터 국

가의 통제로 돌렸던 것도 포함되었다[이러한 이행은 그 자신이 방와토 부족의 구성원이었던 독립 이후의 지도자 카마(Seretse Khama)에 의한 정치력 있는 방식으로 착수되었다]. 부족장의 권한 축소는 또 다른 그러한 결정이었다. 각 결정은 너무나 많은 다른 아프리카 국가들을 괴롭혔던, 서로 죽이는 물리적 충돌의 가능성을 감소시켰다. 비록 엘리트들이 다이아몬드가 낳는 알의 많은 몫을 즐겼지만, 그들은 알을 낳는 거위를 죽이지 않았고 더 많은 몫을 가져갈 수 있는 자신들의 능력에 대한 실질적인 제한에 직면했다.

따라서 불리한 지리적 여건이 반드시 운명일 필요가 없고, 천연자원도 저주가 될 필요가 없으며, 좋은 제도가 극적으로 우월한 경제적 성과를 뒷받침할 수 있었다.

분명하고 천연자원에 기반을 둔 비교우위와 제도를 최소한으로 지지하는 필수요건들로 보츠와나는 심각한 부패를 피하는 한편 국익을 위해 필요한 외국투자자들과 성공적으로 계약을 맺었다. 그 결과 필요한 인적자본, 좋은 제도의 필요성, 수출을 위한 지원, 장래를 내다보는 정부정책과 동반성장에 대한 강조를 확대하고 갱신하는 신고전학파 접근법이 이 국가의 성공을 훌륭히 설명하는 것처럼 보인다.

그러나 아마도 모든 것 중에서 가장 중요한 의문은 여전히 해결되지 않은 채로 남아 있다. 질이 좋은 국가기관의 발전에 도움이 되는 유리한 경제제도와 요소들을 처음에 갖고 있지 못한 나라들은 더 나은 제도를 얻기 위해 무엇을 할 수 있는가? 정부 형태를 개혁하고자 하는 다른 아프리카 국가의 공무원들은 보츠와나 거버넌스의 최고 특성 중 일부를 모방하는 작업을 할 수 있으며 이웃국가의 상대적인 성공은 물론 정부 및 민간부문의 실패를 대중에게 알릴 수 있을 것이다. 사회가 전체적으로 빈곤의 함정에 빠질 수 있으며 이 함정 속에서는 정부 행태 자체가 저개발 악순환의 일부다. 동아시아에서 일본의 사례에 의해 설명되는 것처럼 긍정적인 지역의 역할 모형(role model)의 존재는 성공적인 발전을 확산하는 데 매우 중요하다. 보츠와나 발전 기

록에 대한 한 가지 오점은 또한 부시멘(Bushmen)으로 알려진 소수민족 코이코이족(Khoikhoi)이 다수민족인 보츠와나족에 비해 잘 지내지 못한다는 점이다.

그 성공에도 불구하고 보츠와나는 독립 이래 가장 심각한 위기에 처하고 있는지도 모른다. 보츠와나는 이제 만성적으로 높은 도시 실업률은 물론 남미 국가와 비교되는 상대적으로 높은 수준의 소득불균등을 갖고 있다. 그러나 지금까지 최악의 문제는 HIV/AIDS이다. 국제연합 보고서에 따르면 HIV 유병률(prevalence rate)은 15~99세 성인 인구의 24%에 이르며, 임신한 여성들 사이에서는 놀랍게도 33%이다. 다행히 15세 이하의 HIV 유병률은 2% 미만인데, 이는 삶의 유형 변화와 안전한 성행위 때문에 새로운 감염이 중단될 수 있다는 희망적인 징조이다. 그러나 국제연합은 "젊은이의 60%가 젊은이 친화적인 생식기 보건 서비스에 접근하지 못한다"고 보고하고 있다. AIDS가 없었다면 보츠와나의 기대수명은 오늘날 70세가 넘었을 것으로 추산된다. 그러나 AIDS 전염병의 결과 보츠와나의 2010년 출생 시의 기대수명은 단지 55세였다. 국제연합은 보츠와나의 아동 중 거의 20%가 부모를 잃었다고 추산하고 있다. 레이놀즈(Erika Reynolds)는 현재 노동력의 1/3이 감염되었으며, 이는 명백히 생산성에 부정적인 효과를 미치고 있음을 발견했다. 여전히 과거 수년 동안 보츠와나는 AIDS에 훨씬 더 단호한 대응을 하고 있다. 약 6%의 정부지출이 모든 시민을 위한 무료 레트로바이러스 처치를 포함하는 HIV/AIDS 프로그램에 배분되며, 기대수명은 이제 상승하고 있다.

보츠와나가 그런 좋은 제도와 수준 높은 정부를 갖고 있는지, 어떻게 그렇게 많은 주된 연령의 인구가 HIV 양성인 지점에 도달하도록 스스로를 허용했는지를 질문하는 것은 합리적인 일이다. 보츠와나에서 전염병의 늦은 유입에도 불구하고 정부가 우간다만큼 단호하게 대응하지 못했다는 것은 일관성 없는 정부의 질 또는 문화적 특성의 반영으로 간주될 수 있다. 이제 테스트는 정부의 질과 사회적 발전이 HIV의 파급을 다음 세대까지 정지시킬 수 있는지 여부다.

보츠와나는 적어도 이러한 도전에 이웃국가인 남아프리카공화국보다 더 잘 대응했다. 지난 수년은 더욱 고무적이었다. 전염병이 어느 정도 약해질 것이라는 희망이 있다. 만약 진정시킨다면 보츠와나는 아프리카에서 광범한 발전을 위한 희망의 불빛으로 또다시 빛날 수 있다. ■

참고문헌

Acemoglu, Daron, Simon Johnson, and James Robinson. "An African success story: Botswana." In *In search of Prosperity: Analytic Narratives on Economic Growth*, ed. Dani Rodrik. Princeton, N.J.: Princeton University Press, 2003, pp. 80-119.

African Research Bulletin, December 1993 and July 1995.

Commission on Growth and Development (Spence Commission). *The Growth Report: Strategies for Sustained Growth and Inclusive Development*. Washington, D.C.: World Bank, 2008. Also available at http://www.growthcommission.org.

Dreze, Jean, and Amartya Sen. *Hunger and Public Action*. Oxford: Clarendon Press, 1989.

Edge, Wayne, and Mogopodi Lekorwe, eds. *Botswana: Politics and Society*. Pretoria, South Africa: Schaik, 1998.

Goldsmith, Arthur. "Africa's overgrown state revisited: Bureaucracy and economic growth." *World Politics* 51 (1999): 520-546.

Greener, R., K. Jefferis, and H. Siphambe. "The impact of HIV/AIDS on poverty and inequality in Botswana." *South African Journal of Economics* 68 (2000): 888-915.

Harvey, Charles, and Stephen R. Lewis, Jr. *Policy Choice and Development Performance in Botswana*. New York: St. Martin's Press, 1990.

Herbst, Jeffrey. *States and Power in Africa: Comparative Lessons in Authority and Control*. Princeton, N.J.: Princeton University Press, 2000.

Hope, Kempe, R. and Gloria Somolekae, *Public Administration and Policy in Botswana*., South Africa: Juta and Company, 1998.

Innocenti, Nicol D. "Compared to neighboring South Africa, Botswana is far ahead in implementing new retroviral and education programs." *Financial Times*, September 26, 2001.

Picard, Louis A. *The Politics of Development in Botswana: A Model for Success?* Boulder, Colo.: Rienner, 1987.

Porter, Michael. *Competitive Advantage of Nations*. New York: Free Press, 1990.

Reynolds, Erika. "Economic impact of HIV/AIDS in Botswana." Policy brief, UCLA Globalization Research Center, Africa, 2008.

Stedman, Stephen J., ed. *Botswana: The Political Economy of Democratic Development*. Boulder, Colo.: Rienner, 1993.

United Nations Development Programme. *Human Development Report 2010*. New York: Oxford University Press, 2010 (and previous editions).

주요 용어

간접세(indirect taxes)
개발은행(development banks)
'계'(rotating savings and credit association, ROSCA)
국유기업(state-owned enterprise, SOE)
그룹대출제도(group lending scheme)
금융억압(financial repression)
금융자유화(financial liberalization)

(금융) 투명성[(financial transparency]
미소금융(microfinance)
민영화(privatization)
부가가치세(value added tax, VAT)
비공식금융(informal finance)
비제도권화폐시장(unorganized money market)
상업화(commercialization)

제도권화폐시장(organized money market)
중앙은행(central bank)
직접세(direct taxes)
통화대체(currency substitution)
통화위원회(currency board)
통화정책(monetary policy)
할당(rationing)
화폐공급(monetary supply)

복습문제

1. 제도권화폐시장과 비제도권화폐시장 간의 차이를 설명하라.

2. 발전의 우선의 차원에서 중앙은행, 상업은행, 개발은행, 신용의 비공식 및 비제도권 원천, 그리고 방글라데시의 그라민은행 같은 미소금융의 상대적 역할은 무엇인가?

3. 금융억압, 금융자유화, 통화대체, 그리고 비제도권화폐시장은 무엇을 의미하고, 이러한 것들은 개발도상국의 금융정책과 어떻게 관련되는가?

4. 스티글리츠와 그의 동료들이 개발도상국 금융부문에서의 강력한 정부의 역할을 정당화한다고 이야기한 일곱 가지 시장실패를 열거하고 간략히 논하라. 이러한 평가에 동의하는가 아니면 동의하지 않는가? 설명하라.

5. 개발도상국에서 정부 수입의 주요한 원천은 무엇인가? 왜 많은 조세는 징수하기가 그렇게 어려운가? 논하라.

6. 개발도상국에서 과세와 지출 제도가 어떠한 방식으로 개선될 수 있다고 생각하는가? 구체적으로 설명하라.

7. 만약 행정능력의 희소성이 발전정책 시행의 심각한 제약이라면 개발도상국들은 이러한 제약을 완화하기 위해 무엇을 할 수 있는가? 옵션은 무엇인가? 논하라.

8. 개발도상국에서 국유기업의 설립에 대한 찬반 주장을 요

약하라. 국유기업은 권장되어야 한다고 생각하는가, 아니면 억제되어야 한다고 생각하는가? 개발도상국에서 공공부문의 민영화에 대한 찬반 주장은 무엇인가? 대다수 민영화된 기업이 효율성을 증진시켰다는 증거를 어떻게 해석하게 되는가?

9. 폴란드에서 민영화가 가속되었을 때 일부 분석가들은 효과적인 민영화는 가장 먼저 더 발전된 국내 금융기관을 필요로 한다고 경고했다. 논평하라.

10. 개발도상국에서 주식시장 발전을 촉진해야 한다는 찬반 주장은 무엇인가?

11. 저소득 차입자들에게 도달하는 데 있어서 미소금융기관의 전략은 여타 대출자의 전략과 어떻게 달랐는가?

12. 미소신용 프로그램 확대의 이점은 무엇이고, 그 잠재적인 한계는 무엇인가?

13. 미소금융에 관한 최근의 (보조금, 비금융활동, 그리고 상업화에 관한) 세 가지 정책논쟁을 생각하라. 적어도 지역적인 맥락에서 이러한 논쟁을 해소하기 위해 어떤 종류의 증거를 찾아야 하는가?

14. 보츠와나의 성공으로부터 저소득국가들을 위해 무슨 교훈을 배울 수 있는가?

미주

1. Joan Robinson, "The generalization of the general theory," in *The Rate of Interest, and Other Essays*. (London: Macmillan, 1952), pp. 67-142 (p. 82).
2. Hugh T. Patrick, "Financial development and economic growth in underdeveloped countries," *Economic Development and Cultural Change* 14 (1966): 174-189 and Felix Rioja and Neven Valev, "Finance and the sources of growth at various stages of economic development," *Economic Inquiry* 42 (2004): 27-40을 참조하라.
3. 이 논의의 일부는 Ross Levine and Sara Zervos, "Stock markets, banks, and economic growth," *American Economic Review* 88 (1998): 537-558로부터 각색되었다. 기타 유용한 참고문헌은 Rudiger Dornbusch and Alejandro Reynoso, "Financial factors in economic development," *American Economic Review* 79 (1989): 204-209; Panicos Demetriades and Khaled Hussein, "Does financial development cause economic growth? Time series evidence from 16 countries," *Journal of Development Economics* 51 (1996): 387-411; Robert G. King and Ross Levine, "Finance and growth: Schumpeter might be right," *Quarterly Journal of Economics* 108 (1993): 717-737; Joseph E. Stiglitz, Jaime Jaramillo-Vallejo, and Yung Chul Park, "The role of the state in financial markets," *Annual Conference on Development Economics* (1993 suppl.): 19-61; Nouriel Roubini and Xavier Sala-i-Martin, "Financial repression and economic growth," *Journal of Development Economics* 39 (1992): 5-30; Carlos Diaz-Alejandro, "Goodbye financial repression, hello financial crash," *Journal of Development Economics* 19 (1985): 1-24; J. D. von Pishke, *Finance at the Frontier* (Washington, D.C.: World Bank, 1991); Ross Levine, "Financial development and economic growth: Views and agenda," *Journal of Economic Literature* 35 (1997): 688-726; and Raymond Atje and Boyan Jovanovic, "Stock markets and development," *European Economic Review* 37 (1993): 632-640을 포함한다.
4. Stiglitz, Jaramillo-Vallejo, and Park, "Role of the state." 케냐와 다른 개발도상국들에서의 모바일머니(mobile money)에 대해서는 예를 들어 Jenny C. Aker and Isaac M. Mbiti, "Mobile phones and economic development in Africa" *Journal of Economic Perspectives* 24, No. 3 (Summer 2010): 207-232; and *The Economist*, "Why does Kenya lead the world in mobile money?" May 27, 2013, at http://www.economist.com/blogs/economist-explains/2013/05/economist-explains-18을 참조하라.
5. 이 문장과 다음 문장은 공간 및 설명의 단순화로 인해 여전히 널리 사용되고 있는 전통적인 용어로 표현되었다. 거시경제정책과 통화정책이라는 주제에 관한 다른 질 높은 개관 중에서 최근의 연구를 인용함으로써 더 미묘한 방식으로 이러한 이슈들을 다루는 것은 N. Gregory Mankiw, *Macroeconomics*, 6th ed. (New York: Worth, 2006)을 참조하라. 더 나아가서

의 탐구는 David Rommer, *Advanced Macroeconomics*, 3rd ed. (New York: McGraw-Hill, 2005)를 참조하라. 구체적으로 개발도상국에 초점을 맞춘 분석은 Pierre-Richard Agenor and Peter J. Montiel, *Development Macroeconomics*, 3rd ed. (Princeton, N.J.: Princeton University Press, 2008)을 참조하라.

6. 개발도상국 차원에 적용되는 거시경제 분석의 확대된 고급 설명은 Agenor and Montiel, *Development Macroeconomics*를 참조하라.

7. Maxwell F. Fry, *Money, Interest, and Banking in Economic Development* (Baltimore: Johns Hopkins University Press, 1988); World Bank, *World Development Report 1991* (New York: Oxford University Press, 1991); and Ernest Aryeetey et al., "Financial market fragmentation and reform in Ghana, Malawi, Nigeria, and Tanzania," *World Bank Economic Review* 11 (1997): 195-218을 참조하라. 상당한 진전이 2000년 이래 이루어졌음을 주목하라.

8. 통화대체 현상과 비제도권화폐시장이 개발도상국 진영에 미치는 영향에 관한 논의는 International Monetary Fund, *World Economic Outlook, October 1997* (Washington, D.C.: International Monetary Fund, 1997), pp. 92-93; Steven L. Green, "Monetary policies in developing countries and the new monetary economics," *Journal of Economic Development* 11 (1986): 7-23; and Guillermo Ortiz, "Currency substitution in Mexico: The dollarization problem," *Journal of Money, Credit, and Banking* 15 (1983): 174-185를 참조하라.

9. 개발도상국 금융시장의 민영화 및 자유화에 관한 논의는 Laurence H. White, "Privatization of financial sectors," in *Privatization and Development*, ed. Steven H. Hanke (San Francisco: Institute for Contemporary Studies, 1987), pp. 149-160을 참조하라.

10. Charles Collyns, *Alternatives to the Central Bank in the Developing World*, IMF Occasional Paper No. 20 (Washington, D.C.: International Monetary Fund, 1983), p. 2. 뒤따르는 논의의 많은 부분은 이 비공식적인 보고서를 기초로 한다.

11. Collyns, *Alternatives to the Central Bank*, p. 21.

12. Maxwell J. Fry, "Assessing central bank independence in developing countries: Do actions speak louder than words?" *Oxford Economic Papers* 50 (1998): 512-529를 참조하라.

13. 이러한 도식(schema)은 V. Grilli, D. Masciandaro, and G. Tabellini, "Political and monetary institutions and public financial policies in the industrial countries," *Economic Policy* 13 (1991): 341-392에 의해 소개된 점수제도를 따른다. 쿠키어맨(Alex Cukierman)은 *Central Bank Strategy, Credibility, and Autonomy* (Cambridge, Mass.: MIT Press, 1992)에서 부분적으로 겹치는 대안제도를 소개했다.

14. Marco Arnone, Bernard J. Laurens, Jean-François Segalotto, and Martin Sommer, "Central bank autonomy: Lessons from global trends," IMF Staff Papers 56, No. 2 (2009). 저자들은 미주 13에서 인용된 지수와 다른 척도 모두를 사용했다. 이러한 숫자를 기본으로 한 지수들은 1980년대부터 2000년대까지 저소득, 중간소득, 그리고 고소득국가 모두에서 똑같이 중앙은행의 자율성이 상당히 증가했다는 것을 보여주었다. 몇몇 추가적인 자세한 내용을 수록한 앞서의 논문은 http://www.imf.org/external/pubs/ft/wp/2007/wp0788.pdf에서 발견할 수 있다.

15. 개발도상국에서 통화통제제도를 개선하고 국내저축을 동원하고 더 잘 배분하는 방법에 관한 광범위한 논의는 Delano Villanueva, "Issues in financial sector reform," *Finance and Development* 25 (1988): 14-17을 참조하라.

16. Aparna Dalal et al., "Half of the world is unbanked," 2010, http://financialaccess.org/node/2603.

17. '소비평탄화(consumption-smoothing)' 전략의 맥락에서 개발도상국 비공식금융의 성장에 관한 검토는 Timothy Besley, "Nonmarket institutions for credit and risk sharing in low-income countries," *Journal of Economic Perspectives* 9 (1995): 115-127을 참조하라.

18. Siwan Anderson and Jean-Marie Baland, "The economics of ROSCAs and intra-household resource allocation," *Quarterly Journal of Economics* 111 (2002): 963-995. ROSCAs의 제도적 자세한 내용과 경제적 분석에 관한 훌륭한 일반적 조사는 Beatriz Armendriz de Aghion and Jonathan Morduch, *The Economics of Microfinance* (Cambridge, Mass.: MIT Press, 2005), ch. 3을 참조하라.

19. MFIs에 관한 자세한 내용과 이들이 어떻게 운용되는지는 Armendriz de Aghion and Morduch, *The Economics of Microfinance*; Marguerite S. Robinson, *The Microfinance Revolution: Sustainable Finance for the Poor* (Washington, D.C.: World Bank, 2001); Robert Peck Christen and Deborah Drake, *Commercialization: The New Reality of Microfinance?* (Bloomfield, Conn.: Kumarian Press, 2002); and Elisabeth H. Rhyne, *Mainstreaming Microfinance: How Lending to the Poor Began, Grew, and Came of Age in Bolivia* (Bloomfield, Conn.: Kumarian Press, 2001)을 참조하라.

20. 공동책임의 대안에 관한 경제분석에 대한 소개는 Armendriz

de Aghion and Morduch, *The Economics of Microfinance*, esp. ch. 5와 그 안의 참고문헌을 참조하라. 여성 차입자가 65% 이상인 미소금융기관이 여성 차입자가 더 적은 비율인 미소금융기관보다 더 높은 상환율을 갖고 있다는 것을 보여주는 데이터는 Cédric Lützenkirchen, *Microfinance in evolution: An industry between crisis and advancement*, Deutsche Bank AG, September 2012, p. 14. 상환금 증가에 대한 비판적인 분석은 Sanjay Jain and Ghazala Mansuri, "A little at a time: The use of regularly scheduled repayments in microfinance programs," *Journal of Development Economics* 72 (2003): 253-279에 보인다.

21. 2010년까지의 강력한 성장 그러나 2011년의 감소를 보여주는 데이터 추세는 Larry R. Reed, *Microcredit Summit Campaign, Vulnerability: The State of the Microcredit Summit Campaign Report 2013*, at http://stateofthecampaign.org/. 몇몇 핵심 이슈에 대한 간결한 편집인 성명은 Abhijit Banerjee et al., "Microcredit is not the enemy," *Financial Times*, December 13, 2010을 참조하라.

22. 논쟁은 예를 들어 Microcredit Summit Fulfillment Campaign, "The Microcredit Summit: Declaration and plan of action, 1997", http://www.microcreditsummit.org/declaration.htm; Jonathan Morduch, "The microfinance promise," *Journal of Economic Literature 37* (1999): 1569-1614; Jonathan Morduch, "The microfinance schism," *World Development* 28 (2000): 617-629; and Armendriz de Aghion and Morduch, *The Economics of Microfinance*를 참조하라.

23. 미소금융과 건강과 통합하는 프로그램에 대한 검토는 Stephen C. Smith, "Village banking and maternal child health: Evidence from Ecuador and Honduras," *World Development* 30 (2002): 707-723을 참조하라. 미소신용과 비즈니스 훈련의 통합에 대한 연구는 〈예문 15.2〉를 참조하라.

24. 이 문제에 대한 선구적이고 통찰력 있는 분석은 M. Shahe Emran, A.K.M. Mahbub Morshed, and Joseph E. Stiglitz, "Microfinance and missing markets," 2007, http://papers.ssrn.com/so13/papers.cfm?abstract_id=1001309. 경제발전에서 전통적인 일자리 창출의 중요성에 관한 자세한 검토는 World Bank, *World Development Report 2013: Jobs* (Washington, D.C.: World Bank, 2013)을 참조하라.

25. 긍정적인 영향을 발견한 흥미로운 최근의 연구는 Elizabeth Schroeder, "The Impact of Microcredit Borrowing on Household Consumption in Bangladesh," Working Paper, Oregon State, 2012, at http://people.oregonstate.edu/~schroede/eas_microcredit.pdf를 참조하라. 슈뢰더

의 결과는 잘 알려진 연구인 Mark M. Pitt and Shahidur R. Khandker, "The impact of group-based credit programs on poor households in Bangladesh: Does the gender of participants matter?" *Journal of Political Economy* 106 (1998): 958-996과 똑같은 데이터를 사용하면서 새로운 계량경제학 기법을 효율적으로 사용하고 있다. 긍정적인 영향을 발견했던 미소금융의 영향에 대한 연구들을 비판하고 있는 머리기사에 실릴 만하지만 논란이 되는 보고서는 Maren Duvendack et al., "What is the evidence of the impact of microfinance on the well-being of poor people?" downloaded at: http://www.dfid.gov.uk/r4d/PDF/Outputs/SystematicReviews/Microfinance2011Duvendackreport.pdf를 참조하라.

26. Christian Ahlin, Jocelyn Lin, and Michael Maio, "Where does microfinance flourish? Microfinance institution performance in macroeconomic context," *Journal of Development Economics* 95, No. 2 (2011): 105-120.

27. 이자율상한 설정 이외에도 개발도상국 정부는 다양한 다른 방법으로 자신의 금융시장에 종종 개입했다. 이러한 방법은 신용프로그램 지시, 효과적으로 금융제도에 과세하는 높은 은행 법정지급준비금, 그리고 예를 들어 은행으로 하여금 낮은 수익률의 정부채권을 보유하도록 요구함으로써 높은 예산적자를 자금조달하기 위한 정부에의 강제대출을 포함한다. 이러한 그리고 다른 정책들은 이자율상한과 연결된다. 높고 변동이 심한 인플레이션과 부(−)의 실질이자율이 존재할 때 이러한 정책들은 낮은 수준의 저축과 성장으로 이어질 뿐만 아니라 전체 금융제도의 위축을 초래할 수 있다. 이러한 관측에 대해 벤시벤가(Valerie Bencivenga) 교수에 감사드린다.

28. 금융억압 및 금융자유화가 저축과 투자에 미치는 긍정적인 영향에 관한 고전적 저술은 Ronald L. McKinnon, *Money and Capital in Economic Development* (Washington, D.C.: Brookings Institution, 1973)과 Edward S. Shaw, *Financial Deepening in Economic Development* (New York: Oxford University Press, 1973)이다. 이 접근법에 대한 고전적 비평은 Carlos Diaz-Alexandro, "Good-bye financial repression, hello financial crash," *Journal of Development Economics* 19 (1985): 1−24를 참조하라. 일반적으로 금융자유화 그리고 특히 매키넌-쇼(Mckinnon-Shaw) 논지의 장점과 한계에 대한 더 최근 논의는 논문 Maxwell Fry and Ajit Singh in *Economic Journal* 107 (1997): 754-782를 참조하라. 또한 Bruce Greenwald, "Institutional adjustments in the face of imperfect financial markets," in *Annual World Bank Conference on Development Economics, 1998* (Washington, D.C.: World Bank, 1999)를 참조하라.

29. World Bank, *World Development Report 1987* (New York:

Oxford University Press, 1987), pp. 117-122. 그러나 이자율 수준이 저축과 투자에 미치는 영향이 거의 없거나 전혀 없다는 초국가적 증거는 Deena R. Khatkhata, "Assessing the impact of interest rates in less developed countries," *World Development* 16 (1988): 577-588; Gerado M. Gonzales Arrieta, "Interest rates, savings and growth in LDCs: An assessment of recent empirical research," *World Development* 16 (1988): 589-606; and Rudiger Dornbusch, "Policies to move from stabilization to growth," *Proceedings of the World Bank Annual Conference on Development Economics, 1990* (Washington, D.C.: World Bank, 1990), pp. 36-41을 참조하라.

30. Joseph E. Stiglitz, Jaime Jaramillo-Vallejo, and Yung Chul Park, "The role of the state in financial markets," Annual Conference in Development Economics (1993 suppl.): 19-61. 미주 3번을 참조하라.

31. Ibid., p. 8.

32. Atje and Jovanovic, "Stock markets and development"; Levine and Zervos, "Stock markets, banks, and economic growth."

33. 과세와 발전과 관련된 논문과 에세이의 탁월한 모음은 Donald Newberry and Nicholas Stern, eds., *The Theory of Taxation for Developing Countries* (New York: Oxford University Press, 1987)을 참조하라. 또한 World Bank, *World Development Report 1988* (New York: Oxford University Press, 1988), pt. 2; "Symposium on tax policy in developing countries," *World Bank Economic Review* 5 (1991): 459-574; and Robin Burgess and Nicholas Stern, "Taxation and development," *Journal of Economic Literature* 31 (1993): 762-830 참조.

34. Vito Tanzi, "Quantitative characteristics of the tax systems of developing countries," in *The Theory of Taxation for Developing Countries*, eds. David Newbery and Nicholas Stern (New York: Oxford University Press, 1987), and Vito Tanzi and Howell H. Zee, "Tax policy for emerging markets: Developing countries," *National Tax Journal* 53 (2000): 299-322.

35. World Bank, *World Development Indicators 2013* (Washington, D.C.: World Bank, 2013), p. 67.

36. Tanzi, "Quantitative characteristics."

37. M. Shahe Emran and Joseph E. Stiglitz, "On selective indirect tax reform in developing countries," *Journal of Public Economics* 89 (2005): 599-623.

38. Joel Slemrod, "Optimal taxation and optimal tax systems,"

Journal of Economic Perspectives 4 (1990): 157-178.

39. 조세행정 개혁을 위한 방법의 흥미로운 분석과 평가는 Dilip Mookherjee, "Incentive reforms in developing country bureaucracies: Lessons from tax administration," *Annual World Bank Conference on Development Economics, 1997* (Washington, D.C.: World Bank, 1998), pp. 108-125를 참조하라.

40. Richard M. Kennedy and Leroy P. Jones, "Reforming state-owned enterprises: Lessons of international experience, especially for the least developed countries," UNIDO SME Technical Working Paper No. 11, United Nations, 2003을 참조하라.

41. World Bank, *World Development Report 1983*, ch. 8. 또한 *World Development Report 1988*, ch. 8에서 국유기업에 대한 논의를 참조하라. 또한 Luke Haggarty and Mary M. Shirley, "A new data base on state-owned enterprises," *World Bank Economic Review* 11 (1997): 491-513을 참조하라.

42. Tony Killick, "The role of the public sector in the industrialization of African developing countries," *Industry and Development* 7 (1983): 57-88.

43. 예를 들어 개혁옵션에 대한 간결한 조사는 Kennedy and Jones, "Reforming state-owned enterprises," esp. pp. 14-17을 참조하라. 또한 Mary Shirley et al., *Bureaucrats in Business* (New York: Oxford University Press, 1995)를 참조하라.

44. 1980년대 말과 1990년대 초 개발도상국의 민영화에 대한 검토는 Sunita Kikeri, John Nellis, and Mary Shirley, "Privatization: Lessons from market economies," *World Bank Research Observer* 9 (1994): 241-272를 참조하라.

45. Ibid., 249-253. 또한 Saul Estrin, Jan Hanousek, Evzen Kocenda, and Jan Svejnar, "The effects of privatization and ownership in transition economies," *Journal of Economic Literature* 47 (2009): 699-728; World Bank, *World Development Report 1997* (New York: Oxford University Press, 1997), ch. 4; and William Megginson and Jeffrey N. Netter, "From state to market: A survey of empirical studies on privatization," *Journal of Economic Literature* 39 (2001): 321-389를 참조하라.

46. Tony Killick, *A Reaction Too Far: Economic Theory and the Role of the State in Developing Countries* (London: Overseas Development Institute, 1989); Robert Klitgaard, *Adjusting to Reality: Beyond "State versus Market" in Economic Development* (San Francisco: ICS Press, 1991); and United

Nations Development Programme, *Human Development Report* 1993 (New York: Oxford University Press, 1993), pp. 49-51을 참조하라. 또한 Mohammed Omran, "The performance of state-owned enterprises and newly privatized firms: Does privatization really matter?" *World Development* 32 (2004): 1019-1041을 참조하라.

47. 행정과 발전의 몇몇 핵심 이슈에 대한 개요는 World Bank, *World Development Report 1997* (New York: Oxford University Press, 1997), and Derick W. Brinkerhoff and Benjamin Crosby, *Managing Policy Reform: Concepts and Tools for Decision-Makers in Developing and Transitioning Countries* (Bloomfield, Conn.: Kumarian Press, 2002)를 참조하라. *Public Administration and Development* 학술지는 이러한 문헌 전개에 대한 최근 기여의 좋은 원천이다.

용어해설

1인당 소득 국가의 국민총소득을 총인구수로 나눈 것

1차 상품 모든 채취직종─농사, 벌채, 낚시, 채굴 및 채석, 식품류, 그리고 원자재로부터 도출되는 생산물

5분위 어떤 수치로 표시된 수량 중 20%가 차지하는 비율. 5분위로 나뉜 인구는 동일한 규모의 5개 그룹으로 나뉘게 됨

5세 미만 사망률 신생아 1,000명당 생후 5세 이전의 유아 사망률

10분위 어떤 수치로 표시된 수량 중 10%가 차지하는 비율. 10분위로 나뉜 인구는 10개의 동일한 수치의 그룹으로 나뉘게 됨

AIDS(후천성 면역결핍증) 성적 접촉에 의해 주로 전염되는 바이러스성 질병

HIV(인체면역결핍 바이러스) 후천성 면역결핍증을 초래하는 바이러스

가족계획사업 부모들이 가족 규모를 계획하고 통제하는 데 도움을 주기 위한 공공사업

가족단위 농장 가계에 의해 소유되고 운영되는 농토

가처분소득 개인소득세가 공제된 후 지출과 저축을 위해 가계가 이용 가능한 소득

가치 사회 또는 그룹이 그 내부에서 가치가 있는 또는 바람직한 것으로 고려하는 원리, 기준, 또는 질

간접세 관세, 특별소비세, 판매세, 부가가치세, 수출관세를 포함하는 소비자들에 의해 구입되고 생산자들에 의해 수출된 재화에 부과되는 세금

경제발전론 경제가 정체로부터 성장으로 그리고 저소득으로부터 고소득 상태로 어떻게 전환되며, 절대빈곤의 문제를 어떻게 극복하는지에 대한 연구

개발도상국 현재 낮은 생활수준과 기타 발전의 결핍이라는 특성을 가진 아시아, 아프리카, 중동, 남미, 동유럽, 그리고 구소련의 여러 나라로, 발전론의 문헌에서 저개발국가와 동의어로 사용됨

개발은행 개발 프로젝트를 위해 중·장기 신용을 공급하는 공공 및 민간 금융중개기관

개방경제 외국과의 무역을 실행하고, 나머지 세계와 광범위한 금융 및 비금융접촉을 갖는 경제

개인별(계층별) 소득분배 소득의 원천에 상관없이 개인들의 계층에 따른 소득분배로 예를 들어 인구의 가장 가난한 특정 비율 또는 가장 부유한 특정 비율에게 귀속되는 총소득의 비중

거래비용 정보 수집, 모니터링, 신뢰 가능한 공급자 구축, 계약 체결, 신용 획득 등과 연계된 비즈니스 수행 비용

거시경제 불안정 한 국가가 예산 및 무역적자의 증가와 급격한 통화공급 팽창에 수반하여 높은 인플레이션을 갖고 있는 상황

거짓 패러다임 모형 (보통 서구 경제학자들에 의해 개발도상국에게 주어진) 발전전략이 예를 들어 필요한 사회적·제도적 변화에 대한 합당한 고려 없이 자본축적 또는 시장자유화를 과도하게 강조했던 것과 같은 부정확한 발전 모형을 기초로 했기 때문에 개발도상국들이 발전에 실패했다는 명제

경로의존성 하나 또는 그 이상의 변수들의 수준에 의해 측정되는 개인 또는 경제의 과거의 조건이 미래의 조건에 영향을 미치는 상황

경상계정 한 국가의 국제수지 중 그 국가의 '가시적'(예 : 상품무역) 그리고 '비가시적'(예 : 해운 서비스) 수출과 수입의 시장가치를 반영하는 계정

경제계획 생산요소가 여러 용도 또는 산업에 어떻게 배분됨으로써 얼마나 많은 총재화와 서비스가 한 기간 또는 이어지는 후속 기간에 생산될 것인지가 결정되는 것에 대한 의사결정을 수립하기 위한 국가의 의도적이고 의식적인 시도

경제계획서 어떤 주어진 기간 동안 경제성장률 목표 또는 다른 목적을 얻기 위해 자원이 여러 용도에 어떻게 배분될 것인지에 대한 정부 정책결정을 담은 서면문서

경제동맹 둘 또는 그 이상 경제의 단일경제통일체로의 완전한 통합

경제 인프라 도로, 철도, 수로, 항로, 기타 수송 및 통신에 물 공급 같은 기타 설비, 금융기관, 전기, 건강 및 교육 같은 공공 서비스를 더한

것에 체화된 물적자본 및 금융자본의 총액

경제제도 헌법, 법, 계약, 그리고 시장규제에 체화된 공식적인 규칙에 행태 및 행동 규범, 가치, 관습, 일반적으로 받아들여지는 행동 방식에 반영된 비공식적인 규칙을 더한 것을 포함하는 경제의 상호작용(또는'게임규칙')을 구체화하는 '인간이 고안한' 제약

경제주체 목적을 극대화하기 위해 행동을 선택하는 경제행위자로 기업, 노동자, 소비자, 또는 정부관료 등을 일컫는다.

경제통합 지역의 둘 또는 그 이상 국가의 여러 등급 경제와 경제경책으로의 합병

경화 자유롭게 다른 통화들과 교환되는 미국 달러, 유로, 또는 일본엔 같은 주요 선진국 또는 통화 지역의 통화

계 자신들의 저축을 모아 각 구성원에게 서로 돌아가면서 대출금을 할당하기 위한 40~50명의 개개인들 사이의 공식적인 합의에 의해 형성된 그룹

계획 과정 공식적인 경제계획서를 입안하고 수행하는 절차

고평가된 환율 그 실질 또는 잠재 가치보다 높은 수준으로 설정된 공식 환율

공공비재화 개인집단에게 동시에 비용을 부과하는 재화. 공공재와 비교

공공선택이론(신정치경제학적 접근법) 이기심이 모든 개인의 행태를 인도하며, 사람들이 자신 스스로의 의도를 추구하기 위해 정부를 사용하기 때문에 정부가 비효율적이라는 이론

공공소비 국방과 안보에 대한 자본지출을 포함하는 정부의 재화와 서비스의 구매를 위한 현재의 모든 지출

공공재 모든 개인에게 동시에 편익을 제공하고, 한 개인의 효용이 다른 사람의 효용을 감소시키지 않는 재화

공동시장 역내자유무역, 공동관세, 그리고 파트너 국가 간 노동과 자본의 자유로운 이동이 존재하는 경제통합의 한 형태

공식 환율 중앙은행이 국내통화를 미국 달러와 같은 외국통화와 교환하여 매입하고 또 매도하고자 하는 비율

공유재산자원 집합적 또는 공적으로 소유된 자원으로, 무제한 접근 시스템하에서 배분되고, 사용자에 의해 자체적으로 규제됨

공적개발원조 공식적인 기관에 의해 양허조건으로 이루어진 대출금 또는 보조금의 순지급금으로 역사적으로 경제협력개발기구(OECD)의 고소득 회원국에 의해 이루어졌음

과점적 시장통제 필연적으로 경쟁을 할 필요가 있는 기업들이 아닌 소수의 경쟁자들이 한 산업을 지배하는 상황

관리변동환율 불규칙적인 통화변동을 줄이기 위해 중앙은행의 개입을 허용하는 변동하는 환율

관세 수입국에 진입하는 시점에 부과되는 수입상품 가치에 대한 고

정된 비율의 세금

관세동맹 둘 또는 그 이상 국가가 모든 역내무역을 자유화시키는 한편, 모든 비가입국들에게 공동역외관세를 부과하기로 합의한 경제통합의 한 형태

관세 및 무역에 관한 일반협정 국제적으로 거래되는 재화와 서비스에 대한 관세를 줄이는 방법과 수단을 조사하기 위해 1947년에 설립된 국제기구. 1995년에 세계무역기구(WTO)에 의해 대체됨

괴리 (산업혁명이 시작된 이후 2세기 동안 보였던 바와 같이) 1인당 소득(또는 산출량)이 저소득국가보다 고소득국가에서 더 빨리 증가해서 시간이 흐름에 따라 국가 간 소득 격차가 확대되는 경향

교역조건 국가의 평균수입가격에 대한 평균수출가격의 비율

교육의 사회적 비용 개인적 교육결정에 대해 개인 및 사회가 부담하는 비용으로, 정부 교육보조금을 포함

교육의 사회적 편익 개인교육의 편익으로, 문해율이 높은 노동력 및 시민과 같이 다른 사람 또는 전체 사회에 발생하는 편익

교육 인증 특정한 직업이 특별한 교육수준을 요구하는 현상

구매력등가 생활수준의 보다 정확한 비교를 위해 모든 재화와 서비스에 공통된 일련의 국제 가격을 사용한 GNI 계산

구속적 제약조건 성장을 제약하는 요소 중 구속적인 것으로서, 그 제약이 완화되면 성장이 가속화될 수 있는(또는 목표로 하는 특정 결과를 더 많이 달성할 수 있게 하는) 사안

구조변화이론 '저개발'은 그 기원을 국내 및 국제 '이중구조(dualism)'에 두고 있는 구조적 또는 제도적 요소들로부터 발생하는 '자원'의 과소이용 때문이라는 가설. 따라서 '발전'은 단지 '자본'형성의 가속화 이상의 것을 필요로 한다.

구조변환 제조업부문에 의한 국민소득에의 기여가 궁극적으로 농업부문에 의한 기여를 뛰어넘는 방식으로의 경제의 변환 과정. 보다 일반적으로, 어떤 경제의 산업 구성의 주요 변화

구조조정 대출금 과도한 정부통제를 제거하고, 요소 및 생산물 가격이 희소가치를 반영하도록 하며, 시장경쟁을 촉진하기 위한 조치들을 지원하기 위해 세계은행에 의해 개발도상국에게 주어지는 대출금

국내총생산 국내와 해외로부터의 청구 사이의 배분과 관계없이 거주자와 일시 체류자에 의해 그 국가의 영토 내에서 국가경제에 의해 생산된 재화와 서비스의 최종 총산출량

국민총소득 국가의 거주자에 의해 청구되는 국내 및 해외 총산출량으로 국내총생산(GDP)에 해외거주자가 번 요소소득을 더하고 국내경제에서 일시 체류자가 번 소득을 뺀 값

국유기업 정부에 의해 소유되고 운영되는 공기업과 준국가기관(예 : 농산물마케팅위원회)

국제상품협정 가격안정성을 유지하기 위해 공급을 조정하려는 국

제적으로 거래되는 공통상품(예 : 커피, 설탕)의 판매자들에 의한 공식협정

국제수지 한 국가의 외부세계와의 금융거래 개요 내역서

국제준비금 국제거래 결제에 사용되는 한 나라의 금, 경화, 특별인출권의 잔고

규모에 대한 보수 모든 생산요소의 투입이 비례적으로 증가할 때의 생산량 증가

규모 중립적 규모에 영향을 받지 않는, 기업 또는 농장의 규모(범위)에 상관없이 더 높은 생산 수준 성취를 유인할 수 있는 기술진보에 적용됨

균형무역 한 국가의 수출액과 수입액이 동일한 상황

그룹대출제도 잠재적 차입자 그룹이 상업 또는 정부은행 그리고 기타 원천으로부터 단일독립체로 돈을 차입하고 그 뒤 차입한 자금을 할당하며 그룹으로 대출금을 상환함으로써 차입비용을 낮추려는 공식적인 방식

근로복지 프로그램 취로사업 프로그램에서와 같이 프로그램 수혜자로 하여금 혜택과 교환하여 일할 것을 요구하는 빈곤경감 프로그램

글로벌 공공재 편익이 국경선과 인구집단을 넘어서 미칠 수 있는 공공재

글로벌공장 기존의 가격 차이를 이용하기 위해 그 운영이 많은 나라에 걸쳐 이루어지는 생산시설

금융억압 이자율과 그에 따른 저축공급이 시장에서 결정되는 수준보다 낮은 금융시장에서 보통 소수 대규모 차입자들에게의 신용할당으로 인한 투자에 대한 제한

금융자유화 금융시장의 여러 형태의 정부 개입을 제거함으로써 공급과 수요가 예를 들어 이자율 수준을 결정하도록 허용

금전적 외부성 경제주체의 비용 또는 수익에 대한 긍정적/부정적 파급효과

기능별 소득분배(요소비중 소득분배) 요소의 소유권과 상관없는 생산요소에 대한 소득분배

기능성 사람들이 소유하거나 통제하게 된 주어진 특성의 상품을 갖고 사람들이 하거나 또는 할 수 있는 것

기술원조 전문인력, 기술자, 과학자, 교육자, 그리고 경제 전문가 이전의 형태를 취하는 (양자 또는 다자 간) 해외원조, 그리고 특히 단순한 자금의 이전이 아니라 국내인력을 훈련시키는 데의 그 사용

기술적 외부성 시장교환 이외의 다른 수단을 통해 기업의 생산함수에 주어지는 긍정적/부정적 파급효과

기술진보 물적 및 인적 자본 모두와 관련하여 발명과 혁신의 형태로의 새로운 과학지식 응용의 증가

기업의 사회적 책임 고통스럽고 강압적이거나 또는 기만적인 노동관행을 회피하는 것과 같은 윤리적 실천의 받아들일 만한 국제규범을 확실히 준수하도록 시도하는, (아마도 소비자단체 대표와 함께) 회사 또는 회사의 컨소시엄에 의한 비정부 자기통제(self-regulation)

기초교육 문해력, 연산 능력 및 초등 직업기술의 습득

기초이전 한 국가의 국제차입과 관련된 순외환유입 또는 유출. (총유입−과거 부채에 대한 할부상환인) 순자본유입과 기존의 축적된 부채에 대한 이자지급액 간의 액수 차이

기후변화 평균온도 상승, 강수량 감소, 가뭄 또는 폭풍 강도의 평균적 상승 등과 같은 근본적 기후의 일시적이지 않은 변화. 지구온난화 현상의 영향과 관련하여 사용. 근본적인 기상 결과의 확률을 바꾸는 기상변화(기후 내에서의 변동)와 기후변화의 구분에 주목

남북무역 모형 왜 남은 북에 비해 무역으로부터 덜 이득을 얻는지를 설명하기 위해 북의 선진국들과 남의 개발도상국들 사이의 불균등한 교환을 강조하는 무역과 발전에 대한 이론

내부수익률 시장이자율과 비교하여 프로젝트의 순위를 매기는 데 사용되는 프로젝트의 순현재가치가 0이 되도록 하는 할인율

내부화 외부의 환경 및 기타 비용이, 이들을 창출하는 생산자 또는 소비자에게 부과되는 과정으로, 통상 공해세 또는 소비세 부과에 의함

내생적 성장이론(신성장이론) 성장 모형의 일부분으로 연구되는 생산 과정 내의 요소들(예 : 수확체증 또는 유발된 기술 변화)에 의해 발생하는 경제성장

노동절약적 기술진보 몇몇 발명(예 : 컴퓨터) 또는 혁신(조립라인 생산 같은)의 결과 동일한 노동투입량을 사용하여 더 높은 수준의 산출량 달성

노동확대적 기술진보 일반적인 교육, 현장훈련 프로그램 등에 의해 기존 노동량의 생산성을 향상시키는 기술진보

녹색혁명 곡물생산의 증진으로, 밀과 쌀 그리고 옥수수의 다양한 신종 교배종자에 대한 과학적 발견과 연관되어 있음. 이는 많은 개발도상국에서의 높은 농장 산출을 가져옴

농촌 시스템 토지 분배, 소유 및 관리의 형태이며 또한 농업 경제의 사회제도적 구조

누진소득세 개인소득이 증가함에 따라 세율이 증가하는 세금

다각화된 (혼합) 농업 생계로부터 특화농업으로 이행하는 첫 번째 단계에서 전형적으로 나타나는 주식작물 및 환금작물 생산과 단순 축산 병행

다국적기업 2개 이상의 국가에서 생산활동을 하는 기업

다자간섬유협정 개별 개발도상국들로부터의 면화, 양모, 합성직물, 의류의 수입에 대해 선진국들이 설치한 일련의 비관세 할당

다중균형 하나 이상의 균형이 존재하는 상황. 이들 균형들은 흔히

서열화될 수 있다. 즉 특정한 균형이 다른 균형에 비해 선호된다. 그러나 도움을 받지 않는 시장은 경제를 보다 바람직한 결과로 이끌 수 없다.

다차원빈곤지수 박탈의 수준과 숫자에 대한 이중분리(dual cutoff)를 사용하여 가난한 사람을 확인하고 그 뒤 빈곤하게 생활하는 사람들의 비율에 가난한 가계가 평균적으로 박탈당한 가중지표의 비율을 곱하는 빈곤의 척도

대금업자 예를 들어 종자, 비료 및 다른 투입요소를 필요로 하는 농부들에게 높은 이자율로 돈을 빌려주는 사람

대내지향적 발전정책 기술의 국내개발, 수입장벽 설치, 그리고 민간 해외투자 억제 등을 포함하는 개발도상국 입장에서의 경제적 자립을 강조하는 정책

대리인 비용 관리자와 다른 고용자를 모니터링하는 비용, 그리고 순응을 담보하거나 고용주의 의향에 따르도록 인센티브를 제공하는 체계를 만들고 수행하는 데 드는 비용

대외지향적 발전정책 종종 자본, 근로자, 기업, 그리고 학생 등의 자유로운 이동을 통해 수출을 장려하는 정책 · 다국적기업과 개방된 소통을 환영함

대체 출산율 안정적 인구 수준을 유지하는 데 필요한 여성 1명당 출산 수

대출금출자전환거래 국내기업의 자기자본(주식) 또는 정부의 고정금리 의무(채권)를 엄청나게 할인하여 사적 해외부채와 교환함으로써 외채의 실질가치를 줄이기 위해 개발도상 채무국들에 의해 사용되는 메커니즘

도시편향 대부분의 개발도상국 정부가 개발정책에서 도시부문을 선호한다는 개념을 일컬음. 그러한 정책은 도시와 농촌경제 사이의 격차를 유발하였음

도시화경제 일구밀도가 높아진 특정 지역의 일반적 성장과 관련된 집적효과

독점적 시장통제 한 산업의 생산량이 한 생산자 (또는 판매자) 또는 공동결정을 내리는 생산자그룹에 의해 통제되는 상황

두뇌유출 개발도상국으로부터 선진국으로의 교육을 많이 받은 숙련 전문직과 기술자의 이주

라티푼디오 특히 남미 농업 시스템에서 발견되는 대형 농장주 형태로서, 12명 이상의 고용을 제공하고 소수 농장주에 의해 소유되며 전체 농지의 편향적 소유를 구성

로렌츠곡선 완전균등으로부터 계층별 소득분배의 변동을 나타내는 그래프

로머 내생적 성장 모형 기술의 스필오버가 제시되는 내생적 성장 모형. 경제 전체의 자본보유량은 산업 수준에서 산출량에 정(+)의 영향을 미치고, 따라서 경제 전체 수준에서 규모에 대한 보수증가가 존재

할 수 있다.

루이스 2부문 모형 전통적 농업부문으로부터의 잉여노동이 현대적 공업부문으로 이전하고, 그 현대적 공업부문의 성장은 잉여노동을 흡수하고 산업화를 촉진하며 지속적인 발전을 자극한다는 발전이론

매판그룹 종속이론에서 외국투자자들을 위해 전면에서 활동하는 국내 엘리트

맬서스 인구함정 맬서스(1766–1834)가 주장한 것으로, 식량이나 생존에 필요한 물자는 산술급수적으로 증가하는 반면, 인구는 기하급수적으로 증가하기 때문에 인구증가가 멈출 것으로 예상되는 한계 인구 수준

명목보호율 수입품에 부과되는 종가 관세율

무역낙관론자 자유무역, 개방경제, 그리고 대외지향적 발전정책의 혜택을 신봉하는 이론가들

무역비관론자 관세보호 또는 무역에 대한 수량제한 없이는 개발도상국들이 수출지향적, 개방경제체제로부터 거의 또는 아무것도 얻지 못한다고 주장하는 이론가들

무역으로부터의 이득 생산에 있어서의 특화와 개인, 지역, 또는 국가들을 포함하는 다른 경제 단위들과의 자유무역으로부터 비롯되는 생산량과 소비의 증가

무역자유화 할당, 명목 및 실효보호율, 그리고 외환통제 같은 자유무역에 대한 장애물의 제거

무역적자 경상계정상 측정된 수입지출이 수출소득을 초과하는 것

무역전환 관세동맹의 형성 직후 비용이 더 낮은 비가입국으로부터 비용이 더 높은 가입국으로의 이전에 수입되었던 재화 생산 장소의 이동

무역창출 관세동맹의 형성 직후 비용이 더 높은 가입국으로부터 비용이 더 낮은 가입국으로의 생산 장소의 이동

무임승차자 문제 어떤 다른 사람이 지불한 편익을 또 다른 사람들이 가져가는 상황

문해율 읽고 쓸 수 있는 능력

물물교환 완전하지 않은 화폐경제에서 다른 재화를 구하기 위해 어떤 재화를 직접 바꾸는 것

미니푼디오 특히 남미 농업 시스템에서 발견되는 농장 형태로, 단위가계에 대한 적절한 고용을 제공하기에는 너무 소규모임

미소금융 달리 접근할 수 없거나 또는 오로지 매우 불리한 조건으로만 접근할 수 있는 사람들에게 작은 단위로 공급되는 신용을 포함한 금융서비스. 여기는 미소신용은 물론 미소저축과 미소보험이 포함됨

민영화 공공자산(기업)을 개인 또는 민간 사업지분에 매각

밀레니엄개발목표(MDGs) 절대적 빈곤과 기아를 근절하기 위해 유엔이 2000년 채택한 일련의 8개 목표—보편적 초등교육 이수, 양성

평등과 여성의 권한 부여, 아동 사망률 감축, 모성건강 개선, HIV 및 AIDS, 말라리아, 다른 질병과의 전쟁, 환경의 지속성 확보, 개발을 위한 세계 협력 발전. 이 목표들은 2015년까지 달성하기 위해 세부목표가 설정되었다.

바이오매스 연료 장작, 인분 및 농업 잔류물과 같이 연료로서 사용되는 가연성의 유기농 물질

발전 사람들의 생활수준, 자부심, 자유를 증진시킴으로써 모든 인간의 삶과 역량의 질을 향상시키는 과정

발전 유형 분석 '전형적인' 개발도상국이 현대적 경제성장과 발전을 시작하고 지속시킴에 따라 겪게 되는 구조 변환의 내부적 과정의 특징적 세부특징을 인지하려는 시도

배가시간 인구수 등이 수량적으로 현재 크기의 2배가 되는 데 걸리는 시간

변동환율 국제무역과 금융으로부터 발생하는 수요와 공급의 변동에 반응하여 위아래로 자유롭게 움직이는 한 나라 통화의 교환가치

보건체계 주요 목적이 건강을 증진하고, 복원하고, 유지하는 모든 활동

보완투자 다른 생산요소들을 보완하고 활성화하는 투자

보조금 그 산업의 쇠퇴를 방지하고 그 생산물의 가격을 하락시키거나 채용을 장려하기 위한 산업의 생산자 또는 배급업자에 대한 정부의 지급액

부가가치 생산의 각 단계에서 더해진 생산물의 최종가치 액수

부가가치세 생산 과정의 각 단계에서 부가된 가치에 대한 세금

부문 경제발전에 사용되는 네 가지 경제 일부(부분)—기술(현대 및 전통적 부분), 활동(산업 혹은 생산 부문), 무역(수출부문), 그리고 영역(사적 혹은 공적 부문)

부분계획서 국가경제의 오직 일부분(예 : 농업, 산업, 관광)만을 다루는 계획서

부양부담 경제적으로 생산적이지 못해서 경제활동인구로 계산되지 않는 0~15세와 65세 이상 인구가 총인구에서 차지하는 비중

부채과다빈곤국 세계은행과 IMF에 의해 정의된 세계에서 가장 가난하고 매우 많은 부채를 진 국가집단으로, 이 지위가 이 집단으로 하여금 특별부채경감의 자격을 갖도록 만들 수 있음

부채변제거부 1980년대 개발도상국들이 부채상환의무를 중지하게 된다는 선진국 진영의 우려

부채 서비스 외부 공적부채와 공적보증부채에 대한 이자지급액과 원금상환액의 합계

부패 공적 권력 또는 영향력의 사용과 남용을 통해 사적 이윤과 다른 사적 목적을 위한 공공자원의 전용

분절 국가 내의 심각한 종족, 언어, 그리고 기타 사회적 분리

불완전시장 완전경쟁의 이론적 가정이 예를 들어 소수의 구매자와 판매자, 진입장벽, 그리고 불완전정보에 의해 위반된 시장

불완전정보 기량을 발휘하지 못하는 시장이라는 결과를 가져오는 생산자와 소비자가 효율적 의사결정을 내리는 데 필요한 정보의 부재

불확실성 실제 결과와 심지어 여러 가능한 결과의 정확한 확률 모두 알려져 있지 않은 상황

브래디플랜 IMF와 세계은행의 부채보증과 조건부 조건을 더 강력하게 고수한다는 것과 교환하여 구해진 사적부채의 탕감을 통해 개발도상국이 상업은행에 진 부채의 미지불된 액수를 줄이기 위해 고안된 1989년에 시작된 프로그램

비공식금융 예를 들어 가족구성원들 사이의 대출금 같이 공식 은행제도를 통하지 않은 대출금과 기타 금융 서비스

비관세무역장벽 할당, 또는 (어쩌면 임의적인) 위생요건과 같은 관세 이외의 형태를 취하는 자유무역에 대한 장벽

비교우위 생산될 수 있는 다른 어떤 대안적 상품들보다 더 낮은 기회비용으로 상품을 생산하는 것

비대칭 정보 거래에 있어서 한 당사자(흔히 구매자, 판매자, 대출자, 채무자)가 다른 거래 당사자보다 더 많은 정보를 보유하는 상황

비용—편익 분석 다양한 경제적 결정의 실제 및 잠재적 사적 및 사회적 비용을 실제 및 잠재적 사적 및 사회적 편익과 비교하는 경제 분석 도구

비정규부문 개발도상국 도시경제의 일부로서 소규모의 경쟁력 있는 개인 또는 가족단위 기업, 소소한 소매업 또는 서비스업, 노동집약적 방식, 자유로운 진입, 시장가격에 의해 정해지는 생산요소 및 제품가격이 특징이다.

비정부기구 개발도상국에 금융 및 기술원조를 제공하는 데 종종 관여하는 비영리조직

비제도권화폐시장 담보가 거의 없는 저소득 농장과 기업들이 터무니없는 이자율로 대금업자로부터 차입하는 대부분의 개발도상국(특히 농촌지역)에 존재하는 비공식 그리고 종종 고리대금업 신용제도

빅 푸시 통상적으로 공공정책에 의해 주도되며 경제 전반에 걸친, 광범위한 영역의 신산업 또는 기술을 포괄하는 경제발전에 착수하거나 그러한 경제발전을 촉진하기 위한 합심의 노력

빈곤함정 가정, 사회, 그리고 국가의 열악한 균형. 빈곤과 저개발이 더욱 심한 빈곤과 저개발을 가져오는 악순환 구조와 연관되며 흔히 대를 이어 지속된다.

사막화 인공적 수자원 없이는 생명을 유지할 역량이 거의 없는, 건조하고 황량한 토지로 지역이 바뀌는 것

사망률 1년을 기준으로 인구 1,000명당 사망자의 수

사적 비용 직접적 자금유출 또는 개별 경제단위의 비용

사적 편익   개별 경제단위에 직접적으로 발생하는 편익. 예를 들면 교육은 사적편익은 학생과 그 부모에게 직접적으로 발생한다.

사회적 비용   경제적 의사결정(사적 또는 공적)의 사회 전체에 대한 총비용

사회적 수익률   사회 전체의 관점에서 비용과 편익이 설명되는 투자 수익성(이윤율)이다.

사회적 이윤   사회적 편익과 사회적 비용 사이의 직접 및 간접적인 차이

사회적 자본   미래에 협조적으로 행동할 것이라는 기대를 높여주는 일련의 사회적 제도 및 규범의 생산적 가치. 집단신뢰, 일탈에 대한 예측 가능한 처벌과 함께 예상되는 협력적 행동. 공동행동을 성공적으로 수행한 역사의 공유를 포함한다.

사회적 할인율   그와 같은 편익이 현재의 사회적 비용만큼 가치가 있는지를 알아보기 위해 사회가 잠재적인 미래의 사회적 편익을 할인하는 비율

사회체제   가치, 태도, 권력구조, 전통 등을 포함한 사회의 조직 및 제도적 구조

산업정책   특정 산업 활동을 조정하고 지원함으로써 시장을 지도하는 정부의 의도적 노력

산업화전략 접근법   기술이전 및 누진적으로 더 상품의 수출을 장려하는 정부정책을 통해 시장실패 극복의 중요성을 강조하는 무역과 발전에 관한 학설

삼림벌채   농업적 목적, 벌목 또는 장작활용을 위해 산림 지역을 청산

상업화   미소금융을 제공하는 NGO(영리조직이 아님)가 영리추구 은행으로 전환되는 과정

상품주기   국제무역에서 개발도상국들이 선진국들의 점점 더 복잡한 공산품 생산을 누진적으로 대체하는 현상

상품차별화   생산자들이 광고 또는 소소한 디자인 변화를 통해 자신들의 상품을 유사한 것들과 구별하려는 시도

상호 보완성   하나의 기업, 노동자 또는 기업이 취하는 행동으로, 다른 경제주체가 유사한 행동을 취할 인센티브를 증가시킨다.

생계   겨우 최저 생활수준으로 평균적인 인간을 유지시키는 데 필요한 의식주같은 기본적인 재화와 서비스

생계경제   생산이 주로 개인 소비를 위해 이루어지고 생활수준이 삶의 기본적인 필수품－의식주－에 준하는 경제

생물다양성   생태계 내의 다양한 생물 형태

생산가능곡선   모든 이용 가능한 생산요소가 효율적으로 고용될 때 생산될 수 있는 두 종류의 상품 또는 두 상품 범주(예 : 농업 제품과 제조업 제품)의 여러 조합을 나타내는 그래프 위의 곡선. 이용 가능한 자원과 기술이 주어지면, 곡선은 얻을 수 있는 것과 획득할 수 없는

것 사이의 경계를 설정한다.

생산요소   토지, 노동, 그리고 자본 같은 재화 또는 서비스를 생산하는 데 필요한 자원 또는 투입물

생산자 잉여   재화생산자가 받는 초과분이며, 우상향하는 한계비용곡선 때문에 생산자가 받아들일 수 있는 최소한의 수량

생산함수   생산되는 재화의 수량과 이를 생산하기 위해 필요한 투입요소 수량 사이의 기술적 또는 공학적 관계

선진국   현재 경제적으로 앞선 서유럽 및 북미의 자본주의 국가와 호주, 뉴질랜드, 일본

성별 간 교육 격차   학교 취학 및 수료에 있어서 남성－여성 격차

성장거점   개발도상국에서 도시중심 대 농촌지역 또는 고속도로지역 같이 그 주변의 다른 지역보다 경제 및 사회적으로 더 선진화된 지역

성장단계 발전 모형   국가가 발전을 달성하는 데 있어서 거쳐야 하는 연속되는 단계가 있다는 미국 경제사학자 로스토와 관련이 있는 경제 발전이론

성장진단   한 국가의 경제성장에 가장 방해가 되는 제약조건을 구별하기 위한 의사결정 분지도 체계(decision tree framework)이다.

세계무역기구   1995년 이래 제네바에 위치한 국제무역협정의 감시 및 집행기구로 관세 및 무역에 관한 일반협정(GATT)을 대체함

세계보건기구   글로벌 보건 문제에 관련된 UN 기구

세계은행   개발도상국에게 이자가 붙는 대출금, 보조금, 기술원조의 형태로 개발기금을 제공하는 '국제금융기관'으로 알려진 기구

세계화   국가경제가 확장되는 세계시장 속으로 점점 더 통합되는 것

소득불균등   가계 간 총국민소득의 편향된 분배

소비자잉여   우하향하는 수요곡선으로 소비자에 의해 파생된 가격을 초과한 효용

소외 열대 질병   13개의 치료 가능한 질병으로, 대부분은 기생충에 의한 것이며 개발도상국에 만연하지만 결핵이나 말라리아, AIDS에 비해 훨씬 덜 주목받고 있음

소작인   토지를 빌리는 농부로서, 이들의 곡물은 임차 계약을 위한 기초로서 농장주와 공유됨

솔로 신고전학파 성장 모형   생산요소 각각에 수확체감이 성립하지만 규모에 대한 보수불변인 성장 모형. 외생적 기술변화가 장기 경제성장을 발생시킴

솔로 잔차   노동 또는 자본의 증가에 의해 설명되지 않는, 따라서 주로 외생적 기술 변화에 할당되는 장기 경제성장의 부분

수렴   1인당 소득(또는 산출량)이 고소득국가보다 저소득국가에서 더 빨리 증가해서 저소득국가가 시간이 흐름에 따라 '추격하는' 경향. 국가들이 모든 경우가 아니라 다른 조건이 일정할 때(특히 저축률, 노동

력 증가, 생산기술) 수렴한다고 가정될 때 조건부 수렴이라는 용어가 사용됨

수요의 가격탄력성 수요되는 수량의 퍼센트 변화를 가격의 퍼센트 변화로 나눈 것으로 표시되는 가격 변화에 대한 수요되는 상품 수량의 반응성

수요의 소득탄력성 수량의 비율적 변화를 소득의 비율적 변화로 나눈 수치로 측정되는 소비자 소득변화에 대한 수요되는 상품 수량의 반응성

수입대체 국내산업의 출현과 확대를 촉진함으로써 소비재 수입을 대체하기 위한 계획적인 노력

수출소득 불안정성 수출가격의 불규칙한 움직임을 유도하는 낮은 수요의 가격 및 소득탄력성으로 인한 개발도상국 상품 수출소득의 큰 변동

수출의존도 한 국가가 개발활동의 주요 자금조달 원천으로 수출에 의존하는 정도

수출진흥 더 많은 외환을 창출하고, 국제수지의 경상계정을 개선하거나, 또는 다른 목적을 달성하기 위해 수출 인센티브의 증가, 의욕저하의 감소, 그리고 다른 수단을 통해 한 나라의 수출량을 확대하려는 정부의 노력

수확체증 생산규모의 변화로 인한 산출량의 비례적이지 않은 증가

순국제이주 국외 유출 인구수를 초과하여 국내로 유입되는 인구수

순저축률 어떤 기간에 걸쳐 가처분소득의 비율로 표시된 저축

순한계편익 재화의 마지막 단위로부터 파생된 편익에서 비용을 제한 값

순현재가치 적절한 할인(이자)율로 현재에 대해 할인된 미래 순편익 흐름의 가치

시장가격 시장에서 수요와 공급에 의해 성립된 가격

시장실패 독점력, 요소 유동성 결여, 상당한 외부효과, 또는 지식의 결여 같은 시장 불완전성의 존재 때문에 그 이론적 편익을 전달하지 못하는 시장의 무능력. 시장실패는 종종 자유시장의 작용을 변경시키기 위한 정부 개입에 정당성을 제공한다.

시장친화적 접근법 성공적인 발전정책은 정부가 시장이 효율적으로 운용될 수 있는 환경을 만들고 시장이 비효율적인 영역에만 오로지 경제에 선별적으로 개입할 것을 요구한다는 역사적으로 세계은행에 의해 널리 알려진 관념

신고전학파 가격유인 모형 그 주요 명제가 만약 시장가격이 올바른 방향으로 경제활동에 영향을 미치려면, 요소가격이 사용되는 자원의 진정한 기회비용을 반영할 수 있도록 시장가격이 보조금, 세금 등의 수단에 의해 요소가격왜곡을 제거하기 위해 조정되어야 한다는 모형

신고전학파 역혁명 1970년대의 개입주의 종속이론 혁명에 반대하는 발전 문제와 정책들을 향한 1980년대 신고전학파 자유시장 성향의 재기

신보호주의 개발도상국 공산품 수출에 대해 선진국들에 의해 행해진 여러 비관세무역장벽의 설치

신식민지 종속 모형 이전 식민지 지배자의 개발도상국을 향한 지속적으로 착취적인 경제적·정치적·문화적 정책 때문에 개발도상국에 저개발이 존재한다는 것이 주요 명제인 모형

신흥공업국 상당한 동태적 공업부문을 보유하고 국제 무역, 금융, 그리고 투자제도와 밀접한 관계를 가진 상대적으로 발전된 경제발전 수준을 유지하는 나라

실효보호율 수입품의 최종가격이 아니라 부가가치에 대한 보호의 정도—보통 명목보호율보다 더 높음

심층개입 경제를 원하는 균형 또는 더 높고 영속적인 성장률로 이행시켜 자립화시키기 위한 정부정책. 이와 같은 상태가 되면 추가적인 개입 없이도 더 나은 균형이 성립할 것이기 때문에 정책 지속의 필요성이 없게 된다.

안정화정책 인플레이션을 낮추고, 예산적자를 감축하며, 국제수지를 개선하는 것을 목표로 하는 일련의 조화된 주로 제약적인 재정 및 금융정책

약속장소의 딜레마 모든 당사자가 경쟁보다는 협력에 의해 유리해지나 어떻게 협력해야 하는지에 대한 정보가 부족한 상황. 협력이 이루어질 수 있다면 차후 포기하거나 속여야 할 인센티브는 없다.

양허조건 표준적인 금융시장을 통해 이용 가능한 것보다 차입자에게 더 유리한 신용확대 조건

엔클레이브 경제 나머지 지역은 발전을 훨씬 덜 경험하는 데 비해 개발도상국 내에서 경제적으로 발전된 소규모 지역

역량 사람들이 자신들의 개인적 특징과 자신들의 상품에 대한 통제가 주어진 경우 갖고 있는 자유

역진세 소득이 증가함에 따라 소득에 대한 세금의 비율이 감소하는 경향이 있는 조세구조

연계 영업(매출)에 기반을 둔 기업 간의 연결. 후방연계는 한 기업이 다른 기업으로부터 재화를 구매하여 이를 투입요소로 사용하는 것이고, 전방연계는 한 기업이 다른 기업에게 물건을 판매하는 것이다. 관련된 하나 또는 그 이상의 산업들(제품부문)이 거대시장의 장점인 규모에 대한 보수 증가를 보유할 때, 이와 같은 연계는 산업화 전략 차원에서 특히 중요하다.

연계원조 원조수혜국으로 하여금 원조제공국으로부터 재화 또는 서비스를 구입하는 데 기금을 사용하도록 요구하는 양자 간 대출금 또는 보조금 형태의 해외원조

연구개발 인간의 삶, 생산물, 이윤, 생산요소, 또는 지식의 기존의 질을 향상시킬 목적의 과학적 조사

연동요소시장 공급함수가 서로 의존적인 요소시장으로, 서로 다른 요소들이 자원에 대한 독과점 통제를 실행하는 동일한 공급자에 의해 제공되기 때문에 발생하기도 함

오링 모형 생산함수에서 투입요소 간 강력한 상호보완성이 존재하며, 경제발전 달성의 장애요인에 대한 광범위한 시사점을 제공하는 경제 모형

오링 생산함수 투입요소 사이에 강력한 상호 보완성이 존재하는 생산함수로, 투입 요소 품질의 산출에 기반을 둠

오염세 물리적 환경에 배출되는 오염 수량에 부과되는 세금

온실가스 지구 대기권 내에 열을 가두는 가스로서 지구온난화에 기여할 수 있음

외부효과 타인 행위의 직접적 결과로, 개별 경제단위에 부과되는 편익 또는 비용

외채 한 나라가 빚진 사적 및 공적 총 해외부채

외환 갭 계획된 무역적자가 자본유입의 가치를 초과한 결과 나타나는 부족분으로 생산량 증가가 자본재 수입을 위한 이용 가능한 외환에 의해 제한되도록 함

외환소득 해당 회계연도 기간 동안의 모든 외화수입에서 지출을 뺀 총 합계액

외환통제 내국인들에 의해 획득 또는 보유될 수 있는 외환의 수량을 통제함으로써 국내통화의 유출을 제한하고 국제수지 상황 악화를 방지하려 고안된 정부정책

요소가격균등화 요소부존무역이론에서 각국이 공통된 국제 가격비율로 무역하기 때문에 무역상대국 사이에 요소가격이 같아지는 경향이 있다는 명제

요소가격왜곡 공급과 수요라는 시장요인의 자유로운 작용에 간섭하는 제도적 방식 때문에 생산요소가 자신들의 진정한 희소성 가치(즉 그들의 경쟁적 시장가격)를 반영하지 못하는 가격을 지급받는 상황

요소대체탄력성 요소상대가격이 변할 때 주어진 어떤 생산 과정에서의 생산요소 간 대체 가능성 정도를 나타내는 척도

요소부존무역이론 각국은 자국에 풍부한 생산요소(토지, 노동, 자본 등)를 사용하는 상품 생산에 특화하는 경향을 보일 것이라 상정하는 신고전학파의 자유무역 모형

우루과이라운드 우루과이에서 1986년에 시작되어 1994년에 서명된 국제자유무역을 촉진시키려 고안된 관세 및 무역에 관한 일반협정(GATT)의 협상라운드

위험 여러 가능한 결과들에 대한 확률이 알려져 있지만 실제 결과는 알 수 없는 상황

유년부양비 한 국가의 16~64세 인구에 대한 15세 미만 인구의 백분비

유로 유럽연합의 일부 국가에 의해 채택된 공동유럽통화

유인된 이주 도시 일자리 창출이 기대소득을 증가시켜 더 많은 사람들이 농촌으로부터 이주하게 되는 과정

유치산업 수입대체정책의 일부로서 보통 관세장벽에 의해 보호되는 새롭게 설립된 산업

이동경작 비옥함이 고갈될 때까지 토지를 경작하고 새로운 구획으로 이동함. 이전의 토지는 다시 경작할 수 있도록 비옥함을 회복할 때까지 남겨둠

이전가격설정 세율이 낮은 국가(조세피난처)에 위치한 지사에 이윤이 귀속되는 반면 세율이 높은 국가의 지사는 과세할 만한 이윤이 거의 또는 전혀 없도록 재화와 서비스의 회사 내 판매와 구매에 대해 인위적으로 청구서를 보내는 다국적기업들에 의해 지급되는 총세금을 낮추기 위해 종종 사용되는 회계절차

이중구조 사회의 상이한 그룹들에게의 상호 배타적인(하나는 바람직하고 다른 것은 그렇지 못한) 두 상태 또는 현상의 공존—예를 들어 극단적 빈곤과 풍요, 현대적 그리고 전통적 경제부문들, 성장과 정체, 대규모 문맹에 둘러싸인 소수에게의 고등교육

이중환율, 평행환율 자본재와 중간재 수입품에 적용되는 매우 고평가되고 합법적으로 고정된 비율과 수입소비재를 위한 2차적인 불법적(또는 자유롭게 변동되는) 비율이 같이 존재하는 환율체계

이직 고용주로부터 노동자가 분리되어 나가는 것. 도-농 간 임금 격차는 부분적으로 도시 현대부문 고용주가 이직률을 낮추기 위해 더 높은 임금을 지급하는 것으로 설명될 수 있다는 이론에서 이용하는 개념

이촌향도 이주 농촌의 마을, 소도시, 농장에서 도심지로 일자리를 찾기 위해 이동하는 것

인간개발지수 교육, 건강, 그리고 조정된 1인당 실질소득 측정치의 결합을 기초로 하여 국가의 경제사회 발전을 측정하는 지수

인구변천 높은 출산율과 높은 사망률로 인해 궁극적으로는 인구증가가 거의 일어나지 않는 단계에서, 높은 출산율과 낮은 사망률로 가파른 인구증가를 보이는 단계를 거쳐, 낮은 출산율과 낮은 사망률로 안정된 인구증가율을 보이는 단계로 이행하는 과정

인구-빈곤 순환이론 빈곤과 높은 인구증가율이 어떻게 서로를 강화하게 되는지를 설명하는 이론

인구증가율 인구가 증가하는 비율을 의미하는 것으로, 이민과 자연증가를 합하여 계산한다.

인구증가의 잠재적 탄력 출생률이 감소하기 시작해도 인구가 계속해서 증가하는 현상을 일컫는 것으로, 이는 이미 출생한 두터운 유년층이 미래의 잠재적 부모로 자라나기 때문이다.

인구 피라미드 인구의 연령구조를 그림으로 묘사한 것으로, 세로축은 연령집단을 나타내고 가로축은 남녀별 인구수 또는 남녀별 인구비

율을 나타낸다.

인원수지수 빈곤선 아래에서 생활하는 한 국가의 인구비율

인적자본 기술, 역량, 아이디어, 보건 및 위치와 같이 사람에게 체화된 생산적 투자로서, 교육지출과 직장 내 교육 그리고 보건의료 등의 결과로서 나타남

인프라 교통, 통신과 분배 네트워크, 공익 사업, 상수도, 하수도, 에너지 공급체계 같은 경제활동과 시장을 가능케 하는 시설

임금–물가의 악순환적 상승 높아진 소비자가격(예 : 평가절하의 결과로)이 근로자들로 하여금 더 높은 임금을 요구하도록 하고, 이것이 이번에는 생산자들로 하여금 가격을 올리게 하여 인플레이션 요인을 악화시키는 악순환

임금보조 새로운 일자리 창출을 위해 세금을 인하하는 것과 같이 민간 고용주가 더 많은 노동자를 고용하라고 정부가 지급하는 금전적 유인

임차농부 지주에 의해 보유된 토지에서 농장을 운영하는 사람. 소유권이 결핍되어 있고 토지 사용을 위해 대가를 지불해야 함. 예를 들면 소유자에게 산출량의 일부를 제공함

잉여노동 자유시장 현행 임금에서의 수요량을 초과하는 노동의 과도한 공급. 루이스의 경제발전 2부문 모형에서 '잉여노동'은 그 한계생산성이 0 또는 부(–)인 일부 농촌노동을 지칭한다.

잉여분출 국제무역이론 세계시장을 국제무역을 통해 개발도상국에 개방하는 것은 그 국가들로 하여금 그 잉여분이 수출될 수 있는 1차상품을 더 많이 생산하도록 하기 위해 이전에 과소사용되었던 토지와 노동자원을 더 사용하도록 만든다는 주장

자급농업 곡물 생산, 가축 사육 및 기타 활동이 주로 개인적 소비를 위해 행해지는 농업

자급자족 완전히 자립을 시도하는 폐쇄경제

자립성장 저축, 투자, 그리고 상호 보완적인 민간과 공공활동에 기초하여 오랜 기간에 걸쳐 계속되는 경제성장

자발적 실패 비교우위가 있으리라고 생각되는 자신들의 분야에서 더 폭넓게 사회적 목표를 효율적으로 달성하지 못하는 비정부기구와 시민부문의 무능력

자본계정 보통 1년인 주어진 기간에 걸쳐 한 나라로 흘러 들어가고 흘러 나오는 민간해외투자와 공공 보조금 및 대출금의 액수를 보여주는 국제수지의 한 부분

자본–노동 비율 노동 1단위당 자본단위의 숫자

자본도피 원인 국가의 여건들을 회피하기 위해 시민 또는 기업에 의한 외국으로의 자금이전

자본스톡 다른 재화와 서비스의 생산에 사용되기 위해 생산되어 특정 시간에 존재하는 물적 재화의 총량

(자본스톡의) 감가상각 자본보유량의 가치 중 장부에서 삭제하는 것으로 반영되는 장비, 빌딩, 인프라, 그리고 기타 형태 자본의 마모분

자본–산출 비율 주어진 기간에 걸쳐 1단위의 산출량을 생산하기 위해 요구되는 자본단위를 나타내는 비율

자본스톡 어떤 특정 시간에 존재하는 다른 재화와 서비스의 생산에 사용되기 위해 생산된 물적 재화의 총수량

자본절약적 기술진보 동일한 자본투입량을 사용하여 더 높은 수준의 산출량 달성을 활성화시키는 몇몇 발명 또는 혁신의 결과인 기술진보

자본축적 국가의 물적자본(고정자산에의 신투자) 보유량의 증가. 자본재의 생산 증가는 소비재의 생산 감소를 필요로 한다.

자본확대적 기술진보 혁신과 발명에 의해 자본의 생산성을 향상시키는 기술진보

자부심 그 사회, 정치, 경제적 체제와 제도가 존경, 품위, 진실성, 그리고 자결권 같은 인간의 가치를 촉진시킬 때 사회가 즐기게 되는 가치가 있다는 느낌

자연보호채무상계거래 채무국에서 천연자원 또는 환경 보호에 자금을 조달하기 위해 사용되는 한 조직이 보유한 해외부채의 엄청난 액수의 국내부채와의 교환

자연증가 주어진 인구에서 출생률과 사망률의 차이

자원부존 광상, 원재료, 그리고 노동을 포함하는 사용할 수 있는 생산요소의 국가공급임

자유 사회가 그 뜻대로 처리할 수 있고 그 원하는 것을 만족시키기 위한 다양한 대안을 갖고, 개인들은 자신들의 선호에 따라 실질적인 선택을 즐기는 상태

자유무역 관세, 할당, 또는 다른 제약의 형태를 띠는 어떤 무역장벽도 없이 재화의 수입과 수출이 이루어지는 상태

자유무역지대 가입국 사이에 자유무역이 존재하지만, 가입국들은 비가입국들에게 자유롭게 관세를 부과하는 경제통합의 한 형태

자유시장 상품 또는 서비스에 대한 구매자의 수요가 증가하거나 감소할 때, 또는 판매자의 공급이 감소하거나 증가할 때 그 가격이 자유롭게 상승하거나 하락하는 체제

자유시장 분석 흔히 규제받지 않는 시장이 정부 규제에 의한 시장보다 더 낫게 작동한다는 가정하에 자유시장으로 운용되는 경제체제의 특성에 대한 이론적 분석

자유시장 환율 예를 들어 미국 달러로 표시된, 국내통화에 대한 국제적 공급과 수요에 의해 전적으로 결정되는 비율

잠재가격 또는 회계가격 자원의 진정한 기회비용을 반영하는 가격

재구성 보통 이자율을 낮추거나 또는 상환기간을 연장함으로써 부채상환 조건을 변경하는 것

재분배정책 소득세정책, 농촌개발정책, 그리고 공공재정 서비스를 포함하는 발전을 촉진하기 위해 소득불균등을 감소하고 경제기회를 확대하도록 맞춰진 정책

재산권 유형(예 : 토지) 및 무형(예 : 지적재산권)의 개체를 사용하고 이로부터 편익을 얻을 수 있는 승인된 권리로서 소유, 사용 그리고 판매 및 처분으로부터 소득을 얻는 것을 포함

재정 갭 민간투자에 대해 보완적인, 즉 민간투자로부터의 수익률을 증가시키는 인프라와 인적자본을 포함하는 정부투자의 부족분

저개발 절대빈곤, 낮은 1인당 소득, 낮은 경제성장률, 낮은 소비 수준, 빈약한 건강 서비스, 높은 사망률, 높은 출생률, 외국경제에 대한 종속, 그리고 인간 욕구를 만족시키는 활동을 선택하는 데 있어서의 제한된 자유와 함께 영속적인 낮은 생활 수준이라는 특성을 갖는 경제상황

저개발국가 개발도상국의 동의어

저개발 함정 저개발 자체가 장기간 지속되는 지역 또는 국가 차원의 빈곤함정

저소득국가 세계은행의 분류에서 2011년 기준 1인당 국민총소득이 1,025달러 미만인 나라

저축 갭 국내저축을 넘어서는 국내투자기회의 초과분으로 투자가 이용 가능한 외환에 의해 제한되도록 함

저평가된 환율 그 실질 또는 잠재 가치보다 낮은 수준에 설정된 공식 환율

적자 지출액의 수입액 초과분

전통적인 경제학 효용, 이윤극대화, 시장의 효율성, 그리고 균형의 결정을 강조하는 경제학의 접근법

절대빈곤 의식주와 기본적 건강관리라는 생계를 위한 필수요소를 충족시키지 못하거나 간신히 충족시키는 상황

절대빈곤 소득, 식량, 의류, 건강관리, 주거와 기타 필수품의 최소 수준을 충족시킬 수 없는 상태

절대우위 다른 생산자와 동일한 양의 실질자원을 사용하지만 더 낮은 절대단위비용으로 상품을 생산하는 것

정보 외부성 지식 및 생산 과정과 같은 정보가 시장거래의 중개 없이 한 경제주체로부터 다른 경제주체로 파급되는 것으로, 정보의 공공재적 특성(무임승차에 민감)을 반영—다른 사람의 사용을 완전히 배제할 수도 없고 완전히 비경합적(한 경제주체의 정보 사용이 다른 경제주체의 정보 사용을 방해하지 않음)이지도 않다.

정부실패 경제에 대한 정부개입이 결과를 악화시키는 상황

정치경제학 경제활동을 그 정치적인 맥락에서 살펴보기 위해 경제분석을 실제 정치와 어우러지게 하려는 시도

정치적 의지 다양한 개혁을 통해 어떤 경제적 목적을 달성하기 위한 정치적 권한을 가진 사람들에 의한 단호한 노력

제도 규범, 행위규칙, 그리고 일반적으로 받아들여지는 행동 방식. 경제제도는 널리 사용되는 노스(Douglass North) 체계에서의 경제적 삶의 비공식 및 공식적 '게임의 법칙'을 포함하는 인간의 상호작용을 구체화하는 인간이 고안한 제약조건

제도권화폐시장 대부자금이 인정되고 허가를 받은 금융중개기관들을 통해 보내지는 공식은행제도

조건부 국제수지 어려움을 해결하기 위해 대출금을 받는 조건으로 차입국은 재정, 금융, 그리고 국제 상업상의 개혁에 착수해야 한다는 IMF에 의해 부과되는 요구조건

조건부 현금이전(CCT) 프로그램 자녀들의 정규교육 재학과 보건의료 방문 등과 같은 가계 행동에 기반을 두고, 조건부로 제공되는 복지혜택

조정실패 경제주체가 자신의 행동을 조정할 수 없는 상태로서, 균형상태인 다른 대안적 상황과 비교할 때 모든 경제주체가 손해를 보게 된다.

조출생률 1년을 기준으로 인구 1,000명당 태어난 신생아 수(보통 출생률로 줄여 부름)

종속 자신 스스로의 경제성장을 자극하기 위한 개발도상국의 선진국 경제정책에의 의지. 종속은 또한 개발도상국이 선진국의 교육제도, 기술, 경제 및 정치제도, 태도, 소비 유형, 의복 등을 채택하는 것을 의미할 수 있다.

종합계획서 국가경제의 모든 주요 부문을 망라하여 목표치를 설정한 경제계획서

죄수의 딜레마 모든 당사자가 경쟁보다는 협력에 의해 유리해지나 일단 협력이 이루어지면 각 당사자는 다른 당사자가 협력약속을 지킨다는 전제하에 협력을 깨면 더 큰 이득을 얻을 수 있는 상황. 따라서 약속은 항상 깨지게 된다.

주변부 종속이론에서 개발도상국

주식 한 국가의 대다수 국민들에 의해 소비되는 주요 식량

중간규모 농장 12명까지의 노동자를 고용하는 농장

중립적 기술진보 더 높은 수준의 산출량이 모든 투입요소의 똑같은 양 또는 결합 비율로 달성됨

중위소득국가 세계은행의 분류에서 2011년 기준 1인당 GNI가 1,025~12,475달러 사이에 있는 나라

중심부 종속이론에서 경제적 선진국

중앙은행 국가의 통화를 발행하고, 외환준비금을 관리하며, 통화정책을 시행하고 정부와 상업은행에 서비스를 제공할 책임이 있는 주요 금융기관

중진국 함정 한 경제가 발전을 시작하여 중소득 지위에 도달하지만

만성적으로 고소득 지위에는 도달하지 못하는 상황. 흔히 독창적인 혁신이나 선진기술을 습득할 수 있는 역량이 낮은 것에 기인하며 높은 불균등에 의해 심화될 수 있다.

지구온난화 대기 및 해양 평균온도의 상승. 20세기 중반부터 시작된 추세에 관련하여 사용되고, 주로 온실가스를 배출하는 인간의 산업, 산림 및 농업 활동에 의해 발생함

지니계수 0(완전균등)부터 1(완전불균등)까지의 값을 갖는 소득불균등의 총체적 수치척도. 완전균등선과 로렌츠곡선 간의 면적을 로렌츠곡선 도표의 균등선 오른쪽의 총면적으로 나눔으로써 그래프 상에서 측정된다. 지니계수의 값이 클수록 소득분배의 불균등이 더 크며, 값이 작을수록 소득분배는 더 균등하다.

지대 거시경제학에서는 생산적 자원인 토지의 소유자(즉 지주)들에게 돌아가는 국민소득의 비중. 일상용어로는 재산(예 : 건물, 주택)의 사용대가로 지불되는 가격. 미시경제학에서 경제지대는 가장 높은 기회비용을 초과하는 생산요소에 대한 지급액. 공공선택이론에서 지대는 정부 법률, 정책, 또는 규제의 결과로서 얻어지는 초과지불을 지칭함

지대추구 면허, 수입할당, 이자율상한, 그리고 외환통제 같은 과도한 정부간섭에 의해 야기되는 가격왜곡 및 물리적 통제로부터 발생하는 경제지대를 획득하기 위한 개인과 기업의 노력

지방화경제 자동차, 금융 등과 같은 특정 산업부문이 어느 한 지역에서 성장하게 되면서 집적효과의 혜택을 받게 되는 현상

지배 국제적인 일에서, 선진국이 세계시장에서의 농업상품과 원재료가격 같은 중요한 국제적인 경제 문제에 영향을 미치는 의사결정에서 개발도상국보다 훨씬 큰 권한을 갖는 상황

지속 가능한 개발 미래 세대가 최소한 현재 세대처럼 살 수 있도록 허용하는 발전의 형태. 일반적으로 최소한의 환경보호를 요구함

지속 가능한 순국민소득 연간총소득의 환경회계 척도로, 한 국가의 총자본자산(환경자본 포함) 손실 없이 소비될 수 있는 소득수준

지역무역블록 지역경제통합과 성장을 촉진하기 위해 고안된 보통 자유화된 역내무역과 역외무역에 대한 획일적인 제약이라는 특성을 갖는 지리적 지역 내의 국가 간 경제적 연합

지주 토지 자유 보유권 이해관계의 소유자로서, 토지 사용에 대한 일정 형태의 보상을 대가로 소작농에게 토지를 빌려줄 권리를 보유함

직접세 예를 들어 소득세 같이 개인 또는 사업체에게 직접 부과되는 세금

집적경제 생산자와 소비자가 도시와 소도시에 위치함으로써 얻는 비용 감소. 도시화경제 및 지방화경제의 형태를 띤다.

채무국 카르텔 채권국들과 집단으로 협상하기 위해 함께 합류한 개발도상 채무국 집단

책임문제 약속을 지키지 않을 인센티브의 존재 때문에 계약상의 합

의를 존중하기 위한 '믿을 만한 약속'을 할 수 없음. 약속을 어기는 당사자에게 자동적으로 강력한 벌칙이 가해지도록 함으로써 합의가 이루어져 존중되도록 하는 '믿을 만한 위협'이 창출되도록 고액의 보증금을 내는 것 같은 '책임장치'가 실행될 수 있음

청정기술 계획에 의해 오염과 쓰레기를 덜 생산하고 자원을 보다 효율적으로 사용하는 기술

총빈곤갭 빈곤선과 빈곤선 아래에서 생활하는 모든 사람들의 실제 소득수준 간 차이의 합계

총성장 모형 제한된 수의 변수를 사용하여 하나 또는 소수의 부문에서 경제성장을 설명하는 공식적인 경제 모형

총순편익 모든 소비자들에 대한 순편익의 합계

최빈국 저소득, 저인간개발, 그리고 높은 경제적 취약성을 가진 나라들에 대한 유엔의 지칭

출산선택권 여성들이 남편들과 평등한 지위에서, 그리고 스스로를 위해, 원하는 자녀가 몇 명인지와 원하는 가족 크기를 달성하기 위해 어떤 방법을 사용할 것인지를 결정할 수 있어야 한다는 개념

출산의 미시경제이론 가족의 형태와 규모는 비용과 편익에 따라 결정되는 것이라는 이론

출생 시 기대수명 현재의 사망위험과 태어난 출생아가 향후 생존할 것으로 기대되는 평균 생존 연수

충분조건 존재할 때 하나의 사건이 발생할 또는 발생할 수 있을 것을 일으키거나 또는 보장하는 조건. 경제 모형에서, 다른 가정이 주어질 때 어떤 서술이 반드시 사실이도록(또는 어떤 결과가 반드시 성립하도록) 논리적으로 요구하는 조건

쿠즈네츠곡선 한 국가의 1인당 소득과 그 소득분배 불균등 사이의 관계를 반영하는 그래프

태도 물질적 이득, 힘든 일, 미래를 위한 저축, 그리고 부의 나눔 같은 쟁점에 관한 개인, 그룹, 또는 사회의 마음 또는 느낌의 상태

토다로 이주 모형 도시의 높은 실업에도 불구한 이촌향도 이주를 경제적으로 합리적인 과정으로 설명한 이론이다. 이주자들은 도시의 기대임금(의 현재가치) 또는 그에 상응하는 금액을 계산해 농촌의 평균임금을 초과할 경우 이주한다.

토양침식 농지 과다 사용, 삼림벌채 및 이에 따른 농경지 홍수 등에 의해 만들어진 가치 있는 표토의 손실

토지개혁 농업소득분배를 개선하고 따라서 농촌발전을 조장할 의도를 가진 기존의 농업 시스템을 재조직하고 전환하려는 계획적인 시도

통합적 농촌개발 광범위한 농촌발전 활동들로서, 소규모 농업의 진전, 물적 및 사회적 인프라 제공, 농촌 비영농 산업의 발전을 포함. 그리고 이러한 진보를 지속적으로 유지하고 가속화할 수 있는 농촌부문의 역량을 포괄

통화대체 국내통화(예 : 멕시코 페소) 대신 또는 국내통화와 함께 교환의 매개수단으로 외국통화(예 : 미국 달러)의 사용

통화위원회 고정된 환율로 외환에 대해 국내통화를 발생하는 중앙은행의 한 형태

(통화의) 가치하락 공급과 수요라는 시장원리의 결과로 다른 통화로 표시된 한 통화의 가치 또는 가격이 시간이 흐르면서 하락하는 것

통화정책 화폐공급과 이자율 같은 금융변수에 영향을 미치기 위해 설계된 중앙은행의 활동

투갭 모형 어느 것이 경제성장에 대한 구속력 있는 제약인지를 결정하는 저축과 외환 갭을 비교하는 해외원조 모형

투입-산출 모형(산업 간 모형) 경제를 부문별로 나누어 산업 간 구매(투입물)와 판매(산출물)의 흐름을 추적하는 공식 모형

특별인출권 국제수지계정의 결제에 있어 금과 달러를 보완하기 위해 1970년에 IMF에 의해 창출된 국제금융자산

특화 상대적으로 적은 수의 상품 생산에 자원을 집중시키는 것

특화된 영농 농업생산 발전에 있어서 최후의 그리고 가장 진보된 단계로서, 농산물은 모두 시장 판매를 위해 생산됨

파레토 향상 하나 또는 그 이상의 사람이 다른 사람들에게 손해를 주지 않고 이익을 얻을 수 있는 상황

파생된 수요 다른 재화에 대한 수요로부터 간접적으로 나타나는 재화 수요

평가절하 한 나라의 통화와 모든 다른 나라 통화 사이의 공식 환율을 내리는 것

평균생산 총산출량 또는 총생산을 총요소투입량으로 나눈 값(예 : 노동의 평균생산은 총산출량을 그 산출량을 생산하기 위해 사용된 총노동량으로 나눈 것과 같다)

폐쇄경제 외국과의 무역거래가 없거나 나머지 세계와의 기타 경제적 접촉이 없는 경제

포스터-그리어-토르베커 지수 절대빈곤 수준의 척도 부류

포트폴리오투자 민간부문 개인, 기업, 연기금(pension fund), 그리고 뮤추얼펀드(mutual fund)에 의해 민간회사 및 공공기관에 의해 발행된 주식, 채권, 양도성예금증서(certificates of deposit), 그리고 지폐에 대한 금융투자

프레비시-싱어 가설 개발도상국들은 1차 상품 수출의 상품교역조건이 시간이 흐르면서 하락하는 경향이 있다는 주장

프로젝트 평가 주어진 공공 또는 사적 자금을 대안적인 프로젝트들에 투자할 때의 상대적으로 바람직한 정도(수익성)의 정량적 분석

필요조건 하나의 사건이 발생하기 위해 그 자체가 충분해야 할 필요는 없지만 나타나야만 하는 조건. 예를 들어 자본형성은 지속적인 경제성장을 위한 필요조건일 수 있다(산출량의 증가가 발생할 수 있기 이전에 그것을 생산할 도구가 있어야 함). 그러나 이러한 성장이 계속되기 위해서는 사회적·제도적, 그리고 사고방식의 변화가 발생해야 한다.

한계비용 한 단위 추가생산의 결과 생산자에게 발생하는 총비용의 추가분

한계생산 (노동 또는 자본과 같은) 생산의 가변요소 추가 1단위의 사용으로부터 나타나는 총산출량의 증가. 루이스 2부문 모형에서 잉여노동은 그 한계생산이 0인 근로자들로 정의된다.

한계효용체감 총소비가 커짐에 따라 추가소비의 주관적인 가치가 줄어든다는 개념

할당 초과수요와 경직적인 가격에 직면할 경우 소비자들 또는 생산자들이 구입하거나 분배받을 수 있는 재화와 서비스의 양을 제한하기 위해 사용되는 배분제도. 쿠폰, 점수, 차입한도, 상품에 관한 관리결정, 자본재 수입을 위한 산업면허 등으로 완수될 수 있음

할부상환 대출 원리금의 점진적 청산

할인율 현재가치 계산에 있어서, 연이율이 되는 미래가치는 현재가치와 비교하기 위해서 감소됨

합계출산율 해당 연령대의 일반적인 출산율을 전제로, 한 여성이 가임기간 동안 낳을 수 있는 자녀의 수

합성대체물 인공적으로 생산되었지만 천연상품을 대체할 수 있는 상품들(예 : 제조된 고무, 면화, 양모, 장뇌, 그리고 제충국)

해로드-도마 성장 모형 국내총생산 증가율(g)이 국민순저축률(s)에 직접적으로 그리고 자본산출비율(c)에 역으로 의존한다는 경제적 함수관계

해리스-토다로 모형 토다로 이주 이론의 균형 모형으로, 비정규부문 활동과 실업을 고려할 때 농촌과 도시부문 간 기대소득이 동일해질 것을 예측한다.

해외원조 한 정부로부터 다른 정부로 직접적이거나(양자 간 원조) 또는 세계은행 같은 다자 간 원조기관의 수단을 통해 간접적으로 대출금 또는 보조금 형태로의 공공자금의 국제이전

해외직접투자 개별 다국적기업에 의한 해외 지분투자(equity investment)

현금계정(국제준비금계정) 현금수지(외환준비금)와 단기 금융청구액이 경상계정 및 자본계정 거래에 대응하여 어떻게 변화했는지를 보여주는 한 국가 국제수지의 균형을 맞추게 하는 부분

현재가치 미래에 받을 금액의 현재 할인된 가치

혐오부채 비민주적인 정부에 의해 그 국민들의 이해에 반해서 사용된 주권국가의 부채는 비민주적인 정부를 승계한 민주적인 정부의 책임이 아니라고 여겨져야 한다는 견해의 국제법 이론의 개념

혼잡 상호 보완성의 반대. 한 경제주체의 행동으로 인해 다른 경제

주체가 동일한 행동을 취할 인센티브가 사라지는 것

화폐공급 현금(currency on circulation)과 상업은행의 요구불예금(demand deposit) 그리고 때때로 저축은행의 저축성예금(time deposit)을 합한 총금액

환경자본 한 국가의 총자본자산 중에서 환경과 직접적으로 관련된 부분. 예를 들면 산림, 토양의 질 그리고 지하수

환경 쿠츠네츠곡선 1인당 소득이 증가할수록 오염 및 기타 환경손실이 처음에는 증가하다가 감소한다는 개념을 반영한 그림. 대기 중의 아황산가스 및 미립자 물질과 같은 일단의 오염물질에게 이것이 성립한다는 증거가 존재함. 그러나 온실가스 배출과 같은 다른 오염물질에게는 성립하지 않음

환경회계 환경편익 및 비용을 경제활동에 대한 정량적 분석에 통합

환금작물 시장 판매만을 위해 생산된 작물

환율 국내통화가 미국 달러와 같은 외국통화로 전환될(판매될) 수 있는 비율

효율임금 현대부문 도시 고용주들이 양질의 노동력을 유인하고 유지하기 위해 직장 내 생산성이 보다 높은 노동자를 확보하기 위해 균형임금률보다 더 높은 임금을 지급한다는 개념

흑자 수입액의 지출액 초과분

흡수 능력 잠재적 오염물질을 흡수하는 생태계의 역량

흡수역량 (자금을 생산적인 방법으로 사용하기 위해) 해외 사적 또는 공적 금융원조를 흡수할 한 국가의 능력

희소지대 고정 또는 한정적 공급에 있어서, 자원 또는 재화의 사용에 대해 부과되는 프리미엄 또는 추가적 지대

찾아보기

ㄱ

가족계획사업(family-planning programs) 312

가족단위 농장(family farm) 451

가처분소득(disposable income) 260

가치(values) 16

가치하락(depreciation) 648

간접세(indirect tax) 263, 808

감가상각(depreciation) 45

개발도상국(developing countries) 9

개발은행(development banks) 793

개방경제(open economy) 138

개인별(계층별) 소득분배[personal distribution of income(size distribution of income)] 220

거래비용(transaction costs) 452

거시경제 불안정(macroeconomic instability) 697

거짓 패러다임 모형(false paradigm model) 132

경로의존성(path dependency) 567

경상계정(current account) 607, 681

경제계획(economic planning) 544

경제계획서(economic plan) 544

경제동맹(economic union) 657

경제발전론(development economics) 10

경제성장의 성격(character of economic growth) 243

경제 인프라(economic infrastructure) 148, 545

경제제도(economic institutions) 85

경제주체(economic agent) 165

경제통합(economic integration) 657

경화(hard currency) 683

계(ROSCA) 795

계획 과정(planning process) 544

고평가된 환율(overvalued exchange rate) 641

공공비재화(public bad) 516

공공소비(public consumption) 264

공공재(public good) 161, 516

공동시장(common market) 657

공식 환율(official exchange rate) 641

공유재산자원(common property resource) 513

공적개발원조(official development assistance, ODA) 751

과점적 시장통제(oligopolistic market control) 627

관리변동환율(managed float) 649

관세(tariff) 628

관세동맹(customs union) 657

관세 및 무역에 관한 일반협정(General Agreement on Tariffs and Trade, GATT) 604

괴리(divergence) 79

교역조건(terms of trade, TOT) 78

교육의 사회적 비용(social cost) 520

교육의 사회적 편익(social benefits of education) 402

교육 인증(educational certification) 402

구매력등가(purchasing power parity, PPP) 45

구속적 제약조건(binding constraint) 165

구조변화이론(structural-change theory) 124

구조변환(structural transformation) 124

구조조정 대출금(structural adjustment loans) 687

국내총생산(GDP) 16, 45

국민총소득(gross national income, GNI) 16, 45

국유기업(state-owned enterprises, SOE) 813

국제상품협정(international commodity agreement) 634

국제수지(balance of payments) 681

국제준비금(international reserves) 687

국제준비금계정(international reserve account) 682

규모에 대한 보수(returns to scale) 626

규모 중립적(scale-neutral) 472

균형무역(balanced trade) 629

그룹대출제도(group lending scheme) 797

근로복지 프로그램(workfare program) 265

글로벌 공공재(global public good) 524

글로벌공장(global factories) 738

금융억압(financial repression) 803

금융자유화(financial liberalization) 788

금전적 외부성(pecuniary externality) 174

기능별 소득 분배(functional distribution of income) 226

기능성(functionings) 18

기술원조(technical assistance) 756

기술적 외부성(technological externality) 180

기술진보(technological progress) 150

기업의 사회적 책임(corporate social responsibility) 744

기초교육(basic education) 403

기초이전(basic transfer) 693

기후변화(climate change) 491

ㄴ

남북무역 모형(North-South trade model) 623

내부수익률(internal rate of return) 554

내부화(internalization) 516

내생적 성장이론(endogenous growth theory) 159

노동절약적 기술진보(laborsaving technological progress) 151

노동확대적 기술진보(labor-augmenting technological progress) 151

녹색혁명(Green Revolution) 439

농촌 시스템(agrarian system) 450

누진소득세(progressive income tax) 263

ㄷ

다각화된 영농(diversified farming) 468

다국적기업(multinational corporation, MNC) 735

다자간섬유협정(Multifiber Arrangement, MFA) 637

다중균형(multiple equilibria) 168

다차원빈곤지수(multidimensional poverty index, MPI) 245

대금업자(moneylender) 454

대내지향적 발전정책(inward-looking development policy) 632

대리인 비용(agency costs) 182

대외지향적 발전정책(outward-looking development policy) 632

대체 출산율(replacement fertility) 299

대출금출자전환거래(debt-for-equity swap) 700

도시편향(urban bias) 337

도시화경제(urbanization economies) 340

독점적 시장통제(monopolistic market control) 627

두뇌유출(brain drain) 77

ㄹ

라티푼디오(latifundio) 451

로렌츠곡선(Lorenz curve) 221

로머 내생적 성장 모형(Romer endogenous growth model) 161

루이스 2부문 모형(Lewis two-sector model) 124

ㅁ

매판그룹(comprador group) 131

맬서스 인구함정(Malthusian population trap) 302

명목보호율(nominal rate of protection) 643

무역낙관론자(trade optimists) 650

무역비관론자(trade pessimists) 650

무역으로부터의 이득(gains from trade) 628

무역자유화(trade liberalization) 651

무역적자(trade deficit) 637

무역전환(trade diversion) 658

무역창출(trade creation) 658

무임승차자 문제(free-rider problem) 517

문해율(literacy) 383

물물교환(barter transaction) 615

미니푼디오(minifundio) 451

미소금융(microfinance) 795

민간해외직접투자(foreign direct investment, FDI) 735

민영화(privatization) 815

ㅂ

바이오매스 연료(biomass fuel) 499

발전(development) 7

발전 유형 분석(patterns-of development analysis) 129

배가시간(doubling time) 292

변동환율(flexible exchange rate) 648

보건체계(health system) 422

보완투자(complementary investment) 160

보조금(subsidy) 264, 628

부가가치(value added) 45, 643

부가가치세(value-added tax) 811

부분계획서(partial plan) 544

부양부담(dependency burden) 64

부채과다빈곤국(heavily indebted poor countries, HIPCs) 705

부채변제거부(debt repudiation) 701

부채 서비스(debt service) 681

부패(corruption) 577

분절(fractionalization) 64

불완전시장(imperfect markets) 69

불완전정보(incomplete information) 69

불확실성(uncertainty) 627

브래디플랜(Brady Plan) 700

비공식금융(informal finance) 795

비관세무역장벽(nontariff trade barrier) 642

비교우위(comparative advantage) 615

비대칭 정보(asymmetric information) 182

비용-편익 분석(cost-benefit analysis) 551

비정규부문(informal sector) 350

비정부기구(nongovernmental organization, NGO) 570, 757

비제도권화폐시장(unorganized money market) 788

빅 푸시(big push) 165

빈곤함정(poverty trap) 186

ㅅ

사막화(desertification) 500

사망률(death rate) 294

사적 비용(private cost) 403, 520

사적 편익(private benefits) 401

사회적 비용(social cost of education) 403

사회적 수익률(social returns) 194

사회적 이윤(social profit) 551

사회적 자본(social capital) 342

사회적 할인율(social rate of discount) 553

사회체제(social system) 15

산업 간 모형(interindustry model) 550

산업정책(industrial policy) 628

산업화전략 접근법(industrialization strategy approach) 652

삼림벌채(deforestation) 502

상업화(commercialization) 800

상품교역조건(commodity terms of trade) 613

상품주기(product cycle) 625

상품차별화(product differentiation) 627

상호 보완성(complementarity) 165

생계(sustenance) 22

생계경제(subsistence economy) 7

생물다양성(biodiversity) 523

생산가능곡선(production possibility curve) 149

생산요소(factor of production) 226

생산자 잉여(producer surplus) 511

생산함수(production function) 125

선진국(more developed country) 10

성별 간 교육 격차(educational gender gap) 397

성장거점(growth poles) 628

성장단계 발전 모형(stages-growth model of development) 120

성장진단(growth diagnostics) 193

세계무역기구(World Trade Organization, WTO) 603

세계보건기구(World Health Organization, WHO) 408

세계은행(World Bank) 41

세계화(globalization) 13, 603

소득불균등(income inequality) 221

소비자 잉여(consumer surplus) 511

소외 열대 질병(neglected tropical diseases) 419

소작인(sharecropper) 454

솔로 신고전학파 성장 모형(solow neoclassical growth model) 137

솔로 잔차(solow residual) 159

수렴(convergence) 79

수요의 가격탄력성(price elasticity of demand) 612

수요의 소득탄력성(income elasticity of demand) 612

수입대체(import substitution, IS) 632

수출소득 불안정성(export earnings instability) 612

수출의존도(export dependence) 606

수출진흥(export promotion, EP) 633

수확체증(increasing returns) 627

순국제이주(net international migration) 294

순저축률(net savings ratio) 121

순한계편익(marginal net benefit) 512

순현재가치(net present value, NPV) 553

시장가격(market price) 552
시장실패(market failure) 136, 545
시장친화적 접근법(market friendly approach) 136
신고전학파 가격유인 모형(neoclassical price incentive model) 278
신고전학파 역혁명(neoclassical counterrevolution) 135
신보호주의(new protectionism) 650
신식민지 종속 모형(neocolonial dependence model) 131
신정치경제학적 접근법(new political economy approach) 136
신흥공업국(newly industrializing countries, NICs) 42
실효보호율(effective rate of protection) 643
심층개입(deep intervention) 167

ㅇ

안정화정책(stabilization policy) 698
약속장소의 딜레마(where-to-meet dilemma) 167
양허조건(concessional terms) 750
엔클레이브 경제(enclave economies) 629
역량(capabilities) 20
역진세(regressive tax) 263
연계(linkages) 184
연계원조(tied aid) 756
연구개발(research and development, R&D) 78
연동요소시장(interlocking factor markets) 468
오링 모형(O-ring model) 165
오링 생산함수(O-ring production function) 187
오염세(pollution tax) 520
온실가스(greenhouse gas) 523
외부효과(externality) 516
외채(external debt) 693
외환 갭(foreign-exchange gap) 754
외환소득(foreign-exchange earnings) 630
외환통제(exchange control) 646
요소가격균등화(factor price equalization) 620
요소가격왜곡(factor price distortion) 279
요소대체탄력성(elasticity of factor substitution) 280
요소부존무역이론(factor endowment trade theory) 616
우루과이라운드(uruguay round) 661
위험(risk) 627
유년부양비(youth dependency ratio) 297
유로(euro) 683

유인된 이주(induced migration) 364
유치산업(infant industry) 638
이동경작(shifting cultivation) 456
이전가격설정(transfer pricing) 741
이중구조(dualism) 133
이중환율(dual exchange rate) 647
이직(labor turnover) 363
이촌향도 이주(rural-urban migration) 339
인간개발지수(Human Development Index, HDI) 51
인구변천(demographic transition) 299
인구-빈곤 순환이론(population-poverty cycle theory) 315
인구증가율(rate of population increase) 294
인구증가의 잠재적 탄력(hidden momentum of population growth) 297
인구 피라미드(population pyramid) 297
인원수지수(headcount index) 228
인적자본(human capital) 44, 149, 383
인프라(infrastructure) 69
임금-물가의 악순환적 상승(wage-price spiral) 649
임금보조(wage subsidy) 364
임차농부(tenant farmer) 454
잉여노동(surplus labor) 124
잉여분출 국제무역이론(vent-for-surplus theory of international trade) 624

ㅈ

자급농업(subsistence farming) 455
자급자족(autarky) 134
자립성장(self-sustaining growth) 127
자발적 실패(voluntary failure) 576
자본계정(capital account) 607, 682
자본-노동 비율(capital-labor ratio) 137
자본도피(capital flight) 682
자본보유량(capital stock) 45
자본-산출 비율(capital-output ratio) 121
자본스톡(capital stock) 148
자본절약적 기술진보(capitalsaving technological progress) 151
자본축적(capital accumulation) 148
자본확대적 기술진보(capitalaugmenting technological progress) 152
자부심(self-esteem) 22

자산소유권(asset ownership) 262

자연보호채무상계거래(debt-for-nature swap) 528, 700

자연증가(natural increase) 294

자원부존(resource endowment) 69

자유(freedom) 22

자유무역(free trade) 77, 609

자유무역지대(free-trade area) 657

자유시장(free markets) 135

자유시장 분석(free-market approach) 136

자유시장 환율(free-market exchange rate) 641

잠재가격(shadow price) 552

재구성(restructuring) 700

재분배정책(redistribution policies) 262

재산권(property rights) 70, 512

재정 갭(fiscal gap) 755

저개발(underdevelopment) 131

저개발 국가(less developed country) 10

저개발 함정(underdevelopment trap) 166

저소득국(low-income countries, LIC) 42

저축 갭(savings gap) 754

저평가된 환율(undervalued exchange rate) 649

적자(deficit) 681

전통적인 경제학(traditional economics) 9

절대빈곤(absolute poverty) 4, 62, 228

절대우위(absolute advantage) 616

정보 외부성(information externality) 192

정치경제학(political economy) 10

정치적 의지(political will) 557

제도(institutions) 16

제도권화폐시장(organized money market) 788

제약조건(binding constraint) 165

조건부(conditionality) 688

조건부 현금이전(conditional cash transfer, CCT) 394

조정실패(coordination failure) 165

조출생률(crude birth rate) 63, 294

종속(dependence) 131

종합계획서(comprehensive plan) 544

죄수의 딜레마(prisoners' dilemma) 168

주변부(periphery) 131

주식(staple food) 462

중간규모 농장(medium-size farm) 451

중립적 기술진보(neutral technological progress) 151

중소득국(middle-income countries) 42

중심부(center) 131

중앙은행(central bank) 790

중진국 함정(middle income trap) 166

지구온난화(global warming) 491

지니계수(Gini coefficient) 223

지대(rent) 605

지대추구(rent seeking) 553

지방화경제(localization economies) 340

지배(dominance) 131

지속 가능한 개발(sustainable development) 493

지속 가능한 순국민소득(sustainable net national income) 493

지역무역블록(regional trading bloc) 657

지주(landlord) 454

직접세(direct tax) 808

집적경제(agglomeration economies) 340

ㅊ

채무국 카르텔(debtors' cartel) 699

책임문제(commitment problem) 766

청정기술(clean technologies) 519

총빈곤갭(total poverty gap, TPG) 229

총성장 모형(aggregate growth model) 548

총순편익(total net benefit) 511

최빈국(least developed countries) 42

출산선택권(reproductive choice) 322

출산의 미시경제이론(microeconomic theory of fertility) 308

출생률(birth rate) 294

출생 시 기대수명(life expectancy at birth) 295

충분조건(sufficient condition) 123

ㅋ

쿠즈네츠곡선(Kuznets curve) 238

ㅌ

태도(attitudes) 16

토다로 이주 모형(Todaro migration model) 359

토양침식(soil erosion) 501

토지개혁(land reform) 262, 475

통합적 농촌개발(integrated rural development) 438

통화대체(currency substitution) 788

통화위원회(currency board) 790

통화정책(monetary policy) 787

투갭 모형(two-gap model) 754

투명성(transparency) 788

투입-산출 모형(input-output model) 550

특별인출권(special drawing rights, SDRs) 690

특화(specialization) 615

특화된 영농(specialized farming) 469

ㅍ

파레토 향상(Pareto improvement) 170

파생된 수요(derived demand) 401

평가절하(devaluation) 648

평균생산(average product) 125

평행환율(parallel exchange rate) 647

폐쇄경제(closed economy) 138

포스터-그리어-토르베커 지수(Foster-Greer-Thorbecke index, FGT) 230

포트폴리오투자(portfolio investment) 735

프레비시-싱어 가설(Prebisch-Singer hypothesis) 613

프로젝트 평가(project appraisal) 551

필요조건(necessary condition) 123

ㅎ

한계비용(marginal cost) 511

한계생산(marginal product) 125

한계효용체감(diminishing marginal utility) 51

할당(quota) 628

할당(rationing) 803

할부상환(amortization) 683

할인율(discount rate) 388

합계 출산율(total fertility rate, TFR) 295

합성대체물(synthetic substitutes) 625

해로드-도마 성장 모형(Harrod-Domar growth model) 120

해리스-토다로 모형(Harris-Todaro model) 359

해외원조(foreign aid) 749

현금계정(cash account) 682

현재가치(present value) 361, 512

혼잡(congestion) 167, 344

화폐공급(money supply) 787

환경자본(environmental capital) 493

환경 쿠츠네츠곡선(environmental Kuznets curve) 494

환경회계(environmental accounting) 492

환금작물(cash crops) 459

환율(exchange rate) 552

회계가격(accounting price) 552

효율임금(efficiency wage) 363

흑자(surplus) 681

흡수역량(absorptive capacity) 756

희소지대(scarcity rent) 511

기타

1인당 소득(income per capita) 16

1차 상품(primary products) 606

5분위(quintile) 221

5세 미만 사망률(under-5 mortality rate) 295

10분위(decile) 221

P2 빈곤척도(P2 poverty measure) 231

역자 소개

김중렬

미국 노스캐롤라이나대학교 경제학 박사
현재 한국외국어대학교 경제학부 교수

송치웅

미국 조지워싱턴대학교 경제학 박사
현재 과학기술정책연구원

신범철

미국 조지워싱턴대학교 경제학 박사
현재 경기대학교 경제학과 교수

윤미경

영국 옥스퍼드대학교 경제학 박사
현재 가톨릭대학교 국제학부 교수